le Robert
& Collins
poche

anglais
français-anglais / anglais-français

le Robert   Collins

Chef de projet : Martyn BACK

Coordination éditoriale : Dominique LE FUR

Rédaction : Frances ILLINGWORTH - Laurence LARROCHE

Secrétariat de rédaction et correction : Silke ZIMMERMANN,
Brigitte ORCEL - Anne-Marie LENTAIGNE
Meryem PUILL-CHÂTILLON - Charlotte TESTA

Informatique éditoriale : Kamal LOUDIYI

Maquette (direction technique et mise en page) : Gonzague RAYNAUD

Supplement typeset by Davidson Pre-Press, Glasgow

texte établi à partir de

LE ROBERT ET COLLINS COMPACT PLUS

par

Jean-François ALLAIN, Martyn BACK, Harry CAMPBELL,
Sabine CITRON, Michela CLARI, Daphne DAY, Phyllis GAUTIER,
Janet GOUGH, Dominique LE FUR, Christian SALZEDO

Cet ouvrage est une œuvre collective au sens de l'article L 113-2
du code de la propriété intellectuelle.
Publié par la société DICTIONNAIRES LE ROBERT,
représentée par Marianne DURAND, directrice déléguée.

Nouvelle présentation 2009.
Nouvelle édition 2008.
Tous droits de reproduction, de traduction et d'adaptation réservés pour tous pays.
© 2002, 2005, 2008 Dictionnaires Le Robert et HarperCollins Publishers
25, avenue Pierre de Coubertin 75013 PARIS

www.lerobert.com

ISBN 978-2-84902-637-3

AVANT-PROPOS

Le *Robert & Collins Poche* présente, dans un format pratique et maniable, tous les points forts des dictionnaires *Robert & Collins*. Reflet fidèle de l'anglais et du français d'aujourd'hui, il s'appuie, comme tous nos dictionnaires, sur un vaste corpus de la langue contemporaine afin de garantir un traitement complet du 'cœur' de chaque langue.

Outre de nombreux mots et expressions entrés tout récemment dans les deux langues, cette édition s'enrichit d'un supplément inédit, *Perspectives sur l'anglais,* qui situe la langue anglaise dans son contexte historique et géographique avant d'offrir de précieux conseils sur la prononciation, la grammaire et l'expression écrite.

Le *Robert & Collins Poche* est un petit dictionnaire complet, pratique et, malgré son petit format, riche d'enseignements en tout genre. Il constitue un outil de communication qui permet de s'exprimer avec précision dans un grand nombre de situations.

Nous vous en souhaitons bonne lecture !

L'éditeur

COMMENT UTILISER

1. Un mot peut avoir plusieurs sens : ne vous arrêtez pas à la première traduction

Dans ce dictionnaire, chaque sens est précédé d'une lettre dans un carré grisé. Le sens le plus courant vous est donné en premier. Les sens sont indiqués par des mots entre parenthèses. Par exemple, le mot **bouton** a quatre sens, présentés en **a**, **b**, **c** et **d**. Si vous cherchez à traduire ce mot dans le sens d'interrupteur électrique, vous devez parcourir l'entrée jusqu'au **b** :

De même, les mots anglais peuvent avoir plusieurs sens. Faites bien attention au contexte pour déterminer quel sens vous devez traduire.

bouton [butɔ̃] NM **a** [de vêtement] button ◆ ~ **de manchette** cufflink **b** (électrique) switch; [de porte, radio] knob **c** [de fleur] bud ◆ ~ **de rose** rosebud **d** (sur la peau) spot

2. Un mot peut avoir plusieurs fonctions dans la phrase : choisissez la bonne

Le mot **aide** peut être un nom masculin ou féminin, ou bien une forme du verbe **aider**. Si vous voulez traduire **à l'aide !**, vous devez aller chercher la traduction dans la catégorie du nom féminin, en **1** nf. Si vous voulez traduire **ça aide à passer le temps,** vous trouverez la traduction sous le verbe en **2** vi :

aide [ɛd] **1** NF **a** (= assistance) help ◆ **apporter son ~ à qn** to help sb ◆ **à l'~ !** help! ◆ **à l'~ de** with ◆ **ouvrir qch à l'~ d'un couteau** to open sth with a knife **b** (en équipement, en argent etc) aid ◆ **l'~ humanitaire** humanitarian aid ▸ **aide judiciaire** legal aid ▸ **aide sociale** social security (Brit), welfare (US) **2** NMF (= personne) assistant ▸ **aide familiale, aide ménagère** (= personne) home help (Brit), home helper (US)

aider [ede] ▸ conjug 1 ◂ **1** VT to help ◆ ~ **qn à faire qch** to help sb (to do sth) ◆ **je me suis fait ~ par mon frère** I got my brother to help me **2** VI to help ◆ **ça aide à passer le temps** it helps pass the time **3** **s'aider** VPR ◆ **s'~ de** to use

Le mot **boucher** peut être un verbe ou un nom. Ces deux mots, qui n'ont rien à voir l'un avec l'autre, sont présentés dans deux articles séparés. Le chiffre [1] placé à la suite de **boucher** verbe vous signale qu'il y a un autre article, **boucher[2]**, que vous devrez consulter si vous recherchez la traduction du nom :

boucher[1] [buʃe] ▸ conjug 1 ◂ **1** VT **a** [+ bouteille] to cork **b** [+ trou, fente] to fill in; [+ fuite] to stop **c** [+ lavabo] to block up ◆ **boucher le passage** to be in the way ◆ **boucher la vue** to block the view **2** **se boucher** VPR [évier] to get blocked ◆ **se boucher le nez** to hold one's nose ◆ **se boucher les oreilles** to put one's hands over one's ears

boucher[2], -ère [buʃe, ɛʀ] NM,F butcher

3. Un verbe peut être transitif ou intransitif : faites bien la différence

Lorsqu'un verbe est suivi d'un complément, il est transitif. Lorsqu'il n'est pas suivi d'un complément, il est intransitif. Par exemple dans **il n'a pas bougé, bouger** est intransitif alors que dans **il n'a pas bougé le petit doigt,** il est transitif. Faites bien la différence et consultez la bonne section de l'article car les traductions ne sont pas du tout les mêmes.

VOTRE DICTIONNAIRE

4. Ne traduisez pas les phrases mot à mot

Regardez bien les exemples qui vous sont donnés : ils sont là pour vous aider à traduire non seulement le mot que vous cherchez, mais aussi la phrase dans laquelle il se trouve.

Sans cette indication, vous n'auriez peut-être pas utilisé **by** pour traduire **en.**

avion [...] *ils sont venus en ~* they came by plane

Dans cette phrase, **card** (la traduction de **carte**) n'est pas utilisé du tout.

carte [...] *donner ~ blanche à qn* to give sb a free hand

5. Choisissez le mot adapté à la situation

Le symbole * signale que le mot ou l'expression qu'il accompagne est familier, * signale qu'il s'agit d'un langage très familier et ** d'un langage vulgaire ou injurieux. Ces symboles vous alertent sur le fait que des mots comme **pote** en français ou **pal** en anglais, qui signifient tous les deux **ami,** choqueraient dans certaines situations, au cours d'un entretien professionnel par exemple. Faites donc attention à bien adapter votre langage à la situation.

pote * [pɔt] NM pal *

pal * [pæl] N pote * *mf*

6. N'utilisez pas votre dictionnaire seulement pour chercher la traduction de mots

L'ANGLAIS EN ACTION vous aidera à vous exprimer dans une langue idiomatique. Cette section, qui se trouve p. 1037 vous apportera une aide précieuse quand vous devrez, par exemple, écrire des lettres ou téléphoner.

Consulter le tableau des VERBES ANGLAIS, p. 1034, pour vérifier les formes irrégulières.

Les SYMBOLES PHONÉTIQUES ANGLAIS, p. VII du dictionnaire, sont là pour vous permettre de mieux prononcer les mots anglais.

Si vous rencontrez une abréviation inconnue, reportez-vous pp. VIII à X du dictionnaire. Vous y verrez par exemple que **sb** signifie **somebody** et **nm, nom masculin.**

7. Cherchez au bon endroit

Si vous cherchez la traduction de **ice cream** ou de **boîte vocale,** par exemple, consultez les articles **ice** et **boîte.**

Certains verbes anglais prennent un sens particulier lorsqu'ils sont construits avec des prépositions ou des adverbes, par exemple **break down** ou **put up with.** Vous trouverez ces expressions à la fin des articles **break** et **put,** précédées d'un triangle noir.

PHONETIC TRANSCRIPTION OF FRENCH

VOWELS

[i] *i*l, v*i*e, l*y*re
[e] bl*é*, jou*er*
[ɛ] l*ai*t, jou*et*, m*e*rci
[a] pl*a*t, p*a*tte
[ɑ] b*a*s, p*â*te
[ɔ] m*o*rt, d*o*nner
[o] m*o*t, d*ô*me, *eau*, g*au*che
[u] gen*ou*, r*ou*e
[y] r*u*e, vêt*u*
[ø] p*eu*, d*eu*x
[œ] p*eu*r, m*eu*ble
[ə] l*e*, pr*e*mier
[ɛ̃] mat*in*, pl*ein*
[ɑ̃] s*an*s, v*en*t
[ɔ̃] b*on*, *om*bre
[œ̃] l*un*di, br*un*

SEMI-CONSONANTS

[j] *y*eux, pa*ill*e, p*i*ed
[w] *ou*i, n*ou*er
[ɥ] h*u*ile, l*u*i

CONSONANTS

[p] *p*ère, sou*p*e
[t] *t*erre, vi*t*e
[k] *c*ou, *qu*i, sa*c*, *k*épi
[b] *b*on, ro*b*e
[d] *d*ans, ai*d*e
[g] *g*are, ba*gue*
[f] *f*eu, neu*f*, *ph*oto
[s] *s*ale, *c*elui, *ç*a, de*ss*ous, ta*ss*e, na*t*ion
[ʃ] *ch*at, ta*ch*e
[v] *v*ous, rê*v*e
[z] *z*éro, mai*s*on, ro*s*e
[ʒ] *j*e, *g*ilet, *g*eôle
[l] *l*ent, so*l*
[ʀ] *r*ue, veni*r*
[m] *m*ain, fe*mm*e
[n] *n*ous, to*nn*e, a*n*imal
[ɲ] a*gn*eau, vi*gn*e

[h] *h*op ! (exclamative)
['] *h*aricot (no liaison)

[ŋ] words borrowed from English: campi*ng*
[x] words borrowed from Spanish or Arabic: *j*ota

VI

TRANSCRIPTION PHONÉTIQUE DE L'ANGLAIS

VOYELLES ET DIPHTONGUES

[i:]	be*a*d, s*ee*
[ɑ:]	b*ar*d, c*al*m
[ɔ:]	b*or*n, c*or*k
[u:]	b*oo*n, f*oo*l
[ɜ:]	b*ur*n, f*er*n, w*or*k
[ɪ]	s*i*t, p*i*ty
[e]	s*e*t, l*e*ss
[æ]	s*a*t, *a*pple
[ʌ]	f*u*n, c*o*me
[ɒ]	f*o*nd, w*a*sh
[ʊ]	f*u*ll, s*oo*t
[ə]	compos*er*, *a*bove
[eɪ]	b*ay*, f*a*te
[aɪ]	b*uy*, l*ie*
[ɔɪ]	b*oy*, v*oi*ce
[əʊ]	n*o*, ag*o*
[aʊ]	n*ow*, pl*ough*
[ɪə]	t*ier*, b*eer*
[ɛə]	t*are*, f*air*
[ʊə]	t*our*

CONSONNES

[p]	*p*at, *p*o*p*e
[b]	*b*at, *b*a*b*y
[t]	*t*ab, s*t*ru*t*
[d]	*d*ab, men*ded*
[k]	*c*ot, *k*iss, *ch*ord
[g]	*g*ot, a*g*o*g*

[f]	*f*ine, ra*ff*le
[v]	*v*ine, ri*v*er
[s]	pot*s*, *s*it, ri*c*e
[z]	pod*s*, buz*z*
[θ]	*th*in, ma*th*s
[ð]	*th*is, o*th*er
[ʃ]	*sh*ip, *s*ugar
[ʒ]	mea*s*ure
[tʃ]	*ch*ance
[dʒ]	*j*ust, e*dg*e
[l]	*l*ittle, p*l*ace
[r]	*r*an, sti*rr*ing
[m]	*r*a*m*, *m*u*mm*y
[n]	ra*n*, *n*ut
[ŋ]	ra*ng*, ba*nk*
[h]	*h*at, re*h*eat
[j]	*y*et, mill*io*n
[w]	*w*et, be*w*ail
[x]	lo*ch*

DIVERS

	Un caractère en italique représente un son qui peut ne pas être prononcé
[ʳ]	représente un [r] entendu s'il forme une liaison avec la voyelle du mot suivant
[ˈ]	accent tonique
[ˌ]	accent secondaire

ABBREVIATIONS

ABRÉVIATIONS

ABBREVIATIONS

abréviation	**abrév, abbr**	abbreviation
adjective	**adj**	adjective
administration	**Admin**	administration
adverbe	**adv**	adverb
agriculture	**Agric**	agriculture
anatomie	**Anat**	anatomy
approximativement	**approx**	approximately
architecture	**Archit**	architecture
argot	**arg**	slang
article	**art**	article
astrologie	**Astrol**	astrology
astronomie	**Astron**	astronomy
attribut	**attrib**	predicative
australien, Australie	**Austral**	Australian, Australia
automobile	**Auto**	automobile
auxiliaire	**aux**	auxiliary
aviation	**Aviat**	aviation
belge, Belgique	**Belg**	Belgian, Belgium
biologie	**Bio**	biology
botanique	**Bot**	botany
britannique, Grande-Bretagne	**Brit**	British, Great Britain
canadien, Canada	**Can**	Canadian, Canada
chimie	**Chim, Chem**	chemistry
cinéma	**Ciné, Cine**	cinema
mots composés	**comp**	compound, in compounds
comptabilité	**Comptab**	accounting
conjonction	**conj**	conjunction
construction	**Constr**	building trade
cuisine	**Culin**	cookery
défini	**déf, def**	definite
démonstratif	**dém, dem**	demonstrative
direct	**dir**	direct
écologie	**Écol, Ecol**	ecology
économie	**Écon, Econ**	economics
électricité, électronique	**Élec, Elec**	electricity, electronics
surtout	**esp**	especially
euphémisme	**euph**	euphemism
exemple	**ex**	example
exclamation	**excl**	exclamation
féminin	**f**	feminine
figuré	**fig**	figuratively
finance	**Fin**	finance

formel, langue soignée	**frm**	formal language
géographie	**Géog, Geog**	geography
géologie	**Géol, Geol**	geology
grammaire	**Gram**	grammar
gymnastique	**Gym**	gymnastics
suisse, Suisse	**Helv**	Swiss, Switzerland
histoire	**Hist**	history
humoristique	**hum**	humorous
impersonnel	**impers**	impersonal
indéfini	**indéf, indef**	indefinite
inséparable	**insep**	inseparable
interrogatif	**interrog**	interrogative
invariable	**inv**	invariable
irlandais, Irlande	**Ir**	Irish, Ireland
ironique	**iro**	ironic
droit, juridique	**Jur**	law, legal
linguistique	**Ling**	linguistics
littéral, au sens propre	**lit**	literally
littéraire	**littér, liter**	literary
littérature	**Littérat, Literat**	literature
locution	**loc**	locution
mathématiques	**Math**	mathematics
médecine	**Méd, Med**	medicine
météorologie	**Météo, Meteo**	meteorology
militaire	**Mil**	military
masculin pluriel	**mpl**	masculine plural
musique	**Mus**	music
mythologie	**Mythol**	mythology
nom	**n**	noun
nautique	**Naut**	nautical, naval
négatif	**nég, neg**	negative
nom féminin	**nf**	feminine noun
nom masculin	**nm**	masculine noun
nom masculin et féminin	**nmf**	masculine and feminine noun
nom masculin, féminin	**nm,f**	masculine, feminine noun
non comptable	**NonC**	uncountable
nom pluriel	**npl**	plural noun
numéral	**num**	numerical
emploi réfléchi	**o.s**	oneself
parlement	**Parl**	parliament
péjoratif	**péj, pej**	pejorative
personnel	**pers**	personal
philosophie	**Philo**	philosophy
photography	**Photo, Phot**	photography
pluriel	**pl**	plural
politique	**Pol**	politics
possessif	**poss**	possessive
préfixe	**préf, pref**	prefix

préposition	**prép, prep**	preposition
prétérit	**prét, pret**	preterite
pronom	**pron**	pronoun
proverbe	**Prov**	proverb
participe présent	**prp**	present participle
psychiatrie, psychologie	**Psych**	psychiatry, psychology
temps du passé	**pt**	past tense
participe passé	**ptp**	past participle
quelque chose	**qch**	something
quelqu'un	**qn**	somebody, someone
marque déposée	**R**	registered trademark
chemin de fer	**Rail**	rail(way)
religion	**Rel**	religion
relatif	**rel**	relative
quelqu'un	**sb**	somebody, someone
école	**Scol**	school
écossais, Écosse	**Scot**	Scottish, Scotland
séparable	**sep**	separable
terme de spécialiste	**SPÉC, SPEC**	specialist term
quelque chose	**sth**	something
superlatif	**superl**	superlative
technique	**Tech**	technical
télécommunication	**Téléc, Telec**	telecommunications
télévision	**TV**	television
typographie	**Typo**	typography
université	**Univ**	university
américain, États-Unis	**US**	American, United States
verbe	**vb**	verb
verbe intransitif	**vi**	intransitive verb
verbe pronominal	**vpr**	pronominal verb
verbe transitif	**vt**	transitive verb
verbe transitif et intransitif	**vti**	transitive and intransitive verb
verbe transitif indirect	**vt indir**	indirect transitive verb
zoologie	**Zool**	zoology
langage familier	*	informal language
langage très familier	**	very informal language
langage vulgaire	***	offensive language
emploi vieilli	†	old-fashioned term or expression

F R A N C A I S /
A
N
G
L
A
I
S

A [a] **1** NM (= lettre) A ◆ **de A à Z** from A to Z ◆ **prouver** ou **démontrer qch par A + B** to prove sth conclusively **2** NF (abrév de *autoroute*) ◆ **l'A10** the A10 motorway (Brit) ou highway (US)

à [a] PRÉP
à + le = au, à + les = aux

a (lieu : position) in ◆ **habiter à Paris/au Canada** to live in Paris/in Canada ◆ **je suis à la cuisine** I'm in the kitchen ◆ **vivre à Paros** to live on Paros ◆ **habiter au 4ᵉ étage** to live on the 4th floor ◆ **j'habite au 26 de la rue Pasteur** I live at number 26 rue Pasteur ◆ **être à l'école** [élève] to be at school; (de passage) to be at the school ◆ **être à l'hôpital** [malade] to be in hospital; (en visite) to be at the hospital

b (lieu : direction) to ◆ **aller à Lille/au Canada/aux Açores** to go to Lille/to Canada/to the Azores ◆ **aller au marché/au théâtre/au bureau** to go to the market/the theatre/the office ◆ **aller à l'école** [élève] to go to school; (en visite) to go to the school ◆ **entrez au salon** come into the lounge

c (lieu : provenance) from ◆ **je l'ai eu à la bibliothèque** I got it from the library

d (temps) at; (époque) in ◆ **à 6 heures** at 6 o'clock ◆ **je vous verrai à Noël** I'll see you at Christmas ◆ **au Moyen Âge** in the Middle Ages ◆ **je n'étais pas là à leur arrivée** I wasn't there when they arrived

e (= jusqu'à) to ◆ **de Paris à Londres** from Paris to London ◆ **du lundi au vendredi** from Monday to Friday ◆ **à la semaine prochaine!** see you next week! ◆ **on a fait 8 à 9 kilomètres** we did 8 or 9 kilometres

f (distance) ◆ **Paris est à 400 km de Londres** Paris is 400km from London ◆ **c'est à cinq minutes** it's five minutes away

g (appartenance) ◆ **c'est à moi** it's mine ◆ **ce livre est à Luc** this book is Luc's ◆ **à qui est ce stylo ?** whose pen is this? ◆ **c'est une amie à eux** she is a friend of theirs

h (responsabilité) ◆ **c'était à toi d'y aller** it was up to you to go ◆ **ce n'est pas à moi de décider** it's not for me to decide

i (dédicace) to ◆ **à mon fils, pour ses 20 ans** to my son, on his 20th birthday ◆ **à Julie !** (= toast) to Julie!

j (ordre de passage) ◆ **à toi !** your turn!; (aux échecs, aux dames) your move! ◆ **c'est à qui ?** (dans un jeu) whose turn is it?; (dans une file d'attente) who's next?

k (au nombre de) ◆ **nous y sommes allés à cinq/plusieurs** five/several of us went ◆ **à trois, nous irons plus vite** it'll be quicker if three of us do it ◆ **nous n'entrerons jamais à six dans sa voiture** the six of us will never get into his car

l (= par) ◆ **faire du 90 à l'heure** to do 90km an hour ◆ **être payé au mois** to be paid monthly ◆ **gagner 2 à 1** to win by 2 goals to 1

m (= avec) with ◆ **robe à manches** dress with sleeves ◆ **un enfant aux yeux bleus** a child with blue eyes ◆ **couper qch au couteau** to cut sth with a knife ◆ **il l'a joué au piano** he played it on the piano

n (+ infinitif) to ◆ **je n'ai rien à lire** I have nothing to read ◆ **lourd à porter** heavy to carry

o (manière) ◆ **cuisiné à la japonaise** cooked Japanese-style

AB (abrév de *assez bien*) quite good, ≈ C+

abaisser [abese] ▸ conjug 1 ◂ **1** VT to lower; [+ levier] (= tirer) to pull down; (= pousser) to push down; [+ siège] to put down **2** **s'abaisser** VPR (= s'humilier) ◆ **je ne m'abaisserai pas à lui présenter des excuses** I won't stoop so low as to apologize to him

abandon [abādɔ̃] NM (= renonciation) giving up; (Sport) withdrawal (de from) ◆ **jardin à l'~** neglected garden ◆ **laisser qch à l'~** to neglect sth

abandonné, e [abādɔne] ADJ [maison] deserted; [route, usine] disused

abandonner [abādɔne] ▸ conjug 1 ◂ **1** VT **a** (= délaisser) to abandon ◆ **je t'abandonne** (en prenant congé) I'm off ◆ **le soldat a abandonné son poste** the soldier deserted his post ◆ **~ qn à son (triste) sort** to leave sb to their fate **b** [+ matière] to drop; [+ droit, privilège] to give up ◆ **le joueur a dû ~** the player had to retire ◆ **~ la partie** to give up the fight ◆ **j'abandonne !** I give up! **c** (Informatique) to abort **2** **s'abandonner** VPR ◆ **s'~ à** [+ passion, joie] to give o.s. up to; [+ paresse, désespoir] to give way to ◆ **s'~ à la rêverie** to slip into daydreams

abasourdi, e [abazuʀdi] ADJ stunned

abat-jour [abaʒuʀ] NM INV lampshade

abats [aba] NMPL [de volaille] giblets; [de bœuf, porc] offal

abattement [abatmɑ̃] NM **a** (= rabais) reduction; (fiscal) tax allowance **b** (= dépression) dejection

abattoir [abatwaʀ] NM abattoir

abattre [abatʀ] ► conjug 41 ◄ **1** VT **a** [+ mur] to pull down; [+ arbre] to cut down; [+ avion] to shoot down **b** (= tuer) to shoot; [+ animal de boucherie] to slaughter **c** [mauvaise nouvelle, échec] to demoralize ◆ **ne te laisse pas ~** don't let things get you down **2** **s'abattre** VPR [pluie] to beat down; [ennemi, oiseau de proie] to swoop down; [coups] to rain down

abattu, e [abaty] ADJ (= déprimé) downcast

abbaye [abei] NF abbey

abbé [abe] NM [d'abbaye] abbot; (= prêtre) priest

abcès [apsɛ] NM abscess

abdiquer [abdike] ► conjug 1 ◄ VI [roi] to abdicate

abdomen [abdɔmɛn] NM abdomen

abdominal, e (mpl **-aux**) [abdɔminal, o] **1** ADJ abdominal **2** **abdominaux** NMPL abdominals ◆ **faire des abdominaux** (au sol) to do situps

abdos * [abdo] NMPL (abrév de **abdominaux**) abs *

abeille [abɛj] NF bee

aberrant, e [abeʀɑ̃, ɑ̃t] ADJ [conduite] aberrant; [histoire] absurd

aberration [abeʀasjɔ̃] NF aberration

abîme [abim] NM (= gouffre) abyss

abîmé, e [abime] ADJ damaged

abîmer [abime] ► conjug 1 ◄ **1** VT (= endommager) to damage **2** **s'abîmer** VPR to get damaged; [fruit] to go bad ◆ **s'~ les yeux** to strain one's eyes

abject, e [abʒɛkt] ADJ despicable ◆ **être ~ envers qn** to behave despicably towards sb

aboiements [abwamɑ̃] NMPL barking sg

abolir [abɔliʀ] ► conjug 2 ◄ VT to abolish

abolition [abɔlisjɔ̃] NF abolition

abominable [abɔminabl] ADJ abominable; (sens affaibli) awful

abominablement [abɔminabləmɑ̃] ADV ◆ **~ cher/laid** dreadfully expensive/ugly

abondamment [abɔ̃damɑ̃] ADV [rincer] thoroughly; [illustré] lavishly ◆ **manger/boire ~** to eat/drink a great amount

abondance [abɔ̃dɑ̃s] NF **a** (= profusion) abundance ◆ **des fruits en ~** an abundance of fruit **b** (= richesse) affluence ◆ **vivre dans l'~** to have an affluent lifestyle

abondant, e [abɔ̃dɑ̃, ɑ̃t] ADJ [documentation, bibliographie] extensive; [récolte] abundant; [réserves] plentiful; [végétation] lush; [chevelure] thick; [pluies] heavy ◆ **recevoir un ~ courrier** to receive a large quantity of mail

abonder [abɔ̃de] ► conjug 1 ◄ VI (= être nombreux) to abound ◆ **les erreurs abondent dans ce devoir** this essay is full of mistakes

abonné, e [abɔne] **1** ADJ ◆ **être ~ à un journal** to have a subscription to a paper ◆ **être ~ au câble** to have cable **2** NM,F [de journal, magazine, télévision] subscriber; [de gaz, électricité] consumer; [de transports, matchs, spectacles] season-ticket holder

abonnement [abɔnmɑ̃] NM (à journal, magazine) subscription; (pour transports, matchs, spectacles) season ticket ◆ **prendre un ~ à un journal** to take out a subscription to a paper ◆ **(coût de l')~** (au téléphone) rental; (au gaz, à l'électricité) standing charge

abonner (s') [abɔne] ► conjug 1 ◄ VPR (à un journal) to subscribe (à to); (pour transports, matchs, théâtre) to buy a season ticket (à for) ◆ **s'abonner au câble** to get cable television ◆ **s'abonner à Internet** to get connected to the Internet

abord [abɔʀ] **1** NM ◆ **au premier ~** at first sight ◆ **d'~** (= en premier lieu) first; (= au commencement) at first; (introduisant une restriction) for a start ◆ **allons d'~ chez le boucher** let's go to the butcher's first ◆ **d'~, il n'a même pas 18 ans** for a start, he's not even 18 **2** **abords** NMPL (= environs) surroundings ◆ **aux ~s de** [de lieu] in the area around

abordable [abɔʀdabl] ADJ [prix] reasonable; [marchandise, menu] affordable

aborder [abɔʀde] ► conjug 1 ◄ **1** VT **a** (= arriver à) to reach ◆ **les coureurs abordent la ligne droite** the runners are coming into the home straight **b** [+ personne] to approach **c** [+ sujet] to broach; [+ problème] to tackle **d** [+ bateau] to board; (= heurter) to collide with **2** VI [bateau] to land ◆ **ils ont abordé à Carnac** they landed at Carnac

aborigène [abɔʀiʒɛn] NMF [d'Australie] Aborigine

aboutir [abutiʀ] ► conjug 2 ◄ VI **a** (= réussir) to succeed ◆ **ses efforts n'ont pas abouti** his efforts have come to nothing **b** (= arriver à) to end up ◆ **les négociations n'ont abouti à rien** the negotiations have come to nothing

aboyer [abwaje] ► conjug 8 ◄ VI [chien] to bark (après at)

abréger [abʀeʒe] ► conjug 3 et 6 ◄ VT [+ vie, visite, texte] to shorten; [+ conversation, vacances] to cut short; [+ mot] to abbreviate ◆ **~ les souffrances de qn** to put an end to sb's suffering ◆ **version abrégée** [de livre] abridged version ◆ **abrège !** * get to the point!

abréviation [abʀevjasjɔ̃] NF abbreviation

abri [abʀi] NM (= refuge) shelter ◆ être/mettre à l'~ (des intempéries) to be/put under cover ◆ être à l'~ de [+ pluie, vent, soleil] to be sheltered from; [+ danger] to be safe from ◆ personne n'est à l'~ d'une erreur we all make mistakes ◆ se mettre à l'~ to shelter

Abribus ® [abʀibys] NM bus shelter

abricot [abʀiko] NM apricot

abriter [abʀite] ► conjug 1 ◄ **1** VT **a** (= protéger, héberger) to shelter (de from) **b** (= accueillir) to house ◆ ce bâtiment abrite nos bureaux the building houses our offices **2** s'abriter VPR to shelter (de from)

abrupt, e [abʀypt] ADJ **a** [pente] steep; [falaise] sheer **b** [personne, ton, manières] abrupt

abruti, e [abʀyti] **1** ADJ **a** (= hébété) stunned (de with) **b** (* = bête) idiotic **2** NM,F * idiot

abrutir [abʀytiʀ] ► conjug 2 ◄ **1** VT **a** (= abêtir) to stupefy **b** (= fatiguer) to wear out ◆ leur professeur les abrutit de travail their teacher grinds them down with work **2** s'abrutir VPR ◆ s'~ à regarder la télévision to go braindead * watching too much television

absence [apsɑ̃s] NF absence (à from) ◆ en mon ~, c'est lui qui fait la cuisine he does the cooking when I'm not there

absent, e [apsɑ̃, ɑ̃t] **1** ADJ **a** [personne] away (de from) ◆ être ~ de son travail to be absent from work ◆ il est ~ de Paris en ce moment he's not in Paris at the moment **b** (= distrait) [air] vacant **2** NM,F (= élève) absentee ◆ les ~s ont toujours tort it's always the people who aren't there that get the blame

absenter (s') [apsɑ̃te] ► conjug 1 ◄ VPR ◆ s'absenter quelques instants to go out for a few moments ◆ j'ai dû m'absenter une semaine I had to go away for a week ◆ je m'étais absenté de Paris I was not in Paris

absolu, e [apsɔly] **1** ADJ absolute ◆ c'est une règle ~e it's an unbreakable rule **2** NM ◆ dans l'~ in the absolute

absolument [apsɔlymɑ̃] ADV absolutely ◆ il veut ~ revenir he's determined to come back

absorbant, e [apsɔʀbɑ̃, ɑ̃t] ADJ [matière] absorbent

absorber [apsɔʀbe] ► conjug 1 ◄ VT **a** (= s'imbiber de) to absorb **b** [+ personne] ◆ mon travail m'absorbe beaucoup my work takes up a lot of my time ◆ absorbé par sa lecture, il ne m'a pas entendu he was engrossed in his book and he didn't hear me **c** [+ médicament] to take; [+ aliment, boisson] to swallow

abstenir (s') [apstəniʀ] ► conjug 22 ◄ VPR **a** [électeur] to abstain **b** ◆ s'abstenir de qch/de faire qch to refrain from sth/from doing sth

abstentionniste [apstɑ̃sjɔnist] NMF nonvoter

abstrait, e [apstʀɛ, ɛt] ADJ abstract

absurde [apsyʀd] ADJ absurd

absurdité [apsyʀdite] NF absurdity ◆ dire des ~s to talk nonsense

abus [aby] NM abuse ◆ ~ d'alcool alcohol abuse ◆ nous avons fait quelques ~ hier soir we overdid things last night ► abus de confiance (Droit) breach of trust; (= escroquerie) confidence trick ► abus de pouvoir abuse of power

abuser [abyze] ► conjug 1 ◄ ◆ abuser de VT INDIR [+ situation, crédulité] to exploit; [+ autorité, hospitalité, amabilité, confiance] to abuse ◆ ~ de ses forces to overexert o.s. ◆ il ne faut pas ~ des médicaments you shouldn't take too many medicines ◆ je ne voudrais pas ~ I don't want to impose ◆ alors là, tu abuses ! now you're going too far ! ◆ ~ d'une femme to take advantage of a woman

abusif, -ive [abyzif, iv] ADJ [pratique, usage] improper; [mère, père] overpossessive; [prix, punition] excessive

acacia [akasja] NM (= faux acacia) false acacia; (dans les pays chauds) acacia

académicien, -ienne [akademisjɛ̃, jɛn] NM,F [de l'Académie française] member of the Académie française

académie [akademi] NF (= circonscription) regional education authority ◆ l'Académie (française) the Académie française

acajou [akaʒu] NM mahogany

accablant, e [akablɑ̃, ɑ̃t] ADJ [chaleur] oppressive; [témoignage] overwhelming

accabler [akable] ► conjug 1 ◄ VT **a** [chaleur, fatigue] to overwhelm ◆ accablé de chagrin overwhelmed with grief **b** [témoignage, déposition] to condemn **c** (= faire subir) ◆ ~ qn de reproches to heap reproaches on sb ◆ ~ qn d'impôts/de travail to overburden sb with taxes/with work

accalmie [akalmi] NF lull; (après orage) calm spell

accaparer [akapaʀe] ► conjug 1 ◄ VT to monopolize; [+ marché, vente] to corner ◆ les enfants l'accaparent the children take up all her time and energy

accéder [aksede] ► conjug 6 ◄ ◆ accéder à VT INDIR **a** [+ lieu] to reach; [+ indépendance] to attain; [+ échelon] to rise to; [+ trône] to accede to ◆ on accède au château par le jardin access to the castle is through the garden ◆ ~ à la propriété to become a homeowner **b** [+ requête, prière] to grant; [+ demande] to comply with **c** (Informatique) to access

accélérateur [akseleRatœR] NM accelerator ◆ **donner un coup d'~** to accelerate

accélération [akseleRasjɔ̃] NF acceleration

accéléré [akseleRe] NM ◆ **faire défiler un film en ~** to fast-forward a film

accélérer [akseleRe] ► conjug 6 ◄ **1** VT [+ rythme] to accelerate; [+ processus, travail] to speed up ◆ **le mouvement** to get things moving **2** VI to accelerate **3** **s'accélérer** VPR [rythme] to accelerate; [pouls] to quicken; [événements] to gather pace

accent [aksɑ̃] NM **a** (= prononciation) accent **b** (sur lettre) accent ◆ **e ~ grave/aigu** e grave/acute ◆ **~ circonflexe** circumflex **c** ◆ **mettre l'~ sur** [+ problème, phénomène] to place the emphasis on

accentuation [aksɑ̃tɥasjɔ̃] NF **a** [de lettre] accentuation **b** [de contraste] emphasizing; [d'inégalités] increase

accentuer [aksɑ̃tɥe] ► conjug 1 ◄ **1** VT to accentuate; [+ goût] to bring out; [+ syllabe] to stress **2** **s'accentuer** VPR [tendance, contraste, traits, inégalités] to become more marked

acceptable [akseptabl] ADJ acceptable; [travail] satisfactory

accepter [aksepte] ► conjug 1 ◄ VT **a** [+ offre] to accept ◆ **acceptez-vous les chèques ?** do you take cheques? ◆ **elle accepte tout de sa fille** she puts up with anything from her daughter ◆ **elle a été bien acceptée dans le club** she's been well received at the club **b** (= être d'accord) to agree (de faire qch to do sth) ◆ **je n'accepterai pas que tu partes** I won't let you leave

accès [akse] NM **a** (= possibilité d'approche) access *NonC* ◆ **d'~ facile** [lieu] accessible; [personne] approachable ◆ **d'~ difficile** [lieu] hard to get to; [personne] not very approachable **b** (= entrée) entrance **c** [de colère, folie] fit; [de fièvre] attack **d** (Informatique) access

accessible [aksesibl] ADJ [lieu] accessible (à to); [personne] approachable; [but] attainable; [auteur] easily understood; [prix] affordable

accessoire [akseswaR] **1** ADJ of secondary importance **2** NM accessory; (Théâtre) prop

accident [aksidɑ̃] NM accident ◆ **~ de voiture** car accident ◆ **~ d'avion** plane crash ◆ **~ de la circulation** ou **de la route** road accident ◆ **~ du travail** accident at work ◆ **~ cardiaque** heart attack

accidenté, e [aksidɑ̃te] **1** ADJ **a** [région] hilly; [terrain] uneven **b** [véhicule] damaged **2** NM,F ◆ **les ~s de la route** road accident victims

accidentel, -elle [aksidɑ̃tɛl] ADJ accidental

accidentellement [aksidɑ̃tɛlmɑ̃] ADV **a** (= par hasard) accidentally **b** [mourir] in an accident

acclamations [aklamasjɔ̃] NFPL cheers ◆ **il est entré sous les ~ du public** he was cheered as he came in

acclamer [aklame] ► conjug 1 ◄ VT to cheer

accolade [akɔlad] NF (Typo) curly bracket

accommoder [akɔmɔde] ► conjug 1 ◄ **1** VT [+ plat] to prepare ◆ **les restes** to use up the leftovers **2** **s'accommoder** VPR (= supporter) ◆ **s'~ de** to put up with

accompagnateur, -trice [akɔ̃paɲatœR, tRis] NM,F **a** (= musicien) accompanist; (= guide) guide; [de sortie scolaire] accompanying adult; [de voyage organisé] courier

accompagnement [akɔ̃paɲmɑ̃] NM **a** (musical) accompaniment **b** (Culin) accompaniment ◆ **(servi) en ~ de** served with

accompagner [akɔ̃paɲe] ► conjug 1 ◄ **1** VT to accompany ◆ **être accompagné de** ou **par qn** to be with sb **2** **s'accompagner** VPR **a** ◆ **s'~ de** to be accompanied by **b** (Mus) ◆ **s'~ à** to accompany o.s. on

accomplir [akɔ̃pliR] ► conjug 2 ◄ **1** VT [+ devoir, tâche, mission] to carry out; [+ exploit] to perform **2** **s'accomplir** VPR (= se réaliser) to come true

accord [akɔR] NM **a** (= entente) agreement; (= concorde) harmony ◆ **d'~** to agree ◆ **se mettre** ou **tomber d'~ avec qn** to agree with sb ◆ **il est d'~ pour nous aider** he's willing to help us ◆ **c'est d'~** all right ◆ **c'est d'~ pour demain** it's OK for tomorrow * ◆ **d'~ !** OK! * ◆ **alors là, (je ne suis) pas d'~ !** * no way! * ◆ **en ~ avec vos instructions** in accordance with your instructions **b** (= traité) agreement ◆ **passer un ~ avec qn** to make an agreement with sb **c** (= permission) consent **d** [d'adjectif, participe] agreement **e** (= notes) chord; (= réglage) tuning

accordéon [akɔRdeɔ̃] NM accordion ◆ **en ~** * [voiture] crumpled up; [pantalon, chaussette] wrinkled

accorder [akɔRde] ► conjug 1 ◄ **1** VT **a** [+ faveur, permission] to grant; [+ importance, valeur] to attach ◆ **pouvez-vous m'~ quelques minutes ?** can you spare me a few minutes? **b** [+ instrument] to tune **c** ◆ **(faire) ~ un verbe/un adjectif** to make a verb/an adjective agree **2** **s'accorder** VPR **a** (= se mettre d'accord) to agree ◆ **ils s'accordent à dire que ...** they agree that ... **b** [couleurs] to go together **c** [mot] to agree

accoster [akɔste] ► conjug 1 ◄ **1** VT [+ personne] to accost **2** VI [navire] to berth

accouchement [akuʃmɑ̃] NM birth ✦ ~ **sans douleur** natural childbirth

accoucher [akuʃe] ► conjug 1 ◄ VI to have a baby ✦ **elle accouchera en octobre** her baby is due in October ✦ **accouche !**⁎ spit it out! ⁎

accouder (s') [akude] ► conjug 1 ◄ VPR to lean on one's elbows ✦ **il était accoudé à la fenêtre** he was leaning on the windowsill

accoudoir [akudwaʀ] NM armrest

accouplement [akupləmɑ̃] NM (= copulation) mating

accoupler (s') [akuple] ► conjug 1 ◄ VPR to mate

accourir [akuʀiʀ] ► conjug 11 ◄ VI to rush up (à, vers to)

accoutrement [akutʀəmɑ̃] NM (péj) getup ⁎

accoutrer (s') [akutʀe] ► conjug 1 ◄ VPR (péj) to get o.s. up ⁎ (de in)

accoutumer [akutyme] ► conjug 1 ◄ **1** VT ✦ ~ **qn à qch/à faire qch** to get sb used to sth/to doing sth **2** **s'accoutumer** VPR ✦ **s'~ à qch** to get used to sth

accro ⁎ [akʀo] ADJ ✦ **être ~** to be hooked ⁎ (à on)

accroc [akʀo] NM (= déchirure) tear ✦ **sans ~(s)** [se dérouler] without a hitch

accrochage [akʀɔʃaʒ] NM **a** (= collision) collision **b** (= dispute) brush; (plus sérieux) clash

accrocher [akʀɔʃe] ► conjug 1 ◄ **1** VT **a** [+ chapeau, tableau] to hang (à on) **b** (accidentellement) [+ vêtement] to catch (à on); [+ voiture] to hit **2** VI (⁎ = s'intéresser) ✦ **j'ai tout de suite accroché** I got into it straight away ⁎ **3** **s'accrocher** VPR **a** (= se cramponner) to hang on ✦ **s'~ à** to cling to **b** (⁎ = être tenace) [malade] to cling on; [étudiant] to stick at it ⁎ **c** [voitures] to hit each other **d** (= se disputer) to have an argument; (plus sérieux) to clash

accroissement [akʀwasmɑ̃] NM increase (de in); [de nombre, production] growth (de in)

accroître [akʀwatʀ] VT, **s'accroître** VPR ► conjug 55 ◄ to increase

accroupir (s') [akʀupiʀ] ► conjug 2 ◄ VPR to squat ✦ **il était accroupi** he was sitting on his haunches

accueil [akœj] NM **a** (= réception) welcome; [de film, idée] reception ✦ **faire bon ~ à** to welcome ✦ **faire mauvais ~ à qn** to make sb feel unwelcome ✦ **le projet a reçu un ~ favorable** the plan was favourably received **b** (= bureau) reception

accueillant, e [akœjɑ̃, ɑ̃t] ADJ welcoming

accueillir [akœjiʀ] ► conjug 12 ◄ VT **a** (= aller chercher) to meet; (= recevoir) to welcome; (= héberger) to accommodate ✦ **il m'a bien accueilli** he made me very welcome **b** [+ film, nouvelle] to receive ✦ **être bien/mal accueilli** to be well/badly received

accumulation [akymylasjɔ̃] NF accumulation; [d'erreurs] series

accumuler [akymyle] ► conjug 1 ◄ **1** VT to accumulate ✦ **les intérêts accumulés** the interest accrued ✦ **le retard accumulé** the delay that has built up **2** **s'accumuler** VPR to pile up

accusatif [akyzatif] NM accusative case

accusation [akyzasjɔ̃] NF accusation; (Droit) charge ✦ **lancer une ~ contre** to make an accusation against ✦ **l'~** (= ministère public) the prosecution

accusé, e [akyze] **1** ADJ (= marqué) marked **2** NM,F accused **3** COMP ► **accusé de réception** acknowledgement of receipt

accuser [akyze] ► conjug 1 ◄ **1** VT **a** [+ personne] to accuse (de of) ✦ ~ **de** (Droit) to charge with **b** (= rendre responsable) to blame (de for) **c** ✦ ~ **le coup** to stagger under the blow ✦ ~ **réception de qch** to acknowledge receipt of sth **2** **s'accuser** VPR ✦ **s'~ de qch/d'avoir fait qch** [personne] to admit to sth/to having done sth

acerbe [asɛʀb] ADJ caustic

acéré, e [asere] ADJ sharp; [critique] scathing

acharné, e [aʃaʀne] ADJ [concurrence] fierce; [travail, efforts] unremitting; [travailleur] determined; [défenseur, partisan] staunch

acharnement [aʃaʀnəmɑ̃] NM [de combattant] fierceness; (au travail) determination ✦ **avec ~** [travailler] furiously; [défendre] staunchly

acharner (s') [aʃaʀne] ► conjug 1 ◄ VPR ✦ **s'acharner sur** [+ victime] to pursue mercilessly ✦ **il s'acharne inutilement** he's wasting his efforts

achat [aʃa] NM purchase ✦ **faire un ~** to make a purchase ✦ **faire des ~s** to shop ✦ **faire ses ~s (de Noël)** to do one's (Christmas) shopping

acheminer [aʃ(ə)mine] ► conjug 1 ◄ **1** VT to dispatch (vers to) **2** **s'acheminer** VPR ✦ **s'~ vers** [+ endroit] to make one's way towards

acheter [aʃ(ə)te] ► conjug 5 ◄ VT **a** to buy ✦ ~ **qch à qn** (à un vendeur) to buy sth from sb; (pour qn) to buy sth for sb ✦ **je me suis acheté une montre** I bought myself a watch **b** (en corrompant) [+ personne] to bribe

acheteur, -euse [aʃ(ə)tœʀ, øz] NM,F buyer

achever [aʃ(ə)ve] ▸ conjug 5 ◂ **1** VT **a** (= terminer) to finish **b** (= tuer, fatiguer) to finish off * **2** **s'achever** VPR (= se terminer) to end (par, sur with)

acide [asid] ADJ, NM acid ◆ ~ **aminé** amino acid

acier [asje] NM steel ◆ ~ **inoxydable** stainless steel

acné [akne] NF acne ◆ ~ **juvénile** teenage acne

acolyte [akɔlit] NM (péj = associé) associate

acompte [akɔ̃t] NM (= arrhes) deposit; (sur somme due) down payment

Açores [asɔʀ] NFPL ◆ **les** ~ the Azores

à-coup (pl ~s) [aku] NM jolt ◆ **par** ~s by fits and starts

acoustique [akustik] **1** ADJ acoustic **2** NF acoustics *sg*

acquérir [akeʀiʀ] ▸ conjug 21 ◂ VT to acquire; [+ réputation, importance, valeur, célébrité] to gain

acquiescer [akjese] ▸ conjug 3 ◂ VI to agree ◆ **il acquiesça d'un signe de tête** he nodded in agreement

acquis, e [aki, iz] **1** ADJ [fait] established ◆ **tenir qch pour** ~ (comme allant de soi) to take sth for granted **2** NM (= avantage) asset; (= connaissances) knowledge

acquisition [akizisjɔ̃] NF acquisition ◆ **faire l'~ de qch** to acquire sth

acquit [aki] NM ◆ **par** ~ **de conscience** to set one's mind at rest

acquitter [akite] ▸ conjug 1 ◂ **1** VT [+ accusé] to acquit **2** **s'acquitter** VPR ◆ **s'~ de** [+ dette] to pay; [+ dette morale, devoir] to discharge; [+ promesse, obligation, fonction] to fulfil; [+ tâche] to carry out

âcre [ɑkʀ] ADJ acrid

acrobate [akʀɔbat] NMF acrobat

acrobatie [akʀɔbasi] NF (= tour) acrobatic feat; (= art) acrobatics *sg* ◆ **faire des** ~**s** to perform acrobatics

acrobatique [akʀɔbatik] ADJ acrobatic

Acropole [akʀɔpɔl] NF ◆ **l'~** the Acropolis

acrylique [akʀilik] ADJ, NM acrylic

acte [akt] NM **a** (= action) action ◆ **passer à l'~** to act; (après menace) to put one's threats into action **b** [de notaire] deed; [d'état civil] certificate ▸ **acte d'accusation** bill of indictment ▸ **acte de décès** death certificate ▸ **acte de naissance** birth certificate ▸ **acte notarié** deed executed by notary ▸ **acte de vente** bill of sale **c** (= partie de pièce de théâtre) act

acteur [aktœʀ] NM (= comédien) actor; (fig) player ◆ ~ **de cinéma** film actor ◆ ~ **de théâtre** stage actor

actif, -ive [aktif, iv] **1** ADJ active; [population] working ◆ **entrer dans la vie active** to begin one's working life **2** NM **a** (Gram) active voice ◆ **à l'~** in the active voice **b** (Fin) assets ◆ **il a plusieurs crimes à son** ~ he has already committed several crimes ◆ **elle a trois records du monde à son** ~ she has three world records to her credit

action [aksjɔ̃] NF **a** (= acte) action ◆ **faire une bonne** ~ to do a good deed ◆ **commettre une mauvaise** ~ to do something wrong ◆ **passer à l'~** to take action ◆ **mettre en** ~ [+ mécanisme] to set going; [+ plan] to put into action ◆ **l'~ humanitaire** humanitarian aid **b** [d'éléments naturels, médicament] effect ◆ **sous l'~ du gel** under the action of frost **c** (Droit) action ◆ ~ **en diffamation** libel action **d** (Sport) ◆ **revoyons l'~** let's have an action replay **e** (Fin) share

actionnaire [aksjɔnɛʀ] NMF shareholder

actionner [aksjɔne] ▸ conjug 1 ◂ VT [+ levier, manette] to operate

activer [aktive] ▸ conjug 1 ◂ **1** VT [+ travaux] to speed up; [+ dispositif] to set going **2** VI (* = se dépêcher) ◆ **active ! tu vas rater ton train** get a move on! * you'll miss your train **3** **s'activer** VPR (= s'affairer) to bustle about

activité [aktivite] NF **a** activity ◆ **elle déborde d'~** she's incredibly active ◆ **être en** ~ [volcan] to be active **b** (= emploi) job ◆ ~ **professionnelle** occupation **c** [d'entreprise] business ◆ **notre** ~ **principale est l'informatique** our main business is computing

actrice [aktʀis] NF actress

actualiser [aktɥalize] ▸ conjug 1 ◂ VT [+ ouvrage, règlement] to update; [+ salaires] to review

actualité [aktɥalite] **1** NF ◆ **l'~** (= événements) current events ◆ **l'~ sportive** the sports news ◆ **cette pièce est toujours d'~** this play is still relevant today **2** **actualités** NFPL (télévisées) ◆ **les** ~**s** the news

actuel, -elle [aktɥɛl] ADJ **a** (= présent) present ◆ **à l'heure** ~**le** at the present time ◆ **à l'époque** ~**le** nowadays **b** [livre, problème] topical

actuellement [aktɥɛlmɑ̃] ADV at the moment

acupuncture [akypɔ̃ktyʀ] NF acupuncture

adage [adaʒ] NM (= maxime) saying

adaptation [adaptasjɔ̃] NF adaptation (à to) ◆ **capacité ou faculté d'~** adaptability (à to)

adapter [adapte] ▸ conjug 1 ◂ **1** VT **a** [+ conduite, méthode] to adapt (à to); [+ roman, pièce] to adapt (pour for) **b** [+ mécanisme] to fit **c** ◆ **être adapté à** to be suited to ◆ **mesures adaptées à la situation** measures suited to the situation **2** **s'adapter** VPR **a** (= s'habituer) to adapt (o.s.) (à to) **b** [objet, prise] **♦ s'~ à** ou **sur qch** to fit sth

additif [aditif] NM (= substance) additive

addition [adisjɔ̃] NF **a** (= calcul) addition **♦ faire une ~** to do a sum **b** (= facture) bill

additionner [adisjɔne] **►** conjug 1 **◄** **1** VT to add up **♦ additionné d'un peu d'eau** with a little water added **2** **s'additionner** VPR to add up

adepte [adɛpt] NMF [de doctrine] follower; [d'activité] enthusiast

adéquat, e [adekwa(t), at] ADJ appropriate

adhérent, e [aderɑ̃, ɑ̃t] NM,F member **♦ carte d'~** membership card

adhérer [adere] **►** conjug 6 **◄ ♦ adhérer à** VT INDIR **a** (= coller) to stick to **♦** [pneu] to grip the road **b** (= devenir membre de) to join

adhésif, -ive [adezif, iv] ADJ, NM adhesive

adhésion [adezjɔ̃] NF **a** (= accord) support (à for) **b** (= fait d'être membre) membership (à to) **♦ ils ont demandé leur ~ à l'UE** they've applied for EU membership

adieu (pl **~x**) [adjø] **1** NM goodbye **♦ dire ~ à** to say goodbye to **♦ repas/visite d'~** farewell meal/visit **♦ ~ la tranquillité !** goodbye to peace and quiet! **♦ tu peux dire ~ à ton argent !** you can kiss your money goodbye! * **2** **adieux** NMPL farewells **♦ faire ses ~x (à qn)** to say one's farewells (to sb)

adjectif [adʒɛktif] NM adjective **♦ ~ qualificatif** qualifying adjective

adjoint, e [adʒwɛ̃, wɛ̃t] ADJ, NM,F deputy

adjudant [adʒydɑ̃] NM warrant officer

adjuger [adʒyʒe] **►** conjug 3 **◄ 1** VT (aux enchères) to sell (à to) **♦ une fois, deux fois, trois fois, adjugé !** going, going, gone! **2** **s'adjuger** VPR [+ place, titre] to win; (= s'approprier) to take for o.s.

admettre [admɛtʀ] **►** conjug 56 **◄** VT **a** to admit **♦ il a été admis à l'hôpital** he was admitted to hospital **♦ les chiens ne sont pas admis dans le magasin** (sur écriteau) no dogs allowed **b** (à un examen) to pass **♦ il a été admis au concours** he passed the exam **c** [+ excuses, raisons, thèse] to accept **d** (= supposer) to suppose **♦ admettons !** if you say so! **♦ admettons qu'il ne l'ait pas fait exprès** let's say he didn't do it on purpose **e** (= tolérer) to allow **♦ je n'admets pas qu'il se conduise ainsi** I won't allow him to behave like that **♦ règle qui n'admet aucune exception** rule which admits of no exception

administrateur, -trice [administʀatœʀ, tʀis] NM,F administrator; [de banque, entreprise] director; [de fondation] trustee

administratif, -ive [administʀatif, iv] ADJ administrative

administration [administʀasjɔ̃] NF **a** (= gestion) management; [de pays, commune] running **♦ être placé sous ~ judiciaire** to go into receivership **♦ sous ~ de l'ONU** under UN administration **b** (= service public) public service **♦ l'Administration** ≈ the Civil Service **♦ être** ou **travailler dans l'~** to work in the public services

administrer [administʀe] **►** conjug 1 **◄** VT **a** (= gérer) to manage; [+ fondation] to administer; [+ pays, commune] to run **b** (= donner) to administer

admirable [admiʀabl] ADJ admirable

admirablement [admiʀabləmɑ̃] ADV admirably

admirateur, -trice [admiʀatœʀ, tʀis] NM,F admirer

admiratif, -ive [admiʀatif, iv] ADJ admiring **♦ d'un air ~** admiringly

admiration [admiʀasjɔ̃] NF admiration **♦ être en ~ devant** to be filled with admiration for

admirer [admiʀe] **►** conjug 1 **◄** VT to admire

admis, e [admi, admiz] (ptp de **admettre**)

admissible [admisibl] ADJ **a** (= acceptable) acceptable **b** (= qui a réussi à l'écrit) *eligible to sit the oral part of an exam*

admission [admisjɔ̃] NF (dans un lieu, club) admission (à to)

ADN [adeɛn] NM (abrév de **acide désoxyribonucléique**) DNA

ado * [ado] NMF (abrév de **adolescent, e**) teenager

adolescence [adɔlesɑ̃s] NF adolescence

adolescent, e [adɔlesɑ̃, ɑ̃t] NM,F adolescent, teenager

adonner (s') [adɔne] **►** conjug 1 **◄** VPR **♦ s'adonner à** [+ art, études, sport, passe-temps] to devote o.s. to; [+ pratiques] to indulge in

adopter [adɔpte] **►** conjug 1 **◄** VT **a** to adopt **♦ elle a su se faire ~ par ses nouveaux collègues** she's got her new colleagues to accept her **b** [+ loi, motion] to pass

adoptif, -ive [adɔptif, iv] ADJ **♦ enfant ~** adopted child, ≈ foster child **♦ parent ~** adoptive parent

adoption [adɔpsjɔ̃] NF **a** [d'enfant] adoption **♦ pays d'~** adoptive country **b** [de loi, motion] passing

adorable [adɔʀabl] ADJ [personne] adorable; [robe, village] lovely

adoration [adɔʀasjɔ̃] NF adoration ◆ être en ~ devant to worship

adorer [adɔʀe] ► conjug 1 ◄ VT to adore

adosser (s') [adose] ► conjug 1 ◄ VPR ◆ s'adosser à ou contre qch [personne] to lean back against sth

adoucir [adusiʀ] ► conjug 2 ◄ **1** VT [+ saveur] to make milder; (avec sucre) to sweeten; [+ peau] to soften; [+ personne] to mellow **2** s'adoucir VPR [voix, couleur, peau] to soften; [personne] to mellow ◆ la température s'est adoucie the weather has got milder

adoucissant [adusisɑ̃] NM fabric conditioner

adresse [adʀɛs] NF **a** (= domicile) address ◆ partir sans laisser d'~ to go without leaving a forwarding address ◆ je connais quelques bonnes ~s de restaurants I know some good restaurants to go to ◆ ~ électronique e-mail address **b** (= habileté) skill ◆ jeu d'~ game of skill

adresser [adʀese] ► conjug 1 ◄ **1** VT **a** [+ lettre, remarque] to address ◆ ~ un reproche à to level a reproach at ◆ ~ un compliment à to pay a compliment to ◆ ~ un sourire à qn to smile at sb ◆ ~ la parole à qn to speak to sb **b** (= envoyer) to send **2** s'adresser VPR ◆ s'~ à (= parler à) to speak to; (= aller trouver) to go and see; (dans une administration) to apply to; (= viser) to be aimed at ◆ il s'adresse à un public féminin [auteur] he writes for a female readership ◆ adressez-vous au secrétariat enquire at the office ◆ et cela s'adresse aussi à vous ! and that goes for you too!

Adriatique [adʀijatik] ADJ F, NF ◆ (mer) ~ Adriatic (Sea)

adroit, e [adʀwa, wat] ADJ (= habile) skilful; (= subtil) clever ◆ ~ de ses mains clever with one's hands

ADSL [adeɛsɛl] NM (abrév de Asynchronous Digital Subscriber Line) ADSL

adulte [adylt] **1** ADJ [animal, plante] fully-grown; [attitude, comportement] adult ◆ un homme ~ an adult man **2** NMF adult

adultère [adyltɛʀ] NM (= acte) adultery

adverbe [advɛʀb] NM adverb

adversaire [advɛʀsɛʀ] NMF adversary; [de théorie, traité] opponent

aéré, e [aeʀe] ADJ [pièce] airy; [texte] well spaced out; → centre

aérer [aeʀe] ► conjug 6 ◄ **1** VT [+ pièce, literie] to air **2** s'aérer VPR [personne] to get some fresh air

aérien, -ienne [aeʀjɛ̃, jɛn] ADJ [attaque, espace, droit] air; [navigation, photographie] aerial

aérobic [aeʀɔbik] NF aerobics sg

aéro-club (pl ~s) [aeʀɔklœb] NM flying club

aérodrome [aeʀɔdʀom] NM aerodrome (Brit), airdrome (US)

aérodynamique [aeʀɔdinamik] ADJ aerodynamic

aérogare [aeʀɔgaʀ] NF air terminal

aéroglisseur [aeʀɔglisœʀ] NM hovercraft

aéronautique [aeʀɔnotik] **1** ADJ [équipement, ingénieur] aeronautical ◆ construction/constructeur ~ aircraft construction/builder ◆ l'industrie ~ the aviation industry **2** NF aeronautics sg

aérophagie [aeʀɔfaʒi] NF ◆ il a ou fait de l'~ he suffers from wind

aéroport [aeʀɔpɔʀ] NM airport

aérosol [aeʀɔsɔl] NM aerosol ◆ déodorant/peinture en ~ spray deodorant/paint

affaiblir [afebliʀ] ► conjug 2 ◄ **1** VT to weaken **2** s'affaiblir VPR [personne, autorité] to weaken; [vue] to grow dim

affaire [afɛʀ] **1** NF **a** (= problème, question) matter ◆ c'est une ~ de goût it's a matter of taste ◆ j'ai une ~ urgente à régler I've got some urgent business to deal with ◆ comment je fais ? – c'est ton ~ ! what do I do? – that's your problem! ◆ il en a fait toute une ~ he made a dreadful fuss about it ◆ tirer qn d'~ to help sb out ◆ il est tiré d'~ he's come through **b** ◆ avoir ~ à [+ personne] (= s'occuper de) to be dealing with; (= être reçu ou examiné par) to be dealt with by ◆ nous avons ~ à un dangereux criminel we are dealing with a dangerous criminal ◆ tu auras à moi ! you'll be hearing from me! ◆ cet ordinateur fera l'~ this computer will do fine ◆ cet employé ne fait pas l'~ this employee won't do for the job **c** (= faits connus du public) affair; (= scandale) scandal ◆ l'~ Dreyfus the Dreyfus affair ◆ l'~ du sang contaminé the contaminated blood scandal **d** (Droit, Police) case **e** (= transaction) deal; (= achat avantageux) bargain ◆ une bonne ~ a bargain ◆ faire une ~ to get a bargain ◆ faire ~ avec qn to clinch a deal with sb **f** (= entreprise) business **2** affaires NFPL **a** (= intérêts publics et privés) affairs ◆ les Affaires étrangères Foreign Affairs ◆ occupe-toi or mêle-toi de tes ~s ! mind your own business! **b** (= activités commerciales) business sg ◆ être dans les ~s to be in business ◆ d'~s [repas, voyage, relations] business **c** (= vêtements, objets personnels) things ◆ mes ~s de tennis my tennis things

affairer (s') [afeʀe] ► conjug 1 ◄ VPR to busy o.s.

affaisser (s') [afese] ► conjug 1 ◄ VPR **a** [route, sol] to subside; [corps, poutre] to sag; [plancher] to cave in **b** [personne] to collapse

affaler (s') [afale] ► conjug 1 ◄ VPR (= tomber) to collapse ◆ affalé dans un fauteuil slumped in an armchair

affamé, e [afame] ADJ starving

affamer [afame] ▸ conjug 1 ◂ VT to starve

affecté, e [afɛkte] ADJ affected

affecter [afɛkte] ▸ conjug 1 ◂ VT **a** (= feindre) to affect ◆ ~ **de faire qch** to pretend to do sth **b** (= destiner) to allocate (à to) ◆ ~ **des crédits à la recherche** to allocate funds to research **c** (à une fonction, un bureau) to appoint; (à une région, un pays) to post (à to) **d** (= affliger) to affect

affectif, -ive [afɛktif, iv] ADJ emotional

affection [afɛksjɔ̃] NF **a** (= tendresse) affection ◆ **avoir de l'~ pour qn** to be fond of sb ◆ **se prendre d'~ pour qn** to become fond of sb **b** (= maladie) ailment

affectueusement [afɛktɥøzmɑ̃] ADV affectionately ◆ ~ **vôtre** yours affectionately

affectueux, -euse [afɛktɥø, øz] ADJ affectionate

affichage [afiʃaʒ] NM **a** (d'affiche, résultats) posting ◆ "~ **interdit**" "post no bills" **b** (sur écran) display ◆ **montre à ~ numérique** digital watch

affiche [afiʃ] NF poster; (officielle) public notice ◆ **ce spectacle est resté à l'~ plus d'un an** the show ran for over a year

afficher [afiʃe] ▸ conjug 1 ◂ **1** VT to display; [+ résultats] to put up ◆ "**défense d'~**" "post no bills" ◆ ~ **ses opinions politiques** to make no secret of one's political views **2** s'afficher VPR (= apparaître) to be displayed ◆ **un menu s'affiche à l'écran** a menu is displayed on the screen

affilé, e [afile] **1** ADJ [outil, couteau] sharp **2** d'affilée LOC ADV in a row

affiler [afile] ▸ conjug 1 ◂ VT to sharpen

affiner [afine] ▸ conjug 1 ◂ **1** VT **a** (= rendre plus subtil) to refine; [+ sens] to sharpen [+ taille, hanches] to slim down; [+ chevilles] to make slender **2** s'affiner VPR **a** (= devenir plus subtil) to become more refined; [odorat, goût] to become sharper **b** [taille] to become slimmer; [visage] to get thinner

affinité [afinite] NF affinity ◆ **avoir des ~s avec qn** to have a natural affinity with sb

affirmatif, -ive [afiʀmatif, iv] **1** ADJ affirmative **2** affirmative NF ◆ **répondre par l'affirmative** to answer yes

affirmation [afiʀmasjɔ̃] NF assertion

affirmer [afiʀme] ▸ conjug 1 ◂ **1** VT (= proclamer) to assert ◆ **il affirme que c'est de votre faute** he maintains that it is your fault **2** s'affirmer VPR to assert o.s. ◆ **talent/personnalité qui s'affirme** talent/personality which is asserting itself

affligeant, e [afliʒɑ̃, ɑ̃t] ADJ (= triste) distressing; (= déplorable) pathetic

affliger [afliʒe] ▸ conjug 3 ◂ VT **a** (= attrister) to distress **b** ◆ **être affligé de** [+ maladie] to be afflicted with

affluence [aflyɑ̃s] NF ◆ **les heures d'~** [de trains, circulation] the rush hour

affluent [aflyɑ̃] NM tributary

affluer [aflye] ▸ conjug 1 ◂ VI [fluide, sang] to rush (à, vers to); [foule] to flock ◆ **les dons affluaient de partout** donations came flooding in from all over

afflux [afly] NM inrush ◆ ~ **de capitaux** capital inflow ◆ ~ **de main-d'œuvre** labour influx

affolant, e [afɔlɑ̃, ɑ̃t] ADJ (= effrayant) frightening

affolé, e [afɔle] ADJ (= effrayé) panic-stricken ◆ **air ~** look of panic

affolement [afɔlmɑ̃] NM (= effroi) panic ◆ **pas d'~ !** don't panic!

affoler [afɔle] ▸ conjug 1 ◂ **1** VT (= effrayer) to throw into a panic **2** s'affoler VPR [personne] to panic

affranchir [afʀɑ̃ʃiʀ] ▸ conjug 2 ◂ **1** VT **a** (avec des timbres) to put a stamp ou stamps on ◆ **lettre affranchie** stamped letter **b** (= libérer) to free **2** s'affranchir VPR ◆ s'~ **de** to free o.s. from

affranchissement [afʀɑ̃ʃismɑ̃] NM (avec des timbres) stamping; (= prix payé) postage

affreusement [afʀøzmɑ̃] ADV **a** (= horriblement) horribly **b** (= très) terribly

affreux, -euse [afʀø, øz] ADJ (= très laid) hideous; (= abominable) dreadful

affront [afʀɔ̃] NM (= insulte) affront

affrontement [afʀɔ̃tmɑ̃] NM confrontation

affronter [afʀɔ̃te] ▸ conjug 1 ◂ **1** VT [+ adversaire, danger] to confront ◆ ~ **la mort** to face death ◆ ~ **le mauvais temps** to brave the bad weather **2** s'affronter VPR [adversaires] to confront each other

affût [afy] NM ◆ **être à l'~** to be lying in wait ◆ **être à l'~ de qch** (fig) to be on the look-out for sth

affûter [afyte] ▸ conjug 1 ◂ VT to sharpen

afghan, e [afgɑ̃, an] **1** ADJ Afghan **2** Afghan(e) NM,F Afghan

Afghanistan [afganistɑ̃] NM Afghanistan

afin [afɛ̃] ◆ **afin de, afin que** LOC PRÉP, LOC CONJ in order to/that ◆ ~ **que nous le sachions** in order that we should know

a fortiori [afɔʀsjɔʀi] LOC ADV all the more

africain, e [afʀikɛ̃, ɛn] **1** ADJ African **2** Africain(e) NM,F African

afrikaans [afʀikɑ̃s] NM, ADJ INV Afrikaans

afrikaner [afʀikanɛʀ] NMF Afrikaner

Afrique [afʀik] NF Africa ✦ l'~ **du Nord** North Africa ✦ l'~ **du Sud** South Africa ✦ l'~ **noire** black Africa

agaçant, e [agasɑ̃, ɑ̃t] ADJ irritating

agacement [agasmɑ̃] NM irritation

agacer [agase] ▸ conjug 3 ◂ VT (= énerver) to irritate ✦ **ça m'agace !** it's getting on my nerves!

âge [ɑʒ] NM **a** age ✦ **quel ~ avez-vous ?** how old are you? ✦ **à l'~ de 8 ans** at the age of 8 ✦ **ils sont du même ~** they're the same age ✦ **il fait plus vieux que son ~** he looks older than he is ✦ **j'ai passé l'~** I'm too old for that ✦ **être en ~ de se marier** to be old enough to get married ✦ **c'est l'~ bête ou ingrat** it's an awkward age ▸ **l'âge adulte** adulthood ▸ **l'âge mûr** maturity ▸ **l'âge d'or** the golden age ▸ **l'âge de raison** the age of reason **b** (= ère) age ✦ **l'~ de la pierre/du bronze** the Stone/Bronze Age

âgé, e [ɑʒe] ADJ ✦ **être ~** to be old ✦ **être ~ de 9 ans** to be 9 years old ✦ **enfant ~ de 4 ans** 4-year-old child ✦ **les personnes ~es** the elderly

agence [aʒɑ̃s] NF (= succursale) branch; (= locaux) office; (= organisme) agency ▸ **agence immobilière** estate agent's (Brit), real estate agency (US) ▸ **agence matrimoniale** marriage bureau ▸ **Agence nationale pour l'emploi** *French national employment office*, ≈ job centre (Brit) ▸ **agence de voyages** travel agency

agencer [aʒɑ̃se] ▸ conjug 3 ◂ VT **a** [+ éléments, phrase] to put together **b** [+ local] to lay out

agenda [aʒɛ̃da] NM (= carnet) diary (Brit), datebook (US) ▸ **agenda électronique** electronic organizer

agenouiller (s') [aʒ(ə)nuje] ▸ conjug 1 ◂ VPR to kneel (down) ✦ **être agenouillé** to be kneeling

agent [aʒɑ̃] NM **a** ✦ ~ **(de police)** policeman ✦ ~ **de la circulation** ≈ traffic policeman ✦ **pardon monsieur l'~** excuse me, officer ✦ **elle est** ~ **(de police)** she's a policewoman **b** (= représentant) agent ▸ **agent d'assurances** insurance agent ▸ **agent immobilier** estate agent (Brit), real estate agent (US) ▸ **agent de publicité** advertising agent ▸ **agent secret** secret agent **c** (en grammaire, science) agent

agglomération [aglɔmeʀasjɔ̃] NF (= ville) town ✦ l'~ **parisienne** Paris and its suburbs ✦ **la vitesse est limitée à 50 km/h en ~** the speed limit is 50km/h in built-up areas

aggravation [agʀavasjɔ̃] NF worsening; [d'impôt, chômage] increase

aggraver [agʀave] ▸ conjug 1 ◂ **1** VT to make worse; (= renforcer) to increase ✦ **tu aggraves ton cas** you're making things worse for yourself **2 s'aggraver** VPR to get worse; (= se

renforcer) to increase ✦ **le chômage s'est fortement aggravé** there has been a sharp increase in unemployment

agile [aʒil] ADJ agile

agilité [aʒilite] NF agility

agios [aʒjo] NMPL (= frais) (bank) charges

agir [aʒiʀ] ▸ conjug 2 ◂ **1** VI **a** (= faire qch) to act; (= se comporter) to behave ✦ **il a bien/mal agi envers sa mère** he behaved well/badly towards his mother **b** [médicament] to act **2 s'agir** VPR IMPERS ✦ **il s'agit de faire vite** we must act quickly ✦ **de quoi s'agit-il ?** what's it about? ✦ **il ne s'agit pas d'argent** it's not a question of money

agitation [aʒitasjɔ̃] NF **a** (= bougeotte) restlessness; (= trouble) agitation **b** [de lieu, rue] hustle and bustle **c** (Pol) unrest

agité, e [aʒite] ADJ **a** [personne] (= ayant la bougeotte) restless; (= troublé) agitated **b** [mer] rough; [vie] hectic; [nuit] restless ✦ **avoir le sommeil ~** to toss and turn in one's sleep

agiter [aʒite] ▸ conjug 1 ◂ **1** VT **a** [+ bras] to wave; [+ queue] to wag; [+ liquide] to shake **b** (= inquiéter) to trouble **2 s'agiter** VPR [malade] to be agitated; [enfant, élève] to fidget

agneau (pl ~**x**) [aɲo] NM lamb

agonie [agɔni] NF death pangs ✦ **être à l'~** to be dying ▸ **longue ~** slow death

agoniser [agɔnize] ▸ conjug 1 ◂ VI to be dying

agrafe [agʀaf] NF [de vêtement] hook and eye; [de papiers] staple; (en chirurgie) clip

agrafer [agʀafe] ▸ conjug 1 ◂ VT [+ vêtement] to fasten; [+ papiers] to staple

agrafeuse [agʀaføz] NF stapler

agrandir [agʀɑ̃diʀ] ▸ conjug 2 ◂ **1** VT to extend; [+ trou] to make bigger; [+ écart] to increase; [+ photographie] to enlarge **2 s'agrandir** VPR [ville, famille, écart] to grow; [trou] to get bigger

agrandissement [agʀɑ̃dismɑ̃] NM [de local] extension; [de ville] expansion; (Photo) enlargement

agréable [agʀeabl] ADJ nice ✦ ~ **à voir** nice to see ✦ ~ **à vivre** [personne] easy to live with

agréablement [agʀeabləmɑ̃] ADV pleasantly

agréé, e [agʀee] ADJ [bureau, infirmière] registered; [fournisseur] authorized

agréer [agʀee] ▸ conjug 1 ◂ VT (frm : formule épistolaire) ✦ **veuillez ~, Monsieur ou je vous prie d'~, Monsieur, l'expression de mes sentiments distingués** yours sincerely

agrégation [agʀegasjɔ̃] NF *high-level teaching qualification*

agrémenter [agʀemɑ̃te] ▸ conjug 1 ◂ VT ◂ ~ qch de (= décorer) to embellish sth with ◆ ~ un récit d'anecdotes to enliven a story with anecdotes

agrès [agʀɛ] NMPL (Sport) apparatus *sg*

agresser [agʀese] ▸ conjug 1 ◂ VT to attack ◆ il s'est senti agressé he felt he was under attack

agresseur [agʀesœʀ] NM attacker

agressif, -ive [agʀesif, iv] ADJ aggressive (envers towards) ◆ d'un ton ~ aggressively

agression [agʀesjɔ̃] NF attack; (dans la rue) mugging ◆ être victime d'une ~ to be mugged

agressivement [agʀesivmɑ̃] ADV aggressively

agressivité [agʀesivite] NF aggressiveness

agricole [agʀikɔl] ADJ agricultural

agriculteur, -trice [agʀikyltœʀ, tʀis] NM,F farmer

agriculture [agʀikyltyʀ] NF agriculture

agripper [agʀipe] ▸ conjug 1 ◂ **1** VT to grab **2** s'agripper VPR ◆ s'~ à qch to cling on to sth

agroalimentaire [agʀoalimɑ̃tɛʀ] **1** ADJ [industrie] food-processing ◆ produits ~s processed foodstuffs **2** NM ◆ l'~ the food-processing industry

agronome [agʀɔnɔm] NMF agronomist ◆ ingénieur ~ agricultural engineer

agrume [agʀym] NM citrus fruit

aguets (aux) [agɛ] LOC ADV on the look-out

aguicher [agiʃe] ▸ conjug 1 ◂ VT to entice

ah [ɑ] EXCL oh! ◆ ~ bon ou oui ? is that so? ◆ ~ non certainly not ◆ ~ ! j'allais oublier oh! I nearly forgot ◆ ~, ~ ! je t'y prends aha! I've caught you at it

ahuri, e [ayʀi] ADJ (= stupéfait) stunned

ahurissant, e [ayʀisɑ̃, ɑ̃t] ADJ astounding

aide [ɛd] **1** NF **a** (= assistance) help ◆ apporter son ~ à qn to help sb ◆ à l'~ ! help! ◆ à l'~ de with ◆ ouvrir qch à l'~ d'un couteau to open sth with a knife **b** (en équipement, en argent etc) aid ◆ l'~ humanitaire humanitarian aid ▸ aide judiciaire legal aid ▸ aide sociale social security (Brit), welfare (US) **2** NMF (= personne) assistant ▸ aide familiale, aide ménagère (= personne) home help (Brit), home helper (US)

aide-mémoire [ɛdmemwaʀ] NM INV aide-mémoire

aider [ede] ▸ conjug 1 ◂ **1** VT to help ◆ ~ qn à faire qch to help sb (to do sth) ◆ je me suis fait ~ par mon frère I got my brother to help me **2** VI to help ◆ ça aide à passer le temps it helps pass the time **3** s'aider VPR ◆ s'~ de to use

aide-soignant, e (mpl **aides-soignants**) [ɛdswanjɑ̃, ɑ̃t] NM,F nursing auxiliary (Brit), nurse's aide (US)

aie [ɛ] VB → avoir

aïe [aj] EXCL (douleur) ouch! ◆ aïe aïe aïe ! (contrariété) dear oh dear!

aïeul [ajœl] NM (littér) grandfather ◆ les ~s the grandparents

aïeule [ajœl] NF (littér) grandmother

aïeux [ajø] NMPL (littér) forefathers

aigle [ɛgl] NM (= oiseau) eagle

aigre [ɛgʀ] ADJ [goût, odeur] sour

aigre-doux, aigre-douce (mpl **aigres-doux**, fpl **aigres-douces**) [ɛgʀədu, dus] ADJ [sauce] sweet and sour; [fruit, propos] bittersweet

aigreur [ɛgʀœʀ] **1** NF **a** [de goût, odeur] sourness **b** (= acrimonie) sharpness **2** aigreurs NFPL ◆ avoir des ~s (d'estomac) to have heartburn

aigri, e [egʀi] ADJ embittered

aigu, -uë [egy] ADJ **a** [son] high-pitched **b** [crise, douleur] acute

aiguillage [egɥijaʒ] NM (Rail) points (Brit), switch (US)

aiguille [egɥij] NF needle; [de balance] pointer; [de clocher] spire; (= cime) peak ◆ ~ à coudre/à tricoter sewing/knitting needle ◆ la petite/grande ~ [d'horloge] the hour/minute hand

aiguiller [egɥije] ▸ conjug 1 ◂ VT (= orienter) to direct

aiguilleur [egɥijœʀ] NM ◆ ~ du ciel air-traffic controller

aiguiser [egize] ▸ conjug 1 ◂ VT **a** [+ couteau, outil] to sharpen **b** [+ appétit] to whet; [+ sens] to excite

ail [aj] NM garlic

aile [ɛl] NF wing; [de moulin] sail; [de voiture] wing (Brit), fender (US) ◆ l'~ dure du parti the hardliners in the party

ailé, e [ele] ADJ winged

aileron [elʀɔ̃] NM [de poisson] fin; [d'avion] aileron

aille [aj] VB → aller

ailleurs [ajœʀ] ADV somewhere else ◆ nulle part ~ nowhere else ◆ partout ~ everywhere else ◆ il a l'esprit ~ his thoughts are elsewhere ◆ par ~ (= autrement) otherwise; (= en outre) moreover ◆ d'~ besides ◆ lui non plus d'~ neither does (ou is, has etc) he, for that matter

aimable [ɛmabl] ADJ (= gentil) kind ◆ tu es bien ~ de m'avoir attendu it was very kind of you to wait for me ◆ c'est très ~ à vous ou de votre part it's very kind of you

aimablement [εmabləmɑ̃] ADV kindly; [répondre, recevoir] nicely; [refuser] politely

aimant¹ [εmɑ̃] NM magnet

aimant², e [εmɑ̃, ɑ̃t] ADJ loving

aimer [eme] ► conjug 1 ◄ **1** VT **a** (d'amour) to love; (d'amitié, goût) to like ◆ ~ **bien** to like ◆ **il l'aime à la folie** he's crazy about her* ◆ **elle n'aime pas qu'il sorte le soir** she doesn't like him going out at night ◆ ~ **faire qch** to like doing sth ou to do sth **b** (avec assez, autant, mieux) ◆ **il aimerait autant ne pas sortir aujourd'hui** he'd just as soon not go out today ◆ **j'aimerais autant que ce soit elle qui m'écrive** I'd rather it was she who wrote to me ◆ **j'aime mieux ça !** * (ton menaçant) I'm pleased to hear it!; (soulagement) what a relief! ◆ **on lui apporte des fleurs, elle aimerait mieux des livres** they bring her flowers but she'd rather have books ◆ **elle aime assez bavarder avec les voisins** she enjoys chatting with the neighbours **c** (au conditionnel = vouloir) ◆ **elle aimerait bien aller se promener** she'd like to go for a walk ◆ **j'aimerais vraiment venir** I'd love to come **2** **s'aimer** VPR to love each other

aine [εn] NF groin

aîné, e [ene] **1** ADJ (= plus âgé) older; (= le plus âgé) oldest **2** NM **a** [de famille] ◆ **l'~ (des garçons)** the oldest boy ◆ **mon ~** (= frère) my older brother; (= fils) my eldest son **b** (relation d'âges) ◆ **il est mon ~** he's older than me ◆ **il est mon ~ de deux ans** he's two years older than me **3** **aînée** NF **a** [de famille] ◆ **l'~e des filles** the oldest girl ◆ **mon ~e** (= sœur) my older sister; (= fille) my eldest daughter **b** (relation d'âge) ◆ **elle est mon ~e** she's older than me ◆ **elle est mon ~e de deux ans** she's two years older than me

ainsi [εsi] ADV **a** (= de cette façon) this way ◆ **je préfère agir ~** I prefer to do it this way ◆ **il faut procéder ~** you have to proceed as follows ◆ **~ que** (avec verbe) as; (avec nom) as well as ◆ **~ que nous le disions hier** (littér) as we were saying yesterday ◆ **pour ~ dire** so to speak ◆ **et ~ de suite** and so on **b** (= en conséquence) thus; (= donc) so ◆ **~ tu vas partir !** so, you're leaving!

air [εR] NM **a** (= gaz, espace) air; (= brise) breeze; (= courant d'air) draught (Brit), draft (US) ◆ **on manque d'~ ici** it's stuffy in here ◆ **sortir prendre l'~** to go out for some fresh air ◆ **regarder en l'~** to look up ◆ **en plein ~** [piscine, spectacle, cirque] open-air; [jouer] outdoors ◆ **de plein ~** [activité, jeux] outdoor ◆ **en l'~** [paroles, promesses] empty ◆ **flanquer** * ou **foutre** ‡ **tout en l'~** (= jeter) to chuck * it all away; (= gâcher) to ruin everything ◆ **ce contretemps a fichu en l'~ mon week-end** * this stupid business has completely messed up my weekend * ► **air conditionné** air conditioning

b (= apparence, manière) air ◆ **d'un ~ décidé** in a resolute manner ◆ **ils ont un ~ de famille** there's a family likeness between them ◆ **elle a l'~ d'une enfant** she looks like a child ◆ **ça m'a l'~ d'être assez facile** it looks fairly easy to me ◆ **il a eu l'~ de ne pas comprendre** he looked as if he didn't understand **c** (= expression) look ◆ **prendre un ~ entendu** to put on a knowing air **d** (= mélodie) tune; [d'opéra] aria

airbag ® [εRbag] NM air bag

aire [εR] NF (= zone) area ► **aire d'atterrissage** landing strip ► **aire de jeux** playground ► **aire de repos** (sur autoroute) rest area ► **aire de service** service station ► **aire de stationnement** parking area

aisance [εzɑ̃s] NF **a** (= facilité) ease **b** (= richesse) affluence ◆ **vivre dans l'~** to be comfortably off

aise [εz] NF ◆ **être à l'~** to be comfortable ◆ **être mal à l'~** to be uncomfortable ◆ **mettez-vous à l'~ ou à votre ~** make yourself comfortable

aisé, e [eze] ADJ **a** (= facile) easy **b** (= riche) well-to-do

aisément [ezemɑ̃] ADV easily

aisselle [εsεl] NF armpit

ajourner [aʒuRne] ► conjug 1 ◄ VT [+ assemblée] to adjourn; [+ réunion, décision, rendez-vous] to put off

ajout [aʒu] NM [de texte] addition

ajouter [aʒute] ► conjug 1 ◄ **1** VT to add **2** **s'ajouter** VPR ◆ **s'~ à** to add to ◆ **à ces dépenses viennent s'~ les impôts** on top of these expenses there are taxes

ajusté, e [aʒyste] ADJ [vêtement] tight-fitting

ajuster [aʒyste] ► conjug 1 ◄ VT **a** [+ ceinture] to adjust; [+ cravate] to straighten; [+ vêtement] to alter **b** (= adapter) [+ tuyau] to fit (à into) **c** (= viser) ◆ ~ **son tir** to adjust one's aim

alarmant, e [alarmɑ̃, ɑ̃t] ADJ alarming

alarme [alaRm] NF (= signal de danger, inquiétude) alarm ◆ **donner** ou **sonner l'~** to give ou sound the alarm

alarmer [alaRme] ► conjug 1 ◄ **1** VT to alarm **2** **s'alarmer** VPR to become alarmed (de, pour about, at) ◆ **il n'a aucune raison de s'~** he has no cause for alarm

Alaska [alaska] NM Alaska

albanais, e [albanε, εz] **1** ADJ Albanian **2** **Albanais(e)** NM,F Albanian

Albanie [albani] NF Albania

albatros [albatRos] NM (= oiseau) albatross

albinos [albinos] ADJ INV, NMF albino

album [albɔm] NM (= livre, disque) album ◆ ~ **(de) photos/de timbres** photo/stamp album

albumine [albymin] NF albumin

alcool [alkɔl] NM **a** (= boisson) alcohol *NonC*
◆ **l'~ au volant** drinking and driving ◆ **le cognac est un ~** cognac is a spirit ◆ **~ de prune/poire** plum/pear brandy ◆ **bière/boisson sans ~** non-alcoholic beer/drink **b** (Chim) alcohol ◆ **~ à brûler** methylated spirits ◆ **~ à 90°** surgical spirit

alcoolémie [alkɔlemi] NF ◆ **taux d'~** alcohol level

alcoolique [alkɔlik] ADJ, NMF alcoholic

alcoolisé [alkɔlize] ADJ ◆ **boissons ~es/non ~es** alcoholic/soft drinks

alcoolisme [alkɔlism] NM alcoholism

alcootest ® [alkɔtɛst] NM (= épreuve) breath test ◆ **ils m'ont fait un ~** they breathalysed me

alcôve [alkov] NF alcove

aléa [alea] NM ◆ **les ~s de l'existence** the vagaries of life

aléatoire [aleatwaʀ] ADJ **a** (= risqué) uncertain **b** (Math) random

alentours [alɑ̃tuʀ] NMPL (= environs) surroundings ◆ **aux ~ de** around

alerte [alɛʀt] **1** ADJ [personne] nimble; [esprit] alert; [vieillard] spry **2** NF **a** (= signal de danger) alert ◆ **donner l'~** to give the alert ◆ **~ à la bombe** bomb scare ◆ **~ aérienne** air raid warning **b** (= avertissement) warning sign **3** EXCL watch out!

alerter [alɛʀte] ► conjug 1 ◄ VT (= donner l'alarme à) to alert; (= informer) to inform; (= prévenir) to warn

alexandrin [alɛksɑ̃dʀɛ̃] NM (= vers) alexandrine

algèbre [alʒɛbʀ] NF algebra

Alger [alʒe] N Algiers

Algérie [alʒeʀi] NF Algeria

algérien, -ienne [alʒeʀjɛ̃, jɛn] **1** ADJ Algerian **2** Algérien(ne) NM,F Algerian

algues [alg] NFPL (de mer) seaweed *NonC*; (d'eau douce) algae

alibi [alibi] NM alibi

aliénation [aljenasjɔ̃] NF alienation ◆ **~ (mentale)** (Méd) insanity

aliéné, e [aljene] NM,F insane person

aligner [aliɲe] ► conjug 1 ◄ **1** VT [+ objets] to align (sur with); [+ chiffres] to string together ◆ **il n'arrivait pas à ~ deux mots** he couldn't string two words together * **2** s'aligner VPR ◆ **s'~ sur** [+ politique] to follow the line on; [+ pays, parti] to align o.s. with

aliment [alimɑ̃] NM food ◆ **~s pour chiens/chats** dog/cat food

alimentaire [alimɑ̃tɛʀ] ADJ [aide, hygiène] food; [besoins] dietary; [habitudes] eating

alimentation [alimɑ̃tasjɔ̃] NF **a** (= régime) diet **b** (Commerce) ◆ **l'~** the food trade ◆ **magasin d'~** food shop, grocery store (US) ◆ **rayon ~** food section **c** [de personne, chaudière] feeding; [de moteur] supplying ◆ **l'~ en eau des grandes villes** the supply of water to large towns

alimenter [alimɑ̃te] ► conjug 1 ◄ **1** VT **a** [+ personne, animal] to feed **b** [+ chaudière] to feed; [+ compte bancaire] to put money into ◆ **~ une ville en gaz/électricité** to supply a town with gas/electricity **c** [+ conversation] to keep going; [+ curiosité] to feed; [+ rumeurs, soupçons] to fuel **2** s'alimenter VPR to eat

alinéa [alinea] NM (= passage) paragraph

aliter (s') [alite] ► conjug 1 ◄ VPR to take to one's bed ◆ **alité** in bed; (pour longtemps) bedridden

Allah [ala] NM Allah

allaiter [alete] ► conjug 1 ◄ VT [femme] to breast-feed; [animal] to suckle

alléchant, e [aleʃɑ̃, ɑ̃t] ADJ tempting

allécher [aleʃe] ► conjug 6 ◄ VT to tempt

allée [ale] NF [de forêt, jardin, parc] path; [de ville] avenue; (menant à une maison) drive; [de cinéma, autobus] aisle ◆ **~s et venues** comings and goings ◆ **cela l'oblige à de constantes ~s et venues** this means he has to keep shuttling back and forth

allégé, e [aleʒe] ADJ low-fat

alléger [aleʒe] ► conjug 6 et 3 ◄ VT **a** (= rendre moins lourd) to make lighter **b** (= réduire) to reduce; [+ contrôles] to ease; [+ formalités] to simplify ◆ **~ les effectifs** (scolaires) to reduce class sizes ◆ **~ les programmes scolaires** to cut the number of subjects on the school syllabus

allégorie [a(l)legɔʀi] NF allegory

allégrement, allègrement [a(l)legʀəmɑ̃] ADV cheerfully ◆ **le coût de l'opération dépasse ~ les 50 millions** the cost of the operation is well over 50 million

allégresse [a(l)legʀɛs] NF joy ◆ **ce fut l'~ générale** there was general rejoicing

Allemagne [almaɲ] NF Germany ◆ **l'ex-~ de l'Ouest/de l'Est** the former West/East Germany

allemand, e [almɑ̃, ɑ̃d] **1** ADJ German **2** NM (= langue) German **3** Allemand(e) NM,F German

🔑 **aller** [ale] ▸ conjug 9 ◂

1 VI **a** (déplacement) to go ◆ **où vas-tu ?** where are you going? ◆ **vas-y !** go on! ◆ **allons-y !** let's go! ◆ **~ quelque part en voiture** to drive somewhere ◆ **~ quelque part en avion** to fly somewhere ◆ **~ à** to go to ◆ **~ à l'école** to go to school ◆ **~ en France** to go to France
◆ **aller et venir** (entre deux endroits) to come and go; (dans une pièce) to pace up and down ◆ **je ne suis jamais allé à New York** I've never been to New York

b (évolution) ◆ **~ en empirant** to get worse and worse ◆ **~ en augmentant** to keep increasing **c** (= durer) ◆ **l'abonnement va jusqu'en juin** the subscription lasts till June ◆ **la période qui va du 22 mai au 15 juillet** the period from 22 May to 15 July

d (état, santé) ◆ **comment allez-vous ?** how are you? ◆ **il va bien** he's fine ◆ **il va mal** he's in a bad way ◆ **comment ça va ? – ça va** how are you doing? – fine ◆ **ça va mieux maintenant** I'm feeling better now ◆ **non mais ça va pas ?** * are you out of your mind? * ◆ **comment vont les affaires ?** how's business? ◆ **ça va mal en Russie** Russia is in a bad way ◆ **l'économie va mieux** the economy is doing better

e (= convenir) ◆ **ça ira comme ça ?** is it all right like that? ◆ **~ avec** to go well with ◆ **~ bien ensemble** [couleurs, styles] to go well together; [personnes] to make a nice couple
◆ **aller à qn** (forme, mesure) to fit sb; (style, genre) to suit sb ◆ **rendez-vous demain 4 heures ? – ça me va** * tomorrow at 4? – OK, fine *

f (exclamations) ◆ **allons !** ◆ **allez !** go on! ◆ **allez la France !** come on France! ◆ **allons, allons, il ne faut pas pleurer** come on, don't cry ◆ **allez-y, c'est votre tour** go on, it's your turn ◆ **ça va ! *** (= assez) that's enough!; (= d'accord) OK, OK! *

2 VB IMPERS ◆ **il en va de même pour tous les autres** the same goes for all the others

3 VB AUX **a** (futur) ◆ **il va descendre dans une minute** he'll come down in a minute ◆ **je vais le faire tout de suite** I'll do it right away ◆ **tu vas être en retard** you're going to be late
b (intention) ◆ **il est allé se renseigner** he's gone to get some information ◆ **~ voir qn à l'hôpital** to go and visit sb in hospital
c (locutions) ◆ **n'allez pas vous imaginer que ...** don't you go imagining that ... ◆ **allez savoir *** ! who knows?

4 **s'en aller** VPR **a** (= partir) to go ◆ **elle s'en va en vacances demain** she is going on holiday tomorrow ◆ **va-t'en !** go away!
b (= disparaître) [tache] to come off; (sur tissu) to come out

5 NM **a** (= billet) single (ticket) (Brit), one-way ticket (US) ◆ **~ et retour** return (ticket) (Brit), round-trip ticket (US)

b (= trajet) outward journey ◆ **j'ai fait plusieurs ~s et retours entre chez moi et la pharmacie** I made several trips to the chemist's

allergie [alɛʀʒi] NF allergy ◆ **faire une ~** to be allergic (à to)

allergique [alɛʀʒik] ADJ allergic (à to)

aller-retour [aleʀtuʀ] NM ⇒ **aller et retour**

alliage [aljaʒ] NM alloy

alliance [aljɑ̃s] NF **a** (= coalition) alliance ◆ **faire** ou **conclure une ~ avec un pays** to enter into an alliance with a country ◆ **oncle par ~** uncle by marriage **b** (= bague) wedding ring

allié, e [alje] **1** ADJ [pays, forces] allied **2** NM,F ally

allier [alje] ▸ conjug 7 ◂ **1** VT (= associer) to combine **2** **s'allier** VPR to become allies ◆ **la France s'est alliée à l'Angleterre** France became allied to England

alligator [aligatɔʀ] NM alligator

allô [alo] EXCL hello!

allocation [alɔkasjɔ̃] NF (= somme) allowance ▸ **allocation (de) chômage** unemployment benefit NonC (Brit), unemployment insurance NonC (US) ▸ **allocations familiales** (= argent) ≈ child benefit (Brit), ≈ welfare (US) ▸ **allocation logement** ≈ housing benefit

allongé, e [alɔ̃ʒe] ADJ **a** (= étendu) ◆ **être ~** to be lying down (sur on) ◆ **il était ~ sur le dos** he was lying on his back **b** (= long) long; (= étiré) elongated

allonger [alɔ̃ʒe] ▸ conjug 3 ◂ **1** VT **a** [+ vêtement] to lengthen (de by); [+ délai, durée] to extend **b** [+ bras, jambe] to stretch out **c** [+ sauce] to thin down **2** VI [jours] to get longer **3** **s'allonger** VPR **a** (= devenir plus long) to get longer **b** (= s'étendre) to lie down

allumage [alymaʒ] NM [de voiture] ignition

allumé, e * [alyme] ADJ (= fou) crazy *

allume-cigare (pl **~s**) [alymsigaʀ] NM cigarette lighter

allume-gaz [alymgɑz] NM INV gas lighter

allumer [alyme] ▸ conjug 1 ◂ **1** VT **a** [+ feu, bougie, poêle, cigare] to light **b** [+ électricité, lampe, radio] to turn on ◆ **laisse la lumière allumée** leave the light on **c** (= éclairer) ◆ **~ une pièce** to turn the lights on in a room **d** (* = aguicher) to tease **2** **s'allumer** VPR [lumière, radiateur] to come on ◆ **ça s'allume comment ?** how do you switch it on?

allumette [alymɛt] NF match

allumeuse * [alymøz] NF ♦ **c'est une** ~ she's a real tease

allure [alyʀ] NF **a** (= vitesse) speed; [de piéton] pace ♦ **à toute** ~ [rouler] at top speed; [réciter, dîner] as fast as one can **b** (= démarche) walk; (* = aspect) look ♦ **avoir de l'**~ to have style ♦ **avoir une drôle d'**~ to look odd

allusion [a(l)lyzjɔ̃] NF (= référence) allusion (à to); (avec sous-entendu) hint (à at) ♦ **faire** ~ **à** to allude to

alors [alɔʀ] **1** ADV **a** (= à cette époque) at that time ♦ **le ministre d'**~ the minister at that time **b** (= en conséquence) then ♦ **vous ne voulez pas de mon aide ?** ~ **je vous laisse** you don't want my help? I'll leave you to it then ♦ ~ **tu viens (oui ou non) ?** well, are you coming (or not)? ♦ ~ **ça, ça m'étonne** now that really does surprise me ♦ ~ **là je ne peux pas vous répondre** well that I really can't tell you ♦ **il pleut** – **et** ~ **?** it's raining – so? * **2** **alors que** LOC CONJ (= bien que) though

alouette [alwɛt] NF lark

alourdir [aluʀdiʀ] ► conjug 2 ◄ **1** VT to make heavy; [+ véhicule] to weigh down **2** **s'alourdir** VPR [personne, paupières] to become heavy ♦ **le bilan s'est encore alourdi** the death toll has risen again

Alpes [alp] NFPL ♦ **les** ~ the Alps

alphabet [alfabɛ] NM alphabet

alphabétique [alfabetik] ADJ alphabetical ♦ **par ordre** ~ in alphabetical order

alphabétisation [alfabetizasjɔ̃] NF ♦ **campagne d'**~ literacy campaign ♦ **taux d'**~ literacy rate

alpin, e [alpɛ̃, in] ADJ alpine

alpinisme [alpinism] NM mountaineering

alpiniste [alpinist] NMF mountaineer

alsacien, -ienne [alzasjɛ̃, jɛn] **1** ADJ Alsatian **2** **Alsacien(ne)** NM,F Alsatian

altercation [altɛʀkasjɔ̃] NF altercation

altérer [alteʀe] ► conjug 6 ◄ **1** VT **a** (= abîmer) to affect **b** (= modifier) to alter **2** **s'altérer** VPR [visage] to change; [relations, santé] to deteriorate

altermondialisation [altɛʀmɔ̃djalizasjɔ̃] NF alter-globalisation

altermondialisme [altɛʀmɔ̃djalism] NM alter-globalism

altermondialiste [altɛʀmɔ̃djalist] NMF alter-globalist

alternance [altɛʀnɑ̃s] NF alternation ♦ **l'**~ **politique** the alternation of two parties in government ♦ **faire qch en** ~ to take it in turns to do sth ♦ **les deux pièces sont jouées en** ~ the two plays are performed alternately

alternateur [altɛʀnatœʀ] NM alternator

alternatif, -ive [altɛʀnatif, iv] **1** ADJ **a** (= périodique, successif) alternating **b** [médecine] alternative **2** NF alternative

alterner [altɛʀne] ► conjug 1 ◄ VTI to alternate

Altesse [altɛs] NF (= titre) ♦ **votre** ~ your Highness ♦ **Son** ~ **royale** His ou Her Royal Highness

altitude [altityd] NF altitude; (par rapport au sol) height ♦ **à 2 800 mètres d'**~ at an altitude of 2,800 metres ♦ **en** ~ at high altitude ♦ **perdre/prendre l'**~ to lose/gain altitude

alu * [aly] NM abrév de **aluminium**

aluminium [alyminjɔm] NM aluminium (Brit), aluminum (US)

alvéole [alveɔl] NF OU M [de ruche] cell

Alzheimer [alzajmœʀ] NM ♦ **maladie d'**~ Alzheimer's disease

amabilité [amabilite] NF kindness ♦ **auriez-vous l'**~ **de ... ?** would you be so kind as to ...?

amadouer [amadwe] ► conjug 1 ◄ VT (= enjôler) to coax; (= apaiser) to mollify

amaigrir [amegʀiʀ] ► conjug 2 ◄ VT ♦ **je l'ai trouvé très amaigri** I thought he looked much thinner

amaigrissant, e [amegʀisɑ̃, ɑ̃t] ADJ slimming (Brit), reducing (US)

amalgame [amalgam] NM amalgam ♦ **il ne faut pas faire l'**~ **entre parti de droite et parti fasciste** you shouldn't lump the right-wing and fascist parties together

amande [amɑ̃d] NF (= fruit) almond

amandier [amɑ̃dje] NM almond tree

amant [amɑ̃] NM lover

amarre [amaʀ] NF rope (for mooring) ♦ **les** ~**s** the moorings

amarrer [amaʀe] ► conjug 1 ◄ VT [+ navire] to moor

amas [amɑ] NM mass

amasser [amɑse] ► conjug 1 ◄ **1** VT to amass **2** **s'amasser** VPR [foule] to gather

amateur [amatœʀ] NM **a** (= non-professionnel) amateur ♦ **photographe** ~ amateur photographer ♦ **travail d'**~ amateurish work **b** (= connaisseur) ♦ ~ **d'art/de musique** art/music lover

Amazone [amazon] NF (= rivière) Amazon

Amazonie [amazoni] NF ♦ **l'**~ Amazonia

ambassade [ɑ̃basad] NF embassy ♦ **l'**~ **de France** the French Embassy

ambassadeur, -drice [ɑ̃basadœʀ, dʀis] NM,F ambassador (auprès de to)

ambiance [ɑ̃bjɑ̃s] NF atmosphere ♦ **il y a de l'**~ **!** * there's a great atmosphere here! * ♦ **mettre de l'**~ to liven things up *

ambiant, e [ɑ̃bjɑ̃, jɑ̃t] ADJ [air] surrounding; [température] ambient

ambigu, -uë [ãbigy] ADJ ambiguous

ambiguïté [ãbigɥite] NF ambiguity

ambitieux, -ieuse [ãbisjø, jøz] **1** ADJ ambitious **2** NM,F ambitious person

ambition [ãbisjɔ̃] NF ambition ◆ **il a l'~** *or* **il a pour ~ de devenir ...** it's his ambition to become ...

ambulance [ãbylãs] NF ambulance

ambulant, e [ãbylã, ãt] ADJ [comédien, musicien] itinerant; [cirque, théâtre] travelling

âme [ãm] NF soul ◆ **il a trouvé l'~ sœur** he has found a soul mate ◆ **ce film n'est pas pour les ~s sensibles** this film is not for the squeamish

amélioration [ameljɔʀasjɔ̃] NF improvement (**de** in) ◆ **apporter des ~s à** to carry out improvements to

améliorer [ameljɔʀe] ► conjug 1 ◄ VT, **s'améliorer** VPR to improve

aménagement [amenaʒmã] NM **a** [de locaux] fitting-out; [de région] development ◆ **l'~ du territoire** national and regional development **b** (= ajustement) adjustment ◆ **~ du temps de travail** (= réforme) reform of working hours; (= gestion) flexible time management

aménager [amenaʒe] ► conjug 3 ◄ VT **a** [+ locaux] to fit out; [+ parc] to lay out; [+ territoire] to develop ◆ **~ une chambre en bureau** to convert a bedroom into a study **b** (= modifier) to adjust ◆ **horaire aménagé** (travail) flexible working hours; (à l'école) flexible timetable

amende [amãd] NF fine ◆ **il a eu 500 F d'~** he got a 500-franc fine

amendement [amãdmã] NM [de loi] amendment

amener [am(ə)ne] ► conjug 5 ◄ **1** VT **a** to bring **b** (= inciter) to lead ◆ **~ qn à faire qch** [circonstances] to lead sb to do sth; [personne] to get sb to do sth **2** **s'amener** VPR * ◆ **amène-toi !** get over here! * ◆ **tu t'amènes ?** get a move on! *

amenuiser (s') [amənɥize] ► conjug 1 ◄ VPR [avance, espoir, ressources] to dwindle; [chances] to grow slimmer; [risque, différences] to diminish

amer, -ère [amɛʀ] ADJ bitter

américain, e [ameʀikɛ̃, ɛn] **1** ADJ American **2** NM (= langue) American English **3** **Américain(e)** NM,F American

américanisation [ameʀikanizasjɔ̃] NF Americanization

américaniser (s') [ameʀikanize] ► conjug 1 ◄ VPR to become Americanized

américanisme [ameʀikanism] NM Americanism

amérindien, -ienne [ameʀɛ̃djɛ̃, jɛn] **1** ADJ Amerindian **2** **Amérindien(ne)** NM,F Amerindian

Amérique [ameʀik] NF ◆ **l'~** America ◆ **~ centrale/latine** Central/Latin America ◆ **~ du Nord/du Sud** North/South America

amertume [ameʀtym] NF bitterness

ameublement [amœbləmã] NM (= meubles) furniture; (= action) furnishing

ami, e [ami] **1** NM,F **a** friend ◆ **~ d'enfance** childhood friend ◆ **~ intime** close friend **b** (= compagnon) boyfriend; (= compagne) girlfriend **2** ADJ friendly ◆ **être très ~ avec qn** to be great friends with sb

amiable [amjabl] ◆ **à l'amiable** LOC ADJ, LOC ADV [divorce, solution] amicable ◆ **accord** ou **règlement à l'~** out-of-court settlement ◆ **régler une affaire à l'~** to settle a difference out of court

amiante [amjãt] NM asbestos

amical, e (mpl **-aux**) [amikal, o] ADJ friendly

amicalement [amikalmã] ADV in a friendly way ◆ **(bien) ~, Pierre** kind regards, Pierre

amidon [amidɔ̃] NM starch

amincir [amɛ̃siʀ] ► conjug 2 ◄ VT to make thinner ◆ **cette robe l'amincit** this dress makes her look slimmer

amincissant, e [amɛ̃sisã, ãt] ADJ slimming (Brit), reducing (US)

amiral (pl **-aux**) [amiʀal, o] NM admiral

amitié [amitje] NF friendship ◆ **se lier d'~ avec qn** to make friends with sb ◆ **~s, Marie** kind regards, Marie ◆ **elle vous fait ses ~s** she sends her best wishes

ammoniaque [amɔnjak] NF (liquide) ammonia

amnésie [amnezi] NF amnesia

amnésique [amnezik] ADJ amnesic

amnistie [amnisti] NF amnesty

amocher * [amɔʃe] ► conjug 1 ◄ VT [+ objet, personne] to mess up *; [+ véhicule] to bash up *

amoindrir [amwɛ̃dʀiʀ] ► conjug 2 ◄ VT [+ autorité] to weaken; [+ personne] (physiquement) to make weaker; (moralement, mentalement) to diminish

amonceler [amɔ̃s(ə)le] ► conjug 4 ◄ **1** VT [+ choses, document, preuves] to pile up; [+ richesses] to amass **2** **s'amonceler** VPR to pile up; [nuages] to bank up

amont [amɔ̃] NM [de cours d'eau] upper reaches ◆ **en ~** (rivière) upstream ◆ **en ~ de** upstream of; (fig) before

amoral, e (mpl **-aux**) [amɔʀal, o] ADJ amoral

amorcer [amɔʀse] ► conjug 3 ◄ VT **a** [+ hameçon, ligne] to bait **b** [+ travaux] to begin; [+ réformes, évolution] to initiate; [+ dialogue, négociations] to start; [+ virage] to go into

amorphe [amɔʀf] ADJ [personne] passive

amortir [amɔʀtiʀ] ► conjug 2 ◄ VT **a** [+ choc] to absorb; [+ chute] to cushion; [+ bruit] to deaden **b** [+ matériel] to write off the cost of

amortissement [amɔʀtismɑ̃] NM (= provision comptable) reserve for depreciation

amortisseur [amɔʀtisœʀ] NM shock absorber

amour [amuʀ] NM **a** (= sentiment) love ◆ j'ai rencontré le grand ~ I have met the love of my life ◆ lettre/mariage/roman d'~ love letter/ match/story ◆ ~ fou wild passion ◆ faire qch avec ~ to do sth with loving care **b** (= acte) ◆ faire l'~ to make love **c** (= personne) love ◆ à tes ~s ! * (quand on trinque) here's to you! **d** (= terme d'affection) ◆ mon ~ my love ◆ cet enfant est un ~ that child's a darling

amouracher (s') [amuʀaʃe] ► conjug 1 ◄ VPR (péj) ◆ s'amouracher de to become infatuated with

amoureusement [amuʀøzmɑ̃] ADV lovingly

amoureux, -euse [amuʀø, øz] **1** ADJ **a** [personne] in love (de with) ◆ tomber ~ to fall in love (de with) **b** (= d'amour) love ◆ vie amoureuse love life **2** NM,F lover ◆ un ~ de la nature a nature-lover

amour-propre (pl amours-propres) [amuʀpʀɔpʀ] NM self-esteem

amovible [amɔvibl] ADJ removable

ampère [ɑ̃pɛʀ] NM amp

amphétamine [ɑ̃fetamin] NF amphetamine

amphi * [ɑ̃fi] NM abrév de **amphithéâtre**

amphithéâtre [ɑ̃fiteatʀ] NM amphitheatre (Brit), amphitheater (US); (Univ) lecture hall

ample [ɑ̃pl] ADJ [manteau] loose-fitting; [jupe] full ◆ veuillez m'envoyer de plus ~s renseignements sur ... please send me further information about ...

amplement [ɑ̃pləmɑ̃] ADV [mériter] fully ◆ ça suffit ~ that's more than enough

ampleur [ɑ̃plœʀ] NF **a** [de crise, problème, dégâts] scale; [de sujet, projet] scope ◆ de grande/faible ~ large-/small-scale ◆ ces manifestations prennent de l'~ the demonstrations are increasing in scale **b** [de vêtement] fullness

ampli * [ɑ̃pli] NM (abrév de **amplificateur**) amp *

amplificateur [ɑ̃plifikatœʀ] NM amplifier

amplifier [ɑ̃plifje] ► conjug 7 ◄ **1** VT **a** [+ tendance] to accentuate; [+ mouvement, échanges] to cause to develop **b** [+ son, courant] to amplify **2** s'amplifier VPR (= se développer) to develop; (= s'aggraver) to get worse

amplitude [ɑ̃plityd] NF **a** (Astron, Physique) amplitude **b** [de températures] range

ampoule [ɑ̃pul] NF **a** (électrique) bulb ◆ ~ à vis screw-fitting bulb ◆ ~ à baïonnette bayonet bulb **b** [de médicament] phial **c** (à la main, au pied) blister

amputer [ɑ̃pyte] ► conjug 1 ◄ VT [+ membre] to amputate; (fig) to cut back (de by)

amusant, e [amyzɑ̃, ɑ̃t] ADJ **a** (= distrayant) entertaining; (= drôle) amusing

amuse-gueule (pl ~(s)) [amyzɡœl] NM appetizer

amusement [amyzmɑ̃] NM **a** (= divertissement) amusement NonC **b** (= activité) pastime

amuser [amyze] ► conjug 1 ◄ **1** VT to amuse ◆ si vous croyez que ces réunions m'amusent ! if you think I enjoy these meetings! **2** s'amuser VPR **a** (= jouer) to play **b** (= se divertir) to have fun; (= rire) to have a good laugh ◆ nous nous sommes bien amusés we had a great time * ◆ c'était juste pour s'~ it was just for fun

amygdales [amidal] NFPL tonsils ◆ se faire opérer des ~ to have one's tonsils out

an [ɑ̃] NM year ◆ un enfant de six ~s a six-year-old child ◆ il a 22 ~s he's 22 ◆ le jour ou le premier de l'~ New Year's Day

anachronique [anakʀɔnik] ADJ anachronistic

anagramme [anagʀam] NF anagram

analogie [analɔʒi] NF analogy

analogique [analɔʒik] ADJ analogical

analogue [analɔg] ADJ analogous (à to)

analphabète [analfabɛt] ADJ, NMF illiterate

analyse [analiz] NF **a** (= examen) analysis ◆ faire l'~ de to analyze **b** (médicale) test ◆ ~ de sang/d'urine blood/urine test **c** (Psych) analysis

analyser [analize] ► conjug 1 ◄ VT to analyze; [+ sang, urine] to test

ananas [anana(s)] NM pineapple

anarchie [anaʀʃi] NF anarchy

anarchiste [anaʀʃist] **1** ADJ anarchistic **2** NMF anarchist

anatomie [anatɔmi] NF anatomy

anatomique [anatɔmik] ADJ anatomical

ancêtre [ɑ̃sɛtʀ] NMF ancestor

anchois [ɑ̃ʃwa] NM anchovy

ancien, -ienne [ɑ̃sjɛ̃, jɛn] **1** ADJ **a** (= vieux) old; [objet d'art] antique ◆ dans l'~ temps in the olden days **b** (= précédent) former ◆ son ~ patron his former boss ► **ancien combattant**

war veteran **2** NM,F **a** (= personne expérimentée) senior person **b** (= élève) former pupil **c** ◆ à **l'ancienne** made in the traditional way

anciennement [ɑ̃sjɛnmɑ̃] ADV (= autrefois) formerly

ancienneté [ɑ̃sjɛnte] NF **a** (= durée de service; (= privilèges obtenus) seniority ◆ **à l'~** by seniority **b** [de maison, objet d'art] age

ancre [ɑ̃kʀ] NF anchor ◆ **jeter l'~** to drop anchor

ancrer [ɑ̃kʀe] ► conjug 1 ◄ VT to anchor ◆ **cette croyance est ancrée dans les mentalités** this is a deeply-rooted belief

Andalousie [ɑ̃daluzi] NF Andalusia

◆ **Andes** [ɑ̃d] NFPL ◆ **les ~** the Andes

◆ **Andorre** [ɑ̃dɔʀ] NF Andorra

andouille [ɑ̃duj] NF **a** (= saucisse) *sausage made of chitterlings, eaten cold* **b** (* = imbécile) dummy * ◆ **faire l'~** to act the fool

andouillette [ɑ̃dujɛt] NF *sausage made of chitterlings, eaten hot*

âne [ɑn] NM **a** donkey **b** (* = personne) ass *

anéantir [aneɑ̃tiʀ] ► conjug 2 ◄ VT **a** (= détruire) to destroy **b** [chagrin] to crush ◆ **la nouvelle l'a anéanti** the news completely broke him

anecdote [anɛkdɔt] NF anecdote

anémie [anemi] NF (Méd) anaemia (Brit), anemia (US)

anémié, e [anemje] ADJ (Méd) anaemic (Brit), anemic (US)

anémone [anemɔn] NF anemone

ânerie [ɑnʀi] NF (= parole) stupid remark ◆ **arrête de dire des ~s !** stop talking nonsense!

ânesse [ɑnɛs] NF female donkey

anesthésie [anɛstezi] NF (= opération) anaesthetic (Brit), anesthetic (US) ◆ **sous ~** under anaesthetic

anesthésier [anɛstezje] ► conjug 7 ◄ VT to anaesthetize (Brit), to anesthetize (US)

ange [ɑ̃ʒ] NM angel ◆ **oui mon ~** yes, darling ◆ **avoir une patience d'~** to have the patience of a saint ◆ **être aux ~s** to be in seventh heaven ► **ange gardien** guardian angel

angine [ɑ̃ʒin] NF (= amygdalite) tonsillitis; (= pharyngite) pharyngitis ◆ **~ de poitrine** angina

anglais, e [ɑ̃glɛ, ɛz] **1** ADJ English **2** NM **a** ◆ **Anglais** Englishman ◆ **les Anglais** English people; (abusivement = Britanniques) British people **b** (= langue) English ◆ **parler ~** to speak English **3 Anglaise** NF Englishwoman

angle [ɑ̃gl] NM **a** [de meuble, rue] corner ◆ **à l'~ de ces deux rues** on the corner of these two

streets ◆ **le magasin qui fait l'~** the shop on the corner ► **angle mort** blind spot **b** (Math) angle **c** (= aspect) angle ◆ **voir qch sous un autre ~** to see sth from another angle

Angleterre [ɑ̃glətɛʀ] NF England; (abusivement = Grande-Bretagne) Britain

anglican, e [ɑ̃glikɑ̃, an] ADJ, NM,F Anglican

anglicisme [ɑ̃glisism] NM anglicism

anglo-normand, e (mpl ~s) [ɑ̃glonɔʀmɑ̃, ɑ̃d] ADJ Anglo-Norman; voir aussi **île**

anglophone [ɑ̃glɔfɔn] **1** ADJ [personne] English-speaking; [littérature] in English **2** NMF English speaker

anglo-saxon, -onne (mpl ~s) [ɑ̃glosaksɔ̃, ɔn] ADJ Anglo-Saxon

angoissant, e [ɑ̃gwasɑ̃, ɑ̃t] ADJ [situation, silence] stressful

angoisse [ɑ̃gwas] NF anguish ◆ **crises d'~** anxiety attacks ◆ **c'est l'~ *** it's nerve-racking

angoissé, e [ɑ̃gwase] ADJ [geste, visage, voix] anguished; [question, silence] agonized; [personne] distressed

angoisser [ɑ̃gwase] ► conjug 1 ◄ VT (= inquiéter) to distress

angora [ɑ̃gɔʀa] ADJ, NM angora

anguille [ɑ̃gij] NF eel

animal, e (mpl **-aux**) [animal, o] **1** ADJ animal **2** NM animal ◆ **~ de compagnie** pet

animateur, -trice [animatœʀ, tʀis] NM,F [de spectacle, émission de jeux] host; [d'émission culturelle] presenter; [de camp de vacances] activity leader ◆ **~ (de) radio** radio presenter

animation [animasjɔ̃] NF **a** [de quartier, discussion] liveliness; [de rue, bureau] hustle and bustle ◆ **mettre de l'~** to liven things up **b** (= activités) activities ◆ **chargé de l'~ culturelle/sportive** in charge of cultural/sports activities **c** (Ciné) animation

animé, e [anime] ADJ [rue, quartier, discussion] lively; voir aussi **dessin**

animer [anime] ► conjug 1 ◄ **1** VT **a** [+ spectacle, émission de jeux] to host; [+ émission culturelle] to present; [+ discussion, réunion] to lead **b** [+ ville, soirée, conversation] to liven up **2 s'animer** VPR [personne, rue] to come to life; [conversation] to become animated; [match] to liven up; [yeux, traits] to light up

animosité [animozite] NF animosity (contre towards, against)

anis [ani(s)] NM (= plante) anise; (= graines) aniseed

ankyloser (s') [ɑ̃kiloze] ► conjug 1 ◄ VPR to stiffen up

annales [anal] NFPL annals ◆ **ça restera dans les ~ *** that'll go down in history

anneau (pl **~x**) [ano] NM (= cercle, bague) ring; (= boucle d'oreille) hoop earring; [de chaîne] link ◆ **exercices aux ~x** (Sport) ring exercises

année [ane] NF year ◆ **payé à l'~** paid annually ◆ **l'~ universitaire** the academic year ◆ **l'~ académique** (Can, Belg, Helv) the academic year ◆ **de première/deuxième ~** (Scol, Univ) first-/second-year ◆ **~ de naissance** year of birth ◆ **les ~s 60** the sixties ▸ **année bissextile** leap year ▸ **année civile** calendar year

annexe [anɛks] **1** ADJ [considérations] secondary; [budget, revenu] supplementary ◆ **frais ~s** incidental expenses **2** NF **a** (= pièces complémentaires) appendix ◆ **en ~** in the appendix **b** (= bâtiment) annex

annexer [anɛkse] ▸ conjug 1 ◂ VT [+ territoire] to annex

annihiler [aniile] ▸ conjug 1 ◂ VT [+ efforts] to wreck; [+ espoirs, résistance] to destroy; [+ personne] to crush

anniversaire [anivɛʀsɛʀ] NM [de naissance] birthday; [d'événement, mariage, mort] anniversary ◆ **bon ou joyeux ~ !** happy birthday! ◆ **cadeau/carte d'~** birthday present/card

annonce [anɔ̃s] NF **a** (= publicité) advertisement ◆ **petites ~s** classified advertisements ◆ **passer une ~ (dans un journal)** to put an advertisement in a paper **b** [d'accord, décision, résultat] announcement **c** (Cartes) declaration; (Bridge) bid

annoncer [anɔ̃se] ▸ conjug 3 ◂ **1** VT **a** [+ fait, décision, nouvelle] to announce ◆ **~ à qn que ...** to tell sb that ... ◆ **je lui ai annoncé la nouvelle** I told her the news **b** [+ pluie, détérioration] to forecast **c** [signe avant-coureur] to herald; [sonnerie, pas] to announce ◆ **les nuages qui annoncent une tempête** clouds that herald a storm ◆ **ça n'annonce rien de bon** it bodes ill **d** [+ personne] to announce ◆ **qui dois-je ~ ?** what name shall I say? **e** (Cartes) to declare; (Bridge) to bid **2** **s'annoncer** VPR **a** [situation] ◆ **comment est-ce que ça s'annonce ?** how is it looking? ◆ **ça s'annonce bien** it looks promising **b** [événement, crise] to approach **c** (= donner son nom) to announce o.s.

annotation [anɔtasjɔ̃] NF annotation

annoter [anɔte] ▸ conjug 1 ◂ VT to annotate

annuaire [anɥɛʀ] NM [d'organisme] yearbook; [de téléphone] phone book ◆ **~ électronique** electronic directory

annuel, -elle [anɥɛl] ADJ annual

annuité [anɥite] NF annual payment

annulaire [anɥlɛʀ] NM ring finger

annulation [anylasjɔ̃] NF [de contrat] invalidation; [de jugement, décision] quashing; [de réservation, commande] cancellation; [d'élection, acte, examen] nullification; [de mariage] annulment

annuler [anyle] ▸ conjug 1 ◂ VT [+ contrat] to invalidate; [+ jugement, décision] to quash; [+ élection, examen] to nullify; [+ mariage] to annul; [+ réservation, commande] to cancel

anodin, e [anɔdɛ̃, in] ADJ [détail] trivial; [propos] innocuous ◆ **s'il a dit cela, ce n'est pas ~** if he said that, he meant something by it

anomalie [anɔmali] NF anomaly; (biologique) abnormality; (technique) technical fault

anonymat [anɔnima] NM anonymity ◆ **garder ou conserver l'~** to remain anonymous

anonyme [anɔnim] ADJ [auteur] anonymous; (= impersonnel) impersonal; → **société**

anorak [anɔʀak] NM anorak

anorexie [anɔʀɛksi] NF anorexia

anorexique [anɔʀɛksik] ADJ, NMF anorexic

anormal, e (mpl **-aux**) [anɔʀmal, o] ADJ **a** (Sciences, Méd) abnormal; [situation, comportement] unusual **b** (= injuste) unfair ◆ **il est ~ que ...** it's not fair that ...

anormalement [anɔʀmalmɑ̃] ADV [chaud, grand] abnormally

ANPE [aɛnpe] NF (abrév de **Agence nationale pour l'emploi**) = job centre

anse [ɑ̃s] NF [de panier, tasse] handle; (Géog) cove

antarctique [ɑ̃taʀktik] **1** ADJ [région] Antarctic ◆ **l'océan Antarctique** the Antarctic Ocean **2** **l'Antarctique** NM (= océan) the Antarctic; (= continent) Antarctica

antécédent [ɑ̃tesedɑ̃] **1** NM [de mot] antecedent **2** **antécédents** NMPL past history; (Méd) medical history

antenne [ɑ̃tɛn] NF **a** [d'insecte] antenna **b** (Radio, TV) aerial ◆ **~ parabolique** satellite dish ◆ **nous devons bientôt rendre l'~** we have to go back to the studio soon ◆ **hors ~** off the air ◆ **être/passer à l'~** to be/go on the air **c** (= succursale) branch

antérieur, e [ɑ̃teʀjœʀ] ADJ **a** [époque, situation] previous ◆ **cette décision était ~e à son départ** that decision was taken prior to his departure **b** [partie] front ◆ **membre ~** forelimb

antérieurement [ɑ̃teʀjœʀmɑ̃] ADV earlier ◆ **~ à** prior to

anthologie [ɑ̃tɔlɔʒi] NF anthology

anthropologie [ɑ̃tʀɔpɔlɔʒi] NF anthropology

anthropologue [ɑ̃tʀɔpɔlɔg] NMF anthropologist

anthropophage [ɑ̃tʀɔpɔfaʒ] **1** ADJ cannibalistic **2** NMF cannibal

anti(-) [ɑ̃ti] PRÉF anti- ◆ **loi anticasseurs** law against looting ◆ **flash anti-yeux rouges** flash with red-eye reduction feature

antiadhésif, -ive [ɑ̃tiadezif, iv] ADJ [poêle, revêtement] non-stick

antiaérien, -ienne [ɑ̃tiaeʀjɛ̃, jɛn] ADJ [batterie, missile] anti-aircraft; [abri] air-raid

antiatomique [ɑ̃tiatɔmik] ADJ ✦ abri ~ fallout shelter

antibiotique [ɑ̃tibjɔtik] ADJ, NM antibiotic ✦ être/mettre sous ~s to be/put on antibiotics

antibrouillard [ɑ̃tibʀujaʀ] ADJ, NM ✦ (phare) ~ fog lamp (Brit), fog light (US)

antichambre [ɑ̃tiʃɑ̃bʀ] NF antechamber

anticipation [ɑ̃tisipasjɔ̃] NF ✦ roman/film d'~ science-fiction novel/film

anticipé, e [ɑ̃tisipe] ADJ [élections, retraite] early ✦ remboursement ~ repayment before due date ✦ avec mes remerciements ~s thanking you in advance

anticiper [ɑ̃tisipe] ▶ conjug 1 ◀ **1** VI (= prévoir) to anticipate; (en racontant) to jump ahead ✦ il anticipe bien (sur les balles) he's got good anticipation ✦ ~ sur [+ récit, rapport] to anticipate ✦ sans vouloir ~ sur ce que je dirai tout à l'heure without wishing to go into what I'll be saying just in advance **2** VT to anticipate

anticoagulant, e [ɑ̃tikɔagylɑ̃, ɑ̃t] ADJ, NM anticoagulant

anticonformiste [ɑ̃tikɔ̃fɔʀmist] ADJ, NMF nonconformist

anticonstitutionnel, -elle [ɑ̃tikɔ̃stitysjɔnɛl] ADJ unconstitutional

anticorps [ɑ̃tikɔʀ] NM antibody

anticyclone [ɑ̃tisiklon] NM anticyclone

antidater [ɑ̃tidate] ▶ conjug 1 ◀ VT to backdate

antidépresseur [ɑ̃tidepʀɛscœʀ] ADJ M, NM antidepressant

antidopage [ɑ̃tidɔpaʒ] ADJ [loi, contrôle] anti-doping

antidote [ɑ̃tidɔt] NM antidote (contre, de for, against)

antiémeute(s) [ɑ̃tiemøt] ADJ [police, brigade, unité] riot

antigel [ɑ̃tiʒɛl] ADJ INV, NM antifreeze

anti-inflammatoire [ɑ̃tiɛ̃flamatwaʀ] ADJ, NM anti-inflammatory

antillais, e [ɑ̃tijɛ, ɛz] **1** ADJ West Indian **2** Antillais(e) NM,F West Indian

Antilles [ɑ̃tij] NFPL ✦ les ~ the West Indies ✦ la mer des ~ the Caribbean Sea

antilope [ɑ̃tilɔp] NF antelope

antimilitariste [ɑ̃timilitaʀist] ADJ, NMF antimilitarist

antimite [ɑ̃timit] **1** ADJ moth **2** NM moth repellent

antinucléaire [ɑ̃tinykleɛʀ] ADJ antinuclear

antiparasite [ɑ̃tipaʀazit] ADJ antiinterference ✦ dispositif ~ suppressor

antipathie [ɑ̃tipati] NF antipathy ✦ avoir de l'~ pour qn to dislike sb

antipathique [ɑ̃tipatik] ADJ [personne] unpleasant ✦ il m'est ~ I don't like him

antipelliculaire [ɑ̃tipelikylɛʀ] ADJ antidandruff

antipode [ɑ̃tipɔd] NM ✦ les ~s the antipodes ✦ votre théorie est aux ~s de la mienne our theories are poles apart

antipoison [ɑ̃tipwazɔ̃] ADJ INV ✦ centre ~ treatment centre for poisoning cases

antipollution [ɑ̃tipɔlysjɔ̃] ADJ INV antipollution

antiquaire [ɑ̃tikɛʀ] NMF antique dealer

antique [ɑ̃tik] ADJ ancient

antiquité [ɑ̃tikite] NF **a** (= période) ✦ l'Antiquité antiquity **b** (= objet ancien) antique ✦ ~s (= œuvres de l'Antiquité) antiquities ✦ magasin d'~s antique shop

antirides [ɑ̃tiʀid] ADJ antiwrinkle

antirouille [ɑ̃tiʀuj] ADJ INV antirust

antisèche * [ɑ̃tiseʃ] NF crib *

antisémite [ɑ̃tisemit] **1** ADJ anti-Semitic **2** NMF anti-Semite

antisémitisme [ɑ̃tisemitism] NM antiSemitism

antiseptique [ɑ̃tiseptik] ADJ, NM antiseptic

antitabac [ɑ̃titaba] ADJ INV ✦ campagne ~ antismoking campaign

antithèse [ɑ̃titɛz] NF antithesis

antivirus [ɑ̃tiviʀys] NM (Méd) antiviral drug; (Informatique) antivirus

antivol [ɑ̃tivɔl] NM, ADJ INV ✦ (dispositif) ~ [de cycle] lock; (sur volant de voiture) steering lock

antonyme [ɑ̃tɔnim] NM antonym

antre [ɑ̃tʀ] NM den

anus [anys] NM anus

Anvers [ɑ̃vɛʀ] N Antwerp

anxiété [ɑ̃ksjete] NF anxiety ✦ avec ~ anxiously

anxieusement [ɑ̃ksjøzmɑ̃] ADV anxiously

anxieux, -ieuse [ɑ̃ksjø, jøz] **1** ADJ [personne, regard] anxious **2** NM,F worrier

AOC [aose] NF (abrév de appellation d'origine contrôlée) ✦ fromage/vin ~ AOC cheese/wine (with a guarantee of origin)

août [u(t)] NM August; pour loc voir **septembre**

apache [apaʃ] **1** ADJ (= indien) Apache **2** Apache NMF Apache

apaisant, e [apezɑ̃, ɑ̃t] ADJ [musique, silence, crème] soothing; [discours] conciliatory

apaiser [apeze] ► conjug 1 ◄ **1** VT **a** [+ personne, foule, animal] to calm down **b** [+ faim] to appease; [+ soif] to slake; [+ conscience] to salve; [+ scrupules] to allay; [+ douleur] to soothe ◆ **pour ~ les esprits** to calm people down **2** **s'apaiser** VPR **a** [personne, animal] to calm down **b** [tempête, douleur] to die down

apanage [apanaʒ] NM (= privilège) privilege ◆ **avoir l'~ de qch** to have the exclusive right to sth

apartheid [apaʀtɛd] NM apartheid

apathique [apatik] ADJ apathetic

apercevoir [apɛʀsəvwaʀ] ► conjug 28 ◄ **1** VT to see; (brièvement) to catch sight of **2** **s'apercevoir** VPR [personnes] to see each other ◆ **s'~ de qch** (= voir) to notice sth; (= se rendre compte de) to realise sth ◆ **s'~ que** (= voir) to notice that; (= se rendre compte que) to realise that

aperçu [apɛʀsy] NM **a** (= idée générale) general survey ◆ **cela vous donnera un bon ~ de ce que vous allez visiter** that will give you a good idea of what you are about to visit **b** (Informatique) ◆ **~ avant impression** print preview

apéritif [apeʀitif] NM aperitif ◆ **prendre l'~** to have an aperitif ◆ **venez prendre l'~** come for drinks

apéro * [apeʀo] NM (abrév de **apéritif**) aperitif

apesanteur [apəzɑ̃tœʀ] NF weightlessness ◆ **être en (état d')~** to be weightless

aphone [afɔn] ADJ ◆ **je suis presque ~ d'avoir tant crié** I've nearly lost my voice from shouting so much

aphrodisiaque [afʀodizjak] ADJ, NM aphrodisiac

aphte [aft] NM ulcer

à-pic [apik] NM cliff

apiculture [apikyltyʀ] NF beekeeping

apitoyer [apitwaje] ► conjug 8 ◄ **1** VT to move to pity ◆ **regard/sourire apitoyé** pitying look/smile **2** **s'apitoyer** VPR ◆ **s'~ sur qn ou le sort de qn** to feel sorry for sb ◆ **s'~ sur son propre sort** to feel sorry for o.s.

ap. J.-C. (abrév de **après Jésus-Christ**) AD

aplanir [aplaniʀ] ► conjug 2 ◄ VT [+ terrain, surface] to level; [+ difficultés] to iron out

aplati, e [aplati] ADJ [forme, objet, nez] flat

aplatir [aplatiʀ] ► conjug 2 ◄ VT [+ objet] to flatten; [+ cheveux] to smooth down; [+ surface] to flatten out

aplomb [aplɔ̃] NM **a** (= assurance) composure; (= insolence) nerve * ◆ **tu ne manques pas d'~** !

you've got a nerve *! **b** ◆ **être d'~** [objet] to be balanced; [mur] to be plumb ◆ **ne pas être d'~** [mur] to be out of plumb ◆ **ça va te remettre d'~** * that'll put you back on your feet again

apocalypse [apɔkalips] NF apocalypse ◆ **paysage/vision d'~** apocalyptic landscape/vision

apogée [apɔʒe] NM [de carrière, art, mouvement] peak ◆ **être à son ~** to reach its peak ◆ **à l'~ de sa gloire/carrière** at the height of his (ou her) fame/career

apoplexie [apɔplɛksi] NF apoplexy ◆ **attaque d'~** stroke

a posteriori [apɔsteʀjɔʀi] LOC ADV, LOC ADJ after the event

apostrophe [apɔstʀɔf] NF **a** (= interpellation) rude remark *(shouted at sb)* **b** (derrière une lettre) apostrophe

apostropher [apɔstʀɔfe] ► conjug 1 ◄ **1** VT (= interpeller) to shout at **2** **s'apostropher** VPR to shout at each other

apothéose [apɔteoz] NF **a** (= consécration) apotheosis **b** [de spectacle] grand finale

apôtre [apotʀ] NM apostle

Appalaches [apalaʃ] NMPL ◆ **les (monts) ~** the Appalachian Mountains

apparaître [apaʀɛtʀ] ► conjug 57 ◄ VI (= se montrer) to appear (à to); [fièvre, boutons] to break out

apparat [apaʀa] NM ◆ **d'~** [dîner, habit, discours] ceremonial

appareil [apaʀɛj] NM **a** (= machine, instrument) piece of apparatus; (électrique, ménager) appliance; (= poste de radio, de télévision) set; (Photo) camera ▸ **appareil électroménager** household appliance ▸ **appareil photo** camera **b** (= téléphone) phone ◆ **qui est à l'~ ?** who's speaking? ◆ **Patrick à l'~** Patrick speaking **c** (= avion) aircraft *inv* **d** (auditif) hearing aid; (de contention dentaire) brace; (* = dentier) dentures **e** (Anatomie) ◆ **~ digestif/respiratoire** digestive/respiratory system **f** (Gym) ◆ **~s** apparatus *sg* ◆ **exercices aux ~s** exercises on the apparatus

appareiller [apaʀeje] ► conjug 1 ◄ VI [navire] to cast off

apparemment [apaʀamɑ̃] ADV apparently

apparence [apaʀɑ̃s] NF appearance ◆ **homme d'~ ou à l'~ sévère** stern-looking man ◆ **sauver les ~s** to keep up appearances

apparent, e [apaʀɑ̃, ɑ̃t] ADJ **a** (= visible) obvious ◆ **sans raison ~e** for no obvious reason ◆ **plafond avec poutres ~es** ceiling with exposed beams **b** (= superficiel) ◆ **sous son ~e gentillesse** beneath his kind-hearted façade

apparenté, e [apaʀɑ̃te] ADJ (= de la même famille) related; (= semblable) similar (à to)

apparenter (s') [apaʀɑ̃te] ► conjug 1 ◄ VPR
♦ s'apparenter à (= ressembler à) to be similar
to

apparition [apaʀisjɔ̃] NF **a** (= manifestation)
appearance; [de boutons, fièvre] outbreak
♦ faire son ~ to appear ♦ il n'a fait qu'une
courte ~ he only made a brief appearance **b**
(= vision) apparition

appartement [apaʀtəmɑ̃] NM **a** [de maison,
immeuble] flat (Brit), apartment (US); → plante
b ♦ ~s [de château] apartments

appartenance [apaʀtənɑ̃s] NF (à une famille,
un ensemble, un parti) membership (à of) ♦ leur
sentiment d'~ à cette nation their sense of
belonging to the nation

appartenir (s') [apaʀtəniʀ] ► conjug 22 ◄ ♦ appartenir à VT INDIR to belong to

appât [apɑ] NM (Pêche) bait ♦ l'~ du gain the
lure of gain

appâter [apɑte] ► conjug 1 ◄ VT [+ poissons, gibier, personne] to lure; [+ piège, hameçon] to bait

appauvrir (s') [apovʀiʀ] ► conjug 2 ◄ VPR
[personne, sol, pays] to grow poorer; [langue] to
become impoverished

appel [apɛl] NM **a** (= cri) call ♦ ~ à l'aide ou au
secours call for help **b** (= sollicitation) call ♦ ~
aux armes call to arms ♦ lancer un ~ au calme
to appeal for calm ♦ manifestation à l'~ d'une
organisation demonstration called by an organization ♦ faire un ~ de phares to flash one's
headlights ♦ faire ~ à (= invoquer) to appeal to;
(= avoir recours à) to call on ♦ faire ~ au bon
sens/à la générosité de qn to appeal to sb's
common sense/generosity ♦ faire ~ à ses
souvenirs to call up one's memories ♦ faire ~ à
l'armée to call out the army ♦ on a dû faire ~
aux pompiers they had to call the fire brigade
♦ ça fait ~ d'air there's a draught (Brit) ou draft
(US) ► appel d'offres invitation to tender **c**
♦ faire l'~ (en classe) to call the register (Brit),
to take attendance (US); (à l'armée) to call the
roll **d** (= recours en justice) appeal ♦ faire ~ to
lodge an appeal ♦ sans ~ [décision] final **e** ♦ ~
(téléphonique) call

appelé [ap(ə)le] NM (Mil) conscript

appeler [ap(ə)le] ► conjug 4 ◄ **1** VT **a** (= interpeller, faire venir, au téléphone) to call ♦ ~ le
nom de qn to call out sb's name ♦ ~ qn à
l'aide ou au secours to call to sb for help ♦ le
patron l'a fait ~ the boss sent for him ♦ j'appelle votre attention sur ce problème I call
your attention to this problem ♦ ~ un chat un
chat to call a spade a spade **b** (= désigner) ♦ ~
qn à [+ poste] to appoint sb to ♦ la méthode est
appelée à se généraliser the method looks set
to become widely used **c** (Informatique) [+ fi-
chier] to call **2** VI (= crier) to call out ♦ ~ à
l'aide ou au secours to call for help

3 s'appeler VPR **a** (= être nommé) to be
called ♦ il s'appelle Paul his name is Paul
♦ comment ça s'appelle en français ? what's
that called in French? **b** [personnes] ♦ on
s'appelle ce soir (au téléphone) you ring me or
I'll ring you this evening

appellation [apelasjɔ̃] NF appellation ♦ ~
d'origine label of origin ♦ ~ (d'origine) contrôlée *label guaranteeing the origin of wine and
cheese*

appendice [apɛ̃dis] NM appendix

appendicite [apɛ̃disit] NF appendicitis ♦ se
faire opérer de l'~ to have one's appendix out

appentis [apɑ̃ti] NM (= bâtiment) lean-to

appesantir (s') [apəzɑ̃tiʀ] ► conjug 2 ◄ VPR
♦ s'appesantir sur un sujet to dwell at length
on a subject

appétissant, e [apetisɑ̃, ɑ̃t] ADJ [nourriture]
appetizing; (hum)

appétit [apeti] NM appetite ♦ avoir de l'~ ou
bon ~ to have a hearty appetite ♦ bon ~ !
(hôte) bon appétit!; (serveur) enjoy your meal!

applaudir [aplodiʀ] ► conjug 2 ◄ **1** VT to applaud ♦ applaudissons notre sympathique gagnant let's give the winner a big hand **2** VI to
clap

applaudissements [aplodismɑ̃] NMPL
applause *NonC*, clapping *NonC*

applicable [aplikabl] ADJ applicable ♦ être ~ à
to apply to

applicateur [aplikatœʀ] NM applicator

application [aplikasjɔ̃] NF **a** [de peinture,
pommade] application ♦ renouveler l'~ tous les
jours apply every day **b** [de peine, loi] enforce-
ment; [de règlement, décision] implementation
♦ mettre en ~ [+ décision] to implement; [+ loi]
to enforce **c** (= attention) application ♦ travailler avec ~ to work diligently **d** (Informatique) application

applique [aplik] NF (= lampe) wall light

appliqué, e [aplike] ADJ **a** [personne] hard-
working; [écriture] careful **b** [linguistique, ma-
thématiques] applied

appliquer [aplike] ► conjug 1 ◄ **1** VT **a**
[+ peinture, pommade] to apply (sur to) **b**
[+ règlement, décision] to implement; [+ peine,
loi] to enforce; [+ méthode] to use
2 s'appliquer VPR **a** (= concerner) ♦ s'~ à to
apply to **b** (= s'acharner) ♦ s'~ à faire qch to
make every effort to do sth ♦ applique-toi !
make an effort!

appoint [apwɛ̃] NM **a** (= monnaie) ♦ l'~ the
right money ♦ "prière de faire l'~" "exact
change only please" **b** ♦ radiateur d'~ extra
heater

apport [apɔʀ] NM (= contribution) contribution

apporter [apɔʀte] ► conjug 1 ◄ VT to bring; [+ preuve, solution] to provide ◆ **apporte-le-moi** bring it to me ◆ **apporte-le-lui** take it to him ◆ **leur enseignement m'a beaucoup apporté** I got a lot out of their teaching ◆ **c'est le genre de commentaire qui n'apporte rien** it's the sort of comment that doesn't help

apposer [apoze] ► conjug 1 ◄ VT (frm) [+ sceau, plaque] to affix; [+ signature] to append (frm)

apposition [apozisjɔ̃] NF [de mots] apposition

appréciable [apʀesjabl] ADJ **a** (= assez important) appreciable ◆ **un nombre ~ de gens** a good many people **b** [qualité, situation] pleasant ◆ **c'est ~ de pouvoir se lever tard** it's nice to be able to get up late

appréciation [apʀesjasjɔ̃] NF **a** [de distance, importance] estimation **b** (= jugement) ◆ **je laisse cela à votre ~** I leave you to judge for yourself ◆ **les ~s du professeur sur un élève** the teacher's assessment of a pupil **c** [de monnaie] appreciation

apprécier [apʀesje] ► conjug 7 ◄ **1** VT **a** [+ distance, importance] to estimate **b** [+ qualité, repas] to appreciate ◆ **~ qn** to like sb ◆ **je n'apprécie guère votre attitude** I don't like your attitude ◆ **il ne l'a pas apprécié !** he didn't like that one bit! **2** **s'apprécier** VPR **a** (= s'estimer) to like each other **b** [monnaie] to appreciate

appréhender [apʀeɑ̃de] ► conjug 1 ◄ VT **a** (= arrêter) to apprehend **b** (= redouter) to dread ◆ **~ (de faire) qch** to dread (doing) sth

appréhension [apʀeɑ̃sjɔ̃] NF (= crainte) apprehension ◆ **envisager qch avec ~** to be apprehensive about sth

apprendre [apʀɑ̃dʀ] ► conjug 58 ◄ VT **a** [+ leçon, métier] to learn ◆ **~ à lire/à nager** to learn to read/to swim ◆ **~ à connaître qn** to get to know sb ◆ **il apprend vite** he's a quick learner **b** [+ nouvelle] to hear; [+ événement, fait] to hear of ◆ **j'ai appris hier que ...** I heard yesterday that ... **c** (= annoncer) ◆ **~ qch à qn** to tell sb sth ◆ **vous ne m'apprenez rien !** you haven't told me anything I didn't know already! **d** (= enseigner) ◆ **~ qch à qn** to teach sb sth, to teach sth to sb ◆ **~ à qn à faire qch** to teach sb to do sth ◆ **ça lui apprendra !** that'll teach him a lesson!

apprenti, e [apʀɑ̃ti] NM,F [de métier] apprentice; (= débutant) beginner

apprentissage [apʀɑ̃tisaʒ] NM (= formation) apprenticeship ◆ **l'~ de l'anglais/de la lecture** learning English/to read ◆ **être en ~** to be an apprentice (chez to) ◆ **centre d'~** training school

apprêter [apʀete] ► conjug 1 ◄ **1** VT [+ nourriture] to prepare **2** **s'apprêter** VPR **a** ◆ **s'~ à faire qch** (= se préparer) to get ready to do sth **b** (= faire sa toilette) to get ready

appris, e [apʀi, apʀiz] (ptp de **apprendre**)

apprivoisé, e [apʀivwaze] ADJ tame

apprivoiser [apʀivwaze] ► conjug 1 ◄ VT [+ animal, personne difficile] to tame; [+ personne timide] to bring out of his (ou her) shell

approbateur, -trice [apʀɔbatœʀ, tʀis] ADJ approving

approbation [apʀɔbasjɔ̃] NF approval

approche [apʀɔʃ] NF **a** (= arrivée) ◆ **à l'~ de l'hiver** as winter approached ◆ **à l'~ de la cinquantaine, il ...** as he approached fifty, he ... **b** (= façon d'envisager) approach (de to)

approcher [apʀɔʃe] ► conjug 1 ◄ **1** VT **a** [+ objet] to bring nearer ◆ **~ une table d'une fenêtre** to move a table near to a window **b** [+ personne] to approach ◆ **~ de** [+ lieu] to approach ◆ **nous approchons du but** we're getting there ◆ **il approche de la cinquantaine** he's getting on for (Brit) ou going on (US) fifty **2** VI to approach ◆ **le jour approche où ...** the day is near when .... ◆ **approchez !** come closer! **3** **s'approcher** VPR to approach ◆ **il s'est approché pour me parler** he came up to speak to me ◆ **ne t'approche pas de moi** don't come near me ◆ **approche-toi !** come here!

approfondi, e [apʀɔfɔ̃di] ADJ [connaissances, étude] thorough

approfondir [apʀɔfɔ̃diʀ] ► conjug 2 ◄ VT [+ question] to go into; [+ connaissances] to improve

approprié, e [apʀɔpʀije] ADJ appropriate

approprier (s') [apʀɔpʀije] ► conjug 7 ◄ VPR [+ bien, droit] to appropriate

approuver [apʀuve] ► conjug 1 ◄ VT **a** (= être d'accord avec) to approve of ◆ **il a démissionné et je l'approuve** he resigned, and I think he was right to **b** [+ comptes, médicament, procès-verbal, nomination] to approve

approvisionnement [apʀɔvizjɔnmɑ̃] NM (= action) supplying (en of)

approvisionner [apʀɔvizjɔne] ► conjug 1 ◄ **1** VT [+ magasin, commerçant] to supply (en with); [+ compte bancaire] to pay money into **2** **s'approvisionner** VPR to stock up (en with) ◆ **je m'approvisionne au supermarché** I shop at the supermarket

approximatif, -ive [apʀɔksimatif, iv] ADJ [calcul, traduction] rough; [nombre, prix] approximate ◆ **parler un français ~** to speak broken French

approximativement [apʀɔksimativmɑ̃] ADV [calculer, évaluer] roughly; [compter] approximately

appui [apɥi] NM support ✦ **prendre ~ sur** [personne] to lean on; [objet] to rest on ✦ **avec preuves à l'~** with evidence to back this up

appuie-tête (pl ~(**s**)) [apɥitɛt] NM [de voiture] headrest

appuyer [apɥije] ► conjug 8 ◄ **1** VT **a** [+ objet, coudes] to lean **b** (= presser) to press **c** [+ personne, candidature] to back **2** VI (= presser) to press ✦ **~ sur** [+ bouton] to press; [+ gâchette] to pull ✦ **~ sur le champignon** * to step on the gas * **3** s'**appuyer** VPR **a** (= s'accoter) ✦ **s'~ sur/contre** to lean on/against **b** (= compter) ✦ **s'~ sur** [+ personne, autorité] to lean on ✦ **s'~ sur des découvertes récentes pour démontrer ...** to use recent discoveries to demonstrate ...

âpre [ɑpʀ] ADJ [goût] acrid; [son, voix] harsh; [discussion] difficult; [concurrence] fierce

---

0─ **après** [apʀɛ]

1 PRÉP **a** after ✦ **venez ~ 8 heures** come after 8 ✦ **il est entré ~ elle** he came in after her ✦ **jour ~ jour** day after day ✦ **sa famille passe ~ ses malades** his family comes second to his patients ✦ **~ vous, je vous en prie** after you ✦ **le chien court ~ sa balle** the dog's running after his ball ✦ **~ avoir lu ta lettre, j'ai téléphoné à maman** when I'd read your letter, I phoned mother ✦ **~ manger** after eating ✦ **que je l'ai quittée, elle a ouvert une bouteille de champagne** after I left her she opened a bottle of champagne ✦ **~ coup** later ✦ **et ~ ?** (pour savoir la suite) then what?; (pour marquer l'indifférence) so what? * ✦ **~ tout** after all

b * (= contre, à la poursuite de) at ✦ **il est furieux ~ eux** he's mad at them * ✦ **il est toujours ~ elle** (harcèlement) he's always on at her *

c ✦ **scénario d'~** un roman de Balzac screenplay adapted from a novel by Balzac ✦ **d'~ lui** according to him ✦ **d'~ moi** in my opinion ✦ **d'~ ce qu'il a dit** from what he said

2 ADV **a** (temps) (= ensuite) afterwards; (= ensuite dans une série) next; (= plus tard) later ✦ **longtemps ~** a long time afterwards ✦ **le film ne dure qu'une heure, qu'allons-nous faire ~ ?** the film only lasts an hour, what are we going to do afterwards? ✦ **~, je veux faire un tour de manège** next I want to go on the merry-go-round ✦ **la semaine d'~** the following week ✦ **deux jours ~** two days later

b (lieu) ✦ **tu vois la poste ? sa maison est juste ~** do you see the post office? his house is a bit

further on ✦ **c'est la rue d'~** it's the next street along

c (ordre) ✦ **qu'est-ce qui vient ~ ?** what next?

après-demain [apʀɛd(ə)mɛ̃] ADV the day after tomorrow

après-guerre (pl ~**s**) [apʀɛgɛʀ] NM ✦ **l'~** the post-war years ✦ **d'~** post-war

après-midi [apʀɛmidi] NM OU F INV afternoon ✦ **dans l'~** in the afternoon

après-rasage (pl ~**s**) [apʀɛʀɑzaʒ] ADJ INV aftershave

après-ski (pl ~(**s**)) [apʀɛski] NM (= chaussure) snow boot

après-soleil [apʀɛsɔlɛj] ADJ INV after-sun

après-vente [apʀɛvɑ̃t] ADJ INV ✦ **service ~** after-sales service

a priori [apʀijɔʀi] **1** ADV at first sight ✦ **tu es libre samedi ? – a priori oui** are you free on Saturday? – I should be **2** NM INV prejudice ✦ **avoir des a priori** to be prejudiced ✦ **sans a priori** with an open mind

à-propos [apʀɔpo] NM (= présence d'esprit) presence of mind

apte [apt] ADJ ✦ **~ à (faire) qch** capable of (doing) sth ✦ **~ (au service)** (Mil) fit for service

aptitude [aptityd] NF (= faculté) ability; (= don) gift ✦ **test d'~** aptitude test ✦ **avoir de grandes ~s** to be very gifted

aquarelle [akwaʀɛl] NF (= technique) watercolours (Brit), watercolors (US); (= tableau) watercolour (Brit), watercolor (US)

aquarium [akwaʀjɔm] NM aquarium

aquatique [akwatik] ADJ [plante, oiseau] aquatic ✦ **parc ~** water park

aqueduc [ak(ə)dyk] NM (pour eau) aqueduct

arabe [aʀab] **1** ADJ [nation, peuple] Arab; [art, langue, littérature] Arabic **2** NM (= langue) Arabic **3** **Arabe** NM Arab **4** **Arabe** NF Arab woman (ou girl)

Arabie [aʀabi] NF Arabia ✦ **~ Saoudite** Saudi Arabia

arachide [aʀaʃid] NF peanut

araignée [aʀɛɲe] NF spider ✦ **~ de mer** spider crab

arbitrage [aʀbitʀaʒ] NM **a** (dans différend) arbitration **b** (Boxe, Football, Rugby) refereeing; (Hockey, Tennis) umpiring

arbitraire [aʀbitʀɛʀ] ADJ arbitrary

arbitre [aʀbitʀ] NM **a** (Boxe, Football, Rugby) referee; (Hockey, Tennis) umpire ✦ **faire l'~** to referee ou umpire **b** (= conciliateur) arbiter

arbitrer [aʀbitʀe] ▶ conjug 1 ◀ VT a [+ conflit] to arbitrate b (Boxe, Football, Rugby) to referee; (Hockey, Tennis) to umpire

arborer [aʀbɔʀe] ▶ conjug 1 ◀ VT [+ sourire] to wear; [+ air] to display; [+ décoration] to sport

arbre [aʀbʀ] NM tree ◆ ~ fruitier/d'ornement fruit/ornamental tree ▶ arbre à cames camshaft ▶ arbre généalogique family tree ▶ arbre de Noël Christmas tree

arbuste [aʀbyst] NM shrub

arc [aʀk] NM (= arme) bow; (Archit) arch ▶ arc de cercle arc of a circle ▶ arc de triomphe triumphal arch

arcade [aʀkad] NF arch ◆ il a une entaille à l'~ sourcilière he's got a cut over his eye

arc-bouter (s') [aʀkbute] ▶ conjug 1 ◀ VPR to lean (à, contre against; sur on)

arc-en-ciel (pl arcs-en-ciel) [aʀkɑ̃sjɛl] NM rainbow

archaïque [aʀkaik] ADJ archaic

arche [aʀʃ] NF (= voûte) arch ◆ l'~ de Noé Noah's Ark

archéologie [aʀkeɔlɔʒi] NF archaeology (Brit), archeology (US)

archéologique [aʀkeɔlɔʒik] ADJ archaeological (Brit), archeological (US)

archéologue [aʀkeɔlɔg] NMF archaeologist (Brit), archeologist (US)

archet [aʀʃɛ] NM bow

archevêque [aʀʃəvɛk] NM archbishop

archi * [aʀʃi] PRÉF (= extrêmement) incredibly ◆ ~bondé, ~comble, ~plein chock-a-block * ◆ ~connu incredibly well-known

archipel [aʀʃipɛl] NM archipelago

architecte [aʀʃitɛkt] NMF architect

architecture [aʀʃitɛktyʀ] NF architecture; (fig) structure

archives [aʀʃiv] NFPL archives ◆ je vais chercher dans mes ~ I'll look through my files

arctique [aʀktik] **1** ADJ [région] Arctic ◆ l'océan (glacial) Arctique the Arctic ocean **2** l'Arctique NM the Arctic

ardent, e [aʀdɑ̃, ɑ̃t] ADJ [partisan] ardent

ardeur [aʀdœʀ] NF ardour (Brit), ardor (US); [de partisan] zeal ◆ son ~ au travail his enthusiasm for work

ardoise [aʀdwaz] NF (= matière) slate; (* = dette) unpaid bill

ardu, e [aʀdy] ADJ [travail] arduous; [problème] difficult

are [aʀ] NM 100m²

arène [aʀɛn] NF a (= piste) arena b ◆ ~s (Archit) amphitheatre (Brit), amphitheater (US)

arête [aʀɛt] NF a [de poisson] bone b [de cube, pierre] edge; [de toit] ridge

argent [aʀʒɑ̃] NM a money NonC ◆ il l'a fait pour l'~ he did it for money ◆ jeter l'~ par les fenêtres to throw money down the drain ◆ (Prov) l'argent ne fait pas le bonheur money can't buy happiness ▶ argent comptant cash ◆ prendre qch pour ~ comptant to take sth at face value ▶ argent de poche pocket money ▶ argent liquide cash b (= métal, couleur) silver ◆ en ~, d'~ silver

argenté, e [aʀʒɑ̃te] ADJ [couleur, cheveux] silvery ◆ en métal ~ [couverts] silver-plated

argenterie [aʀʒɑ̃tʀi] NF silverware

argentin, e [aʀʒɑ̃tɛ̃, in] **1** ADJ (= d'Argentine) Argentinian (Brit), Argentinian (US) **2** Argentin(e) NM,F Argentinian (Brit), Argentinian (US)

Argentine [aʀʒɑ̃tin] NF Argentina

argile [aʀʒil] NF clay

argot [aʀgo] NM slang ◆ ~ de métier jargon

argument [aʀgymɑ̃] NM argument ◆ ~ de vente selling point

argumentation [aʀgymɑ̃tasjɔ̃] NF argumentation

aride [aʀid] ADJ dry; [sol] arid

aristocrate [aʀistɔkʀat] NMF aristocrat

aristocratie [aʀistɔkʀasi] NF aristocracy

aristocratique [aʀistɔkʀatik] ADJ aristocratic

arithmétique [aʀitmetik] **1** NF (= science) arithmetic **2** ADJ arithmetical

armagnac [aʀmaɲak] NM Armagnac

armateur [aʀmatœʀ] NM shipowner

armature [aʀmatyʀ] NF [de tente, parapluie] frame ◆ soutien-gorge à ~ underwired bra

arme [aʀm] **1** NF (= instrument) weapon; (= fusil, revolver) gun ◆ l'~ du crime the murder weapon ◆ avoir l'~ nucléaire to have nuclear weapons ◆ aux ~s! to arms! ◆ ~ à double tranchant double-edged weapon ◆ prendre les ~s (= se soulever) to rise up in arms; (pour défendre son pays) to take up arms ◆ faire ses premières ~s to begin one's career ▶ arme blanche knife ▶ arme à feu firearm ▶ armes de destruction massive weapons of mass destruction **2** armes NFPL (= blason) coat of arms

armé, e [aʀme] **1** ADJ armed (de with) ◆ être bien ~ pour faire qch/contre qch to be well-equipped to do sth/against sth **2** armée NF army ◆ être à l'~e to be doing one's military service ▶ l'armée de l'air the Air Force ▶ armée de métier professional army ▶ l'armée de terre the Army

armement [aʀməmɑ̃] NM (= armes) arms ◆ la limitation des ~s arms limitation

Arménie [aʀmeni] NF Armenia

arménien, -ienne [aʀmenjɛ̃, jɛn] **1** ADJ Armenian **2** NM (= langue) Armenian **3** Arménien(ne) NM,F Armenian

armer [aʀme] ▸ conjug 1 ◂ **1** VT **a** to arm (de with; contre against) **b** [+ fusil] to cock; [+ appareil-photo] to wind on **2** s'armer VPR to arm o.s. (de with; contre against) ◆ s'~ de courage to summon up one's courage ◆ il faut s'~ de patience you have to be patient

armistice [aʀmistis] NM armistice ◆ l'Armistice (= fête) Armistice Day

armoire [aʀmwaʀ] NF cupboard; (= penderie) wardrobe ▸ armoire à glace wardrobe with a mirror; (* = homme) great big guy * ▸ armoire à pharmacie medicine cabinet

armoiries [aʀmwaʀi] NFPL coat of arms

armure [aʀmyʀ] NF suit of armour

ARN [aɛʀɛn] NM (abrév de acide ribonucléique) RNA

arnaque * [aʀnak] NF con * ◆ c'est de l'~ it's a rip-off *

arnaquer * [aʀnake] ▸ conjug 1 ◂ VT to swindle ◆ je me suis fait ~ de 200 € I was cheated out of €200

aromate [aʀɔmat] NM (= herbe) herb; (= épice) spice

aromathérapie [aʀɔmateʀapi] NF aromatherapy

aromatique [aʀɔmatik] ADJ aromatic

aromatiser [aʀɔmatize] ▸ conjug 1 ◂ VT to flavour (Brit), to flavor (US) ◆ aromatisé à la vanille vanilla-flavoured

arôme, arome [aʀom] NM [de plat, café, vin] aroma; (= goût) flavour (Brit), flavor (US); (ajouté à un aliment) flavouring (Brit), flavoring (US)

arpège [aʀpɛʒ] NM arpeggio

arpenter [aʀpɑ̃te] ▸ conjug 1 ◂ VT [+ pièce, couloir] to pace up and down

arqué, e [aʀke] ADJ [objet, sourcils] arched ◆ il a les jambes ~es he's bandy-legged

arrache-pied (d') [aʀaʃpje] LOC ADV [travailler] flat out

arracher [aʀaʃe] ▸ conjug 1 ◂ **1** VT **a** [+ légume] to lift; [+ plante] to pull up; [+ cheveux, poil, clou] to pull out; [+ dent] to take out ◆ je vais me faire ~ une dent I'm going to have a tooth out **b** [+ chemise, membre] to tear off; [+ affiche] to tear down; [+ feuille, page] to tear out (de of) ◆ je vais lui ~ les yeux I'll scratch his eyes out **c** (= prendre) ◆ ~ à qn [+ porte-feuille, arme] to snatch from sb ◆ ~ des larmes/un cri à qn to make sb cry/cry out **d** ◆ ~ qn à [+ famille, pays] to tear sb away from; [+ sommeil, rêve] to drag sb out of; [+ mort] to snatch sb from **2** s'arracher VPR ◆ s'~ les

cheveux to tear one's hair out ◆ on s'arrache leur dernier CD everybody is desperate to get hold of their latest CD

arrangeant, e [aʀɑ̃ʒɑ̃, ɑ̃t] ADJ accommodating

arrangement [aʀɑ̃ʒmɑ̃] NM **a** (= accord) arrangement ◆ arriver ou parvenir à un ~ to come to an arrangement **b** (Mus) arrangement

arranger [aʀɑ̃ʒe] ▸ conjug 3 ◂ **1** VT **a** (= disposer) to arrange; [+ coiffure] to tidy up ◆ ~ sa cravate/sa jupe to straighten one's tie/skirt **b** (= organiser) to arrange **c** [+ différend] to settle ◆ tout est arrangé everything is settled ◆ et il est en retard, ce qui n'arrange rien ! and he's late, which doesn't help! **d** (= contenter) to suit ◆ ça ne m'arrange pas tellement it doesn't really suit me **e** (= réparer) to fix **f** (Mus) to arrange **2** s'arranger VPR **a** (= se mettre d'accord) to come to an arrangement **b** [querelle] to be settled; [santé, temps] to get better ◆ tout va s'~ everything will work out all right **c** (= se débrouiller) to manage ◆ arrangez-vous comme vous voudrez mais je les veux demain ! I don't mind how you do it but I want them for tomorrow

arrestation [aʀɛstasjɔ̃] NF arrest ◆ ils ont procédé à une douzaine d'~s they made a dozen arrests ◆ en état d'~ under arrest

arrêt [aʀɛ] NM **a** [de machine, véhicule, croissance] stopping ◆ attendez l'~ complet du train wait until the train has come to a complete stop ◆ cinq minutes d'~ a five-minute stop ◆ être à l'~ [véhicule] to be stationary ◆ faire un ~ [train] to stop ◆ rester ou tomber en ~ [chien] to point (devant at); [personne] to stop short (devant of) ◆ sans ~ [travailler, pleuvoir] without stopping; [se produire, se détraquer] constantly ▸ arrêt de jeu stoppage ◆ jouer les ~s de jeu to play injury time ▸ arrêt (de) maladie sick leave ◆ être en ~ maladie to be on sick leave ▸ arrêt de travail (= grève) stoppage; (= congé de maladie) sick leave; (= certificat) medical certificate **b** (= lieu) stop ◆ ~ d'autobus bus stop **c** (= décision juridique) judgment

arrêté [aʀete] NM order ◆ ~ municipal = bylaw

arrêter [aʀete] ▸ conjug 1 ◂ **1** VT **a** (= stopper) to stop ◆ arrêtez-moi près de la poste drop me off by the post office ◆ on n'arrête pas le progrès ! the wonders of modern science! **b** [+ études, compétition, sport] to give up ◆ on a dû ~ les travaux à cause de la neige we had to stop work because of the snow **c** (= faire prisonnier) to arrest ◆ je vous arrête ! you're under arrest! **d** [+ malade] to give sick leave to ◆ elle est arrêtée depuis trois semaines she's been on sick leave for three weeks **2** VI to stop ◆ ~ de fumer to stop smoking ◆ il n'arrête pas de critiquer **tout le monde** he never stops criticizing people ✦ **arrête !** stop it! **3** **s'arrêter** VPR **a** ✦ **s'~** ou **s'~ net** to stop suddenly ✦ **sans s'~** without stopping ✦ **s'~ de manger/fumer** to stop eating/smoking **b** ✦ **s'~ sur** [choix, regard] to fall on ✦ **s'~ à des détails** to worry about details ✦ **arrêtons-nous un instant sur ce tableau** let us pause over this picture for a moment

arrhes [aʀ] NFPL deposit

arrière [aʀjɛʀ] **1** NM **a** [de voiture] back; [de train] rear **b** (= joueur) fullback ✦ **~ gauche/droit** (Football) left/right back; (Basket) left/right guard **c** ✦ **rester en ~** to lag behind ✦ **regarder en ~** to look back ✦ **faire un pas en ~** to step back ✦ **se pencher en ~** to lean back ✦ **revenir en ~** to look back; (dans ses pensées) to look back **2** ADJ INV ✦ **roue/feu ~** rear wheel/light ✦ **siège ~** [de voiture] back seat; [de moto] pillion; → **marche**

arriéré, e [aʀjeʀe] **1** ADJ [région, pays] backward; [méthodes] out-of-date **2** NM (= paiement) arrears

arrière-boutique (pl **~s**) [aʀjɛʀbutik] NF ✦ **l'~** the back of the shop

arrière-goût (pl **~s**) [aʀjɛʀgu] NM aftertaste

arrière-grand-mère (pl **arrière-grands-mères**) [aʀjɛʀgʀɑ̃mɛʀ] NF great-grandmother

arrière-grand-père (pl **arrière-grands-pères**) [aʀjɛʀgʀɑ̃pɛʀ] NM great-grandfather

arrière-grands-parents [aʀjɛʀgʀɑ̃paʀɑ̃] NMPL great-grandparents

arrière-pays [aʀjɛʀpei] NM INV hinterland ✦ **dans l'~ niçois** in the countryside inland of Nice

arrière-pensée (pl **~s**) [aʀjɛʀpɑ̃se] NF ulterior motive ✦ **je l'ai dit sans ~** I had no ulterior motive when I said it

arrière-petite-fille (pl **arrière-petites-filles**) [aʀjɛʀpətitfij] NF great-granddaughter

arrière-petit-fils (pl **arrière-petits-fils**) [aʀjɛʀpətifis] NM great-grandson

arrière-petits-enfants [aʀjɛʀpətizɑ̃fɑ̃] NMPL great-grandchildren

arrière-plan (pl **~s**) [aʀjɛʀplɑ̃] NM background ✦ **à l'~** in the background

arrière-train (pl **~s**) [aʀjɛʀtʀɛ̃] NM hindquarters

arrivage [aʀivaʒ] NM [de marchandises] consignment

arrivant, e [aʀivɑ̃, ɑ̃t] NM,F ✦ **nouvel ~** newcomer

arrivée [aʀive] NF **a** arrival; [de course, coureur] finish ✦ **contactez-nous à votre ~ à l'aéroport** contact us when you arrive at the airport ✦ **j'irai l'attendre à l'~ du train** I'll go

and get him at the station ✦ **à leur ~ au pouvoir** when they came to power **b** (= robinet) ✦ **~ d'air/d'eau/de gaz** air/water/gas inlet

arriver [aʀive] ➤ conjug 1 ◄ **1** VI **a** (au terme d'un voyage) to arrive ✦ **~ à** [+ ville] to get to ✦ **~ en France** to arrive in France ✦ **nous sommes arrivés** we're here ✦ **réveille-toi, on arrive !** wake up, we're almost there! ✦ **~ le premier** (dans une course) to come in first; (à une soirée, une réception) to arrive first ✦ **les premiers arrivés** the first to arrive **b** [saison, nuit, véhicule] to come ✦ **~ en courant** to run up ✦ **j'arrive !** I'm coming! ✦ **le train arrive en gare** the train is coming into the station ✦ **l'air arrive par ce trou** the air comes in through this hole **c** (= atteindre) ✦ **~ à** to reach ✦ **le lierre arrive jusqu'au 1er étage** the ivy goes up to the 1st floor ✦ **l'eau lui arrivait (jusqu')aux genoux** the water came up to his knees ✦ **et le problème des salaires ? – j'y arrive** and what about the wages problems? – I'm just coming to that ✦ **il ne t'arrive pas à la cheville** he can't hold a candle to you ✦ **~ au pouvoir** to come to power **d** (= réussir) ✦ **~ à** to manage to ✦ **pour ~ à lui faire comprendre qu'il a tort** to get him to understand he's wrong ✦ **je n'arrive pas à faire ce devoir** I can't do this exercise ✦ **je n'y arrive pas** I can't manage it ✦ **~ à ses fins** to achieve one's ends ✦ **il n'arrivera jamais à rien** he'll never achieve anything **e** (= socialement) to succeed ✦ **il se croit arrivé** * he thinks he's arrived * **f** (= se produire) to happen ✦ **ce sont des choses qui arrivent** these things happen ✦ **tu n'oublies jamais ? – ça m'arrive** don't you ever forget? – yes, sometimes ✦ **cela ne m'arrivera plus !** I won't let it happen again! **g** ✦ **en ~ à** (= finir par) to come to ✦ **c'est triste d'en ~ là** it's sad to be reduced to that **2** VB IMPERS ✦ **il lui est arrivé un accident** he's had an accident ✦ **quoi qu'il arrive** whatever happens ✦ **il m'arrive d'oublier** I sometimes forget ✦ **il peut lui ~ de se tromper** she does occasionally make a mistake ✦ **il m'est arrivé plusieurs fois de le voir** I have seen him ou it several times

arriviste [aʀivist] NMF careerist; (social) social climber

arrobase [aʀɔbaz] NF, **arrobas** [aʀɔba] NM (Informatique) at sign

arrogance [aʀɔgɑ̃s] NF arrogance

arrogant, e [aʀɔgɑ̃, ɑ̃t] ADJ arrogant

arrondi, e [aʀɔ̃di] ADJ round

arrondir [aʀɔ̃diʀ] ➤ conjug 2 ◄ **1** VT **a** [+ objet, contour] to make round; [+ rebord, angle] to round off ✦ **~ les angles** (fig) to smooth things over **b** [+ somme, nombre] to round off ✦ **~ au franc inférieur/supérieur** to round down/up to the nearest franc ✦ **~ ses fins de mois** to supplement one's income **2** **s'arrondir** VPR [taille, ventre, personne] to fill out

arrondissement [aRɔ̃dismɑ̃] NM district

arroser [aRoze] ► conjug 1 ◄ VT **a** [+ plante, terre] to water; [+ champ] to spray; [+ rôti] to baste ◆ ~ **qch d'essence** to pour petrol (Brit) ou gasoline (US) over sth ◆ **se faire ~ *** to get drenched **b** [fleuve] to water **c** * [+ événement, succès] to drink to ◆ **après un repas bien arrosé** after a meal washed down with plenty of wine ◆ **tu as gagné, ça s'arrose !** you've won - that calls for a drink!

arrosoir [aRozwaR] NM watering can

arsenal (pl **-aux**) [aRsənal, o] NM arsenal

arsenic [aRsənik] NM arsenic

art [aR] NM **a** (= esthétique, technique) art ◆ **livre/critique d'~** art book/critic ◆ **le septième ~** cinema ▶ **art déco** Art Deco ▶ **l'art nouveau** Art Nouveau ▶ **l'art dramatique** drama ▶ **arts graphiques** graphic arts ▶ **arts martiaux** martial arts ▶ **les arts plastiques** the visual arts **b** (= adresse) skill ◆ **c'est tout un ~** it's quite an art ◆ **il a l'~ de dire des bêtises** he has a talent for talking nonsense

Arte [aRte] N *Franco-German cultural television channel*

artère [aRtɛR] NF [de corps] artery ◆ **(grande) ~** (= route) main road

arthrite [aRtRit] NF arthritis ◆ **avoir de l'~** to have arthritis

arthrose [aRtRoz] NF osteoarthritis

artichaut [aRtiʃo] NM artichoke

article [aRtikl] NM **a** (= produit) item ◆ **faire l'~ (pour vendre qch)** to give the sales pitch ▶ **articles de bureau** office accessories ▶ **articles de mode** fashion accessories ▶ **articles de sport** (= vêtements) sportswear; (= objets) sports equipment ▶ **articles de toilette** toiletries **b** [de journal] article; [de dictionnaire] entry **c** (= chapitre) point; [de loi, traité] article **d** (= déterminant) article **e** ◆ **à l'~ de la mort** at death's door

articulation [aRtikylasjɔ̃] NF **a** [d'os] joint; [de pièces] articulation **b** (= prononciation) articulation

articulé, e [aRtikyle] ADJ [objet] jointed; [poupée] poseable

articuler [aRtikyle] ► conjug 1 ◄ VT **a** (= prononcer clairement) to articulate ◆ **il articule mal** he doesn't articulate clearly ◆ **articule !** speak clearly! **b** [+ idées] to link

artifice [aRtifis] NM trick ◆ **sans ~(s)** [présentation] simple; [s'exprimer] straightforwardly

artificiel, -ielle [aRtifisjɛl] ADJ artificial; [fibre] man-made

artillerie [aRtijRi] NF artillery ◆ **~ lourde** heavy artillery

artisan [aRtizɑ̃] NM **a** (= patron) artisan ◆ **~ boulanger** baker **b** [d'accord, politique, victoire] architect ◆ **~ de la paix** peacemaker

artisanal, e (mpl **-aux**) [aRtizanal, o] ADJ [production] traditional ◆ **entreprise ~e** small company ◆ **foire ~e** craft fair ◆ **bombe de fabrication ~e** home-made bomb ◆ **produits artisanaux** handicrafts

artisanat [aRtizana] NM ◆ **l'~ local** local handicrafts ◆ **l'~ d'art** arts and crafts

artiste [aRtist] NMF artist; (= interprète) performer ◆ **~ de cinéma** film actor ou actress ◆ **~ peintre** artist

artistique [aRtistik] ADJ artistic

as [ɑs] NM ace ◆ **être plein aux ~ *** to be loaded * ◆ **un ~ de la route** a crack driver

ascendance [asɑ̃dɑ̃s] NF (généalogique) ancestry

ascendant, e [asɑ̃dɑ̃, ɑ̃t] **1** ADJ [mouvement] upward **2** NM **a** (= influence) ascendancy (sur over) ◆ **subir l'~ de qn** to be under sb's influence **b** (= famille) ◆ **~s** ancestors **c** (Astrol) ascendant

ascenseur [asɑ̃sœR] NM lift (Brit), elevator (US); (Informatique) scroll bar

ascension [asɑ̃sjɔ̃] NF ascent; (sociale) rise ◆ **l'Ascension** the Ascension; (= jour férié) Ascension Day ◆ **faire l'~ d'une montagne** to climb a mountain

aseptisé, e [asɛptize] ADJ [univers, images] sanitized

asiatique [azjatik] **1** ADJ Asian ◆ **le Sud-Est ~** South-East Asia ◆ **la communauté ~ de Paris** the Far Eastern community in Paris **2** Asiatique NMF Asian

Asie [azi] NF Asia ◆ **~ Mineure** Asia Minor ◆ **~ centrale** Central Asia

asile [azil] NM **a** (= institution) ◆ **~ psychiatrique** mental home **b** (= refuge) refuge; (dans une église) sanctuary ◆ **demander l'~ politique** to seek political asylum ◆ **droit d'~** (politique) right of asylum

asocial, e (mpl **-iaux**) [asɔsjal, jo] **1** ADJ [comportement] antisocial **2** NM,F social misfit

aspartame [aspaRtam] NM aspartame

aspect [aspɛ] NM **a** (= allure) appearance **b** [de question] aspect ◆ **vu sous cet ~** seen from that angle ◆ **j'ai examiné le problème sous tous ses ~s** I considered all aspects of the problem

asperge [aspɛRʒ] NF asparagus

asperger [aspɛRʒe] ► conjug 3 ◄ VT [+ surface] to spray; [+ personne] to splash (de with) ◆ **s'~ le visage** to splash one's face with water

aspérité [aspeRite] NF (= partie saillante) bump

asphalte [asfalt] NM asphalt

asphyxie [asfiksi] NF suffocation; (Méd) asphyxia

asphyxier [asfiksje] ► conjug 7 ◄ **1** VT [+ personne] to suffocate; [+ économie] to stifle ◆ **mourir asphyxié** to die of suffocation **2 s'asphyxier** VPR (accident) to suffocate

aspirateur [aspiratœR] NM (domestique) vacuum cleaner ◆ **passer l'~** to vacuum

aspiration [aspirasjɔ̃] NF (= ambition) aspiration (à for, after); (= souhait) desire (à for)

aspiré, e [aspire] ADJ ◆ **h ~** aspirate h

aspirer [aspire] ► conjug 1 ◄ **1** VT [+ air, odeur] to inhale; [+ liquide] to suck up **2 aspirer à** VT INDIR [+ honneur, titre] to aspire to; [+ genre de vie, tranquillité] to desire

aspirine [aspirin] NF aspirin ◆ **(comprimé ou cachet d')~** aspirin

assagir (s') [asaʒiR] ► conjug 2 ◄ VPR [personne] to quieten (Brit) ou quiet (US) down

assaillant, e [asajɑ̃, ɑ̃t] NM,F assailant

assaillir [asajiR] ► conjug 13 ◄ VT to assail ◆ **assailli de questions** bombarded with questions

assainir [aseniR] ► conjug 2 ◄ VT [+ quartier, logement] to clean up; [+ marécage] to drain; [+ air, eau] to purify; [+ finances, marché] to stabilize

assaisonnement [asɛzɔnmɑ̃] NM seasoning

assaisonner [asɛzɔne] ► conjug 1 ◄ VT (avec sel, poivre, épices) to season (de, avec with); (avec vinaigrette, citron) to dress (de, avec with)

assassin [asasɛ̃] NM murderer; [d'homme politique] assassin ◆ **à l'~ !** murder!

assassinat [asasina] NM murder; [d'homme politique] assassination

assassiner [asasine] ► conjug 1 ◄ VT to murder; [+ homme politique] to assassinate

assaut [aso] NM assault ◆ **donner l'~ à, monter à l'~ de** to launch an attack on ◆ **à l'~ ! charge!** ◆ **prendre d'~** [armée] to take by storm ◆ **les librairies étaient prises d'~** the bookshops were besieged

assécher [aseʃe] ► conjug 6 ◄ **1** VT [+ terrain] (avec pompe) to drain; [vent, évaporation] to dry out; [+ réservoir] [évaporation] to dry up **2 s'assécher** VPR [cours d'eau, réservoir] to dry up

ASSEDIC [asedik] NFPL (abrév de **Association pour l'emploi dans l'industrie et le commerce**) *organization managing unemployment insurance payments*

assemblage [asɑ̃blaʒ] NM **a** (= action) assembling **b** [de couleurs, choses, personnes] collection

assemblée [asɑ̃ble] NF gathering; (= réunion convoquée) meeting; (politique) assembly ◆ **~**

générale general meeting ◆ **l'Assemblée (nationale)** the French National Assembly ◆ **l'Assemblée parlementaire européenne** the European Parliament

assembler [asɑ̃ble] ► conjug 1 ◄ **1** VT **a** [+ données] to gather **b** [+ meuble, machine, puzzle] to assemble; [+ pull, robe] to sew together; [+ couleurs, sons] to put together **2 s'assembler** VPR [foule] to gather

assener, asséner [asene] ► conjug 5 ◄ VT ◆ **~ un coup à qn** to deal sb a blow

asseoir [aswaR] ► conjug 26 ◄ **1** VT **a** ◆ **~ qn** (personne debout) to sit sb down; (personne couchée) to sit sb up ◆ **~ un enfant sur ses genoux** to sit a child on one's knee ◆ **faire ~ ses invités** to ask one's guests to sit down **b** [+ réputation, autorité] to establish **2 s'asseoir** VPR [personne debout] to sit down; [personne couchée] to sit up

asservir [asɛRviR] ► conjug 2 ◄ VT [+ personne] to enslave; [+ pays] to subjugate

assez [ase] ADV **a** (= suffisamment) enough ◆ **tu as ~ mangé** you've eaten enough ◆ **c'est bien ~ grand** it's quite big enough ◆ **il est ~ idiot pour refuser !** he's stupid enough to refuse! ◆ **ça a ~ duré !** this has gone on long enough! ◆ **~ parlé !** that's enough talk! ◆ **~ de** enough ◆ **avez-vous acheté ~ de pain/d'oranges ?** have you bought enough bread/oranges? ◆ **en avoir ~** to have had enough ◆ **j'en ai (plus qu')~ de tes jérémiades** * I've had (more than) enough of your moaning **b** (= plutôt) quite ◆ **la situation est ~ inquiétante** the situation is quite worrying

assidu, e [asidy] ADJ [client, lecteur] regular; [travail] diligent ◆ **élève/employé ~** pupil/employee with a good attendance record

assiduité [asidɥite] NF (= ponctualité) regularity ◆ **son ~ aux cours** his regular attendance at classes

assiéger [asjeʒe] ► conjug 3 et 6 ◄ VT to besiege

assiette [asjɛt] NF **a** (= plat) plate ◆ **il n'est pas dans son ~ aujourd'hui** * he's not feeling himself today ◆ **~ creuse/plate** soup/dinner plate ◆ **~ à dessert/à soupe** dessert/soup plate ▶ **assiette de charcuterie** assorted cold meats ▶ **assiette composée** mixed salad *(of cold meats and vegetables)* **b** ◆ **~ fiscale** ou de l'**impôt/de la TVA** tax/VAT base

assigner [asiɲe] ► conjug 1 ◄ VT **a** (= attribuer) to assign **b** [+ limite] to set (à to) ◆ **~ un objectif à qn** to set sb a goal **c** (= citer) ◆ **~ qn (à comparaître)** to summons sb ◆ **~ qn à résidence** to put sb under house arrest

assimilation [asimilasjɔ̃] NF assimilation

assimilé, e [asimile] ADJ (= similaire) similar ◆ **farines et produits ~s** flour and related products

assimiler [asimile] ► conjug 1 ◄ VT **a** (= absorber) to assimilate **b** ◆ ~ qn/qch à to compare sb/sth to; (= classer comme) to put sb/sth into the same category as

assis, e [asi, iz] ADJ sitting ◆ être ~ to be sitting down ◆ nous étions bien/mal ~ (sur des chaises) we had comfortable/uncomfortable seats; (par terre) we were very comfortably/uncomfortably seated ◆ nous sommes restés ~ pendant des heures we sat for hours ◆ reste ~ ! don't get up! ◆ ~ ! (à un chien) sit!

assises [asiz] NFPL [de tribunal] assizes; (= congrès) conference

assistance [asistɑ̃s] NF **a** (= assemblée) audience **b** (= aide) assistance ◆ prêter ~ à qn to give sb assistance ► l'Assistance publique ≈ the health and social security services ► assistance technique technical aid

assistant, e [asistɑ̃, ɑ̃t] NM,F (= aide) assistant; (à l'université) = assistant lecturer (Brit), = teaching assistant (US) ◆ ~ (de langue) language assistant ► assistante maternelle child minder (Brit) ► assistante sociale social worker

assisté, e [asiste] NM,F ◆ les ~s (recevant une aide financière) people on benefit (Brit) ou welfare (US) ◆ il a une mentalité d'~ he can't do anything for himself

assister [asiste] ► conjug 1 ◄ **1** VT (= aider) to assist; (financièrement) to give aid to **2** VT INDIR ◆ ~ à [+ cérémonie, conférence, messe] to attend; [+ match, spectacle] to be at; [+ dispute] to witness ◆ il a assisté à l'accouchement de sa femme he was there when his wife had the baby ◆ on assiste à une augmentation de la violence violence is on the increase

association [asɔsjasjɔ̃] NF association; [de couleurs, intérêts] combination ◆ ~ de consommateurs consumer group

associé, e [asɔsje] NM,F associate ◆ ~ principal senior partner

associer [asɔsje] ► conjug 7 ◄ **1** VT to associate; (= allier) to combine **2** s'associer VPR **a** [entreprises] to form a partnership ◆ s'~ à ou avec to join with **b** ◆ s'~ à [+ projet] to join in; [+ douleur] to share in

assoiffé, e [aswafe] ADJ thirsty

assombrir [asɔ̃bʀiʀ] ► conjug 2 ◄ **1** VT (= obscurcir) to darken **2** s'assombrir VPR **a** [ciel, pièce, couleur] to darken **b** [personne] to become gloomy; [visage, regard] to cloud over

assommant, e * [asɔmɑ̃, ɑ̃t] ADJ (= ennuyeux) deadly boring *

assommer [asɔme] ► conjug 1 ◄ VT [+ animal] to stun; [+ personne] to knock out; (moralement) to crush; (* = ennuyer) to bore stiff *

assorti, e [asɔʀti] ADJ **a** (= en harmonie) ◆ un couple bien/mal ~ a well-/badly-matched couple ◆ être ~ à to match ◆ chemise avec cravate ~e shirt with matching tie **b** [bonbons] assorted ◆ "hors-d'œuvre ~s" "assortment of hors d'œuvres"

assortiment [asɔʀtimɑ̃] NM assortment

assortir [asɔʀtiʀ] ► conjug 2 ◄ VT (= accorder) to match (à to)

assoupir (s') [asupiʀ] ► conjug 2 ◄ VPR to doze off

assouplir [asupliʀ] ► conjug 2 ◄ VT [+ cuir, membre, corps] to make supple; [+ règlements, mesures] to relax ◆ ~ les horaires to produce a more flexible timetable

assouplissant [asuplisɑ̃] NM fabric softener

assouplissement [asuplismɑ̃] NM ◆ faire des exercices d'~ to limber up ◆ l'~ de la politique monétaire the relaxing of monetary policy

assourdir [asuʀdiʀ] ► conjug 2 ◄ VT **a** (= rendre sourd) to deafen **b** (= amortir) to deaden

assourdissant, e [asuʀdisɑ̃, ɑ̃t] ADJ deafening

assouvir [asuviʀ] ► conjug 2 ◄ VT to satisfy

assumer [asyme] ► conjug 1 ◄ **1** VT [+ responsabilité, rôle] to assume; [+ tâche] to take on; [+ rôle] to fulfil; [+ frais] to meet ◆ tu as voulu te marier, alors assume ! you wanted to get married, so you'll just have to take the consequences! **2** s'assumer VPR to come to terms with o.s.

assurance [asyʀɑ̃s] NF **a** (= contrat) insurance ◆ contrat d'~ insurance policy ◆ prendre une ~ contre qch to take out insurance against sth ► assurance automobile car insurance ► assurance chômage unemployment insurance ► assurance maladie health insurance ► assurance tous risques comprehensive insurance ► assurance vie life insurance ► assurance vieillesse pension scheme **b** (= garantie) assurance ◆ il veut avoir l'~ que tout se passera bien he wants to be sure that everything will go well ◆ veuillez agréer l'~ de ma considération distinguée ou de mes sentiments dévoués yours faithfully **c** (= confiance en soi) self-assurance ◆ avoir de l'~ to be self-assured ◆ prendre de l'~ to gain self-assurance ◆ parler avec ~ to speak confidently

assuré, e [asyʀe] **1** ADJ **a** [fortune, avenir] assured **b** [air, démarche] confident; [voix, main, pas] steady ◆ mal ~ [voix] shaky **2** NM,F policyholder ◆ ~ social person paying social security contributions

assurer [asyʀe] ► conjug 1 ◄ **1** VT **a** (= affirmer) to assure ◆ ~ à qn que ... to assure sb that ... ◆ cela vaut la peine, je vous assure it's worth it, I assure you **b** (par contrat) to insure

c (= garantir) to ensure; [+ avenir, fortune] to secure; [+ revenu] to provide **d** [+ contrôles, travaux] to carry out ◆ **l'avion qui assure la liaison entre Genève et Aberdeen** the plane that operates between Geneva and Aberdeen **2** VI (* = être à la hauteur) to be very good ◆ **je n'assure pas du tout en allemand** I'm absolutely useless * at German **3** s'assurer VPR **a** (= vérifier) ◆ s'~ que/de qch to make sure that/of sth ◆ **je vais m'en ~** I'll make sure **b** (= contracter une assurance) to insure o.s. ◆ **s'~ sur la vie** to take out life insurance

assureur [asyʀœʀ] NM (= agent) insurance agent; (= société) insurance company

astérisque [asteʀisk] NM asterisk

astéroïde [asteʀɔid] NM asteroid

asthmatique [asmatik] ADJ, NMF asthmatic

asthme [asm] NM asthma

asticot [astiko] NM maggot

astiquer [astike] ▸ conjug 1 ◂ VT to polish

astre [astʀ] NM star

astreignant, e [astʀεɲɑ̃, ɑ̃t] ADJ [travail] demanding

astreindre (s') [astʀɛ̃dʀ] ▸ conjug 49 ◂ VPR ◆ s'astreindre à faire qch to force o.s. to do sth

astrologie [astʀɔlɔʒi] NF astrology

astrologue [astʀɔlɔg] NMF astrologer

astronaute [astʀonot] NMF astronaut

astronome [astʀɔnɔm] NMF astronomer

astronomie [astʀɔnɔmi] NF astronomy

astuce [astys] NF (= truc) trick ◆ **c'est ça l'~ !** that's the clever part!

astucieux, -ieuse [astysjø, jøz] ADJ clever

asymétrique [asimetʀik] ADJ asymmetrical

atchoum [atʃum] EXCL atishoo!

atelier [atəlje] NM workshop; [d'artiste] studio ◆ ~ de fabrication workshop ◆ **les enfants travaillent en ~s** the children work in small groups

athée [ate] **1** ADJ atheistic **2** NMF atheist

athénée [atene] NM (Belg = lycée) = secondary school (Brit), ≈ high school (US)

Athènes [atεn] N Athens

athlète [atlεt] NMF athlete

athlétisme [atletism] NM athletics NonC (Brit), track and field events (US)

atlantique [atlɑ̃tik] **1** ADJ Atlantic **2** NM ◆ l'Atlantique the Atlantic

atlas [atlɑs] NM (= livre) atlas

atmosphère [atmɔsfɛʀ] NF atmosphere

atmosphérique [atmɔsfeʀik] ADJ atmospheric

atoll [atɔl] NM atoll

atome [atom] NM atom ◆ **avoir des ~s crochus avec qn** to hit it off with sb *

atomique [atɔmik] ADJ atomic

atomiseur [atɔmizœʀ] NM spray

atout [atu] NM **a** (Cartes) trump ◆ **on jouait ~ cœur** hearts were trumps **b** (= avantage) asset

âtre [ɑtʀ] NM hearth

atroce [atʀɔs] ADJ atrocious; [douleur] excruciating; [mort, sort, vengeance] terrible

atrocement [atʀɔsmɑ̃] ADV atrociously; [mauvais, ennuyeux] excruciatingly

atrophie [atʀɔfi] NF atrophy

atrophier (s') [atʀɔfje] ▸ conjug 7 ◂ VPR [membres, muscle] to waste away; (fig) to degenerate

attabler (s') [atable] ▸ conjug 1 ◂ VPR (pour manger) to sit down at the table ◆ s'attabler à la terrasse d'un café to sit at a table outside a café

attachant, e [ataʃɑ̃, ɑ̃t] ADJ [enfant] endearing

attache [ataʃ] NF **a** (en ficelle) piece of string; (en métal) clip; (= courroie) strap **b** (= lien) tie ◆ **avoir des ~s dans une région** to have family ties in a region

attaché, e [ataʃe] **1** ADJ (= lié d'affection) ◆ ~ à attached to ◆ **pays très ~ à son indépendance** country that sets great store by its independence **2** NM,F attaché ▸ attaché culturel cultural attaché ▸ attaché de presse press attaché

attaché-case (pl attachés-cases) [ataʃekɛz] NM attaché case

attacher [ataʃe] ▸ conjug 1 ◂ **1** VT **a** [+ animal, plante, prisonnier] to tie up; (plusieurs choses ensemble) to tie together; [+ papiers] to attach ◆ ~ une étiquette à une valise to tie a label onto a case ◆ **est-ce bien attaché ?** is it securely tied? **b** [+ ceinture, robe] to fasten; [+ lacets, chaussures] to tie; [+ fermeture, bouton] to do up **c** (= attribuer) to attach ◆ ~ de la valeur à qch to attach great value to sth **2** VI [plat] to stick ◆ **poêle qui n'attache pas** nonstick frying pan **3** s'attacher VPR **a** to fasten ◆ **ça s'attache derrière** it fastens at the back **b** s'~ à (= se prendre d'affection pour) to become attached to

attaquant, e [atakɑ̃, ɑ̃t] NM,F attacker

attaque [atak] NF attack (contre, de on); [de banque, train, magasin] raid ◆ **à l'~ !** attack! ◆ **passer à l'~** to move onto the attack ◆ **avoir une ~** (cardiaque) to have a heart attack; (hémorragie cérébrale) to have a stroke ◆ **d'~** * on form ◆ **se sentir d'~ pour faire qch** to feel up to doing sth ▸ attaque aérienne air raid ▸ attaque à main armée hold-up

attaquer [atake] ► conjug 1 ◄ **1** VT **a** to attack ◆ ~ **qn en justice** to take sb to court **b** [+ difficulté] to tackle; [+ discours] to launch into; [+ dossier, projet] to start work on ◆ **il a attaqué les hors-d'œuvre** * he got going on * the hors d'œuvres **2** **s'attaquer** VPR ◆ **s'~ à** to attack ◆ **s'~ à plus fort que soi** to take on someone who is more than one's match

attarder (s') [ataʀde] ► conjug 1 ◄ VPR to linger behind ◆ **s'attarder chez des amis** to stay on at friends ◆ **je ne m'attarderai pas sur le sujet** I won't dwell on that

atteindre [atɛ̃dʀ] ► conjug 49 ◄ VT **a** to reach; [pierre, balle, tireur] to hit ◆ ~ **son but** [personne] to reach one's goal ◆ **cette tour atteint 30 mètres** the tower is 30 metres high **b** (= toucher psychologiquement) to affect ◆ **il a été atteint dans son amour-propre** his pride has been hurt

atteint, e [atɛ̃, ɛ̃t] **1** ADJ **a** (= malade) [personne] ill; [organe] affected ◆ **être ~ de leucémie** to be suffering from leukaemia **b** (* = fou) touched * **2** **atteinte** NF (= préjudice) attack ◆ ~ **e à la vie privée** invasion of privacy ◆ **porter ~e à la réputation de qn** to damage sb's reputation ◆ **hors d'~e** out of reach; (fig) beyond reach ◆ **hors d'~e de** [+ projectile] out of range of

attelage [at(ə)laʒ] NM (= équipage de chevaux) team

atteler [at(ə)le] ► conjug 4 ◄ **1** VT [+ cheval] to harness; [+ bœuf] to yoke; [+ charrette, remorque] to hitch up **2** **s'atteler** VPR ◆ **s'~ à** [+ travail] to get down to

attenant, e [at(ə)nɑ̃, ɑ̃t] ADJ (= contigu) adjoining ◆ **la maison ~e à la mienne** the house next door

attendre [atɑ̃dʀ] ► conjug 41 ◄ **1** VT **a** [personne] to wait for ◆ **attends la fin du film** wait until the film is over ◆ **nous attendons qu'il vienne** we are waiting for him to come ◆ **il est venu m'~ à la gare** he came to meet me at the station ◆ **j'attends le week-end avec impatience** I'm looking forward to the weekend ◆ **j'ai attendu deux heures** I waited for two hours ◆ **attendez un peu !** wait a second!; (menace) just you wait! ◆ **en attendant** (= pendant ce temps) in the meantime; (= en dépit de cela) all the same ◆ **en attendant qu'il revienne, je vais vite faire une course** while I'm waiting for him to come back I'm going to go down to the shop **b** (= escompter) to expect ◆ ~ **qch de qn/qch** to expect sth from sb/sth ◆ **j'attendais mieux de cet élève** I expected better of this pupil **c** ◆ ~ **un enfant** ou **un bébé** to be expecting a baby **d** ◆ ~ **après** * [+ chose] to be in a hurry for; [+ personne] to be waiting for ◆ **l'argent que je t'ai prêté, je n'attends pas après** I'm not desperate for the money I lent you ◆ **je n'attends pas après lui !** I can get along without him! **2** VI to wait ◆ **attends, je vais t'expliquer** wait, let me explain ◆ **vous attendez ou vous voulez rappeler plus tard ?** will you hold or do you want to call back later? ◆ **tu peux toujours ~ !** you'll be lucky! ◆ **ce travail peut ~** this work can wait ◆ **faire ~ qn** to keep sb waiting ◆ **se faire ~** to be a long time coming ◆ **leur riposte ne se fit pas ~** they didn't take long to retaliate **3** **s'attendre** VPR ◆ **s'~ à qch** to expect sth ◆ **avec lui on peut s'~ à tout** you never know what to expect with him ◆ **il fallait s'y ~** it was to be expected

attendrir [atɑ̃dʀiʀ] ► conjug 2 ◄ **1** VT [+ personne] to move ◆ **il s'est laissé ~ par ses prières** her pleadings made him relent **2** **s'attendrir** VPR to be moved (sur by)

attendrissant, e [atɑ̃dʀisɑ̃, ɑ̃t] ADJ moving

attendu, e [atɑ̃dy] ADJ (= prévu) expected ◆ **être très ~** to be eagerly awaited

attentat [atɑ̃ta] NM (politique) assassination attempt; (contre un bâtiment) attack (contre on) ► **attentat à la bombe** bomb attack ► **attentat à la pudeur** indecent assault ► **attentat à la voiture piégée** car-bombing

attente [atɑ̃t] NF **a** (= expectative) wait ◆ **dans l'~ de vos nouvelles** looking forward to hearing from you ◆ **il y a 10 minutes d'~** there's a 10-minute wait ◆ **le projet est en ~** the project is on hold ◆ **laisser un dossier en ~** to leave a file pending ◆ **mettre qn en ~** (au téléphone) to put sb on hold **b** (= espoir) expectation ◆ **répondre à l'~** ou **aux ~s de qn** to come up to sb's expectations ◆ **contre toute ~** contrary to all expectations

attentif, -ive [atɑ̃tif, iv] ADJ **a** (= vigilant) [personne, air] attentive ◆ **écouter d'une oreille attentive** to listen attentively ◆ **être ~ à tout ce qui se passe** to pay attention to everything that's going on ◆ **sois donc ~ !** pay attention! **b** [examen] careful

attention [atɑ̃sjɔ̃] NF **a** (= concentration) attention; (= soin) care ◆ **avec ~** [écouter, examiner] carefully ◆ **"à l'~ de M. Dupont"** "for the attention of Mr Dupont" ◆ **votre candidature a retenu notre ~** we considered your application carefully ◆ **prêter ~ à** to pay attention to ◆ **faire ~** (= prendre garde) to be careful ◆ **faire ~ à** (= remarquer) to pay attention to ◆ **faire bien** ou **très ~** to pay careful attention ◆ **ne faites pas ~ à lui** pay no attention to him ◆ **fais ~ à ne pas trop manger** be careful you don't eat too much ◆ **fais bien ~ à toi** (= sois vigilant) be careful ◆ ~ **!** watch out! ◆ ~ **! tu vas tomber** watch out! you're going to fall **b** (= prévenance) attention ◆ **être plein d'~s pour qn** to be very attentive towards sb ◆ **quelle charmante ~ !** how very thoughtful!

attentionné, e [atɑ̃sjɔne] ADJ (= prévenant) thoughtful (pour, avec towards)

attentivement [atɑ̃tivmɑ̃] ADV [lire, écouter] attentively; [examiner] carefully

atténuer [atenɥe] ► conjug 1 ◄ **1** VT **a** [+ douleur] to alleviate; [+ propos, reproches] to tone down; [+ rides] to smooth out **b** [+ coup, effets, couleur, son] to soften **2** **s'atténuer** VPR [douleur, sensation] to die down; [bruit, couleur] to soften

atterrir [ateRiR] ► conjug 2 ◄ VI to land ♦ ~ **dans un village perdu** * to land up* (Brit) ou land * (US) in a village in the middle of nowhere ♦ **le travail a finalement atterri sur mon bureau** * the work finally landed on my desk

atterrissage [ateRisaʒ] NM landing ♦ **à l'~** at the moment of landing ♦ ~ **forcé/en catastrophe** emergency/crash landing

attestation [atɛstasjɔ̃] NF certificate

attirail [atiRaj] NM gear * ♦ ~ **de pêche** fishing tackle

attirance [atiRɑ̃s] NF attraction ♦ **éprouver de l'~ pour** to be attracted to

attirant, e [atiRɑ̃, ɑ̃t] ADJ attractive

attirer [atiRe] ► conjug 1 ◄ VT **a** (= faire venir) to attract; (en appâtant) to lure ♦ **il m'attira dans un coin** he drew me into a corner ♦ ~ **qn dans un piège** to lure sb into a trap ♦ ~ **l'attention de qn sur qch** to draw sb's attention to sth **b** [pays, projet] to appeal to; [personne] to attract ♦ **être attiré par** to be attracted to **c** (= causer) ♦ **tu vas t'~ des ennuis** you're going to cause trouble for yourself ♦ **s'~ des critiques** to attract criticism

attiser [atize] ► conjug 1 ◄ VT **a** (avec tisonnier) to poke; (en éventant) to fan **b** [+ curiosité, haine] to stir; [+ convoitise] to arouse; [+ désir] to stir up

attitré, e [atitRe] ADJ (= habituel) regular

attitude [atityd] NF (= attitude); (= maintien) bearing

attraction [atRaksjɔ̃] NF **a** attraction ♦ ~ **universelle** gravitation **b** (= partie d'un spectacle) number

attrait [atRɛ] NM appeal

attrape-nigaud * (pl ~**s**) [atRapnigo] NM con *

attraper [atRape] ► conjug 1 ◄ VT **a** (= saisir) to catch ♦ **tu vas ~ froid** you'll catch cold ♦ **j'ai attrapé un rhume** I've caught a cold ♦ **j'ai attrapé mal à la gorge** I've got a sore throat ♦ **il a attrapé un coup de soleil** he got sunburnt **b** (* = gronder) to tell off* ♦ **se faire ~** to be told off *

attribuer [atRibɥe] ► conjug 1 ◄ VT **a** [+ prix] to award; [+ place, rôle, part] to allocate (à to) **b**

[+ faute, invention, mérite] to attribute (à to) ♦ **à quoi attribuez-vous cet échec ?** what do you put this failure down to?

attribut [atRiby] NM (= caractéristique, symbole) attribute ♦ **adjectif** ~ predicative adjective

attribution [atRibysjɔ̃] **1** NF [de prix] awarding; [de place, rôle, part] allocation **2** **attributions** NFPL (= pouvoirs) remit ♦ **cela n'entre pas dans mes ~s** that's not part of my remit

attrister [atRiste] ► conjug 1 ◄ VT to sadden

attroupement [atRupmɑ̃] NM crowd

attrouper (s') [atRupe] ► conjug 1 ◄ VPR to form a crowd

au [o] → **à**

aubaine [obɛn] NF godsend; (financière) windfall

aube [ob] NF (= lever du jour) dawn ♦ **à l'~** at dawn

aubépine [obepin] NF hawthorn

auberge [obɛRʒ] NF inn ♦ ~ **de jeunesse** youth hostel

aubergine [obɛRʒin] NF aubergine (Brit), eggplant (US)

aubergiste [obɛRʒist] NMF [d'hôtel] hotelkeeper; [d'auberge] innkeeper

---

🔑 aucun, e [okœ̃, yn]

1 ADJ **a** (négatif) no, not any ♦ **il n'a ~e preuve** he has no proof, he doesn't have any proof

b (interrogatif, positif) any ♦ **il lit plus qu'~ autre enfant** he reads more than any other child **2** PRON **a** (négatif) none ♦ ~ **de ses enfants ne lui ressemble** none of his children are like him ♦ **il n'aime ~ de ces films** he doesn't like any of these films

b (interrogatif, positif) any ♦ **il aime ses chiens plus qu'~ de ses enfants** he is fonder of his dogs than of any of his children

---

audace [odas] NF (= témérité) daring; (= effronterie) audacity ♦ **avoir l'~ de** to dare to

audacieux, -ieuse [odasjø, jøz] ADJ bold

au-dehors [odəɔR] ADV → **dehors**

au-delà [odəla] ADV → **delà**

au-dessous [od(ə)su] ADV → **dessous**

au-dessus [od(ə)sy] ADV → **dessus**

audible [odibl] ADJ audible

audience [odjɑ̃s] NF **a** (= public) audience ♦ **faire de l'~** to attract a large audience ♦ **cette**

série a battu tous les records d'~ the series has broken all viewing (ou listening) records **b** (= séance) hearing **c** (= entretien) audience

audimat ® [odimat] NM INV (= taux d'écoute) ratings ◆ **faire de l'~** to have good ratings

audio [odjo] ADJ INV audio

audioconférence [odjokɔ̃feʀɑ̃s] NF audioconference

audiovisuel, -elle [odjovizɥɛl] **1** ADJ audiovisual **2** NM ◆ **l'audiovisuel** (= équipement) audiovisual aids; (= méthodes) audiovisual techniques; (= radio et télévision) radio and television

audit [odit] NM (= contrôle) audit

auditeur, -trice [oditœʀ, tʀis] NM,F listener ▸ **auditeur libre** *person who registers to sit in on lectures*, auditor (US)

audition [odisjɔ̃] NF **a** (= essai) audition ◆ **passer une ~** to audition **b** (= ouïe) hearing

auditoire [oditwaʀ] NM audience

auditorium [oditɔʀjɔm] NM auditorium

augmentation [ogmɑ̃tasjɔ̃] NF increase (de in) ◆ **~ (de salaire)** pay rise (Brit) ou raise (US)

augmenter [ogmɑ̃te] ▸ conjug 1 ◂ **1** VT to increase ◆ **~ les prix de 10 %** to increase prices by 10% ◆ **~ qn (de 100 €)** to increase sb's salary (by €500) **2** VI to increase

augure [ogyʀ] NM ◆ **c'est de bon/mauvais ~** this augurs well/badly

aujourd'hui [oʒuʀdɥi] ADV today ◆ **ça ne date pas d'~** it's not exactly new; [situation, attitude] it's nothing new ◆ **les jeunes d'~** the young people of today

aumône [omon] NF (= don) alms ◆ **demander l'~** to beg for alms; (fig) to beg

auparavant [opaʀavɑ̃] ADV (= d'abord) beforehand

auprès [opʀɛ] ADV ◆ **~ de** (= aux côtés de) with; (= dans l'opinion de) in the opinion of ◆ **faire une demande ~ des autorités** to apply to the authorities ◆ **rester ~ d'un malade** to stay with a sick person ◆ **il passe pour un incompétent ~ de ses collègues** his colleagues regard him as incompetent

auquel [okɛl] → **lequel**

aura(s) [ɔʀa], **aurai(s), aurait** [ɔʀɛ] VB → **avoir**

auréole [ɔʀeɔl] NF **a** (= couronne) halo **b** (= tache) ring

auriculaire [ɔʀikylɛʀ] NM little finger

aurore [ɔʀɔʀ] NF (= lever du jour) dawn ◆ **se lever aux ~s** to get up at the crack of dawn

ausculter [oskylte] ▸ conjug 1 ◂ VT to sound the chest of ◆ **le médecin m'a ausculté** the doctor listened to my chest

aussi [osi] **1** ADV **a** (= également) too, also ◆ **il parle ~ l'anglais** he also speaks English ◆ **faites bon voyage – vous ~** have a good journey – you too ◆ **il travaille bien et moi ~** he works well and so do I **b** (comparaison) ◆ **~ ... que** as ... as ◆ **~ grand que** as tall as ◆ **~ vite que possible** as quickly as possible **c** (= si, tellement) so ◆ **je ne te savais pas ~ bête** I didn't think you were so stupid ◆ **~ idiot que ça puisse paraître** silly though it may seem **d** ◆ **~ bien** (= tout autant) just as well **2** CONJ (conséquence) therefore

aussitôt [osito] ADV straight away ◆ **~ après son retour** straight after his return ◆ **~ arrivé il s'attabla** as soon as he arrived he sat down at the table ◆ **~ dit, ~ fait** no sooner said than done ◆ **~ que** as soon as

austère [ostɛʀ] ADJ austere

austérité [osteʀite] NF austerity

austral, e (mpl **~s**) [ɔstʀal] ADJ southern

Australie [ɔstʀali] NF Australia

australien, -ienne [ɔstʀaljɛ̃, jɛn] **1** ADJ Australian **2** **Australien(ne)** NM,F Australian

---

autant [otɑ̃] adv

a (comparaison) as much ◆ **il mange toujours ~** he eats as much as ever ◆ **il travaille toujours ~** he works as hard as ever ◆ **~ que possible** as much as possible ◆ **~ de** (quantité) as much; (nombre) as many ◆ **il n'y a pas ~ de neige que l'année dernière** there isn't as much snow as last year ◆ **nous avons ~ de médailles qu'eux** we have as many medals as they have ◆ **ils ont ~ de talent l'un que l'autre** they are both equally talented

b (= tant) ◆ **~ de** (quantité) so much; (nombre) so many ◆ **elle ne pensait pas qu'il aurait ~ de succès** she never thought that he would have so much success ◆ **vous invitez toujours ~ de gens ?** do you always invite so many people?

c (= la même chose : avec en) the same ◆ **je ne peux pas en dire ~** I can't say the same for myself ◆ **il en a fait ~** he did the same

d (= il est préférable de) ◆ **~ prévenir la police** it would be as well to tell the police

e (locutions) ◆ **~ que je sache** as far as I know ◆ **~ pour moi !** my mistake! ◆ **c'est d'~ plus dangereux qu'il n'y a pas de parapet** it's all the more dangerous since there is no parapet

---

autel [otɛl] NM altar

auteur [otœʀ] NM [de texte, roman] author; [d'opéra] composer; [de crime, coup d'état] perpetrator **◆ l'~ de ce canular** the hoaxer **◆ l'~ de ce tableau** the artist who painted the picture **◆ cinéma d'~** art-house films **▶ auteur-compositeur(-interprète)** singer-songwriter

authentique [otɑ̃tik] ADJ authentic **◆ un ~ Van Gogh** a genuine Van Gogh

autiste [otist] ADJ, NMF autistic

auto [oto] NF car **▶ autos tamponneuses** bumper cars

auto(-) [oto] PRÉF self- **◆ auto-adhésif** self-adhesive

autobiographie [otobjɔgʀafi] NF autobiography

autobronzant, e [otobʀɔ̃zɑ̃, ɑ̃t] **1** ADJ self-tanning **2** NM self-tanning cream

autobus [otobys] NM bus **◆ ~ scolaire** (Can) school bus

autocar [otokaʀ] NM coach (Brit), bus (US)

autochtone [otɔktɔn] **1** ADJ native **2** NMF native

autocollant, e [otokɔlɑ̃, ɑ̃t] **1** ADJ selfadhesive **2** NM sticker

autocritique [otokʀitik] NF self-criticism **◆ faire son ~** to criticize o.s.

autocuiseur [otokɥizœʀ] NM pressure cooker

autodéfense [otodefɑ̃s] NF self-defence

autodestruction [otodɛstʀyksjɔ̃] NF selfdestruction

autodétruire (s') [otodetʀɥiʀ] **▶** conjug 38 ◀ VPR [bande] to self-destruct; [personne] to destroy o.s.

autodidacte [otodidakt] **1** ADJ self-taught **2** NMF self-taught person

autodiscipline [otodisiplin] NF selfdiscipline

auto-école (pl **~s**) [otoekɔl] NF driving school **◆ moniteur d'~** driving instructor

autofocus [otofɔkys] ADJ, NM autofocus

automate [otomat] NM automaton

automatique [otomatik] ADJ automatic; **→ distributeur**

automatiquement [otomatikmɑ̃] ADV automatically

automatiser [otomatize] **▶** conjug 1 ◀ VT to automate

automatisme [otomatism] NM automatism **◆ acquérir des ~s** to learn to do things automatically

automne [otɔn] NM autumn (Brit), fall (US) **◆ en ~** in the autumn (Brit), in the fall (US)

automobile [otomɔbil] **1** NF (= voiture) motor car (Brit), automobile (US) **◆ l'automobile** (= industrie) the car industry **2** ADJ [course, sport] motor; [assurance, industrie] car

automobiliste [otomɔbilist] NMF driver

autoneige [otonɛʒ] NF (Can) snowmobile

autonome [otɔnɔm] ADJ **a** [territoire] autonomous **b** [personne] self-sufficient

autonomie [otɔnɔmi] NF autonomy; [de véhicule] range

autoportrait [otopɔʀtʀɛ] NM self-portrait

autopsie [otɔpsi] NF autopsy **◆ pratiquer une ~** to carry out an autopsy (sur on)

autoradio [otoʀadjo] NM car radio

autorisation [otoʀizasjɔ̃] NF (= permission) permission; (officielle) authorization; (= permis) permit **◆ avoir l'~ de faire qch** to have permission to do sth; (officiellement) to be authorized to do sth

autorisé, e [otoʀize] ADJ [opinion] authoritative; [milieux, source] official

autoriser [otoʀize] **▶** conjug 1 ◀ **1** VT (= permettre) to authorize **◆ ~ qn à faire qch** to give sb permission to do sth; (officiellement) to authorize sb to do sth **2** s'autoriser VPR (= se permettre) **◆ s'~ un cigare de temps en temps** to allow o.s. a cigar from time to time

autoritaire [otoʀitɛʀ] ADJ authoritarian

autorité [otoʀite] **1** NF authority (sur over) **◆ il n'a aucune ~ sur ses élèves** he has no control over his pupils **◆ l'une des grandes ~s en la matière** one of the great authorities on the subject **◆ faire ~** to be authoritative **2** les autorités NFPL the authorities **◆ les ~s judiciaires** the judicial authorities

autoroute [otoʀut] NF motorway (Brit), highway (US) **▶ autoroutes de l'information** information highways **▶ autoroute à péage** toll motorway (Brit), turnpike (US)

autosatisfaction [otosatisfaksjɔ̃] NF selfsatisfaction

auto-stop [otostɔp] NM hitch-hiking **◆ pour rentrer, il a fait de l'~** he hitched ° home **◆ j'ai pris quelqu'un en ~** I picked up a hitch-hiker

auto-stoppeur, -euse (mpl **~s**) [otostɔpœʀ, øz] NM,F hitch-hiker

autour [otuʀ] ADV around **◆ tout ~** all around **◆ maison avec un jardin ~** house surrounded by a garden **◆ ~ de** around **◆ il regarda ~ de lui** he looked around

autre [otʀ]

1 ADJ INDÉF other **◆ je préfère l'~ robe** I prefer the other dress **◆ c'est un ~ problème** that's another problem **◆ ils ont un (tout) ~ point de vue** they have a (completely) different point of view **◆ elle a deux ~s enfants** she has two other children **◆ il y a beaucoup d'~s solutions** there are many other solutions **◆ ~ chose,**

Madame ? anything else, madam? ◆ **de l'~ côté de la rue** on the other side of the street ◆ **l'~ jour** the other day ◆ **parlons d'~ chose** let's talk about something else ◆ **ah ~ chose ! j'ai oublié de vous dire que ...** oh, one more thing! I forgot to tell you that ...

2 PRON INDÉF **a** (= qui est différent) ◆ **aucun ~** nobody else ◆ **les deux ~s** the other two ◆ **prendre qn pour un ~** to mistake sb for sb else ◆ **et l'~ *, il vient avec nous ?** what about him, is he coming with us? ◆ **d'~s** others ◆ **il en a vu d'~s !** he's seen worse! ◆ **à d'~s ! *** a likely story! **b** (= qui vient en plus) ◆ **donnez m'en un ~** give me another one ◆ **quoi d'~ ?** what else? ◆ **quelqu'un d'~** somebody else ◆ **personne d'~** nobody else **c** (marque une opposition) ◆ **l'~** the other one ◆ **les ~s** the others ◆ **il se moque de l'opinion des ~s** he doesn't care what other people think

autrefois [otRǝfwa] ADV in the past ◆ **d'~** of the past

autrement [otRǝmã] ADV **a** (= différemment) differently ◆ **il faut s'y prendre ~** we'll have to go about it differently ◆ **comment aller à Londres ~ que par le train ?** how can we get to London other than by train? ◆ **il n'y a pas moyen de faire ~** it's impossible to do otherwise ◆ **il n'a pas pu faire ~ que de me voir** he couldn't help seeing me ◆ **~ dit** (= en d'autres mots) in other words **b** (= sinon) otherwise ◆ **travaille bien, ~ tu auras de mes nouvelles !** work hard, otherwise you'll be hearing a few things from me!

Autriche [otRiʃ] NF Austria

autrichien, -ienne [otRiʃjɛ̃, jɛn] **1** ADJ Austrian **2 Autrichien(ne)** NM,F Austrian

autruche [otRyʃ] NF ostrich

autrui [otRɥi] PRON others ◆ **respecter le bien d'~** to respect other people's property

auvent [ovã] NM [de maison] canopy; [de tente] awning

aux [o] → **à**

auxiliaire [ɔksiljɛR] **1** ADJ auxiliary ◆ **mémoire ~** additional memory **2** NMF (= assistant) assistant **3** NM auxiliary

av. a (abrév de avenue) Ave **b** (abrév de avant) ◆ **en 300 av. J.-C.** in 300 BC

avachi, e [avaʃi] ADJ **a** [chaussure, vêtement] misshapen **b** [personne] ◆ **~ sur son bureau** slumped over his desk

avait [avɛ] VB → **avoir**

aval (pl **~s**) [aval] NM **a** (= autorisation) authorization **b** [de cours d'eau] water downstream ◆ **en ~** [de cours d'eau] downstream ◆ **les opérations en ~ de la production** post-production operations

avalanche [avalãʃ] NF [de neige, réclamations] avalanche; [de coups] shower; [de compliments] flood

avaler [avale] ► conjug 1 ◄ VT to swallow ◆ **~ la fumée** [fumeur] to inhale ◆ **~ son café à petites gorgées** to sip one's coffee ◆ **il a avalé de travers** it went down the wrong way ◆ **il n'a rien avalé depuis deux jours** he hasn't eaten a thing for two days ◆ **la machine a avalé ma carte de crédit** the machine swallowed up my credit card ◆ **on lui ferait ~ n'importe quoi** (= croire) he would swallow anything

avance [avãs] **1** NF **a** (= progression, acompte) advance ◆ **faire une ~ de 300 € à qn** to advance sb €300 **b** (sur un concurrent) lead ◆ **avoir/prendre de l'~ sur qn** to have/take the lead over sb ◆ **il a un an d'~** [élève] he's a year ahead ◆ **il est en ~ pour son âge** he's advanced for his age ◆ **leur pays est en ~ dans le domaine scientifique** their country leads in the field of science ◆ **il était très en ~ sur son temps** he was well ahead of his time ◆ **nous sommes en ~ sur le programme** we're ahead of schedule **c** (sur un horaire) ◆ **avoir de l'~** to be ahead of schedule ◆ **le train a dix minutes d'~** the train is ten minutes early ◆ **arriver avec cinq minutes d'~** to arrive five minutes early ◆ **en ~** early ◆ **être en ~ d'une heure** to be an hour early ◆ **à l'~, d'~** in advance ◆ **un mois à l'~** one month in advance ◆ **payable à l'~** ou **d'~** payable in advance ◆ **merci d'~** thanks (in anticipation) **2 avances** NFPL (galantes) advances ◆ **faire des ~s à qn** to make advances to sb

avancé, e [avãse] **1** ADJ [élève, civilisation, technique] advanced ◆ **il est très ~ dans son travail** he's well ahead with his work ◆ **elle a travaillé jusqu'à une heure ~e de la nuit** she worked late into the night ◆ **être d'un âge ~** to be getting on in years ◆ **nous voilà bien ~s ! *** a fat lot of good that's done us! * **2 avancée** NF **a** (= progression) advance **b** (= surplomb) overhang

avancement [avãsmã] NM **a** (= promotion) promotion ◆ **avoir de l'~** to be promoted **b** [de travaux] progress

avancer [avãse] ► conjug 3 ◄ **1** VT **a** [+ objet, tête] to move forward; [+ main] to hold out ◆ **~ une pendule** to put a clock forward **b** [+ opinion, hypothèse] to advance **c** [+ date, départ] to bring forward **d** [+ travail] to speed up ◆ **est-ce que cela vous avancera si je vous aide ?** will it speed things up for you if I help? ◆ **cela t'avancera à quoi de courir ?** what good will it do you to run? ◆ **cela ne t'avancera à rien de crier** shouting won't get you anywhere

e [+ argent] to advance; (= prêter) to lend **2** VI **a** (dans l'espace) to advance ◆ **il avança d'un pas** he took a step forward ◆ **mais avance donc !** move on will you! **b** (= progresser) to make progress ◆ **faire ~** [+ science, recherche] to further ◆ **et les travaux, ça avance ?** * how's the work coming on? * ◆ **son livre n'avance guère** he's not making much headway with his book ◆ **tout cela n'avance à rien** that doesn't get us any further **c** [montre, horloge] to be fast ◆ **ma montre avance de dix minutes** my watch is ten minutes fast **d** [cap, promontoire] to jut out (dans into); [menton] to protrude **3** **s'avancer** VPR **a** (= aller en avant) to move forward ◆ **il s'avança vers nous** he came towards us **b** (= s'engager) to commit o.s.

0–⊓   **avant** [avɑ̃]

1 PRÉP **a** before ◆ **il est parti ~ la fin** he left before the end ◆ **sa maison est juste ~ la poste** his house is just before the post office ◆ **peu ~ mon mariage** shortly before I got married ◆ **avant de** (+ infinitif) before ◆ **il a téléphoné ~ de partir** he phoned before he left ◆ **avant que** (+ subjonctif) before ◆ **je veux lire sa lettre ~ qu'elle ne l'envoie** I want to read her letter before she sends it ◆ **n'envoyez pas cette lettre ~ que je l'aie lue** don't send the letter until I have read it **b** (durée) for ◆ **il n'arrivera pas ~ une demi-heure** he won't be here for another half hour yet ◆ **on ne le reverra pas ~ longtemps** we won't see him again for a long time ◆ **~ peu** shortly **c** (priorité) before; (dans une liste, un classement) ahead of ◆ **~ tout** (= ce qui est le plus important) above all; (= tout d'abord) first **2** ADV **a** (= auparavant) first ◆ **le voyage sera long, mangez ~** it's going to be a long journey so have something to eat first ◆ **la semaine d'~** the previous week **b** (= autrefois) ◆ **~, c'était très beau ici** it used to be very beautiful here ◆ **~, je n'aimais pas la physique** I didn't use to like physics **c** (durée) before ◆ **quelques mois ~** some months before ◆ **bien ~** long before **d** (lieu) ◆ **tu vois la boulangerie ? le fleuriste est juste ~** you see the baker's? the florist's is just this side of it ◆ **en ~** [mouvement] forward ◆ **la voiture fit un bond en ~** the car lurched forward ◆ **en ~, marche !** forward march! ◆ **partez en ~, on vous rejoindra** you go on ahead, we'll catch up with you **3** NM **a** (= partie antérieure) front ◆ **à l'~** in the front ◆ **voyager à l'~ du train** to travel in the front section of the train **b** (= joueur) forward **4** ADJ INV (= antérieur) front ◆ **les sièges ~** the front seats

avantage [avɑ̃taʒ] NM **a** (= intérêt) advantage ◆ **tourner une situation à son ~** to turn the situation to one's advantage **b** (= supériorité) advantage ◆ **avoir l'~** to have the advantage (sur over) **c** (= gain) benefit ◆ **~s en nature** fringe benefits ◆ **~s sociaux** benefits

avantager [avɑ̃taʒe] ► conjug 3 ◄ VT **a** (= donner un avantage à) to give an advantage to ◆ **il a été avantagé par rapport à ses frères** he has been given an advantage over his brothers **b** (= mettre en valeur) to flatter

avantageux, -euse [avɑ̃taʒø, øz] ADJ **a** [affaire] worthwhile; [prix] attractive ◆ **en grands paquets, c'est plus ~** large packets are better value **b** [portrait, robe] flattering

avant-bras [avɑ̃bʀɑ] NM INV forearm

avant-centre (pl **avants-centres**) [avɑ̃sɑ̃tʀ] NM centre-forward (Brit), center-forward (US)

avant-coureur (pl **~s**) [avɑ̃kuʀœʀ] ADJ M ◆ **signe ~** forerunner

avant-dernier, -ière (mpl **~s**) [avɑ̃dɛʀnje, jɛʀ] ADJ, NM,F last but one

avant-garde (pl **~s**) [avɑ̃gaʀd] NF **a** [d'armée] vanguard **b** [d'artistes, politiques] avant-garde ◆ **être à l'~ de** to be in the vanguard of ◆ **d'~** avant-garde

avant-goût (pl **~s**) [avɑ̃gu] NM foretaste

avant-hier [avɑ̃tjɛʀ] ADV the day before yesterday

avant-première (pl **~s**) [avɑ̃pʀəmjɛʀ] NF preview ◆ **j'ai vu le film en ~** I saw a preview of the film

avant-propos [avɑ̃pʀopo] NM INV foreword

avant-veille (pl **~s**) [avɑ̃vɛj] NF ◆ **l'~** two days before ◆ **c'était l'~ de Noël** it was two days before Christmas

avare [avaʀ] **1** ADJ [personne] miserly ◆ **~ de compliments** sparing with compliments **2** NMF miser

avarice [avaʀis] NF miserliness

avarié, e [avaʀje] ADJ ◆ **cette viande est ~e** this meat has gone bad

avec [avɛk] **1** PRÉP with ◆ **son mariage ~ Marc a duré huit ans** her marriage to Marc lasted eight years ◆ **elle est ~ Robert** (= elle le fréquente) she's going out with Robert ◆ **et ~ ça, madame ?** (dans un magasin) would you like anything else? ◆ **il est très gentil ~ moi** he's very kind to me ◆ **parler ~ colère** to speak angrily **2** ADV * ◆ **tiens mes gants, je ne peux pas conduire ~** hold my gloves, I can't drive with them on ◆ **il faudra bien faire ~** he (ou we etc) will have to make do

avènement [avenmɑ̃] NM advent; [de roi] accession (à to)

avenir [av(ə)niʀ] NM ◆ future ◆ **à l'~** in future ◆ **dans un proche ~** in the near future ◆ **elle m'a prédit mon ~** she told my fortune ◆ **l'~ le dira** time will tell ◆ **il a de l'~** he has a good future ◆ **métier d'~** job with a future

Avent [avā] NM ◆ **l'~** Advent

aventure [avātyʀ] NF **a** adventure ◆ **film d'~s** adventure film **b** (= liaison amoureuse) affair ◆ **avoir une ~ avec qn** to have an affair with sb

aventurer (s') [avātyʀe] ► conjug 1 ◀ VPR ◆ to venture ◆ **s'aventurer à faire qch** to venture to do sth

aventureux, -euse [avātyʀø, øz] ADJ adventurous; [projet, entreprise] risky

aventurier [avātyʀje] NM adventurer

aventurière [avātyʀjɛʀ] NF adventuress

avenue [av(ə)ny] NF avenue

avérer (s') [aveʀe] ► conjug 6 ◀ VPR ◆ **il s'avère que ...** it turns out that ... ◆ **ce remède s'est avéré inefficace** this remedy proved to be ineffective

averse [avɛʀs] NF shower

averti, e [avɛʀti] ADJ [public] informed ◆ **~ de** [+ problèmes] aware of

avertir [avɛʀtiʀ] ► conjug 2 ◀ VT (= prévenir) to inform; (= mettre en garde) to warn ◆ **avertissez-moi dès que possible** let me know as soon as possible

avertissement [avɛʀtismā] NM **a** warning (à to); (à joueur) caution **b** (= préface) foreword

avertisseur [avɛʀtisœʀ] NM (= klaxon) horn

aveu (pl **~x**) [avø] NM confession ◆ **passer aux ~x** to make a confession ◆ **je dois vous faire un ~** I have a confession to make

aveuglant, e [avœglā, āt] ADJ [lumière] blinding

aveugle [avœgl] **1** ADJ blind; [violence] random ◆ **devenir ~** to go blind ◆ **~ d'un œil** blind in one eye ◆ **avoir une confiance ~ en qn** to have blind faith in sb **2** NM blind man ◆ **les ~s** the blind **3** NF blind woman

aveuglément [avœglemā] ADV blindly

aveugler [avœgle] ► conjug 1 ◀ VT to blind

aveuglette [avœglɛt] ◆ **à l'aveuglette** LOC ADV ◆ **avancer à l'~** to grope along ◆ **descendre à l'~** to grope one's way down

aviateur, -trice [avjatœʀ, tʀis] NM,F aviator

aviation [avjasjɔ̃] NF **a** (= corps d'armée) air force **b** (= activité) ◆ **l'~** flying **c** (= secteur) aviation

avide [avid] ADJ (= cupide) greedy; [lecteur] avid ◆ **~ de** [+ pouvoir, honneurs, connaissances] hungry for ◆ **~ de sang** bloodthirsty

avidité [avidite] NF (= passion) eagerness; (= cupidité, voracité) greed ◆ **lire avec ~** to read avidly ◆ **manger avec ~** to eat greedily

avilir [aviliʀ] ► conjug 2 ◀ **1** VT [+ personne] to demean **2** s'avilir VPR [personne] to demean o.s.

avion [avjɔ̃] NM plane ◆ **ils sont venus en ~** they came by plane ◆ **par ~** (sur lettre) by airmail ► **avion de chasse** fighter plane ► **avion de ligne** airliner ► **avion à réaction** jet

aviron [aviʀɔ̃] NM **a** (= rame) oar **b** (= sport) ◆ **l'~** rowing ◆ **faire de l'~** to row

avis [avi] NM **a** (= opinion) opinion ◆ **les ~ sont partagés** opinion is divided ◆ **être du même ~ que qn, être de l'~ de qn** to be of the same opinion as sb ◆ **on ne te demande pas ton ~ !** who asked you? ◆ **je ne suis pas de votre ~** I don't agree ◆ **à mon ~** in my opinion **b** (= conseil) advice NonC **c** (= notification) notice ◆ **~ de débit** debit advice ◆ **jusqu'à nouvel ~** until further notice ◆ **sauf ~ contraire** unless otherwise informed ◆ **~ aux amateurs !** * any takers? * ◆ **~ de réception** acknowledgement of receipt ◆ **lancer un ~ de recherche** (pour criminel) to issue a description of a wanted person; (pour disparu) to issue a description of a missing person

avisé, e [avize] ADJ ◆ **être bien/mal ~ de faire qch** to be well-advised/ill-advised to do sth

aviser [avize] ► conjug 1 ◀ **1** VT (= avertir) to notify ◆ **il ne m'en a pas avisé** he didn't notify me **2** VI ◆ **nous aviserons sur place** we'll see once we're there **3** s'aviser VPR ◆ **et ne t'avise pas d'aller lui dire !** and don't you dare go and tell him!

avocat, e [avɔka, at] **1** NM,F **a** (= juriste) lawyer **b** (= défenseur) advocate ◆ **se faire l'~ d'une cause** to champion a cause ◆ **se faire l'~ du diable** to play devil's advocate ► **avocat de la défense** counsel for the defence ► **avocat général** counsel for the prosecution **2** NM (= fruit) avocado

avoine [avwan] NF oats

⊙   **avoir** [avwaʀ] ► conjug 34 ◀

1 VT **a** to have ◆ **j'ai trois frères** I have ou I've got three brothers ◆ **il n'avait pas d'argent** he had no money ou didn't have any money ◆ **il a la rougeole** he's got measles ◆ **il a eu la rougeole à dix ans** he had measles when he was ten ◆ **qu'est-ce que tu as?** what's wrong with you? ◆ **qu'est-ce qu'il a à pleurer?** what's he crying for? ◆ **il avait les mains qui tremblaient** his hands were shaking

b (= obtenir, attraper) to get ◆ **ils ont fini par ~ le coupable** they got the culprit in the end ◆ **je t'aurai !** I'll get you! *

c (= porter) [+ vêtements] to wear ◆ **il avait un pantalon beige** he was wearing beige trousers ◆ **la femme qui a le corsage bleu** the woman in the blue blouse

d (dimensions) to be ◆ **~ 3 mètres de haut** to be 3 metres high

e (âge) (= avoir) to be; (= atteindre) to turn ◆ **il a dix ans** he is ten ◆ **elle venait d'~ 38 ans** she had just turned 38

f * (= duper) ◆ **je t'ai bien eu !** got you there! * ◆ **se faire ~** (par escroc) to be had *; (par un plaisantin) to be fooled

2 VB AUX ◆ **hier, j'ai mangé trois bananes** yesterday, I ate three bananas ◆ **as-tu faim ? – non, j'ai mangé trois bananes** are you hungry? – no, I've eaten three bananas ◆ **je n'ai pas encore fini** I haven't finished yet ◆ **nous aurons terminé demain** we'll have finished tomorrow ◆ **si je l'avais vu** if I had seen him

◆ **avoir à** + infinitif (= devoir) ◆ **qu'as-tu à faire ?** what have you got to do? ◆ **tu n'as qu'à me téléphoner demain** just give me a ring tomorrow ◆ **tu n'avais qu'à ne pas y aller** you shouldn't have gone in the first place ◆ **s'il n'est pas content, il n'a qu'à partir** if he doesn't like it, he can always leave

3 VB IMPERS

◆ **il y a** **a** (général, suivi d'un singulier) there is; (suivi d'un pluriel) there are ◆ **il y a un homme à la porte** there's a man at the door ◆ **il y a des gens qui attendent** there are people waiting ◆ **qu'est-ce qu'il y a?** what's the matter? ◆ **qu'est-ce qu'il y a eu?** what's happened?

◆ **il y en a** (antécédent au singulier) there is some; (antécédent au pluriel) there are some ◆ **j'achète du pain ? – non, il y en a encore** shall I buy some bread? – no, there's some left ◆ **il y en a qui disent ...** there are those who say ...

b (temps) ◆ **il y a dix ans que je le connais** I've known him for ten years ◆ **il y avait longtemps qu'elle désirait le rencontrer** she had wanted to meet him for a long time ◆ **il est né il y a tout juste un an** he was born just one year ago ◆ **il y**

a dix jours que nous sommes rentrés we got back ten days ago

c (distance) ◆ **il y a 10 km d'ici à Paris** it is 10km from here to Paris ◆ **combien y a-t-il d'ici à Lille ?** how far is it from here to Lille?

4 **avoirs** NM PL (Fin) assets

avoisinant, e [avwazinɑ̃, ɑ̃t] ADJ neighbouring (Brit), neighboring (US) ◆ **dans les rues ~es** in the nearby streets

avortement [avɔʀtəmɑ̃] NM abortion ◆ **campagne contre l'~** anti-abortion campaign

avorter [avɔʀte] ► conjug 1 ◄ VI **a** [femme] ◆ **(se faire) ~** to have an abortion **b** [tentative] to fail ◆ **faire ~ un projet** to wreck a plan

avouer [avwe] ► conjug 1 ◄ **1** VT [+ amour] to confess; [+ crime] to confess to; [+ faiblesse, vice] to admit to ◆ **~ avoir menti** to admit that one has lied ◆ **~ que ...** to admit that ... ◆ **elle est douée, je l'avoue** she is gifted, I must admit **2** VI [coupable] to confess **3** **s'avouer** VPR ◆ **s'~ coupable** to admit one's guilt ◆ **s'~ vaincu** to admit defeat

avril [avʀil] NM April; pour autres loc voir **septembre**

axe [aks] NM **a** (= route) trunk road (Brit), main highway (US) ◆ **les grands ~s routiers** the main roads **b** (Math) axis

axer [akse] ► conjug 1 ◄ VT ◆ **~ qch sur/autour de** to centre (Brit) ou center (US) sth on/around

azalée [azale] NF azalea

AZERTY [azɛʀti] ADJ INV ◆ **clavier ~** ≈ French keyboard

azimut [azimyt] NM ◆ **tous ~s** (= dans toutes les directions) everywhere; [offensive, campagne] all-out; [réformes] wholesale

azote [azɔt] NM nitrogen

azur [azyʀ] NM (littér = couleur) sky blue

FRANCAIS/ANGLAIS

B

B.A.-BA [beaba] NM ◆ **le B.A.-BA** the ABC

baba * [baba] **1** NM **a** (= gâteau) baba **b** (= hippy) ◆ ~ **cool** = hippy **2** ADJ ◆ **j'en suis resté ~** I was flabbergasted

babiole [babjɔl] NF (= vétille) trifle

bâbord [babɔʀ] NM port (side) ◆ **à ~** on the port side

baby-foot (pl ~s) [babifut] NM INV (= jeu) table football

baby-sitter (pl ~s) [babisitœʀ] NMF babysitter

baby-sitting (pl ~s) [babisitiŋ] NM babysitting ◆ **faire du ~** to baby-sit

bac¹ [bak] NM **a** (= bateau) ferry; (pour voitures) car-ferry **b** (= récipient) tub; [d'évier] sink; [de courrier, imprimante] tray ◆ **bac à douche** shower tray ◆ **bac (à fleurs)** tub ◆ **bac à glace** ice-tray ◆ **bac à légumes** vegetable compartment

bac² [bak] (abrév de **baccalauréat**) NM **a** (en France) baccalauréat ◆ **formation bac + 3** ≈ 3 years' higher education **b** (au Canada = licence) = BA

baccalauréat [bakalɔʀea] NM **a** (en France) baccalauréat **b** (au Canada = licence) = BA

bâche [baʃ] NF (= toile) canvas cover; [de piscine] cover

bachelier, -ière [baʃalje, jɛʀ] NM,F person who has passed the baccalauréat

bâcler [bakle] ► conjug 1 ◄ VT [+ travail] to botch ◆ **c'est du travail bâclé** it's slapdash work

bacon [bekɔn] NM (= lard) bacon

bactérie [bakteʀi] NF bacterium ◆ ~s bacteria

badge [badʒ] NM badge; (pour visiteur) visitor's badge; (= carte électronique) swipe card

badigeonner [badiʒɔne] ► conjug 1 ◄ VT [+ mur intérieur] to paint; [+ mur extérieur] to whitewash (Brit); [+ plaie, gorge] to paint (à, avec with)

badminton [badmintɔn] NM badminton

baffe * [baf] NF slap ◆ **recevoir une ~** to get slapped

baffle [bafl] NM (de chaîne hi-fi) speaker

bafouer [bafwe] ► conjug 1 ◄ VT to flout

bafouiller [bafuje] ► conjug 1 ◄ VI to stammer

bâfrer *‡ [bafʀe] ► conjug 1 ◄ VI to guzzle *

bagage [bagaʒ] NM **a** (= valises) ◆ ~s luggage NonC, baggage NonC ◆ **faire ses ~s** to pack (one's bags) **b** (= valise) bag ◆ **à main** piece of hand luggage **c** (= diplômes) qualifications

bagarre * [bagaʀ] NF **a** ◆ **la ~** fighting ◆ **il cherche la ~** he's looking for a fight **b** (= rixe) fight

bagarrer (se) * [bagaʀe] ► conjug 1 ◄ VPR to fight

bagarreur, -euse * [bagaʀœʀ, øz] ADJ (= batailleur) ◆ **il est ~** he's always getting into fights

bagatelle [bagatɛl] NF **a** little thing ◆ **perdre son temps à des ~s** to fritter away one's time on little things **b** (= somme) trifling sum

Bagdad [bagdad] N Baghdad

bagnard [baɲaʀ] NM convict

bagne [baɲ] NM (= prison) penal colony; (= peine) hard labour ◆ **c'est le ~ !** * it's slavery!

bagnole * [baɲɔl] NF car

bagou(t) * [bagu] NM ◆ **avoir du bagou(t)** to have the gift of the gab

bague [bag] NF ring; (Tech) collar

baguette [bagɛt] NF **a** (= bâton) stick ◆ ~s (pour manger) chopsticks ◆ ~ **de chef d'orchestre** baton ◆ **mener qn à la ~** to rule sb with a rod of iron ► **baguette magique** magic wand ► **baguette de tambour** drumstick **b** (= pain) baguette

bah [ba] EXCL (indifférence) pooh!; (doute) well!

bahut [bay] NM **a** (= buffet) sideboard **b** (arg Scol) school

baie [bɛ] NF **a** (= anse) bay **b** ◆ ~ **vitrée** (= fenêtre) plate glass window **c** (= fruit) berry

baignade [beɲad] NF swimming ◆ **"~ interdite"** "no swimming"

baigner [beɲe] ► conjug 1 ◄ **1** VT [+ bébé, chien] to bath (Brit), to bathe (US); [+ pieds, visage, yeux] to bathe **2** VI ◆ **la victime baignait dans son sang** the victim was lying in a pool of blood ◆ **ça baigne !** * great! * **3** **se baigner** VPR (dans la mer, une piscine) to go swimming; (dans une baignoire) to have a bath

baignoire [beɲwaʀ] NF bath, tub (US)

bail (pl baux) [baj, bo] NM lease ◆ **ça fait un ~ que je ne l'ai pas vu ! ** * I haven't seen him for ages!

bâillement [bajmɑ̃] NM yawn

bâiller [baje] ► conjug 1 ◄ VI **a** [personne] to yawn **b** [col, chaussure] to be too loose

bâillonner [bɑjɔne] ► conjug 1 ◄ VT to gag

bain [bɛ̃] NM (dans une baignoire) bath; (dans une piscine, la mer) swim ◆ ~ **de boue** mud bath ◆ **prendre un** ~ (dans une baignoire) to have a bath; (dans la mer, une piscine) to have a swim ◆ ~ **moussant** bubble bath ◆ **prendre un** ~ **de soleil** to sunbathe ◆ **se (re)mettre dans le** ~ * to get (back) into the swing of things

bain-marie (pl **bains-marie**) [bɛ̃maʀi] NM bain-marie ◆ **réchauffer une boîte de conserve au** ~ to heat a tin up by standing it in simmering water

baiser [beze] **1** NM kiss ◆ **bons ~s** (en fin de lettre) love ◆ **donner un** ~ **à qn** to give sb a kiss **2** ► conjug 1 ◄ VT **a** (frm) [+ main, visage, sol] to kiss **b** (*** : sexuellement) to screw*** **c** (*** = tromper, vaincre) to have * ◆ **il s'est fait ~** he was really had * **3** VI *** to screw***

baisse [bɛs] NF fall (de in); [de popularité] decline (de in) ◆ **être en** ~ [prix, chômage, actions] to be going down; [niveau, natalité] to be falling; [popularité] to be declining ◆ **la production est en** ~ **de 8 % par rapport à l'année dernière** production is 8% down on last year

baisser [bese] ► conjug 1 ◄ **1** VT **a** to lower ◆ ~ **la tête** to bend one's head; (de honte) to hang one's head ◆ ~ **les yeux** to look down ◆ ~ **les bras** (fig) to give up **b** [+ chauffage, éclairage, radio, son] to turn down; [+ voix] to lower **2** VI **a** [température, prix, baromètre] to fall; [marée] to go out; [réserves, provisions] to run low; [popularité] to decline ◆ **faire** ~ **la tension/le chômage** to reduce tension/unemployment **b** [vue, forces, santé] to fail **3** **se baisser** VPR (pour ramasser) to bend down; (pour éviter) to duck

bal (pl ~**s**) [bal] NM (= réunion) dance; (habillé) ball ◆ **aller au** ~ to go dancing ◆ **bal costumé** fancy dress ball (Brit), costume ball (US) ► **bal masqué** masked ball ► **bal populaire** ≈ local dance

balade * [balad] NF (à pied) walk; (en voiture) drive; (à vélo) ride; (en bateau) trip ◆ **faire une** ~ to go for a walk (ou a drive etc)

balader * [balade] ► conjug 1 ◄ **1** VT (= promener) to take for a walk; (en voiture) to take for a drive ou a ride **2** **se balader** VPR (à pied) to go for a walk ◆ **la lettre s'est baladée de bureau en bureau** the letter was sent from one office to another ◆ **des câbles se baladent partout** there are cables trailing all over the place

baladeur [baladœʀ] NM Walkman ®, personal stereo

balai [balɛ] NM broom; [d'essuie-glace] blade ◆ **donner un coup de** ~ to sweep the floor ◆ **du** ~ ! * clear off! ◆ **il a 80 ~s**: he's 80

balance [balɑ̃s] NF **a** (= instrument) scales **b** (= équilibre) balance ► **balance commerciale, balance des paiements** balance of trade, balance of payments **c** (Astron) ◆ **la Balance** Libra ◆ **être Balance** to be Libra ou a Libran

balancer [balɑ̃se] ► conjug 3 ◄ **1** VT **a** [+ chose, bras, jambe] to swing; [+ bébé] to rock; (sur une balançoire) to push **b** (* = lancer) to chuck * **c** (= se débarrasser de) to chuck out * **2** **se balancer** VPR [bras, jambes] to swing; [bateau] to rock, to sway; (sur une balançoire) to swing ◆ **ne te balance pas sur ta chaise !** don't tip your chair back! ◆ **je m'en balance**: (= m'en fiche) I don't give a damn *

balançoire [balɑ̃swaʀ] NF (suspendue) swing; (sur pivot) seesaw ◆ **faire de la** ~ to have a go on a swing (ou a seasaw)

balayage [balɛjaʒ] NM (= nettoyage) sweeping; (Élec, Radio) scanning ◆ **se faire faire un** ~ (cheveux) to have highlights put in one's hair

balayer [baleje] ► conjug 8 ◄ VT **a** [+ poussière, feuilles mortes] to sweep up **b** (= nettoyer) to sweep (out) **c** (= chasser) [+ feuilles mortes] to sweep away; [+ obstacles] to brush aside **d** [phares, vent] to sweep across; [regard] to sweep over; [radar] to scan

balayeur, -euse [balɛjœʀ, øz] NM,F roadsweeper (Brit), streetsweeper (US)

balbutier [balbysje] ► conjug 7 ◄ VI to stammer

balcon [balkɔ̃] NM (= terrasse) balcony ◆ **premier** ~ (au théâtre) lower circle ◆ **deuxième** ~ (au théâtre) upper circle

Bâle [bɑl] N Basel

Baléares [baleaʀ] NFPL ◆ **les (îles)** ~ the Balearics

baleine [balɛn] NF **a** (= animal) whale **b** ◆ ~ **de parapluie** umbrella rib

balèze: [balɛz] ADJ (= musclé) brawny; (= excellent) terrific *

balise [baliz] NF (pour bateaux) marker buoy; (pour avions) beacon ◆ ~ **de détresse** distress beacon

baliser [balize] ► conjug 1 ◄ **1** VT to mark out **2** VI (*: = avoir peur) to be scared

Balkans [balkɑ̃] NMPL ◆ **les** ~ the Balkans

ballade [balad] NF (= poème long) ballad

ballant, e [balɑ̃, ɑ̃t] ADJ ◆ **les bras ~s** with arms dangling

balle [bal] NF **a** (= projectile) bullet ◆ ~ **à blanc** blank **b** (= ballon) ball ◆ ~ **de ping-pong** ping-pong ball ◆ **jouer à la** ~ to play (with a) ball **c** (Sport = coup) shot ◆ ~ **de jeu/match/**

set game/match/set point **◆ ~ de service** service ball **d** (* = franc) franc **◆ c'est 10 ~s** it's 10 francs

ballerine [bal(ə)ʀin] NF (= danseuse) ballerina; (= chaussure) ballet shoe

ballet [balɛ] NM (= spectacle) ballet

ballon [balɔ̃] NM **a** (= balle) ball **◆ ~ de football** football (Brit), soccer ball (US) **◆ ~ de rugby** rugby ball **◆ ~ (de baudruche)** balloon **b** (= montgolfière) balloon **c** (* = Alcootest) **◆ souffler dans le ~** to take a breath test

ballonné, e [balɔne] ADJ [ventre] bloated **◆ je suis ~** I feel bloated

ballot [balo] NM **a** (= paquet) bundle **b** (* = nigaud) nitwit *

ballottage [balɔtaʒ] NM (dans une élection) **◆ il y a ~** there will have to be a second ballot

ballotter [balɔte] ▸ conjug 1 ◂ **1** VI [objet] to roll around; [poitrine] to bounce **2** VT [+ personne] to shake about; [+ bateau] to toss (about)

balnéaire [balneɛʀ] ADJ → station

balte [balt] ADJ Baltic **◆ les pays ~s** the Baltic States

Baltique [baltik] NF **◆ la ~** the Baltic

balustrade [balystʀad] NF (= garde-fou) railing

bambin * [bãbɛ̃] NM small child

bambou [bãbu] NM bamboo

ban [bã] NM **a** [de mariage] **◆ ~s** banns **b ◆ mettre au ~ de la société** to ostracize

banal, e (mpl ~s) [banal] ADJ **a** (= sans originalité) banal **◆ un personnage peu ~** an unusual character **b** (= courant) commonplace **◆ une grippe ~e** a common-or-garden case of flu

banalité [banalite] NF **a** (= caractère) banality **◆ d'une ~ affligeante** appallingly trite **b** (= propos) platitude

banane [banan] NF **a** (= fruit) banana **b** (* = sac) bumbag * (Brit), fanny pack * (US)

bananier [bananje] NM (= arbre) banana tree

banc [bã] **1** NM **a** (= siège) seat **◆ ~ public** park bench ▸ **banc des accusés** dock ▸ **banc d'église** pew **b** [de poissons] school **2** COMP ▸ **banc d'essai** test bed ▸ **banc de sable** sandbank

bancaire [bãkɛʀ] ADJ [système] banking **◆ chèque ~** (bank) cheque (Brit) ou check (US)

bancal, e (mpl ~s) [bãkal] ADJ [table, chaise] wobbly

bandage [bãdaʒ] NM bandage

bande [bãd] NF **a** (= ruban) strip; (Ciné) film; [de magnétophone] tape **◆ la ~ de Gaza** the Gaza strip ▸ **bande dessinée** comic strip; (= livre) comic book ▸ **bande magnétique** mag-

netic tape ▸ **bande originale** [de film] (original) soundtrack **b** (= dessin, motif) stripe **c** (Radio) **◆ ~ (de fréquence)** waveband **d** (= groupe) group **◆ une ~ d'amis** a group of friends **◆ ~ d'imbéciles !** you're a bunch of fools! * **e** (= gang) gang **◆ faire ~ à part** to go off on one's own

bande-annonce (pl **bandes-annonces**) [bãdanɔ̃s] NF [de film] trailer

bandeau (pl **~x**) [bãdo] NM (= ruban) headband; (pour les yeux) blindfold **◆ avoir un ~ sur l'œil** to wear an eye patch

bander [bãde] ▸ conjug 1 ◂ **1** VT **a** [+ genou, plaie] to bandage **◆ les yeux bandés** blindfolded **b** [+ arc] to bend; [+ muscles] to tense **2** VI (*.* sexuellement) to have a hard-on *.*

banderole [bãdʀɔl] NF banderole

bande-son (pl **bandes-son**) [bãdsɔ̃] NF [de film] soundtrack

bandit [bãdi] NM (= brigand) bandit; (= escroc) crook

bandoulière [bãduljɛʀ] NF shoulder strap **◆ en ~** slung across the shoulder

banlieue [bãljø] NF suburbs **◆ Paris et sa ~** Greater Paris **◆ habiter en ~** to live in the suburbs **◆ de ~** [maison] suburban; [train] commuter

banlieusard, e [bãljøzaʀ, aʀd] NM,F commuter

bannière [banjɛʀ] NF (= drapeau) banner **◆ la ~ étoilée** the Star-Spangled Banner

bannir [baniʀ] ▸ conjug 2 ◂ VT [+ mot, sujet, aliment] to banish; [+ usage] to prohibit

banque [bãk] NF bank **◆ il a de l'argent à la ~** he's got money in the bank **◆ ~ du sang/d'organes** blood/organ bank **◆ ~ de données** data bank

banqueroute [bãkʀut] NF bankruptcy **◆ faire ~** to go bankrupt

banquet [bãkɛ] NM banquet

banquette [bãkɛt] NF bench seat

banquier [bãkje] NM banker

banquise [bãkiz] NF ice field

baptême [batɛm] NM (= sacrement) baptism; (= cérémonie) christening; [de navire] naming ▸ **baptême de l'air** maiden flight

baptiser [batize] ▸ conjug 1 ◂ VT **a** (Rel) to baptize **b** [+ navire, rue] to name **c** (= surnommer) to christen

bar [baʀ] NM bar **◆ ~ à vin(s)** wine bar

baragouiner * [baʀagwine] ▸ conjug 1 ◂ VT **◆ il baragouine un peu l'espagnol** he can speak Spanish after a fashion **◆ qu'est-ce qu'il baragouine ?** what's he jabbering on about? *

baraque [baʀak] NF **a** (= cabane) shed ◆ ~ **foraine** fairground stall **b** (* = maison) place *

baraqué, e * [baʀake] ADJ well-built

baratin * [baʀatɛ̃] NM (= boniment) sweet talk *; (commercial) sales talk

baratiner * [baʀatine] ► conjug 1 ◄ VT ◆ ~ **qn** (= amadouer) to sweet-talk sb *; (= draguer) to chat sb up * (Brit), to feed sb some lines * (US)

barbant, e * [baʀbɑ̃, ɑ̃t] ADJ boring

barbare [baʀbaʀ] **1** ADJ (péj) [mœurs, crime] barbaric **2** NM barbarian

barbe [baʀb] NF beard ◆ **porter la ~** to have a beard ◆ **il faut que j'y retourne, quelle ~ !** * I've got to go back - what a drag! * ▶ **barbe à papa** candy-floss (Brit), cotton candy (US)

barbecue [baʀbəkju] NM barbecue ◆ **faire un ~** to have a barbecue

barbelé, e [baʀbəle] ADJ, NM ◆ **(fil de fer) ~** barbed wire NonC ◆ **les ~s** the barbed wire fence

barber * [baʀbe] ► conjug 1 ◄ VT ◆ **ça me barbe** it bores me to tears *

barbouiller [baʀbuje] ► conjug 1 ◄ VT **a** (= couvrir, salir) to smear (de with), to cover (de with, in) ◆ **tout barbouillé de chocolat** covered in chocolate **b** ◆ **être barbouillé** *, **avoir l'estomac barbouillé** * to feel queasy

barbu, e [baʀby] **1** ADJ [personne] bearded **2** NM man with a beard

Barcelone [baʀsəlɔn] N Barcelona

barda * [baʀda] NM gear *; (Mil) kit

barder * [baʀde] ► conjug 1 ◄ VB IMPERS ◆ **ça va ~** all hell is going to break loose *

barème [baʀɛm] NM (= table de référence) table; (= tarif) price list ◆ ~ **de correction** (Scol) marking (Brit) ou grading (US) scheme

baril [baʀi(l)] NM [de pétrole, vin] barrel; [de poudre] keg; [de lessive] drum

bariolé, e [baʀjɔle] ADJ [vêtement, tissu] rainbow-coloured

barjo(t) * [baʀʒo] ADJ crazy *

barmaid [baʀmɛd] NF barmaid

barman [baʀman] (pl ~s ou **barmen** [baʀmɛn] NM barman

baromètre [baʀɔmɛtʀ] NM barometer

baron [baʀɔ̃] NM baron

baronne [baʀɔn] NF baroness

baroque [baʀɔk] ADJ, NM baroque

barque [baʀk] NF small boat ◆ ~ **à moteur** (small) motorboat ◆ ~ **de pêche** small fishing boat

barquette [baʀkɛt] NF **a** (= tarte) tartlet **b** (= récipient) container; (pour fruits) punnet

barrage [baʀaʒ] NM **a** [de rivière, lac] dam ◆ ~ **de retenue** flood barrier **b** (= barrière) barrier ◆ ~ **de police** roadblock; (= cordon d'agents) police cordon

barre [baʀ] NF **a** (= tige) bar; (de fer) rod, bar ◆ **j'ai un coup de ~** * I feel shattered * ▶ **barre de céréales** muesli (Brit) ou granola (US) bar ▶ **barre chocolatée** bar of chocolate (Brit), candy bar (US) ▶ **barre d'outils** tool bar **b** (Danse) barre ◆ ~ **s asymétriques/parallèles** asymmetric/parallel bars ◆ ~ **fixe** horizontal bar **c** [de navire] helm; [de petit bateau] tiller ◆ **être à la ou tenir la ~** (lit, fig) to be at the helm **d** (Droit) ◆ **être appelé à la ~** to be called as a witness **e** (= trait) line; (du t, f) cross ◆ ~ **oblique** slash **f** (= niveau) mark ◆ **franchir la ~ des 10 %** to pass the 10% mark ◆ **vous placez la ~ trop haut** you set your standards too high **g** (= douleur) pain ◆ **j'ai une ~ sur la poitrine** my chest feels tight

barré, e * [baʀe] ADJ ◆ **il/c'est mal ~** he's/it's off to a bad start ◆ **il est mal ~ pour avoir son examen** his chances of passing the exam are slim

barreau (pl ~x) [baʀo] NM **a** [d'échelle] rung; [de cage, fenêtre] bar ◆ **être derrière les ~x** [prisonnier] to be behind bars **b** (Droit) bar

barrer [baʀe] ► conjug 1 ◄ **1** VT **a** [+ porte] to bar; [+ chemin, route] (par accident) to block; (pour travaux, par la police) to close ◆ ~ **le passage ou la route à qn** to stand in sb's way **b** [+ mot, phrase] to cross out **2** VI (Naut) to steer **3** **se barrer** * VPR [personne] to clear off * ◆ **il s'est barré de chez lui** he walked out on his family *

barrette [baʀɛt] NF (pour cheveux) slide (Brit), barrette (US)

barricade [baʀikad] NF barricade

barricader [baʀikade] ► conjug 1 ◄ **1** VT to barricade **2** **se barricader** VPR to barricade o.s. ◆ **se ~ chez soi** to lock o.s. in

barrière [baʀjɛʀ] NF (= obstacle) barrier; (= clôture) fence; (= porte) gate ◆ ~ **(de passage à niveau)** level (Brit) ou grade (US) crossing gate

bas¹, basse¹ [bɑ, bɑs] **1** ADJ **a** (= peu élevé) low; [ciel] overcast; [maison] low-roofed ◆ **les branches basses d'un arbre** the lower branches of a tree ◆ **un enfant en bas âge** a small child **b** (= grave) [voix] deep **c** (en géographie) ◆ **le Bas Languedoc** Lower Languedoc **2** ADV **a** low ◆ **mets tes livres plus bas** put your books lower down ◆ **ma maison est plus bas dans la rue** my house is further down the street ◆ **voir plus bas** see below ◆ **mettre bas** to give birth ◆ **à bas le fascisme!** down with fascism! **b** (= doucement) [parler] softly ◆ **parler tout bas** to speak in a very low voice ◆ **mettez la radio plus bas**

turn the radio down **3** NM [de page, escalier, mur] foot; [de visage] lower part; [de jupe, pantalon] bottom ◆ **j'ai mal dans le bas du dos** I've got a pain in my lower back ◆ **l'équipe se retrouve au bas du classement** the team is at the bottom of the league ◆ **de bas en haut** from the bottom up ◆ **il la contempla de bas en haut** he looked her up and down ◆ **en bas** (dans une maison) downstairs ◆ **la tête en bas** upside down ◆ **le supermarché d'en bas vend du pain** the supermarket below sells bread ◆ **le bruit vient d'en bas** the noise is coming from downstairs ◆ **du bas** [dents, mâchoire] lower ◆ **l'étagère du bas** the bottom shelf ◆ **en bas de** at the bottom of ◆ **il m'attend en bas de l'immeuble** he's waiting for me outside the building

bas² [bɑ] NM stocking

basané, e [bazane] ADJ dark-skinned

bas-côté (pl **~s**) [bakote] NM **a** [de route] verge (Brit), shoulder (US) **b** [d'église] side aisle

bascule [baskyl] NF **a** (= balance) [de marchandises] weighing machine; [de personne] scales **b** (= balançoire) seesaw ◆ **cheval/fauteuil à ~** rocking horse/chair

basculer [baskyle] ► conjug 1 ◄ VI **a** [personne, objet] to fall over ◆ **faire ~** [+ personne] to knock off balance **b** [match] to take a sudden turn ◆ **ma vie a basculé** my life was turned upside down **c** (Informatique) to toggle

base [baz] NF **a** (= lieu) base ◆ **~ navale/aérienne** naval/air base **b** (= fondement) basis ◆ **les ~s de l'accord** the basis of the agreement ◆ **il a des ~s solides en anglais** he has a good grounding in English ◆ **cocktail à ~ de gin** gin-based cocktail ◆ **de ~** basic ► **base de données** database

baser [baze] ► conjug 1 ◄ **1** VT to base (sur on) **2 se baser** VPR ◆ **se ~ sur** to base one's judgment on ◆ **sur quoi vous basez-vous ?** what is the basis of your argument?

bas-fond (pl **~s**) [bafɔ̃] NM (= haut-fond) shallow

basilic [bazilik] NM (= plante) basil

basilique [bazilik] NF basilica

basket [baskɛt] NM **a** (= sport) basketball **b** (= chaussures) ◆ **~s** trainers (Brit), sneakers (US); (pour joueur) basketball boots (Brit), hightops (US) ◆ **être à l'aise dans ses ~s** * to be at ease with o.s.

basket-ball (pl **~s**) [baskɛtbol] NM basketball

basque [bask] **1** ADJ Basque ◆ **le Pays ~** the Basque Country **2** NM (= langue) Basque **3** NMF **Basque** Basque

basse² [bɑs] NF (= chanteur, instrument) bass

basse-cour (pl **basses-cours**) [baskuʀ] NF (= lieu) farmyard

bassin [basɛ̃] NM **a** (= pièce d'eau) ornamental lake; (plus petit) pond; [de piscine] pool; [de fontaine] basin; [de port] dock ◆ **~ de retenue** reservoir **b** (= région) basin ◆ **le Bassin parisien** the Paris Basin **c** (Anatomie) pelvis

bassine [basin] NF (= cuvette) bowl

bassiste [basist] NMF (= guitariste) bass guitarist

bastion [bastjɔ̃] NM bastion

bas-ventre (pl **~s**) [bavɑ̃tʀ] NM groin; (= abdomen) lower abdomen

bât [bɑ] NM [de mule, âne] packsaddle ◆ **c'est là que le ~ blesse** there's the rub

bataille [batɑj] NF **a** (Mil) battle; (= rixe, querelle) fight ◆ **~ navale** (Mil) naval battle; (= jeu) battleships **b** (Cartes) beggar-my-neighbour

bataillon [batajɔ̃] NM (Mil) battalion

bâtard [batɑʀ] NM **a** (= chien) mongrel **b** (= pain) (short) loaf of bread

bateau (pl **~x**) [bato] **1** NM boat; (grand) ship ◆ **~ à moteur/à rames/à voiles** motor/rowing/sailing boat ◆ **faire du ~** (à voiles) to go sailing; (à rames, à moteur) to go boating ◆ **mener qn en ~** (fig) to take sb for a ride * ► **bateau de pêche** fishing boat ► **bateau de plaisance** yacht ► **bateau à vapeur** steamer **2** ADJ INV (* = banal) hackneyed

bateau-mouche (pl **bateaux-mouches**) [batomuʃ] NM river boat

bâti, e [bɑti] ADJ ◆ **être bien ~** [personne] to be well-built ◆ **terrain ~/non ~** developed/undeveloped site

bâtiment [bɑtimɑ̃] NM **a** (= édifice) building ◆ **le ~** (= industrie) the building trade **b** (= navire) ship

bâtir [bɑtiʀ] ► conjug 2 ◄ VT to build (sur on) ◆ **(se) faire ~ une maison** to have a house built

bâtisse [bɑtis] NF (= maison) building

bâton [bɑtɔ̃] NM **a** stick; [d'agent de police] baton ◆ **~ de rouge** (à lèvres) lipstick ◆ **~ de ski** ski pole ◆ **il m'a mis des ~s dans les roues** he put a spoke in my wheel **b** (= trait) vertical stroke **c** (* = million de centimes) ten thousand francs

bâtonnet [bɑtɔnɛ] NM stick ◆ **~ glacé** ice pop

battage [bataʒ] NM ◆ **faire du ~ autour de qch/qn** to give sth/sb a lot of hype *

battant, e [batɑ̃, ɑ̃t] **1** NM ◆ **~ (de porte)** (left-hand ou right-hand) door (of a double door) ◆ **porte à double ~ ou à deux ~s** double door(s) **2** NM,F (= personne) fighter

batte [bat] NF [de base-ball, cricket] bat

battement [batmɑ̃] NM **a** [d'ailes] flapping NonC; [de cils] fluttering NonC ◆ **~s de jambes** leg movements **b** [de cœur] beat **c** ◆ **vingt minutes de** ◆ (= pause) a twenty-minute break; (= temps libre) two minutes to spare

batterie [batʀi] NF **a** (= percussions) drum kit ◆ **Luc à la** ~ Luc on drums **b** (= pile) battery **c** ◆ ~ **de cuisine** kitchen utensils **d** (Agric) ◆ **poulets de** ~ battery hens

batteur [batœʀ] NM **a** (= ustensile) whisk **b** (= musicien) drummer

battre [batʀ] ▸ conjug 41 ◂ **1** VT to beat; [+ blanc d'œuf] to whisk; [+ crème] to whip; [+ cartes] to shuffle ◆ **femmes battues** battered women ◆ **se faire** ~ (= vaincre) to be beaten ◆ ~ **qn à plate(s) couture(s)** to beat sb hands down ◆ ~ **son plein** [saison touristique] to be at its height; [fête] to be going full swing **2** VT INDIR ◆ ~ **des mains** to clap one's hands ◆ **l'oiseau bat des ailes** the bird is flapping its wings ◆ ~ **de l'aile** (fig) to be in a bad way **3** VI [cœur] to beat; [porte, volets] to bang; [voile, drapeau] to flap ◆ **le cœur battant** with pounding heart **4** **se battre** VPR to fight ◆ **notre équipe s'est bien battue** our team put up a good fight

battue [baty] NF (Chasse) beat; (pour retrouver qn) search

baume [bom] NM balm ◆ **ça lui a mis du** ~ **au cœur** (consolé) it was a great comfort to him

baux [bo] NMPL de **bail**

bavard, e [bavaʀ, aʀd] ADJ ◆ **elle est** ~**e** she talks all the time ◆ **il est** ~ **comme une pie** he's a real chatterbox

bavardage [bavaʀdaʒ] NM (= papotage) chatting; (= jacasserie) chattering ◆ ~**s** (= commérages) gossiping

bavarder [bavaʀde] ▸ conjug 1 ◂ VI (= papoter) to chat; (= jacasser) to chatter; (= commérer) to gossip

bave [bav] NF [de personne] dribble; [d'animal] slaver; [de chien enragé] foam

baver [bave] ▸ conjug 1 ◂ VI [personne] to dribble; [animal] to slobber; [chien enragé] to foam at the mouth; [stylo] to leak ◆ **en** ~ * to have a hard time of it *

bavette [bavɛt] NF [d'enfant] bib

bavoir [bavwaʀ] NM bib

bavure [bavyʀ] NF (= tache) smudge ◆ ~ **policière** police blunder

bazar [bazaʀ] NM **a** (= magasin) general store; (oriental) bazaar **b** (* = effets personnels) stuff * NonC **c** (* = désordre) ◆ **quel** ~ ! what a shambles! * ◆ **il y a du** ~ **dans ta chambre** your room's a mess ◆ **ils ont fichu le** ~ **en classe** they caused havoc in the classroom ◆ **et tout le** ~ and all the rest

BCBG [besebeʒe] ADJ abrév de **bon chic bon genre**

BD [bede] NF (abrév de **bande dessinée**) (dans un journal) comic strip; (= livre) comic book

béat, e [bea, at] ADJ [sourire, air] blissful; [optimisme, admiration] blind ◆ **être** ~ **d'admiration** to be struck dumb with admiration

beau, belle [bo, bɛl] (MPL **beaux** [bo]) **1** ADJ **a** beautiful; [homme] good-looking ◆ **il est** ~ **garçon** he's good-looking ◆ **se faire** ~ to get dressed up ◆ **il a fait du** ~ **travail** he did a beautiful job ◆ **les** ~**x quartiers** the smart part of town **b** (moralement) ◆ **un** ~ **geste** a noble act ◆ **ce n'est pas** ~ **de mentir** it isn't nice to tell lies **c** (= agréable) [voyage, journée] lovely **d** (= réussi) successful ◆ **elle a fait une belle carrière** she had a successful career ◆ **c'est le plus** ~ **jour de ma vie !** this is the best day of my life! **e** (= grand) [revenu, profit] handsome; [brûlure, peur] nasty ◆ **il a attrapé une belle bronchite** he's got a bad chest infection ◆ **c'est un** ~ **menteur** he's a terrible liar **f** (locutions) ◆ **avoir** ~ ◆ **on a** ~ **faire, ils n'apprennent rien** no matter what you do, they don't learn anything ◆ **il a eu** ~ **essayer, il n'a pas réussi** despite his efforts, he was unsuccessful ◆ **bel et bien** really ◆ **cet homme a bel et bien existé** the man really did exist **2** NM ◆ **être au** ~ **fixe** [baromètre] to be set fair; [relations] to be excellent ◆ **faire le** ~ [chien] to sit up and beg **3** **belle** NF **a** (= femme) ◆ **ma belle !** * sweetheart! **b** (= partie décisive) decider ◆ **on fait la belle ?** shall we play a decider? **c** (* = action, parole) ◆ **il en a fait de belles quand il était jeune** he was a bit wild when he was young ◆ **en apprendre de belles sur qn** to hear things about sb

---

beaucoup [boku] adv

(modifiant verbe) a lot; (modifiant adverbe) much ◆ **pas** ~ not much ◆ ~ **plus rapide** much quicker ◆ **elle travaille** ~ **trop** she works far too much ◆ ~ **pensent que ...** a lot of people think that ... ◆ ~ **d'entre eux** a lot ou many of them ◆ **c'est déjà** ~ it's quite something ◆ **c'est** ~ **dire** that's an exaggeration ◆ ~ **de** (quantité) a lot of ◆ ~ **de monde** a lot of people ◆ **avec** ~ **de soin** with great care ◆ **il en reste** ~/**il n'en reste pas** ~ there is a lot left/there isn't much left ◆ **il a eu** ~ **de chance** he's been very lucky ◆ **pas** ~ **de** (quantité) not much; (nombre) not many ◆ **de** ~ by far ◆ **de** ~ **la meilleure** by far the best ◆ **il préférerait de** ~ **s'en aller** he'd much rather leave

---

beauf * [bof] NM **a** (= beau-frère) brother-in-law **b** (péj) *vulgar and narrow-minded Frenchman*

beau-fils (pl **beaux-fils**) [bofis] NM (= gendre) son-in-law; (d'un remariage) stepson

beau-frère (pl **beaux-frères**) [bofʀɛʀ] NM brother-in-law

beau-père (pl **beaux-pères**) [bopɛʀ] NM (= père du conjoint) father-in-law; (= nouveau mari de la mère) stepfather

beauté [bote] NF beauty; [d'homme] handsomeness ✦ se (re)faire une ~ to do one's face * ✦ finir en ~ to end with a flourish

beaux [bo] ADJ MPL → beau

beaux-arts [bozaʀ] NMPL ✦ les ~ fine arts ✦ il fait les ~ (= école) he's at art college

beaux-parents [bopaʀɑ̃] NMPL in-laws *

bébé [bebe] NM baby ✦ ~ éléphant/girafe baby elephant/giraffe ✦ ~-éprouvette test-tube baby

bec [bɛk] NM **a** [d'oiseau] beak ✦ coup de ~ peck **b** [de carafe] lip; [de théière] spout; [de flûte, trompette] mouthpiece **c** (* = bouche) mouth ✦ clouer le ~ à qn to shut sb up *

bécane * [bekan] NF (= vélo, moto) bike; (= ordinateur) computer

bécasse [bekas] NF (= oiseau) woodcock; (* = sotte) silly goose *

béchamel [beʃamɛl] NF ✦ (sauce) ~ béchamel (sauce)

bêche [bɛʃ] NF spade

bêcher [beʃe] ► conjug 1 ◄ VT to dig

bécoter (se) * [bekɔte] ► conjug 1 ◄ VPR to smooch

bedaine * [bədɛn] NF paunch

bédé * [bede] NF ⇒ BD

bée [be] ADJ F ✦ rester bouche ~ (d'admiration) to be lost in wonder; (de surprise) to be flabbergasted (devant at)

bégayer [begeje] ► conjug 8 ◄ VI to stammer

bégonia [begɔnja] NM begonia

bègue [bɛg] ADJ, NMF ✦ être ~ to have a stutter

béguin * [begɛ̃] NM ✦ avoir le ~ pour qn to have a crush on sb *

beige [bɛʒ] ADJ, NM beige

beigne ‡ [bɛɲ] NF (= gifle) slap ✦ donner une ~ à qn to slap sb

beignet [bɛɲɛ] NM [de fruits, légumes] fritter; (= pâte frite) doughnut ✦ ~s de crevettes prawn crackers

bel [bɛl] ADJ → beau

bêler [bele] ► conjug 1 ◄ VI to bleat

belette [bəlɛt] NF weasel

belge [bɛlʒ] **1** ADJ Belgian **2** Belge NMF Belgian

Belgique [bɛlʒik] NF Belgium

bélier [belje] NM ram ✦ le Bélier (Astron) Aries ✦ être Bélier to be Aries

belle [bɛl] ADJ, NF → beau

belle-fille (pl **belles-filles**) [bɛlfij] NF (= bru) daughter-in-law; (d'un remariage) stepdaughter

belle-mère (pl **belles-mères**) [bɛlmɛʀ] NF (= mère du conjoint) mother-in-law; (= nouvelle épouse du père) stepmother

belle-sœur (pl **belles-sœurs**) [bɛlsœʀ] NF sister-in-law

belliqueux, -euse [belikø, øz] ADJ [humeur, personne] aggressive; [peuple] warlike

belote [bəlɔt] NF (= jeu) belote *(card game popular in France)*

bémol [bemɔl] NM flat ✦ si ~ B flat

ben * [bɛ̃] ADV well ✦ ~ oui/non well, yes/no ✦ ~ quoi ? so what? ✦ eh ~ well

bénéfice [benefis] NM **a** (financier) profit ✦ réaliser de gros ~s to make big profits **b** (= avantage) advantage ✦ concert donné au ~ des aveugles concert given in aid of the blind

bénéficiaire [benefisjɛʀ] **1** ADJ [opération] profitable **2** NMF beneficiary; [de chèque] payee

bénéficier [benefisje] ► conjug 7 ◄ **1** VT INDIR **a** bénéficier de to have; [+ remise] to get; [+ situation, mesure] to benefit from ✦ ~ d'un non-lieu to be discharged ✦ faire ~ qn de certains avantages to enable sb to enjoy certain advantages **b** bénéficier à (= profiter à) to benefit

bénéfique [benefik] ADJ [effet, aspect] beneficial

Bénélux [benelyks] NM ✦ le ~ Benelux

bénévole [benevɔl] **1** ADJ voluntary **2** NMF volunteer

bénin, -igne [benɛ̃, iɲ] ADJ [accident, maladie] minor; [tumeur] benign

bénir [beniʀ] ► conjug 2 ◄ VT (Rel) to bless; (= remercier) to be eternally grateful to

bénit, e [beni, it] ADJ [pain] consecrated; [eau] holy

benjamin, e [bɛ̃ʒamɛ̃, in] NM,F [de famille] youngest child; (Sport) ≈ junior *(12-13 years old)*

benne [bɛn] NF [de camion] (basculante) tipper; (amovible) skip

BEP [beape] NM (abrév de **brevet d'études professionnelles**) *technical school certificate*

BEPC [beapese] NM (abrév de **brevet d'études du premier cycle**) *exam taken at the age of 16*

béquille [bekij] NF **a** [d'infirme] crutch ✦ marcher avec des ~s to walk on crutches **b** [de motocyclette] stand

berceau (pl ~x) [bɛʀso] NM [de bébé] cradle

bercer [bɛʀse] ► conjug 3 ◄ VT to rock

berceuse [bɛʀsøz] NF (= chanson) lullaby

béret [beʀe] NM beret

berge [beʀʒ] NF [de rivière] bank ◆ **il a 50 ~s** ** he's 50 years old

berger [beʀʒe] NM shepherd ◆ **(chien de) ~** sheepdog ◆ **~ allemand** German shepherd, alsatian (Brit)

berk * [beʀk] EXCL yuk! **

Berlin [beʀlɛ̃] N Berlin

berlingot [beʀlɛ̃go] NM **a** (= bonbon) ≈ boiled sweet (Brit), ≈ piece of hard candy (US) **b** (= emballage) carton; (pour shampooing) sachet

berlinois, e [beʀlinwa, waz] **1** ADJ of ou from Berlin **2 Berlinois(e)** NM,F Berliner

berlue * [beʀly] NF ◆ **t'as la ~ !** you must be seeing things!

bermuda [beʀmyda] NM bermuda shorts

Bermudes [beʀmyd] NFPL Bermuda

berner [beʀne] ► conjug 1 ◄ VT to fool

besace [bəzas] NF bag

besogne [bəzɔɲ] NF (= travail) work NonC, job ◆ **aller vite en ~** to be hasty

besoin [bəzwɛ̃] NM **a** need (de for) ◆ **nos ~s en énergie** our energy requirements ◆ **éprouver le ~ de faire qch** to feel the need to do sth ◆ **en cas de ~** if the need arises ◆ **être dans le ~** to be in need ◆ **au ~** if necessary ◆ **avoir ~ de** to need ◆ **je n'ai pas ~ de vous rappeler que ...** there's no need for me to remind you that ... **b** ◆ **faire ses ~s** [personne] to relieve o.s. (Brit); [animal domestique] to do its business

bestial, e (mpl **-iaux**) [bestjal, jo] ADJ [personne, plaisir] bestial

bestiaux [bestjo] NMPL livestock

bestiole * [bestjɔl] NF (= animal) creature; (= insecte) creepy-crawly *

bêta, -asse * [beta, as] NM,F ◆ **gros ~ !** big silly! *

bétail [betaj] NM livestock; (= bovins, fig) cattle

bête [bet] **1** NF **a** (= animal) animal; (= insecte) insect ◆ **~ (sauvage)** (wild) animal ◆ **on s'est éclatés comme des ~s *** we had a whale of a time * ◆ **c'est ma ~ noire** (chose) that's my pet hate; (personne) I just can't stand him **b** (= personne bestiale) beast **2** ADJ **a** (= stupide) stupid ◆ **que je suis ~ !** how stupid of me! ◆ **ce n'est pas ~** that's not a bad idea **b** (= simple) ◆ **c'est tout ~** it's dead * simple

bêtement [betmã] ADV stupidly ◆ **tout ~** quite simply

bêtise [betiz] NF **a** (= stupidité) stupidity **b** (= action stupide) silly thing; (= erreur) blunder ◆ **ne dis pas de ~s** don't talk nonsense ◆ **ne faites pas de ~s, les enfants** don't get up to any mischief, children ◆ **faire une ~** (= action stu-

pide, suicide) to do something stupid **c** (= bagatelle) ◆ **ils se disputent sans arrêt pour des ~s** they're forever arguing over trifles

béton [betɔ̃] NM concrete ◆ **~ armé** reinforced concrete ◆ **en ~** concrete ◆ **(en) ~ *** [alibi, argument] cast-iron

betterave [betʀav] NF ◆ **~ (rouge)** beetroot (Brit), beet (US)

beugler [bøgle] ► conjug 1 ◄ VI **a** [vache] to moo; [taureau] to bellow **b** [radio, TV] to blare

beur [bœʀ] **1** NMF second-generation North African living in France **2** ADJ [culture, musique] of second-generation North Africans living in France

beurre [bœʀ] NM butter ◆ **~ demi-sel** slightly salted butter ◆ **~ de cacao/de cacahuètes** (= substance végétale) cocoa/peanut butter ◆ **au ~** [plat] (cooked) in butter; [pâtisserie] made with butter ◆ **faire son ~ *** to make a packet *

beurré, e * [bœʀe] ADJ (= ivre) plastered **

beurrer [bœʀe] ► conjug 1 ◄ VT to butter ◆ **tartine beurrée** slice of bread and butter

beurrier [bœʀje] NM butter dish

beuverie [bøvʀi] NF drinking bout

bévue [bevy] NF blunder ◆ **commettre une ~** to make a blunder

biais [bje] NM (= moyen) way ◆ **par le ~ de** (= par l'intermédiaire de) through; (= au moyen de) by means of

biathlète [biatlɛt] NMF biathlete

bibelot [biblo] NM (sans valeur) knick-knack; (de valeur) ornament

biberon [bibʀɔ̃] NM feeding bottle ◆ **l'heure du ~** feeding time ◆ **nourrir au ~** to bottle-feed

bible [bibl] NF bible ◆ **la Bible** the Bible

bibliographie [biblijɔgʀafi] NF bibliography

bibliophile [biblijɔfil] NMF booklover

bibliothécaire [biblijɔtekɛʀ] NMF librarian

bibliothèque [biblijɔtɛk] NF (= édifice, pièce) library; (= meuble) bookcase

bic ® [bik] NM ◆ **(pointe) ~** ball-point pen

bicarbonate [bikaʀbɔnat] NM bicarbonate ◆ **~ de soude** bicarbonate of soda

bicentenaire [bisãt(ə)nɛʀ] NM bicentenary

biceps [bisɛps] NM biceps

biche [biʃ] NF doe ◆ **ma ~** (terme d'affection) darling

bicolore [bikɔlɔʀ] ADJ two-colour (Brit), two-color (US)

bicyclette [bisiklɛt] NF (= véhicule) bicycle ◆ **aller au travail à ou en ~** to cycle to work ◆ **faire de la ~** to go cycling

bidasse * [bidas] NM (= conscrit) soldier

bide * [bid] NM a (= ventre) belly * ◆ **avoir du ~** to have a potbelly b (= échec) flop *

bidet [bidɛ] NM (= cuvette) bidet

bidon [bidɔ̃] 1 NM a (= récipient) can b (* = ventre) belly * 2 ADJ INV * [prétexte] phoney * (Brit), phony * (US); [élection] rigged

bidonner (se) * [bidɔne] ◄ conjug 1 ◄ VPR to laugh one's head off *

bidonville [bidɔ̃vil] NM shanty town

bidouiller * [biduje] ◄ conjug 1 ◄ VT a (= réparer) to tinker with; [informatique] to hack up b (péj = truquer) to fiddle with

bidule * [bidyl] NM (= machin) thingumajig *

bien [bjɛ̃]

1 ADV a well ◆ **nous avons ~ travaillé aujourd'hui** we've done some good work today ◆ **cette porte ne ferme pas ~** this door doesn't shut properly ◆ **il parle ~ l'anglais** he speaks good English ◆ **si je me rappelle ~** if I remember rightly ◆ **il peut très ~ le faire** he's perfectly capable of doing it ◆ **aller ~** to be well ◆ **comment vas-tu ? – très ~ merci** how are you? – fine, thanks ◆ **vous avez ~ fait** you did the right thing ◆ **il a ~ fait de partir** he was quite right to go ◆ **vous faites ~ de me le dire !** you did well to tell me! ◆ **ça commence à ~ faire !** * this is getting beyond a joke!
b (exprimant le degré) (= très) very; (= beaucoup) very much ◆ **~ mieux** much better ◆ **~ souvent** quite often ◆ **nous sommes ~ contents de vous voir** we're very glad to see you ◆ **les enfants se sont ~ amusés** the children had a great time ◆ **j'espère ~ !** I should hope so! ◆ **où peut-il ~ être ?** where on earth can he be?
c (= effectivement) definitely ◆ **j'avais ~ dit que je ne viendrais pas** I definitely said that I wouldn't come ◆ **c'est ~ à ton frère que je pensais** yes, it was your brother I was thinking of ◆ **c'est ~ mon manteau ?** this is my coat, isn't it?
d (= correctement) ◆ **écoute-moi ~** listen to me carefully ◆ **percez un trou ~ au milieu** drill a hole right in the centre ◆ **c'est ~ compris ?** is that quite clear?
e (= volontiers) ◆ **je mangerais ~ un morceau** I'd like a bite to eat ◆ **j'irais ~ mais j'ai cours** I'd like to go but I've got a class
f (= au moins) at least ◆ **il y a ~ trois jours que je ne l'ai pas vu** I haven't seen him for at least three days
g (locutions)
◆ **bien du, bien de la, bien des** a lot of ◆ **elle a eu ~ du mal à le trouver** she had a lot of difficulty finding it ◆ **je connais ~ des gens qui auraient protesté** I know a lot of people who would have protested

◆ **bien que** although ◆ **~ que je ne puisse pas venir** although I can't come
◆ **bien sûr** of course ◆ **~ sûr qu'il y viendra !** of course he'll come!
◆ **bien fait!** * serves you (or him etc) right!
2 ADJ INV a (= satisfaisant) good ◆ **elle est très ~ comme secrétaire** she's a very good secretary ◆ **ce serait ~ s'il venait** it would be good if he came ◆ **~ !** (approbation) good!; (pour changer de sujet) all right!
b (= en bonne forme) well ◆ **je ne me sens pas ~** I don't feel well
c (= beau) [femme] pretty; [homme] good-looking; [chose] nice
d (= à l'aise) ◆ **on est ~ ici** it's nice here ◆ **je suis ~ dans ce fauteuil** I'm very comfortable in this chair
e (= convenable) nice; (moralement) right ◆ **c'est pas ~ de dire ça** it's not nice to say that ◆ **c'est un type ~** * he's a good guy *
3 NM a (= ce qui est bon) good ◆ **c'est pour ton ~ !** it's for your own good! ◆ **faire du ~ à qn** to do sb good ◆ **ça fait du ~ de se confier** it's good to talk ◆ **dire du ~ de qn** to speak well of sb ◆ **on dit beaucoup de ~ de ce restaurant** this restaurant has a very good name
b (= possession) possession ◆ **~s** (= marchandises) goods ▸ **biens de consommation** consumer goods ▸ **biens d'équipement** capital goods ▸ **biens immobiliers** real estate

bien-être [bjɛ̃nɛtʀ] NM INV (physique, psychologique) well-being; (matériel) comfort

bienfaisant, e [bjɛ̃fəzɑ̃, ɑ̃t] ADJ beneficial

bienfait [bjɛ̃fɛ] NM (= faveur) kindness ◆ **les ~s d'un traitement** the beneficial effects of a course of treatment

bienfaiteur, -trice [bjɛ̃fɛtœʀ, tʀis] NM,F benefactor

bien-fondé (pl **~s**) [bjɛ̃fɔ̃de] NM [d'opinion, assertion] validity

bientôt [bjɛ̃to] ADV soon ◆ **à ~ !** see you soon! ◆ **on est ~ arrivé** we'll soon be there ◆ **il est ~ minuit** it's nearly midnight

bienveillance [bjɛ̃vejɑ̃s] NF kindness (envers to) ◆ **avec ~** kindly

bienveillant, e [bjɛ̃vejɑ̃, ɑ̃t] ADJ kindly

bienvenu, e [bjɛ̃v(ə)ny] 1 ADJ ◆ **remarque ~e** apposite remark 2 NM,F ◆ **soyez le ~** you're very welcome ◆ **une tasse de café serait la ~e** a cup of coffee would be welcome 3 **bienvenue** NF welcome ◆ **souhaiter la ~e à qn** to welcome sb ◆ **~e !** welcome!

bière¹ [bjɛʀ] NF (= boisson) beer ◆ **bière blonde** ≈ lager ◆ **bière brune** ≈ brown ale

bière² [bjɛʀ] NF (= cercueil) coffin

biffer [bife] ► conjug 1 ◄ VT to cross out

bifteck [biftɛk] NM steak

bifurquer [bifyrke] ▸ conjug 1 ◂ VI **a** [route, voie ferrée] to fork **b** [véhicule] to turn off (vers, sur for, towards) ◆ ~ **sur la droite** to turn right

bijou (pl ~x) [biʒu] NM jewel; (= chef-d'œuvre) gem

bijouterie [biʒutri] NF (= boutique) jeweller's (Brit), jeweler's (US)

bijoutier, -ière [biʒutje, jɛr] NM,F jeweller (Brit), jeweler (US)

bikini ® [bikini] NM bikini ®

bilan [bilã] NM **a** [de comptes] balance sheet **b** (= évaluation) assessment; (= résultats) results ◆ **faire le ~ d'une situation** to take stock of a situation **c** (= nombre de morts) death toll **d** (Méd) ◆ ~ **(de santé)** checkup

bile [bil] NF bile ◆ **se faire de la ~ (pour)** * to worry o.s. sick (about) *

bilingue [bilɛ̃g] ADJ bilingual

billard [bijar] NM (= jeu) billiards *sg*; (= table) billiard table ◆ **faire une partie de ~** to play billiards ◆ **passer sur le ~** * to have an operation

bille [bij] NF [d'enfant] marble; [de billard] billiard ball ◆ **déodorant à ~** roll-on deodorant; → **roulement, stylo**

billet [bijɛ] NM **a** (= ticket) ticket **b** (= argent) note (Brit), bill (US) ◆ ~ **de 100 euros** 100-euro note ▸ **billet de banque** banknote

billetterie [bijɛtri] NF [d'argent] cash dispenser; [de tickets] (= machine) ticket machine; (= guichet) ticket office

binaire [binɛr] ADJ binary

bio * [bjo] **1** NF abrév de **biologie 2** ADJ abrév de **biologique**

biodégradable [bjodegradabl] ADJ biodegradable

biographie [bjɔgrafi] NF biography

biographique [bjɔgrafik] ADJ biographical

biologie [bjɔlɔʒi] NF biology

biologique [bjɔlɔʒik] ADJ biological; [agriculture, aliments] organic; (= non-polluant) eco-friendly

biologiste [bjɔlɔʒist] NMF biologist

bioterroriste [bjotɛrɔrist] NMF bioterrorist

bip [bip] NM **a** (= son) (court) beep; (continu) beeping ◆ **faire ~** to beep ◆ **parlez après le ~ sonore** speak after the tone **b** (= appareil) pager

bipède [biped] ADJ, NM biped

biper¹ [bipe] ▸ conjug 1 ◂ VT to page

biper² [bipœr] NM (radiomessagerie) pager

bis [bis] **1** ADV ◆ ~ ! encore! ◆ **12 ~** 12a **2** NM (Théâtre) encore

biscornu, e [biskɔrny] ADJ [forme, maison] crooked; [idée, esprit, raisonnement] quirky

biscotte [biskɔt] NF *toasted bread*

biscuit [biskɥi] NM (= gâteau sec) biscuit (Brit), cookie (US) ◆ ~ **salé** cracker

bise¹ [biz] NF (= vent) North wind

bise² [biz] NF (= baiser) kiss ◆ **faire une** ou **la bise à qn** to kiss sb ◆ **grosses bises** (sur lettre) lots of love

biseau (pl ~x) [bizo] NM (= bord) bevel ◆ **en ~** bevelled

bisexuel, -elle [bisɛksɥel] ADJ, NM,F bisexual

bison [bizɔ̃] NM bison

bisou * [bizu] NM kiss ◆ **faire un ~ à qn** to give sb a kiss ◆ **gros ~s** (sur lettre) lots of love (de from)

bisque [bisk] NF bisque *(kind of soup)*

bissextile [bisɛkstil] ADJ F ◆ **année ~** leap year

bistouri [bisturi] NM surgical knife

bistro(t) * [bistro] NM (= café) ≈ bar

bit [bit] NM (Informatique) bit

bitume [bitym] NM bitumen; (= revêtement) asphalt

bivouac [bivwak] NM bivouac

bivouaquer [bivwake] ▸ conjug 1 ◂ VI to bivouac

bizarre [bizar] ADJ strange

bizarrement [bizarmã] ADV strangely ◆ ~, **il n'a rien dit** strangely enough, he said nothing

bizarroïde * [bizarɔid] ADJ weird

bizutage [bizytaʒ] NM ragging (Brit), hazing (US) *(of new student)*

bizuter [bizyte] ▸ conjug 1 ◂ VT to rag (Brit), to haze (US) *(new student)*

blabla(bla) * [blablaˌbla] NM twaddle *

black * [blak] NMF black person

blague * [blag] NF (= histoire, plaisanterie) joke; (= farce) practical joke ◆ **faire une ~ à qn** to play a joke on sb ◆ **sans ~ ?** you're kidding! * ◆ **ne me raconte pas de ~s !** you're having (Brit) ou putting (US) me on! *

blaguer * [blage] ▸ conjug 1 ◂ VI to be joking (sur about)

blagueur, -euse [blagœr, øz] **1** ADJ ◆ **il est (très) ~** he's really good fun **2** NM,F joker

blaireau (pl ~x) [blɛro] NM **a** (= animal) badger **b** (pour barbe) shaving brush **c** (* : péj) nerd * (péj)

blairer * [blɛre] ▸ conjug 1 ◂ VT ◆ **je ne peux pas le ~** I can't stand him

blâme [blɑm] NM (= réprimande, punition) reprimand ◆ **donner un ~ à qn** to reprimand sb

blâmer [blɑme] ► conjug 1 ◄ VT (= désavouer) to blame; (= réprimander) to reprimand

blanc, blanche [blɑ̃, blɑ̃ʃ] **1** ADJ **a** (couleur) white ◆ **~ cassé** off-white; → **arme** **b** [page, bulletin de vote] blank; [papier non quadrillé] plain ◆ **il a rendu copie blanche** he handed in a blank paper ◆ **voter ~** to return a blank vote; → **carte** **2** NM **a** (= couleur) white **b** (= linge) ◆ **le ~ whites** **c** (= espace non écrit, non enregistré) blank ◆ **il y a eu un ~** (dans la conversation) there was a lull in the conversation ◆ **il faut laisser le nom en ~** the name must be left blank **d** (= vin) white wine **e** ◆ **~ (d'œuf)** egg white ◆ **~ (de poulet)** breast of chicken **f** (= personne) ◆ **un Blanc** a white man ◆ **les Blancs** white people **3** **blanche** NF **a** (= femme) ◆ **une Blanche** a white woman **b** (Mus) minim (Brit), half-note (US)

blancheur [blɑ̃ʃœʀ] NF whiteness

blanchir [blɑ̃ʃiʀ] ► conjug 2 ◄ **1** VT **a** to whiten; [+ linge, argent] to launder **b** [+ personne, réputation] to clear **2** VI [personne, cheveux] to turn white

blanchisserie [blɑ̃ʃisʀi] NF laundry

blanquette [blɑ̃kɛt] NF **a** (Culin) ◆ **~ de veau** blanquette of veal (veal in white sauce) **b** (= vin) sparkling white wine

blasé, e [blaze] ADJ blasé

blason [blazɔ̃] NM (= armoiries) coat of arms

blasphème [blasfɛm] NM blasphemy

blasphémer [blasfeme] ► conjug 6 ◄ VTI to blaspheme

blatte [blat] NF cockroach

blazer [blazɛʀ] NM blazer

blé [ble] NM **a** (= céréale) wheat **b** ($*$ = argent) dough $*$

bled $*$ [blɛd] NM (= village) village

blême [blɛm] ADJ [teint] pallid; [lumière] pale ◆ **~ de rage** white with rage

blêmir [blemiʀ] ► conjug 2 ◄ VI [personne] to turn pale ◆ **~ de colère** to go white with rage

blessant, e [blesɑ̃, ɑ̃t] ADJ (= offensant) hurtful

blessé, e [blese] **1** ADJ hurt; (plus sérieusement) injured ◆ **être ~ à la tête** to have a head injury **2** NM,F casualty ◆ **les ~s** (dans un accident) the injured ◆ **l'accident a fait dix ~s** ten people were injured in the accident ► **blessé grave** seriously injured person ► **blessé léger** slightly injured person

blesser [blese] ► conjug 1 ◄ **1** VT to hurt; (plus sérieusement) to injure ◆ **il a été blessé d'un coup de couteau** he received a knife wound ◆ **mes chaussures me blessent les pieds** my shoes hurt **2** **se blesser** VPR to hurt o.s.; (plus sérieusement) to injure o.s. ◆ **il s'est blessé en tombant** he fell and hurt himself ◆ **il s'est blessé (à) la jambe** he hurt his leg

blessure [blesyʀ] NF (accidentelle) injury; (intentionnelle, morale) wound

blettes [blɛt] NFPL (Swiss) chard

bleu, e [blø] **1** ADJ **a** (couleur) blue; → **peur** **b** (= meurtri) bruised **c** [steak] very rare **2** NM **a** (= couleur) blue **b** (sur la peau) bruise ◆ **se faire un ~ au bras** to bruise one's arm **c** (= vêtement) ◆ **~(s) de travail** overalls **d** (= fromage) blue cheese

bleuet [bløɛ] NM cornflower; (Can = baie) blueberry

blindé, e [blɛ̃de] **1** ADJ [division, engin] armoured; [porte] reinforced; [voiture, verre] bulletproof **2** NM tank

blinder [blɛ̃de] ► conjug 1 ◄ VT **a** [+ porte] to reinforce **b** ($*$ = endurcir) to make immune (contre to)

blizzard [blizaʀ] NM blizzard

bloc [blɔk] NM **a** [de pierre, marbre, bois] block ◆ **fait d'un seul ~** made in one piece **b** [de papier] pad ◆ **~ de papier à lettres** writing pad **c** (= groupe) group; (Pol) bloc **d** (Méd) ◆ **~ opératoire** operating theatre **e** (locutions) ◆ **serrer ou visser qch à ~** to screw sth up as tight as possible ◆ **en ~** [acheter, vendre] as a whole; [refuser, nier] point-blank

blocage [blɔkaʒ] NM **a** [de prix, salaires, compte bancaire] freezing **b** (psychologique) block ◆ **avoir ou faire un ~** to have a mental block

bloc-notes (pl **blocs-notes**) [blɔknɔt] NM (= cahier) note pad

blocus [blɔkys] NM blockade ◆ **faire le ~ de** to blockade

blond, blonde [blɔ̃, blɔ̃d] **1** ADJ [cheveux] fair; [personne] fair-haired; [blé, sable] golden ◆ **~ cendré** ash-blond **2** NM (= homme) fair-haired man **3** **blonde** NF **a** (= femme) blonde ◆ **c'est une fausse ~e** she's not a real blonde **b** (= bière) ≈ lager **c** (= cigarette) Virginia cigarette

bloquer [blɔke] ► conjug 1 ◄ **1** VT **a** (accidentellement) to jam ◆ **être bloqué par un accident** to be held up by an accident ◆ **je suis bloqué chez moi** I'm stuck at home ◆ **je suis bloqué** (physiquement) I can't move **b** (volontairement) [+ objet en mouvement] to stop; [+ roue] (avec une cale) to put a block under; (avec une pierre) to wedge; [+ porte] (avec une cale) to wedge **c** (= obstruer) to block **d** [+ crédit, salaires] to freeze **e** (psychologiquement) ◆ **ça me bloque d'être devant un auditoire** I freeze if I have to speak in public **2** **se bloquer** VPR [porte, frein, machine] to jam; [genou, roue] to lock; [clé] to get stuck; (psychologiquement) to have a mental block

blottir (se) [blɔtiʀ] ► conjug 2 ◄ VPR to curl up ◆ **se blottir contre qn** to snuggle up to sb ◆ **se blottir dans les bras de qn** to nestle in sb's arms ◆ **blottis les uns contre les autres** huddled together

blouse [bluz] NF (= tablier) overall; (= chemisier) blouse; [de médecin] white coat

blouson [bluzɔ̃] NM jacket

bluff * [blœf] NM bluff ◆ **c'est du ~ ou un coup de ~ !** he's (ou they're etc) just bluffing!

bluffer * [blœfe] ► conjug 1 ◄ VI to bluff

blush [blœʃ] NM blusher

boa [bɔa] NM boa

bob [bɔb] NM (= chapeau) cotton sunhat

bobard * [bɔbaʀ] NM fib *

bobine [bɔbin] NF [de fil] bobbin; [de machine à coudre]; (Élec) coil ◆ **tu en fais une drôle de ~ !** * you look a bit put out! *

bobo [bobo] **1** NM (= plaie) sore ; (= coupure) cut ◆ **avoir bobo** to be hurt, to have a pain ◆ **il n'y a pas eu de bobo** there was no harm done **2** NMF (abrév de **bourgeois bohème**) middle-class person who leads a Bohemian lifestyle

bocal (pl **-aux**) [bɔkal, o] NM jar ◆ **~ à poissons rouges** goldfish bowl ◆ **mettre en bocaux** to bottle

bœuf (pl **~s**) [bœf, bø] NM (= bête) ox; (de boucherie) bullock; (= viande) beef ◆ **~ mode** stewed beef with carrots

bof [bɔf] EXCL ◆ **il est beau ! – ~** he's good-looking! – do you think so? ◆ **ça t'a plu ? – ~** did you like it? – not really

bogue [bɔg] NM (Informatique) bug

bohème [bɔɛm] ADJ Bohemian

bohémien, -ienne [bɔemjɛ̃, jɛn] NM,F (= gitan) gipsy

boire [bwaʀ] ► conjug 53 ◄ **1** VT to drink ◆ **offrir à ~ à qn** to get sb a drink ◆ **~ à la santé de qn** to drink to sb's health ◆ **~ la tasse** * (en nageant) to swallow a mouthful of water ◆ **~ les paroles de qn** to drink in sb's words **2** VI to drink ◆ **comme un trou** * to drink like a fish

bois [bwa] NM **a** (= forêt, matériau) wood ◆ **chaise en ~** wooden chair ◆ **touchons du ~ !** * touch wood! * (Brit), knock on wood! * (US) ► **bois de chauffage** firewood ► **bois mort** deadwood **b** (de cerf) antler **c** (= instruments) ◆ **les ~** the woodwind

boisé, e [bwaze] ADJ [région, parc] wooded

boiserie(s) [bwazʀi] NF(PL) panelling (Brit), paneling (US)

boisson [bwasɔ̃] NF drink

boîte [bwat] NF **a** (= récipient) box; (en métal) tin; (de conserves) can, tin (Brit) ◆ **des tomates en ~** canned ou tinned (Brit) tomatoes ► **boîte d'allumettes** box of matches ► **boîte de conserve** tin (Brit) ou can (US) of food ► **boîte crânienne** cranium ► **boîte de dialogue** dialog box ► **boîte à gants** glove compartment ► **boîte à ou aux lettres** (publique) post box (Brit), mailbox (US); (privée) letterbox (Brit), mailbox (US) ◆ **mettre une lettre à la ~** (aux lettres) to post (Brit) ou mail (US) a letter ► **boîte à lettres électronique** electronic mailbox ► **boîte à outils** toolbox ► **boîte postale** PO Box ► **boîte de vitesses** gearbox ► **boîte vocale** voice mail NonC **b** (* = cabaret) nightclub ◆ **sortir en ~** to go clubbing * ► **boîte de nuit** nightclub **c** (* = lieu de travail, firme) company; (* = école) school

boiter [bwate] ► conjug 1 ◄ VI to limp

boiteux, -euse [bwatø, øz] ADJ [personne, explication] lame; [compromis, raisonnement] shaky

boîtier [bwatje] NM case; (pour appareil photo) body

bol [bɔl] NM bowl ◆ **prendre un (bon) ~ d'air** to get a breath of fresh air

bolide [bɔlid] NM racing car ◆ **passer comme un ~** to go by at top speed

Bolivie [bɔlivi] NF Bolivia

bolivien, -ienne [bɔlivjɛ̃, jɛn] **1** ADJ Bolivian **2** Bolivien(ne) NM,F Bolivian

bolognaise [bɔlɔɲɛz] ADJ F, NF (sauce) bolognese ◆ **spaghetti (à la) ~** spaghetti bolognese

bombardement [bɔ̃baʀdəmã] NM (avec bombes) bombing; (avec obus) shelling

bombarder [bɔ̃baʀde] ► conjug 1 ◄ VT (avec bombes) to bomb; (avec obus) to shell ◆ **~ de** [+ tomates] to pelt with; [+ questions, appels] to bombard with

bombe [bɔ̃b] NF **a** (= engin explosif) bomb ► **bombe atomique** atom bomb ► **bombe H** H-bomb ► **bombe à retardement** time bomb ► **bombe sexuelle** * sex bomb ► **b** (= atomiseur) spray ◆ **déodorant/insecticide en ~** deodorant/insect spray **c** (Équitation) riding hat

bombé, e [bɔ̃be] ADJ [forme] rounded

bomber [bɔ̃be] ► conjug 1 ◄ VT **a** ◆ **~ le torse ou la poitrine** to stick out one's chest **b** (Peinture) to spray

bon, bonne [bɔ̃, bɔn] **1** ADJ **a** good ◆ **une bonne idée** a good idea ◆ **être ~ en anglais** to be good at English ◆ **~ pour la santé** good for your health ◆ **pour de ~** (= définitivement) for good; (= vraiment) really **b** (= agréable) nice ◆ **un ~ petit vin** a nice little wine ◆ **l'eau est**

bonne (pour nager) the water's warm ✦ **elle est bien bonne celle-là !** that's a good one! ✦ **j'en connais une bien bonne** here's a good one ✦ **tu en as de bonnes, toi ! *** you're kidding! * **c** (= charitable) kind **d** (= utilisable) okay; [billet, timbre] valid ✦ **ce yaourt est encore ~** this yoghurt is still okay ✦ **la balle est bonne** (Tennis) the ball is in ✦ **cette eau est-elle bonne à boire ?** is this water all right to drink? ✦ **c'est ~ à savoir** that's useful to know ✦ **c'est toujours ~ à prendre** it's better than nothing ✦ **ce drap est tout juste ~ à faire des mouchoirs** this sheet is only fit to be made into handkerchiefs ✦ **c'est ~ à jeter** it needs throwing out **e** (= correct) [réponse, calcul] right ✦ **au ~ moment** at the right time **f** (= gros) good ✦ **un ~ kilomètre** a good kilometre ✦ **une bonne semaine** a good week ✦ **ça fait un ~ bout de chemin !** that's quite a distance! ✦ **après un ~ moment** after quite some time ✦ **une bonne moitié** at least half **g** (souhaits) ✦ **bonne année !** happy New Year! ✦ **bonne chance !** good luck! ✦ **~ courage !** good luck! ✦ **~ voyage !** safe journey! ✦ **bonnes vacances !** have a good holiday! (Brit) ou vacation! (US) **2** ADV ✦ **sentir ~** to smell nice ✦ **il fait ~ ici** it's nice here; (= d'accord) all right!; (énervement) right! **3** NM **a** (= personne) ✦ **les ~s et les méchants** (dans western, conte de fées) the good guys and the bad guys * **b** (= aspect positif) ✦ **avoir du ~** to have its advantages ✦ **il y a du ~ et du mauvais dans ce projet** this project has its good and bad points **c** (= formulaire) slip; (= coupon d'échange) voucher ▸ **bon de commande** order form ▸ **bon de réduction** money-off coupon ▸ **bon du Trésor** Government Treasury bill **4** **bonne** NF (= servante) maid ✦ **je ne suis pas ta bonne !** I'm not your slave! **5** COMP ▸ **bon à rien, bonne à rien** NM,F good-for-nothing ▸ **bon chic bon genre** ADJ [personne] chic but conservative ▸ **bonne femme** (péj) woman ▸ **bonne sœur *** nun

bonbon [bɔ̃bɔ̃] NM sweet (Brit), piece of candy (US) ▸ **bonbon à la menthe** mint

bonbonne [bɔ̃bɔn] NF (à usage industriel) carboy ✦ **~ de gaz** gas bottle

bonbonnière [bɔ̃bɔnjɛʀ] NF (= boîte) sweet (Brit) ou candy (US) box

bond [bɔ̃] NM leap ✦ **se lever d'un ~** to leap up ✦ **la science a fait un grand ~ en avant** science has taken a great leap forward

bonde [bɔ̃d] NF [de tonneau] bung; [d'évier, baignoire] plug

bondé, e [bɔ̃de] ADJ packed

bondir [bɔ̃diʀ] ▸ conjug 2 ◂ VI (= sauter) [homme, animal] to jump up ✦ **~ de joie** to jump for joy ✦ **cela me fait ~ ! *** it makes my blood boil! * ✦ **~ sur sa proie** to pounce on one's prey

bonheur [bɔnœʀ] NM **a** (= félicité) happiness ✦ **faire le ~ de qn** to make sb happy ✦ **alors, tu as trouvé ton ~ ?** so, did you find what you wanted? ✦ (Prov) **le bonheur des uns fait le malheur des autres** one man's meat is another man's poison (Prov) **b** (= chance) luck ✦ **porter ~ à qn** to bring sb luck ✦ **ça porte ~ de ...** it's lucky to ... ✦ **par ~** luckily

bonhomme [bɔnɔm] NM (pl **bonshommes**) (* = homme) guy * ✦ **dessiner des bonshommes** to draw little men ▸ **bonhomme de neige** snowman

boniche * [bɔniʃ] NF (péj) maid ✦ **je ne suis pas ta ~ !** I'm not your slave!

bonjour [bɔ̃ʒuʀ] NM hello; (matin) good morning; (après-midi) good afternoon ✦ **si tu l'invites, ~ l'ambiance ! *** if you invite him, it'll ruin the atmosphere! ✦ **pour l'ouvrir, ~ ! *** there's no way to get it open

bonnement [bɔnmɑ̃] ✦ **tout bonnement** LOC ADV just

bonnet [bɔnɛ] NM **a** (= chapeau) woolly hat ✦ **c'est ~ blanc et blanc ~** it's the same thing ▸ **bonnet de bain** bathing cap **b** [de soutiengorge] cup

bonsoir [bɔ̃swaʀ] NM (en arrivant) good evening; (en partant, en se couchant) good night

bonté [bɔ̃te] NF kindness ✦ **auriez-vous la ~ de m'aider ?** would you be so kind as to help me?

bonus [bɔnys] NM (Assurances) no-claims bonus

boom [bum] NM (= expansion) boom ✦ **être en plein ~ *** (= en plein travail) to be really busy

boomerang [bumʀɑ̃g] NM boomerang

bord [bɔʀ] NM **a** edge; [de route] side; [de rivière] bank; [de cratère, verre, tasse] rim ✦ **au ~ du lac/de la rivière** by the lake/the river ✦ **au ~ de la mer** at the seaside ✦ **au ~ ou sur le ~ de la route** by the roadside ✦ **le verre était rempli jusqu'au ~ ou à ras ~** the glass was full to the brim ✦ **au ~ du désespoir/des larmes** on the verge of despair/of tears ✦ **il est un peu sadique sur les ~s *** he's a bit of a sadist **b** [de chapeau] brim **c** [de bateau] side ✦ **jeter qn/qch par-dessus ~** to throw sb/sth overboard ✦ **à ~** (d'un avion, d'un bateau) on board

bordeaux [bɔʀdo] **1** NM (= vin) Bordeaux **2** ADJ INV (couleur) maroon

bordel * [bɔʀdɛl] NM (= hôtel) brothel; (= chaos) mess ✦ **mettre le ~** to create havoc ✦ **arrête de gueuler, ~ !** stop shouting for Christ's sake!

border [bɔʀde] ▸ conjug 1 ◂ VT **a** (= longer) to line ✦ **l'allée était bordée de fleurs** the path was bordered with flowers **b** [+ personne, couverture] to tuck in

bordereau (pl **~x**) [bɔʀdəʀo] NM (= formulaire) note; (= relevé) statement ▸ **bordereau de livraison** delivery note

bordure [bɔʀdyʀ] NF (= bord) edge; [de gazon, fleurs] border ◆ **~ de trottoir** kerb (Brit), curb (US) ◆ **en ~ de route** [maison, champ, arbre] by the roadside

borgne [bɔʀɲ] ADJ [personne] blind in one eye

borne [bɔʀn] NF **a** (kilométrique) kilometre-marker, = milestone; [de terrain] boundary marker ◆ **dépasser les ~s** to go too far **b** (* = kilomètre) kilometre **c** (= écran) terminal ◆ **~ interactive/Minitel** interactive/Minitel terminal

borné, e [bɔʀne] ADJ [personne] narrow-minded

borner [bɔʀne] ► conjug 1 ◄ **1** VT [+ terrain] to mark out **2 se borner** VPR ◆ **se ~ à faire qch/à qch** (= se limiter à) [personne] to confine o.s. to doing sth/to sth

bosniaque [bɔsnjak] **1** ADJ Bosnian **2 Bosniaque** NMF Bosnian

Bosnie [bɔsni] NF Bosnia

bosquet [bɔskɛ] NM grove

bosse [bɔs] NF bump; [de chameau, bossu] hump ◆ **avoir la ~ des maths** * to be good at maths

bosser * [bɔse] ► conjug 1 ◄ **1** VI (= travailler) to work **2** VT [+ examen] to cram for

bosseur, -euse * [bɔsœʀ, øz] NM,F hard worker

bossu, e [bɔsy] **1** ADJ [personne] hunchbacked **2** NM,F hunchback

botanique [bɔtanik] **1** ADJ botanical **2** NF botany

botte [bɔt] NF **a** (= chaussure) boot ◆ **~ de caoutchouc** wellington (Brit), rubber boot (US) ◆ **~ de cheval** riding boot ◆ **lécher les ~s de qn** * to lick sb's boots **b** [de fleurs, légumes] bunch; [de foin] bundle

botter [bɔte] ► conjug 1 ◄ VT **a** (* = plaire) ◆ **ça me botte** I like that **b** ◆ **~ les fesses de qn** * to give sb a kick up the backside ⁎ **c** (Football) to kick

bottillon [bɔtijɔ̃] NM ankle boot; [de bébé] bootee

Bottin ® [bɔtɛ̃] NM phone book ◆ **le ~ mondain** ≈ Who's Who

bottine [bɔtin] NF ankle boot

bouc [buk] NM **a** (= animal) billy goat; (= barbe) goatee beard ◆ **~ émissaire** scapegoat

boucan * [bukɑ̃] NM racket * ◆ **faire du ~** to make a racket *

bouche [buʃ] NF mouth ◆ **faire la fine ~** to turn one's nose up ◆ **de ~ à oreille** by word of mouth ▸ **bouche d'égout** manhole ▸ **bouche d'incendie** fire hydrant ▸ **bouche de métro** metro entrance

bouché, e¹ [buʃe] ADJ **a** (= obstrué) blocked ◆ **j'ai le nez ~** my nose is blocked **b** (* = stupide) [personne] stupid

bouche-à-bouche [buʃabuʃ] NM INV ◆ **faire du ~ à qn** to give sb mouth-to-mouth resuscitation (Brit) ou respiration (US)

bouchée² [buʃe] NF **a** (= quantité) mouthful ◆ **pour une bouchée de pain** for a song ◆ **mettre les bouchées doubles** to put on a spurt **b** (Culin) ◆ **bouchée à la reine** *vol-au-vent filled with chopped sweetbreads in a rich sauce*

boucher¹ [buʃe] ► conjug 1 ◄ **1** VT **a** [+ bouteille] to cork **b** [+ trou, fente] to fill in; [+ fuite] to stop **c** [+ lavabo] to block up ◆ **boucher le passage** to be in the way ◆ **boucher la vue** to block the view **2 se boucher** VPR [évier] to get blocked ◆ **se boucher le nez** to hold one's nose ◆ **se boucher les oreilles** to put one's hands over one's ears

boucher², -ère [buʃe, ɛʀ] NM,F butcher

boucherie [buʃʀi] NF (= magasin) butcher's shop ◆ **~ charcuterie** butcher's shop and delicatessen

bouchon [buʃɔ̃] NM **a** (en liège) cork; (en plastique) stopper; [de bidon, réservoir] cap **b** (Pêche) float **c** (= embouteillage) traffic jam ◆ **un ~ de 12 km** a 12-km tailback

boucle [bukl] NF [de ceinture, soulier] buckle; [de cheveux] curl; [de ruban, rivière] loop ◆ **~ d'oreille** earring

bouclé, e [bukle] ADJ [cheveux] curly

boucler [bukle] ► conjug 1 ◄ **1** VT **a** [+ ceinture] to buckle ◆ **~ sa valise** to close one's suitcase ◆ **tu vas la ~ !** ⁎ will you shut up! ⁎ **b** [+ budget] to balance; [+ article] to finish **c** (* = enfermer) to lock up **d** [+ quartier] to seal off **2** VI [cheveux] to curl

bouclier [buklije] NM shield

bouddhisme [budism] NM Buddhism

bouddhiste [budist] ADJ, NMF Buddhist

bouder [bude] ► conjug 1 ◄ **1** VI to sulk **2** VT [+ personne] to refuse to talk to ◆ **le public a boudé sa pièce** hardly anybody went to see his play

boudeur, -euse [budœʀ, øz] ADJ sulky

boudin [budɛ̃] NM **a** ◆ **~ (noir)** ≈ black pudding (Brit), = blood sausage (US) **b** (* péj = fille) fatty ⁎

boudiné, e [budine] ADJ ◆ **elle était ~e dans sa robe** she was bursting out of her dress

boue [bu] NF mud

bouée [bwe] NF (de signalisation) buoy; (d'enfant) rubber ring ◆ ~ **de sauvetage** lifebelt; (fig) lifeline

boueux, -euse [bwø, øz] ADJ muddy

bouffant, e [bufɑ̃, ɑ̃t] ADJ [manche] full; [pantalon] baggy

bouffe * [buf] NF food ◆ **faire la ~** to do the cooking

bouffée [bufe] NF [de parfum] whiff; [de pipe, cigarette] puff ◆ **une ~ d'air pur** a breath of fresh air ◆ ~ **de chaleur** hot flush (Brit) ou flash (US)

bouffer * [bufe] ► conjug 1 ◄ VT to eat; (= engloutir) to gobble up * ◆ **je l'aurais bouffé !** I could have murdered him! * ◆ **il ne faut pas se laisser ~ par son travail** you shouldn't let your work take up all your time and energy

bougeoir [buʒwaʀ] NM candle-holder

bougeotte * [buʒɔt] NF ◆ **avoir la ~** (= voyager) to be always on the move; (= remuer) to fidget

bouger [buʒe] ► conjug 3 ◄ **1** VI **a** (= remuer) to move ◆ **il n'a pas bougé (de chez lui)** he stayed in ◆ **c'est une ville qui bouge** it's a lively town **b** (= changer) to change ◆ **les couleurs ne bougeront pas** the colours won't fade **2** VT [+ objet] to move ◆ **il n'a pas bougé le petit doigt** he didn't lift a finger to help **3** **se bouger** VPR * ◆ **bouge-toi de là !** shift over! * ◆ **si tu veux trouver du travail, il faut que tu te bouges** if you want to find a job, you'd better get a move on *

bougie [buʒi] NF (= chandelle) candle; [de voiture] spark plug

bougon, -onne [bugɔ̃, ɔn] ADJ grumpy

bougre [bugʀ] NM ◆ **pauvre ~** poor devil * ◆ ~ **d'idiot !** stupid idiot! *

bouillabaisse [bujabɛs] NF bouillabaisse

bouillant, e [bujɑ̃, ɑ̃t] ADJ boiling; [tempérament] fiery

bouille * [buj] NF (= visage) face

bouillie [buji] NF [de bébé] baby's cereal ◆ **réduire en ~** [+ légumes, fruits] to reduce to a pulp; [+ adversaire] to beat to a pulp

bouillir [bujiʀ] ► conjug 15 ◄ VI to boil ◆ **faire ~ de l'eau** to boil water ◆ ~ **à gros bouillons** to boil fast ◆ ~ **d'impatience** to seethe with impatience

bouilloire [bujwaʀ] NF kettle

bouillon [bujɔ̃] NM (= soupe) stock ◆ ~ **de légumes** vegetable stock

bouillonner [bujɔne] ► conjug 1 ◄ VI [liquide chaud] to bubble; [torrent] to foam; [idées] to bubble up

bouillotte [bujɔt] NF hot-water bottle

boulanger [bulɑ̃ʒe] NM baker

boulangère [bulɑ̃ʒɛʀ] NF woman baker

boulangerie [bulɑ̃ʒʀi] NF (= magasin) bakery ◆ ~**-pâtisserie** bread and pastry shop

boule [bul] NF **a** ball; (Boules) bowl ◆ **jouer aux ~s** to play bowls ◆ **roulé en ~** [animal] curled up in a ball; [paquet] rolled up in a ball ◆ **ça me met en ~** * it drives me mad ◆ **boule de neige** snowball ◆ **faire ~ de neige** to snowball ► **boule Quiès** ® wax earplug **b** (* = grosseur) lump ◆ **j'ai les ~s** * (= furieux) I'm really mad * ◆ **ça fout les ~s** * (= ça angoisse) it's really scary *; (= ça énerve) it's damn annoying * **c** (* = tête) ◆ **perdre la ~** to go bonkers * ◆ **coup de ~** * headbutt

bouleau (pl ~x) [bulo] NM silver birch

bouledogue [buldɔg] NM bulldog

boulet [bulɛ] NM ◆ ~ **(de canon)** cannonball

boulette [bulɛt] NF **a** [de papier] pellet; (Culin) meatball **b** (* = bévue) blunder

boulevard [bulvaʀ] NM boulevard ◆ **comédie de ~** light comedy

bouleversant, e [bulvɛʀsɑ̃, ɑ̃t] ADJ very moving

bouleversement [bulvɛʀsəmɑ̃] NM [d'habitudes, vie politique] disruption ◆ **ce fut un vrai ~** it was a real upheaval

bouleverser [bulvɛʀse] ► conjug 1 ◄ VT **a** (= émouvoir) to move deeply; (= causer un choc à) to shatter **b** [+ plan, habitude] to disrupt

boulimie [bulimi] NF bulimia ◆ **il fait de la ~** * he's bulimic

boulimique [bulimik] ADJ, NMF bulimic

boulon [bulɔ̃] NM bolt

boulot * [bulo] NM **a** (= travail) work NonC ◆ **elle a fait du bon ~** she's done a good job ◆ **se mettre au ~** to get down to work ◆ **allez, au ~ !** OK, let's get cracking! * **b** (= emploi) job ◆ **petits ~s** casual work **c** (= lieu de travail) work NonC ◆ **je sors du ~ à 18 h** I finish work at 6 o'clock

boum [bum] **1** EXCL (chute) bang!; (explosion) boom! **2** NM (= explosion) bang **3** NF (* = fête) party

bouquet [bukɛ] NM **a** [de fleurs] bunch of flowers; (soigneusement composé, grand) bouquet ◆ ~ **d'arbres** clump of trees ◆ ~ **garni** bouquet garni (bunch of mixed herbs) **b** [de feu d'artifice] finale (in a firework display) ◆ **c'est le ~ !** * that takes the cake! * **c** [de vin] bouquet

bouquin * [bukɛ̃] NM book

bouquiner * [bukine] ► conjug 1 ◄ VTI to read

bouquiniste [bukinist] NMF secondhand bookseller (esp along the Seine in Paris)

bourde * [buʀd] NF (= gaffe) blunder ◆ **faire une ~** to make a blunder

bourdon [buʀdɔ̃] NM (= insecte) bumblebee ◆ **avoir le ~** * to have the blues *

bourdonnement [buʀdɔnmɑ̃] NM [d'insecte] buzzing NonC; [d'avion] drone NonC ◆ **j'ai des ~s d'oreilles** my ears are buzzing

bourdonner [buʀdɔne] ► conjug 1 ◄ VI [insecte] to buzz

bourg [buʀ] NM market town; (petit) village

bourgade [buʀgad] NF small town

bourgeois, e [buʀʒwa, waz] **1** ADJ middle-class; (péj) [préjugé, goûts] bourgeois **2** NM,F middle-class person

bourgeoisie [buʀʒwazi] NF ◆ **la ~** the middle class ◆ **la petite/grande ~** the lower/upper middle class

bourgeon [buʀʒɔ̃] NM [de fleur, feuille] bud

bourgeonner [buʀʒɔne] ► conjug 1 ◄ VI [arbre, plante] to bud

bourgogne [buʀgɔɲ] **1** NM (= vin) burgundy **2** **la Bourgogne** NF Burgundy

bourguignon, -onne [buʀgiɲɔ̃, ɔn] ADJ Burgundian ◆ **bœuf ~** beef stewed in red wine

bourlinguer [buʀlɛ̃ge] ► conjug 1 ◄ VI (= naviguer) to sail; (* = voyager) to travel around a lot *

bourrasque [buʀask] NF gust of wind

bourratif, -ive [buʀatif, iv] ADJ stodgy

bourre [buʀ] NF [de coussin] stuffing ◆ **à la ~** * (= en retard) late; (= pressé) pushed for time *

bourré, e [buʀe] ADJ **a** [salle, compartiment] packed (de with); [sac] crammed (de with) ◆ **devoir ~ de fautes** exercise riddled with mistakes ◆ **il est ~ de complexes** he's got loads of hang-ups * **b** (* = ivre) sloshed *

bourreau [pl ~x] [buʀo] NM (= tortionnaire) torturer; (Hist) executioner

bourrelet [buʀlɛ] NM ◆ **~ (de graisse)** roll of fat

bourrer [buʀe] ► conjug 1 ◄ VT [+ coussin] to stuff; [+ pipe] to fill; [+ valise] to cram full ◆ **~ un sac de papiers** to cram papers into a bag ◆ **ne te bourre pas de gâteaux** don't stuff * yourself with cakes ◆ **~ qn de coups** to bash sb up ◆ **se ~ la gueule** * * (= se soûler) to get sloshed *

bourrique [buʀik] NF **a** (= âne) donkey **b** (* = têtu) pigheaded * person ◆ **faire tourner qn en ~** to drive sb up the wall *

bourru, e [buʀy] ADJ [personne, air] surly; [voix] gruff

bourse [buʀs] NF **a** (= porte-monnaie) purse **b** (= marché boursier) ◆ **la Bourse** the Stock Exchange **c** ◆ **~ (d'études)** (Univ) grant

boursier, -ière [buʀsje, jɛʀ] **1** ADJ **a** ◆ **étudiant ~** grant holder **b** (Bourse) stock-exchange ◆ **marché ~** stock market ◆ **valeurs boursières** stocks and shares **2** NM,F (= étudiant) grant holder

boursouflé, e [buʀsufle] ADJ [visage] puffy; [main] swollen

bousculade [buskylad] NF (= remous) crush

bousculer [buskyle] ► conjug 1 ◄ **1** VT **a** [+ personne] (= pousser) to jostle; (= heurter) to bump into; (= presser) to rush **b** [+ habitudes, emploi du temps] to upset **2** **se bousculer** VPR (= se heurter) to jostle each other ◆ **les idées se bousculaient dans sa tête** his head was buzzing with ideas

bouse [buz] NF cow pat

bousiller * [buzije] ► conjug 1 ◄ VT [+ appareil, moteur] to wreck; [+ voiture] to smash up * ◆ **se ~ la santé** to ruin one's health

boussole [busɔl] NF compass ◆ **perdre la ~** * to go off one's head

bout [bu] NM **a** (= extrémité, fin) end; [de nez, langue, canne] tip ◆ **~ du doigt** fingertip ◆ **du ~ des doigts** [effleurer, pianoter] with one's fingertips ◆ **~ du sein** nipple ◆ **à l'autre ~ du couloir** at the other end of the corridor ◆ **tenir le bon ~** * (= être sur la bonne voie) to be on the right track ◆ **mettre ~ à** [+ tuyaux] to lay end to end; [+ phrases] to put together ◆ **bout filtre** filter tip **b** (= morceau) piece ◆ **un ~ de terrain** a plot of land ◆ **jusqu'à Paris, cela fait un ~ de chemin** it's quite a long way to Paris ◆ **il est resté un bon ~ de temps** he stayed quite some time ◆ **mettre les ~s** * * to skedaddle * **c** (locutions) ◆ **à ~ portant** point-blank ◆ **au ~ du compte** all things considered ◆ **lire un livre de ~ en ~ ou d'un ~ à l'autre** to read a book from cover to cover ◆ **être à ~** (= fatigué) to be exhausted; (= en colère) to have had enough ◆ **pousser qn à ~** to push sb to the limit ◆ **être à ~ d'arguments** to have run out of arguments ◆ **à ~ de forces** exhausted ◆ **être à ~ de souffle** to be out of breath ◆ **à ~ de bras** at arm's length ◆ **au ~ de** (dans l'espace) at the end of; (dans le temps) after ◆ **la poste est tout au ~ du village** the post office is at the far end of the village ◆ **il est parti au ~ de trois minutes** he left after three minutes ◆ **être au ~ du rouleau** * to be exhausted ◆ **nous sommes restés jusqu'au ~** we stayed right to the end ◆ **il faut aller jusqu'au ~ de ce qu'on entreprend** if you take something on you must see it through ◆ **j'ai son nom sur le ~ de la langue** his name is on the tip of my tongue ◆ **il sait sa leçon sur le ~ des doigts** he knows his lesson backwards

boutade [butad] NF witticism; (= plaisanterie) joke

boute-en-train [butɑ̃trɛ̃] NM INV fun person *

bouteille [butɛj] NF bottle; [de gaz] cylinder ◆ **boire à la ~** to drink from the bottle ◆ **~ de vin** (= récipient) wine bottle; (= contenu) bottle of wine

boutique [butik] NF shop; [de grand couturier] boutique

bouton [butɔ̃] NM **a** [de vêtement] button ◆ **~ de manchette** cufflink **b** (électrique) switch; [de porte, radio] knob **c** [de fleur] bud ◆ **~ de rose** rosebud **d** (sur la peau) spot

bouton-d'or (pl **boutons-d'or**) [butɔ̃dɔʀ] NM buttercup

boutonner [butɔne] ► conjug 1 ◄ VT **se boutonner** VPR [vêtement] to button

boutonnière [butɔnjɛʀ] NF (Couture) buttonhole

bouton-pression (pl **boutons-pression**) [butɔ̃pʀɛsjɔ̃] NM snap fastener

bouture [butyʀ] NF cutting

bouvreuil [buvʀœj] NM bullfinch

bovin, e [bɔvɛ̃, in] **1** ADJ ◆ **l'élevage ~** cattle farming ◆ **viande ~e** beef **2** NM bovine ◆ **~s** cattle

bowling [buliŋ] NM (= jeu) bowling; (= salle) bowling alley ◆ **faire un ~** to go bowling

box [bɔks] NM [d'écurie] loose box; (= garage) lock-up ◆ **~ des accusés** dock

boxe [bɔks] NF boxing ◆ **faire de la ~** to box

boxer¹ [bɔkse] ► conjug 1 ◄ VI to box

boxer² [bɔksɛʀ] NM boxer (dog)

boxeur [bɔksœʀ] NM boxer

box-office (pl **~s**) [bɔksɔfis] NM box office ◆ **film en tête du ~** box-office hit

boyau (pl **~x**) [bwajo] NM **a** (= intestins) ◆ **~x** guts **b** [de bicyclette] tubeless tyre (Brit) ou tire (US)

boycott [bɔjkɔt], **boycottage** [bɔjkɔtaʒ] NM boycott

boycotter [bɔjkɔte] ► conjug 1 ◄ VT to boycott

BP [bepe] (abrév de **boîte postale**) PO Box

bracelet [bʀaslɛ] NM [de poignet] bracelet; [de bras] bangle; [de montre] strap

bracelet-montre (pl **bracelets-montres**) [bʀaslɛmɔ̃tʀ] NM wristwatch

braconner [bʀakɔne] ► conjug 1 ◄ VI to poach

braconnier, -ière [bʀakɔnje, jɛʀ] NM,F poacher

brader [bʀade] ► conjug 1 ◄ VT (= vendre à prix réduit) to sell cut-price (Brit) ou cut-rate (US); (= se débarrasser de) to sell off

braderie [bʀadʀi] NF (= magasin) discount centre; (= marché) market (held once or twice a year, where goods are sold at reduced prices)

braguette [bʀagɛt] NF [de pantalon] flies

braille [bʀaj] NM Braille

brailler * [bʀaje] ► conjug 1 ◄ VI (= crier) to bawl ◆ **il faisait ~ sa radio** he had his radio on full blast

braire [bʀɛʀ] ► conjug 50 ◄ VI to bray

braise [bʀɛz] NF [de feu] ◆ **la ~, les ~s** the embers

brancard [bʀɑ̃kaʀ] NM (= civière) stretcher

branchages [bʀɑ̃ʃaʒ] NMPL branches

branche [bʀɑ̃ʃ] NF branch; [de compas] leg ◆ **il s'est orienté vers une ~ technique** he's specialized in technical subjects ◆ **la ~ politique/ militaire de l'organisation** the political/ military arm of the organization

branché, e * [bʀɑ̃ʃe] ADJ **a** (= dans le vent) trendy **b** (= enthousiasmé) ◆ **elle est très ~e jazz/informatique** she's really into * jazz/ computers

branchement [bʀɑ̃ʃmɑ̃] NM **a** (= fils connectés) connection **b** (= action) [d'appareil à gaz, tuyau] connecting; [d'eau, gaz, électricité, réseau] linking up

brancher [bʀɑ̃ʃe] ► conjug 1 ◄ **1** VT **a** [+ appareil électrique] to plug in **b** [+ appareil à gaz, tuyau, eau, gaz, électricité] to connect **c** (= orienter) ◆ **~ qn sur un sujet** to start sb off on a subject **d** (* = intéresser) ◆ **ça ne me branche pas** [idée, matière scolaire] it doesn't grab me *; [musique, activité] it doesn't do anything for me * ◆ **ça te brancherait d'aller au ciné ?** do you fancy going to see a film? * **2** **se brancher** VPR (= se connecter) ◆ **ça se branche où ?** where does this plug in? ◆ **se ~ sur un réseau/Internet** to get onto a network/the Internet

branchies [bʀɑ̃ʃi] NFPL gills

brandir [bʀɑ̃diʀ] ► conjug 2 ◄ VT to brandish

branlant, e [bʀɑ̃lɑ̃, ɑ̃t] ADJ [dent] loose; [escalier, meuble] rickety

branle-bas [bʀɑ̃lba] NM INV commotion ◆ **ç'a été le ~ de combat** it was action stations

braquage [bʀakaʒ] NM (= hold-up) stick-up *

braquer [bʀake] ► conjug 1 ◄ **1** VT **a** (= diriger) ◆ **~ une arme sur** to point a weapon at ◆ **~ un télescope/un projecteur sur** to train a telescope/a spotlight on ◆ **tous les regards étaient braqués sur eux** all eyes were upon them **b** [+ banque, personne] to hold up **2** VI (= conducteur) to turn the (steering) wheel ◆ **~ bien/mal** [voiture] to have a good/bad lock **3** **se braquer** VPR to dig one's heels in ◆ **se ~ contre qch** to set one's face against sth

bras [brɑ] NM arm; [de fleuve] branch ✦ se donner le ~ to link arms ✦ ~ dessus, ~ dessous arm in arm ✦ les ~ croisés with one's arms folded ✦ rester les ~ croisés (fig) to sit idly by ✦ tendre ou allonger le ~ vers qch to reach out for sth ✦ en ~ de chemise in shirt sleeves ✦ avoir le ~ long to have a long arm ✦ à ~ ouverts with open arms ✦ avoir ou se retrouver avec qch/qn sur les ~ * to be landed * with sth/sb ✦ faire un ~ d'honneur à qn = to put two fingers up at sb * (Brit), ≈ to give sb the finger * (US) ▶ bras droit (fig) right-hand man ▶ bras de fer (= jeu) arm-wrestling NonC ▶ bras de mer sound

brasier [brɑzje] NM (= incendie) blaze

brassage [brɑsaʒ] NM **a** [de bière] brewing **b** [de cultures] mixing

brassard [brɑsar] NM armband

brasse [brɑs] NF (= nage) ✦ ~ (coulée) breast-stroke ✦ nager la ~ to swim breast-stroke

brasser [brɑse] ► conjug 1 ◄ VT **a** (= remuer) to stir; (= mélanger) to mix ✦ ils brassent beau-coup d'argent they handle a lot of money **b** [+ bière] to brew

brasserie [brɑsri] NF **a** (= café) brasserie *(large bar serving food)* **b** (= fabrique) brewery

brassière [brɑsjɛr] NF **a** [de bébé] vest (Brit) ou undershirt (US) **b** (= soutien-gorge) bra top

brave [brɑv] ADJ **a** (= courageux) brave **b** (= bon) good; (= honnête) decent ✦ ce sont de ~s gens they're decent people ✦ il est bien ~ he's a good sort

braver [brɑve] ► conjug 1 ◄ VT [+ personne] to stand up to; [+ autorité, tabou, règle] to defy; [+ danger, mort] to brave

bravo [brɑvo] **1** EXCL (= félicitations) bravo!; (= approbation) hear! hear!; (iro) well done! **2** NM cheer ✦ un grand ~ pour ... ! let's hear it for ...!

break [brɛk] NM **a** (= voiture) estate (car) (Brit), station wagon (US) **b** (Tennis) break ✦ balle de ~ break point

brebis [brɛbi] NF ewe ✦ ~ galeuse black sheep

brèche [brɛʃ] NF [de mur] breach

bredouille [brəduj] ADJ empty-handed

bredouiller [brəduje] ► conjug 1 ◄ VTI to stammer

bref, brève [brɛf, ɛv] **1** ADJ brief; [voyelle, syllabe] short **2** ADV ✦ (enfin) ~ (= pour résu-mer) in short; (= donc) anyway ✦ en ~ in short

brésilien, -ienne [breziljɛ̃, jɛn] **1** ADJ Brazilian **2** Brésilien(ne) NM,F Brazilian

Bretagne [brətaɲ] NF Brittany

bretelle [brətɛl] NF **a** [de soutien-gorge, robe] strap; [de fusil] sling ✦ ~s [de pantalon] braces (Brit), suspenders (US) ✦ robe à ~s strappy dress **b** (= route) slip road (Brit), on (ou off) ramp (US)

breton, -onne [brətɔ̃, ɔn] **1** ADJ Breton **2** NM (= langue) Breton **3** Breton(ne) NM,F Breton

breuvage [brœvaʒ] NM beverage

brève [brɛv] ADJ → bref

brevet [brəvɛ] NM **a** (= diplôme) diploma ✦ ~ (des collèges) *exam taken at the age of 16* ▶ brevet d'études professionnelles *technical school certificate* ▶ brevet de technicien supérieur *vocational training certificate taken after the age of 18* **b** [de pilote] licence **c** ✦ ~ (d'invention) patent

breveter [brəv(ə)te] ► conjug 4 ◄ VT [+ invention] to patent ✦ faire ~ qch to take out a patent for sth

bribes [brib] NFPL ✦ ~ de conversation snatches of conversation

bric-à-brac [brikabrak] NM INV (= objets) bric-a-brac

bricolage [brikɔlaʒ] NM **a** (= passe-temps) do-it-yourself **b** (= réparation) ✦ c'est du ~ it's a rush job *

bricole * [brikɔl] NF (= babiole) trifle ✦ je lui ai acheté une petite ~ pour son anniversaire I bought him a little something for his birthday ✦ il va lui arriver des ~s he's going to run into trouble

bricoler [brikɔle] ► conjug 1 ◄ **1** VI (menus travaux) to do odd jobs **2** VT (= mal réparer) to tinker with; (= fabriquer) to cobble together

bricoleur [brikɔlœr] NM handyman ✦ il est ~ he's good with his hands

bride [brid] NF **a** [de cheval] bridle ✦ laisser la ~ sur le cou à qn to give sb a free hand **b** [de chaussure] strap

bridé, e [bride] ADJ ✦ avoir les yeux ~s to have slanting eyes

brider [bride] ► conjug 1 ◄ VT [+ imagination, li-berté] to curb; [+ personne] to keep in check

bridge [bridʒ] NM (dents) bridge

brièvement [brijɛvmɑ̃] ADV briefly

brigade [brigad] NF (Police) squad ▶ brigade des mœurs Vice Squad

brigadier [brigadje] NM (Police) ≈ sergeant

brigand [brigɑ̃] NM (péj = filou) crook

brillamment [brijamɑ̃] ADV brilliantly ✦ réus-sir ~ un examen to pass an exam with flying colours

brillant, e [brijɑ̃, ɑ̃t] **1** ADJ **a** (= luisant) shiny; (= étincelant) sparkling; [couleur] bright **b** (= remarquable, intelligent) brilliant ✦ ce n'est

pas ~ [travail] it's not wonderful; [situation] it's far from satisfactory **2** NM (= diamant) brilliant

briller [bʀije] ► conjug 1 ◄ VI to shine; [diamant, eau, yeux] to sparkle ◆ faire ~ ses chaussures to polish one's shoes ◆ ~ par son absence to be conspicuous by one's absence

brimades [bʀimad] NFPL harassment

brimer [bʀime] ► conjug 1 ◄ VT to bully ◆ il se sent brimé he feels he's being got at * (Brit) ou gotten at * (US)

brin [bʀɛ̃] NM [d'herbe] blade; [de mimosa, muguet] sprig; [de paille] wisp; [de corde, fil, laine] strand ◆ faire un ~ de toilette to have a quick wash

brindille [bʀɛ̃dij] NF twig

bringue * [bʀɛ̃g] NF **a** (= personne) ◆ grande ~ beanpole * **b** ◆ faire la ~ to have a wild time

bringuebaler * [bʀɛ̃g(ə)bale] ► conjug 1 ◄ VI (avec bruit) to rattle

brio [bʀijo] NM (= virtuosité) brilliance; (Mus) brio

brioche [bʀijɔʃ] NF brioche ◆ il a de la ~ * he's got a bit of a tummy *

brique [bʀik] NF **a** [de construction] brick ◆ mur de ou en ~(s) brick wall **b** [de lait] carton **c** (* = dix mille francs) ◆ une ~ ten thousand francs

briquer [bʀike] ► conjug 1 ◄ VT to polish up

briquet [bʀikɛ] NM cigarette lighter

brise [bʀiz] NF breeze

briser [bʀize] ► conjug 1 ◄ **1** VT to break; [+ carrière, vie] to ruin; [+ amitié] to put an end to ◆ ~ qch en mille morceaux to smash sth to smithereens **2** se briser VPR to break

britannique [bʀitanik] **1** ADJ British **2** Britannique NMF Briton, Britisher (US) ◆ les Britanniques the British

brocante [bʀɔkɑ̃t] NF (= commerce) secondhand trade; (= magasin) secondhand shop

brocanteur, -euse [bʀɔkɑ̃tœʀ, øz] NM,F secondhand goods dealer

broche [bʀɔʃ] NF **a** (= bijou) brooch **b** (Culin) spit ◆ faire cuire à la ~ to spit-roast

broché, e [bʀɔʃe] ADJ ◆ livre ~ paperback

brochet [bʀɔʃɛ] NM (= poisson) pike

brochette [bʀɔʃɛt] NF (= ustensile) skewer; (= plat) kebab ◆ ~ de personnalités bunch * of VIPs

brochure [bʀɔʃyʀ] NF brochure

brocoli [bʀɔkɔli] NM broccoli

broder [bʀɔde] ► conjug 1 ◄ VT to embroider

broderie [bʀɔdʀi] NF (= art) embroidery; (= objet) piece of embroidery

broncher [bʀɔ̃ʃe] ► conjug 1 ◄ VI ◆ personne n'osait ~ no one dared say a word ◆ sans ~ meekly

bronches [bʀɔ̃ʃ] NFPL bronchial tubes

bronchite [bʀɔ̃ʃit] NF bronchitis NonC ◆ j'ai une ~ I've got bronchitis

bronzage [bʀɔ̃zaʒ] NM tan

bronze [bʀɔ̃z] NM bronze

bronzé, e [bʀɔ̃ze] ADJ tanned

bronzer [bʀɔ̃ze] ► conjug 1 ◄ VI to get a tan ◆ je bronze vite I tan easily

brosse [bʀɔs] NF **a** (= ustensile) brush; [de peintre] paintbrush ▸ brosse à cheveux hairbrush ▸ brosse à dents toothbrush **b** (Coiffure) ◆ avoir les cheveux en ~ to have a crew cut

brosser [bʀɔse] ► conjug 1 ◄ **1** VT **a** to brush; (= nettoyer) to scrub **b** (= peindre) to paint ◆ ~ le portrait de qn to paint sb's portrait **2** se brosser VPR ◆ se ~ les dents to brush ou clean one's teeth ◆ se ~ les cheveux to brush one's hair

brouette [bʀuɛt] NF wheelbarrow

brouhaha [bʀuaa] NM (= tintamarre) hubbub

brouillard [bʀujaʀ] NM (dense) fog; (léger) mist ◆ il y a du ~ it's foggy

brouille [bʀuj] NF quarrel

brouillé, e [bʀuje] ADJ ◆ être ~ avec qn to have fallen out with sb

brouiller [bʀuje] ► conjug 1 ◄ **1** VT **a** [+ contour, vue] to blur; [+ idées] to mix up ◆ ~ les pistes ou cartes to confuse the issue **b** (Radio) (volontairement) to jam; (par accident) to cause interference to; (TV) to scramble **2** se brouiller VPR **a** [vue] to become blurred; [souvenirs, idées] to become confused **b** (= se fâcher) ◆ se ~ avec qn to fall out with sb

brouillon, -onne [bʀujɔ̃, ɔn] **1** ADJ messy **2** NM rough draft

broussaille [bʀusaj] NF ◆ ~s scrub ◆ sourcils en ~ bushy eyebrows

brousse [bʀus] NF ◆ la ~ the bush

brouter [bʀute] ► conjug 1 ◄ **1** VT [+ herbe] to graze on **2** VI [animal] to graze

broutille [bʀutij] NF (= bagatelle) trifle

broyer [bʀwaje] ► conjug 8 ◄ VT [+ aliments, grain] to grind; [+ membre] to crush ◆ ~ du noir to feel gloomy

bru [bʀy] NF daughter-in-law

brugnon [bʀyɲɔ̃] NM nectarine

bruine [bʀɥin] NF fine drizzle

bruiner [bʀɥine] ► conjug 1 ◄ VI to drizzle

bruit [bʀɥi] NM **a** (= son) sound; (désagréable) noise ◆ j'ai entendu un ~ I heard a noise ◆ un ~ de pas the sound of footsteps ◆ ~ de fond background noise ◆ **il y a trop de ~** there's too much noise ◆ **sans ~** without a sound ◆ **faire du ~** [objet, machine] to make a noise; [personne] to be noisy **b** (= agitation) ◆ **beaucoup de ~ pour rien** a lot of fuss about nothing ◆ **faire grand ~** [affaire, déclaration] to cause a stir **c** (= nouvelle) rumour ◆ **c'est un ~ qui court** it's a rumour that's going around

bruitage [bʀɥitaʒ] NM sound effects

brûlant, e [bʀylɑ̃, ɑ̃t] ADJ [objet] red-hot; [plat] piping hot; [liquide] boiling hot

brûlé [bʀyle] NM ◆ **ça sent le ~** there's a smell of burning; (fig) there's trouble brewing

brûle-pourpoint (à) [bʀylpuʀpwɛ̃] LOC ADV point-blank

brûler [bʀyle] ► conjug 1 ◄ **1** VT **a** to burn; [eau bouillante] to scald; [+ maison, village] to burn down ◆ **être brûlé vif** to be burnt to death ◆ **j'ai les yeux qui me brûlent** my eyes are smarting **b** (= ignorer) ◆ **~ un stop** to ignore a stop sign ◆ **~ un feu rouge** to go through a red light (Brit), to run a red light (US) ◆ **~ les étapes** (= trop se précipiter) to cut corners **2** VI **a** to burn; [maison, forêt] to be on fire ◆ **j'ai laissé ~ le rôti** I burnt the roast **b** (= être très chaud) to be burning ◆ **ne touche pas, ça brûle** don't touch that, you'll burn yourself **c** ◆ **~ d'impatience** to seethe with impatience **3** **se brûler** VPR to burn o.s. (= s'ébouillanter) to scald o.s. ◆ **je me suis brûlé la langue** I burnt my tongue

brûleur [bʀylœʀ] NM (= dispositif) burner

brûlure [bʀylyʀ] NF (= lésion) burn; (= sensation) burning sensation ◆ **~s d'estomac** heart-burn *NonC*

brume [bʀym] NF (légère) mist; (de chaleur) haze; (sur mer) fog

brumeux, -euse [bʀymø, øz] ADJ misty

brumisateur ® [bʀymizatœʀ] NM spray

brun, brune [bʀœ̃, bʀyn] **1** ADJ [yeux, couleur] brown; [cheveux, peau, tabac, bière] dark ◆ **il est ~** (cheveux) he's got dark hair **2** NM (= couleur) brown; (= homme) dark-haired man **3** **brune** NF **a** (= bière) dark beer **b** (= cigarette) *cigarette made of dark tobacco* **c** (= femme) brunette

brunir [bʀyniʀ] ► conjug 2 ◄ VI [personne, peau] to get a tan

brushing [bʀœʃiŋ] NM blow-dry ◆ **se faire un ~** to blow-dry one's hair

brusque [bʀysk] ADJ **a** [personne, manières, geste] brusque; [ton] curt **b** [départ, changement] abrupt; [virage] sharp; [envie] sudden

brusquement [bʀyskəmɑ̃] ADV **a** (= sèchement) brusquely **b** (= subitement) suddenly

brusquer [bʀyske] ► conjug 1 ◄ VT to rush

brusquerie [bʀyskəʀi] NF brusqueness

brut, e [bʀyt] **1** ADJ **a** [pétrole, minerai] crude ◆ **à l'état ~** [matière] untreated ◆ **informations à l'état ~** raw data **b** [champagne] brut; [cidre] dry **c** [bénéfice, poids, salaire] gross ◆ **25 000 F ~s par mois** 25,000 francs gross per month **2** **brute** NF brute ◆ **tu es une grosse ~e !** * you're a big bully!

brutal, e (mpl -aux) [bʀytal, o] ADJ **a** [personne, caractère] brutal; [jeu] rough **b** [mort, changement] sudden; [choc, coup] brutal

brutalement [bʀytalmɑ̃] ADV **a** (= violemment) brutally **b** (= subitement) suddenly

brutaliser [bʀytalize] ► conjug 1 ◄ VT [+ personne] to ill-treat; (physiquement) to beat

brutalité [bʀytalite] NF (= violence) violence; (plus cruelle) brutality ◆ **~s policières** police brutality

Bruxelles [bʀy(k)sɛl] N Brussels

bruxellois, e [bʀy(k)sɛlwa, waz] **1** ADJ of ou from Brussels **2** **Bruxellois(e)** NM,F inhabitant ou native of Brussels

bruyamment [bʀɥijamɑ̃] ADV [rire, parler] loudly

bruyant, e [bʀɥijɑ̃, ɑ̃t] ADJ noisy; [rire] loud

bruyère [bʀɥijɛʀ] NF (= plante) heather

BTS [betees] NM (abrév de **brevet de technicien supérieur**) *vocational training certificate taken after the age of 18*

bu, e [by] (ptp de **boire**)

buanderie [bɥɑ̃dʀi] NF laundry

bûche [byʃ] NF [de bois] log ◆ **~ de Noël** Yule log

bûcher¹ [byʃe] NM (funéraire) funeral pyre; (= supplice) stake

bûcher² * [byʃe] ► conjug 1 ◄ **1** VT (= travailler) to swot up * (Brit) **2** VI to swot * (Brit), to cram (US)

bûcheron, -onne [byʃʀɔ̃, ɔn] NM,F woodcutter

bûcheur, -euse * [byʃœʀ, øz] NM,F slogger *

bucolique [bykɔlik] ADJ bucolic

budget [bydʒe] NM budget ◆ **vacances pour petits ~s** low-cost holidays ◆ **film à gros ~** big-budget film

buée [bɥe] NF [d'haleine, eau chaude] steam; (sur vitre, miroir) mist

buffet [byfe] NM **a** (= meuble) sideboard **b** [de réception] buffet ◆ **~ de gare** station buffet

buffle [byfl] NM buffalo

bug [bœg] NM (Informatique) bug ◆ **le ~ de l'an 2000** the millennium bug

buis [bɥi] NM box

buisson [bɥisɔ̃] NM bush

bulbe [bylb] NM [de plante] bulb

bulgare [bylgaʀ] **1** ADJ Bulgarian **2** NM (= langue) Bulgarian **3** **Bulgare** NMF Bulgarian

Bulgarie [bylgaʀi] NF Bulgaria

bulldozer [buldozɛʀ] NM bulldozer

bulle [byl] NF **a** bubble ◆ **faire des ~s** [liquide] to bubble ◆ **~ d'air** air bubble **b** [de bande dessinée] balloon

bulletin [byltɛ̃] NM **a** (= communiqué, magazine) bulletin; (= formulaire) form; (= billet) ticket; (Scol) report ▸ **bulletin d'information** news bulletin ▸ **bulletin météorologique** weather forecast ▸ **bulletin de salaire** pay-slip ▸ **bulletin de santé** medical bulletin **b** (Pol) ◆ **~ de vote** ballot paper ◆ **~ nul** spoiled ou spoilt (Brit) ballot paper

bureau (pl ~x) [byʀo] NM **a** (= meuble) desk **b** (= cabinet de travail) study **c** (= lieu de travail, pièce) office ◆ **pendant les heures de ~** during office hours ▸ **nos ~x seront fermés** the office will be closed ▸ **bureau de change** bureau de change (Brit), foreign exchange office (US) ▸ **bureau de poste** post office ▸ **bureau de tabac** tobacconist's (Brit), tobacco shop (US) *(selling stamps and newspapers)* ▸ **bureau de vote** polling station

bureaucrate [byʀokʀat] NMF bureaucrat

bureaucratie [byʀokʀasi] NF bureaucracy

bureautique [byʀotik] NF office automation

burlesque [byʀlɛsk] ADJ (= ridicule) ludicrous

bus [bys] NM bus ◆ **j'irai en ~** I'll go by bus

buste [byst] NM (= torse) chest; (= seins, sculpture) bust

bustier [bystje] NM bustier

but [by(t)] NM **a** (= objectif) aim, goal ◆ **aller droit au ~** to come straight to the point ◆ **nous touchons au ~** the end is in sight ◆ **à ~ non lucratif** non-profit-making (Brit), non-profit (US) ◆ **de ~ en blanc** point-blank **b** (= intention) aim ◆ **dans le ~ de faire qch** with the aim of doing sth **c** (Sport) goal

butane [bytan] NM butane; (à usage domestique) Calor gas ®

buté, e [byte] ADJ [personne, air] stubborn

buter [byte] ▸ conjug 1 ◂ **1** VI ◆ **~ contre qch** (= trébucher) to stumble over sth; (= cogner) to bang against sth ◆ **~ sur un mot** to stumble over a word **2** VT (⁂ = tuer) to bump off ⁂ **3** **se buter** VPR to dig one's heels in

butin [bytɛ̃] NM [de voleur] loot

butiner [bytine] ▸ conjug 1 ◂ VI [insecte] to gather pollen

butte [byt] NF mound ◆ **être en ~ à** [+ difficultés] to be exposed to

buvable [byvabl] ADJ drinkable ◆ **ampoule ~** phial to be taken orally

buvait [byvɛ] VB → **boire**

buvard [byvaʀ] NM (= papier) blotting paper NonC

buvette [byvɛt] NF (= café) refreshment room; (en plein air) refreshment stall

c', ç' [s] ⇒ ce

ça [sa] PRON DÉM **a** (= objet proche) this; (= objet moins proche) that ◆ qu'est-ce que c'est que ~, par terre ? what's that on the floor? **b** (= ce qui a été dit) that, it ◆ flexibilité, qu'est-ce que ~ veut dire ? flexibility, what does that mean? ◆ ~ m'agace it gets on my nerves ◆ ~ ne fait rien it doesn't matter ◆ ~ alors ! goodness! ◆ c'est ~ that's right ◆ j'ai cinq jours de congé, c'est déjà ~ I've got five days off, that's something at least **c** ◆ j'ai vu Pierre Borel – qui ~ ? I saw Pierre Borel – who? ◆ quand ~ ? when was that? ◆ où ~ ? where was that? ◆ ~ y est, il a signé le contrat that's it, he's signed the contract ◆ ~ y est, il a cassé le verre there you are, he's broken the glass

çà [sa] ADV ◆ ~ et là here and there

caban [kabɑ̃] NM reefer jacket

cabane [kaban] NF hut; (pour outils, animaux) shed

cabaret [kabaʀɛ] NM (= boîte de nuit) cabaret club

cabas [kabɑ] NM (= sac) shopping bag

cabillaud [kabijo] NM cod

cabine [kabin] NF [de bateau, véhicule spatial] cabin; [de train, grue] cab; [de laboratoire de langues] booth; (à la piscine) cubicle ▸ cabine de douche shower cubicle (Brit) ou stall (US) ▸ cabine d'essayage fitting room ▸ cabine de pilotage cockpit; (dans avion de ligne) flight deck ▸ cabine téléphonique telephone booth

cabinet [kabinɛ] **1** NM **a** [de médecin, dentiste] surgery (Brit), office (US); [de notaire, avocat] office ▸ cabinet d'architectes firm of architects **b** (= gouvernement) cabinet; (= collaborateurs) staff **2** cabinets NMPL (= toilettes) toilet, bathroom (US) **3** COMP ▸ cabinet de toilette bathroom

câble [kɑbl] NM cable ◆ la télévision par ~ cable (television) ◆ le ~ cable (television)

câblé, e [kɑble] ADJ [chaîne, réseau] cable (avant le nom)

cabossé, e [kabɔse] ADJ battered

cabosser [kabɔse] ▸ conjug 1 ◂ VT to dent

cabot * [kabo] NM (= chien) mutt *

cabotin, e [kabɔtɛ̃, in] ADJ ◆ il est très ~ he's a real show-off

cabrer (se) [kabʀe] ▸ conjug 1 ◂ VPR [cheval] to rear (up); [personne] to rebel

cabriole [kabʀijɔl] NF [d'enfant, cabri] caper ◆ faire des ~s to caper about

cabriolet [kabʀijɔlɛ] NM (= voiture décapotable) convertible

caca * [kaka] NM poo * (Brit), poop * (US) ◆ faire ~ to do a poo * (Brit) ou a poop * (US) ▸ caca d'oie (= couleur) greenish-yellow

cacahuète [kakawɛt] NF peanut

cacao [kakao] NM cocoa

cachalot [kaʃalo] NM sperm whale

cache [kaʃ] NF ◆ ~ d'armes arms cache

cache-cache [kaʃkaʃ] NM INV hide-and-seek ◆ jouer à ~ to play hide-and-seek

cachemire [kaʃmiʀ] NM (= laine) cashmere ◆ écharpe en ~ cashmere scarf

cacher [kaʃe] ▸ conjug 1 ◂ **1** VT to hide ◆ ~ qch à qn to hide sth from sb ◆ les arbres nous cachent le fleuve we can't see the river because of the trees ◆ son silence cache quelque chose there's something he's keeping quiet about ◆ pour ne rien vous ~ to be perfectly honest with you **2** se cacher VPR **a** (= se dissimuler) to hide ◆ faire qch sans se ~ to do sth openly ◆ je ne m'en cache pas I make no secret of it **b** (= être caché) [personne] to be hiding; [malfaiteur, évadé] to be in hiding

cachet [kaʃɛ] NM **a** (= comprimé) tablet ◆ un ~ d'aspirine an aspirin **b** (= timbre) ◆ ~ (de la poste) postmark **c** (= caractère) character **d** (= rétribution) fee

cacheter [kaʃte] ▸ conjug 4 ◂ VT to seal

cachette [kaʃɛt] NF hiding-place ◆ en ~ secretly ◆ en ~ de qn behind sb's back

cachot [kaʃo] NM (= prison) dungeon ◆ trois jours de ~ three days' solitary confinement

cachotterie [kaʃɔtʀi] NF ◆ faire des ~s to be secretive

cacophonie [kakɔfɔni] NF cacophony

cactus [kaktys] NM INV cactus

c.-à-d. (abrév de c'est-à-dire) i.e.

cadastre [kadastʀ] NM (= registre) property register; (= service) land registry

cadavre [kadavʀ] NM (humain) body, corpse; (animal) carcass ◆ un ~ ambulant a living corpse

caddie [kadi] NM **a** (Golf) caddie **b** ® (= chariot) shopping trolley (Brit), grocery cart (US)

cadeau (pl **~x**) [kado] NM present, gift **+** **un ~ à qn** to give sb a present ou gift **+ ~ de Noël** Christmas present **+ en ~** as a present; (Commerce) as a free gift **+ faire ~ de qch à qn** to give sb sth **+ ils ne font pas de ~ *** they don't let you off lightly

cadenas [kadnɑ] NM padlock

cadenasser [kadnase] ▸ conjug 1 ◂ VT to padlock

cadence [kadɑ̃s] NF **a** (= rythme) rhythm **+ marquer la ~** to beat out the rhythm **+ en ~** in time **b** (= vitesse, taux) rate **+ à la ~ de 10 par jour** at the rate of 10 a day

cadet, -ette [kadɛ, ɛt] **1** ADJ (de deux) younger; (de plusieurs) youngest **2** NM **a** [de famille] **+ le ~** the youngest child **b** (relation d'âge) **+ il est de deux ans mon ~** he's two years younger than me **+ c'est le ~ de mes soucis** that's the least of my worries **3** **cadette** NF **a** [de famille] **+ la cadette** the youngest child **+ la cadette des filles** the youngest girl **b** (relation d'âge) **+ elle est ma cadette de deux ans** she's two years younger than me

cadran [kadrɑ̃] NM dial ▸ **cadran solaire** sundial

cadre [kadʀ] NM **a** [de tableau, porte, bicyclette] frame **b** (= décor) setting; (= entourage) surroundings **+ quel ~ magnifique !** what a magnificent setting! **+ ~ de vie** living environment **c** (= contexte) framework **+ dans le ~ de** within the framework of **d** (= limites) scope **+ cette décision sort du ~ de notre accord** this decision is beyond the scope of our agreement **e** (= responsable) manager **+ les ~s** management **+ ~ moyen/supérieur** middle/senior manager

cadrer [kadʀe] ▸ conjug 1 ◂ **1** VI (= coïncider) to tally **2** VT (Ciné, Photo) to frame

caduc, caduque [kadyk] ADJ **a + à feuilles caduques** deciduous **b** (= périmé) lapsed

cafard [kafaʀ] NM **a** (= insecte) cockroach **b** (*** = mélancolie) **+ avoir le ~** to be feeling down

café [kafe] NM **a** (= boisson) coffee ▸ **café crème** ≈ capuccino ▸ **café au lait** milky coffee ▸ **café liégeois** coffee sundae **b** (= lieu) café

caféine [kafein] NF caffeine

cafétéria [kafeteʀja] NF cafeteria

café-théâtre (pl **cafés-théâtres**) [kafeteɑtʀ] NM (= endroit) small theatre (Brit) or theater (US)

cafetière [kaftjɛʀ] NF (= pot) coffeepot; (= machine) coffee-maker **+ ~ électrique** electric coffee-maker

cafouiller * [kafuje] ▸ conjug 1 ◂ VI [candidat] to be struggling; [organisation] to be in a mess

cage [kaʒ] NF (pour animaux) cage ▸ **cage d'ascenseur** lift (Brit) ou elevator (US) shaft ▸ **cage d'escalier** stairwell ▸ **cage à lapins** rabbit hutch ▸ **cage à oiseaux** birdcage ▸ **cage thoracique** ribcage

cageot [kaʒo] NM [de légumes, fruits] crate

cagibi [kaʒibi] NM (= débarras) boxroom (Brit), storage room (US)

cagneux, -euse [kaɲø, øz] ADJ **+ genoux ~** knock knees

cagnotte [kaɲɔt] NF kitty

cagoule [kagul] NF [de bandit] hood; (= passe-montagne) balaclava

cahier [kaje] NM notebook ▸ **cahier d'appel** register ▸ **cahier de brouillon** jotter (Brit), notebook (for rough drafts) (US) ▸ **cahier (d'exercices)** exercise book ▸ **cahier de textes** homework diary

cahot [kao] NM (= secousse) jolt

cahoter [kaote] ▸ conjug 1 ◂ VI [véhicule] to trundle along

caille [kaj] NF (= oiseau) quail

cailler [kaje] ▸ conjug 1 ◂ **1** VI **a** [lait] to curdle **b** (*** = avoir froid) to be freezing **+ ça caille** it's freezing **2** **se cailler** VPR (*** = avoir froid) to be freezing

caillot [kajo] NM blood clot

caillou (pl **~x**) [kaju] NM stone

Caire [kɛʀ] NM **+ Le ~** Cairo

caisse [kɛs] **1** NF **a** (pour emballage) box; [de fruits, légumes] crate; [de bouteilles] case ▸ **caisse à outils** toolbox **b** (Fin = tiroir) till **+ tenir la ~** to be the cashier ▸ **caisse enregistreuse** cash register **c** (= guichet) [de boutique] till; [de supermarché] check-out **d** (= établissement, bureau) office ▸ **caisse d'épargne** savings bank ▸ **caisse de retraite** pension fund **e** (*** = voiture) motor * (Brit), auto * (US) **2** COMP ▸ **caisse claire** snare drum

caissier, -ière [kesje, jɛʀ] NM,F [de supermarché] check-out assistant (Brit), checker (US); [de cinéma] person in the box office

cajoler [kaʒɔle] ▸ conjug 1 ◂ VT to cuddle

cajou [kaʒu] NM **+ noix de ~** cashew nut

cake [kɛk] NM fruit cake

cal [kal] NM callus

calamar [kalamaʀ] NM squid

calamité [kalamite] NF disaster

calcaire [kalkɛʀ] **1** ADJ **a** [roche, plateau, relief] limestone **b** [sol, terrain] chalky; [eau] hard **2** NM limestone; [de bouilloire] limescale (Brit), scale (US)

calciné, e [kalsine] ADJ [débris, os] charred; [rôti] burned to a cinder

calcium [kalsjɔm] NM calcium

calcul [kalkyl] NM **a** (= opération) calculation; (= exercice scolaire) sum ✦ **se tromper dans ses ~s** to make a mistake in one's calculations **b** (= discipline) ✦ **le ~** arithmetic ✦ **~ mental** mental arithmetic **c** (= estimation) ✦ **d'après mes ~s** by my reckoning **d** (Méd) stone ✦ **~ rénal** kidney stone

calculatrice [kalkylatris] NF pocket calculator

calculer [kalkyle] ► conjug 1 ◄ **1** VT **a** [+ prix, quantité, surface] to calculate **b** [+ chances, conséquences] to weigh up ✦ **~ que ...** to calculate that ... **c** [+ geste, effets] to calculate; [+ action] to plan ✦ **mal ~ son coup** to miscalculate **2** VI ✦ **il calcule vite** he works things out quickly

calculette [kalkylɛt] NF pocket calculator

cale [kal] NF **a** (= soute) hold **b** (= coin) wedge

calé, e * [kale] ADJ [personne] brilliant * ✦ **être ~ en chimie** to be brilliant * at chemistry

calèche [kalɛʃ] NF horse-drawn carriage

caleçon [kalsɔ̃] NM **a** [d'homme] boxer shorts ✦ **trois ~s** three pairs of boxer shorts ► **caleçon de bain** swimming trunks **b** [de femme] leggings

calembour [kalɑ̃buʀ] NM pun

calendrier [kalɑ̃dʀije] NM (= jours et mois) calendar; (= programme) schedule

calepin [kalpɛ̃] NM notebook

caler [kale] ► conjug 1 ◄ **1** VT **a** [+ meuble, roue] to put a wedge under **b** (= appuyer) ✦ **~ qn/qch contre qch** to prop sb/sth up against sth **c** [+ véhicule, moteur, conducteur] to stall **b** * (= être bloqué) to be stuck; (= abandonner) to give up ✦ **il a calé avant le dessert** he gave up before the dessert

calfeutrer [kalføtʀe] ► conjug 1 ◄ **1** VT to draughtproof (Brit) ou draftproof (US) **2** **se calfeutrer** VPR to shut o.s. away

calibre [kalibʀ] NM (= diamètre) calibre (Brit), caliber (US); [de tuyau, câble] diameter; [d'œufs, fruits] grade ✦ **de gros ~** [pistolet] large-bore ✦ **son père est d'un autre ~** his father is a man of a different calibre

calibrer [kalibʀe] VT [+ œufs, fruits] to grade; [+ cylindre, fusil] to calibrate

Californie [kalifɔʀni] NF California

califourchon (à) [kalifuʀʃɔ̃] LOC ADJ, LOC ADV astride

câlin, e [kalɛ̃, in] **1** ADJ affectionate **2** NM cuddle ✦ **faire un ~ à qn** to give sb a cuddle

câliner [kaline] ► conjug 1 ◄ VT to cuddle

calmant [kalmɑ̃] NM (= tranquillisant) tranquillizer; (= sédatif) sedative; (= antidouleur) painkiller

calmar [kalmaʀ] NM squid

calme [kalm] **1** ADJ quiet; [personne, mer] calm; (= paisible) peaceful **2** NM **a** (= sang-froid) composure ✦ **garder son ~** to keep calm **b** (= tranquillité) peace and quiet; [d'endroit] peacefulness ✦ **il me faut du ~ pour travailler** I need peace and quiet to work ✦ **du ~ !** (= restez tranquille) calm down!; (= pas de panique) keep calm!

calmement [kalməmɑ̃] ADV calmly

calmer [kalme] ► conjug 1 ◄ **1** VT **a** [+ personne] to calm down **b** [+ douleur] to ease; [+ faim] to satisfy; [+ soif] to quench; [+ ardeur] to cool **2** **se calmer** VPR **a** [personne] to calm down; [tempête] to die down **b** [inquiétude, douleur] to ease

calomnie [kalɔmni] NF slander NonC; (écrite) libel

calomnier [kalɔmnje] ► conjug 7 ◄ VT to slander; (par écrit) to libel

calorie [kalɔʀi] NF calorie

calorique [kalɔʀik] ADJ (diététique) calorie ✦ **valeur ~** calorific value

calque [kalk] NM **a** (= dessin) tracing ✦ **(papier) ~** tracing paper **b** (Ling) loan translation

calquer [kalke] ► conjug 1 ◄ VT (= copier) to copy exactly

calvaire [kalvɛʀ] NM calvary ✦ **c'est un vrai ~** * it's a nightmare *

calvitie [kalvisi] NF baldness NonC

camaïeu [kamajø] NM ✦ **un ~ de roses** various shades of pink

camarade [kamaʀad] NMF friend ✦ **le ~ Durand** (Pol) comrade Durand ✦ **~ de classe** classmate ✦ **~ d'école** school friend ✦ **~ de jeu** playmate

camaraderie [kamaʀadʀi] NF companionship

Cambodge [kɑ̃bɔdʒ] NM ✦ **le ~** Cambodia

cambodgien, -ienne [kɑ̃bɔdʒjɛ̃, jɛn] **1** ADJ Cambodian **2** **Cambodgien(ne)** NM,F Cambodian

cambouis [kɑ̃bwi] NM dirty oil

cambré, e [kɑ̃bʀe] ADJ ✦ **être ~** to have a hollow back

cambriolage [kɑ̃bʀijɔlaʒ] NM burglary

cambrioler [kɑ̃bʀijɔle] ► conjug 1 ◄ VT to burgle (Brit), to burglarize (US)

cambrioleur, -euse [kɑ̃bʀijɔlœʀ, øz] NM,F burglar

cambrousse * [kɑ̃bʀus] NF (= campagne) country ✦ **en pleine ~** out in the sticks *

came¹ [kam] NF → **arbre**

came² * [kam] NF (= drogue) dope *

camé, e * [kame] NM,F junkie *

caméléon [kameleɔ̃] NM chameleon

camélia [kamelja] NM camellia

camelote * [kamlɔt] NF ◆ **c'est de la ~** it's junk *

camembert [kamãbɛʀ] NM **a** (= fromage) Camembert **b** (* = graphique) pie chart

camer (se) * [kame] VPR to take drugs

caméra [kameʀa] NF camera; [d'amateur] cine-camera (Brit), movie camera (US) ▸ **caméra vidéo** video camera

cameraman [kameʀaman] (pl **cameramen**) [kameʀamɛn] NM cameraman

Cameroun [kamʀun] NM ◆ **le ~** Cameroon

camerounais, e [kamʀunɛ, ɛz] **1** ADJ Cameroonian **2** **Camerounais(e)** NM,F Cameroonian

caméscope [kameskɔp] NM camcorder

camion [kamjɔ̃] NM lorry (Brit), truck ◆ **~ de déménagement** removal (Brit) ou moving (US) van

camion-citerne (pl **camions-citernes**) [kamjɔ̃sitɛʀn] NM tanker (lorry) (Brit), tank truck (US)

camionnette [kamjɔnɛt] NF van (Brit), small truck (US)

camionneur [kamjɔnœʀ] NM (= chauffeur) lorry (Brit) ou truck driver

camisole [kamizɔl] NF ◆ **~ de force** straitjacket

camomille [kamɔmij] NF (= plante) camomile; (= infusion) camomile tea

camouflage [kamuflaʒ] NM camouflage ◆ **tenue de ~** camouflage fatigues

camoufler [kamufle] ▸ conjug 1 ◂ VT (Mil) to camouflage; (= déguiser) to disguise ◆ **~ un crime en accident** to make a crime look like an accident

camp [kã] NM camp; (Jeux, Sport) side ◆ **faire un ~ d'une semaine** to go on a camp for a week ▸ **camp de concentration** concentration camp ▸ **camp de travail** labour (Brit) ou labor (US) camp

campagnard, e [kãpaɲaʀ, aʀd] ADJ [vie, manières] country

campagne [kãpaɲ] NF **a** (= habitat) country; (= paysage) countryside ◆ **la ~ anglaise** the English countryside ◆ **à la ~** in the country **b** (= action) campaign ◆ **faire ~ pour un candidat** to canvass for a candidate ▸ **campagne électorale** election campaign ▸ **campagne publicitaire** ou **de publicité** publicity campaign

campement [kãpmã] NM (= lieu) camp

camper [kãpe] ▸ conjug 1 ◂ **1** VI to camp ◆ **~ sur ses positions** to stand one's ground **2** VT [+ caractère, personnage] to portray

campeur, -euse [kãpœʀ, øz] NM,F camper

camphre [kãfʀ] NM camphor

camping [kãpiŋ] NM **a** (= activité) ◆ **le ~** camping ◆ **faire du ~** to go camping ◆ **faire du ~ sauvage** to camp in the wild **b** (= lieu) campsite

camping-car (pl **~s**) [kãpiŋkaʀ] NM camper

camping-gaz ® [kãpiŋgaz] NM INV camp stove

campus [kãpys] NM campus

Canada [kanada] NM Canada ◆ **au ~** in Canada

canadien, -ienne [kanadjɛ̃, jɛn] **1** ADJ Canadian **2** **Canadien(ne)** NM,F Canadian **3** **canadienne** NF (= veste) fur-lined jacket; (= tente) ridge tent

canaille [kanɑj] NF (= escroc) crook

canal (pl **-aux**) [kanal, o] NM **a** (artificiel) canal; (= détroit) channel ◆ **le ~ de Panama/Suez** the Panama/Suez Canal **b** (TV) channel ▸ **Canal Plus, Canal +** French pay TV channel

canalisation [kanalizasjɔ̃] NF (= tuyau) pipe

canaliser [kanalize] ▸ conjug 1 ◂ VT **a** [+ cours d'eau] to canalize **b** [+ foule, énergie] to channel

canapé [kanape] NM **a** (= meuble) settee ◆ **~ convertible** sofa bed **b** (pour apéritif) canapé

canapé-lit (pl **canapés-lits**) [kanapeli] NM sofa bed

canaque [kanak] **1** ADJ Kanak **2** **Canaque** NMF Kanak

canard [kanaʀ] NM **a** (= oiseau) duck ▸ **canard laqué** Peking duck **b** (* = journal) rag *

canari [kanaʀi] NM, ADJ INV canary ◆ **jaune ~** canary yellow

Canaries [kanaʀi] NFPL ◆ **les (îles) ~** the Canary Islands

cancan [kãkã] NM **a** (= raconter) ◆ **~s** gossip **b** (= danse) cancan

cancaner [kãkane] ▸ conjug 1 ◂ VI to gossip

cancer [kãsɛʀ] NM **a** (= maladie) cancer ◆ **avoir un ~ du sein/du poumon** to have breast/lung cancer **b** (Astrol) ◆ **le Cancer** Cancer ◆ **il est Cancer** he's Cancer

cancéreux, -euse [kãseʀø, øz] ADJ [tumeur] cancerous

cancérigène [kãseʀiʒɛn] ADJ carcinogenic

cancérologue [kãseʀɔlɔg] NMF cancer specialist

cancre [kãkʀ] NM (péj = élève) dunce

candélabre [kãdelabʀ] NM candelabra

candeur [kɑ̃dœʀ] NF ingenuousness

candidat, e [kɑ̃dida, at] NM,F candidate (à at); (à un poste) applicant (à for) ◆ **se porter ~ à un poste** to apply for a job

candidature [kɑ̃didatyʀ] NF (dans une élection) candidacy; (à un poste) application (à for) ◆ **~ spontanée** unsolicited application ◆ **poser sa ~ à un poste** to apply for a job

candide [kɑ̃did] ADJ ingenuous

cane [kan] NF (female) duck

caneton [kantɔ̃] NM duckling

canette [kanɛt] NF **a** ◆ **~ (de bière)** (= bouteille) bottle of beer; (= boîte) can of beer **b** [de machine à coudre] spool

canevas [kanva] NM (Couture) canvas

caniche [kaniʃ] NM poodle

canicule [kanikyl] NF heatwave ◆ **quelle ~!** it's boiling!

canif [kanif] NM penknife

canin, e [kanɛ̃, in] **1** ADJ canine **2** **canine** NF (= dent) canine; [de vampire] fang

caniveau (pl **~x**) [kanivo] NM gutter

cannabis [kanabis] NM cannabis

canne [kan] NF (= bâton) (walking) stick ▸ **canne à pêche** fishing rod ▸ **canne à sucre** sugar cane

cannelle [kanɛl] NF cinnamon

cannette [kanɛt] NF ⇒ **canette**

cannibale [kanibal] NMF cannibal

cannibalisme [kanibalism] NM cannibalism

canoë [kanɔe] NM **a** (= bateau) canoe **b** (= sport) canoeing ◆ **faire du ~** to go canoeing

canoë-kayak [kanɔekajak] NM INV ◆ **faire du ~** to go canoeing

canon [kanɔ̃] **1** NM **a** (= arme) gun; (Hist) cannon **b** [de revolver, fusil] barrel **c** (Musique) canon ◆ **chanter en ~** to sing in a round **d** (= norme) canon **2** ADJ INV ◆ **elle/il est ~ *** she/he's gorgeous *

canoniser [kanɔnize] ▸ conjug 1 ◂ VT to canonize

canot [kano] NM (= barque) dinghy ▸ **canot pneumatique** rubber dinghy ▸ **canot de sauvetage** lifeboat

cantatrice [kɑ̃tatʀis] NF opera singer

cantine [kɑ̃tin] NF (= réfectoire) canteen ◆ **manger à la ~** [élève] to have school meals

cantique [kɑ̃tik] NM hymn

canton [kɑ̃tɔ̃] NM canton

cantonade [kɑ̃tɔnad] NF ◆ **"c'est à qui ?" dit-elle à la ~** "whose is this?" she asked the assembled company

cantonal, e (mpl **-aux**) [kɑ̃tɔnal, o] **1** ADJ cantonal **2** **les cantonales** NFPL the cantonal elections

cantonner [kɑ̃tɔne] ▸ conjug 1 ◂ **1** VT **a** (= reléguer) ◆ **~ qn à** ou **dans un rôle** to restrict sb to a role **b** (Mil) to station; (chez l'habitant) to billet (chez on) **2** **se cantonner** VPR ◆ **se ~ à** ou **dans** to confine o.s. to

cantonnier [kɑ̃tɔnje] NM (= ouvrier) roadman

canular [kanylaʀ] NM hoax

canyon [kanjɔ̃, kanjɔn] NM canyon ◆ **le Grand Canyon** the Grand Canyon

CAO [seao] NF (abrév de **conception assistée par ordinateur**) CAD

caoutchouc [kautʃu] NM **a** (= matière) rubber ◆ **en ~** rubber **b** (= plante) rubber plant

CAP [seape] NM (abrév de **certificat d'aptitude professionnelle**) *vocational training certificate*

cap [kap] NM **a** (Géog) cape ◆ **le ~ Horn** Cape Horn ◆ **le ~ de Bonne-Espérance** the Cape of Good Hope ◆ **Le Cap** Cape Town ◆ **dépasser** ou **franchir le ~ des 50 millions** to pass the 50-million mark **b** (= direction) course ◆ **mettre le ~ sur** to head for

capable [kapabl] ADJ capable ◆ **~ de faire qch** capable of doing sth ◆ **tu n'en es pas ~** you're not up to it ◆ **il est ~ de tout** he's capable of anything

capacité [kapasite] NF **a** (= contenance) capacity **b** (= aptitude) ability ◆ **~s intellectuelles** intellectual abilities

cape [kap] NF (courte) cape; (longue) cloak ◆ **un film de ~ et d'épée** a swashbuckler

CAPES [kapes] NM (abrév de **certificat d'aptitude au professorat de l'enseignement secondaire**) *secondary school teacher's diploma*

capillaire [kapilɛʀ] ADJ ◆ **soins ~s** hair care ◆ **lotion ~** hair lotion

capitaine [kapiten] NM captain; [d'armée de l'air] flight lieutenant (Brit), captain (US)

capital, e (mpl **-aux**) [kapital, o] **1** ADJ **a** (= principal) major ◆ **d'une importance ~e** of major importance **b** (= essentiel) essential **c** (Droit) ◆ **peine ~e** capital punishment **2** NM capital ◆ **capitaux** capital ◆ **la fuite des capitaux** the flight of capital **3** **capitale** NF capital

capitalisme [kapitalism] NM capitalism

capitaliste [kapitalist] ADJ, NMF capitalist

capiteux, -euse [kapitø, øz] ADJ heady

Capitole [kapitɔl] NM ◆ **le ~** the Capitol

capitonné, e [kapitɔne] ADJ padded

capituler [kapityle] ▸ conjug 1 ◂ VI to surrender (devant to)

caporal (pl -aux) [kapɔʀal, o] NM lance corporal (Brit), private first class (US)

capot [kapo] NM [de voiture] bonnet (Brit), hood (US)

capote [kapɔt] NF **a** [de voiture] top **b** (* = préservatif) condom

câpre [kɑpʀ] NF caper

caprice [kapʀis] NM **a** (= lubie) whim **b** [d'enfant] tantrum ◆ faire un ~ to throw a tantrum

capricieux, -ieuse [kapʀisjø, jøz] ADJ capricious; [appareil] temperamental

Capricorne [kapʀikɔʀn] NM Capricorn ◆ il est ~ he's (a) Capricorn

capsule [kapsyl] NF [de bouteille] cap

capter [kapte] ► conjug 1 ◄ VT [+ énergie, cours d'eau] to harness; [+ lumière] to catch; [+ attention] to capture; (TV, Radio) to pick up

captif, -ive [kaptif, iv] ADJ, NM,F captive

captivant, e [kaptivɑ̃, ɑ̃t] ADJ fascinating

captiver [kaptive] ► conjug 1 ◄ VT to fascinate

captivité [kaptivite] NF captivity

capture [kaptyʀ] NF (= action) capture

capturer [kaptyʀe] ► conjug 1 ◄ VT to catch

capuche [kapyʃ] NF hood

capuchon [kapyʃɔ̃] NM **a** [de vêtement] hood; [de moine] cowl **b** [de stylo, tube] cap

capucine [kapysin] NF nasturtium

Cap-Vert [kapvɛʀ] NM ◆ le ~ Cape Verde

caquet * [kakɛ] NM ◆ rabattre ou rabaisser le ~ de qn to take sb down a peg

caqueter [kakte] ► conjug 4 ◄ VI [poule] to cackle

car¹ [kaʀ] NM bus, coach (Brit) ◆ car de police police van ◆ car de ramassage scolaire school bus

car² [kaʀ] CONJ because

carabine [kaʀabin] NF rifle

carabiné, e * [kaʀabine] ADJ [fièvre] raging; [rhume] stinking *; [migraine] terrible

caractère [kaʀaktɛʀ] NM **a** (= tempérament) character ◆ avoir bon/mauvais ~ to be good-/bad-tempered ◆ il a un sale ~ ou un ~ de cochon* he's an awkward so-and-so * **b** (= cachet) character ◆ la maison a du ~ the house has got character **c** (= lettre) character ◆ en gros/petits ~s in large/small letters **d** (= genre) nature ◆ une conversation à ~ privé a private conversation

caractériel, -elle [kaʀakteʀjɛl] ADJ ◆ il est un peu ~ he's got personality problems

caractériser [kaʀakteʀize] ► conjug 1 ◄ VT to characterize ◆ avec l'enthousiasme qui le caractérise with his characteristic enthusiasm

caractéristique [kaʀakteʀistik] ADJ, NF characteristic

carafe [kaʀaf] NF (= récipient) decanter; [d'eau, vin ordinaire] carafe

Caraïbes [kaʀaib] NFPL ◆ les ~ the Caribbean ◆ la mer des ~ the Caribbean

carambolage [kaʀɑ̃bɔlaʒ] NM [de voitures] pile-up

caramel [kaʀamɛl] NM (= sucre fondu) caramel; (= bonbon) (mou) caramel; (dur) toffee

carapace [kaʀapas] NF shell

carat [kaʀa] NM carat

caravane [kaʀavan] NF **a** (= véhicule) caravan (Brit), trailer (US) **b** (= convoi) caravan

caravaning [kaʀavaniŋ] NM ◆ faire du ~ to go caravanning (Brit), to go on vacation in an RV (US)

carbone [kaʀbɔn] NM carbon

carbonique [kaʀbɔnik] ADJ → gaz, neige

carbonisé, e [kaʀbɔnize] ADJ [arbre, restes] charred; [rôti] burnt to a cinder ◆ il est mort ~ he was burned to death

carburant [kaʀbyʀɑ̃] NM fuel

carburateur [kaʀbyʀatœʀ] NM carburettor (Brit), carburetor (US)

carburer * [kaʀbyʀe] ► conjug 1 ◄ VI ◆ elle carbure aux amphétamines/au café she lives on amphetamines/on coffee

carcan [kaʀkɑ̃] NM (= contrainte) straitjacket

carcasse [kaʀkas] NF [d'animal] carcass; [de bâtiment] shell ◆ pneu à ~ radiale radial tyre

cardiaque [kaʀdjak] ADJ cardiac ◆ être ~ to have a heart condition

cardigan [kaʀdigɑ̃] NM cardigan

cardinal, e (mpl -aux) [kaʀdinal, o] **1** ADJ [nombre] cardinal **2** NM (Rel) cardinal

cardiologue [kaʀdjɔlɔg] NMF heart specialist

cardiovasculaire [kaʀdjovaskylɛʀ] ADJ cardiovascular

Carême [kaʀɛm] NM (= période) ◆ le ~ Lent

carence [kaʀɑ̃s] NF **a** (Méd) deficiency **b** (= défaut) shortcoming

caresse [kaʀɛs] NF (= câlinerie) caress; (à un animal) stroke ◆ faire des ~s à [+ personne] to caress; [+ animal] to stroke

caresser [kaʀese] ► conjug 1 ◄ VT to stroke; [+ espoir] to entertain

cargaison [kaʀgɛzɔ̃] NF cargo

cargo [kaʀgo] NM cargo ship

caricature [kaʀikatyʀ] NF (= dessin, description) caricature; (politique) cartoon **+ faire la ~** de to caricature

carie [kaʀi] NF [de dent] **+ la ~ dentaire** tooth decay **+ j'ai une ~** I need a filling

carillon [kaʀijɔ̃] NM [d'église] (= cloches) bells; [d'horloge, sonnette d'entrée] chime

caritatif, -ive [kaʀitatif, iv] ADJ **+ association ou organisation caritative** charity

carlingue [kaʀlɛ̃g] NF [d'avion] cabin

carnage [kaʀnaʒ] NM carnage

carnaval (pl **~s**) [kaʀnaval] NM (= fête) carnival

carnet [kaʀnɛ] NM (= calepin) notebook ▶ **carnet d'adresses** address book ▶ **carnet de chèques** chequebook (Brit), checkbook (US) ▶ **carnet de notes** [d'élève] school report (Brit), report card (US) ▶ **carnet de tickets** 10 tickets ▶ **carnet de timbres** book of stamps

carnivore [kaʀnivɔʀ] **1** ADJ carnivorous **2** NM carnivore

carotide [kaʀɔtid] NF carotid

carotte [kaʀɔt] NF carrot

carpe [kaʀp] NF (= poisson) carp

carpette [kaʀpɛt] NF (= tapis) rug

carré, e [kaʀe] **1** ADJ square **+ mètre/ kilomètre ~** square metre/kilometre **2** NM square **+ avoir une coupe au ~** to have one's hair in a bob **+ 4 au ~** 4 squared **+ un ~ d'as** four aces

carreau (pl **~x**) [kaʀo] NM **a** (par terre, au mur) tile **+ se tenir à ~ *** to keep one's nose clean * **b** (= vitre) (window) pane **+ faire les ~x** to clean the windows **c** (sur un tissu) check; (sur du papier) square **+ à ~x** [tissu] checked; [papier] squared **d** (Cartes) diamond

carrefour [kaʀfuʀ] NM crossroads sg

carrelage [kaʀlaʒ] NM (= carreaux) tiles **+ laver le ~** to wash the floor

carreler [kaʀle] ▶ conjug 4 ◀ VT [+ mur, sol] to tile

carrément [kaʀemɑ̃] ADV straight out **+ il est ~ nul *** he's completely useless *

carrière [kaʀjɛʀ] NF **a** (= profession) career **+ militaire de ~** career soldier **+ faire ~ dans l'enseignement** to make one's career in teaching **b** [de roches] quarry

carriole [kaʀjɔl] NF (= charrette) cart

carrossable [kaʀɔsabl] ADJ [route] suitable for motor vehicles

carrosse [kaʀɔs] NM horse-drawn coach

carrosserie [kaʀɔsʀi] NF (= coque) body **+ atelier de ~** body shop

carrure [kaʀyʀ] NF **a** (= largeur d'épaules) build **b** (= envergure) calibre (Brit), caliber (US)

cartable [kaʀtabl] NM (à poignée) schoolbag; (à bretelles) satchel

carte [kaʀt] NF **a** card **+ ~ à jouer** playing card **+ tirer les ~s à qn** to read sb's cards **+ donner ~ blanche à qn** to give sb a free hand ▶ **carte bancaire** bank card ▶ **Carte bleue** ® Visa card ® (functioning as a debit card) ▶ **carte de crédit** credit card ▶ **carte d'étudiant** student card ▶ **carte grise** car registration papers ▶ **carte d'identité** identity card ▶ **carte postale** postcard ▶ **carte à puce** smart card ▶ **carte de séjour** residence permit ▶ **carte téléphonique** ou **de téléphone** phonecard ▶ **carte verte** [de véhicule] green card (Brit), certificate of insurance (US) ▶ **carte de visite** visiting card ▶ **carte de vœux** greetings card (Brit), greeting card (US) **b** [de pays, région] map; [de mer, ciel, météo] chart **c** (au restaurant) menu **+ on prend le menu ou la ~ ?** shall we have the set menu or shall we eat à la carte? **+ à la ~** [repas] à la carte; [retraite, voyage] tailor-made ▶ **carte des vins** wine list

cartilage [kaʀtilaʒ] NM cartilage; [de viande] gristle

cartomancien, -ienne [kaʀtomɑ̃sjɛ̃, jɛn] NM,F fortune-teller (who uses cards)

carton [kaʀtɔ̃] NM **a** (= matière) cardboard **+ de ou en ~** cardboard **+ faire un ~ *** to do brilliantly * ▶ **carton d'invitation** invitation card ▶ **carton jaune** (Football) yellow card ▶ **carton rouge** (Football) red card **b** (= boîte) (cardboard) box

cartonné, e [kaʀtone] ADJ [livre] hardback

cartouche [kaʀtuʃ] NF cartridge; [de cigarettes] carton ·

cas [kɑ] NM case **+ ~ social** person with social problems **+ c'est vraiment un ~ ! [il ou she's] a real case! * + c'est (bien) le ~ de le dire !** you said it! **+ au ~ où il pleuvrait** in case it rains **+ je prends un parapluie au ~ où *** I'm taking an umbrella just in case **+ en aucun ~** under no circumstances **+ en tout ~** anyway **+ le ~ échéant** if need be **+ en ~ de besoin** if need be **+ en ~ d'urgence** in an emergency **+ cas de conscience** moral dilemma ▶ **cas de figure** scenario

casanier, -ière [kazanje, jɛʀ] ADJ **+ il est très ~** he's a real homebody *

cascade [kaskad] NF **a** [d'eau] waterfall **b** (= acrobatie) stunt

cascadeur, -euse [kaskadœʀ, øz] NM,F [de film] stuntman; (femme) stuntwoman

case [kɑz] NF **a** (sur papier, échiquier) square; [de formulaire] box **+ il lui manque une ~ *** he's got a screw loose * **b** (= hutte) hut

caser * [kaze] ► conjug 1 ◄ **1** VT [+ objets] to shove *; [+ fille] to find a husband for; (= pourvoir d'une situation) to find a job for **2** **se caser** VPR [célibataire] to find a partner

caserne [kazɛʀn] NF barracks ◆ ~ **de pompiers** fire station

cash * [kaʃ] ADV ◆ **payer** ~ to pay cash

casher [kaʃɛʀ] ADJ INV kosher

casier [kazje] NM (= compartiment) compartment; (fermant à clé) locker; [de courrier] pigeonhole (Brit), mail box (US) ► **casier à bouteilles** bottle rack ► **casier judiciaire** criminal record

casino [kazino] NM casino

Caspienne [kaspjɛn] ADJ F, NF ◆ **la (mer)** ~ the Caspian Sea

casque [kask] NM **a** [de soldat, alpiniste] helmet; [de motocycliste] crash helmet; [d'ouvrier] hard hat ◆ **les Casques bleus** the blue berets **b** (pour sécher les cheveux) hair-drier **c** (à écouteurs) headphones

casquer * [kaske] ► conjug 1 ◄ VTI to fork out *

casquette [kaskɛt] NF cap

casse * [kas] **1** NF [de voitures] scrapyard ◆ **bon pour la** ~ fit for the scrapheap **2** NM ◆ **faire un** ~ to do a robbery

cassé, e [kase] ADJ [voix] cracked

casse-cou * [kasku] NMF INV daredevil

casse-croûte [kaskʀut] NM INV (= repas) snack

casse-noix [kasnwa] NM INV nutcrackers (Brit), nutcracker (US)

casse-pieds * [kaspje] ADJ INV ◆ **ce qu'elle est** ~ ! she's such a pain! *

casser [kase] ► conjug 1 ◄ **1** VT **a** to break; [+ noix] to crack ◆ ~ **qch en deux/en morceaux** to break sth in two/into pieces ◆ ~ **les prix** to slash prices ◆ ~ **la graine** * ou ~ **la croûte** * to have something to eat ◆ ~ **la figure** * ou **la gueule** ⁎ **à qn** to smash sb's face in * ◆ ~ **les pieds à qn** * (= irriter) to get on sb's nerves; (= ennuyer) to bore sb stiff ◆ **il nous les casse** ! ⁎ he's a pain in the neck! * ◆ **il nous casse les oreilles** * he makes a terrible racket ◆ **tu en auras pour 100 € à tout** ~ * (= tout au plus) that'll cost you €100 at the most **b** (= annuler) [+ jugement] to quash **2** VI **a** (= se briser) [objet] to break **b** (= rompre) [couple] to split up **3** **se casser** VPR **a** to break ◆ **la tasse s'est cassée en tombant** the cup broke when it fell ◆ **l'anse s'est cassée** the handle came off ◆ **se** ~ **la jambe** to break one's leg ◆ **se** ~ **la figure** * ou **la gueule** ⁎ (= tomber) to fall flat on one's face; (= faire faillite) to go bankrupt ◆ **se** ~ **le nez** (= trouver porte close) to find no one in ◆ **il ne s'est pas cassé pour écrire cet article** * he didn't exactly overexert himself writing this article ◆ **il ne s'est pas cassé la tête** * ! he didn't exactly overexert himself! **b** (⁎ = partir) to split ⁎ ◆ **casse-toi** ! get lost! ⁎

casserole [kasʀɔl] NF (= ustensile) saucepan

casse-tête (pl ~**s**) [kastɛt] NM (= problème difficile) headache; (= jeu) brain-teaser

cassette [kasɛt] NF (= bande) cassette ► **cassette vidéo** video

casseur [kasœʀ] NM (dans manifestation) rioter

cassis [kasis] NM blackcurrant; (= liqueur) cassis

cassoulet [kasulɛ] NM cassoulet *(meat and bean casserole, a specialty of SW France)*

cassure [kasyʀ] NF break

caste [kast] NF caste

castor [kastɔʀ] NM beaver

castrer [kastʀe] ► conjug 1 ◄ VT [+ homme, animal mâle] to castrate; [+ animal femelle] to spay; [+ cheval] to geld

cataclysme [kataklism] NM cataclysm

catacombes [katakɔ̃b] NFPL catacombs

catalan, e [katalɑ̃, an] **1** ADJ Catalan **2** NM (= langue) Catalan

Catalogne [katalɔɲ] NF Catalonia

catalogue [katalɔg] NM catalogue, catalog (US)

cataloguer [kataloge] ► conjug 1 ◄ VT [+ livres] to catalogue, to catalog (US); [+ personne] to label

catalytique [katalitik] ADJ → **pot**

catamaran [katamaʀɑ̃] NM (= voilier) catamaran

cataplasme [kataplasm] NM poultice

cataracte [kataʀakt] NF cataract

catastrophe [katastʀɔf] NF disaster ◆ **atterrir en** ~ to make an emergency landing ◆ **partir en** ~ to leave in a terrible rush

catastrophé, e * [katastʀɔfe] ADJ appalled

catastrophique [katastʀɔfik] ADJ disastrous

catch [katʃ] NM wrestling

catéchisme [kateʃism] NM catechism

catégorie [kategɔʀi] NF category; (Boxe, Hôtellerie) class

catégorique [kategɔʀik] ADJ categorical

catégoriquement [kategɔʀikmɑ̃] ADV categorically; [refuser] point-blank

cathédrale [katedʀal] NF cathedral

catho * [kato] ADJ, NMF abrév de **catholique**

catholicisme [katɔlisism] NM (Roman) Catholicism

catholique [katɔlik] **1** ADJ (Roman) Catholic ◆ **pas très ~** * a bit fishy* **2** NMF (Roman) Catholic

cauchemar [koʃmaR] NM nightmare ◆ **faire des ~s** to have nightmares

cause [koz] NF **a** (= raison) cause ◆ **pour la bonne ~** for a good cause ◆ **fermé pour ~ de maladie** closed on account of illness ◆ **et pour ~ !** and for good reason! **b** (Droit) case **c** (loc) ◆ **à ~ de** because of ◆ **mettre en ~** [+ innocence, nécessité, capacité] to call into question ◆ **remettre en ~** [+ principe, tradition] to question

causer [koze] ► conjug 1 ◄ **1** VT **a** (= provoquer) to cause ◆ **~ des ennuis à qn** to cause trouble for sb **b** (= parler de) ◆ **~ politique/travail** to talk politics/shop **2** VI (= parler) to talk (de about)

causette * [kozɛt] NF ◆ **faire la ~** to have a chat

caustique [kostik] ADJ caustic

caution [kosjɔ̃] NF **a** (pour appartement, véhicule loué) deposit **b** (Droit) bail ◆ **libérer qn sous ~** to release sb on bail ◆ **payer la ~ de qn** to stand (Brit) ou put up (US) bail for sb **c** (= personne) guarantor ◆ **se porter ~ pour qn** to stand surety for sb

cautionner [kosjɔne] ► conjug 1 ◄ VT (= soutenir) to give one's backing to

cavale * [kaval] NF ◆ **être en ~** to be on the run

cavaler * [kavale] ► conjug 1 ◄ VI to rush

cavalerie [kavalRi] NF cavalry

cavalier, -ière [kavalje, jɛR] **1** NM,F **a** (Équitation) rider ◆ **faire ~ seul** to go it alone **b** (= danseur) partner **2** NM (Échecs) knight **3** ADJ (= impertinent) cavalier

cave [kav] NF cellar

caveau (pl ~**x**) [kavo] NM (= sépulture) vault

caverne [kavɛRn] NF cave

caviar [kavjaR] NM caviar

cavité [kavite] NF cavity

CB [sibi] NF (abrév de **Citizens' Band**) ◆ **la ~** CB radio

CCP [sesepe] NM (abrév de **compte chèque postal**) post office account

CD [sede] NM (abrév de **compact disc**) CD

CDD [sedede] NM (abrév de **contrat à durée déterminée**) fixed-term contract

CDI [sedei] NM (abrév de **contrat à durée indéterminée**) permanent contract

CD-ROM [sederɔm] NM INV (abrév de **compact disc read only memory**) CD-ROM

CE [seə] **1** NM abrév de **cours élémentaire** **2** NF (abrév de **Communauté européenne**) EC

ce [sə]

1 ADJ DÉM (proche) this; (moins proche) that ◆ **je ne vois rien avec ces lunettes** I can't see a thing with these glasses ◆ **~ chapeau lui va bien** that hat suits him ◆ **~ Paul Durat est un drôle de personnage !** that Paul Durat is quite a character! ◆ **venez cet après-midi** come this afternoon ◆ **ces années furent les plus heureuses de ma vie** those were the happiest years of my life ◆ **cette nuit** (qui vient) tonight; (passée) last night

2 PRON DÉM

◆ **ce qui** what; (reprenant une proposition) which ◆ **~ qui est important, c'est ...** what really matters is ... ◆ **nous n'avons pas de jardin, ~ qui est dommage** we haven't got a garden, which is a pity

◆ **ce que** what; (reprenant une proposition) which ◆ **elle fait ~ qu'on lui dit** she does what she is told ◆ **il pleut beaucoup, ~ que j'aime bien** it rains a lot, which I like ◆ **à ~ qu'on dit** from what they say ◆ **on ne s'attendait pas à ~ qu'il parle** they were not expecting him to speak ◆ **~ qu'elle joue bien !** she's such a good player! ◆ **~ qu'il m'agace !** he's so annoying! ◆ **tout ~ que je sais** all (that) I know

ceci [səsi] PRON DÉM this ◆ **à ~ près que ...** except that ...

cécité [sesite] NF blindness ◆ **atteint de ~** blind

céder [sede] ► conjug 6 ◄ **1** VT **a** (= donner) to give up ◆ **~ qch à qn** to let sb have sth ◆ **~ le passage à qn** to give way to sb ◆ **"cédez le passage"** "give way" **b** (= vendre) to sell **2** VI **a** (= capituler) to give in **b** (= se rompre) to give way

Cedex [sedɛks] NM (abrév de **courrier d'entreprise à distribution exceptionnelle**) postcode used for express business service

cédille [sedij] NF cedilla

cèdre [sɛdR] NM cedar

CEE [seəə] NF (abrév de **Communauté économique européenne**) EEC

ceinture [sɛ̃tyR] NF **a** belt ◆ **se serrer la ~** * to tighten one's belt ► **ceinture de sauvetage** lifebelt (Brit), life preserver (US) ► **ceinture de sécurité** seat belt **b** (= taille) waist; [de vêtement] waistband

ceinturon [sɛ̃tyRɔ̃] NM (wide) belt

cela [s(ə)la] PRON DÉM **a** (objet proche) this; (objet moins proche) that **b** (sujet du verbe) it; (ce qui a été dit) that ◆ **flexibilité, qu'est-ce que ~ veut dire ?** flexibility, what does that mean? ◆ **c'est ~** that's right ◆ **~ dit** that said ◆ **~ m'agace** it gets on my nerves ◆ **quand/où ~ ?** when/where was that? ◆ **il y a deux jours de ~** two days ago

célèbre [selɛbʀ] ADJ famous

célébrer [selebʀe] ► conjug 6 ◄ VT to celebrate

célébrité [selebʀite] NF **a** (= renommée) fame **b** (= personne) celebrity

céleri [selʀi] NM ◆ ~ **(en branches)** celery ◆ ~(-rave) celeriac

céleste [selɛst] ADJ (= du ciel) celestial

célibat [seliba] NM [d'homme, femme] single life; (par abstinence) celibacy

célibataire [selibatɛʀ] **1** ADJ single; [prêtre] celibate ◆ **mère/père** ~ single mother/father **2** NM single man **3** NF single woman

celle [sɛl] PRON DÉM → **celui**

celle-ci [sɛlsi] PRON DÉM → **celui-ci**

celle-là [sɛlla] PRON DÉM → **celui-là**

cellier [selje] NM storeroom *(for wine and food)*

cellophane ® [selɔfan] NF Cellophane ® ◆ **sous** ~ wrapped in Cellophane ®

cellulaire [selylɛʀ] ADJ **a** (Bio, Télec) cellular **b** ◆ **voiture** ou **fourgon** ~ prison van

cellule [selyl] NF cell ► **cellule familiale** family unit ► **cellule photoélectrique** photoelectric cell

cellulite [selylit] NF (= graisse) cellulite

cellulose [selyloz] NF cellulose

Celsius [sɛlsjys] NM ◆ **degré** ~ degree Celsius

celui [səlɥi] PRON DÉM ◆ **je n'aime pas cette version, celle de Piaf est meilleure** I don't like this version, the one by Piaf is better ◆ **l'horloge de la mairie et celle de la gare** the town-hall clock and the one at the station ◆ **pour ceux d'entre vous qui ...** for those of you who ... ◆ **ses romans sont ceux qui se vendent le mieux** his novels are the ones that sell best ◆ **donnez-lui la balle rouge, c'est celle qu'il préfère** give him the red ball, that's the one he likes best ◆ **celui dont je t'ai parlé** the one I told you about ◆ **ceux dont je t'ai parlé** the ones I told you about

celui-ci [səlɥisi] PRON DÉM this one ◆ **ceux-ci, celles-ci** these (ones) ◆ **lequel voulez-vous ? – ~** which one would you like? – this one ◆ **celles-ci sont moins chères** these (ones) are cheaper ◆ **elle écrivit à son frère,** ~ **ne répondit pas** she wrote to her brother - he did not answer

celui-là [səlɥila] PRON DÉM that one ◆ **ceux-là, celles-là** those (ones) ◆ **lequel voulez-vous, celui-ci ? – non,** ~ which one would you like, this one? – no, that one ◆ **celles-là sont moins chères** those (ones) are cheaper ◆ **il a vraiment de la chance,** ~ **!** that guy* certainly has a lot of luck! ◆ **elle est bien bonne, celle-là !** that's a bit much!

cendre [sɑ̃dʀ] NF **a** (= substance) ash **b** [de mort] ◆ ~**s** ashes ◆ **le mercredi des Cendres** Ash Wednesday

cendré, e [sɑ̃dʀe] ADJ ◆ **gris/blond** ~ ash grey/blond

cendrier [sɑ̃dʀije] NM [de fumeur] ashtray

Cendrillon [sɑ̃dʀijɔ̃] NF Cinderella

cène [sɛn] NF **a** ◆ **la Cène** the Last Supper **b** (= communion protestante) Communion

censé, e [sɑ̃se] ADJ ◆ **être** ~ **faire qch** to be supposed to do sth

censure [sɑ̃syʀ] NF (Ciné, Presse) censorship

censurer [sɑ̃syʀe] ► conjug 1 ◄ VT to censor

cent [sɑ̃] **1** ADJ a hundred ◆ **quatre** ~ **treize** four hundred and thirteen ◆ **sept** ~ **un** seven hundred and one ◆ ~ **chaises** a hundred chairs ◆ **en l'an treize** ~ in the year thirteen hundred ◆ **courir un** ~ **mètres** to run a one-hundred-metre race ◆ **la guerre de Cent Ans** the Hundred Years' War ◆ **faire les** ~ **pas** to pace up and down ◆ **je te l'ai dit** ~ **fois** I've told you a hundred times **2** NM (= nombre) a hundred ◆ **multiplier par** ~ to multiply by a hundred ◆ **pour** ~ per cent ◆ **cinq pour** ~ five per cent ◆ ~ **pour** ~ a hundred per cent

centaine [sɑ̃tɛn] NF **a** (= environ cent) ◆ **une** ~ **de** about a hundred ◆ **plusieurs** ~**s** (de) several hundred ◆ **des** ~**s de personnes** hundreds of people **b** (= cent unités) hundred

centenaire [sɑ̃t(ə)nɛʀ] **1** ADJ hundredyear-old *avant le nom* ◆ **cet arbre est** ~ this tree is a hundred years old **2** NMF (= personne) centenarian **3** NM (= anniversaire) centenary

centième [sɑ̃tjɛm] ADJ, NM hundredth; pour autres sens voir **sixième**

centigrade [sɑ̃tigʀad] ADJ centigrade

centilitre [sɑ̃tilitʀ] NM centilitre (Brit), centiliter (US)

centime [sɑ̃tim] NM centime ◆ **je n'ai pas un** ~ I haven't got a penny (Brit) or a cent (US)

centimètre [sɑ̃timɛtʀ] NM **a** (= mesure) centimetre (Brit), centimeter (US) **b** (= ruban) tape measure

central, e (mpl **-aux**) [sɑ̃tʀal, o] **1** ADJ central ◆ **l'Amérique/l'Asie** ~**e** Central America/Asia **2** NM ◆ ~ **(téléphonique)** (telephone) exchange **3** **centrale** NF power station ► **centrale électrique** power station ► **centrale nucléaire** nuclear power station

centraliser [sɑ̃tʀalize] ► conjug 1 ◄ VT to centralize

centre [sɑ̃tʀ] NM centre (Brit), center (US) ◆ **il habite en plein** ~ he lives right in the centre ◆ ~ **gauche/droit** (Pol) centre left/right ► **centre aéré** day centre ► **centre d'appels** call centre ▶ **centre commercial** shopping centre ▶ **centre culturel** arts centre ▶ **centre de documentation et d'information** (school) library ▶ **centre de gravité** centre of gravity ▶ **centre de loisirs** leisure centre

centrer [sãtʀe] ▶ conjug 1 ◀ VT to centre (Brit), to center (US) ◆ **le sujet est mal centré sur la photo** the subject of the photo is off-centre (Brit) ou off-center (US) ◆ **être centré sur** [débat, politique] to focus on

centre-ville (pl **centres-villes**) [sãtʀəvil] NM town ou city centre (Brit) ou center (US) ◆ **au ~** in the town ou city centre

centrifuge [sãtʀifyʒ] ADJ centrifugal

centrifugeuse [sãtʀifyʒøz] NF (de cuisine) juice extractor

centriste [sãtʀist] ADJ, NMF centrist

centuple [sãtypl] NM ◆ **au ~** a hundredfold

cep [sɛp] NM ◆ **~ (de vigne)** (vine) stock

cèpe [sɛp] NM cep (kind of wild mushroom)

cependant [s(ə)pãdã] CONJ however

céramique [seʀamik] NF ceramic ◆ **vase en ~** ceramic ou pottery vase

cercle [sɛʀkl] NM circle ◆ **entourer d'un ~** to circle ◆ **un ~ d'amis** a circle of friends ▶ **cercle polaire** polar circle ◆ **~ polaire arctique/antarctique** Arctic/Antarctic Circle ▶ **cercle vicieux** vicious circle

cercueil [sɛʀkœj] NM coffin, casket (US)

céréale [seʀeal] NF cereal ◆ **~s** (pour petit déjeuner) cereal

cérébral, e (mpl **-aux**) [seʀebʀal, o] ADJ (Méd) cerebral; [travail] mental

cérémonie [seʀemɔni] NF ceremony ◆ **sans ~** [recevoir] informally; [proposer] unceremoniously ◆ **ne fais pas tant de ~s** there's no need to be so formal

cérémonieux, -ieuse [seʀemɔnjø, jøz] ADJ [ton, accueil] ceremonious

cerf [sɛʀ] NM stag

cerf-volant (pl **cerfs-volants**) [sɛʀvɔlã] NM (= jouet) kite ◆ **jouer au ~** to fly a kite

cerise [s(ə)ʀiz] NF cherry

cerisier [s(ə)ʀizje] NM (= arbre) cherry tree; (= bois) cherry wood

cerne [sɛʀn] NM ring

cerné, e [sɛʀne] ADJ ◆ **avoir les yeux ~s** to have rings ou shadows under one's eyes

cerner [sɛʀne] ▶ conjug 1 ◀ VT **a** (= entourer) to surround **b** [+ problème] to identify; [+ personne] to figure out

certain, e [sɛʀtɛ̃, ɛn] **1** ADJ **a** (= convaincu) [personne] sure, certain ◆ **elle est ~e qu'ils viendront** she's sure ou certain they'll come **b**

(= incontestable) certain; [date] definite ◆ **il a fait des progrès ~s** he has made definite progress ◆ **la victoire est ~e** victory is assured ◆ **c'est ~** there's no doubt about it **c** (= plus ou moins défini : avant le nom) ◆ **un ~ ...** a (certain) ... ◆ **un ~ M. Leblanc vous a demandé** a Mr Leblanc was asking for you ◆ **au bout d'un ~ temps** after a while ◆ **dans une ~e mesure** to a certain extent ◆ **jusqu'à un ~ point** up to a point ◆ **un ~ nombre de** a number of things **d** (intensif : avant le nom) some ◆ **cela demande un ~ courage** it takes some courage ◆ **une personne d'un ~ âge** an elderly person **e** **certains** (= quelques) some, certain ◆ **dans ~s cas** in some ou certain cases **2** **certains** PRON INDÉF PL (= personnes) some people; (= choses) some ◆ **dans ~s de ces cas** in some of these cases ◆ **~s disent que ...** some people say that ... ◆ **~s d'entre vous** some of you

certainement [sɛʀtɛnmã] ADV (= probablement) most probably; (= bien sûr) certainly

certes [sɛʀt] ADV certainly

certificat [sɛʀtifika] NM certificate ▶ **certificat d'aptitude professionnelle** vocational training certificate ▶ **certificat médical** medical certificate

certifié, e [sɛʀtifje] ADJ ◆ **professeur ~** qualified secondary school (Brit) ou high-school (US) teacher, holder of the CAPES

certifier [sɛʀtifje] ▶ conjug 7 ◀ VT ◆ **~ qch à qn** (= assurer) to assure sb of sth ◆ **copie certifiée conforme (à l'original)** certified copy

certitude [sɛʀtityd] NF certainty ◆ **avoir la ~ de qch/de faire** to be certain ou sure of sth/of doing

cerveau (pl **~x**) [sɛʀvo] NM brain ◆ **c'était le ~ de l'affaire** he was the brains behind the job

cervelle [sɛʀvɛl] NF brain; (= viande) brains

cervical, e (mpl **-aux**) [sɛʀvikal, o] ADJ cervical

CES [seaɛs] NM [seaɛs] (abrév de **collège d'enseignement secondaire**) secondary school (Brit), junior high school (US)

ces [se] PRON DÉM → **ce**

César [sezaʀ] NM Caesar; (= récompense) French film award

césarienne [sezaʀjɛn] NF Caesarean ◆ **ils lui ont fait une ~** they gave her a Caesarean

cesse [sɛs] ◆ **sans cesse** LOC ADV (= tout le temps) constantly ◆ **elle est sans ~ après lui** she nags him constantly

cesser [sese] ▶ conjug 1 ◀ VTI to stop ◆ **~ de faire qch** to stop doing sth ◆ **il n'a pas cessé de pleuvoir** it hasn't stopped raining ; (frm) he's constantly bothering me ◆ **faire ~** to stop

cessez-le-feu [sesel(ə)fø] NM INV ceasefire

cession [sesjɔ̃] NF transfer

c'est-à-dire [sɛtadiʀ] CONJ (= à savoir) that is, i.e. ◆ **je ne l'ai pas – – ?** I haven't got it – what do you mean? ◆ **tu viendras ? – – que j'ai du travail** will you come? – well, actually I've got some work to do

cet [sɛt] ADJ DÉM → **ce**

cétacé [setase] NM cetacean

cette [sɛt] ADJ DÉM → **ce**

ceux [sø] PRON DÉM → **celui**

cf [seef] (abrév de **confer**) cf

chacal (pl **~s**) [ʃakal] NM jackal

chacun, e [ʃakœ̃, yn] PRON INDÉF **a** (d'un ensemble bien défini) each ◆ **~ d'entre eux** each of them ◆ **ils me donnèrent ~ 10 €** each of them gave me €10 ◆ **il leur a donné (à) ~ 10 €** he gave them €10 each **b** (= tout le monde) everyone, everybody ◆ **comme ~ sait** as everyone ou everybody knows ◆ **~ son tour !** wait your turn! ◆ **~ son goût** ou **ses goûts** each to his own ◆ **~ pour soi** every man for himself

chagrin [ʃagʀɛ̃] NM (= affliction) grief ◆ **avoir un ~ d'amour** to be disappointed in love ◆ **avoir du ~** to be sad

chahut [ʃay] NM (= tapage) uproar ◆ **faire du ~** to create an uproar

chahuter [ʃayte] ► conjug 1 ◄ **1** VI (= faire les fous) to mess around **2** VT [+ professeur] to play up ◆ **il se fait ~ par ses élèves** his pupils create mayhem in his class

chaîne [ʃɛn] NF **a** (de métal) chain **b** (= ensemble, suite) chain; [de montagnes] range ◆ **des catastrophes en ~** a series of disasters **c** (Industrie) ◆ **travailler à la ~** to work on an assembly line **d** (TV) channel ◆ **~ câblée** cable channel ◆ **~ payante** ou **à péage** pay TV channel **e** ◆ **~ (stéréo)** stereo system ◆ **~ compacte** mini-system ◆ **~ hi-fi** hi-fi system

chaînon [ʃɛnɔ̃] NM link

chair [ʃɛʀ] NF flesh ◆ **en ~ et en os** in the flesh ◆ **avoir la ~ de poule** to have goosepimples ► **chair à saucisse** sausage meat

chaire [ʃɛʀ] NF **a** (= estrade) [de prédicateur] pulpit; [de professeur] rostrum **b** (= poste universitaire) chair

chaise [ʃez] NF chair ◆ **avoir le cul** ⁎ **entre deux ~s** to be caught between two stools ► **chaise électrique** electric chair ► **chaise haute** highchair ► **chaise longue** deckchair

châle [ʃɑl] NM shawl

chalet [ʃalɛ] NM chalet

chaleur [ʃalœʀ] NF **a** (= température) heat; (modérée) warmth ◆ **quelle ~ !** isn't it hot! ◆ **les grandes ~s** the hot weather **b** [d'accueil] warmth **c** ◆ **en ~** [femelle] on (Brit) ou in (US) heat

chaleureux, -euse [ʃalœʀø, øz] ADJ warm

chaloupe [ʃalup] NF launch

chalumeau (pl **~x**) [ʃalymo] NM (= outil) blow-torch

chalutier [ʃalytje] NM (= bateau) trawler

chamailler (se) [ʃamaje] ► conjug 1 ◄ VPR to squabble

chambardement ⁎ [ʃɑ̃baʀdəmɑ̃] NM upheaval

chambouler ⁎ [ʃɑ̃bule] ► conjug 1 ◄ VT [+ maison] to turn upside down; [+ personne] to shatter; [+ projets] to upset

chambranle [ʃɑ̃bʀɑ̃l] NM [de porte] door frame; [de fenêtre] window frame

chambre [ʃɑ̃bʀ] **1** NF **a** (pour dormir) bedroom ◆ **~ à un lit/deux lits** single/twin room ◆ **~ pour deux personnes** double room ◆ **~ individuelle** single room ◆ **~ à part** to sleep in separate rooms ◆ **~ d'amis** spare room ◆ **~ de bonne** (sous les toits) garret ◆ **~ à coucher** bedroom ◆ **~ d'hôte** = bed and breakfast ◆ **~ d'hôtel** hotel room **b** (Pol) House ► **chambre de commerce** Chamber of Commerce ► **la Chambre des députés** the Chamber of Deputies **2** COMP ► **chambre à air** inner tube ► **chambre froide** cold room ► **chambre à gaz** gas chamber ► **chambre noire** darkroom

chameau (pl **~x**) [ʃamo] NM **a** (= animal) camel **b** (⁎ = femme) cow ⁎

chamois [ʃamwa] NM (= animal) chamois

champ [ʃɑ̃] NM field ◆ **~ de blé** field of wheat ◆ **laisser le ~ libre à qn** to leave the field clear for sb ► **champ de bataille** battlefield ► **champ de courses** racecourse

champagne [ʃɑ̃paɲ] NM champagne

champêtre [ʃɑ̃pɛtʀ] ADJ rural; [bal, fête] village

champignon [ʃɑ̃piɲɔ̃] NM mushroom; (vénéneux) toadstool; (Bot, Méd) fungus ◆ **aller aux ~s** to go mushroom-picking ◆ **appuyer sur le ~** ⁎ to step on it ⁎ ► **champignon de Paris** cultivated mushroom

champion, -ionne [ʃɑ̃pjɔ̃, jɔn] NM,F champion ◆ **~ du monde** world champion ◆ **~ du monde de boxe** world boxing champion

championnat [ʃɑ̃pjɔna] NM championship

chance [ʃɑ̃s] NF **a** (= bonne fortune, hasard) luck ◆ **avec un peu de ~** with a bit of luck ◆ **par ~** luckily ◆ **pas de ~ !** hard luck! ◆ **un coup de ~** a stroke of luck ◆ **tu as de la ~ (d'y aller)** you're lucky (to be going) ◆ **il n'a pas de ~** he's unlucky ◆ **courir** ou **tenter sa ~** to try one's luck **b** (= possibilité de succès) chance ◆ **donner sa ~ à qn** to give sb his chance ◆ **c'est la ~ de ma** (ou sa etc) **vie** it's the opportunity of a lifetime ◆ **elle a des ~s (de gagner)** she stands a good chance (of winning) ◆ **il n'a aucune ~**

he hasn't got ou doesn't stand a chance ✦ **elle a une ~ sur deux de s'en sortir** she's got a fifty-fifty chance of pulling through

chanceler [ʃɑ̃s(ə)le] ▸ conjug 4 ◂ VI [personne] to stagger; [objet] to wobble ✦ **il s'avança en chancelant** he staggered forward

chancelier [ʃɑ̃səlje] NM (en Allemagne, Autriche) chancellor; [d'ambassade] secretary

chanceux, -euse [ʃɑ̃sø, øz] ADJ lucky

chandail [ʃɑ̃daj] NM sweater

Chandeleur [ʃɑ̃dlœʀ] NF ✦ **la ~** Candlemas

chandelier [ʃɑ̃dəlje] NM (à une branche) candlestick; (à plusieurs branches) candelabra

chandelle [ʃɑ̃dɛl] NF (= bougie) candle ✦ **un dîner aux ~s** a candlelit dinner

change [ʃɑ̃ʒ] NM [de devises] exchange ✦ **le ~ est avantageux** the exchange rate is favourable ✦ **gagner/perdre au ~** to gain/lose on the deal

changeant, e [ʃɑ̃ʒɑ̃, ɑ̃t] ADJ changing; [temps] changeable

changement [ʃɑ̃ʒmɑ̃] NM change ✦ **il n'aime pas le ~** he doesn't like change ✦ **il y a eu du ~** things have changed ✦ **le ~ de température** the change in temperature ✦ **j'ai trois ~s** (en métro, bus) I have to change three times ✦ **~ d'air** change of air ✦ **~ de décor** (fig) change of scene ✦ **~ de vitesse** gears

changer [ʃɑ̃ʒe] ▸ conjug 3 ◂ **1** VT **a** to change ✦ **ce chapeau la change** that hat makes her look different ✦ **~ un malade** to change a patient ✦ **~ un bébé** to change a baby's nappy (Brit) ou diaper (US) ✦ **une promenade lui changera les idées** a walk will take his mind off things ✦ **ils vont en Italie, ça les changera de l'Angleterre !** they're going to Italy, it will make a change for them after England! ✦ **~ 100 € en livres** to change €100 into pounds ✦ **~ de** to change ✦ **~ d'adresse/de voiture** to change one's address/car ✦ **~ d'avis** ou **d'idée** to change one's mind ✦ **~ de train/compartiment** to change trains/compartments ✦ **j'ai besoin de ~ d'air** I need a change of air ✦ **changeons de sujet** let's change the subject ✦ **~ de place avec qn** to change places with sb **b** (= déplacer) ✦ **~ qn/qch de place** to move sb/sth (to a different place) **c** (= transformer) ✦ **~ qch/qn en** to turn sth/sb into **2** VI to change ✦ **il n'a pas du tout changé** he hasn't changed at all ✦ **pour ~ !** that makes a change! ✦ **ça change des films à l'eau de rose** it makes a change from sentimental films **3** **se changer** VPR **a** (= mettre d'autres vêtements) to change **b** (= se transformer) ✦ **se ~ en** to turn into

chanson [ʃɑ̃sɔ̃] NF song

chansonnier [ʃɑ̃sɔnje] NM (= artiste) cabaret singer

chant [ʃɑ̃] NM **a** (= action) [de personne, oiseau] singing; (= mélodie habituelle) song; [de coq] crowing ✦ **cours/professeur de ~** singing lesson/teacher **b** (= chanson) song ▸ **chant de Noël** carol

chantage [ʃɑ̃taʒ] NM blackmail ✦ **faire du ~ à qn** to blackmail sb

chanter [ʃɑ̃te] ▸ conjug 1 ◂ **1** VT to sing ✦ **qu'est-ce qu'il nous chante là ?** (= raconte) what's he on about now? * **2** VI **a** to sing; [coq] to crow **b** (chantage) ✦ **faire ~ qn** to blackmail sb **c** (* = plaire) ✦ **si ça te chante** if you feel like it

chanteur, -euse [ʃɑ̃tœʀ, øz] NM,F singer

chantier [ʃɑ̃tje] NM (Constr) building site ✦ **il a deux livres en ~** he's working on two books ▸ **chantier naval** shipyard

chantilly [ʃɑ̃tiji] NF ✦ **(crème) ~** whipped cream

chantonner [ʃɑ̃tɔne] ▸ conjug 1 ◂ VTI to hum

chanvre [ʃɑ̃vʀ] NM hemp

chaos [kao] NM chaos

chaotique [kaɔtik] ADJ chaotic

chaparder * [ʃapaʀde] ▸ conjug 1 ◂ VTI to pilfer

chapeau (pl **~x**) [ʃapo] NM (= coiffure) hat ✦ **~, mon vieux !** * well done, mate! * ✦ **démarrer sur les ~x de roues** * to shoot off at top speed ▸ **chapeau haut-de-forme** top hat ▸ **chapeau melon** bowler hat (Brit), derby (US)

chapelet [ʃaplɛ] NM rosary ✦ **réciter** ou **dire son ~** to say a rosary ✦ **un ~ de** (= succession) a string of

chapelle [ʃapɛl] NF chapel

chapelure [ʃaplyʀ] NF dried breadcrumbs

chapiteau (pl **~x**) [ʃapito] NM **a** [de colonne] capital **b** [de cirque] big top

chapitre [ʃapitʀ] NM **a** [de livre] chapter **b** (= sujet) ✦ **sur ce ~** on that subject **c** (Rel) chapter

chaque [ʃak] ADJ every; (= chacun en particulier) each ✦ **~ jour** every day ✦ **elle avait choisi pour ~ enfant un cadeau différent** she had chosen a different present for each child ✦ **~ chose en son temps** everything in its own time

char [ʃaʀ] NM **a** (= tank) tank ▸ **char d'assaut, char de combat** tank **b** [de carnaval] float **c** (* Can = voiture) car

charabia * [ʃaʀabja] NM gobbledygook *

charade [ʃaʀad] NF riddle

charbon [ʃaʀbɔ̃] NM (= combustible) coal NonC ✦ **être sur des ~s ardents** to be like a cat on hot bricks ▸ **charbon de bois** charcoal

charcuter * [ʃaʀkyte] ▸ conjug 1 ◂ VT to butcher *

charcuterie [ʃaʀkytʀi] NF (= magasin) *pork butcher's shop and delicatessen*; (= produits) *cooked pork meats*

charcutier, -ière [ʃaʀkytje, jɛʀ] NM,F *pork butcher*

chardon [ʃaʀdɔ̃] NM (= plante) *thistle*

chardonneret [ʃaʀdɔnʀɛ] NM *goldfinch*

charge [ʃaʀʒ] **1** NF **a** (= fardeau) *load*; (fig) *burden* **b** (Admin) *office* **c** (= responsabilité) ◆ **il a sa mère à (sa) ~** *he has a dependent mother* ◆ **enfants à ~** *dependent children* ◆ **être à la ~ de qn** [frais, réparations] *to be payable by sb* ◆ **prendre en ~** [+ frais, remboursement, personne] *to take care of* ◆ **se prendre en ~** *to take responsibility for oneself* **d** (Droit) *charge* **e** (= attaque) *charge* **f** [d'explosifs, électrique] *charge* **2** **charges** NFPL (financières) *expenses*; [de locataire] *maintenance charges*; [d'employeur] *contributions* ◆ **~s fiscales** *taxes* ◆ **~s sociales** *social security contributions*

chargé, e [ʃaʀʒe] ADJ **a** [personne, véhicule] *loaded* (de with) ◆ **un mot ~ de sens** *a word heavy with meaning* **b** (= responsable de) ◆ **être ~ de** *to be responsible for* **c** [emploi du temps] *full* **d** [style] *overelaborate* **e** [arme] *loaded*

chargement [ʃaʀʒəmɑ̃] NM **a** (= action) *loading* **b** (= marchandises) *load*; [de navire] *freight*

charger [ʃaʀʒe] ▸ conjug 3 ◂ **1** VT **a** (= remplir) *to load*; [+ batterie] *to charge* **b** (= donner une responsabilité) ◆ **~ qn de (faire) qch** *to give sb the responsibility of (doing) sth* ◆ **il m'a chargé d'un petit travail** *he gave me a little job to do* ◆ **il m'a chargé de vous transmettre ses amitiés** *he asked me to give you his regards* **2** **se charger** VPR ◆ **se ~ de** [+ tâche] *to see to* ◆ **c'est lui qui se chargera de faire les réservations** *he'll deal with the reservations* ◆ **je m'en charge** *I'll see to it*

chargeur [ʃaʀʒœʀ] NM [d'arme] *magazine*; [de batterie] *charger*

chariot [ʃaʀjo] NM (à roulettes) *trolley* (Brit), *cart* (US) ▸ **chariot à bagages** *luggage trolley* (Brit) *ou cart* (US)

charitable [ʃaʀitabl] ADJ *kind*

charité [ʃaʀite] NF (Rel) *charity*; (= gentillesse) *kindness* ◆ **faire la ~ à** *to give (something) to*

charlatan [ʃaʀlatɑ̃] NM *charlatan*

charlotte [ʃaʀlɔt] NF (= gâteau) *charlotte*

charmant, e [ʃaʀmɑ̃, ɑ̃t] ADJ **a** (= aimable) *charming* **b** (= ravissant) *lovely*

charme [ʃaʀm] NM **a** (= attrait) *charm* ◆ **faire du ~ à qn** *to use one's charm on sb* **b** (= envoûtement) *spell* ◆ **être sous le ~ de qn** *to be under sb's spell*

charmer [ʃaʀme] ▸ conjug 1 ◂ VT *to charm*

charmeur, -euse [ʃaʀmœʀ, øz] **1** NM,F *charmer* ◆ **~ de serpents** *snake charmer* **2** ADJ [personne] *charming*; [sourire] *winning*

charnel, -elle [ʃaʀnɛl] ADJ *carnal*

charnière [ʃaʀnjɛʀ] NF [de porte, fenêtre] *hinge* ◆ **époque ~** *pivotal period*

charnu, e [ʃaʀny] ADJ [lèvres] *fleshy*

charogne [ʃaʀɔɲ] NF (= cadavre) *decaying carcass* ◆ **~s** *carrion* NonC

charpente [ʃaʀpɑ̃t] NF [de construction] *frame*

charpentier [ʃaʀpɑ̃tje] NM *carpenter*

charrette [ʃaʀɛt] NF (= char) *cart*

charrier [ʃaʀje] ▸ conjug 7 ◂ **1** VT **a** (= entraîner) *to carry along* **b** (* = taquiner) *to tease* **2** VI (* = exagérer) *to go too far*

charrue [ʃaʀy] NF *plough* (Brit), *plow* (US) ◆ **mettre la ~ avant les bœufs** *to put the cart before the horse*

charte [ʃaʀt] NF (= convention) *charter*

charter [ʃaʀtɛʀ] **1** NM (= vol) *charter flight*; (= avion) *charter plane* **2** ADJ INV *charter*

chas [ʃɑ] NM *eye (of needle)*

chasse¹ [ʃas] NF **a** *hunting* ◆ **aller à la chasse** *to go hunting* ◆ **la chasse est ouverte/fermée** *it's the open/close season* (Brit), *it's open/closed season* (US) ◆ (Prov) **qui va à la chasse perd sa place** *he who leaves his place loses it* ▸ **chasse à courre** (= sport) *hunting with hounds* ▸ **chasse gardée** (fig) *exclusive preserve ou domain* ▸ **chasse aux sorcières** *witch hunt* ▸ **chasse au trésor** *treasure hunt* **b** (= poursuite) *chase* ◆ **prendre en chasse** *to give chase to*

chasse² [ʃas] NF ◆ **chasse d'eau** (toilet) *flush* ◆ **tirer la chasse** *to flush the toilet*

chasse-neige (pl ~(s)) [ʃasnɛʒ] NM *snowplough* (Brit), *snowplow* (US) ◆ **descendre (une pente) en ~** *to snowplough* (Brit) *ou snowplow* (US) *down a slope*

chasser [ʃase] ▸ conjug 1 ◂ **1** VT **a** (pour tuer) *to hunt* **b** [+ importun, animal, ennemi] *to chase out*; [+ touristes, clients] *to drive away*; [+ nuages, pluie] *to drive* **c** (= dissiper) *to dispel*; [+ idée] *to dismiss* **2** VI (= aller à la chasse) *to go hunting*

chasseur, -euse [ʃasœʀ, øz] **1** NM,F *hunter* **2** NM **a** (= avion) *fighter* **b** (= garçon d'hôtel) *porter*

châssis [ʃɑsi] NM **a** [de véhicule] *chassis* **b** [de fenêtre] *frame*

chaste [ʃast] ADJ *chaste*; (hum) [oreilles] *delicate*

chasuble [ʃazybl] NF *chasuble* ◆ **robe ~** *pinafore dress*

chat [ʃa] NM cat ◆ **il n'y avait pas un ~ dehors** (= personne) there wasn't a soul outside ◆ **avoir un ~ dans la gorge** to have a frog in one's throat ◆ **j'ai d'autres ~s à fouetter** I've got other fish to fry ◆ (Prov) **quand le chat n'est pas là les souris dansent** when the cat's away the mice will play (Prov) ▶ **chat de gouttière** ordinary cat ▶ **chat sauvage** wildcat

châtaigne [ʃatɛɲ] NF (= fruit) (sweet) chestnut ◆ **il lui a filé une ~ *** (= coup) he belted him one *

châtaignier [ʃatɛɲe] NM (= arbre) (sweet) chestnut tree; (= bois) chestnut

châtain [ʃatɛ̃] ADJ M [cheveux] chestnut (brown)

château (pl ~x) [ʃato] NM (= forteresse) castle; (= résidence royale) palace; (en France) château ▶ **château d'eau** water tower ▶ **château fort** castle

châtié, e [ʃatje] ADJ [langage] refined

châtier [ʃatje] ▶ conjug 7 ◀ VT (littér) to chastise

châtiment [ʃatimɑ̃] NM punishment

chaton [ʃatɔ̃] NM **a** (= animal) kitten **b** (= fleur) catkin

chatouille * [ʃatuj] NF tickle ◆ **faire des ~s à qn** to tickle sb ◆ **craindre les ~s** to be ticklish

chatouiller [ʃatuje] ▶ conjug 1 ◀ VT to tickle

chatoyant, e [ʃatwajɑ̃, ɑ̃t] ADJ glistening; [étoffe] shimmering

châtrer [ʃatre] ▶ conjug 1 ◀ VT [+ taureau, cheval] to geld; [+ chat] to neuter; [+ homme] to castrate

chatte [ʃat] NF (= animal) (female) cat

chatter [tʃate] VI to chat (on the Net)

chaud, chaude [ʃo, ʃod] **1** ADJ **a** warm; (très chaud) hot ◆ **repas ~** hot meal **b** [partisan] strong ◆ **je n'étais pas très ~ pour le faire** I wasn't very keen on doing it **c** (= mal famé) ◆ **quartier ~** red-light district **2** NM ◆ **restez donc au ~** stay in the warm ◆ **garder un plat au ~** to keep a dish warm **3** ADV ◆ **avoir ~** to be warm; (très chaud) to be hot ◆ **j'ai eu ~ ! *** (= de la chance) I had a narrow escape ◆ **il fait ~** it's hot ◆ **ça ne me fait ni ~ ni froid** I couldn't care less ◆ **manger ~** to have a hot meal ◆ **"servir ~"** "serve hot"

chaudière [ʃodjɛr] NF boiler

chaudron [ʃodrɔ̃] NM cauldron

chauffage [ʃofaʒ] NM heating ◆ **~ au gaz/à l'électricité** gas/electric heating ◆ **~ central** central heating

chauffant, e [ʃofɑ̃, ɑ̃t] ADJ [surface, élément] heating

chauffard * [ʃofar] NM (péj) reckless driver

chauffe-eau [ʃofo] NM INV water-heater; (électrique) immersion heater

chauffer [ʃofe] ▶ conjug 1 ◀ **1** VT **a** to heat; [soleil] to warm; [soleil brûlant] to make hot ◆ **faire ~** [+ soupe] to heat up; [+ eau du thé] to boil ◆ **mets l'eau à ~** (= dans une bouilloire) put the kettle on **b** [+ salle, public] to warm up **2** VI **a** [aliment] to be heating up; [eau du thé] to be boiling **b** (= devenir chaud) [moteur] to warm up; [four] to heat up **c** (= devenir trop chaud) to overheat **d** (= donner de la chaleur) ◆ **le soleil chauffe** the sun's really hot ◆ **le poêle chauffe bien** the stove gives out a lot of heat ◆ **ça chauffe *** (= il y a de la bagarre) things are getting heated ◆ **ça va ~ ! *** sparks will fly! **3** se **chauffer** VPR (près du feu) to warm o.s. ◆ **se ~ au soleil** to warm o.s. in the sun ◆ **se ~ au bois/charbon** to use wood/coal for heating ◆ **se ~ à l'électricité** to have electric heating

chauffeur [ʃofœr] NM driver; (privé) chauffeur ◆ **~ d'autobus/de taxi** bus/taxi driver ◆ **~ de camion** lorry (Brit) ou truck driver

chaume [ʃom] NM thatch

chaumière [ʃomjɛr] NF cottage; (à toit de chaume) thatched cottage

chaussée [ʃose] NF (= route) road

chausse-pied (pl ~s) [ʃospje] NM shoehorn

chausser [ʃose] ▶ conjug 1 ◀ **1** VT [+ chaussures, lunettes, skis] to put on **2** VI ◆ **~ du 40** to take size 40 in shoes **3** se **chausser** VPR to put one's shoes on

chaussette [ʃosɛt] NF sock

chausson [ʃosɔ̃] NM **a** (= pantoufle) slipper; [de bébé] bootee; [de danseur] ballet shoe **b** (= viennoiserie) turnover ◆ **~ aux pommes** apple turnover

chaussure [ʃosyr] NF shoe ◆ **rayon ~s** footwear department ◆ **~s de ski** ski boots ◆ **~s de sport** sports shoes ◆ **trouver ~ à son pied** to find a suitable match

chauve [ʃov] ADJ bald

chauve-souris (pl **chauves-souris**) [ʃovsuri] NF bat

chauvin, e [ʃovɛ̃, in] ADJ (= nationaliste) chauvinistic

chauvinisme [ʃovinism] NM (= nationalisme) chauvinism

chaux [ʃo] NF lime ◆ **blanchi à la ~** whitewashed

chavirer [ʃavire] ▶ conjug 1 ◀ VI [bateau] to capsize

check-up [(t)ʃɛkœp] NM INV check-up

chef¹ [ʃɛf] NMF **a** (= patron) boss; [de tribu] chief(tain) ◆ **elle se débrouille comme un chef** she's doing a brilliant * job ◆ **ingénieur en chef** chief engineer **b** [d'expédition, révolte, syndicat] leader ▶ **chef d'entreprise** company director ▶ **chef d'établissement** head teacher ▶ **chef**

d'État head of state ◆ le chef de l'État the Head of State ▸ chef de famille head of the family; (Admin) householder ▸ chef de file leader ▸ chef de gare station master ▸ chef de gouvernement head of government ▸ chef d'orchestre conductor; (jazz) band leader ▸ chef de service departmental head **c** (= cuisinier) chef

chef[2] [ʃɛf] NM **a** (Droit) ◆ chef d'accusation charge **b** ◆ de son propre chef on his own initiative

chef-d'œuvre (pl **chefs-d'œuvre**) [ʃɛdœvʀ] NM masterpiece

chef-lieu (pl **chefs-lieux**) [ʃɛfljø] NM ≈ county town

chelem [ʃlɛm] NM ◆ le grand ~ the grand slam

chemin [ʃ(ə)mɛ̃] NM **a** path; (= route) lane; (= piste) track ▸ chemin d'accès (Informatique) access path ▸ chemin de fer railway (Brit), railroad (US) ▸ chemin de ronde rampart walk **b** (= trajet, direction) way ◆ demander son ~ to ask one's way ◆ ils ont fait tout le ~ à pied/en bicyclette they walked/cycled the whole way ◆ en ~ on the way ◆ cette idée a fait son ~ this idea has gained ground ◆ être sur le bon ~ to be on the right track ◆ ne t'arrête pas en si bon ~ ! don't stop now when you're doing so well ◆ (Prov) tous les chemins mènent à Rome all roads lead to Rome (Prov) ▸ le chemin de croix the Way of the Cross

cheminée [ʃ(ə)mine] NF **a** (extérieure) chimney; [de paquebot, locomotive] funnel **b** (intérieure) fireplace; (= encadrement) mantelpiece

cheminement [ʃ(ə)minmɑ̃] NM [de caravane, marcheurs] progress; [d'idées, pensée] development

cheminot [ʃ(ə)mino] NM railwayman (Brit), railroad man (US) ◆ grève des ~s rail strike

chemise [ʃ(ə)miz] NF **a** [d'homme] shirt ▸ chemise de nuit [de femme] nightdress **b** (= dossier) folder

chemisette [ʃ(ə)mizɛt] NF short-sleeved shirt

chemisier [ʃ(ə)mizje] NM (= vêtement) blouse

chenal (pl **-aux**) [ʃənal, o] NM channel

chêne [ʃɛn] NM oak

chenet [ʃ(ə)nɛ] NM firedog

chenil [ʃ(ə)nil] NM kennels (Brit), kennel (US)

chenille [ʃ(ə)nij] NF (animal, pour véhicules) caterpillar ◆ véhicule à ~s tracked vehicle

cheptel [ʃɛptɛl] NM livestock

chèque [ʃɛk] NM cheque (Brit), check (US) ◆ faire/toucher un ~ to write/cash a cheque ◆ ~ de 100 € cheque for €100 ▸ chèque-repas ® chèque-restaurant ® luncheon voucher (Brit), meal ticket (US) ▸ chèque-cadeau gift token ▸ chèque en blanc blank cheque ▸ chèque postal cheque drawn on a

post office account ▸ chèque sans provision bad cheque ▸ chèque (de) voyage traveller's cheque

chéquier [ʃekje] NM chequebook (Brit), checkbook (US)

cher, chère [ʃɛʀ] **1** ADJ **a** (= coûteux) expensive ◆ c'est vraiment pas ~ ! it's really cheap! ◆ la vie est chère à Paris Paris is an expensive place to live **b** (= aimé) dear (à to); (avant le nom) dear ◆ (mes) ~s auditeurs dear listeners ◆ ~ tous (sur lettre) dear all **2** NM,F (frm ou hum) ◆ mon ~, ma chère my dear **3** ADV [valoir, coûter, payer] a lot ◆ ça s'est vendu ~ it fetched a high price ◆ je l'ai eu pour pas ~ * I got it cheap * ◆ je le donnerais ~ pour savoir ce qu'il fait I'd give anything to know what he's doing ◆ son imprudence lui a coûté ~ his rashness cost him dear (Brit) ou a great deal (US)

chercher [ʃɛʀʃe] ▸ conjug 1 ◂ VT **a** to look for; [+ tranquillité, gloire] to seek; (dans un dictionnaire, un horaire) to look up; [+ nom, terme oublié] to try to remember ◆ il cherchait ses mots he was struggling to find the right words ◆ ~ la petite bête to split hairs ◆ il l'a bien cherché (= l'a mérité) he asked for it ◆ tu me cherches ? * (= veux des ennuis) are you looking for trouble? **b** (= prendre, acheter) ◆ aller ~ qch to go for sth ◆ aller ~ qn to go to get sb ◆ il est venu le ~ à la gare he came to meet him at the station ◆ aller ~ les enfants à l'école to pick up the children from school **c** (= essayer) ◆ ~ à faire qch to try to do sth

chercheur, -euse [ʃɛʀʃœʀ, øz] NM,F (= scientifique) researcher ◆ ~ d'or gold digger

chéri, e [ʃeʀi] **1** ADJ darling ◆ maman ~e dear mummy **2** NM,F darling ◆ mon ~ darling

chérot * [ʃeʀo] ADJ M (= coûteux) expensive

chétif, -ive [ʃetif, iv] ADJ scrawny

cheval (pl **-aux**) [ʃ(ə)val, o] NM **a** (= animal) horse; (= viande) horsemeat ◆ faire du ~ to go horse-riding ◆ monter sur ses grands chevaux to get on one's high horse ◆ à ~ on horseback ◆ à ~ sur astride ◆ à ~ sur deux mois running from one month into the next ▸ cheval d'arçons horse ▸ cheval à bascule rocking horse ▸ cheval de course racehorse ▸ cheval de trait draught horse (Brit), draft horse (US) **b** (puissance) horsepower NonC ◆ elle fait combien de chevaux ? what horsepower is it?

chevalerie [ʃ(ə)valʀi] NF chivalry

chevalet [ʃ(ə)valɛ] NM [de peintre] easel

chevalier [ʃ(ə)valje] NM knight

chevalière [ʃ(ə)valjɛʀ] NF signet ring

chevaucher [ʃ(ə)voʃe] ▸ conjug 1 ◂ **1** VT [+ cheval, âne] to be astride; [+ chaise] to sit astride **2** se chevaucher VPR to overlap

chevelu, e [ʃəv(ə)ly] ADJ [personne] hairy

chevelure [ʃəv(ə)lyʀ] NF (= cheveux) hair NonC

chevet [ʃ(ə)vɛ] NM [de lit] bedhead ◆ **au ~ de qn** at sb's bedside

cheveu (pl **~x**) [ʃ(ə)vø] NM hair ◆ **~x** (= chevelure) hair NonC ◆ **une femme aux ~x blonds/ frisés** a woman with fair/curly hair ◆ **avoir un ~ sur la langue** * to have a lisp ◆ **tiré par les ~x** [histoire] far-fetched

cheville [ʃ(ə)vij] NF **a** [de pied] ankle ◆ **aucun ne lui arrive à la ~** he's head and shoulders above the others **b** (en bois) peg; (pour vis) Rawlplug ®

chèvre [ʃɛvʀ] **1** NF goat **2** NM (= fromage) goat's cheese

chevreau (pl **~x**) [ʃəvʀo] NM kid

chèvrefeuille [ʃɛvʀəfœj] NM honeysuckle

chevreuil [ʃəvʀœj] NM roe deer; (= viande) venison

chevronné, e [ʃəvʀɔne] ADJ experienced

chevrotine [ʃəvʀɔtin] NF buckshot NonC

chewing-gum (pl **~s**) [ʃwiŋɡɔm] NM chewing gum NonC

chez [ʃe] PRÉP **a** (à la maison) ◆ **~ soi** at home ◆ **nous rentrons ~ nous** we are going home ◆ **faites comme ~ vous !** make yourself at home! ◆ **~ nous au Canada** (là-bas) back (home) in Canada; (ici) here in Canada ◆ **c'est une coutume (bien) de ~ nous** it is one of our typical local customs **b** ◆ **~ qn** (maison) at sb's house; (appartement) at sb's flat (Brit) ou apartment (US) ◆ **près de ~ nous** near our house ◆ **moi, c'est tout petit** my place is tiny ◆ **venez ~ moi** come to my place ◆ **la personne ~ qui j'ai habité** the person I lived with ◆ **~ M. Lebrun** (sur une adresse) c/o Mr Lebrun **c** (avec nom de métier) ◆ **~ l'épicier** at the grocer's ◆ **il va ~ le dentiste** he's going to the dentist's **d** (dans un groupe) among ◆ **~ les Romains** among the Romans ◆ **~ les fourmis/le singe** in ants/monkeys **e** (avec personne) ◆ **c'est rare ~ un enfant de cet âge** it's rare in a child of that age ◆ **~ lui, c'est une habitude** it's a habit with him

chialer * [ʃjale] ► conjug 1 ◄ VI (= pleurer) to cry

chiant, e * [ʃjɑ̃, ʃjɑ̃t] ADJ (= ennuyeux) boring ◆ **il est ~** he's a real pain *

chic [ʃik] **1** NM style ◆ **avoir le ~ pour faire qch** to have the knack of doing sth **2** ADJ INV **a** (= élégant, de la bonne société) smart **b** (* = gentil) nice ◆ **c'est une ~ fille** she's a nice girl **3** EXCL ◆ **~ (alors) ! !** great! *

chiche¹ [ʃiʃ] ADJ → **pois**

chiche² [ʃiʃ] ADJ **a** (= mesquin) mean **b** (* = capable) ◆ **tu n'es pas chiche (de le faire)** you wouldn't dare (do it) ◆ **chiche ? – chiche !** are you on? * – you're on! *

chichi * [ʃiʃi] NM **a** ◆ **faire des ~s ou du ~** to make a fuss ◆ **sans ~(s)** informally **b** (= beignet) ≈ doughnut

chicorée [ʃikɔʀe] NF chicory

chié, e * [ʃje] ADJ (= qui exagère) ◆ **il est ~** he's a pain in the arse * (Brit) ou ass * (US)

chien [ʃjɛ̃] NM dog ◆ **quel temps de ~ !** what foul weather! ◆ **une vie de ~ ** * a dog's life ◆ **comme un ~** [traiter] like a dog ► **chien de berger** sheepdog ► **chien de chasse** gun dog ► **chien de garde** guard dog ► **chien policier** police dog ► **chien de race** pedigree dog ► **chien de traîneau** husky

chiendent [ʃjɛ̃dɑ̃] NM couch grass

chien-loup (pl **chiens-loups**) [ʃjɛ̃lu] NM wolfhound

chienne [ʃjɛn] NF bitch ◆ **c'est une ~** it's a she ◆ **~ de vie !** * it's a dog's life!

chier * * [ʃje] ► conjug 7 ◄ VI (= déféquer) to shit * * ◆ **faire ~ qn** to piss sb off * *

chiffon [ʃifɔ̃] NM (usagé) rag; (pour essuyer) duster (Brit), dust cloth (US) ◆ **donner un coup de ~ à qch, passer un coup de ~ sur qch** to give sth a wipe

chiffonner [ʃifɔne] ► conjug 1 ◄ VT [+ papier] to crumple; [+ étoffe] to crease ◆ **ça me chiffonne** (* = contrarier) it bothers me

chiffre [ʃifʀ] NM figure; (= nombre) number; (= montant) total ◆ **donne-moi un ~ entre 1 et 8** give me a number between 1 and 8 ◆ **~ arabe/romain** Arab/Roman numeral ◆ **numéro de 7 ~s** 7-figure number ◆ **je n'ai pas les ~s en tête** I can't recall the figures ◆ **les ~s du chômage** the number of unemployed ► **chiffre (d'affaires)** turnover

chiffré, e [ʃifʀe] ADJ [message] coded ◆ **des données ~es** detailed facts and figures

chiffrer [ʃifʀe] ► conjug 1 ◄ **1** VT [+ dépenses, dommages] to assess **2** **se chiffrer à** VPR to come to

chignon [ʃiɲɔ̃] NM bun ◆ **se faire un ~** to put one's hair into a bun

Chili [ʃili] NM Chile

chilien, -ienne [ʃiljɛ̃, jɛn] **1** ADJ Chilean **2** **Chilien(ne)** NM,F Chilean

chimère [ʃimɛʀ] NF (= illusion) dream

chimie [ʃimi] NF chemistry

chimiothérapie [ʃimjoteʀapi] NF chemotherapy

chimique [ʃimik] ADJ chemical; → **produit**

chimiste [ʃimist] NMF chemist *(scientist)*

chimpanzé [ʃɛ̃pɑ̃ze] NM chimpanzee

Chine [ʃin] NF China ◆ **la République populaire de ~** the People's Republic of China

chiné, e [ʃine] ADJ mottled

chinois, e [ʃinwa, waz] **1** ADJ Chinese; → ombre **2** NM **a** (= langue) Chinese ◆ **c'est du ~** it's all Greek to me * **b** ◆ **Chinois** Chinese man ◆ **les Chinois** the Chinese **3** **Chinoise** NF Chinese woman

chiot [ʃjo] NM puppy

chiottes *⁑* [ʃjɔt] NFPL bog ⁑ (Brit), john ⁑ (US)

chiper * [ʃipe] ► conjug 1 ◄ VT to pinch *

chipoter * [ʃipɔte] ► conjug 1 ◄ VI (sur la nourriture) to pick·at one's food ◆ **vous n'allez pas ~ pour 2 € !** you're not going to quibble about €2!

chips [ʃips] NFPL crisps (Brit), chips (US)

chiquenaude [ʃiknod] NF (= pichenette) flick

chirurgical, e (mpl **-aux**) [ʃiryrʒikal, o] ADJ surgical

chirurgie [ʃiryrʒi] NF surgery (science) ◆ **~ esthétique** cosmetic surgery

chirurgien, -ienne [ʃiryrʒjɛ̃, jɛn] NM,F surgeon ◆ **~-dentiste** dental surgeon

chlore [klɔR] NM chlorine

chloroforme [klɔRɔfɔRm] NM chloroform

chlorophylle [klɔRɔfil] NF chlorophyll

chnoque * [ʃnɔk] NM ◆ **vieux ~** old fart ⁑

choc [ʃɔk] NM **a** (= heurt) impact ◆ **~ pétrolier** oil crisis ◆ **sous le ~** under the impact ◆ **de ~** [troupe, traitement] shock **b** (= collision) crash **c** (= émotion) shock ◆ **~ opératoire** postoperative shock ◆ **il est encore sous le ~ ou en état de ~** (à l'annonce d'une nouvelle) he's still in a state of shock; (après un accident) he's still in shock

chocolat [ʃɔkɔla] NM chocolate ◆ **mousse/crème au ~** chocolate mousse/cream ◆ **~ au lait/aux noisettes** milk/hazelnut chocolate ◆ **chocolat à croquer** plain chocolate ▸ **chocolat liégeois** chocolate sundae ▸ **chocolat noir** dark chocolate ▸ **chocolat en poudre** drinking chocolate

chocottes ⁑ [ʃɔkɔt] NFPL ◆ **avoir les ~** to have the jitters *

chœur [kœR] NM (= chanteurs) choir; [d'opéra, de théâtre] chorus; (= endroit) choir ◆ **en ~** in chorus ◆ **tous en ~ !** all together now!

choisi, e [ʃwazi] ADJ (= raffiné) carefully chosen

choisir [ʃwaziR] ► conjug 2 ◄ VT to choose ◆ **choisissez une carte/un chiffre** pick a card/a number ◆ **~ de faire qch** to choose to do sth

choix [ʃwa] NM choice ◆ **je n'avais pas le ~** I had no choice ◆ **avoir le ~** to have the choice

◆ **laisser le ~ à qn** to leave sb (free) to choose (de faire qch to do sth) ◆ **il y a du ~** there is a big choice ◆ **~ de** (= échantillonnage) selection of ◆ **de ~** (= de qualité) choice ◆ **de premier ~** [viande] prime ◆ **de second ~** low-quality; [viande] class two (Brit), market grade (US) ◆ **"dessert au ~"** "choice of desserts"

choléra [kɔleRa] NM cholera

cholestérol [kɔlɛsteRɔl] NM cholesterol

chômage [ʃomaʒ] NM unemployment ◆ **être au ~** to be unemployed ◆ **toucher le ~** * to be on the dole * (Brit), to be on welfare (US) ◆ **~ de longue durée** long-term unemployment ◆ **mettre en ~ technique** to lay off (temporarily)

chômer [ʃome] ► conjug 1 ◄ VI ◆ **on n'a pas chômé** we didn't just sit around doing nothing

chômeur, -euse [ʃomœR, øz] NM,F unemployed person ◆ **les ~s** the unemployed ◆ **les ~s de longue durée** the long-term unemployed

chope [ʃɔp] NF tankard

choper * [ʃɔpe] ► conjug 1 ◄ VT (= attraper) to catch

choquant, e [ʃɔkɑ̃, ɑ̃t] ADJ shocking

choquer [ʃɔke] ► conjug 1 ◄ VT **a** (= scandaliser) to shock; (plus fort) to appal **b** (= commotionner) to shake up

chorale [kɔRal] NF choir

chorégraphe [kɔRegRaf] NMF choreographer

chorégraphie [kɔRegRafi] NF choreography

chose [ʃoz] NF thing ◆ **je viens de penser à une ~** I've just thought of something ◆ **il a un tas de ~s à faire** he has a lot of things to do ◆ **voilà une bonne ~ de faite** that's one thing out of the way ◆ **avant toute ~** above all else ◆ **de deux ~s l'une : soit ..., soit ...** there are two possibilities: either ..., or ... ◆ **ce sont des ~s qui arrivent** these things happen ◆ **mettons les ~s au point** let's get things straight ◆ **parler de ~s et d'autres** to talk about this and that ◆ **il a très bien pris la ~** he took it very well ◆ **ils font bien les ~s** they really do things properly ◆ (Prov) **chose promise, chose due** promises are made to be kept

chou (pl **~x**) [ʃu] NM **a** (= légume) cabbage ▸ **chou de Bruxelles** Brussels sprout **b** (= gâteau) choux bun ▸ **chou à la crème** cream-puff **c** (= forme d'adresse) ◆ **mon ~** darling

chouchou, -te [ʃuʃu, ut] **1** NM,F (* = favori) pet **2** NM (= élastique) scrunchy

choucroute [ʃukRut] NF sauerkraut

chouette¹ * [ʃwɛt] **1** ADJ great * **2** EXCL ◆ **chouette (alors) !** great! *

chouette² [ʃwɛt] NF (= animal) owl

chou-fleur (pl **choux-fleurs**) [ʃuflœʀ] NM cauliflower

choyer [ʃwaje] ► conjug 8 ◄ VT to pamper

chrétien, -ienne [kʀetjɛ̃, jɛn] ADJ, NM,F Christian

Christ [kʀist] NM ◆ **le Christ** Christ

christianisme [kʀistjanism] NM Christianity

chrome [kʀom] NM (Chim) chromium ◆ **les ~s** [de voiture] the chrome

chromé, e [kʀome] ADJ [métal, objet] chrome

chromosome [kʀomozom] NM chromosome

chronique [kʀɔnik] **1** ADJ chronic **2** NF (Littérat) chronicle; (Presse) column

chronologie [kʀɔnɔlɔʒi] NF chronology

chronologique [kʀɔnɔlɔʒik] ADJ chronological

chronomètre [kʀɔnɔmɛtʀ] NM stopwatch

chronométrer [kʀɔnɔmetʀe] ► conjug 6 ◄ VT to time

chrysanthème [kʀizɑ̃tɛm] NM chrysanthemum

chtarbé, e * [ʃtaʀbe] ADJ crazy

chuchotement [ʃyʃɔtmɑ̃] NM whispering *NonC*

chuchoter [ʃyʃɔte] ► conjug 1 ◄ VTI to whisper

chut [ʃyt] EXCL sh!

chute [ʃyt] NF **a** fall ◆ **faire une ~ de 3 mètres/mortelle** to fall 3 metres/to one's death ◆ **faire une ~ de cheval** to fall off a horse ◆ **être en ~ libre** [économie, ventes] to be in free fall **b** [de cheveux] loss; [de feuilles] falling **c** ◆ **(d'eau)** waterfall ◆ **de fortes ~s de pluie/neige** heavy rainfall/snowfalls **d** (= déchet) offcut **e** [d'histoire drôle] punch line

chuter [ʃyte] ► conjug 1 ◄ VI to fall

Chypre [ʃipʀ] N Cyprus ◆ **à ~** in Cyprus

chypriote [ʃipʀijɔt] **1** ADJ Cypriot **2** **Chypriote** NMF Cypriot

ci [si] ADV ◆ **ce livre-~** this book ◆ **cette table-~** this table ◆ **ces tables-~** these tables ◆ **à cette heure-~** at this time; (= à l'heure actuelle) by now ◆ **ces jours-~** (avenir) in the next few days; (passé) in the last few days; (présent) these days ◆ **de ~ de là** here and there

ci-après [siapʀɛ] ADV below

cible [sibl] NF target ◆ **être la ~ de** to be a target for

ciboulette [sibulɛt] NF chives

cicatrice [sikatʀis] NF scar

cicatriser [sikatʀize] ► conjug 1 ◄ VI **se cicatriser** VPR to heal up

ci-contre [sikɔ̃tʀ] ADV opposite

ci-dessous [sidəsu] ADV below

ci-dessus [sidəsy] ADV above

cidre [sidʀ] NM cider ◆ **~ bouché** *fine bottled cider*

Cie (abrév de **compagnie**) Co

ciel [sjɛl] NM (pl littér **cieux**) (= espace) sky; (Rel) heaven ◆ **vers le ~** skywards ◆ **à ~ ouvert** [mine] opencast (Brit), open cut (US)

cierge [sjɛʀʒ] NM (= bougie) candle

cieux [sjø] NMPL de **ciel**

cigale [sigal] NF cicada

cigare [sigaʀ] NM cigar

cigarette [sigaʀɛt] NF (à fumer) cigarette ◆ **~ bout filtre** filter-tipped cigarette

ci-gît [siʒi] ADV here lies

cigogne [sigɔɲ] NF (= oiseau) stork

ci-inclus, e [siɛ̃kly, yz] ADJ enclosed

ci-joint, e (mpl **~s**) [siʒwɛ̃] **1** ADJ enclosed **2** ADV ◆ **vous trouverez ~ ...** please find enclosed ...

cil [sil] NM [d'œil] eyelash

ciller [sije] ► conjug 1 ◄ VI ◆ **~ (des yeux)** to blink (one's eyes) ◆ **il n'a pas cillé** he didn't bat an eyelid

cime [sim] NF [de montagne] summit; (= pic) peak; [d'arbre] top

ciment [simɑ̃] NM cement

cimetière [simtjɛʀ] NM [de ville] cemetery; [d'église] graveyard ◆ **~ de voitures** scrapyard

ciné * [sine] NM (abrév de **cinéma**) cinema; (= salle) cinema (Brit), movie theater (US) ◆ **se faire un ~** * to go to the cinema (Brit) ou the movies (US)

cinéaste [sineast] NMF film-maker; (connu) film director

ciné-club (pl **~s**) [sineklœb] NM film society

cinéma [sinema] NM **a** (= art, industrie) cinema; (= salle) cinema (Brit), movie theater (US) ◆ **faire du ~** to be a film actor (ou actress) ◆ **de ~** [studio, acteur] film; [projecteur, écran] cinema ◆ **aller au ~** to go to the cinema ou movies (US) ► **cinéma d'art et d'essai** (= salle) art house **b** (* = simagrées) ◆ **c'est du ~** it's all an act ◆ **arrête ton ~ !** * give it a rest! * ◆ **faire tout un ~** to make a real fuss

cinémathèque [sinematɛk] NF film archive; (= salle) film theatre (Brit), movie theater (US)

cinéphile [sinefil] **1** ADJ ◆ **il est très ~** he loves the cinema **2** NMF film enthusiast

cinglant, e [sɛ̃glɑ̃, ɑ̃t] ADJ (= acerbe) scathing

cinglé, e * [sɛ̃gle] **1** ADJ crazy * **2** NM,F nut *

cingler [sɛ̃gle] ► conjug 1 ◄ VT [personne, pluie] to lash; [vent, pluie, branche] to sting

cinoche* [sinɔʃ] NM (= salle) cinema (Brit), movie theater (US) ◆ **aller au** ~ to go to the cinema (Brit) ou movies (US)

cinq [sɛ̃k] NOMBRE five; pour loc voir **six**

cinquantaine [sɛ̃kɑ̃tɛn] NF about fifty ◆ **il a la** ~ he's about fifty

cinquante [sɛ̃kɑ̃t] NOMBRE fifty; pour loc voir **soixante**

cinquantenaire [sɛ̃kɑ̃tnɛʀ] NM (= anniversaire) fiftieth anniversary

cinquantième [sɛ̃kɑ̃tjɛm] ADJ, NMF fiftieth; pour loc voir **sixième**

cinquième [sɛ̃kjɛm] **1** ADJ, NMF fifth **2** NF **a** (Scol) ≈ second year (Brit), ≈ seventh grade (US) **b** (Auto) fifth gear **c** (TV) ◆ **la Cinquième** *French cultural TV channel broadcasting in the afternoon*; pour autres loc voir **sixième**

cintre [sɛ̃tʀ] NM (= porte-manteau) coathanger

cintré, e [sɛ̃tʀe] ADJ [veste, manteau] fitted

cirage [siʀaʒ] NM (= produit) polish ◆ **être dans le** ~ * to be a bit woozy *

circoncis [siʀkɔ̃si] ADJ circumcised

circonférence [siʀkɔ̃feʀɑ̃s] NF circumference

circonflexe [siʀkɔ̃flɛks] ADJ ◆ **accent** ~ circumflex

circonscription [siʀkɔ̃skʀipsjɔ̃] NF ◆ ~ **(électorale)** constituency (Brit), district (US)

circonscrire [siʀkɔ̃skʀiʀ] ► conjug 39 ◄ VT [+ feu, épidémie] to contain; [+ sujet] to define

circonspect, e [siʀkɔ̃spɛ(kt), ɛkt] ADJ [personne] circumspect; [silence, remarque] cautious

circonstance [siʀkɔ̃stɑ̃s] NF circumstance ◆ **en pareille** ~ in such circumstances ◆ **étant donné les** ~s given the circumstances ◆ ~s **atténuantes** extenuating circumstances

circonstanciel, -ielle [siʀkɔ̃stɑ̃sjɛl] ADJ (Gram) adverbial

circuit [siʀkɥi] NM **a** (= itinéraire touristique) tour ◆ **il y a un très joli** ~ **à travers bois** there's a very nice walk through the woods ◆ (Sport) circuit ◆ ~ **automobile** race circuit **c** (Élec) circuit ◆ **mettre hors** ~ [+ appareil] to disconnect; [+ personne] to push aside ◆ ~ **électrique** electrical circuit; [de jouet] track ◆ ~ **imprimé** printed circuit ◆ ~ **intégré** integrated circuit

circulaire [siʀkylɛʀ] ADJ, NF circular

circulation [siʀkylasjɔ̃] NF [d'air, sang, argent] circulation; [de marchandises, travailleurs] movement; [de voitures] traffic ◆ **avoir une bonne/mauvaise** ~ (Méd) to have good/poor circulation ◆ **mettre en** ~ [+ argent] to put into circulation ◆ **disparaître de la** ~ to be out of circulation; → **accident**

circuler [siʀkyle] ► conjug 1 ◄ VI **a** to circulate ◆ **faire** ~ [+ document] to circulate; [+ bruits] to spread **b** [voiture] to go; [train, bus] to run; [plat, lettre] to be passed round ◆ **faire** ~ [+ plat, pétition] to pass round

cire [siʀ] NF wax; (pour meubles, parquets) polish ◆ ~ **d'abeille** beeswax ◆ **s'épiler les jambes à la** ~ to wax one's legs

ciré [siʀe] NM oilskin

cirer [siʀe] ► conjug 1 ◄ VT to polish ◆ **j'en ai rien à** ~ * I don't give a damn * ◆ ~ **les pompes de qn** * to lick sb's boots *; → **toile**

cireur, -euse [siʀœʀ, øz] NM,F [de chaussures] shoe-shiner

cirque [siʀk] NM **a** circus **b** (* = embarras) ◆ **quel** ~ **pour garer sa voiture ici !** it's such a performance * finding somewhere to park around here! ◆ **arrête ton** ~ **!** give it a rest! * **c** (Géog) cirque

cirrhose [siʀoz] NF cirrhosis

cisailler [sizaje] ► conjug 1 ◄ VT [+ métal] to cut; [+ branches] to clip

ciseau (pl ~x) [sizo] NM **a** ◆ **(paire de)** ~x (pair of) scissors ◆ ~x **à ongles** nail scissors **b** (pour bois, pierre) chisel

ciseler [siz(ə)le] ► conjug 5 ◄ VT to chisel

Cisjordanie [sisʒɔʀdani] NF ◆ **la** ~ the West Bank

citadelle [sitadɛl] NF citadel

citadin, e [sitadɛ̃, in] **1** ADJ town; [de grande ville] city **2** NM,F city dweller

citation [sitasjɔ̃] NF **a** [d'auteur] quotation ◆ **"fin de** ~**"** "unquote" **b** ◆ ~ **à comparaître** (à accusé) summons to appear; (à témoin) subpoena

cité [site] NF (= grande ville) city; (= petite ville) town; (= immeubles) housing estate (Brit), project (US) ◆ ~ **universitaire** halls of residence

citer [site] ► conjug 1 ◄ VT **a** [+ texte, exemples, faits] to quote ◆ **il n'a pas pu** ~ **trois pièces de Sartre** he couldn't name three plays by Sartre ◆ ~ **(en exemple)** to hold up as an example **b** (Droit) ◆ ~ **(à comparaître)** [+ accusé] to summon to appear; [+ témoin] to subpoena

citerne [sitɛʀn] NF tank

citoyen, -yenne [sitwajɛ̃, jɛn] NM,F citizen

citron [sitʀɔ̃] **1** NM lemon ◆ **un** ~ **pressé** a freshly-squeezed lemon juice ◆ ~ **vert** lime **2** ADJ INV lemon ◆ **jaune** ~ lemon-yellow

citronnade [sitʀɔnad] NF still lemonade (Brit), lemonade (US)

citronnier [sitʀɔnje] NM lemon tree

citrouille [sitʀuj] NF pumpkin

civet [sivɛ] NM stew ◆ ~ **de lapin** rabbit stew

civière [sivjɛʀ] NF stretcher

civil, e [sivil] **1** ADJ **a** [guerre, mariage] civil **b** (= non militaire) civilian **2** NM civilian ✦ **policier en ~** plain-clothes policeman ✦ **soldat en ~** soldier in civilian clothes ✦ **dans le ~** in civilian life

civilisation [sivilizasjɔ̃] NF civilization

civilisé, e [sivilize] ADJ civilized

civiliser [sivilize] ► conjug 1 ◄ VT to civilize

civique [sivik] ADJ civic; → **instruction**

civisme [sivism] NM public-spiritedness

cl (abrév de **centilitre**) cl

clac [klak] EXCL [de porte] slam!; [d'élastique, stylo] snap!

clair, e [klɛʀ] **1** ADJ **a** (= lumineux) bright **b** [teint, couleur] light; [tissu, robe] light-coloured (Brit) ou light-colored (US) ✦ **bleu ~** light blue **c** [eau, son] clear ✦ **d'une voix ~e** in a clear voice **d** (= évident) clear ✦ **c'est ~ et net** it's perfectly clear ✦ **il est ~ qu'il se trompe** it is clear that he's mistaken ✦ **c'est ~ comme de l'eau de roche** it's crystal-clear ✦ **il passe le plus ~ de son temps à rêver** he spends most of his time daydreaming **2** ADV ✦ **il fait ~** it's light ✦ **voir ~** to see well ✦ **maintenant j'y vois plus ~** now I've got a better idea **3** NM ✦ **il faut tirer cette affaire au ~** we must get to the bottom of this ✦ **mettre les choses au ~** to make things clear ✦ **mettre les choses au ~ avec qn** to get things straight with sb ✦ **en ~** (= c'est-à-dire) to put it plainly; [émission] unscrambled ► **clair de lune** moonlight

clairement [klɛʀmɑ̃] ADV clearly

clairière [klɛʀjɛʀ] NF clearing

clairon [klɛʀɔ̃] NM (= instrument) bugle

claironner [klɛʀɔne] ► conjug 1 ◄ VT [+ succès, nouvelle] to shout from the rooftops

clairsemé, e [klɛʀsəme] ADJ [arbres, maisons, applaudissements] scattered; [gazon, cheveux, population] sparse

clairvoyant, e [klɛʀvwajɑ̃, ɑ̃t] ADJ clearsighted

clamer [klame] ► conjug 1 ◄ VT to proclaim

clameur [klamœʀ] NF clamour

clan [klɑ̃] NM clan ✦ **esprit de ~** clannishness

clandestin, e [klɑ̃dɛstɛ̃, in] ADJ clandestine; [revue, organisation] underground *avant le nom*; [travailleur, immigré] illegal ✦ **passager ~** stowaway

clapier [klapje] NM (à lapins) hutch

claque [klak] NF **a** (= gifle) slap ✦ **donner** ou **flanquer* une ~ à qn** to slap sb ✦ **il en a sa ~ *** he's fed up to the back teeth * (Brit) ou to the teeth * (US) **b** (Théâtre) claque ✦ **faire la ~** to cheer

claqué, e * [klake] ADJ (= fatigué) dead beat *

claquer [klake] ► conjug 1 ◄ **1** VI **a** [porte, volet] to bang; [drapeau] to flap **b** (= produire un bruit) ✦ **~ des doigts** to snap one's fingers ✦ **il claquait des dents** his teeth were chattering **c** (= casser) to snap **d *** [télévision, moteur, lampe] to conk out *; (*= mourir) to kick the bucket ⁑ **2** VT **a** ✦ **~ la porte** to slam the door ✦ **il m'a claqué la porte au nez** he slammed the door in my face **b** ⁑ [+ argent] to blow * **3** se claquer VPR ✦ **se ~ un muscle** to pull a muscle

claquettes [klakɛt] NFPL tap-dancing ✦ **faire des ~** to tap-dance

clarifier [klaʀifje] ► conjug 7 ◄ VT to clarify

clarinette [klaʀinɛt] NF clarinet

clarté [klaʀte] NF **a** (= lumière) light **b** (= luminosité) [de pièce, jour, ciel] brightness; [d'eau, son, verre] clearness **c** [d'explication, pensée, conférencier] clarity

classe [klɑs] **1** NF **a** class ✦ **les ~s moyennes** the middle classes ✦ **compartiment de 1ʳᵉ/2ᵉ ~** 1st/2nd class compartment ✦ **voyager en 1ʳᵉ ~** to travel 1st class ✦ **~ affaires/économique** business/economy class ✦ **artiste de grande ~** artist of great distinction ✦ **de ~ internationale** of international class ✦ **elle a de la ~** she's got class **b** (= élèves) class; (= année d'études) year ✦ **il est en ~ de 6ᵉ** = he is in the 1st year (Brit) ou 5th grade (US) ✦ **partir en ~ de neige** ≈ to go on a school ski trip **c** (= cours) class ✦ **aller en ~** to go to school ✦ **il est en ~** (en cours) he is in class **d** (= salle de cours) classroom; (d'une classe particulière) form room (Brit), homeroom (US) **2** ADJ INV * classy *

classé, e [klase] ADJ [monument] listed (Brit); [joueur de tennis] ranked

classement [klasmɑ̃] NM **a** [de papiers, documents] filing ✦ **j'ai fait du ~ toute la journée** I've spent all day filing **b** (= rang) place (Brit) ou rank (US) (in class); [de coureur] placing; [de joueur] rank **c** (= liste) [d'élèves] class list (in order of merit); [de coureurs] finishing list; [d'équipes] league table ✦ **~ général** overall rankings

classer [klase] ► conjug 1 ◄ **1** VT **a** (= ranger) [+ papiers] to file; [+ livres] to classify **b** (= classifier) [+ animaux, plantes] to classify **c** [+ élève] to grade; [+ joueur] to rank **d** [+ affaire, dossier] to close ✦ **c'est une affaire classée** the matter is closed **2** se classer VPR ✦ **se ~ premier/parmi les premiers** to come (Brit) ou come in (US) first/among the first

classeur [klasœʀ] NM (= meuble) filing cabinet; (= dossier) file ✦ **~ à anneaux** ring binder

classification [klasifikasjɔ̃] NF classification

classifier [klasifje] ► conjug 7 ◄ VT to classify

classique [klasik] **1** ADJ **a** classic ◆ c'est le coup ~ ! * it's the usual story **b** [art, langue, musique] classical ◆ lettres ~s French with Latin and Greek **2** NM **a** (= ouvrage) classic **b** ◆ le ~ (= musique) classical music

clause [kloz] NF clause

claustrophobe [klostʀɔfɔb] ADJ claustrophobic

clavecin [klav(ə)sɛ̃] NM harpsichord

clavicule [klavikyl] NF collarbone

clavier [klavje] NM keyboard; [de télécommande, téléphone] keypad

clé [kle] **1** NF **a** [de serrure, pendule] key ◆ mettre la ~ sous la porte ou le paillasson (= faire faillite) to shut up shop ◆ il y aura une restructuration avec des licenciements à la ~ the company is being restructured, which will mean redundancies ◆ prix ~s en main [voiture] price on the road ◆ sous ~ under lock and key ▶ clé de contact ignition key; → fermer ▶ clé (Tech) spanner (Brit), wrench (US) ▶ clé à molette monkey wrench **c** [de gamme] clef **d** [de mystère, réussite, rêve] key (de to) **2** ADJ INV [industrie, mot, position, rôle] key

clean * [klin] ADJ INV (= BCBG) [personne] wholesome-looking; [vêtements] smart; [décor] stark

clef [kle] NF ⇒ **clé**

clémence [klemɑ̃s] NF clemency; [de juge] leniency

clément, e [klemɑ̃, ɑ̃t] ADJ [temps] mild; [personne] lenient

clémentine [klemɑ̃tin] NF clementine

clerc [klɛʀ] NM ◆ ~ de notaire notary's clerk

clergé [klɛʀʒe] NM clergy

clic [klik] NM click

cliché [kliʃe] NM (= lieu commun) cliché; (Photo) negative

client, e [klijɑ̃, ɑ̃t] NM,F [de magasin, restaurant] customer; [d'avocat] client; [d'hôtel] guest; [de taxi] passenger; (Informatique) client

clientèle [klijɑ̃tɛl] NF [de restaurant, hôtel, coiffeur] clientele; [de magasin] customers; [d'avocat] clients; [de médecin] patients

cligner [kliɲe] ► conjug 1 ◄ VT ◆ ~ des yeux to blink ◆ ~ de l'œil to wink (en direction de at)

clignotant, e [kliɲɔtɑ̃, ɑ̃t] **1** ADJ (= intermittent) flashing **2** NM (Auto) indicator ◆ mettre son ~ to indicate (Brit), to put one's turn signal on (US)

clignoter [kliɲɔte] ► conjug 1 ◄ VI [étoile, guirlande] to twinkle; [feux de détresse] to flash

climat [klima] NM climate

climatisation [klimatizasjɔ̃] NF air conditioning

climatisé, e [klimatize] ADJ air-conditioned

clin [klɛ̃] NM ◆ faire un clin d'œil to wink (à at) ◆ en un ~ d'œil in a flash

clinique [klinik] NF (= établissement) private hospital

clinquant, e [klɛ̃kɑ̃, ɑ̃t] ADJ flashy

clip [klip] NM **a** (= boucle d'oreille) clip-on earring **b** ◆ ~ (vidéo) video *

cliquer [klike] ► conjug 1 ◄ VI (Informatique) to click ◆ ~ deux fois to double-click

cliquetis [klik(ə)ti] NM [de chaînes] clanking NonC; [de couverts] clinking NonC ◆ on entend un ~ dans le moteur the engine's pinking

clitoris [klitɔʀis] NM clitoris

clivage [klivaʒ] NM [de groupes, partis] split

clochard, e [klɔʃaʀ, aʀd] NM,F downand-out

cloche [klɔʃ] **1** NF **a** [d'église] bell **b** (* = imbécile) idiot **2** ADJ (* = idiot) ◆ qu'il est ~ ce type ! what an idiot!

cloche-pied (à) [klɔʃpje] LOC ADV ◆ sauter à cloche-pied to hop

clocher¹ [klɔʃe] NM (en pointe) steeple; (carré) bell tower

clocher² * [klɔʃe] ► conjug 1 ◄ VI ◆ qu'est-ce qui cloche ? what's up (with you)? * ◆ il y a quelque chose qui cloche there's something not quite right

clochette [klɔʃɛt] NF small bell; [de fleur] bell

cloison [klwazɔ̃] NF partition ◆ ~ mobile screen

cloisonner [klwazɔne] ► conjug 1 ◄ VT [+ pièce] to partition off; [+ activités, secteurs] to compartmentalize

cloître [klwatʀ] NM cloister

cloîtrer (se) [klwatʀe] ► conjug 1 ◄ VPR (= s'enfermer) to shut o.s. away ◆ il est resté cloîtré dans sa chambre pendant deux jours he stayed shut away in his room for two days

clonage [klonaʒ] NM cloning

clone [klon] NM clone

cloner [klone] ► conjug 1 ◄ VT to clone

clope * [klɔp] NF (= cigarette) fag * (Brit)

clopinettes * [klɔpinɛt] NFPL ◆ travailler pour/gagner des ~ to work for/earn peanuts *

cloque [klɔk] NF blister

clore [klɔʀ] ► conjug 45 ◄ VT [+ débat, compte] to close; [+ livre, discours, spectacle] to end ◆ la séance est close the meeting is over ◆ l'incident est clos the matter is closed

clos, close [klo, kloz] ADJ [yeux] closed; [espace] enclosed; → **huis**

clôture [klotyʀ] NF **a** (= barrière) fence **b** [de congrès, compte, scrutin] closing; [d'inscriptions] closing date (de for) **◆ séance/date de ~** closing session/date

clôturer [klotyʀe] ► conjug 1 ◄ VT [+ débats, compte, festival] to close; [+ jardin, champ] to enclose

clou [klu] **1** NM nail **◆ c'est le ~ du spectacle** it's the star attraction ► **clou de girofle** clove **2** NMPL (= passage piétons) **◆ traverser dans les ~s** to cross at the pedestrian crossing **◆ des ~s !** * no way! *

clouer [klue] ► conjug 1 ◄ VT **a** [+ planches, caisse, tapis] to nail down **b** (= immobiliser) **◆ ça l'a cloué sur place** it left him rooted to the spot **◆ il est cloué au lit/dans un fauteuil roulant** he's confined to bed/a wheelchair

clouté, e [klute] ADJ [ceinture] studded; [chaussures] hobnailed; → **passage**

clown [klun] NM clown **◆ faire le ~** to clown around **◆ c'est un vrai ~** he's a real comic

club [klœb] NM club **◆ ~ de gymnastique** gym **◆ ~ du troisième âge** club for retired people **◆ ~ de vacances** holiday centre (Brit), vacation center (US)

CM [seem] NM (abrév de **cours moyen**) **◆ ~1** fourth year in primary school **◆ ~2** fifth year in primary school

cm (abrév de **centimètre**) cm

CNED [knɛd] NM (abrév de **Centre national d'enseignement à distance**) national centre for distance learning

CNRS [seenɛʀɛs] NM (abrév de **Centre national de la recherche scientifique**) French scientific research institute

coagulation [kɔagylasjɔ̃] NF coagulation

coaguler VTI, **se coaguler** VPR [kɔagyle] ► conjug 1 ◄ [sang] to clot

coalition [kɔalisjɔ̃] NF coalition

coasser [kɔase] ► conjug 1 ◄ VI to croak

cobaye [kɔbaj] NM guinea-pig

cobra [kɔbʀa] NM cobra

coca [kɔka] NM (abrév de **Coca-Cola**) ® Coke ®

cocaïne [kɔkain] NF cocaine

cocard * [kɔkaʀ] NM black eye

cocasse [kɔkas] ADJ funny

coccinelle [kɔksinɛl] NF ladybird (Brit), ladybug (US)

coccyx [kɔksis] NM coccyx

cocher [kɔʃe] ► conjug 1 ◄ VT (au crayon) to check off

cochère [kɔʃɛʀ] ADJ F → **porte**

cochon, -onne [kɔʃɔ̃, ɔn] **1** ADJ **a** [chanson, histoire] dirty **b** (* = sale) **◆ il est ~** (sur lui) he's filthy; (dans son travail) he's a messy worker **2** NM **a** (= animal) pig; (* = viande) pork NonC **◆ ~ d'Inde** guinea-pig **◆ ~ de lait** sucking-pig **b** (sale, vicieux) dirty pig⁎ **◆ il mange/écrit comme un ~** he's a messy eater/ writer **◆ petit ~ !** you messy thing! **3** **cochonne** NF * (sale) dirty pig⁎; (vicieuse) dirty cow⁎

cochonnerie * [kɔʃɔnʀi] NF (= marchandise) rubbish NonC; (= plaisanterie) dirty joke **◆ manger des ~s** to eat junk food

cocker [kɔkɛʀ] NM cocker spaniel

cockpit [kɔkpit] NM cockpit

cocktail [kɔktɛl] NM (= réunion) cocktail party; (= boisson) cocktail **◆ ~ de fruits/de crevettes** fruit/prawn cocktail **◆ ~ Molotov** Molotov cocktail

cocon [kɔkɔ̃] NM cocoon

cocorico [kɔkɔʀiko] NM [de coq] cock-a-doodle-do; (fig) triumphant cheer

cocotier [kɔkɔtje] NM coconut palm

cocotte [kɔkɔt] NF **a** (= marmite) casserole dish **◆ faire un poulet à la ~** to casserole a chicken ► **Cocotte Minute ®** pressure cooker **b** (langage enfantin = poule) hen **◆ (ma) ~** * pet * ► **cocotte en papier** paper hen

cocu, e * [kɔky] **1** ADJ deceived **◆ elle l'a fait ~** she was unfaithful to him **2** NM deceived husband

code [kɔd] NM **a** code **◆ le ~ civil** the civil code, ≈ common law **◆ ~ de la route** highway code **◆ il a eu le ~, mais pas la conduite** he passed the written test but failed on the driving **◆ ~ secret** secret code **◆ ~ confidentiel** PIN number **◆ ~ génétique** genetic code ► **code postal** postcode (Brit), zip code (US) **b** [de voiture] **◆ ~s** dipped headlights (Brit), low beams (US) **◆ se mettre en ~(s)** to dip one's headlights (Brit), to put on the low beams (US)

codé, e [kɔde] ADJ [message] coded; [émission] encrypted

code-barre(s) (pl **codes-barres**) [kɔdbaʀ] NM bar code

coder [kɔde] ► conjug 1 ◄ VT to code

coefficient [kɔefisjɑ̃] NM coefficient **◆ cette matière est à ~ trois** (Scol) marks (Brit) ou grades (US) in this subject are weighted by a factor of three

coéquipier, -ière [koekipje, jɛʀ] NM,F team mate

cœur [kœʀ] **1** NM **a** heart **◆ il travaille mais le ~ n'y est pas** he does the work but his heart isn't in it **◆ d'un ~ léger** light-heartedly **◆ serrer qn contre son ~** to hold sb to one's heart **◆ avoir le ~ malade** to have a weak heart **◆ avoir bon ~** to be kind-hearted **◆ il a un ~**

d'or he has a heart of gold ◆ **il n'a pas de ~** he's really heartless ◆ **je n'ai pas le ~ à rire** I don't feel like laughing ◆ **avoir le ~ gros** ou **serré** to have a heavy heart ◆ **je veux en avoir le ~ net** I want to be clear in my own mind ◆ **je vais lui dire ce que j'ai sur le ~** (ce que je pense de lui) I'm going to give him a piece of my mind ◆ **avoir à ~ de faire qch** to be very keen to do sth ◆ **prendre les choses à ~** to take things to heart ◆ **c'est un sujet qui me tient vraiment à ~** it's an issue I feel very strongly about ◆ **opération à ~ ouvert** open-heart surgery ◆ **s'en donner à ~ joie** (= s'amuser) to have a whale of a time *; (= se moquer) to have a field day

◆ **de bon cœur** [manger, rire] heartily; [faire, accepter] willingly

◆ **de tout cœur** [remercier, souhaiter] from the bottom of one's heart ◆ **avoir un coup de ~ pour qch** to fall in love with sth

◆ **par cœur** [réciter, apprendre] by heart ◆ **connaître par ~** [+ endroit] to know like the back of one's hand ◆ **tes arguments, je les connais par ~ !** I know your arguments inside out! ◆ **savoir qch par ~** to know sth off by heart **b** (= terme d'affection) ◆ **mon ~** sweetheart **c** (Cartes) heart ◆ **roi de ~** king of hearts **2** COMP ▶ **cœur d'artichaut** artichoke heart ▶ **cœur de palmier** heart of palm

coffre [kɔfʀ] NM **a** (= meuble) chest **b** [de voiture] boot (Brit), trunk (US) **c** [de banque, hôtel] safe; (individuel) safe deposit box

coffre-fort (pl **coffres-forts**) [kɔfʀəfɔʀ] NM safe

coffret [kɔfʀɛ] NM casket; [de disques, livres] (= contenant) box; (= contenu) boxed set ◆ **~ à bijoux** jewel box

cognac [kɔɲak] NM cognac

cogner [kɔɲe] ► conjug 1 ◄ **1** VT **a** (= heurter) to knock **b** (*= battre) to beat up **2** VI **a** [personne] ◆ **~ sur** [+ clou, piquet] to hammer on; [+ mur] to knock on ◆ **~ à la porte/au plafond** to knock at the door/on the ceiling ◆ **~ sur qn** * to lay into sb * **b** [volet, branche] to bang; [grêle] to drum **3 se cogner** VPR ◆ **se ~ la tête/le genou contre un poteau** to bang one's head/knee on a post ◆ **se ~ dessus** * (= se battre) to lay into each other *

cohabitation [kɔabitasjɔ̃] NF (Pol) cohabitation

cohabiter [kɔabite] ► conjug 1 ◄ VI to live together; (Pol) to cohabit

cohérence [kɔeʀɑ̃s] NF coherence

cohérent, e [kɔeʀɑ̃, ɑ̃t] ADJ [ensemble, stratégie] coherent ◆ **sois ~** (avec toi-même) be true to yourself

cohésion [kɔezjɔ̃] NF cohesion

cohue [kɔy] NF ◆ **c'était la ~ à l'entrée** there was such a crush at the entrance

coiffé, e [kwafe] ADJ ◆ **il est toujours bien/mal ~** his hair always looks nice/a mess ◆ **il était ~ en arrière** he had his hair brushed back

coiffer [kwafe] ► conjug 1 ◄ **1** VT ◆ **~ qn** to do sb's hair ◆ **se faire ~ par qn** to have one's hair done by sb ◆ **~ qn à l'arrivée** ou **au poteau** * to pip sb at the post * (Brit), to nose sb out * (US) **2 se coiffer** VPR (= se peigner) to do one's hair

coiffeur [kwafœʀ] NM hairdresser

coiffeuse [kwaføz] NF (= personne) hairdresser; (= meuble) dressing table

coiffure [kwafyʀ] NF (= façon d'être peigné) hairstyle ◆ **la ~** (= métier) hairdressing

coin [kwɛ̃] NM **a** (= angle) corner ◆ **la boulangerie fait le ~** the bakery is right on the corner ◆ **regarder/surveiller qn du ~ de l'œil** to look at/watch sb out of the corner of one's eye ◆ **au ~ du feu** by the fireside **b** [de village, maison] part ◆ **~-bureau/-repas** work/dining area ◆ **rester dans son ~** to keep to oneself; → **petit c** (= région) area ◆ **les gens du ~** the local people ◆ **je ne suis pas du ~** I'm not from around here ◆ **un ~ perdu** ou **paumé** * a place miles from anywhere ◆ **des quatre ~s du pays** from all over the country

coincé, e * [kwɛ̃se] ADJ [personne] uptight *

coincer [kwɛ̃se] ► conjug 3 ◄ **1** VT **a** (intentionnellement) to wedge; (accidentellement) [+ tiroir, fermeture éclair] to jam ◆ **le tiroir est coincé** the drawer is stuck ◆ **nous étions coincés dans l'ascenseur** we were stuck in the lift ◆ **je suis coincé au bureau** I'm stuck at the office **b** * [+ voleur] to nab *; [+ faussaire, fraudeur] to catch up with ◆ **je me suis fait ~ sur cette question** I was caught out on that question **2** VI [porte, tiroir] to stick **3 se coincer** VPR [fermeture, tiroir] to jam ◆ **se ~ le doigt dans une porte** to catch one's finger in a door ◆ **se ~ une vertèbre** * to trap a nerve in one's spine

coïncidence [kɔɛ̃sidɑ̃s] NF coincidence

coïncider [kɔɛ̃side] ► conjug 1 ◄ VI [surfaces, opinions, dates] to coincide; [témoignages] to tally

coing [kwɛ̃] NM quince

col [kɔl] NM **a** [de chemise, manteau] collar ◆ **pull à ~ rond** round-neck pullover ▶ **col roulé** polo neck (Brit), turtleneck (US) ▶ **col en V** V-neck **b** (Géog) pass **c** ◆ **elle s'est cassé le ~ du fémur** she has broken her hip ◆ **~ de l'utérus** cervix

colère [kɔlɛʀ] NF anger ◆ **être/se mettre en ~** to be/get angry ◆ **piquer une ~** to throw a tantrum

coléreux, -euse [kɔleʀø, øz], **colérique** [kɔleʀik] ADJ quick-tempered

colin [kɔlɛ̃] NM (= merlu) hake

colique [kɔlik] NF **a** (= diarrhée) diarrhoea ◆ avoir la ~ to have diarrhoea **b** (= douleur) ◆ être pris de violentes ~s to have violent stomach pains

colis [kɔli] NM parcel

collabo * [kɔ(l)labo] NMF (abrév de **collaborateur, -trice**) (péj) collaborator

collaborateur, -trice [kɔ(l)labɔratœr, tris] NM,F [de collègue] colleague; [de journal] contributor; [d'ennemi] collaborator

collaboration [kɔ(l)labɔrasjɔ̃] NF collaboration (à on); (à un journal) contribution (à to) ◆ en ~ avec in collaboration with

collaborer [kɔ(l)labɔre] ► conjug 1 ◄ VI to collaborate ◆ ~ à [+ travail, livre] to collaborate on; [+ journal] to contribute to

collage [kɔlaʒ] NM (Art) collage

collant, e [kɔlã, ãt] **1** ADJ (= ajusté) tight-fitting; (= poisseux) sticky ◆ être ~ * [importun] to cling **2** NM (= bas) tights (Brit), pantyhose (US); [de danseuse] tights

collation [kɔlasjɔ̃] NF light meal

colle [kɔl] NF **a** (= matière) glue **b** (* = question) ◆ là, vous me posez une ~ you've stumped me there * **c** (= retenue) detention; (= examen blanc) mock oral exam ◆ mettre une ~ à qn to put sb in detention

collecte [kɔlɛkt] NF collection ◆ ~ de fonds fund-raising event

collecter [kɔlɛkte] ► conjug 1 ◄ VT to collect

collectif, -ive [kɔlɛktif, iv] ADJ [travail, responsabilité, punition] collective; [sport] team; [billet] group; [hystérie, licenciements] mass *avant le nom*

collection [kɔlɛksjɔ̃] NF **a** collection ◆ objet/timbre de ~ collector's item/stamp ◆ faire (la) ~ de to collect ◆ voiture de ~ classic car **b** [de livres] series ◆ il a toute la ~ des Astérix he's got the complete set of Asterix

collectionner [kɔlɛksjɔne] ► conjug 1 ◄ VT to collect

collectionneur, -euse [kɔlɛksjɔnœr, øz] NM,F collector

collectivité [kɔlɛktivite] NF ◆ la ~ the community ◆ les ~s locales the local authorities

collège [kɔlɛʒ] NM **a** (= école) secondary school (Brit), junior high school (US) ◆ ~ d'enseignement général et professionnel (Can) ≈ sixth-form college (Brit), ≈ junior college (US) **b** (Pol, Rel = assemblée) college

collégien [kɔleʒjɛ̃] NM schoolboy

collégienne [kɔleʒjɛn] NF schoolgirl

collègue [kɔ(l)lɛg] NMF colleague ◆ un ~ de travail/bureau a colleague from work/the office

coller [kɔle] ► conjug 1 ◄ **1** VT **a** to stick; [+ affiche] to stick up (à, sur on); [+ enveloppe] to stick down; [+ papier peint] to hang; (Informatique) to paste ◆ ~ qch à ou sur qch to stick sth onto sth **b** (= appliquer) ◆ ~ son oreille à la porte/son nez contre la vitre to press one's ear against the door/one's nose against the window **c** (* = mettre) to stick * **d** (* = donner) to give ◆ il m'a collé une contravention he gave me a fine **e** (~ consigner) to put in detention **f** (* = suivre) [+ personne] to cling to **2** VI **a** (= être collant) to be sticky; (= adhérer) to stick (à to) ◆ ça ne colle pas entre eux * they aren't getting along ◆ il y a quelque chose qui ne colle pas * there's something wrong **3** se coller VPR ◆ se ~ à qn [danseur] to cling to sb; [importun] to stick to sb like glue ◆ se ~ contre un mur to flatten oneself against a wall

collet [kɔlɛ] NM (= piège) snare ◆ mettre la main au ~ de qn to collar sb

collier [kɔlje] NM **a** [de femme] necklace; [de chien, chat] collar **b** ◆ ~ (de barbe) beard (along the line of the jaw)

colline [kɔlin] NF hill

collision [kɔlizjɔ̃] NF collision ◆ entrer en ~ to crash ◆ ~ en chaîne pile-up

colloque [kɔ(l)lɔk] NM colloquium

colmater [kɔlmate] ► conjug 1 ◄ VT [+ fissure, trou] to fill in

colo * [kɔlo] NF (abrév de **colonie de vacances**) → colonie

colombage [kɔlɔ̃baʒ] NM ◆ maison à ~(s) half-timbered house

colombe [kɔlɔ̃b] NF dove

Colombie [kɔlɔ̃bi] NF Colombia

colombien, -ienne [kɔlɔ̃bjɛ̃, jɛn] **1** ADJ Colombian **2** Colombien(ne) NM,F Colombian

colon [kɔlɔ̃] NM (= pionnier) colonist

côlon [kolɔ̃] NM (= intestin) colon

colonel [kɔlɔnɛl] NM [d'armée de terre] colonel; [d'armée de l'air] group captain (Brit), colonel (US)

colonial, e (mpl **-iaux**) [kɔlɔnjal, jo] ADJ colonial

colonialiste [kɔlɔnjalist] ADJ, NMF colonialist

colonie [kɔlɔni] NF colony ◆ ~ de vacances ≈ children's holiday camp (Brit), ≈ summer camp (US)

colonisation [kɔlɔnizasjɔ̃] NF colonization

coloniser [kɔlɔnize] ► conjug 1 ◄ VT to colonize

colonne [kɔlɔn] NF column ◆ ~ vertébrale spine

colorant [kɔlɔrã] NM colouring (Brit) ou coloring (US) agent; (pour textiles) dye

coloration [kɔlɔʀasjɔ̃] NF (= nuance) colouring (Brit), coloring (US)

coloré, e [kɔlɔʀe] ADJ [objet] coloured (Brit), colored (US)

colorer [kɔlɔʀe] ► conjug 1 ◄ VT to colour (Brit), to color (US) ◆ ~ **qch en bleu** to colour sth blue

coloriage [kɔlɔʀjaʒ] NM (= action) colouring *NonC* (Brit), coloring *NonC* (US); (= dessin) coloured (Brit) ou colored (US) drawing ◆ **faire du ~ ou des ~s** to do some colouring in

colorier [kɔlɔʀje] ► conjug 7 ◄ VT to colour (Brit) ou color (US) in

coloris [kɔlɔʀi] NM colour (Brit), color (US)

colossal, e (mpl **-aux**) [kɔlɔsal, o] ADJ colossal

colosse [kɔlɔs] NM colossus

colporter [kɔlpɔʀte] ► conjug 1 ◄ VT [+ marchandises, ragots] to hawk

colza [kɔlza] NM rape

coma [kɔma] NM coma ◆ **être/tomber dans le ~** to be in/go into a coma

combat [kɔ̃ba] NM a (Mil) battle ◆ **les ~s continuent** the fighting goes on ◆ **~ aérien/naval** air/naval battle ◆ **de ~** combat ◆ **mort au ~** killed in action b (= action offensive) struggle ◆ **la vie est un ~ quotidien** life is a daily struggle c (Sport) fight ◆ **~ de boxe/de catch** boxing/wrestling match

combatif, -ive [kɔ̃batif, iv] ADJ [personne] with a fighting spirit; [esprit, humeur] fighting

combattant, e [kɔ̃batɑ̃, ɑ̃t] NM,F [de guerre] combatant; [de bagarre] brawler; → **ancien**

combattre [kɔ̃batʀ] ► conjug 41 ◄ VTI to fight; [+ théorie, politique, inflation, vice] to combat; [+ maladie] [malade] to fight against

combien [kɔ̃bjɛ̃]

1 ADV a ◆ **~ de** (quantité) how much; (nombre) how many ◆ **~ de bouteilles veux-tu ?** how many bottles do you want? ◆ **depuis ~ de temps travaillez-vous ici ?** how long have you been working here? ◆ **~ de fois ?** (fréquence) how often? ◆ **~ sont-ils ?** how many of them are there?

b (frm = à quel point) ◆ **c'est étonnant de voir ~ il a changé** it's amazing to see how much he has changed

c (= avec mesure) ◆ **ça fait ~ ?** * how much is it? ◆ **~ pèse ce colis ?** how much does this parcel weigh? ◆ **~ mesures-tu ?** how tall are you? ◆ **ça fait ~ de haut ?** how high is it?

2 NM * ◆ **on est le ~ ?** what's the date? ◆ **il y en a tous les ~ ?** (fréquence) [de trains, bus] how often do they run?

combinaison [kɔ̃binɛzɔ̃] NF a (= mélange) combination b [de femme] slip; [d'aviateur] flying suit; [de motard] motorcycle suit ◆ **~ de ski** ski-suit ◆ **~ de plongée** wetsuit ◆ **~ spatiale** spacesuit

combine * [kɔ̃bin] NF (= astuce) trick ◆ **toutes leurs ~s** all their little schemes

combiné [kɔ̃bine] NM [de téléphone] handset

combiner [kɔ̃bine] ► conjug 1 ◄ **1** VT a (= grouper) to combine (à, avec with) b [+ mauvais coup] to devise; [+ horaires, emploi du temps] to plan **2** **se combiner** VPR [éléments] to combine

comble [kɔ̃bl] **1** ADJ [pièce, autobus] packed **2** NM a (= degré extrême) height ◆ **c'est le ~ du ridicule !** that's the height of absurdity! ◆ **au ~ du désespoir** in the depths of despair ◆ **c'est le ou un ~ !** that's the last straw! ◆ **le ~, c'est qu'il est parti sans payer** and to top it all* he left without paying b (= charpente) ◆ **les ~s** the attic

combler [kɔ̃ble] ► conjug 1 ◄ VT a [+ trou] to fill in b [+ déficit] to make good; [+ lacune] to fill ◆ **~ son retard** to make up lost time c [+ personne] ◆ **je suis comblé !** I couldn't wish for anything more! d (= couvrir) ◆ **~ qn de cadeaux** to shower sb with gifts

combustible [kɔ̃bystibl] **1** ADJ combustible **2** NM fuel

comédie [kɔmedi] NF a (Théâtre) comedy ◆ **~ dramatique** drama b (= simulation) ◆ **jouer la ~** to put on an act c (* = histoires) ◆ **faire la ~** to make a fuss ▸ **comédie musicale** musical

comédien, -ienne [kɔmedjɛ̃, jɛn] **1** NM actor ◆ **quel ~ tu fais !** you're always putting it on! * **2** **comédienne** NF actress

comestible [kɔmɛstibl] ADJ edible

comète [kɔmɛt] NF comet

comique [kɔmik] **1** ADJ [acteur, film, genre] comic ◆ **c'était vraiment ~** it was really comical **2** NMF (= artiste) comic

comité [kɔmite] NM committee ◆ **se réunir en petit ~** to meet in a small group; (petite réception) to have a small get-together ▸ **comité d'entreprise** works council

commandant [kɔmɑ̃dɑ̃] NM commander ◆ **"oui mon ~"** "yes Sir" ▸ **commandant de bord** captain

commande [kɔmɑ̃d] NF a [de produit] order ◆ **passer (une) ~** to place an order (de for) b [d'œuvre artistique] commission c [d'avion, appareil] ◆ **les ~s** the controls ◆ **à ~ vocale** voice-activated ◆ **être aux/prendre les ~s** to be in/take control

commandement [kɔmɑ̃dmɑ̃] NM command; (Rel) commandment ◆ **prendre le ~ de** to take command of

commander [kɔmɑ̃de] ► conjug 1 ◄ VT **a** (= ordonner) to order ◆ ~ **à qn de faire qch** to order sb to do sth **b** [+ marchandise, repas, boisson) to order; (à un artiste) to commission ◆ **avez-vous déjà commandé ?** (au café) have you ordered? **c** [+ armée, navire, attaque) to command ◆ **je n'aime pas qu'on me commande** I don't like to be ordered about ◆ **à la maison, c'est elle qui commande** she's the boss* at home **d** (= actionner) to control

commanditer [kɔmɑ̃dite] ► conjug 1 ◄ VT (= financer) to finance ◆ **ceux qui ont commandité l'attentat** the people behind the attack

commando [kɔmɑ̃do] NM commando

comme [kɔm]

1 CONJ **a** (cause) as ◆ ~ **il pleuvait, j'ai pris la voiture** as it was raining I took the car **b** (= en tant que) as ◆ **nous l'avons eu ~ président** we had him as president **c** (comparaison) like ◆ **il veut une moto ~ celle de son frère** he wants a motorbike like his brother's ◆ **un métier ~ les autres** it's just like any other job ◆ **il pense ~ nous** he thinks like us ◆ **faites ~ vous voulez** do as you like ◆ **il écrit ~ il parle** he writes the way he speaks ◆ **il était ~ fasciné par ces oiseaux** he seemed fascinated by these birds

◆ **comme ça, comme cela** (= ainsi) like that ◆ **il a pêché un saumon ~ ça !** he caught a salmon this big! ◆ **on a vu un film ~ ça !** we saw a great* film! ◆ **je l'ai enfermé, ~ ça il ne peut pas nous suivre** I locked him in - that way he can't follow us ◆ **c'est ~ ça et pas autrement** that's just the way it is ◆ **alors, ~ ça, vous nous quittez ?** so you're leaving us just like that?

◆ **comme ci comme ça** so-so*

◆ **comme il faut** properly ◆ **mange ~ il faut** eat properly ◆ **c'est quelqu'un de très ~ il faut*** he's very proper

◆ **comme si** as if ◆ **il se conduit ~ si de rien n'était** he behaves as if nothing had happened ◆ **~ si nous ne le savions pas !** as if we didn't know! ◆ **elle est gentille ~ tout** she's so nice **d** (= tel que) like ◆ **les fleurs ~ la rose et l'iris** flowers like roses and irises ◆ **bête ~ il est ... stupid as he is ...**

2 ADV ◆ ~ **ils sont bruyants !** they're so noisy! ◆ ~ **il fait beau !** isn't it a lovely day!

commémoration [kɔmemɔʀasjɔ̃] NF commemoration

commémorer [kɔmemɔʀe] ► conjug 1 ◄ VT to commemorate

commencement [kɔmɑ̃smɑ̃] NM (= début) beginning; (= départ) start

commencer [kɔmɑ̃se] ► conjug 3 ◄ **1** VT **a** [+ travail, repas] to begin, to start ◆ **je vais ~ le judo** I'm going to take up judo **b** [+ bouteille, produit] to open **c** [chose] to begin ◆ **la phrase qui commence le chapitre** the opening sentence of the chapter **2** VI to begin, to start ◆ **tu ne vas pas ~ !** (ton irrité) don't start! ◆ **ça commence bien !** that's a good start! ◆ **pour ~** to begin ou start with ◆ ~ **à (ou de) faire qch** to begin ou start to do sth ◆ **il commençait à s'inquiéter** he was beginning to get nervous ◆ **je commence à en avoir assez !** I've had just about enough! ◆ ~ **par qch/par faire qch** to begin ou start with sth/by doing sth

comment [kɔmɑ̃] ADV **a** (= de quelle façon) how ◆ ~ **a-t-il fait ?** how did he do it? ◆ ~ **s'appelle-t-il ?** what's his name? ◆ ~ **vas-tu ?** how are you? ◆ ~ **est-il, ce type ?*** what sort of guy* is he? ◆ ~ **faire ?** how shall we do it? ◆ ~ **se fait-il que ...** how is it that ...? **b** (répétition, surprise) ◆ ~ **?** I beg your pardon? ◆ ~ **ça ?** what do you mean?

commentaire [kɔmɑ̃tɛʀ] NM **a** (= remarque) comment ◆ **faire des ~s sur qch** to comment on sth **b** (Radio, TV, Scol) commentary

commentateur, -trice [kɔmɑ̃tatœʀ, tʀis] NM,F commentator

commenter [kɔmɑ̃te] ► conjug 1 ◄ VT to comment on; [+ match] to commentate on; [+ cérémonie officielle] to provide the commentary for

commérages [kɔmeʀaʒ] NM PL gossip

commerçant, e [kɔmɛʀsɑ̃, ɑ̃t] **1** ADJ [quartier, rue] shopping *avant le nom* ◆ **rue très ~e** busy shopping street **2** NM,F shopkeeper

commerce [kɔmɛʀs] NM **a** (= magasin) shop **b** ◆ **le ~** (= activité) trade ◆ ~ **extérieur/ international** foreign/international trade ◆ ~ **de gros/détail** wholesale/retail trade ◆ ~ **électronique** e-commerce ◆ **faire du ~ (avec)** to trade (with) ◆ **ça se trouve dans le ~** you can buy it (ou them) in the shop

commercial, e (mpl **-iaux**) [kɔmɛʀsjal, jo] **1** ADJ commercial; [déficit, guerre] trade ◆ **anglais ~** business English **2** NM (marketing) marketing man; (ventes) salesman

commercialiser [kɔmɛʀsjalize] ► conjug 1 ◄ VT to market

commère [kɔmɛʀ] NF (péj = bavarde) gossip

commettre [kɔmɛtʀ] ► conjug 56 ◄ VT [+ crime, injustice] to commit; [+ erreur] to make

commissaire [kɔmisɛʀ] NM **a** ◆ ~ **(de police)** ≈ (police) superintendent (Brit), ≈ (police) captain (US) **b** [de commission) commission member ► **commissaire aux comptes** auditor ► **commissaire européen** European Commissioner

commissariat [kɔmisaʁja] NM ◆ ~ **(de police)** police station

commission [kɔmisjɔ̃] NF **a** (= bureau nommé) commission ▸ **Commission européenne** European Commission **b** (= message) message ◆ **est-ce qu'on vous a fait la ~ ?** were you given the message? **c** (= course) errand ◆ **faire des ~s** to run errands **d** (= emplettes) ◆ **~s** shopping ◆ **faire les/des ~s** to do the/some shopping **e** (= pourcentage) commission

commissure [kɔmisyʁ] NF [de lèvres] corner

commode [kɔmɔd] **1** ADJ **a** (= pratique) convenient **b** (= facile) ◆ **ce n'est pas ~** it's not easy (à faire to do) ◆ **il n'est pas ~** (= difficile) he's really awkward **2** NF (= meuble) chest of drawers

commotion [kɔmosjɔ̃] NF ◆ ~ **cérébrale** concussion

commun, e¹ [kɔmœ̃, yn] ADJ common; [décision, effort, réunion] joint ◆ **d'un ~ accord** of one accord; [pièce, cuisine] communal ◆ **le jardin est ~ aux deux maisons** the garden is shared by the two houses ◆ **un ami ~** a mutual friend ◆ **Paul et Luc n'ont rien en ~** Paul and Luc have nothing in common ◆ **mettre ses ressources en ~** to pool one's resources ◆ **peu ~** uncommon; → **lieu**

communal, e (mpl **-aux**) [kɔmynal, o] ADJ council (Brit), community (US); [fête, école] local

communautaire [kɔmynotɛʁ] ADJ (Pol) Community

communauté [kɔmynote] NF community ◆ **la Communauté économique européenne** the European Economic Community ◆ **la Communauté des États indépendants** the Commonwealth of Independent States ◆ **vivre en ~** to live in a commune

communautarisme [kɔmynotaʁism] NM communitarism

commune² [kɔmyn] NF (= ville) town; (= village) village; (= administration) town council

communément [kɔmynemɑ̃] ADV commonly

communicatif, -ive [kɔmynikatif, iv] ADJ [rire, ennui] infectious; [personne] communicative

communication [kɔmynikasjɔ̃] NF **a** (= relation) communication ◆ **être/entrer en ~ avec** [+ ami, société savante] to be/get in contact with ◆ **moyens de ~** means of communication ◆ **conseiller en ~** communications consultant **b** (= message) message; (à une conférence) paper **c** ◆ ~ **(téléphonique)** phone call ◆ **être en ~** to be on the phone (avec qn to sb) ◆ **je n'ai pas pu avoir la ~** I couldn't get through

communion [kɔmynjɔ̃] NF (Rel, fig) communion

communiqué [kɔmynike] NM communiqué ◆ ~ **de presse** press release

communiquer [kɔmynike] ▸ conjug 1 ◂ **1** VT [+ nouvelle, renseignement, peur] to pass on; [+ dossier, document] to give; [+ mouvement] to transmit **2** VI [pièces, salles] to communicate ◆ **pièces qui communiquent** connecting rooms

communisme [kɔmynism] NM communism

communiste [kɔmynist] ADJ, NMF communist

compact, e [kɔ̃pakt] **1** ADJ [substance] dense; [véhicule, appareil, meuble] compact ◆ **disque ~, Compact Disc ®** compact disc; → **chaîne 2** NM (= disque) compact disc

compagne [kɔ̃paɲ] NF companion; (= petite amie) girlfriend

compagnie [kɔ̃paɲi] NF company ◆ **en ~ de** with ◆ **tenir ~ à qn** to keep sb company ◆ ~ **aérienne** airline company

compagnon [kɔ̃paɲɔ̃] NM (= camarade) companion; (= petit ami) boyfriend

comparable [kɔ̃paʁabl] ADJ comparable (à to) ◆ **ce n'est pas ~** there's no comparison

comparaison [kɔ̃paʁɛzɔ̃] NF comparison (à to) ◆ **faire une ~ entre X et Y** to compare X and Y ◆ **en ~ (de)** in comparison (with) ◆ **c'est sans ~ avec ...** it cannot be compared with ...

comparaître [kɔ̃paʁɛtʁ] ▸ conjug 57 ◂ VI (Droit) to appear in court

comparatif, -ive [kɔ̃paʁatif, iv] **1** ADJ [publicité] comparative ◆ **essai ~** comparison test **2** NM comparative

comparé, e [kɔ̃paʁe] ADJ [étude, littérature] comparative

comparer [kɔ̃paʁe] ▸ conjug 1 ◂ VT (= confronter) to compare (à, avec with)

compartiment [kɔ̃paʁtimɑ̃] NM compartment ◆ ~ **à glace** freezer compartment

compas [kɔ̃pa] NM pair of compasses; [de navigation] compass ◆ ~ **à pointes sèches** dividers

compassion [kɔ̃pasjɔ̃] NF compassion

compatibilité [kɔ̃patibilite] NF compatibility

compatible [kɔ̃patibl] **1** ADJ compatible **2** NM (= ordinateur) compatible computer

compatir [kɔ̃patiʁ] ▸ conjug 2 ◂ VI to sympathize

compatriote [kɔ̃patʁijɔt] NMF compatriot

compensation [kɔ̃pɑ̃sasjɔ̃] NF (= dédommagement) compensation ◆ **en ~ de qch** in compensation for sth

compenser [kɔ̃pɑ̃se] ▸ conjug 1 ◂ VT to compensate for

compétence [kɔ̃petɑ̃s] NF **a** (= expérience) competence (en in) ◆ **avoir des ~s** to be competent **b** [de tribunal] competence ◆ **ce n'est pas de ma ~** that's not my area

compétent, e [kɔ̃petɑ̃, ɑ̃t] ADJ **a** (= capable) competent (en in) ◆ **je ne suis pas ~ pour vous répondre** I'm not qualified to answer **b** (= concerné) relevant; (Droit) competent

compétitif, -ive [kɔ̃petitif, iv] ADJ competitive

compétition [kɔ̃petisjɔ̃] NF **a** (Sport = activité) ◆ **j'ai fait du ski de ~** I did competitive skiing ◆ **la ~ automobile** motor racing **b** (= épreuve) ◆ **~ sportive** sporting event ◆ **une ~ automobile** a motor-racing event **c** (= rivalité) competition NonC ◆ **être en ~** to be competing

complaire (se) [kɔ̃plɛʀ] ► conjug 54 ◄ VPR ◆ **se complaire dans qch/à faire qch** to take pleasure in sth/in doing sth

complaisant, e [kɔ̃plɛzɑ̃, ɑ̃t] ADJ **a** (= obligeant) kind; (= arrangeant) accommodating **b** (= trop indulgent) indulgent **c** (= suffisant) self-satisfied

complément [kɔ̃plemɑ̃] NM complement; (= reste) rest ◆ **~ d'information** additional information NonC ◆ **~ d'objet direct/indirect** direct/indirect object ◆ **~ de nom** possessive phrase

complémentaire [kɔ̃plemɑ̃tɛʀ] ADJ complementary; (= additionnel) supplementary

complet, -ète [kɔ̃plɛ, ɛt] **1** ADJ complete; (= exhaustif) comprehensive; [autobus, train] full ◆ **il reste encore trois jours ~** there are still three full days to go ◆ **l'aviron est un sport très ~** rowing exercises your whole body; (écriteau) ◆ **"~"** [hôtel] "no vacancies"; [parking] "full"; [cinéma] "sold out"; [match] "ground full"; → **pension, riz 2** NM **a** (= costume) ◆ **~[-veston]** suit **b** ◆ **maintenant que nous sommes au ~** now that we are all here ◆ **le groupe au grand ~** the whole group

complètement [kɔ̃plɛtmɑ̃] ADV completely

compléter [kɔ̃plete] ► conjug 6 ◄ VT [+ somme, effectifs] to make up; [+ mobilier, collection, dossier] to complete; [+ connaissances, collection] to supplement; [+ mobilier, garde-robe] to add to

complexe [kɔ̃plɛks] **1** ADJ complex **2** NM **a** (Psych) complex ◆ **~ d'infériorité** inferiority complex ◆ **être bourré de ~s** * to have loads of hang-ups * **b** (= ensemble) complex ◆ **~ hôtelier** hotel complex

complexer [kɔ̃plɛkse] ► conjug 1 ◄ VT ◆ **ça le complexe terriblement** it gives him a terrible complex ◆ **être très complexé** to be very mixed up * (par about)

complexité [kɔ̃plɛksite] NF complexity

complication [kɔ̃plikasjɔ̃] NF (= complexité) complexity ◆ **~s** (pendant maladie) complications ◆ **faire des ~s** to make life difficult

complice [kɔ̃plis] **1** ADJ **a** ◆ **être ~ de qch** to be a party to sth **b** [regard, sourire] knowing **2** NMF **a** (= criminel) accomplice **b** [de farce, projet] partner

complicité [kɔ̃plisite] NF **a** (= participation à délit) complicity ◆ **accusé de ~ de vol** accused of aiding and abetting a theft **b** (= bonne entente) ◆ **la ~ qui existe entre eux** the rapport they have

compliment [kɔ̃plimɑ̃] NM compliment ◆ **faire un ~ à qn** to pay sb a compliment ◆ **mes ~s !** well done!

compliqué, e [kɔ̃plike] ADJ complicated ◆ **il ne m'écoute jamais, c'est pas ~ !** it's quite simple, he never listens to a word I say!

compliquer [kɔ̃plike] ► conjug 1 ◄ **1** VT to complicate **2** se compliquer VPR [situation, problème] to become complicated ◆ **ça se complique** things are getting complicated ◆ **se ~ l'existence** to make life difficult for o.s.

complot [kɔ̃plo] NM plot

comploter [kɔ̃plɔte] ► conjug 1 ◄ VTI to plot ◆ **qu'est-ce que vous complotez ?** * what are you up to? *

comportement [kɔ̃pɔʀtəmɑ̃] NM behaviour (Brit), behavior (US)

comporter [kɔ̃pɔʀte] ► conjug 1 ◄ **1** VT **a** (= consister en) to comprise **b** [+ inconvénients, risques] to involve **2** se comporter VPR to behave (avec to) ◆ **notre équipe s'est très bien comportée** our team played very well

composant [kɔ̃pozɑ̃] NM component

composante [kɔ̃pozɑ̃t] NF component

composé, e [kɔ̃poze] **1** ADJ compound avant le nom; [salade] mixed; → **passé 2** NM compound

composer [kɔ̃poze] ► conjug 1 ◄ **1** VT **a** [+ plat] to make; [+ équipe sportive] to put together; [+ musique] to compose; [+ bouquet] to arrange **b** [+ numéro de téléphone] to dial; [+ code] to enter **c** (= constituer) to make up; [+ assemblée] to form **2** se composer VPR ◆ **se ~ de, être composé de** to comprise ◆ **notre équipe est composée à 70 % de femmes** 70% of our team are women

compositeur, -trice [kɔ̃pozitœʀ, tʀis] NM,F (= musicien) composer

composition [kɔ̃pozisjɔ̃] NF **a** (= confection) [d'assemblée] formation; [d'équipe sportive] selection; [de bouquet] arranging; [de symphonie] composition ◆ **une œuvre de ma ~** a work of my own composition **b** (= œuvre musicale, picturale) composition **c** (= constituants) composition ◆ **quelle est la ~ de l'équipe ?** who is on the team? **d** (= examen) test ◆ **~ française** (= rédaction) French essay

composter [kɔ̃pɔste] ► conjug 1 ◄ VT (= dater) to date stamp; (= poinçonner) to punch

compote [kɔ̃pɔt] NF stewed fruit ◆ ~ de pommes stewed apples ◆ j'ai les jambes en ~ * (de fatigue) my legs are killing me *

compréhensible [kɔ̃pʀeɑ̃sibl] ADJ (= clair) comprehensible; (= concevable) understandable

compréhensif, -ive [kɔ̃pʀeɑ̃sif, iv] ADJ (= tolérant) understanding

compréhension [kɔ̃pʀeɑ̃sjɔ̃] NF (= indulgence, intelligence) understanding ◆ ~ orale/écrite listening/reading comprehension

comprendre [kɔ̃pʀɑ̃dʀ] ► conjug 58 ◄ VT **a** (= être composé de) to comprise; (= avoir, inclure) to include ◆ le loyer ne comprend pas le chauffage the rent doesn't include heating **b** [+ problème, langue, plaisanterie] to understand ◆ vous m'avez mal compris you've misunderstood me ◆ il ne comprend pas la plaisanterie he can't take a joke ◆ se faire ~ to make o.s. understood ◆ tu comprends, ce que je veux c'est … you see, what I want is …

compresse [kɔ̃pʀɛs] NF compress

comprimé [kɔ̃pʀime] NM tablet

comprimer [kɔ̃pʀime] ► conjug 1 ◄ VT to compress

compris, e [kɔ̃pʀi, iz] ADJ **a** (= inclus) ◆ 50 € emballage ~/non ◆ €50 including/not including packaging ◆ service ~/non ~ service included/not included ◆ tout ~ all in ◆ 700 € y ~ l'électricité €700 including electricity **b** (= situé) ◆ être ~ entre to be between **c** (= d'accord) ◆ tu t'y mets tout de suite, ~ ! start right away, OK?

compromettant, e [kɔ̃pʀɔmetɑ̃, ɑ̃t] ADJ compromising

compromettre [kɔ̃pʀɔmɛtʀ] ► conjug 56 ◄ **1** VT to compromise **2** se compromettre VPR (= s'avancer) to commit o.s.; (= se discréditer) to compromise o.s.

compromis, e [kɔ̃pʀɔmi, iz] **1** ADJ ◆ être ~ [personne, réputation] to be compromised; [avenir, projet, chances] to be jeopardized ◆ un ministre serait ~ dans cette affaire a minister is alleged to be involved in the affair **2** NM compromise ◆ trouver un ~ to reach a compromise

comptabilité [kɔ̃tabilite] NF (= science, profession) accountancy; (d'une petite entreprise) book-keeping; (= comptes) accounts

comptable [kɔ̃tabl] NMF accountant

comptant [kɔ̃tɑ̃] **1** ADV [payer] cash; [acheter] for cash **2** NM (= argent) cash; → **argent**

compte [kɔ̃t] NM **a** (= calcul) ◆ faire le ~ des erreurs to count the mistakes ◆ faire le ~ des dépenses to calculate the expenditure ◆ prendre qch en ~ to take sth into account ◆ compte à rebours countdown **b** (= nombre exact) ◆ le ~ y est (paiement) that's the right amount; (inventaire) that's the right number **c** (Comptab) account ◆ faire ses ~s to do one's accounts ◆ tenir les ~s to do the accounts **d** (Banque) account ◆ ~ en banque bank account ► compte chèque postal post office account ► compte chèques, compte courant current (Brit) ou checking (US) account **e** (= facture) invoice; [d'hôtel, restaurant] bill (Brit), check (US) ◆ mettez-le sur mon ~ put it on my bill **f** (= dû) ◆ il a trouvé son ~ he did well out of it ◆ son ~ est bon his number's up * **g** (= explication) ◆ demander des ~s à qn to ask sb for an explanation ◆ je n'ai de ~s à rendre à personne I'm accountable to nobody ◆ rendre ~ de qch à qn to give sb an account of sth ► compte rendu account **h** (locutions) ◆ tout ~ fait all things considered ◆ se rendre ~ de qch/que (= réaliser) to realize sth/that ◆ il a osé dire ça, tu te rends ~ ! he dared say that - can you believe it! ◆ tenir ~ de qn/qch to take sb/sth into account ◆ il n'a pas tenu ~ de nos avertissements he didn't take any notice of our warnings ◆ travailler ou être à son ~ to be self-employed ◆ faire le ~ rendu d'une réunion to give an account of a meeting

compte-gouttes [kɔ̃tgut] NM INV (= pipette) dropper ◆ au ~ [distribuer] sparingly; [sortir] in dribs and drabs

compter [kɔ̃te] ► conjug 1 ◄ **1** VT **a** (= calculer) to count ◆ ses jours sont comptés he hasn't long to live **b** (= prévoir) to reckon ◆ j'ai compté qu'il nous en fallait 10 I reckoned we'd need 10 ◆ je compte 150 grammes de pâtes par personne I allow 150 grammes of pasta per person ◆ il faut bien ~ 10 jours you must allow at least 10 days **c** (= inclure) to include ◆ nous étions dix, sans ~ le professeur there were ten of us, not counting the teacher ◆ la ville compte quelques très belles églises the town has some very beautiful churches **d** (= facturer) to charge for ◆ ~ qch à qn to charge sb for sth **e** (= avoir l'intention de) to intend to; (= s'attendre à) to expect to ◆ j'y compte bien ! I should hope so! **2** VI **a** (= calculer) to count ◆ il sait ~ jusqu'à 10 he can count up to 10 ◆ c'est le résultat qui compte it's the result that counts ◆ sa mère compte beaucoup pour lui his mother is very important to him ◆ à ~ de as from ◆ nous comptons sur vous pour demain we're expecting you tomorrow ◆ ne comptez pas sur moi (pour agir) don't count on me; (pour participer) you can count me out ◆ ne comptez pas trop là-dessus don't count on it **b** (= être économe) to economize ◆ dépenser sans ~ to spend extravagantly **c** (= figurer) ◆ ~ parmi to rank among

compteur [kɔ̃tœr] NM meter ◆ ~ d'eau/électrique/à gaz water/electricity/gas meter ◆ ~ (kilométrique) milometer (Brit), odometer (US) ◆ ~ (de vitesse) speedometer

comptine [kɔ̃tin] NF nursery rhyme

comptoir [kɔ̃twar] NM [de magasin] counter; [de bar] bar

comte [kɔ̃t] NM count

comtesse [kɔ̃tɛs] NF countess

con, conne [kɔ̃, kɔn] **1** ADJ (= stupide) damned ou bloody (Brit) stupid **2** NM,F (= crétin) damn fool ◆ faire le ~ to mess around

conard [kɔnar] NM stupid bastard

conasse [kɔnas] NF silly bitch

concasser [kɔ̃kase] ► conjug 1 ◄ VT to crush

concave [kɔ̃kav] ADJ concave

concéder [kɔ̃sede] ► conjug 6 ◄ VT to grant; [+ point, but, corner] to concede

concentration [kɔ̃sɑ̃trasjɔ̃] NF concentration

concentré, e [kɔ̃sɑ̃tre] **1** ADJ **a** [personne] ◆ être ~ to be concentrating hard **b** [acide] concentrated; [lait] condensed **2** NM ◆ ~ de tomates tomato purée

concentrer VT, **se concentrer** VPR [kɔ̃sɑ̃tre] ► conjug 1 ◄ to concentrate

concept [kɔ̃sɛpt] NM concept

conception [kɔ̃sɛpsjɔ̃] NF [d'enfant, projet] conception; [de produit] design ◆ ~ assistée par ordinateur computer-aided design

concernant [kɔ̃sɛrnɑ̃] PRÉP with regard to

concerner [kɔ̃sɛrne] ► conjug 1 ◄ VT ◆ cela ne vous concerne pas (= ce n'est pas votre affaire) it's no concern of yours; (= on ne parle pas de vous) it's not about you; (= ça n'a pas d'incidence sur vous) it doesn't affect you ◆ je ne me sens pas concerné par sa remarque I don't feel his remark applies to me

concert [kɔ̃sɛr] NM concert ◆ en ~ in concert

concertation [kɔ̃sɛrtasjɔ̃] NF (= échange de vues) dialogue

concerter (se) [kɔ̃sɛrte] ► conjug 1 ◄ VPR to consult each other

concerto [kɔ̃sɛrto] NM concerto

concession [kɔ̃sesjɔ̃] NF concession ◆ faire des ~s to make concessions

concessionnaire [kɔ̃sesjɔnɛr] NMF (= marchand agréé) dealer ◆ ~ automobile car dealer

concevoir [kɔ̃s(ə)vwar] ► conjug 28 ◄ VT **a** (= penser) to imagine **b** [+ voiture, produit] to design; [+ solution, projet] to devise **c** (= envisa-ger) ◆ voilà comment je conçois la chose that's how I see it **d** (= comprendre) to understand **e** [+ enfant] to conceive

concierge [kɔ̃sjɛrʒ] NMF [d'immeuble] care-taker; [d'hôtel] porter; (en France) concierge

conciliant, e [kɔ̃siljɑ̃, jɑ̃t] ADJ conciliatory

concilier [kɔ̃silje] ► conjug 7 ◄ VT (= rendre com-patible) to reconcile

concis, e [kɔ̃si, iz] ADJ concise ◆ en termes ~ concisely

concision [kɔ̃sizjɔ̃] NF concision

concitoyen, -yenne [kɔ̃sitwajɛ̃, jɛn] NM,F fellow citizen

concluant, e [kɔ̃klyɑ̃, ɑ̃t] ADJ conclusive

conclure [kɔ̃klyr] ► conjug 35 ◄ VT to conclude ◆ marché conclu ! it's a deal! ◆ j'en conclus que ... I therefore conclude that ...

conclusion [kɔ̃klyzjɔ̃] NF conclusion; [de dis-cours] close ◆ ~s [d'enquête, rapport] findings ◆ en ~ in conclusion

concombre [kɔ̃kɔ̃br] NM cucumber

concordance [kɔ̃kɔrdɑ̃s] NF [de témoignages] agreement; [de résultats] similarity

concorder [kɔ̃kɔrde] ► conjug 1 ◄ VI [faits, dates, témoignages] to tally; [idées] to coincide

concourir [kɔ̃kurir] ► conjug 11 ◄ **1** VI [concurrent] to compete **2** VT INDIR ◆ ~ à qch/à faire qch [circonstances] to contribute to sth/to doing sth

concours [kɔ̃kur] NM **a** (= jeu, compétition) competition; (= examen) competitive examina-tion ◆ ~ de beauté beauty contest ◆ ~ d'en-trée (à) competitive entrance examination (for) ◆ être présenté hors ~ to be shown outside the competition (because of outstanding merit) **b** (= participation) help ◆ prêter son ~ à qch to lend one's support to sth **c** ◆ ~ de circonstan-ces combination of circumstances

concret, -ète [kɔ̃krɛ, ɛt] ADJ [situation, détail, objet] concrete; [avantage, problème] real

concrètement [kɔ̃krɛtmɑ̃] ADV in concrete terms

concrétiser (se) [kɔ̃kretize] ► conjug 1 ◄ VPR [espoir, projet] to materialize

concubin, e [kɔ̃kybɛ̃, in] NM,F common-law husband (ou wife)

concubinage [kɔ̃kybinaʒ] NM cohabitation ◆ ils vivent en ~ they're living together

concurrence [kɔ̃kyrɑ̃s] NF competition ◆ prix défiant toute ~ unbeatable price ◆ faire ~ à qn, être en ~ avec qn to be in competition with sb

concurrencer [kɔ̃kyʀɑ̃se] ▸ conjug 3 ◂ VT to compete with ◆ **leurs produits risquent de ~ les nôtres** their products could well pose a serious threat to ours

concurrent, e [kɔ̃kyʀɑ̃, ɑ̃t] NM,F (Commerce, Sport) competitor; [de concours] candidate

concurrentiel, -elle [kɔ̃kyʀɑ̃sjɛl] ADJ (Commerce) competitive

condamnation [kɔ̃danasjɔ̃] NF **a** (Droit) (= action) sentencing; (= peine) sentence ◆ **il a trois ~s à son actif** he already has three convictions ◆ **~ à perpétuité** life sentence **b** [de livre, idée] condemnation

condamné, e [kɔ̃dane] NM,F convict ◆ **un ~ à mort** a condemned man

condamner [kɔ̃dane] ▸ conjug 1 ◂ VT **a** [+ coupable] to sentence (à to; pour for) ◆ **~ qn à mort/pour meurtre** to sentence sb to death/for murder ◆ **condamné pour vol** convicted of theft ◆ **le malade est condamné** there is no hope for the patient **b** [+ livre, idées, personne] to condemn **c** (= obliger) ◆ **à** [+ silence, attente] to condemn to **d** [+ porte, fenêtre] to block; (avec briques) to brick up; (avec planches) to board up

condensation [kɔ̃dɑ̃sasjɔ̃] NF condensation

condensé, e [kɔ̃dɑ̃se] ADJ condensed

condenser [kɔ̃dɑ̃se] ▸ conjug 1 ◂ VT to condense

condescendant, e [kɔ̃desɑ̃dɑ̃, ɑ̃t] ADJ condescending (avec, envers to, towards)

condiment [kɔ̃dimɑ̃] NM seasoning

condition [kɔ̃disjɔ̃] NF **a** condition ◆ **~ préalable** prerequisite ◆ **il ne remplit pas les ~s requises** he doesn't fulfil the requirements ◆ **à une ~** on one condition ◆ **tu peux rester, à d'être sage** you can stay provided (that) ou so long as you're good ◆ **en bonne ~** in good condition ◆ **en mauvaise ~ (physique)** out of condition ◆ **~s de travail/vie** working/living conditions ◆ **dans ces ~s, je refuse** under these conditions, I refuse **b** (Commerce) ◆ **~s de paiement** terms (of payment)

conditionnel, -elle [kɔ̃disjɔnɛl] ADJ, NM conditional ◆ **au ~** in the conditional

conditionner [kɔ̃disjɔne] ▸ conjug 1 ◂ VT (= emballer) to package; (= influencer) to condition

condoléances [kɔ̃dɔleɑ̃s] NFPL condolences ◆ **toutes mes ~** please accept my deepest sympathy ◆ **lettre de ~** letter of condolence

conducteur, -trice [kɔ̃dyktœʀ, tʀis] NM,F (Auto, Rail) driver; [de machine] operator

conduire [kɔ̃dɥiʀ] ▸ conjug 38 ◂ **1** VT **a** (= emmener) ◆ **~ un enfant à l'école/chez le médecin** to take a child to school/to the doctor **b** (= guider) to lead **c** [+ véhicule] to drive; [+ embarcation] to steer ◆ **il conduit bien/mal** (Auto) he is a good/bad driver **d** (= mener) ◆ **où conduit ce chemin ?** where does this road lead ou go? **e** [+ travaux] to supervise; [+ négociations, enquête] to lead **f** [+ chaleur, électricité] to conduct **2** **se conduire** VPR [personne] to behave

conduit [kɔ̃dɥi] NM (Tech) conduit ◆ **~ d'aération** air duct ◆ **~ auditif** auditory canal

conduite [kɔ̃dɥit] NF **a** [de véhicule] driving ◆ **~ accompagnée** driving as a learner accompanied by an experienced driver ◆ **en état d'ivresse** drink driving ◆ **en Angleterre la ~ est à gauche** in England you drive on the left **b** [de négociations, enquête] conducting **c** (= comportement) behaviour; (Scol) conduct **d** (= tuyau) pipe ◆ **~ d'eau/de gaz** water/gas main

cône [kon] NM cone

confection [kɔ̃fɛksjɔ̃] NF **a** [d'appareil, vêtement] making ◆ **un plat de ma ~** a dish that I prepared myself **b** (Habillement) ◆ **la ~** (= activité) the clothing industry; (= vêtements) ready-made clothes

confectionner [kɔ̃fɛksjɔne] ▸ conjug 1 ◂ VT [+ mets] to prepare; [+ appareil, vêtement] to make

confédération [kɔ̃federasjɔ̃] NF confederation ◆ **la Confédération helvétique** the Swiss Confederation

conférence [kɔ̃feʀɑ̃s] NF **a** (= exposé) lecture ◆ **faire une ~ sur qch** to give a lecture on sth **b** (= réunion) conference ◆ **~ au sommet** summit (meeting) ◆ **~ de presse** press conference

conférer [kɔ̃feʀe] ▸ conjug 6 ◂ VT [+ dignité] to confer (à on)

confesser [kɔ̃fese] ▸ conjug 1 ◂ **1** VT [+ péchés, erreur] to confess ◆ **~ qn** (Rel) to hear sb's confession **2** **se confesser** VPR ◆ **se ~ à** to confess to

confession [kɔ̃fesjɔ̃] NF **a** (= aveu) confession **b** (= religion) denomination

confettis [kɔ̃feti] NMPL confetti NonC

confiance [kɔ̃fjɑ̃s] NF (en l'honnêteté de qn) trust; (en la valeur de qn, le succès de qch, la solidité d'un appareil) faith (en in) ◆ **avoir ~ en, faire ~ à** to trust ◆ **c'est l'homme de ~ du ministre** he's the minister's right-hand man ◆ **~ en soi** self-confidence

confiant, e [kɔ̃fjɑ̃, jɑ̃t] ADJ **a** (= assuré) confident **b** (= sans défiance) confiding

confidence [kɔ̃fidɑ̃s] NF ◆ **je vais vous faire une ~** let me tell you a secret ◆ **faire des ~s à qn** to confide in sb

confident [kɔ̃fidɑ̃, ɑ̃t] NM,F (= homme) confidant; (= femme) confidante

confidentiel, -ielle [kɔ̃fidɑ̃sjɛl] ADJ confidential

confier [kɔ̃fje] ▸ conjug 7 ◂ **1** VT **a** (= dire) to confide (à to) **b** (= laisser) ◆ ~ qn/qch à qn to entrust sb/sth to sb's care **2** se confier VPR ◆ se ~ à qn to confide in sb

configuration [kɔ̃figyRasjɔ̃] NF configuration

confiné, e [kɔ̃fine] ADJ [atmosphère] enclosed

confins [kɔ̃fɛ̃] NMPL ◆ aux ~ de la Bretagne et de la Normandie/du rêve et de la réalité on the borders of Brittany and Normandy/dream and reality

confirmation [kɔ̃fiRmasjɔ̃] NF confirmation

confirmer [kɔ̃fiRme] ▸ conjug 1 ◂ VT to confirm ◆ il m'a confirmé que … he confirmed that …

confiserie [kɔ̃fizRi] NF (= magasin) sweetshop (Brit), candy store (US); (= bonbon) sweet (Brit), candy NonC (US)

confiseur, -euse [kɔ̃fizœR, øz] NM,F confectioner

confisquer [kɔ̃fiske] ▸ conjug 1 ◂ VT to confiscate

confit, e [kɔ̃fi, it] **1** ADJ [fruit] candied **2** NM ◆ ~ d'oie/de canard goose/duck confit

confiture [kɔ̃fityR] NF jam

conflit [kɔ̃fli] NM conflict ◆ entrer en ~ avec qn to come into conflict with sb ◆ ~ de générations generation gap

confondre [kɔ̃fɔ̃dR] ▸ conjug 41 ◂ VT **a** [+ choses, dates] to confuse ◆ ~ qch/qn avec qch/qn d'autre to mistake sth/sb for sth/sb else **b** (= déconcerter) to astound

conforme [kɔ̃fɔRm] ADJ ◆ ce n'est pas ~ à l'original it does not match the original ◆ être ~ aux normes de sécurité to conform to ou meet safety standards

conformément [kɔ̃fɔRmemɑ̃] ADV ◆ ~ à in accordance with

conformer (se) [kɔ̃fɔRme] ▸ conjug 1 ◂ VPR ◆ se conformer à to conform to

conformisme [kɔ̃fɔRmism] NM conformism

conformiste [kɔ̃fɔRmist] ADJ, NMF conformist

conformité [kɔ̃fɔRmite] NF ◆ en ~ avec le plan prévu in accordance with the proposed plan ◆ sa conduite est en ~ avec ses idées his conduct is in keeping with his ideas

confort [kɔ̃fɔR] NM comfort ◆ avec tout le ~ moderne with all modern conveniences ou mod cons (Brit)

confortable [kɔ̃fɔRtabl] ADJ comfortable

confortablement [kɔ̃fɔRtablemɑ̃] ADV comfortably

conforter [kɔ̃fɔRte] ▸ conjug 1 ◂ VT ◆ ceci me conforte dans mon analyse this backs up my analysis

confrère [kɔ̃fRɛR] NM [de profession] colleague; [d'association] fellow member

confrontation [kɔ̃fRɔ̃tasjɔ̃] NF **a** [d'opinions, personnes] confrontation **b** (= conflit) clash

confronter [kɔ̃fRɔ̃te] ▸ conjug 1 ◂ VT [+ opinions, personnes] to confront; [+ textes] to compare ◆ être confronté à to be confronted with

confus, e [kɔ̃fy, yz] ADJ **a** (= peu clair) confused **b** (= honteux) embarrassed ◆ je suis ~ ! (= désolé) I'm so sorry!

confusion [kɔ̃fyzjɔ̃] NF **a** (= désordre) confusion ◆ cela peut prêter à ~ this can lead to confusion ◆ mettre ou jeter la ~ dans les esprits to throw people into confusion ou disarray **b** (= honte) embarrassment

congé [kɔ̃ʒe] NM **a** (= vacances) holiday (Brit), vacation (US); (= arrêt momentané, Mil) leave NonC ◆ c'est son jour de ~ it's his day off ◆ j'ai pris deux semaines de ~ à Noël I took two weeks off at Christmas ◆ en ~ on holiday (Brit) ou vacation (US) ▸ congé (de) maladie sick leave ▸ congé (de) maternité maternity leave ▸ congés payés (annual) paid holidays (Brit) ou vacation (US) ou leave **b** (= adieu) ◆ prendre ~ to take one's leave (de qn of sb)

congédier [kɔ̃ʒedje] ▸ conjug 7 ◂ VT to dismiss

congélateur [kɔ̃ʒelatœR] NM freezer

congélation [kɔ̃ʒelasjɔ̃] NF freezing

congeler [kɔ̃ʒ(ə)le] ▸ conjug 5 ◂ VT [+ aliments] to freeze

congestion [kɔ̃ʒɛstjɔ̃] NF congestion ◆ ~ (cérébrale) stroke ◆ ~ (pulmonaire) congestion of the lungs

Congo [kɔ̃go] NM ◆ le ~ (= pays, fleuve) the Congo ◆ la République démocratique du ~ the Democratic Republic of Congo

congolais, e [kɔ̃gɔlɛ, ɛz] **1** ADJ Congolese **2** Congolais(e) NM,F Congolese

congrégation [kɔ̃gRegasjɔ̃] NF (Rel) congregation

congrès [kɔ̃gRɛ] NM congress

conifère [kɔnifɛR] NM conifer

conique [kɔnik] ADJ conical

conjecture [kɔ̃ʒɛktyR] NF conjecture ◆ se perdre en ~s to lose o.s. in conjectures

conjoint, e [kɔ̃ʒwɛ̃, wɛ̃t] NM,F (= époux) spouse ◆ les (deux) ~s the husband and wife

conjonction [kɔ̃ʒɔ̃ksjɔ̃] NF conjunction ◆ ~ de coordination coordinating conjunction

conjonctivite [kɔ̃ʒɔ̃ktivit] NF conjunctivitis ◆ il a une ~ he's got conjunctivitis

conjoncture [kɔ̃ʒɔ̃ktyʀ] NF situation

conjugaison [kɔ̃ʒygɛzɔ̃] NF (Gram) conjugation ◆ tableaux de ~ conjugation tables

conjugal, e (mpl -aux) [kɔ̃ʒygal, o] ADJ [amour, devoir] conjugal ◆ vie ~e married life

conjuguer [kɔ̃ʒyge] ▸ conjug 1 ◂ VT (Gram) to conjugate ◆ ce verbe se conjugue avec "avoir" this verb is conjugated with "avoir"

connaissance [kɔnɛsɑ̃s] **1** NF **a** (= savoir) ◆ la ~ knowledge **b** (= personne) acquaintance ◆ faire de nouvelles ~s to meet new people **c** (= conscience, lucidité) consciousness ◆ être sans ~ to be unconscious ◆ perdre/reprendre ~ to lose/regain consciousness ◆ à ma ~ as far as I know ◆ en (toute) ~ de cause with full knowledge of the facts, to make sb's acquaintance ◆ faire la ~ de qn to meet sb **2** connaissances NFPL (= choses connues) knowledge ◆ avoir des ~s en to have some knowledge of

connaisseur, -euse [kɔnɛsœʀ, øz] NM,F connoisseur (en of) ◆ être ~ en vins to be a connoisseur of wines

connaître [kɔnɛtʀ] ▸ conjug 57 ◂ **1** VT **a** to know ◆ connais-tu un bon restaurant ? do you know of a good restaurant? ◆ ~ qn de vue/nom/réputation to know sb by sight/name/reputation ◆ il l'a connu à l'université he met ou knew him at university ◆ vous connaissez la dernière (nouvelle) ? have you heard the latest (news)? ◆ il n'y connaît rien he doesn't know anything ou a thing about it ◆ faire ~ qn à qn to introduce sb to sb ◆ se faire ~ (par le succès) to make a name for o.s. **b** [+ faim, privations] to know; [+ humiliations] to experience ◆ le pays connaît une crise économique grave the country is going through a serious economic crisis; [+ succès] to enjoy ◆ ~ un échec to fail **2** se connaître VPR **a** ◆ se ~ (soi-même) to know o.s. **b** (= se rencontrer) to meet **c** ◆ s'y ~ en qch to know a lot about sth

connard ‡ [kɔnaʀ] NM stupid bastard ‡‡

connasse ‡ [kɔnas] NF silly bitch ‡‡

conne ‡ [kɔn] ADJ F, NF → con

connecter [kɔnɛkte] ▸ conjug 1 ◂ **1** VT (Élec, Informatique) to connect (à to; avec with) **2** se connecter VPR (à un serveur) to log on (à to) ◆ se ~ sur Internet to log onto ou into the Internet

connerie ‡ [kɔnʀi] NF ◆ arrête de dire des ~s stop talking crap ‡ ◆ il a encore fait une ~ he's gone and done another bloody thing ‡

connexion [kɔnɛksjɔ̃] NF connection

connotation [kɔnɔtasjɔ̃] NF connotation

connu, e [kɔny] ADJ (= célèbre) well-known

conquérir [kɔ̃keʀiʀ] ▸ conjug 21 ◂ VT [+ pays] to conquer; [+ part de marché] to capture; [+ femme] to win; [+ public] to win over

conquête [kɔ̃kɛt] NF conquest ◆ partir à la ~ de to set out to conquer

conquis, e [kɔ̃ki, kiz] (ptp de conquérir)

consacré, e [kɔ̃sakʀe] ADJ ◆ c'est l'expression consacrée it's the accepted way of saying it ◆ selon la formule ~e as the expression goes

consacrer [kɔ̃sakʀe] ▸ conjug 1 ◂ VT **a** ◆ ~ à (= dédier à) to devote to ◆ ~ son temps à faire qch to devote one's time to doing sth ◆ pouvez-vous me ~ un instant ? can you spare me a moment? ◆ se ~ à qch to devote o.s. to sth **b** (Rel) to consecrate

consciemment [kɔ̃sjamɑ̃] ADV consciously

conscience [kɔ̃sjɑ̃s] NF **a** consciousness ◆ avoir ~ que ... to be aware that ... ◆ prendre ~ de qch to become aware of sth ◆ perdre/reprendre ~ to lose/regain consciousness **b** (= faculté morale) conscience ◆ avoir la ~ tranquille to have a clear conscience ◆ avoir qch sur la ~ to have sth on one's conscience ◆ se donner bonne ~ to ease one's conscience **c** ◆ ~ professionnelle conscientiousness

consciencieux, -ieuse [kɔ̃sjɑ̃sjø, jøz] ADJ conscientious

conscient, e [kɔ̃sjɑ̃, jɑ̃t] ADJ conscious; (= lucide) [personne] lucid ◆ ~ de/que conscious ou aware of/that

consécration [kɔ̃sekʀasjɔ̃] NF **a** (Rel) consecration **b** [de coutume, droit, artiste] establishment

consécutif, -ive [kɔ̃sekytif, iv] ADJ (= successif) consecutive ◆ elle a remporté trois victoires consécutives she had three wins in a row

conseil [kɔ̃sɛj] NM **a** (= recommandation) piece of advice ◆ donner des ~s à qn to give sb some advice ◆ demander ~ à qn to ask sb's advice **b** (= personne) consultant (en in) ◆ ~ juridique legal consultant ou adviser ◆ ingénieur-~ engineering consultant **c** (= assemblée) board ▸ conseil d'administration [de société anonyme] board of directors ▸ conseil de classe staff meeting (to discuss the progress of individual members of a class) ▸ conseil de discipline (Scol) disciplinary committee ▸ Conseil de l'Europe Council of Europe ▸ Conseil des ministres council of ministers ▸ conseil municipal town council ▸ Conseil de sécurité Security Council

conseiller¹ [kɔ̃seje] ▸ conjug 1 ◂ VT (= recommander) to recommend (à qn to sb) ◆ conseiller à qn de faire qch to advise sb to do sth ◆ il est conseillé aux parents de ... parents are advised to ... ◆ il a été bien/mal conseillé he has been given good/bad advice

conseiller², -ère [kɔ̃seje, ɛʀ] NM,F **a** (= expert) consultant (en in) **b** (Admin, Pol) councillor ▸ **conseiller municipal** town councillor (Brit), city council man (US) ▸ **conseiller d'orientation** (Scol) careers adviser (Brit), (school) counselor (US)

consensus [kɔ̃sɛ̃sys] NM consensus

consentement [kɔ̃sɑ̃tmɑ̃] NM consent

consentir [kɔ̃sɑ̃tiʀ] ▸ conjug 16 ◂ **1** VI (= accepter) to agree ✦ ~ **à faire qch** to agree to do sth **2** VT (= accorder) to grant

conséquence [kɔ̃sekɑ̃s] NF consequence ✦ **sans** ~ (= sans suite fâcheuse) without repercussions; (= sans importance) of no consequence ✦ **en** ~ (= donc) consequently; (= comme il convient) accordingly

conséquent, e [kɔ̃sekɑ̃, ɑ̃t] ADJ (= important) sizeable ✦ **par** ~ consequently

conservateur, -trice [kɔ̃sɛʀvatœʀ, tʀis] **1** ADJ conservative; (Brit) Conservative **2** NM,F **a** [de musée] curator **b** (Pol) conservative; (en Grande-Bretagne, au Canada) Conservative **3** NM (= produit chimique) preservative

conservation [kɔ̃sɛʀvasjɔ̃] NF [d'aliments, monuments] preserving ✦ **date limite de** ~ [d'aliments] best-before date

conservatoire [kɔ̃sɛʀvatwaʀ] NM (= école) school (of music, drama etc)

conserve [kɔ̃sɛʀv] NF ✦ **les** ~**s** (en boîtes) canned food(s); (en bocaux) preserves ✦ **en** ~ (= en boîte) tinned; (= en bocaux) bottled ✦ **mettre en** ~ to can

conserver [kɔ̃sɛʀve] ▸ conjug 1 ◂ **1** VT **a** to keep; [+ usage] to keep up; [+ espoir, droits, titre] to retain ✦ ~ **son calme** to keep calm **b** (= maintenir en bon état) to preserve; [+ santé] to maintain ✦ **bien conservé** pour son âge well-preserved for one's age **2** **se conserver** VPR [aliments] to keep

considérable [kɔ̃sideʀabl] ADJ [somme, nombre] considerable; [rôle] major; [dégâts] significant

considérablement [kɔ̃sideʀabləmɑ̃] ADV considerably

considération [kɔ̃sideʀasjɔ̃] NF **a** consideration ✦ **prendre qch en** ~ to take sth into consideration **b** (= observation) ✦ **considérations** reflections **c** (= respect) respect

considérer [kɔ̃sideʀe] ▸ conjug 6 ◂ VT to consider ✦ **tout bien considéré** all things considered ✦ **je le considère comme mon fils** I think of him as my son ✦ **je considère qu'il a raison** I think that he is right ✦ **il est très bien considéré au bureau** people think a lot of him at the office

consigne [kɔ̃siɲ] NF **a** (= instructions) instructions **b** (pour les bagages) left-luggage (office)

(Brit), checkroom (US) ✦ ~ **automatique** left-luggage lockers **c** (= somme remboursable) deposit

consigné, e [kɔ̃siɲe] ADJ [bouteille, emballage] returnable

consigner [kɔ̃siɲe] ▸ conjug 1 ◂ VT (= enregistrer) to record ✦ ~ **qch par écrit** to put sth down in writing

consistance [kɔ̃sistɑ̃s] NF [de sauce] consistency ✦ **manquer de** ~ [sauce] to be thin; [personnage, film] to lack substance ✦ **sans** ~ [caractère] colourless

consistant, e [kɔ̃sistɑ̃, ɑ̃t] ADJ [repas] substantial; [mélange, peinture] thick

consister [kɔ̃siste] ▸ conjug 1 ◂ VT INDIR ✦ ~ **en** to consist of ✦ **en quoi consiste votre travail ?** what does your work consist of? ✦ ~ **à faire qch** to consist in doing sth

consœur [kɔ̃sœʀ] NF (woman) colleague

consolation [kɔ̃solasjɔ̃] NF comfort NonC ✦ **lot ou prix de** ~ consolation prize

console [kɔ̃sol] NF console ▸ **console de jeu** games console

consoler [kɔ̃sole] ▸ conjug 1 ◂ VT to console ✦ **si ça peut te** ~ ... if it is any consolation to you ...

consolider [kɔ̃solide] ▸ conjug 1 ◂ VT [+ mur, meuble] to reinforce; [+ fracture] to set; [+ amitié, parti] to consolidate; [+ monnaie] to strengthen

consommable [kɔ̃somabl] NM consumable

consommateur, -trice [kɔ̃somatœʀ, tʀis] NM,F **a** (= acheteur) consumer; (= client d'un café) customer

consommation [kɔ̃somasjɔ̃] NF **a** consumption ✦ **faire une grande** ~ **de** to get through a lot of ✦ **de** ~ [biens, société] consumer ✦ **article ou produit de** ~ **courante** staple **b** (dans un café) drink

consommer [kɔ̃some] ▸ conjug 1 ◂ VT **a** [+ nourriture] to eat; [+ boissons] to drink **b** [+ combustible, matière première] to use ✦ **elle consomme beaucoup d'essence** [voiture] it uses a lot of petrol **c** [+ mariage] to consummate

consonance [kɔ̃sonɑ̃s] NF ✦ **un nom aux** ~**s étrangères** a foreign-sounding name

consonne [kɔ̃son] NF consonant

conspiration [kɔ̃spiʀasjɔ̃] NF conspiracy

conspirer [kɔ̃spiʀe] ▸ conjug 1 ◂ VI (= comploter) to conspire

constamment [kɔ̃stamɑ̃] ADV constantly

constance [kɔ̃stɑ̃s] NF constancy ✦ **travailler avec** ~ to work steadfastly

constant, e [kɔ̃stɑ̃, ɑ̃t] **1** ADJ constant **2 constante** NF (= donnée) constant; (= caractéristique) permanent feature

constat [kɔsta] NM **a** (= constatation) observation **b** ◆ ~ (d'huissier) affidavit drawn up by a bailiff ◆ ~ (d'accident) (accident) report ◆ ~ (à l')amiable *jointly-agreed statement for insurance purposes*

constatation [kɔstatasjɔ̃] NF (= observation) observation ◆ ~s [d'enquête] findings

constater [kɔstate] ► conjug 1 ◄ VT (= remarquer) to notice ◆ vous pouvez ~ par vous-même you can see for yourself

constellation [kɔstelasjɔ̃] NF constellation

consternant, e [kɔstɛʀnɑ̃, ɑ̃t] ADJ disquieting ◆ d'une bêtise ~e incredibly stupid

consterner [kɔstɛʀne] ► conjug 1 ◄ VT to dismay ◆ air consterné air of dismay

constipation [kɔstipasjɔ̃] NF constipation

constipé, e [kɔstipe] ADJ constipated

constituer [kɔstitɥe] ► conjug 1 ◄ VT **a** [+ comité] to set up; [+ gouvernement, société] to form; [+ collection] to build up **b** (= être, représenter) to constitute ◆ ceci constitue un délit that constitutes an offence

constitution [kɔstitysjɔ̃] NF **a** [de comité] setting-up; [de gouvernement, société] forming **b** (= éléments) composition **c** (Pol) constitution

constitutionnel, -elle [kɔstitysjɔnɛl] ADJ constitutional

constructeur, -trice [kɔstʀyktœʀ, tʀis] NM (= fabricant) manufacturer; (= bâtisseur) builder ◆ ~ automobile car manufacturer

constructif, -ive [kɔstʀyktif, iv] ADJ constructive

construction [kɔstʀyksjɔ̃] NF **a** (= action) construction ◆ la ~ navale the shipbuilding industry ◆ matériaux de ~ building materials ◆ en ~ under construction **b** [de phrase] structure **c** (= bâtiment) building

construire [kɔstʀɥiʀ] ► conjug 38 ◄ **1** VT to build; [+ phrase] to construct ◆ ils font ~ they're having a house built **2** se construire VPR ◆ ça se construit avec le subjonctif [verbe] it takes the subjunctive

consul [kɔsyl] NM consul

consulat [kɔsyla] NM consulate

consultation [kɔsyltasjɔ̃] NF (= séance : chez le médecin, un expert) consultation ◆ les heures de ~ [de médecin] consulting ou surgery (Brit) hours

consulter [kɔsylte] ► conjug 1 ◄ **1** VT to consult **2** VI [médecin] to hold surgery (Brit), to be in the office (US) **3** se consulter VPR (= s'entretenir) to confer

consumer [kɔsyme] ► conjug 1 ◄ **1** VT to consume **2** se consumer VPR **a** (= brûler) to burn **b** (littér = dépérir) to waste away (de with)

contact [kɔtakt] NM **a** contact ◆ dès le premier ~, ils ... from their first meeting, they ... ◆ entrer en ~ to get in touch; (Aviat, Mil, Radio) to make contact ◆ mettre en ~ [+ objets] to bring into contact; [+ relations d'affaires] to put in touch ◆ garder le ~ ou rester en ~ avec qn to keep in touch with sb ◆ perdre le ~ to lose touch; (Aviat, Mil, Radio) to lose contact ◆ au ~ de l'air on contact with air ◆ au ~ des jeunes through his contact with young people **b** (Élec) contact ◆ faux ~ loose connection ◆ mettre/couper le ~ (en voiture) to switch on/switch off the ignition

contacter [kɔtakte] ► conjug 1 ◄ VT to get in touch with

contagieux, -ieuse [kɔtaʒjø, jøz] ADJ infectious

contamination [kɔtaminasjɔ̃] NF contamination

contaminer [kɔtamine] ► conjug 1 ◄ VT to contaminate

conte [kɔt] NM (= récit) story ◆ ~ de fée fairy tale

contempler [kɔtɑ̃ple] ► conjug 1 ◄ VT to contemplate

contemporain, e [kɔtɑ̃pɔʀɛ̃, ɛn] ADJ, NM contemporary

contenance [kɔt(ə)nɑ̃s] NF **a** (= capacité) capacity **b** (= attitude) ◆ pour se donner une ~ to try to appear at ease ◆ perdre ~ to lose one's composure

contenant [kɔt(ə)nɑ̃] NM container

conteneur [kɔt(ə)nœʀ] NM container

contenir [kɔt(ə)niʀ] ► conjug 22 ◄ **1** VT **a** [récipient] to hold; [cinéma, avion] to seat **b** (= renfermer) to contain **c** [+ colère] to contain; [+ larmes] to hold back; [+ foule] to keep back **2** se contenir VPR to contain o.s.

content, e [kɔtɑ̃, ɑ̃t] ADJ pleased, happy ◆ être ~ de soi to be pleased with o.s. ◆ je suis très ~ d'être ici I'm very glad to be here

contenter [kɔtɑ̃te] ► conjug 1 ◄ **1** VT to satisfy ◆ facile à ~ easy to please **2** se contenter VPR ◆ se ~ de qch/de faire qch to content o.s. with sth/with doing sth ◆ se ~ de peu to be content with very little ◆ il se contenta de sourire he merely smiled

contenu, e [kɔt(ə)ny] NM [de récipient, dossier] contents; [de loi, texte] content

conter [kɔte] ► conjug 1 ◄ VT [+ histoire] to recount

contestataire [kɔtɛstatɛʀ] ADJ, NMF rebel

contestation [kɔ̃tɛstasjɔ̃] NF (= objection) dispute ◆ **il n'y a aucune ~ possible** it's beyond dispute

conteste [kɔ̃tɛst] NM ◆ **sans ~** unquestionably

contester [kɔ̃tɛste] ► conjug 1 ◄ **1** VT [+ droit, compétence] to contest; [+ légitimité, fait] to question; [+ décision] to challenge **2** VI to protest ◆ **il ne conteste jamais** he never questions anything

conteur, -euse [kɔ̃tœʀ, øz] NM,F (= écrivain) writer; (= narrateur) storyteller

contexte [kɔ̃tɛkst] NM context

contigu, -uë [kɔ̃tigy] ADJ [maison, pièce, jardin] adjoining ◆ **être ~ à qch** to be next to sth

continent [kɔ̃tinɑ̃] NM continent; (par rapport à une île) mainland

continental, e (mpl **-aux**) [kɔ̃tinɑ̃tal, o] ADJ [région, climat] continental; (opposé à côtier, insulaire) mainland

contingent [kɔ̃tɛ̃ʒɑ̃] NM **a** (= soldats) contingent **b** (= quota) quota

continu, e [kɔ̃tiny] ADJ continuous ◆ **en ~** continuously

continuation [kɔ̃tinɥasjɔ̃] NF continuation ◆ **bonne ~ !** all the best!

continuel, -elle [kɔ̃tinɥɛl] ADJ (= continu) continuous; (= très fréquent) continual

continuellement [kɔ̃tinɥɛlmɑ̃] ADV (= sans interruption) continuously; (= très fréquemment) continually

continuer [kɔ̃tinɥe] ► conjug 1 ◄ **1** VT **a** [+ travaux, politique] to continue (with) **b** [+ route] to continue **2** VI to continue ◆ **~ de** ou **à faire qch** to continue doing sth

continuité [kɔ̃tinɥite] NF [de politique, tradition] continuation; [d'action] continuity

contorsion [kɔ̃tɔʀsjɔ̃] NF contortion

contorsionner (se) [kɔ̃tɔʀsjɔne] ► conjug 1 ◄ VPR [acrobate] to contort o.s.

contour [kɔ̃tuʀ] NM outline

contourner [kɔ̃tuʀne] ► conjug 1 ◄ VT [+ ville] to bypass; [+ véhicule] to walk (ou drive etc) round; [+ règle, difficulté] to get round

contraceptif, -ive [kɔ̃tʀasɛptif, iv] ADJ, NM contraceptive

contraception [kɔ̃tʀasɛpsjɔ̃] NF contraception ◆ **moyens de ~** methods of contraception

contracté, e [kɔ̃tʀakte] ADJ (= tendu) tense

contracter¹ [kɔ̃tʀakte] ► conjug 1 ◄ **1** VT [+ muscle] to tense **2** **se contracter** VPR [muscle] to tense up; [traits, visage] to tense; [personne] to become tense; (Physique) to contract

contracter² [kɔ̃tʀakte] ► conjug 1 ◄ VT [+ maladie] to contract; [+ obligation] to incur ◆ **contracter une assurance** to take out an insurance policy

contraction [kɔ̃tʀaksjɔ̃] NF **a** (= action, spasme) contraction **b** (= résumé) ◆ **~ de texte** summary

contractuel, -elle [kɔ̃tʀaktɥɛl] **1** NM ≈ traffic warden (Brit) ≈ traffic policeman (US) **2** **contractuelle** NF ≈ traffic warden (Brit), ≈ meter maid * (US)

contradiction [kɔ̃tʀadiksjɔ̃] NF contradiction ◆ **leurs témoignages sont en ~** their testimonies contradict each other ◆ **je ne supporte pas la ~** I can't bear to be contradicted

contradictoire [kɔ̃tʀadiktwaʀ] ADJ [idées, théories, récits] contradictory ◆ **débat ~** debate

contraindre [kɔ̃tʀɛ̃dʀ] ► conjug 52 ◄ VT ◆ **~ qn à faire qch** to force sb to do sth

contrainte [kɔ̃tʀɛ̃t] NF constraint ◆ **agir sous la ~** to act under duress

contraire [kɔ̃tʀɛʀ] **1** ADJ **a** [sens, effet, mouvement] opposite; [vent] contrary ◆ **dans le cas ~** otherwise ◆ **c'est ~ à mes principes** it is against my principles **b** [opinions, intérêts] conflicting **2** NM [de mot, concept] opposite ◆ **au ~** on the contrary ◆ **(bien) au ~** quite the reverse

contrairement [kɔ̃tʀɛʀmɑ̃] ADV ◆ **~ à** contrary to ◆ **~ aux autres ...** (dans une comparaison) unlike the others ...

contrariant, e [kɔ̃tʀaʀjɑ̃, jɑ̃t] ADJ [personne] awkward; [incident] annoying

contrarier [kɔ̃tʀaʀje] ► conjug 7 ◄ VT **a** (= irriter) to annoy; (= ennuyer) to bother **b** (= gêner) [+ projets] to frustrate; [+ amour] to thwart

contrariété [kɔ̃tʀaʀjete] NF (= irritation) annoyance ◆ **j'ai eu beaucoup de ~s ces derniers temps** I've had a lot of annoying little problems lately

contraste [kɔ̃tʀast] NM contrast ◆ **par ~** by contrast

contraster [kɔ̃tʀaste] ► conjug 1 ◄ VTI to contrast

contrat [kɔ̃tʀa] NM (= convention, document) contract; (= accord) agreement ◆ **~ d'assurance** insurance policy ◆ **~ à durée déterminée/indéterminée** fixed-term/permanent contract ◆ **~ de travail** employment contract

contravention [kɔ̃tʀavɑ̃sjɔ̃] NF (pour infraction au code) fine; (pour stationnement interdit) parking ticket

contre [kɔ̃tʀ] **1** PRÉP **a** against ◆ **s'appuyer ~ un arbre** to lean against a tree ◆ **il la serrait ~ lui** he clasped her to him ◆ **elle s'assit (tout)**

~ **lui** she sat down (right) next to him ✦ **se battre/voter ~ qn** to fight/vote against sb ✦ **Poitiers ~ Lyon** (Sport) Poitiers versus Lyon ✦ **être en colère ~ qn** to be angry with sb ✦ **sirop ~ la toux** cough mixture ✦ **s'assurer ~ l'incendie** to insure (o.s.) against fire **b** (échange) (in exchange) for ✦ **échanger qch ~** to exchange sth for **c** (proportion, rapport) to ✦ **9 voix ~ 4** 9 votes to 4 ✦ **à 100 ~ 1** at 100 to 1 **2** ADV ✦ **il a voté ~** he voted against it ✦ **je suis ~** I'm against it ✦ **par ~** on the other hand

contre-attaque [kɔ̃tʀatak] NF counterattack

contre-attaquer [kɔ̃tʀatake] ► conjug 1 ◄ VI to counterattack

contrebalancer [kɔ̃tʀəbalɑ̃se] ► conjug 3 ◄ VT [poids] to counterbalance; (= égaler, compenser) to offset

contrebande [kɔ̃tʀəbɑ̃d] NF (= activité) smuggling; (= marchandises) contraband

contrebandier, -ière [kɔ̃tʀəbɑ̃dje, jɛʀ] NM,F smuggler

contrebas [kɔ̃tʀəba] NM ✦ **en ~** below

contrebasse [kɔ̃tʀəbas] NF (= instrument) double bass

contrecarrer [kɔ̃tʀəkaʀe] ► conjug 1 ◄ VT [+ projets] to thwart

contrecœur (à) [kɔ̃tʀəkœʀ] LOC ADV reluctantly

contrecoup [kɔ̃tʀəku] NM (= répercussion) repercussions ✦ **par ~** as an indirect consequence

contre-courant (à) [kɔ̃tʀəkuʀɑ̃] LOC ADV against the current

contredire [kɔ̃tʀədiʀ] ► conjug 37 ◄ **1** VT [personne] to contradict; [faits] to be at variance with **2** **se contredire** VPR [personne] to contradict o.s.; [témoins, témoignages] to contradict each other

contrée [kɔ̃tʀe] NF (littér) (= pays) land; (= région) region

contre-exemple [kɔ̃tʀɛgzɑ̃pl] NM counterexample

contrefaçon [kɔ̃tʀəfasɔ̃] NF [de produit] imitation; [de billets, signature] forgery

contrefaire [kɔ̃tʀəfɛʀ] ► conjug 60 ◄ VT **a** (= imiter) to imitate **b** [+ voix, écriture] to disguise **c** (= falsifier) to counterfeit

contrefort [kɔ̃tʀəfɔʀ] NM **a** (Archit) buttress **b** [de montagnes] ✦ **~s** foothills

contre-indication [kɔ̃tʀɛ̃dikasjɔ̃] NF contraindication

contre-indiqué, e [kɔ̃tʀɛ̃dike] ADJ ✦ **c'est ~** it is not recommended

contremaître [kɔ̃tʀəmɛtʀ] NM foreman

contre-offensive [kɔ̃tʀɔfɔ̃siv] NF counteroffensive

contre-ordre, contrordre [kɔ̃tʀɔʀdʀ] NM counter order ✦ **sauf ~** unless otherwise directed

contrepartie [kɔ̃tʀəpaʀti] NF (= compensation) compensation ✦ **en ~** (= en échange, en retour) in return; (= en compensation) in compensation

contre-performance [kɔ̃tʀəpɛʀfɔʀmɑ̃s] NF (Sport, Écon) poor performance

contre-pied [kɔ̃tʀəpje] NM ✦ **prendre le ~** (d'une opinion) to take the opposite view; (d'une action) to take the opposite course ✦ **à ~** (Sport) on the wrong foot

contreplaqué [kɔ̃tʀəplake] NM plywood

contrepoids [kɔ̃tʀəpwa] NM counterweight; [d'acrobate] balancing-pole ✦ **faire ~** to act as a counterbalance

contre-pouvoir [kɔ̃tʀəpuvwaʀ] NM opposition force

contrer [kɔ̃tʀe] ► conjug 1 ◄ **1** VT [+ personne, menées] to counter (par by); (Cartes) to double **2** VI (Cartes) to double

contresens [kɔ̃tʀəsɑ̃s] NM **a** (= erreur) misinterpretation; (de traduction) mistranslation; (= absurdité) nonsense NonC, piece of nonsense **b** ✦ **à ~** (sur route) the wrong way

contretemps [kɔ̃tʀətɑ̃] NM **a** (= complication, retard) hitch **b** ✦ **à ~** off the beat; (fig) at the wrong moment

contribuable [kɔ̃tʀibɥabl] NMF taxpayer

contribuer [kɔ̃tʀibɥe] ► conjug 1 ◄ VT INDIR ✦ **~ à** [+ résultat, effet] to contribute to; [+ effort, dépense] to contribute towards

contribution [kɔ̃tʀibysjɔ̃] NF **a** (= participation) contribution ✦ **mettre qn à ~** to call upon sb's services ✦ **apporter sa ~ à qch** to make one's contribution to sth **b** (= impôts) ✦ **~s directes/indirectes** direct/indirect taxation

contrôle [kɔ̃tʀol] NM **a** (= vérification) check ✦ **~ d'identité** identity check ✦ **~ de police** police check ✦ **le ~ des passeports** passport control **b** [d'opérations, gestion] supervision; [de prix, loyers] controlling ✦ **sous ~ médical** under medical supervision ✦ **~ des naissances** birth control ✦ **~ technique** [de véhicule] MOT (Brit), inspection (US) **c** (= maîtrise) control ✦ **~ de soi** self-control ✦ **garder/perdre le ~ de son véhicule** to remain in/lose control of one's vehicle ✦ **sous ~ étranger** [territoire] under foreign control **d** (= épreuve) (written) test ✦ **~ des connaissances** assessment ✦ **le ~ continu** continuous assessment

contrôler [kɔ̃tʀole] ► conjug 1 ◄ **1** VT **a** (= vérifier) to check; [+ billets, passeports, comptes] to inspect; [+ connaissances] to test **b** [+ opérations, gestion] to supervise; [+ prix, loyers] to control **c** [+ véhicule, situation, pays] to be in control of **2** **se contrôler** VPR to control o.s.

contrôleur, -euse [kɔ̃tRolœR, øz] NM,F (dans le train, le métro, le bus) ticket inspector ◆ ~ **aérien** air-traffic controller

contrordre [kɔ̃tRɔRdR] NM ⇒ contre-ordre

controverse [kɔ̃tRɔvɛRs] NF controversy ◆ prêter à ~ to be debatable

controversé, e [kɔ̃tRɔvɛRse] ADJ ◆ (très) ~ [théorie, question] much debated

contusion [kɔ̃tyzjɔ̃] NF bruise

convaincant, e [kɔ̃vɛ̃kɑ̃, ɑ̃t] ADJ convincing

convaincre [kɔ̃vɛ̃kR] ► conjug 42 ◄ VT [+ personne sceptique] to convince (de qch of sth); [+ personne hésitante] to persuade (de faire qch to do sth) ◆ **se laisser** ~ to let o.s. be persuaded

convaincu, e [kɔ̃vɛ̃ky] ADJ convinced ◆ **d'un ton** ~ with conviction

convalescence [kɔ̃valesɑ̃s] NF convalescence ◆ **être en** ~ to be convalescing

convalescent, e [kɔ̃valesɑ̃, ɑ̃t] ADJ, NM,F convalescent

convenable [kɔ̃vnabl] ADJ **a** (= approprié) suitable **b** [personne, famille] respectable ◆ **peu** ~ inappropriate **c** [devoir] adequate; [salaire, logement] decent

convenance [kɔ̃vnɑ̃s] **1** NF ◆ **choisissez un jour à votre** ~ choose a day to suit you ◆ **pour** ~**s personnelles** for personal reasons **2** **les convenances** NFPL (= étiquette) the proprieties ◆ **c'est contraire aux** ~**s** it is not socially acceptable

convenir [kɔ̃vniR] ► conjug 22 ◄ **1** VT ◆ ~ **que ...** to agree that ... ◆ **il est convenu que ...** it is agreed that ... **2** VT INDIR **a** **convenir à** to suit ◆ **ça me convient tout à fait** it suits me fine **b** VT INDIR **convenir de** (= s'accorder sur) to agree on ◆ **comme convenu** as agreed **3** VB IMPERS ◆ **il convient de ...** (= il vaut mieux) it is advisable to ...

convention [kɔ̃vɑ̃sjɔ̃] NF convention; (= pacte) agreement ◆ ~ **collective** collective agreement

conventionné, e [kɔ̃vɑ̃sjɔne] ADJ [établissement, médecin] linked to the state health scheme

conventionnel, -elle [kɔ̃vɑ̃sjɔnɛl] ADJ conventional

convergent, e [kɔ̃vɛRʒɑ̃, ɑ̃t] ADJ convergent

converger [kɔ̃vɛRʒe] ► conjug 3 ◄ VI to converge ◆ ~ **sur** [regards] to focus on

conversation [kɔ̃vɛRsasjɔ̃] NF conversation ◆ **en (grande)** ~ **avec** (deep) in conversation with ◆ **dans la** ~ **courante** in everyday speech

conversion [kɔ̃vɛRsjɔ̃] NF conversion

convertible [kɔ̃vɛRtibl] **1** ADJ convertible (en into) **2** NM (= canapé) sofa bed

convertir [kɔ̃vɛRtiR] ► conjug 2 ◄ **1** VT **a** (à une religion) to convert (à to); (à une théorie) to win over **b** (= transformer) to convert (en into) **2** **se convertir** VPR (à une religion) to convert

convexe [kɔ̃vɛks] ADJ convex

conviction [kɔ̃viksjɔ̃] NF conviction ◆ **j'en ai la** ~ I'm convinced of it

conviendra [kɔ̃vjɛ̃dRa] VB → convenir

convive [kɔ̃viv] NMF guest (at a meal)

convivial, e (mpl -iaux) [kɔ̃vivjal, jo] ADJ [ambiance, lieu] convivial; (Informatique) user-friendly

convivialité [kɔ̃vivjalite] NF (= rapports) social interaction; (= jovialité) conviviality; (Informatique) user-friendliness

convocation [kɔ̃vɔkasjɔ̃] NF **a** [d'assemblée] convening; [de témoin, subordonné] summoning **b** (= lettre, carte) (written) notification to attend; (Droit) summons

convoi [kɔ̃vwa] NM [de véhicules, navires, prisonniers] convoy

convoiter [kɔ̃vwate] ► conjug 1 ◄ VT to covet

convoitise [kɔ̃vwatiz] NF (= désir) longing ◆ **regarder avec** ~ to cast covetous looks at

convoquer [kɔ̃vɔke] ► conjug 1 ◄ VT [+ assemblée] to convene; [+ témoin, subordonné] to summon ◆ **j'ai été convoqué à dix heures (pour mon oral)** I've been asked to attend at ten o'clock (for my oral) ◆ **le chef m'a convoqué** the boss sent for me

convoyer [kɔ̃vwaje] ► conjug 8 ◄ VT (= escorter) to escort; (= transporter) to convey

convoyeur [kɔ̃vwajœR] NM (= tapis roulant) conveyor ◆ ~ **de fonds** security guard

convulsion [kɔ̃vylsjɔ̃] NF convulsion

cool * [kul] ADJ cool *

coopératif, -ive [kɔ(ɔ)peRatif, iv] **1** ADJ cooperative **2** **coopérative** NF (= organisme) cooperative; (= magasin) co-op

coopération [kɔɔpeRasjɔ̃] NF **a** (= collaboration) cooperation **b** (Pol) overseas development work

coopérer [kɔɔpeRe] ► conjug 6 ◄ VI to cooperate

coordination [kɔɔRdinasjɔ̃] NF coordination

coordonné, e [kɔɔRdɔne] **1** ADJ coordinated **2** **coordonnées** NFPL **a** (Math) coordinates **b** [de personne] ◆ **donnez-moi vos** ~**es** can I have your name and address please?

coordonner [kɔɔRdɔne] ► conjug 1 ◄ VT to co-ordinate

copain * [kɔpɛ̃] NM (= ami) friend ◆ **son (petit) ~** (= amoureux) her boyfriend ◆ **ils sont très ~s** they're great friends

copeau (pl **~x**) [kɔpo] NM [de bois] shaving

Copenhague [kɔpənag] N Copenhagen

copie [kɔpi] NF **a** (= diplôme, film) copy; [d'œuvre d'art] reproduction ◆ **~ certifiée conforme** certified copy ◆ **~ papier** (Informatique) hard copy **b** (= reproduction frauduleuse) fake **c** (= devoir) paper ◆ **rendre ~ blanche** to hand in a blank sheet of paper

copier [kɔpje] ► conjug 7 ◄ VTI to copy (sur from)

copieux, -ieuse [kɔpjø, jøz] ADJ [repas] copious; [portion] generous

copilote [kɔpilɔt] NMF (en avion) copilot; (en voiture) navigator

copine * [kɔpin] NF (= amie) friend; (= amoureuse) girlfriend ◆ **elles sont très ~s** they're great friends

copropriétaire [kɔprɔprijetɛr] NMF joint owner

copropriété [kɔprɔprijete] NF joint ownership ◆ **immeuble en ~** jointly owned building

coq [kɔk] NM cock ◆ **être comme un ~ en pâte** to live the life of Riley * ◆ **passer du ~ à l'âne** to jump from one subject to another ► **coq au vin** coq au vin

coque [kɔk] NF **a** [de bateau] hull **b** [de noix, amande] shell ◆ **œuf à la ~** boiled egg **c** (= mollusque) cockle

coquelicot [kɔkliko] NM poppy

coqueluche [kɔklyʃ] NF whooping cough ◆ **être la ~ de** * to be the idol of

coquet, -ette [kɔkɛ, ɛt] ADJ **a** [personne] ◆ **elle est coquette** she likes to look nice **b** [logement] charming **c** * [somme d'argent, revenu] tidy *

coquetier [kɔk(ə)tje] NM egg cup

coquillage [kɔkijaʒ] NM (= mollusque) shellfish NonC; (= coquille) shell

coquille [kɔkij] NF **a** [de mollusque, œuf, noix] shell ► **coquille Saint-Jacques** scallop **b** (Typo) misprint

coquin, e [kɔkɛ̃, in] **1** ADJ **a** (= malicieux) [enfant, air] mischievous **b** (= polisson) saucy **2** NM,F (= enfant) rascal

cor [kɔr] NM **a** (= instrument) horn ◆ **~ de chasse** hunting horn ◆ **réclamer qch/qn à ~ et à cri** to clamour for sth/sb **b** (au pied) corn

corail (pl **-aux**) [kɔraj, o] **1** NM coral **2** ADJ INV coral pink ◆ **train Corail** ® ≈ express (train)

Coran [kɔrɑ̃] NM ◆ **le ~** the Koran

corbeau (pl **~x**) [kɔrbo] NM (= oiseau) crow

corbeille [kɔrbɛj] NF **a** (= panier) basket; (Informatique) bin ► **corbeille à pain** breadbasket ► **corbeille à papier(s)** wastepaper bin **b** (Théâtre) (dress) circle

corbillard [kɔrbijar] NM hearse

cordage [kɔrdaʒ] NM **a** ◆ **cordages** rigging **b** [de raquette de tennis] strings

corde [kɔrd] NF **a** (= câble) rope ◆ **grimper ou monter à la ~** to climb a rope ◆ **avoir plusieurs ~s à son arc** to have more than one string to one's bow ◆ **c'est dans ses ~s** it's right up his street (Brit) ou alley (US) ◆ **il pleut ou il tombe des ~s** * it's pouring with rain ► **corde à linge** clothes line ► **corde à sauter** skipping rope, jump rope (US) ► **cordes vocales** vocal cords **b** (sur instrument de musique, raquette) string ◆ **instruments à ~s** stringed instruments ◆ **les ~s** the strings ◆ **quatuor à ~s** string quartet **c** (Courses) rails ◆ **à la ~** on the inside

cordée [kɔrde] NF [d'alpinistes] roped party ◆ **premier de ~** leader

cordial, e (mpl **-iaux**) [kɔrdjal, jo] ADJ warm

cordialement [kɔrdjalmɑ̃] ADV [recevoir] warmly ◆ **il le détestait ~** he heartily detested him ◆ **~** (en fin de lettre) kind regards

cordillère [kɔrdijɛr] NF mountain range ◆ **la ~ des Andes** the Andes cordillera

cordon [kɔrdɔ̃] NM [de rideau] cord; [de sac, bourse] string; [de chaussures] lace ◆ **tenir les ~s de la bourse** to hold the purse strings ► **cordon ombilical** umbilical cord

cordonnerie [kɔrdɔnri] NF (= boutique) shoe-repair shop

cordonnier, -ière [kɔrdɔnje, jɛr] NM,F cobbler

Corée [kɔre] NF Korea ◆ **~ du Sud/du Nord** South/North Korea

coréen, -enne [kɔreɛ̃, ɛn] **1** ADJ Korean **2** NM (= langue) Korean **3** **Coréen(ne)** NM,F Korean

coriace [kɔrjas] ADJ tough

coriandre [kɔrjɑ̃dr] NF coriander

cormoran [kɔrmɔrɑ̃] NM cormorant

corne [kɔrn] NF **a** horn; [de cerf] antler ◆ **à ~s** horned **b** [de page] dog-ear

cornée [kɔrne] NF cornea

corneille [kɔrnɛj] NF crow

cornemuse [kɔrnəmyz] NF bagpipes

corner¹ [kɔrne] ► conjug 1 ◄ VT [+ page] to turn down the corner of

corner² [kɔrnɛr] NM (Football) corner kick

cornet [kɔrnɛ] NM ◆ **~ (en papier)** paper cone ◆ **~ de frites** ≈ bag of chips ◆ **~ de glace** ice-cream cone

corniche [kɔʀniʃ] NF [de montagne] ledge; (= route) coast road

cornichon [kɔʀniʃɔ̃] NM gherkin (Brit), pickle (US); (* = personne) nitwit *

Cornouailles [kɔʀnwaj] NF ◆ la ~ Cornwall

corollaire [kɔʀɔlɛʀ] NM corollary

corolle [kɔʀɔl] NF corolla

corporation [kɔʀpɔʀasjɔ̃] NF corporate body

corporel, -elle [kɔʀpɔʀɛl] ADJ [châtiment] corporal; [besoin] bodily ◆ lait ~ body lotion

corps [kɔʀ] NM **a** body; (= cadavre) corpse ◆ robe près du ~ close-fitting dress ◆ ~ gras fat ◆ se jeter ou se lancer à ~ perdu dans une entreprise to throw o.s. wholeheartedly into a venture ◆ prendre ~ to take shape ▸ corps à corps clinch ◆ se battre au ~ à ~ to fight hand-to-hand **b** [d'article, ouvrage] main body; [de meuble] main part **c** (Mil) corps ◆ le ~ enseignant/médical the teaching/medical profession ▸ corps d'armée army corps ▸ corps de métier trade association

corpulent, e [kɔʀpylɑ̃, ɑ̃t] ADJ stout

correct, e [kɔʀɛkt] ADJ **a** [phrase] correct; [emploi, fonctionnement] proper **b** [tenue] proper **c** (= courtois) polite **d** (= honnête) correct **e** [repas, hôtel, salaire] reasonable

correctement [kɔʀɛktəmɑ̃] ADV properly; [évaluer] accurately; [rémunérer] decently

correcteur, -trice [kɔʀɛktœʀ, tʀis] **1** NM,F [d'examen] examiner **2** NM ◆ ~ d'orthographe ou orthographique spellchecker ◆ ~ liquide correcting fluid

correction [kɔʀɛksjɔ̃] NF **a** (= action) [de manuscrit] correction; [d'examen] marking (Brit), grading (US) ◆ faire des ~s sur un texte to correct a text **b** (= châtiment) (corporal) punishment ◆ recevoir une bonne ~ to get a good hiding *

correctionnel, -elle [kɔʀɛksjɔnɛl] ADJ ◆ tribunal ~ ≈ magistrate's court *(dealing with criminal matters)*

corrélation [kɔʀelasjɔ̃] NF correlation ◆ être en ~ étroite avec to be closely related to

correspondance [kɔʀɛspɔ̃dɑ̃s] NF **a** (= échange, lettres) correspondence **b** (Transports) connection ◆ l'autobus n'assure pas la ~ avec le train the bus does not connect with the train

correspondant, e [kɔʀɛspɔ̃dɑ̃, ɑ̃t] **1** ADJ corresponding (à to) **2** NM,F **a** correspondent; [d'élève] penfriend ◆ de notre ~ permanent à Londres from our correspondent in London **b** (Téléc) ◆ le numéro de votre ~ a changé the number you have dialled has changed ◆ nous recherchons votre ~ we are trying to connect you

correspondre [kɔʀɛspɔ̃dʀ] ► conjug 41 ◄ **1** VI (= écrire) to correspond **2** VT INDIR ◆ ~ à (= être équivalent) to correspond to; (= s'accorder avec) [+ goûts] to suit; [+ capacités, description] to fit ◆ sa version des faits ne correspond pas à la réalité his version of the facts doesn't tally with what really happened

corrida [kɔʀida] NF bullfight

corridor [kɔʀidɔʀ] NM corridor

corrigé [kɔʀiʒe] NM [d'exercice] correct version

corriger [kɔʀiʒe] ► conjug 3 ◄ VT **a** to correct; [+ examen] to mark (Brit), to grade (US); [+ manières] to improve ◆ tu ne le corrigeras pas à son âge it's too late to make him change his ways **b** (= punir) to thrash

corroborer [kɔʀɔbɔʀe] ► conjug 1 ◄ VT to corroborate

corrompre [kɔʀɔ̃pʀ] ► conjug 4 ◄ VT to corrupt; (= soudoyer) to bribe

corrompu, e [kɔʀɔ̃py] ADJ corrupt

corrosif, -ive [kɔʀozif, iv] ADJ corrosive; [ironie, œuvre, écrivain] caustic

corrosion [kɔʀozjɔ̃] NF corrosion

corruption [kɔʀypsjɔ̃] NF corruption; (en soudoyant) bribery

corsage [kɔʀsaʒ] NM (= chemisier) blouse; [de robe] bodice

corsaire [kɔʀsɛʀ] NM **a** (Hist = marin, navire) privateer; (= pirate) pirate **b** ◆ (pantalon) ~ breeches

Corse [kɔʀs] NF Corsica

corse [kɔʀs] **1** ADJ Corsican **2** Corse NMF Corsican

corsé, e [kɔʀse] ADJ **a** [vin] full-bodied; [café] strong **b** [histoire] spicy **c** * [addition] steep *; [exercice] tough

corset [kɔʀsɛ] NM corset

cortège [kɔʀtɛʒ] NM [de fête, manifestants] procession; (officiel) cortège

cortisone [kɔʀtizɔn] NF cortisone

corvée [kɔʀve] NF (Mil) (= travail) fatigue ◆ être de ~ to be on fatigue ◆ être de ~ de vaisselle * to be on dishwashing duty ◆ quelle ~ ! what a chore!

cosmétique [kɔsmetik] ADJ, NM cosmetic

cosmique [kɔsmik] ADJ cosmic

cosmonaute [kɔsmɔnot] NMF cosmonaut

cosmopolite [kɔsmɔpɔlit] ADJ cosmopolitan

cosmos [kɔsmos] NM ◆ le ~ (= l'univers) the cosmos; (= l'espace) space

cossu, e [kɔsy] ADJ [maison] grand; [quartier] wealthy

costar(d) * [kɔstaʀ] NM suit

costaud, e * [kɔsto, od] ADJ strong ◆ **c'est ~ comme voiture** it's a sturdy car

costume [kɔstym] NM **a** (= complet) suit **b** (régional, d'acteur) costume

cotation [kɔtasjɔ̃] NF ◆ **~ en Bourse** listing on the stock exchange

cote [kɔt] NF **a** [de valeur boursière] quotation; [de voiture d'occasion] quoted value; (aux courses) odds (de on) **b** (= popularité) rating ◆ **avoir la ~** * to be very popular (auprès de with), to be highly rated (auprès de by) ◆ **~ de popularité** popularity rating **c** (pour classement) classification mark

coté, e [kɔte] ADJ **a** ◆ **~ en Bourse** quoted on the stock exchange ◆ **être ~ (à l'Argus)** [voiture] to be listed (in the secondhand car directory) **b** (= apprécié) ◆ **être très ~** to be highly rated

côte [kot] NF **a** (Anatomie) rib ◆ **~ à ~** side by side **b** (Boucherie) chop; [de bœuf] rib **c** [de chou, tissu] rib ◆ **veste à ~s** ribbed jacket **d** (= pente) slope **e** (= littoral) coast; (= ligne du littoral) coastline ◆ **la Côte (d'Azur)** the (French) Riviera ▸ **la Côte d'Ivoire** the Ivory Coast

côté [kote] NM **a** side ◆ **être couché sur le ~** to be lying on one's side ◆ **il a sauté de l'autre ~ du ruisseau** he jumped across the stream ◆ **de l'autre ~ de la barrière** on the other side of the fence ◆ **une chambre ~ rue** a bedroom overlooking the street ◆ **il a un ~ sympathique** there's a likeable side to him ◆ **par certains ~s** in some ways ◆ **(du) ~ santé tout va bien** healthwise everything is fine ◆ **du ~ paternel** on his father's side **b** (direction) ◆ **de ce ~-ci** this way ◆ **de ce ~-là** that way ◆ **de l'autre ~** the other way ◆ **nous habitons du ~ de la poste** we live near the post office ◆ **ils se dirigeaient du ~ de l'église** they were heading towards the church ◆ **venir de tous ~s** to come from all directions **c** (locutions)

◆ **à côté** (proximité) nearby; (= pièce ou maison adjacente) next door; (= en comparaison) in comparison ◆ **nos voisins d'à ~** our next-door neighbours ◆ **les bombes sont tombées à ~** the bombs fell wide ◆ **je suis tombé à ~** (= me suis trompé) I got it all wrong

◆ **à côté de** (= à proximité de) next to; (= en comparaison de) compared to ◆ **à ~ de la cible** wide of the target ◆ **on passe à ~ de beaucoup de choses en ne voyageant pas** you miss a lot by not travelling ◆ **leur maison est grande à ~ de la nôtre** their house is big compared to ours

◆ **aux côtés de** (à proximité de, avec) by the side of; [travailler, s'engager] alongside

◆ **de côté** [regarder, se tourner, faire un pas] sideways; [mettre, garder] aside ◆ **mettre de l'argent de ~** to put money by ◆ **laisser qn/qch de ~** (= à l'écart) to leave sb/sth out

coteau [pl ~x] [kɔto] NM (= colline) hill; (= versant) slope

côtelé, e [kot(ə)le] ADJ → **velours**

côtelette [kotlɛt] NF cutlet

côtier, -ière [kotje, jɛʀ] ADJ coastal; [pêche] inshore

cotisation [kɔtizasjɔ̃] NF (à un club, syndicat) subscription; (à la retraite, une mutuelle) contributions ◆ **~s sociales** social security contributions

cotiser [kɔtize] ▸ conjug 1 ◂ **1** VI (dans un club) to pay one's subscription; (à la Sécurité sociale) to pay one's contributions (à to) **2** **se cotiser** VPR to club together

coton [kɔtɔ̃] NM cotton ◆ **~ hydrophile** cotton wool (Brit), absorbent cotton (US) ◆ **robe de** ou **en ~** cotton dress ◆ **j'ai les jambes en ~** my legs feel like jelly ◆ **c'est ~** * it's tricky *

Coton-tige ® [pl Cotons-tiges) [kɔtɔ̃tiʒ] NM cotton bud (Brit), Q-tip ® (US)

côtoyer [kotwaje] ▸ conjug 8 ◂ **1** VT (= fréquenter) to mix with **2** **se côtoyer** VPR [individus] to mix

cou [ku] NM neck ◆ **porter qch au ~** ou **autour du ~** to wear sth round one's neck ◆ **sauter** ou **se jeter au ~ de qn** to throw one's arms around sb's neck

couchant [kuʃɑ̃] **1** ADJ ◆ **soleil ~** setting sun **2** NM (= ouest) west

couche [kuʃ] NF **a** layer; [de peinture] coat ◆ **en tenir une ~** * to be really thick * ◆ **la ~ d'ozone** the ozone layer ◆ **~s sociales** social strata **b** [de bébé] nappy (Brit), diaper (US)

couché, e [kuʃe] ADJ (= étendu) lying down; (au lit) in bed ◆ **Rex, ~ !** lie down, Rex!

couche-culotte [kuʃkylɔt] [pl **couches-culottes**] NF disposable nappy (Brit) ou diaper (US)

coucher [kuʃe] ▸ conjug 1 ◂ **1** VT **a** (= mettre au lit) to put to bed **b** (= étendre) [+ blessé] to lay down; [+ bouteille] to lay on its side ◆ **il y a un arbre couché en travers de la route** there's a tree lying across the road **2** VI **a** (= passer la nuit) to sleep ◆ **nous couchions chez des amis** we were staying with friends **b** (= avoir des rapports sexuels) ◆ **avec qn** to sleep with sb **3** **se coucher** VPR **a** (= aller au lit) to go to bed **b** (= s'étendre) to lie down **c** [soleil, lune] to set **4** NM ◆ **à prendre au ~** [médicament] to be taken at bedtime ▸ **coucher de soleil** sunset

couche-tard * [kuʃtaʀ] NMF INV night owl *

couche-tôt * [kuʃto] NMF INV ◆ **c'est un ~** he always goes to bed early

couchette [kuʃɛt] NF (dans un train) berth; [de marin] bunk

couci-couça * [kusikusa] ADV so-so *

coucou [kuku] **1** NM (= oiseau) cuckoo; (= pendule) cuckoo clock **2** EXCL (à cache-cache) peek-a-boo!; (= bonjour) hello!

coude [kud] NM **a** elbow ◆ **se serrer les ~s** to stick together ◆ **donner un coup de ~ à qn** (légèrement) to give sb a nudge; (plus brutalement) to elbow sb ◆ **être au ~ à ~** (coureurs, candidats) to be neck and neck **b** [de rivière, route, tuyau, barre] bend

coudre [kudʀ] ► conjug 48 ◄ **1** VT to sew; [+ pièce, bouton] to sew on; [+ plaie] to sew up **2** VI to sew

couette [kwɛt] NF **a** [de cheveux] ◆ **~s** bunches **b** (= couverture) duvet

couffin [kufɛ̃] NM [de bébé] Moses basket

couille *¦* [kuj] NF (= testicule) ball *¦* ◆ **avoir des ~s** (courage) to have balls *¦*

couiner * [kwine] ► conjug 1 ◄ VI [porc, freins] to squeal; [souris] to squeak; [porte, ressort] to creak

coulant, e [kulɑ̃, ɑ̃t] ADJ **a** [pâte, fromage] runny **b** (* = indulgent) [personne] easy-going

coulée [kule] NF ◆ **~ de lave** lava flow ◆ **~ de boue** mudslide

couler [kule] ► conjug 1 ◄ **1** VI **a** [liquide, fromage] to run; [sang, larmes, rivière] to flow; [bougie] to drip ◆ **~ à flots** [vin, champagne] to be flowing freely ◆ **~ de source** (= s'enchaîner) to follow naturally ◆ **faire ~** [+ eau, bain] to run; (fig) ◆ **ça a fait ~ beaucoup d'encre** it has caused a lot of ink to flow **b** (= fuir) to leak ◆ **il a le nez qui coule** he's got a runny nose **c** [bateau, personne] to sink; [entreprise] to go under **2** VT **a** [+ métal, statue, cloche] to cast **b** (= passer) ◆ **~ des jours heureux** to have a happy time **c** [+ bateau] to sink; [+ entreprise] to wreck **3** **se couler** VPR ◆ **se ~ dans/à travers** to slip into/through ◆ **se la ~ douce** (= avoir la belle vie) to have an easy time of it *

couleur [kulœʀ] **1** NF **a** colour (Brit), color (US) ◆ **une robe de ~ bleue** a blue dress ◆ **de ~ sombre** dark-coloured ◆ **homme/femme de ~** coloured man/woman ◆ **film en ~s** colour film ◆ **la ~, les ~s** (= linge) coloureds ◆ **se faire faire une ~** to have one's hair coloured; [personne] ◆ **avoir des ~s** to have a good colour ◆ **tu as pris des ~s** (bronzage) you've got a tan ◆ **ces costumes font très ~ locale** these costumes give plenty of local colour **b** (Cartes) suit **2** ADJ INV ◆ **~ prune** plum-coloured (Brit) ou colored (US)

couleuvre [kulœvʀ] NF grass snake

coulissant, e [kulisɑ̃, ɑ̃t] ADJ [porte, panneau] sliding ◆ **ceinture ~e** drawstring belt

coulisse [kulis] NF (Théâtre : gén pl) wings ◆ **en ~, dans les ~s** (Théâtre) in the wings; (fig) behind the scenes

coulisser [kulise] ► conjug 1 ◄ VI to slide

couloir [kulwaʀ] NM [de bâtiment] corridor (Brit), hall (US); [d'avion, train] aisle; [de piscine, bus] lane ◆ **~ aérien** air (traffic) lane ◆ **bruits de ~(s)** rumours

coup [ku] NM **a** (= heurt, choc) blow ◆ **il a pris un ~ sur la tête** (= il s'est cogné) he banged his head; (= on l'a frappé) he was hit on the head ◆ **donner des ~s dans la porte** to bang on the door ◆ **ça lui a fichu un ~** * it's given him a shock ◆ **~ dur** hard blow ◆ **il m'a donné un ~** he hit me ◆ **~s et blessures** assault and battery **b** (Sport, jeux) (Cricket, Golf, Tennis) stroke; (Boxe) punch; (Échecs) move; (aux dés) throw ◆ **~ droit** (Tennis) drive ◆ **~ bas** blow below the belt ◆ **~ franc** (Football, Rugby) free kick; (Basket) free-throw shot **c** [d'arme à feu] shot **d** (= habileté) ◆ **attraper** ou **prendre le ~** to get the knack **e** (= bruit) knock ◆ **les douze ~s de minuit** the twelve strokes of midnight **f** (= événement) ◆ **~ de chance** ou **de bol** * stroke of luck **g** (= action) [de cambrioleurs] job ◆ **il a raté son ~** he blew it * ◆ **~ monté** set-up ◆ **il nous fait le ~ chaque fois** he always does that **h** (* = fois) time ◆ **à tous les ~s** every time ◆ **du même ~** at the same time ◆ **pleurer un bon ~** to have a good cry **i** * (= boisson) ◆ **aller boire un ~** to go and have something to drink; (au café) to go for a drink ◆ **il a bu un ~ de trop** he's had one too many * **j** (locutions) ◆ **en mettre un ~** * to pull out all the stops *

◆ **à coup sûr** definitely
◆ **après coup** afterwards
◆ **dans le coup** ◆ **être dans le ~** (impliqué) to be in on it *; (au courant) to know all about it ◆ **mettre qn dans le ~** to get sb involved
◆ **du coup** as a result
◆ **d'un seul coup** (= soudain) all at once; (= en une seule fois) in one go
◆ **du premier coup** (reconnaître, voir) straight away ◆ **il a eu son permis de conduire du premier ~** he passed his driving test first time
◆ **sous le coup de** ◆ **il l'a fait sous le ~ de la colère** he did it in a fit of anger
◆ **coup sur coup** in quick succession
◆ **sur le coup** [mourir] outright ◆ **sur le ~ je n'ai pas compris** at the time I didn't understand
◆ **tout à coup, tout d'un coup** all of a sudden
◆ **valoir le coup** ◆ **ça vaut le ~** it's worth it ◆ **c'est un film qui vaut le ~** the film is worth seeing

coupable [kupabl] **1** ADJ guilty; [faiblesse] reprehensible **2** NMF culprit

coupant, e [kupɑ̃, ɑ̃t] ADJ sharp

coupe¹ [kup] NF **a** (à dessert, à glace) dish ◆ **une coupe de champagne** a glass of champagne **b** (Sport) ◆ **la coupe du monde** the World Cup ◆ **la coupe de France de football** the French football (Brit) ou soccer (US) cup

coupe² [kup] NF **a** (= façon d'être coupé) cut ◆ **coupe (de cheveux)** (hair)cut **b** (= dessin) section **c** (= réduction) cut ◆ **faire des coupes dans qch** to make cuts in sth ◆ **faire des coupes claires** ou **sombres dans qch** to make drastic cuts in sth **d** ◆ **être sous la coupe de qn** [personne] to be under sb's thumb

coupé [kupe] NM (= voiture) coupé

coupe-faim (pl ~(**s**)) [kupfɛ̃] NM appetite suppressant

coupe-gorge (pl ~(**s**)) [kupgɔʀʒ] NM (= rue) dangerous back-alley

coupe-ongle(s) (pl coupe-ongles) [kupɔ̃gl] NM nail clippers

coupe-papier [kuppapje] NM INV paper knife

couper [kupe] ▸ conjug 1 ◂ **1** VT **a** (= sectionner) to cut; [+ bois] to chop; [+ arbre] to cut down; [+ rôti] to carve ◆ **~ qch en morceaux** to cut sth into pieces ◆ **~ qch en deux** to cut sth in two ◆ **~ coller** (Informatique) to cut and paste ◆ **se faire ~ les cheveux** to get one's hair cut ◆ **~ les cheveux en quatre** to split hairs **b** [+ vêtement] to cut out **c** [+ passages inutiles, émission] to cut **d** [+ eau, gaz, courant] to cut off; (au compteur) to turn off; [+ communications, téléphone] to cut off ◆ **~ le contact** (Auto) to switch off the ignition ◆ **~ l'appétit à qn** to spoil sb's appetite ◆ **~ la respiration à qn** to wind sb ◆ **~ la parole à qn** [personne] to cut sb short **e** [+ voyage] to break; [+ journée] to break up **f** [+ isoler] ◆ **~ qn de qch** to cut sb off from sth **g** (= traverser) [ligne] to intersect; [route] to cut across **h** [+ lait, vin] (à table) to add water to; [+ vin] (à la production) to blend **2** VT INDIR ◆ **tu n'y couperas pas** (tu n'y échapperas pas) you won't get out of it **3** VI **a** [couteau, verre] to cut **b** (= prendre un raccourci) ◆ **~ à travers champs** to cut across country **c** (Cartes) (= diviser le jeu) to cut; (= jouer atout) to trump ◆ **~ à trèfle** to trump clubs **4** **se couper** VPR to cut o.s. ◆ **se ~ les cheveux/les ongles** to cut one's hair/nails

coupe-vent (pl ~(**s**)) [kupvɑ̃] NM (= vêtement) windcheater (Brit), windbreaker (US)

couple [kupl] NM couple; (= patineurs, animaux) pair

couplet [kuplɛ] NM (= strophe) verse

coupole [kupɔl] NF (Archit) dome

coupon [kupɔ̃] NM **a** (= reste de tissu) remnant **b** (= billet de transport) ◆ **~ hebdomadaire/ mensuel** = weekly/monthly pass **c** ◆ **~ de réduction** coupon

coupon-réponse (pl coupons-réponse) [kupɔ̃ʀepɔ̃s] NM reply coupon

coupure [kupyʀ] NF **a** cut ◆ **~ (de courant)** power cut **b** ◆ **~ de presse** (newspaper) cutting **c** (= billet de banque) note (Brit), bill (US) **d** (= arrêt, pause) break ◆ **~ publicitaire** commercial break

cour [kuʀ] NF **a** [de bâtiment] courtyard ◆ **~ de récréation** playground **b** (= tribunal) court ◆ **la Cour suprême** the Supreme Court ▸ **cour d'appel** = Court of Appeal, = appellate court (US) ▸ **cour de cassation** Court of Cassation; (final) Court of Appeal ▸ **cour martiale** court martial ◆ **passer en ~ martiale** to be court-martialled **c** [de roi] court ◆ **à la ~** at court ◆ **faire la ~ à une femme** to court a woman

courage [kuʀaʒ] NM **a** (= bravoure) courage ◆ **avoir du ~** to be brave **b** (= ardeur) ◆ **je voudrais finir ce travail, mais je ne m'en sens pas le ~** I'd like to get this work finished, but I don't feel up to it ◆ **~ ! nous y sommes presque !** take heart! we're almost there! ◆ **perdre ~** to lose heart ◆ **reprendre ~** to take fresh heart

courageusement [kuʀaʒøzmɑ̃] ADV bravely

courageux, -euse [kuʀaʒø, øz] ADJ brave

couramment [kuʀamɑ̃] ADV (parler une langue) fluently ◆ **employé** commonly used ◆ **ça se dit** it's a common expression

courant, e [kuʀɑ̃, ɑ̃t] **1** ADJ **a** [dépenses] everyday; [modèle, taille] standard **b** (= fréquent) common **2** NM **a** [de cours d'eau, mer, atmosphère] current ◆ **~ d'air** draught (Brit), draft (US) ◆ **il y a trop de ~** the current's too strong **b** (= mouvement) movement ◆ **le ~ surréaliste** the surrealist movement **c** (Élec) current ◆ **couper le ~** to cut off the power ◆ **le ~ ne passe pas entre nous** we don't get on **d** (= cours) ◆ **je dois le voir dans le ~ de la semaine** I'm to see him some time during the week ◆ **dans le ~ de la conversation** in the course of the conversation ◆ **le projet doit être fini ~ mai** the project is due to finish some time in May **e** ◆ **être au ~ de qch** to know about sth ◆ **mettre qn au ~ de qch** to tell sb about sth ◆ **tenir qn au ~ de qch** to keep sb informed of sth

courbature [kuʀbatyʀ] NF ache ◆ **je suis plein de ~s** I'm aching all over

courbe [kuʀb] NF curve

courber [kuʀbe] ▸ conjug 1 ◂ **1** VT (= pencher) ◆ **~ la tête** to bow one's head **2** **se courber** VPR [personne] (pour entrer, passer) to bend down; (signe de déférence) to bow ◆ **se ~ en deux** to bend double

coureur, -euse [kuʀœʀ, øz] **1** NM,F runner ◆ **~ automobile** racing driver ◆ **~ cycliste** racing cyclist **2** NM (péj) ◆ **~ (de jupons)** womanizer

courgette [kuʀʒɛt] NF courgette (Brit), zucchini (US)

courir [kuʀiʀ] ► conjug 11 ◄ **1** VI **a** to run; (Auto, Cyclisme) to race ◆ **entrer/sortir en courant** to run in/out **b** (= se précipiter) to rush ◆ **~ chez le docteur** to rush to the doctor's ◆ **tu peux toujours ~ !** * you can whistle for it! * ◆ **~ à la catastrophe** to be rushing headlong into disaster ◆ **~ après qn** to run after sb ◆ **~ sur le système** * **ou le haricot à qn** * to get on sb's nerves * **c** (= se répandre) ◆ **le bruit court que ...** rumour has it that ... ◆ **laisse ~ !** * forget it! * **2** VT **a** (Sport) [+ épreuve] to compete in **b** (= s'exposer à) ◆ **~ de grands dangers** to be in great danger ◆ **un risque** to run a risk **c** [+ magasins] to go round ◆ **des gens comme lui, ça ne court pas les rues** * there aren't many like him **d** (= fréquenter) ◆ **~ les filles** to chase the girls

couronne [kuʀɔn] NF **a** [de roi, pape] crown ◆ **la ~ d'Angleterre** the English crown ◆ **~ (funéraire ou mortuaire)** (fleurs) (funeral) wreath ◆ **~ de lauriers** laurel wreath ◆ **~ d'épines** crown of thorns **b** [de dent] crown **c** (= monnaie) crown

couronnement [kuʀɔnmɑ̃] NM [de roi, empereur] coronation; [de carrière, œuvre] crowning achievement

couronner [kuʀɔne] ► conjug 1 ◄ VT to crown ◆ **on le couronna roi** he was crowned king ◆ **et pour ~ le tout** (iro) and to cap it all ◆ **ses efforts ont été couronnés de succès** his efforts were crowned with success

courre [kuʀ] VT → **chasse**

courriel [kuʀjɛl] NM (Can) e-mail

courrier [kuʀje] NM **a** (= lettres reçues) mail; (= lettres à écrire) letters ◆ **~ électronique** e-mail ◆ **envoyer qch par ~ électronique** to e-mail sth **b** (= rubrique) column ◆ **~ du cœur** problem page ◆ **~ des lecteurs** letters to the Editor

courroie [kuʀwa] NF (= attache) strap; (Tech) belt ◆ **~ de transmission** driving belt

cours [kuʀ] NM **a** (= leçon) class; (Univ) lecture ◆ **il donne des ~ à l'université** he lectures at the university ◆ **je ne ferai pas ~ demain** I won't be teaching tomorrow ◆ **j'ai (un) ~ d'histoire à quatorze heures** I've got a history class at two o'clock ◆ **du soir** (pl) evening classes ◆ **~ par correspondance** correspondence course ◆ **donner/prendre des ~ particuliers** to give/have private lessons **b** (= enseignement) ◆ **~ préparatoire/élémentaire/moyen** first/second or third/fourth or fifth year in primary school **c** (= établissement) school **d** [de rivière] ◆ **descendre le ~ de la Seine** to go down the Seine ► **cours d'eau** watercourse **e** [de devises] rate ◆ **avoir ~** [monnaie] to be legal tender ◆ **~ du change** foreign exchange rate **f** (= déroulement) course ◆ **donner libre ~ à**

[+ imagination] to give free rein to; [+ joie, sentiment] to give vent to ◆ **en ~** [année] current; [affaires, essais] in progress ◆ **c'est en ~ de réparation** it's being repaired ◆ **en ~ de route** on the way

course [kuʀs] NF **a** (= action de courir) running ◆ **c'est la ~ !** * it's a race against the clock **b** (= discipline) racing ◆ **la ~ (à pied)** running ◆ **faire la ~ avec qn** to race with sb ► **course de haies** hurdling *NonC* **c** (= compétition) race ◆ **les ~s** [de chevaux] horse racing ► **course automobile** motor race ► **course d'obstacles** (Sport) obstacle race; (Hippisme) steeplechase **d** (pour l'obtention de qch) race ◆ **la ~ aux armements** the arms race **e** (en taxi) ride; (= prix) fare **f** (= commission) errand ◆ **faire une ~** to get something from the shops (Brit) ou stores (US) ◆ **faire les ~s** to do the shopping

coursier, -ière [kuʀsje, jɛʀ] NM,F courier; (à moto) dispatch rider

court¹, e [kuʀ, kuʀt] **1** ADJ short ◆ **la journée m'a paru courte** the day seemed to go very quickly ◆ **tirer à la courte paille** to draw straws **2** ADV ◆ **elle s'habille très court** she wears very short skirts ◆ **avoir les cheveux coupés court** to have short hair ◆ **couper court à** [+ débat, rumeur, critiques] to put a stop to ◆ **prendre qn de court** to catch sb unawares ◆ **être à court de qch** to be short of sth ◆ **appelez-moi Bob tout court** just call me Bob

court² [kuʀ] NM (Sport) court ◆ **court de tennis/badminton** tennis/badminton court

court-bouillon (pl **courts-bouillons**) [kuʀbuj5] NM court-bouillon ◆ **au ~** in a court-bouillon

court-circuit (pl **courts-circuits**) [kuʀsiʀkyi] NM short-circuit

courtier, -ière [kuʀtje, jɛʀ] NM,F broker ◆ **~ en assurances** insurance broker

courtiser [kuʀtize] ► conjug 1 ◄ VT [+ femme] to court

court-métrage (pl **courts-métrages**) [kuʀmetʀaʒ] NM → **métrage**

courtois, e [kuʀtwa, waz] ADJ courteous

courtoisie [kuʀtwazi] NF courtesy

couscous [kuskus] NM couscous

cousin, e [kuzɛ̃, in] NM,F cousin ◆ **~ germain** first cousin

coussin [kusɛ̃] NM cushion ◆ **~ d'air** air cushion

cousu, e [kuzy] ADJ sewn ◆ **c'est ~ de fil blanc** (fig) it's so obvious

coût [ku] NM cost ◆ **le ~ de la vie** the cost of living

coûtant [kutɑ̃] ADJ M ◆ **prix ~** cost price

couteau (pl ~x) [kuto] NM knife ◆ ~ **à beurre/ huîtres** butter/oyster knife ◆ **être à ~(x) tiré(s)** to be at daggers drawn ◆ **remuer** ou **retourner le ~ dans la plaie** to twist the knife in the wound ► **couteau de cuisine** kitchen knife

coûter [kute] ► conjug 1 ◄ VTI to cost ◆ **combien ça coûte ?** how much is it? ◆ **ça coûte cher ?** is it expensive? ◆ **ça m'a coûté 10 €** it cost me €10 ◆ **ça va lui ~ cher** [erreur, impertinence] it will cost him dearly ◆ **ça ne coûte rien d'essayer** it costs nothing to try ◆ **ça lui a coûté la vie** it cost him his life ◆ **coûte que coûte** at all costs

coûteux, -euse [kutø, øz] ADJ costly

coutume [kutym] NF custom ◆ **comme de ~** as usual

couture [kutyʀ] NF **a** (= action, ouvrage) sewing; (= profession) dressmaking ◆ **faire de la ~** to sew; → **haut b** (= points) seam

couturier [kutyʀje] NM (= personne) fashion designer ◆ **grand ~** top designer

couturière [kutyʀjɛʀ] NF (= personne) dressmaker

couvent [kuvɑ̃] NM **a** [de sœurs] convent; [de moines] monastery ◆ **entrer au ~** to enter a convent **b** (= internat) convent school

couver [kuve] ► conjug 1 ◄ **1** VI [feu] to smoulder; [émeute] to be brewing **2** VT **a** [poule] to sit on **b** [+ enfant] to cosset ◆ **il couve quelque chose** (maladie) he's sickening for something

couvercle [kuvɛʀkl] NM lid; [d'aérosol] top

couvert, e [kuvɛʀ, ɛʀt] **1** ADJ **a** (= habillé) ◆ **tu n'es pas assez ~** you're not dressed warmly enough **b** ◆ **~ de** [+ boutons, taches] covered in with ◆ **~ de bleus** covered in bruises **c** [ciel] overcast; → **mot 2** NM **a** (= ustensiles) [piscine, court de tennis] indoor **2** NM **a** (= ustensiles) place setting ◆ **des ~s en plastique** plastic knives and forks **b** (à table) ◆ **mettre le ~** to lay the table ◆ **mets un ~ de plus** lay another place

couverture [kuvɛʀtyʀ] NF **a** (literie) blanket ◆ **~ chauffante** ou **électrique** electric blanket **b** [de cahier, livre] cover; (= jaquette) dust cover **c** (= protection) cover ◆ **~ sociale** social security cover

couveuse [kuvøz] NF [de bébé] incubator ◆ **être en ~** to be in an incubator

couvre-feu (pl ~x) [kuvʀəfø] NM curfew

couvre-lit (pl ~s) [kuvʀəli] NM bedspread

couvrir [kuvʀiʀ] ► conjug 18 ◄ **1** VT **a** to cover (de, avec with) ◆ **couvrir bien les enfants** wrap the children up well ◆ **~ qn** (dans une affaire) to cover up for sb ◆ **~ qn de cadeaux** to shower sb with gifts ◆ **~ qn de baisers** to cover sb with kisses ◆ **~ qn d'éloges** to heap praise on sb **b** (= masquer) [+ son, voix] to drown out **2** **se**

couvrir VPR **a** ◆ **se ~ de fleurs/feuilles** [arbre] to come into bloom/leaf ◆ **se ~ de ridicule** to bring ridicule upon o.s. **b** (= s'habiller) to cover up **c** (= se protéger) to cover o.s. **d** [ciel] to cloud over ◆ **le temps se couvre** it's clouding over

cow-boy (pl ~s) [kobɔj] NM cowboy

coyote [kɔjɔt] NM coyote

CP [sepe] NM (abrév de **cours préparatoire**) first year in primary school

crabe [kʀab] NM crab

crac [kʀak] EXCL [de bois, glace] crack; [d'étoffe] rip

crachat [kʀaʃa] NM spit NonC

craché, e * [kʀaʃe] ADJ ◆ **c'est son père tout ~** he's the spitting image of his father

cracher [kʀaʃe] ► conjug 1 ◄ **1** VI to spit ◆ **~ sur qn** to spit at sb; (fig) to despise sb ◆ **il ne crache pas sur le caviar** * he doesn't turn his nose up at caviar ◆ **~ dans la soupe** * to bite the hand that feeds you **2** VT **a** [sang] to spit; [+ bouchée] to spit out **b** [cheminée, volcan] to belch

cracheur, -euse [kʀaʃœʀ, øz] NM,F ◆ **~ de feu** ou **de flammes** fire-eater

crachin [kʀaʃɛ̃] NM drizzle

crack [kʀak] NM (= personne) ace ◆ **un crack en informatique** an ace at computing

crack [kʀak] NM (Drogue) crack **crade** * [kʀad], **crado** * [kʀado] ADJ scuzzy*

craie [kʀɛ] NF chalk ◆ **à la ~** in chalk

craignait [kʀɛɲɛ] VB → **craindre**

craindre [kʀɛ̃dʀ] ► conjug 52 ◄ **1** VT [personne] to be afraid of ◆ **~ de faire qch** to be afraid of doing sth ◆ **il craint de se faire mal** he's afraid of hurting himself ◆ **je crains d'avoir bientôt à partir** I'm afraid I'll have to leave soon ◆ **~ que ...** to be afraid that ... ◆ **je crains qu'il (n')attrape froid** I'm afraid he'll catch cold ◆ **~ pour** [+ vie, réputation] to fear for ◆ **~ le froid** [plante] to be damaged by cold **2** VI (* péj) ◆ **il craint, ce type** that guy's a real creep* ◆ **ça craint dans ce quartier** this is a really shady* area

crainte [kʀɛ̃t] NF (= peur) fear ◆ **sans ~** [affronter, parler] fearlessly ◆ **de ~ que ...** fearing that ...

craintif, -ive [kʀɛ̃tif, iv] ADJ timid

cramé, e * [kʀame] **1** ADJ burnt **2** NM ◆ **ça sent le ~** I can smell burning

cramer * [kʀame] ► conjug 1 ◄ **1** VI [maison] to go up in flames; [papier, rôti] to burn **2** VT to burn

cramoisi, e [kʀamwazi] ADJ crimson

crampe [kʀɑ̃p] NF cramp ✦ **avoir une ~ au mollet** to have cramp (Brit) ou a cramp (US) in one's calf ✦ **avoir des ~s d'estomac** to have stomach cramps

crampon [kʀɑ̃pɔ̃] NM [de chaussures] stud; [d'alpiniste] crampon

cramponner (se) [kʀɑ̃pɔne] ▸ conjug 1 ◂ VPR (pour ne pas tomber) to hold on ✦ **se cramponner à** [+ branche, volant] to clutch; [+ personne, vie, espoir] to cling to

cran [kʀɑ̃] NM a [de pièce dentée, crémaillère] notch; [d'arme à feu] catch; [de ceinture, courroie] hole ✦ **~ de sûreté** safety catch ✦ **(couteau à) ~ d'arrêt** flick-knife ✦ **monter/descendre d'un ~** (dans la hiérarchie) to move up/come down a rung ✦ **être à ~** to be very edgy b [de cheveux] wave c (* = courage) ✦ **il faut du ~ pour faire ça** you need guts * to do that sort of thing

crâne [kʀɑn] NM skull ✦ **avoir mal au ~** * to have a headache ✦ **n'avoir rien dans le ~** * to be empty-headed

crâner * [kʀɑne] ▸ conjug 1 ◂ VI to show off *

crâneur, -euse * [kʀɑnœʀ, øz] NM,F show-off *

crânien, -ienne [kʀɑnjɛ̃, jɛn] ADJ → **boîte**

crapaud [kʀapo] NM (= animal) toad

crapule [kʀapyl] NF crook

craquement [kʀakmɑ̃] NM crack; [de plancher, boiserie] creak; [de feuilles sèches] crackle

craquer [kʀake] ▸ conjug 1 ◂ **1** VI a [parquet] to creak; [feuilles mortes, disque] to crackle b (= céder) [collant] to rip; [bois] to crack ✦ **ma veste craque aux coutures** my jacket is coming apart at the seams; → **plein** c [accusé, malade] to crack ✦ **j'ai craqué** * (fou) I cracked up *; (enthousiasme) I couldn't resist it (ou them ou him etc) **2** VT a [+ pantalon] to rip b ✦ **~ une allumette** to strike a match

crasse [kʀas] NF (= saleté) grime ✦ **faire une ~ à qn** * (= sale tour) to play a dirty trick on sb *

crasseux, -euse [kʀasø, øz] ADJ grimy

cratère [kʀatɛʀ] NM crater

cravate [kʀavat] NF tie

crawl [kʀol] NM (= nage) crawl ✦ **nager le ~** to do the crawl

crayon [kʀejɔ̃] NM a (= pencil ✦ **écrivez cela au ~** write that in pencil ▸ **crayon de couleur** crayon ▸ **crayon feutre** felt-tip pen ▸ **crayon à lèvres** lip pencil ▸ **crayon noir** ou **à papier** lead pencil ▸ **crayon optique** light pen ▸ **crayon pour les yeux** eyeliner pencil b (= matière) crayon

créance [kʀeɑ̃s] NF debt

créancier, -ière [kʀeɑ̃sje, jɛʀ] NM,F creditor

créateur, -trice [kʀeatœʀ, tʀis] NM,F creator; (= artiste) designer ✦ **~ de mode** fashion designer

créatif, -ive [kʀeatif, iv] ADJ creative

création [kʀeasjɔ̃] NF creation; [d'entreprise] setting up ✦ **il y a eu 200 ~s d'emplois** 200 jobs were created

créature [kʀeatyʀ] NF creature

crécelle [kʀesɛl] NF rattle

crèche [kʀɛʃ] NF a (= établissement) crèche b (de Noël) crib (Brit), crèche (US)

crédible [kʀedibl] ADJ credible ✦ **peu ~** unconvincing

crédit [kʀedi] NM a (= paiement différé) credit ✦ **faire ~ à qn** to give sb credit ✦ **acheter/vendre qch à ~** to buy/sell sth on credit b (= prêt) loan ✦ **~ immobilier** mortgage c (= excédent d'un compte) credit ✦ **vous avez 1 500 € à votre ~** you are €1,500 in credit d (gén pl = fonds) ✦ **~s** funds e (= confiance) credit; (= réputation) reputation ✦ **ça donne du ~ à ce qu'il affirme** that lends credence to what he says

crédit-bail (pl **crédits-bails**) [kʀedibaj] NM (= système) leasing; (= contrat) lease

créditer [kʀedite] ▸ conjug 1 ◂ VT ✦ **~ un compte de** [+ somme] to credit an account with

créditeur, -trice [kʀeditœʀ, tʀis] ADJ ✦ **leur compte est ~** their account is in credit

crédule [kʀedyl] ADJ credulous

crédulité [kʀedylite] NF credulity

créer [kʀee] ▸ conjug 1 ◂ VT to create ✦ **~ des ennuis/difficultés à qn** to create problems/difficulties for sb

crémaillère [kʀemajɛʀ] NF a [de cheminée] hook for kettle; → **pendre** b (Rail, Tech) rack

crématorium [kʀematɔʀjɔm] NM crematorium

crème [kʀɛm] **1** NF cream; (= peau sur le lait) skin; (= entremets) cream dessert ✦ **~ d'asperges** (= potage) cream of asparagus (soup) ✦ **fraises à la ~** strawberries and cream ✦ **gâteau à la ~** cream cake ▸ **crème anglaise** thin custard made with eggs ▸ **crème (au) caramel** crème caramel ▸ **crème fouettée** (sweetened) whipped cream ▸ **crème fraîche** crème fraîche ▸ **crème glacée** ice cream ▸ **crème pâtissière** confectioner's custard ▸ **crème renversée** cup custard **2** ADJ INV cream **3** NM (= café au lait) coffee with milk

crémerie [kʀɛmʀi] NF shop selling dairy products

crémeux, -euse [kʀemø, øz] ADJ creamy

créneau (pl **~x**) [kʀeno] NM a [de rempart] ✦ **les ~x** the battlements b ✦ **faire un ~**

[conducteur] to parallel park **c** (dans un marché, un emploi du temps) gap ◆ **~ (horaire)** (TV) (time) slot

créole [kreɔl] **1** ADJ creole **2** NM (= langue) Creole **3** NMF Creole **4** NF (= boucle d'oreille) hoop earring

crêpe¹ [krɛp] NF (= galette) pancake (Brit), crêpe

crêpe² [krɛp] NM **a** (= tissu, caoutchouc) crepe **b** (de deuil) black mourning crepe

crêper [krepe] ► conjug 1 ◄ **1** VT [+ cheveux] to backcomb **2** se crêper VPR ◆ **se ~ le chignon** * to tear each other's hair out

crêperie [krepri] NF crêperie

crépi [krepi] NM roughcast

crépir [krepir] ► conjug 2 ◄ VT to roughcast

crépiter [krepite] ► conjug 1 ◄ VI [feu, électricité] to crackle; [bougie, friture] to sputter; [flashs] to go off ◆ **les applaudissements crépitèrent** there was a ripple of applause

crépon [krepɔ̃] NM → **papier**

crépu, e [krepy] ADJ [cheveux] frizzy

crépuscule [krepyskyl] NM dusk ◆ **au ~** at dusk

crescendo [kreʃɛndo] ADV, NM ◆ **aller ~** [vacarme, acclamations] to rise in a crescendo; [colère, émotion] to grow ever greater

cresson [kresɔ̃] NM watercress

Crète [kret] NF Crete

crête [kret] NF **a** [de coq] comb; [d'oiseau] crest **b** [de toit, montagne] ridge; [de vague] crest

crétin, e [kretɛ̃, in] NM,F (péj) cretin *

creuser [krøze] ► conjug 1 ◄ **1** VT **a** [+ bois, falaise] to hollow out; [+ sol, roc] to dig a hole in; [+ puits, tranchée, trou, tunnel] to dig ◆ **la promenade, ça creuse** * walking gives you a real appetite **b** [+ problème, sujet] to go into ◆ **c'est une idée à ~** it's an idea worth pursuing **2** se creuser VPR [joues, visage] to become gaunt; [écart] to widen ◆ **se ~ (la cervelle ou la tête)** * to rack one's brains

creux, creuse [krø, krøz] **1** ADJ **a** [objet, joues, paroles] hollow **b** (= sans activité) slack ◆ **les heures creuses** (métro, électricité, téléphone) off-peak periods ◆ **période creuse** slack period; (Tourisme) low season **2** NM **a** (= cavité) hole ◆ **avoir un ~** * to feel hungry **b** (= dépression) hollow ◆ **ça tient dans le ~ de la main** it's small enough to hold in your hand ◆ **au ~ des reins** in the small of one's back **c** (= activité réduite) slack period ◆ **j'ai un ~ entre 12 et 13 h** I'm free between midday and one o'clock

crevaison [krəvɛzɔ̃] NF flat tyre (Brit) ou tire (US)

crevant, e * [krəvɑ̃, ɑ̃t] ADJ (= fatigant) gruelling

crevasse [krəvas] NF [de sol, peau] crack; [de glacier] crevasse

crevé, e [krəve] ADJ **a** [pneu] punctured ◆ **j'ai un pneu ~** I've got a flat tyre (Brit) ou tire (US) **b** (* = fatigué) exhausted

crève * [krɛv] NF ◆ **j'ai la ~** I've got a bad cold

crever [krəve] ► conjug 5 ◄ **1** VT **a** [+ pneu] to puncture; [+ ballon] to burst ◆ **un œil à qn** to poke sb's eye out ◆ **ça crève les yeux** it's as plain as the nose on your face **b** (* = exténuer) ◆ **~ qn** [personne] to wear sb out **2** VI **a** [fruit, sac, abcès] to burst ◆ **~ de jalousie** to be sick with jealousy ◆ **~ d'envie de faire qch** to be dying to do sth * **b** (* = mourir) to die ◆ **on crève de chaud ici** it's boiling in here * ◆ **je crève de faim** I'm starving * ◆ **je crève de soif** I'm dying of thirst * **c** [automobiliste] to have a flat tyre (Brit) ou tire (US); [pneu] to go flat **3** se crever VPR (* = se fatiguer) to kill o.s. * (à faire qch doing sth)

crevette [krəvɛt] NF ◆ **~ (rose)** prawn ◆ **~ grise** shrimp

cri [kri] NM **a** [de personne] cry; (très fort) scream; (ton aigu) shriek; [pousser des ~s (de joie/triomphe)] to cry out (in joy/triumph) ◆ **~ du cœur** cry from the heart **b** [d'animal] noise; [d'oiseau] call; [de cochon] squeal ◆ (loc) ◆ **c'est le dernier ~** it's the latest thing ◆ **un ordinateur dernier ~** a state-of-the-art computer

criant, e [krijɑ̃, ɑ̃t] ADJ striking

criard, e [krijar, ard] ADJ [couleurs, vêtement] loud

crible [kribl] NM riddle ◆ **passer au ~** (fig) to examine closely

criblé, e [krible] ADJ ◆ **~ de** [+ balles, trous] riddled with ◆ **~ de dettes** crippled by debt

cribler [krible] ► conjug 1 ◄ VT ◆ **~ qch/qn de balles** to riddle sth/sb with bullets

cric [krik] NM (car) jack ◆ **soulever qch au ~** to jack sth up

cricket [kriket] NM cricket

crier [krije] ► conjug 7 ◄ **1** VI **a** [personne] to shout; (très fort) to scream; (ton aigu) to shriek; (de peur, de douleur) to cry out ◆ **"oh non !" cria-t-il** "oh no!", he cried **b** [oiseau, singe] to call; [mouette] to cry; [souris] to squeak **c** (avec préposition) ◆ **~ contre** ou **après** * qn to nag sb ◆ **~ au scandale** to call it a scandal **2** VT [+ ordre, injures] to shout; [+ indignation] to express; [+ innocence] to protest ◆ **sans ~ gare** without warning

crime [kʀim] NM **a** (= meurtre) murder ◆ **la victime/l'arme du ~** the murder victim/weapon ◆ **~ passionnel** crime of passion **b** (= délit grave) crime ◆ **~ de guerre** war crime ◆ **~ contre l'humanité** crime against humanity ◆ **il est parti avant l'heure ? ce n'est pas un ~ !** he left early? well, that's hardly a crime!

criminalité [kʀiminalite] NF (= actes criminels) crime ◆ **la grande/petite ~** serious/petty crime

criminel, -elle [kʀiminɛl] **1** ADJ criminal **2** NM,F (= meurtrier) murderer; [de délit grave] criminal

crin [kʀɛ̃] NM [de cheval] hair NonC; → **gant**

crinière [kʀinjɛʀ] NF mane

crique [kʀik] NF cove

criquet [kʀikɛ] NM locust; (= sauterelle) grasshopper

crise [kʀiz] NF **a** [d'appendicite, asthme, rhumatisme] attack ◆ **~ d'épilepsie** epileptic fit ▸ **crise cardiaque** heart attack ▸ **crise de foie** bad attack of indigestion **b** [de colère, rage, jalousie] fit ◆ **la ~ (de rire) !** * what a scream! * ◆ **piquer une ou sa ~** * to fly off the handle ▸ **crise de nerfs** fit of hysterics **c** (= bouleversement) crisis ◆ **~ économique/d'identité** economic/identity crisis ◆ **en (état de) ~** in (a state of) crisis

crispé, e [kʀispe] ADJ tense

crisper [kʀispe] ► conjug 1 ◄ **1** VT (* = agacer) ◆ **~ qn** to get on sb's nerves * **2 se crisper** VPR [visage] to tense; [sourire] to become strained; [poings] to clench; [personne] to become tense ◆ **ses mains se crispèrent sur le volant** he clutched the wheel

crissement [kʀismɑ̃] NM [de neige, gravier] crunch NonC; [de pneus, freins] screech NonC

crisser [kʀise] ► conjug 1 ◄ VI [neige, gravier] to crunch; [pneus, freins] to screech; [plume] to scratch; [craie] to squeak

cristal (pl **-aux**) [kʀistal, o] NM crystal ◆ **de ou en ~** crystal ◆ **à cristaux liquides** liquid crystal

cristallin, e [kʀistalɛ̃, in] **1** ADJ (= limpide) crystal-clear **2** NM crystalline lens

cristalliser VTI, **se cristalliser** VPR [kʀistalize] ► conjug 1 ◄ to crystallize

critère [kʀitɛʀ] NM criterion ◆ **~s de sélection** selection criteria

critique [kʀitik] **1** ADJ critical ◆ **il s'est montré très ~ (au sujet de ...)** he was very critical (of ...) **2** NF **a** (= blâme) criticism ◆ **il ne supporte pas la ~** he can't take criticism; [de livre, spectacle] review ◆ **la ~ littéraire** literary criticism **b** (= personnes) ◆ **la ~** the critics **3** NMF (= commentateur) critic

critiquer [kʀitike] ► conjug 1 ◄ VT (= blâmer) to criticize

croasser [kʀɔase] ► conjug 1 ◄ VI to caw

croate [kʀɔat] **1** ADJ Croatian **2** NM (langue) Croatian **3 Croate** NMF Croatian

Croatie [kʀɔasi] NF Croatia

croc [kʀo] NM (= dent) fang ◆ **montrer les ~s** [animal] to bare its teeth ◆ **avoir les ~s** * to be starving *

croc-en-jambe (pl **crocs-en-jambe**) [kʀɔkɑ̃ʒɑ̃b] NM ◆ **faire un ~ à qn** to trip sb up

croche [kʀɔʃ] NF (= note) quaver (Brit), eighth (note) (US) ◆ **double ~** semiquaver (Brit), sixteenth (note) (US)

croche-patte * (pl **~s**) [kʀɔʃpat] NM ◆ **faire un ~ à qn** to trip sb up

croche-pied (pl **~s**) [kʀɔʃpje] NM ◆ **faire un ~ à qn** to trip sb up

crochet [kʀɔʃɛ] NM **a** (= fer recourbé) hook ◆ **vivre aux ~s de qn** * to sponge off * sb **b** (= aiguille) crochet hook; (= technique) crochet ◆ **faire du ~** to crochet **c** (Boxe) ◆ **du gauche/du droit** left/right hook **d** [de voyage] detour ◆ **on a fait un ~ par Caen** we made a detour through Caen **e** (= parenthèse) square bracket ◆ **entre ~s** in square brackets

crochu, e [kʀɔʃy] ADJ [nez] hooked; [mains, doigts] claw-like; → **atome**

crocodile [kʀɔkɔdil] NM crocodile ◆ **sac en ~** crocodile handbag

croire [kʀwaʀ] ► conjug 44 ◄ **1** VT **a** to believe ◆ **je veux bien le ~** I can well believe it ◆ **on l'a cru mort** he was believed to be dead **b** (= penser) to think ◆ **elle croyait avoir perdu son sac** she thought she had lost her bag ◆ **je crois que oui** I think so ◆ **je crois que non** I don't think so ◆ **il n'est pas là ? – je crois que si** isn't he in? – yes I think he is ◆ **je la croyais avec vous** I thought she was with you ◆ **on croirait une hirondelle** it looks like a swallow ◆ **on croirait entendre une clarinette** it sounds like a clarinet **2** VT INDIR **a** ◆ **~ à** to believe in ◆ **on a cru d'abord à un accident** at first they thought it was accident ◆ **veuillez ~ à mes sentiments dévoués** yours sincerely **b** ◆ **~ en** to believe in ◆ **~ en Dieu** to believe in God ◆ **il n'en croyait pas ses oreilles** he couldn't believe his ears **3 se croire** VPR ◆ **se ~ malin** to think one is clever ◆ **elle se croit tout permis** she thinks she can get away with anything ◆ **on se croirait en été** you'd almost think it was summer ◆ **il s'y croit** * he thinks he's really something *

croisade [kʀwazad] NF crusade ◆ **partir en ~ contre/pour** to launch a crusade against/for

croisement [kʀwazmɑ̃] NM **a** (= carrefour) crossroads **b** [de races] crossbreeding NonC; (= résultat) cross

croiser [kʀwaze] ► conjug 1 ◄ **1** VT **a** [+ bras, jambes, fils] to cross ◆ **les jambes croisées** cross-legged ◆ **croisons les doigts !** fingers crossed! **b** (= couper) [+ route, ligne] to cross **c** [+ véhicule, passant] to pass ◆ **j'ai croisé Jean dans la rue** I saw Jean in the street ◆ **son regard croisa le mien** his eyes met mine **d** [+ races] to crossbreed **2** VI [bateau] to cruise **3 se croiser** VPR **a** [chemins, lignes] to cross; [regards] to meet **b** [personnes, véhicules] to pass each other

croisière [kʀwazjeʀ] NF cruise ◆ **faire une ~** to go on a cruise ◆ **régime** ou **rythme** ou **vitesse de ~** cruising speed

croissance [kʀwasɑ̃s] NF growth

croissant¹ [kʀwasɑ̃] NM **a** (= forme) crescent ◆ **croissant de lune** crescent moon **b** (= viennoiserie) croissant

croissant², e [kʀwasɑ̃, ɑ̃t] ADJ [succès, nombre, tension] growing ◆ **aller croissant** to grow; [bruit] to grow louder

croître [kʀwatʀ] ► conjug 55 ◄ VI to grow ◆ **~ en nombre/volume** to increase in number/volume

croix [kʀwa] NF cross ◆ **~ gammée** swastika ◆ **mettre les bras en ~** to stretch one's arms out sideways ◆ **faire** ou **mettre une ~ devant un nom** to put a cross by a name

Croix-Rouge [kʀwaʀuʒ] NF ◆ **la ~** the Red Cross

croquant, e [kʀɔkɑ̃, ɑ̃t] ADJ [salade] crisp; [fruit, biscuit] crunchy

croque-madame [kʀɔkmadam] NM INV *toasted ham and cheese sandwich with a fried egg on top*

croque-monsieur [kʀɔkməsjø] NM INV *toasted ham and cheese sandwich*

croquer [kʀɔke] ► conjug 1 ◄ **1** VT [+ biscuits, noisettes, bonbons] to crunch; [+ fruit] to bite into **2** VI **a** [fruit] to be crunchy; [salade] to be crisp **b** (= mordre) ◆ **~ dans une pomme** to bite into an apple

croquette [kʀɔket] NF croquette ◆ **~s pour chiens/chats** dry dog food/cat food

croquis [kʀɔki] NM sketch

cross [kʀɔs] NM (= course) cross-country run; (= sport) cross-country running

crosse [kʀɔs] NF [de fusil] butt; [de revolver] grip ◆ **~ de hockey** hockey stick

crotte [kʀɔt] **1** NF [de brebis, lapin, souris] dropping ◆ **~ de nez** * bogey * (Brit), booger * (US) ◆ **c'est plein de ~s de chien** it's covered in dog mess **2** EXCL * oh heck! *

crotté, e [kʀɔte] ADJ muddy

crottin [kʀɔtɛ̃] NM **a** [de cheval] manure *NonC* **b** (= fromage) *small, round goat's milk cheese*

crouler [kʀule] ► conjug 1 ◄ VI [maison, mur] to collapse ◆ **la salle croulait sous les applaudissements** the auditorium resounded with applause ◆ **ils croulent sous les dettes** they are crippled by debts

croupe [kʀup] NF [de cheval] croup ◆ **monter en ~** to ride pillion

croupi, e [kʀupi] ADJ stagnant

croupier, -ière [kʀupje, jeʀ] NM,F croupier

croupir [kʀupiʀ] ► conjug 2 ◄ VI [eau] to stagnate ◆ **~ en prison** to rot in prison

croustillant, e [kʀustijɑ̃, ɑ̃t] ADJ **a** [aliment] crisp **b** (= grivois) spicy

croustiller [kʀustije] ► conjug 1 ◄ VI to be crisp

croûte [kʀut] NF **a** [de pain, pâté] crust; [de fromage] rind ◆ **la ~ terrestre** the earth's crust **b** (sur plaie) scab ◆ **sac en ~ de cuir** hide bag **c** (péj = tableau) lousy painting

croûton [kʀutɔ̃] NM (= bout du pain) crust; (frit) crouton ◆ **~** (*vieux*) **~** * (péj) old fuddy-duddy *

croyance [kʀwajɑ̃s] NF belief

croyant, e [kʀwajɑ̃, ɑ̃t] **1** ADJ ◆ **être ~** to be a believer **2** NM,F believer

CRS [seeʀes] (abrév de **Compagnie républicaine de sécurité**) NM ≈ member of the riot police ◆ **les ~** ≈ the riot police

cru¹, e¹ [kʀy] ADJ **a** (= non cuit) raw **b** [lumière, couleur] harsh **c** (= franc) blunt **d** (= choquant) crude

cru² [kʀy] NM **a** (= vignoble) vineyard ◆ **du cru** local **b** (= vin) wine ◆ **un grand cru** a great wine

cru³ [kʀy] (ptp de **croire**)

crû [kʀy] (ptp de **croître**)

cruauté [kʀyote] NF cruelty (envers to)

cruche [kʀyʃ] NF **a** (= récipient) jug (Brit), pitcher (US) **b** (* = imbécile) twit *

crucial, e (mpl **-iaux**) [kʀysjal, jo] ADJ crucial

crucifier [kʀysifje] ► conjug 7 ◄ VT to crucify

crucifix [kʀysifi] NM crucifix

crudités [kʀydite] NFPL mixed raw vegetables

crue² [kʀy] NF (= montée des eaux) rise in the water level; (= inondation) flood ◆ **en crue** in spate

cruel, -elle [kʀyel] ADJ cruel (envers towards); [manque] desperate

cruellement [kʀyelmɑ̃] ADV **a** (= méchamment) cruelly **b** [déçu] bitterly; [éprouvé] greatly ◆ **manquer ~ de qch** to be desperately short of sth

crustacé [kʀystase] NM crustacean ◆ **~s** (cuisinés) seafood

crypte [kʀipt] NF crypt

crypter [kʀipte] ► conjug 1 ◄ VT to encrypt ◆ **chaîne/émission cryptée** encrypted channel/ programme

CSG [seɛsʒe] NF (abrév de **contribution sociale généralisée**) *supplementary social security contribution*

Cuba [kyba] N Cuba ◆ **à** ~ in Cuba

cubain, e [kybɛ̃, ɛn] **1** ADJ Cuban **2** **Cubain(e)** NM,F Cuban

cube [kyb] **1** NM cube; [de jeu] building block **2** ADJ ◆ **centimètre/mètre** ~ cubic centimetre/metre

cubisme [kybism] NM Cubism

cubiste [kybist] ADJ, NMF Cubist

cucu(l) * [kyky] ADJ [personne] silly; [film, livre] corny *

cueillette [kœjɛt] NF [de fleurs, fruits] picking

cueillir [kœjiʀ] ► conjug 12 ◄ VT [+ fleurs, fruits] to pick

cuillère, cuiller [kɥijɛʀ] NF (= ustensile) spoon; (= contenu) spoonful ◆ **petite** ~, ~ **à café** teaspoon ◆ **une** ~ **à café de sirop a** teaspoonful of cough mixture ◆ ~ **à soupe** soup spoon; (pour mesurer) tablespoon

cuillerée [kɥijʀe] NF spoonful ◆ ~ **à soupe** tablespoonful ◆ ~ **à café** teaspoonful

cuir [kɥiʀ] NM leather; (sur animal vivant) hide ◆ **de ou en** ~ leather ► **cuir chevelu** scalp

cuirasse [kɥiʀas] NF [de chevalier] breastplate; (fig) armour (Brit), armor (US)

cuirassé [kɥiʀase] NM battleship

cuire [kɥiʀ] ► conjug 38 ◄ **1** VT ◆ **(faire)** ~ to cook ◆ ~ **au four** [+ pain, gâteau, pommes] to bake; [+ viande] to roast; [+ pommes de terre] (avec matière grasse) to roast; (sans matière grasse) to bake ◆ ~ **qch à la vapeur/au gril/à la poêle** to steam/grill/fry sth ◆ ~ **au beurre/à l'huile** to cook in butter/in oil ◆ **faire trop** ~ **qch** to overcook sth **2** VI [aliment] to cook ◆ **on cuit ici !** * it's boiling * in here!

cuisine [kɥizin] NF **a** (= pièce) kitchen **b** (= art culinaire) cookery; (= préparation) cooking ◆ **la** ~ **française** French cooking ◆ **faire la** ~ to do the cooking ◆ **il sait bien faire la** ~ he's a good cook ◆ ~ **épicée** spicy food

cuisiner [kɥizine] ► conjug 1 ◄ VTI to cook ◆ **il cuisine bien** he's a good cook

cuisinier, -ière [kɥizinje, jɛʀ] **1** NM,F cook **2** **cuisinière** NF (à gaz, électrique) stove

cuisse [kɥis] NF thigh ◆ ~ **de poulet** chicken leg ◆ ~**s de grenouilles** frogs' legs

cuisson [kɥisɔ̃] NF [d'aliments] cooking; [de pain, gâteau] baking; [de gigot] roasting ◆ **temps de** ~ cooking time ◆ ~ **à la vapeur/au four** steam/oven cooking

cuit, e [kɥi, kɥit] **1** ADJ **a** [aliment, plat] cooked; [viande] done *attrib*; [pomme] baked ◆ **bien** ~ well done ◆ **trop** ~ overdone ◆ **pas assez** ~ underdone ◆ ~ **à point** (= peu saignant) medium-cooked ◆ **il attend toujours que ça lui tombe tout** ~ **(dans le bec)** * he expects everything to be handed to him on a plate **b** (* = perdu) ◆ **il est** ~ he's had it * ◆ **c'est** ~ **(pour ce soir)** we've had it (for tonight) * **2** **cuite** * NF ◆ **prendre une** ~**e** to get plastered *

cuivre [kɥivʀ] NM **a** ◆ ~ **(rouge)** copper ◆ ~ **jaune** brass **b** ◆ ~**s** (= ustensiles) (de cuivre) copper; (de cuivre jaune) brasses **c** (= instrument) ◆ **les** ~**s** the brass section

cuivré, e [kɥivʀe] ADJ [reflets] coppery; [teint] bronzed

cul [ky] NM **a** (** = postérieur) bum * (Brit), butt * (US) **b** [de bouteille] bottom ◆ ~ **sec !** bottoms up! *

culasse [kylas] NF **a** [de moteur] cylinder head **b** [de canon, fusil] breech

culbute [kylbyt] NF ◆ **faire une** ~ (cabriole) to turn a somersault; (chute) to take a tumble

cul-de-sac (pl **culs-de-sac**) [kyd(ə)sak] NM (= rue) cul-de-sac; (fig) blind alley

culinaire [kylinɛʀ] ADJ culinary ◆ **l'art** ~ cookery

culminant, e [kylminɑ̃, ɑ̃t] ADJ ◆ **point** ~ [de montagne] peak; [de carrière, crise] height ◆ **c'est le point** ~ **du Jura** it's the highest peak in the Jura

culot [kylo] NM **a** (* = effronterie) nerve * ◆ **il a du** ~ he's got a nerve * **b** [d'ampoule] cap

culotte [kylɔt] NF (= slip) pants (Brit), panties (US) ◆ **c'est elle qui porte la** ~ she wears the trousers ◆ **faire dans sa** ~ (= uriner) to wet oneself ► **culotte de cheval** riding breeches; (aux hanches) saddlebags ► **culotte(s) courte(s)** short trousers

culotté, e * [kylɔte] ADJ (= effronté) cheeky * (Brit), sassy * (US)

culpabiliser [kylpabilize] ► conjug 1 ◄ **1** VT ◆ ~ **qn** to make sb feel guilty **2** **se culpabiliser** VI, VPR to feel guilty

culpabilité [kylpabilite] NF guilt

culte [kylt] **1** NM **a** (= vénération) worship ◆ ~ **de la personnalité** personality cult **b** (= pratiques) form of worship ◆ **le** ~ **catholique** Catholic religious practice ◆ **lieu de** ~ place of worship **c** (= office protestant) service **2** ADJ [film, livre] cult

cultivateur, -trice [kyltivatœʀ, tʀis] NM,F farmer

cultivé, e [kyltive] ADJ (= instruit) cultured

cultiver [kyltive] ► conjug 1 ◄ **1** VT **a** [+ champ] to cultivate **b** [+ céréales, légumes, vigne] to grow **c** [+ don, image, amitié] to cultivate **2** **se cultiver** VPR to improve one's mind

culture [kyltyR] **1** NF **a** (= connaissances) ◆ **la ~** culture ◆ **~ générale** general knowledge ► **culture physique** physical training **b** [de champ] cultivation; [de légumes] growing **c** (= espèce cultivée) crop **d** (en laboratoire) culture **2** **cultures** NFPL (= terres cultivées) arable land

culturel, -elle [kyltyRɛl] ADJ cultural

culturisme [kyltyRism] NM body-building

cumin [kymɛ̃] NM cumin

cumuler [kymyle] ► conjug 1 ◄ VT [+ fonctions] to hold concurrently; [+ salaires] to draw concurrently ◆ **intérêts cumulés** interests accrued

cupide [kypid] ADJ greedy

cupidité [kypidite] NF greed

cure [kyR] NF **a** (= traitement) course of treatment ◆ **faire une ~ (thermale) à Vichy** to take the waters at Vichy ◆ **faire une ~ de sommeil** to have sleep therapy **b** (= consommation) diet ◆ **faire une ~ de fruits** to go on a fruit diet

curé [kyRe] NM parish priest

cure-dent (pl **~s**) [kyRdɑ̃] NM toothpick

curer (se) [kyRe] ► conjug 1 ◄ VPR ◆ **se curer les dents/le nez** to pick one's teeth/nose ◆ **se curer les ongles/oreilles** to clean one's nails/ears

curieux, -ieuse [kyRjø, jøz] **1** ADJ curious ◆ **je serais ~ de voir/savoir** I'd be interested to see/know ◆ **ce qui est ~, c'est que ...** the curious thing is that ... **2** NM,F (= badaud) onlooker

curiosité [kyRjozite] NF curiosity ◆ (Prov) **la curiosité est un vilain défaut** curiosity killed the cat (Prov)

curriculum vitæ [kyRikylɔm(vite)] NM INV curriculum vitae (Brit), résumé (US)

curry [kyRi] NM curry ◆ **poulet au ~** chicken curry

curseur [kyRsœR] NM [de règle, ordinateur] cursor

cutané, e [kytane] ADJ skin

cutter [kœtœR] NM (petit) craft knife; (gros) Stanley knife ®

cuve [kyv] NF [de fermentation, teinture] vat; [de mazout, eau] tank

cuvée [kyve] NF (= cru, année) vintage; [d'étudiants, films] crop

cuver [kyve] ► conjug 1 ◄ VTI ◆ **~ (son vin)** * to sleep it off *

cuvette [kyvɛt] NF basin; (pour la toilette) washbowl; [de WC] pan

CV [seve] NM **a** (abrév de **curriculum vitæ**) CV **b** (abrév de **cheval-vapeur**) hp

cyanure [sjanyR] NM cyanide

cyber(-) [sibɛR] PRÉF cyber

cybercafé [sibɛRkafe] NM cybercafé

cyberespace [sibɛRɛspas] NM cyberspace

cybernaute [sibɛRnot] NMF cybernaut

cyclable [siklabl] ADJ ◆ **piste ~** cycle track

cycle [sikl] NM **a** (= vélo) cycle ◆ **magasin de ~s** cycle shop **b** (= processus) cycle ◆ **~ menstruel** menstrual cycle ◆ **premier ~** (Scol) *first four years of secondary education*; (Univ) = first and second year ◆ **second ou deuxième ~** (Scol) *last three years of secondary education*; (Univ) = Final Honours ◆ **troisième ~** (Univ) = postgraduate studies

cyclisme [siklism] NM cycling ◆ **faire du ~** to go cycling

cycliste [siklist] **1** ADJ ◆ **course/champion ~** cycle race/champion ◆ **coureur ~** racing cyclist **2** NMF cyclist **3** NM (= short) cycling shorts

cyclomoteur [siklomɔtœR] NM moped

cyclone [siklon] NM (= typhon) cyclone; (= basse pression) zone of low pressure

cyclotourisme [siklotuRism] NM ◆ **faire du ~** to go on a cycling holiday

cygne [siɲ] NM swan

cylindre [silɛ̃dR] NM cylinder; (= rouleau) roller ◆ **une 6 ~s** a 6-cylinder car

cylindrée [silɛ̃dRe] NF capacity ◆ **une grosse/petite ~** a big-engined/small-engined car

cymbale [sɛ̃bal] NF cymbal

cynique [sinik] ADJ cynical

cynisme [sinism] NM cynicism

cyprès [sipRɛ] NM cypress

cystite [sistit] NF cystitis NonC ◆ **avoir une ~** to have cystitis

d' [d] → de

d'abord [dabɔʀ] LOC ADV → abord

d'accord LOC ADV, LOC ADJ → accord

dactylo [daktilo] NF (= personne) typist

dada [dada] NM **a** (langage enfantin = cheval) horsey **b** (* = passe-temps) hobby

dahlia [dalja] NM dahlia

daigner [deɲe] ▸ conjug 1 ◂ VT to deign ◆ **il n'a pas daigné répondre** he didn't deign to reply

daim [dɛ̃] NM **a** deer; (mâle) buck **b** (= cuir) suede ◆ **chaussures en ~** suede shoes

dalle [dal] NF (= pavement) paving stone; (Constr) slab; [de tombe] tombstone ◆ **avoir ou crever la ~** * (= avoir faim) to be starving ◆ **j'y pige que ~** * I don't get it *

dalmatien [dalmasjɛ̃] NM (= chien) dalmatian

daltonien, -ienne [daltɔnjɛ̃, jɛn] ADJ colour-blind (Brit), color-blind (US)

dame [dam] NF **a** (= femme) lady ◆ **il y a une ~ qui vous attend** there is a lady waiting for you ◆ **la finale ~s** (Sport) the women's final ▸ **dame de compagnie** (lady's) companion ▸ **dame d'honneur** lady-in-waiting **b** (Cartes, Échecs) queen; (Dames) crown ◆ **jouer aux ~s** to play draughts (Brit) ou checkers (US)

damier [damje] NM (Dames) draughtboard (Brit), checkerboard (US) ◆ **à ~** [motif] chequered (Brit), checkered (US)

damner [dane] ▸ conjug 1 ◂ VT to damn

dandiner (se) [dãdine] ▸ conjug 1 ◂ VPR to waddle ◆ **marcher en se dandinant** to waddle along

Danemark [danmaʀk] NM Denmark

danger [dãʒe] NM danger ◆ **courir un ~** to run a risk ◆ **en cas de ~** in case of emergency ◆ **sans ~** [opération, expérience] safe ◆ **cet automobiliste est un ~ public** that driver is a danger to the public ◆ **être en ~** to be in danger ◆ **mettre en ~** [+ personne] to put in danger; [+ vie] to endanger; [+ réputation, carrière] to jeopardize ◆ **il est en ~ de mort** he is in danger of his life

dangereux, -euse [dãʒʀø, øz] ADJ dangerous; [opération] risky

danois, e [danwa, waz] **1** ADJ Danish **2** NM (= langue) Danish **3** **Danois(e)** NM,F Dane

---

dans [dã] PRÉP

a (lieu : position) in ◆ **mon livre est ~ le tiroir** my book is in the drawer ◆ **il a plu ~ toute la France** there has been rain throughout France ◆ **ils ont voyagé ~ le même train** they travelled on the same train

b (lieu : mouvement) into ◆ **mettre qch ~ un tiroir** to put sth into a drawer ◆ **verser du vin ~ un verre** to pour wine into a glass ◆ **jeter l'eau sale ~ l'évier** to pour the dirty water down the sink

c (lieu : origine) out of ◆ **prendre qch ~ un tiroir** to take sth out of a drawer ◆ **boire du café ~ un verre** to drink coffee out of a glass

d (temps) in ◆ ~ **ma jeunesse** in my youth ◆ **il part ~ une semaine** he's leaving in a week ◆ **je l'attends ~ la matinée** I'm expecting him some time this morning ◆ ~ **combien de temps serez-vous prêt ?** how long will it be before you are ready?

e (= dans les limites de) within ◆ ~ **un périmètre très restreint** within a very restricted radius

f ◆ ~ **les** (= environ) about ◆ **cela coûte ~ les 50 F** it costs about 50 francs ◆ **il a ~ les 30 ans** he's about 30

---

danse [dãs] NF dance; (= action) dancing ◆ ~ **classique** ballet ◆ **professeur de ~** dance teacher

danser [dãse] ▸ conjug 1 ◂ VTI to dance ◆ **elle danse bien** she's a good dancer ◆ **faire ~ qn** to dance with sb ◆ ~ **un rock** to jive

danseur, -euse [dãsœʀ, øz] NM,F dancer ◆ ~ **classique** ou **de ballet** ballet dancer ◆ ~ **étoile** principal dancer ◆ **danseuse étoile** prima ballerina

Danube [danyb] NM Danube

dard [daʀ] NM [d'animal] sting

dare-dare * [daʀdaʀ] LOC ADV double-quick *

date [dat] NF date ◆ ~ **de naissance** date of birth ◆ **à quelle ~ cela s'est-il produit ?** on what date did that happen? ◆ **à cette ~-là il était déjà mort** by then he was already dead ◆ **cet événement fait ~ dans l'histoire** this event is a milestone in history ◆ **de longue ~** [amitié] long-standing ▸ **date limite** deadline

◆ ~ **limite de consommation** use-by date ◆ ~ **limite de fraîcheur** ou **de conservation** best-before date

dater [date] ► conjug 1 ◄ **1** VT to date ◆ **lettre datée du 6** letter dated the 6th **2** VI ◆ ~ **de** (= remonter à) to date back to ◆ **à ~ de demain** from tomorrow ◆ **de quand date votre dernière rencontre ?** when did you last meet? **b** (= être démodé) to be dated

datte [dat] NF (= fruit) date

daube [dob] NF (Culin) casserole ◆ **bœuf en ~** beef casserole

dauphin [dofɛ̃] NM **a** (= animal) dolphin **b** (= successeur) heir apparent

daurade [dɔʀad] NF sea bream

davantage [davɑ̃taʒ] ADV **a** (= plus) more (que than) ◆ **bien/encore ~** much/even more ◆ **je n'en sais pas ~** I don't know any more about it ◆ ~ **de more** ◆ **vouloir ~ de temps** to want more time **b** (= plus longtemps) longer (que than) **c** (= de plus en plus) more and more

---

de [də] ⊙━

1 PRÉP (**de** + **le** = **du** ; **de** + **les** = **des** ; **de** becomes **d'** before a vowel or silent **h**.) **a** (provenance) from ◆ **s'échapper ~** to escape from ◆ **il arrive du Japon** he has just arrived from Japan ◆ **je l'ai vu en sortant ~ la maison** I saw him as I was coming out of the house **b** (lieu) in ◆ **les magasins ~ Londres** the shops in London ◆ **les voisins du 2ème étage** the neighbours on the 2nd floor **c** (destination) to ◆ **l'avion ~ Bruxelles** the plane to Brussels **d** (appartenance) of ◆ **les oreilles du lapin** the rabbit's ears ◆ **la maison ~ David** David's house ◆ **un ami ~ mon père** a friend of my father's ◆ **la porte ~ la maison** the door of the house ◆ **la maison ~ nos amis** our friends' house ◆ **la loge ~ l'actrice** the actress's dressing-room ◆ **le pied ~ la table** the table leg ◆ **les romanciers du 20ᵉ siècle** 20th-century novelists **e** (contenu) of ◆ **une bouteille ~ vin** a bottle of wine ◆ **une pincée ~ sel** a pinch of salt **f** (matière) ◆ **un vase ~ cristal** a crystal vase ◆ **une table ~ chêne** an oak table **g** (agent) by ◆ **un concerto ~ Brahms** a concerto by Brahms ◆ **c'est ~ qui ?** who is it by? **un film ~ Fellini** a Fellini film **ce poème n'est pas ~ moi** I didn't write the poem **h** (= par) ◆ **il gagne 90 F ~ l'heure** he earns 90 francs an hour **i** (= durant) ◆ ~ **jour/nuit** during the day/night ◆ **3 heures du matin** 3 o'clock in the morning ◆ **je ne l'ai pas vu ~ la soirée** I haven't seen him all evening

j (avec mesure, âge, durée etc) ◆ **une pièce ~ 6 m²** a room 6 metres square ◆ **un enfant ~ 5 ans** a 5-year-old child ◆ **un voyage ~ trois jours** a three-day journey

◆ **de … à** from … to ◆ ~ **chez moi à la gare, il y a 5 km** it's 5km from my house to the station ◆ **du 2 au 7 mai** from 2 to 7 May

2 ART **a** (affirmation) ◆ **au déjeuner, nous avons eu du poulet** we had chicken for lunch ◆ **j'ai des voisins charmants** I've got lovely neighbours ◆ **il portait des lunettes** he was wearing glasses ◆ **il a joué du Chopin** he played Chopin ◆ **j'ai acheté des pommes** I bought some apples **b** (interrogation, hypothèse) ◆ **accepteriez-vous du liquide ?** would you take cash? ◆ **as-tu ~ l'argent ?** have you got any money? ◆ **si tu achètes du vin, j'en prendrai aussi** if you buy some wine, I'll buy some too ◆ **s'il y a des problèmes** if there are any problems **c** **pas … de …** not any …, no … ◆ **je n'ai pas ~ voisins** I haven't got any neighbours ◆ **il n'y a pas ~ pain** there isn't any bread, there's no bread

dé [de] NM **a** ◆ ~ **(à coudre)** thimble **b** (Jeux) dice ◆ **jouer aux ~s** to play dice ◆ **couper des carottes en ~s** to dice carrots

DEA [deɑ] NM (abrév de **diplôme d'études approfondies**) postgraduate diploma taken before completing a PhD

dealer [dilœR] NM (Drogue) drug dealer

déambuler [deɑ̃byle] ► conjug 1 ◄ VI to stroll

débâcle [debɑkl] NF [d'armée] rout; [de régime] collapse; [de glaces] breaking up

déballer [debale] ► conjug 1 ◄ VT [+ objets] to unpack

débandade [debɑ̃dad] NF (= déroute) headlong flight; (= dispersion) scattering

débarbouiller [debaRbuje] ► conjug 1 ◄ **1** VT to wash (quickly) **2** se **débarbouiller** VPR to wash one's face

débardeur [debaRdœR] NM (= T-shirt) sleeveless T-shirt

débarquement [debaRkəmɑ̃] NM landing ◆ **le** ~ (Hist : en Normandie) the Normandy landings

débarquer [debaRke] ► conjug 1 ◄ **1** VT to land **2** VI **a** [passagers] to disembark (de from); [troupes] to land ◆ **tu débarques ! *** (= tu n'es pas au courant) where have you been? *** b** (* = arriver subitement) to turn up

débarras [debaRɑ] NM cupboard ◆ **bon ~ !** good riddance!

débarrasser [debaʀɑse] ► conjug 1 ◄ **1** VT [+ local] to clear (de of) ◆ ~ **(la table)** to clear the table ◆ ~ **qn de** [+ fardeau, manteau] to relieve sb of **2** **se débarrasser** VPR ◆ **se ~ de** [+ objet, personne] to get rid of

débat [deba] NM **a** (= discussion) discussion; (= polémique) debate ◆ ~**s** (Droit, Pol = séance) proceedings

débattre [debatʀ] ► conjug 41 ◄ **1** VT to discuss ◆ **1 000 F à ~** (petite annonce) 1,000 francs or nearest offer **2** VT INDIR ◆ ~ **de ou sur** to discuss **3** **se débattre** VPR (= se démener) to struggle

débaucher [deboʃe] ► conjug 1 ◄ VT **a** (d'une autre entreprise) to poach (de from) **b** (= licencier) to lay off

débile [debil] **1** ADJ **a** (= faible) feeble **b** (* = stupide) [personne] moronic *; [film, raisonnement] pathetic * **2** NMF ◆ ~ **mental** retarded person ◆ ~ **léger/profond** slightly/severely retarded person ◆ **quel ~, celui-là !** what a moron! *

débiner * [debine] ► conjug 1 ◄ **1** VT (= dénigrer) to run down **2** **se débiner** VPR (= se sauver) to clear off *

débit [debi] **1** NM **a** (Fin) debit **b** [de fleuve] (rate of) flow; [de gaz, électricité, machine] output; [d'eau] pressure **c** (= élocution) delivery ◆ **elle a un sacré ~** * she's a great talker * **2** COMP ► **débit de boissons** (Admin) drinking establishment ► **débit de tabac** tobacconist's (Brit), tobacco shop (US)

débiter [debite] ► conjug 1 ◄ VT **a** [+ personne, compte] to debit ◆ **j'ai été débité de 300 F** 300 francs has been debited from my account **b** [+ marchandises] to sell **c** [usine, machine] to produce **d** (péj = dire) to utter **e** (= découper) to cut up

débiteur, -trice [debitœʀ, tʀis] **1** ADJ [compte, solde] debit **2** NM,F debtor

déblayer [debleje] ► conjug 8 ◄ VT **a** (= retirer) to clear away; [+ endroit, terrain] to clear ◆ ~ **le terrain** to clear the ground

débloquer [debloke] ► conjug 1 ◄ **1** VT **a** [+ crédits] to release; [+ prix] to unfreeze; [+ compte] to free [+ machine] to unjam; [+ écrou] to release **2** VI * (= dire des bêtises) to talk nonsense; (= être fou) to be off one's rocker *

déboires [debwaʀ] NMPL (= déceptions) disappointments; (= échecs) setbacks; (= ennuis) trials

déboiser [debwaze] ► conjug 1 ◄ VT [+ montagne, région] to deforest; [+ forêt] to clear of trees

déboîter [debwate] ► conjug 1 ◄ **1** VI [voiture] to change lanes **2** **se déboîter** VPR ◆ **se ~ l'épaule** to dislocate one's shoulder

débonnaire [debonɛʀ] ADJ easy-going

débordant, e [debɔʀdɑ̃, ɑ̃t] ADJ [joie] unbounded; [imagination] overactive ◆ ~ **de vie** bursting with vitality

débordé, e [debɔʀde] ADJ ◆ ~ **(de travail)** snowed under with work

déborder [debɔʀde] ► conjug 1 ◄ **1** VI **a** [récipient, liquide] to overflow; [fleuve] to burst its banks; [liquide bouillant] to boil over **b** ◆ ~ **de joie/de vie** to be bursting with joy/vitality ◆ ~ **d'imagination** to be full of imagination **2** VT (= dépasser) to extend beyond ◆ **cette remarque déborde le cadre du sujet** that remark goes beyond the subject in hand

débouché [debuʃe] NM (= marché, créneau) outlet; (= carrière) opening

déboucher [debuʃe] ► conjug 1 ◄ **1** VT **a** [+ lavabo, tuyau] to unblock **b** [+ bouteille de vin] to uncork; [+ tube] to take the top off **2** VI to emerge (de from) ◆ ~ **sur ou dans** [rue] to run into; [voiture] to come out onto ◆ **ne ~ sur rien** to lead nowhere

débourser [debuʀse] ► conjug 1 ◄ VT to pay out

déboussoler * [debusole] ► conjug 1 ◄ VT to disorientate ◆ **il est complètement déboussolé** he is completely lost

debout [d(ə)bu] ADV, ADJ INV **a** [personne] (= en position verticale) standing; (= levé) up ◆ **être ou se tenir ~** to stand ◆ **se mettre ~** to stand up ◆ **je préfère rester ~** I prefer to stand ◆ **hier, nous sommes restés ~ jusqu'à minuit** yesterday we stayed up till midnight ◆ **je ne tiens plus ~** I'm ready to drop * ◆ ~ **!** get up! **b** [bouteille, meuble] standing up(right) ◆ **mettre qch ~** to stand sth up ◆ **tenir ~** [objet] to stay upright **c** [édifice, mur] standing *attrib* ◆ **son histoire ne tient pas ~** his story doesn't make sense

déboutonner [debutɔne] ► conjug 1 ◄ VT to unbutton

débraillé, e [debʀɑje] ADJ [tenue, personne] untidy

débrancher [debʀɑ̃ʃe] ► conjug 1 ◄ VT [+ appareil électrique] to unplug; [+ prise] to pull out; [+ téléphone] to disconnect

débrayer [debʀeje] ► conjug 8 ◄ VI **a** [conducteur] to disengage the clutch **b** (= faire grève) to stop work

débris [debʀi] NMPL (= morceaux) fragments; (= décombres) debris *sg*

débrouillard, e [debʀujaʀ, aʀd] ADJ resourceful

débrouiller [debʀuje] ► conjug 1 ◄ **1** VT [+ affaire, problème] to sort out; [+ énigme] to unravel **2** **se débrouiller** VPR to manage ◆ **il s'est débrouillé pour obtenir des billets** he managed to get tickets ◆ **il m'a laissé me ~**

tout seul he left me to cope alone ◆ **elle se débrouille en allemand** * she can get by in German ◆ **elle se débrouille bien** * (= elle gagne bien sa vie) she does well for herself

débroussailler [debʀusaje] ► conjug 1 ◄ VT [+ terrain] to clear

débusquer [debyske] ► conjug 1 ◄ VT to drive out

début [deby] **1** NM beginning ◆ **au ~ du mois prochain** at the beginning of next month ◆ **~ mai** at the beginning of May ◆ **dès le ~** from the start ◆ **du ~ à la fin** from start to finish ◆ **en ~ de soirée** early on in the evening ◆ **au ~** (= d'abord) at first **2** **débuts** NMPL ◆ **à mes ~s** when I started ◆ **faire ses ~s sur la scène** to make one's début on the stage

débutant, e [debytɑ̃, ɑ̃t] NM,F beginner ◆ **cours pour ~s** beginners' course

débuter [debyte] ► conjug 1 ◄ **1** VI **a** [personne] to start out ◆ **il a débuté comme livreur** he started his working life as a delivery boy **b** [livre, concert, manifestation] to start, to begin (par with) **2** VT to start (par with)

deçà [dəsa] ◆ **en deçà de** LOC ADV (= de ce côté-ci de) on this side of; [+ limite, prévisions] below

décacheter [dekaʃ(ə)te] ► conjug 4 ◄ VT [+ lettre] to open

décadence [dekadɑ̃s] NF (= processus) decline; (= état) decadence ◆ **tomber en ~** to fall into decline

décadent, e [dekadɑ̃, ɑ̃t] ADJ decadent

décaféiné, e [dekafeine] **1** ADJ decaffeinated **2** NM decaffeinated coffee

décalage [dekalaʒ] NM (= écart) gap; (dans le temps) interval ◆ **le ~ horaire entre l'est et l'ouest des USA** the time difference between the east and west of the USA ◆ **je supporte mal le ~ horaire** I suffer from jet lag ◆ **ses créations sont en ~ avec son époque** his designs are out of step with the times

décalcomanie [dekalkɔmani] NF transfer

décaler [dekale] ► conjug 1 ◄ **1** VT **a** (= avancer) to bring forward; (= retarder) to put back ◆ **décalé d'une heure** (= avancé) brought forward an hour; (= retardé) put back an hour **b** (= rapprocher) to move forward; (= reculer) to move back ◆ **décale le tableau (de 20 cm) vers la droite** move the picture (20cm) to the right ◆ **il est complètement décalé par rapport à la réalité** he's completely out of touch with reality **2** **se décaler** VPR ◆ **décalez-vous d'un rang** move forward (ou back) a row ◆ **décalez-vous d'une place** move up a seat

décalquer [dekalke] ► conjug 1 ◄ VT (avec papier transparent) to trace; (par pression, à chaud) to transfer

décamper * [dekɑ̃pe] ► conjug 1 ◄ VI to clear out *

décapant, e [dekapɑ̃, ɑ̃t] **1** ADJ caustic **2** NM (= abrasif) scouring agent; (pour peinture, vernis) paint stripper

décaper [dekape] ► conjug 1 ◄ VT (à l'abrasif) to scour; [+ peinture] to strip

décapiter [dekapite] ► conjug 1 ◄ VT to behead; (accidentellement) to decapitate

décapotable [dekapɔtabl] ADJ, NF ◆ **(voiture) décapotable** convertible

décapsuler [dekapsyle] ► conjug 1 ◄ VT to take the top off

décapsuleur [dekapsylœʀ] NM bottleopener

décarcasser (se) * [dekaʀkase] ► conjug 1 ◄ VPR to go to a lot of trouble (pour faire to do)

décathlon [dekatlɔ̃] NM decathlon

décati, e [dekati] ADJ [vieillard] decrepit

décéder [desede] ► conjug 6 ◄ VI (avec auxiliaire être) to die ◆ **M. Leblanc, décédé le 14 mai** Mr Leblanc, who died on 14 May

déceler [des(ə)le] ► conjug 5 ◄ VT (= repérer) to detect

décembre [desɑ̃bʀ] NM December; pour loc voir **septembre**

décence [desɑ̃s] NF decency

décennie [deseni] NF decade

décent, e [desɑ̃, ɑ̃t] ADJ decent; [prix] reasonable

décentralisation [desɑ̃tʀalizasjɔ̃] NF decentralization

décentraliser [desɑ̃tʀalize] ► conjug 1 ◄ VT to decentralize

déception [desɛpsjɔ̃] NF disappointment

décerner [desɛʀne] ► conjug 1 ◄ VT [+ prix, titre] to award

décès [desɛ] NM death

décevant, e [des(ə)vɑ̃, ɑ̃t] ADJ disappointing

décevoir [des(ə)vwaʀ] ► conjug 28 ◄ VT to disappoint

déchaîné, e [deʃene] ADJ [flots, éléments] raging; [personne, foule] wild

déchaîner [deʃene] ► conjug 1 ◄ **1** VT [+ violence, passions, colère] to unleash; [+ enthousiasme] to arouse ◆ **~ les huées/les rires** to raise a storm of booing/laughter **2** **se déchaîner** VPR [fureur, passions] to explode; [personne] to fly into a rage; [foule] to go wild ◆ **la presse se déchaîna contre lui** the press railed against him ◆ **la tempête se déchaînait** the storm was raging

déchanter [deʃɑ̃te] ► conjug 1 ◄ VI to become disillusioned

décharge [deʃaʀʒ] NF **a** ◆ ~ (électrique) electrical discharge ◆ **il a pris une ~ dans les doigts** he got an electric shock in his fingers **b** (= salve) volley of shots **c** (= dépôt) ◆ ~ (publique ou municipale) rubbish tip

décharger [deʃaʀʒe] ► conjug 3 ◄ **1** VT **a** [+ véhicule, animal, bagages] to unload (de from) ◆ ~ **qn de** [+ responsabilité, fonction, tâche] to relieve sb of **b** [+ arme] (= tirer) to discharge ◆ **il déchargea son revolver sur la foule** he emptied his revolver into the crowd **2** **se décharger** VPR **a** [pile, batterie] to run down **b** ◆ **se ~ de** [+ responsabilité, problème] to offload (sur qn onto sb)

décharné, e [deʃaʀne] ADJ emaciated

déchaussé, e [deʃose] ADJ [personne] barefoot(ed)

déchausser [deʃose] ► conjug 1 ◄ **1** VT ◆ ~ **qn** to take sb's shoes off **2** (Ski) to lose one's skis **3** **se déchausser** VPR [personne] to take one's shoes off; [dent] to come loose

dèche * [dɛʃ] NF ◆ **on est dans la ~** (= ruinés) we're flat broke *

déchéance [deʃeɑ̃s] NF (morale) decay; (physique) degeneration

déchet [deʃɛ] **1** NM [de viande, tissu, métal] scrap **2** **déchets** NMPL waste *NonC* ◆ ~**s radioactifs/toxiques** radioactive/toxic waste

déchiffrer [deʃifʀe] ► conjug 1 ◄ VT [+ écriture, message] to decipher; [+ code] to decode; [+ partition] to sight-read

déchiqueter [deʃikte] ► conjug 4 ◄ VT to tear to pieces ◆ **elle a été déchiquetée par l'explosion** she was blown to pieces by the explosion

déchirant, e [deʃiʀɑ̃, ɑ̃t] ADJ heartrending

déchirement [deʃiʀmɑ̃] NM **a** [de muscle, tendon] tearing **b** (= peine) wrench

déchirer [deʃiʀe] ► conjug 1 ◄ **1** VT [+ papier] to tear up; [+ vêtement] to tear; (= arracher) to tear out (de from); (= ouvrir) to tear open ◆ **les dissensions continuent à ~ le pays** dissension is still tearing the country apart **2** **se déchirer** VPR [vêtement] to tear ◆ **se ~ un muscle** to tear a muscle

déchirure [deʃiʀyʀ] NF [de tissu] tear ◆ **se faire une ~ musculaire** to tear a muscle

déchu, e [deʃy] ADJ [président, champion] deposed ◆ **être ~ de ses droits** to be deprived of one's rights

décibel [desibɛl] NM decibel

décidé, e [deside] ADJ **a** (= résolu, volontaire) determined ◆ **maintenant je suis ~** now I have made up my mind ◆ **il est bien ~ à agir** he is determined to act **b** (= fixé) ◆ **bon, c'est ~** right, that's settled then

décidément [desidemɑ̃] ADV ◆ ~, **tu m'ennuies aujourd'hui !** you're really annoying me today

décider [deside] ► conjug 1 ◄ **1** VT **a** (= déterminer, établir) ◆ ~ **qch** to decide on sth ◆ ~ **que** to decide that ◆ ~ **de faire qch** to decide to do sth **b** (= persuader) [personne] to persuade; [conseil, événement] to decide ◆ ~ **qn à faire qch** to persuade sb to do sth **2** **se décider** VPR [personne] to make up one's mind ◆ **se ~ à faire qch** to make up one's mind to do sth

décimal, e (mpl -**aux**) [desimal, o] **1** ADJ decimal **2** **décimale** NF decimal place

décimer [desime] ► conjug 1 ◄ VT to decimate

décimètre [desimɛtʀ] NM decimetre (Brit), decimeter (US)

décisif, -ive [desizif, iv] ADJ decisive ◆ **le facteur ~** the deciding factor; → **jeu**

décision [desizjɔ̃] NF decision ◆ **prendre une ~** to take ou make a decision ◆ **prendre la ~ de faire qch** to take ou make the decision to do sth ◆ **par ~ de justice** by court order

déclamer [deklame] ► conjug 1 ◄ VT to declaim

déclaration [deklaʀasjɔ̃] NF **a** (= proclamation) declaration; (= discours, commentaire) statement ◆ **je n'ai aucune ~ à faire** I have no comment to make ◆ **Déclaration (universelle) des droits de l'homme** (Universal) Declaration of Human Rights ◆ **faire une** ou **sa ~ à qn** (amoureux) to declare one's love to sb **b** [de naissance, décès] registration; [de vol, perte] notification ◆ ~ **de guerre** declaration of war ◆ ~ **d'impôts** ou **de revenus** (formulaire) tax return ◆ **faire sa ~ d'impôts** to fill in one's tax return

déclarer [deklaʀe] ► conjug 1 ◄ **1** VT **a** (= annoncer, proclamer) to declare ◆ ~ **son amour à qn** to declare one's love to sb ◆ ~ **la guerre à une nation/à la pollution** to declare war on a nation/on pollution ◆ ~ **qn coupable/innocent** to find sb guilty/innocent **b** [+ naissance, décès] to register; [+ marchandises, revenus, employés] to declare **2** **se déclarer** VPR **a** (= se prononcer) ◆ **se ~ satisfait** to declare o.s. satisfied ◆ **il s'est déclaré prêt à signer ce document** he said he was ready to sign the document **b** [incendie, épidémie] to break out **c** [amoureux] to declare one's love

déclenchement [deklɑ̃ʃmɑ̃] NM **a** [de mécanisme] release; [de sonnerie, alarme] setting off **b** [d'insurrection] starting; [de guerre, grève, polémique] triggering off; [d'accouchement] inducement

déclencher [deklɑ̃ʃe] ► conjug 1 ◄ **1** VT **a** [+ mécanisme] to release; [+ sonnerie, alarme] to set off ◆ **ce bouton déclenche l'ouverture de la porte** this button opens the door **b** [+ insurrection] to start; [+ guerre, polémique] to trigger off;

[+ accouchement] to induce ◆ ~ **une grève** [meneur] to start a strike; [incident] to trigger off a strike **c** (Mil) [+ attaque] to launch **2 se déclencher** VPR [mécanisme] to release itself; [sonnerie, alarme] to go off; [grève] to start

déclic [deklik] NM (= bruit) click ◆ **ça a été le ~** (mentalement) it triggered something off in my (ou his etc) mind

déclin [deklɛ̃] NM [d'activité économique] decline (de in); [de parti] decline (de of); [de malade, santé, vue] deterioration ◆ **être sur le ~** to be in decline

déclinaison [deklinɛzɔ̃] NF [de mot] declension

décliner [dekline] ► conjug 1 ◄ **1** VT **a** [+ offre, invitation] to decline ◆ **la direction décline toute responsabilité en cas de perte ou de vol** the management accepts no responsibility for loss or theft of articles **b** [+ mot] to decline **c** (frm) ◆ **~ son identité** to give one's personal particulars **2** VI **a** (= s'affaiblir) to decline; [malade, santé, vue] to deteriorate; [forces, beauté, popularité] to wane **b** [jour] to draw to a close

déco [deko] **1** ADJ INV (abrév de **décoratif**) → **art 2** NF * abrév de **décoration**

décocher [dekɔʃe] ► conjug 1 ◄ VT [+ flèche] to shoot; [+ coup de poing] to throw; [+ œillade, sourire] to flash; [+ remarque] to fire

décodage [dekɔdaʒ] NM decoding

décoder [dekɔde] ► conjug 1 ◄ VT to decode

décodeur [dekɔdœʀ] NM decoder

décoiffer [dekwafe] ► conjug 1 ◄ VT ◆ ~ **qn** to mess up sb's hair ◆ **je suis toute décoiffée** my hair is in a mess ◆ **ça décoiffe !** * it really takes your breath away!

décoincer [dekwɛ̃se] ► conjug 3 ◄ **1** VT to loosen ◆ ~ **qn** * to help sb to shake off their hang-ups* **2 se décoincer** VPR [objet] to come loose; * [personne] to shake off one's hang-ups*

déçoit [deswa] VB → **décevoir**

décollage [dekɔlaʒ] NM [d'avion] takeoff; [de fusée] lift-off ◆ **au ~** at takeoff

décoller [dekɔle] ► conjug 1 ◄ **1** VT (= enlever) to unstick **2** VI [avion, pays, industrie] to take off; [fusée] to lift off (de from) **3 se décoller** VPR to come unstuck; [papier peint] to peel

décolleté, e [dekɔlte] **1** ADJ [robe] low-cut ◆ **robe ~e dans le dos** dress cut low at the back **2** NM [de robe] low neckline; [de femme] bare neck and shoulders; (plongeant) cleavage ◆ ~ **en pointe** V-neck ◆ ~ **rond** round-neck

décoloré, e [dekɔlɔre] ADJ [cheveux] bleached ◆ **une blonde ~e** a peroxide blonde

décolorer [dekɔlɔre] ► conjug 1 ◄ VT to discolour (Brit), to discolor (US); [+ tissu] to fade; [+ cheveux] to lighten; (en blond) to bleach

décombres [dekɔ̃bʀ] NMPL rubble

décommander [dekɔmɑ̃de] ► conjug 1 ◄ **1** VT [+ marchandise] to cancel (an order for); [+ invités] to put off; [+ invitation] to cancel **2 se décommander** VPR to cancel one's appointment

décomposer [dekɔ̃poze] ► conjug 1 ◄ **1** VT **a** [+ phrase, problème] to break down ◆ **le professeur de danse a décomposé le mouvement devant nous** the dance teacher went through the movement slowly for us **b** (= altérer) ◆ **il était décomposé** he looked distraught **c** [+ viande] to cause to decompose **2 se décomposer** VPR **a** [viande, cadavre] to decompose; [société] to break down; [visage] to fall **b** (= être constitué) ◆ **se ~ en trois parties** to be divided into three parts

décomposition [dekɔ̃pozisjɔ̃] NF (= pourriture) decomposition; [de société] breakdown ◆ **cadavre en ~** corpse in a state of decomposition

décompresser * [dekɔ̃pʀese] ► conjug 1 ◄ VI (= se détendre) to relax

décompte [dekɔ̃t] NM (= calcul) detailed account ◆ **faire le ~ des points** to count up the points ◆ **faire le ~ des voix** to count the votes

déconcentrer [dekɔ̃sɑ̃tʀe] ► conjug 1 ◄ **1** VT [+ personne] ◆ **ça m'a déconcentré** it made me lose my concentration **2 se déconcentrer** VPR to lose one's concentration

déconcertant, e [dekɔ̃sɛʀtɑ̃, ɑ̃t] ADJ disconcerting

déconcerter [dekɔ̃sɛʀte] ► conjug 1 ◄ VT to disconcert

décongeler [dekɔ̃ʒ(ə)le] ► conjug 5 ◄ VI, VT to defrost

déconnecter [dekɔnɛkte] ► conjug 1 ◄ **1** VT [+ appareil] to disconnect ◆ **il est complètement déconnecté de la réalité** he's completely out of touch with reality **2** VI * [personne] to switch off *

déconner * [dekɔne] ► conjug 1 ◄ VI (= faire des bêtises) to mess around *; (= dire des bêtises) to talk nonsense; (= plaisanter) to joke; [machine] to act up *

déconnexion [dekɔnɛksjɔ̃] NF disconnection

déconseiller [dekɔ̃seje] ► conjug 1 ◄ VT ◆ ~ **qch à qn/à qn de faire qch** to advise sb against sth/sb against doing sth ◆ **c'est déconseillé** it's not advisable

décontamination [dekɔ̃taminasjɔ̃] NF decontamination

décontaminer [dekɔ̃tamine] ► conjug 1 ◄ VT to decontaminate

décontenancer [dekɔ̃t(ə)nɑ̃se] ► conjug 3 ◄ VT
to disconcert

décontracté, e [dekɔ̃trakte] ADJ **a** [muscles, corps] relaxed **b** [personne, atmosphère, attitude] relaxed; (= sans-gêne) offhand; [vêtements, style] casual

décontracter (se) VPR [dekɔ̃trakte]
► conjug 1 ◄ to relax

décor [dekɔR] NM **a** (Théâtre) ◆ **le ~, les ~s** the scenery *NonC* ◆ **~ de cinéma** film set **b** (= paysage) scenery; (= arrière-plan) setting; (= intérieur de maison) décor *NonC*

décorateur, -trice [dekɔRatœR, tRis] NM,F (au théâtre, au cinéma) set designer; (d'intérieurs) interior decorator

décoratif, -ive [dekɔRatif, iv] ADJ decorative

décoration [dekɔRasjɔ̃] NF decoration ◆ **~s de Noël** Christmas decorations

décorer [dekɔRe] ► conjug 1 ◄ VT to decorate (de with)

décortiquer [dekɔRtike] ► conjug 1 ◄ VT [+ crevettes, amandes] to shell; [+ texte] to dissect

découcher [dekuʃe] ► conjug 1 ◄ VI to spend the night away from home

découdre [dekudR] ► conjug 48 ◄ **1** VT [+ vêtement] to take the stitches out of; [+ bouton] to take off; [+ couture] to take out **2 se découdre** VPR [vêtement] to come unstitched; [bouton] to come off; [couture] to come apart

découler [dekule] ► conjug 1 ◄ VI to follow (de from)

découpage [dekupaʒ] NM **a** [de papier, gâteau] cutting; [de viande] carving **b** (= image) cut-out ◆ **faire des ~s** to make cut-out figures

découper [dekupe] ► conjug 1 ◄ VT to cut; [+ viande, volaille] to carve; [+ papier, tissu] to cut up; [+ images] to cut out

décourageant, e [dekuRaʒɑ̃, ɑ̃t] ADJ disheartening

décourager [dekuRaʒe] ► conjug 3 ◄ **1** VT to discourage ◆ **~ qn de qch/de faire qch** to put sb off sth/doing sth **2 se décourager** VPR to lose heart

décousu, e [dekuzy] ADJ **a** (vêtement) unstitched ◆ **ton bouton est ~** your button is coming off **b** [idées] disconnected; [paroles] disjointed; [conversation] desultory

découvert, e¹ [dekuvɛR, ɛRt] ADJ **1** (= mis à nu) bare ◆ **en terrain ~** in open country **2** NM (à la banque) overdraft ◆ **j'ai un ~ de 700 F** I'm 700 francs overdrawn ◆ **mon compte est à ~** my account is overdrawn

découverte² [dekuvɛRt] NF discovery ◆ **partir à la découverte de** [+ site, région] to visit; [+ trésor] to go in search of

découvrir [dekuvRiR] ► conjug 18 ◄ **1** VT **a** (= trouver) to discover ◆ **faire ~ la musique à qn** to introduce sb to music **b** (= enlever ce qui couvre) to take the lid off; [+ poitrine, tête] to bare **2 se découvrir** VPR **a** (= ôter son chapeau) to take off one's hat; (= perdre ses couvertures) to throw off the bedclothes **b** [ciel, temps] to clear

décrasser [dekRase] ► conjug 1 ◄ VT to clean; (en frottant) to scrub

décrépit, e [dekRepi, it] ADJ [personne] decrepit; [maison, mur] dilapidated

décret [dekRε] NM decree

décréter [dekRete] ► conjug 6 ◄ VT [+ état d'urgence] to declare ◆ **elle a décrété qu'elle n'irait pas** she has decided that she won't go

décrire [dekRiR] ► conjug 39 ◄ VT to describe ◆ **l'oiseau décrivait des cercles au-dessus de nos têtes** the bird circled overhead

décrocher [dekRɔʃe] ► conjug 1 ◄ **1** VT **a** [+ tableau, rideau] to take down; [+ wagon] to uncouple **b** [+ téléphone] to pick up ◆ **quand j'ai décroché** when I answered **c** * [+ prix, contrat, poste] to get ◆ **~ le gros lot** to hit the jackpot **2 se décrocher** VPR to fall down

décroiser [dekRwaze] ► conjug 1 ◄ VT [+ jambes] to uncross; [+ bras] to unfold

décroissant, e [dekRwasɑ̃, ɑ̃t] ADJ decreasing ◆ **par ordre ~** in descending order

décroître [dekRwatR] ► conjug 55 ◄ VI to decrease; [popularité] to decline; [vitesse] to drop; [bruit] to die away; [lumière] to fade

décrue [dekRy] NF [d'eaux, rivière] drop in level ◆ **la ~ a commencé** the water level has started to drop

décrypter [dekRipte] ► conjug 1 ◄ VT [+ message, code] to decipher; (Informatique, TV) to decrypt

déçu, e [desy] ADJ disappointed

décupler [dekyple] ► conjug 1 ◄ VTI to increase tenfold ◆ **la colère décuplait ses forces** anger gave him the strength of ten

dédaigner [dedeɲe] ► conjug 1 ◄ VT **a** (= mépriser) to scorn ◆ **il ne dédaigne pas un verre de vin de temps à autre** he's not averse to the occasional glass of wine **b** [+ offre] to spurn

dédaigneux, -euse [dedeɲø, øz] ADJ [personne, air] scornful

dédain [dedɛ̃] NM contempt

dédale [dedal] NM maze

dedans [dədɑ̃] **1** ADV inside ◆ **elle cherche son sac, tout son argent est ~** she is looking for her bag - it's got all her money in it ◆ **en ~** (= à l'intérieur) inside; (= vers l'intérieur) inwards ◆ **marcher les pieds en ~** to walk with one's

toes turned in **2** NM [d'objet, bâtiment] inside
◆ **du ~ on n'entend rien** when you're inside
you can't hear a sound

dédicace [dedikas] NF dedication

dédicacer [dedikase] ► conjug 3 ◄ VT (= signer)
to sign (à qn for sb); (= dédier) to dedicate (à
to)

dédié, e [dedje] ADJ (Informatique) dedicated

dédier [dedje] ► conjug 7 ◄ VT to dedicate

dédire (se) [dediR] ► conjug 37 ◄ VPR **a**
(= manquer à ses engagements) to go back·on
one's word **b** (= se rétracter) to retract ~

dédommagement [dedɔmaʒmɑ̃] NM
compensation ◆ **en ~, ...** as compensation, ...

dédommager [dedɔmaʒe] ► conjug 3 ◄ VT to
compensate (de for)

dédramatiser [dedRamatize] ► conjug 1 ◄ VT
[+ problème] to play down; [+ débat] to take the
heat out of

déductible [dedyktibl] ADJ [somme] deductible
(de from) ◆ **~ du revenu imposable** tax-
deductible

déduction [dedyksjɔ̃] NF deduction ◆ **~ faite
de** after deducting

déduire [dedɥiR] ► conjug 38 ◄ VT [+ somme] to
deduct (de from); (= conclure) to deduce

déesse [deɛs] NF goddess

défaillance [defajɑ̃s] NF **a** (= faiblesse) weakness ◆ **avoir une ~** to feel faint ◆ **~ cardiaque**
heart failure **b** (= mauvais fonctionnement) fault
(de in)

défaillant, e [defajɑ̃, ɑ̃t] ADJ **a** [santé, mé-
moire] failing **b** (= tremblant) faltering **c**
(= près de s'évanouir) faint (de with) **d** [maté-
riel, installation] faulty

défaillir [defajiR] ► conjug 13 ◄ VI **a** (= s'évanouir) to faint **b** [forces, mémoire] to fail;
[courage, volonté] to falter

défaire [defɛR] ► conjug 60 ◄ **1** VT to undo;
[+ valise] to unpack ◆ **~ le lit** (pour changer les
draps) to strip the bed **2** **se défaire** VPR [nœud,
coiffure, couture] to come undone ◆ **se ~ de**
[+ gêneur] to get rid of; [+ habitude] to break

défait, e¹ [defɛ, ɛt] ADJ **a** [visage] haggard **b**
[lit] unmade

défaite² [defɛt] NF defeat

défaitiste [defetist] ADJ, NMF defeatist

défaut [defo] NM **a** [de métal, verre, système]
flaw; [de machine, personne] fault; [de caractère]
defect (de in) ◆ **sans ~** flawless ◆ **~ de
fabrication** manufacturing defect ◆ **~ de prononciation** speech defect **b** ◆ **faire ~** [temps,
argent] to be lacking ◆ **si ma mémoire ne me
fait pas ~** if my memory serves me right ◆ **à ~
de vin, ...** if there's no wine, ... ◆ **une table**

ovale, ou, à ~, ronde an oval table, or, failing
that, a round one ◆ **prendre qn en ~** to catch
sb out ◆ **le lecteur par ~** (Informatique) the
default drive

défavorable [defavɔRabl] ADJ unfavourable
(Brit), unfavorable (US)

défavorisé, e [defavɔRize] ADJ [milieu, per-
sonne] underprivileged; [région, pays] disadvantaged

défavoriser [defavɔRize] ► conjug 1 ◄ VT
[décision, loi] to penalize; [défaut, timidité] to put
at a disadvantage

défection [defɛksjɔ̃] NF [d'amis, alliés politiques]
defection

défectueux, -euse [defɛktɥø, øz] ADJ faulty

défendeur, -deresse [defɑ̃dœR, dRɛs] NM,F
(Droit) defendant

défendre [defɑ̃dR] ► conjug 41 ◄ **1** VT **a**
(= protéger) to defend; (= soutenir) to stand up
for; [+ cause] to champion **b** (= interdire) to ◆ **~
qch à qn** to forbid sb sth ◆ **~ à qn de faire qch**
to forbid sb to do sth ◆ **il est défendu de fumer**
smoking is not allowed **2** **se défendre** VPR
a (= se protéger) to defend o.s. **b** (* = se
débrouiller) to manage ◆ **elle se défend au
tennis/au piano** she's not bad at tennis/on the
piano **c** (= se justifier) ◆ **son point de vue se
défend** his point of view is quite tenable ◆ **ça
se défend !** (raisonnement) it hangs together

défense [defɑ̃s] NF **a** (gén) defence (Brit),
defense (US) ◆ **prendre la ~ de qn** to stand up
for sb ◆ **sans ~** (= faible) defenceless **b** (= protection) protection ◆ **la ~ de l'emploi** job
protection **c** (= interdiction) ◆ **~ d'entrer** "no
entrance" ◆ **"~ de fumer/stationner"** "no
smoking/parking" **d** [d'éléphant, sanglier] tusk

défenseur [defɑ̃sœR] NM defender; [de cause]
champion ◆ **~ de l'environnement** conservationist

défensif, -ive [defɑ̃sif, iv] **1** ADJ defensive
2 **défensive** NF ◆ **être sur la défensive** to be
on the defensive

déférence [defeRɑ̃s] NF deference ◆ **par ~
pour** in deference to

déferlement [defɛRləmɑ̃] NM [de vagues]
breaking; [de violence] surge; [de touristes] flood

déferler [defɛRle] ► conjug 1 ◄ VI [vagues] to
break ◆ **la violence déferla sur le pays** violence
swept through the country ◆ **la foule déferla
dans la rue** the crowd flooded into the street

défi [defi] NM (bravade) = defiance ◆ **relever un ~** to take up a challenge ◆ **mettre
qn au ~ de faire qch** to challenge sb to do sth

déficience [defisjɑ̃s] NF deficiency ◆ **~ immunitaire** immunodeficiency

déficient, e [defisjã, jãt] ADJ (Méd) deficient; [raisonnement] weak; [matériel] faulty

déficit [defisit] NM deficit ✦ **être en ~** to be in deficit

déficitaire [defisitɛʀ] ADJ (Fin) in deficit

défier [defje] ▸ conjug 7 ◂ VT **a** [+ adversaire] to challenge ✦ **~ qn de faire qch** to defy sb to do sth **b** [+ autorité, adversité] to defy ✦ **à des prix défiant toute concurrence** at absolutely unbeatable prices

défigurer [defigyʀe] ▸ conjug 1 ◂ VT [blessure, maladie] to disfigure; [+ paysage] to spoil

défilé [defile] NM **a** (= cortège) procession; (= manifestation) march; (militaire) march-past ✦ **~ de mode** fashion show **b** [de visiteurs] stream **c** (en montagne) gorge

défiler [defile] ▸ conjug 1 ◂ **1** VI **a** [soldats] to march past; [manifestants] to march (devant past) **b** [bande magnétique] to unreel ✦ **faire ~ un document** (Informatique) to scroll through a document ✦ **les visiteurs défilaient devant le mausolée** the visitors filed past the mausoleum **2 se défiler** VPR ✦ **il s'est défilé** (= se dérober) he wriggled out of it

défini, e [defini] ADJ **a** (= déterminé) precise **b** (Gram) ✦ **article ~** definite article

définir [definiʀ] ▸ conjug 2 ◂ VT to define; [+ conditions] to specify

définitif, -ive [definitif, iv] **1** ADJ final; [mesure, fermeture] permanent; [refus] definite **2 en définitive** LOC ADV (= à la fin) eventually; (= somme toute) in fact

définition [definisjɔ̃] NF definition; [de mots croisés] clue ✦ **télévision haute ~** high-definition television

définitivement [definitivmã] ADV [partir, exclure, s'installer] for good

déflagration [deflagʀasjɔ̃] NF explosion

déflation [deflasjɔ̃] NF deflation

défoncé, e [defɔ̃se] ADJ **a** [canapé, fauteuil] sagging; [chemin, route] full of potholes *attrib* **b** (* = drogué) high *

défoncer [defɔ̃se] ▸ conjug 3 ◂ **1** VT [+ porte, clôture] to smash in **2 se défoncer** VPR * **a** (= travailler dur) to work like a dog * **b** (= se droguer) to get high * (à on)

déformant, e [defɔʀmã, ãt] ADJ [miroir] distorting

déformation [defɔʀmasjɔ̃] NF **a** [d'objet, métal] distortion; [de bois] warping ✦ **par ~ professionnelle** because of the job one does **b** (Méd) deformation

déformer [defɔʀme] ▸ conjug 1 ◂ **1** VT [+ objet, métal] to bend; [+ chaussures, vêtements] to stretch; [+ corps] to deform; [+ image, vérité,

pensée] to distort **2 se déformer** VPR [objet] to be bent; [bois] to warp; [vêtement] to lose its shape

défouler [defule] ▸ conjug 1 ◂ **1** VT ✦ **ça (me) défoule** it helps me to unwind **2 se défouler** VPR to let off steam * ✦ **se ~ sur qn/qch** to take it out on sb/sth

défraîchi, e [defʀeʃi] ADJ [article] shopsoiled; [fleur, couleur] faded; [tissu] worn

défrayer [defʀeje] ▸ conjug 8 ◂ VT **a** (= payer) ✦ **~ qn** to pay sb's expenses **b** ✦ **~ la chronique** to be widely talked about

défricher [defʀiʃe] ▸ conjug 1 ◂ VT [+ forêt, terrain] to clear ✦ **~ le terrain** (fig) to prepare the ground

défroisser [defʀwase] ▸ conjug 1 ◂ VT to smooth out

défunt, e [defœ̃, œ̃t] **1** ADJ (frm) [personne] late ✦ **son ~ père** his late father **2** NM,F ✦ **le ~** the deceased

dégagé, e [degaʒe] ADJ **a** [route, ciel] clear; [espace] open; [vue] uninterrupted; [front, nuque] bare **b** [ton] airy

dégager [degaʒe] ▸ conjug 3 ◂ **1** VT **a** (= libérer) to free; [+ crédits] to release *(for a specific purpose)* **b** [+ passage, table, nez] to clear ✦ **dégage !** * clear off! * **c** [+ odeur, fumée, chaleur] to give off **2 se dégager** VPR **a** [personne] to get free (de from) ✦ **se ~ de** [+ obligation] to release o.s. from **b** [ciel, rue, nez] to clear **c** [odeur, fumée, gaz, chaleur] to be given off; [impression] to emanate (de from)

dégaine * [degɛn] NF ✦ **il a une drôle de ~** he's got an odd look about him

dégainer [degene] ▸ conjug 1 ◂ VI to draw one's gun

dégarni, e [degaʀni] ADJ [front, arbre, rayon] bare ✦ **il est un peu ~ sur le dessus** he's a bit thin on top

dégarnir (se) [degaʀniʀ] ▸ conjug 2 ◂ VPR [personne] to go bald; [arbre] to lose its leaves; [rayons] to be cleared

dégât [dega] NM damage *NonC* ✦ **faire beaucoup de ~(s)** to do a lot of damage; [alcool] to do a lot of harm

dégel [deʒɛl] NM thaw

dégeler [deʒ(ə)le] ▸ conjug 5 ◂ **1** VT ✦ **pour ~ l'atmosphère** to break the ice **2** VI [lac] to thaw out ✦ **faire ~** [+ aliment] to thaw

dégénéré, e [deʒeneʀe] ADJ, NM,F degenerate

dégénérer [deʒeneʀe] ▸ conjug 6 ◂ VI to degenerate (en into) ✦ **ça a rapidement dégénéré** [débat, manifestation] it soon got out of hand

dégingandé, e [deʒɛ̃gãde] ADJ gangling

dégivrage [deʒivʀaʒ] NM [de réfrigérateur] defrosting; [de pare-brise] de-icing ✦ ~ **automatique** auto-defrost

dégivrer [deʒivʀe] ► conjug 1 ◄ VT [+ réfrigérateur] to defrost; [+ pare-brise] to de-ice

déglingué, e * [deglɛ̃ge] ADJ [mécanisme] kaput * ✦ **une voiture toute ~e** a ramshackle car

déglutir [deglytiʀ] ► conjug 2 ◄ VTI to swallow

dégonflé, e [degɔ̃fle] **1** ADJ [pneu] flat **2** NM,F (* = lâche) chicken *

dégonfler [degɔ̃fle] ► conjug 1 ◄ **1** VT [+ pneu, ballon] to deflate **2** VI ✦ **ses jambes ont dégonflé** the swelling in his legs has gone down **3** **se dégonfler** VPR **a** [ballon, pneu] to deflate **b** (* = avoir peur) to chicken out *

dégot(t)er * [degɔte] ► conjug 1 ◄ VT (= trouver) to dig up *

dégouliner [deguline] ► conjug 1 ◄ VI (en filet) to trickle; (goutte à goutte) to drip ✦ **je dégoulinais (de sueur)** * I was dripping with sweat

dégourdi, e * [deguʀdi] ADJ (= malin) smart

dégourdir [deguʀdiʀ] ► conjug 2 ◄ **1** VT [+ membres] (ankylosés) to bring the circulation back to; (gelés) to warm up **2** **se dégourdir** VPR ✦ **se ~ (les jambes)** to stretch one's legs

dégoût [degu] NM disgust NonC (pour, de for) ✦ **avoir du ~ pour** to feel disgust for ✦ **il a fait une grimace de ~** he screwed up his face in disgust

dégoûtant, e [degutɑ̃, ɑ̃t] **1** ADJ disgusting **2** NM,F (= personne sale) pig * ✦ **espèce de vieux ~ !** * you dirty old man! *

dégoûté, e [degute] ADJ ✦ **je suis ~ !** (lassé) I'm sick and tired of it! ✦ **~ de la vie** weary of life

dégoûter [degute] ► conjug 1 ◄ VT (= écœurer) to disgust ✦ **~ qn de qch** (= ôter l'envie de) to put sb right off sth

dégradant, e [degʀadɑ̃, ɑ̃t] ADJ degrading

dégradation [degʀadasjɔ̃] NF **a** [de bâtiment] damage; [de relations, situation, santé] deterioration **b** (= dégâts) ✦ **~s** damage NonC

dégradé [degʀade] NM [de couleurs] gradation; (coiffure) layered cut ✦ **un ~ de rouges** a gradation of reds

dégrader [degʀade] ► conjug 1 ◄ **1** VT **a** (= détériorer) to damage **b** (= avilir) to degrade **2** **se dégrader** VPR [relations, situation, santé, bâtiment] to deteriorate

dégrafer [degʀafe] ► conjug 1 ◄ **1** VT to unfasten; [+ papiers] to unstaple **2** **se dégrafer** VPR [vêtement, collier] to come undone

dégraissage [degʀɛsaʒ] NM [d'effectifs] cutback (de in)

degré [dəgʀe] NM degree; (= stade de développement) stage; (= échelon) grade ✦ **par ~s** by degrees ✦ ~ **Fahrenheit/Celsius** degree Fahrenheit/Celsius ✦ **du cognac à 40 ~s** 70° proof cognac ✦ ~ **de parenté** degree of kinship ✦ **prendre qch au premier ~** to take sth literally

dégressif, -ive [degʀesif, iv] ADJ [impôt] degressive ✦ **appliquer un tarif ~** to use a sliding scale of charges

dégrèvement [degʀɛvmɑ̃] NM ✦ ~ **fiscal** tax relief

dégriffé, e [degʀife] ADJ ✦ **robe ~e** unlabelled designer dress

dégringoler [degʀɛ̃gɔle] ► conjug 1 ◄ **1** VI [personne, objet] to tumble down; [monnaie, prix] to take a tumble ✦ **il a dégringolé jusqu'en bas** he tumbled all the way down ✦ **il a dégringolé à la 15e place** he tumbled to 15th place **2** VT (en courant) to tear down; (en tombant) to tumble down

dégrossir [degʀosiʀ] ► conjug 2 ◄ VT [+ bois] to trim; [+ projet, travail] to do the spadework on ✦ **individu mal dégrossi** coarse individual

déguenillé, e [deg(ə)nije] ADJ ragged

déguerpir [degɛʀpiʀ] ► conjug 2 ◄ VI to clear off *

dégueulasse * [degœlas] ADJ disgusting; [temps] lousy * ✦ **c'est ~ de faire ça** that's a rotten * thing to do ✦ **il a vraiment été ~ avec elle** he was really rotten * to her

dégueuler * [degœle] ► conjug 1 ◄ VTI to throw up *

déguisé, e [degize] ADJ [personne] (pour tromper) in disguise attrib; (pour s'amuser) in fancy dress (Brit), in costume (US) ✦ ~ **en Zorro** dressed up as Zorro

déguisement [degizmɑ̃] NM (pour tromper) disguise; (pour s'amuser) fancy dress (Brit), costume (US)

déguiser [degize] ► conjug 1 ◄ **1** VT [+ voix, pensée] to disguise; [+ poupée, enfant] to dress up (en as) **2** **se déguiser** VPR (pour tromper) to disguise o.s.; (pour s'amuser) to dress up (en as)

dégustation [degystasjɔ̃] NF [de coquillages, fromages] sampling ✦ **une ~ de vin(s)** a wine-tasting session

déguster [degyste] ► conjug 1 ◄ **1** VT [+ vins] to taste; [+ coquillages, fromages] to sample; [+ repas, café] to enjoy **2** VI (* = souffrir) ✦ **il a dégusté !** he didn't half have a rough time! *

déhancher (se) [deɑ̃ʃe] ► conjug 1 ◄ VPR (en marchant) to sway one's hips; (immobile) to stand with one's weight on one hip

dehors [dəɔʀ] **1** ADV (= à l'extérieur) outside; (= pas chez soi) out ◆ **je serai ~ toute la journée** I'll be out all day ◆ **cela ne se voit pas de ~** it can't be seen from the outside ◆ **passez par ~ pour aller au jardin** go round the outside of the house to get to the garden ◆ **jeter ou mettre ou foutre* qn ~** to chuck* sb out; [patron] to fire* sb ◆ **en ~ de** outside; (= excepté) apart from ◆ **il a voulu rester en ~ de cette affaire** he didn't want to get involved **2** NM (= extérieur) outside ◆ **on n'entend pas les bruits du ~** you can't hear the noise from outside ◆ **au~** outside ◆ **défense de se pencher au~** "don't lean out" **3** NMPL ◆ **sous des ~ aimables, il est dur** under his friendly exterior, he's a hard man

déjà [deʒa] ADV **a** already ◆ **il a ~ fini** he has already finished ◆ **à cette époque** even then **b** (= auparavant) before ◆ **je suis sûr de l'avoir ~ rencontré** I'm sure I've met him before **c** (intensif) ◆ **1 000 F, c'est ~ pas mal*** 1,000 francs, that's not bad at all ◆ **c'est combien, ~ ?** how much is it again?; → **ores**

déjeuner [deʒœne] ► conjug 1 ◄ **1** VI **a** (à midi) to have lunch ◆ **inviter qn à ~** to invite sb to lunch **b** (le matin) to have a breakfast **2** NM **a** (= repas de midi) lunch ◆ **~ d'affaires** business lunch ◆ **prendre son ~** to have lunch ◆ **j'ai eu du poulet au ~** I had chicken for lunch **b** (= petit-déjeuner) breakfast

déjouer [deʒwe] ► conjug 1 ◄ VT [+ complot, plan] to thwart; [+ surveillance] to elude

delà [dəla] **1** ADV ◆ **au~** beyond ◆ **au~ il y a l'Italie** beyond that is Italy ◆ **vous avez droit à dix bouteilles mais au~ vous payez une taxe** you're entitled to ten bottles but above that you pay duty ◆ **au~ de** [+ lieu, frontière] beyond; [+ somme, limite] over **2** NM ◆ **l'au-~** the beyond

délabré, e [delabʀe] ADJ [bâtiment] dilapidated

délacer [delase] ► conjug 3 ◄ VT [+ chaussures] to undo

délai [delɛ] NM **a** (= temps accordé) time limit ◆ **vous êtes dans les ~s** you're within the time limit ◆ **c'est un ~ trop court pour ...** it's too short a time for ... ◆ **respecter ou tenir les ~s** to meet the deadline ◆ **dans les plus brefs ~s, dans les meilleurs ~s** as soon as possible ◆ **il faut payer avant le 15, dernier ~** it must be paid by the 15th at the latest ◆ **~ de livraison** delivery time ◆ **~ de réflexion** (avant réponse) time to think **b** (= sursis) extension

délaisser [delese] ► conjug 1 ◄ VT (= négliger) to neglect

délasser [delase] ► conjug 1 ◄ **1** VT [+ membres] to refresh ◆ **un bon bain, ça**

délasse a good bath is very relaxing **2** **se délasser** VPR (= se détendre) to relax (en faisant qch by doing sth)

délation [delasjɔ̃] NF (frm) denouncement

délavé, e [delave] ADJ [tissu] faded; [inscription] washed-out; [jeans] prewashed

délayer [deleje] ► conjug 8 ◄ VT [+ couleur] to thin down; [+ farine, poudre] to mix (dans with); (péj) [+ exposé] to pad out

délecter (se) [delɛkte] ► conjug 1 ◄ VPR ◆ **se délecter de qch/à faire qch** to delight in sth/in doing sth

délégation [delegasjɔ̃] NF delegation

délégué, e [delege] **1** ADJ ◆ **producteur ~** associate producer ◆ **~ à qch** responsible for sth **2** NM,F (= représentant) representative; (à une réunion, une conférence) delegate ◆ **~ de classe/de parents d'élèves** class/parents' representative

déléguer [delege] ► conjug 6 ◄ VT to delegate (à to)

délibération [deliberasjɔ̃] NF deliberation

délibéré, e [delibere] ADJ (= intentionnel) deliberate ◆ **de manière ~e** deliberately

délibérément [deliberemɑ̃] ADV (= volontairement) deliberately

délibérer [delibere] ► conjug 6 ◄ VI to deliberate (sur over, upon)

délicat, e [delika, at] ADJ **a** delicate; [mets] dainty ◆ **c'était une attention ~e de sa part** it was very thoughtful of him **b** (= plein de tact) tactful (envers to, towards) ◆ **des procédés peu ~s** unscrupulous methods **c** (= exigeant) fussy ◆ **faire le ~** (nourriture) to be fussy

délicatement [delikatmɑ̃] ADV delicately

délicatesse [delikatɛs] NF delicacy; (= tact) tact ◆ **manquer de ~** to be tactless ◆ **il prit le vase avec ~** he delicately picked up the vase

délice [delis] NM (= plaisir) delight ◆ **ce dessert est un vrai ~** this dessert is quite delicious

délicieux, -ieuse [delisjø, jøz] ADJ [fruit, goût] delicious; (= charmant) charming

délimiter [delimite] ► conjug 1 ◄ VT [+ terrain, frontière, sujet, rôle] to delimit; [+ responsabilités, attributions] to determine

délinquance [delɛ̃kɑ̃s] NF crime ◆ **la petite/la grande ~** petty/serious crime ◆ **~ juvénile** juvenile delinquency

délinquant, e [delɛ̃kɑ̃, ɑ̃t] NM,F delinquent

délirant, e [deliʀɑ̃, ɑ̃t] ADJ **a** [public] frenzied **b** [idée, architecture] extraordinary; [prix, propos, projet] outrageous; [comédie, film] whacky*

délire [deliʀ] NM **a** [de malade] delirium ◆ **c'est du ~ !** * (= extravagant) it's sheer madness! **b** (= frénésie) frenzy ◆ **une foule en ~** a frenzied crowd

délirer [deliʀe] ► conjug 1 ◄ VI [malade] to be delirious ◆ **il délire !** * he's out of his mind! *

délit [deli] NM offence ◆ **commettre un ~** to commit an offence ◆ **~ d'initié** insider dealing ◆ **être poursuivi pour ~ d'opinion** to be prosecuted for one's beliefs; → **flagrant**

délivrance [delivʀɑ̃s] NF **a** [de prisonniers] release **b** (= soulagement) relief **c** [de document] issue

délivrer [delivʀe] ► conjug 1 ◄ VT **a** [+ prisonnier] to set free ◆ **~ qn de** [+ rival, crainte] to rid sb of; [+ obligation] to free sb from **b** [+ passeport, reçu, ordonnance] to issue; [+ médicament] to dispense

délocalisation [delɔkalizasjɔ̃] NF relocation

déloger [delɔʒe] ► conjug 3 ◄ VT [+ locataire] to throw out; [+ fugitif] to flush out; [+ objet] to dislodge (de from)

déloyal, e (mpl **-aux**) [delwajal, o] ADJ [ami, conduite] disloyal (envers towards); [adversaire] underhand ◆ **concurrence ~e** unfair competition

delta [dɛlta] NM delta

deltaplane ® [dɛltaplan] NM (= appareil) hang-glider; (= sport) hang-gliding ◆ **faire du ~** to go hang-gliding

déluge [delyʒ] NM (= pluie) deluge; [de larmes, paroles, injures] flood; [de compliments, coups] shower

déluré, e [delyʀe] ADJ (= débrouillard) smart; (= impertinent) forward

démagogie [demagɔʒi] NF demagogy ◆ **ils font de la ~** they're just trying to win support

démagogue [demagɔg] **1** NMF demagogue **2** ADJ ◆ **être ~** to be a demagogue

demain [d(ə)mɛ̃] ADV tomorrow ◆ **à ~ !** see you tomorrow! ◆ **le monde de ~** tomorrow's world

demande [d(ə)mɑ̃d] NF **a** (= requête) request (de qch for sth); [d'autorisation, naturalisation] application; [de dédommagement] claim (de for); [de renseignement] enquiry ◆ **faire une ~ de remboursement** to make a claim for reimbursement (à qn to sb) ◆ **~ d'asile** application for asylum ◆ **"~s d'emploi"** (rubrique de journal) "situations wanted" ◆ **(en mariage)** proposal (of marriage) ◆ **à la ~ de qn** at sb's request ◆ **à la ~, sur ~** on request **b** (Écon) ◆ **la ~** demand (de for)

demandé, e [d(ə)mɑ̃de] ADJ in demand ◆ **être très ~** to be very much in demand

demander [d(ə)mɑ̃de] ► conjug 1 ◄ **1** VT **a** to ask for; [+ indemnité] to claim ◆ **~ qch à qn** to ask sb for sth ◆ **~ un service à qn** to ask sb a favour ◆ **~ à voir qn à qn** to ask to see sb ◆ **~ à qn de faire qch** to ask sb to do sth ◆ **on le demande au téléphone** he is wanted on the phone ◆ **il ne demande qu'à apprendre** all he wants is to learn ◆ **je ne demande pas mieux !** I'll be only too pleased! ◆ **il ne faut pas trop lui en ~ !** you mustn't ask too much of him! ◆ **ils demandent trois vendeuses** (par annonce) they are advertising for three shop assistants **b** [+ médecin, prêtre] to send for **c** (= s'enquérir de) to ask ◆ **~ l'heure à qn** to ask sb the time ◆ **~ un renseignement à qn** to ask sb for some information ◆ **je ne t'ai rien demandé !** I didn't ask you! **d** (= nécessiter) to require ◆ **ça demande un effort** it requires an effort **2** se **demander** VPR to wonder ◆ **je me demandais si ...** I was wondering whether ...

demandeur, -euse [d(ə)mɑ̃dœʀ, øz] NM,F ◆ **~ d'emploi** job seeker ◆ **~ d'asile** asylum seeker

démangeaisons [demɑ̃ʒɛzɔ̃] NFPL ◆ **avoir des ~** to be itching ◆ **j'ai des ~ dans le dos** my back is itching

démanger [demɑ̃ʒe] ► conjug 3 ◄ VT (= gratter) ◆ **ça me démange** it itches ◆ **ça me démangeait de lui dire** I was itching to tell him

démanteler [demɑ̃t(ə)le] ► conjug 5 ◄ VT [+ armes, centrale nucléaire] to dismantle; [+ gang, réseau] to break up

démaquillant, e [demakijɑ̃, ɑ̃t] **1** ADJ ◆ **lait ou lotion ~(e)** make-up remover **2** NM make-up remover

démaquiller (se) [demakije] ► conjug 1 ◄ VPR to take one's make-up off

démarcation [demaʀkasjɔ̃] NF demarcation (entre between)

démarchage [demaʀʃaʒ] NM (= vente) door-to-door selling ◆ **~ électoral** canvassing ◆ **~ téléphonique** telephone selling

démarche [demaʀʃ] NF **a** (= façon de marcher) walk ◆ **avoir une ~ pesante** to walk heavily **b** (= intervention) step ◆ **entreprendre des ~s auprès d'un service** to apply to a department **c** (intellectuelle) reasoning

démarcher [demaʀʃe] ► conjug 1 ◄ VT [+ clients] to canvass

démarque [demaʀk] NF [d'article] markdown

démarquer [demaʀke] ► conjug 1 ◄ **1** VT (= solder) to mark down; (= retirer l'étiquette de) to remove the designer label from **2** se **démarquer** VPR ◆ **se ~ de** (= marquer sa différence avec) to distinguish o.s. from

démarrage [demaʀaʒ] NM **a** (de voiture) ◆ **il a calé au ~** he stalled as he moved off ◆ **~ en côte** hill start **b** (= début) start

démarrer [demaʀe] ► conjug 1 ◄ VI [moteur, conducteur] to start; [véhicule] to move off; [campagne, projet] to get going ✦ ~ en trombe to shoot off ✦ faire ~ [+ véhicule] to start

démarreur [demaʀœʀ] NM [de voiture] starter

démasquer [demaske] ► conjug 1 ◄ VT to unmask

démêlant [demɛlɑ̃] NM hair conditioner

démêler [demele] ► conjug 1 ◄ VT **a** [+ ficelle, écheveau, cheveux] to untangle **b** [+ problème, situation] to sort out ✦ ~ le vrai du faux to sort out the truth from the lies

démêlés [demele] NMPL (= ennuis) problems

démembrement [demɑ̃bʀəmɑ̃] NM [de pays, empire] break-up

déménagement [demenaʒmɑ̃] NM (= changement de domicile, de bureau) move

déménager [demenaʒe] ► conjug 3 ◄ **1** VT [+ meubles, affaires] to move; [+ maison, pièce] to move the furniture out of **2** VI to move

démence [demɑ̃s] NF (Méd) dementia; (Droit) mental disorder, madness ✦ c'est de la ~ ! it's madness!

démener (se) [dem(ə)ne] ► conjug 5 ◄ VPR to exert o.s. ✦ il faut que tu te démènes si tu veux des billets you'll have to get a move on * if you want tickets

dément, e [demɑ̃, ɑ̃t] ADJ (= fou) mad; (= incroyable) incredible; (* = extravagant) [prix, projet] mad

démenti [demɑ̃ti] NM (= déclaration) denial ✦ opposer un ~ à to deny formally

démentir [demɑ̃tiʀ] ► conjug 16 ◄ VT **a** [personne] to deny **b** [+ nouvelle, rumeur] to deny **b** [faits] to refute; [+ témoignage] to refute; [+ apparences] to belie

démerder (se) * [demɛʀde] ► conjug 1 ◄ VPR (= se débrouiller) to manage ✦ elle se démerde (pas mal) au ski she's pretty good at skiing ✦ qu'il se démerde tout seul ! just leave him to it!

démesuré, e [dem(ə)zyʀe] ADJ huge; (= excessif) excessive

démettre [demɛtʀ] ► conjug 56 ◄ **1** VT ✦ ~ qn de ses fonctions to dismiss sb from his duties **2** se démettre VPR (= se disloquer) ✦ se ~ le poignet to dislocate one's wrist

demeure [d(ə)mœʀ] NF (= maison) residence ✦ mettre qn en ~ de faire qch to instruct sb to do sth

demeuré, e * [d(ə)mœʀe] **1** ADJ (= fou) half-witted **2** NM,F half-wit

demeurer [d(ə)mœʀe] ► conjug 1 ◄ VI **a** (avec auxiliaire avoir = vivre) to live **b** (avec auxiliaire être : frm = rester) to remain ✦ ~ fidèle to remain faithful

demi, e [d(ə)mi] **1** ADJ ✦ un kilo et ~ one and a half kilos ✦ à six heures et ~e at half past six ✦ deux fois et ~e plus grand two and a half times greater **2** PRÉF ✦ une ~-livre half a pound ✦ un ~-verre half a glass **3** NM **a** (= bière) glass of beer, ≈ half-pint **b** (Sport) half-back ✦ ~ de mêlée (Rugby) scrum half **4** demie NF ✦ à la ~e we're leaving at half past **5** à demi LOC ADV half ✦ il n'était qu'à ~ rassuré he was only half reassured

demi-cercle [d(ə)misɛʀkl] NM semicircle

demi-douzaine [d(ə)miduzɛn] NF ✦ une ~ half-a-dozen

demi-écrémé [dəmiekʀeme] ADJ M semiskimmed

demi-finale [d(ə)mifinal] NF semifinal ✦ arriver en ~ to reach the semifinals

demi-frère [d(ə)mifʀɛʀ] NM half-brother

demi-heure [d(ə)mijœʀ, dəmjœʀ] NF ✦ une ~ half an hour

demi-journée [d(ə)miʒuʀne] NF ✦ une ~ half a day ✦ il travaille deux ~s par semaine he works two half-days a week

démilitariser [demilitaʀize] ► conjug 1 ◄ VT to demilitarize

demi-litre [d(ə)militʀ] NM ✦ un ~ (de) half a litre (of)

demi-mesure [d(ə)mim(ə)zyʀ] NF (= compromis) half-measure ✦ elle n'aime pas les ~s she doesn't do things by halves

demi-mot [d(ə)mimo] NM ✦ ils se comprenaient à ~ they didn't have to spell things out to each other

déminage [deminaʒ] NM mine clearance

déminer [demine] ► conjug 1 ◄ VT to clear of mines

demi-pension [d(ə)mipɑ̃sjɔ̃] NF (à l'hôtel, à l'école) half-board ✦ être en ~ [élève] to take school lunches

demi-pensionnaire [d(ə)mipɑ̃sjɔnɛʀ] NMF day pupil ✦ être ~ to take school lunches

demi-sel [d(ə)misɛl] ADJ INV slightly salted

demi-sœur [d(ə)misœʀ] NF half-sister

démission [demisjɔ̃] NF (d'un poste) resignation; (des ses responsabilités) abdication ✦ donner sa ~ to hand in one's resignation

démissionner [demisjɔne] ► conjug 1 ◄ VI [employé] to resign; (= abandonner) to give up

demi-tarif [d(ə)mitaʀif] NM half-price; (Transports) half-fare ✦ voyager à ~ to travel half-fare

demi-tour [d(ə)mituʀ] NM about-turn; (sur la route) U-turn ✦ faire ~ to do a U-turn

démobilisation [demobilizasjɔ̃] NF (Mil) demobilization

démocrate [demɔkʀat] **1** ADJ democratic **2** NMF democrat

démocratie [demɔkʀasi] NF democracy

démocratique [demɔkʀatik] ADJ democratic

démocratiser [demɔkʀatize] ► conjug 1 ◄ **1** VT to democratize **2** se démocratiser VPR to become more democratic

démodé, e [demɔde] ADJ old-fashioned

démoder (se) [demɔde] ► conjug 1 ◄ VPR [vêtement, style] to go out of fashion

démographie [demɔgʀafi] NF demography ◆ ~ **galopante** massive population growth

démographique [demɔgʀafik] ADJ demographic ◆ **poussée ~** increase in population

demoiselle [d(ə)mwazɛl] NF (jeune) young lady; (d'un certain âge) single lady ► **demoiselle de compagnie** lady's companion ► **demoiselle d'honneur** (à un mariage) bridesmaid; (d'une reine) maid of honour

démolir [demɔliʀ] ► conjug 2 ◄ VT **a** [+ maison, quartier] to demolish **b** (= abîmer) [+ jouet, radio, voiture] to wreck **c** * [+ personne] (= frapper) to bash up * (Brit); (= critiquer) to tear to pieces

démolition [demɔlisjɔ̃] NF [d'immeuble, quartier] demolition

démon [demɔ̃] NM demon

démonstratif, -ive [demɔ̃stʀatif, iv] ADJ demonstrative

démonstration [demɔ̃stʀasjɔ̃] NF **a** demonstration; [de théorème] proof ◆ **faire une ~** to give a demonstration ◆ **disquette de ~** demo disk **b** [de joie, tendresse] show

démonté, e [demɔ̃te] ADJ [mer] raging

démonter [demɔ̃te] ► conjug 1 ◄ VT **a** [+ étagères, tente] to take down; [+ moteur, arme] to strip down; [+ armoire, appareil] to take to pieces; [+ pneu, porte] to take off **b** (= déconcerter) to disconcert ◆ **il ne se laisse jamais ~** he never gets flustered

démontrer [demɔ̃tʀe] ► conjug 1 ◄ VT to demonstrate; [+ théorème] to prove; (= faire ressortir) to show

démoralisant, e [demɔʀalizɑ̃, ɑ̃t] ADJ demoralizing

démoraliser [demɔʀalize] ► conjug 1 ◄ **1** VT to demoralize **2** se démoraliser VPR to lose heart

démordre [demɔʀdʀ] ► conjug 41 ◄ VI ◆ **il ne veut pas en ~** he won't budge an inch

démouler [demule] ► conjug 1 ◄ VT [+ gâteau] to turn out

démuni, e [demyni] ADJ **a** (= sans ressources) destitute; (= sans défense) powerless (devant in the face of) **b** (= privé de) ◆ ~ **de** without

démystifier [demistifje] ► conjug 7 ◄ VT to demystify

dénationaliser [denasjɔnalize] ► conjug 1 ◄ VT to denationalize

dénaturer [denatyʀe] ► conjug 1 ◄ VT **a** [+ vérité, faits] to distort; [+ propos] to twist **b** [+ alcool, substance alimentaire] to denature; [+ goût, aliment] to alter completely

déneiger [deneʒe] ► conjug 3 ◄ VT to clear of snow

dénicher * [deniʃe] ► conjug 1 ◄ VT (= trouver) to discover

denier [dənje] NM ◆ **les ~s publics** ou **de l'État** public monies

dénier [denje] ► conjug 7 ◄ VT **a** [+ responsabilité] to deny **b** (= refuser) ◆ ~ **qch à qn** to refuse sb sth

dénigrer [denigʀe] ► conjug 1 ◄ VT to denigrate

dénivelé [deniv(ə)le] NM difference in height

dénivellation [denivelasjɔ̃] NF (= pente) slope; (= différence de niveau) difference in level ou altitude

dénombrable [denɔ̃bʀabl] ADJ countable

dénombrer [denɔ̃bʀe] ► conjug 1 ◄ VT (= compter) to count; (= énumérer) to list ◆ **on dénombre trois morts et cinq blessés** there are three dead and five wounded

dénominateur [denɔminatœʀ] NM denominator ◆ **(plus petit) ~ commun** (lowest) common denominator

dénomination [denɔminasjɔ̃] NF (= nom) designation

dénommé, e [denɔme] ADJ ◆ **le ~ X** (parfois péj) a certain X

dénoncer [denɔ̃se] ► conjug 3 ◄ **1** VT **a** [+ coupable] to denounce; [+ forfait, abus] to expose ◆ ~ **qn à la police** to inform against sb **b** (= signaler publiquement) [+ danger, injustice] to point out **2** se dénoncer VPR [criminel] to give o.s. up

dénonciation [denɔ̃sjasjɔ̃] NF [de criminel] denunciation; [de forfait, abus] exposure *NonC*

dénoter [denɔte] ► conjug 1 ◄ VT (= révéler) to indicate

dénouement [denumɑ̃] NM [d'affaire, aventure] outcome ◆ ~ **heureux** [de film] happy ending

dénouer [denwe] ► conjug 1 ◄ **1** VT **a** [+ nœud, lien] to untie; [+ cravate, cheveux] to undo ◆ **elle avait les cheveux dénoués** she had her hair loose **b** [+ situation] to resolve **2** se dénouer VPR [lien, nœud] to come undone

dénoyauter [denwajote] ► conjug 1 ◄ VT to stone (Brit), to pit (US)

denrée [dɑ̃ʀe] NF commodity ✦ ~s alimentaires foodstuffs ✦ ~s périssables perishable foodstuffs

dense [dɑ̃s] ADJ dense; [circulation] heavy

densité [dɑ̃site] NF density; [de circulation] heaviness

dent [dɑ̃] NF **a** [d'homme, animal] tooth ✦ ~s du haut/de devant upper/front teeth ✦ ~ de lait/de sagesse milk/wisdom tooth ✦ avoir la ~ dure to be scathing (envers about) ✦ avoir une ~ contre qn to hold a grudge against sb ✦ avoir les ~s longues (= être ambitieux) to be very ambitious **b** [de fourche, fourchette] prong; [de râteau, scie, peigne] tooth ✦ en ~s de scie [montagne] jagged ✦ carrière en ~s de scie switchback career

dentaire [dɑ̃tɛʀ] ADJ dental

dentelé, e [dɑ̃t(ə)le] ADJ jagged; [timbre] perforated; [feuille] dentate

dentelle [dɑ̃tɛl] NF lace NonC ✦ de ou en ~ lace ✦ il ne fait pas dans la ~ * he's not fussy about details

dentier [dɑ̃tje] NM dentures pl

dentifrice [dɑ̃tifʀis] NM toothpaste

dentiste [dɑ̃tist] NMF dentist

dénué, e [denɥe] ADJ ✦ ~ de devoid of ✦ ~ d'intérêt devoid of interest ✦ ~ de tout fondement completely unfounded

déodorant [deɔdɔʀɑ̃] NM deodorant

déontologie [deɔ̃tɔlɔʒi] NF professional code of ethics

dépannage [depanaʒ] NM [de véhicule, appareil] repair ✦ service de ~ (pour véhicules) breakdown service; (pour appareils) repair service

dépanner [depane] ► conjug 1 ◄ VT **a** [+ véhicule, appareil] to repair ✦ ~ qn [+ automobiliste] to repair sb's car **b** (* = tirer d'embarras) to help out

dépanneur [depanœʀ] NM **a** (= personne) repairman; (pour voitures) breakdown mechanic **b** (Can) = épicerie) convenience store

dépanneuse [depanøz] NF breakdown lorry (Brit), tow truck (US)

dépareillé, e [depaʀeje] ADJ [collection] incomplete; [objet] odd

départ [depaʀ] NM **a** [de voyageur, véhicule, excursion] departure ✦ le ~ est à huit heures the train (ou coach etc) leaves at eight o'clock ✦ peu après mon ~ de l'hôtel soon after I had left the hotel **b** (Sport) start ✦ un faux ~ a false start ✦ prendre un bon/mauvais ~ to get off to a good/bad start **c** [de salarié, ministre] departure ✦ indemnité de ~ severance pay ✦ ~ à la retraite retirement **d** [de processus, transformation] start ✦ au ~ at the start ✦ salaire de ~ starting salary

départager [depaʀtaʒe] ► conjug 3 ◄ VT [+ concurrents] to decide between; [+ votes] to decide

département [depaʀtəmɑ̃] NM department; (= division du territoire) département ✦ ~ d'outre-mer French overseas département

départemental, e (mpl ~aux) [depaʀtəmɑ̃tal, o] ADJ of a département ✦ (route) ~e secondary road

dépassé, e [depase] ADJ (= périmé) out of date; (= désorienté) out of one's depth attrib ✦ il est complètement ~ par les événements he's completely overwhelmed

dépassement [depasmɑ̃] NM **a** [de véhicule] overtaking (Brit) NonC, passing (US) NonC **b** [de limite, prix] exceeding ✦ ~ d'honoraires charge exceeding the statutory fee

dépasser [depase] ► conjug 1 ◄ **1** VT **a** (= aller plus loin que) to pass; [+ véhicule, personne] to pass, to overtake (Brit) ✦ il a dépassé les bornes ou la mesure he has really gone too far ✦ les mots ont dû ~ sa pensée he must have got carried away **b** (= excéder) to exceed ✦ ~ qch en hauteur/largeur to be higher ou taller/ wider than sth ✦ la réunion ne devrait pas ~ trois heures the meeting shouldn't last longer than three hours ✦ les résultats ont dépassé notre attente the results exceeded our expectations ✦ cela dépasse toutes mes espérances it is beyond my wildest dreams **c** (= surpasser) [+ rival] to outmatch ✦ ~ qn en intelligence to be more intelligent than sb **d** (= dérouter) ✦ ça me dépasse ! it is beyond me! **2** VI (= faire saillie) to stick out; [jupon] to show (de, sous below); [chemise] to be hanging out (de of) **3** se dépasser VPR to excel o.s.

dépaysé, e [depeize] ADJ disoriented

dépayser [depeize] ► conjug 1 ◄ VT **a** (= désorienter) to disorientate **b** (= changer agréablement) ✦ ça nous a dépaysés it gave us a change of scenery

dépecer [depəse] ► conjug 5 ◄ VT [boucher] to cut up; [fauve] to tear limb from limb

dépêche [depɛʃ] NF dispatch ✦ ~ (télégraphique) telegram ✦ ~ (d'agence) agency story

dépêcher (se) [depeʃe] ► conjug 1 ◄ VPR to hurry ✦ dépêche-toi ! hurry up! ✦ se dépêcher de faire qch to hurry to do sth

dépeindre [depɛ̃dʀ] ► conjug 52 ◄ VT to depict

dépénaliser [depenalize] ► conjug 1 ◄ VT to decriminalize

dépendance [depɑ̃dɑ̃s] NF **a** (= asservissement) subordination (à l'égard de to) ✦ être

sous la ~ de qn to be subordinate to sb **b** (= bâtiment) outbuilding **c** (Hist, Pol = territoire) dependency **d** (à une drogue, à l'alcool) dependency (à on), addiction (à to)

dépendant, e [depãdã, ãt] ADJ **a** (= non autonome) dependent (de (up)on) **b** [drogué] addicted (à to)

dépendre [depãdʀ] ► conjug 41 ◄ VT INDIR ◆ **~ de** [employé] to be answerable to; [territoire] to be a dependency of; [décision, résultat, phénomène] to depend on ◆ **~ (financièrement) de ses parents** to be financially dependent on one's parents ◆ **ça dépend** it depends

dépens [depã] ◆ **aux dépens de** LOC PRÉP at the expense of ◆ **je l'ai appris à mes ~** I learnt this to my cost

dépense [depãs] NF **a** spending NonC ◆ **j'hésite, c'est une grosse ~** I can't decide, it's a lot of money ◆ **~s publiques/de santé** public/health spending ou expenditure ◆ **ne pas regarder à la ~** to spare no expense **b** [d'électricité] consumption

dépenser [depãse] ► conjug 1 ◄ **1** VT **a** [+ argent] to spend (pour on); [+ électricité] to use **b** [+ forces, énergie] to expend **2** se dépenser VPR to exert o.s.

dépensier, -ière [depãsje, jɛʀ] ADJ extravagant

dépérir [depeʀiʀ] ► conjug 2 ◄ VI [personne] to waste away; [plante] to wither

dépêtrer (se) [depetʀe] ► conjug 1 ◄ VPR ◆ **se dépêtrer de** to extricate o.s. from

dépeupler (se) [depœple] ► conjug 1 ◄ VPR [région, ville] to become depopulated

déphasé, e [defaze] ADJ (= désorienté) out of phase

dépistage [depistaʒ] NM [de maladie, virus, dopage] screening (de for) ◆ **test de ~ du sida** AIDS test

dépit [depi] **1** NM pique ◆ **il l'a fait par ~** he did it in a fit of pique **2** en dépit de LOC PRÉP in spite of, despite ◆ **en ~ du bon sens** any old how

dépité, e [depite] ADJ piqued

déplacé, e [deplase] ADJ [intervention] misplaced; [remarque] uncalled-for

déplacement [deplasmã] NM **a** (= voyage) trip ◆ **être en ~ (pour affaires)** to be away on business **b** [d'objet, meuble] moving; [d'os, organe] displacement

déplacer [deplase] ► conjug 3 ◄ **1** VT [+ objet, meuble] to move **2** se déplacer VPR **a** [personne, animal, air] to move **b** (= se déranger) [médecin] to come out ◆ **il ne s'est même pas déplacé pour le mariage de sa sœur** he didn't even bother to go to his sister's wedding **c** (= voyager) to travel **d** ◆ **se ~ une vertèbre** to slip a disc

déplaire [deplɛʀ] ► conjug 54 ◄ VT INDIR ◆ **~ à qn** to be disliked by sb ◆ **cette ville me déplaît** I don't like this town ◆ **ça ne me déplairait pas de le faire** I wouldn't mind doing it

déplaisant, e [deplɛzã, ãt] ADJ disagreeable

dépliant [deplijã] NM (= prospectus) leaflet

déplier [deplije] ► conjug 7 ◄ VT to unfold ◆ **~ les jambes** to stretch one's legs out

déploiement [deplwamã] NM [de troupes] deployment; [de richesses, forces] display

déplorable [deplɔʀabl] ADJ deplorable

déplorer [deplɔʀe] ► conjug 1 ◄ VT (= trouver fâcheux) to deplore ◆ **~ que ...** to find it deplorable that ...

déployer [deplwaje] ► conjug 8 ◄ VT **a** [+ carte, tissu] to open out; [+ voile, drapeau] to unfurl; [+ ailes] to spread **b** [+ troupes, forces de police] to deploy **c** [+ richesses, forces] to display; [+ efforts, énergie] to expend

déplumé, e [deplyme] ADJ **a** [oiseau] featherless **b** (* = chauve) bald

déportation [depɔʀtasjɔ̃] NF (= exil) deportation; (= internement) imprisonment (in a concentration camp) ◆ **il est mort en ~** he died in a Nazi concentration camp

déporté, e [depɔʀte] NM,F (= exilé) deportee; (= interné) prisoner (in a concentration camp)

déporter [depɔʀte] ► conjug 1 ◄ **1** VT **a** (= exiler) to deport; (= interner) to send to a concentration camp **b** (= faire dévier) to carry off course ◆ **le vent l'a déporté** the wind blew him off course **2** se déporter VPR to swerve

déposer [depoze] ► conjug 1 ◄ **1** VT **a** (= poser) to put down ◆ **~ les armes** to lay down one's arms **b** (= laisser) [+ chose] to leave; [+ personne] to drop ◆ **je te dépose à la gare** I'll drop you off at the station ◆ **est-ce que je peux vous ~ quelque part ?** can I drop you anywhere? **c** [+ argent] to deposit ◆ **~ de l'argent sur un compte** to deposit money in an account **d** [+ plainte] to lodge; [+ réclamation] to file; [+ brevet] to register; [+ projet de loi] to bring in ◆ **~ son bilan** to go into voluntary liquidation **2** VI (Droit) to give evidence **3** se déposer VPR [poussière, sédiments] to settle

dépositaire [depoziteʀ] NMF **a** (= agent commercial) agent (de for) ◆ **~ exclusif** sole agent (de for) **b** [d'objet confié] depository

déposition [depozisjɔ̃] NF ◆ **faire une ~** (à un procès) to give evidence; (écrite) to write a statement

déposséder [deposede] ► conjug 6 ◄ VT ◆ ~ qn de qch [+ terres] to dispossess sb of sth; [+ biens] to deprive sb of sth

dépôt [depo] NM **a** [d'argent, valeurs] deposit-(ing) ◆ ~ **de bilan** (voluntary) liquidation **b** (= en garantie, sur un compte) deposit ◆ **verser un** ~ to put down a deposit **c** [de liquide, lie] deposit ◆ ~ **de tartre** fur (Brit) NonC **d** (= entrepôt) warehouse; [d'autobus, trains] depot ► **dépôt d'ordures** rubbish tip (Brit), garbage dump (US)

dépotoir [depotwaʀ] NM (= décharge) dumping ground

dépôt-vente (pl **dépôts-ventes**) [depovãt] NM second-hand shop (Brit) ou store (US) *(where items are sold on commission)*

dépouille [depuj] NF (= cadavre) ◆ ~ **(mortelle)** (mortal) remains

dépouillé, e [depuje] ADJ [décor] bare; [style] bald

dépouillement [depujmã] NM **a** [de documents] going through ◆ **le** ~ **du scrutin** counting the votes **b** (= sobriété) sobriety

dépouiller [depuje] ► conjug 1 ◄ VT **a** [+ documents, courrier] to go through ◆ ~ **un scrutin** to count the votes **b** ◆ ~ **qn/qch de** to strip sb/sth of **c** [+ lapin] to skin

dépourvu, e [depuʀvy] **1** ADJ ◆ ~ **de** lacking in; [+ méchanceté, mauvaises intentions] without ◆ **ce récit n'est pas ~ d'intérêt** this story is not without interest **2** **au dépourvu** LOC ADV ◆ **prendre qn au** ~ to catch sb off their guard

dépoussiérer [depusjeʀe] ► conjug 6 ◄ VT to dust

dépravé, e [depʀave] ADJ depraved

déprécier [depʀesje] ► conjug 7 ◄ **1** VT (= dénigrer) to belittle **2** **se déprécier** VPR [monnaie, objet] to depreciate; [personne] to belittle o.s.

dépressif, -ive [depʀesif, iv] ADJ, NM,F depressive

dépression [depʀesjɔ̃] NF **a** ◆ ~ **(atmosphérique)** (atmospheric) depression ◆ **une** ~ **centrée sur le nord** an area of low pressure in the north **b** (= état nerveux) depression ◆ **elle fait de la** ~ she suffers from depression ◆ **il a fait une** ~ **(nerveuse)** he had a nervous breakdown **c** ◆ ~ **(économique)** (economic) depression **d** ◆ ~ **(de terrain)** depression

déprimant, e [depʀimã, ãt] ADJ depressing

déprime * [depʀim] NF depression ◆ **faire de la** ~ to be depressed

déprimé, e [depʀime] ADJ depressed

déprimer [depʀime] ► conjug 1 ◄ **1** VT to depress **2** VI * to be depressed

---

🚫 **depuis** [dəpɥi]

1 PRÉP **a** (durée) for ◆ **il est malade ~ une semaine** he has been ill for a week ◆ **il était malade ~ une semaine** he had been ill for a week ◆ **elle cherche du travail ~ plus d'un mois** she's been looking for a job for over a month ◆ ~ **combien de temps travaillez-vous ici ?** – ~ **cinq ans** how long have you been working here? – five years ◆ **tu le connais ~ longtemps ?** have you known him long? **b** (point de départ dans le temps) since ◆ **il attend ~ ce matin** he has been waiting since this morning ◆ ~ **qu'il habite ici, il n'a cessé de se plaindre** he hasn't stopped complaining since he came to live here ◆ **quand le connaissez-vous?** how long have you known him? **je le connais ~ peu** I haven't known him long **c** (lieu = à partir de) from ◆ **le concert est retransmis ~ Paris** the concert is broadcast from Paris **j'ai mal au cœur ~ Dijon** I've been feeling sick since Dijon **2** ADV since then ◆ ~, **nous sommes sans nouvelles** since then we have had no news

---

député [depyte] NM (au parlement) deputy; (en Grande-Bretagne) Member of Parliament ◆ **elle a été élue ~ de Metz** she has been elected as deputy for Metz ◆ ~ **européen** Member of the European Parliament

déraciner [deʀasine] ► conjug 1 ◄ VT to uproot

déraillement [deʀajmã] NM derailment

dérailler [deʀaje] ► conjug 1 ◄ VI **a** [train] to derail ◆ **faire** ~ [+ train, négociations] to derail **b** * (= divaguer) to talk nonsense ◆ **tu dérailles !** (= tu es fou) you're crazy! *

dérailleur [deʀajœʀ] NM [de bicyclette] derailleur

déraisonnable [deʀezɔnabl] ADJ unreasonable

dérangé, e [deʀãʒe] ADJ ◆ **il a l'estomac** ~ he has an upset stomach ◆ **il a le cerveau ou l'esprit** ~ he's deranged

dérangeant, e [deʀãʒã, ãt] ADJ disturbing

dérangement [deʀãʒmã] NM **a** (= gêne) trouble ◆ **mes excuses pour le** ~ my apologies for the inconvenience **b** (= déplacement) ◆ **pour vous éviter un autre** ~ to save you another trip **c** ◆ **en** ~ [machine, téléphone] out of order

déranger [deʀãʒe] ► conjug 3 ◄ **1** VT **a** [+ papiers, affaires] to disturb **b** (= importuner) to disturb ◆ **je ne vous dérange pas ?** I hope I'm not disturbing you? ◆ **ne me dérangez pas toutes les cinq minutes** don't come bothering me every five minutes ◆ **ça vous dérange si je**

fume ? do you mind if I smoke? ◆ **ses films dérangent** his films are disturbing **c** [+ projets, routine] to disrupt **2 se déranger** VPR **a** [médecin, réparateur] to come out ◆ **ne vous dérangez pas pour moi** (= s'embarrasser) don't go to any inconvenience on my account **b** (pour une démarche, une visite) ◆ **j'ai dû me ~ plusieurs fois** I had to go several times ◆ **je me suis dérangé pour rien, c'était fermé** it was a wasted trip - it was closed

dérapage [deʀapaʒ] NM **a** [de véhicule] skid; (Ski) sideslipping **b** [de prix] unexpected increase; (= propos incontrôlés) provocative remarks

déraper [deʀape] ► conjug 1 ◄ VI **a** [véhicule] to skid; [piéton, semelles] to slip; (Ski) to sideslip ◆ **ça dérape** [chaussée] it's slippery **b** [prix, salaires] to soar; [conversation] to veer onto slippery ground

dératisation [deʀatizasjɔ̃] NF rat extermination

déréglé, e [deʀegle] ADJ [mécanisme] out of order *attrib*; [temps] unsettled

dérèglement [deʀɛglǝmɑ̃] NM [de machine] disturbance ◆ **~ hormonal** hormonal imbalance

déréglementer [deʀɛglamɑ̃te] ► conjug 1 ◄ VT to deregulate

dérégler [deʀegle] ► conjug 6 ◄ **1** VT [+ mécanisme, système] to upset; [+ machine] to affect the working of; [+ temps] to affect **2 se dérégler** VPR [mécanisme, machine, appareil] to go wrong

déréguler [deʀegyle] ► conjug 1 ◄ VT to deregulate

dérider [deʀide] ► conjug 1 ◄ **1** VT [+ personne] to brighten up **2 se dérider** VPR [personne] to cheer up

dérision [deʀizjɔ̃] NF derision ◆ **tourner en ~** (= ridiculiser) to ridicule

dérisoire [deʀizwaʀ] ADJ derisory

dérivatif [deʀivatif] NM distraction

dérivation [deʀivasjɔ̃] NF **a** [de circuit électrique] shunt **b** [de mot] derivation

dérive [deʀiv] NF **a** (= déviation) drift ◆ **à la ~** adrift ◆ **partir à la ~** (fig) to go drifting off **b** (= dispositif sur bateau) centre-board (Brit), center-board (US) **c** (= évolution) drift ◆ **~ totalitaire** drift towards totalitarianism

dérivé, e [deʀive] **1** ADJ derived ◆ **produit ~** by-product **2** NM derivative; (= produit) by-product

dériver [deʀive] ► conjug 1 ◄ **1** VT **a** [+ mot, produit] to derive **b** (Élec) to shunt **2** VT INDIR ◆ **~ de** to derive from **3** VI [bateau, avion, conversation] to drift (sur onto)

dériveur [deʀivœʀ] NM (= bateau) sailing dinghy *(with centre-board)*

dermatologie [dɛʀmatɔlɔʒi] NF dermatology

dermatologue [dɛʀmatɔlɔg] NMF dermatologist

dernier, -ière [dɛʀnje, jɛʀ] **1** ADJ **a** (dans le temps, dans une hiérarchie) last ◆ **arriver ~** to come in last ◆ **le mois ~** last month ◆ **ces ~s jours** over the last few days ◆ **ces ~s incidents** these latest incidents ◆ **c'est du ~ chic** it's the last word in elegance **b** (= le plus haut, le plus bas, le plus lointain) ◆ **le ~ étage** the top floor ◆ **le ~ rang** the back row ◆ **la dernière marche de l'escalier** (en bas) the bottom step; (en haut) the top step ◆ **les trois ~s jours** the last three days **2** NM,F last ◆ **sortir le ~** to leave last ◆ **les ~s arrivés** the last ones to arrive ◆ **son (petit) ~** her youngest child ◆ **il est le ~ de sa classe** he's at the bottom of the class ◆ **le ~ des imbéciles** (péj) an absolute imbecile ◆ **ce ~, cette dernière** the latter ◆ **Luc, Marc et Jean étaient là et ce ~ a dit que ...** Luc, Marc and Jean were there, and Jean said that ... **3** **dernière** NF **a** (Théâtre) last performance (* = nouvelle) ◆ **vous connaissez la dernière ?** have you heard the latest? **4** **en dernier** LOC ADV last

dernièrement [dɛʀnjɛʀmɑ̃] ADV (= il y a peu de temps) recently; (= ces derniers temps) lately

dernier-né, dernière-née (mpl **derniers-nés**) [dɛʀnjene, dɛʀnjɛʀne] NM,F (= enfant) youngest child ◆ **le ~ de leurs logiciels** the latest in their line of software

dérobé, e [deʀobe] **1** ADJ [escalier, porte] secret **2** **à la dérobée** LOC ADV secretly ◆ **regarder qch à la ~e** to sneak a look at sth

dérober [deʀobe] ► conjug 1 ◄ **1** VT **a** (= voler) to steal ◆ **~ qch à qn** to steal sth from sb **b** (= cacher) ◆ **~ qch à la vue de qn** to conceal sth from sb **2 se dérober** VPR **a** (= refuser d'assumer) to shy away (à from) ◆ **je lui ai posé la question mais il s'est dérobé** I put the question to him but he side-stepped it **b** [sol, genoux] to give way

dérogation [deʀogasjɔ̃] NF special dispensation

déroger [deʀoʒe] ► conjug 3 ◄ VI (= enfreindre) ◆ **~ à qch** to go against sth ◆ **~ aux règles** to depart from the rules

dérouiller [deʀuje] ► conjug 1 ◄ **1** VT ◆ **je vais me ~ les jambes** I'm going to stretch my legs **2** VI (‡ = souffrir) to have a hard time of it

déroulement [deʀulmɑ̃] NM ◆ **pendant le déroulement des opérations** during the course of the operations ◆ **veiller au bon ~ des élections** to make sure the elections go smoothly

dérouler [deʀule] ► conjug 1 ◄ **1** VT [+ fil, bobine, pellicule] to unwind; [+ cordage] to uncoil;

[+ tapis] to roll up; [+ store] to roll down **2** se **dérouler** VPR **a** (= avoir lieu) to take place **b** (= progresser) [histoire] to unfold **c** (= se passer) to go ◆ **la manifestation s'est déroulée dans le calme** the demonstration went peacefully **d** [fil, bobine, pellicule] to unwind

déroutant, e [deʀutɑ̃, ɑ̃t] ADJ disconcerting

déroute [deʀut] NF [d'armée, équipe] rout; [de régime, entreprise] collapse ◆ **mettre en ~** [+ armée, adversaire] to rout

dérouter [deʀute] ► conjug 1 ◄ VT [+ avion, navire] to reroute; [+ personne] to disconcert

derrière [dɛʀjɛʀ] **1** PRÉP behind ◆ **passe ~ la maison** go round the back of the house ◆ **marcher l'un ~ l'autre** to walk one behind the other ◆ **dire du mal ~ le dos de qn** to say (unkind) things behind sb's back ◆ **il faut toujours être ~ lui** ou **son dos** you've always got to keep an eye on him; → **idée 2** ADV behind ◆ **on l'a laissé (loin) ~** we have left him (a long way) behind ◆ **il a préféré monter ~** (voiture) he preferred to sit in the back ◆ **chemisier qui se boutonne ~** blouse which does up at the back ◆ **regarde ~** (derrière un objet) look behind it **3** NM **a** [de personne] bottom; [d'animal] hindquarters ◆ **donner un coup de pied au ~ à qn** to give sb a kick up the backside ◆ **b** [d'objet, tête, maison] back ◆ **roue de ~** back wheel ◆ **c'est fermé, passe par-~** it's locked, go in the back way ◆ **attaquer par-~** to attack from behind ◆ **dire du mal de qn par-~** to say unkind things behind sb's back; → **patte**

des [de] → **de**

dès [dɛ] PRÉP **a** (dans le temps) from ◆ **~ le début** from the start ◆ **il a été remplacé ~ son départ** he was replaced as soon as he left ◆ **~ que** as soon as ◆ **~ qu'il aura fini il viendra** he'll come as soon as he's finished **b** (dans l'espace) ◆ **~ l'entrée on voit que c'est très beau** you can see how lovely it is as soon as you walk in the door

désabusé, e [dezabyze] ADJ [personne, air] disenchanted ◆ **d'un ton ~** in a disillusioned voice

désaccord [dezakɔʀ] NM (= divergence) (entre personnes, points de vue) disagreement; (entre intérêts) conflict

désaccordé, e [dezakɔʀde] ADJ [instrument] out of tune

désaffecté, e [dezafɛkte] ADJ [usine, gare] disused; [église] deconsecrated

désaffection [dezafɛksjɔ̃] NF loss of interest (pour in); (Pol) disaffection (pour with)

désagréable [dezagʀeabl] ADJ unpleasant

désagréger (se) [dezagʀeʒe] ► conjug 3 et 6 ◄ VPR to break up; [roche] to crumble

désagréments [dezagʀemɑ̃] NMPL (= inconvénients) trouble *NonC* ◆ **ça m'a valu bien des ~** it gave me a great deal of trouble

désaltérant, e [dezalteʀɑ̃, ɑ̃t] ADJ thirstquenching

désaltérer (se) [dezaltere] ► conjug 6 ◄ VPR to quench one's thirst

désamorcer [dezamɔʀse] ► conjug 3 ◄ VT [+ bombe, situation, crise] to defuse; [+ mouvement de revendication] to forestall

désappointé, e [dezapwɛ̃te] ADJ disappointed

désapprobateur, -trice [dezapʀɔbatœʀ, tʀis] ADJ disapproving

désapprobation [dezapʀɔbasjɔ̃] NF disapproval

désapprouver [dezapʀuve] ► conjug 1 ◄ VT [+ acte, conduite] to disapprove of

désarçonner [dezaʀsɔne] ► conjug 1 ◄ VT to throw

désarmant, e [dezaʀmɑ̃, ɑ̃t] ADJ disarming

désarmé, e [dezaʀme] ADJ (fig) helpless (devant before)

désarmement [dezaʀməmɑ̃] NM [de pays] disarmament

désarmer [dezaʀme] ► conjug 1 ◄ VT (= priver d'armes, décontenancer) to disarm

désarroi [dezaʀwa] NM [de personne] feeling of helplessness ◆ **être en plein ~** (= être troublé) to be utterly distraught

désastre [dezastʀ] NM disaster ◆ **courir au ~** to be heading for disaster

désastreux, -euse [dezastʀø, øz] ADJ [décision, récolte, influence] disastrous; [bilan, conditions] terrible

désavantager [dezavɑ̃taʒe] ► conjug 3 ◄ VT to put at a disadvantage ◆ **cela désavantage les plus pauvres** this penalizes the very poor ◆ **les couches sociales les plus désavantagées** the most disadvantaged sectors of society

désavouer [dezavwe] ► conjug 1 ◄ VT to disown

désaxé, e [dezakse] **1** ADJ [personne] unhinged **2** NM,F lunatic

descendance [desɑ̃dɑ̃s] NF (= enfants) descendants ◆ **avoir une nombreuse ~** to have lots of children

descendant, e [desɑ̃dɑ̃, ɑ̃t] **1** ADJ ◆ **marée ~e** ebb tide **2** NM,F descendant

descendre [desɑ̃dʀ] ► conjug 41 ◄ **1** VI (avec auxiliaire être) **a** (= aller vers le bas) to go down; (venir d'en haut) to come down (à, vers to; dans into) ◆ **aidez-la à ~** (de sa chaise) help her down; (dans l'escalier) help her downstairs ◆ **~ à pied/à bicyclette** to walk/cycle down ◆ **~ en courant** to run down ◆ **~ à Marseille** to go down to Marseilles ◆ **~ de** [+ toit, échelle, arbre] to come down from ◆ **fais ~ le chien du fauteuil** get the dog off the chair **b** (d'un moyen de transport) ◆ **~ de voiture** to get out of the car ◆ **~ de cheval** to dismount ◆ **~ de bicyclette** to get off one's bicycle ◆ **vous descendez à la prochaine ?** are you getting off at the next stop? **c** [habits, cheveux] ◆ **~ à** ou **jusqu'à** to come down to **d** [colline, route] ◆ **~ en pente douce** to slope gently down ◆ **~ en pente raide** to drop away sharply **e** [soleil] to go down ◆ **le brouillard descend sur la vallée** the fog is coming down over the valley **f** (= baisser) to fall; [mer, marée] to go out ◆ **l'équipe est descendue en seconde division** the team has gone down into the second division **2 descendre de** VT INDIR (= avoir pour ancêtre) to be descended from **3** VT (avec auxiliaire avoir) **a** [+ escalier, colline, pente] to go down ◆ **~ une rivière en canoë** to go down a river in a canoe **b** [+ valise] to take down; [+ meuble, poubelles] to take down ◆ **tu peux me ~ mes lunettes ?** can you bring my glasses down for me? **c** (= baisser) to lower; [+ store] to pull down **d** * (= tuer) to do in ⁎; (= critiquer) to shoot down in flames **e** (* = boire) to down ⁎ ◆ **qu'est-ce qu'il descend !** he drinks like a fish! *

descente [desɑ̃t] NF **a** (= action) descent ◆ **la ~** (Ski) the downhill race ◆ **~ en rappel** (Alpinisme) abseiling ◆ **accueillir qn à la ~ du train** to meet sb off the train **b** [de police] raid **c** (= partie descendante) (downward) slope ◆ **freiner dans les ~s** to brake going downhill

descriptif, -ive [dɛskʀiptif, iv] **1** ADJ descriptive **2** NM (= brochure) brochure; [de travaux] specifications

description [dɛskʀipsjɔ̃] NF description ◆ **faire la ~ de** to describe

désemparé, e [dezɑ̃paʀe] ADJ helpless

désemplir [dezɑ̃pliʀ] ► conjug 2 ◄ VI ◆ **le magasin ne désemplit jamais** the shop is never empty

désenchanté, e [dezɑ̃ʃɑ̃te] ADJ disillusioned

désenchantement [dezɑ̃ʃɑ̃tmɑ̃] NM disillusionment

désendettement [dezɑ̃dɛtmɑ̃] NM ◆ **le désendettement du pays** the reduction of the country's debt

désenfler [dezɑ̃fle] ► conjug 1 ◄ VI to go down

désengagement [dezɑ̃gaʒmɑ̃] NM withdrawal ◆ **le ~ de l'État** (financier) the withdrawal of state funding

désengager (se) [dezɑ̃gaʒe] ► conjug 3 ◄ VPR to withdraw (de from)

désensabler [dezɑ̃sable] ► conjug 1 ◄ [+ voiture] to dig out of the sand; [+ chenal] to dredge

désensibiliser [desɑ̃sibilize] ► conjug 1 ◄ VT to desensitize

déséquilibre [dezekilibʀ] NM (= inégalité) imbalance; (mental, nerveux) unbalance ◆ **être en ~** [objet] to be unsteady

déséquilibré, e [dezekilibʀe] **1** ADJ [budget] unbalanced; [esprit] disordered **2** NM,F mentally disturbed person

déséquilibrer [dezekilibʀe] ► conjug 1 ◄ VT to throw off balance; [+ esprit, personne] to unbalance

désert, e [dezɛʀ, ɛʀt] **1** ADJ deserted; → **île 2** NM desert

déserter [dezɛʀte] ► conjug 1 ◄ VTI to desert

déserteur [dezɛʀtœʀ] NM deserter

désertification [dezɛʀtifikasjɔ̃] NF desertification; [de campagnes, région] depopulation

désertion [dezɛʀsjɔ̃] NF desertion

désertique [dezɛʀtik] ADJ desert avant nom; (= aride) barren ◆ **une zone ~** an area of desert

désespérant, e [dezɛspeʀɑ̃, ɑ̃t] ADJ [lenteur, nouvelle, bêtise] appalling; [enfant] hopeless

désespéré, e [dezɛspeʀe] ADJ desperate; [cas] hopeless ◆ **appel/regard ~** cry/look of despair

désespérément [dezɛspeʀemɑ̃] ADV (= avec acharnement) desperately

désespérer [dezɛspeʀe] ► conjug 6 ◄ **1** VT to drive to despair **2** VI to despair **3 désespérer de** VT INDIR to despair of ◆ **~ de faire qch** to despair of doing sth **4 se désespérer** VPR to despair

désespoir [dezɛspwaʀ] NM despair ◆ **il fait le ~ de ses parents** he is the despair of his parents ◆ **être au ~** to be in despair ◆ **en ~ de cause** in desperation

déshabillé [dezabije] NM négligé

déshabiller [dezabije] ► conjug 1 ◄ **1** VT to undress **2 se déshabiller** VPR to undress; (= ôter son manteau, sa veste : *) to take off one's coat

désherbant [dezɛʀbɑ̃] NM weed-killer

désherber [dezɛʀbe] ► conjug 1 ◄ VT to weed

déshérité, e [dezeʀite] ADJ [quartier, région] deprived; [famille, population] destitute

déshériter [dezeʀite] ► conjug 1 ◄ VT to disinherit

déshonneur [dezɔnœʀ] NM disgrace

déshonorant, e [dezɔnɔʀɑ̃, ɑ̃t] ADJ degrading ◆ **être éboueur, ce n'est pas ~ !** there's nothing wrong with being a dustman!

déshonorer [dezɔnɔʀe] ► conjug 1 ◄ **1** VT to be a disgrace to **2 se déshonorer** VPR to disgrace o.s.

déshydraté, e [dezidʀate] ADJ dehydrated

déshydrater (se) VPR [dezidʀate] ► conjug 1 ◄ to dehydrate

design [dizajn] **1** NM ◆ le ~ (= style) the designer look ◆ le ~ **industriel** industrial design **2** ADJ INV designer *avant nom*

désignation [deziɲasjɔ̃] NF (= appellation) name; (= élection) naming

designer¹ [dizajnœʀ] NMF (= décorateur) designer

désigner² [deziɲe] ► conjug 1 ◄ VT **a** (= montrer) to point out ◆ **désigner qn du doigt** to point sb out **b** (= nommer) to appoint **c** (= dénommer) to refer to ◆ **désigner qn par son nom** to refer to sb by name

désillusion [dezi(l)lyzjɔ̃] NF disillusion

désincrustant, e [dezɛ̃kʀystɑ̃, ɑ̃t] ADJ [crème, masque] cleansing

désinfectant, e [dezɛ̃fɛktɑ̃, ɑ̃t] ADJ, NM disinfectant

désinfecter [dezɛ̃fɛkte] ► conjug 1 ◄ VT to disinfect

désintégration [dezɛ̃tegʀasjɔ̃] NF [de groupe] splitting-up; [de matière, d'atome] disintegration

désintégrer (se) [dezɛ̃tegʀe] ► conjug 6 ◄ VPR [groupe] to split up; [roche] to crumble; [fusée] to self-destruct

désintéressé, e [dezɛ̃teʀese] ADJ (= généreux) unselfish; (= impartial) disinterested

désintéresser (se) [dezɛ̃teʀese] ► conjug 1 ◄ VPR ◆ se désintéresser de to lose interest in

désintérêt [dezɛ̃teʀɛ] NM lack of interest (pour in)

désintoxication [dezɛ̃tɔksikasjɔ̃] NF detoxification ◆ **il fait une ou est en cure de ~** he's in detox *

désintoxiquer [dezɛ̃tɔksike] ► conjug 1 ◄ VT [+ alcoolique] to treat for alcoholism; [+ drogué] to treat for drug addiction

désinvolte [dezɛ̃vɔlt] ADJ casual

désinvolture [dezɛ̃vɔltyʀ] NF casualness ◆ **avec ~** casually

désir [deziʀ] NM **a** (= souhait) wish (de qch for sth) ◆ **le ~ de faire qch** the desire to do sth ◆ **prendre ses ~s pour des réalités** to indulge in wishful thinking **b** (= convoitise, sensualité) desire

désirer [deziʀe] ► conjug 1 ◄ VT **a** (= vouloir) to want ◆ **~ faire qch** to want to do sth ◆ **que désirez-vous ?** (dans un magasin) can I help you ? ◆ **son travail laisse à ~** his work leaves something to be desired **b** (sexuellement) to desire

désireux, -euse [deziʀø, øz] ADJ ◆ **~ de faire qch** anxious to do sth

désistement [dezistəmɑ̃] NM withdrawal

désister (se) [deziste] ► conjug 1 ◄ VPR to withdraw (en faveur de qn in sb's favour)

désobéir [dezɔbeiʀ] ► conjug 2 ◄ VI to disobey ◆ **~ à qn/à un ordre** to disobey sb/an order

désobéissant, e [dezɔbeisɑ̃, ɑ̃t] ADJ disobedient

désobligeant, e [dezɔbliʒɑ̃, ɑ̃t] ADJ disagreeable

désodorisant, e [dezɔdɔʀizɑ̃, ɑ̃t] **1** ADJ deodorizing ◆ **bombe ~e** air freshener **2** NM air freshener

désœuvré, e [dezœvʀe] ADJ idle

désolant, e [dezɔlɑ̃, ɑ̃t] ADJ [nouvelle, situation, spectacle] distressing

désolé, e [dezɔle] ADJ **a** [personne, air] sorry ◆ **(je suis) ~ de vous avoir dérangé** (I'm) sorry to have disturbed you ◆ **~, je dois partir** sorry, I have to go **b** [endroit] desolate

désoler [dezɔle] ► conjug 1 ◄ VT (= affliger) to distress ◆ **cet enfant me désole !** I despair of that child!

désopilant, e [dezɔpilɑ̃, ɑ̃t] ADJ hilarious

désordonné, e [dezɔʀdɔne] ADJ [personne] untidy; [mouvements] uncoordinated; [esprit] disorganized

désordre [dezɔʀdʀ] NM **a** [de pièce, vêtements] untidiness ◆ **quel ~ !** what a mess! ◆ **mettre du ~ dans une pièce** to mess up a room ◆ **être en ~** [pièce, affaires] to be untidy **b** (= agitation) disorder

désorganiser [dezɔʀganize] ► conjug 1 ◄ VT to disorganize; [+ service] to disrupt

désorienter [dezɔʀjɑ̃te] ► conjug 1 ◄ VT (= égarer) to disorientate; (= déconcerter) to bewilder

désormais [dezɔʀmɛ] ADV (au présent) from now on; (au passé) from then on

désosser [dezose] ► conjug 1 ◄ VT [+ viande] to bone

despote [dɛspɔt] NM despot

despotisme [dɛspɔtism] NM despotism

desquels, desquelles [dekɛl] → lequel

DESS [deɛsɛs] NM (abrév de **diplôme d'études supérieures spécialisées**) *one-year postgraduate diploma in an applied subject*

dessécher [deseʃe] ► conjug 6 ◄ **1** VT [+ terre, végétation] to parch; [+ plante, feuille] to wither ◆ **le vent dessèche la peau** the wind dries the skin ◆ **lèvres desséchées** parched lips **2** **se dessécher** VPR [terre] to dry out; [plante, feuille] to wither; [aliments] to go dry; [peau] to get dry

dessein [desɛ̃] NM (littér) (= intention) intention; (= projet) plan ◆ **c'est dans ce ~ que ...** it is with this in mind that ... ◆ **faire qch à ~** to do sth on purpose

desserrer [deseʀe] ► conjug 1 ◀ **1** VT [+ nœud, ceinture, écrou] to loosen; [+ poing, dents] to unclench; [+ frein] to release; [+ étreinte] to relax ◆ **il n'a pas desserré les dents de toute la soirée** he didn't open his mouth all evening **2** **se desserrer** VPR to come loose

dessert [desɛʀ] NM dessert ◆ **qu'est-ce qu'il y a en ou comme ~ ?** what's for dessert?

desservir [desɛʀviʀ] ► conjug 14 ◀ VT **a** [+ table] to clear away **b** [+ personne, cause] to do a disservice to; [+ intérêts] to harm **c** (Transports) to serve ◆ **ville bien desservie** town with good public transport

dessin [desɛ̃] NM **a** (= image) drawing ▶ **dessin animé** cartoon (film) ▶ **dessin humoristique** cartoon *(in a newspaper or magazine)* **b** (= art) ◆ **le ~** drawing ◆ **professeur de ~** art teacher ▶ **dessin industriel** draughtsmanship (Brit), draftsmanship (US) **c** (= motif) pattern

dessinateur, -trice [desinatœʀ, tʀis] NM,F (industriel) (= homme) draughtsman (Brit), draftsman (US); (= femme) draughtswoman (Brit), draftswoman (US) ◆ **il est ~** (= artiste) he draws ▶ **dessinateur humoristique** cartoonist

dessiner [desine] ► conjug 1 ◀ **1** VT **a** to draw **b** (= concevoir) [+ véhicule, meuble] to design; [+ maison] to draw; [+ jardin] to lay out **2** **se dessiner** VPR [tendance] to become apparent ◆ **un sourire se dessina sur ses lèvres** a smile played over his lips

dessoûler * [desule] ► conjug 1 ◀ VTI to sober up ◆ **il n'a pas dessoûlé depuis deux jours** he's been drunk for the past two days

dessous [d(ə)su] **1** ADV (= sous) underneath; (= plus bas) below ◆ **mettez votre valise ~** put your suitcase underneath ◆ **retirer qch de ~ la table** to get sth from under the table ◆ **en ~** (= sous) underneath; (= plus bas) below ◆ **en ~ de** below **2** NM **a** [d'objet] bottom; [de pied] sole; [de tapis] back ◆ **du ~** [feuille, drap] bottom ◆ **les voisins du ~** the people downstairs ◆ **à l'étage du ~** on the floor below ◆ **au-~** below; (= à l'étage inférieur) downstairs ◆ **au-~ de** below ◆ **les enfants au-~ de 7 ans ne paient pas** children under 7 don't pay ◆ **20° au-~ de zéro** 20° below zero ◆ **il est au-~ de tout !** he's the absolute limit! **b** (Habillement) undergarment ◆ **les ~** underwear

dessous-de-plat [d(ə)sud(ə)pla] NM INV table mat *(for hot serving dishes)*

dessous-de-table [d(ə)sud(ə)tabl] NM INV bribe

dessous-de-verre [d(ə)sud(ə)vɛʀ] NM INV coaster

dessus [d(ə)sy] **1** ADV [poser, monter] on top; [coller, écrire] on it; (= plus haut) above ◆ **montez ~** [+ tabouret, échelle] get up on it ◆ **passez par ~** go over it ◆ **il lui a tapé/tiré ~** he hit him/shot at him **2** NM **a** [d'objet, pied, tête] top ◆ **du ~** [feuille, drap] top ◆ **les voisins du ~** the people upstairs ◆ **à l'étage du ~** on the floor above ◆ **au-~** above; (= à l'étage supérieur) upstairs ◆ **au-~ de** (= plus haut que) above; (= sur) on top of; [+ prix, limite] over ◆ **20° au-~ de zéro** 20° above zero ◆ **c'est au-~ de mes forces** it's too much for me ◆ **être au-~ de tout soupçon** to be above suspicion **b** (dans une confrontation) ◆ **avoir/prendre le ~** to have/get the upper hand ◆ **reprendre le ~** to get over it

dessus-de-lit [d(ə)syd(ə)li] NM INV bedspread

déstabiliser [destabilize] ► conjug 1 ◀ VT to destabilize

destin [destɛ̃] NM (= fatalité) fate; (= avenir) destiny

destinataire [destinatɛʀ] NMF [de lettre] addressee; [de marchandise] consignee; [de mandat] payee

destination [destinasjɔ̃] NF (= direction) destination ◆ **arriver à ~** to reach one's destination ◆ **train/vol 702 à ~ de Paris** train number 702/flight 702 to Paris

destiné, e¹ [destine] ADJ **a** (= prévu pour) ◆ **~ à faire qch** intended to do sth ◆ **ce livre est ~ aux enfants** this book is intended for children **b** (= voué à) ◆ **~ à faire qch** destined to do sth ◆ **il était ~ à une brillante carrière** he was destined for a brilliant career

destinée² [destine] NF (= fatalité) fate; (= avenir) destiny

destiner [destine] ► conjug 1 ◀ **1** VT **a** (= attribuer) ◆ **cette lettre ne t'était pas destinée** the letter was not meant for you **b** (= affecter) ◆ **les fonds seront destinés à la recherche** the money will be used for research **2** **se destiner** VPR ◆ **il se destine à l'enseignement** he intends to go into teaching

destituer [destitɥe] ► conjug 1 ◀ VT [+ ministre] to dismiss; [+ roi] to depose ◆ **~ qn de ses fonctions** to relieve sb of his duties

destructeur, -trice [destʀyktœʀ, tʀis] ADJ destructive

destruction [destʀyksjɔ̃] NF destruction *NonC*

désuet, -ète [dezɥɛ, ɛt] ADJ outdated

désuétude [desɥetyd] NF ◆ **tomber en ~** [loi] to fall into abeyance; [expression, coutume] to fall into disuse

désuni, e [dezyni] ADJ [couple, famille] divided; [amants] estranged

détachable [detaʃabl] ADJ detachable

détachant [detaʃɑ̃] NM stain remover

détaché, e [detaʃe] ADJ (= indifférent) detached ◆ "peut-être", dit-il d'un ton ~ "maybe", he said with detachment ◆ elle a pris un air ~ she assumed an indifferent air

détachement [detaʃmɑ̃] NM a (= indifférence) detachment (envers, à l'égard de from) b [de soldats] detachment c [de fonctionnaire] ◆ être en ~ to be on a temporary assignment

détacher [detaʃe] ► conjug 1 ◄ 1 VT a (= délier) to untie; [+ wagon, remorque] to take off b [de vêtement] to undo c [+ peau, papier collé] to remove (de from); [+ reçu, bon] to tear out (de of) ◆ il ne pouvait ~ son regard du spectacle he could not take his eyes off what was happening d (à un ministère, une organisation) to assign temporarily (à to) e [+ lettres] to separate; [+ syllabes, mots] to articulate 2 se détacher VPR a (= se délier) to free o.s. (de from); [barque] to come untied (de from) b [ceinture, lacet, ficelle] to come undone c [fruit, peau, papier collé] to come off; [page, épingle] to come out d [coureur] to pull ou break away (de from) e (= ressortir) to stand out (sur against)

détail [detaj] NM a (= particularité) detail ◆ dans les moindres ~s in minute detail ◆ entrer dans les ~s to go into detail ◆ en ~, dans le ~ in detail b [de facture, compte] breakdown c (Commerce) retail ◆ vendre au ~ [+ marchandise, vin] to (sell) retail; [+ articles, couverts] to sell separately

détaillant, e [detajɑ̃, ɑ̃t] NM,F retailer

détaillé, e [detaje] ADJ detailed; [facture] itemized

détailler [detaje] ► conjug 1 ◄ VT [+ plan d'action, raisons] to explain in detail; [+ facture] to itemize

détaler [detale] ► conjug 1 ◄ VI [lapin] to bolt; [personne] * to clear off *

détartrant [detartrɑ̃] NM descaling agent

détartrer [detartre] ► conjug 1 ◄ VT [+ dents] to scale (and polish); [+ lave-vaisselle, WC] to remove limescale from

détaxer [detakse] ► conjug 1 ◄ VT (= réduire) to reduce the tax on; (= supprimer) to remove the tax on ◆ produits détaxés duty-free ou tax-free goods

détecter [detɛkte] ► conjug 1 ◄ VT to detect

détecteur [detɛktœr] NM detector ◆ ~ de mensonges/de fumée lie/smoke detector

détection [detɛksjɔ̃] NF detection

détective [detɛktiv] NM ◆ ~ (privé) private detective

déteindre [detɛ̃dr] ► conjug 52 ◄ VI (au lavage) [étoffe] to lose its colour; [couleur] to run (sur into) ◆ le pantalon a déteint sur la chemise some of the colour has come out of the trou-

sers onto the shirt ◆ elle a déteint sur sa fille something of her character rubbed off on her daughter

dételer [det(ə)le] ► conjug 4 ◄ VT [+ chevaux] to unharness

détendre [detɑ̃dr] ► conjug 41 ◄ 1 VT [+ ressort] to release; [+ corde] to loosen; [+ corps, esprit] to relax ◆ il n'arrivait pas à ~ l'atmosphère he couldn't ease the tense atmosphere 2 se détendre VPR a [visage, personne] to relax; [atmosphère] to become less tense b [ressort] to lose its tension; [corde] to become slack

détendu, e [detɑ̃dy] ADJ [personne, visage, atmosphère] relaxed

détenir [det(ə)nir] ► conjug 22 ◄ VT to hold; [+ prisonnier] to detain ◆ ~ le pouvoir to be in power

détente [detɑ̃t] NF a (= délassement) relaxation ◆ avoir besoin de ~ to need to relax ◆ la ~ (Pol) détente b [de sauteur] spring c (= gâchette) trigger

détenteur, -trice [detɑ̃tœr, tris] NM,F holder

détention [detɑ̃sjɔ̃] NF a (= captivité) detention ◆ en ~ préventive ou provisoire remanded in custody b [de drogue, arme] possession; [de titre, bien] holding

détenu, e [det(ə)ny] NM,F prisoner

détergent [detɛrʒɑ̃] NM detergent

détérioration [deterjɔrasjɔ̃] NF deterioration (de in); [d'objet] damage (de to)

détériorer [deterjɔre] ► conjug 1 ◄ 1 VT to damage 2 se détériorer VPR to deteriorate

déterminant, e [detɛrminɑ̃, ɑ̃t] 1 ADJ (= décisif) determining avant le nom 2 NM (= article) determiner

détermination [detɛrminasjɔ̃] NF a (= résolution) determination b [de cause, quantité] determining

déterminé, e [detɛrmine] ADJ a (= résolu) [personne, air] determined b (= précis) [but, intentions] specific; [quantité, distance, date] given

déterminer [detɛrmine] ► conjug 1 ◄ VT to determine

déterrer [detere] ► conjug 1 ◄ VT to dig up

détestable [detɛstabl] ADJ [personne] detestable; [attitude] appalling; [habitude, caractère] foul

détester [detɛste] ► conjug 1 ◄ VT to hate ◆ elle déteste attendre she hates having to wait

détiendra [detjɛ̃dra] VB → détenir

détonateur [detɔnatœr] NM detonator ◆ être le ~ de (fig) to trigger off

détonation [detɔnasjɔ̃] NF (= bruit) bang

détonner [detɔne] ► conjug 1 ◄ VI [couleurs] to clash; [meuble, bâtiment, personne] to be out of place

détour [detuʀ] NM (= déviation) detour ✦ **faire un ~** to make a detour (par via)

détourné, e [detuʀne] ADJ [chemin, moyen] roundabout

détournement [detuʀnəmã] NM [de rivière] diversion ✦ **~ d'avion** hijacking ✦ **~ de fonds** embezzlement ✦ **~ de mineur** corruption of a minor

détourner [detuʀne] ► conjug 1 ◄ **1** VT **a** [+ route, ruisseau, circulation] to divert; [pirate de l'air] to hijack; [+ soupçon] to divert (sur on to) ✦ **~ l'attention de qn** to distract sb's attention ✦ **~ la conversation** to change the subject ✦ **~ les yeux** ou **le regard** to look away **b** (= écarter) ✦ **~ qn de qn** to put sb off sb ✦ **~ qn du droit chemin** to lead sb astray **c** [+ loi, réglementation] to twist **d** [+ fonds] to embezzle **2** **se détourner** VPR to turn away (de from)

détracteur, -trice [detʀaktœʀ, tʀis] NM,F detractor

détraqué, e [detʀake] ADJ [machine] broken down; [personne] * cracked *; [nerfs, santé] shaky; [estomac] upset

détraquer [detʀake] ► conjug 1 ◄ **1** VT [+ machine] to put out of order; [+ estomac] to upset; [+ nerfs] to shake up **2** **se détraquer** VPR [machine] to break down

détremper [detʀãpe] ► conjug 1 ◄ VT [+ terre, pain] to soak ✦ **chemins détrempés** water-logged paths

détresse [detʀɛs] NF distress ✦ **bateau/avion en ~** boat/plane in distress ✦ **signal de ~** distress signal; → **feu**

détriment [detʀimã] ✦ **au détriment de** LOC ADV to the detriment of

détritus [detʀity(s)] NMPL litter NonC

détroit [detʀwa] NM strait ✦ **le ~ de Gibraltar** the Strait of Gibraltar

détromper (se) [detʀɔ̃pe] ► conjug 1 ◄ VPR ✦ **détrompez-vous, il n'est pas venu** you're quite mistaken, he didn't come ✦ **si tu crois que je vais accepter, détrompe-toi !** if you think I'm going to accept, you've got another think coming *

détrôner [detʀone] ► conjug 1 ◄ VT [+ champion] to oust; [+ mode, produit] to supplant

détruire [detʀɥiʀ] ► conjug 38 ◄ VT to destroy; [+ santé, réputation] to ruin

dette [dɛt] NF debt ✦ **avoir des ~s** to be in debt ✦ **avoir 10 000 F de ~s** to be 10,000 francs in debt ✦ **la ~ publique** ou **de l'État** the national debt

DEUG [dœg] NM (abrév de **diplôme d'études universitaires générales**) *diploma taken after two years at university*

deuil [dœj] NM (= perte) bereavement; (= affliction) mourning NonC ✦ **en ~** in mourning

deux [dø] NOMBRE **a** two ✦ **les ~ yeux** both eyes ✦ **montrez-moi les ~** show me both of them ✦ **~ fois** twice ✦ **tous les ~ mois** every other month ✦ **lui et les maths, ça fait ~ !** * he hasn't got a clue about maths! ✦ (Prov) **deux précautions valent mieux qu'une** better safe than sorry (Prov) **b** (= quelques) ✦ **c'est à ~ minutes d'ici** it's just a couple of minutes from here ✦ **vous y serez en ~ secondes** you'll be there in no time **c** (= deuxième) second ✦ **le ~ janvier** the second of January ✦ **volume/acte ~** volume/act two; pour autres loc voir **six**

deuxième [døzjɛm] ADJ, NMF second; pour loc voir **sixième**

deuxièmement [døzjɛmmã] ADV secondly

deux-pièces [døpjɛs] NM INV **a** (= maillot) two-piece (swimsuit) **b** (= appartement) two-room flat (Brit) ou apartment (US)

deux-points [døpwɛ̃] NM INV colon

deux-roues [døʀu] NM INV two-wheeled vehicle

devait [d(ə)vɛ] VB → **devoir**

dévaler [devale] ► conjug 1 ◄ VT (en courant) to hurtle down; (en tombant) to tumble down

dévaliser [devalize] ► conjug 1 ◄ VT [+ maison] to burgle, to burglarize (US); [+ banque] to rob ✦ **~ qn** to strip sb of what he has on him ✦ **~ un magasin** [clients] to buy up a shop

dévaloriser [devalɔʀize] ► conjug 1 ◄ **1** VT [+ marchandises, collection] to reduce the value of; [+ monnaie, diplôme] to undermine the value of; (= rabaisser) to put down **2** **se dévaloriser** VPR [monnaie, marchandise] to fall in value; [personne] to run o.s. down

dévaluation [devalɥasjɔ̃] NF devaluation

dévaluer [devalɥe] ► conjug 1 ◄ VT [+ monnaie, métier, diplôme] to devalue; [+ rôle, statut] to undermine

devancer [d(ə)vãse] ► conjug 3 ◄ VT **a** (= distancer) to get ahead of ✦ **il m'a devancé de trois minutes/points** he beat me by three minutes/points **b** (= précéder) to arrive before ✦ **j'allais le faire mais il m'a devancé** I was going to do it but he got there first

devant [d(ə)vã] **1** PRÉP **a** (gén) in front of; (= le long de) past ✦ **il est passé ~ moi sans me voir** he walked past me without seeing me ✦ **elle est passée ~ moi chez le boucher** she pushed (in) in front of me at the butcher's ✦ **ne dis pas cela ~ les enfants** don't say that in front of the children **b** (= en avant de : distance) ahead of ✦ **il est loin ~ nous** he is a long way ahead of us ◆ **avoir du temps ~ soi** to have time to spare ◆ **il a toute la vie ~ lui** he has his whole life ahead of him **c** (= face à) faced with; (= étant donné) in view of ◆ **~ la gravité de la situation** in view of the gravity of the situation **2** ADV **a** (en face) in front ◆ **vous êtes juste ~** you're right in front of it ◆ **vous êtes passé ~** you came past it ◆ **corsage qui se boutonne ~** blouse which buttons up at the front ◆ **tu as mis ton pull ~ derrière** you've put your sweater on back-to-front (Brit) ou backwards (US) **b** (= en avant) ahead ◆ **il est loin ~** he's a long way ahead ◆ **il a préféré monter ~** (en voiture) he preferred to sit in the front ◆ **passe ~, je te rejoindrai** go on ahead and I'll catch up with you ◆ **passez ~, je ne suis pas pressé** you go first, I'm in no hurry **3** NM front ◆ **de ~** [roue, porte] front ◆ **je suis allé au~ de lui** I went to meet him ◆ **aller au-~ des ennuis** to be asking for trouble ◆ **aller au-~ des désirs de qn** to anticipate sb's wishes ◆ **prendre les ~s** (initiative) to take the initiative

devanture [d(ə)vãtyʀ] NF **a** (= vitrine) shop ou store (US) window ◆ **en ~** in the window **b** (= façade) (shop ou store) front

dévasté, e [devaste] ADJ devastated; [maison] ruined; [visage] ravaged

dévaster [devaste] ► conjug 1 ◄ VT to devastate

déveine* [devɛn] NF ◆ **quelle ~ !** what rotten luck! *

développement [dev(ə)lɔpmã] NM **a** (gén) development ◆ **un secteur en plein ~** a fast-developing sector ◆ **cette affaire pourrait connaître de nouveaux ~s** there could be some new developments in this affair **b** [de photos] developing **c** [de bicyclette] ◆ **choisir un grand/petit ~** to choose a high/low gear

développer [dev(ə)lɔpe] ► conjug 1 ◄ **1** VT to develop ◆ **envoyer une pellicule à ~** to send a film to be developed **2 se développer** VPR to develop; [habitude, procédé] to spread

devenir [dəv(ə)niʀ] ► conjug 22 ◄ VI **a** (= passer d'un état à un autre) to become ◆ **~ médecin** to become a doctor ◆ **il est devenu tout rouge** he went quite red **b** (= advenir de) ◆ **et Chantal, qu'est-ce qu'elle devient ?** what's Chantal up to these days? ◆ **qu'étais-tu devenu ? nous te cherchions partout** where were you? we were looking for you everywhere ◆ **qu'allons-nous ~ ?** what will become of us?

dévergondé, e [devɛʀgɔ̃de] ADJ shameless

déverrouiller [devɛʀuje] ► conjug 1 ◄ VT **a** [+ porte] (avec un verrou) to unbolt; (avec une serrure) to unlock **b** [+ mécanisme] to release

déverser [devɛʀse] ► conjug 1 ◄ **1** VT [+ sable, ordures] to tip out **2 se déverser** VPR [liquide] to pour out

dévêtir [devetiʀ] ► conjug 20 ◄ **1** VT to undress **2 se dévêtir** VPR to get undressed

déviation [devjasjɔ̃] NF **a** [de projectile, navire, aiguille aimantée] deviation; [de circulation] diversion **b** (= détour obligatoire) diversion (Brit), detour (US)

dévider [devide] ► conjug 1 ◄ VT [+ pelote, bobine] to unwind; [+ cordage, câble] to unreel

dévier [devje] ► conjug 7 ◄ **1** VI **a** [aiguille magnétique] to deviate; [bateau, projectile] to veer off course **b** [conversation] to turn (sur to) **2** VT [+ route, circulation] to divert (Brit), to detour (US); [+ projectile, coup, ballon] to deflect

devin, devineresse [dəvɛ̃, dəvin(ə)ʀɛs] NM,F soothsayer ◆ **je ne suis pas ~ !** I can't see into the future!

deviner [d(ə)vine] ► conjug 1 ◄ VT **a** [+ secret, raison] to guess; [+ avenir] to foresee ◆ **devine qui** guess who **b** (= apercevoir) to make out

devinette [d(ə)vinɛt] NF riddle ◆ **poser une ~ à qn** to ask sb a riddle ◆ **jouer aux ~s** to play at riddles

devis [d(ə)vi] NM estimate

dévisager [deviza3e] ► conjug 3 ◄ VT to stare at

devise [dəviz] NF **a** (= monnaie) currency ◆ **payer en ~s** to pay in foreign currency **b** (= formule) motto

dévisser [devise] ► conjug 1 ◄ **1** VT to unscrew ◆ **se ~ le cou** to crane one's neck **2** VI [alpiniste] to fall

dévoiler [devwale] ► conjug 1 ◄ VT to reveal

---

devoir [d(ə)vwaʀ] ► conjug 28 ◄

1 VT to owe ◆ **~ qch à qn** to owe sb sth ◆ **elle lui doit 200 F** she owes him 200 francs ◆ **je dois à mes parents d'avoir réussi** I owe my success to my parents ◆ **il lui doit bien cela !** it's the least he can do for him! ◆ **à qui doit-on la découverte du radium ?** who discovered radium? ◆ **il ne veut rien ~ à personne** he doesn't want to be indebted to anyone

2 VB AUX **a** (obligation) ◆ **je ne peux pas aller au cinéma, je dois travailler** I can't go to the cinema, I've got to work ◆ **si je rentre tard, je dois téléphoner à ma mère** if I stay out late, I have to phone my mother ◆ **je dois téléphoner à ma mère !** I must phone my mother! **David a cru ~ accepter** David thought he should agree **b** (conseil) ◆ **tu devrais t'habiller plus chaudement** you should dress more warmly ◆ **il aurait dû la prévenir** he should have warned her **c** (fatalité) ◆ **nos chemins devaient se croiser un jour ou l'autre** our paths were bound to cross some time ◆ **cela devait arriver !** it was bound to happen! **elle ne devait pas les revoir vivants** she was never to see them alive again

d (prévision) ◆ **elle doit vous téléphoner demain** she's going to ring you tomorrow ◆ **son train doit arriver dans cinq minutes** his train is due to arrive in five minutes ◆ **Lise devait partir à six heures mais la réunion s'est prolongée** Lise was due to leave at six but the meeting went on longer

e (hypothèse) ◆ **il a dû se tromper de chemin** he must have lost his way ◆ **ça devrait pouvoir se faire** it should be feasible ◆ **il ne doit pas faire chaud en hiver** it can't be warm in winter

3 se devoir VPR ◆ **nous nous devons de le lui dire** it is our duty to tell him ◆ **j'en ai informé mon chef, comme il se doit** I informed my boss, of course

4 NM **a** (= obligation) duty ◆ **faire son ~** to do one's duty ◆ **agir par ~** to act from a sense of duty ◆ **se faire un ~ de faire qch** to make it one's duty to do sth **b** (scolaire = dissertation) essay ◆ **faire ses ~s** to do one's homework ◆ **~s de vacances** holiday homework ◆ **~ surveillé** ou **sur table** written test

dévorer [devɔʀe] ► conjug 1 ◄ VT **a** [+ nourriture, livre] to devour ◆ **cet enfant dévore !** this child has a huge appetite! **b** [jalousie, maladie] to consume ◆ **dévoré par l'ambition** consumed with ambition

dévot, e [devo, ɔt] ADJ devout

dévotion [devosjɔ̃] NF (= piété) devoutness

dévoué, e [devwe] ADJ devoted (à to)

dévouement [devumɑ̃] NM devotion ◆ **elle a fait preuve d'un grand ~ pour lui** she was very devoted to him

dévouer (se) [devwe] ► conjug 1 ◄ VPR **a** (= se sacrifier) to sacrifice o.s. **b** (= se consacrer à) ◆ **se dévouer à qn/qch** to devote o.s. to sb/sth

dextérité [dɛksteʀite] NF skill ◆ **avec ~** skilfully

diabète [djabɛt] NM diabetes sg ◆ **avoir du ~** to have diabetes

diabétique [djabetik] ADJ, NMF diabetic

diable [djabl] NM **a** (= démon) devil ◆ **le ~ the Devil** ◆ **où/pourquoi ~ ... ?** where/why the devil * ...? ◆ **envoyer qn au ~** to tell sb to go to the devil * ◆ **au ~ l'avarice !** hang the expense! **b** * (= enfant) devil ◆ **pauvre ~ ***(= personne) poor devil

diabolique [djabɔlik] ADJ devilish

diabolo [djabɔlo] NM (= boisson) ◆ **~ menthe** mint cordial and lemonade

diadème [djadɛm] NM diadem

diagnostic [djagnɔstik] NM diagnosis

diagnostiquer [djagnɔstike] ► conjug 1 ◄ VT to diagnose

diagonale [djagɔnal] NF diagonal ◆ **en ~** diagonally ◆ **lire qch en ~** to skim through sth

diagramme [djagʀam] NM (= schéma) diagram; (= graphique) chart ◆ **~ à barres** bar chart ◆ **~ en secteurs** pie chart

dialecte [djalɛkt] NM dialect

dialogue [djalɔg] NM dialogue (Brit), dialog (US)

dialoguer [djalɔge] ► conjug 1 ◄ VI to talk ◆ **~ avec un ordinateur** to interact with a computer

dialyse [djaliz] NF dialysis ◆ **être en ~** to be on dialysis

diamant [djamɑ̃] NM diamond

diamètre [djamɛtʀ] NM diameter ◆ **10 m de ~** 10m in diameter

diapason [djapazɔ̃] NM (en métal) tuning fork ◆ **il s'est vite mis au ~** he soon got in step with the others

diaphragme [djafʀagm] NM diaphragm; [d'appareil photo] aperture

diapo * [djapo] NF abrév de **diapositive**

diapositive [djapozitiv] NF slide

diarrhée [djaʀe] NF diarrhoea NonC, diarrhea (US) NonC ◆ **avoir la ~** to have diarrhoea

diaspora [djaspɔʀa] NF diaspora

dico * [diko] NM abrév de **dictionnaire**

dictateur [diktatœʀ] NM dictator

dictature [diktatyʀ] NF dictatorship

dictée [dikte] NF dictation

dicter [dikte] ► conjug 1 ◄ VT [+ lettre, action] to dictate

diction [diksjɔ̃] NF (= débit) diction; (= art) elocution

dictionnaire [diksjɔnɛʀ] NM dictionary

dicton [diktɔ̃] NM saying

didactique [didaktik] ADJ [ouvrage] educational; [exposé, style] didactic ◆ **matériel ~** teaching aids

dièse [djɛz] NM hash mark; (Mus) sharp ◆ **sol ~** G sharp

diesel [djezɛl] NM diesel

diète [djɛt] NF (= jeûne) starvation diet ◆ **il est à la ~** he has been put on a starvation diet

diététicien, -ienne [djetetisjɛ̃, jɛn] NM,F dietician

diététique [djetetik] **1** ADJ health-food avant le nom **2** NF dietetics sg

dieu (pl **~x**) [djø] NM god ◆ **Dieu** God ◆ **le bon Dieu** the good Lord ◆ **on lui donnerait le bon Dieu sans confession** he looks as if butter wouldn't melt in his mouth ◆ **mon Dieu !** my

God! ♦ **Dieu seul le sait** God only knows ♦ **Dieu merci, il n'a pas plu** it didn't rain, thank goodness

diffamation [difamasjɔ̃] NF (en paroles) slander; (par écrit) libel ♦ **campagne de ~** smear campaign

différé [difeʀe] NM ♦ **le match sera retransmis en ~** the match will be broadcast at a later time

différemment [difeʀamɑ̃] ADV differently

différence [difeʀɑ̃s] NF difference (de in) ♦ **ne pas faire de ~** to make no distinction

différencier [difeʀɑ̃sje] ► conjug 7 ◄ VT to differentiate

différend [difeʀɑ̃] NM difference of opinion

différent, e [difeʀɑ̃, ɑ̃t] ADJ **a** (= dissemblable) different (de from) **b** (avant le nom = divers) various

différer [difeʀe] ► conjug 6 ◄ **1** VI to differ (de from; en, par in) **2** VT [+ jugement, paiement, départ] to defer

difficile [difisil] ADJ **a** difficult ♦ **il nous est ~ de prendre une décision** it is difficult for us to make a decision ♦ **~ à faire** difficult to do **b** (= exigeant) hard to please *attrib* ♦ **un enfant ~** a difficult child ♦ **être ~ sur la nourriture** to be fussy about one's food **c** [banlieue, quartier] tough

difficilement [difisilmɑ̃] ADV [marcher, s'exprimer] with difficulty ♦ **c'est ~ croyable** it's difficult to believe

difficulté [difikylte] NF difficulty ♦ **avoir des ~s pour faire qch** to have difficulty doing sth ♦ **avoir des ~s financières** to be in financial difficulties ♦ **cela ne présente aucune ~** that is no problem ♦ **être en ~** [personne] to find o.s. in difficulties; [entreprise] to be having problems ♦ **navire en ~** ship in distress

difforme [difɔʀm] ADJ deformed

diffus, e [dify, yz] ADJ diffuse

diffuser [difyze] ► conjug 1 ◄ **1** VT **a** [+ lumière, chaleur] to diffuse **b** [+ rumeur, nouvelle] to spread **c** (Radio, TV) to broadcast **d** [+ livres, revues, tracts] to distribute ♦ **ce magazine est diffusé à 80 000 exemplaires** this magazine has a circulation of 80,000 **2** **se diffuser** VPR [chaleur, lumière] to be diffused; [rumeur, nouvelle] to spread

diffusion [difyzjɔ̃] NF **a** [de lumière, chaleur] diffusion **b** [de rumeur, nouvelle] spreading **c** (Radio, TV) broadcasting **d** [de livres, revues] distribution; [de journaux] circulation

digérer [diʒeʀe] ► conjug 6 ◄ VT to digest ♦ **je n'ai jamais digéré* ce qu'il m'avait dit** what he said still rankles with me

digeste [diʒɛst] ADJ [aliment] easily digestible

digestif, -ive [diʒɛstif, iv] **1** ADJ digestive **2** NM (= liqueur) liqueur

digestion [diʒɛstjɔ̃] NF digestion

digicode ® [diʒikɔd] NM door code

digital, e (mpl **-aux**) [diʒital, o] ADJ digital

digne [diɲ] ADJ **a** (= auguste) dignified **b** (= à la hauteur) worthy ♦ **~ de** worthy of ♦ **~ de ce nom** worthy of the name ♦ **~ de foi** trustworthy

dignement [diɲ(ə)mɑ̃] ADV (= noblement) with dignity

dignitaire [diɲitɛʀ] NM dignitary

dignité [diɲite] NF dignity ♦ **manquer de ~** to be undignified

digression [digʀesjɔ̃] NF digression

digue [dig] NF dyke; (pour protéger la côte) sea wall

dilapider [dilapide] ► conjug 1 ◄ VT [+ héritage, fortune] to squander; [+ fonds publics, biens] to embezzle

dilatation [dilatasjɔ̃] NF [de pupille, vaisseau] dilation; [de gaz, liquide] expansion

dilater [dilate] ► conjug 1 ◄ **1** VT [+ pupille, vaisseau] to dilate; [+ gaz, liquide] to cause to expand **2** **se dilater** VPR [pupille, narine] to dilate; [gaz, liquide] to expand

dilemme [dilɛm] NM dilemma

dilettante [diletɑ̃t] NMF dilettante ♦ **faire qch en ~** to dabble in sth

diluer [dilɥe] ► conjug 1 ◄ VT to dilute; [+ peinture] to thin

diluvien, -ienne [dilyvjɛ̃, jɛn] ADJ [pluie] torrential

dimanche [dimɑ̃ʃ] NM Sunday ♦ **le ~ de Pâques** Easter Sunday ♦ **mettre ses habits du ~** to put on one's Sunday best; pour autres loc voir **samedi**

dimension [dimɑ̃sjɔ̃] NF **a** (= taille) size ♦ **avoir la même ~** to be the same size ♦ **de grande ~** large-sized ♦ **de petite ~** small-sized **b** (= mesures) ♦ **dimensions** dimensions ♦ **quelles sont les ~s de la pièce ?** what are the measurements of the room? **c** (= importance) ♦ **une entreprise de ~ internationale** a company of international standing **d** (= valeur physique) dimension ♦ **en 3 ~s** 3-dimensional

diminué, e [diminɥe] ADJ ♦ **il est très ~ depuis son accident** he's not the man he was since his accident

diminuer [diminɥe] ► conjug 1 ◄ **1** VT (= réduire) to reduce **2** VI [violence, intérêt, ardeur] to diminish; [lumière] to fade; [bruit] to die down; [pluie] to let up; [effectifs, valeur, pression] to decrease; [provisions] to run low; [forces] to decline; [jours] to get shorter

diminutif [diminytif] NM (= petit nom) pet name

diminution [diminysjɔ̃] NF **a** reduction ◆ une ~ du nombre des accidents a decrease in the number of accidents ◆ être en nette ~ to be falling rapidly **b** [de violence, intensité] diminishing; [de lumière, bruit] fading

dinde [dɛ̃d] NF (= animal) turkey

dindon [dɛ̃dɔ̃] NM turkey ◆ être le ~ de la farce * to be the fall guy *

dîner [dine] ► conjug 1 ◄ **1** VI **a** (le soir) to have dinner **b** (Can, Helv, Belg = déjeuner) to have lunch **2** NM **a** (= repas du soir) dinner **b** (Can, Helv, Belg = déjeuner) lunch

dînette [dinɛt] NF ◆ jouer à la ~ to play at having a tea party

dingue * [dɛ̃g] ADJ [personne] nuts * ◆ tu verrais le prix, c'est ~ ! you should see the prices, they're crazy!

dinosaure [dinɔzɔʀ] NM dinosaur

dioxine [diɔksin] NF dioxin

dioxyde [diɔksid] NM dioxide

diphtérie [diftéʀi] NF diphtheria

diphtongue [diftɔ̃g] NF diphthong

diplomate [diplɔmat] **1** ADJ diplomatic **2** NMF diplomat

diplomatie [diplɔmasi] NF diplomacy

diplôme [diplom] NM (= titre) diploma; (Univ) = degree ◆ avoir des ~s to have qualifications

diplômé, e [diplome] ADJ qualified ◆ il est ~ d'Harvard he has a Harvard degree

dire [diʀ] ► conjug 37 ◄ **1** VT **a** to say; [+ mensonges, nouvelle, nom] to tell ◆ ~ qch à qn to say sth to sb, to tell sb sth ◆ ~ bonjour à qn to say hello to sb, to tell sb hello (US) ◆ comment dit-on ça en anglais? how do you say that in English? ◆ il dit qu'il nous a écrit he says that he wrote to us ◆ j'ai quelque chose à vous ~ there's something I want to tell you ◆ je vous l'avais bien dit ! I told you so! ◆ dites-lui de venir ce soir tell him to come tonight ◆ on dit que ... people say that ... ◆ venez bientôt, disons demain come soon, let's say tomorrow ◆ je ne vous le fais pas ~ ! you said it! ◆ ~ des bêtises to talk nonsense

◆ ceci dit, cela dit having said that **b** (= penser) to think ◆ qu'est-ce que tu dis de ça? what do you think about that? ◆ que diriez-vous d'une promenade ? how about a walk? ◆ on dirait qu'il va pleuvoir it looks like rain ◆ on dirait du poulet it tastes like chicken **c** (= objecter) ◆ je n'ai rien à ~ sur son travail I can't complain about his work ◆ il n'y a pas à ~ * there's no doubt about it **d** (= évoquer) ◆ ce nom me dit quelque chose the name rings a bell ◆ Lucien Josse ? ça ne me dit rien du tout Lucien Josse? I've never heard of him **e** (= plaire) ◆ ça vous dit de sortir ? do you

feel like going out? ◆ ça ne me dit rien I don't feel like it **f** (locutions) ◆ dis Papa, quand est-ce qu'on part ? when are we going, daddy? ◆ dites donc ! (= à propos) by the way; (= holà) hey! ◆ ça lui a rapporté 100 000 F – ben dis donc !* that earned him 100,000 francs – goodness me! ◆ c'est moi qui vous le dis take my word for it ◆ c'est vous qui le dites that's what you say

◆ vouloir dire (= signifier) to mean ◆ cette phrase ne veut rien ~ this sentence doesn't mean anything ◆ que veux-tu ~ par là ? what do you mean? **2** se dire VPR **a** (= penser) to think to o.s. ◆ je me suis dit que c'était dommage I thought to myself it was a pity **b** (= se prétendre) to claim to be ◆ il se dit malade he claims to be ill **c** (mutuellement) ◆ elles se sont dit au revoir they said goodbye **d** (= être exprimé) ◆ ça ne se dit pas (inusité) you don't say that; (impoli) it's not polite ◆ comment ça se dit en français ? how do you say that in French?

direct, e [diʀɛkt] **1** ADJ direct; [train] non-stop **2** NM **a** (= train) express train **b** (Radio, TV) ◆ c'est du ~ it's live ◆ émission en ~ live broadcast

directement [diʀɛktəmã] ADV directly ◆ il est allé se coucher ~ he went straight to bed

directeur, -trice [diʀɛktœʀ, tʀis] NM,F [de banque, usine] manager ◆ ~ général (au conseil d'administration) managing director ◆ ~ des ressources humaines/commercial human resources/sales manager ◆ ~ (d'école) headmaster, principal (US) ◆ directrice (d'école) headmistress, principal (US) ► directeur de thèse supervisor (Brit), dissertation director (US)

direction [diʀɛksjɔ̃] NF **a** (= sens) direction ◆ dans quelle ~ est-il parti ? which way did he go? ◆ prendre la ~ Châtelet (en métro) take the line that goes to Châtelet ◆ train en ~ de ... train for ... **b** [d'entreprise, théâtre] management; [de journal, pays, parti] running; [d'orchestre] conducting; [d'opération, manœuvre] supervision ◆ prendre la ~ de (+ usine, entreprise) to become manager of; [+ équipe, travaux] to take charge of ◆ orchestre placé sous la ~ de Luc Petit orchestra conducted by Luc Petit **c** (= personnel) management; [de journal] editorial board ◆ la ~ générale the general management **d** [de voiture] steering ◆ ~ assistée power steering

directive [diʀɛktiv] NF directive

directrice [diʀɛktʀis] NF → **directeur**

dirigeable [diʀiʒabl] ADJ, NM ◆ (ballon) ~ airship

dirigeant, e [diʀiʒã, ãt] **1** ADJ [classe] ruling **2** NM,F [de parti, syndicat, pays] leader ◆ ~ d'entreprise company director

diriger [diʀiʒe] ► conjug 3 ◄ **1** VT **a** [+ service, journal] to run; [+ entreprise, théâtre] to manage; [+ pays, parti] to lead; [+ orchestre] to conduct **b** [+ opération, manœuvre, acteurs] to direct; [+ recherches, travaux] to supervise; [+ enquête, débat] to conduct **c** [+ voiture, bateau] to steer; [+ avion] to pilot **d** (= braquer) ◆ **~ une arme/un télescope sur qn/qch** to point a weapon/a telescope at sb/sth ◆ **~ une lampe de poche sur qch** to shine a torch on sth **2** **se diriger** VPR ◆ **se ~ vers** (= aller vers) to make for ◆ **se ~ vers les sciences** [étudiant] to specialize in science; (= se guider) to find one's way

disait [dizɛ] VB → **dire**

discerner [disɛʀne] ► conjug 1 ◄ VT **a** [+ forme] to discern; [+ bruit, nuance] to detect **b** (= différencier) to distinguish (de from)

disciple [disipl] NM disciple

discipline [disiplin] NF discipline; (Sport) sport ◆ **c'est le meilleur dans sa ~** he's the best in his field; → **conseil**

discipliné, e [disipline] ADJ disciplined

discontinu, e [diskɔ̃tiny] ADJ [trait, ligne blanche] broken; [bruit, effort] intermittent

discorde [diskɔʀd] NF discord ◆ **mettre ou semer la ~** to sow discord (chez, parmi among)

discothèque [diskɔtɛk] NF (= club) discotheque; (= collection) record collection; (= bâtiment) record library

discours [diskuʀ] NM **a** speech ◆ **faire ou prononcer un ~** to make a speech; (péj) ◆ **tous ces beaux ~ n'y changeront rien** all these fine words won't make any difference ◆ **au ~ direct/indirect** in direct/indirect speech **b** (= idées exprimées) ◆ **changer de ~** to change one's position ◆ **il m'a déjà tenu ce ~** he's already told me that

discréditer [diskʀedite] ► conjug 1 ◄ **1** VT to discredit **2** **se discréditer** VPR [personne] to bring discredit upon o.s. (aux yeux de qn, auprès de qn in sb's eyes)

discret, -ète [diskʀɛ, ɛt] ADJ discreet

discrètement [diskʀɛtmɑ̃] ADV discreetly

discrétion [diskʀesjɔ̃] NF **a** [de personne] discretion **b** ◆ **vin/pain à ~** as much wine/bread as you want

discrimination [diskʀiminasjɔ̃] NF discrimination (contre, à l'égard de, envers against)

discriminatoire [diskʀiminatwaʀ] ADJ [mesures] discriminatory

disculper [diskylpe] ► conjug 1 ◄ **1** VT to exonerate (de from) **2** **se disculper** VPR to exonerate o.s. (auprès de qn in sb's eyes)

discussion [diskysjɔ̃] NF discussion; (= altercation) disagreement

discutable [diskytabl] ADJ debatable; [goût] doubtful

discuter [diskyte] ► conjug 1 ◄ **1** VT (= contester) to question ◆ **ça se discute** that's debatable **2** VI **a** (= parler) to talk (avec with); (= parlementer) to argue (avec with) ◆ **~ de ou sur qch** to discuss sth ◆ **~ politique/affaires** to discuss politics/business ◆ **on ne peut pas ~ avec lui !** you just can't argue with him! **b** (= protester) to argue ◆ **suivez-moi sans ~** follow me and don't argue

diseuse [dizøz] NF ◆ **~ de bonne aventure** fortune-teller

disgrâce [disgʀɑs] NF (= défaveur) disgrace ◆ **tomber en ~** to fall into disgrace

disjoncter [dis3ɔ̃kte] ► conjug 1 ◄ VI ◆ **ça a disjoncté** the trip-switch has gone ◆ **il disjoncte** * he's cracking up *

disjoncteur [dis3ɔ̃ktœʀ] NM circuitbreaker

disloquer (se) [dislɔke] ► conjug 1 ◄ VPR **a** ◆ **se disloquer le bras** to dislocate one's arm **b** [meuble] to come apart; [empire] to break up

disparaître [dispaʀɛtʀ] ► conjug 57 ◄ VI (= ne plus être visible) to disappear; (= mourir) [personne] to die; [race, civilisation] to die out ◆ **il a disparu de la circulation** * he dropped out of circulation ◆ **~ en mer** to be lost at sea ◆ **faire ~** [+ document] to get rid of; [+ tache, trace] to remove; [+ personne] to eliminate

disparate [dispaʀat] ADJ [couple, couleurs] badly matched

disparité [dispaʀite] NF disparity (de in); [d'objets, couleurs] mismatch NonC

disparition [dispaʀisjɔ̃] NF **a** [de personne, tache] disappearance **b** (= mort, perte) [de personne] death; [d'espèce] extinction; [de coutume, langue] disappearance ◆ **en voie de ~** [espèce] endangered; [civilisation, langue, tradition, métier] dying

disparu, e [dispaʀy] **1** ADJ [monde, époque] bygone; [bonheur, jeunesse] lost; [coutume, langue] dead; [espèce] extinct; (= dont on est sans nouvelles) missing ◆ **il a été porté ~** [soldat] he has been reported missing **2** NM,F (= mort) dead person; (= dont on a perdu la trace) missing person

dispensaire [dispɑ̃sɛʀ] NM health centre (Brit) ou center (US)

dispense [dispɑ̃s] NF (= permission) special permission ◆ **les élèves demandent une ~ de cours le samedi** the pupils have asked for permission not to attend classes on Saturday

dispenser [dispɑ̃se] ► conjug 1 ◄ VT **a** (= exempter) to exempt (de faire qch from doing sth; de qch from sth) ◆ **je vous**

dispense de vos réflexions I can do without your comments ◆ **il est dispensé de gymnastique** he's excused from gym **b** [+ bienfaits, lumière] to dispense; [+ enseignement, soins] to give

dispersé, e [dispɛrse] ADJ [habitat, famille] scattered

disperser [dispɛrse] ► conjug 1 ◄ **1** VT [+ papiers, foule, cendres de qn] to scatter **2** se **disperser** VPR [foule] to scatter; [brouillard] to clear ◆ **ne vous dispersez pas trop !** don't attempt to do too many things at once!

disponibilité [disponibilite] NF **a** [de choses, personne] availability **b** ◆ **mettre en ~** [+ fonctionnaire] to free from duty temporarily; [+ officier] to place on reserve

disponible [disponibl] ADJ (= libre) available ◆ **il n'y a plus une seule place ~** there's not a single seat left ◆ **elle est toujours ~ pour écouter ses étudiants** she's always ready to listen to her students

disposé, e [dispoze] ADJ ◆ **être ~/peu ~ à faire qch** to be willing/unwilling to do sth ◆ **bien/mal ~ à l'égard de** ou **envers qn** well-disposed/ill-disposed towards sb

disposer [dispoze] ► conjug 1 ◄ **1** VT (= arranger) to arrange **2** disposer de VT INDIR [+ somme d'argent] to have at one's disposal; [+ matériel, voiture] to have the use of ◆ **il disposait de quelques heures pour visiter Lille** he had a few hours free in which to visit Lille ◆ **avec les moyens dont il dispose** with the means at his disposal **3** se **disposer** VPR ◆ **se ~ à faire qch** (= se préparer à) to prepare to do sth

dispositif [dispozitif] NM **a** (= mécanisme) device **b** (= moyens prévus) ◆ **~ de contrôle/défense** control/defence system ◆ **un important ~ de sécurité a été mis en place** a major security operation has been mounted

disposition [dispozisjɔ̃] **1** NF **a** (= arrangement) arrangement; [de pièces d'une maison] layout **b** (= usage) ◆ **mettre qch/être à la ~ de qn** to put sth/be at sb's disposal ◆ **je me tiens à votre entière ~** I am entirely at your disposal **c** (= mesure) measure ◆ **~s** (= préparatifs) arrangements; (= précautions) measures ◆ **prendre des** ou **ses ~s pour que qch soit fait** to make arrangements for sth to be done **d** (= manière d'être) mood ◆ **être dans de bonnes ~s** to be in a good mood **e** (= tendance) tendency (à to) ◆ **avoir une ~ au rhumatisme** to have a tendency to rheumatism **f** [de contrat] clause **2** dispositions NFPL (= aptitudes) aptitude ◆ **avoir des ~s pour la musique/les langues** to have a gift for music/languages

disproportionné, e [disprɔpɔrsjɔne] ADJ disproportionate (par rapport à, avec to)

dispute [dispyt] NF argument

disputé, e [dispyte] ADJ ◆ **très ~** [match] close; [course, élection] hotly contested

disputer [dispyte] ► conjug 1 ◄ **1** VT **a** (= contester) ◆ **~ qch à qn** to fight with sb over sth **b** [+ combat] to fight; [+ match] to play **c** (= gronder) ◆ **se faire ~ par qn** to get a telling-off* from sb **2** se **disputer** VPR (= se quereller) to argue; (= se brouiller) to fall out ◆ **se ~ qch** to fight over sth

disquaire [diskɛr] NMF (= commerçant) record dealer

disqualifier [diskalifje] ► conjug 7 ◄ VT (Sport) to disqualify

disque [disk] NM disc; (Sport) discus; (d'ordinateur) disk; (vinyle) record ► **disque compact** compact disc ► **disque dur** hard disk

disquette [diskɛt] NF diskette

disséminer [disemine] ► conjug 1 ◄ VT [+ graines] to scatter; [+ idées] to disseminate ◆ **les points de vente sont très disséminés** the sales outlets are scattered over a wide area

dissension [disɑ̃sjɔ̃] NF dissension

disséquer [diseke] ► conjug 6 ◄ VT to dissect

dissertation [disɛrtasjɔ̃] NF essay

dissident, e [disidɑ̃, ɑ̃t] ADJ, NM,F dissident

dissimuler [disimyle] ► conjug 1 ◄ **1** VT to conceal (à qn from sb) **2** se **dissimuler** VPR to hide

dissipé, e [disipe] ADJ [élève] undisciplined

dissiper [disipe] ► conjug 1 ◄ **1** VT **a** [+ soupçon, crainte] to dispel; [+ malentendu] to clear up **b** [+ camarades de classe] to distract **2** se **dissiper** VPR **a** [brouillard, nuages] to clear; [inquiétude] to vanish; [malaise, fatigue] to disappear **b** [élève] to misbehave

dissocier [disosje] ► conjug 7 ◄ **1** VT to dissociate **2** se **dissocier** VPR [éléments, groupe, équipe] to break up ◆ **se ~ de** (= se désolidariser) to dissociate from o.s.

dissolu, e [disɔly] ADJ dissolute

dissolution [disɔlysjɔ̃] NF **a** [d'assemblée, gouvernement, mariage, parti] dissolution **b** [de substance] dissolving

dissolvant [disɔlvɑ̃] NM (= produit) solvent; (pour les ongles) nail polish remover

dissoudre [disudr] ► conjug 51 ◄ **1** VT to dissolve **2** se **dissoudre** VPR **a** (dans un liquide) to dissolve **b** [association] to disband

dissuader [disɥade] ► conjug 1 ◄ VT [personne] to dissuade (de qch from sth; de faire qch from doing sth); [circonstances] to deter (de faire qch from doing sth)

dissuasif, -ive [disɥazif, iv] ADJ [argument] dissuasive; [armes, mesures] deterrent; [prix] prohibitive

dissuasion [disɥazjɔ̃] NF dissuasion ◆ **de ~** [mesures, force, stratégie] deterrent

distance [distɑ̃s] NF **a** (= éloignement) distance ◆ **à quelle ~ est la gare ?** how far away is the station? ◆ **habiter à quelques kilomètres de ~** to live a few kilometres away (de from) ◆ **communication/vol longue ~** long-distance call/flight ◆ **garder ses ~s** to keep one's distance (vis à vis de from) ◆ **prendre ses ~s** (fig) to stand aloof (à l'égard de from) ◆ **à ~** from a distance ◆ **tenir qn à ~** to keep sb at a distance **b** (= écart) gap

distancer [distɑ̃se] ► conjug 3 ◄ VT [+ coureur, voiture] to outdistance; [+ concurrent, élève] to outstrip ◆ **se laisser** ou **se faire ~** to be outdistanced (ou outstripped) (par by)

distancier (se) [distɑ̃sje] ► conjug 7 ◄ VPR to distance o.s. (de from)

distant, e [distɑ̃, ɑ̃t] ADJ distant ◆ **il s'est montré très ~** he was very distant ◆ **deux villes ~es de 10 km** two towns 10km apart

distendre [distɑ̃dʀ] ► conjug 41 ◄ **1** VT [+ peau] to distend; [+ corde, pull, col] to stretch **2** **se distendre** VPR [lien] to slacken; [ventre, peau] to become distended

distillation [distilasjɔ̃] NF distillation

distiller [distile] ► conjug 1 ◄ VT to distil

distinct, e [distɛ̃(kt), ɛ̃kt] ADJ distinct (de from)

distinctement [distɛ̃ktəmɑ̃] ADV distinctly

distinctif, -ive [distɛ̃ktif, iv] ADJ distinctive

distinction [distɛ̃ksjɔ̃] NF distinction ◆ **faire la ~ entre** to make a distinction between

distingué, e [distɛ̃ge] ADJ distinguished

distinguer [distɛ̃ge] ► conjug 1 ◄ **1** VT to distinguish (de ou d'avec from); (= apercevoir) to spot ◆ **les deux sœurs sont difficiles à ~ (l'une de l'autre)** the two sisters are difficult to tell apart **2** **se distinguer** VPR to distinguish o.s. ◆ **il s'est particulièrement distingué en maths** [étudiant] he has done particularly well in maths

distorsion [distɔʀsjɔ̃] NF distortion; (entre des chiffres, salaires, taux) imbalance (entre between)

distraction [distraksjɔ̃] NF **a** (= inattention) absent-mindedness **b** (= passe-temps) leisure activity ◆ **ça manque de ~** there's not much in the way of entertainment

distraire [distʀɛʀ] ► conjug 50 ◄ **1** VT **a** (= divertir) to entertain **b** (= déranger) to distract (de from) ◆ **se laisser facilement ~ de son travail** to be easily distracted from one's work

2 **se distraire** VPR to amuse o.s. ◆ **je vais au cinéma, j'ai besoin de me ~** I'm going to the cinema, I need to take my mind off things

distrait, e [distʀɛ, ɛt] ADJ absent-minded ◆ **d'une oreille ~e** with only half an ear

distrayant, e [distʀɛjɑ̃, ɑ̃t] ADJ entertaining

distribuer [distribɥe] ► conjug 1 ◄ VT to distribute; [+ courrier] to deliver; [+ cartes] to deal

distributeur, -trice [distribytœʀ, tʀis] **1** NM,F [de films] distributor **2** NM [de savon, papier absorbant] dispenser ◆ **~ (automatique)** vending machine ◆ **~ (automatique) de billets** cash dispenser

distribution [distribysjɔ̃] NF **a** distribution; [de cartes] deal; [de courrier] delivery ◆ **~ des prix** prize giving ◆ **la grande ~** (= magasins) large stores **b** (= acteurs) cast **c** [d'eau, électricité] supply

district [distʀikt] NM district

dit, e [di, dit] ADJ **a** (= appelé) ◆ **Jean Petit, ~ le Chacal** Jean Petit, also known as the Jackal ◆ **une émission ~e culturelle** a so-called cultural programme **b** (= fixé) ◆ **à l'heure ~e** at the appointed time

diurétique [djyʀetik] ADJ, NM diuretic

divaguer [divage] ► conjug 1 ◄ VI (= délirer) to ramble; (= dire des bêtises) to rave

divan [divɑ̃] NM divan; [de psychanalyste] couch

divergence [divɛʀʒɑ̃s] NF difference

divergent, e [divɛʀʒɑ̃, ɑ̃t] ADJ differing

divers, e [divɛʀ, ɛʀs] ADJ **a** (pl) (= varié) [couleurs, opinions] various; (= différent) [sens d'un mot, moments, occupations] different ◆ **frais ~** miscellaneous expenses **b** (pl = plusieurs) various

diversifier [divɛʀsifje] ► conjug 7 ◄ **1** VT [+ méthodes, exercices] to vary; [+ activités, production] to diversify **2** **se diversifier** VPR [entreprise] to diversify; [activités] to be diversified

diversion [divɛʀsjɔ̃] NF diversion ◆ **faire ~** to create a diversion

diversité [divɛʀsite] NF (= variété) variety

divertir [divɛʀtiʀ] ► conjug 2 ◄ **1** VT to amuse **2** **se divertir** VPR to amuse o.s.

divertissant, e [divɛʀtisɑ̃, ɑ̃t] ADJ (= qui fait rire) amusing; (= qui occupe agréablement) entertaining

divertissement [divɛʀtismɑ̃] NM entertainment ◆ **la boxe est un ~ populaire** boxing is a popular form of entertainment

dividende [dividɑ̃d] NM dividend

divin, e [divɛ̃, in] ADJ divine

divinité [divinite] NF (= dieu) deity

diviser [divize] ▸ conjug 1 ◂ **1** VT to divide (en, par in, by); [+ gâteau] to cut up ◆ **une somme entre plusieurs personnes** to share a sum among several people ◆ **une famille divisée** a broken family **2** **se diviser** VPR **a** [groupe] to split up (en into); [cellules] to divide **b** [route] to fork ◆ **ce livre se divise en plusieurs chapitres** this book is divided into several chapters

division [divizjɔ̃] NF division ◆ **faire une ~** to do a division ◆ **club de première ~** first division club

divorce [divɔʀs] NM divorce ◆ **demander le ~** to ask for a divorce

divorcé, e [divɔʀse] ADJ divorced (de from)

divorcer [divɔʀse] ▸ conjug 3 ◂ VI to get divorced

divulguer [divylge] ▸ conjug 1 ◂ VT to divulge

dix [dis] NOMBRE ten ◆ **elle a eu ~ sur ~** [élève] she got ten out of ten; pour autres loc voir **six**

dix-huit [dizɥit] NOMBRE eighteen; pour autres loc voir **six**

dix-huitième [dizɥitjɛm] ADJ, NMF eighteenth ◆ **un fauteuil fin ~** a late eighteenth-century armchair; pour autres loc voir **sixième**

dixième [dizjɛm] ADJ, NMF tenth; pour loc voir **sixième**

dix-neuf [diznœf] NOMBRE nineteen; pour loc voir **six**

dix-neuvième [diznœvjɛm] ADJ, NMF nineteenth ◆ **les romans du ~** nineteenth-century novels; pour autres loc voir **sixième**

dix-sept [di(s)sɛt] NOMBRE seventeen; pour loc voir **six**

dix-septième [di(s)sɛtjɛm] ADJ, NMF seventeenth ◆ **les auteurs du ~** seventeenth-century writers; pour autres loc voir **sixième**

dizaine [dizɛn] NF (= dix) ten; (= environ dix) about ten ◆ **des ~s et des ~s de fois** over and over again

dl (abrév de **décilitre**) dl

do [do] NM INV (= note) C; (en chantant la gamme) doh

doc * [dɔk] NF abrév de **documentation**

docile [dɔsil] ADJ docile

docilité [dɔsilite] NF docility

dock [dɔk] NM (= bassin) dock

docteur [dɔktœʀ] NM doctor (ès, en of) ◆ **le ~ Lebrun** Dr Lebrun ◆ **aller chez le ~** to go to the doctor

doctorat [dɔktɔʀa] NM doctorate (ès, en in) ◆ **~ d'État** doctorate

doctrine [dɔktʀin] NF doctrine

document [dɔkymɑ̃] NM document ◆ **~s d'archives** (Ciné, TV) archive footage NonC

documentaire [dɔkymɑ̃tɛʀ] NM documentary

documentaliste [dɔkymɑ̃talist] NMF (Presse, TV) researcher; (Scol) librarian

documentation [dɔkymɑ̃tasjɔ̃] NF documentation

documenter (se) [dɔkymɑ̃te] ▸ conjug 1 ◂ VPR to gather material (sur on, about)

dodo [dodo] NM (langage enfantin) ◆ **il fait ~** he's sleeping ◆ **aller au ~** ou **aller faire ~** to go to beddy-byes

dodu, e [dɔdy] ADJ [volaille] plump; [enfant] chubby

dogme [dɔgm] NM dogma

doigt [dwa] NM finger; [d'animal] digit ◆ **~ de pied** toe ◆ **le petit ~** the little finger ◆ **montrer qn du ~** to point sb out; (fig) to point the finger at sb ◆ **un ~ de whisky/vodka** a finger of whisky/vodka ◆ **avec lui, ils obéissent au ~ et à l'œil** with him, they have to toe the line ◆ **se mettre le ~ dans l'œil (jusqu'au coude)** * to be kidding o.s. * ◆ **il n'a pas levé** ou **bougé le petit ~ pour nous aider** he didn't lift a finger to help us ◆ **filer** ou **glisser entre les ~s de qn** to slip through sb's fingers ◆ **il a gagné les ~s dans le nez** * he won hands down * ◆ **être à deux ~s** ou **un ~ de faire qch** to come very close to doing sth

doigté [dwate] NM **a** (Mus) fingering **b** (= tact) tact ◆ **avoir du ~** to be tactful

doit [dwa] VB → **devoir**

dollar [dɔlaʀ] NM dollar

DOM [dɔm] NM abrév de **département d'outre-mer**

domaine [dɔmɛn] NM **a** (= propriété) estate **b** (= sphère) field ◆ **dans tous les ~s** in every field

dôme [dom] NM dome

domestique [dɔmɛstik] **1** NMF servant **2** ADJ [animal, travaux] domestic; [soucis, querelle] family ◆ **accidents ~s** accidents in the home ◆ **déchets ~s** kitchen waste

domestiquer [dɔmɛstike] ▸ conjug 1 ◂ VT [+ animal] to domesticate

domicile [dɔmisil] NM place of residence ◆ **~ conjugal** marital home ◆ **travailler à ~** to work from home ◆ **jouer à ~** (Sport) to play at home

domicilier [dɔmisilje] ▸ conjug 7 ◂ VT ◆ **être domicilié** to live (à in)

dominant, e [dɔminɑ̃, ɑ̃t] **1** ADJ dominant; [idéologie, opinion] prevailing avant le nom; [trait, préoccupation] main avant le nom; [position] leading avant le nom **2** **dominante** NF (= caractéristique) dominant characteristic; (= couleur) dominant colour

domination [dɔminasjɔ̃] NF domination ◆ **les pays sous (la) ~ britannique** countries under British rule

dominer [dɔmine] ► conjug 1 ◄ **1** VT **a** (= dominate; [+ adversaire, concurrent] to outclass; [+ sentiment] to control; [+ sujet] to master ◆ **se laisser ~ par ses passions** to let o.s. be ruled by one's passions ◆ **se faire ~ par l'équipe adverse** to be outclassed by the opposing team **b** (= surplomber) to overlook **2** VI **a** [nation] to hold sway; [équipe sportive] to be on top **b** [caractère, défaut, qualité] to predominate; [idée, théorie] to prevail ◆ **c'est le jaune qui domine** the predominant colour is yellow **3** **se dominer** VPR to control o.s.

dominicain, e [dɔminikɛ̃, ɛn] **1** ADJ Dominican ◆ **République ~e** Dominican Republic **2** **Dominicain(e)** NM,F Dominican

dominical, e (mpl **-aux**) [dɔminikal, o] ADJ Sunday

Dominique [dɔminik] NF (= île) ◆ **la ~** Dominica

domino [dɔmino] NM domino ◆ **jouer aux ~s** to play dominoes

dommage [dɔmaʒ] **1** NM (= préjudice) harm *NonC* ◆ **s'en tirer sans ~(s)** to escape unharmed ◆ **c'est ~ !**, **(quel) ~ !** what a pity! ◆ **~ que tu ne puisses pas venir** it's a pity you can't come **2** **dommages** NMPL (= ravages) damage *NonC* ► **dommage(s) corporel(s)** physical injury ► **dommages et intérêts** damages

dommages-intérêts [dɔmaʒɛ̃terɛ] NMPL damages

dompter [dɔ̃(p)te] ► conjug 1 ◄ VT [+ fauve, nature, fleuve] to tame; [+ cheval] to break in; [+ sentiments, passions] to control

dompteur, -euse [dɔ̃(p)tœʀ, øz] NM,F tamer

DOM-TOM [dɔmtɔm] NMPL (abrév de **départements et territoires d'outre-mer**) *French overseas departments and territories*

don [dɔ̃] NM **a** (= aptitude) gift ◆ **avoir des ~s** to be gifted ◆ **elle a le ~ de m'énerver** she has a knack of getting on my nerves **b** (= offrande) donation ◆ **~ du sang** blood donation ◆ **faire ~ de** [+ fortune, maison] to donate

donation [dɔnasjɔ̃] NF (Droit) ≈ settlement

donc [dɔ̃ ou dɔ̃k] CONJ **a** (= so) ◆ **je n'étais pas d'accord, ~ j'ai refusé** I didn't agree so I refused ◆ **je disais ~ que ...** so, as I was saying ... **b** (de renforcement) ◆ **allons ~ !** come on! ◆ **tais-toi ~ !** do be quiet! ◆ **dis ~** (introduit une question) tell me; (introduit un avertissement) look ...; (ton indigné) well really ... ◆ **tiens ~ !** well, well!

donjon [dɔ̃ʒɔ̃] NM keep

donné, e [dɔne] **1** ADJ **a** [lieu, date] given ◆ **étant ~ la situation** given the situation

◆ **étant ~ que** given that **b** (* = pas cher) cheap **2** **données** NFPL data ◆ **il nous manque quelques ~es** we haven't got all the data

donner [dɔne] ► conjug 1 ◄ **1** VT **a** to give ◆ **~ qch à qn** to give sth to sb, to give sb sth ◆ **~ à boire à qn** to give sb something to drink ◆ **~ son corps à la science** to donate one's body to science ◆ **~ quelque chose à faire à qn** to give sb something to do ◆ **~ ses chaussures à ressemeler** to take one's shoes to be resoled **b** (= céder) [+ vieux vêtements] to give away ◆ **~ sa place à une dame** to give up one's seat to a lady **c** (= distribuer) [+ cartes] to deal ◆ **c'est à vous de ~** (= les cartes) it's your deal **d** (= indiquer) to give; [+ sujet de devoir, tempo] to set ◆ **pouvez-vous me ~ l'heure ?** can you tell me the time? **e** (= causer) [+ plaisir, courage] to give; [+ peine, mal] to cause ◆ **ça donne faim** it makes you hungry ◆ **~ le vertige à qn** to make sb giddy **f** (= organiser) [+ réception, bal] to give **g** (= attribuer) ◆ **quel âge lui donnez-vous ?** how old would you say he was? ◆ **je lui donne 50 ans** I'd say he was 50 **h** (= produire) [+ fruits, récolte] to yield; [+ résultat] to produce ◆ **cette méthode ne donne rien** this method is totally ineffective ◆ **qu'est-ce que ça donne ?** * how's it going? **2** VI ◆ **je ne sais plus où ~ de la tête** I don't know which way to turn ◆ **~ sur** [pièce, porte] to open onto; [fenêtre] to overlook **3** **se donner** VPR **a** (= se consacrer) ◆ **se ~ à** to devote o.s. to ◆ **il s'est donné à fond** he gave his all **b** (= échanger) ◆ **ils se donnaient des baisers** they were kissing each other **c** (à soi-même) ◆ **donne-toi un coup de peigne** give your hair a comb ◆ **se ~ bien du mal** to go to a lot of trouble ◆ **il s'est donné la peine de me prévenir** he took the trouble to warn me ◆ **se ~ bonne conscience** to ease one's conscience ◆ **s'en ~ à cœur joie** to have a whale of a time *

donneur, -euse [dɔnœʀ, øz] NM,F [d'organe] donor ◆ **~ de sang** blood donor

---

0━━ **dont** [dɔ̃] pron rel

a (indique la possession, la qualité etc) whose ◆ **la femme ~ vous apercevez le chapeau** the woman whose hat you can see

b (indiquant la partie d'un tout) ◆ **il y a eu plusieurs blessés, ~ son frère** there were several casualties, including his brother ◆ **ils ont trois filles ~ deux sont mariées** they have three daughters, of whom two are married

c (indique la manière, la provenance) ◆ **la façon ~ elle marche/s'habille** the way she walks/dresses ◆ **la classe sociale ~ elle est issue** the social class she came from

d (provenant d'un complément prépositionnel d'adjectif, de verbe : voir aussi les adjectifs et verbes en question) ◆ **l'outil ~ il se sert** the tool he is using ◆ **la maladie ~ elle souffre** the illness she suffers from • **l'accident ~ il a été responsable** the accident he was responsible for ou for which he was responsible

dopage [dɔpaʒ] NM [d'athlète] illegal drug use

doper [dɔpe] ► conjug 1 ◄ **1** VT **a** [+ athlète, cheval] to dope; [+ économie, ventes] to boost **2** se **doper** VPR to take drugs • **il se dope aux amphétamines** he takes amphetamines

dorade [dɔʀad] NF sea bream

doré, e [dɔʀe] ADJ **a** (= couvert d'une dorure) gilded **b** [peau] bronzed; [blé, cheveux, lumière] golden

dorénavant [dɔʀenavɑ̃] ADV from now on

dorer [dɔʀe] ► conjug 1 ◄ **1** VT **a** (= couvrir d'or) to gild **b** [+ peau] to tan • **se ~ au soleil** to sunbathe **2** VI [rôti] to brown • **faire ~ un poulet** to brown a chicken

d'ores et déjà [dɔʀzedeʒa] LOC ADV → **ores**

dorloter [dɔʀlɔte] ► conjug 1 ◄ VT to pamper

dormir [dɔʀmiʀ] ► conjug 16 ◄ VI **a** to sleep; (= être en train de dormir) to be asleep • **parler en dormant** to talk in one's sleep • **avoir envie de ~** to feel sleepy • **ça m'empêche de ~** [café] it keeps me awake; [soucis] I'm losing sleep over it • **je dors debout** I'm asleep on my feet • **une histoire à ~ debout** a cock-and-bull story • **~ comme un loir** ou **une souche** to sleep like a log • **il dort à poings fermés** he is sound asleep **b** [eau] to be still; [argent, capital] to lie idle • **être ~ à ~** to be back to back • **voilà six ans que le projet dort dans un tiroir** the project has been lying dormant for six years

dortoir [dɔʀtwaʀ] NM dormitory

dorure [dɔʀyʀ] NF gilt

dos [do] NM **a** back; [de livre] spine • **couché sur le ~** lying on one's (ou its) back • **écrire au ~ d'une enveloppe** to write on the back of an envelope • **robe décolletée dans le ~** low-backed dress • "**voir au ~**" "see over" • **le chat fait le gros ~** the cat is arching its back • **il s'est mis tout le monde à ~** he has turned everybody against him • **être ~ à ~** to be back to back • **il n'y va pas avec le ~ de la cuiller***** he certainly doesn't do things by halves • **faire qch dans le ~ de qn** to do sth behind sb's back • **j'ai toujours mon patron sur le ~** my boss is always standing over me • **tourner le ~ à** to turn one's back on • **dès qu'il a le ~ tourné** as soon as his back is turned **b** (= nage) • **~ crawlé** backstroke

dosage [dozaʒ] NM [d'ingrédient, élément] measuring out; [de remède] dosage • **se tromper dans le ~ de qch** to mix sth in the wrong proportions

dos-d'âne [dodɑn] NM INV hump

dose [doz] NF **a** [de médicament] dose **b** (= proportion) amount • **forcer la ~** (fig) to overdo it • **pour faire cela, il faut une certaine ~ de courage** you need quite a lot of courage to do that

doser [doze] ► conjug 1 ◄ VT **a** [+ ingrédient, élément] to measure out; [+ remède] to measure out a dose of **b** [+ mélange] to proportion correctly • **gélules dosées à 100 mg** 100mg capsules

doseur [dozœʀ] NM measure • **bouchon ~** measuring cap

dossard [dosaʀ] NM (Sport) number *(worn by competitor)*

dossier [dosje] NM **a** [de siège] back **b** (= documents) file • **~ médical** medical records • **~ scolaire** school record • **être sélectionné sur ~** to be selected on the basis of one's application **c** (= question à traiter) issue; (Scol, Univ = travail de recherche) project **d** (Presse = article) special report **e** (= classeur) file

dot [dɔt] NF dowry

doter [dɔte] ► conjug 1 ◄ VT • **~ qn/qch de** (= pourvoir de) to equip sb/sth with

douane [dwan] NF customs • **poste** ou **bureau de ~** customs house • **passer (à) la ~** to go through customs • **droits de ~** duty

douanier, -ière [dwanje, jɛʀ] NM,F customs officer

doublage [dublaʒ] NM [de film] dubbing • **le ~ d'un acteur** (rôle) using a double for an actor

double [dubl] **1** ADJ double • **faire qch en ~ exemplaire** to make two copies of sth • **faire ~ emploi** to be redundant • **fermer une porte à ~ tour** to double-lock a door • **enfermer qn à ~ tour** to put sb under lock and key • **à ~ tranchant** double-edged ► **double page** double page spread **2** NM **a** (= quantité) • **gagner le ~ (de qn)** to earn twice as much (as sb) • **il pèse le ~ de toi** he weighs twice as much as you do **b** [de facture, acte] copy; [de personne] double • **mettre une couverture en ~** to put a blanket on double • **il a toutes les photos en ~** he has copies of all the photos **c** (Sport) doubles • **le ~ dames/mixte** the ladies'/mixed doubles • **faire un ~, jouer en ~** to play a doubles match **3** ADV [payer, compter] double

double-décimètre (pl **doubles-décimètres**) [dubladesimɛtʀ] NM ruler *(measuring 20cm)*

doubler [duble] ► conjug 1 ◄ **1** VT **a** to double **b** [étudiant] [+ classe, année] to repeat **c** [+ film] to dub; [+ acteur] (= remplacer) to act as an understudy for; (dans une scène dangereuse) to stand in for **d** [+ boîte, veste] to line (de with) **e** [+ véhicule] to overtake (Brit) **2** VI **a**

(= augmenter) to double ✦ **~ de volume/valeur** to double in size/value **b** [véhicule] to overtake (Brit)

doublure [dublyʀ] NF **a** (= étoffe) lining **b** (au théâtre) understudy; (au cinéma) stand-in; (pour scènes dangereuses) stuntman (ou stunt-woman)

douce [dus] ADJ F, NF → **doux**

doucement [dusmɑ̃] **1** ADV **a** gently ✦ **allez-y ~ !** easy does it! ✦ **b** (= lentement) slowly; [démarrer] smoothly **2** EXCL easy!

doucereux, -euse [dus(ə)ʀø, øz] ADJ (péj) [ton, paroles] sugary; [personne, manières] suave

douceur [dusœʀ] NF [de peau, tissu, voix, lumière] softness; [de temps, fromage] mildness; [de caractère, personne, sourire, geste] gentleness ✦ **c'est un homme d'une grande ~** he's a very gentle man ✦ **prendre qn par la ~** (pour convaincre) to use gentle persuasion on sb ✦ **en ~** [démarrage] smooth; [démarrer] smoothly; [commencer, manœuvrer] gently

douche [duʃ] NF shower ✦ **prendre une ~** to have ou take a shower ✦ **il est sous la ~** he's in the shower

doucher (se) [duʃe] ► conjug 1 ◄ VPR to have ou take a shower

doué, e [dwe] ADJ **a** (= talentueux) gifted (en in) ✦ **être ~ pour** to be good at **b** (= pourvu de) ✦ **~ de** endowed with

douille [duj] NF [de cartouche] cartridge; [de fil électrique] socket

douillet, -ette [dujɛ, ɛt] ADJ **a** [personne] soft (péj) **b** (= confortable) cosy

douleur [dulœʀ] NF (physique) pain; (morale) grief

douloureux, -euse [duluʀø, øz] ADJ painful; [regard, expression] pained

doute [dut] NM doubt ✦ **être dans le ~** to be doubtful ✦ **avoir des ~s sur** ou **au sujet de qch/qn** to have one's doubts about sth/sb ✦ **mettre en ~** [+ affirmation, honnêteté de qn] to question ✦ **sans ~** (= sûrement) no doubt; (= probablement) probably ✦ **sans aucun ~** without a doubt

douter [dute] ► conjug 1 ◄ **1** douter de VT INDIR to doubt; [+ réussite] to be doubtful of ✦ **je doute qu'il arrive** I doubt if he'll come ✦ **il ne doute de rien !** he's got some nerve! * ✦ **il doute de lui** he has feelings of self-doubt **2** se douter VPR ✦ **se ~ de qch** to suspect sth ✦ **il ne se doutait pas qu'elle serait là** he had no idea she would be there

douteux, -euse [dutø, øz] ADJ **a** (= incertain) doubtful ✦ **d'origine douteuse** of doubtful origin **b** (péj) [propreté, qualité, mœurs] dubious ✦ **d'un goût ~** in dubious taste

Douvres [duvʀ] N Dover

doux, douce [du, dus] **1** ADJ **a** [peau, tissu] soft **b** [eau] (= non calcaire) soft; (= non salée) fresh **c** [temps, climat, températures] mild; [brise, chaleur] gentle ✦ **il fait ~ aujourd'hui** it's mild today **d** [vin] sweet; [moutarde, tabac, piment] mild **e** [musique] sweet; [voix, lumière] soft **f** (= modéré) ✦ **en pente douce** gently sloping; → **médecine g** [caractère, manières, personne] gentle **2 en douce** * LOC ADV on the quiet *

douzaine [duzɛn] NF (= douze) dozen ✦ **une ~** (= environ douze) about twelve ✦ **une ~ d'huîtres** a dozen oysters ✦ **il y a une ~ d'années** about twelve years ago

douze [duz] NOMBRE twelve; pour loc voir **six**

douzième [duzjɛm] ADJ, NMF twelfth; pour loc voir **sixième**

doyen, -enne [dwajɛ̃, jɛn] NM,F (Univ) ≃ dean; [d'équipe, groupe] most senior member

draconien, -ienne [dʀakɔnjɛ̃, jɛn] ADJ draconian

dragée [dʀaʒe] NF (= friandise) sugared almond; (= médicament) sugar-coated pill

dragon [dʀagɔ̃] NM dragon

draguer [dʀage] ► conjug 1 ◄ **1** VT **a** [+ rivière, port, canal] to dredge; [+ mines] to sweep **b** (* : pour séduire) ✦ **~ qn** to try and pick sb up * ✦ **elle s'est fait ~ par un mec** some guy tried to pick her up * **2** VI * to try and pick up * girls (ou guys)

drain [dʀɛ̃] NM (Méd) drain ✦ **poser un ~ à qn** to insert a drain in sb

drainer [dʀene] ► conjug 1 ◄ VT **a** [+ sol, plaie] to drain **b** [+ main-d'œuvre, capitaux] to bring in; [+ public, clientèle] to attract

dramatique [dʀamatik] **1** ADJ **a** (= tragique) tragic ✦ **ce n'est pas ~ !** it's not the end of the world! **b** (Théâtre) ✦ **artiste ~** stage actor (ou actress) ✦ **auteur ~** playwright; → **art, comédie 2** NF (TV) (television) play

dramatiser [dʀamatize] ► conjug 1 ◄ VI ✦ **il ne faut pas ~** you shouldn't dramatize things

dramaturge [dʀamatyʀʒ] NMF playwright

drame [dʀam] NM drama ✦ **ce n'est pas un ~ !** it's not the end of the world!

drap [dʀa] NM **a** (= pièce de tissu) ✦ **~ (de lit)** sheet ✦ **~ de bain** bath sheet ✦ **être dans de beaux** ou **sales ~s** to be in a right mess * **b** (= tissu) woollen cloth

drapeau (pl **~x**) [dʀapo] NM flag ✦ **le ~ tricolore** the (French) tricolour

drap-housse (pl **draps-housses**) [dʀaus] NM fitted sheet

dressage [dResaʒ] NM [d'animal sauvage] taming; [de jeune cheval] breaking in; (pour le cirque) training

dresser [dRese] ▸ conjug 1 ◂ **1** VT **a** [+ inventaire, liste, plan] to draw up **b** [+ échafaudage, barrière, tente] to put up ◆ ~ **le couvert** ou **la table** to lay ou set the table **c** [+ tête] to raise ◆ ~ **l'oreille** to prick up one's ears ◆ ~ **ses oreilles** [chien] to prick up its ears ◆ **une histoire à faire ~ les cheveux sur la tête** a tale to make your hair stand on end **d** (= braquer) ◆ ~ **qn contre** to set sb against **e** [+ animal sauvage] to tame; [+ jeune cheval] to break (in); (pour le cirque) to train **2 se dresser** VPR **a** (debout) to stand up; (assis) to sit up straight ◆ **se ~ sur la pointe des pieds** to stand on tiptoe **b** [oreille] to prick up **c** [statue, bâtiment, obstacle] to stand **d** (= s'insurger) to rise up (contre, face à against)

dribbler [dRible] ▸ conjug 1 ◂ **1** VI to dribble **2** VT [+ joueur] to dribble past

drogue [dRɔg] NF drug ◆ **une ~ dure/douce** a hard/soft drug

drogué, e [dRɔge] NM,F drug addict

droguer [dRɔge] ▸ conjug 1 ◂ **1** VT to drug **2 se droguer** VPR **a** (de stupéfiants) to take drugs ◆ **se ~ à la cocaïne** to take cocaine **b** (de médicaments) to dose o.s. up (de with)

droguerie [dRɔgRi] NF (= magasin) hardware shop

droit¹, e¹ [dRwa, dRwat] **1** ADJ right ◆ **du côté droit** on the right-hand side; → **bras 2 droite** NF **a** (opposé à la gauche) ◆ **la droite** the right ◆ **à droite** on the right; (direction) to the right ◆ **le tiroir de droite** the right-hand drawer ◆ **à droite de la fenêtre** to the right of the window ◆ **de droite à gauche** from right to left **b** (Pol) ◆ **la droite** the right wing ◆ **candidat/idées de droite** right-wing candidate/ideas ◆ **un homme de droite** a man of the right

droit², e² [dRwa, dRwat] **1** ADJ **a** (= non courbe, non penché) straight ◆ **ça fait 4 km en ligne droite** it's 4km as the crow flies ◆ **tiens ta tasse droite** hold your cup straight ◆ **être** ou **se tenir droit comme un i** to stand bolt upright ◆ **tiens-toi droit** (debout) stand up straight; (assis) sit up straight **b** (= honnête, loyal) [personne] upright **2 droite** NF (= ligne) straight line **3** ADV straight ◆ **aller/marcher droit devant soi** to go/walk straight ahead ◆ **c'est droit devant vous** it's right in front of you ◆ **aller droit au but** ou **au fait** to go straight to the point

droit³ [dRwa] NM **a** (= prérogative) right ◆ **avoir le droit de faire qch** to be allowed to do sth; (autorisation juridique) to have the right to do sth ◆ **avoir droit à** [+ allocation] to be entitled to ◆ **il a eu droit à une bonne raclée** * (hum) he got a good hiding * ◆ **cette carte vous donne droit à des places gratuites** this card entitles you to free seats ◆ **de quel droit est-il entré ?** what right did he have to come in? ▸ **droit d'asile** right of asylum ▸ **les droits de l'homme** human rights ▸ **le droit de vote** the right to vote **b** (Droit) ◆ **le droit** law ◆ **droit civil/pénal** civil/criminal law **c** (= taxe) ◆ **droit d'entrée** entrance fee ◆ **droits d'inscription** enrolment fee ◆ **droits d'auteur** (= rémunération) royalties ▸ **droits de douane** customs duties ▸ **droits de succession** inheritance tax

droitier, -ière [dRwatje, jɛR] ADJ (= non gaucher) right-handed

drôle [dRol] ADJ **a** (= amusant, bizarre) funny ◆ **tu es ~, je ne pouvais pourtant pas l'insulter !** you must be joking - I could hardly insult him! ◆ **avoir un ~ d'air** to look funny ◆ **un ~ de type** a strange guy ◆ **ça me fait (tout) ~ (de le voir)** * it gives me a funny feeling (to see him) **b** (* : intensif) ◆ **de ~s de progrès** fantastic * progress ◆ **une ~ de correction** a hell of a punishment *

drôlement [dRolmã] ADV **a** (= bizarrement) strangely ◆ **il m'a regardé ~** he gave me a strange ou funny look **b** * [bon, sage, froid] terribly ◆ **il a ~ changé** he's changed an awful lot * ◆ **ça lui a fait ~ plaisir** it pleased him no end *

dromadaire [dRɔmadɛR] NM dromedary

drug(-)store (pl **drug(-)stores**) [dRœgstɔR] NM drugstore

du [dy] PRÉP, ART → **de**

dû, due [dy] **1** ADJ **a** (= à restituer) owing; (= arrivé à échéance) due **b** ◆ ~ **à** (= à cause de) due to ◆ **ces troubles sont dus à ...** these troubles are due to ... **2** NM due; (= somme) dues

dubitatif, -ive [dybitatif, iv] ADJ doubtful ◆ **d'un air ~** doubtfully

Dublin [dyblɛ̃] N Dublin

dublinois, e [dyblinwa, waz] **1** ADJ of ou from Dublin **2 Dublinois(e)** NM,F Dubliner

duc [dyk] NM duke

duchesse [dyʃɛs] NF (= noble) duchess

duel [dɥɛl] NM duel ◆ **se battre en ~** to fight a duel (avec with)

dumping [dœmpiŋ] NM dumping ◆ **faire du ~** to dump goods

dune [dyn] NF dune ◆ ~ **de sable** sand dune

Dunkerque [dœ̃kɛRk] N Dunkirk

duo [dɥo] NM (= chanson) duo; (= spectacle) duo ◆ **chanter en ~** to sing a duet

dupe [dyp] ADJ ◆ **être ~ (de)** to be taken in (by)

duper [dype] ▸ conjug 1 ◂ VT to dupe

duplicata [dyplikata] NM INV duplicate

dur, e [dyʀ] **1** ADJ **a** (gén) hard; [col, brosse] stiff; [viande] tough ◆ **être ~ avec** ou **envers qn** to be hard on sb ◆ **être ~ d'oreille** to be hard of hearing ◆ **~ à manier/croire** hard to handle/believe ◆ **c'est un enfant très ~** he's a very difficult child ◆ **il nous mène la vie ~e** he gives us a hard time **b** [climat, punition, critique] harsh; [leçon] ◆ **le plus ~ est passé** the worst is over **2** ADV * [travailler, frapper] hard **3** NM * ◆ **c'est un ~** he's a tough guy * ◆ **c'est un ~ à cuire** he's a tough nut * ◆ **jouer les ~s** to act tough **à la dure** LOC ADV ◆ **être élevé à la ~e** to be brought up the hard way

durable [dyʀabl] ADJ lasting; [emploi] long-term

durant [dyʀɑ̃] PRÉP (= pendant) for; (= au cours de) during ◆ **des années ~** for years and years

durcir [dyʀsiʀ] ► conjug 2 ◄ **1** VT [+ attitude] to harden; [+ embargo, sanctions] to tighten **2 se durcir** VPR [colle, visage] to harden; [conflit] to become more serious

durée [dyʀe] NF [de spectacle, opération] length; [de bail] term; [de pile, ampoule] life ◆ **pendant la ~ des réparations** while repairs are being carried out ◆ **de courte ~** [séjour] short; [bonheur, répit] short-lived ◆ **(de) longue ~** [chômage] long-term; [pile] long-life

durement [dyʀmɑ̃] ADV **a** (= sévèrement, brutalement) harshly **b** [éprouvé, ressenti] sorely ◆ **la région a été ~ touchée par la crise** the region was hard hit by the recession

durer [dyʀe] ► conjug 1 ◄ VI to last (durant for) ◆ **la fête a duré toute la nuit/jusqu'au matin** the party went on all night/until morning ◆ **ça fait deux mois que ça dure** it has been going on for two months

dureté [dyʀte] NF **a** (gén) hardness; [de brosse] stiffness; [de viande] toughness **b** (= sévérité) hardness; [de loi, critique, punition, climat] harshness ◆ **traiter qn avec ~** to treat sb harshly

durillon [dyʀijɔ̃] NM callus

duvet [dyvɛ] NM **a** [de fruit, oiseau, joues] down **b** (= sac de couchage) sleeping bag

DVD [devede] NM (abrév de **digital versatile disc**) DVD ◆ **lecteur ~** DVD drive

dynamique [dinamik] ADJ dynamic

dynamiser [dinamize] ► conjug 1 ◄ VT [+ économie, marché] to stimulate; [+ image de marque] to make more dynamic

dynamisme [dinamism] NM dynamism

dynamite [dinamit] NF dynamite ◆ **faire sauter qch à la ~** to blow sth up with dynamite

dynamo [dinamo] NF dynamo

dynastie [dinasti] NF dynasty

dyslexie [disleksi] NF dyslexia

dyslexique [disleksik] ADJ, NMF dyslexic

eau (pl **~x**) [o] NF water; (= pluie) rain ◆ **sans ~** [alcool] neat ◆ **passer qch sous l'~** to give sth a quick rinse ◆ **se mettre à l'~** (= nager) to get into the water ◆ **notre projet est tombé à l'~** our project has fallen through ◆ **prendre l'~** to let in water ◆ **roman à l'~ de rose** sentimental novel ◆ **dans ces ~x-là** * or thereabouts ▶ **eau de Cologne** eau de Cologne ▶ **eau courante** running water ▶ **eau douce** fresh water ▶ **les Eaux et Forêts** ≈ the Forestry Commission (Brit), ≈ the Forest Service (US) ▶ **eau gazeuse** sparkling mineral water ▶ **eau de javel** bleach ▶ **eau de mer** sea water ▶ **eau minérale** mineral water ▶ **eau oxygénée** hydrogen peroxide ▶ **eau plate** still water ▶ **eau de pluie** rainwater ▶ **eau potable** drinking water ▶ **eau du robinet** tap water ▶ **eau salée** salt water ▶ **eau de source** spring water ▶ **eau de toilette** eau de toilette

eau-de-vie (pl **eaux-de-vie**) [od(ə)vi] NF eau de vie ◆ **cerises à l'~** cherries in brandy

ébahi, e [ebai] ADJ dumbfounded

ébats [eba] NMPL frolics ◆ **~ amoureux** love-making

ébauche [eboʃ] NF [de livre, projet] outline; [de tableau, dessin] sketch

ébaucher [eboʃe] ▸ conjug 1 ◂ VT [+ livre, plan, tableau] to sketch out; [+ programme d'action] to outline ◆ **~ un sourire** to give a faint smile ◆ **~ un geste** to start to make a movement

ébène [ebɛn] NF ebony

ébéniste [ebenist] NMF cabinetmaker

éberlué, e [ebɛrlɥe] ADJ flabbergasted

éblouir [ebluir] ▸ conjug 2 ◂ VT to dazzle

éblouissant, e [ebluisɑ̃, ɑ̃t] ADJ dazzling

éborgner [ebɔrɲe] ▸ conjug 1 ◂ VT ◆ **~ qn** to poke sb's eye out

éboueur [ebwœr] NM binman (Brit), garbage man (US)

ébouillanter [ebujɑ̃te] ▸ conjug 1 ◂ **1** VT to scald; [+ théière] to warm **2** s'**ébouillanter** VPR to scald o.s.

éboulement [ebulmɑ̃] NM [de falaise] collapsing ◆ **~ de terrain** landslide

ébouler (s') [ebule] ▸ conjug 1 ◂ VPR [falaise] to collapse

éboulis [ebuli] NM [de rochers] mass of fallen rocks; [de terre] mass of fallen earth

ébouriffé, e [eburife] ADJ [cheveux, personne] dishevelled; [plumes, poils] ruffled

ébranler [ebrɑ̃le] ▸ conjug 1 ◂ **1** VT to shake **2** s'**ébranler** VPR [train, cortège] to move off

ébréché, e [ebreʃe] ▸ conjug 6 ◂ ADJ [assiette] chipped ◆ **la lame est ~e** the blade has got a nick in it

ébriété [ebrijete] NF ◆ **en état d'~** inebriated

ébrouer (s') [ebrue] ▸ conjug 1 ◂ VPR [oiseau, chien] to shake itself; [cheval] to snort

ébruiter [ebrɥite] ▸ conjug 1 ◂ **1** VT [+ nouvelle, rumeur] to spread **2** s'**ébruiter** VPR ◆ **l'affaire s'est ébruitée** news of the affair got out

ébullition [ebylisjɔ̃] NF ◆ **portez à ~** bring to the boil ◆ **être en ~** [liquide] to be boiling; [ville, pays, maison] to be in turmoil

écaille [ekaj] NF [de poisson] scale; [de tortue, huître] shell; [de peinture] flake ◆ **lunettes à monture d'~** tortoiseshell glasses

écaillé, e [ekaje] ADJ [peinture, surface, baignoire] chipped; [façade] peeling

écailler [ekaje] ▸ conjug 1 ◂ **1** VT [+ poisson] to scale; [+ huîtres] to open; [+ peinture] to chip **2** s'**écailler** VPR [peinture] to flake; [vernis à ongles] to chip

écarlate [ekarlat] ADJ scarlet ◆ **devenir ~** to turn scarlet (with)

écarquiller [ekarkije] ▸ conjug 1 ◂ VT ◆ **~ les yeux** to stare wide-eyed (devant at)

écart [ekar] NM **a** (entre objets, dates) gap; (entre chiffres, températures) difference; (entre explications) discrepancy ◆ **l'~ de prix entre les deux modèles** the difference in price between the two models ◆ **ils ont 11 ans d'~** there are 11 years between them **b** ◆ **faire un ~** [cheval] to shy; [voiture] to swerve ◆ **faire le grand ~** to do the splits **c** ◆ **être à l'~** [hameau] to be isolated ◆ **mettre qn à l'~** (= empêcher de participer) to keep sb on the sidelines ◆ **rester à l'~** (= ne pas approcher) to stay in the background; (= ne pas participer) to stay on the sidelines ◆ **ils habitent un peu à l'~ du village** they live just outside the village ◆ **tenir qn à l'~ d'une affaire** to keep sb out of a deal

écarté, e [ekaʀte] ADJ [lieu, hameau] remote; [yeux] set far apart; [dents] gappy; [jambes] apart

écartement [ekaʀtəmɑ̃] NM gap

écarter [ekaʀte] ► conjug 1 ◄ **1** VT **a** (= séparer) [+ objets] to move apart; [+ bras, jambes, doigts] to spread; [+ rideaux] to draw **b** (= rejeter) [+ idée, candidature] to dismiss; [+ personne] to remove (de from) **c** (= éloigner) [+ meuble] to move away; [+ personne] to push back (de from) **2 s'écarter** VPR **a** [foule] to draw aside **b** (= s'éloigner) to step back (de from) ◆ s'~ de sa route to stray from one's path ◆ s'~ du droit chemin to wander from the straight and narrow ◆ s'~ du sujet to get off the subject

ecchymose [ekimoz] NF bruise

ecclésiastique [eklezjastik] NM ecclesiastic

échafaud [eʃafo] NM (pour l'exécution) scaffold ◆ monter à l'~ to mount the scaffold

échafaudage [eʃafodaʒ] NM scaffolding NonC

échafauder [eʃafode] ► conjug 1 ◄ VT [+ projet, théorie] to construct; [+ histoire] to make up

échalote [eʃalɔt] NF shallot

échancré, e [eʃɑ̃kʀe] ADJ ◆ une robe très ~e a dress with a plunging neckline ◆ une robe ~e dans le dos a dress cut low in the back

échange [eʃɑ̃ʒ] NM **a** exchange; (= troc) swap ◆ ~ de vues exchange of views ◆ ~ scolaire school exchange ◆ ~s commerciaux trade ◆ en ~ in exchange; (= pour compenser) to make up for it ◆ en ~ de in exchange for **b** (Tennis, Ping-Pong) rally

échanger [eʃɑ̃ʒe] ► conjug 3 ◄ VT to exchange (contre for) ◆ ils ont échangé leurs adresses they exchanged addresses

échangeur [eʃɑ̃ʒœʀ] NM (= route) interchange

échantillon [eʃɑ̃tijɔ̃] NM sample; (pour tester) tester

échappatoire [eʃapatwaʀ] NF (= faux-fuyant) way out

échappement [eʃapmɑ̃] NM **a** [de voiture] exhaust **b** (en informatique) escape

échapper [eʃape] ► conjug 1 ◄ **1** VI to escape ◆ ~ des mains de qn to slip out of sb's hands ◆ il l'a échappé belle he had a narrow escape ◆ ~ à [+ danger, punition, mort] to escape; [+ poursuivants] to escape from; [+ obligations, responsabilités] to evade; [+ corvée] to get out of ◆ tu ne m'échapperas pas ! you won't get away from me! ◆ son nom m'échappe his name escapes me ◆ ce détail m'avait échappé this detail had escaped my notice ◆ ce qu'il a dit m'a échappé (= je n'ai pas compris) I didn't understand what he said ◆ ça m'a échappé (parole malheureuse) it just slipped out ◆ laisser ~ [+ gros mot, cri] to let out; [+ objet] to drop;

[+ occasion] to let slip; [+ détail] to overlook ◆ laisser ~ un prisonnier to let a prisoner escape **2 s'échapper** VPR **a** [prisonnier] to escape (de from); [cheval] to get out (de of) ◆ l'oiseau s'est échappé de sa cage the bird escaped from its cage ◆ j'ai pu m'~ de bonne heure I managed to get away early **b** [gaz] to escape ◆ s'~ de [odeur] to come from; [flammes] to come out of

écharde [eʃaʀd] NF splinter

écharpe [eʃaʀp] NF (= cache-nez) scarf; [de maire] sash ◆ avoir le bras en ~ to have one's arm in a sling

échasse [eʃas] NF (= bâton) stilt ◆ marcher avec des ~s to walk on stilts

échauder [eʃode] ► conjug 1 ◄ VT (= faire réfléchir) ◆ ~ qn to teach sb a lesson

échauffement [eʃofmɑ̃] NM (Sport) warm-up

échauffer [eʃofe] ► conjug 1 ◄ **1** VT [+ moteur, machine] to overheat ◆ les esprits étaient échauffés people were getting worked up * ◆ tu commences à m'~ * you're getting on my nerves **2 s'échauffer** VPR **a** (Sport) to warm up **b** (= s'animer) [personne] to get worked up *

échéance [eʃeɑ̃s] NF [de délai] expiry date; [d'emprunt] redemption date; [de loyer] date of payment; [de facture, dette] due date ◆ venir à ~ to fall due ◆ à longue ~ in the long run ◆ à brève ~ before long

échec [eʃɛk] **1** NM **a** (= insuccès) failure ◆ subir un ~ to suffer a setback ◆ après l'~ des négociations after negotiations broke down ◆ l'~ scolaire academic failure **b** (Échecs) ◆ ~ au roi! check! ◆ ~ et mat checkmate **2 échecs** NMPL (= activité) chess ◆ jeu d'~s chess set ◆ jouer aux ~s to play chess

échelle [eʃɛl] NF **a** (= objet) ladder ◆ faire la courte ~ à qn to give sb a leg up **b** (= dimension) scale ◆ à l'~ 1/100 000 on a scale of 1 to 100,000 ◆ à l'~ mondiale on a worldwide scale **c** (= gradation, hiérarchie) scale ◆ être au sommet de l'~ to be at the top of the ladder ► échelle de Richter Richter scale ► échelle de valeurs scale of values

échelon [eʃ(ə)lɔ̃] NM **a** [d'échelle] rung; [de hiérarchie] grade ◆ grimper rapidement les ~s to climb the career ladder quickly **b** (= niveau) level ◆ à l'~ national at the national level

échelonner [eʃ(ə)lɔne] ► conjug 1 ◄ VT **a** [+ objets] to space out (sur over) ◆ les policiers sont échelonnés tout au long du parcours the police are positioned at intervals all along the route **b** [+ paiements] to spread out (sur over); [+ congés, vacances] to stagger (sur over)

échevelé, e [eʃəv(ə)le] ADJ **a** (= décoiffé) ◆ il était tout ~ his hair was dishevelled **b** [danse, rythme] frenzied

échine [eʃin] NF [de porc] loin

échiner (s') [eʃine] ▸ conjug 1 ◂ VPR ◆ **s'échiner à répéter qch** to wear o.s. out repeating sth

échiquier [eʃikje] NM (Échecs) chessboard ◆ **l'~ politique** the political scene

écho [eko] NM **a** [de son] echo ◆ **il y a de l'~** there's an echo ◆ **avez-vous eu des ~s de la réunion ?** did you get any inkling of what went on at the meeting? **b** (Presse) ◆ **échos** (= rubrique) gossip column

échographie [ekografi] NF (= examen) ultrasound scan ◆ **passer une ~** to have an ultrasound scan

échouer [eʃwe] ▸ conjug 1 ◂ **1** VI **a** [personne, tentative, plan] to fail ◆ **~ à un examen** to fail an exam ◆ **faire ~** [+ complot] to foil; [+ projet] to ruin **b** (= aboutir) to end up **2** **s'échouer** VPR [bateau] to run aground; [baleine] to be beached ◆ **bateau échoué** boat lying high and dry

éclabousser [eklabuse] ▸ conjug 1 ◂ VT to splash ◆ **~ de sang** to spatter with blood

éclair [eklɛʀ] **1** NM **a** [de foudre] flash of lightning ◆ **des ~s** lightning ◆ **passer comme un ~** to flash past **b** [de génie, intelligence] flash ◆ **ses yeux lançaient des ~s** her eyes blazed with anger **c** (= gâteau) éclair **2** ADJ INV [attaque, partie, victoire] lightning ◆ **voyage ~** flying visit

éclairage [eklɛʀaʒ] NM (artificiel) lighting ◆ **apporter un nouvel ~ sur qch** to throw new light on sth

éclaircie [eklɛʀsi] NF (en météo) sunny spell

éclaircir [eklɛʀsiʀ] ▸ conjug 2 ◂ **1** VT **a** [+ teinte] to lighten; [+ pièce] to brighten up; [+ teint] to brighten **b** [+ soupe] to thin down **c** [+ mystère] to clear up; [+ question, situation] to clarify **2** **s'éclaircir** VPR **a** [ciel] to clear; [temps] to clear up ◆ **s'~ la voix** to clear one's throat **b** [cheveux] to thin **c** [idées, situation] to become clearer

éclaircissement [eklɛʀsismɑ̃] NM (= explication) explanation ◆ **j'exige des ~s** I demand some explanation

éclairé, e [eklere] ADJ [public, avis, despote] enlightened

éclairer [eklere] ▸ conjug 1 ◂ **1** VT **a** [lampe] to light up; [soleil] to shine down on ◆ **une seule fenêtre était éclairée** there was a light in only one window ◆ **un sourire éclaira son visage** a smile lit up his face ◆ **bien éclairé** well-lit **b** [+ problème, situation, texte] to throw light on **c** ◆ **~ qn** (en montrant le chemin) to light the way for sb; (= renseigner) to enlighten ·sb (sur about) **2** VI ◆ **~ bien/mal** to give a good/poor light **3** **s'éclairer** VPR **a** ◆ **s'~ à la bougie** to use candlelight ◆ **prends une lampe pour t'~** take a lamp to light the way **b** [visage] to light up

éclaireur [eklɛʀœʀ] NM scout ◆ **partir en ~** to go and scout around; (fig) to go on ahead

éclaireuse [eklɛʀøz] NF girl guide (Brit) ou scout (US)

éclat [ekla] NM **a** [de grenade, pierre, os, verre] fragment; [de bois] splinter ◆ **~ d'obus** piece of shrapnel **b** [de lumière, soleil] brightness; [de diamant, yeux, sourire] sparkle; [de teint, beauté] radiance **c** [de cérémonie, époque] splendour (Brit), splendor (US) ◆ **coup d'~** (= exploit) glorious feat **d** (= bruit) ◆ **~s de voix** shouts ◆ **j'ai entendu des ~s de rire** I heard people laughing

éclatant, e [eklatɑ̃, ɑ̃t] ADJ [lumière] brilliant; [couleur] bright; [soleil] blazing; [blancheur, sourire, succès] dazzling; [teint, beauté] radiant

éclater [eklate] ▸ conjug 1 ◂ **1** VI **a** (= exploser) to burst; [verre] to shatter; [parti, structures familiales] to break up ◆ **faire ~** [+ pétard] to let off; [+ ballon, tuyau] to burst; [+ incendie, épidémie, guerre] to break out; [orage, scandale] to break **c** [vérité] to shine out ◆ **laisser ~ sa joie** to give free rein to one's joy **d** (= se mettre en colère) to explode with rage ◆ **~ de rire** to burst out laughing ◆ **~ en sanglots** to burst into tears **2** **s'éclater** VPR (* = se défouler) to have a ball *

éclipse [eklips] NF eclipse

éclipser [eklipse] ▸ conjug 1 ◂ **1** VT to eclipse **2** **s'éclipser** VPR [personne] to slip away

éclore [eklɔʀ] ▸ conjug 45 ◂ VI **a** [fleur] to open **b** [œuf, poussin, larve] to hatch

écluse [eklyz] NF lock

écœurant, e [ekœʀɑ̃, ɑ̃t] ADJ **a** [nourriture sucrée] sickly **b** [conduite] disgusting; [personne] loathsome; [richesse] obscene; [talent] sickening

écœurer [ekœʀe] ▸ conjug 1 ◂ VT ◆ **~ qn** [gâteau, boisson sucrée] to make sb feel sick; [conduite, personne] to disgust sb; [chance] to make sb sick

école [ekɔl] NF **a** school ◆ **aller à l'~** [élève] to go to school ◆ **grande ~** prestigious higher education institute with competitive entrance examination ◆ **être à bonne ~** to be in good hands ◆ **faire ~** [personne] to acquire a following; [théorie] to gain widespread acceptance ◆ **faire l'~ buissonnière** to play truant (Brit) ou hooky (US) ▸ **école des Beaux-Arts** ≈ art college ▸ **école militaire** military academy **b** (= enseignement) education; (= système scolaire) school system ◆ **l'~ laïque** secular state education

écolier [ekɔlje] NM schoolboy

écolière [ekɔljɛʀ] NF schoolgirl

écolo * [ekɔlo] **1** ADJ (abrév de **écologique**) [personne] ecology-minded **2** NMF (abrév de **écologiste**) ecologist

écologie [ekɔlɔʒi] NF ecology

écologique [ekɔlɔʒik] ADJ ecological; [produit] ecofriendly

écologiste [ekɔlɔʒist] **1** ADJ green **2** NMF (= partisan) ecologist

éconduire [ekɔ̃dɥiʀ] ▸ conjug 38 ◂ VT [+ soupirant] to reject; [+ solliciteur] to turn away

économe [ekɔnɔm] ADJ thrifty ◆ **elle est très** ~ she's very careful with money

économie [ekɔnɔmi] **1** NF **a** (= science) economics sg; (= système) economy ◆ ~ **dirigée** state-controlled economy ◆ ~ **de marché** free market economy **b** (= gain) saving ◆ **faire une** ~ **de temps** to save time **2** **économies** NFPL (= gains) savings ◆ **faire des** ~s to save up ◆ **faire des** ~s **de chauffage** to economize on heating

économique [ekɔnɔmik] ADJ **a** (= de l'économie) economic **b** (= bon marché) economical; [voiture] fuel-efficient ◆ **classe** ~ (en avion) economy class

économiser [ekɔnɔmize] ▸ conjug 1 ◂ **1** VT [+ électricité] to economize on; [+ énergie, temps] to save; [+ argent] to save up ◆ ~ **ses forces** to save one's strength **2** VI ◆ ~ **sur le chauffage** to economize on heating

économiseur [ekɔnɔmizœʀ] NM ◆ ~ **d'écran** screen saver

écoper [ekɔpe] ▸ conjug 1 ◂ VTI **a** (en bateau) to bail out **b** (= prendre) ◆ ~ **de trois ans de prison** * to get sent down* for three years ◆ **c'est moi qui ai écopé** I was the one that took the rap *

écoproduit [ekɔpʀɔdɥi] NM eco-product

écorce [ekɔʀs] NF [d'arbre] bark; [d'orange] peel ◆ **l'**~ **terrestre** the earth's crust

écorcher [ekɔʀʃe] ▸ conjug 1 ◂ VT **a** (= égratigner) to graze ◆ **il s'est écorché les genoux** he grazed his knees **b** [+ mot, nom] to mispronounce

écossais, e [ekɔsɛ, ɛz] **1** ADJ Scottish; [tissu] tartan **2 Écossais** NM Scot ◆ **les Écossais** the Scots **3 Écossaise** NF Scot

Écosse [ekɔs] NF Scotland

écosser [ekɔse] ▸ conjug 1 ◂ VT to shell

écosystème [ekosistɛm] NM ecosystem

écouler [ekule] ▸ conjug 1 ◂ **1** VT [+ marchandises, drogue] to sell; [+ faux billets] to dispose of **2 s'écouler** VPR **a** [liquide] to flow out **b** [temps] to pass

écourter [ekuʀte] ▸ conjug 1 ◂ VT to shorten

écoute [ekut] NF **a** listening (de to) ◆ **être à l'**~ **de qn** to listen to sb ◆ **être à l'**~ **de France Inter** to be listening to France Inter ◆ **heures de grande** ~ (Radio) peak listening hours; (TV) peak viewing hours ◆ **indice d'**~ audience ratings **b** ◆ **mettre qn sur** ~ to tap sb's phone

écouter [ekute] ▸ conjug 1 ◂ **1** VT to listen to ◆ **écoute ! listen! ◆ j'ai été** ~ **sa conférence** I went to hear his lecture ◆ ~ **aux portes** to eavesdrop **b** ◆ **faire** ~ **un disque à qn** to play sb a record **2 s'écouter** VPR ◆ **elle s'écoute trop** [malade] she coddles herself ◆ **si je m'écoutais je n'irais pas** if I were to take my own advice I wouldn't go ◆ **il aime s'**~ **parler** he loves the sound of his own voice

écouteur [ekutœʀ] NM [de téléphone] receiver ◆ ~s (= casque) earphones

écrabouiller * [ekʀabuje] ▸ conjug 1 ◂ VT to crush

écran [ekʀɑ̃] NM screen ◆ **télévision grand** ~ large-screen television ◆ **le petit** ~ (= la télévision) the small screen ◆ **une vedette du petit** ~ a television star ◆ **le grand** ~ (= le cinéma) the big screen ◆ **une vedette du grand** ~ a film star ▸ **écran total** sunblock

écrasant, e [ekʀazɑ̃, ɑ̃t] ADJ overwhelming; [impôts, mépris, poids] crushing; [majorité, victoire] landslide *avant le nom*

écraser [ekʀɑze] ▸ conjug 1 ◂ **1** VT **a** to crush; [+ mouche] to squash; [+ mégot] to stub out; (en purée) to mash; (en aplatissant) to flatten; (en piétinant) to trample down ◆ **vous m'écrasez les pieds !** you're standing on my feet! ◆ **notre équipe s'est fait** ~ we were hammered * **b** [voiture, train] to run over ◆ **il s'est fait** ~ **par une voiture** he was run over by a car **c** [+ données, fichiers] to overwrite **2 s'écraser** VPR **a** [avion, voiture] to crash; [objet, corps] to be crushed **b** (* = ne pas protester) to keep quiet

écrémé, e [ekʀeme] ▸ conjug 6 ◂ ADJ [lait] skimmed

écrevisse [ekʀavis] NF crayfish (Brit), crawfish (US)

écrier (s') [ekʀije] ▸ conjug 7 ◂ VPR to exclaim

écrin [ekʀɛ̃] NM case; [de bijoux] casket

écrire [ekʀiʀ] ▸ conjug 39 ◂ **1** VT to write; (= orthographier) to spell; (= inscrire, marquer) to write down ◆ **je lui ai écrit que je venais** I wrote and told him I would be coming **2** VI to write ◆ **vous écrivez très mal** your writing is really bad **3 s'écrire** VPR **a** [personnes] to write to each other **b** ◆ **comment ça s'écrit ?** how do you spell it?

écrit, e [ekʀi, it] **1** ADJ ◆ **épreuve** ~**e** written exam **2** NM (= ouvrage) piece of writing; (= examen) written exam ◆ **par** ~ in writing

écriteau (pl ~**x**) [ekʀito] NM notice

écriture [ekʀityʀ] NF (= activité) writing NonC; (= façon d'écrire) handwriting

écrivain [ekʀivɛ̃] NM writer ► **écrivain public** public letter-writer

écrivait [ekʀivɛ] VB → **écrire**

écrou [ekʀu] NM (Tech) nut

écrouer [ekʀue] ► conjug 1 ◄ VT (= incarcérer) to imprison

écrouler (s') [ekʀule] ► conjug 1 ◄ VPR to collapse ◆ **s'écrouler de fatigue** to be overcome with tiredness

écru, e [ekʀy] ADJ [tissu] raw; [vêtement] ecru

écueil [ekœj] NM reef; (= piège, danger) pitfall

écume [ekym] NF [de mer, bouche, bière] foam; [de confiture, bouillon] scum; [de cheval] lather

écureuil [ekyʀœj] NM squirrel ◆ ~ **gris/roux** grey/red squirrel

écurie [ekyʀi] NF stable ◆ ~ **de course** racing stable

écusson [ekysɔ̃] NM (= insigne) badge; (= armoiries) escutcheon

écuyère [ekɥijɛʀ] NF rider ◆ ~ **de cirque** circus rider

eczéma [ɛgzema] NM eczema ◆ **avoir de l'~** to have eczema

édenté, e [edɑ̃te] ADJ (totalement) toothless

EDF [ədeɛf] NF (abrév de **Électricité de France**) ◆ **l'~** the French Electricity Board

édifiant, e [edifjɑ̃, jɑ̃t] ADJ edifying

édifice [edifis] NM building

édifier [edifje] ► conjug 7 ◄ VT **a** (= construire) to build **b** (moralement) to edify

Édimbourg [edɛ̃buʀ] N Edinburgh

édit [edi] NM edict

éditer [edite] ► conjug 1 ◄ VT **a** (= publier) to publish **b** (= annoter, présenter) to edit

éditeur, -trice [editœʀ, tʀis] **1** NM,F (= annotateur) editor **2** NM **a** (qui publie) publisher **b** (Informatique) ◆ ~ **de textes** text editor

édition [edisjɔ̃] NF **a** [de livre, journal] edition ◆ ~ **spéciale** [de journal] special edition; [de magazine] special issue ◆ **notre ~ de 13 heures** our 1 o'clock news bulletin **b** [de texte] edition **c** (= action de publier) publishing; [de disques] production **d** (Informatique) editing

éditorial (mpl **-iaux**) [editɔʀjal, jo] NM editorial

édredon [edʀədɔ̃] NM eiderdown

éducateur, -trice [edykatœʀ, tʀis] NM,F teacher; [de maison de jeunes] youth worker

éducatif, -ive [edykatif, iv] ADJ educational ◆ **système ~** education system

éducation [edykasjɔ̃] NF **a** (= enseignement) education ► **l'Éducation nationale** (= système) state education; (= ministère) ≈ Department for Education and Employment (Brit), Department of Education (US) ► **éducation physique et sportive** physical education ► **éducation sexuelle** sex education **b** (= manières) manners ◆ **manquer d'~** to have bad manners ◆ **sans ~** ill-mannered

édulcorant [edylkɔʀɑ̃] NM sweetener ◆ **sans ~** unsweetened

éduquer [edyke] ► conjug 1 ◄ VT (à l'école) to educate; (à la maison) to bring up; [+ goût, œil, oreille] to train ◆ **bien/mal éduqué** well/badly brought up

effacé, e [efase] ADJ [personne] unassuming

effacer [efase] ► conjug 3 ◄ **1** VT (= enlever) to erase; (avec une gomme) to rub out; (sur ordinateur) to delete **2** **s'effacer** VPR **a** (= disparaître) to fade **b** (= se faire discret) to keep in the background; (= se retirer) to withdraw ◆ **s'~ devant qn** to step aside in favour of sb

effaceur [efasœʀ] NM ◆ ~ **d'encre** ink eraser pen

effarant, e [efaʀɑ̃, ɑ̃t] ADJ [prix] outrageous; [bêtise] astounding

effarer [efaʀe] ► conjug 1 ◄ VT to alarm ◆ **cette bêtise m'effare** I find such stupidity most alarming

effaroucher [efaʀuʃe] ► conjug 1 ◄ **1** VT to frighten; (= choquer) to shock **2** **s'effaroucher** VPR [animal, personne] to take fright (de at); (par pudeur) to be shocked (de by)

effectif, -ive [efɛktif, iv] **1** ADJ real **2** NM [d'armée] strength NonC; [de classe, parti] size; [d'entreprise] staff ◆ **augmenter ses ~s** [parti, lycée] to increase its numbers; [entreprise] to increase its workforce

effectivement [efɛktivmɑ̃] ADV **a** (= en effet) yes ◆ **tu t'es trompé – ~** you made a mistake – yes, I did ◆ **c'est ~ plus rapide** yes, it's certainly faster **b** (= vraiment) actually ◆ **les heures ~ travaillées** the hours actually worked

effectuer [efɛktɥe] ► conjug 1 ◄ VT to carry out; [+ mouvement, geste, paiement, trajet] to make

efféminé, e [efemine] ADJ effeminate

effervescence [efɛʀvesɑ̃s] NF (= agitation) agitation ◆ **être en ~** to be bubbling with excitement

effervescent, e [efɛʀvesɑ̃, ɑ̃t] ADJ [comprimé] effervescent

effet [efɛ] **1** NM **a** (= résultat) effect ◆ **avoir pour ~ de faire qch** to have the effect of doing sth ◆ **faire ~** [médicament] to take effect ◆ **être sans ~** to have no effect ◆ **prendre ~ le 2 juin** to take effect from 2 June ► **effet de serre** greenhouse effect **b** (= impression) impression

◆ **ça fait mauvais ~** it doesn't look good ◆ **quel ~ ça fait d'être revenu ?** how does it feel to be back? ◆ **ça m'a fait un drôle d'~ de le revoir après si longtemps** it felt really strange seeing him again after so long ◆ **cela m'a fait de l'~ de le voir dans cet état** it really affected me to see him in that state **c** (= artifice, procédé) effect ◆ **~ de style** stylistic effect ◆ **~ d'optique** visual effect ◆ **~s spéciaux** special effects **d** (Sport) spin ◆ **donner de l'~ à une balle** to put spin on a ball **e** (= valeur) ◆ **~ de commerce** bill of exchange **2 en effet** LOC ADV ◆ **cela me plaît beaucoup, en ~** yes, I like it very much ◆ **tu ne travaillais pas ? – en ~** you weren't working? – no, I wasn't **3 effets** NMPL (= affaires, vêtements) things ◆ **~s personnels** personal effects

efficace [efikas] ADJ [remède, mesure] effective; [personne, machine] efficient

efficacement [efikasmã] ADV efficiently

efficacité [efikasite] NF [de remède, mesure] effectiveness; [de personne, machine] efficiency

effigie [efiʒi] NF effigy ◆ **à l'~ de** bearing the effigy of

effilé, e [efile] ADJ [doigt, silhouette] slender; [lame] thin ◆ **amandes ~es** flaked almonds

effilocher (s') [efilɔʃe] ► conjug 1 ◄ VPR to fray

effleurer [eflœʀe] ► conjug 1 ◄ VT (= frôler) to brush against; [+ sujet] to touch on ◆ **ça ne m'a pas effleuré** it didn't cross my mind

effluent [eflyã] NM effluent ◆ **~s radioactifs** radioactive effluent *NonC*

effondré, e [efɔ̃dʀe] ADJ (= abattu) shattered ◆ **les parents ~s** the grief-stricken parents

effondrer (s') [efɔ̃dʀe] ► conjug 1 ◄ VPR to collapse; [espoirs] to be dashed; [rêves] to come to nothing

efforcer (s') [efɔʀse] ► conjug 3 ◄ VPR ◆ **s'efforcer de faire qch** to try hard to do sth

effort [efɔʀ] NM effort ◆ **faire un ~** to make an effort ◆ **faire de gros ~s pour réussir** to try very hard to succeed ◆ **encore un ~ !** come on, you're nearly there! ◆ **sans ~** effortlessly

effraction [efʀaksjɔ̃] NF breaking and entering ◆ **entrer par ~** to break in

effrayant, e [efʀejã, ãt] ADJ (= qui fait peur) frightening; (= alarmant) alarming

effrayé, e [efʀeje] ADJ frightened ◆ **il me regarda d'un air ~** he looked at me in alarm

effrayer [efʀeje] ► conjug 8 ◄ **1** VT (= faire peur à) to frighten **2 s'effrayer** VPR to be frightened (de of)

effréné, e [efʀene] ADJ wild

effriter [efʀite] ► conjug 1 ◄ **1** VT [+ biscuit] to crumble **2 s'effriter** VPR [roche, majorité électorale] to crumble; [monnaie] to decline in value; [fortune, valeurs boursières] to dwindle

effroi [efʀwa] NM terror ◆ **saisi d'~** terror-stricken

effronté, e [efʀɔ̃te] **1** ADJ insolent **2** NM,F insolent person ◆ **petit ~ !** you cheeky little thing!

effronterie [efʀɔ̃tʀi] NF [de réponse, personne] insolence

effroyable [efʀwajabl] ADJ appalling

effusion [efyzjɔ̃] NF ◆ **~ de sang** bloodshed

égal, e (mpl **-aux**) [egal, o] **1** ADJ **a** (= de même valeur) equal (à to) ◆ **à prix ~** for the same price ◆ **Tours et Paris sont à ~e distance d'Orléans** Tours and Paris are the same distance from Orléans ◆ **ça m'est ~** (= je n'y attache pas d'importance) I don't mind; (= je m'en fiche) I don't care **b** (= sans variation) ◆ **de caractère ~** even-tempered **2** NM,F equal ◆ **nous parlions d'~ à ~** we talked to each other as equals ◆ **sans ~** unequalled

également [egalmã] ADV (= aussi) also ◆ **elle lui a ~ parlé** (elle aussi) she also spoke to him; (à lui aussi) she spoke to him as well

égaler [egale] ► conjug 1 ◄ VT [+ personne, record] to equal (en in) ◆ **2 plus 2 égalent 4** 2 plus 2 equals 4

égaliser [egalize] ► conjug 1 ◄ **1** VT [+ cheveux] to straighten up; [+ sol, revenus] to level out **2** VI (Sport) to equalize (Brit), to tie (US)

égalitaire [egalitɛʀ] ADJ egalitarian

égalité [egalite] NF [d'hommes] equality; (Math) identity ◆ **comparatif d'~** comparative of similar degree ◆ **des chances** equal opportunities ◆ **~ !** (Tennis) "deuce!" ◆ **être à ~** (après un but) to be equal; (en fin de match) to draw (Brit), to tie (US); (Tennis) to be at deuce

égard [egaʀ] NM **a** ◆ **à cet ~** in this respect ◆ **à certains ~s** in certain respects ◆ **il est très critique à l'~ de ses collègues** he's very critical of his colleagues ◆ **son attitude à mon ~** his attitude towards me **b** ◆ **~s** consideration ◆ **être plein d'~s pour qn** to be very considerate towards sb ◆ **par ~ pour** out of consideration for

égaré, e [egaʀe] ADJ **a** [voyageur] lost **b** [air, regard] wild

égarer [egaʀe] ► conjug 1 ◄ **1** VT **a** [+ objet] to mislay **b** [+ enquêteurs] to mislead **2 s'égarer** VPR [voyageur] to lose one's way; [animal, colis, lettre] to get lost; [discussion, auteur] to wander from the point

égayer [egeje] ► conjug 8 ◄ VT [+ personne] to cheer up; [+ pièce] to brighten up; [+ conversation] to enliven

Égée [eʒe] ADJ ✦ **la mer ~** the Aegean Sea

égérie [eʒeʀi] NF [de poète] muse

égide [eʒid] NF ✦ **sous l'~ de** under the aegis of

églantine [eglɑ̃tin] NF wild rose

église [egliz] NF church ✦ **aller à l'~** to go to church ✦ **il est à l'~** (pour l'office) he's at church ✦ **se marier à l'~** to get married in church ✦ **l'Église** the Church

égocentrique [egosɑ̃tʀik] ADJ egocentric

égoïsme [egɔism] NM selfishness

égoïste [egɔist] **1** ADJ selfish **2** NMF selfish person

égorger [egɔʀʒe] ► conjug 3 ◄ VT to slit the throat of

égosiller (s') [egozije] ► conjug 1 ◄ VPR (= crier) to shout o.s. hoarse; (= chanter) to sing at the top of one's voice

égout [egu] NM sewer ✦ **eaux d'~** sewage

égoutter [egute] ► conjug 1 ◄ **1** VT [+ légumes] to strain; [+ linge] (en le tordant) to wring out; [+ fromage] to drain **2** **s'égoutter** VI, VPR [vaisselle] to drain; [linge, eau] to drip ✦ **ne l'essore pas, laisse-le (s')~** don't wring it out, leave it to drip dry

égouttoir [egutwaʀ] NM (intégré à l'évier) draining (Brit) ou drain (US) board; (mobile) drainer; [de légumes] colander

égratigner [egʀatiɲe] ► conjug 1 ◄ VT [+ peau] to scratch; (en tombant) to graze ✦ **il s'est égratigné le genou** he grazed his knee

égratignure [egʀatiɲyʀ] NF scratch; (après chute) graze

Égypte [eʒipt] NF Egypt

égyptien, -ienne [eʒipsjɛ̃, jɛn] **1** ADJ Egyptian **2** **Égyptien(ne)** NM,F Egyptian

eh [e] EXCL hey! ✦ **~ oui !** I'm afraid so! ✦ **~ non !** I'm afraid not! ✦ **~ bien** well

éhonté, e [eɔ̃te] ADJ shameless

éjaculer [eʒakyle] ► conjug 1 ◄ VI to ejaculate

éjecter [eʒɛkte] ► conjug 1 ◄ VT **a** to eject ✦ **le choc l'a éjecté de la voiture** he was thrown out of the car by the impact **b** (* = congédier) to sack *; (* = expulser) to kick out *

élaboration [elabɔʀasjɔ̃] NF elaboration

élaboré, e [elabɔʀe] ADJ elaborate

élaborer [elabɔʀe] ► conjug 1 ◄ VT to elaborate; [+ document] to draw up

élaguer [elage] ► conjug 1 ◄ VT to prune

élan [elɑ̃] NM **a** (= vitesse acquise) momentum ✦ **prendre son ~** to take a run up **b** [d'enthousiasme, colère, tendresse] surge ✦ **dans un ~ de générosité** in a surge of generosity **c** (= dyna-

misme) boost ✦ **donner un nouvel ~ à une politique** to give new impetus to a policy **d** (= animal) moose

élancé, e [elɑ̃se] ADJ slender

élancement [elɑ̃smɑ̃] NM sharp pain

élancer (s') [elɑ̃se] ► conjug 3 ◄ VPR (= prendre son élan) to take a run up ✦ **s'élancer à la poursuite de qn** to rush off in pursuit of sb ✦ **s'élancer vers qn** to dash towards sb

élargir [elaʀʒiʀ] ► conjug 2 ◄ **1** VT **a** [+ rue] to widen; [+ vêtement, chaussures] to stretch; [+ robe] (= en cousant) to let out **b** [+ débat, connaissances] to broaden ✦ **~ son horizon** to widen one's horizons **2** **s'élargir** VPR [vêtement] to stretch; [route] to widen

élastique [elastik] **1** ADJ elastic; [principes, règlement] flexible **2** NM **a** (de bureau) rubber band **b** (pour couture, jeu etc) elastic NonC; (Sport) bungee cord

électeur, -trice [elɛktœʀ, tʀis] NM,F voter; (dans une circonscription) constituent

élection [elɛksjɔ̃] NF election ✦ **se présenter aux ~s** to stand (Brit) ou run (US) as a candidate in the election ✦ **~s législatives** legislative elections, = general election ✦ **~ présidentielle** presidential election

électoral, e (mpl **-aux**) [elɛktɔʀal, o] ADJ [campagne, réunion, affiche] election

électorat [elɛktɔʀa] NM (= électeurs) electorate; (dans une circonscription) constituency ✦ **l'~ socialiste** the voters for the socialist party

électricien, -ienne [elɛktʀisjɛ̃, jɛn] NM,F electrician

électricité [elɛktʀisite] NF electricity ✦ **allumer l'~** to switch the light on ✦ **refaire l'~ d'une maison** to rewire a house ► **électricité statique** static

électrique [elɛktʀik] ADJ electric

électrocardiogramme [elɛktʀokaʀdjogʀam] NM electrocardiogram

électrochoc [elɛktʀoʃɔk] NM ✦ **on lui a fait des ~s** he was given electric shock treatment

électrocuter (s') [elɛktʀokyte] ► conjug 1 ◄ VPR to electrocute o.s.

électrode [elɛktʀɔd] NF electrode

électroencéphalogramme [elɛktʀoɑ̃sefalogʀam] NM electroencephalogram

électroménager [elɛktʀomenaʒe] **1** ADJ ✦ **appareil ~** electrical appliance **2** NM ✦ **l'~** (= appareils) electrical appliances

électron [elɛktʀɔ̃] NM electron

électronicien, -ienne [elɛktʀonisjɛ̃, jɛn] NM,F electronics engineer

électronique [elɛktʀɔnik] **1** ADJ electronic ✦ **microscope** ~ electron microscope ✦ **industrie** ~ electronics industry; → **adresse, courrier** **2** NF electronics *sg*

électrophone [elɛktʀɔfɔn] NM record player

élégance [elegɑ̃s] NF elegance

élégant, e [elegɑ̃, ɑ̃t] ADJ elegant

élément [elemɑ̃] NM **a** element ✦ **les ~s** (naturels) the elements ✦ **quand on parle d'électronique il est dans son ~ *** when you talk about electronics he's in his element **b** (= meuble) unit ✦ **~s de cuisine** kitchen units **c** (= fait) fact **d** (= individu) ✦ **bons et mauvais ~s** good and bad elements ✦ **c'est le meilleur ~ de ma classe** he's the best in his class

élémentaire [elemɑ̃tɛʀ] ADJ elementary

éléphant [elefɑ̃] NM elephant ▸ **éléphant de mer** elephant seal

élevage [el(ə)vaʒ] NM **a** [d'animaux] farming; [d'animaux de race] breeding ✦ **faire de l'~** to farm cattle ✦ **truite d'~** farmed trout **b** (= ferme) [de bétail] cattle farm ✦ **~ de poulets** poultry farm ✦ **~ de chiens** breeding kennels

élevé, e [el(ə)ve] ADJ **a** (= haut) high ✦ **peu ~** low **b** (= éduqué) ✦ **bien** ~ well-mannered ✦ **mal** ~ bad-mannered

élève [elɛv] NMF pupil; [de grande école] student

élever [el(ə)ve] ► conjug 5 ◄ **1** VT **a** [+ enfant] to bring up **b** [+ animaux] to farm; [+ animaux de race] to breed; [+ abeilles] to keep **c** [+ mur, statue] to erect; [+ objections] to raise **d** [+ objet] to lift; [+ niveau, taux, voix] to raise; [+ débat] to raise the tone of **2** s'élever VPR **a** to rise; [avion] to go up; [oiseau] to fly up **b** (= protester) ✦ **s'~ contre** to rise up against **c** (= se monter) ✦ **s'~ à** [prix, pertes] to total

éleveur, -euse [el(ə)vœʀ, øz] NM,F [de bétail] cattle farmer ✦ **~ de chevaux** horse breeder ✦ **~ de volailles** poultry farmer

éligible [eliʒibl] ADJ eligible (à for)

élimé, e [elime] ADJ [vêtement, tissu] threadbare ✦ **chemise ~e au col** shirt with a frayed collar

élimination [eliminasjɔ̃] NF elimination ✦ **procéder par** ~ to work by a process of elimination

éliminatoire [eliminatwaʀ] **1** ADJ [épreuve, match] qualifying; [note, temps] disqualifying **2** éliminatoires NFPL qualifying rounds; (Sport) heats

éliminer [elimine] ► conjug 1 ◄ VT to eliminate ✦ **boire fait** ~ drinking cleans out the system

élire [eliʀ] ► conjug 43 ◄ VT to elect ✦ **il a été élu président** he was elected president ✦ **~ domicile** to take up residence

élite [elit] NF elite ✦ **d'~** [école, troupe] élite ✦ **tireur d'~** crack shot

élitiste [elitist] ADJ, NMF elitist

elle [ɛl] PRON PERS F **a** (sujet) (= personne) she; (= animal) she, it; (= chose) it ✦ **~s** they ✦ **~ est journaliste** she is a journalist ✦ **prends cette chaise, ~ est plus confortable** have this chair - it's more comfortable ✦ **~, ~, n'aurait jamais fait ça** she would never have done that ✦ **c'est ~ qui me l'a dit** she was the one who told me ✦ **Alice est ~ rentrée ?** is Alice back? **b** (objet) (= personne) her; (= animal) her, it; (= chose) it ✦ **~s** them ✦ **c'est à ~ que je veux parler** it's her I want to speak to ✦ **ce livre est à ~** this book belongs to her ✦ **un ami à ~** a friend of hers ✦ **~ a une maison à ~** she has a house of her own ✦ **~ ne pense qu'à** she only thinks of herself ✦ **ces livres sont à ~s** these books belong to them **c** (comparaisons) her ✦ **il est plus grand qu'~** he is taller than she is ou than her ✦ **je le connais aussi bien qu'~** (aussi bien que je la connais) I know him as well as I know her; (aussi bien qu'elle le connaît) I know him as well as she does ✦ **ne faites pas comme ~s** don't do the same as them

elle-même (pl **elles-mêmes**) [ɛlmɛm] PRON herself ✦ **elles-mêmes** themselves

élocution [elɔkysjɔ̃] NF (= débit) delivery; (= clarté) diction ✦ **défaut d'~** speech impediment

éloge [elɔʒ] NM praise ✦ **digne d'~** praiseworthy ✦ **faire l'~ de** to praise

éloigné, e [elwaɲe] ADJ distant ✦ **se tenir ~ du feu** to keep away from the fire ✦ **être ~ de** to be far from ✦ **~ de 3 km** 3km away ✦ **sa version est très ~e de la vérité** his version is very far from the truth

éloigner [elwaɲe] ► conjug 1 ◄ **1** VT **a** [+ objet] to move away (de from) **b** [+ personne] to take away (de from); (= exiler, écarter) to send away (de from) ✦ **pour** ~ **les moustiques** to keep the mosquitos away ✦ **~ qn de** [+ être aimé, compagnons] to estrange sb from **c** [+ crainte, danger, soupçons] to remove (de from) **2** s'éloigner VPR to go away; [objet, véhicule en mouvement] to move away ✦ **ne t'éloigne pas trop** don't go too far away ✦ **vous vous éloignez du sujet** you're getting off the subject ✦ **éloignez-vous, ça risque d'éclater !** stand back, it might explode!

élongation [elɔ̃gasjɔ̃] NF ✦ **je me suis fait une ~** (à la jambe) I've pulled a muscle (in my leg)

éloquence [elɔkɑ̃s] NF eloquence ✦ **avec ~** eloquently

éloquent, e [elɔkɑ̃, ɑ̃t] ADJ eloquent; [silence] meaningful ✦ **ces chiffres sont ~s** the figures speak for themselves

élu, e [ely] NM,F (= député) ≈ member of parliament; (= conseiller) councillor ✦ **les nouveaux**

~s the newly elected members **♦ les ~s locaux** the local councillors **♦ les citoyens et leurs ~s** the citizens and their elected representatives

élucider [elyside] ► conjug 1 ◄ VT to elucidate

éluder [elyde] ► conjug 1 ◄ VT to evade

Élysée [elize] NM **♦ l'~** the Élysée palace (official residence of the French President)

émacié, e [emasje] ADJ emaciated

émail (pl **-aux**) [emaj, o] NM enamel **♦ en ~** enamelled

émanations [emanasjɔ̃] NFPL (= odeurs) smells **♦ ~ toxiques** toxic fumes

émancipé, e [emɑ̃sipe] ADJ emancipated

émanciper (s') [emɑ̃sipe] ► conjug 1 ◄ VPR [personne] to become emancipated

émaner [emane] ► conjug 1 ◄ **émaner de** VT INDIR to come from **♦ le charme qui émane d'elle** the charm she exudes

emballage [ɑ̃balaʒ] NM (= boîte, carton) package; (= papier) wrapping NonC **♦ sous ~ plastique** plastic-wrapped

emballer [ɑ̃bale] ► conjug 1 ◄ **1** VT **a** [+ objet] to pack; (dans du papier) to wrap **♦ emballé sous vide** vacuum-packed **b** (* = plaire à) **♦ ça m'a vraiment emballé** I thought it was great * **2** **s'emballer** VPR **a** * [personne] (enthousiasme) to get carried away *; (colère) to fly off the handle * **b** [cheval] to bolt **c** [économie, monnaie] to race out of control

embarcadère [ɑ̃baʀkadɛʀ] NM landing stage

embarcation [ɑ̃baʀkasjɔ̃] NF small boat

embardée [ɑ̃baʀde] NF **♦ faire une ~** [voiture] to swerve; [bateau] to yaw

embargo [ɑ̃baʀɡo] NM embargo

embarquement [ɑ̃baʀkəmɑ̃] NM **a** [de marchandises] loading **b** [de passagers] boarding **♦ carte d'~** boarding pass

embarquer [ɑ̃baʀke] ► conjug 1 ◄ **1** VT **a** [+ passagers] to embark **b** [+ cargaison] to load **c** (* = emporter) to cart off * **♦ se faire ~ par la police** to get picked up by the police * **d** (* = entraîner) **♦ ~ qn dans** to get sb mixed up in **2** VI **a** (= monter à bord) to go on board **b** (= partir en voyage) to sail **3** **s'embarquer** VPR **a** (= monter à bord) to go on board **b** **♦ s'~ dans** * [+ aventure, affaire] to embark on; [+ affaire louche] to get mixed up in

embarras [ɑ̃baʀa] NM (= gêne) embarrassment **♦ avoir l'~ du choix** to be spoilt for choice **♦ être dans l'~** (dans un dilemme) to be in a quandary; (problèmes financiers) to be in financial difficulties

embarrassant, e [ɑ̃baʀasɑ̃, ɑ̃t] ADJ [situation] embarrassing; [problème] awkward; [paquets] cumbersome

embarrassé, e [ɑ̃baʀase] ADJ (= gêné) embarrassed **♦ je serais bien ~ de choisir entre les deux** I'd be hard put to choose between the two

embarrasser [ɑ̃baʀase] ► conjug 1 ◄ **1** VT **a** [paquets] to clutter **b** (= gêner) to embarrass **♦ sa demande m'embarrasse** his request puts me in an awkward position **2** **s'embarrasser** VPR (= se soucier) to trouble o.s. (de about) **♦ il ne s'embarrasse pas de scrupules** he doesn't let scruples get in his way

embauche [ɑ̃boʃ] NF (= action d'embaucher) hiring; (= travail disponible) vacancies **♦ pour faciliter l'~ des jeunes** to ensure that more young people get jobs **♦ entretien d'~** job interview

embaucher [ɑ̃boʃe] ► conjug 1 ◄ VT to hire **♦ je t'embauche pour nettoyer les carreaux** I'll put you to work cleaning the windows

embaumer [ɑ̃bome] ► conjug 1 ◄ **1** VT **a** (= avoir l'odeur de) to smell of **b** (= parfumer) **♦ le lilas embaumait l'air** the scent of lilac filled the air **c** [+ cadavre] to embalm **2** VI to smell lovely

embellir [ɑ̃beliʀ] ► conjug 2 ◄ **1** VT [+ personne, jardin, ville] to make more attractive; [+ vérité, récit] to embellish **2** VI [femme] to get more attractive; [homme] to get better-looking

embêtant, e * [ɑ̃bɛtɑ̃, ɑ̃t] ADJ annoying; [situation, problème] awkward

embêté, e [ɑ̃bete] ADJ **♦ je suis très ~** I just don't know what to do **♦ elle a eu l'air ~ quand je lui ai demandé** she looked embarrassed when I asked her

embêtement [ɑ̃bɛtmɑ̃] NM problem **♦ causer des ~s à qn** to cause problems for sb

embêter [ɑ̃bete] ► conjug 1 ◄ **1** VT **a** (= gêner, importuner) to bother **b** (= irriter) to annoy **c** (= lasser) to bore **2** **s'embêter** VPR **a** (= s'ennuyer) to be bored **b** (= s'embarrasser) to bother o.s. (à faire doing) **♦ ne t'embête pas avec ça** don't bother about that **♦ il ne s'embête pas !** (= il a de la chance) he does all right for himself *; (= il ne se gêne pas) he's got a nerve! *

emblée (d') [ɑ̃ble] LOC ADV at once

emblème [ɑ̃blɛm] NM emblem

embobiner * [ɑ̃bɔbine] ► conjug 1 ◄ VT **a** (= enjôler) to get round * **b** (= duper) to hoodwink

emboîter [ɑ̃bwate] ► conjug 1 ◄ **1** VT [+ pièces] to fit together **♦ ~ qch dans** to fit sth into **2** **s'emboîter** VPR [pièces] to fit together

embonpoint [ɑ̃bɔ̃pwɛ̃] NM stoutness **♦ avoir de l'~** to be rather stout

embouchure [ãbuʃyʀ] NF **a** [de fleuve] mouth **b** [d'instrument] mouthpiece

embourber (s') [ãbuʀbe] ► conjug 1 ◄ VPR [voiture] to get stuck in the mud

embout [ãbu] NM [de tuyau] nozzle

embouteillage [ãbutɛjaʒ] NM (Auto) traffic jam

emboutir [ãbutiʀ] ► conjug 2 ◄ VT (= endommager) to crash into ◆ **il s'est fait par une voiture** he was hit by another car

embranchement [ãbʀãʃmã] NM junction ◆ **à l'~ des deux routes** where the road forks

embraser (s') [ãbʀaze] ► conjug 1 ◄ VPR [maison] to blaze up; [ciel] to be set ablaze

embrasser [ãbʀase] ► conjug 1 ◄ **1** VT **a** to kiss ◆ **je t'embrasse** (en fin de lettre) with love; (au téléphone) take care! **b** (frm) [+ cause] to embrace **2** s'embrasser VPR to kiss

embrasure [ãbʀazyʀ] NF ◆ **dans l'~ de la porte** in the doorway ◆ **dans l'~ de la fenêtre** in the window

embrayage [ãbʀɛjaʒ] NM (= mécanisme) clutch

embrayer [ãbʀeje] ► conjug 8 ◄ VI [conducteur] to let out (Brit) the clutch, to clutch (US) ◆ **~ sur un sujet** to switch to a subject

embrouille * [ãbʀuj] NF ◆ **il y a de l'~ là-dessous** there's something funny going on ◆ **toutes ces ~s** all this carry-on *

embrouillé, e [ãbʀuje] ADJ muddled

embrouiller [ãbʀuje] ► conjug 1 ◄ **1** VT [+ fils] to tangle; [+ personne] to confuse **2** s'embrouiller VPR to get in a muddle

embruns [ãbʀœ̃] NMPL sea spray *NonC*

embryon [ãbʀijɔ̃] NM embryo ◆ **à l'état d'~** in embryo

embûche [ãbyʃ] NF pitfall ◆ **semé d'~s** full of pitfalls

embué, e [ãbɥe] ► conjug 1 ◄ ADJ [vitre] misted-up ◆ **yeux ~s de larmes** eyes misted with tears

embuscade [ãbyskad] NF ambush ◆ **tendre une ~ à qn** to lay an ambush for sb ◆ **tomber dans une ~** to fall into an ambush

embusquer (s') [ãbyske] ► conjug 1 ◄ VPR to lie in ambush

éméché, e * [emeʃe] ADJ tipsy *

émeraude [em(ə)ʀod] NF, ADJ INV emerald

émerger [emɛʀʒe] ► conjug 3 ◄ VI (= apparaître) to emerge (de from); (= se réveiller) * to surface

émeri [em(ə)ʀi] NM emery ◆ **papier ~** emery paper

émerveiller [emɛʀveje] ► conjug 1 ◄ **1** VT to fill with wonder **2** s'émerveiller VPR ◆ **s'~ de** to marvel at

émetteur, -trice [emetœʀ, tʀis] (Radio) **1** ADJ transmitting **2** NM transmitter

émettre [emɛtʀ] ► conjug 56 ◄ **1** VT **a** [+ lumière, son, radiation] to emit; [+ odeur] to give off **b** (Radio, TV) to transmit **c** [+ monnaie, actions, emprunt] to issue **d** [+ idée, hypothèse] to put forward; [+ doute] to express **2** VI (Radio, TV) to broadcast

émeute [emøt] NF riot

émietter [emjete] ► conjug 1 ◄ VT [+ pain, terre] to crumble

émigrant, e [emigʀã, ãt] NM,F emigrant

émigration [emigʀasjɔ̃] NF emigration

émigré, e [emigʀe] NM,F exile

émigrer [emigʀe] ► conjug 1 ◄ VI to emigrate

émincer [emɛ̃se] ► conjug 3 ◄ VT to slice thinly

éminent, e [eminã, ãt] ADJ eminent ◆ **mon ~ collègue** my learned colleague

émir [emiʀ] NM emir

émirat [emiʀa] NM emirate ◆ **les Émirats arabes unis** the United Arab Emirates

émis, e [emi, emiz] (ptp de **émettre**)

émissaire [emisɛʀ] NM emissary

émission [emisjɔ̃] NF **a** (= programme) programme (Brit), program (US) ◆ **~ télévisée/de radio** television/radio programme **b** [de son, lumière, signaux] emission **c** [de monnaie, actions, emprunt] issue

emmagasiner [ãmagazine] ► conjug 1 ◄ VT (= amasser) to store up; [+ chaleur] to store; [+ connaissances] to amass

emmanchure [ãmãʃyʀ] NF armhole

emmêler [ãmele] ► conjug 1 ◄ **1** VT [+ cheveux, fil] to tangle **2** s'emmêler VPR [corde, cheveux] to tangle ◆ **s'~ les pieds dans le tapis** to trip over the rug ◆ **s'~ dans ses explications** to get in a muddle trying to explain things ◆ **s'~ les pinceaux** * to get all confused

emménager [ãmenaʒe] ► conjug 3 ◄ VI to move in ◆ **~ dans** to move into

emmener [ãm(ə)ne] ► conjug 5 ◄ VT [+ personne] to take; (comme otage) to take away ◆ **~ qn au cinéma** to take sb to the cinema ◆ **voulez-vous que je vous emmène ?** (en voiture) would you like a lift (Brit) ou ride (US)?

emmerdant, e * [ãmɛʀdã, ãt] ADJ **a** (= irritant, gênant) bloody annoying * **b** (= ennuyeux) bloody boring *

emmerde * [ãmɛʀd] NF ⇒ **emmerdement**

emmerdement* [ɑ̃mɛʀdəmɑ̃] NM hassle * ◆ **ça risque de m'attirer des ~s** it's likely to get me into trouble

emmerder* [ɑ̃mɛʀde] ► conjug 1 ◄ **1** VT ◆ **~ qn** (= irriter) to get on sb's nerves; (= contrarier) to bother sb; (= lasser) to bore the pants off sb * **2** **s'emmerder** VPR = s'ennuyer) to be bored stiff*; (= s'embarrasser) to put o.s. out ◆ **ne t'emmerde pas avec ça** don't worry about that

emmerdeur, -euse* [ɑ̃mɛʀdœʀ, øz] NM,F pain in the neck *

emmitoufler (s') [ɑ̃mitufle] ► conjug 1 ◄ VPR to wrap o.s. up

émoi [emwa] NM (littér) (= trouble) emotion; (de joie) excitement; (= tumulte) commotion ◆ **la rue était en ~** the street was in turmoil

émoticône [emɔtikon] NM emoticon

émotif, -ive [emɔtif, iv] ADJ emotional

émotion [emɔsjɔ̃] NF (= sentiment) emotion; (= peur) fright ◆ **ce scandale a suscité une vive ~ dans le pays** this scandal has caused a real stir in the country ◆ **pour nous remettre de nos ~s ...** to get over all the excitement ...

émotionnel, -elle [emɔsjɔnɛl] ADJ emotional

émoussé, e [emuse] ADJ [couteau] blunt; [goût, sensibilité] dulled

émousser (s') [emuse] ► conjug 1 ◄ VPR [intérêt] to wane; [talent] to lose its fine edge

émoustiller * [emustije] ► conjug 1 ◄ VT to tantalize

émouvant, e [emuvɑ̃, ɑ̃t] ADJ (nuance de compassion) moving; (nuance d'admiration) stirring

émouvoir [emuvwaʀ] ► conjug 27 ◄ **1** VT [+ personne] to move; (= perturber, effrayer) to disturb **2** **s'émouvoir** VPR to be moved; (= être perturbé) to be disturbed ◆ **il ne s'émeut de rien** nothing upsets him

empailler [ɑ̃paje] ► conjug 1 ◄ VT [+ animal] to stuff; [+ chaise] to bottom (with straw)

empaler [ɑ̃pale] ► conjug 1 ◄ **1** VT (= supplicier) to impale **2** **s'empaler** VPR to impale o.s.

empaqueter [ɑ̃pakte] ► conjug 4 ◄ VT to wrap up; (= conditionner) to pack

emparer (s') [ɑ̃paʀe] ► conjug 1 ◄ VPR **a** ◆ **s'emparer de** [+ objet] to grab; [+ ville, pouvoir, otage] to seize **b** ◆ **s'emparer de** [jalousie, colère, remords] to take hold of ◆ **la peur s'est emparée d'elle** she suddenly became afraid

empâter (s') [ɑ̃pate] ► conjug 1 ◄ VPR [personne, silhouette, visage] to thicken out

empêchement [ɑ̃pɛʃmɑ̃] NM (= obstacle) unexpected difficulty ◆ **il n'est pas venu, il a eu un ~** he couldn't come - something cropped up ◆ **en cas d'~** if there's a hitch

empêcher [ɑ̃peʃe] ► conjug 1 ◄ **1** VT **a** [+ chose, action] to prevent, to stop ◆ **~ que qch se produise, ~ qch de se produire** to prevent sth from happening ◆ **~ que qn fasse qch** ou **qn de faire qch** to prevent sb from doing sth ◆ **s'il veut le faire, on ne peut pas l'en ~** if he wants to do it, we can't stop him **b** ◆ **il n'empêche qu'il a tort** all the same, he's wrong ◆ **j'ai peut-être tort, n'empêche, il a un certain culot !** * maybe I'm wrong, but even so he's got a nerve! * **2** **s'empêcher** VPR ◆ **il n'a pas pu s'~ de rire** he couldn't help laughing ◆ **je n'ai pas pu m'en ~** I couldn't help it

empester [ɑ̃pɛste] ► conjug 1 ◄ VT (= sentir) to stink of; [+ pièce] to stink out (de with) ◆ **ça empeste ici** it stinks in here

empêtrer (s') [ɑ̃petʀe] ► conjug 1 ◄ VPR ◆ **s'empêtrer dans** to get tangled up in; [+ mensonges] to get o.s. tangled up in ◆ **s'empêtrer dans des explications** to tie o.s. up in knots trying to explain *

emphase [ɑ̃faz] NF (= solennité) pomposity ◆ **avec ~** pompously

empiéter [ɑ̃pjete] ► conjug 6 ◄ **empiéter sur** VT INDIR to encroach on

empiffrer (s')* [ɑ̃pifʀe] ► conjug 1 ◄ VPR to stuff o.s. * (de with)

empiler [ɑ̃pile] ► conjug 1 ◄ **1** VT (= mettre en pile) to pile up **2** **s'empiler** VPR (= s'amonceler) to be piled up

empire [ɑ̃piʀ] NM empire

empirer [ɑ̃piʀe] ► conjug 1 ◄ **1** VI to get worse **2** VT to make worse

empirique [ɑ̃piʀik] ADJ empirical

emplacement [ɑ̃plasmɑ̃] NM (= site) site; [de parking] parking space ◆ **à** ou **sur l'~ d'une ancienne cité romaine** on the site of an ancient Roman city

emplâtre [ɑ̃platʀ] NM plaster

emplette [ɑ̃plɛt] NF ◆ **faire des ~s** to do some shopping

emploi [ɑ̃plwa] NM **a** (= poste, travail) job ◆ **l'~** (Écon) employment ◆ **être sans ~** to be unemployed ◆ **avoir le physique** ou **la tête de l'~** * to look the part **b** (= usage) use ► **emploi du temps** timetable (Brit), schedule (US)

employé, e [ɑ̃plwaje] NM,F employee ◆ **~ de banque** bank employee ◆ **~ de bureau/ municipal** office/council worker

employer [ɑ̃plwaje] ► conjug 8 ◄ VT **a** (= utiliser) to use ◆ **~ son temps à faire qch/à qch** to spend one's time doing sth/on sth ◆ **bien ~** [+temps, argent] to make good use of **b** [+ main-d'œuvre] to employ

employeur, -euse [ɑ̃plwajœʀ, øz] NM,F employer

empocher * [ɑ̃pɔʃe] ► conjug 1 ◄ VT [+ argent] to pocket; [+ prix] to carry off; [+ médaille] to win

empoigner [ɑ̃pwaɲe] ► conjug 1 ◄ VT (= saisir) to grab

empoisonner [ɑ̃pwazɔne] ► conjug 1 ◄ **1** VT **a** ◆ **~ qn** [assassin] to poison sb; [aliments avariés] to give sb food poisoning **b** [+ relations, vie politique] to poison; [+ air] to stink out **c** [gêneur, situation] ◆ **~ qn** * to get on sb's nerves **2** **s'empoisonner** VPR (volontairement) to poison o.s.; (par intoxication alimentaire) to get food poisoning

emporter [ɑ̃pɔʀte] ► conjug 1 ◄ **1** VT **a** (= prendre avec soi) to take ◆ **plats chauds/ boissons à ~** take-away (Brit) ou take-out (US) hot meals/drinks **b** (= enlever) to take away **c** [courant, vent] to carry along ◆ **emporté par son imagination/enthousiasme** carried away by his imagination/enthusiasm **d** [+ jambe, bras] to take off; [+ cheminée, toit] to blow off; [+ pont, berge] to carry away; [maladie] to carry off **e** [+ prix] to carry off **f** ◆ **l'~ (sur)** [personne] to get the upper hand (over); [solution, méthode] to prevail (over) **2** **s'emporter** VPR (= s'irriter) to lose one's temper (contre with)

empoté, e * [ɑ̃pɔte] **1** ADJ awkward **2** NM,F awkward lump *

empreint, e¹ [ɑ̃pʀɛ̃, ɛ̃t] ADJ ◆ **~ de** [+ nostalgie, mélancolie] tinged with ◆ **~ de mystère/ poésie** with a certain mysterious/poetic quality

empreinte² [ɑ̃pʀɛ̃t] NF **a** [d'animal] track ◆ **empreinte (de pas)** footprint ◆ **empreintes (digitales)** (finger)prints **b** (= influence) mark

empressement [ɑ̃pʀɛsmɑ̃] NM **a** (= hâte) eagerness ◆ **avec ~** eagerly **b** (= prévenance) attentiveness ◆ **avec ~** attentively

empresser (s') [ɑ̃pʀese] ► conjug 1 ◄ VPR **a** (= se hâter) ◆ **s'empresser de faire qch** to hasten to do sth **b** (= s'activer) ◆ **s'empresser auprès de** [+ blessé, invité] to surround with attentions; [+ femme courtisée] to dance attendance upon

emprise [ɑ̃pʀiz] NF (= influence) ascendancy (sur over) ◆ **sous l'~ de la colère** in the grip of anger ◆ **sous l'~ de l'alcool** under the influence of alcohol

emprisonnement [ɑ̃pʀizɔnmɑ̃] NM imprisonment ◆ **condamné à 10 ans d'~** sentenced to 10 years in prison

emprisonner [ɑ̃pʀizɔne] ► conjug 1 ◄ VT to imprison

emprunt [ɑ̃pʀœ̃] NM **a** (= demande, somme) loan ◆ **faire un ~** to take out a loan **b** (= terme) loan word ◆ **c'est un ~ à l'anglais** it's a loan word from English ◆ **d'~** [nom, autorité] assumed

emprunté, e [ɑ̃pʀœ̃te] ADJ [air, personne] awkward

emprunter [ɑ̃pʀœ̃te] ► conjug 1 ◄ **a** [+ argent, objet, idée] to borrow (à from) ◆ **mot emprunté à l'anglais** loan word from English **b** [+ escalier, route] to take; [+ itinéraire] to follow

ému, e [emy] ADJ [personne] (compassion) moved; (gratitude) touched; (timidité, peur) nervous ◆ **dit-il d'une voix ~e** he said with emotion

émulation [emylasjɔ̃] NF emulation

émule [emyl] NMF (= imitateur) emulator; (= égal) equal ◆ **il fait des ~s** people emulate him

émulsion [emylsjɔ̃] NF emulsion

0—┱   **en** [ɑ̃]

1 PRÉP **a** (lieu : situation) in ◆ **vivre ~ France/ Normandie** to live in France/Normandy ◆ **être ~ ville** to be in town ◆ **il voyage ~ Grèce/Corse** he's travelling around Greece/Corsica

b (lieu : mouvement) to ◆ **aller** ou **partir ~ Angleterre/Normandie** to go to England/ Normandy ◆ **aller ~ ville** to go (in)to town

c (temps) in ◆ **~ été** in summer ◆ **~ mars 1999** in March 1999 ◆ **il peut le faire ~ trois jours** he can do it in three days ◆ **~ semaine** during the week

d (moyen de transport) by ◆ **~ train** by train ◆ **faire une promenade ~ bateau** to go for a trip in a boat ◆ **aller à Londres ~ avion** to fly to London

e (= chez) ◆ **ce que j'aime ~ lui, c'est son courage** what I like about him is his courage

f (= habillé de) in ◆ **être ~ blanc** to be dressed in white ◆ **la femme ~ manteau de fourrure** the woman in the fur coat ◆ **il était ~ pyjama** he was in his pyjamas

g (description, composition) in ◆ **une pièce ~ trois actes** a play in three acts ◆ **c'est écrit ~ anglais** it's written in English ◆ **nous avons le même article ~ vert** we have the same item in green ◆ **le plat est ~ argent** the dish is made of silver ◆ **une bague ~ or** a gold ring ◆ **une jupe ~ soie** a silk skirt

h (= comme un) ◆ **agir ~ tyran** to act like a tyrant ◆ **je le lui ai donné ~ souvenir** I gave it to him as a souvenir

i (= dans le domaine de) ◆ **~ politique** in politics ◆ **être bon ~ géographie** to be good at geography ◆ **diplôme ~ droit/histoire** law/history degree

j (mesure) in ◆ **compter ~ euros** to calculate in euros

k en + participe présent ◆ **il s'est coupé ~ essayant d'ouvrir une boîte** he cut himself trying to open a tin ◆ **j'ai écrit une lettre ~ vous attendant** I wrote a letter while I was waiting for you ◆ **il m'a regardé ~ fronçant les sourcils** he looked at me with a frown ◆ **monter ~ courant** to run up ◆ **~ disant cela, il s'est fait des ennemis** he made enemies by saying that

2 PRON a (lieu) ◆ **quand va-t-il à Nice ? – il ~ revient** when is he off to Nice? – he's just come back

b (cause) ◆ **je suis si inquiet que je n'~ dors pas** I am so worried that I can't sleep ◆ **~ mourir** to die of it

c (quantitatif) ◆ **voulez-vous des pommes ? il y ~ a encore** would you like some apples? there are still some left ◆ **le vin est bon mais il n'y ~ a pas beaucoup** the wine is good but there isn't much of it ◆ **il n'y ~ a plus** (NonC) there isn't any left; (pluriel) there aren't any left

d (objet) ◆ **rendez-moi mon stylo, j'~ ai besoin** give me back my pen - I need it ◆ **qu'est-ce que tu ~ feras ?** what will you do with it (ou them)? ◆ **je t'~ donne 100 F** I'll give you 100 francs for it

e (stade) ◆ **~ être à la page 19** to be on page 19 ◆ **où ~ est-il dans ses études ?** how far has he got with his studies? ◆ **je ne sais plus où j'~ suis** I'm completely lost

ENA [ena] NF (abrév de **École nationale d'administration**) prestigious college training senior civil servants

encadré [ɑ̃kadʀe] NM box

encadrement [ɑ̃kadʀəmɑ̃] NM **a** [de porte, fenêtre] frame ◆ **il se tenait dans l'~ de la porte** he stood in the doorway **b** (= cadre) frame **c** [d'étudiants, recrues] training

encadrer [ɑ̃kadʀe] ► conjug 1 ◄ VT **a** [+ tableau] to frame ◆ **je ne peux pas l'~** * I can't stand * him **b** [+ étudiants, recrues] to train; [+ équipe sportive, employés] to manage **c** [+ cour, plaine, visage] to frame ◆ **l'accusé, encadré de deux gendarmes** the accused, flanked by two policemen

encaissé, e [ɑ̃kese] ADJ [rivière, route] steep-sided

encaisser [ɑ̃kese] ► conjug 1 ◄ VT **a** [+ argent, loyer] to receive; [+ chèque] to cash **b** [+ coups, affront, défaite] to take ◆ **je ne peux pas ~ ce type** I can't stand * that guy

en-cas [ɑ̃kɑ] NM INV (= nourriture) snack

encastrable [ɑ̃kastʀabl] ADJ [four, lave-vaisselle] slot-in

encastré, e [ɑ̃kastʀe] ADJ [four, placard] built-in

encastrer [ɑ̃kastʀe] ► conjug 1 ◄ **1** VT (dans un mur) to embed (dans in(to)) **2 s'encastrer** VPR ◆ **la voiture s'est encastrée sous le train** the car jammed itself underneath the train

encaustique [ɑ̃kostik] NF wax polish

enceinte¹ [ɑ̃sɛ̃t] ADJ F pregnant ◆ **tomber enceinte** to get pregnant ◆ **enceinte de cinq mois** five months pregnant ◆ **j'étais enceinte de Paul** (= Paul était le bébé) I was expecting Paul

enceinte² [ɑ̃sɛ̃t] NF **a** (= mur) wall **b** (= espace clos) enclosure ◆ **dans l'enceinte de la ville** inside the town **c** (= enceinte (acoustique)) speaker

encens [ɑ̃sɑ̃] NM incense

encenser [ɑ̃sɑ̃se] ► conjug 1 ◄ VT (= louanger) to heap praise on

encéphalogramme [ɑ̃sefalɔɡʀam] NM encephalogram

encercler [ɑ̃sɛʀkle] ► conjug 1 ◄ VT to surround

enchaînement [ɑ̃ʃɛnmɑ̃] NM **a** [de circonstances] sequence **b** (en danse) enchaînement; (en gymnastique) sequence of movements

enchaîner [ɑ̃ʃene] ► conjug 1 ◄ **1** VT **a** (= lier) to chain up ◆ **~ qn à un arbre** to chain sb to a tree **b** [+ paragraphes, pensées, mots] to link **2** VI (Ciné, Théâtre) to move on (to the next scene) ◆ **Paul enchaîna : "d'abord ..."** Paul went on: "first ..." **3 s'enchaîner** VPR to follow on from each other

enchanté, e [ɑ̃ʃɑ̃te] ADJ **a** (= ravi) delighted (de with) ◆ **~ (de vous connaître)** pleased to meet you **b** [forêt, demeure] enchanted

enchantement [ɑ̃ʃɑ̃tmɑ̃] NM enchantment ◆ **comme par ~** as if by magic ◆ **ce spectacle fut un ~** it was an enchanting sight

enchanter [ɑ̃ʃɑ̃te] ► conjug 1 ◄ VT ◆ **ça ne m'enchante guère** it doesn't exactly thrill me

enchère [ɑ̃ʃɛʀ] **1** NF bid ◆ **faire une ~** to make a bid ◆ **faire monter les ~s** to raise the bidding **2 enchères** NFPL ◆ **mettre qch aux ~s** to put sth up for auction ◆ **vendre aux ~s** to sell by auction

enchevêtrer (s') [ɑ̃ʃ(ə)vetʀe] ► conjug 1 ◄ VPR **a** [ficelles, branches] to become entangled **b** [situations, paroles, idées] to become confused

enclave [ɑ̃klav] NF enclave

enclencher [ɑ̃klɑ̃ʃe] ► conjug 1 ◄ **1** VT [+ mécanisme] to engage; [+ affaire, processus] to set in motion **2** **s'enclencher** VPR [mécanisme] to engage; [processus] to get under way

enclin, e [ɑ̃klɛ̃, in] ADJ ◆ ~ **à qch/à faire qch** inclined to sth/to do sth ◆ **peu ~ à** little inclined to

enclos [ɑ̃klo] NM (= terrain, clôture) enclosure; [de chevaux] paddock; [de moutons] pen

encoche [ɑ̃kɔʃ] NF notch ◆ **faire une ~ à ou sur qch** to make a notch in sth

encolure [ɑ̃kɔlyʀ] NF [de cheval, personne, robe] neck; (= taille) collar size ◆ **~ en V** V-neck

encombrant, e [ɑ̃kɔ̃bʀɑ̃, ɑ̃t] ADJ [paquet] cumbersome; [présence] burdensome

encombre [ɑ̃kɔ̃bʀ] ◆ **sans encombre** LOC ADV without incident

encombré, e [ɑ̃kɔ̃bʀe] ADJ **a** [pièce] cluttered (up); [lignes téléphoniques] overloaded ◆ **table ~e de papiers** table cluttered with papers ◆ **les bras ~s de paquets** his arms laden with parcels **b** [espace aérien, route, bronches] congested

encombrement [ɑ̃kɔ̃bʀəmɑ̃] NM **a** (= embouteillage) traffic jam **b** (= volume) bulk; (= taille) size

encombrer [ɑ̃kɔ̃bʀe] ► conjug 1 ◄ VT [+ pièce] to clutter up (de with); [+ couloir] to obstruct (de with); [+ lignes téléphoniques] to jam ◆ **ces boîtes m'encombrent** these boxes are in my way

encontre [ɑ̃kɔ̃tʀ] ◆ **à l'encontre de** LOC PRÉP (= contre) against ◆ **aller à l'~ de** [+ décision, faits] to go against

━━━━━━━━━━━━━━━━━━━━━━

▣━━ encore [ɑ̃kɔʀ] adv

a (= toujours) still ◆ **il restait ~ quelques personnes** there were still a few people left ◆ **ça ne s'était ~ jamais vu** it had never happened before

b ◆ **~ pas** not yet ◆ **il n'est pas ~ prêt** he's not ready yet

c (= pas plus tard que) only ◆ **il me le disait hier ~** he was saying that to me only yesterday

d (= de nouveau) again ◆ **une fois ~** one more time ◆ **il a ~ laissé la porte ouverte** he has left the door open again ◆ **quoi ~ ?** what is it this time?

e (= de plus, en plus) more ◆ **~ une tasse ?** another cup? ◆ **~ un peu de thé ?** more tea? ◆ **j'en veux ~** I want some more ◆ **~ un mot, avant de terminer** one more word before I finish ◆ **que te faut-il ~ ?** what else do you want? ◆ **pendant ~ deux jours** for two more days

f (avec comparatif) even ◆ **il fait ~ plus froid qu'hier** it's even colder than yesterday ◆ **~ autant** as much again

g (restrictif) ◆ **il en est capable, ~ faut-il qu'il le fasse** he's capable, but whether he does it or not is another matter ◆ **on t'en donnera peut-être 100 F, et ~** they might give you 100 francs for it, if that ◆ **si ~ je savais où ça se trouve** if only I knew where it was

━━━━━━━━━━━━━━━━━━━━━━

encourageant, e [ɑ̃kuʀaʒɑ̃, ɑ̃t] ADJ encouraging

encourager [ɑ̃kuʀaʒe] ► conjug 3 ◄ VT to encourage (à faire to do); [+ équipe] to cheer

encourir [ɑ̃kuʀiʀ] ► conjug 11 ◄ VT to incur

encrasser (s') [ɑ̃kʀase] ► conjug 1 ◄ VPR to get dirty; [arme] to foul up; [cheminée, bougie de moteur] to soot up

encre [ɑ̃kʀ] NF ink ◆ **écrire à l'~** to write in ink ◆ **calmars à l'~** squid cooked in ink ► **encre de Chine** Indian (Brit) ou India (US) ink

encrier [ɑ̃kʀije] NM (= bouteille) inkpot (Brit), ink bottle (US); (décoratif) inkstand

encroûter (s') * [ɑ̃kʀute] ► conjug 1 ◄ VPR [personne] to get into a rut ◆ **s'encroûter dans** [+ habitudes] to become entrenched in

encyclopédie [ɑ̃siklɔpedi] NF encyclopedia

endémique [ɑ̃demik] ADJ endemic

endetté, e [ɑ̃dete] ADJ in debt attrib ◆ **très ~** heavily in debt ◆ **l'un des pays les plus ~s** one of the biggest debtor countries

endetter (s') [ɑ̃dete] ► conjug 1 ◄ VPR to get into debt

endiguer [ɑ̃dige] ► conjug 1 ◄ VT **a** [+ fleuve] to dyke up **b** [+ foule, invasion] to hold back; [+ révolte, sentiments, progrès] to check; [+ inflation, chômage] to curb

endive [ɑ̃div] NF chicory (Brit) NonC, endive (US) ◆ **cinq ~s** five heads of chicory (Brit), five endives (US)

endolori, e [ɑ̃dɔlɔʀi] ADJ painful

endommager [ɑ̃dɔmaʒe] ► conjug 3 ◄ VT to damage

endormi, e [ɑ̃dɔʀmi] ADJ sleeping; (= apathique) sluggish; (= engourdi) numb ◆ **à moitié ~** half asleep

endormir [ɑ̃dɔʀmiʀ] ► conjug 16 ◄ **1** VT **a** [somnifère, discours] to send to sleep ◆ **j'ai eu du mal à l'~** I had a job getting him off to sleep **b** (= anesthésier) to put to sleep **c** [+ douleur] to deaden **2** **s'endormir** VPR **a** [personne] to fall asleep **b** (= se relâcher) to slacken off

endosser [ɑ̃dose] ► conjug 1 ◄ VT **a** [+ responsabilité] to shoulder (de for) **b** (Fin) to endorse

endroit [ɑ̃dʀwa] NM **a** (= lieu) place ◆ **à quel ~ ?** where? ◆ **à l'~** (at the place) where ◆ **de/vers l'~ où** from/to where ◆ **par ~s** in places **b** (= bon côté) right side ◆ **à l'~** [objet posé] the right way round, the right way around (US); (verticalement) the right way up ◆ **remets tes chaussettes à l'~** put your socks on the right way out

enduire [ɑ̃dɥiʀ] ► conjug 38 ◄ **1** VT ◆ **~ une surface de** to coat a surface with **2** **s'enduire** VPR ◆ **s'~ de crème** to cover o.s. with cream

enduit [ɑ̃dɥi] NM (pour recouvrir, lisser) coating; (pour boucher) filler

endurance [ɑ̃dyʀɑ̃s] NF stamina ◆ **course d'~** [de voitures, motos] endurance race; [de coureur à pied] long-distance race

endurcir [ɑ̃dyʀsiʀ] ► conjug 2 ◄ **1** VT (physiquement) to toughen; (psychologiquement) to harden **2** **s'endurcir** VPR (physiquement) to become tough; (moralement) to become hardened

endurer [ɑ̃dyʀe] ► conjug 1 ◄ VT to endure

énergétique [enɛʀʒetik] ADJ energy *avant le nom* ◆ **aliment très ~** high-energy food

énergie [enɛʀʒi] NF energy ◆ **avec ~** energetically ◆ **source d'~** source of energy ◆ **~ électrique/nucléaire/solaire** electrical/nuclear/solar energy ◆ **~s nouvelles/renouvelables** new/renewable energy sources

énergique [enɛʀʒik] ADJ energetic; [refus, protestation, intervention] forceful; [mesures] strong

énergiquement [enɛʀʒikmɑ̃] ADV [agir, parler] energetically; [refuser] emphatically; [condamner] vigorously

énergivore [enɛʀʒivɔʀ] ADJ [secteur, activité, produit] energy-guzzling

énergumène [enɛʀgymɛn] NMF bizarre individual

énervant, e [enɛʀvɑ̃, ɑ̃t] ADJ irritating

énervé, e [enɛʀve] ADJ (= agacé) irritated; (= agité) nervous

énerver [enɛʀve] ► conjug 1 ◄ **1** VT ◆ **~ qn** (= agiter) to overexcite sb; (= agacer) to irritate sb **2** **s'énerver** VPR to get excited *

enfance [ɑ̃fɑ̃s] NF childhood ◆ **petite ~** infancy ◆ **l'~ déshéritée** deprived children

enfant [ɑ̃fɑ̃] NMF child; (= garçon) boy; (= fille) girl ◆ **ne faites pas l'~** don't be so childish ► **enfant de chœur** altar boy ► **enfant naturel** natural child ► **enfant unique** only child

enfantin, e [ɑ̃fɑ̃tɛ̃, in] ADJ (= de l'enfance) childlike; (= puéril) childish ◆ **c'est ~** (= facile) it's child's play *

enfer [ɑ̃fɛʀ] NM ◆ **l'~** hell ◆ **cette vie est un ~** it's a hellish life ◆ **d'~ ** * (= super) great * ◆ **la pièce est menée à un rythme d'~** the play goes along at a furious pace

enfermer [ɑ̃fɛʀme] ► conjug 1 ◄ **1** VT (= mettre sous clé) to lock up; (par erreur) to lock in;

[+ animaux] to shut up ◆ **ne reste pas enfermé par ce beau temps** don't stay indoors in this lovely weather **2** **s'enfermer** VPR to shut o.s. in ◆ **il s'est enfermé dans sa chambre** he shut himself away in his room ◆ **je me suis enfermé !** (à l'intérieur) I've locked myself in!; (à l'extérieur) I've locked myself out! ◆ **s'~ à clé** to lock o.s. away ◆ **s'~ dans** [+ mutisme] to retreat into; [+ rôle, attitude] to stick to

enfiler [ɑ̃file] ► conjug 1 ◄ **1** VT **a** [+ aiguille, perles] to thread ◆ **~ des anneaux sur une tringle** to slip rings onto a rod **b** [+ vêtement] to put on **c** [+ verre de vin] to knock back ⁑; [+ nourriture] to wolf down *

enfin [ɑ̃fɛ̃] ADV **a** (= à la fin, finalement) at last ◆ **~, ils se sont décidés !** they've made up their minds at last! **b** (= en dernier lieu) finally ◆ **~, je voudrais te remercier pour ...** finally, I'd like to thank you for ... **c** (= en conclusion) in a word **d** (= ou plutôt) well **e** (valeur exclamative) ◆ **~ ! que veux-tu y faire !** still, what can you do! ◆ **(mais) ~ ! je viens de te le dire !** but I've just told you!

enflammer [ɑ̃flame] ► conjug 1 ◄ **1** VT **a** [+ bois] to set fire to **b** [+ foule] to inflame; [+ imagination] to fire **2** **s'enflammer** VPR **a** (= prendre feu) to catch fire **b** [imagination] to be fired; [foule, plaie] to inflame

enflé, e [ɑ̃fle] ADJ [membre] swollen

enfler [ɑ̃fle] ► conjug 1 ◄ VI [membre] to swell up

enfoncer [ɑ̃fɔ̃se] ► conjug 3 ◄ **1** VT **a** (= faire pénétrer) [+ pieu, clou] to drive in; [+ épingle, punaise] to stick in ◆ **~ un couteau dans qch** to stick a knife into sth **b** (= mettre) ◆ **~ les mains dans ses poches** to thrust one's hands into one's pockets ◆ **~ son chapeau jusqu'aux yeux** to pull one's hat down over one's eyes **c** [+ porte] to break down ◆ **le devant de sa voiture a été enfoncé** the front of his car has been smashed in **2** **s'enfoncer** VPR **a** [lame, projectile] ◆ **s'~ dans** to plunge into **b** (= disparaître : dans l'eau, la vase etc) to sink (dans into, in) ◆ **s'~ dans** [+ forêt, rue, brume] to disappear into ◆ **à mentir, tu ne fais que t'~ davantage** by lying, you're just getting yourself into deeper and deeper water **c** (= céder) to give way **d** (= faire pénétrer) ◆ **s'~ une aiguille dans la main** to stick a needle into one's hand ◆ **enfoncez-vous bien ça dans le crâne** * now get this into your head

enfouir [ɑ̃fwiʀ] ► conjug 2 ◄ **1** VT to bury **2** **s'enfouir** VPR ◆ **s'~ dans/sous** to bury o.s. (ou itself) in/under

enfourcher [ɑ̃fuʀʃe] ► conjug 1 ◄ VT [+ cheval, bicyclette] to get on

enfourner [ɑ̃fuʀne] ► conjug 1 ◄ VT **a** [+ plat] to put in the oven; [+ poterie] to put in the kiln **b** (* = avaler) to wolf down

enfreindre [ɑ̃fʀɛdʀ] ► conjug 52 ◄ VT to infringe

enfuir (s') [ɑ̃fɥiʀ] ► conjug 17 ◄ VPR to run away (de from)

enfumer [ɑ̃fyme] ► conjug 1 ◄ VT [+ pièce] to fill with smoke; [+ personne, animal] to smoke out ◆ **atmosphère/pièce enfumée** smoky atmosphere/room

engagé, e [ɑ̃ɡaʒe] **1** ADJ (politiquement) (politically) committed **2** NM (= soldat) enlisted man ◆ **~ volontaire** volunteer

engageant, e [ɑ̃ɡaʒɑ̃, ɑ̃t] ADJ [air, sourire, proposition] appealing; [repas, gâteau] tempting

engagement [ɑ̃ɡaʒmɑ̃] NM **a** (= promesse) commitment ◆ **~s financiers** financial commitments ◆ **prendre l'~ de** to make a commitment to **b** [d'employé] taking on **c** (= prise de position) commitment (dans to)

engager [ɑ̃ɡaʒe] ► conjug 3 ◄ **1** VT **a** (= lier) to commit ◆ **ça n'engage à rien** it doesn't commit you to anything ◆ **les frais engagés** the expenses incurred **b** [+ employé] to take on; [+ artiste] to engage **c** (= encourager) ◆ **~ qn à faire qch** to urge sb to do sth **d** (= introduire) to insert **e** [+ discussion] to start; [+ négociations] to enter into; [+ procédure] to institute **f** [+ recrues] to enlist **2** **s'engager** VPR **a** (= promettre) to commit o.s. ◆ **s'~ à faire qch** to commit o.s. to doing sth ◆ **sais-tu à quoi tu t'engages ?** do you know what you're letting yourself in for? **b** ◆ **s'~ dans** [véhicule, piéton] to turn into ◆ **je m'étais déjà engagé (dans la rue)** (automobiliste) I had already pulled out (into the street) **c** (Sport) to enter (dans for) **d** [recrues] to enlist ◆ **s'~ dans l'armée de l'air** to join the air force **e** (politiquement) to commit o.s.

engelure [ɑ̃ʒ(ə)lyʀ] NF chilblain

engendrer [ɑ̃ʒɑ̃dʀe] ► conjug 1 ◄ VT to create

engin [ɑ̃ʒɛ̃] NM (= machine) machine; (= avion) aircraft; (= missile) missile ► **engin blindé** armoured vehicle ► **engin explosif** explosive device ► **engin spatial** spacecraft

englober [ɑ̃ɡlɔbe] ► conjug 1 ◄ VT (= inclure) to include

engloutir [ɑ̃ɡlutiʀ] ► conjug 2 ◄ VT [+ nourriture] to wolf down; [mer, tremblement de terre] to swallow up

engoncé, e [ɑ̃ɡɔ̃se] ADJ ◆ **~ dans ses vêtements** (looking) cramped in his clothes

engouement [ɑ̃ɡumɑ̃] NM fad

engouffrer (s') [ɑ̃ɡufʀe] ► conjug 1 ◄ VPR [vent] to rush ◆ **s'engouffrer dans un tunnel/dans une rue** to disappear into a tunnel/up a street ◆ **s'engouffrer dans une voiture** to dive into a car

engourdi, e [ɑ̃ɡuʀdi] ADJ numb ◆ **~ par le froid** numb with cold

engrais [ɑ̃ɡʀɛ] NM (chimique) fertilizer; (animal) manure

engraisser [ɑ̃ɡʀese] ► conjug 1 ◄ **1** VT to fatten up **2** VI [personne] * to get fatter

engranger [ɑ̃ɡʀɑ̃ʒe] ► conjug 3 ◄ VT [+ moisson] to gather in; [+ bénéfices] to reap; [+ connaissances] to amass

engrenage [ɑ̃ɡʀənaʒ] NM gears ◆ **quand on est pris dans l'~** (fig) when one is caught up in the system ◆ **l'~ de la violence/de la drogue** the spiral of violence/drug-taking

engueuler * [ɑ̃ɡœle] ► conjug 1 ◄ **1** VT ◆ **~ qn** to bawl sb out * ◆ **se faire ~** to get bawled out * **2** **s'engueuler** VPR to have a row

enguirlander * [ɑ̃ɡiʀlɑ̃de] ► conjug 1 ◄ VT ◆ **~ qn** to give sb a telling-off * ◆ **se faire ~** to get a telling-off *

énième [ɛnjɛm] ADJ (Math) n.th; (fig *) umpteenth

énigmatique [enigmatik] ADJ enigmatic

énigme [enigm] NF (= mystère) enigma; (= jeu) riddle

enivrer [ɑ̃nivʀe] ► conjug 1 ◄ **1** VT to intoxicate ◆ **le parfum m'enivrait** I was intoxicated by the perfume **2** **s'enivrer** VPR to get intoxicated

enjambée [ɑ̃ʒɑ̃be] NF stride ◆ **faire de grandes ~s** to take big strides

enjamber [ɑ̃ʒɑ̃be] ► conjug 1 ◄ VT [+ obstacle] to step over; [+ fossé] to step across; [pont] to span

enjeu (pl **~x**) [ɑ̃ʒø] NM [de pari] stake ◆ **quel est le véritable ~ de ces élections ?** what is really at stake in these elections? ◆ **l'~ économique est énorme** there's a lot at stake in terms of the economy

enjôler [ɑ̃ʒole] ► conjug 1 ◄ VT to seduce

enjôleur, -euse [ɑ̃ʒolœʀ, øz] ADJ [sourire, paroles] winning

enjoliver [ɑ̃ʒolive] ► conjug 1 ◄ VT to embellish

enjoué, e [ɑ̃ʒwe] ADJ cheerful ◆ **d'un ton ~** cheerfully

enlacer [ɑ̃lase] ► conjug 3 ◄ **1** VT (= étreindre) to embrace ◆ **il enlaça sa cavalière** he put his arm round his partner's waist **2** **s'enlacer** VPR [amants] to embrace

enlaidir [ɑ̃ledir] ► conjug 2 ◄ **1** VT [+ personne] to make look ugly; [+ paysage] to deface **2** VI [personne] to become ugly **3** **s'enlaidir** VPR to make o.s. look ugly

enlèvement [ɑ̃lɛvmɑ̃] NM **a** [de personne] kidnapping **b** [de marchandises, ordures] collection

enlever [ɑ̃l(ə)ve] ► conjug 5 ◄ **1** VT **a** to remove ◆ **enlève tes mains de tes poches/de là** take your hands out of your pockets/off there **b** ◆ **~ à qn** [+ objet, argent] to take (away) from sb ◆ **ça n'enlève rien à son mérite** that doesn't in any way detract from his worth ◆ **ça lui a enlevé tout espoir** it made him lose all hope **c** [+ objet, meuble] to take away; [+ ordures] to collect; [+ voiture en infraction] to tow away **d** (= kidnapper) to kidnap **2** **s'enlever** VPR [tache, peinture, peau, écorce] to come off ◆ **comment est-ce que ça s'enlève ?** [étiquette, housse] how do you remove it?

enliser (s') [ɑ̃lize] ► conjug 1 ◄ VPR **a** (dans le sable, la boue) to get stuck **b** (dans les détails) to get bogged down ◆ **en mentant, tu t'enlises davantage** you're getting in deeper and deeper water with your lies

enneigé, e [ɑ̃neʒe] ADJ [pente, montagne] snow-covered; [sommet] snow-capped; [maison, col, route] snowbound

ennemi, e [ɛn(ə)mi] NM,F enemy ◆ **se faire des ~s** to make enemies (for o.s.) ◆ **être ~ de qch** to be opposed to sth

ennui [ɑ̃nɥi] NM **a** (= désœuvrement) boredom; (= monotonie) tedium ◆ **c'est à mourir d'~** it's enough to bore you to tears **b** (= tracas) problem ◆ **il a eu des ~s avec la police** he's been in trouble with the police ◆ **~s d'argent** money worries ◆ **faire ou causer des ~s à qn** to make trouble for sb ◆ **ça peut lui attirer des ~s** that could get him into trouble ◆ **l'~, c'est que ...** the trouble is that ...

ennuyé, e [ɑ̃nɥije] ADJ (= contrarié) annoyed (de at, about)

ennuyer [ɑ̃nɥije] ► conjug 8 ◄ **1** VT **a** (= lasser) to bore **b** (= contrarier) to bother ◆ **ça m'ennuie de te le dire, mais ...** I'm sorry to have to tell you but ... ◆ **si cela ne vous ennuie pas trop** if it wouldn't put you to any trouble **c** (= irriter) ◆ **~ qn** to annoy sb ◆ **tu m'ennuies avec tes questions** I'm tired of your questions **2** **s'ennuyer** VPR to be bored (de, à with) ◆ **s'~ à mourir** to be bored to tears

ennuyeux, -euse [ɑ̃nɥijø, øz] ADJ (= lassant) boring; (= qui importune) annoying

énoncé [enɔ̃se] NM [de sujet scolaire, loi] wording; [de problème] terms

énoncer [enɔ̃se] ► conjug 3 ◄ VT [+ idée] to express; [+ faits, conditions] to state

énorme [enɔʀm] ADJ enormous ◆ **ça lui a fait un bien ~** it's done him a great deal of good ◆ **il a accepté, c'est déjà ~** he has accepted and that's quite something

énormément [enɔʀmemɑ̃] ADV enormously ◆ **ça m'a ~ déçu** I was tremendously disappointed by it ◆ **il boit ~** he drinks an enormous amount ◆ **~ de** [d'argent, eau, bruit] an enormous amount of; [+ gens] a great many people

énormité [enɔʀmite] NF **a** [de poids, somme] hugeness; [de demande, injustice] enormity **b** (= propos inconvenant) outrageous remark; (= erreur) howler *

enquête [ɑ̃kɛt] NF inquiry; [de police] investigation; (= sondage, étude) survey ◆ **faire une ~** [police] to make an investigation; (sur un sujet) to do a survey

enquêter [ɑ̃kete] ► conjug 1 ◄ VI [juge] to hold an inquiry (sur into); [police] to investigate ◆ **ils enquêtent sur sa disparition** they're investigating his disappearance

enquiquiner * [ɑ̃kikine] ► conjug 1 ◄ **1** VT (= importuner) to annoy; (= lasser) to bore **2** **s'enquiquiner** VPR (= se morfondre) to be bored ◆ **s'~ à faire** (= se donner du mal) to go to a heck of a lot of trouble to do *

enraciner (s') [ɑ̃ʀasine] ► conjug 1 ◄ VPR [arbre, préjugé] to take root ◆ **solidement enraciné** [préjugé] deep-rooted

enragé, e [ɑ̃ʀaʒe] ADJ **a** * [chasseur, joueur] keen **b** [animal] rabid

enrager [ɑ̃ʀaʒe] ► conjug 3 ◄ VI **a** ◆ **faire ~ qn** * (= taquiner) to tease sb; (= importuner) to pester sb **b** (frm) to be furious

enrayer [ɑ̃ʀeje] ► conjug 1 ◄ **1** VT [+ maladie, chômage, inflation] to check; [+ machine, arme] to jam **2** **s'enrayer** VPR [machine, arme] to jam

enregistrement [ɑ̃ʀ(ə)ʒistʀəmɑ̃] NM **a** [de son, images] recording **b** ◆ **~ des bagages** (à l'aéroport) check-in ◆ **se présenter à l'~** to go to the check-in desk

enregistrer [ɑ̃ʀ(ə)ʒistʀe] ► conjug 1 ◄ VT **a** [+ son, film] to record **b** [+ acte, demande] to register; [+ commande] to enter **c** [+ profit, perte] to show **d** (= constater) ◆ **la plus forte hausse enregistrée** the biggest rise on record **e** (= mémoriser) [+ information] to take in **f** ◆ **(faire) ~ ses bagages** (à l'aéroport) to check in (Brit) or check (US) one's luggage

enrhumé, e [ɑ̃ʀyme] ADJ ◆ **être ~** to have a cold ◆ **je suis un peu/très ~** I have a bit of a cold/a bad cold

enrhumer (s') [ɑ̃ʀyme] ► conjug 1 ◄ VPR to catch a cold

enrichir [ɑ̃ʀiʃiʀ] ► conjug 2 ◄ **1** VT [+ esprit, langue, collection] to enrich; (financièrement) to make rich **2** **s'enrichir** VPR (financièrement) to get rich; [collection] to be enriched (de with)

enrichissant, e [ɑ̃ʀiʃisɑ̃, ɑ̃t] ADJ enriching

enrobé, e [ɑ̃ʀɔbe] ADJ [personne] plump

enrober [ɑ̃ʀɔbe] ► conjug 1 ◄ VT [+ bonbon, biscuit] to coat (de with); [+ paroles] to wrap up (de in)

enrôler (s') [ɑ̃ʀole] VPR [ɑ̃ʀole] ► conjug 1 ◄ (Mil) to enlist

enroué, e [ɑ̃Rwe] ADJ hoarse

enrouler [ɑ̃Rule] ► conjug 1 ◄ **1** VT [+ tapis] to roll up; [+ corde, ruban, fil] to wind (sur, autour de round) **2 s'enrouler** VPR [serpent] to coil up; [film, fil] to wind ◆ s'~ **dans une couverture** to wrap o.s. up in a blanket

ensabler (s') [ɑ̃sable] ► conjug 1 ◄ VPR [port] to silt up; [bateau] to run aground

ensanglanté, e [ɑ̃sɑ̃glɑ̃te] ADJ [visage, vêtement] covered with blood

enseignant, e [ɑ̃sɛɲɑ̃, ɑ̃t] NM,F teacher

enseigne [ɑ̃sɛɲ] NF shop sign ◆ ~ **lumineuse** neon sign

enseignement [ɑ̃sɛɲ(ə)mɑ̃] NM **a** (= cours, système scolaire) education ◆ ~ **des langues** language teaching ◆ ~ **à distance** distance learning ◆ ~ **professionnel** professional training ◆ ~ **technique** technical education ◆ ~ **primaire/secondaire** primary/secondary education ◆ ~ **supérieur** higher education **b** (= carrière) ◆ l'~ teaching ◆ **être dans l'~** to be a teacher **c** (donné par l'expérience) lesson ◆ **on peut en tirer plusieurs ~s** we can draw several lessons from it

enseigner [ɑ̃sɛɲe] ► conjug 1 ◄ VT to teach ◆ ~ **qch à qn** to teach sb sth ◆ ~ **à qn à faire qch** to teach sb how to do sth

ensemble [ɑ̃sɑ̃bl] **1** NM **a** (= totalité) ◆ l'~ **du personnel** the whole staff ◆ **dans l'~** on the whole ◆ **examiner la question dans son ~** to examine the question as a whole ◆ **d'~** [vision, vue] overall **b** (= groupement) set; [de meubles] suite ◆ **grand ~** high-rise estate **c** (= vêtement) outfit ◆ ~ **pantalon** trouser suit **d** [de musiciens] ensemble **e** (Math) set **2** ADV together ◆ **tous ~** all together ◆ **aller bien ~** [couple] to be well-matched

ensevelir [ɑ̃səv(ə)liR] ► conjug 2 ◄ VT to bury

ensoleillé, e [ɑ̃soleje] ADJ sunny

ensorceler [ɑ̃soRsəle] ► conjug 4 ◄ VT to bewitch

ensuite [ɑ̃sɥit] ADV then ◆ **je le reçois d'abord et je vous verrai ~** I'll meet him first and then I'll see you

ensuivre (s') [ɑ̃sɥivR] ► conjug 40 ◄ VPR ◆ il **s'ensuit que** it follows that ◆ **et tout ce qui s'ensuit** and all that goes with it

entaille [ɑ̃taj] NF (sur le corps) cut; (sur un objet) notch

entailler [ɑ̃taje] ► conjug 1 ◄ VT [+ corps] to cut; [+ objet] to notch ◆ s'~ **la main** to cut one's hand

entamer [ɑ̃tame] ► conjug 1 ◄ VT **a** to start; [+ poursuites] to institute ◆ **la boîte est à peine entamée** the box has hardly been touched **b** [+ optimisme, moral] to wear down

entartrer (s') [ɑ̃taRtRe] ► conjug 1 ◄ VPR [chaudière, tuyau, bouilloire] to get covered with scale; [dents] to get covered in tartar

entasser [ɑ̃tase] ► conjug 1 ◄ **1** VT to pile up (sur onto); [+ personnes, objets] to cram (dans into) **2 s'entasser** VPR to pile up; [personnes] to cram (dans into)

entendre [ɑ̃tɑ̃dR] ► conjug 41 ◄ **1** VT **a** [+ voix, bruit] to hear ◆ il **entend mal de l'oreille droite** he can't hear very well with his right ear ◆ **j'entendais quelqu'un parler** I could hear somebody talking ◆ **tu vas être sage, tu entends !** (menace) you're to be good, do you hear! **b** (par ouï-dire) ◆ ~ **parler de qn/qch** to hear of sb/sth ◆ il **ne veut pas en ~ parler** he won't hear of it ◆ ~ **dire que ...** to hear it said that ... **c** (= écouter) to listen to ◆ **à l'~, c'est lui qui a tout fait** to hear him talk you'd think he had done everything ◆ il **ne veut rien ~** he just won't listen ◆ **si ça continue, il va m'~ !** if he doesn't stop I'll give him a piece of my mind! **d** (frm = comprendre) to understand ◆ **laisser ~ à qn que ...** to give sb to understand that ... **e** (frm = vouloir) to intend ◆ **j'entends bien y aller** I certainly intend to go ◆ **faites comme vous l'entendez** do as you see fit **f** (= vouloir dire) to mean ◆ **qu'entendez-vous par là ?** what do you mean by that? **2 s'entendre** VPR **a** (= être en bons termes) to get on **b** (= être d'accord) to agree **c** (= se comprendre) ◆ **entendons-nous bien !** let's be quite clear about this! **d** (= être entendu) ◆ **le bruit s'entendait depuis la route** the noise could be heard from the road ◆ **on ne s'entend plus ici** you can't hear yourself think in here

entendu, e [ɑ̃tɑ̃dy] **1** ADJ **a** (= convenu) agreed ◆ ~ **!** agreed! **b** (= complice) ◆ **d'un air ~** knowingly **2 bien entendu** LOC ADV (= évidemment) of course

entente [ɑ̃tɑ̃t] NF understanding ◆ **vivre en bonne ~** to live in harmony

enterrement [ɑ̃tɛRmɑ̃] NM (= action) burial; (= cérémonie) funeral ◆ **faire ou avoir une tête d'~** * to look gloomy

enterrer [ɑ̃tɛRe] ► conjug 1 ◄ VT to bury; [+ projet] to forget about; [+ scandale] to hush up ◆ ~ **sa vie de garçon** to have a stag party

en-tête (pl ~**s**) [ɑ̃tɛt] NM heading ◆ **papier à lettres à ~** headed notepaper

entêté, e [ɑ̃tete] ADJ stubborn

entêter (s') [ɑ̃tete] ► conjug 1 ◄ VPR to persist (dans qch in sth; à faire qch in doing sth)

enthousiasme [ɑ̃tuzjasm] NM enthusiasm

enthousiasmer [ɑ̃tuzjasme] ► conjug 1 ◄ VPR to get enthusiastic (pour about)

enthousiaste [ɑ̃tuzjast] **1** ADJ enthusiastic (de about) **2** NMF enthusiast

enticher (s') [ɑ̃tiʃe] ► conjug 1 ◄ VPR (frm, péj) ✦ **s'enticher de** [+ personne] to become infatuated with; [+ activité, théorie] to get completely hooked * on

entier, -ière [ɑ̃tje, jɛʀ] **1** ADJ **a** (= total) whole ✦ **boire une bouteille entière** to drink a whole bottle ✦ **des heures entières** for hours on end ✦ **dans la France entière** throughout France ✦ **le pays tout ~** the whole country **b** (= intact) [objet] intact ✦ **c'est un miracle qu'il en soit sorti ~** it's a miracle he escaped in one piece **c** [liberté, confiance] absolute; [satisfaction] complete **d** [personne, caractère] uncompromising **2** NM ✦ **boire une bouteille en ~** to drink a whole bottle ✦ **lire un livre en ~** to read the whole of a book

entièrement [ɑ̃tjɛʀmɑ̃] ADV completely

entonnoir [ɑ̃tɔnwaʀ] NM funnel

entorse [ɑ̃tɔʀs] NF sprain ✦ **se faire une ~ au poignet** to sprain one's wrist ✦ **faire une ~ au règlement** to bend the rules

entortiller [ɑ̃tɔʀtije] ► conjug 1 ◄ **1** VT **a** [+ ruban] to twist **b** (* = enjôler) to get round **2** s'entortiller VPR [liane] to twist

entourage [ɑ̃tuʀaʒ] NM (= compagnie) circle; [de roi, président] entourage ✦ **les gens de son ~** people around him

entourer [ɑ̃tuʀe] ► conjug 1 ◄ **1** VT **a** (= mettre autour) ✦ **~ de** to surround with ✦ **~ un champ d'une clôture** to put a fence round a field **b** (= être autour) to surround ✦ **le monde qui nous entoure** the world around us **c** (= soutenir) to rally round **2** s'entourer VPR ✦ **s'~ de** [+ amis, luxe] to surround o.s. with

entourloupe * [ɑ̃tuʀlup] NF mean trick ✦ **faire une ~ à qn** to play a mean trick on sb

entracte [ɑ̃tʀakt] NM (= pause) interval

entraide [ɑ̃tʀɛd] NF mutual aid

entraider (s') [ɑ̃tʀede] ► conjug 1 ◄ VPR to help one another

entrailles [ɑ̃tʀɑj] NFPL [d'animal] entrails ✦ **les ~ de la terre** the bowels of the earth

entrain [ɑ̃tʀɛ̃] NM ✦ **être plein d'~** to have plenty of drive ✦ **avec ~** enthusiastically ✦ **sans ~** [travailler] half-heartedly

entraînant, e [ɑ̃tʀɛnɑ̃, ɑ̃t] ADJ [musique] stirring; [rythme] brisk

entraînement [ɑ̃tʀɛnmɑ̃] NM training ✦ **manquer d'~** to be out of training

entraîner [ɑ̃tʀene] ► conjug 1 ◄ **1** VT **a** [+ athlète, cheval] to train (à for) **b** (= causer) to bring about; (= impliquer) to entail **c** (= emmener) [+ personne] to take **d** (= influencer) to lead ✦ **se laisser ~ par ses camarades** to let o.s. be led by one's friends **e** [rythme] to carry along; [passion, enthousiasme] to carry away ✦ **se**

laisser ~ to get carried away **f** (= charrier) to carry along ✦ **le courant les a entraînés vers les rapides** the current swept them along towards the rapids **2** s'entraîner VPR to practise (à faire qch doing sth); [sportif] to train (à qch for sth)

entraîneur, -euse [ɑ̃tʀɛnœʀ, øz] (Sport) NM trainer

entrapercevoir [ɑ̃tʀapɛʀsəvwaʀ] ► conjug 28 ◄ VT to catch a (brief) glimpse of

entrave [ɑ̃tʀav] NF (= obstacle) hindrance (à to)

entraver [ɑ̃tʀave] ► conjug 1 ◄ VT [+ circulation] to hold up; [+ mouvements] to hamper; [+ action, plans, processus] to impede

entre [ɑ̃tʀ] PRÉP **a** between ✦ **~ nous** between you and me **b** (= parmi) ✦ **l'un d'~ eux** one of them ✦ **plusieurs d'~ nous** several of us ✦ **nous sommes ~ amis** we're among friends ✦ **ils préfèrent rester ~ eux** they prefer to keep themselves to themselves ✦ **~ autres (choses)** among other things; (personnes) among others

entrebâillé, e [ɑ̃tʀəbaje] ADJ ajar

entrechoquer (s') [ɑ̃tʀəʃɔke] ► conjug 1 ◄ VPR to knock together; [verres] to clink; [dents] to chatter

entrecôte [ɑ̃tʀəkot] NF entrecôte steak

entrecouper [ɑ̃tʀəkupe] ► conjug 1 ◄ VT ✦ **~ de** [+ citations, publicités] to intersperse with

entrecroiser VT, **s'entrecroiser** VPR [ɑ̃tʀəkʀwaze] ► conjug 1 ◄ [fils, branches] to intertwine; [lignes, routes] to intersect

entre-deux-guerres [ɑ̃tʀədøgɛʀ] NM INV ✦ **l'~** the interwar years

entrée [ɑ̃tʀe] NF **a** (= arrivée) entry ✦ **à son ~, tous se sont tus** when he came in, everybody fell silent ✦ **faire son ~ dans le salon** to enter the lounge **b** [comédien] ✦ **faire/rater son ~** to make/miss one's entrance **c** (= accès) entry (de, dans to) ✦ **l'~ est payante** there is an admission charge ✦ **"~"** (sur pancarte) "way in" ✦ **"~ libre"** (dans musée) "admission free" ✦ **"~ interdite"** "no entry" **d** (= billet) ticket ✦ **ils ont fait 10 000 ~s** they sold 10,000 tickets **e** (= porte, portail, vestibule) entrance ✦ **entrée des artistes** stage door **f** (= plat) first course **g** [de dictionnaire] headword (Brit), entry word (US) **h** (Informatique) input ✦ **~-sortie** input-output

entrefaites [ɑ̃tʀəfɛt] ✦ **sur ces entrefaites** LOC ADV at that moment

entrejambe [ɑ̃tʀəʒɑ̃b] NM crotch

entrelacer VT, **s'entrelacer** VPR [ɑ̃tʀəlase] ► conjug 3 ◄ to intertwine

entremets [ɑ̃tʀəmɛ] NM dessert

entreposer [ɑ̃tʀəpoze] ► conjug 1 ◄ VT to store

entrepôt [ɑ̃tʀəpo] NM warehouse

entreprendre [ɑ̃tʀəpʀɑ̃dʀ] ► conjug 58 ◄ VT (= commencer) to start; [+ démarche] to set about; [+ recherches] to undertake ✦ ~ **de faire qch** to undertake to do sth

entrepreneur [ɑ̃tʀəpʀənœʀ] NM **a** (en menuiserie etc) contractor **b** (= brasseur d'affaires) entrepreneur

entrepris, e [ɑ̃tʀəpʀi, pʀiz] (ptp de **entreprendre**)

entreprise [ɑ̃tʀəpʀiz] NF (= firme) company

🔑 **entrer** [ɑ̃tʀe] ► conjug 1 ◄

1 VI **a** to go (ou to come) in ✦ ~ **dans** [+ pièce, jardin] to go (ou come) into; [+ voiture] to get into ✦ ~ **en gare** to come into the station ✦ ~ **en courant** to run in ✦ **ils sont entrés par la fenêtre** they got in by the window ✦ **la balle est entrée dans le poumon** the bullet went into the lung ✦ **l'eau entre par le toit** the water comes in through the roof ✦ **sans ~ dans les détails** without going into details
✦ **laisser entrer** to let in ✦ **laisser ~ qn dans** to let sb into ✦ **faire ~** [+ accusé, témoin] to bring in; [+ invité, visiteur] to show in
b [marchandises, devises] to enter
✦ **faire entrer** (en fraude) to smuggle in ✦ ~ **dans un système** (légalement) to enter a system; (illégalement) to hack into a system
c (= tenir) to go in ✦ **ça n'entre pas dans la boîte** it won't go into the box ✦ **nous n'entrerons jamais tous dans ta voiture** we'll never all get into your car
d (= devenir membre) ✦ ~ **dans** [+ parti, entreprise, armée] to join ✦ ~ **au lycée** to go to secondary school
e (= heurter) ✦ ~ **dans** [+ arbre, poteau] to crash into
f (= être une composante) ✦ ~ **dans** [+ catégorie] to fall into; [+ mélange] to go into ✦ **tous ces frais entrent dans le prix de revient** all these costs go to make up the cost price
g (= commencer à être) ✦ ~ **dans** [+ phase, période] to enter ✦ ~ **dans une colère noire** to get into a towering rage ✦ ~ **dans la vie active** to begin one's working life

2 VT **a** (= faire entrer) ✦ **comment allez-vous ~ cette armoire dans la chambre ?** how are you going to get that wardrobe into the bedroom?
b [+ données] to key in

entre-temps [ɑ̃tʀətɑ̃] ADV meanwhile

entretenir [ɑ̃tʀət(ə)niʀ] ► conjug 22 ◄ **1** VT **a** [+ propriété, route, machine] to maintain; [+ jardin] to look after ✦ **maison bien entretenue** (propre et rangée) well-kept house **b** (financièrement) to support ✦ **c'est une femme entretenue** she's a kept woman **c** [+ relations] to

have; [+ correspondance] to keep up **2** **s'entretenir** VPR (= converser) to talk ✦ **s'~ avec qn** to speak to sb (de about)

entretien [ɑ̃tʀətjɛ̃] NM **a** (= conversation) conversation; (= entrevue) interview ✦ ~**(s)** (Pol) talks ✦ ~ **d'embauche** job interview ✦ **passer un ~** to have an interview **b** [de jardin, maison, route] upkeep; [de machine, voiture] maintenance ✦ **agent d'~** cleaning operative

entretuer (s') [ɑ̃tʀətɥe] ► conjug 1 ◄ VPR to kill one another

entrevoir [ɑ̃tʀəvwaʀ] ► conjug 30 ◄ VT **a** (= voir indistinctement) to make out; [+ solutions, complications) to foresee **b** (= apercevoir brièvement) to catch a glimpse of; [+ visiteur] to see briefly

entrevue [ɑ̃tʀəvy] NF (= discussion) meeting; (= audience) interview

entrouvert, e [ɑ̃tʀuvɛʀ, ɛʀt] ADJ half-open; [lèvres] parted

entrouvrir VT, **s'entrouvrir** VPR [ɑ̃tʀuvʀiʀ] ► conjug 18 ◄ to half-open

entuber [ɑ̃tybe] ► conjug 1 ◄ VT (= duper) to con ∗ ✦ **se faire ~** to be conned ∗

énumération [enymeʀasjɔ̃] NF enumeration

énumérer [enymeʀe] ► conjug 6 ◄ VT to enumerate

env. (abrév de **environ**) approx.

envahir [ɑ̃vaiʀ] ► conjug 2 ◄ VT to invade; [sentiment] to overcome ✦ **le jardin est envahi par les orties** the garden is overrun with nettles ✦ **leurs produits envahissent notre marché** our market is being flooded with their products

envahissant, e [ɑ̃vaisɑ̃, ɑ̃t] ADJ [personne] intrusive

envahisseur [ɑ̃vaisœʀ] NM invader

enveloppe [ɑ̃v(ə)lɔp] NF **a** [de lettre] envelope ✦ ~ **autocollante** self-sealing envelope ✦ **sous ~** [envoyer] under cover **b** (= crédits) budget

envelopper [ɑ̃v(ə)lɔpe] ► conjug 1 ◄ **1** VT **a** [+ objet, enfant] to wrap ✦ **elle est assez enveloppée** (hum) she's well-padded ∗ **b** [brume] to shroud **2** **s'envelopper** VPR (dans une couverture, un châle) to wrap o.s.

envenimer (s') [ɑ̃v(ə)nime] ► conjug 1 ◄ VPR [blessure, plaie] to get infected; [querelle, situation] to grow more bitter

envergure [ɑ̃vɛʀgyʀ] NF **a** [d'oiseau, avion] wingspan; [de voile] breadth **b** [de personne] calibre; [d'entreprise] scale ✦ **prendre de l'~** [entreprise, projet] to expand ✦ **d'~, de grande ~** [auteur, politicien] of great stature; [projet, réforme] far-reaching; [opération] ambitious

enverra [ɑ̃veʀa] VB → **envoyer**

envers [ɑ̃vɛʀ] **1** NM [d'étoffe, vêtement] wrong side; [de papier] back; [de médaille] reverse side **◆ à l'~** (verticalement) upside down; (dans l'ordre inverse) backwards; (devant derrière) back to front; (dedans dehors) on inside out **◆ tout marche à l'~** everything is going wrong **◆ faire qch à l'~** (= mal) to do sth all wrong **2** PRÉP to **◆ cruel ~ qn** cruel to sb **◆ et contre tout** despite all opposition

envie [ɑ̃vi] NF **a** (= inclination) **◆ avoir ~ de qch** to feel like sth **◆ avoir ~ de faire qch** to feel like doing sth **◆ avoir bien ~ de faire qch** to have a good mind to do sth **◆ ce gâteau me fait ~** I like the look of that cake **b** (euph) **◆ être pris d'une ~ pressante** to be desperate for the toilet **c** (= convoitise) envy **d** (*: sur la peau) birthmark

envier [ɑ̃vje] ► conjug 7 ◄ VT [+ personne, bonheur] to envy **◆ ce pays n'a rien à ~ au nôtre** (il est mieux) that country has no cause to be jealous of us; (il est aussi mauvais) that country is just as badly off as we are

envieux, -ieuse [ɑ̃vjø, jøz] **1** ADJ envious **2** NM,F **◆ faire des ~** to arouse envy

environ [ɑ̃viʀɔ̃] **1** ADV about **2 les environs** NMPL [de ville] the surroundings; (= la banlieue) the outskirts **◆ qu'y a-t-il à voir dans les ~s ?** what is there to see around here? **◆ aux ~s de** [+ ville] around **◆ aux ~ de 3 heures** some time around 3 o'clock

environnant, e [ɑ̃viʀɔnɑ̃, ɑ̃t] ADJ surrounding

environnement [ɑ̃viʀɔnmɑ̃] NM environment **◆ ~ familial** family background

environner [ɑ̃viʀɔne] ► conjug 1 ◄ VT to surround

envisager [ɑ̃vizaʒe] ► conjug 3 ◄ VT to envisage **◆ ~ de faire qch** to be thinking of doing sth

envoi [ɑ̃vwa] NM **a** (= action) sending **◆ coup d'~** (Sport) kick-off; [de festival] opening **b** (= colis) parcel

envol [ɑ̃vɔl] NM [d'avion] takeoff **◆ prendre son ~** [oiseau] to take flight; (fig) to take off

envoler (s') [ɑ̃vɔle] ► conjug 1 ◄ VPR **a** [oiseau] to fly away; [avion, voyageur] to take off **b** [chapeau] to be blown off; [feuille, papiers] to blow away **c** [espoirs] to vanish; [portefeuille, personne] to vanish into thin air

envoûtant, e [ɑ̃vutɑ̃, ɑ̃t] ADJ entrancing

envoûter [ɑ̃vute] ► conjug 1 ◄ VT to cast a spell on

envoyé, e [ɑ̃vwaje] NM,F (politique) envoy; (= journaliste) correspondent **◆ ~ spécial** (= journaliste) special correspondent

envoyer [ɑ̃vwaje] ► conjug 8 ◄ **1** VT **a** to send; [+ candidature] to send in **◆ envoie-moi un mot** drop me a line * **b** (en vacances, en courses) to send (off) (chez, auprès de to); [+ émissaire, troupes] to send out **◆ ~ chercher qn/qch** to send for sb/sth **◆ ~ promener qn** * to send sb packing * **◆ il a tout envoyé promener** * he chucked the whole thing in **c** (= lancer) to throw; [+ obus] to fire; [+ signaux] to send out **◆ ~ des baisers à qn** to blow sb kisses **◆ des coups de pied/poing à qn** to kick/punch sb **2 s'envoyer** VPR ‡ [+ bouteille] to knock back *; [+ nourriture] to scoff *; (sexuellement) to have it off (Brit) ou get off (US) with * **◆ s'~ en l'air** to have it off ‡ (Brit), to get some * (US)

éolien, -ienne [eɔljɛ̃, jɛn] **1** ADJ wind avant le nom **2 éolienne** NF windmill

épagneul, e [epaɲœl] NM,F spaniel **◆ ~ breton** Brittany spaniel

épais, -aisse [epɛ, ɛs] ADJ thick **◆ ~ de 5 cm** 5cm thick

épaisseur [epesœʀ] NF thickness **◆ la neige a un mètre d'~** the snow is a metre deep

épaissir VTI, **s'épaissir** VPR [epesiʀ] ► conjug 2 ◄ [substance, brouillard] to thicken **◆ le mystère s'épaissit** the plot thickens

épancher (s') [epɑ̃ʃe] ► conjug 1 ◄ VPR [personne] to open one's heart (auprès de to)

épandre [epɑ̃dʀ] ► conjug 41 ◄ VT [+ fumier] to spread

épanoui, e [epanwi] ADJ [visage, sourire] radiant **◆ c'est quelqu'un de très ~** [personne] he's very much at one with himself

épanouir (s') [epanwiʀ] ► conjug 2 ◄ VPR [fleur] to bloom; [personne] to blossom

épanouissant, e [epanwisɑ̃, ɑ̃t] ADJ fulfilling

épargnant, e [epaʀɲɑ̃, ɑ̃t] NM,F saver **◆ petits ~s** small investors

épargne [epaʀɲ] NF (= somme) savings **◆ l'~** (= action) saving **◆ ~-logement** home-buyers' savings scheme

épargner [epaʀɲe] ► conjug 1 ◄ VT **a** (= économiser) to save **b** (= éviter) **◆ ~ qch à qn** to spare sb sth **◆ je vous épargne les détails** I'll spare you the details **c** [+ ennemi] to spare

éparpiller [epaʀpije] ► conjug 1 ◄ **1** VT (= disperser) to scatter **2 s'éparpiller** VPR [feuilles, foule] to scatter **◆ il s'éparpille beaucoup trop** [personne] he spreads himself too thin

épars, e [epaʀ, aʀs] ADJ (littér) scattered

épatant, e [epatɑ̃, ɑ̃t] ADJ splendid *

épaté, e [epate] ADJ [nez] flat

épater [epate] ► conjug 1 ◄ VT (= étonner) to amaze; (= impressionner) to impress

épaule [epol] NF shoulder **◆ large d'~s** broad-shouldered **◆ ~ d'agneau** shoulder of lamb **◆ donner un coup d'~ à qn** to knock sb with one's shoulder

épauler [epole] ► conjug 1 ◄ VT **a** [+ personne] to back up **b** [+ fusil] to raise ◆ **il épaula puis tira** he raised his rifle and fired

épaulette [epolɛt] NF (Mil) epaulette; (= rembourrage) shoulder pad

épave [epav] NF wreck

épée [epe] NF sword ◆ **~ de Damoclès** Sword of Damocles

épeler [ep(ə)le] ► conjug 4 ou 5 ◄ VT [+ mot] to spell

éperdu, e [epɛʀdy] ADJ [personne, regard] distraught; [amour] passionate; [fuite] frantic

éperdument [epɛʀdymɑ̃] ADV [aimer] passionately ◆ **je m'en moque ~** I couldn't care less

éperon [ep(ə)ʀɔ̃] NM spur

éperonner [ep(ə)ʀɔne] ► conjug 1 ◄ VT [+ cheval] to spur on

épervier [epɛʀvje] NM sparrowhawk

éphémère [efemɛʀ] ADJ [bonheur, succès] fleeting; [mouvement, règne, publication] short-lived

épi [epi] NM [de blé, maïs] ear; [de cheveux] tuft

épice [epis] NF spice

épicé, e [epise] ADJ spicy

épicerie [episʀi] NF (= magasin) grocery; (= nourriture) groceries ◆ **aller à l'~** to go to the grocer's ◆ **~ fine** delicatessen

épicier, -ière [episje, jɛʀ] NM,F grocer

épidémie [epidemi] NF epidemic ◆ **~ de grippe** flu epidemic

épiderme [epidɛʀm] NM skin

épier [epje] ► conjug 7 ◄ VT [+ personne] to spy on; [+ gestes] to watch closely

épilation [epilasjɔ̃] NF removal of unwanted hair; [de sourcils] plucking ◆ **~ à la cire** waxing

épilepsie [epilɛpsi] NF epilepsy

épiler [epile] ► conjug 1 ◄ **1** VT [+ jambes] to remove the hair from; [+ sourcils] to pluck **2** s'épiler VPR ◆ **s'~ les jambes** to remove the hair from one's legs ◆ **s'~ les sourcils** to pluck one's eyebrows

épilogue [epilɔg] NM (Littérat) epilogue; (fig) conclusion

épinards [epinaʀ] NMPL spinach *NonC*

épine [epin] NF [de buisson, rose] thorn; [de hérisson, oursin] spine; [de porc-épic] quill ◆ **~ dorsale** backbone

épineux, -euse [epinø, øz] ADJ [plante, problème] thorny; [situation] tricky

épingle [epɛ̃gl] NF pin ◆ **~ à cheveux** hairpin ◆ **~ de nourrice** ou **de sûreté** safety pin

épingler [epɛ̃gle] ► conjug 1 ◄ VT **a** (= attacher) to pin (on) (**à**, **sur** to) **b** (* = arrêter) to nab * ◆ **se faire ~** to get nabbed *

épinière [epinjɛʀ] ADJ F ◆ **moelle ~** spinal cord

Épiphanie [epifani] NF ◆ **l'~** Epiphany, Twelfth Night

épique [epik] ADJ epic

épisode [epizɔd] NM episode ◆ **roman/film à ~s** serialized novel/film ◆ **~ dépressif/ infectieux** depressive/infectious phase

épisodique [epizɔdik] ADJ [événement] occasional ◆ **de façon ~** occasionally

épitaphe [epitaf] NF epitaph

épithète [epitɛt] **1** NM ◆ **(adjectif) ~** attributive adjective **2** NF (= qualificatif) epithet

éploré, e [eplɔʀe] ADJ tearful

éplucher [eplyʃe] ► conjug 1 ◄ VT **a** [+ fruits, légumes] to peel; [+ salade, radis] to clean **b** [+ journaux, comptes] to go over with a fine-tooth comb

épluchures [eplyʃyʀ] NFPL peelings

éponge [epɔ̃ʒ] NF **a** sponge ◆ **passer un coup d'~ sur qch** to wipe sth with a sponge ◆ **~ végétale** loofah (Brit), luffa (US) **b** ◆ **(tissu) ~** towelling

éponger [epɔ̃ʒe] ► conjug 3 ◄ VT [+ liquide] to sponge up; [+ plancher, visage] to mop; [+ dette] to soak up ◆ **s'~ le front** to mop one's brow

épopée [epɔpe] NF epic

époque [epɔk] NF time; (= période historique) era; (en art, géologie) period ◆ **les chansons de l'~** the songs of the time ◆ **j'étais jeune à l'~** I was young at the time ◆ **à cette ~-là** at that time ◆ **à l'~ des Grecs** at the time of the Greeks ◆ **documents d'~** contemporary historical documents ◆ **instruments/meubles d'~** period instruments/furniture

époumoner (s') [epumɔne] ► conjug 1 ◄ VPR to shout o.s. hoarse

épouse [epuz] NF wife

épouser [epuze] ► conjug 1 ◄ VT **a** [+ personne] to marry; [+ cause] to take up **b** [vêtement] to hug

épousseter [epuste] ► conjug 4 ◄ VT [+ meubles] to dust

époustouflant, e * [epustuflɑ̃, ɑ̃t] ADJ amazing

époustoufler * [epustufle] ► conjug 1 ◄ VT to stagger

épouvantable [epuvɑ̃tabl] ADJ dreadful ◆ **il a un caractère ~** he has a foul temper

épouvantail [epuvɑ̃taj] NM (à oiseaux) scarecrow

épouvante [epuvɑ̃t] NF terror ◆ **roman/film d'~** horror story/film

épouvanter [epuvɑ̃te] ► conjug 1 ◄ VT to terrify

époux [epu] NM husband ◆ **les ~** the married couple

éprendre (s') [eprɑ̃dr] ► conjug 58 ◄ VPR ◆ **s'éprendre de** to fall in love with

épreuve [eprœv] NF **a** (= essai, examen) test ◆ **~ orale/écrite** oral/written test ◆ **~ de force** trial of strength **b** (Sport) event ◆ **~ contre la montre** time trial ◆ **~ d'endurance** endurance test **c** (= malheur) ordeal **d** (Photo) print; (Typo) proof ◆ **mettre à l'~** to put to the test ◆ **à l'~ du feu** fireproof ◆ **à toute ~** [amitié, foi] staunch; [courage] unfailing

éprouvant, e [epruvɑ̃, ɑ̃t] ADJ [travail, climat] trying

éprouver [epruve] ► conjug 1 ◄ VT **a** [+ sensation, sentiment] to feel **b** [+ difficultés] to meet with **c** (frm = affliger) to afflict ◆ **très éprouvé par la maladie** sorely afflicted by illness (frm)

éprouvette [epruvɛt] NF test tube

EPS [apeɛs] NF (abrév de **éducation physique et sportive**) PE

épuisant, e [epɥizɑ̃, ɑ̃t] ADJ exhausting

épuisé, e [epɥize] ADJ [personne, cheval] exhausted; [article] sold out *attrib*; [livre] out of print

épuiser [epɥize] ► conjug 1 ◄ **1** VT to exhaust **2 s'épuiser** VPR [réserves] to run out; [personne] to exhaust o.s. (à faire qch doing sth)

épuisette [epɥizɛt] NF (à crevettes) shrimping net

épuration [epyrasjɔ̃] NF ◆ **station d'~ des eaux** water purification plant

équateur [ekwatœr] NM equator ◆ **l'Équateur** (= pays) Ecuador

équation [ekwasjɔ̃] NF equation

équatorial, e (mpl **-iaux**) [ekwatɔrjal, jo] ADJ equatorial

équatorien, -ienne [ekwatɔrjɛ̃, jɛn] **1** ADJ Ecuadorian **2 Équatorien(ne)** NM,F Ecuadorian

équerre [ekɛr] NF (pour tracer) (set) square

équestre [ekɛstr] ADJ [statue, sport] equestrian ◆ **centre ~** riding school

équilibre [ekilibr] NM **a** balance ◆ **perdre/garder l'~** to lose/keep one's balance ◆ **se tenir ou être en ~ (sur)** [personne] to balance (on); [objet] to be balanced (on) **b** ◆ **~ (mental)** (mental) equilibrium **c** (Sciences) equilibrium

équilibré, e [ekilibre] ADJ [personne, régime alimentaire] well-balanced

équilibrer [ekilibre] ► conjug 1 ◄ VT **a** (= mettre en équilibre, harmoniser) to balance **b** (= contrebalancer) to counterbalance

équilibriste [ekilibrist] NMF tightrope walker

équinoxe [ekinɔks] NM equinox

équipage [ekipaʒ] NM [d'avion, bateau] crew

équipe [ekip] NF team ◆ **sport d'~** team game ◆ **l'~ de jour** [d'usine] the day shift ◆ **travailler en ou par ~s** (en usine) to work in shifts ◆ **faire ~ avec** to team up with

équipement [ekipmɑ̃] NM **a** (= matériel) equipment **b** (= aménagement) ◆ **~ hôtelier** hotel facilities ◆ **~s collectifs** [de ville, région] community facilities

équiper [ekipe] ► conjug 1 ◄ **1** VT to equip (de with) ◆ **~ une machine d'un dispositif de sécurité** to fit a machine with a safety device **2 s'équiper** VPR to equip o.s. (de, en with)

équipier, -ière [ekipje, jɛr] NM,F (Sport) team member ; (dans la restauration rapide) fast food employee

équitable [ekitabl] ADJ fair

équitation [ekitasjɔ̃] NF horse-riding ◆ **faire de l'~** to go horse-riding ◆ **école d'~** riding school

équité [ekite] NF equity

équivalence [ekivalɑ̃s] NF equivalence

équivalent, e [ekivalɑ̃, ɑ̃t] **1** ADJ equivalent (à to) **2** NM equivalent

équivaloir [ekivalwar] ► conjug 29 ◄ VI to be equivalent (à to) ◆ **ça équivaut à dire que ...** it amounts to saying that ...

équivaut [ekivo] VB → **équivaloir**

équivoque [ekivɔk] **1** ADJ (= ambigu) ambiguous; (= louche) dubious **2** NF (= ambiguïté) ambiguity; (= incertitude) doubt ◆ **conduite sans ~** unequivocal behaviour ◆ **pour lever l'~** to remove any doubt

érable [erabl] NM maple

érafler [erafle] ► conjug 1 ◄ VT to scratch

éraflure [eraflyr] NF scratch

éraillé, e [eraje] ADJ [voix] hoarse

ère [ɛr] NF era ◆ **400 avant notre ~** 400 BC ◆ **en l'an 1600 de notre ~** in the year 1600 AD

érection [erɛksjɔ̃] NF erection

éreintant, e [erɛ̃tɑ̃, ɑ̃t] ADJ [travail] exhausting

éreinter [erɛ̃te] ► conjug 1 ◄ VT **a** (= épuiser) to wear out **b** (= critiquer) to pull to pieces

ergonomique [ɛrgɔnɔmik] ADJ ergonomic

ergoter [ɛrgɔte] ► conjug 1 ◄ VI to quibble (sur about)

ériger [eʀiʒe] ► conjug 3 ◄ VT (frm) [+ monument, bâtiment] to erect ◆ ~ le dogmatisme en vertu to make a virtue of dogmatism ◆ ~ un criminel en héros to set a criminal up as a hero

ermite [ɛʀmit] NM hermit

éroder [eʀɔde] ► conjug 1 ◄ VT to erode

érogène [eʀɔʒɛn] ADJ erogenous

érosion [eʀozjɔ̃] NF erosion

érotique [eʀɔtik] ADJ erotic

érotisme [eʀɔtism] NM eroticism

errant, e [eʀɑ̃, ɑ̃t] ADJ wandering ◆ chien ~ stray dog

erratum [eʀatɔm] (pl **errata**) [eʀata] NM erratum

errer [eʀe] ► conjug 1 ◄ VI (= se promener) to wander

erreur [eʀœʀ] NF mistake, error ◆ ~ de calcul mistake in calculation ◆ ~ de traduction mistranslation ◆ ~ de jugement error of judgment ◆ ~ judiciaire miscarriage of justice ◆ sauf ~ unless I'm mistaken ◆ par ~ by mistake ◆ commettre ou faire une ~ to make a mistake (sur about) ◆ faire ~ to be wrong ◆ vous faites ~ (au téléphone) you've got the wrong number ◆ l'~ est humaine to err is human ◆ ~s de jeunesse youthful indiscretions

erroné, e [eʀɔne] ADJ erroneous

ersatz [ɛʀzats] NM ersatz ◆ ~ de café ersatz coffee

érudit, e [eʀydi, it] **1** ADJ erudite **2** NM,F scholar

éruption [eʀypsjɔ̃] NF **a** (Géol) eruption ◆ entrer en ~ to erupt **b** (Méd) ◆ ~ de boutons outbreak of spots ◆ ~ cutanée skin rash **c** (= manifestation) ◆ ~ de violence outbreak of violence

escabeau (pl ~x) [ɛskabo] NM (= échelle) stepladder

escadrille [ɛskadʀij] NF = squadron

escadron [ɛskadʀɔ̃] NM squadron

escalade [ɛskalad] NF **a** (= action de gravir, sport) climbing ◆ faire de l'~ to go climbing **b** (= aggravation) escalation ◆ pour éviter l'~ to stop things getting out of control

escalader [ɛskalade] ► conjug 1 ◄ VT to climb

escalator [ɛskalatɔʀ] NM escalator

escale [ɛskal] NF **a** (= endroit) (en bateau) port of call; (en avion) stop ◆ faire ~ à [bateau] to call at; [avion] to stop over at **b** (= temps d'arrêt) (en bateau) call; (en avion) stop(over) ◆ vol sans ~ nonstop flight

escalier [ɛskalje] NM (= marches) stairs; (= cage) staircase ► escalier mécanique ou roulant escalator

escalope [ɛskalɔp] NF escalope

escamotable [ɛskamɔtabl] ADJ [antenne] retractable; [lit, siège] collapsible; [escalier] foldaway

escamoter [ɛskamɔte] ► conjug 1 ◄ VT **a** [+ cartes, accessoire] to conjure away **b** [+ difficulté] to get round; [+ question] to dodge; [+ mot, repas] to skip

escapade [ɛskapad] NF ◆ faire une ~ [enfant] to run away ◆ on a fait une petite ~ ce week-end we went for a little trip this weekend

escargot [ɛskaʀgo] NM snail; (* = lambin) slowcoach * (Brit), slowpoke * (US) ◆ avancer comme un ~ to go at a snail's pace

escarmouche [ɛskaʀmuʃ] NF skirmish

escarpé, e [ɛskaʀpe] ADJ steep

escient [esjɑ̃] ◆ à bon escient LOC ADV advisedly ◆ à mauvais ~ ill-advisedly

esclaffer (s') [ɛsklafe] ► conjug 1 ◄ VPR to burst out laughing

esclandre [ɛsklɑ̃dʀ] NM scandal ◆ faire ou causer un ~ to cause a scandal

esclavage [ɛsklavaʒ] NM slavery ◆ réduire en ~ to enslave

esclave [ɛsklav] NMF slave ◆ être ~ de la mode/d'une habitude to be a slave of fashion/to habit

escompte [ɛskɔ̃t] NM discount

escompter [ɛskɔ̃te] ► conjug 1 ◄ VT **a** (= s'attendre à) to expect ◆ ~ faire qch to expect to do sth **b** (Banque) to discount

escorte [ɛskɔʀt] NF escort ◆ sous bonne ~ under escort

escorter [ɛskɔʀte] ► conjug 1 ◄ VT to escort

escrime [ɛskʀim] NF fencing ◆ faire de l'~ to fence

escrimer (s') [ɛskʀime] ► conjug 1 ◄ VPR ◆ s'escrimer à faire qch to wear o.s. out doing sth ◆ s'escrimer sur qch to struggle away at sth

escroc [ɛskʀo] NM swindler

escroquer [ɛskʀɔke] ► conjug 1 ◄ VT to swindle ◆ ~ qn de qch to swindle sb out of sth ◆ se faire ~ to be swindled

escroquerie [ɛskʀɔkʀi] NF swindle; (Droit) fraud ◆ 50 F pour un café, c'est de l'~ 50 francs for a coffee is a real rip-off *

ésotérique [ezɔteʀik] ADJ esoteric

espace [ɛspas] NM space ◆ avoir assez d'~ pour bouger/vivre to have enough room to move/live ◆ l'Espace économique européen the European Economic Area ◆ en l'~ de trois minutes within three minutes ◆ espaces verts parks

espacé, e [ɛspase] ADJ [arbres, objets] spaced out ◆ ses visites sont très ~es ces temps-ci his visits are few and far between these days

espacer [ɛspase] ▸ conjug 3 ◂ **1** VT to space out **2** s'espacer VPR [visites, symptômes] to become less frequent

espadon [ɛspadɔ̃] NM swordfish

espadrille [ɛspadʀij] NF espadrille

Espagne [ɛspaɲ] NF Spain

espagnol, e [ɛspaɲɔl] **1** ADJ Spanish **2** NM **a** (= langue) Spanish **b** ◆ Espagnol Spaniard ◆ les Espagnols the Spanish **3** Espagnole NF Spanish woman

espèce [ɛspɛs] **1** NF **a** [d'animal, plante] species ◆ ~ humaine human race **b** (= sorte) kind ◆ c'est une ~ de boîte it's a kind of box ◆ ~ de maladroit ! you clumsy oaf! * **2** espèces NFPL [argent] cash

espérance [ɛspeʀɑ̃s] NF hope ◆ ça a dépassé toutes nos ~s it was far more than we'd hoped for ▸ espérance de vie life expectancy

espérer [ɛspeʀe] ▸ conjug 6 ◂ VT to hope for ◆ ~ réussir to hope to succeed ◆ ~ que to hope that ◆ viendra-t-il ? – j'espère (bien) will he come? – I (certainly) hope so

espiègle [ɛspjɛɡl] ADJ mischievous

espion, -ionne [ɛspjɔ̃, jɔn] NM,F spy

espionnage [ɛspjɔnaʒ] NM espionage ◆ film/roman d'~ spy film/novel ◆ ~ industriel industrial espionage

espionner [ɛspjɔne] ▸ conjug 1 ◂ VT to spy on

esplanade [ɛsplanad] NF esplanade

espoir [ɛspwaʀ] NM **a** hope ◆ avoir l'~ que to be hopeful that ◆ reprendre ~ to begin to feel hopeful again ◆ sans ~ [amour, situation] hopeless **b** (= personne) ◆ un jeune ~ du ski/de la chanson a young hopeful of the skiing/singing world

esprit [ɛspʀi] NM **a** (= pensée) mind ◆ avoir l'~ large to be broad-minded ◆ avoir l'~ mal tourné to have a dirty mind ◆ avoir l'~ d'analyse/critique to have an analytical/critical mind ◆ il a l'~ ailleurs his mind is on other things ◆ ça ne m'était pas venu à l'~ I didn't think about that ◆ un des plus grands ~s du siècle one of the greatest minds of the century ◆ les grands ~s se rencontrent great minds think alike **b** (= humour) wit ◆ avoir de l'~ to be witty **c** (Rel, Spiritisme) spirit ▸ l'Esprit saint the Holy Spirit **d** (= attitude) ◆ avoir mauvais ~ to be negative about things ▸ esprit de compétition competitive spirit ▸ esprit d'équipe team spirit ▸ esprit de famille family feeling

esquimau, -aude [ɛskimo, od] **1** ADJ Eskimo **2** NM ® (= glace) choc-ice (Brit), ice-cream bar (US) **3** Esquimau(de) NM,F Eskimo

esquinter * [ɛskɛ̃te] ▸ conjug 1 ◂ **1** VT [+ objet] to mess up *; [+ voiture] to smash up **2** s'esquinter VPR ◆ s'~ le bras to hurt one's arm ◆ s'~ les yeux (à lire) to strain one's eyes (reading) ◆ s'~ la santé (à faire qch) to ruin one's health (by doing sth)

esquisse [ɛskis] NF sketch

esquisser [ɛskise] ▸ conjug 1 ◂ VT to sketch ◆ ~ un geste to make a vague gesture

esquiver [ɛskive] ▸ conjug 1 ◂ **1** VT [+ coup, question] to dodge; [+ difficulté] to skirt round **2** s'esquiver VPR to slip away

essai [ɛse] NM **a** (= tentative) try ◆ coup d'~ first attempt ◆ faire plusieurs ~s to have several tries **b** (= test) test ◆ ~s nucléaires nuclear tests ◆ ~s (sur voiture, avion) trials ◆ être à l'~ to be on trial ◆ prendre qn à l'~ to take sb on for a trial period **c** (Rugby) try ◆ marquer un ~ to score a try **d** (écrit) essay

essaim [ɛsɛ̃] NM swarm

essayage [ɛsɛjaʒ] NM → cabine

essayer [ɛseje] ▸ conjug 8 ◂ VT to try out; [+ voiture] to test; [+ vêtement] to try on; [+ méthode] to try ◆ ~ de faire qch to try to do sth ◆ essaie un peu pour voir (* si tu l'oses) just you try! *

essence [ɛsɑ̃s] NF **a** (= carburant) petrol (Brit), gas (US) ◆ ~ ordinaire two-star petrol (Brit), regular gas (US) ◆ ~ sans plomb unleaded petrol (Brit) ou gas (US) ◆ ~ de térébenthine turpentine ◆ à ~ petrol-driven (Brit), gasoline-powered (US) **b** [de religion, question, doctrine] essence **c** (= espèce d'arbre) species

essentiel, -elle [ɛsɑ̃sjɛl] **1** ADJ essential **2** NM ◆ l'~ (= objets nécessaires) the essentials ◆ c'est l'~ that's the main thing ◆ l'~ de the main part of ◆ l'~ de leur temps the best part of their time

essentiellement [ɛsɑ̃sjɛlmɑ̃] ADV essentially

essieu (pl ~x) [ɛsjø] NM axle

essor [ɛsɔʀ] NM [d'oiseau, imagination] flight; [d'entreprise, pays] rapid development; [d'art, civilisation] blossoming ◆ prendre son ~ [oiseau] to soar up into the sky; [entreprise] to develop rapidly

essorer [ɛsɔʀe] ▸ conjug 1 ◂ VT (à la main) to wring out; (par la force centrifuge) to spin-dry

essoreuse [ɛsɔʀøz] NF (à tambour) spin-dryer ◆ ~ à salade salad spinner

essouffler [ɛsufle] ▸ conjug 1 ◂ **1** VT to make breathless ◆ il était essoufflé he was out of breath **2** s'essouffler VPR [coureur] to get out of breath; [reprise, grève] to run out of steam

essuie [esɥi] NM (Belg) (pour les mains) hand towel; (= serviette de bain) bath towel; (= torchon) cloth

essuie-glace (pl ~s) [esɥiglas] NM windscreen (Brit) ou windshield (US) wiper

essuie-mains [esɥimɛ̃] NM INV hand towel

essuie-tout [esɥitu] NM INV kitchen paper (Brit), paper towels (US)

essuyer [esɥije] ► conjug 8 ◄ **1** VT **a** (= nettoyer) to wipe; [+ surface poussiéreuse] to dust; [+ liquide] to wipe up ◆ ~ **la vaisselle** to dry the dishes **b** [+ pertes, reproches, échec] to endure; [+ refus] to meet with; [+ tempête] to weather **2** s'essuyer VPR [personne] to dry o.s. ◆ s'~ **les mains/les pieds** (nettoyer) to wipe one's hands/feet; (sécher) to dry one's hands/feet

est [est] **1** NM east ◆ **un vent d'~** an east wind ◆ **le soleil se lève à l'~** the sun rises in the east ◆ **à l'~ de** to the east of ◆ **l'~ (de la France)** the East (of France) ◆ **les pays de l'Est** the Eastern countries **2** ADJ INV [région, partie, versant, côte] eastern; [côté, paroi] east

estampe [estɑ̃p] NF (= image) print

esthéticien, -ienne [estetisjɛ̃, jɛn] NM,F (de salon de beauté) beautician

esthétique [estetik] **1** ADJ aesthetic (Brit), esthetic (US); (= beau) attractive **2** NF (= apparence) aesthetic (Brit), esthetic (US)

estimation [estimasjɔ̃] NF [d'objet, propriété] valuation; [de dégâts, prix, distance, quantité] estimation; (= chiffre donné) estimate ◆ ~s (= prévisions) projections

estime [estim] NF (= considération) esteem ◆ **il a baissé dans mon ~** he has gone down in my estimation ◆ **avoir de l'~ pour qn** to have respect for sb

estimer [estime] ► conjug 1 ◄ VT **a** [+ objet, propriété] to assess; [+ dégâts] to estimate (à at) ◆ **cette bague est estimée à 3 000 F** this ring is valued at 3,000 francs **b** [+ prix, distance, quantité] to estimate ◆ **les pertes sont estimées à 2 000 morts** 2,000 people are estimated to have died **c** [+ personne] to respect **d** (= considérer) ◆ ~ **que ...** to consider that ... ◆ **j'estime qu'il est de mon devoir de ...** I consider it my duty to ... ◆ **s'~ heureux d'avoir/que** to consider o.s. fortunate to have/that

estival, e (mpl -aux) [estival, o] ADJ summer; [temps, température] summery

estivant, e [estivɑ̃, ɑ̃t] NM,F summer visitor

estomac [estɔma] NM stomach ◆ **avoir mal à l'~** to have a stomach ache ◆ **partir l'~ vide** to set off on an empty stomach

estomper [estɔ̃pe] ► conjug 1 ◄ **1** VT [+ dessin] to shade off; [+ contours, souvenir] to blur **2** s'estomper VPR [contours, souvenir] to fade; [différences] to become less marked

estrade [estrad] NF platform

estragon [estragɔ̃] NM tarragon

estropier [estrɔpje] ► conjug 7 ◄ VT [+ personne] to cripple; [+ nom] to mutilate

estuaire [estɥɛr] NM estuary

et [e] CONJ **a** and ◆ **j'ai payé ~ je suis parti** I paid and left ◆ **je n'ai rien vu, ~ toi ?** I didn't see anything, what about you? ◆ **une belle ~ grande maison** a beautiful, big house **b** (valeur emphatique) ◆ ~ **alors ?** (= peu importe) so what? * ◆ ~ **moi alors ?** and what about me then? ◆ ~ **moi, je peux venir ?** can I come too? ◆ ~ **ces livres que tu devais me prêter ?** and what's happened to those books that you were supposed to lend me?

étable [etabl] NF cowshed

établi [etabli] NM workbench

établir [etablir] ► conjug 2 ◄ **1** VT to establish; [+ usine] to set up; [+ gouvernement] to form; [+ réputation] to base (sur on); [+ liste, devis, plans] to draw up; [+ facture, chèque] to make out **2** s'établir VPR **a** [jeune couple] to settle; [usine] to be set up **b** (= prendre un emploi) ◆ **s'~ à son compte** to set up one's own business **c** [amitié, contacts] to develop

établissement [etablismɑ̃] NM **a** (= bâtiment, société) establishment; (= institution) institution ◆ ~ **(scolaire)** school ◆ ~ **pénitentiaire** prison ◆ ~ **bancaire** bank **b** (= mise en place) establishing; [de liste] drawing up

étage [etaʒ] NM **a** [de bâtiment] floor ◆ **au premier ~** (en France) on the first floor (Brit), on the second floor (US) ◆ **maison à deux ~s** three-storeyed (Brit) ou three-storied (US) house ◆ **à l'~** upstairs **b** [de fusée] stage; [de gâteau] tier

étagère [etaʒɛr] NF shelf

étain [etɛ̃] NM (= minerai) tin; (= matière travaillée) pewter

étal (pl -s) [etal] NM [de boucherie, marché] stall

étalage [etalaʒ] NM (= devanture) shop window; (= tréteaux) stall; (= articles exposés) display ◆ **faire ~ de** [+ connaissances, luxe] to flaunt

étaler [etale] ► conjug 1 ◄ **1** VT **a** [+ papiers, objets] to spread (sur over); [+ journal, tissu] to spread out (sur on) **b** [+ beurre, colle] to spread (sur on); [+ peinture, crème] to apply; [+ pâte] to roll out **c** [+ paiements, travaux] to spread (sur over); [+ vacances] to stagger (sur over) **d** [+ luxe, savoir, richesse] to flaunt **2** s'étaler VPR **a** [plaine, cultures] to spread out ◆ **le titre s'étale sur trois colonnes** the headline is spread across three columns ◆ **les**

paiements s'étalent sur quatre mois payments are spread over a period of four months **b** (= se vautrer) to sprawl; (= prendre de la place) to stretch o.s. **c** (* = tomber) ♦ **s'~ (par terre)** to fall flat on the ground

étalon [etalɔ̃] NM **a** (= cheval) stallion **b** (= mesure) standard ♦ **~-or** gold standard

étanche [etɑ̃ʃ] ADJ [vêtements, montre] waterproof; [bateau, compartiment] watertight ♦ **~ à l'air** airtight

étang [etɑ̃] NM pond

étape [etap] NF (= phase) stage; (= lieu d'arrêt) stop ♦ **faire ~ à** to stop off at

état [eta] **1** NM **a** [de personne] state ♦ **bon ~ général** good general state of health ♦ **~ de santé** health ♦ **en ~ d'ivresse** ou **d'ébriété** under the influence of alcohol ♦ **il n'est pas en ~ de le faire** he's in no fit state to do it ♦ **être dans tous ses ~s** to be in a terrible state ♦ **il n'était pas dans son ~ normal** he wasn't his usual self ▸ **états d'âme** (= scrupules) scruples; (= hésitation) doubts ▸ **état d'esprit** frame of mind **b** [d'objet, article d'occasion] condition ♦ **en bon/mauvais ~** in good/bad condition ♦ **remettre en ~** [+ voiture] to repair; [+ maison] to renovate ♦ **à l'~ neuf** as good as new **c** [de chose abstraite, substance] state ♦ **dans l'~ actuel des choses** as things stand at present ▸ **état d'urgence** state of emergency **2** (= nation) ♦ **État** state ♦ **coup d'État 2** COMP ▸ **l'état civil** the registry office (Brit), the Public Records Office (US) ▸ **état des lieux** inventory of fixtures

état-major (pl **états-majors**) [etamaʒɔR] NM **a** (= officiers) staff; (= bureaux) staff headquarters **b** [de parti politique] administrative staff

États-Unis [etazyni] NMPL ♦ **les ~ (d'Amérique)** the United States (of America)

étau (pl **~-x**) [eto] NM vice

étayer [eteje] ► conjug 8 ◄ VT [+ mur] to prop up; [+ théorie] to support

etc. [ɛtseteʀa] LOC (abrév de **et cætera**) etc

été¹ [ete] NM summer ♦ **été indien** Indian summer ♦ **en été** in summer ♦ **jour d'été** summer's day ♦ **résidence d'été** summer residence

été² [ete] (ptp de **être**)

éteindre [etɛ̃dʀ] ► conjug 52 ◄ **1** VT **a** [+ gaz, lampe, chauffage, radio] to switch off ♦ **éteins dans la cuisine** switch off the lights in the kitchen **b** [+ cigarette, incendie, poêle] to put out; [+ bougie] to blow out **2** **s'éteindre** VPR **a** [cigarette, feu, gaz] to go out **b** [mourant] to pass away

étendard [etɑ̃daʀ] NM standard

étendoir [etɑ̃dwaʀ] NM (= corde) clothes line; (sur pied) clotheshorse

étendre [etɑ̃dʀ] ► conjug 41 ◄ **1** VT **a** [+ journal, tissu] to spread out; [+ tapis, pâte] to roll out; [+ ailes] to spread; [+ bras, jambes, linge] to stretch out; [+ linge] to hang out **b** * [candidat] ♦ **se faire ~** to flunk it * ♦ **il s'est fait ~ en anglais** he flunked* his English exam **c** [+ pouvoirs, action] to extend (à to); [+ connaissances, cercle d'amis] to broaden **d** [+ vin] to dilute; [+ sauce] to thin (de with) ♦ **étendu d'eau** [alcool] watered down **2** **s'étendre** VPR **a** (= s'allonger) to lie down **b** [côte, cortège, vacances] to stretch (jusqu'à as far as, to; sur over) **c** [épidémie, feu, ville] to spread; [pouvoirs, connaissances] to increase **d** (insister) to elaborate

étendu, e¹ [etɑ̃dy] ADJ **a** [ville] sprawling; [domaine] large; [connaissances, pouvoirs, vocabulaire] extensive **b** [personne, jambes] stretched out

étendue² [etɑ̃dy] NF **a** (= surface) expanse ♦ **sur une étendue de 16 km** over an area of 16km ♦ **étendue d'eau** expanse of water **b** (= durée) length **c** [de pouvoir, dégâts, connaissances] extent

éternel, -elle [etɛʀnɛl] ADJ eternal ♦ **c'est un ~ insatisfait** he's never happy with anything

éternellement [etɛʀnɛlmɑ̃] ADV eternally; [attendre, jeune] forever

éterniser (s') [etɛʀnize] ► conjug 1 ◄ VPR [situation, débat, attente] to drag on; [visiteur] to stay too long ♦ **on ne peut pas s'éterniser ici** we can't stay here for ever ♦ **ne nous éternisons pas sur ce sujet** let's not dwell forever on that subject

éternité [etɛʀnite] NF eternity ♦ **cela fait une ~ que je ne l'ai pas vu** it's ages since I last saw him

éternuer [etɛʀnɥe] ► conjug 1 ◄ VI to sneeze

éther [etɛʀ] NM ether

Éthiopie [etjɔpi] NF Ethiopia

éthiopien, -ienne [etjɔpjɛ̃, jɛn] **1** ADJ Ethiopian **2** **Éthiopien(ne)** NM,F Ethiopian

éthique [etik] **1** ADJ ethical **2** NF (Philo) ethics *sg*; (= code moral) code of ethics

ethnie [ɛtni] NF ethnic group

ethnique [ɛtnik] ADJ ethnic

ethnologie [ɛtnɔlɔʒi] NF ethnology

ethnologue [ɛtnɔlɔg] NMF ethnologist

étincelant, e [etɛ̃s(ə)lɑ̃, ɑ̃t] ADJ [lame, métal] gleaming; [étoile] twinkling; [diamant] sparkling ♦ **~ de propreté** sparkling clean

étinceler [etɛ̃s(ə)le] ► conjug 4 ◄ VI [lame, métal] to gleam; [étoile] to twinkle; [diamant] to sparkle

étincelle [etɛ̃sɛl] NF **a** [de feu, génie] spark ♦ **~ de génie** spark of genius **b** [de lame, regard] flash ♦ **jeter** ou **lancer des ~s** to flash

étioler (s') [etjɔle] ► conjug 1 ◄ VPR [plante] to wilt; [personne] to decline

étiqueter [etik(ə)te] ► conjug 4 ◄ VT to label

étiquette [etikɛt] NF **a** label; (de prix) price tag ◆ **mettre une ~ à qn** to label sb **b** (= protocole) ◆ **l'~** etiquette

étirer [etiʀe] ► conjug 1 ◄ **1** VT to stretch **2 s'étirer** VPR [personne] to stretch; [convoi, route] to stretch out

étoffe [etɔf] NF material ◆ **avoir l'~ de** to have the makings of

étoffer [etɔfe] ► conjug 1 ◄ VT [+ discours, personnage] to fill out

étoile [etwal] NF star ◆ **à la belle ~** under the stars ◆ **un trois ~s** (= restaurant) a three-star restaurant; (= hôtel) a three-star hotel ► **étoile filante** shooting star ► **étoile de mer** starfish

étoilé, e [etwale] ADJ [nuit, ciel] starry

étonnant, e [etɔnɑ̃, ɑ̃t] ADJ **a** (= surprenant) surprising ◆ **cela n'a rien d'~** there's nothing surprising about that **b** (= remarquable) amazing

étonné, e [etɔne] ADJ surprised ◆ **il a pris un air ~ ou a fait l'~** he acted surprised

étonnement [etɔnmɑ̃] NM surprise

étonner [etɔne] ► conjug 1 ◄ **1** VT to surprise ◆ **ça m'étonne que ...** I am surprised that ... ◆ **ça m'étonnerait** I'd be very surprised ◆ **tu m'étonnes !** * (iro) you don't say! * (iro) **2 s'étonner** VPR to be surprised (de qch at sth) ◆ **je m'étonne que ...** I am surprised that ... ◆ **il ne faut pas s'~** it's hardly surprising that

étouffant, e [etufɑ̃, ɑ̃t] ADJ stifling

étouffée [etufe] ◆ **à l'étouffée** LOC ADJ, LOC ADV [poisson, légumes, viande] stewed ◆ **cuire à l'~** to stew

étouffer [etufe] ► conjug 1 ◄ **1** VT **a** [assassin, chaleur] to suffocate; [sanglots, aliment] to choke ◆ **mourir étouffé** to die of suffocation ◆ **ce n'est pas la politesse qui l'étouffe !** politeness is not his forte! **b** [+ bruit] to muffle; [+ bâillement, sanglots, cris] to stifle ◆ **rires étouffés** suppressed laughter **c** [+ scandale, affaire] to hush up; [+ rumeur, flammes] to smother; [+ révolte] to suppress **2** VI (= être mal à l'aise) to feel stifled ◆ **on étouffe dans cette pièce** it's stifling in here **3 s'étouffer** VPR to suffocate ◆ **s'~ en mangeant** to choke on something

étourderie [etuʀdəʀi] NF (= caractère) absent-mindedness ◆ **(faute d')~** careless mistake

étourdi, e [etuʀdi] ADJ absent-minded

étourdir [etuʀdiʀ] ► conjug 2 ◄ VT **a** (= assommer) to stun **b** ◆ **~ qn** [bruit] to deafen sb; [succès, vin] to go to sb's head

étourdissement [etuʀdismɑ̃] NM (= vertige) dizzy spell

étrange [etʀɑ̃ʒ] ADJ strange ◆ **cela n'a rien d'~** there is nothing strange about that

étrangement [etʀɑ̃ʒmɑ̃] ADV (= étonnamment) surprisingly

étranger, -ère [etʀɑ̃ʒe, ɛʀ] **1** ADJ **a** [pays, politique, affaires] foreign **b** (= inconnu, extérieur) strange (à to) ◆ **son visage ne m'est pas ~** his face is not unfamiliar to me **2** NM,F **a** (d'un autre pays) foreigner; (péj, Admin) alien **b** (= inconnu) stranger **3** NM (= pays) ◆ **l'~** foreign countries ◆ **à l'~** abroad

étrangler [etʀɑ̃gle] ► conjug 1 ◄ **1** VT [+ personne] to strangle ◆ **mourir étranglé (par son écharpe)** to be strangled (by one's scarf) ◆ **voix étranglée par l'émotion** voice choking with emotion **2 s'étrangler** VPR (= se tuer) to strangle o.s. ◆ **s'~ de rire/colère** to choke with laughter/anger ◆ **s'~ en mangeant** to choke on something

---

🔑 **être** [etʀ] ► conjug 61 ◄

1 VB COPULE **a** to be ◆ **il était fatigué** he was tired ◆ **elle est traductrice** she's a translator ◆ **nous sommes dix à vouloir partir** ten of us want to go ◆ **serez-vous des nôtres demain ?** will you be coming tomorrow?

b (date) ◆ **on est le 12 janvier** it's 12 January ◆ **quel jour sommes-nous ?** (date) what's the date today?; (jour) what day is it today?

2 VB AUX **a** (passif) to be ◆ **il est soutenu par son patron** he is backed up by his boss

b (temps composés) to have ◆ **il est parti hier** he left yesterday ◆ **est-il déjà passé ?** has he been already? ◆ **nous étions montés** we had gone upstairs

c (verbes pronominaux) ◆ **elle s'était endormie** she had fallen asleep ◆ **ils se sont regardés avec méfiance** they looked at each other suspiciously

3 VI **a** to be ◆ **le meilleur homme qui soit** the kindest man imaginable ◆ **le village est à 10 km d'ici** the village is 10km from here

b (= aller) ◆ **il n'avait jamais été à Londres** he'd never been to London ◆ **j'ai été en Italie l'an dernier** I went to Italy last year

4 VB IMPERS

◆ **il est** it is ◆ **il est étrange que ...** it's odd that ... ◆ **il était 8 heures quand il est arrivé** it was 8 o'clock when he arrived ◆ **quelle heure est-il ?** what time is it? ◆ **il était une fois ...** once upon a time there was ...

◆ **c'est, ce sont** + nom ou pronom ◆ **c'est le médecin** (en désignant) that's the doctor; (au téléphone, à la porte) it's the doctor ◆ **ce sont de bons souvenirs** they are happy memories ◆ **qui a crié ? - c'est lui** who shouted? - he did ou it was him

◆ **c'est** + adjectif it is ◆ **c'est impossible** it's impossible ◆ **c'était formidable** it was wonderful ◆ **c'est vrai** that's true ◆ **un hôtel pas cher, c'est difficile à trouver** it's not easy to find a cheap hotel

◆ **c'est ... qui** ◆ **c'est eux** ou **ce sont eux qui mentaient** they are the ones who were lying ◆ **c'est le vent qui a emporté la toiture** it was the wind that blew the roof off

◆ **c'est ... que** ◆ **c'est ici que je l'ai trouvé** this is where I found it ◆ **c'était elle que je voulais rencontrer** it was her I wanted to meet

◆ **c'est que** (pour expliquer) ◆ **quand il écrit, c'est qu'il a besoin d'argent** when he writes, it's because he needs money

◆ **est-ce que?** ◆ **est-ce que c'est vrai ?** is it true? ◆ **est-ce que vous saviez ?** did you know? ◆ **est-ce que tu m'entends ?** can you hear me? ◆ **quand est-ce que ce sera réparé ?** when will it be fixed?; → **n'est-ce pas**

5 NM **a** (= créature) being ◆ **~ humain** human being ◆ **~ vivant** living being **b** (= individu) person ◆ **un ~ cher** a loved one ◆ **c'était un ~ merveilleux** he was a wonderful person

---

étreindre [etRɛ̃dR] ► conjug 52 ◄ VT (frm) (dans ses bras) [+ ami] to embrace; (avec les mains) to grip

étrenner [etRene] ► conjug 1 ◄ VT to use (ou wear etc) for the first time

étrennes [etRɛn] NFPL *present or money given at the end of the year*

étrier [etRije] NM stirrup

étriller [etRije] ► conjug 1 ◄ VT [+ cheval] to curry-comb

étriper [etRipe] ► conjug 1 ◄ VT [+ volaille] to draw; [+ poisson] to gut ◆ **ils vont nous ~ !** they'll have our guts for garters! *

étriqué, e [etRike] ADJ [habit] tight; [esprit, vie] narrow

étroit, e [etRwa, wat] **1** ADJ **a** narrow; [vêtement, chaussure] tight ◆ **être ~ d'esprit** to be narrow-minded **b** [liens, collaboration, surveillance] close **2** **à l'étroit** LOC ADJ, LOC ADV cramped ◆ **vivre** ou **être logé à l'~** to live in cramped conditions ◆ **être à l'~ dans ses vêtements** to be wearing clothes that are too small

étroitement [etRwatmɑ̃] ADV [lié, surveiller] closely

étude [etyd] **1** NF **a** (= action) study ◆ **ce projet est à l'~** this project is under consideration ◆ **~ de marché** market research *NonC* **b** ◆ **(salle d')~** study room ◆ **être en ~** to have a study period **c** (= bureau) office; (= charge, clientèle) practice **2** **études** NFPL studies ◆ **~s secondaires/supérieures** secondary/higher

education ◆ **faire des ~s de droit** to study law ◆ **quand je faisais mes ~s** when I was studying

étudiant, e [etydjɑ̃, jɑ̃t] NM,F student ◆ **~ en médecine/en lettres** medical/arts student

étudié, e [etydje] ADJ [prix] competitive ◆ **c'est ~ pour *** (= conçu) that's what it's for

étudier [etydje] ► conjug 7 ◄ VT to study

étui [etɥi] NM [de violon, cigares] case; [de parapluie] cover; [de revolver] holster ◆ **~ à lunettes** spectacle case

étuvée [etyve] ◆ **à l'étuvée** LOC ADJ, LOC ADV [poisson, légumes, viande] braised ◆ **cuire à l'~** to braise

EU (abrév de **États-Unis**) US

eu, e [y] (ptp de **avoir**)

eucalyptus [økaliptys] NM eucalyptus

euh [ø] EXCL er

euphémisme [øfemism] NM euphemism

euphorie [øfɔRi] NF euphoria

euphorique [øfɔRik] ADJ euphoric

euro [øRo] NM (= monnaie) euro

eurodéputé [øRodepyte] NM Euro-MP

Europe [øRɔp] NF Europe ◆ **l'~ centrale/occidentale** central/Western Europe ◆ **l'~ de l'est** Eastern Europe ◆ **l'~ des quinze** the fifteen countries of the European Union ◆ **l'~ politique** political union in Europe

européen, -enne [øRɔpeɛ̃, ɛn] **1** ADJ European ◆ **les (élections) européennes** the European elections **2** **Européen(ne)** NM,F European

eurosceptique [øRosɛptik] ADJ, NMF Eurosceptic

Eurostar ® [øRɔstaR] NM Eurostar ® ◆ **voyager en ~** to travel by Eurostar

Eurovision [øRovizjɔ̃] NF Eurovision

euthanasie [øtanazi] NF euthanasia

eux [ø] PRON PERS **a** (sujet) they ◆ **nous y allons, ~ non** ou **pas ~** we are going they aren't **b** (objet) them ◆ **les aider, ~ ? jamais !** help them? never! ◆ **cette maison est-elle à ~ ?** does this house belong to them?, is this house theirs? ◆ **ils ne pensent qu'à ~, ces égoïstes** those selfish people only think of themselves

eux-mêmes [ømɛm] PRON themselves

évacuer [evakɥe] ► conjug 1 ◄ VT [+ lieu, population] to evacuate ◆ **faire ~** [+ lieu] to clear

évadé, e [evade] NM,F escaped prisoner

évader (s') [evade] ► conjug 1 ◄ VPR [prisonnier] to escape; (de from) ◆ **s'évader de la réalité** to escape from reality ◆ **la musique me permet de m'évader** music is an escape for me

évaluation [evalɥasjɔ̃] NF assessment; (= expertise) valuation

évaluer [evalɥe] ▸ conjug 1 ◂ VT to assess; [+ maison, bijou] to value (à at) ◆ **on évalue à 60 000 le nombre des réfugiés** the number of refugees is estimated at 60,000 ◆ **j'ai mal évalué la distance** I misjudged the distance

évangéliser [evɑ̃ʒelize] ▸ conjug 1 ◂ VT to evangelize

Évangile [evɑ̃ʒil] NM ◆ **l'~** the Gospel

évanouir (s') [evanwiʀ] ▸ conjug 2 ◂ VPR [personne] to faint; [rêves, apparition, craintes] to vanish

évanouissement [evanwismɑ̃] NM blackout

évaporation [evapɔʀasjɔ̃] NF evaporation

évaporer (s') [evapɔʀe] ▸ conjug 1 ◂ VPR to evaporate; (* = disparaître) to vanish ou disappear (into thin air)

évasé, e [evaze] ADJ [jupe, pantalon] flared

évasif, -ive [evazif, iv] ADJ evasive

évasion [evazjɔ̃] NF escape (de from) ▸ **évasion des capitaux** flight of capital

éveil [evɛj] NM ◆ **être en ~** [personne] to be on the alert; [sens] to be alert

éveillé, e [eveje] ADJ [enfant, esprit, air] alert; (= à l'état de veille) wide-awake

éveiller [eveje] ▸ conjug 1 ◂ **1** VT **a** (= réveiller) to waken **b** [+ curiosité, sentiment, souvenirs] to awaken; [+ passion] to kindle; [+ attention] to attract; [+ soupçons] to arouse **2** **s'éveiller** VPR **a** (= se réveiller) to wake up **b** [sentiment, curiosité, soupçons] to be aroused; [amour] to be born

événement, évènement [evɛnmɑ̃] NM event ◆ **l'~ de la semaine** the main story of the week ◆ **faire ou créer l'~** [personne, film] to be big news

éventail [evɑ̃taj] NM **a** (= instrument) fan ◆ **en ~** [objet] fan-shaped **b** [de produits, prix, mesures] range

éventaire [evɑ̃tɛʀ] NM (= étalage) stall

éventer [evɑ̃te] ▸ conjug 1 ◂ **1** VT (= rafraîchir) to air; (avec un éventail) to fan **2** **s'éventer** VPR **a** [boisson gazeuse] to go flat; [vin, parfum] to go stale **b** (avec éventail) to fan o.s.

éventrer [evɑ̃tʀe] ▸ conjug 1 ◂ VT **a** (avec un couteau) to disembowel; (d'un coup de corne) to gore **b** [+ boîte, sac] to tear open; [+ coffre] to smash open; [+ matelas] to rip open

éventualité [evɑ̃tɥalite] NF (= hypothèse) possibility ◆ **dans l'~ d'un refus de sa part** should he refuse ◆ **pour parer à toute ~** to guard against all eventualities

éventuel, -elle [evɑ̃tɥɛl] ADJ possible

éventuellement [evɑ̃tɥɛlmɑ̃] ADV possibly ◆ **~, nous pourrions ...** we could possibly ... ◆ **~ je prendrai ma voiture** if necessary I'll take my car

évêque [evɛk] NM bishop

évertuer (s') [evɛʀtɥe] ▸ conjug 1 ◂ VPR ◆ **s'évertuer à faire qch** to strive to do sth

évidemment [evidamɑ̃] ADV obviously ◆ **bien ~** of course

évidence [evidɑ̃s] NF **a** (= caractère) evidence ◆ **se rendre à l'~** to bow to the evidence ◆ **nier l'~** to deny the facts **b** (= fait) obvious fact **c** ◆ **(être) en ~** (to be) in evidence ◆ **mettre en ~** (= souligner) to bring to the fore; [+ objet] to put in a prominent position ◆ **la lettre était bien en ~** the letter was there for all to see

évident, e [evidɑ̃, ɑ̃t] ADJ obvious ◆ **ce n'est pas ~ !** * (= pas facile) it's not that easy!

évider [evide] ▸ conjug 1 ◂ VT to hollow out; [+ pomme] to core

évier [evje] NM sink

évincer [evɛ̃se] ▸ conjug 3 ◂ VT [+ concurrent] to supplant

éviter [evite] ▸ conjug 1 ◂ **1** VT to avoid ◆ **~ de faire qch** to avoid doing sth ◆ **évite de m'interrompre** try not to interrupt me ◆ **~ qch à qn** to save sb sth ◆ **ça lui a évité d'avoir à se déplacer** that saved him the bother of going **2** **s'éviter** VPR (= se fuir) to avoid each other

évolué, e [evɔlɥe] ADJ advanced; [personne] broad-minded; [langage informatique] high-level

évoluer [evɔlɥe] ▸ conjug 1 ◂ VI **a** (= changer) to evolve; [personne, goûts] to change; [maladie, tumeur] to develop ◆ **~ qch à qn** to develop ◆ **voyons comment les choses vont ~** let's wait and see how things develop **b** [danseur] to move ◆ **le monde dans lequel il évolue** the world in which he moves

évolution [evɔlysjɔ̃] **1** NF evolution; [de goûts] change; [de maladie, tumeur] development **2** **évolutions** NFPL (= mouvements) movements

évoquer [evɔke] ▸ conjug 1 ◂ VT **a** (= remémorer) to recall; (= faire penser à) to call to mind **b** (= aborder) to bring up

ex * [ɛks] NMF ex *

ex. (abrév de **exemple**) eg

ex- [ɛks] PRÉF ex- ◆ **l'~URSS** the former Soviet Union

exacerber [ɛgzasɛʀbe] ▸ conjug 1 ◂ **1** VT [+ douleur, problème, tensions] to exacerbate; [+ passion, concurrence] to intensify ◆ **sensibilité exacerbée** heightened sensibility **2** **s'exacerber** VPR [concurrence, passion, polémique] to become more intense; [tensions] to increase

exact, e [ɛgza(kt), ɛgzakt(ə)] ADJ **a** exact; [compte rendu, donnée] accurate ◆ **c'est l'~e vérité** that's the absolute truth ◆ **l'heure ~e** the exact time **b** [réponse, calcul] correct ◆ **est-il ~ que ... ?** is it true that ...? ◆ **ce n'est pas tout à fait ~** that's not altogether correct ◆ **~ !** exactly! **c** (= ponctuel) punctual

exactement [ɛgzaktəmã] ADV exactly ◆ **c'est à 57 km ~** it's exactly 57km away

exactitude [ɛgzaktityd] NF **a** [de reproduction, donnée, pendule] accuracy **b** [de définition, réponse, calcul] correctness **c** [de dimension, nombre, valeur] exactness **d** (= ponctualité) punctuality

ex æquo [ɛgzeko] **1** ADJ INV ◆ **ils sont ex æquo** they tied **2** ADV ◆ **être premier ex æquo** to tie for first place

exagération [ɛgzaʒeRasjɔ̃] NF exaggeration

exagéré, e [ɛgzaʒeRe] ADJ (= excessif) excessive ◆ **accorder une importance ~e à** to exaggerate the importance of ◆ **il serait ~ de dire ça** it would be an exaggeration to say that

exagérer [ɛgzaʒeRe] ► conjug 6 ◄ **1** VT to exaggerate ◆ **n'exagérons rien !** let's not exaggerate! **2** VI ◆ **tu as deux heures de retard, tu exagères !** you're two hours late, this is just not on! ◆ **quand même il exagère !** he's gone too far! ◆ **sans ~, ça a duré trois heures** without any exaggeration, it lasted three hours

exalté, e [ɛgzalte] **1** ADJ [imagination] vivid **2** NM,F (= impétueux) hothead; (= fanatique) fanatic

exalter [ɛgzalte] ► conjug 1 ◄ VT **a** [+ personne] to excite; [+ esprit, imagination] to fire **b** (= glorifier) to exalt

exam * [ɛgzam] NM (abrév de **examen**) exam

examen [ɛgzamɛ̃] NM **a** (Scol) exam ◆ **écrit/oral** written/oral examination ◆ **passer un ~** to take an exam ► **examen blanc** mock exam (Brit), practice test (US) **b** ◆ **~ (médical)** [de patient] (medical) examination ◆ **se faire faire des ~s** to have some tests done **c** (= analyse) examination ◆ **la question est à l'~** the matter is under consideration **d** (Droit) ◆ **mettre qn en ~** to indict sb ◆ **mise en ~** indictment

examinateur, -trice [ɛgzaminatœR, tRis] NM,F examiner

examiner [ɛgzamine] ► conjug 1 ◄ VT **a** (= analyser) to examine; [+ question, demande, cas] to look into; [+ projet de loi] to discuss **b** (= regarder) to examine; [+ ciel, horizon] to scan ◆ **se faire ~ par un spécialiste** to be examined by a specialist

exaspérant, e [ɛgzaspeRã, ãt] ADJ exasperating

exaspérer [ɛgzaspeRe] ► conjug 6 ◄ VT to exasperate

exaucer [ɛgzose] ► conjug 3 ◄ VT [+ vœu, prière] to grant ◆ **~ qn** to grant sb's wish

excédent [ɛksedã] NM surplus ◆ **~ de poids/bagages** excess weight/baggage ◆ **~ commercial** trade surplus

excédentaire [ɛksedãtɛR] ADJ [production] excess; [budget] surplus; [balance commerciale] favourable

excéder [ɛksede] ► conjug 6 ◄ VT **a** [+ longueur, prix, pouvoir] to exceed ◆ **l'apprentissage n'excède pas trois ans** the apprenticeship doesn't last more than three years **b** (= agacer) to exasperate

excellence [ɛksɛlãs] NF **a** excellence ◆ **par ~** par excellence **b** ◆ **Son Excellence** His (ou Her) Excellency

excellent, e [ɛksɛlã, ãt] ADJ excellent

exceller [ɛksɛle] ► conjug 1 ◄ VI to excel (dans ou en qch at ou in sth; à faire in doing)

excentré, e [ɛksãtRe] ADJ [quartier, région] outlying

excentrique [ɛksãtRik] ADJ, NMF eccentric

excepté, e [ɛksɛpte] **1** ADJ ◆ **il n'a plus de famille sa mère ~e** he has no family left except his mother **2** PRÉP except

exception [ɛksɛpsjɔ̃] NF exception ◆ **à quelques ~s près** with a few exceptions ◆ **~ faite de, à l'~ de** except for ◆ **d'~** [tribunal, régime, mesure] special

exceptionnel, -elle [ɛksɛpsjɔnɛl] ADJ exceptional ◆ **offre exceptionnelle** (Commerce) special offer

exceptionnellement [ɛksɛpsjɔnɛlmã] ADV exceptionally ◆ **~, je vous recevrai lundi** just this once I will see you on Monday

excès [ɛksɛ] NM excess; [de marchandises, produits] surplus ◆ **~ de zèle** overzealousness ◆ **tomber dans l'~ inverse** to go to the opposite extreme ◆ **faire des ~ de table** to eat too much ◆ **à l'~** to excess ◆ **généreux à l'~** overgenerous ► **excès de vitesse** breaking the speed limit

excessif, -ive [ɛksesif, iv] ADJ excessive ◆ **500 F, ce n'est vraiment pas ~ !** 500 francs isn't what you'd call expensive! ◆ **elle est excessive** she takes everything to extremes

excessivement [ɛksesivmã] ADV excessively; [difficile, grave] extremely

excitant, e [ɛksitã, ãt] **1** ADJ **a** (= enthousiasmant) exciting **b** (= stimulant) stimulating **c** (sexuellement) sexy **2** NM stimulant

excitation [ɛksitasjɔ̃] NF **a** excitement ◆ **~ (sexuelle)** (sexual) excitement **b** [de nerf, muscle] excitation

excité, e [ɛksite] **1** ADJ **a** (* = enthousiasmé) excited ◆ **il ne semblait pas très ~ à l'idée de me revoir** he didn't seem too thrilled at the idea of seeing me again ◆ **~ comme une puce** all excited ◆ (* = irrité) worked up **2** NM,F * (= impétueux) hothead; (= fanatique) fanatic

exciter [ɛksite] ► conjug 1 ◄ **1** VT **a** [+ intérêt, désir] to arouse; [+ curiosité] to excite; [+ imagination] to stimulate **b** (= rendre nerveux) ◆ **~ un animal/un enfant** to get an animal/a child excited ◆ **le café, ça m'excite trop** coffee makes me too nervous **c** (sexuellement) to arouse **d** (= encourager) to spur on ◆ **~ qn contre qn** to set sb against sb **e** [+ nerf, muscle] to excite **2** **s'exciter** VPR to get excited (à propos de about, over); (= devenir nerveux) to get worked up *

exclamation [ɛksklamasjɔ̃] NF exclamation

exclamer (s') [ɛksklame] ► conjug 1 ◄ VPR to exclaim

exclu, e [ɛkskly] **1** ADJ **a** [personne] excluded **b** (= hors de question) ◆ **c'est tout à fait ~** it's completely out of the question ◆ **il n'est pas ~ que ...** it is not impossible that ... ◆ **une défaite n'est pas ~e** defeat cannot be ruled out **c** (= excepté) ◆ **tous les jours, mardi ~** every day, except Tuesday **2** NM,F ◆ **les ~s (de la société)** victims of social exclusion ◆ **les ~s de la croissance économique** those left out of the economic boom

exclure [ɛksklyR] ► conjug 35 ◄ VT **a** (= renvoyer) to expel; (temporairement) to suspend **b** [+ solution] to exclude; [+ hypothèse] to dismiss

exclusif, -ive [ɛksklyzif, iv] ADJ exclusive; [représentant] sole ◆ **dans le but ~ de faire ...** with the sole aim of doing ...

exclusion [ɛksklyzjɔ̃] NF (= expulsion) expulsion; (temporaire) suspension (de from) ◆ **l'~ (sociale)** social exclusion ◆ **à l'~ de** (= sauf) with the exception of

exclusivement [ɛksklyzivmã] ADV (= seulement) exclusively ◆ **~ réservé au personnel** reserved for staff only

exclusivité [ɛksklyzivite] NF **a** (Commerce) exclusive rights **b** (= reportage) exclusive; (à sensation) scoop ◆ **en ~ dans notre journal** exclusive to our paper ◆ **ce film passe en ~ à ...** this film is showing only at ...

excréments [ɛkskRemã] NMPL excrement *NonC*

excursion [ɛkskyRsjɔ̃] NF (= randonnée) excursion; (en voiture, à vélo) trip ◆ **~ en mer** boat trip ◆ **partir en ~, faire une ~** (en car) to go on an excursion; (en voiture, à vélo) to go on a trip

excuse [ɛkskyz] **1** NF excuse **2 excuses** NFPL (= regrets) apology ◆ **faire des ~s, présenter ses ~s** to apologize ◆ **je vous dois des ~s** I owe you an apology

excuser [ɛkskyze] ► conjug 1 ◄ **1** VT **a** (= pardonner) to forgive ◆ **veuillez ~ mon retard** please forgive me for being late ◆ **excusez-moi** (je suis désolé) I'm sorry; (pour demander quelque chose) excuse me **b** (= justifier, dispenser) to excuse ◆ **cette explication n'excuse rien** this explanation is no excuse ◆ **se faire ~** to ask to be excused **2 s'excuser** VPR to apologize (de qch for sth; auprès de qn to sb) ◆ **je m'excuse de vous déranger** sorry to bother you

exécuter [ɛgzekyte] ► conjug 1 ◄ VT **a** [+ plan, ordre, mouvement, mission] to carry out; [+ travail] to do; [+ tâche] to perform; (Informatique) [+ programme] to run **b** [+ tableau] to paint; [+ morceau de musique] to perform **c** (= tuer) to execute

exécutif, -ive [ɛgzekytif, iv] **1** ADJ executive **2** NM ◆ **l'~** the executive

exécution [ɛgzekysjɔ̃] NF **a** [de plan, ordre, mouvement, mission, tâche] carrying out ◆ **mettre à ~** [+ projet, menaces] to carry out **b** [de tableau] painting; [de morceau de musique] performance **c** (= mise à mort) execution

exemplaire [ɛgzãplɛR] **1** ADJ exemplary **2** NM copy ◆ **en deux ~s** in duplicate

exemple [ɛgzãpl] NM example ◆ **citer qn/qch en ~** to quote sb/sth as an example ◆ **donner l'~** to set an example ◆ **prendre ~ sur qn** to take sb as a model ◆ **par ~** (explicatif) for example ◆ **ça par ~ !** (surprise) well I never !

exempter [ɛgzã(p)te] ► conjug 1 ◄ VT (= dispenser) to exempt (de from)

exercer [ɛgzɛRse] ► conjug 3 ◄ **1** VT **a** [+ métier] to have; [+ fonction] to fulfil ◆ **il exerce encore** he's still practising **b** [+ droit, pouvoir] to exercise (sur over); [+ contrôle, influence, pression] to exert (sur on) **c** [+ corps, mémoire, voix] to train (à to, for) **2 s'exercer** VPR [personne] to practise ◆ **s'~ à** [+ technique, mouvement] to practise ◆ **s'~ à faire qch** to train o.s. to do sth

exercice [ɛgzɛRsis] NM **a** exercise ◆ **~ de style** (littéraire) stylistic composition ◆ **faire de l'~** to do some exercise **b** [de pouvoir] exercise; [de métier] practice ◆ **dans l'~ de ses fonctions** in the exercise of his duties ◆ **être en ~** [médecin] to be in practice; [juge, fonctionnaire] to be in office **c** (= période) year

exhaler [ɛgzale] ► conjug 1 ◄ VT (littér) [+ odeur, vapeur] to give off; (= souffler) to exhale

exhaustif, -ive [ɛgzostif, iv] ADJ exhaustive

exhiber [ɛgzibe] ► conjug 1 ◄ **1** VT [+ animal] to exhibit; (péj) [+ partie du corps] to show off; [+ savoir, richesse] to display **2 s'exhiber** VPR (péj = parader) to parade around; [exhibitionniste] to expose o.s.

exhibitionniste / explicatif

exhibitionniste [ɛgzibisjɔnist] NMF
exhibitionist

exhorter [ɛgzɔʀte] ► conjug 1 ◄ VT to urge (à
faire qch to do sth) ◆ ~ qn à la patience to
urge sb to be patient

exhumer [ɛgzyme] ► conjug 1 ◄ VT [+ corps] to
exhume; [+ ruines, vestiges] to excavate; [+ faits,
livre] to unearth

exigeant, e [ɛgziʒã, ãt] ADJ [client, hôte, profes-
seur] demanding

exigence [ɛgziʒãs] NF **a** (= caractère) high
expectations ◆ il est d'une ~ ! he's so demanding! **b** (= revendication, condition) demand ◆ ~s
(salariales) salary expectations

exiger [ɛgziʒe] ► conjug 3 ◄ VT **a** (= réclamer) to
demand (qch de qn sth of ou from sb)
◆ j'exige que vous le fassiez I insist that you do
it **b** (= nécessiter) to require

exigu, -uë [ɛgzigy] ADJ [lieu] cramped

exil [ɛgzil] NM exile ◆ en ~ [personne] in exile
◆ envoyer qn en ~ to send sb into exile

exilé, e [ɛgzile] NM,F exile

exiler [ɛgzile] ► conjug 1 ◄ **1** VT to exile
2 s'exiler VPR to go into exile ◆ s'~ à la
campagne to bury o.s. in the country

existant, e [ɛgzistã, ãt] ADJ existing

existence [ɛgzistãs] NF existence ◆ dans l'~ in
life

existentiel, -ielle [ɛgzistãsjɛl] ADJ existential

exister [ɛgziste] ► conjug 1 ◄ **1** VI **a** (= vivre,
être réel) to exist ◆ le bonheur ça existe there is
such a thing as happiness **b** (= se trouver) ◆ ce
modèle existe-t-il en rose ? is this model available in pink? **2** VB IMPERS (= il y a) ◆ il existe
(avec sg) there is; (avec pl) there are ◆ il
n'existe pas de meilleur café there is no better
coffee

exode [ɛgzɔd] NM exodus ◆ ~ rural rural
exodus ◆ ~ des cerveaux brain drain ◆ ~ des
capitaux flight of capital

exonération [ɛgzɔneʀasjɔ̃] NF ◆ ~ fiscale ou
d'impôt tax exemption

exonéré, e [ɛgzɔneʀe] ► conjug 6 ◄ ADJ ◆ ~
d'impôts free of tax

exorbitant, e [ɛgzɔʀbitã, ãt] ADJ exorbitant

exorbité, e [ɛgzɔʀbite] ADJ [yeux] bulging

exotique [ɛgzɔtik] ADJ exotic

expansif, -ive [ɛkspãsif, iv] ADJ (de caractère)
outgoing

expansion [ɛkspãsjɔ̃] NF (= extension) expansion ◆ économie en pleine ~ booming
economy

expatrié, e [ɛkspatʀije] NM,F expatriate

expatrier [ɛkspatʀije] ► conjug 7 ◄ **1** VT to
expatriate **2** s'expatrier VPR to leave one's
country

expectative [ɛkspɛktativ] NF ◆ être dans l'~
(incertitude) to be still waiting; (attente prudente)
to wait and see

expédier [ɛkspedje] ► conjug 7 ◄ VT **a** [+ lettre,
paquet] to send ◆ ~ par bateau [+ lettres, colis]
to send surface mail; [+ matières premières] to
ship ◆ je l'ai expédié en vacances chez sa
grand-mère * I sent him off to his grandmother's for the holidays **b** [+ client, visiteur] to
dismiss; [+ affaire] to dispose of ◆ ~ son déjeuner en cinq minutes to polish off * one's lunch
in five minutes

expéditeur, -trice [ɛkspeditœʀ, tʀis] NM,F [de
courrier] sender; [de marchandises] shipper

expéditif, -ive [ɛkspeditif, iv] ADJ [méthode]
expeditious

expédition [ɛkspedisjɔ̃] NF **a** (= voyage) expedition **b** [de lettre, colis, renforts] dispatch;
(par bateau) shipping

expérience [ɛksperjãs] NF **a** (= pratique) experience ◆ sans ~ inexperienced ◆ savoir par ~
to know from experience ◆ il a une longue ~
de l'enseignement he has a lot of teaching
experience **b** (= essai scientifique) experiment

expérimental, e (mpl -aux) [ɛksperimãtal, o]
ADJ experimental ◆ à titre ~ on an experimental basis

expérimenté, e [ɛksperimãte] ADJ
experienced

expert, e [ɛkspɛʀ, ɛʀt] **1** ADJ expert ◆ être ~
en la matière to be an expert in the subject
2 NM,F expert (en in, at); (pour assurances)
assessor

expert-comptable [ɛkspɛʀkɔ̃tabl],
experte-comptable [ɛkspɛʀtkɔ̃tabl] (mpl
experts-comptables) NM,F chartered accountant (Brit), certified public accountant (US)

expertise [ɛkspɛʀtiz] NF **a** [de bijou] valuation; [de dégâts] assessment **b** (= compétence)
expertise

expertiser [ɛkspɛʀtize] ► conjug 1 ◄ VT [+ bijou]
to value; [+ dégâts] to assess

expier [ɛkspje] ► conjug 7 ◄ VT [+ péchés, crime]
to expiate

expiration [ɛkspiʀasjɔ̃] NF **a** (= terme) ◆ venir à ~ to expire ◆ à l'~ du délai when the
deadline expires **b** (= respiration) exhalation

expirer [ɛkspiʀe] ► conjug 1 ◄ **1** VT [+ air] to
breathe out **2** VI **a** [délai, passeport] to expire
b (= respirer) to breathe out

explicatif, -ive [ɛksplikatif, iv] ADJ
explanatory

explication [ɛksplikasjɔ̃] NF **a** explanation (de of) ◆ **j'exige des ~s !** I demand an explanation! **b** (= discussion) discussion; (= dispute) argument **c** (Scol) ◆ **~ de texte** critical analysis of a text

explicite [ɛksplisit] ADJ explicit; [personne] clear

expliquer [ɛksplike] ► conjug 1 ◄ **1** VT **a** to explain ◆ **il m'a expliqué comment faire** he explained how to do it **b** (= élève) [+ texte] to analyse **2** **s'expliquer** VPR **a** (= donner des précisions) to explain o.s. ◆ **je m'explique** let me explain ◆ **s'~ sur ses projets** to explain one's plans **b** (= comprendre) to understand ◆ **je ne m'explique pas bien qu'il soit parti** I can't understand why he should have left ◆ (= être compréhensible) ◆ **leur attitude s'explique : ils n'ont pas reçu notre lettre** that explains their attitude: they didn't get our letter ◆ **tout s'explique !** it's all clear now! **d** (= parler clairement) ◆ **s'~ bien/mal** to express o.s. well/badly ◆ **je me suis peut-être mal expliqué** perhaps I didn't make myself clear **e** ◆ **s'~ avec qn** (= discuter) to have a talk with sb; (= se disputer) to have it out with sb *

exploit [ɛksplwa] NM exploit; (sportif) achievement

exploitant, e [ɛksplwatɑ̃, ɑ̃t] NM,F **a** (= fermier) ◆ **~ (agricole)** farmer ◆ **petit ~ (agricole)** small farmer **b** (Ciné) (= propriétaire) cinema owner; (= gérant) cinema manager

exploitation [ɛksplwatasjɔ̃] NF **a** (= entreprise) ◆ **~ familiale** family business ◆ **~ (agricole)** farm **b** (= abus) exploitation ◆ **l'~ de l'homme par l'homme** man's exploitation of man **c** [de gisement, sol] exploitation; [de terres] farming; [d'idée, situation, renseignement] using

exploiter [ɛksplwate] ► conjug 1 ◄ VT to exploit; [+ sol, terres] to farm; [+ don] to make use of

explorateur, -trice [ɛksplɔratœr, tris] NM,F (= personne) explorer

exploration [ɛksplɔrasjɔ̃] NF exploration

explorer [ɛksplɔre] ► conjug 1 ◄ VT to explore

exploser [ɛksploze] ► conjug 1 ◄ VI **a** (bombe, chaudière) to explode ◆ **faire ~** [+ bombe] to explode; [+ bâtiment, voiture] to blow up ◆ **~ (de colère)** to explode (with anger) **b** [chômage, demande, production, prix] to rocket

explosif, -ive [ɛksplozif, iv] **1** ADJ [charge, situation] explosive; [dossier] highly sensitive **2** NM explosive

explosion [ɛksplozjɔ̃] NF explosion

expo * [ɛkspo] NF abrév de **exposition**

export [ɛkspɔr] NM export

exportateur, -trice [ɛkspɔrtatœr, tris] **1** ADJ exporting **2** NM,F exporter

exportation [ɛkspɔrtasjɔ̃] NF export ◆ **faire de l'~** to be in the export business ◆ **produit d'~** export product

exporter [ɛkspɔrte] ► conjug 1 ◄ VT to export

exposé [ɛkspoze] NM account; (= conférence) talk; (devoir scolaire) presentation ◆ **faire un ~ oral sur** to give a presentation on

exposer [ɛkspoze] ► conjug 1 ◄ **1** VT **a** [+ marchandises] to display; [+ tableaux] to exhibit ◆ **elle expose dans cette galerie** she exhibits her work at that gallery ◆ **les œuvres exposées** the works on show **b** [+ faits, raisons] to state; [+ griefs] to air; [+ idées, théories] to set out **c** [+ personne] to expose (à to); [+ vie, réputation] to risk **d** (= orienter) to expose ◆ **maison exposée au sud** house facing south **2** **s'exposer** VPR to expose o.s.

exposition [ɛkspozisjɔ̃] NF **a** (= foire, salon) exhibition ◆ **l'Exposition universelle** the World Fair **b** [de photo] exposure **c** [de maison] aspect

exprès¹ [ɛksprɛ] ADV (= spécialement) specially; (= intentionnellement) on purpose ◆ **il ne l'a pas fait exprès** he didn't do it on purpose ◆ **c'est fait exprès** it's meant to be like that

exprès², -esse [ɛksprɛs] **1** ADJ [interdiction, ordre] express **2** NM, ADJ INV ◆ **(lettre/colis) exprès** express (Brit) ou special delivery (US) letter/parcel ◆ **envoyer qch en exprès** to send sth by express post (Brit) ou special delivery (US)

express [ɛksprɛs] ADJ, NM **a** ◆ **(train) ~** fast train **b** (= café) espresso

expressément [ɛkspresemɑ̃] ADV [dire, interdire] expressly

expressif, -ive [ɛkspresif, iv] ADJ expressive

expression [ɛkspresjɔ̃] NF expression ◆ **~ corporelle** music and movement ◆ **~ toute faite** stock phrase

expresso [ɛkspreso] NM (= café) espresso

exprimer [ɛksprime] ► conjug 1 ◄ **1** VT to express **2** **s'exprimer** VPR [personne] to express o.s.; [talent] to express itself ◆ **si je peux m'~ ainsi** if I may put it like that

exproprier [ɛksprɔprije] ► conjug 7 ◄ VT ◆ **ils ont été expropriés** their property has been expropriated

expulser [ɛkspylse] ► conjug 1 ◄ VT [+ élève, étranger] to expel (de from); [+ locataire] to evict (de from); [+ joueur] to send off

expulsion [ɛkspylsjɔ̃] NF [d'élève, étranger] expulsion (de from); [de locataire] eviction (de from); [de joueur] sending off

exquis, -ise [ɛkski, iz] ADJ exquisite

extase [ɛkstaz] NF ecstasy ◆ **il est en ~ devant sa fille** he goes into raptures over his daughter ◆ **tomber en ~ devant un tableau** to go into ecstasies at before a painting

extasier (s') [ɛkstazje] ► conjug 7 ◄ VPR to go into raptures (devant, sur over)

extensible [ɛkstɑ̃sibl] ADJ [matière] extensible

extensif, -ive [ɛkstɑ̃sif, iv] ADJ [agriculture] extensive

extension [ɛkstɑ̃sjɔ̃] NF **a** [de ressort, membre] stretching ◆ **être en ~** [personne] to be stretching; [bras] to be stretched out **b** [d'épidémie, grève, incendie] spreading; [de domaine] expansion; [de pouvoirs, loi, sens] extension (à to) ◆ **par ~** by extension

exténuant, e [ɛkstenyɑ̃, ɑ̃t] ADJ exhausting

exténué, e [ɛkstenye] ADJ exhausted

extérieur, e [ɛksterjœr] **1** ADJ **a** [paroi, escalier, collaborateur] outside; [décoration] outer; [cour, boulevard] exterior **b** (à l'individu) [monde, influences] outside **c** (= étranger) external; [commerce, politique, nouvelles] foreign **2** NM **a** [d'objet, maison] outside, exterior ◆ **à l'~** (= au dehors) outside; (= hors de chez soi) to work outside the home ◆ **jouer à l'~** to play an away match **b** ◆ **l'~** (autour de soi) the outside world; (= pays étrangers) foreign countries **c** (Ciné) outdoor shot ◆ **tourner en ~** to shoot outdoors

extérioriser [ɛksterjɔrize] ► conjug 1 ◄ VT [+ sentiment] to express

exterminer [ɛkstɛrmine] ► conjug 1 ◄ VT to exterminate

externat [ɛkstɛrna] NM (= école) day school

externe [ɛkstɛrn] **1** ADJ [surface] external, outer; [candidature, recrutement] external **2** NMF (= élève) day pupil ◆ **~ (des hôpitaux)** non-resident student at a teaching hospital, extern (US)

extincteur [ɛkstɛ̃ktœr] NM fire extinguisher

extinction [ɛkstɛ̃ksjɔ̃] NF extinction ◆ **avoir une ~ de voix** to have lost one's voice ◆ **espèce en voie d'~** endangered species

extirper [ɛkstirpe] ► conjug 1 ◄ **1** VT ◆ **elle a extirpé un chéquier de son sac** she pulled a chequebook out of her bag ◆ **~ qn du lit** to drag sb out of bed **2** **s'extirper** VPR ◆ **s'~ de** to drag o.s. out of

extorquer [ɛkstɔrke] ► conjug 1 ◄ VT to extort (à qn from sb)

extra [ɛkstra] **1** NM (= serveur) catering assistant; (= gâterie) treat **2** ADJ INV (= supérieur) first-rate; (= excellent) * great *

extradition [ɛkstradisjɔ̃] NF extradition

extrafin, e [ɛkstrafɛ̃, fin] ADJ [haricots, petits pois] superfine

extraire [ɛkstrɛr] ► conjug 50 ◄ VT to extract (de from); [+ charbon] to mine ◆ **~ de** [+ placard, poche] to take out of ◆ **passage extrait d'un livre** passage taken from a book

extrait [ɛkstrɛ] NM **a** [de discours, journal] extract; [de film, livre, chanson] excerpt ◆ **~ de naissance** birth certificate ◆ **~ de compte** abstract of accounts **b** [de plante] extract ◆ **~ de vanille** vanilla essence

extraordinaire [ɛkstraɔrdinɛr] ADJ extraordinary

extraplat, e [ɛkstrapla, at] ADJ [télévision, montre, calculatrice] slimline; [écran] flat

extrapoler [ɛkstrapɔle] ► conjug 1 ◄ VTI to extrapolate (à partir de from)

extraterrestre [ɛkstratɛrɛstr] ADJ, NMF extraterrestrial

extravagant, e [ɛkstravagɑ̃, ɑ̃t] ADJ [idée, théorie] extravagant; [prix] outrageous

extraverti, e [ɛkstravɛrti] ADJ, NM,F extrovert

extrême [ɛkstrɛm] **1** ADJ extreme ◆ **l'~ droite/gauche** (Pol) the far right/left ◆ **c'est avec un plaisir ~ que ...** it is with the greatest pleasure that ... ◆ **d'une difficulté ~** extremely difficult **2** NM (= opposé) extreme ◆ **passer d'un ~ à l'autre** to go from one extreme to the other

extrêmement [ɛkstrɛmmɑ̃] ADV extremely

Extrême-Orient [ɛkstrɛmɔrjɑ̃] NM INV Far East

extrémiste [ɛkstremist] ADJ, NMF extremist

extrémité [ɛkstremite] NF (= bout) end; [d'objet mince] tip ◆ **~s** (= pieds et mains) extremities

exubérant, e [ɛgzyberɑ̃, ɑ̃t] ADJ exuberant

exulter [ɛgzylte] ► conjug 1 ◄ VI to exult

FRANCAIS/
ANGLAIS

F

F [ɛf] NM **a** (= appartement) ◆ **un F2** a 2-roomed flat (Brit) ou apartment (US) **b** (abrév de **franc**) F

fa [fa] NM INV (Mus) F; (en chantant la gamme) fa

fable [fabl] NF (= histoire) fable

fabricant, e [fabʀikɑ̃, ɑ̃t] NM,F manufacturer

fabrication [fabʀikasjɔ̃] NF (industrielle) manufacture; (artisanale, personnelle) making ◆ **la ~ en série** mass production ◆ **de ~ française** made in France

fabrique [fabʀik] NF (= établissement) factory

fabriquer [fabʀike] ▸ conjug 1 ◂ VT (industriellement) to manufacture; (de façon artisanale, chez soi) to make; [+ cellules, anticorps] to produce ◆ **~ en série** to mass-produce ◆ **qu'est-ce qu'il fabrique ?** * what on earth is he up to? *

fabuleux, -euse [fabylø, øz] ADJ fabulous

fac * [fak] NF abrév de **faculté**

façade [fasad] NF [de maison] façade; [de magasin] front ◆ **la ~ ouest** the west wall

face [fas] NF **a** face; (= côté) [d'objet] side ◆ **~ A/B** [de disque] A-/B-side ◆ **faire ~** to face up to things ◆ **faire ~ à** [+ épreuve, adversaire, obligation] to face up to; [+ dette, engagement] to meet **b** (locutions) ◆ **en ~** (= de l'autre côté de la rue) across the street ◆ **le trottoir d'en ~** the opposite pavement ◆ **il faut regarder la réalité en ~** one must face facts ◆ **en ~ de** (= en vis-à-vis de) opposite; (= en présence de) in front of ◆ **l'un en ~ de l'autre** opposite or facing each other ◆ **~ à** facing ◆ **à ces problèmes** faced with such problems ◆ **~ à ~** [lieux, objets] opposite each other; [personnes, animaux] face to face

face-à-face [fasafas] NM INV (= rencontre) face-to-face meeting

facette [fasɛt] NF facet

fâché, e [faʃe] ADJ **a** (= en colère) angry (contre with) ◆ **elle a l'air ~(e)** she looks angry **b** (= brouillé) ◆ **ils sont ~s** they have fallen out

fâcher (se) [faʃe] ▸ conjug 1 ◂ VPR **a** (= se mettre en colère) to get angry (contre with) **b** (= se brouiller) to quarrel

fâcheux, -euse [faʃø, øz] ADJ (= regrettable) unfortunate

facho * [faʃo] ADJ, NMF fascist

facile [fasil] **1** ADJ easy ◆ **un livre ~ à lire** an easy book to read ◆ **il est ~ de ...** it's easy to ... ◆ **~ d'accès** easy to get to ◆ **c'est ~ à dire !** that's easy to say! ◆ **il est ~ à vivre** he's easy to get along with **2** ADV * (= facilement) easily; (= au moins) at least

facilement [fasilmɑ̃] ADV easily; (* = au moins) at least ◆ **on met ~ dix jours** it takes at least ten days

facilité [fasilite] **1** NF **a** (= simplicité) easiness ◆ **d'une grande ~ d'emploi** [outil] very easy to use; [logiciel] very user-friendly **b** (= aisance) ease; [d'expression] fluency ◆ **la ~ avec laquelle il a appris le piano** the ease with which he learnt the piano ◆ **cet élève a beaucoup de ~** this pupil has great ability **2** COMP ▸ **facilités de paiement** easy terms

faciliter [fasilite] ▸ conjug 1 ◂ VT to make easier ◆ **pour lui ~ la tâche** to make his work easier

façon [fasɔ̃] NF (= manière) way ◆ **sa ~ d'agir** the way he behaves ◆ **c'est une ~ de parler** it's just a figure of speech ◆ **d'une certaine ~** in a way ◆ **d'une ~ générale** generally speaking ◆ **d'une ou d'une autre** one way or another ◆ **de ~ à ne pas le déranger** so as not to disturb him ◆ **de toute ~** in any case ◆ **en voilà des ~s !** what a way to behave!

façonner [fasɔne] ▸ conjug 1 ◂ VT **a** [+ matière] to shape **b** [+ objet] (industriellement) to manufacture; (artisanalement) to make **c** [+ caractère, personne] to mould (Brit), to mold (US)

fac-similé (pl **~s**) [faksimile] NM facsimile

facteur [faktœʀ] NM **a** (Poste) postman (Brit), mailman (US) **b** (= élément) factor ◆ **~ de risque** risk factor

faction [faksjɔ̃] NF (= groupe) faction

factrice [faktʀis] NF (Poste) postwoman (Brit), mailwoman (US)

factuel, -elle [faktɥɛl] ADJ factual

facturation [faktyʀasjɔ̃] NF (= opération) invoicing ◆ **~ détaillée** itemized billing

facture [faktyʀ] NF (= note) bill; (Commerce) invoice ◆ **~ d'électricité/de téléphone** electricity/(tele)phone bill ◆ **payer la ~** to foot the bill

facturer [faktyʀe] ▸ conjug 1 ◂ VT (= établir une facture pour) to invoice; (= compter) to charge for ◆ **~ qch 200 F (à qn)** to charge (sb) 200 francs for sth

facturette [faktyʀɛt] NF credit card slip

facultatif, -ive [fakyltatif, iv] ADJ optional

faculté [fakylte] NF **a** [d'université] faculty ◆ la ~ des sciences the Science Faculty **b** (= université) university ◆ quand j'étais à la or en ~ when I was at university **c** (= don) faculty ◆ avoir une grande ~ de concentration to have great powers of concentration ◆ avoir toutes ses ~s to be in full possession of one's faculties

fade [fad] ADJ [nourriture] tasteless; [goût] bland; [couleur, personnalité] dull

faible [fɛbl] **1** ADJ weak; [lumière] dim; [bruit, odeur, espoir] faint; [vent] light; [rendement, revenu] low; [quantité] small; [débit] slow; [différence, avantage] slight; [majorité] narrow ◆ il est ~ en français he's weak in French **2** NM (= penchant) weakness ◆ il a un ~ pour le chocolat he has a weakness for chocolate

faiblement [fɛbləmɑ̃] ADV **a** (= sans énergie) weakly **b** (= peu) [éclairer] dimly ◆ ~ radioactif slightly radioactive

faiblesse [fɛblɛs] NF **a** (physique, morale) weakness ◆ avoir la ~ d'accepter to be weak enough to agree **b** (= niveau peu élevé) ◆ la ~ de la demande the low level of demand **c** (= défaut) weak point ◆ le film présente quelques ~s the film has several weak points

faiblir [feblir] ▶ conjug 2 ◀ VI [malade, pouls] to get weaker; [forces, courage] to fail; [bruit] to die down; [lumière] to dim; [vent] to drop; [espoir] to diminish; [demande] to weaken

faïence [fajɑ̃s] NF (= objets) ceramics ◆ carreau de ~ ceramic tile

faille [faj] **1** NF **a** (= crevasse) fault **b** (= point faible) flaw **2** VB → **falloir**

faillible [fajibl] ADJ fallible

faillir [fajir] VI (avec infinitif) ◆ j'ai failli tomber I almost fell ◆ il a failli le frapper he almost hit him

faillite [fajit] NF (Commerce) bankruptcy ◆ en ~ [entreprise] bankrupt ◆ faire ~ to go bankrupt

faim [fɛ̃] NF hunger ◆ j'ai une ~ de loup ou une de ces ~s* I'm starving* ◆ manger à sa ~ to eat one's fill

fainéant, e [feneɑ̃, ɑ̃t] **1** ADJ idle **2** NM,F idler

fainéantise [feneɑ̃tiz] NF idleness

🔑 **faire** [fɛʀ] ▶ conjug 60 ◀

1 VT **a** to do ◆ que fais-tu ce soir ? what are you doing tonight? ◆ que voulez-vous qu'on y fasse ? what can be done about it? ◆ ~ la chambre to do the room ◆ ~ 10 km to do 10km ◆ qu'avez-vous fait de votre sac ? what have

you done with your bag? ◆ ~ de l'allemand to do German ◆ ~ l'école hôtelière to go to a catering school

◆ **ne faire que** ◆ il ne fait que se plaindre he's always complaining ◆ il ne fait que bavarder he won't stop chattering ◆ je ne fais que passer I'm just passing

b (= créer, préparer, fabriquer) to make ◆ ~ un film to make a film ◆ ~ de la confiture to make jam

c (= constituer) ◆ c'est ce qui fait tout son charme that's what makes him so charming

d (Sport) [+ football, tennis, rugby] to play; [+ sport de combat] to do ◆ ~ du sport to do sport ◆ ~ du judo to do judo ◆ ~ de la boxe to box

e (Mus = jouer) to play ◆ ~ du piano/du violon to play the piano/the violin

f (Méd) [+ diabète, attaque] to have ◆ ~ de la tension to have high blood pressure

g (= chercher partout) ◆ il a fait toute la ville pour en trouver he's been all over town looking for some

h (= vendre) ◆ nous ne faisons pas cette marque we don't stock that make ◆ je vous le fais à 700 F I'll let you have it for 700 francs

i (= mesurer, peser, coûter) to be ◆ la cuisine fait 6 mètres de large the kitchen is 6 metres wide ◆ deux et deux font quatre two and two is four

j (= importer) ◆ qu'est-ce que cela peut bien te ~ ? what's it to you? ◆ qu'est-ce que ça fait ? so what? ◆ * cela ne vous ferait rien de sortir ? would you mind leaving the room?

k (= imiter) ◆ il a fait celui qui ne comprenait pas he pretended not to understand ◆ ne fais pas l'idiot don't be so stupid

l (= être, servir de) [personne] to be; [acteur] to play; [objet] to be used as ◆ tu fais l'arbitre ? will you be referee? ◆ cet hôtel fait aussi restaurant the hotel has its own restaurant ◆ quel imbécile je fais ! what a fool I am! ◆ il fera un bon avocat he'll make a good lawyer

m (= dire) to say ◆ "vraiment ?" fit-il "really?", he said ◆ le chat fait miaou the cat goes miaow

n (Gram) ◆ canal fait canaux au pluriel the plural of "canal" is "canaux"

2 VI **a** (remplaçant un autre verbe) to do ◆ as-tu payé la note ? – non, c'est lui qui l'a fait did you pay the bill? – no, he did ◆ puis-je téléphoner ? – faites, je vous en prie could I use the phone? – yes, of course

b (= agir) ◆ faites vite ! be quick! ◆ faites comme chez vous make yourself at home

c (= paraître) to look ◆ ce vase fait bien sur la table the vase looks nice on the table ◆ ~ vieux to look old ◆ ~ jeune to look young

d (* : besoins naturels) [personne] to go; [animal] to do its business

3 VB IMPERS

◆ **cela** ou **ça fait ... que** ◆ **cela fait très longtemps que je ne l'ai pas vu** I haven't seen him for a very long time, it's a long time since I saw him ◆ **ça fait trois ans qu'il est parti** it's three years since he left, he's been gone for three years, that means ...

4 VB AUX **a** (= pousser à) to make ◆ **ça m'a fait pleurer** it made me cry ◆ **ce genre de musique me fait dormir** that kind of music puts me to sleep ◆ **j'ai fait démarrer la voiture** I got the car started ◆ **~ réparer une montre** to have a watch repaired

◆ **faire faire** ◆ **~ ~ qch par qn** to get sth made (ou done) by sb ◆ **~ ~ qch à qn** to get sb to do (ou to make) sth; (en le forçant) to make sb do (ou make) sth

b (= aider à) ◆ **~ traverser la rue à un aveugle** to help a blind man across the road ◆ **~ manger un patient** to feed a patient

c (= laisser) ◆ **~ entrer qn** (qn que l'on attendait) to let sb in; (qn que l'on n'attendait pas) to ask sb in ◆ **~ venir le médecin** to call the doctor

5 **se faire** VPR **a** (= être fait) ◆ **si ça doit se ~, ça se fera sans moi** if it's going to happen, it'll happen without me ◆ **comment se fait-il qu'il soit absent ?** how come he's not here? *

b (= être convenable, courant) ◆ **ça se fait d'offrir des fleurs à un homme ?** is it OK to give flowers to a man? ◆ **cela ne se fait pas** it's not done

c (locutions)

◆ **se faire** + infinitif ◆ **il se faisait apporter le journal tous les matins** he had the paper brought to him every morning ◆ **fais-toi expliquer le règlement** get someone to explain the rules to you ◆ **se ~ couper les cheveux** to have one's hair cut ◆ **il s'est fait attaquer par deux jeunes** he was attacked by two youths

◆ **se faire à** (= s'habituer à) to get used to ◆ **il ne se fait pas au climat** he can't get used to the climate

◆ **s'en faire** to worry ◆ **ne t'en fais pas** don't worry ◆ **il ne s'en fait pas !** he's got a nerve!

◆ **il se fait que** ◆ **il pourrait se ~ qu'il pleuve** it might rain

faire-part [fɛʀpaʀ] NM INV announcement ◆ **~ de naissance/décès** birth/death announcement ◆ **~ de mariage** wedding invitation

faisable [fəzabl] ADJ feasible

faisait [f(ə)zɛ] VB → **faire**

faisan [fəzɑ̃] NM pheasant

faisceau (pl **~x**) [fɛso] NM beam ◆ **~ lumineux** beam of light

fait, faite [fɛ, fɛt] **1** ADJ **a** (= constitué) ◆ **tout ~** ready-made ◆ **bien ~** [femme] shapely; [homme] well-built ◆ **c'est bien ~ pour**

toi ! it serves you right! ◆ **être ~ pour** to be made for ◆ **ils sont ~s l'un pour l'autre** they are made for each other ◆ **c'est ~ pour *** that's what it's for ◆ **ce discours n'est pas ~ pour le rassurer** this sort of speech isn't likely to reassure him ◆ **il n'est pas ~ pour être professeur** he's not cut out to be a teacher **b** (= fini) ◆ **c'est toujours ça de ~** that's one thing out of the way **c** [fromage] ripe **2** NM **a** (= acte) ◆ **le ~ de manger/bouger** eating/moving ◆ **~s et gestes** actions **b** (= événement) event; (= donnée) fact; (= phénomène) phenomenon ◆ **aucun ~ nouveau n'est survenu** no new facts have come to light ◆ **les ~s qui lui sont reprochés** the charges against him ◆ **prendre ~ et cause pour qn** to take up the cudgels for sb ◆ **de ~** [gouvernement, dictature] de facto; (= en fait) in fact ◆ **de ce ~** for this reason **3** COMP ▸ **fait accompli** fait accompli ▸ **fait divers** (= nouvelle) news item ◆ **"~s divers"** "news in brief" ▸ **fait de société** social issue **4** **au fait** LOC ADV (= à propos) by the way **5** **en fait** LOC ADV in fact

faîte [fɛt] NM [d'arbre] top; [de maison] rooftop ◆ **au ~ de sa gloire** at the height of his fame

falaise [falɛz] NF cliff

fallacieux, -ieuse [fa(l)lasjø, jøz] ADJ [prétexte, promesse] false; [arguments, raisonnement] fallacious

---

⌐═┐ **falloir**
[falwaʀ] ▸ conjug 29 ◀ VB IMPERS

a (besoin) ◆ **il faut de l'argent pour faire cela** you need money to do that ◆ **il t'en faudrait combien ?** how many (ou much) do you need? **il me le faut absolument** I absolutely must have it ◆ **il me faudrait trois steaks, s'il vous plaît** I'd like three steaks, please

◆ **s'il le faut, s'il le fallait** if necessary ◆ **il faut du temps pour faire cela** it takes time to do that ◆ **il n'en faut pas beaucoup pour qu'il se mette à pleurer** it doesn't take much to make him cry

b (obligation) ◆ **tu pars déjà ? – il le faut** are you leaving already? – I have to ◆ **je le ferais s'il le fallait** I'd do it if I had to

◆ **falloir** + infinitif ◆ **faut-il réserver à l'avance ?** do you have to book in advance? ◆ **il faudra lui dire** we'll have to tell him ◆ **il a fallu le faire** we had to do it

◆ **falloir que** (+ subjonctif) ◆ **il faut que je parte !** I must go! ◆ **il faut que vous veniez nous voir à Toulouse !** you must come and see us in Toulouse! ◆ **il va ~ qu'il parte bientôt** he'll have to go soon

c (probabilité, hypothèse) ◆ **il faut être fou pour parler comme ça** you (ou he etc) must be mad to talk like that ◆ **il ne faut pas être intelligent pour dire ça** that's a pretty stupid thing to say

◆ **il faut être désespéré pour commettre un tel acte** you have to be desperate to do something like that

d (fatalité) ◆ **il a fallu qu'il arrive à ce moment-là** of course, he had to arrive just then ◆ **il fallait bien que ça arrive** it had to happen ◆ **il faut toujours qu'elle trouve des excuses** she always has to find some excuse

e (suggestion, exhortation) ◆ **il faut voir ce spectacle** this show must be seen ◆ **il faut voir !** (réserve) we'll have to see! ◆ **il s'est mis en colère – il faut le comprendre** he got angry – that's understandable

f (regret, réprimande) ◆ **il fallait me le dire** you should have told me ◆ **des fleurs ! il ne fallait pas !** flowers! you shouldn't have!

g (exclamations) ◆ **il faut voir comment il s'habille !** you should see the clothes he wears! ◆ **faut le faire ! *** (admiratif) that takes some doing!; (péj) that takes some beating!

h s'en falloir de ◆ **j'ai raté le train, il s'en est fallu de 5 minutes** I missed the train by 5 minutes ◆ **elle ne l'a pas injurié, mais il s'en est fallu de peu** she very nearly insulted him

falsifier [falsifje] ► conjug 7 ◄ VT to falsify; [+ signature] to forge

famé, e [fame] ADJ ◆ **mal ~** disreputable

fameux, -euse [famø, øz] ADJ **a** (= célèbre) famous **b** (* = excellent) excellent ◆ **pas ~** [mets, travail, temps] not very good

familial, e (mpl **-iaux**) [familjal, jo] **1** ADJ family **2 familiale** NF estate car (Brit), station wagon (US)

familiariser (se) [familjaʀize] ► conjug 1 ◄ VPR ◆ **se familiariser avec** [+ méthode] to familiarize o.s. with

familiarité [familjaʀite] **1** NF **a** (= désinvolture) (over)familiarity **b** (= habitude) ◆ **~ avec** [+ langue, auteur, méthode] familiarity with **2 familiarités** NFPL (= privautés) familiarities

familier, -ière [familje, jɛʀ] **1** ADJ **a** (= bien connu) familiar ◆ **sa voix m'est familière** his voice is familiar **b** (= désinvolte) [personne] (over)familiar; [manières] offhand **c** (= non recherché) [style, registre] informal ◆ **expression familière** colloquialism **2** NM [de club, théâtre] regular visitor (de to)

familièrement [familjɛʀmɑ̃] ADV [se conduire] familiarly; [s'exprimer] informally ◆ **comme on dit ~** as you say colloquially

famille [famij] NF family ◆ **~ éloignée/proche** distant/close relatives ◆ **on a prévenu la ~** the next of kin have been informed ◆ **~ nombreuse** large family ◆ **~ d'accueil** host family ◆ **de placement** foster family ◆ **ils sont de la même ~ politique** they're of the same political persuasion ◆ **de ~** [réunion, dîner] family ◆ **c'est de ~** it runs in the family ◆ **il vaut mieux régler ce problème en ~** it's best to sort this problem out within the family ◆ **passer ses vacances en ~** to spend one's holidays with the family

famine [famin] NF (= épidémie) famine

fan * [fan] NMF (= admirateur) fan

fana * [fana] ADJ, NMF (abrév de **fanatique**) fanatic ◆ **~ de ski** skiing fanatic ◆ **~ d'informatique/de cinéma** computer nerd/ cinema buff *

fanatique [fanatik] **1** ADJ fanatical (de about) **2** NMF fanatic

fanatisme [fanatism] NM fanaticism

fané, e [fane] ADJ [fleur, bouquet] wilted

faner (se) [fane] ► conjug 1 ◄ VPR to wilt

fanes [fan] NFPL [de légume] tops ◆ **~ de carottes** carrot tops

fanfare [fɑ̃faʀ] NF (= orchestre) brass band; (= musique) fanfare

fanfaronner [fɑ̃faʀɔne] ► conjug 1 ◄ VI to brag

fantaisie [fɑ̃tezi] NF **a** (= caprice) whim ◆ **je me suis payé une petite ~** (bibelot, bijou) I bought myself a little present **b** (= imagination) imagination ◆ **manquer de ~** [personne] to be unimaginative

fantaisiste [fɑ̃tezist] ADJ **a** [explication] fanciful; [horaires] unpredictable **b** [personne] (= bizarre) eccentric

fantasme [fɑ̃tasm] NM fantasy

fantasmer [fɑ̃tasme] ► conjug 1 ◄ VI to fantasize (sur about)

fantastique [fɑ̃tastik] ADJ **a** (= excellent) fantastic *; (= énorme, incroyable) incredible **b** (= étrange) [atmosphère] eerie ◆ **roman ~** fantasy ◆ **film ~** fantasy film

fantôme [fɑ̃tom] **1** NM (= spectre) ghost **2** ADJ ◆ **bateau ~** ghost ship ◆ **cabinet ~** shadow cabinet ◆ **société ~** bogus company

faon [fɑ̃] NM (= animal) fawn

farce [faʀs] NF **a** (= tour) practical joke ◆ **faire une ~ à qn** to play a practical joke on sb ◆ **~s (et) attrapes** (= objets) (assorted) tricks **b** (= comédie) farce ◆ **ce procès est une ~** this trial is a farce **c** (Culin) filling; (dans une volaille) stuffing

farceur, -euse [faʀsœʀ, øz] ADJ ◆ **il est très ~** he likes playing tricks

farcir [faʀsiʀ] ► conjug 2 ◄ **1** VT (Culin) to stuff ◆ **tomates farcies** stuffed tomatoes **2 se farcir** VPR * [+ lessive, travail, personne] to get landed with *; [+ gâteaux] to scoff * (Brit)

fard [faʀ] NM ◆ **~ à joues** blusher ◆ **~ à paupières** eye shadow

fardeau (pl ~x) [faʀdo] NM load; (fig) burden

farfelu, e * [faʀfəly] ADJ [idée, projet] hare-brained; [personne, conduite] scatty * (Brit)

farfouiller * [faʀfuje] ► conjug 1 ◄ VI to rummage about

farine [faʀin] NF [de blé] flour

fariner [faʀine] ► conjug 1 ◄ VT to flour

farniente [faʀnjɛnte] NM lazing about

farouche [faʀuʃ] ADJ **a** (= timide) shy **b** [volonté] unshakeable; [partisan] staunch; [haine] bitter

fascicule [fasikyl] NM instalment (of publication)

fascinant, e [fasinɑ̃, ɑ̃t] ADJ fascinating

fascination [fasinasjɔ̃] NF fascination

fasciner [fasine] ► conjug 1 ◄ VT to fascinate

fascisme [faʃism] NM fascism

fasciste [faʃist] ADJ, NMF fascist

fasse [fas] VB → **faire**

faste [fast] NM splendour (Brit), splendor (US)

fast-food (pl ~s) [fastfud] NM fast-food restaurant

fastidieux, -ieuse [fastidjø, jøz] ADJ tedious

fatal, e (mpl ~s) [fatal] ADJ **a** (= funeste) [accident, issue, coup] fatal ◆ **être ~ à qn** [accident] to kill sb; [erreur] to prove fatal to sb **b** (= inévitable) ◆ **c'était ~** it was bound to happen

fatalement [fatalmɑ̃] ADV (= inévitablement) inevitably

fataliste [fatalist] **1** ADJ fatalistic **2** NMF fatalist

fatalité [fatalite] NF (= destin) fate ◆ **c'est la ~** it's fate ◆ **le chômage est-il une ~ ?** is unemployment inevitable?

fatigant, e [fatigɑ̃, ɑ̃t] ADJ (= épuisant) tiring; (= agaçant) tiresome

fatigue [fatig] NF [de personne] tiredness ◆ **tomber** ou **être mort de ~** to be exhausted

fatigué, e [fatige] ADJ tired; [cœur] strained; [moteur, habits] worn

fatiguer [fatige] ► conjug 1 ◄ **1** VT **a** (physiquement) ◆ **~ qn** [maladie, effort, études] to make sb tired ◆ **ça fatigue les yeux/le moteur** it puts a strain on the eyes/the engine **b** (= agacer) to annoy; (= lasser) to wear out ◆ **tu commences à me ~** you're beginning to annoy me **2** VI [moteur] to labour (Brit), to labor (US); [personne] to grow tired ◆ **je commence à ~** I'm starting to feel tired **3** **se fatiguer** VPR to get tired ◆ **il ne s'est pas trop fatigué** (iro) he didn't overdo it

faubourg [fobuʀ] NM (inner) suburb

fauché, e * [foʃe] ADJ (= sans argent) hard up *

faucher [foʃe] ► conjug 1 ◄ VT **a** [+ blé] to reap; [+ herbe] to cut **b** [vent] to flatten; [véhicule] to knock down **c** (* = voler) to pinch *

faucille [fosij] NF sickle

faucon [fokɔ̃] NM falcon

faudra [fodʀa] VB → **falloir**

faufiler (se) [fofile] ► conjug 1 ◄ VPR ◆ **se faufiler entre** to dodge in and out of ◆ **se faufiler entre les chaises** to squeeze between the rows of seats ◆ **se faufiler entre les voitures** to dodge in and out of the traffic

faune [fon] NF wildlife ◆ **la ~ et la flore de l'île** the flora and fauna of the island

faussaire [fosɛʀ] NMF forger

fausse [fos] ADJ F → **faux**

faussement [fosmɑ̃] ADV wrongly ◆ **~ intéressé** pretending to be interested

fausser [fose] ► conjug 1 ◄ VT [+ jugement] to distort; [+ clé] to bend; [+ serrure] to damage ◆ **~ compagnie à qn** to give sb the slip

faut [fo] → **falloir**

faute [fot] NF **a** (= erreur) mistake ◆ **faire** ou **commettre une ~** to make a mistake ► **faute de français** grammatical mistake (in French) ► **faute de frappe** typing error ► **faute de goût** error of taste ► **faute d'impression** misprint ► **faute d'orthographe** spelling mistake **b** (= mauvaise action) misdeed; (Droit) offence ◆ **commettre une ~** to commit a misdemeanour ◆ **prendre qn en ~** to catch sb out ► **faute grave** (professionnelle) gross misconduct (NonC) ► **faute professionnelle** professional misconduct NonC **c** (Sport) foul; (Tennis) fault ◆ **le joueur a fait une ~** the player committed a foul ◆ **~ !** (pour un joueur) foul!; (pour la balle) fault! **d** (= responsabilité) fault ◆ **par sa ~** because of him ◆ **c'est (de) sa ~** it's his fault **e** ◆ **~ de** (= par manque de) through lack of ◆ **~ d'argent** for want of money ◆ **~ de temps** for lack of time ◆ **~ de mieux** for want of anything better ◆ **~ de quoi** otherwise

fauteuil [fotœj] NM armchair; [de président] chair; [de théâtre, académicien] seat ► **fauteuil roulant** wheelchair

fauteur, -trice [fotœʀ, tʀis] NM,F ◆ **~ de troubles** troublemaker

fautif, -ive [fotif, iv] ADJ **a** guilty; [conducteur] at fault attrib **b** [citation] inaccurate ◆ **le texte est très ~** the text is full of mistakes

fauve [fov] NM (= animal) wildcat; (= bête sauvage) wild animal

faux¹, fausse [fo, fos] **1** ADJ **a** (= artificiel, non fondé, mensonger) false; [billet, documents, signature] forged; [marbre, bijoux] imitation; [tableau, fourrure] fake; [médecin, policier] bogus

◆ **fausse pièce** forged coin ► **faux témoignage** (= déposition mensongère) false evidence NonC; (= délit) perjury **b** (= inexact) [calcul, numéro, rue] wrong; [idée] mistaken; [affirmation] untrue; [instrument de musique, voix] out of tune ◆ **ce que tu dis est faux** what you're saying is untrue ◆ **faire fausse route** to take the wrong road; (fig) to be on the wrong track ◆ **être sur une fausse piste** to be on the wrong track ◆ **faire un faux pas** to stumble ► **fausse note** (Mus) wrong note; (fig) sour note **c** (= fourbe) deceitful ► **faux ami** false friend ► **faux cul** ⁎, **faux jeton** ⁎ two-faced individual **2** NM (= contrefaçon) forgery ► **faux en écriture** false entry **3** ADV [chanter, jouer] out of tune **4** COMP ► **faux bond** ◆ **faire faux bond à qn** to let sb down ► **fausse couche** ◆ **faire une fausse couche** to have a miscarriage ► **faux départ** false start ► **faux frais** extras ► **faux mouvement** awkward movement ► **faux nom** assumed name ► **faux plat** slight incline ► **faux pli** crease ► **faux problème** non-issue ► **faux sens** mistranslation

faux² [fo] NF (= outil) scythe

faux-filet (pl ~**s**) [fofilɛ] NM sirloin

faux-fuyant (pl ~**s**) [fofɥijɑ̃] NM prevarication ◆ **user de** ~**s** to evade the issue

faux-monnayeur (pl ~**s**) [fomɔnɛjœʀ] NM counterfeiter

faveur [favœʀ] NF favour (Brit), favor (US) ◆ **fais-moi une** ~ do me a favour ◆ **de** ~ [prix, taux] special ◆ **traitement de** ~ preferential treatment ◆ **en** ~ **de** for ◆ **en ma/sa** ~ in my/his (ou her) favour

favorable [favɔʀabl] ADJ **a** [moment, occasion] right; [terrain, position, vent] favourable (Brit), favorable (US) ◆ **le change nous est** ~ the exchange rate is in our favour **b** [personne] ◆ **être** ~ **à** to be favourable to

favorablement [favɔʀabləmɑ̃] ADV favourably (Brit), favorably (US)

favori, -ite [favɔʀi, it] ADJ, NM,F favourite (Brit), favorite (US) ◆ **c'est le grand** ~ **de la course** (Sport) he's the hot favourite for the race

favoriser [favɔʀize] ► conjug 1 ◀ VT **a** (= avantager) to favour (Brit), to favor (US) ◆ **les classes les plus favorisées** the most favoured classes **b** (= faciliter) to make easier

fax [faks] NM (= machine) fax machine; (= document) fax ◆ **envoyer qch par** ~ to send sth by fax

faxer [fakse] ► conjug 1 ◀ VT to fax

FB abrév de **franc belge**

fébrile [febʀil] ADJ feverish

fécal, e (mpl -**aux**) [fekal, o] ADJ ◆ **matières** ~**es** faeces

fécond, e [fekɔ̃, ɔ̃d] ADJ **a** (= non stérile) fertile **b** [sujet, idée] fruitful

fécondation [fekɔ̃dasjɔ̃] NF [de femme] impregnation; [d'animal] fertilization; [de fleur] pollination ◆ ~ **in vitro** in vitro fertilization

féconder [fekɔ̃de] ► conjug 1 ◀ VT [+ femme] to impregnate; [+ animal] to fertilize; [+ fleur] to pollinate

féculent [fekylɑ̃] NM starchy food NonC

fédéral, e (mpl -**aux**) [federal, o] ADJ federal

fédération [federasjɔ̃] NF federation

fédérer [federe] ► conjug 6 ◀ VT to federate

fée [fe] NF fairy

feeling [filiŋ] NM feeling ◆ **faire qch au** ~ to do sth intuitively

féerique [fe(e)ʀik] ADJ magical

feignant, e [fɛɲɑ̃, ɑ̃t] **1** ADJ idle **2** NM,F idler

feindre [fɛ̃dʀ] ► conjug 52 ◀ VT (= simuler) to feign ◆ **il a feint de ne pas comprendre** he pretended not to understand

feint, e [fɛ̃, fɛ̃t] **1** ADJ [émotion, maladie] feigned ◆ **non** ~ genuine **2** **feinte** NF (= manœuvre) dummy move; (Football, Rugby) dummy (Brit), fake (US); (Boxe, Escrime) feint

feinter [fɛ̃te] ► conjug 1 ◀ VTI (Football, Rugby) to dummy (Brit) ou fake (US)

fêlé, e [fele] ADJ [assiette] cracked ◆ **tu es complètement** ~ ! ⁎ you're completely crazy! ⁎

fêler (se) [fele] ► conjug 1 ◀ VPR to crack

félicitations [felisitasjɔ̃] NFPL congratulations (pour on)

féliciter [felisite] ► conjug 1 ◀ **1** VT to congratulate (qn de ou sur qch sb on sth) ◆ **je vous félicite !** congratulations! **2** **se féliciter** VPR to be very glad (de about) ◆ **se** ~ **d'une décision** to welcome a decision

félin [felɛ̃] NM feline ◆ **les grands** ~**s** the big cats

fêlure [felyʀ] NF crack

femelle [fəmɛl] ADJ, NF female

féminin, e [feminɛ̃, in] **1** ADJ feminine; [hormone, population, sexe] female; [mode, magazine, équipe] women's ◆ **ses conquêtes** ~**es** his conquests **2** NM feminine ◆ **au** ~ in the feminine

féminiser [feminize] ► conjug 1 ◀ **1** VT to feminize **2** **se féminiser** VPR ◆ **la profession se féminise** an increasing number of women are entering the profession

féminisme [feminism] NM feminism

féministe [feminist] ADJ, NMF feminist

féminité [feminite] NF femininity

femme [fam] NF woman; (= épouse) wife ♦ **c'est la ~ de sa vie** she is the love of his life ♦ **~ médecin** woman doctor ♦ **professeur ~** female teacher ♦ **~ battue** battered woman ▶ **femme d'affaires** businesswoman ♦ **femme de chambre** (dans un hôtel) chambermaid; (de qn) (lady's) maid ▶ **la femme au foyer** the housewife ▶ **femme d'intérieur** ♦ **c'est une ~ d'intérieur** she's very houseproud ♦ **femme de lettres** woman of letters ▶ **femme de ménage** cleaning lady ▶ **femme de service** (nettoyage) cleaner; (cantine) dinner lady

fémur [femyʀ] NM thighbone

fendiller (se) [fɑ̃dije] ▸ conjug 1 ◂ VPR [plâtre, porcelaine, terre] to craze; [bois] to spring; [lèvres, peau] to chap

fendre [fɑ̃dʀ] ▸ conjug 41 ◂ **1** VT (= couper en deux) to split ♦ **du bois** to chop wood ♦ **ça me fend le cœur ou l'âme** it breaks my heart **2** **se fendre** VPR (= se fissurer) to crack ♦ **il s'est fendu le crâne** he has cracked his skull open ♦ **se ~ la pipe** ‡ **ou la poire** ‡ **ou la gueule** ‡ ‡ (= rire) to laugh one's head off *; (= s'amuser) to have a good laugh

fendu, e [fɑ̃dy] ADJ [veste] with a vent; [jupe] slit

fenêtre [f(ə)nɛtʀ] NF window; [de formulaire] space ♦ **regarder/sauter par la ~** to look/jump out of the window ♦ **se mettre à la ~** to go to the window ▶ **fenêtre à guillotine** sash window ▶ **fenêtre de lancement** launch window

fenouil [fənuj] NM fennel

fente [fɑ̃t] NF **a** [de mur, terre, rocher] crack; [de bois] split **b** [de boîte à lettres, tirelire] slot; [de jupe] slit; [de veste] vent

féodal, e [mpl **-aux**] [feodal, o] ADJ feudal

fer [fɛʀ] **1** NM **a** (= métal) iron ♦ **volonté de ~** iron will **b** [de cheval] shoe; [de chaussure] steel tip **c** (pour repasser) iron ♦ **donner un coup de ~ à qch** to give sth an iron **2** COMP ▶ **fer à cheval** horseshoe ▶ **fer forgé** wrought iron ▶ **fer à repasser** iron ▶ **fer à souder** soldering iron ▶ **fer à vapeur** steam iron

fera [f(ə)ʀa] VB → **faire**

férié, e [feʀje] ADJ ♦ **jour ~** public holiday ♦ **le lundi suivant est ~** the following Monday is a holiday

ferme¹ [fɛʀm] **1** ADJ firm ♦ **"prix : 200 000 F ferme"** "price: 200,000 francs (not negotiable)" **2** ADV **a** (* : intensif) [travailler, cogner] hard ♦ **s'ennuyer ferme** to be bored stiff * **b** ♦ **condamné à sept ans (de prison) ferme** sentenced to seven years imprisonment without remission

ferme² [fɛʀm] NF (= domaine) farm; (= habitation) farmhouse

fermé, e [fɛʀme] ADJ **a** closed; [porte, magasin, valise] shut; [espace] closed-in; [voiture] locked; [robinet] off attrib ♦ **la porte est ~e à clé** the door is locked ♦ **la station est ~e au public** the station is closed to the public **b** [milieu, club] exclusive **c** [visage, air] impenetrable; [personne] uncommunicative

fermement [fɛʀməmɑ̃] ADV firmly

fermenter [fɛʀmɑ̃te] ▸ conjug 1 ◂ VI to ferment

fermer [fɛʀme] ▸ conjug 1 ◂ **1** VT (gén) to close; [+ manteau, gilet] to do up; [+ chemin, passage] to block; [+ accès] to close off; [+ gaz, électricité, eau, robinet] to turn off ♦ **~ à clé** [+ porte, chambre] to lock ♦ **~ la porte au nez de qn** to shut the door in sb's face ♦ **on ferme !** closing time! ♦ **on ferme en juillet** we're closed in July ♦ **la ferme !** ‡ **ferme-la !** ‡ shut up! ‡ ♦ **je n'ai pas fermé l'œil de la nuit** I didn't get a wink of sleep ♦ **~ boutique** to close down **2** VI **a** [fenêtre, porte, boîte] to close ♦ **la porte ferme mal** the box doesn't close properly ♦ **ce robinet ferme mal** this tap doesn't turn off properly **b** [magasin] (le soir) to close; (définitivement, pour les vacances) to close down ♦ **ça ferme à 7 heures** they close at 7 o'clock

fermeture [fɛʀmətyʀ] **1** NF **a** [de magasin, musée, aéroport] closing ♦ **~ annuelle** annual closure; (sur la devanture) closed for the holidays ♦ **à (l'heure de) la ~** at closing time ♦ **"~ pour travaux"** "closed for refurbishment" ♦ **"ne pas gêner la ~ des portes"** "do not obstruct the doors (when closing)" **b** (= cessation d'activité) [de magasin, restaurant, école] closure ♦ **~ définitive** permanent closure **c** (= mécanisme) fastener **2** COMP ▶ **fermeture éclair** ® zip (fastener) (Brit), zipper (US)

fermier, -ière [fɛʀmje, jɛʀ] **1** ADJ ♦ **poulet ~** = free-range chicken **2** NM,F (= cultivateur) farmer

fermoir [fɛʀmwaʀ] NM [de livre, collier, sac] clasp

féroce [feʀɔs] ADJ fierce; [répression, critique] savage; [appétit] ravenous

ferraille [feʀaj] NF **a** (= déchets de fer) scrap (iron) ♦ **tas de ~** scrap heap **b** (* = monnaie) small ou loose change

ferrer [feʀe] ▸ conjug 1 ◂ VT **a** [+ cheval] to shoe; [+ chaussure] to nail **b** [+ poisson] to strike

ferroviaire [feʀɔvjɛʀ] ADJ [réseau, trafic] railway (Brit), railroad (US); [transport] rail

ferry (pl **ferries**) [feʀi] NM abrév de **ferry-boat**

ferry-boat (pl **~s**) [feʀibot] NM [de voitures] (car) ferry; [de trains] (train) ferry

fertile [fɛʀtil] ADJ fertile

fertilité [fɛʀtilite] NF fertility

fervent, e [fɛʀvɑ̃, ɑ̃t] ADJ fervent

ferveur [fɛʀvœʀ] NF fervour (Brit), fervor (US) ◆ avec ~ fervently

fesse [fɛs] NF buttock ◆ les ~s the bottom

fessée [fese] NF spanking ◆ donner une ~ à qn to smack sb's bottom

festin [fɛstɛ̃] NM feast

festival (pl ~s) [fɛstival] NM festival

festivités [fɛstivite] NFPL festivities

fête [fɛt] NF a (= commémoration) (religieuse) feast; (civile) holiday ◆ fête légale public holiday ▶ la fête des Mères Mother's Day ▶ fête nationale national holiday ▶ la fête des Pères Father's Day ▶ la fête des Rois Twelfth Night ▶ la fête du travail Labour Day b (= jour du prénom) saint's day c (= congé) holiday ◆ les ~s (de fin d'année) the (Christmas and New Year) holidays d (= foire, kermesse) fair ◆ ~ de la bière beer festival ▶ fête foraine fun fair ▶ fête de village village fête e (= réception) party ◆ ~ de famille family celebration ◆ faire une ~ (pour son anniversaire etc) to have a (birthday etc) party ◆ faire la ~ to live it up * ◆ ça va être ta ~ * you've got it coming to you *

fêter [fete] ▶ conjug 1 ◀ VT [+ anniversaire, victoire] to celebrate; [+ personne] to fête ◆ il faut ~ cela ! this calls for a celebration!

fétiche [fetiʃ] NM fetish; (= mascotte) mascot ◆ son acteur ~ his favourite actor

fétu [fety] NM ◆ ~ (de paille) wisp of straw

feu [fø] NM a (= flammes, incendie) fire ◆ faire du ~ to make a fire ◆ mettre le ~ à qch to set fire to sth ◆ prendre ~ to catch fire ◆ au ~ ! fire! ◆ il y a le ~ there's a fire ◆ il n'y a pas le ~ ! * no panic! * ◆ la région est à ~ et à sang the region is being torn apart by war ◆ sa maison était en ~ his house was on fire ▶ feu d'artifice firework display ▶ feu de camp campfire ▶ feu de cheminée (= flambée) fire ▶ feu de joie bonfire b (pour un fumeur) ◆ vous avez du ~ ? have you got a light? ◆ donner du ~ à qn to give sb a light c (= brûleur) burner; (= plaque électrique) ring (Brit), burner (US) ◆ faire cuire à ~ doux to cook on a low heat; (au four) to cook in a low oven ◆ faire cuire à ~ vif to cook on a high heat; (au four) to cook in a hot oven d (= tir) ◆ ~ ! fire! ◆ faire ~ to fire ◆ être pris entre deux ~x to be caught in the crossfire ◆ coup de ~ shot e (= signal lumineux) light ◆ le ~ était au rouge the lights were on red ◆ s'arrêter aux ~x to stop at the lights ▶ feu antibrouillard fog light ▶ feu arrière tail light ▶ feux de croisement dipped headlights (Brit), low beams (US) ▶ feux de détresse hazard warning lights ▶ feu orange amber light (Brit), yellow light (US) ▶ feu de position sidelight ▶ feux de recul reversing lights (Brit), back-up lights (US) ▶ feu rouge (= couleur) red light; (= objet) traffic light ▶ feux de route headlights

on full beam ▶ feux de signalisation ou tricolores traffic lights ▶ feu de stop brake light ▶ feu vert green light ◆ donner le ~ vert à qn to give sb the go-ahead f ◆ mise à ~ [d'explosif, bombe] setting off ◆ au moment de la mise à ~ de la fusée at blast-off

feuillage [fœjaʒ] NM (sur l'arbre) foliage NonC; (coupé) greenery NonC

feuille [fœj] 1 NF a [d'arbre, plante] leaf ◆ ~ de laurier bay leaf b [de papier, plastique, acier] sheet ◆ les ~s d'un cahier the leaves of an exercise book ◆ ~ de style (Informatique) style sheet 2 COMP ▶ feuille d'impôt tax form ▶ feuille de maladie form given by doctor to patient for forwarding to the Social Security ▶ feuille de paie pay slip ▶ feuille de soins form given by doctor to patient for forwarding to the Social Security ▶ feuille volante loose sheet

feuilleté, e [fœjte] 1 ADJ → **pâte** 2 NM ≈ Danish pastry ◆ ~ au jambon ham pastry

feuilleter [fœjte] ▶ conjug 4 ◀ VT [+ pages, livre] to leaf through; (= lire rapidement) to skim through

feuilleton [fœjtɔ̃] NM serial ◆ ~ télévisé soap

feutre [føtʀ] NM (= matière) felt; (= stylo) felt-tip pen

feutré, e [føtʀe] ADJ a [lainage] matted b [atmosphère, bruit] muffled ◆ marcher à pas ~s to pad along

fève [fɛv] NF a (= légume) broad bean ◆ ~ de cacao cocoa bean b [de galette] charm (hidden in cake for Twelfth Night)

février [fevʀije] NM February; pour loc voir septembre

FF (abrév de franc français) FF

fiabilité [fjabilite] NF reliability

fiable [fjabl] ADJ reliable

fiançailles [fjɑ̃saj] NFPL engagement

fiancé, e [fjɑ̃se] 1 ADJ engaged 2 NM (= homme) fiancé ◆ les ~s (= couple) the engaged couple 3 fiancée NF fiancée

fiancer (se) [fjɑ̃se] ▶ conjug 3 ◀ VPR to get engaged (avec, à to)

fiasco [fjasko] NM fiasco

fibre [fibʀ] NF fibre (Brit), fiber (US) ◆ ~ de verre fibreglass (Brit), fiberglass (US) ◆ ~ optique optical fibre ◆ riche en ~s (alimentaires) high in (dietary) fibre

ficeler [fis(ə)le] ▶ conjug 4 ◀ VT [+ paquet, rôti] to tie up

ficelle [fisɛl] NF (= matière) string; (= morceau) piece of string; (= pain) stick (of French bread)

fiche [fiʃ] NF a (= carte) index card; (= feuille) slip; (= formulaire) form ◆ ~ d'inscription enrolment form ▶ fiche d'état civil record of civil *status*, ≈ birth and marriage certificate ► **fiche de paie** pay slip **b** (= cheville, broche) pin; (= prise électrique) plug

ficher¹ [fiʃe] ► conjug 1 ◄ VT [+ renseignements] to file; [+ suspects] to put on file

ficher² * [fiʃe] ► conjug 1 ◄ (ptp **fichu**) **1** VT **a** (= faire) to do ◆ **qu'est-ce qu'il fiche ?** what on earth is he doing? ◆ **j'en ai rien à fiche, de leurs histoires** I couldn't care less what they're up to * **b** (= mettre) to put ◆ **ça fiche tout par terre** (fig) that messes everything up ◆ **ça m'a fichu en colère** that made me really mad * ◆ **ficher le camp** to clear off* **2** **se ficher** VPR **a** ◆ **je me suis fichu dedans** (= me suis trompé) I (really) boobed* ; **b** ◆ **se ficher de qn** (= rire de) to make fun of sb; (= raconter des histoires à) to pull sb's leg ◆ **se ficher de qch** to make fun of sth ◆ **se ficher de qn/de qch/de faire qch** (= être indifférent) not to give a damn about sb/about sth/about doing sth * ◆ **je m'en fiche pas mal !** I couldn't care less!

fichier [fiʃje] NM file ◆ **~ d'adresses** mailing list

fichu, e * [fiʃy] ADJ **a** (avant le nom = mauvais) ◆ **il a un ~ caractère** he's got a rotten * temper ◆ **~ téléphone !** that damn phone! * **b** (= perdu, détruit) done for * **c** (= bâti) ◆ **elle est bien ~e** she's got a nice body ◆ **c'est bien ~, cette table pliante** that folding table is well designed **d** ◆ **être mal ~** ou **pas bien ~** [malade] to feel rotten * **e** (= capable) ◆ **il est ~ d'y aller, tel que je le connais** knowing him he's quite capable of going ◆ **il n'est même pas ~ de réparer ça** he can't mend the darned thing *

fictif, -ive [fiktif, iv] ADJ fictitious

fiction [fiksjɔ̃] NF fiction; (= film de télévision) TV drama

fidèle [fidɛl] **1** ADJ **a** (= loyal) faithful **b** (= habituel) [lecteur, client, spectateur] regular **c** (= exact) [récit, portrait, traduction] accurate **2** NMF (Rel) believer ◆ **les ~s** (= croyants) the faithful

fidéliser [fidelize] ► conjug 1 ◄ VT ◆ **~ un public** to build up a loyal audience ◆ **~ sa clientèle** to build up customer loyalty

fidélité [fidelite] NF (= loyauté) faithfulness ◆ **la ~ (conjugale)** fidelity

Fidji [fidʒi] NFPL ◆ **les (îles) ~** Fiji

fiduciaire [fidysjɛR] ADJ ◆ **monnaie ~** paper money

fiente [fjɑ̃t] NF [d'oiseau] droppings

fier, fière [fjɛR] ADJ proud

fier (se) [fje] ► conjug 7 ◄ VPR ◆ **se fier à** to trust; [+ destin, hasard] to trust to

fierté [fjɛRte] NF pride

fièvre [fjɛvR] NF **a** (= température) temperature ◆ **avoir (de) la ~/beaucoup de ~** to have a temperature/a high temperature ◆ **avoir 39 de ~** to have a temperature of 104(°F) ou 39(°C) **b** (= maladie) fever ◆ **~ jaune/typhoïde** yellow/typhoid fever

fiévreux, -euse [fjevRø, øz] ADJ feverish

figé, e [fiʒe] ADJ [attitude, sourire] fixed; [forme, expression] set

figer [fiʒe] ► conjug 3 ◄ **se figer** VPR [sauce, huile] to congeal; [sourire, regard, visage] to freeze

fignoler * [fiɲɔle] ► conjug 1 ◄ VT (= soigner) to put the finishing touches to

figue [fig] NF fig

figuier [figje] NM fig tree

figurant, e [figyRɑ̃, ɑ̃t] NM,F [de film] extra; [de pièce] walk-on

figuratif, -ive [figyRatif, iv] ADJ (Art) representational

figuration [figyRasjɔ̃] NF ◆ **faire de la ~** (au théâtre) to do walk-on parts; (au cinéma) to work as an extra

figure [figyR] NF **a** (= visage, mine) face **b** (= personnage) figure ◆ **les grandes ~s de l'histoire** the great figures of history **c** (image, en danse, en patinage) figure ◆ **~ géométrique** geometrical figure ◆ **prendre ~** to take shape

figuré, e [figyRe] ADJ [sens] figurative

figurer [figyRe] ► conjug 1 ◄ **1** VI (= être mentionné) to appear ◆ **~ sur une liste/dans l'annuaire** to appear on a list/in the directory **2** **se figurer** VPR to imagine ◆ **je ne tiens pas à y aller, figure-toi !** believe it or not, I've no particular desire to go!

fil [fil] **1** NM **a** (= brin) [de coton, nylon] thread; [de laine] yarn; [de cuivre, acier] wire; [de marionnette, haricot] string; [d'araignée] silk; [d'appareil électrique] cord ► **fil à coudre** (sewing) thread ► **fil dentaire** dental floss ► **fil électrique** electric wire ► **fil de fer** wire ► **fil de fer barbelé** barbed wire **b** (téléphone) ◆ **coup de ~** * (phone) call ◆ **donner** ou **passer un coup de ~ à qn** to give sb a call ◆ **il faut que je passe un coup de ~** I've got to make a phone call **c** (loc) ◆ **au ~ des jours/des années** as the days/years go (ou went) by ◆ **ne tenir qu'à un ~** to hang by a thread ◆ **de ~ en aiguille** one thing led to another **2** COMP ► **fil conducteur** [de récit] main theme

filament [filamɑ̃] NM filament

filante [filɑ̃t] ADJ F → **étoile**

filature [filatyR] NF **a** (= usine) mill **b** (= surveillance) ◆ **prendre qn en ~** to shadow sb

file [fil] NF [de personnes, objets] line; [de voie] lane ◆ **~ (d'attente)** queue (Brit), line (US)

◆ **prendre la ~ de gauche** [véhicule] to move into the left-hand lane ◆ **se garer en double ~** to double-park ◆ **en ~ indienne** in single file

filer [file] ► conjug 1 ◄ **1** VT **a** [+ laine, coton, acier, verre] to spin **b** (= suivre) to tail * **c** ◆ **le navire file 20 nœuds** the ship is doing 20 knots **d** (* = donner) to give ◆ **~ qch à qn** to give sb sth ◆ **~ un coup de poing à qn** to punch sb **e** [+ collant] to get a run in **2** VI **a** (* = courir, passer) [personne] to dash; [temps] to fly (by) ◆ **~ à la poste** to dash to the post office **b** (* = s'en aller) to go off ◆ **le voleur avait déjà filé** the thief had already made off* ◆ **il faut que je file** I must dash **c** [collant] to run

filet [file] NM **a** [d'eau, sang] trickle **b** [de poisson] fillet; [de viande] fillet (Brit) ou filet (US) steak **c** (Pêche, Sport) net ◆ **~ de pêche** fishing net ◆ **coup de ~** haul

filial, e¹ (mpl **-iaux**) [filjal, jo] ADJ filial

filiale² [filjal] NF ◆ **(société) filiale** subsidiary (company)

filière [filjɛʀ] NF **a** [de carrière] path; [d'administration] channels ◆ **il a suivi la ~ classique pour devenir professeur** he followed the classic route into teaching **b** (= domaine d'études spécifique) course ◆ **~s scientifiques/ artistiques** science/arts courses **c** (= réseau) network **d** (= secteur d'activité) industry ◆ **~ agroalimentaire** food-processing industry

filigrane [filigʀan] NM [de papier, billet] watermark ◆ **être en ~** (fig) to be implicit

filin [filɛ̃] NM rope

fille [fij] NF **a** (dans une famille) daughter **b** (= enfant) girl; (= femme) woman

fillette [fijɛt] NF (= petite fille) (little) girl ◆ **rayon ~s** girls' department

filleul [fijœl] NM godson

filleule [fijœl] NF goddaughter

film [film] NM **a** (= pellicule, œuvre) film ◆ **le ~ d'avant-garde** (= genre) avant-garde films ◆ **~ d'animation** animated film ◆ **~ d'épouvante ou d'horreur** horror film ◆ **~ policier** detective film **b** (= mince couche) film ◆ **~ alimentaire** Clingfilm ® (Brit), Saran Wrap ® (US)

filmer [filme] ► conjug 1 ◄ VT to film

filon [filɔ̃] NM [de minerai] seam ◆ **c'est un bon ~** * there's a lot of money to be made in it

filou [filu] NM crook

fils [fis] NM son ◆ **M. Martin ~** young Mr Martin ◆ **le ~ Martin** the Martin boy

filtre [filtʀ] NM filter; [de cigarette] filter tip ◆ **~ solaire** sunscreen

filtrer [filtʀe] ► conjug 1 ◄ **1** VT [+ liquide, lumière, son] to filter; [+ appels téléphoniques] to

screen **2** VI [information] to filter through ◆ **rien n'a filtré de leur conversation** none of their conversation got out

fin, fine [fɛ̃, fin] **1** ADJ **a** fine; (= mince) thin; [taille, doigt, jambe] slender ◆ **petits pois très ~s** top-quality garden peas **b** (= raffiné) [lingerie, silhouette, membres] delicate; [traits, visage, or] fine; [produits, aliments] top-quality ◆ **vins ~s** fine wines **c** (= très sensible) [vue, ouïe] sharp; [goût, odorat] discriminating **d** (= subtil) [personne] astute; [esprit, observation] sharp; [allusion, nuance] subtle ◆ **il n'est pas très ~** he's not very bright ◆ **ce n'est pas très ~ de sa part** that's not very clever of him ◆ **tu as l'air ~ !** you look a right idiot! * **e** (avant le nom = habile) ◆ **~ connaisseur** connoisseur ◆ **~ stratège** expert strategist **2** ADV [moudre, tailler] finely ◆ **~ prêt** all ready **3** COMP ► **fines herbes** fines herbes

fin² [fɛ̃] NF **a** end ◆ **"Fin"** [de film, roman] "The End" ◆ **fin juin, à la fin (de) juin** at the end of June ◆ **à la fin il a réussi à se décider** in the end he managed to make up his mind ◆ **en fin d'après-midi** in the late afternoon ◆ **sans fin** [discussion, guerre] endless; [errer, tourner] endlessly ◆ **un chômeur en fin de droits** an unemployed person no longer entitled to benefit ◆ **prendre fin** [réunion] to come to an end; [contrat] to expire (le on) ◆ **toucher à ou tirer à sa fin** to be coming to an end ◆ **mettre fin à** to put an end to ◆ **en fin de compte** (= tout bien considéré) at the end of the day; (= en conclusion) finally ► **fin de semaine** weekend ► **fin de série** end-of-line stock NonC **b** (= but) ◆ **il est arrivé à ses fins** he achieved his aim ◆ **à cette fin** to this end

final, e (mpl **~s** ou **-aux**) [final, o] **1** ADJ final **2** finale NF (Sport) final ◆ **demi-~e** semifinal

finalement [finalmã] ADV in the end ◆ **ce n'est pas si mal ~** (= après tout) it's not so bad after all

finaliser [finalize] ► conjug 1 ◄ VT (= achever) to finalize

finaliste [finalist] NMF finalist

finance [finãs] **1** NF finance ◆ **le monde de la ~** the financial world **2** **finances** NFPL finances ◆ **~s publiques** public funds

financement [finãsmã] NM financing

financer [finãse] ► conjug 3 ◄ VT to finance

financier, -ière [finãsje, jɛʀ] **1** ADJ financial **2** NM (= personne) financier

financièrement [finãsjɛʀmã] ADV financially

finement [finmã] ADV [ciselé, brodé] finely

finesse [finɛs] **1** NF **a** (= minceur) [de cheveux, poudre, pointe] fineness; [de taille] slenderness; [de couche, papier] thinness **b** (= raffinement) delicacy **c** (= sensibilité) [de sens] sharpness **d** (= subtilité) [d'esprit, observation] subtlety **2** **finesses** NFPL [de langue, art] finer points

fini, e [fini] (ptp de **finir**)

finir [finiʀ] ▸ conjug 2 ◂ **1** VT **a** to finish; [+ discours, affaire] to end **b** (= arrêter) to stop (de faire qch doing sth) **2** VI **a** (= se terminer) to finish ◆ **tout cela va mal ~** it will all end in disaster ◆ **et pour ~** and finally **b** [personne] to end up ◆ **il finira mal** he will come to a bad end ◆ **il a fini directeur/en prison** he ended up as director/in prison ◆ **~ troisième** to finish third ◆ **il a fini par se décider** he eventually made up his mind **c** ◆ **en ~ avec qch/qn** to be done with sth/sb ◆ **qui n'en finit pas, à n'en plus ~** [route, discours, discussion] endless

finlandais, e [fɛ̃lɑ̃dɛ, ɛz] **1** ADJ Finnish **2** NM (= langue) Finnish **3** **Finlandais(e)** NM,F Finn

Finlande [fɛ̃lɑ̃d] NF Finland

finnois, e [finwa, waz] **1** ADJ Finnish **2** NM (= langue) Finnish

fioul [fjul] NM (= carburant) fuel oil ◆ **~ domestique** heating oil

firme [fiʀm] NF firm

fisc [fisk] NM ≈ Inland Revenue (Brit), ≈ Internal Revenue Service (US) ◆ **avoir des ennuis avec le ~** to have tax problems

fiscal, e (mpl **-aux**) [fiskal, o] ADJ fiscal; [abattement, avantage] tax

fiscalité [fiskalite] NF (= système) tax system; (= impôts) taxes

fission [fisjɔ̃] NF fission

fissure [fisyʀ] NF crack

fissurer (se) [fisyʀe] ▸ conjug 1 ◂ VPR to crack

fiston * [fistɔ̃] NM son

fixation [fiksasjɔ̃] NF **a** (= obsession) fixation ◆ **faire une ~ sur qch** to have a fixation about sth **b** (= attache) fastening ◆ **~s (de sécurité)** [de ski] (safety) bindings

fixe [fiks] ADJ **a** [point, panneau, regard] fixed; [personnel] permanent; [emploi] steady **b** (= prédéterminé) [revenu] fixed; [jour, date] set

fixer [fikse] ▸ conjug 1 ◂ **1** VT **a** (= attacher) to fix (à, sur to) **b** (= déterminer) [+ date, prix, impôt, délai] to set; [+ règle, principe, conditions] to lay down ◆ **je ne suis pas encore fixé sur ce que je ferai** I haven't made up my mind what to do yet ◆ **tous les regards étaient fixés sur lui** all eyes were on him ◆ **~ son attention sur** to focus one's attention on ◆ **être fixé sur le compte de qn** to be wise to sb * **2** **se fixer** VPR **a** (= s'installer) to settle ◆ **il s'est fixé à Lyon** he settled in Lyon **b** (= s'assigner) ◆ **se ~ un objectif** to set o.s. a target

fjord [fjɔʀ(d)] NM fjord

flacon [flakɔ̃] NM (small) bottle

flagrant, e [flagʀɑ̃, ɑ̃t] ADJ [mensonge] blatant; [erreur, injustice] glaring ◆ **prendre qn en ~ délit** to catch sb in the act

flair [flɛʀ] NM [de chien] sense of smell; [de personne] intuition

flairer [flɛʀe] ▸ conjug 1 ◂ VT **a** (= humer) to smell **b** (= deviner) to sense ◆ **~ le danger** to sense danger

flamand, e [flamɑ̃, ɑ̃d] **1** ADJ Flemish **2** NM (= langue) Flemish **3** **Flamand(e)** NM,F ◆ **les Flamands** the Flemish

flamant [flamɑ̃] NM ◆ **~ (rose)** flamingo

flambant [flɑ̃bɑ̃, ɑ̃t] ADJ INV ◆ **~ neuf** brand new

flambeau (pl **~x**) [flɑ̃bo] NM (= torche) (flaming) torch ◆ **reprendre le ~** (fig) to take up the torch

flambée [flɑ̃be] NF **a** (= feu) ◆ **faire une ~ dans la cheminée** to light a fire in the fireplace **b** [de violence] outburst; [de cours, prix] explosion

flamber [flɑ̃be] ▸ conjug 1 ◂ **1** VI **a** [bois] to burn; [feu] to blaze **b** [cours, prix, Bourse] to rocket **2** VT [+ aliment] to flambé

flamme [flam] NF [de feu] flame ◆ **être en ~s, être la proie des ~s** to be on fire ◆ **la ~ olympique** the Olympic flame

flan [flɑ̃] NM (= crème) custard tart ◆ **c'est du ~ !** * it's a load of rubbish! *

flanc [flɑ̃] NM [d'animal] flank; [de montagne] side ◆ **à ~ de coteau** ou **de colline** on the hillside ◆ **tirer au ~** * to skive * (Brit)

flancher * [flɑ̃ʃe] ▸ conjug 1 ◂ VI ◆ **c'est le moral qui a flanché** he lost his nerve ◆ **ce n'est pas le moment de ~** this is no time for weakness

Flandre [flɑ̃dʀ] NF ◆ **la ~, les ~s** Flanders

flanelle [flanɛl] NF (= tissu) flannel

flâner [flɑne] ▸ conjug 1 ◂ VI to stroll

flanquer * [flɑ̃ke] ▸ conjug 1 ◂ VT **a** (* = jeter) ◆ **~ qch par terre** to fling sth to the ground; [+ projet] to mess sth up ◆ **~ qn à la porte** to chuck sb out *; (= licencier) to fire sb **b** (* = donner) ◆ **une gifle à qn** to give sb a slap **c** ◆ **flanqué de ses gardes du corps** flanked by his bodyguards

flaque [flak] NF ◆ **~ de sang/d'huile** pool of blood/oil ◆ **~ d'eau** puddle

flash (pl **~s** ou **~es**) [flaʃ] NM **a** (Photo) flash **b** ◆ **~ (d'informations)** (Radio, TV) newsflash ◆ **~ publicitaire** commercial break

flasher * [flaʃe] ▸ conjug 1 ◂ VI ◆ **j'ai flashé pour** ou **sur cette robe** I fell in love with this dress ◆ **elle a tout de suite flashé sur lui** she was attracted to him straight away

flasque [flask] ADJ [peau] flabby

flatter [flate] ► conjug 1 ◄ **1** VT to flatter **2** se flatter VPR ◆ se ~ de qch to pride o.s. on sth

flatterie [flatʀi] NF flattery NonC

flatteur, -euse [flatœʀ, øz] **1** ADJ flattering **2** NM,F flatterer

fléau (pl ~x) [fleo] NM (= calamité) scourge

flèche [flɛʃ] NF arrow; [d'église] spire ◆ monter en ~ [prix] to rocket ◆ partir comme une ~ to be off like a shot

fléché, e [fleʃe] ADJ ◆ parcours ~ course signposted with arrows

fléchette [fleʃɛt] NF dart ◆ jouer aux ~s to play darts

fléchir [fleʃiʀ] ► conjug 2 ◄ **1** VT (= plier) to bend; [+ articulation] to flex **2** VI (= céder) to yield

flegmatique [flɛgmatik] ADJ phlegmatic

flegme [flɛgm] NM composure ◆ le ~ britannique (hum) the British stiff upper lip

flemmard, e * [flemaʀ, aʀd] **1** ADJ lazy **2** NM,F lazybones

flemme * [flɛm] NF laziness ◆ j'ai la ~ de le faire I can't be bothered

flétrir (se) [fletʀiʀ] ► conjug 2 ◄ VPR [fleur] to wilt; [peau] to become wizened

fleur [flœʀ] NF flower; [d'arbre] blossom ◆ en ~(s) [plante] in bloom; [arbre] in blossom ◆ papier à ~s flowery paper ◆ lancer des ~s à qn (fig) to shower praise on sb ▶ fleur de lys (= symbole) fleur-de-lis ▶ fleur d'oranger orange blossom ◆ (eau de) ~ d'oranger orange flower water

fleuri, e [flœʀi] ADJ [fleur] in bloom; [branche] in blossom; [jardin, pré] in flower; [tissu, papier] flowery

fleurir [flœʀiʀ] ► conjug 2 ◄ VI [arbre] to blossom; [fleur] to bloom

fleuriste [flœʀist] NMF (= personne) florist; (= boutique) florist's

fleuve [flœv] **1** NM river (flowing into the sea) ◆ ~ de boue/de lave river of mud/of lava **2** ADJ INV [discours, film] marathon

flexibilité [flɛksibilite] NF flexibility

flexible [flɛksibl] ADJ flexible; [branche, roseau] pliable

flexion [flɛksjɔ̃] NF **a** [de membre] bending NonC ◆ faites quelques ~s do a few knee-bends **b** [de mot] inflection

flic * [flik] NM cop *

flingue * [flɛ̃g] NM gun

flinguer * [flɛ̃ge] ► conjug 1 ◄ VT (= tuer) to gun down

flipper¹ [flipœʀ] NM (= billard électrique) pinball machine

flipper² * [flipe] ► conjug 1 ◄ VI (= être déprimé) to feel down *; (= avoir peur) to be scared stiff *

flirter [flœʀte] ► conjug 1 ◄ VI to flirt

flocon [flɔkɔ̃] NM ◆ ~ de neige snowflake ◆ ~s d'avoine oatflakes ◆ ~s de pommes de terre instant mashed potato mix

flop * [flɔp] NM flop *

flopée * [flɔpe] NF ◆ une ~ de loads of *

floraison [flɔʀɛzɔ̃] NF (= épanouissement) flowering; (= époque) flowering time

flore [flɔʀ] NF flora

Florence [flɔʀɑ̃s] N (= ville) Florence

florentin, e [flɔʀɑ̃tɛ̃, in] **1** ADJ Florentine **2** Florentin(e) NM,F Florentine

florilège [flɔʀilɛʒ] NM anthology

florin [flɔʀɛ̃] NM guilder

florissant, e [flɔʀisɑ̃, ɑ̃t] ADJ [pays, économie, théorie] flourishing; [santé] blooming

flot [flo] NM **a** [de véhicules, paroles, informations] stream; [de souvenirs, larmes, lettres] flood ◆ l'argent coule à ~s there's plenty of money around **b** [de lac, mer] ◆ flots waves ◆ remettre à ~ [+ bateau] to refloat; [+ entreprise] to bring back onto an even keel

flottaison [flɔtɛzɔ̃] NF ◆ (ligne de) ~ waterline

flottant, e [flɔtɑ̃, ɑ̃t] ADJ [cheveux] flowing; [vêtement] loose

flotte [flɔt] NF **a** [de navires, avions] fleet **b** * (= pluie) rain; (= eau) water

flottement [flɔtmɑ̃] NM **a** (= hésitation) hesitation **b** (= relâchement) imprecision

flotter [flɔte] ► conjug 1 ◄ **1** VI **a** (sur l'eau) to float **b** [drapeau] to fly ◆ ~ au vent to flap in the wind **c** (= être trop grand) [vêtement] to hang loose ◆ il flotte dans ses vêtements his clothes are too big for him **2** VB IMPERS (* = pleuvoir) to rain

flotteur [flɔtœʀ] NM float

flottille [flɔtij] NF [de bateaux] flotilla

flou, e [flu] **1** ADJ **a** [dessin, trait, photo] blurred; [image, contour] hazy **b** [idée, pensée, théorie] woolly **2** NM [de photo, tableau] fuzziness; [de contours] haziness ◆ ~ juridique vagueness of the law

fluctuation [flyktɥasjɔ̃] NF [de prix] fluctuation; [d'opinion publique] swing (de in)

fluctuer [flyktɥe] ► conjug 1 ◄ VI to fluctuate

fluide [flɥid] **1** ADJ [substance] fluid ◆ la circulation est ~ the traffic is moving freely **2** NM **a** (= gaz, liquide) fluid **b** (= pouvoir) (mysterious) power

fluidité [flɥidite] NF [de circulation] free flow

fluo * [flyo] ADJ INV abrév de **fluorescent**

fluor [flyɔʀ] NM fluorine ✦ **dentifrice au ~** fluoride toothpaste

fluorescent, e [flyɔʀesɑ̃, ɑ̃t] ADJ fluorescent

flûte [flyt] **1** NF **a** (= instrument) flute ► **flûte à bec** recorder ► **flûte de Pan** panpipes ► **flûte traversière** flute **b** (= verre) flute (glass) **2** EXCL * drat! *

flûtiste [flytist] NMF flautist, flutist (US)

fluvial, e (mpl **-iaux**) [flyvjal, jo] ADJ [eaux, pêche, navigation] river

flux [fly] NM **a** [de personnes] influx ✦ **~ de capitaux** capital flow ✦ **~ monétaire** flow of money **b** (= marée) ✦ **le ~ et le reflux** the ebb and flow **c** (Physique) flux ✦ **~ magnétique** magnetic flux

FM [ɛfɛm] NF (abrév de **fréquence modulée**) FM

FMI [ɛfɛmi] NM (abrév de **Fonds monétaire international**) IMF

foc [fɔk] NM jib

focaliser (se) [fɔkalize] ► conjug 1 ◄ VPR [personne] to focus (sur on); [attention] to be focused (sur on)

fœtus [fetys] NM foetus (Brit), fetus (US)

foi [fwa] NF faith ✦ **digne de ~** reliable ✦ **être de bonne ~** to be sincere ✦ **tu es de mauvaise ~** you're being dishonest

foie [fwa] NM liver ✦ **~ gras** foie gras

foin [fwɛ̃] NM hay

foire [fwaʀ] NF (= marché, fête foraine) fair; (= exposition commerciale) trade fair ✦ **~ exposition** expo ✦ **faire la ~** * to have a ball *

foirer * [fwaʀe] ► conjug 1 ◄ VI [projet] to fall through

fois [fwa] NF time ✦ **une ~** once ✦ **deux ~** twice ✦ **trois ~** three times ✦ **une ~, deux ~, trois ~, adjugé !** (aux enchères) going, going, gone! ✦ **cette ~-ci** this time ✦ **autant de ~ que** as often as ✦ **payer en plusieurs ~** to pay in several instalments ✦ **une ~ tous les deux jours** every second day ✦ **quatre ~ plus d'eau/de voitures** four times as much water/as many cars ✦ **quatre ~ moins de voitures** a quarter the number of cars ✦ **3 ~ 5** 3 times 5 ✦ **3 ~ 5 font 15** 3 times 5 is 15 ✦ **il était une ~ ...** once upon a time there was ... ✦ **en une ~** in one go ✦ **une ~ pour toutes** once and for all ✦ **une ~ qu'il sera parti** once he has left ✦ **des ~** * (= parfois) sometimes ✦ **à la ~** at the same time ✦ **il était à la ~ grand et gros** he was both tall and fat

fol [fɔl] ADJ M → **fou**

folie [fɔli] NF **a** (= maladie) insanity ✦ **~ meurtrière** killing frenzy ✦ **aimer qn à la ~** to be madly in love with sb **b** (= erreur, dépense)

extravagance ✦ **vous avez fait des ~s en achetant ce cadeau** you have been far too extravagant in buying this present

folk [fɔlk] **1** NM folk music **2** ADJ folk

folklore [fɔlklɔʀ] NM folklore

folklorique [fɔlklɔʀik] ADJ folk

folle [fɔl] ADJ F, NF → **fou**

follement [fɔlmɑ̃] ADV madly ✦ **~ amoureux** madly in love

foncé, e [fɔ̃se] ADJ dark

foncer¹ [fɔ̃se] ► conjug 3 ◄ VI **a** (* = aller à vive allure) [conducteur, voiture] to tear along *; [coureur] to charge along *; (dans un travail) to get a move on * ✦ **maintenant, il faut que je fonce** I must dash now **b** (= se précipiter) to charge (vers at; dans into) ✦ **le camion a foncé sur moi** the truck drove straight at me

foncer² [fɔ̃se] ► conjug 3 ◄ VI [couleur, cheveux] to go darker

fonceur, -euse * [fɔ̃sœʀ, øz] NM,F go-getter *

foncier, -ière [fɔ̃sje, jɛʀ] ADJ **a** [impôt] property **b** [qualité, différence] basic

fonction [fɔ̃ksjɔ̃] NF **a** function ✦ **remplir une ~** to fulfil a function ✦ **en ~ de** according to **b** (= métier) office ✦ **~s** (= tâches) duties ✦ **entrer en ~(s), prendre ses ~s** [employé] to take up one's post; [maire, président] to take office ✦ **la ~ publique** the civil service ✦ **logement de ~** [de concierge, fonctionnaire] on-site accommodation *(with low or free rent)* ✦ **voiture de ~** company car

fonctionnaire [fɔ̃ksjɔnɛʀ] NMF state employee; (dans l'administration) civil servant ✦ **haut ~** high-ranking civil servant

fonctionnel, -elle [fɔ̃ksjɔnɛl] ADJ functional

fonctionnement [fɔ̃ksjɔnmɑ̃] NM [d'appareil, organisme] functioning; [d'entreprise, institution] running ✦ **pour assurer le bon ~ du service** to ensure the smooth running of the department

fonctionner [fɔ̃ksjɔne] ► conjug 1 ◄ VI [mécanisme, machine] to work ✦ **faire ~** [+ machine] to operate

fond [fɔ̃] **1** NM **a** [de récipient, vallée, jardin] bottom; [de pièce] back ✦ **tomber au ~ de l'eau** to fall to the bottom of the river (ou lake etc) ✦ **le ~ de la gorge** the back of the throat ✦ **l'épave repose par 10 mètres de ~** the wreck is lying 10 metres down ✦ **les grands ~s** the ocean depths ✦ **au ~ de la boutique** at the back of the shop ✦ **toucher le ~** (dans l'eau) to touch the bottom; (= être déprimé) to hit rock bottom **b** (= contenu) content ✦ **c'est là le ~ du problème** that's the core of the problem ✦ **problème de ~** basic problem ✦ **article de ~** feature article **c** (= arrière-plan) background ✦ **~ sonore** ou **musical** background music **d**

(Sport) ◆ **le ~** long-distance running ◆ **de ~** [course, coureur] long-distance ◆ **e** [de pantalon] seat **f** (loc) ◆ **de ~ en comble** [fouiller] from top to bottom; [détruire] completely ◆ **au ~, dans le ~** (= en fait) basically ◆ **à ~** [visser] tightly; [étudier] thoroughly ◆ **respirer à ~** to breathe deeply **2** COMP ▸ **fond d'artichaut** artichoke heart ▸ **les fonds marins** the sea bed ▸ **fond de teint** foundation (cream)

fondamental, e (mpl -aux) [fɔ̃damɑ̃tal, o] ADJ fundamental

fondamentalement [fɔ̃damɑ̃talmɑ̃] ADV [vrai, faux] fundamentally; [modifier, opposer] radically

fondamentalisme [fɔ̃damɑ̃talism] NM fundamentalism

fondamentaliste [fɔ̃damɑ̃talist] ADJ, NMF fundamentalist

fondateur, -trice [fɔ̃datœʀ, tʀis] NM,F founder

fondation [fɔ̃dasjɔ̃] NF foundation

fondé, e [fɔ̃de] ADJ [crainte, réclamation] justified ◆ **non ~** groundless

fondement [fɔ̃dmɑ̃] NM (= base) foundation ◆ **sans ~** unfounded

fonder [fɔ̃de] ▸ conjug 1 ◀ **1** VT **a** to found; [+ famille] to start ◆ **"maison fondée en 1850"** "Established 1850" **b** (= justifier) [+ réclamation] to justify **2** se fonder VPR ◆ **se ~ sur** [personne] to go by; [théorie, décision] to be based on

fondre [fɔ̃dʀ] ▸ conjug 41 ◀ VI **a** (à la chaleur) to melt; (dans l'eau) to dissolve ◆ **faire ~** [+ beurre, neige] to melt; [+ sel, sucre] to dissolve ◆ **~ en larmes** to burst into tears **b** (* = maigrir) to slim down

fonds [fɔ̃] NM **a** ◆ **~ de commerce** business **b** [de musée, bibliothèque] collection **c** (= organisme) ◆ **~ de pension** pension fund **d** (puriel) (= argent) money; (= capital) capital; (pour une dépense précise) funds ◆ **~ publics** (= recettes de l'État) public funds

fondu, e [fɔ̃dy] **1** ADJ ◆ **neige ~e** slush **2** fondue NF ◆ **~e (savoyarde)** cheese fondue ◆ **~e bourguignonne** fondue made with cubes of meat dipped in boiling oil

fontaine [fɔ̃tɛn] NF (ornementale) fountain

fonte [fɔ̃t] NF **a** [de neige] melting ◆ **à la ~ des neiges** when the snow melts **b** (= métal) cast iron ◆ **en ~** [tuyau, radiateur] cast-iron

fonts [fɔ̃] NMPL ◆ **~ baptismaux** (baptismal) font

foot * [fut] NM abrév de **football**

football [futbol] NM football (Brit), soccer ◆ **~ américain** American football (Brit), football (US) ◆ **jouer au ~** to play football

footballeur, -euse [futbolœʀ, øz] NM,F footballer

footing [futiŋ] NM jogging NonC ◆ **faire du ~** to go jogging

forain, e [fɔʀɛ̃, ɛn] **1** ADJ → **fête** **2** NM stallholder ◆ **les ~s** (fête foraine) fairground people

force [fɔʀs] **1** NF **a** (= vigueur) strength ◆ **avoir de la ~** to be strong ◆ **je n'ai plus la ~ de parler** I have no strength left to talk ◆ **affirmer avec ~** to state firmly ◆ **force de caractère** strength of character **b** (= violence) force ◆ **vent de ~ 4** force 4 wind **c** (= ressources physiques) ◆ **~s** strength ◆ **c'est au-dessus de mes ~s** it's too much for me ◆ **frapper de toutes ses ~s** to hit as hard as one can **d** (Mil) ◆ **~s** forces ◆ **d'importantes ~s de police** large numbers of police ▸ **les forces armées** the armed forces ▸ **forces d'intervention** rapid deployment force ▸ **les forces de l'ordre** the police **e** (Physique) force ◆ **~ de gravité** force of gravity **f** (loc) ◆ **à ~ de chercher on va bien trouver** if we keep on looking we'll find it eventually ◆ **à ~, tu vas le casser** you'll end up breaking it ◆ **arriver ou venir en ~** to arrive in force **2** COMP ▸ **force de dissuasion** deterrent power ▸ **force de frappe** strike force

forcé, e [fɔʀse] ADJ forced ◆ **atterrissage ~** emergency landing ◆ **c'est ~ !** it's inevitable

forcément [fɔʀsemɑ̃] ADV inevitably ◆ **il le savait ~** he obviously knew ◆ **c'est voué à l'échec – pas ~** it's bound to fail – not necessarily

forcené, e [fɔʀsəne] NM,F maniac

forcer [fɔʀse] ▸ conjug 3 ◀ **1** VT **a** (= contraindre) to force ◆ **~ qn à faire qch** to force sb to do sth **b** [+ coffre, serrure, barrage] to force; [+ porte, tiroir] to force open ◆ **~ le passage** to force one's way through **c** [+ fruits, plantes] to force; [+ talent, voix] to strain ◆ **il a forcé la dose** * he overdid it **2** VI to overdo it ◆ **il avait un peu trop forcé sur l'alcool** * he'd had a few too many * **3** se forcer VPR to force o.s. (pour faire qch to do sth)

forcir [fɔʀsiʀ] ▸ conjug 2 ◀ VI [personne] to broaden out

forer [fɔʀe] ▸ conjug 1 ◀ VT to drill

forestier, -ière [fɔʀestje, jɛʀ] ADJ [région, chemin] forest

foret [fɔʀe] NM (= outil) drill

forêt [fɔʀe] NF forest ◆ **~ vierge** virgin forest

forêt-noire (pl **forêts-noires**) [fɔʀɛnwaʀ] NF **a** (= gâteau) Black Forest gâteau **b** ◆ **la Forêt-Noire** the Black Forest

forfait [fɔʀfɛ] NM **a** (= prix fixe) fixed price; (= prix tout compris) all-inclusive price; (= ensemble de prestations) package ◆ **~-skieur(s)** ski-pass **b** (= abandon) withdrawal ◆ **déclarer ~** [sportif] to withdraw

forfaitaire [fɔʀfetɛʀ] ADJ (= fixe) [somme] fixed; (= tout compris) inclusive ◆ **prix ~** fixed price

forge [fɔʀʒ] NF forge

forger [fɔʀʒe] ► conjug 3 ◄ VT **a** [+ métal, liens] to forge **b** [+ caractère] to form

formaliser [fɔʀmalize] ► conjug 1 ◄ **1** VT to formalize **2** **se formaliser** VPR to take offence (de at)

formalité [fɔʀmalite] NF formality ◆ **les ~s à accomplir** the necessary procedures

format [fɔʀma] NM format; [d'objet] size ◆ **enveloppe grand ~** large envelope

formater [fɔʀmate] ► conjug 1 ◄ VT to format

formateur, -trice [fɔʀmatœʀ, tʀis] **1** ADJ formative **2** NM,F trainer

formation [fɔʀmasjɔ̃] NF **a** (= développement) formation **b** (= apprentissage) training; (= stage, cours) training course ◆ **il a reçu une ~ littéraire** he received a literary education ◆ **je suis juriste de ~** I trained as a lawyer ◆ **~ professionnelle** vocational training ◆ **~ permanente** continuing education ◆ **~ continue** in-house training ◆ **~ en alternance** [d'élève ou en apprentissage] *school course combined with work experience* **c** (= groupe) formation ◆ **~ musicale** music group ◆ **~ politique** political formation

forme [fɔʀm] NF **a** (= apparence) shape ◆ **en ~ de poire** pear-shaped ◆ **prendre ~** [statue, projet] to take shape ◆ **sous ~ de comprimés** in tablet form **b** (= style, genre) form ◆ **mettre en ~** [+ idées] to formulate **c** (physique) form ◆ **être en (pleine ou grande) ~** to be on top form; (physiquement) to be very fit

formel, -elle [fɔʀmɛl] ADJ **a** (= catégorique) definite ◆ **interdiction formelle d'en parler à quiconque** you mustn't talk about this to anyone ◆ **je suis ~ !** I'm absolutely sure! **b** (qui concerne la forme) formal

formellement [fɔʀmɛlmɑ̃] ADV [démentir, contester] categorically; [identifier] positively; [interdire] strictly

former [fɔʀme] ► conjug 1 ◄ **1** VT **a** to form; [+ équipe] to set up ◆ **ça forme un tout** this forms a whole ◆ **ils forment un beau couple** they make a nice couple ◆ **ça forme un rond** it makes a circle **b** (= éduquer) to train; [+ caractère, goût] to form **2** **se former** VPR **a** (= se développer) to form **b** (= apprendre un métier) to train o.s.; (= éduquer son caractère) to educate o.s.

formidable [fɔʀmidabl] ADJ **a** (= très important) [obstacle, bruit] tremendous **b** (= très bien) great * **c** (* = incroyable) incredible

formulaire [fɔʀmylɛʀ] NM (à remplir) form ◆ **~ de demande** application form

formulation [fɔʀmylasjɔ̃] NF formulation

formule [fɔʀmyl] NF **a** (Chim, Math) formula ◆ **une (voiture de) ~ 1** a Formula-One car **b** (= expression) phrase; (magique) formula ◆ **~ de politesse** (en fin de lettre) letter ending **c** (= méthode) system ◆ **~ de paiement** method of payment ◆ **~ de vacances** holiday schedule

formuler [fɔʀmyle] ► conjug 1 ◄ VT [+ plainte, requête] to make; [+ critiques, sentiment] to express ◆ **il a mal formulé sa question** he didn't phrase his question very well

fort, e [fɔʀ, fɔʀt] **1** ADJ **a** strong ◆ **c'est plus ~ que moi** I can't help it ◆ **c'est une ~e tête** he (ou she) is a rebel **b** (= gros) [personne, poitrine] large; [hanches] broad **c** (= intense) [bruit, voix] loud; [dégoût, crainte] great; [douleur, chaleur] intense; [fièvre] high; [pente] steep; [secousse, coup] hard; [houle, pluies] heavy ◆ **mer très ~e** very rough sea ◆ **c'est trop ~ ! *** (= excessif) that's going too far! **d** (= important : avant le nom) [somme, dose] large; [baisse, différence, augmentation] big; [consommation] high **e** (= doué) good (en at) ◆ **être ~ sur un sujet** to be good at a subject **2** ADV **a** (= intensément) [lancer, serrer, souffler, frapper] hard ◆ **sentir ~** to have a strong smell ◆ **respirez bien ~** take a deep breath **b** (= bruyamment) loudly ◆ **parlez plus ~** speak up ◆ **mets la radio moins ~** turn the radio down ◆ **mets la radio plus ~** turn the radio up **c** (= très : frm) very ◆ **c'est ~ bon** it is exceedingly good ◆ **~ bien** [dessiné, dit, conservé] extremely well ◆ **je peux ~ bien m'en passer** I can quite easily do without it **3** NM **a** (= forteresse) fort **b** (= spécialité) forte ◆ **l'amabilité n'est pas son ~** kindness is not his strong point **c** ◆ **au plus ~ de ...** at the height of ...

fortement [fɔʀtəmɑ̃] ADV [conseiller, marqué, attiré] strongly; [serrer] tightly

forteresse [fɔʀtəʀɛs] NF fortress

fortifiant [fɔʀtifjɑ̃] NM (= médicament) tonic

fortifier [fɔʀtifje] ► conjug 7 ◄ VT to strengthen; [+ ville] to fortify

fortiori [fɔʀsjɔʀi] → **a fortiori**

fortuit, e [fɔʀtɥi, it] ADJ fortuitous

fortune [fɔʀtyn] NF (= richesse) fortune ◆ **faire ~** to make one's fortune ◆ **de ~** [moyen, réparation, installation] makeshift

fortuné, e [fɔʀtyne] ADJ (= riche) wealthy

forum [fɔʀɔm] NM (= place, colloque) forum ► **forum de discussion** (Internet) chat room

fosse [fos] NF (= trou) pit; (= tombe) grave ▸ **fosse commune** communal grave ▸ **fosse d'orchestre** orchestra pit ▸ **fosse septique** septic tank

fossé [fose] NM ditch; (fig) gulf ◆ **le ~ entre les générations** the generation gap

fossette [foset] NF dimple

fossile [fosil] NM, ADJ fossil

fou, folle [fu, fɔl] (devant voyelle ou h muet **fol**) **1** ADJ **a** mad ◆ **~ furieux** raving mad; [amour, joie, espoir] insane; [idée, désir, tentative, dépense] crazy; [imagination] wild ◆ **avoir le ~ rire** to have the giggles ◆ **c'est à devenir ~** it's enough to drive you mad ◆ **~ de colère/de joie** out of one's mind with anger/with joy ◆ **amoureux ~ (de)** madly in love (with) ◆ **elle est folle de lui** she's mad * about him **b** (* = énorme) [courage, énergie, succès, peur] tremendous ◆ **j'ai eu un mal ~ pour venir** I had a terrible job * getting here ◆ **tu as mis un temps ~** it took you ages * ◆ **gagner un argent ~** to earn loads of money * ◆ **il y a un monde ~** it's terribly crowded ◆ **c'est ~ ce qu'il a changé** it's incredible how much he has changed **c** [véhicule] runaway; [mèche de cheveux] unruly **2** NM **a** lunatic ◆ **travailler comme un ~** to work like mad * ◆ **arrêtez de faire les ~s** stop messing about * **b** (* = fanatique) fanatic ◆ **c'est un ~ de jazz/tennis** he's a jazz/tennis fanatic **3** NF lunatic

foudre [fudʀ] NF lightning ◆ **frappé par la ~** struck by lightning ◆ **ce fut le coup de ~** it was love at first sight

foudroyant, e [fudʀwajɑ̃, ɑ̃t] ADJ [progrès, vitesse, attaque] lightning; [poison, maladie] violent; [mort] instant

foudroyer [fudʀwaje] ▸ conjug 8 ◂ VT [foudre] to strike; [coup de feu, maladie] to strike down ◆ **~ qn du regard** to glare at sb

fouet [fwɛ] NM (= cravache) whip; (= ustensile de cuisine) whisk ◆ **coup de ~** lash; (fig) boost ◆ **donner un coup de ~ à l'économie** to give the economy a boost

fouetter [fwete] ▸ conjug 1 ◂ VT to whip; [+ blanc d'œuf] to whisk

fougère [fuʒɛʀ] NF fern

fouille [fuj] **1** NF [de personne, maison, bagages] searching ◆ **~ corporelle** body search **2** **fouilles** NFPL (archéologiques) excavation(s) ◆ **faire des ~s** to carry out excavations

fouiller [fuje] ▸ conjug 1 ◂ **1** VT [+ pièce, mémoire, personne] to search; [+ poches] to go through; [+ terrain] to excavate ◆ **étude très fouillée** very detailed study **2** VI ◆ **~ dans** [+ tiroir, armoire] to rummage in; [+ poches, bagages] to go through

fouillis [fuji] NM [de papiers, objets] jumble

fouine [fwin] NF (= animal) stone marten

fouiner [fwine] ▸ conjug 1 ◂ VI to nose around

foulard [fulaʀ] NM scarf ◆ **~ islamique** chador

foule [ful] NF crowd; (péj = population) mob ◆ **une ~ de** [+ livres, questions] loads * of

foulée [fule] NF stride ◆ **courir à petites ~s** to jog along

fouler (se) [fule] ▸ conjug 1 ◂ VPR ◆ **se fouler la cheville** to sprain one's ankle ◆ **il ne se foule pas beaucoup** * he doesn't exactly strain himself

foulure [fulyʀ] NF sprain

four [fuʀ] NM **a** [de boulangerie, cuisinière] oven; [de potier] kiln; [d'usine] furnace ◆ **~ à micro-ondes** microwave oven **b** (= échec) flop **c** (= gâteau) ◆ **(petit) ~** small pastry

fourche [fuʀʃ] NF fork

fourchette [fuʀʃɛt] NF **a** (pour manger) fork ◆ **il a un bon coup de ~** he has a hearty appetite **b** (= amplitude) ◆ **~ d'âge** age bracket ◆ **~ de prix** price range

fourchu, e [fuʀʃy] ADJ [langue, branche] forked ◆ **cheveux ~s** split ends

fourgon [fuʀgɔ̃] NM (large) van ◆ **~ blindé** armoured van ◆ **~ cellulaire** police van (Brit), patrol wagon (US)

fourgonnette [fuʀgɔnɛt] NF delivery van

fourguer * [fuʀge] ▸ conjug 1 ◂ VT (= vendre) to flog * (à to); (= donner) to unload (à onto)

fourmi [fuʀmi] NF ant ◆ **avoir des ~s dans les jambes** to have pins and needles in one's legs

fourmilière [fuʀmiljɛʀ] NF (= monticule) ant hill

fourmillement [fuʀmijmɑ̃] **1** NM [d'insectes, personnes] swarming ◆ **un ~ d'idées** a welter of ideas **2** **fourmillements** NMPL (= picotement) pins and needles

fournaise [fuʀnɛz] NF (= feu) blaze; (= endroit surchauffé) oven

fourneau (pl **~x**) [fuʀno] NM stove

fournée [fuʀne] NF batch

fourni, e [fuʀni] ADJ [cheveux] thick; [barbe, sourcils] bushy

fournir [fuʀniʀ] ▸ conjug 2 ◂ **1** VT **a** (= procurer) to supply; [+ pièce d'identité] to produce; [+ prétexte, exemple] to give ◆ **~ qch à qn** to provide sb with sth ◆ **~ du travail à qn** to provide sb with work **b** [+ effort] to put in; [+ prestation] to give **2** **se fournir** VPR to provide o.s. (de with) ◆ **je me fournis toujours chez le même épicier** I always shop at the same grocer's

fournisseur [fuʀnisœʀ] NM supplier; (= détaillant) retailer ► **fournisseur d'accès (à Internet)** (Internet) service provider

fournitures [fuʀnityʀ] NFPL ◆ **~ (de bureau)** office supplies ◆ **~ scolaires** school stationery

fourrage [fuʀaʒ] NM fodder

fourré¹ [fuʀe] NM thicket

fourré², e [fuʀe] ADJ [bonbon, chocolat] filled; [manteau, gants] fur-lined; (= molletonné) fleecy-lined ◆ **gâteau fourré à la crème** cream cake ◆ **coup fourré** underhand trick

fourrer [fuʀe] ► conjug 1 ◄ **1** VT **a** (* = mettre) to stick * ◆ **où ai-je pu le ~ ?** where on earth did I put it? ◆ **b** [+ gâteau] to fill **2** **se fourrer** VPR ◆ **il ne savait plus où se ~** he didn't know where to put himself ◆ **il est toujours fourré chez eux** he's always round at their place

fourre-tout [fuʀtu] NM INV (= sac) holdall

fourrière [fuʀjɛʀ] NF [de voitures] pound; [de chiens] dog pound ◆ **emmener une voiture à la ~** to tow away a car

fourrure [fuʀyʀ] NF (= pelage) coat; (= matériau, manteau) fur

fourvoyer [fuʀvwaje] ► conjug 8 ◄ **1** VT ◆ **~ qn** to mislead sb **2** **se fourvoyer** VPR to go astray

foutaise ⁂ [futɛz] NF ◆ **(c'est de la) ~ !** (that's) bullshit! ⁂

foutre, e ⁂ [futʀ] **1** VT **a** (= faire) to do ◆ **il n'a rien foutu de la journée** he hasn't done a damned thing all day ◆ **qu'est-ce que ça peut me ~ ?** what the hell do I care? ⁂ **b** (= mettre) ◆ **~ qn à la porte** to give sb the boot * ◆ **ça fout tout par terre** that screws everything up ⁂ ◆ **ça a foutu mal** it looks pretty bad * ◆ **~ le camp** [personne] to piss off ⁂ ; [bouton, rimmel, vis] to come off ◆ **fous-moi le camp !** get lost! ⁂ ◆ **tout fout le camp** everything's falling apart ⁂ **2** **se foutre** VPR **a** (= se moquer) ◆ **se ~ de qn/qch** to take the mickey * out of sb/sth; (= être indifférent) not to give a damn about sb/sth ⁂ ◆ **se ~ de qn** (= dépasser les bornes) to mess * sb about ◆ **ça, je m'en fous pas mal** I couldn't give a damn ⁂ about that **b** ◆ **va te faire !** ⁂ fuck off! ⁂

foutu, e ⁂ [futy] ADJ **a** (avant le nom : intensif) [objet, appareil] damned ⁂; (= mauvais) [temps, pays, travail] damned awful ⁂ **b** [malade, vêtement] done for * [appareil] buggered ⁂ (Brit) ◆ **il est ~** he's had it * **c** (= bâti, conçu) ◆ **bien ~** well-made ◆ **mal ~** badly-made ◆ **elle est bien ~** she's got a nice body ◆ **d** (= malade) ◆ **être mal ~** to feel lousy * ◆ (= capable) ◆ **il est ~ de le faire** he's liable to go and do it ◆ **il est même pas ~ de réparer ça** he can't even mend the damned thing ⁂

fox-terrier (pl ~**s**) [fɔkstɛʀje] NM fox terrier

foyer [fwaje] NM **a** (= maison) home; (= famille) family ◆ **~ fiscal** household, as defined for tax purposes **b** (= âtre) hearth **c** (= résidence) [de vieillards] home; [de jeunes] hostel ◆ **~ socio-éducatif** community home **d** (= lieu de réunion) club; [de théâtre] foyer **e** ◆ **~ de** [+ incendie, agitation] centre of; [+ lumière, infection] source of

fracas [fʀaka] NM d'objet qui tombe] crash; [de train, tonnerre, vagues] roar

fracassant, e [fʀakasã, ãt] ADJ [déclaration] sensational; [succès] resounding

fracasser [fʀakase] ► conjug 1 ◄ VT [+ objet, mâchoire, épaule] to shatter; [+ porte] to smash down

fraction [fʀaksjɔ̃] NF fraction; [de groupe, somme, terrain] part ◆ **en une ~ de seconde** in a split second

fractionner [fʀaksjɔne] ► conjug 1 ◄ VT to divide (up)

fracture [fʀaktyʀ] NF fracture; (fig) split ◆ **~ du crâne** fractured skull ◆ **la ~ sociale** the gap between the haves and the have-nots

fracturer [fʀaktyʀe] ► conjug 1 ◄ VT to fracture; [+ coffre-fort, porte] to break open

fragile [fʀaʒil] ADJ fragile; [organe, peau, tissu, équilibre] delicate; [surface, revêtement] easily damaged ◆ **"attention ~"** (sur étiquette) "fragile, handle with care"

fragiliser [fʀaʒilize] ► conjug 1 ◄ VT [+ position, secteur, personne] to weaken; [+ régime politique] to undermine

fragilité [fʀaʒilite] NF fragility; [d'organe, peau] delicacy; [de construction] flimsiness

fragment [fʀagmã] NM [de vase, roche, os, papier] fragment; [de vitre] bit; [de conversation] snatch

fragmenter [fʀagmãte] ► conjug 1 ◄ VT [+ matière] to break up; [+ étude, travail] to divide (up)

fraîche [fʀɛʃ] ADJ, NF → **frais**

fraîchement [fʀɛʃmã] ADV **a** (= récemment) newly ◆ **~ arrivé** just arrived **b** (= froidement) coolly

fraîcheur [fʀɛʃœʀ] NF coolness; [d'aliment, sentiment, teint] freshness ◆ **la ~ du soir** the cool of the evening

frais¹, fraîche [fʀɛ, fʀɛʃ] **1** ADJ **a** (= non chaud) fresh; (= légèrement froid) cool **b** (= récent) recent; [peinture] wet **2** ADV ◆ **il fait frais** (agréable) it's cool; (froid) it's chilly ◆ **"servir frais"** "serve chilled" ◆ **mettre au frais** [+ aliment, boisson] to put in a cool place

frais² [fʀɛ] NMPL (= débours) expenses; (facturés) charges ◆ **tous frais compris** inclusive of all costs ◆ **avoir de gros frais** to have heavy outgoings ◆ **se mettre en frais** to go to great expense ◆ **rentrer dans ses frais** to recover one's expenses ◆ **à ses frais** at one's own expense ▸ **frais d'agence** agency fees ▸ **frais de déplacement** travelling expenses ▸ **frais divers** miscellaneous expenses ▸ **frais d'entretien** [de jardin, maison] (cost of) upkeep; [de machine, équipement] maintenance costs ▸ **frais d'envoi, frais d'expédition** forwarding charges ▸ **frais financiers** interest charges; [de crédit] loan charges ▸ **frais fixes** fixed charges ▸ **frais de fonctionnement** running costs ▸ **frais de garde** [d'enfant] childminding costs ▸ **frais généraux** overheads (Brit), overhead (US) ▸ **frais d'hospitalisation** hospital fees ▸ **frais d'hôtel** hotel expenses ▸ **frais d'inscription** registration fees ▸ **frais médicaux** medical expenses ▸ **frais de notaire** legal fees ▸ **frais de port et d'emballage** postage and packing ▸ **frais réels** allowable expenses ▸ **frais de scolarité** (à l'école, au lycée) school fees (Brit), tuition fees (US); (pour un étudiant) tuition fees ▸ **frais de transport** transportation costs

fraise [fʀɛz] NF (= fruit) strawberry ◆ **~ des bois** wild strawberry

fraisier [fʀezje] NM (= plante) strawberry plant

framboise [fʀɑ̃bwaz] NF raspberry

framboisier [fʀɑ̃bwazje] NM (= plante) raspberry bush

franc¹, franche [fʀɑ̃, fʀɑ̃ʃ] ADJ **a** (= loyal) frank ◆ **pour être franc avec vous** to be frank with you **b** ◆ **(livré) franc de port** [marchandises] carriage-paid; [paquet] postage paid

franc² [fʀɑ̃] NM (= monnaie) franc

français, e [fʀɑ̃sɛ, ɛz] **1** ADJ French **2** NM **a** (= langue) French **b** ◆ **Français** Frenchman ◆ **les Français** the French ◆ **le Français moyen** the average Frenchman **3** **Française** NF Frenchwoman

France [fʀɑ̃s] NF France ◆ **ambassade de ~** French embassy

Francfort [fʀɑ̃kfɔʀ] N Frankfurt ◆ **~-sur-le-Main** Frankfurt am Main

franche [fʀɑ̃ʃ] ADJ → franc

franchement [fʀɑ̃ʃmɑ̃] ADV **a** (= honnêtement) frankly ◆ **pour vous parler ~** to be frank with you **b** (= sans ambiguïté) clearly; (= nettement) definitely ◆ **dis-moi ~ ce que tu veux** tell me straight out what you want **c** (intensif) really ◆ **ça m'a ~ dégoûté** it really disgusted me

franchir [fʀɑ̃ʃiʀ] ▸ conjug 2 ◂ VT [+ obstacle] to get over; [+ rivière, ligne d'arrivée, seuil] to cross; [+ porte] to go through; [+ distance] to cover; [+ mur du son] to break through; [+ limite] to overstep

franchise [fʀɑ̃ʃiz] NF **a** [de personne] frankness ◆ **en toute ~** quite frankly **b** (= exemption) ◆ **importer qch en ~** to import sth duty-free ◆ **"~ postale"** ≈ official paid **c** [d'assurances] excess (Brit), deductible (US) **d** (Commerce) franchise ◆ **magasin en ~** franchised shop (Brit) ou store (US)

francilien, -ienne [fʀɑ̃siljɛ̃, jɛn] **1** ADJ from the Île-de-France **2** **Francilien(ne)** NM,F inhabitant of the Île-de-France

franc-jeu [fʀɑ̃ʒø] NM fair-play ◆ **jouer ~** to play fair

franc-maçon, -onne (mpl **francs-maçons,** fpl **~nes**) [fʀɑ̃masɔ̃, ɔn] NM,F freemason

franco [fʀɑ̃ko] ADV ◆ **~ de port** carriage-paid

francophile [fʀɑ̃kɔfil] ADJ, NMF francophile

francophone [fʀɑ̃kɔfɔn] **1** ADJ Frenchspeaking **2** NMF French speaker

francophonie [fʀɑ̃kɔfɔni] NF Frenchspeaking world

franc-parler [fʀɑ̃paʀle] NM INV outspokenness ◆ **avoir son ~** to speak one's mind

franc-tireur (pl **francs-tireurs**) [fʀɑ̃tiʀœʀ] NM (= combattant) irregular; (fig) maverick

frange [fʀɑ̃ʒ] NF **a** [de tissu] fringe; [de cheveux] fringe (Brit), bangs (US) **b** (= minorité) fringe (group)

frangin * [fʀɑ̃ʒɛ̃] NM brother

frangine * [fʀɑ̃ʒin] NF sister

frangipane [fʀɑ̃ʒipan] NF almond paste

frappant, e [fʀapɑ̃, ɑ̃t] ADJ striking

frappe [fʀap] NF **a** (militaire) (military) strike ◆ **~ aérienne** airstrike **b** [de boxeur] punch; [de footballeur] kick; [de joueur de tennis] stroke

frappé, e [fʀape] ADJ **a** (= saisi) ◆ **j'ai été (très) ~ de voir que ...** I was (quite) amazed to see that ... **b** [champagne, café] iced

frapper [fʀape] ▸ conjug 1 ◂ **1** VT **a** (= cogner) (avec le poing, un projectile) to strike; (avec un couteau) to stab ◆ **~ qn à coups de poing/de pied** to punch/kick sb **b** [maladie] to strike (down); [coïncidence, détail] to strike ◆ **frappé par le malheur** stricken by misfortune ◆ **~ l'imagination** to catch the imagination ◆ **ce qui me frappe** what strikes me **c** [mesures, impôts] to hit **d** [+ monnaie, médaille] to strike **2** VI to strike ◆ **~ dans ses mains** to clap one's hands ◆ **~ à la porte** to knock at the door ◆ **on a frappé** there was a knock at the door ◆ **~ fort** to hit hard

fraternel, -elle [fʀatɛʀnɛl] ADJ brotherly

fraterniser [fʀatɛʀnize] ▸ conjug 1 ◂ VI [pays, personnes] to fraternize

fraternité [fʀatɛʀnite] NF (= amitié) fraternity NonC

fratricide [fratrisid] ADJ fratricidal

fraude [frod] NF fraud ◆ en ~ [fabriquer, vendre] fraudulently ◆ **passer qch/faire passer qn en ~** to smuggle sth/sb in ◆ ~ **électorale** electoral fraud ◆ ~ **fiscale** tax evasion

frauder [frode] ► conjug 1 ◄ **1** VT to defraud ◆ ~ **le fisc** to evade taxation **2** VI to cheat ◆ **il fraude souvent dans l'autobus** he often takes the bus without paying

fraudeur, -euse [frodœr, øz] NM,F person guilty of fraud; (à la douane) smuggler; (envers le fisc) tax evader; (dans les transports) fare dodger

frauduleux, -euse [frodylø, øz] ADJ [pratiques, concurrence] fraudulent

frayer (se) [freje] ► conjug 8 ◄ VPR ◆ **se frayer un passage (dans la foule)** to force one's way through (the crowd)

frayeur [frejœr] NF fright

fredonner [frədɔne] ► conjug 1 ◄ VT to hum

free-lance (pl ~s) [frilɑ̃s] NMF freelance ◆ **travailler en ~** to work freelance

freezer [frizœr] NM freezer compartment

frein [frɛ̃] NM brake ◆ **donner un coup de ~ to** brake ◆ **donner un coup de ~ à** [+ dépenses, inflation] to put a brake on ◆ **frein à main** handbrake

freiner [frene] ► conjug 1 ◄ **1** VT to slow down; [+ dépenses, inflation, chômage] to curb; [+ enthousiasme] to put a damper on **2** VI to brake; (à ski, en patins) to slow down

frêle [frɛl] ADJ [tige] fragile; [personne, corps, voix] frail

frelon [frəlɔ̃] NM hornet

frémir [fremir] ► conjug 2 ◄ VI **a** (d'horreur) to shudder; (de fièvre) to shiver; (de colère) to shake **b** [eau chaude] to simmer

frêne [frɛn] NM ash

frénésie [frenezi] NF frenzy

frénétique [frenetik] ADJ [applaudissements, rythme] frenzied; [activité] frantic

fréquemment [frekamɑ̃] ADV frequently

fréquence [frekɑ̃s] NF frequency

fréquent, e [frekɑ̃, ɑ̃t] ADJ frequent ◆ **il est ~ de voir ...** it is not uncommon to see ...

fréquentable [frekɑ̃tabl] ADJ ◆ **c'est quelqu'un de pas très ~** he's a bit of a dubious character

fréquentation [frekɑ̃tasjɔ̃] **1** NF (= action) ◆ **la ~ des églises** church attendance ◆ **la ~ des salles de cinéma augmente** the number of people going to the cinema is rising **2** fréquentations NFPL (= relations) ◆ **il a de mauvaises ~s** he's in with a bad crowd

fréquenté, e [frekɑ̃te] ADJ [lieu, établissement] busy ◆ **c'est un établissement bien/mal ~** the right/wrong kind of people go there

fréquenter [frekɑ̃te] ► conjug 1 ◄ **1** VT **a** [+ école, musée] to go to; [+ lieu, milieu] to frequent **b** [+ voisins] to do things with ◆ ~ **la bonne société** to move in fashionable circles ◆ **il les fréquente peu** he doesn't see them very often **2** **se fréquenter** VPR [amoureux] to go out together

frère [frɛr] NM brother; (= moine) brother

fresque [frɛsk] NF fresco

fret [frɛ(t)] NM **a** (= prix) freightage; (en camion) carriage **b** (= cargaison) freight; (de camion) load

frétiller [fretije] ► conjug 1 ◄ VI to wriggle

friand, e [frijɑ̃, ɑ̃d] **1** ADJ ◆ ~ **de** fond of **2** NM (à la viande) ≈ sausage roll (Brit)

friandises [frijɑ̃diz] NFPL sweet things

fric * [frik] NM (= argent) money ◆ **il a du ~** he's loaded *

fricassée [frikase] NF fricasse

friche [friʃ] NF fallow land NonC ◆ **être en ~** [terre] to lie fallow ◆ ~ **industrielle** industrial wasteland

friction [friksjɔ̃] NF **a** (= désaccord) friction **b** (= massage) rubdown

frictionner [friksjɔne] ► conjug 1 ◄ VT to rub

frigidaire ® [friʒidɛr] NM refrigerator ◆ **au ~** in the refrigerator

frigide [friʒid] ADJ frigid

frigo * [frigo] NM fridge

frigorifié, e * [frigɔrifje] ADJ ◆ **être ~** (= avoir froid) to be frozen stiff

frigorifique [frigɔrifik] ADJ [camion, wagon] refrigerated

frileux, -euse [frilø, øz] ADJ **a** [personne] sensitive to the cold ◆ **il est très ~** he feels the cold **b** (= trop prudent) overcautious

frime * [frim] NF ◆ **c'est de la ~** it's all put on *

frimer * [frime] ► conjug 1 ◄ VI to show off *

frimeur, -euse * [frimœr, øz] NM,F show-off *

fringues * [frɛ̃g] NFPL clothes

friper [fripe] VT, **se friper** VPR ► conjug 1 ◄ to crumple

fripes * [frip] NFPL (d'occasion) secondhand clothes

friqué, e * [frike] ADJ rich

frire [frir] VTI ◆ **(faire) ~** to fry; (en friteuse) to deep-fry

frise [friz] NF frieze

frisé, e [frize] ADJ [cheveux] curly; [personne] curly-haired

friser [fʀize] ► conjug 1 ◄ **1** VT **a** [+ cheveux] to curl **b** [+ catastrophe, mort] to be within a hair's breadth of; [+ insolence, ridicule] to verge on ◆ **~ la soixantaine** to be getting on for sixty **2** VI [cheveux] to be curly; [personne] to have curly hair

frisson [fʀisɔ̃] NM [de froid, fièvre] shiver; [de répulsion, peur] shudder

frissonner [fʀisɔne] VI (de peur) to quake; (d'horreur) to shudder; (de fièvre, froid) to shiver (de with)

frit, e [fʀi, fʀit] **1** ADJ fried **2 frite** NF ◆ **(pommes) ~es** French fries, chips (Brit)

friture [fʀityʀ] NF (= graisse) fat *(for frying)*; (= poisson, mets) fried fish *NonC* ◆ **il y a de la ~ sur la ligne** * there's interference on the line

frivole [fʀivɔl] ADJ [personne, occupation] frivolous

froc * [fʀɔk] NM (= pantalon) trousers, pants (US)

froid, e [fʀwa, fʀwad] **1** ADJ cold ◆ **il fait ~** it's cold ◆ **garder la tête ~e** to keep a cool head **2** NM **a** ◆ **le ~** the cold ◆ **j'ai ~** I'm cold ◆ **j'ai ~ aux pieds** my feet are cold ◆ **il fait ~** it's cold ◆ "**laver** ou **lavage à ~**" "wash in cold water" **b** (= brouille) ◆ **nous sommes en ~** things are a bit strained between us

froidement [fʀwadmɑ̃] ADV [accueillir, remercier] coldly; [calculer, réfléchir] coolly; [tuer] in cold blood

froideur [fʀwadœʀ] NF coldness

froisser [fʀwase] ► conjug 1 ◄ **1** VT **a** [+ tissu, papier] to crumple **b** [+ personne] to hurt **2 se froisser** VPR [personne] to take offence (de at) ◆ **se ~ un muscle** to strain a muscle

frôler [fʀole] ► conjug 1 ◄ VT **a** (= toucher) to brush against ◆ **~ la catastrophe** to come within a hair's breadth of a catastrophe ◆ **~ la victoire** to come close to victory **b** (= confiner à) to border on

fromage [fʀɔmaʒ] NM cheese ► **fromage blanc** fromage blanc ► **fromage de chèvre** goat's milk cheese ► **fromage frais** fromage frais

fromagerie [fʀɔmaʒʀi] NF (= fabrique) cheese dairy; (= magasin) cheese shop; (= rayon) cheese counter

froment [fʀɔmɑ̃] NM wheat

froncement [fʀɔ̃smɑ̃] NM ◆ **~ de sourcils** frown

froncer [fʀɔ̃se] ► conjug 3 ◄ VT (Couture) to gather ◆ **~ les sourcils** to frown

front [fʀɔ̃] **1** NM **a** (de personne) forehead **b** (Mil, Pol, Météo) front ◆ **tué au ~** killed in action ◆ **attaquer qn de ~** to attack sb head-on ◆ **faire ~ aux difficultés** to face up to the difficulties **2** COMP ► **front de mer** sea front

frontal, e (mpl **-aux**) [fʀɔ̃tal, o] ADJ ◆ **choc ~** head-on crash

frontalier, -ière [fʀɔ̃talje, jɛʀ] ADJ [ville, zone] border *avant le nom*

frontière [fʀɔ̃tjɛʀ] **1** NF border ◆ **~ naturelle** natural boundary **2** ADJ INV ◆ **ville/zone ~** border town/zone

frontiste [fʀɔ̃tist] **1** ADJ (= du Front National) National Front **2** NMF National Front supporter

frottement [fʀɔtmɑ̃] NM rubbing; (Tech) friction

frotter [fʀɔte] ► conjug 1 ◄ **1** VT **a** [+ peau] to rub ◆ **frotte tes mains avec du savon** scrub your hands with soap ◆ **~ une allumette** to strike a match **b** (pour nettoyer) [+ cuivres, meubles, chaussures] to shine; [+ plancher, casserole, linge] to scrub **2** VI to rub ◆ **la porte frotte (contre le plancher)** the door is rubbing (against the floor) **3 se frotter** VPR **a** (= se laver) to rub o.s. ◆ **se ~ les mains** to rub one's hands **b** (= attaquer) ◆ **se ~ à qn** to cross swords with sb

frottis [fʀɔti] NM (Méd) smear

froussard, e * [fʀusaʀ, aʀd] NM,F (péj) chicken *, coward

frousse * [fʀus] NF ◆ **avoir la ~** to be scared stiff *

fructifier [fʀyktifje] ► conjug 7 ◄ VI [investissement] to yield a profit ◆ **faire ~ son argent** to make one's money work for one

fructueux, -euse [fʀyktɥø, øz] ADJ [collaboration, recherches] fruitful; [commerce] profitable

frugal, e (mpl **-aux**) [fʀygal, o] ADJ frugal

fruit [fʀɥi] NM fruit ◆ **il y a des ~s/trois ~s dans la coupe** there some fruit/there are three pieces of fruit in the bowl ◆ **porter ses ~s** to bear fruit ► **fruits confits** candied fruits ► **fruits de mer** seafood ► **fruit de la passion** passion fruit ► **fruits rouges** red berries ► **fruit sec** dried fruit

fruité, e [fʀɥite] ADJ fruity

fruste [fʀyst] ADJ coarse

frustrant, e [fʀystʀɑ̃, ɑ̃t] ADJ frustrating

frustration [fʀystʀasjɔ̃] NF frustration

frustré, e [fʀystʀe] ADJ frustrated

frustrer [fʀystʀe] ► conjug 1 ◄ VT **a** (= priver) ◆ **~ qn de** to deprive sb of **b** [+ attente, espoir] to thwart **c** (Psych) to frustrate

FS (abrév de **franc suisse**) SF

fuel [fjul] NM (= carburant) fuel oil ◆ **~ domestique** heating oil

fugitif, -ive [fyʒitif, iv] NM,F fugitive

fugue [fyg] NF **a** (= fuite) ◆ **faire une ~** to run away **b** (Mus) fugue

fuguer [fyge] ► conjug 1 ◄ VI to run away

fuir [fɥiʀ] NF **a** [de fugitif] flight **•** ~ **des capitaux** flight of capital **•** ~ **des cerveaux** brain drain **•** **prendre la** ~ [personne] to run away; [conducteur, voiture] to drive away **b** (= perte de liquide) leakage **•** ~ **de gaz/d'huile** gas/oil leak **c** (= indiscrétion) leak **d** (= trou) [de récipient, tuyau] leak

fuir [fɥiʀ] ► conjug 17 ◄ **1** VT [+ personne, danger] to avoid; [+ responsabilité] to evade; [+ lieu] to flee from **2** VI **a** [prisonnier] to escape **b** [récipient, robinet, liquide, gaz] to leak

fuite [fɥit] NF **a** [de fugitif] flight **•** ~ **des capitaux** flight of capital **•** ~ **des cerveaux** brain drain **•** **prendre la** ~ [personne] to run away; [conducteur, voiture] to drive away **b** (= perte de liquide) leakage **•** ~ **de gaz/d'huile** gas/oil leak **c** (= indiscrétion) leak **d** (= trou) [de récipient, tuyau] leak

fulgurant, e [fylgyʀɑ̃, ɑ̃t] ADJ [vitesse, progrès] lightning; [succès, carrière] dazzling; [ascension] meteoric

fumé, e[1] [fyme] ADJ smoked **•** **verres** ~**s** [de lunettes] tinted lenses

fume-cigarette (pl ~**s**) [fymsigaʀɛt] NM cigarette holder

fumée[2] [fyme] NF [de combustion] smoke **•** **la fumée ne vous gêne pas ?** do you mind my smoking? **•** **fumées** [d'usine] fumes

fumer [fyme] ► conjug 1 ◄ **1** VI to smoke; [soupe] to steam **2** VT to smoke **•** ~ **la cigarette/la pipe** to smoke cigarettes/a pipe

fumeur, -euse [fymœʀ, øz] NM,F smoker **•** **(compartiment)** ~**s** smoking compartment (Brit) ou car (US) **•** ~ **ou non-**~ **?** smoking or non-smoking?

fumier [fymje] NM **a** (= engrais) manure **b** ** ** (péj = salaud) bastard ** **

fumigène [fymiʒɛn] ADJ [grenade] smoke

funambule [fynɑbyl] NMF tightrope walker

funèbre [fynɛbʀ] ADJ **a** (= de l'enterrement) funeral **b** [ton, silence] funereal; [atmosphère, décor] gloomy

funérailles [fyneʀɑj] NFPL funeral

funéraire [fyneʀɛʀ] ADJ funerary

funiculaire [fynikylɛʀ] NM funicular railway

fur [fyʀ] **•** **au fur et à mesure** LOC ADV [classer, nettoyer] as one goes along; [dépenser] as fast as one earns **•** **donnez-les-nous au** ~ **et à mesure que vous les recevez** give them to us as you receive them

furet [fyʀɛ] NM (= animal) ferret

fureur [fyʀœʀ] NF fury **•** **faire** ~ to be all the rage

furieux, -ieuse [fyʀjø, jøz] ADJ (= en colère) furious (contre with, at)

furoncle [fyʀɔ̃kl] NM boil

furtif, -ive [fyʀtif, iv] ADJ furtive **•** **avion** ~ stealth bomber

fusain [fyzɛ̃] NM (= crayon) charcoal crayon

fuseau (pl ~**x**) [fyzo] NM **a** **•** **(pantalon)** ~, ~**x** stretch ski pants (Brit), stirrup pants (US) **b** **•** ~ **horaire** time zone

fusée [fyze] NF (space) rocket ► **fusée de détresse** distress rocket

fuselage [fyz(ə)laʒ] NM fuselage

fuser [fyze] ► conjug 1 ◄ VI [cris, rires] to burst forth; [questions] to come from all sides **•** **les plaisanteries fusaient** the jokes came thick and fast

fusible [fyzibl] NM fuse **•** **les** ~**s ont sauté** the fuses have blown

fusil [fyzi] NM (de guerre, à canon rayé) rifle; (de chasse, à canon lisse) shotgun ► **fusil à air comprimé** airgun ► **fusil à canon scié** sawn-off (Brit) ou sawed-off (US) shotgun ► **fusil de chasse** shotgun

fusillade [fyzijad] NF (= bruit) shooting NonC; (= combat) shoot-out

fusiller [fyzije] ► conjug 1 ◄ VT (= exécuter) to shoot

fusil-mitrailleur (pl **fusils-mitrailleurs**) [fyzimitʀɑjœʀ] NM machine gun

fusion [fyzjɔ̃] NF **a** [de métal] melting **•** **en** ~ molten **b** (Physique, Bio) fusion **•** ~ **nucléaire** nuclear fusion **c** [de partis] merging; [de sociétés] merger

fusionner [fyzjone] ► conjug 1 ◄ VTI to merge

fût [fy] NM **a** [d'arbre] trunk **b** (= tonneau) barrel

futé, e [fyte] ADJ crafty **•** **il n'est pas très** ~ he's not very bright

futile [fytil] ADJ [tentative] futile; [occupation, propos] trivial; [personne] frivolous

futur, e [fytyʀ] **1** ADJ (= prochain) future **•** **les** ~**s époux** the bride-and-groom-to-be **•** ~ **directeur** future director **2** NM **a** (= avenir) future **b** (en grammaire) **•** **le** ~ the future tense

futuriste [fytyʀist] ADJ futuristic

fuyait [fɥiɛ] VB → **fuir**

fuyant, e [fɥijɑ̃, ɑ̃t] ADJ [regard, air] evasive; [menton, front] receding

fuyard, e [fɥijaʀ, aʀd] NM,F runaway

g (abrév de **gramme**) g

gabardine [gabaʀdin] NF gabardine

gabarit [gabaʀi] NM **a** (= dimension) size **b** * [de personne] (= taille) size; (= valeur) calibre (Brit), caliber (US) **c** (= maquette) template

Gabon [gabɔ̃] NM Gabon

gabonais, e [gabɔnɛ, ɛz] **1** ADJ Gabonese **2** Gabonais(e) NM,F Gabonese

gâcher [gaʃe] ▸ conjug 1 ◂ VT to waste; [+ jeunesse, séjour, chances] to ruin

gâchette [gaʃɛt] NF [d'arme] trigger ◆ appuyer sur la ~ to pull the trigger

gâchis [gaʃi] NM (= gaspillage) waste NonC

gadget [gadʒɛt] NM (= ustensile) gadget

gaélique [gaelik] ADJ, NM Gaelic

gaffe [gaf] NF **a** (= bévue) blunder ◆ faire une ~ (action) to make a blunder; (parole) to say the wrong thing ◆ désolé, j'avais pas fait ~ * sorry, I wasn't paying attention ◆ fais ~ ! * watch out!

gag [gag] NM joke; [de comique] gag

gaga * [gaga] ADJ [vieillard] gaga *

gage [gaʒ] NM **a** (à un créancier, arbitre) security ◆ mettre qch en ~ to pawn sth ◆ laisser qch en ~ to leave sth as (a) security **b** (= garantie) guarantee **c** (= témoignage) proof NonC ◆ en ~ de notre amitié as a token or in token of our friendship **d** (Jeux) forfeit

gageure [gaʒyʀ] NF challenge

gagnant, e [gaɲɑ̃, ɑ̃t] **1** ADJ [numéro, combinaison] winning **2** NM,F winner

gagner [gaɲe] ▸ conjug 1 ◂ **1** VT **a** (= acquérir par le travail) to earn ◆ elle gagne bien sa vie she earns a good living ◆ ~ de l'argent (par le travail) to earn; (dans une affaire) to make money **b** (= mériter) to earn **c** [+ prix, compétition] to win ◆ ~ le gros lot to hit the jackpot **d** (= obtenir) to gain; [+ parts de marché, confiance] to win ◆ chercher à ~ du temps (= temporiser) to play for time ◆ ~ du terrain to gain ground ◆ ~ de la place to save space ◆ c'est toujours ça de gagné ! that's always something! ◆ ~ qn à sa cause to win sb over **e** (= augmenter de) ◆ ~ dix centimètres [plante, enfant] to grow ten centimetres ◆ l'indice CAC 40 gagne 4 points the CAC 40 index is up 4 points **f** (= envahir) to spread to **g** (= atteindre) to reach **2** VI **a** (= être vainqueur) to win ◆ ~ aux courses to win on the horses ◆ ~ haut la main to win hands down **b** (= trouver un avantage) ◆ qu'est-ce que j'y gagne ? what do I get out of it? ◆ elle y a gagné, elle a gagné au change she ended up better off

gai, e [gɛ] ADJ **a** (= joyeux) cheerful; [couleur, pièce] bright ◆ on annonce une nouvelle grève, c'est ~ ! there's going to be another strike - just what we needed! ◆ un ~ luron a cheerful fellow **b** (= ivre) merry

gaiement [gemɑ̃] ADV (= joyeusement) cheerfully ◆ allons-y ~ ! come on then, let's get on with it!

gaieté [gete] NF cheerfulness; [de couleur] brightness ◆ plein de ~ cheerful ◆ ce n'est pas de ~ de cœur qu'il a accepté it was with some reluctance that he accepted

gaillard [gajaʀ] NM **a** (= costaud) ◆ (grand ou beau) ~ strapping fellow **b** (* = type) guy * ◆ toi, mon ~, je t'ai à l'œil ! I've got my eye on you, chum! *

gain [gɛ̃] NM **a** [de société] profit; (au jeu) winnings **b** (= lucre) ◆ le ~ gain **c** (= économie) saving ◆ le ~ de place est énorme it saves a considerable amount of space **d** (= accroissement) gain ◆ ~ de productivité productivity gain **e** ◆ avoir ou obtenir ~ de cause (Droit) to win the case; (fig) to be proved right

gaine [gɛn] NF **a** (= vêtement) girdle **b** (= fourreau) sheath ◆ ~ d'aération ou de ventilation ventilation shaft

gaîté [gete] NF ⇒ **gaieté**

gala [gala] NM gala ◆ soirée de ~ gala evening

galant, e [galɑ̃, ɑ̃t] ADJ **a** (= courtois) polite ◆ c'est un ~ homme he is a gentleman **b** ◆ en ~e compagnie [homme] with a lady friend; [femme] with a gentleman friend ◆ rendez-vous ~ tryst

galaxie [galaksi] NF galaxy; (= monde, domaine) world

galbe [galb] NM [de meuble, mollet] curve

gale [gal] NF scabies; [de chien, chat] mange; [de mouton] scab ◆ je n'ai pas la ~ ! * I haven't got the plague!

galère [galɛʀ] NF (= bateau) galley ◆ quelle ~ ! *, c'est (la) ~ ! * what a drag! *

galérer * [galeʀe] ▸ conjug 1 ◂ VI (= avoir des difficultés) to have a lot of hassle *

galerie [galʀi] NF **a** [de mine] level **b** (= magasin) gallery ▸ **galerie d'art** art gallery ▸ **galerie marchande** shopping mall **c** (Théâtre) circle **d** [de voiture] roof rack

galet [galɛ] NM (= pierre) pebble ◆ **plage de ~s** shingle beach

galette [galɛt] NF (= gâteau) round, flat biscuit; (= crêpe) pancake ◆ **~ des Rois** cake eaten in France on Twelfth Night

galipette* [galipɛt] NF (= cabriole) somersault ◆ **faire des ~s** (cabrioles) to do somersaults

Galles [gal] NFPL → **pays**

gallicisme [ga(l)lisism] NM (= idiotisme) French idiom; (dans une langue étrangère = calque) Gallicism

gallois, e [galwa, waz] **1** ADJ Welsh **2** NM **a** (= langue) Welsh **b** ◆ **Gallois** Welshman ◆ **les Gallois** the Welsh **3** **Galloise** NF Welshwoman

galon [galɔ̃] NM (Couture) braid NonC; (Mil) stripe

galop [galo] NM gallop ◆ **partir au ~** [cheval] to set off at a gallop; [personne] to go off like a shot ▸ **galop d'essai** trial gallop; (fig) trial run

galoper [galɔpe] ▸ conjug 1 ◂ VI [cheval] to gallop; [imagination] to run wild; [enfant] to run ◆ **j'ai galopé toute la journée !** * I've been rushing around all day!

galopin* [galɔpɛ̃] NM (= polisson) urchin ◆ **petit ~ !** you little rascal!

galvaudé, e [galvode] ADJ [expression] hackneyed; [mot] overused

gambader [gɑ̃bade] ▸ conjug 1 ◂ VI [animal] to gambol; [personne, enfant] to caper (about)

gambas [gɑ̃bas] NFPL Mediterranean prawns

gamelle [gamɛl] NF [d'ouvrier, campeur] billycan; [de chien] bowl ◆ **(se) prendre une ~** * to come a cropper * (Brit)

gamin, e [gamɛ̃, in] NM,F (= enfant) kid *

gamme [gam] NF **a** [de couleurs, articles] range ◆ **haut de ~** upmarket ◆ **bas de ~** downmarket **b** (Mus) scale ◆ **faire des ~s** to practise scales

gammée [game] NF, ADJ F → **croix**

gang [gɑ̃g] NM gang

ganglion [gɑ̃glijɔ̃] NM ganglion ◆ **il a des ~s** he has swollen glands

gangrène [gɑ̃gʀɛn] NF gangrene

gangster [gɑ̃gstɛʀ] NM (= criminel) gangster

gant [gɑ̃] NM glove ◆ **cette robe lui va comme un ~** that dress fits her like a glove ◆ **prendre des ~s avec qn** to go carefully with sb ▸ **gants de boxe** boxing gloves ▸ **gant de crin** massage glove ▸ **gant de toilette** ≈ facecloth (Brit), ≈ wash cloth (US)

garage [gaʀaʒ] NM garage

garagiste [gaʀaʒist] NMF (= propriétaire) garage owner; (= mécanicien) garage mechanic ◆ **emmener sa voiture chez le ~** to take one's car to the garage

garant, e [gaʀɑ̃, ɑ̃t] NM,F (= personne) guarantor (de for); (= chose) guarantee ◆ **se porter ~ de qch** to vouch for sth

garantie [gaʀɑ̃ti] NF **a** guarantee; (= gage) security ◆ **sous ~** under guarantee **b** [de police d'assurance] cover NonC

garantir [gaʀɑ̃tiʀ] ▸ conjug 2 ◂ VT (= assurer) to guarantee; [+ emprunt] to secure ◆ **je te garantis que ça ne se passera pas comme ça !** I can assure you things won't turn out like that!

garce * [gaʀs] NF (péj) (= méchante) bitch **

garçon [gaʀsɔ̃] NM **a** (= enfant, fils) boy ◆ **tu es un grand ~ maintenant** you're a big boy now ◆ **~ manqué** tomboy **b** (= jeune homme) young man ◆ **il est beau ou joli ~** he's good-looking ▸ **garçon d'honneur** best man **c** (= serveur) ◆ **~ de café** waiter

garçonnet [gaʀsɔnɛ] NM small boy ◆ **taille ~** boy's size

garde¹ [gaʀd] NF **a** (= surveillance) ◆ **confier qch/qn à la garde de qn** to entrust sth/sb to sb's care ▸ **garde à vue** ≈ police custody ◆ **être mis ou placé en garde à vue** ≈ to be kept in police custody **b** (après divorce) custody ◆ **elle a eu la garde des enfants** she got custody of the children **c** (= veille) ◆ **être de garde** to be on duty ◆ **pharmacie de garde** duty chemist (Brit) ou pharmacist (US) **d** (= groupe, escorte) guard ▸ **garde d'honneur** guard of honour ▸ **garde républicaine** Republican Guard **e** (loc) ◆ **mettre qn en garde** to warn sb ◆ **mise en garde** warning ◆ **prendre garde de ou à ne pas faire qch** to be careful not to do sth ◆ **être/se tenir sur ses gardes** to be/stay on one's guard ◆ **monter la garde** [soldat] to mount guard

garde² [gaʀd] NM [de locaux, prisonnier] guard; [de domaine, château] warden (Brit), keeper (US); [de jardin public] keeper ▸ **garde champêtre** rural policeman ▸ **garde du corps** bodyguard ▸ **garde forestier** forest warden (Brit), (park) ranger (US) ▸ **Garde des Sceaux** French Minister of Justice

garde-à-vous [gaʀdavu] NM INV ◆ **~ !** attention! ◆ **se mettre au ~** to stand to attention

garde-boue [gaʀdəbu] NM INV mudguard (Brit), fender (US)

garde-corps [gaʀdəkɔʀ] NM INV (en fer) railing; (en pierre) parapet

garde-fou [pl **~s**] [gaʀdəfu] NM (en fer) railing; (en pierre) parapet; (fig) safeguard

garde-manger [gaʀd(ə)mɑ̃ʒe] NM INV (= armoire) meat safe (Brit), cooler (US); (= pièce) pantry

garder [gaʀde] ► conjug 1 ◄ **1** VT **a** to keep ◆ **gardez la monnaie** keep the change ◆ ~ **qn à déjeuner** to have sb stay for lunch ◆ ~ **les yeux baissés** to keep one's eyes down ◆ **gardez cela pour vous** keep it to yourself ◆ **il a gardé toutes ses facultés** ou **toute sa tête** he still has all his faculties ◆ ~ **son calme/le silence** to keep calm/silent ◆ ~ **un bon souvenir de qch** to have happy memories of sth ◆ ~ **espoir** to keep hoping **b** (= surveiller) to look after; [+ prisonnier, frontière, porte] to guard ◆ ~ **des enfants** (métier) to be a child minder (Brit) ou daycare worker (US) **2 se garder** VPR **a** [denrées] to keep **b** ◆ **se** ~ **de faire qch** to be careful not to do sth

garderie [gaʀdəʀi] NF (jeunes enfants) day nursery (Brit), daycare center (US); (à l'école) *childminding service for working parents*

garde-robe (pl ~**s**) [gaʀdəʀɔb] NF (= habits) wardrobe

gardien, -ienne [gaʀdjɛ̃, jɛn] NM,F [de prisonnier, locaux] guard; [de propriété, château] warden (Brit), keeper (US); [d'hôtel] night porter; [de jardin public, zoo] keeper; [d'immeuble] caretaker ► **gardien de but** goalkeeper ► **gardienne d'enfants** child minder (Brit), daycare worker (US) ► **gardien de musée** museum attendant ► **gardien de nuit** night watchman ► **gardien de la paix** policeman ► **gardien de prison** prison officer

gare¹ [gaʀ] NF station ◆ **le train entre en gare** the train is coming in ◆ **roman/littérature de gare** (péj) pulp novel/ literature ► **gare de marchandises** goods (Brit) ou freight (US) station ► **gare routière** [d'autocars] coach (Brit) ou bus (US) station

gare² * [gaʀ] EXCL ◆ **gare à toi !** watch it! *

garer [gaʀe] ► conjug 1 ◄ **1** VT [+ véhicule] to park **2 se garer** VPR **a** (= stationner) to park **b** (= se ranger de côté) to pull over

gargote [gaʀgɔt] NF cheap restaurant

gargouille [gaʀguj] NF gargoyle

gargouiller [gaʀguje] ► conjug 1 ◄ VI [eau] to gurgle; [intestin] to rumble

garnement [gaʀnəmɑ̃] NM scamp ◆ **petit** ~ ! you little rascal!

garni, e [gaʀni] ADJ [plat, viande] served with vegetables

garnir [gaʀniʀ] ► conjug 2 ◄ VT **a** (= équiper) ◆ ~ **de** to fit out with **b** (= doubler) to line (de with); (= couvrir) to cover **c** (= remplir) to fill (de with); (= rembourrer) to pad; (= réfrigérateur) to stock (de with) **d** (= décorer) [+ vêtement] to trim (de with); [+ aliment] to garnish (de with) ◆ ~ **une table de fleurs** to decorate a table with flowers

garnison [gaʀnizɔ̃] NF (= troupes) garrison ◆ **être en** ~ **à** to be stationed at

garniture [gaʀnityʀ] NF [de robe, chapeau] trimming *NonC*; (= légumes) vegetables; [de volau-vent] filling ◆ ~ **d'embrayage/de frein** clutch/brake lining

garrot [gaʀo] NM (Méd) tourniquet ◆ **poser un** ~ to apply a tourniquet

garrotter [gaʀɔte] ► conjug 1 ◄ VT (= attacher) to tie up

gars * [gɑ] NM (= enfant) boy; (= adulte) guy *

gaspillage [gaspijaʒ] NM waste

gaspiller [gaspije] ► conjug 1 ◄ VT to waste

gastrique [gastʀik] ADJ gastric

gastroentérite [gastʀoɑ̃teʀit] NF gastroenteritis *NonC*

gastronome [gastʀɔnɔm] NMF gourmet

gastronomique [gastʀɔnɔmik] ADJ gastronomic; → **menu**

gâté, e [gɑte] ADJ [enfant, fruit] spoilt; [dent] bad

gâteau (pl ~**x**) [gɑto] NM (= pâtisserie) cake ◆ ~ **d'anniversaire** birthday cake ◆ **c'est du** ~ * it's a piece of cake * ► **gâteaux (à) apéritif** (small) savoury biscuits ► **gâteaux secs** biscuits (Brit), cookies (US)

gâter [gɑte] ► conjug 1 ◄ **1** VT **a** [+ paysage, plaisir] to ruin ◆ **et, ce qui ne gâte rien, elle est jolie** and she's pretty, which is an added bonus **b** [+ enfant] to spoil ◆ **il pleut, on est gâté !** (iro) just our luck! ◆ **il n'est pas gâté par la nature** he hasn't been blessed by nature **2 se gâter** VPR [temps, ambiance, relations] to take a turn for the worse

gâteux, -euse * [gɑtø, øz] ADJ (= sénile) senile

gauche [goʃ] **1** ADJ **a** (opposé à droit) left ◆ **du côté** ~ on the left-hand side **b** (= maladroit) awkward **2** NF **a** (= côté) ◆ **la** ~ the left, the left-hand side ◆ **à** ~ on the left, to the left ◆ **le tiroir de** ~ the left-hand drawer ◆ **rouler à** ~ ou **sur la** ~ to drive on the left ◆ **de** ~ **à droite** from left to right; pour autres loc voir **droit b** (Pol) ◆ **la** ~ the left ◆ **homme de** ~ left-winger ◆ **candidat de** ~ left-wing candidate

gaucher, -ère [goʃe, ɛʀ] ADJ left-handed

gauchiste [goʃist] ADJ, NMF leftist

gaufre [gofʀ] NF (= gâteau) waffle

gaufrette [gofʀɛt] NF wafer

gauler * [gole] ► conjug 1 ◄ VT ◆ **il s'est fait** ~ * he got caught

gaulois, e [golwa, waz] **1** ADJ Gallic ◆ **esprit** ~ bawdy Gallic humour **2 Gaulois(e)** NM,F Gaul

gaver [gave] ► conjug 1 ◄ **1** VT [+ animal] to force-feed; [+ personne] to fill up (with) **2 se gaver** VPR ◆ **se ~ de** [+ nourriture] to stuff o.s. with

gay * [gɛ] ADJ, NM gay

gaz [gaz] NM INV gas ◆ **se chauffer au ~** to have gas heating ◆ **faire la cuisine au ~** to cook with gas ◆ **avoir des ~** to have wind ▶ **gaz carbonique** carbon dioxide ▶ **gaz d'échappement** exhaust ▶ **gaz lacrymogène** teargas

Gaza [gaza] N ◆ **la bande de ~** the Gaza Strip

gaze [gaz] NF gauze

gazelle [gazɛl] NF gazelle

gazer [gaze] ► conjug 1 ◄ **1** VI ◆ **ça gaze ?** * (affaires, santé) how's things? * **2** VT (Mil) to gas

gazeux, -euse [gazø, øz] ADJ gaseous ◆ **boisson gazeuse** fizzy drink (Brit), soda (US)

gazinière [gazinjɛʀ] NF gas cooker

gazoduc [gazɔdyk] NM gas main

gazole [gazɔl] NM diesel oil

gazon [gazɔ̃] NM (= pelouse) lawn ◆ **le ~** (= herbe) the grass

gazouiller [gazuje] ► conjug 1 ◄ VI [oiseau] to chirp; [ruisseau] to babble; [bébé] to gurgle

GDF [ʒedeɛf] NM (abrév de **Gaz de France**) *French gas company*

geai [ʒɛ] NM jay

géant, e [ʒeɑ̃, ɑ̃t] **1** ADJ [objet, animal, plante] gigantic; [écran] giant ◆ **c'est ~ !** * it's great! * **2** NM giant

geindre [ʒɛ̃dʀ] ► conjug 52 ◄ VI to moan (de with)

gel [ʒɛl] NM **a** (= temps) frost **b** [de salaires, programme] freeze **c** (= substance) gel ◆ **~ coiffant** hair styling gel

gélatine [ʒelatin] NF gelatine

gélatineux, -euse [ʒelatinø, øz] ADJ gelatinous

gelé, e [ʒ(ə)le] **1** ADJ frozen; [membre] frostbitten **2 gelée** NF **a** (= gel) frost **b** [de fruits, viande] jelly ◆ **~e royale** royal jelly

geler [ʒ(ə)le] ► conjug 5 ◄ **1** VT to freeze; [+ terres agricoles] to set aside **2 se geler** VPR (* = avoir froid) to freeze ◆ **on se gèle ici** it's freezing here **3** VI **a** (gén) to freeze; [récoltes] to be hit by frost **b** (= avoir froid) to be freezing ◆ **on gèle ici** it's freezing here **4** VB IMPERS ◆ **il gèle** it's freezing

gélule [ʒelyl] NF capsule

Gémeaux [ʒemo] NMPL ◆ **les ~** Gemini ◆ **il est ~** he's (a) Gemini

gémir [ʒemiʀ] ► conjug 2 ◄ VI **a** (= geindre) to groan ◆ **~ sur son sort** to bemoan one's fate **b** [ressort, gonds, plancher] to creak; [vent] to moan

gémissement [ʒemismɑ̃] NM groan; (prolongé) groaning *NonC*; [de vent] moaning *NonC*

gênant, e [ʒɛnɑ̃, ɑ̃t] ADJ **a** (= irritant) annoying ◆ **ce n'est pas ~** it's OK **b** (= embarrassant) awkward

gencive [ʒɑ̃siv] NF gum

gendarme [ʒɑ̃daʀm] NM policeman ◆ **jouer aux ~s et aux voleurs** to play cops and robbers

gendarmerie [ʒɑ̃daʀməʀi] NF police; (= bureaux) police station

gendre [ʒɑ̃dʀ] NM son-in-law

gène [ʒɛn] NM gene

gêne [ʒɛn] NF **a** (= malaise physique) discomfort ◆ **~ respiratoire** respiratory problems **b** (= dérangement) trouble **c** (= manque d'argent) financial difficulties **d** (= confusion, trouble) embarrassment

gêné, e [ʒene] ADJ **a** (= à court d'argent) short of money *attrib* **b** (= embarrassé) embarrassed; [silence] awkward ◆ **il n'est pas ~ !** he's got a nerve! * **c** (physiquement) uncomfortable

généalogie [ʒenealɔʒi] NF genealogy

généalogique [ʒenealɔʒik] ADJ genealogical

gêner [ʒene] ► conjug 1 ◄ **1** VT **a** (= déranger) [bruit] to bother; [vêtement étroit, obstacle] to hamper ◆ **cela vous gêne-t-il si je fume ?** do you mind if I smoke? ◆ **et alors, ça te gêne ?** * so what? * **b** (= mettre mal à l'aise) to make feel uncomfortable ◆ **ça me gêne de vous dire ça mais ...** I hate to tell you but ... **2 se gêner** VPR (= se contraindre) to put o.s. out ◆ **ne vous gênez pas pour moi** don't mind me ◆ **ne vous gênez pas !** (iro) do you mind!

général, e (mpl **-aux**) [ʒeneʀal, o] **1** ADJ general ◆ **d'une façon** ou **manière ~e** in general ◆ **dans l'intérêt ~** in the common interest ◆ **à la surprise ~e** to everyone's surprise ◆ **à la demande ~e** in response to popular demand **2** NM [d'armée] general ◆ **oui mon ~** yes sir **3 en général** LOC ADV (= habituellement) usually; (= de façon générale) in general

généralement [ʒeneʀalmɑ̃] ADV generally

généralisation [ʒeneʀalizasjɔ̃] NF (= déduction) generalization

généraliser [ʒeneʀalize] ► conjug 1 ◄ **1** VT [+ méthode] to bring into general use **2** VI (= globaliser) to generalize **3 se généraliser** VPR [infection, conflit] to spread; [procédé] to become widespread ◆ **crise généralisée** general crisis

généraliste [ʒeneralist] ADJ, NM ◆ (médecin) ~ general practitioner

généralités [ʒeneralite] NFPL (= introduction) general points; (péj = banalités) general remarks

générateur [ʒeneratœr] NM generator

génération [ʒenerasjɔ̃] NF generation

générer [ʒenere] ▸ conjug 6 ◀ VT to generate

généreux, -euse [ʒenerø, øz] ADJ **a** generous **b** [sentiment, idée] noble **c** [poitrine] ample ◆ **formes généreuses** generous curves

générique [ʒenerik] **1** ADJ generic; [produit] unbranded **2** NM (Ciné) credits

générosité [ʒenerozite] NF generosity ◆ avec ~ generously

genèse [ʒənɛz] NF genesis ◆ **la Genèse** Genesis

genêt [ʒ(ə)nɛ] NM (= plante) broom ◆ ~s broom

génétique [ʒenetik] **1** ADJ genetic **2** NF genetics sg

Genève [ʒ(ə)nɛv] N Geneva

génial, e (mpl -iaux) [ʒenjal, jo] ADJ **a** [écrivain] of genius; [plan, idée, invention] inspired **b** (* = formidable) great *

génie [ʒeni] NM **a** (= aptitude, personne) genius ◆ **idée de** ~ brilliant idea **b** (Mil) ◆ **le** ~ ≈ the Engineers **c** (= technique) engineering ▸ **génie civil/mécanique** civil/mechanical engineering ▸ **génie génétique** genetic engineering

genièvre [ʒ(ə)njɛvr] NM juniper berry

génisse [ʒenis] NF heifer

génital, e (mpl -aux) [ʒenital, o] ADJ genital ◆ **parties ~es** genitals

génitif [ʒenitif] NM genitive ◆ **au** ~ in the genitive

génocide [ʒenɔsid] NM genocide

genou (pl ~x) [ʒ(ə)nu] NM knee ◆ **prendre qn sur ses** ~x to take sb on one's lap ◆ **il m'a donné un coup de** ~ **dans le ventre** he kneed me in the stomach ◆ **faire du** ~ **à qn** * to play footsie with sb * ◆ **il était à** ~x he was kneeling ◆ **se mettre à** ~x to kneel down ◆ **être sur les** ~x [personne] to be ready to drop

genouillère [ʒ(ə)nujɛr] NF (Sport) kneepad

genre [ʒɑ̃r] NM **a** (= espèce) kind, type ◆ **elle n'est pas du** ~ **à se laisser faire** she's not the kind to let people push her around ◆ **c'est bien son** ~ **!** that's just like him! ◆ **ce qui se fait de mieux dans le** ~ the best of its kind ◆ **réparations en tout** ~ ou **en tous** ~s all kinds of repairs undertaken ◆ **des remarques de ce** ~ comments like that ▸ **le genre humain** the human race ◆ (= allure) ◆ **avoir bon/mauvais** ~ to look respectable/disreputable ◆ **je n'aime pas son** ~ I don't like his style **c** (= style artistique) genre **d** [de mot] gender

gens [ʒɑ̃] NMPL people ◆ **les** ~ **de la ville** the townsfolk ▸ **les gens du voyage** (= gitans) travellers

gentil, -ille [ʒɑ̃ti, ij] ADJ **a** (= aimable) kind, nice (avec, pour to) ◆ **c'est** ~ **à toi** ou **de ta part de ...** it's very kind of you to ... ◆ **sois** ~, **va me le chercher** be a dear and go and get it for me **b** (= sage) good

gentillesse [ʒɑ̃tijɛs] NF kindness ◆ **auriez-vous la** ~ **de faire ...** would you be so kind as to do ...

gentiment [ʒɑ̃timɑ̃] ADV kindly

géographie [ʒeɔgrafi] NF geography

géographique [ʒeɔgrafik] ADJ geographical

géologie [ʒeɔlɔʒi] NF geology

géologique [ʒeɔlɔʒik] ADJ geological

géologue [ʒeɔlɔg] NMF geologist

géomètre [ʒeɔmɛtr] NM (= arpenteur) surveyor

géométrie [ʒeɔmetri] NF geometry

géométrique [ʒeɔmetrik] ADJ geometric

géranium [ʒeranjɔm] NM geranium

gérant, e [ʒerɑ̃, ɑ̃t] NM,F manager

gerbe [ʒɛrb] NF [de blé] sheaf; [de fleurs] spray; [d'étincelles] shower

gercé, e [ʒɛrse] ADJ chapped

gérer [ʒere] ▸ conjug 6 ◀ VT to manage; [+ crise] to handle

germain, e [ʒɛrmɛ̃, ɛn] ADJ → **cousin**

germanique [ʒɛrmanik] ADJ Germanic

germe [ʒɛrm] NM germ; [de pomme de terre] sprout ◆ ~s **de blé** wheatgerm NonC ◆ ~s **de soja** bean sprouts

germer [ʒɛrme] ▸ conjug 1 ◀ VI [bulbe] to sprout; [graine] to germinate; [idée] to form

gérondif [ʒerɔ̃dif] NM gerund

gésier [ʒezje] NM gizzard

gésir [ʒezir] VI to lie

gestation [ʒɛstasjɔ̃] NF gestation ◆ **être en** ~ [roman, projet] to be in the pipeline

geste [ʒɛst] NM gesture ◆ **pas un** ~ **ou je tire !** one move and I'll shoot! ◆ **il parlait en faisant de grands** ~s he waved his hands about as he spoke ◆ **faire un** ~ **de la main** to gesture with one's hand ◆ **s'exprimer par** ~s to use one's hands to express o.s. ◆ ~ **politique** political gesture ◆ **beau** ~ noble gesture

gesticuler [ʒɛstikyle] ▸ conjug 1 ◀ VI to gesticulate

gestion [ʒɛstjɔ̃] NF management; [de pays] running ◆ ~ **des stocks** inventory (US) ou stock (Brit) control ◆ ~ **de base de données** database management

gestionnaire [ʒɛstjɔnɛʀ] **1** NMF administrator **2** NM (= logiciel) manager ◆ ~ de **fichiers** file manager

geyser [ʒɛzɛʀ] NM geyser

ghetto [geto] NM ghetto

gibier [ʒibje] NM game ◆ ~ à **plume** game birds

giboulée [ʒibule] NF sudden downpour ◆ ~ de **mars** ≈ April shower

gicler [ʒikle] ► conjug 1 ◄ VI (= jaillir) to spurt

gifle [ʒifl] NF slap in the face

gifler [ʒifle] ► conjug 1 ◄ VT to slap

gigantesque [ʒigɑ̃tɛsk] ADJ huge

gigogne [ʒigɔɲ] ADJ → **lit, table**

gigolo * [ʒigolo] NM gigolo

gigot [ʒigo] NM ◆ ~ d'**agneau** leg of lamb

gigoter * [ʒigɔte] ► conjug 1 ◄ VI to wriggle

gilet [ʒilɛ] NM (de complet) waistcoat (Brit), vest (US); (= cardigan) cardigan ◆ ~ **pare-balles** bulletproof jacket ◆ ~ de **sauvetage** life jacket; (en avion) life vest

gin [dʒin] NM gin ◆ ~ **tonic** gin and tonic

gingembre [ʒɛ̃ʒɑ̃bʀ] NM ginger

girafe [ʒiʀaf] NF giraffe

giratoire [ʒiʀatwaʀ] ADJ → **sens**

girofle [ʒiʀɔfl] NM clove

girouette [ʒiʀwɛt] NF weather vane

gisait, gisaient [ʒizɛ] VB → **gésir**

gisement [ʒizmɑ̃] NM deposit ◆ ~ de **pétrole** oilfield

gisent [ʒiz], **gît** [ʒi] VB → **gésir**

gitan, e [ʒitɑ̃, an] **1** ADJ gipsy **2** Gitan(e) NM,F gipsy

gîte [ʒit] NM **a** (= abri) shelter ◆ le ~ et le **couvert** board and lodging (Brit) ► gîte d'**étape** accommodation ► gîte (**rural**) gîte **b** (Boucherie) topside (Brit), bottom round (US)

givre [ʒivʀ] NM (= gelée blanche) frost

givré, e [ʒivʀe] ADJ **a** ◆ **orange** ~e orange sorbet served in the orange skin **b** (* = fou) nuts *

glace [glas] NF **a** (= eau congelée) ice NonC ◆ **briser ou rompre la** ~ to break the ice ◆ **rester de** ~ to remain unmoved **b** (= dessert) ice cream ◆ ~ **au café** coffee ice cream **c** (= miroir) mirror; (= vitre) window

glacé, e [glase] ADJ [neige, lac, mains] frozen; [vent, eau, chambre] icy; [boisson] ice-cold; [accueil, attitude, sourire] frosty; [café, thé] iced; [papier] glossy

glacer [glase] ► conjug 3 ◄ VT **a** [+ personne, membres] to freeze **b** ◆ ~ **qn** (= intimider) to turn sb cold **c** [+ gâteau] to ice (Brit), to frost (US)

glaciaire [glasjɛʀ] ADJ [période, calotte] ice; [relief, vallée, érosion] glacial

glacial, e (mpl ~s ou **glaciaux**) [glasjal, jo] ADJ [froid] icy; [accueil, silence, regard] frosty ◆ d'**un ton** ~ frostily

glacier [glasje] NM **a** (Géog) glacier **b** (= fabricant) ice-cream maker; (= vendeur) ice-cream man

glacière [glasjɛʀ] NF cool box (Brit), cooler (US)

glaçon [glasɔ̃] NM [de toit] icicle; [de boisson] ice cube ◆ **avec ou sans** ~s ? (boisson) with or without ice?

glaïeul [glajœl] NM gladiolus ◆ des ~s gladioli

glaise [glɛz] NF clay

gland [glɑ̃] NM [de chêne] acorn; (Anatomie) glans; (= ornement) tassel

glande [glɑ̃d] NF gland

glander * [glɑ̃de] ► conjug 1 ◄ VI (= traînailler) to fart around * (Brit), to screw around * (US)

glaner [glane] ► conjug 1 ◄ VT to glean

glapir [glapiʀ] ► conjug 2 ◄ VI to yelp

glas [glɑ] NM knell NonC

glauque * [glok] ADJ [quartier, hôtel] shabby; [atmosphère] murky; [individu] shifty *

glissade [glisad] NF (par jeu) slide; (= chute) slip

glissant, e [glisɑ̃, ɑ̃t] ADJ slippery

glisse [glis] NF ◆ **sports de** ~ sports which involve sliding or gliding (eg skiing, surfing, skating)

glissement [glismɑ̃] NM ◆ ~ **électoral (à gauche)** electoral swing (to the left) ◆ ~ de **sens** shift in meaning ► glissement de terrain landslide

glisser [glise] ► conjug 1 ◄ **1** VI **a** (= avancer) to slide along; [voilier, patineurs] to glide along ◆ **ses doigts glissaient sur les touches** his fingers slid over the keys **b** (= tomber) to slide ◆ **il s'est laissé** ~ **le long du mur** he slid down the wall **c** (= déraper) [personne, objet] to slip; [véhicule, pneus] to skid **d** (= être glissant) to be slippery **e** (= s'échapper) ◆ ~ **des mains** to slip out of one's hands **2** VT (= introduire) to slip ◆ **il me glissa un billet dans la main** he slipped a note into my hand ◆ ~ **un mot à l'oreille de qn** to whisper a word in sb's ear **3** se **glisser** VPR [personne, animal] ◆ se ~ **quelque part** to slip somewhere ◆ **le chien s'est glissé sous le lit** the dog crept under the bed ◆ **une erreur s'est glissée dans le texte** there's a mistake in the text

glissière [glisjɛʀ] NF slide ◆ ~ de sécurité (sur une route) crash barrier

global, e (mpl **-aux**) [glɔbal, o] ADJ [somme] total; [résultat, idée] overall; [perspective, vue] global

globalement [glɔbalmɑ̃] ADV (= en bloc) globally; (= pris dans son ensemble) taken as a whole ◆ les résultats sont ~ encourageants by and large, the results are encouraging

globe [glɔb] NM a le ~ terrestre the globe ◆ faire le tour du ~ to go around the world b (pour recouvrir) glass cover

globule [glɔbyl] NM ◆ ~s rouges/blancs red/white cells

gloire [glwaʀ] NF a (= renommée) fame; [de vedette] stardom ◆ elle a eu son heure de ~ she has had her hour of glory ◆ ce n'est pas la ~ * it's nothing to write home about ◆ tirer ~ de qch to revel in sth b (= louange) praise ◆ à la ~ de in praise of

glorieux, -ieuse [glɔʀjø, jøz] ADJ glorious ◆ ce n'est pas très ~ ! it's nothing to be proud of!

glossaire [glɔsɛʀ] NM glossary

glousser [gluse] ► conjug 1 ◄ VI [poule] to cluck; (péj) [personne] to chuckle

glouton, -onne [glutɔ̃, ɔn] NM,F glutton

gluant, e [glyɑ̃, ɑ̃t] ADJ [substance] sticky

glucide [glysid] NM carbohydrate

glucose [glykoz] NM glucose

glycémie [glisemi] NF ◆ taux de ~ blood sugar level

glycérine [gliseʀin] NF glycérine

glycine [glisin] NF (= plante) wisteria

gnangnan * [ɲɑ̃ɲɑ̃] ADJ INV [film, roman] silly

Go (abrév de **gigaoctet**) Gb

goal [gol] NM goalkeeper

gobelet [gɔblɛ] NM cup

gober [gɔbe] ► conjug 1 ◄ VT [+ huître, œuf] to swallow whole; * [+ mensonge, histoire] to swallow hook, line and sinker

godasse * [gɔdas] NF shoe

goéland [gɔelɑ̃] NM seagull

goélette [gɔelɛt] NF schooner

goinfre * [gwɛ̃fʀ] ADJ, NMF ◆ il est ~, c'est un ~ he's greedy

goinfrer (se) * [gwɛ̃fʀe] ► conjug 1 ◄ VPR to stuff o.s. *

golf [gɔlf] NM golf ◆ (terrain de) ~ golf course ◆ jouer au ~ to play golf

golfe [gɔlf] NM gulf; (petit) bay ◆ le ~ de Gascogne the Bay of Biscay ◆ les États du Golfe the Gulf States

gomme [gɔm] NF (pour effacer) rubber (Brit), eraser (US)

gommer [gɔme] ► conjug 1 ◄ VT [+ mot, trait] to rub out; [+ souvenir] to erase

gond [gɔ̃] NM hinge ◆ sortir de ses ~s to fly off the handle

gondole [gɔ̃dɔl] NF (= bateau) gondola

gondoler [gɔ̃dɔle] ► conjug 1 ◄ ❶ VI [papier] to crinkle; [planche] to warp; [tôle] to buckle ❷ se gondoler VPR (* = rire) to split one's sides laughing *

gonflable [gɔ̃flabl] ADJ inflatable

gonflé, e [gɔ̃fle] ADJ [pieds] swollen; [yeux] puffy; [ventre] bloated ◆ il est ~ ! * (= culotté) he's got a nerve! *

gonfler [gɔ̃fle] ► conjug 1 ◄ ❶ VT a (avec pompe) to pump up; (en soufflant) to blow up b (= dilater) to swell ◆ il nous gonfle ! * he's a pain in the neck * c [+ prix, résultat] to inflate; (= exagérer) to exaggerate ❷ VI (= enfler) to swell; [pâte] to rise

gong [gɔ̃(g)] NM gong; (Boxe) bell

gonzesse * [gɔ̃zɛs] NF (péj) girl

gorge [gɔʀʒ] NF a (= cou, gosier) throat; (= poitrine) breast b (= vallée, défilé) gorge

gorgé, e¹ [gɔʀʒe] ADJ ◆ la terre est ~e d'eau the earth is saturated with water

gorgée² [gɔʀʒe] NF mouthful

gorille [gɔʀij] NM gorilla; (* = garde du corps) bodyguard

gosse * [gɔs] NMF kid * ◆ sale ~ little brat * ◆ il est beau ~ he's good-looking

gothique [gɔtik] ADJ Gothic

gouache [gwaʃ] NF gouache

goudron [gudʀɔ̃] NM tar

goudronner [gudʀɔne] ► conjug 1 ◄ VT to tar

gouffre [gufʀ] NM gulf ◆ c'est un ~ (financier) it just swallows up money ◆ nous sommes au bord du ~ we are on the edge of the abyss

goujat [guʒa] NM boor

goulot [gulo] NM [de bouteille] neck ◆ boire au ~ to drink out of the bottle

goulu, e [guly] ADJ [personne] greedy

goupille [gupij] NF pin

gourde [guʀd] NF a [d'eau] water bottle b (* = empoté) dope *

gourdin [guʀdɛ̃] NM club

gourer (se) * [guʀe] ► conjug 1 ◄ VPR to boob * (Brit), to goof up * (US) ◆ se gourer de jour to get the day wrong

gourmand, e [guʀmɑ̃, ɑ̃d] ADJ [personne] greedy

gourmandise [guʀmɑ̃diz] NF fondness for food; (péj) greed

gourmet [guʀmɛ] NM gourmet

gourmette [guʀmɛt] NF chain bracelet

gousse [gus] NF [de vanille, petits pois] pod; [d'ail] clove

goût [gu] NM taste ◆ ça a bon/mauvais ~ it tastes nice/nasty ◆ la soupe a un drôle de ~ the soup tastes funny ◆ ça a un ~ de fraise it tastes of strawberries ◆ donner du ~ à qch [épice, condiment] to add flavour to sth ◆ de bon ~ tasteful ◆ de mauvais ~ tasteless ◆ il a le ~ du risque he likes taking risks ◆ prendre ~ à qch to get ou acquire a taste for sth ◆ a repris ~ à la vie she has started to enjoy life again ◆ à mon/son ~ for my/his taste ◆ avoir des ~s de luxe to have expensive tastes ◆ ou quelque chose dans ce ~-là* or something of that sort ◆ (Prov) des goûts et des couleurs (on ne discute pas) there's no accounting for taste(s)

goûter[1] [gute] ► conjug 1 ◄ **1** VT **a** [+ aliment] to taste **b** [+ repos] to enjoy **2** VI (= faire une collation) to have an afternoon snack **3** VT INDIR ◆ goûter à to taste ◆ il y a à peine goûté he's hardly touched it

goûter[2] [gute] NM [d'enfants] afternoon snack; [d'adultes] afternoon tea

goutte [gut] NF [de liquide] drop ◆ suer à grosses ~s to be running with sweat ◆ il est tombé quelques ~s there were a few drops of rain ◆ il pleut à grosses ~s it's raining heavily ◆ du lait ? – une ~ milk? – just a drop ◆ c'est la ~ (d'eau) qui fait déborder le vase it's the last straw

goutte-à-goutte [gutagut] NM INV drip (Brit), IV (US)

gouttelette [gut(ə)lɛt] NF droplet

goutter [gute] ► conjug 1 ◄ VI to drip

gouttière [gutjɛʀ] NF (horizontale) gutter; (verticale) drainpipe

gouvernail [guvɛʀnaj] NM (= pale) rudder; (= barre) tiller

gouvernante [guvɛʀnɑ̃t] NF governess

gouvernement [guvɛʀnəmɑ̃] NM (= régime) government; (= ensemble des ministres) Cabinet ◆ il est au ~ he's a member of the government

gouverner [guvɛʀne] ► conjug 1 ◄ VT **a** (Pol) to govern **b** [+ bateau] to steer

gouverneur [guvɛʀnœʀ] NM governor

GR [ʒeɛʀ] NM (abrév de (sentier de) grande randonnée) way-marked route

grâce [gʀɑs] **1** NF **a** (= charme) grace ◆ faire qch de bonne/mauvaise ~ to do sth with good/bad grace **b** (= miséricorde) mercy; (Droit) pardon ◆ demander ~ to beg for mercy ◆ de ~ for pity's sake ◆ je vous fais ~ des détails I'll spare you the details ◆ donner le coup de ~ to give the coup de grâce **c** (Rel) grace **2** grâce à LOC PRÉP thanks to

gracier [gʀasje] ► conjug 7 ◄ VT to grant a pardon to

gracieux, -ieuse [gʀasjø, jøz] ADJ (= élégant) graceful

grade [gʀad] NM (Admin, Mil) rank ◆ monter en ~ to be promoted

gradins [gʀadɛ̃] NMPL [de stade] terraces

gradué, e [gʀadɥe] ADJ [exercices] graded; [règle, thermomètre] graduated

graduel, -elle [gʀadɥɛl] ADJ gradual

graduer [gʀadɥe] ► conjug 1 ◄ VT [+ difficultés, efforts] to step up gradually; [+ règle, thermomètre] to graduate

graffiti [gʀafiti] NM graffiti NonC

grain [gʀɛ̃] NM **a** grain; [de poussière] speck; [de café] bean ◆ café en ~s coffee beans ◆ ~ de raisin grape ◆ ~ de poivre peppercorn ◆ mettre son ~ de sel* to put in one's two penn'orth (Brit) ou cents (US) * ◆ un ~ de [+ fantaisie] a touch of; [+ bon sens] a grain of ◆ il a un ~ * he's a bit touched ► grain de beauté mole **b** (en mer) squall

graine [gʀɛn] NF seed

graisse [gʀɛs] NF fat; (= lubrifiant) grease

graisser [gʀese] ► conjug 1 ◄ VT (= lubrifier) to grease ◆ ~ la patte à qn * to grease sb's palm *

graisseux, -euse [gʀesø, øz] ADJ greasy

grammaire [gʀamɛʀ] NF grammar ◆ faute de ~ grammatical mistake

grammatical, e (mpl -aux) [gʀamatikal, o] ADJ grammatical

gramme [gʀam] NM gram(me)

grand, e [gʀɑ̃, gʀɑ̃d] **1** ADJ **a** (= de haute taille) tall **b** (= plus âgé) ◆ son ~ frère his older ou big* brother ◆ quand il sera ~ when he grows up ◆ il est assez ~ pour savoir he's old enough to know ◆ tu es ~/~e maintenant you're a big boy/girl now ► grande personne grown-up **c** (en dimensions) big, large; (= long) long; (= large) wide ◆ l'amour avec un ~ A love with a capital L **d** (= important) great; [ville, travail] big; [nombre, quantité] large; [bruit, cri] loud; [froid, chaleur] intense; [vent] strong; [danger, plaisir, pauvreté] great **e** (= puissant) [pays, firme, industriel] leading ◆ c'est la ~e nouvelle du jour it's the main news of the day ◆ un ~ vin/homme a great wine/man **f** (intensif) [travailleur, ami] great; [buveur, fumeur] heavy; [mangeur] big ◆ (exagéré) ◆ faire de ~es phrases to voice high-flown sentiments ◆ tous ces ~s discours all these high-flown speeches **2** ADV **a** (en taille) ◆ ces sandales chaussent ~ these sandals are big-fitting (Brit) ou run large (US) **b** (= largement) ◆ **la fenêtre était ~(e) ouverte** the window was wide open ◆ **il a vu trop** ~ he was over-ambitious ◆ **faire les choses en** ~ to do things on a large scale **3** NM **a** (= élève) senior boy ◆ **jeu pour petits et ~s** game for old and young alike **b** (terme d'affection) ◆ **viens, mon** ~ * come here, son **c** (= personne puissante) ◆ **les ~s de ce monde** men in high places **4 grande** NF **a** (= élève) senior girl **b** (terme d'affection) ◆ **ma ~e** * (my) dear

grand-angle (pl **grands-angles**) [gʀɑ̃tɑ̃gl, gʀɑ̃zɑ̃gl] NM wide-angle lens

grand-chose [gʀɑ̃ʃoz] PRON INDÉF ◆ **pas** ~ not much ◆ **cela ne vaut pas** ~ it's not worth much

Grande-Bretagne [gʀɑ̃dbʀətaɲ] NF Great Britain

grandeur [gʀɑ̃dœʀ] NF (= dimension) size ◆ ~ **nature** [statue] life-size; [expérience] in real conditions

grandiloquent, e [gʀɑ̃dilɔkɑ̃, ɑ̃t] ADJ grandiloquent

grandiose [gʀɑ̃djoz] ADJ [œuvre, spectacle] magnificent; [paysage] spectacular

grandir [gʀɑ̃diʀ] ► conjug 2 ◄ **1** VI to grow; (= vieillir) to grow up; [bruit] to grow louder; [firme] to expand ◆ **il a grandi de 10 cm** he has grown 10cm **2** VT ◆ **ces chaussures te grandissent** those shoes make you look taller

grand-mère (pl **grands-mères**) [gʀɑ̃mɛʀ] NF grandmother

grand-oncle (pl **grands-oncles**) [gʀɑ̃tɔ̃kl, gʀɑ̃zɔ̃kl] NM great-uncle

grand-père (pl **grands-pères**) [gʀɑ̃pɛʀ] NM grandfather

grand-rue (pl ~**s**) [gʀɑ̃ʀy] NF ◆ **la** ~ the high street (Brit), main street (US)

grands-parents [gʀɑ̃paʀɑ̃] NMPL grandparents

grand-tante (pl **grands-tantes**) [gʀɑ̃tɑ̃t] NF great-aunt

grange [gʀɑ̃ʒ] NF barn

granit(e) [gʀanit] NM granite

granule [gʀanyl] NM granule; (= médicament) small pill

granulé [gʀanyle] NM granule

granuleux, -euse [gʀanylø, øz] ADJ [surface] gritty

graphique [gʀafik] **1** ADJ graphic **2** NM (= courbe) graph ◆ ~ **en barres** bar chart ◆ ~ **à secteurs** pie chart

graphisme [gʀafism] NM (= technique) graphic arts; (= style) style of drawing

graphite [gʀafit] NM graphite

graphologie [gʀafɔlɔʒi] NF graphology

grappe [gʀap] NF [de fleurs] cluster ◆ ~ **de raisin** bunch of grapes

grappin [gʀapɛ̃] NM [de bateau] grapnel ◆ **mettre le** ~ **sur qn** * to grab sb

gras, grasse [gʀɑ, gʀɑs] **1** ADJ **a** [substance, aliment] fatty; [crème pour la peau] rich **b** [personne, animal, bébé] fat; [volaille] plump **c** [mains, cheveux, surface] greasy **d** ◆ **faire la grasse matinée** to have a lie-in **2** NM **a** [de viande] fat **b** (Typo) ◆ **en (caractères)** ~ in bold (type) **3** ADV ◆ **manger** ~ to eat fatty foods

grassouillet, -ette * [gʀasujɛ, ɛt] ADJ plump

gratifiant, e [gʀatifjɑ̃, jɑ̃t] ADJ rewarding

gratin [gʀatɛ̃] NM (= plat) gratin ◆ ~ **dauphinois** potatoes cooked in cream with a crispy topping ◆ **le** ~ * (= haute société) the upper crust *

gratiné, e [gʀatine] ADJ **a** (Culin) au gratin **b** * [épreuve] stiff; [plaisanterie] outrageous

gratis * [gʀatis] ADJ, ADV free

gratitude [gʀatityd] NF gratitude

gratte-ciel (pl ~(**s**)) [gʀatsjɛl] NM skyscraper

gratter [gʀate] ► conjug 1 ◄ **1** VT **a** (avec un ongle, une pointe) to scratch; (avec un outil) to scrape; [+ guitare] to strum; [+ allumette] to strike **b** [+ tache] to scratch off **c** (= irriter) ◆ **ça me gratte** I've got an itch **2** VI **a** ◆ **ça gratte !** it's really itchy! **b** (* = écrire) to scribble **3 se gratter** VPR to scratch (o.s.) ◆ **se** ~ **la tête** to scratch one's head

gratuit, e [gʀatɥi, ɥit] ADJ **a** (= non payant) free **b** [insulte, violence] gratuitous

gratuitement [gʀatɥitmɑ̃] ADV **a** (= gratis) free (of charge) **b** (= sans raison) [agir] gratuitously

gravats [gʀava] NMPL rubble

grave [gʀav] ADJ **a** (= solennel) solemn **b** (= important, alarmant) serious ◆ **ce n'est pas** ~ **!** it doesn't matter! **c** [note] low; [son, voix] deep

gravement [gʀavmɑ̃] ADV [blesser, offenser] seriously ◆ **être** ~ **malade** to be gravely ill

graver [gʀave] ► conjug 1 ◄ VT **a** [+ signe, inscription, médaille] to engrave **b** [+ disque] to cut ; [CD] to burn

gravier [gʀavje] NM (= caillou) bit of gravel ◆ **allée de** ~ gravel path

gravillon [gʀavijɔ̃] NM bit of gravel ◆ "~**s**" (sur route) "loose chippings"

gravir [gʀaviʀ] ► conjug 2 ◄ VT to climb

gravité [gʀavite] NF **a** [de problème, situation, blessure] seriousness ◆ **c'est un accident sans** ~ it was a minor accident **b** [d'air, ton] gravity **c** (Physique) gravity

graviter [gʀavite] ► conjug 1 ◄ VI ◆ ~ **autour de** [astre] to revolve round; [personne] to hang around

gravure [gʀavyʀ] NF **a** (= estampe) engraving **b** (dans une revue) plate; (au mur) print

gré [gʀe] NM ◆ **bon ~ mal ~** whether you (ou they etc) like it or not ◆ **il le fera de ~ ou de force** he'll do it whether he likes it or not ◆ **de son plein ~** of one's own free will

grec, grecque [gʀɛk] **1** ADJ Greek **2** NM (= langue) Greek **3 Grec(que)** NM,F Greek

Grèce [gʀɛs] NF Greece

greffe [gʀɛf] NF **a** [d'organe] transplant; [de tissu] graft **b** [d'arbre] (= action) grafting; (= pousse) graft

greffer [gʀefe] ► conjug 1 ◄ VT [+ organe] to transplant; [+ tissu, arbre] to graft

grêle¹ [gʀɛl] ADJ [jambes, tige] spindly

grêle² [gʀɛl] NF hail ◆ **averse de grêle** hailstorm

grêler [gʀele] ► conjug 1 ◄ VB IMPERS ◆ **il grêle** it is hailing

grêlon [gʀelɔ̃] NM hailstone

grelot [gʀəlo] NM (small) bell

grelotter [gʀəlɔte] ► conjug 1 ◄ VI to shiver (de with)

grenade [gʀənad] NF **a** (= fruit) pomegranate **b** (= explosif) grenade ◆ ~ **lacrymogène** tear-gas grenade

grenadine [gʀənadin] NF (= sirop) grenadine

grenat [gʀəna] **1** ADJ INV dark red **2** NM (= pierre) garnet

grenier [gʀənje] NM attic; (pour le grain) loft ◆ ~ **à blé** granary

grenouille [gʀənuj] NF frog

grès [gʀɛ] NM **a** (= pierre) sandstone **b** (Poterie) stoneware

grésillement [gʀezijmɑ̃] NM [de friture] sizzling; [de poste de radio] crackling

grésiller [gʀezije] ► conjug 1 ◄ VI [friture] to sizzle; [poste de radio] to crackle

grève [gʀɛv] NF **a** (= arrêt du travail) strike ◆ **se mettre en ~** to go on strike ◆ **être en ~, faire ~** to be on strike ◆ ~ **de la faim** hunger strike ◆ **faire la ~ du zèle** to work to rule **b** (= rivage) shore

gréviste [gʀevist] NMF striker

gribouiller [gʀibuje] ► conjug 1 ◄ VT (= écrire) to scribble; (= dessiner) to scrawl

gribouillis [gʀibuji] NM (= écriture) scribble; (= dessin) doodle

grief [gʀijɛf] NM grievance

grièvement [gʀijɛvmɑ̃] ADV ◆ ~ **blessé** seriously injured

griffe [gʀif] NF **a** [de mammifère, oiseau] claw ◆ **rentrer/sortir ses ~s** to draw in/show one's claws ◆ **coup de** ~ scratch; (fig) dig **b** (= signature) signature

griffé, e [gʀife] ADJ [accessoire, vêtement] designer avant le nom

griffer [gʀife] ► conjug 1 ◄ VT [chat] to scratch

griffonner [gʀifɔne] ► conjug 1 ◄ VT (= écrire) to scribble

grignoter [gʀiɲɔte] ► conjug 1 ◄ **1** VT **a** (= manger) to nibble **b** (= réduire) to erode gradually **2** VI (= manger peu) to pick at one's food ◆ ~ **entre les repas** to snack between meals

gril [gʀil] NM grill pan ◆ **faire cuire au** ~ to grill

grillade [gʀijad] NF (= viande) grilled meat

grillage [gʀijaʒ] NM (= treillis) wire netting NonC; (= clôture) wire fencing NonC

grille [gʀij] NF **a** (= clôture) railings; (= portail) gate; [de cellule, fenêtre] bars; [d'égout] grating **b** [de salaires, tarifs] scale ◆ ~ **de mots croisés** crossword puzzle grid ◆ ~ **de loto** loto card

grille-pain [gʀijpɛ̃] NM INV toaster

griller [gʀije] ► conjug 1 ◄ **1** VT **a** [+ pain, amandes] to toast; [+ poisson, viande] to grill; [+ café, châtaignes] to roast **b** [+ visage, corps] to burn **c** [+ plantes, cultures] to scorch **d** [+ fusible, ampoule] to blow **e** (* = ne pas respecter) ◆ ~ **un feu rouge** to go through a red light ◆ ~ **un stop** to fail to stop (at a stop sign) **2** VI ◆ **faire** ~ [+ pain] to toast; [+ viande] to grill

grillon [gʀijɔ̃] NM cricket

grimace [gʀimas] NF grimace; (pour faire rire) funny face ◆ **faire des ~s** to make faces ◆ **il a fait la ~ quand il a appris la décision** he pulled a long face when he heard the decision

grimer [gʀime] ► conjug 1 ◄ **1** VT to make up **2** **se grimer** VPR to make o.s. up

grimpant, e [gʀɛ̃pɑ̃, ɑ̃t] ADJ ◆ **plante** ~**e** climbing plant

grimper [gʀɛ̃pe] ► conjug 1 ◄ **1** VI **a** [personne, animal] to climb (up) ◆ ~ **aux arbres** to climb trees ◆ **allez, grimpe !** (dans une voiture) come on, get in! **b** [route, plante] to climb ◆ **ça grimpe dur** it's a stiff climb **c** * [fièvre, prix] to soar **2** VT [+ montagne, côte] to climb

grincement [gʀɛ̃smɑ̃] NM [d'objet métallique] grating; [de plancher, porte, ressort] creaking; [de freins] squealing ◆ **il y aura des ~s de dents** there will be gnashing of teeth

grincer [gʀɛ̃se] ► conjug 1 ◄ VI [objet métallique] to grate; [plancher, porte, ressort] to creak; [freins] to squeal ◆ ~ **des dents** to grind one's teeth

grincheux, -euse [gʀɛ̃ʃø, øz] ADJ grumpy

gringalet [gʀɛ̃galɛ] NM (péj) ◆ **(petit) ~** puny little thing

grippe [gʀip] NF flu ◆ **avoir la ~** to have flu ◆ **~ intestinale** gastric flu ◆ **prendre qn/qch en ~** to take a sudden dislike to sb/sth

grippé, e [gʀipe] ADJ ◆ **il est ~** he's got flu

gris, e [gʀi, gʀiz] **1** ADJ **a** grey (Brit), gray (US) ◆ **~-bleu** blue-grey ◆ **il fait ~** it's a grey day **b** (= morne) colourless (Brit), colorless (US) **c** (= éméché) tipsy * **2** NM grey (Brit), gray (US)

grisaille [gʀizaj] NF [de temps, paysage] greyness (Brit), grayness (US)

grisant, e [gʀizɑ̃, ɑ̃t] ADJ exhilarating

griser [gʀize] ► conjug 1 ◄ VT [alcool, vitesse] to intoxicate

grisonnant, e [gʀizɔnɑ̃, ɑ̃t] ADJ greying (Brit), graying (US)

grive [gʀiv] NF thrush

grivois, e [gʀivwa, waz] ADJ saucy

Groenland [gʀɔɛnlɑ̃d] NM Greenland

grog [gʀɔg] NM = toddy *(made with rum)*

grognement [gʀɔɲmɑ̃] NM [de personne] grunt; [de cochon] grunting NonC; [d'ours, chien] growling NonC

grogner [gʀɔɲe] ► conjug 1 ◄ VI to grunt; [ours, chien] to growl; (= se plaindre) to grumble

grognon, -onne [gʀɔɲɔ̃, ɔn] ADJ [air] grumpy; [enfant] grouchy

groin [gʀwɛ̃] NM snout

grommeler [gʀɔm(ə)le] ► conjug 4 ◄ VI to mutter to o.s.

grondement [gʀɔ̃dmɑ̃] NM [de canon, orage] rumbling NonC; [de torrent] roar; [de chien] growling NonC

gronder [gʀɔ̃de] ► conjug 1 ◄ **1** VT (= réprimander) to tell off **2** VI [canon, orage] to rumble; [torrent] to roar; [chien] to growl

groom [gʀum] NM bellboy

gros, grosse [gʀo, gʀos] **1** ADJ **a** (dimension) big, large; [personne, ventre, bébé] fat; [lèvres, corde, pull] thick; [chaussures, averse] heavy ▶ **grosse caisse** (= instrument) bass drum ▶ **gros plan** (Photo) close-up ▶ **gros sel** cooking salt **b** (= important) [travail, problème, erreur, appétit] big; [somme, entreprise] large; [progrès] great; [dégâts] extensive; [rhume] bad ◆ **pendant les grosses chaleurs** in the hottest part of the summer ◆ **il a un ~ appétit** he has a big appetite ▶ **gros bonnet** * bigwig * **c** (= sonore) [soupir] deep; [voix] booming **d** (intensif) ◆ **un ~ buveur** a heavy drinker ◆ **un ~ mangeur** a big eater ◆ **~ nigaud ! *** you big ninny! * **e** (= rude) [drap, plaisanterie, traits] coarse ▶ **gros**

mot swearword **f** (locutions) ◆ **faire les ~ yeux (à un enfant)** to glower (at a child) ◆ **c'est une grosse tête *** he's brainy * ◆ **avoir la grosse tête *** to be big-headed **2** NM **a** (= personne) fat man ◆ **un petit ~ *** a fat little man **b** (= principal) ◆ **le ~ du travail est fait** the bulk of the work is done ◆ **j'ai fait le plus ~** I've done the bulk of it **c** (Commerce) ◆ **le commerce de ~** the wholesale business ◆ **prix de ~** wholesale price **3** **grosse** NF (= personne) fat woman **4** ADV **a** (dimension) ◆ **écrire ~** to write in large letters **b** (= beaucoup) ◆ **il risque ~** he's risking a lot ◆ **il y a ~ à parier que ...** it's a safe bet that ... **5** **en gros** LOC ADV (= en grosses lettres) in big letters; (= approximativement) roughly ◆ **acheter en ~** to buy wholesale

groseille [gʀozɛj] NF ◆ **~ (rouge)** red currant

grossesse [gʀosɛs] NF pregnancy

grosseur [gʀosœʀ] NF **a** [d'objet] size; [de fil, bâton] thickness **b** (= tumeur) lump

grossier, -ière [gʀosje, jɛʀ] ADJ **a** [matière] coarse; [ornement, imitation, ruse] crude; [dessin, estimation] rough **b** [manières] unrefined; [plaisanterie, traits du visage] coarse; [erreur] stupid **c** [personne] rude (envers to)

grossièreté [gʀosjɛʀte] NF **a** (= insolence) rudeness **b** (= vulgarité) coarseness ◆ **une ~** a coarse remark

grossir [gʀosiʀ] ► conjug 2 ◄ **1** VI [personne] to put on weight; [fruit] to swell; [tumeur] to get bigger ◆ **j'ai grossi de trois kilos** I've put on three kilos **2** VT **a** (= faire paraître plus gros) to make look fatter **b** [microscope] to magnify

grossissant, e [gʀosisɑ̃, ɑ̃t] ADJ [verre] magnifying

grossiste [gʀosist] NMF wholesaler

grosso modo [gʀosomɔdo] ADV roughly

grotesque [gʀɔtɛsk] ADJ (= ridicule) ridiculous

grotte [gʀɔt] NF cave

grouiller [gʀuje] ► conjug 1 ◄ **1** VI ◆ **~ de** [+ monde, insectes] to be swarming with **2** **se grouiller** VPR * to get a move on *

groupe [gʀup] NM group; [de touristes] party; [de musiciens] band, group ◆ **~ de rock** rock group ou band ◆ **travailler en ~** to work in a group ▶ **groupe de presse** publishing conglomerate ▶ **groupe de pression** pressure group ▶ **groupe sanguin** blood group

grouper [gʀupe] ► conjug 1 ◄ **1** VT to group (together); [+ efforts, ressources, moyens] to pool **2** **se grouper** VPR [foule] to gather; (= se coaliser) to form a group ◆ **restez groupés** keep together

grue [gʀy] NF (= oiseau, engin) crane

grumeau (pl **~x**) [grymo] NM [de sauce] lump

gruyère [gryjɛr] NM gruyère (Brit), Swiss cheese (US)

Guadeloupe [gwadlup] NF Guadeloupe

guadeloupéen, -enne [gwadlupeɛ̃, ɛn] **1** ADJ Guadelupian **2** **Guadeloupéen(ne)** NM,F inhabitant ou native of Guadeloupe

Guatemala [gwatemala] NM Guatemala

gué [ge] NM ford ◆ **passer une rivière à ~** to ford a river

guenille [gənij] NF rag ◆ **en ~s** in rags

guenon [gənɔ̃] NF (= animal) female monkey

guépard [gepar] NM cheetah

guêpe [gɛp] NF wasp

guêpier [gepje] NM (= piège) trap

guère [gɛr] ADV ◆ **ne ... ~** (= pas beaucoup) not much; (= pas souvent) hardly ever; (= pas longtemps) not long ◆ **il n'y a ~ plus de 2 km** there is not much more than 2km to go ◆ **il n'en reste plus ~** there's hardly any left ◆ **il n'y a ~ que lui qui ...** he's about the only one who ...

guéridon [geridɔ̃] NM pedestal table

guérilla [gerija] NF guerrilla war

guérir [gerir] ► conjug 2 ◄ **1** VT to cure **2** VI [malade, maladie] to get better; [blessure] to heal ◆ **il est guéri (de son angine)** he has recovered (from his throat infection)

guérison [gerizɔ̃] NF [de malade] recovery; [de membre, plaie] healing NonC

guérisseur, -euse [geriscœr, øz] NM,F healer

Guernesey [gɛrn(ə)zɛ] NF Guernsey

guerre [gɛr] NF **a** (= conflit) war ◆ **être en ~** to be at war ◆ **correspondant/criminel de ~** war correspondent/criminal ◆ **~ civile/sainte** civil/holy war ◆ **la Première/Deuxième Guerre mondiale** the First/Second World War ► **guerre froide** cold war ► **la guerre du Golfe** the Gulf War ► **la guerre de Sécession** the American Civil War **b** (= technique) warfare ◆ **la ~ psychologique** psychological warfare

guerrier, -ière [gɛrje, jɛr] NM,F warrior

guet [gɛ] NM ◆ **faire le ~** to be on the lookout

guet-apens (pl **guets-apens**) [gɛtapɑ̃] NM (= embuscade) ambush; (fig) trap ◆ **tomber dans un ~** to be caught in an ambush; (fig) to fall into a trap

guetter [gete] ► conjug 1 ◄ VT **a** (= épier) to watch for **b** (= attendre) to watch out for **c** (= menacer) to threaten ◆ **la crise cardiaque le guette** he's heading for a heart attack

gueule [gœl] NF **a** (*** = figure) face ◆ **avoir une sale ~** [aliment] to look horrible ◆ **faire la ~** to sulk ◆ **faire la ~ à qn** to be in a huff * with sb ◆ **il a fait une sale ~ quand il a appris la nouvelle** he didn't half pull a face when he heard the news * ◆ **avoir la ~ de bois** to have a hangover ◆ **(ferme) ta ~ !** shut your trap! * **b** [d'animal] mouth ◆ **se jeter dans la ~ du loup** to throw o.s. into the lion's jaws

gueuler * [gœle] ► conjug 1 ◄ VI (= crier) to shout; (= parler, chanter fort) to bawl; (= protester) to kick up a stink *

gueuleton * [gœltɔ̃] NM slap-up meal *

gui [gi] NM mistletoe

guibol(l)e * [gibɔl] NF (= jambe) leg

guichet [giʃɛ] NM (= comptoir) window; [de banque, poste] counter; [de théâtre] box office ◆ **~ automatique (de banque)** cash dispenser

guide [gid] **1** NM (= livre) guide(book) ◆ **~ touristique** tourist guide **2** NMF (= personne) guide ◆ **~ de montagne** mountain guide

guider [gide] ► conjug 1 ◄ VT (= conduire) to guide

guidon [gidɔ̃] NM handlebars

guignol [giɲɔl] NM **a** (= spectacle) puppet show **b** (péj = personne) clown ◆ **faire le ~** to act the clown

guillemet [gijmɛ] NM quotation mark ◆ **les gens intellos entre ~s** * so-called intellectuals

guillotine [gijɔtin] NF guillotine

guimauve [gimov] NF (= friandise) marshmallow

guindé, e [gɛ̃de] ADJ [personne, air] stiff; [style] stilted

Guinée [gine] NF Guinea

Guinée-Bissau [ginebiso] NF GuineaBissau

guinéen, -enne [gineɛ̃, ɛn] **1** ADJ Guinean **2** **Guinéen(ne)** NM,F Guinean

guirlande [girlɑ̃d] NF [de fleurs] garland ◆ **~ de Noël** tinsel garland

guise [giz] NF ◆ **n'en faire qu'à sa ~** to do as one pleases ◆ **en ~ de** by way of

guitare [gitar] NF guitar ◆ **~ électrique** electric guitar ◆ **~ acoustique** ou **sèche** acoustic guitar ◆ **jouer de la ~** to play the guitar

guitariste [gitarist] NMF guitarist

guyanais, e [gɥijanɛ, ɛz] **1** ADJ Guyanese **2** **Guyanais(e)** NM,F Guyanese

Guyane [gɥijan] NF Guiana ◆ **~ britannique** (British) Guyana

gym * [ʒim] NF (abrév de **gymnastique**) gym; (Scol) PE ◆ **faire de la ~ (chez soi)** to do exercises

gymnase [ʒimnɑz] NM **a** (Sport) gym **b** (Helv = lycée) secondary school (Brit), high school (US)

gymnaste [ʒimnast] NMF gymnast

gymnastique [ʒimnastik] NF gymnastics *sg* ▸ gymnastique au sol floor exercises

gynécologue [ʒinekɔlɔg] NMF gynaecologist (Brit), gynecologist (US) ◆ ~ obstétricien obstetrician

gyrophare [ʒiʀofaʀ] NM revolving light *(on vehicle)*

FRANCAIS/ANGLAIS

H

habile [abil] ADJ skilful (Brit), skillful (US); [manœuvre] clever ◆ **il est ~ de ses mains** he's good with his hands

habilement [abilmɑ̃] ADV skilfully (Brit), skillfully (US); [répondre, dissimuler] cleverly

habileté [abilte] NF a [de personne] skill (à faire at doing) b [de tactique, manœuvre] skilfulness (Brit), skillfulness (US)

habilité, e [abilite] ADJ authorized (à to)

habillé, e [abije] ADJ (= chic) smart

habiller [abije] ▸ conjug 1 ◂ 1 VT a (= vêtir) to dress (de in) b [+ fauteuil, livre] to cover (de with) 2 **s'habiller** VPR to get dressed; (élégamment) to dress up ◆ **comment t'habilles-tu ce soir ?** what are you wearing tonight? ◆ **s'~ chaudement** to dress warmly

habit [abi] 1 NM a (= costume) outfit b (= jaquette) morning coat; (= queue-de-pie) tails c (Rel) habit 2 **habits** NMPL clothes

habitacle [abitakl] NM [de voiture] passenger compartment; [d'avion] cockpit

habitant, e [abitɑ̃, ɑ̃t] NM,F [de maison] occupant; [de ville, pays] inhabitant ◆ **les ~s du village** the people who live in the village ◆ **on peut loger chez l'~** accommodation is available in local people's homes

habitat [abita] NM habitat

habitation [abitasjɔ̃] NF (= bâtiment) house

habité, e [abite] ADJ [maison] occupied; [planète, région] inhabited

habiter [abite] ▸ conjug 1 ◂ 1 VT a to live in; [+ planète] to live on ◆ **cette région était habitée par les Celtes** this region was inhabited by the Celts b [sentiment] to haunt 2 VI to live ◆ **~ à la campagne** to live in the country ◆ **il habite 17 rue Leblanc** he lives at number 17 rue Leblanc

habitude [abityd] 1 NF habit ◆ **avoir/prendre l'~ de faire qch** to be/get used to doing sth ◆ **prendre de mauvaises ~s** to get into bad habits ◆ **ce n'est pas dans ses ~s de faire cela**

he doesn't usually do that ◆ **j'ai l'~ !** I'm used to it! ◆ **par ~** out of habit 2 **d'habitude** LOC ADV usually ◆ **c'est meilleur que d'~** it's better than usual ◆ **comme d'~** as usual

habitué, e [abitɥe] NM,F [de maison, musée, bibliothèque] regular visitor; [de café, hôtel] regular customer

habituel, -elle [abitɥel] ADJ usual

habituellement [abitɥelmɑ̃] ADV usually

habituer [abitɥe] ▸ conjug 1 ◂ 1 VT ◆ **~ qn à (faire) qch** to get sb used to (doing) sth ◆ **être habitué à (faire) qch** to be used to (doing) sth 2 **s'habituer** VPR ◆ **s'~ à (faire) qch** to get used to (doing) sth

hache ['aʃ] NF axe (Brit), ax (US)

haché, e ['aʃe] ADJ a [viande] minced (Brit), ground (US) ◆ **bifteck ~** mince (Brit), ground beef (US) b [phrases] broken

hacher ['aʃe] ▸ conjug 1 ◂ VT (au couteau) to chop; (avec un appareil) to mince (Brit), to grind (US) ◆ **~ menu** to chop finely

hachich ['aʃiʃ] NM hashish

hachis ['aʃi] NM [de légumes] chopped vegetables; [de viande] mince (Brit), ground meat (US) ▸ **hachis Parmentier** ≈ shepherd's pie

hachisch ['aʃiʃ] NM hashish

hachoir ['aʃwaʀ] NM (= couteau) chopper; (= appareil) mincer (Brit), grinder (US)

hachures ['aʃyʀ] NFPL hatching

hagard, e ['agaʀ, aʀd] ADJ [yeux] wild; [visage, air] distraught

haie ['ɛ] NF a (= clôture) hedge ◆ **faire une ~ d'honneur** to form a guard of honour b (pour coureurs) hurdle; (pour chevaux) fence ◆ **110 mètres ~s** 110 metres hurdles

haillons ['ajɔ̃] NMPL rags

haine ['ɛn] NF hatred ◆ **j'avais vraiment la ~ *** I was so angry

haïr ['aiʀ] ▸ conjug 10 ◂ VT to hate

Haïti [aiti] NM Haiti

haïtien, -ienne [aisjɛ̃, jɛn] 1 ADJ Haitian 2 **Haïtien(ne)** NM,F Haitian

hâlé, e ['ɑle] ADJ suntanned

haleine [alɛn] NF breath ◆ **être hors d'~** to be out of breath ◆ **avoir mauvaise ~** to have bad breath ◆ **tenir qn en ~** (= incertitude) to keep sb in suspense ◆ **travail de longue ~** long-term job

haletant, e ['al(ə)tɑ̃, ɑ̃t] ADJ panting

haleter ['al(ə)te] ▸ conjug 5 ◂ VI to pant

hall ['ol] NM [d'immeuble] hall; [d'hôtel, cinéma] foyer; [de gare, université] concourse ▸ **hall d'arrivée/des départs** arrivals/departure lounge

halle [ʼal] **1** NF (= marché) covered market **2** **halles** NFPL covered market; (alimentation en gros) central food market

hallucinant, e [a(l)lysinã, ãt] ADJ incredible

hallucination [a(l)lysinasjɔ̃] NF hallucination ◆ avoir des ~s to hallucinate

hallucinogène [a(l)lysinɔʒɛn] ADJ hallucinogenic

halo [ʼalo] NM halo

halogène [alɔʒɛn] ADJ halogen

halte [ʼalt] NF (= pause) break ◆ faire une ~ to stop (à in) ◆ ~ ! stop!; (Mil) halt!

halte-garderie (pl **haltes-garderies**) [ʼalt (ə)gardəʀi] NF crèche

haltère [altɛʀ] NM (à boules) dumbbell; (à disques) barbell ◆ faire des ~s to do weight lifting

haltérophilie [alteʀɔfili] NF weight lifting ◆ faire de l'~ to do weight lifting

hamac [ʼamak] NM hammock

hamburger [ʼãbuʀgœʀ] NM hamburger

hameau (pl ~x) [ʼamo] NM hamlet

hameçon [amsɔ̃] NM fish hook

hamster [ʼamstɛʀ] NM hamster

hanche [ʼãʃ] NF hip

hand * [ʼãd] NM handball

handball [ʼãdbal] NM handball

handicap [ʼãdikap] NM handicap ◆ avoir un sérieux ~ to be seriously handicapped

handicapé, e [ʼãdikape] **1** ADJ disabled ◆ très ~ severely handicapped **2** NM,F disabled person ▶ handicapé mental mentally handicapped person ▶ handicapé moteur person with motor disability

hangar [ʼãgaʀ] NM [de marchandises] warehouse; [de matériel] shed; [d'avions] hangar

hanneton [ʼan(ə)tɔ̃] NM cockchafer

hanter [ʼãte] ► conjug 1 ◄ VT to haunt ◆ maison hantée haunted house

hantise [ʼãtiz] NF obsessive fear ◆ avoir la ~ de la maladie to have an obsessive fear of illness

happer [ʼape] ► conjug 1 ◄ VT (avec la gueule, le bec) to snap up; (avec la main) to snatch ◆ être happé par une voiture to be hit by a car

haranguer [ʼaʀãge] ► conjug 1 ◄ VT to harangue

haras [ʼaʀɑ] NM stud farm

harassé, e [ʼaʀase] ADJ exhausted

harcèlement [ʼaʀsɛlmã] NM harassment ▶ harcèlement sexuel sexual harassment

harceler [ʼaʀsəle] ► conjug 5 ◄ VT **a** [+ personne] to harass ◆ elle a été harcelée de coups

de téléphone anonymes she has been plagued by anonymous phone calls **b** [+ ennemi] to harry

hardi, e [ʼaʀdi] ADJ daring

hardware [ʼaʀdwɛʀ] NM hardware

hareng [ʼaʀã] NM herring ▶ hareng saur kipper

hargneux, -euse [ʼaʀɲø, øz] ADJ [personne, caractère] bad-tempered; [animal] vicious

haricot [ʼaʀiko] NM bean ▶ haricot blanc haricot bean ▶ haricot à rame runner bean ▶ haricot rouge red kidney bean ▶ haricot sec dried bean ▶ haricot vert French bean

harissa [ʼaʀisa, aʀisa] NF harissa (hot chilli sauce)

harki [ʼaʀki] NM Algerian soldier loyal to the French during the Algerian War of Independence

harmonica [aʀmɔnika] NM harmonica

harmonie [aʀmɔni] NF **a** harmony ◆ en ~ avec in harmony with **b** (= fanfare) wind band

harmonieux, -ieuse [aʀmɔnjø, jøz] ADJ harmonious

harmoniser [aʀmɔnize] ► conjug 1 ◄ VT to harmonize ◆ il faut ~ nos règlements avec les normes européennes we must bring our rules into line with European regulations

harnacher [ʼaʀnaʃe] ► conjug 1 ◄ **1** VT [+ cheval] to saddle up **2** se harnacher VPR [alpiniste, parachutiste] to put one's harness on

harnais [ʼaʀnɛ] NM harness; [de cheval de monte] tack

harpe [ʼaʀp] NF harp

harpon [ʼaʀpɔ̃] NM harpoon

hasard [ʼazaʀ] NM **a** (= événement fortuit) ◆ un ~ heureux/malheureux a piece of luck/of bad luck ◆ quel ~ de vous rencontrer ici ! what a coincidence meeting you here! ◆ on l'a retrouvé par le plus grand des ~s it was quite by chance that they found him **b** (= destin) ◆ le ~ chance **c** (loc) ◆ au ~ (tirer, choisir) at random ◆ j'ai répondu au ~ I gave an answer off the top of my head * ◆ à tout ~ (= en cas de besoin) just in case; (= espérant trouver ce qu'on cherche) on the off chance ◆ par ~ by chance ◆ si par ~ tu le vois if you happen to see him ◆ comme par ~, il était absent he just happened to be away

hasarder [ʼazaʀde] ► conjug 1 ◄ **1** VT [+ remarque, hypothèse] to hazard **2** se hasarder VPR ◆ se ~ dans un endroit dangereux to venture into a dangerous place ◆ se ~ à faire qch to risk doing sth

hasardeux, -euse [ʼazaʀdø, øz] ADJ [entreprise] hazardous

haschisch [ʼaʃiʃ] NM hashish

hâte ['ɑt] NF haste ◆ **à la** ~ hurriedly ◆ **avoir ~ de faire qch** to be eager to do sth

hâter ['ɑte] ► conjug 1 ◄ **1** VT [+ départ] to bring forward ◆ **le pas** to quicken one's pace **2** se **hâter** VPR to hurry ◆ **se ~ de faire qch** to hurry to do sth

hausse ['os] NF rise (de in) ◆ **~ de salaire** pay rise (Brit) ou raise (US) ◆ **être en ~** to be going up

hausser ['ose] ► conjug 1 ◄ VT to raise ◆ **~ les épaules** to shrug

haut, e ['o, 'ot] **1** ADJ high; [herbe, arbre, édifice] tall ◆ **un mur ~ de 3 mètres** a wall 3 metres high ◆ **une pièce ~e de plafond** a room with a high ceiling **2** NM **a** (= hauteur) ◆ **le mur a 3 mètres de ~** the wall is 3 metres high ◆ **combien fait-il de ~ ?** how high is it? ◆ **prendre qn de ~** to look down on sb ◆ **de ~ en bas** [couvrir, fouiller] from top to bottom ◆ **regarder qn de ~ en bas** to look sb up and down; [se lire] vertically ◆ **du ~** [tiroir, étagère, dents] top; (= de l'étage supérieur) upstairs ◆ **du ~ d'un arbre** from the top of a tree ◆ **d'en ~** (= de l'étage supérieur) upstairs ◆ **en ~** (= au sommet) at the top; (= à l'étage supérieur) upstairs ◆ **écris l'adresse en ~ à gauche** write the address in the top left-hand corner ◆ **en ~ de** at the top of **b** (= partie supérieure) top; [de du visage] top part **c** (= vêtement) top **3** COMP ◆ **haut en couleur** (= pittoresque) colourful ► **la haute couture** haute couture ► **haut lieu** ◆ **un ~ lieu de la musique** a Mecca for music **4** hauts NMPL ◆ **des ~s et des bas** ups and downs **5** ADV **a** [monter, sauter, voler] high ◆ **mettez vos livres plus ~** put your books higher up ◆ **~ les mains !** hands up! ◆ **des gens ~ placés** people in high places ◆ **voir plus ~** (dans un texte) see above **b** (= fort) ◆ **lire/penser tout ~** to read/think aloud ◆ **mettez la radio plus ~** turn up the radio

hautain, e ['otɛ̃, ɛn] ADJ haughty

hautbois ['obwa] NM (= instrument) oboe

haut-de-forme (pl **hauts-de-forme**) ['od(ə)fɔʀm] NM top hat

haute-fidélité (pl **hautes-fidélités**) ['otfidelite] ADJ [chaîne, son] high-fidelity

hauteur ['otœʀ] NF **a** (= taille) height; [de son] pitch ◆ **un mur d'une ~ de 4 mètres** a wall 4 metres high ◆ **prendre de la ~** to gain height ◆ **à ~ des yeux** at eye level ◆ **arriver à la ~ de qn** to draw level with sb ◆ **un accident à la ~ de Tours** an accident near Tours ◆ **il ne se sent pas à la ~** * he doesn't feel up to it* **b** (= colline) hill

haut-le-cœur ['ol(ə)kœʀ] NM INV ◆ **avoir un ~** to retch

haut-parleur (pl **~s**) ['opaʀlœʀ] NM speaker

havre ['avʀ] NM haven ◆ **~ de paix** haven of peace

Hawaï [awai] N Hawaii

hawaïen, -ïenne [awajɛ̃, jɛn] ADJ Hawaiian

Haye ['ɛ] NF ◆ **La ~** The Hague

hayon ['ɛjɔ̃] NM [de voiture] tailgate

hé ['e] EXCL (pour appeler) hey! ◆ **~ ! ~ !** well, well!

hebdo * ['ɛbdo] NM weekly

hebdomadaire [ɛbdɔmadɛʀ] ADJ, NM weekly

hébergement [ebɛʀʒəmã] NM accommodation ◆ **le prix comprend l'~** the price includes accommodation

héberger [ebɛʀʒe] ► conjug 3 ◄ VT (= loger) to house; [+ ami] to put up; [+ touristes] to accommodate

hébergeur [ebɛʀʒœʀ] NM (Internet) host

hébété, e [ebete] ADJ (= étourdi) dazed; [regard, air] vacant

hébraïque [ebʀaik] ADJ Hebrew

hébreu (pl **~x**) [ebʀø] ADJ M, NM Hebrew ◆ **pour moi, c'est de l'~** * it's all Greek to me! *

HEC ['aʃese] NF (abrév de **Hautes études commerciales**) top French business school

hécatombe [ekatɔ̃b] NF (= tuerie) slaughter; (sur les routes) carnage

hectare [ɛktaʀ] NM hectare

hégémonie [eʒemɔni] NF hegemony

hein * ['ɛ̃] EXCL (= quoi ?) what? ◆ **qu'est-ce que tu vas faire, ~ ?** what are you going to do then, eh? * ◆ **ça suffit, ~ !** that's enough, OK? *

hélas [elas] EXCL unfortunately ◆ **~ oui/non !** I'm afraid so/not! ◆ **~, ils n'ont pas pu en profiter** unfortunately they were unable to reap the benefits

héler ['ele] ► conjug 6 ◄ VT to hail

hélice [elis] NF [d'avion, bateau] propeller

hélicoptère [elikɔptɛʀ] NM helicopter

hélium [eljɔm] NM helium

helvétique [ɛlvetik] ADJ Swiss

hématome [ematɔm] NM bruise

hémicycle [emisikl] NM ◆ **l'~** (= Assemblée nationale) the French National Assembly

hémiplégique [emipleʒik] ADJ, NMF hemiplegic

hémisphère [emisfɛʀ] NM hemisphere

hémoglobine [emɔglɔbin] NF haemoglobin (Brit), hemoglobin (US)

hémophile [emɔfil] NM haemophiliac (Brit), hemophiliac (US)

hémorragie [emɔʀaʒi] NF **a** [de sang] haemorrhage (Brit), hemorrhage (US) ◆ **il a eu une ~**

interne he suffered internal bleeding ▸ **hémorragie cérébrale** brain haemorrhage **b** [de capitaux] massive drain; [de cadres, chercheurs] mass exodus

hémorroïdes [emɔʀɔid] NFPL haemorrhoids (Brit), hemorrhoids (US) ◆ **avoir des ~** to have piles

henné [ˈene] NM henna ◆ **se faire un ~** to henna one's hair

hennir [ˈeniʀ] ▸ conjug 2 ◂ VI to neigh

hépatite [epatit] NF hepatitis

herbe [ɛʀb] NF **a** (= plante) grass NonC ◆ **le jardin est envahi par les (mauvaises) ~s** the garden is overrun with weeds **b** (comestible, médicale) herb ◆ **~s de Provence** ≈ mixed herbs **c** (* = drogue) grass *

herbicide [ɛʀbisid] NM weedkiller

herbier [ɛʀbje] NM (= collection) collection of dried flowers

herbivore [ɛʀbivɔʀ] ADJ herbivorous

herboriste [ɛʀbɔʀist] NMF herbalist

héréditaire [eʀeditɛʀ] ADJ hereditary ◆ **c'est ~** it runs in the family

hérédité [eʀedite] NF heredity NonC

hérésie [eʀezi] NF (Rel) heresy; (fig) sacrilege

hérétique [eʀetik] NMF heretic

hérisser [ˈeʀise] ▸ conjug 1 ◂ VT ◆ **~ qn** (= mettre en colère) to get sb's back up *

hérisson [ˈeʀisɔ̃] NM hedgehog

héritage [eʀitaʒ] NM [d'argent, biens] inheritance; [de coutumes] heritage ◆ **faire un ~** to come into an inheritance ◆ **laisser qch en ~ à qn** to leave sth to sb

hériter [eʀite] ▸ conjug 1 ◂ VT to inherit ◆ **elle a hérité de son oncle** she inherited her uncle's property

héritier [eʀitje] NM heir (de to)

héritière [eʀitjɛʀ] NF heiress (de to)

hermétique [ɛʀmetik] ADJ **a** (à l'air) airtight; (à l'eau) watertight **b** ◆ **visage ~** impenetrable expression ◆ **être ~ à** to be impervious to **c** (= obscur) abstruse

hermine [ɛʀmin] NF (brune) stoat; (blanche) ermine

hernie [ˈɛʀni] NF hernia ▸ **hernie discale** slipped disc

héroïne [eʀɔin] NF **a** (= femme) heroine **b** (= drogue) heroin

héroïnomane [eʀɔinɔman] NMF heroin addict

héroïque [eʀɔik] ADJ heroic

héroïsme [eʀɔism] NM heroism

héron [ˈeʀɔ̃] NM heron

héros [ˈeʀo] NM hero ◆ **mourir en ~** to die a hero's death

hertz [ɛʀts] NM hertz

hertzien, -ienne [ɛʀtsjɛ̃, jɛn] ADJ [ondes] Hertzian; [chaîne, diffusion] terrestrial

hésitant, e [ezitɑ̃, ɑ̃t] ADJ hesitant

hésitation [ezitasjɔ̃] NF hesitation ◆ **après bien des ~s** after much hesitation ◆ **il a eu un moment d'~** he hesitated for a moment

hésiter [ezite] ▸ conjug 1 ◂ VI to hesitate ◆ **tu y vas ? – j'hésite** are you going? – I'm not sure

hétéroclite [eteʀɔklit] ADJ [architecture, œuvre] heterogeneous; [objets] ill-assorted

hétérogène [eteʀɔʒɛn] ADJ heterogeneous

hétérosexuel, -elle [eteʀɔsɛksɥɛl] ADJ, NM,F heterosexual

hêtre [ˈɛtʀ] NM (= arbre) beech tree; (= bois) beech

heure [œʀ] NF **a** (= 60 minutes) hour ◆ **il a parlé des ~s** he spoke for hours ◆ **~ de cours** lesson ◆ **pendant les ~s de bureau** during office hours ◆ **gagner 15 € de l'~** to earn €80 an hour ◆ **24 ~s sur 24** 24 hours a day ◆ **c'est à une ~ de Paris** it's an hour from Paris **b** (sur une montre) time ◆ **quelle ~ est-il ?** what time is it? ◆ **avez-vous l'~ ?** have you got the time? ◆ **il est six ~s** it's six o'clock ◆ **il est six ~s dix** it's ten past (Brit) ou after (US) six ◆ **il est six ~s moins dix** it's ten to (Brit) ou of (US) six ◆ **dix ~s du matin/du soir** ten in the morning/at night ◆ **dix ~s du soir** ten at night ◆ **à 16 ~s 30** at 4.30 pm ◆ **demain, à la première ~** first thing in the morning **c** (= moment) time ◆ **c'est l'~ d'aller au lit !** it's time for bed! ◆ **passer à l'~ d'été/d'hiver** to put the clocks forward/back ◆ **l'~ du déjeuner** lunchtime ◆ **aux ~s des repas** at mealtimes ◆ **~s d'ouverture** opening times **d** (locutions) ◆ **de bonne ~** (dans la journée) early ◆ **à l'~** [être, arriver] on time ◆ **mettre sa montre à l'~** to put one's watch right ◆ **faire du 100 à l'~** to do 100 km an hour ◆ **à toute ~** at any time ◆ **repas chauds à toute ~** hot meals all day

heureusement [øʀøzmɑ̃] ADV luckily ◆ **~ pour lui !** luckily for him! ◆ **~ qu'il est parti** thank goodness he's gone

heureux, -euse [øʀø, øz] ADJ **a** happy ◆ **comme un poisson dans l'eau** happy as a lark ◆ **par un ~ hasard** by a happy coincidence ◆ **attendre un ~ événement** to be expecting a happy event **b** (= satisfait) pleased ◆ **M. et Mme Durand sont ~ de vous annoncer …** Mr and Mrs Durand are pleased to announce … **c** (= chanceux) lucky ◆ **encore ~ que je m'en sois souvenu !** * it's just as well I remembered! **d** [décision, choix] fortunate

heurt [ˈœʀ] NM (= conflit) clash ✦ **se passer sans ~s** to go off smoothly

heurter [ˈœʀte] ► conjug 1 ◄ **1** VT **a** (= cogner) [+ objet] to hit; [+ personne] to collide with; [+ voiture] to bump into ✦ **la voiture a heurté un arbre** the car ran into a tree **b** (= choquer) [+ personne] to offend; [+ bon goût, bon sens] to go against; [+ amour-propre] to injure **2** **se heurter** VPR **a** (= s'entrechoquer) to collide **b** (= s'opposer) to clash **c** (= rencontrer) ✦ **se ~ à un problème** to come up against a problem

hexagonal, e (mpl -aux) [ɛgzagɔnal, o] ADJ **a** (Math) hexagonal **b** (= français) national; (péj) chauvinistic

hexagone [ɛgzagɔn] NM **a** (Math) hexagon **b** ✦ **l'Hexagone** France

hiberner [ibɛʀne] ► conjug 1 ◄ VI to hibernate

hibou (pl ~**x**) [ˈibu] NM owl

hideux, -euse [ˈidø, øz] ADJ hideous

hier [jɛʀ] ADV yesterday ✦ **~ soir** yesterday evening

hiérarchie [ˈjeʀaʀʃi] NF hierarchy; (= supérieurs) superiors

hiéroglyphe [ˈjeʀɔglif] NM hieroglyphic

hi-fi [ˈifi] ADJ, NF INV hi-fi

hilare [ilaʀ] ADJ beaming

hilarité [ilaʀite] NF hilarity ✦ **déclencher l'~ générale** to cause great hilarity

Himalaya [imalaja] NM ✦ **l'~** the Himalayas

hindou, e [ɛ̃du] ADJ, NM,F Hindu

hippie [ˈipi] ADJ, NMF hippy

hippique [ipik] ADJ horse

hippocampe [ipɔkɑ̃p] NM sea horse

hippodrome [ipodʀom] NM racecourse (Brit), racetrack (US)

hippopotame [ipɔpɔtam] NM hippopotamus

hippy (pl **hippies**) [ˈipi] ADJ, NMF hippy

hirondelle [iʀɔ̃dɛl] NF swallow

hirsute [iʀsyt] ADJ [personne] shaggy-haired; [barbe] shaggy

hispanique [ispanik] ADJ Hispanic

hisser [ˈise] ► conjug 1 ◄ **1** VT to hoist **2** **se hisser** VPR to heave o.s. up ✦ **se ~ sur la pointe des pieds** to stand on tiptoe

histoire [istwaʀ] NF **a** (= science, événements) ✦ **l'~** history ✦ **l'~ de l'art** art history **b** (= récit, mensonge) story ✦ **~ d'amour** love story ✦ **~ drôle** funny story ✦ **c'est une ~ de fous !** it's absolutely crazy! ✦ **qu'est-ce que c'est que cette ~ ?** just what is all this about? ✦ **tu me racontes des ~s** you're pulling my leg **c** (* = affaire, incident) ✦ **il vient de lui arriver une drôle d'~** something funny has just happened to him ✦ **ils se sont disputés pour une ~**

d'argent they quarrelled about money ✦ **faire des ~s à qn** to make trouble for sb ✦ **sans ~s** [personne] ordinary; [vie, enfance] uneventful ✦ **~ de faire** just to do ✦ **~ de rire** just for a laugh **d** (= complications) fuss ✦ **quelle ~ pour si peu !** what a fuss over so little! ✦ **faire tout un tas d'~s** to make a whole lot of fuss

historien, -ienne [istɔʀjɛ̃, jɛn] NM,F historian

historique [istɔʀik] ADJ [étude, roman] historical; [personnage, événement, monument] historic

hit * [ˈit] NM hit *

hit-parade (pl ~**s**) [ˈitpaʀad] NM ✦ **le ~** the charts ✦ **premier au ~** number one in the charts

HIV [aʃive] NM (abrév de **human immunodeficiency virus**) HIV

hiver [ivɛʀ] NM winter ✦ **en ~** in winter

HLM [ˈaʃɛlɛm] NM OU F (abrév de **habitation à loyer modéré**) (= appartement) ≈ council flat (Brit), ≈ public housing unit (US); (= immeuble) ≈ council flats (Brit), ≈ housing project (US)

hocher [ˈɔʃe] ► conjug 1 ◄ VT ✦ **~ la tête** (affirmativement) to nod; (négativement) to shake one's head

hochet [ˈɔʃɛ] NM rattle

hockey [ˈɔkɛ] NM hockey ✦ **faire du ~** to play hockey ► **hockey sur gazon** hockey (Brit), field hockey (US) ► **hockey sur glace** ice hockey

hold-up [ˈɔldœp] NM INV hold-up ✦ **faire un ~** to stage a hold-up

hollandais, e [ˈɔ(l)lɑ̃dɛ, ɛz] **1** ADJ Dutch **2** NM **a** (= langue) Dutch **b** (= personne) ✦ **Hollandais** Dutchman ✦ **les Hollandais** the Dutch **3** **Hollandaise** NF Dutchwoman

Hollande [ˈɔ(l)lɑ̃d] NF Holland

Holocauste [ɔlokost] NM ✦ **l'~** the Holocaust

hologramme [ɔlɔgʀam] NM hologram

homard [ˈɔmaʀ] NM lobster

homéopathe [ɔmeɔpat] NMF homeopath

homéopathie [ɔmeɔpati] NF homeopathy

homicide [ɔmisid] NM (= crime) murder ► **homicide involontaire** manslaughter ► **homicide volontaire** murder

hommage [ɔmaʒ] **1** NM (= marque d'estime) tribute ✦ **rendre ~ à** to pay tribute to **2** **hommages** NMPL (frm) respects ✦ **mes ~s, Madame** my humble respects, madam

homme [ɔm] NM man ✦ **vêtements d'~** men's clothes ✦ **métier d'~** male profession ✦ **rayon ~s** menswear department ✦ **parler d'~ à ~** to have a man-to-man talk ✦ (Prov) **un homme averti en vaut deux** forewarned is forearmed (Prov) ► **homme d'affaires** businessman ► **homme des cavernes** caveman ► **homme d'État** statesman ► **homme politique** politician

homme-grenouille (pl **hommes-grenouilles**) [ɔmgʀənuj] NM frogman

homo * [omo] ADJ, NM gay

homogène [ɔmɔʒɛn] ADJ homogeneous

homologue [ɔmɔlɔg] NM (= personne) counterpart

homologuer [ɔmɔlɔge] ► conjug 1 ◄ VT [+ record] to ratify; [+ appareil, établissement] to approve ◆ **record homologué** official record

homonyme [ɔmɔnim] NM (= mot) homonym; (= personne) namesake

homosexualité [ɔmɔsɛksɥalite] NF homosexuality

homosexuel, -elle [ɔmɔsɛksɥɛl] ADJ, NM,F homosexual

Honduras [ɔ̃dyʀas] NM Honduras

Hongkong [ɔ̃gkɔ̃g] N Hong Kong

Hongrie [ɔ̃gʀi] NF Hungary

hongrois, e [ɔ̃gʀwa, waz] **1** ADJ Hungarian **2** NM (= langue) Hungarian **3** Hongrois(e) NM,F Hungarian

honnête [ɔnɛt] ADJ **a** (= intègre, sincère) honest ◆ **ce sont d'~s gens** they are decent people **b** [prix, résultats] fair; [repas] reasonable

honnêtement [ɔnɛtmɑ̃] ADV **a** honestly ◆ **~, qu'en penses-tu ?** be honest, what do you think? **b** (= correctement) reasonably ◆ **il gagne ~ sa vie** he makes a decent living

honnêteté [ɔnɛtte] NF honesty ◆ **en toute ~** in all honesty

honneur [ɔnœʀ] NM **a** honour (Brit), honor (US) ◆ **invité d'~** guest of honour ◆ **votre Honneur** Your Honour ◆ **en l'~ de** in honour of **b** (= mérite) credit ◆ **c'est tout à son ~** it does him credit ◆ **faire ~ à** [+ sa famille] to be a credit to; [+ repas] to do justice to **c** (formules de politesse) ◆ **j'ai l'~ de vous informer ...** I am writing to inform you ... ◆ **à vous l'~** after you

honorable [ɔnɔʀabl] ADJ **a** (= respectable) honourable (Brit), honorable (US) **b** [notes, résultats] respectable

honorablement [ɔnɔʀabləmɑ̃] ADV **a** (= de façon respectable) honourably (Brit), honorably (US) **b** (= assez bien) decently ◆ **il gagne ~ sa vie** he makes a decent living

honoraire [ɔnɔʀɛʀ] **1** ADJ [membre, président] honorary **2** honoraires NMPL fees

honorer [ɔnɔʀe] ► conjug 1 ◄ VT **a** to honour (Brit), to honor (US) (de with) ◆ **je suis très honoré** I am greatly honoured **b** (= faire honneur à) to do credit to

honte [ɔ̃t] NF shame ◆ **c'est une ~ !** it's disgraceful! ◆ **c'est la ~ !** * it's awful! * ◆ **à ma grande ~** to my great shame ◆ **avoir ~ (de)** to be ashamed (of) ◆ **tu me fais ~ !** you make me feel so ashamed!

honteux, -euse [ɔ̃tø, øz] ADJ **a** (= déshonorant) shameful; (= scandaleux) disgraceful **b** (= qui a honte) ashamed (de of)

hôpital (pl **-aux**) [ɔpital, o] NM hospital ◆ **être à l'~** (en visite) to be at the hospital; [patient] to be in hospital (Brit), to be in the hospital (US)

hoquet [ˈɔkɛ] NM ◆ **avoir le ~** to have the hiccups

horaire [ɔʀɛʀ] **1** NM **a** [de bus, train] timetable (Brit), schedule (US); [de bateau, vols] schedule **b** [d'élèves] timetable; [de personnel] working hours ◆ **~s de bureau** office hours ◆ **avoir des ~s flexibles** to have flexible working hours **2** ADJ hourly

horde [ˈɔʀd] NF horde

horizon [ɔʀizɔ̃] NM horizon ◆ **la ligne d'~** the horizon ◆ **un bateau à l'~** a boat on the horizon ◆ **ça lui a ouvert de nouveaux ~s** it opened up new horizons for him ◆ **changer d'~** to have a change of scenery ◆ **venir d'~s divers** to come from different backgrounds

horizontal, e (mpl **-aux**) [ɔʀizɔ̃tal, o] **1** ADJ horizontal **2** horizontale NF horizontal ◆ **placer qch à l'horizontale** to put sth in a horizontal position

horizontalement [ɔʀizɔ̃talmɑ̃] ADV horizontally; (dans mots croisés) across

horloge [ɔʀlɔʒ] NF clock ▶ **l'horloge parlante** the speaking clock (Brit), Time (US)

horlogerie [ɔʀlɔʒʀi] NF (= secteur) watchmaking

hormis [ɔʀmi] PRÉP (frm) apart from

hormone [ɔʀmɔn] NF hormone

horodateur [ɔʀɔdatœʀ] NM [de parking] ticket machine

horoscope [ɔʀɔskɔp] NM horoscope

horreur [ɔʀœʀ] NF horror ◆ **je me suis aperçu avec ~ que ...** to my horror I realized that ... ◆ **c'est une ~** [objet] it's hideous ◆ **quelle ~ !** how dreadful! ◆ **avoir ~ de** to detest ◆ **dire des ~s sur qn** to say dreadful things about sb

horrible [ɔʀibl] ADJ **a** horrible ◆ **il a été ~ avec moi** he was horrible to me **b** [chaleur, peur, temps] terrible

horrifier [ɔʀifje] ► conjug 7 ◄ VT to horrify

horripiler [ɔʀipile] ► conjug 1 ◄ VT to exasperate

hors [ˈɔʀ] PRÉP ◆ **~ de** (position) outside; (mouvement) out of ◆ **~ d'ici !** get out of here! ◆ **être ~ de soi** to be beside o.s. ◆ **cette**

remarque l'a mise ~ d'elle this remark enraged her ► **hors jeu** [joueur] offside; [ballon] out of play ► **hors pair** outstanding

hors-bord [ˈɔʀbɔʀ] NM INV (= bateau) speedboat

hors-d'œuvre [ˈɔʀdœvʀ] NM INV hors d'œuvre ◆ ~ **variés** assorted hors-d'œuvre

hors-jeu [ˈɔʀʒø] NM INV offside; voir aussi **hors**

hors-la-loi [ˈɔʀlalwa] NMF INV outlaw

hors-piste [ˈɔʀpist] NM INV off-piste skiing ◆ **faire du ~** to ski off piste

hors-série [ˈɔʀseʀi] NM INV (= magazine) special edition

hortensia [ɔʀtɑ̃sja] NM hydrangea

horticulture [ɔʀtikyltyʀ] NF horticulture

hospice [ɔspis] NM [de vieillards] old people's home

hospitalier, -ière [ɔspitalje, jɛʀ] ADJ **a** (= d'hôpital) hospital ◆ **centre ~** hospital **b** (= accueillant) hospitable

hospitaliser [ɔspitalize] ► conjug 1 ◄ VT to hospitalize ◆ **il a été hospitalisé** he was admitted to hospital

hospitalité [ɔspitalite] NF hospitality

hostie [ɔsti] NF host

hostile [ɔstil] ADJ hostile (à to)

hostilité [ɔstilite] NF hostility ◆ **reprendre les ~s** to re-open hostilities

hot-dog (pl **~s**) [ˈɔtdɔg] NM hot dog

hôte [ot] **1** NM (qui reçoit) host **2** NMF (= invité) guest

hôtel [ɔtɛl] NM hotel ◆ **loger à l'~** to stay at a hotel ► **hôtel particulier** town house ► **hôtel de ville** town hall

hôtellerie [ɔtɛlʀi] NF (= profession) hotel business; (= matière enseignée) hotel management

hôtel-restaurant (pl **hôtels-restaurants**) [ɔtɛlʀɛstɔʀɑ̃] NM hotel with restaurant

hôtesse [otɛs] NF (= maîtresse de maison) hostess ► **hôtesse d'accueil** [d'hôtel, bureau] receptionist; [d'exposition, colloque] hostess ► **hôtesse de l'air** flight attendant

hotte [ˈɔt] NF **a** (= panier) basket (carried on the back); [de Père Noël] sack **b** ◆ **~ aspirante** extractor hood

houille [ˈuj] NF coal

houle [ˈul] NF swell

houlette [ˈulɛt] NF ◆ **sous la ~ de** under the leadership of

houleux, -euse [ˈulø, øz] ADJ [mer, séance] stormy

hourra [ˈuʀa] EXCL hurrah!

houspiller [ˈuspije] ► conjug 1 ◄ VT to scold

housse [ˈus] NF cover ◆ **~ de couette** quilt cover

houx [ˈu] NM holly

hovercraft [ɔvœʀkʀaft] NM hovercraft

HT (abrév de **hors taxes**) exclusive of VAT

hublot [ˈyblo] NM [de bateau] porthole; [d'avion, machine à laver] window

huche [ˈyʃ] NF (= coffre) chest ► **huche à pain** bread bin

huer [ˈɥe] ► conjug 1 ◄ VT to boo

huile [ɥil] NF **a** oil ◆ **à l'~** in oil ◆ **vérifier le niveau d'~** [de voiture] to check the oil ◆ **~ d'arachide** groundnut (Brit) ou peanut (US) oil ◆ **~ d'olive** olive oil ◆ **~ solaire** suntan oil **b** (* = notable) bigwig * **c** (= tableau, technique) oil painting ◆ **peint à l'~** painted in oils

huiler [ɥile] ► conjug 1 ◄ VT to oil

huileux, -euse [ɥilø, øz] ADJ oily

huis [ɥi] NM ◆ **à ~ clos** in camera

huissier [ɥisje] NM [de justice] ≈ bailiff

huit [ˈɥi(t)] NOMBRE eight ◆ **~ jours** (= une semaine) a week ◆ **lundi en ~** a week on (Brit) ou from (US) Monday; pour autres loc voir **six**

huitième [ˈɥitjɛm] **1** ADJ, NMF eighth **2** NF (Scol) penultimate class of primary school, fifth grade (US) **3** **huitièmes** NMPL (Sport) ◆ **être en ~s de finale** to be in the last sixteen; pour autres loc voir **sixième**

huître [ɥitʀ] NF oyster

humain, e [ymɛ̃, ɛn] **1** ADJ human; (= compatissant) humane **2** NM human being

humanisme [ymanism] NM humanism

humanitaire [ymanitɛʀ] ADJ humanitarian

humanité [ymanite] NF **a** (= genre humain) ◆ **l'~** humanity **b** (= bonté) humaneness

humble [œ̃bl(ə)] ADJ humble

humecter [ymɛkte] ► conjug 1 ◄ VT [+ linge, herbe] to dampen; [+ front] to moisten

humer [ˈyme] ► conjug 1 ◄ VT [+ plat] to smell; [+ air, parfum] to breathe in

humérus [ymeʀys] NM humerus

humeur [ymœʀ] NF **a** (momentanée) mood ◆ **être de bonne/mauvaise ~** to be in a good/bad mood ◆ **il est d'une ~ massacrante** he's in a foul mood **b** (= tempérament) temper ◆ **d'~ égale** even-tempered **c** (= irritation) ◆ **mouvement d'~** fit of bad temper

humide [ymid] ADJ damp; [région ou climat chaud] humid

humidité [ymidite] NF [d'air, climat] humidity; (froide) dampness ◆ **taches d'~** damp patches

humiliant, e [ymiljɑ̃, jɑ̃t] ADJ humiliating

humilier [ymilje] ► conjug 7 ◄ VT to humiliate

humilité [ymilite] NF humility

humoriste [ymɔʀist] NMF humorist

humoristique [ymɔʀistik] ADJ humorous; → dessin

humour [ymuʀ] NM humour (Brit), humor (US)
 ◆ **avoir de l'~** to have a sense of humour
 ◆ **faire de l'~** to try to be funny ▸ **humour noir** black humour

humus [ymys] NM humus

huppé, e [ˈype] ADJ a [oiseau] crested b (* = riche) posh *

hurlement [ˈyʀləmā] NM [de loup, chien] howl; [de vent] howling NonC; [de sirènes] wailing NonC ◆ **pousser des ~s** (de douleur, de rage) to howl; (de joie) to whoop

hurler [ˈyʀle] ▸ conjug 1 ◂ **1** VI a [personne] to scream; (de rage) to roar ◆ **~ de rire** to roar with laughter b [chien, vent] to howl; [sirène] to wail; [radio] to blare **2** VT to yell

hutte [ˈyt] NF hut

hybride [ibʀid] ADJ, NM hybrid

hydratant, e [idʀatā, āt] ADJ moisturizing

hydrate [idʀat] NM hydrate

hydrater [idʀate] ▸ conjug 1 ◂ **1** VT to hydrate; [+ peau] to moisturize **2** **s'hydrater** VPR (= boire) to take lots of fluids

hydraulique [idʀolik] ADJ hydraulic

hydravion [idʀavjɔ̃] NM seaplane

hydrocarbure [idʀokaʀbyʀ] NM hydrocarbon

hydroélectrique [idʀoelɛktʀik] ADJ hydroelectric

hydrogène [idʀɔʒɛn] NM hydrogen

hydroglisseur [idʀoglisœʀ] NM jet-foil

hyène [jɛn] NF hyena

hygiène [iʒjɛn] NF hygiene ◆ **pour une meilleure ~ de vie** for a healthier life ◆ **~ alimentaire/corporelle** food/personal hygiene

hygiénique [iʒjenik] ADJ hygienic; → papier, serviette

hymne [imn] NM hymn ▸ **hymne national** national anthem

hyper(-) [ipɛʀ] PRÉF hyper; (= très : *) really ◆ **hyper-riche** mega * rich

hyperactif, -ive [ipɛʀaktif, iv] ADJ hyperactive

hyperlien [ipɛʀljɛ̃] NM hyperlink

hypermarché [ipɛʀmaʀʃe] NM hypermarket

hypermétrope [ipɛʀmetʀɔp] ADJ longsighted

hypernerveux, -euse [ipɛʀnɛʀvø, øz] ADJ very highly (Brit) ou high (US) strung

hypersensible [ipɛʀsāsibl] ADJ hypersensitive

hypertension [ipɛʀtāsjɔ̃] NF (artérielle) high blood pressure ◆ **faire de l'~** to suffer from high blood pressure

hypertexte [ipɛʀtɛkst] NM hypertext

hypertrophié, e [ipɛʀtʀɔfje] ADJ [muscle] abnormally enlarged; [bureaucratie, secteur] overdeveloped

hypnose [ipnoz] NF hypnosis

hypnotiser [ipnotize] ▸ conjug 1 ◂ VT to hypnotize

hypocondriaque [ipɔkɔ̃dʀijak] ADJ, NMF hypochondriac

hypocrisie [ipɔkʀizi] NF hypocrisy

hypocrite [ipɔkʀit] **1** ADJ hypocritical **2** NMF hypocrite

hypoglycémie [ipoglisemi] NF hypoglycaemia (Brit), hypoglycemia (US)

hypotension [ipotāsjɔ̃] NF low blood pressure ◆ **faire de l'~** to suffer from low blood pressure

hypothèque [ipotɛk] NF mortgage

hypothermie [ipotɛʀmi] NF hypothermia

hypothèse [ipotɛz] NF hypothesis ◆ **l'~ du suicide n'a pas été écartée** the possibility of suicide has not been ruled out ◆ **dans l'~ où ...** in the event that ... ◆ **dans la pire des ~s** at worst

hystérie [isteʀi] NF (Méd) hysteria ◆ **c'était l'~ dans le public** the audience went wild

hystérique [isteʀik] ADJ hysterical

F R A N C A I S /
A
N
G
L
A
I
S

ibérique [iberik] ADJ Iberian

iceberg [ajsbɛʀg] NM iceberg

ici [isi] ADV **a** (dans l'espace) here ◆ **c'est à 10 minutes d'~** it's 10 minutes away ◆ **ils ne sont pas d'~** they aren't from around here ◆ **les gens d'~** the people here ◆ **par ~** (= dans la région) around here ◆ **passez par ~** come this way ◆ **c'est ~ que ...** this is where ... ◆ **Chantal Barry** (au téléphone) Chantal Barry speaking ◆ **~ et là** here and there **b** (dans le temps) ◆ **jusqu'~** until now ◆ **d'~ la fin de la semaine** by the end of the week ◆ **d'~ peu** before long ◆ **d'~ là** before then

icône [ikon] NF icon

idéal, e (mpl **-als** ou **-aux**) [ideal, o] ADJ, NM ideal ◆ **l'~ serait qu'elle l'épouse** the ideal thing would be for her to marry him ◆ **ce n'est pas l'~** it's not ideal

idéaliste [idealist] **1** ADJ idealistic **2** NMF idealist

idée [ide] NF **a** idea ◆ **avoir une ~ derrière la tête** to have something at the back of one's mind ◆ **tu te fais des ~s** you're imagining things ◆ **quelle ~ !** the idea! ◆ **il a des ~s !** the things he thinks up! ◆ **avoir les ~s larges** to be broad-minded ◆ **donner à qn/se faire une ~ de** to give sb/get an idea of ◆ **je n'en ai pas la moindre ~** I haven't the faintest idea ► **idée fixe** idée fixe ► **idées noires** black thoughts ► **idée reçue** generally held belief **b** (= esprit) ◆ **cela ne lui viendrait jamais à l'~** it would never occur to him ◆ **il s'est mis dans l'~ de ...** he took it into his head to ...

idem [idɛm] ADV ditto

identification [idɑ̃tifikasjɔ̃] NF identification (à with)

identifier [idɑ̃tifje] ► conjug 7 ◄ **1** VT to identify (à with) **2 s'identifier** VPR ◆ **s'~ à** to identify with

identique [idɑ̃tik] ADJ identical (à to)

identité [idɑ̃tite] NF identity

idéogramme [ideɔgram] NM ideogram

idéologie [ideɔlɔʒi] NF ideology

idéologique [ideɔlɔʒik] ADJ ideological

idiomatique [idjɔmatik] ADJ idiomatic

idiot, e [idjo, idjɔt] **1** ADJ stupid **2** NM,F idiot ◆ **ne fais pas l'~** * stop acting stupid *

idiotie [idjɔsi] NF idiocy ◆ **ne dis pas d'~s !** don't talk rubbish! ◆ **ne va pas voir ces ~s** don't go and see such trash

idole [idɔl] NF idol

idyllique [idilik] ADJ idyllic

if [if] NM yew

igloo [iglu] NM igloo

ignare [iɲaʀ] (péj) **1** ADJ ignorant **2** NMF ignoramus

ignoble [iɲɔbl] ADJ vile

ignorance [iɲɔʀɑ̃s] NF ignorance

ignorant, e [iɲɔʀɑ̃, ɑ̃t] **1** ADJ ignorant ◆ **~ de** unaware of **2** NM,F ignoramus

ignorer [iɲɔʀe] ► conjug 1 ◄ VT **a** (= ne pas connaître) not to know; [+ incident, fait] to be unaware of ◆ **j'ignore comment/si ...** I don't know how/if ... ◆ **il ignore la souffrance** he has never experienced suffering **b** [+ personne, avertissement] to ignore

iguane [igwan] NM iguana

il [il] PRON PERS M **a** he; (= chose, animal ou bébé dont on ignore le sexe) it ◆ **~s** they ◆ **~ était journaliste** he was a journalist ◆ **ne touche pas ce chien, peut-être qu'~ mord** don't touch this dog - it might bite ◆ **est-~ rentré ?** is he back? ◆ **le courrier est-~ arrivé ?** has the mail come? **b** (impersonnel) it ◆ **~ fait beau** it's a fine day ◆ **~ faut que je le fasse** I've got to do it

île [il] NF island ◆ **~ déserte** desert island ► **les îles Anglo-Normandes** the Channel Islands ► **les îles Britanniques** the British Isles ► **l'île de Man** the Isle of Man ► **l'île Maurice** Mauritius

Île-de-France [ildəfʀɑ̃s] NF ◆ **l'~** *Paris and the surrounding departments*

illégal, e (mpl **-aux**) [i(l)legal, o] ADJ illegal

illégitime [i(l)leʒitim] ADJ **a** [enfant, gouvernement] illegitimate **b** [prétention, revendication] unjustified

illettré, e [i(l)letre] ADJ illiterate

illicite [i(l)lisit] ADJ illicit

illimité, e [i(l)limite] ADJ [moyens, ressources] unlimited; [confiance] unbounded; [congé, durée] indefinite

illisible [i(l)lizibl] ADJ (= indéchiffrable) illegible; [fichier informatique] unreadable

illogique [i(l)lɔ3ik] ADJ illogical

illumination [i(l)lyminasjɔ̃] NF **a** (= éclairage) lighting ◆ **les ~s de Noël** the Christmas lights **b** (= inspiration) flash of inspiration

illuminer [i(l)lymine] ► conjug 1 ◄ **1** VT to light up **2** **s'illuminer** VPR [rue, vitrine] to be lit up; [visage] to light up

illusion [i(l)lyzjɔ̃] NF illusion ◆ **~ d'optique** optical illusion ◆ **tu te fais des ~s** you're deluding yourself

illusionniste [i(l)lyzjɔnist] NMF conjurer

illustration [i(l)lystRasjɔ̃] NF illustration

illustre [i(l)lystR] ADJ illustrious

illustré, e [i(l)lystRe] **1** ADJ illustrated **2** NM (= journal) comic

illustrer [i(l)lystRe] ► conjug 1 ◄ **1** VT to illustrate **2** **s'illustrer** VPR [personne] to become famous

îlot [ilo] NM small island ◆ **~ de verdure** oasis of greenery

ils [il] PRON PERS → **il**

image [ima3] NF **a** picture **b** (= métaphore) image **c** (= reflet) reflection; (Physique) image ◆ **~ virtuelle** virtual image ◆ **~ de synthèse** computer-generated image **d** (= vision mentale) image ► **image de marque** public image

imagé, e [ima3e] ADJ vivid

imaginaire [imaʒineR] ADJ imaginary

imaginatif, -ive [imaʒinatif, iv] ADJ imaginative

imagination [imaʒinasjɔ̃] NF imagination ◆ **avoir de l'~** to be imaginative

imaginer [imaʒine] ► conjug 1 ◄ **1** VT **a** to imagine ◆ **tu imagines la scène !** you can imagine the scene! ◆ **je l'imaginais plus vieux** I pictured him as being older **b** (= inventer) to devise **2** **s'imaginer** VPR to imagine ◆ **si tu t'imagines que je vais te laisser faire !** don't think I'm going to let you get away with that!

imbattable [ɛ̃batabl] ADJ unbeatable

imbécile [ɛ̃besil] NMF idiot ◆ **ne fais pas l'~** * stop acting stupid *

imberbe [ɛ̃bɛRb] ADJ beardless

imbiber [ɛ̃bibe] ► conjug 1 ◄ **1** VT ◆ **~ qch de qch** to soak sth with sth **2** **s'imbiber** VPR ◆ **s'~ de** to become soaked with

imbriquer (s') [ɛ̃bRike] ► conjug 1 ◄ VPR [problèmes, affaires] to be linked; [plaques] to overlap; [lego] to fit together

imbu, e [ɛ̃by] ADJ ◆ **~ de lui-même** ou **de sa personne** full of himself

imbuvable [ɛ̃byvabl] ADJ [boisson] undrinkable; [personne] * unbearable

imitateur, -trice [imitatœR, tRis] NM,F (= comique) imitator; [de voix, personne] impersonator

imitation [imitasjɔ̃] NF (= reproduction, copie) imitation; [de personnage célèbre] impersonation

imiter [imite] ► conjug 1 ◄ VT **a** to imitate; [+ personnage célèbre] to impersonate ◆ **il se leva et tout le monde l'imita** he got up and everybody did likewise **b** [+ signature] to forge **c** (= avoir l'aspect de) to look like

immaculé, e [imakyle] ADJ spotless

immangeable [ɛ̃mɑ̃ʒabl] ADJ disgusting

immatriculation [imatRikylasjɔ̃] NF registration

immature [imatyR] ADJ immature

immédiat, e [imedja, jat] ADJ immediate

immédiatement [imedjatmɑ̃] ADV immediately

immense [i(m)mɑ̃s] ADJ [espace, désert] vast; [foule, fortune, pays] huge; [personne] gigantic; [succès, talent, chagrin] tremendous

immerger [imɛRʒe] ► conjug 3 ◄ VT to immerse

immeuble [imœbl] NM building ► **immeuble d'habitation** block of flats (Brit), apartment building (US)

immigration [imigRasjɔ̃] NF immigration ◆ **~ clandestine** illegal immigration

immigré, e [imigRe] ADJ, NM,F immigrant ◆ **~ clandestin** illegal immigrant

immigrer [imigRe] ► conjug 1 ◄ VI to immigrate

imminent, e [iminɑ̃, ɑ̃t] ADJ imminent

immiscer (s') [imise] ► conjug 3 ◄ VPR ◆ **s'immiscer dans** to interfere in

immobile [i(m)mɔbil] ADJ motionless; [visage] immobile ◆ **rester ~** to stay still

immobilier, -ière [imɔbilje, jɛR] **1** ADJ ◆ **marché ~** property market; → **agent, bien** **2** NM ◆ **l'~** (= commerce) the property business

immobiliser [imɔbilize] ► conjug 1 ◄ **1** VT to immobilize ◆ **avions immobilisés par la neige** planes grounded by snow **2** **s'immobiliser** VPR [personne] to stop; [véhicule] to come to a halt

immodéré, e [imɔdeRe] ADJ immoderate

immoler [imɔle] ► conjug 1 ◄ **1** VT (= sacrifier) to sacrifice (à to) **2** **s'immoler** VPR to sacrifice o.s. ◆ **s'~ par le feu** to set fire to o.s.

immonde [i(m)mɔ̃d] ADJ [taudis] squalid; [crime] hideous; [personne] (= laid) hideous; (= ignoble) vile

immondices [i(m)mɔ̃dis] NFPL filth NonC

immoral, e (mpl **-aux**) [i(m)mɔRal, o] ADJ immoral

immortaliser [imɔʀtalize] ► conjug 1 ◄ VT to immortalize

immortel, -elle [imɔʀtɛl] **1** ADJ immortal **2** Immortel(le) NM,F *member of the Académie française*

immuable [imyabl] ADJ immutable

immuniser [imynize] ► conjug 1 ◄ VT to immunize ◆ **je suis immunisé** (fig) it no longer has any effect on me

immunité [imynite] NF immunity

impact [ɛ̃pakt] NM impact ◆ ~**s de balles** bullet holes

impair, e [ɛ̃pɛʀ] ADJ odd; [page] odd-numbered

imparable [ɛ̃paʀabl] ADJ **a** [coup, tir] unstoppable **b** [argument, logique] unanswerable

impardonnable [ɛ̃paʀdɔnabl] ADJ unforgivable

imparfait, e [ɛ̃paʀfɛ, ɛt] **1** ADJ imperfect **2** NM (= temps) imperfect tense

impartial, e (mpl -iaux) [ɛ̃paʀsjal, jo] ADJ impartial

impasse [ɛ̃pas] NF **a** (= rue) cul-de-sac **b** (= situation sans issue) impasse ◆ **être dans l'~** to have reached an impasse ◆ **faire l'~ sur qch** to choose to overlook sth

impassible [ɛ̃pasibl] ADJ impassive

impatience [ɛ̃pasjɑ̃s] NF impatience

impatient, e [ɛ̃pasjɑ̃, jɑ̃t] ADJ impatient ◆ ~ **de faire qch** eager to do sth ◆ **je suis si ~ de vous revoir** I can't wait to see you again

impatienter (s') [ɛ̃pasjɑ̃te] ► conjug 1 ◄ VPR to get impatient

impayé, e [ɛ̃peje] ADJ unpaid

impeccable [ɛ̃pekabl] ADJ impeccable ◆ **parler un français ~** to speak perfect French ◆ ~ **!** * great! *

impénétrable [ɛ̃penetʀabl] ADJ [mystère, desseins] impenetrable; [personnage, visage, air] inscrutable

impensable [ɛ̃pɑ̃sabl] ADJ unthinkable

imper * [ɛ̃pɛʀ] NM raincoat

impératif, -ive [ɛ̃peʀatif, iv] **1** ADJ [besoin, consigne] urgent; [ton] commanding ◆ **il est ~ que ...** it is absolutely essential that ... **2** NM (= mode) imperative mood ◆ **à l'~** in the imperative (mood)

impérativement [ɛ̃peʀativmɑ̃] ADV ◆ **les personnes âgées doivent ~ se faire vacciner** it is imperative that old people get vaccinated

impératrice [ɛ̃peʀatʀis] NF empress

imperceptible [ɛ̃pɛʀsɛptibl] ADJ imperceptible (à to)

imperfection [ɛ̃pɛʀfɛksjɔ̃] NF imperfection; [d'ouvrage, dispositif] defect; [de peau] blemish

impérial, e (mpl -iaux) [ɛ̃peʀjal, jo] ADJ imperial

impérialisme [ɛ̃peʀjalism] NM imperialism

impérialiste [ɛ̃peʀjalist] ADJ, NMF imperialist

impérieux, -ieuse [ɛ̃peʀjø, jøz] ADJ [personne, ton] imperious; [besoin, nécessité] urgent

imperméabiliser [ɛ̃pɛʀmeabilize] ► conjug 1 ◄ VT to waterproof

imperméable [ɛ̃pɛʀmeabl] **1** ADJ [terrain, roches] impermeable; [revêtement, tissu] waterproof **2** NM (= manteau) raincoat

impersonnel, -elle [ɛ̃pɛʀsɔnɛl] ADJ impersonal

impertinence [ɛ̃pɛʀtinɑ̃s] NF cheek

impertinent, e [ɛ̃pɛʀtinɑ̃, ɑ̃t] ADJ cheeky

imperturbable [ɛ̃pɛʀtyʀbabl] ADJ ◆ **rester ~** to remain calm

impétueux, -euse [ɛ̃petɥø, øz] ADJ [caractère, jeunesse] impetuous; [torrent, vent] raging

impitoyable [ɛ̃pitwajabl] ADJ merciless

implacable [ɛ̃plakabl] ADJ implacable

implant [ɛ̃plɑ̃] NM implant ◆ ~ **capillaire** hair graft

implanter [ɛ̃plɑ̃te] ► conjug 1 ◄ **1** VT [+ usage, mode] to introduce; [+ usine, industrie] to set up ◆ **la gauche est bien implantée ici** the left is well-established here **2** s'implanter VPR [usine, industrie] to be set up; [parti politique] to become established

implication [ɛ̃plikasjɔ̃] NF implication

implicite [ɛ̃plisit] ADJ implicit

impliquer [ɛ̃plike] ► conjug 1 ◄ **1** VT **a** (= supposer) to imply **b** (= nécessiter) to entail **c** (= mettre en cause) ◆ ~ **qn dans** to involve sb in **2** s'impliquer VPR ◆ **s'~ dans un projet** to get involved in a project ◆ **s'~ beaucoup dans qch** to put a lot into sth

implorer [ɛ̃plɔʀe] ► conjug 1 ◄ VT (= supplier) to implore

imploser [ɛ̃ploze] ► conjug 1 ◄ VI to implode

impoli, e [ɛ̃pɔli] ADJ rude (envers to)

impopulaire [ɛ̃pɔpylɛʀ] ADJ unpopular (auprès de with)

importance [ɛ̃pɔʀtɑ̃s] NF **a** importance ◆ **ça a beaucoup d'~ pour moi** it's very important to me ◆ **accorder beaucoup/peu d'~ à qch** to attach a lot of/little importance to sth ◆ **c'est sans ~, ça n'a pas d'~** it doesn't matter ◆ **prendre de l'~** to become more important

♦ **se donner de l'~** to act important **b** [de somme, effectifs] size; [de dégâts, désastre, retard] extent

important, e [ɛpɔʀtɑ̃, ɑ̃t] **1** ADJ **a** important **b** [somme] large; [différence] big; [retard] considerable; [dégâts] extensive **2** NM ♦ **l'~ est de ...** the important thing is to ... **3** NM,F ♦ **faire l'~(e)** (péj) to act important

importateur, -trice [ɛpɔʀtatœʀ, tʀis] **1** ADJ importing ♦ **pays ~ de blé** wheat-importing country **2** NM,F importer

importation [ɛpɔʀtasjɔ̃] NF import ♦ **produits d'~** imported products

importer¹ [ɛpɔʀte] ► conjug 1 ◄ VT to import (de from)

importer² [ɛpɔʀte] ► conjug 1 ◄ VI **a** (= être important) to matter (à to) ♦ **peu importe** it doesn't matter **b** (loc) ♦ **n'importe comment** anyhow ♦ **il a fait cela n'importe comment !** he did it any old how * (Brit) ou any which way * (US) ♦ **n'importe lequel d'entre nous** any one of us ♦ **n'importe où** anywhere ♦ **venez à n'importe quelle heure** come at any time ♦ **il cherche un emploi, mais pas n'importe lequel** he's looking for a job, but not just any job ♦ **n'importe qui** anybody, anyone ♦ **ce n'est pas n'importe qui** he's not just anybody ♦ **n'importe quoi** anything ♦ **il fait/dit n'importe quoi !*** he has no idea what he's doing!/ saying!

import-export [ɛpɔʀɛkspɔʀ] NM import-export

importun, e [ɛpɔʀtœ̃, yn] **1** ADJ (frm) [présence] troublesome; [visite] ill-timed **2** NM,F troublesome individual

importuner [ɛpɔʀtyne] ► conjug 1 ◄ VT to bother

imposable [ɛpozabl] ADJ [personne, revenu] taxable

imposant, e [ɛpozɑ̃, ɑ̃t] ADJ **a** (= majestueux) imposing **b** (= impressionnant) impressive

imposer [ɛpoze] ► conjug 1 ◄ **1** VT **a** [+ règle, conditions] to lay down ♦ **~ ses idées/sa présence à qn** to force one's ideas/one's company on sb ♦ **la décision leur a été imposée par les événements** the decision was forced on them by events ♦ **il/sa conduite impose le respect** he/his behaviour compels respect **b** (= taxer) to tax **c** ♦ **il en impose** he's an impressive individual **2** **s'imposer** VPR **a** (= être nécessaire) to be essential ♦ **ces mesures ne s'imposaient pas** these measures were unnecessary **b** (= montrer sa supériorité) to assert o.s. ♦ **le skieur s'est imposé dans le slalom géant** the skier won the giant slalom event **c** (= être importun) ♦ **je ne voudrais pas m'~** I don't want to impose

impossibilité [ɛpɔsibilite] NF impossibility ♦ **être dans l'~ de faire qch** to be unable to do sth

impossible [ɛpɔsibl] **1** ADJ impossible (à to) ♦ **cela m'est ~** it's impossible for me to do it ♦ **ce n'est pas ~** (= c'est probable) it may well be the case ♦ **elle a des horaires ~s** she has terrible hours **2** NM ♦ **demander/tenter l'~** to ask for/attempt the impossible ♦ **je ferai l'~ (pour venir)** I'll do my utmost (to come)

imposteur [ɛpɔstœʀ] NM impostor

impôt [ɛpo] NM (= taxe) tax ♦ **je paye plus de 2 000 € d'~s** I pay more than €2,000 in tax ♦ **~ direct/indirect** direct/indirect tax ▸ **impôt sur les grandes fortunes** wealth tax ▸ **impôts locaux** local taxes ▸ **impôt sur le revenu** income tax ▸ **impôt sur les sociétés** corporation tax

impotent, e [ɛpotɑ̃, ɑ̃t] ADJ disabled

impraticable [ɛpʀatikabl] ADJ [route, piste] impassable

imprécis, e [ɛpʀesi, iz] ADJ vague; [tir] inaccurate

imprégner [ɛpʀeɲe] ► conjug 6 ◄ **1** VT **a** (de liquide) to soak (de with); [+ pièce, air] to fill (de with) **b** [+ esprit] to imbue (de with) **2** **s'imprégner** VPR ♦ **s'~ de** (de liquide) to become soaked with; [pièce, air] to be filled with; [élèves] to become imbued with

imprenable [ɛpʀənabl] ADJ [forteresse] impregnable ♦ **vue ~** unrestricted view

imprésario [ɛpʀesaʀjo] NM [d'acteur, chanteur] manager; [de troupe de théâtre, ballet] impresario

impression [ɛpʀesjɔ̃] NF **a** impression ♦ **quelles sont vos ~s sur la réunion ?** what did you think of the meeting? ♦ **faire bonne/mauvaise ~** to make a good/bad impression ♦ **avoir l'~ que ...** to have a feeling that ... **b** [de texte, tissu, motif] printing

impressionnant, e [ɛpʀesjɔnɑ̃, ɑ̃t] ADJ impressive; (= effrayant) frightening

impressionner [ɛpʀesjɔne] ► conjug 1 ◄ VT **a** to impress ♦ **ne te laisse pas ~** don't let yourself be overawed **b** (= effrayer) to frighten **c** [+ pellicule, photo] to expose

impressionniste [ɛpʀesjɔnist] ADJ, NMF impressionist

imprévisible [ɛpʀevizibl] ADJ unforeseeable; [personne] unpredictable

imprévu, e [ɛpʀevy] **1** ADJ unexpected; [dépenses] unforeseen **2** NM ♦ **j'aime l'~** I like the unexpected ♦ **sauf ~** unless anything unexpected happens

imprimante [ɛpʀimɑ̃t] NF printer ♦ **~ à jet d'encre** ink-jet printer

imprimé, e [ɛ̃pRime] **1** ADJ printed **2** NM **a** (= formulaire) form ◆ ~ **publicitaire** advertising leaflet **b** (= tissu) printed material

imprimer [ɛ̃pRime] ► conjug 1 ◄ VT **a** [+ livre, tissu] to print **b** [+ impulsion] to transmit

imprimerie [ɛ̃pRimRi] NF (= firme, usine) printing works ◆ **l'~** (= technique) printing ◆ **en caractères ou lettres d'~** in block capitals

imprimeur [ɛ̃pRimœR] NM printer

improbable [ɛ̃pRɔbabl] ADJ unlikely

impromptu, e [ɛ̃pRɔ̃pty] ADJ, NM impromptu

imprononçable [ɛ̃pRɔnɔ̃sabl] ADJ unpronounceable

impropre [ɛ̃pRɔpR] ADJ [terme] inappropriate ◆ ~ **à** unsuitable for

improvisation [ɛ̃pRɔvizasjɔ̃] NF improvisation ◆ **faire une** ~ to improvise

improvisé, e [ɛ̃pRɔvize] ADJ [+ pique-nique, représentation] impromptu; [discours] off-the-cuff

improviser [ɛ̃pRɔvize] ► conjug 1 ◄ VTI to improvise ◆ **être menuisier, ça ne s'improvise pas** you don't just suddenly become a carpenter

improviste [ɛ̃pRɔvist] ◆ **à l'improviste** LOC ADV unexpectedly

imprudence [ɛ̃pRydɑ̃s] NF **a** [de conducteur, geste, action] carelessness **b** (= action, propos) ◆ **(ne fais) pas d'~s** don't do anything foolish

imprudent, e [ɛ̃pRydɑ̃, ɑ̃t] ADJ careless

impudent, e [ɛ̃pydɑ̃, ɑ̃t] (frm) ADJ brazen

impudique [ɛ̃pydik] ADJ shameless

impuissant, e [ɛ̃pɥisɑ̃, ɑ̃t] ADJ powerless (à to); (sexuellement) impotent

impulsif, -ive [ɛ̃pylsif, iv] ADJ impulsive

impulsion [ɛ̃pylsjɔ̃] NF **a** impulse **b** (= élan) impetus ◆ **sous l'~ de leurs chefs** spurred on by their leaders

impunément [ɛ̃pynemɑ̃] ADV with impunity

impunité [ɛ̃pynite] NF impunity ◆ **en toute** ~ with complete impunity

impur, e [ɛ̃pyR] ADJ impure; (Rel) unclean

impureté [ɛ̃pyRte] NF impurity

imputer [ɛ̃pyte] ► conjug 1 ◄ VT **a** (= attribuer à) ◆ ~ **à** to impute to **b** (Fin) ◆ ~ **à ou sur** to charge to

inabordable [inabɔRdabl] ADJ [prix] prohibitive; [produit] terribly expensive

inacceptable [inaksɛptabl] ADJ unacceptable

inaccessible [inaksesibl] ADJ inaccessible

inachevé, e [inaʃ(ə)ve] ADJ unfinished

inactif, -ive [inaktif, iv] ADJ inactive; [population] non-working

inaction [inaksjɔ̃] NF inactivity

inadapté, e [inadapte] ADJ [personne, enfance] maladjusted; [outil, moyens] unsuitable (à for)

inadéquat, e [inadekwa(t), kwat] ADJ inadequate

inadmissible [inadmisibl] ADJ intolerable; [propos] unacceptable

inadvertance [inadvɛRtɑ̃s] NF ◆ **par** ~ inadvertently

inaltérable [inalteRabl] ADJ **a** [métal, substance] stable **b** [sentiments] unchanging; [principes, espoir] steadfast

inamovible [inamɔvibl] ADJ [juge, fonctionnaire] irremovable

inanimé, e [inanime] ADJ [matière] inanimate; [personne, corps] unconscious

inanition [inanisjɔ̃] NF ◆ **tomber/mourir d'~** to faint with/die of hunger

inaperçu, e [inapɛRsy] ADJ ◆ **passer** ~ to go unnoticed

inapproprié, e [inapRɔpRije] ADJ inappropriate

inapte [inapt] ADJ ◆ ~ **à certains travaux** unsuited to certain kinds of work ◆ ~ **(au service)** (Mil) unfit (for military service)

inarticulé, e [inaRtikyle] ADJ inarticulate

inassouvi, e [inasuvi] ADJ [haine, colère, désir] unappeased

inattendu, e [inatɑ̃dy] ADJ unexpected

inattention [inatɑ̃sjɔ̃] NF lack of attention ◆ **moment d'~** momentary lapse of concentration

inaudible [inodibl] ADJ inaudible

inauguration [inogyRasjɔ̃] NF [de monument, plaque] unveiling; [de bâtiment, exposition] opening ◆ **cérémonie/discours d'~** inaugural ceremony/lecture

inaugurer [inogyRe] ► conjug 1 ◄ VT **a** [+ monument, plaque] to unveil; [+ bâtiment, exposition] to open **b** [+ politique, période] to inaugurate

inavouable [inavwabl] ADJ [procédé, motifs] shameful

incalculable [ɛ̃kalkylabl] ADJ incalculable ◆ **un nombre** ~ **de** countless numbers of

incandescent, e [ɛ̃kɑ̃desɑ̃, ɑ̃t] ADJ white-hot

incantation [ɛ̃kɑ̃tasjɔ̃] NF incantation

incapable [ɛ̃kapabl] **1** ADJ ◆ ~ **de faire qch** (par nature) incapable of doing sth; (= dans l'impossibilité de) unable to do sth **2** NMF ◆ **c'est un** ~ he's useless *

incapacité [ɛ̃kapasite] NF **a** ◆ ~ **de ou à faire qch** inability to do sth ◆ **être dans l'~ de faire qch** to be unable to do sth **b** (= invalidité) disability ◆ ~ **de travail** industrial disablement

incarcération [ɛ̃kaʀseʀasjɔ̃]   NF imprisonment

incarcérer [ɛ̃kaʀseʀe] ► conjug 6 ◄ VT to incarcerate

incarner [ɛ̃kaʀne] ► conjug 1 ◄ VT [personne, œuvre] to embody; [acteur] to play

incassable [ɛ̃kɑsabl] ADJ unbreakable

incendie [ɛ̃sɑ̃di] NM fire ◆ **~ criminel** arson NonC ◆ **~ de forêt** forest fire

incendier [ɛ̃sɑ̃dje] ► conjug 7 ◄ VT **a** [+ bâtiment] to burn down; [+ voiture, ville, forêt] to burn **b** (* = réprimander) ◆ **~ qn** to give sb a thorough telling-off * (Brit)

incertain, e [ɛ̃sɛʀtɛ̃, ɛn] ADJ uncertain

incertitude [ɛ̃sɛʀtityd] NF uncertainty ◆ **être dans l'~** to feel uncertain

incessamment [ɛ̃sesamɑ̃] ADV shortly

incessant, e [ɛ̃sesɑ̃, ɑ̃t] ADJ constant

inceste [ɛ̃sɛst] NM incest

inchangé, e [ɛ̃ʃɑ̃ʒe] ADJ unchanged

incidemment [ɛ̃sidamɑ̃] ADV in passing

incidence [ɛ̃sidɑ̃s] NF (= conséquence) effect ◆ **avoir une ~ sur** to affect

incident [ɛ̃sidɑ̃] NM incident ◆ **l'~ est clos** that's the end of the matter ◆ **se dérouler sans ~(s)** to go off without incident ◆ **~ diplomatique** diplomatic incident ◆ **~ de parcours** minor setback ◆ **~ technique** technical hitch

incinérer [ɛ̃sineʀe] ► conjug 6 ◄ VT to incinerate; (au crématorium) to cremate

inciser [ɛ̃size] ► conjug 1 ◄ VT to make an incision in; [+ abcès] to lance

incisif, -ive [ɛ̃sizif, iv] **1** ADJ [ton, style] cutting **2** incisive NF (= dent) incisor

inciter [ɛ̃site] ► conjug 1 ◄ VT ◆ **~ qn à faire qch** to encourage sb to do sth ◆ **cela les incite à la violence** that incites them to violence

inclassable [ɛ̃klɑsabl] ADJ unclassifiable

inclinaison [ɛ̃klinɛzɔ̃] NF **a** (= pente) incline; [de toit] slope **b** [de tête] tilt

inclination [ɛ̃klinasjɔ̃] NF (= penchant) inclination

incliné, e [ɛ̃kline] ADJ [toit] sloping; [mur] leaning; [siège] tilted

incliner [ɛ̃kline] ► conjug 1 ◄ **1** VT [+ bouteille, dossier de siège] to tilt ◆ **~ la tête** to tilt one's head; (pour saluer) to give a slight bow **2 s'incliner** VPR **a** [personne] to bow (devant before); (= accepter) to bow to ◆ **Marseille s'est inclinée devant Saint-Étienne 2 buts à 3** Marseilles lost to Saint-Étienne by 2 goals to 3 **b** [arbre] to bend over; [mur] to lean; [toit] to be sloping

inclure [ɛ̃klyʀ] ► conjug 35 ◄ VT to include; (= joindre à un envoi) to enclose

inclus, e [ɛ̃kly, yz] ADJ **a** (= joint à un envoi) enclosed **b** (= compris) included ◆ **jusqu'au 3e chapitre ~** up to and including the 3rd chapter

incognito [ɛ̃kɔɲito] ADV incognito

incohérent, e [ɛ̃kɔeʀɑ̃, ɑ̃t] ADJ [gestes, propos] incoherent; [comportement, politique] inconsistent

incollable [ɛ̃kɔlabl] ADJ ◆ **riz ~** non-stick rice ◆ **il est ~ *** [candidat] he's got all the answers

incolore [ɛ̃kɔlɔʀ] ADJ [liquide] colourless; [verre, vernis] clear; [cirage] neutral

incomber [ɛ̃kɔ̃be] ► conjug 1 ◄ **incomber à** VT INDIR (frm) [devoirs, responsabilité] to be incumbent upon ◆ **il vous incombe de ...** it is your responsibility to ...

incommensurable [ɛ̃kɔmɑ̃syʀabl]   ADJ (= immense) huge

incommoder [ɛ̃kɔmɔde] ► conjug 1 ◄ VT [bruit] to disturb; [odeur, chaleur] to bother

incomparable [ɛ̃kɔ̃paʀabl] ADJ incomparable

incompatible [ɛ̃kɔ̃patibl] ADJ incompatible

incompétent, e [ɛ̃kɔ̃petɑ̃, ɑ̃t] ADJ, NM,F incompetent

incomplet, -ète [ɛ̃kɔ̃plɛ, ɛt] ADJ incomplete

incompréhensible [ɛ̃kɔ̃pʀeɑ̃sibl]   ADJ incomprehensible

incompris, e [ɛ̃kɔ̃pʀi, iz] ADJ misunderstood

inconcevable [ɛ̃kɔ̃s(ə)vabl] ADJ inconceivable

inconditionnel, -elle [ɛ̃kɔ̃disjɔnɛl] **1** ADJ unconditional; [appui] wholehearted **2** NM,F [d'homme politique, doctrine] ardent supporter; [d'écrivain, chanteur] ardent admirer ◆ **les ~s des sports d'hiver** winter sports enthusiasts

inconfortable [ɛ̃kɔ̃fɔʀtabl] ADJ **a** [maison, meuble, position] uncomfortable **b** [situation] awkward

incongru, e [ɛ̃kɔ̃gʀy] ADJ **a** [attitude, bruit] unseemly; [remarque] inappropriate **b** [objet] incongruous; [situation] strange

inconnu, e [ɛ̃kɔny] **1** ADJ unknown (de to); [odeur, sensation] unfamiliar **2** NM,F stranger **3** NM ◆ **l'~** the unknown **4** inconnue NF (= élément) unknown factor; (Math) unknown

inconsciemment [ɛ̃kɔ̃sjamɑ̃]   ADV unconsciously

inconscience [ɛ̃kɔ̃sjɑ̃s] NF **a** (physique) unconsciousness **b** (morale) thoughtlessness ◆ **c'est de l'~ !** that's sheer madness!

inconscient, e [ɛ̃kɔ̃sjɑ̃, jɑ̃t] **1** ADJ (= évanoui, machinal) unconscious; (= subconscient) sub-

conscious; (= irréfléchi) thoughtless ◆ ~ **de**
unaware of **2** NM (Psych) ◆ **l'~** the unconscious

inconsidéré, e [ɛ̃kɔ̃sideʀe] ADJ [action, pro-
messe] rash; [propos] thoughtless

inconsistant, e [ɛ̃kɔ̃sistɑ̃, ɑ̃t] ADJ [argu-
mentation, intrigue] weak; [personne] colourless
(Brit), colorless (US)

inconsolable [ɛ̃kɔ̃sɔlabl] ADJ inconsolable

inconstitutionnel, -elle [ɛ̃kɔ̃stitysjɔnɛl] ADJ
unconstitutional

incontestable [ɛ̃kɔ̃tɛstabl] ADJ indisputable

incontestablement [ɛ̃kɔ̃tɛstablamɑ̃] ADV
unquestionably

incontesté, e [ɛ̃kɔ̃tɛste] ADJ undisputed

incontinent, e [ɛ̃kɔ̃tinɑ̃, ɑ̃t] ADJ [personne]
incontinent

incontournable [ɛ̃kɔ̃tuʀnabl] ADJ [réalité, fait]
inescapable; [personnage, interlocuteur] key *avant
le nom*; [œuvre d'art] major

incontrôlable [ɛ̃kɔ̃tʀolabl] ADJ (= irrépressible) uncontrollable

inconvenant, e [ɛ̃kɔ̃v(ə)nɑ̃, ɑ̃t] ADJ improper

inconvénient [ɛ̃kɔ̃venjɑ̃] NM drawback ◆ **les
avantages et les ~s** the advantages and disadvantages ◆ **l'~ c'est que ...** the one drawback
is that ... ◆ **si vous n'y voyez pas d'~ ...** if you
have no objections ...

incorporer [ɛ̃kɔʀpɔʀe] ► conjug 1 ◄ VT **a**
[+ substance, aliment] to mix (à, avec with,
into) **b** (= intégrer) to incorporate (dans into)
◆ **appareil photo avec flash incorporé** camera
with built-in flash

incorrect, e [ɛ̃kɔʀɛkt] ADJ **a** [terme] incorrect;
[interprétation] faulty **b** (= impoli) rude (avec to)

incorrection [ɛ̃kɔʀɛksjɔ̃] NF **a** (= terme impropre) impropriety **b** (= attitude inconvenante)
improper behaviour (Brit) ou behavior (US)

incorrigible [ɛ̃kɔʀiʒibl] ADJ incorrigible

incorruptible [ɛ̃kɔʀyptibl] ADJ incorruptible

incrédule [ɛ̃kʀedyl] ADJ incredulous ◆ **d'un air
~** incredulously

increvable [ɛ̃kʀəvabl] ADJ **a** [pneu] puncture-
proof **b** * [personne] tireless; [moteur] indestructible

incriminer [ɛ̃kʀimine]   ► conjug 1 ◄   VT
[+ personne] to incriminate

incroyable [ɛ̃kʀwajabl] ADJ incredible

incruster [ɛ̃kʀyste] ► conjug 1 ◄ **1** VT (Art)
◆ **incrusté de** inlaid with **2 s'incruster** VPR **a**
◆ **s'~ dans** to become ingrained in **b** * [invité]
to take root

incubation [ɛ̃kybasjɔ̃] NF incubation

---

inculper [ɛ̃kylpe] ► conjug 1 ◄ VT to charge (de
with)

inculquer [ɛ̃kylke] ► conjug 1 ◄ VT ◆ ~ **qch à qn**
to instil (Brit) ou instill (US) sth into sb

inculte [ɛ̃kylt] ADJ **a** [terre] unfarmable **b**
[personne] uneducated

incurable [ɛ̃kyʀabl] ADJ incurable

incursion [ɛ̃kyʀsjɔ̃] NF foray (en, dans into)

Inde [ɛ̃d] NF India

indécent, e [ɛ̃desɑ̃, ɑ̃t] ADJ **a** [tenue, geste]
indecent **b** [luxe] obscene

indéchiffrable   [ɛ̃deʃifʀabl]   ADJ
indecipherable; [personne, regard] inscrutable

indécis, e [ɛ̃desi, iz] **1** ADJ **a** [personne] (par
nature) indecisive; (temporairement) undecided
(sur, quant à about) **b** [sourire] vague;
[contour] indistinct **2** NM,F (dans une élection)
floating voter

indéfini, e [ɛ̃defini] ADJ [quantité, durée] indeterminate; (en grammaire) indefinite

indéfiniment [ɛ̃definimɑ̃] ADV indefinitely

indéfinissable [ɛ̃definisabl] ADJ indefinable

indélébile [ɛ̃delebil] ADJ indelible

indélicat, e [ɛ̃delika, at] ADJ (= grossier) tactless; (= malhonnête) dishonest

indemne [ɛ̃dɛmn] ADJ unscathed

indemniser [ɛ̃dɛmnize] ► conjug 1 ◄ VT (d'une
perte) to compensate (de for); (de frais) to
reimburse (de for)

indemnité [ɛ̃dɛmnite] NF (= dédommagement)
compensation *NonC*; [de frais] allowance ► **indemnité de chômage** unemployment benefit
► **indemnité de licenciement** redundancy
money

indémodable [ɛ̃demɔdabl] ADJ [livre] classic
◆ **des vêtements ~s** clothes that will never go
out of fashion

indéniable [ɛ̃denjabl] ADJ undeniable ◆ **c'est
~** there's no doubt about it

indépendamment   [ɛ̃depɑ̃damɑ̃]   ADV
independently ◆ ~ **de** irrespective of

indépendance [ɛ̃depɑ̃dɑ̃s] NF independence
(par rapport à from)

indépendant, e [ɛ̃depɑ̃dɑ̃, ɑ̃t] ADJ
independent; [chambre] self-contained ◆ **travailleur ~** self-employed person

indépendantiste [ɛ̃depɑ̃dɑ̃tist] ADJ ◆ **le
mouvement/le parti ~** the independence
movement/party ◆ **le leader ~** the leader of the
independence movement

indéracinable [ɛ̃deʀasinabl] ADJ [sentiment]
ineradicable

indescriptible   [ɛ̃dɛskʀiptibl]   ADJ
indescribable

indésirable [ɛ̃deziʀabl] ADJ, NMF undesirable ✦ **effets ~s** [de médicament] side effects

indestructible [ɛ̃dɛstʀyktibl] ADJ indestructible

indéterminé, e [ɛ̃detɛʀmine] ADJ **a** [date, cause, nature] unspecified; [forme, longueur, quantité] indeterminate **b** [impression, sentiment] vague; [contours, goût] indeterminable

index [ɛ̃dɛks] NM **a** (= doigt) index finger **b** (= liste alphabétique) index

indexé, e [ɛ̃dɛkse] ADJ [prix] indexed (sur to) ✦ **salaire ~ sur l'inflation** salary index-linked to inflation

indicateur, -trice [ɛ̃dikatœʀ, tʀis] **1** NM,F (police) informer **2** NM (= compteur, cadran) gauge; (Écon, Fin) indicator

indicatif [ɛ̃dikatif] NM **a** (= mélodie) theme tune ✦ **~ téléphonique** dialling code (Brit) **b** (en grammaire) the indicative ✦ **à l'~** in the indicative

indication [ɛ̃dikasjɔ̃] NF **a** (= renseignement) information NonC **b** (= mention) ✦ **sans ~ de date/de prix** without a date stamp/price label **c** (= directive) instruction ✦ **sauf ~ contraire** unless otherwise stated **d** **indications** [de médicament] indications

indice [ɛ̃dis] NM **a** (= élément d'information) clue **b** (en sciences, économie) index ✦ **~ du coût de la vie** cost of living index ✦ **~ d'écoute** audience rating ✦ **~ des prix** price index

indien, -ienne [ɛ̃djɛ̃, jɛn] **1** ADJ Indian **2** **Indien(ne)** NM,F (d'Inde) Indian; (d'Amérique) Native American

indifféremment [ɛ̃difeʀamɑ̃] ADV indiscriminately ✦ **fonctionner ~ au gaz ou à l'électricité** to run on either gas or electricity

indifférence [ɛ̃difeʀɑ̃s] NF indifference (à, pour to)

indifférent, e [ɛ̃difeʀɑ̃, ɑ̃t] ADJ indifferent (à to, towards) ✦ **leur souffrance ne peut laisser personne ~** it's impossible to be unmoved by their suffering

indigène [ɛ̃diʒɛn] **1** NMF native; (hum = personne du pays) local **2** ADJ [coutume] native; [animal, plante] indigenous; [population] local

indigent, e [ɛ̃diʒɑ̃, ɑ̃t] **1** ADJ **a** (matériellement) destitute **b** [film] poor **2** NM,F pauper ✦ **les ~s** the destitute

indigeste [ɛ̃diʒɛst] ADJ indigestible; [livre] heavy going

indigestion [ɛ̃diʒɛstjɔ̃] NF indigestion NonC ✦ **j'ai une ~ de films policiers** I've been watching too many detective films

indignation [ɛ̃diɲasjɔ̃] NF indignation

indigne [ɛ̃diɲ] ADJ **a** ✦ **~ de** [+ amitié, confiance, personne] unworthy of ✦ **c'est ~ de vous** [travail, emploi] it's beneath you; [conduite, attitude] it's unworthy of you **b** [mère] unworthy

indigné, e [ɛ̃diɲe] ADJ indignant

indigner [ɛ̃diɲe] ▸ conjug 1 ◂ **1** VT ✦ **~ qn** to make sb indignant **2** **s'indigner** VPR to get indignant (de about)

indiqué, e [ɛ̃dike] ADJ **a** (= conseillé) advisable **b** [médicament, traitement] appropriate ✦ **pour ce travail M. Legrand est tout ~** Mr Legrand is the obvious choice for the job

indiquer [ɛ̃dike] ▸ conjug 1 ◂ VT **a** (= désigner) to point out ✦ **~ le chemin à qn** to give directions to sb **b** [flèche, voyant, écriteau] to show **c** (= dire) to tell **d** [+ heure, date, rendez-vous] to give **e** (= dénoter) to indicate

indirect, e [ɛ̃diʀɛkt] ADJ indirect ✦ **d'une manière ~e** in a roundabout way

indirectement [ɛ̃diʀɛktəmɑ̃] ADV indirectly; [savoir, apprendre] in a roundabout way

indiscipliné, e [ɛ̃disipline] ADJ undisciplined

indiscret, -ète [ɛ̃diskʀɛ, ɛt] ADJ **a** (= trop curieux) [personne] inquisitive; [question] indiscreet ✦ **à l'abri des regards ~s** away from prying eyes **b** (= bavard) indiscreet

indiscrétion [ɛ̃diskʀesjɔ̃] NF **a** (= curiosité) inquisitiveness ✦ **sans ~, combien l'avez-vous payé ?** would you mind if I asked how much you paid for it? **b** (= parole, action) indiscretion

indiscutable [ɛ̃diskytabl] ADJ indisputable

indiscutablement [ɛ̃diskytabləmɑ̃] ADV unquestionably

indispensable [ɛ̃dispɑ̃sabl] ADJ indispensable ✦ **ces outils/précautions sont ~s** these tools/precautions are essential ✦ **savoir se rendre ~** to make o.s. indispensable

indisposé, e [ɛ̃dispoze] ADJ indisposed

indissociable [ɛ̃disɔsjabl] ADJ indissociable (de from)

indissoluble [ɛ̃disɔlybl] ADJ indissoluble

indistinct, e [ɛ̃distɛ̃(kt), ɛ̃kt] ADJ indistinct

individu [ɛ̃dividy] NM individual

individualiste [ɛ̃dividɥalist] **1** ADJ individualistic **2** NMF individualist

individuel, -elle [ɛ̃dividɥɛl] ADJ individual; [responsabilité, ordinateur] personal ✦ **chambre individuelle** single room

indivisible [ɛ̃divizibl] ADJ indivisible

indolent, e [ɛ̃dɔlɑ̃, ɑ̃t] ADJ [personne] idle; [air, geste, regard] indolent

indolore [ɛ̃dɔlɔʀ] ADJ painless

indomptable [ɛ̃dɔ̃(p)tabl] ADJ [animal] untameable; [caractère, volonté] invincible

Indonésie [ɛ̃dɔnezi] NF Indonesia

indonésien, -ienne [ɛ̃dɔnezjɛ̃, jɛn] **1** ADJ
Indonesian **2 Indonésien(ne)** NM,F
Indonesian

indu, e [ɛ̃dy] ADJ ✦ **à une heure ~e** at some
ungodly hour

indubitable [ɛ̃dybitabl] ADJ [preuve] indubitable ✦ **c'est ~** there is no doubt about it

induire [ɛ̃dɥiʀ] ▸ conjug 38 ◂ VT **a** ✦ **~ qn en
erreur** to mislead sb **b** (= occasionner) to lead
to

indulgence [ɛ̃dylʒɑ̃s] NF [de parent, critique]
indulgence; [de juge, examinateur] leniency

indulgent, e [ɛ̃dylʒɑ̃, ɑ̃t] ADJ [parent, juge,
examinateur] lenient (envers towards); [critique,
regard] indulgent

industrialisation [ɛ̃dystʀijalizasjɔ̃] NF
industrialization

industrialisé, e [ɛ̃dystʀijalize] ADJ
industrialized

industrialiser [ɛ̃dystʀijalize] ▸ conjug 1 ◂ **1**
VT to industrialize **2 s'industrialiser** VPR to
become industrialized

industrie [ɛ̃dystʀi] NF industry ✦ **l'~ automobile** the car ou automobile (US) industry

industriel, -elle [ɛ̃dystʀijɛl] **1** ADJ
industrial; [pain] factory-baked **2** NM
industrialist

inébranlable [inebʀɑ̃labl] ADJ [foi, résolution]
unshakeable; [conviction] steadfast

inédit, e [inedi, it] ADJ **a** [livre] previously
unpublished; [film] previously unreleased **b**
(= nouveau) new

inefficace [inefikas] ADJ [remède, mesure] ineffective; [employé, machine] inefficient

inégal, e (mpl **-aux**) [inegal, o] ADJ **a** (= différent, disproportionné) unequal **b** [sol, répartition]
uneven; [sportif] erratic ✦ **de qualité ~e** of
varying quality

inégalé, e [inegale] ADJ [record] unequalled;
[charme, beauté] unrivalled

inégalité [inegalite] NF **a** (= différence) inequality **b** [de sol, répartition] unevenness

inéluctable [inelyktabl] ADJ inescapable

inepte [inɛpt] ADJ inept

ineptie [inɛpsi] NF (= caractère inepte) inepti-
tude ✦ **dire des ~s** to talk nonsense

inépuisable [inepɥizabl] ADJ inexhaustible
✦ **il est ~ sur ce sujet** he could talk for ever on
that subject

inerte [inɛʀt] ADJ (= inanimé) lifeless; (= sans
réaction) passive; [gaz] inert

inertie [inɛʀsi] NF inertia

inespéré, e [inɛspeʀe] ADJ unexpected

inestimable [inɛstimabl] ADJ [objet, tableau]
priceless; [aide] invaluable

inévitable [inevitabl] ADJ [accident] unavoidable ✦ **c'était ~ !** it was inevitable!

inexact, e [inɛgza(kt), akt] ADJ inaccurate
✦ **non, c'est ~** no, that's wrong

inexcusable [inɛkskyzabl] ADJ [faute, action]
inexcusable ✦ **vous êtes ~** it was inexcusable
of you

inexistant, e [inɛgzistɑ̃, ɑ̃t] ADJ nonexistent
✦ **quant à son mari, il est ~** (péj) as for her
husband, he's a complete nonentity

inexorable [inɛgzɔʀabl] ADJ inexorable

inexpérience [inɛkspeʀjɑ̃s] NF inexperience

inexplicable [inɛksplikabl(ə)] ADJ inexplicable

inexpliqué, e [inɛksplike] ADJ unexplained

inexpressif, -ive [inɛkspʀesif, iv] ADJ
expressionless

inexprimable [inɛkspʀimabl] ADJ
inexpressible

in extremis [inɛkstʀemis] LOC ADV at the last
minute

inextricable [inɛkstʀikabl] ADJ inextricable

infaillible [ɛ̃fajibl] ADJ [méthode, remède, per-
sonne] infallible; [instinct] unerring

infaisable [ɛ̃fəzabl] ADJ impossible

infâme [ɛ̃fɑm] ADJ [action] unspeakable; [per-
sonne] despicable; [nourriture, taudis] disgusting

infanterie [ɛ̃fɑ̃tʀi] NF infantry

infantile [ɛ̃fɑ̃til] ADJ (= puéril) childish ✦ **mala-
dies ~s** childhood illnesses

infarctus [ɛ̃faʀktys] NM coronary ✦ **~ du
myocarde** coronary thrombosis

infatigable [ɛ̃fatigabl] ADJ tireless

infect, e [ɛ̃fɛkt] ADJ [goût, nourriture] revolting;
[temps, odeur] foul

infecter [ɛ̃fɛkte] ▸ conjug 1 ◂ **1** VT [+ eau] to
contaminate; [+ personne] to infect
2 s'infecter VPR [plaie] to become infected

infectieux, -ieuse [ɛ̃fɛksjø, jøz] ADJ
infectious

infection [ɛ̃fɛksjɔ̃] NF infection; [puanteur]
stench

inférieur, e [ɛ̃feʀjœʀ] **1** ADJ **a** (dans l'espace, dans une hiérarchie) lower **b** [qualité]
inferior (à to); [nombre, quantité] smaller ✦ **il
habite à l'étage ~** he lives on the floor below
✦ **les notes ~es à 10** marks below 10 **2** NM,F
inferior

infériorité [ɛ̃feʀjɔʀite] NF inferiority

infernal, e (mpl **-aux**) [ɛ̃fɛʀnal, o] ADJ [bruit,
chaleur] infernal; [allure, cadence] furious; [en-
fant] impossible

infester [ɛ̃fɛste] ► conjug 1 ◄ VT to infest ◆ **infesté de moustiques** infested with mosquitoes

infidèle [ɛ̃fidɛl] **1** ADJ unfaithful (à qn to sb) **2** NMF (Rel) infidel

infidélité [ɛ̃fidelite] NF infidelity (à to)

infiltrer [ɛ̃filtre] ► conjug 1 ◄ **1** VT [+ groupe, réseau] to infiltrate **2** s'**infiltrer** VPR [liquide] to seep in; [lumière] to filter through; [espions, idées] to infiltrate

infime [ɛ̃fim] ADJ tiny

infini, e [ɛ̃fini] **1** ADJ infinite **2** NM ◆ l'~ (Math, Photo) infinity ◆ à l'~ [multiplier] to infinity; [faire varier] infinitely

infiniment [ɛ̃finimɑ̃] ADV **a** (= immensément) infinitely **b** (= très, beaucoup) extremely

infinité [ɛ̃finite] NF infinity

infinitif, -ive [ɛ̃finitif, iv] ADJ, NM infinitive ◆ à l'~ in the infinitive

infirme [ɛ̃firm] **1** ADJ disabled; (avec l'âge) infirm **2** NMF disabled person

infirmerie [ɛ̃firməri] NF infirmary; [d'école] sickroom

infirmier, -ière [ɛ̃firmje, jɛr] NM,F nurse

infirmité [ɛ̃firmite] NF disability

inflammable [ɛ̃flamabl] ADJ inflammable

inflammation [ɛ̃flamasjɔ̃] NF inflammation

inflation [ɛ̃flasjɔ̃] NF inflation

inflationniste [ɛ̃flasjɔnist] ADJ inflationary

inflexible [ɛ̃flɛksibl] ADJ inflexible

inflexion [ɛ̃flɛksjɔ̃] NF [de voix, courbe] inflexion

infliger [ɛ̃fliʒe] ► conjug 3 ◄ VT [+ défaite, punition, supplice] to inflict (à on); [+ amende] to impose (à on)

influençable [ɛ̃flyɑ̃sabl] ADJ easily influenced

influence [ɛ̃flyɑ̃s] NF influence; [de médicament] effect ◆ **avoir beaucoup d'~ sur qn** to have a lot of influence with sb

influencer [ɛ̃flyɑ̃se] ► conjug 3 ◄ VT to influence ◆ **ne te laisse pas ~** don't let yourself be influenced

influent, e [ɛ̃flyɑ̃, ɑ̃t] ADJ influential

influer [ɛ̃flye] ► conjug 1 ◄ **influer sur** VT INDIR to influence

info * [ɛ̃fo] NF (abrév de **information**) ◆ **les ~s** (Presse, TV) the news

infobulle [ɛ̃fobyl] NF (Ordin) help bubble

infographie ® [ɛ̃fografi] NF computer graphics

informaticien, -ienne [ɛ̃fɔrmatisjɛ̃, jɛn] NM,F computer scientist

information [ɛ̃fɔrmasjɔ̃] NF **a** (= renseignement) piece of information ◆ **je n'ai aucune ~ à ce sujet** I have no information on that subject **b** (Presse, TV) news item ◆ **les ~s** the news **c** ◆ ~ **judiciaire** inquiry

informatique [ɛ̃fɔrmatik] **1** NF computing; (= sujet d'études) computer studies ◆ **il travaille dans l'~** he's in computers **2** ADJ computer

informatiser [ɛ̃fɔrmatize] ► conjug 1 ◄ **1** VT to computerize **2** s'**informatiser** VPR to have computers installed

informe [ɛ̃fɔrm] ADJ shapeless

informel, -elle [ɛ̃fɔrmɛl] ADJ informal

informer [ɛ̃fɔrme] ► conjug 1 ◄ **1** VT to inform ◆ ~ **qn de qch** to inform sb of sth **2** s'**informer** VPR ◆ **j'essaie de m'~** I try and keep informed

infortuné, e [ɛ̃fɔrtyne] ADJ [personne] hapless

infraction [ɛ̃fraksjɔ̃] NF (= délit) offence ◆ ~ **à** [+ loi, règlement] breach of sth ◆ **être en ~** [automobiliste] to be committing an offence

infranchissable [ɛ̃frɑ̃ʃisabl] ADJ impassable; [obstacle] insurmountable

infrarouge [ɛ̃fraruʒ] ADJ, NM infrared

infrastructure [ɛ̃frastryktyr] NF infrastructure

infroissable [ɛ̃frwasabl] ADJ creaseresistant

infructueux, -euse [ɛ̃fryktɥø, øz] ADJ unsuccessful

infuser [ɛ̃fyze] ► conjug 1 ◄ VI ◆ **(faire) ~** [+ tisane] to infuse; [+ thé] to brew

infusion [ɛ̃fyzjɔ̃] NF herb tea ◆ ~ **de tilleul** lime tea

ingénier (s') [ɛ̃ʒenje] ► conjug 7 ◄ VPR ◆ **s'ingénier à faire qch** to do one's utmost to do sth

ingénierie [ɛ̃ʒeniri] NF engineering

ingénieur [ɛ̃ʒenjœr] NM engineer ◆ ~ **agronome** agricultural engineer ◆ ~ **système** systems engineer ◆ ~ **du son** sound engineer

ingénieux, -ieuse [ɛ̃ʒenjø, jøz] ADJ clever

ingénu, e [ɛ̃ʒeny] ADJ ingenuous

ingérence [ɛ̃ʒerɑ̃s] NF interference ◆ **le devoir d'~** the duty to intervene

ingrat, e [ɛ̃gra, at] **1** ADJ [personne] ungrateful (envers towards); [tâche, métier, sujet] unrewarding; [visage] unprepossessing **2** NM,F ◆ **tu n'es qu'un ~** ! how ungrateful of you!

ingratitude [ɛ̃gratityd] NF ingratitude (envers towards)

ingrédient [ɛ̃gredjɑ̃] NM ingredient

ingurgiter [ɛ̃gyrʒite] ► conjug 1 ◄ VT to swallow ◆ **faire ~ des connaissances à qn** to stuff knowledge into sb

inhabitable [inabitabl] ADJ uninhabitable

inhabité, e [inabite] ADJ [région] uninhabited; [maison] unoccupied

inhabituel, -elle [inabitɥɛl] ADJ unusual

inhalation [inalasjɔ̃] NF inhalation • **faire des ~s** to use steam inhalations

inhaler [inale] ► conjug 1 ◄ VT to inhale

inhérent, e [ineʀɑ̃, ɑ̃t] ADJ inherent (à in)

inhibition [inibisjɔ̃] NF inhibition

inhospitalier, -ière [inɔspitalje, jɛʀ] ADJ inhospitable

inhumain, e [inymɛ̃, ɛn] ADJ inhuman

inhumation [inymasjɔ̃] NF burial

inhumer [inyme] ► conjug 1 ◄ VT to bury

inimaginable [inimaʒinabl] ADJ unimaginable • **c'est ~ ce qu'il peut être têtu !** he's unbelievably stubborn!

inimitable [inimitabl] ADJ inimitable

ininflammable [inɛ̃flamabl] ADJ nonflammable

inintelligible [inɛ̃teliʒibl] ADJ unintelligible

inintéressant, e [inɛ̃teʀesɑ̃, ɑ̃t] ADJ uninteresting

ininterrompu, e [inɛ̃teʀɔ̃py] ADJ [suite, file de voitures] unbroken; [flot] nonstop; [effort, travail] unremitting

initial, e (mpl **-iaux**) [inisjal, jo] **1** ADJ initial **2** **initiale** NF initial

initialiser [inisjalize] ► conjug 1 ◄ VT (Informatique) to initialize

initiation [inisjasjɔ̃] NF initiation (à into) • **stage d'~ à l'informatique** introductory course in computing

initiative [inisjativ] NF initiative • **prendre l'~ de faire qch** to take the initiative in doing sth • **de sa propre ~** on his own initiative

initié, e [inisje] NM,F • **les ~s** the initiated

initier [inisje] ► conjug 7 ◄ **1** VT to initiate (à into) • **~ qn aux joies de la voile** to introduce sb to the joys of sailing **2** **s'initier** VPR • **j'aimerais m'~ au russe** I'd like to learn some Russian

injecter [ɛ̃ʒɛkte] ► conjug 1 ◄ VT to inject (dans into)

injection [ɛ̃ʒɛksjɔ̃] NF injection • **il s'est fait une ~ d'insuline** he injected himself with insulin • **moteur à ~** fuel-injection engine

injoignable [ɛ̃ʒwaɲabl] ADJ • **il était ~** it was impossible to contact him

injure [ɛ̃ʒyʀ] NF (= insulte) term of abuse • **bordée d'~s** stream of abuse

injurier [ɛ̃ʒyʀje] ► conjug 7 ◄ VT to abuse

injurieux, -ieuse [ɛ̃ʒyʀjø, jøz] ADJ offensive

injuste [ɛ̃ʒyst] ADJ unfair (avec, envers to)

injustice [ɛ̃ʒystis] NF (= iniquité) injustice; (= partialité) unfairness

inlassable [ɛ̃lasabl] ADJ tireless

inlassablement [ɛ̃lasabləmɑ̃] ADV [répéter] endlessly

inné, e [i(n)ne] ADJ innate

innocence [inɔsɑ̃s] NF innocence

innocent, e [inɔsɑ̃, ɑ̃t] **1** ADJ innocent (de of); [remarque, farce] harmless **2** NM,F (Droit) innocent person • **ne fais pas l'~** don't act the innocent

innocenter [inɔsɑ̃te] ► conjug 1 ◄ VT to clear (de of)

innombrable [i(n)nɔ̃bʀabl] ADJ [détails, variétés] innumerable; [foule] vast

innommable [i(n)nɔmabl] ADJ [conduite, action] unspeakable; [nourriture] foul

innovation [inɔvasjɔ̃] NF innovation

innover [inɔve] ► conjug 1 ◄ VI to innovate

inoccupé, e [inɔkype] ADJ [appartement] unoccupied; [siège, poste] vacant

inoculer [inɔkyle] ► conjug 1 ◄ VT • **~ qch à qn** (volontairement) to inoculate sb with sth; (accidentellement) to infect sb with sth

inodore [inɔdɔʀ] ADJ [gaz] odourless

inoffensif, -ive [inɔfɑ̃sif, iv] ADJ harmless

inondation [inɔ̃dasjɔ̃] NF flood

inonder [inɔ̃de] ► conjug 1 ◄ VT (= submerger) to flood • **inondé de soleil** bathed in sunshine • **inondé de larmes** [+ visage] streaming with tears

inopérable [inɔpeʀabl] ADJ inoperable

inopiné, e [inɔpine] ADJ unexpected

inopportun, e [inɔpɔʀtœ̃, yn] ADJ [remarque] ill-timed • **le moment est ~** it's not the right moment

inoubliable [inublijabl] ADJ unforgettable

inouï, e [inwi] ADJ [vitesse, audace, force] incredible

inox [inɔks] NM (abrév de **inoxydable**) stainless steel

inoxydable [inɔksidabl] ADJ [acier, alliage] stainless; [couteau] stainless steel

inquiet, inquiète [ɛ̃kjɛ, ɛ̃kjɛt] ADJ [personne] worried; [regard] uneasy

inquiétant, e [ɛ̃kjetɑ̃, ɑ̃t] ADJ [situation, tendance] worrying; [phénomène, propos, personnage] disturbing

inquiéter [ɛ̃kjete] ► conjug 6 ◄ **1** VT to worry • **la santé de mon fils m'inquiète** I'm worried about my son's health • **il n'a pas été inquiété par la police** he wasn't bothered by the police **2** **s'inquiéter** VPR **a** (= s'alarmer) to worry

◆ **il n'y a pas de quoi s'~** there's nothing to worry about **b** (= s'enquérir) ◆ **s'~ de** to inquire about **c** (= se soucier) ◆ **sans s'~ de savoir si …** without bothering to find out if …

inquiétude [ɛ̃kjetyd] NF anxiety ◆ **soyez sans ~** have no fear

insaisissable [ɛ̃sezisabl] ADJ [fugitif, ennemi] elusive

insalubre [ɛ̃salybʀ] ADJ [climat] unhealthy; [logement] unfit for habitation

insatiable [ɛ̃sasjabl] ADJ insatiable

insatisfait, e [ɛ̃satisfɛ, ɛt] ADJ [personne] dissatisfied (de with); [désir, passion] unsatisfied ◆ **c'est un éternel ~** he's never satisfied

inscription [ɛ̃skʀipsjɔ̃] NF **a** (= texte) inscription **b** (= enregistrement) registration (à at) ◆ **dossier d'~** (Univ) admission form ◆ **droits d'~** registration fees

inscrire [ɛ̃skʀiʀ] ► conjug 39 ◀ **1** VT **a** [+ nom, date] to note down; [+ but] to score **b** [+ étudiant] to register ◆ **~ qn sur une liste d'attente** to put sb on a waiting list ◆ **~ un enfant à l'école** to put a child's name down for school **2** s'inscrire VPR **a** [personne] to register (à at) ◆ **s'~ à un parti/club** to join a party/club ◆ **je me suis inscrit pour des cours du soir** I've enrolled for some evening classes **b** (= apparaître) to come up (sur on) **c** (= s'insérer) ◆ **cette mesure s'inscrit dans un ensemble** the measure is part of a package

insecte [ɛ̃sɛkt] NM insect

insecticide [ɛ̃sɛktisid] NM insecticide

insécurité [ɛ̃sekyʀite] NF insecurity

insémination [ɛ̃seminasjɔ̃] NF insemination ◆ **~ artificielle** artificial insemination

insensé, e [ɛ̃sãse] ADJ crazy

insensibiliser [ɛ̃sãsibilize] ► conjug 1 ◀ VT to anaesthetize (Brit), to anesthetize (US)

insensible [ɛ̃sãsibl] ADJ **a** (moralement) insensitive (à to); (physiquement) numb ◆ **il n'est pas resté ~ à son charme** he was not impervious to her charm **b** (= imperceptible) imperceptible

inséparable [ɛ̃sepaʀabl] ADJ inseparable (de from)

insérer [ɛ̃seʀe] ► conjug 6 ◀ **1** VT [+ feuillet, clause, objet] to insert (dans into) ◆ **~ une annonce dans un journal** to put an ad in a newspaper **2** s'insérer VPR (= faire partie de) ◆ **s'~ dans** to fit into

insertion [ɛ̃sɛʀsjɔ̃] NF insertion ◆ **l'~ (sociale)** social integration

insidieux, -ieuse [ɛ̃sidjø, jøz] ADJ [maladie] insidious ◆ **une question insidieuse** a trick question

insigne [ɛ̃siɲ] NM (= cocarde) badge

insignifiant, e [ɛ̃siɲifjã, jãt] ADJ **a** [personne, œuvre] insignificant **b** [somme, détail, propos] trivial

insinuer [ɛ̃sinɥe] ► conjug 1 ◀ **1** VT to insinuate ◆ **que voulez-vous ~ ?** what are you insinuating? **2** s'insinuer VPR ◆ **s'~ dans** [personne] to worm one's way into; [eau, odeur] to seep into

insipide [ɛ̃sipid] ADJ **a** [plat, boisson] tasteless **b** (= ennuyeux) insipid

insistance [ɛ̃sistãs] NF insistence ◆ **avec ~** insistently

insistant, e [ɛ̃sistã, ãt] ADJ insistent

insister [ɛ̃siste] ► conjug 1 ◀ VI **a** ◆ **~ sur** [+ sujet, détail] to stress ◆ **frottez en insistant bien sur les taches** rub hard, paying particular attention to stains **b** (= s'obstiner) to be insistent ◆ **il insiste pour vous parler** he insists on talking to you ◆ **j'ai dit non, n'insistez pas !** I said no, don't pester me!

insolation [ɛ̃sɔlasjɔ̃] NF (= malaise) sunstroke _NonC_ ◆ **attraper une ~** to get sunstroke

insolence [ɛ̃sɔlãs] NF insolence _NonC_ ◆ **avec ~** insolently

insolent, e [ɛ̃sɔlã, ãt] ADJ (= impertinent) insolent

insolite [ɛ̃sɔlit] ADJ unusual

insoluble [ɛ̃sɔlybl] ADJ insoluble

insolvable [ɛ̃sɔlvabl] ADJ insolvent

insomniaque [ɛ̃sɔmnjak] ADJ insomniac ◆ **il est ~** he's an insomniac

insomnie [ɛ̃sɔmni] NF insomnia _NonC_ ◆ **ses ~s** his insomnia

insonoriser [ɛ̃sɔnɔʀize] ► conjug 1 ◀ VT to soundproof

insouciance [ɛ̃susjãs] NF ◆ **son ~** the fact that he didn't (ou doesn't) seem to care

insouciant, e [ɛ̃susjã, jãt] ADJ carefree

insoumis, e [ɛ̃sumi, iz] **1** ADJ [caractère, enfant] rebellious; [tribu, région] undefeated **2** NM (= soldat) draft-dodger

insoutenable [ɛ̃sut(ə)nabl] ADJ (= insupportable) unbearable

inspecter [ɛ̃spɛkte] ► conjug 1 ◀ VT to inspect

inspecteur, -trice [ɛ̃spɛktœʀ, tʀis] NM,F inspector ◆ **~ des impôts** tax inspector ◆ **~ de police** ≈ detective (Brit), ≈ police lieutenant (US) ◆ **~ d'Académie** chief education officer

inspection [ɛ̃spɛksjɔ̃] NF **a** (= examen) inspection **b** (= fonction) ◆ **~ académique** school inspectors ◆ **~ du travail** Health and Safety Executive

inspiration [ɛ̃spiʀasjɔ̃] NF inspiration ◆ **je manque d'~** I don't feel very inspired

inspiré, e [ɛ̃spiʀe] ADJ inspired

inspirer [ɛ̃spiʀe] ▶ conjug 1 ◀ **1** VT to inspire ◆ **~ qch à qn** [+ sentiment, confiance] to inspire sb with sth **2** VI (= respirer) to breathe in **3** **s'inspirer** VPR ◆ **s'~ de** [artiste] to draw one's inspiration from; [mode, tableau, loi] to be inspired by

instabilité [ɛ̃stabilite] NF instability

instable [ɛ̃stabl] ADJ unstable; [meuble] unsteady; [temps] unsettled

installation [ɛ̃stalasjɔ̃] NF **a** [de chauffage, téléphone] installation; [de rideaux, étagère] putting up **b** [d'artisan, commerçant] setting up **c** (= emménagement) settling in **d** (= équipement) (gén pl) fittings; (= usine) plant *NonC* ◆ **~s sportives** sports facilities ◆ **~ électrique** wiring

installer [ɛ̃stale] ▶ conjug 1 ◀ **1** VT **a** (= mettre en service) to put in **b** (= aménager) to fit out **c** (Informatique) to install **2** **s'installer** VPR [artisan, commerçant] to set o.s. up (comme as); [dentiste, médecin] to set up one's practice ◆ **s'~ à son compte** to set up on one's own **b** (= aller vivre) to settle; (= emménager) to settle in **c** (sur un siège, à un emplacement) to settle down **d** [grève, maladie] to take hold

instamment [ɛ̃stamɑ̃] ADV insistently

instance [ɛ̃stɑ̃s] NF **a** (= autorité) authority **b** ◆ **l'affaire est en ~** the matter is pending ◆ **être en ~ de divorce** to be waiting for a divorce

instant [ɛ̃stɑ̃] NM moment ◆ **j'ai cru (pendant) un ~ que** I thought for a moment that ◆ **un ~ !** wait a moment! ◆ **dans un ~** in a moment ◆ **on me l'apprend à l'~** I've just heard about it ◆ **d'un ~ à l'autre** any minute now ◆ **pour l'~** for the time being

instantané, e [ɛ̃stɑ̃tane] **1** ADJ [lait, café] instant; [mort, réponse, effet] instantaneous **2** NM snapshot

instantanément [ɛ̃stɑ̃tanemɑ̃] ADV instantaneously

instar [ɛ̃staʀ] ◆ **à l'instar de** LOC PRÉP (frm) like

instaurer [ɛ̃stɔʀe] ▶ conjug 1 ◀ VT [+ usage, pratique] to institute; [+ paix, régime, dialogue] to establish; [+ quotas, taxe] to introduce; [+ couvre-feu, état d'urgence] to impose

instinct [ɛ̃stɛ̃] NM instinct ◆ **il l'a fait d'~** he did it instinctively

instinctif, -ive [ɛ̃stɛ̃ktif, iv] ADJ instinctive

instinctivement [ɛ̃stɛ̃ktivmɑ̃] ADV instinctively

instit * [ɛ̃stit] NMF (abrév de **instituteur, -trice**) primary school teacher

instituer [ɛ̃stitɥe] ▶ conjug 1 ◀ VT [+ règle, pratique] to institute; [+ relations commerciales] to establish

institut [ɛ̃stity] NM institute ◆ **~ de sondage** polling organization ◆ **~ de beauté** beauty salon ou parlor (US) ▶ **Institut universitaire de formation des maîtres** teacher training college

instituteur, -trice [ɛ̃stitytœʀ, tʀis] NM,F primary school teacher

institution [ɛ̃stitysjɔ̃] NF (= organisation) institution; (= école) private school

institutionnel, -elle [ɛ̃stitysjɔnɛl] ADJ institutional

instructif, -ive [ɛ̃stʀyktif, iv] ADJ instructive

instruction [ɛ̃stʀyksjɔ̃] NF **a** (= éducation) education ◆ **~ civique** civics *sg* ◆ **~ religieuse** religious education **b** (Droit) *pretrial investigation of a case* **c** ◆ **~s** (= directives, mode d'emploi) instructions

instruire [ɛ̃stʀɥiʀ] ▶ conjug 38 ◀ **1** VT **a** (= former) to teach **b** (Droit) to conduct an investigation into **2** **s'instruire** VPR to educate o.s.

instruit, e [ɛ̃stʀɥi, it] ADJ educated

instrument [ɛ̃stʀymɑ̃] NM instrument ◆ **~ de musique/de mesure/à vent** musical/measuring/wind instrument

insu [ɛ̃sy] NM ◆ **à l'~ de qn** without sb knowing ◆ **à mon (ou ton etc)~** (= inconsciemment) without me (ou you etc) knowing it

insuffisance [ɛ̃syfizɑ̃s] NF **a** (= médiocrité, manque) inadequacy **b** ◆ **~ cardiaque** cardiac insufficiency *NonC* ◆ **~ rénale/respiratoire** kidney/respiratory failure

insuffisant, e [ɛ̃syfizɑ̃, ɑ̃t] ADJ **a** (en quantité) insufficient **b** (en qualité) inadequate; (Scol : sur une copie) poor

insulaire [ɛ̃sylɛʀ] ADJ [administration, population] island; [conception, attitude] insular

insuline [ɛ̃sylin] NF insulin

insulte [ɛ̃sylt] NF insult

insulter [ɛ̃sylte] ▶ conjug 1 ◀ **1** VT to insult **2** **s'insulter** VPR to insult one another

insupportable [ɛ̃sypɔʀtabl] ADJ unbearable

insurgé [ɛ̃syʀʒe] NM rebel

insurger (s') [ɛ̃syʀʒe] ▶ conjug 3 ◀ VPR to rebel

insurmontable [ɛ̃syʀmɔ̃tabl] ADJ [difficulté, obstacle] insurmountable; [dégoût] impossible to get over

insurrection [ɛ̃syʀɛksjɔ̃] NF insurrection; (fig) revolt

intact, e [ɛ̃takt] ADJ intact *attrib*

intarissable [ɛ̃taʀisabl] ADJ inexhaustible ◆ **il est ~** he could talk for ever (sur about)

intégral, e (mpl **-aux**) [ɛ̃tegʀal, o] **1** ADJ full
 ◆ **version ~e** [de film] uncut version ◆ **"texte ~"**
"unabridged" **2 intégrale** NF (Mus) complete
works

intégralement [ɛ̃tegʀalmɑ̃] ADV in full

intégralité [ɛ̃tegʀalite] NF whole ◆ **l'~ de
mon salaire** the whole of my salary ◆ **dans son
~ in full**

intégration [ɛ̃tegʀasjɔ̃] NF integration

intègre [ɛ̃tegʀ] ADJ ◆ **un juge ~** a judge of
great integrity ◆ **être ~** to have integrity

intégré, e [ɛ̃tegʀe] ADJ [circuit, système] integrated; [lecteur CD-ROM] built-in ◆ **cuisine ~e**
fitted kitchen

intégrer [ɛ̃tegʀe] ► conjug 6 ◄ **1** VT (= inclure)
to integrate (à, dans into) **2 s'intégrer** VPR to
become integrated (à, dans into); (dans le
paysage) to fit

intégriste [ɛ̃tegʀist] ADJ, NMF fundamentalist

intégrité [ɛ̃tegʀite] NF integrity

intellectuel, -elle [ɛ̃telɛktɥel] **1** ADJ
intellectual; [fatigue] mental **2** NM,F intellectual

intelligence [ɛ̃teliʒɑ̃s] NF intelligence ◆ **~
artificielle** artificial intelligence ◆ **vivre en
bonne/mauvaise ~ avec qn** to be on good/bad
terms with sb

intelligent, e [ɛ̃teliʒɑ̃, ɑ̃t] ADJ intelligent
 ◆ **c'est ~ !** (iro) very clever! (iro)

intelligible [ɛ̃teliʒibl] ADJ intelligible ◆ **à haute
et ~ voix** loudly and clearly

intello * [ɛ̃telo] ADJ, NMF intellectual

intempéries [ɛ̃tɑ̃peʀi] NFPL bad weather

intempestif, -ive [ɛ̃tɑ̃pɛstif, iv] ADJ untimely

intenable [ɛ̃t(ə)nabl] ADJ [chaleur, situation]
unbearable; [position, théorie] untenable

intendance [ɛ̃tɑ̃dɑ̃s] NF [d'école] school administration ◆ **les problèmes d'~** the day-to-
day problems of running a house (ou a company)

intense [ɛ̃tɑ̃s] ADJ intense; [froid, douleur] severe

intensif, -ive [ɛ̃tɑ̃sif, iv] ADJ intensive

intensifier [ɛ̃tɑ̃sifje] ► conjug 7 ◄ **1** VT to intensify **2 s'intensifier** VPR to intensify

intensité [ɛ̃tɑ̃site] NF intensity; [de froid, dou-
leur] severity

intenter [ɛ̃tɑ̃te] ► conjug 1 ◄ VT ◆ **~ un procès à
qn** to take sb to court

intention [ɛ̃tɑ̃sjɔ̃] NF **a** intention ◆ **c'est l'~
qui compte** it's the thought that counts ◆ **avoir
l'~ de faire qch** to intend to do sth ◆ **dans l'~
de faire qch** with the intention of doing sth **b**
 ◆ **à l'~ de qn** [cadeau, lettre] for sb; [fête] in sb's
honour

intentionné, e [ɛ̃tɑ̃sjɔne] ADJ ◆ **bien ~** well-
meaning ◆ **mal ~** ill-intentioned

intentionnel, -elle [ɛ̃tɑ̃sjɔnɛl] ADJ
intentional

interactif, -ive [ɛ̃teʀaktif, iv] ADJ interactive

interaction [ɛ̃teʀaksjɔ̃] NF interaction

intercalaire [ɛ̃teʀkalɛʀ] NM (= feuillet) insert;
(= fiche) divider

intercaler [ɛ̃teʀkale] ► conjug 1 ◄ **1** VT to
insert **2 s'intercaler** VPR ◆ **s'~ entre** to come
in between

intercéder [ɛ̃teʀsede] ► conjug 6 ◄ VI to intercede (en faveur de on behalf of; auprès de
with)

intercepter [ɛ̃teʀsɛpte] ► conjug 1 ◄ VT to intercept

interchangeable [ɛ̃teʀʃɑ̃ʒabl] ADJ
interchangeable

interclasse [ɛ̃teʀklɑs], **intercours** [ɛ̃teʀkuʀ]
NM break *(between classes)*

interdiction [ɛ̃teʀdiksjɔ̃] NF ban (de faire qch
on doing sth) ◆ **"~ de stationner"** "no
parking" ► **interdiction de séjour** order de-
nying former prisoner access to specified places

interdire [ɛ̃teʀdiʀ] ► conjug 37 ◄ VT **a** (= prohiber) to forbid; [+ stationnement, circulation] to
prohibit; [+ film, réunion, journal] to ban ◆ **~
l'alcool à qn** to forbid sb to drink ◆ **~ à qn de
faire qch** to forbid sb to do sth **b** (= empêcher)
to prevent ◆ **son état de santé lui interdit de
voyager** his state of health prevents him from
travelling

interdit, e [ɛ̃teʀdi, it] ADJ **a** (= non autorisé)
banned ◆ **film ~ aux moins de 18 ans** ≈ 18
(film) (Brit), ≈ NC-17 film (US) ◆ **"stationnement ~"** "no parking" ◆ **il est strictement ~
de ...** it is strictly prohibited to ... **b** (= stupéfait) dumbfounded

intéressant, e [ɛ̃teʀesɑ̃, ɑ̃t] ADJ **a** (= captivant) interesting ◆ **il faut toujours qu'il fasse
son ~** he always has to draw attention to
himself **b** [offre, affaire, prix] attractive

intéressé, e [ɛ̃teʀese] ADJ **a** (= en cause)
concerned ◆ **les ~s** the interested parties **b**
(= qui cherche son intérêt personnel) [personne]
self-interested; [visite] motivated by self-
interest

intéressement [ɛ̃teʀesmɑ̃] NM (= système)
profit-sharing scheme

intéresser [ɛ̃teʀese] ► conjug 1 ◄ **1** VT **a**
(= captiver) to interest ◆ **ça m'intéresserait de le
faire** I would be interested in doing it ◆ **ça ne
m'intéresse pas** I'm not interested **b**
(= concerner) to concern **2 s'intéresser** VPR
 ◆ **s'~ à qch/qn** to be interested in sth/sb

intérêt [ɛ̃teʀɛ] NM **a** interest ◆ **ce film est sans aucun ~** the film is devoid of interest ◆ **ce n'est pas dans leur ~ de le faire** it is not in their interest to do it ◆ **il a (tout) ~ à accepter** it's in his interest to accept ◆ **tu as ~ à te taire !** you'd better shut up! ◆ **il a des ~s dans l'affaire** he has a financial interest in the deal **b** (= recherche d'avantage personnel) self-interest **c** (= importance) importance

interface [ɛ̃teʀfas] NF interface

interférence [ɛ̃teʀfeʀɑ̃s] NF interference

interférer [ɛ̃teʀfeʀe] ► conjug 6 ◄ VI to interfere

intérieur, e [ɛ̃teʀjœʀ] **1** ADJ **a** [paroi, escalier] interior; [cour] inner; [mer] inland; [poche] inside **b** [monde, voix] inner **c** (= national) domestic **2** NM **a** inside ◆ **à l'~ (de)** inside ◆ **fermé/vu de l'~** locked/viewed from the inside **b** [de pays, décor] interior

intérieurement [ɛ̃teʀjœʀmɑ̃] ADV inwardly

intérim [ɛ̃teʀim] NM **a** (= période) interim period ◆ **président/ministre par ~** interim president/minister **b** (= travail) temping ◆ **faire de l'~** to temp

intérimaire [ɛ̃teʀimɛʀ] **1** ADJ temporary; [directeur, ministre] interim **2** NMF temporary worker; (= secrétaire) temp

interjection [ɛ̃teʀʒɛksjɔ̃] NF interjection

interligne [ɛ̃teʀliɲ] NM space between the lines ◆ **double ~** double spacing

interlocuteur, -trice [ɛ̃teʀlɔkytœʀ, tʀis] NM,F (dans une négociation) negotiator ◆ **son/mon ~** (gén) the person he/I was speaking to

interloqué, e [ɛ̃teʀlɔke] ADJ taken aback

interlude [ɛ̃teʀlyd] NM interlude

intermède [ɛ̃teʀmɛd] NM interlude

intermédiaire [ɛ̃teʀmedjɛʀ] **1** ADJ [niveau, choix, position] intermediate ◆ **solution ~** compromise **2** NM intermediary; (dans le commerce) middleman ◆ **par l'~ de qn** through sb

interminable [ɛ̃teʀminabl] ADJ neverending

intermittence [ɛ̃teʀmitɑ̃s] NF ◆ **par ~** [travailler] sporadically; [pleuvoir] on and off

intermittent, e [ɛ̃teʀmitɑ̃, ɑ̃t] ADJ intermittent; [travail] sporadic

internat [ɛ̃teʀna] NM **a** (= école) boarding school **b** (à l'hôpital) hospital training *(as a doctor)*

international, e (mpl **-aux**) [ɛ̃teʀnasjɔnal, o] **1** ADJ international **2** NM,F (Sport) international player

internaute [ɛ̃teʀnot] NMF Internet surfer

interne [ɛ̃teʀn] **1** ADJ internal **2** NMF **a** (= élève) boarder **b** ◆ **~ (des hôpitaux)** houseman (Brit), intern (US)

interner [ɛ̃teʀne] ► conjug 1 ◄ VT (Pol) to intern; (dans un hôpital psychiatrique) to institutionalize

Internet [ɛ̃teʀnɛt] NM ◆ **(l')~** (the) Internet ◆ **sur ~** on the Internet

interpeller [ɛ̃teʀpəle] ► conjug 1 ◄ VT **a** (= appeler) to call out to **b** (au cours d'un débat) to question **c** (Police) to take in for questioning **d** ◆ **ça m'interpelle** I can relate to that

interphone [ɛ̃teʀfɔn] NM intercom

interposé, e [ɛ̃teʀpoze] ADJ ◆ **par personne ~e** through an intermediary

interposer (s') [ɛ̃teʀpoze] ► conjug 1 ◄ VPR to intervene

interprétariat [ɛ̃teʀpʀetaʀja] NM interpreting

interprétation [ɛ̃teʀpʀetasjɔ̃] NF **a** [de pièce, film] performance; [de musique] interpretation **b** (= explication) interpretation **c** (= métier d'interprète) interpreting

interprète [ɛ̃teʀpʀɛt] NMF **a** (= musicien, acteur) performer; (= chanteur) singer **b** (= traducteur) interpreter

interpréter [ɛ̃teʀpʀete] ► conjug 6 ◄ VT **a** [+ musique, rôle] to play; [+ chanson] to sing **b** (= comprendre, traduire) to interpret ◆ **il a mal interprété mes paroles** he misinterpreted my words

interrogateur, -trice [ɛ̃teʀɔgatœʀ, tʀis] ADJ [regard] inquiring ◆ **d'un ton ~** inquiringly

interrogatif, -ive [ɛ̃teʀɔgatif, iv] ADJ [forme verbale] interrogative

interrogation [ɛ̃teʀɔgasjɔ̃] NF **a** [de témoin] questioning **b** ◆ **~ (écrite)** test (Brit), quiz (US) **c** (= question) question

interrogatoire [ɛ̃teʀɔgatwaʀ] NM (Police) questioning; (au tribunal) cross-examination

interrogeable [ɛ̃teʀɔʒabl] ADJ ◆ **répondeur ~ à distance** answering machine with a remote access facility

interroger [ɛ̃teʀɔʒe] ► conjug 3 ◄ **1** VT **a** to question; (pour obtenir un renseignement) to ask; (Police) to interview; (sondage) to poll **b** [élève] to examine **c** [+ base de données] to query; [+ répondeur] to check calls on **2** **s'interroger** VPR to wonder (sur about)

interrompre [ɛ̃teʀɔ̃pʀ] ► conjug 41 ◄ **1** VT to interrupt; [+ études, négociations, traitement] to break off **2** **s'interrompre** VPR [personne, conversation] to break off

interrupteur [ɛ̃teʀyptœʀ] NM switch

interruption [ɛ̃teʀypsjɔ̃] NF (= action) interruption; (= pause) break (de in); [de négociations] breaking off ◆ **~ (volontaire) de grossesse** termination ◆ **sans ~** [parler] without a break; [pleuvoir] continuously

intersection [ɛ̃tɛʀsɛksjɔ̃] NF [de routes] intersection (US), junction (Brit)

interstice [ɛ̃tɛʀstis] NM crack

interurbain, e [ɛ̃tɛʀyʀbɛ̃, ɛn] ADJ interurban

intervalle [ɛ̃tɛʀval] NM (= espace) space; (= temps) interval ◆ ils sont nés à trois mois d'~ they were born three months apart

intervenir [ɛ̃tɛʀvəniʀ] ► conjug 22 ◄ VI **a** (= entrer en action) to intervene; (= faire une conférence) to give a talk **b** [événement] to occur; [accord] to be reached; [élément nouveau] to arise

intervention [ɛ̃tɛʀvɑ̃sjɔ̃] NF **a** intervention; (= discours) speech **b** (= opération chirurgicale) operation

intervertir [ɛ̃tɛʀvɛʀtiʀ] ► conjug 2 ◄ VT to reverse the order of ◆ ~ les rôles to reverse roles

interview [ɛ̃tɛʀvju] NF interview

interviewer [ɛ̃tɛʀvjuve] ► conjug 1 ◄ VT to interview

intestin [ɛ̃tɛstɛ̃] NM intestine ◆ ~ grêle small intestine ◆ gros ~ large intestine

intestinal, e (mpl -aux) [ɛ̃tɛstinal, o] ADJ intestinal

intime [ɛ̃tim] ADJ **a** [hygiène] personal; [vie] private; [salon, atmosphère] cosy **b** [relation, rapport] intimate; [ami] close **c** [nature, sentiment] innermost ◆ j'ai l'~ conviction que ... I'm absolutely convinced that ...

intimider [ɛ̃timide] ► conjug 1 ◄ VT to intimidate

intimité [ɛ̃timite] NF **a** (= vie privée) privacy ◆ dans la plus stricte ~ in the strictest privacy **b** (= familiarité) intimacy **c** [d'atmosphère, salon] cosiness

intitulé [ɛ̃tityle] NM title

intituler [ɛ̃tityle] ► conjug 1 ◄ **1** VT to title **2** s'intituler VPR to be titled

intolérable [ɛ̃tɔleʀabl] ADJ intolerable; [douleur] unbearable

intolérance [ɛ̃tɔleʀɑ̃s] NF intolerance

intolérant, e [ɛ̃tɔleʀɑ̃, ɑ̃t] ADJ intolerant

intonation [ɛ̃tɔnasjɔ̃] NF intonation

intoxication [ɛ̃tɔksikasjɔ̃] NF poisoning NonC ◆ ~ alimentaire food poisoning NonC

intoxiquer [ɛ̃tɔksike] ► conjug 1 ◄ **1** VT [substance] to poison **2** s'intoxiquer VPR to be poisoned

intraduisible [ɛ̃tʀadɥizibl] ADJ untranslatable

intraitable [ɛ̃tʀɛtabl] ADJ uncompromising

intramusculaire [ɛ̃tʀamyskylɛʀ] ADJ intramuscular

intransigeant, e [ɛ̃tʀɑ̃ziʒɑ̃, ɑ̃t] ADJ [personne, attitude] intransigent

intransitif, -ive [ɛ̃tʀɑ̃zitif, iv] ADJ intransitive

intraveineux, -euse [ɛ̃tʀavɛnø, øz] **1** ADJ intravenous **2** intraveineuse NF intravenous injection

intrépide [ɛ̃tʀepid] ADJ intrepid

intrigue [ɛ̃tʀig] NF (= manœuvre) intrigue; [de film, roman] plot

intriguer [ɛ̃tʀige] ► conjug 1 ◄ VT to puzzle

intrinsèque [ɛ̃tʀɛ̃sɛk] ADJ intrinsic

introduction [ɛ̃tʀɔdyksjɔ̃] NF **a** introduction **b** [d'objet] insertion **c** (= lancement) launching

introduire [ɛ̃tʀɔdɥiʀ] ► conjug 38 ◄ **1** VT **a** (= faire entrer) [+ objet] to insert; [+ visiteur] to show in **b** [+ mode] to launch; [+ idées nouvelles] to bring in **c** (= présenter) to introduce (auprès de to) **2** s'introduire VPR ◆ s'~ dans une pièce to get into a room ◆ s'~ chez qn par effraction to break into sb's home

introuvable [ɛ̃tʀuvabl] ADJ ◆ il reste ~ he has still not been found ◆ ces meubles sont ~s aujourd'hui furniture like this is impossible to find these days

introverti, e [ɛ̃tʀɔvɛʀti] **1** ADJ introverted **2** NM,F introvert

intrus, e [ɛ̃tʀy, yz] NM,F intruder

intrusion [ɛ̃tʀyzjɔ̃] NF intrusion

intuitif, -ive [ɛ̃tɥitif, iv] ADJ intuitive

intuition [ɛ̃tɥisjɔ̃] NF intuition

inusable [inyzabl] ADJ hard-wearing

inusité, e [inyzite] ADJ uncommon

inutile [inytil] ADJ **a** (= qui ne sert à rien) useless; [efforts, démarche] pointless ◆ ~ d'insister ! there's no point insisting! **b** (= superflu) unnecessary ◆ ~ de vous dire que je ne suis pas resté needless to say I didn't stay ◆ vous voulez de l'aide ? – non, c'est ~ do you want some help? – no, there's no need

inutilisable [inytilizabl] ADJ unusable

invalide [ɛ̃valid] **1** NMF disabled person ◆ ~ de guerre disabled ex-serviceman **2** ADJ disabled

invalidité [ɛ̃validite] NF disability

invariable [ɛ̃vaʀjabl] ADJ invariable

invasion [ɛ̃vazjɔ̃] NF invasion

invendable [ɛ̃vɑ̃dabl] ADJ unsaleable

inventaire [ɛ̃vɑ̃tɛʀ] NM **a** inventory **b** [de marchandises] stocklist (Brit), inventory (US) ◆ faire l'~ to do the stocktaking (Brit) ou inventory (US)

inventer [ɛ̃vɑ̃te] ► conjug 1 ◄ VT to invent; [+ moyen, procédé] to devise; [+ jeu, mot] to make up

inventeur, -trice [ɛ̃vɑ̃tœʀ, tʀis] NM,F inventor

inventif, -ive [ɛ̃vɑ̃tif, iv] ADJ inventive

invention [ɛ̃vɑ̃sjɔ̃] NF invention; (= ingéniosité) inventiveness ◆ **un cocktail de mon ~** a cocktail of my own creation

inverse [ɛ̃vɛʀs] **1** ADJ opposite; [ordre] reverse; (Math) inverse ◆ **arriver en sens ~** to arrive from the opposite direction ◆ **dans le sens ~ des aiguilles d'une montre** anticlockwise (Brit), counterclockwise (US) **2** NM ◆ **l'~** the opposite

inversement [ɛ̃vɛʀsəmɑ̃] ADV conversely; (Math) inversely ◆ **... et ~** ... and vice versa

inverser [ɛ̃vɛʀse] ► conjug 1 ◄ VT to reverse

invertébré, e [ɛ̃vɛʀtebʀe] ADJ, NM invertebrate

investigation [ɛ̃vɛstigasjɔ̃] NF investigation

investir [ɛ̃vɛstiʀ] ► conjug 2 ◄ **1** VT [+ capital] to invest **2** **s'investir** VPR ◆ **(beaucoup) s'~ dans** to put a lot into

investissement [ɛ̃vɛstismɑ̃] NM investment

investisseur [ɛ̃vɛstisœʀ] NM investor

invétéré, e [ɛ̃vetere] ADJ [fumeur, joueur] inveterate

invincible [ɛ̃vɛ̃sibl] ADJ invincible

inviolable [ɛ̃vjɔlabl] ADJ [droit] inviolable; [serrure] burglar-proof

invisible [ɛ̃vizibl] ADJ invisible (à to)

invitation [ɛ̃vitasjɔ̃] NF invitation ◆ **sur son ~** at his invitation

invité, e [ɛ̃vite] NM,F guest

inviter [ɛ̃vite] ► conjug 1 ◄ VT to invite (à to) ◆ **c'est moi qui invite** (= qui paie) it's on me *

invivable [ɛ̃vivabl] ADJ unbearable

involontaire [ɛ̃vɔlɔ̃tɛʀ] ADJ [sourire, mouvement] involuntary; [faute] unintentional

invoquer [ɛ̃vɔke] ► conjug 1 ◄ VT [+ argument] to put forward; [+ Dieu] to call upon; [+ jeunesse, ignorance] to plead

invraisemblable [ɛ̃vʀɛsɑ̃blabl] ADJ [histoire, nouvelle] unlikely; (= inouï) incredible

invulnérable [ɛ̃vylneʀabl] ADJ invulnerable

iode [jɔd] NM iodine

ion [jɔ̃] NM ion

IRA [iʀa] NF (abrév de **Irish Republican Army**) IRA

irait [iʀɛ] VB → **aller**

Irak [iʀak] NM Iraq

irakien, -ienne [iʀakjɛ̃, jɛn] **1** ADJ Iraqi **2** **Irakien(ne)** NM,F Iraqi

Iran [iʀɑ̃] NM Iran

iranien, -ienne [iʀanjɛ̃, jɛn] **1** ADJ Iranian **2** **Iranien(ne)** NM,F Iranian

Iraq [iʀak] NM Iraq

irascible [iʀasibl] ADJ short-tempered

iris [iʀis] NM iris

irisé, e [iʀize] ADJ iridescent

irlandais, e [iʀlɑ̃dɛ, ɛz] **1** ADJ Irish **2** NM **a** (= langue) Irish **b** ◆ **Irlandais** Irishman ◆ **les Irlandais** the Irish ◆ **les Irlandais du Nord** the Northern Irish **3** **Irlandaise** NF Irishwoman

Irlande [iʀlɑ̃d] NF Ireland ◆ **l'~ du Nord/Sud** Northern/Southern Ireland

ironie [iʀɔni] NF irony

ironique [iʀɔnik] ADJ ironic

irradier [iʀadje] ► conjug 7 ◄ **1** VT (Physique) to irradiate **2** VI [lumière, douleur] to radiate

irrationnel, -elle [iʀasjɔnɛl] ADJ irrational

irréalisable [iʀealizabl] ADJ [projet] impracticable

irréaliste [iʀealist] ADJ unrealistic

irrécupérable [iʀekypeʀabl] ADJ (= irréparable) irreparable ◆ **il est ~** [personne] he's beyond redemption

irréductible [iʀedyktibl] ADJ [volonté, opposition, ennemi] implacable ◆ **les ~s du parti** the hard core of the party

irréel, -elle [iʀeɛl] ADJ unreal

irréfléchi, e [iʀefleʃi] ADJ [paroles, action] thoughtless; [personne] impulsive

irréfutable [iʀefytabl] ADJ [preuve, logique] irrefutable

irrégularité [iʀegylaʀite] NF irregularity; [de terrain, qualité, résultats] unevenness

irrégulier, -ière [iʀegylje, jɛʀ] ADJ irregular; [qualité, résultats] uneven; [élève, athlète] erratic ◆ **étranger en situation irrégulière** foreign national whose papers are not in order

irrémédiable [iʀemedjabl] ADJ (= irréparable) irreparable

irremplaçable [iʀɑ̃plasabl] ADJ irreplaceable

irréparable [iʀepaʀabl] ADJ **a** [objet] beyond repair *attrib* **b** [dommage, perte] irreparable

irrépressible [iʀepʀesibl] ADJ irrepressible

irréprochable [iʀepʀɔʃabl] ADJ [travail] perfect; [moralité, conduite] irreproachable

irrésistible [iʀezistibl] ADJ irresistible; (= amusant) hilarious

irrespectueux, -euse [iʀɛspɛktɥø, øz] ADJ disrespectful (envers to, towards)

irrespirable [iʀɛspiʀabl] ADJ unbreathable

irresponsable [iʀɛspɔ̃sabl] **1** ADJ irresponsible **2** NMF ◆ **c'est un ~ !** he's totally irresponsible!

irréversible [iʀevɛʀsibl] ADJ irreversible

irrigation [iRigasjɔ̃] NF irrigation

irriguer [iRige] ► conjug 1 ◄ VT to irrigate

irritable [iRitabl] ADJ irritable

irritation [iRitasjɔ̃] NF irritation

irriter [iRite] ► conjug 1 ◄ VT to irritate

irruption [iRypsjɔ̃] NF [de nouvelles technologies, doctrine] sudden emergence ◆ faire ~ dans une pièce to burst into a room

Islam [islam] NM ◆ l'~ Islam

islamique [islamik] ADJ Islamic

islamiste [islamist] **1** ADJ Islamic **2** NMF Islamist

islamophobe [islamɔfɔb] ADJ Islamophobic

islamophobie [islamɔfɔbi] NF Islamophobia

islandais, e [islɑ̃dɛ, ɛz] **1** ADJ Icelandic **2** Islandais(e) NM,F Icelander

Islande [islɑ̃d] NF Iceland

isolant, e [izɔlɑ̃, ɑ̃t] **1** ADJ insulating **2** NM insulator ◆ ~ phonique soundproofing material

isolation [izɔlasjɔ̃] NF insulation ◆ ~ phonique soundproofing ◆ ~ thermique heat insulation

isolé, e [izɔle] ADJ **a** (= seul) isolated ◆ vivre ~ to live in isolation ◆ phrase ~e de son contexte sentence taken out of context **b** (en électricité) insulated

isoler [izɔle] ► conjug 1 ◄ **1** VT **a** to isolate; [+ lieu] to cut off **b** (contre le froid, en électricité) to insulate; (contre le bruit) to soundproof **2** s'isoler VPR to isolate o.s.

isoloir [izɔlwaR] NM polling booth

isotherme [izɔtɛRm] ADJ ◆ sac ~ cool bag

Israël [israɛl] NM Israel

israélien, -ienne [israeljɛ̃, jɛn] **1** ADJ Israeli **2** Israélien(ne) NM,F Israeli

israélite [israelit] **1** ADJ Jewish **2** NMF Jew

issu, e¹ [isy] ADJ ◆ être ~ de (= résulter de) to stem from; [+ milieu familial] to come from

issue² [isy] NF **a** (= sortie) exit ◆ issue de secours emergency exit **b** (= solution) way out **c** (= fin) outcome ◆ à l'issue de at the end of

Istanbul [istɑ̃bul] N Istanbul

isthme [ism] NM isthmus

Italie [itali] NF Italy

italien, -ienne [italjɛ̃, jɛn] **1** ADJ Italian **2** NM (= langue) Italian **3** Italien(ne) NM,F Italian

italique [italik] NM italics ◆ en ~(s) in italics

itinéraire [itineRɛR] NM route ◆ ~ bis ou de délestage alternative route

itinérant, e [itinerɑ̃, ɑ̃t] ADJ travelling; [bibliothèque] mobile

IUT [iyte] NM (abrév de Institut universitaire de technologie) ≈ polytechnic (Brit), ≈ technical school ou institute (US)

IVG [iveʒe] NF (abrév de interruption volontaire de grossesse) termination

ivoire [ivwaR] NM **a** ivory **b** [de dent] dentine

ivoirien, -ienne [ivwaRjɛ̃, jɛn] **1** ADJ of ou from the Ivory Coast **2** Ivoirien(ne) NM,F Ivorian

ivre [ivR] ADJ drunk ◆ ~ mort blind drunk

ivresse [ivRɛs] NF (= ébriété) drunkenness ◆ l'~ de la vitesse the thrill of speed

ivrogne [ivRɔɲ] NMF drunkard

FRANCAIS/ANGLAIS

j' [ʒ] → je

jacasser [ʒakase] ► conjug 1 ◄ VI to chatter

jachère [ʒaʃɛʀ] NF ◆ laisser une terre en ~ to let a piece of land lie fallow

jacinthe [ʒasɛ̃t] NF hyacinth

jacuzzi ® [ʒakyzi] NM Jacuzzi ®

jade [ʒad] NM jade

jadis [ʒadis] ADV in times past

jaguar [ʒagwaʀ] NM jaguar

jaillir [ʒajiʀ] ► conjug 2 ◄ VI a [liquide, sang] to gush out; [larmes] to flow; [flammes] to shoot up; [étincelles] to fly out; [cris, rires] to ring out b [personne] to spring out; [voiture] to shoot out

jais [ʒɛ] NM jet ◆ cheveux de ~ jet-black hair

jalon [ʒalɔ̃] NM a (= piquet) pole b (= point de référence) landmark ◆ poser les premiers ~s de qch to prepare the ground for sth

jalonner [ʒalɔne] ► conjug 1 ◄ VT a (pour tracer) to mark out b (= border) to line ◆ sa vie a été jalonnée de drames there was a succession of tragedies in his life

jalousie [ʒaluzi] NF jealousy

jaloux, -ouse [ʒalu, uz] ■ ADJ jealous ■ NM ◆ faire des ~ to make people jealous

jamaïcain, e [ʒamaikɛ̃, ɛn] ■ ADJ Jamaican ■ Jamaïcain(e) NM,F Jamaican

Jamaïque [ʒamaik] NF Jamaica

jamais [ʒamɛ] ADV a (= un jour, une fois) ever ◆ avez-vous ~ vu ça ? have you ever seen such a thing? ◆ c'est le plus grand que j'aie ~ vu it's the biggest I've ever seen ◆ presque ~ hardly ever ◆ à (tout) ~ for ever ◆ ne ... ~ never ◆ il n'a ~ avoué he never confessed ◆ je n'ai vu un homme aussi égoïste I've never seen such a selfish man ◆ plus ~, ~ plus never again ◆ je ne lui ai plus ~ parlé I never spoke to him again ◆ si ~ tu recommences, gare à toi ! don't

ever do that again or you'll be in trouble! ◆ viendrez-vous ? – ~ de la vie ! will you come? – never!

jambe [ʒɑ̃b] NF leg ◆ ça me fait une belle ~ ! a fat lot of good that does me! * ◆ elle ne tient plus sur ses ~s she can hardly stand ◆ prendre ses ~s à son cou to take to one's heels

jambon [ʒɑ̃bɔ̃] NM ham ◆ un ~-beurre * a ham sandwich (made from baguette) ► jambon blanc, jambon de Paris boiled ham ► jambon cru cured ham

jante [ʒɑ̃t] NF rim

janvier [ʒɑ̃vje] NM January; pour autres loc voir septembre

Japon [ʒapɔ̃] NM Japan

japonais, e [ʒapɔnɛ, ɛz] ■ ADJ Japanese ■ NM (= langue) Japanese ■ Japonais(e) NM,F Japanese

japper [ʒape] ► conjug 1 ◄ VI to yap

jaquette [ʒakɛt] NF a [d'homme] morning coat b [de livre] jacket

jardin [ʒaʀdɛ̃] NM garden ◆ c'est mon ~ secret those are my private secrets ► jardin botanique botanical garden ► jardin d'enfants kindergarten ► jardin potager vegetable garden ► jardin public park ► jardin zoologique zoological gardens

jardinage [ʒaʀdinaʒ] NM gardening ◆ faire du ~ to do some gardening

jardiner [ʒaʀdine] ► conjug 1 ◄ VI to garden

jardinier, -ière [ʒaʀdinje, jɛʀ] ■ NM,F gardener ■ jardinière NF (= caisse) window box

jargon [ʒaʀgɔ̃] NM a (= langue professionnelle) jargon NonC b (= baragouin) gibberish NonC

jarret [ʒaʀɛ] NM back of knee ◆ ~ de veau knuckle of veal

jarretelle [ʒaʀtɛl] NF suspender (Brit), garter (US)

jarretière [ʒaʀtjɛʀ] NF garter

jaser [ʒaze] ► conjug 1 ◄ VI (= médire) to gossip

jasmin [ʒasmɛ̃] NM jasmine

jatte [ʒat] NF bowl

jauge [ʒoʒ] NF (= instrument) gauge ► jauge d'essence petrol gauge ► jauge d'huile dipstick

jauger [ʒoʒe] ► conjug 3 ◄ VT [+ personne] to size up ◆ il le jaugea du regard he looked him up and down

jaune [ʒon] ■ ADJ yellow ◆ ~ d'or golden yellow ■ NM (= couleur) yellow; [d'œuf] egg yolk

jaunir [ʒoniʀ] ► conjug 2 ◄ VTI to turn yellow ◆ photos jaunies yellowed photos

jaunisse [ʒonis] NF jaundice

java [ʒava] NF popular waltz ◆ **faire la ~** * to live it up*

Javel [ʒavɛl] NF ◆ **eau de ~** bleach

javelot [ʒavlo] NM javelin

jazz [dʒɑz] NM jazz

J.-C. (abrév de **Jésus-Christ**) ◆ **en 300 av./ap. J.-C.** in 300 BC/AD

je, j' [ʒ(ə)] PRON PERS I ◆ **~ sais** I know ◆ **j'aime ça** I like that

jean [dʒin] NM (= tissu) denim; (= vêtement) jeans

jerrycan, jerricane [(d)ʒerikan] NM jerry can

Jersey [ʒɛrze] NF Jersey

Jérusalem [ʒeryzalɛm] N Jerusalem

jésuite [ʒezɥit] ADJ, NM Jesuit

Jésus [ʒezy] NM Jesus ◆ **le petit ~** baby Jesus

Jésus-Christ [ʒezykrist] NM Jesus Christ ◆ **en 300 avant/après ~** in 300 BC/AD

jet¹ [ʒɛ] NM jet; [de sang] spurt ◆ **premier jet** [de lettre, livre] rough draft ▸ **jet d'eau** (= fontaine) fountain

jet² [dʒɛt] NM (= avion) jet

jetable [ʒ(ə)tabl] ADJ disposable

jetée [ʒ(ə)te] NF jetty; (grande) pier

jeter [ʒ(ə)te] ► conjug 4 ◄ **1** VT **a** (= lancer) to throw ◆ **~ qch à qn** to throw sth to sb; (agressivement) to throw sth at sb ◆ **~ dehors** to throw out ◆ **~ qch par la fenêtre** to throw sth out of the window ◆ **elle lui jeta un regard plein de mépris** she cast a withering look at him **b** (= mettre au rebut) to throw away ◆ **~ qch à la poubelle** to throw sth in the dustbin **c** [+ fondations, bases] to lay **d** [+ lueur] to give out; [+ ombre] to cast; [+ cri] to utter ◆ **sa remarque a jeté un froid** his remark put a damper on things ◆ **elle en jette, cette voiture !** * that's some car! * **2** **se jeter** VPR **a** (= s'élancer) to throw o.s. ◆ **se ~ par la fenêtre** to throw o.s. out of the window ◆ **se ~ à l'eau** to jump into the water; (fig) to take the plunge ◆ **se ~ dans les bras/aux pieds de qn** to throw o.s. into sb's arms/at sb's feet ◆ **se ~ sur** [+ personne] to rush at; [+ téléphone] to rush to **b** [rivière] to flow (dans into) **c** [+ projectiles] to throw at each other

jeton [ʒ(ə)tɔ̃] NM token; [de jeu] counter; [de roulette] chip ◆ **avoir les ~s** * to have the jitters *

jeu (pl **~x**) [ʒø] NM **a** game ◆ **~ d'adresse** game of skill ◆ **~ de cartes** card game ◆ **ce n'est pas du ~** * that's not fair ▸ **jeu décisif** (Tennis) tie-break ▸ **jeux d'eau** fountains ▸ **jeu électronique** electronic game ▸ **jeu de hasard** game of chance ▸ **jeu de mots** play on words ▸ **jeu de l'oie** ≈ snakes and ladders ▸ **Jeux olympiques** Olympic Games ◆ **les Jeux olympi-** ques d'hiver the Winter Olympics ▸ **jeu de piste** treasure hunt ▸ **jeu de rôles** role play ▸ **jeu de société** (avec dés, pions) board game ▸ **jeu télévisé** television game; (avec questions) quiz show ▸ **jeu vidéo** video game **b** (= fait de jouer) ◆ **le ~** play ◆ **c'est un ~ d'enfant** it's child's play **c** (Casino) gambling ◆ **il a perdu toute sa fortune au ~** he has gambled away his entire fortune **d** [d'acteur] acting; [de sportif] game; [de musicien] technique **e** (= espace) play ◆ **la vis a du ~** the screw has worked loose **f** [de clés, échecs] set; [de cartes] pack (Brit), deck (US) **g** ◆ **entrer en ~** to come into play ◆ **être en ~** (= en cause) to be at stake ◆ **remettre en ~** [+ balle] to throw in

jeudi [ʒødi] NM Thursday ◆ **le ~ de l'Ascension** Ascension Day; pour autres loc voir **samedi**

jeun [ʒœ̃] NM ◆ **être à ~** (= n'avoir rien mangé) to have eaten nothing; (= n'avoir rien bu) to have drunk nothing ◆ **à prendre à ~** to be taken on an empty stomach

jeune [ʒœn] **1** ADJ **a** young ◆ **il est plus ~ que moi de cinq ans** he's five years younger than me ◆ **il fait plus ~ que son âge** he doesn't look his age ▸ **jeune femme** young woman ▸ **jeune fille** girl ▸ **jeunes gens** young people; (= garçons) boys ▸ **jeune homme** young man ◆ **les ~s mariés** the newlyweds **b** [apparence, visage] youthful; [couleur, vêtement] young **c** (= cadet) younger ◆ **mon plus ~ frère** my youngest brother **2** NMF youngster ◆ **une bande de ~s** a gang of youths ◆ **les ~s d'aujourd'hui** young people today **3** NF girl **4** ADV ◆ **s'habiller ~** to dress young

jeûne [ʒøn] NM fast

jeûner [ʒøne] ► conjug 1 ◄ VI to fast

jeunesse [ʒœnɛs] NF **a** (= période) youth ◆ **dans ma ~** in my youth **b** (= personnes jeunes) young people ◆ **livres pour la ~** books for young people

JO [ʒio] NMPL (abrév de **Jeux olympiques**) Olympics

joaillerie [ʒɔajri] NF **a** (= magasin) jeweller's (Brit) ou jeweler's (US) (shop) **b** (= travail) jewellery (Brit) ou jewelry (US) making

jockey [ʒɔkɛ] NM jockey

jogging [dʒɔɡiŋ] NM **a** (= sport) jogging ◆ **faire du ~** to go jogging **b** (= survêtement) jogging suit

joie [ʒwa] NF joy ◆ **à ma grande ~** to my great delight ◆ **fou de ~** wild with joy ◆ **quand aurons-nous la ~ de vous revoir ?** when shall we have the pleasure of seeing you again? ◆ **~ de vivre** joie de vivre ◆ **c'est pas la ~ !** * it's no fun!

joindre [ʒwɛ̃dr] ► conjug 49 ◄ **1** VT **a** (= contacter) to get in touch with **b** (= ajouter) to add (à to); (= inclure) to enclose (à with) ◆ **~**

l'utile à l'agréable to combine business with pleasure **c** (= relier) to join **◆ les mains jointes** with his (ou her etc) hands together **◆ ~ les deux bouts *** to make ends meet **2 se joindre** VPR **◆ se ~ à** [+ personne] to join; [+ discussion] to join in

joint [ʒwɛ̃] NM **a** (= articulation) joint; [de robinet] washer; (= ligne de jonction) join **◆ ~ d'étanchéité** seal **b** (Drogue) joint *

jointure [ʒwɛ̃tyʀ] NF joint; (= ligne de jonction) join

joker [(d)ʒɔkɛʀ] NM (aux cartes) joker; (en informatique) wild card

joli, e [ʒɔli] ADJ **a** [femme, chanson, objet] pretty; [promenade, appartement] nice **◆ il est ~ garçon** he's quite good-looking **◆ tout ça c'est bien ~ mais ...** that's all very well but ... **◆ vous avez fait du ~ !** you've made a fine mess of things! **b** [revenu, profit, résultat] nice; [somme] tidy

jonc [ʒɔ̃] NM (= plante) rush

joncher [ʒɔ̃ʃe] ► conjug 1 ◄ VT [papiers] to litter; [cadavres, détritus, fleurs] to be strewn over

jonction [ʒɔ̃ksjɔ̃] NF junction

jongler [ʒɔ̃gle] ► conjug 1 ◄ VI to juggle

jongleur, -euse [ʒɔ̃glœʀ, øz] NM,F juggler

jonquille [ʒɔ̃kij] NF daffodil

Jordanie [ʒɔʀdani] NF Jordan

jordanien, -ienne [ʒɔʀdanjɛ̃, jɛn] **1** ADJ Jordanian **2 Jordanien(ne)** NM,F Jordanian

joue [ʒu] NF cheek **◆ ~ contre ~** cheek to cheek **◆ mettre en ~** to take aim at

jouer [ʒwe] ► conjug 1 ◄ **1** VI **a** to play **◆ faire qch pour ~** to do sth for fun **◆ à qui de ~ ?** whose go is it? **◆ bien joué !** (fig) well done! **◆ elle jouait avec son collier** she was fiddling with her necklace **◆ ~ à la poupée** to play with dolls **◆ ~ au ping-pong/aux échecs** to play table tennis/chess **◆ à quoi joues-tu ?** what are you playing at? **◆ ~ d'un instrument** to play an instrument **◆ ~ du piano** to play the piano **b** (pour de l'argent) to gamble **◆ ~ aux courses** to bet on the horses **c** [acteur, musicien] to play **◆ il joue dans "Hamlet"** he's in "Hamlet" **◆ elle joue très bien** (actrice) she acts very well **d** (= intervenir) **◆ l'âge ne joue pas** age doesn't come into it **◆ cet élément a joué en ma faveur** this factor worked in my favour **◆ il a fait ~ ses appuis politiques pour obtenir ce poste** he made use of his political connections to get this post **2** VT **a** to play **◆ il joue une pièce de Brecht** he's in a play by Brecht **◆ on joue "Macbeth" ce soir** "Macbeth" is on this evening **◆ ~ les victimes** to play the victim **◆ il faut ~ le jeu** you've got to play the game **◆ ~ un tour à qn** to play a trick on sb **b** (au casino) to stake;

(aux courses) to bet (sur on) **3 se jouer** VPR **◆ ce jeu se joue à quatre** this is a game for four people

jouet [ʒwɛ] NM [d'enfant] toy **◆ être le ~ des événements** to be at the mercy of events

joueur, joueuse [ʒwœʀ, ʒwøz] NM,F player; (aux jeux d'argent) gambler **◆ ~ de golf** golfer **◆ ~ de cornemuse** piper **◆ être mauvais ~** to be a bad loser

joufflu, e [ʒufly] ADJ chubby

joug [ʒu] NM yoke

jouir [ʒwiʀ] ► conjug 2 ◄ **1** VI (* sexuellement) to come ‡ **2 jouir de** VT INDIR to enjoy **◆ la région jouit d'un bon climat** the region has a good climate

jour [ʒuʀ] NM **a** day **◆ trois fois par ~** three times a day **◆ c'est à deux ~s de marche** it's a two-day walk **◆ quel ~ sommes-nous ?** what day is it today? **◆ le ~ J** D-day **◆ un ~ il lui a écrit** one day he wrote to her **◆ aux beaux ~s** in the summertime **◆ il a fait très beau ces ~s-ci** the weather's been very nice lately **◆ elle doit arriver ces ~s-ci** she'll be here any day now **◆ jusqu'à la fin de mes ~s** until I die **◆ c'est le ~ et la nuit !** there is no comparison **◆ être/mettre à ~** to be/bring up to date **◆ au ~ d'aujourd'hui** in this day and age **◆ de ~** [équipe, service] day; [voyager] by day **◆ de nos ~s** these days **◆ ~ et nuit** day and night **◆ tous les ~s** every day **◆ dans la vie de tous les ~s** in everyday life **◆ un beau ~** (passé) one fine day; (futur) one of these days **◆ un de ces ~s** one of these days **◆ à un de ces ~s !** see you again sometime! **◆ vivre au ~ le ~** (= sans souci) to live from day to day; (= pauvrement) to live from hand to mouth **◆ il y a deux ans ~ pour ~** two years ago to the day **◆ de ~ en ~** day by day **◆ on l'attend d'un ~ à l'autre** he's expected any day now **◆ du ~ au lendemain** overnight ► **le jour de l'An** New Year's Day ► **jour férié** public holiday ► **le jour de Noël** Christmas Day ► **le jour des Rois** Twelfth Night **b** (= lumière, éclairage) light **◆ il fait ~** it's light **◆ je fais ça le ~** I do it during the day **◆ au petit ~** at dawn **c** (= naissance) **◆ donner le ~ à** to give birth to

journal (pl **-aux**) [ʒuʀnal, o] NM **a** (Presse) newspaper; (= bulletin) journal ► **le Journal officiel** official bulletin giving details of laws and official announcements **b** (= émission) news bulletin **◆ le ~ de 20 h** the 8 o'clock news ► **journal télévisé** television news **c** (intime) diary ► **journal de bord** log

journalier, -ière [ʒuʀnalje, jɛʀ] ADJ daily avant le nom

journalisme [ʒuʀnalism] NM journalism

journaliste [ʒuʀnalist] NMF journalist ► **journaliste sportif** sports correspondent

journée, e [ʒuʁne] NF day ◆ **dans ou pendant la ~** during the day ◆ **passer sa ~ à faire qch** to spend the day doing sth ◆ **~ de travail** day's work ◆ **faire la ~ continue** [personne] to work over lunch

jovial, e (mpl **-iaux** ou **~s**) [ʒɔvjal, jo] ADJ jovial

joyau (pl **~x**) [ʒwajo] NM jewel ◆ **les ~x de la couronne** the crown jewels

joyeux, -euse [ʒwajø, øz] ADJ [personne] cheerful; [cris, musique] joyful ◆ **joyeuses Pâques !** Happy Easter!

JT [ʒite] NM (abrév de **journal télévisé**) television news

jubiler [ʒybile] ► conjug 1 ◄ VI to be jubilant

jucher (se) [ʒyʃe] ► conjug 1 ◄ VPR to perch ◆ **juchée sur les épaules de son père** perched on her father's shoulders

judaïque [ʒydaik] ADJ [loi] Judaic; [religion] Jewish

judaïsme [ʒydaism] NM Judaism

judas [ʒyda] NM [de porte] spyhole

judiciaire [ʒydisjɛʁ] ADJ judicial; [poursuites] legal; → **casier, erreur, police**

judicieux, -ieuse [ʒydisjø, jøz] ADJ judicious; [conseils] wise

judo [ʒydo] NM judo ◆ **faire du ~** to do judo

juge [ʒyʒ] NM judge ◆ **oui, Monsieur le Juge** yes, your Honour ◆ **madame le ~ Ledoux** Mrs Justice Ledoux ► **juge d'instruction** examining magistrate ► **juge de ligne** line judge ► **juge de touche** (Rugby) touch judge; (Football) linesman

jugé [ʒyʒe] ◆ **au jugé** LOC ADV by guesswork; [tirer] blind

jugement [ʒyʒmɑ̃] NM **a** [d'affaire criminelle] sentence; [d'affaire civile] decision ◆ **passer en ~** [personne] to stand trial **b** (= opinion, discernement) judgment ◆ **~ de valeur** value judgment ◆ **porter un ~ sur** to pass judgment on ◆ **le Jugement dernier** the Last Judgment

jugeote * [ʒyʒɔt] NF common sense

juger [ʒyʒe] ► conjug 3 ◄ VT **a** to judge; [+ accusé] to try ◆ **à vous de ~** it's up to you to judge **b** (= estimer) ◆ **~ qch/qn ridicule** to consider sth/sb ridiculous ◆ **~ que** to consider that ◆ **je n'ai pas jugé utile de le prévenir** I didn't think it was worth telling him ◆ **à en ~ par qch** judging by sth

juif, juive [ʒɥif, ʒɥiv] **1** ADJ Jewish **2** NM,F Jew

juillet [ʒɥijɛ] NM July; pour autres loc voir **septembre**

juin [ʒɥɛ̃] NM June; pour autres loc voir **septembre**

juive [ʒɥiv] ADJ F, NF → **juif**

juke-box (pl **~es**) [ʒykbɔks] NM jukebox

jumeau, -elle (mpl **~x**) [ʒymo, ɛl] **1** ADJ [frère, sœur] twin ◆ **maison jumelle** semi-detached house (Brit), duplex (US) **2** NM,F twin **3** **jumelles** NFPL ◆ **(paire de) jumelles** (pair of) binoculars

jumelé, e [ʒym(ə)le] ADJ ◆ **être ~ avec** [ville] to be twinned with

jumelle [ʒymɛl] ADJ, NF → **jumeau**

jument [ʒymɑ̃] NF mare

jungle [ʒœ̃gl] NF jungle

junior [ʒynjɔʁ] ADJ, NMF junior

junte [ʒœ̃t] NF junta

jupe [ʒyp] NF skirt

jupe-culotte (pl **jupes-culottes**) [ʒypkylɔt] NF culottes

jupon [ʒypɔ̃] NM petticoat

Jura [ʒyʁa] NM ◆ **le ~** the Jura

juré, e [ʒyʁe] **1** ADJ ◆ **ennemi ~** sworn enemy **2** NM,F juror

jurer [ʒyʁe] ► conjug 1 ◄ **1** VT (= promettre) to swear (de to) ◆ **je jure que je me vengerai** I swear I'll get my revenge ◆ **jure-moi que tu reviendras** swear you'll come back ◆ **ah ! je vous jure !** honestly! ◆ **on ne jure plus que par ce nouveau remède** everyone swears by this new medicine **2** VI **a** (= pester) to swear **b** [couleurs] to clash **3** **se jurer** VPR to vow ◆ **je me suis juré de ne jamais recommencer** I vowed I'd never do it again

juridiction [ʒyʁidiksjɔ̃] NF (= compétence) jurisdiction; (= tribunal) court of law

juridique [ʒyʁidik] ADJ legal

jurisprudence [ʒyʁispʁydɑ̃s] NF (= décisions) precedents ◆ **faire ~** to set a precedent

juriste [ʒyʁist] NMF (= auteur, légiste) jurist; (= praticien) lawyer

juron [ʒyʁɔ̃] NM swearword

jury [ʒyʁi] NM jury; (à un concours, pour un prix) panel of judges

jus [ʒy] NM juice ◆ **~ de fruit** fruit juice ◆ **~ de viande** meat juices ◆ **prendre le ~** * (courant) to get a shock

jusque [ʒysk(ə)] PRÉP **a** (lieu) ◆ **j'ai couru jusqu'à la maison** I ran all the way home ◆ **accompagner qn ~ chez lui** to take sb home ◆ **j'ai marché jusqu'au village** I walked as far as the village ◆ **ils sont montés jusqu'à 2 000 mètres** they climbed up to 2,000 metres ◆ **il avait de la neige jusqu'aux genoux** he had snow up to his knees ◆ **jusqu'où ?** how far? ◆ **jusqu'ici** up to here ◆ **~-là** up to there ◆ **j'en ai ~-là !** I'm sick and tired of it! **b** (temps) ◆ **jusqu'à, jusqu'en** until ◆ **jusqu'à quand ?** until when? ◆ **marchez jusqu'à ce que vous**

arriviez à la mairie keep going until you get to the town hall ◆ *rester jusqu'au bout* to stay till the end ◆ *de la Révolution jusqu'à nos jours* from the Revolution to the present day ◆ *jusqu'au moment où* until ◆ *jusqu'à présent, jusqu'à maintenant* up to now ◆ *jusqu'ici* until now ◆ *~-là* until then **c** (limite) ◆ *jusqu'à 20 kg* up to 20 kg ◆ *aller jusqu'à faire qch* to go so far as to do sth ◆ *jusqu'à un certain point* up to a point **d** (= y compris) even

justaucorps [ʒystokɔʀ] NM [de gymnaste] leotard

juste [ʒyst] **1** ADJ **a** [personne, notation] fair (envers to); [sentence, cause] just **b** [revendication, fierté] just; [colère] justifiable ◆ *à ~ titre* rightly ◆ *il en est fier, et à ~ titre* he's proud of it and rightly so **c** (= précis) right; [appareil, montre] accurate ◆ *à 6 heures ~s* at 6 o'clock sharp * **d** [raisonnement] sound; [remarque] apt ◆ *très ~ !* good point! ◆ *c'est ~* that's right **e** [note, voix] true; [instrument] in tune **f** [vêtement, chaussures] tight ◆ *1 kg pour six, c'est un peu ~* 1 kg for six people is not really enough ◆ *elle n'a pas raté son train mais c'était ~* she didn't miss her train but it was a close thing **2** ADV **a** [compter, viser] accurately; [deviner] correctly; [chanter] in tune ◆ *tomber ~* (= deviner) to be right; [calculs] to come out right **b** (= exactement) just ◆ *~ au-dessus* just above ◆ *~ à temps* just in time ◆ *~ au moment où je suis entré* just when I came in ◆ *j'arrive ~* I've only just arrived ◆ *5 kg ~* 5 kg exactly ◆ *que veut-il au ~ ?* what exactly does he want? **c** (= seulement) just ◆ *tout ~* (= seulement) only just; (= à peine) hardly

justement [ʒystəmɑ̃] ADV **a** (= précisément) just ◆ *on parlait ~ de vous* we were just talking about you ◆ *tu n'étais pas obligé d'accepter – si, ~ !* you didn't have to agree – that's the problem, I did have to! **b** (= avec justesse) rightly

justesse [ʒystɛs] NF **a** (= exactitude) accuracy **b** [de note, voix, instrument] accuracy **c** [d'idée, raisonnement] soundness; [de remarque] appropriateness **d** ◆ *gagner de ~* to win by a narrow margin ◆ *il a eu son examen de ~* he only just passed his exam

justice [ʒystis] NF **a** justice ◆ *passer en ~* to stand trial ◆ *décision de ~* judicial decision ◆ *demander/obtenir ~* to demand/obtain justice **b** (= loi) ◆ *la ~* the law

justificatif, -ive [ʒystifikatif, iv] **1** ADJ [document] supporting **2** NM (= pièce officielle) written proof; (= reçu) receipt

justification [ʒystifikasjɔ̃] NF (= explication) justification

justifier [ʒystifje] ► conjug 7 ◄ **1** VT to justify ◆ *rien ne justifie cette colère* such anger is quite unjustified **2** se justifier VPR to justify o.s.

jute [ʒyt] NM jute

juteux, -euse [ʒytø, øz] ADJ **a** [fruit] juicy **b** * [affaire] lucrative

juvénile [ʒyvenil] ADJ youthful; [délinquance] juvenile

juxtaposer [ʒykstapoze] ► conjug 1 ◄ VT to juxtapose

F R A N C A I S /
A N G L A I S

K 7 [kaset] NF (abrév de **cassette**) cassette

kabyle [kabil] **1** ADJ Kabyle **2** NM (= langue) Kabyle **3** **Kabyle** NMF Kabyle

Kabylie [kabili] NF Kabylia

kaki [kaki] **1** ADJ INV khaki **2** NM (= fruit) persimmon

kaléidoscope [kaleidɔskɔp] NM kaleidoscope

kamikaze [kamikaz] **1** NM kamikaze **2** ADJ ◆ opération ~ kamikaze mission ◆ il est ~ * he has a death wish ◆ ce serait ~ ! it would be suicide!

kanak, e [kanak] ADJ Kanak

kangourou [kɑ̃guʀu] NM kangaroo

kaput * [kaput] ADJ [personne] shattered *; [machine] kaput *

karaoké [kaʀaɔke] NM karaoke

karaté [kaʀate] NM karate

kart [kaʀt] NM go-cart

karting [kaʀtiŋ] NM go-carting ◆ faire du ~ to go-cart

kascher [kaʃɛʀ] ADJ kosher

kayak [kajak] NM **a** (= bateau) kayak **b** (= sport) canoeing ◆ faire du ~ to go canoeing

kayakiste [kajakist] NMF kayaker

kebab [kebab] NM kebab

kendo [kɛndo] NM kendo

Kenya [kenja] NM Kenya

képi [kepi] NM kepi

kermesse [kɛʀmɛs] NF (= fête populaire) fair; (= fête de charité) charity fête

kérosène [keʀozɛn] NM [d'avion] kerosene; [de jet] jet fuel; [de fusée] rocket fuel

ketchup [kɛtʃœp] NM ketchup

keuf * [kœf] NM cop *

kg (abrév de **kilogramme**) kg

khmer, -ère [kmɛʀ] **1** ADJ Khmer **2** **Khmer** NM Khmer ◆ **les Khmers rouges** the Khmer Rouge

khôl [kol] NM kohl

kibboutz [kibuts] NM INV kibbutz

kick [kik] NM kick-starter

kidnapper [kidnape] ► conjug 1 ◄ VT to kidnap

kidnappeur, -euse [kidnapœʀ, øz] NM,F kidnapper

kidnapping [kidnapiŋ] NM kidnapping

kif-kif * [kifkif] ADJ INV ◆ **c'est ~** it's all the same

kilo [kilo] NM kilo

kilogramme [kilɔgʀam] NM kilogramme

kilométrage [kilɔmetʀaʒ] NM ≈ mileage

kilomètre [kilɔmetʀ] NM kilometre (Brit), kilometer (US) ◆ **200 ~s à l'heure** 200 kilometres an hour ◆ **des ~s de** [+ pellicule] rolls and rolls of; [+ tissu] yards and yards of

kilomètre-heure [kilɔmetʀœʀ] (pl **kilomètres-heure**) NM kilometres per hour ◆ **120 kilomètres-heure** 120 kilometres per hour

kilométrique [kilɔmetʀik] ADJ ◆ **borne ~** = milestone ◆ **distance ~** distance in kilometres (Brit) ou kilometers (US)

kilo-octet (pl **~s**) [kilɔɔktɛ] NM kilobyte

kilowatt [kilowat] NM kilowatt

kilt [kilt] NM kilt; (pour femme) pleated skirt

kimono [kimɔno] NM kimono

kiné * [kine], **kinési** * [kinezi] NMF physio *

kinésithérapeute [kineziteʀapøt] NMF physiotherapist (Brit), physical therapist (US)

kiosque [kjɔsk] NM [de jardin] summerhouse ◆ **~ à musique** bandstand ◆ **~ à journaux** newspaper kiosk ◆ **en vente en ~** on sale at newsstands

kir [kiʀ] NM kir *(white wine with blackcurrant liqueur)*

kit [kit] NM kit ◆ **en ~** in kit form

kitch [kitʃ] ADJ INV, NM kitsch

kitchenette [kitʃ(ə)nɛt] NF kitchenette

kitesurf [kaitsœʀf] NM kite surfing

kitsch [kitʃ] ADJ INV, NM kitsch

kiwi [kiwi] NM **a** (= fruit) kiwi fruit **b** (= oiseau) kiwi

klaxon ® [klaksɔn] NM horn ◆ **coup de ~** hoot; (léger) toot

klaxonner [klaksɔne] ► conjug 1 ◄ **1** VI to hoot one's horn; (doucement) to toot the horn **2** VT ◆ **~ qn** to hoot at sb

Kleenex ® [klinɛks] NM tissue

kleptomane [klɛptɔman] ADJ, NMF kleptomaniac

km (abrév de **kilomètre**) km

km/h (abrév de **kilomètres/heure**) km/h

KO [kao] **1** NM (Boxe) KO ◆ **perdre par ~** to be knocked out ◆ **gagner par ~** to win by a knockout ◆ **mettre ~** to knock out ◆ **être ~** to be out for the count **2** ADJ (* = fatigué) shattered *

Ko (abrév de **kilo-octet**) kb

koala [kɔala] NM koala

kosovar [kɔsɔvaʀ] **1** ADJ Kosovar **2** Kosovar NMF Kosovar

Kosovo [kɔsɔvo] NM Kosovo

Koweït [kɔwɛt] NM Kuwait

krach [kʀak] NM crash ◆ **~ boursier** stock market crash

kumquat [kɔmkwat] NM kumquat

kung-fu [kuŋfu] NM INV (= art) kung fu ◆ **il est ~** he does kung fu

kurde [kyʀd] **1** ADJ Kurdish **2** Kurde NMF Kurd

kW (abrév de **kilowatt**) kW

K-way ® [kawe] NM cagoule

kyste [kist] NM cyst

l' [l] → **le**

la¹ [la] → **le**

la² [la] NM INV (Mus) A; (en chantant la gamme) lah

---

là [la] adv

a there ◆ je le vois ~, sur la table I can see it over there, on the table ◆ c'est ~ que je suis né that's where I was born ◆ de ~ from there ◆ passez par ~ go that way

b (= ici) here ◆ n'ayez pas peur, je suis ~ don't be afraid, I'm here ◆ M. Roche n'est pas ~ Mr Roche isn't in

c (dans le temps) then ◆ c'est ~ qu'il a compris que ... that was when he realized that ...

d (= à ce stade) ◆ je n'en suis pas encore ~ I haven't got that far yet; (péj) I haven't come to that yet

e (intensif) ◆ que me racontes-tu ~ ? what on earth are you saying? ◆ ~, ils exagèrent ! now they're really going too far!

f ◆ ce ...~, cette ...~ that ... ◆ ce jour-~ that day ◆ ces ...~ those ... ◆ ces gens-~ those people; voir aussi **celui-là, celle-là**

---

là-bas [laba] ADV over there

label [label] NM label ◆ ~ de qualité quality label

labo * [labo] NM (abrév de **laboratoire**) lab *

laboratoire [laboRatwaR] NM laboratory ◆ ~ d'analyses (médicales) (medical) analysis laboratory

laborieux, -ieuse [laboRjø, jøz] ADJ [recherches, style] laborious ◆ il s'exprimait dans un français ~ his French was very laboured

labourer [labuRe] ► conjug 1 ◄ VT (avec une charrue) to plough (Brit), to plow (US)

labrador [labRadoR] NM (= chien) Labrador

labyrinthe [labiRɛ̃t] NM maze

lac [lak] NM lake ◆ le ~ Léman Lake Geneva ◆ les Grands Lacs the Great Lakes

lacer [lase] ► conjug 3 ◄ VT to tie

lacérer [laseRe] ► conjug 6 ◄ VT to tear to shreds; [+ corps, visage] to lacerate

lacet [lase] NM [de chaussure, botte] lace ◆ chaussures à ~s lace-up shoes ◆ en ~s [de route] winding

lâche [lɑʃ] **1** ADJ **a** (= peu courageux) cowardly **b** [corde] slack; [nœud, vêtement] loose **c** [discipline, morale] lax **2** NMF coward

lâcher [lɑʃe] ► conjug 1 ◄ VT **a** [+ main, proie, personne] to let go of; [+ bombes] to drop; [+ pigeon, ballon, frein] to release; [+ juron] to come out with ◆ ~ un chien sur qn to set a dog on sb ◆ ~ prise to let go ◆ lâche-moi les baskets ! * get off my back! * **b** (= abandonner) to walk out on ◆ il nous a lâchés en plein travail he walked out on us right in the middle of the work

lâcheté [lɑʃte] NF cowardice

laconique [lakɔnik] ADJ [personne, réponse] laconic

lacune [lakyn] NF [de texte, connaissances] gap ◆ elle a de grosses ~s en histoire there are big gaps in her knowledge of history

lacustre [lakystR] ADJ ◆ cité ~ lakeside village (on piles)

là-dedans [lad(ə)dɑ̃] ADV inside ◆ il y a du vrai ~ there's some truth in that

là-dessous [lad(ə)su] ADV under there ◆ il y a quelque chose ~ (fig) there's something odd about it

là-dessus [lad(ə)sy] ADV (= sur cet objet) on there; (= sur ces mots) at that point; (= à ce sujet) on that point

lagon [lagɔ̃] NM lagoon

lagune [lagyn] NF lagoon

là-haut [lao] ADV up there; (= à l'étage) upstairs

laid, e [lɛ, lɛd] ADJ ugly

laideur [lɛdœR] NF ugliness

lainage [lɛnaʒ] NM **a** (= vêtement) woollen ou woolen (US) garment **b** (= étoffe) woollen material

laine [lɛn] NF wool ► laine de verre glass wool ► laine vierge new wool

laïque [laik] ADJ secular ◆ l'école ~ (en France) state education

laisse [lɛs] NF [de chien] lead ◆ tenir en ~ to keep on a lead

laisser [lese] ► conjug 1 ◄ VT to leave ◆ ~ sa clé au voisin to leave one's key with the neighbour ◆ laisse-lui du gâteau leave him some cake ◆ **il m'a laissé ce vase pour 50 €** he let me have this vase for €100 ◆ **laissez, je vais le faire** leave that, I'll do it ◆ **~ la porte ouverte** to leave the door open **2** VB AUX to let ◆ **~ qn faire qch** to let sb do sth ◆ **laisse-le faire** (à sa manière) let him do it his own way ◆ **on ne va pas le ~ faire sans réagir !** we're not going to let him get away with that! **3** **se laisser** VPR ◆ **se ~ persuader** to let o.s. be persuaded ◆ **il ne faut pas se ~ décourager** you mustn't let yourself become discouraged ◆ **se ~ aller** to let o.s. go ◆ **je n'ai pas l'intention de me ~ faire** I'm not going to let myself be pushed around

laisser-aller [leseale] NM INV [de travail, langage, vêtements] sloppiness

laissez-passer [lesepase] NM INV pass

lait [lɛ] NM **a** milk ◆ **~ concentré sucré** condensed milk ◆ **~ entier** whole milk ◆ **~ en poudre** powdered milk **b** (cosmétique) lotion ◆ **~ solaire** sun lotion

laitage [lɛtaʒ] NM dairy product

laitier, -ière [letje, jɛʀ] **1** ADJ dairy **2** NM milkman

laiton [lɛtɔ̃] NM brass

laitue [lety] NF lettuce

lama [lama] NM (= animal) llama; (= religieux) lama

lambeau (pl **~x**) [lɑ̃bo] NM [de papier, tissu] scrap ◆ **en ~x** in tatters

lambiner [lɑ̃bine] ► conjug 1 ◄ VI to dawdle

lambris [lɑ̃bʀi] NM (en bois) panelling NonC

lame [lam] NF **a** [de couteau, scie] blade ◆ **~ de rasoir** razor blade **b** (= bande) strip ◆ **~ de parquet** floorboard **c** (= vague) wave ► **lame de fond** (lit) ground swell NonC

lamelle [lamɛl] NF (small) strip

lamentable [lamɑ̃tabl] ADJ appalling

lamentations [lamɑ̃tasjɔ̃] NFPL (= cris) wailing NonC; (= jérémiades) moaning NonC

lamenter (se) [lamɑ̃te] ► conjug 1 ◄ VPR to moan (sur about)

lampadaire [lɑ̃padɛʀ] NM [d'intérieur] standard lamp; [de rue] street lamp

lampe [lɑ̃p] NF lamp ► **lampe de chevet** bedside lamp ► **lampe électrique** torch (Brit), flashlight (US) ► **lampe de poche** torch (Brit), flashlight (US)

lampion [lɑ̃pjɔ̃] NM Chinese lantern

lance [lɑ̃s] NF **a** (= arme) spear **b** (= tuyau) ◆ **~ d'arrosage/à incendie** garden/fire hose

lancée [lɑ̃se] NF ◆ **continuer sur sa ~** to keep going

lance-grenades [lɑ̃sgʀənad] NM INV grenade launcher

lancement [lɑ̃smɑ̃] NM [d'entreprise, campagne] launching; [de fusée, produit] launch

lance-missiles [lɑ̃smisil] NM INV missile launcher

lance-pierre (pl **~s**) [lɑ̃spjɛʀ] NM catapult ◆ **manger avec un ~** * to grab a quick bite to eat *

lancer [lɑ̃se] ► conjug 3 ◄ **1** VT **a** (= jeter) to throw ◆ **~ qch à qn** to throw sth to sb; (agressivement) to throw sth at sb ◆ **~ le poids** (Sport) to put the shot **b** [+ flèche, obus] to fire; [+ bombe] to drop; [+ fusée, torpille] to launch ◆ **elle lui lança un coup d'œil furieux** she darted a furious glance at him **c** [+ accusations, injures] to hurl (à at); [+ mandat d'arrêt] to issue; [+ appel] to launch; [+ SOS, signal] to send out ◆ **~ un cri** to cry out **d** [+ navire, projet, attaque] to launch; [+ processus, discussion] to start; [+ emprunt] to issue; [+ idée] to come up with **e** (= faire connaître) to launch ◆ **c'est ce film qui l'a lancé** it was this film that launched his career **2** **se lancer** VPR **a** [+ balle] to throw to each other; [+ injures, accusations] to exchange **b** (= sauter) to leap; (= se précipiter) to rush **c** (= s'engager) ◆ **se ~ dans** [+ aventure, travaux] to embark on; [+ discussion] to launch into; [+ métier, politique] to go into **3** NM (Sport) throw ◆ **franc** free throw ◆ **le ~ du disque/du javelot** the discus/javelin ◆ **le ~ du poids** putting the shot ◆ **pêche au ~** casting

lance-roquettes [lɑ̃sʀɔkɛt] NM INV rocket launcher

lancinant, e [lɑ̃sinɑ̃, ɑ̃t] ADJ **a** [douleur] shooting **b** [souvenir, musique] haunting; [question] nagging

landau [lɑ̃do] NM [d'enfant] pram (Brit), baby carriage (US)

lande [lɑ̃d] NF moor

langage [lɑ̃gaʒ] NM language ► **langage machine** machine language ► **langage de programmation** programming language

langer [lɑ̃ʒe] ► conjug 3 ◄ VT to change ◆ **table à ~** changing table

langoureux, -euse [lɑ̃guʀø, øz] ADJ languorous

langouste [lɑ̃gust] NF lobster

langoustine [lɑ̃gustin] NF langoustine

langue [lɑ̃g] NF **a** (= organe) tongue ◆ **tirer la ~** to stick out one's tongue ◆ **il n'a pas la ~ dans sa poche** he's never at a loss for words ◆ **je donne ma ~ au chat !** I give in! ◆ **je l'ai sur le bout de la ~** it's on the tip of my tongue ◆ **je ne voudrais pas être mauvaise ~ mais ...** I don't want to gossip but ... **b** (= langage) language ◆ **~ étrangère** foreign language ◆ **~ maternelle** mother tongue **c** ◆ **~ de terre** strip of land

languette [lɑ̃gɛt] NF [de cuir] tongue

lanière [lanjɛʀ] NF [de cuir] strap ✦ **découper qch en ~s** to cut sth into strips

lanterne [lɑ̃tɛʀn] NF lantern ✦ **éclairer la ~ de qn** to enlighten sb

laper [lape] ► conjug 1 ◄ VT to lap up

lapider [lapide] ► conjug 1 ◄ VT (= tuer) to stone to death

lapin [lapɛ̃] NM (= animal) rabbit; (= fourrure) rabbit skin ✦ **mon ~** my lamb ✦ **poser un ~ à qn** * to stand sb up *

laps [laps] NM ✦ **~ de temps** period of time

lapsus [lapsys] NM (parlé) slip of the tongue; (écrit) slip of the pen

laque [lak] NF (= vernis) lacquer; (pour les cheveux) hairspray; (= peinture) gloss paint

laquelle [lakɛl] → **lequel**

lard [laʀ] NM (= gras) pork fat; (= viande) bacon ✦ **un gros ~** * a fat lump *

lardon [laʀdɔ̃] NM ✦ **petits ~s** diced bacon

large [laʀʒ] **1** ADJ **a** (= grand) wide; [dos, nez, front, sourire] broad; [jupe] full; [chemise] loose-fitting; [pantalon] baggy ✦ **~ de 3 mètres** 3 metres wide **b** [choix, gamme, public] wide; [majorité] big **c** (= tolérant) ✦ **il a les idées ~s** he's very broad-minded **2** ADV ✦ **calculer ~** to allow a bit extra **3** NM **a** (= largeur) ✦ **une avenue de 8 mètres de ~** an avenue 8 metres wide **b** (= haute mer) ✦ **le ~** the open sea ✦ **au ~ de Calais** off Calais ✦ **prendre le ~** * to clear off *

largement [laʀʒəmɑ̃] ADV **a** [répandre, diffuser] widely **b** (= amplement, de beaucoup) greatly ✦ **vous avez ~ le temps** you have plenty of time ✦ **c'est ~ suffisant** that's plenty **c** (= au moins) at least

largeur [laʀʒœʀ] NF width; [de dos, nez, front] breadth ✦ **~ d'esprit** broad-mindedness

larguer [laʀge] ► conjug 1 ◄ VT **a** [+ voile] to let out ✦ **~ les amarres** to cast off **b** [+ parachutiste, bombe, vivres] to drop **c** (* = se débarrasser de) to drop; [+ petit ami] to dump *

larme [laʀm] NF tear ✦ **en ~s** in tears ✦ **avoir les ~s aux yeux** to have tears in one's eyes

larve [laʀv] NF larva; (= personne) worm

laryngite [laʀɛ̃ʒit] NF laryngitis NonC ✦ **il a une ~** he's got laryngitis

larynx [laʀɛ̃ks] NM larynx

las, lasse [lɑ, lɑs] ADJ (frm) weary ✦ **~ de faire qch** tired of doing sth

lasagnes [lazaɲ] NFPL lasagne

lascif, -ive [lasif, iv] ADJ lascivious

laser [lazɛʀ] NM laser ✦ **disque/rayon ~** laser disc/beam

lassant, e [lasɑ̃, ɑ̃t] ADJ tiresome

lasser [lase] ► conjug 1 ◄ **1** VT to tire **2** **se lasser** VPR ✦ **se ~ de qch/de faire qch** to grow tired of sth/of doing sth

lassitude [lasityd] NF weariness NonC

lasso [laso] NM lasso ✦ **prendre au ~** to lasso

latent, e [latɑ̃, ɑ̃t] ADJ latent ✦ **à l'état ~** latent

latéral, e (mpl **-aux**) [lateʀal, o] ADJ side

latex [latɛks] NM INV latex

latin, e [latɛ̃, in] **1** ADJ Latin **2** NM (= langue) Latin

latino-américain, e (mpl **~s**) [latinoameʀikɛ̃, ɛn] **1** ADJ Latin-American **2** **Latino-Américain(e)** NM,F Latin-American

latitude [latityd] NF **a** (= position) latitude ✦ **Paris est à 48° de ~ nord** Paris is situated at latitude 48° north **b** (= liberté) ✦ **avoir toute ~ pour faire qch** to have a free hand to do sth

latte [lat] NF [de plancher] board; [de sommier, store] slat

lauréat, e [lɔʀea, at] NM,F prize-winner

laurier [lɔʀje] NM (= arbre) bay tree ✦ **feuille de ~** bayleaf ✦ **se reposer sur ses ~s** to rest on one's laurels

lavable [lavabl] ADJ washable ✦ **~ en machine** machine-washable

lavabo [lavabo] **1** NM washbasin (Brit), washbowl (US) **2** NMPL ✦ **les ~s** the toilets

lavage [lavaʒ] NM wash ✦ **ça a rétréci au ~** it shrunk in the wash ✦ **on lui a fait un ~ d'estomac** he had his stomach pumped ► **lavage de cerveau** brainwashing

lavande [lavɑ̃d] NF lavender

lave [lav] NF lava NonC

lave-glace (pl **~s**) [lavglas] NM windscreen (Brit) ou windshield (US) washer

lave-linge [lavlɛ̃ʒ] NM INV washing machine

laver [lave] ► conjug 1 ◄ **1** VT **a** (= nettoyer) to wash; [+ plaie] to clean **b** (= affront) to avenge; [+ péchés] to expiate ✦ **~ qn d'une accusation** to clear sb of an accusation **2** **se laver** VPR **a** [personne] to wash ✦ **se ~ la figure/les mains** to wash one's face/one's hands ✦ **se ~ les dents** to clean one's teeth **b** [vêtement, tissu] ✦ **ça se lave en machine** it's machine-washable ✦ **ça se lave à la main** it has to be hand-washed

laverie [lavʀi] NF laundry ✦ **~ (automatique)** Launderette ® (Brit), Laundromat ® (US)

laveur [lavœʀ] NM ✦ **~ de carreaux** window cleaner

lave-vaisselle [lavvɛsɛl] NM INV dishwasher

laxatif, -ive [laksatif, iv] ADJ, NM laxative

laxisme [laksism] NM spinelessness

laxiste [laksist] ADJ lax

layette [lɛjɛt] NF baby clothes

---

le [lə], **la** [la]

1 ART **a** the ◆ **~ propriétaire de la voiture** the owner of the car ◆ **~s parcs de la ville** the parks in the town ◆ **l'hiver 1998** the winter of 1998 ◆ **il est parti ~ 5 mai** he left on 5 May **b** (= par) a ◆ **20 € ~ mètre** €50 a metre **c** ◆ **j'aime la musique** I like music ◆ **~ thé et ~ café sont chers** tea and coffee are expensive ◆ **l'hiver dernier** last winter ◆ **il ne travaille pas ~ samedi** he doesn't work on Saturdays **d** (possession) ◆ **il s'est cassé la jambe** he broke his leg **il a les cheveux noirs** he has black hair

2 PRON **a** (= chose, animal dont on ignore le sexe) it; (= homme, enfant ou animal mâle) him; (= femme, enfant ou animal femelle) her ◆ **~s** them ◆ **une araignée ! tue-la !** a spider! kill it! ◆ **je ne ~ connais pas** I don't know him ◆ **regarde-~, il est en pyjama** look at him, he's in his pyjamas ◆ **appelle-les !** call them! **b** (= cela) it ◆ **il ne l'envisage plus** he's no longer considering it ◆ **demande-~-lui** ask him

leader [lidœʀ] NM leader

lèche-botte * (pl ~**s**) [lɛʃbɔt] NMF bootlicker *

lécher [leʃe] ► conjug 6 ◄ VT (= sucer) to lick; [vagues] to lap against ◆ **~ les bottes à qn** * to lick sb's boots *

lèche-vitrines [lɛʃvitʀin] NM INV window-shopping ◆ **faire du ~** to go window-shopping

leçon [l(ə)sɔ̃] NF lesson; (= devoirs) homework NonC ◆ **~s particulières** private lessons ◆ **faire la ~ à qn** (= le réprimander) to give sb a lecture ◆ **que cela te serve de ~** let that be a lesson to you

lecteur, -trice [lɛktœʀ, tʀis] **1** NM,F **a** [de livre, magazine] reader **b** (à l'université) foreign language assistant **2** NM ◆ **~ de cassettes/de CD** cassette/CD player ◆ **~ de disquettes/de CD-ROM** disk/CD-ROM drive ◆ **~ optique** optical scanner

lecture [lɛktyʀ] NF **a** reading ◆ **faire la ~ à qn** to read to sb ◆ **apportez-moi de la ~** bring me something to read **b** [de CD, cassette, disque dur] ◆ **appuyer sur ~** press "play" ◆ **en ~ seule** read-only

légal, e (mpl -aux) [legal, o] ADJ legal; → **fête**, **médecine**

légaliser [legalize] ► conjug 1 ◄ VT to legalize

légendaire [leʒɑ̃dɛʀ] ADJ legendary

légende [leʒɑ̃d] NF **a** (= histoire, mythe) legend **b** [de dessin] caption; [de carte] key

léger, -ère [leʒe, ɛʀ] **1** ADJ **a** (= de faible poids, délicat) light; [cuisine] low-fat ◆ **il est parti d'un pas ~** he walked away with a spring in his step **b** [brise, accent, amélioration] slight; [bruit] faint; [thé] weak; [vin, coup] light; [blessure] minor; [punition, tabac] mild **c** [preuve, argument] flimsy **2** ADV ◆ **manger ~** to avoid fatty foods **3** **à la légère** LOC ADV [parler, agir] thoughtlessly ◆ **il prend toujours tout à la légère** he never takes anything seriously

légèrement [leʒɛʀmɑ̃] ADV **a** [maquillé, parfumé] lightly **b** (= un peu) slightly

légèreté [leʒɛʀte] NF **a** [d'objet, style, repas] lightness **b** [de punition] mildness **c** [de conduite, propos] thoughtlessness

légion [leʒjɔ̃] NF legion ◆ **la Légion (étrangère)** the Foreign Legion ◆ **Légion d'honneur** Legion of Honour

légionnaire [leʒjɔnɛʀ] NM legionnaire

législatif, -ive [leʒislatif, iv] **1** ADJ legislative **2** NFPL ◆ **les législatives** the general election

législation [leʒislasjɔ̃] NF legislation

légitime [leʒitim] ADJ legitimate; [union, épouse] lawful; [colère] justified ◆ **en état de ~ défense** in self-defence

léguer [lege] ► conjug 6 ◄ VT to bequeath; [+ tradition] to hand down

légume [legym] **1** NM vegetable ◆ **~s secs** pulses ◆ **~s verts** green vegetables **2** NF (= personne) ◆ **grosse ~** * bigwig *

lendemain [lɑ̃dmɛ̃] NM ◆ **le ~** the next day ◆ **le ~ de son arrivée** the day after his arrival ◆ **le ~ matin** the next morning ◆ **au ~ des élections** just after the election ◆ **sans ~** short-lived

lent, e [lɑ̃, lɑ̃t] ADJ slow

lentement [lɑ̃tmɑ̃] ADV slowly

lenteur [lɑ̃tœʀ] NF slowness

lentille [lɑ̃tij] NF **a** (= graine) lentil **b** (optique) lens ▸ **lentilles de contact** contact lenses

léopard [leopaʀ] NM leopard

lèpre [lɛpʀ] NF leprosy

---

lequel [ləkɛl], **laquelle** [lakɛl]

PRON **a** (relatif, personne : sujet) who; (personne : objet) whom; (chose) which ◆ **j'ai écrit au directeur, ~ n'a jamais répondu** I wrote to the manager, who never answered ◆ **c'est un problème auquel je n'avais pas pensé** that's a problem I hadn't thought of

b (interrogatif) which ◆ **dans ~ de ces hôtels avez-vous logé ?** which of these hotels did you stay in? ◆ **donnez-moi deux melons – lesquels ?** give me two melons – which ones?

les [le] → **le**

lesbienne [lɛsbjɛn] NF lesbian

léser [leze] ► conjug 6 ◄ VT [+ personne] to wrong

lésiner [lezine] ► conjug 1 ◄ VI ◆ **ne pas ~ sur les moyens** to use all the means at one's disposal; (pour mariage, repas) to pull out all the stops *

lésion [lezjɔ̃] NF lesion

lessive [lesiv] NF **a** (= poudre) washing powder (Brit), laundry detergent (US); (= liquide) liquid detergent **b** (= lavage, linge) washing NonC ◆ **faire la ~** to do the washing

lest [lɛst] NM ballast ◆ **lâcher du ~** (fig) to make concessions

leste [lɛst] ADJ **a** (= agile) nimble **b** (= grivois) risqué

léthargique [letaʀʒik] ADJ lethargic

lettre [lɛtʀ] **1** NF letter ◆ **~ d'amour** love letter ◆ **en toutes ~s** in full ◆ **prendre qch au pied de la ~** to take sth literally ► **lettre de change** bill of exchange **2 lettres** NFPL **a** (= littérature) literature **b** (à l'université, au collège) arts subjects; (= français) French ◆ **~s classiques** classics *sg* ◆ **~s modernes** French

leucémie [løsemi] NF leukaemia (Brit), leukemia (US)

leur [lœʀ] **1** PRON PERS them ◆ **je le ~ ai dit** I told them ◆ **il ~ est facile de le faire** it is easy for them to do it **2** ADJ POSS their ◆ **~ jardin est très beau** their garden is very beautiful **3** PRON POSS ◆ **le leur, la leur, les leurs** theirs ◆ **les ~s** (= famille) their family ◆ **ils y ont mis du ~** they pulled their weight

leurrer [lœʀe] ► conjug 1 ◄ **1** VT [+ personne] to delude **2** VPR to delude o.s. ◆ **ne vous leurrez pas** don't delude yourself

levain [ləvɛ̃] NM leaven ◆ **pain au ~** traditionally made bread

levant [ləvɑ̃] **1** NM (= est) east **2** ADJ ◆ **soleil ~** rising sun

levé, e[1] [l(ə)ve] ADJ (= sorti du lit) ◆ **être ~** to be up

levée[2] [l(ə)ve] NF [de courrier] collection

lever [l(ə)ve] ► conjug 5 ◄ **1** VT **a** (= soulever) to lift; [+ bras, tête] to raise; [+ vitre] to wind up ◆ **levez la main** put your hand up ◆ **~ les yeux** to look up ◆ **~ l'ancre** to weigh anchor ◆ **~ les yeux au ciel** to raise one's eyes heavenwards ◆ **~ son verre à la santé de qn** to raise one's glass to sb **b** [+ blocus] to raise; [+ séance, audience] to bring to an end; [+ interdiction,

sanctions] to lift **c** (*** = séduire) to pick up * **d** (= sortir du lit) to get up **2** VI [plante, blé] to come up; [pâte] to rise **3 se lever** VPR **a** (= se mettre debout) to stand up ◆ **se ~ de table/de sa chaise** to get down from the table/get up from one's chair **b** (= sortir du lit) to get up ◆ **se ~ du pied gauche** to get out of bed on the wrong side **c** [soleil, lune] to rise; [jour] to break; [vent] to get up; [rideau] to go up ◆ **ça se lève** the weather is clearing **4** NM ◆ **~ de soleil** sunrise ◆ **le ~ du jour** daybreak ◆ **prenez trois comprimés au ~** (= réveil) take three tablets when you get up

lève-tard [lɛvtaʀ] NMF INV late riser

lève-tôt [lɛvto] NMF INV early riser

levier [ləvje] NM lever ◆ **~ de changement de vitesse** gear lever (Brit), gearshift (US)

lévitation [levitasjɔ̃] NF levitation

lèvre [lɛvʀ] NF lip ◆ **le sourire aux ~s** with a smile on one's lips

lévrier [levʀije] NM greyhound

levure [l(ə)vyʀ] NF yeast ◆ **~ chimique** baking powder

lexique [lɛksik] NM (= ouvrage) glossary; (= mots) lexicon

lézard [lezaʀ] NM (= animal) lizard; (= peau) lizardskin

lézarder * [lezaʀde] ► conjug 1 ◄ **1** VI to bask in the sun **2 se lézarder** VPR to crack

liaison [ljɛzɔ̃] NF **a** (amoureuse) affair **b** (= contact) ◆ **assurer la ~ entre les différents services** to liaise between the different departments ◆ **être en ~ avec qn** to be in contact with sb **c** (= communication) link ◆ **aérienne/ferroviaire** air/rail link **d** (entre des mots) liaison ◆ **faire la ~** to make a liaison

liane [ljan] NF creeper

liasse [ljas] NF [de billets] wad; [de papiers] bundle

Liban [libɑ̃] NM Lebanon

libanais, e [libanɛ, ɛz] **1** ADJ Lebanese **2 Libanais(e)** NM,F Lebanese

libeller [libele] ► conjug 1 ◄ VT [+ chèque] to make out (à l'ordre de to) ◆ **sa lettre était ainsi libellée** so went his letter

libellule [libelyl] NF dragonfly

libéral, e (mpl **-aux**) [libeʀal, o] **1** ADJ **a** (Pol) Liberal **b** ◆ **économie ~e** free-market economy; → **profession c** (= tolérant) liberal **2** NM,F (Pol) Liberal

libéralisation [libeʀalizasjɔ̃] NF liberalization

libéralisme [libeʀalism] NM liberalism

libération [libeʀasjɔ̃] NF liberation; [de prisonnier, otage] release ◆ **la Libération** the Liberation *(of France after WW2)* **• la ~ de la femme** Women's Liberation **• la ~ des prix** price deregulation

libéré, e [libere] ADJ liberated

libérer [libere] ► conjug 6 ◄ **1** VT **a** [+ prisonnier, otage] to release; [+ pays, peuple, ville] to liberate **• ~ qn de** [+ liens, dette] to release sb from; [+ promesse] to release sb from **c** [+ appartement] to vacate; [+ étagère] to clear **• ~ le passage** to clear the way **d** [+ prix] to deregulate **e** [+ énergie, gaz] to release **2 se libérer** VPR **a** (de ses liens) to free o.s.; (= se rendre disponible) to get away **b** [appartement] to become vacant; [place, poste] to become available

liberté [liberte] NF **a** freedom **• être/remettre en ~** to be/set free **• ~ de la presse** freedom of the press **• ~ d'expression** freedom of thought **• ~, égalité, fraternité** liberty, equality, fraternity **b** (= loisir) free time **• moments de ~** free moments **c** (= latitude) **• prendre la ~ de faire qch** to take the liberty of doing sth **• prendre des ~s avec** to take liberties with

libido [libido] NF libido

libraire [librer] NMF bookseller

librairie [libreri] NF bookshop (Brit), bookstore (US)

libre [libr] ADJ **a** (= sans contrainte) free; (= non marié) unattached **• ~ de faire qch** free to do sth **• donner ~ cours à sa colère** to give free rein to one's anger **b** [passage, voie] clear; [taxi] for hire; [personne, place, salle] free; [toilettes] vacant **• êtes-vous ~ ce soir ?** are you free this evening? **• poste ~** vacancy **• heure ~ ou de ~*** (à l'école) free period **c** [enseignement] private and Roman Catholic

libre-échange (pl **libres-échanges**) [libreʃãʒ] NM free trade

libre-service (pl **libres-services**) [librəsɛrvis] NM (= restaurant) self-service restaurant; (= magasin) self-service store

Libye [libi] NF Libya

licence [lisãs] NF **a** (= diplôme) degree **• ~ ès lettres** Arts degree **b** (= autorisation) licence (Brit), license (US); (Sport) membership card

licencié, e [lisãsje] **1** ADJ graduate **• elle est ~e** she is a graduate **2** NM,F **• ~ ès lettres/en droit** arts/law graduate

licenciement [lisãsimã] NM redundancy; (pour faute professionnelle) dismissal **• ~ économique** lay-off

licencier [lisãsje] ► conjug 7 ◄ VT to lay off; (pour faute) to dismiss

lichen [likɛn] NM lichen

licite [lisit] ADJ lawful

licorne [likɔrn] NF unicorn

lie [li] NF [de vin] sediment **• la ~ de l'humanité** the scum of the earth

lié, e [lje] ADJ **• être très ~ avec qn** to be very close to sb

liège [ljɛʒ] NM cork **• bouchon de ~** cork

liégeois, e [ljeʒwa, az] ADJ **café →**

lien [ljɛ̃] NM **a** (= attache) bond **b** (= corrélation) link **• avoir un ~ de parenté avec qn** to be related to sb

lier [lje] ► conjug 7 ◄ **1** VT **a** (= attacher) to tie (à to) **b** (= relier) to link **c** (= unir) to unite **• l'amitié qui les lie** the friendship which unites them **• ~ amitié/conversation** to strike up a friendship/a conversation **d** [contrat, promesse] to bind **e** [+ sauce] to thicken **2 se lier** VPR **• se ~ d'amitié avec qn** to strike up a friendship with sb **• il ne se lie pas facilement** he doesn't make friends easily

lierre [ljɛr] NM ivy

lieu (pl **~x**) [ljø] **1** NM **a** place **• ~ de naissance** (Admin) place of birth **• sur le ~ de travail** in the workplace **• en ~ sûr** in a safe place **b** (loc) **• au ~ de** instead of **• tu devrais téléphoner au ~ d'écrire** you should phone instead of writing **• avoir ~** to take place **• en premier ~** in the first place **• en dernier ~** lastly **• lieu commun** cliché **2 lieux** NMPL (= locaux) premises **• les ~x du crime/de l'accident** the scene of the crime/the accident

lieutenant [ljøt(ə)nã] NM (armée de terre) lieutenant (Brit), first lieutenant (US); (armée de l'air) flying officer (Brit), first lieutenant (US) **• oui, mon ~ !** yes sir!

lièvre [ljɛvr] NM hare

lifting [liftiŋ] NM face-lift **• se faire faire un ~** to have a face-lift

ligament [ligamã] NM ligament

light [lajt] ADJ INV [boisson, chocolat] diet

ligne [liɲ] NF **a** line; (= rangée) row **• aller à la ~** to start a new paragraph **• en ~** (Informatique) on-line **• se mettre en ~** to line up **• les grandes ~s d'un programme** the broad outline of a programme **• entrer en ~ de compte** to be taken into account **• ~ d'arrivée** finishing line **• ~ droite** straight line **▸ ligne continue** [de route] solid line **▸ ligne de touche** sideline; (Football, Rugby) touchline **b** [de meuble, voiture] lines **• elle a la ~** she's got a nice figure **• garder la ~** to keep one's figure **c** (= liaison) **• ~ d'autobus** (= service) bus service **• ~ aérienne** (= compagnie) airline **• ~ de chemin de fer** railway (Brit) ou railroad (US) line **• les grandes ~s** (= voies) main lines **d** (Télécom) line **• vous êtes en ~** (= au téléphone) you're through now

lignée [liɲe] NF (= famille) line ◆ **dans la ~ des grands romanciers** in the tradition of the great novelists

ligoter [ligɔte] ► conjug 1 ◄ VT [+ personne] to bind hand and foot ◆ **~ qn à un arbre** to tie sb to a tree

ligue [lig] NF league

liguer (se) [lige] ► conjug 1 ◄ VPR to league (contre against)

lilas [lila] NM, ADJ INV lilac

limace [limas] NF slug

limande [limɑ̃d] NF dab ◆ **~-sole** lemon sole

lime [lim] NF (= outil) file ◆ **~ à ongles** nail file

limer [lime] ► conjug 1 ◄ VT [+ ongles] to file; [+ métal] to file down; [+ aspérité] to file off

limier [limje] NM (= chien) bloodhound; (= détective) sleuth

limitation [limitasjɔ̃] NF limitation ◆ **~ de vitesse** speed limit

limite [limit] **1** NF limit; [de pays, jardin] boundary ◆ **ma patience a des ~s !** there's a limit to my patience! ◆ **sans ~(s)** [patience, joie, confiance] boundless; [pouvoir] unlimited ◆ **à la ~, j'accepterais 100 €, mais pas moins** at a pinch, I'd take €100 but no less ◆ **c'est à la ~ de l'insolence** it verges on insolence **2** ADJ **a** (= extrême) ◆ **cas ~** borderline case ◆ **âge/ hauteur ~** maximum age/height **b** (* = juste) ◆ **elle a réussi son examen, mais c'était ~** she passed her exam, but only just ◆ **l'acoustique était ~** the acoustics were OK but only just

limité, e [limite] ADJ (= réduit) limited

limiter [limite] ► conjug 1 ◄ **1** VT to limit (à to) ◆ **la vitesse est limitée à 50 km/h** the speed limit is 50km/h **2** se limiter VPR **a** [personne] ◆ **je me limite à cinq cigarettes par jour** I only allow myself five cigarettes a day **b** [connaissances, sanctions] ◆ **se ~ à** to be limited to

limitrophe [limitʁɔf] ADJ neighbouring

limoger [limɔʒe] ► conjug 3 ◄ VT to dismiss

limon [limɔ̃] NM silt

limonade [limɔnad] NF lemonade

limousine [limuzin] NF (= voiture) limousine

limpide [lɛ̃pid] ADJ clear

lin [lɛ̃] NM (= plante, fibre) flax; (= tissu) linen

linceul [lɛ̃sœl] NM shroud

linéaire [lineɛʁ] ADJ linear

linge [lɛ̃ʒ] NM **a** (= draps, serviettes) linen; (= sous-vêtements) underwear **b** (= lessive) ◆ **le ~** the washing **c** (= morceau de tissu) cloth **d** (Helv = serviette de toilette) towel

lingerie [lɛ̃ʒʁi] NF (= sous-vêtements) lingerie

lingot [lɛ̃go] NM ◆ **~ (d'or)** (gold) ingot

linguiste [lɛ̃gɥist] NMF linguist

linguistique [lɛ̃gɥistik] **1** NF linguistics sg **2** ADJ linguistic; [barrière, politique] language avant le nom

lino * [lino] NM lino

lion [ljɔ̃] NM **a** (= animal) lion **b** (Astron) ◆ **le Lion** Leo ◆ **il est Lion** he's a Leo

lionceau (pl **~x**) [ljɔ̃so] NM lion cub

lionne [ljɔn] NF lioness

lipide [lipid] NM lipid

liquéfier (se) [likefje] ► conjug 7 ◄ VPR to liquefy

liqueur [likœʁ] NF (= boisson) liqueur

liquidation [likidasjɔ̃] NF [de dettes, compte] settlement; [de société] liquidation; [de stock] clearance

liquide [likid] **1** ADJ liquid; [sauce, peinture] runny **2** NM **a** (= substance) liquid ◆ **~ vaisselle** * washing-up liquid (Brit), dish soap (US) **b** (= argent) cash ◆ **payer en ~** to pay cash

liquider [likide] ► conjug 1 ◄ VT **a** [+ dettes, compte] to settle; [+ société, stock] to liquidate **b** (* = tuer) to liquidate **c** (* = finir) to finish off

lire¹ [liʁ] ► conjug 43 ◄ **1** VT to read ◆ **il sait lire l'heure** he can tell the time ◆ **elle m'a lu les lignes de la main** she read my palm **2** se lire VPR ◆ **ce roman se lit facilement** the novel is easy to read ◆ **la peur se lisait dans ses yeux** fear showed in his eyes

lire² [liʁ] NF (= argent) lira

lis [lis] NM lily

lisait [lize] VB → **lire**

Lisbonne [lisbɔn] N Lisbon

liseré [liz(ə)ʁe] NM border

lisible [lizibl] ADJ [écriture] legible

lisière [lizjɛʁ] NF edge ◆ **à la ~ de** on the edge of

lisse [lis] ADJ [peau, surface, cheveux] smooth; [pneu] bald

lisser [lise] ► conjug 1 ◄ VT [+ cheveux] to smooth; [+ papier, drap froissé] to smooth out

liste [list] NF list ◆ **faire ou dresser une ~** to make ou draw up a list ◆ **faire la ~ de** to draw up a list of ◆ **~ des courses** shopping list ◆ **être inscrit sur les ~s électorales** to be on the electoral roll ▶ **liste d'attente** waiting list ▶ **liste de mariage** wedding list ▶ **liste noire** blacklist ▶ **liste rouge** ◆ **il est sur ~ rouge** he's ex-directory (Brit), he's unlisted (US)

listing [listiŋ] NM printout

lit [li] NM **a** (= meuble) bed ◆ **~ d'une personne ou à une place** single bed ◆ **~ de deux personnes ou à deux places** double bed ◆ **être**

au ~ to be in bed ◆ **aller au ~** to go to bed ◆ **mettre un enfant au ~** to put a child to bed ◆ **au ~, les enfants !** off to bed children! ▶ **lit de camp** campbed ▶ **lit d'enfant** cot ▶ **lit gigogne** pullout bed ▶ **lits superposés** bunk beds **b** [de rivière] bed

literie [litʀi] NF bedding

lithographie [litɔgʀafi] NF (= technique) lithography; (= image) lithograph

litière [litjɛʀ] NF litter *NonC*; (pour cheval) bedding

litige [litiʒ] NM (= conflit) dispute; (= procès) lawsuit ◆ **être en ~** (en conflit) to be in dispute; (en procès) to be in litigation

litote [litɔt] NF understatement

litre [litʀ] NM (= mesure) litre (Brit), liter (US)

littéraire [liteʀɛʀ] ADJ literary ◆ **faire des études ~s** to study literature

littéral, e (mpl **-aux**) [liteʀal, o] ADJ literal

littérature [liteʀatyʀ] NF literature; (= profession) writing

littoral (pl **-aux**) [litɔʀal, o] NM coast

Lituanie [lituani] NF Lithuania

lituanien, -ienne [lituanjɛ̃, jɛn] **1** ADJ Lithuanian **2** **Lituanien(ne)** NM,F Lithuanian

liturgie [lityʀʒi] NF liturgy

livide [livid] ADJ pallid; (de peur) white

livraison [livʀɛzɔ̃] NF delivery ◆ **~ à domicile** home delivery

livre¹ [livʀ] NM book ◆ **livre de géographie** geography book ▶ **livre de classe** schoolbook ▶ **livre de cuisine** cookbook ▶ **livre de poche** paperback

livre² [livʀ] NF **a** (= poids) half a kilo; (Can) pound **b** (= monnaie) pound ◆ **livre sterling** pound sterling

livrer [livʀe] ▸ conjug 1 ◂ **1** VT **a** [+ commande, marchandises] to deliver ◆ **se faire ~ qch** to have sth delivered **b** (à la police, à l'ennemi) to hand over (à to) ◆ **être livré à soi-même** to be left to one's own devices **c** [+ secret] to tell **2** **se livrer** VPR **a** (= se rendre) to give o.s. up (à to) **b** (= se confier) to open up **c** **se ~ à** [+ analyse, expérience] to do; [+ recherches, étude] to carry out

livret [livʀɛ] NM **a** (Mus) libretto **b** (= carnet) ▶ **livret de caisse d'épargne** bankbook ▶ **livret de famille** *records of marriage, divorce, births and deaths* ▶ **livret scolaire** school report

livreur [livʀœʀ] NM delivery man

lobe [lɔb] NM ◆ **~ de l'oreille** earlobe

local, e (mpl **-aux**) [lɔkal, o] **1** ADJ local ◆ **averses ~es** scattered showers **2** NM (= salle) premises **3** **locaux** NMPL (= bureaux) offices

localiser [lɔkalize] ▸ conjug 1 ◂ VT (= repérer) to locate

localité [lɔkalite] NF (= ville) town; (= village) village

locataire [lɔkatɛʀ] NMF tenant; (habitant avec le propriétaire) lodger

location [lɔkasjɔ̃] NF **a** (par le locataire) [de maison, terrain] renting; [de matériel, voiture] rental ◆ **prendre en ~** to rent **b** (par le propriétaire) [de maison, terrain] renting out; [de matériel, véhicule] renting ◆ **"~ de voitures"** "car rental" ◆ **contrat de ~** [de logement] lease

location-vente (pl **locations-ventes**) [lɔkasjɔ̃vɑ̃t] NF instalment (Brit) ou installment (US) plan

locomotive [lɔkɔmɔtiv] NF (= engin) locomotive; (fig) driving force

locution [lɔkysjɔ̃] NF phrase

loft [lɔft] NM loft

logarithme [lɔgaʀitm] NM logarithm

loge [lɔʒ] NF **a** [de concierge, francs-maçons] lodge **b** [d'artiste] dressing room; [de spectateur] box ◆ **être aux premières ~s** (fig) to have a ringside seat

logement [lɔʒmɑ̃] NM **a** (= appartement) flat (Brit), apartment (US) ◆ **~s sociaux** = social housing **b** (= hébergement) ◆ **le ~** housing ◆ **la crise du ~** the housing crisis

loger [lɔʒe] ▸ conjug 3 ◂ **1** VI (= vivre) to live; (temporairement) to stay ◆ **~ chez l'habitant** to stay with the local people **2** VT to accommodate; [+ amis] to put up **3** **se loger** VPR to find somewhere to live ◆ **il a trouvé à se ~ chez un ami** a friend put him up

logiciel [lɔʒisjɛl] NM piece of software ◆ **~s de jeu** game software *NonC*

logique [lɔʒik] **1** NF logic ◆ **en toute ~** logically **2** ADJ logical

logiquement [lɔʒikmɑ̃] ADV **a** (= rationnellement) logically **b** (= normalement) ◆ **~, il devrait faire beau** the weather should be good

logistique [lɔʒistik] NF logistics *sg*

logo [lɔgo] NM logo

loguer (se) [lɔge] VPR to log on

loi [lwa] NF law ◆ **la ~** the law ◆ **la ~ du silence** the law of silence ◆ **faire la ~** to lay down the law

loin [lwɛ̃] ADV **a** (en distance) far ◆ **c'est assez ~ d'ici** it's quite a long way from here ◆ **plus ~** further ◆ **il est ~ derrière** he's a long way behind ◆ **au ~** in the distance ◆ **de ~** from a distance; (pour insister) by far ◆ **c'est celui que je préfère, et de ~** it's by far the one I prefer ◆ **il**

est doué, il ira ► he's very gifted, he'll go far
◆ **tu vas trop ~ !** you're going too far! ◆ **de là
(fig)** far from it ◆ **il n'est pas ~ de 10 heures** it's
getting on for 10 o'clock ◆ **il leur doit pas ~ de
1 000 €** he owes them not far off €1,000 **b**
(dans le temps) ◆ **c'est ~ tout ça !** that was a
long time ago! ◆ **Noël est encore ~** Christmas
is still a long way off

lointain, e [lwɛ̃tɛ̃, ɛn] **1** ADJ distant **2** NM
◆ **dans le ~** in the distance

loir [lwaʀ] NM dormouse

loisir [lwaziʀ] NM **a** (= temps libre) leisure *NonC*
◆ **pendant mes heures de ~** in my spare time
b (= activités) ◆ **~s** leisure activities

londonien, -ienne [lɔ̃dɔnjɛ̃, jɛn] **1** ADJ
London *avant le nom* **2** **Londonien(ne)** NM,F
Londoner

Londres [lɔ̃dʀ] N London

long, longue [lɔ̃, lɔ̃g] **1** ADJ long; [amitié]
long-standing ◆ **un pont ~ de 30 mètres** a
bridge 30 metres long ◆ **cinq heures, c'est ~**
five hours is a long time ◆ **il n'a pas fait ~ feu à
la tête du service** he didn't last long as head of
department ◆ **c'est ~ à faire** it takes a long
time **2** ADV ◆ **en dire ~** [attitude] to speak
volumes; [regard] to be eloquent **3** NM ◆ **un
bateau de 7 mètres de ~** a boat 7 metres long
◆ **(tout) le ~ de la route** (all) along the road
◆ **tout au ~ de sa carrière** throughout his
career ◆ **de ~ en large** back and forth ◆ **en ~ et
en large** in great detail **4** **à la longue** LOC ADV
◆ **à la longue, ça a fini par coûter cher** in the
long run it turned out very expensive ◆ **à la
longue, il va s'user** it will wear out eventually

longer [lɔ̃ʒe] ► conjug 3 ◄ VT **a** [mur, sentier] to
run alongside **b** [personne, voiture] to go along

longiligne [lɔ̃ʒiliɲ] ADJ [personne] tall and
slender

longitude [lɔ̃ʒityd] NF longitude ◆ **à ou par
50° de ~ ouest** at 50° longitude west

longtemps [lɔ̃tɑ̃] ADV for a long time; (phrase
négative ou interrogative) for long ◆ **pendant ~**
for a long time ◆ **~ avant/après** long before/
after ◆ **je n'en ai pas pour ~** I won't be long ◆ **il
a mis ~** it took him a long time ◆ **tu peux le
garder aussi ~ que tu veux** you can keep it as
long as you want ◆ **il habite ici depuis ~, ça fait
ou il y a ~ qu'il habite ici** he has been living
here for a long time

longue [lɔ̃g] ADJ, NF → **long**

longuement [lɔ̃gmɑ̃] ADV (= longtemps) for a
long time; (= en détail) at length

longueur [lɔ̃gœʀ] NF length ◆ **la pièce fait
trois mètres de ~** the room is three metres long
◆ **ce film/livre a des ~s** parts of this film/book
are overlong ◆ **à ~ de journée** all day long
◆ **avoir une ~ d'avance (sur qn)** to be one

length ahead (of sb); (fig) to be ahead (of sb) ►
longueur d'onde wavelength ◆ **nous ne sommes pas sur la même ~ d'onde** we're not on
the same wavelength

longue-vue (pl **longues-vues**) [lɔ̃gvy] NF
telescope

look * [luk] NM look

looping [lupiŋ] NM ◆ **faire des ~s** to loop the
loop

lopin [lɔpɛ̃] NM ◆ **~ de terre** plot of land

loquace [lɔkas] ADJ talkative

loque [lɔk] NF **a** (= vêtements) ◆ **loques** rags
b (= personne) wreck

loquet [lɔkɛ] NM latch

lorgner * [lɔʀɲe] ► conjug 1 ◄ VT (avec concupis-
cence) to ogle *; [+ poste, héritage] to have
one's eye on

lors [lɔʀ] ◆ **lors de** LOC PRÉP (= au moment de)
at the time of; (= durant) during

lorsque [lɔʀsk(ə)] CONJ when ◆ **lorsqu'il entrera** when he comes in

losange [lɔzɑ̃ʒ] NM diamond

lot [lo] NM **a** (à la loterie) prize ◆ **le gros ~** the
jackpot **b** (= portion) share ◆ [de tablettes de
chocolat, cassettes] pack; [de draps, vaisselle]
set; (aux enchères) lot; (en informatique) batch
◆ **dans le ~, il n'y avait que deux candidats
valables** in the whole batch there were only
two worthwhile applicants **d** (= destin) lot

loterie [lɔtʀi] NF lottery; (dans une kermesse)
raffle ◆ **gagner à la ~** to win the lottery

loti, e [lɔti] ADJ ◆ **être mal ~** to be badly off
◆ **être bien ~** to be well-off

lotion [losjɔ̃] NF lotion

lotissement [lɔtismɑ̃] NM (= maisons) housing
estate; (= parcelle) plot

loto [lɔto] NM (= jeu de société) lotto; (= loterie)
national lottery ◆ **gagner au ~** to win the
Lottery

lotte [lɔt] NF monkfish

louange [lwɑ̃ʒ] NF praise ◆ **chanter les ~s de
qn** to sing sb's praises

loubard * [lubaʀ] NM hooligan

louche¹ [luʃ] ADJ [individu] shady; [histoire,
conduite, acte] dubious; [bar, hôtel] seedy ◆ **c'est
louche !** very suspicious!

louche² [luʃ] NF ladle

loucher [luʃe] ► conjug 1 ◄ VI to squint ◆ **~ sur** *
[+ poste, héritage] to have one's eye on

louer [lwe] ► conjug 1 ◄ VT **a** [propriétaire] [+ lo-
gement] to rent out; [+ équipement, véhicule] to
hire out (Brit) **b** [locataire] [+ logement] to rent;
[+ équipement, véhicule] to hire (Brit); [+ place] to

reserve ◆ à ~ [appartement, bureau] to let (Brit), for rent (US) **c** (= faire l'éloge de) to praise ◆ **Dieu soit loué !** thank God!

loufoque * [lufɔk] ADJ zany *

Louisiane [lwizjan] NF Louisiana

loup [lu] NM **a** (= carnassier) wolf **b** (= poisson) bass **c** (= masque) eye mask

loupe [lup] NF magnifying glass ◆ **examiner qch à la ~** to look at sth through a magnifying glass; (fig) to examine sth in great detail

louper * [lupe] ► conjug 1 ◄ **1** VT **a** [+ occasion, train, personne] to miss **b** [+ travail, gâteau] to make a mess of; [+ examen] to flunk * ◆ **il a loupé son coup** he bungled it **2** **se louper** VPR (* = ne pas se rencontrer) to miss each other

loup-garou (pl **loups-garous**) [lugaʀu] NM werewolf

lourd, e [luʀ, luʀd] **1** ADJ **a** heavy; [plaisanterie] unsubtle; [faute] serious ◆ **j'ai les jambes ~es** my legs feel heavy ◆ **j'ai la tête ~e** my head feels fuzzy ◆ **tu es un peu ~** * you're just not funny **b** [temps] ◆ **il fait ~** the weather is close **2** ADV ◆ **il n'en fait pas/ne gagne pas ~** he doesn't do/earn much

lourdeur [luʀdœʀ] NF [d'objet, responsabilité] weight; [de démarche, style] heaviness ◆ **les ~s administratives** administrative red tape ◆ **avoir des ~s d'estomac** to have indigestion

loutre [lutʀ] NF (= animal) otter

louve [luv] NF she-wolf

louveteau (pl **~x**) [luv(ə)to] NM **a** (= animal) wolf cub **b** (= scout) cub scout

lover (se) [lɔve] ► conjug 1 ◄ VPR [serpent] to coil up; [personne] to curl up

loyal, e (mpl **-aux**) [lwajal, o] ADJ **a** (= fidèle) loyal **b** (= honnête) fair

loyaliste [lwajalist] ADJ, NMF loyalist

loyauté [lwajote] NF (= fidélité) loyalty; (= honnêteté) fairness

loyer [lwaje] NM rent

LP [ɛlpe] NM abrév de **lycée professionnel**

LSD [ɛlɛsde] NM LSD

lubie [lybi] NF whim

lubrifiant [lybʀifjɑ̃] NM lubricant

lubrifier [lybʀifje] ► conjug 7 ◄ VT to lubricate

lubrique [lybʀik] ADJ [personne, regard] lecherous

lucarne [lykaʀn] NF skylight; (en saillie) dormer window

lucide [lysid] ADJ lucid; [accidenté] conscious

lucidité [lysidite] NF lucidity

lucratif, -ive [lykʀatif, iv] ADJ lucrative ◆ **association à but non ~** non-profit-making organization

ludique [lydik] ADJ ◆ **activité ~** (à l'école) play activity ◆ **il veut que l'émission soit plus ~** he wants the programme to be more entertaining

lueur [lɥœʀ] NF **a** [d'étoile, lune, lampe] faint light; [de braises] glow NonC ◆ **à la ~ d'une bougie** by candlelight **b** [de colère] gleam; [d'intelligence, espoir] glimmer

luge [lyʒ] NF sledge (Brit), sled (US) ◆ **faire de la ~** to sledge (Brit), to sled (US)

lugubre [lygybʀ] ADJ [pensée, ambiance] gloomy; [paysage] dreary; [musique, cri] mournful

lui [lɥi] **1** PRON PERS (= personne ou animal mâle) him; (= personne ou animal femelle) her; (= chose, animal dont on ne connaît pas le sexe) it ◆ **je le ~ ai dit** (à un homme) I told him; (à une femme) I told her **2** PRON M **a** (objet) (= personne) him; (= animal) him, it; (= chose) it ◆ **c'est à ~ que je veux parler** it's him I want to speak to ◆ **ce livre est à ~** this book belongs to him ◆ **un ami à ~** a friend of his ◆ **il a une maison à ~** he has a house of his own ◆ **il ne pense qu'à ~** he only thinks of himself **b** (sujet) (= personne) he; (= animal) he, it; (= chose) it ◆ **elle est vendeuse, ~ est maçon** she's a saleswoman and he's a bricklayer ◆ **elle est venue mais pas ~** she came but he didn't ◆ **il n'aurait jamais fait ça, ~** he would never have done that ◆ **si j'étais ~, j'accepterais** if I were him I would accept **c** (comparaisons) him ◆ **elle est plus mince que ~** she is slimmer than him ◆ **je ne la connais pas aussi bien que ~** (que je le connais) I don't know her as well as him; (qu'il la connaît) I don't know her as well as he does

lui-même [lɥimɛm] PRON himself

luire [lɥiʀ] ► conjug 38 ◄ VI [métal] to shine; [surface mouillée] to glisten ◆ **yeux qui luisent de colère** eyes gleaming with anger

luisant, e [lɥizɑ̃, ɑ̃t] ADJ [métal] shining; [surface mouillée] glistening ◆ **front ~ de sueur** forehead glistening with sweat ◆ **yeux ~s de fièvre** eyes bright with fever

lumbago [lɔ̃bago] NM lumbago

lumière [lymjɛʀ] NF light ◆ **la ~ du jour** daylight ◆ **il y a de la ~ dans sa chambre** there's a light on in his room ◆ **ce n'est pas une ~** (= personne) he's no genius

lumineux, -euse [lyminø, øz] ADJ **a** lumineux; [fontaine, enseigne] illuminated **b** [teint] radiant; [ciel, couleur] luminous; [pièce, appartement] bright

luminosité [lyminozite] NF **a** [de teint] radiance; [de ciel, couleur] luminosity **b** (en photo, science) luminosity

lunaire [lynɛʀ] ADJ lunar; [visage] moonlike

lunatique [lynatik] ADJ moody

lundi [lœ̃di] NM Monday ◆ **le ~ de Pâques/de Pentecôte** Easter/Whit Monday; pour loc voir **samedi**

lune [lyn] NF moon ◆ **pleine ~** full moon ◆ **être dans la ~** to have one's head in the clouds ▸ **lune de miel** honeymoon

luné, e * [lyne] ADJ ◆ **être bien/mal ~** to be in a good/bad mood

lunette [lynɛt] **1** NF (= télescope) telescope; [de fusil] sights **2 lunettes** NFPL glasses; (de protection) goggles ▸ **lunettes de soleil** sunglasses

lustre [lystʀ] NM **a** (= luminaire) chandelier **b** [d'objet, personne, cérémonie] lustre (Brit), luster (US)

lustrer [lystʀe] ▸ conjug 1 ◂ VT (= faire briller) to shine

luth [lyt] NM lute

luthier, -ière [lytje, jɛʀ] NM,F stringedinstrument maker

lutin [lytɛ̃] NM imp

lutte [lyt] NF **a** (= combat) struggle ◆ **la ~ antidrogue** the fight against drugs ▸ **lutte des classes** class struggle **b** (= sport) wrestling

lutter [lyte] ▸ conjug 1 ◂ VI to fight ◆ **~ contre un incendie** to fight a fire ◆ **~ pour ses droits** to fight for one's rights

lutteur, -euse [lytœʀ, øz] NM,F (Sport) wrestler

luxe [lyks] NM luxury ◆ **voiture de ~** luxury car ◆ **boutique de ~** shop selling luxury goods ◆ **un ~ de détails** a wealth of detail

Luxembourg [lyksɑ̃buʀ] NM Luxembourg

luxembourgeois, e [lyksɑ̃buʀʒwa, waz] **1** ADJ of ou from Luxembourg **2 Luxembourgeois(e)** NM,F inhabitant ou native of Luxembourg

luxer (se) [lykse] ▸ conjug 1 ◂ VPR ◆ **se luxer l'épaule** to dislocate a shoulder

luxueux, -euse [lyksɥø, øz] ADJ luxurious

luxure [lyksyʀ] NF lust

luxuriant, e [lyksyʀjɑ̃, jɑ̃t] ADJ [végétation] luxuriant

lycée [lise] NM ≈ secondary school (Brit), ≈ high school (US) ◆ **~ professionnel** secondary school for vocational training

lycéen, -éenne [liseɛ̃, ɛn] NM,F secondary (Brit) ou high-school (US) student

Lycra ® [likʀa] NM Lycra ®

lymphatique [lɛ̃fatik] ADJ **a** (Bio) lymphatic **b** (= flegmatique) lethargic

lyncher [lɛ̃ʃe] ▸ conjug 1 ◂ VT (= tuer, pendre) to lynch

lynx [lɛ̃ks] NM lynx

lyonnais, e [lionɛ, ɛz] **1** ADJ of ou from Lyon **2 Lyonnais(e)** NM,F inhabitant ou native of Lyon

lyrique [liʀik] ADJ **a** (Poésie) lyric **b** [répertoire, ténor] operatic ◆ **l'art ~** opera **c** (= exalté) lyrical

lyrisme [liʀism] NM lyricism

lys [lis] NM lily

F R A N C A I S /
A
N
G
L
A
I
S

M. (abrév de **Monsieur**) Mr

m' [m] → me

ma [ma] ADJ POSS → mon

macabre [makabʀ] ADJ macabre

macadam [makadam] NM [de goudron] tarmac ® (Brit), blacktop (US)

macaron [makaʀɔ̃] NM **a** (= gâteau) macaroon **b** (= autocollant) sticker

macédoine [masedwan] NF ◆ ~ de légumes diced mixed vegetables ◆ ~ de fruits fruit salad; (en boîte) fruit cocktail

macérer [maseʀe] ► conjug 6 ◄ VTI ◆ (faire) ~ to macerate ◆ laisser ~ qn * to let sb stew in his own juice ^A

mâcher [maʃe] ► conjug 1 ◄ VT to chew ◆ il faut lui ~ tout le travail you have to do half his work for him ◆ il ne mâche pas ses mots he doesn't mince his words

machin * [maʃɛ̃] NM (= chose) thing ◆ passe-moi le ~ give me the thingy * ◆ Machin (= personne) what's-his-name *

machinal, e (mpl **-aux**) [maʃinal, o] ADJ automatic

machinalement [maʃinalmɑ̃] ADV (= automatiquement) automatically; (= instinctivement) unconsciously

machination [maʃinasjɔ̃] NF plot

machine [maʃin] NF **a** (= appareil) machine ◆ fait à la ~ machine-made ► machine à calculer calculating machine ► machine à coudre sewing machine ► machine à écrire typewriter ► machine à sous slot machine **b** ◆ ~ (à laver) (washing) machine ◆ laver qch en ou à la ~ to wash sth in the machine **c** (= organisation) machinery **d** [de navire] engine ◆ faire ~ arrière (fig) to back-pedal **e** (= personne) ◆ Machine * what's-her-name *

machine-outil [maʃinutil] (pl **machines-outils**) NF machine tool

machisme [ma(t)ʃism] NM male chauvinism

macho * [matʃo] **1** ADJ [comportement] macho ◆ il est ~ he's a male chauvinist * **2** NM male chauvinist

mâchoire [maʃwaʀ] NF jaw

mâchonner [maʃɔne] ► conjug 1 ◄ VT to chew

mâchouiller * [maʃuje] ► conjug 1 ◄ VT to chew on

maçon [masɔ̃] NM builder; (qui travaille la pierre) mason

maçonnerie [masɔnʀi] NF (= travaux) building; [de pierres] masonry; [de briques] brickwork

maçonnique [masɔnik] ADJ Masonic

macramé [makʀame] NM macramé

macrobiotique [makʀɔbjɔtik] **1** ADJ macrobiotic **2** NF macrobiotics *sg*

maculer [makyle] ► conjug 1 ◄ VT to stain (de with)

Madagascar [madagaskaʀ] N Madagascar

Madame [madam] (pl **Mesdames**) [medam] NF **a** (suivi d'un nom de famille) Mrs ◆ ~ Dubois va vous recevoir Mrs Dubois will see you, Ms Dubois will see you **b** ◆ merci, ~ thank you; (au restaurant, à l'hôtel) thank you, madam ◆ ~ ! (en classe) please Miss! ◆ **Mesdames** (devant un auditoire) ladies ◆ **Mesdames, Mesdemoiselles, Messieurs** ladies and gentlemen **c** (suivi d'un titre) ◆ ~ la Présidente, je proteste Madam Chairman, I object **d** (en début de lettre) ◆ **Madame** Dear Madam ◆ **Chère ~** Dear Mrs + nom de famille

madeleine [madlɛn] NF madeleine

Mademoiselle [madmwazɛl] (pl **Mesdemoiselles**) [medmwazɛl] NF **a** (suivi d'un nom de famille) Miss ◆ ~ Dubois va vous recevoir Miss ou Ms Dubois will see you **b** ◆ merci, ~ thank you ◆ ~, vous avez oublié quelque chose excuse me, you've left something **c** (en début de lettre) ◆ **Mademoiselle** Dear Madam ◆ **Chère ~** Dear Miss ou Ms + nom de famille

madère [madɛʀ] **1** NM Madeira **2** **Madère** N Madeira

Madrid [madʀid] N Madrid

mafia [mafja] NF ◆ la Mafia the Mafia

magasin [magazɛ̃] NM **a** (= boutique) shop ◆ grand ~ (= supermarché) department store ◆ faire les ~s to go shopping **b** (= entrepôt) warehouse **c** [de fusil, appareil photo] magazine

magazine [magazin] NM magazine

mage [maʒ] NM ◆ les Rois ~s the Wise Men

Maghreb [magʀɛb] NM ◆ le ~ North Africa

maghrébin, e [magʀebɛ̃, in] **1** ADJ of ou from North Africa **2** **Maghrébin(e)** NM,F North African

magicien, -ienne [maʒisjɛ̃, jɛn] NM,F magician

magie [maʒi] NF magic ◆ **comme par ~** as if by magic ◆ **faire de la ~** [prestidigitateur] to perform magic tricks

magique [maʒik] ADJ magic; (= enchanteur) magical

magistral, e (mpl -aux) [maʒistRal, o] ADJ **a** [œuvre] masterly; [réussite, démonstration] brilliant **b** ◆ **cours ~** (Univ) lecture

magistrat [maʒistRa] NM magistrate; (= juge) judge

magistrature [maʒistRatyR] NF (Droit) magistrature ◆ **entrer dans la ~** (= devenir juge) to be appointed a judge

magma [magma] NM magma; (= mélange) jumble

magnanime [maɲanim] ADJ magnanimous

magnat [magna] NM magnate ◆ **~ de la presse** press baron

magner (se) * [maɲe] ► conjug 1 ◄ VPR to get a move on *

magnésium [maɲezjɔm] NM magnesium

magnétique [maɲetik] ADJ magnetic

magnéto * [maɲeto] NM abrév de **magnétophone**

magnétophone [maɲetɔfɔn] NM tape recorder

magnétoscope [maɲetɔskɔp] NM video recorder ◆ **enregistrer au ~** to video

magnifique [maɲifik] ADJ magnificent

magnolia [maɲɔlja] NM magnolia

magot [mago] NM (= somme) pile of money; (= argent volé) loot

magouille * [maguj] NF scheming ◆ **~s financières** financial wheeling and dealing *

magret [magRɛ] NM ◆ **~ de canard** duck breast

mai [mɛ] NM May; pour autres loc voir septembre

maigre [mɛgR] ADJ **a** (= mince) thin ◆ **~ comme un clou** thin as a rake **b** [viande] lean; [fromage] low-fat **c** (= peu important) meagre; [espoir, chances] slim; [végétation] thin

maigreur [mɛgRœR] NF [de personne, animal] thinness

maigrichon, -onne * [mɛgRiʃɔ̃, ɔn] ADJ skinny

maigrir [megRiR] ► conjug 2 ◄ VI to lose weight ◆ **il a maigri de 5 kg** he has lost 5kg

mail [mɛl] NM e-mail

mailing [melin] NM mailing

maille [maj] NF **a** (de tricot) stitch **b** [de filet] mesh

maillon [majɔ̃] NM link

maillot [majo] NM vest; [de danseur] leotard; [de footballeur] shirt; [de coureur, basketteur] singlet ◆ **~ jaune** yellow jersey ▶ **maillot de bain** [d'homme] swimming trunks; [de femme] swimsuit ◆ **~ (de bain) une pièce/deux pièces** one-piece/two-piece swimsuit ▶ **maillot de corps** vest (Brit), undershirt (US)

main [mɛ̃] NF hand ◆ **donne-moi la ~ pour traverser** give me your hand while we're crossing ◆ **se tenir par la ~** to hold hands ◆ **il entra le chapeau à la ~** he came in with his hat in his hand ◆ **il me salua de la ~** he waved to me ◆ **demander la ~ de qn** to ask for sb's hand in marriage ◆ **~ dans la ~** hand in hand ◆ **les ~s vides** empty-handed ◆ **les ~s en l'air !, haut les ~s !** hands up! ◆ **il n'y va pas de ~ morte** he doesn't pull his punches ◆ **faire ~ basse sur qch** to help o.s. to sth ◆ **être entre les ~s de qn** to be in sb's hands ◆ **donner un coup de ~ à qn** to give sb a hand ◆ **j'en mettrais ma ~ au feu** I'd stake my life on it ◆ **prendre qn/qch en ~** to take sb/sth in hand ◆ **fait (à la) ~** handmade ◆ **cousu (à la) ~** hand-sewn ◆ **il me l'a remis en ~s propres** he gave it to me personally ▶ **main courante** handrail

main-d'œuvre (pl **mains-d'œuvre**) [mɛ̃dœvR] NF (= travail) labour (Brit), labor (US); (= personnes) workforce

maint, mainte [mɛ̃, mɛ̃t] ADJ (frm : avec pluriel) numerous ◆ **à ~es reprises** time and time again

maintenance [mɛ̃t(ə)nɑ̃s] NF maintenance

maintenant [mɛ̃t(ə)nɑ̃] ADV **a** (= à présent, ceci dit) now ◆ **c'est ~ ou jamais** it's now or never ◆ **il doit être arrivé ~** he must have arrived by now ◆ **~ que ...** now that ... **b** (= de nos jours) today ◆ **les jeunes de ~** young people today

maintenir [mɛ̃t(ə)niR] ► conjug 22 ◄ **1** VT **a** (= soutenir) to support **b** (= garder) to keep; [+ décision, candidature] to maintain ◆ **~ qn en vie** to keep sb alive **c** (= affirmer) to maintain **2 se maintenir** VPR [temps] to hold; [amélioration] to persist ◆ **se ~ en bonne santé** to keep in good health

maintien [mɛ̃tjɛ̃] NM **a** [de tradition] maintenance ◆ **assurer le ~ de l'ordre** to maintain law and order **b** (= soutien) support **c** (= posture) bearing

maire [mɛR] NM mayor

mairie [meRi] NF (= bâtiment) town hall; (= administration) town council

mais [mɛ] **1** CONJ **a** but ◆ **il est gros ~ souple** he's big, but supple **b** (renforcement) ◆ **tu me crois ? – ~ oui** do you believe me? – of course ◆ **~ je te jure que c'est vrai !** but I swear it's true! ◆ **~ enfin, tu vas te taire ?** *

look here, are you going to shut up? * **2** NM ◆ il n'y a pas de ~ qui tienne there are no buts about it

maïs [mais] NM maize (Brit), corn (US); (en conserve) sweetcorn

maison [mɛzɔ̃] **1** NF **a** (= bâtiment) house ▸ **maison d'arrêt** prison ▸ **la Maison Blanche** the White House ▸ **maison de campagne** house in the country ▸ **maison de repos** convalescent home ▸ **maison de retraite** old people's home **b** (= foyer) home ◆ **rester à la** ~ to stay at home ◆ **rentrer à la** ~ to go home **c** (= entreprise) company ▸ **maison de disques** record company ▸ **maison d'édition** publishing house **2** ADJ INV [gâteau, confiture] home-made ◆ **est-ce que c'est fait ~ ?** do you make it yourself?

maisonnette [mɛzɔnɛt] NF small house

maître, maîtresse [mɛtR, mɛtRɛs] **1** NM **a** (= patron) master ◆ **rester ~ de soi** to keep one's self-control ▸ **maître chanteur** blackmailer ▸ **maître d'hôtel** [d'hôtel, restaurant] head waiter ▸ **maître de maison** host ▸ **maître nageur** swimming teacher **b** (= enseignant) ◆ ~ **(d'école)** teacher ▸ **maître auxiliaire** non-certified teacher ▸ **maître de conférences** ≈ lecturer (Brit), ≈ assistant professor (US) **c** (= titre) **Maître** term of address to lawyers etc **2** **maîtresse** NF **a** (= amante) mistress **b** (= enseignante) ◆ ~ **-sse (d'école)** teacher **c** ▸ **maîtresse de maison** hostess **3** ADJ **a** (= principal) main; [carte] master ◆ **c'est son œuvre maîtresse** it's his masterwork

maîtrise [mɛtRiz] NF **a** [de domaine] mastery; [de langue] command; [de dépenses, inflation] control ◆ ~ **de soi** (= sang-froid) self-control **b** (= habileté) skill **c** (= diplôme) ≈ master's degree

maîtriser [mɛtRize] ▸ conjug 1 ◀ **1** VT **a** [+ adversaire] to overcome; [+ inflation] to curb ◆ **nous maîtrisons la situation** the situation is under control **b** [+ langue, technique] to master **2** **se maîtriser** VPR to control o.s.

majesté [maʒɛste] NF majesty ◆ **Sa Majesté** (= roi) His Majesty; (= reine) Her Majesty

majestueux, -euse [maʒɛstɥø, øz] ADJ majestic

majeur, e [maʒœR] **1** ADJ **a** (= important) major ◆ **la ~e partie de** the majority of **b** (Droit) of age attrib ◆ **il n'est pas encore ~** he's not yet of age **c** (Mus) major ◆ **en sol ~** in G major **2** NM **a** (= doigt) middle finger

major [maʒɔR] NM **a** (= sous-officier) ≈ warrant officer **b** (= premier) ◆ **être ~ de promotion** ≈ to be first in one's year

majoration [maʒɔRasjɔ̃] NF increase (de in)

majorer [maʒɔRe] ▸ conjug 1 ◀ VT to increase (de by)

majorette [maʒɔRɛt] NF majorette

majoritaire [maʒɔRitɛR] ADJ ◆ **les femmes sont ~s dans cette profession** women are in the majority in this profession ◆ **ils sont ~s à l'assemblée** they are the majority party

majorité [maʒɔRite] NF **a** majority ◆ **groupe composé en ~ de ...** group mainly composed of ... ◆ **dans la ~ des cas** in the majority of cases ◆ **la ~ des retraités** most retired people **b** (= parti majoritaire) party in power **c** (= âge légal) ◆ **jusqu'à sa ~** until he comes of age

Majorque [maʒɔRk] N Majorca

majuscule [maʒyskyl] **1** ADJ capital ◆ **A ~** capital A **2** NF (= lettre) capital letter

---

mal [mal] (pl **maux**)

1 ADV **a** (= de façon défectueuse) badly; [entretenu] poorly ◆ **ce travail est ~ fait** this work hasn't been done properly ◆ **cette porte ferme ~** this door doesn't shut properly ◆ **j'ai ~ dormi** I didn't sleep well ◆ **il parle ~ l'anglais** his English is poor ◆ ~ **en point** in a bad way

b [se conduire] badly

c (= avec difficulté) ◆ **il respire** ~ he has difficulty in breathing

d ◆ **pas** ~ quite well ◆ **il ne s'est pas ~ débrouillé** he managed quite well ◆ **pas ~ de** quite a lot of

2 ADJ INV **a** (= contraire à la morale) wrong ◆ **c'est** ~ **de mentir** it is wrong to lie

b (= malade) ill ◆ **se sentir** ~ (= avoir un vertige) to feel faint

c (= mal à l'aise) uncomfortable

d ◆ **pas** ~ (= assez joli) quite nice

3 NM **a** ◆ **le** ~ evil ◆ **distinguer le bien du** ~ to tell right from wrong ◆ **dire du** ~ **de** to speak ill of

b (= souffrance) pain; (= maladie) illness ◆ **faire du** ~ **à qn** to harm sb ◆ **maux d'estomac** stomach pains ◆ **je suis tombé – tu as** ~ **?** I've fallen – does it hurt? ◆ **avoir** ~ **partout** to be aching all over ◆ **avoir** ~ **à la gorge** to have a sore throat ◆ **avoir** ~ **à la tête** to have a headache ◆ **j'ai** ~ **au dos** I've got backache ◆ **faire** ~ **(à)** to hurt ◆ **ces chaussures me font** ~ **aux pieds** these shoes hurt my feet ◆ **se faire** ~ to hurt o.s. ◆ **se faire** ~ **au genou** to hurt one's knee ◆ **ça me fait** ~ **au cœur** it breaks my heart ◆ **avoir le** ~ **de mer** to be seasick ◆ **avoir le** ~ **du pays** to be homesick

c (= dommage) harm ◆ **il n'y a pas de** ~ **à ça** there's no harm in that ◆ **vouloir du** ~ **à qn** to wish sb ill

d (= difficulté) ◆ **j'ai du** ~ I find it hard ◆ **avoir du** ~ **à faire qch** to have trouble doing sth

◆ **donner du ~ à qn** to give sb trouble ◆ **se donner du ~ pour faire qch** to take trouble over sth

malade [malad] **1** ADJ **a** [personne] ill; [organe, plante] diseased ◆ **être ~ du cœur** to have heart trouble ◆ **tomber ~** to fall ill ◆ **j'ai été ~** (= j'ai vomi) I was sick ◆ **être ~ d'inquiétude** to be sick with worry **b** (= fou) mad **2** NMF **a** sick person; (d'un médecin) patient ▸ **malade mental** mentally ill person **b** (* = fou) maniac * ◆ **il conduit comme un ~** he drives like a maniac *

maladie [maladi] NF illness; [de plante] disease ◆ **tu ne vas pas en faire une ~ !** * don't get in such a state over it! ▸ **maladie mentale** mental illness ▸ **maladie de peau** skin disease ▸ **maladie sexuellement transmissible** sexually transmitted disease ▸ **maladie de la vache folle** mad cow disease

maladresse [maladrɛs] NF **a** (= gaucherie, indélicatesse) clumsiness **b** (= bévue) blunder ◆ **~s de style** awkward turns of phrase

maladroit, e [maladrwa, wat] ADJ **a** (= malhabile) clumsy **b** (= inconsidéré) tactless

malaise [malɛz] NM **a** (= étourdissement) dizzy spell ◆ **~ cardiaque** mild heart attack ◆ **avoir un ~** to feel faint **b** (= trouble) uneasiness ◆ **il y a comme un ~** * there seems to be a bit of a problem **c** (= crise) unrest

Malaisie [malɛzi] NF Malaysia

malaisien, -ienne [malɛzjɛ̃, jɛn] **1** ADJ Malaysian **2** **Malaisien(ne)** NM,F Malaysian

malaria [malarja] NF malaria *NonC*

malaxer [malakse] ▸ conjug 1 ◀ VT [+ argile, pâte] to knead; [+ muscle] to massage; [+ beurre] to cream

malbouffe [malbuf] NF unhealthy eating

malchance [malʃɑ̃s] NF bad luck ◆ **j'ai eu la ~ de ...** I had the misfortune to ... ◆ **par ~** as ill luck would have it

malchanceux, -euse [malʃɑ̃sø, øz] ADJ unlucky

mâle [mɑl] **1** ADJ male; (= viril) manly **2** NM male

malédiction [malediksjɔ̃] NF curse

maléfice [malefis] NM evil spell

maléfique [malefik] ADJ evil

malencontreux, -euse [malɑ̃kɔ̃trø, øz] ADJ unfortunate; [geste] awkward

malentendants [malɑ̃tɑ̃dɑ̃] NMPL ◆ **les ~** hearing-impaired people

malentendu [malɑ̃tɑ̃dy] NM misunderstanding

malfaçon [malfasɔ̃] NF fault *(due to poor workmanship)*

malfaisant, e [malfəzɑ̃, ɑ̃t] ADJ [personne, influence] evil

malfaiteur [malfɛtœr] NM criminal

malformation [malfɔrmasjɔ̃] NF malformation

malgache [malgaʃ] **1** ADJ Malagasy **2** **Malgache** NMF Malagasy

malgré [malgre] PRÉP in spite of ◆ **j'ai signé ce contrat ~ moi** (en hésitant) I signed the contract against my better judgment; (contraint et forcé) I signed the contract against my will ◆ **il est devenu célèbre ~ lui** he became famous in spite of himself ◆ **~ tout** (= en dépit de tout) in spite of everything; (= quand même) all the same

malhabile [malabil] ADJ clumsy

malheur [malœr] NM **a** (= événement pénible) misfortune ◆ **un ~ est si vite arrivé** accidents happen so easily ◆ **si par ~ ...** if by some mischance ... ◆ **faire un ~** (= avoir un gros succès) to be a big hit ◆ **il a eu le ~ de dire que cela ne lui plaisait pas** he made the big mistake of saying he didn't like it ◆ **de ~** * (= maudit) wretched **b** ◆ **le ~** (= la malchance) misfortune ◆ **dans son ~** amid all his misfortune ◆ **le ~ a voulu qu'un policier le voie** as ill luck would have it a policeman saw him

malheureusement [malørøzmɑ̃] ADV unfortunately

malheureux, -euse [malørø, øz] **1** ADJ **a** (= triste) unhappy ◆ **rendre qn ~** to make sb unhappy **b** (= regrettable) unfortunate ◆ **pour un mot ~** because of an unfortunate remark **c** (après le nom = malchanceux) [candidat, tentative] unsuccessful **d** (avant le nom = insignifiant) wretched ◆ **toute une histoire pour quelques ~ euros** all that fuss about a few wretched euros **2** NM,F (= infortuné) poor wretch; (= indigent) needy person

malhonnête [malɔnɛt] ADJ (= déloyal) dishonest

malhonnêteté [malɔnɛtte] NF dishonesty

Mali [mali] NM Mali

malice [malis] NF **a** (= espièglerie) mischievousness **b** (= méchanceté) malice

malicieux, -ieuse [malisjø, jøz] ADJ mischievous

malien, -enne [maljɛ̃, ɛn] **1** ADJ Malian **2** **Malien(ne)** NM,F Malian

malin, maligne maline * [malɛ̃, malin] **1** ADJ **a** (= astucieux) smart; (= rusé) crafty ◆ **il est ~ comme un singe** [adulte] he's a crafty old devil * ◆ **c'est ~ !** oh, very clever! **b** (= mauvais) ◆ **prendre un ~ plaisir à faire qch** to take malicious pleasure in doing sth **c**

(Méd) malignant **2** NM,F ✦ **c'est un petit ~** he's a crafty one ✦ **ne fais pas le ~** * don't try to show off

malingre [malɛ̃gʀ] ADJ puny

malle [mal] NF **a** (= valise) trunk ✦ **ils se sont fait la ~** * they've cleared off* **b** [de voiture] boot (Brit), trunk (US)

malléable [maleabl] ADJ malleable

mallette [malɛt] NF **a** (= valise) small suitcase; (= porte-documents) briefcase **b** (Belg = cartable) schoolbag

malmener [malmәne] ▸ conjug 5 ◂ VT (= brutaliser) to manhandle ✦ **être malmené par la critique** to be given a rough ride by the critics

malnutrition [malnytʀisjɔ̃] NF malnutrition

malodorant, e [malɔdɔʀɑ̃, ɑ̃t] ADJ smelly

malotru [malɔtʀy] NM lout

Malouines [malwin] NFPL ✦ **les ~** the Falkland Islands

malpoli, e [malpɔli] ADJ impolite

malpropre [malpʀɔpʀ] ADJ (= sale) dirty

malsain, e [malsɛ̃, ɛn] ADJ unhealthy; [film] sick

malt [malt] NM malt ✦ **whisky pur ~** malt whisky

maltais, e [maltɛ, ɛz] **1** ADJ Maltese **2** Maltais(e) NM,F Maltese

Malte [malt] NF Malta

maltraiter [maltʀete] ▸ conjug 1 ◂ VT **a** (= brutaliser) to ill-treat; [+ enfant] to abuse **b** [+ langue, grammaire] to misuse **c** (= critiquer) to tear apart

malus [malys] NM surcharge *(for vehicle insurance)*

malveillant, e [malvɛjɑ̃, ɑ̃t] ADJ malevolent

malversations [malvɛʀsasjɔ̃] NFPL embezzlement *NonC*

malvoyant, e [malvwajɑ̃, ɑ̃t] NM,F person who is partially sighted ✦ **les ~s** the partially sighted

maman [mamɑ̃] NF mum * (Brit), mom * (US)

mamelle [mamɛl] NF teat

mamie * [mami] NF (= grand-mère) granny *

mammifère [mamifɛʀ] NM mammal

mammouth [mamut] NM mammoth

manager¹ [manadʒɛʀ] NM manager; [d'acteur] agent

manager² [mana(d)ʒe] ▸ conjug 3 ◂ VT to manage

Manche [mɑ̃ʃ] NF ✦ **la ~** (= mer) the English Channel

manche¹ [mɑ̃ʃ] NF **a** [de vêtement] sleeve ✦ **à manches courtes/longues** short-/long-sleeved

✦ **sans manches** sleeveless ✦ **faire la manche** * [artiste] to perform in the streets **b** (= partie) round; (Tennis) set

manche² [mɑ̃ʃ] NM [d'outil] handle ▸ **manche à balai** [d'avion] joystick

manchette [mɑ̃ʃɛt] NF **a** [de chemise] cuff **b** (= titre) headline

manchon [mɑ̃ʃɔ̃] NM **a** (pour les mains) muff **b** [de volaille] ✦ **~s de canard** duck wings *(preserved in fat)*

manchot, e [mɑ̃ʃo, ɔt] **1** NM,F ✦ **il est ~** (= n'a qu'un bras) he's only got one arm **2** NM (= animal) penguin

mandarine [mɑ̃daʀin] NF satsuma

mandat [mɑ̃da] NM **a** (= fonction) mandate ✦ **la durée du ~ présidentiel** the president's term of office **b** ✦ **~ postal** money order **c** (Droit) ✦ **~ d'arrêt** ≈ warrant for arrest ✦ **~ de perquisition** search warrant

mandoline [mɑ̃dɔlin] NF mandolin

manège [manɛʒ] NM **a** [de fête foraine] fairground attraction; (de chevaux de bois) merry-go-round **b** [d'équitation] indoor school **c** (= agissements) game

manette [manɛt] NF lever ✦ **des gaz** throttle lever ✦ **~ de jeux** joystick

mangeable [mɑ̃ʒabl] ADJ edible

mangeoire [mɑ̃ʒwaʀ] NF trough

manger [mɑ̃ʒe] ▸ conjug 3 ◂ **1** VT **a** to eat ✦ **donner à ~ à qn** to feed sb ✦ **faire ~ qch à qn** to give sb sth to eat ✦ **on mange bien/mal ici** the food is good/bad here ✦ **~ au restaurant** to eat out ✦ **c'est l'heure de ~** (midi) it's lunchtime; (soir) it's dinnertime ✦ **inviter qn à ~** to invite sb for a meal **b** [+ fortune, économies] to squander ✦ **~ ses mots** to swallow one's words **2** se manger VPR ✦ **est-ce que ça se mange ?** can you eat it? ✦ **ce plat se mange très chaud** this dish should be eaten piping hot

mangue [mɑ̃g] NF mango

maniable [manjabl] ADJ **a** [objet, taille] manageable; [véhicule] manoeuvrable **b** [personne] impressionable

maniaque [manjak] **1** ADJ [personne] fussy **2** NMF **a** (= fou) maniac **b** (= fanatique) fanatic

manie [mani] NF **a** (= habitude) odd habit ✦ **avoir ses petites ~s** to have one's little ways **b** (= obsession) mania

manier [manje] ▸ conjug 7 ◂ VT to handle ✦ **savoir l'ironie** to be skilful use of irony

manière [manjɛʀ] **1** NF (= façon) way ✦ **sa ~ d'agir/de parler** the way he behaves/speaks ✦ **il le fera à sa ~** he'll do it his own way ✦ **employer la ~ forte** to use strong-arm methods ✦ **de cette ~** in this way ✦ **de quelle ~ as-tu**

fait cela ? how did you do that? ◆ **de toute ~** in any case ◆ **d'une ~ générale** generally speaking ◆ **de telle ~ que ...** in such a way that ... ◆ **de ~ à faire** so as to do ◆ **de ~ à ce que nous arrivions à l'heure** so that we get there on time **2 manières** NFPL manners ◆ **en voilà des ~s !** what a way to behave! ◆ **faire des ~s** (chichis) to make a fuss

maniéré, e [manjeRe] ADJ (= affecté) affected

manif * [manif] NF demo *

manifestant, e [manifɛstɑ̃, ɑ̃t] NM,F demonstrator

manifestation [manifɛstasjɔ̃] NF **a** (= protestation) demonstration **b** (culturelle, sportive) event **c** [de sentiment] expression; [de maladie] (= apparition) appearance

manifeste [manifɛst] **1** ADJ [vérité, injustice] manifest; [sentiment, différence] obvious **2** NM manifesto

manifestement [manifɛstəmɑ̃] ADV obviously

manifester [manifɛste] ► conjug 1 ◄ **1** VT to show **2** VI (= protester) to demonstrate **3** se **manifester** VPR **a** [émotion] to express itself; [phénomène] to appear ◆ **cette maladie se manifeste par l'apparition de boutons** the appearance of a rash is the first symptom of this disease **b** (par écrit, par téléphone) to get in touch; [candidat, témoin] to come forward

manigancer [manigɑ̃se] ► conjug 3 ◄ VT to plot ◆ **qu'est-ce qu'il manigance maintenant ?** what's he up to now?

manioc [manjɔk] NM manioc

manipulation [manipylasjɔ̃] NF **a** (= maniement) handling **b** [de personnes] manipulation *NonC* ◆ **~s électorales** vote-rigging

manipuler [manipyle] ► conjug 1 ◄ VT **a** [+ objet, produit] to handle **b** [+ personnes] to manipulate; [+ statistiques] to doctor

manivelle [manivɛl] NF handle; [de voiture] crank

mannequin [mankɛ̃] NM **a** (= personne) model **b** (= objet) dummy

manœuvre [manœvR] **1** NF manoeuvre (Brit), maneuver (US); (= machination) ploy ◆ **fausse ~** (fig) wrong move ◆ **être en ~s** to be on manoeuvres ◆ **~s électorales** vote-catching ploys **2** NM labourer

manœuvrer [manœvRe] ► conjug 1 ◄ **1** VT **a** [+ véhicule] to manoeuvre (Brit), to maneuver (US); [+ machine] to operate **b** [+ personne] to manipulate **2** VI to manoeuvre (Brit), to maneuver (US)

manoir [manwaR] NM manor house

manque [mɑ̃k] NM **a** lack ◆ **par ~ de** through lack of ► **manque à gagner** loss of earnings **b** (= lacune) gap **c** ◆ **être en ~** to be suffering from withdrawal symptoms

manqué, e [mɑ̃ke] ADJ [essai] failed; [occasion] wasted

manquer [mɑ̃ke] ► conjug 1 ◄ **1** VT **a** [+ but, occasion, personne, train] to miss ◆ **c'est un film à ne pas ~** it's a film that's not to be missed **b** [+ photo, gâteau] to spoil **c** (= être absent de) to miss **2** VT INDIR ◆ **manquer de qch** to lack sth ◆ **ils ne manquent de rien** they want for nothing ◆ **on manque d'air ici** there's no air in here ◆ **tu ne manques pas de culot !** * you've got some nerve! * ◆ **elle a manqué de se faire écraser** she nearly got run over **3** VI **a** (= faire défaut) to be lacking ◆ **les occasions ne manquent pas** there is no shortage of opportunities ◆ **ce qui lui manque, c'est l'imagination** what he lacks is imagination **b** (= être absent) to be absent **c** (= être regretté) ◆ **il nous manque** we miss him **4** VB IMPERS ◆ **il manque un pied à la chaise** there's a leg missing from the chair ◆ **il manque dix personnes** (= elles ont disparu) there are ten people missing; (= on en a besoin) we are ten people short ◆ **il ne manquait plus que ça !** that's all we needed! **5** se **manquer** VPR (à un rendez-vous) to miss each other

mansardé, e [mɑ̃saRde] ADJ [chambre] attic *avant le nom* ◆ **la chambre est ~e** the room has a sloping ceiling

manteau (pl **~x**) [mɑ̃to] NM **a** (= vêtement) coat **b** [de neige] blanket

manucure [manykyR] **1** NMF (= personne) manicurist **2** NF (= soins) manicure

manuel, -elle [manɥɛl] **1** ADJ manual **2** NM,F ◆ **ce n'est pas un ~** he's not very good with his hands **3** NM (= livre) manual ► **manuel scolaire** textbook

manufacture [manyfaktyR] NF **a** (= usine) factory **b** (= fabrication) manufacture

manuscrit, e [manyskRi, it] **1** ADJ (= écrit à la main) handwritten **2** NM manuscript

manutention [manytɑ̃sjɔ̃] NF (= opération) handling

manutentionnaire [manytɑ̃sjɔnɛR] NMF packer

mappemonde [mapmɔ̃d] NF (= carte) map of the world; (= sphère) globe

maquereau (pl **~x**) [makRo] NM **a** (= poisson) mackerel **b** (*⁎* = proxénète) pimp

maquette [makɛt] NF model; (= mise en page) layout

maquillage [makijaʒ] NM (= cosmétiques) make-up

maquiller [makije] ► conjug 1 ◄ **1** VT **a** [+ visage, personne] to make up **b** [+ vérité, faits] to fake; [+ résultats, chiffres] to massage; [+ voiture] to disguise ◆ **le meurtre avait été maquillé en accident** the murder had been made to look like an accident **2** **se maquiller** VPR to put on one's make-up

maquis [maki] NM scrub; (deuxième guerre mondiale) maquis ◆ **prendre le ~** to go underground

maraîcher, -ère [maʀeʃe, ɛʀ] **1** NM,F market gardener (Brit), truck farmer (US) **2** ADJ ◆ **culture maraîchère** market gardening NonC (Brit), truck farming NonC (US)

marais [maʀɛ] NM (= terrain) marsh ◆ **~ salant** salt marsh

marasme [maʀasm] NM slump

marathon [maʀatɔ̃] NM marathon

marbre [maʀbʀ] NM **a** (= pierre) marble ◆ **rester de ~** to remain stony-faced **b** (= statue) marble statue

marbré, e [maʀbʀe] ADJ [papier] marbled; [peau] blotchy ◆ **gâteau ~** marble cake

marc [maʀ] NM **a** (= eau de vie) marc brandy ◆ **~ de café** (coffee) grounds

marchand, e [maʀʃɑ̃, ɑ̃d] **1** ADJ [valeur] market; [rue] shopping avant le nom **2** NM,F (= boutiquier) shopkeeper; (sur un marché) stallholder; [de vins, fruits] merchant; [de meubles, cycles] dealer ▶ **marchand ambulant** door-to-door salesman ▶ **marchand de glaces** ice cream vendor ▶ **marchand de journaux** newsagent (Brit), newsdealer (US) ▶ **marchand de légumes** greengrocer (Brit), produce dealer (US) ▶ **marchand des quatre saisons** stallholder selling fresh fruit and vegetables

marchander [maʀʃɑ̃de] ▶ conjug 1 ◄ VI to haggle

marchandise [maʀʃɑ̃diz] NF (= article) commodity ◆ **~s** goods

marche [maʀʃ] NF **a** (= activité, Sport) walking ◆ **il fait de la ~** he goes walking ◆ **chaussures de ~** walking shoes **b** (= trajet) walk ◆ **le village est à deux heures de ~ d'ici** the village is a two-hour walk from here **c** (= procession, musique) march **d** (= fonctionnement) running ◆ **en bon état de ~** in good working order ◆ **~/arrêt** on/off ◆ **être en ~** [moteur] to be running; [machine] to be on ◆ **mettre en ~** [+ moteur, voiture] to start; [+ machine] to turn on ◆ **j'ai pris le bus en ~** I jumped onto the bus while it was moving **e** [d'événements, opérations] course; [d'histoire, temps] march **f** [d'escalier] step **g** ▶ **marche arrière** (sur voiture) reverse ◆ **entrer/sortir en ~ arrière** to reverse in/out ◆ **faire ~ arrière** to reverse; (fig) to back-pedal

marché [maʀʃe] NM **a** market ◆ **~ aux fleurs** flower market ◆ **aller faire son ~** to go to the market; (plus général) to go shopping ▶ **marché aux puces** flea market ▶ **le marché unique européen** the single European market **b** (= transaction, contrat) deal ◆ **conclure un ~ avec qn** to make a deal with sb ◆ **~ conclu !** it's a deal! **c** ◆ **bon ~** cheap ◆ **faire du ~ noir** to buy and sell on the black market

marchepied [maʀʃəpje] NM [de train] step

marcher [maʀʃe] ▶ conjug 1 ◄ VI **a** to walk; [soldats] to march ◆ **~ dans une flaque d'eau** to step in a puddle ◆ **~ sur les pieds de qn** to tread on sb's toes **b** (* = être dupe) ◆ **on lui raconte n'importe quoi et il marche** you can tell him anything and he'll swallow it * ◆ **il n'a pas voulu ~ dans la combine** he didn't want to be involved in the affair ◆ **faire ~ qn** to pull sb's leg **c** (= fonctionner) to work; (= fonctionner bien) to go well ◆ **faire ~** [+ appareil] to work ◆ **ça marche à l'électricité** it's electric ◆ **le film a bien marché en Europe** the film was a big success in Europe ◆ **ça marche pour lundi** Monday is fine

marcheur, -euse [maʀʃœʀ, øz] NM,F walker

mardi [maʀdi] NM Tuesday ◆ **Mardi gras** Shrove Tuesday, Mardi Gras; pour autres loc voir **samedi**

mare [maʀ] NF **a** (= étang) pond **b** (= flaque) pool

marécage [maʀekaʒ] NM marsh

marécageux, -euse [maʀekaʒø, øz] ADJ [terrain, zone] marshy

maréchal (pl -aux) [maʀeʃal, o] NM marshal

marée [maʀe] NF [de mer] tide ◆ **à ~ haute/basse** at high/low tide ◆ **~ noire** oil slick ◆ **~ humaine** great flood of people

marelle [maʀɛl] NF (= jeu) hopscotch

margarine [maʀgaʀin] NF margarine

marge [maʀʒ] NF **a** [de feuille] margin ◆ **en ~** in the margin ◆ **vivre en ~ de la société** to live on the fringe of society **b** (= latitude) ◆ **il y a de la ~** (du temps) there's time to spare; (de l'espace) there's plenty of room ▶ **marge bénéficiaire** profit margin ▶ **marge d'erreur** margin of error

marginal, e (mpl -aux) [maʀʒinal, o] **1** ADJ **a** (= secondaire) marginal **b** (= non conformiste) unconventional **2** NM,F (= déshérité) dropout; (= non-conformiste) unconventional figure

marguerite [maʀgəʀit] NF (= fleur) daisy

mari [maʀi] NM husband

mariage [maʀjaʒ] NM **a** (= cérémonie) wedding ◆ **~ civil/religieux** civil/church wedding **b** (= institution, union) marriage ◆ **ils ont fêté leurs 20 ans de ~** they celebrated their 20th wedding anniversary ◆ **il l'a demandée en ~**

he asked if he could marry her ◆ **faire un ~ d'amour** to marry for love **c** [de couleurs, matières] blend

marié, e [maʀje] **1** ADJ married **2** NM groom ◆ **les ~s** the bride and groom **3** **mariée** NF bride

marier [maʀje] ► conjug 7 ◄ **1** VT **a** [maire, prêtre] to marry **b** [+ couleurs, saveurs, styles] to blend **2** **se marier** VPR **a** [personne] to get married (avec to) **b** [couleurs, saveurs, styles] to blend ◆ **le rose se marie très bien avec le noir** pink goes very well with black

marihuana, marijuana [maʀiʀwana] NF marijuana

marin, e¹ [maʀɛ̃, in] **1** ADJ [air] sea; [carte] nautical; [faune, flore] marine **2** NM sailor ◆ ~ **pêcheur** fisherman

marina [maʀina] NF marina

marinade [maʀinad] NF marinade

marine² [maʀin] **1** NF **a** (= flotte, administration) navy ◆ **marine marchande** merchant navy **b** (= tableau) seascape **2** NM (= soldat) Marine **3** ADJ INV (couleur) navy blue

mariner [maʀine] ► conjug 1 ◄ VI **a** to marinade ◆ **faire** ~ to marinade **b** (* = attendre) to hang about * ◆ ~ **en prison** to stew * in prison ◆ **faire** ~ **qn** to let sb stew *

marionnette [maʀjɔnɛt] NF (= pantin) puppet ◆ **spectacle de** ~s puppet show

maritime [maʀitim] ADJ **a** [climat, province] maritime; [ville] seaside **b** [navigation] maritime; [commerce, droit] shipping

mark [maʀk] NM mark

marketing [maʀketiŋ] NM marketing ◆ ~ **téléphonique** telemarketing

marmelade [maʀməlad] NF stewed fruit ◆ ~ **de poires** stewed pears ◆ ~ **d'oranges** marmalade ◆ **avoir le nez en** ~ to have one's nose reduced to a pulp

marmite [maʀmit] NF pot

marmonner [maʀmɔne] ► conjug 1 ◄ VTI to mutter

marmot * [maʀmo] NM kid

marmotte [maʀmɔt] NF marmot

marmotter [maʀmɔte] ► conjug 1 ◄ VTI to mutter

Maroc [maʀɔk] NM Morocco

marocain, e [maʀɔkɛ̃, ɛn] **1** ADJ Moroccan **2** **Marocain(e)** NM,F Moroccan

maroquinerie [maʀɔkinʀi] NF (= boutique) shop selling fine leather goods; (= articles) fine leather goods

marquant, e [maʀkɑ̃, ɑ̃t] ADJ [figure, événement] outstanding; [souvenir] vivid

marque [maʀk] NF **a** (= repère, trace) mark; (= preuve) token ◆ ~s **de doigts** fingermarks ◆ **il portait des** ~s **de coups** he showed signs of having been beaten **b** [d'or, argent] hallmark **c** [de nourriture, produits chimiques] brand; [d'automobiles, produits manufacturés] make ◆ **produits de** ~ high-class products ◆ **visiteur de** ~ important visitor ► **marque déposée** registered trademark **d** (= décompte de points) ◆ **la** ~ the score **e** (Sport) ◆ **à vos** ~s ! **prêts ! partez !** on your marks! get set! go!

marqué, e [maʀke] ADJ (= accentué) marked

marque-page (pl ~s) [maʀk(ə)paʒ] NM bookmark

marquer [maʀke] ► conjug 1 ◄ VT **a** (par un signe distinctif) to mark (de with); [+ bétail] to brand **b** [thermomètre, horloge] to show; [balance] to register **c** (= écrire) to write down **d** (= affecter) to affect ◆ **ça m'a beaucoup marqué** it made a deep impression on me **e** (Sport) [+ joueur] to mark; [+ but, essai] to score ◆ ~ **les points** to keep the score

marqueterie [maʀkɛtʀi] NF marquetry

marqueur [maʀkœʀ] NM (= stylo) marker pen

marquis [maʀki] NM marquis

marquise [maʀkiz] NF **a** (= noble) marchioness **b** (= tente de jardin) marquee (Brit), garden tent (US)

marraine [maʀɛn] NF [d'enfant] godmother; [de navire] christener

marrant, e * [maʀɑ̃, ɑ̃t] ADJ funny ◆ **tu es** ~, **toi ! comment je vais faire sans voiture ?** come on! what am I going to do without a car?

marre * [maʀ] ADV ◆ **en avoir** ~ to be fed up * (de with) ◆ **il y en a un** ~ ! that's enough!

marrer (se) * [maʀe] ► conjug 1 ◄ VPR to laugh ◆ **on s'est bien marrés !** (= on a ri) we had a good laugh! *; (= on s'est bien amusés) we had a great time!

marron [maʀɔ̃] **1** NM **a** (= fruit) chestnut ◆ ~s **chauds** roast chestnuts ► **marron glacé** marron glacé **b** (= couleur) brown **c** (* = coup) thump **2** ADJ INV (= couleur) brown

marronnier [maʀɔnje] NM chestnut tree

mars [maʀs] NM March; pour loc voir **septembre**

marseillais, e [maʀsejɛ, ɛz] **1** ADJ of ou from Marseilles **2** **Marseillais(e)** NM,F inhabitant ou native of Marseilles **3** NF ◆ **la Marseillaise** the Marseillaise (French National Anthem)

Marseille [maʀsɛj] N Marseille(s)

marteau (pl ~x) [maʀto] NM (= outil) hammer; [de président, juge] gavel ◆ **donner un coup de** ~ **sur qch** to hit sth with a hammer

marteau-piqueur (pl marteaux-piqueurs) [maʀtopikœʀ] NM pneumatic drill

marteler [maʀtəle] ► conjug 5 ◄ VT to hammer; [+ thème, message] to drum out

martial, e (mpl -iaux) [maʀsjal, jo] ADJ [art] martial

martien, -ienne [maʀsjɛ̃, jɛn] NM,F Martian

martiniquais, e [maʀtinike, ɛz] **1** ADJ of ou from Martinique **2 Martiniquais(e)** NM,F inhabitant ou native of Martinique

Martinique [maʀtinik] NF Martinique

martin-pêcheur (pl **martins-pêcheurs**) [maʀtɛ̃peʃœʀ] NM kingfisher

martyr, e[1] [maʀtiʀ] **1** ADJ martyred ◆ **enfant ~** battered child **2** NM,F martyr

martyre[2] [maʀtiʀ] NM martyrdom

martyriser [maʀtiʀize] ► conjug 1 ◄ VT [+ personne, animal] to torture; [+ élève] to bully

marxisme [maʀksism] NM Marxism

marxiste [maʀksist] ADJ, NMF Marxist

mas [mɑ(s)] NM house in Provence

mascara [maskaʀa] NM mascara

mascarade [maskaʀad] NF (= tromperie) masquerade

mascotte [maskɔt] NF mascot

masculin, e [maskylɛ̃, in] **1** ADJ **a** (= d'homme) male; [mode] men's; [femme, silhouette] masculine ◆ **l'équipe ~e** the men's team **b** (Gram) masculine **2** NM masculine

maso * [mazo] **1** ADJ masochistic **2** NMF masochist

masochisme [mazɔsism] NM masochism

masochiste [mazɔsist] **1** ADJ masochistic **2** NMF masochist

masque [mask] NM **a** mask ◆ **~ de plongée** diving mask ◆ **~ à gaz** gas mask ◆ **~ à oxygène** oxygen mask **b** (= cosmétique) face pack ◆ **~ nettoyant** cleansing mask

masquer [maske] ► conjug 1 ◄ VT to mask (à qn from sb); [+ lumière] to screen; [+ vue] to block out

massacre [masakʀ] NM massacre ◆ **envoyer des soldats au ~** to send soldiers to the slaughter ◆ **faire un ~ ** * [spectacle, chanteur] to be a roaring success *

massacrer [masakʀe] ► conjug 1 ◄ VT **a** [+ personnes] to massacre **b** * [+ opéra, pièce] to murder; [+ travail] to make a mess of **c** (* = vaincre) [+ adversaire] to massacre

massage [masaʒ] NM massage ◆ **faire un ~ à qn** to give sb a massage

masse [mas] NF **a** (= volume) mass ◆ **~ de nuages** bank of clouds ◆ **~ d'air** air mass ◆ **taillé dans la ~** carved from the block ◆ **tomber comme une ~** to slump down in a heap ◆ **des ~s de** * (= beaucoup de) masses of

◆ **tu as aimé ce film ? – pas des ~s !** * did you like that film? – not much! ◆ **en ~** [exécutions, production] mass avant le nom ◆ **ils sont venus en ~ à son concert** people flocked to his concert **b** (= foule) ◆ **les ~s** the masses ◆ **tourisme/ production de ~** mass tourism/production **c** (Élec) earth (Brit), ground (US) ◆ **mettre à la ~** to earth (Brit), to ground (US) **d** (= maillet) sledgehammer

masser [mase] ► conjug 1 ◄ **1** VT **a** [+ personne, muscle] to massage ◆ **se faire ~** to have a massage **b** (= grouper) to gather together; [+ troupes] to mass **2 se masser** VPR **a** [personne] ◆ **se ~ la cheville** to massage one's ankle **b** [foule] to gather

masseur [masœʀ] NM masseur

masseuse [masøz] NF masseuse

massif, -ive [masif, iv] **1** ADJ **a** [meuble, bâtiment, porte] massive; [personne] sturdily built **b** [or, bois] solid **c** [afflux, bombardements, dose] massive; [arrestations, licenciements] mass avant le nom **2** NM **a** (montagneux) massif ◆ **le Massif central** the Massif Central **b** [d'arbres] clump ◆ **~ de fleurs** flower bed

mass media [masmedja] NMPL mass media

massue [masy] NF club

mastic [mastik] NM [de vitrier] putty; [de menuisier] filler

mastiquer [mastike] ► conjug 1 ◄ VT (= mâcher) to chew

masturber (se) [mastyʀbe] ► conjug 1 ◄ VPR to masturbate

mat[1] [mat] ADJ INV (aux échecs) ◆ **être mat** to be in checkmate

mat[2]**, e** [mat] ADJ (= sans éclat) matt; [bruit] dull; [peau, teint] dark

mât [mɑ] NM [de bateau] mast

match [matʃ] NM (Sport) match ◆ **~ aller/retour** first-leg/return match ◆ **~ nul** tie ◆ **faire ~ nul** they tied

matelas [mat(ə)lɑ] NM mattress ◆ **~ pneumatique** (= lit) air bed; (de plage) Lilo ® (Brit), air mattress (US)

matelassé, e [mat(ə)lase] ADJ quilted

matelot [mat(ə)lo] NM sailor

mater [mate] ► conjug 1 ◄ VT **a** [+ rebelles] to subdue; [+ révolution] to suppress; [+ enfant] to take in hand **b** (* = regarder) to eye up *

matérialiser (se) [mateʀjalize] ► conjug 1 ◄ VPR to materialize

matérialiste [mateʀjalist] ADJ materialistic

matériau (pl ~x) [mateʀjo] NM material ◆ **~x de construction** building materials

matériel, -elle [mateʀjɛl] **1** ADJ **a** [dégâts, monde, confort, aide] material **b** (= financier) financial **c** [organisation, obstacles] practical **2** NM equipment ◆ ~ (= documentation) material ◆ ~ **de bureau** office equipment ◆ ~ **informatique** hardware

maternel, -elle [matɛʀnɛl] **1** ADJ [instinct, amour] maternal; [geste, soin] motherly ◆ **lait** ~ mother's milk ◆ **mon grand-père (du côté)** ~ my grandfather on my mother's side **2 maternelle** NF (= école) nursery school ◆ **en** ~**le** at nursery school

maternité [matɛʀnite] NF **a** (= hôpital) maternity hospital **b** (= état de mère) maternity; (= grossesse) pregnancy

mathématicien, -ienne [matematisjɛ̃, jɛn] NM,F mathematician

mathématique [matematik] **1** ADJ mathematical **2 mathématiques** NFPL mathematics sg

math(s) * [mat] NFPL (abrév de **mathématiques**) maths * (Brit), math * (US)

matière [matjɛʀ] NF **a** (= substance) ◆ **la** ~ matter ◆ ~**s dangereuses** hazardous materials ▸ **matière(s) grasse(s)** fat ◆ **yaourt à 15% de** ~ **grasse** yoghurt with 15% fat content ▸ **matière grise** grey (Brit) ou gray (US) matter ▸ **matière première** raw material **b** (= discipline) subject ◆ **il est très ignorant en la** ~ he is completely ignorant on the subject ◆ **il y a là** ~ **à réflexion** this is a matter for serious thought

Matignon [matiɲɔ̃] NM the offices of the French Prime Minister

matin [matɛ̃] NM morning ◆ **2 heures du** ~ 2 am ◆ **du** ~ **au soir** from morning till night ◆ **je ne travaille que le** ~ I only work in the morning ◆ **de bon** ~ early in the morning ◆ **nous avons parlé jusqu'au petit** ~ we talked into the small hours

matinal, e (mpl **-aux**) [matinal, o] ADJ **a** [tâches, toilette] morning ◆ **gelée** ~**e** early-morning frost ◆ **à cette heure** ~**e** at this early hour **b** [personne] ◆ **être** ~ to be an early riser ◆ **il est bien** ~ **aujourd'hui** he's up early today

matinée [matine] NF **a** (= matin) morning ◆ **demain dans la** ~ sometime tomorrow morning ◆ **en début/fin de** ~ at the beginning/end of the morning **b** (Ciné, Théâtre) matinée

matou [matu] NM tomcat

matraquage [matʀakaʒ] NM (par les médias) plugging ◆ ~ **publicitaire** media hype *

matraque [matʀak] NF [de police] baton

matraquer [matʀake] ▸ conjug 1 ◂ VT **a** [police] to beat up *(with a truncheon)* **b** [+ chanson, produit, publicité] to plug; [+ public] to bombard (de with)

matricule [matʀikyl] NM reference number; [de soldat] regimental number

matrimonial, e (mpl **-iaux**) [matʀimɔnjal, jo] ADJ matrimonial; → **agence**

maturité [matyʀite] NF **a** [de personne] maturity ◆ **arriver à** ~ [fruit] to become ripe; [idée] to come to maturity **b** (Helv = baccalauréat) ≈ A-levels (Brit), = high school diploma (US)

maudire [modiʀ] ▸ conjug 2 ◂ VT to curse

maudit, e * [modi, it] ADJ (= fichu) (avant le nom) blasted *

maugréer [mogʀee] ▸ conjug 1 ◂ VI to grumble (contre about)

Maurice [moʀis] N ◆ **(île)** ~ Mauritius

mauricien, -ienne [moʀisjɛ̃, jɛn] **1** ADJ Mauritian **2 Mauricien(ne)** NM,F Mauritian

mausolée [mozɔle] NM mausoleum

maussade [mosad] ADJ [personne] sullen; [ciel, temps] gloomy ◆ **d'un air** ~ sullenly

mauvais, e [movɛ, ɛz] ADJ **a** bad (en at); [excuse] poor; [mer] rough ◆ **un** ~ **contact** a faulty connection ◆ **la balle est** ~**e** the ball is out ◆ **il fait** ~ **aujourd'hui** the weather's bad today **b** (= faux) wrong ◆ **il roulait sur le** ~ **côté de la route** he was driving on the wrong side of the road **c** (= méchant) [sourire, regard] nasty; [personne, joie] malicious ◆ **faire un** ~ **coup** to play a mean trick (à qn on sb)

mauve [mov] ADJ, NM mauve

mauviette [movjɛt] NF wimp *

maux [mo] NMPL → **mal**

maxi [maksi] **1** PRÉF ◆ **maxi(-)** maxi **2** ADJ INV (* = maximum) maximum

maximal, e (mpl **-aux**) [maksimal, o] ADJ maximum

maxime [maksim] NF maxim

maximum [maksimɔm] **1** ADJ maximum **2** NM maximum; (= peine) maximum sentence ◆ **faire le** ~ to do one's utmost (pour to) ◆ **au** ~ at the maximum **3** ADV at the maximum ◆ **j'en ai pour deux heures** ~ I'll be two hours at the maximum ◆ **à six heures** ~ at six o'clock at the latest

mayonnaise [majɔnɛz] NF mayonnaise ◆ **œufs** ~ eggs mayonnaise

mazout [mazut] NM heating oil ◆ **poêle à** ~ oil-fired stove

me, m' [m(ə)] PRON PERS **a** (objet) me ◆ ~ **voyez-vous ?** can you see me? ◆ **elle m'attend** she is waiting for me ◆ **il** ~ **l'a donné** he gave it to me **b** (réfléchi) myself ◆ **je** ~ **regardais dans le miroir** I was looking at myself in the mirror

méandre [meɑ̃dʀ] NM [de fleuve] meander ◆ **les** ~**s de l'administration** the maze of the administrative system

mec * [mɛk] NM **a** (= homme) guy * **b** (= compagnon) ◆ **son** ~ her man *

mécanicien, -ienne [mekanisjɛ̃, jɛn] NM,F **a** [de voitures] mechanic **b** [d'avion, bateau] engineer **c** [de train] train driver (Brit), engineer (US)

mécanique [mekanik] **1** ADJ mechanical; [jouet] clockwork ◆ **avoir des ennuis ~s** (sur voiture) to have engine trouble **2** NF **a** (= activité, discipline) mechanical engineering; (= science, fonctionnement) mechanics *sg* **b** (= mécanisme) ◆ **c'est une belle ~** this car is a fine piece of engineering

mécanisation [mekanizasjɔ̃] NF mechanization

mécanisme [mekanism] NM mechanism

mécano * [mekano] NM abrév de **mécanicien**

mécénat [mesena] NM patronage ◆ **~ d'entreprise** corporate sponsorship

mécène [mesɛn] NM patron

méchamment [meʃamɑ̃] ADV **a** (= cruellement) spitefully **b** (* = très) really

méchanceté [meʃɑ̃ste] NF **a** (= caractère) nastiness ◆ **faire qch par ~** to do sth out of spite **b** (= action) nasty action; (= parole) nasty remark ◆ **dire des ~s à qn** to say nasty things to sb

méchant, e [meʃɑ̃, ɑ̃t] **1** ADJ **a** [personne] nasty; [enfant] naughty; [intention] malicious **b** (= dangereux) ◆ **ce n'est pas bien ~** * it's nothing to worry about **2** NM,F ◆ **les ~s** (dans un film) the bad guys *

mèche [mɛʃ] NF **a** [de cheveux] tuft of hair; (sur le front) lock of hair ◆ **se faire faire des ~s** to have highlights put in one's hair **b** [de bougie, briquet, lampe] wick; [de bombe] fuse **c** [de perceuse] bit **d** ◆ **vendre la ~** * to give the game away * ◆ **être de ~ avec qn** * to be in cahoots with sb *

méchoui [meʃwi] NM (= repas) *barbecue of a whole roast sheep*

méconnaissable [mekɔnɛsabl] ADJ unrecognizable

méconnu, e [mekɔny] ADJ [talent, génie] unrecognized; [musicien, écrivain] underrated

mécontent, e [mekɔ̃tɑ̃, ɑ̃t] ADJ (= insatisfait) dissatisfied (de with); (= contrarié) annoyed (de with) ◆ **je ne suis pas ~ de cette voiture** I'm quite happy with this car

mécontenter [mekɔ̃tɑ̃te] ► conjug 1 ◄ VT to displease

Mecque [mɛk] NF ◆ **La ~** Mecca

médaille [medaj] NF **a** (= pièce, décoration) medal ◆ **elle est ~ d'argent** she's a silver medallist **b** (= bijou) medallion **c** [de chien] identification disc

médaillon [medajɔ̃] NM **a** (= bijou) locket **b** (= portrait, viande) medallion

médecin [med(ə)sɛ̃] NM doctor ◆ **votre ~ traitant** your doctor ► **médecin de famille** GP ► **médecin généraliste** general practitioner ► **médecin légiste** forensic scientist

médecine [med(ə)sin] NF medicine ► **médecine douce** alternative medicine ► **médecine légale** forensic medicine ► **médecine du travail** occupational medicine

média [medja] NM medium ◆ **les ~s** the media

médiateur, -trice [medjatœʀ, tʀis] NM,F mediator; (entre partenaires sociaux) arbitrator

médiathèque [medjatɛk] NF multimedia library

médiatique [medjatik] ADJ [image, battage] media *avant le nom* ◆ **c'est quelqu'un de très ~** he comes across really well in the media

médiatiser [medjatize] ► conjug 1 ◄ VT ◆ **cet événement a été très médiatisé** the event was given a lot of media coverage

médical, e (mpl **-aux**) [medikal, o] ADJ medical

médicament [medikamɑ̃] NM medicine

médicinal, e (mpl **-aux**) [medisinal, o] ADJ [plante, substance] medicinal

médiéval, e (mpl **-aux**) [medjeval, o] ADJ medieval

médiocre [medjɔkʀ] ADJ mediocre; [résultats, revenu] poor

médire [mediʀ] ► conjug 37 ◄ VI to say nasty things

médisant, e [medizɑ̃, ɑ̃t] ADJ [personne] malicious

méditation [meditasjɔ̃] NF meditation

méditer [medite] ► conjug 1 ◄ **1** VT [+ projet, vengeance] to plan **2** VI to meditate ◆ **~ sur qch** to ponder over sth

Méditerranée [mediteʀane] NF ◆ **la ~** the Mediterranean

méditerranéen, -enne [mediteʀaneɛ̃, ɛn] **1** ADJ Mediterranean **2 Méditerranéen(ne)** NM,F inhabitant of a Mediterranean country

médium [medjɔm] NM medium

médius [medjys] NM middle finger

méduse [medyz] NF (= animal) jellyfish

méduser [medyze] ► conjug 1 ◄ VT to transfix

meeting [mitiŋ] NM meeting ► **meeting aérien** air show

méfait [mefɛ] **1** NM wrongdoing **2 méfaits** NMPL (= ravages) ravages

méfiance [mefjɑ̃s] NF mistrust ◆ **regarder qn/qch avec ~** to look at sb/sth suspiciously

méfiant, e [mefjɑ̃, jɑ̃t] ADJ [personne] mistrustful ◆ **air ~** look of mistrust

méfier (se) [mefje] ► conjug 7 ◄ VPR **a** (= ne pas avoir confiance) ◆ se méfier de qn/qch not to trust sb/sth ◆ je me méfie de lui I don't trust him **b** (= faire attention) to be careful

mégalo * [megalo] ADJ [personne] megalomaniac

mégalomane [megaloman] ADJ, NMF [personne] megalomaniac

méga-octet (pl ~s) [megaɔktɛ] NM megabyte

mégarde [megaʀd] NF ◆ par ~ accidentally

mégère [meʒɛʀ] NF ◆ c'est une ~ she's always nagging

mégot * [mego] NM cigarette butt

meilleur, e [mɛjœʀ] **1** ADJ **a** (comparatif) better (que than; en at) ◆ avoir ~ goût [aliment] to taste better ◆ ce gâteau est ~ avec du rhum this cake tastes better with rum ◆ ~ marché cheaper **b** (superlatif) ◆ le ~, la ~e the best ◆ la ~e de toutes the best of all ◆ le ~ des deux the better of the two ◆ le ~ marché the cheapest ◆ ~s vœux best wishes **2** ADV ◆ il fait ~ qu'hier it's better weather than yesterday ◆ sentir ~ to smell better **3** NM,F (= personne) ◆ le ~, la ~e the best one ◆ que le ~ gagne may the best man win **4** NM (= partie, chose) ◆ le ~ the best ◆ garder le ~ pour la fin to keep the best till last **5** meilleure NF * ◆ ça, c'est la ~e ! that's the best one yet!

mélancolie [melɑ̃kɔli] NF melancholy

mélancolique [melɑ̃kɔlik] ADJ melancholy

Mélanésie [melanezi] NF Melanesia

mélange [melɑ̃ʒ] NM **a** (= opération) mixing; [de vins, tabacs] blending **b** (= résultat) mixture; [de vins, tabacs, cafés] blend

mélanger [melɑ̃ʒe] ► conjug 3 ◄ **1** VT **a** (= mix; [+ couleurs, parfums, tabacs] to blend; [+ cartes] to shuffle **b** (= confondre) to mix up ◆ tu mélanges tout ! you're getting it all mixed up! **2** se mélanger VPR to mix

mélangeur [melɑ̃ʒœʀ] NM (= robinet) mixer tap (Brit), mixing faucet (US)

Melba [mɛlba] ADJ INV ◆ pêche ~ peach Melba

mêlée [mele] NF **a** (= bataille) ◆ ~ générale free-for-all **b** (Rugby) scrum

mêler [mele] ► conjug 1 ◄ **1** VT **a** (= unir) to mix (de, à with) ◆ joie mêlée de remords pleasure tinged with remorse **b** (= impliquer) ◆ ~ qn à to involve sb in **2** se mêler VPR **a** [odeurs, voix] to mingle; [cultures, races] to mix ◆ se ~ à [+ foule] to mingle with; [+ conversation] to join in **b** ◆ se ~ de (= s'occuper de) to get involved in; (= s'ingérer dans) to interfere with ◆ mêle-toi de ce qui te regarde !, mêle-toi de tes oignons ! * mind your own business! ◆ de quoi je me mêle ! * what business is it of yours?

mélèze [melɛz] NM larch

méli-mélo * (pl mélis-mélos) [melimelo] NM [de situation] mess; [d'objets] jumble

mélo * [melo] **1** ADJ sentimental **2** NM melodrama

mélodie [melɔdi] NF melody

mélodieux, -ieuse [melɔdjø, jøz] ADJ melodious

mélodramatique [melɔdʀamatik] ADJ melodramatic

mélodrame [melɔdʀam] NM melodrama

mélomane [meloman] **1** ADJ ◆ être ~ to be a music lover **2** NMF music lover

melon [m(ə)lɔ̃] NM **a** (Bot) melon **b** ◆ (chapeau) ~ bowler hat (Brit), derby hat (US)

membrane [mɑ̃bʀan] NF membrane

membre [mɑ̃bʀ] NM **a** [de corps] limb **b** [de famille, groupe] member ◆ devenir ~ d'un club to join a club ◆ États ~s de l'Union européenne member states of the European Union

🔲 **même** [mɛm]

1 ADJ **a** (= identique : avant le nom) same (que as) ◆ en ~ temps que at the same time as **b** (= exact, personnifié) very ◆ ce sont ses paroles ~s those are his very words ◆ il est la gentillesse ~ he is kindness itself

2 PRON INDÉF ◆ le ~, la ~ the same (que as) ◆ la réaction n'a pas été la ~ qu'à Paris the reaction was not the same as in Paris ◆ elle a acheté le ~ que moi she bought the same one as me

3 ADV **a** even ◆ ils sont tous malades, ~ les enfants they are all ill, even the children ◆ il n'a ~ pas de quoi écrire he hasn't even got anything to write with ◆ elle ne me parle ~ plus she no longer even speaks to me ◆ ~ si even if **b** (= précisément) ◆ aujourd'hui ~ this very day ◆ ici ~ in this very place **c** (loc) ◆ à même ◆ coucher à ~ le sol to lie on the bare ground ◆ à ~ la peau next to the skin ◆ être à ~ de faire qch to be able to do sth ◆ de même ◆ il fera de ~ he'll do the same ◆ il en est de ~ pour moi it's the same for me ◆ quand même, tout de même (= en dépit de cela) all the same ◆ merci quand ~ thanks all the same ◆ tout de ~, tu exagères ! honestly, you're going a bit far! ◆ ah tout de ~ ou quand ~, tu te décides ! at last you've made up your mind!

mémé * [meme] NF (= grand-mère) grandma; (= vieille dame) granny *

mémère * [memɛʀ] NF granny *

mémoire¹ [memwaʀ] NF memory ♦ **citer de mémoire** to quote from memory ♦ **avoir de la mémoire** to have a good memory ♦ **si j'ai bonne mémoire** if I remember right ♦ **avoir la mémoire courte** to have a short memory ♦ **avoir une mémoire d'éléphant** to have a memory like an elephant ♦ **à la mémoire de** to the memory of ♦ **mettre qch en mémoire** (Informatique) to store sth ► **mémoire morte** read-only memory ► **mémoire vive** random access memory

mémoire² [memwaʀ] **1** NM (= rapport) report; (= exposé) paper ♦ **mémoire de maîtrise** = master's thesis **2 mémoires** NMPL (= souvenirs) memoirs

mémorable [memɔʀabl] ADJ memorable

mémorial (pl **-iaux**) [memɔʀjal, jo] NM memorial

mémoriser [memɔʀize] ► conjug 1 ◄ VT to memorize

menaçant, e [mənasɑ̃, ɑ̃t] ADJ threatening

menace [mənas] NF threat ♦ **signer sous la ~** to sign under duress ♦ **sous la ~ d'un couteau** at knifepoint

menacer [mənase] ► conjug 3 ◄ **1** VT **a** (= faire peur à) to threaten (de faire to do) ♦ **~ qn de mort** to threaten sb with death ♦ **cette chaise menace de se casser** this chair looks like it will break **b** [+ équilibre, projet] to jeopardize ♦ **espèces menacées** endangered species **2** VI [grève, guerre] to loom large ♦ **la pluie menace** it looks like rain

ménage [menaʒ] NM **a** (= nettoyage) housework ♦ **faire le ~** to do the housework ♦ **faire le ~ dans ses archives** to tidy one's files ♦ **faire des ~s** to work as a cleaning woman **b** (= couple) couple; (= famille) household ♦ **~ à trois** ménage à trois ♦ **se mettre en ~ avec qn** to set up house with sb **c** ♦ **faire bon ~** to go together well

ménagement [menaʒmɑ̃] NM ♦ **avec ~** considerately ♦ **sans ~** [annoncer] bluntly ♦ **traiter qn sans ~** (= avec brutalité) to manhandle sb

ménager¹, -ère [menaʒe, ɛʀ] **1** ADJ [ustensiles, appareils] household ♦ **travaux ménagers** housework **2 ménagère** NF **a** (= femme d'intérieur) housewife **b** (= couverts) canteen of cutlery

ménager² [menaʒe] ► conjug 3 ◄ **1** VT **a** (= traiter avec prudence) [+ personne] to handle carefully; [+ appareil] to go easy on ♦ **afin de ménager les susceptibilités** so as not to offend people's sensibilities **b** (= épargner) ♦ **ménager ses forces** to save one's strength ♦ **il n'a pas ménagé ses efforts** he spared no effort **c** [+ entretien, rencontre] to arrange; [+ espace] to

make ♦ **il nous ménage une surprise** he's got a surprise in store for us **2** **se ménager** VPR (= ne pas abuser de ses forces) to take it easy

ménagerie [menaʒʀi] NF menagerie

mendiant, e [mɑ̃djɑ̃, jɑ̃t] NM,F beggar

mendier [mɑ̃dje] ► conjug 7 ◄ VI to beg

mener [m(ə)ne] ► conjug 5 ◄ VT **a** (= conduire) to lead; (= accompagner) to take ♦ **cette route mène à Chartres** this road goes to Chartres ♦ **cela ne mène à rien** this won't get us anywhere ♦ **~ qn par le bout du nez** to lead sb by the nose **b** [+ débats] to chair; [+ affaires] to run **c** (= être en tête) to lead ♦ **il mène 3 jeux à 1** he's leading 3 games to 1 **d** [+ vie] to lead; [+ lutte, conversation] to carry on; [+ enquête] to carry out ♦ **~ qch à bien** to see sth through ♦ **~ la vie dure à qn** to rule sb with an iron hand

meneur, -euse [mənœʀ, øz] NM,F (= chef) leader; (Sport) team leader

menhir [meniʀ] NM standing stone

méninges [menɛ̃ʒ] NFPL ♦ **se creuser les ~** * to rack one's brains

méningite [menɛ̃ʒit] NF meningitis NonC

ménopause [menopoz] NF menopause

menottes [mənɔt] NFPL handcuffs ♦ **passer les ~ à qn** to handcuff sb

mensonge [mɑ̃sɔ̃ʒ] NM lie ♦ **dire des ~s** to tell lies

mensonger, -ère [mɑ̃sɔ̃ʒe, ɛʀ] ADJ false; [publicité] misleading

menstruel, -elle [mɑ̃stʀyɛl] ADJ menstrual

mensualiser [mɑ̃syalize] ► conjug 1 ◄ VT [+ employé, impôts] to pay on a monthly basis

mensualité [mɑ̃syalite] NF (= traite) monthly payment; (= salaire) monthly salary

mensuel, -elle [mɑ̃syɛl] **1** ADJ monthly **2** NM monthly magazine

mensurations [mɑ̃syʀasjɔ̃] NFPL vital statistics

mental, e (mpl **-aux**) [mɑ̃tal, o] ADJ mental

mentalité [mɑ̃talite] NF mentality ♦ **jolie ~ !** what an attitude!

menteur, -euse [mɑ̃tœʀ, øz] NM,F liar

menthe [mɑ̃t] NF mint ♦ **à la ~** mint ♦ **une ~ à l'eau** a glass of peppermint cordial

menthol [mɑ̃tɔl] NM menthol

mention [mɑ̃sjɔ̃] NF **a** (= note brève) mention ♦ **faire ~ de** to mention **b** (= annotation) note ♦ **"rayer la ~ inutile"** "delete as appropriate" **c** (à l'école, à l'université) grade ♦ **être reçu avec ~** to pass with distinction

mentionner [mɑ̃sjɔne] ► conjug 1 ◄ VT to mention

mentir [mɑ̃tiʀ] ► conjug 16 ◄ VI to lie (à to; sur about) ◆ sans ~ honestly

menton [mɑ̃tɔ̃] NM chin

menu¹ [məny] NM menu; (à prix fixe) set menu ◆ qu'y a-t-il au menu ? what's on the menu? ◆ au menu de l'émission, il y a ... lined up for you on the programme (Brit) ou program (US) is ... ► menu déroulant pull-down menu ► menu gastronomique gourmet menu

menu², e [məny] ADJ a [personne] slim; [morceaux] tiny b [difficultés, incidents] minor; [détail] minute ◆ raconter qch par le menu to relate sth in great detail

menuiserie [mənɥizʀi] NF a (= métier) joinery; (dans le bâtiment) carpentry b (= atelier) joiner's workshop

menuisier [mənɥizje] NM joiner; [de bâtiment] carpenter

méprendre (se) [mepʀɑ̃dʀ] ► conjug 58 ◄ VPR to be mistaken (sur about)

mépris [mepʀi] NM contempt ◆ avoir du ~ pour qn to despise sb ◆ au ~ des lois regardless of the law

méprisable [mepʀizabl] ADJ despicable

méprisant, e [mepʀizɑ̃, ɑ̃t] ADJ contemptuous

méprise [mepʀiz] NF mistake

mépriser [mepʀize] ► conjug 1 ◄ VT [+ personne] to despise; [+ danger, conseils] to scorn

mer [mɛʀ] NF sea; (= côte) seaside ◆ en ~ at sea ◆ prendre la ~ to put out to sea ◆ la ~ est basse the tide is low ◆ ce n'est pas la ~ à boire ! * it's no big deal! ► la mer Morte the Dead Sea ► la mer Noire the Black Sea ► la mer du Nord the North Sea ► la mer Rouge the Red Sea

mercenaire [mɛʀsənɛʀ] NM mercenary

mercerie [mɛʀsəʀi] NF (= boutique) haberdasher's shop (Brit), notions store (US); (= articles) haberdashery (Brit), notions (US)

merci [mɛʀsi] **1** EXCL, NM thank you (de, pour for) ◆ ~ beaucoup thank you very much ◆ ~ d'avoir répondu thank you for replying ◆ dire ~ à qn to say thank you to sb ◆ du lait ? – (oui) ~ some milk? – (yes) please ◆ non ~ no thank you **2** NF (= pitié) mercy ◆ sans ~ [concurrence] merciless; [guerre, lutte] ruthless ◆ à la ~ de qn at sb's mercy ◆ tout le monde est à la ~ d'une erreur anyone can make a mistake

mercier, -ière [mɛʀsje, jɛʀ] NM,F haberdasher (Brit), notions dealer (US)

mercredi [mɛʀkʀədi] NM Wednesday ◆ ~ des Cendres Ash Wednesday; pour autres loc voir samedi

mercure [mɛʀkyʀ] NM mercury

merde *** [mɛʀd] **1** NF a (= excrément) shit ***; (= crotte) turd *** b (= chose sans valeur) crap *** ◆ quelle voiture de ~ ! what a shitty car! *** c (= ennuis) ◆ on est dans la ~ we're really in the shit *** ◆ ils sont venus pour foutre la ~ they came to cause trouble **2** EXCL shit! ***; (= bonne chance) good luck!

merdique * [mɛʀdik] ADJ pathetic

mère [mɛʀ] NF mother ► mère célibataire single mother ► mère de famille mother ► mère poule * mother hen ► Mère supérieure Mother Superior

merguez [mɛʀgɛz] NF merguez sausage

méridien [meʀidjɛ̃] NM meridian

méridional, e (mpl -aux) [meʀidjɔnal, o] **1** ADJ southern; (= du sud de la France) Southern French **2** Méridional(e) NM,F (= du sud de la France) Southern Frenchman (ou Frenchwoman)

meringue [məʀɛ̃g] NF meringue

merisier [məʀizje] NM (= arbre) wild cherry tree; (= bois) cherry

mérite [meʀit] NM (= vertu) merit; (= respect accordé) credit ◆ tout le ~ lui revient he deserves all the credit ◆ elle a bien du ~ de le supporter she deserves a lot of credit for putting up with him ◆ promotion au ~ promotion on merit

mériter [meʀite] ► conjug 1 ◄ VT to deserve; (= exiger) to call for ◆ repos bien mérité well-deserved rest ◆ cela mérite réflexion this calls for careful thought

merlan [mɛʀlɑ̃] NM whiting

merle [mɛʀl] NM blackbird

merlu [mɛʀly] NM hake

merveille [mɛʀvɛj] NF (= chose exceptionnelle) marvel ◆ regarde ma bague – quelle ~ ! look at my ring – it's beautiful! ◆ faire des ~s to work wonders ◆ à ~ marvellously ◆ se porter à ~ to be in excellent health

merveilleusement [mɛʀvɛjøzmɑ̃] ADV wonderfully

merveilleux, -euse [mɛʀvɛjø, øz] ADJ wonderful; (= surnaturel) magic

mes [me] ADJ POSS → mon

mésange [mezɑ̃ʒ] NF tit

mésaventure [mezavɑ̃tyʀ] NF misfortune

Mesdames [medam] NFPL → Madame

Mesdemoiselles [medmwazɛl] NFPL → Mademoiselle

mesquin, e [mɛskɛ̃, in] ADJ (= avare) stingy; (= vil) petty

mesquinerie [mɛskinʀi] NF (= bassesse) pettiness; (= avarice) stinginess

message [mesaʒ] NM message ✦ ~ **publicitaire** advertisement

messager, -ère [mesaʒe, ɛʀ] NM,F messenger

messagerie [mesaʒʀi] NF ✦ **service de ~s** parcel service ✦ ~ **électronique** electronic mail ✦ ~ **vocale** voice mail

messe [mɛs] NF mass ✦ **aller à la ~** to go to mass ✦ ~ **de minuit** midnight mass

messie [mesi] NM messiah

Messieurs [mesjø] NMPL → **Monsieur**

mesure [m(ə)zyʀ] NF a (= disposition, moyen) measure ✦ ~ **d'hygiène** in the interest of hygiene ✦ **il faut prendre les ~s nécessaires pour ...** the necessary steps must be taken to ... ✦ **être en ~ de faire qch** to be in a position to do sth b (= évaluation, dimension) measurement ✦ **appareil de ~** measuring instrument ✦ **prendre les ~s de qn** to take sb's measurements ✦ **c'est du sur ~** it's made to measure ✦ **le résultat n'est pas à la ~ de nos espérances** the result is not up to our expectations ✦ **cela ne me gêne pas outre ~** that doesn't bother me overmuch c (= unité, récipient) measure d (= modération) moderation e (= cadence) time; (= division) bar ✦ **en ~** in time f (locutions) ✦ **dans la ~ du possible** as far as possible ✦ **dans la ~ où** inasmuch as ✦ **dans une certaine ~** to some extent ✦ **il les pliait et me les passait au fur et à ~** he folded them and handed them to me one by one ✦ **au fur et à ~ que** as

mesuré, e [məzyʀe] ADJ [pas] measured; [personne, ton, propos] moderate

mesurer [məzyʀe] ► conjug 1 ◄ **1** VT a to measure ✦ **cette pièce mesure 3 mètres sur 10** this room measures 3 metres by 10 ✦ **il mesure 1 mètre 80** [personne] he's 1 metre 80 tall; [objet] (en longueur) it's 1 metre 80 long; (en hauteur) it's 1 metre 80 high b (= évaluer) to assess c (= modérer) ✦ ~ **ses paroles** (= savoir rester poli) to moderate one's language; (= être prudent) to weigh one's words **2 se mesurer** VPR ✦ **se ~ à qn** to pit o.s. against sb

métal (pl **-aux**) [metal, o] NM metal

métallique [metalik] ADJ metallic; (= en métal) metal

métallisé, e [metalize] ADJ metallic

métallurgie [metalyʀʒi] NF (= industrie) metallurgical industry; (= technique, travail) metallurgy

métamorphose [metamɔʀfoz] NF metamorphosis

métamorphoser [metamɔʀfoze] ► conjug 1 ◄ **1** VT to transform (en into) ✦ **son succès l'a métamorphosé** his success has completely transformed him **2 se métamorphoser** VPR to be transformed (en into)

métaphore [metafɔʀ] NF metaphor

métaphysique [metafizik] **1** ADJ metaphysical **2** NF metaphysics sg

météo [meteo] **1** ADJ abrév de **météorologique 2** NF a (= science) meteorology b (= bulletin) weather forecast ✦ **la ~ marine** the shipping forecast

météore [meteɔʀ] NM meteor

météorite [meteɔʀit] NM OU F meteorite

météorologie [meteɔʀɔlɔʒi] NF meteorology

météorologique [meteɔʀɔlɔʒik] ADJ [phénomène, observation] meteorological; [conditions, prévisions, bulletin] weather

méthane [metan] NM methane

méthode [metɔd] NF a (= moyen) method b (= livre) manual

méthodique [metɔdik] ADJ methodical

méthodologie [metɔdɔlɔʒi] NF methodology

méticuleux, -euse [metikylø, øz] ADJ meticulous

métier [metje] NM a (= travail) job; (commercial) trade; (artisanal) craft; (intellectuel) profession ✦ **les ~s du livre** the publishing industry ✦ **il est du ~** he is in the trade b (= expérience) experience c ► **métier à tisser** loom

métis, -isse [metis] NM,F (= personne) person of mixed race

métrage [metʀaʒ] NM a [de tissu] length b (Ciné) ✦ **court/long ~** short/feature film

mètre [mɛtʀ] NM a metre (Brit), meter (US) ► **mètre carré/cube** square/cubic metre b (= instrument) metre (Brit) ou meter (US) rule ✦ ~ **à ruban** tape measure

métro [metʀo] NM underground (Brit), subway (US); (= station) underground (Brit) ou subway (US) station ✦ ~ **aérien** elevated railway ✦ **le dernier ~** the last train

métronome [metʀɔnɔm] NM metronome

métropole [metʀɔpɔl] NF a (= ville) metropolis b ✦ **la Métropole** France (as opposed to overseas territories)

mets [mɛ] NM (frm) dish

mettable [metabl] ADJ wearable

metteur [metœʀ] NM ✦ ~ **en scène** director

🔑 **mettre** [mɛtʀ] ► conjug 56 ◄

1 VT a (= placer) to put ✦ **mets le chat dehors** put the cat out ✦ ~ **qch debout** to stand sth up ✦ **où mets-tu tes verres ?** where do you keep your glasses? ✦ ~ **qch à cuire** to put sth on to cook ✦ ~ **du linge à sécher** to hang washing out to dry

b (= revêtir) to put on; (= porter) to wear ◆ **mets-lui son chapeau** put his hat on ◆ **elle met toujours des talons hauts** she always wears high heels

c (= consacrer) to take ◆ **j'ai mis deux heures à le faire** I took two hours to do it ◆ **je suis prêt à ~ 100 €** I'm willing to give €500

d (= faire fonctionner) to put on ◆ ~ **le chauffage/les informations** to put the heating/the news on ◆ ~ **le réveil à 7 heures** to set the alarm for 7 o'clock

e (= installer) [+ eau] to lay on; [+ chauffage central] to instal; [+ étagères, rideaux] to put up; [+ moquette] to lay

f (= écrire) to say ◆ **il met qu'il est bien arrivé** he says that he arrived safely

g (= supposer) ◆ **mettons que je me sois trompé** let's say I've got it wrong

2 se mettre VPR **a** (= se placer) [objet] to go ◆ **mets-toi là (debout)** stand there; (assis) sit there ◆ **se ~ à l'ombre** to go into the shade ◆ **il s'est mis dans une situation délicate** he's put himself in an awkward situation

b (= s'habiller) ◆ **se ~ en short** to put on a pair of shorts ◆ **se ~ une robe** to put on a dress ◆ **elle n'a plus rien à se ~** she's got nothing left to wear

c (= se tacher de) ◆ **il s'est mis de l'encre sur les doigts** he's got ink on his fingers

d (= se grouper) ◆ **ils se sont mis à plusieurs pour pousser la voiture** several of them joined forces to push the car ◆ **ils se sont mis à plusieurs pour lui acheter un cadeau** they clubbed together to buy her a present

e (= commencer) to start ◆ **s'y ~** to get down to it ◆ **se ~ à qch** [+ activité] to take up sth ◆ **se ~ à faire qch** to start doing sth

meuble [mœbl] **1** NM piece of furniture ◆ **les ~s** the furniture NonC ◆ **meuble de rangement** storage unit **2** ADJ [terre, sol] soft

meubler [mœble] ► conjug 1 ◄ VT [+ pièce, appartement] to furnish (de with); [+ loisirs] to fill (de with) ◆ ~ **la conversation** to keep the conversation going

meuf ✻ [mœf] NF woman

meugler [møgle] ► conjug 1 ◄ VI to moo

meule [møl] NF **a** (à moudre) millstone; (à aiguiser) grindstone **b** ◆ ~ **de foin** haystack **c** (de fromage) round **d** (✻ = motocyclette) bike

meuler [møle] ► conjug 1 ◄ VT to grind down

meurt [mœʀ] VB → **mourir**

meurtre [mœʀtʀ] NM murder

meurtrier, -ière [mœʀtʀije, ijɛʀ] **1** NM murderer **2 meurtrière** NF **a** (= criminelle) murderess **b** [de mur] arrow slit **3** ADJ [arme, combat] deadly; [épidémie] fatal

meurtrir [mœʀtʀiʀ] ► conjug 2 ◄ VT [+ chair, fruit] to bruise

meute [møt] NF pack

mexicain, e [mɛksikɛ̃, ɛn] **1** ADJ Mexican **2 Mexicain(e)** NM,F Mexican

Mexico [mɛksiko] N Mexico City

Mexique [mɛksik] NM Mexico

mezzanine [mɛdzanin] NF mezzanine

mi [mi] NM (Mus) E; (en chantant la gamme) mi

mi- [mi] PRÉF ◆ **la ~janvier** the middle of January ◆ **à ~cuisson** halfway through cooking

miaulement [mjolmɑ̃] NM meowing

miauler [mjole] ► conjug 1 ◄ VI to meow

mi-bas [miba] NM INV knee-high

miche [miʃ] **1** NF [de pain] round loaf **2 miches** NFPL (✻ = fesses) bum ✻ (Brit), butt ✻ (US)

mi-chemin [miʃ(ə)mɛ̃] ◆ **à mi-chemin** LOC ADV halfway there ◆ **à ~ entre ...** halfway between ...

mi-clos, e [miklo, kloz] ADJ half-closed

micmac ✻ [mikmak] NM (= confusion) mix-up

micro [mikʀo] NM **a** (= microphone) microphone **b** (= ordinateur) microcomputer

microbe [mikʀɔb] NM germ

microclimat [mikʀoklima] NM microclimate

microcosme [mikʀɔkɔsm] NM microcosm

microfibre [mikʀofibʀ] NF microfibre

microfilm [mikʀofilm] NM microfilm

micro-informatique [mikʀoɛ̃fɔʀmatik] NF microcomputing

micro-ondes [mikʀoɔ̃d] NM INV (= four) microwave ◆ **four à ~** microwave (oven)

micro-ordinateur (pl ~s) [mikʀoɔʀdinatœʀ] NM microcomputer

microphone [mikʀofɔn] NM microphone

microprocesseur [mikʀopʀosesœʀ] NM microprocessor

microscope [mikʀoskɔp] NM microscope ◆ **examiner qch au ~** to examine sth under a microscope

microscopique [mikʀoskɔpik] ADJ microscopic

midi [midi] NM **a** (= heure) 12 o'clock ◆ ~ **dix** 10 past 12 **b** (= période du déjeuner) lunchtime; (= mi-journée) midday ◆ **tous les ~s** every lunchtime ◆ **le repas de ~** the midday meal **c** (= sud) ◆ **le Midi** the South of France

mie [mi] NF inside of loaf

miel [mjɛl] NM honey

mielleux, -euse [mjelø, øz] ADJ [personne] slimy; [paroles, ton] honeyed

mien, mienne [mjɛ̃, mjɛn] PRON POSS ◆ **le ~, la mienne, les ~s** mine ◆ **les miens** = (ma famille) my family

miette [mjɛt] NF crumb ◆ **il ne perdait pas une ~ de la conversation** he didn't miss a scrap of the conversation ◆ **mettre qch en ~s** to smash sth to bits

---

  mieux [mjø]

1 ADV **a** (comparatif) better (que than) ◆ **aller ~** to be better ◆ **la ~ habillée des deux** the better dressed of the two ◆ **plus il s'entraîne, ~ il joue** the more he practises the better he plays ◆ **espérer ~** to hope for better things ◆ **tu ferais ~ de te taire** you'd better shut up * ◆ **de ~ en ~** better and better
b (superlatif) ◆ **c'est ici qu'il dort le ~** this is where he sleeps best

2 ADJ INV **a** better ◆ **le ~, la ~, les ~** (de plusieurs) the best; (de deux) the better ◆ **ils seraient ~ à la campagne** they would be better off in the country ◆ **c'est ce qui se fait de ~** it's the best there is ◆ **tu n'as rien de ~ à faire ?** haven't you got anything better to do?
b (= plus beau) better looking ◆ **elle est ~ avec les cheveux longs** she looks better with her hair long ◆ **c'est son frère, en ~** he's like his brother only better looking

3 NM **a** ◆ **le ~ serait de ...** the best thing would be to ... ◆ **j'ai fait pour le ~** I did it for the best ◆ **faire de son ~** to do one's best ◆ **au mieux** at best ◆ **il sera là au ~ à midi** he'll be there by midday at the earliest ◆ **faites au ~** do what you think best
b (= progrès) improvement

mièvre [mjɛvʀ] ADJ soppy; [personne] insipid

mi-figue mi-raisin [mifigmiʀɛzɛ̃] ADJ INV [sourire, remarque] wry; [accueil] mixed

mignon, -onne [miɲɔ̃, ɔn] ADJ (= joli) cute; (= gentil) nice

migraine [migʀɛn] NF migraine; (= mal de tête) headache

migrateur, -trice [migʀatœʀ, tʀis] ADJ migratory

migration [migʀasjɔ̃] NF migration

migrer [migʀe] ▸ conjug 1 ◂ VI to migrate

mi-hauteur [miotœʀ] ◆ **à mi-hauteur** LOC ADV halfway up (ou down)

mijoter [miʒɔte] ▸ conjug 1 ◂ **1** VT **a** (= préparer avec soin) to cook lovingly **b** (* = tramer) to cook up * **2** VI [plat, soupe] to simmer

milice [milis] NF militia

milicien [milisjɛ̃] NM militiaman

milieu (pl **~x**) [miljø] NM **a** (= centre) middle ◆ **je prends celui du ~** I'll take the one in the middle ◆ **~ de terrain** midfield player ◆ **en plein ~ de** right in the middle of ◆ **en ~ de matinée** mid-morning ◆ **au ~** in the middle ◆ **au ~ de** in the middle of; (= parmi) among ◆ **au beau ~** right in the middle of ◆ **il faut trouver le juste ~** we must find a happy medium **b** (= environnement) environment; (Chim, Physique) medium **c** (= groupe restreint) circle; (= provenance) background ◆ **les ~x financiers** financial circles ◆ **il vient d'un très modeste ~** he comes from a very humble background **d** (Crime) ◆ **le ~** the underworld

militaire [militɛʀ] **1** ADJ military **2** NM soldier

militant, e [militɑ̃, ɑ̃t] ADJ, NM,F militant

militariste [militaʀist] **1** ADJ militaristic **2** NMF militarist

militer [milite] ▸ conjug 1 ◂ VI to be a militant ◆ **~ pour les droits de l'homme** to campaign for human rights

mille¹ [mil] **1** ADJ INV **a** (= nombre) a thousand ◆ **mille un** a thousand and one ◆ **trois mille** three thousand ◆ **deux mille neuf cents** two thousand nine hundred ◆ **l'an deux mille** the year two thousand **b** (= beaucoup de) ◆ **je le lui ai dit mille fois** I've told him a thousand times ◆ **mille excuses** I'm terribly sorry ◆ **le vase était en mille morceaux** the vase was in smithereens **2** NM INV **a** (= nombre) a thousand **b** [de cible] ◆ **mettre dans le mille** to score a bull's-eye; (fig) to be bang on target *

mille² [mil] NM (Can = 1 609 m) mile ◆ **mille marin** nautical mile

millefeuille [milfœj] NM ≈ cream slice (Brit), ≈ napoleon (US)

millénaire [milenɛʀ] NM millennium

mille-pattes [milpat] NM INV centipede

millésime [milezim] NM [de vin] year

millet [mijɛ] NM millet

milliard [miljaʀ] NM billion ◆ **un ~ de personnes** a billion people ◆ **10 ~s d'euros** 10 billion euros

milliardaire [miljaʀdɛʀ] NMF multimillionaire

millième [miljɛm] ADJ, NM thousandth

millier [milje] NM (= mille) thousand; (= environ mille) about a thousand ◆ **par ~s** in their thousands

milligramme [miligʀam] NM milligramme

millilitre [mililitʀ] NM millilitre (Brit), milliliter (US)

millimètre [milimɛtʀ] NM millimetre (Brit), millimeter (US)

million [miljɔ̃] NOMBRE million ◆ 2 ~s d'euros 2 million euros

millionnaire [miljɔnɛʀ] NMF millionaire

mi-long, mi-longue [milɔ̃, milɔ̃g] ADJ [manteau, jupe] calf-length; [cheveux] shoulder-length

mime [mim] NM **a** (= personne) mime artist **b** (= art, action) mime

mimer [mime] ► conjug 1 ◄ VT to mime; (= singer) to mimic

mimosa [mimoza] NM mimosa

minable [minabl] **1** ADJ **a** (= décrépit) shabby **b** (= médiocre) pathetic *; [salaire, vie] miserable **2** NMF dead loss *

minaret [minaʀɛ] NM minaret

minauder [minode] ► conjug 1 ◄ VI to simper

mince [mɛ̃s] **1** ADJ **a** (= peu épais) thin; [personne] slim **b** [profit] slender; [chances] slim ◆ **ce n'est pas une ~ affaire** it's no easy task **2** EXCL **a** (contrariété) drat! *; (admiration) wow! *

minceur [mɛ̃sœʀ] NF thinness; [de personne] slimness ◆ **régime ~** slimming diet

mincir [mɛ̃siʀ] ► conjug 2 ◄ **1** VI to get slimmer **2** VT ◆ **cette robe te mincit** this dress makes you look slimmer

mine¹ [min] NF (= physionomie) expression ◆ **ne fais pas cette mine-là** stop making that face ◆ **avoir bonne/mauvaise mine** to look/not to look well ◆ **tu as bonne mine maintenant !** now you look a complete idiot! ◆ **faire mine de faire qch** to pretend to do sth

mine² [min] NF **a** (= gisement, source, explosif) mine ◆ **mine d'or** gold mine ◆ **mine de charbon** coalmine ◆ **mine à ciel ouvert** opencast mine ◆ **cette bibliothèque est une vraie mine** this library is a real treasure trove **b** [de crayon] lead

miner [mine] ► conjug 1 ◄ VT **a** (= garnir d'explosifs) to mine **b** [+ société, santé] to undermine ◆ **miné par l'inquiétude** worn down by anxiety

minerai [minʀɛ] NM ore ◆ **~ de fer** iron ore

minéral, e (mpl **-aux**) [mineʀal, o] **1** ADJ mineral; [chimie] inorganic **2** NM mineral

minéralogique [mineʀalɔʒik] ADJ **a** ◆ **numéro ~** registration (Brit) ou license (US) number; → **plaque b** (Géol) mineralogical

minerve [minɛʀv] NF surgical collar

minet * [minɛ] NM (= jeune homme) young trendy * (Brit)

minette * [minɛt] NF (= jeune fille) cute chick *

mineur¹, e [minœʀ] **1** ADJ minor ◆ **être mineur** to be under age **2** NM,F minor

mineur² [minœʀ] NM (= ouvrier) miner ◆ **mineur de fond** miner at the pitface

mini- [mini] PRÉF mini

miniature [minjatyʀ] NF, ADJ miniature

miniaturiser [minjatyʀize] ► conjug 1 ◄ VT to miniaturize

minibar [minibaʀ] NM (= réfrigérateur) minibar; (= chariot) refreshments trolley (Brit) ou cart

minibus [minibys] NM minibus

minicassette [minikasɛt] NF minicassette

minichaîne [miniʃɛn] NF mini music system

minier, -ière [minje, jɛʀ] ADJ mining

minijupe [miniʒyp] NF miniskirt

minimal, e (mpl **-aux**) [minimal, o] ADJ (= minimum) minimum

minime [minim] **1** ADJ minimal **2** NMF (Sport) junior *(13-15 years)*

minimiser [minimize] ► conjug 1 ◄ VT [+ risque, rôle] to minimize; [+ incident, importance] to play down

minimum [minimɔm] (f **~**) **1** ADJ, NM minimum ◆ **en un ~ de temps** in the shortest time possible ◆ **il faut quand même travailler un ~** you still have to do a minimum amount of work ◆ **dépenses réduites au ~** expenditure cut down to the minimum ◆ **au ~** at least **2** ADV at least

mini-ordinateur (pl **~s**) [miniɔʀdinatœʀ] NM minicomputer

ministère [ministɛʀ] NM **a** (= département) ministry ◆ **~ de l'Agriculture** Ministry of Agriculture ◆ **~ de la Défense** Ministry of Defence (Brit), Department of Defense (US) **b** (Droit) ◆ **le ~ public** (= partie) the Prosecution; (= service) the public prosecutor's office

ministériel, -elle [ministeʀjɛl] ADJ [crise, remaniement] cabinet

ministre [ministʀ] **1** NMF [de gouvernement] minister ◆ **Premier ~** Prime Minister ◆ **~ de l'Agriculture** minister of Agriculture **2** NM (Rel : protestant) minister

Minitel ® [minitɛl] NM *public-access information system with built-in modem, screen and keyboard*

minoritaire [minɔʀitɛʀ] ADJ minority *avant le nom* ◆ **ils sont ~s** they are a minority

minorité [minɔʀite] NF minority ◆ **être en ~** to be in the minority

Minorque [minɔʀk] NF Minorca

minuit [minɥi] NM midnight ◆ **~ vingt** twenty past midnight

minuscule [minyskyl] **1** ADJ **a** (= très petit) minuscule **b** [lettre] small **2** NF ◆ **en ~s** in small letters

minute [minyt] NF minute ✦ **une ~ de silence** a minute's silence ✦ **une ~, j'arrive !** just a minute, I'm coming! ✦ **elle va arriver d'une ~ à l'autre** she'll be here any minute now

minuter [minyte] ▸ conjug 1 ◂ VT to time ✦ **dans son emploi du temps tout est minuté** everything's timed down to the last second in his timetable

minuterie [minytʀi] NF [de lumière] time switch; [de four, bombe] timer

minuteur [minytœʀ] NM timer

minutie [minysi] NF [de personne, travail] meticulousness

minutieux, -ieuse [minysjø, jøz] ADJ [personne, soin] meticulous; [dessin] minutely detailed

mioche * [mjɔʃ] NMF kid *

mirabelle [miʀabɛl] NF (= prune) yellow cherry plum

miracle [miʀakl] **1** NM miracle ✦ **faire des ~s** to work miracles ✦ **par ~** miraculously **2** ADJ INV ✦ **solution/remède ~** miracle solution/cure

miraculeux, -euse [miʀakylø, øz] ADJ miraculous

mirage [miʀaʒ] NM mirage

mirobolant, e * [miʀɔbɔlɑ̃, ɑ̃t] ADJ [contrat, salaire] fantastic; [résultats] brilliant

miroir [miʀwaʀ] NM mirror ✦ **un roman n'est jamais le ~ de la réalité** a novel is never a true reflection of reality ▸ **miroir déformant** distorting mirror

miroiter [miʀwate] ▸ conjug 1 ◂ VI to sparkle ✦ **il lui a fait ~ les avantages du poste** he described in glowing terms the advantages of the job

mis, e [mi, miz] (ptp de **mettre**)

misanthrope [mizɑ̃tʀɔp] NMF misanthropist

mise [miz] **1** NF (= enjeu) stake ▸ **mise de fonds** capital outlay **2** COMP ✦ **mise en page** layout ✦ **se faire faire une ~ en plis** to have one's hair set ▸ **mise au point** (Photo) focusing; (Tech) adjustment; (= explication) clarification ▸ **mise en scène** (Ciné, Théâtre) production

miser [mize] ▸ conjug 1 ◂ VT **a** (= parier) [+ argent] to bet (**sur** on) ✦ **~ sur un cheval** to bet on a horse **b** (= compter sur) ✦ **~ sur** to bank on

misérable [mizeʀabl] ADJ **a** (= pauvre) [famille, personne] destitute; [logement] seedy; [vêtements] shabby; [existence, conditions] miserable **b** [salaire] miserable

misère [mizɛʀ] NF **a** (= pauvreté) extreme poverty ✦ **être dans la ~** to be destitute ✦ **salaire de ~** starvation wage **b** ✦ **~s** (= ennuis *) problems ✦ **faire des ~s à qn** * to be nasty to sb

miséricorde [mizeʀikɔʀd] NF mercy

misogyne [mizɔʒin] ADJ misogynous

missile [misil] NM missile

mission [misjɔ̃] NF mission; [d'intérimaire] assignment

missionnaire [misjɔnɛʀ] NMF missionary

mistral [mistʀal] NM mistral

mite [mit] NF clothes moth

mité, e [mite] ADJ moth-eaten

mi-temps [mitɑ̃] **1** NF INV **a** (= moitié) half ✦ **la troisième ~** the post-match celebrations **b** (= repos) half-time ✦ **à la ~** at half-time **2** NM ✦ **avoir un ~** to work part-time ✦ **à ~** part-time

miteux, -euse [mitø, øz] ADJ [lieu] seedy; [vêtement, personne] shabby

mitigé, e [mitiʒe] ADJ [accueil, enthousiasme] half-hearted; [sentiments] mixed

mitonner [mitɔne] ▸ conjug 1 ◂ VT (avec soin) to cook with loving care

mitoyen, -yenne [mitwajɛ̃, jɛn] ADJ [bâtiments] adjoining ✦ **mur ~** party wall

mitrailler [mitʀaje] ▸ conjug 1 ◂ VT **a** [soldat] to machine-gun ✦ **~ qn de questions** to bombard sb with questions **b** (* = photographier) to take shot after shot of

mitraillette [mitʀajɛt] NF submachine gun

mitrailleuse [mitʀajøz] NF machine gun

mi-voix [mivwa] ✦ **à mi-voix** LOC ADV in a low voice

mixage [miksaʒ] NM sound mixing

mixer¹ [mikse] ▸ conjug 1 ◂ VT [+ son, image] to mix; [+ aliments] to blend

mixer², mixeur [miksœʀ] NM blender

mixte [mikst] ADJ **a** (= de races, sexes différents) mixed **b** [tribunal, commission] joint

mixture [mikstyʀ] NF concoction

MJC [ɛmʒise] NF (abrév de **maison des jeunes et de la culture**) ≈ community arts centre

Mlle (abrév de **Mademoiselle**) Miss

Miles abrév de **Mesdemoiselles**

MM (abrév de **Messieurs**) Messrs

mm (abrév de **millimètre**) mm

Mme (abrév de **Madame**) Mrs

Mmes abrév de **Mesdames**

MMS [ɛmɛmɛs] NM (abrév de **Multimedia Messaging Service**) MMS

Mo (abrév de **mégaoctet**) Mb

mobile [mɔbil] **1** ADJ **a** (= qui bouge) moving **b** (= qui peut bouger) movable **c** [main-d'œuvre, téléphone] mobile **2** NM **a** (= motif) motive (**for**) **b** (= objet) mobile **c** (= téléphone) mobile (phone)

mobilier, -ière [mɔbilje, jɛʀ] **1** ADJ [propriété, bien] movable **2** NM (= ameublement) furniture ◆ ~ de bureau office furniture

mobilisation [mɔbilizasjɔ̃] NF mobilization

mobiliser [mɔbilize] ► conjug 1 ◀ **1** VT to mobilize **2** se mobiliser VPR to join forces

mobilité [mɔbilite] NF mobility

mobinaute [mɔbinot] NMF mobile Internet user

mobylette ® [mɔbilɛt] NF moped

mocassin [mɔkasɛ̃] NM moccasin

moche * [mɔʃ] ADJ **a** (= laid) ugly **b** (= méchant) rotten * ◆ c'est ~ ce qu'il a fait that was a nasty thing he did

modalité [mɔdalite] NF **a** (= méthode) method ◆ ~s de paiement methods of payment **b** ◆ adverbe de ~ modal adverb

mode¹ [mɔd] NF fashion ◆ c'est la dernière mode it's the latest fashion ◆ c'est passé de mode [vêtement] it's gone out of fashion; [pratique] it's outdated ◆ c'est la mode des talons hauts high heels are in fashion ◆ à la mode fashionable ◆ être habillé à la mode to be fashionably dressed

mode² [mɔd] NM **a** (= moyen) mode ◆ mode de transport mode of transport ◆ mode de vie way of life ◆ mode de scrutin voting system ► mode d'emploi (= feuillet) instructions **b** (en grammaire) mood

modèle [mɔdɛl] **1** NM model; (= exemple) example ◆ son courage devrait nous servir de ~ his courage should be an example to us ◆ prendre qn pour ~ to model o.s. upon sb ► modèle déposé registered design ► modèle réduit small-scale model **2** ADJ [mari, usine] model

modeler [mɔd(ə)le] ► conjug 5 ◀ VT to model (sur on); [+ corps, caractère] to shape

modélisme [mɔdelism] NM model making

modem [mɔdɛm] NM modem

modération [mɔderasjɔ̃] NF (= retenue) moderation ◆ avec ~ [consommer] in moderation

modéré, e [mɔdere] ADJ moderate

modérer [mɔdere] ► conjug 6 ◀ **1** VT [+ colère, passion] to restrain; [+ ambitions, exigences] to moderate; [+ dépenses] to curb ◆ modérez vos propos ! mind your language! **2** se modérer VPR to restrain o.s.

moderne [mɔdɛrn] ADJ modern ◆ la femme ~ the woman of today

modernisation [mɔdɛrnizasjɔ̃] NF modernization

moderniser [mɔdɛrnize] ► conjug 1 ◀ **1** VT to modernize **2** se moderniser VPR to be modernized

modeste [mɔdɛst] ADJ modest ◆ faire le ~ to put on a show of modesty

modestie [mɔdɛsti] NF modesty ◆ en toute ~ with all modesty ◆ fausse ~ false modesty

modification [mɔdifikasjɔ̃] NF modification ◆ apporter des ~s à to modify

modifier [mɔdifje] ► conjug 7 ◀ **1** VT to modify **2** se modifier VPR to change

modique [mɔdik] ADJ modest

modulable [mɔdylabl] ADJ [espace] adjustable; [horaire, prêt] flexible

modulation [mɔdylasjɔ̃] NF modulation ◆ ~ de fréquence frequency modulation

module [mɔdyl] NM module

moduler [mɔdyle] ► conjug 1 ◀ VT [+ voix] to modulate; [+ tarifs, horaires] to adjust

moelle [mwal] NF marrow ◆ ~ épinière spinal cord

moelleux, -euse [mwalø, øz] ADJ [tapis, lit] soft; [viande] tender; [gâteau] moist; [vin] sweet

mœurs [mœr(s)] NFPL **a** [de peuple] customs; [de milieu social] lifestyle ◆ c'est entré dans les ~ it's become normal practice ◆ l'évolution des ~ changes in the way people think **b** [d'animaux] habits **c** (= morale) ◆ affaire de ~ sex case

moi [mwa] PRON PERS **a** (sujet) me ◆ qui a fait cela ? – ~ who did this? – I did ou me ◆ mon mari et ~ my husband and I ◆ c'est ~ qui l'ai fait I did it **b** (objet) me ◆ donne-moi ton livre give me your book ◆ donne-le-~ give it to me ◆ c'est ~ qu'elle veut voir it's me she wants to see ◆ à ~ ! (= au secours) help!; (dans un jeu) my turn! **c** (comparaisons) me ◆ il est plus grand que ~ he is taller than me ou than I am ◆ il l'aime plus que ~ (plus qu'il ne m'aime) he loves her more than me; (plus que je ne l'aime) he loves her more than I do

moi-même [mwamɛm] PRON myself

moindre [mwɛ̃dr] ADJ **a** (comparatif) (= moins grand) less; (= inférieur) lower ◆ c'est un ~ mal it's the lesser evil **b** (superlatif) ◆ le ~, la ~, les ~s the least; (de deux) the lesser ◆ le ~ bruit the slightest noise ◆ pas la ~ idée not the slightest idea ◆ merci – c'est la ~ des choses ! thank you – not at all! ◆ il n'a pas fait le ~ commentaire he didn't make a single comment

moine [mwan] NM monk

moineau (pl ~x) [mwano] NM sparrow

⊙━   **moins** [mwɛ̃]

1 ADV **a** (comparatif) less ◆ beaucoup ~ much less ◆ trois fois ~ three times less ◆ c'est deux fois ~ grand it's half the size ◆ il fait ~ chaud ici it's not as hot in here

♦ **moins ... que** less ... than ♦ **il est ~ intelligent qu'elle** he's less intelligent than her ♦ **c'est ~ grand que je ne croyais** it's not as big as I thought it was ♦ **il travaille ~ que vous** he doesn't work as hard as you

♦ **moins de** + nom non comptable less ♦ **je mange ~ de pain qu'avant** I eat less bread than I used to

♦ **moins de** + nom comptable ♦ **il y aura ~ de monde demain** there'll be fewer people tomorrow, there'll be less people tomorrow ♦ **les enfants de ~ de quatre ans** children under four ♦ **il était un peu ~ de 6 heures** it was just before 6 o'clock ♦ **la frontière est à ~ de 3 km** the border is less than 3km away

♦ **moins ... moins** the less ... the less ♦ **~ je mange, ~ j'ai d'appétit** the less I eat, the less hungry I feel

♦ **moins ... plus** the less ... the more

♦ **à moins** ♦ **il jouera, à ~ d'un imprévu** he'll be playing unless something unexpected happens ♦ **à ~ de faire une bêtise, il devrait gagner** unless he does something silly he should win ♦ **à ~ qu'il ne vienne** unless he comes

♦ **de moins** ♦ **il gagne 500 euros de ~ qu'elle** he earns 500 euros less than she does ♦ **vous avez cinq ans de ~ qu'elle** you're five years younger than her

♦ **de moins en moins** less and less ♦ **il a de ~ en ~ de clients** he has fewer and fewer customers

♦ **en moins** ♦ **il y a trois verres en ~** there are three glasses missing ♦ **ça me fera du travail en ~ !** that'll be less work for me!

b (superlatif)

♦ **le moins, la moins, les moins** (de plusieurs) the least; (de deux) the less ♦ **c'est le ~ doué de mes élèves** he's the least gifted of my pupils

♦ **le moins** + verbe the least ♦ **c'est celle que j'aime le ~** it's the one I like the least ♦ **c'est le ~ qu'on puisse dire !** that's putting it mildly!

♦ **le moins possible** as little as possible

2 PRÉP **a** (soustraction, nombre négatif) minus **b** (heure) to ♦ **il est 4 heures ~ 5** it's 5 to 4

3 LOC ADV

♦ **au moins** at least

♦ **du moins** (restriction) at least

♦ **pour le moins** to say the least

moiré, e [mwaʀe] ADJ [tissu, papier peint] moiré; [papier] marbled

mois [mwa] NM **a** month ♦ **au ~ de janvier** in January ♦ **un bébé de 6 ~** a 6-month-old baby ♦ **trois ~ de loyer** three months' rent **b** (= salaire) monthly pay

moisi, e [mwazi] **1** ADJ mouldy **2** NM mould NonC ♦ **ça sent le ~** it smells musty

moisir [mwaziʀ] ► conjug 2 ◄ VI **a** (= se gâter) to go mouldy **b** [personne] (dans une prison, une entreprise) to rot; (= attendre) to hang around

moisissure [mwazisyʀ] NF mould NonC

moisson [mwasɔ̃] NF harvest ♦ **faire la ~** to harvest ♦ **la ~ de médailles a été excellente** they got a good crop of medals

moissonner [mwasɔne] ► conjug 1 ◄ VT to harvest; [+ récompenses] to carry off; [+ renseignements] to gather

moissonneuse [mwasɔnøz] NF (= machine) harvester ♦ **~-batteuse** combine harvester

moite [mwat] ADJ [peau, mains] sweaty; [chaleur] sticky

moitié [mwatje] NF half ♦ **quelle est la ~ de 40 ?** what is half of 40? ♦ **la ~ des habitants** half the inhabitants ♦ **~ anglais, ~ français** half-English, half-French ♦ **réduire de ~** to reduce by half ♦ **faire ~ ~** to go halves ♦ **il a fait le travail à ~** he has only half done the work ♦ **à ~ prix** at half-price

moka [mɔka] NM **a** (= gâteau) mocha cake **b** (= café) mocha coffee

molaire [mɔlɛʀ] NF molar

molécule [mɔlekyl] NF molecule

molester [mɔlɛste] ► conjug 1 ◄ VT to manhandle

molle [mɔl] ADJ F → mou

mollement [mɔlmɑ̃] ADV [tomber] softly; [défendre, protester] feebly

mollet [mɔlɛ] NM calf

molletonné, e [mɔltɔne] ADJ quilted

mollir [mɔliʀ] ► conjug 2 ◄ VI **a** [substance] to soften **b** [père, créancier] to relent; [courage] to flag **c** [vent] to die down

mollo * [mɔlo] ADV ♦ **vas-y ~ !** take it easy! *

mollusque [mɔlysk] NM mollusc

molosse [mɔlɔs] NM (= chien) big ferocious dog

môme * [mom] NMF (= enfant) kid *

moment [mɔmɑ̃] NM **a** (= court instant) moment ♦ **je n'en ai que pour un petit ~** it'll only take me a moment ♦ **un ~, il arrive !** just a moment, he's coming! **b** (= longtemps) while ♦ **je ne l'ai pas vu depuis un ~** I haven't seen him for a while **c** (= période, occasion) time ♦ **à quel ~ est-ce arrivé ?** when did this happen? ♦ **il a passé un mauvais ~** he had a rough time ♦ **n'attends pas le dernier ~** don't wait till the last minute ♦ **ce n'est pas le (bon) ~** this is not the right time ♦ **c'est le ~ ou jamais** it's now or never ♦ **en ce ~** at the moment ♦ **par ~s** now and then ♦ **pour le ~** for the moment ♦ **sur le ~** at the time ♦ **à ce ~-là** (temps) at that time; (circonstance) in that case ♦ **au ~ de l'accident**

at the time of the accident **+ au ~ où j'allais partir** just as I was about to leave **d + du ~ que** (= pourvu que) as long as

momentanément [mɔmɑ̃tanemɑ̃] ADV momentarily

momie [mɔmi] NF mummy

mon [mɔ̃], **ma** [ma] (pl **mes**) [me] ADJ POSS my **+ ~ fils et ma fille** my son and daughter

Monaco [mɔnako] NM Monaco

monarchie [mɔnaʀʃi] NF monarchy

monarchiste [mɔnaʀʃist] ADJ, NMF monarchist

monarque [mɔnaʀk] NM monarch

monastère [mɔnastɛʀ] NM monastery

mondain, e [mɔ̃dɛ̃, ɛn] ADJ [réunion, vie] society **+ chronique ~e** gossip column

monde [mɔ̃d] NM **a** world **+ dans le ~ entier** all over the world **+ l'autre ~** the next world **+ se faire tout un ~ de qch** to get worked up about sth **+ le meilleur athlète du ~** the best athlete in the world **+ pas le moins du ~ !** not at all! **+ venir au ~** to be born **+ mettre un enfant au ~** to bring a child into the world **b** (= gens) people **+ il y a du ~ ou beaucoup de ~** there's quite a crowd **+ il y avait un ~ fou** * the place was packed **+ ce week-end nous avons du ~** we have people coming this weekend **c + femme du ~** society woman **+ se conduire en parfait homme du ~** to be a perfect gentleman

mondial, e (mpl **-iaux**) [mɔ̃djal, jo] **1** ADJ [guerre, population, production] world _avant le nom_; [épidémie, crise] worldwide _avant le nom_ **2** NM **+ le Mondial** the World Cup

mondialement [mɔ̃djalmɑ̃] ADV throughout the world

mondialisation [mɔ̃djalizasjɔ̃] NF globalization

monégasque [mɔnegask] **1** ADJ of ou from Monaco **2 Monégasque** NMF person from _or_ inhabitant of Monaco

monétaire [mɔnetɛʀ] ADJ monetary **+ le marché ~** the money market

moniteur, -trice [mɔnitœʀ] **1** NM,F (= instructeur) instructor; [de colonie de vacances] supervisor (Brit), camp counselor (US) **+ ~ d'auto-école** driving instructor **2** NM (= appareil, écran) monitor

monnaie [mɔnɛ] NF **a** (= espèces, devises) currency **+ c'est ~ courante** [fait, événement] it's a common occurrence **▸ monnaie unique** single currency **b** (= appoint, pièces) change **+ faire de la ~** to get some change **+ faire la ~ de 50 €** to get change for a 50-euro note

monochrome [mɔnɔkʀom] ADJ monochrome

monocorde [mɔnɔkɔʀd] ADJ [voix, ton] monotonous

monologue [mɔnɔlɔg] NM monologue

monoparental, e (mpl **-aux**) [mɔnɔpaʀɑ̃tal, o] ADJ **+ famille ~e** single-parent family

monopole [mɔnɔpɔl] NM monopoly **+ avoir le ~ de** to have the monopoly of; [+ vérité, savoir] to have a monopoly on

monopoliser [mɔnɔpɔlize] **► conjug 1 ◄** VT to monopolize

monoski [mɔnɔski] NM monoski **+ faire du ~** to go monoskiing

monospace [mɔnɔspas] NM people carrier (Brit), minivan (US)

monotone [mɔnɔtɔn] ADJ monotonous

monotonie [mɔnɔtɔni] NF monotony

Monseigneur [mɔ̃sɛɲœʀ] (pl **Messeigneurs**) [mesɛɲœʀ] NM (à évêque) Your Lordship; (à prince) Your Highness

monsieur [məsjø] (pl **messieurs**) [mesjø] NM **a** (suivi d'un nom de famille) Mr **b + merci, Monsieur** thank you; (au restaurant) thank you sir **+ Monsieur !** (en classe) please sir! **+ Messieurs** (devant un auditoire) gentlemen **+ Messieurs Dames** (devant un auditoire) ladies and gentlemen **c** (suivi d'un titre) **+ Monsieur le Président, je proteste** Mr Chairman, I object **d** (en début de lettre) **+ Monsieur** Dear Sir **+ Cher Monsieur** Dear Mr + _nom de famille_ **e** (= homme) gentleman

monstre [mɔ̃stʀ] **1** NM monster **+ c'est un ~** (laid) he's really ugly **2** ADJ * massive **+ j'ai un boulot ~** I've got loads * of work to do

monstrueux, -euse [mɔ̃stʀyø, øz] ADJ **a** [personne, bâtiment] hideous **b** [crime] monstrous **c** * [erreur, bruit] horrendous

mont [mɔ̃] NM mountain **+ être toujours par ~s et par vaux** * to be always on the move * **▸ le mont Blanc** Mont Blanc

montage [mɔ̃taʒ] NM **a** [d'appareil] assembly **b** [de film] editing **+ ~ photographique** photomontage

montagnard, e [mɔ̃taɲaʀ, aʀd] NM,F mountain dweller

montagne [mɔ̃taɲ] NF mountain **+ vivre à la ~** to live in the mountains **+ une ~ de** (fig) a mountain of **▸ montagnes russes** roller-coaster

montant, e [mɔ̃tɑ̃, ɑ̃t] **1** ADJ [mouvement] upward; [col] high **2** NM **a** (= somme) sum total **+ chèque d'un ~ de 500 €** cheque for €500 **b** [d'échelle, fenêtre] upright

montée [mɔ̃te] NF **a** (= augmentation) rise (de in) **b** [de ballon, avion] ascent **c** (= escalade) climb **d** (= pente) uphill slope

monter [mɔ̃te] ► conjug 1 ◄ **1** (avec auxiliaire être) VI **a** to go up ◆ **~ en courant/titubant** to run/stagger up ◆ **~ dans sa chambre** to go up to one's room ◆ **monte me voir** come up and see me ◆ **~ aux arbres** to climb trees ◆ **~ sur** [+ table, toit] to climb onto; [+ bicyclette] to get on **b** (dans un véhicule) ◆ **~ en voiture** to get into a car ◆ **~ dans un avion** to get on an aircraft ◆ **~ à bord** to go on board ◆ **tu sais ~ à bicyclette ?** can you ride a bicycle? ◆ **~ à cheval** (= faire de l'équitation) to ride **c** (= s'élever) to rise; [avion] to climb; [mer, marée] to come in; [voix] to go up ◆ **la vase lui montait jusqu'aux genoux** the mud came right up to his knees ◆ **le chemin monte en lacets** the path winds upwards ◆ **une odeur montait de la cave** there was a smell coming from the cellar ◆ **le ton monte** the discussion is getting heated ◆ **~ à la tête à qn** [vin, succès] to go to sb's head **2** VT **a** (= gravir) to go up ◆ **~ l'escalier en courant** to run upstairs **b** (= porter) to take up ◆ **montez-lui son petit déjeuner** take his breakfast up to him **c** [+ cheval] to ride **d** [+ son] to turn up **e** (= exciter) ◆ **~ qn contre qn** to set sb against sb ◆ **~ la tête à qn** to get sb worked up **f** [+ machine] to assemble; [+ tente] to pitch; [+ film] to edit; [+ robe] to sew together **g** [+ pièce de théâtre] to put on; [+ affaire, campagne] to set up **h** [+ diamant, perle] to mount **3** **se monter** VPR ◆ **se ~ à** [+ prix] to amount to

montgolfière [mɔ̃gɔlfjɛʀ] NF hot-air balloon

monticule [mɔ̃tikyl] NM mound

montre [mɔ̃tʀ] NF watch ◆ **j'ai mis deux heures ~ en main** it took me exactly two hours ► **montre-bracelet** wrist watch

Montréal [mɔ̃ʀeal] N Montreal

montrer [mɔ̃tʀe] ► conjug 1 ◄ **1** VT to show (à to); (par un geste) to point to; (= faire remarquer) to point out (à to) ◆ **je l'ai ici – montre !** I've got it here – show me! **2** **se montrer** VPR **a** (= être vu) to appear ◆ **elle ne s'est pas montrée au dîner** she didn't appear at dinner ◆ **il n'aime pas se ~ avec elle** he doesn't like to be seen with her **b** (= s'avérer) ◆ **il s'est montré très désagréable** he was very unpleasant

monture [mɔ̃tyʀ] NF **a** [de lunettes] frame **b** (= cheval) mount

monument [mɔnymɑ̃] NM monument ◆ **~ aux morts** war memorial ◆ **~ historique** ancient monument

monumental, e (mpl **-aux**) [mɔnymɑ̃tal, o] ADJ monumental ◆ **d'une bêtise ~e** incredibly stupid

moquer (se) [mɔke] ► conjug 1 ◄ VPR **a** ◆ **se moquer de** (= ridiculiser) to make fun of ◆ **vous vous moquez du monde !** you've got a nerve! ◆ **du champagne ?** ils ne se sont pas moqués de vous ! * champagne? they really treat you right! * **b** (= être indifférent) ◆ **je m'en moque !** I don't care

moquerie [mɔkʀi] NF (= sarcasme) mockery NonC

moquette [mɔkɛt] NF (= tapis) carpet

moqueur, -euse [mɔkœʀ, øz] ADJ [remarque, sourire] mocking

moral, e (mpl **-aux**) [mɔʀal, o] **1** ADJ moral **2** NM (= état d'esprit) morale ◆ **avoir le ~** to be in good spirits ◆ **ne pas avoir le ~** to be in low spirits ◆ **remonter le ~ de qn** to cheer sb up **3** **morale** NF **a** (= mœurs) morals; (= valeurs traditionnelles) morality ◆ **faire la ~e à qn** to lecture sb **b** [de fable, histoire] moral

moralisateur, -trice [mɔʀalizatœʀ, tʀis] ADJ sanctimonious

moralité [mɔʀalite] NF **a** (= mœurs) morals **b** [d'histoire] moral ◆ **~ :** **il ne faut jamais mentir !** the moral is: never tell lies!

moratoire [mɔʀatwaʀ] NM moratorium

morbide [mɔʀbid] ADJ morbid

morceau (pl **~x**) [mɔʀso] NM **a** (= bout) piece; [de sucre] lump ◆ **manger un ~** to have a bite to eat ◆ **couper en ~x** to cut into pieces ◆ **mettre qch en ~x** to pull sth to pieces **b** (= œuvre) piece; (= extrait) passage

morceler [mɔʀsəle] ► conjug 4 ◄ VT to divide up

mordant, e [mɔʀdɑ̃, ɑ̃t] ADJ **a** (= caustique) scathing **b** [froid] biting

mordiller [mɔʀdije] ► conjug 1 ◄ VT to nibble at

mordoré, e [mɔʀdɔʀe] ADJ bronze

mordre [mɔʀdʀ] ► conjug 41 ◄ **1** VT **a** ◆ **il s'est fait ~ à la jambe par un chien** a dog bit him on the leg **b** [+ ligne blanche] to go over **2** **mordre sur** VT INDIR [+ vacances] to eat into; [+ espace] to encroach onto **3** VI to bite (dans into) ◆ **ça mord ?** are the fish biting?

mordu, e [mɔʀdy] **1** ADJ **a** (* = amoureux) smitten **b** (* = fanatique) ◆ **~ de jazz** crazy * about jazz **2** NM,F (* = fanatique) enthusiast ◆ **~ de voile** sailing enthusiast ◆ **~ informatique** computer buff *

morfondre (se) [mɔʀfɔ̃dʀ] ► conjug 42 ◄ VPR to languish

morgue [mɔʀg] NF [de police] morgue; [d'hôpital] mortuary

moribond, e [mɔʀibɔ̃, ɔ̃d] **1** ADJ [personne] dying; [institution] moribund **2** NM,F dying man (ou woman)

morne [mɔʀn] ADJ [personne, visage] glum; [temps] gloomy; [paysage] dull

morose [mɔʀoz] ADJ [humeur, personne, ton] morose

morphine [mɔʀfin] NF morphine

morphologie [mɔʀfɔlɔʒi] NF morphology

mors [mɔʀ] NM bit

morse¹ [mɔʀs] NM (= animal) walrus

morse² [mɔʀs] NM (= code) Morse (code)

morsure [mɔʀsyʀ] NF bite

mort, e [mɔʀ, mɔʀt] **1** ADJ dead ◆ ~ au combat killed in action ◆ ~ de fatigue dead tired ◆ ~ de peur frightened to death ◆ ~ de rire doubled up with laughter **2** NM ◆ les ~s the dead ◆ il y a eu un ~ one person was killed ◆ faire le ~ to pretend to be dead **3** NF death ◆ trouver la ~ dans un accident to be killed in an accident ◆ se donner la ~ to take one's own life ◆ à la ~ de sa mère when his mother died ◆ la ~ dans l'âme with a heavy heart ◆ il m'en veut à ~ he hates me for it ◆ freiner à ~ * to jam on the brakes

mortadelle [mɔʀtadɛl] NF mortadella

mortalité [mɔʀtalite] NF mortality ◆ ~ infantile infant mortality

mortel, -elle [mɔʀtɛl] ADJ **a** (= qui meurt) mortal **b** (= entraînant la mort) fatal; [poison] deadly **c** [pâleur, silence] deadly; [ennemi] mortal **d** (* = ennuyeux) deadly

mortier [mɔʀtje] NM mortar

mort-né, mort-née (mpl ~s, fpl ~es) [mɔʀne] ADJ stillborn

mortuaire [mɔʀtɥɛʀ] ADJ [cérémonie] funeral

morue [mɔʀy] NF (= poisson) cod

mosaïque [mozaik] NF mosaic; [d'idées, peuples] medley

Moscou [mɔsku] N Moscow

moscovite [mɔskɔvit] ADJ of ou from Moscow

mosquée [mɔske] NF mosque

mot [mo] NM **a** (= terme) word ◆ à ~s couverts in veiled terms ◆ en un ~ in a word ◆ à ~ word for word ◆ c'est du ~ à ~ it's a word-for-word translation ◆ avoir le dernier ~ to have the last word ◆ je vais lui dire deux ~s ! I'll give him a piece of my mind! ◆ prendre qn au ~ to take sb at his word ◆ bon ~ witty remark ▸ mots croisés crossword ▸ mots fléchés crossword *(with clues given inside the boxes)* ▸ mot de passe password **b** (= courte lettre) note ◆ ~ d'excuse [d'élève] absence note

motard [mɔtaʀ] NM motorcyclist; (= policier) motorcycle policeman

motel [mɔtɛl] NM motel

moteur, -trice [mɔtœʀ, tʀis] **1** NM (= appareil) engine; (électrique) motor ◆ à ~ power-driven ◆ ~ de recherche search engine ◆ être le ~ de qch (fig) to be the driving force behind sth **2** ADJ [nerf, troubles] motor ◆ force motrice driving force

motif [mɔtif] NM **a** (= raison) motive (de for); (= but) purpose ◆ ~ d'inquiétude cause for concern **b** (= ornement) motif ◆ tissu à ~s patterned material

motion [mosjɔ̃] NF motion ◆ voter la ~ de censure to pass a vote of no confidence

motivation [mɔtivasjɔ̃] NF motivation; (= raison) motive (de for) ◆ lettre de ~ covering letter

motiver [mɔtive] ▸ conjug 1 ◂ VT **a** (= justifier) to justify **b** (= pousser à agir) to motivate

moto [mɔto] NF **a** (= véhicule) motorbike ◆ je viendrai à ou en ~ I'll come on my bike * ◆ ~ de course racing motorcycle **b** (= activité) motorcycling ◆ faire de la ~ to ride a motorbike

motocross, moto-cross [mɔtokʀɔs] NM INV (= sport) motocross; (= épreuve) motocross race

motoculteur [mɔtɔkyltœʀ] NM motorized cultivator

motocyclette [mɔtɔsiklɛt] NF motorcycle

motocycliste [mɔtɔsiklist] NMF motorcyclist

motorisé, e [mɔtɔʀize] ADJ [patrouille] motorized ◆ tu es ~ ? * sinon je te ramène have you got any transport? if not I'll drop you home

motrice [mɔtʀis] ADJ → **moteur**

motte [mɔt] NF [de terre] lump; [de beurre] block

mou, molle [mu, mɔl] ADJ soft; [geste, poignée de main] limp; (de caractère) spineless ◆ j'ai les jambes molles my legs feel weak

mouchard, e * [muʃaʀ, aʀd] NM,F (= rapporteur) sneak *

mouche [muʃ] NF **a** (= insecte) fly ◆ quelle ~ te pique ? what's got into you? **b** ◆ faire ~ [tireur] to score a bull's-eye; [remarque] to hit home

moucher [muʃe] ▸ conjug 1 ◂ **1** VT **a** ◆ ~ (le nez de) qn to blow sb's nose **b** (* = remettre à sa place) ◆ ~ qn to put sb in his place **c** [+ chandelle] to snuff out **2** se moucher VPR to blow one's nose

moucheron [muʃʀɔ̃] NM small fly

moucheté, e [muʃ(ə)te] ADJ [œuf] speckled; [animal] spotted

mouchoir [muʃwaʀ] NM handkerchief ◆ ~ en papier tissue

moudre [mudʀ] ▸ conjug 47 ◂ VT to grind

moue [mu] NF pout ◆ faire la ~ (= faire la grimace) to pull a face

mouette [mwɛt] NF seagull

moufle [mufl] NF mitten

mouflet, -ette * [muflɛ, ɛt] NM,F kid *

mouflon [muflɔ̃] NM mouflon

mouillage [mujaʒ] NM (= abri) anchorage

mouillé, e [muje] ADJ wet

mouiller [muje] ► conjug 1 ◄ **1** VT ✦ ~ **qch** [+ humecter] to dampen sth; (accidentellement) to get sth wet ✦ **se faire** ~ to get wet ✦ ~ **l'ancre** to drop anchor **2** **se mouiller** VPR **a** (= se tremper) to get o.s. wet ✦ **se** ~ **les pieds** to get one's feet wet **b** * (= prendre des risques) to commit o.s.; (= se compromettre) to get involved

mouillette [mujɛt] NF finger of bread

moulage [mulaʒ] NM (= reproduction) cast

moulant, e [mulɑ̃, ɑ̃t] ADJ tight-fitting

moule¹ [mul] NM (= forme) mould (Brit), mold (US) ► **moule à gâteaux** cake tin (Brit), cake pan (US) ► **moule à tarte** pie dish

moule² [mul] NF mussel ✦ **moules marinières** moules marinières

mouler [mule] ► conjug 1 ◄ VT [+ statue, buste] to cast

moulin [mulɛ̃] NM mill ✦ ~ **à paroles** chatterbox ► **moulin à café/poivre** coffee/pepper mill ► **moulin à vent** windmill

moulinette ® [mulinɛt] NF vegetable mill

moulure [mulyʀ] NF moulding (Brit), molding (US)

mourant, e [muʀɑ̃, ɑ̃t] ADJ ✦ **il est** ~ he's dying

mourir [muʀiʀ] ► conjug 1 ◄ VI to die; [civilisation, coutume, feu] to die out ✦ ~ **assassiné** to be murdered ✦ **s'ennuyer à** ~ to be bored to death ✦ **plus bête que lui, tu meurs !** * he's as stupid as they come! * ✦ ~ **de froid** (lit) to die of exposure ✦ **on meurt de froid ici** it's freezing in here ✦ **je meurs de sommeil** I'm dead on my feet ✦ ~ **de faim** to starve to death; (= avoir très faim) to be starving ✦ ~ **de soif** to die of thirst; (= avoir très soif) to be parched ✦ **il meurt d'envie de le faire** he's dying to do it

mourra [muʀʀa] VB → **mourir**

mousquetaire [muskətɛʀ] NM musketeer

mousse¹ [mus] NF **a** (= plante) moss **b** [de bière, café, lait] froth; [de savon] lather ► **mousse à raser** shaving foam **c** (= plat) mousse ✦ **mousse au chocolat** chocolate mousse **d** (= caoutchouc) foam rubber

mousse² [mus] NM (= marin) ship's boy

mousseline [muslin] NF (= coton) muslin; (= soie) chiffon

mousser [muse] ► conjug 1 ◄ VI [bière] to froth; [savon, shampooing] to lather

mousseux, -euse [musø, øz] **1** ADJ [vin] sparkling; [bière, chocolat] frothy **2** NM sparkling wine

mousson [musɔ̃] NF monsoon

moustache [mustaʃ] NF moustache ✦ ~**s** [d'animal] whiskers ✦ **avoir de la** ~ to have a moustache

moustachu, e [mustaʃy] ADJ with a moustache

moustiquaire [mustikɛʀ] NF mosquito net

moustique [mustik] NM mosquito

moutard * [mutaʀ] NM brat *

moutarde [mutaʀd] **1** NF mustard ✦ **il a senti la** ~ **lui monter au nez** he felt his temper flaring **2** ADJ INV mustard

mouton [mutɔ̃] **1** NM **a** (= animal) sheep ✦ **revenons à nos** ~**s** let's get back to the subject **b** (= viande) mutton **c** (= peau) sheepskin **2** **moutons** NMPL (sur la mer) white horses (Brit), white caps (US); (sur le plancher) fluff

mouvant, e [muvɑ̃, ɑ̃t] ADJ [situation] unsettled; [frontières, terrain] shifting

mouvement [muvmɑ̃] NM **a** movement ✦ ~**s de gymnastique** physical exercises ✦ **il approuva d'un** ~ **de tête** he gave a nod of approval ✦ ~ **de grève** strike action NonC ✦ **se mettre en** ~ to set off **b** (= impulsion) ✦ **dans un** ~ **de colère** in a fit of anger **c** (= activité) ✦ **il n'y a pas beaucoup de** ~ **le dimanche** not much happens on Sundays

mouvementé, e [muvmɑ̃te] ADJ [vie] eventful; [séance] stormy

mouvoir [muvwaʀ] ► conjug 27 ◄ **1** VT [+ motiver] to drive **2** **se mouvoir** VPR to move

moyen¹, -yenne [mwajɛ̃, jɛn] **1** ADJ **a** (= ni grand ni petit) [taille] medium; [ville, maison] medium-sized **b** (= courant, médiocre) average ✦ **le Français moyen** the average Frenchman **c** (d'après des calculs) average **2** **moyenne** NF average ✦ **la moyenne d'âge** the average age ✦ **avoir la moyenne** (à un devoir) to get fifty per cent; (à un examen) to get a pass ✦ **en moyenne** on average

moyen² [mwajɛ̃] **1** NM (= procédé, manière) way ✦ **c'est le seul moyen de s'en sortir** it's the only way out ✦ **par quel moyen allez-vous le convaincre ?** how will you manage to convince him? ✦ **employer les grands moyens** to resort to drastic measures ✦ **il a trouvé le moyen de se perdre** he got lost ✦ **au moyen de** by means of ✦ **moyen de communication/production** means of communication/production ✦ **pas moyen d'avoir une réponse claire !** there's no way you can get a clear answer! **2** **moyens** NMPL **a** (= capacités intellectuelles, physiques) ✦ **ça lui a fait perdre tous ses moyens** it left him completely at a loss ✦ **par ses propres moyens** (réussir) all by oneself ✦ **ils ont dû rentrer par leurs propres moyens** they had to make their own way home

b (= ressources financières) means ◆ **il a les moyens** he can afford it ◆ **il vit au-dessus de ses moyens** he lives beyond his means

Moyen Âge [mwajɛnɑʒ] NM ◆ **le Moyen Âge** the Middle Ages

moyennement [mwajɛnmɑ̃] ADV ◆ **c'est ~ bon** it's pretty average ◆ **c'est ~ intéressant** it's not that interesting

Moyen-Orient [mwajɛnɔʀjɑ̃] NM ◆ **le ~ the** Middle East ◆ **les pays du ~** Middle Eastern countries

moyeu (pl **~x**) [mwajø] NM [de roue] hub

Mozambique [mɔzɑ̃bik] NM Mozambique

MP3 [empetʀwa] MP3

MST [ɛmɛstə] NF (abrév de **maladie sexuellement transmissible**) STD

mû, mue[1] [my] (ptp de **mouvoir**)

mue[2] [my] NF [d'oiseau] moulting (Brit), molting (US); [de serpent] sloughing; [de voix] ◆ **la mue intervient vers 14 ans** the voice breaks (Brit) ou changes (US) at about 14 years of age

muer [mɥe] ▶ conjug 1 ◀ VI [oiseau, mammifère] to moult (Brit), to molt (US); [serpent] to slough ◆ **sa voix mue, il mue** his voice is breaking (Brit) ou changing (US)

muet, muette [mɥɛ, mɥɛt] **1** ADJ **a** mute ◆ **~ de peur** dumb with fear ◆ **rester ~** to remain silent **b** [film, cinéma] silent; [rôle] non-speaking **2** NM,F mute

mufle [myfl] NM **a** [de bovin] muffle **b** (* = goujat) lout

mugir [myʒiʀ] ▶ conjug 2 ◀ VI **a** [vache] to moo; [bœuf] to bellow **b** [vent] to howl

muguet [mygɛ] NM lily of the valley

mulâtre, mulâtresse [mylɑtʀ, mylɑtʀɛs] NM,F mulatto

mule [myl] NF **a** (= animal) female mule **b** (= pantoufle) mule

mulet [mylɛ] NM **a** (= mammifère) male mule **b** (= poisson) mullet

mulot [mylo] NM field mouse

multicolore [myltikɔlɔʀ] ADJ multicoloured (Brit), many-colored (US)

multiculturel, -elle [myltikyltyʀɛl] ADJ multicultural

multifonction [myltifɔ̃ksjɔ̃] ADJ (en informatique) multitasking

multimédia [myltimedja] ADJ, NM multimedia

multinational, e (mpl **-aux**) [myltinasjɔnal, o] **1** ADJ multinational **2 multinationale** NF multinational

multiple [myltipl] **1** ADJ (= nombreux) numerous; [fracture, choix] multiple ◆ **à de ~s reprises** time and again **2** NM multiple

multiplication [myltiplikasjɔ̃] NF multiplication; (= prolifération) increase in the number of

multiplier [myltiplije] ▶ conjug 7 ◀ **1** VT to multiply (par by) ◆ **les autorités multiplient les appels au calme** the authorities are issuing repeated appeals for calm **2 se multiplier** VPR to multiply

multiprocesseur [myltipʀɔsesœʀ] NM multiprocessor

multipropriété [myltipʀɔpʀijete] NF timesharing

multiracial, e (mpl **-iaux**) [myltiʀasjal, jo] ADJ multiracial

multisalles [myltisal] ADJ ◆ **(cinéma ou complexe) ~** multiplex cinema

multitude [myltityd] NF ◆ **une ~ de** a vast number of

municipal, e (mpl **-aux**) [mynisipal, o] **1** ADJ municipal **2 municipales** NFPL ◆ **les ~es** the local elections

municipalité [mynisipalite] NF **a** (= ville) town **b** (= conseil) town council

munir [myniʀ] ▶ conjug 2 ◀ **1** VT ◆ **~ de** to equip with **2 se munir** VPR ◆ **se ~ de** [+ papiers] to take with one; [+ argent, nourriture] to take a supply of

munitions [mynisjɔ̃] NFPL munitions

muqueuse [mykøz] NF mucous membrane

mur [myʀ] NM wall ▶ **le mur de Berlin** the Berlin Wall ◆ **faire le ~** * to go over the wall ◆ **franchir le ~ du son** to break the sound barrier

mûr, e[1] [myʀ] ADJ **a** [fruit, projet] ripe ◆ **après mûre réflexion** after much thought **b** (= sensé) mature; (= âgé) middle-aged

muraille [myʀɑj] NF wall ◆ **la Grande Muraille de Chine** the Great Wall of China

mûre[2] [myʀ] NF blackberry

murer [myʀe] ▶ conjug 1 ◀ **1** VT [+ ouverture] to wall up; [+ personne] to wall in **2 se murer** VPR (chez soi) to shut o.s. away ◆ **se ~ dans son silence** to lock o.s. in silence

mûrier [myʀje] NM blackberry bush

mûrir [myʀiʀ] ▶ conjug 2 ◀ VI [fruit] to ripen; [idée, personne] to mature

murmure [myʀmyʀ] NM murmur

murmurer [myʀmyʀe] ▶ conjug 1 ◀ VTI to murmur

musaraigne [myzaʀɛɲ] NF shrew

muscade [myskad] NF nutmeg

muscat [myska] NM **a** (= raisin) muscat grape **b** (= vin) muscat

muscle [myskl] NM muscle

musclé, e [myskle] ADJ a [corps, personne] muscular b [interrogatoire] violent; [intervention] forceful

muscler [myskle] ► conjug 1 ◄ **1** VT to develop the muscles of **2 se muscler** VPR [personne] to develop one's muscles

musculation [myskylasjɔ̃] NF body building ◆ **faire de la ~** to do body building

muse [myz] NF Muse

museau (pl **~x**) [myzo] NM [de chien] muzzle; [de bovin] muffle; [de porc] snout

musée [myze] NM [d'art, peinture] art gallery; (technique, scientifique) museum ◆ **~ de cire** wax museum

museler [myz(ə)le] ► conjug 4 ◄ VT to muzzle

musical, e (mpl **-aux**) [myzikal, o] ADJ music *avant le nom*

music-hall (pl **~s**) [myzikol] NM (= lieu) music hall ◆ **spectacle de ~** variety show

musicien, -ienne [myzisjɛ̃, jɛn] NM,F musician

musique [myzik] NF music ◆ **~ classique** classical music ◆ **qui a écrit la ~ du film ?** who wrote the film score? ► **musique de chambre** chamber music

musulman, e [myzylmɑ̃, an] ADJ, NM,F Muslim

mutation [mytasjɔ̃] NF a (= transfert) transfer b (= changement) transformation; [d'animal, cellule] mutation

muter [myte] ► conjug 1 ◄ VT to transfer

mutiler [mytile] ► conjug 1 ◄ VT to mutilate

mutinerie [mytinʀi] NF [de soldats, marins] mutiny; [de prisonniers] riot

mutisme [mytism] NM (= silence) silence

mutuel, -elle [mytɥɛl] **1** ADJ mutual **2 mutuelle** NF mutual society

mutuellement [mytɥɛlmɑ̃] ADV one another

mycose [mikoz] NF fungal disease

myopathie [mjɔpati] NF = muscular dystrophy

myope [mjɔp] ADJ short-sighted

myosotis [mjɔzɔtis] NM forget-me-not

myrtille [miʀtij] NF bilberry (Brit), blueberry (US)

mystère [mistɛʀ] NM mystery

mystérieux, -ieuse [misteʀjø, jøz] ADJ mysterious; (= cachottier) secretive

mystique [mistik] **1** ADJ mystical **2** NMF (= personne) mystic

mythe [mit] NM myth

mythique [mitik] ADJ mythical

mythologie [mitɔlɔʒi] NF mythology

mythologique [mitɔlɔʒik] ADJ mythological

mythomane [mitɔman] ADJ, NMF ◆ **elle est un peu ~** she has a tendency to embroider the truth

n' [n] → ne

nacre [nakʀ] NF mother-of-pearl

nacré, e [nakʀe] ADJ pearly

nage [naʒ] NF **a** (= activité) swimming; (= manière) stroke ✦ **100 mètres ~ libre** 100 metres freestyle ✦ **traverser une rivière à la ~** to swim across a river **b** ✦ **être en ~** to be sweating

nageoire [naʒwaʀ] NF [de poisson] fin; [de phoque, dauphin] flipper

nager [naʒe] ► conjug 3 ◄ **1** VI **a** to swim; [objet] to float ✦ **~ dans le bonheur** to be overjoyed ✦ **il nage dans ses vêtements** his clothes are miles too big for him **b** (* = ne rien comprendre) to be at sea * **2** VT to swim

nageur, -euse [naʒœʀ, øz] NM,F swimmer

naguère [nagɛʀ] ADV (frm = autrefois) formerly

naïf, naïve [naif, naiv] ADJ naïve

nain, e [nɛ̃, nɛn] ADJ, NM,F dwarf

naissance [nɛsɑ̃s] NF **a** birth ✦ **il est aveugle de ~** he has been blind from birth ✦ **français de ~** French by birth ✦ **donner ~ à** [+ enfant] to give birth to; [+ rumeurs, mouvement] to give rise to **b** [de rivière] source; [de cou] base; [de cheveux] roots

naissant, e [nɛsɑ̃, ɑ̃t] ADJ [calvitie] incipient; [passion, industrie, démocratie] burgeoning ✦ **une barbe ~e** the beginnings of a beard

naître [nɛtʀ] ► conjug 59 ◄ VI **a** to be born ✦ **il n'est pas né d'hier ou de la dernière pluie** he wasn't born yesterday **b** [sentiment, difficultés] to arise; [ville, industrie] to spring up ✦ **faire ~** [+ soupçons, désir] to arouse ✦ **~ de** to spring from

naïveté [naivte] NF naïvety

nana * [nana] NF (= femme) woman; (= petite amie) girlfriend

naphtaline [naftalin] NF (= antimite) mothballs

nappe [nap] NF **a** [de table] tablecloth **b** (= couche) layer; [d'eau] expanse; [de brouillard] blanket; [de pétrole, mazout] slick ► **nappe phréatique** ground water *NonC*

napperon [napʀɔ̃] NM (pour vase, lampe) mat

narcisse [naʀsis] NM (= fleur) narcissus

narcissique [naʀsisik] ADJ narcissistic

narcotique [naʀkɔtik] ADJ, NM narcotic

narcotrafiquant, e [naʀkotʀafikɑ̃, ɑ̃t] NM,F drug trafficker

narguer [naʀge] ► conjug 1 ◄ VT **a** [+ personne] to scoff at **b** [+ danger] to scorn

narine [naʀin] NF nostril

narquois, e [naʀkwa, waz] ADJ mocking

narrateur, -trice [naʀatœʀ, tʀis] NM,F narrator

narration [naʀasjɔ̃] NF narration

nasal, e (mpl **-aux**) [nazal, o] ADJ nasal

nase * [naz] ADJ (= hors d'usage) kaput * *attrib*; (= exténué) exhausted

naseau (pl **~x**) [nazo] NM nostril

natal, e (mpl **~s**) [natal] ADJ native ✦ **ma maison ~e** the house where I was born

natalité [natalite] NF birth rate ✦ **taux de ~** birth rate

natation [natasjɔ̃] NF swimming ✦ **faire de la ~** to go swimming

natif, -ive [natif, iv] ADJ, NM,F native ✦ **je suis ~ de Nice** I was born in Nice

nation [nasjɔ̃] NF nation ✦ **les Nations unies** the United Nations

national, e (mpl **-aux**) [nasjɔnal, o] ADJ national; [économie, monnaie] domestic ✦ **(route) ~e** ≈ A road (Brit), ≈ state highway (US)

nationaliser [nasjɔnalize] ► conjug 1 ◄ VT to nationalize

nationalisme [nasjɔnalism] NM nationalism

nationaliste [nasjɔnalist] ADJ, NMF nationalist

nationalité [nasjɔnalite] NF nationality ✦ **de ~ française** French

natte [nat] NF (= tresse) plait (Brit), braid (US) ✦ **se faire des ~s** to plait (Brit) ou braid (US) one's hair

naturaliser [natyʀalize] ► conjug 1 ◄ VT **a** to naturalize ✦ **se faire ~ français** to be granted French citizenship **b** [+ animal mort] to stuff

nature [natyʀ] **1** NF **a** nature ✦ **plus grand que ~** larger than life ✦ **arrogant de ~** arrogant by nature ► **nature morte** still life **b** (= sorte) kind ✦ **il y a un problème – de quelle ~ ?** there's a problem – what kind of problem? ✦ **en ~** in kind **2** ADJ INV **a** [café] black; [thé] without milk; [crêpe, omelette] plain; [yaourt] natural **b** (* = sans artifice) [personne] natural

naturel, -elle [natyʀɛl] **1** ADJ natural ◆ **je vous remercie ! – c'est tout ~** thank you! – you're welcome! **2** NM **a** (= caractère) nature ◆ **être d'un ~ optimiste** to be naturally optimistic **b** (= absence d'affectation) naturalness ◆ **il manque de ~** he's not very natural ◆ **au ~** [thon] in brine

naturellement [natyʀɛlmɑ̃] ADV naturally

naturisme [natyʀism] NM (= nudisme) naturism

naufrage [nofʀaʒ] NM **a** [de bateau] wreck ◆ **faire ~** [bateau] to be wrecked; [personne] to be shipwrecked **b** [de projet, pays] foundering; [d'entreprise] collapse

naufragé, e [nofʀaʒe] NM,F shipwrecked person; (sur une île) castaway

nauséabond, e [nozeabɔ̃, ɔ̃d] ADJ nauseating

nausée [noze] NF (= sensation) nausea NonC ◆ **avoir la ~** to feel sick

nautique [notik] ADJ ◆ **club ~** watersports centre ◆ **sports ~s** water sports ◆ **salon ~** boat show

naval, e (mpl ~s) [naval] ADJ [bataille, base] naval; [industrie] shipbuilding; → **chantier, construction**

navet [navɛ] NM **a** (= légume) turnip **b** (* = film) third-rate film

navette [navɛt] NF **a** (= service de transport) shuttle service ◆ **faire la ~ entre** [banlieusard, homme d'affaires] to commute between; [véhicule] to operate a shuttle service between **b** (= véhicule) shuttle ◆ **~ spatiale** space shuttle

navigateur, -trice [navigatœʀ, tʀis] **1** NM,F (= marin) sailor **2** NM (en informatique) browser

navigation [navigasjɔ̃] NF (= pilotage) navigation NonC ◆ **~ sur Internet** browsing the Internet ► **navigation de plaisance** pleasure boating

naviguer [navige] ► conjug 1 ◄ VI [bateau, marin] to sail; [avion, pilote] to fly ◆ **~ sur Internet** to surf the Internet

navire [naviʀ] NM ship ► **navire de guerre** warship

navrant, e [navʀɑ̃, ɑ̃t] ADJ (= attristant) distressing; (= regrettable) unfortunate ◆ **tu es ~ !** you're hopeless!

navré, e [navʀe] ADJ sorry (de to)

naze [naz] ADJ ⇒ **nase**

nazi, e [nazi] ADJ, NM,F Nazi

nazisme [nazism] NM Nazism

NB [ɛnbe] NM (abrév de **nota bene**) NB

🔊 **ne** [nə] **adv**

(négatif) ◆ **je ~ sais pas** I don't know ◆ **il n'habite plus ici** he doesn't live here any more ◆ **il n'a rien dit** he didn't say anything ◆ **personne n'a compris** nobody understood ◆ **~ ... que** only ◆ **elle n'a confiance qu'en nous** she only trusts us

---

né, e [ne] ADJ **a** (femme mariée) née ◆ **Mme Durand, ~e Dupont** Mme Durand née Dupont **b** ◆ **acteur-~** born actor

néanmoins [neɑ̃mwɛ̃] ADV nevertheless

néant [neɑ̃] NM ◆ **le ~** nothingness NonC ◆ **signes particuliers : ~** distinguishing marks: none

nébuleux, -euse [nebylø, øz] **1** ADJ [projet, idée, discours] nebulous **2** **nébuleuse** NF (en astronomie) nebula

nécessaire [nesesɛʀ] **1** ADJ necessary ◆ **il est ~ de le faire** it needs to be done ◆ **il est ~ que vous le fassiez** you need to do it ◆ **avoir le temps ~ pour faire qch** to have the time to do sth **2** NM ◆ **emporter le strict ~** to take the bare necessities ◆ **faire le ~** to do what is necessary ► **nécessaire de couture** sewing kit

nécessairement [nesesɛʀmɑ̃] ADV necessarily ◆ **pas ~** not necessarily

nécessité [nesesite] NF necessity ◆ **je n'en vois pas la ~** I don't see the need for it ◆ **je l'ai fait par ~** I did it because I had to

nécessiter [nesesite] ► conjug 1 ◄ VT to require

nécrologique [nekʀɔlɔʒik] ADJ obituary

nectar [nɛktaʀ] NM nectar

nectarine [nɛktaʀin] NF nectarine

néerlandais, e [neɛʀlɑ̃dɛ, ɛz] **1** ADJ Dutch **2** NM **a** (= langue) Dutch **b** ◆ **Néerlandais** Dutchman ◆ **les Néerlandais** the Dutch **3** **Néerlandaise** NF Dutch woman

nef [nɛf] NF [d'église] nave

néfaste [nefast] ADJ (= nuisible) harmful

négatif, -ive [negatif, iv] **1** ADJ, NM negative **2** **négative** NF ◆ **répondre par la négative** to reply in the negative

négation [negasjɔ̃] NF negation; (dans une phrase) negative

négligé, e [negliʒe] **1** ADJ [personne, tenue] slovenly; [travail] careless **2** NM (= déshabillé) négligée

négligeable [negliʒabl] ADJ negligible ◆ **non ~** significant

négligence [negliʒɑ̃s] NF **a** (= manque de soin) negligence **b** (= faute) act of negligence

négligent, e [negliʒɑ̃, ɑ̃t] ADJ **a** (= sans soin) negligent **b** (= nonchalant) casual

négliger [negliʒe] ► conjug 3 ◀ **1** VT to neglect; [+ conseil] to pay no attention to ◆ ~ de faire qch to neglect to do sth **2** se négliger VPR (sa santé) to neglect o.s.; (sa tenue) to neglect one's appearance

négoce [negɔs] NM (= commerce) trade (de in)

négociant, e [negɔsjɑ̃, jɑ̃t] NM,F merchant ◆ ~ en vins wine merchant

négociation [negɔsjasjɔ̃] NF negotiation

négocier [negɔsje] ► conjug 7 ◀ VTI to negotiate

nègre [nɛgʀ] NM **a** (injurieux) Negro **b** (= écrivain) ghost writer

neige [nɛʒ] NF snow ◆ aller à la ~ * to go on a skiing holiday ◆ battre des blancs en ~ to whisk egg whites to form stiff peaks ▸ neige carbonique dry ice ▸ neige fondue (= pluie) sleet; (par terre) slush

neiger [neʒe] ► conjug 3 ◀ VB IMPERS to snow ◆ il neige it's snowing

nénette * [nenɛt] NF (= jeune femme) chick *

nénuphar [nenyfaʀ] NM water lily

néo-calédonien, -ienne [neɔkaledɔnjɛ̃, jɛn] **1** ADJ New Caledonian **2** Néo-Calédonien(ne) NM,F New Caledonian

néologisme [neɔlɔʒism] NM neologism

néon [neɔ̃] NM **a** (= gaz) neon **b** (= éclairage) neon lighting NonC

néonazi, e [neonazi] ADJ, NM,F neo-Nazi

néophyte [neɔfit] NMF novice

néo-zélandais, e [neozelɑ̃dɛ, ɛz] **1** ADJ New Zealand ◆ il est ~ he's from New Zealand **2** Néo-Zélandais(e) NM,F New Zealander

Népal [nepal] NM Nepal

nerf [nɛʀ] NM **a** nerve ◆ avoir les ~s fragiles to be highly strung (Brit) ou high-strung (US) ◆ avoir les ~s à vif to be very edgy ◆ taper sur les ~s à qn * to get on sb's nerves ◆ allons, du ~ ! come on, buck up! * **b** [de viande] ◆ ~s gristle NonC

nerveux, -euse [nɛʀvø, øz] ADJ **a** [dépression, fatigue, système] nervous; [cellule, centre] nerve **b** (= agité) nervous **c** [moteur, voiture] responsive; [style] energetic **d** (= sec) wiry

nervosité [nɛʀvozite] NF nervousness

nervure [nɛʀvyʀ] NF [de feuille] vein

n'est-ce pas [nɛspa] adv

◆ il est fort, n'est-ce pas ? he's strong, isn't he? ◆ il ne travaille pas, n'est-ce pas ? he doesn't work, does he? ◆ elle aime les fleurs, n'est-ce pas ? she likes flowers, doesn't she? ◆ tu iras, n'est-ce pas ? you will go, won't you? ◆ n'est-ce pas que c'est difficile ? it's difficult, isn't it?

Net [nɛt] NM ◆ le ~ the Net

net, nette [nɛt] **1** ADJ **a** [surface, ongles] clean; [intérieur, copie] neat **b** [bénéfice, prix, poids] net **c** [= écriture, souvenir] clear; [refus] flat avant le nom; [situation, position] clear-cut; [ligne, contour, image] sharp; [cassure, coupure] clean ◆ ce type n'est pas très ~ this guy's slightly odd **d** (= marqué) marked **2** ADV **a** [s'arrêter] dead ◆ se casser ~ to snap in two ◆ il a été tué ~ he was killed instantly **b** (Commerce) net

nettement [nɛtmɑ̃] ADV **a** (= clairement) clearly **b** [s'améliorer, se différencier] distinctly; [préférer] definitely ◆ coûter ~ moins cher to cost much less ◆ ils sont ~ moins nombreux there are far fewer of them

netteté [nɛtte] NF **a** (= propreté) neatness **b** (= clarté) clarity; [d'écriture] clearness

nettoyage [netwajaʒ] NM cleaning ◆ un ~ complet a thorough cleanup ◆ ils ont fait du ~ dans l'entreprise they've got rid of the deadwood in this company ▸ nettoyage à sec dry cleaning

nettoyer [netwaje] ► conjug 8 ◀ VT to clean ◆ ~ à sec to dry-clean

neuf¹ [nœf] NOMBRE nine; pour loc voir six

neuf², neuve [nœf, nœv] **1** ADJ new ◆ tout ~ brand new **2** NM new ◆ quoi de ~ ? what's new? ◆ remettre ou refaire qch à ~ to make sth as good as new

neurologie [nøʀɔlɔʒi] NF neurology

neurone [nøʀɔn] NM neuron

neutraliser [nøtʀalize] ► conjug 1 ◀ VT to neutralize; [+ agresseur] to overpower

neutre [nøtʀ] ADJ neutral; [genre] neuter

neutron [nøtʀɔ̃] NM neutron

neuve [nœv] ADJ → neuf

neuvième [nœvjɛm] ADJ, NMF ninth; pour loc voir sixième

neveu (pl ~x) [n(ə)vø] NM nephew

névrose [nevʀoz] NF neurosis

névrosé, e [nevʀoze] ADJ neurotic

New York [njujɔʀk] N New York ◆ l'État de ~ New York State

new-yorkais, e [njujɔʀkɛ, ɛz] **1** ADJ New-York **2** New-Yorkais(e) NM,F New Yorker

nez [ne] NM nose ◆ où est mon sac ? - sous ton ~ ! where's my bag? - right under your nose!

◆ **je n'ai pas mis le ~ dehors hier** I didn't go out yesterday ◆ **elle m'a ri/fermé la porte au ~** she laughed/shut the door in my face ◆ **se trouver ~ à ~ avec qn** to find o.s. face to face with sb

ni [ni] CONJ (après négation) or ◆ **sans amour ~ affection** without love or affection

◆ **ni ... ni ...** neither ... nor ... ◆ **il ne pouvait ~ parler ~ entendre** he could neither speak nor hear ◆ **~ l'un ~ l'autre** neither of them ◆ **il n'a dit ~ oui ~ non** he didn't say either yes or no

niais, niaise [njɛ, njɛz] ADJ silly

niche [niʃ] NF **a** [de chien] kennel **b** (= alcôve) niche

nicher [niʃe] ► conjug 1 ◄ **1** VI [oiseau] to nest **2 se nicher** VPR [village, maison] to nestle

nickel [nikɛl] **1** NM nickel **2** ADJ (* = impeccable) spotless

niçois, e [niswa, waz] ADJ of ou from Nice

nicotine [nikɔtin] NF nicotine

nid [ni] NM nest ► **nid-de-poule** pothole

nièce [njɛs] NF niece

nier [nje] ► conjug 7 ◄ VT to deny ◆ **il nie les avoir vus** he denies having seen them

nigaud, e [nigo, od] NM,F simpleton

Niger [niʒɛʀ] NM Niger

Nigéria [niʒeʀja] NM Nigeria

night-club (pl **~s**) [najtklœb] NM nightclub

Nil [nil] NM ◆ **le ~** the Nile

n'importe [nɛ̃pɔʀt(ə)] → **importer**

nippon, e ou **-onne** [nipɔ̃, ɔn] ADJ Japanese

nitrate [nitʀat] NM nitrate

nitroglycérine [nitʀɔɡliseʀin] NF nitroglycerine

niveau (pl **~x**) [nivo] NM **a** level ◆ **au-dessus du ~ de la mer** above sea level ◆ **de ~ (avec)** level (with) ◆ **au ~ européen** at the European level ◆ **athlète de haut ~** top athlete ◆ **des candidats ayant le ~ licence** candidates at degree level ◆ **la neige m'arrivait au ~ des genoux** the snow came up to my knees ◆ **il s'arrêta au ~ du village** he stopped once he got to the village ► **niveau social** social standing ► **niveau de vie** standard of living **b** [de connaissances, études] standard ◆ **cet élève a un bon ~** this pupil's work is of a high standard ◆ **il n'est pas au ~** he isn't up to standard

niveler [niv(ə)le] ► conjug 4 ◄ VT [+ surface] to level; [+ fortunes, conditions sociales] to level out ◆ **~ par le bas** to level down

Nobel [nɔbɛl] NM ◆ **le prix ~** the Nobel prize

noble [nɔbl] **1** ADJ noble **2** NM nobleman ◆ **les ~s** the nobility **3** NF noblewoman

noblesse [nɔblɛs] NF nobility

noce [nɔs] NF (= cérémonie) wedding ◆ **repas de ~s** wedding banquet ◆ **~s d'argent/d'or** silver/golden wedding ◆ **faire la ~ *** to live it up *

nocif, -ive [nɔsif, iv] ADJ harmful (pour to)

noctambule [nɔktɑ̃byl] NMF night owl

nocturne [nɔktyʀn] **1** ADJ [animal] nocturnal; [visite, sortie] night ◆ **la vie ~** nightlife **2** NF (Sport) evening fixture ◆ **ouvert en ~** [magasin] open late

Noël [nɔɛl] NM Christmas ◆ **joyeux ~ !** happy Christmas!

nœud [nø] NM **a** knot; (ornemental) bow ◆ **faire son ~ de cravate** to knot one's tie ► **nœud papillon** bow tie **b** ◆ **le ~ de** [de problème, débat] the crux of

noir, e [nwaʀ] **1** ADJ **a** black ◆ **c'est écrit ~ sur blanc** it is in black and white ◆ **regarder qn d'un œil ~** to give sb a black look **b** (= obscur) dark ◆ **la rue était ~e de monde** the street was teeming with people **c** (= policier) ◆ **roman ~** thriller ◆ **film ~** film noir **2** NM **a** (= couleur) black ◆ **en ~ et blanc** black and white ◆ **il voit tout en ~** he sees the black side of everything ◆ **elle avait du ~ sur le menton** she had a black mark on her chin **b** (= obscurité) dark ◆ **dans le ~** in the dark **c** ◆ **travailler au ~** to work illegally ◆ **embaucher qn au ~** to hire sb without declaring him **3 Noir(e)** NM,F black person ◆ **les Noirs américains** black Americans **4 noire** NF (= note) crotchet (Brit), quarter note (US)

noircir [nwaʀsiʀ] ► conjug 2 ◄ **1** VT **a** [fumée] to blacken; [encre, charbon] to dirty **b** (= colorer) to blacken **2** VI to go black

noise [nwaz] NF ◆ **chercher ~ à qn** to try to pick a quarrel with sb

noisetier [nwaz(ə)tje] NM hazel tree

noisette [nwazɛt] **1** NF **a** (= fruit) hazelnut **b** [de beurre] knob **2** ADJ INV [couleur, yeux] hazel

noix [nwa] NF (= fruit) walnut ◆ **à la ~ *** pathetic * ► **noix de beurre** knob of butter ► **noix de cajou** cashew nut ► **noix de coco** coconut ► **noix de muscade** nutmeg

nom [nɔ̃] NM **a** name ◆ **~ et prénom** surname and first name ◆ **un homme du ~ de Dupont** a man called Dupont ◆ **je le connais de ~** I know him by name ◆ **en mon ~** in my name ◆ **~ d'un chien !** heck! * ◆ **~ de Dieu !** $_*^*$ God damn it! $_*^*$ ◆ **parler au ~ de qn** to speak on behalf of sb ► **nom de famille** surname ► **nom de jeune fille** maiden name **b** (en grammaire) noun ► **nom commun/propre** common/proper noun

nomade [nɔmad] **1** ADJ nomadic **2** NMF nomad

nombre [nɔ̃bʀ] NM number ◆ **dans bon ~ de pays** in a good many countries ◆ **les gagnants sont au ~ de trois** there are three winners

nombreux, -euse [nɔ̃bʀø, øz] ADJ many; [foule, assistance] large ◆ **de ~ accidents** many accidents ◆ **les cambriolages sont très ~ ici** there are a great many burglaries here ◆ **peu ~** few ◆ **le public était moins ~ hier** there were fewer spectators yesterday ◆ **ils étaient plus ~ que nous** there were more of them than of us

nombril [nɔ̃bʀi(l)] NM navel

nomenclature [nɔmɑ̃klatyʀ] NF (= liste) list

nominal, e (mpl **-aux**) [nɔminal, o] ADJ nominal; [groupe, phrase] noun *avant le nom* ◆ **liste ~e** list of names

nomination [nɔminasjɔ̃] NF nomination (à to) ◆ **~ aux Oscars** Oscar nomination

nominé, e [nɔmine] ADJ [film, acteur, auteur] nominated (à for)

nommer [nɔme] ► conjug 1 ◄ ■ VT **a** [+ fonctionnaire] to appoint (à to); [+ candidat] to nominate **b** (= appeler, citer) to name ◆ **un homme nommé Martin** a man named Martin ■ **se nommer** VPR (= s'appeler) to be called ◆ **il se nomme Paul** his name is Paul

---

o⎯ non [nɔ̃]

■ ADV **a** (réponse négative) no ◆ **faire ~ de la tête** to shake one's head
b (remplaçant une proposition) ◆ **est-ce que c'est nécessaire ? – je pense que ~** is that necessary? – I don't think so ◆ **je crains que ~** I'm afraid not ◆ **je lui ai demandé s'il aimait le chocolat, il m'a répondu que ~** I asked him if he liked chocolate and he said he didn't ◆ **je le crois – moi ~** I believe him – well, I don't ◆ **il se demandait s'il irait ou ~** he wondered whether to go or not ◆ **ah ~ !** certainly not!
c (= pas) not ◆ **c'est de la paresse et ~ de la prudence** it's laziness, not caution ◆ **~ loin d'ici** not far from here ◆ **toutes les places ~ réservées** all the unreserved seats
d ◆ **~ plus** neither ◆ **nous ne l'avons pas vu – nous ~ plus** we didn't see him – neither did we ◆ **il n'a pas compris lui ~ plus** he didn't understand either
■ NM INV no ◆ **il y a eu 30 ~** there were 30 noes

---

non-agression [nɔnagʀesjɔ̃] NF nonaggression

nonante [nɔnɑ̃t] NOMBRE (Belg, Helv) ninety; pour loc voir **soixante**

non-assistance [nɔnasistɑ̃s] NF ◆ **~ à personne en danger** failure to assist a person in danger

nonchalance [nɔ̃ʃalɑ̃s] NF nonchalance

nonchalant, e [nɔ̃ʃalɑ̃, ɑ̃t] ADJ nonchalant

non-conformiste [nɔ̃kɔ̃fɔʀmist] ADJ nonconformist

non-fumeur, -euse [nɔ̃fymœʀ, øz] NM,F non-smoker ◆ **compartiment ~s** non-smoking compartment (Brit) ou car (US)

non-lieu (pl **~x**) [nɔ̃ljø] NM ◆ **bénéficier d'un ~** to have one's case dismissed for lack of evidence

non-prolifération [nɔ̃pʀolifeʀasjɔ̃] NF nonproliferation

non-respect [nɔ̃ʀɛspɛ] NM [d'engagement, règle] failure to respect

non-sens [nɔ̃sɑ̃s] NM INV (= absurdité) piece of nonsense; (= erreur de traduction) unclear translation

non-violence [nɔ̃vjolɑ̃s] NF nonviolence

non-voyant, e [nɔ̃vwajɑ̃, ɑ̃t] NM,F visually handicapped person

nord [nɔʀ] ■ NM north ◆ **le vent du ~** the north wind ◆ **au ~ de** north of ◆ **pays du ~** northern countries ◆ **l'Europe du ~** Northern Europe ◆ **le Nord** the North of France ◆ **le Grand Nord** the far North ■ ADJ INV northern; [côté, paroi] north

nord-africain, e (mpl **~s**) [nɔʀafʀikɛ̃, ɛn] ■ ADJ North African ■ **Nord-Africain(e)** NM,F North African

nord-américain, e [nɔʀameʀikɛ̃, ɛn] ADJ North American

nord-est [nɔʀɛst] ADJ INV, NM northeast

nordique [nɔʀdik] ADJ Nordic

nord-ouest [nɔʀwɛst] ADJ INV, NM northwest

normal, e (mpl **-aux**) [nɔʀmal, o] ■ ADJ normal; (= correct, logique) ◆ **c'est ~ !** it's quite natural! ◆ **ce n'est pas ~** (= c'est bizarre) there must be something wrong; (= ce n'est pas juste) that's not right ■ **normale** NF (= moyenne) average ◆ **revenir à la ~e** to get back to normal

normalement [nɔʀmalmɑ̃] ADV normally ◆ **~, il devrait être là demain** he should be here tomorrow

normalisation [nɔʀmalizasjɔ̃] NF **a** [de situation, relations] normalization **b** [de produit] standardization

normand, e [nɔʀmɑ̃, ɑ̃d] ■ ADJ **a** (= de Normandie) Normandy **b** (= des Normands) Norman ■ **Normand(e)** NM,F **a** (de Normandie) *person from Normandy* **b** (Hist) Norman

Normandie [nɔʀmɑ̃di] NF Normandy

norme [nɔʀm] NF norm; [de production] standard ◆ **hors ~s** [personnage] unconventional

Norvège [nɔʀvɛʒ] NF Norway

norvégien / Nouvelle-Calédonie

norvégien, -ienne [nɔʀveʒjɛ̃, jɛn] **1** ADJ Norwegian **2** **Norvégien(ne)** NM,F Norwegian

nos [no] ADJ POSS → **notre**

nostalgie [nɔstalʒi] NF nostalgia ◆ **avoir la ~ de ...** to feel nostalgic for ...

nostalgique [nɔstalʒik] ADJ nostalgic

notable [nɔtabl] ADJ, NM notable

notaire [nɔtɛʀ] NM notary

notamment [nɔtamɑ̃] ADV in particular

notation [nɔtasjɔ̃] NF **a** (= symboles, système) notation **b** [de devoir] marking (Brit), grading (US)

note [nɔt] NF **a** note ◆ **prendre des ~s** to take notes ◆ **une ~ de tristesse** a note of sadness **b** (= appréciation chiffrée) mark (Brit), grade (US) ◆ **mettre une ~ à** [+ dissertation] to mark (Brit), to grade (US); [+ élève] to give a mark to (Brit), to grade (US) **c** (= facture) bill; [de restaurant, hôtel] bill (Brit), check (US)

noter [nɔte] ► conjug 1 ◄ VT **a** (= inscrire) to write down **b** (= remarquer) to notice ◆ **notez bien que je n'ai rien dit** note that I didn't say anything **c** [+ devoir] to mark (Brit), to grade (US); [+ élève] to give a mark to (Brit), to grade (US)

notice [nɔtis] NF (= mode d'emploi) instructions

notifier [nɔtifje] ► conjug 7 ◄ VT ◆ **~ qch à qn** to notify sb of sth

notion [nɔsjɔ̃] NF **a** (= conscience) notion ◆ **perdre la ~ du temps** to lose track of the time **b** (= connaissance) ◆ **notions** basic knowledge

notoire [nɔtwaʀ] ADJ [criminel, méchanceté] notorious; [fait, vérité] well-known

notoriété [nɔtɔʀjete] NF fame ◆ **c'est de ~ publique** that's common knowledge

notre (pl **nos**) [nɔtʀ, no] ADJ POSS our ◆ **~ fils et ~ fille** our son and daughter

nôtre [notʀ] PRON POSS ◆ **le nôtre, la nôtre, les nôtres** ours ◆ **ce n'est pas la ~** it's not ours ◆ **les ~s** (= famille) our family ◆ **j'espère que vous serez des ~s ce soir** I hope you will join us tonight

nouer [nwe] ► conjug 1 ◄ **1** VT **a** (= faire un nœud avec) to tie ◆ **avoir la gorge nouée** to have a lump in one's throat **b** (= entourer d'une ficelle) to tie up **c** [+ relations] to strike up; [+ amitié] to form **2** **se nouer** VPR ◆ **sa gorge se noua** a lump came to his throat

noueux, -euse [nwø, øz] ADJ gnarled

nougat [nuga] NM nougat

nouille [nuj] NF **a** ◆ **nouilles** (italiennes) pasta; (chinoises) noodles **b** (* = imbécile) idiot

nounours [nunuʀs] NM teddy bear

nourrice [nuʀis] NF (= gardienne) childminder

nourrir [nuʀiʀ] ► conjug 2 ◄ **1** VT **a** [+ animal, personne] to feed; [+ peau] to nourish ◆ **~ au biberon** to bottle-feed ◆ **~ au sein** to breast-feed **b** [+ espoir, illusion] to cherish; [+ haine] to feel **2** VI to be nourishing **3** **se nourrir** VPR to eat ◆ **se ~ de** to live on

nourrissant, e [nuʀisɑ̃, ɑ̃t] ADJ nourishing

nourrisson [nuʀisɔ̃] NM infant

nourriture [nuʀityʀ] NF food; (= régime) diet ◆ **~ pour animaux** pet food

nous [nu] PRON PERS **a** (sujet) we ◆ **~ vous écrirons** we'll write to you ◆ **~ ont accepté, pas ~** they agreed but we didn't ◆ **~, ~ le connaissons bien – ~ aussi** we know him well – so do we **b** (objet) us ◆ **écoutez-~** listen to us ◆ **c'est ~ qu'elle veut voir** it's us she wants to see **c** (dans comparaisons) us ◆ **il est aussi fort que ~** he is as strong as us ou as we are ◆ **faites comme ~** do the same as us, do as we do ◆ **il l'aime que ~** (plus qu'il ne nous aime) he loves her more than us; (plus que nous ne l'aimons) he loves her more than we do **d** (verbe pronominal) ◆ **~ ~ sommes bien amusés** we had a good time ◆ **~ ~ connaissons depuis le lycée** we have known each other since we were at school

nous-mêmes [numɛm] PRON ourselves

nouveau, nouvelle [nuvo, nuvɛl] (mpl **~x**) **1** ADJ **a** new ◆ **tout ~** brand-new ► **Nouvel An** New Year ► **nouveau venu, nouvelle venue** newcomer **b** (= autre, supplémentaire) another ◆ **il y a eu un ~ tremblement de terre** there has been another earthquake **2** NM **a** (= homme) new man; (= élève) new boy **b** (= nouveauté) ◆ **y a-t-il du ~ à ce sujet ?** is there any news on this? ◆ **à ~** = again ◆ **de ~** = again **3** **nouvelle** NF **a** (= femme) new woman; (= élève) new girl **b** (= information) news NonC ◆ **une nouvelle** a piece of news ◆ **une bonne nouvelle** some good news ◆ **les nouvelles** (dans les médias) the news NonC ◆ **avez-vous de ses nouvelles ?** have you heard from him? ◆ **il ne donne plus de ses nouvelles** you never hear from him any more **c** (= court récit) short story

nouveau-né, nouveau-née (mpl **~s**, fpl **~es**) [nuvone] NM,F newborn baby

nouveauté [nuvote] NF **a** (= objet) new thing; (= disque) new release; (= livre) new title ◆ **les ~s du printemps** (= vêtements) new spring fashions **b** (= caractéristique) novelty ◆ **l'attrait de la ~** the charm of novelty ◆ **ce n'est pas une ~ !** that's nothing new!

nouvel, nouvelle [nuvɛl] ADJ M, NF → **nouveau**

Nouvelle-Calédonie [nuvɛlkaledɔni] NF New Caledonia

Nouvelle-Orléans [nuvelɔʀleɑ̃] NF ✦ La ~ New Orleans

Nouvelle-Zélande [nuvɛlzelɑ̃d] NF New Zealand

novateur, -trice [nɔvatœʀ, tʀis] ADJ innovative

novembre [nɔvɑ̃bʀ] NM November; pour autres loc voir **septembre**

novice [nɔvis] NMF novice

noyade [nwajad] NF drowning

noyau (pl ~**x**) [nwajo]▸NM **a** [de fruit] stone; [de cellule, atome] nucleus **b** [de fidèles, manifestants, opposants] small group ✦ ~ **dur** hard core

noyé, e [nwaje] NM,F drowned person

noyer¹ [nwaje] NM (= arbre) walnut tree; (= bois) walnut

noyer² [nwaje] ▸ conjug 8 ◂ **1** VT to drown; [+ moteur] to flood ✦ **les yeux noyés de larmes** eyes brimming with tears ✦ **noyé dans la brume** shrouded in mist ✦ ~ **son chagrin dans l'alcool** to drown one's sorrows **2** **se noyer** VPR to drown ✦ **se** ~ **dans les détails** to get bogged down in details ✦ **se** ~ **dans la foule** to disappear into the crowd ✦ **se** ~ **dans un verre d'eau** to make a mountain out of a molehill

nu, e [ny] **1** ADJ **a** (= sans vêtements) naked ✦ **tout** ~ stark naked ✦ **pieds** ~**s** barefoot ✦ **la tête** ~**e** bareheaded **b** [mur, fil électrique] bare ✦ **mettre à** ~ [+ fil électrique] to strip **2** NM nude

nuage [nɥaʒ] NM cloud ✦ **juste un** ~ **de lait** just a drop of milk ✦ **sans** ~**s** [ciel] cloudless; [bonheur] unclouded

nuageux, -euse [nɥaʒø, øz] ADJ [temps, ciel] cloudy

nuance [nɥɑ̃s] NF **a** [de couleur] shade ✦ ~ **de sens** nuance ✦ **sans** ~ unsubtle **b** (= différence) slight difference **c** [de tristesse, ironie] touch

nuancé, e [nɥɑ̃se] ADJ [opinion] qualified; [attitude] balanced

nucléaire [nykleɛʀ] **1** ADJ nuclear **2** NM ✦ **le** ~ nuclear energy

nudiste [nydist] ADJ, NMF nudist

nudité [nydite] NF [de personne] nudity; [de mur] bareness

nuée [nɥe] NF [d'insectes] cloud; [de personnes] horde

nues [ny] NFPL ✦ **porter qn aux** ~ to praise sb to the skies ✦ **tomber des** ~ to be completely taken aback

nuire [nɥiʀ] ▸ conjug 38 ◂ **nuire à** VT INDIR [+ personne, santé, réputation] to harm; [+ action] to prejudice

nuisances [nɥizɑ̃s] NFPL nuisance NonC

nuisible [nɥizibl] ADJ harmful (à to) ✦ **animaux** ~**s** vermin ✦ **insectes** ~**s** pests

nuit [nɥi] NF night ✦ **il fait** ~ **(noire)** it's (pitch) dark ✦ **il fait** ~ **à 5 heures** it gets dark at 5 o'clock ✦ **rentrer avant la** ~ to come home before dark ✦ **bonne** ~ **!** goodnight! ✦ ~ **blanche** sleepless night ✦ **travailler la** ~ to work at night ✦ ~ **et jour** night and day ✦ **cette** ~ (passée) last night; (qui vient) tonight ✦ **de** ~ [service, garde, infirmière] night; [voyager] by night ✦ **elle est de** ~ **cette semaine** she's working nights this week ▸ **nuit de noces** wedding night ▸ **nuit de Noël** Christmas Eve

nul, nulle [nyl] **1** ADJ INDÉF **a** (= aucun) no ✦ **sans** ~ **doute** without any doubt ✦ ~**le part** nowhere ✦ **il ne l'a trouvé nulle part** he couldn't find it anywhere **b** [résultat, différence, risque] nil; [testament, bulletin de vote] null and void **c** (= peu doué) useless (en at) **2** NM,F (* = imbécile) idiot **3** PRON INDÉF no one

nullement [nylmɑ̃] ADV not at all

numéral, e (mpl **-aux**) [nymeʀal, o] ADJ, NM numeral

numérique [nymeʀik] **1** ADJ numerical; [affichage, son, télévision] digital **2** NM ✦ **le** ~ digital technology

numériser [nymeʀize] ▸ conjug 1 ◂ VT to digitize

numéro [nymeʀo] NM **a** number ✦ **j'habite au** ~ **6** I live at number 6 ✦ **le** ~ **un du textile** the number one textile producer ▸ **numéro d'immatriculation** registration (Brit) ou license (US) number ▸ **numéro de téléphone** telephone number ▸ **numéro vert** ® Freefone ® (Brit) ou toll-free (US) number **b** [de journal, magazine] issue **c** [de spectacle] act **d** (= personne) ✦ **c'est un sacré** ~ **!** * what a character!

numéroter [nymeʀɔte] ▸ conjug 1 ◂ VT to number

nu-pieds [nypje] NM (= sandale) flip-flop (Brit), thong (US)

nuptial, e (mpl **-iaux**) [nypsjal, jo] ADJ [marche, cérémonie] wedding; [lit, chambre] bridal

nuque [nyk] NF nape of the neck

nutritif, -ive [nytʀitif, iv] ADJ **a** (= nourrissant) nourishing **b** [besoins, fonction] nutritive

nylon ® [nilɔ̃] NM nylon

nymphe [nɛ̃f] NF nymph

nymphomane [nɛ̃fɔman] ADJ, NF nymphomaniac

oasis [ɔazis] NF oasis

obéir [ɔbeiʀ] ► conjug 2 ◄ VT INDIR ◆ **obéir à** to obey; [+ critère] to meet

obéissant, e [ɔbeisã, ãt] ADJ obedient

obélisque [ɔbelisk] NM (= monument) obelisk

obèse [ɔbɛz] **1** ADJ obese **2** NMF obese person

objecteur [ɔbʒɛktœʀ] NM ◆ **~ de conscience** conscientious objector

objectif, -ive [ɔbʒɛktif, iv] **1** ADJ objective **2** NM **a** (= but, cible) objective **b** [de caméra, télescope] lens

objection [ɔbʒɛksjɔ̃] NF objection

objectivité [ɔbʒɛktivite] NF objectivity ◆ **juger en toute ~** to judge with complete objectivity

objet [ɔbʒɛ] NM **a** (= chose) object ◆ **femme-~** sex object ► **objets trouvés** lost property (office) (Brit), lost and found (US) ► **objets de valeur** valuables **b** [de désir, mépris] object; [de discussion, recherches] subject ◆ **faire ou être l'~ de** [+ discussion, recherches] to be the object of; [+ surveillance, enquête] to be subjected to **c** (= but) purpose

obligation [ɔbligasjɔ̃] **1** NF **a** (= contrainte) obligation ◆ **avoir l'~ de faire qch** to be obliged to do sth **b** (= titre) bond **2 obligations** NFPL (= devoirs) obligations; (= engagements) commitments ◆ **faire face à ses ~s (financières)** to meet one's liabilities

obligatoire [ɔbligatwaʀ] ADJ **a** (= à caractère d'obligation) compulsory **b** (* = inévitable) inevitable

obligatoirement [ɔbligatwaʀmɑ̃] ADV **a** (= nécessairement) ◆ **il doit ~ passer une visite médicale** he's got to have a medical examination **b** (* = forcément) inevitably

obligé, e [ɔbliʒe] ADJ **a** (= redevable) ◆ **être ~ à qn** to be indebted to sb (de qch for sth) **b** (= inévitable) inevitable **c** (= indispensable) necessary

obligeance [ɔbliʒɑ̃s] NF ◆ **avoir l'~ de faire qch** to be kind enough to do sth

obliger [ɔbliʒe] ► conjug 3 ◄ VT ◆ **~ qn à faire qch** [règlement, autorités] to require sb to do sth; [circonstances, agresseur] to oblige sb to do sth ◆ **je suis obligé de vous laisser** I must leave you

oblique [ɔblik] ADJ oblique; [regard] sidelong

obliquer [ɔblike] ► conjug 1 ◄ VI to turn off ◆ **~ à droite** to bear right

oblitérer [ɔblitere] ► conjug 6 ◄ VT [+ timbre] to cancel

obnubiler [ɔbnybile] ► conjug 1 ◄ VT to obsess ◆ **obnubilée par** obsessed with

obscène [ɔpsɛn] ADJ obscene

obscénité [ɔpsenite] NF obscenity

obscur, e [ɔpskyʀ] ADJ **a** (= sombre) dark **b** (= incompréhensible, méconnu) obscure **c** (pressentiment) vague

obscurcir [ɔpskyʀsiʀ] ► conjug 2 ◄ **1** VT (= assombrir) to darken **2 s'obscurcir** VPR [ciel, regard] to darken

obscurité [ɔpskyʀite] NF **a** [de nuit] darkness ◆ **dans l'~** in the dark **b** (= anonymat) obscurity

obsédé, e [ɔpsede] NM,F obsessive ► **obsédé sexuel** sex maniac

obséder [ɔpsede] ► conjug 6 ◄ VT to obsess

obsèques [ɔpsɛk] NFPL funeral

observateur, -trice [ɔpsɛʀvatœʀ, tʀis] **1** ADJ observant **2** NM,F observer

observation [ɔpsɛʀvasjɔ̃] NF **a** (= remarque) observation; (= objection) remark ◆ **~s du professeur** teacher's comments **b** [de règle] observance **c** (= surveillance) observation ◆ **en ~** (à l'hôpital) under observation

observatoire [ɔpsɛʀvatwaʀ] NM (d'astronomie) observatory; (économique) research institute

observer [ɔpsɛʀve] ► conjug 1 ◄ **1** VT to observe; [+ adversaire, proie] to watch; (au microscope) to examine ◆ **je vous ferai ~ que ...** I'd like to point out that ... **2 s'observer** VPR (mutuellement) to observe each other

obsession [ɔpsesjɔ̃] NF obsession

obsolète [ɔpsɔlɛt] ADJ obsolete

obstacle [ɔpstakl] NM obstacle; (Hippisme) fence ◆ **faire ~ à un projet** to hinder a project

obstétricien, -ienne [ɔpstetʀisjɛ̃, jɛn] NM,F obstetrician

obstination [ɔpstinasjɔ̃] NF obstinacy

obstiné, e [ɔpstine] ADJ [personne, caractère] obstinate; [refus, silence] stubborn

obstiner (s') [ɔpstine] ► conjug 1 ◄ VPR to persist (à faire in doing)

obstruction [ɔpstʀyksjɔ̃] NF obstruction ♦ **faire de l'~** (en politique) to obstruct legislation; (en sport) to obstruct

obstruer [ɔpstʀye] ▸ conjug 1 ◂ VT to block

obtempérer [ɔptɑ̃peʀe] ▸ conjug 6 ◂ VT INDIR ♦ **obtempérer (à)** to obey

obtenir [ɔptəniʀ] ▸ conjug 22 ◂ VT **a** (= se procurer) to get **b** [+ résultat, température] to obtain; [+ total] to reach

obtiendra [ɔptjɛ̃dʀa] VB → **obtenir**

obturer [ɔptyʀe] ▸ conjug 1 ◂ VT to block

obtus, e [ɔpty, yz] ADJ obtuse

obus [ɔby] NM shell

occasion [ɔkazjɔ̃] NF **a** (= circonstance) occasion ♦ **à plusieurs ~s** on several occasions ♦ **à l'~ de** on the occasion of **b** (= conjoncture favorable) opportunity ♦ **avoir l'~ de faire qch** to have the opportunity to do sth ♦ **sauter sur l'~** to seize the opportunity ♦ **à l'~** some time ♦ **par la même ~** at the same time **c** (= bonne affaire) bargain ♦ **d'~** secondhand

occasionnel, -elle [ɔkazjɔnɛl] ADJ occasional; [travaux, emploi] casual

occasionner [ɔkazjɔne] ▸ conjug 1 ◂ VT to cause

Occident [ɔksidɑ̃] NM ♦ **l'~** the West

occidental, e (mpl **-aux**) [ɔksidɑ̃tal, o] **1** ADJ western **2** **Occidental(e)** NM,F Westerner

occulte [ɔkylt] ADJ **a** (= surnaturel) occult **b** (= secret) secret

occulter [ɔkylte] ▸ conjug 1 ◂ VT to conceal

occupant, e [ɔkypɑ̃, ɑ̃t] NM,F occupant

occupation [ɔkypasjɔ̃] NF **a** occupation **b** [de logement] occupancy

occupé, e [ɔkype] ADJ **a** (= affairé) busy **b** [ligne téléphonique] engaged (Brit), busy (US); [toilettes] occupied; [places, sièges] taken ♦ **ça sonne ~** it's engaged (Brit) ou busy (US) **c** [pays, usine] occupied

occuper [ɔkype] ▸ conjug 1 ◂ **1** VT **a** [+ appartement, place, pays, loisirs] to occupy **b** [+ poste, fonction, rang] to hold **c** [+ personne] to keep busy **2** **s'occuper** VPR **a** ♦ **s'~ de qch** (= se charger de) to deal with sth; (= être chargé de) to be in charge of sth ♦ **ne t'occupe pas de ça, c'est leur problème** don't worry about that, it's their problem ♦ **occupe-toi de tes affaires *** ou **de tes oignons * !** mind your own business! **b** ♦ **s'~ de qn** [+ enfants, malades] to look after sb; [+ client] to attend to sb ♦ **est-ce qu'on s'occupe de vous, Madame ?** are you being served? **c** (= s'affairer) to occupy o.s. ♦ **il y a de quoi s'~** there is plenty to do

occurrence [ɔkyʀɑ̃s] NF ♦ **en l'~** as it happens

OCDE [ɔsedəɔ] NF (abrév de **Organisation de coopération et de développement économique**) OECD

océan [ɔseɑ̃] NM ocean

Océanie [ɔseani] NF ♦ **l'~** Oceania

océanique [ɔseanik] ADJ oceanic

ocre [ɔkʀ] NMF, ADJ INV ochre

octane [ɔktan] NM octane

octave [ɔktav] NF octave

octet [ɔktɛ] NM byte

octobre [ɔktɔbʀ] NM October; pour loc voir **septembre**

octogénaire [ɔktɔʒeneʀ] ADJ, NMF octogenarian

octogonal, e (mpl **-aux**) [ɔktɔgɔnal, o] ADJ octagonal

octogone [ɔktɔgɔn] NM octagon

octroyer [ɔktʀwaje] ▸ conjug 8 ◂ **1** VT (frm) to grant (à to); [+ bourse] to give (à to) **2** **s'octroyer** VPR [+ droit, pouvoirs] to claim; [+ augmentation] to give o.s.; [+ vacances] to allow o.s.

oculaire [ɔkyleʀ] ADJ ocular

oculiste [ɔkylist] NMF eye specialist

ode [ɔd] NF ode

odeur [ɔdœʀ] NF smell ♦ **sans ~** odourless (Brit), odorless (US) ♦ **~ de renfermé** musty smell ♦ **avoir une mauvaise ~** to smell bad

odieux, -ieuse [ɔdjø, jøz] ADJ **a** (= personne) horrible (avec to) **b** [crime] odious

odorant, e [ɔdɔʀɑ̃, ɑ̃t] ADJ scented; [herbes, essences] aromatic

odorat [ɔdɔʀa] NM sense of smell ♦ **avoir l'~ fin** to have a keen sense of smell

odyssée [ɔdise] NF odyssey

œdème [edɛm] NM oedema

œil [œj] (pl **yeux**) NM **a** (= organe) eye ♦ **il a les yeux bleus** he has blue eyes ♦ **avoir un ~ au beurre noir *** to have a black eye ♦ **je l'ai vu de mes yeux** I saw it with my own eyes ♦ **regarde-moi dans les yeux** look me in the eye ♦ **coûter les yeux de la tête** to cost a fortune ♦ **mon ~ ! *** (= je n'y crois pas) my eye! * ♦ **les yeux fermés** (= avec confiance) with complete confidence ♦ **ouvrir des yeux ronds** ou **de grands yeux** to stare wide-eyed ♦ **à l'~ *** (= gratuitement) for nothing **b** (= regard) ♦ **il le regardait d'un ~ mauvais** he gave him a nasty look ♦ **faire de l'~ à qn *** to make eyes at sb ♦ **je vous ai à l'~ !** I've got my eye on you! ♦ **jeter un coup d'~ à** to glance at **c** (= jugement) ♦ **aux yeux de l'opinion publique** in the eyes of the public ♦ **à mes yeux** in my opinion

œillade [œjad] NF wink ✦ **décocher une ~ à qn** to wink at sb

œillères [œjɛʀ] NFPL [de cheval] blinkers ✦ **avoir des ~** (fig) to be blinkered

œillet [œjɛ] NM (= fleur) carnation

œnologue [enɔlɔg] NMF oenologist

œsophage [ezɔfaʒ] NM oesophagus (Brit), esophagus (US)

œuf (pl **~s**) [œf, ø] NM **a** [d'animal] egg ✦ **va te faire cuire un ~ !** ✱ get lost! ✱ ▶ **œufs brouillés** scrambled eggs ▶ **œuf à la coque** soft-boiled egg ▶ **œuf dur** hard-boiled egg ▶ **œuf de Pâques** Easter egg ▶ **œuf sur le plat** ou **au plat** fried egg ▶ **œuf poché** poached egg **b** (= télécabine) egg-shaped cablecar

œuvre [œvʀ] NF **a** (= travail achevé, livre, tableau) work; (= ensemble d'une production) works ✦ **se mettre à l'~** to get down to work ✦ **mettre en ~** [+ moyens] to make use of ✦ **~ d'art** work of art **b** (= organisation) ✦ **~** (**de bienfaisance**) charity

offense [ɔfɑ̃s] NF (= affront) insult

offenser [ɔfɑ̃se] ▸ conjug 1 ◂ **1** VT to offend **2** s'offenser VPR to take offence (**de qch at** sth)

offensif, -ive [ɔfɑ̃sif, iv] **1** ADJ (Mil) offensive **2** offensive NF offensive ✦ **passer à l'offensive** to go on the offensive

offert, e [ɔfɛʀ, ɔfɛʀt] (ptp de **offrir**)

office [ɔfis] NM **a** office ✦ **faire ~ de** [personne] to act as; [objet] to serve as ✦ **~ du tourisme** tourist office **b** (= messe) service **c** ✦ **d'~** [nommer, inscrire] automatically ✦ **avocat commis d'~** ≈ legal-aid lawyer

officiel, -elle [ɔfisjɛl] ADJ, NM,F official

officier¹ [ɔfisje] NM officer ✦ **officier de police** senior police officer

officier² [ɔfisje] ▸ conjug 7 ◂ VI to officiate

officieux, -ieuse [ɔfisjø, jøz] ADJ unofficial

offrande [ɔfʀɑ̃d] NF (= don) offering; (pendant la messe) offertory

offrant [ɔfʀɑ̃] NM ✦ **au plus ~** to the highest bidder

offre [ɔfʀ] NF offer; (aux enchères) bid ✦ **l'~ et la demande** supply and demand ✦ **il m'a fait une ~** he made me an offer ✦ **~ spéciale** special offer ✦ **~s d'emploi** (dans journal) job advertisements

offrir [ɔfʀiʀ] ▸ conjug 18 ◂ **1** VT **a** (= donner) to give (à to) ✦ **il nous a offert à boire** (au café) he bought us a drink ✦ **c'est moi qui offre !** [+ tournée] it's my round!; [+ repas] this is on me! **b** (= proposer) to offer **c** [+ spectacle, image] to offer; [+ avantage, inconvénient] to have **2** s'offrir VPR **a** (= se présenter) ✦ **s'~ aux regards** [spectacle] to present itself ✦ **il a saisi l'occasion qui s'offrait à lui** he seized the opportunity presented to him ✦ **s'~ pour faire qch** to offer to do sth **b** (= se payer) to treat o.s. to

offusquer [ɔfyske] ▸ conjug 1 ◂ **1** VT to offend **2** s'offusquer VPR to take offence (**de** at)

ogive [ɔʒiv] NF **a** [de voûte] diagonal rib **b** [de missile] nose cone ▶ **ogive nucléaire** nuclear warhead

OGM [ɔʒeɛm] NM (abrév de **organisme génétiquement modifié**) GMO

ogre [ɔgʀ] NM ogre

oh [o] EXCL oh! ✦ **~ là là !** (surprise) oh my goodness!; (consternation) oh dear!

oie [wa] NF goose

oignon [ɔɲɔ̃] NM **a** (= légume) onion; (= bulbe de fleur) bulb ✦ **petits ~s** pickling onions **b** (Méd) bunion

oiseau (pl **~x**) [wazo] NM (= animal) bird ✦ **trouver l'~ rare** to find the man (ou woman) in a million ▶ **oiseau de proie** bird of prey

oiseux, -euse [wazø, øz] ADJ pointless

oisif, -ive [wazif, iv] ADJ idle

oisiveté [wazivte] NF idleness

OK ✱ [oke] EXCL OK ✱

oléoduc [ɔleɔdyk] NM oil pipeline

olfactif, -ive [ɔlfaktif, iv] ADJ olfactory

olive [ɔliv] **1** NF olive **2** ADJ INV olive-green

olivier [ɔlivje] NM (= arbre) olive tree; (= bois) olive wood

OLP [ɔɛlpe] NF (abrév de **Organisation de libération de la Palestine**) PLO

olympique [ɔlɛ̃pik] ADJ Olympic

ombilical, e (mpl **-aux**) [ɔ̃bilikal, o] ADJ umbilical

ombragé, e [ɔ̃bʀaʒe] ADJ shady

ombre [ɔ̃bʀ] NF **a** (= obscurité) shade NonC; [de personne, objet] shadow ✦ **25° à l'~** 25° in the shade ✦ **faire de l'~ à qn** (fig) to overshadow sb ▶ **ombres chinoises** shadow theatre ▶ **ombre à paupières** eye shadow **b** (= anonymat) ✦ **rester dans l'~** [artiste] to remain in obscurity; [meneur] to keep in the background **c** (= soupçon) ✦ **ça ne fait pas l'~ d'un doute** there's not the shadow of a doubt ✦ **sans l'~ d'une hésitation** without a moment's hesitation

ombrelle [ɔ̃bʀɛl] NF parasol

omelette [ɔmlɛt] NF omelette ✦ **~ aux champignons** mushroom omelette ✦ **~ norvégienne** baked Alaska

omettre [ɔmɛtʀ] ▸ conjug 56 ◂ VT to leave out ✦ **~ de faire qch** to omit to do sth

omission [ɔmisjɔ̃] NF omission

omnibus [ɔmnibys] NM (= train) local train

omniprésent, e [ɔmnipRezɑ̃, ɑ̃t] ADJ omnipresent

omnivore [ɔmnivɔR] **1** ADJ omnivorous **2** NM omnivore

omoplate [ɔmɔplat] NF shoulder blade

on [ɔ̃] PRON **a** (= quelqu'un) someone ◆ ~ **vous demande au téléphone** there's someone on the phone for you ◆ ~ **ne nous a pas demandé notre avis** nobody asked our opinion ◆ ~ **les attendait** they were expected **b** (* = nous) we ◆ ~ **est partis** we left **c** (= les gens) people ◆ **en Chine ~ mange avec des baguettes** in China people eat with chopsticks **d** (généralisations) you ◆ ~ **ne pense jamais à tout** you can't think of everything

oncle [ɔ̃kl] NM uncle

onctueux, -euse [ɔ̃ktɥø, øz] ADJ **a** [crème] smooth **b** [manières, voix] unctuous

onde [ɔ̃d] NF wave ◆ ~ **de choc** shock wave ◆ **sur les ~s et dans la presse** on the radio and in the press

ondée [ɔ̃de] NF shower

ondulation [ɔ̃dylasjɔ̃] NF [de vagues, blés, terrain] undulation ◆ **ondulations** [de cheveux] waves

ondulé, e [ɔ̃dyle] ADJ [cheveux] wavy; [carton, tôle] corrugated

onéreux, -euse [ɔneRø, øz] ADJ expensive

ongle [ɔ̃gl] NM [de personne] nail ◆ ~ **de pied** toenail ◆ **se faire les ~s** to do one's nails

onglet [ɔ̃glɛ] NM **a** [de livre] (dépassant) tab; (en creux) thumb index **b** (Informatique) thumbnail

onirique [ɔniRik] ADJ dreamlike

onomatopée [ɔnɔmatɔpe] NF onomatopoeia

ont [ɔ̃] VB → **avoir**

ONU [ɔny] NF (abrév de **Organisation des Nations unies**) ◆ **l'~** the UN

onyx [ɔniks] NM onyx

onze ['ɔ̃z] NOMBRE eleven ◆ **le ~ novembre** Armistice Day; pour autres loc voir **six**

onzième ['ɔ̃zjɛm] ADJ, NMF eleventh; pour autres loc voir **sixième**

OPA [ɔpea] NF (abrév de **offre publique d'achat**) takeover bid (Brit), tender offer (US)

opaque [ɔpak] ADJ opaque; [brouillard, nuit] impenetrable

OPEP [ɔpɛp] NF (abrév de **Organisation des pays exportateurs de pétrole**) OPEC

opéra [ɔpeRa] NM opera; (= édifice) opera house

opérateur, -trice [ɔpeRatœR, tRis] NM,F operator ▶ **opérateur de saisie** keyboarder

opération [ɔpeRasjɔ̃] NF **a** operation ◆ **tu as fini tes ~s ?** (= calculs) have you done your sums? **b** (= tractation) transaction ◆ **~s de Bourse** stock-exchange transactions

opérationnel, -elle [ɔpeRasjɔnɛl] ADJ operational

opérer [ɔpeRe] ► conjug 6 ◄ **1** VT **a** [+ malade] to operate on (de for) ◆ **se faire ~** to have an operation **b** (= exécuter) to make; [+ transformation, réforme] to carry out **2** VI [remède, charme, cambrioleur] to work **3** **s'opérer** VPR (= se produire) to take place

opérette [ɔpeRɛt] NF operetta

ophtalmologiste [ɔftalmɔlɔʒist], **ophtalmologue** [ɔftalmɔlɔg] NMF ophthalmologist

opiniâtre [ɔpinjatR] ADJ stubborn

opinion [ɔpinjɔ̃] NF (= jugement, conviction, idée) opinion (sur about) ◆ **se faire une ~** to form an opinion ◆ **avoir une bonne/mauvaise ~ de qn** to have a good/bad opinion of sb ◆ **~s politiques** political beliefs ◆ **l'~ publique** public opinion

opium [ɔpjɔm] NM opium

opportun, e [ɔpɔRtœ̃, yn] ADJ [visite, remarque] timely

opportuniste [ɔpɔRtynist] **1** ADJ [personne] opportunist **2** NMF opportunist

opportunité [ɔpɔRtynite] NF **a** [de mesure, démarche] (qui vient au bon moment) timeliness; (qui est appropriée) appropriateness **b** (= occasion) opportunity

opposant, e [ɔpozɑ̃, ɑ̃t] NM,F opponent (à of)

opposé, e [ɔpoze] **1** ADJ **a** [rive, direction] opposite; [parti, équipe] opposing **b** [intérêts, forces, opinions] conflicting; [caractères] opposite **c** (= hostile) ◆ ~ **à** opposed to **2** NM ◆ **l'~** the opposite ◆ **à l'~** (= dans l'autre direction) the opposite way (de from) ◆ **ils sont vraiment à l'~ l'un de l'autre** they are totally unlike

opposer [ɔpoze] ► conjug 1 ◄ **1** VT **a** [+ équipes, joueurs] to bring together; [+ rivaux, pays] to bring into conflict (à with); [+ idées, personnages, couleurs] to contrast (à with) **b** [+ raisons] to put forward (à to) ◆ **il nous a opposé une résistance farouche** he fiercely resisted us **2** **s'opposer** VPR **a** [équipes, joueurs] to confront each other; [rivaux, partis] to clash (à with); [opinions, théories] to conflict **b** (= se dresser contre) ◆ **s'~ à** [+ parents] to rebel against; [+ mesure, mariage, progrès] to oppose ◆ **je m'oppose formellement à ce que vous y alliez** I am not going to allow you to go

opposition [ɔpozisjɔ̃] NF opposition (à to) ◆ **faire ~ à** [+ chèque] to stop **b** [d'idées, intérêts] conflict ◆ **par ~ à** as opposed to

oppressant, e [ɔpResɑ̃, ɑ̃t] ADJ oppressive

oppresser [ɔprese] ► conjug 1 ◄ VT to oppress

oppresseur [ɔpresœr] NM oppressor

oppression [ɔpresjɔ̃] NF (= asservissement) oppression; (= malaise) feeling of oppression

opprimé, e [ɔprime] ADJ, NM,F oppressed

opprimer [ɔprime] ► conjug 1 ◄ VT to oppress

opter [ɔpte] ► conjug 1 ◄ VI ◆ ~ **pour** to opt for

opticien, -ienne [ɔptisjɛ̃, jɛn] NM,F dispensing optician

optimal, e (mpl -aux) [ɔptimal, o] ADJ optimal

optimisme [ɔptimism] NM optimism

optimiste [ɔptimist] **1** ADJ optimistic **2** NMF optimist

option [ɔpsjɔ̃] NF **a** (= choix) option ◆ **matière à ~** optional subject (Brit), elective (US) **b** (= accessoire auto) optional extra

optionnel, -elle [ɔpsjɔnɛl] ADJ optional

optique [ɔptik] **1** ADJ optical; [nerf] optic **2** NF **a** (= science, lentilles) optics sg **b** (= point de vue) perspective

opulent, e [ɔpylɑ̃, ɑ̃t] ADJ **a** [pays, personne] wealthy **b** [formes] full; [poitrine] ample

or¹ [ɔr] NM gold ◆ **bijoux en or massif** solid gold jewellery ◆ **en or** [objet] gold; [occasion] golden; [mari, sujet] marvellous ◆ **c'est une affaire en or** (achat) it's a real bargain; (commerce, magasin) it's a gold mine

or² [ɔr] CONJ **a** (mise en relief) ◆ **or, ce jour-là, il n'était pas là** now, on that particular day, he wasn't there ◆ **il m'a téléphoné hier, or je pensais justement à lui** he phoned me yesterday, or it just so happened that I'd been thinking about him **b** (opposition) but

orage [ɔraʒ] NM (= tempête) thunderstorm

orageux, -euse [ɔraʒø, øz] ADJ **a** [ciel, temps] stormy **b** [vie, discussion] turbulent

oral, e (mpl -aux) [ɔral, o] **1** ADJ oral **2** NM (= examen) oral ◆ **il est meilleur à l'~ qu'à l'écrit** his oral work is better than his written work

orange [ɔrɑ̃ʒ] **1** NF orange **2** NM (= couleur) orange ◆ **le feu était à l'~** the lights were on amber (Brit), the light was yellow (US) **3** ADJ INV orange

orangé, e [ɔrɑ̃ʒe] ADJ orangey

orangeade [ɔrɑ̃ʒad] NF orange squash

oranger [ɔrɑ̃ʒe] NM orange tree; → **fleur**

orang-outang (pl **orangs-outangs**) [ɔrɑ̃utɑ̃] NM orang-utang

orateur, -trice [ɔratœr, tris] NM,F speaker

orbite [ɔrbit] NF **a** [de yeux] eye-socket **b** (en astronomie, physique) orbit ◆ **être sur ~** to be in orbit ◆ **mettre sur ~** to put into orbit; (fig) to launch

orchestre [ɔrkɛstr] NM **a** [de musique classique, bal] orchestra; [de jazz] band ◆ **~ de chambre** chamber orchestra ◆ **~ symphonique** symphony orchestra **b** (= emplacement de théâtre) stalls (Brit), orchestra (US)

orchidée [ɔrkide] NF orchid

ordinaire [ɔrdinɛr] **1** ADJ **a** (= habituel) ordinary ◆ **un personnage peu ~** an unusual character **b** [vin] ordinary; [qualité] standard ◆ **un vin très ~** a very indifferent wine **2** NM ◆ **ça sort de l'~** it's out of the ordinary ◆ **d'~** ordinarily

ordinal, e (mpl -aux) [ɔrdinal, o] **1** ADJ ordinal **2** NM ordinal number

ordinateur [ɔrdinatœr] NM computer ◆ **~ de bureau** desktop computer

ordonnance [ɔrdɔnɑ̃s] NF **a** [de médicaments] prescription ◆ **faire une ~** to write a prescription ◆ **sur ~** on prescription ◆ **médicament vendu sans ~** over-the-counter medicine **b** (= arrêté) order

ordonné, e [ɔrdɔne] ADJ [enfant, maison] tidy

ordonner [ɔrdɔne] ► conjug 1 ◄ VT **a** (= arranger) to organize **b** (= commander) ◆ **~ à qn de faire qch** to order sb to do sth **c** [+ prêtre] to ordain

ordre [ɔrdr] NM **a** order ◆ **par ~ alphabétique** in alphabetical order ◆ **dans l'~** in order ◆ **pour des motifs d'~ personnel** for reasons of a personal nature ◆ **un chiffre de l'~ de 2 millions** a figure of the order of 2 million ◆ **donnez-nous un ~ de grandeur** give us a rough estimate ◆ **l'~ public** law and order ◆ **tout est rentré dans l'~** everything is back to normal again ◆ **donner à qn l'~ de faire qch** to order sb to do sth ◆ **être aux ~s de qn** to be at sb's disposal ◆ **les ~s** (religieux) holy orders **b** (= bonne organisation) tidiness ◆ **mettre de l'~ dans** to tidy up ◆ **en ~** [tiroir, maison, bureau] tidy **c** ◆ **à l'~ de** (Fin) payable to **d** ◆ **~ du jour** agenda ◆ **être à l'~ du jour** to be on the agenda; (= être d'actualité) to be topical

ordure [ɔrdyr] **1** NF (* = personne) swine * **2** **ordures** NFPL (= détritus) rubbish NonC (Brit), garbage NonC (US)

oreille [ɔrɛj] NF ear ◆ **tirer les ~s à qn** (fig) to give sb a good telling off * ◆ **avoir l'~ fine** to have keen hearing ◆ **avoir de l'~** to have a good ear ◆ **dire qch à l'~ de qn** to whisper sth in sb's ear

oreiller [ɔreje] NM pillow

oreillette [ɔrɛjɛt] NF [de téléphone portable, de baladeur] earpiece

oreillons [ɔrɛjɔ̃] NMPL ◆ **les ~** mumps

ores [ɔr] ADV ◆ **d'~ et déjà** already

orfèvre [ɔrfɛvr] NM (d'argent) silversmith; (d'or) goldsmith ◆ **il est ~ en la matière** he's an expert (on the subject)

orfèvrerie [ɔʀfɛvʀəʀi] NF (= art, commerce) silversmith's (ou goldsmith's) trade

organe [ɔʀgan] NM **a** (du corps) organ ◆ **~s génitaux** genitals **b** (= organisme) organization **c** (= journal) mouthpiece

organigramme [ɔʀganigʀam] NM organization chart; (Informatique) flow chart

organique [ɔʀganik] ADJ organic

organisateur, -trice [ɔʀganizatœʀ, tʀis] NM,F organizer

organisation [ɔʀganizasjɔ̃] NF organization ◆ **il manque d'~** he's not very organized ◆ **~ humanitaire** humanitarian organization

organisé, e [ɔʀganize] ADJ organized; → **voyage**

organiser [ɔʀganize] ► conjug 1 ◄ **1** VT to organize ◆ **j'organise une petite fête** I'm having a little party **2 s'organiser** VPR [personne] to organize o.s.

organiseur [ɔʀganizœʀ] NM personal organizer

organisme [ɔʀganism] NM **a** (= corps) body; (animal, végétal) organism ◆ **~ génétiquement modifié** genetically modified organism **b** (= institution) organization

orgasme [ɔʀgasm] NM orgasm

orge [ɔʀʒ] NM barley

orgie [ɔʀʒi] NF orgy

orgue [ɔʀg] **1** NM organ ► **orgue de Barbarie** barrel organ **2 orgues** NFPL organ

orgueil [ɔʀgœj] NM pride

orgueilleux, -euse [ɔʀgœjø, øz] ADJ proud

Orient [ɔʀjɑ̃] NM ◆ **l'~** the East ◆ **tapis d'~** Oriental rugs

oriental, e (mpl **-aux**) [ɔʀjɑ̃tal, o] ADJ **a** (= de l'est) eastern **b** (= de l'Orient) oriental

orientation [ɔʀjɑ̃tasjɔ̃] NF **a** (Scol) ◆ **l'~ professionnelle** careers advice ◆ **l'~ scolaire** advice on courses to be followed **b** [de maison] aspect; [de phare, antenne] direction **c** (= tendance) trend; [de magazine] leanings

orienté, e [ɔʀjɑ̃te] ADJ (= disposé) ◆ **~ au sud** facing south ◆ **bien/mal ~** well/badly positioned

orienter [ɔʀjɑ̃te] ► conjug 1 ◄ **1** VT **a** [+ lampe, rétroviseur, antenne] to adjust ◆ **~ qch vers qch** to turn sth towards sth **b** [+ touristes, voyageurs] to direct (vers to); [+ enquête, recherches] to direct (vers towards) ◆ **il a été orienté vers un lycée professionnel** he was advised to go to a technical college **2 s'orienter** VPR **a** (= se repérer) to find one's bearings **b** ◆ **s'~ vers** [parti, société] to move towards; [étudiant] to specialize in

orifice [ɔʀifis] NM opening

originaire [ɔʀiʒinɛʀ] ADJ ◆ **il est ~ de Lille** he is from Lille

original, e (mpl **-aux**) [ɔʀiʒinal, o] **1** ADJ **a** original **b** (= bizarre) odd **2** NM,F (= excentrique) eccentric **3** NM [d'œuvre] original

originalité [ɔʀiʒinalite] NF (= nouveauté) originality

origine [ɔʀiʒin] NF origin ◆ **avoir pour ~** to be caused by ◆ **d'~** of origin; [langue, pays] native; [emballage, pneu] original ◆ **d'~ française** of French origin ◆ **à l'~** originally ◆ **être à l'~ de** to be the cause of; [+ projet, attentat] to be behind

ORL [ɔɛʀɛl] NMF (abrév de **oto-rhino-laryngologiste**) ENT specialist

orme [ɔʀm] NM elm

ornement [ɔʀnəmɑ̃] NM ornament ◆ **plante d'~** ornamental plant

orner [ɔʀne] ► conjug 1 ◄ VT to decorate (de with)

ornière [ɔʀnjɛʀ] NF rut

ornithologie [ɔʀnitɔlɔʒi] NF ornithology

orphelin, e [ɔʀfəlɛ̃, in] **1** ADJ orphaned **2** NM,F orphan

orphelinat [ɔʀfəlina] NM orphanage

orteil [ɔʀtɛj] NM toe ◆ **gros ~** big toe

orthodoxe [ɔʀtɔdɔks] **1** ADJ Orthodox ◆ **pas très ~** [méthode, pratiques] rather unorthodox **2** NMF (Rel) Orthodox

orthographe [ɔʀtɔgʀaf] NF spelling

orthopédique [ɔʀtɔpedik] ADJ orthopaedic (Brit), orthopedic (US)

orthopédiste [ɔʀtɔpedist] NMF orthopaedist (Brit), orthopedist (US)

orthophoniste [ɔʀtɔfɔnist] NMF speech therapist

ortie [ɔʀti] NF stinging nettle

os (pl **~**) [ɔs, o] NM **a** bone ► **os à moelle** marrowbone **b** (* = problème) snag

oscar [ɔskaʀ] NM (Ciné) Oscar (de for)

oscillation [ɔsilasjɔ̃] NF oscillation; [de cours, taux, opinion] fluctuation (de in)

osciller [ɔsile] ► conjug 1 ◄ VI to oscillate ◆ **~ entre** (= hésiter) to waver between; [prix, température] to fluctuate between

osé, e [oze] ADJ daring

oseille [ozɛj] NF **a** (= plante) sorrel **b** (*‡* = argent) dough *‡*

oser [oze] ► conjug 1 ◄ VT to dare ◆ **~ faire qch** to dare to do sth ◆ **si j'ose dire** if I may say so ◆ **j'ose espérer que …** I hope that …

osier [ozje] NM (= fibres) wicker *NonC*

Oslo [ɔslo] N Oslo

ossature [ɔsatyʀ] NF [de corps] frame

osselets [ɔslɛ] NMPL jacks

ossements [ɔsmɑ̃] NMPL bones

osseux, -euse [ɔsø, øz] ADJ **a** [greffe, tissu, maladie] bone **b** [main, visage] bony

ostensible [ɔstɑ̃sibl] ADJ conspicuous

ostentation [ɔstɑ̃tasjɔ̃] NF ostentation

ostéopathe [ɔsteɔpat] NMF osteopath

ostéoporose [ɔsteɔpɔʀoz] NF osteoporosis

ostréiculture [ɔstʀeikyltyʀ] NF oysterfarming

otage [ɔtaʒ] NM hostage ◆ **prendre qn en ~** to take sb hostage

OTAN [ɔtɑ̃] NF (abrév de **Organisation du traité de l'Atlantique Nord**) NATO

otarie [ɔtaʀi] NF sea-lion

ôter [ote] ► conjug 1 ◄ VT **a** (= enlever) to take off (de from) **b** [+ somme] to take away ◆ **5 ôté de 8 égale 3** 5 from 8 equals 3 **c** (= prendre) ◆ **~ qch à qn** to take sth away from sb ◆ **~ à qn ses illusions** to rob sb of his illusions

otite [ɔtit] NF ear infection

oto-rhino-laryngologiste (pl ~s) [ɔtɔʀinolaʀɛ̃gɔlɔʒist] NMF ear, nose and throat specialist

ou [u] CONJ or ◆ **~ ... ~** either ... or ◆ **~ il est malade ~ il est fou** either he's sick or he's crazy

où [u] **1** PRON **a** (lieu) where ◆ **la ville ~ j'habite** the town where I live ◆ **le tiroir ~ tu as pris le livre** the drawer you took the book out of ◆ **l'endroit d'~ je viens** the place I come from **b** (temps) ◆ **le jour ~ je l'ai rencontré** the day I met him **2** ADV REL where ◆ **j'irai ~ il veut** I'll go where he wants ◆ **je ne sais pas d'~ il vient** I don't know where he comes from ◆ **d'~ ma méfiance** hence my wariness ◆ **~ que tu ailles** wherever you go **3** ADV INTERROG where ◆ **d'~ viens-tu ?** where have you come from? ◆ **~ en êtes-vous ?** (dans un travail) where have you got to?; (dans un couple, une négociation etc) how do things stand?

ouais * ['wɛ] EXCL yeah *

ouate ['wat] NF cotton wool (Brit), cotton (US); (pour rembourrage) wadding

oubli [ubli] NM **a** (= omission) oversight **b** ◆ **tomber dans l'~** to sink into oblivion

oublier [ublije] ► conjug 7 ◄ VT to forget; (= omettre) [+ virgule, phrase] to leave out ◆ **j'ai oublié mon parapluie dans le train** I left my umbrella on the train ◆ **~ de faire qch** to forget to do sth ◆ **tu as oublié de laver une vitre** you've missed a pane ◆ **on l'a oublié sur la liste** he's been left off the list

oubliettes [ublijɛt] NFPL oubliettes

ouest [wɛst] **1** NM **a** (= point cardinal) west ◆ **un vent d'~** a westerly wind ◆ **le soleil se couche à l'~** the sun sets in the west ◆ **à l'~ de** to the west of **b** ◆ **l'Ouest** the West **2** ADJ INV [région, partie, versant, côte] western; [côté, paroi] west

ouf ['uf] EXCL phew

Ouganda [ugɑ̃da] NM Uganda

oui ['wi] **1** ADV **a** yes ◆ **faire ~ de la tête** to nod ◆ **ah ~ ?** really? **b** (remplaçant une proposition) ◆ **est-il chez lui ? – je pense que ~** is he at home? – I think so **c** (intensif) ◆ **tu vas arrêter de pleurer, ~ ?** will you stop crying? ◆ **tu te dépêches, ~ ou non ?** will you please hurry up? **2** NM INV yes; (= vote) yes vote ◆ **pleurer pour un ~ ou pour un non** to cry over the slightest thing

oui-dire ['widiʀ] NM INV ◆ **par ~** by hearsay

ouïe [wi] NF hearing NonC ◆ **être tout ~** to be all ears

ouïes [wi] NFPL [de poisson] gills

ouragan [uʀagɑ̃] NM hurricane

ourlet [uʀlɛ] NM (Couture) hem ◆ **faire un ~ à** to hem

ours [uʀs] NM bear ◆ **~ en peluche** teddy bear ► **ours blanc, ours polaire** polar bear ► **ours brun** brown bear

ourse [uʀs] NF (= animal) she-bear ◆ **la Grande Ourse** (= constellation) the Great Bear

oursin [uʀsɛ̃] NM sea urchin

ourson [uʀsɔ̃] NM bear cub

outil [uti] NM tool

outillage [utijaʒ] NM tools

outrage [utʀaʒ] NM insult ► **outrage à magistrat** contempt of court ► **outrage à la pudeur** gross indecency

outrance [utʀɑ̃s] NF excess ◆ **à ~** [urbanisation, automatisation] excessive; [raffiné] excessively

outre¹ [utʀ] NF goatskin (for carrying wine or water)

outre² [utʀ] PRÉP (= en plus de) as well as ◆ **passer outre** to carry on regardless ◆ **en outre** moreover ◆ **pas outre mesure** not particularly

outré, e [utʀe] ADJ **a** (= indigné) outraged **b** (= exagéré) exaggerated

outre-Atlantique [utʀatlɑ̃tik] ADV across the Atlantic

outre-Manche [utʀəmɑ̃ʃ] ADV across the Channel

outre-mer [utʀəmɛʀ] ADV overseas

outrepasser [utʀəpase] ► conjug 1 ◄ VT [+ droits] to go beyond; [+ pouvoir, ordres] to exceed; [+ limites] to overstep

outre-Rhin [utʀəʀɛ̃] ADV across the Rhine

ouvert, e [uvɛʀ, ɛʀt] ADJ open (à to) ◆ laisser le gaz ~ to leave the gas on

ouvertement [uvɛʀtəmɑ̃] ADV openly

ouverture [uvɛʀtyʀ] NF **a** opening; [de porte fermée à clé, verrou] unlocking ◆ il a demandé l'~ d'une enquête he has requested an enquiry ◆ cérémonie d'~ opening ceremony **b** ◆ ~s (= propositions) overtures ◆ faire des ~s à qn to make overtures to sb **c** (= tolérance) ◆ ~ d'esprit open-mindedness **d** (Mus) overture **e** (Photo) aperture

ouvrable [uvʀabl] ADJ ◆ jour ~ weekday ◆ heures ~s business hours

ouvrage [uvʀaʒ] NM **a** (= livre) book **b** (= travail) work ◆ se mettre à l'~ to set to work

ouvre-boîte (pl ~s) [uvʀəbwat] NM canopener

ouvreur, -euse [uvʀœʀ, øz] NM,F [de cinéma, théâtre] usher; (femme) usherette

ouvrier, -ière [uvʀije, ijɛʀ] **1** NM,F worker ► ouvrier agricole farm worker ► ouvrier qualifié skilled workman ► ouvrier spécialisé semi-skilled worker **2** ADJ [éducation, quartier] working-class; [questions, mouvement] labour

ouvrir [uvʀiʀ] ► conjug 18 ◄ **1** VT to open (à to); [+ verrou, porte fermée à clé] to unlock; [+ veste] to undo; [+ horizons, perspectives] to open up; [+ eau, gaz] to turn on ◆ ~ la voie to

lead the way ◆ ~ le feu to open fire ◆ ~ l'œil (fig) to keep one's eyes open ◆ ça m'a ouvert l'appétit that whetted my appetite **2** VI to open ◆ on a frappé, va ~ ! there's someone at the door, go and open it! **3** s'ouvrir VPR **a** to open ◆ pays qui s'ouvre sur le monde extérieur country which is opening up to the outside world **b** (= se blesser) ◆ s'~ l'arcade sourcilière to get a cut over one's eye ◆ s'~ les veines to slash one's wrists **c** (= se confier) ◆ s'~ à qn to open up to sb

ovaire [ɔvɛʀ] NM ovary

ovale [ɔval] ADJ, NM oval

ovation [ɔvasjɔ̃] NF ovation ◆ faire une ~ à qn to give sb an ovation

overdose [ɔvœʀdoz] NF overdose

ovins [ɔvɛ̃] NMPL sheep

ovni [ɔvni] NM (abrév de **objet volant non identifié**) UFO

oxydation [ɔksidasjɔ̃] NF oxidization

oxyde [ɔksid] NM oxide ◆ ~ de carbone carbon monoxide

oxyder [ɔkside] ► conjug 1 ◄ **1** VT to oxidize **2** s'oxyder VPR to become oxidized

oxygène [ɔksiʒɛn] NM oxygen ◆ je sors, j'ai besoin d'~ I'm going out, I need some fresh air

oxygéner [ɔksiʒene] ► conjug 6 ◄ **1** VT to oxygenate; [+ cheveux] to peroxide **2** s'oxygéner VPR to get some fresh air

ozone [ozon] NM ozone ◆ la couche d'~ the ozone layer

F R A N C A I S /
A
N
G
L
A
I
S

P

PAC [pak] NF (abrév de **politique agricole commune**) CAP

pacha [paʃa] NM pasha ◆ vivre comme un ~ [to live in the lap of luxury]

pachyderme [paʃidɛʀm] NM elephant

pacifique [pasifik] **1** ADJ [coexistence, intentions] peaceful; [personne, peuple] peace-loving **2** NM ◆ **l'océan Pacifique, le Pacifique** the Pacific

pacifiste [pasifist] NMF pacifist

pack [pak] NM pack

pacotille [pakɔtij] NF cheap junk * ◆ **de ~** cheap

PACS [paks] NM (abrév de **pacte civil de solidarité**) contract for people in long-term relationship

pacte [pakt] NM pact

pactole * [paktɔl] NM (= argent) fortune

pagaie [pagɛ] NF paddle

pagaille * [pagaj] NF mess ◆ mettre/semer la ~ to mess things up ◆ il y en a en ~ * (= beaucoup) there are loads * of them

pagayer [pageje] ◆ conjug 8 ◆ VI to paddle

page¹ [paʒ] NF page ◆ (à la) ~ 35 (on) page 35 ◆ ~ suivante/précédente (sur écran) page down/up ◆ être à la ~ to be with it * ▸ **page blanche** blank page ▸ **page de garde** flyleaf ▸ **page de publicité** commercial break

page² [paʒ] NM page (boy)

pagne [paɲ] NM (en tissu) loincloth

pagode [pagɔd] NF pagoda

paie [pɛ] NF pay ◆ feuille de ~ payslip ◆ toucher sa ~ to be paid

paiement [pɛmã] NM payment (de for)

païen, païenne [pajɛ̃, pajɛn] ADJ, NM,F pagan

paillasse [pajas] NF **a** (= matelas) straw mattress **b** [d'évier] draining board, drainboard (US)

paillasson [pajasɔ̃] NM doormat

paille [paj] NF straw ◆ chapeau de ~ straw hat ◆ boire avec une ~ to drink through a straw ◆ être sur la ~ * to be penniless ▸ **paille de fer** steel wool

paillette [pajɛt] NF **a** (sur vêtement) sequin **b** [d'or] speck; [de lessive, savon] flake

paillote [pajɔt] NF straw hut

pain [pɛ̃] NM **a** bread NonC ◆ **on a du ~ sur la planche** * we've got a lot to do ▸ **pain complet** wholemeal (Brit) ou wholewheat (US) bread ▸ **pain d'épice(s)** gingerbread ▸ **pain grillé** toast ▸ **pain de mie** sandwich bread ▸ **pain perdu** French toast **b** (= miche) loaf **c** [de cire, savon] bar

pair¹ [pɛʀ] NM **a** (= dignitaire) peer **b** ◆ aller de ~ avec to go hand in hand with ◆ travailler au ~ to work as an au pair ◆ jeune fille au ~ au pair (girl)

pair², e¹ [pɛʀ] ADJ [nombre] even ◆ jours ~s even dates

paire² [pɛʀ] NF pair ◆ c'est une autre ~ de manches * that's another kettle of fish

paisible [pezibl] ADJ quiet

paître [pɛtʀ] ▸ conjug 57 ◆ VI to graze ◆ envoyer ~ qn * to send sb packing *

paix [pɛ] NF peace ◆ faire la ~ avec qn to make up with sb ◆ laisser qn en ~ to leave sb alone ◆ fiche-moi la ~ ! * stop pestering me!

Pakistan [pakistã] NM Pakistan

pakistanais, e [pakistanɛ, ɛz] **1** ADJ Pakistani **2** **Pakistanais(e)** NM,F Pakistani

palace [palas] NM luxury hotel

palais [palɛ] NM **a** (= édifice) palace ▸ **palais des congrès** convention centre ▸ **Palais de justice** law courts ▸ **Palais des sports** sports stadium **b** (dans la bouche) palate ◆ avoir le ~ fin to have a discerning palate

palan [palã] NM hoist

pale [pal] NF [d'hélice] blade

pâle [pɑl] ADJ pale ◆ ~ comme un linge as white as a sheet

paléontologie [paleɔ̃tɔlɔʒi] NF palaeontology (Brit), paleontology (US)

Palestine [palɛstin] NF Palestine

palestinien, -ienne [palɛstinjɛ̃, jɛn] **1** ADJ Palestinian **2** **Palestinien(ne)** NM,F Palestinian

palette [palɛt] NF **a** (Peinture) palette **b** [de produits, services] range

pâleur [pɑlœʀ] NF paleness

palier [palje] NM **a** [d'escalier] landing **b** (= étape) stage; [de graphique] plateau

pâlir [paliʀ] ► conjug 2 ◄ VI [personne] to go pale ✦ **faire ~ qn d'envie** to make sb green with envy

palissade [palisad] NF boarding

palliatif [paljatif] ADJ, NM palliative (à to, for)

pallier [palje] ► conjug 7 ◄ VT [+ manque] to compensate for

palmarès [palmaʀɛs] NM (= classement) [de lauréats] (list of) prizewinners; [de sportifs] (list of) medal winners; [de chansons] charts ✦ **il a de nombreuses victoires à son ~** he has a number of victories to his credit

palme [palm] NF a (= feuille) palm leaf b (= distinction) prize ✦ **remporter la ~** to win ✦ **~s académiques** decoration for services to education in France c [de nageur] flipper

palmé, e [palme] ADJ [pieds] webbed

palmeraie [palmɛʀɛ] NF palm grove

palmier [palmje] NM palm tree

palombe [palɔ̃b] NF woodpigeon

pâlot, -otte * [palo, ɔt] ADJ a bit pale

palourde [paluʀd] NF clam

palper [palpe] ► conjug 1 ◄ VT [+ objet] to feel; (Méd) to palpate

palpitant, e [palpitɑ̃, ɑ̃t] ADJ (= passionnant) exciting

palpitations [palpitasjɔ̃] NFPL ✦ **avoir des ~** to have palpitations

palpiter [palpite] ► conjug 1 ◄ VI [cœur] to race

paludisme [palydism] NM malaria

pâmer (se) [pame] ► conjug 1 ◄ VPR ✦ **se pâmer devant qch** to swoon over sth ✦ **se pâmer d'admiration** to be overcome with admiration

pamphlet [pɑ̃flɛ] NM satirical tract

pamplemousse [pɑ̃pləmus] NM grapefruit

pan¹ [pɑ̃] NM [d'économie, industrie] area; [de société] section ► **pan de chemise** shirt-tail ► **pan de mur** section of wall

pan² [pɑ̃] EXCL (coup de feu) bang!

panacée [panase] NF panacea

panache [panaʃ] NM a (= plumet) [de fumée] plume b (= brio) panache

panaché, e [panaʃe] **1** ADJ a [fleur] many-coloured (Brit), many-colored (US) b [glace] mixed-flavour (Brit), mixed-flavor (US); [salade] mixed **2** NM (= boisson) shandy

panade * [panad] NF ✦ **on est dans la ~** we're in a real mess *

Panama [panama] NM ✦ **le ~** Panama

panard * [panaʀ] NM foot

panaris [panaʀi] NM whitlow

pancarte [pɑ̃kaʀt] NF sign; (sur la route) road-sign

pancréas [pɑ̃kʀeas] NM pancreas

panda [pɑ̃da] NM panda

pané, e [pane] ADJ coated with breadcrumbs

panier [panje] NM basket ✦ **mettre qch au ~** to throw sth out ► **panier à provisions** shopping basket

panier-repas (pl **paniers-repas**) [panjeʀəpa] NM packed lunch

panique [panik] **1** NF panic ✦ **pris de ~** panic-stricken ✦ **pas de ~ !** * don't panic! **2** ADJ ✦ **peur ~** panic

paniquer [panike] ► conjug 1 ◄ **1** VT ✦ **~ qn** to put the wind up sb * **2** VI to panic

panne [pan] NF breakdown ✦ **~ de courant** power failure ✦ **tomber en ~** [machine] to break down ✦ **je suis tombé en ~** (en voiture) my car has broken down ✦ **je suis tombé en ~ sèche ou en ~ d'essence** I have run out of petrol (Brit) ou gas (US)

panneau (pl **~x**) [pano] NM (= surface) panel; (= écriteau) sign ✦ **tomber dans le ~** * to fall for it * ► **panneau d'affichage** notice board (Brit), bulletin board (US); (pour publicité) billboard ► **panneau indicateur** signpost ► **panneau publicitaire** billboard ► **panneau de signalisation (routière)** roadsign

panoplie [panɔpli] NF a (= jouet) outfit b (= gamme) range

panorama [panɔʀama] NM panorama

panoramique [panɔʀamik] ADJ [photo, vue] panoramic; [écran] wide; [restaurant] with a panoramic view

pansement [pɑ̃smɑ̃] NM (= bandage) bandage; (= sparadrap) plaster (Brit), Band Aid ®

panser [pɑ̃se] ► conjug 1 ◄ VT a [+ plaie] to dress; [+ blessé] to dress the wounds of b [+ cheval] to groom

pantacourt [pɑ̃takuʀ] NM (pair of) pedalpushers

pantalon [pɑ̃talɔ̃] NM trousers (Brit), pants (US) ✦ **~ de pyjama** pyjama (Brit) ou pajama (US) bottoms

panthéon [pɑ̃teɔ̃] NM pantheon

panthère [pɑ̃tɛʀ] NF panther

pantin [pɑ̃tɛ̃] NM (= jouet) jumping jack; (péj = personne) puppet

pantoufle [pɑ̃tufl] NF slipper

PAO [peao] NF (abrév de **publication assistée par ordinateur**) DTP

paon [pɑ̃] NM peacock

papa [papa] NM dad; (langage enfantin) daddy

pape [pap] NM pope

paperasse [papʁas] NF ◆ ~(s) (= documents) bumf * (Brit) ◆ **j'ai de la ~ à faire** I've got some paperwork to do

papeterie [papɛtʁi] NF (= magasin) stationer's (shop); (= articles) stationery

papi [papi] NM grandad *, grandpa *

papier [papje] NM paper; (= article de presse) article; (= formulaire) form ◆ **~s** (d'identité) (identity) papers ▸ **papier alu** *, **papier aluminium** tinfoil ▸ **papier cadeau** wrapping paper ▸ **papier calque** tracing paper ▸ **papier à cigarettes** cigarette paper ▸ **papier crépon** crêpe paper ▸ **papiers gras** litter ▸ **papier hygiénique** toilet paper ▸ **papier journal** newspaper ▸ **papier à lettres** writing paper ▸ **papier peint** wallpaper ▸ **papier toilette** toilet paper ▸ **papier de verre** sandpaper

papillon [papijɔ̃] NM **a** (= insecte) butterfly ◆ ~ **de nuit** moth **b** (* = autocollant) sticker **c** ◆ **(brasse)** ~ (= nage) butterfly (stroke)

papoter [papɔte] ► conjug 1 ◄ VI to chatter

paprika [papʁika] NM paprika

pâque [pɑk] NF ◆ **la ~ juive** Passover

paquebot [pak(ə)bo] NM liner

pâquerette [pakʁɛt] NF daisy

Pâques [pɑk] NM, NFPL Easter ◆ **joyeuses ~ !** Happy Easter!

paquet [pakɛ] NM **a** (= emballage) packet (Brit), package (US); [de cigarettes] packet, pack (US) **b** (= colis) parcel

paquet-cadeau (pl **paquets-cadeaux**) [pak ɛkado] NM giftwrapped parcel

par [paʁ] PRÉP **a** (agent) by ◆ **le carreau a été cassé ~ un enfant** the pane was broken by a child **b** (moyen, manière) ◆ ~ **le train/la poste** by train/mail ◆ **communiquer ~ Internet** to communicate via the Internet ◆ **obtenir qch ~ la ruse** to obtain sth through cunning **c** (cause) ◆ **faire qch ~ plaisir** to do sth for pleasure ◆ ~ **habitude** out of habit **d** (lieu, direction) (= en passant par) by; (= en traversant) through; (suivi d'un nom propre) via ◆ ~ **où est-il venu ?** which way did he come? **e** (distribution) ◆ **gagner tant ~ mois** to earn so much a month ◆ **trois fois ~ jour** three times a day ◆ **marcher deux ~ deux** to walk in twos **f** (= pendant) ◆ ~ **une belle nuit d'été** on a beautiful summer night ◆ **ne restez pas dehors ~ ce froid** don't stay out in this cold

parabole [paʁabɔl] NF **a** (= figure) parabola **b** (dans la bible) parable **c** (= antenne) satellite dish

parabolique [paʁabɔlik] ADJ ◆ **antenne ~** satellite dish

parachute [paʁaʃyt] NM parachute ◆ **descendre en ~** to parachute down

parachutiste [paʁaʃytist] NMF (Sport) parachutist; (Mil) paratrooper

parade [paʁad] NF **a** (= spectacle) parade ◆ ~ **de** [uniforme, épée] ceremonial **b** (Escrime, Boxe) parry; (fig) answer

parader [paʁade] ► conjug 1 ◄ VI (péj) to strut about

paradis [paʁadi] NM heaven

paradisiaque [paʁadizjak] ADJ heavenly

paradoxal, e (mpl **-aux**) [paʁadɔksal, o] ADJ paradoxical

paradoxe [paʁadɔks] NM paradox

paraffine [paʁafin] NF (solide) paraffin wax

parages [paʁaʒ] NMPL ◆ **dans les ~** (= dans la région) in the area ◆ **est-ce que Sylvie est dans les ~ ?** * is Sylvie about?

paragraphe [paʁagʁaf] NM paragraph

paraître [paʁɛtʁ] ► conjug 57 ◄ **1** VI **a** (= se montrer) to appear **b** (= sembler) to seem **c** [journal, livre] to be published **d** (= se faire remarquer) to be noticed **2** VB IMPERS ◆ **il va se marier, paraît-il** ou **à ce qu'il paraît** apparently he's getting married ◆ **il paraît que non** apparently not

parallèle [paʁalɛl] **1** ADJ **a** parallel (à to) **b** [marché, police, économie] unofficial; [médecine] alternative; [vie] separate **2** NF parallel **3** NM parallel ◆ **etablir un ~ entre X et Y** to draw a parallel between X and Y

paralyser [paʁalize] ► conjug 1 ◄ VT to paralyze ◆ **paralysé** paralyzed

paralysie [paʁalizi] NF paralysis

paramètre [paʁamɛtʁ] NM parameter

parano * [paʁano] ADJ paranoid

paranoïaque [paʁanɔjak] ADJ, NMF paranoid

paranormal, e (mpl **-aux**) [paʁanɔʁmal, o] ADJ paranormal

parapente [paʁapɑ̃t] NM (= sport) ◆ **le ~** paragliding ◆ **faire du ~** to go paragliding

parapet [paʁapɛ] NM parapet

parapher [paʁafe] ► conjug 1 ◄ VT to initial

paraphrase [paʁafʁaz] NF paraphrase ◆ **faire de la ~** to paraphrase

paraplégique [paʁaplɛʒik] ADJ, NMF paraplegic

parapluie [paʁaplɥi] NM umbrella

parasite [paʁazit] **1** NM parasite **2** parasites NMPL (Radio, TV) interference

parasol [paʁasɔl] NM parasol

paratonnerre [paʁatɔnɛʁ] NM lightning conductor

paravent [paʁavɑ̃] NM screen

parc [paʀk] NM **a** (= jardin public) park; [de château] grounds ▸ **parc d'attractions** amusement park ▸ **parc de loisirs** leisure park ▸ **parc naturel** nature reserve **b** [de bébé] playpen **c** (= ensemble) stock ◆ **~ automobile** number of vehicles on the road

parcelle [paʀsɛl] NF [de terrain] parcel

parce que [paʀs(ə)kə] CONJ because

parchemin [paʀʃəmɛ̃] NM parchment

parcimonie [paʀsimɔni] NF ◆ **avec ~** sparingly

par-ci par-là [paʀsipaʀla] ADV here and there

parcmètre [paʀkmɛtʀ] NM parking meter

parcourir [paʀkuʀiʀ] ▸ conjug 11 ◂ VT **a** [+ trajet, distance] to cover; [+ lieu] to go all over; [+ pays] to travel up and down **b** (= regarder rapidement) to glance through

parcours [paʀkuʀ] NM **a** (= trajet) journey; (= itinéraire) route; [de fleuve] course ◆ **son ~ politique** his political career ▸ **parcours de santé** fitness trail **b** ◆ **~ de golf** (= terrain) golf course

par-delà [paʀdəla] PRÉP beyond

par-derrière [paʀdɛʀjɛʀ] ADV (passer) round the back; [attaquer, emboutir] from behind

par-dessous [paʀd(ə)su] PRÉP, ADV underneath

par-dessus [paʀd(ə)sy] **1** PRÉP over ◆ **~ tout** above all ◆ **en avoir ~ la tête** * to be fed up to the back teeth * ◆ **~ le marché** * on top of all that **2** ADV over

pardessus [paʀdəsy] NM overcoat

par-devant [paʀd(ə)vɑ̃] **1** PRÉP ◆ **~ notaire** before a lawyer **2** ADV [passer] round the front; [attaquer, emboutir] from the front

pardon [paʀdɔ̃] NM (= grâce) forgiveness ◆ **demander ~ à qn d'avoir fait qch** to apologize to sb for doing sth ◆ **oh ~ !** oh, (I'm) sorry ◆ **c'est Maud – ~ ?** it's Maud – pardon?

pardonner [paʀdɔne] ▸ conjug 1 ◂ **1** VT to forgive ◆ **~ (qch) à qn** to forgive sb (for sth) ◆ **~ à qn d'avoir fait qch** to forgive sb for doing sth ◆ **on lui pardonne tout** he gets away with everything **2** VI ◆ **c'est une erreur qui ne pardonne pas** it's a fatal mistake

paré, e [paʀe] ADJ (= prêt) ready

pare-balles [paʀbal] ADJ INV bulletproof

pare-brise NM INV, **parebrise** NM [paʀbʀiz] windscreen (Brit), windshield (US)

pare-chocs [paʀʃɔk] NM INV [de voiture] bumper (Brit), fender (US)

pareil, -eille [paʀɛj] **1** ADJ **a** (= identique) the same (que, à as) **b** (= tel) such (a) ◆ **en ~ cas** in such a case **2** NM,F ◆ **ne pas avoir son ~** (ou **sa pareille**) to be second to none ◆ **sans ~** unequalled **3** ADV [s'habiller] the same ◆ **faire ~** to do the same thing (que as)

parent, e [paʀɑ̃, ɑ̃t] **1** NM,F **a** (= personne apparentée) relative ◆ **nous sommes ~s par alliance** we are related by marriage **b** (biologique) parent **2** ADJ related **3** **parents** NMPL (= père et mère) parents

parenté [paʀɑ̃te] NF (= rapport) relationship

parenthèse [paʀɑ̃tɛz] NF (= signe) parenthesis; (= digression) digression ◆ **entre ~s** in brackets; (fig) incidentally

parer [paʀe] ▸ conjug 1 ◂ **1** VT **a** (= orner) to adorn **b** (= habiller) to dress **c** [+ coup, attaque] to parry **2** **parer à** VT INDIR [+ inconvénient] to deal with; [+ éventualité] to prepare for ◆ **~ au plus pressé** to attend to the most urgent things first

pare-soleil [paʀsɔlɛj] NM INV [de voiture] sun visor

paresse [paʀɛs] NF [de personne] laziness

paresser [paʀese] ▸ conjug 1 ◂ VI to laze about

paresseux, -euse [paʀesø, øz] ADJ lazy

parfaire [paʀfɛʀ] ▸ conjug 60 ◂ VT [+ connaissances] to perfect

parfait, e [paʀfɛ, ɛt] **1** ADJ (= impeccable) perfect; (péj) [crétin, crapule] utter **2** NM (Culin) parfait

parfaitement [paʀfɛtmɑ̃] ADV **a** (= très bien, tout à fait) perfectly ◆ **cela m'est ~ égal** it makes absolutely no difference to me **b** (= absolument) absolutely ◆ **tu as fait ce tableau tout seul ? – ~ !** you did this picture all on your own? – I certainly did!

parfois [paʀfwa] ADV sometimes

parfum [paʀfœ̃] NM **a** (= liquide) perfume **b** [de fleur, herbe] scent; [de tabac, café, savon] smell; [de vin] bouquet; [de glace] flavour (Brit), flavor (US) ◆ **être au ~** * to be in the know *

parfumé, e [paʀfyme] ADJ [savon] scented; [air, fleur, vin, fruit] fragrant; [bougie] perfumed ◆ **~ au citron** [glace] lemon-flavour (Brit) ou lemon-flavor (US); [savon] lemon-scented

parfumer [paʀfyme] ▸ conjug 1 ◂ **1** VT [fleurs] to perfume; [café, tabac] to fill with its aroma; (Culin) to flavour (Brit), to flavor (US) (à with) **2** **se parfumer** VPR to wear perfume

parfumerie [paʀfymʀi] NF (= boutique) perfume shop; (= produits) perfumes

pari [paʀi] NM bet ◆ **faire un ~** to make a bet

paria [paʀja] NM outcast

parier [paʀje] ▸ conjug 7 ◂ VT to bet ◆ **je l'aurais parié** I might have known ◆ **~ aux courses** to bet on the races

Paris [paʀi] N Paris

parisien, -ienne [paʀizjɛ̃, jɛn] **1** ADJ Paris *avant le nom*, of Paris; [société, goûts, ambiance] Parisian **2 Parisien(ne)** NM,F Parisian

parité [paʀite] NF parity; (entre hommes et femmes) equal representation

parjure [paʀʒyʀ] NM betrayal

parka [paʀka] NF parka

parking [paʀkiŋ] NM car park (Brit), parking lot (US)

parlant, e [paʀlɑ̃, ɑ̃t] ADJ **a** ◆ **les films ~s** the talkies **b** [exemple] eloquent ◆ **les chiffres sont ~s** the figures speak for themselves

parlement [paʀləmɑ̃] NM parliament

parlementaire [paʀləmɑ̃tɛʀ] **1** ADJ parliamentary **2** NMF member of Parliament; (aux USA) member of Congress

parlementer [paʀləmɑ̃te] ► conjug 1 ◄ VI (= négocier) to negotiate

parler [paʀle] ► conjug 1 ◄ **1** VI **a** to speak ◆ **scientifiquement parlant** scientifically speaking ◆ **n'en parlons plus !** let's forget about it ! ◆ **sans ~ de ...** not to mention ... ◆ **parler de qch à qn** to speak to sb about sth ◆ **tu parles!** * come off it! * **b** (= faire la conversation, avouer) to talk (à, avec to; de about) ◆ **~ de la pluie et du beau temps** to talk about this and that ◆ **de quoi ça parle, ton livre ?** what is your book about? ◆ **~ de faire qch** to talk about doing sth **2** VT **a** [+ langue] to speak ◆ **~ (l')anglais** to speak English **b** (avec qn) to talk ◆ **~ politique** to talk politics **3** **se parler** VPR to talk to each other

parloir [paʀlwaʀ] NM visiting room

parmesan [paʀməzɑ̃] NM Parmesan

parmi [paʀmi] PRÉP among

parodie [paʀɔdi] NF parody

parodier [paʀɔdje] ► conjug 7 ◄ VT to parody

paroi [paʀwa] NF wall ◆ **~ rocheuse** rock face

paroisse [paʀwas] NF parish

paroissien, -ienne [paʀwasjɛ̃, jɛn] NM,F parishioner

parole [paʀɔl] **1** NF **a** (= mot, promesse) word ◆ **ce sont des ~s en l'air** it's just idle talk ◆ **tenir ~** to keep one's word ◆ **je l'ai cru sur ~** I took his word for it ◆ **ma ~ !** * (upon) my word! **b** (= faculté d'expression) speech **c** (dans un débat, une discussion) ◆ **vous avez la ~** it's your turn to speak ◆ **prendre la ~** to speak **2 paroles** NFPL [de chanson] words

paroxysme [paʀɔksism] NM [de crise, sentiment] height ◆ **atteindre son ~** to reach a climax

parquet [paʀkɛ] NM **a** (= plancher) wooden floor **b** (Droit) public prosecutor's department

parrain [paʀɛ̃] NM **a** (Rel, Mafia) godfather **b** (qui aide financièrement) sponsor; [d'œuvre, fondation] patron

parrainer [paʀene] ► conjug 1 ◄ VT (= aider financièrement) to sponsor; [+ œuvre, fondation, association] to be the patron of

parsemé, e [paʀsəme] ADJ ◆ **un ciel ~ d'étoiles** a star-studded sky ◆ **un champ ~ de fleurs** a field dotted with flowers

part [paʀ] NF **a** (dans un partage) share; (= portion) portion; (= tranche) slice ◆ **~ de marché** market share **b à part** (= de côté) on one side; (= séparément) separately; (= excepté) apart from; (= exceptionnel) special
◆ **autre part** somewhere else
◆ **d'autre part** (= de plus) moreover ◆ **d'une ~ ... d'autre ~** on the one hand ... on the other hand
◆ **de la part de** (provenance) from; (= au nom de) on behalf of ◆ **c'est gentil de sa ~** that's nice of him ◆ **c'est de la ~ de qui ?** (au téléphone) who shall I say is calling?
◆ **de toutes parts** from all sides
◆ **pour ma part** for my part
◆ **faire part de qch à qn** to announce sth to sb
◆ **prendre part à** [+ travail, débat] to take part in; [+ manifestation] to join in

partage [paʀtaʒ] NM **a** (= division) division; [de gâteau] cutting **b** [de butin, héritage] sharing out

partagé, e [paʀtaʒe] ADJ [avis, opinion] divided

partager [paʀtaʒe] ► conjug 3 ◄ **1** VT **a** (= fractionner) to divide up ◆ **~ en deux** to divide sth in two **b** (= répartir) [+ butin, gâteau] to share out; [+ frais] to share **c** (= avoir en commun) to share ◆ **amour partagé** mutual love **2 se partager** VPR **a** (= partager son temps) ◆ **se ~ entre** to divide one's time between **b** (= se distribuer) ◆ **nous nous sommes partagé le travail** we shared the work between us

partant, e [paʀtɑ̃, ɑ̃t] **1** NM,F (= coureur) starter; (= cheval) runner **2** ADJ ◆ **je suis ~** count me in ◆ **être ~ pour qch** to be up for sth

partenaire [paʀtənɛʀ] NMF partner ◆ **les ~s sociaux** ≈ unions and management

partenariat [paʀtənaʀja] NM partnership

parterre [paʀtɛʀ] NM **a** (= plate-bande) flowerbed **b** (= public) stalls (Brit), orchestra (US)

parti [paʀti] NM **a** (= groupe) party **b** (= choix) option ◆ **prendre le ~ de faire qch** to make up one's mind to do sth ◆ **prendre le ~ de qn, prendre ~ pour qn** to stand up for sb ◆ **prendre ~** to take a stand ◆ **prendre son ~ de qch** to come to terms with sth ◆ **avoir un ~ pris** to be prejudiced **c** (= personne à marier) match **d** (= avantage) ◆ tirer ~ de to take advantage of

partial, e (mpl **-iaux**) [parsjal, jo] ADJ biased

partialité [parsjalite] NF bias

participant, e [partisipã, ãt] NM,F (à un concours, une course) entrant (à in); (à un débat, un projet) participant (à in)

participation [partisipasjɔ̃] NF **a** (= action) participation (à in); [+ aventure, complot] involvement (à in) **b** (= détention d'actions) interest ◆ ~ aux bénéfices profit-sharing **c** (financière) contribution

participe [partisip] NM participle ◆ ~ passé/ présent past/present participle

participer [partisipe] ► conjug 1 ◄ VT INDIR ◆ **participer à** to take part in; [+ aventure, complot] to be involved in; [+ frais, dépenses] to share in ◆ ~ **en classe** to take an active part in class

particularité [partikylarite] NF feature

particule [partikyl] NF particle

particulier, -ière [partikylje, jɛR] **1** ADJ **a** (= spécifique) [aspect, cas] particular; [trait, style, manière de parler] characteristic **b** (= exceptionnel) exceptional **c** (= étrange) odd **d** (= privé) private **2** NM (= personne) private individual **3** ◆ **en** ~ LOC ADV in particular

particulièrement [partikyljɛRmɑ̃] ADV particularly

partie [parti] NF **a** part ◆ **une bonne** ~ **du travail** a large part of the work ◆ **la majeure** ~ **du pays** most of the country ◆ **en** ~ partly ◆ **en grande** ou **majeure** ~ largely ◆ **faire** ~ **de** [+ ensemble, risques] to be part of; [+ club, catégorie, famille] to belong to; [+ élus, gagnants] to be one of **b** (Cartes, Sport) game **c** [de contrat] party; [de procès] litigant ◆ **se constituer** ~ **civile** to associate in a court action with the public prosecutor **d** ◆ **prendre qn à** ~ to take sb to task

partiel, -elle [parsjɛl] **1** ADJ partial; → **temps 2** NM (= examen) mid-term exam

partir [partiR] ► conjug 16 ◄ VI **a** (= aller, quitter un lieu) to leave; (= s'éloigner) to go away ◆ **quand partez-vous pour Paris ?** when are you leaving for Paris? ◆ **il est parti acheter du pain** he has gone to buy some bread ◆ ~ **en voyage** to go on a trip ◆ ~ **en courant** to run off ◆ **partir de** [personne] to leave; [chemin] to lead from ◆ **il est parti de rien** he started from nothing **b** [moteur] to start; [train] to leave **c** [fusée] to go up; [coup de feu] to go off **d** (= être engagé) ◆ **mal/bien** ~ to get off to a bad/good start ◆ **il est bien parti pour gagner** he seems all set to win **e** [tache] to come out; [douleur,

boutons, odeur] to go ◆ **faire** ~ [+ tache] to remove; [+ odeur] to get rid of **f** ◆ **à** ~ **de** from ◆ **à** ~ **de maintenant** from now on

partisan, e [partizã, an] **1** ADJ (= partial) partisan ◆ **être** ~ **de qch** to be in favour (Brit) ou favor (US) of sth **2** NM,F supporter

partition [partisjɔ̃] NF **a** [de musique] score **b** (= division) partition

partout [partu] ADV everywhere ◆ **avoir mal** ~ to ache all over ◆ **2** ~ (Sport) 2 all

parure [paRyR] NF (= bijoux) jewels ◆ ~ **de lit** set of bed linen

parution [paRysjɔ̃] NF publication

parvenir [paRvəniR] ► conjug 22 ◄ VT INDIR ◆ **parvenir à qn/qch** to reach sb/sth ◆ **faire** ~ **qch à qn** to send sth to sb ◆ ~ **à faire qch** to manage to do sth

parvenu, e [paRvəny] NM,F (péj) parvenu

parvis [paRvi] NM square

pas¹ [pɑ] **1** NM **a** step; (= bruit) footstep ◆ **faire un** ~ **en arrière/en avant** to step back/forward ◆ **revenir** ou **retourner sur ses** ~ to retrace one's steps ◆ **marcher à grands** ~ to stride along ◆ ~ **à** ~ step by step ◆ ~ **de danse** dance step ◆ **faire le(s) premier(s)** ~ to take the initiative ◆ **à** ~ **de loup** stealthily **b** (= vitesse) pace; (Mil) step ◆ **marcher d'un bon** ~ to walk at a brisk pace ◆ **marcher au** ~ to march ◆ **au** ~ **de course** at a run **c** (= démarche) tread ◆ **d'un** ~ **lourd** with a heavy tread **2** COMP ► **le pas de la porte** the doorstep

---

🗝 **pas²** [pɑ] adv nég

a (avec ne) not ◆ **ce n'est** ~ **vrai, c'est** ~ **vrai** * it's not true ◆ **il n'est** ~ **allé à l'école** he didn't go to school ◆ **ne me parle** ~ **sur ce ton** don't speak to me like that ◆ **il m'a dit de ne** ~ **le faire** he told me not to do it ◆ **il n'y avait** ~ **plus de 20 personnes** there were no more than 20 people there

b (indiquant ou renforçant opposition) ◆ **elle travaille, (mais) lui** ~ she works, but he doesn't ◆ **il aime ça,** ~ **toi ?** he likes it, don't you?

c (dans réponses négatives) not ◆ **qui l'a prévenu ?** – ~ **moi** who told him? – not me ◆ ~ **de sucre, merci** ! no sugar, thanks! ◆ ~ **du tout** not at all

d (devant adjectif, pronom) ◆ **une situation** ~ **ordinaire** an unusual situation ◆ ~ **un n'est venu** not one came

---

passable [pɑsabl] ADJ (sur copie) fair ◆ **mention** ~ ≈ pass

passage [pɑsaʒ] NM **a** (= venue) ◆ **guetter le** ~ **du facteur** to watch for the postman ◆ **lors d'un récent** ~ **à Paris** on a recent trip to Paris

◆ **il est de ~ à Nancy** he is in Nancy at the moment ◆ **on se retourne sur son ~** people turn round and look when he goes past **b** (= transfert) ◆ **le ~ de l'enfance à l'adolescence** the transition from childhood to adolescence **c** (= lieu, rue) passage ◆ **va plus loin, tu gênes le ~** move along, you're blocking the way ▶ **passage clouté** ou **(pour) piétons** pedestrian crossing ▶ **passage à niveau** level crossing (Brit), grade crossing (US) ▶ **passage souterrain** underpass **d** [de livre, symphonie] passage **e** (= traversée) crossing

passager, -ère [pɑsaʒe, ɛʀ] **1** ADJ [malaise, bonheur] brief; [inconvénient] temporary **2** NM,F passenger ◆ **~ clandestin** stowaway

passant, e [pɑsɑ̃, ɑ̃t] NM,F passer-by

passe¹ [pɑs] NF **a** (Sport) pass ◆ **faire une ~** to pass (à to) **b** [de prostituée] ◆ **c'est 200 F la ~** it is 200 francs a time **c** ◆ **être en ~ de faire qch** to be on one's way to doing sth ◆ **traverser une mauvaise ~** to be having a rough time

passe² * [pɑs] NM abrév de **passe-partout**

passé, e [pɑse] **1** ADJ **a** (= dernier) last ◆ **au cours des semaines ~es** over the last few weeks **b** (= révolu) past ◆ **il a 60 ans ~s** he's over 60 ◆ **il est 8 heures ~es** it's past 8 o'clock **c** (= fané) faded **2** NM **a** past ◆ **c'est du ~** it's all in the past now **b** (Gram) past tense ◆ **~ composé** perfect ◆ **~ simple** past historic **3** PRÉP after

passe-montagne (pl ~s) [pɑsmɔ̃taɲ] NM balaclava

passe-partout [pɑspaʀtu] **1** ADJ INV [tenue] for all occasions; [formule] all-purpose **2** NM INV (= clé) master key

passe-passe [pɑspɑs] NM INV ◆ **tour de ~** trick

passeport [pɑspɔʀ] NM passport

🔑 **passer** [pɑse] ▸ conjug 1 ◂

1 VI (avec aux être) **a** (d'un endroit à un autre) to go ◆ **l'autobus vient de ~** the bus has just gone past ◆ **les camions ne passent pas dans notre rue** lorries don't go along our street ◆ **~ en courant** to run past ◆ **la Seine passe à Paris** the Seine flows through Paris ◆ **~ à table** to sit down to eat ◆ **~ d'un extrême à l'autre** to go from one extreme to the other ◆ **le travail passe avant tout** work comes first ◆ **~ en première** (en voiture) to go into first ◆ **par où êtes-vous passé ?** which way did you come?
◆ **laisser ~** [+ air, lumière] to let in; [+ personne, procession] to let through; [+ erreur, occasion] to let pass **b** (= chez quelqu'un) to call in ◆ **je ne fais que ~** I can't stay long ◆ **est-ce que le facteur est passé ?** has the postman been? ◆ **~ prendre** ou

chercher qn to call for sb ◆ **~ voir qn** to call on sb
◆ **en passant** (= sur le chemin) on the way; (= dans la conversation) in passing **c** (= franchir un obstacle) to get through ◆ **ça passe ?** (en manœuvrant) have I got enough room? **d** (= s'écouler) [temps] to go by ◆ **toute sa fortune y est passée** * he spent all his fortune on it **e** (Scol) ◆ **il est passé de justesse à l'examen** he only just passed the exam ◆ **il est passé dans la classe supérieure** he's been moved up to the next class (Brit), he's been promoted to the next grade (US) **f** (= devenir) to become ◆ **~ directeur** to become director **g** [film] [émission, personne] to be on ◆ **~ à la radio** to be on the radio **h** [douleur] to pass; [orage] to blow over; [colère] to subside; [mode] to die out **i** (Cartes) to pass **j** (= être pris pour) ◆ **il pourrait ~ pour un Allemand** you could take him for a German ◆ **se faire ~ pour** to pass o.s. off as **k** (= ne pas s'appesantir) ◆ **passons** let's say no more about it

2 VT (avec aux **avoir**) **a** [+ frontière] to cross; [+ porte, douane] to go through **b** (= donner, transmettre) to give; [+ consigne, message] to pass on; [de ballon] to pass ◆ **passe-moi une cigarette** give me a cigarette ◆ **je vous passe M. Duroy** [standard] I'm putting you through to Mr Duroy; (= je lui passe l'appareil) here's Mr Duroy **c** (= mettre) [+ vêtement] to put on ◆ **~ la tête à la porte** to poke one's head round the door ◆ **~ la main par l'ouverture** to put one's hand through the opening **d** (= dépasser) [+ gare, maison] to pass **e** (= omettre) ◆ **~ son tour** to miss one's turn **f** (= permettre) ◆ **on lui passe tout** [+ bêtises] he gets away with anything ◆ **passez-moi l'expression** if you'll pardon the expression **g** [+ examen, permis] to take; [+ visite médicale] to have **h** [+ temps, vacances] to spend ◆ **~ sa vie à faire** to spend one's life doing ◆ **pour ~ le temps** to pass the time **i** [+ film, diapositives] to show; [+ disque] to play **j** [+ commande] to place; [+ accord] to reach **k** (à la passoire) to sieve **l** (= appliquer) ◆ **~ une couche de peinture sur qch** to give sth a coat of paint ◆ **elle s'est passé de la crème solaire sur les épaules** she put some sun cream on her shoulders **m** (avec un instrument) ◆ **~ le balai/l'aspirateur dans une pièce** to sweep/vacuum a room

3 **se passer** VPR **a** (= avoir lieu) to happen ◆ **tout s'est bien passé** everything went off smoothly ◆ **ça ne se passera pas comme ça !** I won't stand for that!

b (se transmettre) [+ ballon] to pass to each other; [+ notes de cours, plat] to pass around

c **se passer de** [+ chose] to do without; [+ personne] to manage without

---

passerelle [pɑsʀɛl] NF (= pont) footbridge; (= pont d'un bateau) bridge; (d'embarquement) gangway; (fig) bridge; (Informatique) gateway

passe-temps [pɑstɑ̃] NM INV hobby

passif, -ive [pasif, iv] **1** ADJ passive **2** NM **a** (= mode) passive **b** (financier) liabilities

passion [pasjɔ̃] NF passion

passionnant, e [pasjɔnɑ̃, ɑ̃t] ADJ [personne] fascinating; [livre, film] gripping; [métier, match] exciting

passionné, e [pasjɔne] **1** ADJ [personne, tempérament, haine] passionate; [débat] heated ◆ **être ~ de qch** to have a passion for sth **2** NM,F (= amateur) enthusiast ◆ **un ~ de jazz** a jazz enthusiast

passionnément [pasjɔnemɑ̃] ADV passionately

passionner [pasjɔne] ► conjug 1 ◄ **1** VT [mystère, sujet] to fascinate; [livre, match] to grip **2** **se passionner** VPR ◆ **se ~ pour** [+ sport, science] to have a passion for; [+ métier, sujet] to be deeply interested in

passoire [paswaʀ] NF sieve; [de thé] strainer; [de légumes] colander

pastel [pastɛl] NM, ADJ INV pastel

pastèque [pastɛk] NF watermelon

pasteur [pastœʀ] NM (= ministre) minister

pasteuriser [pastœʀize] ► conjug 1 ◄ VT to pasteurize

pastiche [pastiʃ] NM pastiche

pastille [pastij] NF lozenge ◆ **~s pour la gorge** throat lozenges

pastis [pastis] NM (= boisson) pastis

patate * [patat] NF potato

pataugeoire [patoʒwaʀ] NF paddling pool

patauger [patoʒe] ► conjug 3 ◄ VI (dans l'eau) to paddle

pâte [pɑt] NF **a** (à tarte) pastry; (à gâteaux) mixture; (à pain) dough; (à frire) batter ► **pâte brisée** shortcrust ou pie crust pastry ► **pâte feuilletée** puff pastry **b** ◆ **~s pasta** **c** (= substance) paste ► **pâte d'amandes** marzipan (Brit) (US) ► **pâte de fruits** fruit jelly ► **pâte à modeler** modelling clay

pâté [pɑte] NM **a** (Culin) pâté **b** (= tache d'encre) blot **c** ◆ **~ de maisons** block (of houses) **d** ◆ **~ (de sable)** sandcastle

pâtée [pɑte] NF ◆ **~ pour chiens** dog food

patelin * [patlɛ̃] NM village

patère [patɛʀ] NF (= portemanteau) peg

paternaliste [patɛʀnalist] ADJ paternalistic

paternel, -elle [patɛʀnɛl] ADJ paternal ◆ **du côté ~** on one's father's side

paternité [patɛʀnite] NF paternity

pâteux, -euse [pɑtø, øz] ADJ pasty; [langue] coated

pathétique [patetik] ADJ (= émouvant) moving

pathologique [patɔlɔʒik] ADJ pathological

patibulaire [patibylɛʀ] ADJ [personnage] sinister-looking

patiemment [pasjamɑ̃] ADV patiently

patience [pasjɑ̃s] NF **a** patience ◆ **~, j'arrive !** wait a minute, I'm coming! **b** (jeu de cartes) game of patience (Brit) ou solitaire (US)

patient, e [pasjɑ̃, jɑ̃t] ADJ, NM,F patient

patienter [pasjɑ̃te] ► conjug 1 ◄ VI to wait

patin [patɛ̃] NM [de patineur] skate ◆ **~s à glace** ice-skates ◆ **~s à roulettes** roller skates ◆ **~s en ligne** roller blades

patinage [patinaʒ] NM skating ◆ **~ artistique** figure skating ◆ **~ sur glace** ice skating

patine [patin] NF (naturelle) patina; (artificielle) sheen

patiner [patine] ► conjug 1 ◄ **1** VI **a** (Sport) to skate **b** [roue] to spin **2** VT [+ bronze, meuble] to give a patina to

patinette [patinɛt] NF scooter

patineur, -euse [patinœʀ, øz] NM,F skater

patinoire [patinwaʀ] NF skating rink

pâtir [pɑtiʀ] ► conjug 2 ◄ VI (littér) to suffer (de because of, on account of)

pâtisserie [pɑtisʀi] NF **a** (= magasin) cake shop; (= gâteau) cake **b** (= activité) cake-making

pâtissier, -ière [pɑtisje, jɛʀ] NM,F pastrycook ≈ confectioner

patois [patwa] NM patois

patraque * [patʀak] ADJ off-colour * (Brit), peaked * (US)

patriarche [patʀijaʀʃ] NM patriarch

patrie [patʀi] NF (= pays) native land

patrimoine [patʀimwan] NM inheritance; (= biens) property; (culturel, naturel) heritage

patriote [patʀijɔt] NMF patriot

patriotique [patʀijɔtik] ADJ patriotic

patron, -onne [patʀɔ̃, ɔn] **1** NM,F **a** (= propriétaire) owner; (= gérant) boss; (= employeur) employer **b** (Rel) patron saint **2** NM (Couture) pattern

patronal, e (mpl **-aux**) [patʀɔnal, o] ADJ employer's

patronat [patʀɔna] NM employers

patrouille [patʀuj] NF patrol

patte [pat] NF **a** (= jambe d'animal) leg; (= pied) [de chat, chien] paw; [d'oiseau] foot ◆ ~s de devant forelegs ◆ ~s de derrière hindlegs ◆ pantalon ~s d'éléphant flares **b** (≠ = jambe) leg **c** (= style) style

pâturage [pɑtyʀaʒ] NM pasture

paume [pom] NF [de main] palm

paumé, e ♥ [pome] **1** ADJ (dans un lieu, une explication) lost; [endroit] godforsaken **2** NM,F misfit

paumer ♥ [pome] ► conjug 1 ◄ **1** VT to lose **2** se paumer VPR to get lost

paupière [popjɛʀ] NF eyelid

pause [poz] NF break; (en parlant) pause ◆ faire une ~ (= se reposer) to have a break ◆ ~-café coffee break

pauvre [povʀ] **1** ADJ poor ◆ ~ en oxygène low in oxygen ◆ ~ petit ! poor thing! ◆ ~ type ! ♥ (= crétin) stupid idiot! ♥ **2** NMF **a** (= misérable) ◆ les ~s the poor **b** ◆ le ~ ! the poor thing!

pauvreté [povʀəte] NF poverty

pavaner (se) [pavane] ► conjug 1 ◄ VPR to strut about

pavé, e [pave] **1** ADJ [cour, rue] cobbled **2** NM **a** [de chaussée, cour] cobblestone **b** (♥ = livre épais) massive tome **c** (Informatique) ◆ ~ numérique numeric keypad

pavillon [pavijɔ̃] NM **a** (= villa) house; [d'hôpital] ward **b** (= drapeau) flag

pavot [pavo] NM poppy

payant, e [pejɑ̃, ɑ̃t] ADJ [spectateur] paying ◆ ce spectacle est ~ you have to pay to get in to this show

payer [peje] ► conjug 8 ◄ **1** VT **a** to pay; [+ travail, maison, marchandise, faute, crime] to pay for ◆ il me le paiera ! he'll pay for this! **b** (= offrir) ◆ ~ qch à qn to buy sth for sb ◆ ~ à boire à qn to buy sb a drink **2** VI [effort, tactique] to pay off; [métier] to be well-paid **3** se payer VPR (= s'offrir) to treat o.s. to ◆ se ~ la tête de qn (= ridiculiser) to make fun of sb; (= tromper) to take sb for a ride ♥

pays [pei] NM country; (= région) region ◆ les gens du ~ the local people ► le pays Basque the Basque Country ► le pays de Galles Wales

paysage [peizaʒ] NM **a** landscape **b** (= situation) scene ◆ dans le ~ audiovisuel français in French broadcasting

paysan, -anne [peizɑ̃, an] **1** ADJ [monde, problème] farming; [vie, coutumes] country **2** NM,F farmer

Pays-Bas [peiba] NMPL ◆ les ~ the Netherlands

PC [pese] NM **a** abrév de **parti communiste b** (abrév de **personal computer**) PC

PCV [peseve] NM ◆ appeler en ~ to make a reverse-charge call (Brit), to call collect (US)

PDG [pedeʒe] NM INV (abrév de **président-directeur général**) chairman and managing director (Brit), chief executive officer (US)

péage [peaʒ] NM (= droit) toll; (= poste) tollbooth ◆ autoroute à ~ toll motorway (Brit), turnpike (US)

peau (pl ~**x**) [po] NF **a** skin ◆ maladie de ~ skin disease ◆ risquer sa ~ ♥ to risk one's neck ♥ ◆ être bien/mal dans sa ~ to be a happy/an unhappy person **b** (= cuir) hide; (= fourrure) pelt ◆ vêtements de ~ leather clothes ► peau de vache ♥ (= homme) bastard ♥♥; (= femme) bitch ♥♥

peaufiner [pofine] ► conjug 1 ◄ VT to put the finishing touches to

Peau-Rouge (pl **Peaux-Rouges**) [poʀuʒ] NMF Red Indian

péché [peʃe] NM sin ◆ commettre un ~ to sin ► péché capital deadly sin

pêche [pɛʃ] **1** NF **a** (= fruit) peach ◆ avoir la ~ ♥ to be on form **b** (= activité) fishing ◆ ~ à la ligne (en rivière) angling ◆ aller à la ~ to go fishing **2** ADJ peach-coloured (Brit) ou peach-colored (US)

pécher [peʃe] ► conjug 6 ◄ VI to sin

pêcher¹ [peʃe] ► conjug 1 ◄ **1** VT (= être pêcheur de) to fish for; (= attraper) to catch ◆ où as-tu été ~ cette idée ? ♥ where did you dig that idea up from? ♥ **2** VI to fish, to go fishing

pêcher² [peʃe] NM (= arbre) peach tree

pêcheur [peʃœʀ] NM fisherman; (à la ligne) angler

pectoral, e (mpl **-aux**) [pɛktɔʀal, o] **1** ADJ **a** (= du buste) pectoral **b** [sirop, pastille] cough **2** NM pectoral muscle

pécule [pekyl] NM nest egg

pécuniaire [pekynjɛʀ] ADJ financial

pédagogie [pedagɔʒi] NF (= art d'enseigner) teaching skills

pédagogique [pedagɔʒik] ADJ educational; [stage] teacher-training

pédagogue [pedagɔg] NMF (= professeur) teacher ◆ il est bon ~ he's a good teacher

pédale [pedal] NF **a** pedal **b** (* péj = homosexuel) queer *

pédaler [pedale] ► conjug 1 ◄ VI to pedal

pédalo ® [pedalo] NM pedalo ◆ **faire du ~** to go out in a pedalo

pédant, e [pedɑ̃, ɑ̃t] ADJ pedantic

pédé * [pede] NM queer *

pédiatre [pedjatʀ] NMF paediatrician (Brit), pediatrician (US)

pédicure [pedikyʀ] NMF chiropodist

pédophile [pedɔfil] NM pedophile (US), paedophile (Brit)

pègre [pɛgʀ] NF underworld

peignait [pɛɲɛ] VB → **peindre**

peigne [pɛɲ] NM comb ◆ **passer qch au ~ fin** to go through sth with a fine-tooth comb ◆ **se donner un coup de ~** to run a comb through one's hair

peigner [peɲe] ► conjug 1 ◄ **1** VT [+ cheveux] to comb **2** **se peigner** VPR to comb one's hair

peignoir [peɲwaʀ] NM dressing gown ◆ **~ (de bain)** bathrobe

peinard, e * [penaʀ, aʀd] ADJ [travail, vie] cushy *; [coin] quiet ◆ **on va être ~s** we'll have a bit of peace

peindre [pɛ̃dʀ] ► conjug 52 ◄ VT to paint; (= décrire) to depict ◆ **~ qch en jaune** to paint sth yellow

peine [pɛn] **1** NF **a** (= chagrin) sorrow ◆ **avoir de la ~** to be sad ◆ **faire de la ~ à qn** to upset sb **b** (= effort) effort ◆ **se donner de la ~ pour faire qch** to go to a lot of trouble to do sth ◆ **c'est ~ perdue** it's a waste of time ◆ **est-ce que c'est ou ça vaut la ~ d'y aller ?** is it worth going? ◆ **ce n'est pas la ~** don't bother **c** (= difficulté) difficulty ◆ **j'ai eu de la ~ à le faire** I found it difficult to do **d** (Droit) sentence ◆ **~ capitale** capital punishment ◆ **~ de prison** prison sentence **2** **à peine** LOC ADV hardly ◆ **il gagne à ~ de quoi vivre** he hardly earns enough to live on ◆ **il est à ~ 2 heures** it's only just 2 o'clock ◆ **il était à ~ rentré qu'il a dû ressortir** he had only just got in when he had to go out again

peiner [pene] ► conjug 1 ◄ **1** VI [personne] to struggle; [moteur] to labour (Brit), to labor (US) **2** VT to sadden ◆ **j'ai été peiné de l'apprendre** I was sad to hear it

peint, e [pɛ̃, pɛ̃t] (ptp de **peindre**)

peintre [pɛ̃tʀ] NMF painter ◆ **~ en bâtiment** painter and decorator

peinture [pɛ̃tyʀ] NF (= action, art, ouvrage) painting; (= matière) paint ► **peinture à l'huile** oil-based paint; (= technique) oil painting

péjoratif, -ive [peʒɔʀatif, iv] ADJ derogatory

Pékin [pekɛ̃] N Peking

pelage [pəlaʒ] NM [d'animal] coat

pelé, e [pəle] ADJ [animal] hairless; [terrain, montagne] bare

pêle-mêle [pɛlmɛl] ADV any old how

peler [pəle] ► conjug 5 ◄ VTI to peel ◆ **je pèle dans le dos** my back is peeling

pèlerin [pɛlʀɛ̃] NM pilgrim

pèlerinage [pɛlʀinaʒ] NM (= voyage) pilgrimage ◆ **faire un ~ à Lourdes** to go on a pilgrimage to Lourdes

pélican [pelikɑ̃] NM pelican

pelle [pɛl] NF shovel; [d'enfant] spade ◆ **il y en a à la ~** there are loads of them * ► **pelle mécanique** mechanical digger ► **pelle à tarte** cake slice

pellicule [pelikyl] **1** NF film **2** **pellicules** NFPL (= dans les cheveux) dandruff NonC

pelote [p(ə)lɔt] NF **a** [de laine] ball **b** (Sport) ◆ **~ (basque)** pelota

peloter * [p(ə)lɔte] ► conjug 1 ◄ VT to feel up *

peloton [p(ə)lɔtɔ̃] NM [de pompiers, gendarmes] squad; [de cyclistes] bunch ► **peloton d'exécution** firing squad

pelotonner (se) [p(ə)lɔtɔne] ► conjug 1 ◄ VPR to curl (o.s.) up ◆ **se pelotonner contre qn** to snuggle up to sb

pelouse [p(ə)luz] NF lawn; (Football, Rugby) field

peluche [p(ə)lyʃ] NF **a** (= poil) bit of fluff **b** ◆ **(jouet en) ~** soft toy ◆ **lapin en ~** stuffed rabbit

pelure [p(ə)lyʀ] NF (= épluchure) peel NonC; [d'oignon] skin

pénal, e [mpl -aux] [penal, o] ADJ criminal

pénaliser [penalize] ► conjug 1 ◄ VT to penalize

pénalité [penalite] NF (= sanction) penalty ◆ **coup de pied de ~** (Football, Rugby) penalty (kick)

penalty [penalti] (pl **penalties**) [penaltiz] NM (Football) (= coup de pied) penalty (kick) ◆ **tirer un ~** to take a penalty kick

penaud, e [pəno, od] ADJ sheepish

penchant [pɑ̃ʃɑ̃] NM (= tendance) tendency; (= faible) liking (pour for)

penché, e [pɑ̃ʃe] ADJ [tableau] lopsided; [poteau, arbre] leaning; [écriture] sloping; [tête] tilted

pencher [pɑ̃ʃe] ► conjug 1 ◄ **1** VT [+ meuble, bouteille] to tip up ◆ **~ la tête** (en avant) to bend one's head forward; (sur le côté) to tilt one's head **2** VI **a** [mur, arbre] to lean; [navire] to list; [objet en déséquilibre] to tilt **b** (= être porté à)

◆ ~ **pour** to lean towards **3** **se pencher** VPR (= s'incliner) to lean over; (= se baisser) to bend down ◆ **se ~ en avant** to lean forward

pendant¹, e [pɑ̃dɑ̃, ɑ̃t] ADJ [bras, jambes] dangling; [langue] hanging out

pendant² [pɑ̃dɑ̃] NM ◆ ~ **(d'oreille)** drop earring

pendant³ [pɑ̃dɑ̃] **1** PRÉP (durée) for; (= au cours de) during ◆ ~ **ce temps-là** in the meantime **2** **pendant que** LOC CONJ while

pendentif [pɑ̃dɑ̃tif] NM pendant

penderie [pɑ̃dʀi] NF wardrobe

pendre [pɑ̃dʀ] ► conjug 41 ◄ **1** VT to hang; [+ tableau] to hang up (à on); [+ lustre] to hang (up) (à from) ◆ **pendre la crémaillère** to have a housewarming party **2** VI **a** (= être suspendu) to hang **b** [jambes] to dangle; [bras, robe] to hang; [langue] to hang out **3** **se pendre** VPR (= se tuer) to hang o.s.

pendule [pɑ̃dyl] **1** NF clock **2** NM pendulum

pénétrer [penetʀe] ► conjug 6 ◄ **1** VI to enter ◆ **faire ~ une crème** to rub a cream in ◆ ~ **dans** [personne, véhicule] to enter; [air, liquide] to come into; [crème, balle] to penetrate ◆ **des voleurs ont pénétré dans la maison** thieves broke into the house **2** VT **a** [froid, air] to penetrate; [odeur] to fill; [liquide] to soak through **b** [+ mystère, secret] to fathom **c** (sexuellement) to penetrate

pénible [penibl] ADJ **a** [travail, voyage] hard; [personne] tiresome **b** [séparation, moment] painful; [nouvelle, spectacle] sad

péniche [peniʃ] NF barge

pénicilline [penisilin] NF penicillin

péninsule [penɛ̃syl] NF peninsula

pénis [penis] NM penis

pénitence [penitɑ̃s] NF (= peine) penance ◆ **faire ~** to repent

pénitencier [penitɑ̃sje] NM prison

pénitentiaire [penitɑ̃sjɛʀ] ADJ penitentiary ◆ **établissement ~** prison

pénombre [penɔ̃bʀ] NF half-light

pense-bête (pl ~**s**) [pɑ̃sbɛt] NM reminder

pensée [pɑ̃se] NF **a** thought ◆ **à la ~ de faire qch** at the thought of doing sth ◆ **se représenter qch en ~** to conjure up a mental picture of sth **b** (= fleur) pansy

penser [pɑ̃se] ► conjug 1 ◄ **1** VI to think ◆ **façon de ~** way of thinking ◆ **ça me fait ~ qu'il ne m'a toujours pas répondu** that reminds me that he still hasn't replied ◆ **il vient ? – penses-tu !** is he coming? – you must be joking! * ◆ ~ **à** (= songer à) to think about; (= prévoir) to think of; (= se rappeler) to remember ◆ **fais-m'y ~** remind me **2** VT to think (de of, about) ◆ **je**

pense comme toi I agree with you ◆ **je pense que oui/non** I think/don't think so ◆ ~ **faire qch** (= avoir l'intention de) to be thinking of doing sth

pensif, -ive [pɑ̃sif, iv] ADJ thoughtful ◆ **d'un air ~** pensively

pension [pɑ̃sjɔ̃] NF **a** (= allocation) pension ► **pension alimentaire** [de personne divorcée] alimony **b** (= hôtel) boarding house ► **pension de famille** ≈ boarding house **c** (= école) (boarding) school ◆ **mettre qn en ~** to send sb to boarding school **d** (= hébergement) board and lodging ◆ ~ **complète** full board

pensionnaire [pɑ̃sjɔnɛʀ] NMF (= élève) boarder; (dans une famille) lodger

pensionnat [pɑ̃sjɔna] NM boarding school

pentagone [pɛ̃tagɔn] NM pentagon

pente [pɑ̃t] NF slope ◆ **en ~** sloping ◆ **être en ~ douce/raide** to slope gently/steeply

Pentecôte [pɑ̃tkot] NF Whit ◆ **lundi de ~** Whit Monday

pénurie [penyʀi] NF shortage

pépé * [pepe] NM grandad *

pépère * [pepɛʀ] ADJ [vie] quiet; [travail] easy

pépier [pepje] ► conjug 7 ◄ VI to chirp

pépin [pepɛ̃] NM **a** [de fruit] pip ◆ **sans ~s** seedless **b** (* = ennui) snag ◆ **avoir un ~** to hit a snag *

pépinière [pepinjɛʀ] NF tree nursery

pépite [pepit] NF [d'or] nugget ◆ ~**s de chocolat** chocolate chips

perçant, e [pɛʀsɑ̃, ɑ̃t] ADJ [cri, voix, regard] piercing; [froid] bitter; [vue] keen

percepteur, -trice [pɛʀsɛptœʀ, tʀis] NM,F tax collector

perception [pɛʀsɛpsjɔ̃] NF **a** (= sens) perception **b** [d'impôt, amende, péage] collection; (= bureau) tax office

percer [pɛʀse] ► conjug 3 ◄ **1** VT **a** (= perforer) to pierce; (avec perceuse) to drill through; [+ coffre-fort] to break open; [+ abcès] to lance **b** [+ fenêtre, ouverture] to make; [+ tunnel] to bore (dans through) **c** [+ mystère] to penetrate **2** VI **a** [soleil] to come out; [dent] to come through **b** [sentiment, émotion] to show **c** (= réussir) to make a name for o.s.

perceuse [pɛʀsøz] NF drill

percevoir [pɛʀsəvwaʀ] ► conjug 28 ◄ VT **a** [+ objet, son, couleur] to perceive; [+ nuance, changement] to detect; [+ douleur, émotion] to feel **b** [+ taxe, loyer] to collect **c** [+ indemnité, revenu] to be paid

perche [pɛʀʃ] NF **a** (= poisson) perch **b** (= bâton) pole ◆ **(grande)** ~ * (= personne) beanpole * (Brit), stringbean * (US)

perché, e [pɛʀʃe] ADJ ✦ **voix haut ~e** high-pitched voice ✦ **un village ~ sur la montagne** a village set high up ou perched in the mountains

percher [pɛʀʃe] ► conjug 1 ◄ **se percher** VI, VPR to perch

perchoir [pɛʀʃwaʀ] NM perch; [de volailles] roost

percolateur [pɛʀkɔlatœʀ] NM coffee machine

percussion [pɛʀkysjɔ̃] NF percussion ✦ **les ~s** (= instruments) the percussion

percussionniste [pɛʀkysjɔnist] NMF percussionist

percutant, e [pɛʀkytɑ̃, ɑ̃t] ADJ [slogan, titre] snappy; [argument, discours] powerful

percuter [pɛʀkyte] ► conjug 1 ◄ **1** VT to strike; [conducteur, véhicule] to smash into **2** VI (* = comprendre) to twig *

perdant, e [pɛʀdɑ̃, ɑ̃t] **1** ADJ [numéro, cheval] losing **2** NM,F loser ✦ **être mauvais ~** to be a bad loser

perdre [pɛʀdʀ(ə)] ► conjug 41 ◄ **1** VT **a** to lose; [+ habitude] to get out of ✦ **le Président perd trois points dans le dernier sondage** the President is down three points in the latest poll ✦ **~ l'appétit/la mémoire** to lose one's appetite/one's memory ✦ **il perd son pantalon** his trousers are falling down ✦ **il ne perd pas le nord** * he keeps his wits about him ✦ **~ les pédales** * to crack up * ✦ **~ la tête** (= s'affoler) to lose one's head; [vieillard] to lose one's marbles * **b** [+ temps, peine, argent] to waste (à qch on sth) **c** (= manquer) to miss **d** (= porter préjudice à) to ruin ✦ **ta bonté te perdra !** (iro) you're too kind! iro **2** VI to lose ✦ **vous y perdez** (dans une transaction) you lose by it **3** **se perdre** VPR **a** (= s'égarer) to get lost ✦ **se ~ dans les détails** to get bogged down in details **b** (= disparaître) to disappear; [coutume] to be dying out

perdreau (pl **~x**) [pɛʀdʀo] NM partridge

perdrix [pɛʀdʀi] NF partridge

perdu, e [pɛʀdy] ADJ **a** lost; [balle, chien] stray ✦ **~ dans ses pensées** lost in thought **b** ✦ **il est ~** (malade) there's no hope for him; [ruiné, acculé] he's done for **c** [occasion, temps] wasted ✦ **à ses moments ~s** in his spare time **d** [endroit] out-of-the-way

père [pɛʀ] NM father ✦ **~ en fils** from father to son ✦ **il est ~ de famille** he's a father ► **le père Noël** Father Christmas

péremptoire [peʀɑ̃ptwaʀ] ADJ [argument, ton] peremptory

perfection [pɛʀfɛksjɔ̃] NF perfection ✦ **à la ~** to perfection

perfectionné, e [pɛʀfɛksjɔne] ADJ sophisticated

perfectionner [pɛʀfɛksjɔne] ► conjug 1 ◄ **se perfectionner** VT, VPR to improve ✦ **se ~ en anglais** to improve one's English

perfectionniste [pɛʀfɛksjɔnist] **1** NMF perfectionist **2** ADJ ✦ **être ~** to be a perfectionist

perfide [pɛʀfid] ADJ (littér) treacherous

perforer [pɛʀfɔʀe] ► conjug 1 ◄ VT to pierce; (Méd) to perforate

performance [pɛʀfɔʀmɑ̃s] NF **a** [de voiture, économie, industrie] performance NonC **b** (= exploit) feat

performant, e [pɛʀfɔʀmɑ̃, ɑ̃t] ADJ [machine, voiture] high-performance *avant le nom*; [entreprise, économie] successful; [administrateur, procédé] effective

perfusion [pɛʀfyzjɔ̃] NF drip (Brit), IV (US) ✦ **être sous ~** to be on a drip (Brit) ou an IV (US)

péridurale [peʀidyʀal] NF epidural

péril [peʀil] NM (littér) peril ✦ **au ~ de sa vie** at the risk of one's life ✦ **mettre en ~** to imperil

périlleux, -euse [peʀijø, øz] ADJ perilous

périmé, e [peʀime] ADJ [billet, bon] out-of-date; [nourriture] past its use-by date ✦ **ce passeport est ~** this passport has expired

périmètre [peʀimɛtʀ] NM perimeter; (= zone) area

période [peʀjɔd] NF period ✦ **~ d'essai** trial period ✦ **elle a traversé une ~ difficile** she has been through a difficult patch

périodique [peʀjɔdik] **1** ADJ periodic **2** NM (= journal) periodical

péripétie [peʀipesi] NF (= épisode) event ✦ **plein de ~s** eventful

périphérie [peʀifeʀi] NF (= limite) periphery; (= banlieue) outskirts

périphérique [peʀifeʀik] **1** ADJ peripheral; [quartier] outlying **2** NM **a** (Informatique) peripheral **b** ✦ **(boulevard) ~** ring road (Brit), beltway (US)

périphrase [peʀifʀaz] NF circumlocution

périple [peʀipl] NM (par mer) voyage; (par terre) tour

périr [peʀiʀ] ► conjug 2 ◄ VI (littér) to perish

périssable [peʀisabl] ADJ perishable

perle [pɛʀl] NF **a** (de nacre) pearl; (de bois, de verre) bead ✦ **~ de culture** cultured pearl **b** (= personne, chose de valeur) gem ✦ **~ rare** gem **c** (= erreur) howler

permanence [pɛʀmanɑ̃s] NF **a** (= durée) permanence ✦ **en ~** all the time **b** (= service) ✦ **être de ~** to be on duty ✦ **une ~ est assurée**

le dimanche there is someone on duty on Sundays **c** (Scol) ◆ **heure de ~** private study period

permanent, e [pɛʀmanɑ̃, ɑ̃t] **1** ADJ permanent; [armée, comité] standing *avant le nom*; [spectacle, angoisse] continuous; [conflit, effort] ongoing **2** **permanente** NF (Coiffure) perm ◆ **se faire faire une ~e** to have one's hair permed

permettre [pɛʀmɛtʀ] ► conjug 56 ◄ **1** VT ◆ **~ à qn de faire qch** [personne] to allow sb to do sth ◆ **il se croit tout permis** he thinks he can do what he likes ◆ **ce diplôme va lui ~ de trouver du travail** this qualification will enable him to find a job ◆ **vous permettez ?** may I? ◆ **vous permettez que je fume ?** do you mind if I smoke? **2** **se permettre** VPR **a** (financièrement) ◆ **je ne peux pas me ~ d'acheter ce manteau** I can't afford to buy this coat **b** [+ grossièreté, plaisanterie] to dare to make ◆ **je me permettrai de vous faire remarquer que ...** I'd like to point out (to you) that ...

permis [pɛʀmi] NM permit, licence ◆ **~ de chasse** hunting licence ◆ **~ (de conduire)** driving licence (Brit), driver's license (US) ◆ **~ de construire** planning permission *NonC* ◆ **~ de séjour** residence permit ◆ **~ de travail** work permit

permission [pɛʀmisjɔ̃] NF **a** (= autorisation) permission ◆ **demander la ~** to ask permission (de to) ◆ **je lui ai demandé la ~** I asked his permission **b** (Mil) (= congé) leave

pernicieux, -ieuse [pɛʀnisjø, jøz] ADJ pernicious

Pérou [peʀu] NM Peru

perpendiculaire [pɛʀpɑ̃dikylɛʀ] ADJ, NF perpendicular (à to)

perpétrer [pɛʀpetʀe] ► conjug 6 ◄ VT to perpetrate

perpétuel, -elle [pɛʀpetɥɛl] ADJ perpetual

perpétuellement [pɛʀpetɥɛlmɑ̃] ADV (= constamment) constantly

perpétuer [pɛʀpetɥe] ► conjug 1 ◄ **1** VT to perpetuate **2** **se perpétuer** VPR [usage, abus] to be perpetuated

perpétuité [pɛʀpetɥite] NF perpetuity ◆ **être condamné à ~** to be sentenced to life imprisonment

perplexe [pɛʀplɛks] ADJ perplexed

perquisition [pɛʀkizisjɔ̃] NF search

perron [peʀɔ̃] NM steps

perroquet [peʀɔkɛ] NM parrot

perruche [peʀyʃ] NF budgerigar

perruque [peʀyk] NF wig

persan, e [pɛʀsɑ̃, an] ADJ Persian

persécuter [pɛʀsekyte] ► conjug 1 ◄ VT (= opprimer) to persecute; (= harceler) to harass

persécution [pɛʀsekysjɔ̃] NF (= oppression) persecution; (= harcèlement) harassment

persévérant, e [pɛʀseveʀɑ̃, ɑ̃t] ADJ persevering

persévérer [pɛʀseveʀe] ► conjug 6 ◄ VI to persevere ◆ **~ dans** [+ effort, recherches] to persevere with; [+ erreur, voie] to persevere in

persienne [pɛʀsjɛn] NF (louvred) shutter

persil [pɛʀsi] NM parsley

persistant, e [pɛʀsistɑ̃, ɑ̃t] ADJ persistent; [feuilles] evergreen

persister [pɛʀsiste] ► conjug 1 ◄ VI [fièvre, douleur, odeur] to linger; [symptôme, personne] to persist; [doute] to remain ◆ **~ à faire qch** to persist in doing sth ◆ **je persiste à croire que ...** I still believe that ...

personnage [pɛʀsɔnaʒ] NM (= individu, rôle) character ◆ **~ influent/haut placé** influential/ highly placed person

personnaliser [pɛʀsɔnalize] ► conjug 1 ◄ VT to personalize; [+ voiture, appartement] to give a personal touch to

personnalité [pɛʀsɔnalite] NF personality

personne [pɛʀsɔn] **1** NF person ◆ **deux ~s** two people ◆ **grande ~** adult ◆ **trois gâteaux/ 100 F par ~** three cakes/100 francs each ◆ **je l'ai vu en ~** I saw him in person ◆ **je m'en occupe en ~** I'll see to it personally ◆ **à la première ~** in the first person ► **personne âgée** elderly person ◆ **les ~s âgées** the elderly **2** PRON **a** (avec une négation) no one, nobody ◆ **~ ne l'a vu** no one ou nobody saw him ◆ **il n'a vu ~ d'autre** he didn't see anyone ou anybody else ◆ **presque ~** hardly anyone ou anybody **b** (= quelqu'un) anyone, anybody ◆ **elle le sait mieux que ~** she knows that better than anyone ou anybody

personnel, -elle [pɛʀsɔnɛl] **1** ADJ **a** (= particulier, privé) personal; [appel téléphonique] private **b** (= égoïste) selfish **2** NM staff ◆ **manquer de ~** to be short-staffed

personnellement [pɛʀsɔnɛlmɑ̃] ADV personally

personnifier [pɛʀsɔnifje] ► conjug 7 ◄ VT to personify

perspective [pɛʀspɛktiv] NF **a** (Art) perspective **b** (= vue) view; (fig) viewpoint ◆ **dans une ~ historique** from a historical viewpoint **c** (= possibilité) prospect ◆ **il y a du travail en ~** there's a lot of work ahead ◆ **des ~s d'avenir** future prospects

perspicace [pɛʀspikas] ADJ clear-sighted

perspicacité [pɛʀspikasite] NF clearsightedness

persuader [pɛʀsɥade] ► conjug 1 ◄ VT (= convaincre) to convince (qn de qch sb of sth) ◆ ~ qn de faire qch to persuade sb to do sth ◆ j'en suis persuadé I'm quite sure (of it)

persuasif, -ive [pɛʀsɥazif, iv] ADJ persuasive

persuasion [pɛʀsɥazjɔ̃] NF persuasion

perte [pɛʀt] NF a (= loss) loss ◆ vendre à ~ to sell at a loss ◆ être en ~ de vitesse [entreprise, vedette] to be going downhill b (= ruine) ruin ◆ il court à sa ~ he is on the road to ruin c (= gaspillage) waste d à perte de vue as far as the eye can see

pertinemment [pɛʀtinamɑ̃] ADV ◆ savoir ~ que ... to know for a fact that ...

pertinent, e [pɛʀtinɑ̃, ɑ̃t] ADJ pertinent

perturber [pɛʀtyʀbe] ► conjug 1 ◄ VT a [+ fonctionnement, circulation] to disrupt b (= déstabiliser) [+ personne] to upset

péruvien, -ienne [peʀyvjɛ̃, jɛn] **1** ADJ Peruvian **2** Péruvien(ne) NM,F Peruvian

pervenche [pɛʀvɑ̃ʃ] NF a (= fleur) periwinkle; (* = contractuelle) female traffic warden (Brit), meter maid (US)

pervers, e [pɛʀvɛʀ, ɛʀs] **1** ADJ (= diabolique) perverse; (= vicieux) perverted **2** NM,F pervert

perversion [pɛʀvɛʀsjɔ̃] NF perversion

perversité [pɛʀvɛʀsite] NF perversity

pervertir [pɛʀvɛʀtiʀ] ► conjug 2 ◄ VT (= dépraver) to corrupt; (= altérer) to pervert

pesant, e [pəzɑ̃, ɑ̃t] ADJ heavy; [présence] burdensome

pesanteur [pəzɑ̃tœʀ] NF a (Physique) gravity b (= lourdeur) heaviness

pèse-personne (pl ~s) [pɛzpɛʀsɔn] NM scales

peser [pəze] ► conjug 5 ◄ **1** VT to weigh ◆ ~ le pour et le contre to weigh the pros and cons **2** VI a to weigh ◆ ~ lourd to be heavy b (= appuyer) to press ◆ toute la responsabilité pèse sur ses épaules all the responsibility is on his shoulders ◆ la solitude lui pèse solitude is getting him down * **3** se peser VPR to weigh o.s.

pessimisme [pesimism] NM pessimism

pessimiste [pesimist] **1** ADJ pessimistic (sur about) **2** NMF pessimist

peste [pɛst] NF plague; (péj = personne) pest

pesticide [pɛstisid] NM pesticide

pestilentiel, -elle [pɛstilɑ̃sjɛl] ADJ stinking

pet * [pɛ] NM (= gaz) fart *

pétale [petal] NM petal

pétanque [petɑ̃k] NF petanque (type of bowls played in the South of France)

pétarader [petaʀade] ► conjug 1 ◄ VI to backfire

pétard [petaʀ] NM a (= feu d'artifice) banger (Brit) b (* = revolver) gun c (* = derrière) bottom * d (* Drogue) joint *

pété, e * [pete] ADJ (= ivre) plastered *

péter [pete] ► conjug 6 ◄ **1** VI a * [personne] to fart * b * [tuyau, ballon] to burst; [ficelle] to snap **2** VT * [+ appareil, verre] to break; [+ ficelle] to snap

pétillant, e [petijɑ̃, ɑ̃t] ADJ sparkling

pétiller [petije] ► conjug 1 ◄ VI [feu] to crackle; [champagne, eau, yeux] to sparkle (de with)

petit, e [p(ə)ti, it] **1** ADJ a (dimension) small; (plus positif) little ◆ un joli ~ jardin a pretty little garden ◆ se faire tout ~ to keep a low profile b (= jeune) little ◆ quand il était ~ when he was little ◆ un Anglais an English boy ◆ ~ garçon little boy c (= cadet) little d [promenade, voyage] short ◆ il en a pour une ~e heure it will take him an hour at the most e (= miniature, jouet) toy ◆ un ~ train a toy train f [bruit, cri] faint; [coup, tape] gentle g [commerçant, entreprise, groupe] small; [opération, détail] minor; [amélioration, changement, inconvénient] slight; [espoir, chance] faint; [cadeau] little h (nuance affective) ◆ vous prendrez bien un ~ verre ? you'll have a little drink, won't you? ◆ un ~ coin tranquille a nice quiet spot **2** petit à petit LOC ADV little by little **3** NM a (= enfant) little boy ◆ les ~s the children b (Scol) junior (boy) c (= jeune animal) ◆ ~s young ◆ la chatte et ses ~s the cat and her kittens **4** petite NF (= enfant) little girl **5** COMP ► petit ami boyfriend ► petite amie girlfriend ► petit déjeuner breakfast ► petit pain = bread roll ► petit pois pea

petite-fille (pl petites-filles) [p(ə)titfij] NF granddaughter

petit-fils (pl petits-fils) [p(ə)tifis] NM grandson

pétition [petisjɔ̃] NF petition ◆ faire signer une ~ to set up a petition

petit-nègre [pətinɛgʀ] NM (péj) pidgin French

petits-enfants [p(ə)tizɑ̃fɑ̃] NMPL grandchildren

petit-suisse (pl petits-suisses) [p(ə)tisɥis] NM kind of cream cheese eaten as a dessert

pétoche * [petɔʃ] NF ◆ avoir la ~ to be scared stiff *

pétrifier [petʀifje] ► conjug 7 ◄ VT [+ personne] to paralyze ◆ être pétrifié de terreur to be petrified

pétrin [petʀɛ̃] NM a (* = ennui) mess ◆ être dans le ~ to be in a mess * b (Boulangerie) kneading trough

pétrir [petʀiʀ] ► conjug 2 ◄ VT to knead

pétrole [petʀɔl] NM oil ◆ ~ brut crude oil

pétrolier, -ière [petRɔlje, jɛR] **1** ADJ [industrie, produits] petroleum; [port, société] oil **2** NM (= navire) oil tanker

pétulant, e [petylɑ̃, ɑ̃t] ADJ exuberant

---

peu [pø]

1 ADV **a** (= pas beaucoup) not much ◆ il mange ~ he doesn't eat much ◆ il lit assez ~ he doesn't read very much ◆ il lit très ~ he reads very little

◆ **peu de** (quantité) not much; (nombre) not many ◆ nous avons eu ~ de temps we didn't have much time ◆ nous avons eu très ~ de pluie we've had very little rain ◆ ~ de gens connaissent ce place not many people know this place ◆ il est ici pour ~ de temps he's not staying long

b (= pas très) not very ◆ c'est ~ probable it's not very likely ◆ ils sont trop ~ nombreux there are too few of them

c (= peu longtemps) shortly ◆ elle est arrivée ~ après she arrived shortly afterwards

d (= rarement) ◆ ils se voient ~ they don't see each other very often ◆ elle sort ~ she doesn't go out much

e (locutions)

◆ **peu à peu** little by little

◆ **à peu près** about

◆ **de peu** just ◆ il l'a battu de ~ he just beat him

2 PRON INDÉF ◆ bien   le savent very few people know ◆ ~ d'entre eux sont restés not many of them stayed

3 NM

◆ **un (petit) peu** a bit, a little ◆ il te ressemble un ~ he looks a bit like you ◆ restez encore un ~ stay a bit longer ◆ un ~ trop a bit too much ◆ il y a un ~ moins de bruit it is a little less noisy ◆ donnez-m'en juste un petit ~ just give me a little bit ◆ elle va un tout petit ~ mieux she's a little bit better il y a un ~ plus d'un an just over a year ago ◆ on trouve ce produit un ~ partout you can get this product just about anywhere

◆ **un peu de** a little, a bit of ◆ un ~ de silence, s'il vous plaît ! can we have a bit of quiet please!

peuple [pœpl] NM **a** (= communauté) people **b** (= prolétariat) ◆ le ~ the people

peupler [pœple] ◆ conjug 1 ◆ VT to populate ◆ très/peu peuplé densely/sparsely populated ◆ peuplé de populated with

peuplier [pøplije] NM poplar tree

peur [pœR] NF fear ◆ prendre ~ to take fright ◆ il a eu une ~ bleue he had a bad fright ◆ avoir ~ to be frightened (de of) ◆ n'ayez pas ~ (craindre) don't be afraid; (s'inquiéter) don't worry ◆ j'ai bien ~/très ~ qu'il ne pleuve I'm

afraid/very much afraid it's going to rain ◆ il va échouer ? – j'en ai (bien) ~ is he going to fail? – I'm afraid he is ◆ faire ~ à qn (= intimider) to frighten sb; (= causer une frayeur à) to give sb a fright ◆ de ~ de faire qch for fear of doing sth

peureux, -euse [pøRø, øz] ADJ fearful

peut [pø] VB → pouvoir

peut-être [pøtɛtR] ADV perhaps, maybe ◆ il est ~ parti, ~ est-il parti maybe he's gone ◆ il n'est ~ pas beau mais il est intelligent he may not be handsome but he is clever ◆ ~ bien it could well be ◆ ~ pas perhaps ou maybe not ◆ ~ que ... perhaps ... ◆ ~ que oui perhaps so

peuvent [pœv] VB → pouvoir

phalange [falɑ̃ʒ] NF [de doigt] phalanx

phallique [falik] ADJ phallic

phallocrate [falɔkRat] NM (male) chauvinist

phallus [falys] NM phallus

pharaon [faRaɔ̃] NM Pharaoh

phare [faR] **1** NM **a** (= tour) lighthouse **b** [de voiture] headlight ◆ ~ antibrouillard fog lamp ◆ rouler en (pleins) ~s to drive with one's headlights on full beam (Brit) ou with high beams on (US) **2** ADJ INV [entreprise, secteur] leading

pharmaceutique [faRmasøtik] ADJ pharmaceutical

pharmacie [faRmaci] NF **a** (= magasin, discipline) pharmacy **b** ◆ (armoire à) ~ medicine cabinet

pharmacien, -ienne [faRmasjɛ̃, jɛn] NM,F pharmacist

pharyngite [faRɛ̃ʒit] NF pharyngitis NonC ◆ avoir une ~ to have pharyngitis

pharynx [faRɛ̃ks] NM pharynx

phase [faz] **a** NF phase ◆ ~ terminale (Méd) terminal stage ◆ être en ~ [personnes] to be on the same wavelength **b** (en électricité) live wire

phénoménal, e (mpl -aux) [fenɔmenal, o] ADJ phenomenal

phénomène [fenɔmɛn] NM **a** phenomenon ◆ ~s phenomena ◆ ~ de société social phenomenon **b** (* = personne) character *

philanthrope [filɑ̃tRɔp] NMF philanthropist

philatélie [filateli] NF philately, stamp collecting

philatéliste [filatelist] NMF philatelist

philharmonique [filaRmɔnik] ADJ philharmonic

philippin, e [filipɛ̃, in] **1** ADJ Philippine **2** Philippin(e) NM,F Filipino

Philippines [filipin] NFPL ◆ les ~ the Philippines

philo * [filo] NF abrév de **philosophie**

philosophe [filɔzɔf] **1** NMF philosopher **2** ADJ philosophical

philosophie [filɔzɔfi] NF philosophy ◆ il l'a accepté avec ~ he was philosophical about it

philosophique [filɔzɔfik] ADJ philosophical

phobie [fɔbi] NF phobia ◆ avoir la ~ de to have a phobia about

phonétique [fɔnetik] **1** NF phonetics *sg* **2** ADJ phonetic

phoque [fɔk] NM seal

phosphate [fɔsfat] NM phosphate

phosphore [fɔsfɔʀ] NM phosphorus

phosphorescent, e [fɔsfɔʀesɑ̃, ɑ̃t] ADJ luminous

photo [fɔto] NF (abrév de **photographie**) **a** (= image) photo ◆ faire une ~ de qn/qch, prendre qn/qch en ~ to take a photo of sb/sth ◆ ~ d'identité passport photo **b** (= art) photography

photocopie [fɔtɔkɔpi] NF photocopy

photocopier [fɔtɔkɔpje] ► conjug 7 ◄ VT to photocopy ◆ ~ qch en trois exemplaires to make three photocopies of sth

photocopieur [fɔtɔkɔpjœʀ] NM, **photocopieuse** [fɔtɔkɔpjøz] NF photocopier

photogénique [fɔtɔʒenik] ADJ photogenic

photographe [fɔtɔɡʀaf] NMF (= artiste) photographer; (= commerçant) camera dealer ◆ ~ de mode fashion photographer

photographie [fɔtɔɡʀafi] NF **a** (= art) photography **b** (= image) photograph

photographier [fɔtɔɡʀafje] ► conjug 7 ◄ VT to take a photo of ◆ se faire ~ to have one's photograph taken

Photomaton ® [fɔtɔmatɔ̃] NM automatic photo booth

phrase [fʀɑz] NF **a** (Gram) sentence ◆ ~ toute faite stock phrase **b** (Mus) phrase

phréatique [fʀeatik] ADJ → **nappe**

physicien, -ienne [fizisjɛ̃, jɛn] NM,F physicist

physiologie [fizjɔlɔʒi] NF physiology

physiologique [fizjɔlɔʒik] ADJ physiological

physionomie [fizjɔnɔmi] NF (= traits du visage) facial appearance; NonC; (= aspect) appearance

physionomiste [fizjɔnɔmist] ADJ ◆ il est très ~ he has a very good memory for faces

physique [fizik] **1** ADJ physical **2** NM (= aspect) physical appearance; (= stature, corps) physique ◆ avoir le ~ de l'emploi to look the part **3** NF physics *sg*

physiquement [fizikmɑ̃] ADV physically ◆ il est plutôt bien ~ he's quite attractive

phytothérapie [fitoteʀapi] NF herbal medicine

piaffer [pjafe] ► conjug 1 ◄ VI [cheval] to stamp ◆ ~ d'impatience to be champing at the bit

piailler * [pjaje] ► conjug 1 ◄ VI [oiseau] to cheep; [enfant] to whine

pianiste [pjanist] NMF pianist

piano [pjano] NM piano ◆ ~ droit/à queue upright/grand piano

pianoter [pjanɔte] ► conjug 1 ◄ VI (= tapoter) to drum one's fingers; (sur un clavier) to tap away

piaule * [pjol] NF room

PIB [peibe] NM (abrév de **produit intérieur brut**) GDP

pic [pik] NM **a** (de montagne, courbe) peak ◆ à pic [rochers] sheer; [chemin] steep ◆ couler à ~ to sink straight to the bottom ◆ arriver ou tomber à ~ * to come just at the right time **b** (= pioche) pickaxe ◆ ~ à glace ice pick **c** (= oiseau) ◆ ~ (-vert) (green) woodpecker

pichet [piʃɛ] NM pitcher

pickpocket [pikpɔkɛt] NM pickpocket

picoler * [pikɔle] ► conjug 1 ◄ VI to booze *

picorer [pikɔʀe] ► conjug 1 ◄ VI to peck; (= manger très peu) to nibble

picotement [pikɔtmɑ̃] NM [de peau, membres] tingling; [de gorge] tickle ◆ j'ai des ~s dans les yeux my eyes are stinging

picoter [pikɔte] ► conjug 1 ◄ VI [gorge] to tickle; [peau] to tingle; [yeux] to sting

pie [pi] **1** NF magpie **2** ADJ INV [cheval] piebald

pièce [pjɛs] NF **a** (= fragment, unité, objet) piece ◆ se vendre à la ~ to be sold separately ◆ 2 € ~ 2 euros each ◆ travail à la ~ piecework ► pièce de collection collector's item ► pièce à conviction exhibit ► pièce montée (à un mariage) = wedding cake *(made of caramelized profiteroles piled up into a pyramid)* **b** [de machine, voiture] component ◆ ~s de rechange ou détachées spare parts **c** [de maison] room ◆ un deux ~s a two-room apartment (US) ou flat (Brit) **d** [de théâtre] ◆ ~ (de théâtre) play **e** ◆ ~ (de monnaie) coin ◆ une ~ de 5 francs a 5-franc coin **f** (= document) paper ► pièce d'identité identity paper ► pièces justificatives written proof **g** (en couture) patch

pied [pje] NM **a** [de personne, animal] foot ◆ avoir ~ [nageur] to be able to touch the bottom ◆ avoir le ~ marin to be a good sailor ◆ avoir les ~s sur terre to have one's feet firmly on the ground ◆ faire des ~s et des mains pour obtenir qch * to move heaven and earth to get sth ◆ ça lui fera les ~s * that'll teach him * ◆ mettre les ~s chez qn to set foot in sb's house ◆ mettre les ~s dans le plat * to put one's foot in it ◆ coup de ~ kick ◆ donner un

coup de ~ à ou **dans** to kick ◆ **à ~ on foot** ◆ **aller quelque part à ~** to walk somewhere ◆ **à ~s joints** with one's feet together ◆ **remplacer qn au ~ levé** to stand in for sb at a moment's notice ◆ **de nez à qn** to thumb one's nose at sb ◆ **c'est le ~ !** * it's brilliant! * **b** [d'arbre, colline, lit, mur] foot; [de table] leg; [d'appareil photo] tripod; [de lampe] base; [de verre] stem ◆ **au pied de la lettre** literally ◆ **être au ~ du mur** (fig) to have one's back to the wall ◆ **mettre qch sur ~** to set sth up **c** (Agric) [de salade, tomate] plant ◆ **~ de vigne** vine **d** (en poésie) foot

pied-à-terre [pjetatɛʀ] NM INV pied-à-terre

pied-de-biche (pl **pieds-de-biche**) [pjed(ə)biʃ] NM (= arrache-clous) nail extractor

pied-de-poule (pl **pieds-de-poule**) [pjed(ə)pul] NM hound's-tooth check *NonC*

piédestal (pl **-aux**) [pjedɛstal, o] NM pedestal

pied-noir (pl **pieds-noirs**) [pjenwaʀ] NMF *French colonial born in Algeria*

piège [pjɛʒ] NM trap; (= fosse) pit; (= collet) snare; (dans une dictée, une traduction) pitfall ◆ **prendre au ~** to trap ◆ **tendre un ~ (à qn)** to set a trap (for sb)

piégé, e [pjeʒe] ADJ ◆ **lettre ~e** letter bomb ◆ **voiture ~e** car bomb

piéger [pjeʒe] ► conjug 0 et 0 ◄ VT **a** to trap; (par une question) to trick **b** (avec des explosifs) to booby-trap

pierraille [pjeʀaj] NF loose stones

pierre [pjɛʀ] NF stone ◆ **maison en ~** house built of stone ◆ **faire d'une ~ deux coups** to kill two birds with one stone ► **pierre ponce** pumice stone ► **pierre précieuse** precious stone ► **pierre tombale** tombstone

pierreries [pjɛʀʀi] NFPL precious stones

piété [pjete] NF piety

piétiner [pjetine] ► conjug 1 ◄ **1** VI **a** (= trépigner) to stamp (one's feet) **b** (= ne pas avancer) [personne] to stand about; [discussion] to make no progress **2** VT [+ sol] to trample on; [+ parterres, fleurs] to tread on

piéton, -onne [pjetɔ̃, ɔn] ADJ, NM,F pedestrian

piétonnier, -ière [pjetɔnje, jɛʀ] ADJ pedestrian

piètre [pjɛtʀ] ADJ (frm) very poor; [excuse] lame

pieu (pl **~x**) [pjø] NM **a** (= poteau) stake **b** (* = lit) bed

pieuvre [pjœvʀ] NF octopus

pieux, pieuse [pjø, pjøz] ADJ pious ◆ **~ mensonge** white lie

pif * [pif] NM (= nez) conk * (Brit), schnozzle * (US) ◆ **au ~** [répondre, choisir] at random ◆ **j'ai dit ça au ~** I was just guessing

pige [piʒ] NF **a** (* = année) ◆ **il a 50 ~s** he's 50 **b** ◆ **faire des ~s pour un journal** to do freelance work for a newspaper

pigeon [piʒɔ̃] NM **a** (= oiseau) pigeon ► **pigeon voyageur** carrier pigeon **b** (* = dupe) sucker *

piger * [piʒe] ► conjug 3 ◄ **1** VT to understand **2** VI to get it *

pigment [pigmɑ̃] NM pigment

pignon [piɲɔ̃] NM **a** [de bâtiment] gable ◆ **avoir ~ sur rue** to be well-established **b** (= petite roue) pinion **c** ◆ **~ (de pin)** pine kernel

pile [pil] **1** NF **a** (= tas) pile **b** [de pont] support **c** (électrique) battery ◆ **à ~(s)** battery-operated **d** [de pièce] ◆ **~ ou face ?** heads or tails? ◆ **tirer à ~ ou face pour savoir si ...** to toss up to find out if ... **2** ADV * ◆ **tomber ~** (= au bon moment) [personne] to turn up * just at the right moment; [chose] to come just at the right time ◆ **il est 11 heures ~** it's 11 o'clock exactly

piler [pile] ► conjug 1 ◄ **1** VT [+ glace, graines] to crush **2** VI (* = freiner) to slam on the brakes

pilier [pilje] NM pillar; [d'organisation, parti] mainstay ► **pilier de bar** barfly *

pillard, e [pijaʀ, aʀd] NM,F looter

piller [pije] ► conjug 1 ◄ VT [+ ville] to pillage; [+ magasin, maison] to loot

pilon [pilɔ̃] NM (= instrument) pestle; [de poulet] drumstick

pilonner [pilɔne] ► conjug 1 ◄ VT (Mil) to shell

pilotage [pilɔtaʒ] NM [d'avion] flying; [de bateau] piloting

pilote [pilɔt] NM **a** [d'avion, bateau] pilot; [de voiture] driver ► **pilote automatique** automatic pilot ► **pilote automobile** ou **de course** racing driver ► **pilote de chasse** fighter pilot ► **pilote de ligne** airline pilot **b** (en apposition = expérimental) [école, ferme] experimental; [projet, usine] pilot

piloter [pilɔte] ► conjug 1 ◄ VT [+ avion, navire] to pilot ◆ **~ qn** (fig) to show sb round

pilotis [pilɔti] NM pile

pilule [pilyl] NF pill ◆ **prendre la ~** (contraceptive) to be on the pill

pimbêche [pɛ̃bɛʃ] NF stuck-up thing *

piment [pimɑ̃] NM **a** (= plante) pepper ◆ **~ rouge** chilli **b** (fig = attrait) spice

pimpant, e [pɛ̃pɑ̃, ɑ̃t] ADJ spruce

pin [pɛ̃] NM (= arbre) pine tree; (= bois) pine

pinacle [pinakl] NM pinnacle ♦ **porter qn au ~** to praise sb to the skies

pinailler * [pinaje] ► conjug 1 ◄ VI to split hairs

pinard * [pinaʀ] NM wine

pince [pɛ̃s] NF **a** (= outil) ♦ **~(s)** pliers ► **pince à cheveux** hair clip ► **pince à épiler** tweezers ► **pince à linge** clothes peg (Brit), clothespin (US, Scot) ► **pince à vélo** bicycle clip **b** [de crabe, homard] pincer **c** (Couture) dart ♦ **pantalon à ~s** front-pleated trousers

pincé, e¹ [pɛ̃se] ADJ [personne, air, sourire] stiff

pinceau (pl **~x**) [pɛ̃so] NM brush; (Peinture) paintbrush

pincée² [pɛ̃se] NF [de sel, poivre] pinch

pincer [pɛ̃se] ► conjug 3 ◄ **1** VT **a** (accidentellement, pour faire mal) to pinch **b** (= tenir, serrer) to grip **c** [+ cordes de guitare] to pluck **d** (* = arrêter, prendre) to catch **2** **se pincer** VPR ♦ **se ~ le doigt dans une porte** to catch one's finger in a door ♦ **se ~ le nez** to hold one's nose

pincettes [pɛ̃sɛt] NFPL (pour le feu) tongs

pingouin [pɛ̃gwɛ̃] NM auk; (= manchot) penguin

ping-pong [piŋpɔ̃g] NM INV table tennis

pingre [pɛ̃gʀ] ADJ stingy

pinson [pɛ̃sɔ̃] NM chaffinch

pintade [pɛ̃tad] NF guinea-fowl

pioche [pjɔʃ] NF pickaxe

piocher [pjɔʃe] ► conjug 1 ◄ **1** VT [+ terre] to pickaxe; (Jeux) [+ carte, domino] to take (from the pile) **2** VI (= creuser) to dig (with a pick)

piolet [pjɔlɛ] NM ice axe

pion, pionne [pjɔ̃, pjɔn] **1** NM,F (arg Scol = surveillant) supervisor **2** NM (Échecs) pawn; (Dames) draught (Brit), checker (US)

pionnier, -ière [pjɔnje, jɛʀ] NM,F pioneer

pipe [pip] NF (à fumer) pipe ♦ **fumer la ~** to smoke a pipe

pipi * [pipi] NM wee-wee langage enfantin ♦ **faire ~** to have a pee *

piquant, e [pikɑ̃, ɑ̃t] **1** ADJ **a** [barbe] prickly; [tige] thorny **b** [goût, sauce, moutarde] hot **c** [air, froid] biting **d** [détail] surprising **2** NM [de hérisson, oursin] spine; [de chardon] prickle ♦ **l'anecdote ne manque pas de ~** it's quite a funny story

pique [pik] **1** NF (= arme) pike; (= parole blessante) cutting remark **2** NM (= carte) spade; (= couleur) spades

piqué, e [pike] **1** ADJ (= aigre) [vin] sour ♦ **pas des vers** * wild * **2** NM (en avion) ♦ **descendre en ~** to dive

pique-assiette * (pl **~s**) [pikasjɛt] NMF scrounger *

pique-nique (pl **~s**) [piknik] NM picnic ♦ **faire un ~** to have a picnic

pique-niquer [piknike] ► conjug 1 ◄ VI to have a picnic

piquer [pike] ► conjug 1 ◄ **1** VT **a** [guêpe, ortie] to sting; [moustique, serpent] to bite; (avec une épingle) to prick; [barbe] to prickle; (Méd) to give an injection ♦ **faire ~ un chien** to have a dog put down ♦ **la fumée me pique les yeux** the smoke is making my eyes sting **b** (Couture) ♦ **~ qch (à la machine)** to machine-stitch sth **c** [+ curiosité, intérêt] to arouse **d** (* = faire) ♦ **~ un sprint** to sprint ♦ **~ une crise** to throw a fit **e** (* = voler) to pinch * (à qn from sb) **2** VI **a** [avion] to go into a dive; [oiseau] to swoop down ♦ **~ du nez** [avion] to nosedive; [oiseau] to swoop down ♦ **~ du nez** [avion] to nosedive; (de sommeil) to nod off * [moutarde, radis] to be hot; [vin] to have a sour taste **c** (= brûler) to sting ♦ **j'ai les yeux qui piquent** my eyes are stinging **3** **se piquer** VPR **a** (= se blesser) (avec une aiguille) to prick o.s.; (dans les orties) to get stung **b** [drogué] to shoot up

piquet [pikɛ] NM (= pieu) post; [de tente] peg ♦ **~ de grève** picket line

piqûre [pikyʀ] NF **a** [d'insecte, moustique] bite; [de guêpe, ortie] sting **b** (Méd) injection ♦ **faire une ~ à qn** to give sb an injection **c** (Couture) stitch

piratage [piʀataʒ] NM [de cassette, vidéo] pirating ♦ **~ (informatique)** (computer) hacking

pirate [piʀat] ADJ, NM pirate ♦ **~ de l'air** hijacker ♦ **~ informatique** hacker

pirater [piʀate] ► conjug 1 ◄ VT [+ disque, logiciel] to make a pirate copy of; [+ ordinateur] to hack into

pire [piʀ] **1** ADJ **a** (comparatif) worse ♦ **c'est ~ que tout** it's the worst thing you can imagine ♦ **c'est de ~ en ~** it's getting worse and worse **b** (superlatif) ♦ **le ~, la ~** the worst **2** NM ♦ **le ~** the worst ♦ **je m'attends au ~** I expect the worst

pirogue [piʀɔg] NF dugout

pirouette [piʀwɛt] NF [de danseuse, cheval] pirouette ♦ **répondre par une ~** to cleverly side-step the question

pis¹ [pi] NM [de vache] udder

pis² [pi] (littér) ADJ, ADV worse

pis-aller [pizale] NM INV stopgap

pisciculture [pisikyltyʀ] NF fish breeding

piscine [pisin] NF swimming pool

pissenlit [pisɑ̃li] NM dandelion

pisser * [pise] VI (= uriner) to pee *; (= couler) to gush

pistache [pistaʃ] NF pistachio

piste [pist] NF **a** (= traces, sentier) track ♦ **perdre la ~** to lose the trail ♦ **être sur la bonne ~**

to be on the right track ► **piste cyclable** cycle path **b** (= indice) lead **c** [d'hippodrome] course; [de circuit automobile, stade] track; [de patinage] rink; [de danse] dance floor; [de cirque] ring **d** (Ski) piste; [de ski de fond] trail **e** [d'aéroport] runway **f** [de magnétophone] track

pistil [pistil] NM pistil

pistolet [pistɔlɛ] NM (= arme) gun ► **pistolet à peinture** spray gun

piston [pistɔ̃] NM **a** (Tech) piston **b** (* = aide) string-pulling ► **avoir du ~** to have friends in the right places * **c** (= instrument de musique) cornet

pistonner * [pistɔne] ► conjug 1 ◄ VT to pull strings for *

piteux, -euse [pitø, øz] ADJ (= honteux) shamefaced ► **en ~ état** in a sorry state

pitié [pitje] NF pity ► **avoir ~ de qn** (= le plaindre) to feel pity for sb; (= être charitable) to take pity on sb ► **~ !** have mercy!; (= assez) * for goodness' sake! *

piton [pitɔ̃] NM **a** (à anneau) eye; (à crochet) hook; (Alpinisme) peg **b** (= sommet) peak

pitonner [pitɔne] ► conjug 1 ◄ (Can) **1** VI **a** (= zapper) to zap from channel to channel **b** (= taper) to keyboard ► **~ sur un clavier** to tap away on a keyboard **2** VT [+ numéro de téléphone] to dial

pitonneuse [pitɔnøz] NF (Can = télécommande) zapper *

pitoyable [pitwajabl] ADJ pitiful

pitre [pitʀ] NM clown ► **faire le ~** to clown around

pittoresque [pitɔʀɛsk] ADJ [site] picturesque; [personnage, récit, détail] colourful (Brit), colorful (US)

pivert [pivɛʀ] NM green woodpecker

pivoine [pivwan] NF peony

pivot [pivo] NM pivot; (= chose essentielle) linchpin; [de dent] post

pivoter [pivɔte] ► conjug 1 ◄ VI [porte, siège] to revolve

pizza [pidza] NF pizza

pizzeria [pidzeʀja] NF pizzeria

placard [plakaʀ] NM **a** (= armoire) cupboard **b** ► **~ publicitaire** display advertisement

placarder [plakaʀde] ► conjug 1 ◄ VT [+ affiche] to put up

placardiser [plakaʀdize] VT [+ personne] to sideline

place [plas] NF **a** (= esplanade) square ► **la ~ du marché** the market square **b** (= emplacement) place; (assise) seat ► **changer qch de ~** to move sth ► **laisser sa ~ à qn** to give up one's

seat to sb ► **prendre la ~ de qn** to take sb's place; (= remplacer qn) to take over from sb ► **~ d'honneur** place of honour ► **~ de parking** parking space

► **à la place (de)** (= en échange) instead (of) ► **se mettre à la ~ de qn** to put o.s. in sb's shoes ► **cette lampe n'est pas à sa ~** this lamp isn't in the right place ► **remettre qch à sa ~** to put sth back where it belongs ► **remettre qn à sa ~** to put sb in his place ► **à votre ~** if I were you

► **en place** ► **il ne tient pas en ~** he's always fidgeting ► **mettre en ~** [+ mécanisme, dispositif] to install

► **sur place** ► **être/se rendre sur ~** to be/to go there ► **(à consommer) sur ~ ou à emporter ?** sit in or take away? **c** (= espace) room ► **prendre de la ~** to take up a lot of room ► **faire de la ~** to make room ► **j'ai trois ~s dans ma voiture** I've room for three in my car **d** (= billet) seat ► **payer ~ entière** (au cinéma) to pay full price; (dans le bus) to pay full fare **e** (= rang) ► **Marseille est à la première ~ du championnat** Marseille holds first place in the championship ► **l'entreprise occupe la seconde place sur le marché des ordinateurs** the company ranks second in the computer market **f** (= emploi) job ► **une ~ de serveuse** a job as a waitress **g** (Mil) ► **~ forte** fortified town **h** (Fin) ► **~ boursière** stock market

placement [plasmɑ̃] NM **a** (financier) investment **b** [d'employés] placing

placenta [plasɛ̃ta] NM placenta

placer [plase] ► conjug 3 ◄ **1** VT **a** [+ objet, personne] to put; [+ invité, spectateur] to seat **b** [+ remarque, plaisanterie] to get in ► **il n'a pas pu ~ un mot** he couldn't get a word in (edgeways) **c** [+ ouvrier, malade, écolier] to place **d** (= vendre) to sell **e** (à la Bourse) to invest; (à la caisse d'épargne) to deposit **2** **se placer** VPR (debout) to stand; (assis) to sit

placide [plasid] ADJ placid

plafond [plafɔ̃] NM **a** [de salle] ceiling; [de voiture] roof **b** (= limite) ceiling

plafonner [plafɔne] ► conjug 1 ◄ **1** VI [écolier, salaire, ventes] to have reached a ceiling **2** VT [+ salaires, loyers] to put an upper limit on

plage [plaʒ] NF **1** [de mer, rivière, lac] beach ► **~ de sable/de galets** sandy/pebble beach **b** (dans un horaire) (time) slot ► **~ musicale** musical interval ► **~ publicitaire** commercial break **c** [de disque] track **2** COMP ► **plage arrière** [de voiture] parcel shelf

plagiat [plaʒja] NM plagiarism

plaid [plɛd] NM (= couverture) car rug, lap robe (US)

plaider [plede] ► conjug 1 ◄ VTI to plead ► **~ coupable/non coupable** to plead guilty/not guilty ► **~ la cause de qn, ~ pour ou en faveur de qn/qch** (fig) to speak in favour of sb/sth

plaidoirie [plɛdwaʀi] NF speech for the defence

plaidoyer [plɛdwaje] NM speech for the defence; (fig) defence

plaie [plɛ] NF (physique, morale) wound ◆ **quelle ~ !** * (personne) he's such a nuisance!; (chose) what a nuisance!

plaindre [plɛ̃dʀ] ► conjug 52 ◄ **1** VT [+ personne] to feel sorry for ◆ **elle n'est pas à ~** she's got nothing to complain about **2** **se plaindre** VPR (= protester) to complain (de about); (= gémir) to moan ◆ **se ~ de** [+ maux de tête etc] to complain of

plaine [plɛn] NF plain

plain-pied [plɛ̃pje] ◆ **de plain-pied** LOC ADJ, LOC ADV [maison] (built) at street-level ◆ **entrer de ~ dans le sujet** to come straight to the point

plainte [plɛ̃t] NF **a** (= doléance) complaint ◆ **porter ~ contre qn** to register a complaint against sb **b** (= gémissement) moan

plaintif, -ive [plɛ̃tif, iv] ADJ plaintive

plaire [plɛʀ] ► conjug 54 ◄ **1** VI **a** (= être apprécié) ◆ **ce garçon me plaît** I like that boy ◆ **ce livre m'a beaucoup plu** I enjoyed that book a lot ◆ **le désir de ~** the desire to please **b** (= convenir à) ◆ **ça te plairait d'aller au théâtre ?** would you like to go to the theatre? ◆ **je fais ce qui me plaît** I do as I please **2** VB IMPERS ◆ **s'il te plaît, s'il vous plaît** please **3** **se plaire** VPR ◆ **il se plaît à Londres** he likes being in London

plaisance [plɛzɑ̃s] NF ◆ **la (navigation de) ~** boating

plaisant, e [plɛzɑ̃, ɑ̃t] ADJ **a** (= agréable) pleasant **b** (= amusant) amusing

plaisanter [plɛzɑ̃te] ► conjug 1 ◄ VI to joke (sur about) ◆ **vous plaisantez !** you must be joking! ◆ **on ne plaisante pas avec cela** this is no laughing matter

plaisanterie [plɛzɑ̃tʀi] NF (= blague) joke (sur about) ◆ **il ne comprend pas la ~** he can't take a joke

plaisantin [plɛzɑ̃tɛ̃] NM (= blagueur) joker

plaisir [plɛziʀ] NM pleasure ◆ **j'ai le ~ de vous annoncer que ...** I am pleased to inform you that ... ◆ **par ~, pour le ~** for pleasure; [bricoler, peindre] as a hobby ◆ **faire ~ à qn** to please sb ◆ **son cadeau m'a fait ~** I was very pleased with his present

plan¹ [plɑ̃] NM **a** [de maison, dissertation] plan; [de ville, région] map ◆ **faire un ~** to draw a plan **b** (= surface) plane ► **plan d'eau** lake ► **plan de travail** worktop **c** (Ciné, Photo) shot ◆ **premier ~** foreground ◆ **au premier ~** in the foreground ◆ **personnalité de premier ~** key figure **d** (= niveau) level ◆ **au ~ national/international** at the national/international level ◆ **sur le ~**

intellectuel intellectually speaking **e** (= projet, programme) plan ◆ **laisser en ~** [+ personne] to leave in the lurch; [+ affaires, projet, travail] to drop ► **plan d'épargne-logement** savings plan for property purchase **f** (* = idée) idea

plan², e [plɑ̃, plan] ADJ **a** (= plat) flat **b** (Math) plane

planche [plɑ̃ʃ] **1** NF **a** (en bois) plank ◆ **faire la ~** to float on one's back ► **planche à dessin** drawing board ► **planche à repasser** ironing board ► **planche à roulettes** skateboard ◆ **faire de la ~ à roulettes** to go skateboarding ► **planche à voile** windsurfing board ◆ **faire de la ~ à voile** to go windsurfing **b** (= illustration) plate **2** **les planches** NFPL (= scène) the stage NonC

plancher [plɑ̃ʃe] NM **a** (= sol) floor **b** (= limite) lower limit

plancton [plɑ̃ktɔ̃] NM plankton

planer [plane] ► conjug 1 ◄ VI **a** [oiseau, avion] to glide; [brume, fumée] to hang **b** [danger, soupçons] ◆ **~ sur** to hang over ◆ **laisser ~ le doute (sur)** to allow some doubt to remain (about) **c** * [personne] to have one's head in the clouds

planétaire [planetɛʀ] ADJ (= des planètes) planetary; (= mondial) global

planète [planɛt] NF planet ◆ **sur toute la ~** all over the world

planeur [planœʀ] NM glider

planifier [planifje] ► conjug 7 ◄ VT to plan

planning [planiŋ] NM schedule ◆ **~ familial** family planning

planque * [plɑ̃k] NF (= cachette) hideaway; (= travail tranquille) cushy number *

planquer ‡ [plɑ̃ke] ► conjug 1 ◄ **1** VT to hide **2** **se planquer** VPR to hide

plant [plɑ̃] NM [de légume] seedling; [de fleur] bedding plant

plantaire [plɑ̃tɛʀ] ADJ → **voûte**

plantation [plɑ̃tasjɔ̃] NF [d'arbres, café, coton] plantation

plante [plɑ̃t] NF **a** (= végétal) plant ► **plante d'appartement** ► **plante verte** house plant **b** ◆ **~ des pieds** sole

planter [plɑ̃te] ► conjug 1 ◄ **1** VT **a** [+ plante, graine] to plant; [+ jardin] to put plants in ◆ **avenue plantée d'arbres** tree-lined avenue **b** [+ clou] to hammer in; [+ pieu] to drive in ◆ **se ~ une épine dans le doigt** to get a thorn stuck in one's finger **c** (* = laisser sur place) ◆ **~ qn là** to leave sb standing there ◆ **ne restez pas planté là à ne rien faire !** don't just stand there doing nothing! **d** ◆ **~ le décor** (pour une histoire) to set the scene **2** **se planter** * VPR **a**

(= se tromper) to mess up * ◆ **il s'est planté dans ses calculs** he got his calculations wrong **b** [automobiliste, ordinateur] to crash

plantureux, -euse [plãtyrø, øz] ADJ [femme] buxom; [poitrine] ample

plaque [plak] **1** NF **a** [de métal, verre, verglas] sheet; [de marbre, chocolat, beurre] slab ▸ **plaque chauffante** hotplate ▸ **plaque tournante** hub **b** (portant une inscription) plaque ◆ **~ de rue** street sign ◆ **il est à côté de la ~ ✱** he hasn't got a clue * ✱ ▸ **plaque d'immatriculation** ou **minéralogique** number plate **2** COMP ▸ **plaque dentaire** dental plaque

plaqué, e [plake] **1** ADJ [bijou] plated **2** NM plate ◆ **c'est du ~ or** it's gold-plated

plaquer [plake] ► conjug 1 ◄ VT **a** [+ bois] to veneer; [+ bijoux] to plate **b ✱** [+ fiancé, époux] to ditch * ◆ **elle a tout plaqué pour le suivre** she gave up everything to be with him **c** [+ cheveux] to plaster down **d** (Rugby) to tackle **e** [+ accord] to play

plaquette [plakɛt] NF [de métal] plaque; [de chocolat] bar; [de pilules] bubble pack; [de beurre] pack (Brit) = stick (US) ◆ **~ de frein** brake pad

plasma [plasma] NM plasma

plastic [plastik] NM plastic explosive

plastifié, e [plastifje] ADJ plastic-coated

plastique [plastik] ADJ, NM plastic ◆ **en ~** plastic

plat, plate [pla, plat] **1** ADJ flat; [style] dull **2** NM **a** (= récipient, mets) dish; (= partie du repas) course ◆ **il en a fait tout un ~ ✱** he made a song and dance about it ✱ ▸ **plat cuisiné** (chez un traiteur) ready-made meal ▸ **plat de résistance** main course **b** (= partie plate) flat (part) ◆ **course de ~** flat race ◆ **mettre qch à ~** to lay sth down flat ◆ **être à ~** [pneu, batterie] to be flat; ✱ [personne] to be run down **c** (en plongeant) ◆ **faire un ~** to do a belly flop

platane [platan] NM plane tree

plateau (pl **~x**) [plato] NM **a** (= plateau) tray ◆ **~ de fromages** cheeseboard ◆ **~ de fruits de mer** seafood platter **b** [de balance] pan **c** (= surface plane) plateau ◆ **arriver à un ~** to reach a plateau **d** (Ciné, TV) set

plateau-repas (pl **plateaux-repas**) [plato Rəpa] NM tray meal

plate-bande (pl **plates-bandes**), **plate-bande** [platbãd] NF (de fleurs) flower bed

plate-forme (pl **plates-formes**), **plate-forme** [platfɔRm] NF platform ◆ **~ (de forage)** oil rig

platine¹ [platin] NM platinum

platine² [platin] NF [d'électrophone] turntable ◆ **~ laser** CD player

platitude [platityd] NF (= propos) platitude

platonique [platɔnik] ADJ [amour] platonic

plâtre [plɑtR] NM **a** (= matière) plaster **b** (= objet) plaster cast

plâtrer [plɑtRe] ► conjug 1 ◄ VT [+ mur] to plaster; [+ membre] to set in plaster

plâtrier [plɑtRije] NM plasterer

plausible [plozibl] ADJ plausible

play-back [plɛbak] NM INV lip-synching ◆ **chanter en ~** to lip-synch

plébiscite [plebisit] NM plebiscite

pléiade [plejad] NF ◆ **une ~ d'artistes** a whole host of stars

plein, pleine [plɛ̃, plɛn] **1** ADJ **a** (= rempli) full ◆ **~ à craquer** crammed full
◆ **plein de** full of; [taches] covered in ◆ **il a des bonbons ~ les poches** his pockets are full of sweets ◆ **en avoir ~ le dos ✱ de qch** be sick and tired of sth ✱
◆ **en plein** + nom in the middle of ◆ **en ~ hiver** in the middle of winter ◆ **en ~ jour** in broad daylight ◆ **en ~e poitrine** right in the chest ◆ **en ~ dans l'œil** right in the eye ◆ **j'ai marché en ~ dedans** I stepped right in it **b** [confiance, satisfaction] complete ◆ **avoir les ~s pouvoirs** to have full powers ◆ **heurter qch de ~ fouet** to crash headlong into sth **c** (= enceinte) pregnant **2** ADV **✱** (= beaucoup) ◆ **tu as des romans ? – j'en ai ~** have you any novels? – I've got loads ◆ **~ de** lots of **3** NM [d'essence] ◆ **faire le ~** to fill up ◆ **le ~, s'il vous plaît** fill up please

plein-temps (pl **pleins-temps**) [plɛ̃tã] NM (= emploi) full-time job

pléonasme [pleonasm] NM pleonasm

pleurer [plœRe] ► conjug 1 ◄ **1** VI **a** [personne] to cry; [yeux] to water ◆ **~ de rire** to laugh until one cries ◆ **~ de joie** to cry for joy ◆ **~ comme une Madeleine** to cry one's eyes out **b** ◆ **~ sur** to lament (over) **2** VT [+ personne] to mourn (for); [+ chose] to bemoan

pleurésie [plœRezi] NF pleurisy

pleureur [plœRœR] ADJ → **saule**

pleurnicher [plœRnife] ► conjug 1 ◄ VI to snivel ✱, to whine

pleurs [plœR] NMPL ◆ **en ~** in tears

pleuvait [pløvɛ] VB → **pleuvoir**

pleuvoir [pløvwaR] ► conjug 23 ◄ **1** VB IMPERS ◆ **il pleut** it's raining ◆ **il pleut à torrents** ou **à verse, il pleut des cordes** it's pouring with rain **2** VI [coups, projectiles] to rain down; [critiques, invitations] to shower down

pli [pli] NM **a** fold; [de genou, bras] bend; [de bouche, yeux] crease; [de front] line; (Couture) pleat ◆ **son manteau est plein de ~s** his coat is all creased **b** (= habitude) ◆ **c'est un ~ à**

prendre ! you get used to it! **c** (= enveloppe) envelope; (= lettre) letter **d** (Cartes) trick ◆ **faire un ~** to take a trick

pliant, e [plijɑ̃, ɑ̃t] **1** ADJ folding **2** NM campstool

plier [plije] ► conjug 7 ◄ **1** VT **a** [+ papier, tissu] to fold **b** [+ lit, table, tente] to fold up ◆ **~ bagage** to pack up (and go) **c** [+ branche, genou, bras] to bend ◆ **être plié (de rire)** to be doubled up with laughter **2** VI **a** [arbre, branche] to bend **b** (= céder) to give in **3** **se plier** VPR **a** [meuble, objet] to fold **b** **~ à** [+ règle, discipline] to submit o.s. to; [+ désirs, caprices de qn] to give in to

plinthe [plɛ̃t] NF (au bas d'un mur) skirting board

plissé, e [plise] ADJ [jupe] pleated; [peau] wrinkled

plisser [plise] ► conjug 1 ◄ VT **a** [+ jupe] to pleat **b** [+ lèvres, bouche] to pucker up; [+ yeux] to screw up; [+ nez] to wrinkle ◆ **~ le front** to knit one's brow

plomb [plɔ̃] NM **a** (= métal) lead ◆ **sans ~** [essence] unleaded ◆ **il n'a pas de ~ dans la cervelle** * he's featherbrained **b** (Chasse) lead shot *NonC* ◆ **avoir du ~ dans l'aile** * to be in a bad way **c** (Pêche) sinker **d** (= fusible) fuse

plombage [plɔ̃baʒ] NM [de dent] filling

plomberie [plɔ̃bʀi] NF plumbing

plombier [plɔ̃bje] NM plumber

plonge * [plɔ̃ʒ] NF ◆ **faire la ~** to do the washing-up

plongé, e[^1] [plɔ̃ʒe] ADJ ◆ **~ dans** [+ obscurité] plunged in; [+ méditation, pensées] deep in

plongeant, e [plɔ̃ʒɑ̃, ɑ̃t] ADJ [décolleté, tir] plunging; [vue] from above

plongée[^2] [plɔ̃ʒe] NF (= activité) diving ◆ **faire de la ~ (sous-marine)** to go diving

plongeoir [plɔ̃ʒwaʀ] NM diving board

plongeon [plɔ̃ʒɔ̃] NM dive ◆ **faire un ~** [nageur] to dive; [gardien de but] to make a dive

plonger [plɔ̃ʒe] ► conjug 3 ◄ **1** VI [personne, sous-marin] to dive (*dans* into; *sur* onto); [avion, oiseau] to swoop; [gardien de but] to make a dive; [prix, valeurs] to plummet **2** VT ◆ **~ qn dans** [+ obscurité, désespoir] to plunge sb into ◆ **il plongea son regard dans le mien** he looked deeply into my eyes **3** **se plonger** VPR ◆ **se ~ dans** [+ études, lecture] to throw o.s. into; [+ dossier, eau, bain] to plunge into

plongeur, -euse [plɔ̃ʒœʀ, øz] NM,F **a** (Sport) diver **b** [de restaurant] dishwasher

ployer [plwaje] ► conjug 8 ◄ (littér) VI [branche, dos] to bend; [genoux, jambes] to give way

plu [ply] (ptp de **pleuvoir**, de **plaire**)

pluie [plɥi] NF rain ◆ **sous la ~** in the rain ◆ **~ fine** drizzle ◆ **~s acides** acid rain ◆ **faire la ~ et le beau temps** to call the shots *

plumage [plymaʒ] NM plumage *NonC*

plumard *[plymaʀ] NM bed

plume [plym] NF **a** [d'oiseau] feather **b** (pour écrire) [d'oiseau] quill; (en acier) nib

plumeau (pl **~x**) [plymo] NM feather duster

plumer [plyme] ► conjug 1 ◄ VT **a** [+ volaille] to pluck **b** * [+ personne] to fleece *

plupart [plypaʀ] NF ◆ **la ~ des gens** most people ◆ **pour la ~** mostly ◆ **la ~ du temps** most of the time

pluriel, -elle [plyʀjɛl] ADJ plural ◆ **la gauche ~le** (Pol) the French left *(made up of different left-wing tendencies)* ◊ NM plural ◆ **au ~** in the plural ◆ **la première personne du ~** the first person plural

---

🔑 **plus** [ply]

1 ADV DE NÉGATION

◆ **ne ... plus** not any more ◆ **il ne la voit ~** he doesn't see her any more ◆ **je ne reviendrai ~/~ jamais** I won't/I'll never come back again; **il n'est ~ là** he isn't here anymore

◆ **plus de** + nom ◆ **elle ne veut ~ de pain** she doesn't want any more bread ◆ **elle n'a ~ d'argent** she's got no money left

◆ **plus que** only ◆ **~ que 5 km** only another 5km

◆ **il n'y a plus ~** il n'y a ~ **rien** there's nothing left ◆ **il n'a ~ aucun ami** he hasn't a single friend left ◆ **il n'y a ~ personne** there's nobody left

2 ADV DE COMPARAISON **a** (avec verbe) more ◆ **il devrait lire ~** he should read more

b (avec adjectif ou adverbe court) ◆ **ce fauteuil est ~ large** this chair is wider ◆ **il court ~ vite qu'elle** he runs faster than her ◆ **elle est ~ jolie** she's prettier

◆ **il est ~ mince** he's slimmer

◆ **il est ~ malin** he's more cunning

c (avec adjectif ou adverbe long)

◆ **il est ~ compétent que moi** he is more competent than me ◆ **beaucoup ~ facilement** much more easily

d (locutions)

◆ **plus de** (= davantage de) more; (= plus que) over ◆ **~ de pain** more bread ◆ **il roulait à ~ de 100 km/h** he was driving at more than ou over 100km per hour ◆ **les ~ de 30 ans** the over 30s

◆ **à plus tard!, à plus!** * see you later!

◆ **de plus** (= en outre) moreover ◆ **il y a dix personnes de ~ qu'hier** there are ten more people than yesterday

◆ **de plus en plus** more and more ◆ **aller de ~ en ~ vite** to go faster and faster

[^1]: 1
[^2]: 2

♦ **en plus** ♦ **les frais d'envoi sont en ~** postal charges are not included ♦ **on nous a donné deux verres en ~** we were given two extra glasses ♦ **en ~ de cela** on top of that ♦ **je cherche le même genre de maison en ~ grand** I'm looking for the same kind of house only bigger

♦ **plus ... moins** the more ... the less ♦ **on le connaît, moins on l'apprécie** the more you get to know him, the less you like him

♦ **plus ... plus** the more ... the more ♦ **il en a, ~ il en veut** the more he has, the more he wants

♦ **plus ou moins** more or less

3 ADV SUPERL

♦ **le plus** + verbe most ♦ **ce qui m'a le ~ frappé** what struck me most

♦ **le plus** + adjectif ou adverbe court

♦ **c'est le ~ grand peintre qui ait jamais vécu** he is the greatest painter that ever lived

♦ **le moment le ~ drôle du film** the funniest bit of the film ♦ **c'est le ~ gros** he's the biggest ♦ **c'est la partie la ~ ennuyeuse** it's the most boring part ♦ **le ~ petit des deux** the smaller of the two

♦ **le plus** + adjectif ou adverbe long ♦ **c'est le ~ intéressant** it's the most interesting ♦ **le ~ beau des deux** the more beautiful of the two

♦ **le plus de** + nom the most ♦ **ce qui m'a donné le ~ de mal** the thing I had most difficulty with

e (locutions)

♦ **le plus ... possible** as ... as possible ♦ **prends-en le ~ possible** take as much (ou as many) as possible

♦ **(tout) au plus** at the (very) most

4 CONJ plus ♦ **deux ~ deux font quatre** two plus two make four

5 NM **a** (Math) ♦ **(signe) ~** plus (sign)

b (= avantage) plus

plusieurs [plyzjœʀ] **1** ADJ INDÉF PL several ♦ **ils sont ~ à vouloir venir** several of them want to come ♦ **payer en ~ fois** to pay in instalments **2** PRON INDÉF PL several (people) ♦ **~ d'entre eux** several of them

plus-que-parfait [plyskəpaʀfɛ] NM pluperfect

plus-value (pl ~s) [plyvaly] NF (= accroissement de valeur) increase in value; (= excédent) profit

plutonium [plytɔnjɔm] NM plutonium

plutôt [plyto] ADV **a** (= de préférence) rather; (= à la place) instead ♦ **~ que de me regarder, viens m'aider** instead of just watching me, come and help **b** (= plus exactement) rather ♦ **... ou ~, c'est ce qu'il pense** ... or rather that's what he thinks **c** (= assez) quite

pluvieux, -ieuse [plyvjø, øz] ADJ rainy

PME [peɛmə] NF INV (abrév de **petite et moyenne entreprise**) small (ou medium-sized) business

PMU [peɛmy] NM (abrév de **Pari mutuel urbain**) pari-mutuel ≈ tote *

PNB [peɛnbe] NM (abrév de **Produit national brut**) GNP

pneu [pnø] NM [de véhicule] tyre (Brit), tire (US)

pneumatique [pnømatik] ADJ (= gonflable) inflatable

pneumonie [pnømɔni] NF pneumonia NonC

poche¹ [pɔʃ] NF pocket ♦ **avoir des ~s sous les yeux** to have bags under one's eyes ♦ **se remplir les ~s** * to line one's pockets ♦ **c'est dans la ~ !** * it's in the bag! * ♦ **connaître un endroit comme sa ~** to know a place like the back of one's hand ♦ **de ~** [collection, livre] paperback; [couteau, mouchoir] pocket

poche² [pɔʃ] NM (= livre) paperback

pocher [pɔʃe] ► conjug 1 ◄ VT [+ œuf, poisson] to poach ♦ **avoir un œil poché** to have a black eye

pochette [pɔʃɛt] NF (= mouchoir) pocket handkerchief; (= sac) clutch bag; [de timbres, photos] wallet; [de disque] sleeve

pochoir [pɔʃwaʀ] NM stencil ♦ **peindre qch au ~** to stencil sth

podium [pɔdjɔm] NM (= estrade) podium; [de défilé de mode] catwalk

poêle¹ [pwal] NF ♦ **~ (à frire)** frying pan

poêle² [pwal] NM stove ♦ **~ à mazout** oil stove

poème [pɔɛm] NM poem

poésie [pɔezi] NF (= art, qualité) poetry; (= poème) poem

poète [pɔɛt] NM poet

poétique [pɔetik] ADJ poetic

pognon * [pɔɲɔ̃] NM money

poids [pwa] NM **a** weight ♦ **prendre/perdre du ~** to put on/to lose weight ♦ **vendu au ~** sold by weight ♦ **il ne fait vraiment pas le ~** he really doesn't measure up ♦ **argument de ~** weighty argument ► **poids lourd** (= boxeur) heavyweight; (= camion) heavy goods vehicle **b** (Sport) shot ♦ **lancer le ~** to put(t) the shot

poignant, e [pwaɲɑ̃, ɑ̃t] ADJ [spectacle] harrowing; [témoignage] poignant

poignard [pwaɲaʀ] NM dagger ♦ **on l'a tué à coups de ~** he was stabbed to death

poignarder [pwaɲaʀde] ► conjug 1 ◄ VT to stab

poigne [pwaɲ] NF (= autorité) firm-handedness ♦ **à ~** [personne, gouvernement] firm-handed

poignée [pwaɲe] NF **a** (= quantité) handful; [de billets de banque] fistful; (= petit nombre) handful **b** [de porte, tiroir, valise] handle **c** ♦ **~ de main** handshake ♦ **échanger une ~ de main** to shake hands

poignet [pwaɲɛ] NM (= os) wrist; [de vêtement] cuff

poil [pwal] NM **a** [de personne, animal] hair; (= pelage) coat ◆ **animal à ~ court/long** short-haired/long-haired animal ◆ **à ~** * (= nu) stark naked ◆ **avoir un ~ dans la main** * to be bone-idle * ◆ **être de bon/de mauvais ~** * to be in a good/bad mood ◆ **au ~** * (= formidable) great * ◆ **ça me va au ~** * it suits me fine * **b** [de brosse à dents, pinceau] bristle; [de tapis, étoffe] strand **c** (* = un petit peu) ◆ **un ~ plus grand** a bit bigger ◆ **il s'en est fallu d'un ~** it was a close thing

poiler (se) * [pwale] ► conjug 1 ◄ VPR to kill o.s. laughing *

poilu, e [pwaly] ADJ hairy

poinçon [pwɛ̃sɔ̃] NM **a** [de graveur] style **b** (= estampille) hallmark

poinçonner [pwɛ̃sɔne] ► conjug 1 ◄ VT [+ pièce d'orfèvrerie] to hallmark; [+ billet] to punch a hole in

poing [pwɛ̃] NM fist ◆ **taper du ~ sur la table** to bang one's fist on the table ◆ **il est entré, revolver au ~** he came in carrying a revolver ◆ **donner un coup de ~ à qn** to punch sb

point [pwɛ̃] NM **a** point ◆ **gagner aux ~s** (Boxe) to win on points ◆ **ils sont d'accord sur ce ~** they agree on this point ◆ **avoir des ~s communs** to have things in common ► **point faible** weak point ► **point fort** strong point **b** (= endroit) place; (Astron, Math) point ◆ **revenir à son ~ de départ** to come back to where one started ► **points cardinaux** cardinal points ► **point chaud** trouble spot ► **point culminant** peak ► **point de vente** sales outlet ► **point de vue** (= opinion) point of view ◆ **du ~ de vue moral** from a moral point of view **c** (Mus, sur i) dot; (= ponctuation) full stop (Brit), period (US); (= petite tache) spot ◆ **mettre les ~s sur les i** (fig) to spell it out ◆ **tu n'iras pas, un ~ c'est tout** you're not going and that's all there is to it ► **point d'exclamation** exclamation mark (Brit) or point (US) ► **point final** full stop (Brit), period (US) ► **point d'interrogation** question mark ► **point noir** (= comédon) blackhead; (= problème) problem ► **points de suspension** suspension points; (en dictant) dot, dot, dot **d** (Scol) ◆ **bon ~** good mark *(for conduct etc)*, plus **e** [de couture, tricot] stitch ► **points (de suture)** stitches **f** (= stade, moment) ◆ **nous en sommes toujours au même ~** we're no further forward **g** (locutions) ◆ **à tout ~** in every way ◆ **je ne pensais pas qu'il était nerveux à ce ~** I didn't think he was that nervous ◆ **elles se ressemblent à tel point qu'on pourrait les confondre** they look so alike that you could easily mistake one for the other

◆ **à point (nommé)** [arriver, venir] just at the right moment

◆ **au point mort** [voiture] in neutral; [de négociations, affaires] at a standstill

◆ **au plus haut point** [détester, admirer] intensely

◆ **jusqu'à un certain point** up to a point

◆ **faire le point** to take a bearing

◆ **à point** [fruit] just ripe; [fromage] just right for eating; [viande] medium

◆ **au point** ◆ **ce n'est pas encore au ~** it isn't quite up to scratch yet ◆ **mettre au ~** [+ photo, caméra] to focus; [+ stratégie, technique] to perfect; [+ médicament, système] to develop ◆ **mise au ~** (= explication, correction) clarification

◆ **être sur le point de faire qch** to be about to do sth

pointe [pwɛ̃t] NF **a** [d'aiguille, épée] point; [de flèche, lance] head; [de couteau, crayon, clocher] tip ◆ **en ~** [barbe, col] pointed ◆ **décolleté en ~** V-neckline ◆ **entrer sur la ~ des pieds** to tiptoe in **b** (= clou) tack; [de chaussure de football] stud; [d'alpiniste] spike **c** (= allusion ironique) pointed remark **d** (= petite quantité) ◆ **une ~ d'ail/d'ironie** a hint of garlic/of irony **e** (= maximum) peak ◆ **à la ~ du progrès** in the front line of progress ◆ **de ~** [industrie] high-tech; [technique] latest ◆ **heure de ~** (circulation) rush hour

pointer [pwɛ̃te] ► conjug 1 ◄ **1** VT **a** (= cocher) to tick off **b** [+ fusil] to point (vers, sur at) **2** VI [employé] (à l'arrivée) to clock in; (au départ) to clock out ◆ **~ à l'ANPE** to sign on **3** **se pointer** * VPR (= arriver) to turn up *

pointillé [pwɛ̃tije] NM (= trait) dotted line ◆ **en ~** dotted

pointilleux, -euse [pwɛ̃tijø, øz] ADJ pernickety (sur about)

pointu, e [pwɛ̃ty] ADJ **a** (= en forme de pointe) pointed; (= aiguisé) sharp **b** ◆ **accent ~** *accent of the Paris area* **c** [analyse] in-depth; [sujet] specialized

pointure [pwɛ̃tyʀ] NF size ◆ **quelle est votre ~ ?** what size are you?

point-virgule (pl **points-virgules**) [pwɛ̃viʀgyl] NM semi-colon

poire [pwaʀ] NF **a** (= fruit) pear **b** (* = dupe) ◆ **(bonne) ~** sucker *

poireau (pl **~x**) [pwaʀo] NM leek

poireauter * [pwaʀote] ► conjug 1 ◄ VI to hang about *

poirier [pwaʀje] NM (= arbre) pear tree ◆ **faire le ~** (= acrobatie) to do a headstand

pois [pwa] NM **a** (= légume) pea ◆ **petits ~** garden peas ► **pois chiche** chickpea **b** (Habillement) dot ◆ **robe à ~** polka dot dress

poison [pwazɔ̃] NM poison

poisse * [pwas] NF rotten luck * ◆ **avoir la ~** to have rotten luck *

poisseux, -euse [pwasø, øz] ADJ sticky

poisson [pwasɔ̃] NM **a** fish ◆ **deux ~s** two fish ◆ **être comme un ~ dans l'eau** to be in one's element ◆ **poisson d'avril!** April fool! ◆ **poisson rouge** goldfish **b** (Astron) ◆ **les Poissons** Pisces ◆ **il est Poissons** he's Pisces

poissonnerie [pwasɔnʀi] NF (= boutique) fish shop

poissonnier, -ière [pwasɔnje, jɛʀ] NM,F fishmonger (Brit), fish merchant (US)

poitrine [pwatʀin] NF chest; (= seins) bust; (Culin) [de veau, mouton] breast; [de porc] belly ◆ **elle n'a pas de ~** she's flat-chested

poivre [pwavʀ] NM pepper ◆ **~ gris ou noir** black pepper ◆ **~ en grains** whole pepper ◆ **~ et sel** [cheveux] pepper-and-salt

poivré, e [pwavʀe] ADJ [plat, odeur] peppery

poivrier [pwavʀije] NM (= récipient) pepperpot

poivron [pwavʀɔ̃] NM (sweet) pepper ◆ **~ rouge** red pepper

poker [pɔkɛʀ] NM (= jeu) poker

polaire [pɔlɛʀ] **1** ADJ polar ◆ **froid ~** arctic cold **2** NF (= vêtement) fleece jacket (ou sweatshirt etc)

polar * [pɔlaʀ] NM (= roman) detective novel; (= film) detective film

pôle [pol] NM **a** pole ◆ **le ~ Nord/Sud** the North/South Pole **b** (= centre) ◆ **~ universitaire** university centre ◆ **~ d'attraction** magnet

polémique [pɔlemik] **1** ADJ [écrit, article] polemical **2** NF controversy (sur about, over)

poli, e [pɔli] ADJ **a** [personne, refus, silence] polite ◆ **ce n'est pas ~ de parler la bouche pleine** it's bad manners to talk with your mouth full **b** [bois, métal] polished; [caillou] smooth

police [pɔlis] NF **a** (= corps) police NonC ◆ **la ~ est à ses trousses** the police are after him ▸ **police judiciaire** ≈ Criminal Investigation Department ▸ **police municipale** = local police ▸ **police secours** = emergency services **b** (= maintien de l'ordre) ◆ **faire la ~** to keep law and order **c** (Assurances) insurance policy **d** (Typo, Informatique) ◆ **~ (de caractères)** font

policier, -ière [pɔlisje, jɛʀ] **1** ADJ [chien, enquête, régime] police; [film, roman] detective **2** NM (= agent) police officer ◆ **femme ~** woman police officer

poliment [pɔlimɑ̃] ADV politely

polio [pɔljo] NF polio

polir [pɔliʀ] ▸ conjug 2 ◂ VT to polish

polisson, -onne [pɔlisɔ̃, ɔn] **1** ADJ naughty **2** NM,F (= enfant) little rascal

politesse [pɔlitɛs] NF politeness ◆ **par ~** to be polite ◆ **ce serait la moindre des ~s** it's the least you (ou he etc) can do

politicien, -ienne [pɔlitisjɛ̃, jɛn] **1** ADJ (péj) [manœuvre, querelle] (petty) political ◆ **la politique politicienne** politicking **2** NM,F politician

politique [pɔlitik] **1** ADJ political **2** NF **a** (= science, carrière) politics sg ◆ **faire de la ~** (métier) to be in politics **b** (= ligne de conduite, mesures) policy; (= manière de gouverner) policies ◆ **~ agricole commune** Common Agricultural Policy

pollen [pɔlɛn] NM pollen

polluer [pɔlɥe] ▸ conjug 1 ◂ VT to pollute

pollution [pɔlysjɔ̃] NF pollution ◆ **~ de l'air** air pollution

polo [pɔlo] NM **a** (Sport) polo **b** (= chemise) polo shirt

Pologne [pɔlɔɲ] NF Poland

polonais, e [pɔlɔnɛ, ɛz] **1** ADJ Polish **2** NM (= langue) Polish **3** **Polonais(e)** NM,F Pole

poltron, -onne [pɔltʀɔ̃, ɔn] NM,F coward

polyamide [pɔliamid] NM polyamide

polyclinique [pɔliklinik] NF private general hospital

polycopier [pɔlikɔpje] ▸ conjug 7 ◂ VT to duplicate

polyester [pɔliɛstɛʀ] NM polyester

polygamie [pɔligami] NF polygamy

polyglotte [pɔliɡlɔt] ADJ, NMF polyglot

Polynésie [pɔlinezi] NF Polynesia ◆ **la ~ française** French Polynesia

polynésien, -ienne [pɔlinezjɛ̃, jɛn] **1** ADJ Polynesian **2** **Polynésien(ne)** NM,F Polynesian

polystyrène [pɔlistiʀɛn] NM polystyrene ◆ **~ expansé** expanded polystyrene

polytechnique [pɔliteknik] ADJ, NF ◆ **Polytechnique, l'École ~** prestigious French engineering school

polyvalent, e [pɔlivalɑ̃, ɑ̃t] **1** ADJ [salle] multipurpose; [personne] versatile **2** **polyvalente** NF (Can) secondary school teaching academic and vocational subjects

pommade [pɔmad] NF (pour la peau) ointment

pomme [pɔm] NF **a** (= fruit) apple; (= pomme de terre) potato ◆ **tomber dans les ~s** * to faint ▸ **pomme d'Adam** Adam's apple ▸ **pommes frites** French fries ▸ **pomme de pin** fir cone ▸ **pomme de terre** potato ▸ **pommes vapeur** boiled potatoes **b** [d'arrosoir] rose ◆ **~ de douche** showerhead

pommette [pɔmɛt] NF cheekbone

pommier [pɔmje] NM apple tree

pompe [pɔ̃p] **1** NF **a** (= machine) pump ◆ **j'ai eu un coup de ~** * I felt drained ◆ **à toute ~** * flat out * ▸ **pompe à essence** (= distributeur) petrol (Brit) ou gas(oline) (US) pump; (= station) petrol (Brit) ou gas (US) station **b** (* = chaussure) shoe **c** (= exercice) ✦ **faire des ~s** to do press-ups (Brit) ou push-ups (US) **d** (= solennité) pomp ✦ **en grande ~** with great pomp **2** COMP ▸ **pompes funèbres** undertaker's ✦ **entreprise de ~s funèbres** funeral director's (Brit), funeral parlor (US)

pomper [pɔ̃pe] ▸ conjug 1 ◂ VT **a** [+ air, liquide] to pump; (= évacuer) to pump out; (= faire monter) to pump up **b** (* = copier) to crib * (sur from)

pompette * [pɔ̃pɛt] ADJ tipsy *

pompeux, -euse [pɔ̃pø, øz] ADJ pompous

pompier, -ière [pɔ̃pje, jɛR] **1** ADJ (péj) [style, écrivain] pompous **2** NM (= personne) firefighter ✦ **appeler les ~s** to call the fire brigade (Brit) ou department (US)

pompiste [pɔ̃pist] NMF petrol pump (Brit) ou gas station (US) attendant

pompon [pɔ̃pɔ̃] NM pompom ✦ **c'est le ~ !** it's the last straw!

pomponner (se) [pɔ̃pɔne] ▸ conjug 1 ◂ VPR to get dressed up

ponce [pɔ̃s] ADJ ✦ **pierre ~** pumice stone

poncer [pɔ̃se] ▸ conjug 3 ◂ VT to sand

ponction [pɔ̃ksjɔ̃] NF **a** (lombaire) puncture; (pulmonaire) tapping **b** [d'argent] draining

ponctualité [pɔ̃ktɥalite] NF punctuality

ponctuation [pɔ̃ktɥasjɔ̃] NF punctuation

ponctuel, -elle [pɔ̃ktɥɛl] ADJ **a** (= à l'heure) punctual **b** (= ciblé) selective; [problème] isolated

ponctuer [pɔ̃ktɥe] ▸ conjug 1 ◂ VT to punctuate (**de** with)

pondéré, e [pɔ̃deRe] ADJ **a** [personne, attitude] level-headed **b** ✦ **indice ~** weighted index

pondre [pɔ̃dR] ▸ conjug 41 ◂ VT [+ œuf] to lay; [+ texte] * to produce

poney [pɔnɛ] NM pony ✦ **faire du ~** to go pony riding

pont [pɔ̃] NM **a** bridge ✦ **coucher sous les ~s** to sleep rough ✦ **couper les ~s avec qn** to sever all links with sb ▸ **pont aérien** airlift ▸ **pont suspendu** suspension bridge **b** (sur bateau) deck **c** (dans garage) ramp **d** (= vacances) extra day(s) off *(taken between two public holidays or a public holiday and a weekend)* ✦ **faire le ~** to make a long weekend of it

ponte¹ [pɔ̃t] NF laying (of eggs)

ponte² * [pɔ̃t] NM bigwig *

pont-levis (pl **ponts-levis**) [pɔ̃l(ə)vi] NM drawbridge

ponton [pɔ̃tɔ̃] NM (= plate-forme) pontoon

pop [pɔp] **1** ADJ INV [musique, art] pop **2** NF pop music

pop-corn [pɔpkɔrn] NM INV popcorn

pope [pɔp] NM Orthodox priest

popote * [pɔpɔt] NF (= cuisine) ✦ **faire la ~** to cook

populaire [pɔpylɛR] ADJ **a** (= gén) popular ✦ **très ~ auprès des jeunes** very popular with young people **b** (= ouvrier) working-class ✦ **les classes ~s** the working classes **c** [mot, expression] vernacular; (= familier) slang

populariser [pɔpylaRize] ▸ conjug 1 ◂ VT to popularize

popularité [pɔpylaRite] NF popularity

population [pɔpylasjɔ̃] NF population ✦ **~ active** working population

porc [pɔR] NM **a** (= animal) pig; (= viande) pork; (= peau) pigskin **b** (* = homme) pig *

porcelaine [pɔRsəlɛn] NF (= matière) porcelain

porc-épic (pl **porcs-épics**) [pɔRkepik] NM porcupine

porche [pɔRʃ] NM porch

porcherie [pɔRʃəRi] NF pigsty

porcin, e [pɔRsɛ̃, in] ADJ ✦ **l'élevage ~** pig breeding ✦ **race ~e** breed of pig

pore [pɔR] NM pore

poreux, -euse [pɔRø, øz] ADJ porous

porno * [pɔRno] ADJ (abrév de **pornographique**) porn *

pornographique [pɔRnɔgRafik] ADJ pornographic

port [pɔR] NM **a** (= bassin) harbour (Brit), harbor (US); (commercial) port; (= ville) port ▸ **port fluvial** river port ▸ **port de pêche** fishing port ▸ **port de plaisance** (= bassin) marina **b** (Informatique) port **c** (= fait de porter) [d'armes] carrying ✦ **le ~ du casque est obligatoire sur le chantier** hard hats must be worn on the building site **d** (= prix) (poste) postage; (transport) carriage

portable [pɔRtabl] **1** ADJ [vêtement] wearable; (= portatif) portable; [téléphone] mobile **2** NM (= ordinateur) laptop; (= téléphone) mobile *

portail [pɔRtaj] NM gate; (Internet) gateway

portant, e [pɔRtɑ̃, ɑ̃t] ADJ ✦ **être bien/mal ~** to be in good/poor health

portatif, -ive [pɔRtatif, iv] ADJ portable

porte [pɔRt] NF **a** [de maison, voiture, meuble] door; [de jardin, stade, ville] gate ✦ **une 5 ~s** a 5-door car ✦ **ce n'est pas la ~ à côté** it's not exactly on our (ou my etc) doorstep ✦ **mettre** ou **flanquer qn à la ~** * (licencier) to fire sb *; (éjecter) to boot * sb out ✦ **j'ai trouvé ~ close**

(maison) no one answered the door; (magasin, bâtiment public) it was closed ◆ **journée ~(s) ouverte(s)** open day (Brit), open house (US) ▶ **porte cochère** carriage entrance ▶ **porte d'entrée** front door **b** [d'aéroport] gate

porte-à-faux [pɔʀtafo] NM ◆ **en ~** [mur, construction] slanting; [personne] in an awkward position

porte-à-porte [pɔʀtapɔʀt] NM INV ◆ **faire du ~** (= vendre) to be a door-to-door salesman

porte-avions [pɔʀtavjɔ̃] NM INV aircraft carrier

porte-bagages [pɔʀt(ə)bagaʒ] NM INV rack

porte-bébé (pl **~s**) [pɔʀt(ə)bebe] NM (= nacelle) carrycot (Brit); (à bretelles) baby sling

porte-bonheur [pɔʀt(ə)bɔnœʀ] NM INV lucky charm

porte-clés [pɔʀt(ə)kle] NM INV key ring

porte-documents [pɔʀt(ə)dɔkymɑ̃] NM INV briefcase

portée [pɔʀte] NF **a** (= distance) reach; [de fusil, radar, missile] range ◆ **à ~ de (la) main** at hand ◆ **à la ~ de toutes les bourses** within everyone's means ◆ **être à la ~ de qn** (intellectuellement) to be understandable to sb ◆ **hors de ~** out of reach; (fig) beyond reach **b** [de parole, écrit] impact; [d'acte] consequences **c** (Mus) stave **d** (= bébés) litter

porte-fenêtre (pl **portes-fenêtres**) [pɔʀt(ə) fənɛtʀ] NF French window (Brit) ou door (US)

portefeuille [pɔʀtəfœj] NM [d'argent] wallet; (Assurances, Bourse, Pol) portfolio

portemanteau (pl **~x**) [pɔʀt(ə)mɑ̃to] NM (= cintre) coat hanger; (accroché au mur) coat rack; (sur pied) hat stand

porte-monnaie [pɔʀt(ə)mɔnɛ] NM INV purse (Brit), coin purse (US); (pour homme) wallet

porte-parole [pɔʀt(ə)paʀɔl] NMF INV spokesperson

porter [pɔʀte] ▸ conjug 1 ◂ **1** VT **a** [+ parapluie, paquet, valise] to carry; [+ responsabilité] to bear **b** (= apporter) to take ◆ **~ qch à qn** to take sth to sb ◆ **~ une œuvre à l'écran/à la scène** to make a film/stage a play based on a work **c** [+ vêtement, bague, lunettes] to wear; [+ barbe] to have; [+ nom, trace, inscription, date] to bear **d** (= inscrire) to put down ◆ **se faire ~ malade** to go sick ◆ **porté disparu** reported missing **e** [+ graines, fruit] to bear ◆ **~ ses fruits** to bear fruit **f** (= inciter) ◆ **~ qn à faire qch** to lead sb to do sth ◆ **tout (nous) porte à croire que ...** everything leads us to believe that ... **2** VI **a** [bruit, voix, canon] to carry **b** [reproche, coup] to hit home **c** [poids] ◆ **~ sur** to be supported by **3** VT INDIR

◆ **porter sur** [débat, cours] to be about; [revendications, objection] to concern **4** **se porter** VPR **a** [personne] ◆ **se ~ bien/mal** to be

well/unwell **b** ◆ **se ~ candidat** to run as a candidate **c** [vêtement] ◆ **les jupes se portent très courtes** the fashion is for very short skirts ◆ **ça ne se porte plus** that's out of fashion

porte-savon (pl **~s**) [pɔʀt(ə)savɔ̃] NM soapdish

porte-serviettes [pɔʀt(ə)sɛʀvjɛt] NM INV towel rail

porteur, -euse [pɔʀtœʀ, øz] **1** ADJ [mur] load-bearing ◆ **thème ~** key theme ◆ **marché ~** growth market **2** NM,F **a** [de valise, colis] porter; [de message] messenger; [de chèque] bearer; [de titre, actions] holder **b** (Méd) carrier

porte-voix [pɔʀtəvwa] NM INV megaphone

portier [pɔʀtje] NM porter

portière [pɔʀtjɛʀ] NF [de véhicule] door

portillon [pɔʀtijɔ̃] NM gate; [de métro] barrier

portion [pɔʀsjɔ̃] NF portion

porto [pɔʀto] NM port

portrait [pɔʀtʀɛ] NM **a** (= peinture) portrait; (= photo) photograph ◆ **c'est tout le ~ de son père** he's the spitting image of his father **b** (= description) [de personne] description; [de situation] picture ◆ **faire le ~ de qn** to paint a portrait of sb

portrait-robot (pl **portraits-robots**) [pɔʀ tʀɛʀɔbo] NM Photofit ®

portuaire [pɔʀtɥɛʀ] ADJ harbour (Brit), harbor (US)

portugais, e [pɔʀtygɛ, ɛz] **1** ADJ Portuguese **2** NM (= langue) Portuguese **3** **Portugais(e)** NM,F Portuguese

Portugal [pɔʀtygal] NM Portugal

pose [poz] NF **a** [de moquette, serrure] fitting **b** (= attitude) pose ◆ **prendre une ~** to strike a pose **c** (Photo = vue) exposure

posé, e [poze] ADJ [personne] level-headed

poser [poze] ▸ conjug 1 ◂ **1** VT **a** (= placer) [+ objet] to put down; (debout) to stand ◆ **~ une échelle contre un mur** to lean a ladder against a wall **b** (= installer) [+ carrelage, moquette] to lay; [+ vitre] to put in; [+ serrure] to fit; [+ bombe] to plant **c** [+ chiffres] ◆ **je pose 4 et je retiens 3** put down 4 and carry 3 **d** [+ condition] to set; [+ question] to ask ◆ **~ sa candidature à un poste** to apply for a post **2** VI (pour portrait) to sit; (= se pavaner) to show off **3** **se poser** VPR **a** [insecte, oiseau, avion] to land ◆ **son regard s'est posé sur elle** his eyes fell on her **b** [question, problème] to arise

poseur, -euse [pozœʀ, øz] NM,F (péj) show-off

positif, -ive [pozitif, iv] ADJ positive

position [pozisjɔ̃] NF **a** position; [de navire] bearings ◆ **arriver en première/deuxième/ dernière ~** to come first/second/last ◆ **en ~ allongée/assise** in a reclining/sitting position

◆ **être dans une ~ délicate** to be in a difficult position **b** (= attitude) stance ◆ **prendre ~ en faveur de qch** to come down in favour of sth ◆ **prise de ~** stand

positionner [pozisjɔne] ► conjug 1 ◄ **1** VT to position **2** **se positionner** VPR to position o.s.

posologie [pozɔlɔʒi] NF directions for use

posséder [posede] ► conjug 6 ◄ VT **a** to have; [+ bien, maison] to own **b** (= bien connaître) [+ langue] to have a good command of **c** (* = duper) to take in *

possesseur [posesœʀ] NM [de bien] owner; [de diplôme, titre] holder

possessif, -ive [posesif, iv] ADJ possessive

possession [posesjɔ̃] NF **a** [de bien] ownership; [de diplôme, titre] holding ◆ **être en ~ de qch** to be in possession of sth **b** (= chose possédée) possession

possibilité [posibilite] **1** NF possibility **2** **possibilités** NFPL (= moyens) means; (= potentiel) potential

possible [posibl] **1** ADJ possible ◆ **si ~** if possible ◆ **c'est (bien) ~/très ~** possibly/very possibly ◆ **venez aussi vite/aussitôt que ~** come as quickly/as soon as possible ◆ **venez le plus vite/tôt ~** come as quickly/as soon as you can ◆ **un bruit pas ~ ~** an incredible racket * ◆ **c'est pas ~ !** * (étonnant) well I never! * ◆ **il est ~ qu'il vienne** he might come **2** NM ◆ **faire (tout) son ~** to do one's utmost (pour to; pour que to make sure that)

postal, e (mpl **-aux**) [postal, o] ADJ [service, taxe] postal; [train] mail; [colis] sent by mail

poste¹ [post] NF **a** (= administration, bureau) post office **b** (= service postal) mail ◆ **envoyer qch par la ~** to send sth by post ◆ **mettre une lettre à la ~** to post a letter ► **poste restante** poste restante (Brit), general delivery (US)

poste² [post] NM **a** (= emplacement) post ► **poste frontière** border post ► **poste de pilotage** cockpit ► **poste de travail** (Informatique) work station **b** ◆ **~ (de police)** (police) station ◆ **il a passé la nuit au ~** he spent the night in the cells **c** (= emploi) job; [de fonctionnaire] post ◆ **il a trouvé un ~ de bibliothécaire** he has found a job as a librarian **d** (Radio, TV) set ◆ **~ de radio/de télévision** radio/television set **e** (Téléc = ligne) extension

poster¹ [poste] ► conjug 1 ◄ **1** VT **a** [+ lettre] to post (Brit), to mail (US) **b** [+ sentinelle] to post **2** **se poster** VPR to take up a position

poster² [postɛʀ] NM (= affiche) poster

postérieur, e [posteʀjœʀ] **1** ADJ **a** [date, document] later; [événement] subsequent ◆ **l'événement est ~ à 1850** the event took place after 1850 **b** [membre] hind **2** NM * behind *

posteriori [posteʀjɔʀi] → **a posteriori**

postérité [posteʀite] NF (= descendants) descendants; (= avenir) posterity ◆ **passer à la ~** to go down in history

posthume [postym] ADJ posthumous ◆ **à titre ~** posthumously

postiche [postiʃ] **1** ADJ false **2** NM (pour homme) toupee; (pour femme) hairpiece

postier, -ière [postje, jɛʀ] NM,F post office worker

postillonner * [postijɔne] ► conjug 1 ◄ VI to splutter

post-scriptum [postskʀiptɔm] NM INV postscript

postuler [postyle] ► conjug 1 ◄ VI ◆ **~ à ou pour un emploi** to apply for a job

posture [postyʀ] NF position

pot [po] **1** NM **a** (en verre) jar; (en terre) pot ◆ **petit ~ (pour bébé)** jar of baby food ◆ **~ à confiture** jamjar ◆ **tourner autour du ~** to beat about the bush ► **pot de chambre** chamberpot ► **pot de colle** (péj = personne) leech ► **pot de fleurs** (= récipient) flowerpot; (= fleurs) pot plant **b** * (= boisson) drink; (= réunion) drinks party **c** (* = chance) luck ◆ **avoir du ~** to be lucky **2** COMP ► **pot d'échappement** exhaust pipe ► **pot catalytique** catalytic converter

potable [potabl] ADJ drinkable; (= acceptable) * passable ◆ **eau ~** drinking water

potage [potaʒ] NM soup

potager, -ère [potaʒe, ɛʀ] **1** ADJ [plante] edible ◆ **jardin ~** vegetable garden **2** NM vegetable garden

potasser * [potase] ► conjug 1 ◄ VT to swot up (on) * (Brit)

potassium [potasjɔm] NM potassium

pot-au-feu [potofø] NM INV hotpot (made with beef)

pot-de-vin (pl **pots-de-vin**) [pod(ə)vɛ̃] NM bribe

pote * [pot] NM pal *

poteau (pl **~x**) [poto] NM (= pilier) post ◆ **~ électrique/télégraphique** electricity/telegraph pole ◆ **~ indicateur** signpost

potelé, e [pot(ə)le] ADJ [enfant] chubby; [bras] plump

potentiel, -ielle [potãsjɛl] ADJ, NM potential

poterie [potʀi] NF (= atelier, art) pottery; (= objet) piece of pottery

potiche [potiʃ] NF oriental vase; (péj = prêtenom) figurehead

potier, -ière [potje, jɛʀ] NM,F potter

potin * [potɛ̃] **1** NM (= vacarme) racket * **2** **potins** NMPL (= commérages) gossip

potion [posjɔ̃] NF potion

potiron [pɔtiRɔ̃] NM pumpkin

pot-pourri (pl **pots-pourris**) [popuʀi] NM [de fleurs] pot pourri; [de chansons] medley

pou (pl **~x**) [pu] NM louse

poubelle [pubɛl] NF dustbin (Brit), garbage can (US) ◆ **mettre qch à la ~** to put sth in the dustbin (Brit) ou garbage can (US)

pouce [pus] NM [de main] thumb; [de pied] big toe ◆ **se tourner les ~s** to twiddle one's thumbs ◆ **faire du ~** * Can to hitch *

poudre [pudʀ] NF powder ◆ **en ~** [lait, œufs] powdered ◆ **c'est de la ~ aux yeux** it's all just for show ◆ **lessive en ~** washing powder

poudrerie [pudʀəʀi] NF (Can) blizzard

poudreux, -euse [pudʀø, øz] **1** ADJ (= poussiéreux) dusty **2** **poudreuse** NF (= neige) powder snow

poudrier [pudʀije] NM (powder) compact

poudrière [pudʀijɛʀ] NF (= situation explosive) powder keg

pouf [puf] NM pouffe

pouffer [pufe] ► conjug 1 ◄ VI ◆ **~ (de rire)** to burst out laughing

pouilleux, -euse [pujø, øz] ADJ (= sordide) seedy

poulailler [pulaje] NM henhouse; (au théâtre) * gallery

poulain [pulɛ̃] NM (= animal) colt; (= protégé) protégé

poule [pul] NF **a** (= animal) hen; (= viande) fowl ► **poule mouillée** (= lâche) coward **b** (Rugby) group

poulet [pulɛ] NM **a** (= animal, viande) chicken **b** (* = policier) cop *

pouliche [puliʃ] NF filly

poulie [puli] NF pulley

poulpe [pulp] NM octopus

pouls [pu] NM pulse ◆ **prendre le ~ à qn** to take sb's pulse

poumon [pumɔ̃] NM lung

poupe [pup] NF [de bateau] stern

poupée [pupe] NF (= jouet) doll ◆ **elle joue à la ~** she's playing with her doll(s)

pouponnière [pupɔnjɛʀ] NF day nursery

---

pour [puʀ]

1 PRÉP **a** (= gén) for ◆ **je suis ~ !** * I'm all for it! * ◆ **partir ~ l'Espagne** to leave for Spain ◆ **~ le moment** for the moment ◆ **tu en as ~ combien de temps ?** how long are you going to

be? ◆ **il est petit ~ son âge** he is small for his age ◆ **c'est bon ~ la santé** it's good for you ◆ **pastilles ~ la gorge** throat tablets

◆ **pour cent** per cent

◆ **pour** + infinitif to ◆ **creuser ~ trouver de l'eau** to dig to find water ◆ **je n'ai rien dit ~ ne pas le blesser** I didn't say anything so as not to hurt him

◆ **pour que** (+ subjonctif) so that ◆ **écris vite ta lettre ~ qu'elle parte ce soir** write your letter quickly so that it will go this evening

b (cause) ◆ **être condamné ~ vol** to be convicted of theft ◆ **elle a été punie ~ avoir menti** she was punished for lying ◆ **il est connu ~ sa générosité** he is known for his generosity

c (= concernant) ◆ **~ moi, elle était déjà au courant** if you ask me, she already knew ◆ **le plombier est venu ~ la chaudière** the plumber came about the boiler

d (avec des sommes) ◆ **il l'a eu ~ 10 F** he got it for 10 francs ◆ **j'en ai eu ~ 50 F de photocopies** it cost me 50 francs to do the photocopies

e (= comme) as ◆ **prendre qn ~ femme** to take sb as one's wife ◆ **il a son cousin ~ adjoint** he has his cousin as his deputy

2 NM ◆ **le ~ et le contre** the arguments for and against

---

pourboire [puʀbwaʀ] NM tip ◆ **10 F de ~** a 10 franc tip

pourcentage [puʀsɑ̃taʒ] NM percentage; (= commission) commission

pourchasser [puʀʃase] ► conjug 1 ◄ VT to pursue

pourparlers [puʀpaʀle] NMPL talks ◆ **être en ~ avec qn** to be having talks with sb

pourpre [puʀpʀ] ADJ, NM crimson

pourquoi [puʀkwa] **1** CONJ, ADV why ◆ **~ est-il venu ?** why did he come? ◆ **~ pas ?** why not? **2** NM INV (= raison) reason (de for) ◆ **le ~ et le comment** the whys and wherefores

pourrait [puʀɛ] VB → **pouvoir**

pourri, e [puʀi] ADJ rotten; [viande, œuf] bad

pourrir [puʀiʀ] ► conjug 2 ◄ **1** VI [fruit] to go rotten; [bois] to rot; [œuf] to go bad **2** VT **a** [+ fruit] to rot **b** (= gâter) [+ enfant] to spoil rotten; (= corrompre) to corrupt

pourriture [puʀityʀ] NF rot; * (péj) (= homme) swine *; (= femme) bitch *

poursuite [puʀsɥit] **1** NF **a** [de voleur, animal, bonheur, gloire] pursuit (de of) ◆ **se lancer à la ~ de qn** to chase after sb ◆ **~ en voiture** car chase **b** (= continuation) continuation **2** **poursuites** NFPL legal proceedings

poursuivre [puʀsɥivʀ] ► conjug 40 ◄ **1** VT **a** [+ fugitif, rêve] to pursue; [+ but, idéal] to strive towards **b** (= harceler) to hound **c** (= continuer) to continue **d** ◆ ~ **qn (en justice)** (au pénal) to prosecute sb; (au civil) to sue sb **2** VI (= continuer) to go on **3** **se poursuivre** VPR (= continuer) to go on

pourtant [puʀtɑ̃] ADV yet ◆ **frêle et ~ résistant** frail but resilient ◆ **on lui a ~ dit de faire attention** we did tell him to be careful

pourtour [puʀtuʀ] NM surround

pourvoir [puʀvwaʀ] ► conjug 25 ◄ **1** VT **a** ◆ ~ **qn de qch** to provide sb with sth **b** [+ poste] to fill **2** **pourvoir à** VT INDIR [+ éventualité, besoins] to provide for

pourvu [puʀvy] **pourvu que** LOC ADV (souhait) let's hope; (condition) provided that

pousse [pus] NF (= bourgeon) shoot ◆ **~s de bambou** bamboo shoots

poussé, e[1] [puse] ADJ [études] advanced; [interrogatoire] intensive

pousse-café * [puskafe] NM INV liqueur

poussée[2] [puse] NF **a** (= pression) [de foule] pressure; (Archit, Aviat, Physique) thrust NonC **b** [d'acné] attack ◆ ~ **de fièvre** sudden high temperature

pousse-pousse [puspus] NM INV rickshaw

pousser [puse] ► conjug 1 ◄ **1** VT **a** (gén) to push; [+ verrou] to slide; [+ objet gênant, pion] to move; [vent] to blow **b** [+ moteur, voiture] to drive hard; [+ chauffage] to turn up **c** (= motiver) ◆ ~ **qn à faire qch** [faim, curiosité] to drive sb to do sth; [personne] to press sb to do sth ◆ ~ **qn au désespoir** to drive sb to despair ◆ ~ (= poursuivre) to continue ◆ ~ **la plaisanterie un peu loin** to take the joke a bit too far ◆ ~ **qn à bout** to push sb to breaking point **e** [+ cri, hurlement] to give; [+ soupir] to heave **2** VI **a** [plante, barbe, enfant] to grow; [dent] to come through ◆ **faire** ~ **qch** to grow ◆ **il se laisse** ~ **la barbe** he's growing a beard **b** (= exercer une pression, faire un effort) to push **c** (= aller) to go on ◆ **nous allons** ~ **un peu plus avant** we're going to go on a bit further ◆ ~ **jusqu'à Lyon** to go on as far as Lyon **d** (* = exagérer) to go too far **3** **se pousser** VPR (= se déplacer) to move

poussette [puset] NF (pour enfant) pushchair (Brit), stroller (US)

poussière [pusjɛʀ] NF dust ◆ **tomber en** ~ to crumble into dust ◆ **100 F et des ~s** * just over 100 francs

poussiéreux, -euse [pusjeʀø, øz] ADJ dusty; (fig) fusty

poussif, -ive [pusif, iv] ADJ [moteur] wheezing

poussin [pusɛ̃] NM **a** (= animal) chick **b** (Sport) junior

poutre [putʀ] NF beam ◆ **~s apparentes** exposed beams

1 VB AUX **a** (permission) ◆ **tu peux le garder si tu veux** you can keep it if you like ◆ **tu peux très bien ne pas venir** you don't have to come ◆ **elle ne pourra lui rendre visite qu'une fois par semaine** she'll only be able to visit him once a week

b (demande) ◆ **puis-je emprunter votre stylo ?** could I borrow your pen? ◆ **tu peux m'ouvrir la porte, s'il te plaît ?** can you ou could you open the door for me, please?

c (possibilité) ◆ **il n'a pas pu venir** he couldn't come ◆ **il ne pourra plus jamais marcher** he will never be able to walk again ◆ **j'ai essayé de le joindre, mais je n'ai pas pu** I tried to get in touch with him but I didn't manage to

d (éventualité, hypothèse) ◆ **ça peut laisser une cicatrice** it might leave a scar ◆ **ça aurait pu être un voleur !** it could ou might have been a burglar! ◆ **il a très bien pu entrer sans qu'on le voie** he could very well have come in without anyone seeing him ◆ **qu'est-ce qu'il peut bien faire ?** what can he be doing?

e (suggestion) could ◆ **je pourrais venir te chercher** I could come and pick you up ◆ **tu aurais pu me dire ça plus tôt !** you could have told me sooner!

2 VB IMPERS ◆ **il peut pleuvoir** it may rain ◆ **il pourrait pleuvoir** it might rain

3 VT can ◆ **il fait ce qu'il peut** he does what he can ◆ **que puis-je pour vous ?** what can I do for you? ◆ **désolé, mais je n'y peux rien** I'm sorry, but there's nothing I can do about it ◆ **je n'en peux plus** (fatigue) I'm worn out; (énervement) I've had enough

4 **se pouvoir** VPR ◆ **ça se peut** * it's possible ◆ **tu crois qu'il va pleuvoir ? – ça se pourrait bien** do you think it's going to rain? – it might ◆ **il se peut qu'elle vienne** she may come ◆ **il se pourrait bien qu'il pleuve** it might ou could well rain

5 NM power ◆ **il fera tout ce qui est en son** ~ he will do everything in his power ◆ ~ **central** central government ◆ **le parti au** ~ the party in power ◆ **prendre le** ~ (illégalement) to seize power ◆ **le** ~ **exécutif/judiciaire** executive/ judicial power ◆ ~ **d'achat** purchasing power

pragmatique [pʀagmatik] ADJ pragmatic

prairie [pʀeʀi] NF meadow

praline [pʀalin] NF (à la cacahuète) peanut brittle; (Belg = chocolat) chocolate

praliné, e [pʀaline] ADJ [glace, crème] praline

praticable [pʀatikabl] ADJ [chemin] passable

pratiquant, e [pʀatikɑ̃, ɑ̃t] ADJ practising, practicing (US)

pratique [pʀatik] **1** ADJ practical; [instrument] handy ◆ **c'est très ~, j'habite à côté du bureau** it's very convenient, I live next door to the office **2** NF **a** (= application, procédé) practice ◆ **dans la ~** in practice ◆ **mettre qch en ~** to put sth into practice **b** (= expérience) practical experience **c** [de médecine, sport] practising

pratiquement [pʀatikmɑ̃] ADV (= en pratique, en réalité) in practice; (= presque) practically ◆ **~ pas/jamais** hardly/hardly ever

pratiquer [pʀatike] ► conjug 1 ◄ **1** VT **a** [+ charité, religion, profession] to practise (Brit), to practice (US); [+ football, golf] to play **b** [+ ouverture, trou] to make; [+ intervention] to carry out **c** [+ méthode, système] to use **2** VI **a** [croyant] to practise (Brit) ou practice (US) one's religion **b** [médecin] to be in practice

pré [pʀe] NM meadow

préadolescent, e [pʀeadɔlesɑ̃, ɑ̃t] **1** ADJ preadolescent, pre-teenage **2** NM, F preadolescent, pre-teenager

préalable [pʀealabl] **1** ADJ [condition, étude] preliminary; [accord, avis] prior **2** NM (= condition) precondition ◆ **au ~** first

préambule [pʀeɑ̃byl] NM [de discours, loi] preamble (de to); (= prélude) prelude (à to)

préau (pl **~x**) [pʀeo] NM [d'école] covered playground

préavis [pʀeavi] NM notice ◆ **~ de grève** strike notice

précaire [pʀekɛʀ] ADJ precarious; [emploi] insecure

précaution [pʀekosjɔ̃] NF **a** (= disposition) precaution ◆ **prendre des ou ses ~s** to take precautions ◆ **~s d'emploi** (pour médicament) precautions for use **b** (= prudence) caution ◆ **avec ~** cautiously ◆ **par ~** as a precaution

précédemment [pʀesedamɑ̃] ADV previously

précédent, e [pʀesedɑ̃, ɑ̃t] **1** ADJ previous ◆ **le jour/mois ~** the previous day/month **2** NM precedent ◆ **sans ~** unprecedented

précéder [pʀesede] ► conjug 6 ◄ VT to precede; (dans une carrière, une découverte) to get ahead of ◆ **il m'a précédé de cinq minutes** he got there five minutes before me ◆ **dans le mois qui a précédé son départ** in the month leading up to his departure

précepte [pʀesɛpt] NM precept

prêcher [pʀeʃe] ► conjug 1 ◄ **1** VT **a** [+ personne] to preach to **b** [+ modération, non-violence, tolérance] to advocate **2** VI to preach

précieusement [pʀesjøzmɑ̃] ADV (= soigneusement) carefully

précieux, -ieuse [pʀesjø, jøz] ADJ **a** (= de valeur, affecté) precious **b** (= très utile) invaluable (à to) **c** (= cher) valued

précipice [pʀesipis] NM precipice; (fig) abyss

précipitamment [pʀesipitamɑ̃] ADV hurriedly

précipitation [pʀesipitasjɔ̃] **1** NF (= hâte) haste **2 précipitations** NFPL (= pluies) rainfall

précipité, e [pʀesipite] ADJ [départ, décision] hasty

précipiter [pʀesipite] ► conjug 1 ◄ **1** VT **a** (= projeter) to throw **b** (= hâter) to precipitate; [+ départ] to hasten **2 se précipiter** VPR **a** [personne] ◆ **se ~ dans le vide** to hurl o.s. into space ◆ **se ~ du haut d'une falaise** to jump off a cliff ◆ **se ~ vers/sur** to rush towards/at **b** (= se dépêcher) to hurry

précis, e [pʀesi, iz] ADJ precise; [calcul, instrument, tir, montre] accurate; [fait, raison, but] particular; [souvenir] clear; [contours] distinct ◆ **rien de ~** nothing in particular

précisément [pʀesizemɑ̃] ADV **a** [décrire] accurately; [définir, déterminer, expliquer] clearly ◆ **ou plus ~** or more precisely **b** (= justement) precisely **c** (= exactement) exactly

préciser [pʀesize] ► conjug 1 ◄ **1** VT [+ idée, intention] to make clear; [+ fait, point] to be more specific about ◆ **je vous préciserai la date plus tard** I'll let you know the exact date later ◆ **il a précisé que ...** he explained that ... **2 se préciser** VPR [idée] to take shape; [danger, intention] to become clear

précision [pʀesizjɔ̃] NF **a** precision; [de description] accuracy; [de contours] distinctness **b** (= détail) ◆ **j'aimerais vous demander une ~** I'd like to ask you to explain one thing ◆ **il n'a donné aucune ~** he didn't go into any detail

précoce [pʀekɔs] ADJ early; [calvitie, sénilité] premature; [enfant] precocious

préconiser [pʀekɔnize] ► conjug 1 ◄ VT [+ remède] to recommend; [+ méthode, mode de vie, solution] to advocate

précurseur [pʀekyʀsœʀ] NM (= personne) forerunner

prédateur [pʀedatœʀ] NM predator

prédécesseur [pʀedesesœʀ] NM predecessor

prédestiner [pʀedɛstine] ► conjug 1 ◄ VT to predestine (à qch for sth; à faire qch to do sth)

prédicateur [pʀedikatœʀ] NM preacher

prédiction [pʀediksjɔ̃] NF prediction

prédilection [pʀedilɛksjɔ̃] NF predilection ◆ **avoir une ~ pour qch** to be partial to sth ◆ **de ~** favourite

prédire [pʀediʀ] ► conjug 37 ◄ VT to predict (à qn for sb); [prophète] to foretell

prédisposition [pʀedispozisjɔ̃] NF predisposition (à qch to sth) ◆ **elle avait des ~s pour la peinture** she showed a talent for painting

prédominer [pʀedɔmine] ► conjug 1 ◄ VI to predominate; [avis, impression] to prevail

préfabriqué, e [pʀefabʀike] **1** ADJ prefabricated **2** NM (= construction) prefabricated building

préface [pʀefas] NF preface

préfecture [pʀefɛktyʀ] NF prefecture ◆ ~ de police police headquarters

préférable [pʀefeʀabl] ADJ preferable (à qch to sth)

préféré, e [pʀefeʀe] ADJ, NM,F favourite (Brit), favorite (US)

préférence [pʀefeʀɑ̃s] NF preference ◆ de ~ preferably

préférentiel, -ielle [pʀefeʀɑ̃sjɛl] ADJ preferential

préférer [pʀefeʀe] ► conjug 6 ◄ VT to prefer (à to) ◆ **je préfère aller au cinéma** I would rather go to the cinema ◆ **nous avons préféré attendre** we thought it better to wait

préfet [pʀefɛ] NM prefect

préfixe [pʀefiks] NM prefix

préhistoire [pʀeistwaʀ] NF prehistory

préhistorique [pʀeistɔʀik] ADJ prehistoric

préjudice [pʀeʒydis] NM (matériel, financier) loss; (moral) harm *NonC* ◆ **subir un** ~ (matériel) to sustain a loss; (moral) to be wronged ◆ **porter** ~ **à qn** to do sb harm; [décision] to be detrimental to sb

préjugé [pʀeʒyʒe] NM prejudice ◆ **avoir un** ~ **contre** to be prejudiced against ◆ **sans** ~ unbiased

préjuger [pʀeʒyʒe] ► conjug 3 ◄ **préjuger de** VT INDIR to prejudge

prélasser (se) [pʀelase] ► conjug 1 ◄ VPR (dans un fauteuil) to lounge; (au soleil) to bask

prélavage [pʀelavaʒ] NM prewash

prélèvement [pʀelɛvmɑ̃] NM **a** [d'échantillon] taking *NonC*; [d'organe] removal **b** [de somme] deduction ◆ ~ **automatique** direct debit ◆ ~**s obligatoires** tax and social security deductions

prélever [pʀel(ə)ve] ► conjug 5 ◄ VT **a** [+ échantillon, sang] to take (sur from); [+ organe] to remove **b** [+ somme] to deduct (sur from) **c** [+ impôt] to levy

préliminaire [pʀeliminɛʀ] **1** ADJ preliminary **2 préliminaires** NMPL preliminaries

prélude [pʀelyd] NM prelude (à to)

prématuré, e [pʀematyʀe] **1** ADJ premature **2** NM,F premature baby

préméditation [pʀemeditasjɔ̃] NF premeditation ◆ **faire qch avec** ~ to do sth deliberately

premier, -ière [pʀəmje, jɛʀ] **1** ADJ **a** (dans le temps, un ordre) first; (en importance) leading ◆ **le ~ constructeur automobile européen** the leading European car manufacturer ◆ **il est toujours** ~ **en classe** he's always top of the class ◆ **il a été reçu** ~ **à l'examen** he came top in the exam **b** (= du bas) bottom; (= du haut) top; (= de devant) front ◆ **en première page** (Presse) on the front page **c** [cause, donnée, principe] basic; [objectif] primary; [état] initial, original **2** NM,F **a** (dans le temps, l'espace) first ◆ **parler/passer/arriver le** ~ to speak/go/arrive first **b** (dans une hiérarchie) ◆ **il est le** ~ **de sa classe** he is top of his class **3** NM **a** ◆ **en** ~ [arriver, parler] first ◆ **pour lui, la famille passe en** ~ his family comes first **b** (= étage) first floor (Brit), second floor (US) **c** ► **le premier de l'an** New Year's Day **4 première** NF **a** first; (= vitesse) first gear **b** (Théâtre) first night; (Ciné) première ◆ **c'est une première mondiale** it's a world first **c** (Aviat, Rail) first class ◆ **voyager en première** to travel first-class ◆ **(classe de) première** ≈ lower sixth (form) (Brit), ≈ eleventh grade (US)

premièrement [pʀəmjɛʀmɑ̃] ADV first

prémonition [pʀemɔnisjɔ̃] NF premonition

prémonitoire [pʀemɔnitwaʀ] ADJ premonitory

prémunir (se) [pʀemyniʀ] ► conjug 2 ◄ VPR to protect o.s. (contre from)

prenant, e [pʀənɑ̃, ɑ̃t] ADJ **a** (= captivant) compelling **b** (= qui prend du temps) time-consuming

prénatal, e (mpl ~**s**) [pʀenatal] ADJ antenatal

🔑 **prendre** [pʀɑ̃dʀ] ► conjug 58 ◄

1 VT **a** to take ◆ **il l'a pris dans le tiroir** he took it out of the drawer ◆ **il l'a bien/mal pris** he took it well/badly ◆ **c'est à ~ ou à laisser** take it or leave it ◆ **la réparation a pris des heures** the repair took hours ◆ **cela me prend tout mon temps** it takes up all my time
◆ **prendre qn/qch pour** (= considérer comme) to take sb/sth for ◆ ~ **qch pour cible** to make sth a target
◆ **prendre sur soi** (= se maîtriser) to grin and bear it
b (= aller chercher) [+ chose] to get ◆ **(passer)** ~ **qn** to pick sb up
c (= s'emparer de, surprendre) to catch ◆ **se faire** ~ [voleur] to be caught ◆ **qu'est-ce qui te prend ?*** what's the matter with you? ◆ **je vous y prends !** caught you!
d [+ aliment, boisson] to have; [+ médicament] to take ◆ **prenez-vous du sucre ?** do you take sugar?
e (= acheter) to get; (= réserver) to book

◆ **peux-tu me ~ du pain ?** can you get me some bread?
f [+ auto-stoppeur] to pick up
g (= noter) to write down ◆ **~ des notes** to take notes
h [+ air, ton] to put on
i (= faire payer) to charge ◆ **ce spécialiste prend très cher** this specialist charges very high fees
j * [+ coup] to get ◆ **il a pris la porte en pleine figure** the door hit him right in the face ◆ **il a pris pour les autres** he took the rap *
k (= manier) [+ personne] to handle; [+ problème] to deal with
2 VI **a** [ciment] to set; [mayonnaise] to thicken
b (= réussir) [mouvement, mode] to catch on ◆ **avec moi, ça ne prend pas** * it doesn't work with me *
c [feu] to take; (accidentellement) to start
3 se prendre VPR **a** (= se considérer) ◆ **pour qui se prend-il ?** who does he think he is? ◆ **se ~ au sérieux** to take o.s. seriously
b (= accrocher, coincer) to catch ◆ **mon manteau s'est pris dans la porte** my coat got caught in the door
c (locutions)
◆ **s'en prendre à qn** to take it out on sb; (= attaquer) to attack sb
◆ **s'y prendre** to go about it ◆ **il s'y est mal pris** he went about it the wrong way ◆ **il faut s'y ~ à l'avance** you have to take it in advance ◆ **savoir s'y ~ avec qn** to handle sb the right way

preneur, -euse [pʀənœʀ, øz] NM,F (= acheteur) buyer ◆ **trouver ~** to find a buyer ◆ **je suis ~** I'll take it

prénom [pʀenɔ̃] NM first name; (Admin) forename, given name (US)

prénommer (se) [pʀenɔme] ► conjug 1 ◄ to be called

préoccupation [pʀeɔkypasjɔ̃] NF **a** (= souci) worry **b** (= priorité) concern

préoccupé, e [pʀeɔkype] ADJ (= soucieux) worried

préoccuper [pʀeɔkype] ► conjug 1 ◄ **1** VT (= inquiéter) to worry **2** se préoccuper VPR to worry (de about)

préparatifs [pʀepaʀatif] NMPL preparations (de for)

préparation [pʀepaʀasjɔ̃] NF preparation

préparatoire [pʀepaʀatwaʀ] ADJ [travail, conversation] preliminary ◆ **classe ~** (aux Grandes Écoles) class which prepares students for the entrance exams to the Grandes Écoles

préparer [pʀepaʀe] ► conjug 1 ◄ **1** VT **a** (gén) to prepare; [+ table] to lay ◆ **elle nous prépare une tasse de thé** she's making us a cup of tea ◆ **plat préparé** ready meal ◆ **~ qn à qch/à faire**

qch to prepare sb for sth/to do sth **b** [+ examen] to study for **c** (= réserver) ◆ **~ une surprise à qn** to have a surprise in store for sb **2** se préparer VPR **a** (= s'apprêter) to get ready; (= se mettre en condition) to prepare (à qch for sth; à faire qch to do sth) **b** [orage] to be brewing

prépondérant, e [pʀepɔ̃deʀɑ̃, ɑ̃t] ADJ [rôle] dominating

préposé [pʀepoze] NM (= facteur) postman (Brit), mailman (US); [de vestiaire] attendant ◆ **~ à** in charge of

préposition [pʀepozisjɔ̃] NF preposition

préretraite [pʀeʀ(ə)tʀɛt] NF (= état) early retirement ◆ **partir en ~** to take early retirement

prérogative [pʀeʀɔɡativ] NF prerogative

près [pʀɛ] ADV (dans l'espace, dans le temps) close, near ◆ **c'est plus/moins ~ que je ne croyais** (espace) it's nearer than/further than I thought; (temps) it's sooner than/further off than I thought ◆ **à un centimètre ~** to within about a centimetre ◆ **il n'est plus à 10 minutes ~** he can wait another 10 minutes ◆ **il voit mal de ~** he can't see very well close to ◆ **surveiller qn de ~** to keep a close watch on sb
◆ **près de** near, close to ◆ **elle est ~ de sa mère** (pour la soutenir) she's with her mother ◆ **être ~ de ses sous** * to be tight-fisted ◆ **je ne suis pas ~ de partir** at this rate, I'm not likely to be going ◆ **je ne suis pas ~ de recommencer** I won't do that again in a hurry

présage [pʀezaʒ] NM omen

présager [pʀezaʒe] ► conjug 3 ◄ VT (= annoncer) to be a sign of ◆ **cela ne présage rien de bon** nothing good will come of it

presbyte [pʀɛsbit] ADJ long-sighted (Brit), far-sighted (US)

presbytère [pʀɛsbiteʀ] NM presbytery

prescription [pʀɛskʀipsjɔ̃] NF prescription; (= recommandation) recommendation

prescrire [pʀɛskʀiʀ] ► conjug 39 ◄ VT (Méd, Droit) to prescribe; [+ objet, méthode] to recommend; [morale] to lay down

présence [pʀezɑ̃s] NF presence; (au bureau, à l'école) attendance ◆ **avoir de la ~** to have great presence ◆ **les forces/parties en ~** the opposing armies/parties ◆ **en ~ de** in the presence of ▸ **présence d'esprit** presence of mind

présent¹, e [pʀezɑ̃, ɑ̃t] **1** ADJ present ◆ **gardez ceci ~ à l'esprit** keep this in mind ◆ **le ~ récit** this account **2** NM **a** (= époque) present **b** (Gram) present (tense) ◆ **au ~** in the present (tense) ◆ **~ de l'indicatif** present indicative **3** à présent (que) now (that)

présent² [pʀezɑ̃] NM (littér) (= cadeau) gift

présentable [pʀezɑ̃tabl] ADJ presentable

présentateur, -trice [pʀezɑ̃tatœʀ, tʀis] NM,F (Radio, TV) [de jeu, variétés] host; [de débat] presenter; [de nouvelles] newscaster

présentation [pʀezɑ̃tasjɔ̃] NF **a** [de document, objet] presentation **◆ sur ~ de** on presentation of **b** [de nouveau venu, conférencier] introduction **◆ faire les ~s** to make the introductions

présentement [pʀezɑ̃tmɑ̃] ADV (Can = en ce moment) at present, presently (US)

présenter [pʀezɑ̃te] ▸conjug 1◂ **1** VT **a** [+ personne] to introduce (à to) **◆ je vous présente ma femme** this is my wife **b** [+ billet, passeport] to show **c** [+ émission, jeu] to present **d** (= exposer) [+ problème] to explain; [+ idées, travail] to present **◆ présentez-lui cela avec tact** put it to him tactfully **e** [+ excuses, condoléances, félicitations] to offer **f** (= comporter) [+ avantage, intérêt] to have; [+ risque, difficulté] to entail **g** [+ note, devis, projet de loi] to present; [+ démission] to hand in; [+ thèse] to submit **◆ ~ sa candidature à un poste** to apply for a job **2** se présenter VPR **a** (= paraître) to appear **◆ je ne peux pas me ~ dans cette tenue** I can't appear dressed like this **◆ se ~ chez qn** to go to sb's house **b** (= être candidat) **◆ se ~ à** [+ examen] to take; [+ concours] to go in for; [+ élections] to stand (Brit), to run (US) **c** (= se faire connaître) to introduce o.s. (à to) **d** [occasion] to arise; [difficulté] to crop up **◆ l'affaire se présente bien/mal** things are looking good/aren't looking good

présentoir [pʀezɑ̃twaʀ] NM display

préservatif [pʀezɛʀvatif] NM condom

préserver [pʀezɛʀve] ▸conjug 1◂ VT to preserve; [+ emploi, droits] to safeguard

présidence [pʀezidɑ̃s] NF [de tribunal, État] presidency; [de comité, réunion] chairmanship

président [pʀezidɑ̃] NM **a** (Pol) president **◆ Monsieur/Madame le ~** Mr/Madam President **b** [de conseil d'administration, commission, jury d'examen] chairman; [de club, société savante] president **▸ président-directeur général** chairman and managing director (Brit), chief executive officer (US) **c** [de tribunal] presiding judge; [de jury] foreman

présidente [pʀezidɑ̃t] NF **a** (Pol) president **b** [de conseil d'administration, commission, jury d'examen] chairwoman; [de club, société savante] president **c** [de tribunal] presiding judge; [de jury] forewoman

présidentiel, -ielle [pʀezidɑ̃sjɛl] ADJ presidential

présider [pʀezide] ▸conjug 1◂ **1** VT [+ tribunal, conseil, assemblée] to preside over; [+ débat, séance] to chair **2** présider à VT INDIR [+ préparatifs] to direct; [+ destinées] to rule over

présomption [pʀezɔ̃psjɔ̃] NF (= supposition) presumption **◆ ~ d'innocence** presumption of innocence

présomptueux, -euse [pʀezɔ̃ptɥø, øz] ADJ presumptuous

presque [pʀɛsk] ADV **a** (contexte positif) almost **◆ ~ à chaque pas** at almost every step **b** (contexte négatif) hardly **◆ ~ personne/rien** hardly anyone/anything **◆ ça n'arrive ~ jamais** it hardly ever happens

presqu'île [pʀɛskil] NF peninsula

pressant, e [pʀesɑ̃, ɑ̃t] ADJ [besoin, demande] urgent

presse [pʀɛs] NF press **◆ ~ à scandale** gutter press **◆ la ~ féminine** women's magazines **◆ avoir bonne/mauvaise ~** to be well/badly thought of

pressé, e [pʀese] ADJ **a** [personne] **◆ être ~ (de faire qch)** to be in a hurry (to do sth) **b** (= urgent) urgent

presse-citron (pl ~s) [pʀɛssitʀɔ̃] NM lemon squeezer

pressentiment [pʀesɑ̃timɑ̃] NM premonition

pressentir [pʀesɑ̃tiʀ] ▸conjug 16◂ VT **a** [+ danger] to sense **◆ ~ que ...** to have a feeling that ... **b** [+ personne] **◆ il a été pressenti pour le poste** he has been sounded out about taking the job

presse-papiers [pʀɛspapje] NM INV paperweight

presser [pʀese] ▸conjug 1◂ **1** VT **a** [+ éponge, fruit] to squeeze; [+ raisin] to press **◆ un citron pressé** (= boisson) a glass of freshly-squeezed lemon juice **b** (= hâter) to speed up **◆ ~ le pas** ou **l'allure** to speed up **c** (= harceler) to put pressure on **2** VI (= être urgent) to be urgent **◆ le temps presse** time is short **◆ rien ne presse** there's no hurry **3** se presser VPR **a** (= se hâter) to hurry up **b ◆ la foule se pressait autour de lui** people crowded round him

pressing [pʀesiŋ] NM (= teinturerie) dry-cleaner's

pression [pʀesjɔ̃] NF **a** pressure **◆ ~ atmosphérique** atmospheric pressure **◆ être sous ~** (excès de travail) to be under pressure **◆ faire ~ sur qn (pour qu'il fasse qch)** to put pressure on sb (to do sth) **b ◆ bière ~** draught (Brit) or draft (US) beer **◆ deux ~(s) *, s'il vous plaît** two beers, please

prestance [pʀestɑ̃s] NF presence

prestataire [pʀestatɛʀ] NM [d'allocations] person receiving benefits **◆ ~ de services** service provider

prestation [pʀɛstasjɔ̃] NF **a** (= allocation) benefit ▸ **prestations sociales** social security benefits (Brit), welfare payments (US) **b** [d'artiste, sportif] performance

prestidigitateur, -trice [pʀɛstidiʒitatœʀ, tʀis] NM,F conjurer

prestige [pʀɛstiʒ] NM prestige ◆ **de ~** [politique, opération] prestige

prestigieux, -ieuse [pʀɛstiʒjø, jøz] ADJ prestigious

présumer [pʀezyme] ▸ conjug 1 ◂ **1** VT to presume ◆ **le meurtrier présumé** the alleged killer **2** **présumer de** VT INDIR to overestimate

prêt¹, prête [pʀɛ, pʀɛt] ADJ **a** (= préparé) ready (à qch for sth; à faire qch to do sth) ◆ **il est ~ à tout** (criminel) he'll do anything **b** (= disposé) ◆ **~ à** willing to

prêt² [pʀɛ] NM (= somme) loan ▸ **prêt immobilier** ≈ mortgage

prêt-à-porter (pl **prêts-à-porter**) [pʀɛtapɔʀte] NM ready-to-wear clothes

prétendant [pʀetɑ̃dɑ̃] NM (= prince) pretender; (= galant) suitor

prétendre [pʀetɑ̃dʀ] ▸ conjug 41 ◂ **1** VT **a** (= affirmer) to claim ◆ **il se prétend médecin** he claims he's a doctor ◆ **à ce qu'il prétend** according to what he says **b** (= avoir la prétention de) ◆ **tu ne prétends pas le faire tout seul ?** you don't imagine you can do it on your own? **2** **prétendre à** VT INDIR [+ honneurs, emploi] to aspire to

prétendu, e [pʀetɑ̃dy] ADJ [ami, expert] so-called

prête-nom (pl **~s**) [pʀɛtnɔ̃] NM frontman

prétentieux, -ieuse [pʀetɑ̃sjø, jøz] ADJ pretentious

prétention [pʀetɑ̃sjɔ̃] NF **a** (= exigence) claim ◆ **avoir des ~s à** ou **sur** to lay claim to ◆ **écrire avec CV et ~s** write enclosing CV and stating expected salary **b** (= ambition) pretension ◆ **sans ~** [maison, repas] unpretentious **c** (= vanité) pretentiousness

prêter [pʀete] ▸ conjug 1 ◂ **1** VT **a** [+ objet, argent] to lend ◆ **~ qch à qn** to lend sth to sb **b** (= attribuer) to attribute **c** [+ aide, appui] to give ◆ **~ main forte à qn** to lend sb a hand ◆ **~ attention à** to pay attention to ◆ **~ l'oreille** to listen ◆ **~ serment** to take an oath **2** **prêter à** VT INDIR ◆ **sa conduite prête à rire** his behaviour is laughable **3** **se prêter** VPR **a** (= consentir) ◆ **se ~ à** [+ expérience] to participate in **b** (= s'adapter) ◆ **se ~ à qch** to lend itself to sth

prétérit [pʀeteʀit] NM preterite (tense) ◆ **au ~** in the preterite (tense)

prétexte [pʀetɛkst] NM pretext ◆ **sous ~ d'aider son frère** on the pretext of helping his brother ◆ **sous aucun ~** on no account

prêtre [pʀɛtʀ] NM priest

preuve [pʀœv] NF proof ◆ **jusqu'à ~ (du) contraire** until we find proof to the contrary ◆ **c'est une ~ de bonne volonté** it's proof of his good intentions ◆ **faire ~ de** to show ◆ **faire ses ~s** [personne] to prove o.s.; [technique] to prove its worth

prévenant, e [pʀev(ə)nɑ̃, ɑ̃t] ADJ considerate (envers to)

prévenir [pʀev(ə)niʀ] ▸ conjug 22 ◂ VT **a** (= avertir) to warn (de qch about sth); (= aviser) to inform (de qch about sth); [+ médecin, police] to call ◆ **partir sans ~** to leave without warning **b** (= empêcher) to prevent **c** [+ désir] to anticipate; [+ objection] to forestall

préventif, -ive [pʀevɑ̃tif, iv] ADJ [mesure, médecine] preventive

prévention [pʀevɑ̃sjɔ̃] NF prevention ◆ **~ routière** road safety

prévenu, e [pʀev(ə)ny] NM,F (Droit) defendant

prévisible [pʀevizibl] ADJ [réaction, résultat, personne] predictable; [événement, évolution] foreseeable

prévision [pʀevizjɔ̃] NF ◆ **prévisions** (= prédictions) predictions; (financières, météorologiques) forecast ◆ **en ~ de** in anticipation of

prévoir [pʀevwaʀ] ▸ conjug 24 ◂ VT **a** [+ événement, conséquence] to foresee; [+ temps] to forecast; [+ réaction, contretemps] to expect ◆ **nous n'avions pas prévu qu'il refuserait** we hadn't anticipated that he'd refuse ◆ **rien ne laissait ~ que ...** there was nothing to suggest that ... ◆ **plus tôt que prévu** earlier than expected **b** (= projeter) to plan ◆ **comme prévu** as planned **c** (= préparer, envisager) to allow ◆ **il vaut mieux ~ quelques bouteilles de plus** you'd better allow a few extra bottles ◆ **tout est prévu pour l'arrivée de nos hôtes** we're all set for the arrival of our guests **d** (Droit) [loi, règlement] to make provision for

prévoyant, e [pʀevwajɑ̃, ɑ̃t] ADJ provident

prévu, e [pʀevy] (ptp de **prévoir**)

prier [pʀije] ▸ conjug 7 ◂ **1** VT **a** [+ Dieu, saint] to pray to **b** (= implorer) to beg ◆ **il ne s'est pas fait ~** he was only too willing ◆ **je vous en prie, je t'en prie** (= de grâce) please; (= faites/fais donc) of course; (= de rien) you're welcome **c** (= demander) to ask ◆ **~ qn de faire qch** to ask sb to do sth ◆ **je vous prie de sortir** will you please leave the room **2** VI to pray

prière [pʀijɛʀ] NF prayer; (= demande) entreaty ◆ **~ de ...** please ...

primaire [pʀimɛʀ] **1** ADJ **a** (gén) primary **b** (péj) [personne] simple-minded; [raisonnement] simplistic **2** NM (= cycle) primary school

primate [pʀimat] NM (= animal) primate

prime¹ [pʀim] NF **a** (= cadeau) ◆ donné en ~ avec qch given away with sth **b** (= bonus) bonus; (= indemnité) allowance ◆ ~ de fin d'année Christmas bonus ◆ ~ de licenciement redundancy payment **c** (Assurances, Bourse) premium

prime² [pʀim] ADJ (Math) prime ◆ de ~ abord at first glance

primer [pʀime] ► conjug 1 ◄ **1** VT **a** (= surpasser) to prevail over **b** (= récompenser) to award a prize to **2** VI (= passer avant) to be of prime importance

primeur [pʀimœʀ] **1** NF ◆ avoir la ~ d'une nouvelle to be the first to hear a piece of news **2** primeurs NFPL early fruit and vegetables

primevère [pʀimvɛʀ] NF primrose

primitif, -ive [pʀimitif, iv] ADJ primitive; (= originel) original

primo [pʀimo] ADV first

primordial, e (mpl -iaux) [pʀimɔʀdjal, jo] ADJ essential; [rôle] key *avant le nom*

prince [pʀɛ̃s] NM prince ► le Prince charmant Prince Charming

princesse [pʀɛ̃sɛs] NF princess

principal, e (mpl -aux) [pʀɛ̃sipal, o] **1** ADJ main; [personnage, rôle] leading **2** NM **a** [d'établissement scolaire] headmaster (Brit), principal (US) **b** (= chose importante) ◆ c'est le ~ that's the main thing **3** principale NF **a** (= proposition) main clause **b** [d'établissement scolaire] headmistress (Brit), principal (US)

principalement [pʀɛ̃sipalmɑ̃] ADV principally

principauté [pʀɛ̃sipote] NF principality

principe [pʀɛ̃sip] NM **a** (= règle) principle ◆ avoir pour ~ de faire qch to make it a principle to do sth ◆ pour le ~, par ~ on principle ◆ en ~ (= théoriquement) in principle **b** (= hypothèse) ◆ partir du ~ que ... to work on the assumption that...

printanier, -ière [pʀɛ̃tanje, jɛʀ] ADJ spring *avant le nom*; [atmosphère] spring-like

printemps [pʀɛ̃tɑ̃] NM spring ◆ au ~ in spring

prioritaire [pʀijɔʀitɛʀ] ADJ [projet, opération] priority *avant le nom* ◆ être ~ to have priority; (sur la route) to have right of way

priorité [pʀijɔʀite] NF **a** priority ◆ donner la ~ à qch to give priority to sth **b** (sur la route) right of way (sur over) ◆ ~ à droite (panneau) give way to the vehicles on your right

pris, prise¹ [pʀi, pʀiz] ADJ **a** (= occupé) [place] taken; [personne] busy ◆ avoir les mains

~es to have one's hands full ◆ ~ de remords overcome with remorse **b** [nez] blocked; [gorge] hoarse

prise² [pʀiz] **1** NF **a** (= moyen d'empoigner) hold *NonC*; (pour soulever, faire levier) purchase *NonC*; (= influence) influence (sur over) ◆ ~ de judo judo hold ◆ donner ~ à to give rise to ◆ être aux ~s avec des difficultés to be grappling with difficulties **b** (Chasse, Pêche) catch; [de contrebande, drogue] seizure **c** ◆ ~ (de courant) (mâle) plug ((femelle, au mur) socket ◆ ~ multiple adaptor **d** (= fait de prendre) ◆ faire une ~ de sang à qn to take a blood sample from sb **2** COMP ► prise d'air air inlet ► prise d'eau water supply point ► prise de son sound recording ► prise de vues (Ciné, TV) filming

prisé, e [pʀize] ADJ (= apprécié) ◆ très ~ highly prized

prisme [pʀism] NM prism

prison [pʀizɔ̃] NF prison ◆ mettre qn en ~ to send sb to prison ◆ faire de la ~ to go to ou be in prison

prisonnier, -ière [pʀizɔnje, jɛʀ] **1** ADJ [soldat] captive ◆ être ~ (= enfermé) to be trapped **2** NM,F prisoner ◆ faire qn ~ to take sb prisoner

privations [pʀivasjɔ̃] NFPL (= sacrifices) privation

privatisation [pʀivatizasjɔ̃] NF privatization

privatiser [pʀivatize] ► conjug 1 ◄ VT to privatize

privé, e [pʀive] **1** ADJ private; [télévision, radio] independent **2** NM **a** ◆ le ~ (= secteur) the private sector **b** (* = détective) private eye * **c** ◆ en ~ in private

priver [pʀive] ► conjug 1 ◄ **1** VT ◆ ~ qn de qch to deprive sb of sth ◆ il a été privé de dessert he wasn't allowed dessert **2** se priver VPR (par économie) to go without ◆ se ~ de qch to go without sth ◆ il ne s'est pas privé de le dire he didn't hesitate to say it

privilège [pʀivilɛʒ] NM privilege

privilégié, e [pʀivileʒje] **1** ADJ privileged **2** NM,F privileged person

privilégier [pʀivileʒje] ► conjug 7 ◄ VT to favour (Brit), to favor (US)

prix [pʀi] NM **a** [d'objet, produit] price; [de location, transport] cost ◆ à bas ~ [acheter, vendre] cheaply ◆ ça n'a pas de ~ it's priceless ◆ je vous fais un ~ (d'ami) I'll let you have it cheap ◆ il faut y mettre le ~ you have to be prepared to pay for it ◆ c'est dans mes ~ that's within my price range ◆ hors de ~ outrageously expensive ◆ à tout ~ at all costs ◆ à aucun ~ on no account ◆ au ~ de grands sacrifices after many sacrifices ► prix coûtant cost price ▸ **prix de gros** wholesale price ▸ **prix de revient** cost price **b** (= récompense) prize ◆ **le ~ Nobel de la paix** the Nobel Peace Prize **c** (Courses) race ◆ **Grand Prix (automobile)** Grand Prix

proactif, ive [pʁɔaktif, iv] ADJ proactive

probabilité [pʁɔbabilite] NF probability ◆ **selon toute ~** in all probability

probable [pʁɔbabl] ADJ probable ◆ **il est ~ qu'il gagnera** he'll probably win ◆ **il est peu ~ qu'il vienne** he's unlikely to come

probablement [pʁɔbabləmã] ADV probably

probant, e [pʁɔbã, ãt] ADJ convincing

problématique [pʁɔblematik] ADJ problematic

problème [pʁɔblɛm] NM problem ◆ **pas de ~ !** * no problem! ◆ **à ~s** [peau, enfant] problem *avant le nom*

procédé [pʁɔsede] NM **a** (= méthode) process **b** ◆ **procédés** (= conduite) behaviour (Brit) *NonC*, behavior (US) *NonC*

procéder [pʁɔsede] ▸ conjug 6 ◂ **1** VI to proceed; (moralement) to behave **2** procéder à VT INDIR [+ enquête, expérience] to conduct ◆ **~ au vote** to take a vote

procédure [pʁɔsedyʁ] NF procedure

procès [pʁɔsɛ] NM proceedings; [de cour d'assises] trial ◆ **intenter un ~ à qn** to start proceedings against sb ◆ **gagner/perdre son ~** to win/lose one's case

processeur [pʁɔsesœʁ] NM processor

procession [pʁɔsesjɔ̃] NF procession

processus [pʁɔsesys] NM process

procès-verbal (pl **procès-verbaux**) [pʁɔsɛvɛʁbal, o] NM (= compte rendu) minutes; (de contravention) statement

prochain, e [pʁɔʃɛ̃, ɛn] **1** ADJ **a** (= suivant) next ◆ **lundi ~** next Monday ◆ **à la ~e !** * see you! * **b** (= proche) impending; [mort] imminent **2** NM (= semblable) fellow man; (Rel) neighbour (Brit), neighbor (US)

prochainement [pʁɔʃɛnmã] ADV soon

proche [pʁɔʃ] **1** ADJ **a** (dans l'espace) nearby *avant le nom* ◆ **être (tout) ~** to be (very) near ◆ **le magasin le plus ~** the nearest shop **b** [mort, départ] imminent ◆ **dans un ~ avenir** in the near future ◆ **être ~** [fin, but] to be drawing near **c** [ami, parent] close (de to) **d** ◆ **~ de** (= semblable à) closely related to **2** proches NMPL close relations

Proche-Orient [pʁɔʃɔʁjã] NM ◆ **le ~** the Near East

proclamation [pʁɔklamasjɔ̃] NF [de résultats] announcement; [d'indépendance] declaration

proclamer [pʁɔklame] ▸ conjug 1 ◂ VT [+ république, innocence] to proclaim; [+ résultats] to announce

procréation [pʁɔkʁeasjɔ̃] NF (littér) procreation littér, reproduction ◆ **~ médicale(ment) assistée** assisted reproduction

procuration [pʁɔkyʁasjɔ̃] NF (pour voter, représenter qn) proxy ◆ **par ~** by proxy

procurer [pʁɔkyʁe] ▸ conjug 1 ◂ **1** VT **a** (= faire obtenir) ◆ **~ qch à qn** to get sth for sb **b** [+ joie, ennuis] to bring **2** se procurer VPR to get

procureur [pʁɔkyʁœʁ] NM ◆ **~ (de la République)** public prosecutor ◆ **~ général** public prosecutor (in appeal courts)

prodige [pʁɔdiʒ] **1** NM (= événement) wonder; (= personne) prodigy **2** ADJ ◆ **enfant ~** child prodigy

prodigieux, -ieuse [pʁɔdiʒjø, jøz] ADJ prodigious

prodiguer [pʁɔdige] ▸ conjug 1 ◂ VT ◆ **~ des conseils à qn** to give sb lots of advice ◆ **~ des soins à qn** to lavish care on sb

producteur, -trice [pʁɔdyktœʁ, tʁis] **1** ADJ ◆ **pays ~ de pétrole** oil-producing country **2** NM,F producer

productif, -ive [pʁɔdyktif, iv] ADJ productive

production [pʁɔdyksjɔ̃] NF production

productivité [pʁɔdyktivite] NF productivity

produire [pʁɔdɥiʁ] ▸ conjug 38 ◂ **1** VT to produce; [+ sensation] to cause ◆ **~ une bonne/mauvaise impression sur qn** to make a good/bad impression on sb **2** se produire VPR **a** (= survenir) to happen; [cas] to come up **b** [acteur, chanteur] to perform

produit [pʁɔdɥi] NM product; [de collecte] proceeds ◆ **~s** (agricoles) produce; (industriels) goods ▸ **produits alimentaires** foodstuffs ▸ **produits de beauté** cosmetics ▸ **produit chimique** chemical ▸ **produit d'entretien** cleaning product ▸ **produit intérieur brut** gross domestic product ▸ **produit national brut** gross national product

proéminent, e [pʁɔeminã, ãt] ADJ prominent

prof * [pʁɔf] NMF (abrév de **professeur**) (Scol) teacher; (Univ) ≈ lecturer (Brit), ≈ instructor (US)

profane [pʁɔfan] **1** ADJ **a** (= non spécialiste) ◆ **je suis ~ en la matière** I don't know much about the subject **b** (= non religieux) secular **2** NMF layman

profaner [pʁɔfane] ▸ conjug 1 ◂ VT **a** [+ sépulture] to desecrate **b** [+ souvenir, nom] to defile

proférer [pʁɔfeʁe] ▸ conjug 6 ◂ VT to utter

professer [pʁɔfese] ▸ conjug 1 ◂ VT to profess

professeur [pʁɔfesœʁ] NMF teacher; (Univ) ≈ lecturer (Brit), ≈ instructor (US); (avec chaire) professor ◆ **~ de piano** piano teacher ▸ **professeur des écoles** primary school teacher

profession [pʁɔfesjɔ̃] NF (= métier) occupation ◆ **"sans ~"** (Admin) "unemployed" ▸ **profession libérale** profession

professionnalisme [pʁɔfesjɔnalism] NM professionalism

professionnel, -elle [pʁɔfesjɔnɛl] **1** ADJ a [activité, maladie] occupational; [lycée] technical; [secret] professional b [écrivain, sportif] professional **2** NM,F professional ◆ **les ~s du tourisme** people in the tourist industry

profil [pʁɔfil] NM profile; [d'édifice] outline; [de voiture] line ◆ **de ~** in profile

profiler [pʁɔfile] ▸ conjug 1 ◂ **1** VT (= rendre aérodynamique) to streamline **2** **se profiler** VPR to stand out (sur, contre against); [ennuis, solution] to emerge

profit [pʁɔfi] NM a (= gain) profit b (= avantage) benefit ◆ **tirer ~ de** [+ leçon, affaire] to benefit from ◆ **mettre à ~** [+ temps libre] to make the most of ◆ **collecte au ~ des aveugles** collection in aid of the blind

profitable [pʁɔfitabl] ADJ beneficial ◆ **le stage lui a été très ~** he got a lot out of the course

profiter [pʁɔfite] ▸ conjug 1 ◂ **profiter de** VT INDIR [+ situation, occasion, crédulité] to take advantage of; [+ jeunesse, vacances] to make the most of ◆ **elle en a profité pour se sauver** she took advantage of the opportunity to slip away

profiteur, -euse [pʁɔfitœʁ, øz] NM,F profiteer

profond, e [pʁɔfɔ̃, ɔ̃d] **1** ADJ a deep ◆ **peu ~** [eau, vallée, puits] shallow; [coupure] superficial ◆ **~ de 3 mètres** 3 metres deep b (= grand, extrême) deep; [malaise, changement] profound c [cause, signification] underlying ◆ **la France ~e** (des campagnes) rural France d [réflexion, remarque] profound **2** ADV [creuser] deep **3** NM ◆ **au plus ~ de** in the depths of

profondément [pʁɔfɔ̃demɑ̃] ADV deeply; [bouleversé, convaincu] utterly; [différent, influencé] profoundly; [dormir] soundly; [creuser, pénétrer] deep

profondeur [pʁɔfɔ̃dœʁ] NF a depth ◆ **avoir 10 mètres de ~** to be 10 metres deep ◆ **à 10 mètres de ~** 10 metres down b [de personne, esprit, remarque] profundity; [de sentiment] depth ◆ **en ~** [réformer] radically; [nettoyage] thorough; [réforme] radical

profusion [pʁɔfyzjɔ̃] NF [de fleurs] profusion; [d'idées, conseils, lumière] abundance ◆ **nous en avons à ~** we've got plenty

progéniture [pʁɔʒenityʁ] NF offspring

progiciel [pʁɔʒisjɛl] NM software package

programmable [pʁɔgʁamabl] ADJ programmable; [touche] user-definable

programmation [pʁɔgʁamasjɔ̃] NF programming

programme [pʁɔgʁam] NM a (gén) programme (Brit), program (US) ◆ **au ~** on the programme ◆ **c'est tout un ~ !** * that'll take some doing! b (= brochure) [de radio, télévision] guide c (Scol) [de matière] syllabus; [de classe, école] curriculum ◆ **les œuvres au ~** the set (Brit) ou assigned (US) books d (= emploi du temps) timetable ◆ **j'ai un ~ très chargé** I have a very busy timetable e (Informatique) program

programmer [pʁɔgʁame] ▸ conjug 1 ◂ VT a [+ émission] to schedule; [+ magnétoscope] to set; [+ ordinateur] to program b (= prévoir, organiser) to plan

programmeur, -euse [pʁɔgʁamœʁ, øz] NM,F programmer

progrès [pʁɔgʁɛ] NM progress NonC ◆ **faire des ~** to make progress ◆ **les ~ de la médecine** advances in medicine ◆ **être en ~** [élève, résultats] to be improving

progresser [pʁɔgʁese] ▸ conjug 1 ◂ VI a [élève] to make progress b [ventes, chômage] to rise; [criminalité, délinquance] to be on the increase ◆ **~ dans les sondages** to gain ground in the polls c [ennemi, science] to advance; [maladie] to progress

progressif, -ive [pʁɔgʁesif, iv] ADJ progressive

progression [pʁɔgʁesjɔ̃] NF [d'élève, maladie] progress; [d'ennemi, idées] advance; [de racisme] growth ◆ **être en ~** [chiffre d'affaires, chômage] to be increasing

progressivement [pʁɔgʁesivmɑ̃] ADV gradually

prohiber [pʁɔibe] ▸ conjug 1 ◂ VT to prohibit

prohibitif, -ive [pʁɔibitif, iv] ADJ [prix] prohibitive

prohibition [pʁɔibisjɔ̃] NF prohibition

proie [pʁwa] NF prey NonC ◆ **être la ~ de** to fall victim to ◆ **la maison était la ~ des flammes** the house was engulfed in flames ◆ **être en ~ à** [+ guerre, crise, difficultés] to be plagued by; [+ doute] to be prey to; [+ douleur, désespoir] to be racked by

projecteur [pʁɔʒɛktœʁ] NM a [de diapositives, film] projector b (= lumière) [de théâtre] spotlight; [de monument public, stade] floodlight

projectile [pʁɔʒɛktil] NM projectile; (= missile) missile

projection [pʁɔʒɛksjɔ̃] NF a [de film] screening b [de liquide, vapeur] discharge; [de pierres] throwing NonC c (= prévision) forecast

projectionniste [pʀɔʒɛksjɔnist] NMF projectionniste

projet [pʀɔʒɛ] NM **a** (= dessein, intention) plan ◆ **faire des ~s d'avenir** to make plans for the future **b** (= ébauche) [de maison, ville] plan ◆ **~ de loi** bill **c** (= travail en cours) project

projeter [pʀɔʒ(ə)te] ► conjug 4 ◄ VT **a** (= envisager) to plan (de faire to do) **b** [+ gravillons] to throw up; [+ étincelles] to throw off **c** [+ ombre, reflet] to cast; [+ film, diapositive] to show

prolétaire [pʀɔletɛʀ] NMF proletarian

prolétariat [pʀɔletaʀja] NM proletariat

proliférer [pʀɔlifeʀe] ► conjug 6 ◄ VI to proliferate

prolifique [pʀɔlifik] ADJ prolific

prologue [pʀɔlɔg] NM prologue (à to)

prolongation [pʀɔlɔ̃gasjɔ̃] NF **1** NF extension **2** **prolongations** NFPL (Football) extra time *NonC* (Brit), overtime *NonC* (US)

prolongement [pʀɔlɔ̃ʒmɑ̃] NM **a** [de ligne de métro, route, période] extension ◆ **cette rue est dans le ~ de l'autre** this street is the continuation of the other **b** (= suite) [d'affaire, politique] repercussion

prolonger [pʀɔlɔ̃ʒe] ► conjug 3 ◄ **1** VT to extend; [+ vie] to prolong **2** **se prolonger** VPR [attente, situation] to go on; [débat] to last

promenade [pʀɔm(ə)nad] NF **a** (à pied) walk; (en voiture) drive; (en vélo, à cheval) ride ◆ **faire une ~** to go for a walk (ou drive etc) **b** (= avenue) walk

promener [pʀɔm(ə)ne] ► conjug 5 ◄ **1** VT to ◆ **(emmener) ~ qn** to take sb for a walk ◆ ~ **le chien** to walk the dog ◆ ~ **son regard sur qch** to cast one's eyes over sth **2** **se promener** VPR (= aller en promenade) to go for a walk (ou drive etc)

promesse [pʀɔmɛs] NF promise ◆ ~ **de vente** sales agreement ◆ **faire une ~** to make a promise ◆ **manquer à/tenir sa ~** to break/to keep one's promise

prometteur, -euse [pʀɔmetœʀ, øz] ADJ promising

promettre [pʀɔmɛtʀ] ► conjug 56 ◄ **1** VT to promise (de faire to do) ◆ **je lui ai promis un cadeau** I promised him a present ◆ **cet enfant promet** this child shows promise ◆ **ça promet !** (iro) that's a good start! iro **2** **se promettre** VPR (à soi-même) ◆ **se ~ de faire qch** to resolve to do sth

promis, e [pʀɔmi, iz] ADJ **a** (= assuré) promised ◆ **tu le feras ? – oui !** you'll do it? – yes, I promise! **b** (= destiné) ◆ **être ~ à un bel avenir** to be destined for great things

promiscuité [pʀɔmiskɥite] NF lack of privacy *NonC*

promontoire [pʀɔmɔ̃twaʀ] NM headland

promoteur, -trice [pʀɔmɔtœʀ, tʀis] NM,F (= instigateur) promoter ◆ **(immobilier)** property developer

promotion [pʀɔmɔsjɔ̃] NF **a** (= avancement, encouragement) promotion **b** (Scol) year (Brit), class (US) **c** (= réclame) special offer ◆ **en ~** on special offer

promouvoir [pʀɔmuvwaʀ] ► conjug 27 ◄ VT to promote ◆ **il a été promu directeur** he was promoted to manager

prompt, prompte [pʀɔ̃(pt), pʀɔ̃(p)t] ADJ prompt

promulguer [pʀɔmylge] ► conjug 1 ◄ VT to promulgate

prôner [pʀone] ► conjug 1 ◄ VT to advocate

pronom [pʀɔnɔ̃] NM pronoun

pronominal, e (mpl -aux) [pʀɔnɔminal, o] ADJ pronominal ◆ **(verbe)** ~ reflexive (verb)

prononcé, e [pʀɔnɔ̃se] ADJ [accent, goût] strong

prononcer [pʀɔnɔ̃se] ► conjug 3 ◄ **1** VT **a** (= articuler) to pronounce ◆ **mal ~ un mot** to mispronounce a word **b** (= dire) [+ parole, nom] to say; [+ discours] to make **c** [+ sentence] to pass **2** **se prononcer** VPR (= se décider) to come to a decision (sur on, about); (= s'exprimer) to express an opinion (sur on)

prononciation [pʀɔnɔ̃sjasjɔ̃] NF pronunciation

pronostic [pʀɔnɔstik] NM forecast; (Méd) prognosis; (Courses) tip

propagande [pʀɔpagɑ̃d] NF propaganda

propager [pʀɔpaʒe] ► conjug 3 ◄ **1** VT [+ nouvelle, maladie, rumeur] to spread **2** **se propager** VPR **a** (= se répandre) to spread **b** [onde] to be propagated **c** [espèce] to propagate

prophète [pʀɔfɛt] NM prophet

prophétie [pʀɔfesi] NF prophecy

propice [pʀɔpis] ADJ favourable (Brit), favorable (US) ◆ **attendre le moment ~** to wait for the right moment ◆ **un climat ~ à la négociation** an atmosphere conducive to negotiation

proportion [pʀɔpɔʀsjɔ̃] NF proportion ◆ **hors de ~** out of proportion ◆ **toute(s) ~(s) gardée(s)** relatively speaking ◆ **il a un poste élevé et un salaire en ~** he has a top position and a correspondingly high salary

proportionné, e [pʀɔpɔʀsjɔne] ADJ ◆ ~ **à** proportionate to ◆ **bien ~** well-proportioned

proportionnel, -elle [pʀɔpɔʀsjɔnɛl] **1** ADJ proportional ◆ ~ **à** in proportion to ◆ **inversement ~ à** in inverse proportion to

2 **proportionnelle** NF proportional ◆ **élu à la proportionnelle** elected by proportional representation

propos [pʀɔpo] NM **a** (gén pl) words ◆ **tenir des ~ désobligeants** to make offensive remarks **b** (littér = intention) intention **c** (locutions)
◆ **à propos** [arriver] at the right moment; (= au fait) incidentally, by the way
◆ **à propos de** about
◆ **à ce propos** in this connection
◆ **hors de propos** irrelevant

proposer [pʀɔpoze] ► conjug 1 ◄ **1** VT **a** (= suggérer) to suggest ◆ ~ **qch à qn** to suggest sth to sb ◆ **je vous propose de passer me voir** I suggest you come round and see me **b** (= offrir) to offer ◆ ~ **qch à qn** to offer sb sth ◆ **je lui ai proposé de la raccompagner** I offered to see her home **2** **se proposer** VPR **a** (= offrir ses services) to offer one's services **b** (= envisager)
◆ **se ~ de faire qch** to intend to do sth

proposition [pʀɔpozisjɔ̃] NF **a** (= suggestion) proposal ◆ ~ **de loi** private bill, private member's bill (Brit) ◆ **faire une ~ à qn** to make sb a proposition **b** (= phrase) clause

propre¹ [pʀɔpʀ] **1** ADJ **a** (= pas sali, nettoyé) clean **b** (= soigné) neat **c** [chien, chat] housetrained; [enfant] toilet-trained; [moteur, voiture, produit] clean **2** NM ◆ **recopier qch au ~** to copy sth out neatly ◆ **c'est du ~ !** * (comportement) what a way to behave!

propre² [pʀɔpʀ] **1** ADJ **a** (intensif possessif) own ◆ **il a sa ~ voiture** he's got his own car **b** (= spécifique) ◆ ~ **à** characteristic of **c** (= qui convient) suitable (à for) ◆ **le mot ~** the right word **d** (= propice) ◆ **une musique ~ au recueillement** a type of music conducive to meditation **2** NM **a** (= qualité distinctive) ◆ **la parole est le ~ de l'homme** speech is the distinguishing feature of human beings **b** ◆ **au ~** (= non figuré) in the literal sense

proprement [pʀɔpʀəmɑ̃] ADV **a** (= avec propreté) cleanly; (= avec netteté) neatly **b** (= spécifiquement) ◆ **à ~ parler** strictly speaking ◆ **le village ~ dit** the actual village **c** (= vraiment) absolutely

propreté [pʀɔpʀəte] NF cleanliness; [de travail, exécution] neatness

propriétaire [pʀɔpʀijetɛʀ] **1** NM owner; [de location] landlord ◆ ~ **terrien** landowner **2** NF owner; [de location] landlady

propriété [pʀɔpʀijete] NF **a** (= droit) ownership **b** (= immeuble, maison) property; (= terres) land NonC ► **propriété privée** private property **c** (= qualité) property

propulser [pʀɔpylse] ► conjug 1 ◄ VT **a** [+ missile] to propel **b** (= projeter) to hurl

prorata [pʀɔʀata] NM INV ◆ **au ~ de** in proportion to

prosaïque [pʀozaik] ADJ mundane

proscrire [pʀoskʀiʀ] ► conjug 39 ◄ VT **a** [+ activité, drogue] to ban; [+ mot] to prohibit the use of **b** (= exiler) to banish

prose [pʀoz] NF prose

prospecter [pʀɔspɛkte] ► conjug 1 ◄ VT **a** (pour minerai) to prospect **b** [+ marché] to explore; [+ région, clientèle] to canvass

prospection [pʀɔspɛksjɔ̃] NF **a** (minière) prospecting **b** (commerciale) exploring ◆ ~ **téléphonique** telephone canvassing

prospectus [pʀɔspɛktys] NM leaflet

prospère [pʀɔspɛʀ] ADJ prosperous

prospérer [pʀɔspeʀe] ► conjug 6 ◄ VI [commerce, personne] to prosper; [animal, plante] to thrive

prospérité [pʀɔspeʀite] NF prosperity

prostate [pʀɔstat] NF prostate

prosterner (se) [pʀɔstɛʀne] ► conjug 1 ◄ VPR to bow low (devant before)

prostituée [pʀɔstitɥe] NF prostitute

prostituer (se) [pʀɔstitɥe] ► conjug 1 ◄ VPR to prostitute o.s.

prostitution [pʀɔstitysjɔ̃] NF prostitution

prostré, e [pʀɔstʀe] ADJ prostrate

protagoniste [pʀɔtagɔnist] NMF protagonist

protecteur, -trice [pʀɔtɛktœʀ, tʀis] **1** ADJ **a** protective **b** [ton, air] patronizing **2** NM,F (= défenseur) protector

protection [pʀɔtɛksjɔ̃] NF **a** protection ◆ **prendre qn sous sa ~** to take sb under one's wing ◆ **de ~** [équipement, lunettes, mesures] protective **b** [de personne puissante, mécène] patronage

protectionnisme [pʀɔtɛksjɔnism] NM protectionism

protégé, e [pʀɔteʒe] **1** NM protégé **2** **protégée** NF protégée

protège-cahier (pl ~s) [pʀɔtɛʒkaje] NM exercise-book cover

protéger [pʀɔteʒe] ► conjug 6 et 3 ◄ **1** VT to protect (de, contre from) **2** **se protéger** VPR to protect o.s. (de from; contre against)

protège-slip (pl ~s) [pʀɔtɛʒslip] NM panty liner

protéine [pʀɔtein] NF protein

protestant, e [pʀɔtɛstɑ̃, ɑ̃t] ADJ, NM,F Protestant

protestation [pʀɔtɛstasjɔ̃] NF (= plainte) protest ◆ **lettre/mouvement de ~** protest letter/movement

protester [pʀɔtɛste] ► conjug 1 ◄ VI to protest

prothèse [pʀɔtɛz] NF (= membre artificiel) artificial limb ◆ ~ dentaire false teeth ◆ ~ auditive hearing aid

protocole [pʀɔtɔkɔl] NM **a** (Pol, Informatique) protocol **b** (= résolutions) agreement

prototype [pʀɔtɔtip] NM prototype

protubérance [pʀɔtybeʀɑ̃s] NF bulge

proue [pʀu] NF bow

prouesse [pʀuɛs] NF feat ◆ faire des ~s to work miracles

prouver [pʀuve] VT to prove

provenance [pʀɔv(ə)nɑ̃s] NF origin ◆ j'ignore la ~ de cette lettre I don't know where this letter came from ◆ en ~ de from

provençal, e (mpl **-aux**) [pʀɔvɑ̃sal, o] **1** ADJ Provençal **2** NM (= dialecte) Provençal **3** Provençal(e) NM,F Provençal

Provence [pʀɔvɑ̃s] NF Provence

provenir [pʀɔv(ə)niʀ] ► conjug 22 ◄ provenir de VT INDIR (= venir de) to be from; (= résulter de) to be the result of

proverbe [pʀɔvɛʀb] NM proverb

providence [pʀɔvidɑ̃s] NF (Rel) providence

providentiel, -ielle [pʀɔvidɑ̃sjɛl] ADJ providential

province [pʀɔvɛ̃s] NF (= région) province ◆ la ~ (hors Paris) the provinces ◆ ville de ~ provincial town

provincial, e (mpl **-iaux**) [pʀɔvɛ̃sjal, jo] ADJ, NM,F provincial

proviseur [pʀɔvizœʀ] NM [de lycée] principal

provision [pʀɔvizjɔ̃] NF **a** (= réserve) supply ◆ faire des ~s de to stock up with **b** (= vivres) ◆ ~s provisions ◆ faire ses ~s to go shopping for groceries

provisoire [pʀɔvizwaʀ] ADJ temporary; [gouvernement] interim *avant le nom*

provocant, e [pʀɔvɔkɑ̃, ɑ̃t] ADJ provocative

provocation [pʀɔvɔkasjɔ̃] NF provocation

provoquer [pʀɔvɔke] ► conjug 1 ◄ VT **a** (= défier) to provoke ◆ ~ qn en duel to challenge sb to a duel **b** (= causer) to cause; [+ réaction, changement d'attitude] to bring about; [+ colère, curiosité] to arouse; [+ accouchement] to induce

proxénète [pʀɔksenɛt] NMF procurer

proximité [pʀɔksimite] NF (dans l'espace) proximity ◆ de ~ (emploi, services) community-based ◆ à ~ nearby ◆ à ~ de close to

prude [pʀyd] **1** ADJ prudish **2** NF prude

prudemment [pʀydamɑ̃] ADV [conduire] carefully; [avancer, répondre] cautiously

prudence [pʀydɑ̃s] NF caution

prudent, e [pʀydɑ̃, ɑ̃t] ADJ **a** careful ◆ soyez ~ ! drive carefully! **b** (= sage) wise

prud'homme [pʀydɔm] NM ◆ les ~s ≈ industrial tribunal (Brit), ≈ labor relations board (US)

prune [pʀyn] NF plum ◆ pour des ~s* for nothing

pruneau (pl ~x) [pʀyno] NM **a** (= fruit sec) prune **b** (*= balle) slug *

prunelle [pʀynɛl] NF (= pupille) pupil

prunier [pʀynje] NM plum tree

PS [pɛɛs] NM **a** (abrév de *parti socialiste*) *French political party* **b** (abrév de *post-scriptum*) PS

psaume [psom] NM psalm

pseudo- [psødo] PRÉF pseudo-

pseudonyme [psødɔnim] NM [d'écrivain] pen name; [de comédien] stage name

psychanalyse [psikanaliz] NF psychoanalysis

psychanalyste [psikanalist] NMF psychoanalyst

psychédélique [psikedelik] ADJ psychedelic

psychiatre [psikjatʀ] NMF psychiatrist

psychiatrie [psikjatʀi] NF psychiatry

psychiatrique [psikjatʀik] ADJ psychiatric

psychique [psiʃik] ADJ psychological

psychologie [psikɔlɔʒi] NF psychology ◆ il faut faire preuve de ~ you have to have good insight into people

psychologique [psikɔlɔʒik] ADJ psychological ◆ c'est ~ ! it's all in the mind!

psychologue [psikɔlɔg] **1** ADJ (= intuitif) ◆ il est/il n'est pas très ~ he's very/he's not very perceptive about people **2** NMF psychologist

psychose [psikoz] NF (Psych) psychosis; (= obsession) obsessive fear ◆ ~ collective collective hysteria

psychosomatique [psikosomatik] ADJ psychosomatic

psychothérapeute [psikoteʀapøt] NMF psychotherapist

psychothérapie [psikoteʀapi] NF psychotherapy

pu [py] (ptp de *pouvoir*)

puant, e* [pɥɑ̃, ɑ̃t] ADJ [personne, attitude] arrogant

puanteur [pɥɑ̃tœʀ] NF stink

pub¹ [pœb] NM (= bar) pub

pub²* [pyb] NF (= annonce) ad*; (Ciné, TV) commercial ◆ la ~ (métier) advertising ◆ faire de la ~ pour qch (Commerce) to advertise sth; (= inciter à acheter) to plug sth *

puberté [pybɛʀte] NF puberty

public, -ique [pyblik] **1** ADJ public; [école, instruction] State *avant le nom*, public (US) **2** NM **a** (= population) ◆ **le ~** the (general) public **b** (= audience) audience; [de livre, journal] readership ◆ **en ~** in public ◆ **le grand ~** the general public ◆ **film grand ~** film with mass appeal

publication [pyblikasjɔ̃] NF (= action) publishing; (= écrit publié) publication ◆ **~ assistée par ordinateur** desktop publishing

publicitaire [pyblisiteʀ] **1** ADJ advertising **2** NMF advertising executive

publicité [pyblisite] NF **a** (= méthode, profession) advertising ◆ **il travaille dans la ~** he's in advertising ◆ **faire de la ~ pour qch** (Commerce) to advertise sth; (= inciter à acheter) to plug sth * ◆ **~ mensongère** misleading advertising **b** (= annonce) advertisement; (Ciné, TV) commercial **c** (= révélations) publicity

publier [pyblije] ► conjug 7 ◄ VT to publish; [de communiqué] to release

puce [pys] NF **a** (= animal) flea ◆ **ça m'a mis la ~ à l'oreille** that got me thinking ◆ **oui, ma ~** * yes, pet * **b** (Informatique) silicon chip

pudeur [pydœʀ] NF **a** (concernant le corps) modesty **b** (= délicatesse) sense of propriety

pudibond, e [pydibɔ̃, ɔ̃d] ADJ prim and proper

pudique [pydik] ADJ **a** (= chaste) modest **b** (= discret) discreet

puer [pɥe] ► conjug 1 ◄ **1** VI to stink **2** VT to stink of

puéricultrice [pɥeʀikyltʀis] NF nursery nurse

puériculture [pɥeʀikyltyʀ] NF infant care

puéril, e [pɥeʀil] ADJ puerile

puis [pɥi] ADV then ◆ **et ~** (= en outre) and besides

puiser [pɥize] ► conjug 1 ◄ VT [+ eau, exemple, inspiration] to draw (dans from) ◆ **~ dans ses économies** to dip into one's savings

puisque [pɥisk(ə)] CONJ since ◆ **c'est comme ça, je ne viendrai plus !** if that's how it is, I won't come anymore! ◆ **~ je te le dis !** I'm telling you!

puissance [pɥisɑ̃s] NF **a** power ◆ **10 ~ 4** 10 to the power of 4 ◆ **grande ~** (= pays) superpower **b** (= force) strength **c** ◆ **en ~** [délinquant, dictateur] potential

puissant, e [pɥisɑ̃, ɑ̃t] ADJ powerful

puisse [pɥis] VB → **pouvoir**

puits [pɥi] NM [d'eau, pétrole] well ▶ **puits de mine** mine shaft ▶ **puits de pétrole** oil well

pull [pyl], **pull-over** (pl **~-overs**) [pylɔvɛʀ] NM pullover

pulluler [pylyle] ► conjug 1 ◄ VI (= grouiller) to swarm; [erreurs, contrefaçons] to abound

pulmonaire [pylmɔnɛʀ] ADJ pulmonary

pulpe [pylp] NF pulp

pulpeux, -euse [pylpø, øz] ADJ [lèvres] full; [femme] curvaceous

pulsation [pylsasjɔ̃] NF pulsation; (= battement) beat

pulsion [pylsjɔ̃] NF impulse

pulvériser [pylveʀize] ► conjug 1 ◄ VT **a** (= broyer) to reduce to powder **b** [+ liquide, insecticide] to spray **c** [+ adversaire] to demolish; [+ record] to smash *

puma [pyma] NM puma

punaise [pynɛz] **1** NF **a** (= animal) bug **b** (= clou) drawing pin (Brit), thumbtack (US) **2** EXCL * (agacement) damn! *; (surprise) well!

punch¹ [pɔ̃ʃ] NM punch

punch² [pœnʃ] NM (= énergie) punch

punir [pyniʀ] ► conjug 2 ◄ VT to punish ◆ **il a été puni de son imprudence** he suffered for his recklessness

punition [pynisjɔ̃] NF punishment

punk [pœ̃k] ADJ INV, NMF punk

pupille [pypij] **1** NF [d'œil] pupil **2** NMF (= enfant) ward ◆ **~ de l'État** child in local authority care

pupitre [pypitʀ] NM [d'écolier] desk; [de musicien] music stand

pur, e [pyʀ] ADJ **a** pure; [whisky, gin] straight; [ciel] clear ◆ **~ beurre** [gâteau] all butter **b** (= intensif) ◆ **c'est de la folie ~e** it's utter madness ◆ **du racisme ~ et simple** plain racism ◆ **c'est par ~ hasard que je l'ai vu** I saw it by sheer chance

purée [pyʀe] NF purée ◆ **~ (de pommes de terre)** mashed potatoes

purement [pyʀmɑ̃] ADV purely ◆ **~ et simplement** purely and simply

pureté [pyʀte] NF purity; [d'air, eau] pureness; [de traits] perfection; [de voix] clarity

purgatoire [pyʀgatwaʀ] NM purgatory

purge [pyʀʒ] NF (Méd, Pol) purge; [de radiateur] bleeding

purger [pyʀʒe] ► conjug 3 ◄ VT **a** (= vidanger) to bleed **b** [+ peine] to serve

purification [pyʀifikasjɔ̃] NF purification ◆ **~ ethnique** ethnic cleansing

purifier [pyʀifje] ► conjug 7 ◄ **1** VT to purify **2 se purifier** VPR to cleanse o.s.

purin [pyʀɛ̃] NM slurry

puriste [pyʀist] ADJ, NMF purist

puritain, e [pyʀitɛ̃, ɛn] **1** ADJ puritanical **2** NM,F puritan

pur-sang [pyʀsɑ̃] NM INV thoroughbred

pus [py] NM pus

pustule [pystyl] NF pustule

putain ⁎ [pytɛ̃] NF **a** (= prostituée) whore **b** (en exclamation, intensif) ◆ ~ ! bloody hell! ⁎ (Brit), goddammit! ⁎ (US) ◆ **cette ~ de voiture** this bloody ⁎ (Brit) ou goddamn ⁎ (US) car

pute ⁎⁎ [pyt] NF whore

putois [pytwa] NM polecat

putréfier (se) [pytʀefje] ► conjug 7 ◄ VPR to go rotten

putsch [putʃ] NM putsch

puzzle [pœzl] NM jigsaw

p.-v. ⁎ [peve] NM (abrév de **procès-verbal**) fine; (pour stationnement interdit) parking ticket; (pour excès de vitesse) speeding ticket

pygmée [pigme] ADJ, NMF pygmy

pyjama [piʒama] NM pyjamas (Brit), pajamas (US)

pylône [pilon] NM pylon

pyramide [piʀamid] NF pyramid

Pyrénées [piʀene] NFPL ◆ **les ~** the Pyrenees

pyromane [piʀɔman] NMF arsonist

python [pitɔ̃] NM python

QCM [kyseɛm] NM (abrév de **questionnaire à choix multiple**) multiple choice question paper

QG [kyʒe] NM (abrév de **quartier général**) HQ

QI [kyi] NM (abrév de **quotient intellectuel**) IQ

qu' [k] → **que**

quadragénaire [k(w)adraʒenɛr] NMF forty-year-old man (ou woman)

quadrillé, e [kadrije] ADJ [papier, feuille] squared

quadriller [kadrije] ► conjug 1 ◄ VT [+ papier] to mark out in squares; [+ ville, région] to comb

quadruple [k(w)adrypl] ADJ, NM quadruple

quadrupler [k(w)adryple] ► conjug 1 ◄ VTI to quadruple

quadruplés, -ées [k(w)adryple] NM,F PL quadruplets

quai [ke] NM [de port] quay; [de gare] platform; [de rivière] bank ◆ **être à** ~ [bateau] to be alongside the quay

qualificatif, -ive [kalifikatif, iv] **1** ADJ [adjectif, épreuve] qualifying **2** NM (Gram) qualifier; (= mot) term

qualification [kalifikasjɔ̃] NF **a** (Sport) ◆ **obtenir sa** ~ to qualify ◆ **épreuves de** ~ qualifying heats **b** (= aptitude) skill; (= diplôme) qualification

qualifié, e [kalifje] ADJ (= compétent) qualified; [main-d'œuvre, ouvrier] skilled ◆ **non** ~ [main-d'œuvre, ouvrier] unskilled

qualifier [kalifje] ► conjug 7 ◄ **1** VT **a** [+ décrire] to describe (de as) **b** (Gram) to qualify **2** **se qualifier** VPR (Sport) to qualify (pour for)

qualitatif, -ive [kalitatif, iv] ADJ qualitative

qualité [kalite] NF **a** quality ◆ **de** ~ [ouvrage, spectacle] quality *avant le nom* ◆ **de bonne/mauvaise** ~ good/poor quality *avant le nom* **b** (= don) skill ◆ ~**s de gestionnaire** management skills **c** (= fonction) ◆ **en sa** ~ **de maire** in his capacity as mayor

quand [kɑ̃] **1** CONJ when ◆ ~ **elle m'a vu** when she saw me ◆ ~ **ce sera fini** when it's finished ◆ ~ **bien même** even if; → **même** **2** ADV when ◆ **dis-moi** ~ **tu pars** tell me when you're leaving ◆ **c'est pour** ~ **?** (devoir) when is it for?; (naissance) when is it to be?

quant [kɑ̃] ADV ◆ ~ **à** as for

quantifier [kɑ̃tifje] ► conjug 7 ◄ VT to quantify

quantitatif, -ive [kɑ̃titatif, iv] ADJ quantitative

quantité [kɑ̃tite] NF **a** (= nombre, somme) quantity, amount ◆ **en grande/petite** ~ in large/small quantities ou amounts **b** (= grand nombre) ◆ **(une)** ~ **de, des** ~**s de** a lot of ◆ **il y a des fruits en** ~ fruit is in plentiful supply

quarantaine [karɑ̃tɛn] NF **a** (= âge, nombre) about forty; pour loc voir **soixantaine** **b** (= isolement) quarantine

quarante [karɑ̃t] NOMBRE forty ◆ **un** ~**-cinq tours** (= disque) a single; pour autres loc voir **soixante**

quarantième [karɑ̃tjɛm] ADJ, NMF fortieth

quart [kar] NM **a** (= fraction) quarter ◆ **un** ~ **de poulet** a quarter chicken ◆ **un** ~ **de vin** a quarter-litre carafe of wine ◆ ~**s de finale** quarter finals ◆ **démarrer au** ~ **de tour** [moteur] to start (up) first time; [personne]* to have a short fuse **b** (dans le temps) ◆ ~ **d'heure** quarter of an hour ◆ **3 heures moins le** ~ (a) quarter to ou of (US) **3** ◆ **3 heures et** ~**, 3 heures un** ~ (a) quarter past ou after (US) 3 ◆ **passer un mauvais** ou **sale** ~ **d'heure** to have a hard time of it ◆ **être de** ~ to keep the watch **c** (= veille) watch ◆ **être de** ~

quartier [kartje] NM **a** [de ville] neighbourhood (Brit), neighborhood (US) ◆ ~ **commerçant** shopping area ◆ **le** ~ **chinois** the Chinese quarter ◆ **vous êtes du** ~ **?** do you live around here? **b** [de bœuf] quarter; [de fruit] piece **c** (Mil) ◆ ~**(s)** quarters ◆ **avoir** ~**(s) libre(s)** [soldat] to have leave from barracks; [élèves, touristes] to be free (for a few hours) ► **quartier général** headquarters

quart-monde (pl **quarts-mondes**) [karmɔ̃d] NM ◆ **le** ~ (= démunis) the underclass; (= pays) the Fourth World

quartz [kwarts] NM quartz

quasi- [kazi] PRÉF near, quasi- ◆ ~**certitude** near certainty ◆ **la** ~**totalité des dépenses** almost all (of) the expenditure

quasiment [kazimɑ̃] ADV (dans une affirmation) practically ◆ ~ **jamais** hardly ever ◆ **il n'a** ~ **pas dormi** he hardly slept

quatorze [katɔrz] fourteen ◆ **la guerre de** ~ the First World War ◆ **le** ~ **juillet** the Fourteenth of July *(French national holiday)*; pour autres loc voir **six**

quatorzième [katɔʀzjɛm] ADJ INV, NMF fourteenth; pour loc voir **sixième**

quatre [katʀ] NOMBRE four ◆ **marcher à ~ pattes** to walk on all fours ◆ **descendre l'escalier ~ à ~** to rush down the stairs four at a time ◆ **manger comme ~** to eat like a horse ◆ **être tiré à ~ épingles** to be dressed up to the nines ◆ **faire les ~ cents coups** to lead a wild life ◆ **se mettre en ~ pour (aider)** qn to bend over backwards to help sb *; pour autres loc voir **six**

quatre-quarts [kat(ʀə)kaʀ] NM INV pound cake

quatre-quatre [kat(ʀə)katʀ] ADJ INV, NM INV four-wheel drive

quatre-vingt-dix [katʀəvɛ̃dis] ADJ INV, NM INV ninety

quatre-vingts [katʀəvɛ̃] ADJ INV, NM INV eighty

quatrième [katʀijɛm] **1** ADJ fourth ◆ **faire qch en ~ vitesse** to do sth at top speed **2** NF (= vitesse) fourth gear; (= classe) ≈ third year; pour autres loc voir **sixième**

quatrièmement [katʀijɛmmɑ̃] ADV fourthly

quatuor [kwatɥɔʀ] NM quartet(te)

que [kə]

1 CONJ **a** (complétive) that ◆ **elle sait ~ tu es prêt** she knows (that) you're ready ◆ **je pense ~ oui** I think so ◆ **je veux ~ Raoul vienne** I want Raoul to come ◆ **j'aimerais qu'il vienne** I would like him to come
b ◆ **si vous êtes sages et qu'il fait beau, nous sortirons** if you are good and (if) the weather is fine, we'll go out
c (hypothèse) whether ◆ **il ira, qu'il le veuille ou non** he'll go whether he wants to or not
d (souhait) ◆ **qu'il se taise !** I wish he would be quiet! ◆ **eh bien, qu'il vienne !** all right, he can come!
2 ADV ◆ **~ tu es lent !** you're so slow! ◆ **~ d'erreurs !** there are so many mistakes!
◆ **qu'est-ce que** (exclamatif) ◆ **qu'est-ce qu'il est bête !** he's such an idiot! ◆ **qu'est-ce qu'il joue bien !** doesn't he play well!
3 PRON REL **a** (antécédent personne) ◆ **la fille qu'il a rencontrée là-bas** the girl he met there ◆ **le philosophe qu'il admirait** the philosopher whom he admired ◆ **les ouvriers qu'ils vont licencier** the workers that *or* who * they're going to sack
b (antécédent animal ou chose) ◆ **j'ai déjà les livres qu'il m'a offerts** I've already got the books he gave me ◆ **la raison qu'il a donnée** the reason (that or which) he gave
c (en incise) ◆ **un certain M. Leduc, ~ je ne connais pas, m'a appelé** a certain Mr Leduc, who * ou whom I don't know, called me ◆ **la lettre, ~ j'ai postée lundi, est arrivée vendredi** the letter, which I posted on Monday, arrived on Friday
d (temps) when ◆ **un jour ~ le soleil brillait** one day when the sun was shining
4 PRON INTERROG what ◆ **~ fais-tu ?** what are you doing? ◆ **~ préfères-tu, de la compote ou une crème caramel ?** which would you prefer, stewed fruit or crème caramel?
◆ **qu'est-ce que** (interrogatif) what ◆ **qu'est-ce ~ tu fais ?** what are you doing? ◆ **qu'est-ce ~ tu préfères, du thé ou du café ?** which do you prefer, tea or coffee?
◆ **qu'est-ce qui** what ◆ **qu'est-ce qui t'est arrivé ?** what happened to you?

Québec [kebɛk] **1** N (= ville) Quebec (City) **2** NM ◆ **le ~** (= province) Quebec

québécois, e [kebekwa, waz] **1** ADJ Quebec (avant le nom) ◆ **il est ~** he's from Quebec **2** NM (= langue) Quebec French **3** **Québécois(e)** NM,F Québécois

quel, quelle [kɛl]

1 ADJ **a** (interrogatif) (être animé) who; (chose) what ◆ **~ est cet auteur ?** who is that author? ◆ **quelles ont été les raisons de son départ ?** what were the reasons for his leaving?
b (interrogatif discriminatif) which ◆ **~ acteur préférez-vous ?** which actor do you prefer? ◆ **~ est le vin le moins cher des trois ?** which wine is the cheapest of the three?
c (exclamatif) what ◆ **quelle surprise !** what a surprise! ◆ **~ courage !** what courage!
d (relatif) (être animé) whoever; (chose) whatever ◆ **quelles que soient les conséquences** whatever the consequences may be ◆ **quelle que soit la personne qui vous répondra** whoever answers you ◆ **~ les hommes, ~s qu'ils soient** all men, irrespective of who they are
2 PRON INTERROG which ◆ **des deux solutions quelle est celle que vous préférez ?** of the two solutions, which do you prefer?

quelconque [kɛlkɔ̃k] ADJ **a** (= n'importe quel) ◆ **choisis un stylo ~ parmi ceux-là** choose any one of those pens ◆ **pour une raison ~** for some reason ◆ **avez-vous une ~ idée du prix ?** have you any idea of the price? **b** (= médiocre) poor ◆ **il est très ~** (= pas très beau) he's not very good-looking at all

quelque [kɛlk(ə)]

1 ADJ INDÉF **a** (au singulier) some ◆ **il habite à ~ distance d'ici** he lives some distance from here ◆ **je ne le vois plus depuis ~ temps** I haven't seen him for a while
◆ **quelque chose** something ◆ **~ chose d'extraordinaire** something extraordinary ◆ **~**

chose d'autre something else ◆ **il y est pour ~ chose** he has got something to do with it ◆ **je t'ai apporté un petit ~ chose** I've brought you a little something ◆ **ça m'a fait ~ chose d'apprendre sa mort** I was upset when I heard he died

◆ **quelque part** somewhere

◆ **quelque ... que** (frm) whatever ◆ **de ~ façon que l'on envisage le problème** whatever way you look at the problem

b (au pluriel) ◆ **quelques** a few ◆ **~s milliers** a few thousand ◆ **20 kg et ~s** * a bit * over 20kg ◆ **il doit être trois heures et ~s** * it must be a bit * after three

2 ADV (= environ) about ◆ **il y a ~ 20 ans qu'il enseigne ici** he has been teaching here for about 20 years

◆ **quelque peu** rather

quelquefois [kɛlkəfwa] ADV sometimes

quelques-uns, -unes [kɛlkəzœ̃, yn] PRON INDÉF PL some

quelqu'un [kɛlkœ̃] PRON INDÉF **a** somebody, someone; (avec interrogatif) anybody, anyone ◆ **~ d'autre** somebody ou someone else ◆ **c'est ~ de bien** she's a nice person ◆ **il y a ~ ?** is there anybody there? **b** (intensif) ◆ **c'est vraiment ~ cette fille** that girl's really something else *

quémander [kemɑ̃de] ► conjug 1 ◄ VT to beg for

qu'en-dira-t-on [kɑ̃diʀatɔ̃] NM INV ◆ **le ~** gossip

quenelle [kənɛl] NF quenelle

querelle [kəʀɛl] NF quarrel ◆ **chercher ~ à qn** to try to pick a quarrel with sb

quereller (se) [kəʀele] ► conjug 1 ◄ VPR to quarrel

question [kɛstjɔ̃] NF **a** question ◆ **~ piège** trick question ◆ **~ subsidiaire** tiebreaker ◆ **poser une ~ à qn** to ask sb a question ◆ **il commence à se poser des ~s** he's beginning to wonder ◆ **c'est une ~ de temps/d'habitude** it's a question of time/of habit ◆ **la ~ n'est pas là, là n'est pas la ~** that's not the point **b** (* = en ce qui concerne) ◆ **~ argent** as far as money goes ◆ **~ bêtise, il se pose là !** he's a prize idiot! **c** (sujet) ◆ **de quoi est-il ~ ?** what is it about? ◆ **il est ~ de construire un nouvel hypermarché** there are plans to build a new hypermarket ◆ **il n'en est pas ~ !, c'est hors de ~ !** that's out of the question!

◆ **en question** (= dont on parle) in question ◆ **mettre ou remettre en ~** to question ◆ **elle ne se remet jamais en ~** she never questions herself

questionnaire [kɛstjɔnɛʀ] NM questionnaire ◆ **~ à choix multiple** multiple choice question paper

questionner [kɛstjɔne] ► conjug 1 ◄ VT to question

quête [kɛt] NF **a** (= collecte) collection ◆ **faire la ~** (à l'église) to take the collection; [artiste de rue] to go round with the hat **b** ◆ **se mettre en ~ de** to go in search of

queue [kø] NF **a** [d'animal, avion, lettre] tail; [de casserole, poêle] handle; [de feuille, fruit, fleur] stalk; [de colonne, train] rear ◆ **être en ~ de peloton** to be at the back of the pack ◆ **en ~ (de train)** at the rear of the train ◆ **faire une ~ de poisson à qn** to cut in front of sb ► **queue de billard** billiard cue ► **queue de cheval** ponytail **b** (= file) queue (Brit), line (US) ◆ **faire la ~** to queue (up) (Brit), to stand in line (US) ◆ **à la ~ leu leu** in single file ◆ **histoire sans ~ ni tête** * cock-and-bull story

queue-de-pie (pl **queues-de-pie**) [kød(ə)pi] NF (= habit) tail coat

---

qui [ki]

1 PRON INTERROG **a** (sujet)
◆ **qui, qui est-ce qui** who ◆ **~ l'a vu ?** who saw him? ◆ **~, parmi les candidats, pourrait répondre ?** which of the candidates could reply?
◆ **qui ça ?** who?
b (objet) ◆ **~ a-t-elle vu ?** who ou whom (frm) did she see? ◆ **~ est-ce qu'il a embrassé ?** who did he kiss?
c (avec préposition) ◆ **pour ~ ont-ils voté ?** who did they vote for?, for whom (frm) did they vote? ◆ **chez ~ allez-vous ?** whose house are you going to?
◆ **c'est à qui ?** (possession) whose is it?
2 PRON REL **a** (sujet) ◆ **les amis ~ viennent ce soir sont américains** the friends (who ou that are) coming tonight are American ◆ **j'ai rencontré Luc, ~ m'a raconté que ...** I met Luc, who told me that ... ◆ **prends le plat ~ est sur la table** take the dish that ou which is on the table **moi ~ espérais rentrer tôt!** and there I was thinking I was going to get home early!
b (avec préposition)
◆ **le patron pour ~ il travaille** the employer (that ou who) he works for, the employer for whom (frm) he works
c (= celui qui) anyone who ◆ **ira ~ voudra** anyone who wants to go can go
◆ **qui que ce soit** anybody, anyone ◆ **j'interdis à ~ que ce soit d'entrer ici** I forbid anybody ou anyone to come in here

---

quiche [kiʃ] NF ◆ **~ lorraine** quiche Lorraine

quiconque [kikɔ̃k] **1** PRON REL (= celui qui) whoever **2** PRON INDÉF (= n'importe qui, personne) anyone, anybody ◆ **je le sais mieux que ~** I know better than anyone

quignon [kiɲ5] NM ✦ ~ **(de pain)** (= croûton) crust of bread; (= morceau) hunk of bread

quille [kij] NF **a** (Jeux) skittle **b** [de bateau] keel **c** (arg Mil) ✦ **la ~** demob (Brit)

quincaillerie [kɛ̃kajʀi] NF (= métier, ustensiles) hardware; (= magasin) hardware shop; (= bijoux) cheap jewellery (Brit) ou jewelry (US)

quinquagénaire [kɛ̃kaɜenɛʀ] NMF fifty-year-old man (ou woman)

quinte [kɛ̃t] NF ✦ ~ **(de toux)** coughing fit

quintuple [kɛ̃typl] ADJ, NM quintuple

quintuplés, -ées [kɛ̃typle] NM,F PL quintuplets

quinzaine [kɛ̃zɛn] NF (= nombre) about fifteen; (= deux semaines) ✦ **une ~ (de jours)** two weeks ✦ ~ **commerciale** two-week sale

quinze [kɛ̃z] fifteen ✦ **dans ~ jours** in two weeks, in a fortnight (Brit); pour autres loc voir **six**

quinzième [kɛ̃zjɛm] ADJ, NMF fifteenth; pour loc voir **sixième**

quiproquo [kipʀɔko] NM (= sur une personne) mistake; (= sur un sujet) misunderstanding

quittance [kitɑ̃s] NF receipt

quitte [kit] ADJ ✦ **être ~ envers qn** to be all square with sb ✦ **nous sommes ~s** we're quits * ✦ **nous en sommes ~s pour la peur** we got off with a fright
✦ **quitte à** ✦ **ils préfèrent rester chez eux, ~ à s'ennuyer** they prefer to stay at home even if it means getting bored ✦ ~ **à aller au restaurant, autant en choisir un bon** if we're going to a restaurant, we might as well go to a good one

quitter [kite] ▸ conjug 1 ◂ **1** VT **a** to leave ✦ **si je le quitte des yeux une seconde** if I take my eyes off him for a second ✦ **ne quittez pas (au téléphone)** hold on a moment **b** (Informatique) to quit **2** **se quitter** VPR ✦ **nous nous sommes**

quittés **bons amis** we parted good friends ✦ **nous nous sommes quittés à 11 heures** we left each other at 11

qui-vive [kiviv] NM INV ✦ **être sur le ~** to be on the alert

---

🔑 **quoi** [kwa] pron

a (interrogatif) what ✦ **de ~ parles-tu ?**, **tu parles de ~ ?** * what are you talking about? ✦ **je ne sais ~ lui donner** I don't know what to give him ✦ **on joue ~ au cinéma ?** * what's on at the cinema? ✦ **en ~ est cette statue ?** what is this statue made of? ✦ ~ **faire ?** what are we going to do? ✦ ~ **encore ?** (exaspération) what is it now? ✦ ~ **de neuf ?** what's new? ✦ **à ~ bon ?** what's the use? (faire of doing) ✦ ~ **! tu oses l'accuser ?** what! you dare to accuse him!

b (relatif) ✦ **je sais à ~ tu fais allusion** I know what you're referring to ✦ **as-tu de ~ écrire ?** have you got a pen? ✦ **emporter de ~ manger** to take something to eat ✦ **ils n'ont pas de ~ vivre** they haven't got enough to live on ✦ **il n'y a pas de ~ pleurer** there's nothing to cry about ✦ **merci beaucoup ! – il n'y a pas de ~** many thanks! – don't mention it; → **sans**

c ✦ ~ **qu'il arrive/qu'elle fasse** whatever happens/she does ✦ ~ **qu'il en soit** be that as it may ✦ **si vous avez besoin de ~ que ce soit** if there's anything you need

quoique [kwak(ə)] CONJ although, though

quota [k(w)ɔta] NM quota

quotidien, -ienne [kɔtidjɛ̃, jɛn] **1** ADJ daily **2** NM **a** (= journal) daily paper **b** (= routine) ✦ **le ~** everyday life

quotient [kɔsjɑ̃] NM quotient ✦ ~ **intellectuel** intelligence quotient

rab * [Rab] NM [de nourriture] ◆ **est-ce qu'il y a du ~ ?** is there any more?

rabâcher [Rabaʃe] ► conjug 1 ◄ VT to keep repeating

rabais [Rabɛ] NM reduction ◆ **il m'a fait un ~ de 10 € sur la robe** he knocked 20 euros off the price of the dress ◆ **au ~** [acheter, vendre] at a reduced price; [péj] [acteur, journaliste] third-rate

rabaisser [Rabese] ► conjug 1 ◄ **1** VT **a** [+ personne, efforts, talent] to disparage **b** [+ prix] to reduce ◆ **il voulait 5 000 € par mois, mais il a dû rabaisser ses prétentions** he wanted €5,000 a month but he had to lower his sights **2 se rabaisser** VPR to put o.s. down *

rabat [Raba] NM [de poche, enveloppe] flap

rabat-joie [Rabaʒwa] NM INV killjoy

rabattre [RabatR] ► conjug 41 ◄ **1** VT **a** [+ capot, couvercle] to close; [+ couvertures] to throw back; [+ col] to turn down; [+ strapontin] to put up; [+ jupe] to pull down ◆ **le vent rabat la fumée** the wind blows the smoke back down **b** [+ gibier] to drive **2 se rabattre** VPR **a** [voiture] [coureur] to cut in **b** ◆ **se ~ sur** to fall back on **c** [porte] to slam shut ◆ **le siège se rabat** the seat folds down

rabbin [Rabɛ̃] NM rabbi

rabibocher (se) * [Rabibɔʃe] ► conjug 1 ◄ to make it up

râblé, e [Rɑble] ADJ stocky

rabot [Rabo] NM plane

raboter [Rabɔte] ► conjug 1 ◄ VT to plane down

rabougri, e [Rabugri] ADJ [plante] stunted; [vieillard] wizened

rabrouer [RabRue] ► conjug 1 ◄ VT to shout at

racaille [Rakɑj] NF riffraff

raccommoder [Rakɔmɔde] ► conjug 1 ◄ VT to mend **2 se raccommoder** * VPR [personnes] to make it up

raccompagner [Rakɔ̃paɲe] ► conjug 1 ◄ VT to take back (à to) ◆ **~ qn (chez lui)** to take sb home ◆ **~ qn en voiture** to drive sb back ◆ **~ qn (jusqu')à la porte** to see sb to the door

raccord [RakɔR] NM **a** [de papier peint] join **b** (= pièce, joint) link

raccorder [RakɔRde] ► conjug 1 ◄ VT to connect (à with, to) ◆ **~ qn au réseau (téléphonique)** to connect sb's phone

raccourci [RakuRsi] NM (= chemin) short cut

raccourcir [RakuRsiR] ► conjug 2 ◄ **1** VT to shorten ◆ **ça raccourcit le trajet de 5 km** it knocks 5km off the journey **2** VI [jours] to grow shorter

raccrocher [RakRɔʃe] ► conjug 1 ◄ **1** VI (au téléphone) to hang up ◆ **~ au nez de qn** * to hang up on sb **2** VT [+ vêtement, tableau] to hang back up; [+ combiné] to put down ◆ **j'avais mal raccroché** I hadn't put the receiver down properly **3 se raccrocher** VPR ◆ **se ~ à** [+ branche, rampe] to grab hold of; [+ espoir, personne] to hang on to

race [Ras] NF **a** (= ethnie) race ◆ **un individu de ~ blanche/noire** a white/black person **b** [d'animaux] breed ◆ **de ~** [acheter, vendre] pedigree; [cheval] thoroughbred

racé, e [Rase] ADJ [animal] pedigree; [cheval] thoroughbred; [voiture, voilier] sleek

rachat [Raʃa] NM [d'objet que l'on possédait avant] buying back; [d'objet d'occasion] buying ◆ **~ d'entreprise par les salariés** employee buyout

racheter [Raʃ(ə)te] ► conjug 5 ◄ **1** VT **a** [+ objet que l'on possédait avant] to buy back; [+ nouvel objet] to buy another; [+ pain, lait] to buy some more; [+ objet d'occasion] to buy (à off); [+ entreprise] to buy out **b** [+ péché, crime] to atone for; [+ mauvaise conduite, faute] to make amends for **2 se racheter** VPR ◆ **se ~ (aux yeux de qn)** to redeem o.s. (in sb's eyes)

rachitique [Raʃitik] ADJ (= maigre) puny; [arbre, poulet] scraggy

racial, e (mpl **-iaux**) [Rasjal, jo] ADJ racial; [émeutes] race *avant le nom*

racine [Rasin] NF root ◆ **~ carrée** square root

racisme [Rasism] NM racism

raciste [Rasist] ADJ, NMF racist

racket [Rakɛt] NM racketeering *NonC*; (à l'école) *schoolchildren bullying other children for money etc*

racketter [Rakete] ► conjug 1 ◄ VT to extort money from ◆ **il se fait ~ à l'école** children bully him into giving them things at school

raclée * [Rɑkle] NF thrashing

racler [ʀɑkle] ► conjug 1 ◄ VT to scrape (de off); [+ tache, peinture] to scrape off ◆ se ~ la gorge to clear one's throat

raclette [ʀɑklɛt] NF **a** (= outil) scraper **b** (= plat) raclette *(melted cheese served with boiled potatoes and cold meats)*

racoler [ʀakɔle] ► conjug 1 ◄ VT [prostituée] to solicit for

racoleur, -euse [ʀakɔlœʀ, øz] ADJ [publicité] eye-catching; [slogan politique] vote-catching

racontars [ʀakɔ̃taʀ] NM PL gossip

raconter [ʀakɔ̃te] ► conjug 1 ◄ VT **a** [+ histoire] to tell ◆ ~ qch à qn to tell sb sth ◆ on raconte que ... people say that ... ◆ alors, raconte ! come on, tell me! **b** (= dire de mauvaise foi) ◆ qu'est-ce que tu racontes ? what on earth are you talking about? ◆ il raconte n'importe quoi he's talking nonsense ◆ ~ des histoires to tell stories

radar [ʀadaʀ] NM radar ◆ contrôle ~ (sur route) speed check

rade [ʀad] NF (= port) natural harbour (Brit) ou harbor (US) ◆ elle est restée en ~ * she was left stranded ◆ tomber en ~ * to break down

radeau (pl ~x) [ʀado] NM raft

radiateur [ʀadjatœʀ] NM heater; (à eau, à huile, de voiture) radiator

radiation [ʀadjasjɔ̃] NF **a** (= rayons) radiation **b** (d'une liste) ◆ on a demandé sa ~ du club they want to withdraw his club membership

radical, e (mpl -aux) [ʀadikal, o] ADJ, NM,F radical

radier [ʀadje] ► conjug 7 ◄ VT to strike off

radieux, -ieuse [ʀadjø, jøz] ADJ [sourire, personne] radiant; [journée, temps] glorious

radin, e * [ʀadɛ̃, in] **1** ADJ stingy **2** NM,F skinflint

radio [ʀadjo] NF **a** (= poste, radiodiffusion) radio ◆ passer à la ~ to be on the radio **b** (= station) radio station **c** (= radiographie) X-ray ◆ passer une ~ to have an X-ray

radioactif, -ive [ʀadjoaktif, iv] ADJ radioactive

radiocassette [ʀadjokasɛt] NF cassette radio

radiographie [ʀadjɔɡʀafi] NF **a** (= technique) radiography **b** (= photographie) X-ray

radiologue [ʀadjɔlɔɡ] NMF radiologist

radiophonique [ʀadjɔfɔnik] ADJ radio

radio-réveil (pl ~s) [ʀadjoʀevɛj] NM clock-radio

radiotélévisé, e [ʀadjotelevize] ADJ broadcast on radio and television

radiotélévision [ʀadjotelevizjɔ̃] NF radio and television

radiothérapeute [ʀadjoteʀapøt] NMF radiotherapist

radiothérapie [ʀadjoteʀapi] NF radiotherapy

radis [ʀadi] NM radish ◆ je n'ai pas un ~ * I haven't got a penny to my name (Brit) ou a cent (US) *

radium [ʀadjɔm] NM radium

radoter [ʀadɔte] ► conjug 1 ◄ VI (péj) to ramble on

radoucir (se) [ʀadusiʀ] ► conjug 2 ◄ VPR [personne] to calm down; [voix] to soften; [temps] to become milder

rafale [ʀafal] NF [de vent] gust; [de pluie] sudden shower; [de neige] flurry; [de mitrailleuse] burst; [de balles] volley

raffermir [ʀafɛʀmiʀ] ► conjug 2 ◄ **1** VT **a** [+ muscle, peau] to tone up; [+ chair] to firm up **b** [+ marché, cours] to steady; [+ courage, résolution] to strengthen **2** se raffermir VPR **a** [muscle] to harden; [chair] to firm up **b** [autorité] to strengthen; [marché, cours, voix] to become steadier

raffinage [ʀafinaʒ] NM refining

raffiné, e [ʀafine] ADJ refined

raffinement [ʀafinmɑ̃] NM refinement

raffiner [ʀafine] ► conjug 1 ◄ VT to refine

raffinerie [ʀafinʀi] NF refinery ◆ ~ de pétrole oil refinery

raffoler [ʀafɔle] ► conjug 1 ◄ raffoler de VT INDIR to be mad about

raffut * [ʀafy] NM row ◆ faire du ~ to make a row

rafistoler * [ʀafistɔle] ► conjug 1 ◄ VT to patch up

rafle [ʀafl] NF roundup

rafler * [ʀafle] ► conjug 1 ◄ VT [+ récompenses] to run off with; (= voler) to swipe * ◆ le film a raflé sept Oscars the film scooped seven Oscars

rafraîchir [ʀafʀeʃiʀ] ► conjug 2 ◄ **1** VT **a** [+ air] to cool down; [+ vin] to chill; [+ boisson] to cool; [+ haleine] to freshen **b** [+ visage, corps] to freshen up **c** (= désaltérer) to refresh **d** [+ appartement] to do up; [+ connaissances] to brush up ◆ ~ la mémoire ou les idées de qn to refresh sb's memory **e** [+ écran d'ordinateur] to refresh **2** se rafraîchir VPR (en se lavant) to freshen up; (en buvant) to refresh o.s.; [temps] to get cooler

rafraîchissant, e [ʀafʀeʃisɑ̃, ɑ̃t] ADJ refreshing

rafraîchissement [ʀafʀeʃismɑ̃] NM **a** (= boisson) cool drink **b** [de température] cooling

rafting [ʀaftiŋ] NM rafting ◆ faire du ~ to go rafting

rage [ʀaʒ] NF **a** (= colère) rage ◆ **mettre qn en ~** to infuriate sb **b** ◆ **faire ~** [guerre, incendie, tempête] to rage **c** (= maladie) ◆ **la ~** rabies sg ▸ **rage de dents** raging toothache

rager [ʀaʒe] ▸ conjug 3 ◀ VI to fume ◆ **ça me fait ~ !** it makes me furious!

ragots * [ʀago] NM PL gossip

ragoût [ʀagu] NM stew

raï [ʀaj] NM INV raï *(Algerian pop music)*

raid [ʀɛd] NM (Mil, Bourse) raid ◆ **~ aérien** air raid

raide [ʀɛd] **1** ADJ **a** [personne, membre, étoffe] stiff; [cheveux] straight **b** [pente, escalier] steep **c** (* = inacceptable) ◆ **c'est un peu ~ !** that's a bit much! **d** (* = osé) daring **e** (* = sans argent) broke * **2** ADV **a** [monter, descendre] steeply **b** (= net) ◆ **tomber ~ mort** to fall down dead

raideur [ʀɛdœʀ] NF [de corps, membre] stiffness

raidir [ʀɛdiʀ] ▸ conjug 2 ◀ **1** VT [+ muscles] to tense **2** **se raidir** VPR [personne] (= perdre sa souplesse) to become stiff; (= bander ses muscles) to stiffen

raie [ʀɛ] NF **a** (= bande) stripe; (= trait) line ◆ **la ~ des fesses** * the cleft between the buttocks **b** (dans les cheveux) parting (Brit), part (US) **c** (= poisson) skate

rail [ʀaj] NM rail

railler [ʀaje] ▸ conjug 1 ◀ VT (frm) [+ personne, chose] to scoff at

raillerie [ʀajʀi] NF (frm) scoffing

rainure [ʀenyʀ] NF (longue) groove; (courte) slot

raisin [ʀɛzɛ̃] NM ◆ **du ~, des ~s** grapes ▸ **raisins secs** raisins

raison [ʀɛzɔ̃] NF reason ◆ **il a perdu la ~** he has taken leave of his senses ◆ **pour quelles ~s l'avez-vous renvoyé ?** what were your reasons for firing him? ◆ **ce n'est pas une ~ !** that's no excuse! ◆ **se faire une ~** to accept it ◆ **avoir ~** to be right ◆ **donner ~ à qn** [événement] to prove sb right ◆ **tu donnes toujours ~ à ta fille** you're always siding with your daughter ◆ **à ~ de 3 fois par semaine** 3 times a week ◆ **en ~ de** because of ◆ **rire sans ~** to laugh for no reason ▸ **raison d'être** raison d'être ▸ **raison sociale** corporate name

raisonnable [ʀɛzɔnabl] ADJ reasonable; [conseil, opinion] sensible

raisonnement [ʀɛzɔnmɑ̃] NM **a** (= activité) reasoning NonC **b** (= argumentation) argument ◆ **j'ai du mal à suivre son ~** I'm having trouble following his argument

raisonner [ʀɛzɔne] ▸ conjug 1 ◀ **1** VI **a** (= réfléchir) to reason (sur about) **b** (= argumenter) to argue (sur about) **2** VT [+ personne] to reason with **3** **se raisonner** VPR to reason with o.s.

rajeunir [ʀaʒœniʀ] ▸ conjug 2 ◀ **1** VT **a** ◆ **~ qn** [cure] to rejuvenate sb; [repos, expérience] to make sb feel younger; [soins de beauté, vêtement] to make sb look younger **b** [+ institution] to modernize; [+ manuel, image de marque] to update **2** VI (= se sentir plus jeune) to feel younger; (= paraître plus jeune) to look younger **3** **se rajeunir** VPR (= se prétendre moins âgé) to make o.s. younger than one is

rajouter [ʀaʒute] ▸ conjug 1 ◀ VT [+ du sucre] to add some more; [+ un sucre] to add another ◆ **en ~** * to exaggerate

râle [ʀɑl] NM [de blessé] groan; [de mourant] death rattle

ralenti, e [ʀalɑ̃ti] NM (Ciné) slow motion ◆ **régler le ~** (Auto) to adjust the idle ◆ **au ~** [filmer, projeter] in slow motion ◆ **tourner au ~** [machine] to idle; [moteur] to tick over ◆ **l'usine tourne au ~** production at the factory has slowed down

ralentir [ʀalɑ̃tiʀ] ▸ conjug 2 ◀ VTI to slow down

ralentissement [ʀalɑ̃tismɑ̃] NM slowing down; (= embouteillage) tailback (Brit), hold-up (US) ◆ **un ~ de l'activité économique** a slowdown in economic activity

râler [ʀɑle] ▸ conjug 1 ◀ VI (* = protester) to moan (contre ou après about)

râleur, -euse * [ʀɑlœʀ, øz] NM,F moaner ◆ **quel ~, celui-là !** he never stops moaning!

rallier [ʀalje] ▸ conjug 7 ◀ **1** VT **a** [+ troupes] to rally; [+ suffrages] to win ◆ **~ qn à son avis/sa cause** to win sb over to one's way of thinking/ one's cause **b** (= rejoindre) to rejoin **2** **se rallier** VPR **a** ◆ **se ~ à** [+ parti] to join; [+ avis] to come round to; [+ cause] to be won over to **b** (= se regrouper) to rally

rallonge [ʀalɔ̃ʒ] NF **a** [de table] leaf; [de fil électrique] extension lead ◆ **table à ~(s)** extendable table **b** (* = argent) extra money

rallonger [ʀalɔ̃ʒe] ▸ conjug 3 ◀ **1** VT to lengthen; [+ vacances, bâtiment] to extend ◆ **~ une robe de 2 cm** to let down a dress by 2cm **2** VI [jours] the get longer

rallumer [ʀalyme] ▸ conjug 1 ◀ **1** VT **a** [+ feu] to light again; [+ cigarette] to relight; [+ lampe] to switch on again ◆ **rallume, s'il te plaît** switch the lights on again please **b** [+ haine, querelle] to revive **2** **se rallumer** VPR [incendie] to flare up again; [lampe] to come on again

rallye [ʀali] NM (Sport) rally

RAM [ʀam] NF (abrév de *Random Access Memory*) RAM

ramadan [ʀamadɑ̃] NM Ramadan ◆ **faire le ~** to observe Ramadan

ramassage [Ramasaʒ] NM [d'objets, poubelles] collection ◆ ~ **scolaire** (= service) school bus service

ramasser [Ramase] ► conjug 1 ◄ **1** VT **a** [+ objet, personne] to pick up **b** [+ copies, cotisations, ordures] to collect **c** (= récolter) to gather; [+ pommes de terre] to dig up **d** (= attraper) [+ coups, amende, mauvaise note] * to get **2** se **ramasser** VPR **a** (pour bondir) to crouch **b** * (= tomber) to fall over; (= échouer) to come a cropper * (Brit), to take a flat beating (US)

ramassis [Ramasi] NM ◆ ~ **de** [+ voyous] pack of

rambarde [RãbaRd] NF guardrail

rame [Ram] NF **a** (= aviron) oar **b** ◆ ~ **(de métro)** (underground (Brit) ou subway (US)) train **c** [de feuilles] ream; → **haricot**

rameau (pl **~x**) [Ramo] NM branch ◆ **(dimanche des) Rameaux** Palm Sunday

ramener [Ram(ə)ne] ► conjug 5 ◄ **1** VT **a** [+ personne] (= faire revenir) to bring back; (= raccompagner) to take back ◆ ~ **qn à la vie** to revive sb ◆ ~ **la conversation sur un sujet** to bring the conversation back to a subject ◆ **cela nous ramène 20 ans en arrière** it takes us back 20 years **b** (= tirer) ◆ **il a ramené la couverture sur lui** he pulled the blanket up ◆ ~ **ses cheveux en arrière** to brush one's hair back **c** [+ paix, ordre] to restore **d** (= réduire à) ◆ ~ **à** to reduce to **e** ◆ **la ~** ⁎ ◆ ~ **sa fraise** ⁎ (= intervenir) to interfere **2** se **ramener** ⁎ VPR to turn up *

ramer [Rame] ► conjug 1 ◄ VI **a** (Sport) to row **b** (* = avoir du mal) to struggle

rameur [RamœR] NM (= sportif) oarsman; (= appareil) rowing machine

rameuter [Ramøte] ► conjug 1 ◄ VT [+ foule, partisans] to gather together

ramification [Ramifikasjɔ̃] NF [de branche, nerf] ramification; [de voie ferrée] branch line; [de réseau, organisation] branch

ramolli, e [Ramɔli] ADJ [biscuit, beurre] soft

ramollir [RamɔliR] ► conjug 2 ◄ **1** VT [+ matière] to soften; [climat] [+ personne] to enervate **2** se **ramollir** VI, VPR [beurre, argile] to go soft; [personne] to go to seed

ramoner [Ramɔne] ► conjug 1 ◄ VT to sweep

rampe [Rãp] NF **a** (= voie d'accès) ramp ► **rampe de lancement** launching pad **b** [d'escalier] banister(s) **c** (= projecteurs de théâtre) ◆ **la ~** the footlights

ramper [Rãpe] ► conjug 1 ◄ VI **a** [animal, homme] to crawl; [plante] to creep **b** (péj = s'abaisser) to crawl (devant to)

rancard ⁎ [RãkaR] NM **a** (= rendez-vous) meeting; [d'amoureux] ◆ **j'ai ~ avec lui dans une heure** I'm meeting him in an hour **b** (= renseignement) tip

rance [Rãs] ADJ rancid

rancir [RãsiR] ► conjug 2 ◄ VI to go rancid

rancœur [RãkœR] NF resentment NonC

rançon [Rãsɔ̃] NF ransom ◆ **c'est la ~ de la gloire** that's the price of fame

rancune [Rãkyn] NF grudge ◆ **garder ~ à qn** to bear sb a grudge (de qch for sth) ◆ **sans ~ !** no hard feelings!

rancunier, -ière [Rãkynje, jɛR] ADJ ◆ **être ~** to bear grudges

randonnée [Rãdɔne] NF (à bicyclette) ride ◆ ~ **(pédestre)** hike ◆ **partir en ~** to go walking ◆ **faire une ~ à ski** to go ski-touring ◆ **faire de la ~ (à pied)** to go hiking

randonneur, -euse [RãdɔnœR, øz] NM,F hiker

rang [Rã] NM **a** (= rangée) row; (= file) line; (Mil) rank ◆ **se mettre en ~s par quatre** to line up in fours **b** Can country road ◆ **les ~s** the country **c** (= condition) station ◆ **de haut ~** noble **d** (= grade, place) rank ◆ **ce pays se situe au troisième rang mondial des exportateurs de pétrole** this country is the third largest oil exporter in the world

rangé, e¹ [Rãʒe] ADJ [appartement] tidy; [vie] well-ordered ◆ **il est ~ maintenant** [séducteur] he's straight now; [escroc] he's settled down now

rangée² [Rãʒe] NF row

rangement [Rãʒmã] NM **a** (= action) [d'objets, linge] putting away; [de pièce, meuble] tidying up ◆ **faire du ~** to do some tidying up **b** (= placards) storage space; → **meuble**

ranger [Rãʒe] ► conjug 3 ◄ **1** VT **a** (= pièce, maison) to tidy up **b** [+ papiers, vêtements] to put away; [+ mots, chiffres] to arrange **2** se **ranger** VPR **a** [automobiliste] to pull in; [piéton] to step aside **b** (= se mettre en rang) to line up **c** (= se rallier à) ◆ **se ~ à** (= avis) to come round to **d** * [escroc] to go straight; [séducteur] to settle down

ranimer [Ranime] ► conjug 1 ◄ VT [+ blessé, douleur, souvenir, conversation, querelle] to revive; [+ feu, amour, haine, espoir] to rekindle; [+ forces, ardeur] to renew

rap [Rap] NM rap

rapace [Rapas] NM bird of prey; (péj) vulture

rapatrier [RapatRije] ► conjug 7 ◄ VT [+ personne, capitaux] to repatriate

râpe [Rap] NF (= ustensile de cuisine) grater; (pour le bois) rasp

râpé, e [ʀɑpe] **1** ADJ **a** [veste] threadbare **b** [carottes, fromage] grated ◆ **c'est ~ pour ce soir *** we've had it for tonight * **2** NM (= fromage) grated cheese

râper [ʀɑpe] ► conjug 1 ◄ VT [+ carottes, fromage] to grate

rapetisser [ʀap(ə)tise] ► conjug 1 ◄ VI to shrink

raphia [ʀafja] NM raffia

rapide [ʀapid] **1** ADJ fast; [intervention, visite, calcul, recette, mouvement] quick **2** NM **a** (= train) express **b** [de cours d'eau] rapids

rapidement [ʀapidmɑ̃] ADV quickly

rapidité [ʀapidite] NF speed; [de réponse, geste, pouls, esprit] quickness ◆ **avec ~** quickly

rapiécer [ʀapjese] ► conjug 3 et 6 ◄ VT to patch up

rappel [ʀapɛl] NM **a** [d'événement] reminder; (= deuxième avis) reminder; (= somme due) back pay NonC; (= vaccination) booster ◆ **~ des titres de l'actualité** summary of the day's headlines ◆ **~ à l'ordre** call to order **b** [d'ambassadeur] recalling **c** (Théâtre) curtain call; (à un concert) encore **d** (Alpinisme) ◆ **descendre en ~** to abseil

rappeler [ʀap(ə)le] ► conjug 4 ◄ **1** VT **a** [+ personne, acteur, chien] to call back; [+ réservistes, diplomate] to recall ◆ **~ qn à l'ordre** to call sb to order **b** ◆ **~ qch/qn à qn** (= remettre en mémoire) to remind sb of sth/sb ◆ **rappelle-moi mon rendez-vous** remind me about my appointment **c** (= retéléphoner à) to phone back **2** **se rappeler** VPR to remember

rappeur, -euse [ʀapœʀ, øz] NM,F rapper

rappliquer * [ʀaplike] ► conjug 1 ◄ VI (= revenir) to come back; (= arriver) to turn up *

rapport [ʀapɔʀ] NM **a** (= lien) connection ◆ **les deux incidents n'ont aucun ~** the two incidents are not connected ◆ **je ne vois pas le ~** I don't see the connection ◆ **être en ~ avec qch** (= correspondre à) to be in keeping with sth ◆ **être/se mettre en ~ avec qn** (= en contact) to be/get in touch with sb ◆ **par ~ à** (= comparé à) in comparison with; (= envers) with respect to ► **rapport de forces** (= équilibre) balance of power; (= conflit) power struggle **b** (= relation personnelle) ◆ **~s** relations ◆ **avoir de bons/ mauvais ~s avec qn** to be on good/bad terms with sb **c** ◆ **~ (sexuel)** sexual intercourse NonC ◆ **~s protégés/non protégés** safe/unprotected sex **d** (= compte rendu) report **e** (= revenu) return **f** (Math, Tech) ratio ◆ **c'est d'un bon ~ qualité-prix** it's good value for money

rapporter [ʀapɔʀte] ► conjug 1 ◄ **1** VT **a** (= apporter) [+ objet] to bring ou take back (à to); [chien] [+ gibier] to retrieve ◆ **il prend les choses et il ne les rapporte jamais** he takes things and never brings them back ◆ **je vais ~ ce CD au** magasin I'm going to take this CD back to the shop **b** [actions, terre] to yield; [métier, vente] to bring in **c** (= faire un compte rendu de) [+ fait] to report ◆ **il a rapporté à la maîtresse ce qu'avaient dit ses camarades** he told the teacher what his classmates had said **2** VI **a** [investissement] to give a good return; [travail] to pay well **b** (= moucharder) to tell tales **3** **se rapporter** VPR ◆ **se ~ à qch** to relate to sth

rapporteur, -euse [ʀapɔʀtœʀ, øz] **1** NM,F (= mouchard) telltale **2** NM **a** [de commission] rapporteur **b** (= instrument) protractor

rapprochement [ʀapʀɔʃmɑ̃] NM **a** (= action de rapprocher) [de partis, factions] bringing together; [de points de vue, textes] comparison **b** (= action de se rapprocher) [d'ennemis, famille] reconciliation; [de partis, factions] rapprochement **c** (= lien, rapport) parallel ◆ **faire le ~ (entre)** to make the connection (between)

rapprocher [ʀapʀɔʃe] ► conjug 1 ◄ **1** VT **a** (= mettre plus près) to bring closer (de to) **b** (= réconcilier, réunir) to bring together ◆ **~ qn de qn** to bring sb closer to sb **c** [+ indices, textes] (= confronter) to put side by side **2** **se rapprocher** VPR **a** [personne, échéance, orage] to get closer (de to) ◆ **pour se ~ de chez lui, il a changé d'emploi** to be nearer home he changed jobs **b** [personnes] to become closer ◆ **il s'est rapproché de ses parents** he became closer to his parents

rapt [ʀapt] NM abduction

raquette [ʀakɛt] NF **a** [de badminton, tennis, squash] racket; [de Ping-Pong] bat **b** (à neige) snowshoe

rare [ʀɑʀ] ADJ **a** [objet, mot, cas, visites] rare ◆ **c'est ~ de le voir fatigué** you don't often see him tired ◆ **les ~s fois où …** on the rare occasions when …; → **oiseau, perle b** [passants, voitures] few ◆ **il est l'un des ~s qui …** he's one of the few people who … **c** [nourriture, main d'œuvre] scarce; [cheveux] thin; [végétation] sparse ◆ **se faire ~** [argent, légumes] to become scarce ◆ **vous vous faites ~** we haven't seen much of you recently **d** (= exceptionnel) exceptional ◆ **d'une ~ beauté** exceptionally beautiful

raréfier (se) [ʀaʀefje] ► conjug 7 ◄ VPR [oxygène] to rarefy

rarement [ʀaʀmɑ̃] ADV rarely

rareté [ʀaʀte] NF rarity; [de vivres, argent] scarcity

rarissime [ʀaʀisim] ADJ extremely rare

ras, e [ʀɑ, ʀɑz] ADJ [poil, herbe] short; [cheveux] close-cropped; [tasse] full ◆ **à poil ~** [chien] short-haired ◆ **cheveux coupés ~ ou à ~** hair cut short ◆ **pull ~ du cou** crew-neck sweater

raser / ravager

♦ **j'en ai ~ le bol** * I'm sick to death of it ♦ **à ~ bord(s)** to the brim ♦ **au ~ du sol/de l'eau** level with the ground/the water

raser [ʀɑze] ► conjug 1 ◄ **1** VT **a** [+ barbe, cheveux] to shave off; [+ menton, tête] to shave **b** (= effleurer) [projectile, véhicule] to scrape; [oiseau, balle de tennis] to skim over ♦ **les murs** to hug the walls **c** (= démolir) to raze to the ground **d** (* = ennuyer) to bore **2** **se raser** VPR **a** to shave ♦ **se ~ la tête/les jambes** to shave one's head/one's legs

ras-le-bol * [ʀɑl(a)bɔl] NM INV (= mécontentement) discontent

rasoir [ʀazwaʀ] **1** NM ♦ **~ électrique/ jetable** electric/disposable razor **2** ADJ (* = ennuyeux) dead boring *

rassasier [ʀasazje] ► conjug 7 ◄ (frm) VT [+ faim, curiosité, désirs] to satisfy ♦ **être rassasié** to be satisfied

rassemblement [ʀasɑ̃bləmɑ̃] NM (= réunion, attroupement) gathering; [de manifestants] rally

rassembler [ʀasɑ̃ble] ► conjug 1 ◄ **1** VT **a** (= regrouper) to assemble; [+ troupes] to muster; [+ troupeau] to round up; [+ objets épars, documents] to gather together **b** (= rallier) to rally **c** [+ idées, souvenirs] to collect; [+ courage, forces] to summon up **2** **se rassembler** VPR to gather; [soldats, participants] to assemble

rasseoir (se) [ʀaswaʀ] ► conjug 26 ◄ VPR to sit down again

rasséréné, e [ʀaseʀene] ADJ serene

rassir VI, **se rassir** VPR [ʀasiʀ] ► conjug 2 ◄ to go stale

rassis, e [ʀasi, iz] ADJ [pain] stale

rassurant, e [ʀasyʀɑ̃, ɑ̃t] ADJ reassuring

rassurer [ʀasyʀe] ► conjug 1 ◄ **1** VT to reassure ♦ **je ne suis pas très rassuré** (danger, situation inattendue) I feel rather uneasy ♦ **me voilà rassuré** that's put my mind at rest **2** **se rassurer** VPR to reassure o.s. ♦ **rassure-toi** don't worry

rat [ʀa] NM rat ♦ **petit ~ de l'Opéra** pupil of the Opéra de Paris ballet class

ratatiné, e [ʀatatine] ADJ [pomme] shrivelled; [personne] wizened

ratatiner (se) [ʀatatine] ► conjug 1 ◄ VPR [pomme] to shrivel up; [personne] to become wizened

ratatouille [ʀatatuj] NF ratatouille

rate [ʀat] NF (= organe) spleen

raté, e [ʀate] **1** ADJ [tentative, mariage, artiste] failed; [vie] wasted; [occasion] missed ♦ **ma mayonnaise/la dernière scène est complète- ment ~e** my mayonnaise/the last scene is a

complete disaster **2** NM,F (* = personne) failure **3** NM **a** ♦ **avoir des ~s** [moteur] to backfire **b** (= difficulté) hiccup

râteau (pl **~x**) [ʀɑto] NM rake

rater [ʀate] ► conjug 1 ◄ **1** VI [projet, affaire] to fail ♦ **tout faire ~** to ruin everything ♦ **ça ne rate jamais !** it never fails! **2** VT **a** (= manquer) to miss ♦ **il n'en rate pas une !** (iro) he's always doing stupid things **b** (= ne pas réussir) [+ travail] to mess up; [+ mayonnaise, plat, vie] to make a mess of; [+ examen] to fail

ratifier [ʀatifje] ► conjug 7 ◄ VT to ratify

ration [ʀasjɔ̃] NF ration; [de soldat] rations ♦ **il a eu sa ~ d'épreuves** he had his share of trials

rationaliser [ʀasjɔnalize] ► conjug 1 ◄ VT to rationalize

rationnel, -elle [ʀasjɔnɛl] ADJ rational

rationnement [ʀasjɔnmɑ̃] NM rationing

rationner [ʀasjɔne] ► conjug 1 ◄ **1** VT to ration **2** **se rationner** VPR to ration o.s.

ratisser [ʀatise] ► conjug 1 ◄ VT [+ gravier] to rake; [+ feuilles] to rake up; (Mil, Police) to comb

raton [ʀatɔ̃] NM ♦ **~ laveur** racoon

RATP [ɛʀatepe] NF (abrév de **Régie autonome des transports parisiens**) the Paris city transport authority

rattacher [ʀataʃe] ► conjug 1 ◄ VT **a** [+ animal, prisonnier] to tie up again; [+ ceinture, lacets, jupe] to do up (again) **b** [+ territoire] to incorporate (à into); [+ commune, service] to join (à to); [+ employé, fonctionnaire] to attach (à to) **c** [+ problème, question] to link (à with) **d** (= relier) [+ personne] to tie (à to)

rattrapage [ʀatʀapaʒ] NM ♦ **~ scolaire** remedial classes

rattraper [ʀatʀape] ► conjug 1 ◄ **1** VT **a** [+ animal échappé, prisonnier] to recapture **b** [+ objet, personne qui tombe] to catch **c** [+ erreur, parole malheureuse] to make up for **d** [+ temps perdu] to make up for ♦ **cet élève ne pourra jamais ~ son retard** this pupil will never be able to catch up **e** (= rejoindre) ♦ **~ qn** to catch sb up **2** **se rattraper** VPR **a** (= reprendre son équilibre) to stop o.s. falling ♦ **se ~ à la rampe/à qn** to catch hold of the banister/of sb to stop o.s. falling **b** (= compenser) to make up for it

rature [ʀatyʀ] NF deletion

rauque [ʀok] ADJ hoarse

ravagé, e [ʀavaʒe] ADJ **a** [visage] haggard **b** (* = fou) nuts *

ravager [ʀavaʒe] ► conjug 3 ◄ VT to ravage; [chagrin, soucis] to harrow

ravages [Ravaʒ] NMPL ravages ◆ faire des ~ [séducteur] to be a real heartbreaker; [doctrine, drogue] to do a lot of harm; [guerre] to wreak havoc

ravaler [Ravale] ► conjug 1 ◄ VT **a** [+ façade, mur, immeuble] to clean **b** [+ larmes] to choke back; [+ colère] to stifle **c** ◆ ~ qn au rang de to bring sb down to the level of

ravi, e [Ravi] ADJ (= enchanté) delighted

ravin [Ravɛ̃] NM gully; (encaissé) ravine

ravir [RaviR] ► conjug 2 ◄ VT **a** (= charmer) to delight ◆ cela lui va à ~ that suits her beautifully **b** (= enlever) ◆ ~ qch à qn to rob sb of sth

raviser (se) [Ravize] ► conjug 1 ◄ VPR to change one's mind

ravissant, e [Ravisɑ̃, ɑ̃t] ADJ [beauté, femme, robe] ravishing; [maison, tableau] beautiful

ravisseur, -euse [RavisœR, øz] NM,F kidnapper

ravitaillement [Ravitajmɑ̃] NM **a** [d'armée, ville, navire] supplying (en with); [de coureurs, skieurs] getting fresh supplies to; (en carburant) refuelling **b** (= provisions) supplies

ravitailler [Ravitaje] ► conjug 1 ◄ **1** VT (en vivres, munitions) to provide with fresh supplies; (en carburant) to refuel **2** se ravitailler VPR [ville, armée, coureurs, skieurs] to get fresh supplies; [véhicule, avion] to refuel; (= faire des courses) to stock up

raviver [Ravive] ► conjug 1 ◄ VT [+ feu, sentiment, douleur] to revive; [+ couleur] to brighten up

rayé, e [Reje] ADJ **a** [tissu, pelage] striped **b** [surface, disque] scratched

rayer [Reje] ► conjug 8 ◄ VT **a** (= érafler) to scratch **b** (= biffer) to cross out ◆ ~ une ville de la carte to wipe a town off the map

rayon [Rejɔ̃] NM **a** [de faisceau] ray ► rayon laser laser beam ► rayon de soleil ray of sunshine ► rayons X X-rays **b** [de cercle] radius ◆ dans un ~ de 10 km within a radius of 10km **c** [de roue] spoke **d** (= étagère) shelf **e** [de magasin] department ◆ le ~ alimentation the food department ◆ ce n'est pas son ~ * that isn't his line ◆ il en connaît un ~ * he knows masses about it * **f** [de ruche] honeycomb

rayonnages [Rejɔnaʒ] NMPL shelving

rayonnant, e [Rejɔnɑ̃, ɑ̃t] ADJ radiant (de with)

rayonnement [Rejɔnmɑ̃] NM **a** [de culture, civilisation] influence; [d'astre, personnalité, beauté] radiance **b** (= radiations) radiation

rayonner [Rejɔne] ► conjug 1 ◄ VI **a** [influence, culture, bonheur, beauté] to shine forth; [visage, personne] to be radiant (de with) **b** [chaleur,

énergie, lumière] to radiate **c** ◆ ~ dans une région [touristes] to tour around a region; [cars] to service a region

rayure [RejyR] NF (= dessin) stripe; (= éraflure) scratch ◆ à ~s striped

raz-de-marée, raz de marée [RɑdmaRe] NM INV tidal wave ◆ ~ électoral landslide election victory

razzia [Ra(d)zja] NF raid

ré [Re] NM (Mus) D; (en chantant la gamme) re

réacteur [ReaktœR] NM [d'avion] jet engine; (nucléaire) reactor

réaction [Reaksjɔ̃] NF reaction ◆ moteur à ~ jet engine

réactionnaire [ReaksjɔnɛR] ADJ, NMF reactionary

réactiver [Reaktive] ► conjug 1 ◄ VT [+ processus, projet] to revive; [+ machine, système] to reactivate

réactualiser [Reaktɥalize] ► conjug 1 ◄ VT to update

réadapter VT, **se réadapter** VPR [Readapte] ► conjug 1 ◄ [+ personne] to readjust (à to)

réagir [ReaʒiR] ► conjug 2 ◄ VI to react (à to; contre against); (= répondre) to respond (à to)

réajuster [Reaʒyste] ► conjug 1 ◄ VT [+ salaires, retraites] to adjust

réalisable [Realizabl] ADJ [projet] feasible; [rêve] attainable

réalisateur, -trice [RealizatœR, tRis] NM,F director

réalisation [Realizasjɔ̃] NF **a** [de projet] realization; [d'exploit, œuvre] achievement **b** [de meuble, bijou] making; [de sondage] carrying out **c** [de film] direction; [d'émission] production

réaliser [Realize] ► conjug 1 ◄ **1** VT **a** [+ ambition, désir] to realize; [+ exploit] to achieve; [+ projet, étude, sondage] to carry out ◆ ~ un rêve to make a dream come true **b** [+ meuble, bijou] to make **c** (= comprendre) to realize **d** [+ film] to direct; [+ émission] to produce **e** [+ bénéfice, économie] to make **2** se réaliser VPR [rêve, vœu] to come true; [prédiction] to be fulfilled ◆ il s'est complètement réalisé dans son métier he's completely fulfilled in his job

réalisme [Realism] NM realism

réaliste [Realist] **1** ADJ realistic; [artiste] realist **2** NMF realist

réalité [Realite] NF reality ◆ ~ virtuelle virtual reality ◆ devenu ~ to become a reality ◆ en ~ in reality

reality-show (pl ~s) [Realitiʃo] NM studio discussion programme *(focusing on real-life dramas)*, reality show (US)

réaménager [Reamenaʒe] ► conjug 3 ◄ VT [+ site] to redevelop; [+ appartement, bâtiment] to refurbish; [+ horaires, service] to reorganize

réanimation [Reanimasjɔ̃] NF resuscitation ✦ être en ~ to be in intensive care

réanimer [Reanime] ► conjug 1 ◄ VT [+ personne] to resuscitate

réapparaître [ReapaRɛtR] ► conjug 57 ◄ VI to reappear

réarmement [ReaRməmɑ̃] NM [de pays] rearmament

rébarbatif, -ive [RebaRbatif, iv] ADJ (= rebutant) forbidding; [style] off-putting

rebâtir [R(ə)bɑtiR] ► conjug 2 ◄ VT to rebuild

rebattre [R(ə)batR] ► conjug 41 ◄ VT ✦ il m'a rebattu les oreilles de son succès he kept harping on about his success

rebelle [Rəbɛl] **1** ADJ [troupes, soldat] rebel; [enfant, esprit] rebellious; [mèche, cheveux] unruly **2** NMF rebel

rebeller (se) [R(ə)bele] ► conjug 1 ◄ VPR to rebel

rébellion [Rebeljɔ̃] NF rebellion

rebeu * [Rəbø] NM second-generation North African living in France

rebiffer (se) * [R(ə)bife] ► conjug 1 ◄ VPR [personne] to hit back (contre at)

reboisement [R(ə)bwazmɑ̃] NM reforestation

rebond [R(ə)bɔ̃] NM (sur le sol) bounce; (contre un mur) rebound ✦ rattraper une balle au ~ to catch a ball on the bounce

rebondi, e [R(ə)bɔ̃di] ADJ [ventre] fat; [joues, visage] chubby

rebondir [R(ə)bɔ̃diR] ► conjug 2 ◄ VI **a** (sur le sol) to bounce; (contre un mur) to rebound ✦ faire ~ une balle to bounce a ball **b** [procès] to be revived; [action, intrigue] to get moving again

rebondissement [R(ə)bɔ̃dismɑ̃] NM sudden new development (de in)

rebord [R(ə)bɔR] NM edge; [d'assiette] rim; [de puits] edge ✦ le ~ de la cheminée the mantelpiece ✦ le ~ de la fenêtre the windowsill

reboucher [R(ə)buʃe] ► conjug 1 ◄ VT [+ trou] to fill in again; [+ bouteille] to recork

rebours (à) [R(ə)buR] LOC ADV (compter) backwards

rebrousse-poil (à) [RəbRuspwal] LOC ADV the wrong way ✦ prendre qn à rebrousse-poil to rub sb up the wrong way

rebrousser [R(ə)bRuse] ► conjug 1 ◄ VT ✦ ~ chemin to turn back

rébus [Rebys] NM rebus

rebut [Rəby] NM (= déchets) scrap ✦ mettre ou jeter au ~ to throw out ✦ le ~ de la société (péj) the scum of society

rebutant, e [R(ə)bytɑ̃, ɑ̃t] ADJ (= dégoûtant) repellent; (= décourageant) off-putting

rebuter [R(ə)byte] ► conjug 1 ◄ VT (= décourager) to put off; (= répugner) to repel

récalcitrant, e [Rekalsitrɑ̃, ɑ̃t] ADJ [animal] stubborn; [personne] recalcitrant; [appareil] unmanageable

recaler [R(ə)kale] ► conjug 1 ◄ VT to fail ✦ se faire ~, être recalé to fail

récapitulatif, -ive [Rekapitylatif, iv] ADJ, NM summary

récapituler [Rekapityle] ► conjug 1 ◄ VT to recapitulate

recel [Rəsɛl] NM ✦ ~ (d'objets volés) (= action) receiving (stolen goods); (= résultat) possession of stolen goods ✦ ~ de malfaiteur harbouring a criminal

receler [R(ə)sale] ► conjug 5 ◄ VT [+ secret, erreur, trésor] to conceal

récemment [Resamɑ̃] ADV recently

recensement [R(ə)sɑ̃smɑ̃] NM census; [d'objets] inventory ✦ faire un ~ [de population] to take a census

recenser [R(ə)sɑ̃se] ► conjug 1 ◄ VT [+ population] to take a census of; [+ objets, malades, victimes] to make a list of

récent, e [Resɑ̃, ɑ̃t] ADJ recent

recentrer [R(ə)sɑ̃tre] ► conjug 1 ◄ VT [+ politique] to redefine; [+ débat] to refocus

récepteur [Resɛptœr] NM receiver

réceptif, -ive [Resɛptif, iv] ADJ receptive (à to)

réception [Resɛpsjɔ̃] NF **a** (gén) reception **b** [de paquet, lettre] receipt; → accusé, accuser **c** [de sauteur, parachutiste] landing

réceptionner [Resɛpsjɔne] ► conjug 1 ◄ **1** VT to receive **2** se réceptionner VPR (en tombant) to land

réceptionniste [Resɛpsjɔnist] NMF receptionist

récession [Resesjɔ̃] NF recession

recette [R(ə)sɛt] NF **a** [de cuisine, secret] recipe (de for); [de produit] formula **b** (= encaisse) takings **c** (= rentrées d'argent) ✦ ~s receipts

receveur, -euse [R(ə)səvœr, øz] NM **a** [de greffe] recipient **b** ✦ ~ des contributions tax collector ✦ ~ des postes postmaster ✦ receveuse des postes postmistress

recevoir [R(ə)səvwar] ► conjug 28 ◄ **1** VT **a** to receive ✦ il a reçu un coup de poing dans la figure he got punched in the face ✦ ~ la visite de qn to receive a visit from sb **•** **recevez, Monsieur (ou Madame), l'expression de mes sentiments distingués** (formule épistolaire) yours faithfully (Brit) ou truly (US) **b** (en entrevue) to see **• ~ qn à dîner** to have sb to dinner **• on est toujours bien reçu chez eux** they always make you feel welcome **• les Dupont reçoivent beaucoup** the Duponts entertain a lot **c** **• être reçu à un examen** to pass an exam **2** **se recevoir** VPR (= atterrir) to land

rechange [ʀ(ə)ʃɑ̃ʒ] NM **• de rechange** [solution, politique] alternative; [outil] spare **• avoir du linge de ~** to have a change of clothes; → **pièce**

réchapper [ʀeʃape] ► conjug 1 ◄ VI **• ~ de ou à** [+ accident, maladie] to come through

recharge [ʀ(ə)ʃaʀʒ] NF [de stylo, agenda] refill

rechargeable [ʀ(ə)ʃaʀʒabl] ADJ [stylo, briquet] refillable; [batterie, pile] rechargeable

recharger [ʀ(ə)ʃaʀʒe] ► conjug 3 ◄ VT [+ arme, appareil photo] to reload; [+ stylo, briquet] to refill; [+ batterie, pile] to recharge **• ~ ses batteries ou ses accus*** to recharge one's batteries

réchaud [ʀeʃo] NM (portable) stove

réchauffement [ʀeʃofmɑ̃] NM warming **• le ~ de la planète** global warming

réchauffer [ʀeʃofe] ► conjug 1 ◄ **1** VT **a** [+ aliment] to reheat; **b** [+ personne] to warm up **2** VI **• faire ~ qch** to reheat sth **3** **se réchauffer** VPR **a** [temps, température] to get warmer **b** [personne] to warm o.s. up

rêche [ʀɛʃ] ADJ rough

recherche [ʀ(ə)ʃɛʀʃ] NF **a** (= quête) search (de for) **• à la ~ de** in search of **b** (= étude) **• la ~** (= scientifique) research **• faire des ~s sur un sujet** to carry out research into a subject **• faire de la ~** to do research **c** (= raffinement) studied elegance; (péj = affectation) affectation

recherché, e [ʀ(ə)ʃɛʀʃe] ADJ **a** [objet] much sought-after **b** [style] mannered; [expression] studied; [vocabulaire] carefully chosen

rechercher [ʀ(ə)ʃɛʀʃe] ► conjug 1 ◄ VT **a** [+ objet égaré ou désiré, enfant perdu] to search for; [+ coupable, témoin] to look for; [+ cause d'accident] to try to determine **• recherché pour meurtre** wanted for murder **b** [+ honneurs, compliment, compagnie] to seek; [+ danger] to court **c** (= reprendre) [+ personne] to collect

rechigner [ʀ(ə)ʃiɲe] ► conjug 1 ◄ VI to balk (à, devant qch at sth; à faire to doing) **• faire qch en rechignant** to do sth reluctantly

rechute [ʀ(ə)ʃyt] NF relapse **• faire une ~** to have a relapse

récidiviste [ʀesidivist] NMF second offender; (plusieurs répétitions) habitual offender

récif [ʀesif] NM reef

récipient [ʀesipjɑ̃] NM container

réciproque [ʀesipʀɔk] **1** ADJ reciprocal **• il la détestait et c'était ~** he hated her and the feeling was mutual **2** NF **• la ~** (= l'inverse) the opposite

réciproquement [ʀesipʀɔkmɑ̃] ADV **a** (= l'un l'autre) each other, one another **b** (= vice versa) vice versa

récit [ʀesi] NM story **• faire le ~ de** to give an account of

récital (pl **~s**) [ʀesital] NM recital

récitation [ʀesitasjɔ̃] NF recitation

réciter [ʀesite] ► conjug 1 ◄ VT to recite

réclamation [ʀeklamasjɔ̃] NF complaint **• faire/déposer une ~** to make/lodge a complaint

réclame [ʀeklam] NF (= annonce) advertisement **• la ~** (= publicité) advertising **• faire de la ~ pour qch** to advertise sth **• en ~** on (special) offer

réclamer [ʀeklame] ► conjug 1 ◄ **1** VT **a** (= demander) to ask for **• il m'a réclamé à boire** he asked me for a drink **b** [+ dû, part] to claim; [+ rançon] to demand **c** (= nécessiter) to require **2** **se réclamer** VPR **• se ~ de** [+ théorie, principe] to claim to adhere to

réclusion [ʀeklyzjɔ̃] NF **• ~ (criminelle)** imprisonment **• ~ à perpétuité** life imprisonment

recoiffer [ʀ(ə)kwafe] ► conjug 1 ◄ **1** VT **• ~ qn** to do sb's hair **2** **se recoiffer** VPR to do one's hair

recoin [ʀəkwɛ̃] NM nook; (fig) innermost recess

recoller [ʀ(ə)kɔle] ► conjug 1 ◄ VT [+ étiquette, enveloppe] to restick; [+ morceaux, vase] to stick back together

récolte [ʀekɔlt] NF **a** (= activité) harvesting **• faire la ~ des pommes de terre** to harvest potatoes **b** (= produit) [de blé, maïs] harvest; [de pommes de terre, raisin, miel] crop **• la ~ est maigre** (renseignements) I didn't get much information

récolter [ʀekɔlte] ► conjug 1 ◄ VT **a** [agriculteur] to harvest **b** [+ documents, signatures, argent] to collect; [+ renseignements] to gather;* [+ contravention, coups, mauvaise note] to get; [+ suffrages, points, voix] to gain

recommandable [ʀ(ə)kɔmɑ̃dabl] ADJ commendable **• peu ~** [personne] disreputable

recommandation [ʀ(ə)kɔmɑ̃dasjɔ̃] NF recommendation

recommandé, e [ʀ(ə)kɔmɑ̃de] ADJ **a** [lettre, paquet] recorded; (avec valeur assurée) registered **• envoyer qch en ~** to send sth recorded delivery (Brit) ou by certified mail (US); (avec valeur assurée) to send sth by registered mail **b** (= conseillé) ✦ **il est ~ de ...** it's advisable to ...

recommander [R(ə)kɔmɑ̃de] ► conjug 1 ◄ VT to recommend (à to) ✦ **~ à qn de faire qch** to advise sb to do sth

recommencer [R(ə)kɔmɑ̃se] ► conjug 3 ◄ **1** VT to start again ✦ **~ à faire qch** to start to do sth again **2** VI [combat] to start up again; [école] to start again ✦ **il m'a promis qu'il ne recommencerait plus** he promised he wouldn't do it again

récompense [Rekɔ̃pɑ̃s] NF reward; (= prix) award

récompenser [Rekɔ̃pɑ̃se] ► conjug 1 ◄ VT to reward

réconciliation [Rekɔ̃siljasjɔ̃] NF reconciliation

réconcilier [Rekɔ̃silje] ► conjug 7 ◄ **1** VT to reconcile (avec with) **2** **se réconcilier** VPR to be ou become reconciled

reconduire [R(ə)kɔ̃dɥiR] ► conjug 38 ◄ VT **a** (= raccompagner) ✦ **~ qn chez lui/à la gare** to take sb home/to the station ✦ **~ qn en voiture** to drive sb home ✦ **il m'a reconduit à la porte** he showed me to the door **b** [+ politique, bail] to renew

réconfort [Rekɔ̃fɔR] NM comfort ✦ **avoir besoin de ~** to need comforting

réconfortant, e [Rekɔ̃fɔRtɑ̃, ɑ̃t] ADJ [paroles, présence] comforting

réconforter [Rekɔ̃fɔRte] ► conjug 1 ◄ VT [paroles, présence] to comfort; [alcool, aliment] to fortify

reconnaissable [R(ə)kɔnɛsabl] ADJ recognizable (à by, from)

reconnaissance [R(ə)kɔnɛsɑ̃s] NF **a** gratitude ✦ **avoir de la ~ pour qn** to be grateful to sb **b** [d'État, diplôme] recognition **c** (= identification) recognition ✦ **~ vocale** speech recognition **d** (= exploration) reconnaissance ✦ **envoyer en ~** to send out on reconnaissance

reconnaissant, e [R(ə)kɔnɛsɑ̃, ɑ̃t] ADJ grateful (à qn de qch to sb for sth) ✦ **je vous serais ~ de me répondre rapidement** I would be grateful if you would reply quickly

reconnaître [R(ə)kɔnɛtR] ► conjug 57 ◄ **1** VT **a** (gén) to recognize (à by) **b** (= admettre) to admit ✦ **il a reconnu s'être trompé ou qu'il s'était trompé** he admitted that he had made a mistake **c** (Droit) [+ enfant, dette] to admit **d** (Mil) [+ terrain] to reconnoitre **2** **se reconnaître** VPR **a** (mutuellement) to recognize each other **b** (= retrouver) to find one's way around **c** (= être reconnaissable) to be recognizable (à by)

reconnu, e [R(ə)kɔny] ADJ [auteur, diplôme] recognized

reconquérir [R(ə)kɔ̃keRiR] ► conjug 21 ◄ VT (Mil) to reconquer; [+ personne, titre] to win back; [+ dignité, liberté] to recover

reconsidérer [R(ə)kɔ̃sideRe] ► conjug 6 ◄ VT to reconsider

reconstituer [R(ə)kɔ̃stitɥe] VT **a** [+ parti, armée, association] to re-form; [+ fortune, réserves] to build up again **b** [+ crime, faits] to reconstruct; [+ décor] to recreate; [+ texte] to reconstitute

reconstitution [R(ə)kɔ̃stitysjɔ̃] NF **a** [de parti, armée, association] re-forming; [de fortune, réserves] rebuilding **b** [de crime, faits] reconstruction; [de texte] reconstitution

reconstruction [R(ə)kɔ̃stRyksjɔ̃] NF [de maison, ville] rebuilding; [de pays] reconstruction

reconstruire [R(ə)kɔ̃stRɥiR] ► conjug 38 ◄ VT [+ maison, ville] to rebuild; [+ pays] to reconstruct

reconversion [R(ə)kɔ̃vɛRsjɔ̃] NF [d'usine] reconversion; [de personnel] retraining

reconvertir [R(ə)kɔ̃vɛRtiR] ► conjug 2 ◄ **1** VT [+ personnel] to retrain ✦ **l'usine a été reconvertie en école** the factory has been converted into a school **2** **se reconvertir** VPR [personne] to move into a new type of employment; [entreprise] to change activity ✦ **se ~ dans** [personne] to go into; [entreprise] to move over into

recopier [R(ə)kɔpje] ► conjug 7 ◄ VT to copy out

record [R(ə)kɔR] NM, ADJ INV record ✦ **~ du monde** world record

recoucher [R(ə)kuʃe] ► conjug 1 ◄ **1** VT [+ enfant] to put back to bed **2** **se recoucher** VPR to go back to bed

recoudre [R(ə)kudR] ► conjug 48 ◄ VT [+ ourlet] to sew up again; [+ bouton] to sew back on; [+ plaie] to stitch up

recoupement [R(ə)kupmɑ̃] NM ✦ **par ~** by cross-checking

recouper [R(ə)kupe] ► conjug 1 ◄ **1** VT **a** (= couper à nouveau) to cut again ✦ **~ du pain** to cut some more bread **b** [témoignage] to confirm **2** **se recouper** VPR [faits] to confirm one another; [chiffres, résultats] to add up

recourbé, e [R(ə)kuRbe] ADJ curved

recourir [R(ə)kuRiR] ► conjug 11 ◄ **recourir à** VT INDIR to resort to; [+ personne] to turn to

recours [R(ə)kuR] NM recourse; (Droit) appeal ✦ **en dernier ~** as a last resort ✦ **avoir ~ à** [+ mesure, solution] to resort to; [+ personne] to turn to

recouvrir [R(ə)kuvRe] ► conjug 1 ◄ VT **a** [+ santé, vue, raison] to recover; [+ liberté] to regain **b** [+ impôt] to collect

recouvrir [ʀ(ə)kuvʀiʀ] ► conjug 18 ◄ VT to cover (de in)

recracher [ʀ(ə)kʀaʃe] ► conjug 1 ◄ VT to spit out

récréation [ʀekʀeasjɔ̃] NF (à l'école) break

recréer [ʀ(ə)kʀee] ► conjug 1 ◄ VT to recreate

récrimination [ʀekʀiminasjɔ̃] NF recrimination

récrire [ʀekʀiʀ] ► conjug 39 ◄ VT ⇒ **réécrire**

recroqueviller (se) [ʀ(ə)kʀɔk(ə)vije] ► conjug 1 ◄ VPR [feuille, fleur] to shrivel up; [personne] to huddle o.s. up

recrudescence [ʀ(ə)kʀydesɑ̃s] NF outbreak

recrue [ʀəkʀy] NF recruit

recrutement [ʀ(ə)kʀytmɑ̃] NM recruitment

recruter [ʀ(ə)kʀyte] ► conjug 1 ◄ VT to recruit

rectangle [ʀɛktɑ̃gl] NM rectangle

rectangulaire [ʀɛktɑ̃gylɛʀ] ADJ rectangular

recteur [ʀɛktœʀ] NM ◆ ~ (d'académie) ≈ chief education officer (Brit), ≈ commissioner of education (US)

rectificatif [ʀɛktifikatif] NM ◆ apporter un ~ to make a correction (à to)

rectifier [ʀɛktifje] ► conjug 7 ◄ VT a [+ calcul, erreur] to rectify; [+ paroles, texte, mauvaise position] to correct; [+ facture] to amend b (= ajuster) to adjust

rectiligne [ʀɛktilin] ADJ straight; [mouvement] rectilinear

recto [ʀɛkto] NM front ◆ ~ verso on both sides of the page

reçu, e [ʀ(ə)sy] 1 NM,F (= candidat) successful candidate 2 NM (= quittance) receipt

recueil [ʀəkœj] NM collection

recueillir [ʀ(ə)kœjiʀ] ► conjug 12 ◄ 1 VT a [+ argent, documents, liquide] to collect; [+ suffrages] to win b [+ enfant, réfugié, animal] to take in 2 **se recueillir** VPR to meditate

recul [ʀ(ə)kyl] NM a [d'armée] retreat ◆ avoir un mouvement de ~ to recoil (devant from) b [de civilisation, langue, épidémie] decline (de of); [d'investissements, prix, taux] fall (de in); (aux élections) setback c (= éloignement) distance ◆ prendre du ~ to step back; (fig) to stand back (par rapport à from) d [d'arme à feu] recoil e (= déplacement) backward movement

reculé, e [ʀ(ə)kyle] ADJ remote

reculer [ʀ(ə)kyle] ► conjug 1 ◄ 1 VI a [personne] to move back; (par peur) to back away; [automobiliste, automobile] to reverse; [armée] to retreat (devant from) ◆ ~ de deux pas to move back two paces ◆ faire ~ [+ ennemi, foule] to force back b (= renoncer) to back down ◆ ~ devant la difficulté to shrink from the difficulty

◆ je ne reculerai devant rien I'll stop at nothing c (= diminuer) to be on the decline; [eaux] [incendie] to subside ◆ faire ~ l'inflation to curb inflation 2 VT a [+ chaise, meuble, frontières] to push back b (dans le temps) to postpone 3 **se reculer** VPR to take a step back

reculons (à) [ʀ(ə)kylɔ̃] LOC ADV [aller, marcher] backwards

récupération [ʀekypeʀasjɔ̃] NF a [de sportif] recovery b [de ferraille, emballages] salvage; [de chaleur, énergie] recovery ◆ matériaux de ~ salvaged materials c (Pol, péj) hijacking

récupérer [ʀekypeʀe] ► conjug 6 ◄ 1 VT a [+ argent, objet prêté, forces] to get back; (sur ordinateur) to retrieve; (= aller chercher) to collect; [+ sièges, voix] to win back b [+ ferraille, emballages] to salvage; [+ chaleur, énergie] to recover c [+ journées de travail] to make up d (Pol : péj) to hijack 2 VI (après des efforts, une maladie) to recuperate

récurer [ʀekyʀe] ► conjug 1 ◄ VT to scour

récuser [ʀekyze] ► conjug 1 ◄ VT [+ témoin, juré, témoignage] to challenge; [+ accusation] to deny

recyclable [ʀ(ə)siklabl] ADJ recyclable

recyclage [ʀ(ə)siklaʒ] NM a [de déchets, papiers] recycling b [d'employé] retraining

recycler [ʀ(ə)sikle] ► conjug 1 ◄ 1 VT [+ déchets, papier] to recycle 2 **se recycler** VPR [personne] (dans son domaine) to go on a refresher course; (pour un nouveau métier) to retrain ◆ elle s'est recyclée dans la restauration she changed direction and went into catering

rédacteur, -trice [ʀedaktœʀ, tʀis] NM,F [de journal, magazine] sub-editor; [d'article] writer; [d'encyclopédie, dictionnaire] editor ► **rédacteur en chef** editor

rédaction [ʀedaksjɔ̃] NF a [de thèse, article] writing; [d'encyclopédie, dictionnaire] compiling b (Presse) (= personnel) editorial staff c (Scol) essay

redécouvrir [ʀ(ə)dekuvʀiʀ] ► conjug 18 ◄ VT to rediscover

redéfinir [ʀ(ə)definiʀ] ► conjug 2 ◄ VT to redefine

redemander [ʀəd(ə)mɑ̃de] ► conjug 1 ◄ VT ◆ en ~ * to ask for more *)

redémarrer [ʀ(ə)demaʀe] ► conjug 1 ◄ VI a [moteur] to start up again; [véhicule] to move off again b [processus] to start again; [économie] to get going again; [croissance] to pick up again

redescendre [ʀ(ə)desɑ̃dʀ] ► conjug 41 ◄ 1 VT (aux avoir) a [+ objet] to bring ou take down (again) ◆ redescends cette malle à la cave, je n'en ai plus besoin take this trunk down to the cellar - I don't need it any more ◆ redescendez-moi le dossier quand vous viendrez me voir bring the file back down for me when you come and see me **b** [+ escalier, côte] to go ou come down (again) **2** VI (aux **être**) **a** (d'une colline, d'un endroit élevé) to go ou come down (again); (dans l'escalier) to go ou come downstairs (again) **+ ~ de voiture** to get out of the car again **b** [ascenseur, avion, chemin] to go down again; [baromètre, fièvre] to fall again

redevable [ʀ(ə)dəvabl] ADJ **+ être ~ à qn de qch/d'avoir fait qch** to be indebted to sb for sth/for having done sth

redevance [ʀ(ə)dəvɑ̃s] NF (= impôt) tax; (pour télévision) licence fee (Brit)

redevenir [ʀ(ə)dəv(ə)niʀ] ► conjug 22 ◄ VI to become again **+ il est redevenu lui-même** he is his old self again

rédhibitoire [ʀedibitwaʀ] ADJ damning

rediffuser [ʀ(ə)difyze] ► conjug 1 ◄ VT [+ émission] to repeat

rediffusion [ʀ(ə)difyzjɔ̃] NF [d'émission] repeat

rédiger [ʀediʒe] ► conjug 3 ◄ VT [+ article, lettre] to write; [+ encyclopédie, dictionnaire] to compile; [+ contrat] to draw up

redingote [ʀ(ə)dɛ̃gɔt] NF fitted coat

redire [ʀ(ə)diʀ] ► conjug 37 ◄ VT **a** [+ affirmation] to say again; [+ histoire] to tell again **+ ~ qch à qn** to say sth to sb again **b** (= critiquer) **+ avoir ou trouver à ~ à qch** to find fault with sth **+ je ne vois rien à ~** I can't see anything wrong with that

redistribution [ʀ(ə)distʀibysjɔ̃] NF [de richesses] redistribution

redite [ʀ(ə)dit] NF needless repetition

redondance [ʀ(ə)dɔ̃dɑ̃s] NF (= expression) unnecessary repetition

redonner [ʀ(ə)dɔne] ► conjug 1 ◄ VT **a** (= rendre) to give back **b** (= donner de nouveau) to give again; [+ pain, eau] to give some more

redoublant, e [ʀ(ə)dublɑ̃, ɑ̃t] NM,F *pupil who is repeating (ou has repeated) a year at school*

redoubler [ʀ(ə)duble] ► conjug 1 ◄ **1** VT **a** (= accroître) to increase **b** [+ syllabe] to reduplicate **c** **+ ~ (une classe)** [élève] to repeat a year **2** VT INDIR **+ ~ d'efforts** to increase one's efforts **+ ~ de prudence/de vigilance** to be extra careful/vigilant **+ le vent redouble de violence** the wind is getting even stronger **3** VI to increase

redoutable [ʀ(ə)dutabl] ADJ [adversaire, concurrence, problème] formidable **+ elle est d'une efficacité ~** she's frighteningly efficient

redouter [ʀ(ə)dute] ► conjug 1 ◄ VT to dread

redressement [ʀ(ə)dʀɛsmɑ̃] NM [d'économie, entreprise] recovery **+ ~ fiscal** tax adjustment

redresser [ʀ(ə)dʀese] ► conjug 1 ◄ **1** VT **a** [+ arbre, statue, poteau] to set upright; [+ tôle cabossée] to straighten out; [+ épaules] to straighten; [+ tête] to lift up **b** [+ économie] to redress; [+ entreprise déficitaire] to turn round; [+ situation] to put right **2** **se redresser** VPR **a** (= assis) to sit up; (= debout) to stand up straight; (après s'être courbé) to straighten up **b** [pays, économie] to recover

réduction [ʀedyksjɔ̃] NF reduction (de in); (= tarif) concession; [de réduction de salaire/ d'impôts] wage/tax cut

réduire [ʀedɥiʀ] ► conjug 38 ◄ **1** VT to reduce **+ ~ qch à** (= ramener à) to reduce sth to; (= limiter à) to limit sth to **+ en être réduit à** to be reduced to **+ ~ qn en esclavage** to reduce sb to slavery **+ ~ qch en poudre** to reduce sth to a powder **2** VI [sauce] to reduce **3** **se réduire** VPR **+ se ~ à** [affaire, incident] to boil down to; [quantité] to amount to

réduit, e [ʀedɥi, it] **1** ADJ **a** (= petit) small; [vitesse] low **+ de taille ~e** small **b** [tarif, prix, taux] reduced **2** NM (= pièce) tiny room

rééchelonner [ʀeeʃ(ə)lɔne] ► conjug 1 ◄ VT [+ dette] to reschedule

réécrire [ʀeekʀiʀ] ► conjug 39 ◄ VT [+ roman, inscription] to rewrite; [+ lettre] to write again

réédition [ʀeedisjɔ̃] NF [de livre] new edition

rééducation [ʀeedykasjɔ̃] NF [de malade, délinquant] rehabilitation **+ faire de la ~** to have physiotherapy

réel, -elle [ʀeɛl] ADJ real

réélire [ʀeeliʀ] ► conjug 43 ◄ VT to re-elect

réellement [ʀeɛlmɑ̃] ADV really

rééquilibrer [ʀeekilibʀe] ► conjug 1 ◄ VT [+ économie] to restabilize; [+ budget, comptes, finances] to rebalance

réessayer [ʀeeseje] ► conjug 8 ◄ VT [+ vêtement] to try on again **+ je réessaierai plus tard** I'll try again later

réévaluer [ʀeevalɥe] ► conjug 1 ◄ VT **a** [+ salaire] (à la hausse) to upgrade; (à la baisse) to downgrade **b** [+ situation] to reappraise

réexaminer [ʀeegzamine] ► conjug 1 ◄ VT [+ problème, candidature, décision] to reconsider

réexpédier [ʀeekspedje] ► conjug 7 ◄ VT **a** (= retourner, renvoyer) to send back **b** (= faire suivre) to forward

refaire [ʀ(ə)fɛʀ] ► conjug 60 ◄ **1** VT **a** (= recommencer) to do again; [+ nœud, paquet] to do up again **+ elle a refait sa vie avec lui** she started a new life with him **+ tu refais toujours la même faute** you always make the same mistake **+ il refait du vélo** he has taken up cycling again **+ ~ de la soupe** to make some more soup **+ se ~ une tasse de café** to make oneself another cup of coffee **b** (= retaper) [+ toit, route, mur] to repair; [+ chambre] to redecorate; [+ carrelage] to do again ◆ **se faire ~ le nez** to have a nose job * ◆ **~ qch à neuf** to do sth up like new **2 se refaire** VPR ◆ **se ~ une santé** to recuperate ◆ **se ~ une beauté** to freshen up

réfection [Refɛksjɔ̃] NF repairing

réfectoire [Refɛktwaʀ] NM canteen

référence [Refeʀɑ̃s] NF reference ◆ **faire ~ à** to refer to ◆ **servir de ~** [chiffres, indice, taux] to be used as a benchmark; [personne] to be a role model

référendum [Refeʀɛ̃dɔm] NM referendum

référer [Refeʀe] ► conjug 6 ◄ **1** VT INDIR ◆ **en référer à qn** to refer a matter to sb **2 se référer** VPR ◆ **se ~ à** (= consulter) to consult; (= faire référence à) to refer to

refermer [ʀ(ə)fɛʀme] ► conjug 1 ◄ **1** VT to shut again **2 se refermer** VPR [plaie] [fleur] to close up; [fenêtre, porte] to shut

refiler * [ʀ(ə)file] ► conjug 1 ◄ VT to give (à qn to sb) ◆ **il m'a refilé la rougeole** I've caught measles off him

réfléchi, e [Reflefi] ADJ **a** [personne, air] thoughtful ◆ **tout bien ~** after careful consideration **b** [pronom, verbe] reflexive

réfléchir [Reflefiʀ] ► conjug 2 ◄ **1** VI to think ◆ **il n'avait pas réfléchi qu'il ne pourrait pas venir** it hadn't occurred to him that he wouldn't be able to come **2** VT INDIR ◆ **réfléchir à** ou **sur qch** to think about sth **3** VT [+ lumière, son] to reflect **4 se réfléchir** VPR to be reflected

reflet [ʀ(ə)flɛ] NM reflection ◆ **se faire faire des ~s** (dans les cheveux) to have one's hair highlighted

refléter [ʀ(ə)flete] ► conjug 6 ◄ **1** VT to reflect **2 se refléter** VPR to be reflected

refleurir [ʀ(ə)flœʀiʀ] ► conjug 2 ◄ VI to flower again

réflexe [Reflɛks] NM reflex ◆ **son premier ~ a été d'appeler la police** his first reaction was to call the police

réflexion [Reflɛksjɔ̃] NF **a** (= méditation) thought ◆ **ceci mérite ~** this is worth thinking about ◆ **~ faite, à la ~** on reflection **b** (= remarque) remark ◆ **on m'a fait des ~s sur son travail** people have complained to me about his work

refluer [ʀ(ə)flye] ► conjug 1 ◄ VI [liquide] to flow back; [marée] to go back; [foule] to surge back

reflux [ʀəfly] NM [de foule] backward surge; [de marée] ebb; → **flux**

réformateur, -trice [Refɔʀmatœʀ, tʀis] NM,F reformer

réforme [Refɔʀm] NF reform

réformé, e [Refɔʀme] ADJ **a** (Rel) Reformed **b** [appelé] declared unfit for service; [soldat] discharged

reformer (se) VPR [ʀ(ə)fɔʀme] ► conjug 1 ◄ to re-form

réformer [Refɔʀme] ► conjug 1 ◄ VT **a** (= changer) to reform **b** [+ appelé] to declare unfit for service; [+ soldat] to discharge

refouler [ʀ(ə)fule] ► conjug 1 ◄ VT **a** [+ envahisseur, manifestants] to drive back; [+ immigrés] to turn back **b** [+ larmes] to hold back; [+ désir, colère, souvenir] to repress

réfractaire [Refʀaktɛʀ] ADJ **a** ◆ **~ à** [+ autorité, virus, influence] resistant to **b** [brique] fire *avant le nom*

refrain [ʀ(ə)fʀɛ̃] NM (en fin de couplet) chorus; (= chanson) tune ◆ **c'est toujours le même ~** * it's always the same old story

refréner [ʀ(ə)fʀene] ► conjug 6 ◄ VT to curb

réfrigérateur [Refʀiʒeʀatœʀ] NM refrigerator

réfrigéré, e [Refʀiʒeʀe] ► conjug 6 ◄ ADJ [véhicule] refrigerated

refroidir [ʀ(ə)fʀwadiʀ] ► conjug 2 ◄ **1** VT **a** [+ nourriture] to cool down **b** (= calmer l'enthousiasme de) to put off **c** (* = tuer) to bump off * **2** VI (= cesser d'être trop chaud) to cool down; (= devenir trop froid) to get cold ◆ **laisser ~ [+ plat]** to leave to cool; [+ moteur] to let cool **3 se refroidir** VPR [plat, personne] to get cold; [temps] to get cooler

refroidissement [ʀ(ə)fʀwadismɑ̃] NM [d'air, liquide] cooling ◆ **~ de la température** drop in temperature ◆ **on observe un ~ du temps** the weather is getting colder ◆ **on note un ~ des relations entre les deux pays** relations between the two countries are cooling

refuge [ʀ(ə)fyʒ] NM refuge ◆ **chercher/trouver ~** to seek/find refuge (auprès de with)

réfugié, e [Refyʒje] ADJ, NM,F refugee

réfugier (se) [Refyʒje] ► conjug 7 ◄ VPR to take refuge

refus [ʀ(ə)fy] NM refusal ◆ **ce n'est pas de ~** * I wouldn't say no

refuser [ʀ(ə)fyze] ► conjug 1 ◄ **1** VT **a** to refuse; [+ racisme, inégalité] to refuse to accept ◆ **l'entrée à qn** to refuse admission to sb ◆ **on ne peut rien lui ~** you just can't say no to her ◆ **~ de faire qch** to refuse to do sth ◆ **la voiture refuse de démarrer** the car won't start **b** [+ client] to turn away; [+ candidat] (à un examen) to fail; (à un poste) to turn down **2 se refuser** VPR **a** (= se priver de) ◆ **tu ne te refuses rien !** you certainly spoil yourself! **b** ◆ **se ~ à faire qch** to refuse to do sth

réfuter [Refyte] ► conjug 1 ◄ VT to refute

regagner [ʀ(ə)ɡaɲe] ▸ conjug 1 ◂ VT **a** [+ amitié, confiance, parts de marché] to regain; [+ argent perdu au jeu] to win back **b** [+ lieu] to go back to

regain [ʀəɡɛ̃] NM ◆ **un ~ d'intérêt/ d'optimisme** renewed interest/optimism

régal (pl **~s**) [Reɡal] NM treat ◆ **ce gâteau est un ~ !** this cake is absolutely delicious!

régaler [Reɡale] ▸ conjug 1 ◂ **1** VT ◆ **~ qn** to treat sb to a delicious meal ◆ **c'est moi qui régale** * it's my treat **2 se régaler** VPR (= bien manger) to have a delicious meal; (= éprouver du plaisir) to have a wonderful time

regard [ʀ(ə)ɡaʀ] NM **a** (= yeux) eyes ◆ **tous les ~s étaient fixés sur elle** all eyes were on her ◆ **il restait assis, le ~ perdu dans le vide** he was sitting there, staring into space **b** (= coup d'œil, point de vue) look ◆ **il lui lança un ~ noir** he shot him a black look ◆ **porter un ~ critique sur qch** to take a critical look at sth **c** [d'égout] manhole

regardant, e [ʀ(ə)ɡaʀdɑ̃, ɑ̃t] ADJ **a** (= économe) careful with money **b** (= pointilleux) ◆ **il n'est pas très ~ sur la propreté** he's not very particular about cleanliness

regarder [ʀ(ə)ɡaʀde] ▸ conjug 1 ◂ **1** VT **a** [+ paysage, scène] to look at; [+ action en déroulement, film] to watch ◆ **~ la télévision** to watch television ◆ **regarde, il pleut** look, it's raining ◆ **nous l'avons regardé faire** we watched him do it ◆ **~ tomber la pluie** to watch the rain falling ◆ **~ par la fenêtre** (du dedans) to look out of the window; (du dehors) to look in through the window ◆ **~ qn droit dans les yeux/bien en face** to look sb straight in the eye/straight in the face **b** [+ mot dans un dictionnaire] to look up ◆ **regarde dans l'annuaire** look in the phone book **c** (= concerner) to concern ◆ **cette affaire me regarde quand même un peu** this business does concern me a little ◆ **cela ne le regarde pas** that's none of his business ◆ **mêlez-vous de ce qui vous regarde** mind your own business **2** VT INDIR ◆ **~ à y ~ à deux fois avant de faire qch** to think twice before doing sth **3** **se regarder** VPR **a** (soi-même) to look at o.s. **b** (mutuellement) [personnes] to look at each other

régate [Reɡat] NF regatta

régénérer [ReʒeneRe] ▸ conjug 6 ◂ VT to regenerate; [+ personne, forces] to revive

régie [Reʒi] NF **a** (= société) ◆ **~ (d'État)** state-owned company **b** (Ciné, Théâtre, TV) (= équipe) production department; (= salle de contrôle) control room

régime [Reʒim] NM **a** (= système politique) system of government; (= gouvernement) government; (péj) régime **b** (= de Sécurité sociale) system **c** (matrimonial) ◆ **se marier sous le** régime de la communauté/de la séparation de biens to opt for a marriage settlement based on joint/separate ownership of property **d** (diététique) diet ◆ **au ~** on a diet ◆ **suivre un ~** to be on a diet **e** [de moteur] speed ◆ **tourner à plein ~** [moteur] to run at top speed; [usine] to run at full capacity **f** [de dattes, bananes] bunch

régiment [Reʒimɑ̃] NM regiment

région [Reʒjɔ̃] NF (gén) region; (limitée) area ◆ **la ~ parisienne** the Paris region ◆ **si vous passez dans la ~, allez les voir** if you are in the area, go and see them ◆ **je ne suis pas de la ~** I'm not from around here

régional, e (mpl **-aux**) [Reʒjɔnal, o] ADJ regional

régir [ReʒiR] ▸ conjug 2 ◂ VT to govern

régisseur, -euse [ReʒiscœR, øz] NM,F [de propriété] steward; (Théâtre) stage manager

registre [RəʒistR] NM **a** (= gén) register **b** [ton] [de roman] mood

réglage [Reɡlaʒ] NM [d'appareil, siège] adjustment; [de moteur] tuning

réglé, e [Reɡle] ADJ [vie] well-ordered

règle [Reɡl] **1** NF **a** (= loi) rule ◆ **c'est la ~ du jeu** those are the rules of the game **b** (= instrument) ruler **c** **en règle** [comptabilité, papiers] in order; [attaque, critique] all out ◆ **avant de nom** ◆ **je ne suis pas en ~** my papers are not in order ◆ **en règle générale** as a general rule **2** **règles** NFPL (= menstruation) period

règlement [Reɡləmɑ̃] NM **a** (= réglementation) rules ◆ **~ intérieur** [d'école] school rules **b** [d'affaire, conflit, facture] settlement ◆ **~ de compte(s)** settling of scores; (de gangsters) gangland killing

réglementaire [Reɡləmɑ̃tɛR] ADJ [uniforme, taille] regulation avant le nom ◆ **ça n'est pas très ~** that's really against the rules ◆ **dispositions ~s** regulations

réglementation [Reɡləmɑ̃tasjɔ̃] NF (= règles) regulations; [de prix, loyers] regulation

réglementer [Reɡləmɑ̃te] ▸ conjug 1 ◂ VT to regulate

régler [Reɡle] ▸ conjug 6 ◂ VT **a** [+ affaire, conflit, problème] to settle **b** [+ note, dette, compte] to settle; [+ commerçant, créancier] to settle up with ◆ **est-ce que je peux ~ par chèque ?** can I pay by cheque? ◆ **j'ai un compte à ~ avec lui** I've got a bone to pick with him **c** [+ débit, machine] to regulate; [+ allumage, ralenti, dossier] to adjust; [+ moteur] to tune; [+ réveil, thermostat] to set

réglisse [Reɡlis] NF OU M liquorice

règne [ʀɛɲ] NM **a** [de roi, tyran] reign ✦ **sous le ~ de** in the reign of **b** (= monde) ✦ **~ animal/ végétal** animal/plant kingdom

régner [ʀeɲe] ► conjug 6 ◄ VI **a** (= être sur le trône) to reign; (= exercer sa domination) to rule (sur over) **b** [paix, silence, peur] to reign (sur over); [confiance] to prevail ✦ **faire ~ l'ordre** to maintain law and order

regorger [ʀ(ə)gɔʀʒe] ► conjug 3 ◄ VI ✦ **~ de** [région, pays] to abound in; [maison, magasin] to be packed with

régresser [ʀegʀese] ► conjug 1 ◄ VI [science, enfant] to regress; [douleur, épidémie] to recede; [chiffre d'affaires, ventes] to fall

régression [ʀegʀesjɔ̃] NF regression ✦ **être en (voie de) ~** (= en diminution) to be on the decline

regret [ʀ(ə)gʀɛ] NM regret ✦ **j'ai le ~ ou je suis au ~ de vous informer que ...** I regret to inform you that ... ✦ **à mon grand ~** to my great regret ✦ **à ~** with regret

regrettable [ʀ(ə)gʀetabl] ADJ regrettable

regretter [ʀ(ə)gʀete] ► conjug 1 ◄ VT **a** [+ personne, pays natal, jeunesse] to miss ✦ **notre regretté président** our late lamented president **b** [+ décision, imprudence] to regret ✦ **je ne regrette rien** I have no regrets **c** (= être désolé) to be sorry ✦ **je regrette de vous avoir fait attendre** I'm sorry to have kept you waiting

regrouper [ʀ(ə)gʀupe] ► conjug 1 ◄ **1** VT [+ objets, partis, parcelles] to group together; [+ territoires] to consolidate; [+ services, classes] to merge **2** **se regrouper** VPR [personnes] to gather; [entreprises] to group together

régulariser [ʀegylaʀize] ► conjug 1 ◄ VT **a** [+ passeport, papiers] to sort out ✦ **~ sa situation** to get one's situation sorted out; [immigré] to get one's papers in order **b** [+ respiration, rythme cardiaque] to regulate

régularité [ʀegylaʀite] NF **a** regularity; [de résultats] consistency; [de vitesse, vent] steadiness ✦ **avec ~** [se produire] regularly; [progresser] steadily **b** (= uniformité) [de répartition, couche, ligne] evenness

régulation [ʀegylasjɔ̃] NF regulation ✦ **~ des naissances** birth control

régulier, -ière [ʀegylje, jɛʀ] ADJ **a** (en fréquence, en force) regular; [qualité, résultats] consistent; [progrès, vitesse] steady ✦ **il est ~ dans son travail** he's a steady worker **b** (= uniforme) [répartition, couche, humeur] even; [façade, traits] regular; [écriture] neat **c** (= légal) in order attrib ✦ **être en situation régulière** to have one's papers in order **d** (= honnête) [opération, coup] above board attrib; [personne] honest **e** [verbe, pluriel] regular

régulièrement [ʀegyljɛʀmɑ̃] ADV **a** (en fréquence) regularly **b** [répartir, disposer] evenly **c** [progresser] steadily

réhabilitation [ʀeabilitasjɔ̃] NF **a** (gén) rehabilitation **b** [de profession, art, idéologie] restoring to favour

réhabiliter [ʀeabilite] ► conjug 1 ◄ VT **a** (gén) to rehabilitate **b** [+ profession, art, idéologie] bring back into favour

rehausser [ʀaose] ► conjug 1 ◄ VT **a** [+ mur, clôture] to make higher; [+ plafond, chaise] to raise **b** [+ beauté, couleur] to enhance; [+ goût] to bring out

réimpression [ʀeɛ̃pʀesjɔ̃] NF (= action) reprinting; (= livre) reprint

rein [ʀɛ̃] **1** NM (= organe) kidney **2** **reins** NMPL (= région) small of the back ✦ **avoir mal aux ~s** to have backache (in the lower back)

réincarnation [ʀeɛ̃kaʀnasjɔ̃] NF reincarnation

réincarner (se) [ʀeɛ̃kaʀne] ► conjug 1 ◄ VPR to be reincarnated (en as)

reine [ʀɛn] NF queen ✦ **la ~ d'Angleterre** the Queen of England ✦ **la ~ mère** the Queen Mother ✦ **comme une ~** [vivre] in the lap of luxury; [traiter] like a queen ✦ **c'est la ~ des idiotes** * she's a prize idiot *

réinitialiser [ʀeinisjalize] ► conjug 1 ◄ VT (Informatique) to reboot

réinscriptible [ʀeɛ̃skʀiptibl] ADJ [disque] rewriteable

réinsertion [ʀeɛ̃sɛʀsjɔ̃] NF [de délinquant, handicapé] rehabilitation

réintégrer [ʀeɛ̃tegʀe] ► conjug 6 ◄ VT **a** (= retourner à) to go back to **b** ✦ **~ qn (dans ses fonctions)** to restore sb to their former position

réitérer [ʀeiteʀe] ► conjug 6 ◄ VT to repeat

rejaillir [ʀ(ə)ʒajiʀ] ► conjug 2 ◄ VI [liquide] to splash back (sur onto, at); [boue] to splash up (sur onto, at) ✦ **~ sur qn** [scandale, honte] to rebound on sb; [gloire] to be reflected on sb

rejet [ʀəʒɛ] NM **a** [de fumée, gaz, déchets] discharge **b** [d'offre, greffe] rejection ✦ **faire un ~** to reject a transplant **c** [de plante] shoot

rejeter [ʀəʒ(ə)te, ʀ(ə)ʒəte] ► conjug 4 ◄ VT **a** (= relancer) to throw back (à to) **b** [+ fumée, gaz, déchets] to discharge **c** (= offre, personne, greffe) to reject **d** (= faire porter) ✦ **une faute sur qn/qch** to put the blame on sb/sth ✦ **il rejette la responsabilité sur moi** he blames me **e** (= placer) ✦ **la préposition est rejetée à la fin** the preposition is put at the end ✦ **~ la tête en arrière** to throw one's head back

rejeton * [ʀəʒ(ə)tɔ̃, ʀ(ə)ʒətɔ̃] NM (= enfant) kid *

rejoindre [ʀ(ə)ʒwɛ̃dʀ] ► conjug 49 ◄ **1** VT **a** [+ lieu] to get back to; [+ route, personne] to join

b (= rattraper) to catch up with **c** [+ parti] to join; [+ point de vue] to agree with **2 se rejoindre** VPR [routes] to join; [idées] to concur; [personnes] (sur point de vue) to agree

réjoui, e [ʀeʒwi] ADJ [air, mine] joyful

réjouir [ʀeʒwiʀ] ► conjug 2 ◄ **1** VT to delight ◆ **cette idée ne me réjouit guère** I don't find the thought particularly appealing **2 se réjouir** VPR to be delighted (de qch about sth; de faire to do) ◆ **je me réjouis à l'avance de les voir** I am greatly looking forward to seeing them

réjouissances [ʀeʒwisɑ̃s] NFPL festivities

réjouissant, e [ʀeʒwisɑ̃, ɑ̃t] ADJ [histoire] amusing; [nouvelle] cheering

relâche [ʀəlɑʃ] NF [de théâtre] closure ◆ **faire ~** to be closed ◆ **sans ~** relentlessly

relâchement [ʀəlɑʃmɑ̃] NM **a** [de muscle] relaxation **b** [de discipline, effort, mœurs] slackening; [de surveillance] relaxation; [d'attention] flagging

relâcher [ʀəlɑʃe] ► conjug 1 ◄ **1** VT **a** [+ étreinte, muscle] to relax **b** [+ discipline, surveillance, effort] to relax **c** [+ prisonnier, otage, gibier] to release **2 se relâcher** VPR **a** [muscle] to relax **b** [surveillance, discipline, mœurs] to become lax; [attention] to flag; [personne] to let up

relais [ʀəlɛ] NM **a** (Sport) relay ◆ **~ 4 fois 100 mètres** 4 by 100 metres (relay) **b** (= relève) ◆ **passer le ~ à qn** to hand over to sb ◆ **prendre le ~ (de qn)** to take over (from sb) **c** ◆ **~ routier** transport café (Brit), truck stop (US) ◆ **ville ~** stopover **d** (Radio) relay; [de télévision] relay station

relance [ʀəlɑ̃s] NF **a** [d'économie, emploi] boosting; [de processus de paix] restarting; (Écon) reflation ◆ **lettre de ~** reminder

relancer [ʀəlɑ̃se] ► conjug 3 ◄ VT **a** (= renvoyer) to throw back **b** [+ idée, projet] to revive; [+ polémique, dialogue] to reopen; [+ économie, emploi] to boost **c** [+ débiteur] to chase up; [+ personne] to pester **d** (Informatique) to rerun

relater [ʀəlate] ► conjug 1 ◄ VT (= raconter) to relate

relatif, -ive [ʀəlatif, iv] **1** ADJ relative (à to) **2** NM (= pronom) relative pronoun **3 relative** NF (= proposition) relative clause

relation [ʀəlasjɔ̃] **1** NF **a** (= rapport) relationship ◆ **c'est sans ~ avec ...** it bears no relation to ... **b** (= personne) acquaintance ◆ **avoir des ~s** to know the right people **2 relations** NFPL relations; (sur le plan personnel) relationship ◆ **~s publiques** public rela-

tions ◆ **avoir des ~s (sexuelles) avec qn** to have sexual relations with sb ◆ **être/entrer en ~(s) avec qn** to be/get in touch with sb

relativement [ʀəlativmɑ̃] ADV relatively

relativiser [ʀəlativize] ► conjug 1 ◄ VT to put into perspective ◆ **il faut ~** you have to put things into perspective

relativité [ʀəlativite] NF relativity

relax * [ʀəlaks] ADJ [ambiance, personne] relaxed; [tenue] casual; [vacances] relaxing

relaxant, e [ʀəlaksɑ̃, ɑ̃t] ADJ relaxing

relaxation [ʀəlaksasjɔ̃] NF relaxation ◆ **faire de la ~** to do relaxation exercises

relaxer [ʀəlakse] ► conjug 1 ◄ **se relaxer** VT, VPR to relax

relayer [ʀəleje] ► conjug 8 ◄ **1** VT [+ personne] to take over from **2 se relayer** VPR to take it in turns (pour faire qch to do sth)

relecture [ʀəlɛktyʀ] NF rereading

reléguer [ʀəlege] ► conjug 6 ◄ VT to relegate (à to)

relent [ʀəlɑ̃] NM stench NonC ◆ **ça a des ~s de racisme** it smacks of racism

relevé, e [ʀəl(ə)ve] **1** ADJ **a** [col] turned-up; [virage] banked **b** [sauce, plat] spicy **2** NM [de dépenses] statement ◆ **faire le ~ du compteur** to read the meter ◆ **~ de compte** bank statement ◆ **~ d'identité bancaire** particulars of one's bank account

relève [ʀəl(ə)v] NF relief ◆ **la ~ de la garde** the changing of the guard ◆ **prendre la ~ de qn** to take over from sb

relever [ʀəl(ə)ve, ʀəl(ə)ave] ► conjug 5 ◄ **1** VT **a** [+ statue, meuble, chaise] to stand up again; [+ personne] to help up ◆ **~ la tête** to raise one's head **b** [+ col] to turn up; [+ jupe] to raise; [+ cheveux] to put up; [+ vitre de voiture] to wind up; [+ store] to roll up; [+ dossier] to put in the upright position **c** (= mettre plus haut, augmenter) to raise **d** [+ sauce, plat] to flavour (with spices) **e** [+ sentinelle] to relieve **f** [+ faute, contradiction, empreintes] to find **g** (= noter) [+ adresse, renseignement] to note down; [+ compteur, gaz] to read **h** (= réagir à) to react to ◆ **il a dit un gros mot mais je n'ai pas relevé** he said a rude word but I didn't react ◆ **~ le défi** to take up the challenge **i** [+ copies, cahiers] to collect **j** ◆ **~ un fonctionnaire de ses fonctions** to relieve an official of his duties **2** VT INDIR **a** ◆ **relever de** (= se rétablir de) to recover from **b** (= être sous la tutelle de) to come under the authority of **3 se relever** VPR **a** (= se remettre debout) to stand up ◆ **il l'a aidée à se ~** he helped her up **b** [strapontin] to tip up

relief [ʀəljɛf] NM [de région] relief ◆ **en ~** [motif] in relief; [carte de visite] embossed; [photographie, cinéma] three-dimensional ◆ **carte en ~** relief map ◆ **mettre en ~** [+ formes] to throw into relief; [+ beauté, qualités] to set off

relier [Rəlje] ► conjug 7 ◄ VT **a** [+ points, mots] to join together; [+ câbles, faits] to connect; [+ villes, idées] to link **b** [+ livre] to bind ◆ **livre relié** hardback book

religieux, -ieuse [R(ə)liʒjø, jøz] **1** ADJ religious; [mariage, musique] church *avant le nom* **2** NM (= moine) monk **3** **religieuse** NF **a** (= nonne) nun **b** (= gâteau) iced cream puff

religion [R(ə)liʒjɔ̃] NF religion

relique [Rəlik] NF relic

relire [R(ə)liR] ► conjug 43 ◄ VT (= lire à nouveau) to reread; (= vérifier) to read through

reliure [RəljyR] NF (= couverture) binding; (= activité) bookbinding

relu, e [R(ə)ly] (ptp de *relire*)

reluire [R(ə)lɥiR] ► conjug 38 ◄ VI to shine

reluisant, e [R(ə)lɥizɑ̃, ɑ̃t] ADJ [meubles, parquet, cuivres] shiny ◆ **de propreté** spotless ◆ **pas très ~** [avenir, résultat, situation] far from brilliant *attrib*

reluquer * [R(ə)lyke] ► conjug 1 ◄ VT [+ personne] to eye *; [+ objet, poste] to have one's eye on

remaniement [R(ə)manimɑ̃] NM [de roman, discours] reworking; [de plan, constitution] revision; [de service] reorganization ◆ **~ ministériel** cabinet reshuffle

remanier [R(ə)manje] ► conjug 7 ◄ VT [+ roman, discours] to rework; [+ plan, constitution] to revise; [+ service] to reorganize

remarier (se) [R(ə)maRje] ► conjug 7 ◄ VPR to remarry

remarquable [R(ə)maRkabl] ADJ remarkable

remarque [R(ə)maRk] NF remark ◆ **faire une ~ à qn** to make a comment to sb; (critiquer) to criticize sb

remarqué, e [R(ə)maRke] ADJ [entrée, absence] conspicuous

remarquer [R(ə)maRke] ► conjug 1 ◄ **1** VT **a** (= apercevoir) to notice ◆ **il aime se faire ~** he likes to be noticed ◆ **il me fit ~ qu'il était tard** he pointed out to me that it was late **b** (= faire une remarque) to remark ◆ **ça m'est tout à fait égal, remarque !** I couldn't care less, mind you! * (Brit) **2** **se remarquer** VPR [défaut, gêne] to be obvious; [tache] to be noticeable

remblai [Rɑ̃blɛ] NM embankment

rembobiner [Rɑ̃bɔbine] ► conjug 1 ◄ VT to rewind

rembourrage [Rɑ̃buRaʒ] NM [de fauteuil, matelas] stuffing; [de vêtement] padding

rembourré, e [Rɑ̃buRe] ADJ [+ fauteuil, matelas] stuffed; [+ vêtement] padded

remboursement [Rɑ̃buRsəmɑ̃] NM [de dette, emprunt, créancier] repayment; [de somme, frais médicaux] reimbursement

rembourser [Rɑ̃buRse] ► conjug 1 ◄ VT to reimburse; [+ dette, emprunt] to repay; [+ article acheté] to refund the price of ◆ **je te rembourserai demain** I'll pay you back tomorrow ◆ **je me suis fait ~ mon repas/voyage** I got the cost of my meal/journey refunded

rembrunir (se) [Rɑ̃bRyniR] ► conjug 2 ◄ VPR [visage] to darken; [personne] to stiffen

remède [R(ə)mɛd] NM (= médicament) medicine; (= solution) cure

remédier [R(ə)medje] ► conjug 7 ◄ **remédier à** VT INDIR to remedy; [+ difficulté] to find a solution for

remémorer (se) [R(ə)memɔRe] ► conjug 1 ◄ VPR to recall

remerciement [R(ə)mɛRsimɑ̃] NM thanks *pl* ◆ **~s** (dans un livre, film) acknowledgements ◆ **lettre de ~** thank-you letter ◆ **en ~, il m'a envoyé des fleurs** he sent me some flowers to thank me

remercier [R(ə)mɛRsje] ► conjug 7 ◄ VT **a** to thank (de, pour for) ◆ **je vous remercie** thank you **b** (euph = renvoyer) to dismiss *(from his job)*

remettre [R(ə)mɛtR] ► conjug 56 ◄ **1** VT **a** (= replacer) [+ objet] to put back **b** [+ vêtement, chapeau] to put back on **c** (= replacer dans une situation) ◆ **~ debout** [+ enfant] to stand back on his feet; [+ objet] to stand up again ◆ **~ un appareil en marche** to restart a machine ◆ **~ une pendule à l'heure** to set a clock right **d** [+ lettre, paquet] to deliver; [+ clés, rançon] to hand over; [+ récompense] to present; [+ devoir, démission] to hand in (à to) **e** [+ date, décision, réunion] to postpone (à until) **f** [+ vinaigre, sel] to add more; [+ rouge à lèvres] to put on some more **g** [+ radio, chauffage] to switch on again ◆ **~ le contact** to turn the ignition on again **2** **se remettre** VPR **a** (= recouvrer la santé) to recover (de from) **b** (= recommencer) ◆ **se ~ à faire qch** to start doing sth again ◆ **se ~ à qch** [+ activité, sport] to take up again ◆ **le temps s'est remis au beau** the weather has turned fine again ◆ **se ~ debout** to get back to one's feet **c** (= se confier) ◆ **je m'en remets à vous** I'll leave it up to you

remis, e [R(ə)mi, miz] (ptp de *remettre*)

remise [R(ə)miz] NF **a** [de lettre, paquet] delivery; [de clés, rançon] handing over; [de récompense] presentation; [de devoir, rapport] handing in ◆ **~ des prix** (= cérémonie) prize-giving ceremony **b** (= rabais) discount ◆ **faire une ~**

de 5% à qn to give sb a 5% discount on sth **c** ◆ **~ de peine** reduction of sentence **d** (= local) shed

rémission [Remisjɔ̃] NF [de maladie] remission

remodeler [R(ə)mɔd(ə)le] ► conjug 5 ◄ VT [+ silhouette] to remodel; [+ nez, joues] to re-shape

remontant [R(ə)mɔ̃tɑ̃] NM tonic

remontée [R(ə)mɔ̃te] NF [de prix, taux d'intérêt] rise; (dans un classement) recovery ► **remontée mécanique** ski-lift

remonte-pente (pl **~s**) [R(ə)mɔ̃tpɑ̃t] NM ski tow

remonter [R(ə)mɔ̃te] ► conjug 1 ◄ **1** VI (aux être) **a** (= monter à nouveau) to go ou come back up ◆ **il remonta à pied** he walked back up ◆ **remonte me voir** come back up and see me ◆ **~ en voiture** to get back into one's car **b** [prix, température] to rise again; (dans un classement) to go back up **c** (= retourner) to go back ◆ **~ à la source/cause** to go back to the source/cause ◆ **~ dans le temps** to go back in time ◆ **cette histoire remonte à plusieurs années** all this goes back several years **2** VT (aux avoir) **a** [+ objet] to take ou bring back up **b** [+ escalier, côte] to go ou come back up ◆ **~ l'escalier en courant** to run back upstairs ◆ **~ le courant/une rivière** (à la nage) to swim back upstream/up a river; (en barque) to sail back upstream/up a river **c** [+ vitre de voiture] to wind up; [+ store] to raise; [+ pantalon, manche, chaussettes] to pull up **d** [+ montre, mécanisme] to wind up **e** [+ machine, moteur, meuble] to put together again **f** (= réconforter) [+ personne] to buck up * ; → **moral**

remontoir [R(ə)mɔ̃twaR] NM [de montre] winder; [de jouet, horloge] winding mechanism

remontrances [R(ə)mɔ̃tRɑ̃s] NFPL ◆ **faire des ~ à qn (au sujet de qch)** to remonstrate with sb (about sth)

remords [R(ə)mɔR] NM remorse NonC ◆ **avoir des ~** to feel remorse

remorque [R(ə)mɔRk] NF (= véhicule) trailer ◆ **prendre une voiture en ~** to tow a car

remorquer [R(ə)mɔRke] ► conjug 1 ◄ VT [+ bateau, voiture, caravane] to tow

remorqueur [R(ə)mɔRkœR] NM tug

remous [Rəmu] NM **a** [de bateau] backwash NonC; [d'eau] eddy **b** (= agitation) stir NonC

remparts [Rɑ̃paR] NMPL [de ville] ramparts

remplaçant, e [Rɑ̃plasɑ̃, ɑ̃t] NM,F replacement; (sportif) substitute; (= enseignant) supply (Brit) ou substitute (US) teacher

remplacement [Rɑ̃plasmɑ̃] NM **a** (= intérim) standing in (de for) ◆ **faire des ~s** [secrétaire] to do temporary work; [professeur] to work as a

supply (Brit) ou substitute (US) teacher **b** (= substitution) replacement ◆ **en ~ de qch** in place of sth ◆ **solution de ~** alternative solution

remplacer [Rɑ̃plase] ► conjug 3 ◄ VT **a** (gén) to replace **b** (= assurer l'intérim de) to stand in for

rempli, e [Rɑ̃pli] ADJ full (de of)

remplir [Rɑ̃pliR] ► conjug 2 ◄ **1** VT **a** (= emplir) to fill (de with); [+ questionnaire] to fill in **b** [+ contrat, mission, conditions] to fulfil; [+ rôle] to fill **2** **se remplir** VPR [récipient, salle] to fill (de with)

remplissage [Rɑ̃plisaʒ] NM [de tonneau, bassin] filling ◆ **faire du ~** to pad out one's work (ou speech etc)

remporter [Rɑ̃pɔRte] ► conjug 1 ◄ VT **a** (= reprendre) to take away again **b** [+ gagner] to win; [+ succès] to achieve

remuant, e [Rəmɥɑ̃, ɑ̃t] ADJ boisterous

remue-ménage [R(ə)mymenaʒ] NM INV (= bruit) commotion NonC; (= activité) hustle and bustle NonC

remuer [Rəmɥe] ► conjug 1 ◄ **1** VT **a** (= bouger, déplacer) to move; (= secouer) to shake ◆ **~ la queue** [chien] to wag its tail **b** (= brasser) [+ café, sauce] to stir; [+ salade] to toss ◆ **~ ciel et terre pour** to move heaven and earth to **c** (= émouvoir) to move **2** VI [personne] to move; [dent] to be loose **3** **se remuer** VPR **a** (= bouger) to move **b** (* = s'activer) to get a move on *

rémunération [RemyneRasjɔ̃] NF payment

rémunérer [RemyneRe] ► conjug 6 ◄ VT [+ personne] to pay ◆ **~ le travail de qn** to pay sb for their work

renâcler [R(ə)nɑkle] ► conjug 1 ◄ VI [personne] to grumble ◆ **~ à faire qch** to do sth reluctantly

renaissance [Rənɛsɑ̃s] **1** NF rebirth ◆ **la Renaissance** the Renaissance **2** ADJ INV [mobilier, style] Renaissance

renaître [R(ə)nɛtR] ► conjug 59 ◄ VI **a** [joie, conflit] to spring up again; [espoir, doute] to be revived; [nature] to come back to life ◆ **faire ~** [+ sentiment, passé] to bring back; [+ espoir] to revive **b** (= revivre) to come to life again

renard [R(ə)naR] NM fox

renchérir [Rɑ̃ʃeRiR] ► conjug 2 ◄ VI **a** (en paroles, en actes) to go one better ◆ **"et je n'en ai nul besoin," renchérit-il** "and I don't need it in the least", he added **b** (sur l'offre de qn) to make a higher bid (sur than)

rencontre [Rɑ̃kɔ̃tR] NF **a** [d'amis, diplomates] meeting ◆ **faire la ~ de qn** to meet sb ◆ **aller à la ~ de qn** to go and meet sb **b** [d'athlétisme] meeting; (= match) fixture

rencontrer [ʀɑ̃kɔ̃tʀe] ► conjug 1 ◄ **1** VT **a** to meet **b** (= trouver) to find **c** [+ obstacle, difficulté, opposition] to encounter **d** (= heurter) to strike **2** se rencontrer VPR **a** [personnes] to meet **b** (= exister) to be found ◆ une maladie qui se rencontre surtout chez les femmes an illness found mainly in women

rendement [ʀɑ̃dmɑ̃] NM (= production) output; (= productivité) productivity; [d'investissement] return (de on)

rendez-vous [ʀɑ̃devu] NM INV appointment; (d'amoureux) date ◆ prendre ~ avec qn to make an appointment with sb ◆ donner ~ à qn to arrange to meet sb ◆ se donner ~ to arrange to meet ◆ j'ai ~ à 10 heures I have an appointment at 10 o'clock ◆ prendre ~ chez le dentiste/coiffeur to make a dental/hair appointment ◆ sur ~ by appointment

rendormir (se) [ʀɑ̃dɔʀmiʀ] ► conjug 16 ◄ VPR to go back to sleep

rendre [ʀɑ̃dʀ] ► conjug 41 ◄ **1** VT **a** (= restituer) to give back; (Scol) [+ copie] to hand in ◆ ~ la liberté à qn to set sb free ◆ ~ les armes to lay down one's arms **b** [+ jugement, arrêt] to render; [+ verdict] to return **c** (= donner en retour) [+ invitation, salut, baiser] to return **d** (avec adjectif) ◆ ~ qn heureux to make sb happy ◆ ~ qn fou to drive sb mad **e** [+ expression, atmosphère] to render **f** (= vomir) to bring up **2** VI **a** (= vomir) to be sick **b** (= produire un effet) ◆ ça rend mal sur la photo it doesn't look very good in the photo **3** se rendre VPR [soldat, criminel] to surrender ◆ se ~ à l'évidence to face facts **b** (= aller) ◆ se ~ à to go to **c** (avec adjectif) ◆ se ~ utile/malade to make o.s. useful/ill

rêne [ʀɛn] NF rein

renfermé, e [ʀɑ̃fɛʀme] **1** ADJ [personne] withdrawn **2** NM ◆ ça sent le ~ it smells musty in here

renfermer [ʀɑ̃fɛʀme] ► conjug 1 ◄ VT (= contenir) to contain

renflé, e [ʀɑ̃fle] ADJ bulging

renflouer [ʀɑ̃flue] ► conjug 1 ◄ VT [+ navire, entreprise] to refloat; [+ personne] to bail out

renfoncement [ʀɑ̃fɔ̃smɑ̃] NM recess

renforcer [ʀɑ̃fɔʀse] ► conjug 3 ◄ **1** VT **a** [+ mur, équipe] to reinforce; [+ régime, position, monnaie] to strengthen; [+ paix, pouvoir] to consolidate **b** [+ argument, crainte, soupçon] to reinforce ◆ ~ qn dans une opinion to confirm sb's opinion **c** [+ pression, effort, contrôle] to intensify ◆ (cours d')anglais renforcé remedial English (class) **2** se renforcer VPR [craintes, amitié] to strengthen; [pression] to intensify

renfort [ʀɑ̃fɔʀ] NM help ◆ ~s (Mil) reinforcements ◆ envoyer qn en ~ to send sb to augment the numbers; (Mil) to send sb as reinforcements

renfrogné, e [ʀɑ̃fʀɔɲe] ADJ sullen

rengaine [ʀɑ̃gɛn] NF (= chanson) old melody ◆ c'est toujours la même ~ * it's always the same old refrain (Brit) ou song * (US)

rengainer [ʀɑ̃gene] ► conjug 1 ◄ VT [+ épée] to sheathe; [+ revolver] to put back in its holster

renier [ʀənje] ► conjug 7 ◄ VT [+ foi, opinion] to renounce; [+ personne, œuvre, cause] to disown

renifler [ʀ(ə)nifle] ► conjug 1 ◄ **1** VT **a** to sniff **b** * [+ bonne affaire, arnaque] to sniff out * **2** VI [personne] to sniff

renne [ʀɛn] NM reindeer

renom [ʀənɔ̃] NM renown

renommé, e [ʀ(ə)nɔme] **1** ADJ renowned **2** renommée NF renown ◆ de ~e mondiale world-famous

renoncer [ʀ(ə)nɔ̃se] ► conjug 3 ◄ VT INDIR ◆ renoncer à [+ projet, habitude, personne] to give up; [+ fonction, héritage, trône] to renounce ◆ ~ à un voyage to give up the idea of a journey ◆ ~ à lutter/à comprendre to give up struggling/trying to understand ◆ je renonce I give up

renouer [ʀənwe] ► conjug 1 ◄ **1** VT [+ lacet, nœud] to tie again; [+ cravate] to knot again; [+ conversation, liaison] to resume **2** VI ◆ ~ avec qn to become friends with sb again ◆ ~ avec une tradition to revive a tradition

renouveau (pl ~x) [ʀ(ə)nuvo] NM revival

renouvelable [ʀ(ə)nuv(ə)labl] ADJ [bail, énergie] renewable

renouveler [ʀ(ə)nuv(ə)le] ► conjug 4 ◄ **1** VT **a** to renew; (Pol) to re-elect **b** [+ expérience, exploit] to repeat **2** se renouveler VPR **a** [incident] to happen again **b** [auteur, peintre] to try something new

rénovation [ʀenɔvasjɔ̃] NF **a** [de maison, quartier] renovation; [de meuble] restoration **b** [de parti, institution] reform

rénover [ʀenɔve] ► conjug 1 ◄ VT **a** [+ maison, quartier] to renovate; [+ meuble] to restore **b** [+ parti, institution] to reform

renseignement [ʀɑ̃sɛɲmɑ̃] NM **a** (= information) piece of information ◆ demander un ~ à qn to ask sb for some information ◆ (service des) ~s (Téléc) directory inquiries (Brit), information (US) **b** (Mil) intelligence NonC ◆ agent/service de ~s intelligence agent/service

renseigner [ʀɑ̃seɲe] ► conjug 1 ◄ **1** VT to give information to ◆ j'ai été mal renseigné I was given the wrong information **2** se renseigner

VPR (= demander des renseignements) to ask for information (sur about); (= obtenir des renseignements) to find out (sur about)

rentabiliser [ʀɑ̃tabilize] ► conjug 1 ◄ VT [+ entreprise, activité] to make profitable; [+ investissements] to secure a return on; [+ équipements] to make cost-effective

rentabilité [ʀɑ̃tabilite] NF profitability

rentable [ʀɑ̃tabl] ADJ [entreprise, activité, investissement] profitable

rente [ʀɑ̃t] NF (= pension) annuity; (fournie par la famille) allowance ◆ **vivre de ses ~s** to live off one's private income

rentier, -ière [ʀɑ̃tje, jɛʀ] NM,F person of independent means

rentrée [ʀɑ̃tʀe] NF **a** ◆ **~ (scolaire ou des classes)** start of the new school year ◆ **à partir de la ~ 2004** as from autumn 2004 ◆ **la ~ parlementaire aura lieu cette semaine** the new session of parliament starts this week ◆ **la ~ littéraire** the start of the literary season ◆ **la mode de la ~** the autumn fashions **b** [d'acteur, sportif] comeback **c** (= retour) return **d** (d'argent) ◆ **~s** income ◆ **je compte sur une ~ d'argent très prochaine** I'm expecting some money very soon

rentrer [ʀɑ̃tʀe] ► conjug 1 ◄ **1** VI (aux être) **a** (= entrer de nouveau) to go (ou come) back in ◆ **il commence à faire froid, rentrons !** it's getting cold, let's go in! **b** (à la maison) to go (ou come) back home ◆ **les enfants rentrent de l'école à 17 heures** the children get back from school at 5 o'clock ◆ **est-ce qu'il est rentré ?** is he back? ◆ **~ à Paris** to come (ou go) back to Paris **c** (* = entrer) to go in ◆ **il pleuvait, nous sommes rentrés dans un café** it was raining so we went into a café ◆ **~ dans la police** to go into the police ◆ **~ à l'université** to start university **d** (= reprendre l'école) to go back to school **e** (= tenir) to go in ◆ **tout ça ne rentrera pas dans la valise** that won't all go into your suitcase ◆ **je ne rentre plus dans cette jupe** I can't get into this skirt any more **f** (= heurter) ◆ **~ dans** to crash into **g** [argent] to come in ◆ **l'argent ne rentre pas en ce moment** the money isn't coming in at the moment ◆ **faire ~ les impôts** to collect the taxes **h** * [connaissances] ◆ **les maths, ça ne rentre pas** I (ou he etc) can't get the hang of maths * **i** ◆ **~ dans ses frais** to recover one's expenses **2** VT (aux avoir) **a** [+ récolte, animaux] to get in; [+ voiture, vélo] to put away **b** [+ train d'atterrissage] to raise; [+ griffes] to draw in; [+ chemise] to tuck in ◆ **~ le ventre** to pull one's stomach in **c** [+ données] to enter **3** **se rentrer** VPR ◆ **se ~ dedans** (= se heurter) to crash into each other

renverra [ʀɑ̃vɛʀa] VB → renvoyer

renversant, e * [ʀɑ̃vɛʀsɑ̃, ɑ̃t] ADJ staggering *

renverse [ʀɑ̃vɛʀs] NF ◆ **tomber à la ~** to fall flat on one's back

renverser [ʀɑ̃vɛʀse] ► conjug 1 ◄ **1** VT **a** [+ personne, chaise, vase, bouteille] to knock over; [+ liquide] to spill; [+ piéton] to run over **b** (= mettre à l'envers) to turn upside down **c** [+ gouvernement] to overthrow **d** (= pencher) ◆ **~ la tête en arrière** to tip one's head back **2** **se renverser** VPR **a** ◆ **se ~ en arrière** to lean back **b** [voiture, camion] to overturn; [verre, vase] to fall over

renvoi [ʀɑ̃vwa] NM **a** [d'employé] dismissal; [d'élève] (définitif) expulsion; (temporaire) suspension **b** [de lettre, colis, cadeau] sending back **c** [à une date ultérieure] postponement **d** (= référence) cross-reference **e** (= rot) burp

renvoyer [ʀɑ̃vwaje] ► conjug 8 ◄ VT **a** [+ employé] to dismiss; [+ élève] (définitivement) to expel; (temporairement) to suspend **b** (= faire retourner, réexpédier) to send back **c** [+ balle] (au pied) to kick back; (à la main) to throw back; (Tennis) to return **d** (= référer) ◆ **~ qn à** [+ lecteur] to refer sb to **e** [+ lumière, image] to reflect; [+ son] to echo

réorganisation [ʀeɔʀganizasjɔ̃] NF reorganization

réorganiser [ʀeɔʀganize] ► conjug 1 ◄ VT to reorganize

réorienter [ʀeɔʀjɑ̃te] ► conjug 1 ◄ VT [+ politique] to reorient; [+ élève] to put into a new stream

réouverture [ʀeuvɛʀtyʀ] NF reopening

repaire [ʀ(ə)pɛʀ] NM den

répandre [ʀepɑ̃dʀ] ► conjug 41 ◄ **1** VT **a** [+ soupe, vin] to spill; (volontairement) [+ sciure, sable] to spread **b** [+ chaleur] to give out; [+ odeur] to give off **c** [+ nouvelle, mode, terreur] to spread **2** **se répandre** VPR **a** [liquide] to spill **b** [chaleur, odeur] to spread (dans through) **c** [doctrine, mode, nouvelle] to spread (dans through); [pratique, opinion] to become widespread

répandu, e [ʀepɑ̃dy] ADJ [opinion, préjugé, méthode] widespread ◆ **profession peu ~e** rather unusual profession

réparable [ʀepaʀabl] ADJ [objet] repairable; [erreur] which can be put right

reparaître [ʀ(ə)paʀɛtʀ] ► conjug 57 ◄ VI to reappear

réparateur, -trice [ʀepaʀatœʀ, tʀis] **1** ADJ [sommeil] refreshing **2** NM,F repairer

réparation [ʀepaʀasjɔ̃] NF **a** [de machine, montre, voiture] repairing; (= résultat) repair ◆ **la voiture est en ~** the car is being repaired **b**

[de tort] redress ◆ **obtenir ~** to obtain redress **c** (Football) ◆ **surface de ~** penalty area **d** (= dommages-intérêts) compensation

réparer [ʀepaʀe] ► conjug 1 ◄ VT **a** [+ machine, montre, voiture] to repair **b** [+ erreur] to correct; [+ oubli, négligence] to rectify; [+ tort] to put right

reparler [ʀ(ə)paʀle] ► conjug 1 ◄ **1** VI [accidenté, malade] to speak again ◆ **~ de qch** to talk about sth again ◆ **~ à qn** to speak to sb again **2 se reparler** VPR to speak to each other again

repartie, répartie [ʀepaʀti] NF retort ◆ **avoir de la ~ ou le sens de la ~** to be good at repartee

repartir [ʀ(ə)paʀtiʀ] ► conjug 16 ◄ VI [voyageur] to set off again; [machine] to start up again; [discussion] to get going again; [économie] to pick up ◆ **~ chez soi** to go back home

répartir [ʀepaʀtiʀ] ► conjug 2 ◄ **1** VT **a** [+ ressources, travail, butin] to share out (entre among); [+ rôles, poids] to distribute (entre among) **b** (dans le temps) to spread (sur over) **2 se répartir** VPR (= se partager) ◆ **ils se sont réparti le travail** they shared the work out among themselves

répartition [ʀepaʀtisjɔ̃] NF **a** [de ressources, travail, butin] sharing out NonC; [de poids, population, richesses, pièces d'une maison] distribution **b** (dans le temps) spreading NonC

repas [ʀ(ə)pa] NM meal ◆ **~ d'affaires** business lunch ◆ **~ de midi/du soir** midday/evening meal ◆ **~ de noces** wedding reception ◆ **faire trois ~ par jour** to have three meals a day ◆ **aux heures des ~** at mealtimes

repassage [ʀ(ə)pasaʒ] NM ironing ◆ **faire le ~** to do the ironing

repasser [ʀ(ə)pase] ► conjug 1 ◄ **1** VT **a** [+ vêtements] to iron **b** [+ examen, permis de conduire] to take again **c** [+ film] to show again; [+ émission] to repeat; [+ disque, chanson] to play again **d** (* = transmettre) [+ affaire, travail] to hand over; [+ maladie] to pass on (à qn to sb) ◆ **je vous repasse le standard** I'll put you back through to the operator **e** [+ rivière, montagne, frontière] to cross again **2** VI **a** (= revenir, retourner) ◆ **je repasserai** I'll come back ◆ **si vous repassez par Paris** if you're passing through Paris again **b** (devant un même lieu) to go ou come past again **c** (= faire du repassage) to iron

repêchage [ʀ(ə)pɛʃaʒ] NM [de candidat] ◆ **épreuve/question de ~** exam/question to give candidates a second chance

repêcher [ʀ(ə)peʃe] ► conjug 1 ◄ VT **a** [+ objet, noyé] to recover **b** [+ candidat] to pass *(with less than the official pass mark)*

repeindre [ʀ(ə)pɛ̃dʀ] ► conjug 52 ◄ VT to repaint

repenser [ʀ(ə)pɑ̃se] ► conjug 1 ◄ VT to rethink

repentir [ʀ(ə)pɑ̃tiʀ] NM repentance NonC

repentir (se) [ʀ(ə)pɑ̃tiʀ] ► conjug 16 ◄ VPR **a** (Rel) to repent **b** (= regretter) ◆ **se repentir de qch/d'avoir fait qch** to regret sth/having done sth

répercussion [ʀepɛʀkysjɔ̃] NF repercussion (sur, dans on)

répercuter [ʀepɛʀkyte] ► conjug 1 ◄ **1** VT **a** [+ son] to echo **b** (= transmettre) ◆ **~ une augmentation sur le client** to pass an increase in cost on to the customer **2 se répercuter** VPR ◆ **se ~ sur** to have repercussions on

repère [ʀ(ə)pɛʀ] NM (= marque) mark; (= jalon, balise) marker; (= monument, événement) landmark; (= date) reference point ◆ **point de ~** point of reference; (dans l'espace) landmark

repérer [ʀ(ə)peʀe] ► conjug 6 ◄ **1** VT [+ erreur, personne] to spot; [+ endroit, chemin] to locate **2 se repérer** VPR (= s'orienter) to find one's way around

répertoire [ʀepɛʀtwaʀ] NM **a** (= carnet) notebook with alphabetical thumb index; (= liste) (alphabetical) list **b** [de troupe, chanteur, musicien] repertoire **c** (Informatique) directory

répertorier [ʀepɛʀtɔʀje] ► conjug 7 ◄ VT [+ information] to list; [+ cas] to record

répéter [ʀepete] ► conjug 6 ◄ **1** VT **a** (gén) to repeat ◆ **je te l'ai répété dix fois** I've told you that a dozen times ◆ **tentatives répétées de suicide** repeated suicide attempts **b** [+ pièce, symphonie] to rehearse; [+ rôle, leçon] to learn **2 se répéter** VPR **a** [personne] to repeat o.s. **b** [événement] to recur

répétitif, -ive [ʀepetitif, iv] ADJ repetitive

répétition [ʀepetisjɔ̃] NF **a** (= redite) repetition **b** [de pièce, symphonie] rehearsal; [de rôle] learning ◆ **~ générale** (final) dress rehearsal

repiquer [ʀ(ə)pike] ► conjug 1 ◄ VT **a** [+ plante] to prick out; [+ riz] to transplant **b** (= enregistrer) to record

répit [ʀepi] NM respite (frm) ◆ **sans ~** [travailler] continuously; [combattre] relentlessly

replacer [ʀ(ə)plase] ► conjug 3 ◄ VT (= remettre à sa place) to replace ◆ **il faut ~ les choses dans leur contexte** we must put things back in their context

replanter [ʀ(ə)plɑ̃te] ► conjug 1 ◄ VT to replant

repli [ʀəpli] NM **a** [de terrain, peau, tissu] fold (de in) **b** [d'armée] withdrawal

replier [ʀ(ə)plije] ► conjug 7 ◄ **1** VT **a** [+ carte, journal, robe] to fold up; [+ coin de feuille] to fold over; [+ ailes] to fold; [+ jambes] to tuck up; [+ couteau] to close **b** [+ troupes] to withdraw **2 se replier** VPR [soldats] to withdraw (sur to) ◆ **se ~ sur soi-même** to withdraw into oneself

réplique [Replik] NF **a** (= réponse) retort ◆ **argument sans ~** unanswerable argument **b** (Théâtre) line ◆ **donner la ~ à qn** (dans une scène) to play opposite sb **c** (Art) replica

répliquer [Replike] ► conjug 1 ◄ **1** VT to reply **2** VI **a** (= répondre) to reply **b** (= contre-attaquer) to retaliate

répondeur [RepɔdœR] NM answering machine

répondre [RepɔdR] ► conjug 41 ◄ **1** VT to answer ◆ **il m'a répondu qu'il viendrait** he told me that he would come ◆ **réponds quelque chose, même si c'est faux** give an answer, even if it's wrong **2** VI **a** to answer ◆ **~ en hochant la tête** to nod in reply ◆ **~ à** [+ personne, question, besoin, signalement] to answer; [+ salut] to return; [+ normes, conditions, attente] to meet **b** (à la porte) to answer the door; (au téléphone) to answer the telephone ◆ **ça ne répond pas** there's no answer **c** (= être impertinent) to answer back **d** [voiture, commandes, membres] to respond **3** **répondre de** VT INDIR [+ personne, honnêteté] to answer for; [+ actes, décision] to be accountable for

réponse [Repɔs] NF **a** (à demande, lettre, objection) reply; (à prière, examen, problème) answer (à to) ◆ **en ~ à votre question** in answer to your question ◆ **avoir ~ à tout** to have an answer for everything **b** (= réaction) response

report [RəpɔR] NM [de match, procès] postponement; [de décision] [de date] putting off

reportage [RəpɔRtaʒ] NM report ◆ **~ en direct** live commentary

reporter¹ [RəpɔRte] ► conjug 1 ◄ **1** VT **a** [+ match] to postpone; [+ décision, date] to put off (à until) **b** (= copier) to copy out (sur on) **c** (= transférer) ◆ **~ son affection/son vote sur** to transfer one's affection/one's vote to **2** **se reporter** VPR (= se référer à) ◆ **se ~ à** to refer to

reporter² [RəpɔRtɛR] NM reporter ◆ **grand ~** special correspondent

repos [Rəpo] NM **a** (= détente) rest ◆ **prendre du ~** to have a rest ◆ **~ !** (Mil) stand at ease! **b** (= congé) ◆ **deux jours de ~ hebdomadaire** two days off a week **c** (= tranquillité) peace and quiet

reposant, e [Rəpozɑ̃, ɑ̃t] ADJ restful

reposer [Rəpoze] ► conjug 1 ◄ **1** VT **a** [+ verre, livre] to put back down **b** [+ délasser, appuyer] to rest **c** [+ question] to repeat **2** VI **a** (= être enterré) to rest **b** ◆ **laisser ~** [+ pâte à pain] to leave to rise; [+ pâte à crêpes] to leave to stand **c** ◆ **~ sur** [bâtiment] to be built on; [supposition] to rest on **3** **se reposer** VPR **a** (= se délasser) to rest **b** (= s'en remettre) ◆ **se ~ sur qn** to rely on sb

repose-tête (pl **~s**) [Rəpoztɛt] NM headrest

repoussant, e [Rəpusɑ̃, ɑ̃t] ADJ repulsive

repousser [Rəpuse] ► conjug 1 ◄ **1** VT **a** [+ objet encombrant] to push out of the way; [+ ennemi, attaque] to drive back; [+ agresseur] to beat off **b** [+ tentation, projet de loi] to reject **c** [+ date, réunion] to put off (à until) **2** VI [feuilles, cheveux] to grow again

répréhensible [RepReɑ̃sibl] ADJ reprehensible

reprendre [RəpRɑ̃dR] ► conjug 58 ◄ **1** VT **a** [+ ville, prisonnier] to recapture; [+ objet prêté] to take back ◆ **~ sa place** to go back to one's seat ◆ **passer ~ qn** to go back ou come back for sb **b** [+ plat] to have some more **c** [+ espoir, forces] to regain ◆ **~ confiance/courage** to regain one's confidence/courage ◆ **~ haleine** ou **son souffle** to get one's breath back **d** [+ marchandise] to take back; [+ fonds de commerce, entreprise] to take over **e** [+ travaux, études, lutte] to resume; [+ lecture] to go back to; [+ récit] to carry on with; [+ promenade] to continue ◆ **~ la route** to set off again ◆ **~ le travail** (après maladie, grève) to go back to work; (après le repas) to get back to work **f** (= attraper à nouveau) to catch again ◆ **on ne m'y reprendra plus** I won't let myself be caught out again **g** (= retoucher) [+ article, chapitre] to go over again; [+ manteau] to alter **h** (= corriger) [+ personne] to correct **2** VI **a** [affaires] to pick up **b** [bruit, pluie, grève, école] to start again ◆ **je reprends lundi** [employé, étudiant] I'm going back on Monday **c** (= dire) ◆ **ce n'est pas moi, reprit-il** "it's not me", he went on **3** **se reprendre** VPR **a** (= se corriger) to correct o.s. **b** (= recommencer) ◆ **s'y ~ à plusieurs fois pour faire qch** to make several attempts to do sth

représailles [RəpRezaj] NFPL reprisals ◆ **exercer des ~ contre qn** to take reprisals against sb

représentant, e [RəpRezɑ̃tɑ̃, ɑ̃t] NM,F representative ◆ **~ de commerce** sales representative

représentatif, -ive [RəpRezɑ̃tatif, iv] ADJ representative

représentation [RəpRezɑ̃tasjɔ̃] NF **a** [d'objet, phénomène, faits] representation; [de paysage, société] portrayal **b** [de pièce de théâtre] performance **c** (Pol) representation

représenter [RəpRezɑ̃te] ► conjug 1 ◄ **1** VT **a** (= symboliser, signifier, agir au nom de) to represent ◆ **ce poste représente beaucoup pour moi** this job means a lot to me ◆ **ils représentent 12% de la population** they represent 12% of the population **b** [peintre, romancier] to depict; [photographie] to show **c** [+ pièce de théâtre] to perform **2** **se représen-**

ter VPR **a** (= s'imaginer) to imagine **b** (à une élection) to run again ◆ **se ~ à un examen** to retake an exam

répression [Represjɔ̃] NF repression

réprimander [Reprimɑ̃de] ► conjug 1 ◄ VT to reprimand

réprimer [Reprime] ► conjug 1 ◄ VT [+ insurrection] to repress; [+ rire, bâillement, colère] to suppress

repris [R(ə)pri] NM INV ◆ **~ de justice** known criminal

reprise [R(ə)priz] NF **a** [d'activité, cours, hostilités] resumption; [de pièce de théâtre] revival; [de film] rerun ◆ **on espère une ~ des affaires** we're hoping that business will pick up again ◆ **~ économique** economic revival **b** (pour nouvel achat) trade-in **c** [de chaussette] darn; [de drap, chemise] mend **d** ◆ **à deux/plusieurs ~s** two/several times

repriser [R(ə)prize] ► conjug 1 ◄ VT [+ chaussette, lainage] to darn; [+ collant, drap] to mend

réprobateur, -trice [Reprobatœr, tris] ADJ reproachful

reproche [R(ə)prɔʃ] NM reproach ◆ **faire des ~s à qn** to criticize sb ◆ **être sans ~** to be beyond reproach

reprocher [R(ə)prɔʃe] ► conjug 1 ◄ **1** VT ◆ **~ qch à qn** to criticize sb for sth ◆ **~ à qn de faire qch** to criticize sb for doing sth ◆ **je ne te reproche rien** I'm not blaming you for anything ◆ **je ne vois rien à ~ à son travail** I can't find anything to criticize in his work **2** se reprocher VPR ◆ **je n'ai rien à me ~** I've nothing to be ashamed of

reproduction [R(ə)prɔdyksjɔ̃] NF reproduction

reproduire [R(ə)prɔdɥir] ► conjug 38 ◄ **1** VT **a** (= restituer, copier) to reproduce **b** [+ erreur, expérience] to repeat **2** se reproduire VPR **a** [organisme] to reproduce **b** [phénomène] to happen again; [erreur] to reappear

reprogrammer [R(ə)prɔgrame] ► conjug 1 ◄ VT [+ ordinateur, magnétoscope] to reprogram

réprouver [Repruve] ► conjug 1 ◄ VT to reprove

reptile [Reptil] NM reptile

repu, e [Rəpy] ADJ [animal] sated; [personne] full

républicain, e [Repyblikɛ̃, ɛn] ADJ, NM,F republican

république [Repyblik] NF republic ◆ **la République française/d'Irlande** the French/Irish Republic

répudier [Repydje] ► conjug 7 ◄ VT [+ épouse] to repudiate

répugnance [Repyɲɑ̃s] NF **a** (= répulsion) ◆ **éprouver de la ~ pour** to loathe **b** (= hésita-

tion) reluctance (**à faire qch** to do sth) ◆ **éprouver de la ~ à faire qch** to be reluctant to do sth

répugnant, e [Repyɲɑ̃, ɑ̃t] ADJ disgusting

répugner [Repyɲe] ► conjug 1 ◄ **répugner à** VT INDIR (= dégoûter) to repel ◆ **~ à faire qch** (= hésiter) to be reluctant to do sth

répulsion [Repylsjɔ̃] NF repulsion ◆ **éprouver de la ~ pour** to feel repulsion for

réputation [Repytasjɔ̃] NF reputation ◆ **avoir bonne/mauvaise ~** to have a good/bad reputation ◆ **connaître qn de ~** to know sb by repute ◆ **il a la ~ d'être avare** he has a reputation for being miserly

réputé, e [Repyte] ADJ (= célèbre) well-known ◆ **la ville est ~e pour sa cuisine** the town is renowned for its food

requérir [Rakerir] ► conjug 21 ◄ VT **a** (= nécessiter) to require **b** (= solliciter) to request **c** (Droit) [+ peine] to call for

requête [Raket] NF **a** (Droit) petition **b** (= supplique) request ◆ **à ou sur la ~ de qn** at sb's request

requin [Rakɛ̃] NM shark

requis, e [Raki, iz] ADJ required ◆ **satisfaire aux conditions ~es** to meet the requirements

réquisition [Rekizisjɔ̃] NF [de personnes, matériel] requisitioning

réquisitionner [Rekizisjɔne] ► conjug 1 ◄ VT to requisition

réquisitoire [Rekizitwar] NM (= plaidoirie) summing-up for the prosecution

RER [ɛrœɛr] NM (abrév de **réseau express régional**) train service between Paris and the suburbs

rescapé, e [Reskape] NM,F survivor

rescousse [Reskus] NF ◆ **aller à la ~ de qn** to go to sb's rescue ◆ **appeler qn à la ~** to call to sb for help

réseau (pl **~x**) [Rezo] NM **a** network ◆ **~ routier/ferroviaire** road/rail network ◆ **être en ~** (Informatique) [personnes, entreprises] to be on the network **b** [de prostitution, trafiquants, terroristes] ring

réservation [Rezɛrvasjɔ̃] NF reservation ◆ **faire une ~** to make a reservation

réserve [Rezɛrv] NF **a** (gén) reserve ◆ **faire des ~s de sucre** to get in a stock of sugar ◆ **garder qch en ~** to keep sth in reserve ◆ **officiers de ~** reserve officers ◆ **~ naturelle** nature reserve **b** (= restriction) reservation ◆ **émettre des ~s sur qch** to have reservations about sth ◆ **sans ~** [soutien, admiration] unreserved; [approuver, accepter] unreservedly ◆ **sous ~ que** on condition that **c** [d'Indiens] reservation **d** (= pièce) storeroom

réservé, e [ʀezɛʀve] ADJ (= discret) reserved

réserver [ʀezɛʀve] ▶ conjug 1 ◀ **1** VT **a** (= mettre à part) [+ objets] to save, to reserve; [+ place] to keep **b** (= louer) to reserve **c** [+ dangers, désagréments, joies] to have in store (à for) ◆ **ils nous ont réservé un accueil chaleureux** they gave us a warm welcome **2** **se réserver** VPR **a** (= prélever) to keep for o.s. ◆ **se ~ le droit de faire qch** to reserve the right to do sth **b** (= se ménager) to save o.s.

réservoir [ʀezɛʀvwaʀ] NM (= cuve) tank; (= plan d'eau) reservoir ◆ **~ d'essence** petrol (Brit) ou gas (US) tank

résidence [ʀezidɑ̃s] NF (= immeuble) block of residential flats (Brit), residential apartment building (US) ◆ **principale/secondaire** main/second home ◆ **en ~ surveillée** under house arrest ▶ **résidence universitaire** university halls of residence

résident, e [ʀezidɑ̃, ɑ̃t] NM,F (= étranger) foreign national

résidentiel, -ielle [ʀezidɑ̃sjɛl] ADJ [banlieue, quartier] affluent

résider [ʀezide] ▶ conjug 1 ◀ VI to reside; [difficulté] to lie (dans in)

résidu [ʀezidy] NM (= reste) residue NonC; (= détritus) waste NonC

résignation [ʀeziɲasjɔ̃] NF resignation (à to)

résigné, e [ʀeziɲe] ADJ [air, geste, ton] resigned

résigner (se) [ʀeziɲe] ▶ conjug 1 ◀ VPR to resign o.s. (à to)

résilier [ʀezilje] ▶ conjug 7 ◀ VT (à terme) to terminate; (en cours) to cancel

résille [ʀezij] NF (pour les cheveux) hairnet

résine [ʀezin] NF resin

résineux [ʀezinø] NM coniferous tree

résistance [ʀezistɑ̃s] NF **a** (= opposition) resistance NonC (à, contre to) ◆ **la Résistance** (Hist) the (French) Resistance **b** (= endurance) stamina **c** [de réchaud, radiateur] element **d** (Physique) resistance

résistant, e [ʀezistɑ̃, ɑ̃t] **1** ADJ [personne] tough; [plante] hardy; [tissu, vêtements] hard-wearing ◆ **~ à la chaleur** heatproof ◆ **~ aux chocs** shockproof **2** NM,F (Hist) (French) Resistance fighter

résister [ʀeziste] ▶ conjug 1 ◀ VT INDIR ◆ **résister à** to resist; [+ fatigue, privations, douleur] to withstand; [+ poids] to take ◆ **la porte a résisté** the door held ◆ **cette vaisselle résiste au feu** this crockery is heatproof

résolu, e [ʀezɔly] ADJ [personne, ton, air] resolute ◆ **il est bien ~ à partir** he is determined to leave

résolument [ʀezɔlymɑ̃] ADV resolutely

résolution [ʀezɔlysjɔ̃] NF **a** (= décision) resolution ◆ **prendre la ~ de faire qch** to make a resolution to do sth **b** (= énergie) resolve **c** (= solution) solution **d** [d'image] resolution

résonance [ʀezɔnɑ̃s] NF resonance NonC; (fig) echo

résonner [ʀezɔne] ▶ conjug 1 ◀ VI [son] to resonate; [pas] to resound; [salle] to be resonant

résorber [ʀezɔʀbe] ▶ conjug 1 ◀ VT [+ chômage, inflation] to bring down; [+ déficit, surplus] to absorb

résoudre [ʀezudʀ] ▶ conjug 51 ◀ **1** VT (= trouver une solution à) to solve **2** **se résoudre** VPR ◆ **se ~ à faire qch** (= se décider) to decide to do sth ◆ **il n'a pas pu se ~ à la quitter** he couldn't bring himself to leave her

respect [ʀɛspɛ] NM **a** respect (de, pour for) ◆ **avoir du ~ pour qn** to respect sb ◆ **présentez mes ~s à votre femme** give my regards to your wife **b** ◆ **tenir qn en ~** to keep sb at bay

respectable [ʀɛspɛktabl] ADJ respectable

respecter [ʀɛspɛkte] ▶ conjug 1 ◀ VT [+ personne] to respect; [+ interdiction] to observe; [+ parole donnée, promesse] to keep; [+ engagements] to honour ◆ **se faire ~** to be respected ◆ **faire ~ la loi** to enforce the law

respectif, -ive [ʀɛspɛktif, iv] ADJ respective

respectueux, -euse [ʀɛspɛktɥø, øz] ADJ respectful ◆ **veuillez agréer, Monsieur (ou Madame), mes salutations respectueuses** yours sincerely

respiration [ʀɛspiʀasjɔ̃] NF breathing; (= souffle) breath

respiratoire [ʀɛspiʀatwaʀ] ADJ respiratory

respirer [ʀɛspiʀe] ▶ conjug 1 ◀ **1** VI **a** to breathe ◆ **~ profondément** to take a deep breath **b** (= se détendre) to get one's breath; (= se rassurer) to breathe again **2** VT **a** (= inhaler) to breathe in **b** [+ calme, bonheur, santé] to radiate; [+ honnêteté, franchise] to exude

resplendissant, e [ʀɛsplɑ̃disɑ̃, ɑ̃t] ADJ [personne, beauté] radiant ◆ **avoir une mine ~e** to look radiant ◆ **être ~ de santé** to be glowing with health

responsabiliser [ʀɛspɔ̃sabilize] ▶ conjug 1 ◀ VT ◆ **~ qn** to give sb a sense of responsibility

responsabilité [ʀɛspɔ̃sabilite] NF **a** (gén) responsibility ◆ **ces élèves sont sous ma ~** I'm responsible for these pupils ◆ **prendre ses ~s** to face up to one's responsibilities **b** (légale) liability (de for) ▶ **responsabilité civile** civil liability

responsable [ʀɛspɔ̃sabl] **1** ADJ responsible (de for; devant qn to sb) **2** NMF **a** (= coupable) person responsible **b** (= personne compétente) person in charge **c** (= dirigeant) official ✦ ~ **politique** politician

resquiller * [ʀɛskije] ► conjug 1 ◄ VI (dans l'autobus, le métro) to sneak a free ride; (au match, cinéma) to sneak in

ressac [ʀəsak] NM undertow

ressaisir (se) [ʀ(ə)seziʀ] ► conjug 2 ◄ VPR to regain one's self-control

ressasser [ʀ(ə)sase] ► conjug 1 ◄ VT [+ pensées, regrets] to keep turning over

ressemblance [ʀ(ə)sɑ̃blɑ̃s] NF (= similitude visuelle) resemblance; (= trait commun) similarity

ressemblant, e [ʀ(ə)sɑ̃blɑ̃, ɑ̃t] ADJ lifelike

ressembler [ʀ(ə)sɑ̃ble] ► conjug 1 ◄ **1** **ressembler à** VT INDIR (physiquement, visuellement) to look like; (moralement, psychologiquement) to be like ✦ **cela ne te ressemble pas** that's not like you **2** **se ressembler** VPR (physiquement, visuellement) to look alike; (moralement, par ses éléments) to be alike ✦ **ils se ressemblent comme deux gouttes d'eau** they're as like as two peas in a pod

ressentiment [ʀ(ə)sɑ̃timɑ̃] NM resentment ✦ **éprouver du ~** to feel resentful (à l'égard de towards)

ressentir [ʀ(ə)sɑ̃tiʀ] ► conjug 16 ◄ VT to feel

resserrer [ʀ(ə)seʀe] ► conjug 1 ◄ **1** VT **a** [+ vis] to tighten (up); [+ nœud, ceinture, étreinte] to tighten **b** [+ discipline] to tighten up; [+ liens, amitié] to strengthen **2** **se resserrer** VPR **a** [nœud, étreinte] to tighten; [chemin, vallée] to narrow **b** [liens affectifs] to grow stronger

resservir [ʀ(ə)sɛʀviʀ] ► conjug 14 ◄ **1** VT [+ plat] to serve up again (à to); [+ dîneur] to give another helping to **2** VI to be used again (= réutiliser) ✦ **se ~ de** to use again ✦ **ça peut toujours ~** it may come in handy again **3** **se resservir** VPR **a** [dîneur] to help o.s. again ✦ **se ~ de fromage/viande** to help o.s. to some more cheese/meat **b** (= réutiliser) ✦ **se ~ de** to use again

ressort [ʀ(ə)sɔʀ] NM **a** (= pièce de métal) spring **b** (= énergie) spirit **c** (= compétence) ✦ **être du ~ de** to be ou fall within the competence of **d** ✦ **en dernier ~** (= en dernier recours) as a last resort

ressortir [ʀ(ə)sɔʀtiʀ] ► conjug 16 ◄ **1** VI (aux être) **a** [personne] to go (ou come) (back) out ✦ **je suis ressorti faire des courses** I went out shopping again **b** [film] to be rereleased **c** (= contraster) to stand out (sur against) **2** **ressortir de** VT INDIR (= résulter de) ✦ **il ressort de tout cela que ...** what emerges from all that is that ... **3** VT (aux avoir) [+ vêtements d'hiver, outil] to take out again; [+ film] to rerelease

ressortissant, e [ʀ(ə)sɔʀtisɑ̃, ɑ̃t] NM,F national

ressource [ʀ(ə)suʀs] NF resource ✦ **~s naturelles/pétrolières** natural/petroleum resources ✦ **une famille sans ~s (financières)** a family with no means of support

ressurgir [ʀ(ə)syʀʒiʀ] ► conjug 2 ◄ VI to resurface

ressusciter [ʀesysite] ► conjug 1 ◄ **1** VI (aux être) [mort] to rise from the dead **2** VT (aux avoir) **a** [+ mourant] to resuscitate **b** [+ sentiment, passé, coutume] to revive

restant, e [ʀɛstɑ̃, ɑ̃t] **1** ADJ remaining **2** NM **a** (= l'autre partie) ✦ **le ~ (de)** the rest (of) **b** (= ce qui est en trop) ✦ **un ~ de poulet/tissu** some left-over chicken/material

restaurant [ʀɛstɔʀɑ̃] NM restaurant ✦ **manger au ~** to eat out once a week ► **restaurant d'entreprise** staff canteen ► **restaurant universitaire** university cafeteria

restaurateur, -trice [ʀɛstɔʀatœʀ, tʀis] NM,F **a** (= aubergiste) restaurant owner **b** [de tableau] restorer

restauration [ʀɛstɔʀasjɔ̃] NF **a** (= rénovation) restoration **b** (= hôtellerie) catering ✦ **la ~ rapide** the fast-food industry

restaurer [ʀɛstɔʀe] ► conjug 1 ◄ **1** VT **a** (gén) to restore **b** (= nourrir) to feed **2** **se restaurer** VPR to have something to eat

reste [ʀɛst] **1** NM **a** (= l'autre partie) ✦ **le ~ (de)** the rest (of) **b** (= ce qui est en trop) ✦ **un ~ de fromage/de tissu** some left-over cheese/material **c** (Math) remainder **2** **restes** NMPL (= nourriture) leftovers; (frm = dépouille mortelle) mortal remains **3** **du reste** LOC ADV besides

rester [ʀɛste] ► conjug 1 ◄ **1** VI **a** (dans un lieu, un état) to stay ✦ **~ immobile/chez soi** to stay still/at home ✦ **il ne peut pas ~ en place** he can't keep still ✦ **~ insensible à qch** to remain impervious to sth ✦ **~ debout** to stand; (= ne pas se coucher) to stay up ✦ **je suis resté sur ma faim** (après un repas) I still felt hungry; (à la fin d'une histoire, d'un film) I felt there was something missing ✦ **en ~ à** (= ne pas dépasser) to go no further than ✦ **restons-en là** let's leave it at that **b** (= subsister) to remain ✦ **c'est tout l'argent qui leur reste** that's all the money they have left **c** (= durer) to last **d** (* = mourir) ✦ **y ~** to die **2** VB IMPERS ✦ **il reste encore un peu de pain** there's still a little bread left ✦ **il leur reste juste de quoi vivre** they have just enough left to live on ✦ **il me reste à faire ceci** I still have this to do ✦ **il ne me reste qu'à vous remercier** it only remains for me to thank you ✦ **reste à savoir si ...** it remains to be seen if ... ✦ **il n'en reste pas moins que ...** the fact remains that ...

restituer [ʀɛstitɥe] ► conjug 1 ◄ VT **a** (= redonner) to return (à qn to sb) **b** [+ son] to reproduce; [+ atmosphère] to recreate

restitution [ʀɛstitysjɔ̃] NF **a** [d'objet volé, argent] return **b** [de son] reproduction

resto * [ʀɛsto] NM (abrév de **restaurant**) restaurant ◆ **U** university cafeteria

restreindre [ʀɛstʀɛ̃dʀ] ► conjug 52 ◄ **1** VT **a** (= restrict **2** se restreindre VPR **a** (dans ses dépenses, sur la nourriture) to cut down **b** [champ d'action] to narrow

restreint, e [ʀɛstʀɛ̃, ɛ̃t] ADJ (= peu important) limited

restrictif, -ive [ʀɛstʀiktif, iv] ADJ restrictive

restriction [ʀɛstʀiksjɔ̃] NF **a** (= réduction) restriction **b** (= condition) qualification ◆ **sans ~** [soutien, attachement] unqualified; [accepter, soutenir] unreservedly

restructurer [ʀəstʀyktyʀe] ► conjug 1 ◄ VT to restructure

résultat [ʀezylta] NM **a** result ◆ **il essaya, sans ~, de le convaincre** he tried to convince him but to no effect **b** (= chiffres) figures

résulter [ʀezylte] ► conjug 1 ◄ **1** VI ◆ **~ de** to result from **2** VB IMPERS ◆ **il résulte de tout ceci que ...** the result of all this is that ...

résumé [ʀezyme] NM summary ◆ **faire un ~ de** (oralement) to sum up; (à l'écrit) to write a summary of ◆ **en ~** (= en bref) in brief; (= pour conclure) to sum up

résumer [ʀezyme] ► conjug 1 ◄ **1** VT (= abréger) to summarize; (= récapituler) to sum up **2** se résumer VPR **a** [personne] to sum up (one's ideas) **b** (= se réduire à) ◆ **se ~ à** to amount to

resurgir [ʀ(ə)syʀʒiʀ] ► conjug 2 ◄ VI to resurface

résurrection [ʀezyʀɛksjɔ̃] NF [de mort] resurrection

rétablir [ʀetabliʀ] ► conjug 2 ◄ **1** VT **a** to restore; [+ fait, vérité] to re-establish **b** (= intégrer) ◆ **~ qn dans ses fonctions** to reinstate sb in his post **2** se rétablir VPR **a** [personne, économie] to recover **b** [silence, calme] to return **c** (après perte d'équilibre) to regain one's balance

rétablissement [ʀetablismɑ̃] NM **a** restoration; [de communications, relations diplomatiques] restoring; [de fait, vérité] re-establishment **b** [de cessez-le-feu] reinstatement **b** [de personne, économie] recovery ◆ **en vous souhaitant un prompt ~** hoping you will be better soon

retaper * [ʀ(ə)tape] ► conjug 1 ◄ VT [+ maison] to do up; [+ malade, personne fatiguée] to buck up *

retard [ʀ(ə)taʀ] NM **a** (= décalage) delay ◆ **il doit combler son ~ en anglais** he has a lot of ground to make up in English ◆ **j'ai pris du ~**

dans mes révisions I have fallen behind in my revision ◆ **avoir deux secondes de ~ sur le champion** to be two seconds behind the champion **b** [de personne attendue] lateness NonC ◆ **avoir du ~** to be late ◆ **avoir deux heures de ~** to be two hours late ◆ **être en ~ (de deux heures)** to be (two hours) late ◆ **être en ~ sur le programme** to be behind schedule ◆ **j'ai du travail en ~** I'm behind with my work **c** [de pays, peuple] backwardness ◆ **il est en ~ pour son âge** he's backward for his age ◆ **être en ~ sur son temps** to be behind the times

retardataire [ʀ(ə)taʀdatɛʀ] NMF latecomer

retardement (à) [ʀ(ə)taʀdəmɑ̃] LOC ADV [engin, torpille] with a timing device; [comprendre, rire] after the event

retarder [ʀ(ə)taʀde] ► conjug 1 ◄ **1** VT (gén) to delay; (= par rapport à un programme) [+ employé, élève] to hinder; [+ date, montre] to put back ◆ **~ son départ d'une heure** to delay one's departure for an hour ◆ **~ l'horloge d'une heure** to put the clock back an hour **2** VI [montre] to be slow ◆ **je retarde (de 10 minutes)** my watch is (10 minutes) slow

retenir [ʀət(ə)niʀ, ʀ(ə)tøniʀ] ► conjug 22 ◄ **1** VT **a** (= maintenir) to hold back ◆ **~ qn par le bras** to hold sb back by the arm **b** (= retarder) ◆ **j'ai été retenu** I was held up ◆ **si tu veux partir, je ne te retiens pas** if you want to leave, I won't hold you back **c** [+ liquide, odeur] to retain; [+ chaleur] to keep in **d** [clou, nœud] to hold ◆ **un ruban retenait ses cheveux** her hair was tied up with a ribbon **e** ◆ **~ l'attention de qn** to hold sb's attention **f** [+ chambre, table, date] to reserve **g** (= se souvenir de) to remember **h** [+ cri, larmes, colère] to hold back; [+ souffle, respiration] to hold **i** (Math) to carry ◆ **je pose 4 et je retiens 2** 4 down and carry 2 **j** (= prélever) to deduct (sur from) **k** (= accepter) to accept **2** se retenir VPR **a** (= s'accrocher) ◆ **se ~ à qch** to hold on to sth **b** (= s'abstenir) to stop o.s. (de faire qch doing sth); (pour satisfaire ses besoins naturels) to hold on ◆ **se ~ de faire qch** to hold back from doing sth

retentir [ʀ(ə)tɑ̃tiʀ] ► conjug 2 ◄ VI **a** [sonnerie] to ring; [cris] to ring out; [tonnerre] to reverberate; [explosion] to be heard **b** (= résonner de) ◆ **~ de** to ring with **c** (= affecter) ◆ **~ sur** to have an effect upon

retentissant, e [ʀ(ə)tɑ̃tisɑ̃, ɑ̃t] ADJ **a** [son, voix] ringing *avant le nom*; [choc, claque] resounding *avant le nom* **b** [échec, succès] resounding; [scandale] tremendous

retentissement [ʀ(ə)tɑ̃tismɑ̃] NM (= répercussion) repercussion

retenue [ʀət(ə)ny] NF **a** (= prélèvement) deduction ◆ **~ à la source** *system of deducting* income tax at source ≈ pay-as-you-earn system (Brit) **b** (= modération) self-restraint **c** (Scol) detention

réticence [Retisɑ̃s] NF reluctance ◆ **avec ~** reluctantly

réticent, e [Retisɑ̃, ɑ̃t] ADJ (= hésitant) reluctant (à faire qch to do sth)

rétine [Retin] NF retina

retirage [R(ə)tiʀaʒ] NM [de photo] reprint

retiré, e [R(ə)tiʀe] ADJ [lieu] remote ◆ **il vivait ~ du reste du monde** he lived cut off from the rest of the world

retirer [R(ə)tiʀe] ► conjug 1 ◄ **1** VT **a** [+ gants, lunettes, manteau] to take off ◆ **retire-lui ce couteau des mains** take that knife away from him ◆ **~ son permis (de conduire) à qn** to take away sb's driving licence **b** (= sortir) to take out (de of) ◆ **~ un plat du four** to take a dish out of the oven **c** [+ bagages, billets réservés] to collect; [+ argent en dépôt] to withdraw (de from) **d** [+ candidature, accusation, plainte] to withdraw ◆ **je retire ce que j'ai dit** I take back what I said **e** (= obtenir) [+ avantages] to get (de from) **f** [+ photo] to reprint ◆ **faire ~ des photos** to have reprints of one's photographs done **2** **se retirer** VPR **a** (= partir, annuler sa candidature) to withdraw; (= prendre sa retraite) to retire (de from) **b** [marée, mer, eaux d'inondation] to recede; [armée] to withdraw

retombées [R(ə)tɔ̃be] NFPL **a** ◆ **~ radioactives** radioactive fallout NonC **b** (= répercussions) [de scandale] consequences

retomber [R(ə)tɔ̃be] ► conjug 1 ◄ VI **a** [personne, pluie, neige] to fall again **b** (= redevenir) ◆ **~ amoureux/enceinte/malade** to fall in love/ get pregnant/fall ill again **c** (= redescendre) [personne] to land; [chose lancée, liquide] to come down; [gâteau, soufflé] to collapse; [abattant, capot] to fall back down **d** [cheveux, rideaux] to fall **e** (= échoir à) ◆ **la responsabilité retombera sur toi** the responsibility will fall on you ◆ **faire ~ sur qn la responsabilité de qch** to pass the responsibility for sth on to sb

rétorquer [Retɔʀke] ► conjug 1 ◄ VT to retort

retouche [R(ə)tuʃ] NF [de photo, peinture] touching up NonC; [de texte, vêtement] alteration ◆ **faire une ~** (à une photo, une peinture) to do some touching up; (à un vêtement) to make an alteration

retoucher [R(ə)tuʃe] ► conjug 1 ◄ VT [+ peinture, photo] to touch up; [+ texte, vêtement] to alter

retour [R(ə)tuʀ] NM (= gén) return; (= trajet) return journey ◆ **à votre ~, écrivez-nous** write to us when you get back ◆ **être de ~ (de)** to be back (from) ◆ **de ~ à la maison** back home ◆ **par ~ du courrier** by return of post; (Informa-

tique) ◆ **touche ~** return key ► **retour en arrière** (Ciné, Littérat) flashback; (= mesure rétrograde) retreat

retourner [R(ə)tuʀne] ► conjug 1 ◄ **1** VT (aux **avoir**) **a** (= mettre dans l'autre sens) [+ caisse, seau] to turn upside down; [+ matelas, carte, omelette] to turn over **b** [+ terre] to turn over **c** (= mettre l'intérieur à l'extérieur) [+ parapluie, sac, vêtement] to turn inside out **d** [+ compliment, lettre, marchandise] to return **e** (= bouleverser) [+ maison, pièce] to turn upside down; [+ personne] to shake **f** (= tourner plusieurs fois) ◆ **~ une idée dans sa tête** to turn an idea over in one's mind **2** VI (aux **être**) (= aller à nouveau) to return, to go back (à/en to) ◆ **~ en arrière** ou **sur ses pas** to turn back ◆ **~ chez soi** to go back home **3** **se retourner** VPR **a** [personne couchée, automobiliste, véhicule] to turn over; [bateau] to capsize ◆ **se ~ dans son lit toute la nuit** to toss and turn all night in bed **b** (= tourner la tête) to turn round ◆ **partir sans se ~** to leave without looking back **c** ◆ **se ~ contre qn** [personne] to turn against sb; [acte, situation] to backfire on sb

retracer [R(ə)tʀase] ► conjug 3 ◄ VT (= raconter) to relate

retrait [R(ə)tʀɛ] NM **a** withdrawal; [de bagages] collection ◆ **faire un ~ de 500 F** to withdraw 500 francs **b** ◆ **en ~ (par rapport à)** [bâtiment] set back (from) ◆ **rester en ~** [personne] to stay in the background

retraite [R(ə)tʀɛt] NF **a** (= cessation de travail) retirement ◆ **être à la ~** to be retired ◆ **prendre sa ~** to retire ◆ **~ anticipée** early retirement **b** (= pension) pension; → **caisse, maison** **c** [de soldats] retreat ◆ **battre en ~** to beat a retreat

retraité, e [R(ə)tʀete] **1** ADJ [personne] retired **2** NM,F pensioner

retraitement [R(ə)tʀetmɑ̃] NM reprocessing ◆ **usine de ~ des déchets nucléaires** nuclear reprocessing plant

retrancher [R(ə)tʀɑ̃ʃe] ► conjug 1 ◄ VT [+ quantité] to take away (de from); [+ somme d'argent] to deduct; [+ passage, mot] to remove (de from)

retransmettre [R(ə)tʀɑ̃smɛtʀ] ► conjug 56 ◄ VT (Radio, TV) to broadcast ◆ **retransmis par satellite** relayed by satellite

retransmission [R(ə)tʀɑ̃smisjɔ̃] NF (Radio, TV) broadcast

retravailler [R(ə)tʀavaje] ► conjug 1 ◄ VT [+ discours, ouvrage] to work on again

rétrécir [RetʀesiʀR] ► conjug 2 ◄ **1** VI [laine, tissu] to shrink **2** **se rétrécir** VPR [rue, vallée] to become narrower; [cercle d'amis] to grow smaller

rétribuer [Retribɥe] ► conjug 1 ◄ VT [+ personne] to pay ◆ ~ **le travail/les services de qn** to pay sb for their work/their services

rétribution [Retribysjɔ̃] NF payment (de for)

rétro[1] ＊ [Retro] NM (abrév de **rétroviseur**) rear-view mirror

rétro[2] [Retro] ADJ INV [mode, style] retro; [robe] retro-style

rétroactif, -ive [Retroaktif, iv] ADJ retroactive

rétrograde [Retrograd] ADJ (péj) [personne] reactionary; [idées, mesures, politique] retrograde

rétrograder [Retrograde] ► conjug 1 ◄ VI [conducteur] to change down

rétroprojecteur [RetroprojɛktœR] NM overhead projector

rétrospective [Retrospɛktiv] NF (= exposition) retrospective; (= films) season

rétrospectivement [Retrospɛktivmã] ADV in retrospect

retroussé, e [R(ə)truse] ADJ [nez] turned-up

retrousser [R(ə)truse] ► conjug 1 ◄ VT [+ jupe] to hitch up; [+ pantalon, manches] to roll up

retrouvailles [R(ə)truvaj] NFPL reunion

retrouver [R(ə)truve] ► conjug 1 ◄ ❶ VT ⓐ (= récupérer) to find; [+ forces, santé, calme] to regain; [+ joie, situation, travail] to find again ◆ **on les a retrouvés vivants** they were found alive ⓑ (= rejoindre) to join ⓒ (= rencontrer) to find ◆ **on retrouve sans cesse les mêmes thèmes dans ses romans** the same themes are found everywhere in his novels ❷ **se retrouver** VPR ⓐ (= se réunir) to meet; (= se revoir après une absence) to meet again ⓑ (dans une situation) to find o.s. back ◆ **se ~ seul** to be left on one's own ◆ **il s'est retrouvé en prison/dans le fossé** he ended up in prison/in the ditch ⓒ ◆ **tout le monde s'y retrouve** (dans un partage, une négociation) nobody loses out ◆ **je ne m'y retrouve plus** (dans des dossiers) I'm completely lost; (dans un désordre) I can't find anything

rétroviseur [RetrovizœR] NM rear-view mirror

réunification [Reynifikasjɔ̃] NF reunification

réunifier [Reynifje] ► conjug 7 ◄ **se réunifier** VT, VPR to reunify

Réunion [Reynjɔ̃] NF ◆ **la ~** Réunion

réunion [Reynjɔ̃] NF ⓐ (= séance) meeting ◆ **être en ~** to be at a meeting ⓑ [d'éléments] combination ⓒ ◆ **~ de famille** family gathering

réunionnais, e [Reynjɔnɛ, ɛz] ❶ ADJ of ou from Réunion ❷ **Réunionnais(e)** NM,F inhabitant ou native of Réunion

réunir [ReyniR] ► conjug 2 ◄ ❶ VT ⓐ (= rassembler) to collect; [+ fonds] to raise ⓑ (= cumuler) to combine ◆ **~ toutes les conditions** to meet all the requirements ⓒ [+ amis, famille] to get together; [+ anciens amis] to reunite ⓓ (= raccorder, relier) to join ❷ **se réunir** VPR ⓐ (= se rencontrer) to meet ◆ **se ~ entre amis** to get together with some friends ⓑ [entreprises] to merge; [États] to unite

réussi, e [Reysi] ADJ good

réussir [ReysiR] ► conjug 2 ◄ ❶ VI ⓐ [personne, affaire, projet] to succeed; [manœuvre, ruse] to pay off; (à un examen) to pass ◆ **il réussit bien en anglais/à l'école** he does well at English/at school ◆ **~ dans la vie** to succeed in life ◆ **tout lui réussit** everything goes right for him ⓑ ◆ **~ à faire qch** to succeed in doing sth ⓒ (= être bénéfique à) ◆ **~ à** to agree with ◆ **le curry ne me réussit pas** curry doesn't agree with me ❷ VT ⓐ [+ entreprise, film, vie] to make a success of ◆ **~ sa carrière** to have a successful career ◆ **ce plat est difficile à ~** this dish is difficult to make ⓑ [+ examen] to pass

réussite [Reysit] NF ⓐ success ◆ **~ sociale/scolaire** social/academic success ⓑ (= jeu) patience ◆ **faire une ~** to play patience

réutiliser [Reytilize] ► conjug 1 ◄ VT to reuse

revaloriser [R(ə)valɔrize] ► conjug 1 ◄ VT [+ monnaie] to revalue; [+ salaire] to raise

revanche [R(ə)vɑ̃ʃ] ❶ NF revenge; (Sport) revenge match; (Jeux) return game ◆ **prendre sa ~ (sur qn)** to take one's revenge (on sb) ❷ **en revanche** LOC ADV on the other hand

rêvasser [Rɛvase] ► conjug 1 ◄ VI to daydream

rêve [Rɛv] NM dream ◆ **faire un ~** to have a dream ◆ **en ~** in a dream ◆ **la voiture/la femme de ses ~s** the car/the woman of his dreams ◆ **voiture/maison de ~** dream car/house ◆ **créature de ~** gorgeous creature

rêvé, e [Reve] ADJ ideal

revêche [Rəvɛʃ] ADJ surly

réveil [Revɛj] NM ⓐ (= réveille-matin) alarm clock ◆ **mets le ~ à 8 heures** set the alarm for 8 o'clock ⓑ [de dormeur] waking up NonC; (= retour à la réalité) awakening ◆ **à mon ~, j'ai vu qu'il était parti** when I woke up I found he was already gone

réveillé, e [Reveje] ADJ awake ◆ **il était mal ~** he was still half asleep

réveille-matin [Revɛjmatɛ̃] NM INV alarm clock

réveiller [Reveje] ► conjug 1 ◄ ❶ VT ⓐ [+ dormeur] to wake up ⓑ [+ douleur physique] to start up again; [+ douleur mentale] to revive; [+ jalousie, rancune] to reawaken; [+ souvenir] to awaken **2** **se réveiller** VPR **a** [dormeur] to wake up **b** [douleur] to return **c** [nature] to reawaken; [volcan] to stir again

réveillon [Revɛjɔ̃] NM ◆ ~ **(de Noël/du Nouvel An)** (= repas) Christmas Eve/New Year's Eve dinner; (= fête) Christmas Eve/New Year's Eve party; (= date) Christmas/New Year's Eve

réveillonner [Revɛjɔne] ► conjug 1 ◄ VI to celebrate Christmas ou New Year's Eve *(with a dinner and a party)*

révélateur, -trice [Revelatœr, tris] ADJ revealing

révélation [Revelasjɔ̃] NF revelation

révéler [Revele] ► conjug 6 ◄ **1** VT to reveal; [+ artiste] [œuvre] to bring to fame **2** **se révéler** VPR **a** [vérité, talent, tendance] to be revealed **b** ◆ **se ~ cruel/ambitieux** to show o.s. to be cruel/ambitious ◆ **se ~ difficile/aisé** to prove difficult/easy

revenant, e [R(ə)vənɑ̃, ɑ̃t] NM,F ghost ◆ **tiens, un ~ !** * hello stranger! *

revendeur, -euse [R(ə)vɑ̃dœr, øz] NM,F (= détaillant) retailer ◆ ~ **de drogue** drug dealer

revendication [R(ə)vɑ̃dikasjɔ̃] NF demand, claim ◆ ~**s sociales** workers' demands ◆ ~**s salariales/territoriales** wage/territorial claims ◆ **mouvement de** ~ protest movement

revendiquer [R(ə)vɑ̃dike] ► conjug 1 ◄ VT **a** [+ chose due, droits] to demand **b** [+ paternité, responsabilité] to claim; [+ attentat] to claim responsibility for

revendre [R(ə)vɑ̃dr] ► conjug 41 ◄ VT to sell; [+ actions, terres, filiale] to sell off ◆ **avoir de l'énergie/de l'intelligence à** ~ to have energy/ brains to spare

revenir [Rəv(ə)nir, R(ə)vənir] ► conjug 22 ◄ **1** VI **a** (= venir de nouveau) to come back; [calme, ordre] to return; [thème, idée] to recur ◆ **revenir à qn** [appétit, parole] to return to sb; [souvenir, idée] to come back to sb ◆ **revenir à soi** [personne] to come to **b** (= rentrer) to come back, to return ◆ **en revenant de l'école** on the way back from school ◆ **je reviens dans un instant** I'll be back in a minute ◆ **je n'en reviens pas !** I can't get over it! **c** (= retourner) ◆ ~ **en arrière** to go back **d** (= cuire) ◆ **faire** ~ to brown **2** VT INDIR **a** **revenir sur** [+ affaire, problème] to go back over; [+ promesse, décision] to go back on **b** **revenir à** (= coûter) to come to ◆ **ça revient cher** it's expensive **c** (= équivaloir à) ◆ **revenir à qch** to amount to sth ◆ **cela revient à dire que ...** it amounts to saying that ... ◆ **ça revient au même** it comes to the same thing **d** (= échoir à) ◆ **revenir à qn** [droit, honneur] to fall to sb; [biens, somme d'argent] to come to sb **e** ◆ **il a une tête qui ne me revient pas** * I don't like the look of him

revente [R(ə)vɑ̃t] NF resale

revenu [Rəv(ə)ny] NM [de particulier, domaine] income NonC (de from); [de capital, investissement] yield (de from, on)

rêver [Reve] ► conjug 1 ◄ **1** VI to dream (de, à of, about); (= être distrait) to daydream ◆ ~ **de faire qch** to dream of doing sth ◆ **des images qui font** ~ pictures that fire the imagination ◆ **non, mais je rêve !** * he (ou they etc) can't be serious! **2** VT to dream

réverbère [Reverber] NM street lamp

réverbérer [Reverbere] ► conjug 6 ◄ VT [+ son] to reverberate; [+ chaleur, lumière] to reflect

révérence [Reverɑ̃s] NF [d'homme] bow; [de femme] curtsey ◆ **faire une** ~ [homme] to bow; [femme] to curtsey

rêverie [Revri] NF daydream

revers [R(ə)ver] NM **a** [de main] back; [d'étoffe] wrong side; [de médaille, pièce d'argent] reverse ◆ **c'est le ~ de la médaille** (fig) that's the other side of the coin **b** (Tennis) backhand **c** [de manteau, veste] lapel; [de pantalon] turn-up (Brit), cuff (US) **d** (= coup du sort) setback

reverser [R(ə)verse] ► conjug 1 ◄ VT [+ excédent, somme] to pay back

réversible [Reversibl] ADJ reversible

revêtement [R(ə)vɛtmɑ̃] NM [de route] surface; [de mur extérieur] facing; [de mur intérieur] covering ◆ ~ **de sol** flooring NonC

revêtir [R(ə)vetir] ► conjug 20 ◄ VT **a** [+ uniforme, habit] to put on **b** [+ caractère, apparence, forme] to take on

rêveur, -euse [Revœr, øz] ADJ **1** [air, personne] dreamy ◆ **ça laisse** ~ it makes you wonder **2** NM,F dreamer

reviendra [R(ə)vjɛ̃dra] VB → **revenir**

revient [Rəvjɛ̃] NM → **prix**

revigorant, e [R(ə)vigorɑ̃, ɑ̃t] ADJ [vent, air frais] invigorating; [repas, boisson] reviving

revigorer [R(ə)vigore] ► conjug 1 ◄ VT [vent, air frais] to invigorate; [repas, boisson] to revive

revirement [R(ə)virmɑ̃] NM (= changement d'avis) change of mind; [de tendance, situation] reversal

réviser [Revize] ► conjug 1 ◄ VT **a** [+ matière scolaire] to revise **b** [+ texte, estimation] to revise; [+ règlement, constitution, opinion] to review **c** [+ moteur, installation] to overhaul; [+ voiture] to service

révision [Revizjɔ̃] NF **a** [de matière scolaire, texte] revising ◆ **je commence mes** ~**s lundi** I'm starting my revision on Monday **b** [de règlement, constitution] review **c** [de moteur, installation] overhaul NonC; [de voiture] service

révisionniste [Reviziɔnist] ADJ, NMF revisionist

revivre [R(ə)vivR] ▸ conjug 46 ◂ **1** VI **a** (= être ressuscité) to live again **b** (= être revigoré) to come alive again **c** ◆ **faire ~** [+ mode, époque, usage] to revive **2** VT [+ passé, période) to relive

revoilà [R(ə)vwala] PRÉP ◆ **~ Paul !** here's Paul again! ◆ **nous ~ à la maison/en France** here we are, back home/in France again

revoir [R(ə)vwaR] ▸ conjug 30 ◂ **1** VT **a** to see again ◆ **filez, et qu'on ne vous revoie plus !** clear off, and don't show your face here again! ◆ **au revoir!** goodbye! ◆ **dire au ~ à qn** to say goodbye to sb **b** [+ édition, leçons) to revise; [+ position, stratégie] to review ◆ **~ à la baisse/hausse** to revise downwards/upwards **2 se revoir** VPR (réciproque) to see each other again

révoltant, e [Revɔltɑ̃, ɑ̃t] ADJ revolting

révolte [Revɔlt] NF revolt

révolté, e [Revɔlte] ADJ **a** (= insurgé) rebellious; (= outré) outraged

révolter [Revɔlte] ▸ conjug 1 ◂ **1** VT (= indigner) to revolt **2 se révolter** VPR (= s'insurger) to revolt; (= se cabrer) to rebel; (= s'indigner) to be revolted

révolu, e [Revɔly] ADJ **a** [époque] past ◆ **cette époque est ~e** that era is in the past **b** (= complété) ◆ **avoir 20 ans ~s** to be over 20 years of age

révolution [Revɔlysjɔ̃] NF (= changement) revolution ◆ **la Révolution (française)** the French Revolution ◆ **ce nouveau produit constitue une véritable ~** this new product is truly revolutionary ◆ **créer une petite ~** [+ idée, invention] to cause a stir

révolutionnaire [RevɔlysjɔnɛR] ADJ, NMF revolutionary

révolutionner [Revɔlysjɔne] ▸ conjug 1 ◂ VT **a** (= transformer radicalement) to revolutionize **b** (* = agiter) to stir up

revolver [RevɔlvɛR] NM (= pistolet) pistol; (à barillet) revolver ◆ **coup de ~** pistol shot

révoquer [Revɔke] ▸ conjug 1 ◂ VT **a** [+ magistrat, fonctionnaire] to remove from office **b** [+ contrat, édit] to revoke

revouloir * [R(ə)vulwaR] ▸ conjug 31 ◂ VT [+ pain, café] to want more; [+ orange, part de tarte] to want another

revue [R(ə)vy] NF **a** (= magazine) magazine; (savante) review ◆ **~ automobile/de mode** car/fashion magazine **b** (= spectacle de variétés) variety show **c** (= examen, parade) review ◆ **passer en ~** (mentalement) to go over in one's mind ▸ **revue de presse** review of the press

révulser [Revylse] ▸ conjug 1 ◂ VT (= dégoûter) to disgust

rez-de-chaussée [Red(ə)ʃose] NM INV ground floor (Brit), first floor (US) ◆ **au ~** on the ground floor

Rh (abrév de **rhésus**) Rh

rhabiller [Rabije] ▸ conjug 1 ◂ **1** VT ◆ **~ qn** to put sb's clothes back on **2 se rhabiller** VPR to put one's clothes back on

rhésus [Rezys] NM rhesus ◆ **~ positif/négatif** rhesus positive/negative

rhétorique [Retɔrik] NF rhetoric

Rhin [Rɛ̃] NM ◆ **le ~** the Rhine

rhinocéros [RinɔseRɔs] NM rhinoceros

rhinopharyngite [RinofaRɛ̃ʒit] NF throat infection

rhododendron [RɔdɔdɛdRɔ̃] NM rhododendron

Rhône [Ron] NM (= fleuve) ◆ **le ~** the (river) Rhone

rhubarbe [RybaRb] NF rhubarb

rhum [Rɔm] NM rum

rhumatisme [Rymatism] NM rheumatism NonC

rhumatologue [Rymatɔlɔg] NMF rheumatologist

rhume [Rym] NM cold ◆ **~ des foins** hay fever

RIB [Rib] NM (abrév de **relevé d'identité bancaire**) particulars of one's bank account

ribambelle [Ribɑ̃bɛl] NF ◆ **une ~ de** [+ enfants] a swarm of; [+ objets] a row of

ricanement [Rikanmɑ̃] NM (méchant) sniggering NonC; (sot) giggling NonC

ricaner [Rikane] ▸ conjug 1 ◂ VI (méchamment) to snigger; (sottement) to giggle

riche [Riʃ] **1** ADJ **a** rich ◆ **~ comme Crésus** fabulously rich ◆ **~ en** [calories, gibier, monuments] rich in ◆ **alimentation ~ en protéines** high-protein diet **b** [collection] large ◆ **c'est une ~ idée** * it's a great idea * **2** NMF rich person ◆ **les ~s** the rich

richement [Riʃmɑ̃] ADV richly

richesse [Riʃɛs] **1** NF **a** [de pays, personne] wealth ◆ **le tourisme est notre principale (source de) ~** tourism is our greatest asset **b** [de collection, sol, vocabulaire] richness **2 richesses** NFPL wealth ◆ **~s naturelles** natural resources

richissime [Riʃisim] ADJ fabulously rich

ricochet [Rikɔʃɛ] NM rebound; [de balle de fusil] ricochet; [de caillou sur l'eau] bounce ◆ **faire des ~s** to skim pebbles

rictus [Riktys] NM grin; (effrayant) snarl

ride [Rid] NF [de peau, pomme] wrinkle ◆ **ce roman n'a pas pris une ~** this novel hasn't dated at all

ridé, e [Ride] ADJ wrinkled

rideau (pl ~x) [Rido] NM curtain; [de boutique] shutter

rider (se) [Ride] ► conjug 1 ◄ VPR to become wrinkled

ridicule [Ridikyl] **1** ADJ ridiculous **2** NM ♦ se couvrir de ~ to make o.s. look ridiculous ♦ tourner qn/qch en ~ to ridicule sb/sth

ridiculement [Ridikylmɑ] ADV ridiculously

ridiculiser [Ridikylize] ► conjug 1 ◄ **1** VT to ridicule **2** se ridiculiser VPR to make o.s. look ridiculous

rien [Rjɛ̃]

1 PRON INDÉF **a** nothing ♦ ~ d'autre/de neuf nothing else/new ♦ il n'a ~ d'un politicien he's got nothing of the politician about him ♦ ~ de tel qu'une bonne douche chaude ! there's nothing like a nice hot shower! ♦ presque ~ hardly anything ♦ ~ à faire ! it's no good!
♦ ne … rien not … anything, nothing ♦ il n'a ~ fait he didn't do anything, he did nothing ♦ il n'y a ~ à manger there's nothing to eat ♦ ça va, tu n'as ~ ? are you OK? ♦ pour lui, 50 km à vélo, ce n'est ~ cycling 50 kilometres is nothing for him ♦ il n'est en ~ responsable de la situation he's not in any way responsible for the situation ♦ ce tableau ne ressemble en ~ au reste de son œuvre this picture is nothing like his other works

b (= quelque chose) anything ♦ je n'ai jamais ~ vu de pareil I've never seen anything like it

c (locutions)
♦ de rien! you're welcome! ♦ il ne quitterait son pays pour ~ au monde he wouldn't leave his country for anything
♦ rien du tout nothing at all
♦ pour rien (= inutilement) for nothing ♦ pourquoi tu dis ça ? – pour ~ why do you say that? – no reason
♦ rien que (= seulement) just ♦ je voudrais vous voir ~ qu'une minute could I see you just for a minute? ♦ ~ que la chambre coûte déjà très cher the room alone already costs a lot ♦ ~ que pour t'embêter * just to annoy you

2 NM ♦ un ~ l'effraie the slightest thing frightens him ♦ il pleure pour un ~ he cries at the slightest little thing ♦ il s'inquiète pour un ~ he worries about the slightest little thing ♦ il pourrait te casser le bras comme un ~ * he could break your arm, no trouble ♦ en un ~ de temps in no time

rieur, rieuse [R(i)jœR, R(i)jøz] ADJ cheerful

rigide [Riʒid] ADJ **a** [armature, tige] rigid; [col, carton] stiff **b** (= strict) rigid; [classification, éducation] strict

rigidité [Riʒidite] NF **a** [d'armature, tige] rigidity; [de carton, col] stiffness **b** [de personne, règle, morale] rigidity; [de classification, éducation] strictness

rigoler * [Rigɔle] ► conjug 1 ◄ VI **a** (= rire) to laugh **b** (= s'amuser) to have fun ♦ on a bien rigolé we had great fun **c** (= plaisanter) to joke ♦ tu rigoles ! you're kidding! * ♦ il ne faut pas ~ avec ce genre de maladie an illness like this has to be taken seriously ♦ j'ai dit ça pour ~ it was only a joke

rigolo, -ote * [Rigɔlo, ɔt] **1** ADJ funny **2** NM,F (péj = fumiste) phoney *

rigoureux, -euse [RiguRø, øz] ADJ **a** rigorous; [maître, interdiction] strict **b** [hiver, climat] harsh

rigueur [RigœR] **1** NF **a** [de discipline] severity; [de mesures, morale, raisonnement] rigour; [de personne, définition] strictness; [de climat, hiver] harshness **b** (économique) austerity **c** ♦ tenir ~ à qn to hold it against sb **2** à la rigueur LOC ADV at a pinch

rillettes [Rijet] NFPL potted meat or fish

rime [Rim] NF rhyme

rimer [Rime] ► conjug 1 ◄ VI to rhyme ♦ ça ne rime à rien ! it doesn't make any sense! ♦ à quoi ça rime ? what's the point of it?

rincer [Rɛ̃se] ► conjug 3 ◄ **1** VT to rinse **2** se rincer VPR ♦ se ~ la bouche to rinse out one's mouth ♦ se ~ les mains/les cheveux to rinse one's hands/one's hair ♦ se ~ l'œil * to get an eyeful *

ring [Riŋ] NM boxing ring

ringard, e * [RɛgaR, aRd] ADJ (= dépassé) [personne] square *; [vêtement] dowdy; [film, chanson] corny *; [décor] tacky *

riposte [Ripɔst] NF (= réponse) riposte; (= contre-attaque) counterattack

riposter [Ripɔste] ► conjug 1 ◄ **1** VI (= répondre) to answer back; (= contre-attaquer) to retaliate **2** VT ♦ ~ que to retort that

rire [RiR] ► conjug 36 ◄ **1** VI **a** to laugh ♦ ~ aux éclats to roar with laughter ♦ ~ aux larmes to laugh until one cries ♦ c'est à mourir de ~ it's hilarious ♦ ~ de [+ personne, défaut, crainte] to laugh at ♦ rira bien qui rira le dernier he who laughs last laughs longest (Brit) ou best (US) (Prov) **b** (= plaisanter) to be joking ♦ vous voulez ~ ! you're joking! ♦ il a dit ça pour ~ he was only joking **2** NM (= façon de rire) laugh ♦ on entendait des ~s we could hear laughter

risible [Rizibl] ADJ laughable

risque [Risk] NM risk ♦ le goût du ~ a taste for danger ♦ prendre des ~s to take risks ♦ ce sont les ~s du métier that's an occupational hazard

◆ **au ~ de le mécontenter** at the risk of displeasing him ◆ **à tes ~s et périls** at your own risk ◆ **à ~** [groupe] high-risk; [placement] risky

risqué, e [Riske] ADJ (= hasardeux) risky; (= licencieux) risqué

risquer [Riske] ► conjug 1 ◄ **1** VT **a** to risk ◆ **~ gros** to take a big risk ◆ **~ le tout pour le tout** to risk the lot ◆ **qu'est-ce qu'on risque ?** (= c'est sans danger) what have we got to lose? ◆ **bien emballé, ce vase ne risque rien** packed like this the vase will be quite safe **b** [+ allusion, regard] to venture **c** (pour exprimer la possibilité) ◆ **tu risques de le perdre** you might lose it ◆ **il risque de pleuvoir** it could rain ◆ **ça ne risque pas (d'arriver) !** there's no chance of that (happening)! ◆ **il ne risque pas de gagner** he hasn't got much chance of winning **2** se **risquer** VPR ◆ **se ~ à faire qch** to venture to do sth

rissoler [Risole] ► conjug 1 ◄ VT ◆ **(faire) ~** to brown

ristourne [Risturn] NF (sur achat) discount ◆ **faire une ~ à qn** to give sb a discount

rite [Rit] NM rite; (= habitude) ritual

rituel, -elle [Rityɛl] ADJ, NM ritual

rivage [Rivaʒ] NM shore

rival, e (mpl **-aux**) [Rival, o] ADJ, NM,F rival

rivaliser [Rivalize] ► conjug 1 ◄ VI ◆ **~ avec** [personne] to rival; [chose] to hold its own against

rivalité [Rivalite] NF rivalry

rive [Riv] NF [de mer, lac] shore; [de rivière] bank

rivé, e [Rive] ADJ ◆ **~ à** [+ bureau, travail] tied to ◆ **les yeux ~s sur moi** (with) his eyes riveted on me

riverain, e [Riv(ə)Rɛ̃, ɛn] NM,F resident

rivière [RivjɛR] NF river ◆ **~ de diamants** diamond necklace

rixe [Riks] NF brawl

riz [Ri] NM rice ◆ **~ cantonais** fried rice ◆ **~ au lait** rice pudding ◆ **riz brun** ou **complet** brown rice

rizière [RizjɛR] NF paddy-field

RMI [ɛRɛmi] NM (abrév de **revenu minimum d'insertion**) ≈ income support (Brit), ≈ welfare (US)

RMiste, rmiste [ɛRɛmist] NMF *person on welfare*

robe [Rɔb] NF **a** [de femme] dress; [de magistrat, prélat] robe ▶ **robe de chambre** dressing gown ▶ **robe de mariée** wedding dress ▶ **robe du soir** evening dress **b** [de cheval, fauve] coat **c** [de vin] colour (Brit), color (US)

robinet [Rɔbinɛ] NM tap (Brit), faucet (US) ◆ **~ d'eau chaude/froide** hot/cold tap (Brit) ou faucet (US)

robot [Rɔbo] NM robot ◆ **~ ménager** ou **de cuisine** food processor

robotique [Rɔbɔtik] NF robotics *sg*

robotisation [Rɔbɔtizasjɔ̃] NF [d'atelier, usine] automation

robuste [Rɔbyst] ADJ robust; [voiture] solid

roc [Rɔk] NM rock

rocade [Rɔkad] NF bypass

rocaille [Rɔkaj] NF **a** (= cailloux) loose stones **b** (= jardin) rockery

rocailleux, -euse [Rɔkajø, øz] ADJ [terrain] rocky; [voix] harsh

roche [Rɔʃ] NF rock

rocher [Rɔʃe] NM rock

rocheux, -euse [Rɔʃø, øz] **1** ADJ rocky **2** les **(montagnes) Rocheuses** NFPL the Rocky Mountains

rock [Rɔk] **1** ADJ rock **2** NM (= musique) rock, (= danse) jive ◆ **danser le ~** to jive

rodage [Rɔdaʒ] NM [de véhicule, moteur] running in (Brit), breaking in (US) ◆ **la voiture était en ~** the car was being run in (Brit) ou broken in (US) ◆ **on a dû prévoir une période de ~** (= mise au point) we had to allow some time to get up to speed

roder [Rɔde] ► conjug 1 ◄ VT [+ véhicule, moteur] to run in (Brit), to break in (US) ◆ **ce spectacle est maintenant bien rodé** all the initial problems in the show have been ironed out ◆ **il n'est pas encore rodé** [personne] he hasn't quite got the hang of it yet

rôder [Rode] ► conjug 1 ◄ VI (au hasard) to wander about; (de façon suspecte) to loiter

rogne * [Rɔɲ] NF ◆ **être/se mettre en ~** to be/get really mad

rogner [Rɔɲe] ► conjug 1 ◄ **rogner sur** VT INDIR [+ dépense, prix, salaires] to cut back on

rognon [Rɔɲɔ̃] NM kidney

roi [Rwa] NM king ◆ **tu es vraiment le ~ (des imbéciles) !** * you really are a prize idiot! * ◆ **le jour des Rois** Twelfth Night; (Rel) Epiphany

rôle [Rol] NM role ◆ **premier ~** leading role ◆ **jouer un ~** [acteur, fait, circonstance] to play a part ◆ **quel a été son ~ dans cette affaire ?** what part did he play in this business? ◆ **avoir le beau ~** to have it easy

roller [RɔlœR] NM roller skate ◆ **faire du ~** to roller-skate

ROM [Rɔm] NF (abrév de **Read Only Memory**) ROM

romain, e [ʀɔmɛ̃, ɛn] **1** ADJ Roman **2** **Romain(e)** NM,F Roman

roman¹ [ʀɔmɑ̃] NM novel ◆ ~ **d'amour/ d'aventures** love/adventure story ◆ ~ **policier** detective novel

roman², e [ʀɔmɑ̃, an] ADJ (Archit) Romanesque; (en Grande-Bretagne) Norman

romancier, ière [ʀɔmɑ̃sje, jɛʀ] NM,F novelist

romand, e [ʀɔmɑ̃, ɑ̃d] ADJ of French-speaking Switzerland

romanesque [ʀɔmanɛsk] ADJ **a** [aventures, histoire] fabulous **b** (de fiction) ◆ **œuvre ~** novel

roman-feuilleton (pl **romans-feuilletons**) [ʀɔmɑ̃fœjtɔ̃] NM serialized novel

roman-photo (pl **romans-photos**) [ʀɔmɑ̃ fɔto] NM photo romance

romantique [ʀɔmɑ̃tik] ADJ, NMF romantic

romantisme [ʀɔmɑ̃tism] NM (= esprit romantique) romanticism ◆ **le ~** (mouvement artistique) the Romantic Movement

romarin [ʀɔmaʀɛ̃] NM rosemary

Rome [ʀɔm] N Rome

rompre [ʀɔ̃pʀ] ► conjug 41 ◄ **1** VT to break; [+ fiançailles, relations diplomatiques] to break off; [+ solitude, isolement] to put an end to; [+ équilibre] to upset ◆ **rompez (les rangs) !** (Mil) fall out! **2** VI **a** (= se séparer de) ◆ ~ **avec qn/avec la tradition** to break with sb/with tradition **b** [corde, digue] to break

ronces [ʀɔ̃s] NFPL (= buissons) brambles

ronchonner [ʀɔ̃ʃɔne] ► conjug 1 ◄ VI to grumble (après at)

rond, e¹ [ʀɔ̃, ʀɔ̃d] **1** ADJ **a** round; [femme, fesses] plump; [poitrine] full; [homme] tubby **b** (= net) round ◆ **ça fait un compte ~** it makes a round number **c** (* = soûl) drunk **2** NM **a** (= cercle) ring ◆ ~ **de serviette** napkin ring ◆ **s'asseoir/danser en ~** to sit/dance in a circle ◆ **tourner en ~** (à pied) to walk round and round; [enquête, discussion] to go round in circles **b** (* = argent) ◆ ~**s** cash * NonC ◆ **il n'a plus un ~** he's broke * **3** ADV ◆ **tourner ~** to run smoothly ◆ **ça ne tourne pas ~ chez elle** * she's got a screw loose * ◆ **ça fait 50 € tout ~** it comes to exactly 50 euros

ronde² [ʀɔ̃d] NF **a** (= surveillance) patrol ◆ **faire sa ~** to be on patrol **b** (= danse) round ◆ **faire la ~** to dance round in a circle **c** (= note) semibreve (Brit), whole note (US) **d** ◆ **à 10 km à la ~** within a 10km radius ◆ **à des kilomètres à la ~** for miles around

rondelet, -ette [ʀɔ̃dlɛ, ɛt] ADJ [adulte] plumpish; [enfant] chubby; [somme] tidy

rondelle [ʀɔ̃dɛl] NF [de carotte, saucisson] slice ◆ **couper en ~s** to slice

rondeurs [ʀɔ̃dœʀ] NFPL ◆ **les ~ d'une femme** a woman's curves

rond-point (pl **ronds-points**) [ʀɔ̃pwɛ̃] NM roundabout (Brit), traffic circle (US)

ronflant, e [ʀɔ̃flɑ̃, ɑ̃t] ADJ [discours] high-flown; [titre] grand

ronflement [ʀɔ̃fləmɑ̃] NM [de dormeur] snoring NonC

ronfler [ʀɔ̃fle] ► conjug 1 ◄ VI [dormeur] to snore

ronger [ʀɔ̃ʒe] ► conjug 3 ◄ **1** VT **a** [souris] to gnaw away at; [chien] to gnaw at; [acide, rouille] to eat into ◆ **rongé par les vers** worm-eaten ◆ ~ **son frein** to champ at the bit **b** [chagrin, pensée] to gnaw away at **2** **se ronger** VPR ◆ **se ~ les ongles** to bite one's nails

rongeur [ʀɔ̃ʒœʀ] NM rodent

ronronner [ʀɔ̃ʀɔne] ► conjug 1 ◄ VI to purr

rosace [ʀozas] NF [de cathédrale] rose window

rosbif [ʀɔsbif] NM (= rôti) roast beef NonC

rose [ʀoz] **1** NF rose ► **rose des vents** compass rose **2** NM (= couleur) pink **3** ADJ pink; [joues, teint] rosy ◆ ~ **bonbon** candy pink ◆ ~ **saumon** salmon pink ◆ **voir la vie en ~** to see life through rose-tinted glasses

rosé, e¹ [ʀoze] **1** ADJ [couleur] pinkish; [vin] rosé **2** NM (= vin) rosé

roseau (pl ~**x**) [ʀozo] NM reed

rosée² [ʀoze] NF dew

rosier [ʀozje] NM rosebush

rossignol [ʀɔsiɲɔl] NM (= oiseau) nightingale

rot [ʀo] NM burp

rotation [ʀɔtasjɔ̃] NF **a** (= mouvement) rotation ◆ **mouvement de ~** rotating movement **b** [de personnel, stocks] turnover

roter * [ʀɔte] ► conjug 1 ◄ VI to burp

rôti [ʀoti] NM joint

rotin [ʀɔtɛ̃] NM rattan

rôtir [ʀotiʀ] ► conjug 2 ◄ **1** VT, VI to roast ◆ **faire ~** to roast ◆ **poulet rôti** roast chicken **2** **se rôtir** VPR ◆ **se ~ au soleil** * to bask in the sun

rôtissoire [ʀotiswaʀ] NF rotisserie

rotule [ʀɔtyl] NF kneecap ◆ **être sur les ~s** * to be dead beat *

rouage [ʀwaʒ] NM cogwheel ◆ **les ~s de l'État** the machinery of state

rouble [ʀubl] NM rouble

roucouler [ʀukule] ► conjug 1 ◄ VI [oiseau] to coo

roue [Ru] NF wheel; [d'engrenage] cogwheel ◆ **véhicule à deux ~s** two-wheeled vehicle ◆ **faire la ~** [paon] to spread its tail; [gymnaste] to do a cartwheel ◆ **la grande ~** (= manège) the big wheel (Brit), the Ferris Wheel (US) ◆ **véhicule à 4 ~s motrices** 4-wheel drive vehicle ► **roue de secours** spare wheel (Brit) ou tire (US)

rouer [Rwe] ► conjug 1 ◄ VT ◆ **~ qn de coups** to give sb a beating

rouge [Ru3] **1** ADJ red (de with) ◆ **rouge comme une pivoine** ou **une écrevisse** ou **une tomate** as red as a beetroot **2** ADV ◆ **voir ~** to see red **3** NM **a** (= couleur) red ◆ **passer au ~** [feu] to change to red; [conducteur] to go through a red light **b** (= vin) red wine **c** (à joues) blusher ► **rouge à lèvres** lipstick

rouge-gorge (pl **rouges-gorges**) [Ru3gɔR3] NM robin

rougeole [Ru3ɔl] NF ◆ **la ~** (the) measles sg ◆ **avoir la ~** to have measles

rougeoyer [Ru3waje] ► conjug 8 ◄ VI [braises] to glow red

rougeur [Ru3œR] NF red blotch

rougir [Ru3iR] ► conjug 2 ◄ VI **a** (de honte, gêne) to blush (de with); (de plaisir, d'émotion) to flush (de with) ◆ **je n'ai pas à en ~** that is nothing for me to be ashamed of **b** (après un coup de soleil) to go red **c** [feuille] to go red; [fraises, tomates] to turn red

rouille [Ruj] **1** NF **a** rust **b** (= sauce) spicy Provençal sauce eaten with fish **2** ADJ INV rust-coloured

rouillé, e [Ruje] ADJ **a** [objet, métal] rusty **b** [personne] (intellectuellement) rusty; (physiquement) out of practice

rouiller [Ruje] ► conjug 1 ◄ **1** VI to rust **2** VT to make rusty

roulant, e [Rulã, ãt] ADJ [meuble] on wheels; [trottoir] moving

rouleau (pl **~x**) [Rulo] NM **a** (= cylindre, bande) roll ► **rouleau de printemps** spring roll **b** (= outil, ustensile, vague) roller ► **rouleau compresseur** steamroller ► **rouleau à pâtisserie** rolling pin

roulement [Rulmã] **1** NM [d'équipe, ouvriers] rotation ◆ **pour le ménage, on fait un ~** we take it in turns to do the housework **2** COMP ► **roulement à billes** ball bearings ► **roulement de tambour** drum roll ► **roulement de tonnerre** roll of thunder

rouler [Rule] ► conjug 1 ◄ **1** VT **a** (= pousser, tourner) to roll; [+ tapis, carte] to roll up; [+ pâte] to roll out **b** (* = duper) to con *; (sur le prix, le poids) to do* (sur over) ◆ **se faire ~** to be done* **c** ◆ **~ des mécaniques** * (en marchant) to swagger; (= crâner) to show off ◆ **il a roulé sa bosse** * he's been around* **2** VI **a** [voiture, train] to run ◆ **cette voiture a très peu/ beaucoup roulé** this car has a very low/high mileage ◆ **le train roulait à 150 à l'heure** the train was doing 150 kilometres an hour **b** [passager, conducteur] to drive **c** [boule, dé, bateau] to roll ◆ **faire ~** to roll **d** (* = aller bien) ◆ **ça roule ?** how's things?* **e** ◆ **~ sur l'or** to be rolling in money * **3** **se rouler** VPR (sur une surface) to roll ◆ **se ~ par terre de rire** to fall about* laughing ◆ **se ~ dans une couverture/en boule** to roll o.s. up in a blanket/into a ball

roulette [Rulɛt] NF **a** [de meuble] caster ◆ **fauteuil à ~s** armchair on casters ◆ **ça a marché comme sur des ~s** * it went very smoothly **b** [de dentiste] drill **c** (= jeu) roulette ◆ **~ russe** Russian roulette

roulis [Ruli] NM rolling NonC

roulotte [Rulɔt] NF caravan (Brit), trailer (US)

roumain, e [Rumɛ̃, ɛn] **1** ADJ Romanian **2** NM (= langue) Romanian **3** **Roumain(e)** NM,F Romanian

Roumanie [Rumani] NF Romania

round [Raund] NM (Boxe) round

roupiller * [Rupije] ► conjug 1 ◄ VI to sleep

rouquin, e [Rukɛ̃, in] **1** ADJ [personne] ginger **2** NM,F redhead

rouspéter * [Ruspete] ► conjug 6 ◄ VI to moan * (après, contre at)

rousse [Rus] ADJ → **roux**

roussi [Rusi] NM ◆ **ça sent le ~** (le brûlé) there's a smell of burning; (ennuis) I can smell trouble

route [Rut] NF **a** (= voie de communication) road ◆ **~ nationale/départementale** main/ minor road ◆ **la ~ de Lyon** the road to Lyon ◆ **se mettre en ~, prendre la ~** to set off **b** (= chemin à suivre) way ◆ **indiquer la ~ à qn** to show the way to sb **c** (= ligne de communication) route ◆ **~ aérienne/maritime** air/sea route **d** (= trajet) trip ◆ **bonne ~ !** have a good trip! ◆ **il y a trois heures de ~** (en voiture) it's a three-hour drive ◆ **en ~** on the way ◆ **~ mettre en ~** [+ machine, moteur] to start; [+ processus, réforme] to set in motion **f** (= ligne de conduite) road ◆ **la ~ à suivre** the road to follow ◆ **être sur la bonne ~** to be on the right track

routier, -ière [Rutje, jɛR] **1** ADJ [carte, circulation, transport] road **2** NM (= camionneur) long-distance truck driver; (= restaurant) ≈ transport café (Brit), ≈ truckstop (US)

routine [Rutin] NF routine ◆ **contrôle/opération de ~** routine check/operation

rouvrir [RuvRiR] ► conjug 18 ◄ VT, VI to reopen

roux, rousse [Ru, Rus] **1** ADJ [cheveux, barbe] (foncé) red; (clair) ginger; [pelage, feuilles] reddish-brown ✦ **il est** ~ he's got ginger (or red) hair **2** NM,F redhead

royal, e (mpl -aux) [Rwajal, o] ADJ royal; [cadeau, demeure, repas] fit for a king attrib; [salaire] princely

royaliste [Rwajalist] ADJ, NMF royalist

royaume [Rwajom] NM kingdom

Royaume-Uni [Rwajomyni] NM ✦ **le** ~ the United Kingdom

royauté [Rwajote] NF (= régime) monarchy; (= fonction, dignité) kingship

RPR [ɛRpeɛR] NM (abrév de **Rassemblement pour la République**) French political party

ruade [Rɥad] NF kick ✦ **décocher ou lancer une** ~ to kick out

ruban [Rybɑ̃] NM ribbon ► **ruban adhésif** adhesive tape

rubéole [Rybeɔl] NF German measles sg ✦ **avoir la** ~ to have German measles

rubis [Rybi] ADJ INV, NM ruby

rubrique [RybRik] NF **a** (= article, chronique) column ✦ ~ **sportive/mondaine** sports/social column **b** (= catégorie, titre) heading

ruche [Ryʃ] NF (bee)hive

rude [Ryd] ADJ **a** [concurrence, métier, vie] tough; [climat, hiver] harsh ✦ **être mis à** ~ **épreuve** [personne] to be severely tested ✦ **mes nerfs ont été mis à** ~ **épreuve** it was a great strain on my nerves **b** [surface] rough; [voix] harsh; [personne, caractère] hard; [manières] rough

rudement [Rydmɑ̃] ADV **a** [heurter, tomber] hard; [répondre] harshly; [traiter] roughly **b** (* = très) really

rudesse [Rydɛs] NF [de personne] hardness; [de manières] roughness ✦ **traiter qn avec** ~ to treat sb roughly

rudimentaire [Rydimɑ̃tɛR] ADJ rudimentary

rudiments [Rydimɑ̃] NMPL [de discipline] rudiments ✦ **avoir quelques** ~ **de chimie** to have some basic knowledge of chemistry

rue [Ry] NF street ✦ ~ **à sens unique** one-way street ✦ **être à la** ~ to be on the streets ✦ **jeter qn à la** ~ to throw sb out into the street

ruée [Rɥe] NF rush ✦ **la** ~ **vers l'or** the gold rush

ruelle [Rɥɛl] NF (= rue) alleyway

ruer [Rɥe] ► conjug 1 ◄ **1** VI [cheval] to kick out **2** **se ruer** VPR ✦ **se** ~ **sur** [+ article en vente, nourriture, personne] to pounce on; [+ emplois vacants] to pounce at ✦ **se** ~ **vers/dans/hors de** to dash towards/into/out of

rugby [Rygbi] NM rugby ✦ ~ **à quinze/treize** Rugby Union/League

rugbyman [Rygbiman] (pl **rugbymen** [Rygbimɛn]) NM rugby player

rugir [RyʒiR] ► conjug 2 ◄ VI [fauve, mer, moteur] to roar; [vent] to howl

rugissement [Ryʒismɑ̃] NM [de fauve, mer, moteur] roar; [de vent, tempête] howl

rugosité [Rygozite] NF **a** [de surface, peau, tissu] roughness **b** (= aspérité) rough patch

rugueux, -euse [Rygø, øz] ADJ rough

ruine [Rɥin] NF ruin ✦ **10 euros, c'est pas la** ~ **!** * 10 euros won't break the bank! * ✦ **en** ~**(s)** in ruins

ruiner [Rɥine] ► conjug 1 ◄ **1** VT to ruin **2** **se ruiner** VPR (= dépenser tout son argent) to ruin o.s.; (= dépenser trop) to spend a fortune

ruineux, -euse [Rɥinø, øz] ADJ [goûts] ruinously expensive

ruisseau (pl ~x) [Rɥiso] NM (= cours d'eau) stream

ruisseler [Rɥis(ə)le] ► conjug 4 ◄ VI **a** (= couler) to stream **b** (= être couvert de liquide) ✦ **le mur ruisselait** there was water running down the wall ✦ ~ **de sueur** [visage] to be dripping with sweat

rumeur [RymœR] NF **a** (= nouvelle imprécise) rumour ✦ **selon certaines** ~**s, elle ...** rumour has it that she ... **b** (= protestation) rumblings

ruminer [Rymine] ► conjug 1 ◄ **1** VT **a** [animal] to ruminate **b** [+ chagrin] to brood over; [+ vengeance] to ponder **2** VI to ruminate

rupture [RyptyR] NF **a** [de relations diplomatiques, fiançailles] breaking off; [de contrat] breach **b** (= séparation amoureuse) split **c** [de câble, branche, poutre] breaking; [de digue, veine] bursting **d** (= solution de continuité) break ✦ ~ **de rythme** break in rhythm ✦ **être en** ~ **de stock** to be out of stock

rural, e (mpl -aux) [RyRal, o] ADJ rural

ruse [Ryz] NF **a** (= adresse) cunning; (pour tromper) trickery **b** (= subterfuge) trick

rusé, e [Ryze] ADJ [personne] cunning ✦ ~ **comme un renard** as cunning as a fox

ruser [Ryze] ► conjug 1 ◄ VI (= être habile) to use cunning; (pour tromper) to use trickery

russe [Rys] **1** ADJ Russian; → **montagne** **2** NM (= langue) Russian **3** **Russe** NMF Russian

Russie [Rysi] NF Russia

rustine ® [Rystin] NF rubber repair patch (for bicycle tyre)

rustique [Rystik] ADJ rustic

rustre [RystR] **1** NM brute **2** ADJ brutish

rut [Ryt] NM ✦ **être en ~** [mâle] to be rutting; [femelle] to be on (Brit) ou in (US) heat

rythme [Ritm] NM **a** [cadence] rhythm ✦ **marquer le ~** to beat time ✦ **avoir le sens du ~** to have a sense of rhythm ✦ **en ~** in time to the music **b** [de production, respiration] rate; [de travail, vie] pace ✦ **~ cardiaque** (rate of) heartbeat ✦ **à ce ~-là, ...** at that rate ...

rythmé, e [Ritme] ADJ rhythmical

rythmer [Ritme] ► conjug 1 ◄ VT [+ phrase, prose, travail] to punctuate

rythmique [Ritmik] ADJ rhythmical

FRANCAIS/ANGLAIS

S

S (abrév de **Sud**) S

s (abrév de **seconde**) s

s' [s] → **se, si**

SA [ɛsa] NF (abrév de **société anonyme**) limited company ◆ **Raymond ~** Raymond Ltd (Brit), Raymond Inc. (US)

sa [sa] ADJ POSS → **son**

sabbatique [sabatik] ADJ sabbatical

sable [sabl] NM sand ◆ **de ~** [dune] sand; [plage] sandy ◆ **~s mouvants** quicksand

sablé, e [sable] ADJ, NM ◆ **(gâteau) ~** shortbread biscuit (Brit) ou cookie (US)

sabler [sable] ► conjug 1 ◄ VT **a** [+ route] to sand **b** ◆ **~ le champagne** to celebrate with champagne

sablier [sablije] NM hourglass

saborder [sabɔrde] ► conjug 1 ◄ **1** VT [+ entreprise] to wind up; [+ bateau, négociations, projet] to scupper **2** **se saborder** VPR to scupper one's ship; [candidat] to ruin one's chances; [parti, entreprise] to wind itself up

sabot [sabo] NM **a** (= chaussure) clog **b** [d'animal] hoof ◆ **mettre un ~ à une voiture** to clamp a car

sabotage [sabotaʒ] NM **a** (= action) sabotage; (= acte) act of sabotage **b** (= bâclage) botching

saboter [sabote] ► conjug 1 ◄ VT to sabotage; (= bâcler) to botch

sabre [sabʀ] NM sabre (Brit), saber (US)

sac¹ [sak] NM **a** bag; (de grande taille, en toile) sack; (= cartable) (school)bag ◆ **~ (en) plastique** plastic bag ◆ **l'affaire est** ou **c'est dans le ~** * it's in the bag * ◆ **sac de couchage** sleeping bag ► **sac à dos** rucksack ► **sac à main** handbag, purse (US) ► **sac à provisions** shopping bag **b** (*= 10 francs) ◆ **dix/trente ~s** one hundred/three hundred francs

sac² [sak] NM [de ville] sacking NonC ◆ **mettre à ~** [+ ville] to sack; [+ maison, pièce] to ransack

saccade [sakad] NF jerk ◆ **avancer par ~s** to move along in fits and starts

saccadé, e [sakade] ADJ [démarche, gestes] jerky; [débit, respiration] halting

saccage [sakaʒ] NM [de pièce, bâtiment] ransacking

saccager [sakaʒe] ► conjug 3 ◄ VT **a** (= dévaster) to wreck; [+ forêt] to destroy **b** (= piller) [+ pays, ville] to sack

saccharine [sakarin] NF saccharine

sacerdoce [sasɛrdɔs] NM (Rel) priesthood; (fig) vocation

sache [saʃ] VB → **savoir**

sachet [saʃɛ] NM [de bonbons, thé] bag; [de levure, sucre vanillé] sachet; [de soupe] packet ◆ **thé en ~s** tea bags

sacoche [sakɔʃ] NF bag; (de porte-bagages) pannier

sac-poubelle, sac poubelle (pl **sacs(-) poubelles**) [sakpubɛl] NM bin liner (Brit), garbage bag (US)

sacre [sakʀ] NM **a** [de roi] coronation; [d'évêque] consecration **b** (Can = juron) swearword

sacré, e [sakʀe] ADJ **a** (= saint, inviolable) sacred **b** (* = avant le nom = maudit) blasted * ◆ **c'est un ~ menteur** he's a terrible liar ◆ **il a un ~ culot** he's got a heck * of a nerve

sacrement [sakʀəmɑ̃] NM sacrament ◆ **recevoir les derniers ~s** to receive the last rites

sacrément * [sakʀemɑ̃] ADV [froid, intéressant, laid] damned *

sacrer [sakʀe] ► conjug 1 ◄ VT [+ roi] to crown; [+ évêque] to consecrate ◆ **il a été sacré champion du monde/meilleur joueur** he was crowned world champion/best player

sacrifice [sakʀifis] NM sacrifice ◆ **faire des ~s** to make sacrifices

sacrifier [sakʀifje] ► conjug 7 ◄ **1** VT to sacrifice; (= abandonner) to give up **2** **se sacrifier** VPR to sacrifice o.s. ◆ **il ne reste qu'un chocolat ... je me sacrifie !** (iro) there's only one chocolate left ... I'll just have to eat it myself!

sacrilège [sakʀilɛʒ] **1** ADJ sacrilegious **2** NM sacrilege

sadique [sadik] **1** ADJ sadistic **2** NMF sadist

sadisme [sadism] NM sadism

sadomasochiste [sadomazɔʃist] **1** ADJ sadomasochistic **2** NMF sadomasochist

safari [safaʀi] NM safari ◆ **faire un ~** to go on safari

safari-photo (pl **safaris-photos**) [safaʀifɔto] NM photo safari

safran [safʀɑ̃] NM saffron

saga [saga] NF saga

sage [saʒ] **1** ADJ **a** (= avisé) wise; [conseil] sound **b** [animal, enfant] good ◆ ~ **comme une image** as good as gold **2** NM wise man

sage-femme (pl **sages-femmes**) [saʒfam] NF midwife

sagement [saʒmā] ADV **a** (= avec bon sens) wisely **b** (= docilement) quietly

sagesse [saʒɛs] NF **a** (= bon sens) wisdom ◆ **faire preuve de** ~ to be sensible **b** [d'enfant] good behaviour (Brit) ou behavior (US)

Sagittaire [saʒitɛʀ] NM ◆ **le** ~ Sagittarius ◆ **il est** ~ he's a Sagittarius

Sahara [saaʀa] NM ◆ **le** ~ the Sahara (desert)

saignant, e [sɛɲā, āt] ADJ [entrecôte] rare; [critique] * scathing

saignement [sɛɲmā] NM bleeding NonC ◆ ~ **de nez** nosebleed

saigner [seɲe] ► conjug 1 ◄ **1** VI to bleed ◆ ~ **du nez** to have a nosebleed **2** VT [+ animal] to kill (by bleeding) ◆ ~ **qn à blanc** to bleed sb dry

saillant, e [sajā, āt] ADJ **a** [menton, pommette, muscle, veine] prominent; [yeux] bulging **b** [événement, point, trait] outstanding

saillie [saji] NF **a** (= aspérité) ◆ **faire** ~ to jut out **b** (= accouplement) serving

sain, saine [sɛ̃, sɛn] ADJ **a** healthy ◆ **être/ arriver** ~ **et sauf** to be/arrive safe and sound ◆ **s'en sortir ~ et sauf** to escape unharmed ◆ **être** ~ **d'esprit** to be of sound mind **b** [fondations, affaire, gestion] sound **c** (moralement) [lectures] wholesome

saint, sainte [sɛ̃, sɛ̃t] **1** ADJ **a** (= sacré) holy ◆ **toute la ~e journée** * the whole blessed day * ◆ **la Sainte Vierge** the Blessed Virgin **b** (devant prénom) Saint **c** [personne, vie] saintly **2** NM,F saint

saint-bernard (pl **saint(s)-bernard(s)**) [sɛ̃bɛʀnaʀ] NM (= chien) St Bernard

sainteté [sɛ̃tte] NF **a** [de personne] saintliness; [de la Vierge, lieu] holiness; [de mariage] sanctity **b** ◆ **Sa Sainteté (le pape)** His Holiness (the Pope)

Saint-Sylvestre [sɛ̃silvɛstʀ] NF ◆ **la** ~ New Year's Eve

saisie [sezi] NF **a** [de biens, documents, drogue] seizure **b** ◆ ~ **de données** data capture; (sur clavier) keyboarding

saisir [seziʀ] ► conjug 2 ◄ **1** VT **a** (= prendre) to take hold of; (= s'emparer de) to seize **b** [+ occasion, prétexte, chance] to seize **c** [+ nom, mot] to catch; [+ explications] to grasp ◆ **tu saisis ?** * do you get what I mean? **d** [peur] to grip **e** [+ biens, documents, drogue] to seize **f** [+ données] to capture; (sur clavier) to key **2** se **saisir** VPR ◆ **se** ~ **de qch/qn** to seize sth/sb

saisissant, e [sezisā, āt] ADJ [spectacle] gripping; [contraste, ressemblance] striking; [froid] biting

saison [sɛzɔ̃] NF season ◆ **en cette** ~ at this time of year ◆ **la belle** ~ the summer months ◆ **la** ~ **des pluies** the rainy season ◆ **haute/ basse** ~ high/low season ◆ **de** ~ [fruits, légumes] seasonal ◆ **prendre ses vacances hors** ~ to go on holiday in the low season

saisonnier, -ière [sɛzɔnje, jɛʀ] **1** ADJ seasonal **2** NM,F seasonal worker

sait [sɛ] VB → **savoir**

salace [salas] ADJ salacious

salade [salad] NF **a** (= plante) lettuce **b** (= plat) salad ◆ ~ **de tomates/de fruits** tomato/ fruit salad ◆ **haricots en** ~ bean salad **c** (* = mensonges) ◆ ~**s** stories *

saladier [saladje] NM salad bowl

salaire [salɛʀ] NM (mensuel, annuel) salary; (journalier, hebdomadaire) wages ◆ ~ **minimum** minimum wage ◆ **les petits/gros** ~**s** (= personnes) low-wage/high earners

salami [salami] NM salami

salant [salā] ADJ → **marais**

salarial, e (mpl **-iaux**) [salaʀjal, jo] ADJ wage *avant le nom* ◆ **cotisations** ~**es** employee contributions

salarié, e [salaʀje] **1** ADJ [travailleur] salaried; [travail, emploi] paid ◆ **elle est** ~**e** she gets a salary **2** NM,F salaried employee

salaud * [salo] **1** NM bastard ** ◆ **il a été** ~ **avec elle** he was a real bastard to her **

sale [sal] **1** ADJ **a** dirty **b** (* = avant le nom = mauvais) [affaire, maladie, habitude] nasty; [temps] filthy ◆ **faire un** ~ **coup à qn** to play a dirty trick on sb ◆ **avoir une** ~ **tête** * (= sembler malade) to look awful; (= sembler antipathique) to be nasty-looking **2** NM ◆ **mettre qch au** ~ to put sth in the wash

salé, e [sale] ADJ **a** (= contenant du sel) salty; (= additionné de sel) salted; (= non sucré) savoury (Brit), savory (US); → **eau b** (* = grivois) spicy **c** (* [punition] stiff; [facture] steep

salement [salmā] ADV **a** (= malproprement, bassement) dirtily **b** ** [dur, embêtant] damned **

saler [sale] ► conjug 1 ◄ VT [+ plat, soupe] to put salt in; (pour conserver, déneiger) to salt

saleté [salte] NF **a** [de lieu, personne] dirtiness **b** (= crasse, impureté) dirt NonC ◆ **faire des** ~**s** to make a mess **c** (* = chose sans valeur) piece of junk * **d** (* = obscénité) ◆ **dire des** ~**s** to say filthy things * **e** (* = intensif) ◆ ~ **de virus !** this blasted virus!

salière [saljɛʀ] NF saltcellar (Brit), salt shaker (US)

salir [saliʀ] ► conjug 2 ◄ **1** VT **a** [+ objet, lieu] to make dirty **b** [+ réputation] to tarnish **2** **se salir** VPR [tissu, personne] to get dirty ◆ **le blanc se salit facilement** white shows the dirt

salissant, e [salisɑ̃, ɑ̃t] ADJ [étoffe] which shows the dirt; [travail] messy

salive [saliv] NF saliva

saliver [salive] VI to salivate; (péj) to drool

salle [sal] NF **a** [de café, musée] room; [de château] hall; [de restaurant] dining room; [d'hôpital] ward ◆ **en ~** [record, athlétisme] indoor ► **salle d'attente** waiting room ► **salle de bain(s)** bathroom ► **salle de classe** classroom ► **salle d'embarquement** departure lounge ► **salle des fêtes** village hall ► **salle de jeu** (pour enfants) playroom ► **salle à manger** dining room ► **salle d'opération** operating theatre (Brit) ou room (US) ► **salle de séjour** living room **b** (= auditorium) auditorium; (= public) audience ◆ **faire ~ comble** to play to a full house ◆ **cinéma à plusieurs ~s** cinema with several screens ► **salle de cinéma** cinema (Brit), movie theater (US) ► **salle de concert** concert hall

salon [salɔ̃] NM **a** [de maison] living room; [d'hôtel] lounge **b** (= meubles) living-room suite **c** (= exposition) exhibition ► **le Salon de l'Auto** the Motor Show ► **le Salon du Livre** the Book Fair **d** (= cercle littéraire) salon **e** ◆ **salon de coiffure** hairdressing salon ► **salon de thé** tearoom

salope ⁎⁎ [salɔp] NF (= déloyale, méchante) bitch ⁎⁎; (= dévergondée) slut ⁑

saloperie ⁑ [salɔpʀi] NF **a** (= chose sans valeur) piece of junk ⁑ **b** (= mauvaise nourriture, impureté) muck ⁎ *NonC* **c** (= action) dirty trick; (= parole) bitchy remark ⁑ ◆ **faire une ~ à qn** to play a dirty trick on sb **d** (= obscénités) ◆ **dire des ~s** to talk dirty ⁎

salopette [salɔpɛt] NF [d'ouvrier] overalls; [d'enfant, femme] dungarees

saluer [salɥe] ► conjug 1 ◄ VT **a** (= dire bonjour à) to greet ◆ **~ qn d'un signe de tête** to nod (a greeting) to sb **b** (= dire au revoir à) to say goodbye à ◆ **il salua (le public)** he bowed (to the audience) **c** [+ officier, drapeau] to salute **d** (= témoigner son respect pour) to salute; [+ initiative] to welcome; (= acclamer) to hail (comme as)

salut [saly] **1** NM **a** (de la main) wave; (de la tête) nod; (à officier) salute **b** (= sauvegarde) safety **c** (= rédemption) salvation **2** EXCL ⁎ (= bonjour) hi! ⁎; (= au revoir) bye! ⁎

salutaire [salytɛʀ] ADJ [effet, choc, avertissement] salutary; [remède] beneficial ◆ **être ~ à qn** to be good for sb

salutation [salytasjɔ̃] NF greeting ◆ **veuillez agréer** ou **recevoir mes ~s distinguées** yours sincerely

salve [salv] NF [d'artillerie] salvo ◆ **une ~ d'applaudissements** a round of applause

samedi [samdi] NM Saturday ◆ **nous irons ~** we'll go on Saturday ◆ **le ~ j'ai cours de danse** I have a dance class on Saturdays ◆ **nous sommes ~** it's Saturday ◆ **le ~ 23 janvier** on Saturday 23 January ◆ **~ matin/après-midi** Saturday morning/afternoon ◆ **~ soir** Saturday evening ou night

SAMU [samy] NM (abrév de *Service d'assistance médicale d'urgence*) *emergency medical service*

sanction [sɑ̃ksjɔ̃] NF sanction; (= punition) punishment ◆ **prendre des ~s contre** ou **à l'encontre de** [+ pays] to impose sanctions against; [+ joueur, club] to take disciplinary action against

sanctionner [sɑ̃ksjɔne] ► conjug 1 ◄ VT **a** [+ faute, personne] to punish; [+ joueur, club sportif] to take disciplinary action against **b** (= consacrer) to sanction

sanctuaire [sɑ̃ktɥɛʀ] NM sanctuary

sandale [sɑ̃dal] NF sandal

sandwich [sɑ̃dwi(t)ʃ] (pl ~es ou ~s) NM sandwich ◆ **~ au jambon** ham sandwich ◆ **pris en ~** (entre) ⁎ sandwiched (between)

sang [sɑ̃] NM blood ◆ **verser** ou **faire couler le ~** to shed blood ◆ **en ~** covered in blood ◆ **se faire du mauvais ~** to worry ◆ **bon ~ ! ⁎** dammit! ⁑

sang-froid [sɑ̃fʀwa] NM INV calm ◆ **garder/perdre son ~** to keep/lose one's cool ⁎ ◆ **faire qch de ~** to do sth in cold blood

sanglant, e [sɑ̃glɑ̃, ɑ̃t] ADJ bloody

sangle [sɑ̃gl] NF strap; [de selle] girth

sanglier [sɑ̃glije] NM wild boar

sanglot [sɑ̃glo] NM sob

sangloter [sɑ̃glɔte] ► conjug 1 ◄ VI to sob

sangsue [sɑ̃sy] NF leech

sanguin, e [sɑ̃gɛ̃, in] **1** ADJ blood **2** **sanguine** NF ◆ **(orange) ~e** blood orange

sanguinaire [sɑ̃ginɛʀ] ADJ [personne] bloodthirsty; [combat, dictature] bloody

sanitaire [sanitɛʀ] **1** ADJ **a** [services, mesures] health; [conditions] sanitary **b** (Plomberie) ◆ **appareil ~** sanitary appliance **2** **sanitaires** NMPL (= appareils) bathroom suite

sans [sɑ̃] **1** PRÉP without ◆ **ils sont ~ argent** they have no money ◆ **repas à 30 € ~ le vin** meal at €30 not including wine ◆ **je n'irai pas ~ être invité** I won't go without being invited ◆ **il est entré ~ que je l'entende** he came in without my hearing him ◆ **je le connais, ~ plus** I know him but no more than that ◆ **tu as aimé ce film ? – ~ plus** did you like the film? – it was all right (I suppose) ◆ ~ **ça** * otherwise ◆ ~ **faute** [téléphoner, prévenir] without fail ◆ ~ **quoi** * otherwise **2** ADV * ◆ **votre parapluie ! vous alliez partir** ~ your umbrella! you were going to go off without it

sans-abri [sɑ̃zabʀi] NMF INV homeless person ◆ **les** ~ the homeless

sans-emploi [sɑ̃zɑ̃plwa] NMF INV unemployed person ◆ **les** ~ the unemployed

sans-gêne [sɑ̃ʒɛn] **1** ADJ INV inconsiderate **2** NM INV lack of consideration

sans-papiers [sɑ̃papje] NMF INV *immigrant without proper identity or working papers*

santé [sɑ̃te] NF health ◆ **en bonne/mauvaise** ~ in good/bad health ◆ **les dépenses de** ~ health spending ◆ **à votre** ~ !, ~ ! * cheers! ◆ **boire à la** ~ **de qn** to drink to sb's health

saoul, e [su, sul] ADJ drunk

saouler VT, **se saouler** VPR [sule] ⇒ **soûler**

saper [sape] ► conjug 1 ◄ **1** VT to undermine ◆ ~ **le moral à qn** * to knock the stuffing out of sb * **2** **se saper** *% VPR (élégamment) to get all dressed up *

sapeur-pompier (pl **sapeurs-pompiers**) [sapœʀpɔ̃pje] NM firefighter

saphir [safiʀ] NM (= pierre) sapphire

sapin [sapɛ̃] NM (= arbre) fir tree; (= bois) fir ◆ ~ **de Noël** Christmas tree

sarcastique [saʀkastik] ADJ sarcastic

sarcophage [saʀkɔfaʒ] NM sarcophagus

Sardaigne [saʀdɛɲ] NF Sardinia

sarde [saʀd] **1** ADJ Sardinian **2** NM (= langue) Sardinian **3** **Sarde** NMF Sardinian

sardine [saʀdin] NF (= poisson) sardine

SARL [ɛsaɛʀɛl] NF (abrév de **société à responsabilité limitée**) limited liability company ◆ **Raymond** ~ Raymond Ltd (Brit), Raymond Inc. (US)

sarment [saʀmɑ̃] NM ◆ ~ **(de vigne)** vine shoot

sas [sɑs] NM (Espace, Naut) airlock; [d'écluse] lock; [de banque] double-entrance security door

Satan [satɑ̃] NM Satan

satané, e * [satane] ADJ blasted *

satellite [satelit] NM satellite ◆ **avoir le** ~ to have satellite TV

satiété [sasjete] NF ◆ **boire à** ~ to drink until one can drink no more ◆ **manger à** ~ to eat one's fill

satin [satɛ̃] NM satin

satiné, e [satine] ADJ [aspect, tissu] satiny; [peau] satin-smooth; [papier, peinture] with a satin finish

satire [satiʀ] NF satire ◆ **faire la** ~ **de qch** to satirize sth

satirique [satiʀik] ADJ satirical

satisfaction [satisfaksjɔ̃] NF satisfaction ◆ **cet employé me donne toute** ou **entière** ~ I'm completely satisfied with this employee

satisfaire [satisfɛʀ] ► conjug 60 ◄ **1** VT to satisfy ◆ **nous n'arrivons pas à** ~ **la demande** (Industrie) we can't keep up with demand **2** **satisfaire à** VT INDIR [+ normes] to satisfy **3** **se satisfaire** VPR ◆ **se** ~ **de** to be satisfied with ◆ **se** ~ **de peu** to be easily satisfied

satisfaisant, e [satisfəzɑ̃, ɑ̃t] ADJ (= acceptable) satisfactory; (= qui fait plaisir) satisfying

satisfait, e [satisfɛ, ɛt] ADJ satisfied (de with) ◆ "~ **ou remboursé**" "satisfaction or your money back"

saturation [satyʀasjɔ̃] NF saturation ◆ **arriver à** ~ to reach saturation point

saturé, e [satyʀe] ADJ saturated; [autoroute] heavily congested; [standard, lignes téléphoniques] jammed

satyre [satiʀ] NM (Mythol) satyr; (* = obsédé) sex maniac

sauce [sos] NF sauce; [de salade] dressing ◆ ~ **tomate** tomato sauce

saucer [sose] ► conjug 3 ◄ VT ◆ **se faire** ~ * to get soaked

saucisse [sosis] NF sausage ▶ **saucisse de Francfort** frankfurter ▶ **saucisse de Strasbourg** *type of beef sausage*

saucisson [sosisɔ̃] NM sausage *(eaten cold in slices)*

sauf¹, sauve [sof, sov] ADJ [personne] unharmed; [honneur] intact ◆ **il a eu la vie sauve** his life was spared; → **sain**

sauf² [sof] PRÉP (= à part) except ◆ ~ **que** except that ◆ ~ **si** unless ◆ ~ **votre respect** with all due respect

sauge [soʒ] NF sage

saugrenu, e [sogʀəny] ADJ preposterous

saule [sol] NM willow ◆ ~ **pleureur** weeping willow

saumon [somɔ̃] **1** NM salmon ◆ ~ **fumé** smoked salmon **2** ADJ INV salmon pink

saumure [somyʀ] NF brine

sauna [sona] NM sauna

saupoudrer [supudʀe] ► conjug 1 ◄ VT to sprinkle (de with)

saurait [sɔʀɛ] VB → **savoir**

saut [so] NM jump ◆ **faire un** ~ to jump ◆ **faire un** ~ **chez qn** to pop over * to sb's place ▶ **saut à l'élastique** bungee jumping ▶ **saut en hauteur**

high jump ▸ **saut en longueur** long jump ▸ **saut d'obstacles** show jumping ▸ **saut de page** (Informatique) page break ▸ **saut à la perche** pole vaulting ▸ **saut périlleux** somersault

saute [sot] NF ◆ ~ **d'humeur** sudden change of mood

sauté, e [sote] **1** ADJ sauté **2** NM sauté

saute-mouton [sotmutɔ̃] NM INV ◆ **jouer à ~** to play leapfrog

sauter [sote] ▸ conjug 1 ◄ **1** VI **a** to jump (dans into; par-dessus over) ◆ ~ **par la fenêtre** to jump out of the window ◆ ~ **à la corde** to skip (Brit), to jump rope (US) ◆ ~ **en parachute** to parachute ◆ ~ **de joie** to jump for joy **b** (= se précipiter) ◆ ~ **au cou de qn** to fly into sb's arms ◆ ~ **sur l'occasion** to jump at the chance ◆ **il m'a sauté dessus** he pounced on me ◆ **ça saute aux yeux !** it's obvious! **c** [bouchon] to pop out; [chaîne de vélo] to come off; * [classe, cours] to be cancelled **d** (= exploser) to blow up; [fusible] to blow ◆ **faire ~ qch** to blow sth up **e** (* = être renvoyé) to get fired; [gouvernement] to get kicked out * **f** (Culin) ◆ **faire ~** to sauté **2** VT **a** [+ obstacle, mur] to jump over **b** [+ étape, page, repas] to skip

sauterelle [sotʀɛl] NF grasshopper

sautiller [sotije] ▸ conjug 1 ◄ VI to hop; [enfant] to skip

sauvage [sovaʒ] **1** ADJ **a** wild; [peuplade] primitive **b** (= farouche) [personne] unsociable **c** [concurrence] unfair; [urbanisation] unplanned ◆ **faire du camping ~** (illégal) to camp on unauthorized sites; (dans la nature) to camp in the wild **2** NMF **a** (= solitaire) recluse **b** (= indigène, brute) savage

sauvagement [sovaʒmɑ̃] ADV [frapper, tuer] savagely

sauve [sov] ADJ F → **sauf**

sauvegarde [sovgaʀd] NF safeguarding; [d'ordre public, paix] upholding; (Informatique) saving ◆ **copie de ~** (Informatique) backup copy

sauvegarder [sovgaʀde] ▸ conjug 1 ◄ VT to safeguard; [+ ordre public, paix] to uphold; (Informatique) to save

sauver [sove] ▸ conjug 1 ◄ **1** VT to save (de from); (= porter secours à) to rescue ◆ **tu m'as sauvé la vie** you saved my life **2** **se sauver** VPR (= s'enfuir) to run away (de from); (* = partir) to be off * ◆ **sauve qui peut !** run for your life!

sauvetage [sov(ə)taʒ] NM [de personnes, entreprise] rescue ◆ ~ **en mer/montagne** sea/mountain rescue ◆ **de ~** [matériel, équipe, opération] rescue

sauveteur [sov(ə)tœʀ] NM rescuer

sauvette (à la) * [sovɛt] LOC ADV hastily ◆ **vendeur** ou **marchand à la sauvette** street hawker

sauveur [sovœʀ] NM saviour (Brit), savior (US)

savamment [savamɑ̃] ADV [dosé, orchestré] skillfully

savane [savan] NF savannah

savant, e [savɑ̃, ɑ̃t] **1** ADJ **a** [personne, mot, société] learned **b** [arrangement, dosage, stratagème] clever **c** [chien, puce] performing **2** NM (en sciences) scientist

savate * [savat] NF (= pantoufle) slipper

saveur [savœʀ] NF flavour (Brit), flavor (US)

Savoie [savwa] NF ◆ **la ~** (= région) Savoy

savoir [savwaʀ] ▸ conjug 32 ◄ **1** VT **a** to know ◆ **je savais qu'elle était malade, je la savais malade** I knew (that) she was ill ◆ **je n'en sais rien** I don't know ◆ **il ment** – **qu'en savez-vous ?** he is lying – how do you know? ◆ **il nous a fait ~ que ...** he let us know that ... ◆ **en ~ long** to know a lot ◆ **qui sait ?** who knows? ◆ **je sais bien, mais ...** I know, but ... ◆ **je ne sais où** goodness knows where ◆ **il n'a rien voulu ~** he didn't want to know ◆ **on ne sait jamais** you never know ◆ **que je sache** as far as I know ◆ **à ~** that is ◆ **sans le ~** (= sans s'en rendre compte) without knowing; (= sans le faire exprès) unwittingly **b** (avec infinitif = être capable de) to know how to ◆ **il sait parler aux enfants** he knows how to talk to children ◆ **il sait/ne sait pas nager** he can/can't swim **2** **se savoir** VPR ◆ **il se savait très malade** he knew he was very ill ◆ **ça finira bien par se ~** it'll get out in the end **3** NM ◆ **le ~** knowledge

savoir-faire [savwaʀfɛʀ] NM INV know-how *; (dans un métier) expertise

savoir-vivre [savwaʀvivʀ] NM INV manners

savon [savɔ̃] NM soap NonC; (= morceau) bar of soap ◆ **il m'a passé un ~** * he gave me a real telling-off *

savonnette [savɔnɛt] NF bar of soap

savourer [savuʀe] ▸ conjug 1 ◄ VT to savour (Brit), to savor (US)

savoureux, -euse [savuʀø, øz] ADJ [plat] delicious; [anecdote] delightful

saxophone [saksɔfɔn] NM saxophone

saxophoniste [saksɔfɔnist] NMF saxophonist

scabreux, -euse [skabʀø, øz] ADJ (= indécent) shocking

scalpel [skalpɛl] NM scalpel

scalper [skalpe] ▸ conjug 1 ◄ VT to scalp

scandale [skɑ̃dal] NM **a** (= fait choquant, affaire) scandal ◆ **c'est un ~ !** it's disgraceful! ◆ **son livre a fait ~** his book caused a scandal

◆ **journal à ~** scandal sheet **b** (= scène, tapage) scene ◆ **faire un** ou **du ~** to make a scene

scandaleux, -euse [skãdalø, øz] ADJ scandalous

scandaliser [skãdalize] ► conjug 1 ◄ VT to scandalize

scander [skãde] ► conjug 1 ◄ VT [+ nom, slogan] to chant

scandinave [skãdinav] **1** ADJ Scandinavian **2 Scandinave** NMF Scandinavian

Scandinavie [skãdinavi] NF Scandinavia

scanner¹ [skanɛʀ] NM scanner ◆ **passer un ~** to have a scan

scanner² [skane] ► conjug 1 ◄ VT (Informatique) to scan

scaphandre [skafãdʀ] NM [de plongeur] diving suit

scaphandrier [skafãdʀije] NM deep-sea diver

scarabée [skaʀabe] NM beetle

scatologique [skatɔlɔʒik] ADJ scatological

sceau (pl **~x**) [so] NM (= cachet, estampille) seal ◆ **porter le ~ du génie** to bear the mark of genius

sceller [sele] ► conjug 1 ◄ VT to seal

scénario [senaʀjo] NM scenario; (Ciné = découpage et dialogues) screenplay

scénariste [senaʀist] NMF (Ciné) scriptwriter

scène [sɛn] NF **a** scene ◆ **~ d'action/d'amour** (Ciné) action/love scene ◆ **faire une ~** to make a scene ◆ **~ de ménage** domestic fight **b** (= estrade) stage ◆ **sur (la) ~** on stage ◆ **entrer en ~** to come on stage ◆ **mettre en ~** [+ pièce de théâtre, film] to direct

sceptique [sɛptik] **1** ADJ sceptical (Brit), skeptical (US) (sur, quant à about) ◆ **ses arguments me laissent ~** his arguments don't convince me **2** NMF sceptic (Brit), skeptic (US)

schéma [ʃema] NM (= diagramme) diagram

schématique [ʃematik] ADJ [dessin] schematic; (péj) oversimplified

schématiser [ʃematize] ► conjug 1 ◄ VT to schematize; (péj) to oversimplify

schisme [ʃism] NM (religieux) schism; (politique) split

schizophrène [skizɔfʀɛn] ADJ, NMF schizophrenic

schizophrénie [skizɔfʀeni] NF schizophrenia

schlinguer [ʃlɛ̃ge] ► conjug 1 ◄ VI to pong

sciatique [sjatik] **1** NF sciatica **2** ADJ sciatic

scie [si] NF (= outil) saw ◆ **~ à métaux** hacksaw ◆ **~ sauteuse** jigsaw

sciemment [sjamã] ADV knowingly

science [sjãs] NF **a** (= domaine scientifique) science ◆ **~s humaines** social sciences ◆ **~s économiques** economics sg **b** (= érudition) knowledge

science-fiction [sjãsfiksjɔ̃] NF science fiction ◆ **film/roman de ~** science fiction film/novel

scientifique [sjãtifik] **1** ADJ scientific **2** NMF scientist

scier [sje] ► conjug 7 ◄ VT [+ bois, métal] to saw; [+ bûche] to saw up ◆ **ça m'a scié !** I was staggered!

scierie [siʀi] NF sawmill

scinder VT, **se scinder** VPR [sɛ̃de] ► conjug 1 ◄ to split up (en in, into)

scintiller [sɛ̃tije] ► conjug 1 ◄ VI [diamant, yeux] to sparkle; [étoile, lumières] to twinkle

scission [sisjɔ̃] NF **a** (= schisme) split **b** [d'atome] fission

sciure [sjyʀ] NF sawdust

sclérose [skleʀoz] NF sclerosis; (fig) ossification ► **sclérose en plaques** multiple sclerosis

sclérosé, e [skleʀoze] ADJ sclerotic; (fig) ossified

scolaire [skɔlɛʀ] ADJ school *avant le nom*

scolariser [skɔlaʀize] ► conjug 1 ◄ VT [+ enfant] to send to school

scolarité [skɔlaʀite] NF (= éducation) schooling ◆ **il a eu une ~ difficile** he had difficulties at school

scoliose [skɔljoz] NF curvature of the spine

scoop [skup] NM (Presse) scoop

scooter [skutœʀ] NM scooter

score [skɔʀ] NM score

scorpion [skɔʀpjɔ̃] NM **a** (= animal) scorpion **b** (Astron) ◆ **le Scorpion** Scorpio ◆ **il est Scorpion** he's a Scorpio

scotch [skɔtʃ] NM **a** (= boisson) scotch **b** (= adhésif) ◆ **Scotch ®** Sellotape ® (Brit), Scotchtape ® (US)

scotcher [skɔtʃe] ► conjug 1 ◄ VT to sellotape (Brit), to stick with Scotchtape ® (US) ◆ **il reste des heures scotché * devant la télévision** he spends hours glued to the television

scout, e [skut] **1** ADJ [camp, mouvement] scout **2** NM (boy) scout **3 scoute** NF (girl) scout

script [skʀipt] NM script

scripte [skʀipt] NF (Ciné) continuity girl

scrupule [skʀypyl] NM scruple ◆ **avoir des ~s à faire qch** to have scruples about doing sth ◆ **sans ~s** [personne] unscrupulous

scrupuleux, -euse [skʀypylø, øz] ADJ [honnêteté, personne] scrupulous

scruter [skʀyte] ► conjug 1 ◄ VT [+ horizon] to scan; [+ objet, personne] to scrutinize; [+ pénombre] to peer into

scrutin [skʀytɛ̃] NM **a** (= vote) ballot ◆ **au troisième tour de** ~ at the third ballot **b** (= élection) poll ◆ **le jour du** ~ polling day ◆ **majoritaire à un tour** election decided on a first past the post basis ◆ ~ **proportionnel** proportional representation

sculpter [skylte] ► conjug 1 ◄ VT [+ marbre, statue] to sculpt; [+ meuble, bois] to carve

sculpteur, -euse [skyltœʀ, øz] NM,F sculptor

sculpture [skyltyʀ] NF sculpture ◆ **faire de la** ~ to sculpt ◆ ~ **sur bois** woodcarving

SDF [ɛsdeɛf] NMF INV (abrév de **sans domicile fixe**) homeless person

S.E. (abrév de **Son Excellence**) HE

se [sə] PRON **a** (réfléchi) (sg) (indéfini) oneself; (homme) himself; (femme) herself; (sujet non humain) itself; (pl) themselves ◆ ~ **raser** to shave ◆ ~ **mouiller** to get wet ◆ ~ **brûler** to burn o.s. **b** (réciproque) each other, one another ◆ **deux personnes qui s'aiment** two people who love each other ou one another **c** (possessif) ◆ ~ **casser la jambe** to break one's leg ◆ **il lave les mains** he is washing his hands **d** (passif) ◆ **cela** ~ **répare facilement** it can easily be repaired ◆ **cela** ~ **vend bien** it sells well

séance [seɑ̃s] NF **a** (= réunion, période) session ◆ ~ **de travail/rééducation** working/ physiotherapy rap ◆ **la** ~ **est levée** the meeting is over **b** (Théâtre) performance ◆ ~ **(de cinéma)** (= film) film; (= projection) showing ◆ **première/dernière** ~ first/last showing **c** (Bourse) day of trading

seau (pl ~**x**) [so] NM bucket, pail (US) ◆ ~ **à champagne/glace** champagne/ice bucket

sec, sèche [sɛk, sɛʃ] **1** ADJ **a** dry; [fruit] dried **b** (= maigre) slender **c** [style] terse; [réponse] curt ◆ **elle a été très sèche avec moi** she was very curt with me ◆ **donner un coup** ~ **sur qch** to give sth a sharp rap ◆ "**non**", **dit-il d'un ton** ~ "no", he said curtly **d** (= sans eau) [whisky] neat **2** ADV * [frapper] hard ◆ **il boit** ~ he really knocks it back ◆ **il est arrivé et reparti aussi** ~ he arrived and left again just as quickly **3** NM ◆ **tenir** ou **conserver qch au** ~ to keep sth in a dry place ◆ **être à** ~ [puits, torrent] to be dry; (* = être sans argent) to be broke * **4** **sèche** * NF (= cigarette) ciggy *

sécateur [sekatœʀ] NM (pair of) secateurs

sécession [sesesjɔ̃] NF secession ◆ **faire** ~ to secède

sèche-cheveux [sɛʃʃəvø] NM INV hairdryer

sèche-linge [sɛʃlɛ̃ʒ] NM INV (= machine) tumble-dryer

sèche-mains [sɛʃmɛ̃] NM INV hand-dryer

sèchement [sɛʃmɑ̃] ADV [répondre] curtly

sécher [seʃe] ► conjug 6 ◄ **1** VT **a** to dry **b** * [+ cours] to skip * **2** VI **a** to dry ◆ **faire** ~ **du linge, mettre du linge à** ~ (à l'intérieur) to put washing up to dry; (à l'extérieur) to put washing out to dry **b** (= se déshydrater) to dry out **c** (arg Scol = ne pas savoir répondre) to be stumped * **3** **se sécher** VPR to dry o.s. (off) ◆ **se** ~ **les cheveux/mains** to dry one's hair/ hands

sécheresse [sɛʃʀɛs] NF **a** (= absence de pluie) drought **b** [de climat, sol, style, ton] dryness; [de réponse] curtness

séchoir [seʃwaʀ] NM **a** (= appareil) dryer **b** ~ **à linge** (pliant) clothes-horse

second, e [s(ə)gɔ̃, ɔ̃d] **1** ADJ, NM,F second ◆ **il a été reçu** ~ he came second **2** NM **a** (= adjoint) second in command **b** (= étage) second floor (Brit), third floor (US) **c** (= en importance) ◆ **passer en** ~ to take second place **3** **seconde** NF **a** (= unité de temps) second ◆ **(attends) une** ~**e !** just a second! **b** (Transports) second class ◆ **voyager en** ~ to travel second-class **c** ◆ **(classe de)** ~**e** = fifth form (Brit) *(in ~ary school),* = tenth grade (US) *(in high school)* **d** (= vitesse) second gear

secondaire [s(ə)gɔ̃dɛʀ] **1** ADJ secondary ◆ **effets** ~**s** side effects **2** NM (Scol) ◆ **le** ~ secondary (Brit) ou high-school (US) education

seconder [s(ə)gɔ̃de] ► conjug 1 ◄ VT to assist

secouer [s(ə)kwe] ► conjug 1 ◄ **1** VT **a** [+ gén] to shake; [+ miettes, poussière, paresse] to shake off; [+ passagers] [autocar] to shake about; [bateau] to toss about ◆ ~ **la tête** (pour dire oui) to nod (one's head); (pour dire non) to shake one's head **b** (= bousculer) ◆ **il ne travaille que lorsqu'on le secoue** he only works if you push him **2** **se secouer** VPR to shake o.s. ◆ **secoue-toi** * (= dépêche-toi) get a move on *; (= fais un effort) make an effort

secourir [s(ə)kuʀiʀ] ► conjug 11 ◄ VT [+ blessé, pauvre] to help; [+ alpiniste, skieur] to rescue

secourisme [s(ə)kuʀism] NM first aid

secours [s(ə)kuʀ] NM **a** (= aide) help ◆ **appeler au** ~ to shout for help ◆ **au** ~ **!** help! ◆ **porter** ~ **à qn** to give sb help **b** (= vivres, argent) aid NonC **c** (= sauvetage) rescue ◆ **quand les** ~ **arrivèrent** when help arrived ◆ **premiers** ~ first aid

secousse [s(ə)kus] NF **a** (= cahot) bump **b** (= choc) jolt; (= traction) pull ◆ ~ **sismique** earth tremor

secret, -ète [sakʀɛ, ɛt] **1** ADJ **a** secret ◆ **tenir qch** ~ to keep sth secret **b** [personne] secretive **2** NM **a** (= chose tue) secret **b** (= discrétion, silence) secrecy ◆ **le** ~

professionnel/bancaire professional/bank secrecy ◆ **le ~ médical** medical confidentiality ◆ **garder le ~ sur qch** to remain silent about sth ◆ **en ~** in secret

secrétaire [s(ə)kʀetɛʀ] **1** NMF secretary ► **secrétaire de direction** personal assistant ► **secrétaire d'État** = junior minister (US = ministre des Affaires étrangères) Secretary of State **2** NM (= meuble) writing desk

secrétariat [s(ə)kʀetaʀja] NM **a** (= fonction officielle) post of secretary ◆ **~ d'État** post of junior minister **b** (= profession, travail) secretarial work **c** (= bureaux) [d'école] (secretary's) office; [d'usine, administration] secretarial offices; [d'organisation internationale] secretariat **d** (= personnel) secretarial staff

sécréter [sekʀete] ► conjug 6 ◄ VT to secrete

sécrétion [sekʀesjɔ̃] NF secretion

sectaire [sɛktɛʀ] ADJ sectarian

secte [sɛkt] NF sect

secteur [sɛktœʀ] NM **a** sector; (Admin) district; (= zone, domaine) area ◆ **dans le ~** (= ici) round here; (= là-bas) round there ◆ **~ d'activité** branch of industry ◆ **~ primaire/secondaire/tertiaire** primary/secondary/tertiary sector **b** (= circuit électrique) ◆ **le ~** the mains (supply) ◆ **panne de ~** power cut ◆ "**fonctionne sur ~**" "mains operated"

section [sɛksjɔ̃] NF **a** (Scol) = course **b** (Pol) branch; [de syndicat] group **c** [d'ouvrage, voie] section; (en autobus) fare stage **d** (= diamètre) section **e** (Mil) platoon

sectionner [sɛksjɔne] ► conjug 1 ◄ VT (= couper) to sever

Sécu * [seky] NF (abrév de **Sécurité sociale**) ≈ NHS (Brit), ≈ Medicaid (US)

secundo [səgɔ̃do] ADV secondly

sécurisant, e [sekyʀizɑ̃, ɑ̃t] ADJ reassuring

sécurité [sekyʀite] NF **a** (= absence de danger) safety; (= absence de troubles) security ◆ **la ~ de l'emploi** job security ◆ **être/se sentir en ~** to be/feel safe ◆ **mettre qch en ~** to put sth in a safe place ► **la sécurité routière** road safety ► **la Sécurité sociale** (pour la santé) ≈ the National Health Service (Brit), ≈ Medicaid (US); (pour vieillesse etc) ≈ the Social Security, ≈ Medicare (US) ◆ **~** (= mécanisme) safety catch ◆ **de ~** [dispositif] safety

sédatif [sedatif] NM sedative

sédentaire [sedɑ̃tɛʀ] ADJ sedentary

sédiment [sedimɑ̃] NM sediment

séducteur, -trice [sedyktœʀ, tʀis] **1** NM seducer **2** séductrice NF seductress

séduction [sedyksjɔ̃] NF (= charme) charm; (= action) seduction

séduire [sedɥiʀ] ► conjug 38 ◄ VT **a** (par son physique, son charme) to charm **b** [style, idée, projet] to appeal to

séduisant, e [sedɥizɑ̃, ɑ̃t] ADJ attractive

segment [sɛgmɑ̃] NM segment

segmenter [sɛgmɑ̃te] ► conjug 1 ◄ VT to segment

ségrégation [segʀegasjɔ̃] NF segregation

seiche [sɛʃ] NF cuttlefish

seigle [sɛgl] NM rye

seigneur [sɛɲœʀ] NM **a** (Hist) lord **b** (Rel) ◆ **le Seigneur** the Lord

sein [sɛ̃] NM breast ◆ **donner le ~ à un bébé** to breast-feed a baby ◆ **au ~ de** (= parmi) within

séisme [seism] NM earthquake

seize [sɛz] ADJ INV, NM INV sixteen; pour loc voir **six**

seizième [sɛzjɛm] ADJ, NMF sixteenth ◆ **~s de finale** (Sport) first round (of 5-round knockout competition); pour loc voir **sixième**

séjour [seʒuʀ] NM **a** (= visite) stay ◆ **faire un ~ à l'étranger** to spend time abroad ◆ **elle a fait plusieurs ~s à l'hôpital** she has had several stays in hospital ◆ **il a fait un ~ linguistique en Irlande** he went to Ireland on a language course **b** (= salon) living room

séjourner [seʒuʀne] ► conjug 1 ◄ VI [personne] to stay (chez with)

sel [sɛl] NM **a** salt ◆ **sans ~** [biscottes, régime] salt-free ► **sels de bain** bath salts ► **sels minéraux** mineral salts **b** (= piquant) spice

sélectif, -ive [selɛktif, iv] ADJ selective

sélection [selɛksjɔ̃] NF selection; (= équipe) team; (Football, Rugby) line-up

sélectionner [selɛksjɔne] ► conjug 1 ◄ VT to select (parmi from) ◆ **il a été sélectionné trois fois en équipe nationale** he won three caps for his country

self * [sɛlf] NM (= restaurant) self-service restaurant

self-service (pl **~s**) [sɛlfsɛʀvis] NM (= restaurant) self-service restaurant

selle [sɛl] NF [de vélo, équitation] saddle ◆ **se mettre en ~** to mount

seller [sele] ► conjug 1 ◄ VT to saddle

selon [s(ə)lɔ̃] PRÉP according to ◆ **donner ~ ses moyens** to give according to one's means ◆ **c'est ~** * it (all) depends ◆ **~ moi** in my opinion ◆ **~ que** according to whether

semaine [s(ə)mɛn] NF week ◆ **en ~** during the week ◆ **louer à la ~** to let by the week ◆ **la ~ de 35 heures** the 35-hour (working) week

sémantique [semɑ̃tik] ADJ semantic

semblable [sɑ̃blabl] **1** ADJ **a** (= similaire) similar (à to) **b** (avant le nom = tel) such **◆ de ~s erreurs sont inacceptables** such mistakes are unacceptable **2** NMF fellow creature **◆ aimer son ~** to love one's fellow men

semblant [sɑ̃blɑ̃] NM **◆ un ~ de calme/bonheur/vérité** a semblance of calm/happiness/truth **◆ faire ~ (de faire qch)** to pretend (to do sth)

sembler [sɑ̃ble] ► conjug 1 ◄ **1** VB IMPERS **a** (= paraître) to seem **◆ il semblerait qu'il ne soit pas venu** it would seem that he didn't come **◆ il a, semble-t-il, essayé de me contacter** apparently he tried to contact me **b** (= croire) **◆ il me semble que** I think (that) **◆ il me semble que oui/que non** I think so/I don't think so **◆ il me semble vous l'avoir déjà dit** I think I've already told you **◆ comme bon te semble** as you see fit **2** VI to seem **◆ il semblait content** he seemed happy **◆ mes arguments ne semblent pas l'avoir convaincu** apparently he has not been convinced by my arguments

semelle [s(ə)mɛl] NF [de chaussure] sole; (intérieure) insole **◆ il ne m'a pas quitté ou lâché d'une ~** he didn't leave me for a single second

semence [s(ə)mɑ̃s] NF (= graine) seed

semer [s(ə)me] ► conjug 5 ◄ VT **a** [+ discorde, graines] to sow; [+ confusion, terreur] to spread **b** * [+ poursuivant] to shake off

semestre [s(ə)mɛstʀ] NM **a** (= période) half-year **b** (Univ) semester

séminaire [seminɛʀ] NM **a** = colloque) seminar; (Rel) seminary

semi-remorque [səmiʀ(ə)mɔʀk] NM articulated lorry (Brit), trailer truck (US)

semis [s(ə)mi] NM (= plante) seedling

semoule [s(ə)mul] NF semolina

sénat [sena] NM senate

sénateur [senatœʀ] NM senator

Sénégal [senegal] NM Senegal

sénégalais, e [senegalɛ, ɛz] **1** ADJ Senegalese **2** Sénégalais(e) NM,F Senegalese

sénile [senil] ADJ senile

senior [senjɔʀ] ADJ, NMF (Sport) senior

sens [sɑ̃s] NM **a** (= instinct, goût, vue etc) sense **◆ avoir le ~ du rythme/de l'humour** to have a sense of rhythm/of humour **b** (= signification) meaning **◆ cela n'a pas de ~** that doesn't make sense **◆ au ~ propre/figuré** in the literal figurative sense **◆ en un (certain) ~** in a (certain) sense **◆ à mon ~** to my mind **c** (= direction) direction **◆ aller dans le bon/mauvais ~** to go the right/wrong way **◆ mesurer qch dans le ~ de la longueur/largeur** to measure sth along its length/across its width **◆ arriver en ~ contraire ou inverse** to arrive

from the opposite direction **◆ dans le ~ des aiguilles d'une montre** clockwise **◆ dans le ~ inverse des aiguilles d'une montre** anticlockwise (Brit), counterclockwise (US) **◆ il a retourné la boîte dans tous les ~** he turned the box this way and that **◆ être/mettre ~ dessus dessous** to be/turn upside down ► **sens giratoire** roundabout (Brit), traffic circle (US) ► **sens interdit** one-way street ► **(rue à) sens unique** one-way street **d ◆ bon ~** common sense

sensation [sɑ̃sasjɔ̃] NF **a** (= perception) sensation; (= impression) feeling **◆ de liberté/puissance** feeling of freedom/power **◆ j'ai la ~ de l'avoir déjà vu** I have a feeling I've seen him before **b** (= effet) **◆ faire ~** to cause a sensation **◆ la presse à ~** the tabloid press

sensationnel, -elle [sɑ̃sasjɔnɛl] ADJ sensational

sensé, e [sɑ̃se] ADJ (question, personne) sensible

sensibiliser [sɑ̃sibilize] ► conjug 1 ◄ VT **◆ ~ qn à qch** to make sb aware of sth **◆ ~ l'opinion publique à un problème** to make the public aware of a problem

sensibilité [sɑ̃sibilite] NF sensitivity

sensible [sɑ̃sibl] ADJ **a** [personne, organe, peau, baromètre] sensitive (à to) **◆ film déconseillé aux personnes ~s** film not recommended for people of a nervous disposition **◆ être ~ de la gorge** to have a sensitive throat **b** (= significatif) noticeable **c** (= difficile) [dossier, secteur] sensitive; [établissement scolaire, quartier] problem avant le nom **◆ quartier ~** problem area

sensiblement [sɑ̃sibləmɑ̃] ADV **a** (= presque) approximately **b** (= notablement) noticeably

sensualité [sɑ̃sɥalite] NF sensuality

sensuel, -uelle [sɑ̃sɥɛl] ADJ sensual

sentence [sɑ̃tɑ̃s] NF (= verdict) sentence

sentencieux, -ieuse [sɑ̃tɑ̃sjø, jøz] ADJ sententious

sentier [sɑ̃tje] NM footpath **◆ sortir des ~s battus** to go off the beaten track **◆ ~ de grande randonnée** hiking trail

sentiment [sɑ̃timɑ̃] NM feeling **◆ prendre qn par les ~s** to appeal to sb's feelings **◆ avoir le ~ que quelque chose va arriver** to have a feeling that something is going to happen **◆ veuillez agréer, Monsieur, l'expression de mes ~s dévoués** yours sincerely

sentimental, e (mpl -aux) [sɑ̃timãtal, o] ADJ **a** [personne] romantic **b** [valeur, chanson, personne] sentimental **c** [aventure, vie] love avant le nom **◆ il a des problèmes sentimentaux** he has problems with his love life

sentinelle [sɑ̃tinɛl] NF sentry

sentir [sɑ̃tiʀ] ► conjug 16 ◄ **1** VT **a** (par l'odorat) to smell; (au goût) to taste; (au contact) to feel ◆ **je ne sens plus mes doigts** (de froid) I have lost all sensation in my fingers **b** (= avoir une odeur) to smell ◆ ~ **bon/mauvais** to smell good/bad ◆ **son manteau sent la fumée** his coat smells of smoke **c** (= dénoter) to smack of ◆ **des manières qui sentent le nouveau riche** manners that smack of the nouveau riche **d** (= annoncer) ◆ **ça sent l'orage** there's a storm in the air ◆ **ça sent le printemps** spring is in the air **e** (= avoir conscience de) [+ changement, fatigue] to feel; [+ importance de qch] to be aware of; [+ danger, difficulté] to sense ◆ **je sens que ça va mal se passer** I have a feeling there's going to be trouble ◆ **il m'a fait ~ que j'étais de trop** he let me know I wasn't wanted **f** (= supporter) ◆ **il ne peut pas le ~** * he can't stand him **2** **se sentir** VPR **a** [personne] ◆ **se ~ mal** (physiquement) to feel ill; (psychologiquement) to be unhappy ◆ **se ~ bien/fatigué** to feel good/tired **b** (= se supporter) ◆ **ils ne peuvent pas se ~** * they can't stand each other

séparation [separasjɔ̃] NF **a** (= dissociation) separation **b** (= démarcation) division

séparatiste [separatist] ADJ, NMF separatist

séparé, e [separe] ADJ **a** (= distinct) separate **b** [personnes] separated (de from)

séparément [separemɑ̃] ADV separately

séparer [separe] ► conjug 1 ◄ **1** VT **a** to separate (de from); [+ amis, alliés] to part ◆ **tout les sépare** they are worlds apart **b** (= diviser) [+ territoire] to divide **2** **se séparer** VPR **a** (= se défaire de) ◆ **se ~ de** [+ employé, objet personnel] to part with **b** [routes, branches] to divide ◆ **le fleuve/la route se sépare en deux** the river/the road forks **c** (= se quitter) [convives] to leave each other; [époux] to separate

sept [sɛt] ADJ INV, NM INV seven ◆ **les ~ familles** (Cartes) Happy Families; pour loc voir **six**

septante [septɑ̃t] ADJ INV (Belg, Helv) seventy

septembre [septɑ̃bʀ] NM September ◆ **le mois de ~** the month of September ◆ **au mois de ~** in (the month of) September ◆ **nous avons rendez-vous le premier ~** we have an appointment on the first of September ◆ **en ~** in September ◆ **début/fin ~** at the beginning/end of September

septennat [septena] NM seven-year term of office

septentrional, e (mpl -aux) [septɑ̃tʀijɔnal, o] ADJ northern

septicémie [septisemi] NF blood poisoning

septième [sɛtjɛm] ADJ, NM seventh ◆ **le ~ art** cinema; pour autres loc voir **sixième**

septuagénaire [septɥaʒenɛʀ] NMF seventy-year-old man (ou woman)

sépulcre [sepylkʀ] NM sepulchre (Brit), sepulcher (US)

sépulture [sepyltyʀ] NF (= lieu) burial place; (= tombe) grave

séquelle [sekɛl] NF (souvent pl) [de maladie, accident] aftereffect ◆ **ça a laissé des ~s** [blessure, incident] it had serious consequences

séquence [sekɑ̃s] NF sequence

séquestrer [sekɛstʀe] ► conjug 1 ◄ VT **a** [+ personne] to confine illegally **b** (= saisir) [+ biens] to sequester

sera [s(ə)ʀa] VB → **être**

serbe [sɛʀb] **1** ADJ Serbian **2** NM (= langue) Serbian **3** **Serbe** NMF Serb

Serbie [sɛʀbi] NF Serbia ◆ **la République de ~** the Serbian Republic

serein, e [səʀɛ̃, ɛn] ADJ [âme, visage, personne] serene

sérénade [seʀenad] NF serenade

sérénité [seʀenite] NF [d'âme, foi, visage] serenity

sergent [sɛʀʒɑ̃] NM (Mil) sergeant ◆ **~-chef** staff sergeant

série [seʀi] NF **a** (= suite) series; [de clés, casseroles, volumes] set ◆ **fabriqué en ~** mass-produced ◆ **voiture de ~** standard car ◆ **numéro hors ~** (Presse) special issue ◆ **c'est la ~ noire** it's one disaster after another ◆ **toute une ~ de ...** a series of ... **b** (= émission) series ◆ **~ télévisée** television series **c** (= catégorie) class; [de baccalauréat] option

sérieusement [seʀjøzmɑ̃] ADV **a** (= consciencieusement) conscientiously **b** (= sans rire, gravement) seriously ◆ **(tu parles) ~ ?** are you serious? **c** (= vraiment) really ◆ **ça commence ~ à m'agacer** it's really beginning to annoy me

sérieux, -ieuse [seʀjø, jøz] **1** ADJ **a** (= grave, important, réfléchi) serious ◆ **vous n'êtes pas ~ !** you can't be serious! **b** (= digne de confiance) [personne, renseignement] reliable; [proposition, acheteur] serious **c** (= consciencieux) [employé, élève] conscientious; [travail, artisan] careful ◆ **ça ne fait pas très ~** it doesn't make a very good impression **d** (= convenable) [jeune homme, jeune fille] responsible **e** (= intensif) [somme, différence] considerable; [avance] strong **2** NM **a** (= gravité) seriousness ◆ **garder son ~** to keep a straight face ◆ **prendre qch/qn au ~** to take sth/sb seriously **b** (= fiabilité) [de personne] reliability; [d'acquéreur, intentions] seriousness; [d'employé, élève] conscientiousness

serin [s(ə)ʀɛ̃] NM (= oiseau) canary

seringue [s(ə)ʀɛ̃g] NF syringe

serment [sɛʀmɑ̃] NM **a** (solennel) oath ◆ **faire un ~** to take an oath ◆ **sous ~** under oath **b** (= promesse) pledge ◆ **je fais le ~ de ne plus jouer** I swear that I'll never gamble again

sermon [sɛʀmɔ̃] NM sermon

sermonner [sɛʀmɔne] ▸ conjug 1 ◀ VT to lecture

séronégatif, -ive [seʀonegatif, iv] ADJ (Sida) HIV negative

séropositif, -ive [seʀopozitif, iv] ADJ (Sida) HIV positive

serpent [sɛʀpɑ̃] NM snake ▸ **le serpent monétaire européen** the European currency snake ▸ **serpent à sonnettes** rattlesnake

serpenter [sɛʀpɑ̃te] ▸ conjug 1 ◀ VI [chemin, rivière] to snake

serpentin [sɛʀpɑ̃tɛ̃] NM (= ruban) streamer

serpillière [sɛʀpijɛʀ] NF floorcloth ◆ **passer la ~** to mop the floor

serre [sɛʀ] NF **a** (= abri) greenhouse **b** (= griffe) claw

serré, e [seʀe] ADJ **a** [chaussures, vêtement, bandage, nœud] tight **b** (= entassés) (tightly) packed ◆ **être ~s comme des sardines** to be packed like sardines **c** [écriture, mailles] close; [virage] sharp; [horaire] tight **d** (= contracté) [dents, poings] clenched ◆ **avoir la gorge ~e** to have a lump in one's throat **e** [partie, lutte, match] tight

serrer [seʀe] ▸ conjug 1 ◀ **1** VT **a** (= maintenir, presser) to grip ◆ **~ qn dans ses bras/contre son cœur** to clasp sb in one's arms/to one's chest ◆ **~ la main à qn** (= la donner) to shake hands with sb ◆ **se ~ la main** to shake hands **b** (= contracter) ◆ **~ le poing** to clench one's fist ◆ **~ les dents** to clench one's teeth; (fig) to grit one's teeth **c** (= comprimer) to be too tight for ◆ **mon pantalon me serre** my trousers are too tight (for me) ◆ **cette jupe me serre à la taille** this skirt is too tight round the waist **d** [+ écrou, ceinture, lacet] to tighten **e** (= se tenir près de) (par derrière) to keep close behind; (latéralement) to squeeze (contre up against) **f** [+ objets alignés, lignes, mots] to put close together ◆ **~ les rangs** to close ranks **2** VI ◆ **~ à droite/gauche** to keep to the right/left **3** **se serrer** VPR (= se rapprocher) ◆ **se ~ contre qn** to huddle up against sb; (tendrement) to cuddle up to sb ◆ **serrez-vous un peu** squeeze up a bit

serre-tête (pl **~(s)**) [sɛʀtɛt] NM (= bandeau) headband

serrure [seʀyʀ] NF lock

serrurier [seʀyʀje] NM locksmith

sertir [sɛʀtiʀ] ▸ conjug 2 ◀ VT [+ pierre précieuse] to set

sérum [seʀɔm] NM ◆ **~ sanguin** blood serum ◆ **~ physiologique** physiological salt solution ◆ **~ de vérité** truth drug

servant, e [sɛʀvɑ̃, ɑ̃t] **1** ADJ ◆ **chevalier ~** escort **2** **servante** NF servant

serveur [sɛʀvœʀ] NM **a** [de restaurant] waiter; [de bar] barman **b** (Sport) server **c** (Informatique) server ◆ **serveur vocal** answering service

serveuse [sɛʀvøz] NF **a** [de restaurant] waitress; [de bar] barmaid **b** (Sport) server

serviable [sɛʀvjabl] ADJ helpful

service [sɛʀvis] NM **a** service ◆ **un ~ d'autocars dessert ces localités** there is a coach service to these districts ◆ **offrir ses ~s à qn** to offer sb one's services ◆ **nos conseillers sont à votre ~** our advisers are at your service ◆ **en ~** [installation, usine] in service ◆ **hors ~** [appareil] out of order *attrib*; * [personne] shattered * **b** (= travail) duty ◆ **~ de jour/nuit** day/night duty ◆ **être de ~** to be on duty ◆ **le ~ militaire** military service ◆ **le ~ civil** non-military national service ◆ **faire son ~** to do one's national service **c** (= département) department; (= administration) service ◆ **les ~s publics** the public utilities ▸ **les services secrets** the secret service ▸ **les services sociaux** the social services ▸ **service d'ordre** (= manifestants) stewards **d** (= faveur, aide) service ◆ **rendre ~ à qn** (= aider qn) to do sb a service; (= s'avérer utile) to be of use to sb **e** (à table, au restaurant) service; (= pourboire) service charge ◆ **Marc fera le ~** Marc will serve ◆ **~ compris** service included **f** (= assortiment) set ◆ **~ de table** (= linge) set of table linen; (= vaisselle) set of tableware ◆ **~ à café** coffee set **g** (Sport) serve ◆ **Sampras au ~** Sampras to serve

serviette [sɛʀvjɛt] NF **a** ◆ **~ (de toilette)** towel ◆ **~ (de table)** napkin ▸ **serviette(-)éponge** terry towel ▸ **serviette hygiénique** sanitary towel (Brit) ou napkin (US) ▸ **serviette de plage** beach towel **b** (= cartable) briefcase

servile [sɛʀvil] ADJ [personne] servile; [obéissance, imitation] slavish; [flatterie] fawning

servir [sɛʀviʀ] ▸ conjug 14 ◀ **1** VT **a** [+ gén] to serve; [+ dîneur] to wait on ◆ **on vous sert, Madame ?** are you being served? ◆ **ils voulaient de la neige, ils ont été servis !** they wanted snow - and they certainly weren't disappointed! ◆ **~ qch à qn** to help sb to sth ◆ **~ à boire à qn** to serve a drink to sb **b** (Cartes) to deal **2** VI (= être utile) ◆ **cette valise n'a jamais servi** this suitcase has never been used ◆ **ne jette pas cette boîte, ça peut toujours ~** don't throw that box away - it may still come in handy ◆ **~ à qn** to be of use to sb ◆ **~ à faire qch** to be used for doing sth ◆ **ça ne sert à rien** [objet] it's no use; [démarche] there's no point ◆ **cela ne sert à rien de pleurer** it's no use crying ◆ **à quoi sert cet objet ?** what's this thing used for? **◆ ~ de** [personne] to act as; [ustensile, objet] to serve as **◆ elle lui a servi d'interprète** she acted as his interpreter **3 se servir** VPR **a** (à table, dans une distribution) to help o.s. **b ◆ se ~ de** (= utiliser) to use

serviteur [sɛʀvitœʀ] NM servant

ses [se] ADJ POSS → **son**

session [sesjɔ̃] NF session **◆ la ~ de juin** (= examens) the June exams **◆ la ~ de septembre** the September retakes

set [sɛt] NM **a** (Tennis) set **b ◆ ~ (de table)** (= ensemble) set of tablemats; (= napperon) tablemat

setter [setɛʀ] NM setter **◆ ~ irlandais** Irish setter

seuil [sœj] NM (= marche) doorstep; (fig) threshold **◆ ~ de tolérance** threshold of tolerance **◆ en dessous du ~ de pauvreté** below the poverty line **◆ le dollar est passé sous le ~ des 6 F** the dollar fell below the 6 franc level

seul, e [sœl] **1** ADJ **a** (après le nom) (= non accompagné) alone; (= isolé) lonely **◆ se sentir (très) ~** to feel (very) lonely **◆ il était tout ~ dans un coin** he was all by himself in a corner **◆ parler à qn ~ à ~** to speak to sb in private **b** (avant le nom = unique) **◆ un ~ homme/livre** (et non plusieurs) one man/book; (à l'exception de tout autre) only one man/book **◆ le ~ homme/ livre** the only man/book **◆ un ~ moment d'inattention** a single moment's lapse of concentration **◆ il n'y avait pas une ~ maison** there wasn't a single house **◆ une ~e fois** only once **◆ d'un ~ coup** (= subitement) suddenly **◆ à la ~e pensée de ...** at the mere thought of ... **c** (en apposition) only **◆ ~ le résultat compte** only the result counts **2** ADV **a** (= sans compagnie) **◆ parler/rire tout ~** to talk/laugh to oneself **◆ vivre/travailler ~** to live/work alone **b** (= sans aide) by oneself **◆ faire qch (tout) ~** to do sth (all) by oneself **3** NM,F **◆ le ~ que j'aime** the only one I love **◆ il n'en reste pas un ~** there isn't a single one left

seulement [sœlmɑ̃] ADV **a** only **◆ nous serons ~ quatre** there will only be four of us **◆ je connais un bon restaurant, ~ il est cher** I know a good restaurant, only it's expensive **b ◆ non seulement il ne travaille pas mais il empêche les autres de travailler** not only does he not work but he stops the others working too **◆ si ~** if only

sève [sɛv] NF [d'arbre] sap

sévère [sevɛʀ] ADJ severe; [parent, éducation, ton] strict; [verdict] harsh

sévérité [severite] NF severity; [de parent, éducation, ton] strictness; [de verdict] harshness

sévices [sevis] NMPL physical abuse *NonC* **◆ être victime de ~** to be abused

sévir [seviʀ] ► conjug 2 ◄ VI **a** (= punir) to act ruthlessly **◆ si vous continuez, je vais devoir ~** if you carry on, I shall have to punish you **b** [virus, pauvreté] to be rife

sevrer [səvʀe] ► conjug 5 ◄ VT [+ nourrisson, jeune animal] to wean; [+ toxicomane] to wean off drugs

sexagénaire [sɛksaʒenɛʀ] NMF sixty-year-old man (ou woman)

sexe [sɛks] NM **a** sex **◆ enfant de ou du ~ masculin/féminin** male/female child **b** (= organes génitaux) genitals; (= verge) penis

sexiste [sɛksist] ADJ, NMF sexist

sexologue [sɛksɔlɔg] NMF sexologist

sexualité [sɛksɥalite] NF sexuality

sexuel, -elle [sɛksɥɛl] ADJ sexual

sexy * [sɛksi] ADJ INV sexy *

seyant, e [sɛjɑ̃, ɑ̃t] ADJ becoming

Seychelles [seʃɛl] NFPL **◆ les ~** the Seychelles

shampooing, shampoing [ʃɑ̃pwɛ̃] NM (= lavage, produit) shampoo **◆ faire un ~ à qn** to give sb a shampoo **◆ se faire un ~** to shampoo one's hair

shérif [ʃeʀif] NM [de western] sheriff

shooter [ʃute] ► conjug 1 ◄ **1** VI (Football) to shoot **2** **se shooter** VPR (arg Drogue) to shoot up * (à with)

shopping [ʃɔpiŋ] NM shopping **◆ faire du ~** to go shopping

short [ʃɔʀt] NM pair of shorts **◆ être en ~** to be wearing shorts

---

○━ **si¹** [si]

1 CONJ **a** (hypothèse) if **◆ ~ j'avais de l'argent, j'achèterais une voiture** if I had any money, I would buy a car **◆ ~ seulement ...** if only ... **◆ ~ j'avais su !** if only I had known! **◆ et s'il refusait ?** and what if he refused? **◆ et ~ tu lui téléphonais ?** how about phoning him? **b** (interrogation indirecte) if, whether **◆ il ignore ~ elle viendra** he doesn't know whether ou if she'll come (or not) **c** (= comme) **◆ tu imagines s'il était fier !** you can imagine how proud he was! **d** **si ce n'est** apart from **◆ il n'avait rien emporté, ~ ce n'est quelques biscuits** he had taken nothing with him apart from a few biscuits **◆ elle va bien, ~ ce n'est qu'elle est très fatiguée** she's quite well apart from the fact that she is very tired

2 ADV **a** (affirmatif) **◆ vous ne venez pas ? – ~/mais ~** aren't you coming? – yes I am/of course I am **◆ il n'a pas voulu, moi ~** he didn't want to, but I did **◆ il n'a pas écrit ? – il**

paraît/elle dit que ~ hasn't he written? – yes, it seems/she says that he has **b** (= tellement) (modifiant un attribut, un adverbe) so; (modifiant un épithète) such **• de ~ gentils amis** such kind friends **• il parle ~ vite qu'on ne le comprend pas** he speaks so fast it's impossible to understand him **• si bien que** so **• on est parti en retard, ~ bien qu'on a raté le train** we left late so we missed the train **c** (= aussi) as **• elle n'est pas ~ timide que tu crois** she's not as shy as you think **• ce n'est pas ~ simple** it's not as simple as that

si² [si] NM INV (Mus) B; (en chantant la gamme) ti

siamois, e [sjamwa, waz] **1** ADJ [chat] Siamese **• frères ~, sœurs ~es** Siamese twins **2** NM (= chat) Siamese

Sibérie [siberi] NF Siberia

sibyllin, e [sibilɛ̃, in] ADJ [phrase, personne] cryptic

SICAV, sicav [sikav] NF INV (abrév de *société d'investissement à capital variable*) (= fonds) unit trust (Brit), open-end investment trust (US); (= part) share in a unit trust (Brit) ou an open-end investment trust (US)

Sicile [sisil] NF Sicily

sicilien, -ienne [sisiljɛ̃, jɛn] **1** ADJ Sicilian **2** Sicilien, ienne NM,F Sicilian

SIDA, sida [sida] NM (abrév de *syndrome d'immunodéficience acquise*) AIDS **• avoir le sida** to have AIDS

side-car (pl **~s**) [sidkaʀ] NM (= habitacle) side-car; (= véhicule) motorcycle and sidecar

sidérer * [sideʀe] ► conjug 6 ◄ VT (= abasourdir) to stagger * **• je suis sidéré par son intelligence/son insolence** I'm dumbfounded by his intelligence/his insolence

sidérurgie [sideʀyʀʒi] NF (= fabrication) (iron and) steel metallurgy; (= industrie) (iron and) steel industry

siècle [sjɛkl] NM **a** century **• au 3ᵉ ~ avant/après Jésus-Christ** in the 3rd century BC/AD **• il y a un ~ ou des ~s que nous ne nous sommes pas vus** * it has been ages since we last saw each other **b** (= époque) age

siège [sjɛʒ] NM **a** (= meuble, fonction politique) seat **b** [d'entreprise] head office; [de parti, organisation internationale] headquarters; [d'assemblée, tribunal] seat **• ~ social** registered office

siéger [sjeʒe] ► conjug 3 et 6 ◄ VI **a** [assemblée, tribunal] to be in session **b** **• ~ à** [+ conseil, comité] to sit ou be on

sien, sienne [sjɛ̃, sjɛn] **1** PRON POSS **• le sien, la sienne, les siens** [d'un homme] his;

[d'une femme] hers; [d'une chose, animal] its own; (indéfini) one's own **2** NMF **a** **• y mettre du ~** to pull one's weight **b** **• les ~s** (= famille) one's family **c** **• il/elle a encore fait des siennes** * he/she has done it again *

sieste [sjɛst] NF nap **• faire la ~** to have a nap

sifflement [sifləmɑ̃] NM [de personne, oiseau, train, vent] whistling *NonC*; [de serpent, vapeur] hissing *NonC* **• ~ d'admiration** a whistle of admiration **• ~ d'oreilles** ringing in the ears

siffler [sifle] ► conjug 1 ◄ **1** VI to whistle; [serpent, vapeur] to hiss **• j'ai les oreilles qui sifflent** my ears are ringing **2** VT **a** [+ chien, personne] to whistle for; [+ fille] to whistle at; [+ départ, faute] to blow one's whistle for **b** (= huer) to boo **• se faire ~** to get booed **c** [+ air, chanson] to whistle **d** (*‡* = avaler) to guzzle *

sifflet [siflɛ] NM **a** (= instrument, son) whistle **• coup de ~** whistle **b** (= huées) **• ~s** whistles of disapproval

siffloter [sifləte] ► conjug 1 ◄ VTI to whistle

sigle [sigl] NM abbreviation; (= acronyme) acronym

signal (pl **-aux**) [sinal, o] NM signal; (= indice) sign **• donner le ~ de** to give the signal for **• à mon ~ ils se levèrent tous** when I gave the signal everyone got up **• ~ d'alarme** alarm **• ~ sonore** (de répondeur) tone

signalement [sinalmɑ̃] NM [de personne, véhicule] description

signaler [sinale] ► conjug 1 ◄ VT to indicate; [écriteau, sonnerie] to signal; [personne] [+ perte, vol] to report; (= faire remarquer) to point out **• signalez que vous allez tourner en tendant le bras** indicate that you are turning by putting out your arm **• rien à ~** nothing to report

signalisation [sinalizasjɔ̃] NF (sur route) signs; (sur voie ferrée) signals

signataire [sinatɛʀ] ADJ, NMF signatory

signature [sinatyʀ] NF signature

signe [sin] NM **a** sign **• s'exprimer par ~s** to use signs to communicate **• faire (un) ~ à qn** to make a sign to sb **• faire ~ à qn d'entrer** to motion sb in **• de la tête, il m'a fait ~ de ne pas bouger** he shook his head to tell me not to move **• faire ~ que oui** to nod **• faire ~ que non** (de la tête) to shake one's head **• faire le ~ de croix** to cross o.s. **• en ~ de** as a sign of **• de quel ~ es-tu ?** what's your sign? **• c'est bon/mauvais ~** that's a good/bad sign **• c'est ~ qu'il va pleuvoir** it shows that it's going to rain **• il n'a jamais donné ~ de vie** we've never heard from him since **b** (= trait) mark **• "~s particuliers : néant"** "distinguishing marks: none"

signer [sine] ► conjug 1 ◄ **1** VT **a** [+ document, traité, œuvre d'art, sportif] to sign **• elle signe**

"Malou" she signs herself "Malou" **b** (= être l'auteur de) to make ◆ **elle vient de ~ son deuxième film** she's just made her second film **2** **se signer** VPR (= faire le signe de croix) to cross o.s.

signet [siɲɛ] NM bookmark

significatif, -ive [siɲifikatif, iv] ADJ significant; [geste] meaningful

signification [siɲifikasjɔ̃] NF **a** [de mot, symbole] meaning **b** [de fait, chiffres] significance *NonC*

signifier [siɲifje] ► conjug 7 ◄ VT **a** (= avoir pour sens) to mean ◆ **que signifie ce mot ?** what does this word mean? **b** (frm = faire connaître) to make known ◆ **~ ses intentions à qn** to make one's intentions known to sb **c** [+ décision judiciaire] to serve notice of (à on)

silence [silɑ̃s] NM **a** silence ◆ **un ~ de mort** a deathly silence ◆ **garder le ~** to keep silent ◆ **faire qch en ~** to do sth in silence ◆ **passer qch sous ~** to pass sth over in silence **b** (en musique) rest

silencieux, -ieuse [silɑ̃sjø, jøz] **1** ADJ silent; [moteur, machine] quiet **2** NM [d'arme à feu] silencer; [de pot d'échappement] silencer (Brit), muffler (US)

silex [silɛks] NM flint

silhouette [silwɛt] NF **a** (= contours) outline; [de voiture] shape **b** (= ligne) figure

silicone [silikon] NF silicone

sillage [sijaʒ] NM [d'embarcation] wake; [d'avion à réaction] vapour (Brit) ou vapor (US) trail ◆ **dans le ~ de qn** in sb's wake

sillon [sijɔ̃] NM **a** [de champ] furrow **b** [de disque] groove

sillonner [sijɔne] ► conjug 1 ◄ VT **a** [avion, bateau, routes, éclairs] to criss-cross ◆ **les touristes qui sillonnent la France en été** the tourists who travel around France in the summer **b** [rides, ravins, crevasses] to furrow ◆ **visage sillonné de rides** face furrowed with wrinkles

silo [silo] NM silo

simagrées [simagre] NFPL ◆ **faire des ~** to playact

similaire [similɛʀ] ADJ similar (à to)

similarité [similaʀite] NF similarity

similitude [similityd] NF similarity

simple [sɛ̃pl] **1** ADJ **a** simple; [nœud, cornet de glace] single ◆ **~ comme bonjour *** as easy as falling off a log * ◆ **~ d'esprit** simple-minded **b** (= modeste) unpretentious **c** (= ordinaire) [particulier, salarié] ordinary **d** (valeur restrictive) ◆ **une ~ formalité** a mere formality ◆ **d'un ~ geste de la main** with just a movement of his hand **2** NM (Tennis) singles ◆ **~ messieurs/ dames** men's/women's singles

simplement [sɛ̃pləmɑ̃] ADV **a** (= sans sophistication) simply **b** (= seulement) just ◆ **il suffisait de téléphoner, tout ~ !** all you had to do was phone! **c** (= facilement) easily

simplicité [sɛ̃plisite] NF simplicity ◆ **décor d'une grande ~** very simple decor

simplifier [sɛ̃plifje] ► conjug 7 ◄ VT to simplify

simpliste [sɛ̃plist] ADJ (péj) simplistic

simulacre [simylakʀ] NM (péj) ◆ **un ~ de justice** a pretence of justice ◆ **un ~ de procès** a mockery of a trial

simulation [simylasjɔ̃] NF simulation

simuler [simyle] ► conjug 1 ◄ VT **a** (= reproduire) to simulate **b** (= feindre) [+ sentiment, attaque] to feign ◆ **~ une maladie** to pretend to be ill

simultané, e [simyltane] ADJ simultaneous ◆ **diffusion en ~** simultaneous broadcast

simultanément [simyltanemɑ̃] ADV simultaneously

sincère [sɛ̃sɛʀ] ADJ sincere; (formules épistolaires) ◆ **mes ~s condoléances** my sincere condolences

sincèrement [sɛ̃sɛʀmɑ̃] ADV **a** (= réellement) sincerely; [aimer] truly **b** (= franchement) honestly ◆ **~, vous feriez mieux de refuser** to be honest you'd be better off saying no

sincérité [sɛ̃seʀite] NF sincerity ◆ **répondez-moi en toute ~** give me an honest answer

Singapour [sɛ̃gapuʀ] N Singapore

singe [sɛ̃ʒ] NM (à longue queue) monkey; (à queue courte ou sans queue) ape ◆ **faire le ~ *** to monkey about

singer [sɛ̃ʒe] ► conjug 3 ◄ VT [+ démarche, personne] to ape

singularité [sɛ̃gylaʀite] NF (= particularité) singularity ◆ **cet orchestre a pour singularité ou présente la singularité de jouer sans chef** this orchestra is unusual in that it doesn't have a conductor

singulier, -ière [sɛ̃gylje, jɛʀ] **1** ADJ **a** (= étonnant, peu commun) remarkable **b** (= étrange) odd **c** (Gram) singular **2** NM (Gram) singular ◆ **au ~** in the singular ◆ **à la deuxième personne du ~** in the second person singular

singulièrement [sɛ̃gyljɛʀmɑ̃] ADV **a** (= étrangement) strangely **b** (= beaucoup, très) ◆ **cela leur complique ~ la tâche** that makes things particularly difficult for them ◆ **il manque ~ d'imagination** he is singularly lacking in imagination

sinistre [sinistʀ] **1** ADJ sinister; [voix, air] funereal; [personne] (d'aspect) grim-looking; [soirée, réunion] grim * ◆ **tu es ~ ce soir !** you're in a very sombre mood tonight! ◆ **un ~ imbécile** an absolute idiot **2** NM (= catastrophe) disaster; (Assurances) accident

sinistré, e [sinistre] **1** ADJ [région, pays] stricken *avant le nom*; [secteur économique] devastated ◆ **zone ~e** disaster area **2** NM,F disaster victim

sinon [sinɔ̃] CONJ **a** (= autrement) otherwise; (menaçant) or else **b** (= si ce n'est) if not **c** (= sauf) except ◆ **je ne sais pas grand-chose, qu'il a démissionné** I don't know much about it, except that he has resigned

sinueux, -euse [sinɥø, øz] ADJ **a** [rivière, route, chemin] winding **b** [pensée, raisonnement] tortuous

sinuosités [sinɥozite] NFPL twists and turns

sinus [sinys] NM **a** (Anatomie) sinus **b** (Math) sine

sinusite [sinyzit] NF sinusitis *NonC* ◆ **j'ai une ~** I've got sinusitis

siphon [sifɔ̃] NM siphon; [d'évier, WC] U-bend

siphonné, e * [sifɔne] ADJ (= fou) crazy *

sirène [siʀɛn] NF **a** (d'alarme) siren; (d'incendie) fire alarm **b** (= personnage) mermaid

sirop [siʀo] NM **a** (= médicament) syrup ◆ **~ contre la toux** cough syrup **b** (= boisson) cordial ◆ **~ de menthe** mint cordial (Brit) ou beverage (US) ◆ **~ d'érable** maple syrup

siroter * [siʀɔte] ◄ conjug 1 ◄ VT to sip

sismique [sismik] ADJ seismic

site [sit] NM **a** (= environnement) setting ◆ **dans un ~ merveilleux** in a marvellous setting ◆ **~ touristique** tourist spot **b** (= emplacement) site

sitôt [sito] ADV **a** (= dès que) ◆ **~ couchée, elle s'endormit** as soon as she was in bed she fell asleep ◆ **~ dit, ~ fait** no sooner said than done ◆ **il ne recommencera pas de ~ !** he won't be doing that again for a while!

situation [sitɥasjɔ̃] NF **a** (= circonstances, emplacement) situation ◆ **~ de famille** marital status ◆ **étranger en ~ irrégulière** foreigner whose papers are not in order **b** (= emploi) post ◆ **il a une belle ~** he has an excellent job

situé, e [sitɥe] ADJ situated

situer [sitɥe] ◄ conjug 1 ◄ **1** VT **a** (= placer, construire) to situate **b** (= localiser) to find; (= définir) [+ personne] * to place **2** **se situer** VPR (dans l'espace) to be situated; (dans le temps) to take place ◆ **l'action se situe à Paris** the action takes place in Paris

six [sis] **1** ADJ CARDINAL INV six ◆ **ils sont ~ enfants** there are six children ◆ **~ mille personnes** six thousand people ◆ **il a ~ ans** he is six years old ◆ **il en reste ~** there are six left ◆ **il est ~ heures** it's six o'clock ◆ **il est trois heures moins ~** it is six minutes to three ◆ **il est trois**

heures ~ it is six minutes past ou after (US) three ◆ **ils sont venus tous les ~** all six of them came ◆ **ils vivent à ~ dans une seule pièce** there are six of them living in one room ◆ **entrer ~ par ~** to come in six at a time **2** ADJ ORDINAL INV ◆ **arriver le ~ septembre** to arrive on the sixth of September ◆ **Louis ~** Louis the Sixth ◆ **chapitre/page/numéro ~** chapter/page/number six **3** NM INV six ◆ **trente-~** thirty-six ◆ **c'est le ~ qui a gagné** number six has won ◆ **il habite ~ rue de Paris** he lives at six, Rue de Paris ◆ **nous sommes le ~ aujourd'hui** it's the sixth today ◆ **le ~ de cœur** (Cartes) the six of hearts

sixième [sizjɛm] **1** ADJ sixth ◆ **trente-~** thirty-sixth **2** NMF sixth person ◆ **arriver ~** to come sixth **3** NM (= portion) sixth; (= arrondissement) sixth arrondissement; (= étage) sixth floor (Brit), seventh floor (US) ◆ **le ~ de la somme** a sixth of the sum **4** NF (Scol) ≈ first form (Brit), ≈ sixth grade (US) ◆ **entrer en (classe de) ~** ≈ to go into the first form (Brit) ou sixth grade (US) ◆ **élève de ~** ≈ first form (Brit) ou sixth-grade (US) pupil

skaï ® [skaj] NM leatherette ®

skate(-board) [skɛt(bɔʀd)] NM (= planche) skateboard; (= activité) skateboarding ◆ **faire du ~** to skateboard

sketch (pl **~es**) [skɛtʃ] NM sketch

ski [ski] NM (= objet) ski; (= sport) skiing ◆ **faire du ~** to ski ◆ **aller au ~** * to go skiing ◆ **chaussures/station de ~** ski boots/resort ▸ **ski alpin** ou **de piste** downhill skiing ▸ **ski de fond** cross-country skiing ▸ **ski nautique** water-skiing

skier [skje] ◄ conjug 7 ◄ VI to ski

skieur, skieuse [skjœʀ, skjøz] NM,F skier ◆ **~ de fond** cross-country skier

skipper [skipœʀ] NM skipper

slalom [slalɔm] NM slalom ◆ **faire du ~** to slalom ◆ **faire du ~ entre les tables** (fig) to weave between the tables ◆ **~ géant** giant slalom

slave [slav] **1** ADJ Slav; [langue] Slavic **2** **Slave** NMF Slav

slip [slip] NM [d'homme] briefs; [de femme] pants ◆ **deux ~s** [d'homme] two pairs of briefs ◆ **~ de bain** [d'homme] swimming trunks; (bikini) bikini bottoms

slogan [slɔgɑ̃] NM slogan

slovaque [slɔvak] **1** ADJ Slovak **2** **Slovaque** NMF Slovak

Slovaquie [slɔvaki] NF Slovakia

slovène [slɔvɛn] **1** ADJ Slovene **2** **Slovène** NMF Slovene

Slovénie [slɔveni] NF Slovenia

slow [slo] NM (= danse) slow dance

SME [εsɛmə] NM (abrév de **système monétaire européen**) EMS

SMIC [smik] NM (abrév de **salaire minimum interprofessionnel de croissance**) guaranteed minimum wage

smoking [smɔkiŋ] NM (= costume) dinner suit (Brit), tuxedo (US); (= veston) dinner jacket

snack [snak], **snack-bar** (pl ~-**bars**) [snakbar] NM snack bar

SNCF [ɛsɛnseef] NF (abrév de **Société nationale des chemins de fer français**) French national railway company

sniffer * [snife] ► conjug 1 ◄ VT [+ drogue] to sniff

snob [snɔb] **1** NMF snob **2** ADJ snobbish

snober [snɔbe] ► conjug 1 ◄ VT [+ personne] to snub

snobisme [snɔbism] NM snobbery

snowboard [snobɔrd] NM snowboard ◆ **faire du ~** to snowboard

sobre [sɔbr] ADJ **a** (= qui mange et boit peu) abstemious; (= qui ne boit pas d'alcool) teetotal; (= qui n'est pas ivre) sober **b** [décor, style, tenue] sober

sobriété [sɔbrijete] NF **a** (= fait de boire et manger peu) temperance; (= fait de ne pas boire d'alcool) abstinence **b** [de style, éloquence] sobriety; [de mise en scène, décor] simplicity

sobriquet [sɔbrikɛ] NM nickname

sociable [sɔsjabl] ADJ sociable

social, e (mpl **-iaux**) [sɔsjal, jo] ADJ social ◆ **revendications ~es** workers' demands ◆ **conflit ~** industrial dispute

social-démocrate, sociale-démocrate (mpl **sociaux-démocrates**) [sɔsjaldemɔkrat, sɔsjodemɔkrat] ADJ, NM,F Social Democrat

socialisme [sɔsjalism] NM socialism

socialiste [sɔsjalist] ADJ, NMF socialist

sociétaire [sɔsjetɛr] NMF member (of a society)

société [sɔsjete] NF **a** (= groupe, communauté) society ◆ **la ~ de consommation/de loisirs** the consumer/leisure society ◆ **la haute ~** high society **b** (= club) (littéraire) society; (sportif) club **c** (= firme) company ► **société anonyme** ≈ limited company ► **société à responsabilité limitée** limited liability company

socioculturel, -elle [sɔsjokyltyrɛl] ADJ sociocultural

sociologie [sɔsjɔlɔʒi] NF sociology

sociologique [sɔsjɔlɔʒik] ADJ sociological

sociologue [sɔsjɔlɔg] NMF sociologist

socioprofessionnel, -elle [sɔsjoprɔfesjɔnɛl] ADJ socioprofessional

socle [sɔkl] NM [de statue, colonne] plinth; [de lampe, vase] base

socquette [sɔkɛt] NF ankle (Brit) ou bobby (US) sock

soda [sɔda] NM (aromatisé) fizzy drink (Brit), soda (US); (= eau gazeuse) soda

sodium [sɔdjɔm] NM sodium

sœur [sœr] NF sister

sofa [sɔfa] NM sofa

software [sɔftwɛr] NM software

soi [swa] PRON PERS oneself ◆ **rester chez ~** to stay at home ◆ **cela va de ~** it goes without saying ◆ **en ~** (= intrinsèquement) in itself

soi-disant [swadizɑ̃] **1** ADJ INV so-called ◆ **un ~ poète** a so-called poet **2** ADV supposedly ◆ **il était ~ parti à Rome** he had supposedly left for Rome

soie [swa] NF (= tissu) silk ◆ **brosse en ~s de sanglier** bristle brush

soierie [swari] NF (= tissu) silk

soif [swaf] NF thirst ◆ **avoir ~** to be thirsty ◆ **ça donne ~** it makes you thirsty ◆ **~ de** [+ connaissances, vengeance] thirst for

soigné, e [swaɲe] ADJ **a** [personne, chevelure] well-groomed; [ongles] manicured; [mains] well-cared-for **b** [travail, présentation] careful; [jardin] well-kept

soigner [swaɲe] ► conjug 1 ◄ **1** VT **a** [+ personne] to look after; [médecin] to treat ◆ **je soigne mes rhumatismes avec des pilules** I'm taking pills for my rheumatism ◆ **il faut te faire ~ !** * you need your head examined! **b** [+ tenue, travail, présentation] to take care over; [+ image de marque] to be careful about **2** **se soigner** VPR **a** (= prendre des médicaments) to take medicine ◆ **soigne-toi bien** take good care of yourself **b** [maladie] ◆ **de nos jours, la tuberculose se soigne** these days tuberculosis can be treated

soigneusement [swaɲøzmɑ̃] ADV carefully

soigneux, -euse [swaɲø, øz] ADJ **a** (= propre, ordonné) tidy **b** (= appliqué) careful

soi-même [swamɛm] PRON oneself

soin [swɛ̃] **1** NM **a** (= application, responsabilité) care ◆ **faire qch avec (grand) ~** to do sth (very) carefully ◆ **prendre ~ de qn/qch** to take care of sb/sth ◆ **avoir ou prendre ~ de faire qch** to take care to do sth ◆ **confier à qn le ~ de faire qch** to entrust sb with the job of doing sth **b** (= traitement) ◆ **se faire faire un ~ du visage** (en institut) to have a facial **2** **soins** NMPL care *NonC*; (= traitement) treatment *NonC* ◆ **~s de beauté** beauty care ◆ **le blessé a reçu les premiers ~s** the injured man has been given first aid ◆ **être aux petits ~s pour qn** to attend to sb's every need

soir [swaʀ] NM evening ✦ **repas/journal du ~** evening meal/paper ✦ **5 heures du ~** 5 o'clock in the afternoon, 5 pm ✦ **11 heures du ~** 11 o'clock at night, 11 pm ✦ **sortir le ~** to go out in the evening ✦ **ce ~** this evening ✦ **tous les ~s** every evening ✦ **hier ~** last night ✦ **demain ~** tomorrow evening ✦ **dimanche ~** Sunday evening ✦ **la veille au ~** the previous evening

soirée [swaʀe] NF **a** (= soir) evening ✦ **bonne ~ !** have a nice evening! **b** (= réception) party ✦ **~ dansante** dance **c** (= séance de cinéma, de théâtre) evening performance

soit [swa(t)] **1** ADV (frm = oui) very well **2** CONJ **a** (= ou) ✦ **~ ... ~** either ... or ✦ **~ l'un ~ l'autre** either one or the other **b** (= à savoir) that is to say **c** (en hypothèse) ✦ **~ un rectangle ABCD** let ABCD be a rectangle ✦ **soient deux triangles** given two triangles

soixantaine [swasɑ̃tɛn] NF **a** (= environ soixante) sixty or so ✦ **une ~ de personnes/de livres** sixty or so people/books ✦ **ils étaient une bonne ~** there were a good sixty of them ✦ **il y a une ~ d'années** sixty or so years ago **b** (= âge) sixty ✦ **un homme d'une ~ d'années** a man in his sixties ✦ **elle a la ~** she's about sixty

soixante [swasɑ̃t] ADJ INV, NM INV sixty ✦ **page ~** page sixty ✦ **les années ~** the sixties ✦ **~ et un** sixty-one ✦ **~ et unième** sixty-first ✦ **~-dix** seventy ✦ **~-dixième** seventieth ✦ **~ mille** sixty thousand ✦ **le (numéro) ~** (jeu, rue) number sixty

soixantième [swasɑ̃tjɛm] ADJ, NM sixtieth; pour loc voir **sixième**

soja [sɔʒa] NM soya

sol¹ [sɔl] NM ground; (= plancher) floor; (= revêtement) flooring NonC; (= territoire, terrain) soil ✦ **posé au ~** on the ground (ou floor) ✦ **sur le ~ français** on French soil

sol² [sɔl] NM INV (note) G; (en chantant la gamme) so

solaire [sɔlɛʀ] ADJ [énergie, panneaux] solar; [calculatrice] solar-powered; [crème, filtre] sun *avant le nom*

solarium [sɔlaʀjɔm] NM solarium

soldat [sɔlda] NM soldier ✦ **simple ~, ~ de 2ᵉ classe** (armée de terre) private; (armée de l'air) aircraftman (Brit), airman (US) ✦ **~ de plomb, petit ~** toy soldier

solde¹ [sɔld] NF pay; (péj) ✦ **être à la ~ de qn** to be in the pay of sb

solde² [sɔld] **1** NM **a** (= reliquat) balance ✦ **pour ~ de tout compte** in settlement **b** (= rabais) ✦ **acheter qch en ~** to buy sth at sale price ✦ **article en ~** sale item ou article **2** NMPL ✦ **les ~s** the sales ✦ **faire les ~s** to go to the sales

solder [sɔlde] ► conjug 1 ◄ **1** VT **a** [+ compte] (= arrêter) to close; (= acquitter) to settle **b** [+ marchandises] to sell off **2** **se solder** VPR ✦ **se ~ par** [+ bénéfices, déficit] to show; [+ échec, mort] to end in

sole [sɔl] NF (= poisson) sole

soleil [sɔlɛj] NM sun ✦ **~ levant/couchant** rising/setting sun ✦ **au ~** in the sun ✦ **il y a du ~, il fait ~** * the sun's shining ✦ **être en plein ~** to be right in the sun ✦ **attraper** ou **prendre un coup de ~** to get sunburned ✦ **j'ai un coup de ~ dans le dos** my back is sunburned

solennel, -elle [sɔlanɛl] ADJ solemn

solfège [sɔlfɛʒ] NM (= théorie) music theory

solidaire [sɔlidɛʀ] ADJ **a** [personnes] ✦ **être ~s** to show solidarity ✦ **être ~ de** [+ personne] to stand by; [+ combat] to support **b** [mécanismes, pièces] interdependent

solidarité [sɔlidaʀite] NF [de personnes] solidarity ✦ **cesser le travail par ~ avec les grévistes** to stop work in sympathy with the strikers

solide [sɔlid] **1** ADJ **a** solid ✦ **~ comme un roc** as solid as a rock **b** [économie] strong; [argument, connaissances] sound **c** (= vigoureux) [personne, jambes] sturdy; [santé, cœur] sound ✦ **il faut avoir les nerfs ~s** you need strong nerves **d** [appétit] hearty **2** NM solid

solidement [sɔlidmɑ̃] ADV [fixer, tenir] firmly

solidifier VT, **se solidifier** VPR [sɔlidifje] ► conjug 7 ◄ to solidify

solidité [sɔlidite] NF solidity; [de monnaie, économie] strength

soliste [sɔlist] NMF soloist

solitaire [sɔlitɛʀ] **1** ADJ **a** (= isolé, sans compagnie) solitary **b** (= désert) lonely **2** NMF loner ✦ **elle a fait le tour du monde en ~** she sailed single-handed around the world **3** NM (= diamant, jeu) solitaire

solitude [sɔlityd] NF (= tranquillité) solitude; (= manque de compagnie) loneliness ✦ **aimer la ~** to like being on one's own

solliciter [sɔlisite] ► conjug 1 ◄ VT **a** [+ explication, faveur, audience] to seek (de qn from sb) **b** [+ personne, curiosité, sens] to appeal to ✦ **il est très sollicité** he's very much in demand

sollicitude [sɔlisityd] NF concern NonC ✦ **être** ou **se montrer plein de ~ envers qn** to be very attentive towards sb

solo [sɔlo] (pl ~s ou **soli** [sɔli] ADJ INV, NM solo ✦ **jouer/chanter en ~** to play/sing a solo

solstice [sɔlstis] NM solstice

soluble [sɔlybl] ADJ soluble ✦ **café ~** instant coffee

solution [sɔlysjɔ̃] NF solution ✦ **c'est une ~ de facilité** it's the easy way out

solvable [sɔlvabl] ADJ [entreprise] solvent; [personne] creditworthy

solvant [sɔlvɑ̃] NM solvent

Somalie [sɔmali] NF Somalia

sombre [sɔ̃bʀ] ADJ **a** [nuit, pièce, couleur] dark ◆ **bleu/vert** ~ dark blue/green **b** [personne, air, avenir] gloomy; [période] dark **c** (valeur intensive) ◆ ~ **idiot/brute** absolute idiot/brute ◆ **ils se sont disputés pour une** ~ **histoire d'argent** they argued over a sordid financial matter

sombrer [sɔ̃bʀe] ► conjug 1 ◄ VI [bateau] to sink; [empire] to founder; [entreprise] to collapse ◆ ~ **dans** [+ désespoir, sommeil, oubli] to sink into

sommaire [sɔmɛʀ] **1** ADJ **a** [exposé, examen, description] brief; [justice, procédure, exécution] summary **b** [connaissances, réparation] basic; [décoration] minimal **2** NM [de revue] contents ◆ **au** ~ **de notre émission ce soir ...** in our programme tonight ...

sommation [sɔmasjɔ̃] NF (= injonction) demand; (avant de faire feu) warning ◆ **tirer sans** ~ to shoot without warning

somme[1] [sɔm] NM nap ◆ **faire un petit** ~ to have a nap

somme[2] [sɔm] NF **a** (= quantité) amount ◆ **faire la** ~ **de** to add up **b** ◆ ~ **(d'argent)** sum (of money) **c** (loc) ◆ **en** ~ (= tout bien considéré) all in all; (= bref) in short ◆ ~ **toute** when all is said and done

sommeil [sɔmɛj] NM sleep ◆ **avoir** ~ to be sleepy ◆ **tomber de** ~ to be asleep on one's feet ◆ **avoir le** ~ **léger/profond** to be a light/ heavy sleeper

sommeiller [sɔmeje] ► conjug 1 ◄ VI [personne] to doze; [talent, nature] to lie dormant

sommelier [sɔməlje] NM wine waiter

sommelière [sɔməljɛʀ] NF wine waitress; (Helv = serveuse) waitress

sommer [sɔme] ► conjug 1 ◄ VT ◆ ~ **qn de faire qch** to command sb to do sth

sommet [sɔmɛ] NM **a** [de tour, arbre, pente, hiérarchie] top; [de montagne] summit; [de vague] crest; [de crâne] crown; [d'angle, figure] vertex **b** (= montagne) summit **c** (= réunion) summit ◆ **au** ~ [réunion, discussions] summit

sommier [sɔmje] NM [de lit] bed base

somnambule [sɔmnɑ̃byl] **1** NMF sleepwalker **2** ADJ ◆ **être** ~ to sleepwalk

somnifère [sɔmnifɛʀ] NM (= pilule) sleeping pill

somnoler [sɔmnɔle] ► conjug 1 ◄ VI [personne] to doze; [ville] to be sleepy

somptueux, -euse [sɔ̃ptɥø, øz] ADJ [habit, palais, décor] sumptuous; [cadeau, train de vie] lavish

son[1], **sa** [sɔ̃, sa] (pl **ses**) [se] ADJ POSS [d'un homme] his; [d'une femme] her; [d'objet, abstraction] its; (indéfini) one's; (avec quelqu'un, personne, chacun) his, her ◆ ~ **père et sa mère** his (ou her) father and (his ou her) mother ◆ **il a** ~ **appartement à Paris** he's got his own flat in Paris ◆ **être satisfait de sa situation** to be satisfied with one's situation ◆ **personne ne sait comment finira sa vie** no-one knows how his life will end ◆ **quelqu'un a-t-il oublié sa veste ?** has someone left their jacket?

son[2] [sɔ̃] NM (= bruit) sound ◆ **elle dansait au** ~ **de l'accordéon** she was dancing to the accordion ◆ **elle tressaillit au** ~ **de sa voix** she started at the sound of his voice ◆ **(spectacle) ~ et lumière** son et lumière (show)

son[3] [sɔ̃] NM (= céréale) bran

sonar [sɔnaʀ] NM sonar

sonate [sɔnat] NF sonata

sondage [sɔ̃daʒ] NM **a** (= enquête) poll ◆ ~ **d'opinion** opinion poll ◆ **faire un** ~ to conduct a survey (auprès de among) **b** (= forage) boring; (Naut) sounding

sonde [sɔ̃d] NF **a** [de bateau] sounding line **b** (de forage) drill **c** (pour examen médical) probe; (d'alimentation) feeding tube **d** (Météo) sonde ◆ ~ **spatiale** space probe

sonder [sɔ̃de] ► conjug 1 ◄ VT **a** [+ personne] to sound out; (par sondage d'opinion) to poll **b** (Naut) to sound; [+ terrain] to drill

songe [sɔ̃ʒ] NM (littér) dream

songer [sɔ̃ʒe] ► conjug 3 ◄ **songer à** VT INDIR (= considérer) to think about ◆ ~ **à se marier ou au mariage** to think of getting married ◆ **j'y ai sérieusement songé** I gave it some serious thought ◆ **songez-y** think it over ◆ **quand on songe à tout ce gaspillage** when you think of all this waste ◆ **inutile d'y** ~ it's no use thinking about it ◆ **vous n'y songez pas !** you must be joking!

songeur, -euse [sɔ̃ʒœʀ, øz] ADJ pensive ◆ **cela me laisse** ~ I just don't know what to think

sonné, e [sɔne] ADJ **a** ◆ **il est midi** ~ it's past twelve ◆ **avoir trente ans bien** ~**s** * to be on the wrong side of thirty * **b** (* = assommé) groggy

sonner [sɔne] ► conjug 1 ◄ **1** VT **a** [+ cloche] to ring; [+ clairon, rassemblement, alarme] to sound; [+ messe] to ring the bell for ◆ ~ **l'heure** to strike the hour ◆ **se faire** ~ **les cloches** * to get a good telling-off * **b** [+ portier, infirmière] to ring for ◆ **on ne t'a pas sonné !** * nobody asked you! **2** VI **a** [cloches, téléphone, visiteur] to ring; [réveil] to go off ◆ **elle a mis le réveil à** ~ **à 7 heures** she set the alarm for 7 o'clock ◆ **on a sonné** the bell has just gone **b** ◆ ~ **creux**

[mur] to sound hollow ◆ **faux** to sound out of tune; [rire, paroles] to ring false ◆ **~ bien** [nom] to sound good **c** [midi, minuit] to strike

sonnerie [sɔnʀi] NF [de sonnette, cloches] ringing

sonnet [sɔnɛ] NM sonnet

sonnette [sɔnɛt] NF bell ◆ **tirer la ~ d'alarme** (fig) to sound the alarm

sono * [sɔno] NF (abrév de **sonorisation**) [de salle de conférences] PA system; [de discothèque] sound system

sonore [sɔnɔʀ] ADJ **a** (= bruyant) resonant; [baiser, gifle, rire] resounding **b** [niveau, onde, vibrations] sound; → **fond**

sonorité [sɔnɔʀite] NF tone

sont [sɔ̃] VB → **être**

sophistiqué, e [sɔfistike] ADJ sophisticated

soporifique [sɔpɔʀifik] **1** ADJ soporific **2** NM sleeping drug

soprane [sɔpʀan] NMF soprano

soprano [sɔpʀano] **1** NM (= voix) soprano **2** NMF (= personne) soprano

sorbet [sɔʀbɛ] NM sorbet

sorcellerie [sɔʀsɛlʀi] NF witchcraft

sorcier [sɔʀsje] **1** NM sorcerer **2** ADJ ◆ **ce n'est pas ~ !** * it's dead easy! *

sorcière [sɔʀsjɛʀ] NF witch

sordide [sɔʀdid] ADJ sordid; [action, mentalité] base; [conditions de vie] squalid

sort [sɔʀ] NM **a** (= condition) lot ◆ **être satisfait de son ~** to be happy with one's lot **b** (= destinée, hasard) fate ◆ **abandonner qn à son triste ~** to abandon sb to his sad fate ◆ **tirer au ~** to draw lots ◆ **tirer qch au ~** to draw lots for sth **c** [de sorcier] spell ◆ **jeter un ~ à qn** to put a spell on sb

sortable * [sɔʀtabl] ADJ ◆ **tu n'es pas ~ !** we (ou I) can't take you anywhere!

sorte [sɔʀt] NF (= espèce) sort ◆ **une ~ de** a sort of ◆ **toutes ~s de gens/choses** all sorts of people/things ◆ **des vêtements de toutes ~s** all sorts of clothes ◆ **en quelque ~** in a way ◆ **de (telle) ~ que** (= de façon à ce que) so that; (= si bien que) so much so that ◆ **faire en ~ que** to see to it that ◆ **faites en ~ d'avoir fini demain** arrange things so that you finish tomorrow

sortie [sɔʀti] NF **a** (= action, moment) [de personne] exit; [de véhicule, bateau] departure ◆ **à la ~ des bureaux/théâtres** when the offices/theatres come out ◆ **sa mère l'attend à la ~ de l'école** his mother waits for him after school ◆ **retrouvons-nous à la ~ (du concert)** let's meet at the end (of the concert) ◆ **à sa ~ de prison** when he comes (ou came) out of

prison **b** (= promenade) outing; (le soir : au théâtre, au cinéma etc) evening out ◆ **nous sommes de ~ ce soir** we're going out tonight **c** (= lieu) exit ◆ **~ d'autoroute** motorway (Brit) ou highway (US) exit ◆ **~ de secours** emergency exit ◆ **sa maison se trouve à la ~ du village** his house is at the edge of the village **d** (= remarque drôle) sally **e** (= mise en vente) [de voiture, modèle] launching; [de livre] publication; [de disque, film] release **f** (= sommes dépensées) ◆ **~s** outgoings **g** (Informatique) output ◆ **~ papier** print-out **h** (Sport) ◆ **~ en touche** going into touch

sortilège [sɔʀtilɛʒ] NM spell

sortir [sɔʀtiʀ] ▶ conjug 16 ◄ **1** VI (aux être) **a** to go ou come out (de of) ◆ **mon père est sorti, puis-je prendre un message ?** my father is out, can I take a message? ◆ **~ en touche** [ballon] to go into touch ◆ **la balle est sortie** (Tennis) the ball is out ◆ **~ de chez qn** to go ou come out of sb's house ◆ **sors d'ici !** get out of here! ◆ **~ en courant** to run out ◆ **je sors à 6 heures** (du bureau, du lycée) I finish at 6 ◆ **~ du lit** to get out of bed ◆ **il sort d'une bronchite** he's just had a chest infection ◆ **laisser ~ qn (de)** to let sb out (of) ◆ **d'où sort cette revue ?** where has this magazine come from? **b** (= quitter) ◆ **~ de** to leave ◆ **les voiliers sortaient du port** the sailing boats were leaving the harbour ◆ **il sort d'ici** he's just left ◆ **~ de table** to leave the table ◆ **Madame, est-ce que je peux ~ ?** (en classe) Miss, can I be excused please? ◆ **la voiture est sortie de la route** the car left ou came off the road ◆ **on n'est pas sortis de l'auberge** * we're not out of the woods yet * **c** (Informatique) ◆ **~ de** [+ fichier informatique, application] to exit **d** (pour se distraire) to go out ◆ **~ dîner** to go out for dinner **e** (relation amoureuse) ◆ **sortir avec qn** to go out with sb ◆ **~ ensemble** to go out **f** (= dépasser) to stick out; [dent, plante] to come through; [bouton] to appear **g** (= être fabriqué, publié, sorti) to come out; [disque, film] to be released **h** (par hasard) [numéro, couleur, sujet d'examen] to come up **i** (= s'écarter) ◆ **~ du sujet** to get off the subject **j** (= être issu) ◆ **il sort de l'université de Perpignan** he went to the University of Perpignan **k** (= résulter) ◆ **~ de** to come of ◆ **que va-t-il ~ de tout cela ?** what will come of all this? **2** VT (aux avoir) **a** to take out (de of); (= expulser) to throw out ◆ **il a sorti un mouchoir de sa poche** he took a handkerchief out of his pocket ◆ **~ qn de** (d'un lieu, d'une situation difficile) to get sb out of **b** (= mettre en vente) to bring out **c** (* = dire) to come out with * ◆ **elle en a sorti une bien bonne** she came out with a good one * **3** se sortir VPR ◆ **se ~ d'une situation difficile** to manage to get out of a difficult situation ◆ **il s'en est sorti sans une égratignure** he came out of it without a scratch ◆ **tu crois qu'il va s'en ~ ?** (malade) do you think he'll pull through?; (en situation difficile) do you think he'll come through all right? **◆ avec son salaire, il ne peut pas s'en ~** he can't get by on what he earns **◆ va l'aider, il ne s'en sort pas** go and help him, he can't cope **◆ bravo, tu t'en es très bien sorti !** you've done really well!

SOS [ɛsoɛs] NM SOS **◆ ~ Médecins** *emergency medical service*

sosie [sɔzi] NM (= personne) double **◆ c'est le ~ de son frère** he's the spitting image of his brother

sot, sotte [so, sɔt] ADJ silly

sottise [sɔtiz] NF **a** (= caractère) foolishness **b** (= parole, action) **◆ dire des ~s** to say silly things **◆ faire une ~** [adulte] to do a silly thing **◆ faire des ~s** [enfant] to be naughty

sou [su] NM **◆ il n'a pas le ~, il est sans le ~** he hasn't got a penny to his name **◆ ~s** * (= argent) money

soubresaut [subʀəso] NM **a** (de véhicule) jolt **b** (de personne) start **◆ avoir un ~** to give a start

souche [suʃ] NF **a** (d'arbre) stump **b** (d'origine) **◆ elle est française de ~** she's French origin **c** (= talon) counterfoil **◆ carnet à ~s** counterfoil book

souci [susi] NM **a** (= inquiétude) worry **◆ se faire du ~** to worry **b** (= préoccupation) concern **◆ avoir le ~ de bien faire** to be conscientious about doing things well **◆ par ~ d'honnêteté** for honesty's sake **c** (= fleur) marigold

soucier [susje] ► conjug 7 ◄ **1** VT to worry **2 se soucier** VPR **◆ se ~ de** to care about **◆ sans se ~ de leur réaction** without worrying about their reaction

soucieux, -ieuse [susjø, jøz] ADJ **a** (= inquiet) worried **b ◆ être ~ de qch** to be concerned about sth **◆ être ~ de faire qch** to be anxious to do sth

soucoupe [sukup] NF saucer ► **soucoupe volante** flying saucer

soudain, e [sudɛ̃, ɛn] **1** ADJ sudden **2** ADV suddenly

soudainement [sudɛnmɑ̃] ADV suddenly

soude [sud] NF soda

soudé, e [sude] ADJ [équipe] closely-knit

souder [sude] ► conjug 1 ◄ VT to weld; (avec fil à souder) to solder

soudoyer [sudwaje] ► conjug 8 ◄ VT to bribe

soudure [sudyʀ] NF welding; (avec fil à souder) soldering; (= endroit) weld

souffle [sufl] **1** NM **a** (= expiration) breath **◆ pour jouer d'un instrument à vent, il faut du ~** you need a lot of breath to play a wind instrument **b** (= respiration) breathing **◆ avoir**

le ~ court to be short of breath **◆ retenir son ~** to hold one's breath **◆ reprendre son ~** to get one's breath back **◆ couper le ~ à qn** to wind sb; (fig) to take sb's breath away **c** [d'explosion] blast **d** (= vent) **◆ il n'y avait pas un ~ d'air** there was not a breath of air **e** (= force créatrice) inspiration **2** COMP ► **souffle au cœur** heart murmur

soufflé [sufle] NM soufflé **◆ ~ au fromage** cheese soufflé

souffler [sufle] ► conjug 1 ◄ **1** VI **a** [vent, personne] to blow **◆ ~ sur une bougie (pour l'éteindre)** to blow out a candle **◆ ~ dans le ballon** * (alcootest) to be breathalyzed **b** (= respirer avec peine) to puff and blow **c** (= se reposer) to get one's breath back **◆ laisser ~ qn** to let sb get his breath back **2** VT **a** [+ bougie] to blow out **b** [+ fumée] to blow **c** (* = prendre) **◆ ~ qch à qn** to pinch sth from sb * **d** [bombe, explosion] to destroy **e** [+ réponse] to whisper (à qn to sb) **◆ ~ qch à l'oreille de qn** to whisper sth in sb's ear **◆ il n'a pas soufflé mot** he didn't breathe a word **f** (* = étonner) to stagger * **g** (Tech) **◆ ~ le verre** to blow glass

soufflet [sufle] NM (pour le feu) bellows; [de sac, classeur] extendible gusset **◆ classeur à ~s** accordion file

souffleur, -euse [suflœʀ, øz] NM,F **a** (Théâtre) prompter **b ◆ ~ de verre** glass-blower

souffrance [sufʀɑ̃s] NF suffering **◆ en ~** [affaire, dossier] pending

souffrant, e [sufʀɑ̃, ɑ̃t] ADJ ill

souffre-douleur [sufʀədulœʀ] NMF INV punchbag

souffrir [sufʀiʀ] ► conjug 18 ◄ **1** VI **a** to suffer **◆ faire ~ qn** (physiquement) to hurt sb; (moralement) to make sb suffer; [attitude, événement] to cause sb pain **◆ mon bras me fait ~** my arm hurts **◆ ~ de rhumatismes/de la chaleur** to suffer from rheumatism/the heat **◆ sa réputation en a souffert** his reputation suffered by it **b** (= éprouver de la difficulté) to have a hard time of it **2** VT **a** (= éprouver) **◆ ~ le martyre** to go through agonies **b** (= supporter) **◆ il ne peut pas ~ cette fille/le mensonge** he can't stand that girl/lies

soufre [sufʀ] NM sulphur (Brit), sulfur (US)

souhait [swɛ] NM wish **◆ à vos ~s !** bless you!

souhaitable [swɛtabl] ADJ desirable

souhaiter [swete] ► conjug 1 ◄ VT **a** [+ réussite, changements] to wish for **◆ ~ que** to hope that **◆ à quelle heure souhaitez-vous partir ?** what time would you like to leave? **b** (= exprimer ses vœux) **◆ ~ la bonne année/bonne chance à qn** to wish sb a happy New Year/(the best of) luck **◆ ~ à qn de réussir** to wish sb success **◆ je vous souhaite bien du plaisir !** (iro) best of luck to you! * (iro)

souiller [suje] ► conjug 1 ◄ VT (frm) [+ drap, vêtement] to soil; [+ réputation] to sully

soûl, soûle [su, sul] ADJ drunk

soulagement [sulaʒmã] NM relief ◆ **à mon grand ~** to my great relief

soulager [sulaʒe] ► conjug 3 ◄ **1** VT to relieve; [+ conscience] to ease ◆ **ça le soulage de s'étendre** it relieves the pain when he stretches out ◆ **pleure un bon coup, ça soulage !** have a good cry, it'll make you feel better! **2** **se soulager** VPR (euph = uriner) to relieve o.s.

soûler * [sule] ► conjug 1 ◄ **1** VT **a** (= rendre ivre) ◆ **~ qn** [personne] to get sb drunk; [boisson] to make sb drunk **b** (= fatiguer) ◆ **~ qn** to make sb's head spin **2** **se soûler** VPR to get drunk ◆ **se ~ à la bière/au whisky** to get drunk on beer/on whisky

soulèvement [sulɛvmã] NM uprising

soulever [sul(ə)ve] ► conjug 5 ◄ **1** VT **a** [+ objet, malade, couvercle] to lift ◆ **cela me soulève le cœur** [odeur] it makes me feel sick **b** [+ poussière] to raise **c** [+ enthousiasme, colère] to arouse; [+ protestations, problème, questions] to raise **2** **se soulever** VPR [personne] (= se lever) to lift o.s. up; (= s'insurger) to rise up

soulier [sulje] NM shoe

souligner [suliɲe] ► conjug 1 ◄ VT **a** (d'un trait) to underline **b** (= accentuer) to emphasize **c** (= faire remarquer) to underline

soumettre [sumɛtʀ] ► conjug 56 ◄ **1** VT **a** [+ pays, peuple] to subject; [+ rebelles] to put down ◆ **~ qn à** [+ traitement, régime, impôt] to subject sb to **b** (= présenter) [+ idée, cas, manuscrit] to submit (à to) **2** **se soumettre** VPR to submit (à to)

soumis, e [sumi, iz] de **soumettre** ◇ ADJ [personne, air] submissive

soumission [sumisjɔ̃] NF submission (à to)

soupape [supap] NF valve ◆ **~ de sûreté ou de sécurité** safety valve

soupçon [supsɔ̃] NM **a** (= suspicion) suspicion ◆ **être au-dessus de tout ~** to be above all ou any suspicion ◆ **avoir des ~s (sur)** to have one's suspicions (about) **b** [d'assaisonnement, maquillage, vulgarité] hint; [de vin, lait] drop

soupçonner [supsɔne] ► conjug 1 ◄ VT to suspect (de of) ◆ **je la soupçonne d'avoir menti** I suspect she's been lying

soupçonneux, -euse [supsɔnø, øz] ADJ suspicious

soupe [sup] NF soup ◆ **~ à l'oignon/de poisson** onion/fish soup ◆ **il est très ~ au lait** he flies off the handle easily ► **soupe populaire** soup kitchen

souper [supe] **1** NM supper; (= dîner) dinner **2** ► conjug 1 ◄ VI to have supper; (= dîner) to have dinner

soupeser [supəze] ► conjug 5 ◄ VT [+ objet] to feel the weight of

soupière [supjɛʀ] NF soup tureen

soupir [supiʀ] NM **a** sigh ◆ **pousser un ~** to heave a sigh **b** (Mus) crotchet rest (Brit), quarter-note rest (US)

soupirail (pl **-aux**) [supiʀaj, o] NM (small) basement window

soupirant [supiʀã] NM suitor (†)

soupirer [supiʀe] ► conjug 1 ◄ VI to sigh

souple [supl] ADJ **a** supple; [branche, tige, lame] flexible; [brosse à dents, lentille] soft **b** (= adaptable) [personne, règlement, horaires] flexible

souplesse [suplɛs] NF **a** suppleness; [de branche, tige, lame] flexibility **b** (= adaptabilité) flexibility

source [suʀs] NF **a** (= point d'eau) spring **b** [de revenus, énergie, inspiration] source ◆ **cette rivière prend sa ~ dans le Massif central** this river has its source in the Massif Central

sourcil [suʀsi] NM eyebrow

sourciller [suʀsije] ► conjug 1 ◄ VI ◆ **il n'a pas sourcillé** he didn't bat an eyelid

sourd, e [suʀ, suʀd] **1** ADJ **a** [personne] deaf ◆ **~ d'une oreille** deaf in one ear ◆ **être ~ comme un pot** * to be as deaf as a post ◆ **faire la ~e oreille** to turn a deaf ear (à to) ◆ **~ à** [+ conseils, prières] deaf to **b** [son, voix] muffled; [douleur] dull; [désir, inquiétude] gnawing; [lutte] silent **2** NM,F deaf person ◆ **les ~s** the deaf

sourdine [suʀdin] NF [de trompette, violon] mute ◆ **jouer en ~** to play softly

sourd-muet, sourde-muette (mpl **sourds-muets**) [suʀmɥɛ, suʀd(ə)mɥɛt] **1** ADJ deaf-and-dumb **2** NM,F deaf-and-dumb person

souriant, e [suʀjã, jãt] ADJ [visage] smiling; [personne] cheerful

sourire [suʀiʀ] **1** NM smile ◆ **avec le ~** [accueillir qn] with a smile; [travailler] cheerfully ◆ **faire un ~ à qn** to give sb a smile **2** VI ► conjug 36 ◄ **a** to smile (à qn at sb) ◆ **~ à qn** (= être favorable à) to smile on sb

souris [suʀi] NF (Zool, Informatique) mouse

sournois, e [suʀnwa, waz] ADJ [personne, air] sly; [attaque, manœuvres] underhand; [douleur, maladie] insidious

sous [su] **1** PRÉP **a** under ◆ **nager ~ l'eau** to swim under water ◆ **se promener ~ la pluie** to take a walk in the rain ◆ **il est ~ calmants/antibiotiques** he's on tranquillizers/antibiotics

b (= dans un délai de) within ◆ **~ peu** shortly **c** (Informatique) ◆ **travailler ~ DOS ®/UNIX ®** to work in DOS ®/UNIX ® **2** PRÉF **a** (subordination) sub- ◆ **~-catégorie** sub-category **b** (insuffisance) under ◆ **~-industrialisé** underindustrialized

sous-alimenté, e [suzalimɑ̃te] ADJ undernourished

sous-bois [subwa] NM INV undergrowth

souscription [suskʀipsjɔ̃] NF subscription; [de police d'assurance] taking out

souscrire [suskʀiʀ] ► conjug 39 ◄ **1** VT [+ abonnement, assurance] to take out **2** **souscrire à** VT INDIR to subscribe to; [+ émission d'actions] to subscribe for

sous-développé, e [sudev(ə)lɔpe] ADJ underdeveloped

sous-ensemble [suzɑ̃sɑ̃bl] NM subset

sous-entendre [suzɑ̃tɑ̃dʀ] ► conjug 41 ◄ VT to imply ◆ **qu'est-ce qu'il sous-entend par là ?** what's he trying to imply?

sous-entendu, e [suzɑ̃tɑ̃dy] **1** ADJ implied ◆ **il veut une personne jeune, sous-entendu : plus jeune que moi** he wants a young person, meaning : younger than me **2** NM insinuation; (sexuel) innuendo

sous-estimer [suzɛstime] ► conjug 1 ◄ VT to underestimate

sous-exposition [suzɛkspozisjɔ̃] NF underexposure

sous-homme [suzɔm] NM subhuman

sous-jacent, e [suʒasɑ̃, ɑ̃t] ADJ underlying

sous-louer [sulwe] ► conjug 1 ◄ VT to sublet

sous-marin, e [sumaʀɛ̃, in] **1** ADJ underwater; [câble] undersea **2** NM submarine

sous-officier [suzɔfisje] NM noncommissioned officer

sous-payer [supeje] ► conjug 8 ◄ VT to underpay

sous-produit [supʀɔdɥi] NM (Industrie) byproduct

sous-pull [supyl] NM thin poloneck jersey

soussigné, e [susiɲe] ADJ, NM,F undersigned ◆ **je ~, Dupont Charles, déclare que ...** I the undersigned, Charles Dupont, certify that ...

sous-sol [susɔl] NM [de terre] subsoil; [de bâtiment] basement

sous-titre [sutitʀ] NM [de journal, livre] subheading; [de film] subtitle

sous-titrer [sutitʀe] ► conjug 1 ◄ VT to subtitle ◆ **en version originale sous-titrée** in the original version with subtitles

soustraction [sustʀaksjɔ̃] NF subtraction

soustraire [sustʀɛʀ] ► conjug 50 ◄ **1** VT **a** (= enlever) to subtract (de from) **b** (frm = dérober) to remove (à from) **2** **se soustraire** (frm) VPR ◆ **se ~ à** [+ obligation, corvée] to shirk; [+ regards, vue] to conceal o.s. from

sous-traitant [sutʀɛtɑ̃] NM subcontractor

sous-traiter [sutʀete] ► conjug 1 ◄ VT to subcontract

sous-verre [suvɛʀ] NM (= encadrement) clip frame; (= image encadrée) clip-framed picture

sous-vêtement [suvɛtmɑ̃] NM item of underwear ◆ **~s** underwear

soutane [sutan] NF cassock

soute [sut] NF [de navire] hold ◆ **~ (à bagages)** [de bateau, avion] baggage hold

soutenance [sut(ə)nɑ̃s] NF (Univ) [de thèse] viva (Brit), defense (US)

souteneur [sut(ə)nœʀ] NM (= proxénète) pimp

soutenir [sut(ə)niʀ] ► conjug 22 ◄ VT **a** (= servir d'appui, d'aide à) to support **b** [+ attention, effort] to keep up **c** [+ assaut, siège] to withstand; [+ regard] to bear **d** (= affirmer) ◆ **il a soutenu jusqu'au bout qu'il était innocent** he maintained tothe end that he was innocent ◆ **il m'a soutenu qu'il avait écrit** he swore that he'd written **e** (Univ) ◆ **~ sa thèse** to attend one's viva (Brit), to defend one's dissertation (US)

soutenu, e [sut(ə)ny] ADJ [style, langue] formal; [attention, effort] sustained; [couleur] bold

souterrain, e [sutɛʀɛ̃, ɛn] **1** ADJ underground **2** NM underground passage; (pour piétons) underpass

soutien [sutjɛ̃] NM (= aide) support ◆ **financier** financial backing ◆ **cours de ~** (Scol) remedial course ◆ **apporter son ~ à qn/qch** to give sb/sth one's support

soutien-gorge (pl **soutiens-gorge**) [sutjɛ̃ gɔʀʒ] NM bra

soutirer [sutiʀe] ► conjug 1 ◄ VT ◆ **~ qch à qn** [+ argent] to squeeze sth out of sb; [+ promesse] to worm sth out of sb

souvenir [suv(ə)niʀ] **1** NM **a** (= réminiscence) memory ◆ **garder un bon/mauvais ~ de** to have good/bad memories of ◆ **des ~s d'enfance** childhood memories ◆ **si mes ~s sont exacts** if my memory serves me right **b** (= objet à valeur sentimentale) keepsake; (pour touristes) souvenir ◆ **photo ~** souvenir photo ◆ **garder qch en ~ (de qn)** to keep sth as a memento (of sb) ◆ **cette montre est un ~ de famille** this watch is a family heirloom **c** (= formule de politesse) ◆ **meilleur ~ de Rome** (sur une carte) greetings from Rome ◆ **mon bon ~ à Jean** remember me to Jean **2** **se souvenir** VPR

► conjug 22 ◄ to remember ◆ **se ~ de qn/qch** to remember sb/sth ◆ **se ~ d'avoir fait qch** to remember doing sth

souvent [suvɑ̃] ADV often ◆ **le plus ~, ça marche bien** more often than not it works well

souverain, e [suv(ə)ʀɛ̃, ɛn] **1** ADJ **a** [État] sovereign; [assemblée, juge] supreme **b** [mépris] supreme **2** NM,F (= monarque) sovereign

souveraineté [suv(ə)ʀɛnte] NF sovereignty

souvient [suvjɛ̃] VB → **souvenir**

soviétique [sɔvjetik] **1** ADJ Soviet **2** **Soviétique** NMF Soviet

soyeux, -euse [swajø, øz] ADJ silky

soyons [swajɔ̃] VB → **être**

SPA [espea] NF (abrév de *Société protectrice des animaux*) ≈ RSPCA (Brit), ≈ ASPCA (US)

spacieux, -ieuse [spasjø, jøz] ADJ spacious

spaghettis [spageti] NMPL spaghetti

spam [spam] NM spam

sparadrap [spaʀadʀa] NM Band-Aid ®, plaster (Brit)

spasme [spasm] NM spasm

spatial, e [spasjal, jo] ADJ (opposé à temporel) spatial; (Espace) space *avant le nom*

spationaute [spasjonot] NMF astronaut

spatule [spatyl] NF **a** [de peintre, cuisinier] spatula **b** [de ski] tip

speakerine [spikʀin] NF (TV) announcer

spécial, e (mpl **-iaux**) [spesjal, jo] ADJ **a** (= spécifique) special **b** (= bizarre) peculiar

spécialement [spesjalmɑ̃] ADV (= plus particulièrement) especially; (= exprès) specially ◆ **pas ~ intéressant** not especially interesting

spécialisé, e [spesjalize] ADJ specialized ◆ **être ~ dans** [personne] to be a specialist in; [entreprise] to specialize in

spécialiser (se) [spesjalize] ► conjug 1 ◄ VPR to specialize

spécialiste [spesjalist] NMF specialist ◆ **c'est un ~ de la gaffe** * he's always putting his foot in it *

spécialité [spesjalite] NF speciality (Brit), specialty (US); (Univ = branche) special field ◆ **la ~ du chef** the chef's speciality

spécificité [spesifisite] NF specificity

spécifier [spesifje] ► conjug 7 ◄ VT to specify

spécifique [spesifik] ADJ specific

spécimen [spesimɛn] NM (= échantillon, exemple) specimen; (= exemplaire publicitaire) sample copy ◆ **c'est un drôle de ~** * he's an odd character

spectacle [spɛktakl] NM **a** (= vue, tableau) sight ◆ **se donner en ~** to make a spectacle of o.s. **b** (= représentation) show ◆ **un ~ lyrique** an opera ◆ **aller au ~** to go to a show ◆ **le ~** (= industrie) show business ◆ **film à grand ~** blockbuster

spectaculaire [spɛktakylɛʀ] ADJ spectacular

spectateur, -trice [spɛktatœʀ, tʀis] NM,F [de film, pièce de théâtre] member of the audience; [de sport] spectator; [d'événement, accident] onlooker ◆ **les ~s** [de film, pièce] the audience

spectre [spɛktʀ] NM spectrum; (= fantôme, menace) spectre, specter (US)

spéculateur, -trice [spekylatœʀ, tʀis] NM,F speculator

spéculation [spekylasjɔ̃] NF speculation ◆ **~ boursière** stock-market speculation

spéculer [spekyle] ► conjug 1 ◄ VI (Bourse) to speculate (sur in)

spéléologie [speleɔlɔʒi] NF (= exploration) potholing (Brit), spelunking (US)

spéléologue [speleɔlɔg] NMF (= explorateur) potholer (Brit), spelunker (US)

spermatozoïde [spɛʀmatozɔid] NM sperm

sperme [spɛʀm] NM sperm

sphère [sfɛʀ] NF sphere ◆ **il évolue dans les hautes ~s** he moves in influential circles

sphérique [sfeʀik] ADJ spherical

sphinx [sfɛ̃ks] NM sphinx

spirale [spiʀal] NF spiral ◆ **s'élever/tomber en ~** to spiral upwards/downwards

spiritisme [spiʀitism] NM spiritualism

spirituel, -elle [spiʀitɥɛl] ADJ **a** (= fin) witty **b** (= moral) spiritual

spiritueux [spiʀitɥø] NM spirit

splendeur [splɑ̃dœʀ] NF splendour (Brit), splendor (US) ◆ **quelle ~ !** it's magnificent!

splendide [splɑ̃did] ADJ gorgeous; [soleil] glorious; [réception, spectacle] splendid

spongieux, -ieuse [spɔ̃ʒjø, jøz] ADJ spongy

sponsor [spɔ̃sɔʀ] NM sponsor

sponsoriser [spɔ̃sɔʀize] ► conjug 1 ◄ VT to sponsor

spontané, e [spɔ̃tane] ADJ spontaneous; [candidature, témoignage] unsolicited

spontanéité [spɔ̃taneite] NF spontaneity

sporadique [spɔʀadik] ADJ sporadic

sport [spɔʀ] **1** NM sport ◆ **faire du ~** to do sport ◆ **~ collectif/de compétition** team/competitive sport ◆ **aller aux ~s d'hiver** to go on a winter sports holiday ◆ **de ~** [vêtements, terrain, voiture] sports **2** ADJ INV [vêtement] casual

sportif, -ive [spɔʀtif, iv] **1** ADJ **a** [épreuve, journal, résultats] sports ◆ **pratiquer une activité sportive** to practise a sport **b** [personne] fond of sports *attrib*; [allure] athletic **c** (= fair-play) sporting **2** NM sportsman **3** **sportive** NF sportswoman

spot [spɔt] NM **a** (= lampe) spotlight **b** ◆ ~ **publicitaire** commercial

sprint [spʀint] NM sprint

square [skwaʀ] NM small public garden

squash [skwaʃ] NM squash

squatter¹ [skwatœʀ] NM squatter

squatter² [skwate] ► conjug 1 ◄ VT (= loger dans) to squat

squelette [skəlɛt] NM skeleton

squelettique [skəletik] ADJ [personne, arbre] scrawny

SRAS [sʀas] NM (abrév de **syndrome respiratoire aigu sévère**) SARS

St (abrév de **Saint**) St

stabiliser [stabilize] ► conjug 1 ◄ **1** VT [+ situation, prix] to stabilize; [+ terrain] to consolidate **2** **se stabiliser** VPR [situation, cours] to stabilize; [personne] (dans la vie) to settle down

stabilité [stabilite] NF stability

stable [stabl] ADJ stable

stade [stad] NM **a** (de sport) stadium **b** (= période, étape) stage ◆ **à ce ~** at this stage

stage [staʒ] NM training course, internship (US) ◆ ~ **de formation (professionnelle)** vocational training course ◆ ~ **en entreprise** work experience placement ◆ **faire ou suivre un ~** to go on a training course ◆ **faire un ~ d'informatique** to go on a computing course; (sur son lieu de travail) to have in-house training in computing

stagiaire [staʒjɛʀ] NMF trainee, intern (US)

stagner [stagne] ► conjug 1 ◄ VI to stagnate

stalactite [stalaktit] NF stalactite

stalagmite [stalagmit] NF stalagmite

stand [stɑ̃d] NM [d'exposition] stand ◆ ~ **(de tir)** [de foire] shooting range

standard [stɑ̃daʀ] **1** NM ◆ ~ **téléphonique** switchboard **2** ADJ INV standard

standardiste [stɑ̃daʀdist] NMF switchboard operator

standing [stɑ̃diŋ] NM standing ◆ **immeuble de grand ~** block of luxury flats (Brit) ou apartments (US)

star [staʀ] NF (de cinéma) star ◆ **une ~ du journalisme/de la politique** a big name in journalism/in politics

starlette [staʀlɛt] NF starlet

starter [staʀtɛʀ] NM **a** [de voiture] choke ◆ **mettre le ~** to pull the choke out **b** (Sport) starter

station [stasjɔ̃] NF **a** (Transport) ◆ ~ **de métro** underground (Brit) ou subway (US) station ◆ ~ **d'autobus** bus stop ◆ ~ **de taxis** taxi rank **b** (= poste, établissement) station ◆ ~ **de radio** radio station ◆ ~ **de travail** (Informatique) workstation ◆ ~ **d'essence** petrol (Brit) ou gas (US) station **c** (de vacances) resort ◆ ~ **balnéaire** seaside resort ◆ ~ **de ski** ou **de sports d'hiver** ski resort ◆ ~ **thermale** thermal spa **d** (= posture) posture ◆ **la ~ debout lui est pénible** he finds standing upright painful

stationnaire [stasjɔnɛʀ] ADJ **a** [véhicule] stationary **b** [état] stable

stationnement [stasjɔnmɑ̃] NM **a** [de véhicule] parking ◆ "~ **interdit**" "no parking" ◆ **en ~** [véhicule] parked **b** (Can = parking) car park (Brit), parking lot (US)

stationner [stasjɔne] ► conjug 1 ◄ VI (= être garé) to be parked; (= se garer) to park

station-service (pl **stations-service(s)**) [stasjɔ̃sɛʀvis] NF petrol (Brit) ou gas (US) station

statique [statik] ADJ static

statistique [statistik] **1** NF (= donnée) statistic ◆ **la ~** (= science) statistics *sg* **2** ADJ statistical

statue [staty] NF statue

statuer [statɥe] ► conjug 1 ◄ VI ◆ ~ **sur** to give a ruling on

statuette [statɥɛt] NF statuette

statu quo [statykwo] NM INV status quo

stature [statyʀ] NF (= taille) stature; (= calibre) calibre (Brit), caliber (US)

statut [staty] **1** NM (= position) status **2** **statuts** NMPL (= règlement) statutes

Ste (abrév de **Sainte**) St

Sté abrév de **société**

steak [stɛk] NM steak ◆ ~ **frites** steak and chips (Brit) ou French fries (US) ◆ ~ **haché** minced beef (Brit), ground beef (US)

sténo [steno] **1** NMF (abrév de **sténographe**) shorthand typist **2** NF (abrév de **sténographie**) shorthand ◆ **prendre une lettre en ~** to take a letter down in shorthand

sténodactylo [stenodaktilo] NMF shorthand typist

steppe [stɛp] NF steppe

stéréo [stereo] **1** NF (abrév de **stéréophonie**) stereo ◆ **en ~** in stereo **2** ADJ INV (abrév de **stéréophonique**) stereo

stéréophonie [stereofɔni] NF stereophony

stéréotype [stereɔtip] NM stereotype

stéréotypé, e [stereɔtipe] ADJ stereotyped

stérile [steʀil] ADJ [personne, animal] sterile; [terre, sol] barren; [discussion, efforts] futile

stérilet [steʀilɛ] NM IUD

stériliser [steʀilize] ► conjug 1 ◄ VT to sterilize

stérilité [steʀilite] NF [de personne, animal] sterility; [de terre, sol] barrenness; [de discussion, efforts] futility

sterling [stɛʀliŋ] ADJ INV sterling

sternum [stɛʀnɔm] NM breastbone

stéthoscope [stetɔskɔp] NM stethoscope

steward [stiwaʀt] NM steward

stick [stik] NM stick ♦ **déodorant en ~** stick deodorant

stigmate [stigmat] NM (= marque, Méd) mark ♦ **~s** (Rel) stigmata

stimulant, e [stimylɑ̃, ɑ̃t] **1** ADJ stimulating **2** NM (physique) stimulant; (intellectuel) stimulus

stimulation [stimylasjɔ̃] NF stimulation

stimuler [stimyle] ► conjug 1 ◄ VT to stimulate

stipuler [stipyle] ► conjug 1 ◄ VT to stipulate

stock [stɔk] NM stock ♦ **faire des ~s** to stock up (de on)

stocker [stɔke] ► conjug 1 ◄ VT (= accumuler) to stock; (= entreposer) to store; (pour spéculer, amasser) to stockpile

stoïque [stɔik] ADJ stoical

stop [stɔp] **1** EXCL stop! ♦ **tu me diras ~ – ~ !** (en servant qn) say when – when! **2** NM **a** (= panneau) stop sign; (= feu arrière) brake-light **b** (abrév de **auto-stop**)* ♦ **faire du ~** to hitchhike ♦ **il est rentré chez lui en ~** he hitched a lift home ♦ **j'ai pris deux personnes en ~** I picked up two hitchhikers

stopper [stɔpe] ► conjug 1 ◄ VTI to stop

store [stɔʀ] NM [de fenêtre] (en plastique, bois, tissu) blind; [de magasin] (en toile) awning; (en métal) shutters

strabisme [stʀabism] NM squinting (Brit)

strapontin [stʀapɔ̃tɛ̃] NM foldaway seat

strass [stʀas] NM paste

stratagème [stʀataʒɛm] NM stratagem

stratégie [stʀateʒi] NF strategy

stratégique [stʀateʒik] ADJ strategic

stress [stʀɛs] NM stress

stressant, e [stʀɛsɑ̃, ɑ̃t] ADJ stressful

stresser [stʀese] ► conjug 1 ◄ **1** VT to put under stress ♦ **être stressé** to be under stress **2** **se stresser** VI, VPR to get stressed

stretching [stʀɛtʃiŋ] NM (Sport) ♦ **faire du ~** to do stretches ♦ **cours de ~** stretch class

strict, e [stʀikt] ADJ **a** strict ♦ **au sens ~ du terme** in the strict sense of the word ♦ **il est très ~ sur la ponctualité** he is a stickler for punctuality **b** [tenue] conservative; [coiffure] severe **c** (= absolu) ♦ **le ~ nécessaire/minimum** the

bare essentials/minimum ♦ **c'est son droit le plus ~** it is his most basic right ♦ **c'est la ~e vérité** it is the simple truth

strident, e [stʀidɑ̃, ɑ̃t] ADJ shrill

strie [stʀi] NF streak; (en relief) ridge; (en creux) groove

strié, e [stʀije] ADJ (de couleurs) streaked; (en relief) ridged; (en creux) grooved

string [stʀiŋ] NM G-string

striptease, strip-tease (pl strip-teases) [stʀiptiz] NM striptease ♦ **faire un ~** to do a striptease

strophe [stʀɔf] NF (Littérat) verse

structure [stʀyktyʀ] NF structure; (= organisme) organization

structurel, -elle [stʀyktyʀɛl] ADJ structural

structurer [stʀyktyʀe] ► conjug 1 ◄ VT to structure

stuc [styk] NM stucco

studieux, -ieuse [stydjø, jøz] ADJ [personne] studious ♦ **passer des vacances studieuses** to spend one's holidays studying

studio [stydjo] NM **a** (d'habitation) studio flat (Brit) ou apartment (US) **b** [artiste, photographe, télévision] studio ♦ **tourner en ~** to film in the studio

stupéfaction [stypefaksjɔ̃] NF stupefaction ♦ **à la ~ générale** to everyone's amazement

stupéfait, e [stypefɛ, ɛt] ADJ astounded

stupéfiant, e [stypefjɑ̃, jɑ̃t] **1** ADJ (= étonnant) astounding **2** NM narcotic

stupéfier [stypefje] ► conjug 7 ◄ VT (= étonner) to astound

stupeur [stypœʀ] NF (= étonnement) astonishment

stupide [stypid] ADJ stupid

stupidité [stypidite] NF (= caractère) stupidity ♦ **dire/faire des ~s** to say/to do stupid things

style [stil] NM style ♦ **meubles de ~** period furniture ♦ **ou quelque chose de ce ~** or something along those lines ► **style de vie** lifestyle

stylisé, e [stilize] ADJ stylized

styliste [stilist] NMF (de mode) fashion designer

stylo [stilo] NM pen ♦ **~-bille, ~ à bille** ball-point pen ♦ **~ à encre ou (à) plume** fountain pen ♦ **~-feutre** felt-tip pen

su, e [sy] (ptp de **savoir**)

subalterne [sybaltɛʀn] **1** ADJ [rôle] subordinate; [employé, poste] junior **2** NMF subordinate

subconscient, e [sypkɔ̃sjɑ̃, jɑ̃t] ADJ, NM subconscious

subdiviser [sybdivize] ► conjug 1 ◄ VT to subdivide (en into)

subir [sybiʀ] ► conjug 2 ◄ VT **a** [+ affront, critique, dégâts] to suffer **b** [+ charme] to be under the influence of; [+ influence] to be under; [+ opération, interrogatoire, modification] to undergo ◆ **les prix ont subi une hausse importante** there has been a considerable increase in prices

subit, e [sybi, it] ADJ sudden

subitement [sybitmã] ADV suddenly

subjectif, -ive [sybʒɛktif, iv] ADJ subjective

subjonctif, -ive [sybʒɔ̃ktif, iv] ADJ, NM subjunctive ◆ **au ~** in the subjunctive

subjuguer [sybʒyge] ► conjug 1 ◄ VT [+ auditoire] to captivate

sublime [syblim] ADJ sublime; [personne] wonderful

submerger [sybmɛʀʒe] ► conjug 3 ◄ VT [+ terres, barque] to submerge ◆ **submergé de** [+ appels téléphoniques, commandes, travail] snowed under with

subordination [sybɔʀdinasjɔ̃] NF subordination

subordonné, e [sybɔʀdɔne] **1** ADJ subordinate (à to) ◆ **proposition ~e** subordinate clause **2** NM,F subordinate **3** **subordonnée** NF subordinate clause

subornation [sybɔʀnasjɔ̃] NF ◆ **~ de témoins** subornation of witnesses

subside [sybzid] NM (= subvention) grant

subsidiaire [sybzidjɛʀ] ADJ ◆ **question ~** tiebreaker

subsistance [sybzistãs] NF subsistence ◆ **assurer sa (propre) ~** to support o.s.

subsister [sybziste] ► conjug 1 ◄ VI **a** (= se nourrir, gagner sa vie) to subsist ◆ **ils ont tout juste de quoi ~** they have just enough to live on **b** (= rester) to remain ◆ **il subsiste un doute quant à ...** there is still some doubt as to ...

substance [sypstãs] NF substance ◆ **en ~** in substance

substantiel, -ielle [sypstãsjɛl] ADJ substantial

substantif [sypstãtif] NM noun

substituer [sypstitɥe] ► conjug 1 ◄ **1** VT (= remplacer) ◆ **~ qch/qn à** to substitute sth/sb for **2** **se substituer** VPR ◆ **se ~ à qn** (en l'évinçant) to substitute o.s. for sb; (en le représentant) to substitute for sb

substitut [sypstity] NM **a** (= succédané) substitute (de for) **b** (= magistrat) deputy public prosecutor (Brit), assistant district attorney (US)

substitution [sypstitysjɔ̃] NF (intentionnelle) substitution; (accidentelle) mix-up (de of, in) ◆ **énergies de ~** alternative sources of energy

subterfuge [syptɛʀfyʒ] NM subterfuge

subtil, e [syptil] ADJ subtle

subtiliser [syptilize] ► conjug 1 ◄ VT (= dérober) to steal (à qn from sb)

subtilité [syptilite] NF subtlety

subvenir [sybvəniʀ] ► conjug 22 ◄ **subvenir à** VT INDIR [+ besoins] to provide for

subvention [sybvãsjɔ̃] NF grant; (pour baisser les prix de vente) subsidy

subventionner [sybvãsjɔne] ► conjug 1 ◄ VT to grant funds to; (pour baisser les prix de vente) to subsidize

subversif, -ive [sybvɛʀsif, iv] ADJ subversive

suc [syk] NM [de plante, fleur] sap ◆ **~s digestifs** gastric juices

succédané [syksedane] NM (= substitut) substitute (de for)

succéder [syksede] ► conjug 6 ◄ **1** **succéder à** VT INDIR [+ directeur, roi] to succeed; [+ période, chose, personne] to follow **2** **se succéder** VPR to follow one another ◆ **les échecs se succédèrent** one failure followed another

succès [syksɛ] NM success ◆ **avoir du ~** [pièce, artiste] to be a success; [chanson] to be a hit ◆ **avoir du ~ auprès des femmes** to be successful with women ◆ **de librairie** bestseller ◆ **sans ~** unsuccessfully ◆ **film à ~** blockbuster *

successeur [syksesœʀ] NM successor

successif, -ive [syksesif, iv] ADJ successive

succession [syksesjɔ̃] NF **a** (gén) succession ◆ **prendre la ~ de** [+ ministre, directeur] to take over from **b** (= patrimoine) estate

succinct, e [syksɛ̃, ɛ̃t] ADJ [écrit] succinct ◆ **soyez ~** be brief

succomber [sykɔ̃be] ► conjug 1 ◄ VI **a** (= mourir) to die ◆ **à ses blessures** to die from one's injuries **b** (= être vaincu) to succumb (frm) (à to)

succulent, e [sykylã, ãt] ADJ delicious

succursale [sykyʀsal] NF branch

sucer [syse] ► conjug 3 ◄ VT to suck

sucette [sysɛt] NF **a** (= bonbon) lollipop **b** (= tétine) dummy (Brit), pacifier (US)

sucre [sykʀ] NM sugar ◆ **combien de ~s ?** how many sugars do you take? ◆ **sans ~** [aliment] sugar-free ► **sucre glace** icing sugar (Brit), confectioners' sugar (US) ► **sucre en morceaux** lump sugar ► **sucre d'orge** (= substance) barley sugar; (= bâton) stick of barley sugar ▸ **sucre en poudre** fine granulated sugar, caster sugar (Brit) ▸ **sucre roux** brown sugar

sucré, e [sykʀe] ADJ (naturellement) sweet; (artificiellement) sweetened ◆ **ce thé est trop ~** this tea is too sweet

sucrer [sykʀe] ► conjug 1 ◄ VT **a** [+ boisson] to sugar **b** (‡ = supprimer) ◆ **son argent de poche à qn** to stop sb's pocket money ◆ **il s'est fait ~ son permis de conduire** he had his driving licence taken away

sucrerie [sykʀəʀi] NF (= bonbon) sweet (Brit), candy (US)

sucrette ® [sykʀɛt] NF artificial sweetener

sucrier [sykʀije] NM sugar bowl

sud [syd] **1** NM south ◆ **un vent du ~** a southerly wind ◆ **au ~** (situation) in the south; (direction) to the south ◆ **au ~ de** south of ◆ **le ~ de la France** the South of France ◆ **l'Italie du Sud** Southern Italy **2** ADJ INV southern; [côté, paroi] south ◆ **le Pacifique Sud** the South Pacific

sud-africain, e (mpl ~s) [sydafʀikɛ̃, ɛn] **1** ADJ South African **2** **Sud-Africain(e)** NM,F South African

sud-américain, e (mpl ~s) [sydameʀikɛ̃, ɛn] **1** ADJ South American **2** **Sud-Américain(e)** NM,F South American

sud-est [sydɛst] **1** NM south-east ◆ **au ~ de** south-east of **2** ADJ INV south-east; [banlieue] south-eastern

sudiste [sydist] (Hist (US) NMF Southerner

sud-ouest [sydwɛst] **1** NM southwest ◆ **au ~ de** south-west of Rome **2** ADJ INV south-west; [banlieue] south-western; [côte] south-west

Suède [sɥɛd] NF Sweden

suédois, e [sɥedwa, waz] **1** ADJ Swedish **2** NM (= langue) Swedish **3** **Suédois(e)** NM,F Swede

suer [sɥe] ► conjug 1 ◄ VI **a** (= transpirer) to sweat ◆ **~ à grosses gouttes** to sweat profusely **b** ◆ **tu me fais ~ *** you're a pain in the neck * ◆ **on se fait ~ *** **ici** it's such a drag here * ◆ **je me suis fait ~ à le réparer** I sweated blood to repair that

sueur [sɥœʀ] NF sweat NonC ◆ **en ~** sweating ◆ **donner des ~s froides à qn** to put sb in a cold sweat

Suez [sɥɛz] N Suez ◆ **le canal de ~** the Suez Canal

suffire [syfiʀ] ► conjug 37 ◄ **1** VI to be enough ◆ **ça suffit !** that's enough! ◆ **~ à qn** to be enough for sb **2** VB IMPERS ◆ **il suffit de s'inscrire ou que vous vous inscriviez pour devenir membre** all you have to do to become a member is sign up ◆ **il suffit d'un accord**

verbal pour conclure l'affaire a verbal agreement is sufficient to conclude the matter ◆ **il suffit d'une fois : on n'est jamais trop prudent** once is enough - you can never be too careful **3** **se suffire** VPR ◆ **se ~ à soi-même** [pays, personne] to be self-sufficient

suffisamment [syfizamã] ADV enough ◆ **~ fort/clair** strong/clear enough ◆ **~ de nourriture/d'argent** enough food/money ◆ **nous ne sommes pas ~ nombreux** there aren't enough of us

suffisant, e [syfizã, ãt] ADJ **a** (= adéquat) sufficient; [résultats scolaires] satisfactory ◆ **500 F, c'est amplement ~** 500 francs is more than enough **b** (= prétentieux) smug

suffixe [syfiks] NM suffix

suffoquer [syfɔke] ► conjug 1 ◄ **1** VI to suffocate ◆ **~ de** [+ rage, indignation] to choke with **2** VT **a** [fumée] to suffocate; [colère, joie] to choke **b** [nouvelle, comportement de qn] to stagger

suffrage [syfʀaʒ] NM (Pol = voix) vote ◆ **~ direct/universel** (= système) direct/universal suffrage ◆ **ce livre a recueilli tous les ~s** this book met with universal approval

suggérer [sygʒeʀe] ► conjug 6 ◄ VT to suggest ◆ **j'ai suggéré d'aller au cinéma/que nous allions au cinéma** I suggested going to the cinema/that we went to the cinema ◆ **elle lui a suggéré de voir un médecin** she suggested he should see a doctor

suggestif, -ive [sygʒɛstif, iv] ADJ suggestive

suggestion [sygʒɛstjɔ̃] NF suggestion

suicidaire [sɥisideʀ] ADJ suicidal

suicide [sɥisid] NM suicide

suicider (se) [sɥiside] ► conjug 1 ◄ VPR to commit suicide

suie [sɥi] NF soot

suinter [sɥɛ̃te] ► conjug 1 ◄ VI [eau] to seep; [sève] to ooze; [mur] to sweat; [plaie] to weep

Suisse [sɥis] **1** NF (= pays) Switzerland ◆ **la ~ romande/alémanique** French-speaking/German-speaking Switzerland **2** NMF (= personne) Swiss

suisse [sɥis] ADJ Swiss ◆ **~ romand/allemand** Swiss French/German

suite [sɥit] NF **a** (= reste) rest; (= nouvel épisode) following episode; (= second roman, film) sequel ◆ **attendons la ~** (d'un repas) let's wait for the next course; (d'un discours) let's see what comes next; (d'un événement) let's see how it turns out ◆ **prendre la ~ de** (+ personne) to take over from ◆ **~ à votre lettre/notre entretien** further to your letter/our conversation **b** (= aboutissement) result ◆ **~s** [de maladie] results; [d'affaire, incident] consequences

♦ **la ~ logique de** qch the logical result of sth
♦ **il est mort des ~s d'un cancer** he died of cancer ♦ (loc)
♦ **à la suite** (= successivement) one after the other ♦ **à la ~ de** (= derrière) behind; (= après) following ♦ **il est venu trois jours de ~** he came three days running ♦ **je reviens de ~ *** (= immédiatement) I'll be right back
♦ **par la suite** afterwards
♦ **par suite de** as a result of **d** (= succession) series **e** (= appartement) suite **f** (Mus) suite **g** (= escorte) suite

suivant, e [sɥivɑ̃, ɑ̃t] **1** ADJ following; (dans une série) next ♦ **le mardi ~** the following Tuesday ♦ **"voir page ~e"** "see next page" **2** NM,F (= prochain) next one ♦ **(au) ~ !** next please! **3** PRÉP (= selon) according to; (= en fonction de) depending on ♦ **~ que ...** according to whether ...

suivi, e [sɥivi] **1** ADJ [travail] steady; [correspondance] regular; (= constant) [conversation, raisonnement] coherent **2** NM ♦ **assurer le ~ de** [+ affaire] to follow through ♦ **~ médical** aftercare

suivre [sɥivʀ] ► conjug 40 ◄ **1** VT **a** (gén) to follow ♦ **ralentis, je ne peux pas (te) ~** slow down, I can't keep up (with you) ♦ **faire ~ qn** (= surveiller) to have sb followed ♦ **le jour qui suivit son arrivée** the day after he arrived ♦ **~ un régime** to be on a diet ♦ **il est suivi par un médecin** he's seeing a doctor ♦ **"à ~"** [feuilleton] "to be continued" **b** [+ classe, cours] (= être inscrit à) to attend **2** VI **a** [élève] (= être attentif) to pay attention; (= assimiler le programme) to keep up **b** (= venir après) to follow ♦ **faire ~ son courrier** to have one's mail forwarded **3** se suivre VPR (dans une série) to follow each other; (dans un ordre) to be in order ♦ **les pages ne se suivent pas** the pages are not in order

sujet, -ette [syʒɛ, ɛt] **1** ADJ ♦ **~ à** [+ mal de mer, sautes d'humeur] prone to ♦ **~ à caution** [renseignement, nouvelle] unreliable **2** NM,F (= gouverné) subject **3** NM **a** (= thème) subject ♦ **~ de conversation** topic of conversation ♦ **~ d'examen** examination question ♦ **votre dissertation est hors ~** your essay is off the point ♦ **au ~ de** about ♦ **à ce ~, je voulais vous dire que ...** on that subject, I wanted to tell you that ... ♦ **c'est à quel ~ ?** can I ask what it's about? **b** (= motif, cause) ♦ **~ de mécontentement/d'étonnement** grounds for dissatisfaction/surprise

sulfate [sylfat] NM sulphate

sulfurisé, e [sylfyʀize] ADJ ♦ **papier ~** greaseproof paper

sultan [syltɑ̃] NM sultan

summum [sɔ(m)mɔm] NM [d'hypocrisie, injustice] height

super [sypɛʀ] **1** NM (abrév de **supercarburant**) super **2** ADJ INV (* = sensationnel) great * **3** PRÉF * ♦ **~-cher** ultra-expensive ♦ **il est ~sympa** he's really nice

superbe [sypɛʀb] ADJ superb; [femme, enfant] beautiful; [homme] handsome ♦ **tu as une mine ~** you look wonderful

supercherie [sypɛʀʃəʀi] NF trick

superficie [sypɛʀfisi] NF (= aire) surface area; (= surface) surface ♦ **un appartement d'une ~ de 80 m²** an apartment of 80 square metres

superficiel, -ielle [sypɛʀfisjɛl] ADJ superficial

superflu, e [sypɛʀfly] ADJ **a** (= pas nécessaire) unnecessary **b** (= en trop) superfluous; [kilos] surplus

supérieur, e [sypeʀjœʀ] **1** ADJ **a** (dans l'espace) upper ♦ **le feu a pris dans les étages ~s** fire broke out on the upper floors **b** [vitesse, nombre] higher; [classes sociales, échelons] upper ♦ **passer dans la classe ~e** (Scol) to go up to the next class ♦ **~ à** greater than ♦ **~ à la moyenne** above average; → **cadre, enseignement c** (en qualité, en nombre) superior (à to) **d** (= hautain) superior **2** NM,F superior **3** NM (= enseignement) ♦ **le ~** higher education

supériorité [sypeʀjɔʀite] NF superiority

superlatif [sypɛʀlatif] NM superlative

supermarché [sypɛʀmaʀʃe] NM supermarket

superposer [sypɛʀpoze] ► conjug 1 ◄ VT **a** (= empiler) to stack **b** (= faire chevaucher) to superimpose (à on)

superproduction [sypɛʀpʀɔdyksjɔ̃] NF (Ciné) big-budget film

superpuissance [sypɛʀpɥisɑ̃s] NF superpower

supersonique [sypɛʀsɔnik] ADJ supersonic

superstitieux, -ieuse [sypɛʀstisjø, jøz] ADJ superstitious

superstition [sypɛʀstisjɔ̃] NF superstition

superviser [sypɛʀvize] ► conjug 1 ◄ VT to supervise

supplanter [syplɑ̃te] ► conjug 1 ◄ VT to supplant

suppléant, e [sypleɑ̃, ɑ̃t] **1** ADJ deputy; [professeur] supply (Brit), substitute (US) **2** NM,F deputy; (= professeur) supply (Brit) ou substitute (US) teacher

suppléer [syplee] ► conjug 1 ◄ **suppléer à** VT INDIR [+ défaut, manque] to make up for

supplément [syplemɑ̃] NM (à payer) additional charge ♦ **un ~ de travail/salaire** extra work/pay ♦ **un ~ d'information** additional information ♦ **le vin est en ~** wine is extra

supplémentaire [syplemɑ̃tɛʀ] ADJ additional
• **accorder un délai ~** to allow additional time
• **faire des/10 heures ~s** to do overtime/10 hours' overtime

suppliant, e [sypliɑ̃, ijɑ̃t] ADJ imploring

supplice [syplis] NM torture *NonC* • **être au ~** to be in agonies

supplier [syplije] ► conjug 7 ◄ VT to beg (de faire to do) • **tais-toi, je t'en supplie !** will you please be quiet!

support [sypɔʀ] NM **a** (pour maintenir) support **b** (= moyen) medium • **~ publicitaire** advertising medium • **~ pédagogique** teaching aid • **sur ~ papier** on paper

supportable [sypɔʀtabl] ADJ [douleur, température] bearable; [conduite] tolerable

supporter¹ [sypɔʀte] ► conjug 1 ◄ **1** VT **a** (= endurer) to bear; [+ conduite] to tolerate • **je ne supporte pas qu'on me parle sur ce ton** I won't tolerate being spoken to in that tone of voice **b** (= résister à) [+ température, épreuve] to withstand • **verre qui supporte la chaleur** heatproof glass • **il ne supporte pas l'alcool** he can't take alcohol • **il ne supporte pas la chaleur** he can't bear the heat • **je ne supporte pas les épinards** (= ils me rendent malade) spinach doesn't agree with me **c** (= servir de base à, apporter son soutien à) to support **2** se **supporter** VPR • **ils ne peuvent pas se ~** they can't stand each other

supporter² [sypɔʀtɛʀ] NM (Sport) supporter

supposer [sypoze] ► conjug 1 ◄ VT **a** to suppose • **en supposant que, à ~ que** supposing (that) **b** (= impliquer) to imply

supposition [sypozisjɔ̃] NF supposition

suppositoire [sypozitwaʀ] NM suppository

suppression [sypʀesjɔ̃] NF **a** [de mot] deletion; [d'avantage, crédits] withdrawal; [de loi, taxe] abolition; [de libertés] suppression; [de pauvreté, chômage, inégalités] elimination • **il y a eu 7 000 ~s d'emplois** 7,000 jobs were axed **b** [d'avion, train, vol] cancellation

supprimer [sypʀime] ► conjug 1 ◄ VT **a** [+ mot] to delete (de from); [+ obstacle] to remove; [+ emploi, poste] to axe; [+ crédits, avantage] to withdraw; [+ loi, taxe] to abolish; [+ libertés] to suppress; [+ pauvreté, chômage, inégalités] to eliminate • **on lui a supprimé sa prime** he's had his bonus stopped **b** [+ avion, train, vol] to cancel **c** (= tuer) to eliminate

suppurer [sypyʀe] ► conjug 1 ◄ VI to suppurate

suprématie [sypʀemasi] NF supremacy

suprême [sypʀɛm] ADJ **a** [chef, autorité, cour] supreme **b** [raffinement] extreme; [indifférence] sublime

sur [syʀ] PRÉP **a** (position) on; (avec mouvement) onto; (= dans) in; (= par-dessus) over; (= au-dessus de) above • **il y a une affiche ~ le mur** there's a poster on the wall • **elle a jeté son sac ~ la table** she threw her bag onto the table • **~ la place** in the square • **un pont ~ la rivière** a bridge across the river **b** (direction) • **tourner ~ la droite** to turn (to the) right • **l'église est ~ votre gauche** the church is on your left • **revenir ~ Paris** to return to Paris **c** (distance, période) over • **s'étendre ~ 3 km** to spread over 3km • **~ une période de trois mois** over a period of three months **d** (matière, sujet) on • **des renseignements ~ la drogue** information on drug addiction • **un roman ~ Louis XIV** a novel about Louis XIV **e** (rapport de proportion) out of; (mesure) by • **neuf fois ~ dix** nine times out of ten • **il mérite 7 ~ 10** (Scol, Univ) he deserves 7 out of 10 • **un jour ~ deux/trois** every other/third day • **la cuisine fait 2 mètres ~ 3** the kitchen measures 2 metres by 3 **f** • **~ ce, il est sorti** upon which he went out • **~ ce, il faut que je vous quitte** and now I must leave you

sûr, e [syʀ] ADJ **a** • **~ de** [+ résultats, succès] sure of • **il n'est pas ~ de venir** he's not sure that he'll be able to come • **~ de soi** sure of oneself • **j'en étais ~ !** I knew it! • **j'en suis ~ et certain** I'm positive **b** (= assuré) certain • **il n'est pas ~ qu'elle aille au Maroc** it's not certain that she's going to Morocco • **ça, c'est ~** that's for sure • **à coup ~** definitely **c** (= sans danger) safe; [investissement] sound • **en lieu ~** in a safe place **d** (= digne de confiance) reliable

surbooké, e * [syʀbuke] ADJ overbooked

surcharge [syʀʃaʀʒ] NF **a** (= poids en excédent) excess load • **pondérale** excess weight • **une ~ de travail** extra work

surcharger [syʀʃaʀʒe] ► conjug 3 ◄ VT to overload (de with) • **emploi du temps surchargé** crowded timetable • **classes surchargées** overcrowded classes

surchauffé, e [syʀʃofe] ADJ [pièce] overheated

surcroît [syʀkʀwa] NM • **un ~ de travail/d'inquiétudes** extra work/worries • **de ~** moreover

surdité [syʀdite] NF deafness

surdoué, e [syʀdwe] **1** ADJ [enfant] gifted **2** NM,F gifted child

surélever [syʀel(ə)ve] ► conjug 5 ◄ VT [+ étage, mur] to make higher

sûrement [syʀmɑ̃] ADV **a** (= vraisemblablement) • **tu connais ~ des gens importants** you must know some important people • **il me trouve ~ trop sévère** he probably thinks I'm being too harsh **b** • **~ pas** (= pas du tout) certainly not

surenchère [syrɑ̃ʃɛr] NF (= enchère plus élevée) higher bid (sur than)

surenchérir [syrɑ̃ʃerir] ► conjug 2 ◄ VI (dans une vente) to bid higher (sur than)

surendetté, e [syrɑ̃dete] ADJ overburdened with debt

surestimer [syrɛstime] ► conjug 1 ◄ **1** VT [+ personne, importance, forces] to overestimate **2** se surestimer VPR to overestimate one's abilities

sûreté [syrte] NF (= sécurité) safety ◆ être en ~ to be safe ◆ mettre qn/qch en ~ to put sb/sth in a safe place

surexcité, e [syrɛksite] ADJ overexcited

surexposer [syrɛkspoze] ► conjug 1 ◄ VT to overexpose

surf [sœrf] NM (= activité) surfing ◆ faire du ~ to go surfing ◆ ~ des neiges snowboarding ◆ faire du ~ des neiges to go snowboarding

surface [syrfas] NF **a** surface; (= aire) surface area ◆ refaire ~ to resurface ► surface de réparation (Football) penalty area **b** (Commerce) ◆ grande ~ hypermarket

surfait, e [syrfɛ, ɛt] ADJ [ouvrage, auteur] overrated

surfer [sœrfe] ► conjug 1 ◄ VI (Sport) to go surfing ◆ ~ sur l'Internet to surf the Internet

surgelé, e [syrʒəle] **1** ADJ deep-frozen ◆ produits ~s frozen foods **2** NM ◆ les ~s frozen foods

surgir [syrʒir] ► conjug 2 ◄ VI to appear suddenly; [problèmes, difficultés] to arise

surhumain, e [syrymɛ̃, ɛn] ADJ superhuman

sur-le-champ [syrləʃɑ̃] ADV immediately

surlendemain [syrlɑ̃d(ə)mɛ̃] NM ◆ le ~ de son arrivée two days after his arrival ◆ il est mort le ~ he died two days later

surligner [syrliɲe] ► conjug 1 ◄ VT to highlight

surligneur [syrliɲœr] NM highlighter pen

surmenage [syrmənaʒ] NM overwork

surmené, e [syrməne] ADJ overworked

surmonter [syrmɔ̃te] ► conjug 1 ◄ VT **a** (= être au-dessus de) to top ◆ surmonté d'un dôme topped by a dome **b** [+ obstacle, dégoût, peur] to overcome

surnager [syrnaʒe] ► conjug 3 ◄ VI [huile, objet] to float; (fig = subsister) to linger on

surnaturel, -elle [syrnatyrɛl] ADJ, NM supernatural

surnom [syrnɔ̃] NM nickname

surnommer [syrnɔme] ► conjug 1 ◄ VT to nickname

surpasser [syrpase] ► conjug 1 ◄ **1** VT to surpass **2** se surpasser VPR to surpass o.s.

surpeuplé, e [syrpœple] ADJ overpopulated

sur-place, surplace [syrplas] NM ◆ faire du ~ (en voiture) to move at a snail's pace

surplomber [syrplɔ̃be] ► conjug 1 ◄ VT to overhang

surplus [syrply] NM (= excédent) surplus *NonC* ◆ avoir des marchandises en ~ to have surplus goods

surprenant, e [syrprənɑ̃, ɑ̃t] ADJ surprising

surprendre [syrprɑ̃dr] ► conjug 58 ◄ VT **a** (= étonner) to surprise ◆ cela m'a agréablement surpris I was pleasantly surprised **b** [+ conversation] to overhear; [+ regard, sourire complice] to intercept **c** [+ ennemi, voleur] to surprise; (par visite inopinée) [+ amis, voisins] to catch unawares **d** [pluie, marée] to catch out ◆ se laisser ~ par la nuit to be overtaken by darkness

surpris, e¹ [syrpri, iz] ADJ [air, regard] surprised (de qch at sth) ◆ ~ de me voir là/que je sois encore là surprised to see me there/that I was still there

surprise² [syrpriz] NF surprise ◆ regarder qn avec ~ to look at sb in surprise ◆ à ma grande ~ much to my surprise ◆ faire une ~ à qn to surprise sb ◆ quelle bonne ~ ! what a pleasant surprise! ◆ visite ~ surprise visit ◆ grève-~ lightning strike ◆ par ~ by surprise

surproduction [syrprɔdyksjɔ̃] NF overproduction

surréaliste [syrrealist] **1** ADJ surrealist; (= bizarre) surreal **2** NMF surrealist

sursaut [syrso] NM (= mouvement brusque) jump ◆ ~ d'énergie sudden burst of energy ◆ se réveiller en ~ to wake up with a jump

sursauter [syrsote] ► conjug 1 ◄ VI to jump

sursis [syrsi] NM **a** (Droit) ◆ il a eu deux ans avec ~ he was given a two-year suspended sentence **b** (= temps de répit) reprieve

surtout [syrtu] ADV **a** (= avant tout, d'abord) above all; (= spécialement) especially ◆ rapide, efficace et ~ discret quick, efficient and above all discreet ◆ il est assez timide, ~ avec les femmes he's quite shy, especially with women ◆ ~ que* especially as **b** (intensif) ◆ ~, n'en parle pas ! whatever you do, don't tell anybody! ◆ je ne veux ~ pas vous déranger the last thing I want is to disturb you ◆ ~ pas ! certainly not!

survécu [syrveky] (ptp de **survivre**)

surveillance [syrvejɑ̃s] NF **a** (= contrôle) supervision ◆ laisser un enfant sans ~ to leave a child unsupervised **b** (militaire, policière) surveillance ◆ sous ~ policière under police surveillance **c** [d'examen] invigilation

surveillant, e [syʀvejɑ̃, ɑ̃t] NM,F [de prison] warder (Brit), guard (US); [d'usine, chantier, école] supervisor; (aux examens) invigilator (Brit), proctor (US)

surveiller [syʀveje] ▸ conjug 1 ◂ **1** VT **a** [+ enfant, bagages, plat] to keep an eye on; [+ prisonnier] to keep watch over **b** (= contrôler) to supervise; [+ examen] to invigilate **c** (= épier) to watch; [+ ennemi] to keep watch on **d** [+ sa ligne, sa tension] to watch **2** **se surveiller** VPR to watch oneself

survenir [syʀvəniʀ] ▸ conjug 22 ◂ VI [événement] to take place; [incident, complications, retards] to arise; [changements] to occur

survêtement [syʀvɛtmɑ̃] NM tracksuit

survie [syʀvi] NF survival ◆ **de ~** [instinct, équipement] survival

survivant, e [syʀvivɑ̃, ɑ̃t] **1** ADJ surviving **2** NM,F survivor

survivre [syʀvivʀ] ▸ conjug 46 ◂ VI to survive ◆ **~ à** [+ accident, maladie, humiliation] to survive; [personne] to outlive

survoler [syʀvɔle] ▸ conjug 1 ◂ VT to fly over; [+ livre] to skim through; [+ question] to skim over

survolté, e [syʀvɔlte] ADJ [foule] overexcited; [ambiance] highly charged

sus (en) [sy(s)] LOC ADV in addition (de to)

susceptibilité [syseptibilite] NF (= sensibilité) touchiness NonC ◆ **pour ne pas froisser les ~s** so as not to offend people's susceptibilities

susceptible [syseptibl] ADJ **a** (= ombrageux) touchy **b** (= de nature à) ◆ **ce texte est ~ d'être amélioré ou d'améliorations** this text is open to improvement ◆ **des conférences ~s de l'intéresser** lectures likely to be of interest to him

susciter [sysite] ▸ conjug 1 ◂ VT [+ admiration, intérêt, jalousies] to arouse; [+ controverse, critiques] to give rise to

suspect, e [syspe(kt), ɛkt] **1** ADJ **a** [individu, conduite, colis] suspicious **b** (= douteux) [opinion, témoignage] suspect **2** NM,F suspect

suspecter [syspɛkte] ▸ conjug 1 ◂ VT to suspect ◆ **~ qn de faire qch** to suspect sb of doing sth

suspendre [syspɑ̃dʀ] ▸ conjug 41 ◂ **1** VT **a** [+ vêtements] to hang up; [+ lampe, décoration] to hang (à from); [+ hamac] to sling up ◆ **~ qch à** [+ clou, portemanteau] to hang sth on **b** (= interrompre) to suspend; [+ négociations, relations diplomatiques] to break off; [+ séance] to adjourn **c** (= destituer) to suspend **2** **se suspendre** VPR ◆ **se ~ à** [+ branche, barre] to hang from

suspendu, e [syspɑ̃dy] ADJ **a** (= accroché) ◆ **~ au plafond** hanging from the ceiling ◆ **~** dans le vide suspended in mid air ◆ **être ~ aux lèvres de qn** to be hanging on sb's every word **b** [séance] adjourned; [fonctionnaire] suspended

suspens [syspɑ̃] NM ◆ **en ~** [projet, travail] in abeyance

suspense [syspɛns, syspɑ̃s] NM suspense ◆ **film à ~** thriller

suspension [syspɑ̃sjɔ̃] NF (gén) suspension; [de séance] adjournment ◆ **il a eu un an de ~ de permis** he had his driving licence suspended for a year ◆ **en ~** [particule, poussière] in suspension

suspicion [syspisjɔ̃] NF suspicion

susurrer [sysyʀe] ▸ conjug 1 ◂ VTI to whisper

suture [sytyʀ] NF suture ◆ **point de ~** stitch

svelte [svɛlt] ADJ slender

SVP [ɛsvepe] (abrév de **s'il vous plaît**) please

sweat [swit] NM sweatshirt

sweat-shirt (pl **~s**) [switʃœʀt] NM sweatshirt

syllabe [si(l)lab] NF syllable

symbole [sɛ̃bɔl] NM symbol

symbolique [sɛ̃bɔlik] ADJ symbolic; (= très modique) [augmentation, amende] token; [cotisation, contribution] nominal

symboliser [sɛ̃bɔlize] ▸ conjug 1 ◂ VT to symbolize

symétrie [simetʀi] NF symmetry

symétrique [simetʀik] ADJ symmetrical

sympa * [sɛ̃pa] ADJ INV (abrév de **sympathique**) nice ◆ **sois ~, prête-le-moi** be a pal * and lend it to me

sympathie [sɛ̃pati] NF **a** (= amitié) liking ◆ **avoir de la ~ pour qn** to like sb **b** (= compassion) sympathy ◆ **témoignages de ~** (pour deuil) expressions of sympathy **c** (= tendance) ◆ **il ne cache pas ses ~s communistes** he doesn't hide his communist sympathies

sympathique [sɛ̃patik] ADJ [personne] nice; [accueil, soirée, ambiance] friendly ◆ **il m'est très ~** I think he's very nice

sympathiser [sɛ̃patize] ▸ conjug 1 ◂ VI (= se prendre d'amitié) to hit it off *

symphonie [sɛ̃fɔni] NF symphony

symphonique [sɛ̃fɔnik] ADJ symphonic

symptomatique [sɛ̃ptɔmatik] ADJ symptomatic (de of)

symptôme [sɛ̃ptom] NM symptom

synagogue [sinagɔg] NF synagogue

synchrone [sɛ̃kʀɔn] ADJ synchronous

synchroniser [sɛ̃kʀɔnize] ▸ conjug 1 ◂ VT to synchronize

syncope [sɛ̃kɔp] NF (= évanouissement) black-out ◆ **avoir une ~, tomber en ~** to have a blackout

syndic [sɛ̃dik] NM ◆ **~ (de copropriété)** managing agent

syndical, e (mpl **-aux**) [sɛ̃dikal, o] ADJ (Industrie) trade-union *avant le nom*

syndicaliste [sɛ̃dikalist] NMF (= responsable d'un syndicat) trade unionist

syndicat [sɛ̃dika] NM [de travailleurs] trade union, [d'employeurs] syndicate ▸ **syndicat d'initiative** tourist office

syndiqué, e [sɛ̃dike] ADJ belonging to a trade union ◆ **être ~** to be a union member

syndrome [sɛ̃dʀom] NM syndrome

synonyme [sinɔnim] **1** ADJ synonymous (**de** with) **2** NM synonym

syntaxe [sɛ̃taks] NF syntax

synthé * [sɛ̃te] NM (abrév de **synthétiseur**) synth *

synthèse [sɛ̃tɛz] NF synthesis ◆ **faire la ~ d'un exposé** to summarize the major points of a talk ◆ **de ~** [sucre, arôme] synthetic; [image] computer-generated

synthétique [sɛ̃tetik] **1** ADJ **a** [textile, fibre] synthetic, man-made; [résine, revêtement] syn-thetic; [fourrure] fake **b** [exposé] that gives an overall picture; [ouvrage] that takes a global perspective **2** NM ◆ **c'est du ~** it's synthetic

synthétiser [sɛ̃tetize] ▸ conjug 1 ◂ VT to synthe-size

synthétiseur [sɛ̃tetizœʀ] NM synthesizer

syphilis [sifilis] NF syphilis

Syrie [siʀi] NF Syria

syrien, -ienne [siʀjɛ̃, jɛn] **1** ADJ Syrian **2** Syrien(ne) NM,F Syrian

systématique [sistematik] ADJ [opposition, classement, esprit] systematic ◆ **chaque fois qu'elle est invitée quelque part il l'est aussi, c'est systématique** every time she's invited somewhere, he's automatically invited too

systématiquement [sistematikmɑ̃] ADV systematically

système [sistɛm] NM system ◆ **il me tape ou court ou porte sur le ~** ⁎ he gets on my nerves * ◆ **recourir au ~ D** to rely on one's own resources ▸ **système d'exploitation** operating system ▸ **système immunitaire** immune system ▸ **système monétaire européen** European monetary system ▸ **système nerveux** nervous system ▸ **système solaire** solar system

FRANCAIS/ANGLAIS

t' [t] → te, tu

ta [ta] ADJ POSS your voir aussi ton

tabac [taba] NM (= plante, produit) tobacco; (= café) cafe *(selling cigarettes etc)* ◆ ~ **blond/brun** light/dark tobacco ◆ **passer qn à** ~ * to beat sb up ◆ **faire un** ~ * to be a big hit

tabagisme [tabaʒism] NM addiction to smoking

tabasser * [tabase] ► conjug 1 ◄ VT to beat up

table [tabl] NF table ◆ **mettre/débarrasser la** ~ to lay/to clear the table ◆ **sortir de** ~ to leave the table ◆ **être à** ~ to be eating ◆ **à** ~ ! it's ready! ◆ **se mettre à** ~ to sit down to eat ◆ **mettre qn sur** ~ **d'écoute** to bug sb's phone ► **table basse** coffee table ► **table de billard** billiard table ► **table de chevet** bedside table ► **table de cuisson** hob ► **tables gigognes** nest of tables ► **table à langer** changing table ► **table des matières** table of contents ► **table de multiplication** multiplication table ► **table de nuit** bedside table ► **table d'opération** operating table ► **table ronde** round table discussion

tableau (pl ~x) [tablo] NM **a** (= peinture) painting **b** (= panneau) board; (à l'école) blackboard ► **tableau d'affichage** notice board ► **tableau de bord** [de voiture] dashboard; [d'avion, bateau] instrument panel **c** (= graphique) table

tabler [table] ► conjug 1 ◄ **tabler sur qch** VT INDIR to count on sth

tablette [tablɛt] NF **a** [de chocolat] bar; [de chewing-gum] stick **b** (= rayon) shelf

tableur [tablœR] NM spreadsheet

tablier [tablije] NM apron; (avec manches) overall

tabou, e [tabu] ADJ, NM taboo

tabouret [taburɛ] NM stool

tabulation [tabylasjɔ̃] NF tabulation

tac [tak] ◆ **du tac au tac** LOC ADV ◆ **il lui a répondu du** ~ **au** ~ **que ...** he replied without missing a beat that ...

tache [taʃ] NF **a** (= salissure) stain ◆ ~ **de graisse** grease stain ◆ ~ **d'encre** (sur les doigts) ink stain; (sur le papier) ink blot ◆ **tu t'es fait une** ~ you've got a mark on your shirt (ou dress ou tie etc) ◆ **faire** ~ **d'huile** to spread ► **tache de rousseur** freckle ► **tache de vin** (sur la peau) strawberry mark **b** [de fruit, peau] mark; [de plumage, pelage] spot **c** (Peinture) spot

tâche [taʃ] NF task ◆ **être à la** ~ to be on piecework

tacher [taʃe] ► conjug 1 ◄ **1** VT to stain ◆ **taché de sang** bloodstained **2 se tacher** VPR [personne] to get stains on one's clothes; [nappe, tissu] to get stained

tâcher [taʃe] ► conjug 1 ◄ VT INDIR ◆ **tâcher de faire qch** to try to do sth

tacheté, e [taʃ(ə)te] ADJ ◆ **pelage blanc** ~ **de brun** white coat with brown spots

tachycardie [takikaRdi] NF tachycardia

tacite [tasit] ADJ tacit

taciturne [tasityRn] ADJ taciturn

tacot * [tako] NM (vieux) (old) jalopy *

tact [takt] NM tact ◆ **avec** ~ tactfully ◆ **avoir du** ~ to be tactful ◆ **manquer de** ~ to be tactless

tactique [taktik] **1** ADJ tactical **2** NF tactics *sg*

taf, taffe [taf] NM (= travail) work

tag [tag] NM graffiti

tagueur, -euse [tagœR, øz] NM,F tagger

Tahiti [taiti] NF Tahiti

tahitien, -ienne [taisjɛ̃, jɛn] **1** ADJ Tahitian **2 Tahitien(ne)** NM,F Tahitian

taie [tɛ] NF ◆ ~ **d'oreiller** pillowcase ◆ ~ **de traversin** bolster case

taillader [tɑjade] ► conjug 1 ◄ VT to slash

taille [tɑj] NF **a** (= partie du corps) waist ◆ **avoir la** ~ **fine** to have a slim waist ◆ **ils se tenaient par la** ~ they had their arms round each other's waists ◆ **pantalon** ~ **basse** hipsters **b** (= hauteur) height ◆ **de petite** ~ small; [personne] short **c** (= format) size ◆ **quelle** ~ **faites-vous ?** what's your size? ◆ **la** ~ **au-dessous/au-dessus** the next size down/up ◆ **ce pantalon n'est pas à sa** ~ these trousers aren't his size ◆ **de** ~ [erreur] serious; [surprise, concession] big; [difficulté, obstacle] huge ◆ **être de** ~ **à faire qch** to be quite capable of doing sth

taille-crayon (pl ~s) [tɑjkRɛjɔ̃] NM pencil sharpener

tailler [tɑje] ► conjug 1 ◄ **1** VT **a** [+ pierre] to cut; [+ bois, statue] to carve; [+ crayon] to sharpen; [+ arbre, vigne] to prune; [+ haie, barbe] to trim; [+ tissu] to cut out **b** [+ vêtement] to make **2** VI [vêtement] ◆ **~ petit/grand** to be cut on the small/large side **3** **se tailler** *** VPR (= partir) to beat it *** ◆ **j'ai envie de me ~ de cette boîte** I want to get out of this place

tailleur [tɑjœʀ] NM **a** (= costume) suit **b** (= couturier) tailor **c** ◆ **en ~** [assis, s'asseoir] cross-legged

taillis [tɑji] NM copse

tain [tɛ̃] NM [de miroir] silvering ◆ **glace sans ~** two-way mirror

taire [tɛʀ] ► conjug 54 ◀ **1** VI ◆ **faire ~** [+ témoin gênant, opposition] to silence ◆ **fais ~ les enfants** make the children keep quiet **2** **se taire** VPR **a** (= être silencieux) to be quiet; (= arrêter de parler) to stop talking ◆ **taisez-vous !** be quiet! **b** (= s'abstenir de s'exprimer) to keep quiet

Taïwan [tajwan] N Taiwan

talc [talk] NM [de toilette] talcum powder

talent [talɑ̃] NM talent ◆ **avoir du ~** to be talented ◆ **auteur de ~** talented author ◆ **encourager les jeunes ~s** to encourage young talent

talentueux, -euse [talɑ̃tɥø, øz] ADJ talented

talisman [talismɑ̃] NM talisman

talkie-walkie (pl **talkies-walkies**) [tokiwoki] NM walkie-talkie

talon [talɔ̃] NM **a** [de pied, chaussure] heel ► **talon d'Achille** Achilles' heel ► **talons aiguilles** stiletto heels ► **talons hauts** high heels **b** [de chèque, carnet à souche] stub

talonner [talɔne] ► conjug 1 ◀ VT [+ fugitifs, coureurs] to be close behind ◆ **talonné par qn** hotly pursued by sb

talonnette [talɔnɛt] NF [de chaussure] heel-piece

tambour [tɑ̃buʀ] NM **a** (= instrument, cylindre) drum **b** ◆ **(porte à) ~** revolving door

tambourin [tɑ̃buʀɛ̃] NM (= tambour de basque) tambourine; (= tambour haut et étroit) tambourin

tambouriner [tɑ̃buʀine] ► conjug 1 ◀ VI (avec les doigts) ◆ **~ sur** to drum one's fingers on

tamis [tami] NM **a** (à farine) sieve; (à sable) riddle **b** [de raquette] strings

Tamise [tamiz] NF ◆ **la ~** the Thames

tamisé, e [tamize] ADJ [lumière] subdued

tamiser [tamize] ► conjug 1 ◀ VT [+ farine] to sieve; [+ sable] to riddle

tampon [tɑ̃pɔ̃] NM **a** (pour boucher) stopper ◆ **servir de ~ entre deux personnes** to act as a buffer between two people **b** (pour nettoyer une plaie) swab ◆ **~ (hygiénique)** tampon ►

tampon Jex ® Brillo pad ® ► **tampon à récurer** scouring pad **c** (pour timbrer) stamp ► **tampon encreur** inking-pad

tamponner [tɑ̃pɔne] ► conjug 1 ◀ **1** VT **a** (= essuyer) to dab; [+ plaie] to swab **b** (= heurter) to crash into **c** (avec un timbre) to stamp **2** **se tamponner** VPR **a** [+ yeux, visage] to dab **b** (= se heurter) to crash into each other

tam-tam (pl **~s**) [tamtam] NM tomtom

tandem [tɑ̃dɛm] NM **a** (= bicyclette) tandem **b** (= duo) pair ◆ **en ~** in tandem

tandis [tɑ̃di] ADV ◆ **~ que** (simultanéité) while; (contraste, opposition) whereas

tangent, e [tɑ̃ʒɑ̃, ɑ̃t] **1** ADJ **a** (Math) tangential (à to) **b** (*** = juste) close **2** **tangente** NF tangent ◆ **prendre la ~e** *** (= partir) to make o.s. scarce

tangible [tɑ̃ʒibl] ADJ tangible

tango [tɑ̃go] NM tango ◆ **danser le ~** to do the tango

tanguer [tɑ̃ge] ► conjug 1 ◀ VI [navire, avion] to pitch

tanière [tanjɛʀ] NF [d'animal] den; [de solitaire] hideaway

tank [tɑ̃k] NM tank

tanner [tane] ► conjug 1 ◀ VT **a** [+ cuir] to tan ◆ **visage tanné** weather-beaten face **b** (*** = harceler) to pester

---

0—ı   **tant** [tɑ̃] adv

a (= tellement) (avec verbe) so much ◆ **il l'aime ~ !** he loves her so much!
◆ **tant de** (singulier) so much; (pluriel) so many ◆ **comme ~ d'autres** like so many others
◆ **tant et si bien que** so much so that

b (quantité non précisée) so much ◆ **gagner ~ par mois** to earn so much a month

c (= autant) ◆ **ses œuvres ~ politiques que lyriques** both his political and his poetic works ◆ **il criait ~ qu'il pouvait** he shouted as loud as he could ◆ **~ que ça ?** as much as that? ◆ **pas ~ que ça** not that much ◆ **ils essaient ~ bien que mal de conserver leur emploi** they're doing their best to keep their jobs ◆ **la plupart se débrouillent ~ bien que mal avec leurs économies** most of them manage to get by on their savings

d (dans le temps)
◆ **tant que** (= aussi longtemps que) as long as; (= pendant que) while ◆ **tant que tu n'auras pas fini tes devoirs, tu resteras à la maison** you can't go out until you've finished your homework ◆ **~ que tu y es, achète aussi du pain** while you're at it, buy some bread as well

e **tant mieux** (= à la bonne heure) good ◆ **~ mieux pour lui** good for him

◆ **tant pis** that's just too bad ◆ ~ **pis pour lui** that's just too bad for him ◆ ~ **qu'à faire, allons-y maintenant** we might as well go now ◆ **en tant que** as ◆ **en ~ qu'ami de la famille** as a family friend

tante [tɑ̃t] NF **a** (= parente) aunt **b** (** = homosexuel) queer**＊**

tantinet＊ [tɑ̃tinɛ] NM ◆ **un ~ ridicule** a tiny bit ridiculous

tantôt [tɑ̃to] ADV **a** (= parfois) ◆ ~ ..., ~ ... sometimes ..., sometimes ... **b** (= cet après-midi) this afternoon

taon [tɑ̃] NM horsefly

tapage [tapaʒ] NM **a** (= vacarme) row ◆ **faire du ~** to kick up＊ a row ▸ **tapage nocturne** disturbance *(at night)* **b** (= battage) fuss ◆ **faire du ~ autour de qch** to make a fuss about sth

tape [tap] NF (= coup) slap ◆ **il m'a donné une grande ~ dans le dos** he slapped me hard on the back

tape-à-l'œil [tapalœj] ADJ INV flashy

taper [tape] ▸ conjug 1 ◂ **1** VT **a** [+ enfant] to slap; [+ tapis] to beat **b** (à la machine, sur un ordinateur) to type ◆ **tapé à la machine** typed **c** (＊ = demander de l'argent à) to scrounge off＊ **2** VI **a** (= frapper) ◆ ~ **sur un clou** to hit a nail ◆ ~ **sur la table** to bang on the table ◆ ~ **sur qn** to thump sb; (= dire du mal de qn) to bad-mouth sb＊ ◆ ~ **à la porte** to knock on the door ◆ ~ **dans un ballon** to kick a ball about ◆ ~ **sur les nerfs ou le système de qn＊** to get on sb's nerves＊ ◆ **ça tape aujourd'hui !＊** (soleil) it's scorching hot today! **b** (à la machine, sur un ordinateur) to type **3 se taper＊** VPR [+ repas] to put away＊; [+ corvée, importun] to get landed with＊ ◆ **on s'est tapé les 10 km à pied** we did the whole 10km on foot

tapioca [tapjɔka] NM tapioca

tapir (se) [tapiʀ] ▸ conjug 2 ◂ VPR (= se cacher) to hide away

tapis [tapi] NM **a** [de sol] carpet; (petit) rug ◆ **envoyer qn au ~** to floor sb ▸ **tapis de bain** bathmat ▸ **tapis roulant** (pour piétons) moving walkway; (pour bagages) carousel ▸ **tapis de sol** (Camping) groundsheet; (Gym) exercise mat ▸ **tapis de souris** (Informatique) mouse mat **b** [de table de jeu] covering

tapisser [tapise] ▸ conjug 1 ◂ VT **a** (de papier peint) to paper **b** (= recouvrir) to cover (de with)

tapisserie [tapisʀi] NF (= tenture) tapestry; (= papier peint) wallpaper ◆ **faire de la ~** to do tapestry work

tapissier, -ière [tapisje, jɛʀ] NM,F (pour fauteuils, etc) upholsterer; (pour papiers peints) interior decorator

tapoter [tapɔte] ▸ conjug 1 ◂ **1** VT [+ baromètre] to tap; [+ joue] to pat **2** VI ◆ ~ **sur** to tap on; [+ clavier] to tap away at a keyboard

taquin, e [takɛ̃, in] ADJ teasing *avant le nom* ◆ **il est très ~** he's a real tease

taquiner [takine] ▸ conjug 1 ◂ VT [personne] to tease

tarabiscoté, e [taʀabiskɔte] ADJ [meuble, style] overornate

tarama [taʀama] NM taramasalata

tard [taʀ] ADV late ◆ **il se fait ~** it's getting late ◆ **plus ~** later ◆ **remettre qch à plus ~** to put sth off ◆ **au plus ~** at the latest

tarder [taʀde] ▸ conjug 1 ◂ VI **a** (= traîner) to delay ◆ ~ **à entreprendre qch** to delay starting sth ◆ **ne tardez pas** don't delay **b** (= être lent à venir) ◆ **sa réponse a trop tardé** he was too slow in replying ◆ **il est 2 heures : ils ne vont pas ~** it's 2 o'clock - they won't be long now ◆ **il n'a pas tardé à s'en apercevoir** it didn't take him long to notice

tardif, -ive [taʀdif, iv] ADJ late; [regrets, remords] belated ◆ **rentrer à une heure tardive** to come home late at night

tare [taʀ] NF (= défaut) defect

taré, e＊ [taʀe] **1** ADJ crazy **2** NM,F cretin＊

tarif [taʀif] NM **a** (= tableau) price list **b** (= prix) rate; (Transports) fare ◆ **quels sont vos ~s ?** how much do you charge? ◆ **billet plein ~** (Transports) full-fare ticket; (Ciné, Théâtre) full-price ticket ◆ ~ **étudiant** (pour transports) student fare; (pour loisirs) student concession ◆ ~ **réduit** (Transports) reduced fare; (Ciné, Théâtre) concession

tarir [taʀiʀ] ▸ conjug 2 ◂ **1** VI **a** [source] to dry up **b** [personne] ◆ **il ne tarit pas d'éloges sur elle** he can't stop singing her praises **2 se tarir** VPR to dry up

tarot [taʀo] NM tarot

tarte [taʀt] **1** NF **a** (= pâtisserie) tart ◆ ~ **aux pommes** apple tart ◆ **c'est pas de la ~＊** it's not easy **b** (** = gifle) slap ◆ **flanquer une ~ à qn** to slap sb in the face **2** ADJ INV ＊ frumpy

tartelette [taʀtəlɛt] NF tartlet

tartine [taʀtin] NF (beurrée) piece of bread and butter; (à la confiture) piece of bread and jam

tartiner [taʀtine] ▸ conjug 1 ◂ VT to spread ◆ **fromage à ~** cheese spread ◆ **il en a tartiné plusieurs pages＊** he went on about it for several pages

tartre [taʀtʀ] NM [de dents] tartar; [de chaudière, bouilloire] scale

tas [tɑ] NM pile ◆ **mettre en ~** to put in a pile ◆ **~ de crétins !** * you bunch of idiots! * ◆ **un ~ de, des ~ de** * (= beaucoup de) loads of * ◆ **dans le ~, tu trouveras bien un stylo qui marche** you'll find one pen that works ◆ **il s'est formé sur le ~** he was trained on the job

tasse [tɑs] NF cup ◆ **~ à café** coffee cup ◆ **~ de café** cup of coffee ◆ **ce n'est pas ma ~ de thé** (fig) it's not my cup of tea

tasser [tɑse] ▸ conjug 1 ◂ **1** VT [+ sol, neige] to pack down; [+ foin, paille] to pack ◆ **~ des vêtements/des personnes dans qch** to cram clothes/people into sth **2 se tasser** VPR **a** [terrain] to subside; [vieillard, corps] to shrink **b** (= se serrer) ◆ **on s'est tassé à dix dans la voiture** ten of us crammed into the car ◆ **tassez-vous, il y a encore de la place** squeeze up, there's still room **c** (* = s'arranger) to settle down

tâter [tɑte] ▸ conjug 1 ◂ **1** VT (= palper) to feel ◆ **~ le terrain** to find out how the land lies **2 se tâter** * VPR to hesitate

tatillon, -onne [tatijɔ̃, ɔn] ADJ finicky

tâtonnement [tɑtɔnmɑ̃] NM (= essai) ◆ **après bien des ~s** after a lot of trial and error

tâtonner [tɑtɔne] ▸ conjug 1 ◂ VI to grope around

tâtons (à) [tɑtɔ̃] LOC ADV ◆ **avancer à tâtons** to feel one's way along ◆ **chercher qch à tâtons** to grope around for sth

tatouage [tatwaʒ] NM (= dessin) tattoo

tatouer [tatwe] ▸ conjug 1 ◂ VT to tattoo ◆ **se faire ~ l'épaule** to have one's shoulder tattooed

taudis [todi] NM (= logement) hovel

taule * [tol] NF (= prison) jail ◆ **être en ~** * to be inside * ◆ **il a fait de la ~** * he's done time *

taupe [top] NF (= animal, espion) mole

taureau (pl **~x**) [tɔʀo] NM **a** (= animal) bull ◆ **prendre le ~ par les cornes** to take the bull by the horns **b** (= signe) ◆ **le Taureau** Taurus ◆ **il est Taureau** he's a Taurus

tauromachie [tɔʀɔmaʃi] NF bullfighting

taux [to] NM rate; [de pollution, radioactivité] level ◆ **~ de change** exchange rate ◆ **~ d'intérêt** interest rate

taverne [tavɛʀn] NF tavern

taxe [taks] NF tax; (à la douane) duty ◆ **hors ~s** [boutique, article] duty-free; (sur facture) exclusive of VAT ▸ **taxe sur la valeur ajoutée** value-added (Brit) ou sales (US) tax

taxer [takse] ▸ conjug 1 ◂ VT **a** [+ marchandises, service] to tax **b** (* = prendre) to pinch * ◆ **je peux te ~ une cigarette ?** can I pinch * a cigarette? ◆ **il m'a taxé 100 F** he got 100 francs out of me *

taxi [taksi] NM **a** (= voiture) taxi **b** (* = chauffeur) taxi driver

TB (abrév de **très bien**) VG

Tchad [tʃad] NM Chad

tchador [tʃadɔʀ] NM chador

tchao [tʃao] EXCL ciao!

tchèque [tʃɛk] **1** ADJ Czech **2** NM (= langue) Czech **3 Tchèque** NMF Czech

Tchétchénie [tʃetʃeni] NF Chechnya

tchin-tchin * [tʃintʃin] EXCL cheers!

TD [tede] NMPL (abrév de **travaux dirigés**) tutorial

te [tə] PRON PERS **a** (objet) you ◆ **il t'aime** he loves you ◆ **~ l'a-t-il dit ?** did he tell you? **b** (réfléchi) yourself ◆ **tu t'es fait mal ?** did you hurt yourself? ◆ **comment ~ sens-tu ?** how do you feel? ◆ **va ~ laver les dents** go and brush your teeth

technicien, -ienne [tɛknisjɛ̃, jɛn] NM,F technician

technique [tɛknik] **1** ADJ technical voir aussi **chômage 2** NF **a** (= méthode) technique **b** (= technologie) ◆ **la ~** technology **3** NM (= enseignement) technical training

techno [tɛkno] NF (= musique) techno

technocrate [tɛknɔkʀat] NMF technocrat

technologie [tɛknɔlɔʒi] NF technology ◆ **~ de l'information** information technology

technologique [tɛknɔlɔʒik] ADJ technological

teckel [tɛkɛl] NM dachshund

tee-shirt [tiʃœʀt] NM T-shirt

teigne [tɛɲ] NF **a** (= papillon) moth **b** (péj = homme) rat *; (= femme) cow *

teindre [tɛ̃dʀ] ▸ conjug 52 ◂ VT to dye ◆ **se ~ (les cheveux)** to dye one's hair

teint, e [tɛ̃, tɛ̃t] **1** ADJ [cheveux, laine] dyed ◆ **elle est ~e** her hair is dyed **2** NM **a** [de peau] complexion **b** **teinte** NF (= nuance) shade; (= couleur) colour (Brit), color (US)

teinté, e [tɛ̃te] ADJ [crème, verre] tinted ◆ **discours ~ de racisme** speech tinged with racism

teinter [tɛ̃te] ▸ conjug 1 ◂ VT [+ papier, verre] to tint; [+ meuble, bois] to stain

teinture [tɛ̃tyʀ] NF (= colorant) dye ◆ **~ d'iode** tincture of iodine

teinturerie [tɛ̃tyʀʀi] NF (= magasin) dry cleaner's

tel, telle [tɛl] ADJ **a** (similitude) such ◆ (Prov) **~ père, ~ fils** like father like son ◆ **as-tu jamais rien vu de ~ ?** have you ever seen such a thing?

◆ **un tel, une telle** such a ◆ **on n'a jamais vu une telle cohue** you've never seen such a crush

◆ **tel que** like ◆ **les métaux ~s que l'or et le platine** metals like gold and platinum
◆ **tel quel, telle quelle** * as it is (ou was) **b** (avec conséquence) ◆ **ils ont eu de ~s ennuis avec leur voiture qu'ils l'ont vendue** they had such trouble with their car that they sold it ◆ **de telle sorte que** so that **c** (indéfini) such-and-such ◆ **venez ~ jour à telle heure** come on such-and-such a day at such-and-such a time

tél. (abrév de **téléphone**) tel.

télé * [tele] NF TV ◆ **à la ~** on TV

téléachat [teleaʃa] NM teleshopping *NonC*

télécabine [telekabin] NF cable car

télécarte ® [telekaʀt] NF phonecard

télécharger [teleʃaʀʒe] VTi to download

télécommande [telekɔmɑ̃d] NF remote control

télécommunications [telekɔmynikasjɔ̃] NFPL telecommunications

téléconférence [telekɔ̃feʀɑ̃s] NF (= discussion) teleconference

télécopie [telekɔpi] NF fax

télécopieur [telekɔpjœʀ] NM fax

téléfilm [telefilm] NM TV film

télégénique [teleʒenik] ADJ telegenic

télégramme [telegʀam] NM telegram

télégraphier [telegʀafje] ► conjug 7 ◄ VT [+ message] to telegraph

téléguider [telegide] ► conjug 1 ◄ VT **a** [+ machine, véhicule] to operate by remote control ◆ **voiture téléguidée** remote-controlled car ◆ **missile téléguidé** guided missile **b** [+ complot, campagne] to mastermind

téléjournal [teleʒuʀnal] NM (Helv) television news

télématique [telematik] **1** ADJ [service, serveur] data communications **2** NF telematics *sg*

téléobjectif [teleɔbʒɛktif] NM telephoto lens

télépathie [telepati] NF telepathy

téléphérique [teleferik] NM cable car

téléphone [telefɔn] NM telephone, phone; (= numéro) * phone number ◆ **avoir le ~** to have a phone ◆ **il est au ~** he's on the phone ◆ **coup de ~** phone call ◆ **passer un coup de ~ à qn** to phone sb ► **téléphone mobile** mobile phone ► **téléphone portable** portable phone ► **téléphone sans fil** cordless phone

téléphoner [telefɔne] ► conjug 1 ◄ **1** VI to phone ◆ **~ à qn** to phone sb ◆ **où est Martin ? – il téléphone** where's Martin? – he's on the phone **2** se **téléphoner** VPR to phone each other

téléphonique [telefɔnik] ADJ telephone

téléréalité [teleʀealite] NF reality TV

télescope [telɛskɔp] NM telescope

télescoper (se) [telɛskɔpe] ► conjug 1 ◄ VPR [véhicules] to concertina; [souvenirs] to become confused

télescopique [telɛskɔpik] ADJ telescopic

télésiège [telesjɛʒ] NM chairlift

téléski [teleski] NM ski lift

téléspectateur, -trice [telespɛktatœʀ, tʀis] NM,F viewer

télétexte [teletɛkst] NM Teletext ®

télétravail [teletʀavaj] NM teleworking

télévisé, e [televize] ADJ televised

téléviseur [televizœʀ] NM television *(set)*

télévision [televizjɔ̃] NF television ◆ **à la ~** on television ◆ **passer à la ~** to be on television ◆ **~ par câble/satellite** cable/satellite television

télex [telɛks] NM INV telex

telle [tɛl] ADJ → **tel**

tellement [tɛlmɑ̃] ADV **a** (= si) so; (avec comparatif) so much ◆ **j'étais ~ fatigué que je me suis couché immédiatement** I was so tired that I went straight to bed ◆ **~ plus fort** so much stronger **b** (= tant) so much ◆ **il a ~ insisté que ...** he insisted so much that ... ◆ **on ne le comprend pas ~ il parle vite** he talks so fast that you can't understand him ◆ **~ de** (avec singulier) so much; (avec pluriel) so many ◆ **~ de temps** so much time ◆ **~ de gens** so many people **c** (locutions) ◆ **il ne travaille pas ~** he doesn't work that much ◆ **tu aimes le cinéma ? – pas ~** do you like the cinema? – not particularly ◆ **ce n'est plus ~ à la mode** it's not really that fashionable any more

téméraire [temeʀɛʀ] ADJ rash

témoignage [temwaɲaʒ] NM **a** (en justice) evidence *NonC* **b** (= récit, rapport) account (sur of) **c** (= signe) token ◆ **~ de ma reconnaissance** as a token of my gratitude

témoigner [temwaɲe] ► conjug 1 ◄ **1** VI (au tribunal) to testify **2** VT ◆ **~ que** (= démontrer que) to show that; (= attester que) to testify that **3 témoigner de** VT INDIR (= confirmer) to testify to; (= être le signe de) to show ◆ **tout cela témoigne de son intelligence** it all shows how intelligent he is

témoin [temwɛ̃] **1** NM **a** (= personne) witness; [de marié] best man ◆ **~ à charge** witness for the prosecution ◆ **être ~ de** [+ crime, scène] to witness ◆ **il m'a pris à ~** he called on me to confirm what he said ► **les Témoins de Jéhovah** Jehovah's Witnesses **b** (Sport) baton **2** ADJ ◆ **appartement ~** show flat (Brit), model apartment (US)

tempe [tɑ̃p] NF temple

tempérament [tɑ̃peʁamɑ̃] NM (= nature) temperament ◆ **avoir du ~** to have a strong personality

température [tɑ̃peʁatyʁ] NF temperature ◆ **avoir de la ~** to have a temperature

tempéré, e [tɑ̃peʁe] ADJ [climat, zone] temperate

tempérer [tɑ̃peʁe] ▸ conjug 6 ◂ VT [+ froid, rigueur du climat] to temper; [+ peine, douleur] to ease

tempête [tɑ̃pɛt] NF storm ◆ **~ de neige** snowstorm

temple [tɑ̃pl] NM temple; (= église) Protestant church

tempo [tɛmpo] NM tempo

temporaire [tɑ̃pɔʁɛʁ] ADJ temporary

temps [tɑ̃] NM **a** (qui passe) time ◆ **le ~ c'est de l'argent** time is money (Prov) ◆ **c'était le bon ~** those were the days ◆ **les premiers ~** at the beginning ◆ **par les ~ qui courent** these days ◆ **ces derniers ~** lately ◆ **ces ~-ci** these days ◆ **tout le ~** all the time ◆ **peu de ~ avant/après** shortly before/after ◆ **il est ~ de partir/qu'il parte** it's time to go/he went ◆ **avoir le ~ de faire qch** to have time to do sth ◆ **mettre du ~ à faire qch** to take time to do sth ◆ **cela prend trop de ~** it takes up too much time ◆ **prendre son ~ (pour faire qch)** to take one's time (to do sth) ◆ **à ~** in time ◆ **à plein ~** full-time ◆ **à ~ partiel** part-time ◆ **au ~ des Tudors** in Tudor times ◆ **dans le ~** (= autrefois) in the old days ◆ **de mon ~** in my time ◆ **de ~ à autre, de ~ en ~** from time to time ◆ **en ~ de guerre** in wartime ◆ **en ~ de crise** in times of crisis ◆ **en ce ~-là** at that time ◆ **en ~ normal** usually ▸ **temps libre** spare time **b** (= conditions atmosphériques) weather ◆ **quel ~ fait-il ?** what's the weather like? ◆ **il fait beau/mauvais ~** the weather's fine/bad **c** (= phase) ◆ **l'opération s'est déroulée en trois ~** the operation was carried out in three phases ◆ **marquer un ~ d'arrêt** to pause ◆ **dans un premier ~** at first ◆ **dans un deuxième ~** subsequently **d** (Mus) beat **e** [de verbe] tense

tenable [t(ə)nabl] ADJ [position] tenable

tenace [tənas] ADJ [personne] stubborn; [rhume, toux, rumeur] persistent; [croyance, préjugés] deep-seated; [souvenir, rancune, parfum] lingering

ténacité [tenasite] NF [de personne] persistence

tenailles [t(ə)naj] NFPL [de menuisier, bricoleur] pliers

tenancier, -ière [tənɑ̃sje, jɛʁ] NM,F [d'hôtel, bar, boîte] manager

tendance [tɑ̃dɑ̃s] NF **a** (= inclination) tendency ◆ **avoir ~ à faire qch** to tend to do sth **b** (= évolution) trend ◆ **~ à la hausse/baisse** upward/downward trend

tendancieux, -ieuse [tɑ̃dɑ̃sjø, jøz] ADJ tendentious

tendeur [tɑ̃dœʁ] NM [de porte-bagages] bungee

tendinite [tɑ̃dinit] NF tendinitis NonC

tendon [tɑ̃dɔ̃] NM tendon ◆ **~ d'Achille** Achilles' tendon

tendre¹ [tɑ̃dʁ] ▸ conjug 41 ◂ **1** VT **a** [+ corde, câble] to tighten; [+ muscles] to tense ◆ **~ une bâche sur une remorque** to pull a tarpaulin over a trailer ◆ **~ le cou** to crane one's neck ◆ **~ l'oreille** to prick up one's ears **b** (= suspendre) [+ tapisserie, tenture] to hang **c** (= présenter) ◆ **~ qch à qn** to hold sth out to sb ◆ **~ la main à qn** (pour saluer) to hold out one's hand to sb ◆ **~ la perche à qn** (fig) to throw sb a lifeline ◆ **~ un piège à qn** to set a trap for sb **2** tendre **à** VT INDIR (= avoir tendance à) to tend to **3** se tendre VPR [corde] to become taut; [rapports] to become strained

tendre² [tɑ̃dʁ] ADJ **a** [pierre, bois] soft; [haricots, viande] tender ◆ **depuis sa plus ~ enfance** from his earliest days **b** (= affectueux) tender **c** [couleur] soft

tendrement [tɑ̃dʁəmɑ̃] ADV tenderly

tendresse [tɑ̃dʁɛs] NF tenderness ◆ **avoir de la ~ pour qn** to be fond of sb

tendu, e [tɑ̃dy] ADJ **a** [corde, toile] taut **b** (= nerveux) tense **c** (= en avant) ◆ **les bras ~s** with outstretched arms ◆ **s'avancer la main ~e** to come forward with one's hand held out **d** ◆ **~ de** [+ velours, soie] hung with

ténèbres [tenɛbʁ] NFPL (littér) darkness

teneur [tənœʁ] NF **a** [de minerai, solution] content ◆ **~ en matières grasses** fat content **b** [de traité, lettre] terms

tenir [t(ə)niʁ] ▸ conjug 22 ◂ **1** VT **a** (avec les mains) to hold ◆ **~ qch à la main** to be holding sth ◆ **~ qn par la main** to hold sb's hand **b** (= maintenir dans un certain état) to keep ◆ **le café te tient éveillé** coffee keeps him awake **c** [+ hôtel, magasin, comptes] to keep **d** (= détenir) to have ◆ **nous le tenons !** we've got him! **e** (= contrôler) [+ enfant, classe] to control **f** [+ réunion, conférence] to hold **g** (= occuper) [+ place, largeur] to take up; [+ rôle] to have ◆ **~ sa droite** [conducteur] to keep to the right **h** (= résister à) ◆ **~ l'alcool** * to be able to hold one's drink ◆ **~ le coup** [personne] to survive; [chose] to last **i** [+ promesse, pari, planning] to keep to **j** ◆ **tiens !** (en donnant) here you are! ◆ **tiens, voilà mon frère !** oh, there's my brother! ◆ **tiens, tiens !** well, well! **2** VI **a** (= rester en place) to hold; [objets empilés, échafaudage] to stay up ◆ **il tient bien sur ses**

jambes he's very steady on his legs **b** (= durer) [mariage, fleurs] to last ◆ **ça tient toujours, notre pique-nique ?** * is our picnic still on? **c** (= résister) ◆ **~ bon** to hold out ◆ **il fait trop chaud, on ne tient plus ici** it's too hot - we can't stand it here any longer **d** (= pouvoir être contenu) to fit (dans into) **3** VT INDIR **a** ◆ **tenir à** (= être attaché à) [+ réputation] to care about; [+ objet, personne] to be fond of; (= avoir pour cause) to be due to ◆ **tu veux aller au cinéma ? – je n'y tiens pas** do you want to go to the cinema? – not particularly ◆ **~ à faire qch/à ce que** to be anxious to do sth/that **b** ◆ **tenir de** (= ressembler à) to take after **4** VB IMPERS ◆ **il ne tient qu'à vous de décider** it's up to you to decide ◆ **qu'à cela ne tienne !** no problem! **5** VPR **a** (avec les mains) to hold ◆ **se ~ à qch** to hold onto sth ◆ **ils se tenaient par la main** they were holding hands **b** (= être dans une position) ◆ **se ~ debout** to be standing up ◆ **se ~ droit** (debout) to stand up straight; (assis) to sit up straight **c** (= se conduire) to behave ◆ **tiens-toi tranquille** keep still ◆ **se ~ mal** (à table) to have bad table manners; (en société) to behave badly **d** [conférence, réunion] to be held **e** [raisonnement] to hold together **f** ◆ **s'en ~ à** (= se limiter à) to confine o.s. to ◆ **il aimerait savoir à quoi s'en ~** he'd like to know where he stands

tennis [tenis] **1** NM **a** (= sport) tennis ◆ **~ sur gazon** lawn tennis ▸ **tennis de table** table tennis **b** (= terrain) tennis court **2** NMPL (= chaussures) trainers (Brit), sneakers (US)

tennisman [tenisman] (pl **tennismen** [tenismɛn]) NM tennis player

ténor [tenɔʀ] NM (= chanteur) tenor; (fig) big name (de in)

tension [tɑ̃sjɔ̃] NF **a** (gén) tension **b** (artérielle) blood pressure ◆ **faire ou avoir de la ~** to have high blood pressure **c** (électrique) voltage

tentacule [tɑ̃takyl] NM tentacle

tentant, e [tɑ̃tɑ̃, ɑ̃t] ADJ tempting

tentation [tɑ̃tasjɔ̃] NF temptation

tentative [tɑ̃tativ] NF attempt ◆ **~ d'évasion/de suicide** escape/suicide attempt

tente [tɑ̃t] NF tent

tenter [tɑ̃te] ▸ conjug 1 ◄ VT **a** (= chercher à séduire) to tempt ◆ **se laisser ~ par une offre** to be tempted by an offer ◆ **être tenté de faire qch** to be tempted to do sth ◆ **tu peux venir si ça te tente** you can come if you feel like it **b** (= essayer) to try, to attempt (de faire qch to do sth) ◆ **~ le tout pour le tout** to risk one's all ◆ **~ sa chance** to try one's luck

tenture [tɑ̃tyʀ] NF **a** (= tapisserie) hanging **b** (= rideau) curtain

tenu, e¹ [t(ə)ny] ADJ **a** (= soigné) [maison] ◆ **bien ~** well-kept ◆ **mal ~** ill-kept **b** (= obligé) ◆ **être ~ de faire qch** to be obliged to do sth

ténu, e [teny] ADJ (frm) **a** [voix] thin **b** [espoir] faint

tenue² [t(ə)ny] NF **a** (= habillement) dress ◆ **en petite ~** scantily dressed ▸ **tenue de soirée** evening dress **b** (= uniforme) uniform ◆ **les policiers en ~** policemen in uniform **c** (= maintien) posture **d** (= manières) ◆ **avoir de la ~** to have good manners ◆ **allons ! un peu de ~ !** come on, behave yourself!

tergiverser [tɛʀʒivɛʀse] ▸ conjug 1 ◄ VI to prevaricate

terme [tɛʀm] **1** NM **a** (= mot) term ◆ **en d'autres ~s** in other words **b** (= fin) end ◆ **mettre un ~ à qch** to put an end to sth ◆ **prévisions à court/moyen/long ~** short-term/medium-term/long-term forecasts ◆ **ce sera rentable à court/moyen/long ~** it will be profitable in the short/medium/long term ◆ **à ~** [naître] at term ◆ **arriver à ~** [délai, mandat, contrat] to expire ◆ **avant ~** [naître, accoucher] prematurely **c** [de loyer] (= date de paiement) date for payment **2 termes** NMPL (= relations) ◆ **être en bons/mauvais ~s avec qn** to be on good/bad terms with sb

terminaison [tɛʀminɛzɔ̃] NF ending

terminal, e (mpl **-aux**) [tɛʀminal, o] **1** ADJ ◆ **malade en phase ~e** terminally ill patient **2** NM terminal **3** **terminale** NF (= classe) final year ≈ upper sixth form (Brit) twelfth grade (US) ◆ **élève de ~e** ≈ upper sixth former (Brit) twelfth grader (US)

terminer [tɛʀmine] ▸ conjug 1 ◄ **1** VT to finish ◆ **en avoir terminé avec qch/qn** to be finished with sth/sb ◆ **pour ~ je dirais que ...** to conclude I would say that ... **2** **se terminer** VPR to end (par, en with, in)

terminologie [tɛʀminɔlɔʒi] NF terminology

terminus [tɛʀminys] NM terminus

termite [tɛʀmit] NM termite

terne [tɛʀn] ADJ dull

ternir [tɛʀniʀ] ▸ conjug 2 ◄ **1** VT to tarnish **2** **se ternir** VPR to become tarnished

terrain [teʀɛ̃] NM **a** (= sol) ground; (= terre) soil ◆ **gagner/perdre du ~** (fig) to gain/lose ground ◆ **aller sur le ~** (fig) to go out into the field ▸ **terrain d'atterrissage** landing ground ▸ **terrain d'aviation** airfield ▸ **terrain de camping** campsite ▸ **terrain vague** waste ground NonC **b** (Football, Rugby) pitch; (Courses, Golf) course; (Basket, Volley, Hand-ball) court **c** (= étendue de terre) land NonC; (= parcelle) plot of land; (à bâtir) site **d** (= domaine) ground ◆ **trouver un ~ d'entente** to find common ground

terrasse [teʀas] NF terrace ◆ **il était assis à la ~** he was sitting outside

terrassement [teʀasmɑ̃] NM ◆ **travaux de ~** excavation work

terrasser [teʀase] ► conjug 1 ◄ VT [adversaire] to bring down; [émotion, nouvelle] to overwhelm; [maladie, crise cardiaque] to strike down

terre [teʀ] NF **a** (= planète) earth; (= monde) world **b** (= matière) earth; (pour la poterie) clay; (= sol) ground ◆ **par ~** [s'allonger, poser] on the ground; [tomber] to the ground ◆ **sous ~** underground ◆ **~ à ~** [personne] down-to-earth; [préoccupations] mundane ► **terre battue** beaten earth ◆ **jouer sur la battue** (Tennis) to play on a clay court ► **terre cuite** terracotta ► **terre glaise** clay **c** (= domaine) ◆ **~s** land NonC **d** (par opposition à mer) land NonC ◆ **sur la ~ ferme** on dry land ◆ **aller à ~** to go ashore **e** (= pays) land **f** (Élec) earth (Brit), ground (US)

terreau [teʀo] NM soil-based compost

terre-plein (pl **~s**) [teʀplɛ̃] NM ◆ **~ central** central reservation (Brit), median strip (US)

terrer (se) [teʀe] ► conjug 1 ◄ VPR [criminel] to lie low; [personne peu sociable] to hide away

terrestre [teʀestʀ] ADJ **a** (= de la terre) land ◆ **la surface ~** the earth's surface **b** (= d'ici-bas) earthly

terreur [teʀœʀ] NF terror NonC

terrible [teʀibl] ADJ **a** terrible ◆ **le plus ~, c'est que ...** the most terrible thing about it is that ... **b** (vent, force, bruit) terrific **c** (* = formidable) ◆ **ce film n'est pas ~** this film is nothing special

terriblement [teʀibləmɑ̃] ADV terribly

terrien, -ienne [teʀjɛ̃, jɛn] **1** ADJ ◆ **propriétaire ~** landowner **2** NM Earthman **3** terrienne NF Earthwoman

terrier [teʀje] NM **a** [de lapin, taupe] burrow; [de renard] earth **b** (= chien) terrier

terrifiant, e [teʀifjɑ̃, jɑ̃t] ADJ terrifying

terrifier [teʀifje] ► conjug 7 ◄ VT to terrify

terrine [teʀin] NF (Culin) terrine

territoire [teʀitwaʀ] NM territory; [de département, commune] area ◆ **~s d'outre-mer** overseas territories

terroir [teʀwaʀ] NM (= région) region ◆ **produits du ~** local produce

terroriser [teʀɔʀize] ► conjug 1 ◄ VT to terrorize

terrorisme [teʀɔʀism] NM terrorism

terroriste [teʀɔʀist] ADJ, NMF terrorist

tertiaire [teʀsjɛʀ] ADJ tertiary

tertio [teʀsjo] ADV thirdly

tertre [teʀtʀ] NM mound

tes [te] ADJ POSS → **ton**

tesson [tesɔ̃] NM ◆ **~ de bouteille** piece of broken glass

test [test] NM test ◆ **faire passer un ~ à qn** to give sb a test

testament [testamɑ̃] NM **a** [document] will **b** (Rel) ◆ **l'Ancien/le Nouveau Testament** the Old/the New Testament

tester [teste] ► conjug 1 ◄ VT to test

testicule [testikyl] NM testicle

tétanos [tetanos] NM tetanus

tête [tet] NF **a** [de personne, animal] head ◆ **j'ai la ~ lourde** my head feels heavy ◆ **tomber la ~ la première** to fall headfirst ◆ **de la ~ aux pieds** from head to foot ◆ **j'en donnerais ma ~ à couper** I would stake my life on it ◆ **tenir ~ à qn/qch** to stand up to sb/sth ◆ **gagner d'une ~** [cheval] to win by a head ◆ **avoir la ~ dure** (= têtu) to be stubborn ◆ **donner un coup de ~ à qn** to head-butt sb ◆ **agir sur un coup de ~** to act on impulse ► **tête de mort** (= emblème) death's-head; (sur pavillon) skull and cross-bones ► **tête de Turc** whipping boy **b** (= visage, expression) face ◆ **il a une bonne ~** he looks a decent sort ◆ **quand il a appris la nouvelle il a fait une drôle de ~ !** you should have seen his face when he heard the news! ◆ **faire la ~** to sulk **c** [de clou, marteau] head; [d'arbre] top ◆ **~ d'ail** head of garlic **d** (= partie antérieure) head ◆ **on monte en ~ ou en queue ?** shall we get on at the front or the back? ◆ **à la ~ du cortège** at the head of the procession ◆ **être à la ~ d'un mouvement/d'une affaire** (= diriger) to head a movement/a business ◆ **être en/prendre la ~** (dans une compétition) to be in/to take the lead ◆ **être en ~ de liste** to come at the top of the list ► **tête de liste** (Pol) chief candidate (in list system of voting) ► **tête de lit** bedhead ◆ **il est ~ de série numéro 2** (Tennis) he's the number 2 seed **e** (= facultés mentales) ◆ **avoir toute sa ~** to have all one's faculties ◆ **où ai-je la ~ ?** whatever am I thinking of? ◆ **être ~ en l'air** to be a scatter-brain ◆ **avoir la ~ sur les épaules** to be level-headed ◆ **calculer qch de ~** to work sth out in one's head ◆ **n'en faire qu'à sa ~** to do as one pleases ◆ **j'y réfléchirai à ~ reposée** I'll think about it when I've got a quiet moment

tête-à-queue [tetakø] NM INV ◆ **faire un ~** [de voiture] to spin round

tête-à-tête [tetatɛt] NM INV (= conversation) tête-à-tête ◆ **discussion en ~** discussion in private ◆ **dîner en ~** to have dinner together

téter [tete] ► conjug 6 ◄ **1** VT [+ biberon, sein] to suck at **2** VI to feed

tétine [tetin] NF [de biberon] teat (Brit), nipple (US); (= sucette) dummy (Brit), pacifier (US)

têtu, e [tety] ADJ stubborn ◆ ~ **comme une mule** as stubborn as a mule

texte [tɛkst] NM a text; [d'acteur] lines; [de chanson] lyrics ◆ **lire Shakespeare dans le** ~ to read Shakespeare in the original ▸ **texte de loi** (adopté) law; (en discussion) bill b (= fragment) passage

textile [tɛkstil] NM (= matière) textile ◆ **le** ~ (= industrie) the textile industry

texto * [tɛksto] ADV word for word

Texto ® [tɛksto] NM text message

textuel, -elle [tɛkstɥɛl] ADJ a [traduction] literal; [copie, citation] exact b (= du texte) textual

texture [tɛkstyʀ] NF texture

TF1 [teɛfœɛ̃] N (abrév de **Télévision française un**) *private French television channel*

TGV [teʒeve] NM (abrév de **train à grande vitesse**) high-speed train

thaïlandais, e [tajlɑ̃dɛ, ɛz] **1** ADJ Thai **2** Thaïlandais(e) NM,F Thai

Thaïlande [tajlɑ̃d] NF Thailand

thalassothérapie [talasoteʀapi] NF thalassotherapy

thé [te] NM tea ◆ ~ **au lait/nature** tea with milk/without milk ◆ ~ **au citron/au jasmin** lemon/jasmine tea

théâtral, e (mpl **-aux**) [teatʀal, o] ADJ theatrical; [rubrique, chronique, saison] theatre (Brit), theater (US)

théâtre [teatʀ] NM a theatre (Brit), theater (US) ◆ **faire du** ~ (être acteur) to be an actor; (comme loisir) to do some acting ◆ **le** ~ **de boulevard** light comedies ◆ **de** ~ [costumes, décors] stage; [cours, festival] drama ◆ **coup de** ~ dramatic turn of events b [d'événement, crime] scene

théière [tejɛʀ] NF teapot

thématique [tematik] ADJ thematic; [chaîne de télévision] specialized

thème [tɛm] NM a (= sujet) theme b (= traduction) translation *(into a foreign language)*

théologie [teɔlɔʒi] NF theology

théorème [teɔʀɛm] NM theorem

théorie [teɔʀi] NF theory ◆ **en** ~ in theory

théorique [teɔʀik] ADJ theoretical

théoriquement [teɔʀikmɑ̃] ADV theoretically

thérapeute [teʀapøt] NMF therapist

thérapie [teʀapi] NF therapy ◆ ~ **génique** gene therapy

thermal, e (mpl **-aux**) [tɛʀmal, o] ADJ [source] thermal ◆ **faire une cure** ~**e** to take the waters ◆ **station** ~**e** spa

thermique [tɛʀmik] ADJ [énergie] thermal ◆ **moteur** ~ heat engine

thermomètre [tɛʀmɔmɛtʀ] NM thermometer

thermos ® [tɛʀmos] NM OU F ◆ **(bouteille)** ~ Thermos ® flask (Brit) ou bottle (US)

thermostat [tɛʀmɔsta] NM thermostat ◆ **préchauffez le four, ~ 7** preheat the oven to gas mark 7

thèse [tɛz] NF thesis ◆ ~ **de doctorat** PhD, doctoral thesis (Brit) ou dissertation (US) ◆ **la** ~ **du suicide a été écartée** suicide has been ruled out

thon [tɔ̃] NM tuna ◆ ~ **au naturel/à l'huile** tuna in brine/in oil

thoracique [tɔʀasik] ADJ ◆ **cage** ~ rib cage

thorax [tɔʀaks] NM thorax

thym [tɛ̃] NM thyme

thyroïde [tiʀɔid] NF thyroid (gland)

Tibet [tibɛ] NM Tibet

tibétain, e [tibetɛ̃, ɛn] **1** ADJ Tibetan **2** Tibétain(e) NM,F Tibetan

tibia [tibja] NM (= os) shinbone; (= partie de la jambe) shin

tic [tik] NM tic; (= manie) mannerism

ticket [tikɛ] NM ticket ▸ **ticket de caisse** sales receipt

ticket-repas (pl **tickets-repas**) [tikɛʀəpa], **ticket-restaurant** ® (pl **tickets-restaurant**) [tikɛʀɛstɔʀɑ̃] NM luncheon voucher (Brit) ≈ meal ticket (US)

tic-tac [tiktak] NM INV ticking ◆ **faire** ~ to tick

tiède [tjɛd] **1** ADJ a warm; (désagréablement) lukewarm b [sentiment, accueil] lukewarm **2** ADV ◆ **servir** ~ (dans une recette) serve warm

tiédir [tjedir] ▸ conjug 2 ◂ VI a (= refroidir) to cool down b (= se réchauffer) to grow warmer

tien, tienne [tjɛ̃, tjɛn] **1** PRON POSS ◆ **le tien, la tienne, les tiens, les tiennes** yours ◆ **à la tienne !** * cheers! **2** NM ◆ **les tiens** (= ta famille) your family; pour autres loc voir **sien**

tiendra [tjɛ̃dʀa] VB → **tenir**

tient [tjɛ̃] VB → **tenir**

tiercé [tjɛʀse] NM *French triple forecast system for horse-racing*

tiers [tjɛʀ] NM a (= fraction) third ◆ **j'ai lu le ou un ~ du livre** I have read a third of the book b (Droit) third party; (= étranger, inconnu) outsider

tiers-monde [tjɛʀmɔ̃d] NM ◆ **le** ~ the Third World

tifs * [tif] NMPL hair

tige [tiʒ] NF [de fleur, arbre] stem; [de céréales, graminées] stalk

tignasse [tiɲas] NF (= chevelure mal peignée) mop of hair

tigre [tigʀ] NM tiger

tigresse [tigʀɛs] NF tigress

tilleul [tijœl] NM (= arbre) lime tree; (= infusion) lime-blossom tea

timbale [tɛ̃bal] NF **a** (= instrument) kettledrum **b** (= gobelet) metal tumbler

timbre [tɛ̃bʀ] NM **a** (= vignette) stamp ◆ ~ -poste stamp ◆ ~ fiscal revenue stamp ◆ ~ antitabac nicotine patch **b** [d'instrument, voix] timbre

timbré, e * [tɛ̃bʀe] ADJ (= fou) nuts *

timbrer [tɛ̃bʀe] ► conjug 1 ◄ VT [+ lettre, envoi] to stamp

timide [timid] ADJ **a** (= embarrassé) shy **b** (= hésitant) [critique, réforme] timid; [politique, reprise économique] tentative

timidité [timidite] NF **a** (= embarras) shyness **b** [de critique, réponse, tentative] timidity

timoré, e [timɔʀe] ADJ [caractère, personne] fearful

tintamarre [tɛ̃tamaʀ] NM racket

tinter [tɛ̃te] ► conjug 1 ◄ VI [cloche, sonnette] to ring; [clochette] to tinkle; [objets métalliques, pièces de monnaie] to jingle

tintin * [tɛ̃tɛ̃] EXCL no way! *

tiquer [tike] ► conjug 1 ◄ VI [personne] to make a face ◆ il n'a pas tiqué he didn't bat an eyelid

tir [tiʀ] NM **a** (= discipline) shooting ◆ ~ au pistolet/à la carabine pistol/rifle shooting ► **tir à l'arc** archery **b** (= action de tirer) firing *NonC* ◆ en position de ~ in firing position **c** (= feu, rafales) fire *NonC* **d** (Football) shot ◆ épreuve des ~s au but penalty shoot-out **e** (= stand) ◆ ~ (forain) shooting gallery

tirade [tiʀad] NF (Théâtre) speech; (péj) tirade

tirage [tiʀaʒ] NM **a** (Photo, Typo) (= action) printing; (= épreuve) print **b** [de journal] circulation; [de livre] print run **c** [de loterie] draw ► **tirage au sort** drawing lots ◆ le gagnant sera désigné par ~ au sort the winner will be chosen by drawing lots

tirailler [tiʀaje] ► conjug 1 ◄ VT [douleurs] to gnaw at ◆ être tiraillé entre plusieurs possibilités to be torn between several possibilities

tiré, e [tiʀe] ADJ ◆ avoir les traits ~s to look drawn ◆ ~ à quatre épingles dressed up to the nines * ◆ ~ par les cheveux (fig) far-fetched

tire-bouchon (pl ~s) [tiʀbuʃɔ̃] NM corkscrew

tire-fesses * [tiʀfɛs] NM INV ski tow

tirelire [tiʀliʀ] NF moneybox

tirer [tiʀe] ► conjug 1 ◄ **1** VT **a** (= amener vers soi, remorquer) to pull; (vers le bas) to pull down; (vers le haut) to pull up; [+ rideaux] to draw ◆ ~ les cheveux à qn to pull sb's hair ◆ ~ qn par la manche to tug sb's sleeve **b** [+ épée, vin] to draw ◆ ~ qn du lit to get sb out of bed **c** (= obtenir) [+ conclusion, satisfaction] to draw (de from) ◆ on ne peut rien en ~ (enfant têtu) you can't do anything with him; (personne qui refuse de parler) you can't get anything out of him **d** (= délivrer) ◆ ~ qn de prison/d'une situation dangereuse to get sb out of prison/of a dangerous situation **e** (indiquant l'origine) ◆ pièce tirée d'un roman play taken from a novel ◆ l'opium est tiré du pavot opium is obtained from poppies **f** (Jeux) [+ numéro] to draw; [+ carte] to pick ◆ ~ les cartes to give a reading ◆ ~ qch au sort to draw lots for sth **g** (Photo, Typo) to print **h** [+ ligne, trait] to draw **i** [+ coup de feu, balle] to fire; [+ flèche] to shoot **j** (Football) [+ corner, penalty] to take **2** VI **a** (= exercer une traction) to pull **b** (= faire feu) to fire; (= se servir d'une arme à feu, viser) to shoot ◆ ~ sur qn/qch to shoot at sb/sth **c** (Sport, Football) to shoot **d** [cheminée, poêle] to draw **e** ◆ ~ à sa fin [journée] to be drawing to a close; [épreuve] to be nearly over **3** VT INDIR ◆ **tirer sur** [+ corde, poignée] to pull on; [+ pipe, cigarette] to puff at ◆ un vert qui tire sur le bleu a bluish green **4** se tirer VPR **a** ◆ se ~ de [+ danger, situation] to get o.s. out of ◆ s'en ~ (d'un accident) to escape unharmed; [malade] to pull through ◆ il s'en est tiré avec une amende he got off with a fine ◆ il s'en est tiré avec une jambe cassée he got out of it with a broken leg **b** ◆ bien/mal se ~ de qch [+ tâche] to handle sth well/badly **c** (* = déguerpir) to clear off * ◆ allez, on se tire come on, let's be off

tiret [tiʀɛ] NM dash

tireur, -euse [tiʀœʀ, øz] NM,F (avec arme à feu) ◆ ~ d'élite marksman ◆ c'est un bon ~ he's a good shot

tiroir [tiʀwaʀ] NM drawer

tiroir-caisse (pl tiroirs-caisses) [tiʀwaʀkɛs] NM till, cash register

tisane [tizan] NF herbal tea

tisser [tise] ► conjug 1 ◄ VT to weave; [+ liens] to forge; [araignée] to spin

tissu [tisy] NM **a** (= étoffe) material; [de mensonges, contradictions] tissue **b** (= cellules) tissue

titre [titʀ(ə)] **1** NM **a** a title ◆ les (gros) ~s [de journal] the headlines ◆ ~ de propriété title deed **b** (Bourse) security **c** (= diplôme) qualification **d** [d'or, argent] fineness **e** ◆ ~ d'alcool ou alcoolique alcohol content **e** ◆ à ce ~ (= en cette qualité) as such; (= pour cette raison) therefore ◆ à ~ privé/personnel in a private/personal capacity ◆ à ~ permanent/provisoire on a permanent/temporary basis ◆ **à ~ d'exemple** by way of example **2** COMP ▸ **titre de transport** ticket

tituber [titybe] ▸ conjug 1 ◂ VI to stagger

titulaire [tityleʀ] **1** ADJ [professeur] (au collège) fully qualified; (à l'université) with tenure ◆ **être ~ de** [+ chaire, diplôme, compte] to hold **2** NMF [de permis, compte, passeport] holder; [de poste] incumbent

toast [tost] NM **a** (= pain grillé) piece of toast **b** (= discours) toast ◆ **porter un ~ à qn** to drink a toast to sb

toboggan [tɔbɔgɑ̃] NM (= glissière, jeu) slide; [de piscine] waterslide

toc [tɔk] **1** NM (* = faux) ◆ **c'est du ~** it's a fake ◆ **en ~** [bijou] fake **2** EXCL ◆ **~ ~ !** knock knock! ◆ **et ~ !** so there! *

Togo [tɔgo] NM Togo

toi [twa] PRON PERS **a** (sujet, objet) you ◆ **il a accepté, ~ non ou pas ~** he accepted but you didn't ◆ **qui l'a vu ? ~ ?** who saw him? did you? ◆ **il me connaît mieux que ~** (qu'il ne te connaît) he knows me better than you; (que tu ne me connais) he knows me better than you do **b** (avec verbe pronominal) ◆ **assieds-~ !** sit down! ◆ **~, tais-~ !** you be quiet! **c** (avec préposition) you ◆ **je compte sur ~** I'm counting on you ◆ **cette maison est-elle à ~ ?** is this house yours?

toile [twal] NF **a** (= tissu) cloth NonC; (grossière) canvas NonC ▸ **toile cirée** oilcloth **b** (= tableau) painting ◆ **une ~ de maître** an old master **c** ◆ **~ d'araignée** (gén) spider's web; (dans une maison) cobweb **d** ◆ **la Toile** (= Internet) the Web

toilette [twalɛt] **1** NF **a** (= ablutions) ◆ **faire sa ~** to have a wash ◆ **faire un brin de ~** to have a quick wash ◆ **produits de ~** toiletries; → **gant, trousse b** [d'animal] ◆ **faire sa ~** to wash itself **c** (= costume) outfit **2** **toilettes** NFPL (= WC) toilet, bathroom (US) ◆ **~s publiques** public lavatory, restroom (US) ◆ **où sont les ~s ?** (dans un lieu public) where's the toilet? ou the restroom? (US)

toi-même [twamɛm] PRON yourself

toiser [twaze] ▸ conjug 1 ◂ VT to look up and down

toison [twazɔ̃] NF [de mouton] fleece

toit [twa] NM roof ◆ **~ de tuiles/d'ardoises** tiled/slate roof ◆ **voiture à ~ ouvrant** car with a sunroof ◆ **vivre sous le même ~** to live under the same roof

toiture [twatyʀ] NF roof

Tokyo [tɔkjo] N Tokyo

tôle [tol] NF **a** (= matériau) sheet metal NonC ◆ **~ ondulée** corrugated iron **b** *⁑* ⇒ **taule**

tolérance [tɔleʀɑ̃s] NF tolerance (à l'égard de, envers toward(s)) ◆ **~ aux antibiotiques** antibiotic tolerance

tolérant, e [tɔleʀɑ̃, ɑ̃t] ADJ tolerant

tolérer [tɔleʀe] ▸ conjug 6 ◂ VT **a** (= ne pas sévir contre) to tolerate; (= autoriser) to allow **b** (= supporter) [+ comportement, personne] to tolerate; [+ douleur] to bear ◆ **il ne tolère pas qu'on le contredise** he won't tolerate being contradicted ◆ **il ne tolère pas l'alcool** he can't take alcohol

tollé [tɔ(l)le] NM outcry

tomate [tɔmat] NF tomato

tombale [tɔ̃bal] ADJ F ◆ **pierre ~** gravestone

tombant, e [tɔ̃bɑ̃, ɑ̃t] ADJ [épaules] sloping; [moustache, paupières] drooping; [oreilles de chien] floppy

tombe [tɔ̃b] NF grave; (avec monument) tomb ◆ **aller sur la ~ de qn** to visit sb's grave

tombeau (pl **~x**) [tɔ̃bo] NM tomb

tombée [tɔ̃be] NF ◆ **(à) la ~ de la nuit** (at) nightfall ◆ **(à) la ~ du jour** (at) the close of the day

---

𝄐 tomber [tɔ̃be] ▸ conjug 1 ◂

1 VI **a** to fall (dans into); [échafaudage, mur] to fall down; [cheveux] to fall out ◆ **se laisser ~ dans un fauteuil** to fall into an armchair ◆ **~ à l'eau** to fall into the water; (fig) to fall through ◆ **~ d'un arbre** to fall out of a tree ◆ **~ d'une chaise/échelle** to fall off a chair/ladder ◆ **~ de haut** to fall from a height; (fig) to come down with a bump ◆ **il est tombé sur la tête ! *** he must be mad!

◆ **faire tomber** to knock down; (en renversant) to knock over; (en lâchant) to drop

◆ **laisser tomber** [+ objet, études] to drop; [+ personne] to let down ◆ **laisse ~ ! *** forget it!

◆ **tomber sur** (= rencontrer par hasard) to run into; (= trouver par hasard) to come across ◆ **ils nous sont tombés dessus à huit contre trois *** eight of them laid into the three of us *

b [neige, pluie] to fall; [foudre] to strike; [jour] to draw to a close ◆ **la nuit tombe** it's getting dark

c [prix, nombre] to fall; [colère] to die down; [enthousiasme] to fall away ◆ **ils sont tombés bien bas** they've sunk really low

d (= pendre) to hang ◆ **les rideaux tombaient jusqu'au plancher** the curtains came down to the floor

e [date, choix, sort] to fall; [verdict, sanction] to be pronounced; [nouvelle] to come through

f (= arriver, se produire) ◆ **bien/mal ~** (moment) to come at the right/wrong moment; (chance) to be lucky/unlucky ◆ **ça tombe bien** that's fortunate

2 VT (* = séduire) ◆ **il les tombe toutes** he's a real ladykiller

---

tombeur * [tɔ̃bœʀ] NM (= don Juan) ladykiller

tombola [tɔ̃bɔla] NF tombola

tome [tɔm] NM (= volume) volume

ton¹ [tɔ̃], **ta** [ta] (pl **tes**) [te] ADJ POSS your ◆ ~ **fils et ta fille** your son and daughter

ton² [tɔ̃] NM **a** (= hauteur de la voix) pitch; (= timbre) tone; (= manière de parler) tone of voice ◆ **d'un ~ sec** curtly ◆ **hausser/baisser le ~ to** raise/lower one's voice ◆ **ne me parle pas sur ce ~ !** don't you talk to me like that! **b** (= intervalle) tone; [de morceau] key **c** (= style) ◆ **il est de bon ~ de ...** it's considered polite to ... ◆ **donner le ~** to set the tone **d** (= couleur, nuance) tone ◆ **~ sur ~** in matching tones

tonalité [tɔnalite] NF (Téléc) dialling tone (Brit), dial tone (US)

tondeuse [tɔ̃døz] NF (à cheveux) clippers; (pour les moutons) shears ◆ **~ (à gazon)** lawnmower ◆ **passer la ~** to mow the lawn

tondre [tɔ̃dʀ] ► conjug 41 ◄ VT [+ mouton, toison] to shear; [+ gazon] to mow; [+ caniche] to clip ◆ **~ qn** to cut sb's hair

tondu, e [tɔ̃dy] ADJ [cheveux, tête] closely-cropped; [personne] with closely-cropped hair

tongs [tɔ̃g] NFPL flip-flops, thongs (US)

tonifier [tɔnifje] ► conjug 7 ◄ VT [+ muscles] to tone up; [+ esprit, personne] to stimulate; [+ peau] to tone

tonique [tɔnik] ADJ **a** [médicament, boisson] tonic; [lotion] toning **b** [air, froid] bracing **c** [syllabe, voyelle] tonic ◆ **accent ~** main stress

tonne [tɔn] NF ton ◆ **des ~s de** * ◆ **une ~ de** * tons of *

tonneau (pl **~x**) [tɔno] NM **a** (= récipient) barrel; (= contenu) barrelful **b** [de voiture] ◆ **faire un ~** to roll over ◆ **leur voiture a fait trois ~x** their car rolled over three times

tonnelle [tɔnɛl] NF arbour (Brit), arbor (US)

tonner [tɔne] ► conjug 1 ◄ VI **a** [canons, artillerie] to boom **b** [personne] to thunder

tonnerre [tɔnɛʀ] NM thunder ◆ **coup de ~** thunderbolt ◆ **un ~ d'applaudissements** thunderous applause

tonte [tɔ̃t] NF [de moutons] shearing; [de gazon] mowing

tonton [tɔ̃tɔ̃] NM (langage enfantin) uncle

tonus [tɔnys] NM (= dynamisme) energy

top [tɔp] **1** NM **a** (= signal électrique) beep **b** ◆ **le ~ 50** the top 50 (singles), ≈ the singles charts **c** (* = le mieux) ◆ **c'est le ~ !** it's the best! ◆ **être au ~** [athlète, chercheur] to be the best in one's field **2** ADJ ◆ **~ secret** top secret ◆ **être au ~ niveau** * [athlète, chercheur] to be at the top of one's field ► **top model** top model

toper [tɔpe] ► conjug 1 ◄ VI ◆ **tope-là !** it's a deal! *

topographie [tɔpɔgʀafi] NF topography

toque [tɔk] NF (en fourrure) fur hat; [de juge, jockey] cap; [de cuisinier] hat

toqué, e * [tɔke] ADJ (= fou) crazy

torche [tɔʀʃ] NF (= flambeau) torch ◆ **~ électrique** electric torch (Brit), flashlight (US)

torchon [tɔʀʃɔ̃] NM **a** cloth; (à vaisselle) tea towel **b** (= devoir mal présenté) mess; (= mauvais journal) rag

tordant, e * [tɔʀdɑ̃, ɑ̃t] ADJ hilarious

tordre [tɔʀdʀ] ► conjug 41 ◄ **1** VT **a** (entre ses mains) to wring; (pour essorer) to wring out; [+ bras, poignet] to twist **b** (= plier) [+ cuillère, branche de lunette] to bend **2** **se tordre** VPR **a** [personne] ◆ **se ~ de douleur** to be doubled up with pain ◆ **se ~ de rire** to be doubled up with laughter **b** (= se faire mal à) ◆ **se ~ le poignet/la cheville** to twist one's wrist/one's ankle

tordu, e [tɔʀdy] ADJ [nez, jambes] crooked; [idée] weird; [raisonnement] twisted ◆ **avoir l'esprit ~** to have a warped mind ◆ **il est (complètement) ~** * he's off his head *

tornade [tɔʀnad] NF tornado

torpeur [tɔʀpœʀ] NF torpor

torpille [tɔʀpij] NF torpedo

torréfier [tɔʀefje] ► conjug 7 ◄ VT [+ café, malt, cacao] to roast

torrent [tɔʀɑ̃] NM torrent ◆ **il pleut à ~s** it's pouring

torrentiel, -elle [tɔʀɑ̃sjɛl] ADJ torrential

torride [tɔʀid] ADJ torrid

torsade [tɔʀsad] NF [de fils, cheveux] twist ◆ **pull à ~s** cable-knit sweater

torse [tɔʀs] NM chest; [de sculpture] torso ◆ **~ nu** stripped to the waist

tort [tɔʀ] NM **a** (= action, attitude blâmable) fault ◆ **ils ont tous les ~s de leur côté** the fault is entirely on their side ◆ **être en ~**, **être dans son ~** to be in the wrong; (en voiture) to be at fault **b** (= dommage, préjudice) wrong ◆ **faire ou causer du ~ à qn** to harm sb **c** (loc) ◆ **avoir ~ (de faire qch)** to be wrong (to do sth) ◆ **donner ~ à qn** (= blâmer) to lay the blame on sb; (= ne pas être d'accord avec) to disagree with sb; [événements] to prove sb wrong ◆ **à ~** [soupçonner, accuser] wrongly ◆ **à ~ ou à raison** rightly or wrongly ◆ **dépenser à ~ et à travers** to spend money like water ◆ **parler à ~ et à travers** to talk a lot of rubbish *

torticolis [tɔʀtikɔli] NM stiff neck

tortiller [tɔʀtije] ► conjug 1 ◄ **1** VT [+ corde, mouchoir] to twist; [+ cheveux, cravate, doigts] to twiddle **2** VI ◆ **il n'y a pas à ~ *** there's no wriggling out of it **3** *se tortiller* VPR (en dansant) to wiggle; (en se débattant) to wriggle; (d'embarras, de douleur) to squirm

tortionnaire [tɔʀsjɔnɛʀ] NMF torturer

tortue [tɔʀty] NF **a** (terrestre) tortoise ◆ ~ **d'eau douce** terrapin ◆ ~ **de mer** turtle **b** (= personne lente) slowcoach (Brit), slowpoke (US)

tortueux, -euse [tɔʀtɥø, øz] ADJ **a** [chemin] winding **b** (péj) [esprit, raisonnement] tortuous

torture [tɔʀtyʀ] NF torture NonC ◆ **sous la ~** under torture

torturer [tɔʀtyʀe] ► conjug 1 ◄ VT [+ prisonnier, animal] to torture ◆ **le doute/le remords le torturait** he was racked with doubt/remorse

tôt [to] ADV **a** (= de bonne heure) early **b** (= avant un moment déterminé ou prévu) soon, early ◆ **si tu étais venu une heure plus ~, tu l'aurais rencontré** if you'd come an hour sooner ou earlier you would have met him ◆ **ce n'est pas trop ~ !** and about time too! ◆ **il peut venir jeudi au plus ~** Thursday is the earliest he can come ◆ **~ ou tard** sooner or later

total, e (mpl **-aux**) [tɔtal, o] **1** ADJ total ◆ **la longueur ~e de la voiture** the overall length of the car **2** NM total ◆ **faire le ~** to work out the total

totalement [tɔtalmɑ̃] ADV totally

totaliser [tɔtalize] ► conjug 1 ◄ VT **a** (= additionner) to add up **b** (= avoir au total) to total

totalitaire [tɔtalitɛʀ] ADJ totalitarian

totalité [tɔtalite] NF ◆ **la ~ du livre/de la population** all the book/the population ◆ **la ~ de son salaire** his entire salary

toubib * [tubib] NM doctor

touchant, e [tuʃɑ̃, ɑ̃t] ADJ touching

touche [tuʃ] NF **a** [de piano, ordinateur] key; [de téléphone, télécommande] button **b** (= tache de couleur, note) touch ◆ **une ~ d'humour** a touch of humour ◆ **mettre la dernière ~ ou la ~ finale à qch** to put the finishing touches to sth **c** (Pêche) bite ◆ **avoir ou faire une ~** to get a bite; (* = séduire) to make a hit * **d** (Escrime) hit **e** (Sport) (= sortie) touch; (= ligne) touchline; (= remise en jeu) (Football, Hand-ball) throw-in; (Rugby) line-out; (Basket) return to play ◆ **rester sur la ~** to stay on the bench; (fig) to stay on the sidelines **f** (* = allure) ◆ **il a une de ces ~s !** you should see him, he's a sight!

toucher [tuʃe] ► conjug 1 ◄ **1** VT **a** (= palper, être en contact avec, émouvoir) to touch ◆ **il me**

toucha l'épaule he touched my shoulder ◆ **pas touche ! *** hands off! * **b** (= être proche de) to adjoin ◆ **son jardin touche le nôtre** his garden adjoins ours **c** (= concerner) to concern; (= affecter) to affect ◆ **le chômage touche surtout les jeunes** unemployment affects the young especially **d** (= atteindre) [+ adversaire, objectif] to hit; [+ public] to reach **e** [+ prime, allocation, traitement] to get; [+ chèque] to cash; [+ tiercé, gros lot] to win ◆ **le chômage *** to be on the dole * **2** VT INDIR ◆ **toucher à** (= toucher) to touch; [+ règlement, loi, tradition] to meddle with; [+ mécanisme] to tamper with; (= concerner) [+ problème, domaine] to have to do with ◆ **tout ce qui touche à l'enseignement** everything to do with teaching **b** (= approcher de) ◆ **nous touchons au but** we're nearing our goal ◆ **l'hiver/la guerre touche à sa fin** winter/the war is drawing to a close **3** NM touch; (= impression produite) feel ◆ **doux au ~** soft to the touch

touffe [tuf] NF [d'herbe, arbres] clump; [de cheveux, poils] tuft

touffu, e [tufy] ADJ [barbe, sourcils] bushy; [arbres] with thick foliage; [haie, bois] thick

touiller * [tuje] ► conjug 1 ◄ VT [+ sauce, café] to stir; [+ salade] to toss

toujours [tuʒuʀ] ADV **a** (= tout le temps) always ◆ **les jeunes veulent ~ plus d'indépendance** young people want more and more independence ◆ **comme ~** as always ◆ **il est parti pour ~** he's gone forever **b** (= encore) still ◆ **ils n'ont ~ pas répondu** they still haven't replied ◆ **il est ~ aussi désagréable** he's still as unpleasant as ever **c** (intensif) anyway ◆ **écrivez ~, il vous répondra peut-être** write anyway - he might answer you ◆ **il était peut-être là, ~ est-il que je ne l'ai pas vu** he may well have been around, but the fact remains that I didn't see him ◆ **ça peut ~ servir** it might come in handy

toupet * [tupɛ] NM (= culot) nerve *, cheek * (Brit) ◆ **il ne manque pas de ~ !** he's got a nerve! * ou cheek! * (Brit)

toupie [tupi] NF (= jouet) spinning top

tour¹ [tuʀ] NF **a** (= édifice) tower; (= immeuble très haut) tower block ► **tour de contrôle** control tower ► **la tour Eiffel** the Eiffel Tower **b** (Échecs) castle, rook

tour² [tuʀ] NM **a** (= excursion, parcours) trip; (= promenade) (à pied) walk; (en voiture) drive; (en vélo) ride ◆ **allons faire un ~** à pied let's go for a walk **b** (dans un ordre, une succession) turn ◆ **à ton ~ de jouer** it's your turn; (Échecs, Dames) it's your move ◆ **passer son ~** to miss one's turn ◆ **nous le faisons chacun à notre ~** we take it in turns ◆ **c'est au ~ de Marc de parler** it's Marc's turn to speak ◆ **à qui le ~ ?** whose turn is it? ◆ **à ~ de rôle** in turn ◆ **à ~ alternately c** (Sport, Pol) round ◆ **élu au**

second ~ elected in the second round ◆ **~ de scrutin** ballot **d** (= circonférence) [de partie du corps] measurement; [de tronc, colonne] girth; [de surface] circumference ◆ **~ de cou** collar size ◆ **~ de hanches/taille** hip/waist measurement ◆ **faire le ~ de** [+ parc, pays, magasins] to go round; [+ possibilités] to consider; [+ problème] to consider from all angles ◆ **faire le ~ du monde** to go round the world ▸ **le Tour de France** the Tour de France ▸ **tour de piste** (Sport) lap **e** (= rotation) revolution; [d'écrou, clé] turn ◆ **l'hélice a fait deux ~s** the propeller turned twice ◆ **donner un ~ de clé** to turn the key ◆ **faire un ~ de manège** to have a ride on a merry-go-round ◆ **faire un ~ sur soi-même** to spin round once ◆ **~ de bras** [frapper, taper] with all one's strength; [composer, produire] prolifically ◆ **en un ~ de main** in no time at all **f** [de situation, conversation] turn ◆ **la situation prend un ~ dramatique** the situation is taking a dramatic turn **g** [de jongleur, prestidigitateur] trick ◆ **~ de cartes** card trick ◆ **jouer un ~ à qn** to play a trick on sb ◆ **tour de force** amazing feat **h** (= machine) lathe

tourbe [tuʀb] NF peat

tourbillon [tuʀbijɔ̃] NM **a** [de sable, neige, poussière] swirl ◆ **~ (de vent)** whirlwind **b** (dans l'eau) eddy; (plus important) whirlpool

tourbillonner [tuʀbijɔne] ► conjug 1 ◄ VI to swirl; [danseurs] to whirl round

tourisme [tuʀism] NM tourism ◆ **faire du ~ en Irlande** to go touring round Ireland ◆ **faire du ~ dans Paris** to go sightseeing in Paris ◆ **~ rural ou vert** green tourism

touriste [tuʀist] NMF tourist

touristique [tuʀistik] ADJ tourist *avant le nom* ◆ **route ~** scenic route

tourmenté, e [tuʀmɑ̃te] ADJ **a** [personne, visage, esprit] tormented **b** [relief] rugged; [formes, style, art] tortured **c** [vie] stormy ◆ **l'histoire ~e de ce pays** this country's turbulent history

tourmenter [tuʀmɑ̃te] ► conjug 1 ◄ **1** VT to torment **2 se tourmenter** VPR to fret

tournage [tuʀnaʒ] NM (Ciné) shooting ◆ **être en ~ en Italie** to be filming in Italy

tournant, e [tuʀnɑ̃, ɑ̃t] **1** ADJ [fauteuil] swivel; [scène, porte] revolving **2** NM **a** (= virage) bend **b** (= changement) turning point

tourne-disque (pl ~s) [tuʀnədisk] NM record player

tournedos [tuʀnədo] NM tournedos

tournée [tuʀne] NF **a** [d'artiste] tour; [de facteur, représentant] round ◆ **être en ~** to be on tour ◆ **faire la ~ de** [+ magasins, musées, cafés] to go round **b** (= consommations) round

tourner [tuʀne] ► conjug 1 ◄ **1** VT **a** (= remuer, orienter) to turn; [+ sauce] to stir; [+ salade] to toss ◆ **~ la tête à droite/à gauche** to turn one's head to the right/to the left ◆ **quand il m'a vu, il a tourné la tête** when he saw me he looked away **b** [+ difficulté, règlement] to get round **c** [+ phrase, compliment] to turn; [+ demande, lettre] to phrase **d** [+ scène] [cinéaste] to film; [acteur] to act in; [+ film] [cinéaste] to shoot; [acteur] to make **2** VI **a** [gén] to turn; [toupie] to spin; [taximètre] to tick away; [usine, moteur] to run ◆ **~ à gauche/droite** to turn left/right ◆ **faire ~ le moteur** to run the engine ◆ **j'ai la tête qui tourne** my head's spinning ◆ **tout s'est mis à ~ autour de moi** everything started to spin ◆ **~ de l'œil** * to pass out ◆ **~ autour de** to turn round; [terre, roue] to go round; [oiseau] to fly round; [prix] to be around ou about (Brit) ◆ **~ autour de qn** (par curiosité) to hover round sb **b** (= évoluer) ◆ **bien/mal ~** to turn out well/badly ◆ **~ au drame/au tragique** to take a dramatic/tragic turn **c** [lait] to turn sour **3 se tourner** VPR **a** ◆ **se ~ vers qn/qch** to turn towards sb/sth; (pour lui demander de l'aide) to turn to sb ◆ **se ~ vers une profession/la politique** to turn to a profession/to politics **b** (= se retourner) to turn round

tournesol [tuʀnəsɔl] NM sunflower

tournevis [tuʀnəvis] NM screwdriver

tourniquet [tuʀnikɛ] NM **a** (= barrière) turnstile **b** (= présentoir) revolving stand

tournis [tuʀni] NM ◆ **avoir le ~** to feel dizzy ◆ **donner le ~ à qn** to make sb feel dizzy

tournoi [tuʀnwa] NM tournament ◆ **le Tournoi des six nations** (Rugby) the Six Nations Championship

tournoyer [tuʀnwaje] ► conjug 8 ◄ VI [danseurs] to whirl round; [eau, fumée] to swirl; [oiseaux] to wheel; [feuilles mortes] to swirl around; [abeille, moustique] to fly around

tournure [tuʀnyʀ] NF **a** (= tour de phrase) turn of phrase **b** (= évolution) ◆ **la ~ que prenaient les événements** the way the situation was developing ◆ **prendre ~** to take shape

tourte [tuʀt] NF pie

tourteau (pl ~x) [tuʀto] NM (= crabe) common crab

tourterelle [tuʀtəʀɛl] NF turtledove

tous [tu(s)] ADJ, PRON → **tout**

Toussaint [tusɛ̃] NF ◆ **la ~** All Saints' Day

tousser [tuse] ► conjug 1 ◄ VI to cough

toussoter [tusɔte] ► conjug 1 ◄ VI to have a bit of a cough

---

tout, toute

[tu] [tut] (mpl **tous**, fpl **~es**)

1 ADJ QUALIFICATIF (= entier) ◆ le ◆ ~ e la all the ◆ ~ le reste all the rest ◆ pendant ~ le voyage during the whole trip ◆ il a plu ~e la nuit it rained all night ◆ il a dépensé ~ son argent he has spent all his money
◆ **tout le monde** everybody, everyone

2 ADJ INDÉF
◆ **tout, toute** + nom singulier (= n'importe quel) any ◆ à ~ âge at any age
◆ **tous, toutes les** + nom pluriel (= chaque) every; (= la totalité des) all the ◆ tous les jours every day ◆ tous les 10 mètres every 10 metres ◆ tous les enfants étaient à l'école all the children were at school ◆ tous les deux both of them ◆ tous les trois all three of them ◆ tous deux both of them

3 PRON INDÉF **a** (singulier) everything ◆ il a ~ organisé he organized everything ◆ ses enfants mangent de ~ her children will eat anything ◆ ~ est bien qui finit bien all's well that ends well ◆ c'est ~ ce qu'il m'a dit that's all he told me ◆ c'est ~ that's all ◆ ce sera ~ ? will that be all?
◆ **en tout** (= au total) in all
◆ **en tout et pour tout** all in all
b (pluriel) everyone ◆ tous, toutes ◆ ils sont tous arrivés they have all arrived

4 ADV **a** **tout** + adjectif (= très) very; (= absolument) quite; (= entièrement) all ◆ une ~ e jeune femme a very young woman ◆ c'est ~ naturel it's quite natural ◆ ~ en bas/en haut de la colline all at the bottom/the top of the hill ◆ ~ en laine all wool ◆ habillé ~ en noir dressed all in black
b (= déjà) ◆ ~ prêt, ~ préparé ready-made ◆ phrases ~es faites set phrases
c (locutions)
◆ **tout en** + participe présent ◆ ~ en marchant while walking
◆ **tout à fait** quite ◆ ce n'est pas ~ à fait la même chose it's not quite the same thing ◆ vous êtes d'accord ? – ~ à fait ! do you agree? – absolutely!
◆ **tout à l'heure** (= plus tard) later; (= peu avant) a short while ago ◆ à ~ à l'heure ! see you later!
◆ **tout de suite** straightaway

5 NM **a** (= ensemble) whole ◆ ces éléments forment un ~ these elements make up a whole ◆ jouer le ~ pour le ~ to stake one's all
b (= essentiel) ◆ le ~ c'est de faire vite the main thing is to be quick about it
c (locutions) ◆ pas du ~ not at all ◆ je ne vois rien du ~ I can't see a thing ◆ du ~ au ~ completely

toutefois [tutfwa] ADV however ◆ si ~ il est d'accord if he agrees, that is

toutou * [tutu] NM doggie *

tout-puissant, toute-puissante (mpl ~s) [tupɥisɑ̃, tutpɥisɑ̃t] ADJ omnipotent

tout-terrain (pl ~s) [tuteʀɛ̃] **1** ADJ [voiture] four-wheel drive ◆ vélo ~ mountain bike ◆ moto ~ trail bike **2** NM ◆ faire du ~ (en voiture) to go cross-country racing; (en vélo) to go mountain-biking; (en moto) to go trail-biking

toux [tu] NF cough

toxicomane [tɔksikɔman] NMF drug addict

toxine [tɔksin] NF toxin

toxique [tɔksik] ADJ toxic

TP [tepe] NMPL (abrév de **travaux pratiques**) (Univ) practical

trac [tʀak] NM ◆ avoir le ~ (en public) to have stage fright; (aux examens) to be nervous

tracas [tʀaka] NMPL worries

tracasser [tʀakase] ▸ conjug 1 ◂ se tracasser VT, VPR to worry

trace [tʀas] NF **a** (= marque) mark; [de sang] trace ◆ ~s de freins brake marks **b** (= empreinte) tracks ◆ ~s de doigt (sur disque, meuble) finger marks ◆ ~s de pas footprints ◆ ~s de pneus tyre tracks ◆ être sur les ~s de [+ fugitif] to be on the trail of ◆ perdre la ~ de qn to lose track of sb ◆ marcher sur les ~s de qn (fig) to follow in sb's footsteps **c** (= indice) trace

tracé [tʀase] NM **a** (= plan) [de réseau routier ou ferroviaire, installations] layout **b** (= parcours) [de ligne de chemin de fer, autoroute] route; [de rivière] course **c** [de dessin, écriture] line

tracer [tʀase] ▸ conjug 3 ◂ **1** VT **a** [+ trait, triangle, plan] to draw; [+ chiffre, mot] to write **b** [+ route, piste] to open up **2** VI (* = aller vite) to belt along *

trachée [tʀaʃe] NF windpipe

trachéite [tʀakeit] NF tracheitis NonC ◆ avoir une ~ to have tracheitis

tract [tʀakt] NM leaflet

tractations [tʀaktasjɔ̃] NFPL negotiations

tracter [tʀakte] ▸ conjug 1 ◂ VT to tow

tracteur [tʀaktœʀ] NM tractor

traction [tʀaksjɔ̃] NF **a** (= fait de tirer) traction ◆ ~ avant/arrière (= voiture) front-wheel/rear-wheel drive **b** (Sport) ◆ faire des ~s (en se suspendant) to do pull-ups; (au sol) to do push-ups

tradition [tʀadisjɔ̃] NF tradition

traditionnel, -elle [tʀadisjɔnɛl] ADJ traditional; (= habituel) usual

traducteur, -trice [tʀadyktœʀ, tʀis] NM,F translator

traduction [tʀadyksjɔ̃] NF translation (de from; en into) ◆ ~ **automatique** machine translation ◆ **ce mot a plusieurs ~s en anglais** this word can be translated in several ways in English

traduire [tʀadɥiʀ] ► conjug 38 ◄ VT **a** (dans une autre langue) to translate (en into; de from) **b** (= exprimer) to convey **c** ◆ ~ **qn en justice** to bring sb before the courts **2** **se traduire** VPR ◆ **comment se traduit ce mot en anglais ?** how does this word translate into English? ◆ **cela s'est traduit par une baisse du pouvoir d'achat** the effect of this was a drop in buying power

trafic [tʀafik] NM **a** (= commerce clandestin) trafficking ◆ **faire du ~ d'armes** to be engaged in arms dealing ◆ ~ **de stupéfiants** ou **de drogue** drug trafficking ◆ **faire du ~ de stupéfiants** ou **de drogue** to deal in drugs **b** (٭ = manigances) funny business ٭ **c** (= circulation) traffic ◆ ~ **aérien/ferroviaire** air/rail traffic

trafiquant, e [tʀafikɑ̃, ɑ̃t] NM,F trafficker ◆ ~ **d'armes** arms dealer

trafiquer [tʀafike] ► conjug 1 ◄ **1** VI to traffic **2** VT ٭ [+ vin] to doctor ٭; [+ moteur, compteur] to tamper with; [+ chiffres] to fiddle ◆ **mais qu'est-ce que tu trafiques ?** what are you up to?

tragédie [tʀaʒedi] NF tragedy

tragique [tʀaʒik] ADJ tragic

trahir [tʀaiʀ] ► conjug 2 ◄ **1** VT **a** to betray; [+ promesse, engagement] to break **b** (= mal exprimer) to misrepresent; [+ vérité] to distort **2** **se trahir** VPR to betray o.s.

trahison [tʀaizɔ̃] NF betrayal; (Droit, Mil) treason

train [tʀɛ̃] **1** NM **a** train ◆ ~ **de marchandises/voyageurs** goods/passenger train ◆ ~ **auto-couchettes** car-sleeper train ◆ **prendre le ~** to travel by train **b** (allure) ◆ **aller bon ~** to make good progress ◆ **au ~ où il travaille** at the rate he's working **c** [de mesures, réformes] batch ◆ **être en ~ de faire qch** to be doing sth ◆ **on l'a pris en ~ de voler** he was caught stealing **2** COMP ► **train d'atterrissage** undercarriage ► **train de vie** lifestyle

traînant, e [tʀɛnɑ̃, ɑ̃t] ADJ [voix, accent] drawling

traîne [tʀɛn] NF **a** [de robe] train **b** (Pêche) dragnet ◆ **pêche à la ~** dragnet fishing ◆ **être à la ~** ٭ (en retard, en arrière) to lag behind

traîneau (pl ~x) [tʀɛno] NM sleigh

traînée [tʀɛne] NF **a** (laissée par un véhicule, un animal) tracks; (sur un mur) streak ◆ **la nouvelle s'est répandue comme une traînée de poudre** the news spread like wildfire **b** (٭ = femme) slut

traîner [tʀɛne] ► conjug 1 ◄ **1** VT **a** (= tirer, emmener) to drag ◆ ~ **la jambe** ou **la patte** ٭ to limp ◆ ~ **qn dans la boue** (fig) to drag sb through the mud **b** (= subir) ◆ **elle traîne cette bronchite depuis janvier** this bronchitis has been with her since January **2** VI **a** [personne] (= rester en arrière) to lag behind; (= aller lentement) to dawdle; (péj = errer) to hang about ◆ ~ **au lit** to lounge in bed **b** (= être éparpillé) to lie about ◆ **ne laisse pas ~ ton argent** don't leave your money lying about **c** (= durer trop longtemps) to drag on ◆ ~ **en longueur** to drag on for ages **d** [robe, manteau] to trail; [lacet] to drag **3** **se traîner** VPR **a** (= ramper) ◆ **se par terre** to crawl on the ground **b** (= aller lentement) [personne fatiguée] to drag o.s.; [train, voiture] to crawl along

train-train, traintrain [tʀɛ̃tʀɛ̃] NM INV humdrum routine ◆ **le ~ quotidien** the humdrum routine of everyday life

traire [tʀɛʀ] ► conjug 50 ◄ VT [+ vache] to milk

trait [tʀɛ] **1** NM **a** (en dessinant) stroke; (en soulignant, dans un graphique) line ◆ **dessiner qch à grands ~s** to make a rough sketch of sth ◆ **tirer** ou **tracer un ~** to draw a line ◆ **tirons un ~ sur cette affaire** let's put this business behind us ► **trait d'union** hyphen **b** (= élément caractéristique) trait **c** (= traction) ◆ **animal/cheval de ~** draught (Brit) ou draft (US) animal/horse **d** (locutions) ◆ **avoir ~ à** to be connected with ◆ **d'un ~** [dire] in one breath; [boire] in one gulp; [dormir] uninterruptedly **2** **traits** NMPL (= physionomie) features

traite [tʀɛt] NF **a** (= trafic) ◆ ~ **des Noirs** slave trade ◆ ~ **des Blanches** white slave trade **b** (= billet) bill **c** [de vache] milking **d** ◆ **d'une (seule) ~** [parcourir] in one go; [dormir] uninterruptedly

traité [tʀete] NM **a** (= convention) treaty ◆ ~ **de paix** peace treaty **b** (= livre) treatise

traitement [tʀɛtmɑ̃] NM **a** (= manière d'agir, thérapie) treatment ◆ ~ **de faveur** preferential treatment ◆ **être sous ~** to be undergoing treatment **b** (= rémunération) salary **c** [de matières premières, déchets] processing ◆ **le ~ de l'information** data processing ◆ ~ **de texte** (= technique) wordprocessing; (= logiciel) word-processing package

traiter [tʀete] ► conjug 1 ◄ **1** VT **a** to treat ◆ ~ **qn bien/mal/comme un chien** to treat sb well/badly/like a dog **b** [+ minerai, déchets, données] to process **c** (= qualifier) ◆ ~ **qn de fou/menteur** to call sb a fool/a liar ◆ ~ **qn de tous les noms** to call sb all the names under the

sun **d** [+ question, thème] to treat **2** VT INDIR
♦ **traiter de** to deal with **3** VI (= négocier) to
negotiate

traiteur [tʀɛtœʀ] NM caterer

traître, traîtresse [tʀɛtʀ, tʀɛtʀɛs] **1** ADJ
treacherous; [vin] deceptive ♦ **il n'a pas dit un
~ mot** he didn't breathe a word **2** NM traitor
♦ **prendre/attaquer qn en ~** to take/ attack sb
off-guard **3** **traîtresse** NF traitress

traîtrise [tʀɛtʀiz] NF treachery

trajectoire [tʀaʒɛktwaʀ] NF trajectory; [de pro-
jectile] path ♦ **ils n'ont pas du tout la même
trajectoire politique** they have pursued very
different political careers

trajet [tʀaʒɛ] NM (= distance à parcourir) distance; (= itinéraire) route; (= parcours, voyage)
trip ♦ **il a une heure de ~ pour se rendre à son
travail** it takes him an hour to get to work
♦ **refaire le ~ en sens inverse** to walk (ou drive
etc) back

tram [tʀam] NM ⇒ **tramway**

trame [tʀam] NF **a** [de tissu] weft **b** [de
roman] framework

tramer [tʀame] ► conjug 1 ◄ VT [+ évasion, coup
d'État] to plot; [+ complot] to hatch ♦ **il se trame
quelque chose** there's something brewing

trampoline [tʀɑ̃pɔlin] NM trampoline

tramway [tʀamwɛ] NM (= moyen de transport)
tram

tranchant, e [tʀɑ̃ʃɑ̃, ɑ̃t] **1** ADJ **a** [couteau,
arête] sharp **b** [personne, ton] curt **2** NM
♦ **avec le ~ de la main** with the edge of one's
hand

tranche [tʀɑ̃ʃ] NF **a** [de pain, jambon] slice
♦ **couper en ~s** to cut into slices **b** [de livre,
pièce de monnaie] edge **c** (= section) section;
[de revenus, imposition, âge] bracket ♦ **~ horaire**
(TV, Radio) time slot

tranchée [tʀɑ̃ʃe] NF trench

trancher [tʀɑ̃ʃe] ► conjug 1 ◄ **1** VT **a** [+ corde,
nœud, lien] to cut ♦ **~ la tête à qn** to cut off sb's
head **b** [+ question, difficulté] to settle; (sans
complément = décider) to take a decision **2** VI
(= faire contraste) [couleur] to stand out clearly
(sur, avec against); [trait, qualité] to contrast
sharply (sur, avec with)

tranquille [tʀɑ̃kil] ADJ **a** quiet ♦ **rester/se
tenir ~** to keep on stay/be quiet ♦ **ferme la
porte, tu seras plus ~ pour travailler** close the
door, it'll be quieter for you to work ♦ **laisser qn
~** to leave sb in peace ♦ **laisser qch ~** to leave
sth alone **b** (= sans souci) ♦ **être ~** to be easy
in one's mind ♦ **soyez ~, tout ira bien** don't
worry - everything will be all right ♦ **je ne suis
pas ~ lorsqu'il est sur la route** I worry when
he's out on the road **c** (* = facilement) easily

tranquillement [tʀɑ̃kilmɑ̃] ADV **a** [jouer]
quietly; [affirmer, annoncer, attendre] calmly **b**
[travailler, lire] in peace

tranquillisant [tʀɑ̃kilizɑ̃] NM tranquillizer

tranquilliser [tʀɑ̃kilize] ► conjug 1 ◄ **1** VT to
reassure **2** **se tranquilliser** VPR
♦ **tranquillise-toi, il ne lui arrivera rien** calm
down, nothing will happen to him

tranquillité [tʀɑ̃kilite] NF **a** quietness; [de
rivière, mer] calmness **b** (= paix) peace ♦ **je
n'ai pas eu un seul moment de ~** I haven't had
a moment's peace **c** ♦ **~ (d'esprit)** peace of
mind ♦ **en toute ~** with complete peace of
mind

transaction [tʀɑ̃zaksjɔ̃] NF transaction

transat [tʀɑ̃zat] **1** NM deckchair **2** NF
transatlantic race ♦ **~ en solitaire** single-
handed transatlantic race

transatlantique [tʀɑ̃zatlɑ̃tik] **1** ADJ
transatlantic **2** NM (= paquebot) transatlantic
liner

transcender [tʀɑ̃sɑ̃de] ► conjug 1 ◄ VT to transcend

transcription [tʀɑ̃skʀipsjɔ̃] NF transcription

transcrire [tʀɑ̃skʀiʀ] ► conjug 39 ◄ VT to transcribe

transe [tʀɑ̃s] NF (= état second) trance ♦ **être/
entrer en ~** to be in/go into a trance

transférer [tʀɑ̃sfeʀe] ► conjug 6 ◄ VT to transfer
(à to)

transfert [tʀɑ̃sfɛʀ] NM transfer ♦ **~ d'appel**
call forwarding

transformateur [tʀɑ̃sfɔʀmatœʀ] NM
transformer

transformation [tʀɑ̃sfɔʀmasjɔ̃] NF **a** [de
personne, caractère, pays] transformation;
[d'énergie, matière] conversion ♦ **subir des ~s** to
undergo changes; (plus radical) to be transformed **b** (Rugby) conversion

transformer [tʀɑ̃sfɔʀme] ► conjug 1 ◄ **1** VT
a [+ personne, caractère, pays] to transform;
[+ matière première] to convert **b** (= convertir)
♦ **~ qn/qch en** to turn sb/sth into **c** (Rugby)
[+ essai] to convert **2** **se transformer** VPR **a**
(= changer, évoluer) to change **b** (= se métamorphoser) to be transformed ♦ **se ~ en** to turn
into

transfuser [tʀɑ̃sfyze] ► conjug 1 ◄ VT [+ sang,
liquide] to transfuse; [+ malade] to give a blood
transfusion to

transfusion [tʀɑ̃sfyzjɔ̃] NF ♦ **~ (sanguine)**
(blood) transfusion ♦ **faire une ~ à qn** to give
sb a blood transfusion

transgénique [tʀɑ̃sʒenik] ADJ transgenic

transgresser [tʀɑ̃sɡʀese] ► conjug 1 ◄ VT [+ règle, code] to infringe; [+ tabou] to break; [+ ordre] to disobey

transhumance [tʀɑ̃zymɑ̃s] NF transhumance

transi, e [tʀɑ̃zi] ADJ ◆ être ~ (de froid) to be numb with cold

transiger [tʀɑ̃ziʒe] ► conjug 3 ◄ VI to compromise

transistor [tʀɑ̃zistɔʀ] NM transistor

transit [tʀɑ̃zit] NM transit ◆ en ~ [marchandises, voyageurs] in transit ◆ le ~ intestinal digestion

transiter [tʀɑ̃zite] ► conjug 1 ◄ VI to pass in transit (par through)

transition [tʀɑ̃zisjɔ̃] NF transition ◆ période/gouvernement de ~ transition period/government

translucide [tʀɑ̃slysid] ADJ translucent

transmettre [tʀɑ̃smɛtʀ] ► conjug 56 ◄ VT **a** (= léguer, communiquer) to pass on; [+ lettre, colis] to forward ◆ veuillez ~ mes amitiés à Paul kindly give my best wishes to Paul ◆ d'accord, je transmettrai* OK, I'll pass on the message **b** [+ énergie, signal, maladie] to transmit; (Radio, TV) to broadcast

transmis, e [tʀɑ̃smi, miz] (ptp de **transmettre**)

transmissible [tʀɑ̃smisibl] ADJ [maladie] transmittable

transmission [tʀɑ̃smisjɔ̃] NF **a** (= fait de léguer, de communiquer) passing on **b** [de signal, énergie, virus, données] transmission; (Radio, TV) broadcasting **c** [de véhicule] the transmission ◆ c'est de la ~ de pensée ! you (ou he etc) must be telepathic!

transparaître [tʀɑ̃spaʀɛtʀ] ► conjug 57 ◄ VI to show through

transparence [tʀɑ̃spaʀɑ̃s] NF transparency; [de négociations, comptes] openness ◆ voir qch par ~ to see sth showing through

transparent, e [tʀɑ̃spaʀɑ̃, ɑ̃t] ADJ transparent; [négociations, comptes] open

transpercer [tʀɑ̃spɛʀse] ► conjug 3 ◄ VT to pierce; (d'un coup d'épée) to run through; (d'un coup de couteau) to stab; [balle, pluie, froid] to go through

transpiration [tʀɑ̃spiʀasjɔ̃] NF perspiration

transpirer [tʀɑ̃spiʀe] ► conjug 1 ◄ VI to sweat ◆ il transpire des mains/pieds he has sweaty hands/feet

transplanter [tʀɑ̃splɑ̃te] ► conjug 1 ◄ VT to transplant

transport [tʀɑ̃spɔʀ] **1** NM transport ◆ ~ de fonds transfer of funds ◆ frais de ~ transport costs ◆ entreprise de ~(s) haulage company **2** transports NMPL transport ◆ les ~s publics ou en commun public transport ◆ elle passe trois heures par jour dans les transports en commun pour aller travailler she spends three hours a day commuting to work

transporter [tʀɑ̃spɔʀte] ► conjug 1 ◄ VT (à la main, à dos) to carry; (avec un véhicule) to transport ◆ on l'a transporté d'urgence à l'hôpital he was rushed to hospital

transporteur [tʀɑ̃spɔʀtœʀ] NM (= entrepreneur, entreprise) carrier ◆ ~ routier road haulage contractor

transposer [tʀɑ̃spoze] ► conjug 1 ◄ VTI to transpose ◆ ~ un roman à l'écran to adapt a novel for the screen

transsexuel, -elle [tʀɑ̃(s)sɛksɥɛl] ADJ, NM,F transsexual

transvaser [tʀɑ̃svaze] ► conjug 1 ◄ VT to decant

transversal, e (mpl -aux) [tʀɑ̃svɛʀsal, o] ADJ [coupe, pièce] cross ◆ rue ~e side street

trapèze [tʀapez] NM **a** (= figure) trapezium (Brit), trapezoid (US) **b** (Sport) trapeze

trapéziste [tʀapezist] NMF trapeze artist

trappe [tʀap] NF **a** (dans le plancher) trap door; (d'accès, d'évacuation) hatch **b** (= piège) trap

trapu, e [tʀapy] ADJ squat

traquenard [tʀaknaʀ] NM trap ◆ tomber dans un ~ to fall into a trap

traquer [tʀake] ► conjug 1 ◄ VT [+ gibier] to track down; [journalistes, percepteur] to hound

traumatiser [tʀomatize] ► conjug 1 ◄ VT to traumatize

traumatisme [tʀomatism] NM trauma ◆ ~ crânien head injury

travail (pl -aux) [tʀavaj, o] NM **a** (= activité) ◆ le ~ work ◆ se mettre au ~ to get down to work ◆ avoir du ~/beaucoup de ~ to have some work/a lot of work to do ◆ horaire/vêtements de ~ work schedule/clothes ◆ conditions/méthodes/déjeuner de ~ working conditions/methods/lunch **b** (= tâche) work NonC, job; (= résultat) work NonC ◆ tu as fait du beau ~ you've done a really good job ◆ travaux (dans une maison) work; (sur la chaussée) roadworks ► travaux dirigés (Univ) tutorial ► travaux forcés hard labour ► travaux manuels (Scol) handicrafts ► travaux ménagers housework ► travaux pratiques (en classe) practical work; (en laboratoire) lab work (Brit), lab (US) ► travaux publics civil engineering **c** (= métier, profession) job; (= situation) work NonC, job ◆ être sans ~, ne pas avoir de ~ to be out of work **d** [de bois, cuir, fer] working **e** (= accouchement) labour (Brit), labor (US) ◆ le ~ n'a pas encore commencé she hasn't gone into labour yet

travaillé, e [tʀavaje] ADJ (style, phrases) polished ♦ **très ~** (bijou, meuble) finely-worked; (bois) finely carved

travailler [tʀavaje] ► conjug 1 ◄ **1** VI **a** to work ♦ **va ~** go and do some work ♦ **fais ~ ta tête !** use your head! ♦ **~ 35 heures par semaine** to work a 35-hour week ♦ **sa femme travaille** his wife goes out to work **b** (métal, bois) to warp **2** VT **a** (= façonner, labourer) to work; (= pétrir) to knead **b** (= potasser, améliorer) to work on ♦ **~ son anglais** to work on one's English ♦ **~ le chant/piano** to practise singing/the piano ♦ **~ à** (+ livre, projet) to work on; (= s'efforcer d'obtenir) to work towards **c** (doutes, faits) to worry ♦ **cette idée le travaille** this idea is very much on his mind ♦ **travaillé par le remords/la jalousie** tormented by remorse/jealousy

travailleur, -euse [tʀavajœʀ, øz] **1** ADJ (= consciencieux) hard-working **2** NM,F worker ▸ **travailleur agricole** farm worker ▸ **travailleur indépendant** self-employed person

travailliste [tʀavajist] **1** ADJ Labour **2** NMF Labour Party member ♦ **les ~s** the Labour Party

traveller's chèque, traveller's check [tʀavlœʀ(s)ʃɛk] NM traveller's cheque (Brit), traveler's check (US)

travelling [tʀavliŋ] NM (Ciné) tracking ♦ **~ avant/arrière** tracking in/out

travelo ⁎ [tʀavlo] NM drag queen ⁎

travers [tʀavɛʀ] NM **a** (= défaut) failing **b** (locutions)
♦ **à travers** through ♦ **voir qn à ~ la vitre** to see sb through the window ♦ **on est passé à ~ champs** we cut across the fields
♦ **au travers (de)** through
♦ **de travers** (= pas droit) crooked ♦ **comprendre de ~** to misunderstand ♦ **marcher de ~** (ivrogne) to stagger along ♦ **regarder qn de ~** to look askance at sb ♦ **j'ai avalé de ~** it went down the wrong way ♦ **tout va de ~ chez eux en ce moment** everything is going wrong for them at the moment
♦ **en travers (de)** across

traversée [tʀavɛʀse] NF (de mer) crossing; (de ville, forêt) going through ♦ **faire la ~ de Dieppe à Newhaven** to cross from Dieppe to Newhaven

traverser [tʀavɛʀse] ► conjug 1 ◄ VT **a** (personne, véhicule) to cross; (+ ville, forêt) to go through; (+ foule) to make one's way through ♦ **~ une rivière à la nage** to swim across a river **b** (tunnel) to cross under; (pont, route) to cross **c** (projectile, eau) to go through ♦ **ça ne m'a jamais traversé l'esprit** it never crossed my mind **d** (+ période, crise) to go through

traversier [tʀavɛʀsje] NM (Can) ferryboat

traversin [tʀavɛʀsɛ̃] NM bolster

travesti [tʀavɛsti] NM transvestite

travestir [tʀavɛstiʀ] ► conjug 2 ◄ **1** VT **a** (+ personne) to dress up ♦ **~ un homme en femme** to dress a man up as a woman **b** (+ vérité, paroles) to misrepresent **2** se travestir VPR (pour un bal) to put on fancy dress; (= s'habiller en femme) to dress as a woman

trébucher [tʀebyʃe] ► conjug 1 ◄ VI to stumble (sur, contre over) ♦ **faire ~ qn** to trip sb up

trèfle [tʀɛfl] NM **a** (= plante) clover ♦ **~ à quatre feuilles** four-leaf clover **b** (Cartes) clubs

treille [tʀɛj] NF (= tonnelle) vine arbour (Brit) ou arbor (US); (= vigne) climbing vine

treillis [tʀeji] NM **a** (en bois) trellis; (en métal) wire-mesh **b** (= tenue de combat) battledress

treize [tʀɛz] NOMBRE thirteen; pour autres loc voir **six**

treizième [tʀɛzjɛm] ADJ, NMF thirteenth; pour autres loc voir **sixième**

trekking [tʀekiŋ] NM (= activité) trekking NonC; (= randonnée) trek ♦ **faire un ~** to go on a trek ♦ **faire du ~** to go trekking

tréma [tʀema] NM dieresis

tremblant, e [tʀɑ̃blɑ̃, ɑ̃t] ADJ trembling (de with)

tremblement [tʀɑ̃bləmɑ̃] NM trembling NonC ♦ **et tout le ~** ⁎ the whole lot ⁎ ▸ **tremblement de terre** earthquake

trembler [tʀɑ̃ble] ► conjug 1 ◄ VI **a** to tremble; (de froid, de fièvre) to shiver; (menton) to quiver ♦ **la terre a encore tremblé en Arménie** there has been another earthquake in Armenia **b** (= avoir peur) ♦ **~ pour qn/qch** to fear for sb/sth

trémousser (se) [tʀemuse] ► conjug 1 ◄ VPR to wriggle

trempe [tʀɑ̃p] NF **a** ♦ **un homme de sa ~** a man of his calibre **b** (⁎ = correction) ♦ **flanquer une ~ à qn** to give sb a good hiding ⁎

trempé, e [tʀɑ̃pe] ADJ **a** (= mouillé) soaked ♦ **~ de sueur** soaked in sweat ♦ **~ jusqu'aux os** wet through **b** (acier, verre) tempered

tremper [tʀɑ̃pe] ► conjug 1 ◄ **1** VT **a** (= mouiller) to soak ♦ **se faire ~** to get soaked **b** (+ main, plume) to dip (dans into, in); (+ pain, biscuit) to dunk (dans in) **2** VI **a** (linge, lentilles, haricots) to soak ♦ **tes manches trempent dans ton assiette !** your sleeves are trailing in your plate! ♦ **faire ~** (+ linge, aliments) to soak **b** ♦ **~ dans** (+ affaire malhonnête, crime) to be mixed up in

tremplin [tʀɑ̃plɛ̃] NM (de piscine) diving-board; (de gymnase) springboard; (Ski) ski-jump

trentaine [tʀɑ̃tɛn] NF (= âge, nombre) about thirty ♦ **il a la ~** he's about thirty

trente [tʀɑ̃t] NOMBRE thirty ◆ **les années ~** the thirties ◆ **un ~-trois tours** an LP ◆ **être/se mettre sur son ~ et un *** to be dressed up to the nines; pour autres loc voir **soixante**

trente-six [tʀɑ̃tsis] NOMBRE thirty-six; (= beaucoup) ◆ **il n'y a pas ~ possibilités *** there aren't all that many choices ◆ **faire ~ choses à la fois *** to do a hundred things at once

trentième [tʀɑ̃tjɛm] ADJ, NMF thirtieth; pour loc voir **sixième**

trépidant, e [tʀepidɑ̃, ɑ̃t] ADJ [rythme] pulsating; [vie] hectic

trépied [tʀepje] NM tripod

trépigner [tʀepiɲe] ► conjug 1 ◄ VI to stamp one's feet ◆ **~ d'impatience** to stamp one's feet with impatience

très [tʀɛ] ADV very; (devant certains participes passés) greatly ◆ **~ intelligent/difficile** very intelligent/difficult ◆ **~ admiré** greatly admired ◆ **avoir ~ peur/faim** to be very frightened/ hungry ◆ **j'ai ~ envie de le rencontrer** I would very much like to meet him ◆ **~ peu de gens** very few people ◆ **~ bien, si vous insistez** all right, if you insist

trésor [tʀezɔʀ] NM **a** treasure ◆ **course ou chasse au ~** treasure hunt ◆ **des ~s de patience** a wealth of patience **b** (= musée) treasure-house **c** ◆ **le Trésor (public)** ≈ the Treasury (Brit), ≈ the Treasury Department (US) **d** (affectif) ◆ **mon ~** darling

trésorerie [tʀezɔʀʀi] NF **a** (= bureaux) [d'association) accounts department **b** (= gestion) accounts **c** (= argent disponible) finances ◆ **difficultés de ~** cash flow problems

trésorier, -ière [tʀezɔʀje, jɛʀ] NM,F [de club, association) treasurer

tressaillement [tʀesajmɑ̃] NM (de plaisir) thrill; (de peur) shudder; (de douleur) wince

tressaillir [tʀesajiʀ] ► conjug 13 ◄ VI **a** (de plaisir) to quiver; (de peur) to shudder; (de douleur) to wince **b** (= sursauter) to give a start

tresse [tʀɛs] NF (= cheveux) plait, braid (US) ◆ **se faire des ~s** to plait ou braid (US) one's hair

tresser [tʀese] ► conjug 1 ◄ VT **a** [+ cheveux, rubans] to plait, to braid (US); [+ paille] to plait **b** [+ panier, guirlande] to weave

tréteau (pl **~x**) [tʀeto] NM (= support) trestle

treuil [tʀœj] NM winch

trêve [tʀɛv] NF **a** (Mil, Pol) truce **b** (= répit) rest ◆ **~ de plaisanteries, ...** joking apart, ...

tri [tʀi] NM ◆ **faire le ~ de** to sort out; [+ lettres, dossiers, linge] to sort ◆ **faire le ~ parmi des candidats** to choose between the different candidates ◆ **il faut faire le ~ dans ce qu'il raconte** you have to take what he says with a pinch of salt

triangle [tʀijɑ̃gl] NM triangle ► **triangle de signalisation** warning triangle

triangulaire [tʀijɑ̃gylɛʀ] ADJ triangular

triathlon [tʀi(j)atlɔ̃] NM triathlon

tribord [tʀibɔʀ] NM starboard ◆ **à ~** to starboard

tribu [tʀiby] NF tribe

tribulations [tʀibylasjɔ̃] NFPL tribulations

tribunal (pl **-aux**) [tʀibynal, o] NM court ◆ **porter une affaire devant les tribunaux** to bring a case before the courts ► **tribunal administratif** tribunal dealing with internal disputes in the French civil service ► **tribunal de commerce** commercial court ► **tribunal correctionnel** ≈ magistrates' court (dealing with criminal matters) ► **tribunal pour enfants** juvenile court

tribune [tʀibyn] NF **a** (pour le public) [d'église, tribunal] gallery; [de stade, champ de courses] stand **b** (pour un orateur) platform **c** (= débat) forum

tribut [tʀiby] NM tribute

tributaire [tʀibytɛʀ] ADJ (= dépendant) ◆ **être ~ de** to be dependent on

triche * [tʀiʃ] NF cheating NonC

tricher [tʀiʃe] ► conjug 1 ◄ VI to cheat (over sur)

tricherie [tʀiʃʀi] NF cheating NonC

tricheur, -euse [tʀiʃœʀ, øz] NM,F cheat

tricolore [tʀikɔlɔʀ] ADJ three-coloured (Brit), three-colored (US); (= aux couleurs françaises) red, white and blue ◆ **le drapeau ~** the tricolour ◆ **l'équipe ~** (Sport) the French team

tricot [tʀiko] NM **a** (= vêtement) sweater ◆ **~ de corps** vest (Brit), undershirt (US) **b** (= technique, ouvrage) knitting NonC ◆ **faire du ~** to knit **c** (= tissu) knitted fabric

tricoter [tʀikɔte] ► conjug 1 ◄ VTI to knit ◆ **~ à la machine** to machine-knit

tricycle [tʀisikl] NM tricycle

trier [tʀije] ► conjug 7 ◄ VT to sort out; [+ lettres, fiches, fruits] to sort; [+ candidats] to select; [+ lentilles] to pick over ◆ **triés sur le volet** hand-picked

trilingue [tʀilɛ̃g] ADJ trilingual

trilogie [tʀilɔʒi] NF trilogy

trimbal(l)er * [tʀɛ̃bale] ► conjug 1 ◄ VT [+ bagages, marchandises] to lug around *; [+ personne] to trail along

trimer * [tʀime] ► conjug 1 ◄ VI to slave away

trimestre [tʀimɛstʀ] NM quarter; (scolaire) term ◆ **premier/second/troisième ~** (scolaire) autumn/winter/summer term

trimestriel, -elle [tʀimɛstʀijɛl] ADJ [publication, paiement] quarterly; [bulletin scolaire, examen] end-of-term épith

tringle [tʀɛ̃gl] NF rod ◆ **~ à rideaux** curtain rod

trinquer [tʀɛ̃ke] ► conjug 1 ◄ VI **a** (= porter un toast) to clink glasses ◆ **~ à qch** to drink to sth ◆ **~ à la santé de qn** to drink sb's health **b** (* = être puni) to take the rap *

trio [tʀijo] NM trio

triomphal, e (mpl **-aux**) [tʀijɔ̃fal, o] ADJ triumphant; [marche] triumphal

triomphe [tʀijɔ̃f] NM triumph ◆ **porter qn en ~** to carry sb in triumph ◆ **remporter ou faire un ~** to be a triumphant success

triompher [tʀijɔ̃fe] ► conjug 1 ◄ VI to triumph; [raison, idées] to prevail

tripes [tʀip] NFPL **a** (= plat) tripe **b** (* = boyaux) guts

triple [tʀipl] **1** ADJ triple ◆ **faire qch en exemplaire** to make three copies of sth ◆ **j'ai ce livre en ~** I've got three copies of this book ► **triple saut** triple jump **2** NM ◆ **9 est le ~ de 3** 9 is three times 3 ◆ **gagner le ~ (de qn)** to earn three times as much (as sb) ◆ **c'est le ~ du prix normal** it's three times the normal price

tripler [tʀiple] ► conjug 1 ◄ **1** VT to treble **2** VI to triple ◆ **~ de volume** to treble in volume

triplés, ées [tʀiple] NM,F PL triplets

tripoter * [tʀipɔte] ► conjug 1 ◄ VT **a** [+ chose] to fiddle with **b** (sexuellement) to grope *

triste [tʀist] ADJ sad; [couleur, journée] dreary; [paysage] bleak ◆ **d'un air ~** sadly ◆ **faire ~ mine** to cut a sorry figure ◆ **un ~ individu** an unsavoury individual

tristesse [tʀistɛs] NF sadness

triturer [tʀityʀe] ► conjug 1 ◄ VT [+ objet] to fiddle with ◆ **se ~ la cervelle** * ou **les méninges** * to rack one's brains *

trivial, e (mpl **-iaux**) [tʀivjal, jo] ADJ **a** (= vulgaire) crude **b** (= commun) [objet, acte] mundane; [détail] trivial

troc [tʀɔk] NM **a** (= système) barter ◆ **faire du ~** to barter **a** (= échange) swap

trognon [tʀɔɲɔ̃] NM [de fruit] core; [de chou] stalk

trois [tʀwa] NOMBRE three ◆ **c'est ~ fois rien** [égratignure, cadeau] it's nothing at all ◆ **ça coûte ~ fois rien** it costs next to nothing ◆ **j'ai fait les ~ quarts du travail** I've done three-quarters of the work ◆ **les ~ quarts des gens l'ignorent** most people don't know this; pour autres loc voir **six**

troisième [tʀwazjɛm] **1** ADJ, NMF third ◆ **le ~ âge** senior citizens ◆ **~ cycle** (à l'université)

graduate studies **2** NF **a** (Scol) fourth form (Brit), 8th grade (US) **b** (= vitesse) third (gear); pour autres loc voir **sixième**

troisièmement [tʀwazjɛmmɑ̃] ADV third(ly)

trombe [tʀɔ̃b] NF ◆ **des ~s d'eau** a downpour ◆ **entrer/sortir/passer en ~** to sweep in/out/by like a whirlwind ◆ **démarrer en ~** [voiture] to shoot off

trombone [tʀɔ̃bɔn] NM **a** (= instrument) trombone ◆ **~ à coulisse** slide trombone **b** (= agrafe) paper clip

trompe [tʀɔ̃p] NF [d'éléphant] trunk ► **trompes de Fallope** Fallopian tubes

trompe-l'œil [tʀɔ̃plœj] NM INV trompe-l'œil ◆ **peinture en ~** trompe-l'œil painting

tromper [tʀɔ̃pe] ► conjug 1 ◄ **1** VT **a** (= duper) to deceive (sur about); [+ époux] to be unfaithful to ◆ **elle trompait son mari avec le patron** she was having an affair with her boss behind her husband's back ◆ **~ la vigilance de qn** (pour entrer ou sortir) to slip past sb **c** (= pallier) ◆ **~ la faim/la soif** to stave off one's hunger/thirst ◆ **~ pour ~ son ennui** to keep boredom at bay **2 se tromper** VPR to make a mistake ◆ **se ~ de 15 F dans un calcul** to be 15 francs out (Brit) ou off (US) in one's calculations ◆ **se ~ de route/chapeau** to take the wrong road/hat ◆ **se ~ de jour/date** to get the day/date wrong ◆ **se ~ d'adresse** to get the wrong address

tromperie [tʀɔ̃pʀi] NF deception

trompette [tʀɔ̃pɛt] NF trumpet

trompettiste [tʀɔ̃petist] NMF trumpet player

trompeur, -euse [tʀɔ̃pœʀ, øz] ADJ [discours] deceitful; [virage, apparences] deceptive

tronc [tʀɔ̃] **1** NM **a** [d'arbre, personne] trunk **b** (= boîte) collection box **2** COMP ► **tronc commun** (Scol) common-core syllabus

tronche * [tʀɔ̃ʃ] NF (= visage) face ◆ **faire ou tirer la ~** to sulk ◆ **il a fait une de ces ~s !** you should have seen the look on his face!

tronçon [tʀɔ̃sɔ̃] NM [de phrase, texte] part; [de route, voie ferrée] section

tronçonneuse [tʀɔ̃sɔnøz] NF chain saw

trône [tʀon] NM throne ◆ **monter sur le ~** to come to the throne

trôner [tʀone] ► conjug 1 ◄ VI (= avoir la place d'honneur) [personne] to sit enthroned; [chose] to have pride of place

tronquer [tʀɔ̃ke] ► conjug 1 ◄ VT [+ citation, texte] to truncate

---

trop [tʀo] adv

(avec adverbe, adjectif) too; (avec verbe) too much ◆ **beaucoup** ou **bien ~** (avec verbe) far too much; (avec adjectif) far too, much too **+ en faire ~** (= exagérer) to go too far **+ vous êtes ~ (nombreux)/~ peu (nombreux)** there are too many/too few of you **+ il n'est pas ~ mécontent du résultat** he's not too unhappy with the result **+ je n'en sais ~ rien** I don't really know **+ elle est ~, ta copine !** * your girlfriend's too much! *

+ trop de (quantité) too much; (nombre) too many **+ j'ai acheté ~ de pain/d'oranges** I've bought too much bread/too many oranges **+ nous n'avons pas ~ de place chez nous** we haven't got very much room at our place

+ de trop, en trop + il y a une personne/deux personnes de ~ ou en ~ there's one person/there are two people too many **+ s'il y a du pain en ~, j'en emporterai** if there's any bread left over I'll take some away **+ si je suis de ~, je peux m'en aller !** if I'm in the way I can always leave!

---

trophée [tʀɔfe] NM trophy

tropical, e (mpl **-aux**) [tʀɔpikal, o] ADJ tropical

tropique [tʀɔpik] NM tropic **+ sous les ~s** in the tropics

trop-plein (pl **~s**) [tʀɔplɛ̃] NM excess; (dans un réservoir) overflow

troquer [tʀɔke] ► conjug 1 ◄ VT (= échanger) to swap; (Commerce) to trade (contre, pour for)

troquet * [tʀɔkɛ] NM café

trot [tʀo] NM trot **+ aller au ~** to trot along **+ vas-y, et au ~ !** * off you go, and be quick about it!

trotter [tʀɔte] ► conjug 1 ◄ VI to trot; (= marcher à petits pas) to trot along; (= marcher beaucoup) to run around **+ un air/une idée qui me trotte dans la tête** a tune/an idea which keeps running through my head

trotteuse [tʀɔtøz] NF (= aiguille) second hand

trottiner [tʀɔtine] ► conjug 1 ◄ VI [personne] to trot along

trottinette [tʀɔtinɛt] NF scooter **+ faire de la ~** to ride a scooter

trottoir [tʀɔtwaʀ] NM pavement (Brit), sidewalk (US) **+ ~ roulant** moving walkway **+ faire le ~** * to be a streetwalker

trou [tʀu] NM **a** hole **+ par le ~ de la serrure** through the keyhole **+ faire un ~** to make a hole; (avec des ciseaux, un couteau) to cut a hole; (déchirure) he tear a hole ► **trou d'air** air pocket ► **trou de cigarette** cigarette burn **b** (= temps libre, lacune) gap; (= déficit) deficit **+ le ~ de la Sécurité sociale** the deficit in the Social Security budget **+ j'ai eu un ~** (de mémoire) my mind went blank **c** (péj = localité) hole * (péj) **d** (* = prison) slammer *

troublant, e [tʀublɑ̃, ɑ̃t] ADJ (= déconcertant) disturbing

trouble [tʀubl] **1** ADJ **a** [eau, vin] cloudy; [photo] blurred **+** (= équivoque) shady **2** ADV **+ voir** to have blurred vision **3** NM **a** (= émeute) **+ ~s** unrest NonC **b** (= émoi affectif ou sensuel) inner turmoil; (= gêne, perplexité) confusion **c +** troubles (de santé) disorders **+ ~s du sommeil/de la personnalité** sleeping/personality disorders

trouble-fête [tʀublǝfɛt] NMF INV spoilsport

troubler [tʀuble] ► conjug 1 ◄ VT **a** [+ ordre, sommeil, silence] to disturb; [+ représentation, réunion] to disrupt; [+ jugement, esprit] to cloud; [+ digestion] to upset **b** (= déconcerter, émouvoir) to disturb; (= gêner) to confuse; (= sexuellement) to arouse **c** [+ eau, vin] to make cloudy; [+ image, vue] to blur **2** se troubler VPR **a** [eau] to become cloudy; [images, vue] to become blurred **b** (= perdre contenance) to become flustered **+ sans se ~** calmly

troué, e [tʀue] **1** ADJ **+ mon collant est ~** I've got a hole in my tights **+ ce sac est ~** this bag has a hole ou holes in it **2** trouée NF (dans la haie, les nuages) gap

trouer [tʀue] ► conjug 1 ◄ VT [+ vêtement] to make a hole ou holes in; (= transpercer) to pierce

trouillard, e * [tʀujaʀ, aʀd] **1** ADJ cowardly **2** NM,F coward

trouille * [tʀuj] NF **+ avoir la ~** to be scared **+ flanquer ou ficher la ~ à qn** to scare sb

troupe [tʀup] NF **a** [de soldats] troop **b +** ~ (de théâtre) (theatre ou drama) company

troupeau (pl **~x**) [tʀupo] NM herd; [de moutons, chèvres] flock

trousse [tʀus] NF **a** (= étui) case; [d'écolier] pencil case **+ ~ à outils** toolkit **+ ~ de toilette** sponge bag **b +** avoir qn aux ~s or à ses ~s to have the police on one's tail

trousseau (pl **~x**) [tʀuso] NM [de mariée] trousseau **+ ~ de clés** bunch of keys

trouvaille [tʀuvaj] NF (= objet) find; (= idée, procédé) stroke of inspiration, brainwave (Brit)

trouver [tʀuve] ► conjug 1 ◄ **1** VT **a** to find **+ je ne le trouve pas** I can't find it **+ je l'ai trouvé en train de pleurer** I found him crying **+ mais qu'est-ce qu'elle lui trouve ?** what on earth does she see in him? **+ j'ai trouvé !** (= je sais) I've got it! * **+ où est-il allé ~ ça ?** where on earth did he get that idea from? **+ ne pas ~ ses mots** to be at a loss for words **+ ~ que** to find that **+ je trouve ça trop sucré** I find it too sweet **+ comment tu le trouves ?** what do you think of him? **+ vous trouvez ?** do you think so? **b** (= par hasard) to come across; [+ idée] to hit on **+ ~ la mort dans un accident** to meet one's death in an accident **c** (= rendre visite à) ◆ **aller/venir ~ qn** to go/come and see sb **2 se trouver** VPR **a** (= être dans une situation) to find o.s. ◆ **je me suis trouvé dans l'impossibilité de répondre** I found myself unable to reply **b** (= être situé) to be ◆ **où se trouve la poste ?** where is the post office? **c** (= se sentir) to feel ◆ **se ~ bien** (dans un fauteuil etc) to feel comfortable ◆ **se ~ mal** (= s'évanouir) to faint **d** (= se juger) ◆ **il se trouve beau dans son nouveau costume** he thinks he looks good in his new suit **e** (exprimant la coïncidence) ◆ **se ~ être/avoir ...** to happen to be/have ... ◆ **il s'est trouvé que j'étais là quand ...** I happened to be there when ... ◆ **si ça se trouve** * maybe

truand [tʀyɑ̃] NM gangster

truc * [tʀyk] NM **a** (= moyen, tour, trucage) trick ◆ **avoir le ~** to have the knack **b** (= chose, idée) thing; (dont le nom échappe) thingumajig * ◆ **c'est quoi, ce ~-là ?** what's that thing? ◆ **le ski, c'est pas mon ~** skiing isn't my thing* ◆ **l'équitation, c'est son ~** he's really into * horseriding **c** (= personne) ◆ **Machin Truc** what's-his-name *

trucage [tʀykaʒ] NM (= effet spécial) special effect

truelle [tʀyɛl] NF trowel

truffe [tʀyf] NF **a** (= champignon, chocolat) truffle **b** [de chien] nose

truffer [tʀyfe] ► conjug 1 ◄ VT (Culin) to garnish with truffles ◆ **truffé de** [+ citations] peppered with; [+ fautes] riddled with; [+ pièges] bristling with

truie [tʀɥi] NF sow

truite [tʀɥit] NF trout *inv*

truquage [tʀykaʒ] NM (= effet spécial) special effect

truquer [tʀyke] ► conjug 1 ◄ VT [+ combat, élections, cartes] to fix *; [+ dés] to load

trust [tʀœst] NM (= cartel) trust; (= grande entreprise) corporation

truster [tʀœste] ► conjug 1 ◄ VT to monopolize

tsar [dzaʀ] NM tsar

T-shirt [tiʃœʀt] NM T-shirt

tsigane [tsigan] **1** ADJ (Hungarian) gypsy **2 Tsigane** NMF Gypsy

TTC [tetese] (abrév de **toutes taxes comprises**) inclusive of tax

tu¹, t' * [ty, t] **1** PRON PERS you ◆ **t'as** * **de la chance** you're lucky **2** NM ◆ **dire ~ à qn** to address sb as "tu"

tu², e [ty] (ptp de **taire**)

tuant, e * [tɥɑ̃, tɥɑ̃t] ADJ (= fatigant) exhausting; (= énervant) exasperating

tuba [tyba] NM (= instrument de musique) tuba; [de plongeur] snorkel

tube [tyb] NM **a** tube ► **tube digestif** digestive tract ► **tube de rouge (à lèvres)** lipstick **b** (* = chanson à succès) hit

tuberculeux, -euse [tybɛʀkylø, øz] NM,F tuberculosis patient

tuberculose [tybɛʀkyloz] NF tuberculosis

tué, e [tɥe] NM,F ◆ **il y a eu cinq ~s** there were five people killed

tuer [tɥe] ► conjug 1 ◄ **1** VT **a** to kill ◆ **~ qn à coups de pierre/de couteau** to stone/stab sb to death ◆ **~ qn d'une balle** to shoot sb dead ◆ **~ le temps** to kill time **b** (= exténuer) to exhaust **2 se tuer** VPR **a** (l'un l'autre) to kill each other **b** (soi-même, par accident) to be killed; (= se suicider) to kill o.s. ◆ **il s'est tué en voiture** he was killed in a car accident **c** (= s'épuiser) ◆ **se ~ au travail** to work o.s. to death ◆ **je me tue à te le dire !** I keep on telling you!

tuerie [tyʀi] NF slaughter

tue-tête (à) [tytɛt] LOC ADV at the top of one's voice

tueur, tueuse [tɥœʀ, tɥøz] NM,F killer ◆ **~ à gages** hired killer ◆ **~ en série** serial killer

tuile [tɥil] NF **a** [de toit] tile ◆ **toit de ~s** tiled roof ► **tuile aux amandes** type of almond biscuit **b** (* = coup de malchance) stroke of bad luck

tulipe [tylip] NF tulip

tulle [tyl] NM tulle

tuméfié, e [tymefje] ADJ swollen

tumeur [tymœʀ] NF tumour (Brit), tumor (US) ◆ **~ au cerveau** brain tumour

tumulte [tymylt] NM (= agitation) commotion; [de voix] hubbub

tunique [tynik] NF tunic

Tunisie [tynizi] NF Tunisia

tunisien, -ienne [tynizjɛ̃, jɛn] **1** ADJ Tunisian **2 Tunisien(ne)** NM,F Tunisian

tunnel [tynɛl] NM tunnel ◆ **le ~ sous la Manche** the Channel Tunnel ◆ **voir le bout du ~** (fig) to see the light at the end of the tunnel

turban [tyʀbɑ̃] NM turban

turbine [tyʀbin] NF turbine

turbo [tyʀbo] ADJ INV, NM turbo

turbulences [tyʀbylɑ̃s] NFPL [avion] turbulence

turbulent, e [tyʀbylɑ̃, ɑ̃t] ADJ [enfant, élève] unruly

turc, turque [tyʀk] **1** ADJ Turkish ◆ **à la turque** (= accroupi, assis) cross-legged; [cabinets] seatless **2** NM **a** (= personne) ✦ **Turc** Turk **b** (= langue) Turkish **3** **Turque** NF Turkish woman

turfiste [tyʀfist] NMF racegoer

Turquie [tyʀki] NF Turkey

turquoise [tyʀkwaz] NF, ADJ INV turquoise

tutelle [tytɛl] NF **a** [d'enfant, adulte] guardianship ✦ **placer qn sous ~** to place sb in the care of a guardian **b** (= contrôle) supervision ✦ **pays sous la ~ de l'ONU** country under UN trusteeship

tuteur, -trice [tytœʀ, tʀis] **1** NM,F (= protecteur) guardian; (= professeur) tutor **2** NM (= piquet) stake

tutoyer [tytwaje] ► conjug 8 ◄ VT ✦ **~ qn** to address sb as "tu"

tutu [tyty] NM tutu

tuyau (pl **~x**) [tɥijo] NM **a** pipe ► **tuyau d'alimentation** feeder pipe ► **tuyau d'arrosage** hosepipe ► **tuyau d'échappement** exhaust pipe **b** (* = conseil) tip

tuyauterie [tɥijotʀi] NF (= canalisations) piping *NonC*

TV [teve] NF (abrév de **télévision**) TV

TVA [tevea] NF (abrév de **taxe sur la valeur ajoutée**) VAT

TVHD [teveaʃde] NF (abrév de **télévision haute définition**) HDTV

tweed [twid] NM tweed

twist [twist] NM (= danse) twist

tympan [tɛ̃pɑ̃] NM [d'oreille] eardrum ✦ **bruit à vous déchirer les ~s** earsplitting noise

type [tip] **1** NM **a** (= genre, sorte) type ✦ **avoir le ~ oriental/nordique** to have Oriental/Nordic looks **b** (= exemple) ✦ **c'est le ~ même de l'intellectuel/du vieux garçon** he's the typical intellectual/bachelor **c** (* = individu) guy * **2** ADJ INV typical; [lettre, contrat] standard ✦ **l'erreur/le politicien ~** the typical mistake/politician

typé, e [tipe] ADJ ✦ **une femme brune et très ~e** a dark, very foreign-looking woman ✦ **elle est allemande mais pas très ~e** she's German but she doesn't look typically German

typhoïde [tifɔid] NF typhoid

typhon [tifɔ̃] NM typhoon

typhus [tifys] NM typhus

typique [tipik] ADJ typical

typiquement [tipikmɑ̃] ADV typically

typographie [tipɔgʀafi] NF typography

tyran [tiʀɑ̃] NM tyrant

tyrannie [tiʀani] NF tyranny

tyranniser [tiʀanize] ► conjug 1 ◄ VT to bully

tzar [dzaʀ] NM tsar

tzigane [dzigan] ADJ, NMF ⇒ **tsigane**

F R A N C A I S /
A
N
G
L
A
I
S

UE [yə] NF (abrév de **Union européenne**) EU

ulcère [ylsɛʀ] NM ulcer ◆ ~ **à l'estomac** stomach ulcer

ultérieur, e [ylteʀjœʀ] ADJ later ◆ **à une date ~e** at a later date

ultérieurement [ylteʀjœʀmɑ̃] ADV later

ultimatum [yltimatɔm] NM ultimatum ◆ **lancer un ~ à qn** to present sb with an ultimatum

ultime [yltim] ADJ [objectif] ultimate; [tentative] last-ditch

ultra [yltʀa] PRÉF ◆ **~-conservateur/-court** ultra-conservative/-short ◆ **~-moderne** [équipement] hi-tech ◆ **~-secret** top secret ◆ **~-rapide** [bateau, ordinateur] high-speed *épith*

ultraviolet [yltʀavjɔlɛ] NM ultraviolet

un, une [œ̃, yn]

1 ART INDÉF a ◆ **~ chien** a dog ◆ **~e poupée** a doll ◆ **~e idée** an idea ◆ **~e autruche ne vole pas** ostriches don't fly ◆ **j'ai ~e de ces faims !** I'm so hungry!

2 PRON one ◆ **~ seul** just one ◆ **l'un d'entre eux** one of them ◆ **l'un après l'autre** one after the other ◆ **~(e) à ~(e), ~(e) par ~(e)** one by one ◆ **il a examiné les photos ~e à ~e** he examined the photos one by one ◆ **ajouter les œufs ~ par ~** add the eggs one at a time ◆ **les ~s ... les autres ...** some people ... others ... ◆ **l'un dans l'autre** (= tout bien considéré) all in all

3 ADJ NUM one ◆ **vingt et ~ ans** twenty-one years ◆ **il reviendra dans ~ an ou deux** he'll come back in a year or two ◆ **en deux mille ~** in two thousand and one ◆ **passez ~ soir** drop in one evening

4 NM INV (= nombre) one ◆ **compter de ~ à cent** to count from one to a hundred

5 **la une** NF (Presse) the front page ◆ **cet accident fait la ~e des journaux** the accident made the headlines

unanime [ynanim] ADJ unanimous

unanimement [ynanimmɑ̃] ADV unanimously

unanimité [ynanimite] NF unanimity ◆ **élu à l'unanimité** elected unanimously ◆ **cette décision a fait l'unanimité** the decision was approved unanimously

UNESCO [ynɛsko] NF UNESCO

uni, e [yni] (ptp de **unir**) ◇ ADJ **a** [tissu, jupe, couleur] plain **b** [couple, famille] close

unification [ynifikasjɔ̃] NF unification

unifier [ynifje] ► conjug 7 ◄ VT to unify

uniforme [ynifɔʀm] **1** ADJ [surface] even; [paysage, couleur] uniform **2** NM uniform

uniformiser [ynifɔʀmize] ► conjug 1 ◄ VT [+ mœurs, tarifs] to standardize

unilatéral, e (mpl -aux) [ynilateʀal, o] ADJ unilateral

union [ynjɔ̃] NF (= alliance, mariage) union; (= groupe) association ◆ **l'Union sportive de Caen** the Caen sports club ◆ **~ de consommateurs** consumers' association ◆ **Union européenne** European Union ► **l'union libre** cohabitation ► **l'Union soviétique** the Soviet Union

unique [ynik] ADJ **a** (= seul) only ◆ **c'est un fils ~** he's an only child ◆ **ce n'est pas un cas ~** this is not an isolated case ◆ **"places : prix ~ 8 €"** (dans un cinéma) "all seats €8" **b** (après nom = exceptionnel) [livre, talent] unique

uniquement [ynikmɑ̃] ADV (= exclusivement) exclusively ◆ **il était venu ~ pour me voir** he had come just to see me

unir [yniʀ] ► conjug 2 ◄ **1** VT to unite (à with) ◆ **~ ses forces** to join forces **2** **s'unir** VPR [partis] to unite (à, avec with)

unité [ynite] NF **a** (= élément) unit ► **unité centrale** [d'ordinateur] central processing unit **b** (= cohésion) unity

univers [ynivɛʀ] NM universe; (= milieu, domaine) world ◆ **l'univers de la mode** the world of fashion

universel, -elle [ynivɛʀsɛl] ADJ universal

universellement [ynivɛʀsɛlmɑ̃] ADV universally

universitaire [ynivɛʀsitɛʀ] **1** ADJ [vie, diplôme] university *épith*; [études, carrière] academic **2** NMF academic

université [ynivɛʀsite] NF university

urbain, e [yʀbɛ̃, ɛn] ADJ (= de la ville) urban

urbanisation [yʀbanizasjɔ̃] NF urbanization

urbaniser [yʀbanize] ► conjug 1 ◄ VT to urbanize ◆ **région fortement urbanisée** heavily built-up area

urbanisme [yʀbanism] NM town planning

urgence [yʀʒɑ̃s] NF **a** [de décision, départ, situation] urgency ◆ **il y a ~** it's urgent ◆ **il n'y a**

pas ~ there's no rush **b** (= cas urgent) emergency **→ service/salle des ~s** emergency department/ward **c → d'urgence** [mesures, situation, aide] emergency **→ transporté d'urgence à l'hôpital** rushed to hospital **→ être opéré d'urgence** to have an emergency operation

urgent, e [yʀʒɑ̃, ɑ̃t] ADJ urgent

urinaire [yʀineʀ] ADJ urinary

urine [yʀin] NF urine *épith*

uriner [yʀine] ► conjug 1 ◄ VI to urinate

urinoir [yʀinwaʀ] NM urinal

urne [yʀn] NF **a → ~ (électorale)** ballot box **→ aller ou se rendre aux ~s** to go to the polls **→ le verdict des ~s** the result of the polls **b** (= vase) urn

URSS [yʀs] NF (Hist) (abrév de **Union des républiques socialistes soviétiques**) USSR

urticaire [yʀtikeʀ] NF nettlerash

us [ys] NMPL **→ les ~ et coutumes** habits and customs

US(A) [yɛs(a)] NMPL (abrév de **United States (of America)**) US(A)

usage [yzaʒ] NM **a** (= utilisation) use **→ l'usage de stupéfiants** drug use **→ à ~ externe** [médicament] for external use only **→ retrouver l'usage de la parole** to recover the power of speech **→ un manuel à l'usage des spécialistes** a manual for specialist use **→ hors d'usage** [éclairage, installation] out of service, [véhicule, machine à laver] broken down **→ faire ~ de** [+ force, procédé] to use **→ faire un mauvais ~ de qch** to make bad use of sth; (= coutume, habitude) custom **→ c'est l'usage** it's the done thing **→ entrer dans l'usage (courant)** [mot] to come into common use; [mœurs] to become common practice **c** [de la langue] **→ l'usage** usage

usagé, e [yzaʒe] ADJ (= d'occasion, qui ne peut plus être utilisé) used; (= qui a beaucoup servi) [pneu, habits] worn

usager, -ère [yzaʒe, ɛʀ] NM,F user **→ les ~s des transports en commun** public transport users

usé, e [yze] (ptp de **user**) ◇ ADJ **a** [objet] worn **b** (= épuisé) worn-out

user [yze] ► conjug 1 ◄ **1** VT **a** [+ vêtements, personne, forces] to wear out; (= consommer) [+ essence, papier] to use **2** VI **→ ~ de** (= utiliser) [+ pouvoir, droit] to exercise; [+ charme, influence, liberté] to use **3** **s'user** VPR [tissu, vêtement] to wear out

usine [yzin] NF factory **→ travail en ~** factory work **→ ~ d'armement** arms factory **→ ~ de retraitement (des déchets nucléaires)** (nuclear waste) reprocessing plant

usité, e [yzite] ADJ common

ustensile [ystɑ̃sil] NM implement **→ ~ (de cuisine)** (kitchen) utensil

usuel, -elle [yzɥɛl] ADJ everyday

usure [yzyʀ] NF [de vêtement] wear and tear; [d'objet] wear

usurper [yzyʀpe] ► conjug 1 ◄ VT [+ pouvoir, honneur, nom] to usurp **→ sa réputation n'est pas usurpée** he well deserves his reputation

ut [yt] NM (= note) C

utérus [yteʀys] NM uterus

utile [ytil] ADJ useful **→ ça peut toujours être ~** it could always come in handy **→ puis-je vous être ~ ?** can I help?

utilement [ytilmɑ̃] ADV usefully

utilisable [ytilizabl] ADJ usable **→ c'est ~ partout** it can be used everywhere

utilisateur, -trice [ytilizatœʀ, tʀis] NM,F user

utilisation [ytilizasjɔ̃] NF use **→ notice d'utilisation** instructions for use

utiliser [ytilize] ► conjug 1 ◄ VT to use **→ "à ~ avant le ..."** "use by ..."

utilitaire [ytilitɛʀ] **1** ADJ utilitarian **2** NM (= véhicule) utility van; [d'ordinateur] utility

utilité [ytilite] NF usefulness **→ d'une grande ~** very useful **→ d'aucune ~** useless

utopie [ytɔpi] NF **→ c'est de l'utopie !** it's all pie in the sky!

utopique [ytɔpik] ADJ utopian

UV [yve] NM (abrév de **ultraviolet**) ultraviolet ray **→ faire des (séances d')UVs** to have sunbed sessions

FRANCAIS/
ANGLAIS

V

V [ve] NM ◆ encolure en V V-neck

va [va] → aller

vacances [vakɑ̃s] NFPL holiday(s) (Brit), vacation (US) ◆ **en ~** on holiday (Brit) ou vacation (US)

vacancier, -ière [vakɑ̃sje, jɛʀ] NM,F holidaymaker (Brit), vacationer (US)

vacant, e [vakɑ̃, ɑ̃t] ADJ vacant

vacarme [vakaʀm] NM racket ◆ **faire du ~** to make a racket

vaccin [vaksɛ̃] NM vaccine

vacciner [vaksine] ► conjug 1 ◄ VT to vaccinate

vache [vaʃ] **1** NF **a** (= animal) cow ◆ **maladie de la ~ folle** mad cow disease **b** ‡ (péj) (femme) bitchy ‡; (homme) swine ‡; **ah la ~ !** ‡ (surprise, admiration) wow! ‡ **2** ADJ ‡ rotten ‡ ◆ **il est ~** he's really rotten ‡

vachement ‡ [vaʃmɑ̃] ADV (= très) really

vacherie ‡ [vaʃʀi] NF (= action) dirty trick ‡; (= remarque) bitchy remark ‡ ◆ **faire une ~ à qn** to play a dirty trick on sb ‡

vaciller [vasije] ► conjug 1 ◄ VI [personne] to sway (to and fro)

va-et-vient [vaevjɛ̃] NM INV [de personnes, véhicules] comings and goings ◆ **faire le ~ entre** to go backwards and forwards between

vagabond, e [vagabɔ̃, ɔ̃d] NM,F (= rôdeur) vagrant

vagin [vaʒɛ̃] NM vagina

vague¹ [vag] **1** ADJ (= imprécis) vague **2** NM ◆ **regarder dans le ~** to stare into space

vague² [vag] NF wave ◆ **~ de chaleur** heatwave ◆ **~ de froid** cold spell

vaguement [vagmɑ̃] ADV vaguely ◆ **il était ~ question d'organiser une réunion** there was vague talk of planning a meeting

vain, e [vɛ̃, vɛn] ADJ (= infructueux) vain *avant le nom* ◆ **en ~** in vain

vaincre [vɛ̃kʀ] ► conjug 42 ◄ VT **a** [+ concurrent] to beat; [+ armée, ennemi] to defeat **b** [+ préjugé, maladie, sentiment] to overcome; [+ chômage] to conquer

vaincu, e [vɛ̃ky] (ptp de **vaincre**) ◊ ADJ defeated ◆ **s'avouer ~** to admit defeat

vainement [vɛnmɑ̃] ADV in vain

vainqueur [vɛ̃kœʀ] NM winner; (à la guerre) victor ◆ **il est sorti ~ des élections** he emerged victorious from the election

vaisseau (pl **~x**) [vɛso] NM **a** (= navire) ship **b** ◆ **~ sanguin** blood vessel

vaisselle [vɛsɛl] NF (= plats) crockery; (= plats à laver) dishes ◆ **faire la ~** to do the dishes

valable [valabl] ADJ **a** (= valide, acceptable) valid **b** (= de qualité) [solution] worthwhile

valet [valɛ] NM **a** (= domestique) servant ► **valet de chambre** valet **b** (Cartes) jack

valeur [valœʀ] NF **a** value ◆ **~ ajoutée** added value ◆ **prendre de la ~** to go up in value ◆ **accorder** ou **attacher de la ~ à qch** to value sth ◆ **de ~** [bijou, meuble] valuable ◆ **objets de ~** valuables ◆ **mettre en ~** [+ détail] to highlight; [+ yeux] to set off; [+ objet décoratif] to show off to advantage; [+ personne] to show to advantage **b** (= titre boursier) security

valide [valid] ADJ **a** [personne] able-bodied **b** [billet, carte d'identité] valid

valider [valide] ► conjug 1 ◄ VT [+ billet] to validate; [+ document] to authenticate; [+ décision] to ratify

validité [validite] NF validity

valise [valiz] NF suitcase ◆ **faire sa ~** ou **ses ~s** to pack; (= partir) to pack one's bags

vallée [vale] NF valley

vallonné, e [valɔne] ADJ undulating

valoir [valwaʀ] ► conjug 29 ◄ **1** VI **a** (gén) to be worth ◆ **~ 1 000 €** to be worth €1,000 ◆ **ça vaut combien ?** how much is it worth?; (à un commerçant) how much is it? ◆ **~ cher** to be worth a lot ◆ **sa dernière pièce ne valait pas grand-chose** his last play wasn't particularly good ◆ **ça ne vaut rien** (= ne coûte rien) it costs next to nothing; (= n'est pas de qualité) it's no good ◆ **ça valait le déplacement** it was worth a visit ◆ **faire ~** [+ droit] to assert; [+ argument] to put forward ◆ **tu vaux mieux que lui** you're better than him **b** (conseil) ◆ **il vaudrait mieux que vous refusiez** you'd better refuse ◆ **ça vaut mieux comme ça** it's better that way ◆ **avertisle, ça vaut mieux** it would be better if you told him **c** (= équivalent à) ◆ **cette méthode en vaut une autre** it's as good a method as any ◆ **rien ne vaut un bon bain chaud** there's nothing like a nice warm bath **2** VT ◆ **~ qch à qn** to earn sb sth ◆ **l'inaction ne lui vaut rien** it isn't good for him to remain inactive **3** **se valoir** VPR (= être équivalent) ✦ **ces deux candidats se valent** there's not much to choose between the two applicants ✦ **ça se vaut** * it's all the same

valoriser [valɔʀize] ▸ conjug 1 ◂ VT [+ région, patrimoine, capital) to develop

valse [vals] NF waltz

valser [valse] ▸ conjug 1 ◂ VI (= danser) to waltz

valve [valv] NF valve

vampire [vɑ̃piʀ] NM vampire

van [vɑ̃] NM (= véhicule) horsebox (Brit), horse trailer (US)

vandale [vɑ̃dal] NMF vandal

vandalisme [vɑ̃dalism] NM vandalism

vanille [vanij] NF vanilla ✦ **glace à la ~** vanilla icecream

vanillé, e [vanije] ADJ [sucre, thé] vanilla *avant le nom*

vanité [vanite] NF (= fatuité) vanity

vaniteux, -euse [vanitø, øz] ADJ conceited

vanne [van] NF **a** [d'écluse] lock gate; [de barrage, digue] floodgate, [de canalisation] gate **b** (* = remarque] dig *

vanné, e * [vane] ADJ ✦ **je suis ~** I'm dead-beat *

vannerie [vanʀi] NF wickerwork

vantard, e [vɑ̃taʀ, aʀd] **1** ADJ boastful **2** NM,F boaster

vanter [vɑ̃te] ▸ conjug 1 ◂ **1** VT to praise ✦ **~ les mérites de qch** to praise sth **2** **se vanter** VPR to boast ✦ **se ~ de** to pride o.s. on ✦ **il n'y a pas de quoi se ~** there's nothing to boast about

vapeur [vapœʀ] NF ✦ **~ (d'eau)** steam ✦ **train à ~** steam train ✦ **(cuit à la) ~** steamed

vaporisateur [vapɔʀizatœʀ] NM (à parfum) spray

vaporiser [vapɔʀize] ▸ conjug 1 ◂ VT to spray

varappe [vaʀap] NF rock-climbing ✦ **faire de la ~** to go rock-climbing

variable [vaʀjabl] **1** ADJ **a** (= susceptible de changer) variable; [temps, humeur] changeable **b** (au pl = varié) [résultats, réactions] varied **2** NF variable

variante [vaʀjɑ̃t] NF variant

variation [vaʀjasjɔ̃] NF variation (de in)

varice [vaʀis] NF varicose vein

varicelle [vaʀisɛl] NF chickenpox ✦ **il a la ~** he has chickenpox

varié, e [vaʀje] (ptp de **varier**) ◇ ADJ varied; [produits, sujets, objets] various ✦ **hors-d'œuvre ~s** selection of hors d'œuvres

varier [vaʀje] ▸ conjug 7 ◂ VTI to vary ✦ **pour ~ un peu** for a bit of a change ✦ **les tarifs varient selon les pays** prices vary from country to country

variété [vaʀjete] **1** NF variety **2** **variétés** NFPL (Music hall) variety show; (Radio, TV = musique) light music *NonC* ✦ **émission de ~s** variety programme

variole [vaʀjɔl] NF smallpox

vase¹ [vɑz] NM (= pot) vase

vase² [vɑz] NF (= boue) mud

vaseux, -euse [vɑzø, øz] ADJ **a** (= boueux) muddy **b** (* = fatigué) ✦ **être ~** to be in a daze **c** * [astuce, plaisanterie] pathetic *

vasistas [vazistɑs] NM [de fenêtre] fanlight

vaste [vast] ADJ vast; [culture] immense; [domaine, sujet, problème] wide-ranging

Vatican [vatikɑ̃] NM ✦ **le ~** the Vatican

vaurien, -ienne [voʀjɛ̃, jɛn] NM,F (= garnement) little devil *

vautour [votuʀ] NM vulture

vautrer (se) [votʀe] ▸ conjug 1 ◂ VPR **a**. (= se rouler) to wallow **b** (= s'avachir) ✦ **se vautrer dans un fauteuil** to slouch in an armchair ✦ **vautré dans l'herbe** sprawling in the grass

va-vite [vavit] ✦ **à la va-vite** * LOC ADV in a rush

veau (pl ~**x**) [vo] NM (= animal) calf; (= viande) veal; (= cuir) calfskin

vécu, e [veky] (ptp de **vivre**) ◇ ADJ [histoire, aventure] real-life *avant le nom*

vedette [vadɛt] NF **a** (= personnage en vue) star ✦ **les ~s de l'écran/du cinéma** screen/film stars ✦ **mettre qn en ~** to put the spotlight on sb **b** (= embarcation) launch; (militaire) patrol boat

végétal, e (mpl -**aux**) [veʒetal, o] **1** ADJ [graisses, teintures, huiles] vegetable *avant le nom*; [fibres, cellules] plant *avant le nom* **2** NM vegetable

végétarien, -ienne [veʒetaʀjɛ̃, jɛn] ADJ, NM,F vegetarian

végétation [veʒetasjɔ̃] NF (= plantes) vegetation

végéter [veʒete] ▸ conjug 6 ◂ VI **a** [personne] to vegetate; [affaire] to stagnate **b** [plante] to grow poorly

véhément, e [veemɑ̃, ɑ̃t] ADJ (littér) vehement ✦ **d'un ton ~** vehemently

véhicule [veikyl] NM vehicle

veille [vɛj] NF **a** (= jour précédent) ✦ **la ~** the day before ✦ **la ~ de l'examen** the day before the exam ✦ **la ~ au soir** the previous evening ✦ **la ~ de Noël** Christmas Eve ✦ **à la ~ de**

[+ guerre, révolution] on the eve of **b** (= garde) night watch **c** (= état) wakefulness ◆ en ~ [machine, ordinateur] in sleep mode

veillée [veje] NF evening *(spent in company)*, *(funèbre)* wake

veiller [veje] ► conjug 1 ◄ **1** VI (= ne pas se coucher) to stay up **2** VT [+ personne] to sit up with **3** VT INDIR ◆ ~ à to look after ◆ ~ à ce que ... to see to it that ... ◆ ~ sur to watch over

veilleur [vɛjœʀ] NM ◆ ~ (de nuit) (night) watchman

veilleuse [vɛjøz] NF (= lampe) night light; [de voiture] sidelight ◆ se mettre en ~ [automobiliste] to put one's sidelights on

veinard, e * [venaʀ, aʀd] NM,F lucky devil *

veine [vɛn] NF **a** (= vaisseau) vein **b** (* = chance) luck ◆ avoir de la ~ to be lucky ◆ il n'a pas de ~ (dans la vie) he has no luck; (aujourd'hui) he's out of luck

Velcro ® [vɛlkʀo] NM Velcro ® ◆ bande ~ Velcro strip

véliplanchiste [veliplɑ̃ʃist] NMF windsurfer

velléité [veleite] NF vague desire

vélo [velo] NM bike ◆ ~ d'appartement exercise bike ◆ ~ de course/tout-terrain racing/ mountain bike ◆ être à ou en ~ to be on a bike ◆ venir à ou en ~ to come by bike ◆ je fais beaucoup de ~ I cycle a lot

vélodrome [velodʀom] NM velodrome

vélomoteur [velomotœʀ] NM moped

velours [v(ə)luʀ] NM velvet ◆ ~ côtelé cord

velouté [vəlute] NM (= potage) ◆ ~ de tomates cream of tomato soup

Vélux ® [velyks] NM Velux window

vendanges [vɑ̃dɑ̃ʒ] NFPL grape harvest ◆ faire les ~ to pick the grapes

vendanger [vɑ̃dɑ̃ʒe] ► conjug 3 ◄ VI (= faire les vendanges) to pick the grapes

vendeur, -euse [vɑ̃dœʀ, øz] **1** NM,F (dans un magasin) shop assistant (Brit), salesclerk (US); (dans un grand magasin) sales assistant ◆ ~ de journaux newsvendor (Brit), newspaper seller **2** NM (Jur) vendor; (Écon) seller

vendre [vɑ̃dʀ] ► conjug 41 ◄ **1** VT to sell ◆ ~ qch à qn to sell sb sth ◆ "à ~" "for sale" **2** se **vendre** VPR [marchandise] to be sold ◆ ça se vend bien it sells well

vendredi [vɑ̃dʀədi] NM Friday; pour autres loc voir samedi

vendu, e [vɑ̃dy] (péj) **1** ADJ (= corrompu) corrupt **2** NM (= traître) Judas

vénéneux, -euse [venenø, øz] ADJ poisonous

vénérable [veneʀabl] ADJ venerable

vénérer [veneʀe] ► conjug 6 ◄ VT to venerate

Venezuela [venezɥela] NM Venezuela

vénézuélien, -ienne [venezɥeljɛ̃, jɛn] **1** ADJ Venezuelan **2** Vénézuélien(ne) NM,F Venezuelan

vengeance [vɑ̃ʒɑ̃s] NF revenge

venger [vɑ̃ʒe] ► conjug 3 ◄ **1** VT to avenge (de for) **2** se **venger** VPR to take one's revenge (de for) ◆ venge-toi ! get your own back!

venimeux, -euse [vənimø, øz] ADJ venomous

venin [vənɛ̃] NM venom

venir [v(ə)niʀ] ► conjug 22 ◄ **1** VI to come ◆ je viens ! I'm coming! ◆ je viens dans un instant I'll be there in a moment ◆ comment est-il venu ? – en voiture how did he get here? – by car ◆ ça vient ? * come on! ◆ alors ce dossier, ça vient ? * so when's that file going to be ready? ◆ et ma bière ? – ça vient ! where's my beer? – it's coming! ◆ et le budget ? – j'y viens and the budget? – I'm coming to that ◆ la semaine qui vient the coming week ◆ samedi qui vient this Saturday ◆ faire ~ [+ médecin, plombier] to call ◆ tu nous as fait ~ pour rien you got us to come for nothing ◆ ~ (jusqu')à (= atteindre) (vers le haut) to come up to; (vers le bas) to come down to; (en longueur, en superficie) to reach ◆ ~ de to come from ◆ ils viennent de Paris (en voyage) they're coming from Paris; (origine) they are from Paris ◆ les années à ~ the years to come ◆ nous le saurons dans les jours à ~ we'll know in the next few days **2** en venir à VT INDIR ◆ venons-en au fait let's get to the point ◆ en ~ aux mains to come to blows ◆ où voulez-vous en ~ ? what are you getting at? ◆ j'en viens à me demander si ... I'm beginning to wonder if ... **3** VB AUX
◆ venir + infinitif ◆ je suis venu travailler I have come to work ◆ viens m'aider come and help me ◆ viens voir ! come and see! ◆ après cela ne viens pas te plaindre ! and don't come complaining afterwards!
◆ venir de + infinitif to have just ◆ il vient d'arriver he has just arrived ◆ elle venait de m'appeler she had just called me

Venise [vəniz] N Venice

vent [vɑ̃] NM wind ◆ il y a du ~ it's windy ◆ c'est du ~ * it's just hot air * ◆ être dans le ~ * to be trendy ◆ coup de ~ (en mer) gale ◆ entrer en coup de ~ to burst in ◆ un ~ de panique a wave of panic

vente [vɑ̃t] NF sale ◆ bureau de ~ sales office ◆ service des ~s sales department ◆ en ~ on sale ◆ être en ~ libre to be freely available ◆ mettre en ~ [+ produit] to put on sale; [+ maison, objet personnel] to put up for sale ► vente (aux enchères) auction ► vente de charité jumble sale ► vente par correspondance mail-order selling ► vente à domicile door-to-door selling ► vente publique public sale

ventilateur [vɑ̃tilatœʀ] NM fan

ventilation [vɑ̃tilasjɔ̃] NF (= aération) ventilation

ventouse [vɑ̃tuz] NF **a** (pour déboucher) plunger; (pour faire adhérer) suction pad (Brit) ou disk (US) **b** [d'animal] sucker

ventre [vɑ̃tʀ] NM stomach; [d'animal] belly ◆ avoir du ~ to have a bit of a tummy * ◆ avoir mal au ~ to have stomach ache

ventricule [vɑ̃tʀikyl] NM ventricle

venu, e[1] [v(ə)ny] (ptp de venir) ◇ ADJ ◆ bien ~ [événement, remarque] timely ◆ mal ~ [événement, question] untimely ◆ sa remarque était plutôt mal ~e his remark was rather uncalled-for ◆ elle serait mal ~e de se plaindre she is in no position to complain ◆ le premier ~ (= arrivé) the first to come ◆ ce n'est pas le premier ~ (fig) he isn't just anybody

venue[2] [v(ə)ny] NF [de personne] arrival ◆ à l'occasion de la ~ de la reine (dans le passé) when the queen visited; (dans le futur) when the queen visits

ver [vɛʀ] NM worm; [de viande, fruits, fromage] maggot; [de bois] woodworm *NonC* ▶ ver de terre earthworm

véranda [veʀɑ̃da] NF veranda

verbaliser [vɛʀbalize] ► conjug 1 ◄ VI (policier) ◆ il a verbalisé he reported him (ou me etc)

verbe [vɛʀb] NM verb

verdict [vɛʀdik(t)] NM verdict ◆ rendre un ~ to return a verdict

verdoyant, e [vɛʀdwajɑ̃, ɑ̃t] ADJ green

verdure [vɛʀdyʀ] NF **a** (= végétation) greenery **b** (= salade) lettuce; (= légumes verts) green vegetables

véreux, -euse [veʀø, øz] ADJ **a** [fruit] worm-eaten **b** [policier, financier] corrupt

verge [vɛʀʒ] NF (= pénis) penis

verger [vɛʀʒe] NM orchard

verglacé, e [vɛʀglase] ADJ icy

verglas [vɛʀgla] NM black ice

véridique [veʀidik] ADJ truthful

vérificateur [veʀifikatœʀ] NM ◆ ~ orthographique spellchecker

vérification [veʀifikasjɔ̃] NF (= contrôle) checking; [de comptes] auditing ◆ procéder à des ~s, effectuer des ~s to carry out checks ◆ ~ d'identité (Police) identity check

vérifier [veʀifje] ► conjug 7 ◄ VT **a** (= contrôler) to check **b** [+ soupçons, hypothèse] to confirm

véritable [veʀitabl] ADJ real

véritablement [veʀitabləmɑ̃] ADV really

vérité [veʀite] NF truth ◆ dire la ~ to tell the truth ◆ en ~ (= en fait) in fact

verlan [vɛʀlɑ̃] NM back slang

vermine [vɛʀmin] NF vermin

verni, e [vɛʀni] (ptp de vernir) ◇ ADJ **a** (* = chanceux) lucky **b** ◆ souliers ~s patent shoes

vernir [vɛʀniʀ] ► conjug 2 ◄ VT [+ bois, tableau, cuir] to varnish; [+ poterie] to glaze; [+ ongles] to put nail varnish on

vernis [vɛʀni] NM [de bois, tableau] varnish; [de poterie] glaze ◆ ~ (à ongles) nail varnish

verre [vɛʀ] NM **a** (= substance, objet) glass; [de lunettes] lens ▶ verres de contact contact lenses ▶ verres correcteurs corrective lenses ▶ verre à pied stemmed glass ▶ verre à vin wineglass **b** (= boisson) drink ◆ boire ou prendre un ~ to have a drink

verrou [veʀu] NM [de porte] bolt ◆ as-tu mis le ~ ? have you bolted the door? ◆ être sous les ~s to be behind bars

verrouiller [veʀuje] ► conjug 1 ◄ VT to lock ◆ la police a verrouillé le quartier the police cordoned off the area

verrue [veʀy] NF wart ◆ ~ plantaire verruca

vers[1] [vɛʀ] PRÉP **a** (direction) towards, to ◆ la foule se dirigeait ~ la plage the crowd was heading towards the beach **b** (= aux environs de) near ◆ c'est ~ Aix que nous avons eu une panne it was somewhere near Aix that we broke down ◆ ~ 2 000 mètres l'air est frais at about 2,000 metres the air is cool **c** (temps) (approximation) about ◆ ~ quelle heure doit-il venir ? about what time is he due? ◆ il est arrivé ~ 6 heures he arrived at about 6 o'clock ◆ ~ 1900 in around 1900

vers[2] [vɛʀ] NM (= ligne) line ◆ au 3e ~ in line 3 ◆ des ~ (= poésie) verse *NonC* ◆ ~ libres free verse

versant [vɛʀsɑ̃] NM [de vallée, toit] side; [de massif] slopes

versatile [vɛʀsatil] ADJ changeable

Verseau [vɛʀso] NM ◆ le ~ Aquarius ◆ il est ~ he's Aquarius

versement [vɛʀsəmɑ̃] NM payment; (échelonné) instalment, installment (US) ◆ je veux faire un ~ sur mon compte I want to put some money into my account ◆ ~ en espèces cash deposit

verser [vɛʀse] ► conjug 1 ◄ VT **a** [+ liquide, grains] to pour (*dans* into; *sur* onto) **b** [+ larmes, sang] to shed **c** (= payer) to pay ◆ ~ des arrhes to put down a deposit **d** (= classer) ◆ ~ une pièce à un dossier to add an item to a file

verset [vɛʀse] NM verse

version [vɛRsjɔ̃] NF **a** (= traduction) translation *(into the mother tongue)* **b** (= variante) version **•** **film en ~ originale** film in the original version

verso [vɛRso] NM back **•** **au ~** on the back of the page **•** **"voir au ~"** "see over"

vert, verte [vɛR, vɛRt] **1** ADJ **a** (= couleur) green **•** **avoir la main ~e** [jardinier] to have green fingers (Brit), to have green thumb (US) **b** [fruit] unripe **c** (= à la campagne) **•** **tourisme ~** country holidays **•** **classe ~e** school camp **d** (= écologique) green **•** **le parti ~** the Green Party **2** NM **a** (= couleur) green **•** **~ olive** olive(-green) **•** **~ pomme** apple-green **•** **je suis passé au ~** (au feu) I moved off when the lights were on green **•** **le feu est passé au ~** the lights turned green **b** (= écologistes) **•** **les Verts** the Greens

vertébral, e (mpl **-aux**) [vɛRtebRal, o] ADJ → **colonne**

vertèbre [vɛRtɛbR] NF vertebra **•** **se déplacer une ~** to slip a disc

vertical, e (mpl **-aux**) [vɛRtikal, o] **1** ADJ vertical **2** **verticale** NF (= ligne) vertical line **•** **à la ~e** [s'élever, tomber] vertically

verticalement [vɛRtikalmɑ̃] ADV vertically

vertige [vɛRtiʒ] NM **a** (= peur du vide) **•** **le ~** vertigo **•** **avoir le ~** to get dizzy **b** (= étourdissement) dizzy spell **•** **être pris de ~s** to get dizzy turns

vertigineux, -euse [vɛRtiʒinø, øz] ADJ breathtaking **•** **une baisse vertigineuse** a dramatic fall

vertu [vɛRty] NF **a** (= morale) virtue **b** (= propriété) property **c** **•** **en ~ de** in accordance with

vertueux, -euse [vɛRtɥø, øz] ADJ virtuous

verveine [vɛRvɛn] NF (= plante) verbena; (= tisane) verbena tea

vessie [vesi] NF bladder

veste [vɛst] NF jacket **•** **~ droite/croisée** single/double-breasted jacket **•** **retourner sa ~** * to change sides

vestiaire [vɛstjɛR] NM [de théâtre, restaurant] cloakroom; [de stade, piscine] changing-room

vestibule [vɛstibyl] NM [de maison] hall; [d'hôtel] lobby

vestige [vɛstiʒ] NM (= objet) relic **•** **~s** [de ville] remains

vestimentaire [vɛstimɑ̃tɛR] ADJ **•** **dépenses ~s** expenditure on clothes **•** **ses goûts ~s** his taste in clothes **•** **code ~** dress code

veston [vɛstɔ̃] NM jacket

vêtement [vɛtmɑ̃] NM **a** (= article d'habillement) garment **•** **~s** clothes **•** **~s de sport/de travail** sports/work clothes **b** (= rayon de magasin) **•** **~s pour dames** ladies' wear *NonC* **•** **~s pour hommes** menswear *NonC* **•** **~s de sport** sportswear *NonC* **•** **~s de ski** skiwear *NonC* **•** **~s de bébé** babywear *NonC*

vétéran [veteRɑ̃] NM veteran

vétérinaire [veteRinɛR] NMF vet

vététiste [vetetist] NMF mountain biker

vêtir [vetiR] ► conjug 20 ◄ **se vêtir** VT, VPR to dress (de in)

veto [veto] NM veto **•** **opposer son ~ à qch** to veto sth

vêtu, e [vety] ADJ dressed **•** **chaudement ~** warmly dressed **•** **~ de bleu** wearing blue

vétuste [vetyst] ADJ dilapidated

veuf, veuve [vœf, vœv] **1** ADJ widowed **2** NM widower **3** **veuve** NF widow

vexant, e [vɛksɑ̃, ɑ̃t] ADJ [paroles] hurtful (pour to)

vexer [vɛkse] ► conjug 1 ◄ **1** VT (= offenser) to hurt **•** **elle était vexée de n'avoir pas été informée** she was hurt that she hadn't been told **2** **se vexer** VPR to be hurt (de by) **•** **se ~ facilement** to be easily offended

VF [veɛf] NF (abrév de **version française**) French version

via [vja] PRÉP via

viable [vjabl] ADJ viable

viaduc [vjadyk] NM viaduct

viager [vjaʒe] NM (= rente) life annuity; (= bien) *property mortgaged for a life annuity*

viande [vjɑ̃d] NF meat **•** **~ de bœuf** beef **•** **~ de porc** pork ► **viande hachée** mince (Brit), ground meat (US)

vibration [vibRasjɔ̃] NF vibration

vibrer [vibRe] ► conjug 1 ◄ VI to vibrate **•** **faire ~ un auditoire** to thrill an audience

vicaire [vikɛR] NM [de paroisse] curate

vice [vis] NM **a** (= défaut moral) vice **b** (= défectuosité) fault **•** **~ de fabrication** manufacturing fault **•** **~ de forme** technicality **•** **~ de procédure** procedural error **•** **~ caché** latent defect

vice-président [visprezidɑ̃] NM vicepresident; [de comité] vice-chairman

vice-présidente [visprezidɑ̃t] NF vicepresident; [de comité] vice-chairwoman

vice versa [visevɛRsa] ADV vice versa

vicié, e [visje] ADJ [atmosphère] polluted

vicieux, -ieuse [visjø, jøz] **1** ADJ **a** (= pervers) [personne] lecherous; [air, regard, geste] licentious **b** (= sournois) [attaque, balle, coup, question] nasty; → **cercle 2** NM,F pervert

victime [viktim] NF victim ◆ **il est mort, ~ d'une crise cardiaque** he died of a heart attack ◆ **l'incendie a fait de nombreuses ~s** the fire claimed many victims ◆ **l'attentat n'a pas fait de ~s** no one was hurt in the bomb attack

victoire [viktwar] NF victory; (Sport) win ◆ **crier ou chanter ~** to crow ◆ **ne criez pas ~ trop tôt** don't count your chickens before they're hatched

victorien, -ienne [viktɔrjɛ̃, jɛn] ADJ Victorian

victorieux, -ieuse [viktɔrjø, jøz] ADJ victorious; [équipe] winning *avant le nom*

vidange [vidɑ̃ʒ] NF [de voiture] oil change ◆ **faire la ~** to change the oil

vidanger [vidɑ̃ʒe] ▸ conjug 3 ◂ VT **a** [+ réservoir, fosse d'aisance] to empty **b** [+ huile, eau] to drain

vide [vid] **1** ADJ empty ◆ **~ de sens** meaningless **2** NM **a** (= absence d'air) vacuum ◆ **emballé sous ~** vacuum-packed **b** (= trou) gap **c** (= abîme) drop ◆ **le ~** (= l'espace) the void ◆ **être au-dessus du ~** to be over a drop ◆ **tomber dans le ~** to fall **d** (= néant) emptiness ◆ **regarder dans le ~** to stare into space ◆ **faire le ~ autour de soi** to isolate o.s. ◆ **faire le ~ dans son esprit** to empty one's mind ◆ **parler dans le ~** (= sans objet) to talk vacuously; (personne n'écoute) to waste one's breath **e** (= manque) ◆ **son départ laisse un grand ~** his departure leaves a great void ◆ **~ juridique** legal loophole

vidé, e * [vide] ADJ (= fatigué) [personne] worn out

vidéo [video] ADJ INV, NF video ◆ **caméra/jeu ~** video camera/game ◆ **bande/cassette ~** video tape/cassette

vidéocassette [videokasɛt] NF video cassette

vidéoclip [videoklip] NM (= chanson) video

vidéoclub [videoklœb] NM videoclub

vidéoconférence [videokɔ̃ferɑ̃s] NF video conference

vidéodisque [videodisk] NM videodisk

vide-ordures [vidɔrdyr] NM INV rubbish (Brit) ou garbage (US) chute

vidéosurveillance [videosyrvejɑ̃s] NF video surveillance

vidéothèque [videotɛk] NF video library

vide-poche (pl **~s**) [vidpɔʃ] NM (= récipient) tidy; [de voiture] side pocket

vider [vide] ▸ conjug 1 ◂ **1** VT **a** to empty ◆ **il a vidé son verre et est parti** he drained his glass and left ◆ **~ son sac** * to come out with it * **b** (= quitter) ◆ **~ les lieux** to leave the premises **c** [+ poisson, poulet] to gut **d** (* = expulser) to

throw out **e** (* = épuiser) to wear out ◆ **ce travail m'a vidé** this work has worn me out **2** **se vider** VPR to empty

videur [vidœr] NM [de boîte de nuit] bouncer *

vie [vi] NF life ◆ **~ sentimentale** love life ◆ **la ~ de famille** family life ◆ **dans la ~ courante** everyday life ◆ **avoir la ~ facile** to have an easy life ◆ **mener la ~ dure à qn** to give sb a hard time ◆ **elle a refait sa ~ avec lui** she made a new life with him ◆ **c'est la belle ~ !** this is the life! ◆ **amis pour la ~** friends for life ◆ **le coût de la ~** (en économie) the cost of living ◆ **ils manifestent contre la ~ chère** they are demonstrating against the high cost of living ◆ **à ~** for life ◆ **condamné à la prison à ~** sentenced to life imprisonment ◆ **président (nommé) à ~** life president ◆ **en ~** alive ◆ **maintenir qn en ~** to keep sb alive

vieil [vjɛj] ADJ M → **vieux**

vieillard [vjɛjar] NM old man

vieille [vjɛj] ADJ F, NF → **vieux**

vieillerie [vjɛjri] NF (= objet) old-fashioned thing ◆ **aimer les ~s** to like old things

vieillesse [vjɛjɛs] NF old age ◆ **mourir de ~** to die of old age

vieilli, e [vjɛji] (ptp de **vieillir**) ◇ ADJ aged; [mot, expression] old-fashioned ◆ **je l'ai trouvé ~** I thought he'd aged

vieillir [vjɛjir] ▸ conjug 2 ◂ **1** VI **a** (= prendre de l'âge) [personne, maison] to grow old; [population, vin] to age ◆ **il a bien vieilli** [personne] he has aged well **b** (= paraître plus vieux) to age ◆ **il a vieilli de 10 ans en quelques jours** he aged 10 years in a few days ◆ **il ne vieillit pas** he doesn't get any older **c** (= passer de mode) [auteur, mot, doctrine] to go out of fashion **2** VT ◆ **~ qn** [coiffure, maladie] to make sb look older

vieillissement [vjɛjismɑ̃] NM ageing

vieillot, -otte [vjɛjo, ɔt] ADJ (= démodé) antiquated

viennois, e [vjɛnwa, waz] ADJ ◆ **café/chocolat ~** coffee/hot chocolate with whipped cream

viennoiserie [vjɛnwazri] NF *sweet pastry*

vierge [vjɛrʒ] **1** NF **a** (= pucelle) virgin ◆ **la (Sainte) Vierge** the (Blessed) Virgin **b** (= signe du zodiaque) ◆ **la Vierge** Virgo ◆ **il est Vierge** he's Virgo **2** ADJ **a** [personne] virgin *avant le nom* ◆ **rester/être ~** to remain/be a virgin **b** [feuille de papier, bande magnétique, disquette] blank; [film] unexposed; [casier judiciaire] clean; [terre, neige] virgin *avant le nom*

Viêtnam, Viêt Nam [vjɛtnam] NM Vietnam

vietnamien, -ienne [vjɛtnamjɛ̃, jɛn] **1** ADJ Vietnamese **2** NM (= langue) Vietnamese **3** **Vietnamien(ne)** NM,F Vietnamese

vieux [vjø], **vieille** [vjɛj], **vieil** [vjɛj] (mpl **vieux** [vjø]) **1** ADJ old ◆ **il se fait ~** he's getting on ◆ **c'est un vieil hôtel** it's an old hotel ◆ **il est plus ~ que moi** he's older than me ◆ **il est une histoire vieille de vingt ans** it's a story which goes back twenty years ◆ **~ papiers** wastepaper ◆ **la vieille génération** the older generation ◆ **c'est le ~ problème** it's the same old problem **2** NM (= personne) old man ◆ **les vieux** old people ◆ **c'est de la musique de ~** that's music for old people ◆ **comment ça va, mon ~ ?** * how are you, mate * (Brit) ou old buddy? * (US) ◆ **ça, mon ~, c'est ton problème !** * that's your problem mate * (Brit) ou man * (US) ◆ **elle a pris un sacré coup de ~** * she has really aged **3** NF old woman ◆ **comment ça va, ma vieille ?** * how are you, old girl? * ◆ **ça, ma vieille, c'est de ta faute !** * that's your fault, my dear! **4** ADV ◆ **vivre ~** to live to a great age **5** COMP ▶ **vieille fille** old maid ▶ **vieux garçon** (†) bachelor ▶ **vieux jeu** [idées] outmoded; [personne, vêtement] old-fashioned

vif, vive¹ [vif, viv] **1** ADJ **a** (= plein de vie) lively; (= alerte) sharp; [intelligence] keen ◆ **à l'esprit ~** quick-witted **b** [ton, propos] sharp ◆ **il s'est montré un peu ~ avec elle** he was rather sharp with her **c** [émotion, plaisirs, désir] intense; [souvenirs, impression] vivid; [déception] acute **d** (avant nom) [chagrin, regrets, satisfaction] deep; [critiques, réprobation] severe ◆ **à vive allure** at a brisk pace ◆ **avec mes plus ~s remerciements** (formules de politesse) with grateful thanks **e** [lumière, éclat, couleur] bright; [froid] biting; [douleur, arête] sharp; [vent] bitter ◆ **rouge ~** bright red **f** (= vivant) ◆ **être brûlé/enterré ~** to be burnt/buried alive ◆ **de vive voix** [communiquer, remercier] personally ◆ **il vous le dira de vive voix** he'll tell you himself **2** NM ◆ **à ~** [chair] bared; [plaie] open ◆ **avoir les nerfs à ~** to have frayed nerves ◆ **entrer dans le ~ du sujet** to get to the heart of the matter ◆ **quelques réactions prises sur le ~** some on-the-spot reactions

vigilance [viʒilɑ̃s] NF vigilance ◆ **tromper la ~ de qn** to give sb the slip

vigilant, e [viʒilɑ̃, ɑ̃t] ADJ vigilant ◆ **sois plus ~ quand tu conduis** drive more carefully

vigile [viʒil] NM (= veilleur de nuit) night watchman; [de police privée] vigilante

vigne [viɲ] NF (= plante) vine; (= vignoble) vineyard ▶ **vigne vierge** Virginia creeper

vigneron, -onne [viɲ(ə)ʀɔ̃, ɔn] NM,F wine grower

vignette [viɲɛt] NF **a** (= motif) vignette **b** (= timbre) label; (sur un médicament) *price label on medicines for reimbursement by Social Security* ◆ **~ (automobile)** ≈ road tax disc (Brit), ≈ annual license tag (US)

vignoble [viɲɔbl] NM vineyard ◆ **le ~ bordelais** the vineyards of Bordeaux

vigoureux, -euse [viguʀø, øz] ADJ vigorous; [corps] robust; [protestations] strenuous

vigueur [vigœʀ] NF [de corps] vigour (Brit), vigor (US); [de corps] robustness ◆ **protester avec ~** to protest vigorously ◆ **en ~** [loi, dispositions] in force ◆ **entrer en ~** to come into force

vilain, e [vilɛ̃, ɛn] **1** ADJ **a** (= laid) ugly ◆ **elle n'est pas ~e** she's not bad-looking ◆ **1 000 € d'augmentation, ce n'est pas ~** * a pay rise of €1,000 - that's not bad **b** (= mauvais) [temps] bad; [odeur] nasty **c** (= grave) [blessure, affaire] nasty ◆ **une ~e plaie** a nasty wound **d** (= méchant) [pensée] wicked; [enfant, conduite] naughty ◆ **c'est un ~ monsieur** he's a nasty customer ◆ **il a été ~** he was a bad boy ◆ **jouer un ~ tour à qn** to play a nasty trick on sb **2** NM bad boy ◆ **oh le ~ !** you're a bad boy! **3** vilaine NF bad girl ◆ **oh la ~e !** you're a bad girl!

villa [vila] NF (= maison de plaisance) villa; (= pavillon) detached house

village [vilaʒ] NM village ◆ **~ de vacances** holiday (Brit) ou vacation (US) village

villageois, e [vilaʒwa, waz] NM,F villager

ville [vil] NF **a** (= cité, habitants) town; (plus importante) city ◆ **le plus grand cinéma de la ~** the biggest cinema in town ◆ **les gens de la ~** (= citadins) city folk ◆ **en ~, à la ~** in town ◆ **aller en ~** to go into town ▶ **ville champignon** mushroom town ▶ **ville nouvelle** new town **b** (= municipalité) ≈ local authority

ville-dortoir (pl **villes-dortoirs**) [vildɔʀtwaʀ] NF dormitory (Brit) ou bedroom (US) town

villégiature [vi(l)leʒjatyʀ] NF ◆ **lieu de ~** resort

vin [vɛ̃] NM (= boisson) wine ◆ **~ blanc/rouge/rosé** white/red/rosé wine ◆ **~ ordinaire** ou **de table** table wine ◆ **grand ~** vintage wine ▶ **vin chaud** mulled wine ▶ **vin cuit** fortified wine ▶ **vin d'honneur** reception *(where wine is served)* ▶ **vin mousseux** sparkling wine

vinaigre [vinɛgʀ] NM vinegar

vinaigrette [vinɛgʀɛt] NF French dressing ◆ **tomates (en** ou **à la) ~** tomatoes in French dressing

vingt [vɛ̃ ou vɛ̃t] NOMBRE twenty ◆ **je te l'ai dit ~ fois** I've told you a hundred times ◆ **il a eu ~ sur ~** [élève] he got full marks ▶ **vingt-quatre heures** twenty-four hours ◆ **~-quatre heures sur ~-quatre** round the clock ▶ **vingt et un** (= nombre) twenty-one

vingtaine [vɛ̃tɛn] NF ◆ **une ~** about twenty ◆ **une ~ de personnes** about twenty people ◆ **un jeune homme d'une ~ d'années** a young man of about twenty

vingtième [vɛ̃tjɛm] ADJ, NM twentieth ◆ **au ~ siècle** in the twentieth century

vinicole [vinikɔl] ADJ [industrie] wine *avant le nom*; [région] wine-growing *avant le nom*

vinyle [vinil] NM **a** (= matière) vinyl **b** (= disque) record

viol [vjɔl] NM rape

violation [vjɔlasjɔ̃] NF violation; [de droit] infringement ◆ **~ du secret professionnel** breach of professional secrecy ◆ **~ de domicile** forcible entry *(into a person's home)*

violemment [vjɔlamɑ̃] ADV violently; [critiquer] severely; [protester] vigorously

violence [vjɔlɑ̃s] NF **a** violence ◆ **~ verbale** verbal abuse **b** [de douleur] intensity; [d'exercice, effort] strenuousness **c** (= acte) act of violence ◆ **l'enfant a subi des ~** the child has suffered physical abuse ◆ **faire subir des ~s sexuelles à qn** to abuse sb sexually

violent, e [vjɔlɑ̃, ɑ̃t] ADJ violent; [odeur, parfum] strong; [couleur] harsh; [pluie] heavy; [sentiment, dégoût, douleur] intense; [exercice, effort] strenuous ◆ **une ~e migraine** a severe migraine ◆ **c'est un ~** he's a violent man

violenter [vjɔlɑ̃te] ► conjug 1 ◄ VT [+ femme] to assault ◆ **elle a été violentée** she has been sexually assaulted

violer [vjɔle] ► conjug 1 ◄ VT **a** [+ traité, loi, constitution, cessez-le-feu] to violate; [+ droit] to infringe **b** [+ sépulture] to desecrate **c** [+ personne] to rape ◆ **se faire ~** to be raped

violet, -ette [vjɔlɛ, ɛt] **1** ADJ, NM (= couleur) purple **2** **violette** NF (= fleur) violet

violeur, -euse [vjɔlœʀ, øz] NM,F rapist

violon [vjɔlɔ̃] NM violin

violoncelle [vjɔlɔ̃sɛl] NM cello

violoncelliste [vjɔlɔ̃selist] NMF cellist

violoniste [vjɔlɔnist] NMF violinist

vipère [vipɛʀ] NF adder

virage [viʀaʒ] NM **a** (= coude) bend; [d'avion, coureur, skieur] turn ◆ **~ en épingle à cheveux** hairpin bend **b** (= changement) ◆ **amorcer un ~ à droite** to take a turn to the right ◆ **un ~ à 180 degrés de la politique française** a U-turn in French politics

viral, e (mpl **-aux**) [viʀal, o] ADJ viral

virée * [viʀe] NF trip; (à pied) walk ◆ **on a fait une ~ en Espagne** we went on a trip round Spain ◆ **faire une ~ dans les bars** to do * the bars

virement [viʀmɑ̃] NM ◆ **~ (bancaire)** (bank) transfer ◆ **faire un ~** to make a transfer

virer [viʀe] ► conjug 1 ◄ **1** VI (= changer de direction) to turn ◆ **~ sur l'aile** [avion] to bank ◆ **~ de bord** [bateau] to tack ◆ **le bleu vire au**

violet the blue is turning purple ◆ **cette région a viré à droite** (Pol) this region has swung to the right **2** VT **a** [+ somme] to transfer ◆ **~ 1 000 € sur un compte** to transfer €1,000 into an account **b** * (= expulser) to kick out *; (= licencier) to fire * ◆ **~ qn d'une réunion** to kick sb out of a meeting * **c** (* = jeter) to throw out

Virginie [viʀʒini] NF Virginia ◆ **~-Occidentale** West Virginia

virgule [viʀgyl] NF **a** (= ponctuation) comma **b** (Math) decimal point ◆ **5 ~ 2** 5 point 2

viril, e [viʀil] ADJ [apparence] male; [attitude, traits] masculine ◆ **jeu ~** (Sport) lively play

virtualité [viʀtɥalite] NF virtuality

virtuel, -elle [viʀtɥɛl] **1** ADJ virtual; (= potentiel) potential ◆ **mémoire/réalité virtuelle** virtual memory/reality **2** NM ◆ **le ~** virtual reality

virtuose [viʀtɥoz] NMF (= musicien) virtuoso; (= personne douée) master ◆ **~ du violon** violin virtuoso

virtuosité [viʀtɥozite] NF virtuosity

virulent, e [viʀylɑ̃, ɑ̃t] ADJ virulent

virus [viʀys] NM virus ◆ **le ~ du sida** the Aids virus

vis [vis] NF screw

visa [viza] NM (= formule, sceau) stamp; (sur un passeport) visa ◆ **~ touristique** ou **de tourisme** tourist visa

visage [vizaʒ] NM face ◆ **parler à ~ découvert** to speak openly

vis-à-vis [vizavi] **1** ◆ **~ de** LOC PRÉP (= envers) towards; (= à l'égard de) as regards ◆ **ce serait délicat ~ de mon père** it would be a bit awkward as regards my father ◆ **~ de cette proposition** with regard to this proposal **2** ADV (= face à face) ◆ **leurs maisons se font ~** their houses are opposite each other **3** NM INV **a** (= bâtiment) ◆ **immeuble sans ~** building with an open outlook ◆ **avoir une école pour ~** to have a school opposite ◆ **des immeubles en ~** buildings facing each other **b** (= personne faisant face) person opposite; (= homologue) opposite number

viscéral, e (mpl **-aux**) [viseʀal, o] ADJ visceral; [haine, peur, besoin] deep-rooted ◆ **réaction ~e** gut reaction

viscéralement [viseʀalmɑ̃] ADV [attaché] passionately; [hostile] instinctively

viscère [visɛʀ] NM organ ◆ **~s** intestines

visée [vize] NF **a** (avec une arme) aiming *NonC* **b** (gén pl = dessein) ◆ **avoir des ~s sur qn/qch** to have designs on sb/sth ◆ **les ~s expansionnistes d'un pays** the expansionist aims of a country

viser [vize] ► conjug 1 ◄ **1** VT **a** [+ objectif, cible, effet, carrière] to aim at **b** [mesure] to be aimed at ♦ **cette mesure vise tout le monde** everyone is affected by this measure ♦ **il se sent visé** he feels he's being got at * **c** (* = regarder) to have a look at ♦ **vise un peu ça !** just have a look at that! **2** VI **a** [tireur] to aim **b** (= ambitionner) ♦ **~ haut** to set one's sights high **3** ♦ **~ à** VT INDIR (= avoir pour but de) ♦ **~ à qch/à faire qch** to aim at sth/to do sth

viseur [vizœR] NM [d'arme] sights; [de caméra, appareil photo] viewfinder

visibilité [vizibilite] NF visibility ♦ **piloter sans ~** to fly blind

visible [vizibl] ADJ **a** (= qui peut être vu) visible ♦ **~ à l'œil nu/au microscope** visible to the naked eye/under a microscope **b** (= évident, net) obvious; [amélioration, progrès] clear ♦ **sa déception était ~** his disappointment was obvious

visiblement [vizibləmã] ADV visibly ♦ **il était ~ inquiet** he was visibly worried

visière [vizjɛR] NF [de casquette] peak; [de casque] visor; (pour le soleil) eyeshade

vision [vizjɔ̃] NF **a** (= faculté) sight; (= perception) vision **b** (= conception) view ♦ **avoir une ~ globale ou d'ensemble d'un problème** to have a global view of a problem ♦ **nous partageons la même ~ des choses** we see things the same way **c** (= image, apparition, mirage) vision ♦ **tu as des ~s** * you're seeing things

visionnaire [vizjɔnɛR] ADJ, NMF visionary

visionner [vizjɔne] ► conjug 1 ◄ VT to view

visite [vizit] NF **a** (gén) visit ♦ **heures/jour de ~ ou des ~s** visiting hours/day ♦ **la ~ du château a duré deux heures** it took two hours to visit the castle ♦ **~ accompagnée ou guidée** guided tour ♦ **une ~ de politesse** a courtesy call ♦ **être en ~ chez qn** to be on a visit to sb ♦ **je vais lui faire une petite ~** I'm going to call on him ♦ **avoir ou recevoir la ~ de qn** to have a visit from sb ♦ **en ~ officielle au Japon** on an official visit to Japan ♦ **nous attendons de la ~** we're expecting visitors ♦ **rendre ~ à qn** to visit sb **b** [de médecin à l'hôpital] ward round ♦ **~ (à domicile)** [de médecin de ville] housecall ♦ **~ de contrôle** follow-up visit ♦ **passer à la ~ (médicale)** to have a medical (Brit) ou physical (US) examination

visiter [vizite] ► conjug 1 ◄ VT to visit ♦ **~ une maison** (à vendre) to view a house ♦ **il m'a fait ~ sa maison** he showed me round (Brit) ou through (US) his house

visiteur, -euse [vizitœR, øz] NM,F visitor ♦ **les ~s** (Sport) the away team

vison [vizɔ̃] NM mink

visqueux, -euse [viskø, øz] ADJ [liquide] viscous; [pâte, surface, objet] sticky

visser [vise] ► conjug 1 ◄ VT to screw on ♦ **vissé devant la télé** * glued * to the television

visualisation [vizɥalizasjɔ̃] NF visualization; (Informatique) display

visualiser [vizɥalize] ► conjug 1 ◄ VT to visualize; (Informatique) to display

visuel, -elle [vizɥɛl] ADJ visual ♦ **troubles ~s** eye trouble NonC

vital, e (mpl **-aux**) [vital, o] ADJ vital

vitalité [vitalite] NF [de personne] energy; [d'institution] vitality

vitamine [vitamin] NF vitamin

vite [vit] ADV **a** quickly; [rouler, marcher] fast ♦ **vous avez fait ~ pour venir** it didn't take you long to get here ♦ **fais ~ !** be quick about it! ♦ **eh, pas si ~ !** * hey, hold on a minute! ♦ **c'est ~ dit** * it's easily said ♦ **j'aurais plus ~ fait de l'écrire moi-même** it would have been quicker if I'd written it myself **b** (= bientôt) soon ♦ **elle sera ~ guérie** she'll soon be better ♦ **ce sera ~ fait** it won't take long **c** (= immédiatement) quick ♦ **lève-toi ~ !** get up quick! ♦ **va ~ voir !** go and see quick!

vitesse [vites] NF **a** (= promptitude) speed ♦ **~ de croisière/de pointe** cruising/top speed ♦ **à la ~ de 60 km/h** at a speed of 60km/h ♦ **à quelle ~ allait-il ?** how fast was he going? ♦ **prendre de la ~** to gather speed ♦ **prendre qn de ~** (fig) to beat sb to it ♦ **à la ~ grand V** * at top speed ♦ **une Europe à deux ~s** a two-speed Europe ♦ **société/justice à deux ~s** two-tier society/justice system

♦ **en vitesse** quickly ♦ **faites-moi ça, et en ~ !** hurry up and do it! ♦ **on va prendre un verre en ~** we'll go for a quick drink ♦ **écrire un petit mot en ~** to scribble a hasty note

♦ **à toute vitesse, en quatrième vitesse** at full speed ♦ **il est arrivé en quatrième ~ ou à toute ~** he came like a shot **b** (= mécanisme) gear ♦ **changer de ~** to change (Brit) ou shift (US) gear ♦ **passer les ~s** to go through the gears ♦ **passer la ~ supérieure** (fig) to quicken the pace

viticulteur, -trice [vitikyltœR, tRis] NM,F wine grower

viticulture [vitikyltyR] NF wine growing

vitrage [vitRaʒ] NM (= vitres) windows ♦ **fenêtre à double ~** double-glazed window

vitrail (pl **-aux**) [vitRaj, o] NM stained-glass window

vitre [vitR] NF [de fenêtre, vitrine] (window) pane; [de voiture] window ♦ **poser une ~** to put in a window pane ♦ **laver ou faire les ~s** to clean the windows

vitré, e [vitRe] ADJ [porte, cloison] glass

vitrier [vitʀije] NM glazier

vitrifier [vitʀifje] ► conjug 7 ◄ VT [+ parquet] to seal

vitrine [vitʀin] NF **a** (= devanture) shop window **+ en ~** in the window **b** (= meuble) (chez soi) display cabinet; (au musée) showcase

vitrocéramique [vitʀoseʀamik] NF **+ table de cuisson en ~** ceramic hob

vivace [vivas] ADJ, NF **+ (plante) ~** perennial

vivacité [vivasite] NF liveliness **+ ~ d'esprit** quick-wittedness **+ avec ~** [réagir, se déplacer] swiftly

vivant, e [vivã, ãt] **1** ADJ **a** (= en vie) living, alive attrib **+ il est encore ~** he's still alive **b** (= animé) lively **c** [témoignage, preuve] living **2** NM **+ de son ~** in his (ou her) lifetime

vive² [viv] EXCL **+ ~ la France/l'amour !** long live France/love! **+ ~ les vacances !** hurrah for the holidays!

vivement [vivmã] ADV **a** (= avec brusquerie) sharply **b** [regretter, ressentir] deeply; [désirer, intéresser] keenly **+ s'intéresser ~ à** to take a keen interest in **c** (marque un souhait) **+ ~ les vacances !** I can't wait for the holidays! (Brit) ou for vacation! (US) **+ ~ que ce soit fini !** I'll be glad when it's all over!

vivisection [viviseksjɔ̃] NF vivisection

vivoter [vivote] ► conjug 1 ◄ VI [personne] to live from hand to mouth; [entreprise] to struggle along

vivre [vivʀ] ► conjug 46 ◄ **1** VI to live **+ quand l'ambulance est arrivée, il vivait encore** he was still alive when the ambulance arrived **+ il fait bon ~** it's good to be alive **+ se laisser ~** to live for the day **+ être facile/difficile à ~** to be easy/difficult to get on with **+ il faut ~ avec son temps** you've got to move with the times **+ ~ au jour le jour** to live from hand to mouth **+ on vit bien en France** life is good in France **+ avoir (juste) de quoi ~** to have (just) enough to live on **+ il vit de sa peinture** he earns his living by painting **+ travailler pour ~** to work for a living **+ faire ~ qn** [personne] to support sb **+ je n'aime pas ce métier mais il me fait ~** I don't like this job but it pays the bills **2** VT **a** (= passer) to spend **+ des jours heureux** to spend happy days **b** [+ événement, guerre] to live through **+ ~ sa vie** to live one's own life **+ il a mal vécu son divorce** he had a hard time of it when he got divorced **3** vivres NMPL supplies

vivrier, -ière [vivʀije, ijɛʀ] ADJ foodproducing avant le nom

VO [veo] NF (abrév de version originale) **+ en ~ sous-titrée** with subtitles

vocabulaire [vɔkabylɛʀ] NM vocabulary

vocal, e (mpl **-aux**) [vɔkal, o] ADJ vocal **+ synthèse ~e** voice synthesis; → **serveur**

vocation [vɔkasjɔ̃] NF vocation **+ avoir/ne pas avoir la ~** to have/lack a vocation

vociférer [vɔsifeʀe] ► conjug 6 ◄ VTI to shout **+ ~ contre qn** to shout angrily at sb

vodka [vɔdka] NF vodka

vœu (pl **~x**) [vø] NM **a** (= promesse) vow **+ faire le ~ de faire qch** to vow to do sth **+ prononcer ses ~x** [religieux] to take one's vows **b** (= souhait) wish **+ faire un ~** to make a wish **+ tous nos ~x de prompt rétablissement** our best wishes for a speedy recovery **+ meilleurs ~x** (sur une carte) "Season's Greetings"

vogue [vɔg] NF (= popularité) fashion **+ être en ~** to be in fashion

voguer [vɔge] ► conjug 1 ◄ VI [embarcation] to sail

voici [vwasi] PRÉP (pour présenter) here is, here are, this is, these are **+ mon bureau et voilà le vôtre** this is my office and that's yours **+ le livre que vous cherchiez** here's the book you were looking for **+ me/nous/le** etc **~** here I am/we are/he is etc **+ nous ~ arrivés** we've arrived **+ comment il faut faire** this is the way to do it

voie [vwa] **1** NF **a** (= chemin) way; (= route, rue) road; (= itinéraire) route **+ ~s de communication** communication routes **+ ~ sans issue** cul-de-sac **+ ~ privée** private road **+ ~ à double sens/à sens unique** two-way/one-way road **+ ~ d'accès** access road **+ ~ express** ou **rapide** expressway **► la voie lactée** the Milky Way **► la voie publique** the public highway **b** (= partie d'une route) lane **+ ~ réservée aux autobus/aux cyclistes** bus/cycle lane **c** (Rail) track **+ le train est annoncé sur la ~ 2** the train will arrive at platform 2 **► voie ferrée** railway (Brit) ou railroad (US) line **d** (Anat) **+ ~s digestives/respiratoires** digestive/respiratory tract **+ par ~ orale** orally **e** fig way **+ ouvrir/montrer la ~** to open up/show the way **+ continuez sur cette ~** continue in this way **+ il est sur la bonne ~** he's on the right track **+ l'affaire est en bonne ~** things are going well **+ mettre qn sur la ~** to put sb on the right track **+ trouver sa ~** to find one's way in life **+ en ~ de réorganisation** undergoing reorganization **+ en ~ de guérison** getting better **+ en ~ d'achèvement** nearing completion **f** (= filière, moyen) **+ par la ~ hiérarchique/diplomatique** through official/diplomatic channels **2** COMP **► voie d'eau** leak **► voie de fait** [délit] assault (and battery) NonC

voilà [vwala] **1** PRÉP **a** there is, there are, that is, those are; (même sens que voici) here is, here are, this is, these are **+ voici mon bureau et ~ le vôtre** this is my office and that's yours **+ ~ le livre que vous cherchiez** here's the book you were looking for; (il est là-bas) there's the book you were looking for ✦ **le ~, c'est lui** there he is ✦ **~ ce qu'il m'a dit/ce dont il s'agit** (je viens de le dire) that's what he told me/what it's all about; (je vais le dire) this is what he told me/what it's all about ✦ **~ comment il faut faire** that's how it's done ✦ **nous y ~** (lieu) here we are; (question délicate) now we're getting there ✦ **vous voulez des preuves, en ~** you want proof, well here you are **b** (pour résumer) ✦ **... et ~ pourquoi je n'ai pas pu le faire** ... and that's why I couldn't do it ✦ **~ ce que c'est de ne pas obéir** that's what happens when you don't do as you're told ✦ **en ~ une histoire !** what a story! ✦ **et ~ tout** and that's all there is to it **2** EXCL ✦ **~, c'est prêt !** it's ready! ✦ **~ ! j'arrive !** here I come! ✦ **~, tu l'as cassé !** there you are, you've broken it!

voilage [vwalaʒ] NM (= rideau) net curtain

voile¹ [vwal] NF **a** [de bateau] sail ✦ **faire ~ vers** to sail towards ✦ **mettre les ~s** ✱ to clear off ✱ **b** (= navigation) ✦ **la ~** sailing ✦ **faire de la ~** to sail ✦ **faire le tour du monde à la ~** to sail round the world

voile² [vwal] NM **a** veil ✦ **avoir un ~ devant les yeux** to have a film before one's eyes ✦ **~ au poumon** shadow on the lung **b** (= tissu) net NonC

voilé, e [vwale] ADJ **a** [lumière, ciel, soleil] hazy; [regard] misty; [photo] fogged ✦ **accusation à peine ~e** thinly veiled accusation **b** [roue] buckled

voiler [vwale] ◂ conjug 1 ▸ **1** VT **a** (= cacher) to veil **b** [+ roue] to buckle **2 se voiler** VPR **a** (= porter un voile) ✦ **se ~ le visage** to wear a veil ✦ **se ~ la face** (fig) to close one's eyes (devant to) **b** [soleil] to mist over; [ciel] to grow misty; [regard, yeux] to mist over **c** [roue] to buckle; [planche] to warp

voilier [vwalje] NM (= navire à voiles) sailing ship; (de plaisance) sailing boat (Brit), sailboat (US)

voir [vwaʀ] ◂ conjug 30 ▸ **1** VT **a** to see ✦ **je l'ai vu de mes propres yeux** I saw it with my own eyes ✦ **vous n'avez encore rien vu !** you ain't seen nothing yet! ✱ ✦ **voyons un peu comment tu fais** let's see how you do it ✦ **il la voit beaucoup** he sees a lot of her ✦ **c'est ce que nous verrons !** we'll see about that! ✦ **c'est à vous de ~** (= de décider) it's up to you ✦ **on aura tout vu !** we've seen everything now! ✦ **aller ~** to go and see ✦ **aller ~ qn à l'hôpital** to go and see sb in hospital ✦ **faire ~** (= montrer) to show ✦ **fais ~ !** let me have a look! ✦ **passez me ~ quand vous serez à Paris** come and see me when you're in Paris ✦ **je suis passé le ~** I went to see him ✦ **à le ~, on ne lui donnerait pas 90 ans** to look at him, you wouldn't think he was 90 **b** (= pouvoir imaginer) ✦ **est-ce que**

tu le vois ? can you see it? ✦ **je le vois mal habiter la banlieue** I can't see him living in the suburbs ✦ **je vois ça d'ici** I can just imagine it ✦ **je ne vois pas ce que vous voulez dire** I don't see what you mean ✦ **il ne voit que son intérêt** he only considers his own interest **c** (= examiner, étudier) [+ dossier] to look at **d** (✱ = supporter) ✦ **elle ne peut pas le ~** she can't stand him ✦ **je l'ai assez vu !** I've had enough of him! **e** (locutions) ✦ **qu'il aille se faire ~ !** ✱ he can go to hell! ✱ ✦ **essaie un peu, pour ~ !** ✱ just you try! ✦ **nous allons bien ~ !** we'll soon find out! ✦ **on verra bien** we'll see ✦ **nous n'avons pas la même façon de ~ les choses** we see things differently ✦ **c'est un film à ~** it's a film worth seeing ✦ **il n'a pas de goût, il n'y a qu'à ~ comment il s'habille** he's got no taste, you only have to look at the clothes he wears ✦ **cela n'a rien à ~ avec ...** this has got nothing to do with ... ✦ **cela a quelque chose à ~ avec ...** this has got something to do with ... ✦ **son nouveau film ? rien à ~ avec les précédents** his new film? it's nothing like his previous work ✦ **ça n'a rien à ~ !** that's got nothing to do with it! ✦ **je n'ai rien à ~ dans cette affaire** this has nothing to do with me ✦ **~ venir** (= attendre les événements) to wait and see ✦ **j'ai quelques économies, ça me permettra de ~ venir** ✱ I've got some money put by, it should be enough to see me through ✱ ✦ **je te vois venir** ✱ I can see what you're leading up to ✦ **si elle ne revient pas travailler lundi, elle va se faire mal voir** if she doesn't come back to work on Monday, it won't look too good **2** VI to see ✦ **~ mal** to have trouble seeing ✦ **on voit mal ici** it's difficult to see in here ✦ **~ trouble** to have blurred vision ✦ **un peu de patience, voyons !** (rappel à l'ordre) come on, be patient! ✦ **voyons !** let's see now !; (ton de reproche) oh, come on! **3 se voir** VPR **a** (soi-même) to see o.s. ✦ **se ~ dans une glace** to see o.s. in a mirror ✦ **je me vois mal habiter là** I can't see myself living there somehow **b** (mutuellement) to see each other ✦ **ils se voient beaucoup** they see a lot of each other ✦ **nous essaierons de nous ~ à Londres** we'll try to meet in London ✦ **ils ne peuvent pas se ~** ✱ they can't stand the sight of each other ✱ **c** (= se trouver) ✦ **se ~ contraint de** to find o.s. forced to ✦ **je me vois dans la triste obligation de ...** I have the sad task of ... **d** (= être visible) [tache, couleur, sentiments] to show ✦ **la tache ne se voit pas** the stain doesn't show **e** (= se produire) ✦ **cela se voit tous les jours** it happens every day ✦ **cela ne s'est jamais vu !** it's unheard of!

voire [vwaʀ] ADV (frm = et même) ✦ **il faudrait attendre une semaine, ~ un mois** you would have to wait a week or even a month ✦ **ce sera difficile, ~ impossible** it'll be difficult, if not impossible

voirie [vwaʀi] NF **a** (= enlèvement des ordures) refuse (Brit) ou garbage (US) collection **b** (= entretien des routes) highway maintenance; (= service administratif) roads department ◆ travaux de ~ road works

voisin, e [vwazɛ̃, in] **1** ADJ (= proche) neighbouring (Brit), neighboring (US) ◆ les maisons/rues ~es the neighbouring houses/streets ◆ les pays ~s de la Suisse the countries bordering on Switzerland **2** NM,F neighbour (Brit), neighbor (US) ◆ les ~s du dessus the people above ◆ nos ~s de palier the people who live across the landing ◆ un de mes ~s de table one of the people next to me at table ◆ qui est ta ~e cette année ? (en classe) who is sitting next to you this year?

voisinage [vwazinaʒ] NM **a** (= voisins) ◆ querelle de ~ quarrel between neighbours ◆ entretenir des relations de bon ~ avec qn to be on neighbourly terms with sb **b** (= environs) ◆ se trouver dans le ~ to be in the vicinity

voiture [vwatyʀ] NF **a** (= automobile) car ◆ ils sont venus en ~ they came by car ◆ ~ de course racing car ◆ ~ de police police car ◆ ~ de série production car ◆ ~ de fonction, ~ de service company car ◆ ~ de sport sportscar ◆ ~ de tourisme saloon car (Brit), sedan car (US) **b** (= wagon) carriage (Brit), car (US) ◆ ~ de tête/queue front/back carriage (Brit) ou car (US) **c** (= véhicule attelé, poussé) cart ◆ ~ d'enfant pram (Brit), baby carriage (US)

voix [vwa] NF **a** (= sons) voice ◆ à ~ basse in a low voice ◆ à ~ haute, à haute ~ out loud ◆ être ou rester sans ~ to be speechless (devant before, at) ► voix off (au théâtre) voice-off; (au cinéma, à la télévision) voice-over **b** (= opinion) voice; (Pol = suffrage) vote ◆ mettre qch aux ~ to put sth to the vote ◆ la proposition a recueilli 30 ~ the proposal got 30 votes ◆ avoir ~ au chapitre to have a say in the matter **c** (Mus) voice ◆ chanter à 2/3 ~ to sing in 2/3 parts ◆ une fugue à 3 ~ a 3-part fugue **d** [de verbes] ◆ à la ~ active/passive in the active/passive voice

vol¹ [vɔl] NM [d'oiseau, avion] flight ◆ faire un ~ plané [oiseau] to glide through the air; (= tomber) to fall flat on one's face ◆ ~ d'essai test flight ◆ ~ régulier/charter scheduled/charter flight ◆ il y a 8 heures de ~ entre ... it's an 8-hour flight between ... ◆ heures/conditions de ~ flying hours/conditions ◆ à ~ d'oiseau as the crow flies ◆ attraper qch au ~ [+ ballon, objet lancé] to catch sth in midair ◆ saisir une occasion au ~ to leap at an opportunity ◆ en (plein) ~ in (full) flight ► vol libre hang-gliding ◆ pratiquer le ~ libre to hang-glide ► vol à voile gliding ◆ faire du ~ à voile to go gliding

vol² [vɔl] NM (= délit) theft ◆ c'est du ~ ! (fig) it's daylight robbery! ► vol à l'arraché bag-snatching ► vol avec effraction burglary ► vol à l'étalage shoplifting ► vol à main armée armed robbery ► vol à la tire pickpocketing *NonC*

volaille [vɔlaj] NF (= poulet) chicken ◆ la ~ poultry

volant¹ [vɔlɑ̃] NM **a** [de voiture] steering wheel ◆ être au ~ to be at the wheel ◆ prendre le ~ to take the wheel **b** [de rideau, robe] flounce ◆ jupe à ~s flounced skirt **c** [de badminton] shuttlecock

volant², e [vɔlɑ̃, ɑ̃t] ADJ flying ◆ le personnel ~ (Aviat) the flight staff ◆ (brigade) ~e (Police) flying squad

volatil, e¹ [vɔlatil] ADJ volatile

volatile² [vɔlatil] NM (= oiseau) bird

volatiliser (se) [vɔlatilize] ► conjug 1 ◄ VPR (= disparaître) to vanish into thin air

volcan [vɔlkɑ̃] NM volcano

volcanique [vɔlkanik] ADJ volcanic

volée [vɔle] NF **a** (= tir) volley ◆ une ~ de coups a volley of blows ◆ donner/recevoir une bonne ~ * to give/get a sound thrashing **b** (Sport) volley ◆ faire une ~ to strike the ball on the volley

voler¹ [vɔle] ► conjug 1 ◄ VI to fly ◆ ~ de ses propres ailes to stand on one's own two feet ◆ ~ en éclats to smash into pieces ◆ ça ne vole pas haut ! * [remarque, plaisanterie] it's pretty low-level! ◆ ~ au secours de qn to fly to sb's assistance

voler² [vɔle] ► conjug 1 ◄ VT **a** [+ objet] to steal ◆ ~ de l'argent/une idée/un baiser à qn to steal money/an idea/a kiss from sb ◆ on m'a volé mon stylo my pen has been stolen ◆ il ne l'a pas volé ! (= il l'a mérité) he asked for it! ◆ il ne l'a pas volée, cette médaille ! he worked hard for that medal! **b** [+ personne] (= dépouiller) to rob; (= léser) to cheat

volet [vɔlɛ] NM **a** [de fenêtre] shutter **b** [d'avion] flap **c** [de feuillet, carte] section **d** [d'émission, plan d'action] part ◆ le ~ social du traité the social chapter of the treaty ◆ le ~ agricole de l'accord the section on agriculture in the agreement

voleur, -euse [vɔlœʀ, øz] NM,F (= malfaiteur) thief; (= escroc) swindler ◆ ~ à l'étalage shoplifter ◆ au ~ ! stop thief! ◆ ~ de voitures car thief

volière [vɔljɛʀ] NF (= cage) aviary

volley [vɔlɛ], **volley-ball** [vɔlɛbol] NM volleyball ◆ jouer au ~-ball to play volleyball

volontaire [vɔlɔ̃tɛʀ] **1** ADJ **a** (= voulu) voluntary; [oubli] intentional **b** [personne] headstrong; [expression, menton] determined **2** NMF volunteer ◆ se porter ~ pour qch to volunteer for sth

volontairement [vɔlɔ̃tɛʀmɑ̃] ADV (= de son plein gré) voluntarily; (= exprès) intentionally ◆ **il a dit ça** ~ he said it on purpose

volontariat [vɔlɔ̃taʀja] NM ◆ **faire du** ~ to do voluntary work

volonté [vɔlɔ̃te] NF **a** (= souhait) wish; (= faculté) will ◆ **manifester la** ~ **de faire qch** to show one's intention of doing sth ◆ **respecter la** ~ **de qn** to respect sb's wishes ◆ **les dernières** ~**s de qn** sb's last wishes ◆ ~ **de guérir/réussir** will to recover/succeed ◆ "**café à** ~" "as much coffee as you like" ◆ **nous avons de l'eau à** ~ we have plenty of water ◆ **vin à** ~ **pendant le repas** unlimited wine with the meal **b** (= caractère, énergie) willpower ◆ **avoir de la** ~ to have willpower **c** ◆ **bonne** ~ willingness ◆ **mauvaise** ~ lack of goodwill ◆ **il met de la bonne/mauvaise** ~ **à faire son travail** he goes about his work with goodwill/grudgingly ◆ **il fait preuve de bonne/mauvaise** ~ he has a positive/negative attitude

volontiers [vɔlɔ̃tje] ADV **a** (= de bonne grâce) gladly ◆ **je l'aiderais** ~ I would gladly help him ◆ **voulez-vous dîner chez nous ?** – ~ would you like to eat with us? – I'd love to **b** (= naturellement) readily ◆ **on croit** ~ **que ...** people are quite ready to believe that ...

volt [vɔlt] NM volt

voltage [vɔltaʒ] NM voltage

volte-face [vɔltəfas] NF INV **a** ◆ **faire** ~ (= se retourner) to turn round **b** (= changement d'opinion) U-turn ◆ **faire une** ~ to do a U-turn

voltige [vɔltiʒ] NF (Équitation) trick riding ◆ ~ (**aérienne**) aerobatics ◆ **faire de la** ~ (en gymnastique) to do acrobatics

voltiger [vɔltiʒe] ► conjug 3 ◄ VI to flutter about

volubile [vɔlybil] ADJ [personne] voluble

volume [vɔlym] NM volume ◆ ~ **sonore** sound level ◆ **augmente le** ~ **de la radio** turn the radio up ◆ **pour donner du** ~ **à vos cheveux** to give body to your hair

volumineux, -euse [vɔlyminø, øz] ADJ bulky; [courrier] voluminous

volupté [vɔlypte] NF (sensuelle) sensual delight

volute [vɔlyt] NF (en architecture) scroll; [de fumée] curl

vomir [vɔmiʀ] ► conjug 2 ◄ **1** VT [+ aliments, sang] to vomit **2** VI to be sick ◆ **a vomi partout** he was sick everywhere ◆ **avoir envie de** ~ to feel sick ◆ **ça donne envie de** ~ it makes you sick

vomissement [vɔmismɑ̃] NM ◆ **il a été pris de** ~**s** he suddenly started vomiting

vorace [vɔʀas] ADJ voracious

vos [vo] ADJ POSS your; → **votre**

Vosges [voʒ] NFPL ◆ **les** ~ the Vosges

votant, e [vɔtɑ̃, ɑ̃t] NM,F voter

vote [vɔt] NM vote (**de for**); [de loi, réforme] passing; [de crédits] voting ◆ **après le** ~ **du budget** after the budget was voted ◆ ~ à **bulletin secret** secret ballot ◆ ~ **par procuration** proxy vote ◆ ~ **blanc/nul** blank/spoilt ballot paper ◆ **procéder** ou **passer au** ~ to take a vote

voter [vɔte] ► conjug 1 ◄ **1** VI to vote ◆ ~ à **main levée** to vote by a show of hands ◆ ~ à **droite** to vote for the right ◆ ~ **libéral** to vote Liberal ◆ **j'ai voté blanc** I cast a blank vote **2** VT [+ projet de loi] to vote for; [+ loi, réforme] to pass; [+ crédits] to vote ◆ ~ **la censure** to pass a vote of censure

votre (pl **vos**) [vɔtʀ, vo] ADJ POSS your ◆ **un de vos livres** one of your books; pour autres loc voir **son, ton**

vôtre [votʀ] **1** PRON POSS ◆ **le** ~, **la** ~, **les** ~**s** yours ◆ **ce sac n'est pas le** ~ this bag isn't yours, this isn't your bag ◆ **nos enfants sont sortis avec les** ~**s** our children are out with yours ◆ à **la** ~ ! cheers!; pour autres loc voir **sien 2** NMF **a** ◆ **j'espère que vous y mettrez du** ~ I hope you'll do your part voir aussi **sien b** ◆ **les** ~**s** your family ◆ **nous ne pourrons pas être des** ~ **ce soir** we won't be able to join you tonight

vouer [vwe] ► conjug 1 ◄ **1** VT **a** (= promettre) to vow ◆ **il lui a voué un amour éternel** he vowed her eternal love **b** (= consacrer) to devote ◆ ~ **son temps à ses études** to devote one's time to one's studies ◆ **c'est voué à l'échec** it's doomed to failure **2** **se vouer** VPR ◆ **se** ~ à **une cause** to devote o.s. to a cause

vouloir [vulwaʀ] ► conjug 31 ◄

1 VT **a** to want ◆ **voulez-vous à boire ?** would you like something to drink? ◆ **je n'en veux plus** I don't want any more ◆ **sans le** ~ unintentionally ◆ ~ **faire qch** to want to do sth ◆ **il ne veut pas y aller** he doesn't want to go ◆ **il joue bien quand il veut** he plays well when he wants to ◆ **il voulait partir hier mais ...** he intended to leave yesterday but ... ◆ **je ne veux pas qu'il se croie obligé de ...** I don't want him to feel obliged to ... ◆ **que lui voulez-vous ?** what do you want with him? ◆ **j'en veux 500 €** I want €500 for it ◆ ~ **que qn fasse qch/que qch se fasse** to want sb to do sth/sth to be done ◆ **je veux que tu viennes tout de suite** I want you to come at once ◆ **il veut absolument qu'elle parte** he is determined that she should leave ◆ **qu'il le veuille ou non** whether he likes it or not ◆ **ça va comme tu veux ?** is everything all right? ◆ **comme tu veux** as you like ◆ **bon, comme tu voudras** all right, have it your own way ◆ **si tu veux** if you like ◆ **tu l'as**

voulu ! you asked for it! ◆ **tu l'auras voulu !** it'll have been your own fault ◆ **que veux-tu, c'est comme ça, on n'y peut rien !** what can you do? that's the way it is and there's nothing we can do about it ◆ (Prov) **quand on veut, on peut** where there's a will there's a way (Prov)

b ◆ **je voudrais un stylo** I would like a pen ◆ **je voudrais écrire** I would like to write ◆ **je voudrais qu'il m'écrive** I would like him to write to me ◆ **il aurait voulu être médecin** he would have liked to be a doctor ◆ **je voudrais bien voir ça !** I'd like to see that!

c (= consentir à) ◆ **ils n'ont pas voulu nous recevoir** they wouldn't see us

◆ **vouloir bien** ◆ **je veux bien le faire** (s'il le faut vraiment) I don't mind doing it; (enthousiaste) I'm happy to do it ◆ **je veux bien qu'il vienne** (s'il le faut vraiment) I don't mind if he comes; (il n'y a pas d'inconvénient) I'm quite happy for him to come ◆ **je voudrais bien y aller** I'd love to go ◆ **tu veux bien leur dire que ...** would you please tell them that ... ◆ **je veux bien encore un peu de café** I'd like some more coffee ◆ **encore un peu de thé ? – je veux bien** more tea? – yes, please ◆ **nous en parlerons plus tard, si vous le voulez bien** we'll talk about it later, if you don't mind ◆ **moi je veux bien, mais ...** fair enough *, but ...

d (formule de politesse) ◆ **voudriez-vous fermer la fenêtre ?** would you mind closing the window? ◆ **si vous voulez bien me suivre** this way, please

e (ordre) ◆ **veux-tu te taire !** will you be quiet! ◆ **veuillez quitter la pièce immédiatement** please leave the room at once

f (= essayer de) to try ◆ **elle voulut se lever mais elle retomba** she tried to get up but she fell back

g (= s'attendre à) to expect ◆ **comment voulez-vous que je sache ?** how should I know? ◆ **avec 500 € par mois, comment veux-tu qu'elle s'en sorte ?** how do you expect her to manage on 500 euros a month?

h (= requérir) (sujet chose) to require ◆ **l'usage veut que ...** custom requires that ... ◆ **comme le veut la tradition** according to tradition

i (locutions)

◆ **en vouloir à** ◆ **en ~ à qn de qch** to hold sth against sb ◆ **il m'en veut beaucoup d'avoir fait cela** he holds a tremendous grudge against me for having done that ◆ **je m'en veux d'avoir accepté** I could kick myself * for agreeing ◆ **ne m'en veuillez pas** don't hold it against me ◆ **je ne t'en veux pas** I'm not angry with you

◆ **vouloir dire** to mean ◆ **qu'est-ce que ça veut dire ?** what does this mean?

2 VI ◆ ~ **de qn/qch** to want sb/sth ◆ **je ne veux pas de lui comme chauffeur** I don't want him as a driver ◆ **je l'accompagnerai si elle veut de moi** I'll go with her if she'll have me

3 **se vouloir** VPR ◆ **ce journal se veut objectif** this newspaper claims to be unbiased ◆ **son**

discours **se veut rassu-rant** what he says is meant to be reassuring

4 NM ◆ **tout dépend de son bon ~** it all depends on what he happens to decide

voulu, e [vuly] ADJ **a** (= requis) required ◆ **au moment ~** at the required moment ◆ **en temps ~** in due time ◆ **produire l'effet ~** to produce the desired effect **b** (= volontaire) deliberate ◆ **c'est ~** it's meant to be like that

vous [vu] **1** PRON PERS you ◆ **je ~ ai demandé de m'aider** I asked you to help me ◆ **c'est ~ qui avez raison** it's you who are right ◆ **~ tous écoutez-moi** listen to me all of you ◆ **je ~ connais, ~ !** I know you! ◆ **cette maison est-elle à ~ ?** does this house belong to you?, is this house yours? ◆ **de ~ à moi** between you and me ◆ **~ ne pensez qu'à ~** you think only of yourself (ou yourselves) ◆ **il me connaît mieux que ~** (mieux qu'il ne vous connaît) he knows me better than you; (mieux que vous ne me connaissez) he knows me better than you do ◆ **asseyez-~ donc** do sit down **2** NM ◆ **dire ~ à qn** to call sb "vous"

vous-même (pl ~**s**) [vumɛm] PRON (sg) yourself; (pl) yourselves

voûte [vut] NF vault; (= porche) archway ▶ **voûte plantaire** arch of the foot

voûté, e [vute] ADJ **a** (cave, plafond) vaulted **b** [dos] bent; [personne] stooped ◆ **avoir le dos ~** to have a stoop

vouvoyer [vuvwaje] ► conjug 8 ◄ VT ◆ ~ **qn** to address sb as "vous"

voyage [vwajaʒ] NM **a** journey; (par mer) voyage ◆ **le(s) ~(s)** travelling (Brit), traveling (US) ◆ **les ~s le fatiguent** travelling tires him ◆ **le ~ l'a fatigué** the journey tired him ◆ **il est en ~** he's away ◆ **lors de notre ~ en Espagne** on our trip to Spain ◆ ~ **aller/retour** outward/return journey ◆ ~ **d'affaires/d'agrément** business/pleasure trip ◆ **faire un ~ autour du monde** to go round the world ▶ **voyage de noces** honeymoon ▶ **voyage organisé** package tour **b** (= course) trip ◆ **faire deux ~s pour transporter qch** to make two trips to transport sth

voyager [vwajaʒe] ► conjug 3 ◄ VI to travel ◆ **j'ai voyagé en avion/en 1ʳᵉ classe** I travelled by air/1st class ◆ **aimer ~** to like travelling

voyageur, -euse [vwajaʒœʀ, øz] NM,F traveller (Brit), traveler (US)

voyagiste [vwajaʒist] NM tour operator

voyant, e [vwajɑ̃, ɑ̃t] **1** ADJ [couleurs] loud **2** NM,F (= personne qui voit) sighted person ◆ **les ~s** the sighted **3** **voyante** NF ◆ ~**e (extralucide)** clairvoyant **4** NM ◆ ~ **(lumineux)** indicator light; (d'alerte) warning light ◆ ~ **d'essence/d'huile** petrol/oil light

voyelle [vwajɛl] NF vowel

voyou [vwaju] NM **a** (= délinquant) lout **b** (= garnement, enfant) rascal ◆ **espèce de petit ~ !** you little rascal!

vrac [vʀak] ◆ **en vrac** LOC ADJ, LOC ADV [choses] loose; (= en désordre) in a jumble ◆ **vin en ~** "bulk wine" ◆ **il a tout mis en ~ dans la valise** he stuffed everything into the case

vrai, e [vʀɛ] **1** ADJ **a** (après nom = exact) true ◆ **c'est pas ~ !** * (dénégation) it just isn't true!; (surprise) I don't believe it! **b** (gén avant nom = réel) real ◆ **son ~ nom c'est Charles** his real name is Charles ◆ **ce sont ses ~s cheveux** that's his own hair ◆ **un ~ socialiste** a true socialist ◆ **c'est un ~ fou !** he's completely mad! **2** NM ◆ **le ~** the truth ◆ **il y a du ~ dans ce qu'il dit** there's some truth in what he says ◆ **il dit ~** he's right ◆ **à ~ dire, à dire ~** to tell the truth ◆ **en ~** * in real life ◆ **pour de ~** * really

vraiment [vʀɛmɑ̃] ADV really ◆ **~, il exagère !** really, he's going too far! ◆ **vous trouvez ? – ah oui, ~ !** do you think so? – oh yes, definitely!

vraisemblable [vʀɛsɑ̃blabl] ADJ [hypothèse, situation, interprétation] likely; [intrigue] convincing ◆ **peu ~** [excuse, histoire] unlikely

vraisemblablement [vʀɛsɑ̃blablamɑ̃] ADV probably

vrille [vʀij] NF (= acrobatie) spin ◆ **descendre en ~** [avion] to spiral downwards

vrombir [vʀɔ̃biʀ] ► conjug 2 ◄ VI [moteur] to roar; [insecte] to buzz

VRP [veɛʀpe] NM (abrév de **voyageur, représentant, placier**) sales rep *

vs (abrév de **versus**) v

VTT [vetete] NM (abrév de **vélo tout-terrain**) mountain bike ◆ **faire du ~** to go for a ride on a mountain bike

vu, vue¹ [vy] **1** ADJ **a** (* = compris) ◆ **c'est ~ ?** all right? ◆ **c'est tout ~ !** it's a foregone conclusion **b** (= jugé) ◆ **c'était bien ~ de sa part** what he said was spot-on * ◆ **c** (= considéré) ◆ **bien/mal ~** [personne] well/poorly thought of ◆ **il est mal ~ du patron** the boss has a poor opinion of him ◆ **ici c'est bien/mal ~ de porter une cravate** it's the done thing/it's not the done thing to wear a tie here **2** PRÉP in view of ◆ **~ la situation, cela valait mieux** in view of the situation, it was better ◆ **~ que ...** * in view of the fact that ...

vue² [vy] **1** NF **a** (= sens, regard) sight ◆ **perdre la ~** to lose one's sight ◆ **troubles de la ~** eye trouble ◆ **il a une bonne ~** he has good eyesight ◆ **à première ~** at first sight ◆ **perdre qch/qn de ~** to lose sight of sth/sb ◆ **il ne faut pas perdre de ~ que ...** we mustn't lose sight of the fact that ... ◆ **il lui en a mis plein la ~** * he really impressed her **b** (= panorama) view ◆ **cette pièce a ~ sur la mer** this room has a sea view **c** (= spectacle) sight ◆ **la ~ du sang l'a fait s'évanouir** the sight of the blood made him faint ◆ **à la ~ de** at the sight of **d** (= image) view ◆ **des ~s de Paris** views of Paris **e** (= conception) view ◆ **donner une ~ d'ensemble** to give an overall view ◆ **à ~** [piloter, atterrir] visually; [atterrissage, navigation] visual ◆ **tirer à ~** to shoot on sight ◆ **naviguer à ~** to navigate visually; (fig) to play it by ear ◆ **à ~ d'œil** (= par une estimation rapide) at a quick glance ◆ **il maigrit à ~ d'œil** he seems to be getting thinner by the minute * ◆ **à ~ de nez** roughly * ◆ **je le connais de ~** I know him by sight ◆ **en ~** (= proche) in sight ◆ **(bien) en ~** (= en évidence) conspicuous ◆ **très en ~** (= célèbre) very much in the public eye ◆ **il a mis sa pancarte bien en ~** he put his placard in a prominent position ◆ **il s'entraîne en ~ du marathon/de devenir champion du monde** he's training with a view to the marathon/to becoming world champion **2** **vues** NFPL **a** (= opinion) views ◆ **exprimer ses ~s sur un sujet** to voice one's views on a subject **b** (= projet) plans; (sur qn ou ses biens) designs ◆ **la société a des ~s sur cet immeuble** the company has its eye on that building ◆ **elle a des ~s sur lui** (pour un projet) she has her eye on him; (= elle veut l'épouser) she has designs on him

vulgaire [vylgɛʀ] ADJ **a** (= grossier) vulgar **b** (= usuel, banal) common ◆ **nom ~** common name **c** (avant nom = quelconque) ordinary ◆ **c'est un ~ escroc** he's just a crook ◆ **un ~ bout de bois** an ordinary piece of wood

vulgairement [vylgɛʀmɑ̃] ADV **a** (= grossièrement) vulgarly **b** (= couramment) commonly ◆ **ce fruit, ~ appelé ...** this fruit, commonly known as ...

vulgarisation [vylgaʀizasjɔ̃] NF popularization ◆ **ouvrage de ~ scientifique** popular scientific work

vulgariser [vylgaʀize] ► conjug 1 ◄ VT to popularize

vulgarité [vylgaʀite] NF vulgarity

vulnérable [vylneʀabl] ADJ vulnerable

vumètre [vymɛtʀ] NM recording level gauge

F R A N C A I S / A N G L A I S

W-Y

xénophobe [gzenɔfɔb] **1** ADJ xenophobic
2 NMF xenophobe

xénophobie [gzenɔfɔbi] NF xenophobia

xérès [gzeʀɛs] NM (= vin) sherry

xylophone [gzilɔfɔn] NM xylophone

Y

wagon [vagɔ̃] NM (de voyageurs) carriage (Brit),
car (US) ► **wagon de marchandises** goods
wagon, freight car (US)

wagon-lit (pl ~**wagons-lits**) [vagɔ̃li] NM sleeper
(Brit), Pullman (US)

wagon-restaurant (pl **wagons-**
restaurants) [vagɔ̃ʀɛstɔʀɑ̃] NM restaurant car

wallon, -onne [walɔ̃, ɔn] **1** ADJ Walloon
2 NM (= langue) Walloon **3** **Wallon(ne)** NM,F
Walloon

Wallonie [walɔni] NF French-speaking part of
Belgium

water-polo [watɛʀpɔlo] NM water polo

watt [wat] NM watt

WC, W-C [vese] NMPL toilet

week-end (pl ~**s**) [wikɛnd] NM weekend ◆ **par-**
tir en ~ to go away for the weekend

western [wɛstɛʀn] NM western

whisky (pl **whiskies**) [wiski] NM whisky

wifi, wi-fi [wifi] NM INV Wi-Fi

y [i] **1** ADV (indiquant le lieu) there ◆ **restez-y**
stay there ◆ **nous y avons passé deux jours** we
spent two days there ◆ **avez-vous vu le film ? –**
j'y vais demain have you seen the film? –
I'm going to see it tomorrow ◆ **je n'y suis pour rien**
it's nothing to do with me **2** PRON it ◆ **réflé-**
chissez-y think about it ◆ **n'y pensez plus**
forget it ◆ **à votre place, je ne m'y fierais pas** if
I were you I wouldn't trust it

yacht ['jɔt] NM yacht

yaourt ['jauʀt] NM yogurt ◆ **~ nature/aux fruits**
natural/fruit yogurt

yen ['jɛn] NM yen

yeux ['jø] (pl de œil)

yiddish ['jidiʃ] ADJ, NM Yiddish

yoga ['jɔga] NM yoga ◆ **faire du ~** to do yoga

yogourt, yoghourt ['jɔguʀt] NM ⇒ yaourt

yougoslave ['jugɔslav] **1** ADJ Yugoslav **2**
Yougoslave NMF Yugoslav

Yougoslavie ['jugɔslavi] NF Yugoslavia

youpi ['jupi] EXCL yippee!

yo-yo, yoyo ® ['jojo] NM INV yo-yo

X

X, x [iks] NM ◆ **je te l'ai dit x fois** I've told you
umpteen * times ◆ **plainte contre X** action
against person or persons unknown ◆ **film**
(classé) X 18 film (Brit), NC-17 film (US)

F R A N C A I S /
A
N
G
L
A
I
S

zapper [zape] ► conjug 1 ◄ VI to channel-hop

zèbre [zɛbʀ] NM (= animal) zebra

zébrure [zebʀyʀ] NF [d'animal] stripe; (= éclair) streak

zèle [zɛl] NM zeal ◆ **avec ~** zealously ◆ **faire du ~** (péj) to be overzealous

zélé, e [zele] ADJ zealous

zen [zɛn] ADJ INV, NM Zen ◆ **rester ~ *** (= serein) to remain unfazed *

zénith [zenit] NM zenith ◆ **le soleil est au ~** the sun is at its height

zéro [zeʀo] **1** NM **a** zero, nought (Brit) ◆ **repartir de ~** to go back to square one ◆ **remettre à ~** [+ compteur, chronomètre] to reset ◆ **tout reprendre à ~** to start all over again ◆ **les avoir à ~** ⁎ to be scared out of one's wits * **b** (Rugby, Football) zero, nil (Brit), nothing (US); (Tennis) love ◆ **~ partout à la mi-temps** no score at half time ◆ **gagner par deux (buts) à ~** to win two nil (Brit) ou two nothing (US) **c** (* = personne) dead loss * **2** ADJ ◆ **~ heure trente** half past midnight ◆ **il a fait ~ faute à la dictée** he didn't make any mistakes at all in the dictation

zeste [zɛst] NM [de citron, orange] peel NonC; (en cuisine) zest NonC ◆ **un ~ de** [ironie, folie] a touch of

zézayer [zezeje] ► conjug 8 ◄ VI to lisp

ZI [zɛdi] NF (abrév de **zone industrielle**) industrial estate (Brit) ou park (US)

zigouiller ⁎ [ziguje] ► conjug 1 ◄ VT to do in *

zigzag [zigzag] NM zigzag ◆ **route en ~** winding road

zigzaguer [zigzage] ► conjug 1 ◄ VI to zigzag

Zimbabwe [zimbabwe] NM Zimbabwe

zinc [zɛg̃] NM (= métal) zinc

zinzin * [zɛ̃zɛ̃] ADJ nuts *

zip ® [zip] NM zip

zizanie [zizani] NF ◆ **semer la ~** to stir up ill-feeling

zizi * [zizi] NM (hum, langage enfantin) willy * (Brit), peter * (US)

zodiaque [zɔdjak] NM zodiac

zonard, e ⁎ [zonaʀ, aʀd] NM,F (= marginal) dropout *

zone [zon] NF **a** zone; (Transports) travel zone ◆ **~ de haute/basse pression** area of high/low pressure ◆ **de troisième ~** (fig) third-rate ► **zone bleue** ≈ restricted parking zone ► **zone de dialogue** (Informatique) dialogue box ► **zone franche** free zone ► **zone industrielle** industrial estate (Brit) ou park (US) ► **zone piétonne** ou **piétonnière** pedestrian precinct **b** ◆ **la zone *** (= quartiers pauvres) the slums ◆ **c'est la ~ ! *** it's the pits! *

zoo [zo(o)] NM zoo

zoologie [zɔɔlɔʒi] NF zoology

zoologique [zɔɔlɔʒik] ADJ zoological

zoom [zum] NM (= objectif) zoom lens ◆ **faire un ~ sur** to zoom in on

zut * [zyt] EXCL damn! * ◆ **et puis ~ à la fin ! j'abandonne !** what the heck *, I give up!

les 200 pièges
de l'anglais

ACCEPT ou AGREE ?

Did they **accept** your excuse?
Ils ont accepté ton excuse ?
He **agreed** to help me.
Il a accepté de m'aider.
Did they **agree** to pay?
Est-ce qu'ils ont accepté de payer ?

➤ **accept** = "accepter", mais "accepter de faire quelque chose" se dit "**agree** to do something".
ATTENTION On ne dit pas *accept to do something !
→ **AGREE**

ACCORDING TO

According to Sophie, the train was late.
Selon Sophie, le train était en retard.

In my opinion, the film is really boring.
Selon moi, ce film est vraiment ennuyeux.

➤ On dit **according to him/her/them/John** (selon lui/elle/eux ou elles/John).

➤ Mais on dit **in my/our/your opinion** (selon moi/nous/toi ou vous).
ATTENTION On ne dit pas *according to me !

ACTUAL

Can you give me an **actual** example?
Tu peux me donner un exemple concret ?
This is the **actual** dress that the princess wore at the ceremony.
C'est la (vraie) robe portée par la princesse lors de la cérémonie.

➤ **actual** ne signifie pas "actuel" : il a le sens de "réel", "exact", "concret", "vrai".

↳ What is the **present** situation?
Quelle est la situation actuelle ?
↳ In **today's** world...
Dans le monde actuel...
↳ The **current** President is younger.
Le président actuel est plus jeune.

↳ Le mot français **actuel** a plusieurs équivalents possibles en anglais. Regardez les exemples à gauche.

ACTUALLY

I thought he was wrong but **actually** he was right.
Je pensais qu'il avait tort mais en fait il avait raison.
No, I'm a teacher, **actually.**
Non, en fait, je suis prof.

➤ **actually** ne signifie pas "actuellement" mais **en fait**.

↳ We're on holiday **at the moment**.
On est actuellement en vacances.
↳ I'm living with my brother **at the moment**.
Actuellement, j'habite avec mon frère.

↳ **actuellement** se dit "at the moment".

ADVICE

Thanks for your **advice**.
Merci pour tes conseils.

➤ Le mot **advice** (= conseil, conseils) est **indénombrable**. Cela veut dire qu'on ne peut **ni** le mettre au pluriel, **ni** l'employer avec l'article **an**.

Let me give you a piece of **advice**.
Let me give you some **advice**.
Laisse-moi te donner un conseil.

➤ Pour parler d'**un conseil**, on dit **a piece of advice** ou **some/any advice**.

Did they give you any **advice**?
Ils t'ont donné des conseils ?
If you need **advice**, ask us.
Si vous avez besoin de conseils, demandez-nous.

➤ Pour parler de **conseils**, on emploie soit **advice** tout court, soit **some/any advice**
ATTENTION On ne dit pas *an advice ni *advices !

AGENDA

What's on today's **agenda**?
Qu'y a-t-il à l'ordre du jour aujourd'hui ?
↳ Wait a minute, I'll have a look in my **diary**.
Attendez un instant, je vais regarder dans mon agenda.

➤ **an agenda**, c'est **l'ordre du jour** d'une réunion.

↳ **un agenda**, c'est **a diary** en anglais (ou **a datebook** en anglais américain).

AGREE

Yes, I **agree**!
Oui, je suis d'accord !
I'm sorry, I don't **agree**.
Je suis désolé, je ne suis pas d'accord.
Do you **agree**?
Tu es d'accord ?

ATTENTION Ne soyez pas tenté d'inventer l'expression "be agree" (sur le modèle de "être d'accord") : elle n'existe pas en anglais ! On ne dit pas *I am agree !
➤ Souvenez-vous :
être d'accord = **agree** (et non pas *be agree).

↳ I **don't want** him to drive!
Je ne suis pas d'accord pour qu'il conduise !
↳ The teacher **won't let us** use the computer.
Le prof n'est pas d'accord pour qu'on utilise l'ordinateur.
↳ **Is it OK** if I pay you next week?
Tu es d'accord pour que je te paie la semaine prochaine ?

↳ Can I drive? – **OK.**
Je peux conduire ? – D'accord !

↳ Le verbe **agree** traduit **être d'accord** au sens de "être du même avis". Mais quand **être d'accord** a le sens de "donner sa permission", il faut le traduire autrement. Regardez bien les exemples à gauche.
ATTENTION Notez qu'on ne dit pas *are you OK? dans la phrase à gauche. "are you OK?" signifie "tu vas bien ?"

↳ Pour traduire **d'accord** tout seul, pour donner la permission, on emploie l'expression **OK** en anglais.

ANCIENT

We visited an **ancient** temple.
Nous avons visité un très vieux temple.

➤ **ancient = très vieux, très ancien, antique**. Ce mot s'applique le plus souvent à des vestiges archéologiques, des fossiles, etc.

↳ Ce sont des photographies **anciennes**.
They are old photographs.

↳ Dans d'autres contextes, il faut dire **old**, pas **ancient** ("ancient" se réfère le plus souvent à l'antiquité ou à la préhistoire).

↳ The **former** president gave a speech.
L'ancien président a fait un discours.

↳ **ancien** (au sens de "précédent") = **former**

ANSWER

I had to **answer** lots of questions.
J'ai dû répondre à beaucoup de questions.
Answer your mother, please.
Réponds à ta mère, s'il te plaît.

➤ **answer a question = répondre à une question**
➤ **answer someone = répondre à quelqu'un**
ATTENTION On ne dit pas *answer to dans ces cas.

APPOINTMENT

What time is your **appointment** at the dentist's?
À quelle heure est ton rendez-vous chez le dentiste ?
Do you want to make an **appointment**?
Voulez-vous prendre rendez-vous ?

↳ I've got a **date** with Leila.
J'ai rendez-vous avec Leila.

↳ **I'm meeting** George later.
J'ai rendez-vous avec George tout à l'heure.
↳ What time **are you meeting** your mother?
À quelle heure as-tu rendez-vous avec ta mère ?
↳ **We're meeting** in front of the church.
On a rendez-vous devant l'église.

➤ Le mot **appointment** veut dire "rendez-vous", mais seulement un rendez-vous dans un contexte **commercial** ou **professionnel** : chez le médecin, chez le coiffeur, avec un plombier par exemple.

↳ Un rendez-vous amoureux se dit **a date**.

↳ Pour dire qu'on a rendez-vous avec quelqu'un (un ami par exemple), on emploie souvent l'expression **be meeting**.
ATTENTION N'employez pas **appointment** quand il s'agit d'un rendez-vous avec un ami ou un proche.

ASSASSIN, ASSASSINATE

The President has been **assassinated**, but the **assassin** has not been caught.
Le Président a été assassiné, mais on n'a pas appréhendé l'assassin.

↳ A shopkeeper was **murdered** yesterday. The **murderer** is a young man.
Un commerçant a été assassiné hier. L'assassin est un jeune homme.

➤ Le mot anglais **assassin** et le verbe **assassinate** sont uniquement employés dans le contexte d'assassinat de personnes **célèbres** ou **importantes**.

↳ Dans d'autres contextes, on emploie **murderer** (= meurtrier, assassin) et le verbe **murder** (assassiner).

ASSIST

We want to **assist** parents with young children.
Nous souhaitons apporter de l'aide aux parents de jeunes enfants.

↳ I'm afraid I can't **attend** the meeting.
I'm afraid I can't **come to** the meeting.
Je regrette, mais je ne pourrai pas assister à la réunion.

➤ **assist** est un mot assez rare (il ne s'emploie qu'à l'écrit) qui signifie **aider, apporter de l'aide à**.
Il **ne signifie pas** *assister !

➤ **assister à** (être présent à) = **attend** ou **come to**

AVOID + -ING

Avoid staying in the sun for too long.
Évitez de rester au soleil pendant trop long-temps.
I **avoided** speaking to him.
J'ai évité de lui parler.

> **avoid + -ing = éviter de + infinitif**
> **ATTENTION** On **ne dit pas** *avoid to...

BAGGAGE

You can leave your **baggage** here.
Vous pouvez laisser vos bagages ici.
Have you only got one **piece of baggage**?
Vous avez un seul bagage ?

> **baggage** est un nom **indénombrable** : il ne se met jamais au pluriel (on ne dit pas *baggages !) et on **ne dit pas** *a baggage mais **a piece of baggage**.

BASKET

Put the bread in that little **basket**.
Mets le pain dans ce petit panier.
⤷ Tracy plays **basketball** every Tuesday.
Tracy joue au basket tous les mardis.
⤷ Your **trainers** are covered in mud!
Tes baskets sont pleines de boue !

> **a basket = un panier, une corbeille**
> ⤷ **le basket = basketball** (pas *basket !)
> ⤷ **les baskets = trainers** (pas *baskets !)

BENEFIT

These are the **benefits** of a good education.
Ce sont les bienfaits d'une bonne éducation.

⤷ The company made large **profits** last year.
L'entreprise a fait de gros bénéfices l'année dernière.

> **benefit = bienfait, avantage** (ou dans certains contextes, "allocation sociale")
> ⤷ **bénéfice = profit** (jamais *benefit).

BORN

Many animals **are born** blind.
Beaucoup d'animaux naissent aveugles.

I **was born** in Jamaica.
Je suis né en Jamaïque.
Marie was 30 when the twins **were born**.
Marie avait 30 ans quand les jumeaux sont nés.

> **be born = naître**

> Au prétérit, employez **was/were born**
> **ATTENTION** On **ne dit pas** *I am born (pour "je suis né") !

CAMERA

What kind of **camera** do you use?
Tu utilises quel genre d'appareil photo ?
ou
Tu utilises quel genre de caméra ?

➤ N'oubliez pas que **camera** signifie soit un appareil photo, soit une caméra.

CAMPING

I love **camping**.
J'adore faire du camping.

⤷ This **campsite** is too far from the beach.
Ce camping est trop loin de la plage.

➤ **camping = le camping** (l'activité, mais pas le lieu)

⤷ **un camping = a campsite**
ATTENTION On ne dit pas *a camping !

CAR et COACH

I came by **car**, and Bobby came by **coach**.
Je suis venu en voiture, et Bobby est venu en car.

➤ **a car = une voiture ; a coach = un car**
➤ En anglais américain, **un car = a bus**.

CAVE

We visited some **caves**.
Nous avons visité des grottes.

⤷ He keeps his wine in a **cellar**.
Il garde son vin dans une cave.

➤ **a cave = une grotte** (jamais *une cave)

⤷ **une cave = a cellar**

CERTAINLY ou PROBABLY ?

They're **probably** going to be late.
Ils vont certainement être en retard.
It's **probably** a mistake.
C'est certainement une erreur.

Can you help me? – **Certainly!**
Tu peux m'aider ? – Mais certainement !

➤ Quand **certainement** veut dire **probablement**, l'équivalent anglais n'est pas **certainly** mais **probably**.

➤ **Certainly** a parfois le sens de **certainement**, mais pas toujours.

CHANCE

This is our last **chance** to see this film.
C'est la dernière occasion pour nous de voir ce film.
Give him a **chance** to explain.
Donne-lui la possibilité de s'expliquer.

➤ Le mot anglais **chance** a plusieurs sens (**occasion, possibilité, hasard**...) mais ne signifie pas **chance** au sens de "bonne ou mauvaise chance".

↳ Good **luck** with your exams!
Bonne chance pour tes examens !

↳ La bonne ou la mauvaise chance se dit **luck** (**good luck, bad luck**) en anglais.

CHIPS

I'm not allowed to eat **chips** at home.
Je n'ai pas le droit de manger des frites à la maison.
ou (aux États-Unis)
Je n'ai pas le droit de manger des chips à la maison.

ATTENTION Le mot anglais **chips** signifie **frites** en anglais britannique et **chips** en anglais américain.

CHOICE ou CHOOSE ?

Have you made your **choice**?
Vous avez fait votre choix ?

➤ **choice** signifie **choix**. C'est un nom. Le pluriel est **choices** (= des choix).

I need you to help me **choose** a jacket.
J'ai besoin de toi pour m'aider à choisir une veste.

➤ **choose** signifie **choisir**. C'est un verbe. Le prétérit est **chose**, le participe passé est **chosen**.
ATTENTION Ne confondez pas **choice** et **choose** !

CLOSE (adjectif) ou CLOSED ?

The shops are very **close** to our house.
Les magasins sont tout près de chez nous.

➤ L'adjectif **close** signifie **près, proche, à proximité**. Le s se prononce comme celui de **sea**.

The shops are all **closed** today.
Les magasins sont tous fermés aujourd'hui.

➤ L'adjectif **closed** signifie **fermé**. Le s est celui de **please**.

CLOTH, CLOTHS, CLOTHES, CLOTHING

Use a **cloth** to clean your shoes.
Prends un chiffon pour nettoyer tes chaussures.

➤ **cloth** est un nom qui signifie **tissu, chiffon**, ou **serpillière**.

There are some **cloths** under the sink.
Il y a des chiffons sous l'évier.

➤ **cloths** est le pluriel de **cloth**.

Put these **clothes** in the wardrobe.
Mets ces vêtements dans l'armoire.

➤ **clothes** est un nom pluriel qui signifie **vêtements**.
➤ Le mot **clothes** n'existe pas au singulier. Pour dire **un vêtement** en anglais, il existe deux solutions :

The police have found **an article of clothing** that belonged to the victim.
La police a trouvé un vêtement qui appartenait à la victime.

– quand on ne sait pas de quel genre de vêtement il s'agit, on dit **an article of clothing**.

Don't forget your **jacket/ your coat/ your anorak** etc!
N'oublie pas ton vêtement !

– quand on sait de quel vêtement il s'agit, on emploie simplement le nom du vêtement.

She hasn't got enough money to **clothe** her children properly.
Elle n'a pas assez d'argent pour habiller correctement ses enfants.

➤ **clothe** est un **verbe** qui signifie **habiller, vêtir**.

COFFEE ou CAFÉ ?

Let's go to a **café** and have a sandwich.
Allons dans un café manger un sandwich.

➤ **a café**, c'est un **café** où on peut prendre un verre et manger. Au Royaume-Uni, **a café** est un endroit où on boit du thé ou du café, et où on peut manger des repas simples et légers.

Would you like a **coffee**?
Voulez-vous un café ?

➤ **a coffee**, c'est un **café** qu'on boit dans une tasse. **ATTENTION** Ne confondez pas **coffee** et **café** !

COLLEGE

Alison is at **college** studying French.
Alison fait des études de français à l'université.

➤ Le mot anglais **college** désigne généralement un établissement d'enseignement **supérieur**.

↳ The **school** is not far from my house.
Le collège n'est pas loin de chez moi.

↳ Quand vous parlez d'un **collège** français, employez le mot **school** (ou simplement le mot français "collège", entre guillemets).

COMMAND (verbe et nom)

He **commanded** a lot of respect.
Il commandait beaucoup de respect.

➤ Le verbe **command** est rarement l'équivalent de **commander**.

Captain Leech is at the **commands**.
Le capitaine Leech est aux commandes.

> ➤ Le nom **command** est employé surtout dans le contexte des commandes d'un bateau ou d'un avion, ou dans un contexte militaire.

↳ I've **ordered** a pizza.
J'ai commandé une pizza.

> ↳ Quand **commander** signifie "demander (pour acheter)", il se traduit par **order**, pas *command.

↳ Can I take your **order**, sir?
Je peux prendre votre commande, Monsieur ?

> ↳ Quand **commande** signifie quelque chose qu'on a commandé (pour l'acheter), il se traduit par **order**.

COMPREHENSIVE

This report is very **comprehensive**.
Ce rapport est très complet.

> ➤ **comprehensive** signifie "complet" au sens de "exhaustif, qui couvre tout".

I went to a **comprehensive school** in Devon.
Je suis allé dans une "comprehensive school" dans le Devon.

> ➤ En Grande-Bretagne, a **comprehensive school** est un établissement d'enseignement secondaire ; c'est un peu l'équivalent du collège et du lycée en France.

↳ My friends were very **understanding**.
Mes amis ont été très compréhensifs.

> ↳ Le mot français **compréhensif** se traduit par **understanding**.

CONFERENCE

My Dad is at a **conference** in London.
Mon père participe à un congrès à Londres.

> ➤ a **conference**, c'est un **congrès** ou un **colloque**.

↳ The museum offers **lectures** on modern art.
Le musée propose des conférences sur l'art moderne.

> ↳ une **conférence** au sens de "cours, exposé", c'est a **lecture** en anglais, jamais *a conference.

CONFUSED

I'm very **confused** about what you said.
Ce que tu m'as dit m'a beaucoup déconcerté.

> ➤ **be confused** = **être déconcerté, désorienté, dérouté**

↳ I'm really **ashamed**, please forgive me.
Je suis vraiment confus, veuillez m'excuser.

> ↳ **être confus** (au sens de "honteux") = **be ashamed**

CONSCIOUS

Was he **conscious** during the operation?
Est-ce qu'il était conscient pendant l'opération ?

ATTENTION Notez que le mot "conscient" n'existe pas en anglais ! On dit **conscious**.

CONTROL ou CHECK ?

Do you think they'll **check** our passports at the border?
Tu penses qu'ils vont contrôler nos passeports à la frontière ?

➤ Quand **contrôler** signifie **vérifier**, il ne se traduit pas par le verbe **control** mais par le verbe **check**.

These **checks** are necessary because of the risk of terrorist attacks.
Ces contrôles sont nécessaires à cause du risque d'attentats.

➤ Quand **un contrôle** signifie **une vérification**, il ne se traduit pas par **a control** mais par **a check**.

He couldn't **control** the car and he had an accident.
Il n'a pas pu contrôler la voiture et il a eu un accident.

➤ **control** = contrôler au sens de **maîtriser**.

COOK ou COOKER ?

My grandmother was a **cook**.
Ma grand-mère était cuisinière.

➤ **a cook**, c'est un **cuisinier** ou une **cuisinière** : quelqu'un qui fait la cuisine.

Be careful when you use the **cooker**.
Sois prudent quand tu utilises la cuisinière.

➤ **a cooker**, c'est une **cuisinière** : un appareil pour faire la cuisine.
ATTENTION Ne les confondez pas !

COURSE

I'm doing a computing **course**.
Je fais un stage d'informatique.

➤ a course = un stage

↳ You mustn't talk during the **class**.
Il ne faut pas parler pendant le cours.

↳ un cours = a class

↳ The black horse won the **race**.
Le cheval noir a gagné la course.

↳ une course = a race

CRAYON ou PENCIL ?

Sophie was doing some colouring with her **crayons**.
Sophie faisait du coloriage avec ses crayons.

➤ **a crayon**, c'est un **crayon de couleur**.

Shall I use a pen or a **pencil**?
J'utilise un stylo ou un crayon ?

➤ **un crayon** (noir), c'est **a pencil** en anglais.

CROSS ou MEET ?

I **met** Margaret at the supermarket.
J'ai croisé Margaret au supermarché.

➤ Quand vous voulez dire **croiser quelqu'un** en anglais, n'employez pas le verbe **cross**. Le verbe qui convient est **meet**.

We can **cross** the street here.
On peut traverser la rue ici.

➤ Le sens le plus courant de **cross**, c'est **traverser**.

CRY, SCREAM et SHOUT

Stop **crying**!
Arrêtez de pleurer !

➤ Quand vous parlez de quelqu'un qui crie, évitez d'employer **cry**. Le sens le plus courant de **cry** est **pleurer**.

Stop **shouting**!
Arrêtez de crier !

➤ Le verbe qui correspond à **crier** est **shout**.

When he saw what had happened, he **screamed**.
Quand il a vu ce qui s'était passé, il a hurlé.

➤ Quand on parle de quelqu'un qui crie très fort, qui hurle, on peut employer le verbe **scream**.

CRITIC, CRITICAL, CRITICISM

James is a literary **critic**.
James est critique littéraire.

ATTENTION Ne confondez pas ces trois mots !
➤ **a critic**, c'est un(e) critique : une personne qui écrit des critiques de cinéma, de théâtre, de littérature.

This isn't a **criticism**, it's just a comment.
Ce n'est pas une critique, c'est juste une remarque.

➤ **a criticism**, c'est une critique : quelque chose qu'on dit ou qu'on écrit pour critiquer.

The situation is **critical**.
La situation est critique.

➤ **critical**, c'est l'adjectif « critique ».

DEPEND ON

It **depends on** the time.
Ça dépend de l'heure.
Can I **depend on** you?
Je peux compter sur toi ?

➤ **depend on** = dépendre
de ou **compter sur**
ATTENTION Ne dites jamais
*depend of !

DESCRIBE

Can you **describe** what you saw?
Tu peux décrire ce que tu as vu ?

➤ **describe** = décrire

Describe the painting **to** me.
Décris-moi le tableau.

➤ On dit **describe some-
thing to somebody** (*describe me the painting est
incorrect).

DIED, DEAD, DEATH

ATTENTION Ne confondez pas
ces trois mots, qui tradui-
sent des emplois différents
du mot français **mort** !

I haven't seen him since his father's **death**.
Je ne l'ai pas vu depuis la mort de son père.

➤ **death** est un **nom** qui
traduit le nom français **mort**
(la mort, la fin de la vie).

His father **died** yesterday.
Son père est mort hier.

➤ **died** est le prétérit (=
passé) du verbe **die**. Dans
l'exemple à gauche, *mort*
correspond au verbe *mourir*.

I think his father is **dead**.
Je crois que son père est mort.

➤ **dead** est un adjectif qui
correspond à l'adjectif français **mort, morte**. Dans
l'exemple à gauche, *mort*
est un adjectif.

Is your dog **dead**? Yes, he **died** yesterday.
*Est-ce que ton chien est mort ? Oui, il est
mort hier.*

ATTENTION Ne confondez pas
"il est mort hier" (verbe mourir, au passé = he **died**)
avec "il est mort" (= il n'est
pas vivant = he is **dead**).

There was a **dead man** in the river.
Il y avait un mort dans la rivière.

➤ un mort = a **dead man**

It's about a boy who sees **dead people**.
Ça parle d'un garçon qui voit les morts.

➤ des morts = **dead peo-
ple**

It's an insult to **the dead**.
C'est une insulte aux morts.

➤ **les morts** (en général) = **the dead**
<u>ATTENTION</u> On ne dit pas *a dead, ni *deads !

DECEIVE, DISAPPOINT

*They **deceived** us.*
Ils nous ont trompés.

➤ Le verbe anglais **deceive** signifie **tromper**.

You **disappoint** me.
Tu me déçois.

➤ **décevoir**, c'est **disappoint** en anglais.

DECEPTION, DISAPPOINTMENT

I was a victim of his **deception**.
J'ai été victime de sa duplicité.

➤ Le mot anglais **deception** signifie **tromperie** ou **duplicité**.

What a **disappointment**!
Quelle déception !

➤ La **déception**, en anglais, c'est **disappointment**.

DIFFERENT

His opinions are very **different** from mine.
Ses opinions sont très différentes des miennes.

➤ **different from** = **différent de**
<u>ATTENTION</u> Notez l'emploi de **from**. On **ne dit pas** *different of...

DISCUSS

We were **discussing** the future of the company.
On discutait de l'avenir de l'entreprise.

<u>ATTENTION</u> Le verbe **discuss** n'est pas suivi d'une préposition. On ne dit pas *discuss about something, mais **discuss something**.

DRAMATIC

There's some very **dramatic** scenery in Scotland.
Il y a des paysages très spectaculaires en Écosse.

➤ Le sens le plus courant du mot anglais **dramatic** est **spectaculaire**. Il ne veut jamais dire **dramatique** au sens de "grave".

The situation is **very serious**.
La situation est dramatique.
It's not the end of the world!
Ce n'est pas dramatique !

↳ Notez les différents équivalents de **dramatique** au sens de "grave".

DURING

We met **during** the Easter holidays.
Nous nous sommes rencontrés pendant les vacances de Pâques.

➤ **during** signifie **pendant**, mais seulement lorsque **pendant** précise **quand** quelque chose a eu lieu (**pendant** la nuit, **pendant** les fêtes...).

↳ We lived together **for** five years.
Nous avons habité ensemble pendant cinq ans.

↳ Quand **pendant** précise une **durée** (**pendant** cinq heures, **pendant** longtemps, **pendant** un an), il se traduit par **for**, pas *during.

↳ The house was burgled **while** we were on holiday.
La maison a été cambriolée pendant que nous étions en vacances.

↳ **pendant que... = while** (pas *during)
ATTENTION Ne confondez pas **for** avec **during** et **while** ! Ne traduisez pas systématiquement **pendant** par **during** !

ECONOMIC et ECONOMICAL

There's an **economic** crisis in this country.
Il y a une crise économique dans ce pays.

➤ **economic** signifie **économique** au sens de "qui a un rapport avec l'économie".

It's a very **economical** method.
C'est une méthode très économique.

➤ **economical** signifie **économique** au sens de "qui permet de faire des économies".

ECONOMICS

He's studying **economics**.
Il fait des études d'économie.

➤ **economics**, c'est la science de l'économie. Ne confondez pas avec **economy** (= l'économie d'un pays).

Economics is an interesting subject.
La science de l'économie est un sujet intéressant.

➤ Malgré son **s**, **economics** est un nom singulier (comme **politics** et **mathematics**). Le verbe qui est associé à ce mot doit donc être au singulier (ici, economics **is**...).

-ED ou -ING ?

I'm **bored**! This teacher is **boring**!
Je m'ennuie ! Ce prof est ennuyeux !
I'm **excited**! This holiday is **exciting**!
Je suis tout excité ! Ces vacances sont passionnantes !
I'm **exhausted**! That walk was **exhausting**!
Je suis épuisé ! Cette promenade était épuisante !
It was a **frightening** experience. I was very **frightened**.
C'était une expérience effrayante. J'ai eu très peur.

ATTENTION Ne confondez pas ces couples d'adjectifs :
– ceux en **-ed** parlent de la personne qui **ressent** quelque chose (l'ennui, l'excitation, la fatigue, la peur)
– ceux en **-ing** parlent de la situation ou de la personne qui **produit** ces effets.

ERROR, MISTAKE, FAULT

The table is full of **errors**.
The table is full of **mistakes**.
Le tableau est plein d'erreurs.

➤ a **mistake** ou an **error**, c'est une **erreur** ou une **faute**.

Sorry, I've made a **mistake**.
Désolé, j'ai fait une erreur.
Désolé, je me suis trompé.

➤ Le mot **mistake** est beaucoup plus courant que le mot **error**. Essayez d'employer **mistake** plutôt que **error**.

It's my **fault**.
C'est ma faute.

➤ somebody's **fault** = la **faute** de quelqu'un.

EVENTUALLY

The car started **eventually**.
Finalement, la voiture a démarré.
They **eventually** agreed with me.
Ils ont fini par être d'accord avec moi.
I'll reply to his letter **eventually**.
Je finirai par répondre à sa lettre.

➤ **eventually** ne signifie pas "éventuellement" mais **finalement**.

↳ We could **possibly** leave tomorrow.
Nous pourrions éventuellement partir demain.

↳ éventuellement = **possibly**

EVIDENCE

The police are looking for **evidence**.
La police cherche des preuves.

➤ Le sens le plus courant du mot **evidence** est "preuves" (dans un contexte judiciaire).

↳ It's **obvious**!
C'est une évidence !

↳ Notez comment on traduit "c'est une évidence".

EVIDENT ou OBVIOUS ?

It's **obvious** that he's lying.
Il est évident qu'il ment.
But it's **obvious**, isn't it?
Mais c'est évident, non ?

ATTENTION N'employez pas le mot **evident** en anglais. Il existe, mais il n'a pas du tout les mêmes emplois que le mot français "évident". Il faut employer le mot **obvious**.

EVOLVE, EVOLUTION

Plants and animals have **evolved** over millions of years.
Les plantes et les animaux ont évolué pendant des millions d'années.

↳ He's **changed** a lot since I last saw him.
Il a beaucoup évolué depuis la dernière fois que je l'ai vu.

➤ Le mot **evolve** est surtout employé dans un contexte scientifique, pour parler de l'évolution des espèces.

↳ Dans la langue courante, traduisez **évoluer** par **change**.

EXPERIENCE ou EXPERIMENT ?

He hasn't got much **experience**.
Il n'a pas beaucoup d'expérience.

➤ **experience** = l'expérience (au sens de "connaissance")

We did some **experiments** in the laboratory.
Nous avons fait des expériences dans le laboratoire.

➤ an **experiment** = une expérience (scientifique)
ATTENTION Ne confondez pas ces deux mots !

EXPLAIN

Andrew **explained** how the machine worked.
Andrew a expliqué comment fonctionnait la machine.
I'm going to **explain** to you.
I'm going to **explain**.
Je vais vous expliquer.
Can you **explain** to me what happened?
Can you **explain** what happened?
Tu peux m'expliquer ce qui s'est passé ?

➤ **explain** = expliquer
ATTENTION Notez l'ordre des mots après **explain how...**

ATTENTION On dit **explain to somebody**, pas *explain somebody. Ne dites pas *I will explain you... *ou* *Explain me... !

FAULT

It's not my **fault**!
Ce n'est pas de ma faute !

↳ The essay is full of **mistakes**.
Le devoir est plein de fautes.

➤ **fault** = **faute** (au sens de responsabilité ou faute morale)

↳ Quand vous parlez d'une **faute** (au sens d'une erreur), le mot qui convient est **mistake**, pas *fault.

FELL et FELT

I **felt** ill and I had to come home.
Je me suis senti mal et j'ai dû rentrer à la maison.
The cat **fell** off the roof.
Le chat est tombé du toit.

ATTENTION Beaucoup de gens confondent **fell**, qui est une forme du verbe **fall** (= tomber), et **felt**, qui est une forme du verbe **feel** (sentir, se sentir). Ne les confondez pas !

FIGURE

Andrea has got a very good **figure**.
Andrea a une belle silhouette.
I've got to watch my **figure**.
Il faut que je surveille ma ligne.

➤ **figure** peut signifier **silhouette, ligne** (au sens de "forme du corps").

The page was covered in **figures**.
La page était couverte de chiffres.

➤ **figure** peut signifier **chiffre**.

↳ Go and wash your **face**.
Va te laver la figure.

➤ Au sens de "visage", le mot français **figure** se traduit par **face**, jamais par *figure.

FINISH + -ING

When I've **finished** read**ing** my book, I'll mow the lawn.
Quand j'aurai terminé de lire mon livre, je tondrai le gazon.
Has David **finished** clean**ing** the car?
Est-ce que David a terminé de laver la voiture ?

➤ L'équivalent de **terminer de** + infinitif, **finir de** + infinitif est **finish** + **-ing**.
ATTENTION Ne dites pas *finish to... !

FOR + période de temps (DEPUIS, PENDANT)

I've known Sam **for** more than twelve years.
Je connais Sam depuis plus de douze ans.

➤ **for** est employé avec le **present perfect** pour dire **depuis combien de temps** une situation existe, **depuis combien de temps** on fait quelque chose.

ATTENTION Ne confondez pas **for** avec **since** ! Souvenez-vous : **since** n'est jamais suivi d'un chiffre !

The building was empty **for** ten years.
L'immeuble est resté vide pendant dix ans.
We will be in London **for** three days.
On sera à Londres pendant trois jours.

➤ **for** est employé avec les autres temps pour dire **pendant combien de temps** une situation a existé, existera, etc.

ATTENTION Ne confondez pas **for** avec **during** !
during précise **quand** quelque chose s'est passé (pendant la nuit, pendant les élections). **for** précise **pendant combien de temps** (pendant deux heures, pendant un an).
→ **DURING**

Who are those flowers **for**?
Pour qui sont ces fleurs ?

ATTENTION Notez l'ordre des mots dans la question **who... for**? (pour qui ?)

FORGET

Don't **forget** Dad's birthday!
N'oublie pas l'anniversaire de Papa !
↳ I **left** my bag on the Tube.
J'ai oublié mon sac dans le métro.

➤ **forget = oublier**

↳ Attention ! Quand on parle d'oublier un objet quelque part (= le laisser quelque part par mégarde), on emploie **leave** et non *forget.

FORM ou SHAPE pour traduire "forme" ?

This illness is a **form** of flu.
Cette maladie est une forme de grippe.

➤ **form = forme** (surtout au sens de "type", "genre")

Anne drew some **shapes** on the paper.
Anne a dessiné des formes sur le papier.

> ► Évitez le mot **form** pour traduire le mot français "forme" au sens de "forme géométrique". Employez **shape**.

What shape is the vase?
De quelle forme est le vase ?

> ► Pour demander de quelle forme est quelque chose, on dit **what shape is it?**

Those cakes **are** a strange **shape**.
Ces gâteaux ont une forme bizarre.

> ► On dit **be + shape**, pas *have + shape.

FRIENDLY

Their dog is really **friendly**.
Leur chien est très gentil.
He looked at me in a **friendly** way.
Il m'a regardé d'un air sympathique.

> ► **friendly** (= sympa, gentil, aimable) est un **adjectif**, pas un adverbe.
> **ATTENTION** *He looked at me friendly est **incorrect**.

FRIGHTENED ou FRIGHTENING ?

That was a **frightening** film! I was very **frightened**!
C'était un film effrayant ! J'ai eu très peur !

> ► **frightening = effrayant**
> ► **be frightened = avoir peur**
> → -ED ou -ING ?

FULL OF ou COVERED WITH ?

The car is **full of** children.
La voiture est pleine d'enfants.
This essay is **full of** mistakes!
Ce devoir est plein d'erreurs !
The car is **covered with** mud.
La voiture est pleine de boue.

> ► **full of = plein de, rempli de**

> ► Quand vous voulez dire "plein de" au sens de "couvert de", employez **covered with**, pas *full of.

FUNNY et FUN

He told some very **funny** jokes.
Il a raconté des blagues très drôles.
That's **funny**, I thought I left my keys on the table.
C'est bizarre, je pensais avoir laissé mes clés sur la table.

> ► **funny** a deux sens. Il peut signifier **drôle** ou **bizarre**.

Learning English is **fun**!
C'est amusant d'apprendre l'anglais !

➤ **fun** est un **nom** (pas un adjectif) qui n'a pas de vrai équivalent en français. Il exprime l'idée du divertissement, de l'amusement, mais pas l'idée du rire.

Swimming is great **fun**!
La natation, c'est très amusant !

➤ On ne dit pas *very fun, mais **great fun** (ou **a lot of fun**).

It's no **fun** being in hospital.
Ce n'est pas très amusant d'être à l'hôpital.

➤ On ne dit pas *not fun, mais **no fun** (ou **not much fun**).

We had **fun** in the park.
Nous nous sommes bien amusés dans le parc.

➤ **have fun** = s'amuser
ATTENTION Ne confondez pas **fun** et **funny**. Avec **funny**, il y a soit l'idée qu'on rit, soit l'idée que quelque chose est étrange.

FURNITURE

All our **furniture** was destroyed in the fire.
Tous nos meubles ont été détruits dans l'incendie.

➤ **furniture** (= meubles, mobilier) est un nom **indénombrable**. Il ne se met jamais au pluriel, et on **ne dit pas** *a furniture.
➤ Notez que **furniture** est suivi d'un verbe au singulier (ici, **was**).

A desk is a very useful piece of **furniture**.
Un bureau est un meuble très utile.

➤ **un meuble** = **a piece of furniture**
ATTENTION **furniture** ne signifie jamais *fourniture !

GENIAL

My uncle is a very **genial** man.
Mon oncle est un homme très sympathique.

➤ **genial** est un mot un peu littéraire qui signifie **sympathique**.

↳ That film was really **great**!
Ce film était génial !

↳ Le mot français **génial** se traduit par **great**.

GO IN, GO INTO, GO TO

We decided to **go in**.
Nous avons décidé d'entrer.

➤ **go in** = entrer

Please **go in**!
Entrez, je vous prie !

➤ Le verbe **enter** existe en anglais, mais il est moins courant que **go in**.

They all **went into** the museum.
Ils sont tous entrés dans le musée.
↳ We **go to** England regularly.
Nous allons en Angleterre régulièrement.
↳ I **went to** London last week.
Je suis allé à Londres la semaine dernière.

> **go into** = **entrer dans**
> **ATTENTION** Ne confondez pas avec **go to** (aller en..., aller à...) quand on parle d'un pays ou d'une ville. **On ne dit pas** *go in England !

GOOD AT

I'm quite **good at** drawing.
Je suis assez bon en dessin.
Je suis assez doué pour le dessin.

> **good at** = **bon en, doué pour**
> **ATTENTION** Ne dites pas *good in...

GRAND, GREAT, BIG, LARGE, TALL

They live in a **grand** house.
Ils habitent dans une maison grandiose.
They live in a **big** house.
They live in a **large** house.
Ils habitent dans une grande maison.

Pasteur was a **great** scientist.
Pasteur était un grand savant.

This song is really **great**!
Cette chanson est vraiment géniale !

China is a very **large** country.
China is a very **big** country.
La Chine est un très grand pays.

Alan is very **tall**.
Alan est très grand.

> Le mot anglais **grand** signifie **grandiose, somptueux.** Il ne signifie pas *grand (= **big, large**).

> **great** signifie **grand**, mais seulement au sens de "exceptionnel".
> Dans la langue familière, **great** signifie **génial**.

> Quand vous parlez de la **taille** de quelque chose, il faut employer **large** ou **big** (jamais *great).

> Quand vous parlez de la taille de quelqu'un, ou de la hauteur d'un immeuble ou d'un arbre, employez **tall**.

HAIR

1. Mehdi has got brown **hair**.
Mehdi a des cheveux bruns.

1. > Quand on parle des cheveux de quelqu'un, on emploie le mot **hair**, qui est **indénombrable** dans ce sens (on ne le met pas au pluriel ! "hairs" = "poils" !)

My **hair** is dirty.
Mes cheveux sont sales.
I cut my **hair** myself.
Je me coupe les cheveux moi-même.

> Notez que le verbe est au singulier (**is**, pas **are** dans l'exemple à gauche).

2. You've got some **hairs** on your jacket.
Tu as des cheveux sur ta veste.
The sofa is covered in dog **hairs**.
Le canapé est couvert de poils de chien.

> 2. ➤ Quand on parle de cheveux qui sont tombés, ou de poils, on emploie également le mot **hair**, mais dans ce sens il est **dénombrable** (on peut dire one **hair**, two **hairs**, some **hairs**).
> **ATTENTION** Ne mettez jamais **hair** au pluriel quand vous parlez des cheveux sur la tête de quelqu'un !

HARDLY

I **hardly** worked yesterday.
J'ai à peine travaillé hier.
The paint is **hardly** dry.
La peinture est à peine sèche.

> ➤ **hardly** + verbe exprime l'idée de "à peine..."
> **ATTENTION** Ne confondez pas **hardly** (= à peine) avec l'adverbe **hard** (= dur) :
> I work hard = je travaille dur.
> I hardly work = je travaille à peine.
>
> ➤ **hardly any** = presque pas de...
> hardly anybody = presque personne
> hardly anything = presque rien

Hardly anybody came to the meeting.
Presque personne n'est venu à la réunion.

HEAR et LISTEN (TO)

Listen! Can you **hear** that music?
Écoute ! Tu entends cette musique ?
I'm **listening to** the radio.
J'écoute la radio.

> ➤ **listen** = écouter (sans COD)
> ➤ **hear** = entendre

I **can hear** Bob talking.
J'entends Bob qui parle.

> ➤ Notez l'emploi de **can** avec **hear**, qui est un verbe de perception (comme **see**, **feel**, **smell**, **taste**).
> **ATTENTION** Ne confondez pas **listen** et **hear**.
> **ATTENTION** N'oubliez pas la préposition **to** dans **listen to** + complément.

HOLIDAY

I need a holiday!
J'ai besoin de vacances !

We're going on **holiday** next week.
Nous partons en vacances la semaine prochaine.

I met Harry during the **holidays**.
J'ai rencontré Harry pendant les vacances.

➤ Attention : le mot **holiday** (= **vacances**) s'emploie généralement au **singulier**.

➤ On dit **on holiday**, jamais *on holidays (ni *in holidays !)

➤ Mais on dit **during the holidays** (**pendant les vacances**), surtout quand on parle des **grandes vacances**.

HOME et HOUSE

My parents are thinking of buying a **house**.
Mes parents envisagent d'acheter une maison.

➤ **house = maison**

Dan and Jessica have a very comfortable **home**.
C'est très confortable chez Dan et Jessica.
Their **home** is a caravan.
Ils habitent dans une caravane.

➤ Le mot anglais **home** n'a pas d'équivalent exact en français. C'est **l'endroit où on habite** (pas nécessairement une maison). **A home** peut être un appartement, une caravane, une maison ou même un bateau.

I've left my camera **at home**.
J'ai laissé mon appareil à la maison.
J'ai laissé mon appareil chez moi.
Sandra stayed **at home**.
Sandra est restée à la maison.
Sandra est restée chez elle.

➤ **at home = chez soi, à la maison**

I want to go **home** now.
Je veux rentrer à la maison maintenant.
Je veux rentrer chez moi maintenant.
We missed the bus and we had to walk **home**.
Nous avons raté le bus et nous avons dû rentrer (chez nous/à la maison) à pied.

➤ Le mot **home** suit directement les verbes qui évoquent un déplacement (on dit **go home, come home, walk home, return home, drive home**).
ATTENTION On **ne dit pas** *go at home* ni *go to home*.

IGNORE

He saw me, but he **ignored** me.
Il m'a vu, mais il m'a ignoré.

If the dog barks, **ignore** it.
Si le chien aboie, n'y fais pas attention.

↳ I **don't know** why he did it.
J'ignore pourquoi il l'a fait.
↳ Who was he with? I **don't know**.
Avec qui il était ? Je l'ignore.

➤ **ignore somebody = ignorer quelqu'un** (= faire semblant de ne pas le voir)

➤ **ignore something = ne pas faire attention à quelque chose**
↳ Quand vous voulez parler du fait d'**ignorer quelque chose**, employez **not know** (I don't know, he didn't know...)
ATTENTION **ignore** n'a jamais le sens de "ne pas savoir".

IMPORTANT

This is a very **important** document.
C'est un document très important.
Ce document est d'une grande importance.

↳ This file is too **large** to send by e-mail.
Ce fichier est trop important pour être envoyé par mail.

The **important** thing is to tell the truth.
L'important, c'est de dire la vérité.

➤ **important = important** au sens de "qui a de l'importance".

↳ Le mot français **important** au sens de "grand, volumineux" se traduit par **large**, jamais *important.

➤ On dit **the important thing**... (jamais *the important...)

INCONVENIENT

I hope it's not **inconvenient** if I leave now.
J'espère que ce n'est pas gênant si je pars maintenant.

↳ What are the advantages and **disadvantages** of this idea?
Quels sont les avantages et les inconvénients de cette idée ?

➤ **inconvenient** est un **adjectif** qui signifie "pas pratique", "gênant", "inopportun".

↳ **un inconvénient = a disadvantage**
ATTENTION Ne traduisez jamais **inconvénient** par *inconvenient !

INFORMATION

I need some information about trains to Brussels.
J'ai besoin d'informations sur les trains à destination de Bruxelles.

This is a very interesting **piece of information**.
C'est une information très intéressante.

➤ **information** est un nom **indénombrable** en anglais. On **ne dit pas** *an information, et on **ne met pas** le mot **information** au pluriel.

➤ **une information = a piece of information**
ATTENTION Ne dites **jamais** *an information, ni *informations !

INHABITED

This village is still **inhabited**.
Ce village est encore habité.

↳ We went to an **uninhabited** area.
Nous sommes allés dans une zone inhabitée.

➤ **inhabited = habité** (jamais *inhabité)

↳ **inhabité = uninhabited**

INJURE, INJURY

Joseph was **injured** in an accident.
Joseph a été blessé dans un accident.
His **injuries** are not serious.
Ses blessures ne sont pas graves.
↳ This word is a **term of abuse** in English.
Ce mot est une injure en anglais.
↳ They shouted racist **abuse**.
Ils ont crié des injures racistes.

➤ **injure = blesser**

➤ **an injury** (pluriel : **injuries) = une blessure**

↳ **une injure = a term of abuse**

↳ **des injures = abuse** (attention ! singulier)
ATTENTION Ne pas confondre ces mots.

INTERESTED ou INTERESTING ?

Sorry, I'm not **interested**.
Désolé, je ne suis pas intéressé.
Désolé, ça ne m'intéresse pas.

Aren't you **interested** in what I'm saying?
Tu n'es pas intéressé par ce que je dis ?
Ce que je dis ne t'intéresse pas ?

➤ **interested = intéressé**

➤ **interested in = intéressé par**
ATTENTION Notez l'emploi de la préposition **in**.

This is a very **interesting** book.
C'est un livre très intéressant.
↳ I bought it at a very **good** price.
Je l'ai acheté à un prix très intéressant.
↳ 3 euros, that's very **reasonable**!
Trois euros, c'est très intéressant !

➤ **interesting = intéressant**
ATTENTION Ne confondez pas les deux, et notez que *interessant **n'existe pas** en anglais !
ATTENTION Quand on parle d'un **prix** intéressant, le mot *interesting ne convient pas !

JEANS

Where did you buy those **jeans**?
Où est-ce que tu as acheté ce jean ?
She was wearing green **jeans**.
Elle portait un jean vert.
I need a new pair of **jeans**.
I need some new **jeans**.
J'ai besoin d'un nouveau jean.

➤ **jeans** est toujours au pluriel en anglais.
ATTENTION On **ne dit pas** *a jean *pour* "un jean". On **ne dit pas** *a jeans *mais* **some jeans** ou **a pair of jeans**.
→ JEANS, SHORTS, PANTS, TROUSERS

JOGGING

I like **jogging**.
J'aime bien le footing.
↳ I'm going to buy myself a **tracksuit**.
Je vais m'acheter un jogging.

➤ Le mot anglais **jogging** signifie le **footing**.
↳ **un jogging = a tracksuit**

JOURNEY, TRIP, VOYAGE ou TRAVEL ?

You must be tired after your **journey**.
You must be tired after your **trip**.
Tu dois être fatigué après ton voyage.

➤ **a journey** ou **a trip**, c'est **un voyage**

The **voyage** from Southampton to New York takes several days.
Le voyage de Southampton à New York prend plusieurs jours.

➤ **a voyage**, c'est un voyage très long, généralement en mer ou dans l'espace.

I love watching programmes about **travel**.
J'adore regarder les émissions sur les voyages.
I love **travel**.
J'adore les voyages.

➤ **travel** signifie "les voyages."
ATTENTION On **ne dit pas** *a travel !

KNOW

Do you **know** the difference between a rabbit and a hare?
Tu sais la différence entre un lapin et un lièvre ?

➤ know = savoir, connaître

I **know** that you're telling the truth.
I **know** you're telling the truth.
Je sais que tu dis la vérité.

➤ Notez comment on peut omettre **that** après **know**.

↳ The company has **had** some difficulties.
L'entreprise a connu des difficultés.
↳ The film **was** a huge success.
Le film a connu un succès énorme.
↳ He **failed**.
Il a connu un échec.

↳ Attention : quand on parle de **connaître** au sens de "éprouver", il ne se traduit pas par **know**.
Connaître un succès = to be a success; connaître un échec = to fail

↳ I **met** her in Spain.
Je l'ai connue en Espagne.

↳ Attention : quand on parle de **connaître** au sens de "rencontrer", il se traduit par **meet**.
ATTENTION Notez aussi que le verbe **know** ne se met jamais à la forme **be + -ing** (on ne dit jamais *I am knowing...).

KNOWLEDGE

This research has improved our **knowledge** of aids.
Cette recherche a amélioré nos connaissances sur le sida.

ATTENTION **knowledge** ne se met jamais au pluriel ! **des connaissances = knowledge**.

LARGE

Can I have a **large** hot chocolate, please?
Je peux avoir un grand chocolat chaud, s'il vous plaît ?

ATTENTION **large** = grand, pas *large.

The Thames is a very **large** river.
The Thames is a very **big** river.
La Tamise est un très grand fleuve.
↳ The Thames is a very **wide** river.
La Tamise est un fleuve très large.

➤ Le mot anglais **large** est synonyme de **big**.
ATTENTION Le mot français **large = wide** en anglais.
ATTENTION Ne confondez pas les mots **large** et **wide** en anglais !

LECTURE

Did you go to Mr. Peterson's **lecture**?
Tu es allé au cours de M. Peterson ?

➤ **a lecture**, c'est un cours magistral (en fac), un **exposé**, ou une **communication** (dans un congrès).

↳ I love **reading**.
J'adore la lecture.

↳ la **lecture** (= le fait de lire), c'est **reading** en anglais.

LEFT (gauche)

The school is on the **left**.
L'école est à gauche.
Turn **left** when you get to the church.
Tournez à gauche quand vous arrivez à l'église.

➤ **on the left** = à gauche
ATTENTION On dit **turn left** et non pas *turn on the left.

LIBRARY

I want to borrow a book from the **library**.
Je voudrais emprunter un livre à la bibliothèque.

➤ **a library**, c'est une bibliothèque.

↳ My brother works in a **bookshop**.
Mon frère travaille dans une librairie.

↳ une librairie = a **bookshop**.

LICENCE

You need a **licence** to hunt here.
Il vous faut un permis pour chasser ici.

➤ **a licence**, c'est un permis.

↳ He's got a **degree** in chemistry.
Il a une licence de chimie.

↳ une licence (un diplôme) = a **degree**.

LISTEN

Listen! Can you hear the rain?
Écoutez ! Vous entendez la pluie ?

➤ **listen** = écouter (sans COD)

I like **listening to** the radio in the morning.
J'aime écouter la radio le matin.
Listen to me!
Écoutez-moi !
What are you **listening to**?
Qu'est-ce que tu écoutes ?
Who are you **listening to**?
Qui est-ce que tu écoutes ?

➤ **écouter** quelque chose/ quelqu'un = **listen to** something/somebody
ATTENTION Il est **très important** de ne pas oublier **to** quand il y a un complément d'objet et dans les questions avec **what?** et **who?** On **ne dit pas** *listen the radio *ou* *listen me.

LOCATION

This is the ideal **location** for a new airport.
C'est le site idéal pour un nouvel aéroport.

�ↄ **Hire** of equipment is not included.
La location de matériel n'est pas incluse.

�ↄ "Flats for **rent**".
"Location d'appartements".

➤ **a location** = un site, un lieu, un emplacement...

�ↄ **la location** (le fait de louer quelque chose) = **hire** (pour des objets) ou **rent** (pour un logement)

LOGIC et LOGICAL

Computers work thanks to **logic**.
Les ordinateurs fonctionnent grâce à la logique.

I don't follow your **logic**.
Je ne suis pas ton raisonnement.

It's not **logical**!
Ce n'est pas logique !

➤ **logic** est un **nom** (un substantif) qui signifie « la logique » ou « le raisonnement ».

➤ **logical** est un **adjectif** qui signifie « logique ».
ATTENTION Ne confondez pas **logic** et **logical**. On **ne dit pas** *it's not logic.

LOOK AT, SEE, WATCH

ATTENTION Ces trois expressions sont souvent source de confusion. Regardez bien les exemples.
➤ **see** = **voir**

I can **see** our house from here.
Je vois notre maison d'ici.

That man is **looking at** our house.
Cet homme regarde notre maison.

That man is **watching** our house.
Cet homme surveille notre maison.

Would you like to **watch** television?
Tu veux regarder la télévision ?

➤ **look at** = **regarder** (au sens de « contempler »)

➤ **watch** = **regarder** (ce qui se passe), **surveiller**

➤ On dit **watch** quand il se passe quelque chose, quand quelque chose bouge : **watch television**, **watch a film**, **watch a football match**.
ATTENTION « Look at the television » signifierait « regarder le téléviseur » (l'appareil, pas l'image).

Would you like to **look at** some photographs?
Tu veux regarder des photos ?

➤ Quand on regarde quelque chose qui ne bouge pas, on dit **look at**.
ATTENTION On dit **watch a film** (l'image bouge) et **look at a photograph** (l'image est fixe).

Watch me!
Regarde-moi (faire)!
Look at me!
Regarde-moi !

➤ **watch me !** signifie « regarde-moi » au sens de « regarde ce que je fais ».
➤ **look at me!** signifie simplement « regarde-moi », sans l'idée que je fais quelque chose de particulier.

LOOSE et LOSE

Here's the key, don't **lose** it !
Voici la clé, ne la perds pas !

➤ **lose** (lost, lost) est un **verbe** qui signifie **perdre**.

This shelf is **loose**.
Cette étagère est mal fixée.
This screw is **loose**.
Cette vis a besoin d'être resserrée.

➤ **loose** est un **adjectif** qui n'a pas d'équivalent exact en français. Il s'emploie pour parler d'objets mal attachés ou mal fixés, pour des clous mal enfoncés, pour des vis desserrées, etc.
ATTENTION N'écrivez pas le verbe **lose** avec deux o !

LUGGAGE

Do not leave your **luggage** unattended.
Ne laissez pas vos bagages sans surveillance.
I only have one **piece of luggage**.
Je n'ai qu'un seul bagage.

➤ **luggage** est **indénombrable** : ce mot ne se met **jamais** au pluriel, et on ne dit jamais *a luggage mais **a piece of luggage**.

MAP ou PLAN ?

Have you got a Metro **map**?
Tu as un plan du Métro ?
I've got to buy a **map** of London.
Je dois acheter un plan de Londres.
Have you got a **plan** of the house?
As-tu un plan de la maison ?

➤ Le mot anglais **plan** s'emploie pour des plans architecturaux, mais pas pour des plans de rues. Dans ce cas il faut employer le mot **map**.

MARCH

The soldiers **marched** to the station.
Les soldats ont marché au pas jusqu'à la gare.

↳ We **walked** for hours.
Nous avons marché pendant des heures.

➤ Le verbe **march** ne signifie pas marcher, mais **marcher au pas** (ce que font les militaires).

↳ marcher = walk

MARK ou WRITE ?

Mark the place on the map.
Marque l'endroit sur la carte.

Write your name on the cover.
Marque ton nom sur la couverture.

➤ **mark = marquer** au sens de "faire une marque", "indiquer par une marque".

➤ Quand **marquer** signifie "écrire", il se traduit par **write**, pas par *mark.

MARRIAGE ou WEDDING ?

Their **marriage** lasted three years.
Leur mariage a duré trois ans.

Have you been invited to their **wedding**?
As-tu été invité à leur mariage ?

➤ Le mot **marriage** signifie soit l'institution du mariage, soit la vie de couple. Il ne désigne pas la cérémonie elle-même.

➤ Quand vous voulez parler de la **cérémonie** du mariage, il faut employer le mot **wedding**.

MASSIVE et SOLID

The hotel has a **massive** pool.
L'hôtel a une énorme piscine.

The ring is made of **solid** gold.
La bague est en or massif.

➤ **massive** ne signifie pas **massif**, mais **énorme**.

➤ **massif** (en parlant d'un matériau) = **solid**.

MEAN (verbe)

"Hi" **means** the same as "hello".
"Hi" veut dire la même chose que "hello".
What do you **mean**?
Qu'est-ce que tu veux dire ?
What does "grin" **mean**?
Que signifie "grin" ?

➤ **mean = vouloir dire, signifier.**
ATTENTION Ne dites pas *what mean...? *ou *what means....? Regardez bien la structure des phrases à gauche.

MECHANIC ou MECHANICAL ?

My Dad is a **mechanic**.
Mon père est mécanicien.

➤ **mechanic** est un **nom** qui signifie **mécanicien**. Ce n'est pas un adjectif !

This company makes **mechanical** toys.
Cette entreprise fabrique des jouets mécaniques.

➤ mécanique = **mechanical**.

MEETING

I've got a **meeting** at five.
J'ai une réunion à 17 h.

➤ a **meeting** = une **réunion** (rarement "une rencontre")

A lot of things have changed since they **met**.
Beaucoup de choses ont changé depuis leur rencontre.
We **met** in June.
Notre rencontre date de juin.

➤ Quand vous voulez parler d'une **rencontre** (= le simple fait que des gens se rencontrent), n'employez pas **a meeting**. Regardez bien les exemples : on emploie le verbe **meet**.

MILITARY

He's interested in **military** history.
Il s'intéresse à l'histoire militaire.

➤ **military** est un **adjectif** qui signifie "militaire".

His brother is a **soldier**.
Son frère est militaire.

➤ un militaire = a **soldier**
ATTENTION Ne dites pas *a military !

MISS

I **miss** you.
Tu me manques.
Do you **miss** me?
Je te manque ?
Do you **miss** your brother?
Ton frère te manque ?
Does your brother **miss** you?
Est-ce que tu manques à ton frère ?

➤ I **miss** you = **tu me manques** : celui qui "miss", c'est celui **à qui manque l'autre**. Le sujet et le complément sont inversés par rapport au français. Regardez bien les exemples !

MISTER

Mister Davidson lives near us.
Monsieur Davidson habite près de chez nous.

➤ **Mister** signifie **Monsieur**, mais seulement dans les noms des personnes. Il est généralement abrégé en **Mr**.

A **man** came to see us.
Un monsieur est venu nous voir.

> ➤ un monsieur = a man
> **ATTENTION** On ne dit jamais *a mister !

MISTRESS

The papers revealed that the minister has got a **mistress**.
Les journaux ont révélé que le ministre a une maîtresse.

> ➤ a mistress = une maîtresse, une femme qui sort avec un homme marié.

Our **teacher** broke her arm.
Notre maîtresse s'est cassé le bras.

> ➤ une maîtresse (à l'école) = a teacher
> **ATTENTION** au sens du mot **mistress**.

MODIFY et CHANGE

They've **modified** the software.
Ils ont modifié le logiciel.
Can I **change** the date for my return journey?
Je peux modifier la date de mon retour ?

> ➤ Le verbe **modify** existe en anglais, mais il est beaucoup moins courant que le verbe **change**. Pour ne pas vous tromper, **évitez d'employer le mot "modify"**.

MONEY, CHANGE, CURRENCY

Could you lend me some **money**?
Tu peux me prêter de l'argent ?

> ➤ money = argent

Have you got some **change** for the tip?
Tu as de la monnaie pour le pourboire ?

> ➤ change = monnaie (au sens de "pièces")

What's the **currency** in Mauritania?
Quelle est la monnaie en Mauritanie ?

> ➤ currency = monnaie (au sens de "devise" : l'euro, le dollar, etc.).
> **ATTENTION** Ne confondez pas ces trois mots qui ont des sens bien différents !

MOUNTAIN

What's the name of that **mountain**?
Comment s'appelle cette montagne ?

> ➤ a mountain = une montagne

We spent our holidays in the **mountains**.
On a passé nos vacances à la montagne.
I love the **mountains**.
J'adore la montagne.

> ➤ à la montagne = in the mountains
> **ATTENTION** Quand "la montagne" signifie "les montagnes", il se traduit par **the mountains**, avec un s.

NEWS

That's good **news**!
C'est une bonne nouvelle !

Is there any **news**?
Y a-t-il des nouvelles ?
I've got some important **news** to tell you.
J'ai une nouvelle importante/des nouvelles importantes à vous annoncer.
The **news** is not good.
Les nouvelles ne sont pas bonnes.

➤ **news** est un nom **indénombrable**. Malgré son **s**, ce n'est pas un pluriel !

➤ **news = une nouvelle** ou **des nouvelles**
ATTENTION On **ne dit pas** *a news !
ATTENTION Le verbe qui s'emploie avec **news** est au singulier !

NOISE ou SOUND pour traduire "bruit" ?

The seagulls made a lot of **noise**.
Les mouettes faisaient beaucoup de bruit.
The **noise** from the street disturbed me.
Le bruit de la rue m'a dérangé.

➤ **a noise**, c'est un bruit désagréable, fort ou strident.

We listened to the **sound** of the waves.
On a écouté le bruit des vagues.
I like the **sound** of the wind.
J'aime le bruit du vent.

➤ **a sound**, c'est généralement un son ou un bruit agréable ou doux.

NORMAL

The **normal** price is 200 euros.
Le prix normal est 200 euros.

It's **not surprising** he's angry!
C'est normal qu'il soit fâché !

They've increased the price again, it's **not right**!
Ils ont encore augmenté le prix, ce n'est pas normal !
Do you think it's **right**?
Tu trouves ça normal ?

➤ **normal = normal** au sens de "habituel" ou "pas exceptionnel"
➤ **c'est normal** (= ce n'est pas étonnant) ne se traduit pas par *it's normal mais par **it's not surprising**.

➤ Quand **normal** signifie "juste" ou "acceptable", il se traduit par **right**.
ATTENTION Faites attention quand vous employez le mot **normal** en anglais.

NOTE, MARK ou GRADE ?

I took lots of **notes**.
J'ai pris plein de notes.
Leave Sandy a **note**.
Laisse un petit mot pour Sandy.

➤ **a note** c'est une note écrite, une note musicale ou un petit mot. **Ce n'est pas** une note à l'école.

I get good **marks** in English.
I get good **grades** in English.
J'ai de bonnes notes en anglais.

➤ **une note** à l'école, c'est **a mark** en Grande-Bretagne et **a grade** aux États-Unis.

OBLIGE ou HAVE TO MAKE ?

I was **obliged** to work all weekend.
I **had to** work all weekend
J'ai été obligé de travailler tout le week-end.

➤ Le verbe **oblige** existe en anglais, mais il est beaucoup moins employé que le verbe **obliger**.

You don't **have to** answer.
Tu n'es pas obligé de répondre.

➤ Quand vous voulez dire **être obligé de...**, employez plutôt l'expression **have to...**

They **made** us leave early.
Ils nous ont obligés à partir tôt.
You can't **make** David do it.
Tu ne peux pas obliger David à le faire.

➤ Quand vous voulez dire **obliger** quelqu'un **à**, employez **make**....

OBSERVE et WATCH

We use this telescope to **observe** the sun.
Nous utilisons ce téléscope pour observer le soleil.

➤ Le mot **observe** existe en anglais, mais il s'emploie moins souvent que le mot français **observer**. Il s'emploie plutôt dans un contexte scientifique.

I knew he was **watching** me.
Je savais qu'il m'observait.

➤ Dans la langue courante, **observer** se traduit le plus souvent par **watch**.

OCCASION

On this **occasion**, Fred seemed happy.
À cette occasion, Fred semblait heureux.

➤ Le mot anglais **occasion** signifie "occasion" au sens de "moment" ou "événement".

↳ I didn't have the **opportunity** to speak to him.
Je n'ai pas eu l'occasion de lui parler.

↳ Quand vous voulez parler d'une occasion au sens de "possibilité", employez **opportunity**, pas *occasion.

↳ At that price, it's a **bargain**!
À ce prix-là, c'est une occasion !

↳ Quand vous voulez parler d'une occasion au sens de "affaire", le mot qui convient est **bargain**.

OCCUR et HAPPEN

When did the incident **occur**?
Quand l'incident a-t-il eu lieu ?
What **happened** last night?
Qu'est-ce qui s'est passé hier soir ?

➤ Évitez d'employer le verbe **occur**, qui est rarement employé en anglais courant. Le verbe **happen** est beaucoup plus naturel.

OFFER

Sandra **offered** to help me.
Sandra a proposé de m'aider.
He **offered** me ten dollars for my watch, but I refused.
Il m'a proposé dix dollars pour ma montre, mais j'ai refusé.

➤ Le verbe **offer** signifie généralement **proposer** et non « offrir ».

↳ What did Cathy **give** you for your birthday?
Qu'est-ce que Cathy t'a offert pour ton anniversaire ?
↳ She **gave** me a nice pen.
Elle m'a offert un beau stylo.

ATTENTION Quand vous parlez d'**offrir** quelque chose à quelqu'un, employez **give**.

OK (d'accord)

OK, you can come.
D'accord, tu peux venir.

↳ He **agrees**.
Il est d'accord.

➤ On emploie **OK** pour exprimer son **propre** accord, mais pas pour parler de quelqu'un d'autre. **He's OK** signifie **il va bien** et non *il est d'accord.

ONE DAY...

One day, Harry went shopping...
Un jour, Harry est allé faire des courses...
One day, I'll tell you what happened.
Un jour, je te dirai ce qui s'est passé.

➤ L'expression "un jour..." employée comme dans les exemples à gauche se dit **one day**, jamais *a day.

OPEN, OPENED

The museum was **open**.
Le musée était ouvert.
The museum was **opened** by the mayor.
Le musée a été ouvert par le maire.

➤ Ne confondez pas **open** (adjectif = **ouvert**) avec **opened** (prétérit et participe passé du verbe **open**).

OTHER, OTHERS

I like judo and **other** martial arts.
J'aime le judo et d'autres arts martiaux.

➤ Quand **other** est adjectif (quand il est suivi d'un nom), il ne prend jamais de **s**.

Go and play with the **others**.
Va jouer avec les autres.

➤ **the others** = les autres (ici, **other** est un pronom).

ATTENTION On **ne dit pas** *others people, *others things...

PANTS

Where did you buy those **pants**?
(GB) Où est-ce que tu as acheté ce slip ?
(US) Où est-ce que tu as acheté ce pantalon ?

➤ **pants** (= (US) pantalon ou (GB) slip) est toujours au pluriel.

I need some new **pants**.
J'ai besoin d'un nouveau slip/d'un nouveau pantalon.
What's that? – It's a pair of **pants**.
Qu'est-ce que c'est ? – C'est un slip/un pantalon.

ATTENTION On **ne dit pas** *a pants. On dit **(some) pants** ou **a pair of pants**.
→ JEANS, PYJAMAS, SHORTS, TROUSERS

PARENT

My **parents** are on holiday in Spain.
Mes parents sont en vacances en Espagne.

➤ Le mot anglais **parent** signifie seulement le père ou la mère. Quand le mot français **parent** signifie "cousin, tante, oncle..." il se traduit par **relative**, jamais par *parent.

↳ All my **relatives** were at the wedding.
Tous mes parents étaient au mariage.

PARKING

I couldn't find a **parking** space.
Je n'ai pas pu trouver de place pour me garer.

➤ Le mot anglais **parking** s'emploie dans des mots composés (**parking space, parking lot**...) et sur les panneaux qui indiquent les parkings.

↳ There's a public **car park** near the town hall.
Il y a un parking public près de la mairie.

ATTENTION On **ne dit pas** *a parking ! **un parking = a car park**.

PARTICIPATE IN, TAKE PART IN

Did you **participate in** the competition?
Did you **take part in** the competition?
Tu as participé au concours ?

➤ Notez que la préposition employée avec le verbe **participate** est in (jamais *at !)
➤ En règle générale, **take part in** est plus naturel en anglais que **participate in**.

PASS et SPEND

Could you **pass** me the paper, please?
Tu peux me passer le journal, s'il te plaît ?

➤ **pass somebody something /pass something to somebody**
= passer quelque chose à quelqu'un

He **passed** his brother the map.
He **passed** the map to his brother.
Il a passé le plan à son frère.

➤ Notez la structure "**pass somebody something**" – c'est comme si on disait "passer à quelqu'un quelque chose".

We **passed** two churches.
Nous sommes passés devant deux églises.

➤ **pass a place** = passer devant un endroit

He **spends** a lot of time in the garden.
Il passe beaucoup de temps dans le jardin.
I **spent** an hour with Paul.
J'ai passé une heure avec Paul.

➤ Quand on parle de **passer du temps**, on ne dit pas "pass" en anglais mais **spend**.
ATTENTION Ne confondez pas **pass** et **spend**.

PASS AN EXAM/ A TEST

I really need to **pass** this exam.
J'ai vraiment besoin de réussir cet examen.

➤ **pass an exam** = réussir un examen et non *passer un examen.

↳ Jerry is **taking** the « bac » this year.
Jerry passe le bac cette année.
↳ I **took** my driving test, but I didn't **pass**.
J'ai passé mon permis de conduire, mais je ne l'ai pas eu.

↳ **passer** un examen = **take an exam**.
ATTENTION Ne confondez pas **pass** et **take** !

PAUSE et BREAK

There was a **pause** in the conversation.
Il y a eu une pause dans la conversation.

➤ **a pause**, c'est une **pause**, mais seulement quand on arrête de **parler**.

I'll see you after the **break**.
Je te verrai après la pause.

➤ Dans d'autres contextes, **une pause = a break**

Shall we have a **break**?
On fait une pause ?

➤ Notez : **have a break = faire une pause**

PAY et PAY FOR

I'll **pay** you if you help me.
Je te paierai si tu m'aides.

➤ **pay somebody = payer quelqu'un**

I **paid** ten dollars.
J'ai payé dix dollars.

➤ **pay** + somme = **payer** + somme

Have you got some change to **pay for** the taxi?
As-tu de la monnaie pour payer le taxi ?

➤ Quand on parle de **payer** quelque chose qu'on achète, ou un service, il faut employer l'expression **pay for** en anglais.

I forgot to **pay for** the vegetables.
J'ai oublié de payer les légumes.

ATTENTION *pay the vegetables **est incorrect**.

How much did you **pay for** that?
Combien tu as payé ça ?

ATTENTION *how much did you pay that? **est incorrect**.

I **paid** $300 **for** this dress.
J'ai payé cette robe 300 dollars.

ATTENTION *I paid this dress... **est incorrect**.
ATTENTION N'oubliez pas **for** !

PERHAPS

Perhaps Alan will phone later.
Alan appellera peut-être plus tard.
Perhaps it's true, I don't know.
C'est peut-être vrai, je ne sais pas.

➤ **perhaps** (= peut-être) se place généralement en **début de phrase**.

Perhaps I'm wrong.
Peut-être ai-je tort.
J'ai peut-être tort.

ATTENTION En anglais on n'inverse jamais le sujet et le verbe après **perhaps**.

PERMIT, ALLOW, ENABLE et MAKE POSSIBLE

I won't **allow** you to say that!
Je ne te permettrai pas de dire ça !
Do your parents **allow** you to go out at night?
Tes parents te permettent de sortir le soir ?

➤ Le mot **permit** existe en anglais, mais il a des emplois limités et le mot **allow** est beaucoup plus courant.
ATTENTION Dites **allow**, jamais *permit.
➤ Attention à la structure de l'expression : **allow somebody to + base verbale**.

This money will **enable** me to buy a car.
Cet argent me permettra d'acheter une voiture.

➤ Quand "permettre" signifie "rendre capable", il peut aussi se traduire par **enable**.

ATTENTION **enable** n'a jamais le sens de "autoriser" : on **ne dit pas** *my parents enable me to go out.

This ticket **makes it possible** to enter both sections of the park.
Ce billet permet d'entrer dans les deux parties du parc.

➤ Quand vous voulez parler de quelque chose qui **permet de faire** quelque chose, employez l'expression **make it possible to...**

ATTENTION On **ne dit pas** *it permits to... ni *it allows to... ni *it enables to...

PERSON et PEOPLE

Jack is a wonderful **person**.
Jack est une personne merveilleuse.
Jack est quelqu'un de merveilleux.

➤ **a person = une personne**

Kate's parents are wonderful **people**.
Les parents de Kate sont des gens merveilleux.

ATTENTION Au pluriel, employez **people**, jamais *persons !

There were 100 **people** at the wedding.
Il y avait 100 personnes au mariage.

ATTENTION **people** est toujours associé à un verbe au **pluriel**.

People like this kind of book.
Les gens aiment bien ce genre de livre.

➤ Quand vous parlez **des gens** en général, dites **people...**, pas *the people...

PETROL

I need some **petrol**.
J'ai besoin d'essence.

➤ **petrol = essence** (au sens de "carburant")

↳ They've discovered **oil** in the desert.
Ils ont découvert du pétrole dans le désert.

↳ **le pétrole = oil**

PHONE

I must **phone** my mother before I leave.
Il faut que j'appelle ma mère avant de partir.

ATTENTION On dit **phone somebody**, pas *phone to somebody !

PHOTOGRAPH, PHOTOGRAPHER, PHOTOGRAPHY

Would you like to look at some photographs?
Voulez-vous regarder des photos ?

➤ **a photograph**, c'est une **photo**.

My cousin is a professional **photographer**.
Mon cousin est photographe professionnel.

➤ **a photographer**, c'est un(e) **photographe**.

I'm very interested in **photography**.
Je m'intéresse beaucoup à la photographie.

➤ **photography**, c'est la **photographie** (= l'activité ou l'art de prendre des photos).
ATTENTION Ne confondez pas ces trois mots !

PLACE

This is a good **place** for a picnic.
C'est un bon endroit pour un pique-nique.
Let's go to my **place**.
Allons chez moi.

➤ **a place** = un endroit, un lieu (pas *une place)
➤ **possessif + place** (my place, your place, Leo's place, my parents' place) désigne l'endroit où quelqu'un a une habite et correspond au français **chez...**

↳ There isn't enough **space** for the table.
There isn't enough **room** for the table.
Il n'y a pas assez de place pour la table.

↳ **de la place** = **space** ou **room** (pas *place)

↳ They live near the main **square**.
Ils habitent près de la place principale.

↳ **une place** (dans une ville) = a **square** (pas * a place)
ATTENTION Ne confondez pas **place**, **space** et **square** !

PLANNING

What are you **planning** to do?
Qu'est-ce que vous envisagez de faire ?

➤ **planning** est une forme du verbe **plan**, qui signifie "prévoir, envisager, planifier".

↳ I'm going to have a look at the **schedule**.
Je vais regarder le planning.

➤ **un planning** = a **schedule**
ATTENTION On **ne dit pas** *a planning !

POLICE

The **police** have arrived.
La police est arrivée.
The **police** are trying to find some evidence.
La police essaie de trouver des preuves.

➤ Le verbe associé à **police** doit toujours être au **pluriel** (the police **have** arrived, pas *the police **has** arrived ; the police **are** trying, pas *the police **is** trying).

POOR

My grandparents were very **poor**.
Mes grands-parents étaient très pauvres.

➤ **poor = pauvre**

He gave some money to a **poor person**.
Il a donné de l'argent à un pauvre.

➤ **un pauvre = a poor person** (pluriel : **poor people**)
ATTENTION On ne dit pas *a poor !

We must help **the poor**.
Il faut que nous aidions les pauvres.

➤ **les pauvres** (en général) **= the poor**
ATTENTION On ne dit pas *poors !

Oh, the **poor** thing!
Oh, la pauvre !

➤ **le/la pauvre, les pauvres** (pour exprimer la compassion) **= the poor thing(s) !**

PRACTICAL

We need some **practical** solutions.
Nous avons besoin de solutions pratiques.

➤ **practical** signifie **pratique**, mais il n'a pas les mêmes emplois.

This tool is very **handy**.
This tool is very **useful**.
Cet outil est très pratique.

➤ Quand vous parlez d'un outil ou d'un instrument **pratique**, employez **handy** ou **useful**.

It's very **handy** living so near the shops.
It's very **convenient** living so near the shops.
C'est très pratique d'habiter si près des commerces.

➤ Quand **pratique** s'applique à une situation, employez **handy** ou **convenient**.

PRACTISE (en parlant d'un sport)

Many children **practise** a sport.
Many children **do** a sport.
Beaucoup d'enfants pratiquent un sport.

➤ Quand on parle du sport en général (sans nommer un sport en particulier), **practise = pratiquer**.

What sports do you **do**?
Quels sports pratiques-tu ?

➤ Toutefois il est généralement plus naturel d'employer le mot **do**. Pour ne pas vous tromper, nous vous conseillons d'**éviter** le mot **practise** pour traduire **pratiquer** en parlant de sports.

I play football and I **practise** every Wednesday.
Je joue au foot et je m'entraîne tous les mercredis.
You need to **practise** a lot.
Il faut beaucoup s'entraîner.

ATTENTION Quand on parle d'un sport en particulier, le mot **practise** signifie **s'entraîner**, pas *pratiquer.

I **do** judo and swimming.
Je pratique le judo et la natation.

➤ En parlant de sports individuels ou de sports de combat, on emploie **do** pour "pratiquer".

I **play** tennis and volleyball.
Je pratique le tennis et le volley.

➤ En parlant de jeux et de sports d'équipe, on emploie **play** pour "pratiquer".
ATTENTION Ne dites pas *I practise football, *I practise swimming ou *I practise judo !

PRECISE

He gave us **precise** details.
Il nous a donné des détails précis.
↳ He **explained** that he couldn't cook.
Il a précisé qu'il ne savait pas faire la cuisine.
↳ Can you **tell** me your holiday dates?
Tu peux me préciser tes dates de vacances ?

➤ **precise** est un **adjectif** qui signifie **précis**.
↳ **préciser** peut se traduire par **explain** (= expliquer) ou **tell** (= dire à quelqu'un).
ATTENTION **Precise** n'est jamais un verbe !

PREFER

I **prefer** walking.
I **prefer** to walk.
Je préfère marcher.
I **would prefer** to walk.
Je préférerais marcher.

➤ **prefer** peut être suivi de **-ing** ou de **to** + base verbale.
➤ Mais attention ! Après **would prefer**, on n'emploie pas la forme en **-ing**.
ATTENTION Ne dites pas *I would prefer walking !

PRESENT et INTRODUCE

Jack **presented** the documents to us.
Jack nous a présenté les documents.

Jack **introduced** his brother to us.
Jack nous a présenté son frère.

Can you **introduce** me to your sister?
Tu peux me présenter à ta sœur?

Can you **introduce** your sister to me?
Tu peux me présenter ta sœur ?

➤ **present something =
présenter quelque chose**

➤ **présenter quelqu'un
(à quelqu'un) = introduce
somebody (to somebody)**
ATTENTION Ne les confondez
pas !

ATTENTION *...introduce me
your sister est **incorrect**.

PRESERVATIVE

This jam contains **preservatives**.
Cette confiture contient des agents de conservation.

↳ You can buy **condoms** at the pharmacy.
Tu peux acheter des préservatifs à la pharmacie.

➤ **a preservative = un
agent de conservation**
(dans une confiture, une
conserve par exemple)

↳ **un préservatif = a
condom**
ATTENTION Ne confondez pas
ces mots !

PRESSING

Try **pressing** that button.
Essaie d'appuyer sur ce bouton.

↳ I need to take these trousers to the
dry-cleaner's.
Je dois apporter ce pantalon au pressing.

➤ **pressing** est une forme
du verbe **press** (presser,
appuyer sur)

↳ **un pressing = a dry-
cleaner's**
ATTENTION On **ne dit pas** *a
pressing !

PRETEND

He **pretended** to be asleep.
Il a fait semblant de dormir.
Let's **pretend** to be pirates!
Faisons semblant d'être des pirates !

↳ He **claims** to be very rich.
Il prétend être très riche.

➤ **pretend** signifie **faire
semblant.**
ATTENTION pretend ne signifie
pas *prétendre !

↳ **prétendre = claim**

PRINCIPAL et MAIN

The **principal** problem was money.
The **main** problem was money.
Le principal problème était l'argent.
They live near the **main** square.
Ils habitent près de la place principale.
The **main** street is called Broad Street.
La rue principale s'appelle Broad Street.

➤ L'adjectif **principal** existe en anglais, mais le mot **main** est beaucoup plus courant et dans beaucoup de cas, **principal** est impossible.

ATTENTION Évitez d'employer le mot **principal** en anglais. Employez toujours **main**.

PRIZE et PRICE

Mina won a **prize** for her essay.
Mina a gagné un prix pour sa dissertation.

Have you seen the **price** of that car?
Tu as vu le prix de cette voiture ?

➤ **a prize = un prix** (qu'on gagne)

➤ **a price = un prix** (qu'on paie)

ATTENTION Ne confondez pas **price** et **prize** !

PRODUCE et PRODUCT

This factory **produces** shoes.
Cette usine produit des chaussures.

They sell **produce** on the roadside.
Ils vendent des produits de la ferme au bord de la route.
We no longer sell this **product**.
Nous ne vendons plus ce produit.

➤ **produce** (avec l'accent sur la deuxième syllabe) = **produire**

➤ **produce** (avec l'accent sur la première syllabe) signifie produits de la ferme

➤ **a product = un produit**

ATTENTION product n'est pas un verbe ! Le verbe **produire** se traduit par **produce**.

PROFESSOR et TEACHER

Mrs Jenkins is a **professor**.
Mme Jenkins est professeur à l'université.

Mrs Jenkins' husband is a **teacher**.
Le mari de Mme Jenkins est professeur.
Le mari de Mme Jenkins est enseignant.
Le mari de Mme Jenkins est prof.

➤ **a professor** est un professeur d'université qui a atteint un très haut niveau. Le mot **professor** n'est donc pas l'équivalent exact du mot français **professeur**.

➤ **a teacher** est un(e) enseignant(e), un professeur au sens large, un(e) prof.

PROGRESS

They have made some **progress**.
Ils ont fait des progrès.

➤ **progress** (= progrès) est un nom **indénombrable** : il ne se met pas au pluriel, et on ne dit pas *a progress. **des progrès = some progress**.

This is a real **improvement**.
This is a real **step forward**.
C'est un vrai progrès.

➤ Si vous voulez parler d'**un progrès**, au singulier, employez le mot **improvement**, ou l'expression **a step forward**.

PROPER, OWN, CLEAN

If you don't use the **proper** software, you'll have problems.
Si tu n'utilises pas le logiciel qu'il faut, tu auras des problèmes.
We must put a **proper** lock on this door.
Il faut qu'on mette une vraie serrure sur cette porte.
Sorry, I haven't got any **proper** coffee, only instant.
Désolé, je n'ai pas de vrai café, seulement de l'instantané.

➤ **proper** a le sens soit de "comme il faut, convenable", soit le sens de "vrai, véritable".
ATTENTION **proper** ne signifie pas propre !

↳ This is my **own** bike.
C'est mon propre vélo.
↳ I'd like to have my **own** dog.
J'aimerais avoir mon propre chien.

↳ **propre** (indiquant la propriété) = **own**

↳ This table isn't very **clean**!
Cette table n'est pas très propre !

↳ **propre** (= pas sale) = **clean**

PROPERLY

Am I doing this **properly**?
Est-ce que je fais ça comme il faut ?
The door doesn't shut **properly**.
La porte ne ferme pas bien.

➤ **properly** signifie "comme il faut" ou "bien".
ATTENTION **properly** ne signifie pas proprement !

PROPERTY

This is private **property**.
C'est une propriété privée.
He sells **property**.
Il vend de l'immobilier.

➤ **property** signifie soit **propriété**, soit **immobilier**.
ATTENTION property ne signifie pas *propreté !

PROPOSE, SUGGEST ou OFFER ?

➤ Le verbe **propose** existe en anglais, mais il a des emplois limités et est difficile à employer correctement.
ATTENTION Évitez d'employer le verbe **propose** !

Daniel **suggested** an interesting solution.
Daniel a proposé une solution intéressante.

➤ Quand "proposer" signifie "suggérer" ou "avancer", traduisez par **suggest**.

What do you **suggest** doing?
Qu'est-ce que tu proposes de faire ?

ATTENTION On dit **suggest** + **-ing**, jamais *suggest to...

Let's go to the cinema.
Je propose qu'on aille au cinéma.

➤ Notez aussi l'emploi de **let's** pour faire une proposition.

Anne **offered** me some help.
Anne m'a proposé de l'aide.
Offer David something to drink.
Propose quelque chose à boire à David.

➤ Quand "proposer" signifie "dire qu'on veut bien donner", il se traduit par **offer**.

Fiona **offered** Luke £1,000 for his car.
Fiona a proposé mille livres à Luke pour sa voiture.

➤ Attention ! Ici **offer** ne signifie pas *offrir.

PROVOKE et CAUSE

The dog bit Andrew because he **provoked** it.
Le chien a mordu Andrew parce qu'il l'avait provoqué.

➤ **provoke** = **provoquer**, mais seulement au sens de "agresser, embêter".

What **caused** the accident?
Qu'est-ce qui a provoqué l'accident ?
The news **caused** a riot.
La nouvelle a provoqué une émeute.

➤ Quand "provoquer" signifie "être la cause de", il se traduit par **cause**, pas *provoke.

PUBLIC et AUDIENCE

The **public** has a right to know!
Le public a le droit de savoir !

➤ the public = le public, mais seulement au sens général (= tous les gens dans la société)

The **audience** clapped.
Le public a applaudi.
Is your wife in the **audience**?
Votre femme est-elle dans le public ?

➤ Quand vous parlez du public dans une salle, le public d'une émission, etc., employez **audience**, pas *public.
ATTENTION N'employez jamais le mot **public** pour le public d'un spectacle !

PUBLICITY, ADVERTISING, AD(VERTISEMENT)

My mum works in **publicity**.
My mum works in **advertising**.
Ma mère travaille dans la publicité.

➤ **publicity**, c'est le métier de la **publicité**.
advertising signifie la même chose.
ATTENTION **publicity** ne signifie pas une publicité !

I love this **advertisement**.
I love this **ad**.
J'adore cette publicité.

➤ une publicité = an ad ou an advertisement

PYJAMAS

What's that? – It's a pair of **pyjamas**.
Qu'est-ce que c'est? – C'est un pyjama.

➤ En anglais **pyjamas** est toujours au pluriel.

I'm going to put my **pyjamas** on.
Je vais mettre mon pyjama.
I need some new **pyjamas**.
J'ai besoin d'un nouveau pyjama.

ATTENTION On ne dit pas *a pyjama ! On dit (some) pyjamas ou a pair of pyjamas.
→ JEANS, PANTS, SHORTS, TROUSERS

QUIET et QUITE (A)

They live in a very **quiet** area.
Ils habitent dans un quartier très tranquille.

➤ quiet = tranquille ou calme

I found that book **quite** boring.
J'ai trouvé ce livre assez ennuyeux.

➤ quite = assez (au sens de "un peu")

That's **quite** ridiculous!
C'est vraiment ridicule !

➤ Avec certains adjectifs, **quite** peut aussi avoir le sens de "vraiment, complètement".

This street is **quite quiet**.
Cette rue est assez tranquille.

ATTENTION Ne confondez pas **quite** (= assez) et **quiet** (= tranquille).

My cousins live in **quite a** big house.
Mes cousins habitent dans une assez grande maison.

➤ Notez la construction **quite a + adjectif.**
ATTENTION On **ne dit pas** *a quite big house.

RAISE ou RISE ?

Raise your hands above your head.
Lève les mains au-dessus de la tête.

➤ **raise** something = **lever** quelque chose.
raise est un verbe régulier (**raise - raised - raised**).

The sun **rises** at five.
Le soleil se lève à cinq heures.

➤ **rise** = **se lever** (en parlant du soleil) ou **monter**.
rise est un verbe irrégulier (**rise - rose - risen**).
ATTENTION Ne confondez pas **raise** et **rise**.

RAPID, QUICK et FAST pour traduire "rapide"

➤ Le mot **rapid** existe en anglais, mais il ne s'emploie pas de la même façon que "rapide" et il vaut mieux éviter de l'employer.
ATTENTION Employez **fast** ou **quick**, pas *rapid, pour traduire **rapide**. Regardez les exemples.

We took a **fast** *train to Leeds.*
On a pris un train rapide pour Leeds.
My computer is very **fast**.
Mon ordinateur est très rapide.

➤ Quand **rapide** a le sens de "qui va vite, qui se déplace rapidement", il se traduit par **fast**.

I wrote Anna a **quick** *letter.*
J'ai écrit un mot rapide à Anna.
Have a **quick** *look at this.*
Jette un coup d'œil rapide sur ça.

➤ Quand **rapide** a le sens de "qui ne prend pas beaucoup de temps" (quand il n'y a pas l'idée d'un déplacement rapide), il faut le traduire par **quick**, pas *fast.

RECEIVE pour traduire "recevoir"

I **received** a parcel.
I **got** a parcel.
J'ai reçu un colis.
The children **got** lots of presents.
Les enfants ont reçu beaucoup de cadeaux.

➤ **receive** correspond à certains emplois de **recevoir**, mais pas tous.
➤ Le verbe **get** (got, got) signifie la même chose que **receive**, et est plus naturel en anglais courant.

I **was hit** on the head.
J'ai reçu un coup sur la tête.

➤ Quand on parle de **recevoir** un coup, on emploie l'expression **be hit** (ou, s'il s'agit d'un coup de pied, **be kicked**).

They **made us feel very welcome**.
Ils nous ont très bien reçus.

➤ Quand on parle de **bien recevoir** quelqu'un, on emploie l'expression **make somebody feel welcome**.

REMAIN, BE LEFT et STAY pour traduire "rester"

Nothing **remains** of the old building.
Nothing **is left** of the old building.
Il ne reste rien de l'ancien bâtiment.
There **are** three cakes **left**.
Il reste trois gâteaux.
There **is** some cheese **left**.
Il reste du fromage.

➤ **remain** (= **rester** au sens de "être toujours là") a des emplois limités. L'expression **be left** est beaucoup plus courante.
ATTENTION Ne dites pas *it remains pour il reste ! Employez l'expression **there is/are ... left**.

Please **stay** with me.
Reste avec moi, s'il te plaît.

➤ **rester** au sens de "ne pas partir" = **stay**.

REMARK

He **remarked** that it was cold.
Il a fait remarquer qu'il faisait froid.

➤ Le verbe anglais **remark** signifie "faire remarquer" (= dire quelque chose). Il n'a généralement pas le sens de "remarquer, apercevoir".

↳ He **noticed** that the door was open.
Il a remarqué que la porte était ouverte.

↳ Quand **remarquer** signifie "voir, apercevoir", il se traduit par **notice**, pas par *remark.

REMEMBER et REMIND

Can you **remind** me of your name?
Pouvez-vous me rappeler votre nom ?
That photo **reminds** me of something.
Cette photo me rappelle quelque chose.

Remind Dad to buy some milk.
Rappelle à Papa qu'il doit acheter du lait.

I don't **remember** his name.
Je ne me souviens pas de son nom.

Try to **remember** to water the plants.
Essaie de ne pas oublier d'arroser les plantes.
Did you **remember** to phone Jerry?
Tu as pensé à appeler Jerry ?

➤ **remind somebody of something** = rappeler quelque chose à quelqu'un

➤ **remind somebody to do something** = rappeler à quelqu'un qu'il doit faire quelque chose

➤ **remember something** = se souvenir de quelque chose

➤ **remember to do something** = ne pas oublier de faire quelque chose, penser à faire quelque chose
ATTENTION Ne confondez pas **remind** et **remember**.

RESEARCH, SEARCH et LOOK FOR

My job is **research**. I'm a **researcher**.
Mon métier, c'est la recherche. Je suis chercheur.

I'm doing some **research** in the library.
Je fais des recherches à la bibliothèque.

The results of your **search** are displayed in this window.
Les résultats de votre recherche sont affichés dans cette fenêtre.
I'm **looking for** a second-hand bike.
Je suis à la recherche d'un vélo d'occasion.

I'm going to **look for** it on the Web.
Je vais le rechercher sur Internet.

What are you **looking for**?
Qu'est-ce que vous recherchez ?

➤ **research** est un **nom** qui signifie **recherche**, mais **seulement** au sens de recherches scientifiques ou universitaires.
➤ **research** est un nom **indénombrable**. Il ne se met pas au pluriel et on **ne dit pas** *a research.
ATTENTION N'employez pas **research** si vous ne parlez pas de recherches scientifiques !

➤ **une recherche** (quand on cherche quelque chose ou quelqu'un, ou sur un ordinateur) = **a search**

➤ être à la recherche de quelque chose = **be looking for something**

➤ rechercher quelque chose = **look for something**

The police **searched** the house.
La police a fouillé la maison.

> **search something** = **fouiller quelque chose** (pas *rechercher quelque chose !)

They **searched** all day.
Ils ont cherché toute la journée.

> **search** (sans complément d'objet) = **chercher**.

ATTENTION Notez bien :
– **chercher** (tout seul, sans complément) = **search**.
– **chercher quelque chose** = **look for something**.
ATTENTION Ne dites jamais *search something pour rechercher quelque chose ! C'est **look for** qu'il faut employer.

RESPONSIBLE

Who is **responsible** for this damage?
Qui est responsable de ces dégâts ?

> **be responsible for something** = **être responsable de quelque chose**

I'm not **responsible**.
Je ne suis pas responsable.

ATTENTION responsible est un **adjectif**, jamais un nom !
ATTENTION à l'orthographe de **responsible**. Notez l'emploi de **for**.

⤷ I'd like to speak to the **person in charge**.
Je voudrais parler au responsable.

⤷ **le responsable** (= le chef) = **the person in charge**

⤷ He's the sales **manager**.
C'est le responsable des ventes.

⤷ dans des intitulés de poste, **responsable** se traduit par **manager**
ATTENTION N'employez jamais **responsible** pour traduire "un responsable".

RESUME

They have **resumed** negotiations.
Ils ont repris les négociations.

> **resume** = **reprendre, recommencer** (pas *résumer !)

⤷ I'm going to **summarize** the situation.
I'm going to **sum up** the situation.
Je vais résumer la situation.

⤷ **résumer** = **summarize** ou **sum up**
ATTENTION Ne traduisez pas "résumer" par "resume" !

RETAIN, HOLD BACK, HOLD UP

The soil here **retains** a lot of water.
Le sol ici retient beaucoup d'eau.

I tried to **hold** the dog **back**.
J'ai essayé de retenir le chien.

Sorry, I was **held up**.
Désolé, j'ai été retenu.

➤ **retain** = retenir en parlant d'une substance qui retient un liquide ou une odeur.

➤ Quand on parle de retenir quelqu'un ou un animal qui veut partir, on emploie le verbe **hold back**.

➤ Quand on parle d'être retenu au sens de retardé, on emploie le verbe **hold up**.

RETURN et GO BACK

Would you like to **go back** to New York?
Tu aimerais retourner à New York ?

I'm **going back** at Easter.
J'y retourne à Pâques.

➤ Le verbe **return** (= **retourner**) existe en anglais, mais **go back** est plus courant.

ATTENTION Dites **go back**, pas *return.

REUNION et MEETING

The family is having a **reunion** next Saturday.
Toute la famille va se retrouver samedi prochain.

↳ I've got an important **meeting** this afternoon.
J'ai une réunion importante cet après-midi.

➤ **a reunion**, c'est une fête où tous les membres d'un groupe (anciens élèves, famille, ex-collègues, etc.) se retrouvent ensemble.

↳ une réunion en anglais, c'est **a meeting**.
ATTENTION Ne confondez pas **a reunion** et **a meeting**.

RIGHT (= droite)

The school is on the **right**.
L'école est à droite.

Turn **right** when you get to the church.
Tournez à droite quand vous arrivez à l'église.

➤ **on the right** = à droite

ATTENTION On dit **turn right** et non pas *turn on the right.

RISK (verbe)

I decided to **risk** tel**ling** her the truth.
J'ai décidé de prendre le risque de lui dire la vérité.

➤ **risk + -ing** = prendre le risque de... (pas *risquer de)

I can't **risk** being late.
Je ne peux pas prendre le risque d'être en retard.

ATTENTION On ne dit pas *risk to...

⤷ This **might** take a long time.
Cela risque de prendre beaucoup de temps.
⤷ You **might** be late.
Tu risques d'être en retard.
⤷ It **might** rain.
Il risque de pleuvoir.

⤷ Quand **risquer de** exprime la probabilité, il se traduit par le modal **might** + base verbale.

⤷ It **is unlikely** to happen now.
Cela ne risque pas d'arriver maintenant.

Pour exprimer l'improbabilité, employez **be unlikely to**.

⤷ You're **unlikely** to find it in the kitchen!
Tu ne risques pas de le trouver dans la cuisine !

ATTENTION N'employez pas le verbe **risk** pour traduire **risquer de** !

ROB, STEAL et BURGLE

They **robbed** a bank. They **stole** a million dollars.
Ils ont volé une banque. Ils ont volé un million de dollars.
I've been **robbed**!
On m'a volé !

➤ **rob** = cambrioler, dévaliser, braquer un endroit (une banque, un magasin) **ou une personne**

My watch has been **stolen**!
On m'a volé ma montre !

➤ **steal (stole, stolen)** = **voler quelque chose** (des objets, de l'argent)

He **stole** a car and then he **robbed** a supermarket.
Il a volé une voiture et il a cambriolé un supermarché.

ATTENTION Ne confondez pas **rob** et **steal**.

The two men **burgled** the house.
Les deux hommes ont cambriolé la maison.
We've been **burgled**!
On nous a cambriolés !

➤ **burgle** signifie **cambrioler**.

SATISFIED

I wasn't very **satisfied** with the result.
Je n'étais pas très satisfait du résultat.

➤ **satisfied with** = satisfait de

ATTENTION Notez l'emploi de **with**. On **ne dit pas** *satisfied of.

SAVAGE

That lion is really **savage**.
Ce lion est vraiment féroce.

➤ **savage** signifie généralement **féroce**, pas *sauvage.

↳ Jack takes photos of **wild** animals.
Jack prend des photos d'animaux sauvages.

↳ **sauvage = wild**

SAY et TELL

Helen **said** a word that I didn't understand.
Helen a dit un mot que je n'ai pas compris.

➤ **say (said, said) = dire**

Andrew **says** that he's hungry.
Andrew dit qu'il a faim.

➤ **say that... = dire que ...**

He **told** me that he was cold.
Il m'a dit qu'il avait froid.
Tell me your name.
Dis-moi ton nom.

➤ **tell somebody (told, told) = dire à quelqu'un**
ATTENTION Say n'est **jamais** suivi directement d'un complément personnel (**me, him, her, you, us, them** ou le nom d'une personne). On **ne dit pas** *say me your name *ou* *he said me that he was cold !
→ **tell**

SCIENTIST et SCIENTIFIC

Basil and Laura are **scientists**. They do **scientific** experiments.
Basil et Laura sont des scientifiques. Ils font des expériences scientifiques.

➤ **a scientist = un(e) scientifique**
➤ **scientific** (= scientifique) est un **adjectif**, jamais un nom !
ATTENTION Ne dites jamais *a scientific pour "un(e) scientifique" !

SENSIBLE et SENSITIVE

Steve is a very **sensitive** person.
Steve est une personne très sensible.

➤ **sensitive = sensible**

Steve is a very **sensible** person.
Steve est une personne très raisonnable.

➤ Le mot anglais **sensible** ne signifie pas *sensible mais **raisonnable, sensé**.

SERIES

This is a **series** that I really like watching.
C'est une série que j'aime beaucoup regarder.

They've made two **series** about the Queen.
Ils ont fait deux séries au sujet de la reine.

➤ **a series = une série**
ATTENTION **series** prend toujours un **s**, même au singulier : one **series**, two **series**.
On **ne dit pas** *a serie !

SERVICE

The **service** is very poor in this restaurant.
Le service est très mauvais dans ce restaurant.

↳ Which **department** do you work in?
Tu travailles dans quel service ?

↳ Can you do me a **favour**?
Tu peux me rendre service ?

➤ Le mot anglais **service** signifie **service** au sens de "travail fait pour d'autres".

↳ Les différents services d'une entreprise s'appellent **departments** en anglais, pas *services.

↳ **do someone a favour = rendre service à quelqu'un**

SHORTS

What's that? – It's a pair of **shorts**.
Qu'est-ce que c'est ? – C'est un short.

I'm going to put my **shorts** on.
Je vais mettre mon short.

I need some new **shorts**.
J'ai besoin d'un nouveau short.

➤ En anglais **shorts** est toujours au pluriel.

ATTENTION On **ne dit pas** *a short ! On dit (**some**) **shorts** ou a pair of **shorts**.
→ **JEANS, PANTS, PYJAMAS, TROUSERS**

SOCIETY

I'm interested in the role of religion in modern **society**.
Je m'intéresse au rôle de la religion dans la société moderne.

↳ I work for a French **company**.
Je travaille pour une société française.

➤ **a society = une société** au sens de "communauté, civilisation".

↳ **une société** commerciale (une entreprise) = **a company**
ATTENTION N'employez jamais le mot **society** pour une entreprise.

SOON ou EARLY ?

We've got to leave **soon**.
Il faut que nous partions bientôt.

We've got to leave **early**.
Il faut que nous partions tôt.

> **soon** signifie **bientôt, dans peu de temps.**

> **early** signifie **tôt, de bonne heure.**
ATTENTION Ne les confondez pas !

SOUVENIR

Did you buy any **souvenirs** in Thailand?
As-tu acheté des souvenirs en Thaïlande ?

↳ I have good **memories** of that holiday.
J'ai de bons souvenirs de ces vacances.

> **a souvenir**, c'est un souvenir (un objet) qu'on rapporte d'un voyage.

↳ **un souvenir** (une chose dont on se souvient) = **a memory**

SPAGHETTI

I really like **spaghetti**.
J'adore les spaghettis.
This **spaghetti** is cold!
Ces spaghettis sont froids !

> **spaghetti** est un nom indénombrable en anglais. Il ne se met jamais au pluriel (on **ne dit pas** *spaghettis) et on ne dit jamais *a spaghetti.

STAGE

We did the work in **stages**.
Nous avons fait le travail par étapes.
The **stage** was covered in flowers.
La scène était couverte de fleurs.

↳ What kind of **course** would you like to do?
Quel genre de stage aimerais-tu faire ?

> **a stage**, c'est soit une étape, soit une scène de théâtre (au sens de "plateau").

↳ **un stage** (de formation) = **a course**

STATION

I'll meet you at the **station**.
On se retrouve à la gare.

↳ It's a really nice **ski resort**.
C'est une très jolie station de ski.
↳ I don't like **beach resorts**.
Je n'aime pas les stations balnéaires.

> **a station**, c'est une gare ou une station de métro.

↳ **une station** (balnéaire ou de sports d'hiver) = **a resort**

SUCCEED

They **succeeded in** repairing the car.
Ils ont réussi à réparer la voiture.

➤ **succeed in + -ing = réussir à + infinitif**
ATTENTION On **ne dit pas** *succeed to...

SUPPORT

These three pillars **support** the roof.
Ces trois piliers soutiennent le toit.

➤ Le sens le plus courant du verbe **support** est **soutenir**.

↳ I **can't bear** this programme!
Je ne supporte pas cette émission !

↳ Pour dire qu'on ne supporte pas quelque chose, on emploie l'expression **can't bear...**

SURELY

Surely he can't be serious!
Non mais il ne peut pas être sérieux !

Surely you're not going to buy that!
Tu ne vas pas acheter ça, quand même ?

➤ **surely** ne signifie pas "sûrement". Il exprime l'étonnement ou l'incrédulité. Il se traduit de diverses façons ("non mais...", "quand même"...)

↳ You're **probably** right!
Tu as sûrement raison !

↳ Quand **sûrement** signifie "probablement", il se traduit par **probably**.

SURNAME

What's your **surname**?
Quel est ton nom de famille ?

➤ a **surname** = un nom de famille

↳ His **nickname** is Jojo.
Son surnom est Jojo.

↳ un **surnom** = a **nickname**

SYMPATHETIC

When I told her what had happened, she was very **sympathetic**.
Quand je lui ai dit ce qui s'était passé, elle a été très compatissante.

➤ Le mot anglais **sympathetic** ne signifie pas *sympathique mais **compatissant** (c'est-à-dire, à l'écoute des problèmes des autres).

↳ The policeman was very **friendly**.
Le policier a été très sympathique.

↳ **sympathique = nice** ou **friendly**
ATTENTION N'employez pas **sympathetic** comme traduction de **sympathique** !

TELL

Did you **tell** Andrew to come?
Tu as dit à Andrew de venir ?

➤ **tell** somebody **to...** = **dire à** quelqu'un **de...**

Tell him not to worry.
Dis-lui de ne pas s'inquiéter.
He **told** me that he was cold.
Il m'a dit qu'il avait froid.

➤ **tell** somebody **not to...** = **dire à quelqu'un de ne pas...**
ATTENTION Ne confondez pas avec **say** !

Tell me your name.
Dis-moi ton nom.

➤ **tell** somebody **something** = **dire quelque chose à quelqu'un**

I like to **tell** stories.
J'aime raconter des histoires.
Are you **telling** the truth?
Tu dis la vérité ?
He **tells** a lot of lies.
Il dit beaucoup de mensonges.

➤ **tell** a aussi le sens de **raconter**.

Sam **told** me there had been an accident.
Sam m'a appris qu'il y avait eu un accident.

➤ **tell** peut aussi correspondre à **apprendre**, au sens d'informer.

He didn't **tell** his mother about it.
Il n'en a pas parlé à sa mère.

ATTENTION **tell** est toujours suivi d'un complément (les pronoms **me, him, her**, le nom d'une personne, etc.). On ne dit pas *tell about...

TENNIS

Paul is really good at **tennis**.
Paul est très doué pour le tennis.
↳ My **trainers** are dirty.
Mes tennis sont sales.

↳ **des tennis** (= des chaussures) = **trainers**

TONIGHT ou LAST NIGHT ?

There's a good film on TV **tonight**.
Il y a un bon film à la télé ce soir.

➤ **tonight** = **ce soir**

They say it's going to rain **tonight**.
Ils disent qu'il va pleuvoir cette nuit.

It rained a lot **last night**.
Il a beaucoup plu cette nuit.

> ➤ On peut parfois traduire **tonight** par **cette nuit**, mais il a toujours le sens de "ce soir", "la nuit qui vient".

> ➤ Quand "cette nuit" signifie "la nuit dernière", on traduit par **last night**.
> **ATTENTION** Ne confondez pas les deux !

TRANSLATE

Can you **translate** this **into** English, please?
Tu peux traduire ça en anglais s'il te plaît ?

> ➤ **translate = traduire**
> **ATTENTION** On dit **translate into**, pas *translate in !

TRAVEL (nom)

He writes about **travel** in the local newspaper.
Il écrit sur les voyages dans le journal local.
Train **travel** is easy in France.
Voyager en train est facile en France.

↳ The **trip** lasted two days.
Le voyage a duré deux jours.
↳ I go on a lot of business **trips**.
Je fais beaucoup de voyages d'affaires.

> ➤ Le nom **travel** est employé pour parler du **fait de voyager**, des **voyages** (en général). Il ne se met généralement pas au pluriel, et ne s'emploie jamais avec l'article **a**.

> ↳ Quand vous parlez d'**un voyage** en particulier, employez **trip**, pas *travel.
> **ATTENTION** Ne dites jamais *a travel !

TROUSERS

What's that? – It's a pair of **trousers**.
Qu'est-ce que c'est ? – C'est un pantalon.

I'm going to put my **trousers** on.
Je vais mettre mon pantalon.
I need some new **trousers**.
J'ai besoin d'un nouveau pantalon.

> ➤ En anglais **trousers** est toujours au pluriel.

> **ATTENTION** On **ne dit pas** *a trouser ! On dit (**some**) **trousers** ou **a pair of trousers**.
> → JEANS, PANTS, PYJAMAS, SHORTS

UNITED STATES

The **United States** is one of the world's largest countries.
Les États-Unis sont un des plus grands pays du monde.

> ➤ Notez que le verbe qui suit **The United States** est au **singulier**.

VERY MUCH, VERY WELL (position)

I like reading **very much**.
J'aime beaucoup lire.
They know this area **very well**.
Ils connaissent très bien cette région.

➤ Notez que **very much** et **very well** ne se mettent jamais entre un verbe et son complément (on **ne dit pas** *I like very much reading).

WAIT (FOR) et EXPECT (attendre)

Let's **wait** here.
Attendons ici.
I hate **waiting**.
Je déteste attendre.

➤ **wait** (sans complément) = **attendre** (au sens de "rester en attendant que quelque chose arrive").

I'm **waiting for** the bus.
J'attends le bus.

Don't **wait for** me if I'm late.
Ne m'attendez pas si je suis en retard.

➤ Quand il y a un complément (quand on attend **quelque chose** ou **quelqu'un**), il faut dire **wait for**.

What are you **waiting for**?
Qu'est-ce que tu attends ?
Who are you **waiting for**?
Qui est-ce que tu attends ?

➤ N'oubliez pas **for** dans les questions avec **who?** et **what?**

I'm **expecting** a delivery at four.
J'attends une livraison à quatre heures.
She's **expecting** a baby.
Elle attend un bébé.

➤ Quand **attendre** signifie "penser que quelque chose va arriver", il se traduit par **expect**, pas *wait.

WANT

We're going to the cinema, do you **want** to come with us?
Nous allons au cinéma, tu veux venir avec nous ?
No, I don't **want** to.
Non, je ne veux pas.

➤ **want** = **vouloir**

➤ Quand on répond à une question en disant qu'on "ne veut pas", on n'emploie jamais seul le mot **want** : il est toujours suivi de **to**. Répondre *I don't want (sans "to") est **incorrect**.

↳ Do you **want** an ice cream? **Yes, please.**
Tu veux une glace ? Oui, je veux bien.

↳ N'employez jamais *want pour traduire "vouloir bien". On ne dit pas *yes I want !

↳ **I'd like** to speak to David, please.
Je voudrais parler à David, s'il te plaît.

↳ On dit **would like**, pas *would want.

WELL et GOOD

Andy paints very **well**.
Andy peint très bien.

➤ **well** est le plus souvent un **adverbe** qui signifie **bien**, mais attention ! **bien** ne se traduit pas toujours par **well** !

He's not **well**.
Il ne va pas bien.

➤ **be well** = **aller bien, être en bonne santé**
ATTENTION well n'est employé comme adjectif que pour parler de la **santé**. Ne traduisez jamais **bien** par **well** quand vous ne parlez pas de la santé de quelqu'un !

That's **good**!
C'est bien !
It's a really **good** film.
C'est très bien comme film.
C'est un très bon film.
I think this song is very **good**.
Je trouve cette chanson très bien.

➤ Quand **bien** est employé comme **adjectif**, il se traduit le plus souvent par **good**.

That guy is really **good-looking**.
That guy is really **cute**.
Ce mec est vraiment bien.

➤ Quand **bien** signifie "beau, belle" il se traduit par **good-looking** ou **cute**.

WISH

He **wishes** he was thinner.
J'aimerais tellement être plus mince.

➤ **wish** exprime ce qu'on **aimerait tellement faire, avoir ou être**.
Il **n'est pas** l'équivalent exact du verbe "souhaiter".

I **wish** I had a bigger flat.
J'aimerais tellement avoir un plus grand appartement.
Si seulement j'avais un plus grand appartement.

➤ **I wish... + prétérit** peut parfois être traduit par **si seulement...**

I **wish** you would be quiet!
Je voudrais bien que tu te taises !
I **wish** it would stop raining!
Je voudrais bien qu'il arrête de pleuvoir !

➤ **I wish + would** exprime l'irritation ou l'impatience devant une situation.
ATTENTION Ne traduisez pas **souhaiter** par **wish** ! En général, **je souhaite... = I'd like...**

WITHOUT + -ING

He did it **without telling** me.
Il l'a fait sans me le dire.

You can't survive **without drinking** water.
On ne peut pas survivre sans boire de l'eau.

➤ **without + -ing = sans + infinitif**

ATTENTION On **ne dit pas** *without to... !

WORK (dénombrable et indénombrable)

Tell me about your **work**.
Parle-moi de ton travail.

This is interesting **work**.
C'est un travail intéressant.

The **work** is finished.
Le travail est terminé.
Les travaux sont terminés.

↳ I'm looking for a **job**.
Je cherche un travail.

This is a **work** by Picasso.
C'est une œuvre de Picasso.

I've read several of his **works**.
J'ai lu plusieurs de ses ouvrages.

➤ Au sens de "travail", **work** est indénombrable : il **ne se met pas** au pluriel, et on **ne dit pas** *a work.

↳ **un travail** (= un poste) = a **job**
ATTENTION On **ne dit pas** *a work dans ce cas !

Quand **work** est dénombrable (quand on dit **a work** ou **works**), il signifie **œuvre** ou **ouvrage**, pas *travail.

DICTIONNAIRE ANGLAIS-FRANÇAIS
ENGLISH - FRENCH DICTIONARY

A [eɪ] **1** N **a** ◆ **to get from A to B** aller d'un endroit à un autre **b** (Mus) la m **c** (= mark) excellent *(de 15 à 20 sur 20)* **2** COMP ▶ **A levels** NPL (Brit) ≃ baccalauréat m ▶ **A-road** N (Brit) ≃ route f nationale ▶ **A to Z** ® N plan m avec répertoire des rues

a [eɪ, ə] INDEF ART
a ◆ **a tree** un arbre ◆ **an apple** une pomme ◆ **he smokes a pipe** il fume la pipe ◆ **I have read a third of the book** j'ai lu le tiers du livre ◆ **his wife is a doctor** sa femme est médecin ◆ **she's a widow** elle est veuve **b** ◆ **$4 a person** 4 dollars par personne ◆ **twice a year** deux fois par an ◆ **80km an hour** 80 km à l'heure ◆ **3 francs a kilo** 3 F le kilo

AA [eɪˈeɪ] N (Brit) (abbrev of **Automobile Association**) *société de dépannage*

aback [əˈbæk] ADV ◆ **to be taken ~** être interloqué

abandon [əˈbændən] **1** VT abandonner ; [+ property, right] renoncer à **2** N abandon m

abattoir [ˈæbətwɑːʳ] N abattoir m

abbey [ˈæbɪ] N abbaye f

abbot [ˈæbət] N abbé m

abbreviate [əˈbriːvɪeɪt] VT abréger (to en)

abbreviation [əˌbriːvɪˈeɪʃən] N abréviation f

abdicate [ˈæbdɪkeɪt] VI abdiquer

abdication [ˌæbdɪˈkeɪʃən] N [of king] abdication f

abdomen [ˈæbdəmən] N abdomen m

abdominal [æbˈdɒmɪnl] **1** ADJ abdominal **2** **abdominals** NPL abdominaux mpl

abduct [æbˈdʌkt] VT enlever

abhor [əbˈhɔːʳ] VT abhorrer

abhorrent [əbˈhɒrənt] ADJ odieux

abide [əˈbaɪd] VT (= tolerate) ◆ **I can't ~ her** je ne la supporte pas
▶ **abide by** VT INSEP [+ rule, decision] respecter

ability [əˈbɪlɪtɪ] N **a** (= capability) aptitude f (to do sth à faire qch) ◆ **to the best of one's ~** de son mieux **b** (= talent) talent m

abject [ˈæbdʒekt] ADJ [misery] noir ; [poverty] extrême

ablaze [əˈbleɪz] ADJ (= on fire) en feu

able [ˈeɪbl] ADJ **a** ◆ **to be ~ to do sth** (= have means or opportunity) pouvoir faire qch ; (= know how to) savoir faire qch ◆ **I wasn't ~ to help him** je n'ai pas pu l'aider **b** (= clever) capable

able-bodied [ˌeɪblˈbɒdɪd] ADJ valide

ably [ˈeɪblɪ] ADV (= competently) avec compétence

abnormal [æbˈnɔːməl] ADJ anormal

abnormality [ˌæbnɔːˈmælɪtɪ] N **a** (= abnormal feature) anomalie f **b** (= abnormal nature) caractère m anormal

aboard [əˈbɔːd] **1** ADV (= on ship, plane) à bord ◆ **to go ~** monter à bord **2** PREP (ship, plane) à bord de ; (train, bus) dans

abolish [əˈbɒlɪʃ] VT abolir

abolition [ˌæbəʊˈlɪʃən] N abolition f

abominable [əˈbɒmɪnəbl] ADJ abominable ▶ **the abominable snowman** l'abominable homme m des neiges

Aborigine [ˌæbəˈrɪdʒɪnɪ] N Aborigène mf

abort [əˈbɔːt] **1** VI avorter ; (Computing) abandonner **2** VT [+ foetus] faire avorter ; [+ mission, operation] abandonner

abortion [əˈbɔːʃən] N avortement m

abound [əˈbaʊnd] VI abonder ◆ **to ~ in** abonder en

<hr>

about [əˈbaʊt]

1 ADV **a** (= approximately) à peu près, environ ◆ **~ thirty** environ *or* à peu près trente, une trentaine ◆ **it's ~ 11 o'clock** il est environ *or* à peu près 11 heures ◆ **at ~ 11 o'clock** vers 11 heures ◆ **it's ~ time!** ce n'est pas trop tôt !
b (= here and there) çà et là ◆ **to leave one's things lying ~** laisser traîner ses affaires
c (= near, in circulation) par ici ◆ **he's somewhere ~** il est dans les parages ◆ **there was nobody ~** il n'y avait personne ◆ **there's a lot of flu ~** il y a beaucoup de cas de grippe en ce moment
d (= round) ◆ **all ~** tout autour
e ◆ **to be ~ to do sth** être sur le point de faire qch, aller faire qch
2 PREP **a** (= concerning) ◆ **to speak ~ sth** parler de qch ◆ **a film ~ India** un film sur l'Inde ◆ **I heard nothing ~ it** je n'en ai pas entendu parler ◆ **what is it ~?** de quoi s'agit-il ?

b (= somewhere in) quelque part dans ◆ **somewhere ~ the house** quelque part dans la maison

c (= round) autour de ◆ **the countryside ~ Edinburgh** la campagne autour d'Édimbourg

d (describing characteristics) ◆ **there's something sinister ~ him** il a quelque chose de sinistre ◆ **there's something odd ~ all this** il y a quelque chose de bizarre là-dedans

about-turn [əˈbaʊtˈtɜːn] N [of soldier] demi-tour *m* ; (= change of opinion) volte-face *f*

🔊 **above** [əˈbʌv]

1 ADV **a** (= overhead, higher up) en haut ◆ **from ~** d'en haut ◆ **the view from ~** la vue d'en haut ◆ **the flat ~** l'appartement du dessus

b (= more) ◆ **boys of 16 and ~** les garçons de 16 ans et plus ◆ **seats are available at $10 and ~** il y a des places à partir de 10 dollars

c (= earlier in text) ci-dessus

2 PREP **a** (= higher than) au-dessus de ◆ **~ all** surtout

b (= more than) ◆ **children ~ seven years of age** les enfants de plus de sept ans ◆ **temperatures ~ 40 degrees** des températures supérieures à 40 degrés

c (= too proud, honest for) ◆ **he is ~ such behaviour** il est incapable de se conduire ainsi

abrasive [əˈbreɪsɪv] ADJ **a** [substance, surface] abrasif **b** [person, manner, speech] caustique

abreast [əˈbrest] ADV **a** ◆ **to walk three ~** marcher trois de front **b** ◆ **to keep ~ of sth** se tenir au courant de qch

abridge [əˈbrɪdʒ] VT abréger

abroad [əˈbrɔːd] ADV à l'étranger ◆ **from ~** de l'étranger

abrupt [əˈbrʌpt] ADJ **a** [change, rise, fall] soudain ; [movement, turn] brusque **b** [person, manner, comment] abrupt

abruptly [əˈbrʌptlɪ] ADV **a** [stop, move, turn] brusquement **b** [say, ask] abruptement **c** [rise, fall] en pente raide

abscess [ˈæbses] N abcès *m*

abscond [əbˈskɒnd] VI s'enfuir

abseiling [ˈæbseɪlɪŋ] N (Brit) rappel *m*

absence [ˈæbsəns] N absence *f*

absent [ˈæbsənt] ADJ absent ◆ **to be ~ without leave** être absent sans permission

absentee [ˌæbsənˈtiː] N absent(e) *m(f)*

absent-minded [ˌæbsəntˈmaɪndɪd] ADJ (= distracted) distrait ; (= forgetful) absent

absolute [ˈæbsəluːt] ADJ **a** (gen) absolu **b** (used for emphasis) ◆ **that's ~ rubbish*** c'est n'importe quoi ◆ **it was an ~ nightmare*** c'était un vrai cauchemar

absolutely [ˌæbsəˈluːtlɪ] ADV absolument ◆ **I ~ agree** je suis entièrement d'accord

absorb [əbˈsɔːb] VT absorber ; [+ sound, shock] amortir ◆ **to be ~ed in a book** être plongé dans un livre

absorbent [əbˈsɔːbənt] ADJ absorbant

absorbing [əbˈsɔːbɪŋ] ADJ [work] absorbant ; [book, film] captivant

abstain [əbˈsteɪn] VI s'abstenir

abstinence [ˈæbstɪnəns] N abstinence *f*

abstract [ˈæbstrækt] ADJ abstrait

absurd [əbˈsɜːd] ADJ absurde

absurdity [əbˈsɜːdɪtɪ] N absurdité *f*

absurdly [əbˈsɜːdlɪ] ADV [expensive, young, rich] ridiculement

abundance [əˈbʌndəns] N abondance *f*

abundant [əˈbʌndənt] ADJ abondant

abundantly [əˈbʌndəntlɪ] ADV abondamment ◆ **it was ~ clear that ...** il était tout à fait clair que ...

abuse **1** VT [əˈbjuːz] **a** (= misuse) abuser de **b** (= insult) insulter ; (= ill-treat) maltraiter ; (sexually) faire subir des sévices sexuels à **2** N [əˈbjuːs] **a** [of power, authority] abus *m* **b** (= insults) insultes *fpl* ; (= ill-treatment) mauvais traitements *mpl* (of à) ; (sexual) abus *m* sexuel

abusive [əˈbjuːsɪv] ADJ (= offensive) [speech, words] injurieux ◆ **he was very ~** il s'est montré très grossier

abysmal [əˈbɪzməl] ADJ épouvantable

abyss [əˈbɪs] N abîme *m*

AC [ˌeɪˈsiː] N (abbrev of **alternating current**) courant *m* alternatif

academic [ˌækəˈdemɪk] **1** ADJ **a** (= of university) universitaire ; (= of school) scolaire ◆ **~ year** année *f* universitaire **b** (= theoretical) théorique **2** N universitaire *mf*

academy [əˈkædəmɪ] N **a** (= school) école *f* ◆ **~ of music** conservatoire *m* **b** (= society) académie *f*

accelerate [ækˈseləreɪt] **1** VT accélérer ; [+ events] précipiter **2** VI accélérer

acceleration [ækˌseləˈreɪʃən] N accélération *f*

accelerator [ækˈseləreɪtəʳ] N accélérateur *m*

accent [ˈæksənt] N accent *m*

accentuate [ækˈsentjʊeɪt] VT [+ inequality, hostility] accentuer ; [+ physical feature] faire ressortir

accept [əkˈsept] VT accepter ◆ **I ~ that ...** je conviens que ...

acceptable [ək'septəbl] ADJ [offer, suggestion] acceptable ; [behaviour] admissible ◆ **I hope you will find this ~** j'espère que cela vous conviendra

acceptance [ək'septəns] N **a** [of invitation, gift] acceptation *f* ; [of proposal] consentement *m* (of à) **b** (= approval) approbation *f*

accepted [ək'septɪd] ADJ (gen) accepté ; [fact] reconnu ; [idea] répandu ; [behaviour, pronunciation] admis

access ['ækses] **1** N accès *m* ◆ **to give ~** donner accès à ◆ **to have ~ to sb/sth** avoir accès à qn/qch **2** VT [+ computer file] accéder à

accessible [æk'sesəbl] ADJ accessible

accessory [æk'sesərɪ] ADJ, N accessoire *m*

accident ['æksɪdənt] N accident *m* ◆ **by ~** [injure, break] accidentellement ; [meet, find] par hasard ◆ **to be ~-prone** être sujet aux accidents

accidental [ˌæksɪ'dentl] ADJ accidentel

accidentally [ˌæksɪ'dentəlɪ] ADV [shoot, kill] accidentellement ◆ **it was discovered quite ~** on l'a découvert par hasard

acclaim [ə'kleɪm] **1** VT (= applaud) acclamer **2** N acclamations *fpl*

acclimate [ə'klaɪmət] VT (US) acclimater (to à)

acclimatize [ə'klaɪmətaɪz] **1** VT acclimater (to à) **2** VI (to new place, climate) s'acclimater (to à)

accolade ['ækəʊleɪd] N accolade *f*

accommodate [ə'kɒmədeɪt] VT (= provide lodging for) loger ◆ **the hotel can ~ 60 people** l'hôtel peut accueillir 60 personnes

accommodating [ə'kɒmədeɪtɪŋ] ADJ obligeant

accommodation [əˌkɒmə'deɪʃən] N logement *m*

accompaniment [ə'kʌmpənɪmənt] N accompagnement *m*

accompany [ə'kʌmpənɪ] VT accompagner

accomplice [ə'kʌmplɪs] N complice *mf*

accomplish [ə'kʌmplɪʃ] VT accomplir ; [+ desire] réaliser

accomplished [ə'kʌmplɪʃt] ADJ (= talented) doué ; [musician, skater] accompli

accomplishment [ə'kʌmplɪʃmənt] N **a** (= achievement) réussite *f* **b** (= skill) talent *m* **c** (= completion) ◆ **on ~ of the project** quand le projet aura été mené à bien

accord [ə'kɔːd] **1** VT accorder **2** N accord *m* ◆ **of his own ~** de lui-même

accordance [ə'kɔːdəns] N ◆ **in ~ with** conformément à

according [ə'kɔːdɪŋ] ADV ◆ **~ to** selon ◆ **~ to him** d'après lui ◆ **classified ~ to size** classés par ordre de grandeur ◆ **everything went ~ to plan** tout s'est passé comme prévu

accordingly [ə'kɔːdɪŋlɪ] ADV [act, pay, plan] en conséquence

accordion [ə'kɔːdɪən] N accordéon *m*

accost [ə'kɒst] VT accoster

account [ə'kaʊnt] **1** N **a** (with bank, shop) compte *m* ◆ **~ holder** titulaire *mf* du (*or* d'un) compte **b** (= report) compte *m* rendu ◆ **to give an ~ of sth** faire le compte rendu de qch ◆ **by all ~s** au dire de tous **c** (set structures) ◆ **to take sth/sb into ~** tenir compte de qch/qn ◆ **these facts must be taken into ~** ces faits doivent être pris en compte ◆ **to take no ~ of sth** ne pas tenir compte de qch ◆ **on ~ of** à cause de ◆ **on no ~** en aucun cas **2** accounts NPL (= business records) comptabilité *f* ◆ **to do/keep the ~s** faire/tenir la comptabilité ◆ **~s (department)** (service *m*) comptabilité *f*

► **account for** VT INSEP **a** (= explain, justify) [+ expenses, one's conduct] justifier ; [+ circumstances] expliquer ◆ **there's no ~ing for taste** chacun son goût (Prov) **b** (= represent) représenter

accountable [ə'kaʊntəbl] ADJ responsable (for de)

accountancy [ə'kaʊntənsɪ] N comptabilité *f*

accountant [ə'kaʊntənt] N comptable *mf*

accrue [ə'kruː] VI [money, advantages] revenir (to à) ; [interest] courir

accumulate [ə'kjuːmjʊleɪt] **1** VT accumuler **2** VI s'accumuler

accumulation [əˌkjuːmjʊ'leɪʃən] N accumulation *f*

accuracy ['ækjʊrəsɪ] N exactitude *f* ; [of aim, report] précision *f* ; [of assessment] justesse *f*

accurate ['ækjʊrɪt] ADJ [information, description, report] exact ; [measurement, assessment] juste ; [translation, account, memory] fidèle

accurately ['ækjʊrɪtlɪ] ADV (gen) exactement ; [calculate] juste ; [describe, measure] avec précision ; [translate] fidèlement

accusation [ˌækjʊ'zeɪʃən] N accusation *f*

accuse [ə'kjuːz] VT accuser ◆ **they ~d him of stealing the car** ils l'ont accusé d'avoir volé la voiture

accused [ə'kjuːzd] N INV accusé(e) *m(f)*

accusing [ə'kjuːzɪŋ] ADJ accusateur (-trice *f*)

accusingly [ə'kjuːzɪŋlɪ] ADV [say] d'un ton accusateur ; [look] d'un air accusateur

accustom [ə'kʌstəm] VT accoutumer (sb to doing sth qn à faire qch) ◆ **to ~ o.s. to** s'habituer à

accustomed [əˈkʌstəmd] ADJ habitué (to à ; to doing sth à faire qch) ◆ **to become ~ to sth** s'habituer à qch

ace [eɪs] **1** N as m ◆ **~ of diamonds** as m de carreau **2** ADJ * super * ◆ **an ~ driver** un as du volant

acerbic [əˈsɜːbɪk] ADJ acerbe

acetic acid [əˌsiːtɪkˈæsɪd] N acide m acétique

ache [eɪk] **1** VI faire mal ◆ **my head ~s** j'ai mal à la tête ◆ **to be aching all over** (after exercise) être courbaturé ; (from illness) avoir mal partout **2** N douleur f

achieve [əˈtʃiːv] VT accomplir ; [+ aim, standard] atteindre ; [+ fame] parvenir à ; [+ victory] remporter ◆ **to ~ success** réussir

achievement [əˈtʃiːvmənt] N (= success) réussite f

aching [ˈeɪkɪŋ] ADJ douloureux

acid [ˈæsɪd] **1** N acide m **2** ADJ **a** [substance] acide ▸ **acid rain** pluies fpl acides **b** [remark] mordant

acidic [əˈsɪdɪk] ADJ acide

acknowledge [əkˈnɒlɪdʒ] VT **a** (= recognize) [+ truth, error] reconnaître **b** [+ letter] accuser réception de **c** (= react to) [+ greeting] répondre à ◆ **he didn't ~ my presence** il a fait comme si je n'étais pas là

acknowledgement [əkˈnɒlɪdʒmənt] N **a** (gen) reconnaissance f **b** [of money] reçu m ; [of letter] accusé m de réception **c** ◆ **~s** (in book) remerciements mpl

acne [ˈæknɪ] N acné f

acorn [ˈeɪkɔːn] N gland m

acoustic [əˈkuːstɪk] ADJ acoustique

acoustics [əˈkuːstɪks] N acoustique f

acquaint [əˈkweɪnt] VT ◆ **to be ~ed with** [+ person, subject] connaître ; [+ fact] être au courant de ◆ **to get ~ed with sb** faire la connaissance de qn ◆ **to get ~ed** faire connaissance

acquaintance [əˈkweɪntəns] N (= person) connaissance f

acquire [əˈkwaɪəʳ] VT acquérir ; [+ company] acheter

acquisition [ˌækwɪˈzɪʃən] N acquisition f

acquisitive [əˈkwɪzɪtɪv] ADJ (= greedy) avide

acquit [əˈkwɪt] VT [+ accused person] acquitter ◆ **he ~ted himself well** il s'en est bien tiré

acquittal [əˈkwɪtl] N acquittement m

acre [ˈeɪkəʳ] N = demi-hectare m

acrid [ˈækrɪd] ADJ âcre

acrimonious [ˌækrɪˈməʊnɪəs] ADJ acrimonieux

acrobat [ˈækrəbæt] N acrobate mf

acrobatic [ˌækrəʊˈbætɪk] ADJ acrobatique

acrobatics [ˌækrəʊˈbætɪks] NPL acrobaties fpl

acronym [ˈækrənɪm] N acronyme m

🔑 **across** [əˈkrɒs]

1 PREP **a** (= from one side to the other of) ◆ **a bridge ~ the river** un pont sur le fleuve ◆ **to walk ~ the road** traverser la rue
b (= on the other side of) de l'autre côté de ◆ **he lives ~ the street (from me)** il habite en face (de chez moi) ◆ **the shop ~ the road** le magasin d'en face
c (= crosswise over) à travers ◆ **with his arms folded ~ his chest** les bras croisés sur la poitrine

2 ADV (= from one side to the other) ◆ **the river is 5km ~** le fleuve fait 5 km de large ◆ **to help sb ~** aider qn à traverser ◆ **~ from** en face de

---

acrylic [əˈkrɪlɪk] **1** N acrylique m **2** ADJ en acrylique

act [ækt] **1** N **a** (= deed) acte m **b** (= law) loi f **c** [of play] acte m ; (in circus, variety show) numéro m ◆ **he's just putting on an ~** il joue la comédie ◆ **it's just an ~** c'est du cinéma ◆ **to get one's ~ together** * se ressaisir **2** VI **a** (gen) agir ◆ **to ~ as if nothing had happened** faire comme si rien ne s'était passé ◆ **to ~ like a fool** agir comme un imbécile **b** (in play, film) jouer ◆ **she's not crying, she's only ~ing** elle ne pleure pas, elle fait semblant **c** (= serve) servir (as de) **3** VT [+ part in play] jouer ◆ **to ~ the fool** * faire l'idiot(e)

► **act on** VT INSEP [+ advice, suggestion] suivre ; [+ order] exécuter

► **act out** VT SEP [+ event] faire un récit mimé de ; [+ fantasies] vivre

► **act up** * VI se conduire mal ◆ **the car has started ~ing up** la voiture s'est mise à faire des caprices

acting [ˈæktɪŋ] **1** ADJ [president, manager] par intérim **2** N (= performance) jeu m

action [ˈækʃən] **1** N **a** (gen) action f ◆ **to put into ~** [+ plan] mettre à exécution ; [+ principles, suggestion] mettre en pratique ◆ **to take ~** agir ◆ **out of ~** (machine) hors service ; (person) hors de combat **b** (= deed) acte m **c** (= effect) effet m **d** (= legal proceedings) action f en justice ◆ **~ for damages** action f en dommages-intérêts **e** (= military combat) combat m ◆ **killed in ~** tué au combat **2** COMP ▸ **action-packed** [film] plein d'action ; [week-end] bien rempli ▸ **action replay** (Brit) ralenti m

activate [ˈæktɪveɪt] VT activer

active ['æktɪv] ADJ actif ✦ **~ volcano** volcan m en activité ✦ **to take an ~ part in sth** prendre une part active à qch ▸ **active voice** voix f active

actively ['æktɪvlɪ] ADV activement ; [encourage, discourage] vivement

activist ['æktɪvɪst] N activiste mf

activity [æk'tɪvɪtɪ] N activité f

actor ['æktər] N acteur m, comédien m

actress ['æktrɪs] N actrice f, comédienne f

actual ['æktjʊəl] ADJ [cost, reason] réel ; [figures] exact ✦ **in ~ fact** en fait

actually ['æktjʊəlɪ] ADV **a** (= in fact) en fait ✦ **his name is Smith, ~** en fait, il s'appelle Smith **b** (= truly) vraiment ✦ **what did he ~ say?** qu'est-ce qu'il a dit exactement ?

acumen ['ækjʊmen] N flair m

acupuncture ['ækjʊpʌŋktʃər] N acupuncture f

acute [ə'kjuːt] ADJ **a** (= serious) grave ; [embarrassment] profond ; [anxiety, pain] vif **b** (= perceptive) perspicace ✦ **to have an ~ sense of smell** avoir l'odorat très développé **c** [appendicitis, leukaemia, case] aigu (-guë f) **d** [accent, angle] aigu (-guë f)

acutely [ə'kjuːtlɪ] ADV **a** (= very) extrêmement ; [aware] pleinement **b** (= strongly) intensément

AD [eɪ'diː] N (abbrev of **Anno Domini**) ap. J-C

ad * [æd] N (= announcement) annonce f ; (= commercial) pub * f

Adam ['ædəm] N ✦ **I don't know him from ~** * je ne le connais ni d'Ève ni d'Adam ▸ **Adam's apple** pomme f d'Adam

adamant ['ædəmənt] ADJ [person] catégorique ✦ **to be ~ that ...** maintenir catégoriquement que ...

adamantly ['ædəməntlɪ] ADV catégoriquement

adapt [ə'dæpt] **1** VT adapter (to à) **2** VI s'adapter

adaptable [ə'dæptəbl] ADJ adaptable

adaptation [ˌædæp'teɪʃən] N adaptation f

adapter, adaptor [ə'dæptər] N (= device) adaptateur m ; (Brit) (= plug) prise f multiple

add [æd] VT **a** ajouter (to à) ✦ **~ some more pepper** rajoutez un peu de poivre **b** [+ figures] additionner ; [+ column of figures] totaliser

▸ **add on** VT SEP rajouter

▸ **add to** VT INSEP augmenter ; [+ anxiety, danger] accroître

▸ **add together** VT SEP [+ figures] additionner

▸ **add up 1** VI **a** (= calculate) additionner **b** * ✦ **it all ~s up** (= it's logical) tout s'explique ✦ **it doesn't ~ up** il y a quelque chose qui cloche *

c (= accumulate) s'accumuler ✦ **it all ~s up** ça finit par faire cher **2** VT SEP [+ figures] additionner

▸ **add up to** VT INSEP [figures] s'élever à

adder ['ædər] N vipère f

addict ['ædɪkt] N toxicomane mf ✦ **he's a yoga ~** c'est un mordu * du yoga

addicted [ə'dɪktɪd] ADJ (to drug, medicine) dépendant (to de) ✦ **to be ~ to football** * être un mordu * de football ✦ **I'm ~ to spicy food** j'adore les plats épicés

addiction [ə'dɪkʃən] N dépendance f

addictive [ə'dɪktɪv] ADJ [drug] créant une dépendance ✦ **this series is really ~** cette série est comme une drogue

addition [ə'dɪʃən] N **a** (= sum) addition f **b** (= fact of adding something) ajout m ✦ **in ~** de plus ✦ **in ~ to** en plus de

additional [ə'dɪʃənl] ADJ supplémentaire

additive ['ædɪtɪv] N additif m

add-on ['ædɒn] **1** N (Computing) accessoire m **2** ADJ complémentaire

address [ə'dres] **1** N **a** (place) adresse f ▸ **address book** carnet m d'adresses **b** (= speech) discours m **2** VT **a** (= put address on) mettre l'adresse sur ✦ **this letter is ~ed to you** cette lettre vous est adressée **b** (= speak to) s'adresser à ✦ **he ~ed the meeting** il a pris la parole devant l'assistance

addressee [ˌædre'siː] N destinataire mf

adenoids ['ædɪnɔɪdz] NPL végétations fpl

adept [ə'dept] ADJ expert (in, at en)

adequate ['ædɪkwɪt] ADJ **a** (= sufficient) suffisant **b** (= average) [performance, essay] acceptable

adequately ['ædɪkwɪtlɪ] ADV suffisamment

adhere [əd'hɪər] VI (= stick) adhérer ✦ **to ~ to** [+ rule] obéir à ; [+ principle, plan] se conformer à

adhesive [əd'hiːzɪv] ADJ, N adhésif m

adjacent [ə'dʒeɪsənt] ADJ adjacent

adjective ['ædʒektɪv] N adjectif m

adjoining [ə'dʒɔɪnɪŋ] ADJ voisin

adjourn [ə'dʒɜːn] **1** VT reporter (to, until à) ✦ **they ~ed the meeting** (= broke off) ils ont suspendu la séance **2** VI (= break off) suspendre la séance

adjudicate [ə'dʒuːdɪkeɪt] VT [+ competition] juger ; [+ claim] régler

adjust [ə'dʒʌst] **1** VT [+ machine, brakes, differences] régler ; [+ salaries, prices] ajuster ; [+ figures] rectifier ; [+ clothes] rajuster **2** VI [person] s'adapter ; [machine] se régler

adjustable [əˈdʒʌstəbl] ADJ réglable ; [rate] ajustable

adjustment [əˈdʒʌstmənt] N (to height, machine) réglage *m* ; (to plan, terms) ajustement *m* (to de) ; (to wages, prices) réajustement *m* (to de)

ad lib [ædˈlɪb] VI improviser

admin * [ˈædmɪn] N administration *f*

administer [ədˈmɪnɪstəʳ] VT **a** [+ business, country] administrer ; [+ sb's affairs, funds] gérer ; [+ property] régir **b** [+ punishment, medicine] administrer (to à) ; [+ justice] rendre

administration [ədˌmɪnɪˈstreɪʃən] N **a** (gen) administration *f* **b** (= government) gouvernement *m*

administrative [ədˈmɪnɪstrətɪv] ADJ [work, post, staff] administratif ; [costs, expenses] d'administration

administrator [ədˈmɪnɪstreɪtəʳ] N administrateur *m*, -trice *f*

admirable [ˈædmərəbl] ADJ admirable

admiral [ˈædmərəl] N amiral *m*

admiration [ˌædməˈreɪʃən] N admiration *f* (of, for pour)

admire [ədˈmaɪəʳ] VT admirer

admirer [ədˈmaɪərəʳ] N admirateur *m*, -trice *f*

admission [ədˈmɪʃən] N **a** (= entry) (to university, hospital) admission *f* ; (to museum, zoo) entrée *f* **b** (= confession) aveu *m*

admit [ədˈmɪt] VT **a** (= let in) laisser entrer **b** (= acknowledge) admettre ✦ to ~ one's guilt reconnaître sa culpabilité
► **admit to** VT INSEP reconnaître ; [+ crime] avouer

admittance [ədˈmɪtəns] N (= access) accès *m* ✦ 'no ~' 'accès interdit'

admittedly [ədˈmɪtɪdlɪ] ADV ✦ ~ this is true il faut reconnaître que c'est vrai ✦ it's only a theory, ~ ... il est vrai que ce n'est qu'une théorie ...

admonish [ədˈmɒnɪʃ] VT réprimander (for doing sth pour avoir fait qch)

ado [əˈduː] N ✦ without further ~ sans plus de cérémonie

adolescence [ˌædəʊˈlesns] N adolescence *f*

adolescent [ˌædəʊˈlesnt] ADJ, N adolescent(e) *m(f)*

adopt [əˈdɒpt] VT adopter

adoption [əˈdɒpʃən] N adoption *f*

adorable [əˈdɔːrəbl] ADJ adorable

adore [əˈdɔːʳ] VT adorer

adorn [əˈdɔːn] VT orner (with de)

adrenalin(e) [əˈdrenəlɪn] N adrénaline *f*

adrift [əˈdrɪft] ADV, ADJ à la dérive ✦ to go ~ aller à la dérive

ADSL [ˌaɪdiːesˈel] N (abbrev of **Asynchronous Digital Subscriber Line**) ADSL

adult [ˈædʌlt] **1** N adulte *mf* **2** ADJ adulte ; [film, book] pour adultes

adultery [əˈdʌltərɪ] N adultère *m*

advance [ədˈvɑːns] **1** N (gen) avance *f* ; [of science, ideas] progrès *mpl* ✦ a week in ~ une semaine à l'avance ✦ he arrived in ~ of the others il est arrivé en avance sur les autres ✦ $10 in ~ 10 dollars d'avance **2** advances NPL avances *fpl* ✦ to make ~s to sb faire des avances à qn **3** VT (gen) avancer ; (= improve) faire progresser *or* avancer **4** VI **a** (= go forward) avancer **b** (= progress) progresser

advanced [ədˈvɑːnst] ADJ avancé ; [level, studies] supérieur (-eure *f*) ; [technology] de pointe

advantage [ədˈvɑːntɪdʒ] N avantage *m* ✦ to have an ~ over sb avoir un avantage sur qn ✦ to take ~ of sb exploiter qn ; (sexually) abuser de qn ✦ I took ~ of the opportunity j'ai profité de l'occasion ✦ it would be to your ~ c'est dans ton intérêt

advantageous [ˌædvənˈteɪdʒəs] ADJ avantageux (to pour)

advent [ˈædvənt] N arrivée *f* ✦ Advent (Rel) l'Avent *m*

adventure [ədˈventʃəʳ] N aventure *f* ► **adventure holiday** (Brit) circuit *m* aventure ► **adventure playground** N (Brit) aire *f* de jeux

adventurous [ədˈventʃərəs] ADJ audacieux

adverb [ˈædvɜːb] N adverbe *m*

adversary [ˈædvəsərɪ] N adversaire *mf*

adverse [ˈædvɜːs] ADJ [effect, reaction] négatif ; [conditions] défavorable ; [publicity] mauvais

adversity [ədˈvɜːsɪtɪ] N adversité *f*

advert * [ˈædvɜːt] N (Brit) (= announcement) annonce *f* ; (= commercial) pub * *f*

advertise [ˈædvətaɪz] **1** VT **a** [+ goods] faire de la publicité pour **b** ✦ to ~ a flat for sale (in newspaper) mettre une annonce pour vendre un appartement **2** VI **a** (to sell product) faire de la publicité **b** ✦ to ~ for a secretary paraître une annonce pour une secrétaire

advertisement [ədˈvɜːtɪsmənt] N **a** (for product) publicité *f* **b** (to find staff, house) annonce *f*

advertising [ˈædvətaɪzɪŋ] N (= activity) publicité *f* ; (= advertisements) publicités *fpl*

advice [ədˈvaɪs] N conseils *mpl* ✦ a piece of ~ un conseil ✦ to take sb's ~ suivre les conseils de qn

advisable [ədˈvaɪzəbl] ADJ conseillé

advise [ədˈvaɪz] VT **a** (= give advice to) conseiller ✦ to ~ sb to do sth conseiller à qn de faire qch ✦ to ~ sb against sth déconseiller qch à qn ◆ **to** ~ **sb against doing sth** déconseiller à qn de faire qch **b** [+ course of action] recommander ◆ **you would be well** ~**d to wait** vous feriez bien d'attendre

adviser, advisor [ədˈvaɪzəʳ] N conseiller m, -ère f

advisory [ədˈvaɪzərɪ] **1** ADJ consultatif ; [service] de conseils **2** N (US = announcement) mise f en garde

advocate 1 N [ˈædvəkɪt] **a** (= upholder) [of cause] défenseur m ◆ **to be an** ~ **of** être partisan(e) de **b** (in Scottish legal system) avocat m (plaidant) **2** VT [ˈædvəkeɪt] recommander

Aegean [iːˈdʒiːən] N mer f Égée

aerial [ˈɛərɪəl] N antenne f

aerobatics [ˈɛərəʊˈbætɪks] NPL acrobaties fpl aériennes

aerobics [ɛəˈrəʊbɪks] N aérobic f

aerodynamic [ˈɛərəʊdaɪˈnæmɪk] ADJ aérodynamique

aeroplane [ˈɛərəpleɪn] N (Brit) avion m

aerosol [ˈɛərəsɒl] N aérosol m

aesthetic [iːsˈθɛtɪk] ADJ esthétique

affable [ˈæfəbl] ADJ affable

affair [əˈfɛəʳ] N **a** (gen) affaire f ◆ **to put one's** ~**s in order** (= business) mettre de l'ordre dans ses affaires ; (= belongings) mettre ses affaires en ordre ◆ **that's my** ~ c'est mon affaire **b** (= love affair) liaison f

affect [əˈfɛkt] VT **a** (= have effect on) [+ result, numbers] avoir un effet sur ; [+ decision, career] influer sur ; (= have detrimental effect on) [+ person, health] affecter ◆ **you mustn't let it** ~ **you** ne te laisse pas abattre **b** (= concern) concerner **c** (emotionally) affecter

affectation [ˌæfɛkˈteɪʃən] N affectation f

affection [əˈfɛkʃən] N affection f

affectionate [əˈfɛkʃənɪt] ADJ affectueux

affirm [əˈfɜːm] VT affirmer

affirmative [əˈfɜːmətɪv] **1** N ◆ **in the** ~ à l'affirmatif ◆ **to answer in the** ~ répondre affirmativement **2** ADJ affirmatif ◆ ~ **action** (US) mesures fpl de discrimination positive

affliction [əˈflɪkʃən] N affliction f

afford [əˈfɔːd] VT ◆ **to be able to** ~ **(to buy) sth** avoir les moyens d'acheter qch ◆ **I can't** ~ **a new bike** je n'ai pas les moyens de m'acheter un nouveau vélo ◆ **he can't** ~ **to make a mistake** il ne peut pas se permettre de faire une erreur ◆ **I can't** ~ **the time to do it** je n'ai pas le temps de le faire

affordable [əˈfɔːdəbl] ADJ abordable

affront [əˈfrʌnt] N affront m

Afghanistan [æfˈgænɪstæn] N Afghanistan m

afield [əˈfiːld] ADV ◆ **far** ~ loin

afloat [əˈfləʊt] ADV **a** (= on water) ◆ **to stay** ~ [person] garder la tête hors de l'eau ; [object] surnager ; [boat] rester à flot **b** (= solvent) ◆ **to stay** ~ se maintenir à flot

afraid [əˈfreɪd] ADJ **a** (= frightened) ◆ **to be** ~ **(of sb/sth)** avoir peur (de qn/qch) ◆ **I am** ~ **he might hurt me** j'ai peur qu'il (ne) me fasse mal ◆ **I am** ~ **of going** j'ai peur d'y aller **b** (expressing regret) ◆ **I'm** ~ **I can't do it** je suis désolé, mais je ne pourrai pas le faire ◆ **are you going?** – **I'm** ~ **not** vous partez ? – hélas non ◆ **are you going?** – **I'm** ~ **so** vous partez ? – hélas oui

afresh [əˈfrɛʃ] ADV de nouveau ◆ **to start** ~ recommencer

Africa [ˈæfrɪkə] N Afrique f

African [ˈæfrɪkən] **1** ADJ africain **2** N Africain(e) m(f)

African-American [ˌæfrɪkənəˈmɛrɪkən] **1** ADJ afro-américain **2** N Afro-Américain(e) m(f)

🔊 after [ˈɑːftəʳ]

1 PREP après ◆ ~ **dinner** après le dîner ◆ **shortly** ~ **10 o'clock** peu après 10 heures ◆ **it was 20** ~ **3** (US) il était 3 heures 20 ◆ ~ **seeing her** après l'avoir vue ◆ ~ **you,** après vous, Monsieur ◆ ~ **all** après tout ◆ **day** ~ **day** jour après jour ◆ **he ate 3 biscuits, one** ~ **the other** il a mangé 3 biscuits l'un après l'autre ◆ **to be** ~ **sb/sth** (= be looking for) chercher qn/qch **2** ADV après ◆ **the week** ~ la semaine d'après **3** CONJ après que ◆ ~ **he had closed the door, she spoke** après qu'il eut fermé la porte, elle a parlé ◆ ~ **he had closed the door, he spoke** après avoir fermé la porte, il a parlé **4** NPL (Brit) **afters** * (= dessert) dessert m

afterlife [ˈɑːftəlaɪf] N vie f après la mort

afternoon [ˈɑːftəˈnuːn] N après-midi m or f ◆ **in the** ~ l'après-midi ◆ **at 3 o'clock in the** ~ à 3 heures de l'après-midi ◆ **on Sunday** ~ le dimanche après-midi ◆ **good** ~**!** bonjour !

aftershave [ˈɑːftəʃeɪv] N après-rasage m

afterthought [ˈɑːftəθɔːt] N ◆ **the window was added as an** ~ la fenêtre a été ajoutée après coup

afterwards [ˈɑːftəwədz] ADV plus tard

🔊 again [əˈgɛn] ADV

a (= one more time) encore ◆ **show me** ~ montre-moi encore une fois ◆ **(twice) as much** ~ deux fois autant ◆ ~ **and** ~ à plusieurs reprises ◆ **I had to do it** ~ j'ai dû le refaire

◆ **please call ~ later** merci de rappeler plus tard ◆ **to begin ~** recommencer ◆ **to start all over ~** recommencer au début ◆ **to see sb/sth ~** revoir qn/qch

b (with negative) plus ◆ **I won't do it ~** je ne le ferai plus ◆ **never ~** jamais plus

against [ə'genst] PREP contre ◆ **it's ~ the law** c'est contraire à la loi ◆ **to lean ~ a wall** s'appuyer contre un mur ◆ **~ the light** à contre-jour ◆ **the euro is down ~ the dollar** l'euro a baissé par rapport au dollar

age [eidʒ] **1** N **a** âge m ◆ **what ~ is she?** quel âge a-t-elle ? ◆ **he is ten years of ~** il a dix ans ◆ **to be under ~** être mineur ◆ **to come of ~** [person] atteindre sa majorité ◆ **~ of consent** âge m légal ▸ **age group** tranche f d'âge ▸ **age limit** limite f d'âge **b** (= period of time) époque f ◆ **I haven't seen him for ~s *** il y a une éternité que je ne l'ai vu ◆ **she stayed for ~s *** elle est restée des heures (ou des semaines etc) **2** VTI vieillir

aged **1** ADJ **a** [eidʒd] âgé de ◆ **a boy ~ ten** un garçon (âgé) de dix ans **b** ['eidʒid] (= old) âgé **2** NPL ['eidʒid] **the aged** les personnes fpl âgées

ageism ['eidʒizəm] N âgisme m

agency ['eidʒənsı] N (= office) agence f ; (= government department) organisme m

agenda [ə'dʒendə] N ordre m du jour ◆ **on the ~** à l'ordre du jour

agent ['eidʒənt] N agent m

aggravate ['ægrəveit] VT **a** [+ illness, situation] aggraver ; [+ pain] augmenter **b** (= annoy) exaspérer

aggravation [ˌægrə'veiʃən] N **a** [of problem, situation, illness] aggravation f **b** (= annoyance) contrariété f

aggregate ['ægrigit] N (= total) total m

aggression [ə'greʃən] N agression f ; (= aggressiveness) agressivité f

aggressive [ə'gresiv] ADJ agressif

aggressiveness [ə'gresivnis] N agressivité f

aggrieved [ə'gri:vd] ADJ (= angry) fâché ; (= unhappy) mécontent

aghast [ə'gɑ:st] ADJ atterré (at par)

agile ['ædʒail] ADJ agile

agitate ['ædʒiteit] VT **a** [+ liquid] agiter **b** (= upset) perturber

agitation [ˌædʒi'teiʃən] N **a** [of person] agitation f ◆ **in a state of ~** agité **b** (= social unrest) troubles mpl

AGM [ˌeidʒi:'em] N (Brit) (abbrev of **annual general meeting**) AG f

agnostic [æg'nɒstik] ADJ, N agnostique mf

ago [ə'gəu] ADV il y a ◆ **a week ~** il y a huit jours ◆ **how long ~?** il y a combien de temps ?

agonizing ['ægənaizıŋ] ADJ [death] atroce ; [choice] déchirant

agony ['ægənı] N supplice m ◆ **to be in ~** souffrir le martyre ▸ **agony aunt** (Brit) rédactrice de la rubrique du courrier du cœur ▸ **agony column** (Brit) courrier m du cœur

agree [ə'gri:] **1** VT **a** (= consent) accepter ◆ **he ~d to do it** il a accepté de le faire **b** (= admit) reconnaître ◆ **I ~ I was wrong** je reconnais que je me suis trompé **c** (= come to an agreement) convenir (to do sth de faire qch) ; [+ time, price] se mettre d'accord sur ◆ **I ~ that it's difficult** je suis d'accord que c'est difficile **2** VI **a** (= hold same opinion) être d'accord (with avec) ◆ **I (quite) ~** je suis (tout à fait) d'accord ◆ **I don't ~ (at all)** je ne suis pas (du tout) d'accord **b** (= come to terms) se mettre d'accord ◆ **to ~ about** or **on sth** se mettre d'accord sur qch **c** (= consent) ◆ **to ~ to a proposal** accepter une proposition ◆ **he won't ~ to that** il n'acceptera pas ◆ **he ~d to the project** il a donné son accord au projet **d** [food] réussir à ◆ **onions don't ~ with me** les oignons ne me réussissent pas **e** (Gram) s'accorder (in en)

agreeable [ə'gri:əbl] ADJ **a** (= pleasant) agréable **b** (= willing) ◆ **if you are ~, we can start immediately** si vous le voulez bien, nous pouvons commencer immédiatement

agreed [ə'gri:d] ADJ **a** ◆ **to be ~** être d'accord **b** [time, place, amount] convenu

agreement [ə'gri:mənt] N accord m ◆ **to be in ~** être d'accord

agricultural [ˌægri'kʌltʃərəl] ADJ agricole

agriculture ['ægrikʌltʃəʳ] N agriculture f

aground [ə'graund] ADV ◆ **to run ~** s'échouer

⊙▬ **ahead** [ə'hed] ADV

a (in space) ◆ **stay here, I'll go on ~** restez ici, moi je vais devant ◆ **to get ~** prendre de l'avance ◆ **they were ~ of us** ils avaient de l'avance sur nous

b (in classification, sport) ◆ **to be five points ~** avoir une avance de cinq points ◆ **the goal put Scotland 2-1 ~** grâce à ce but, l'Écosse menait 2 à 1

c (in time) ◆ **the months ~** les mois à venir ◆ **to think ~** prévoir (à l'avance) ◆ **to plan ~** faire des projets ◆ **~ of time** [decide, announce] d'avance ; [arrive, be ready] en avance ◆ **the project's ~ of schedule** le projet est plus avancé que prévu

aid [eid] **1** N **a** (= help) aide f ◆ **with the ~ of** (person) avec l'aide de ; (thing) à l'aide de ◆ **sale**

in ~ of the blind (Brit) vente *f* (de charité) au profit des aveugles **b** (= helper) aide *mf* **2** VT [+ person] aider ; [+ progress, recovery] contribuer à

aide [eɪd] N aide *mf* ; (US Pol) conseiller *m*, -ère *f*

aids [eɪdz] N (abbrev of **acquired immune deficiency syndrome**) sida *m* ▶ **aids patient** N malade *mf* du sida

aikido [aɪkiːdəʊ] N aïkido *m*

ailing [eɪlɪŋ] ADJ souffrant ◆ **an ~ company** une entreprise qui périclite

ailment [eɪlmənt] N affection *f*

aim [eɪm] **1** N **a** (using weapon, ball) ◆ **to take ~ (at sb/sth)** viser (qn/qch) **b** (= purpose) but *m* **2** VT **a** (= direct) [+ extinguisher] diriger ; [+ missile] pointer (at sur) ◆ **to ~ a gun at sb** braquer un revolver sur qn ◆ **his remarks are ~ed at his father** ses remarques visent son père **b** (= intend) viser (to do sth à faire qch) **3** VI viser ◆ **to ~ at** viser

aimless [eɪmlɪs] ADJ [person, way of life] sans but ; [activity, pursuit] futile

air [ɛəʳ] **1** N **a** air *m* ◆ **in the open ~** en plein air ◆ **to throw sth (up) into the ~** lancer qch en l'air ◆ **it's still all up in the ~** ce ne sont encore que des projets en l'air ◆ **by ~** par avion **b** (in broadcasting) ◆ **on (the) ~** à l'antenne **c** (= manner) air *m* ◆ **to put on ~s and graces** minauder **2** VT **a** [+ clothes, bed, room] aérer **b** [+ opinions] faire connaître ; [+ idea, proposal] émettre **c** (= broadcast) diffuser **3** COMP ▶ **air base** base *f* aérienne ▶ **air bed** (Brit) matelas *m* pneumatique ▶ **air-conditioned** climatisé ▶ **air conditioning** climatisation *f* ▶ **air force** armée *f* de l'air ▶ **air freshener** désodorisant *m* ▶ **air hostess** (Brit) hôtesse *f* de l'air ▶ **air raid** raid *m* aérien ▶ **air-raid shelter** abri *m* antiaérien ▶ **air rifle** carabine *f* à air comprimé ▶ **air traffic control** contrôle *m* du trafic aérien ▶ **air traffic controller** aiguilleur *m* du ciel

airbag [ɛəbæg] N (in car) airbag ® *m*

aircraft [ɛəkrɑːft] N avion *m*

airfare [ɛəfɛəʳ] N prix *m* du billet d'avion

airfield [ɛəfiːld] N terrain *m* d'aviation

airgun [ɛəgʌn] N fusil *m* à air comprimé

airlift [ɛəlɪft] **1** N pont *m* aérien **2** VT ◆ **to ~ in** acheminer par pont aérien ◆ **to ~ out** évacuer par pont aérien

airline [ɛəlaɪn] N compagnie *f* aérienne

airliner [ɛəlaɪnəʳ] N avion *m* de ligne

airmail [ɛəmeɪl] N poste *f* aérienne ◆ **by ~** par avion ▶ **airmail letter** lettre *f* par avion

airplane [ɛəpleɪn] N (US) avion *m*

airport [ɛəpɔːt] N aéroport *m*

airsick [ɛəsɪk] ADJ ◆ **to be ~** avoir le mal de l'air

airstrip [ɛəstrɪp] N piste *f* (d'atterrissage)

airtight [ɛətaɪt] ADJ hermétique

airy [ɛərɪ] ADJ [room, building] clair et spacieux

aisle [aɪl] N **a** [of church] allée *f* centrale **b** [of theatre, cinema] allée *f* ; [of plane] couloir *m* ; (Brit) [of supermarket] allée *f* ◆ **~ seat** place *f* côté couloir

ajar [ədʒɑːʳ] ADJ entrouvert

aka [eɪkeɪeɪ] (abbrev of **also known as**) alias

alarm [əlɑːm] **1** N **a** (= warning) alarme *f* ◆ **to raise the ~** donner l'alarme **b** (= alarm clock) réveil *m* **2** VT alarmer

alarmed [əlɑːmd] ADJ **a** (= frightened) effrayé ◆ **don't be ~** n'ayez pas peur **b** (= equipped with alarm) pourvu d'un système d'alarme

alarming [əlɑːmɪŋ] ADJ alarmant

alas [əlæs] EXCL hélas !

Albania [ælbeɪnɪə] N Albanie *f*

Albanian [ælbeɪnɪən] **1** ADJ albanais **2** N (= person) Albanais(e) *m(f)*

albatross [ælbətrɒs] N albatros *m*

albeit [ɔːlbiːɪt] CONJ bien que

albino [ælbiːnəʊ] N albinos *mf*

album [ælbəm] N album *m* ▶ **album cover** pochette *f* (de disque)

alcohol [ælkəhɒl] N alcool *m*

alcoholic [ælkəhɒlɪk] **1** ADJ [person] alcoolique ; [drink] alcoolisé **2** N alcoolique *mf*

alcopop [ælkəpɒp] N (Brit) prémix *m*

alcove [ælkəʊv] N (in room) alcôve *f* ; (in wall) niche *f*

ale [eɪl] N bière *f*

alert [əlɜːt] **1** N alerte *f* **2** ADJ **a** (= watchful) vigilant **b** (= aware) ◆ **to be ~ to sth** avoir conscience de qch **c** (= acute) [old person] alerte ; [child] éveillé **3** VT alerter

alfresco [ælfreskəʊ] ADJ, ADV en plein air

algae [ældʒiː] NPL algues *fpl*

algebra [ældʒɪbrə] N algèbre *f*

Algeria [ældʒɪərɪə] N Algérie *f*

Algerian [ældʒɪərɪən] **1** ADJ algérien **2** N Algérien(ne) *m(f)*

alias [eɪlɪəs] **1** ADV alias **2** N faux nom *m* ; [of writer] pseudonyme *m*

alibi [ælɪbaɪ] N alibi *m*

alien ['eɪlɪən] **1** N **a** (from abroad) étranger *m*, -ère *f* **b** (from outer space) extraterrestre *mf* **2** ADJ **a** (= foreign) étranger **b** (= from outer space) extraterrestre

alienate ['eɪlɪəneɪt] VT aliéner

alight [ə'laɪt] **1** VI [person] descendre ; [bird] se poser **2** ADJ (= burning) ◆ **to be** ~ [candle, fire] être allumé ; [building] être en feu ◆ **to set sth** ~ mettre le feu à qch

align [ə'laɪn] VT aligner ◆ **to** ~ **o.s. with sb** s'aligner sur qn

alike [ə'laɪk] **1** ADJ ◆ **to look** ~ [people] se ressembler **2** ADV **a** (= in the same way) de la même façon **b** (= equally) ◆ **winter and summer** ~ été comme hiver

alimony ['ælɪmənɪ] N pension *f* alimentaire

alive [ə'laɪv] ADJ **a** (= living) vivant ◆ **to be burned** ~ brûler vif ◆ **to stay** ~ rester en vie **b** (= lively) ◆ **to bring** ~ [+ meeting] animer ; [+ past] faire revivre ◆ **to keep** ~ [+ tradition] préserver ; [+ memory] garder ◆ **to come** ~ s'animer ◆ **to be** ~ **with insects/tourists** grouiller d'insectes/de touristes

---

0--   **all** [ɔːl]

1 ADJ tout (le), toute (la), tous (les), toutes (les) ◆ ~ **the time** tout le temps ◆ ~ **my life** toute ma vie ◆ ~ **the others** tous (*or* toutes) les autres ◆ ~ **that** tout cela ◆ ~ **day** toute la journée ◆ ~ **three** tous les trois ◆ ~ **three said the same** ils ont tous les trois dit la même chose

2 PRON **a** (= everything) tout ◆ **you can't see** ~ **of Paris in a day** on ne peut pas voir tout Paris en une journée ◆ **he drank** ~ **of it** il a tout bu ◆ **it** ~ **happened so quickly** tout s'est passé si vite ◆ **that's** ~ **that matters** c'est tout ce qui importe ◆ **that is** ~ **he said** c'est tout ce qu'il a dit

b (plural) tous *mpl*, toutes *fpl* ◆ **we** ~ **sat down** nous nous sommes tous assis ◆ ~ **of the cakes** tous les gâteaux ◆ **the peaches? I've eaten them** ~ *ou* ~ **of them** les pêches ? je les ai toutes mangées ◆ **the biggest of** ~ le plus grand ◆ **the best of** ~ le meilleur ◆ **this was the biggest disappointment of** ~ **for me** ça a été ma grosse déception ◆ **this result was the most surprising of** ~ ce résultat était des plus surprenants ◆ **best of** ~, **the reforms will cost nothing** et surtout, ces réformes ne coûteront rien

3 ADV **a** (= entirely) tout ◆ **she was dressed** ~ **in white** elle était habillée tout en blanc ◆ **she came in** ~ **dishevelled** elle est arrivée tout ébouriffée ◆ **she went** ~ **red** elle est devenue toute rouge ◆ **he had to do it** ~ **by himself** il a dû le faire tout seul ◆ **she's** ~ **alone** elle est toute seule

b (in scores) ◆ **two** ~ deux partout

4 (set structures) ◆ ~ **along** (= from the start) depuis le début ; (= the whole length of) tout le long de ◆ ~ **but** (= nearly) presque ; (= all except) tous sauf ◆ **to be** ~ **for sth** être tout à fait pour qch ◆ **I looked for you** ~ **over** je vous ai cherché partout ◆ ~ **over the world** dans le monde entier ◆ **to be** ~ **over** (= finished) être fini ◆ **this was** ~ **the more surprising since ...** c'était d'autant plus surprenant que ... ◆ ~ **the better!** tant mieux ! ◆ **in** ~ en tout ◆ **it makes no difference at** ~ ça ne fait aucune différence ◆ **they won't attempt, if they have any sense at** ~ ils ne vont pas essayer s'ils ont un peu de bon sens ◆ **are you disappointed? – not at** ~! vous êtes déçu ? – pas du tout ◆ **thank you! – not at** ~! merci ! – de rien !

5 COMP ▶ **all-around** ADJ (US) [sportsman] complet (-ète *f*) ▶ **all clear** N fin *f* d'alerte ◆ **to give sb the** ~ **clear** (= authorize) donner le feu vert à qn ▶ **all fours** NPL ◆ **on** ~ **fours** à quatre pattes ▶ **all-in** ADJ (Brit) [price] tout compris *inv* ▶ **all-inclusive** ADJ [price, rate] tout compris *inv* ▶ **all-in-one** N combinaison *f* ▶ **all out** ADV ◆ **to go** ~ **out** (physically) y aller à fond ▶ **all-out** ADJ [effort] maximum ; [war, strike] total ▶ **all-purpose** ADJ [flour, vehicle, cleaner] tous usages ; [knife, glue] universel ▶ **all-round** ADJ [sportsman] complet (-ète *f*) ▶ **all-terrain** ADJ tout-terrain

---

Allah ['ælə] N Allah *m*

allay [ə'leɪ] VT apaiser ◆ **to** ~ **suspicion** dissiper les soupçons

allegation [ˌælɪ'geɪʃən] N allégation *f*

allege [ə'ledʒ] VT prétendre ◆ **he is** ~**d to have said that ...** il aurait dit que ...

allegiance [ə'liːdʒəns] N allégeance *f* (to à)

allergic [ə'lɜːdʒɪk] ADJ allergique

allergy ['ælədʒɪ] N allergie *f*

alleviate [ə'liːvɪeɪt] VT calmer

alley ['ælɪ] N (between buildings) ruelle *f* ; (in garden) allée *f*

alleyway ['ælɪweɪ] N ruelle *f*

alliance [ə'laɪəns] N alliance *f*

allied ['ælaɪd] ADJ **a** (= in league) allié **b** (= associated) [industries, conditions] apparenté ; [subjects] connexe

alligator ['ælɪgeɪtər] N alligator *m*

allocate ['æləʊkeɪt] VT [+ task] attribuer ; [+ money] affecter

allot [ə'lɒt] VT attribuer ◆ **to do sth in the time** ~**ted** faire qch dans le temps imparti

allotment [ə'lɒtmənt] N (Brit) jardin *m* ouvrier

allow [ə'laʊ] VT **a** (= permit) permettre, autoriser ◆ **to** ~ **sb sth** permettre qch à qn ◆ **to** ~ **sb to do sth** permettre à qn de faire qch ◆ **smoking is not** ~**ed** il est interdit de fumer **b**

(= set aside) [+ time, money, space] prévoir ◆ ~ **yourself an hour to cross the city** comptez une heure pour traverser la ville **c** (= concede) admettre
► **allow for** VT INSEP tenir compte de

allowance [ə'lauəns] N **a** (= money given to sb) allocation *f*; (for lodgings, food) indemnité *f*; (= alimony) pension *f* alimentaire ; (= pocket money) argent *m* de poche **b** (= discount) réduction *f* ◆ **tax ~s** déductions *fpl* fiscales **c** ◆ **to make ~s for sb** (= excuse) se montrer indulgent envers qn ◆ **to make ~s for sth** (= allow for) tenir compte de qch

alloy ['æloɪ] N alliage *m*

all right [ˌɔːl'raɪt] **1** ADJ **a** (= satisfactory) bien ◆ **do you like the champagne? – it's all right** aimez-vous ce champagne ? – il n'est pas mal ◆ **it's all right** (= don't worry) ce n'est pas grave ◆ **is it all right if ...?** ça vous dérange si ... ? ◆ **is everything all right?** tout va bien ? **b** ◆ **to be all right** (= healthy) aller bien ; (= safe) être sain et sauf **2** EXCL (in approval, exasperation) ça va ! ; (in agreement) d'accord ! **3** ADV **a** (= without difficulty) sans problème ◆ **did you get home all right last night?** tu es bien rentré chez toi, hier soir ? **b** (= definitely) ◆ **he's at home all right** il est bien chez lui ◆ **you'll get the money back all right** vous serez remboursé, c'est sûr **c** (expressing agreement) d'accord **d** (summoning attention) ◆ **all right, let's get started** bon, allons-y

allspice ['ɔːlspaɪs] N quatre-épices *m inv*

all-time ['ɔːltaɪm] ADJ sans précédent ◆ **he's one of the ~ greats** c'est un des grands de notre époque

allude [ə'luːd] VI ◆ **to ~ to** [person] faire allusion à

alluring [ə'ljuərɪŋ] ADJ séduisant

allusion [ə'luːʒən] N allusion *f*

ally 1 VT [ə'laɪ] allier ◆ **to ~ o.s. with** s'allier avec **2** N ['ælaɪ] allié(e) *m(f)*

almighty [ɔːl'maɪtɪ] **1** ADJ **a** (= all-powerful) tout-puissant **b** (* = tremendous) [row, scandal] énorme **2** N ◆ **the Almighty** le Tout-Puissant

almond ['ɑːmənd] N amande *f*

almost ['ɔːlməʊst] ADV presque ◆ **he ~ fell** il a failli tomber

alms [ɑːmz] N aumône *f*

alone [ə'ləʊn] ADJ, ADV seul ◆ **all ~** tout(e) seul(e) ◆ **to leave sb ~** laisser qn tranquille ◆ **to leave sth ~** ne pas toucher à qch ◆ **he can't read, let ~ write** il ne sait pas lire, et encore moins écrire

---

🔲   **along** [ə'lɒŋ]

1 ADV ◆ **I'll be ~ in a moment** j'arrive tout de suite ◆ **come ~** venez avec moi ◆ **bring your friend ~** amène ton ami ◆ **I knew all ~ that he would refuse** je savais depuis le début qu'il allait refuser
2 PREP le long de ◆ **to walk ~ the beach** se promener le long de la plage ◆ **the railway runs ~ the beach** la ligne de chemin de fer longe la plage

alongside [ə'lɒŋ'saɪd] PREP (= along) le long de ; (= beside) à côté de ◆ **the car drew up ~ me** la voiture s'est arrêtée à ma hauteur

aloof [ə'luːf] ADJ **a** (= standoffish) distant **b** (= uninvolved) ◆ **to remain ~** se tenir à l'écart (from sth/sb de qn/qch)

aloud [ə'laʊd] ADV [read] à voix haute ; [laugh, think, wonder] tout haut

alphabet ['ælfəbet] N alphabet *m*

alphabetical [ˌælfə'betɪkəl] ADJ alphabétique

alpine ['ælpaɪn] ADJ alpin

Alps [ælps] NPL Alpes *fpl*

already [ɔːl'redɪ] ADV déjà ◆ **he was ~ there** il était déjà là

alright [ˌɔːl'raɪt] ⇒ **all right**

Alsatian [æl'seɪʃən] N (Brit = dog) berger *m* allemand

also ['ɔːlsəʊ] ADV aussi

altar ['ɒltər] N autel *m*

alter ['ɒltər] **1** VT modifier ; (stronger) transformer ; [+ garment] retoucher **2** VI changer

alteration [ˌɒltə'reɪʃən] N modification *f*; (to garment) retouche *f*

alter-globalism [ˌɒltə'gləʊbəlɪzm] N altermondialisme *m*

alter-globalist [ˌɒltə'gləʊbəlɪst] N altermondialiste *mf*

alternate 1 ADJ [ɒl'tɜːnɪt] **a** (= successive) alterné **b** (= every second) ◆ **on ~ days** un jour sur deux **c** (US) ⇒ **alternative 2** N [ɒl'tɜːnɪt] (US = stand-in) remplaçant(e) *m(f)* **3** VT (faire) alterner **4** VI ['ɒltɜːneɪt] alterner (with avec) ◆ **he ~s between aggression and indifference** il est tantôt agressif, tantôt indifférent

alternately [ɒl'tɜːnɪtlɪ] ADV tour à tour

alternative [ɒl'tɜːnətɪv] **1** ADJ **a** (= different) autre **b** (= non-traditional) [medicine, therapy] parallèle ◆ **~ technology** les technologies *fpl* douces ◆ **~ energy** énergie *f* de substitution **2** N ◆ (= choice) (between two) alternative *f*; (among several) choix *m* ; (= solution) (only one) alternative *f*; (one of several) autre solution *f*

alternatively [ɒl'tɜːnətɪvlɪ] ADV autrement

although [ɔːl'ðəʊ] CONJ bien que + subjunctive ◆ **I'll do it, ~ I don't want to** je vais le faire bien que je n'aie pas envie

altitude ['æltɪtjuːd] N altitude *f*

alto ['æltəʊ] **1** N (female voice) contralto *m* ; (male voice) haute-contre *f* **2** ADJ ◆ ~ saxophone/flute saxophone *m*/flûte *f* alto

altogether [ˌɔːltə'geðəʳ] ADV **a** (= completely) [stop, disappear] complètement ; [different] tout à fait **b** (= in all) en tout ◆ what do I owe you ~? je vous dois combien en tout ?

altruism ['æltrʊɪzəm] N altruisme *m*

aluminium [ˌæljʊ'mɪnɪəm], **aluminum** (US) [ə'luːmɪnəm] **1** N aluminium *m* **2** ADJ en aluminium ▸ **aluminium foil** papier *m* aluminium

always ['ɔːlweɪz] ADV toujours

am[1] [æm] → be

am[2] [eɪ'em] ADV (abbrev of *ante meridiem*) du matin ◆ at 8~ à 8 heures du matin

amalgam [ə'mælgəm] N amalgame *m*

amalgamate [ə'mælgəmeɪt] VTI [+ companies] fusionner

amass [ə'mæs] VT amasser

amateur ['æmətəʳ] **1** N amateur *m* **2** ADJ [painter, sports, player, theatre] amateur *inv* ; [photography] d'amateur

amaze [ə'meɪz] VT stupéfier

amazed [ə'meɪzd] ADJ stupéfait ◆ to be ~ at (seeing) sth être stupéfait de (voir) qch

amazement [ə'meɪzmənt] N stupéfaction *f* ◆ she listened in ~ elle écoutait, stupéfaite

amazing [ə'meɪzɪŋ] ADJ incroyable

amazingly [ə'meɪzɪŋlɪ] ADV étonnamment

Amazon ['æməzən] N (= river) Amazone *f* ◆ the ~ rainforest la forêt amazonienne

ambassador [æm'bæsədəʳ] N ambassadeur *m*

amber ['æmbəʳ] **1** N ambre *m* **2** ADJ [jewellery] d'ambre ; [colour] ambre ◆ ~ light (Brit) feu *m* orange

ambidextrous [ˌæmbɪ'dekstrəs] ADJ ambidextre

ambiguous [æm'bɪgjʊəs] ADJ ambigu (-guë *f*)

ambition [æm'bɪʃən] N ambition *f*

ambitious [æm'bɪʃəs] ADJ ambitieux

amble ['æmbl] VI [person] ◆ to ~ along aller sans se presser

ambulance ['æmbjʊləns] N ambulance *f* ▸ **ambulance driver** ambulancier *m*, -ière *f*

ambush ['æmbʊʃ] **1** N embuscade *f* **2** VT (= wait for) tendre une embuscade à ; (= attack) faire tomber dans une embuscade

ameba [ə'miːbə] (US) N amibe *f*

amen ['ɑː'men] EXCL amen

amenable [ə'miːnəbl] ADJ [person] souple ◆ ~ to [+ reason, argument] sensible à ; [+ compromise] ouvert à ◆ he is ~ to change il est prêt à changer

amend [ə'mend] VT [+ rule, bill, wording] modifier ; [+ constitution] réviser ; [+ mistake] rectifier ; [+ habits] réformer

amendment [ə'mendmənt] N **a** (to law) amendement *m* **b** (to contract) avenant *m* **c** (to letter, script, text) modification *f*

amends [ə'mendz] NPL ◆ to make ~ se faire pardonner

amenities [ə'miːnɪtɪz] NPL équipements *mpl*

America [ə'merɪkə] N Amérique *f*

American [ə'merɪkən] **1** ADJ américain ; [ambassador, embassy] des États-Unis ▸ **American Indian** Indien(ne) *m(f)* d'Amérique **2** N **a** (= person) Américain(e) *m(f)* **b** (= American English) américain *m*

americanism [ə'merɪkənɪzəm] N américanisme *m*

amethyst ['æmɪθɪst] N améthyste *f*

amiable ['eɪmɪəbl] ADJ aimable

amicable ['æmɪkəbl] ADJ amical

amid(st) [ə'mɪd(st)] PREP au milieu de

amiss [ə'mɪs] **1** ADJ ◆ there is something ~ il y a quelque chose qui ne va pas **2** ADV ◆ to take sth ~ (= be offended) mal prendre qch

ammonia [ə'məʊnɪə] N (gaz *m*) ammoniac *m* ; (= liquid) ammoniaque *f*

ammunition [ˌæmjʊ'nɪʃən] N munitions *fpl*

amnesia [æm'niːzɪə] N amnésie *f*

amnesty ['æmnɪstɪ] **1** N amnistie *f* **2** VT amnistier

amoeba [ə'miːbə] N amibe *f*

amok [ə'mɒk] ADV ◆ to run ~ [person] perdre tout contrôle de soi-même ; [crowd] se déchaîner

among(st) [ə'mʌŋ(st)] PREP parmi ◆ they were talking among(st) themselves ils parlaient entre eux ◆ among(st) other things entre autres (choses)

amoral [eɪ'mɒrəl] ADJ amoral

amount [ə'maʊnt] N **a** (= quantity) quantité *f* ◆ a large ~ of beaucoup de **b** (= sum of money) somme *f*
▸ **amount to** VT INSEP **a** [sums, figures, debts] s'élever à **b** (= be equivalent to) équivaloir à ◆ it ~s to the same thing cela revient au même

amp [æmp] N **a** (= ampere) ampère *m* **b** (* = amplifier) ampli* *m*

ampere ['æmpɛəʳ] N ampère *m*

amphetamine [æm'fetəmi:n] N amphétamine f

amphibious [æm'fɪbɪəs] ADJ amphibie

amphitheatre, amphitheater (US) ['æmfɪθɪətə'] N amphithéâtre m

ample ['æmpl] ADJ **a** (= more than adequate) ♦ that's ~ c'est amplement suffisant ♦ we've got ~ time nous avons largement assez de temps **b** (= large) [bust] généreux ; [garment] ample

amplifier ['æmplɪfaɪə'] N amplificateur m

amply ['æmplɪ] ADV largement

amputate ['æmpjʊteɪt] VT amputer ♦ to ~ sb's arm/leg amputer qn du bras/de la jambe

Amtrak ['æmtræk] N société américaine de transports ferroviaires interurbains

amuck [ə'mʌk] ADV ⇒ amok

amuse [ə'mju:z] VT amuser ♦ to ~ o.s. s'amuser

amused [ə'mju:zd] ADJ amusé ♦ to keep sb ~ distraire qn ♦ to keep o.s. ~ se distraire

amusement [ə'mju:zmənt] N **a** (= laughter) amusement m **b** (= diversion, pastime) distraction f ▸ amusement arcade (Brit) galerie f de jeux ▸ amusement park parc m d'attractions

amusing [ə'mju:zɪŋ] ADJ amusant

an [æn, ən, n] INDEF ART → a

anabolic steroid [ˌænəbɒlɪk'stɪərɔɪd] ADJ (stéroïde m) anabolisant m

anaemia [ə'ni:mɪə] N anémie f

anaemic [ə'ni:mɪk] ADJ anémique

anaesthetic [ˌænɪs'θetɪk] N, ADJ anesthésique m

anaesthetist [æ'ni:sθɪtɪst] N médecin m anesthésiste

anaesthetize [æ'ni:sθɪtaɪz] VT anesthésier

anagram ['ænəgræm] N anagramme f

anal ['eɪnəl] ADJ anal

analogue ['ænəlɒg] ADJ [phone, technology] analogique

analogy [ə'nælədʒɪ] N analogie f

analyse ['ænəlaɪz] VT analyser ; (= psychoanalyse) psychanalyser

analysis [ə'næləsɪs] N (pl analyses [ə'næləsi:z]) analyse f ; (= psychoanalysis) psychanalyse f

analyst ['ænəlɪst] N analyste mf

analytic(al) [ˌænə'lɪtɪk(əl)] ADJ analytique

analyze ['ænəlaɪz] VT (US) analyser ; (= psychoanalyse) psychanalyser

anarchic(al) [æ'nɑ:kɪk(əl)] ADJ anarchique

anarchist ['ænəkɪst] N, ADJ anarchiste mf

anarchy ['ænəkɪ] N anarchie f

anatomy [ə'nætəmɪ] N anatomie f

ANC [ˌeɪen'si:] N (abbrev of African National Congress) ANC m

ancestor ['ænsɪstə'] N ancêtre mf

ancestry ['ænsɪstrɪ] N (= ancestors) ancêtres mpl

anchor ['æŋkə'] **1** N ancre f ♦ to drop ~ jeter l'ancre **2** VT [+ ship] mettre à l'ancre ; (fig) ancrer

anchorman ['æŋkəmæn] N (pl -men) (on TV, radio) présentateur m

anchorwoman ['æŋkəwumən] N (pl -women) (on TV, radio) présentatrice f ; (in team, organization) pilier m

anchovy ['æntʃəvɪ] N anchois m

ancient ['eɪnʃənt] ADJ **a** [document, custom] ancien ♦ ~ Greek le grec ancien ♦ ~ history histoire f ancienne ♦ ~ Rome la Rome antique **b** * [person] très vieux (vieille f) ; [clothes, object, car] antique

ancillary [æn'sɪlərɪ] ADJ auxiliaire

and [ænd, ənd, nd, ən] CONJ **a** et ♦ a man ~ a woman un homme et une femme **b** (in numbers) ♦ three hundred ~ ten trois cent dix ♦ two pounds ~ six pence deux livres (et) six pence ♦ an hour ~ twenty minutes une heure vingt (minutes) **c** (+ infinitive verb) ♦ try ~ come essayez de venir **d** (repetition, continuation) ♦ better ~ better de mieux en mieux ♦ for hours ~ hours pendant des heures et des heures ♦ more ~ more difficult de plus en plus difficile

Andes ['ændi:z] N Andes fpl

anecdote ['ænɪkdəʊt] N anecdote f

anemia [ə'ni:mɪə] N (US) anémie f

anemic [ə'ni:mɪk] ADJ (US) anémique

anemone [ə'nemənɪ] N anémone f

anesthetic [ˌænɪs'θetɪk] N, ADJ (US) anesthésique m

anesthetist [æ'ni:sθɪtɪst] N (US) médecin m anesthésiste

anesthetize [æ'ni:sθɪtaɪz] VT (US) anesthésier

angel ['eɪndʒəl] N ange m

anger ['æŋgə'] **1** N colère f **2** VT mettre en colère

angina [æn'dʒaɪnə] N angine f de poitrine

angle ['æŋgl] **1** N angle m ♦ at an ~ en biais (to par rapport à) ♦ the building stands at an ~ to the street le bâtiment fait un angle avec la rue **2** VT orienter **3** VI **a** (= fish) pêcher à la ligne **b** (= try to get) ♦ to ~ for compliments chercher les compliments ♦ to ~ for an invitation chercher à se faire inviter

angler ['æŋglə'] N pêcheur m, -euse f (à la ligne)

Anglican ['æŋglɪkən] ADJ, N anglican(e) m(f)

angling ['æŋglɪŋ] N pêche f (à la ligne)

Anglo-Saxon ['æŋgləu'sæksən] **1** ADJ anglo-saxon **2** N **a** (= person) Anglo-Saxon(ne) m(f) **b** (= language) anglo-saxon m

Angola [æŋ'gəʊlə] N Angola m

angrily ['æŋgrɪlɪ] ADV [say, react] avec colère ; [leave] en colère

angry ['æŋgrɪ] ADJ [person] en colère (with sb contre qn ; at sth à cause de qch ; about sth à propos de qch) ; [look] furieux ; [reply] plein de colère ◆ to get ~ se mettre en colère ◆ to make sb ~ mettre qn en colère

anguish ['æŋgwɪʃ] N angoisse f

angular ['æŋgjʊlə'] ADJ anguleux

animal ['ænɪməl] **1** N animal m ; * (pej = person) brute f **2** ADJ animal

animate 1 ADJ ['ænɪmɪt] animé **2** VT ['ænɪmeɪt] animer

animated ['ænɪmeɪtɪd] ADJ **a** (= lively) animé **b** ◆ ~ film film m d'animation

animosity [ænɪ'mɒsɪtɪ] N animosité f (against, towards envers)

aniseed ['ænɪsiːd] **1** N graine f d'anis **2** ADJ [flavoured] à l'anis

ankle ['æŋkl] N cheville f ▸ **ankle boot** bottine f ▸ **ankle sock** (Brit) socquette f

annals ['ænəlz] NPL annales fpl

annex 1 VT [ə'neks] annexer **2** N ['æneks] annexe f

annexe ['æneks] N annexe f

annihilate [ə'naɪəleɪt] VT anéantir

anniversary [ænɪ'vɜːsərɪ] N anniversaire m

annotate ['ænəʊteɪt] VT annoter

announce [ə'naʊns] VT annoncer

announcement [ə'naʊnsmənt] N annonce f ; [of birth, marriage, death] faire-part m

announcer [ə'naʊnsə'] N annonceur m, -euse f

annoy [ə'nɔɪ] VT (= vex) contrarier ; (= irritate) agacer ; (= bother) ennuyer ◆ to be ~ed with sb être en colère contre qn ◆ to be ~ed about sth être contrarié par qch ◆ I am very ~ed with him for not coming je suis très mécontent qu'il ne soit pas venu

annoyance [ə'nɔɪəns] N **a** (= displeasure) mécontentement m **b** (= annoying thing) ennui m

annoying [ə'nɔɪɪŋ] ADJ agaçant

annual ['ænjʊəl] **1** ADJ annuel **2** N **a** (= plant) plante f annuelle **b** (= children's book) album m

annually ['ænjʊəlɪ] ADV annuellement

annul [ə'nʌl] VT annuler

anomaly [ə'nɒməlɪ] N anomalie f

anonymous [ə'nɒnɪməs] ADJ anonyme

anorak ['ænəræk] N anorak m

anorexia [ænə'reksɪə] N anorexie f ◆ ~ nervosa anorexie f mentale

anorexic [ænə'reksɪk] ADJ, N anorexique mf

⊙━━   **another** [ə'nʌðə']

1 ADJ **a** (= one more) encore un ◆ to wait ~ hour attendre encore une heure ◆ in ~ 20 years dans 20 ans **b** (= different) un autre ◆ do it ~ time vous le ferez plus tard ◆ there was ~ blue car next to ours il y avait une autre voiture bleue à côté de la nôtre **2** PRON **a** un(e) autre ◆ he says one thing and does ~ il dit une chose et il en fait une autre **b** ◆ one ~ l'un(e) l'autre m(f), les uns les autres mpl, les unes les autres fpl ◆ they love one ~ ils s'aiment (l'un l'autre)

---

answer ['ɑːnsə'] **1** N **a** (= reply) réponse f ◆ there's no ~ (on phone) ça ne répond pas **b** (= solution) solution f **2** VT [+ letter, question, description] répondre à ; [+ prayer] exaucer ◆ to ~ the door ouvrir la porte ◆ to ~ the phone répondre au téléphone **3** VI répondre
▸ **answer back** VI répondre (avec impertinence)
▸ **answer for** VT INSEP (= be responsible for) répondre de ◆ he has a lot to ~ for il a bien des comptes à rendre

answerable ['ɑːnsərəbl] ADJ responsable (to sb devant qn ; for sth de qch)

answering machine ['ɑːnsərɪŋ mə'ʃiːn], **answerphone** ['ɑːnsəfəʊn] N répondeur m (téléphonique)

ant [ænt] N fourmi f

antagonism [æn'tægənɪzəm] N antagonisme m

antagonize [æn'tægənaɪz] VT contrarier

Antarctic [ænt'ɑːktɪk] **1** N Antarctique m **2** ADJ antarctique

Antarctica [ænt'ɑːktɪkə] N Antarctique m

antelope ['æntɪləʊp] N antilope f

antenatal ['æntɪ'neɪtl] ADJ prénatal ◆ ~ clinic service m de consultation prénatale

antenna [æn'tenə] N antenne f

anterior [æn'tɪərɪə'] ADJ antérieur (-eure f)

anthem ['ænθəm] N hymne m

anthology [æn'θɒlədʒɪ] N anthologie f

anthropology [ˌænθrəˈpɒlədʒɪ] N anthropologie *f*

antibiotic [ˈæntɪbaɪˈɒtɪk] ADJ, N antibiotique *m*

antibody [ˈæntɪˌbɒdɪ] N anticorps *m*

anticipate [ænˈtɪsɪpeɪt] VT **a** (= expect) s'attendre à, prévoir ◆ **it's bigger than I ~d** je ne m'attendais pas à ce que ce soit si grand **b** [+ blow, attack] anticiper ; [+ needs, question] devancer

anticipation [ænˌtɪsɪˈpeɪʃən] N (= expectation) attente *f* ◆ **with growing ~** avec une impatience grandissante

anticlimax [ˈæntɪˈklaɪmæks] N déception *f*

anticlockwise [ˈæntɪˈklɒkwaɪz] ADJ, ADV (Brit) dans le sens inverse des aiguilles d'une montre

antics [ˈæntɪks] NPL pitreries *fpl*

antidepressant [ˈæntɪdɪˈpresənt] N antidépresseur *m*

antidote [ˈæntɪdəʊt] N antidote *m* (to à, contre)

antifreeze [ˈæntɪˈfriːz] N antigel *m*

anti-globalization [ˌæntɪgləʊbəlaɪˈzeɪʃən] N antimondialisation *f*

antihistamine [ˌæntɪˈhɪstəmɪn] N antihistaminique *m*

antipathy [ænˈtɪpəθɪ] N antipathie *f* (to pour)

antiperspirant [ˈæntɪˈpɜːspɪrənt] N déodorant *m*

antiquated [ˈæntɪkweɪtɪd] ADJ [machinery] vétuste ; [system] archaïque

antique [ænˈtiːk] **1** ADJ ancien **2** N (= ornament) objet *m* ancien ; (= furniture) meuble *m* ancien ▸ **antique dealer** antiquaire *mf* ▸ **antique shop** magasin *m* d'antiquités

anti-Semitic [ˈæntɪsɪˈmɪtɪk] ADJ antisémite

anti-Semitism [ˈæntɪˈsemɪtɪzəm] N antisémitisme *m*

antiseptic [ˌæntɪˈseptɪk] ADJ, N antiseptique *m*

antisocial [ˈæntɪˈsəʊʃəl] ADJ [behaviour] antisocial ; [person] asocial

antlers [ˈæntləʳz] N bois *mpl*

anus [ˈeɪnəs] N anus *m*

anvil [ˈænvɪl] N enclume *f*

anxiety [æŋˈzaɪətɪ] N **a** (= concern) anxiété *f* ◆ **deep ~** angoisse *f* ◆ **this is a great ~ to me** ceci m'inquiète énormément **b** (= keen desire) grand désir *m*

anxious [ˈæŋkʃəs] ADJ **a** (= worried) anxieux (about sth à propos de qch ; about doing sth à l'idée de faire qch) **b** [time, wait] angoissant **c** (= eager) ◆ **to be ~ to do sth** tenir beaucoup à faire qch ◆ **to be ~ that ...** tenir beaucoup à ce que ... *+ subj* ◆ **Christine was ~ for him to leave** Christine avait hâte qu'il s'en aille

anxiously [ˈæŋkʃəslɪ] ADV **a** (= worriedly) anxieusement ◆ **to look ~ at sb/sth** jeter un regard anxieux à qn/qch **b** [wait] impatiemment

any [ˈenɪ]

1 ADJ **a** ◆ **I haven't got ~ money/books** je n'ai pas d'argent/de livres ◆ **I have hardly ~ money left** il ne me reste presque plus d'argent ◆ **hardly ~ people came** presque personne n'est venu ◆ **without ~ difficulty** sans la moindre difficulté

b (in questions and if clauses) ◆ **have you got ~ butter?** avez-vous du beurre ? ◆ **did they find ~ survivors?** ont-ils trouvé des survivants ? ◆ **is there ~ risk?** y a-t-il un risque ? ◆ **if you see ~ children** si vous voyez des enfants ◆ **if you have ~ money** si vous avez de l'argent

c (= no matter which) n'importe quel ; (= each and every) tout ◆ **come at ~ time** venez à n'importe quelle heure ◆ **~ pupil who breaks the rules will be punished** tout élève qui enfreindra le règlement sera puni

2 PRON **a** (with negative) ◆ **she has two brothers but I haven't got ~** elle a deux frères mais moi je n'en ai pas ◆ **he didn't like ~ of the paintings** il n'a aimé aucun des tableaux

b (in questions and if clauses) ◆ **have you got ~?** en avez-vous ? ◆ **if ~ of you can sing** si l'un d'entre vous sait chanter

c (= no matter which one) ◆ **~ of those books will do** n'importe lequel de ces livres fera l'affaire

3 ADV **a** (= some, a little) ◆ **are you feeling ~ better?** vous sentez-vous un peu mieux ? ◆ **do you want ~ more soup?** voulez-vous encore de la soupe ?

b (with negative) ◆ **I can't hear him ~ more** je ne l'entends plus ◆ **we can't go ~ further** nous ne pouvons pas aller plus loin ◆ **I won't wait ~ longer** je n'attendrai pas plus longtemps

anybody [ˈenɪbɒdɪ] PRON **a** (in negative sentences) personne ◆ **I can't see ~** je ne vois personne ◆ **without ~ seeing him** sans que personne (ne) le voie **b** (in questions, with if) quelqu'un ◆ **did ~ see you?** est-ce que quelqu'un t'a vu ? ◆ **if ~ can do it, he can** si quelqu'un peut le faire c'est bien lui **c** (any person) ◆ **~ who wants to do it should say so now** si quelqu'un veut le faire qu'il le dise tout de suite ◆ **~ could tell you** n'importe qui pourrait vous le dire ◆ **~ else** n'importe qui d'autre

anyhow [ˈenɪhaʊ] ADV **a** ⇒ **anyway b** (* = carelessly, haphazardly) n'importe comment

anymore [ˌenɪˈmɔːʳ] ADV ne ... plus

anyone [ˈenɪwʌn] PRON ⇒ **anybody**

anyplace * [ˈenɪpleɪs] ADV (US) ⇒ **anywhere**

anything ['enɪθɪŋ] PRON **a** (in negative sentences) ◆ **there wasn't ~ in the box** il n'y avait rien dans la boîte ◆ **I didn't see ~ interesting** je n'ai rien vu d'intéressant ◆ **hardly ~** presque rien **b** (in questions, with if) ◆ **was there ~ in the box?** y avait-il quelque chose dans la boîte ? ◆ **if ~ happened to me** s'il m'arrivait quelque chose ◆ **if ~ it's an improvement** ce serait plutôt une amélioration **c** (= no matter what) n'importe quoi ◆ **take ~ you like** prenez tout ce que vous voudrez

anyway ['enɪweɪ], **anyways** (US) ['enɪwez] ADV **a** (= in any case) toute façon **b** (summing up) bon ◆ **it's time I was going** bon, il faut que j'y aille

anywhere ['enɪwɛəʳ] ADV **a** (= no matter where) n'importe où ◆ **go ~ you like** va où tu veux ◆ **miles from ~** loin de tout **b** (in negative sentences) nulle part ◆ **they didn't go ~** ils ne sont allés nulle part **c** (in questions) quelque part ◆ **have you seen it ~?** l'avez-vous vu quelque part ?

apart [ə'pɑːt] ADV **a** (= separated) ◆ **houses a long way ~** maisons éloignées l'une de l'autre ◆ **to stand with one's feet ~** se tenir les jambes écartées **b** (= aside) à part ◆ **~ from these difficulties** en dehors de ces difficultés **c** (= separately) séparément ◆ **we'll have to keep those boys ~** il va falloir séparer ces garçons

apartheid [ə'pɑːteɪt, ə'pɑːteɪd] N apartheid *m*

apartment [ə'pɑːtmənt] N (= flat) appartement *m* ◆ **~ building** immeuble *m* (d'habitation)

apathy ['æpəθɪ] N apathie *f*

ape [eɪp] **1** N (grand) singe *m* **2** VT (= imitate) singer

aperitif [ə,perɪ'tiːf] N apéritif *m*

aperture ['æpətjʊəʳ] N (= hole) ouverture *f* ; (in camera) ouverture *f* (du diaphragme)

apex ['eɪpeks] N sommet *m*

aphrodisiac [,æfrəʊ'dɪzɪæk] ADJ, N aphrodisiaque *m*

apiece [ə'piːs] ADV chacun(e)

aplomb [ə'plɒm] N assurance *f*

apologetic [ə,pɒlə'dʒetɪk] ADJ [smile, letter] d'excuse ; [manner, tone] désolé ◆ **to be ~ (about sth)** se montrer navré (de qch)

apologize [ə'pɒlədʒaɪz] VI s'excuser ◆ **to ~ to sb (for sth)** s'excuser (de qch) auprès de qn

apology [ə'pɒlədʒɪ] N excuses *fpl*

apostle [ə'pɒsl] N apôtre *m*

apostrophe [ə'pɒstrəfɪ] N apostrophe *f*

appal, appall (US) [ə'pɔːl] VT consterner

appalling [ə'pɔːlɪŋ] ADJ épouvantable

apparatus [,æpə'reɪtəs] N (gen) appareil *m* ; (in laboratory) instruments *mpl* ; (in gym) agrès *mpl*

apparent [ə'pærənt] ADJ **a** (= seeming) apparent ◆ **for no ~ reason** sans raison apparente **b** (= obvious) évident (to sb pour qn)

apparently [ə'pærəntlɪ] ADV apparemment

apparition [,æpə'rɪʃən] N apparition *f*

appeal [ə'piːl] **1** VI **a** (= beg) faire appel ; (= request publicly) lancer un appel (for à) **b** (in court) faire appel (against de) **c** ◆ **to ~ to sb** (= attract) plaire à qn **2** N **a** (= call) appel *m* ; (for money) demande *f* (for de) ; (= supplication) prière *f* ◆ **for help** appel *m* au secours **b** (in court) appel *m* **c** (= attraction) attrait *m* ; [of plan, idea] intérêt *m*

appealing [ə'piːlɪŋ] ADJ (= attractive) attirant

appear [ə'pɪəʳ] VI **a** (= become visible) apparaître **b** (in court) comparaître **c** [actor] ◆ **to ~ in Hamlet** jouer dans "Hamlet" ◆ **to ~ on TV** passer à la télévision **d** (= look) avoir l'air ◆ **they ~ to be ill** ils ont l'air malades **e** (= seem) sembler ◆ **there ~s to be a mistake** il semble qu'il y ait une erreur

appearance [ə'pɪərəns] N **a** (gen) apparition *f* ◆ **to put in an ~** faire acte de présence **b** (= look) apparence *f* ◆ **you shouldn't judge by ~s** il ne faut pas se fier aux apparences

appease [ə'piːz] VT apaiser

appendices [ə'pendɪsiːz] NPL of **appendix**

appendicitis [ə,pendɪ'saɪtɪs] N appendicite *f*

appendix [ə'pendɪks] (pl **appendices**) N **a** (= organ) appendice *m* ◆ **to have one's ~ out** se faire opérer de l'appendicite **b** [of book] appendice *m* ; [of document] annexe *f*

appetite ['æpɪtaɪt] N appétit *m* ◆ **skiing gives you an ~** le ski ouvre l'appétit ◆ **his ~ for power** son goût du pouvoir

appetizer ['æpɪtaɪzəʳ] N (= food) amuse-gueule *m inv*

appetizing ['æpɪtaɪzɪŋ] ADJ appétissant

applaud [ə'plɔːd] VT [+ person, thing] applaudir ; [+ decision, efforts] applaudir à

applause [ə'plɔːz] N applaudissements *mpl*

apple ['æpl] N pomme *f* ▸ **apple pie** N tarte *f* aux pommes ▸ **apple tree** pommier *m*

applet [æplɪt] N microprogramme *f*

appliance [ə'plaɪəns] N **a** (= device) appareil *m* ◆ **household ~** appareil *m* électroménager **b** (= act of applying) application *f*

applicable [ə'plɪkəbl] ADJ applicable (to à) ◆ **"delete where not ~"** "rayer les mentions inutiles"

applicant ['æplɪkənt] N (for job) postulant(e) *m(f)*

application [ˌæplɪˈkeɪʃən] N **a** (gen) application f **b** (= request) demande f (for de) ◆ ~ **for a job** candidature f à un poste ▸ **application form** formulaire m

apply [əˈplaɪ] **1** VT [+ paint, ointment, dressing] appliquer (to sur) ; [+ rule, law] appliquer (to à) ◆ **to ~ the brakes** actionner les freins **2** VI **a** ◆ **to ~ to sb (for sth)** s'adresser à qn (pour obtenir qch) ◆ **to ~ to university** faire une demande d'inscription à l'université **b** (= relevant) s'appliquer (to à)
▸ **apply for** VT INSEP [+ scholarship, grant] faire une demande de ◆ **to ~ for a job** poser sa candidature pour un poste

appoint [əˈpɔɪnt] VT nommer

appointed [əˈpɔɪntɪd] ADJ [time, hour, place] convenu

appointment [əˈpɔɪntmənt] N **a** (= arrangement to meet) rendez-vous m ◆ **to make an ~ with sb** prendre rendez-vous avec qn **b** (= selection) nomination f

appraisal [əˈpreɪzəl] N évaluation f

appraise [əˈpreɪz] VT (= evaluate) évaluer ; (= look at) regarder

appreciable [əˈpriːʃəbl] ADJ appréciable

appreciate [əˈpriːʃɪeɪt] **1** VT **a** (= be aware of) se rendre compte de **b** (= value, like) apprécier **c** (= be grateful for) être reconnaissant de **2** VI [currency] s'apprécier ; [object, property] prendre de la valeur

appreciation [əˌpriːʃɪˈeɪʃən] N **a** (= gratitude) reconnaissance f ◆ **in ~ of sth** en remerciement de qch **b** (= judgement) appréciation f ; [of painting, book, piece of music] critique f **c** (= increase in value) appréciation f

appreciative [əˈpriːʃɪətɪv] ADJ **a** (= grateful) reconnaissant **b** (= admiring) approbateur (-trice f)

apprehend [ˌæprɪˈhend] VT appréhender

apprehension [ˌæprɪˈhenʃən] N (= fear) appréhension f

apprehensive [ˌæprɪˈhensɪv] ADJ inquiet (-ète f)

apprentice [əˈprentɪs] N apprenti(e) m(f)

apprenticeship [əˈprentɪsʃɪp] N apprentissage m

approach [əˈprəʊtʃ] **1** VI [person, vehicle] s'approcher ; [date, season, war] approcher **2** VT **a** (= get near to) [+ place, person] s'approcher de ◆ **it was ~ing midnight** il était près de minuit **b** [+ problem, subject, task] aborder **c** (= speak to) ◆ **to ~ sb about sth** s'adresser à qn pour qch **3** N **a** [of person, vehicle] approche f ◆ **the plane crashed on ~ to the airport** l'avion s'est écrasé en arrivant sur l'aéroport **b** (= way of tackling sth) approche f

◆ **a new ~ to teaching French** une nouvelle approche de l'enseignement du français **c** (= access route) voie f d'accès

approachable [əˈprəʊtʃəbl] ADJ accessible

appropriate 1 ADJ [əˈprəʊprɪɪt] [time, remark] opportun ; [place, response, word, level] approprié ; [person, authority, department] compétent ◆ **to be ~ for sb/sth** convenir à qn/qch ◆ **it would not be ~ for me to comment** ce n'est pas à moi de faire des commentaires **2** VT [əˈprəʊprɪeɪt] **a** (= take) s'approprier **b** [+ funds] affecter (pour à)

approval [əˈpruːvəl] N approbation f

approve [əˈpruːv] VT (gen) approuver ; [+ decision] ratifier
▸ **approve of** VT INSEP [+ behaviour, idea] approuver ; [+ person] avoir bonne opinion de

approving [əˈpruːvɪŋ] ADJ approbateur (-trice f)

approx [əˈprɒks] (abbrev of **approximately**) env.

approximate [əˈprɒksmɪt] ADJ approximatif

approximately [əˈprɒksmətlɪ] ADV **a** (= about) approximativement ◆ **~ 40 pupils** approximativement 40 élèves **b** (= roughly) [true, the same] plus ou moins

approximation [əˌprɒksɪˈmeɪʃən] N approximation f

apricot [ˈeɪprɪkɒt] N abricot m

April [ˈeɪprəl] N avril m ▸ **April fool** (= joke) poisson m d'avril ▸ **April Fools' Day** le premier avril ; for phrases see **September**

apron [ˈeɪprən] N tablier m

apt [æpt] ADJ **a** (= appropriate) pertinent **b** (= inclined) ◆ **to be ~ to do sth** avoir tendance à faire qch

aptitude [ˈæptɪtjuːd] N aptitude f (for à)

aptly [ˈæptlɪ] ADV [describe] bien ; [called, titled] judicieusement

aquaerobics [ˈækweɪˈrəʊbɪks] N aquagym f

aquarium [əˈkweərɪəm] N aquarium m

Aquarius [əˈkweərɪəs] N Verseau m

aquatic [əˈkwætɪk] ADJ [animal, plant] aquatique ; [sport] nautique

aqueduct [ˈækwɪdʌkt] N aqueduc m

Arab [ˈærəb] **1** N (= person) Arabe mf **2** ADJ arabe

Arabian [əˈreɪbɪən] ADJ arabe

Arabic [ˈærəbɪk] **1** ADJ arabe **2** N (= language) arabe m

arable [ˈærəbl] ADJ [land] arable ; [farm] agricole

arbiter [ˈɑːbɪtəʳ] N (= judge) arbitre m ; (= mediator) médiateur m, -trice f

arbitrary [ˈɑːbɪtrərɪ] ADJ arbitraire

arbitrate [ˈɑːbɪtreɪt] VTI arbitrer

arbitration [ˌɑːbɪˈtreɪʃən] N arbitrage m

arc [ɑːk] N arc m

arcade [ɑːˈkeɪd] N (= series of arches) arcade f ; (= shopping precinct) galerie f marchande ; (Brit) (= amusement arcade) galerie f de jeux vidéo ▶ **arcade game** (Brit) jeu m vidéo

arch [ɑːtʃ] **1** N **a** (in building) arc m ; [of bridge] arche f **b** [of eyebrow] arcade f ; [of foot] voûte f plantaire **2** VT cambrer ◆ **the cat ~ed its back** le chat a fait le gros dos **3** ADJ (= greatest) ◆ **his ~ rival** son grand rival ◆ **his ~-enemy** son ennemi numéro un

archaeologist [ˌɑːkɪˈɒlədʒɪst] N archéologue mf

archaeology [ˌɑːkɪˈɒlədʒɪ] N archéologie f

archaic [ɑːˈkeɪɪk] ADJ archaïque

archbishop [ˈɑːtʃˈbɪʃəp] N archevêque m

arched [ɑːtʃt] ADJ [window, alcove] cintré ; [roof, ceiling, doorway] en voûte ; [bridge] à arches

archeologist [ˌɑːkɪˈɒlədʒɪst] N (US) archéologue mf

archeology [ˌɑːkɪˈɒlədʒɪ] N (US) archéologie f

archer [ˈɑːtʃəʳ] N archer m

archery [ˈɑːtʃərɪ] N tir m à l'arc

archetypal [ˈɑːkɪtaɪpəl] ADJ typique

archipelago [ˌɑːkɪˈpelɪgəʊ] N archipel m

architect [ˈɑːkɪtekt] N architecte mf

architecture [ˈɑːkɪtektʃəʳ] N architecture f

archives [ˈɑːkaɪvz] NPL archives fpl

archway [ˈɑːtʃweɪ] N voûte f

Arctic [ˈɑːktɪk] **1** ADJ arctique **2** N ◆ **the ~** l'Arctique m

ardent [ˈɑːdənt] ADJ [feminist, desire, belief] ardent ; [admirer, supporter] fervent ; [lover, lovemaking] passionné

ardour, ardor (US) [ˈɑːdəʳ] N ardeur f

arduous [ˈɑːdjuəs] ADJ difficile

are [ɑːʳ, əʳ] → be

area [ˈeərɪə] N **a** (= region) région f ; (= territory) territoire m ; (smaller) zone f ◆ **dining ~** coin m salle à manger ◆ **sleeping ~** coin m chambre ◆ **parking ~** aire f de stationnement ▶ **area code** indicatif m de zone **b** (= surface measure) superficie f **c** [of knowledge, enquiry] domaine m

arena [əˈriːnə] N arène f

aren't [ɑːnt] ⇒ are not, am not ; → be

Argentina [ˌɑːdʒənˈtiːnə] N Argentine f

Argentinian [ˌɑːdʒənˈtɪnɪən] **1** ADJ argentin **2** N Argentin(e) m(f)

arguably [ˈɑːgjʊəblɪ] ADV sans doute

argue [ˈɑːgjuː] **1** VI **a** (= quarrel) se disputer **b** (= debate) discuter (about de) **c** (= present reasons) ◆ **to ~ in favour of/against sth** avancer des arguments pour/contre qch **2** VT **a** ◆ **to ~ the case for sth** plaider en faveur de qch **b** (= maintain) soutenir

argument [ˈɑːgjʊmənt] N **a** (= debate) discussion f **b** (= dispute) dispute f ◆ **to have an ~** se disputer **c** (= reasons advanced) argument m ◆ **there is a strong ~ for doing this** il y a de bonnes raisons pour faire cela

argumentative [ˌɑːgjʊˈmentətɪv] ADJ ergoteur

aria [ˈɑːrɪə] N aria f

arid [ˈærɪd] ADJ aride

Aries [ˈeəriːz] N Bélier m

arise [əˈraɪz] (pret **arose**, ptp **arisen** [əˈrɪzn]) VI **a** [difficulty] surgir ; [question] se présenter ◆ **should the need ~** en cas de besoin **b** (= result) résulter (from de)

aristocrat [ˈærɪstəkræt] N aristocrate mf

arithmetic [əˈrɪθmətɪk] N arithmétique f

ark [ɑːk] N arche f

arm [ɑːm] **1** N **a** [of person, river] bras m ; [of garment] manche f ; [of armchair] accoudoir m ◆ **to put one's ~ round sb** passer son bras autour des épaules de qn ◆ **in ~** bras dessus bras dessous ◆ **to keep sb at ~'s length** tenir qn à distance **b** (= weapon) arme f ◆ **to be up in ~s against sth** s'élever contre qch ▶ **arms race** course f aux armements ▶ **arms trade** commerce m des armes **2** arms NPL (in heraldry) armes fpl **3** VT [+ person, nation] armer

armaments [ˈɑːməmənts] N armement m

armband [ˈɑːmbænd] N brassard m

armchair [ˈɑːmtʃeəʳ] N fauteuil m

armed [ɑːmd] ADJ armé (with de) ◆ **~ robbery** vol m à main armée ◆ **the ~ forces** les forces fpl armées

Armenia [ɑːˈmiːnɪə] N Arménie f

Armenian [ɑːˈmiːnɪən] **1** ADJ arménien **2** N Arménien(ne) m(f)

armful [ˈɑːmfʊl] N brassée f

armistice [ˈɑːmɪstɪs] N armistice m ▶ **Armistice Day** le 11 Novembre

armour, armor (US) [ˈɑːməʳ] N armure f

armoured car [ˌɑːməˈdkɑːʳ] N voiture f blindée

armpit [ˈɑːmpɪt] N aisselle f

armrest [ˈɑːmrest] N accoudoir m

army [ˈɑːmɪ] **1** N armée f ◆ **to join the ~** s'engager dans l'armée **2** ADJ [life, uniform] militaire

aroma [əˈrəʊmə] N arôme m

aromatherapy [əˌrəʊməˈθerəpɪ] N aromathérapie f

aromatic [ˌærəʊˈmætɪk] ADJ aromatique

arose [əˈrəʊz] VB (pt of **arise**)

0️⃣ **around** [əˈraʊnd]

1 ADV **a** autour ◆ **all ~** tout autour ◆ **for miles ~** dans un rayon de plusieurs kilomètres **b** (= nearby) dans les parages ◆ **he is somewhere ~** il est dans les parages ◆ **there's a lot of flu ~** il y a beaucoup de cas de grippe en ce moment **c** ◆ **he's been ~ ***** (= travelled) il a pas mal roulé sa bosse * ; (= experienced) il n'est pas né d'hier ◆ **it's been ~ for more than 20 years** ça existe depuis plus de 20 ans **2** PREP **a** (= round) autour de ◆ **~ the fire** autour du feu ◆ **to walk ~ the town** se promener dans la ville ◆ **it's just ~ the corner** c'est à deux pas **b** (= about) ◆ **they are somewhere ~ the house** ils sont quelque part dans la maison **c** (= approximately) environ ; (with date, time) vers ◆ **~ 2 kilos** environ 2 kilos ◆ **~ 10 o'clock** vers 10 heures

arouse [əˈraʊz] VT **a** (= awaken) réveiller **b** [+ suspicion, curiosity] éveiller ; [+ contempt, anger] susciter **c** (= stimulate) stimuler ; (= stir to action) pousser à agir

arrange [əˈreɪndʒ] **1** VT **a** [+ room, clothing, flowers] arranger ; (= tidy) ranger ◆ **the chairs were ~d in a semi-circle** les chaises étaient placées en demi-cercle **b** [+ meeting] organiser ; [+ date] fixer **2** VI (= fix details) s'arranger (to do sth pour faire qch)

arrangement [əˈreɪndʒmənt] N arrangement m ; [of room, furniture] agencement m ◆ **would you make the necessary ~s please ?** pourriez-vous, s'il vous plaît, faire le nécessaire ? ◆ **to make ~s for a holiday** préparer ses vacances ◆ **to make ~s for sth to be done** faire faire qch

array [əˈreɪ] N [of objects] étalage m ; [of people] assemblée f

arrears [əˈrɪəz] NPL arriéré m ◆ **to get into ~** accumuler les arriérés ◆ **she is three months in ~ with her rent** elle doit trois mois de loyer

arrest [əˈrest] **1** VT **a** [+ suspect] arrêter **b** [+ attention] retenir **c** [+ growth, development, progress] (= stop) arrêter ; (= hinder) entraver **2** N [of person] arrestation f ◆ **under ~** en état d'arrestation

arrival [əˈraɪvəl] N **a** [of person, vehicle, letter] arrivée f ◆ **on ~** à l'arrivée ▸ **arrival board** (US), **arrivals board** tableau m des arrivées ▸ **arrivals lounge** salon m d'arrivée **b** ◆ **a new ~** (= man) un nouveau venu ; (= woman) une nouvelle venue ; (= baby) un nouveau-né

arrive [əˈraɪv] VI arriver ◆ **he hasn't ~d yet** il n'est pas encore arrivé
▸ **arrive at** VT INSEP [+ decision, solution] parvenir à

arrogance [ˈærəɡəns] N arrogance f

arrogant [ˈærəɡənt] ADJ arrogant

arrow [ˈærəʊ] N flèche f

arse⁑ [ɑːs] N (Brit) cul⁑ m

arsenal [ˈɑːsɪnl] N arsenal m

arsenic [ˈɑːsnɪk] N arsenic m

arson [ˈɑːsn] N incendie m criminel

art [ɑːt] N **a** art m ◆ **the ~s** les arts mpl ◆ **~s and crafts** artisanat m d'art ▸ **art exhibition** exposition f d'art ▸ **art gallery** (= museum) musée m d'art ; (= shop) galerie f d'art **b** ◆ **Arts** (= university subject) lettres fpl

artefact [ˈɑːtɪfækt] N objet m (fabriqué)

artery [ˈɑːtərɪ] N artère f

arthritis [ɑːˈθraɪtɪs] N arthrite f

artichoke [ˈɑːtɪtʃəʊk] N artichaut m

article [ˈɑːtɪkl] N **a** (= object) objet m ; (in shop) article m ◆ **~s of clothing** vêtements mpl **b** (in newspaper) article m **c** (Gram) article m

articulate **1** ADJ [əˈtɪkjʊlɪt] [speech, thought] clair ◆ **she's very ~** elle s'exprime avec aisance **2** VT [əˈtɪkjʊleɪt] [+ word] articuler ; [+ plan] exprimer clairement **3** VI [əˈtɪkjʊleɪt] articuler

articulated lorry [əˈtɪkjʊleɪtɪd ˌlɒrɪ] N (Brit) semi-remorque m

artifact [ˈɑːtɪfækt] N objet m (fabriqué)

artificial [ˌɑːtɪˈfɪʃəl] ADJ **a** (= synthetic) artificiel **b** (= affected) affecté ; [smile] forcé

artificially [ˌɑːtɪˈfɪʃəlɪ] ADV artificiellement

artillery [ɑːˈtɪlərɪ] N artillerie f

artisan [ˈɑːtɪzæn] N artisan m

artist [ˈɑːtɪst] N artiste mf

artistic [ɑːˈtɪstɪk] ADJ artistique

artless [ˈɑːtlɪs] ADJ [person] naturel (-elle f) ; [behaviour, simplicity] ingénu

artwork [ˈɑːtwɜːk] N (in publishing) graphisme m ; (= painting, sculpture) œuvre f d'art ; (US = objects) objets mpl d'art

---

0️⃣ **as** [æz, əz]

1 CONJ **a** (= while) alors que ◆ **~ she was falling asleep she heard a noise** elle entendit un bruit alors qu'elle commençait à s'endormir ◆ **~ time went by** avec le temps **b** (= just when) (juste) au moment où ◆ **he came in ~ I was leaving** il est arrivé (juste) au moment où je partais

c (= because) comme ◆ ~ **he hasn't phoned, we don't know where he is** comme il n'a pas téléphoné, nous ne savons pas où il est
d (= though) ◆ **long ~ it was, I didn't find the journey boring** bien que le trajet ait été long, je ne me suis pas ennuyé
e (indicating manner) comme ◆ **do ~ you like** faites comme vous voulez ◆ **~ usual** comme d'habitude
2 PREP **a** (= in the capacity of) comme ◆ **he works ~ a waiter** il travaille comme serveur
b (= being) en tant que ◆ **~ a mother of five children, she is well aware ...** en tant que mère de cinq enfants, elle sait très bien ...
c (= when) ◆ **~ a child, she was rather shy** quand elle était enfant, elle était plutôt timide
3 ADV **a** (= in the way) comme ◆ **~ agreed** comme convenu
b (set structures) ◆ **I am ~ tall ~ you** je suis aussi grand que toi ◆ **~ much ~** autant que ◆ **you ate ~ much ~ me** tu as mangé autant que moi ◆ **it's twice ~ expensive** ça coûte deux fois plus cher ◆ **~ for, ~** to quant à ◆ **~ from ~ of last Tuesday** depuis mardi dernier ◆ **~ from ~ of today** à partir d'aujourd'hui ◆ **~ if, ~ though** comme si ◆ **it looks ~ if it might rain** on dirait qu'il va pleuvoir ◆ **~ yet** encore

---

a.s.a.p. * [ˌeɪeseɪˈpiː] (abbrev of **as soon as possible**) dès que possible

asbestos [æzˈbestəs] N amiante f

ascend [əˈsend] **1** VI monter (to à, jusqu'à) **2** VT [+ ladder] monter à ; [+ mountain] faire l'ascension de ; [+ staircase] monter ◆ **to ~ the throne** monter sur le trône

ascent [əˈsent] N [of mountain] ascension f

ascertain [ˌæsəˈteɪn] VT établir ; [+ person's age, name] vérifier

ascribe [əˈskraɪb] VT attribuer (to à)

ash [æʃ] N **a** [of fire, cigarette] cendre f **b** (= tree) frêne m

ashamed [əˈʃeɪmd] ADJ honteux ◆ **to be ~** avoir honte ◆ **to be ~ about ou of sth** avoir honte de qch ◆ **to be ~ to do sth** avoir honte de faire qch

ashore [əˈʃɔːʳ] ADV (= on land) à terre ; (= to the shore) vers le rivage

ashtray [ˈæʃtreɪ] N cendrier m

Asia [ˈeɪʃə] N Asie f

Asian [ˈeɪʃən] **1** ADJ **a** (= from Asia) asiatique **b** (Brit = from Indian subcontinent) indo-pakistanais **2** N **a** (= person from Asia) Asiatique mf **b** (Brit = person from Indian subcontinent) Indo-Pakistanais(e) m(f)

Asiatic [ˌeɪsɪˈætɪk] ADJ asiatique

aside [əˈsaɪd] **1** ADV à part ◆ **bad weather ~, we had a good holiday** à part le temps, on a passé de bonnes vacances ◆ **~ from** à part **2** N aparté m

ask [ɑːsk] **1** VT **a** (= inquire) demander ◆ **to ~ sb sth** demander qch à qn ◆ **to ~ sb a question** poser une question à qn **b** (= request) demander ◆ **to ~ sb to do sth** demander à qn de faire qch ◆ **to ~ sb for sth** demander qch à qn **c** (= invite) inviter ◆ **to ~ sb to lunch** inviter qn à déjeuner **2** VI demander ◆ **to ~ about sth** se renseigner sur qch ◆ **to ~ around** (= make enquiries) demander autour de soi
▸ **ask after** VT INSEP demander des nouvelles de
▸ **ask for** VT INSEP demander ◆ **they're ~ing for trouble** * ils cherchent les ennuis
▸ **ask in** VT SEP inviter à entrer
▸ **ask out** VT SEP inviter à sortir
▸ **ask over** VT SEP inviter (à la maison)
▸ **ask round** VT SEP inviter (à la maison)

askance [əˈskɑːns] ADV ◆ **to look ~ at** (with suspicion) regarder d'un air soupçonneux ; (with disapproval) regarder d'un œil désapprobateur

askew [əˈskjuː] ADJ, ADV de travers

asleep [əˈsliːp] ADJ endormi ◆ **to be ~** dormir ◆ **to fall ~** s'endormir

asparagus [əˈspærəgəs] N asperges fpl

aspect [ˈæspekt] N aspect m

aspersions [əsˈpɜːʃənz] NPL ◆ **to cast ~ on sb/sth** dénigrer qn/qch

asphalt [ˈæsfælt] N asphalte m

asphyxiate [æsˈfɪksɪeɪt] VT asphyxier

aspiration [ˌæspəˈreɪʃən] N aspiration f

aspire [əsˈpaɪəʳ] VI ◆ **to ~ to sth** aspirer à qch ◆ **to ~ to do sth** aspirer à faire qch

aspirin [ˈæsprɪn] N INV aspirine f

ass [æs] N **a** (= animal) âne m **b** (*: US = behind) cul *:* m **c** (* = idiot) imbécile mf

assailant [əˈseɪlənt] N agresseur m

assassin [əˈsæsɪn] N assassin m

assassinate [əˈsæsɪneɪt] VT assassiner

assassination [əˌsæsɪˈneɪʃən] N assassinat m

assault [əˈsɔːlt] **1** N **a** (on enemy) assaut m (on de) ◆ **to make an ~ on ...** donner l'assaut à ... **b** (on individual) agression f ◆ **~ and battery** coups mpl et blessures fpl **2** VT agresser

assemble [əˈsembl] **1** VT [+ objects, ideas] assembler ; [+ people] rassembler ; [+ device, machine] monter **2** VI se réunir

assembly [əˈsemblɪ] N **a** (gen) assemblée f ; (at school) *réunion de tous les élèves de l'établissement pour la prière, les annonces etc*

b (= assembling of machine) montage *m* ; (= whole unit) assemblage *m* ▶ **assembly line** chaîne *f* de montage

assent [ə'sent] **1** N assentiment *m* **2** VI donner son assentiment (to à)

assert [ə'sɜːt] VT affirmer ; [+ independence] revendiquer ◆ **to ~ one's rights** faire valoir ses droits

assertion [ə'sɜːʃən] N (= statement) affirmation *f* ; [of independence] revendication *f*

assertive [ə'sɜːtɪv] ADJ [tone] assuré ; [personality] affirmé ◆ **to be ~** [person] avoir de l'assurance

assess [ə'ses] VT évaluer

assessment [ə'sesmənt] N évaluation *f*

asset ['æset] N **a** (financial) bien *m* ◆ **~s and liabilities** actif *m* et passif *m* **b** (= valuable thing, person) atout *m*

assign [ə'saɪn] VT **a** (= allot) assigner ; [+ role] attribuer **b** (= appoint) affecter

assignment [ə'saɪnmənt] N (= task) mission *f* ; (= homework) devoir *m* ; (= essay) dissertation *f*

assimilate [ə'sɪmɪleɪt] **1** VT assimiler **2** VI s'intégrer

assist [ə'sɪst] **1** VT aider (in doing sth à faire qch) **2** VI aider

assistance [ə'sɪstəns] N aide *f* ◆ **to give ~ to sb** prêter assistance à qn ◆ **can I be of ~?** puis-je vous aider ?

assistant [ə'sɪstənt] **1** N **a** (gen) assistant(e) *m(f)* **b** (in shop) vendeur *m*, -euse *f* **2** ADJ [manager, editor, producer] adjoint

associate 1 N [ə'səʊʃɪɪt] associé(e) *m(f)* **2** ADJ [ə'səʊʃɪɪt] associé **3** VT [ə'səʊʃɪeɪt] associer ◆ **to be ~d with sth** être associé à qch **4** VI [ə'səʊʃɪeɪt] ◆ **to ~ with sb** fréquenter qn

association [ə,səʊsɪ'eɪʃən] N association *f* ◆ **in ~ with** en association avec

assorted [ə'sɔːtɪd] ADJ varié

assortment [ə'sɔːtmənt] N [of objects] assortiment *m* ◆ **an ~ of people** toutes sortes de gens

assume [ə'sjuːm] VT **a** (= suppose) supposer **b** (= take on) [+ responsibility] assumer ; [+ power] prendre ; [+ air, attitude] se donner ◆ **to go under an ~d name** se servir d'un nom d'emprunt

assumption [ə'sʌmpʃən] N (= supposition) supposition *f*

assurance [ə'ʃʊərəns] N **a** (gen) assurance *f* **b** (= promise) promesse *f*

assure [ə'ʃʊəʳ] VT assurer

asterisk ['æstərɪsk] N astérisque *m*

asteroid ['æstərɔɪd] N astéroïde *m*

asthma ['æsmə] N asthme *m*

asthmatic [æs'mætɪk] ADJ, N asthmatique *mf*

astonish [ə'stɒnɪʃ] VT étonner

astonished [ə'stɒnɪʃt] ADJ étonné

astonishment [ə'stɒnɪʃmənt] N étonnement *m* ◆ **to my ~** à mon grand étonnement

astound [ə'staʊnd] VT stupéfier

astounded [ə'staʊndɪd] ADJ stupéfait

astray [ə'streɪ] ADV ◆ **to go ~** s'égarer ◆ **to lead sb ~** détourner qn du droit chemin

astride [ə'straɪd] PREP à califourchon sur

astrologer [ə'strɒlədʒəʳ] N astrologue *mf*

astrology [ə'strɒlədʒɪ] N astrologie *f*

astronaut ['æstrənɔːt] N astronaute *mf*

astronomer [ə'strɒnəməʳ] N astronome *mf*

astronomical [,æstrə'nɒmɪkəl] ADJ astronomique

astronomy [ə'strɒnəmɪ] N astronomie *f*

astute [ə'stjuːt] ADJ astucieux

asylum [ə'saɪləm] N asile *m*

🔲 at [æt] PREP

a (position, time, speed, price) à ◆ **~ school** à l'école ◆ **~ my age** à mon âge ◆ **~ 80km/h** à 80 km/h ◆ **~ night** la nuit ◆ **~ 10 o'clock** à 10 heures ◆ **to stand ~ the window** se tenir devant la fenêtre ◆ **he sells them ~ 12 francs a kilo** il les vend 12 F le kilo

b (home, shop) chez ◆ **~ my brother's** chez mon frère ◆ **~ the hairdresser's** chez le coiffeur

c (set structures) ◆ **nothing ~ all** rien du tout ◆ **I'm not worried ~ all** je ne suis pas inquiet du tout ◆ **have you seen him ~ all?** tu l'as vu ? ◆ **did she seem ~ all worried?** avait-elle l'air inquiète ? → **all**

---

ate [et, eɪt] VB (pt of eat)

atheist ['eɪθɪɪst] N athée *mf*

Athens ['æθɪnz] N Athènes

athlete ['æθliːt] N athlète *mf* ▶ **athlete's foot** mycose *f* du pied

athletic [æθ'letɪk] ADJ athlétique ; [club, competition] d'athlétisme

athletics [æθ'letɪks] N (Brit) athlétisme *m* ; (US) sport *m*

Atlantic [ət'læntɪk] **1** ADJ [coast] atlantique ; [winds] de l'Atlantique **2** N Atlantique *m* ▶ **the Atlantic Ocean** l'océan *m* Atlantique

atlas ['ætləs] N atlas *m*

ATM [,eɪtiː'em] N (US) (abbrev of **Automated Teller Machine**) distributeur *m* automatique de billets

atmosphere ['ætməsfɪəʳ] N atmosphère *f*

atmospheric [ˌætməsˈferɪk] ADJ **a** (= related to the atmosphere) atmosphérique **b** (= evocative) évocateur (-trice *f*)

atom [ˈætəm] N atome *m* ▸ **atom bomb** bombe *f* atomique

atomic [əˈtɒmɪk] ADJ atomique

atone [əˈtəʊn] VI ◆ **to ~ for** [+ sin] expier ; [+ mistake] réparer

atrocious [əˈtrəʊʃəs] ADJ épouvantable ; [crime] atroce

atrocity [əˈtrɒsɪtɪ] N atrocité *f*

attach [əˈtætʃ] VT **a** attacher ◆ **to ~ a document to a letter** joindre un document à une lettre **b** ◆ **to be ~ed to sb/sth** (= fond of) être attaché à qn/qch

attaché [əˈtæʃeɪ] N attaché(e) *m(f)* ▸ **attaché case** mallette *f*, attaché-case *m*

attachment [əˈtætʃmənt] N **a** (= accessory) accessoire *m* **b** (= affection) attachement *m* **c** (= computer file) pièce *f* jointe

attack [əˈtæk] **1** N **a** attaque *f* (on contre) ◆ **to be under ~** être attaqué (from par) **b** (= illness) crise *f* ◆ **asthma ~** crise *f* d'asthme **2** VT attaquer ; [+ task, problem] s'attaquer à **3** VI attaquer

attacker [əˈtækəʳ] N agresseur *m* ; (Sport) attaquant(e) *m(f)*

attain [əˈteɪn] VT parvenir à ; [+ happiness] atteindre

attempt [əˈtempt] **1** VT essayer (to do sth de faire qch) ; [+ task] entreprendre **2** N **a** (= try) tentative *f* ◆ **to make an ~ to do sth** essayer de faire qch ◆ **he made no ~ to help us** il n'a pas essayé de nous aider **b** (= attack) attentat *m* ◆ **an ~ on sb's life** un attentat contre qn

attend [əˈtend] **1** VT [+ meeting, lecture] assister à ; [+ classes] suivre ; [+ church, school] aller à **2** VI (= be present) être présent
▸ **attend to** VT INSEP (= deal with) s'occuper de

attendance [əˈtendəns] N **a** (= being present) présence *f* **b** (= number of people present) assistance *f* ◆ **~ was low** peu de gens sont venus

attendant [əˈtendənt] N gardien(ne) *m(f)*

attention [əˈtenʃən] N attention *f* ◆ **to call ~ to sth** attirer l'attention sur qch ◆ **to pay ~ to ...** prêter attention à ... ◆ **for the ~ of Mrs C. Smith** à l'attention de Mme C. Smith ◆ **to stand to ~** se mettre au garde-à-vous

attentive [əˈtentɪv] ADJ **a** (= considerate) prévenant (to sb envers qn) ◆ **~ to sb's needs** soucieux des besoins de qn **b** [audience, spectator] attentif

attic [ˈætɪk] N grenier *m*

attire [əˈtaɪəʳ] N vêtements *mpl*

attitude [ˈætɪtjuːd] N attitude *f*

attorney [əˈtɜːnɪ] N **a** (US) avocat *m* **b** ◆ **Attorney General** (US) ≈ ministre *mf* de la Justice ; (Brit) ≈ Procureur Général

attract [əˈtrækt] VT attirer ◆ **to ~ sb's attention** attirer l'attention de qn

attraction [əˈtrækʃən] N **a** (for tourists) attraction *f* **b** (= pleasant feature) attrait *m* **c** (sexual) attirance *f*

attractive [əˈtræktɪv] ADJ [person, offer] séduisant ; [features, prospect] attrayant ; [price, salary] attractif

attribute 1 VT [əˈtrɪbjuːt] attribuer ; [+ feelings, words] prêter **2** N [ˈætrɪbjuːt] attribut *m*

aubergine [ˈəʊbəʒiːn] N aubergine *f*

auburn [ˈɔːbən] ADJ auburn *inv*

auction [ˈɔːkʃən] **1** N vente *f* aux enchères **2** VT vendre aux enchères

auctioneer [ˌɔːkʃəˈnɪəʳ] N commissaire-priseur *m*

audacious [ɔːˈdeɪʃəs] ADJ audacieux

audacity [ɔːˈdæsɪtɪ] N audace *f*

audible [ˈɔːdɪbl] ADJ audible

audience [ˈɔːdɪəns] N **a** (gen) public *m* ; (TV) téléspectateurs *mpl* ; (Radio) auditeurs *mpl* **b** (= formal interview) audience *f*

audio [ˈɔːdɪəʊ] ADJ audio

audiovisual [ˌɔːdɪəʊˈvɪzjʊəl] ADJ audiovisuel

audit [ˈɔːdɪt] **1** N audit *m* **2** VT [+ accounts] vérifier ; [+ company] auditer

audition [ɔːˈdɪʃən] N (for play) audition *f* ; (for TV show, film) essai *m* ◆ **to give sb an ~** (for play) auditionner qn ; (for TV show, film) faire faire un essai à qn

auditor [ˈɔːdɪtəʳ] N **a** [of accounts] commissaire *m* aux comptes **b** (US = student) auditeur *m*, -trice *f* libre

auditorium [ˌɔːdɪˈtɔːrɪəm] N salle *f*

augment [ɔːgˈment] VT augmenter (with, by de)

augur [ˈɔːgəʳ] VI ◆ **to ~ well/ill** être de bon/de mauvais augure

August [ˈɔːgəst] N août *m* ; for phrases see September

aunt [ɑːnt] N tante *f*

auntie* , **aunty*** [ˈɑːntɪ] N tata * *f* ◆ **~ Mary** tante *f* Marie

au pair [ˈəʊˈpɛəʳ] N (female) jeune fille *f* au pair ; (male) garçon *m* au pair

aura [ˈɔːrə] N [of person] aura *f* ; [of place] atmosphère *f*

aural [ˈɔːrəl] ADJ ◆ ~ comprehension compréhension f orale

auspicious [ɔːsˈpɪʃəs] ADJ [start] prometteur ; [occasion, day, time] propice ; [sign] de bon augure

austere [ɒsˈtɪər] ADJ austère

austerity [ɒsˈterɪtɪ] N austérité f

Australia [ɒsˈtreɪlɪə] N Australie f

Australian [ɒsˈtreɪlɪən] **1** ADJ australien **2** N Australien(ne) m(f)

Austria [ˈɒstrɪə] N Autriche f

Austrian [ˈɒstrɪən] **1** ADJ autrichien **2** N Autrichien(ne) m(f)

authentic [ɔːˈθentɪk] ADJ authentique

author [ˈɔːθər] N auteur m

authoritarian [ˌɔːθɒrɪˈtɛərɪən] ADJ autoritaire

authoritative [ɔːˈθɒrɪtətɪv] ADJ **a** (= commanding) autoritaire **b** (= reliable) [person, book] faisant autorité

authority [ɔːˈθɒrɪtɪ] N **a** (= power to give orders) autorité f **b** (= permission) autorisation f ◆ to give sb ~ to do sth habiliter qn à faire qch **c** (= competence) ◆ to speak with ~ parler avec compétence ◆ I have it on good ~ that ... je tiens de bonne source que ... **d** (= organization) ◆ the authorities les autorités fpl ◆ the health ~ l'administration f de la santé **e** (= expert) expert m (on en) ◆ to be an ~ [person, book] faire autorité (on en matière de)

authorization [ˌɔːθəraɪˈzeɪʃən] N (= permission) autorisation f (of, for pour ; to do sth de faire qch)

authorize [ˈɔːθəraɪz] VT autoriser ◆ to be ~d to do sth être autorisé à faire qch

autistic [ɔːˈtɪstɪk] ADJ autiste

auto [ˈɔːtəʊ] N (US) voiture f

autobiography [ˌɔːtəʊbaɪˈɒɡrəfɪ] N autobiographie f

autocratic [ˌɔːtəʊˈkrætɪk] ADJ autocratique

autograph [ˈɔːtəɡrɑːf] **1** N autographe m **2** VT signer ; [+ book] dédicacer

automated [ˈɔːtəmeɪtɪd] ADJ automatisé

automatic [ˌɔːtəˈmætɪk] **1** ADJ automatique **2** N (= gun) automatique m ; (= car) voiture f automatique

automatically [ˌɔːtəˈmætɪkəlɪ] ADV automatiquement

automation [ˌɔːtəˈmeɪʃən] N automatisation f

automobile [ˈɔːtəməbiːl] N voiture f

autonomous [ɔːˈtɒnəməs] ADJ autonome

autonomy [ɔːˈtɒnəmɪ] N autonomie f

autopilot [ˈɔːtəʊpaɪlət] N pilote m automatique

autopsy [ˈɔːtɒpsɪ] N autopsie f

autumn [ˈɔːtəm] **1** N automne m ◆ in ~ en automne **2** ADJ d'automne

auxiliary [ɔːɡˈzɪlɪərɪ] **1** ADJ auxiliaire **2** N **a** (= person) auxiliaire mf ◆ nursing ~ aide-soignant(e) m(f) **b** (= verb) auxiliaire m

avail [əˈveɪl] **1** VT ◆ to ~ o.s. of [+ opportunity] saisir ; [+ offer] profiter de ; [+ service] utiliser **2** N ◆ to no ~ sans résultat

availability [əˌveɪləˈbɪlɪtɪ] N disponibilité f

available [əˈveɪləbl] ADJ disponible ◆ to make sth ~ to sb mettre qch à la disposition de qn

avalanche [ˈævəlɑːnʃ] N avalanche f

avarice [ˈævərɪs] N cupidité f

avenge [əˈvendʒ] VT venger ◆ to ~ o.s. se venger

avenue [ˈævənjuː] N (= road) avenue f ◆ to explore every ~ explorer toutes les possibilités

average [ˈævərɪdʒ] **1** N moyenne f ◆ on ~ en moyenne ◆ above/below ~ au-dessus/en dessous de la moyenne **2** ADJ moyen **3** VT **a** (= find the average of) faire la moyenne de **b** (= reach an average of) atteindre la moyenne de ◆ we ~ eight hours' work a day nous travaillons en moyenne huit heures par jour
► **average out** VI ◆ our working hours ~ out at eight per day nous travaillons en moyenne huit heures par jour

aversion [əˈvɜːʃən] N aversion f

avert [əˈvɜːt] VT [+ danger, disaster, crisis] prévenir ; [+ suspicion] écarter ; [+ one's eyes] détourner

aviary [ˈeɪvɪərɪ] N volière f

aviation [ˌeɪvɪˈeɪʃən] N aviation f

avid [ˈævɪd] ADJ [reader, collector, viewer] passionné ; [fan] fervent

avocado [ˌævəˈkɑːdəʊ] N avocat m

avoid [əˈvɔɪd] VT éviter ◆ to ~ doing sth éviter de faire qch

avoidance [əˈvɔɪdəns] N ◆ our aim is the ~ of conflict notre but est d'éviter le conflit ◆ tax ~ évasion f fiscale

await [əˈweɪt] VT attendre

awake [əˈweɪk] (pret awoke, ptp awoken) **1** VI se réveiller **2** VT [+ person] réveiller ; [+ suspicion, hope, curiosity] éveiller **3** ADJ (before sleep) éveillé ; (after sleep) réveillé ◆ are you ~? tu es réveillé ? ◆ to keep sb ~ empêcher qn de dormir ◆ I couldn't stay ~ je n'arrivais pas à rester éveillé

awakening [əˈweɪknɪŋ] N réveil m

award [əˈwɔːd] **1** VT [+ prize] décerner ; [+ sum of money] allouer ; [+ damages] accorder (to à) **2** N (= prize) prix m ; (for bravery) récompense *f* ; (= scholarship) bourse *f* ▸ **award ceremony, awards ceremony** cérémonie *f* de remise des prix ▸ **award winner** (= person) lauréat(e) *m(f)*

aware [ə'wɛəʳ] ADJ a (= conscious) conscient ; (= informed) au courant ◆ **to become ~ of sth** se rendre compte de qch ◆ **to be ~ of sth** être conscient de qch b (= knowledgeable) informé

awareness [ə'wɛənɪs] N conscience *f*

awash [ə'wɒʃ] ADJ (= flooded) inondé (**with** de)

---

away [ə'weɪ]

1 ADV a (= at a distance) loin ◆ **far ~** au loin, très loin ◆ **the lake is 3km ~** le lac est à 3 km b (= absent) ◆ **he's ~ today** il n'est pas là aujourd'hui ◆ **he is ~ in London** il est (parti) à Londres

c (Sport) ◆ **they're playing ~ this week** ils jouent à l'extérieur cette semaine

d (as intensifier) ◆ **to be working ~** être en train de travailler

2 COMP ▸ **away game, away match** match *m* à l'extérieur ▸ **away team** (équipe *f* des) visiteurs *mpl*

awe [ɔː] N respect *m* mêlé de crainte ◆ **to be in ~ of sb** être intimidé par qn ▸ **awe-inspiring** (= impressive) impressionnant ; (= frightening) terrifiant

awesome ['ɔːsəm] ADJ (= impressive) impressionnant ; (= frightening) terrifiant

awful ['ɔːfəl] ADJ affreux ◆ **I feel ~** je me sens vraiment mal ◆ **an ~ lot of** énormément de

awfully ['ɔːflɪ] ADV [good, nice] extrêmement ; [difficult, hot, late] terriblement ◆ **I'm ~ sorry** je suis vraiment désolé

awhile [ə'waɪl] ADV (US) un instant

awkward ['ɔːkwəd] ADJ a [question, job, task] difficile ; [problem, situation, stage] délicat ; [person] difficile ◆ **to make things ~ for sb** rendre les choses difficiles pour qn b (= embarrassing) [silence] gêné c (= ill at ease) ◆ **to feel ~** être mal à l'aise d (= cumbersome) encombrant ; [shape] peu commode e (= clumsy) maladroit ; [style, position] inconfortable

awkwardly ['ɔːkwədlɪ] ADV a [move, express o.s.] maladroitement ; [fall] mal b (= embarrassedly) d'un air embarrassé

awning ['ɔːnɪŋ] N [of shop] store *m* ; [of caravan, tent] auvent *m*

awoke [ə'wəʊk] VB (pt of awake)

awoken [ə'wəʊkən] VB (ptp of awake)

awry [ə'raɪ] ADJ, ADV a (= askew) de travers b (= wrong) de travers ◆ **to go ~** [plan] s'en aller à vau-l'eau ; [undertaking] mal tourner

axe, ax (US) [æks] **1** N hache *f* **2** VT [+ scheme, project] abandonner ; [+ jobs] supprimer ; [+ employees] licencier

axis ['æksɪs] N (pl **axes** ['æksiːz]) axe *m*

axle ['æksl] N [of wheel] axe *m* ; [of car] essieu *m*

B [biː] N **a** (Mus) si *m* **b** (= mark) bien *(14 sur 20)*

BA [biːˈeɪ] N (abbrev of **Bachelor of Arts**) ◆ **to have a ~ in French** avoir une licence de français

babble [ˈbæbl] **1** N ◆ **a ~ of voices** un brouhaha de voix **2** VTI bredouiller

baboon [bəˈbuːn] N babouin *m*

baby [ˈbeɪbɪ] **1** N bébé *m* **2** ADJ ◆ **~ vegetables** mini-légumes *mpl* ◆ **a ~ rabbit** un bébé lapin **3** COMP ▶ **baby boy** petit garçon *m* ▶ **baby buggy** ® (Brit) poussette *f* ▶ **baby carriage** (US) landau *m* ▶ **baby food(s)** aliments *mpl* pour bébés ▶ **baby girl** petite fille *f* ▶ **baby-sit** VI faire du baby-sitting ▶ **baby-sitter** baby-sitter *mf*

bachelor [ˈbætʃələ^r] N **a** (= unmarried man) célibataire *m* **b** ◆ **Bachelor of Arts/of Science/of Law** licencié(e) *m(f)* ès lettres/ès sciences/en droit ◆ **~'s degree** ≈ licence *f*

---

back [bæk]

1 N **a** [of person, animal] dos *m* ◆ **behind sb's ~** derrière le dos de qn ◆ **~ to ~** dos à dos **b** [of object, hand] dos *m* ; [of head] derrière *m* ; [of chair] dossier *m* ; [of building] arrière *m* ◆ **at the ~ of** [+ building] derrière ; [+ book] à la fin de ; [+ cupboard, hall] au fond de ◆ **to sit in the ~ of the car** être assis à l'arrière ◆ **to front ~** devant derrière ◆ **you've got it on ~ to front** tu l'as mis devant derrière **c** (Football, Hockey) arrière *m*

2 ADJ **a** (= not front) [seat, wheel] arrière *inv* ◆ **~ door** porte *f* de derrière ◆ **the ~ room** [of house] la pièce du fond ; [of pub, restaurant] l'arrière-salle *f* ◆ **~ legs** pattes *fpl* de derrière **b** [taxes] arriéré

3 ADV **a** (in space, time) ◆ **(stand) ~ !** reculez ! ◆ **stay well ~ !** n'approchez pas ! ◆ **as far ~ as 1800** dès 1800 ◆ **to go ~ and forth** [person] faire des allées et venues ; [phone calls, e-mails, letters] être échangé **b** (= returned)

◆ **to be back** [person] être rentré ◆ **I'll be ~ at six** je serai de retour à six heures ◆ **she's ~ at work** elle a repris le travail ◆ **the journey there and ~** le trajet aller et retour

c (= reimbursed) ◆ **I got/want my money ~** j'ai récupéré/je veux récupérer mon argent

4 VT **a** (= support) soutenir ; [+ statement] confirmer

b (= finance) financer

c (= bet on) parier sur

d [+ vehicle] reculer ◆ **to ~ the car in/out** entrer/sortir en marche arrière

5 VI (= reverse) reculer

6 COMP ▶ **back-pack** sac *m* à dos ▶ **back-packer** routard(e) *m(f)* ▶ **back street** ruelle *f*

▶ **back away** VI (se) reculer

▶ **back down** VI revenir sur sa position

▶ **back off** VI reculer

▶ **back out** **1** VI [person] sortir à reculons ; [car] sortir en marche arrière ; (of undertaking) revenir sur ses engagements **2** VT SEP [+ vehicle] sortir en marche arrière

▶ **back out of** VT INSEP [+ deal, agreement] se retirer de ; [+ undertaking] se soustraire à

▶ **back up** **1** VI (= reverse) faire marche arrière **2** VT SEP **a** [+ theory, claim] confirmer ; [+ person] soutenir **b** [+ vehicle] faire reculer **c** [+ computer file] faire une copie de sauvegarde de

---

backache [ˈbækeɪk] N mal *m* de dos

backbencher [ˈbækˈbentʃə^r] N (Brit) *député de la Chambre des communes qui n'occupe aucune fonction officielle*

backbone [ˈbækbəʊn] N [of person, animal] colonne *f* vertébrale ; [of fish] arête *f* centrale ; (fig) (= main part) ossature *f* ◆ **he's got no ~** il n'a pas de cran *

backdate [ˌbækˈdeɪt] VT [+ chèque] antidater

backdrop [ˈbækdrɒp] N toile *f* de fond

backer [ˈbækə^r] N (= supporter) partisan(e) *m(f)* ; [of business venture] commanditaire *m*

backfire [ˈbækˈfaɪə^r] VI **a** [plan] avoir l'effet inverse que celui prévu ◆ **to ~ on sb** se retourner contre qn **b** [car] avoir un raté d'allumage

backgammon [ˈbækgæmən] N jacquet *m*

background [ˈbækgraʊnd] N **a** [of picture, photo] fond *m* ◆ **in the ~** à l'arrière-plan ◆ **to remain in the ~** rester dans l'ombre ▶ **background music** musique *f* de fond **b** (social) milieu *m* ; (= education) formation *f* **c** (to events) contexte *m*

backhand [ˈbækhænd] N (Tennis) revers *m*

backhanded [ˌbækˈhændɪd] ADJ [compliment] équivoque

backhander * [ˌbæk'hændə^r] N (Brit) (= bribe) pot-de-vin *m*

backing ['bækɪŋ] N **a** (= support) soutien *m* **b** (musical) accompagnement *m* **c** (to strengthen) renforcement *m*

backlash ['bæklæʃ] N réaction *f* brutale

backlog ['bæklɒg] N ◆ ~ **of work** travail *m* en retard

backside * ['bæksaɪd] N derrière *m*

backstage [ˌbæk'steɪdʒ] ADV en coulisses

backstroke ['bækstrəʊk] N dos *m* crawlé

backup ['bækʌp] **1** N **a** (= support) appui *m* (from sb de qn) ; (= reserves) réserves *fpl* ; [of personnel] renforts *mpl* **b** (Computing) (copie *f* de) sauvegarde *f* **2** ADJ [vehicles] de secours ; [supplies] de réserve ◆ ~ **copy** copie *f* de sauvegarde

backward ['bækwəd] **1** ADJ **a** [look, step] en arrière ◆ **he left without a ~ glance** il est parti sans jeter un regard en arrière **b** [country, society, economy] arriéré ; [child] retardé **2** ADV ⇒ **backwards**

backwards ['bækwədz] ADV **a** (= towards the back) en arrière ◆ **to fall ~** tomber à la renverse ◆ **to walk ~ and forwards** marcher de long en large **b** (= back foremost) ◆ **to go ~** aller à reculons ◆ **the car moved ~ a little** la voiture a reculé un peu

backwater ['bækˌwɔːtə^r] N (= backward place) trou *m* perdu ; (= peaceful spot) coin *m* tranquille

backyard [ˌbæk'jɑːd] N (Brit) arrière-cour *f* ; (US) jardin *m* (de derrière)

bacon ['beɪkən] N bacon *m* ◆ ~ **and eggs** œufs *mpl* au bacon

bacteria [bæk'tɪərɪə] NPL bactéries *fpl*

bad [bæd] **1** ADJ (compar **worse**, superl **worst**) **a** (gen) mauvais ◆ **(to be) ~ for ...** (être) mauvais pour ... ◆ **to be ~ at ...** être mauvais en ... ◆ **she speaks very ~ English** elle parle très mal l'anglais ◆ **it's not ~ at all** ce n'est pas mal du tout ◆ **how is he? – (he's) not so ~** comment va-t-il ? – (il ne va) pas trop mal **b** (= serious) [mistake, accident, illness] grave ◆ **a ~ cold** un gros rhume ◆ **a ~ headache** un sérieux mal de tête **c** (= ill) ◆ **to feel ~** se sentir mal ◆ **he's got a ~ leg** il a des problèmes à une jambe **d** (= guilty) ◆ **to feel ~ about doing sth** s'en vouloir d'avoir fait qch **e** (= decayed) [tooth] carié ◆ **to go ~** [food] se gâter **f** (= naughty, evil) méchant **2** N ◆ **to take the good with the ~** prendre le bon avec le mauvais **3** ADV (= badly) mal ◆ **he didn't do too ~** il ne s'en est pas mal sorti **4** COMP ▶ **bad-mannered** mal élevé ▶ **bad-mouth** * débiner ▶ * ▶ **bad-tempered** [person] qui a un mauvais caractère ; (on one occasion) de mauvaise humeur ; [look, answer] désagréable

badge [bædʒ] N badge *m* ; [of police] plaque *f*

badger ['bædʒə^r] **1** N blaireau *m* **2** VT harceler ◆ **to ~ sb to do sth** harceler qn jusqu'à ce qu'il fasse qch

badly ['bædlɪ] ADV (compar **worse**, superl **worst**) **a** (= poorly) mal ◆ **he took it very ~** il a très mal pris la chose ◆ **to think ~ of sb** avoir une mauvaise opinion de qn **b** [wound, injure, affect, disrupt] gravement ◆ **to go ~ wrong** très mal tourner **c** (= very much) ◆ **to want sth ~** avoir très envie de qch ◆ **to need sth ~** avoir vraiment besoin de qch

badminton ['bædmɪntən] N badminton *m*

baffle ['bæfl] VT déconcerter .

bag [bæg] **1** N **a** sac *m* ◆ ~**s** (= luggage) bagages *mpl* ◆ ~**s of** * (Brit) des masses de * ◆ **paper ~** sac *m* en papier ◆ **tea ~** sachet *m* de thé ◆ **she's got ~s under her eyes** * elle a des poches sous les yeux **2** VT * (= get possession of) empocher ; (Brit) (= claim in advance) réserver

baggage ['bægɪdʒ] N bagages *mpl* ▶ **baggage reclaim (area)** livraison *f* des bagages

baggy ['bægɪ] ADJ [clothes] ample

bagpipes ['bægpaɪps] NPL cornemuse *f*

Bahamas [bə'hɑːməz] NPL ◆ **the ~** les Bahamas *fpl*

bail [beɪl] N **a** mise *f* en liberté sous caution ; (= sum) caution *f* ◆ **on ~** sous caution ▶ **bail out** **1** VT SEP **a** (from custody) faire mettre en liberté provisoire sous caution **b** (= help out) sortir d'affaire ; (financially) renflouer **c** [+ boat] écoper ; [+ water] vider **2** VI (of plane) sauter (en parachute)

bailiff ['beɪlɪf] N huissier *m*

bait [beɪt] **1** N appât *m* **2** VT [+ hook, trap] appâter

bake [beɪk] VT [+ food] faire cuire au four ◆ **to ~ a cake** faire (cuire) un gâteau ▶ **baked beans** haricots *mpl* blancs à la sauce tomate ▶ **baked potato** pomme *f* de terre cuite au four

baker ['beɪkə^r] N boulanger *m*, -ère *f* ◆ ~**'s (shop)** boulangerie *f*

bakery ['beɪkərɪ] N boulangerie *f*

baking ['beɪkɪŋ] **1** N cuisson *f* (au four) ▶ **baking powder** levure *f* chimique ▶ **baking tray** plaque *f* de four **2** ADJ * ◆ **it's ~ (hot) today** ! il fait une de ces chaleurs aujourd'hui !

balaclava (helmet) [ˌbælə'klɑːvə('helmɪt)] N (Brit = hat) passe-montagne *m*

balance ['bæləns] **1** N **a** (= equilibrium) équilibre *m* ◆ **to keep/lose one's ~** garder/perdre son équilibre ◆ **to strike a ~** trouver le juste milieu ◆ **on ~** l'un dans l'autre **b** (= money) solde *m* ; (also **bank balance**) solde *m* (d'un compte) **c** (= remainder) reste *m* **2** VT **a**

(= maintain equilibrium of) tenir en équilibre ; (= place in equilibrium) poser en équilibre **b** (= compare) peser ; [+ two arguments, two solutions] comparer **c** (in weight, symmetry) équilibrer ; (in value, amount) contrebalancer **d** (financially) ◆ **to ~ the budget** équilibrer le budget ◆ **to ~ the books** arrêter les comptes **3** VI **a** [two objects] se faire contrepoids ; [acrobat] se maintenir en équilibre ◆ **to ~ on one foot** se tenir en équilibre sur un pied **b** [accounts] s'équilibrer **4** COMP ▸ **balance of payments** balance f des paiements ▸ **balance of power** équilibre m des forces ▸ **balance of trade** balance f commerciale ▸ **balance sheet** bilan m

balanced ['bælənst] ADJ équilibré

balcony ['bælkənı] N balcon m

bald [bɔːld] ADJ [head, person] chauve ; [tyre] lisse ◆ **to be going ~** perdre ses cheveux ◆ **a ~ statement** une simple exposition de faits

bale [beɪl] N [of straw, hay] botte f
▸ **bale out** ⇒ **bail out**

Balearics [ˌbælɪˈærɪks] NPL ◆ **the ~** les Baléares fpl

balk [bɔːk] VI ◆ **to ~ at doing sth** regimber pour faire qch

Balkan ['bɔːlkən] ADJ, N ◆ **the ~s** les Balkans mpl ◆ **the ~ States** les États mpl balkaniques

ball [bɔːl] **1** N **a** (gen) balle f ; (= football) ballon m ; (Billiards) boule f ◆ **tennis ~** balle f de tennis ◆ **to be on the ~** * (= competent) être à la hauteur ; (= alert) ouvrir l'œil et le bon * **b** [of wool, string] pelote f **c** (= dance) bal m **2** balls NPL (*⁎* = testicles) couilles *⁎* fpl **3** COMP ▸ **ball bearings** roulement m à billes ▸ **ball game** (US) match m de base-ball ◆ **it's a whole new ~ game** * c'est une tout autre histoire ▸ **ball-point (pen)** stylo m (à) bille

ballad ['bæləd] N ballade f

ballerina [ˌbæləˈriːnə] N ballerine f

ballet ['bæleɪ] N **a** (= show) ballet m **b** (= type of dance) danse f classique ▸ **ballet dancer** danseur m, -euse f classique

ballistic [bəˈlɪstɪk] ADJ balistique

balloon [bəˈluːn] **1** N (gen) ballon m ; (in drawings, comic) bulle f **2** VI ◆ **to go ~ing** faire une ascension (or des ascensions) en ballon **b** (= swell out) gonfler

ballot ['bælət] **1** N **a** (= paper) bulletin m de vote ; (= method of voting) scrutin m ▸ **ballot box** urne f ▸ **ballot paper** bulletin m de vote **2** VT faire voter à bulletin secret

ballpark ['bɔːlpɑːk] N (US) stade m de base-ball ◆ **the two companies are not in the same ~** les deux sociétés ne sont pas comparables

ballroom ['bɔːlrʊm] N [of hotel] salle f de danse ; [of mansion] salle f de bal ▸ **ballroom dancing** danse f de salon

balm [bɑːm] N baume m

balsam ['bɔːlsəm] N baume m

balsamic vinegar [bɔːlˈsæmɪkˈvɪnɪɡəʳ] N vinaigre m balsamique

Baltic ['bɔːltɪk] **1** N ◆ **the ~ (Sea)** la (mer) Baltique **2** ADJ [trade, port] de la Baltique ◆ **the ~ States** les pays mpl baltes

balustrade [ˌbæləsˈtreɪd] N balustrade f

bamboo [bæmˈbuː] **1** N bambou m ◆ **~ shoots** pousses fpl de bambou **2** ADJ [chair, fence] en bambou

bamboozle * [bæmˈbuːzl] VT embobiner *

ban [bæn] **1** N interdit m **2** VT interdire (sth qch ; sb from doing sth à qn de faire qch) ; (= exclude) exclure (from de)

banal [bəˈnɑːl] ADJ banal

banana [bəˈnɑːnə] N banane f

band [bænd] N **a** (= strip, group) bande f **b** (= orchestra) orchestre m ; (= group) groupe m ◆ **(brass) ~** fanfare f
▸ **band together** VI se grouper ; (= form a gang) former une bande

bandage ['bændɪdʒ] **1** N (for wound) pansement m ; (for sprain) bande f **2** VT [+ hand] bander ; [+ wound] mettre un pansement sur

Band-Aid ® ['bændeɪd] N pansement m adhésif

bandan(n)a [bænˈdænə] N bandana m

B & B [ˌbiːənˈdbiː] N abbrev of **bed and breakfast**

bandit ['bændɪt] N bandit m

bandleader ['bænd,liːdəʳ] N chef m d'orchestre

bandstand ['bændstænd] N kiosque m (à musique)

bandwagon ['bænd,wæɡən] N ◆ **to jump on the ~** suivre le mouvement

bandy ['bændɪ] VT [+ accusations] se renvoyer
▸ **bandy about, bandy around** VT SEP [+ story, report] faire circuler

bandy-legged ['bændɪ'leɡɪd] ADJ ◆ **to be ~** avoir les jambes arquées

bang [bæŋ] **1** N **a** [of gun, explosives] détonation f ; [of door] claquement m ◆ **the door closed with a ~** la porte a claqué **b** (= blow) coup m **2** ADV * ◆ **to go ~** éclater ◆ **~ in the middle** en plein milieu ◆ **she arrived ~ on time** (Brit) elle est arrivée à l'heure pile **3** EXCL (firearm) pan ! ; (explosion) boum ! **4** VT frapper violemment ◆ **to ~ one's fist on the table** taper du poing sur la table ◆ **to ~ one's head on sth** se cogner la tête sur qch ◆ **to ~ the door** claquer la porte **5** VI **a** [door] claquer ; (repeatedly) battre ; [fireworks] éclater ; [gun] détoner **b** ◆ to ~ **on** or at the door donner de grands coups dans la porte ◆ to ~ **on the table** frapper sur la table avec son poing

banger ['bæŋə^r] N (Brit) **a** (= firework) pétard m **b** (* = old car) vieille bagnole f **c** (* = sausage) saucisse f

Bangladesh [ˌbæŋgləˈdeʃ] N Bangladesh m

bangle ['bæŋgl] N bracelet m

bangs [bæŋz] NPL (US = fringe) frange f

banish ['bænɪʃ] VT bannir

banjo ['bændʒəʊ] N banjo m

bank [bæŋk] **1** N **a** (Fin) banque f ▶ **bank account** compte m bancaire ▶ **bank balance** solde m bancaire ▶ **bank card** carte f d'identité bancaire ▶ **bank holiday** jour m férié ▶ **bank manager** directeur m d'agence bancaire ▶ **bank robber** braqueur m de banque ▶ **bank statement** relevé m de compte **b** (= mound) talus m ◆ a ~ **of clouds** un amoncellement de nuages **c** [of river, lake] rive f ; [of canal] bord m **2** VT [+ money] mettre à la banque **3** VI **a** ◆ to ~ **with Lloyds** avoir un compte à la Lloyds **b** [pilot, aircraft] virer

▶ **bank on** VT INSEP (= count on) compter sur

banker ['bæŋkə^r] N banquier m

banking ['bæŋkɪŋ] N (= transactions) opérations fpl bancaires ; (= profession) banque f

banknote ['bæŋknəʊt] N (Brit) billet m de banque

bankrupt ['bæŋkrʌpt] ADJ ◆ to **go** ~ faire faillite ◆ to **be** ~ être en faillite

bankruptcy ['bæŋkrəptsɪ] N faillite f

banner ['bænə^r] N bannière f

bannister ['bænɪstə^r] N rampe f (d'escalier)

banquet ['bæŋkwɪt] N (ceremonial dinner) banquet m ; (= lavish meal) festin m

banter ['bæntə^r] **1** N badinage m **2** VI badiner

bap [bæp] N (Brit) petit pain m

baptism ['bæptɪzəm] N baptême m

Baptist ['bæptɪst] N, ADJ baptiste mf

baptize [bæp'taɪz] VT baptiser

bar [bɑː^r] **1** N **a** (gen) barre f ; [of window, cage] barreau m ; [of ski-lift] perche f ◆ to **put sb behind** ~s mettre qn derrière les barreaux ▶ **bar code** code-barre m ▶ **bar graph** graphique m en barres **b** [of chocolate] tablette f ◆ ~ **of soap** savon m **c** (= obstacle) obstacle m **d** (= drinking place) bar m ; (= counter) comptoir m **e** (Mus) mesure f **2** VT **a** (= obstruct) [+ road] barrer ◆ to ~ **sb's way** or **path** barrer le passage à qn **b** [+ door, gate] mettre la barre à

c (= forbid) [+ person] exclure ◆ to ~ **sb from doing sth** interdire à qn de faire qch **3** PREP sauf

barbaric [bɑːˈbærɪk] ADJ barbare

barbecue ['bɑːbɪkjuː] N barbecue m

barbed [bɑːbd] ADJ [words] acéré ▶ **barbed wire** fil m de fer barbelé ▶ **barbed wire fence** (haie f de fils) barbelés mpl

barber ['bɑːbə^r] N coiffeur m (pour hommes)

barbiturate [bɑːˈbɪtjʊrɪt] N barbiturique m

Barcelona [ˌbɑːsəˈləʊnə] N Barcelone

bare [bɛə^r] **1** ADJ **a** [person, skin, floor, wall] nu ; [hill] pelé ; [countryside, ground, tree, wire] dénudé ◆ he killed him with his ~ **hands** il l'a tué à mains nues **b** (= absolute, minimum) ◆ the ~ **necessities** le strict nécessaire ◆ the ~ **minimum** le plus strict minimum ◆ they only **told us the** ~ **facts** ils nous ont simplement présenté les faits **2** VT découvrir ◆ to ~ **one's teeth** montrer les dents

bareback ['bɛəbæk] ADV à cru

barefaced [ˌbɛəˈfeɪst] ADJ [lie, liar] éhonté

barefoot ['bɛəfʊt] **1** ADV nu-pieds **2** ADJ aux pieds nus

bareheaded [ˌbɛəˈhedɪd] ADV, ADJ nu-tête inv

barely ['bɛəlɪ] ADV (= only just) à peine ◆ he can ~ **read** il sait à peine lire

bargain ['bɑːgɪn] **1** N **a** (= agreement) marché m ◆ to **make a** ~ conclure un marché ◆ into the ~ par-dessus le marché **b** (= good buy) affaire f **2** VI **a** (= negotiate) négocier ◆ to ~ **with sb for sth** négocier qch avec qn **b** (= count on) ◆ I **didn't** ~ **for that** je ne m'attendais pas à cela ◆ I **got more than I** ~**ed for** j'ai eu une surprise désagréable

barge [bɑːdʒ] **1** N péniche f **2** VI ◆ he ~**d through the crowd** il bousculait les gens pour passer

▶ **barge in** VI (= enter) faire irruption ; (= interrupt) interrompre la conversation

▶ **barge into** VT INSEP [+ person] rentrer dans * ◆ to ~ **into a room** faire irruption dans une pièce

baritone ['bærɪtəʊn] N baryton m

bark [bɑːk] **1** N **a** [of tree] écorce f **b** [of dog] aboiement m **2** VI aboyer (at après)

barley ['bɑːlɪ] N orge f ▶ **barley sugar** sucre m d'orge ▶ **barley water** ≈ orgeat m

barmaid ['bɑːmeɪd] N serveuse f (de bar)

barman ['bɑːmən] N (pl **-men**) barman m

Bar Mitzvah, bar mitzvah [ˌbɑːˈmɪtsvə] N bar-mitsvah f

barn [bɑːn] N grange f ▶ **barn dance** bal m campagnard ▶ **barn owl** chat-huant m

barnacle ['bɑːnəkl] N bernache f

barometer [bə'rɒmɪtəʳ] N baromètre m

baron ['bærən] N baron m

baroness ['bærənɪs] N baronne f

barracks ['bærəks] N caserne f

barrage ['bærɑːʒ] N **a** [of river] barrage m **b** (= firing) tir m de barrage ; [of questions, reproaches] pluie f

barrel ['bærəl] N **a** [of wine, beer] tonneau m ; [of oil] baril m **b** [of gun] canon m

barren ['bærən] ADJ [land, landscape] aride

barricade [,bærɪ'keɪd] N barricade f

barrier ['bærɪəʳ] N barrière f ; (also **ticket barrier**) portillon m (d'accès)

barring ['bɑːrɪŋ] PREP sauf

barrister ['bærɪstəʳ] N (Brit) avocat m

barroom ['bɑːrʊm] N (US) salle f de bar

barrow ['bærəʊ] N (also **wheelbarrow**) brouette f ; (Brit) [of vendor] voiture f des quatre saisons

bartender ['bɑː,tendəʳ] N (US) barman m, serveuse f (de bar)

barter ['bɑːtəʳ] **1** VT troquer (for contre) **2** VI faire un troc

base [beɪs] **1** N base f **2** VT [+ belief, opinion] fonder (on sur) ◆ **to be ~d in York** être basé à York **3** ADJ (= contemptible) vil (vile f) ; [instincts] bas (basse f)

baseball ['beɪsbɔːl] N baseball m ▶ **baseball cap** casquette f de baseball

basement ['beɪsmənt] N sous-sol m

bases[1] ['beɪsiːz] NPL of **basis**

bases[2] ['beɪsɪz] NPL of **base**

bash * [bæʃ] **1** N **a** (= blow) coup m **b** (* = attempt) ◆ **to have a ~ at sth/at doing sth** s'essayer à qch/à faire qch **2** VT frapper

bashful ['bæʃfʊl] ADJ timide

basic ['beɪsɪk] **1** ADJ (= fundamental) fondamental ; [rule] élémentaire ; [needs] essentiel ; [salary, working hours] de base ◆ **a ~ knowledge of Russian** une connaissance de base du russe **2** **the basics** NPL l'essentiel m

basically ['beɪsɪklɪ] ADV au fond ◆ **you've got two choices** en fait, vous avez deux options

basil ['bæzl] N basilic m

basin ['beɪsn] N **a** (gen) cuvette f ; (for mixing food) bol m ; (also **washbasin**) lavabo m **b** [of river] bassin m

basis ['beɪsɪs] N (pl **bases**) base f ◆ **paid on a daily ~** payé à la journée ◆ **on a regular ~** régulièrement ◆ **on that ~** dans ces conditions

bask [bɑːsk] VI ◆ **to ~ in the sun** se prélasser au soleil

basket ['bɑːskɪt] N (gen) corbeille f ; (also **shopping basket**) panier m ; (Basketball) panier m

basketball ['bɑːskɪtbɔːl] N basket(-ball) m

bass [beɪs] **1** N **a** (= part, singer, guitar) basse f ; (also **double bass**) contrebasse f ▶ **bass drum** grosse caisse f ▶ **bass guitar** guitare f basse **b** [bæs] (= fish) (freshwater) perche f ; (sea) bar m **2** ADJ [voice] de basse

bassoon [bə'suːn] N basson m

bastard * ['bɑːstəd] N (= unpleasant person) salaud * m

baste [beɪst] VT [+ meat] arroser

bat [bæt] **1** N **a** (= animal) chauve-souris f **b** (Baseball, Cricket) batte f ; (Table Tennis) raquette f ◆ **off one's own ~** de sa propre initiative **2** VI (Baseball, Cricket) être à la batte **3** VT ◆ **he didn't ~ an eyelid** (Brit) or **an eye** (US) il n'a pas sourcillé

batch [bætʃ] N [of loaves] fournée f ; [of people] groupe m ; [of letters] paquet m ; [of goods] lot m

bated ['beɪtɪd] ADJ ◆ **with ~ breath** en retenant son souffle

bath [bɑːθ] **1** N (pl **baths** [bɑːðz]) bain m ; (also **bathtub**) baignoire f ◆ **to have a ~** prendre un bain ▶ **bath towel** serviette f de bain **2** **baths** NPL (for swimming) piscine f **3** VT (Brit) donner un bain à

bathe [beɪð] **1** VT (gen) baigner ; [+ wound] laver **2** VI (Brit) se baigner ; (US) prendre un bain *(dans une baignoire)*

bathing ['beɪðɪŋ] N (= swimming) baignade(s) f(pl) ▶ **bathing cap** bonnet m de bain ▶ **bathing costume** (Brit), **bathing suit** maillot m de bain

bathmat ['bɑːθmæt] N tapis m de bain

bathrobe ['bɑːθrəʊb] N peignoir m

bathroom ['bɑːθrʊm] N salle f de bains ; (US = toilet) toilettes fpl

bathtub ['bɑːθtʌb] N baignoire f

baton ['bætən] N (gen) bâton m ; (Brit) [of policeman] matraque f ; (in relay race) témoin m

batsman ['bætsmən] N (pl **-men**) batteur m

battalion [bə'tælɪən] N bataillon m

batter ['bætəʳ] **1** N **a** (for frying) pâte f à frire ; (for pancakes) pâte f à crêpes **b** (US Sport) batteur m **2** VT battre

battered ['bætəd] ADJ [child, woman] battu ; [hat, car] cabossé

battery ['bætərɪ] N [of torch, radio, calculator] pile f ; [of vehicle] batterie f ▶ **battery-operated**, **battery-powered** à pile(s)

battle ['bætl] **1** N bataille f, combat m ; (fig) lutte f **2** VI se battre (to do sth pour faire qch)

battlefield ['bætlfi:ld], **battleground** ['bætlgraʊnd] N champ *m* de bataille

battlements ['bætlmənts] NPL (= wall) remparts *mpl* ; (= crenellation) créneaux *mpl*

battleship ['bætlʃɪp] N cuirassé *m*

baulk [bɔ:lk] VI ◆ **to ~ at doing sth** regimber pour faire qch

bawdy ['bɔ:dɪ] ADJ paillard

bawl [bɔ:l] VTI brailler

bay [beɪ] **1** N **a** (in coast) baie *f* ; (small) anse *f* **b** (= tree) laurier(-sauce) *m* ▶ **bay leaf** feuille *f* de laurier **c** (= alcove) renfoncement *m* ▶ **bay window** bow-window *m* **d** ◆ **to keep sb/sth at ~** tenir qn/qch à distance **2** VI aboyer (at après)

bazaar [bəˈzɑːʳ] N (= market) bazar *m* ; (= charity sale) vente *f* de charité

BC [bi:ˈsi:] (abbrev of **Before Christ**) av. J-C

🔈　　　　**be** [bi:]

1 LINKING VB **a** être ◆ **the sky is blue** le ciel est bleu ◆ **who is that? – it's me!** qui est-ce ? – c'est moi ! ◆ **they are my ~st friends** ce sont mes meilleurs amis ◆ **he is a doctor/lawyer** il est médecin/avocat

b (referring to health) aller ◆ **how are you?** comment allez-vous ? ◆ **I'm better now** je vais mieux maintenant

c (= cost) coûter ◆ **how much is it?** combien ça coûte ?

d (= equal) faire ◆ **two and two are four** deux et deux font quatre

e ◆ **to ~ cold/hot** avoir froid/chaud ◆ **to ~ hungry/thirsty** avoir faim/soif ◆ **he's right/wrong** il a raison/tort ◆ **my feet are cold** j'ai froid aux pieds ◆ **my hands are frozen** j'ai les mains gelées

f (with age) avoir ◆ **how old is he?** quel âge a-t-il ? ◆ **he's 25** il a 25 ans

2 AUX VB **a** (in continuous tenses) ◆ **I'm coming!** j'arrive ! ◆ **what have you ~en doing this week?** qu'est-ce que tu as fait cette semaine ? ◆ **I've ~en waiting for you for an hour/since six o'clock** je t'attends depuis une heure/depuis six heures ◆ **he was driving too fast** il conduisait trop vite ◆ **I haven't got time, I'm cooking the dinner** je n'ai pas le temps, je suis en train de préparer le repas ◆ **I was just writing to him when he phoned** j'étais en train de lui écrire quand il m'a appelé

b (in tags) ◆ **he's a friend of yours, isn't he ?** c'est un ami à toi, n'est-ce pas ? ◆ **so it's all done, is it?** tout est fait, alors ? ◆ **you're not ill, are you?** tu n'es pas malade j'espère ? ◆ **they're getting married – oh are they ?** ils vont se marier – ah bon ? ◆ **he's always late, isn't he? – yes, he is** il est toujours en retard,

n'est-ce pas ? – oui ◆ **is it what you expected? – no, it isn't** est-ce que tu t'attendais à ça ? – non

c (in passives) être ◆ **she was killed** elle a été tuée ◆ **the cars were set on fire** les voitures ont été incendiées ◆ **the door was shut in his face** on lui a fermé la porte au nez ◆ **it is said that ...** on dit que ...

3 MODAL VB **a** (= will) ◆ **the talks are to start tomorrow** les négociations doivent commencer demain ◆ **the house is to ~ sold** la maison va être mise en vente

b (= must) ◆ **you are to follow these instructions exactly** tu dois suivre ces instructions scrupuleusement ◆ **you are not to touch that** tu ne dois pas y toucher

c (= should) ◆ **he is to ~ pitied** il est à plaindre

d (= be destined to) ◆ **they were never to return** ils ne devaient jamais revenir

4 VI **a** (gen) être ; (= take place) avoir lieu ◆ **the match is tomorrow** le match a lieu demain ◆ **there is/are** (= there exist(s)) il y a ◆ **there is a mouse in the room** il y a une souris dans la pièce ◆ **there are pigeons on the roof** il y a des pigeons sur le toit ◆ **there are three of us** nous sommes trois ◆ **there's** (pointing out sth) voilà ◆ **there's the church** voilà l'église ◆ **here is, here are** voici ◆ **here's your key** voici ta clé ◆ **here are the tickets** voici les billets

b (to a place) ◆ **I have already ~en to Paris** je suis déjà allé à Paris ◆ **I have ~en to see my aunt** je suis allé voir ma tante ◆ **where have you ~en?** où étais-tu passé ?

5 IMPERS VB **a** (weather, temperature) faire ◆ **it's fine/cold/dark** il fait beau/froid/nuit ◆ **it's windy/foggy** il y a du vent/du brouillard

b (time) être ◆ **it's morning** c'est le matin ◆ **it's 6 o'clock** il est 6 heures ◆ **it is 14 June today** nous sommes le 14 juin

---

beach [bi:tʃ] N plage *f*

beachcomber ['bi:tʃ,kəʊməʳ] N ramasseur *m* d'épaves

beached [bi:tʃt] ADJ [boat, whale] échoué

beacon ['bi:kən] N signal *m* lumineux

bead [bi:d] N **a** perle *f* ◆ **(string of) ~s** collier *m* **b** [of sweat] goutte *f*

beagle ['bi:gl] N beagle *m*

beak [bi:k] N bec *m*

beaker ['bi:kəʳ] N gobelet *m*

beam [bi:m] **1** N **a** (in roof, gym) poutre *f* **b** [of light] rayon *m* ; [of headlight, searchlight] faisceau *m* (lumineux) **2** VI (= smile) ◆ **she ~ed** son visage s'est épanoui en un large sourire ◆ **to ~ with pride** rayonner de fierté **3** VT [+ message] émettre ; [+ radio broadcast] diffuser

bean [biːn] N haricot *m* ; (also **green bean**) haricot *m* vert ; (also **broad bean**) fève *f* ; [of coffee] grain *m* ◆ **to be full of ~s** * (Brit) être en pleine forme ▶ **bean sprouts** pousses *fpl* de soja

beanshoots ['biːnʃuːts] NPL pousses *fpl* de soja

bear [bɛəʳ] (vb : pret **bore**, ptp **borne**) **1** N (= animal) ours(e) *m(f)* ◆ **he gave me a big ~ hug** il m'a serré très fort dans ses bras **2** VT **a** (= carry) porter **b** (= bring) [+ present, news] apporter **c** (= sustain, support) [+ weight] supporter **d** (= endure) [+ person, event] supporter ◆ **she cannot ~ being laughed at** elle ne supporte pas qu'on se moque d'elle ◆ **it doesn't ~ thinking about!** c'est trop affreux d'y penser ! **e** (= yield) [+ interest] rapporter ; [+ fruit] produire **f** (= feel) avoir en soi **3** VI ◆ **to ~ right/left** prendre sur la droite/la gauche **b** ◆ **to bring pressure to ~ on sb** faire pression sur qn

▶ **bear down on** VT foncer sur

▶ **bear out** VT SEP confirmer

▶ **bear up** VI ne pas se laisser abattre

▶ **bear with** VT INSEP [+ person] être patient avec

beard [bɪəd] N barbe *f*

bearer ['bɛərəʳ] N porteur *m*, -euse *f* ; [of passport] titulaire *mf*

bearing ['bɛərɪŋ] N **a** (= posture, behaviour) allure *f* **b** (= connection) rapport *m* **c** ◆ **to lose one's ~s** être désorienté

beast [biːst] N bête *f* ; (= cruel person) brute *f*

beat [biːt] (vb : pret **beat**, ptp **beaten**) **1** N **a** [of heart, pulse, drums] battement *m* **b** [of music] temps *m* ; (Jazz) rythme *m* **c** [of policeman] (= round) ronde *f* ; (= area) secteur *m* **2** VT (gen) battre ◆ **to ~ sb at chess** battre qn aux échecs ◆ **to ~ sb to it** couper l'herbe sous le pied à qn ◆ **coffee ~s tea any day** * le café, c'est bien meilleur que le thé ◆ **this problem has got me ~en** * ce problème me dépasse complètement ◆ **it ~s me how you can speak to her** * je ne comprends pas que tu lui adresses la parole ◆ **~ it!** * fiche le camp ! ** 3** VI battre ◆ **he doesn't ~ about the bush** il n'y va pas par quatre chemins

▶ **beat back** VT SEP [+ enemy, flames] repousser

▶ **beat down 1** VI ◆ **the rain was ~ing down** il pleuvait à verse ◆ **the sun was ~ing down** le soleil tapait * **2** VT SEP (= reduce) [+ prices] faire baisser

▶ **beat off** VT SEP [+ attacker, competition] repousser

▶ **beat up** VT SEP [+ person] battre

beaten ['biːtn] **1** VB (ptp of beat) **2** ADJ [earth, track] battu ◆ **off the ~ track** hors des sentiers battus

beating ['biːtɪŋ] N **a** (= violent attack) passage *m* à tabac **b** (= defeat) raclée *f*

beautician [bjuː'tɪʃən] N esthéticien(ne) *m(f)*

beautiful ['bjuːtɪfʊl] ADJ beau (belle *f*) ; (masculine before vowel or silent h) bel ; [weather] superbe

beautifully ['bjuːtɪflɪ] ADV [sing, behave] de façon admirable ; [cooked] parfaitement ; [presented] superbement

beauty ['bjuːtɪ] N beauté *f* ▶ **beauty contest** concours *m* de beauté ▶ **beauty parlour, beauty salon** institut *m* de beauté ▶ **beauty queen** reine *f* de beauté ▶ **beauty spot** (in countryside) site *m* pittoresque

beaver ['biːvəʳ] N castor *m*

became [bɪ'keɪm] VB (pt of become)

because [bɪ'kɒz] CONJ parce que ◆ **~ of** à cause de ◆ **~ of his age** en raison de son âge

beck [bek] N ◆ **to be at sb's ~ and call** être à l'entière disposition de qn

beckon ['bekən] **1** VI **a** (= signal) faire signe (**to sb** à qn) **b** [bright lights, fame] attirer **2** VT (= signal) faire signe à

become [bɪ'kʌm] (pret **became**, ptp **become**) **1** VI devenir ◆ **what has ~ of him ?** qu'est-il devenu ? **2** VT **a** (= suit) aller à **b** (= befit) convenir à

becoming [bɪ'kʌmɪŋ] ADJ (= appropriate) convenable ; (= attractive) seyant

bed [bed] N **a** lit *m* ◆ **to be in ~** être au lit ; (through illness) être alité ◆ **to go to ~** se coucher ▶ **bed and breakfast** chambre *f* d'hôte **b** [of sea] fond *m* ; [of river] lit *m* **c** [of flowers] parterre *m*

bedclothes ['bedkləʊðz] NPL couvertures *fpl* et draps *mpl*

bedlam ['bedləm] N chahut *m*

bedpan ['bedpæn] N bassin *m*

bedraggled [bɪ'dræɡld] ADJ [clothes, person] débraillé ; [hair] embroussaillé

bedridden ['bedrɪdn] ADJ grabataire

bedroom ['bedrʊm] N chambre *f* (à coucher)

bedside ['bedsaɪd] N chevet *m* ▶ **bedside lamp** lampe *f* de chevet ▶ **bedside table** table *f* de chevet

bedsit ['bedsɪt] N (Brit) chambre *f* meublée

bedspread ['bedspred] N dessus-de-lit *m inv*

bedtime ['bedtaɪm] N heure *f* du coucher

bee [biː] N abeille *f* ◆ **to have a ~ in one's bonnet** * avoir une idée fixe

beech [biːtʃ] N hêtre *m*

beef [bi:f] N bœuf m ◆ roast ~ rôti m de bœuf

beefburger ['bi:f,bɜ:gə'] N ≃ hamburger m

beehive ['bi:haɪv] N ruche f

beeline ['bi:laɪn] N ◆ to make a ~ for (= go straight to) se diriger tout droit vers ; (= rush towards) filer droit sur

been [bi:n] VB (ptp of be)

beep [bi:p] **1** N (Brit) [of answering machine] signal m sonore **2** VI faire bip

beeper ['bi:pə'] N (= pager) bip m

beer [bɪə'] N bière f

beet [bi:t] N betterave f

beetle ['bi:tl] N scarabée m

beetroot ['bi:tru:t] N (Brit) betterave f rouge

0━━ **before** [bɪ'fɔ:']

1 PREP **a** (time) avant ◆ the day ~ yesterday avant-hier m ◆ ~ long d'ici peu
b (place, position) devant ◆ ~ my (very) eyes sous mes (propres) yeux
2 ADV **a** (time) avant ◆ the day ~ la veille ◆ the week ~ la semaine d'avant ◆ I had read it ~ je l'avais déjà lu ◆ it has never happened ~ c'est la première fois que cela arrive
b (order) avant
3 CONJ (time) avant de + infin, avant que (+ ne) + subj ◆ I did it ~ going out je l'ai fait avant de sortir ◆ I'd finished ~ he arrived j'avais fini avant qu'il n'arrive ◆ ~ I go/return avant mon départ/mon retour

beforehand [bɪ'fɔ:hænd] ADV (= ahead of time) à l'avance ; (= earlier) avant

befriend [bɪ'frend] VT se lier d'amitié avec

beg [beg] **1** VT **a** [+ money, alms, food] mendier **b** [+ favour] solliciter ◆ (I) ~ your pardon (apologizing) je vous demande pardon ; (not having heard) pardon ? ◆ to ~ sb to do supplier qn de faire **2** VI **a** mendier ◆ to ~ for money mendier ◆ to ~ for food mendier de la nourriture **b** (= entreat) supplier ◆ to ~ for mercy/help demander grâce/de l'aide

began [bɪ'gæn] VB (pt of begin)

beggar ['begə'] N mendiant(e) m(f)

begin [bɪ'gɪn] (pret **began**, ptp **begun**) **1** VT commencer (to do sth, doing sth à faire qch) ; [+ task] entreprendre ; [+ conversation] engager **2** VI commencer (with par) ◆ to ~ again recommencer ◆ ~ning from Monday à partir de lundi ◆ we only had $100 to ~ with nous n'avions que 100 dollars pour commencer ◆ to ~ with there were only three of them au début ils n'étaient que trois

beginner [bɪ'gɪnə'] N débutant(e) m(f)

beginning [bɪ'gɪnɪŋ] N début m ◆ in the ~ au début

begrudge [bɪ'grʌdʒ] VT ⇒ **grudge**

begun [bɪ'gʌn] VB (ptp of begin)

behalf [bɪ'hɑ:f] N ◆ on ~ of pour ◆ to act on sb's ~ agir pour le compte de qn

behave [bɪ'heɪv] VI **a** (= conduct o.s.) se conduire ◆ he was behaving strangely il avait un comportement bizarre **b** (= conduct o.s. well) bien se tenir ; [child] être sage

behaviour, behavior (US) [bɪ'heɪvjə'] N conduite f, comportement m

behead [bɪ'hed] VT décapiter

beheld [bɪ'held] VB (pt, ptp of behold)

0━━ **behind** [bɪ'haɪnd]

1 ADV **a** (= in or at the rear) derrière
b (= late) en retard
2 PREP **a** (gen) derrière ◆ to put sth ~ one oublier qch
b (= less advanced than) en retard sur
c (= responsible for) ◆ who was ~ the attack ? qui est derrière cet attentat ? ◆ she's the one ~ this scheme c'est elle qui est à l'origine de ce projet
3 N (* = buttocks) postérieur * m

---

behold [bɪ'həʊld] (pret, ptp **beheld**) VT (liter) voir ◆ ~! regardez !

beige [beɪʒ] ADJ, N beige m

being ['bi:ɪŋ] N **a** (= existence) existence f ◆ to come into ~ prendre naissance **b** (= creature) être m

Beirut [beɪ'ru:t] N Beyrouth

belated [bɪ'leɪtɪd] ADJ tardif

belch [beltʃ] **1** VI [person] avoir un renvoi **2** VT (also **belch out**) [+ smoke, flames] vomir **3** N renvoi m

belfry ['belfrɪ] N beffroi m

Belgian ['beldʒən] **1** ADJ belge ; [ambassador, embassy] de Belgique **2** N Belge mf

Belgium ['beldʒəm] N Belgique f

belie [bɪ'laɪ] VT démentir

belief [bɪ'li:f] N **a** (= acceptance as true) croyance f (in en, à) ◆ it is beyond ~ c'est incroyable **b** (= conviction) conviction f **c** (= trust) confiance f (in en)

believable [bɪ'li:vəbl] ADJ croyable

believe [bɪ'li:v] **1** VT croire ◆ ~ it or not, he ... c'est incroyable, mais il ... ◆ I ~ so je crois que oui **2** VI croire ◆ to ~ in [+ God] croire en ; [+ promises, democracy] croire à ◆ to ~ in sb avoir confiance en qn

believer [bɪˈliːvəʳ] N **a** (= advocate) partisan(e) *m(f)* **b** (Rel) croyant(e) *m(f)*

belittle [bɪˈlɪtl] VT déprécier

bell [bel] N [of church, school] cloche *f* ; (also **handbell**) clochette *f* ; (at door) sonnette *f*

bellboy [ˈbelbɔɪ], **bellhop** (US) [ˈbelhɒp] N groom *m*

belligerent [bɪˈlɪdʒərənt] ADJ [person] belliqueux ; [remarks, statement, policies] agressif

bellow [ˈbeləʊ] **1** VI beugler **2** VT (also **bellow out**) hurler

bellows [ˈbeləʊz] NPL (for fire) soufflet *m*

belly [ˈbelɪ] N ventre *m* ▶ **belly button** * nombril *m* ▶ **belly dancer** danseuse *f* du ventre

belong [bɪˈlɒŋ] VI **a** ◆ **to ~ to** (= be the property of) appartenir à ; (= be member of) être membre de ◆ **this book ~s to me** ce livre m'appartient **b** (= be in right place) être à sa place ◆ **to ~ together** aller ensemble

belongings [bɪˈlɒŋɪŋz] NPL affaires *fpl*

beloved [bɪˈlʌvɪd, bɪˈlʌvd] ADJ bien-aimé

▭ **below** [bɪˈləʊ]

1 PREP (= under) sous ; (= lower than) au-dessous de ◆ **~ average** au-dessous de la moyenne **2** ADV **a** (= at lower level) plus bas ; (= at lowest level) en bas ; (= directly underneath) au-dessous ◆ **down ~** plus bas **b** (= downstairs) en bas **c** (later in document) plus bas

belt [belt] **1** N **a** (gen) ceinture *f* ; (in machine) courroie *f* ◆ **that was below the ~!** c'était un coup bas ! **b** (= area) région *f* **2** VT (* = hit) cogner * **3** VI (* = rush) ◆ **to ~ in/out** entrer/sortir à fond de train *

beltway [ˈbeltweɪ] N (US) périphérique *m*

bemused [bɪˈmjuːzd] ADJ perplexe

bench [bentʃ] N (= seat) banc *m* ; (in workshop) établi *m* ▶ **bench mark** (= reference point) point *m* de référence

bend [bend] (vb : pret, ptp **bent**) **1** N (in river, pipe) coude *m* ; (in road) virage *m* ◆ **round the ~** * (Brit) cinglé * ◆ **to drive sb round the ~** * (Brit) rendre qn fou **2** VT [+ back, body] courber ; [+ leg, arm, knee] plier ; [+ head] pencher ; [+ branch] faire ployer ; [+ pipe, rod] tordre ◆ **to ~ the rules** * faire une entorse au règlement **3** VI [person] se courber ; [river, road] faire un coude ; (= submit) se soumettre (to à) ◆ **to ~ forward** se pencher en avant

▶ **bend down** VI [person] se baisser

▶ **bend over** VI [person] se pencher ◆ **to ~ over backwards to help sb** * se mettre en quatre pour aider qn

beneath [bɪˈniːθ] PREP **a** (= under) sous **b** (= unworthy of) indigne de

benefactor [ˈbenɪfæktəʳ] N bienfaiteur *m*, -trice *f*

beneficial [ˌbenɪˈfɪʃəl] ADJ salutaire (to pour)

beneficiary [ˌbenɪˈfɪʃərɪ] N bénéficiaire *mf*

benefit [ˈbenɪfɪt] **1** N **a** (= advantage) bienfait *m* ◆ **to give sb the ~ of the doubt** laisser à qn le bénéfice du doute **b** (= money) prestations *fpl* (sociales) **2** VT faire du bien à ; (financially) profiter à **3** VI ◆ **to ~ from sth** tirer avantage de qch

Benelux [ˈbenɪlʌks] N Benelux *m*

benevolent [bɪˈnevələnt] ADJ bienveillant (to envers)

Bengal [beŋˈgɔːl] N Bengale *m*

benign [bɪˈnaɪn] ADJ **a** (= kindly) affable **b** (= harmless) inoffensif ; [tumour] bénin (-igne *f*)

bent [bent] **1** VB (pt, ptp of **bend**) **2** ADJ **a** [wire, pipe] tordu **b** ◆ **to be ~ on doing sth** être résolu à faire qch

bequeath [bɪˈkwiːð] VT léguer (to à)

bequest [bɪˈkwest] N legs *m*

bereaved [bɪˈriːvd] ADJ endeuillé

beret [ˈbereɪ] N béret *m*

berk * [bɜːk] N (Brit) imbécile *mf*

Berlin [bɜːˈlɪn] N Berlin ▶ **the Berlin Wall** le mur de Berlin

Bermuda [bɜːˈmjuːdə] N Bermudes *fpl* ▶ **Bermuda shorts, Bermudas** bermuda *m*

berry [ˈberɪ] N baie *f*

berserk [bəˈsɜːk] ADJ ◆ **to go ~** devenir fou furieux

berth [bɜːθ] **1** N **a** (on train, ship) couchette *f* **b** (= place for ship) mouillage *m* ◆ **to give sb a wide ~** éviter qn **2** VI mouiller

beside [bɪˈsaɪd] PREP à côté de ◆ **to be ~ o.s. (with anger)** * être hors de soi ◆ **he was ~ himself with excitement** * il était dans un grand état d'excitation

besides [bɪˈsaɪdz] **1** ADV **a** (= in addition) de plus **b** (= moreover) d'ailleurs **2** PREP (= in addition to) en plus de

besiege [bɪˈsiːdʒ] VT **a** [+ town] assiéger **b** (= pester) assaillir (with de)

besotted [bɪˈsɒtɪd] ADJ ◆ **to be ~ with sb** être entiché de qn

best [best] **1** ADJ (superl of **good**) ◆ **the ~** le meilleur, la meilleure ◆ **Belgian beer is the ~ in the world** la bière belge est la meilleure du monde ◆ **the ~ thing to do is to wait** le mieux c'est d'attendre ▸ **best man** (at wedding) = témoin *m* (du marié) **2** N ◆ **the ~** le mieux ◆ **to do one's ~** faire de son mieux ◆ **to get the ~ out of sb/sth** tirer le maximum de qn/qch ◆ **to make the ~ of sth** s'accommoder de qch ◆ **it's (all) for the ~** c'est pour le mieux ◆ **to the ~ of my ability/knowledge** autant que je puisse/ que je sache ◆ **all the ~!** (= good luck) bonne chance ! ; (at end of letter) amicalement, amitiés ◆ **at ~** au mieux **3** ADV (superl of **well**) le mieux, le plus ◆ **I like strawberries ~ of all** j'aime les fraises par-dessus tout

bestseller [best,selə^r] N best-seller *m*

bet [bet] (pret, ptp **bet** or **betted**) **1** VI parier ◆ **to ~ on a horse** miser sur un cheval ◆ **I wouldn't ~ on it!** ne compte pas trop dessus ! **2** VT parier **3** N pari *m*

betray [bɪˈtreɪ] VT trahir ◆ **to ~ o.s.** se trahir

betrayal [bɪˈtreɪəl] N trahison *f*

better [ˈbetə^r] **1** ADJ (compar of **good**) meilleur ◆ **to get** (= recover) se remettre ; (= improve) s'améliorer ◆ **it would be ~ to stay at home** il vaudrait mieux rester à la maison **2** ADV (compar of **well**) ◆ **all the ~, so much the ~** tant mieux ◆ **I had ~ speak to her** il vaut mieux que je lui parle *subj* **3** N **a** ◆ **it's a change for the ~** c'est une amélioration ◆ **for ~ or (for) worse** pour le meilleur et pour le pire ◆ **to get the ~ of sb** triompher de qn **b** ◆ **one's ~s** ses supérieurs *mpl* **4** VT [+ sb's achievements] dépasser ; [+ record, score] améliorer ◆ **to ~ o.s.** améliorer sa condition

betting [ˈbetɪŋ] N pari(s) *m(pl)* ▸ **betting shop** (Brit) bureau *m* de paris *(appartenant à un bookmaker)*

between [bɪˈtwiːn] PREP entre ◆ **in between** (in space) au milieu ; (in time) dans l'intervalle

beverage [ˈbevərɪdʒ] N boisson *f*

beware [bɪˈwɛə^r] VTI prendre garde (of sb/sth à qn/qch ; of doing sth de faire qch) ◆ **"~ of the dog"** "(attention,) chien méchant" ◆ **"~ of pickpockets"** "attention aux pickpockets"

bewildered [bɪˈwɪldəd] ADJ [look] perplexe ; [person] déconcerté ; (stronger) abasourdi

bewildering [bɪˈwɪldərɪŋ] ADJ déconcertant ; (stronger) ahurissant

bewitching [bɪˈwɪtʃɪŋ] ADJ envoûtant

beyond [bɪˈɒnd] **1** PREP **a** (in space) au-delà de, de l'autre côté de **b** (in time) après, au-delà de **c** (= surpassing, exceeding) ◆ **this work is quite ~ him** ce travail le dépasse complètement ◆ **~ his means** au-dessus de ses moyens **2** ADV au-delà **3** N ◆ **at the back of ~** en pleine cambrousse *

bias [ˈbaɪəs] N **a** (= prejudice) parti *m* pris (towards pour ; against contre) **b** (= tendency) orientation *f* **c** ◆ **cut on the ~** coupé dans le biais

bias(s)ed [ˈbaɪəst] ADJ [person, jury] partial ◆ **to be bias(s)ed against/in favour of** avoir un parti pris contre/pour

biathlete [baɪˈæθliːt] N biathlète *mf*

bib [bɪb] N bavoir *m*

Bible [ˈbaɪbl] N Bible *f*

bibliography [ˌbɪblɪˈɒɡrəfɪ] N bibliographie *f*

bicarbonate of soda [baɪˈkɑːbənɪtvˈsəʊdə] N bicarbonate *m* de soude

biceps [ˈbaɪseps] N (pl inv) biceps *m*

bicker [ˈbɪkə^r] VI se chamailler

bicycle [ˈbaɪsɪkl] **1** N bicyclette *f*, vélo *m* **2** COMP [lamp, chain, bell] de bicyclette, de vélo ▸ **bicycle pump** pompe *f* à bicyclette

bid [bɪd] (pret **bade** or **bid**, ptp **bidden** or **bid**) **1** VT **a** (= say) ◆ **to ~ sb good morning** dire bonjour à qn **b** (= offer) [+ amount] offrir ; (at auction) faire une enchère de **c** (Cards) demander **2** VI ◆ **to ~ for sth** (at auction) faire une enchère pour qch **3** N **a** offre *f* ; (for contract) soumission *f* ; (at auction) enchère *f* **b** (= attempt) tentative *f*

bide [baɪd] VT ◆ **to ~ one's time** attendre son heure

bidet [ˈbiːdeɪ] N bidet *m*

bifocals [baɪˈfəʊkəlz] NPL lunettes *fpl* à double foyer

big [bɪɡ] ADJ (gen) grand ; [car, animal, book, fruit, parcel] gros (grosse *f*) ◆ **to get ~** grossir ; (= taller) grandir ▸ **big dipper** montagnes *fpl* russes ▸ **big shot** * grand ponte * *m* ▸ **big toe** gros orteil *m*

bigamy [ˈbɪɡəmɪ] N bigamie *f*

bigheaded * [ˌbɪɡˈhedɪd] ADJ crâneur *

bigot [ˈbɪɡət] N sectaire *mf* ; (religious) fanatique *mf*

bigwig * [ˈbɪɡwɪɡ] N grosse légume * *f*

bike [baɪk] N vélo *m* ; (= motorbike) moto *f*

bikini [bɪˈkiːnɪ] N bikini ® *m*

bile [baɪl] N bile *f* ; (= anger) mauvaise humeur *f*

bilingual [baɪˈlɪŋɡwəl] ADJ bilingue

bill [bɪl] **1** N **a** (= invoice) facture *f* ; (in restaurant) addition *f* ; (in hotel) note *f* **b** (US = banknote) billet *m* (de banque) **c** (= law) projet *m* de loi ▸ **the Bill of Rights** la Déclaration des droits **d** (= poster) affiche *f* **e** [of bird] bec *m* **2** VT (= invoice) ◆ **to ~ sb for sth** facturer qch à qn

billboard [ˈbɪlbɔːd] N panneau *m* d'affichage

billet [ˈbɪlɪt] N (= accommodation) cantonnement *m* (chez l'habitant)

billfold ['bɪlfəʊld] N (US) portefeuille m

billiards ['bɪljədz] N billard m **→ to play billiards** jouer au billard

billion ['bɪljən] N milliard m

billionaire [ˌbɪljə'nɛəʳ] N milliardaire mf

billow ['bɪləʊ] VI [cloth] onduler ; [smoke] s'élever en volutes

bimbo * ['bɪmbəʊ] N ravissante idiote f

bin [bɪn] **1** N **a** (Brit: also **rubbish bin**) poubelle f **→ bin bag, bin liner** sac m poubelle **b** (for flour, corn) coffre m ; (for bread) boîte f **2** VT (* = throw away) mettre à la poubelle

binary ['baɪnərɪ] ADJ binaire

bind [baɪnd] (pret, ptp **bound**) VT **a** (= fasten) attacher (to à) **→ to be bound together** être liés **b** (= encircle) entourer (with de) ; [+ wound] bander **c** [+ book] relier **d** (= oblige) contraindre (sb to do sth qn à faire qch) **e** [+ ingredient, chemical] lier

binder ['baɪndəʳ] N (for papers) classeur m

binding ['baɪndɪŋ] **1** N [of book] reliure f **2** ADJ [rule] obligatoire ; [agreement, promise] qui engage

binge * ['bɪndʒ] **1** VI (on alcohol) se soûler ; (on food) s'empiffrer * **2** N **→ to go on a ~** (= eat and drink) faire la bringue *

bingo ['bɪŋgəʊ] N bingo m

binoculars [bɪ'nɒkjʊləʳz] NPL jumelle(s) f(pl)

biochemistry ['baɪəʊ'kemɪstrɪ] N biochimie f

biodegradable ['baɪəʊdɪ'greɪdəbl] ADJ biodégradable

biography [baɪ'ɒgrafɪ] N biographie f

biological [ˌbaɪə'lɒdʒɪkəl] ADJ (gen) biologique ; [detergent, washing powder] aux enzymes

biology [baɪ'ɒlədʒɪ] N biologie f

biotechnology [ˌbaɪəʊtek'nɒlədʒɪ] N biotechnologie f

bioterrorism [ˌbaɪəʊterərizm] N bioterrorisme m

birch [bɜːtʃ] N (also **birch tree**) bouleau m

bird [bɜːd] N **a** oiseau m **→ bird of prey** oiseau m de proie **▸ bird's-eye view** vue f d'ensemble **▸ bird's nest** nid m d'oiseau(x) **▸ bird table** mangeoire f **▸ bird-watcher** ornithologue mf amateur **b** (Brit = girl) * nana f

birdcage ['bɜːdkeɪdʒ] N cage f à oiseaux

Biro ® ['baɪərəʊ] N (Brit) stylo m bille, Bic ® m

birth [bɜːθ] N naissance f **→ to give ~ to** donner naissance à **▸ birth certificate** acte m de naissance **▸ birth control** contrôle m des naissances **▸ ~ control pill** pilule f contraceptive

birthdate ['bɜːθdeɪt] N date f de naissance

birthday ['bɜːθdeɪ] N anniversaire m

birthmark ['bɜːθmɑːk] N tache f de vin

birthplace ['bɜːθpleɪs] N lieu m de naissance

biscuit ['bɪskɪt] N **a** (Brit) petit gâteau m sec, biscuit m **b** (US) *sorte de scone*

bisect [baɪ'sekt] VT couper en deux

bisexual [baɪ'seksjʊəl] ADJ, N bisexuel(le) m(f)

bishop ['bɪʃəp] N évêque m ; (Chess) fou m

bison ['baɪsn] N (pl inv) bison m

bistro ['biːstrəʊ] N petit restaurant m

bit¹ [bɪt] N **a** (= piece) [of bread] morceau m ; [of paper, string] bout m ; (in book, talk) passage m **→ bits and pieces** petites affaires fpl **→ to come to bits** (= break) tomber en morceaux ; (= dismantle) se démonter **→ bit by bit** petit à petit **→ to do one's bit** faire sa part **b** (= small amount) **→ a bit** un peu **→ a bit of** un peu de **→ a little bit** un petit peu **→ it was a bit of a shock** ça a été un choc **c** (= time) **→ after a bit** après un moment **→ wait a bit** attendez un instant **d** (Computing) bit m **e** (for horse) mors m **f** (= tool) mèche f

bit² [bɪt] VB (pt of bite)

bitch [bɪtʃ] **1** N **a** (= dog) chienne f **b** (pej = woman) * salope * f **2** VI (* = complain) râler * **→ to ~ about sb** dire du mal de qn

bitchy * ['bɪtʃɪ] ADJ vache *

bite [baɪt] (vb : pret **bit**, ptp **bitten**) **1** N **a** [of dog, snake] morsure f ; [of insect] piqûre f **b** (= piece bitten off) bouchée f **→ a ~ (to eat)** un morceau **c** (Fishing) touche f **d** (= flavour) piquant m **2** VT [person, animal] mordre ; [insect] piquer **→ to ~ one's nails** se ronger les ongles **3** VI (gen) mordre ; [insect] piquer **→ to ~ into sth** mordre (dans) qch

▸ bite off VT SEP arracher d'un coup de dent(s) **→ to ~ sb's head off** * rembarrer qn (brutalement)

biting ['baɪtɪŋ] ADJ **a** [cold] mordant ; [wind] cinglant **b** [wit, remarks, sarcasm] mordant

bitten ['bɪtn] VB (ptp of bite)

bitter ['bɪtəʳ] **1** ADJ **a** [taste] amer **b** [cold, weather, wind] glacial ; [winter] rigoureux **c** [person, disappointment, reproach, tone] amer ; [argument, attack] acerbe **→ to the ~ end** jusqu'au bout **→ his ~ enemy** son ennemi acharné **2** N (Brit = beer) *bière brune anglaise*

bitterly ['bɪtəlɪ] ADV [regret] amèrement ; [say, think] avec amertume **→ it's ~ cold** il fait un froid de canard

bitterness ['bɪtənɪs] N amertume f

bittersweet ['bɪtəswiːt] ADJ aigre-doux (-douce f)

bizarre [bɪ'zɑːʳ] ADJ bizarre

black [blæk] **1** ADJ noir ◆ ~ **and blue** (= bruised) couvert de bleus ▸ **black eye** œil m au beurre noir * ▸ **black ice** verglas m ▸ **black magic** magie f noire ▸ **black market** marché m noir ▸ **the Black Sea** la mer Noire ▸ **black sheep** brebis f galeuse ▸ **black spot** point m noir ▸ **black-tie** [dinner, function] en tenue de soirée **2** N **a** (= colour) noir m ◆ **dressed in ~** habillé de noir ◆ **there it is in ~ and white** c'est écrit noir sur blanc **b** ◆ **Black** (= person) Noir(e) m(f) **3** VT **a** ◆ **to ~ one's face** se noircir le visage **b** (Brit) [+ cargo, firm, goods] boycotter
▸ **black out** VI (= faint) s'évanouir

blackberry ['blækbəri] N mûre f

blackbird ['blækbɜːd] N merle m

blackboard ['blækbɔːd] N tableau m (noir)

blackcurrant [ˌblæk'kʌrənt] N cassis m

blacken ['blækən] VT noircir ; (= discredit) salir

blackhead ['blækhed] N point m noir

blackleg ['blækleg] (Brit) N briseur m, -euse f de grève

blacklist ['blæklɪst] **1** N liste f noire **2** VT mettre sur la liste noire

blackmail ['blækmeɪl] **1** N chantage m **2** VT faire chanter

blackout ['blækaʊt] N **a** (= fainting) étourdissement m **b** [of lights] panne f d'électricité ; (during war) black-out m

blacksmith ['blæksmɪθ] N (who shoes horses) maréchal-ferrant m ; (who forges iron) forgeron m

blacktop ['blæktɒp] N (US) bitume m

bladder ['blædər] N vessie f

blade [bleɪd] N lame f ; [of grass] brin m

blame [bleɪm] **1** VT **a** (= fix responsibility on) ◆ **to ~ sb for sth, to ~ sth on sb** rejeter la responsabilité de qch sur qn ◆ **to be to ~ (for)** être responsable (de) ◆ **I'm not to ~** ce n'est pas ma faute **b** (= censure) blâmer ◆ **to ~ sb for doing sth** reprocher à qn de faire qch **2** N **a** (= responsibility) responsabilité f ◆ **to take the ~ (for sth)** assumer la responsabilité (de qch) **b** (= censure) blâme m

blancmange [blə'mɒnʒ] N entremets instantané

bland [blænd] ADJ [taste, food] fade ; [person, character, smile] terne

blank [blæŋk] **1** ADJ **a** [paper, page] blanc (blanche f) ; [cheque] en blanc ; [cassette] vierge **b** [refusal] absolu ; [face, look] sans expression ◆ **his mind went ~** il a eu un blanc **2** N **a** (= void) blanc m **b** (= bullet) balle f à blanc
▸ **blank out** VT SEP [+ feeling, thought] faire abstraction de

blanket ['blæŋkɪt] **1** N (on bed) couverture f ; [of snow] couche f ; [of fog] nappe f **2** ADJ [ban, condemnation] général ; [coverage] complet (-ète f)

blankly ['blæŋklɪ] ADV **a** (= expressionlessly) ◆ **to stare ~ at sth** fixer qch d'un air absent **b** (= uncomprehendingly) d'un air ébahi

blare [bleər] **1** N [of car horn] bruit m strident ; [of music] retentissement m ; [of trumpet] sonnerie f **2** VI (also **blare out**) [music, horn] retentir ; [radio] beugler

blasphemy ['blæsfɪmɪ] N blasphème m

blast [blɑːst] **1** N **a** (= sound) [of bomb] explosion f ; [of whistle, car horn] bruit m strident ◆ **the radio was on at full ~** * la radio braillait * ◆ **the heating was on at full ~** * le chauffage était au maximum **b** (= explosion) explosion f ; (= shock wave) [of bomb] souffle m ◆ ~ **of air** jet m d'air ▸ **blast-off** mise f à feu **2** VT [+ rocks] faire sauter ◆ **to ~ a hole in sth** faire un trou dans qch avec des explosifs **3** EXCL (Brit *) la barbe ! *
▸ **blast out** * VI [music, radio] brailler *

blasted ‡ ['blɑːstɪd] ADJ (= annoying) fichu * before n

blatant ['bleɪtənt] ADJ [injustice] criant ; [attempt] manifeste ; [lie] éhonté

blaze [bleɪz] **1** N **a** (= cheering fire) (belle) flambée f ; (= conflagration) incendie m **b** ◆ ~ **of light** torrent m de lumière ◆ ~ **of colour** flamboiement m de couleur(s) **2** VI [log fire] flamber ; [building, wreckage] brûler ◆ **her eyes ~d with anger** ses yeux étincelaient de colère ◆ **a garden blazing with colour** un jardin resplendissant de couleurs **3** VT ◆ **to ~ a trail** montrer la voie

blazer ['bleɪzər] N blazer m

bleach [bliːtʃ] **1** N (for cleaning) eau f de Javel ; (for removing colour) décolorant m ; (for hair) eau f oxygénée **2** VT **a** [+ linen, flour] blanchir **b** [+ hair] décolorer ◆ **to ~ one's hair** se décolorer les cheveux

bleachers ['bliːtʃəz] NPL (US) gradins mpl (en plein soleil)

bleak [bliːk] ADJ [country, landscape] désolé ; [weather] froid et maussade ; [prospect, future] morne

bleary ['blɪərɪ] ADJ [eyes] voilé

bleat [bliːt] **1** VI bêler **2** N bêlement m

bled [bled] VB (pt, ptp of **bleed**)

bleed [bliːd] (pret, ptp **bled**) **1** VI saigner ◆ **his nose is ~ing** il saigne du nez **2** VT **a** [+ brakes, radiator] purger **b** ◆ **to ~ sb dry** saigner qn à blanc

bleep [bliːp] **1** N (= noise) bip *m* **2** VI [transmitter] faire bip **3** VT [+ person with bleeper] biper

bleeper ['bliːpə^r] N (= pager) bip *m*

blemish ['blemɪʃ] N (= defect) imperfection *f*; (on fruit) tache *f*; (moral) tache *f*

blend [blend] **1** N (= mixture) mélange *m* **2** VT (also **blend in**) mélanger (with à, avec) **3** VI (also **blend in, blend together**) se mélanger (with à, avec) ; [colours] (= shade into one another) se fondre ; (= go well together) aller bien ensemble

blender ['blendə^r] N mixer *m*

bless [bles] [pret, ptp **blest** *or* **blessed**] [blest] VT bénir ◆ **to be ~ed with** avoir la chance de posséder ◆ **~ you!** * mille fois merci ! ; (sneezing) à vos souhaits !

blessed ['blesɪd] ADJ **a** (= holy) saint **b** (Brit: for emphasis) * sacré * *before n*

blessing ['blesɪŋ] N **a** (= divine favour) grâce *f*; (= prayer) bénédiction *f*; (at meal) bénédicité *m* **b** (= approval) bénédiction *f* **c** (= benefit) bienfait *m*

blew [bluː] VB (pt of **blow**)

blight [blaɪt] **1** N [of plant] rouille *f (maladie)*; [of potato] mildiou *m*; [of fruit trees] cloque *f* **2** VT [+ hopes] anéantir ; [+ career, life, future] gâcher

blimey * ['blaɪmɪ] EXCL (Brit) mince alors ! *

blind [blaɪnd] **1** ADJ [person, obedience, faith] aveugle ; [landing] sans visibilité ◆ **to go ~** devenir aveugle ◆ **on sb's ~ side** hors du champ visuel de qn ◆ **to go on a ~ date** sortir avec quelqu'un qu'on ne connaît pas ► **blind spot** (in car, plane) angle *m* mort **2** VT aveugler ◆ **her love ~ed her to his faults** son amour le rendait aveugle à ses défauts **3** N [of window] store *m* **4** **the blind** NPL les aveugles *mpl* **5** ADV **a** ◆ **to drive/fly ~** conduire/voler sans visibilité **b** * ◆ **to swear ~ that ...** jurer ses grands dieux que ...

blindfold ['blaɪndfəʊld] **1** VT bander les yeux à **2** N bandeau *m* **3** ADJ aux yeux bandés **4** ADV les yeux bandés

blindly ['blaɪndlɪ] ADV **a** [grope, shoot] à l'aveuglette **b** [follow, accept, obey] aveuglément

blindness ['blaɪndnɪs] N cécité *f*; (fig) aveuglement *m* (to devant)

blink [blɪŋk] **1** N [of eyes] clignement *m* (d'yeux) ◆ **in the ~ of an eye** en un clin d'œil **2** VI **a** cligner des yeux **b** [light] vaciller **3** VT ◆ **to ~ one's eyes** cligner des yeux

blinkered ['blɪŋkəd] ADJ (Brit) [person, approach, attitude] borné ; [view] étroit

bliss [blɪs] N bonheur *m* suprême

blissful ['blɪsfʊl] ADJ merveilleux

blister ['blɪstə^r] **1** N cloque *f*; (caused by rubbing) ampoule *f* **2** VI [skin] cloquer

blithe [blaɪð] ADJ joyeux

blithely ['blaɪðlɪ] ADV [disregard] allégrement ; [unaware] parfaitement

blitz [blɪts] **1** N bombardement *m* (aérien) **2** VT bombarder

blizzard ['blɪzəd] N tempête *f* de neige

bloated ['bləʊtɪd] ADJ (= swollen) gonflé ; [stomach] ballonné ; [face] bouffi

blob [blɒb] N (grosse) goutte *f*; [of ink] tache *f*

block [blɒk] **1** N **a** [of stone, ice] bloc *m*; [of wood] bille *f* **b** [of buildings] pâté *m* de maisons ◆ **a ~ of flats** (Brit) un immeuble ◆ **she lived three ~s away** (US) elle habitait trois rues plus loin **c** (= part of prison, hospital) pavillon *m* **d** (= obstruction) blocage *m* ◆ **to have a mental ~** faire un blocage **2** VT [+ pipe] boucher ; [+ road, traffic] bloquer ; [+ progress] entraver ; [+ transaction, credit, negotiations] bloquer ◆ **to ~ sb's light** cacher la lumière à qn ◆ **there was a lorry ~ing my view** un camion m'empêchait de voir **3** COMP ► **block capitals, block letters** majuscules *fpl* ◆ **in ~ letters** en majuscules

► **block off** VT SEP [+ part of road] fermer ; (accidentally) obstruer

► **block out** VT SEP **a** [+ light] empêcher de passer **b** [+ thoughts, idea] refouler

► **block up** VT SEP [+ pipe] bloquer ; [+ window, entrance] condamner ; [+ hole] boucher

blockade [blɒ'keɪd] **1** N blocus *m* **2** VT [+ town, port] faire le blocus de ; (with vehicles) bloquer

blockage ['blɒkɪdʒ] N obstruction *f*

blockbuster * ['blɒkˌbʌstə^r] N (= film) film *m* à grand succès ; (= book) best-seller *m*

bloke * [bləʊk] N (Brit) type * *m*

blond(e) [blɒnd] ADJ, N blond(e) *m(f)*

blood [blʌd] N sang *m* ► **blood bath** bain *m* de sang ► **blood cell** cellule *f* sanguine ► **blood clot** caillot *m* de sang ► **blood donor** donneur *m*, -euse *f* de sang ► **blood group** groupe *m* sanguin ► **blood poisoning** septicémie *f* ► **blood pressure** tension *f* (artérielle) ► **blood test** analyse *f* de sang ► **blood transfusion** transfusion *f* sanguine

bloodhound ['blʌdhaʊnd] N limier *m*

bloodshed ['blʌdʃed] N effusion *f* de sang

bloodshot ['blʌdʃɒt] ADJ [eyes] injecté (de sang)

bloodstained ['blʌdsteɪnd] ADJ taché de sang

bloodstream ['blʌdstriːm] N sang *m*

bloodthirsty ['blʌdˌθɜːstɪ] ADJ sanguinaire

bloody ['blʌdɪ] **1** ADJ **a** (= covered in blood) sanglant **b** (*⁎* Brit) foutu*⁎* *before n* ◆ **you ~ fool!** espèce d'idiot ! ◆ **~ hell!** merde alors ! *⁎* **2** ADV (Brit) *⁎* vachement * ◆ **a ~ good film** un film vachement bien * **3** VT ensanglanter

bloody-minded ['blʌdɪ,maɪndɪd] * ADJ (Brit) [person] qui fait toujours des difficultés ; [attitude] buté

bloom [bluːm] **1** N (= flower) fleur f ◆ **in ~** [tree] en fleurs ; [flower] éclos **2** VI [flower] éclore ; [tree] fleurir ; [person] s'épanouir

blossom ['blɒsəm] **1** N (= mass of flowers) fleur(s) f(pl) ; (= flower) fleur f **2** VI [tree] fleurir ; [person] s'épanouir

blot [blɒt] **1** N tache f **2** VT **a** (= mark) tacher **b** (= dry) sécher
▶ **blot out** VT SEP [+ memories] effacer ; [+ view] masquer

blotting-paper [,blɒtɪŋ'peɪpəʳ] N (papier m) buvard m

blotchy ['blɒtʃɪ] ADJ [skin, complexion] marbré

blotter ['blɒtəʳ] N **a** (= desk pad) sous-main m inv **b** (US = notebook) registre m

blouse [blaʊz] N chemisier m

blow [bləʊ] (vb : pret **blew**, ptp **blown**) **1** N **a** (= impact) coup m ; (with fist) coup m de poing ◆ **to come to ~s** en venir aux mains **b** (= sudden misfortune) coup m (dur) **2** VT **a** [wind] [+ leaves] faire voler ◆ **the wind blew the door open/shut** un coup de vent a ouvert/ fermé la porte **b** ◆ **to ~ one's nose** se moucher **c** [+ bubbles] faire ; [+ glass] souffler ◆ **to ~ a kiss** envoyer un baiser **d** [+ trumpet, horn] souffler dans ◆ **to ~ a whistle** siffler ◆ **to ~ one's own trumpet** or (US) **horn** se faire mousser * **e** (= destroy) [+ safe] faire sauter ◆ **to ~ a tyre** [driver, vehicle] crever **f** (* = spend extravagantly) [+ wages, money] claquer * **g** (* = spoil) [+ chance] rater ◆ **he blew it** il a tout fichu en l'air * **3** VI **a** (gen) souffler ◆ **the door blew open/shut** un coup de vent a ouvert/a fermé la porte ◆ **when the whistle ~s** au coup de sifflet **b** [fuse, light bulb] sauter ; [tyre] éclater **4** EXCL * zut ! * ! **5** COMP
▶ **blow-dry** N brushing m ◇ VT ◆ **to ~-dry sb's hair** faire un brushing à qn ▶ **blow-up** N (= enlargement) agrandissement m ◇ ADJ [mattress, toy] gonflable
▶ **blow down 1** VI [tree, fence] être abattu par le vent **2** VT SEP [wind] faire tomber
▶ **blow out 1** VI [tyre] éclater **2** VT SEP [+ candle] souffler
▶ **blow over 1** VI [storm, dispute] se calmer **2** VT SEP [+ tree] renverser
▶ **blow up 1** VI exploser **2** VT SEP **a** [+ mine, building, bridge] faire sauter **b** [+ tyre] gonfler **c** * [+ photo] agrandir

blowlamp ['bləʊlæmp] N (Brit) lampe f à souder

blow-out ['bləʊaʊt] N [of tyre] éclatement m

blowtorch ['bləʊtɔːtʃ] N lampe f à souder

blubber ['blʌbəʳ] **1** N [of whale] graisse f de baleine **2** VI (*⁎* = cry) pleurer comme un veau

blue [bluː] **1** ADJ **a** (colour) bleu ▶ **blue cheese** (fromage m) bleu m ▶ **blue collar worker** col m bleu **b** (* = miserable) cafardeux ◆ **to feel ~** avoir le cafard **c** (* = pornographic) porno * inv **2** N bleu m ▶ **to come out of the ~** être complètement inattendu ; [pleasant thing] tomber du ciel ◆ **the ~s** (Mus) le blues ; * (= depression) le cafard

bluebell ['bluːbel] N jacinthe f des bois

blueberry ['bluːbərɪ] N myrtille f

bluebottle ['bluːbɒtl] N mouche f bleue

blueprint ['bluːprɪnt] N projet m (for de)

bluff [blʌf] **1** N bluff m **2** VTI bluffer *

blunder ['blʌndəʳ] **1** N (= error) bourde f **2** VI (= make mistake) faire une bourde

blunt [blʌnt] **1** ADJ **a** [blade, knife] émoussé ; [pencil] mal taillé **b** [person] brusque ◆ **he was very ~** il n'a pas mâché ses mots **2** VT émousser

blur [blɜːʳ] **1** N masse f indistincte ◆ **a ~ of colours and forms** une masse confuse de couleurs et de formes **2** VT **a** [+ writing, image, outline, distinction] estomper **b** [+ sight] troubler **3** VI [vision] se voiler

blurred [blɜːd] ADJ (gen) flou ; [vision] trouble

blurt out [blɜːt'aʊt] VT [+ word] lâcher ; [+ information, secrets] laisser échapper

blush [blʌʃ] **1** VI rougir (with de) **2** N rougeur f

blusher ['blʌʃəʳ] N fard m à joues

bluster ['blʌstəʳ] **1** VI (= speak aggressively) tempêter ; (= boast) fanfaronner **2** N (= bravado) fanfaronnades fpl

blustery ['blʌstərɪ] ADJ [wind] qui souffle en rafales ; [weather, day] venteux

Blu-Tac(k) ® ['bluːtæk] N pâte f adhésive, Patafix ® m

BMX [,biːem'eks] N (abbrev of **bicycle motorcross**) bicross m

BO * ['biːʼəʊ] (abbrev of **body odour**) odeur f corporelle

boa constrictor ['bəʊəkən'strɪktəʳ] N boa m constricteur

boar [bɔːʳ] N (wild) sanglier m ; (= male pig) verrat m

board [bɔːd] **1** N **a** (= piece of wood) planche f ◆ **it is all quite above ~** c'est tout ce qu'il y a de plus régulier **b** (for games) plateau m ▶ **board game** jeu m de société *(se jouant sur un* *plateau)* **c** (= meals) pension *f* ◆ ~ **and lodging** (Brit) (chambre *f* avec) pension *f* ◆ **full ~** (Brit) pension *f* complète **d** (= group of officials, council) conseil *m* ▶ **board of directors** conseil *m* d'administration ▶ **board room** salle *f* du conseil **e** ◆ **on ~** (on ship, plane) à bord ; (on train, bus) dans **2** VT (= get to) [+ ship, plane] monter à bord de ; [+ train, bus] monter dans **3** VI **a** (= lodge) ◆ **to ~ with sb** être en pension chez qn **b** [passengers] embarquer ◆ **your flight is now ~ing** l'embarquement a commencé

▶ **board up** VT SEP [+ door, window] condamner (avec des planches)

boarder ['bɔːdəʳ] N pensionnaire *mf* ; (Brit: at school) interne *mf*

boarding ['bɔːdɪŋ] N [of ship, plane] embarquement *m* ▶ **boarding card** carte *f* d'embarquement ▶ **boarding pass** carte *f* d'embarquement ▶ **boarding school** pensionnat *m*

boardwalk ['bɔːdwɔːk] N (US) trottoir *m* en planches ; (on beach) promenade *f* en planches

boast [bəʊst] **1** N fanfaronnade *f* **2** VI se vanter (about, of de) **3** VT (= possess) posséder

boastful ['bəʊstfʊl] ADJ vantard

boat [bəʊt] **1** N bateau *m* **2** VI ◆ **to go ~ing** aller faire du canot

boater ['bəʊtəʳ] N (= hat) canotier *m*

boatyard ['bəʊtjɑːd] N chantier *m* naval

bob [bɒb] **1** VI ◆ **to ~ (up and down)** (in water) danser sur l'eau **2** N (= haircut) coupe *f* au carré

bobbin ['bɒbɪn] N bobine *f*

bobcat ['bɒbkæt] N (US) lynx *m*

bode [bəʊd] VI ◆ **to ~ well (for)** être de bon augure (pour) ◆ **to ~ ill (for)** être de mauvais augure (pour)

bodice ['bɒdɪs] N corsage *m*

bodily ['bɒdɪlɪ] **1** ADV à bras-le-corps **2** ADJ [need, comfort] physique ; [function] physiologique

body ['bɒdɪ] N **a** [of person] corps *m* ▶ **body clock** horloge *f* biologique ▶ **body lotion** lait *m* corporel ▶ **body piercing** piercing *m* **b** (= corpse) cadavre *m*, corps *m* **c** [of car] carrosserie *f* ; [of plane] fuselage *m* **d** (= organization) organisme *m* ◆ **legislative ~** corps *m* législatif **e** [of wine] corps *m* ; [of hair] volume *m*

bodybuilder ['bɒdɪˌbɪldəʳ] N (= person) culturiste *mf*

bodyguard ['bɒdɪgɑːd] N garde *m* du corps

bodywork ['bɒdɪwɜːk] N carrosserie *f*

bog [bɒg] **1** N marécage *m* **2** VT ◆ **to be** *or* **get ~ged down** s'enliser

boggle ['bɒgl] VI ◆ **the mind ~s !** on croit rêver !

boggy ['bɒgɪ] ADJ [ground] marécageux

bogus ['bəʊgəs] ADJ faux (fausse *f*)

boil [bɔɪl] **1** VI [liquid] bouillir **2** VT [+ water] faire bouillir ; [+ food] (faire) cuire à l'eau, (faire) bouillir ◆ **~ed egg** œuf *m* à la coque ◆ **~ed potatoes** pommes *fpl* vapeur ◆ **~ed sweet** (Brit) bonbon *m* à sucer **3** N **a** ◆ **to bring sth to the** (Brit) *or* **a** (US) **~** faire bouillir qch ◆ **to come to the** (Brit) *or* **a** (US) **~** venir à ébullition **b** (= swelling) furoncle *m*

▶ **boil down** **1** VI ◆ **what it ~s down to is this** tout se résume à ceci **2** VT SEP [+ sauce] faire réduire

▶ **boil over** VI [water, milk, pot] déborder

boiler ['bɔɪləʳ] N chaudière *f* ▶ **boiler suit** (Brit) bleu(s) *m(pl)* de travail

boiling ['bɔɪlɪŋ] ADJ [water] bouillant ◆ **it's ~ (hot) today** * il fait une chaleur à crever* aujourd'hui ◆ **I'm ~ (hot)!** * je crève de chaud ! * ▶ **boiling point** point *m* d'ébullition

boisterous ['bɔɪstərəs] ADJ turbulent

bold [bəʊld] **1** ADJ **a** (= brave) audacieux **b** (= impudent) effronté ; (= not shy) assuré **c** [colour] vif ; [pattern] grand ; [line, design] vigoureux **d** [type] gras (grasse *f*) **2** N caractères *mpl* gras ◆ **in ~** en (caractères) gras

boldly ['bəʊldlɪ] ADV **a** (= bravely) audacieusement **b** (= confidently, not shyly) [declare, announce, claim] avec assurance ; [gaze] effronté

Bolivia [bə'lɪvɪə] N Bolivie *f*

bollard ['bɒlad] N (on quay) bitte *f* d'amarrage ; (Brit) (on road) borne *f*

bolster ['bəʊlstəʳ] **1** N traversin *m* **2** VT (also **bolster up**) soutenir (with par)

bolt [bəʊlt] **1** N **a** [of door, window] verrou *m* ; [of lock] pêne *m* ; (for nut) boulon *m* **b** [of lightning] éclair *m* ◆ **it was a ~ from the blue** ça a été comme un coup de tonnerre **2** ADV ◆ **~ upright** droit comme un i **3** VI (= run away) [horse] s'emballer ; [person] filer* **4** VT **a** [+ food] engloutir **b** [+ door, window] verrouiller

bomb [bɒm] **1** N bombe *f* ▶ **bomb scare** alerte *f* à la bombe **2** VT [+ town] bombarder

bombard [bɒm'bɑːd] VT bombarder (with de)

bombastic [bɒm'bæstɪk] ADJ grandiloquent

bomber ['bɒməʳ] N (= aircraft) bombardier *m* ; (terrorist) plastiqueur *m* ▶ **bomber jacket** bomber *m*

bombing ['bɒmɪŋ] N bombardement *m* ; (by terrorist) attentat *m* à la bombe

bombshell ['bɒmʃel] N bombe *f*

bona fide ['bəʊnə'faɪdɪ] ADJ vrai ; [offer] sérieux

bonanza [bə'nænzə] N boom m

bond [bɒnd] **1** N **a** (= attachment) lien m **b** (financial) obligation f **2** VT (= stick) coller **3** VI **a** (= stick together) coller **b** (emotionally) nouer des liens

bone [bəʊn] **1** N os m ; [of fish] arête f ▶ **bone china** porcelaine f tendre ▶ **bone-dry** absolument sec (sèche f) ▶ **bone-idle** * fainéant ▶ **Bonfire marrow** moelle f osseuse **2** VT [+ meat, fowl] désosser ; [+ fish] ôter les arêtes de

bonfire ['bɒnfaɪə^r] N (for celebration) feu m (de joie) ; (for rubbish) feu m (de jardin) ▶ **Bonfire Night** le 5 novembre, date à laquelle on commémore la Conspiration des Poudres en Grande-Bretagne

bonnet ['bɒnɪt] N **a** (= hat) bonnet m **b** (Brit) [of car] capot m

bonus ['bəʊnəs] N (= money) prime f ; (fig) plus m

bony ['bəʊnɪ] ADJ [knee, hands] osseux ; [person] décharné ; [fish] plein d'arêtes

boo [buː] **1** EXCL hou ! **2** VT, VI huer **3** N huée f

boob * [buːb] **1** N **a** (Brit = mistake) gaffe f **b** (= breast) nichon * m **2** VI (Brit) gaffer

booby trap ['buːbɪtræp] N (= bomb) engin m piégé

book [bʊk] **1** N **a** (gen) livre m ; (also **exercise book**) cahier m **b** [of tickets, stamps, stamps] carnet m ◆ **~ of matches** pochette f d'allumettes **c** ◆ **the ~s** (= accounts) les comptes mpl ▶ **book-keeping** comptabilité f **2** VT **a** [+ seat, room, table, ticket] réserver ◆ **tonight's show is fully ~ed** on joue à guichets fermés ce soir ◆ **the hotel is fully ~ed** l'hôtel est complet **b** [+ driver] dresser un procès-verbal à ; [+ player] donner un carton jaune à **3** VI réserver

bookcase ['bʊkkeɪs] N bibliothèque f (meuble)

bookie * ['bʊkɪ] N bookmaker m

booking ['bʊkɪŋ] N **a** (Brit = reservation) réservation f ▶ **booking office** (bureau m de) location f **b** (Football) ◆ **there were three ~s at the game** il y a eu trois cartons jaunes lors de ce match

booklet ['bʊklɪt] N brochure f

bookmaker ['bʊkmeɪkə^r] N bookmaker m

bookmark ['bʊkmɑːk] N marque-page m ; (Computing) signet m

bookseller ['bʊkˌselə^r] N libraire mf

bookshelf ['bʊkʃelf] N étagère f (à livres)

bookshop ['bʊkʃɒp] N librairie f

bookstall ['bʊkstɔːl] N (Brit) kiosque m à journaux

bookstore ['bʊkstɔː^r] N librairie f

bookworm ['bʊkwɜːm] N rat m de bibliothèque

boom [buːm] **1** N **a** (= period of growth) boom m (in de) **b** [of boat] bôme f **2** VI **a** [trade] être en plein essor ; [sales] être en forte progression **b** [guns] gronder ; [voice] retentir

boomerang ['buːməræŋ] N boomerang m

boon [buːn] N aubaine f

boost [buːst] **1** N ◆ **to give a ~ to** [+ economy, sales] stimuler ; [+ project] relancer **2** VT [+ price] faire monter ; [+ output, productivity] augmenter ; [+ sales, economy] stimuler ; [+ confidence] renforcer

booster ['buːstə^r] N (also **booster shot**) (piqûre f de) rappel m

boot [buːt] **1** N **a** (= footwear) botte f ; (also **ankle boot**) bottine f ; [of soldier, workman] brodequin m **b** (Brit) [of car] coffre m **c** ◆ **to ~** (= as well) par-dessus le marché, en plus **2** VT **a** (* = kick) flanquer * des coups de pied à **b** (Computing: also **boot up**) amorcer

booth [buːð] N [of language laboratory, telephone] cabine f ; (also **voting booth**) isoloir m

booty ['buːtɪ] N butin m

booze * [buːz] **1** N alcool m **2** VI picoler *

border ['bɔːdə^r] **1** N **a** (= frontier) frontière f **b** (in garden) bordure f **c** [of carpet, dress] bord m ; [of picture] encadrement m, cadre m **2** VT ◆ **~ed with** [trees, patterns] bordé de ◆ **France ~s Germany** la France et l'Allemagne ont une frontière commune

▶ **border on** VT INSEP (= come near to being) friser

borderline ['bɔːdəlaɪn] ADJ limite

bore¹ [bɔː^r] **1** VT **a** [+ person] ennuyer, assommer ◆ **to be bored** s'ennuyer **b** [+ hole, tunnel] percer ; [+ rock] forer **2** N **a** (= person) raseur * m, -euse f **b** (* = annoyance) corvée f

bore² [bɔː^r] VB (pt of **bear**)

boredom ['bɔːdəm] N ennui m

boring ['bɔːrɪŋ] ADJ ennuyeux ; [colour, taste, food] fade ; [clothes] sans originalité

born [bɔːn] ADJ né ◆ **to be ~** naître ◆ **a ~ actress** une actrice-née

borne [bɔːn] VB (ptp of **bear**)

borough ['bʌrə] N municipalité f

borrow ['bɒrəʊ] VT emprunter (from à)

Bosnia ['bɒznɪə] N Bosnie f

bosom ['bʊzəm] N poitrine f

boss [bɒs] N patron(ne) m(f), chef m ; [of gang] chef m

▶ **boss about** *

▶ **boss around** * VT SEP [+ person] commander

bossy * ['bɒsɪ] ADJ autoritaire

botanic(al) [bə'tænɪk(ə)l] ADJ botanique ✦ **botanic(al) garden(s)** jardin m botanique

botany ['bɒtənɪ] N botanique f

botch [bɒtʃ] VT (also **botch up**) (= repair crudely) rafistoler * ; (= bungle) bâcler ✦ **a ~ed job** * un travail bâclé

━━━━ **both** [bəʊθ] ━━━━

1 ADJ les deux ✦ **~ books are his** les deux livres sont à lui ✦ **on ~ sides** des deux côtés ✦ **to hold sth in ~ hands** tenir qch à deux mains **2** PRON les (two) deux m, toutes (les) deux f ✦ **they were ~ there** ils étaient là tous les deux **3** ADV ✦ **~ Paul and I came** Paul et moi sommes venus tous les deux ✦ **she was ~ laughing and crying** elle riait et pleurait à la fois

bother ['bɒðə'] **1** VT (= annoy) ennuyer ; (= pester) harceler ; (= worry) inquiéter ✦ **I'm sorry to ~ you** je m'excuse de vous déranger ✦ **are you going? – no, I can't be ~ed** tu y vas ? – non, j'ai la flemme * **2** VI se donner la peine (to do sth de faire qch) ✦ **don't ~** ce n'est pas la peine ✦ **why ~?** à quoi bon ? **3** N ✦ **a** (= problems) embêtement m **b** (= effort) ✦ **it's not worth the ~ of ...** ça ne vaut pas la peine de ... ✦ **it's no ~** ça ne pose pas de problème ✦ **he found it without any ~** il l'a trouvé sans aucune difficulté

bottle ['bɒtl] **1** N **a** (gen) bouteille f ; (for beer) canette f ; (also **baby's bottle**) biberon m ▸ **bottle bank** conteneur m pour verre usagé ▸ **bottle-opener** décapsuleur m ▸ **bottle-top** capsule f **b** (Brit = courage) ✦ **he's got a lot of ~** il a un drôle de cran * ✦ **to lose one's ~** se dégonfler * **2** VT [+ wine] mettre en bouteille(s) ▸ **bottle up** VT SEP [+ feelings] refouler

bottleneck ['bɒtlnek] N (= road) rétrécissement m de la chaussée ; (= traffic) embouteillage m

bottom ['bɒtəm] **1** N **a** [of glass, sea, lake, garden] fond m ; [of heap, page] bas m ; [of tree, hill] pied m **b** (= buttocks) derrière m **c** (= origin) ✦ **to be at the ~ of sth** être à l'origine de qch ✦ **to get to the ~ of sth** aller jusqu'au fond de qch **2** ADJ [shelf] du bas ; [step] premier ; [price] le plus bas ✦ **~ floor** rez-de-chaussée m ✦ **~ gear** première f (vitesse) ✦ **~ half** [of class, list] deuxième moitié f
▸ **bottom out** * VI atteindre son niveau plancher ; [recession] atteindre son plus bas niveau

bottomless ['bɒtəmlɪs] ADJ [pit, well] sans fond ; [supply] inépuisable

bough [baʊ] N rameau m

bought [bɔːt] VB (pt, ptp of **buy**)

boulder ['bəʊldə'] N rocher m (rond)

boulevard ['buːləvɑːr] N boulevard m

bounce [baʊns] **1** VI **a** [ball] rebondir ; [person] bondir (into dans ; out of hors de) **b** [cheque] * être sans provision **2** VT **a** [+ ball] faire rebondir **b** * [+ cheque] refuser **3** N bond m, rebond m
▸ **bounce back** VI (= recover) se remettre très vite

bouncer ['baʊnsə'] N videur m

bound¹ [baʊnd] **1** N (= jump) bond m **2** **bounds** NPL limite(s) f(pl) ✦ **out of bounds** interdit d'accès **3** VT (gen pass) [+ country] borner ✦ **bounded by** limité par **4** VI [person] bondir ✦ **to bound in/away** entrer/partir en bondissant

bound² [baʊnd] **1** VB (pt, ptp of **bind**) **2** ADJ **a** (= tied up) attaché **b** [book] relié **c** (= certain) ✦ **he's bound to say no** il dira sûrement non ✦ **it is bound to rain** il va sûrement pleuvoir ✦ **it was bound to happen** cela devait arriver **d** (= obliged) ✦ **to feel bound to do sth** se sentir obligé de faire qch **e** ✦ **bound for** [person] en route pour ; [train, ship, plane] à destination de

boundary ['baʊndərɪ] N limite f, frontière f

bounty ['baʊntɪ] N **a** (= generosity) générosité f **b** (= reward) prime f

bouquet ['bʊkeɪ] N bouquet m

bourbon ['bɜːbən] N (US) bourbon m

bourgeois ['bʊəʒwɑː] **1** ADJ bourgeois **2** N (pl inv) bourgeois(e) m(f)

bout [baʊt] N **a** (= period) période f ; [of illness] accès m ✦ **a ~ of flu** une grippe **b** (Boxing, Wrestling) combat m

boutique [buː'tiːk] N boutique f (de mode ou d'objets à la mode)

bow¹ [bəʊ] **1** N **a** (= weapon) arc m **b** [of violin] archet m **c** (tied in ribbon, string) nœud m **2** COMP ▸ **bow-legged** ✦ **to be bow-legged** avoir les jambes arquées ▸ **bow tie** nœud m papillon ▸ **bow window** bow-window m (en arc de cercle)

bow² [baʊ] **1** N **a** (with head) salut m ; (with body) révérence f ✦ **to take a bow** saluer **b** [of ship] proue f **2** VI **a** (= take a bow) saluer ; (in greeting) saluer d'un signe de tête **b** (= submit) s'incliner (to devant ; under sous) **3** VT [+ head] courber
▸ **bow down** VI s'incliner (to sb devant qn)

bowel ['baʊəl] N (gen pl) [of person] intestin m(pl) ✦ **the ~s of the earth** les entrailles fpl de la terre

bowl [bəʊl] **1** N **a** (= container) bol m ; (larger) saladier m ; (for water) cuvette f ; (for fruit) coupe f ; (for dog) gamelle f ; [of lavatory, sink] cuvette f

b (Sport) boule f ◆ **(game of) ~s** (Brit) (jeu m de) boules fpl ; (US) (= skittles) bowling m **2** VI (Brit) jouer aux boules ; (US) faire du bowling ; (Cricket) lancer (la balle) (to à)
► **bowl over** VT SEP **a** (= knock down) renverser **b** (= amaze) stupéfier

bowler [ˈbəʊləʳ] N **a** (Cricket) lanceur m, -euse f **b** (Brit: also **bowler hat**) chapeau m melon

bowling [ˈbəʊlɪŋ] N bowling m ► **bowling alley** bowling m ► **bowling green** terrain m de boules (sur gazon)

box [bɒks] **1** N **a** boîte f ; (= crate) caisse f ; (also **cardboard box**) carton m ; (on forms) case f **b** (Theatre) loge f ; (for jury, press) banc m ; (also **witness-box**) barre f **c** * (Brit = television) télé f **2** VI (Sport) boxer, faire de la boxe **3** VT **a** (Sport) boxer **b** ◆ **to ~ sb's ears** flanquer * une claque à qn

boxer [ˈbɒksəʳ] N (Sport) boxeur m, -euse f ► **boxer shorts** caleçon m, boxer-short m

boxing [ˈbɒksɪŋ] N boxe f ► **boxing gloves** gants mpl de boxe ► **boxing ring** ring m (de boxe)

Boxing Day [ˈbɒksɪŋdeɪ] N (Brit) lendemain m de Noël

box office [ˈbɒksɒfɪs] N (= office) bureau m de location ; (= window) guichet m (de location)

boxroom [ˈbɒksrʊm] N (Brit) débarras m

boy [bɔɪ] **1** N (= child, son) garçon m ; (= young man) jeune m (homme m) ► **boy band** (Brit) boys band m **2** EXCL * bon sang ! *

boycott [ˈbɔɪkɒt] **1** VT boycotter **2** N boycott m

boyfriend [ˈbɔɪfrend] N petit ami m

bra [brɑː] N soutien-gorge m

brace [breɪs] **1** N **a** (for leg, neck) appareil m orthopédique ◆ **~(s)** (for teeth) appareil m (dentaire) **b** (pl inv = pair) [of animals, birds] paire f **2** **braces** NPL (Brit: for trousers) bretelles fpl **3** VT (= support, strengthen) consolider **b** ◆ **to ~ o.s.** s'arc-bouter ; (fig) rassembler ses forces

bracelet [ˈbreɪslɪt] N bracelet m

bracing [ˈbreɪsɪŋ] ADJ [air, climate] vivifiant

bracken [ˈbrækən] N fougère f

bracket [ˈbrækɪt] **1** N **a** (= angled support) support m ; [of shelf] équerre f **b** (also **round bracket**) parenthèse f ; (also **square bracket**) crochet m ◆ **in ~s** entre parenthèses **c** (= group) ◆ **tax/age ~** tranche f d'imposition/ d'âge ◆ **price ~** fourchette f de prix **2** VT (= put in brackets) mettre entre parenthèses ; (fig) (also **bracket together**) mettre dans la même catégorie

brag [bræg] **1** VTI se vanter (about, of de) **2** N vantardise f

braid [breɪd] **1** VT (= plait) tresser **2** N **a** (= plait of hair) tresse f **b** (= trimming) galon m

Braille [breɪl] N, ADJ braille m inv

brain [breɪn] N cerveau m ◆ **~s** * (= intelligence) intelligence f ► **brain drain** fuite f des cerveaux ► **brain surgeon** neurochirurgien(ne) m(f) ► **brain teaser** casse-tête m ► **brain tumour** tumeur f au cerveau ► **brain wave** (Brit) idée f géniale

brainwash [ˈbreɪnwɒʃ] VT faire un lavage de cerveau à

brainy * [ˈbreɪnɪ] ADJ intelligent

braise [breɪz] VT braiser

brake [breɪk] **1** N frein m ► **brake light** feu m de stop **2** VI freiner

bramble [ˈbræmbl] N (= bush) ronce f ; (= berry) mûre f (sauvage)

bran [bræn] N son m (de blé)

branch [brɑːntʃ] **1** N **a** [of tree, subject] branche f **b** [of store, company] succursale f ; [of bank] agence f **2** VI [tree] se ramifier
► **branch off** VI [road] bifurquer
► **branch out** VI [person, company] se diversifier

brand [brænd] **1** N **a** (= make) marque f ; (= type) sorte f ► **brand name** marque f (de fabrique) ► **brand-new** tout neuf (toute neuve f) **b** (for cattle) marque f **2** VT [+ cattle] marquer ; [+ person] cataloguer (as comme)

brandish [ˈbrændɪʃ] VT brandir

brandy [ˈbrændɪ] N cognac m

brash [bræʃ] ADJ [person] effronté

brass [brɑːs] N **a** (= metal) cuivre m (jaune) **b** (in orchestra) ◆ **the ~** les cuivres mpl ► **brass band** fanfare f

brat * [bræt] N môme * mf

bravado [brəˈvɑːdəʊ] N bravade f

brave [breɪv] **1** ADJ courageux **2** VT [+ danger, person] braver

bravery [ˈbreɪvərɪ] N courage m, bravoure f

bravo [ˈbrɑːˈvəʊ] EXCL, N bravo m

brawl [brɔːl] N bagarre f

brawn [brɔːn] N **a** (= muscle) muscle(s) m(pl) ; (= strength) muscle m **b** (Brit = meat) fromage m de tête

bray [breɪ] VI [donkey] braire

brazen [ˈbreɪzn] **1** ADJ effronté **2** ◆ **to ~ it out** crâner *

brazier [ˈbreɪzɪəʳ] N brasero m

Brazil [brəˈzɪl] N Brésil m

Brazilian [brəˈzɪlɪən] **1** ADJ brésilien, du Brésil **2** N Brésilien(ne) *m(f)*

brazil nut [brəˈzɪlnʌt] N noix *f* du Brésil

breach [briːtʃ] **1** N **a** [of law, discipline] infraction *f* ◆ ~ **of contract** rupture *f* de contrat ◆ ~ **of the peace** atteinte *f* à l'ordre public **b** (in wall) brèche *f* **2** VT [+ wall] ouvrir une brèche dans ; [+ defences] percer

bread [bred] N **a** un pain ◆ **a loaf of** ~ un pain ◆ ~ **and butter** du pain et du beurre ◆ **writing is his** ~ **and butter** l'écriture est son gagne-pain

breadbin [ˈbredbɪn] N boîte *f* à pain

breadboard [ˈbredbɔːd] N planche *f* à pain

breadbox [ˈbredbɒks] N (US) boîte *f* à pain

breadcrumbs [ˈbredkrʌmz] NPL chapelure *f*

breadth [bretθ] N largeur *f*

breadwinner [ˈbredˌwɪnər] N soutien *m* de famille

break [breɪk] (vb : pret **broke**, ptp **broken**) **1** N **a** (in conversation, programme, line) interruption *f* ; (in journey) arrêt *m* ; (at work) pause *f* ; (at school) pause *f*, récréation *f* ◆ **to take a** ~ (= few minutes) faire une pause ; (= holiday) prendre des vacances ◆ **six hours without a** ~ six heures d'affilée ◆ **a** ~ **in the weather** un changement de temps ◆ **to make a** ~ **for it** prendre la fuite ◆ **give me a** ~!* (= leave me alone) fichez-moi la paix ! * **b** [of bone] fracture *f* **c** (* = luck, opportunity) chance *f* **d** (Snooker) série *f* **2** VI **a** (gen) casser ; [+ skin] écorcher ◆ **to** ~ **one's leg/one's neck** se casser la jambe/le cou ◆ **to** ~ **sb's heart** briser le cœur de qn **b** [+ promise] manquer à ; [+ treaty] violer ◆ **to** ~ **the law** enfreindre la loi **c** [+ spirit, strike] briser ◆ **to** ~ **sb** (= demoralize) briser qn ; (= ruin) ruiner qn **d** [+ silence, spell] rompre ◆ **to** ~ **sb's serve** prendre le service de qn ◆ **to** ~ **one's journey** faire une étape (*or* des étapes) **e** [+ fall] amortir **f** [+ news] annoncer **3** VI **a** (gen) casser ; [bone] se fracturer **b** [clouds] se dissiper **c** [storm] éclater ; [wave] déferler **d** [news, story] éclater **e** [voice] (boy's) muer ; (in emotion) se briser (with sous le coup de) ; [weather] se gâter **f** [dawn] poindre ; [day] se lever **g** (= pause) faire une pause **h** (set structures) ◆ **to** ~ **even** rentrer dans ses fonds ◆ **to** ~ **free** se libérer ◆ **to** ~ **loose** [person, animal] s'échapper ; [boat] rompre ses amarres ◆ **to** ~ **with sb** rompre avec qn

▶ **break away** VI (from captor) s'échapper ◆ **to** ~ **away from a group** se séparer d'un groupe

▶ **break down** **1** VI **a** [vehicle] tomber en panne ; [argument] s'effondrer ; [resistance] céder ; [negotiations] échouer **b** (= decompose) se décomposer (into en) **c** (= weep) fondre en larmes **2** VT SEP **a** (= demolish) démolir ; [+ door] enfoncer ; [+ opposition] briser **b** [+ ac-

counts] détailler ; [+ sales figures, costs] ventiler ; [+ substance] décomposer

▶ **break in** **1** VI **a** (= interrupt) interrompre **b** (= enter illegally) entrer par effraction **2** VT SEP **a** [+ door] enfoncer **b** [+ engine, car] roder

▶ **break into** VT INSEP **a** (= enter illegally) [+ house] entrer par effraction dans ◆ **to** ~ **into a safe** fracturer un coffre-fort **b** [+ savings] entamer **c** ◆ **to** ~ **into song** se mettre à chanter ◆ **to** ~ **into a run** se mettre à courir

▶ **break off** **1** VI **a** [piece, twig] se casser net **b** (= stop) s'arrêter (doing sth de faire qch) **2** VT SEP **a** (= snap off) casser **b** [+ relationship, negotiations] rompre

▶ **break out** VI **a** [war, fire] éclater ◆ **to** ~ **out in a sweat** suer ; (from fear) commencer à avoir des sueurs froides **b** (= escape) s'échapper (of de)

▶ **break through** **1** VI (= succeed) percer **2** VT INSEP [+ defences, obstacles] faire tomber

▶ **break up** **1** VI **a** [ice] craquer ; [ship in storm] se disloquer ; [partnership] cesser ; [empire] effondrer ◆ **to** ~ **up with sb** rompre avec qn **b** [crowd] se disperser ; [meeting] prendre fin **2** VT SEP **a** (into small pieces) casser en morceaux **b** [+ coalition] briser ; [+ empire] démembrer ◆ **to** ~ **up a marriage** briser un couple **c** [+ crowd, demonstration] disperser

breakaway [ˈbreɪkəˌweɪ] ADJ [group, movement] dissident ; [state, region] séparatiste

breakdown [ˈbreɪkdaʊn] N **a** [of machine, vehicle, electricity supply] panne *f* ▶ **breakdown truck, breakdown van** (Brit) dépanneuse *f* **b** [of communications, relationship, talks] rupture *f* **c** (also **nervous breakdown**) dépression *f* nerveuse **d** (= analysis) analyse *f* ; (into categories) décomposition *f* (into en)

breaker [ˈbreɪkər] N (= wave) brisant *m*

breakfast [ˈbrekfəst] N petit déjeuner *m*

break-in [ˈbreɪkɪn] N cambriolage *m*

breakthrough [ˈbreɪkθruː] N (= success) percée *f* ; (in research) découverte *f* capitale

breakwater [ˈbreɪkˌwɔːtər] N brise-lames *m inv*

breast [brest] N **a** (= chest) poitrine *f* ; [of woman] sein *m* ▶ **breast-feed** allaiter ▶ **breast-stroke** brasse *f* **b** [of chicken] blanc *m*

breath [breθ] N haleine *f*, souffle *m* ◆ **out of** ~ essoufflé ◆ **to take sb's** ~ **away** couper le souffle à qn ◆ **under one's** ~ [say, talk] à voix basse ◆ **to go out for a** ~ **of fresh air** sortir prendre l'air

breathalyse, breathalyze (US) [ˈbreθəlaɪz] VT faire subir l'alcootest ® à

Breathalyser ® **Breathalyzer** ® (US) [ˈbreθəlaɪzər] N alcootest ® *m*

breathe [briːð] **1** VI [person, fabric] respirer **2** VT respirer ◆ **to ~ new life into sb** redonner du courage à qn ◆ **to ~ a sigh of relief** pousser un soupir de soulagement ◆ **don't ~ a word (about it)!** n'en dis rien à personne !
► **breathe in** VI, VT SEP inspirer
► **breathe out** VI, VT SEP expirer

breathing [ˈbriːðɪŋ] N respiration *f* ► **breathing space** moment *m* de répit

breathless [ˈbreθlɪs] ADJ **a** (= out of breath) essoufflé ; (from illness) qui a du mal à respirer **b** (with excitement) fébrile

breathtaking [ˈbreθteɪkɪŋ] ADJ à vous couper le souffle

breed [briːd] (pret, ptp **bred**) **1** VT [+ animals] élever ; [+ hatred, resentment, violence, confusion] engendrer **2** VI [animals] se reproduire **3** N espèce *f*, race *f*

breeding [ˈbriːdɪŋ] N **a** (= raising) élevage *m* **b** (= upbringing) ◆ **(good) ~** bonnes manières *fpl*

breeze [briːz] **1** N (= wind) brise *f* **2** VI ◆ **to ~ in** entrer d'un air dégagé ◆ **to ~ through sth** * faire qch les doigts dans le nez *

breezy [ˈbriːzɪ] ADJ **a** ◆ **it's ~ today** il y a du vent aujourd'hui **b** (= cheery) enjoué

brew [bruː] **1** N **a** (= beer) bière *f* ; (= tea) thé *m* **b** (= mixture) mélange *m* **2** VT [+ beer] brasser ; [+ tea] faire infuser **3** VI **a** (= make beer) brasser **b** [beer] fermenter ; [tea] infuser ; [storm] se préparer

brewery [ˈbruːərɪ] N brasserie *f (fabrique)*

bribe [braɪb] **1** N pot-de-vin *m* **2** VT soudoyer ◆ **to ~ sb to do sth** soudoyer qn pour qu'il fasse qch

bribery [ˈbraɪbərɪ] N corruption *f* ◆ **~ and corruption** corruption *f* active

brick [brɪk] N brique *f*

bricklayer [ˈbrɪkˌleɪər] N maçon *m*

bridal [ˈbraɪdl] ADJ [feast] de noce(s) ; [suite] nuptial

bride [braɪd] N (about to be married) (future) mariée *f* ; (just married) (jeune) mariée *f* ◆ **the ~ and groom** les jeunes mariés *mpl*

bridegroom [ˈbraɪdgruːm] N (about to be married) (futur) marié *m* ; (just married) (jeune) marié *m*

bridesmaid [ˈbraɪdzmeɪd] N demoiselle *f* d'honneur

bridge [brɪdʒ] **1** N **a** (gen) pont *m* **b** (on ship) passerelle *f* (de commandement) **c** [of nose] arête *f* **d** (Dentistry) bridge *m* **e** (Cards) bridge *m* **2** VT ◆ **to ~ the gap** (between people) combler le fossé

bridle [ˈbraɪdl] **1** N bride *f* ► **bridle path** piste *f* cavalière **2** VI se rebiffer (at contre)

brief [briːf] **1** ADJ (gen) bref ; [skirt, shorts] très court ◆ **in ~** en bref **2** N **a** (legal) dossier *m* **b** (= task) tâche *f* **3** **briefs** NPL slip *m* **4** VT (= give orders to) briefer ; (= bring up to date) mettre au courant (on sth de qch)

briefcase [ˈbriːfkeɪs] N mallette *f*

briefly [ˈbriːflɪ] ADV [pause] un bref instant ; [speak, visit, reply, describe] brièvement

brigade [brɪˈgeɪd] N brigade *f*

brigadier [ˌbrɪgəˈdɪər] N (Brit) général *m* de brigade

bright [braɪt] ADJ **a** [colour, light] vif ; [room] clair ; [clothes, flowers] de couleur(s) vive(s) ; [star, eyes] brillant **b** [day, weather] radieux ; [sunshine, sun] éclatant **c** (= clever) intelligent **d** (= cheerful) jovial **e** [future, outlook, prospects] brillant ◆ **to look on the ~ side** prendre les choses du bon côté **f** ◆ **to be up ~ and early** se lever de bon matin

brighten [ˈbraɪtn] (also **brighten up**) **1** VT **a** [+ prospects, situation, future] améliorer **b** (= make lighter) éclairer **2** VI [sky, eyes, expression] s'éclairer ; [person] s'égayer ; [prospects, future] s'améliorer

brightly [ˈbraɪtlɪ] ADV [say, smile] jovialement ◆ **~ lit** bien éclairé ◆ **~ coloured** de couleur(s) vive(s)

brightness [ˈbraɪtnɪs] N [of screen] luminosité *f*

brilliance [ˈbrɪljəns] N **a** (= splendour) éclat *m* **b** (= great intelligence) intelligence *f* supérieure

brilliant [ˈbrɪljənt] ADJ **a** [person, mind, performance] brillant ; [idea] génial ; [future] radieux ; [success] éclatant **b** (= bright) éclatant **c** * (Brit = excellent) super * *inv*

Brillo pad ® [ˈbrɪləʊpæd] N tampon *m* Jex ®

brim [brɪm] **1** N bord *m* **2** VI (also **brim over**) déborder (with de)

brine [braɪn] N saumure *f*

bring [brɪŋ] (pret, ptp **brought**) VT **a** [+ person, animal, vehicle, peace] amener ; [+ object, news, information] apporter **b** (= cause) [+ problems] créer ◆ **to ~ sth (up)on o.s.** s'attirer qch ◆ **to ~ sth to a close** or an end mettre fin à qch ◆ **I cannot ~ myself to speak to him** je ne peux me résoudre à lui parler
► **bring about** VT SEP entraîner
► **bring along** VT SEP ◆ **to ~ sb along (with one)** amener qn (avec soi)
► **bring back** VT SEP **a** [+ person] ramener ; [+ object] rapporter ; [+ institution, system] réintroduire **b** [+ memories] rappeler
► **bring down** VT SEP **a** [+ plane] faire atterrir ; (= shoot down) [+ animal, bird, plane] abattre **b** [+ dictator, government] faire tomber ;

[+ temperature, prices, cost of living] faire baisser

▶ **bring forward** VT SEP **a** [+ person] faire avancer ; [+ witness] produire ; [+ evidence, proof, argument] avancer **b** (= advance time of) avancer

▶ **bring in** VT SEP **a** [+ person] faire entrer ; [+ object, harvest] rentrer **b** [+ custom, legislation] introduire ; [+ expert, army] faire appel à **c** [+ income] rapporter

▶ **bring off** VT SEP [+ plan, deal] mener à bien

▶ **bring on** VT SEP (= cause) provoquer

▶ **bring out** VT SEP **a** [+ object] sortir ; [+ qualities] mettre en valeur **b** [+ book] faire paraître ; [+ new product] lancer

▶ **bring round** VT SEP **a** [+ unconscious person] ranimer **b** (= convert) gagner (to à)

▶ **bring together** VT SEP [+ people] (= put in touch) mettre en contact ; (= end quarrel between) réconcilier

▶ **bring up** VT SEP **a** (= raise) élever ◆ **well/badly brought-up child** enfant m bien/mal élevé **b** (= mention) mentionner **c** (= vomit) vomir

brink [brɪŋk] N bord m ◆ **on the ~ of sth** au bord de qch

brisk [brɪsk] ADJ **a** (= energetic, quick) vif ; (= abrupt in manner) brusque **b** [trade] actif

brisket ['brɪskɪt] N poitrine f de bœuf

bristle ['brɪsl] **1** N poil m **2** VI se hérisser

Brit * [brɪt] N Britannique mf

Britain ['brɪtən] N (also **Great Britain**) Grande-Bretagne f

British ['brɪtɪʃ] **1** ADJ britannique ; [ambassador, embassy] de Grande-Bretagne ▶ **the British Isles** les îles fpl Britanniques **2** **the British** NPL les Britanniques mpl

Briton ['brɪtən] N Britannique mf

brittle ['brɪtl] ADJ [hair, nails] cassant ; [personality] sec (sèche f)

broach [brəʊtʃ] VT entamer ; [+ subject] aborder

broad [brɔːd] **1** ADJ **a** (= wide) large **b** [aims, objectives] général ◆ **the ~ outlines** les grandes lignes fpl **c** [education] diversifié ; [syllabus, choice] étendu **d** [hint] à peine voilé ; [accent] prononcé **e** ◆ **in ~ daylight** en plein jour **2** N **a** ◆ **the (Norfolk) Broads** les lacs et estuaires du Norfolk **b** (US pej = woman) * nana * f **3** COMP ▶ **broad bean** (Brit) fève f ▶ **broad-minded** ◆ **to be ~-minded** avoir les idées larges

B-road ['biːrəʊd] N (Brit) route f secondaire, route f départementale

broadcast ['brɔːdkɑːst] (pret, ptp **broadcast**) **1** VT diffuser **2** VI [station] émettre **3** N émission f

broaden ['brɔːdn] **1** VT élargir **2** VI s'élargir

brocade [brəʊ'keɪd] N brocart m

broccoli ['brɒkəlɪ] N brocoli m

brochure ['brəʊʃʊər] N brochure f ; (= leaflet) prospectus m

brogue [brəʊg] N **a** (= shoe) chaussure à lacets et à petits trous **b** (= Irish accent) accent m irlandais ; (= local accent) accent m du terroir

broil [brɔɪl] VT (US) (faire) griller

broiler ['brɔɪlər] N (US = grill) gril m

broke [brəʊk] **1** VB (pt of **break**) **2** ADJ (* = penniless) fauché *

broken ['brəʊkən] **1** VB (ptp of **break**) **2** ADJ **a** (= cracked, smashed) cassé ; [bone, hand, foot] fracturé **b** [machine, phone] détraqué **c** [body, mind] brisé ◆ **to have a ~ heart** avoir le cœur brisé **d** (= interrupted) [sleep] interrompu ; [voice, line] brisé ◆ **to speak in ~ English** parler un mauvais anglais **e** [promise, contract, engagement] rompu ; [appointment] manqué

broker ['brəʊkər] **1** N courtier m **2** VT [+ deal, agreement] négocier

bronchitis [brɒŋ'kaɪtɪs] N bronchite f

bronze [brɒnz] N bronze m ▶ **the Bronze Age** l'âge m du bronze

brooch [brəʊtʃ] N broche f

brood [bruːd] **1** N [of birds] couvée f **2** VI [bird] couver ; [person] ruminer ◆ **to ~ on** [+ plan] ruminer ; [+ misfortune, the past] ressasser

brook [brʊk] N ruisseau m

broom [brʊm] N **a** (= plant) genêt m **b** (= brush) balai m

broomstick ['brʊmstɪk] N manche m à balai

broth [brɒθ] N bouillon m

brothel ['brɒθl] N maison f close

brother ['brʌðər] N frère m ▶ **brother-in-law** (pl **brothers-in-law**) beau-frère m

brotherly ['brʌðəlɪ] ADJ fraternel

brought [brɔːt] VB (pt, ptp of **bring**)

brow [braʊ] N **a** (= forehead) front m ; (= eyebrow) sourcil m **b** [of hill] sommet m

browbeat ['braʊbiːt] (pret **browbeat**, ptp **browbeaten**) VT intimider

brown [braʊn] **1** ADJ **a** (colour) marron inv ; (darker) brun ; [hair] châtain ▶ **brown bread** pain m complet ▶ **brown paper** papier m Kraft ▶ **brown rice** riz m complet ▶ **brown sugar** cassonade f ▶ (= tanned) bronzé ◆ **to go ~** bronzer **2** N marron m ; (darker) brun m **3** VT [+ meat, potatoes, onions] faire dorer

brownie ['braʊnɪ] N **a** ◆ **Brownie** jeannette f **b** (= cake) brownie m (petit gâteau au chocolat)

browse [braʊz] VI **a** (in bookshop, library) feuilleter les livres ; (in other shops) regarder sans acheter **b** (on Internet) parcourir le Net **c** [animal] brouter

browser [ˈbraʊzəʳ] N (Computing) navigateur m

bruise [bruːz] **1** VT **a** [+ person, part of body] faire un bleu à, contusionner ; [+ fruit] taler **b** [+ ego, feelings] blesser **2** N (on person) bleu m, ecchymose f ; (on fruit) talure f

brunch [brʌntʃ] N brunch m

brunette [bruːˈnet] N brune f

brunt [brʌnt] N ♦ to take or bear the ~ of [+ recession, floods] être le plus touché par ; [+ anger] subir le plus fort de

brush [brʌʃ] **1** N brosse f ; (also paint brush) pinceau m ; (= broom) balai m **2** VT **a** brosser ♦ to ~ one's teeth se brosser les dents ♦ to ~ one's hair se brosser les cheveux **b** (= touch lightly) effleurer **3** VI ♦ to ~ against sb/sth effleurer qn/qch ♦ to ~ past sb/sth frôler qn/qch en passant
► **brush aside** VT SEP [+ argument, objections] balayer (d'un geste)
► **brush off** VT SEP **a** [+ dirt] (with brush) enlever à la brosse ; (with hand) enlever à la main **b** (= snub) envoyer sur les roses *
► **brush up (on)** VT INSEP rafraîchir (ses notions de)

brusque [bruːsk] ADJ brusque

Brussels [ˈbrʌslz] N Bruxelles ► **Brussel(s) sprouts** choux mpl de Bruxelles

brutal [ˈbruːtl] ADJ brutal

brute [bruːt] **1** N brute f **2** ADJ ♦ by ~ force par la force ♦ to use ~ strength recourir à la force

BSc [ˌbiːesˈsiː] N (abbrev of **Bachelor of Science**) ♦ to have a ~ in biology avoir une licence de biologie

BSE [ˌbiːesˈiː] (abbrev of **bovine spongiform encephalopathy**) ESB f

bubble [ˈbʌbl] **1** N bulle f ► **bubble bath** m moussant **2** VI [hot liquid] bouillonner
► **bubble over** VI déborder

bubble-gum [ˈbʌblgʌm] N chewing-gum m

bubbly [ˈbʌblɪ] **1** ADJ pétillant **2** N (* = champagne) champagne m, champ * m

buck [bʌk] **1** N **a** (= animal) mâle m **b** (US = dollar) ♦ dollar m **c** (* = responsibility) ♦ to pass the ~ refiler * la responsabilité aux autres **2** VI [horse] ruer **3** COMP ► **buck-naked** (*: US) à poil * ► **buck teeth** ♦ to have ~ teeth avoir les dents en avant
► **buck up** * **1** VI **a** (= hurry up) se grouiller * **b** (= cheer up) se secouer **2** VT SEP (= cheer up) remonter le moral de

bucket [ˈbʌkɪt] N seau m

Buckingham Palace [ˌbʌkɪŋəmˈpælɪs] N palais m de Buckingham

buckle [ˈbʌkl] **1** N boucle f **2** VT [+ belt, shoe] attacher **3** VI [door, panel] se déformer ; [wheel] se voiler ; [knees] se dérober
► **buckle down** * VI se coller au boulot *

bud [bʌd] **1** N [of tree, plant] bourgeon m ; [of flower] bouton m **2** VI [tree, plant] bourgeonner

Buddha [ˈbʊdə] N Bouddha m

Buddhism [ˈbʊdɪzəm] N bouddhisme m

buddy * [ˈbʌdɪ] N (US) copain m

budge [bʌdʒ] **1** VI (= move) bouger ; (= change one's mind) changer d'avis **2** VT faire bouger

budgerigar [ˈbʌdʒərɪɡɑːʳ] N perruche f

budget [ˈbʌdʒɪt] **1** N budget m **2** ADJ **a** [deficit, surplus] budgétaire **b** (= cut-price) pour petits budgets ; [price] modique **3** VI [individual, family] faire son budget ; [company, institution] budgéter

buff [bʌf] **1** N **a** (= enthusiast) mordu(e) * m(f) ♦ a film ~ un(e) mordu(e) * de cinéma **b** (= colour) (couleur f) chamois m **2** ADJ (also **buff-coloured**) (couleur) chamois inv **3** VT (= polish) polir

buffalo [ˈbʌfələʊ] N INV (= ox) buffle m ; (= bison) bison m

buffer [ˈbʌfəʳ] N tampon m ; (Brit) (for train) butoir m ; (Computing) mémoire f tampon

buffet¹ [ˈbʌfɪt] VT ♦ **buffeted by the waves** ballotté par les vagues ♦ **buffeted by the wind** secoué par le vent

buffet² [ˈbʊfeɪ] N buffet m ► **buffet car** (Brit) voiture-bar f

buffoon [bəˈfuːn] N bouffon m

bug [bʌɡ] **1** N **a** (= insect) insecte m, bestiole * f **b** (* = germ) microbe m **c** (in computer program) bogue m **d** (* = hidden microphone) micro m (caché) **2** VT * **a** [+ phone] brancher sur table d'écoute ; [+ room] cacher des micros dans **b** (= annoy) casser les pieds à *

bugbear [ˈbʌɡbɛəʳ] N bête f noire

bugger * [ˈbʌɡəʳ] N (Brit) salaud * m

buggy [ˈbʌɡɪ] N (Brit = pushchair) poussette f

bugle [ˈbjuːɡl] N clairon m

build [bɪld] (vb : pret, ptp **built**) **1** N (= physique) carrure f **2** VT (gen) construire ; [+ nest] faire ; [+ empire, company] bâtir **3** VI construire
► **build up** **1** VI [tension, pressure, excitement] monter **2** VT SEP **a** [+ reputation] bâtir ; [+ business] monter ; [+ tension, excitement] augmenter **b** (= make stronger) donner des forces à

builder ['bɪldəʳ] N ouvrier m, -ière f (du bâtiment)

building ['bɪldɪŋ] N (gen) bâtiment m ; (= habitation, offices) immeuble m ; (= activity) construction f ▶ **building site** chantier m (de construction) ▶ **building society** (Brit) ≈ société f de crédit immobilier

build-up ['bɪldʌp] N [of gas] accumulation f ; [of troops] rassemblement m ; [of tension, excitement, pressure] montée f

built [bɪlt] **1** VB (pt, ptp of build) **2** ADJ ◆ ~ of brick/stone (construit) en briques/pierres ◆ heavily ~ [person] solidement bâti ▶ **built-in** [wardrobe] encastré ; [flash, safety device] intégré ▶ **built-up area** agglomération f

bulb [bʌlb] N **a** [of plant] bulbe m ; [of garlic] tête f **b** (= light bulb) ampoule f

Bulgaria [bʌl'gɛərɪə] N Bulgarie f

bulge [bʌldʒ] **1** N renflement m ; (in cheek) gonflement m ; (in tyre) hernie f **2** VI (also **bulge out**) faire saillie ; [pocket, sack, cheek] être gonflé (with de)

bulgur ['bʌlgəʳ] N (also **bulgur wheat**) boulgour m

bulimia [bə'lɪmɪə] N (also **bulimia nervosa**) boulimie f

bulk [bʌlk] N (= great size) [of thing] grosseur f, grandeur f ; [of person] corpulence f ◆ **the ~ of** la plus grande partie de ◆ **in ~** (= in large quantities) en gros ; (not prepacked) en vrac

bulky ['bʌlkɪ] ADJ [object] volumineux ; [person] corpulent

bull [bʊl] N taureau m ; (= male of elephant, whale) mâle m

bulldog ['bʊldɒg] N bouledogue m

bulldozer ['bʊldəʊzəʳ] N bulldozer m

bullet ['bʊlɪt] N balle f (projectile)

bulletin ['bʊlɪtɪn] N bulletin m ▶ **bulletin board** tableau m d'affichage ; (Computing) messagerie f électronique

bulletproof ['bʊlɪtpruːf] ADJ [garment] pare-balles inv ; [glass] blindé

bullfight ['bʊlfaɪt] N corrida f

bullfighting ['bʊlfaɪtɪŋ] N tauromachie f

bullhorn ['bʊlhɔːn] N (US) porte-voix m inv

bullion ['bʊljən] N (= gold) or m en barre

bullock ['bʊlək] N bœuf m

bullring ['bʊlrɪŋ] N arène f (pour courses de taureaux)

bull's-eye ['bʊlzaɪ] N [of target] mille m

bullshit ** ['bʊlˌʃɪt] N conneries ** fpl

bully ['bʊlɪ] **1** N tyran m ; (at school) petit(e) dur(e) m(f) **2** VT (= persecute) tyranniser ; (= frighten) intimider ; (at school) brutaliser

bum * [bʌm] **1** N **a** (Brit = bottom) derrière m **b** (US) (= vagrant) clochard m ; (= good-for-nothing) bon à rien m **2** VI (also **bum about** or **around**) vadrouiller *

bumbag ['bʌmbæg] N banane f

bumblebee ['bʌmblbiː] N bourdon m

bump [bʌmp] **1** N **a** (= blow) coup m ; (= jolt) secousse f **b** (= swelling) bosse f **c** (= minor accident) accrochage m **2** VT [car] heurter ◆ **to ~ one's head** se cogner la tête (against contre)
▶ **bump into** VT INSEP **a** [+ person] se cogner contre ; [+ vehicle] rentrer dans * **b** (* = meet) tomber sur *

bumper ['bʌmpəʳ] **1** N [of car] pare-chocs m inv ▶ **bumper car** auto f tamponneuse **2** ADJ [crop] exceptionnel

bumpy ['bʌmpɪ] ADJ [road, ride] cahoteux

bun [bʌn] N **a** (= roll) petit pain m au lait ; (= cake) petit gâteau m **b** (= hairstyle) chignon m

bunch [bʌntʃ] N **a** [of flowers] bouquet m ; [of bananas] régime m ; [of radishes, carrots] botte f ; [of keys] trousseau m ◆ **to wear one's hair in ~es** (Brit) porter des couettes **b** * [of people] groupe m

bundle ['bʌndl] **1** N **a** [of clothes, goods] paquet m ; [of letters, papers] liasse f ; [of firewood] fagot m ◆ **he's a ~ of nerves** c'est un paquet de nerfs **b** (Computing) lot m **2** VT (also **bundle up**) mettre en paquet

bung [bʌŋ] N [of cask] bonde f

bungalow ['bʌŋgələʊ] N pavillon m (de plain-pied)

bungee jumping ['bʌndʒiːˈdʒʌmpɪŋ] N saut m à l'élastique

bungle ['bʌŋgl] VT rater

bunion ['bʌnjən] N (on toe) oignon m

bunk [bʌŋk] N (= bed) couchette f ▶ **bunk beds** lits mpl superposés

bunker ['bʌŋkəʳ] N **a** (for coal) coffre m **b** (Golf, Mil) bunker m

bunting ['bʌntɪŋ] N (= flags) drapeaux mpl

buoy [bɔɪ] N bouée f

buoyant ['bɔɪənt] ADJ **a** [ship, object] capable de flotter **b** (= lighthearted) plein d'entrain ; [mood] gai

burden ['bɜːdn] **1** N fardeau m ; [of taxes] poids m **2** VT (= place burden on) charger (with de) ; (= oppress) accabler (with de)

bureau ['bjʊərəʊ] N (pl **bureaux**) **a** (= writing desk, office) bureau m **b** (US = chest of drawers) commode f (souvent à miroir) **c** (= government department) service m (gouvernemental)

bureaucracy [bjʊəˈrɒkrəsɪ] N bureaucratie f

bureaux [ˈbjʊərəʊz] NPL of **bureau**

burger [ˈbɜːgər] N hamburger m

burglar [ˈbɜːglər] N cambrioleur m, -euse f ▸ **burglar alarm** alarme f

burglarize [ˈbɜːgləraɪz] VT (US) cambrioler

burglary [ˈbɜːglərɪ] N cambriolage m

burgle [ˈbɜːgl] VT cambrioler

Burgundy [ˈbɜːgəndɪ] **1** N Bourgogne f **2** ◆ **burgundy** ADJ (= colour) bordeaux inv

burial [ˈberɪəl] N enterrement m

burly [ˈbɜːlɪ] ADJ baraqué *

burn [bɜːn] (vb : pret, ptp **burned** or (Brit) **burnt**) **1** N brûlure f **2** VT (gen) brûler ; [+ town, building] incendier **3** VI brûler
▸ **burn down 1** VI [house] être réduit en cendres **2** VT SEP [+ building] incendier

burning [ˈbɜːnɪŋ] **1** ADJ a (= on fire) [town, forest] en flammes ; [sensation] cuisant b [thirst, fever] brûlant ; [desire] intense **2** N ◆ **I can smell ~** ça sent le brûlé

burnished [ˈbɜːnɪʃt] ADJ poli

burnt [bɜːnt] **1** VB (pt, ptp of **burn**) **2** ADJ brûlé

burp * [bɜːp] **1** VI roter * **2** N rot * m

burrow [ˈbʌrəʊ] **1** N terrier m **2** VI creuser

bursar [ˈbɜːsər] N intendant(e) m(f)

bursary [ˈbɜːsərɪ] N bourse f (d'études)

burst [bɜːst] (vb : pret, ptp **burst**) **1** N [of indignation] explosion f ; [of activity] débordement m ; [of enthusiasm] accès m ; [of gunfire] rafale f **2** ADJ [pipe, blood vessel] éclaté **3** VI a [pipe] éclater ; [bubble, balloon] crever ; [tyre] (= blow out) éclater ; (= puncture) crever b ◆ **to be ~ing (at the seams)** [room] être plein à craquer (with de) ◆ **to be ~ing with energy** déborder d'énergie ◆ **to be ~ing with impatience** brûler d'impatience c (= move suddenly) se précipiter (into dans ; out of hors de) d (= begin suddenly) ◆ **to ~ into tears** éclater en larmes ◆ **he ~ into song** il s'est mis à chanter ◆ **to ~ into flames** prendre soudainement feu **4** VT [+ balloon, bubble, blister] crever ; [+ pipe] faire éclater
▸ **burst in** VI faire irruption dans la pièce
▸ **burst out** VI a (= exclaim) s'écrier b ◆ **to ~ out laughing** éclater de rire ◆ **to ~ out crying** fondre en larmes

bury [ˈberɪ] VT a (in ground) enterrer b (= conceal) enfouir c ◆ **to ~ one's head in a book** se plonger dans un livre

bus [bʌs] N (pl **buses**) bus m ; (long-distance) car m ▸ **bus shelter** abribus ® m ▸ **bus station** gare f d'autobus ; (for coaches) gare f routière ▸ **bus stop** arrêt m de bus

busboy [ˈbʌsbɔɪ] N (US) aide-serveur m

bush [bʊʃ] N (= shrub) buisson m ◆ **the ~** (in Africa, Australia) le bush

bushfire [ˈbʊʃfaɪər] N feu m de brousse

bushy [ˈbʊʃɪ] ADJ [shrub] épais (épaisse f) ; [beard, eyebrows, hair] broussailleux

business [ˈbɪznɪs] **1** N a (= commerce) affaires fpl ◆ **to go out of ~** cesser ses activités ◆ **to do ~ with sb** faire des affaires avec qn ◆ **to get down to ~** passer aux choses sérieuses ◆ **he means ~** * il ne plaisante pas b (= firm) entreprise f c (= task, situation) affaire f ◆ **that's none of his ~** ce n'est pas ses affaires ◆ **mind your own ~!** * mêlez-vous de vos affaires ! ◆ **there's some funny ~ going on** il se passe quelque chose de louche **2** COMP [lunch, meeting, trip] d'affaires ▸ **business card** carte f de visite (professionnelle) ▸ **business class** classe f affaires

businessman [ˈbɪznɪsmæn] N (pl **-men**) homme m d'affaires

businesswoman [ˈbɪznɪsˌwʊmən] N (pl **-women**) femme f d'affaires

busker [ˈbʌskər] N (Brit) musicien(ne) m(f) des rues, chanteur m, -euse f des rues

bust [bʌst] **1** N a (= chest) poitrine f b (= sculpture) buste m **2** ADJ a (* = broken) fichu *, foutu * b (* = bankrupt) ◆ **to go ~** faire faillite **3** VT (* = break) casser

bustle [ˈbʌsl] **1** VI ◆ **to ~ about** s'affairer ◆ **to be bustling with people** grouiller de monde **2** N affairement m, remue-ménage m

busy [ˈbɪzɪ] **1** ADJ a [person] (= occupied) occupé (doing sth à faire qch ; with sth à qch) ; (= active) énergique ◆ **to keep o.s. ~** trouver à s'occuper b [day] chargé ; [time, period] de grande activité ; [place] plein d'animation ; [street] passant c [telephone line, room] occupé ▸ **busy signal** (US) tonalité f occupé inv **2** VT ◆ **to ~ o.s.** s'occuper (doing sth à faire qch ; with sth à qch)

busybody [ˈbɪzɪˌbɒdɪ] N fouineur m, -euse f

but [bʌt] **1** CONJ mais ◆ **I would like to go ~ I have no money** j'aimerais y aller, mais je n'ai pas d'argent **2** ADV seulement, ne ...que ◆ **we can ~ try** on peut toujours essayer **3** PREP sauf ◆ **they've all gone ~ Paul** ils sont tous partis sauf Paul ◆ **the last house ~ one** l'avant-dernière maison ◆ **the next house ~ one** la deuxième maison (à partir d'ici) ◆ **~ for you** sans vous

butane [ˈbjuːteɪn] N butane m ; (US: for camping) Butagaz ® m

butcher ['bʊtʃəʳ] **1** N boucher *m* ▸ **butcher's shop** boucherie *f* **2** VT [+ animal] abattre ; [+ people] massacrer

butler ['bʌtləʳ] N maître *m* d'hôtel

butt [bʌt] **1** N **a** (= barrel) (gros) tonneau *m* **b** (= end) (gros) bout *m* ; [of rifle] crosse *f* ; [of cigarette] mégot *m* **c** (US = bottom) cul * *m* **d** [of jokes, criticism] cible *f* **e** (by person) coup *m* de tête ; (by goat) coup *m* de corne **2** VT [goat] donner un coup de corne à ; [person] donner un coup de tête à
▸ **butt in** VI intervenir

butter ['bʌtəʳ] **1** N beurre *m* ▸ **butter dish** beurrier *m* **2** VT [+ bread] beurrer

buttercup ['bʌtəkʌp] N bouton *m* d'or

butterfly ['bʌtəflaɪ] N **a** papillon *m* **b** (Swimming) brasse *f* papillon *inv*

buttermilk ['bʌtəmɪlk] N babeurre *m*

buttock ['bʌtək] N fesse *f*

button ['bʌtn] **1** N bouton *m* ; (US = badge) badge *m* **2** VT (also **button up**) [+ garment] boutonner

buttonhole ['bʌtnhəʊl] **1** N **a** boutonnière *f* **b** (Brit = flower) fleur *f* (portée à la boutonnière) **2** VT [+ person] accrocher *

buttress ['bʌtrɪs] N contrefort *m*

buxom ['bʌksəm] ADJ bien en chair

buy [baɪ] (pret, ptp bought) **1** VT acheter (sth from sb qch à qn ; sth for sb qch pour or a qn) ▸ **to o.s. sth** s'acheter qch ▸ **to time** gagner du temps **2** N ▸ **it was a good/bad ~** c'était une bonne/mauvaise affaire
▸ **buy out** VT SEP [+ business partner] racheter la part de
▸ **buy up** VT SEP acheter

buyer ['baɪəʳ] N acheteur *m*, -euse *f*

buzz [bʌz] **1** N **a** [of insect] bourdonnement *m* **b** [of conversation] brouhaha *m* **c** (* = excitement) ▸ **driving fast gives me a ~** je prends mon pied * quand je conduis vite **2** VI **a** [insect, ears] bourdonner **b** [hall, town] être (tout) bourdonnant (with de) **3** VT (= call by buzzer) appeler (par interphone)

buzzard ['bʌzəd] N buse *f*

buzzer ['bʌzəʳ] N sonnerie *f* ; (= intercom) interphone *m*

buzzword ['bʌzwɜːd] * N mot *m* à la mode

---

by [baɪ]

1 PREP **a** (= close to) à côté de, près de ▸ **come and sit ~ me** viens t'asseoir à côté de moi ▸ **her bag was on the table and her keys right ~ it** son sac était sur la table et ses clés juste à côté
b (= past) à côté de ▸ **he rushed ~ me without seeing me** dans sa précipitation il est passé à côté de moi sans me voir
c (= via) par ▸ **he came in ~ the window** il est entré par la fenêtre
d (= not later than) pour ▸ **I'll be back ~ midnight** je serai de retour pour minuit
e (with dates) ▸ **~ 1990** en 1990 ▸ **~ 30 September we had paid out £500** au 30 septembre nous avions payé 500 livres ▸ **~ tomorrow** demain
f (= according to) ▸ **~ my calculations** d'après mes calculs ▸ **~ my watch it is 9 o'clock** il est 9 heures à ma montre
g (dimensions) ▸ **a room three metres ~ four** une pièce de trois mètres sur quatre
h (= created, written by) de ▸ **a painting ~ Van Gogh** un tableau de Van Gogh
i (method, means, manner) à ▸ **to do sth ~ hand** faire qch à la main ▸ **to sell ~ the kilo** vendre au kilo ▸ **to pay ~ the hour** payer à l'heure ▸ **~ leaving early he missed the rush** en partant de bonne heure il a évité la cohue ▸ **~ bus/car/plane** en bus/voiture/avion ▸ **~ rail or train** en train ▸ **~ bike** à bicyclette
j (with agent) par ▸ **killed/warned ~** tué/prévenu par ▸ **I was surprised ~ their reaction** j'ai été surpris de leur réaction
k (set structures) ▸ **~ and ~** bientôt ▸ **~ and large** globalement ▸ **~ the way** au fait
2 ADV (= along, past) ▸ **he'll be ~ any minute** il sera là dans un instant ▸ **a train hurtled ~** un train passa à toute allure

---

bye * [baɪ] EXCL (abbrev of **goodbye**) au revoir !

by-election [,baɪlekʃən] N élection *f* (législative) partielle

bygone ['baɪgɒn] **1** ADJ d'autrefois **2** N ▸ **let ~s be ~s** oublions le passé

bypass ['baɪpɑːs] **1** N **a** (= road) route *f* de contournement **b** (= operation) pontage *m* **2** VT [+ town, regulations] contourner ; [+ person] court-circuiter

by-product [,baɪprɒdʌkt] N dérivé *m* ; (fig) conséquence *f* (indirecte)

bystander ['baɪ,stændəʳ] N spectateur *m*, -trice *f*

byte [baɪt] N octet *m*

byword ['baɪwɜːd] N (Brit) ▸ **to be a ~ for** être synonyme de

A N G L A I S /
F
R
A
N
Ç
A
I
S

C, c [si:] N **a** (Mus) do *m*, ut *m* **b** (= mark) assez bien *(12 sur 20)*

cab [kæb] N **a** (= taxi) taxi *m* **b** [of lorry, train] cabine *f*

cabaret ['kæbəreɪ] N cabaret *m*

cabbage ['kæbɪdʒ] N chou *m*

cabin ['kæbɪn] N (= hut) cabane *f* ; [of boat, plane] cabine *f*

cabinet ['kæbɪnɪt] N **a** (= furniture) meuble *m* (de rangement) ; (glass-fronted) vitrine *f* **b** (Brit = government) cabinet *m*

cable ['keɪbl] **1** N câble *m* ▸ **cable car** (suspended) téléphérique *m* ; (on rail) funiculaire *m* ▸ **cable television** télévision *f* par câble **2** VT [+ city, homes] câbler ; [+ person] câbler à

cache [kæʃ] N **a** (= store) cache *f* **b** (Computing) (also **cache memory**) mémoire *f* tampon

cackle ['kækl] VI [hens] caqueter ; (= laugh) glousser

cactus ['kæktəs] N (pl **cacti** ['kæktaɪ]) cactus *m*

caddie ['kædɪ] N (Golf) caddie *m*

caddy ['kædɪ] N **a** (for tea) boîte *f* à thé **b** (US = shopping trolley) caddie ® *m* **c** (Golf) caddie *m*

cadet [kə'det] N (Mil) élève *m* officier *(d'une école militaire ou navale)* ; (Police) élève *mf* agent de police

cadge * [kædʒ] VT (Brit) ◆ **to ~ £10 from** *or* **off sb** taper * qn de 10 livres ◆ **to ~ a lift from** *or* **off sb** se faire emmener en voiture par qn

Caesarean, Caesarian [si:'zeərɪən] ADJ ◆ ~ **section** césarienne *f*

café ['kæfeɪ] N (Brit) snack(-bar) *m*

cafeteria [,kæfɪ'tɪərɪə] N cafétéria *f*

caffein(e) ['kæfi:n] N caféine *f*

cage [keɪdʒ] **1** N cage *f* **2** VT mettre en cage

cagey * ['keɪdʒɪ] ADJ (= discreet) cachottier

cagoule [kə'gu:l] N coupe-vent *m* pl inv

cahoots * [kə'hu:ts] N ◆ **to be in ~** être de mèche *

Cairo ['kaɪərəʊ] N Le Caire *m*

cajole [kə'dʒəʊl] VT cajoler

Cajun ['keɪdʒən] (US) **1** ADJ cajun **2** N Cajun *mf*

cake [keɪk] N **a** gâteau *m* ; (= fruit cake) cake *m* ◆ **it's a piece of ~** * c'est du gâteau * ▸ **cake shop** pâtisserie *f* **b** [of soap] savon *m*

caked [keɪkt] ADJ [blood] coagulé ; [mud] séché ◆ **his clothes were ~ with** *or* **in mud** ses vêtements étaient maculés de boue

calamine lotion ['kæləmaɪn'ləʊʃən] N lotion *f* calmante à la calamine

calamity [kə'læmɪtɪ] N calamité *f*

calcium ['kælsɪəm] N calcium *m*

calculate ['kælkjʊleɪt] **1** VT **a** [+ speed, weight, cost] calculer **b** [+ probability, risk] évaluer **c** (US = suppose) supposer **d** ◆ **it is ~d to do ...** (= intended) c'est destiné à faire ... **2** VI calculer ◆ **to ~ on doing sth** avoir l'intention de faire qch

calculating ['kælkjʊleɪtɪŋ] ADJ (= scheming) calculateur (-trice *f*)

calculation [,kælkjʊ'leɪʃən] N calcul *m*

calculator ['kælkjʊleɪtə'] N calculatrice *f*, calculette *f*

calendar ['kæləndə'] N calendrier *m*

calf [kɑ:f] N (pl **calves**) **a** (= animal) veau *m* **b** (= leather) vachette *f* **c** [of leg] mollet *m*

calibre, caliber (US) ['kælɪbə'] N calibre *m*

calico ['kælɪkəʊ] N calicot *m*

California [,kælɪ'fɔ:nɪə] N Californie *f*

calipers ['kælɪpəz] NPL (US) ⇒ **callipers**

call [kɔ:l] **1** N **a** (= shout) appel *m* **b** [of bird] cri *m* **c** (= phone call) coup *m* de téléphone ◆ **to make a ~** passer un coup de téléphone ▸ **call sign, call signal** indicatif *m* (d'appel) **d** (= summons, invitation) appel *m* **e** (= short visit) visite *f* ◆ **to pay sb a ~** rendre visite à qn **f** (= demand) ◆ **there have been ~s for** new security measures on a demandé de nouvelles mesures de sécurité **g** (= need) ◆ **there is no ~ for you to worry** il n'y a pas lieu de vous inquiéter **2** VT appeler ◆ **to be ~ed** s'appeler ◆ **what are you ~ed?** comment vous appelez-vous ? ◆ **he ~ed her a liar** il l'a traitée de menteuse ◆ **to ~ a doctor** appeler un médecin ◆ ~ **me at eight** réveillez-moi à huit heures ◆ **to ~ the police/an ambulance** appeler la police/une ambulance ◆ **to ~ a meeting** convoquer une assemblée **3** VI **a** [person] appeler ; [bird] pousser un cri ◆ **to ~ (out) to sb** appeler qn **b** (= visit: also **call in**) passer ◆ **she ~ed (in) to see**

her mother elle est passée voir sa mère **c** (= telephone) appeler **◆ who's ~ing?** c'est de la part de qui ?

► **call back** VTI rappeler

► **call for** VT INSEP **a** (= summon) appeler **b** (= require) [+ action, measures, courage] exiger **c** (= collect) **◆ to ~ for sb** passer prendre qn

► **call in** VT SEP **a** [+ doctor, police] appeler **b** [+ faulty product] rappeler

► **call off** VT SEP (= cancel) annuler

► **call on** VT INSEP **a** (= visit) [+ person] rendre visite à **b ◆ to ~ on sb to do** (= ask) prier qn de faire

► **call out** **1** VI pousser un cri (or des cris) **◆ he ~ed out to me** il m'a appelé **2** VT SEP [+ doctor] appeler ; [+ troops, fire brigade, police] faire appel à

► **call round** VI **◆ to ~ round to see sb** passer voir qn

► **call up** VT SEP **a** [+ troops] mobiliser ; [+ reservists] rappeler **b** (= phone) téléphoner à

callbox ['kɔːlbɒks] N (Brit) cabine f téléphonique

caller ['kɔːlər] N (= visitor) visiteur m, -euse f ; (= person phoning) personne f qui appelle

calligraphy [kə'lɪɡrəfɪ] N calligraphie f

callipers ['kælɪpəz] NPL (Brit) **a** (Math) compas m **b** (= leg-irons) appareil m orthopédique

callous ['kæləs] ADJ dur

calm [kɑːm] **1** ADJ calme **◆ to keep or remain ~** garder son calme **2** N (= calm period) période f de calme ; (= calmness) calme m **3** VT calmer

► **calm down** **1** VI se calmer **◆ ~ down!** du calme !, calmez-vous ! **2** VT SEP [+ person] calmer

Calor gas ® ['kæləɡæs] N (Brit) butane m

calorie ['kælərɪ] N calorie f

calves [kɑːvz] NPL of **calf**

Cambodia [kæm'bəʊdɪə] N Cambodge m

camcorder ['kæmkɔːdər] N caméscope m

came [keɪm] VB (pt of **come**)

camel ['kæməl] N chameau m

camellia [kə'miːlɪə] N camélia m

cameo ['kæmɪəʊ] N camée m

camera ['kæmərə] N (Photo) appareil-photo m ; (= movie camera) caméra f

cameraman ['kæmərəmæn] N (pl **-men**) caméraman m (caméramans pl)

Cameroon [ˌkæmə'ruːn] N Cameroun m

camisole ['kæmɪsəʊl] N caraco m

camomile ['kæməʊmaɪl] N camomille f

camouflage ['kæməflɑːʒ] **1** N camouflage m **2** VT camoufler

camp [kæmp] **1** N camp m **► camp site** camping m **2** ADJ ***** [= affected) affecté ; (= effeminate) efféminé **3** VI camper **◆ to go ~ing** partir camper

campaign [kæm'peɪn] **1** N campagne f **2** VI faire campagne

campbed ['kæmp'bed] N (Brit) lit m de camp

camper ['kæmpər] N (= person) campeur m, -euse f ; (= van) camping-car m ; (US) caravane f pliante

camping ['kæmpɪŋ] N camping m *(activité)* **► camping ground, camping site** camping m

campus ['kæmpəs] N (pl **campuses**) campus m

---

can¹ [kæn] MODAL VB

a ◆ can you come tomorrow? pouvez-vous venir demain ? **◆ can I help you?** est-ce que je peux vous aider ? **◆ where can he be?** où peut-il bien être ? **◆ he will do what he can** il fera ce qu'il pourra

b (indicating possibility) **◆ their behaviour can seem strange** leur comportement peut sembler bizarre **◆ can he have done it already?** est-il possible qu'il l'ait déjà fait ?

c (indicating impossibility) **◆ it can't have been him** ça ne peut pas être lui **◆ he can't be dead!** ce n'est pas possible, il n'est pas mort ! **◆ you can't be serious!** vous ne parlez pas sérieusement ! **◆ she can't be very clever if she failed this exam** elle ne doit pas être très intelligente si elle a échoué à cet examen

d (= know how to) savoir **◆ he can read and write** il sait lire et écrire **◆ she can't swim** elle ne sait pas nager

e ◆ I can see you je vous vois **◆ I can't hear you** je ne t'entends pas

---

can² [kæn] **1** N **a** (for oil, petrol) bidon m **b** [of food] boîte f (de conserve) ; [of beer] canette f **► can opener** ouvre-boîtes m inv **2** VT [+ food] mettre en conserve

Canada ['kænədə] N Canada m

Canadian [kə'neɪdɪən] **1** ADJ canadien ; [ambassador, embassy] du Canada **2** N Canadien(ne) m(f)

canal [kə'næl] N canal m

Canaries [kə'neərɪz] NPL (îles fpl) Canaries fpl

canary [kə'neərɪ] N canari m

cancel ['kænsəl] **1** VT (gen) annuler ; [+ contract] résilier ; [+ cheque] faire opposition à **2** VI se décommander

► **cancel out** VT SEP **◆ they ~ each other out** ils se neutralisent

cancellation [ˌkænsə'leɪʃən] N (gen) annulation f ; [of contract] résiliation f

cancer ['kænsə^r] N **a** cancer *m* **b** ✦ **Cancer** (= sign of zodiac) Cancer *m*

candid ['kændɪd] ADJ franc (franche *f*)

candidate ['kændɪdeɪt] N candidat(e) *m(f)*

candle ['kændl] N bougie *f* ; (tall, decorative) chandelle *f* ; (in church) cierge *m*

candlelight ['kændllaɪt] N ✦ **by ~** à la lueur d'une bougie

candlelit ['kændllɪt] ADJ [room] éclairé à la bougie ▸ **candlelit dinner** dîner *m* aux chandelles

candlestick ['kændlstɪk] N bougeoir *m* ; (tall) chandelier *m*

candour, candor (US) ['kændə^r] N franchise *f*

candy ['kændɪ] N (US) bonbon(s) *m(pl)* ▸ **candyfloss** (Brit) barbe *f* à papa

cane [keɪn] **1** N (gen) canne *f* ; (for plants) tuteur *m* ; (for furniture) rotin *m* ▸ **cane sugar** sucre *m* de canne **2** VT [+ schoolchild] fouetter

canine ['kænaɪn] ADJ canin ✦ **~ (tooth)** canine *f*

canister ['kænɪstə^r] N boîte *f*

cannabis ['kænəbɪs] N (= plant) chanvre *m* indien ; (= drug) cannabis *m*

canned [kænd] ADJ en conserve ✦ **~ food** conserves *fpl*

cannibal ['kænɪbəl] ADJ, N cannibale *mf*

cannon ['kænən] N canon *m*

cannonball ['kænənbɔːl] N boulet *m* de canon

cannot ['kænɒt] → **can**

canny ['kænɪ] ADJ (= shrewd) malin (-igne *f*)

canoe [kə'nuː] N canoë *m* ; (= dug-out) pirogue *f* ; (Sport) kayak *m*

canopy ['kænəpɪ] N [of bed] baldaquin *m* ; [of tent] marquise *f*

can't [kɑːnt] (abbrev of cannot) → **can**

cantankerous [kæn'tæŋkərəs] ADJ irascible

canteen [kæn'tiːn] N **a** (= restaurant) cantine *f* **b** [of cutlery] ménagère *f*

canter ['kæntə^r] **1** N petit galop *m* **2** VI aller au petit galop

canvas [kæn] N toile *f*

canvass ['kænvəs] **1** VI [candidate] faire campagne **2** VT **a** [+ district] faire du démarchage électoral dans ; [+ person] solliciter le suffrage de **b** (= seek opinion of) [+ person] sonder

canyon ['kænjən] N canyon *m*

canyoning ['kænjənɪŋ] N canyoning *m*

cap [kæp] **1** N **a** (= headgear) casquette *f* **b** [of bottle] capsule *f* ; [of pen] capuchon *m* ; [of tooth] couronne *f* **c** (= contraceptive) diaphragme *m* **d** (for toy gun) amorce *f* **2** VT **a**

[+ tooth] couronner **b** (= surpass) surpasser ✦ **to ~ it all** pour couronner le tout **c** [+ spending, taxes] plafonner

capability [keɪpə'bɪlɪtɪ] N aptitude *f*

capable ['keɪpəbl] ADJ capable (of de)

capacity [kə'pæsɪtɪ] N **a** [of container] contenance *f* ; [of hall, hotel] capacité *f* **b** (= production potential) capacité *f* de production ; (= output, production) rendement *m* **c** (= mental ability: also **capacities**) aptitude *f* (to do *or* for doing sth à faire qch) **d** (= role) qualité *f*, titre *m* ✦ **in his official ~** à titre officiel

cape [keɪp] N **a** (= garment) cape *f* **b** (= headland) cap *m*

caper ['keɪpə^r] **1** N (to eat) câpre *f* **2** **capers** NPL (= pranks) farces *fpl*

capital ['kæpɪtl] **1** ADJ capital ✦ **~ letter** majuscule *f* ✦ **~ A** A majuscule ▸ **capital punishment** peine *f* capitale **2** N **a** (= money) capital *m* **b** (also **capital city**) capitale *f* **c** (= letter) majuscule *f*

capitalism ['kæpɪtəlɪzəm] N capitalisme *m*

capitalist ['kæpɪtəlɪst] ADJ, N capitaliste *mf*

capitalize [kə'pɪtəlaɪz] VI ✦ **to ~ on** [+ circumstances, information, talents] tirer parti de ; (financially) monnayer

capitulate [kə'pɪtjʊleɪt] VI capituler

cappuccino [kæpʊ'tʃiːnəʊ] N cappuccino *m*

capricious [kə'prɪʃəs] ADJ capricieux

Capricorn ['kæprɪkɔːn] N Capricorne *m*

capsize [kæp'saɪz] **1** VI chavirer **2** VT faire chavirer

capsule ['kæpsjuːl] N capsule *f*

captain ['kæptɪn] **1** N capitaine *m* **2** VT [+ team] être le capitaine de ; [+ troops] commander

caption ['kæpʃən] N légende *f*

captivate ['kæptɪveɪt] VT fasciner

captive ['kæptɪv] **1** N captif *m*, -ive *f* ✦ **to take sb ~** faire qn prisonnier **2** ADJ [person] prisonnier ; [animal] captif

captivity [kæp'tɪvɪtɪ] N captivité *f*

capture ['kæptʃə^r] **1** VT [+ animal, soldier] capturer ; [+ city] prendre ; [+ attention] capter ; [+ interest] gagner **2** N capture *f*

car [kɑː^r] **1** N **a** voiture *f* **b** (US = part of train) wagon *m*, voiture *f* **2** COMP [wheel, door, seat, tyre] de voiture ▸ **car alarm** alarme *f* auto ▸ **car-boot sale** (Brit) brocante *f* ▸ **car-ferry** ferry(-boat) *m* ▸ **car hire** location *f* de voitures ▸ **car keys** clés *fpl* de voiture ▸ **car park** (Brit) parking *m* ▸ **car phone** téléphone *m* de voiture ▸ **car-pool** pool *m* de covoiturage ▸ **car rental**

location f de voitures ▶ **car sick ✦ to be ~ sick** être malade en voiture ▶ **car wash station** f de lavage automatique

carafe [kəˈræf] N carafe f

caramel [ˈkærəməl] N caramel m

carat [ˈkærət] N carat m

caravan [ˈkærəvæn] **1** N caravane f ; [of gipsy] roulotte f ▶ **caravan site** camping m pour caravanes **2** VI ✦ **to go ~ning** faire du caravaning

carbohydrate [ˌkɑːbəʊˈhaɪdreɪt] N hydrate m de carbone ✦ **~s** (in diet) glucides fpl

carbon [ˈkɑːbən] N carbone m ▶ **carbon dioxide** gaz m carbonique ▶ **carbon monoxide** oxyde m de carbone

carbonated [ˈkɑːbəneɪtɪd] ADJ gazeux

carburettor [ˌkɑːbjʊˈretər], **carburetor** (US) [ˌkɑːbjʊˈreɪtər] N carburateur m

carcass [ˈkɑːkəs] N carcasse f

card [kɑːd] N (gen) carte f ; (= index card) fiche f ; (= piece of cardboard) carton m ✦ **identity ~** carte f d'identité ▶ **card game** partie f de cartes ▶ **card trick** tour m de cartes

cardamom [ˈkɑːdəməm] N cardamome f

cardboard [ˈkɑːdbɔːd] **1** N carton m **2** ADJ en carton ▶ **box** carton m

cardiac [ˈkɑːdɪæk] ADJ cardiaque

cardigan [ˈkɑːdɪgən], **cardie** * [ˈkɑːdɪ] N cardigan m

cardinal [ˈkɑːdɪnl] **1** ADJ cardinal **2** N cardinal m

cardphone [ˈkɑːdfəʊn] N (Brit) téléphone m à carte

care [kɛər] **1** N **a** (= attention) soin m ✦ **~ of** (on letters) chez ✦ **to take ~** faire attention ✦ **to take ~ of** [+ details, arrangements, person, animal] s'occuper de ; [+ valuables] garder ✦ **to take a child into ~** mettre un enfant à l'assistance publique **b** (= anxiety) souci m **2** VI **a** (= feel interest) ✦ **I don't ~ !** ça m'est égal ! ✦ **I couldn't ~ less** * je m'en fiche pas mal * ✦ **who ~s!** on s'en moque ! ✦ **to care about** (= be interested in) s'intéresser à ; (= be concerned about) se soucier de **b** (= like) ✦ **would you ~ to take off your coat ?** voulez-vous retirer votre manteau ?
▶ **care for** VT INSEP **a** (= like) aimer ✦ **I don't much ~ for it** cela ne me dit rien **b** (= look after) [+ invalid] soigner ; [+ child] s'occuper de

career [kəˈrɪər] **1** N carrière f ▶ **careers advisor, careers counselor** (US) conseiller m, -ère f d'orientation professionnelle **2** VI aller à toute allure

carefree [ˈkɛəfriː] ADJ [person] insouciant ; [time] sans souci

careful [ˈkɛəfʊl] ADJ **a** [worker] soigneux ; [work] soigné ; [planning, examination] minutieux **b** **to be careful** (= watch out) faire attention ✦ **be ~!** fais attention ! ✦ **you can't be too ~** (= cautious) on n'est jamais trop prudent **c** (= economical) économe ; (= mean) avare

carefully [ˈkɛəfʊlɪ] ADV **a** (= painstakingly) soigneusement ; [listen, read] attentivement **b** (= cautiously) [drive] prudemment

careless [ˈkɛəlɪs] ADJ [person] négligent ; [action] inconsidéré ; [work] bâclé ✦ **~ mistake** faute f d'inattention

carer [ˈkɛərər] N (professional) travailleur m social

caress [kəˈres] **1** N caresse f **2** VT caresser

caretaker [ˈkɛəˌteɪkər] N (Brit) gardien(ne) m(f) d'immeuble

cargo [ˈkɑːgəʊ] N cargaison f

Caribbean [ˌkærɪˈbiːən, (esp US) kəˈrɪbiən] ADJ ✦ **the ~** les Caraïbes fpl

caricature [ˈkærɪkətjʊər] **1** N caricature f **2** VT caricaturer

caring [ˈkɛərɪŋ] ADJ bienveillant

carnage [ˈkɑːnɪdʒ] N carnage m

carnation [kɑːˈneɪʃən] N œillet m

carnival [ˈkɑːnɪvəl] N carnaval m ; (US = fair) fête f foraine

carnivore [ˈkɑːnɪvɔːr] N carnivore m

carol [ˈkærəl] N chant m de Noël

carousel [ˌkæruːˈsel] N **a** (= merry-go-round) manège m **b** (for slides) carrousel m **c** (for luggage) tapis m roulant (à bagages)

carp [kɑːp] **1** N (= fish) carpe f **2** VI critiquer

carpenter [ˈkɑːpɪntər] N charpentier m ; (= joiner) menuisier m

carpentry [ˈkɑːpɪntrɪ] N charpenterie f ; (= joinery) menuiserie f

carpet [ˈkɑːpɪt] **1** N tapis m ; (fitted) moquette f **2** VT [+ floor] recouvrir d'un tapis ; (with fitted carpet) moquetter

carriage [ˈkærɪdʒ] N **a** (horse-drawn) carrosse m **b** (Brit = part of train) voiture f, wagon m **c** (= conveyance of goods) transport m ✦ **~ paid** (en) port payé

carriageway [ˈkærɪdʒweɪ] N (Brit) chaussée f ; → **dual**

carrier [ˈkærɪər] N **a** (also **carrier bag**) sac m (en plastique) **b** (= airline) compagnie f aérienne **c** (on cycle) porte-bagages m inv **d** [of disease] porteur m, -euse f

carrot [ˈkærət] N carotte f

carry [ˈkærɪ] **1** VT **a** (= bear, transport) [person] porter ; [vehicle] transporter **b** (= have on one's person) [+ identity card, documents, money] avoir sur soi ; [+ umbrella, gun, sword] avoir **c** [+ disease] être porteur de **d** [+ warning, notice] comporter **e** (= involve) [+ risk, responsibility] comporter **f** (= win) remporter ◆ **to ~ the day** gagner **g** ◆ **to ~ o.s.** se tenir **2** VI [voice, sound] porter

▶ **carry away** VT SEP **a** [+ thing] emporter **b** (fig) ◆ **to get carried away (by sth)** * s'emballer * (pour qch)

▶ **carry off** VT SEP [+ thing] emporter ; [+ prizes, honours] remporter ◆ **to ~ it off** * réussir (son coup)

▶ **carry on** **1** VI **a** (= continue) continuer (doing sth à or de faire qch) **b** (* = make a fuss) faire des histoires * **2** VT SEP **a** (= conduct) [+ business, trade] faire ; [+ conversation] soutenir ; [+ negotiations] mener **b** (= continue) continuer

▶ **carry out** VT SEP **a** [+ thing] emporter ; [+ person] emmener **b** (= put into action) [+ plan, order] exécuter ; [+ experiment, search, investigation] faire

▶ **carry through** VT SEP [+ plan] mener à bonne fin

carrycot ['kærɪkɒt] N (Brit) porte-bébé *m*

carry-out [kærɪaut] N (= food) plat *m* à emporter ; (= drink) boisson *f* à emporter

cart [kɑːt] **1** N (horse-drawn) charrette *f* ▶ **cart horse** cheval *m* de trait ; (= handcart) voiture *f* à bras ; (US: for luggage, shopping) chariot *m* **2** VT * [+ heavy objects] trimballer *

cartilage ['kɑːtɪlɪdʒ] N cartilage *m*

carton ['kɑːtən] N [of yoghurt, cream] pot *m* ; [of milk, juice] brique *f* ; [of cigarettes] cartouche *f*

cartoon [kɑːˈtuːn] N (single picture) dessin *m* humoristique ; (= strip) bande *f* dessinée ; (= film) dessin *m* animé

cartoonist [ˌkɑːˈtuːnɪst] N (in newspaper) dessinateur *m*, -trice *f* humoristique ; (= film-maker) dessinateur *m*, -trice *f* de dessins animés

cartridge ['kɑːtrɪdʒ] N (gen) cartouche *f* ; [of camera] chargeur *m*

cartwheel ['kɑːtwiːl] N (= wheel) roue *f* de charrette ◆ **to do a ~** faire la roue

carve [kɑːv] VT tailler ; (= sculpt) sculpter ; [+ meat] découper

▶ **carve out** VT SEP [+ statue, figure] sculpter ; [+ reputation, market share, role] se tailler

▶ **carve up** [+ meat] découper ; (fig) morceler

carvery ['kɑːvərɪ] N grill *m*

carving ['kɑːvɪŋ] N (= sculpture) sculpture *f* ▶ **carving knife** couteau *m* à découper

case [keɪs] N **a** (= fact, example) cas *m* ◆ **in that ~** dans ce cas ◆ **in any ~** en tout cas ◆ **in ~** au cas où ◆ **in ~ he comes** au cas où il viendrait ◆ **in ~ of** en cas de ◆ **just in ~** à tout hasard **b**

(legal) affaire *f* **c** (= argument) arguments *mpl* ◆ **to make a ~ for sth** plaider en faveur de qch **d** (Brit = suitcase) valise *f* ; (= box) (for bottles) caisse *f* ; (for goods on display) vitrine *f* ; (for jewels) coffret *m* ; (for camera, binoculars, violin) étui *m*

cash [kæʃ] **1** N **a** (= notes and coins) argent *m* liquide ◆ **to pay in ~** payer cash **b** (= payment) argent *m* comptant ◆ **~ on delivery** envoi *m* contre remboursement **c** (* = money in general) argent *m* **2** VT [+ cheque] encaisser **3** COMP ▶ **cash-and-carry** cash and carry *m inv* ▶ **cash card** carte *f* de retrait ▶ **cash desk** [of shop] caisse *f* ▶ **cash dispenser** distributeur *m* (automatique) de billets ▶ **cash flow** cash-flow *m* ▶ **cash machine, cash point** (Brit) distributeur *m* (automatique) de billets ▶ **cash register** caisse *f*

cashback ['kæʃbæk] N (at supermarket) *retrait d'espèces à la caisse*

cashbox ['kæʃbɒks] N caisse *f*

cashew [kæˈʃuː] N noix *f* de cajou

cashier [kæˈʃɪəʳ] N caissier *m*, -ière *f*

cashmere [kæʃˈmɪəʳ] N cachemire *m*

casino [kəˈsiːnəʊ] N casino *m*

cask [kɑːsk] N fût *m*

casket ['kɑːskɪt] N [of jewels] coffret *m* ; (US = coffin) cercueil *m*

casserole ['kæsərəʊl] N (Brit = utensil) cocotte *f* ; (= food) ragoût *m*

cassette [kæˈset] N cassette *f* ▶ **cassette player** lecteur *m* de cassettes ▶ **cassette recorder** magnétophone *m* à cassettes

cast [kɑːst] (vb : pret, ptp **cast**) **1** N (= actors collectively) acteurs *mpl* ◆ **~ list** distribution *f* **2** VT **a** (= throw) jeter ◆ **to ~ a vote** voter **b** [+ plaster, metal] couler ; [+ statue] mouler **c** [+ play, film] distribuer les rôles de ◆ **he was ~ as Hamlet** on lui a donné le rôle de Hamlet **3** VI (Fishing) lancer sa ligne

▶ **cast about, cast around** VI ◆ **to ~ about or around for sth** chercher qch

▶ **cast aside** VT SEP rejeter

▶ **cast off** VI [ship] larguer les amarres

castanets [ˌkæstəˈnets] NPL castagnettes *fpl*

castaway ['kɑːstəweɪ] N naufragé(e) *m(f)*

caste [kɑːst] N caste *f*

caster ['kɑːstəʳ] N roulette *f*

caster sugar ['kɑːstəˌʃʊgəʳ] N (Brit) sucre *m* en poudre

cast-iron [kɑːstˌaɪən] **1** N fonte *f* **2** ADJ en fonte ; [excuse, alibi] en béton

castle ['kɑːsl] N château *m*

castor ['kɑːstəʳ] N roulette *f*

castrate [kæsˈtreɪt] VT castrer

casual ['kæʒjʊl] ADJ **a** [person] désinvolte ; [chat, conversation] informel **b** (= occasional) occasionnel ◆ **to have ~ sex** avoir une aventure sans lendemain **c** [remark] fait en passant ; [meeting] fortuit **d** [clothes, shoes] décontracté **e** [work, job, worker] temporaire **f** [worker] temporaire

casually ['kæʒjʊlɪ] ADV **a** (= in a relaxed way) avec désinvolture ; [say, mention] en passant **b** [dress] de façon décontractée

casualty ['kæʒjʊltɪ] N **a** (dead) mort(e) m(f) ; (wounded) blessé(e) m(f) **b** (= hospital department) (service m des) urgences fpl ▶ **casualty ward** salle f des urgences

cat [kæt] N chat m ◆ **the big ~s** les grands félins mpl ▶ **cat burglar** cambrioleur m ▶ **cat flap** chatière f ▶ **cat's-eye** (on road) catadioptre m

catacombs ['kætəkuːmz] NPL catacombes fpl

catalogue, catalog (US) ['kætəlɒg] **1** N catalogue m ; (US Univ = brochure) brochure f **2** VT cataloguer

catalyst ['kætəlɪst] N catalyseur m

catamaran [kætəmə'ræn] N catamaran m

catapult ['kætəpʌlt] **1** N (Brit) lance-pierre m inv **2** VT catapulter

catarrh [kə'tɑːʳ] N rhume m (chronique)

catastrophe [kə'tæstrəfɪ] N catastrophe f

catch [kætʃ] (vb : pret, ptp **caught**) **1** N **a** (= act, thing caught) prise f, capture f ; (Fishing) (= several fish) pêche f ; (= one fish) prise f **b** (* = concealed drawback) piège m **c** (Brit) (on door) loquet m ; (on window) loqueteau m **2** VT **a** (gen) attraper ◆ **to ~ sb's attention** or **eye** attirer l'attention de qn ◆ **to ~ the post** arriver à temps pour la levée ◆ **to ~ cold** prendre froid **b** (= take by surprise) surprendre ◆ **to ~ sb doing sth** surprendre qn en train de faire qch **c** (= trap) ◆ **to ~ one's foot in sth** se prendre les pieds dans qch ◆ **I caught my skirt on the branch** ma jupe s'est accrochée à la branche **d** (= understand, hear) saisir **3** VI **a** [fire] prendre ; [wood] prendre feu **b** ◆ **her dress caught on a nail** sa robe s'est accrochée à un clou

▶ **catch on** VI **a** (= become popular) [fashion] prendre **b** (= understand) saisir

▶ **catch out** VT SEP (= catch napping) prendre en défaut ; (= catch in the act) prendre sur le fait ◆ **to be caught out (by sth)** être surpris (par qch)

▶ **catch up** VI **a** (gen) se rattraper ; (with news, gossip) se mettre au courant ◆ **to ~ up with sb** rattraper qn **b** ◆ **to be** or **get caught up in sth** (in activity, campaign) être pris par qch ; (in circumstances) être prisonnier de qch

catching * ['kætʃɪŋ] ADJ (= contagious) contagieux

catchphrase [ˌkætʃfreɪz] N (= slogan) slogan m ; [of comedian, famous person] formule f

categorical [ˌkætɪˈgɒrɪkəl] ADJ catégorique

categorize ['kætɪgəraɪz] VT classer (par catégories)

category ['kætɪgərɪ] N catégorie f

cater ['keɪtəʳ] VI ◆ **to ~ for** ou **to** (sb's needs, tastes) satisfaire

caterer ['keɪtərəʳ] N traiteur m

catering ['keɪtərɪŋ] N restauration f

caterpillar ['kætəpɪləʳ] N chenille f

cathedral [kə'θiːdrəl] N cathédrale f

Catholic ['kæθəlɪk] ADJ, N catholique mf

cattle ['kætl] N bétail m

catwalk ['kætwɔːk] N podium m

caught [kɔːt] VB (pt, ptp of **catch**)

cauldron ['kɔːldrən] N chaudron m

cauliflower ['kɒlɪflaʊəʳ] N chou-fleur m

cause [kɔːz] **1** N cause f ◆ **to be the ~ of sth** être la cause de qch ◆ **there's no ~ for anxiety** il n'y a pas lieu de s'inquiéter ◆ **with (good) ~** à juste titre ◆ **without ~** sans raison ◆ **to have ~ for complaint** avoir de quoi se plaindre **2** VT causer ◆ **to ~ trouble** [action, situation] poser des problèmes ; [person] créer des problèmes ◆ **to ~ sb to do sth** faire faire qch à qn

caustic ['kɔːstɪk] ADJ caustique

caution ['kɔːʃən] **1** N **a** (= circumspection) prudence f **b** (= warning) avertissement m ; (= rebuke) réprimande f **2** VT ◆ **to ~ sb against doing sth** déconseiller à qn de faire qch ◆ **to ~ that** avertir que

cautious ['kɔːʃəs] ADJ prudent

cavalry ['kævəlrɪ] N cavalerie f

cave [keɪv] **1** N grotte f **2** VI ◆ **to go caving** faire de la spéléologie

▶ **cave in** VI [floor, building] s'effondrer

caveman ['keɪvmæn] N (pl **-men**) homme m des cavernes

cavern ['kævən] N caverne f

caviar(e) ['kævɪɑːʳ] N caviar m

cavity ['kævɪtɪ] N cavité f ; (in tooth) carie f

cavort * [kə'vɔːt] VI (= jump about) s'ébattre

CB [siː'biː] (abbrev of **Citizens' Band Radio**) CB f

cc [siː'siː] (abbrev of **cubic centimetre(s)**) cm^3

CCTV [ˌsiːsiːtiː'viː] N (abbrev of **closed-circuit television**) télévision f en circuit fermé

CD [siː'diː] N (abbrev of **compact disc**) CD m ▶ **CD player** platine f laser

CD-I ® [ˌsiː'diː'aɪ] N (abbrev of **compact disc interactive**) CD-I m, disque m compact interactif

CD-ROM [,si:di:'rɒm] N (abbrev of **compact disc read-only memory**) CD-ROM m, cédérom m

cease [si:s] VTI cesser ◆ to ~ **(from) doing sth** cesser de faire qch

ceasefire ['si:sfaɪər] N cessez-le-feu m inv

cedar ['si:dər] N cèdre m

Ceefax ® ['si:fæks] N télétexte ® m (de la BBC)

ceiling ['si:lɪŋ] N plafond m

celebrate ['selɪbreɪt] **1** VT [+ event] célébrer, fêter ; [+ mass] célébrer **2** VI faire la fête

celebrated ['selɪbreɪtɪd] ADJ célèbre

celebration [,selɪ'breɪʃən] N **a** (= party) fête f **b** [of event] célébration f ◆ in ~ **of** pour fêter

celebrity [sɪ'lebrɪtɪ] N célébrité f

celeriac [sə'lerɪæk] N céleri(-rave) m

celibate ['selɪbɪt] ADJ **=** (unmarried) célibataire ; (= sexually inactive) chaste

cell [sel] N cellule f

cellar ['selər] N cave f

cello ['tʃeləʊ] N violoncelle m

Cellophane ® ['seləfeɪn] N cellophane ® f

cellphone ['selfəʊn] N téléphone m cellulaire

cellulite ['seljʊ,laɪt] N cellulite f

Celsius ['selsɪəs] ADJ Celsius inv ◆ **degrees ~** degrés mpl Celsius

Celt [kelt, selt] N Celte mf

Celtic ['keltɪk, 'seltɪk] ADJ celtique, celte

cement [sə'ment] **1** N ciment m ▶ **cement mixer** bétonnière f **2** VT cimenter

cemetery ['semɪtrɪ] N cimetière m

censor ['sensər] **1** N censeur m **2** VT censurer

censorship ['sensəʃɪp] N censure f

censure ['senʃər] VT critiquer

census ['sensəs] N (pl **censuses**) recensement m

cent [sent] N **a** (= coin) cent m **b** ◆ **per ~** pour cent

centenary [sen'ti:nərɪ] N (Brit) centenaire m

centennial [sen'tenɪəl] N (US) centenaire m

center ['sentər] N (US) ⇒ **centre**

centigrade ['sentɪgreɪd] ADJ centigrade

centimetre, centimeter (US) ['sentɪ,mi:tər] N centimètre m

centipede ['sentɪpi:d] N mille-pattes m inv

central ['sentrəl] ADJ (gen) central ; [location] proche du centre-ville ; [fact, role] essentiel ◆ ~ **London** le centre de Londres ▶ **central heating** chauffage m central ▶ **central locking** (of car) verrouillage m centralisé ▶ **central reservation** (Brit) [of road] terre-plein m central

centralize ['sentrəlaɪz] VT centraliser

centre, center (US) ['sentər] **1** N centre m ◆ **in the ~** au centre ◆ **she likes to be the ~ of attention** elle aime que tout le monde fasse attention à elle ▶ **centre-forward** (Sport) avant-centre m ▶ **centre-half** (Sport) demi-centre m ▶ **centre-piece** N [of table] milieu m de table **2** VT centrer **3** VI ◆ **to ~ on** [thoughts] se concentrer sur ; [discussion] tourner autour de

centrefold ['sentəfəʊld] N double page f (détachable)

century ['sentjʊrɪ] N siècle m ◆ **in the twenty-first ~** au vingt-et-unième siècle

CEO ['si:'i:'əʊ] N (abbrev of **chief executive officer**) N directeur m général

ceramic [sɪ'ræmɪk] **1** ADJ en céramique **2 ceramics** NPL (= objects) céramiques fpl

cereal ['sɪərɪəl] N céréale f ; (also **breakfast cereal**) céréales f (pour le petit-déjeuner)

ceremony ['serɪmənɪ] N (= event) cérémonie f ◆ **to stand on ~** faire des cérémonies

certain ['sɜ:tən] ADJ **a** (= sure) certain ◆ **to be or feel ~ (about or of sth)** être certain (de qch) ◆ **I am not ~ why/how/when/how ...** je ne sais pas avec certitude qui/pourquoi/quand/ comment ... ◆ **to know for ~ that ...** avoir la certitude que ... ◆ **I can't say for ~** je n'en suis pas certain ◆ **to make ~ that ...** s'assurer que ... **b** [defeat, success, victory, death] certain after n **c** (particular) [person, type] certain before n ◆ **in ~ circumstances** dans certaines circonstances ◆ **to a ~ extent or degree** dans une certaine mesure

certainly ['sɜ:tənlɪ] ADV **a** (= undoubtedly) certainement **b** (= definitely) vraiment **c** (expressing agreement) certainement ◆ **had you forgotten? – ~ not** vous aviez oublié ? – certainement pas **d** (expressing willingness) bien sûr ◆ **could you help me? – ~** pourriez-vous m'aider ? – bien sûr

certainty ['sɜ:təntɪ] N certitude f

certificate [sə'tɪfɪkɪt] N **a** (legal) certificat m **b** (academic) diplôme m

certify ['sɜ:tɪfaɪ] VT certifier ◆ **to send by certified mail** (US) = envoyer avec accusé de réception

cervical ['sɜ:vɪkəl] ADJ cervical ▶ **cervical cancer** cancer m du col de l'utérus ▶ **cervical smear** frottis m vaginal

cervix ['sɜ:vɪks] N col m de l'utérus

cesspit ['sespɪt] N fosse f d'aisance

cf (abbrev of **confer**) cf

CFC [,si:ef'si:] N (abbrev of **chlorofluorocarbon**) CFC m

chafe [tʃeɪf] VT (= rub against) irriter (par frottement)

chaffinch ['tʃæfɪntʃ] N pinson *m*

chain [tʃeɪn] **1** N (gen) chaîne *f*; [of events] série *f* ▸ **chain reaction** réaction *f* en chaîne ▸ **chain saw** tronçonneuse *f* ▸ **chain-smoke** fumer cigarette sur cigarette ▸ **chain store** grand magasin *m* à succursales multiples **2** VT [+ dog, bike] attacher avec une chaîne ; [+ person] enchaîner

chair [tʃeəʳ] **1** N **a** chaise *f*; (= armchair) fauteuil *m* **b** (Univ) chaire *f* **c** (= chairperson) président(e) *m(f)* **d** (at meeting = function) présidence *f* **2** VT [+ meeting] présider

chairlift ['tʃeəlɪft] N télésiège *m*

chairman ['tʃeəmən] N (pl **-men**) président *m*

chairperson ['tʃeə,pɜːsn] N président(e) *m(f)*

chairwoman ['tʃeəwʊmən] N (pl **-women**) présidente *f*

chalet ['ʃæleɪ] N chalet *m*

chalk [tʃɔːk] N craie *f* ▸ **chalk board** (US) tableau *m* (noir)

challenge ['tʃælɪndʒ] **1** N défi *m* **2** VT **a** [+ person] défier ◆ **to ~ sb to do sth** défier qn de faire qch ◆ **to ~ sb to a game** proposer à qn de faire une partie ◆ **to ~ sb to a duel** provoquer qn en duel **b** [+ statement, authority] contester **c** [+ juror, jury] récuser

challenger ['tʃælɪndʒəʳ] N challenger *m*

challenging ['tʃælɪndʒɪŋ] ADJ [look, tone] de défi ; [remark, speech] provocateur (-trice *f*) ◆ **this is a ~ job** ce travail représente un véritable défi

chamber ['tʃeɪmbəʳ] N chambre *f* ▸ **chamber music** musique *f* de chambre ▸ **Chamber of Commerce** Chambre *f* de commerce

chambermaid ['tʃeɪmbəmeɪd] N femme *f* de chambre

chameleon [kə'miːlɪən] N caméléon *m*

chamois ['ʃæmi] N (also **chamois leather**) peau *f* de chamois

champagne [ʃæm'peɪn] N champagne *m*

champion ['tʃæmpjən] N champion(ne) *m(f)* ◆ **world ~** champion(ne) *m(f)* du monde

championship ['tʃæmpjənʃɪp] N championnat *m*

chance [tʃɑːns] **1** N **a** (= luck) hasard *m* ◆ **by ~** par hasard ◆ **to leave things to ~** laisser faire le hasard **b** (= possibility) chance(s) *f(pl)* ◆ **he doesn't stand much ~ of winning** il a peu de chances de gagner ◆ **there is little ~ of his coming** il est peu probable qu'il vienne ◆ **he's taking no ~s** il ne veut prendre aucun risque ◆ **no ~!** * jamais ! **c** (= opportunity) occasion *f* ◆ **I had the ~ to go** *or* **of going** j'ai eu l'occasion d'y aller ◆ **give him another ~** laisse-lui encore une chance **2** ADJ ◆ **a ~**

discovery une découverte accidentelle ◆ **a ~ meeting** une rencontre fortuite **3** VT (= risk) [+ rejection, fine] risquer ◆ **to ~ one's luck** tenter sa chance

chancellor ['tʃɑːnsələʳ] N chancelier *m*; (Brit Univ) président(e) *m(f)* honoraire ; (US Univ) président(e) *m(f)* d'université ▸ **Chancellor of the Exchequer** (Brit) chancelier *m* de l'Échiquier *(ministre des finances britannique)*

chandelier [ʃændə'lɪəʳ] N lustre *m*

change [tʃeɪndʒ] **1** N **a** (= alteration) changement *m* ◆ **a ~ for the better** une amélioration ◆ **~ in attitudes** changement *m* d'attitude ◆ **(just) for a ~** pour changer un peu ◆ **to make a ~ in sth** changer qch ◆ **it makes a ~** ça change un peu ◆ **the ~ of life** le retour d'âge ◆ **~ of address** changement *m* d'adresse ◆ **a ~ of clothes** des vêtements de rechange **b** (= money) monnaie *f* ◆ **small ~** petite monnaie *f* **2** VT **a** (gen) changer (X into Y X en Y); [+ jobs, shirts, trains] changer de ◆ **to ~ hands** (= one's grip) changer de main ; [goods, property, money] changer de mains ◆ **to ~ one's mind** changer d'avis **b** (= exchange) échanger ◆ **to ~ places (with sb)** changer de place (avec qn) ◆ **I wouldn't like to ~ places with you** je n'aimerais pas être à votre place **c** [+ banknote, coin] faire la monnaie de ; [+ foreign currency] changer (into en) **3** VI **a** (= become different) changer ◆ **to ~ into** se changer en **b** (= change clothes) se changer **c** (on bus, plane, train journey) changer

▸ **change over** VI (gen) passer (from de ; to à) ; [two people] faire l'échange

changeable ['tʃeɪndʒəbl] ADJ [person] inconstant ; [weather, circumstances] variable

changeover ['tʃeɪndʒəʊvəʳ] N changement *m*

changing ['tʃeɪndʒɪŋ] ADJ changeant ▸ **changing-room** (Brit Sport) vestiaire *m* ; (= fitting room) cabine *f* d'essayage

channel ['tʃænl] **1** N **a** (TV) chaîne *f* **b** (= navigable passage) chenal *m* ; (for irrigation) canal *m* ◆ **the (English) Channel** la Manche ▸ **the Channel Islands, the Channel Isles** les îles *fpl* Anglo-Normandes ▸ **the Channel tunnel** le tunnel sous la Manche **c** (= groove in surface) rainure *f* **d** (= system) voie *f* ◆ **to go through the usual ~s** suivre la filière habituelle **2** VT [+ energies, efforts, resources] canaliser (towards, into vers)

chant [tʃɑːnt] **1** N (in religious music) psalmodie *f* ; [of crowd, demonstrators] chant *m* scandé **2** VT (= sing) chanter lentement ; (= recite) réciter ; [+ religious music] psalmodier ; [crowd, demonstrators] scander

chaos ['keɪɒs] N chaos *m*

chaotic [keɪ'ɒtɪk] ADJ chaotique

chap * [tʃæp] N (Brit) type *m*

chapel ['tʃæpəl] N chapelle f

chaplain ['tʃæplɪn] N aumônier m

chapped [tʃæpt] ADJ [lips] gercé

chapter ['tʃæptər] N [of book] chapitre m

character ['kærɪktər] N **a** (gen) caractère m **b** (= outstanding individual) personnage m ; (= original person) * numéro * m **c** (in film, play) personnage m

characteristic [ˌkærɪktə'rɪstɪk] **1** ADJ caractéristique **2** N caractéristique f

characterize ['kærɪktəraɪz] VT caractériser

charade [ʃə'rɑːd] **1** N (= pretence) comédie f **2 charades** NPL charades fpl mimées

charcoal ['tʃɑːkəʊl] N charbon m de bois

charge [tʃɑːdʒ] **1** N **a** (= accusation) accusation f ; (in court) inculpation f, chef m d'accusation **b** (= fee) prix m ◆ free of ~ gratuit ▸ charge card (Brit) carte f de paiement **c** (= responsibility) ◆ the person in ~ le responsable ◆ to be in ~ of [+ department, operation, project] diriger ; [+ children, animals] s'occuper de ◆ to take ~ (in firm, project) prendre la direction ◆ he took ~ of the situation il a pris la situation en main **d** (electrical) charge f **e** (= attack) charge f **2** VT **a** (= accuse) accuser (with de) ; (in court) inculper (with de) **b** (in payment) [+ person] faire payer ; [+ amount] prendre ◆ to ~ sb for sth faire payer qch à qn **c** [+ battery] charger **d** (= command) ◆ to ~ sb to do sth charger qn de faire qch **e** (= attack) charger **3** VI **a** (= rush) se précipiter ◆ to ~ in/out entrer/sortir en coup de vent ◆ to ~ up/down grimper/descendre à toute vitesse **b** [battery] se recharger

chariot ['tʃærɪət] N char m

charisma [kæ'rɪzmə] N charisme m

charity ['tʃærɪtɪ] N **a** (= charitable organization) organisation f caritative **b** (= alms) charité f

charm [tʃɑːm] **1** N **a** [of person, place, object] charme m **b** (for bracelet) breloque f **2** VT charmer

charming ['tʃɑːmɪŋ] ADJ charmant

charred [tʃɑːd] ADJ carbonisé

chart [tʃɑːt] **1** N **a** (= graph) graphique m ; (= table) tableau m **b** (= map of sea) carte f (marine) **c** ◆ the ~s (= hit parade) le hit-parade **2** VT **a** [+ sales, profits, results] faire la courbe de **b** [+ route, journey] porter sur la carte

charter ['tʃɑːtər] **1** N **a** (= document) charte f **b** (also **charter flight**) (vol m) charter m **2** VT [+ plane] affréter

chartered accountant ['tʃɑːtədə'kaʊntənt] N (Brit) expert-comptable mf

chase [tʃeɪs] **1** N (= pursuit) poursuite f **2** VT poursuivre **3** VI ◆ to ~ after sb courir après qn ▸ **chase away** VT SEP [+ person, animal] chasser

chasm ['kæzəm] N gouffre m

chassis ['ʃæsɪ] N (pl **chassis** ['ʃæsɪz]) [of vehicle] châssis m

chastise [tʃæs'taɪz] VT (= scold) réprimander

chat [tʃæt] **1** N brin m de conversation ◆ to have a ~ bavarder ▸ chat room (on the Web) forum m de discussion ▸ chat show (Brit TV) talk-show m **2** VI bavarder (with, to avec) ; (Computing) participer à un forum de discussion ▸ **chat up** * VT SEP (Brit) baratiner *

chatter ['tʃætər] **1** VI bavarder ; [children, monkeys, birds] jacasser ◆ his teeth were ~ing il claquait des dents **2** N [of person] bavardage m

chatterbox * ['tʃætəbɒks] N moulin m à paroles *

chatty * ['tʃætɪ] ADJ [person] bavard ◆ a ~ letter une lettre écrite sur le ton de la conversation

chauffeur ['ʃəʊfər] N chauffeur m (de maître) ▸ chauffeur-driven car voiture f avec chauffeur

chauvinist ['ʃəʊvɪnɪst] N chauvin(e) m(f) ◆ male ~ machiste m

cheap [tʃiːp] **1** ADJ **a** (= inexpensive) bon marché inv ; [rate, fare] réduit **b** (= poor-quality) bon marché inv **c** [remark] méchant ; [joke, trick, gimmick, woman] facile **2** ADV [buy] (= inexpensively) bon marché ; (= cut-price) au rabais

cheapen ['tʃiːpən] VT (= reduce value of) déprécier ◆ to ~ o.s. se déprécier

cheat [tʃiːt] **1** VT (= swindle) escroquer ◆ to ~ sb out of sth escroquer qch à qn ◆ to feel ~ed (= swindled) se sentir floué ; (= betrayed) se sentir trahi **2** VI (at cards, games) tricher (at à) ◆ to ~ on sb * (= be unfaithful to) tromper qn **3** N (also **cheater**) (US) tricheur m, -euse f

check [tʃek] **1** N **a** (= inspection) contrôle m ◆ to make a ~ on contrôler **b** ◆ to keep in ~ [+ emotions] contenir **c** (Chess) échec m ◆ ~! échec au roi ! **d** (US = bill) addition f **e** (gen = pattern) ◆ ~s carreaux mpl ◆ ~ shirt chemise à carreaux f (US) ⇒ **cheque** **2** VT **a** (= inspect) vérifier ; [+ tickets, passports] contrôler ; (= tick off) cocher **b** [+ baggage] enregistrer **c** (= stop) [+ enemy] arrêter ; [+ advance] enrayer **d** (Chess) faire échec à **e** (US) [+ coats] mettre au vestiaire **3** VI vérifier ▸ **check in** **1** VI (in hotel) (= arrive) arriver ; (= register) remplir une fiche (d'hôtel) ; (at airport) se présenter à l'enregistrement **2** VT SEP (at airport) enregistrer ▸ **check on** VT INSEP [+ information, time] vérifier ◆ to ~ on sb voir ce que fait qn

► **check out 1** VI (from hotel) régler sa note **2** VT SEP **a** (= verify) vérifier **b** [+ luggage] retirer ; [+ person] contrôler la sortie de ; [+ hotel guest] faire payer sa note à

► **check up** VI ◆ **to ~ up on sth** vérifier qch ◆ **to ~ up on sb** se renseigner sur qn

checkbook ['tʃekbʊk] N (US) chéquier m

checked [tʃekt] ADJ [tablecloth, suit, pattern] à carreaux

checkered ['tʃekəd] (US) ADJ ⇒ **chequered**

checkers ['tʃekəz] NPL (US) jeu m de dames

check-in ['tʃekɪn] N (at airport) enregistrement m (des bagages)

checklist ['tʃeklɪst] N check-list f, liste f de contrôle

checkmate ['tʃekmeɪt] N (Chess) (échec m et) mat m

check-out [ˌtʃekaʊt] N caisse f (dans un libre-service)

checkpoint ['tʃekpɔɪnt] N poste m de contrôle

checkup ['tʃekʌp] N (Med) bilan m de santé

cheddar ['tʃedər] N cheddar m

cheek [tʃiːk] N **a** (Anat) joue f **b** (* = impudence) culot * m

cheekbone ['tʃiːkbəʊn] N pommette f

cheeky ['tʃiːki] ADJ [person] effronté ; [remark] impertinent

cheep [tʃiːp] VI [bird] piauler

cheer [tʃɪər] **1** N ◆ **~s** acclamations fpl, hourras mpl ◆ **~s!** * (Brit) (= your health!) à la vôtre * (or à la tienne *) ! ; (= goodbye) salut ! ; (= thanks) merci ! **2** VT **a** [+ person] remonter le moral à **b** (= applaud) acclamer **3** VI (= applaud) pousser des cris d'acclamation

► **cheer up 1** VI reprendre courage ◆ **~ up!** courage ! **2** VT SEP remonter le moral à

cheerful ['tʃɪəfʊl] ADJ [atmosphere, mood, occasion, person] joyeux ; [colour, smile] gai ; [news, prospect] réjouissant

cheerio * ['tʃɪərɪˈəʊ] EXCL (Brit) (= goodbye) tchao ! *

cheerleader ['tʃɪəliːdər] N pom-pom girl f

cheese [tʃiːz] N fromage m

cheeseboard ['tʃiːzbɔːd] N plateau m de fromages

cheeseburger ['tʃiːzbɜːgər] N cheeseburger m

cheesecake ['tʃiːzkeɪk] N cheesecake m, ≈ gâteau m au fromage blanc

cheetah ['tʃiːtə] N guépard m

chef [ʃef] N chef m (cuisinier)

chemical ['kemɪkəl] **1** ADJ chimique **2** N produit m chimique

chemist ['kemɪst] N **a** (= scientist) chimiste mf **b** (Brit = pharmacist) pharmacien(ne) m(f) ◆ **~'s (shop)** pharmacie f

chemistry ['kemɪstri] N chimie f

chemotherapy [ˌkeməʊˈθerəpi] N chimiothérapie f

cheque, check (US) [tʃek] N chèque m ► **cheque card** (Brit) carte f bancaire (garantissant les chèques)

chequebook ['tʃekbʊk] N chéquier m

chequered ['tʃekəd] ADJ **a** [material] à carreaux **b** [history, career] en dents de scie

cherish ['tʃerɪʃ] VT [+ person, memory] chérir ; [+ hope, illusions] nourrir

cherry ['tʃeri] N (= fruit) cerise f ; (also **cherry tree**) cerisier m ► **cherry-red** (rouge) cerise inv ► **cherry tomato** tomate f cerise

chess [tʃes] N échecs mpl ► **chess set** jeu m d'échecs

chessboard ['tʃesbɔːd] N échiquier m

chessman ['tʃesmæn] N (pl **-men**) pièce f (de jeu d'échecs)

chest [tʃest] N **a** (part of body) poitrine f **b** (= box) coffre m ► **chest of drawers** commode f

chestnut ['tʃesnʌt] **1** N **a** (edible) châtaigne f, marron m **b** (also **chestnut tree**) châtaignier m ; (= horse chestnut) marronnier m **2** ADJ (also **chestnut-brown**) châtain

chew [tʃuː] VT [+ food] mâcher ; [+ pencil] mordiller ► **chewing gum** chewing-gum m ► **chew up** VT SEP mâchonner

chic [ʃiːk] ADJ chic inv

chick [tʃɪk] N (= chicken) poussin m ; (= nestling) oisillon m

chicken ['tʃɪkɪn] **1** N poulet m **2** ADJ (* = cowardly) froussard * ► **chicken out** ‡ VI se dégonfler *

chickenpox ['tʃɪkɪnpɒks] N varicelle f

chickpea ['tʃɪkpiː] N pois m chiche

chicory ['tʃɪkəri] N (for coffee) chicorée f ; (= endive) endive f

chief [tʃiːf] **1** N chef m ► **chief executive officer** directeur m général ► **chief inspector** (Brit Police) inspecteur m de police principal ► **chief of staff** N chef m d'état-major **2** ADJ (= main) principal

chiefly ['tʃiːfli] ADV principalement

chiffon ['ʃɪfɒn] N mousseline f de soie

chilblain ['tʃɪlbleɪn] N engelure f

child [tʃaɪld] (pl **children**) N enfant mf ◆ **it's ~'s play** c'est un jeu d'enfant

childbirth ['tʃaɪldbɜːθ] N accouchement m

childhood ['tʃaɪldhʊd] N enfance f

childish ['tʃaɪldɪʃ] ADJ puéril (puérile *f*)

childlike ['tʃaɪldlaɪk] ADJ d'enfant, enfantin

childminder ['tʃaɪld,maɪndə^r] N (Brit) nourrice *f*

children ['tʃɪldrən] NPL of **child**

Chile ['tʃɪlɪ] N Chili *m*

chili ['tʃɪlɪ] N (pl **chilies**) piment *m*

chill [tʃɪl] **1** N **a** (= coldness) froid *m* **b** (= illness) refroidissement *m* ◆ **to catch a ~** prendre froid **2** VT [+ person] faire frissonner ; [+ wine, melon] (faire) rafraîchir ; [+ champagne] frapper ; [+ dessert] mettre au frais **3** VI [wine] rafraîchir
► **chill out** * VI décompresser *

chilli ['tʃɪlɪ] N ⇒ **chili**

chilling ['tʃɪlɪŋ] ADJ (= frightening) effrayant

chilly ['tʃɪlɪ] ADJ froid ; [day, afternoon] frais (fraîche *f*) ◆ **to be ~** to be ~ [person] avoir froid ◆ **it's ~ today** il fait un peu froid aujourd'hui

chime [tʃaɪm] **1** N carillon *m* **2** VI [bells, voices] carillonner ; [clock] sonner

chimney ['tʃɪmnɪ] N cheminée *f* ► **chimney pot** tuyau *m* de cheminée ► **chimney sweep** ramoneur *m*

chimpanzee [,tʃɪmpæn'ziː], **chimp** * [tʃɪmp] N chimpanzé *m*

chin [tʃɪn] N menton *m*

China ['tʃaɪnə] N Chine *f*

china ['tʃaɪnə] N porcelaine *f*

Chinatown ['tʃaɪnətaʊn] N quartier *m* chinois

Chinese [tʃaɪ'niːz] **1** ADJ chinois **2** N **a** (pl inv) Chinois(e) *m(f)* **b** (= language) chinois *m* **3** the **Chinese** NPL les Chinois *mpl*

chink [tʃɪŋk] **1** N **a** (= crack) fissure *f* **b** (= sound) tintement *m* (de verres, de pièces de monnaie) **2** VT faire tinter **3** VI tinter

chip [tʃɪp] **1** N **a** (to eat) ◆ **~s** (Brit) frites *fpl* ; (US) chips *fpl* ► **chip shop** (Brit) friterie *f* **b** (Computing) puce *f* **c** (= small piece) fragment *m* ; [of wood] petit copeau *m* ◆ **to have a ~ on one's shoulder** être aigri **d** (= break) ébrèchure *f* **e** (in gambling) jeton *m* **2** VT (= damage) [+ cup, plate] ébrécher ; [+ furniture] écorner ; [+ varnish, paint] écailler
► **chip in** VI **a** (= interrupt) dire son mot **b** (* = contribute) contribuer (à une collecte)

chipboard ['tʃɪpbɔːd] N (US) carton *m* ; (Brit) aggloméré *m*

chipmunk ['tʃɪpmʌŋk] N petit écureuil à rayures

chiropodist [kɪ'rɒpədɪst] N (Brit) pédicure *mf*

chiropractor ['kaɪərəpræktə^r] N chiropracteur *m*

chirp [tʃɜːp] VI [birds] pépier ; [crickets] faire cricri

chirpy * ['tʃɜːpɪ] ADJ gai

chisel ['tʃɪzl] **1** N [of carpenter, sculptor] ciseau *m* ; [of stonemason] burin *m* **2** VT ciseler

chitchat * ['tʃɪtʃæt] N bavardage *m*

chivalrous ['ʃɪvəlrəs] ADJ (= gallant) galant

chivalry ['ʃɪvəlrɪ] N **a** chevalerie *f* **b** (= courtesy) galanterie *f*

chives [tʃaɪvz] NPL ciboulette *f*

chloride ['klɔːraɪd] N chlorure *m*

chlorine ['klɔːriːn] N chlore *m*

choc-ice ['tʃɒk,aɪs] N esquimau ® *m*

chock [tʃɒk] N cale *f* ► **chock-a-block** *, **chock-full** * ADJ [room] plein à craquer (with, of de) ; [roads] encombré

chocolate ['tʃɒklɪt] **1** N chocolat *m* ; (= drinking chocolate) chocolat *m* **2** COMP (= made of chocolate) en chocolat ; (= containing, flavoured with chocolate) au chocolat ; (= colour: also **chocolate brown**) chocolat *inv* ► **chocolate bar** barre *f* de or au chocolat ► **chocolate biscuit** biscuit *m* au chocolat

choice [tʃɔɪs] **1** N choix *m* ◆ **to make a ~** faire un choix ◆ **I had no ~** je n'avais pas le choix **2** ADJ [goods, fruit] de choix

choir ['kwaɪə^r] N **a** (= singers) chœur *m*, chorale *f* **b** (= part of church) chœur *m*

choirboy ['kwaɪəbɔɪ] N enfant *m* de chœur

choirgirl ['kwaɪəgɜːl] N enfant *f* de chœur

choke [tʃəʊk] **1** VT [+ person, voice] étrangler ◆ **the street was ~d with traffic** la rue était engorgée **2** VI s'étrangler **3** N [of car] starter *m*

cholera ['kɒlərə] N choléra *m*

cholesterol [kə'lestərɒl] N cholestérol *m*

choose [tʃuːz] (pret **chose**, ptp **chosen**) **1** VT **a** (= select) choisir **b** (= opt) décider (to do sth de faire qch) **2** VI choisir ◆ **to ~ between/among** choisir entre/parmi

choos(e)y * ['tʃuːzɪ] ADJ difficile (à satisfaire)

chop [tʃɒp] **1** N **a** (= meat) côtelette *f* **b** (= blow) coup *m* (de hache etc) ◆ **to get the ~** * (Brit) [employee] se faire virer * ; [project] être annulé **2** VT couper ; [+ meat, vegetables] hacher **3** VI (Brit) ◆ **to ~ and change** changer constamment d'avis
► **chop down** VT SEP [+ tree] abattre
► **chop off** VT SEP couper
► **chop up** VT SEP hacher

chopper ['tʃɒpə^r] N **a** (for cutting) hachoir *m* **b** (* = helicopter) hélico * *m*

choppy ['tʃɒpɪ] ADJ [lake, sea] agité

chopsticks ['tʃɒpstɪks] NPL baguettes *fpl* (chinoises)

chord [kɔːd] N (Mus) accord *m*

chore [tʃɔːʳ] N (unpleasant) corvée *f* ◆ **household ~s** les tâches *fpl* ménagères

choreography [ˌkɒrɪ'ɒgrəfɪ] N chorégraphie *f*

chortle ['tʃɔːtl] VI rire (about, at de)

chorus ['kɔːrəs] (pl **choruses**) N **a** (= singers, speakers) chœur *m* ; (= dancers) troupe *f* **b** (= part of song) refrain *m* ◆ **a ~ of praise/ objections** un concert de louanges/ protestations

chose [tʃəʊz] VB (pt of **choose**)

chosen ['tʃəʊzn] VB (ptp of **choose**)

Christ [kraɪst] **1** N Christ *m* **2** EXCL ◆ **~ !** merde ! *

christen ['krɪsn] VT (= baptize) baptiser ; (= name) appeler ; (= nickname) surnommer

christening ['krɪsnɪŋ] N baptême *m*

Christian ['krɪstɪən] **1** ADJ chrétien ; (= good) charitable **2** N chrétien(ne) *m(f)* ▶ **Christian name** prénom *m*

Christianity [ˌkrɪstɪ'ænɪtɪ] N christianisme *m*

Christmas ['krɪsməs] N Noël *m* ▶ **Christmas cake** gâteau *m* de Noël *(gros cake décoré au sucre glace)* ▶ **Christmas card** carte *f* de Noël ▶ **Christmas carol** chant *m* de Noël ▶ **Christmas Day** jour *m* de Noël ▶ **Christmas Eve** veille *f* de Noël ▶ **Christmas present** cadeau *m* de Noël ▶ **Christmas pudding** (Brit) *pudding traditionnel de Noël* ▶ **Christmas tree** arbre *m* de Noël

chrome [krəʊm] **1** N chrome *m* **2** ADJ chromé

chromium ['krəʊmɪəm] N chrome *m*

chromosome ['krəʊməsəʊm] N chromosome *m*

chronic ['krɒnɪk] ADJ **a** [illness, problem, unemployment] chronique **b** [liar, alcoholism, alcoholic] invétéré

chronicle ['krɒnɪkl] N chronique *f*

chronological [ˌkrɒnə'lɒdʒɪkəl] ADJ chronologique

chrysanthemum [krɪ'sænθəməm], **chrysanth** * [krɪ'sænθ] N chrysanthème *m*

chubby ['tʃʌbɪ] ADJ potelé

chuck [tʃʌk] VT **a** * (= throw) lancer ; (in bin) balancer * **b** (* = give up) [+ job, hobby] laisser tomber * ; [+ boyfriend, girlfriend] plaquer *
► **chuck away** * VT SEP [+ old clothes, books] balancer * ; [+ money] jeter par les fenêtres
► **chuck out** * VT SEP [+ useless article, old clothes, books] balancer * ; [+ person] sortir *

chuckle ['tʃʌkl] **1** N petit rire *m* **2** VI rire (over, at de)

chug [tʃʌg] VI [machine] souffler ; [car, train] avancer lentement
► **chug along** VI avancer lentement

chum * [tʃʌm] N copain * *m*, copine * *f*

chump * [tʃʌmp] N crétin(e) * *m(f)*

chunk [tʃʌŋk] N gros morceau *m* ; [of bread] quignon *m*

chunky ['tʃʌŋkɪ] ADJ [person] trapu ; [jumper, cardigan, shoes, jewellery] gros (grosse *f*)

Chunnel * ['tʃʌnəl] N ◆ **the ~** le tunnel sous la Manche

church [tʃɜːtʃ] N église *f* ◆ **to go to ~** aller à l'église ; [Catholic] aller à la messe ◆ **the Church of England** l'Église *f* anglicane

churchyard ['tʃɜːtʃjɑːd] N cimetière *m* *(à côté d'une église)*

churlish ['tʃɜːlɪʃ] ADJ (= rude) grossier ; (= surly) revêche

churn [tʃɜːn] **1** N baratte *f* ; (Brit = milk can) bidon *m* **2** VT **a** [+ butter] baratter **b** (also **churn up**) [+ water] faire bouillonner **3** VI [water, sea] bouillonner ◆ **his stomach was ~ing** (feeling sick) il avait l'estomac barbouillé ; (from nerves) il avait mal au ventre
► **churn out** VT SEP [+ objects] débiter ; [+ essays, books] pondre en série *

chute [ʃuːt] N (also **rubbish chute**) vide-ordures *m inv* ; (also **water chute**) toboggan *m*

chutney ['tʃʌtnɪ] N chutney *m*

CIA [ˌsiːaɪ'eɪ] (US) (abbrev of **Central Intelligence Agency**) CIA *f*

cicada [sɪ'kɑːdə] N cigale *f*

CID [ˌsiːaɪ'diː] (Brit) (abbrev of **Criminal Investigation Department**) police *f* judiciaire

cider ['saɪdəʳ] N cidre *m* ▶ **cider vinegar** vinaigre *m* de cidre

cigar [sɪ'gɑːʳ] N cigare *m*

cigarette [ˌsɪgə'ret] N cigarette *f*

cinders ['sɪndəʳz] NPL cendres *fpl*

cinema ['sɪnəmə] N (Brit) cinéma *m* ◆ **to go to the ~** aller au cinéma

cinnamon ['sɪnəmən] N cannelle *f*

circa ['sɜːkə] PREP vers

circle ['sɜːkl] **1** N **a** (gen) cercle *m* ; (round eyes) cerne *m* ◆ **to go round in ~s** tourner en rond **b** (Brit: Theatre) balcon *m* **2** VT **a** (= go round outside of) contourner ; (= keep moving round) tourner autour de **b** (= draw circle round) entourer **3** VI [birds] tournoyer ; [aircraft] tourner (en rond)

circuit ['sɜːkɪt] N circuit *m*

circuitous [sɜː'kjuːɪtəs] ADJ [journey] plein de détours ◆ **to take a ~ route** faire des détours

circular ['sɜːkjʊləʳ] **1** ADJ [outline, saw, ticket] circulaire **2** N (= letter) circulaire f

circulate ['sɜːkjʊleɪt] **1** VI (gen) circuler ; (at party) se mêler aux invités **2** VT [+ object, bottle, document] faire circuler ; (= send out) diffuser

circulation [ˌsɜːkjʊ'leɪʃən] N (gen) circulation f ; [of newspaper] tirage m

circumcision [ˌsɜːkəm'sɪʒən] N [of male] circoncision f ; [of female] excision f

circumference [səˈkʌmfərəns] N circonférence f

circumflex ['sɜːkəmfleks] N (also **circumflex accent**) accent m circonflexe

circumspect ['sɜːkəmspekt] ADJ circonspect (about sth sur qch)

circumstance ['sɜːkəmstəns] N circonstance f ◆ **under no ~s** en aucun cas

circus ['sɜːkəs] N (pl **circuses**) cirque m

CIS [ˌsiːaɪ'es] (abbrev of **Commonwealth of Independent States**) CEI f

cistern ['sɪstən] N citerne f ; [of toilet] réservoir m de chasse d'eau

cite [saɪt] VT citer

citizen ['sɪtɪzn] N [of town] habitant(e) m(f) ; [of state] citoyen(ne) m(f) ▶ **Citizens' Advice Bureau** centre m d'information sur les droits des citoyens

citizenship ['sɪtɪznʃɪp] N citoyenneté f

citrus fruit ['sɪtrəsˌfruːt] N agrume m

city ['sɪtɪ] N **a** (grande) ville f ▶ **city centre** centre-ville m ▶ **city hall** mairie f ; (in large towns) hôtel m de ville **b** (Brit) ◆ **the City** la City (centre des affaires à Londres)

civic ['sɪvɪk] ADJ [duty, rights, pride] civique ; [authorities, building] municipal ▶ **civic centre** (Brit) centre m administratif (municipal)

civics ['sɪvɪks] N instruction f civique

civil ['sɪvl] ADJ **a** (civic) civil ▶ **civil engineering** génie m civil ▶ **civil rights** droits mpl civils ▶ **civil servant** fonctionnaire m f ▶ **civil service** fonction f publique ▶ **civil war** guerre f civile ◆ **the (American) Civil War** la guerre de Sécession **b** (= polite) courtois

civilian [sɪ'vɪlɪən] N, ADJ civil(e) m(f)

civilization [ˌsɪvɪlaɪ'zeɪʃən] N civilisation f

civilized ['sɪvɪlaɪzd] ADJ **a** (= socially advanced) civilisé **b** (= refined) raffiné

CJD [ˌsiːdʒeɪ'diː] N (abbrev of **Creutzfeldt-Jakob disease**) MCJ f, maladie f de Creutzfeldt-Jakob

clad [klæd] ADJ vêtu (in de)

claim [kleɪm] **1** VT **a** (= demand as one's due) réclamer (from sb à qn) ; [+ property, prize, right] revendiquer **b** (= maintain) prétendre **c** [+ sb's attention, + sb's sympathy] solliciter **2** N

a (= act of claiming) revendication f, réclamation f ; (Insurance) = déclaration f de sinistre ; (for benefit) demande f ◆ **to lay ~ to** prétendre à ◆ **to make** or **put in a ~** (Insurance) faire une déclaration de sinistre ▶ **claim form** (Insurance) formulaire m de déclaration de sinistre ; (for expenses) (feuille f de) note f de frais **b** (= assertion) affirmation f **c** (= right) droit m

claimant ['kleɪmənt] N (Brit) [of social benefits] demandeur m, -euse f

clairvoyant(e) [kleə'vɔɪənt] N extralucide mf

clam [klæm] N palourde f
▶ **clam up** * VI se taire

clamber ['klæmbəʳ] VI grimper (en s'aidant des mains ou en rampant)

clammy ['klæmɪ] ADJ moite

clamour, clamor (US) ['klæməʳ] **1** N (= shouts) clameur f, cris mpl ; (= demands) revendications fpl bruyantes **2** VI pousser des cris ◆ **to ~ for sth/sb** réclamer qch/qn à cor et à cri

clamp [klæmp] **1** N (gen) pince f ; (Med) clamp m ; (Carpentry) valet m (d'établi) ; (= wheel clamp) sabot m de Denver **2** VT (= put clamp on) serrer ; [+ car, car wheels] mettre un sabot à
▶ **clamp down on** * VT INSEP [+ person] prendre des mesures autoritaires contre ; [+ crime, corruption] réprimer

clan [klæn] N clan m

clandestine [klæn'destɪn] ADJ clandestin

clang [klæŋ] N bruit m métallique

clap [klæp] **1** N (= applause) applaudissements mpl ◆ **a ~ of thunder** un coup de tonnerre **2** VT (= applaud) applaudir ◆ **to ~ one's hands** taper dans ses mains **3** VI applaudir

clapping ['klæpɪŋ] N applaudissements mpl

claret ['klærət] **1** N bordeaux m (rouge) **2** ADJ (also **claret-coloured**) bordeaux inv

clarification [ˌklærɪfɪ'keɪʃən] N éclaircissement m

clarify ['klærɪfaɪ] VT clarifier

clarinet [ˌklærɪ'net] N clarinette f

clarity ['klærɪtɪ] N clarté f

clash [klæʃ] **1** VI **a** (= fight) s'affronter **b** [swords, metallic objects] s'entrechoquer ; [cymbals] résonner **c** (= conflict) [interests] être en conflit ; [personalities] être incompatible ; [colours] jurer **d** [two events] tomber en même temps ◆ **the dates ~** ça tombe le même jour **2** N **a** [of armies, weapons] choc m ; (between people, parties) conflit m ; (with police, troops) affrontement m **b** (= sound) choc m métallique **c** [of interests] conflit m

clasp [klɑːsp] **1** N fermoir m ; [of belt] boucle f **2** VT serrer ◆ **to ~ one's hands (together)** joindre les mains

class [klɑːs] **1** N **a** (gen) classe f ◆ **in a ~ of its own** unique **b** (= lesson) cours m ; (= students) classe f ; (US = year) promotion f ◆ **an evening ~** un cours du soir **2** VT classer **3** ADJ (* = very good) de grande classe

classic ['klæsɪk] N, ADJ classique m ▶ **classic car** voiture f ancienne

classical ['klæsɪkəl] ADJ classique ; [album, CD] de musique classique

classics ['klæsɪks] N lettres fpl classiques

classification [ˌklæsɪfɪ'keɪʃən] N classification f

classified ['klæsɪfaɪd] ADJ (= secret) classé secret (classée secrète f) ▶ **classified ad** petite annonce f

classify ['klæsɪfaɪ] VT classifier

classroom ['klɑːsrʊm] N (salle f de) classe f

classy * ['klɑːsɪ] ADJ [person, hotel, restaurant] classe * inv ; [neighbourhood] chic inv ; [performance] de grande classe

clatter ['klætər] **1** N cliquetis m ; (louder) fracas m **2** VI (= rattle) cliqueter

clause [klɔːz] N **a** (grammatical) proposition f **b** [of contract] clause f

claustrophobia [ˌklɔːstrə'fəʊbɪə] N claustrophobie f

claw [klɔː] **1** N [of animal] griffe f ; [of bird of prey] serre f ; [of lobster, crab] pince f **2** VT (= scratch) griffer

clay [kleɪ] N argile f, glaise f ▶ **clay court** (Tennis) court m en terre battue ▶ **clay pigeon shooting** ball-trap m

clean [kliːn] **1** ADJ **a** (= not dirty) propre ◆ **to keep sth ~** ne pas salir qch **b** [joke, story, film] non vulgaire **c** [game, match, player] fair-play inv ◆ **a ~ fight** un combat à la loyale **d** [sheet of paper] vierge ◆ **~ record** casier m (judiciaire) vierge **e** [edge, cut, shape] net **f** (= total) ◆ **to make a ~ break** tourner la page **2** ADV (* = completely) ◆ **to cut ~ through sth** couper qch de part en part ◆ **the thief got ~ away** le voleur s'est enfui sans encombre ◆ **I ~ forgot** j'ai complètement oublié **3** N ◆ **to give sth a good ~** bien nettoyer qch **4** VT [+ windows, room, fish] nettoyer ; [+ shoes] cirer ; [+ vegetables] laver ; [+ blackboard] essuyer ◆ **to ~ one's teeth** se laver les dents **5** VI (= do housework) faire le ménage
▶ **clean out** VT SEP [+ drawer, box, cupboard, room] nettoyer à fond
▶ **clean up 1** VI tout nettoyer **2** VT nettoyer

clean-cut [kliːn'kʌt] ADJ [person] à l'allure soignée

cleaner ['kliːnər] N **a** (= woman) femme f de ménage **b** (= product) produit m d'entretien **c** (= shop) ◆ **he took his coat to the ~'s** il a donné son pardessus à nettoyer

cleaning ['kliːnɪŋ] N nettoyage m ; (= housework) ménage m

cleanliness ['klenlɪnɪs] N propreté f

cleanly ['kliːnlɪ] ADV **a** [cut] de façon bien nette **b** [fight] [+ election, contest] loyalement **c** [strike, hit, catch] avec précision

clean-out [ˌkliː'naʊt] N nettoyage m à fond

cleanse [klenz] VT [+ skin] nettoyer ; [+ blood] purifier

cleanser ['klenzər] N (= detergent) détergent m ; (for skin) lotion f purifiante ; (= make-up remover) démaquillant m

clean-shaven [kliːn'ʃeɪvən] ADJ rasé de près

cleanup ['kliːnʌp] N nettoyage m

clear [klɪər] **1** ADJ **a** (gen) clair ; [mind, thinking] lucide ; [picture, voice, majority] net ◆ **on a ~ day** par temps clair ◆ **a ~ profit** un bénéfice net ◆ **to make sth ~** bien faire comprendre qch ◆ **to make o.s. ~** se faire bien comprendre **b** (= transparent) transparent ; [honey] liquide ; [water] clair ; [air] limpide ◆ **~ soup** bouillon m **c** (= unobstructed) [road, space] libre ; [area, view, sky] dégagé **d** ◆ **to get ~ of sth** (= go away from) s'éloigner de qch ; (= rid o.s. of) se débarrasser de qch ◆ **to be in the ~** * (= no longer suspected) être lavé de tout soupçon ; (= out of danger) être hors de danger **3** VT **a** [+ skin] purifier ; [+ complexion] éclaircir ◆ **to ~ one's head** s'éclaircir les idées **b** (= remove obstacles from) dégager ; [+ land] défricher ◆ **to ~ one's throat** s'éclaircir la voix ◆ **to ~ a room** (of people) faire évacuer une salle ; (of things) débarrasser une pièce **c** (= find innocent) innocenter **d** (= authorize) ◆ **to ~ sth with sb** demander à qn l'autorisation de faire qch **e** (= get past or over) franchir ◆ **to ~ customs** passer la douane **f** [+ cheque] compenser ; [+ debt] s'acquitter de **4** VI [weather] s'éclaircir ; [sky] se dégager ; [fog] se dissiper ; [face, expression] s'éclairer
▶ **clear away 1** VI **a** [mist] se dissiper **b** (= clear the table) débarrasser **2** VT SEP enlever ◆ **to ~ away the dishes** débarrasser (la table)
▶ **clear off** * VI filer * ◆ **~ off!** fichez le camp !
▶ **clear out 1** VI * ⇒ **clear off 2** VT SEP [+ cupboard] vider ; [+ room] débarrasser ; [+ unwanted objects] enlever, jeter
▶ **clear up 1** VI **a** [weather] s'éclaircir **b** [spots] disparaître **2** VT SEP **a** [+ mystery, problem] résoudre **b** (= tidy) ranger

clearance ['klɪərəns] N **a** [of land] défrichement m **b** (= permission) autorisation f

clear-cut [klɪəˌkʌt] ADJ précis ; [case, example] évident

clearing [ˈklɪərɪŋ] N (in forest) clairière f

clearly [ˈklɪəlɪ] ADV **a** [explain, see, write] clairement ; [speak, hear] distinctement ; [visible] nettement **b** (= obviously) manifestement

cleavage [ˈkliːvɪdʒ] N décolleté m

cleaver [ˈkliːvəʳ] N couperet m

clef [klef] N clé f (Musique)

cleft [kleft] N (in rock) fissure f

clematis [ˈklemətɪs] N clématite f

clement [ˈklemənt] ADJ [weather] clément

clementine [ˈkleməntaɪn] N clémentine f

clench [klentʃ] VT ◆ **to ~ one's fists/teeth** serrer les poings/les dents

clergy [ˈklɜːdʒɪ] N clergé m

clergyman [ˈklɜːdʒɪmən] N (pl **-men**) ecclésiastique m

clerical [ˈklerɪkəl] ADJ [worker, work] de bureau

clerk [klɑːk, (US) klɜːrk] N **a** (in office) employé(e) m(f) de bureau ◆ **bank ~** employé(e) m(f) de banque ◆ **desk ~** (in hotel) réceptionniste mf **b** (US = shop assistant) vendeur m, -euse f

clever [ˈklevəʳ] ADJ **a** (= intelligent) intelligent **b** (= skilful) adroit ◆ **~ at doing sth** doué pour faire qch ◆ **~ with one's hands** adroit de ses mains **c** [plan, trick, idea] ingénieux ; [joke] fin

clew [kluː] N (US) → **clue**

cliché [ˈkliːʃeɪ] N cliché m

click [klɪk] **1** N petit bruit m sec ; (Computing) clic m **2** VI faire un bruit sec ; (Computing) cliquer

client [ˈklaɪənt] N client(e) m(f)

clientele [ˌkliːɑːnˈtel] N clientèle f

cliff [klɪf] N falaise f

climate [ˈklaɪmɪt] N climat m

climax [ˈklaɪmæks] **1** N [of career] apogée m ; [of season] point m culminant ; (= orgasm) orgasme m **2** VI atteindre son summum ; (orgasm) avoir un orgasme

climb [klaɪm] **1** VT [+ stairs, steps, slope] monter ; [+ hill] grimper ; [+ tree] grimper dans or sur ; [+ ladder] monter sur or à ; [+ rope] monter à ; [+ mountain] gravir **2** VI **a** (gen) monter ; [prices, costs] grimper **b** ◆ **to ~ over a wall/an obstacle** escalader un mur/un obstacle ◆ **to ~ into a boat** monter à bord d'un bateau **3** N ascension f

climber [ˈklaɪməʳ] N (= mountaineer) alpiniste mf ; (= rock-climber) varappeur m, -euse f

climbing [ˈklaɪmɪŋ] N (= mountain climbing) alpinisme m ; (= rock-climbing) varappe f

clinch [klɪntʃ] **1** VT [+ argument] mettre un point final à ; [+ agreement, deal] conclure **2** N (Boxing) corps-à-corps m ; (= embrace) * étreinte f

cling [klɪŋ] (pret, ptp **clung**) VI **a** (= hold tight) se cramponner (to à) **b** (= stick) adhérer (to à) ; [clothes] coller

Clingfilm ® clingfilm [ˈklɪŋfɪlm] N film m alimentaire (transparent)

clinic [ˈklɪnɪk] N (= private nursing home) clinique f ; (= health centre) centre m médicosocial

clinical [ˈklɪnɪkəl] ADJ **a** (Med) clinique **b** (= dispassionate) froidement objectif

clink [klɪŋk] **1** VT faire tinter ◆ **to ~ glasses with sb** trinquer avec qn **2** VI tinter

clip [klɪp] **1** N **a** (for papers) trombone m ; (for hair) barrette f ; (= brooch) clip m **b** [of film] court extrait m ; (TV) clip m **2** VT **a** (= fasten together) attacher (avec un trombone) **b** (= cut, snip) couper (avec des ciseaux) ; [+ hedge] tailler ; [+ article from newspaper] découper

clipboard [ˈklɪpbɔːd] N porte-bloc m

clipping [ˈklɪpɪŋ] N [of newspaper] coupure f de presse

clique [kliːk] N (pej) clique * f

clitoris [ˈklɪtərɪs] N clitoris m

cloak [kləuk] N (grande) cape f

cloakroom [ˈkləukrum] N **a** (for coats) vestiaire m **b** (Brit = toilet) toilettes fpl

clock [klɒk] N (large) horloge f ; (smaller) pendule f ; (= alarm clock) réveil m ; (in car) compteur m ◆ **to work round the ~** travailler vingt-quatre heures sur vingt-quatre ▸ **clock-radio** radio-réveil m ▸ **clock-tower** clocher m

▸ **clock in, clock on** VI pointer (à l'arrivée)

▸ **clock off, clock out** VI pointer (à la sortie)

clockwise [ˈklɒkwaɪz] ADV, ADJ dans le sens des aiguilles d'une montre

clockwork [ˈklɒkwɜːk] **1** N ◆ **to go or run like ~** marcher comme sur des roulettes **2** ADJ [toy, train, car] mécanique

clog [klɒg] **1** N sabot m **2** VT (also **clog up**) [+ pores, arteries, pipe] boucher ; [+ streets, system] encombrer

cloister [ˈklɔɪstəʳ] N cloître m

clone [kləun] **1** N clone m **2** VT cloner

close¹ [kləus] **1** ADJ **a** (= near) proche ◆ **in close proximity to sb/sth** dans le voisinage immédiat de qn/qch ◆ **at close quarters** de très près ◆ **it was a close shave * or thing *** je l'ai (or il l'a etc) échappé belle ◆ **close to** (= near) près or proche de ◆ **to be close to tears** être au bord des larmes **b** [friend, relative] proche ;

[relationship, friendship] profond ; [ties, links] étroit ; [resemblance] fort **◆ to be/feel close to sb** être/se sentir proche de qn **c** [examination] attentif ; [investigation, enquiry] minutieux ; [translation] fidèle **◆ to pay close attention to sth** faire bien attention à qch **◆ to keep a close eye** or **watch on sb/sth** surveiller qn/qch de près **d** [contest, race] serré **e** [room] mal aéré **◆ it's very close today** il fait très lourd aujourd'hui **2** ADV **◆ close to sb/sth** près de qn/qch **◆ close behind (sb/sth)** juste derrière (qn/qch) **◆ close by (sb/sth)** tout près (de qn/qch) **◆ to get close (to sb/sth)** s'approcher (de qn/qch) **◆ to hold sb close** serrer qn dans ses bras **◆ to look at sth close to** or **up** regarder qch de très près **3** COMP **► close-cropped** [hair] (coupé) ras **► close-fitting** ajusté **► close-knit** très uni **► close-up** n (= photo, shot) gros plan m

close² [kləʊz] **1** N (= end) fin f **◆ to come to a close** se terminer **2** VT **a** (= shut) fermer ; [+ road] barrer **b** [+ proceedings, discussion] mettre fin à ; [+ account] clore **3** VI **a** [door, drawer, eyes] se fermer ; [museum, theatre, shop] fermer **b** [session] se terminer ; [speaker] terminer

► close down VTI [business, shop] fermer (définitivement)

► close up 1 VI [wound] se refermer **2** VT SEP [+ house, shop] fermer

closed [kləʊzd] ADJ [door, eyes, shop] fermé ; [road] barré **◆ behind ~ doors** à huis clos **► closed-circuit (television) camera** caméra f de surveillance

closely ['kləʊslɪ] ADV [linked, connected, associated] étroitement ; [resemble] beaucoup ; [look at, study] de près ; [listen] attentivement **◆ ~ followed by** suivi de près par **◆ to work ~ with sb** travailler en étroite collaboration avec qn

closet ['klɒzɪt] **1** N **a** (US) (= cupboard) placard m ; (for hanging clothes) penderie f **b** (US = small room) (petit) bureau m **2** ADJ (*= secret) **◆ he's a ~ homosexual/communist** il n'ose pas avouer qu'il est homosexuel/communiste

closing ['kləʊzɪŋ] **1** N [of factory] fermeture f **2** ADJ (= final) dernier **◆ ~ date** (for applications) date f limite de dépôt **◆ ~ time** heure f de fermeture (d'un magasin, d'un café)

closure ['kləʊʒəʳ] N [of factory, business] fermeture f

clot [klɒt] **1** N **a** [of blood] caillot m **b** * (Brit = person) cruche f * **2** VT [+ blood] coaguler **3** VI [blood] (se) coaguler

cloth [klɒθ] N **a** (= fabric) tissu m **b** (= tablecloth) nappe f ; (= duster) chiffon m

clothe [kləʊð] VT habiller (in, with de)

clothes [kləʊðz] NPL vêtements mpl **◆ to put on one's ~** s'habiller **◆ to take off one's ~** se

déshabiller **► clothes brush** brosse f à habits **► clothes hanger** cintre m **► clothes horse** séchoir m à linge **► clothes line** corde f à linge **► clothes peg** (Brit) pince f à linge

clothing ['kləʊðɪŋ] N (= clothes) vêtements mpl

clotted cream ['klɒtɪd,kriːm] N (Brit) crème fraîche épaisse

cloud [klaʊd] N nuage m **► cloud over** VI [sky] se couvrir ; [face, expression] s'assombrir

cloudy ['klaʊdɪ] ADJ [sky] nuageux ; [liquid] trouble **◆ it was ~** le temps était couvert

clout [klaʊt] **1** N **a** (= blow) coup m **b** (*= influence) influence f **2** VT [+ person] donner un coup à

clove [kləʊv] N **a** (= spice) clou m de girofle **b** [of garlic] gousse f

clover ['kləʊvəʳ] N trèfle m

cloverleaf ['kləʊvəliːf] N feuille f de trèfle

clown [klaʊn] **1** N clown m **2** VI (also **clown about, clown around**) faire le clown

club [klʌb] **1** N **a** (social, sports) club m **b** (= night club) boîte f de nuit **c** (= stick) massue f ; (= truncheon) matraque f ; (= golf club) club m (de golf) **d** (Cards) trèfle m **2** VT [+ person] frapper avec un gourdin ; (with truncheon) matraquer **3** VI **◆ to go ~bing** sortir en boîte * **► club together** VI se cotiser

cluck [klʌk] VI glousser

clue, clew (US) [kluː] N (gen) indication f ; (in crime) indice m ; (in crossword) définition f **◆ I haven't a ~!** * je n'en ai pas la moindre idée !

clump [klʌmp] N [of shrubs] massif m ; [of trees] bouquet m ; [of grass] touffe f

clumsy ['klʌmzɪ] ADJ maladroit

clung [klʌŋ] VB (pt, ptp of cling)

cluster ['klʌstəʳ] **1** N [of flowers, fruit] grappe f ; [of people, houses, islands] (petit) groupe m **2** VI [people] se rassembler (around autour de)

clutch [klʌtʃ] **1** N **a** [of car] embrayage m ; (= clutch pedal) pédale f d'embrayage **b** **◆ to fall into sb's ~es** tomber sous les griffes de qn **c** [of eggs] couvée f **2** VT (= hold tightly) serrer fort ; (= hold on to) se cramponner à **3** VI **◆ to ~ at** se cramponner à

clutter ['klʌtəʳ] **1** N (= disorder) désordre m ; (= objects lying about) fouillis m **2** VT (= clutter up) encombrer (with de)

cm (abbrev of **centimetre(s)**) cm

Co. **a** (abbrev of **company**) Cie **b** abbrev of **County**

c/o ['keərəv] (abbrev of **care of**) chez

coach [kəʊtʃ] **1** N **a** (Brit = bus) car m ; [of train] voiture f ▶ **coach station** (Brit) gare f routière **b** (Sport) entraîneur m **2** VT (Sport) entraîner

coagulate [kəʊˈæɡjʊleɪt] VI se coaguler

coal [kəʊl] N charbon m ▶ **coal mine** mine f de charbon ▶ **coal miner** mineur m

coalfield [ˈkəʊlfiːld] N gisement m de houille

coalition [ˌkəʊəˈlɪʃən] N coalition f

coarse [kɔːs] ADJ **a** [fabric, surface] rugueux ; [gravel] grossier ; [powder, sand] à gros grains **b** (= unrefined, uncouth) grossier

coast [kəʊst] **1** N **a** côte f ; (= coastline) littoral m **2** VI (also **to coast along**) [motorist, cyclist] avancer en roue libre

coastal [ˈkəʊstəl] ADJ côtier

coaster [ˈkəʊstəʳ] N (= mat) dessous-de-verre m

coastguard [ˈkəʊstˌɡɑːd] N (= person) garde-côte m ; (= service) ≈ gendarmerie f maritime

coastline [ˈkəʊstlaɪn] N littoral m

coat [kəʊt] **1** N **a** (= garment) manteau m ▶ **coat hanger** cintre m ▶ **coat of arms** blason m **b** [of animal] pelage m ; [of horse] robe f **c** [of paint, varnish] couche f **2** VT (with oil, grease) enduire (with **de**)

coax [kəʊks] VT ◆ **to ~ sb into doing sth** amener qn à faire qch en l'amadouant ◆ **to ~ sth out of sb** obtenir qch de qn en l'amadouant

cobbled [ˈkɒbld] ADJ pavé

cobbler [ˈkɒbləʳ] N cordonnier m

cobblestone [ˈkɒblstəʊn] N pavé m rond

cobra [ˈkəʊbrə] N cobra m

cobweb [ˈkɒbweb] N toile f d'araignée

cocaine [kəˈkeɪn] N cocaïne f

cock [kɒk] N (Brit = rooster) coq m ; (= male bird) (oiseau m) mâle m ▶ **cock-a-doodle-doo** cocorico !

cockatoo [ˌkɒkəˈtuː] N cacatoès m

cockerel [ˈkɒkərəl] N (jeune) coq m

cockle [ˈkɒkl] N (= shellfish) coque f

cockney [ˈkɒknɪ] N, ADJ (= person) cockney mf ; (= dialect) cockney m

cockpit [ˈkɒkpɪt] N cockpit m

cockroach [ˈkɒkrəʊtʃ] N cafard m

cocktail [ˈkɒkteɪl] N cocktail m

cocoa [ˈkəʊkəʊ] N (= powder) cacao m ; (= drink) chocolat m

coconut [ˈkəʊkənʌt] N noix f de coco ▶ **coconut palm, coconut tree** cocotier m

cocoon [kəˈkuːn] N cocon m

cod [kɒd] N INV morue f ; (in shop, on menu) cabillaud m ▶ **cod-liver oil** huile f de foie de morue

code [kəʊd] N (gen) code m ; (= dialling code) indicatif m ▶ **code word** mot m de passe

coded [ˈkəʊdɪd] ADJ codé

coercion [kəʊˈɜːʃən] N coercition f

C of E [ˌsiːəvˈviː] N (Brit) (abbrev of **Church of England**) Église f anglicane

coffee [ˈkɒfɪ] N café m ▶ **coffee bar** (Brit) café m ▶ **coffee break** pause-café f ▶ **coffee machine** (in café) percolateur m ; (= vending machine) machine f à café ▶ **coffee table** table f basse

coffeepot [ˈkɒfɪpɒt] N cafetière f

coffin [ˈkɒfɪn] N cercueil m

cog [kɒɡ] N dent f (d'engrenage)

cognac [ˈkɒnjæk] N cognac m

cohabit [kəʊˈhæbɪt] VI cohabiter

coherent [kəʊˈhɪərənt] ADJ (= consistent) cohérent ◆ **he wasn't very ~** (= articulate) on avait du mal à le comprendre

coil [kɔɪl] **1** VT [+ rope, hair] enrouler ; [+ wire] embobiner **2** N **a** [of rope, wire] rouleau m ; [of hair] boucle f **b** (= contraceptive) stérilet m

coin [kɔɪn] N pièce f (de monnaie) ▶ **coin box** (= phone box) cabine f téléphonique (à pièces) ▶ **coin-operated** à pièces

coincide [ˌkəʊɪnˈsaɪd] VI coïncider

coincidence [kəʊˈɪnsɪdəns] N coïncidence f

coincidental [kəʊˌɪnsɪˈdentl] ADJ fortuit ◆ **it's entirely ~** c'est une pure coïncidence

Coke ® [kəʊk] N coca ® m

colander [ˈkʌləndəʳ] N passoire f

cold [kəʊld] **1** ADJ froid ◆ **I am ~** j'ai froid ◆ **my feet are ~** j'ai froid aux pieds ◆ **to get ~** [weather, room] se refroidir ; [food] refroidir ; [person] commencer à avoir froid ◆ **in ~ blood** de sang-froid ▶ **cold-blooded** [animal] à sang froid ; [person] insensible ; [murder, attack] commis de sang-froid ▶ **cold-hearted** impitoyable ▶ **the cold war** la guerre froide **2** N **a** (in temperature) froid m **b** (= illness) rhume m ◆ **to have a ~** être enrhumé ◆ **to catch a ~** s'enrhumer ▶ **cold sore** bouton m de fièvre

coleslaw [ˈkəʊlslɔː] N coleslaw m

colic [ˈkɒlɪk] N coliques fpl

collaborate [kəˈlæbəreɪt] VI collaborer (on à)

collaboration [kəˌlæbəˈreɪʃən] N collaboration f (in à)

collaborator [kəˈlæbəreɪtəʳ] N collaborateur m, -trice f

collage [kɒˈlɑːʒ] N collage m

collapse [kə'læps] **1** VI **a** [person, government, building] s'écrouler ; [market, prices, system] s'effondrer ; [agreement, plan] tomber à l'eau ; [company] faire faillite ; [talks, trial] échouer ; [marriage] se solder par un échec **b** (= fold) [table, chairs] se plier **2** N [of person, building] écroulement m ; [of government] chute f ; [of company] faillite f ; [of market, prices, system] effondrement m ; [of talks, agreement, marriage, trial] échec m ; [of empire, plan] effondrement m

collar ['kɒlə^r] N (on garment) col m ; (for dogs, horses) collier m

collarbone ['kɒləbəʊn] N clavicule f

colleague ['kɒliːg] N collègue mf

collect [kə'lekt] **1** VT **a** (= gather together) [+ valuables, wealth] amasser ; [+ information, documents, evidence] rassembler ◆ **to ~ one's thoughts** se concentrer **b** (= pick up, call for) [+ person, mail] (passer) prendre ; [+ rubbish] ramasser **c** [+ money, subscriptions, signatures] recueillir ; [+ taxes, fines] percevoir ; [+ rents] encaisser **d** (as hobby) [+ stamps, coins] collectionner **2** VI **a** [people] se rassembler ; [things] s'entasser ; [dust, water] s'accumuler **b** (= gather money) ◆ **to ~ for charity** faire la quête pour des œuvres caritatives **3** ADV (US) ◆ **to call ~** téléphoner en PCV

collection [kə'lekʃən] N **a** [of objects] collection f **b** (= anthology) recueil m **c** [of goods, refuse] ramassage m ; [of mail] levée f ; [of taxes] perception f ; [of rents] encaissement m **d** [of money] (for charity) collecte f ; (in church) quête f ▶ **collection box** (in church) tronc m

collective [kə'lektɪv] **1** ADJ collectif **2** N coopérative f

collector [kə'lektə^r] N [of stamps, coins] collectionneur m, -euse f ▶ **collector's item** pièce f de collection

college [kɒlɪdʒ] N **a** (= university) université f ; (= institution for higher education) établissement m d'enseignement supérieur ; (for professional training) lycée m technique ◆ **College of Further Education** (Brit) établissement d'enseignement pour jeunes et adultes, délivrant essentiellement des diplômes techniques ◆ **to go to ~** faire des études supérieures **b** (within a university) (Brit) collège m ; (US) faculté f

collide [kə'laɪd] VI [vehicles, trains, planes] entrer en collision ; [people] se heurter ◆ **to ~ with** [+ vehicle, train, plane] entrer en collision avec ; [+ person] heurter

collie ['kɒlɪ] N colley m

colliery ['kɒlɪərɪ] N (Brit) houillère f

collision [kə'lɪʒən] N collision f

colloquial [kə'ləʊkwɪəl] ADJ familier

collusion [kə'luːʒən] N collusion f ◆ **in ~ with ...** de connivence avec ...

cologne [kə'ləʊn] N eau f de Cologne

Colombia [kə'lɒmbɪə] N Colombie f

colon ['kəʊlən] N **a** (= intestine) côlon m **b** (= punctuation) deux-points m inv

colonel ['kɜːnl] N colonel m

colonial [kə'ləʊnɪəl] ADJ, N colonial(e) m(f)

colonize ['kɒlənaɪz] VT coloniser

colony ['kɒlənɪ] N colonie f

color etc ['kʌlə^r] (US) ⇒ **colour**

colossal [kə'lɒsl] ADJ colossal

colour, color (US) ['kʌlə^r] **1** N couleur f ◆ **what ~ is it?** de quelle couleur est-ce ? ◆ **to change ~** changer de couleur ▶ **colour-blind** daltonien ; (= non-discriminatory) sans discrimination raciale ▶ **colour scheme** combinaison f de(s) couleurs ▶ **colour television** télévision f en couleur(s) **2** VT **a** (= give colour to) colorer ; (with paint) peindre ; (with crayons) colorier ; (= dye) teindre **b** [+ story, description] colorer ; [+ attitude, opinion] influencer **3** VI (= blush) rougir

coloured, colored (US) ['kʌləd] ADJ [glass, water] coloré ; [chalk, pencil, bead, fabric, garment] de couleur ; [picture] en couleur(s)

colourful, colorful (US) ['kʌləfʊl] ADJ **a** (= bright) aux couleurs vives **b** [story, figure] pittoresque ; [life, career] mouvementé

colouring, coloring (US) ['kʌlərɪŋ] N **a** (= complexion) teint m **b** (= colour) couleurs fpl **c** (in food) colorant m (alimentaire)

colt [kəʊlt] N poulain m

column ['kɒləm] N colonne f

columnist ['kɒləmnɪst] N chroniqueur m

coma ['kəʊmə] N coma m

comb [kəʊm] **1** N peigne m **2** VT **a** peigner ◆ **to ~ one's hair** se peigner **b** [+ area, town] ratisser

combat ['kɒmbæt] **1** N combat m ▶ **combat trousers** treillis m **2** VTI combattre

combination [ˌkɒmbɪ'neɪʃən] N combinaison f ▶ **combination lock** serrure f à combinaison

combine 1 VT [kəm'baɪn] combiner (with avec) **2** VI [kəm'baɪn] s'associer ; [parties] fusionner ; [opponents] se liguer ; [events] concourir (to do sth à faire qch) **3** N ['kɒmbaɪn] **a** (= group) association f **b** (also **combine harvester**) moissonneuse-batteuse f

combustion [kəm'bʌstʃən] N combustion *f*

◦━ **come** [kʌm]

vi **a** (gen) venir ; (= arrive) venir, arriver ◆ ~ **here** venez ici ◆ **to ~ home** rentrer (chez soi) ◆ **coming!** j'arrive ! ◆ **to ~ running** arriver en courant ◆ **it came as a surprise to him** cela l'a surpris ◆ **the adjective ~s before the noun** l'adjectif vient devant le nom ◆ **to ~ behind sb/sth** suivre qn/qch ◆ **to ~ between two people** (= interfere) s'interposer entre deux personnes ◆ **to ~ for sb/sth** venir chercher qn/qch ◆ **where do you ~ from?** tu viens d'où ? ◆ **he ~s from Edinburgh** il vient d'Édimbourg ◆ **he has just ~ from Edinburgh** il arrive d'Édimbourg ◆ **they came to a crossroads** ils sont arrivés à un carrefour ◆ **I'm sorry it has ~ to this** je suis désolé d'en être arrivé là ◆ **when it ~s to ...** quand il s'agit de ... ◆ **to ~ apart** (= fall to pieces) tomber en morceaux

b (= have one's place) se trouver ◆ **this passage ~s on page 10** ce passage se trouve à la page 10

c (= happen) arriver ◆ **~ what may** quoi qu'il arrive ◆ **how ~?** * comment ça se fait ? *

d (= result from) ◆ **nothing came of it** il n'en est rien sorti ◆ **no good will ~ of it** il n'en sortira rien de bon

e (= be available) ◆ **this dress ~s in three sizes** cette robe existe en trois tailles

f ◆ **to ~ to** (+ infinitive = end up) finir par ◆ **I have ~ to believe him** j'ai fini par le croire ◆ **now I ~ to think of it** maintenant que j'y pense

► **come about** VI (= happen) arriver

► **come across** **1** VI **a** (= cross) traverser **b** ◆ **he ~s across as honest** il a donné l'impression d'être honnête ◆ **his speech came across very well** son discours a fait bonne impression **2** VT INSEP (= encounter by chance) tomber sur

► **come along** VI **a** (= arrive) venir **b** (= progress) faire des progrès ; [plans] avancer

► **come away** VI **a** (= leave) s'en aller **b** (= become detached) se détacher

► **come back** VI [person, fashion] revenir ◆ **it will ~ back to you** (= you'll remember) ça te reviendra

► **come by** **1** VI passer **2** VT INSEP (= obtain) se procurer

► **come down** VI **a** (= descend) descendre **b** (= fall) [rain, curtain] tomber **c** (= drop) [prices] baisser

► **to come down to** VT INSEP se résumer à ◆ **when it ~s down to it** au fond

► **come down with** VT INSEP [+ flu, illness] attraper

► **come forward** VI se présenter

► **come in** VI **a** [person] entrer ; [tide] monter **b** (in a race) arriver

► **come in for** VT INSEP [+ criticism] être l'objet de

► **come into** VT INSEP (= inherit) hériter de

► **come off** **1** VI **a** [button] se découdre ; [mark] partir **b** (= take place) avoir lieu **c** (= succeed) [plan] se réaliser ; [attempt, experiment] réussir **2** VT INSEP **a** ◆ **he came off his bike** il est tombé de son vélo **b** [+ drug] arrêter **c** ◆ **~ off it !** * à d'autres ! *

► **come on** **1** VI **a** ◆ **~ on, try again !** allez, encore un effort ! **b** (= progress) faire des progrès **c** (= start) [night] tomber ; [illness] se déclarer **d** [actor] entrer en scène **2** VT INSEP (= encounter by chance) tomber sur

► **come out** VI **a** (gen) sortir ; [sun, stars] apparaître ; [truth, news] apparaître au grand jour ; [stain] partir **b** ◆ **to ~ out well** être réussi **c** (with preposition) ◆ **the total ~s out at 500** le total s'élève à 500 ◆ **to ~ out for/ against sth** prendre position pour/contre qch **d** (Brit = come out on strike) se mettre en grève **e** (as gay) révéler son homosexualité

► **come out with** * VT INSEP (= say) sortir *

► **come over** **1** VI **a** (to place) venir **b** (= make impression) ◆ **he came over as a decent person** il a donné l'impression d'être une personne décente **2** VT INSEP [feeling] envahir ◆ **what's ~ over you?** qu'est-ce qui vous prend ?

► **come round** VI **a** (= drop in) passer **b** (= change one's mind) changer d'avis **c** (= regain consciousness) revenir à soi

► **come through** **1** VI (= survive) s'en sortir **2** VT INSEP (= survive) [+ illness, danger, war] survivre à

► **come to** **1** VI (= regain consciousness) reprendre connaissance **2** VT INSEP (= amount to) se monter à ◆ **it ~s to the same thing** ça revient au même

► **come under** VT INSEP **a** (= be subjected to) [+ sb's influence] tomber sous ; [+ attack, pressure] être l'objet de **b** (= be classified under) être classé sous **c** (= be the responsibility of) ◆ **this ~s under another department** c'est du ressort d'un autre service

► **come up** VI **a** (= ascend) monter **b** [plant] sortir **c** [sun] se lever **d** (= be mentioned) être soulevé **e** (= happen) ◆ **I'm afraid something's ~ up** malheureusement j'ai un empêchement

► **come up against** VT INSEP se heurter à

► **come up to** VT INSEP **a** (= reach up to) arriver à **b** (= approach) s'approcher de **c** [+ expectations] répondre à

► **come up with** VT INSEP [+ object, money] fournir ; [+ idea] avoir ; [+ plan] imaginer

comeback ['kʌmbæk] N ✦ **to make a ~** faire un come-back

comedian [kə'miːdɪən] N comique *mf*

comedown * ['kʌmdaʊn] N déchéance *f*

comedy ['kɒmɪdɪ] N comédie *f*

comet ['kɒmɪt] N comète *f*

comeuppance * [ˌkʌm'ʌpəns] N ✦ **to get one's ~** recevoir ce qu'on mérite

comfort ['kʌmfət] **1** N **a** (= well-being) confort *m* ✦ ~**s** (= material goods) commodités *fpl* (de la vie) **b** (= consolation) réconfort *m* **2** VT (= console) consoler ; (= bring relief to) soulager

comfortable ['kʌmfətəbl] ADJ **a** [chair, bed] confortable ; [temperature] agréable **b** (= physically at ease) ✦ **to feel ~** se sentir bien ✦ **to make o.s. ~** (in armchair) s'installer confortablement ; (= make o.s. at home) se mettre à l'aise **c** (= mentally at ease) [person] à l'aise **d** (financially) aisé

comfortably ['kʌmfətəblɪ] ADV **a** [sit, settle, sleep] confortablement ✦ **to be ~ off** être à l'aise (financièrement) **b** [manage, win, fit, afford] sans difficulté

comforter ['kʌmfətəʳ] N (US = quilt) édredon *m*

comforting ['kʌmfətɪŋ] ADJ réconfortant

comfort station [ˌkʌmfət 'steɪʃən] N (US) toilette(s) *f(pl)*

comic ['kɒmɪk] **1** ADJ comique **2** N **a** (= person) comique *mf* **b** (also **comic strip**) bande *f* dessinée, BD * *f*

comical ['kɒmɪkəl] ADJ comique

coming ['kʌmɪŋ] **1** N arrivée *f*, venue *f* ✦ ~**s and goings** allées *fpl* et venues *fpl* ▸ **coming of age** passage *m* à l'âge adulte **2** ADJ [weeks, months, years] à venir ; [election, battle] prochain *before n*

comma ['kɒmə] N virgule *f*

command [kə'mɑːnd] **1** VT **a** (= order) ordonner (sb to do sth à qn de faire qch) **b** [+ army, fleet] commander **c** (= be in position to use) [+ money, resources] disposer de **d** [+ respect] imposer **2** VI commander **3** N **a** (= order) ordre *m*, commandement *m* ; (Computing) commande *f* **b** (= power, authority) commandement *m* ✦ **to take ~ of sth** prendre le commandement de qch ✦ **to be in ~ of sth** être à la tête de qch ✦ (= possession, mastery) maîtrise *f*, possession *f* ✦ **to have sth at one's ~** avoir qch à sa disposition

commandant ['kɒmən.dænt] N commandant *m*

commandeer [ˌkɒmən'dɪəʳ] VT réquisitionner

commander [kə'mɑːndəʳ] N commandant *m*

commanding [kə'mɑːndɪŋ] ADJ (= authoritative) imposant ▸ **commanding officer** commandant *m*

commandment [kə'mɑːndmənt] N commandement *m*

commando [kə'mɑːndəʊ] N commando *m*

commemorate [kə'meməreɪt] VT commémorer

commemoration [kəˌmemə'reɪʃən] N commémoration *f*

commence [kə'mens] VTI commencer (to do sth, doing sth à faire qch)

commend [kə'mend] VT (= praise) faire l'éloge de ; (= recommend) recommander

commendation [ˌkɒmen'deɪʃən] N **a** (= praise) éloges *mpl* **b** (= award) récompense *f*

comment ['kɒment] **1** N (spoken, written) commentaire *m*, remarque *f* ; (written) annotation *f* **2** VT ✦ **he ~ed that ...** il a fait remarquer que ... **3** VI faire des commentaires (on sur)

commentary ['kɒməntərɪ] N commentaire *m* ; (Sport) reportage *m*

commentator ['kɒmenteɪtəʳ] N commentateur *m*, -trice *f*

commerce ['kɒmɜːs] N commerce *m*, affaires *fpl*

commercial [kə'mɜːʃəl] **1** ADJ commercial ; [world] du commerce ; [district] commerçant **2** N publicité *f*, spot *m* publicitaire

commiserate [kə'mɪzəreɪt] VI témoigner de la sympathie (with à)

commission [kə'mɪʃən] **1** N **a** (to artist, composer) commande *f* **b** (= percentage) commission *f* **c** (= body of people) commission *f* **d** ✦ **out of ~** [ship, equipment] hors de service **2** VT [+ artist] passer une commande à ; [+ book, painting, article] commander

commissionaire [kəˌmɪʃə'nɛəʳ] N (Brit) portier *m*

commissioner [kə'mɪʃənəʳ] N (Brit Police) ≈ préfet *m* de police ; (US Police) (commissaire *m*) divisionnaire *m*

commit [kə'mɪt] VT **a** [+ crime] commettre ✦ **to ~ suicide** se suicider **b** (= consign) confier (to à) ✦ **to ~ sb (to prison)** faire incarcérer qn **c** ✦ **to ~ o.s.** s'engager (to sth à qch ; to doing à faire)

commitment [kə'mɪtmənt] N engagement *m*

committee [kə'mɪtɪ] N comité *m* ▸ **committee meeting** réunion *f* de comité

commodity [kə'mɒdɪtɪ] N produit *m* de base

common ['kɒmən] **1** ADJ **a** (= shared) [interest, cause, language] commun ✦ **it's ~ knowledge that ...** chacun sait que ... ✦ **in ~** en commun ✦ **they have nothing in ~** ils n'ont rien de commun ▸ **common law** droit *m* coutumier ▸ **common room** (Brit) salle *f* commune **b** (= ordinary) commun ✦ **it's quite ~** c'est très courant **c** (= vulgar) [accent, person] vulgaire **2** N (= land) terrain *m* communal

commoner ['kɒmənəʳ] N roturier *m*

commonly ['kɒmənlɪ] ADV **a** [use, occur, prescribe] fréquemment ; [called] couramment **b** (= generally) généralement

commonplace ['kɒmənpleɪs] **1** ADJ commun **2** N lieu *m* commun

Commons ['kɒmənz] NPL ✦ **the ~** les Communes *fpl*

commonsense ['kɒmən'sens] N bon sens *m*

commonwealth ['kɒmənwelθ] N ✦ **the Commonwealth** le Commonwealth

commotion [kə'məʊʃən] N ✦ **to make a ~** faire du tapage ✦ **to cause a ~** semer la perturbation

communal ['kɒmjuːnl] ADJ (gen) commun ; [baths, showers] collectif

commune **1** VI [kə'mjuːn] ✦ **to ~ with** communier avec **2** N ['kɒmjuːn] (= people living together) communauté *f*

communicate [kə'mjuːnɪkeɪt] VTI communiquer

communication [kə,mjuːnɪ'keɪʃən] N communication *f* ✦ **to be in ~ with sb** être en contact avec qn

communion [kə'mjuːnɪən] N communion *f*

communiqué [kə'mjuːnɪkeɪ] N communiqué *m*

communism ['kɒmjʊnɪzəm] N communisme *m*

communist ['kɒmjʊnɪst] N, ADJ communiste *mf*

communitarism [kə'mjuːnɪtərɪzm] N communautarisme *m*

community [kə'mjuːnɪtɪ] N communauté *f* ✦ **the Community** (= EU) la Communauté ▸ **community centre** centre *m* socioculturel ▸ **community worker** animateur *m*, -trice *f* socioculturel(le)

commute [kə'mjuːt] VI faire le trajet tous les jours (between entre ; from de)

commuter [kə'mjuːtəʳ] N banlieusard(e) *m(f)* *(qui fait un trajet régulier pour se rendre à son travail)*

compact **1** ADJ [kəm'pækt] compact ▸ **compact disc** disque *m* compact ▸ **compact disc player** lecteur *m* de CD **2** VT [kəm'pækt] [+ waste] compacter ; [+ snow] tasser **3** N ['kɒmpækt] **a** (also **powder compact**) poudrier *m* **b** (US: also **compact car**) (voiture *f*) compacte *f* ; (also **compact camera**) (appareil-photo *m*) compact *m*

companion [kəm'pænjən] N (male) compagnon *m* ; (female) compagne *f*

companionship [kəm'pænjənʃɪp] N compagnie *f*

company ['kʌmpənɪ] N **a** (= firm) entreprise *f* ✦ **shipping ~** compagnie *f* de navigation ▸ **company car** voiture *f* de fonction ▸ **company director** directeur *m* général **b** (= companionship) compagnie *f* ✦ **to keep sb ~** tenir compagnie à qn **c** (= companions) fréquentation *f* **d** [of actors] troupe *f* ✦ **a ballet ~** un ballet *(troupe)*

comparable ['kɒmpərəbl] ADJ comparable (with, to à)

comparative [kəm'pærətɪv] **1** ADJ **a** [ease, safety, freedom] relatif **b** [study, analysis] comparatif ; [literature, linguistics] comparé **2** N comparatif *m*

compare [kəm'pɛəʳ] **1** VT comparer (with à, avec ; to à) **2** VI être comparable (with à)

comparison [kəm'pærɪsn] N comparaison *f* (with avec ; to à) ✦ **in ~ with** *or* **to sth** with sth par rapport à qch ✦ **by** *or* **in ~** en comparaison

compartment [kəm'pɑːtmənt] N compartiment *m*

compass ['kʌmpəs] N **a** (hand-held) boussole *f* ; (on ship) compas *m* **b** ✦ **a pair of ~es** un compas

compassion [kəm'pæʃən] N compassion *f*

compassionate [kəm'pæʃənət] ADJ compatissant

compatible [kəm'pætɪbl] ADJ **a** [ideas, interests, equipment] compatible (with sth avec qch) **b** [people] fait pour s'entendre

compatriot [kəm'pætrɪət] N compatriote *mf*

compel [kəm'pel] VT contraindre ✦ **to be ~led to do sth** (physically) être contraint de faire qch ; (psychologically) se sentir poussé à faire qch

compelling [kəm'pelɪŋ] ADJ **a** [reason, argument, evidence] irréfutable **b** [story, film, book] fascinant

compensate ['kɒmpənseɪt] **1** VI compenser (by en) ✦ **to ~ for sth** compenser qch **2** VT [+ person] dédommager (for de)

compensation [,kɒmpən'seɪʃən] N dédommagement *m* ; (psychological) compensation *f* ; (in weight, strength) contrepoids *m*

compère ['kɒmpɛəʳ] N animateur *m*, -trice *f*

compete [kəm'piːt] VI **a** (gen) rivaliser (with sb avec qn ; for sth pour obtenir qch ; to do sth pour faire qch) **b** (commercially) faire concurrence (with sb à qn) **c** (Sport) concourir (against sb avec qn ; to do sth pour faire qch) ✦ **to ~ in a race** participer à une course

competence ['kɒmpɪtəns] N compétence *f* (in en)

competent ['kɒmpɪtənt] ADJ **a** [person] compétent (at sth dans qch ; to do sth pour faire qch) **b** [work, performance] satisfaisant

competition [ˌkɒmpɪ'tɪʃən] N **a** (= rivalry) compétition *f* ; (in business) concurrence *f* **b** (= contest) concours *m* ; (Sport) compétition *f* **c** (= competitors) concurrence *f* ; (Sport) concurrents *mpl*

competitive [kəm'petɪtɪv] ADJ **a** [market, prices] compétitif ; [product] concurrentiel **b** [person] qui a l'esprit de compétition **c** [sport] de compétition **d** [selection] par concours ◆ **competitive examination** concours *m*

competitor [kəm'petɪtə^r] N concurrent(e) *m(f)*

compilation [ˌkɒmpɪ'leɪʃən] N compilation *f*

compile [kəm'paɪl] VT [+ dictionary] élaborer ; [+ list, catalogue, inventory] dresser

complacent [kəm'pleɪsənt] ADJ content de soi

complain [kəm'pleɪn] VI se plaindre (of, about de)

complaint [kəm'pleɪnt] N **a** (= expression of discontent) plainte *f* ; (about goods, services) réclamation *f* **b** (= illness) maladie *f*

complement 1 N ['kɒmplɪmənt] complément *m* ; [of staff] effectif *m* **2** VT ['kɒmplɪment] compléter

complementary [ˌkɒmplɪ'mentərɪ] ADJ complémentaire ▸ **complementary medicine** médecine *f* parallèle

complete [kəm'pli:t] **1** ADJ **a** (gen) complet (-ète *f*) ; [lack, contrast] total ◆ **the ~ works of Shakespeare** les œuvres *fpl* complètes de Shakespeare ◆ **in ~ agreement** en parfait accord **b** ◆ **~ with sth** (= also having) avec qch **c** (= finished) achevé **2** VT **a** [+ collection] compléter ; [+ piece of work] terminer **b** [+ form, questionnaire] remplir

completely [kəm'pli:tlɪ] ADV complètement

completion [kəm'pli:ʃən] N [of work] achèvement *m*

complex ['kɒmpleks] **1** ADJ complexe **2** N complexe *m*

complexion [kəm'plekʃən] N [of face] teint *m*

compliance [kəm'plaɪəns] N (= conformity) conformité *f*

complicate ['kɒmplɪkeɪt] VT compliquer

complicated ['kɒmplɪkeɪtɪd] ADJ compliqué

complication [ˌkɒmplɪ'keɪʃən] N complication *f*

complicity [kəm'plɪsɪtɪ] N complicité *f*

compliment 1 N ['kɒmplɪmənt] **a** compliment *m* ◆ **to pay sb a ~** faire un compliment à qn **b** (= greeting) ◆ **~s** compliments *mpl* **2** VT ['kɒmplɪment] complimenter

complimentary [ˌkɒmplɪ'mentərɪ] ADJ **a** (= flattering) élogieux **b** (= free) gratuit

comply [kəm'plaɪ] VI **a** [person] se soumettre (with à) ◆ **to ~ with the rules** respecter le règlement **b** [equipment, object] être conforme (with à)

component [kəm'pəʊnənt] N élément *m* ; [of car, machine] pièce *f*

compose [kəm'pəʊz] VT composer ◆ **to be ~d of** se composer de ◆ **to ~ o.s.** se calmer

composer [kəm'pəʊzə^r] N compositeur *m*, -trice *f*

composition [ˌkɒmpə'zɪʃən] N (gen) composition *f* ; (= thing composed) œuvre *f* ; (= essay) rédaction *f*

compost ['kɒmpɒst] N compost *m* ▸ **compost heap** tas *m* de compost

composure [kəm'pəʊzə^r] N calme *m*

compound ['kɒmpaʊnd] **1** N **a** (= substance) composé *m* ; (= word) (mot *m*) composé *m* **b** (= enclosed area) enclos *m*, enceinte *f* **2** ADJ [interest] composé ; [fracture] multiple

comprehend [ˌkɒmprɪ'hend] VTI comprendre

comprehension [ˌkɒmprɪ'henʃn] N **a** (= understanding) compréhension *f* **b** (= exercise) exercice *m* de compréhension

comprehensive [ˌkɒmprɪ'hensɪv] **1** ADJ [report, survey, list] complet (-ète *f*) ; [victory, defeat] total ◆ **~ insurance (policy)** assurance *f* tous risques **2** N (also **comprehensive school**) ≈ lycée *m*

compress [kəm'pres] VT [+ substance] comprimer ; [+ essay, facts] condenser

comprise [kəm'praɪz] VT **a** (= include) être composé de ◆ **to be ~d of** se composer de **b** (= make up) constituer

compromise ['kɒmprəmaɪz] **1** N compromis *m* **2** VI transiger (over sur) **3** VT [+ safety, security] compromettre

compulsion [kəm'pʌlʃən] N **a** (= desire) envie *f* irrésistible ; (Psych) compulsion *f* **b** (= coercion) contrainte *f*

compulsive [kəm'pʌlsɪv] ADJ **a** [gambler, liar] invétéré **b** [behaviour, desire, need] compulsif **c** [reading] fascinant

compulsory [kəm'pʌlsərɪ] ADJ obligatoire

computer [kəm'pju:tə^r] N ordinateur *m* ▸ **computer game** jeu *m* électronique ▸ **computer graphics** (= field) infographie *f* ; (= pictures) images *fpl* de synthèse ▸ **computer-literate** qui a des connaissances en informatique ▸ **computer program** programme *m* informatique ▸ **computer scientist** informaticien(ne) *m(f)*

computerize [kəm'pju:təraɪz] VT informatiser

computing [kəm'pju:tɪŋ] **1** N informatique *f* **2** ADJ [service, department, facility, problem] informatique ; [course] d'informatique

comrade ['kɒmreɪd] N camarade *mf*

con * [kɒn] **1** VT arnaquer * **2** N (= swindle) arnaque * *f* ▸ **con artist, con man** escroc *m* ▸ **con trick** arnaque * *f*

concave ['kɒnkeɪv] ADJ concave

conceal [kən'si:l] VT [+ object] cacher ; [+ news, event] garder secret ; [+ emotions, thoughts] dissimuler ◆ **to ~ sth from sb** cacher qch à qn

concede [kən'si:d] **1** VT concéder **2** VI céder

conceit [kən'si:t] N vanité *f*

conceited [kən'si:tɪd] ADJ vaniteux

conceive [kən'si:v] VTI concevoir

concentrate ['kɒnsəntreɪt] **1** VT concentrer **2** VI se concentrer (on doing sth pour faire qch) **3** ADJ, N concentré *m*

concentration [ˌkɒnsən'treɪʃən] N concentration *f* ▸ **concentration camp** camp *m* de concentration

concept ['kɒnsept] N concept *m*

conception [kən'sepʃən] N conception *f*

concern [kən'sɜ:n] **1** VT **a** (= be about, be the business of) concerner ; (= be of importance to) intéresser ◆ **to whom it may ~** (frm) à qui de droit ◆ **as far as** or **so far as he is ~ed** en ce qui le concerne **b** (= trouble, worry) préoccuper **2** N **a** (= interest, business) affaire *f* ; (= responsibility) responsabilité *f* ◆ **it's no ~ of his** cela ne le concerne pas **b** (also **business concern**) entreprise *f* **c** (= anxiety) préoccupation *f* ; (stronger) inquiétude *f*

concerned [kən'sɜ:nd] ADJ (= worried) préoccupé ◆ **to be ~ about sb** se faire du souci pour qn ◆ **to be ~ about sth** être inquiet de qch

concerning [kən'sɜ:nɪŋ] PREP concernant

concert ['kɒnsət] N concert *m* ▸ **concert hall** salle *f* de concert

concertina [ˌkɒnsə'ti:nə] N concertina *m*

concerto [kən'tʃeətəʊ] N concerto *m*

concession [kən'seʃən] N (= compromise) concession *f* ; (= reduced price) réduction *f*

concise [kən'saɪs] ADJ (= short) concis ; (= shortened) abrégé

conclude [kən'klu:d] **1** VT conclure **2** VI (= end) [things, events] se terminer (with par, sur) ; [person] conclure

conclusion [kən'klu:ʒən] N conclusion *f*

conclusive [kən'klu:sɪv] ADJ concluant

concoct [kən'kɒkt] VT concocter

concoction [kən'kɒkʃən] N mélange *m*

concourse ['kɒŋkɔ:s] N (in building, station) hall *m* ; (in pedestrian precinct) piazza *f*

concrete ['kɒnkri:t] **1** ADJ **a** [floor, wall, steps] en béton ; [block] de béton **b** (= not abstract) concret (-ète *f*) **2** N béton *m* ▸ **concrete mixer** bétonnière *f*

concur [kən'kɜ:ʳ] VI être d'accord (with sb avec qn ; in sth sur qch) ; [opinions] converger

concurrently [kən'kʌrəntlɪ] ADV simultanément

concussion [kən'kʌʃən] N commotion *f* (cérébrale)

condemn [kən'dem] VT **a** [+ person] condamner (to à) **b** [+ building] déclarer insalubre

condemnation [ˌkɒndem'neɪʃən] N condamnation *f*

condensation [ˌkɒnden'seɪʃən] N condensation *f* ; (on glass) buée *f*

condense [kən'dens] **1** VT condenser ▸ **condensed milk** lait *m* concentré **2** VI se condenser

condescend [ˌkɒndɪ'send] VI condescendre (to do à faire)

condescending [ˌkɒndɪ'sendɪŋ] ADJ condescendant (to or towards sb avec qn)

condition [kən'dɪʃən] **1** N **a** (gen) condition *f* **b** (= state) état *m* ◆ **in good ~** en bon état **c** (Med) maladie *f* **2** VT **a** (= determine) déterminer **b** [+ hair, skin] traiter **c** (psychologically) conditionner

conditional [kən'dɪʃənl] **1** ADJ conditionnel ◆ **to be ~ on sth** dépendre de qch **2** N conditionnel *m*

conditioner [kən'dɪʃənəʳ] N après-shampooing *m*

condolences [kən'dəʊlənsɪz] NPL condoléances *fpl*

condom ['kɒndəm] N préservatif *m*

condominium [ˌkɒndə'mɪnɪəm] N (US) (= building) immeuble *m* (en copropriété) ; (= flat) appartement *m* (dans un immeuble en copropriété)

condone [kən'dəʊn] VT (= tolerate) admettre

conducive [kən'dju:sɪv] ADJ ◆ **to be ~ to** être propice à

conduct 1 N ['kɒndʌkt] (= behaviour) conduite *f* **2** VT [kən'dʌkt] **a** (= lead) conduire **b** (= direct, manage) diriger ; [+ inquiry] mener **c** ◆ **to ~ o.s.** se conduire **d** [+ heat, electricity] conduire

conductor [kən'dʌktəʳ] N **a** [of orchestra] chef *m* d'orchestre **b** (on bus) receveur *m* ; (US Rail) chef *m* de train

cone [kəʊn] N cône *m* ; [of ice cream] cornet *m*

confectioner [kənˈfekʃənəʳ] N (= sweetmaker) confiseur m, -euse f ▸ **confectioner's sugar** (US) sucre m glace

confectionery [kənˈfekʃənərɪ] N confiserie f

Confederacy [kənˈfedərəsɪ] N (US) ◆ **the ~** les États mpl confédérés

confederation [kən,fedəˈreɪʃən] N confédération f

confer [kənˈfɜːʳ] **1** VT conférer (on à) **2** VI s'entretenir (on or about sth de qch)

conference [ˈkɒnfərəns] N (= meeting) conférence f ; (especially academic) congrès m ; (= discussion) réunion f ▸ **conference call** audio-conférence f ▸ **conference centre** palais m des congrès ▸ **conference room** salle f de conférences

confess [kənˈfes] **1** VT **a** [+ crime, mistake] avouer **b** [+ sins] confesser **2** VI **a** passer aux aveux ◆ **to ~ to** [+ crime, mistake] avouer **b** (to priest) se confesser

confession [kənˈfeʃən] N **a** [of mistake, crime] aveu m ; (to police) aveux mpl **b** (to priest) confession f

confetti [kənˈfetɪ] N confettis mpl

confide [kənˈfaɪd] VT confier
▸ **confide in** VT INSEP (= tell secrets to) se confier à

confidence [ˈkɒnfɪdəns] N **a** (= trust) confiance f ◆ **to have ~ in sb/sth** avoir confiance en qn/qch **b** (= self-confidence) confiance f en soi, assurance f **c** (= confidentiality) confidence f ◆ **in ~** en confidence

confident [ˈkɒnfɪdənt] ADJ [person] sûr de soi ; [manner, smile] confiant ; [performance] plein d'assurance ; [reply] assuré

confidential [,kɒnfɪˈdenʃəl] ADJ confidentiel

confine [kənˈfaɪn] VT **a** (= imprison) enfermer **b** (= limit) limiter ◆ **to ~ o.s. to doing sth** se limiter à faire qch

confined [kənˈfaɪnd] ADJ [space] restreint

confinement [kənˈfaɪnmənt] N (= imprisonment) détention f

confirm [kənˈfɜːm] VT confirmer

confirmation [,kɒnfəˈmeɪʃən] N confirmation f

confirmed [kənˈfɜːmd] ADJ [atheist] convaincu ; [bachelor] endurci

confiscate [ˈkɒnfɪskeɪt] VT confisquer (sth from sb qch à qn)

conflict **1** N [ˈkɒnflɪkt] conflit m ; (= quarrel) dispute f **2** VI [kənˈflɪkt] être en conflit ; [ideas] s'opposer ; [dates] coïncider

conflicting [kənˈflɪktɪŋ] ADJ [interests] conflictuel

conform [kənˈfɔːm] VI se conformer (to, with à)

confound [kənˈfaʊnd] VT déconcerter

confront [kənˈfrʌnt] VT **a** (= bring face to face) confronter **b** [+ enemy, danger, problem] affronter

confrontation [,kɒnfrənˈteɪʃən] N affrontement m

confuse [kənˈfjuːz] VT **a** (= perplex) désorienter ◆ **to ~ the issue** compliquer les choses **b** (= mix up) confondre

confused [kənˈfjuːzd] ADJ (= muddled) désorienté ; (perplexed) déconcerté ; [mind] embrouillé ; (= unclear) confus ◆ **to get ~** (= muddled up) ne plus savoir où on en est

confusing [kənˈfjuːzɪŋ] ADJ déroutant

confusion [kənˈfjuːʒən] N confusion f

congeal [kənˈdʒiːl] VI [fat] (se) figer ; [blood] se coaguler

congenial [kənˈdʒiːnɪəl] ADJ agréable

congested [kənˈdʒestɪd] ADJ **a** (with traffic) embouteillé **b** [nose] bouché ; [lungs] congestionné

conglomerate [kənˈglɒmərɪt] N conglomérat m

congratulate [kənˈgrætjʊleɪt] VT féliciter (sb on sth qn de qch ; sb on doing qn d'avoir fait)

congratulations [kən,grætjʊˈleɪʃənz] NPL félicitations fpl

congregate [ˈkɒngrɪgeɪt] VI se rassembler (round autour de)

congregation [,kɒngrɪˈgeɪʃən] N assemblée f (des fidèles)

congress [ˈkɒngres] N congrès m ◆ **Congress** (US) Congrès m

congressman [ˈkɒngresmən] N (pl -men) (US) membre m du Congrès

congresswoman [ˈkɒngres,wʊmən] N (pl -women) (US) membre m du Congrès

conifer [ˈkɒnɪfəʳ] N conifère m

conjecture [kənˈdʒektʃəʳ] **1** VT conjecturer **2** N conjecture f

conjugate [ˈkɒndʒʊgeɪt] VT conjuguer

conjugation [,kɒndʒʊˈgeɪʃən] N conjugaison f

conjunction [kənˈdʒʌŋkʃən] N conjonction f

conjunctivitis [kən,dʒʌŋktɪˈvaɪtɪs] N conjonctivite f

conjure [ˈkʌndʒəʳ] VI (by magic) faire des tours de passe-passe ; (= juggle) jongler ▸ **conjuring trick** tour m de passe-passe
▸ **conjure up** VT SEP faire apparaître ; [+ memories, image] évoquer ; [+ meal] préparer à partir de rien

conjurer, conjuror [ˈkʌndʒərəʳ] N prestidigitateur m, -trice f

conker * [ˈkɒŋkəʳ] N (Brit) marron m

connect [kəˈnekt] **1** VT **a** (= join) connecter (to à) ; [+ pipes, two objects] raccorder (to à) **b** [+ telephone] brancher ; [+ caller] mettre en communication **c** [+ electrical appliance] brancher (to sur) **d** (= associate) associer (with, to à) **e** (= form link between) relier (with, to à) **2** VI **a** (= be joined) [two rooms] communiquer ; [two parts, wires] être raccordés **b** [coach, train, plane] assurer la correspondance **c** [two people] se comprendre ♦ **to ~ with sb** communiquer avec qn

connected [kəˈnektɪd] ADJ lié (to, with à)

connecting [kəˈnektɪŋ] ADJ [link] de connexion ▶ **connecting flight** (vol m de) correspondance f

connection, connexion [kəˈnekʃən] N **a** (= association) rapport m (with or to avec) ; (relationship) rapports mpl (with or to avec) **b** (= associate) relation f **c** (= train, bus, plane) correspondance f **d** (electrical) raccordement m **e** (= link) liaison f

connive [kəˈnaɪv] VI ♦ **to ~ in sth/in doing** être de connivence dans qch/pour faire

connoisseur [ˌkɒnəˈsɜːʳ] N connaisseur m, -euse f (of de, en)

connotation [ˌkɒnəʊˈteɪʃən] N connotation f

conquer [ˈkɒŋkəʳ] VT vaincre ; [+ country] conquérir ; [+ fear] surmonter

conqueror [ˈkɒŋkərəʳ] N conquérant m

conquest [ˈkɒŋkwest] N conquête f

conscience [ˈkɒnʃəns] N conscience f

conscientious [ˌkɒnʃɪˈenʃəs] ADJ consciencieux

conscious [ˈkɒnʃəs] ADJ **a** (gen) conscient **b** (= deliberate) délibéré **c** ♦ **to be health-~** faire attention à sa santé ♦ **to be security-~** être sensibilisé aux problèmes de sécurité

consciousness [ˈkɒnʃəsnɪs] N connaissance f

conscript [ˈkɒnskrɪpt] N conscrit m

conscription [kənˈskrɪpʃən] N conscription f

consecrate [ˈkɒnsɪkreɪt] VT consacrer

consecutive [kənˈsekjʊtɪv] ADJ consécutif

consensus [kənˈsensəs] N consensus m

consent [kənˈsent] **1** VI consentir (to sth à qch) **2** N consentement m ♦ **to give one's ~** donner son accord

consequence [ˈkɒnsɪkwəns] N **a** (= result) conséquence f ♦ **in ~** par conséquent **b** (= importance) importance f

consequently [ˈkɒnsɪkwəntlɪ] ADV par conséquent

conservation [ˌkɒnsəˈveɪʃən] N sauvegarde f ♦ **energy ~** économies fpl d'énergie ▶ **conservation area** (Brit) zone f de protection

conservationist [ˌkɒnsəˈveɪʃənɪst] N écologiste mf

conservative [kənˈsɜːvətɪv] **1** ADJ **a** conservateur (-trice f) ♦ **the Conservative Party** le parti conservateur **b** (= moderate) [estimate] bas (basse f) ; (= conventional) classique **2** N conservateur m, -trice f

conservatory [kənˈsɜːvətrɪ] N jardin m d'hiver

conserve [kənˈsɜːv] VT conserver ; [+ one's resources, one's strength] ménager ; [+ energy, supplies] économiser

consider [kənˈsɪdəʳ] VT **a** (= think about) examiner ; [+ question] réfléchir à ♦ **all things ~ed** tout bien considéré **b** (= take into account) [+ facts] prendre en considération ; [+ person's feelings, cost, difficulties, dangers] tenir compte de **c** (= be of the opinion) considérer

considerable [kənˈsɪdərəbl] ADJ considérable

considerably [kənˈsɪdərəblɪ] ADV considérablement

considerate [kənˈsɪdərɪt] ADJ prévenant (towards envers), attentionné

consideration [kənˌsɪdəˈreɪʃən] N **a** (= thoughtfulness) considération f ♦ **out of ~ for** par égard pour **b** (= careful thought) considération f ♦ **to take sth into ~** prendre qch en considération ♦ **under ~** à l'étude **c** (= factor) considération f

considering [kənˈsɪdərɪŋ] **1** PREP (= in view of) étant donné **2** CONJ (= given that) étant donné que **3** ADV (= all things considered) en fin de compte

consignment [kənˈsaɪnmənt] N (incoming) arrivage m ; (outgoing) envoi m

consist [kənˈsɪst] VI **a** (= be composed) se composer (of de) **b** (= have as its essence) consister (in doing à faire ; in sth dans qch)

consistency [kənˈsɪstənsɪ] N **a** (= texture) consistance f **b** (= coherence) cohérence f

consistent [kənˈsɪstənt] ADJ (= coherent) cohérent ; (= constant) constant ♦ **to be ~ with** (= in agreement with) être compatible avec ; (= compatible with) correspondre à

consolation [ˌkɒnsəˈleɪʃən] N consolation f ▶ **consolation prize** prix m de consolation

console¹ [kənˈsəʊl] VT consoler (sb for sth qn de qch)

console² [ˈkɒnsəʊl] N console f

consolidate [kənˈsɒlɪdeɪt] **1** VT **a** [+ one's position] consolider **b** [+ businesses] regrouper ; [+ loan] consolider **2** VI se consolider

consonant [ˈkɒnsənənt] N consonne f

consortium [kən'sɔːtɪəm] N (pl **consortia** [kən'sɔːtɪə]) consortium m

conspicuous [kən'spɪkjʊəs] ADJ **a** [person, behaviour, clothes] peu discret (-ète f) ◆ **to be ~** se remarquer **b** [success, failure, absence] manifeste

conspiracy [kən'spɪrəsɪ] N (= plot) conspiration f, complot m

conspire [kən'spaɪəʳ] VI [people] conspirer ◆ **to ~ to do sth** projeter de faire qch

constable ['kʌnstəbl] N (Brit) (in town) agent m de police ; (in country) gendarme m

constant ['kɒnstənt] ADJ [problem, pressure, temperature] constant ; [quarrels, interruptions] continuel ; [companion] fidèle

constantly ['kɒnstəntlɪ] ADV constamment

constellation [ˌkɒnstə'leɪʃən] N constellation f

consternation [ˌkɒnstə'neɪʃən] N consternation f

constipated ['kɒnstɪpeɪtɪd] ADJ constipé

constipation [ˌkɒnstɪ'peɪʃən] N constipation f

constituency [kən'stɪtjʊənsɪ] N circonscription f électorale

constituent [kən'stɪtjʊənt] **1** ADJ constitutif **2** N **a** [of MP] électeur m, -trice f (de la circonscription d'un député) **b** (= part, element) élément m constitutif

constitute ['kɒnstɪtjuːt] VT constituer

constitution [ˌkɒnstɪ'tjuːʃən] N constitution f

constraint [kən'streɪnt] N contrainte f

constrict [kən'strɪkt] VT [+ muscle, throat] serrer ; (= inhibit) limiter

construct [kən'strʌkt] VT construire

construction [kən'strʌkʃən] N construction f ◆ **under ~** en construction

constructive [kən'strʌktɪv] ADJ constructif

consul ['kɒnsəl] N consul m

consulate ['kɒnsjʊlɪt] N consulat m

consult [kən'sʌlt] **1** VT consulter (about sur, au sujet de) **2** VI discuter

consultant [kən'sʌltənt] N consultant(e) m(f), conseiller m, -ère f ; (Brit = doctor) chef m de service hospitalier

consultation [ˌkɒnsəl'teɪʃən] N consultation f

consume [kən'sjuːm] VT consommer

consumer [kən'sjuːməʳ] N consommateur m, -trice f ▸ **consumer goods** biens mpl de consommation ▸ **consumer society** société f de consommation

consuming [kən'sjuːmɪŋ] ADJ [desire] ardent ; [passion] dévorant

consummate **1** ADJ [kən'sʌmɪt] consommé **2** VT ['kɒnsʌmeɪt] consommer

consumption [kən'sʌmpʃən] N consommation f

contact ['kɒntækt] **1** N **a** contact m ◆ **to be in/come into ~ with sb** être/entrer en contact avec qn ◆ **to lose ~ (with sb)** perdre contact (avec qn) **b** (= person in organization) contact m ; (= acquaintance) connaissance f **c** (also **contact lens**) lentille f de contact **2** VT contacter

contagious [kən'teɪdʒəs] ADJ contagieux

contain [kən'teɪn] VT contenir

container [kən'teɪnəʳ] N **a** (on train, ship) conteneur m ▸ **container ship** navire m porte-conteneurs **b** (= jug, box) récipient m ; (for food) barquette f

contaminate [kən'tæmɪneɪt] VT contaminer

contemplate ['kɒntəmpleɪt] VT **a** (= consider) envisager (doing sth de faire qch) **b** (= look at) contempler

contemplation [ˌkɒntem'pleɪʃən] N contemplation f

contemporary [kən'tempərərɪ] **1** ADJ contemporain (with de) **2** N contemporain(e) m(f)

contempt [kən'tempt] N mépris m ◆ **~ of court** outrage m à la Cour

contemptible [kən'temptəbl] ADJ méprisable

contemptuous [kən'temptjʊəs] ADJ méprisant ; [gesture] de mépris ◆ **to be ~ of sb/sth** avoir du mépris pour qn/qch

contend [kən'tend] VI **a** (= assert) prétendre **b** (set structures) ◆ **to ~ with sb for sth** disputer qch à qn ◆ **we have many problems to ~ with** nous sommes aux prises avec de nombreux problèmes ◆ **he has a lot to ~ with** il n'a pas mal de problèmes à résoudre ◆ **to ~ for** [+ title, medal, prize] se battre pour

contender [kən'tendəʳ] N prétendant(e) m(f) (for à) ; (in contest, competition, race) concurrent(e) m(f) ; (in election, for a job) candidat(e) m(f)

content¹ [kən'tent] **1** ADJ satisfait ◆ **to be content with sth** (= not dissatisfied) se contenter de qch ◆ **she is quite content to stay there** elle ne demande pas mieux que de rester là **2** VT [+ person] satisfaire ◆ **to content o.s. with doing sth** se contenter de faire qch

content² ['kɒntent] **1** N [of book, play, film] contenu m **2** **contents** NPL contenu m ◆ **(table of) contents** table f des matières

contented [kən'tentɪd] ADJ satisfait (with de)

contention [kən'tenʃən] N **a** (= disagreement) dispute f **b** (= argument) affirmation f **c** ◆ **to be in ~** [team, competitor] être en compétition

contentment [kən'tentmənt] N contentement m

contest 1 N ['kɒntest] (= struggle) combat m ; (Sport) rencontre f ; (= competition) concours m ◆ beauty ~ concours m de beauté **2** VT [kən'test] **a** (= call into question) contester **b** (= compete for) disputer

contestant [kən'testənt] N concurrent(e) m(f)

context ['kɒntekst] N contexte m ◆ in/out of ~ dans le/hors contexte

continent ['kɒntɪnənt] N continent m ◆ the Continent (Brit) l'Europe f continentale

continental [ˌkɒntɪ'nentl] ADJ continental ▶ continental breakfast petit déjeuner m continental

contingency [kən'tɪndʒənsɪ] N ◆ to provide for all contingencies parer à toute éventualité ▶ contingency plan plan m d'urgence

continual [kən'tɪnjʊəl] ADJ continuel

continually [kən'tɪnjʊəlɪ] ADV continuellement

continuation [kənˌtɪnjʊ'eɪʃən] N continuation f ; (after interruption) reprise f ; [of serial, story] suite f

continue [kən'tɪnju:] **1** VT continuer (to do sth à or de faire qch) ; (after interruption) [+ conversation, work] reprendre ◆ to ~ on one's way poursuivre son chemin ; (after pause) se remettre en marche **2** VI continuer ; (after interruption) reprendre

continuous [kən'tɪnjʊəs] ADJ continu ; [tense] progressif

continuously [kən'tɪnjʊəslɪ] ADV (= uninterruptedly) sans interruption ; (= repeatedly) continuellement

contort [kən'tɔ:t] VT ◆ to ~ one's body se contorsionner ◆ to ~ one's face grimacer

contour ['kɒntʊər] N contour m ▶ contour line (on map) courbe f de niveau

contraband ['kɒntrəbænd] **1** N contrebande f **2** ADJ [goods] de contrebande

contraception [ˌkɒntrə'sepʃən] N contraception f

contraceptive [ˌkɒntrə'septɪv] N, ADJ contraceptif m

contract 1 N ['kɒntrækt] (= agreement) contrat m ▶ contract killer tueur m à gages **2** VT [kən'trækt] **a** [+ alliance, illness, muscle] contracter **b** to contract to do sth s'engager (par contrat) à faire qch **3** VI [kən'trækt] **a** [metal, muscles] se contracter **b** s'engager (par contrat)
▶ contract out VT SEP [+ work] sous-traiter (to sb à qn)

contraction [kən'trækʃən] N contraction f

contractor [kən'træktər] N entrepreneur m

contradict [ˌkɒntrə'dɪkt] VT contredire

contradiction [ˌkɒntrə'dɪkʃən] N contradiction f

contralto [kən'træltəʊ] N contralto m

contraption * [kən'træpʃən] N truc * m

contrary¹ ['kɒntrərɪ] **1** ADJ contraire (to sth à qch) **2** PREP ◆ contrary to contrairement à **3** N ◆ the contrary le contraire ◆ on the contrary au contraire ◆ unless you hear to the contrary sauf avis contraire

contrary² [kən'treərɪ] ADJ (= unreasonable) contrariant

contrast 1 VT [kən'trɑ:st] mettre en contraste **2** VI [kən'trɑ:st] contraster **3** N ['kɒntrɑ:st] contraste m ◆ by ~ par contraste ◆ in ~ to par opposition à

contrasting [kən'trɑ:stɪŋ] ADJ [views] très différent ; [colours] contrasté

contravene [ˌkɒntrə'vi:n] VT contrevenir à (frm)

contravention [ˌkɒntrə'venʃən] N infraction f (of à)

contribute [kən'trɪbju:t] **1** VT [+ money, advice] donner **2** VI to contribute to contribuer à ◆ to ~ to a discussion participer à une discussion ◆ to ~ to a newspaper collaborer à un journal

contribution [ˌkɒntrɪ'bju:ʃən] N contribution f

contributor [kən'trɪbjʊtər] N (to publication) collaborateur m, -trice f ; [of money, goods] donateur m, -trice f ; (to discussion, conference) participant(e) m(f)

contrite ['kɒntraɪt] ADJ contrit

contrive [kən'traɪv] VT **a** (= invent) inventer **b** (= manage) ◆ to ~ to do sth s'arranger pour faire qch

contrived [kən'traɪvd] ADJ forcé

control [kən'trəʊl] **1** N **a** (= authority) autorité f ◆ he has no ~ over his children il n'a aucune autorité sur ses enfants ◆ to keep ~ (of o.s.) se contrôler ◆ to lose ~ perdre le contrôle ◆ to be in ~ of a vehicle/situation être maître d'un véhicule/d'une situation ◆ to bring or get under ~ [+ fire, inflation] maîtriser ; [+ situation] dominer ◆ everything's under ~ tout est en ordre ▶ control tower tour f de contrôle **b** ◆ volume ~ réglage m de volume **2** controls NPL [of vehicle] commandes fpl ; [of radio, TV] boutons mpl de commande **3** VT (gen) contrôler ; [+ child, animal] se faire obéir de ; [+ car] garder la maîtrise de ; [+ crowd] contenir ; [+ organization, business] diriger ; [+ inflation] maîtriser ◆ to ~ o.s. se contrôler

controller [kən'trəʊlər] N contrôleur m, -euse f

controversial [ˌkɒntrə'vɜ:ʃəl] ADJ controversé

controversy [kən'trɒvəsɪ] N controverse f

conundrum [kə'nʌndrəm] N énigme f

convalesce [ˌkɒnvə'les] VI relever de maladie ◆ **to be convalescing** être en convalescence

convector [kən'vektə^r] N (also **convector heater**) convecteur m

convene [kən'viːn] **1** VT convoquer **2** VI se réunir

convenience [kən'viːnɪəns] **1** N (= comfort) commodité f ◆ **do it at your own ~** faites-le quand vous le pourrez ► **convenience foods** aliments mpl tout préparés ; (complete dishes) plats mpl cuisinés ► **convenience store** commerce m de proximité **2 conveniences** NPL commodités fpl ◆ **the house has all modern ~s** la maison a tout le confort moderne

convenient [kən'viːnɪənt] ADJ [place] commode ◆ **if it is ~ (to you)** si vous n'y voyez pas d'inconvénient

convent ['kɒnvənt] N couvent m

convention [kən'venʃən] N **a** (= accepted behaviour) usage m ; (= rule) convention f **b** (= conference, fair) salon m

conventional [kən'venʃənl] ADJ (unoriginal) conventionnel ; [clothes] classique ; [belief, values, medicine] traditionnel

converge [kən'vɜːdʒ] VI converger (on sur)

conversant [kən'vɜːsənt] ADJ ◆ **to be ~ with** [+ cars, machinery] s'y connaître en ; [+ language, science, laws, customs] connaître ; [+ facts] être au courant de

conversation [ˌkɒnvə'seɪʃən] N conversation f

converse¹ [kən'vɜːs] VI converser ◆ **to converse with sb about sth** s'entretenir avec qn de qch

converse² ['kɒnvɜːs] N inverse m

conversely [kɒn'vɜːslɪ] ADV inversement

conversion [kən'vɜːʃən] N conversion f ; (Rugby) transformation f

convert 1 N ['kɒnvɜːt] converti(e) m(f) **2** VT [kən'vɜːt] **a** (= transform) transformer (into en) ; (= change belief) convertir (to à) ◆ **to ~ a try** (Rugby) transformer un essai **b** [+ house] aménager (into en)

convertible [kən'vɜːtəbl] **1** ADJ convertible (into en) **2** N (= car) (voiture f) décapotable f

convex ['kɒnveks] ADJ convexe

convey [kən'veɪ] VT [+ goods, passengers] transporter ; [+ message, opinion, idea] communiquer (to à) ; [+ order, thanks] transmettre (to à)

conveyance [kən'veəns] N transport m

conveyor belt [kən'veɪəˌbelt] N tapis m roulant

convict 1 N ['kɒnvɪkt] (= prisoner) prisonnier m, -ière f, détenu(e) m(f) **2** VT [kən'vɪkt] [+ person] reconnaître coupable

conviction [kən'vɪkʃən] N **a** (= belief) conviction f **b** (in court) condamnation f

convince [kən'vɪns] VT convaincre (sb of sth qn de qch) ◆ **to ~ sb to do sth** persuader qn de faire qch

convincing [kən'vɪnsɪŋ] ADJ **a** (= persuasive) convaincant **b** [win, victory, lead] net

convoluted ['kɒnvəluːtɪd] ADJ [argument, sentence, plot] alambiqué

convoy ['kɒnvɔɪ] N convoi m ◆ **in ~** en convoi

convulsion [kən'vʌlʃən] N (= fit) convulsion f

coo [kuː] VTI [doves] roucouler ; [baby] gazouiller

cook [kʊk] **1** N cuisinier m, -ière f **2** VT (faire) cuire **3** VI [food] cuire ; [person] faire la cuisine, cuisiner
► **cook up** * VT SEP [+ story, excuse] inventer

cookbook ['kʊkbʊk] N livre m de cuisine

cooker ['kʊkə^r] N (Brit) cuisinière f (fourneau)

cookery ['kʊkərɪ] N cuisine f (activité) ◆ **~ book** (Brit) livre m de cuisine

cookie ['kʊkɪ] N (US) petit gâteau m (sec)

cooking ['kʊkɪŋ] N cuisine f (activité)

cool [kuːl] **1** ADJ **a** (in temperature) frais (fraîche f) ► **cool box** glacière f **b** [clothing] léger **c** [colour] rafraîchissant **d** (= calm) calme ◆ **to keep or stay ~** garder son calme ► **cool-headed** calme **e** (= unfriendly) froid (with or towards sb avec qn) **f** * (= trendy) cool * inv ; (= excellent) super * inv **2** N **a** (temperature) fraîcheur f, frais m **b** * ◆ **keep your ~ !** t'énerve pas ! * ◆ **he lost his ~** (= panicked) il a paniqué ; (= got angry) il s'est fichu en rogne * **3** VT [+ air, wine] rafraîchir **4** VI refroidir
► **cool down 1** VI (= get colder) refroidir ; [become calmer] se calmer ; [situation] se détendre **2** VT SEP (= make colder) faire refroidir ; (= make calmer) calmer
► **cool off** VI (= get cool) se rafraîchir ; (= lose enthusiasm) perdre son enthousiasme ; (= change one's affections) se refroidir (towards sb à l'égard de qn, envers qn) ; (= become less angry) se calmer

coop [kuːp] N (also **hen coop**) cage f à poules
► **coop up** VT SEP [+ person] cloîtrer

co-op ['kəʊɒp] N **a** (= shop) (abbrev of **cooperative**) coopérative f **b** (US) (abbrev of **cooperative apartment**) appartement m en copropriété **c** (US Univ) (abbrev of **cooperative**) coopérative f étudiante

cooperate [kəʊ'ɒpəreɪt] VI (= work together) collaborer (with sb avec qn ; in sth à qch ; to do sth pour faire qch) ; (= be cooperative) coopérer

cooperation [kəʊˌɒpə'reɪʃən] N coopération f

cooperative [kəʊˈɒpərətɪv] **1** ADJ [person, firm, attitude] coopératif ◆ **~ apartment** (US) appartement *m* en copropriété **2** N coopérative *f*

coordinate 1 N [kəʊˈɔːdɪnɪt] coordonnée *f* **2** NPL [kəʊˈɔːdɪnɪt] **coordinates** coordonnés *mpl* **3** VT [kəʊˈɔːdɪneɪt] coordonner

coordinated [kəʊˈɔːdɪneɪtɪd] ADJ **a** (= organized) coordonné **b** ◆ **to be well-~** [person] avoir une bonne coordination **c** (= matching) [clothes, designs] coordonné

coordination [kəʊˌɔːdɪˈneɪʃən] N coordination *f*

cop * [kɒp] N (= policeman) flic * *m*

cope [kəʊp] VI se débrouiller
▸ **cope with** VT INSEP **a** (= deal with) [+ task, person] se charger de ; [+ situation] faire face à ; [+ difficulties, problems] (= tackle) affronter ; (= solve) venir à bout de **b** (= manage) s'en sortir avec

copier [ˈkɒpɪəʳ] N (= photocopier) photocopieuse *f*

copious [ˈkəʊpɪəs] ADJ [quantities] grand ; [amount, notes] abondant

copper [ˈkɒpəʳ] N **a** cuivre *m* **b** * (Brit = policeman) flic * *m*

coppice [ˈkɒpɪs], **copse** [kɒps] N taillis *m*

copulate [ˈkɒpjʊleɪt] VI copuler

copy [ˈkɒpɪ] **1** N **a** (= duplicate) copie *f* ▸ **copy and paste** N copier-coller *m* ◇ VT copier-coller **b** [of book] exemplaire *m* ; [of magazine, newspaper] numéro *m* **c** (for newspaper) copie *f* ; (for advertisement) message *m* **2** VT copier

copyright [ˈkɒpɪraɪt] N droit *m* d'auteur, copyright *m*

coral [ˈkɒrəl] N corail *m* ▸ **coral reef** récif *m* corallien

cord [kɔːd] **1** N **a** (= thick string) grosse ficelle *f* ; [of curtains, pyjamas] cordon *m* ; (also **umbilical cord**) cordon *m* ombilical ◆ **electrical ~** fil *m* électrique **b** (= corduroy) velours *m* côtelé **2** **cords** NPL (= trousers) pantalon *m* en velours côtelé

cordial [ˈkɔːdɪəl] **1** ADJ (= friendly) cordial **2** N (Brit) cordial *m*

cordless [ˈkɔːdlɪs] ADJ (= with batteries) à piles ; [telephone] sans fil

cordon [ˈkɔːdn] **1** N cordon *m* **2** VT (also **cordon off**) [+ area] boucler

corduroy [ˈkɔːdərɔɪ] **1** N velours *m* côtelé **2** **corduroys** NPL (= trousers) pantalon *m* en velours côtelé

core [kɔːʳ] **1** N [of fruit] trognon *m* ; [of problem, nuclear reactor] cœur *m* ; (Computing: also **core**

memory) mémoire *f* centrale ◆ **the earth's ~** le noyau terrestre ◆ **he is rotten to the ~** il est pourri jusqu'à la moelle **2** VT [+ fruit] évider

coriander [ˌkɒrɪˈændəʳ] N coriandre *f*

cork [kɔːk] **1** N **a** (= material) liège *m* **b** (in bottle) bouchon *m* **2** VT (also **cork up**) boucher

corked [kɔːkt] ADJ [wine] bouchonné

corkscrew [ˈkɔːkskruː] N tire-bouchon *m*

cormorant [ˈkɔːmərənt] N cormoran *m*

corn [kɔːn] N **a** (Brit) blé *m* ; (US) maïs *m* ◆ **~ on the cob** épis *mpl* de maïs **b** (on foot) cor *m*

cornea [ˈkɔːnɪə] N cornée *f*

corned beef [ˌkɔːndˈbiːf] N corned-beef *m*

corner [ˈkɔːnəʳ] **1** N **a** (gen) coin *m* ; (= bend in road) virage *m* ◆ **to look at sb out of the ~ of one's eye** regarder qn du coin de l'œil ◆ **to be in a (tight) ~** (fig) être dans une situation difficile ◆ **it's just round the ~** (= very near) c'est à deux pas d'ici ◆ **Christmas is just around the ~** Noël n'est pas loin ◆ **to cut ~s** prendre des raccourcis (fig) ▸ **corner shop** (Brit), **corner store** (US) magasin *m* du coin **b** (Football) corner *m* **2** VT [+ hunted animal] acculer ; (fig) coincer *

cornerstone [ˈkɔːnəstəʊn] N pierre *f* angulaire

cornet [ˈkɔːnɪt] N **a** (= musical instrument) cornet *m* (à pistons) **b** (Brit) [of ice cream] cornet *m* (de glace)

cornfield [ˈkɔːnfiːld] N (Brit) champ *m* de blé ; (US) champ *m* de maïs

cornflakes [ˈkɔːnfleɪks] NPL corn-flakes *mpl*

cornflour [ˈkɔːnflaʊəʳ] N (Brit) farine *f* de maïs

cornice [ˈkɔːnɪs] N corniche *f*

cornstarch [ˈkɔːnstɑːtʃ] N (US) farine *f* de maïs

cornucopia [ˌkɔːnjʊˈkəʊpɪə] N corne *f* d'abondance

corny * [ˈkɔːnɪ] ADJ [joke] éculé ; [film, novel] à l'eau de rose ; (= obvious) bateau * *inv*

coronary [ˈkɒrənərɪ] N (also **coronary thrombosis**) infarctus *m* (du myocarde)

coronation [ˌkɒrəˈneɪʃən] N couronnement *m*

coroner [ˈkɒrənəʳ] N coroner *m* *(officiel chargé de déterminer les causes d'un décès)*

corporal [ˈkɔːpərəl] **1** N caporal-chef *m* **2** ADJ corporel ◆ **~ punishment** châtiment *m* corporel

corporate [ˈkɔːpərɪt] ADJ **a** [executive, culture, planning] d'entreprise ; [finance, image, identity] de l'entreprise ; [affairs, debt] des entreprises **b** (= joint) [decision, responsibility] collectif ; [objective, action, ownership] commun

corporation [ˌkɔːpəˈreɪʃən] N **a** (Brit) [of town] conseil m municipal **b** (= company) société f commerciale ; (US) société f à responsabilité limitée

corps [kɔːʳ] N (pl → [kɔːz]) corps m

corpse [kɔːps] N cadavre m

corral [kəˈrɑːl] N (US) corral m

correct [kəˈrekt] **1** ADJ **a** (= right) correct ◆ you are quite ~ vous avez parfaitement raison **b** (= appropriate) bon ◆ the ~ use of sth le bon usage de qch **c** (= proper) correct ; [etiquette, form of address] convenable ; [person] comme il faut * **2** VT corriger

correction [kəˈrekʃən] N correction f

correlation [ˌkɒrɪˈleɪʃən] N corrélation f

correspond [ˌkɒrɪsˈpɒnd] VI **a** (= agree) correspondre (with à) **b** (= be equivalent) correspondre (to à) **c** (= exchange letters) correspondre

correspondence [ˌkɒrɪsˈpɒndəns] N correspondance f ▸ **correspondence course** cours m par correspondance

correspondent [ˌkɒrɪsˈpɒndənt] N correspondant(e) m(f)

corridor [ˈkɒrɪdɔːʳ] N couloir m

corroborate [kəˈrɒbəreɪt] VT corroborer

corrode [kəˈrəʊd] **1** VT corroder **2** VI [metals] se corroder

corrosion [kəˈrəʊʒən] N corrosion f

corrugated [ˈkɒrəgeɪtɪd] ADJ [tin, cardboard, paper] ondulé ; [roof] en tôle ondulée ▸ **corrugated iron** tôle f ondulée

corrupt [kəˈrʌpt] **1** ADJ **a** (= dishonest) corrompu **b** (= depraved) dépravé **b** [data, text] altéré **2** VT (= make dishonest) corrompre ; (= make immoral) dépraver ; [+ data] altérer

corruption [kəˈrʌpʃən] N corruption f

corset [ˈkɔːsɪt] N corset m

Corsica [ˈkɔːsɪkə] N Corse f

cortisone [ˈkɔːtɪzəʊn] N cortisone f

cosh [kɒʃ] (Brit) **1** VT * cogner* sur **2** N matraque f

cosmetic [kɒzˈmetɪk] **1** ADJ [surgery] esthétique ; [change, measure] superficiel **2** N cosmétique m

cosmic [ˈkɒzmɪk] ADJ cosmique

cosmopolitan [ˌkɒzməˈpɒlɪtən] ADJ, N cosmopolite mf

cosset [ˈkɒsɪt] VT choyer

cost [kɒst] **1** VT **a** (pret, ptp **cost**) coûter ◆ how much does it ~? combien ça coûte ? ◆ what does it ~ to get in? quel est le prix d'entrée ? ◆ it ~ him a lot of money cela lui a coûté cher **b** (pret, ptp ~ed) [+ project] évaluer

le coût de **2** N coût m ◆ at a ~ of £50 au prix de 50 livres ◆ at great ~ à grands frais ◆ to my ~ à mes dépens ◆ at all ~s à tout prix ▸ **cost of living** coût m de la vie **3** **costs** NPL (commercial) coûts mpl ; (legal) dépens mpl, frais mpl judiciaires

co-star [ˈkəʊstɑːʳ] N partenaire mf

costume [ˈkɒstjuːm] N costume m ▸ **costume jewellery** bijoux mpl fantaisie

cosy, cozy (US) [ˈkəʊzɪ] ADJ [flat, room] douillet, cosy ; [restaurant] intime et confortable ; [evening, chat, dinner] intime

cot [kɒt] N (Brit: child's) lit m de bébé ; (US = folding bed) lit m de camp

cottage [ˈkɒtɪdʒ] N petite maison f à la campagne, cottage m ▸ **cottage cheese** fromage m blanc (égoutté) ▸ **cottage pie** N (Brit) ≃ hachis m Parmentier

cotton [ˈkɒtn] **1** N coton m ; (Brit = sewing thread) fil m (de coton) **2** COMP [shirt, dress] de or en coton ▸ **cotton bud** (Brit) coton-tige ® m ▸ **cotton candy** (US) barbe f à papa ▸ **cotton wool** (Brit) ouate f
▸ **cotton on** * VI (Brit) piger *

couch [kaʊtʃ] N (= settee) canapé m

cough [kɒf] **1** N toux f ▸ **cough drop** pastille f pour la toux ▸ **cough mixture** sirop m pour la toux, antitussif m ▸ **cough sweet** pastille f pour la toux **2** VI tousser

---

🔑 **could** [kʊd] MODAL VB **a** (past)

◆ I ~n't phone because I had no change je n'ai pas pu téléphoner parce que je n'avais pas de monnaie ◆ he ~ be charming when he wanted to be il pouvait être charmant lorsqu'il le voulait ◆ he ~ hear her shouting il l'entendait crier ◆ she ~ read when she was three elle savait lire à l'âge de trois ans ◆ I thought you ~ drive je pensais que tu savais conduire
◆ **could have** ◆ they ~ have been killed ils auraient pu être tués ◆ you ~ have told me before tu aurais pu me le dire plus tôt ◆ he ~ have helped us if he'd wanted to il aurait pu nous aider s'il l'avait voulu ◆ I ~ have cried j'en aurais pleuré

b (present) ◆ you ~ be right tu as peut-être raison ◆ that ~ be the answer c'est peut-être la solution ◆ you ~ be making a big mistake tu es peut-être en train de faire une grosse erreur ◆ it ~ be true cela pourrait être vrai

c (conditional) ◆ we ~ win the championship this year nous pourrions gagner le championnat cette année ◆ he ~ be released next year il pourrait être libéré l'année prochaine ◆ you ~ try telephoning him tu pourrais lui téléphoner ◆ you ~ at least apologize! tu pourrais au moins t'excuser !

d (polite requests) ◆ ~ **you pass me the salt, please?** pourriez-vous me passer le sel, s'il vous plaît ? ◆ ~ **I have a word with you?** est-ce que je pourrais vous parler un instant (s'il vous plaît) ?

couldn't ['kʊdnt] (abbrev of could not) → could

council ['kaʊnsl] N conseil *m* ◆ **city or town ~** conseil *m* municipal ▸ **council estate** (Brit) cité *f* ▸ **council flat** (Brit) appartement *m* loué à la municipalité, ≈ HLM *m or f* ▸ **council house** (Brit) maison *f* louée à la municipalité, ≈ HLM *m or f* ▸ **the Council of Europe** le Conseil de l'Europe ▸ **council tax** (Brit) impôts *mpl* locaux

councillor ['kaʊnslər] N conseiller *m*, -ère *f*

counsel ['kaʊnsəl] **1** N **a** (= advice) conseil *m* **b** (legal) avocat(e) *m(f)* **2** VT (= advise) conseiller (sb to do sth à qn de faire qch)

counsellor, counselor (US) ['kaʊnslər] N conseiller *m*, -ère *f*

count¹ [kaʊnt] **1** N **a** compte *m* ; [of votes at election] dépouillement *m* ◆ **to be out for the count *** (= unconscious) être KO * ; (= asleep) avoir son compte * ◆ **to keep count of sth** tenir le compte de qch ◆ **he lost count of the tickets he had sold** il ne savait plus combien de billets il avait vendus **b** (Law) chef *m* d'accusation **2** VT **a** (= add up) compter ◆ **to count the votes** dépouiller le scrutin ◆ **ten people not counting the children** dix personnes sans compter les enfants ◆ **three more counting Charles** trois de plus, en comptant Charles **b** (= consider) estimer **3** VI compter
▸ **count (up)on** VT INSEP compter (sur) ◆ **to count on doing sth** compter faire qch
▸ **count up** VT SEP compter

count² [kaʊnt] N (= nobleman) comte *m*

countdown ['kaʊntdaʊn] N compte *m* à rebours

counter ['kaʊntər] **1** N **a** (in shop, canteen, pub) comptoir *m* ; (in bank, post office) guichet *m* **b** (= disc) jeton *m* **2** ADV ◆ **to run ~ to sth** aller à l'encontre de qch **3** VT [+ remark] répliquer à (with par ; by saying en disant) ; [+ blow, argument] contrer **4** VI (= reply) riposter

counteract [ˌkaʊntərˈækt] VT contrebalancer

counterattack ['kaʊntərəˌtæk] **1** N contre-attaque *f* **2** VTI contre-attaquer

counterbalance ['kaʊntəˌbæləns] **1** N contrepoids *m* **2** VT contrebalancer

counterclockwise [ˌkaʊntəˈklɒkˌwaɪz] ADV, ADJ (US) dans le sens inverse des aiguilles d'une montre

counterfeit ['kaʊntəfiːt] **1** ADJ faux (fausse *f*) **2** N faux *m*, contrefaçon *f* **3** VT [+ banknote, signature] contrefaire

counterfoil ['kaʊntəfɔɪl] N (Brit) [of cheque] talon *m*

counterpart ['kaʊntəpaːt] N équivalent *m* ; [of person] homologue *mf*

countersign ['kaʊntəsaɪn] VT contresigner

countess ['kaʊntɪs] N comtesse *f*

countless ['kaʊntlɪs] ADJ innombrable

country ['kʌntrɪ] N **a** (= nation) pays *m* **b** (as opposed to town) campagne *f* ◆ **in the ~** à la campagne ▸ **country-and-western** (= music) musique *f* country ▸ **country dance, country dancing** danse *f* folklorique ▸ **country house** manoir *m* ▸ **country music** (musique *f*) country **c** (= region) région *f*

countryman ['kʌntrɪmæn] N (pl **-men**) (also **fellow countryman**) compatriote *m* ; (as opposed to town dweller) habitant *m* de la campagne, campagnard *m*

countryside ['kʌntrɪsaɪd] N ◆ **the ~** la campagne

county ['kaʊntɪ] N comté *m* (*division administrative*) ▸ **county court** ≈ tribunal *m* de grande instance

coup [kuː] N **a** (Pol) coup *m* d'État **b** (= achievement) (beau) coup *m*

couple ['kʌpl] **1** N **a** (= pair) couple *m* **b** ◆ **a ~ of** deux ◆ **a ~ of times** deux ou trois fois **2** VT **a** [+ ideas, names] associer **b** ◆ **~d with** ajouté à

coupon ['kuːpɒn] N (= money-off voucher) bon *m* de réduction ; (= form in newspaper, magazine) bulletin-réponse *m* ; (for rationed product) ticket *m* de rationnement

courage ['kʌrɪdʒ] N courage *m*

courageous [kəˈreɪdʒəs] ADJ courageux

courgette [kʊəˈʒet] N (Brit) courgette *f*

courier ['kʊrɪər] N (delivering mail) coursier *m*, -ière *f* ; (= tourist guide) guide *m*

course [kɔːs] **1** N **a** ◆ **of ~** bien sûr ◆ **of ~ not!** bien sûr que non ! **b** [of life, events, time, disease] cours *m* ◆ **in the normal ~ of events** en temps normal ◆ **in the ~ of** au cours de ◆ **in the ~ of time** avec le temps **c** [of river] cours *m* ; [of ship] route *f* ◆ **on ~ for** en route pour ; (fig) sur la voie de ◆ **to change ~** changer de cap ◆ **to go off ~** [ship, plane] dévier de son cap ; (fig) faire fausse route ◆ **to take a certain ~ of action** adopter une certaine ligne de conduite ◆ **to let sth take its ~** laisser qch suivre son cours **d** (= lessons) cours *m* ◆ **to do a French ~** suivre des cours de français ▸ **course book** manuel *m* ▸ **course work** (Univ) contrôle *m* continu **e** (Sport) parcours *m* **f** [of meal] plat *m* ◆ **first ~** entrée *f* ◆ **three ~ meal**

repas m complet *(entrée, plat principal, dessert)* **g** *[of injections]* série f ◆ **~ of treatment** traitement m **2** VI *[water]* couler à flots

court [kɔːt] **1** N **a** *[of law]* cour f, tribunal m ◆ **to take sb to ~** poursuivre qn en justice ▶ **court case** procès m, affaire f ▶ **court of appeal** (Brit), **court of appeals** (US) cour f d'appel ▶ **court order** ordonnance f du tribunal **b** *[of monarch]* cour f **c** *(Tennis)* court m ; *(Basketball)* terrain m **2** VT *[+ woman]* faire la cour à ; *[+ danger, defeat]* aller au-devant de

courteous ['kɜːtɪəs] ADJ courtois *(towards* en-vers*)*

courtesy ['kɜːtɪsɪ] N courtoisie f

courthouse ['kɔːthaʊs] N tribunal m

courtier ['kɔːtɪər] N *(= man)* courtisan m ; *(= wo-man)* dame f de la cour

court martial ['kɔːt'mɑːʃəl] **1** N cour f mar-tiale **2** VT ◆ **court-martial** traduire en conseil de guerre

courtyard ['kɔːtjɑːd] N cour f

cousin ['kʌzn] N cousin(e) m(f)

cove [kəʊv] N crique f ; (US) vallon m encaissé

covenant ['kʌvɪnənt] N *(= agreement)* conven-tion f ; *(to pay)* engagement m

cover ['kʌvər] **1** N **a** *(for protection)* *(over furniture)* housse f ; *(over merchandise, vehicle)* bâche f ; *[of lens]* bouchon m ; *[of book]* couver-ture f ; *(= lid)* couvercle m **b** *(= bedcover)* dessus-de-lit m inv ◆ **the ~s** *(= bedclothes)* les couvertures fpl **c** *(= shelter)* abri m ◆ **to take ~** *(= shelter)* s'abriter ◆ **under cover** à l'abri ◆ **under ~ of darkness** à la faveur de la nuit **d** (Brit Insurance) couverture f **e** *(= means of concealing)* couverture f **f** *(Mus)* *(also* **cover version***)* reprise f **2** VT **a** couvrir *(with* de*)* ; *(all over)* recouvrir *(with* de*)* ◆ **to ~ one's tracks** brouiller les pistes **b** *(= point gun at)* braquer un revolver sur **c** *[+ opposing player]* marquer **d** *[+ distance]* parcourir **e** *(= be sufficient for)* couvrir ◆ **to ~ one's costs** rentrer dans ses frais **f** *(= deal with)* traiter **g** *(Press)* couvrir **3** COMP ▶ **cover charge** couvert m *(prix)* ▶ **cover letter** (US) lettre f d'accompagnement ▶ **cover-up** ◆ **there's been a ~-up** on a tenté d'étouffer l'affaire
▶ **cover for** VT INSEP **a** *(= protect)* *[+ person]* protéger ; *(Insurance)* *[+ risk]* couvrir **b** *(= stand in for)* remplacer
▶ **cover up** **1** VI **a** *(keep warm)* se couvrir **b** ◆ **to ~ up for sb** couvrir qn **2** VT SEP **a** *[+ object]* recouvrir ; *[+ child]* couvrir **b** *(= hide)* dissimuler ; *[+ affair]* étouffer

coverage ['kʌvərɪdʒ] N couverture f

covering ['kʌvərɪŋ] N *(= wrapping)* couverture f ; *(for floor, walls)* revêtement m ; *(= layer)* couche f ▶ **covering letter** (Brit) lettre f d'accompagnement

covert ['kʌvət] ADJ *[undercover]* secret ◆ **he gave her a ~ glance** il l'a regardée à la dérobée

covet ['kʌvɪt] VT convoiter

cow [kaʊ] **1** N vache f ; *(= female)* *[of elephant]* femelle f **2** VT *[+ person]* intimider

coward ['kaʊəd] N lâche mf

cowardice ['kaʊədɪs], **cowardliness** ['ka-ʊədlɪnɪs] N lâcheté f

cowardly ['kaʊədlɪ] ADJ lâche

cowboy ['kaʊbɔɪ] N cow-boy m

cower ['kaʊər] VI se recroqueviller

cowshed ['kaʊʃed] N étable f

cox [kɒks], **coxswain** ['kɒksn] N barreur m

coy [kɔɪ] ADJ **a** *(= demure)* faussement timide **b** *(= evasive)* évasif *(about sth* à propos de qch*)*

coyote [kɔɪˈəʊtɪ] N coyote m

cozy ['kəʊzɪ] ADJ (US) ⇒ **cosy**

crab [kræb] N crabe m

crack [kræk] **1** N **a** *(= split, slit)* fissure f ; *(in glass, pottery, bone)* fêlure f ; *(in wall)* lézarde f ; *(in skin)* crevasse f ◆ **at the ~ of dawn** aux aurores ◆ **b** *(= noise)* *[of twigs]* craquement m ; *[of whip]* claquement m **c** *(= sharp blow)* ◆ **to give sb a ~ on the head** assener un grand coup sur la tête de qn **d** *(* ∗ = joke*)* plaisanterie f **e** *(* ∗ = try*)* ◆ **to have a ~ at doing sth** essayer de faire qch **f** *(= drug)* *(also* **crack cocaine***)* crack m **2** VT **a** *[+ pottery, glass, bone]* fêler ; *[+ nut]* casser **b** *[+ whip]* faire claquer **c** ◆ **to ~ a joke** ∗ raconter une blague **d** *[+ code]* déchiffrer **3** VI **a** *[pottery, glass]* se fêler ; *[ground]* se fissurer ; *[ice]* se craqueler **b** *[whip]* claquer **c** *[voice]* se casser **d** (Brit ∗) ◆ **to get ~ing** s'y mettre ∗ ◆ **let's get ~ing!** au boulot ! ∗ **e** *(= break down)* *[person]* craquer ∗ **4** ADJ *[sportsman, sportswoman]* de première classe ◆ **a ~ shot** un excellent fusil
▶ **crack down on** VT INSEP *[+ person]* sévir contre ; *[+ expenditure, sb's actions]* mettre un frein à
▶ **crack up** ∗ **a** VI *(mentally)* craquer ∗ **b** *(with laughter)* se tordre de rire

cracked [krækt] ADJ **a** *[cup, window, mirror, tooth, bone, rib]* fêlé ; *[sink, plaster, paintwork, glaze, rubber]* craquelé ; *[wall, ceiling]* lézardé ; *[lips]* gercé ; *[skin]* crevassé ▶ **cracked wheat** blé m concassé **b** *(* ∗ = mad*)* timbré ∗

cracker ['krækər] N **a** *(= biscuit)* cracker m, biscuit m salé **b** *(= firework)* pétard m **c** (Brit: also **Christmas cracker**) diablotin m

crackle ['krækl] N (on telephone) friture * f

crackpot * ['krækpɒt] (pej) **1** N cinglé(e) * m(f) **2** ADJ [idea] tordu *

cradle ['kreɪdl] **1** N berceau m **2** VT ◆ **to ~ a child (in one's arms)** bercer un enfant (dans ses bras)

craft [krɑːft] N **a** (= skill) art m, métier m ; (= school subject) travaux mpl manuels **b** (pl inv) (= boat) embarcation f ; (= plane) appareil m

craftsman ['krɑːftsmən] N (pl **-men**) artisan ; (= writer) artiste m

craftsmanship ['krɑːftsmənʃɪp] N (= artistry) art m

crafty ['krɑːftɪ] ADJ malin (-igne f), rusé (pej)

crag [kræg] N rocher m escarpé

craggy ['krægɪ] ADJ **a** [mountain] escarpé ; [cliff, outcrop] à pic **b** [face, features] taillé à la serpe

cram [kræm] **1** VT **a** [+ object] entasser (into dans) **b** [+ place] bourrer (with de) **2** VI **a** [people] s'entasser **b** ◆ **to ~ for an exam** bachoter

cramp [kræmp] N crampe f

cramped [kræmpt] ADJ (= not spacious) exigu (-guë f)

crampon ['kræmpən] N crampon m

cranberry ['krænbərɪ] N airelle f

crane [kreɪn] **1** N grue f **2** VT ◆ **to ~ one's neck** tendre le cou

cranium ['kreɪnɪəm] N crâne m

crank [kræŋk] N **a** (Brit = person) * excentrique mf **b** (= handle) manivelle f

crankshaft ['kræŋkʃɑːft] N vilebrequin m

cranny ['krænɪ] N fissure f

crap * [kræp] **1** N (= nonsense) conneries *** fpl ; (= junk) merde *** f **2** ADJ merdique ***

crash [kræʃ] **1** N **a** (= accident) (of car, aeroplane) accident m ; (Computing) plantage * m ▸ **crash course** cours m intensif ▸ **crash diet** régime m draconien ▸ **crash helmet** casque m ▸ **crash landing** atterrissage m forcé **b** (= noise) fracas m **2** VI **a** [aeroplane] s'écraser (au sol) ; [vehicle] avoir un accident ; [two vehicles] entrer en collision ◆ **to ~ into sth** rentrer dans qch **b** [bank, firm] faire faillite ◆ **the stock market ~ed** les cours de la Bourse se sont effondrés **c** (Computing) planter * **3** VT [+ car] avoir un accident avec

crass [kræs] ADJ [comment, behaviour, film, person] grossier ; [stupidity] crasse

crate [kreɪt] N [of fruit] cageot m ; [of bottles] caisse f

crater ['kreɪtə^r] N cratère m

crave [kreɪv] VT [+ drink, tobacco] avoir très envie de ◆ **to ~ affection** avoir grand besoin d'affection

crawl [krɔːl] **1** N (Swimming) crawl m **2** VI **a** [insect] courir ; [person] ramper ; [baby] marcher à quatre pattes ◆ **to ~ on one's hands and knees** marcher à quatre pattes ◆ **to ~ to sb** ramper devant qn * ◆ **to make sb's skin ~** donner la chair de poule à qn ◆ **the street is ~ing** * **with police** la rue grouille de policiers **b** [vehicle] avancer au pas

crayfish ['kreɪfɪʃ] N INV (freshwater) écrevisse f ; (= lobster) langouste f

crayon ['kreɪən] N crayon m (de couleur)

craze [kreɪz] N engouement m

crazy ['kreɪzɪ] ADJ **a** (gen) fou (folle f) ◆ **like ~** * comme un fou (or une folle) ▸ **crazy golf** (Brit) minigolf m **b** (* = enthusiastic) fou (folle f) (about sb/sth de qn/qch)

creak [kriːk] **1** VI grincer **2** N grincement m

cream [kriːm] **1** N crème f ◆ **single/double ~** (Brit) crème f fraîche liquide/épaisse ◆ **~ of tomato soup** velouté m de tomates **2** ADJ (= cream-coloured) crème inv ; (= made with cream) à la crème ▸ **cream cake** gâteau m à la crème ▸ **cream cheese** fromage m frais à tartiner ▸ **cream cracker** (Brit) cracker m ▸ **cream soda** boisson f gazeuse à la vanille ▸ **cream tea** (Brit) goûter où l'on sert du thé et des scones avec de la crème et de la confiture

▸ **cream off** VT SEP [+ talents] sélectionner ; [+ profits] ramasser

creamy ['kriːmɪ] ADJ crémeux

crease [kriːs] **1** N (made intentionally) pli m ; (made accidentally) faux pli m ; (on face) ride f **2** VT (accidentally) froisser ; (intentionally) plisser **3** VI se froisser

create [kriːˈeɪt] VT (gen) créer ; [+ impression] produire ; [+ noise] faire

creation [kriːˈeɪʃən] N création f

creative [kriːˈeɪtɪv] ADJ **a** (= imaginative) créatif ; [energy, power] créateur (-trice f) ; [process] de création **b** (= original) [person] inventif ; [solution] ingénieux

creator [kriːˈeɪtə^r] N créateur m, -trice f

creature ['kriːtʃə^r] N créature f

crèche [kreʃ] N (Brit) (up to 3 years old) crèche f ; (after 3 years old) garderie f

credentials [krɪˈdenʃəlz] NPL (= identifying papers) pièce f d'identité ; (= references) références fpl

credibility [ˌkredəˈbɪlɪtɪ] N crédibilité f

credible ['kredɪbl] ADJ crédible

credit ['kredɪt] **1** N **a** (financial) crédit m ◆ **to buy on ~** acheter à crédit ◆ **in ~** [account]

approvisionné ▶ **credit card** carte *f* de crédit **b** (= praise) honneur *m* ◆ **it is to his ~** c'est tout à son honneur ◆ **he is a ~ to his family** il fait honneur à sa famille ◆ **to give sb ~ for doing sth** reconnaître que qn a fait qch ◆ **to take (the) ~ for sth** s'attribuer le mérite de qch **c** (at university) unité *f* d'enseignement **2 credits** NPL [of film] générique *m* **3** VT **a** (= believe) [+ rumour, news] croire **b** ◆ **to be ~ed with having done sth** passer pour avoir fait qch ◆ **it is ~ed with (having) magic powers** on lui attribue des pouvoirs magiques **c** ◆ **to ~ £50 to sb** *or* **to sb's account** créditer qn de 50 livres

creditable ['krɛdɪtəbl] ADJ honorable

creditor ['krɛdɪtə'] N créancier *m*, -ière *f*

credulous ['krɛdjʊləs] ADJ crédule

creed [kriːd] N credo *m*

creek [kriːk] N **a** (Brit = inlet) crique *f* **b** (US = stream) ruisseau *m*

creep [kriːp] (pret, ptp **crept**) **1** VI (animal, person, plant) ramper ; (= move silently) se glisser ◆ **to ~ in/out** entrer/sortir à pas de loup ◆ **to ~ up on sb** [person] s'approcher de qn à pas de loup **2** N **a** ◆ **it gives me the ~s** * ça me donne la chair de poule **b** (* = person) sale type * *m*

creeper ['kriːpə'] N (= plant) plante *f* rampante

creepy ['kriːpɪ] ADJ qui donne la chair de poule ▶ **creepy-crawly** * (pl **~-crawlies**) petite bestiole *f*

cremate [krɪ'meɪt] VT incinérer

cremation [krɪ'meɪʃən] N crémation *f*

crematorium [ˌkrɛmə'tɔːrɪəm], **crematory** (US) ['krɛmətɔːrɪ] N crématorium *m*

creole ['kriːəʊl] ADJ créole

creosote ['krɪəsəʊt] N créosote *f*

crêpe [kreɪp] N **a** (= fabric) crêpe *m* ▶ **crêpe bandage** bande *f* Velpeau ® ▶ **crêpe paper** papier *m* crépon **b** (= pancake) crêpe *f*

crept [krɛpt] VB (pt, ptp of creep)

crescendo [krɪ'ʃɛndəʊ] N crescendo *m inv*

crescent ['krɛsnt] N **a** croissant *m* ▶ **crescent moon** croissant *m* de lune ▶ **crescent-shaped** en (forme de) croissant **b** (= street) rue *f* (en arc de cercle)

cress [krɛs] N cresson *m*

crest [krɛst] N **a** [of bird, wave, mountain] crête *f* **b** ◆ **the family ~** les armoiries *fpl* familiales

crestfallen ['krɛst,fɔːlən] ADJ [person] déconfit

Crete [kriːt] N Crète *f*

Creutzfeldt-Jakob disease [ˌkrɔɪtsfɛlt'jækɒbdɪ,ziːz] N maladie *f* de Creutzfeldt-Jakob

crevasse [krɪ'væs] N crevasse *f*

crevice ['krɛvɪs] N fissure *f*

crew [kruː] N [of plane, ship] équipage *m* ; (making film, rowing boat) équipe *f* ; (= group) bande *f* ▶ **crew cut** ◆ **to have a ~ cut** avoir les cheveux en brosse ▶ **crew-neck sweater** pull *m* ras du cou

crib [krɪb] **1** N (Brit: for infant) berceau *m* ; (US: for toddler) lit *m* d'enfant ; (= nativity scene) crèche *f* **2** VT copier ◆ **to ~ sb's work** copier sur qn

crick [krɪk] N crampe *f* ◆ **~ in the neck** torticolis *m*

cricket ['krɪkɪt] N **a** (= insect) grillon *m* **b** (Sport) cricket *m*

crime [kraɪm] N crime *m* ◆ **minor ~** délit *m*

criminal ['krɪmɪnl] **1** N criminel *m*, -elle *f* **2** ADJ [action, motive] criminel ▶ **criminal court** cour *f* d'assises ▶ **criminal law** droit *m* pénal ▶ **criminal record** casier *m* judiciaire

crimson ['krɪmzn] ADJ, N cramoisi *m*

cringe [krɪndʒ] VI (= shrink back) avoir un mouvement de recul (from devant) ; (= humble o.s.) ramper (before devant)

crinkle ['krɪŋkl] **1** VI [eyes] se plisser **2** N pli *m*

cripple ['krɪpl] **1** N (= lame) estropié(e) *m(f)* ; (= disabled) infirme *mf* **2** VT estropier ; (fig) paralyser

crisis ['kraɪsɪs] N (pl **crises** ['kraɪsiːz]) crise *f*

crisp [krɪsp] **1** ADJ **a** [apple, salad] croquant ; [pastry, bacon] croustillant **b** [shirt, fabric] tout propre **c** (= refreshing) ◆ **it was a lovely ~ morning** il faisait beau et froid ce matin-là **d** (= clear) [picture] net ; [voice, sound] clair **2** N (Brit) ◆ **(potato) ~s** chips *fpl*

crispbread ['krɪspbrɛd] N pain *m* grillé suédois

crispy ['krɪspɪ] ADJ croustillant

criss-cross ['krɪskrɒs] **1** ADJ [lines] entre-croisées **2** VT entrecroiser (by de) **3** VI [lines] s'entrecroiser

criterion [kraɪ'tɪərɪən] N (pl **criteria** [kraɪ'tɪərɪə]) critère *m*

critic ['krɪtɪk] N critique *m*

critical ['krɪtɪkəl] ADJ critique ◆ **to be ~ of sb/sth** critiquer qn/qch

critically ['krɪtɪkəlɪ] ADV **a** (= crucially) ◆ **to be ~ important** être d'une importance capitale **b** [ill, injured] gravement **c** [speak] sévèrement **d** [study, examine] d'un œil critique **e** ◆ **~ acclaimed** salué par la critique

criticism ['krɪtɪsɪzəm] N critique *f*

criticize ['krɪtɪsaɪz] VT [+ behaviour, person] critiquer

croak [krəʊk] VI [frog] coasser ; [person] parler d'une voix rauque ; (due to sore throat) parler d'une voix enrouée

croaky ['krəʊkɪ] ADJ [voice] rauque ; (due to sore throat) enroué

Croatia [krəʊ'eɪʃə] N Croatie f

crochet ['krəʊʃeɪ] **1** N (also **crochet work**) crochet m **2** VT [+ garment] faire au crochet

crockery ['krɒkərɪ] N (Brit) vaisselle f

crocodile ['krɒkədaɪl] N crocodile m

crocus ['krəʊkəs] N (pl **crocuses**) crocus m

crony * ['krəʊnɪ] N copain * m, copine * f

crook [krʊk] N **a** (* = criminal) escroc m **b** [of shepherd] houlette f ; [of bishop] crosse f **c** [of arm] creux m

crooked ['krʊkɪd] ADJ **a** [line, stick, back] tordu ; [nose, tooth, picture, tie] de travers **b** (* = dishonest) [person, business] véreux ; [deal, method] malhonnête

crop [krɒp] **1** N **a** (= produce) produit m agricole ; (= harvest) récolte f **b** (also **riding crop**) cravache f **2** VT **a** [animals] [+ grass] brouter **b** [+ tail] écourter ; [+ hair] tondre ◆ **~ped hair** cheveux mpl coupés ras
► **crop up** VI [problems] se présenter ◆ **something's ~ped up and I can't come** j'ai un contretemps, je ne pourrai pas venir

cropper * ['krɒpəʳ] N ◆ **to come a ~** (= fall) se casser la figure * ; (= fail in attempt) se planter *

croquet ['krəʊkeɪ] N croquet m

croquette [krəʊ'ket] N croquette f

cross [krɒs] **1** N **a** (= mark, emblem) croix f ◆ **the Cross** la Croix **b** (= mixture) hybride m, croisement m **2** ADJ **a** (= angry) en colère ◆ **to be ~ with sb** être en colère contre qn ◆ **to get ~ with sb** se mettre en colère contre qn **b** (= traverse, diagonal) transversal, diagonal **3** VT **a** [+ room, street, sea, river, bridge] traverser ; [+ threshold, border] franchir ◆ **it ~ed my mind that ...** il m'est venu à l'esprit que ... **b** ◆ **to ~ one's arms/legs** croiser les bras/les jambes **c** ◆ **to ~ o.s.** se signer **d** (= thwart) [+ person] contrecarrer les projets de **e** (= crossbreed) [+ animals, plants] croiser (with avec) **4** VI ◆ **to ~ from one place to another** passer d'un endroit à un autre ◆ **to ~ from Newhaven to Dieppe** faire la traversée de Newhaven à Dieppe **b** [letters, paths] se croiser **5** COMP ► **cross-Channel ferry** ferry m trans-Manche ► **cross-check** VT [+ facts] vérifier par recoupement ► **cross-country** à travers champs ◆ **~-country race** cross m ◆ **~-country skiing** ski m de fond ► **crossexamination** contre-interrogatoire m ► **cross-examine** interroger (de façon serrée) ; (in court) faire subir un contre-interrogatoire à ► **cross-eyed** qui louche ◆ **to be ~-eyed** loucher ► **cross-purposes** ◆ **to be at ~-purposes with sb** (= misunderstand) comprendre qn de travers ◆ **I think we are at ~-purposes** je crois que nous nous sommes

mal compris ► **crossreference** N renvoi m (to à) VT renvoyer ► **cross section** (= sample) échantillon m
► **cross off** VT SEP [+ item on list] rayer
► **cross out** VT SEP [+ word] barrer
► **cross over** VI traverser

crossbar ['krɒsbɑːʳ] N (Rugby) barre f transversale ; [of bicycle] barre f

crossbow ['krɒsbəʊ] N arbalète f

crossbreed ['krɒsbriːd] **1** N (= animal) hybride m **2** VT (pret, ptp **crossbred**) croiser

crossfire ['krɒsfaɪəʳ] N feux mpl croisés

crossing ['krɒsɪŋ] N **a** (by sea) traversée f **b** (= road junction) croisement m ; (also **pedestrian crossing**) passage m clouté

crossroads ['krɒsrəʊdz] NPL croisement m

crosswalk ['krɒswɔːk] N (US) passage m clouté

crossword ['krɒswɜːd] N (also **crossword puzzle**) mots mpl croisés

crotch [krɒtʃ] N [of body, tree] fourche f ; [of garment] entrejambe m

crotchet ['krɒtʃɪt] N (Brit) noire f

crouch [kraʊtʃ] VI (also **crouch down**) [person, animal] s'accroupir ; (before springing) se ramasser

crouton ['kruːtɒn] N croûton m

crow [krəʊ] **1** N corneille f ► **crow's feet** pattes fpl d'oie (rides) **2** VI **a** [cock] chanter **b** [victor] chanter victoire

crowbar ['krəʊbɑːʳ] N pince f monseigneur

crowd [kraʊd] **1** N **a** foule f ; (disorderly) cohue f ◆ **to follow the ~** suivre le mouvement **b** (* = group, circle) bande f **2** VI ◆ **they ~ed into the small room** ils se sont entassés dans la petite pièce ◆ **they ~ed round to see ...** ils ont fait cercle pour voir ... **3** VT (= push) [+ objects] entasser (into dans) ; (= jostle) [+ person] bousculer

crowded ['kraʊdɪd] ADJ **a** [room, street, train, beach] bondé ◆ **~ with people** plein de monde **b** [city, area] surpeuplé **c** (= packed with things) [place] plein à craquer **d** (= busy) [agenda, day] chargé

crown [kraʊn] **1** N **a** [of monarch] couronne f ► **Crown court** Cour f d'assises (en Angleterre et au Pays de Galles) ► **crown jewels** joyaux mpl de la couronne ► **crown prince** prince m héritier **b** [of hill] faîte m ; [of hat] fond m ◆ **the ~ (of the head)** le sommet de la tête **c** (for tooth) couronne f **2** VT couronner (with de) ; [+ tooth] mettre une couronne à

crucial ['kruːʃəl] ADJ crucial

crucifix ['kruːsɪfɪks] N crucifix m ; (at roadside) calvaire m

crucify ['kruːsɪfaɪ] VT crucifier

crude [kru:d] **1** ADJ **a** (= vulgar) grossier **b** (= rudimentary) rudimentaire **2** N (also **crude oil**) brut *m*

crudely ['kru:dlɪ] ADV ◆ **to put it** ~ pour dire les choses crûment

cruel ['kruəl] ADJ cruel (to sb avec qn)

cruelty ['kruəltɪ] N cruauté *f* (to envers)

cruet ['kru:ɪt] N (Brit) service *m* à condiments

cruise [kru:z] **1** VI **a** [fleet, ship] croiser **b** [cars] rouler ; [aircraft] voler **c** [taxi] être en maraude ; [patrol car] patrouiller **2** N croisière *f* ◆ **to go on a** ~ partir en croisière ▶ **cruise missile** missile *m* de croisière

cruiser ['kru:zəʳ] N **a** (= warship) croiseur *m* ; (= cabin cruiser) bateau *m* de croisière

crumb [krʌm] N miette *f*

crumble ['krʌmbl] **1** VT [+ bread] émietter **2** VI [buildings] tomber en ruines ; [earth, rocks] s'ébouler ; [bread] s'émietter ; [hopes, economy] s'effondrer **3** N (Brit = dessert) crumble *m*

crumpet ['krʌmpɪt] N (Brit) petite crêpe *f* épaisse

crumple ['krʌmpl] **1** VT froisser ; (also **crumple up**) chiffonner **2** VI se froisser

crunch [krʌntʃ] **1** VT **a** (with teeth) croquer **b** (underfoot) faire craquer **2** VI (underfoot) crisser **3** N **a** (= sound of teeth) coup *m* de dents ; [of broken glass] craquement *m* ; [of gravel] crissement *m* **b** (* = moment of truth) ◆ **the** ~ l'instant *m* critique

crunchy ['krʌntʃɪ] ADJ [food] croquant

crusade [kru:'seɪd] N croisade *f*

crush [krʌʃ] **1** N **a** (= crowd) cohue *f* **b** ◆ **to have a** ~ **on sb** * avoir le béguin* pour qn **2** VT **a** (= compress) écraser ; [+ ice] piler **b** [+ clothes] froisser **c** (= overwhelm) écraser ; [+ hope] détruire ; (= snub) remettre à sa place

crushing ['krʌʃɪŋ] ADJ [defeat, victory] écrasant ; [blow, disappointment] terrible ; [remark, reply] cinglant

crust [krʌst] N croûte *f*

crustacean [krʌs'teɪʃən] N crustacé *m*

crusty ['krʌstɪ] ADJ [loaf, roll] croustillant

crutch [krʌtʃ] N **a** (= support) béquille *f* **b** (= crotch) fourche *f* ; [of trousers] entrejambe *m*

crux [krʌks] N point *m* crucial ; [of problem] cœur *m*, centre *m*

cry [kraɪ] **1** N (= shout, call) cri *m* **2** VT (= call out) crier **3** VI **a** (= weep) pleurer (about, over sur) **b** (= call out) pousser un cri (*or* des cris) ◆ **to** ~ **for help** crier au secours

▶ **cry off** VI (Brit) (from meeting) se décommander ; (from promise) se dédire

▶ **cry out** VI crier ◆ **to** ~ **out to sb** appeler qn en criant

crypt [krɪpt] N crypte *f*

cryptic ['krɪptɪk] ADJ (= mysterious) sibyllin ; (= terse) laconique

crystal ['krɪstl] N cristal *m* ▶ **crystal ball** boule *f* de cristal ▶ **crystal-clear** clair comme de l'eau de roche

cub [kʌb] N **a** [of animal] petit *m* **b** (also **cub scout**) louveteau *m*

Cuba ['kju:bə] N Cuba *f or m*

cubbyhole ['kʌbɪhəʊl] N cagibi *m*

cube [kju:b] **1** N cube *m* **2** VT [+ meat, vegetables] couper en cubes

cubic ['kju:bɪk] ADJ [centimetre, metre] cube ; (in shape) cubique

cubicle ['kju:bɪkəl] N (in hospital, dormitory) box *m* ; (in swimming baths) cabine *f* ; (also **shower cubicle**) cabine *f* de douche

cuckoo ['kʊku:] N coucou *m* ▶ **cuckoo clock** coucou *m* (*pendule*)

cucumber ['kju:kʌmbəʳ] N concombre *m*

cuddle ['kʌdl] **1** N câlin *m* ◆ **to give sb a** ~ faire un câlin à qn **2** VT câliner **3** VI se faire un câlin

▶ **cuddle up** VI se pelotonner (to, against contre)

cuddly ['kʌdlɪ] ADJ [child] câlin ◆ ~ **toy** (jouet *m* en) peluche *f*

cudgel ['kʌdʒəl] N trique *f*

cue [kju:] N **a** (verbal) réplique *f* (*indiquant à un acteur qu'il doit parler*); (action) signal *m* **b** (Billiards) queue *f* de billard

cuff [kʌf] **1** N **a** (gen) poignet *m* ; [of shirt] manchette *f* ; [of coat] parement *m* ; (US) [of trousers] revers *m inv* ◆ **off the cuff** à l'improviste **b** (= blow) gifle *f* **2** VT (= strike) gifler

cufflink ['kʌflɪŋk] N bouton *m* de manchette

cul-de-sac ['kʌldəˌsæk] N (pl **~s**) (Brit) cul-de-sac *m*

cull [kʌl] **1** VT **a** [+ information, ideas] sélectionner **b** [+ seals, deer] abattre **2** N abattage *m*

culminate ['kʌlmɪneɪt] VI ◆ **to** ~ **in sth** (= end in) finir par qch ; (= lead to) mener à qch

culottes [kju:'lɒts] NPL jupe-culotte *f*

culprit ['kʌlprɪt] N coupable *mf*

cult [kʌlt] N culte *m* (of de) ▶ **cult film, cult movie** film-culte *m*

cultivate ['kʌltɪveɪt] VT cultiver

cultivation [ˌkʌltɪ'veɪʃən] N culture *f*

cultural ['kʌltʃərəl] ADJ culturel

culture ['kʌltʃəʳ] N culture *f* ▶ **culture shock** choc *m* culturel

cultured ['kʌltʃəd] ADJ cultivé ◆ ~ **pearl** perle f de culture

cumbersome ['kʌmbəsəm] ADJ [object] lourd et encombrant ; [procedure, system] lourd

cumin ['kʌmɪn] N cumin m

cunning ['kʌnɪŋ] **1** N astuce f ; (= deceit) ruse f **2** ADJ astucieux ; (= deceitful) rusé

cup [kʌp] N **a** (gen) tasse f **b** (Brit = prize, competition) coupe f ◆ **cup final** (Brit) finale f de la coupe **c** [of brassière] bonnet m *(de soutien-gorge)*

cupboard ['kʌbəd] N placard m

cupola ['kjuːpələ] N (= dome) coupole f ; (US = belfry) lanternon m

curate ['kjʊərɪt] N (= churchman) vicaire m

curator [kjʊə'reɪtə^r] N [of museum] conservateur m, -trice f

curb [kɜːb] **1** N **a** (gen) frein m ; (on trade) restriction f (on de) **b** (US = kerb) bord m du trottoir **2** VT [+ impatience, passion] refréner ; [+ expenditure] réduire

curd [kɜːd] N (gen pl) ◆ ~(s) lait m caillé

curdle ['kɜːdl] **1** VT [+ milk] cailler ; [+ mayonnaise] faire tomber **2** VI [milk] cailler ; [mayonnaise] tomber ◆ **it made my blood ~** cela m'a glacé le sang

cure [kjʊə^r] **1** VT **a** [+ disease, patient] guérir (of de) ; [+ poverty, problem] remédier à **b** [+ meat, fish] (= salt) saler ; (= smoke) fumer ; (= dry) sécher **2** N (= remedy) remède m (for à, contre) ; (= recovery) guérison f ▶ **cure-all** panacée f

curfew ['kɜːfjuː] N couvre-feu m

curio ['kjʊərɪəʊ] N bibelot m, curiosité f

curiosity [,kjʊərɪ'ɒsɪtɪ] N curiosité f (about de) ◆ **out of** ~ par curiosité

curious ['kjʊərɪəs] ADJ curieux

curl [kɜːl] **1** N [of hair] boucle f (de cheveux) **2** VT [+ hair] (loosely) (faire) boucler ; (tightly) friser **3** VI **a** [hair] (tightly) friser ; (loosely) boucler ◆ **his lip ~ed** il a eu une moue dédaigneuse **b** [person, animal] ⇒ **curl up** ▶ **curl up 1** VI s'enrouler ; [person, cat] se pelotonner ; [dog] se coucher en rond **2** VT SEP enrouler

curler ['kɜːlə^r] N bigoudi m

curlew ['kɜːljuː] N courlis m

curly ['kɜːlɪ] ADJ [hair] (loosely) bouclé ; (tightly) frisé

currant ['kʌrənt] N (= fruit) groseille f ; (= dried fruit) raisin m de Corinthe ▶ **currant bun** petit pain m aux raisins

currency ['kʌrənsɪ] N monnaie f, devise f

current ['kʌrənt] **1** ADJ [situation, tendency, popularity, job] actuel ▶ **current account** (Brit) compte m courant ▶ **current affairs** actualité f **2** N [of air, water, electricity] courant m ; [of opinions] tendance f ◆ **against the** ~ à contre-courant

currently ['kʌrəntlɪ] ADV actuellement

curriculum [kə'rɪkjʊləm] N programme m ▶ **curriculum vitae** curriculum vitæ m

curry ['kʌrɪ] **1** N curry m ◆ **beef** ~ curry m de bœuf ▶ **curry powder** curry m **2** VT ◆ **to** ~ **favour with sb** chercher à gagner la faveur de qn

curse [kɜːs] **1** N **a** (= spell) malédiction f **b** (= swearword) juron m **c** (= bane) fléau m **2** VT maudire **3** VI (= swear) jurer

cursor ['kɜːsə^r] N curseur m

cursory ['kɜːsərɪ] ADJ (= superficial) superficiel ; (= hasty) hâtif

curt [kɜːt] ADJ brusque

curtail [kɜː'teɪl] VT réduire

curtain ['kɜːtn] N rideau m

curtsey, curtsy ['kɜːtsɪ] **1** N révérence f **2** VI faire une révérence (to à)

curve [kɜːv] **1** N courbe f **2** VI [line, surface, road] s'incurver

curved [kɜːvd] ADJ courbe ; [edge of table] arrondi ; (= convex) convexe

cushion ['kʊʃən] **1** N coussin m **2** VT (= protect) protéger ; [+ fall, impact] amortir

cushy * ['kʊʃɪ] ADJ (Brit) peinard * ◆ **a** ~ **job** une bonne planque *

cuss * [kʌs] (US) ⇒ **curse 1** N (= oath) juron m **2** VI jurer

custard ['kʌstəd] N (pouring) crème f anglaise ; (set) crème f renversée

custodian [kʌs'təʊdɪən] N gardien(ne) m(f)

custody ['kʌstədɪ] N **a** [of child] garde f **b** (= imprisonment) détention f provisoire ; (also **police custody**) (for short period) garde f à vue ◆ **to be held in (police)** ~ être mis en garde à vue

custom ['kʌstəm] N **a** (= habit, tradition) coutume f **b** [of shop] clientèle f ▶ **custom-built** fait sur commande ▶ **custom-made** [clothes] (fait) sur mesure ; [other goods] fait sur commande

customary ['kʌstəmərɪ] ADJ habituel ◆ **it is** ~ **(to do that)** c'est la coutume

customer ['kʌstəmə^r] N **a** (in shop) client(e) m(f) **b** (* : Brit = person) type * m

customize ['kʌstəmaɪz] VT personnaliser

customs ['kʌstəmz] N (sg or pl) douane f ▶ **Customs and Excise** (Brit) douanes fpl ▶ **customs officer** douanier m, -ière f

cut [kʌt] (vb : pret, ptp cut) **1** N **a** (= slash, slit) coupure *f* ; (= notch) entaille *f* **b** (= reduction) réduction *f* (in de) ◆ **power** ~ coupure *f* de courant **c** [of meat] morceau *m* **d** (* = share) part *f* **e** [of clothes] coupe *f* **f** (= haircut) coupe *f* **g** (Computing) ◆ ~ **and paste** couper-coller *m* **h** (in films) (= edit) coupure *f* ; (= transition) passage *m* (from de ; to à) **2** ADJ [flowers, grass] coupé ◆ **he's got a ~ lip** il s'est coupé la lèvre **3** VT **a** (gen) couper ; [+ meat] découper ; (= notch) entailler ◆ **to ~ in half** couper en deux ◆ **to ~ in(to) pieces** couper en morceaux ◆ **to ~ one's nails** se couper les ongles ◆ **to have or get one's hair** ~ se faire couper les cheveux ◆ **to ~ o.s.** (shaving) se couper (en se rasant) ◆ **he ~ his head open** il s'est ouvert le crâne ◆ **to ~ a visit short** écourter une visite ◆ **to ~ sb short** couper la parole à qn **b** (= shape) tailler ; [+ figure, statue] sculpter (out of dans) ; [+ CD, record] graver ; [+ diamond] tailler ; [+ key] faire ; [+ dress] couper ◆ **to ~ a hole in sth** faire un trou dans qch **c** [+ lawn, grass] tondre ; [+ hedge] tailler ; [+ corn, hay] couper ◆ **to ~ and paste** [+ document] couper-coller **e** (= reduce) réduire **f** [+ cards] couper **g** [+ film] monter **4** VI couper ◆ **to ~ across country** couper à travers champs **5** COMP ▶ **cut glass** N cristal *m* taillé ◇ ADJ de *or* en cristal taillé ▶ **cut-price, cut-rate** (Brit) ADJ à prix réduit

▶ **cut back** VT SEP [+ plants, shrubs] élaguer ; (also **cut back on**) [+ production, expenditure] réduire

▶ **cut down** VT SEP **a** [+ tree] couper **b** [+ expenses, article, essay] réduire ◆ **to ~ sb down to size*** remettre qn à sa place

▶ **cut down on** VT INSEP [+ food] manger moins de ; [+ alcohol] boire moins de ; [+ cigarettes] fumer moins de ; [+ travel] réduire

▶ **cut in** VI (into conversation) intervenir

▶ **cut off** VT SEP **a** (= sever, disconnect) couper **b** (= interrupt) interrompre **c** (= isolate) isoler (sb from sth qn de qch) ◆ **to ~ o.s. off from** se couper de

▶ **cut out 1** VT SEP **a** [+ picture, article] découper (of, from dans) ; [+ coat, dress] tailler (of, from dans) ◆ **to be ~ out for sth** avoir des dispositions pour qch ◆ **he's not ~ out to be a doctor** il n'est pas fait pour être médecin **b** (= remove) enlever ; [+ intermediary, middleman] supprimer ; [+ light] empêcher de passer ◆ ~ **it out!*** ça suffit ! * **c** (= give up) ◆ **to ~ out smoking/drinking** arrêter de fumer/boire **2** VI [engine] caler

▶ **cut up** VT SEP **a** [+ wood, food] couper ; [+ meat] découper **b** ◆ **to be ~ up about sth** (= unhappy) être affecté par qch

cutback ['kʌtbæk] N (= reduction) réduction *f* (in de)

cute* [kjuːt] ADJ **a** (= attractive) mignon **b** (US = clever) malin (-igne *f*)

cuticle ['kjuːtɪkl] N [of fingernails] petite peau *f*

cutlery ['kʌtlərɪ] N (Brit) couverts *mpl*

cutlet ['kʌtlɪt] N [of meat] côtelette *f* ; [of veal] escalope *f*

cutoff ['kʌtɒf] **1** N **a** (= cutoff point) limite *f* **b** [of supplies] interruption *f* ; [of electricity] coupure *f* **2 cutoffs** NPL (= jeans) jeans *mpl* coupés

cutting ['kʌtɪŋ] **1** N [of newspaper] coupure *f* ; [of plant] bouture *f* **2** ADJ [words, remark] blessant **b** ◆ **to be at the ~ edge of scientific research** être à la pointe de la recherche scientifique

cuttlefish ['kʌtlfɪʃ] N INV seiche *f*

CV [siː'viː] N (abbrev of **curriculum vitae**) CV *m*

cyanide ['saɪənaɪd] N cyanure *m*

cybercafé ['saɪbəˌkæfeɪ] N cybercafé *m*

cyberspace ['saɪbəspeɪs] N cyberespace *m*

cyclamen ['sɪkləmən] N cyclamen *m*

cycle ['saɪkl] **1** N **a** (= bike) vélo *m*, bicyclette *f* ▶ **cycle lane** (Brit), **cycle path** piste *f* cyclable **b** [of events] cycle *m* **2** VI faire du vélo

cyclical ['saɪklɪkəl] ADJ cyclique

cycling ['saɪklɪŋ] N cyclisme *m* ◆ **(pair of)** ~ **shorts** (short *m* de) cycliste *m*

cyclist ['saɪklɪst] N cycliste *mf*

cyclone ['saɪkləʊn] N cyclone *m*

cygnet ['sɪgnɪt] N jeune cygne *m*

cylinder ['sɪlɪndəʳ] N cylindre *m* ; [of gas] bouteille *f*

cylindrical [sɪ'lɪndrɪkəl] ADJ cylindrique

cymbal ['sɪmbəl] N cymbale *f*

cynic ['sɪnɪk] N cynique *mf*

cynical ['sɪnɪkəl] ADJ cynique

cynicism ['sɪnɪsɪzəm] N cynisme *m*

cypress ['saɪprɪs] N cyprès *m*

Cypriot ['sɪprɪət] **1** ADJ chypriote **2** N Chypriote *mf*

Cyprus ['saɪprəs] N Chypre *f*

cyst [sɪst] N kyste *m*

cystitis [sɪs'taɪtɪs] N cystite *f*

czar [zɑːʳ] N tsar *m*

Czech [tʃek] **1** ADJ tchèque ▶ **the Czech Republic** la République tchèque **2** N **a** Tchèque *mf* **b** (= language) tchèque *m*

Czechoslovakia [ˌtʃekəʊsləˈvækɪə] N Tchécoslovaquie *f*

ANGLAIS / FRANÇAIS

D [di:] N **a** (Mus) ré *m* **b** (= mark) passable *(10 sur 20)*

DA [di:'eɪ] N (US) (abbrev of **District Attorney**) ≈ procureur *m*

dab [dæb] **1** N ◆ a ~ of un petit peu de ◆ a ~ of paint un petit coup de peinture **2** VT tamponner ◆ to ~ one's eyes se tamponner les yeux **3** ADJ ◆ to be a ~ hand * at sth/at doing sth (Brit) être doué en qch/pour faire qch
▶ **dab on** VT SEP appliquer par petites touches

dabble ['dæbl] VI ◆ to ~ in [+ music, journalism, drugs] tâter de ◆ to ~ on the Stock Exchange boursicoter

dachshund ['dækshʊnd] N teckel *m*

dad * [dæd] N papa *m*

daddy ['dædɪ] N * papa *m*

daddy-longlegs ['dædɪ,lɒŋlegz] N (Brit) tipule *f*; (US, Can) faucheux *m*

daffodil ['dæfədɪl] N jonquille *f*

daft * [dɑːft] ADJ [person] bête ; [idea, behaviour] loufoque *f*

dagger ['dægə^r] N poignard *m* ◆ to look ~s at sb lancer des regards furieux à qn

daily ['deɪlɪ] **1** ADV tous les jours ◆ twice ~ deux fois par jour **2** ADJ quotidien ; [wage, charge] journalier ◆ ~ life la vie de tous les jours **3** N (= newspaper) quotidien *m*

dainty ['deɪntɪ] ADJ délicat

dairy ['dɛərɪ] **1** N (on farm) laiterie *f* ; (= shop) crémerie *f* **2** ADJ [cow, farm, produce] laitier ▶ **dairy butter** beurre *m* fermier ▶ **dairy ice cream** crème *f* glacée

daisy ['deɪzɪ] N (= flower) pâquerette *f* ; (cultivated) marguerite *f*

dam [dæm] **1** N barrage *m* **2** VT [+ river] endiguer ; [+ lake] construire un barrage sur

damage ['dæmɪdʒ] **1** N **a** (physical) dégâts *mpl* ◆ to do ~ causer des dégâts **b** (fig) préjudice *m* (to à), tort *m* (to à) ◆ to do ~ to [+ person] faire du tort à ; [+ reputation, country, economy] nuire à **2** **damages** NPL (= compensation) dommages *mpl* et intérêts *mpl* **3** VT [+ furniture, goods, crops] abîmer ; [+ eyesight, health] être mauvais pour ; [+ environment, ozone layer] entraîner une dégradation de ; [+ reputation, relationship, economy, image] nuire à ; [+ cause, person, party] faire du tort à

damn [dæm] **1** EXCL ⁂ merde ! ⁑ **2** VT **a** (Rel) damner **b** ⁑ ◆ ~ him ! qu'il aille au diable ! ◆ ~ it! merde ! ⁑ ◆ well I'll be ~ed! ça c'est trop fort ! ◆ I'm ~ed if ... je veux bien être pendu si ... **3** N ⁑ ◆ I don't give a ~ je m'en fous ⁑ ◆ he doesn't give a ~ about anyone il se fout ⁑ complètement des autres **4** ADJ ⁑ sacré * *before n* ◆ you ~ fool! espèce de crétin ! ◆ **5** ADV ⁑ sacrément * ◆ ~ all que dalle ⁑ ◆ you know ~ well tu sais très bien

damnation [dæm'neɪʃən] N damnation *f*

damned [dæmd] **1** ADJ **a** [soul] damné **b** ⁑ → **damn 2** ADV ⁑ → **damn**

damning ['dæmɪŋ] ADJ [report, evidence] accablant

damp [dæmp] **1** ADJ humide **a** ; (with sweat) [skin, palm] moite **2** N [of atmosphere, walls] humidité *f*

dampen ['dæmpən] VT [+ cloth, ironing] humecter ; [+ enthusiasm] refroidir

damson ['dæmzən] N prune *f* de Damas

dance [dɑːns] **1** N (gen) danse *f* ; (= social gathering) bal *m* ▶ **dance floor** piste *f* de danse **2** VTI danser

dancer ['dɑːnsə^r] N danseur *m*, -euse *f*

dancing ['dɑːnsɪŋ] N danse *f*

dandelion ['dændɪlaɪən] N pissenlit *m*

dandruff ['dændrəf] N pellicules *fpl*

danger ['deɪndʒə^r] N danger *m* ◆ in ~ en danger ◆ he was in ~ of losing his job il risquait de perdre son emploi ◆ out of ~ hors de danger

dangerous ['deɪndʒrəs] ADJ dangereux ; [medical operation] risqué (for, to pour)

dangerously ['deɪndʒrəslɪ] ADV (gen) dangereusement ◆ ~ ill gravement malade

dangle ['dæŋgl] **1** VT **a** [+ object on string] suspendre ; [+ arm, leg] laisser pendre **b** [+ prospect, offer] faire miroiter (before sb à qn) **2** VI [object on string, arms, legs] pendre

Danish ['deɪnɪʃ] **1** ADJ danois ▶ **Danish pastry** feuilleté *m* (fourré aux fruits etc) **2** N (language) danois *m*

dank [dæŋk] ADJ froid et humide

dare [dɛə^r] **1** VT, MODAL AUX VB **a** oser ◆ he ~n't climb that tree il n'ose pas grimper à cet arbre ◆ he didn't ~ do it il n'a pas osé le faire ◆ how ~ you! comment osez-vous ? ◆ I ~ say he'll come il viendra sans doute **b** (= challenge) ◆ **to ~ sb to do sth** mettre qn au défi de faire qch ◆ **I ~ you!** chiche ! * **2** N défi *m* ◆ **to do sth for a ~** faire qch pour relever un défi

daredevil ['dɛədevl] N casse-cou *m inv*

daring ['dɛərɪŋ] ADJ [person, attempt] audacieux ; [dress, opinion, novel] osé

dark [dɑːk] **1** ADJ **a** (= lacking light) sombre ; (= unlit) dans l'obscurité ◆ **it's ~** il fait nuit ◆ **it's getting ~** il commence à faire nuit **b** [colour, skin] foncé ; [clothes, eyes] sombre ◆ **~ blue/green** bleu/vert foncé *inv* **c** (= sinister, gloomy) [thoughts, mood] sombre **2** N obscurité *f* ◆ **after ~** après la tombée de la nuit ◆ **to be afraid of the ~** avoir peur du noir ◆ **I am quite in the ~ about it** j'ignore tout de cette histoire ◆ **he has kept me in the ~ about what he wants to do** il ne m'a rien dit de ce qu'il voulait faire **3** COMP ▸ **the Dark Ages** le Moyen Âge ▸ **dark chocolate** chocolat *m* noir ▸ **dark glasses** lunettes *fpl* noires ▸ **dark-skinned** [person, race] de couleur

darken ['dɑːkən] **1** VT [+ room, sky] obscurcir ; [+ colour] foncer ; [+ prospects] assombrir **2** VI [sky] s'assombrir ; [room] s'obscurcir

darkness ['dɑːknɪs] N obscurité *f* ◆ **the house was in ~** la maison était plongée dans l'obscurité

darkroom ['dɑːkrʊm] N chambre *f* noire

darling ['dɑːlɪŋ] **1** N ◆ **she's a little ~** c'est un amour ◆ **come here, ~** viens, mon chéri ◆ **be a ~ * and bring me my glasses** apporte-moi mes lunettes, tu seras un ange **2** ADJ [child] chéri ; [place, house] * adorable

darn¹ [dɑːn] VT [+ socks] repriser ; [+ clothes] raccommoder

darn² * [dɑːn], **darned** * [dɑːnd] ⇒ **damn, damned**

darning ['dɑːnɪŋ] N raccommodage *m* ▸ **darning needle** aiguille *f* à repriser

dart [dɑːt] **1** N **a** (= weapon) flèche *f* ; (Sport) fléchette *f* ◆ **a game of ~s** une partie de fléchettes **b** (in clothes) pince *f* **2** VI se précipiter (at sur) ◆ **to ~ in/out** entrer/sortir en coup de vent

dartboard ['dɑːtbɔːd] N cible *f* (de jeu de fléchettes)

dash [dæʃ] **1** N **a** (= sudden rush) ◆ **to make a ~ for/towards ...** se précipiter sur/vers ... **b** (= small amount) [of liquid] goutte *f* ; [of spice] pincée *f* ; [of mustard] pointe *f* ; [of vinegar, lemon] filet *m* **c** (= punctuation mark) tiret *m* **d** ◆ **to cut a ~** faire de l'effet **2** VT ◆ **sb's hopes** anéantir les espoirs de qn **3** VI (= rush) se précipiter ◆ **to ~ away/back/up** s'en aller/revenir/monter à toute allure
▸ **dash off** VI partir précipitamment

dashboard ['dæʃbɔːd] N tableau *m* de bord

DAT [diːeɪtiː] N (abbrev of **digital audio tape**) DAT *m*

data ['deɪtə] NPL (often with sg vb) données *fpl* ▸ **data bank** banque *f* de données ▸ **data processing** traitement *m* des données

database ['deɪtəbeɪs] N base *f* de données

date [deɪt] **1** N **a** (= time) date *f* ◆ **what is today's ~?** nous sommes le combien aujourd'hui ? ◆ **what ~ is he coming (on)?** quel jour arrive-t-il ? ◆ **to set a ~** fixer une date ◆ **to be out of ~** [document] être caduc ; [person] ne plus être à la page * ◆ **to ~ we have accomplished nothing** jusqu'à présent nous n'avons rien accompli ◆ **this is her best novel to ~** c'est le meilleur roman qu'elle ait jamais écrit ◆ **up to ~** [document] à jour ; [building] moderne ; [person] à la page ◆ **to bring up to ~** [+ accounts, correspondence] mettre à jour ; [+ method] moderniser ◆ **to bring sb up to ~** mettre qn au courant (about sth de qch) ▸ **date line** ligne *f* de changement de jour ▸ **date of birth** date *f* de naissance **b** (= appointment) rendez-vous *m* ; (= person) petit(e) ami(e) *m(f)* **c** (= fruit) datte *f* ; (= tree) dattier *m* **2** VT **a** (gen) dater ◆ **a letter ~d 7 August** une lettre datée du 7 août **b** (= go out with) sortir avec **3** VI **a** ◆ **to ~ from** dater de ◆ **to ~ back to** remonter à **b** (= become old-fashioned) [clothes, expressions] dater **c** (= go out with sb) ◆ **they're dating** ils sortent ensemble

dated ['deɪtɪd] ADJ [book, film] démodé ; [word, language, expression] vieilli ; [idea] désuet (-ète *f*)

daughter ['dɔːtər] N fille *f* ▸ **daughter-in-law** belle-fille *f*

daunting ['dɔːntɪŋ] ADJ intimidant

dawdle ['dɔːdl] VI flâner

dawn [dɔːn] **1** N aube *f* ◆ **at ~** à l'aube **2** VI **a** [day] se lever **b** [era, new society] naître ; [hope] luire ◆ **it suddenly ~ed on him that** il lui vint tout à coup à l'esprit que

day [deɪ] **1** N **a** (= 24 hours) jour *m* ◆ **three ~s ago** il y a trois jours ◆ **twice a ~** deux fois par jour ◆ **what ~ is it today?** quel jour sommes-nous aujourd'hui ? ◆ **the ~ before yesterday** avant-hier ◆ **the ~ before before her birthday** la veille de son anniversaire ◆ **the following ~** le lendemain ◆ **the ~ after tomorrow** après-demain ◆ **two years ago to the ~** il y a deux ans jour pour jour ◆ **every ~** tous les jours ◆ **every other ~** tous les deux jours ◆ **one of these ~s** un de ces jours ◆ **~ by ~** de jour en jour ◆ **in ~ out** jour après jour ◆ **the other ~** l'autre jour ◆ **it's been one of those ~s** ça a été une de ces journées où tout va de travers ◆ **some ~** un de ces jours ◆ **that'll be the ~!** j'aimerais voir ça ! ◆ **to live from ~ to ~** vivre au jour le jour **b** (= daylight hours) jour *m*, journée f ◆ **during the ~** pendant la journée ◆ **to work all ~** travailler toute la journée ◆ **to work ~ and night** travailler jour et nuit ◆ **to have a ~ out** faire une sortie **c** (= working hours) journée f ◆ **paid by the ~** payé à la journée ◆ **to take/get a ~ off** prendre/avoir un jour de congé **d** (period of time: often pl) époque f ◆ **these ~s** de nos jours ◆ **in this ~ and age** par les temps qui courent ◆ **in those ~s** à l'époque ◆ **in the good old ~s** au bon vieux temps ◆ **those were the ~s!** c'était le bon vieux temps ! ◆ **that has had its ~** (= old-fashioned) c'est passé de mode ; (= worn out) ça a fait son temps **2** COMP ▶ **day centre** (Brit) centre m d'accueil ▶ **day return** (Brit: for train) aller et retour m (valable pour la journée) ▶ **day trip** excursion f (d'une journée) ▶ **day-tripper** excursionniste mf

daybreak ['deɪbreɪk] N ◆ **at ~** à l'aube

daycare ['deɪkɛəʳ] N (for children) garderie f ; (for old or disabled people) soins dans des centres d'accueil de jour ▶ **daycare centre** (for children) = garderie f ; (for old or disabled people) centre m d'accueil de jour

daydream ['deɪdriːm] VI rêvasser

daylight ['deɪlaɪt] N lumière f du jour ◆ **in the ~** à la lumière du jour ◆ **it's still ~** il fait encore jour ▶ **daylight robbery** (*: Brit) ◆ **it's ~ robbery** c'est de l'arnaque * ▶ **daylight-saving time** (US) heure f d'été

daytime ['deɪtaɪm] N ◆ **in the ~** pendant la journée

daze [deɪz] **1** N ◆ **in a ~** (after blow) étourdi ; (at news) stupéfait ; (from drug) hébété **2** VT [drug] hébéter ; [blow] étourdir ; [news] abasourdir

dazed [deɪzd] ADJ hébété

dazzle ['dæzl] VT éblouir

dazzling ['dæzlɪŋ] ADJ éblouissant

DC [diːˈsiː] (abbrev of **direct current**) courant m continu

dead [ded] **1** ADJ **a** [person, animal, plant] mort ◆ **~ or alive** mort ou vif ◆ **to drop down ~** tomber (raide) mort ◆ **he was ~ to the world** * il dormait comme une souche **b** (= numb) engourdi **c** [battery] à plat ; [town] mort ◆ **the line is ~** il n'y a pas de tonalité ◆ **the line's gone ~** la ligne est coupée **d** (= absolute, exact) ◆ **to hit sth ~ centre** frapper qch en plein milieu ◆ **to be a ~ loss** * être nul * ◆ **~ silence** silence m de mort **2** ADV (Brit = exactly, completely) ◆ **~ ahead** droit devant ◆ **to be ~ against** sth être absolument opposé à qch ◆ **she was ~ on target** * elle a mis dans le mille ◆ **~ drunk** * ivre mort ◆ **it's ~ easy** * c'est simple comme bonjour * ◆ **to be ~ on time** être pile à l'heure ◆ **~ slow** (as instruction) roulez au pas ◆ **to stop ~** s'arrêter net ◆ **to cut sb ~** faire semblant de

ne pas voir qn ◆ **~ tired** crevé * **3** N ◆ **in the ~ of night** au plus profond de la nuit ◆ **in the ~ of winter** au cœur de l'hiver **4** **the dead** NPL les morts mpl **5** COMP ▶ **dead end** impasse f ◆ a **~-end job** un travail sans perspective d'avenir ▶ **the Dead Sea** la mer Morte ▶ **dead weight** poids m mort

deaden ['dedn] VT [+ shock, blow] amortir ; [+ feeling] émousser ; [+ sound] assourdir ; [+ pain] calmer ; [+ nerve] endormir

deadline ['dedlaɪn] N date f (or heure f) limite ; (US = boundary) limite f

deadlock ['dedlɒk] N impasse f

deadly ['dedlɪ] **1** ADJ **a** (= lethal) mortel (to pour) ; [weapon, attack] meurtrier ◆ **the seven ~ sins** les sept péchés capitaux **b** (= devastating) [accuracy, logic] implacable **2** ADV ◆ **~ dull** mortellement ennuyeux ◆ **I'm ~ serious** je suis on ne peut plus sérieux

deadpan ['dedpæn] ADJ [face] de marbre

deaf [def] **1** ADJ sourd ◆ **to be ~ to sth** rester sourd à qch ◆ **to turn a ~ ear to sth** faire la sourde oreille à qch ▶ **deaf aid** sonotone ® m ▶ **deaf-and-dumb** sourd-muet **2** **the deaf** NPL les sourds mpl

deafen ['defn] VT assourdir

deafening ['defnɪŋ] ADJ assourdissant

deafness ['defnɪs] N surdité f

deal [diːl] (vb : pret, ptp **dealt**) **1** N **a** (= agreement) marché m ◆ **to do a ~ with sb** conclure un marché avec qn ◆ **it's a ~!** * marché conclu ! ◆ **big ~!** * la belle affaire ! ◆ **it's no big ~** qu'est-ce que ça peut faire ? **b** ◆ a **good** or **great ~ (of)** (= a lot) beaucoup (de) ◆ **she's a good** or **great ~ cleverer than her brother** elle est beaucoup plus intelligente que son frère ◆ a **good ~ of the work is done** une bonne partie du travail est terminée **c** (Cards) ◆ **it's your ~** à vous de distribuer **2** VT [+ cards] distribuer ; [+ drugs] revendre ◆ **to ~ a blow to** porter un coup à **3** VI ◆ **~ to ~ on the Stock Exchange** faire des opérations de bourse ◆ **to ~ in property** être dans l'immobilier ◆ **to ~ in stolen property** revendre des objets volés **b** (Cards) distribuer

▶ **deal out** VT SEP [+ gifts, money] distribuer

▶ **deal with** VT INSEP **a** (= have to do with) avoir affaire à ; [+ customer] traiter avec **b** (= be responsible for) s'occuper de ◆ **he ~t with the problem very well** il a très bien résolu le problème ◆ **they ~t with him very fairly** ils ont été très corrects avec lui **c** [book, film] traiter de ; [speaker] parler de **d** (= do business with) avoir des relations commerciales avec

dealer ['diːləʳ] N **a** (= seller) marchand m (de) ; (= wholesaler) fournisseur m (en gros) (in de) ; (on Stock Exchange) opérateur *m* ◆ Citroën ~ concessionnaire *mf* Citroën **b** (Drugs) dealer * *m*

dealings ['di:lɪŋz] NPL ◆ to have ~ with sb traiter avec qn

dealt [delt] VB (pt, ptp of **deal**)

dean [di:n] N doyen *m*

dear [dɪəʳ] **1** ADJ **a** (gen) cher ◆ to hold sth ~ chérir qch ◆ Dear Daddy Cher Papa ◆ Dear Alice and Robert Chère Alice, cher Robert ◆ Dear Mr Smith Cher Monsieur ◆ Dear Mr & Mrs Smith Cher Monsieur, chère Madame ◆ Dear Sir Monsieur ◆ Dear Sir or Madam Madame, Monsieur **b** (= expensive) cher **2** EXCL ◆ ~ me ! mon Dieu ! ◆ oh ~! oh là là ! **3** N ◆ my ~ mon ami(e) ; (to child) mon petit **4** ADV [buy, pay, sell] cher

dearest ['dɪərɪst] N chéri(e) *m(f)*

dearly ['dɪəlɪ] ADV **a** [love] profondément **b** [pay] cher

death [deθ] N mort *f* ◆ to be at ~'s door être à l'article de la mort ◆ he'll be the ~ of me! * il me tuera ! ◆ he was stabbed to ~ il est mort poignardé ◆ to starve/freeze to ~ mourir de faim/de froid ◆ to be scared/worried to ~ être mort de peur/d'inquiétude ◆ I'm sick to ~ of all this j'en ai ras le bol de * tout ça ▸ **death certificate** acte *m* de décès ▸ **death penalty** peine *f* de mort ▸ **death rate** mortalité *f* ▸ **death toll** nombre *m* des victimes ▸ **death wish** attitude *f* suicidaire

deathbed ['deθbed] N lit *m* de mort

deathblow ['deθbləʊ] N coup *m* fatal

deathly ['deθlɪ] **1** ADJ [pallor] cadavérique ◆ a ~ silence un silence de mort **2** ADV ◆ ~ pale pâle comme la mort

deathtrap * ['deθtræp] N ◆ to be a ~ [vehicle, building] être extrêmement dangereux

debatable [dɪ'beɪtəbl] ADJ discutable ◆ it is ~ whether ... on est en droit de se demander si ...

debate [dɪ'beɪt] **1** VTI discuter (about sur) **2** N discussion *f* ; (Parl) débat(s) *m(pl)* ◆ to be in ~ [fact, statement] être controversé

debating [dɪ'beɪtɪŋ] N art *m* de la discussion ▸ **debating society** société *f* de débats contradictoires

debauchery [dɪ'bɔːtʃərɪ] N débauche *f*

debilitating [dɪ'bɪlɪteɪtɪŋ] ADJ débilitant

debit ['debɪt] **1** N débit *m* ◆ **debit card** carte *f* de paiement **2** VT débiter

debrief [ˌdiː'briːf] VT [+ soldier, spy] débriefer ◆ to be ~ed faire un compte rendu oral

debris ['debriː] N débris *mpl* ; [of building] décombres *mpl*

debt [det] N dette *f* ◆ to be in ~ être endetté ◆ I am $500 in ~ j'ai 500 dollars de dettes ◆ to get into ~ s'endetter ◆ to be in sb's ~ (fig) être redevable à qn ▸ **debt collector** agent *m* de recouvrement (de créances)

debtor ['detəʳ] N débiteur *m*, -trice *f*

debug [diː'bʌg] VT déboguer

debunk * [ˌdiː'bʌŋk] VT [+ myth, concept] démythifier ; [+ system, institution] discréditer

début ['deɪbjuː] N début *m*

decade ['dekeɪd] N décennie *f*

decadence ['dekədəns] N décadence *f*

decadent ['dekədənt] ADJ décadent

decaf(f) * ['diːkæf] N déca * *m*

decaffeinated [ˌdiː'kæfɪneɪtɪd] ADJ [coffee] décaféiné ; [tea] déthéiné

decant [dɪ'kænt] VT [+ wine] décanter

decanter [dɪ'kæntəʳ] N carafe *f*

decay [dɪ'keɪ] **1** VI **a** [food, vegetation, corpse] se décomposer ; [tooth] se carier **b** [building] se délabrer **c** [civilization] décliner **2** N **a** [of food, vegetation] pourriture *f* ◆ to have tooth ~ avoir des caries **b** [of building] délabrement *m* **c** [of civilisation, region] déclin *m*

decayed [dɪ'keɪd] ADJ [tooth] carié ; [corpse] décomposé

deceased [dɪ'siːst] **1** ADJ défunt **2** N ◆ the ~ le défunt, la défunte

deceit [dɪ'siːt] N duplicité *f*

deceitful [dɪ'siːtfʊl] ADJ fourbe

deceive [dɪ'siːv] VT tromper ◆ I thought my eyes were deceiving me je n'en croyais pas mes yeux ◆ to ~ o.s. (about sth) se faire des illusions (à propos de qch)

December [dɪ'sembəʳ] N décembre *m* ; for phrases see September

decency ['diːsənsɪ] N ◆ common ~ (= good manners) la simple politesse ◆ to have the ~ to do sth avoir la décence de faire qch

decent ['diːsənt] ADJ **a** (= respectable) honnête ; [house, shoes] convenable ; (= seemly) [language, behaviour, dress] décent **b** (* = good, pleasant) ◆ a ~ sort of fellow un type bien * ◆ it was ~ of him c'était chic * de sa part **c** (US = great) * super *

decently ['diːsəntlɪ] ADV **a** (= properly) convenablement **b** (= respectably) [dress] convenablement ; [behave] décemment

decentralization [diːˌsentrəlaɪ'zeɪʃən] N décentralisation *f*

deception [dɪ'sepʃən] N **a** (= deceiving) tromperie *f* **b** (= deceitful act) supercherie *f*

deceptive [dɪ'septɪv] ADJ trompeur

decibel ['desɪbel] N décibel *m*

decide [dɪ'saɪd] **1** VT **a** (= make up one's mind) décider (to do sth de faire qch) ◆ I ~d that I would go j'ai décidé d'y aller **b** (= settle) [+ question] régler ; [+ sb's fate] décider de **c** (= cause to make up one's mind) décider (sb to do sth qn à faire qch) **2** VI se décider
► **decide (up)on** VT INSEP [+ thing, course of action] se décider pour

decided [dɪ'saɪdɪd] ADJ **a** (= distinct) net ; [advantage, improvement] certain **b** [opinions] arrêté

decidedly [dɪ'saɪdɪdlɪ] ADV (= distinctly) ◆ ~ odd/unpleasant franchement bizarre/ désagréable ◆ ~ different vraiment très différent

decider [dɪ'saɪdəʳ] N (= goal) but m décisif ; (= point) point m décisif ; (= factor) facteur m décisif ◆ the ~ (= game) la belle

deciding [dɪ'saɪdɪŋ] ADJ décisif

deciduous [dɪ'sɪdjʊəs] ADJ à feuilles caduques

decimal ['desɪməl] **1** ADJ [number] décimal ◆ ~ point virgule f (de fraction décimale) **2** N décimale f

decimate ['desɪmeɪt] VT décimer

decipher [dɪ'saɪfəʳ] VT déchiffrer

decision [dɪ'sɪʒən] N décision f ◆ to come to a ~ prendre une décision

decisive [dɪ'saɪsɪv] ADJ **a** [battle, step, role] décisif **b** [person, manner] décidé

decisively [dɪ'saɪsɪvlɪ] ADV **a** [defeat, reject, influence] de manière décisive **b** [speak, act] avec fermeté

deck [dek] **1** N **a** (of ship) pont m ◆ upper ~ (of bus) impériale f ► deck chair chaise f longue **b** (of cards) jeu m de cartes **2** VT (= deck out) [+ person, room] parer (with de)

declaration [,deklə'reɪʃən] N déclaration f

declare [dɪ'klɛəʳ] VT déclarer ; [+ results] proclamer ◆ to ~ war (on ...) déclarer la guerre (à ...)

decline [dɪ'klaɪn] **1** N [of life, empire] déclin m ◆ to be on the ~ [prices] être en baisse ; [fame, health] décliner **2** VT refuser (to do sth de faire qch) ; [+ invitation, offer] décliner **3** VI [health, influence] décliner ; [empire] tomber en décadence ; [number] baisser

decode [,di:'kəʊd] VT décoder

decompose [,di:kəm'pəʊz] **1** VT décomposer **2** VI se décomposer

decongestant [,di:kən'dʒestənt] ADJ, N décongestif m

decontaminate [,di:kən'tæmɪneɪt] VT décontaminer

décor [deɪkɔ:ʳ] N décor m

decorate ['dekəreɪt] **1** VT **a** décorer (with de) ; [+ room] peindre (et tapisser) **b** [+ soldier] décorer **2** VI (= paint) peindre (et tapisser)

decorating ['dekəreɪtɪŋ] N décoration f intérieure ◆ they are doing some ~ ils sont en train de refaire les peintures

decoration [,dekə'reɪʃən] N décoration f ◆ Christmas ~s décorations fpl de Noël

decorative ['dekərətɪv] ADJ décoratif

decorator ['dekəreɪtəʳ] N (= designer) décorateur m, -trice f ; (= painter and decorator) peintre m décorateur

decorum [dɪ'kɔ:rəm] N décorum m

decoy ['di:kɔ] N (= artificial bird) leurre m ; (= person) compère m ◆ police ~ policier m en civil (servant à attirer un criminel dans une souricière)

decrease 1 VI [di'kri:s] (gen) diminuer ; [strength] [price, value] baisser **2** VT [di'kri:s] diminuer **3** N ['di:kri:s] diminution f (in de) ; [of power] affaiblissement m (in de) ; [of price, value, enthusiasm] baisse f (in de) ◆ ~ in speed ralentissement m

decreasing [di:'kri:sɪŋ] ADJ [sales, numbers] en baisse ; [intensity] décroissant ; [strength] déclinant

decreasingly [di:'kri:sɪŋlɪ] ADV de moins en moins

decree [dɪ'kri:] **1** N décret m **2** VT décréter (that que + indic) ; [court] ordonner (that que + subj)

decrepit [dɪ'krepɪt] ADJ délabré

decriminalize [di:'krɪmɪnəlaɪz] VT dépénaliser

decrypt [di:'krɪpt] VT décrypter

dedicate ['dedɪkeɪt] VT **a** [+ time, one's life] consacrer (to sth à qch ; to doing sth à faire qch) ; [+ resources, money] affecter (to sth à qch ; to doing sth pour faire qch) **b** [+ memorial, book, film] dédier ◆ to ~ a song to sb [singer] dédier une chanson à qn ; [disc jockey] passer une chanson à l'intention de qn **c** [+ church, shrine] consacrer

dedicated ['dedɪkeɪtɪd] ADJ **a** [person] dévoué ; [work, attitude] sérieux **b** ◆ ~ to (= given over to) consacré à **c** (= specialized) [word processor] dédié

dedication [,dedɪ'keɪʃən] N **a** (= devotion) dévouement m **b** (in book, on radio) dédicace f

deduce [dɪ'dju:s] VT déduire

deduct [dɪ'dʌkt] VT [+ amount] déduire (from de) ; [+ numbers] soustraire (from de) ; [+ tax] retenir (from sur)

deduction [dɪ'dʌkʃən] N **a** (= amount deducted) déduction f (from de) ; (from wage) retenue f (from sur) **b** (= conclusion) déduction f

deed [diːd] N **a** (= action) action f, acte m
+ **good ~** bonne action f **b** (= legal contract)
acte m notarié

deem [diːm] VT juger + **to ~ sth necessary**
considérer que qch est nécessaire

deep [diːp] **1** ADJ **a** (gen) profond ; [mud,
snow] épais (-aisse f) ; [pan, container] à hauts
bords + **the lake was 4 metres ~** le lac avait 4
mètres de profondeur + **he was ankle-~ in
water** l'eau lui arrivait aux chevilles + **~ in the
forest** au cœur de la forêt + **~ in thought**
absorbé dans ses pensées + **she was ~ in
conversation** elle était en pleine conversation
+ **to take a ~ breath** respirer profondément **b**
[border] large **c** (= low-pitched) grave ; [growl]
sourd **d** (Sport) [shot, volley, pass, cross] long
(longue f) **2** ADV profondément + **to go ~ into
the forest** pénétrer très avant dans la forêt
+ **don't go in too ~ if you can't swim** ne va pas
trop loin si tu ne sais pas nager + **to thrust
one's hands ~ in one's pockets** enfoncer les
mains dans ses poches + **to gaze ~ into sb's
eyes** regarder au fond des yeux + **~ down
she still mistrusted him** en son for intérieur,
elle se méfiait encore de lui **3** N (= sea) + **the ~**
les grands fonds mpl de l'océan **4** COMP ▶ **the
deep end** le grand bain + **to throw sb in at the
~ end** * mettre tout de suite qn dans le bain
▶ **deep-fry** faire frire ▶ **deep fryer** friteuse f
▶ **deep-pan pizza** pizza f à pâte épaisse ▶ **deep-
rooted** [affection, prejudice] profond ; [habit] ancré ▶ **deep-sea diving** N plongée f sous-marine
▶ **deep-sea fishing** pêche f hauturière ▶ **deep-
seated** [prejudice, dislike] profond ; [conviction]
fermement ancré ▶ **deep-set** [eyes] très enfoncé
▶ **deep space** espace m intersidéral

deepen ['diːpən] **1** VT [+ relationship,
knowledge] approfondir ; [+ gloom, recession]
aggraver **2** VI [crisis, recession] s'aggraver ;
[relationship] devenir plus profond

deepfreeze [diːp'friːz] **1** N congélateur m
2 VT congeler

deeply ['diːplɪ] ADV **a** [cut, sleep, breathe,
regret] profondément ; [drink] à longs traits **b**
[shocked, divided, unhappy] profondément ;
[troubled, unpopular] extrêmement

deer [dɪəʳ] N INV (male) cerf m ; (female) biche f ;
(= red deer) cerf m ; (= fallow deer) daim m ;
(= roe deer) chevreuil m

deface [dɪ'feɪs] VT dégrader

defamation [defə'meɪʃən] N diffamation f

default [dɪ'fɔːlt] **1** N **a** + **he got the job by ~**
il a eu le poste en l'absence d'autres candidats
valables + **match won by ~** match gagné par
forfait **b** (Computing) positionnement m par
défaut **2** VI (on undertaking) manquer à ses
engagements

defeat [dɪ'fiːt] **1** N défaite f **2** VT [+ opponent,
army] vaincre ; [+ team] battre ; [+ ambitions,
plans, attempts] faire échouer ; [+ government,
opposition] mettre en minorité + **it ~s the
object** ça va à l'encontre du but recherché

defeatist [dɪ'fiːtɪst] ADJ, N défaitiste mf

defect 1 N ['diːfekt] défaut m **2** VI [dɪ'fekt]
faire défection + **to ~ to** passer à

defection [dɪ'fekʃən] N défection f

defective [dɪ'fektɪv] ADJ défectueux

defector [dɪ'fektəʳ] N transfuge mf

defence, defense (US) [dɪ'fens] **1** N **a**
(gen) défense f ; (of argument, action, belief)
justification f + **in ~ of** pour défendre + **in his ~**
à sa décharge + **witness for the ~** témoin m à
décharge + **Ministry of Defence** (Brit), **Department of Defense** (US) ministère m de la
Défense **b** + **~s** moyens mpl de défense ;
(= constructions) ouvrages mpl défensifs **2** ADJ
[policy, mechanism] de défense ; [minister] de la
défense

defenceless [dɪ'fensləs] ADJ sans défense

defend [dɪ'fend] **1** VT **a** défendre + **to ~ o.s.**
se défendre **b** (= justify) justifier **2** VI
défendre ; (= play in defence) être en défense

defendant [dɪ'fendənt] N défendeur m,
-deresse f ; (Law) prévenu(e) m(f)

defender [dɪ'fendəʳ] N défenseur m ; [of record]
détenteur m, -trice f ; [of title] tenant(e) m(f)

defense [dɪ'fens] N, ADJ (US) ⇒ **defence**

defensive [dɪ'fensɪv] **1** ADJ défensif **2** N
+ **on the ~** sur la défensive

defer [dɪ'fɜːʳ] **1** VT (= put off) [+ journey, mee-
ting] remettre à plus tard ; [+ payment, decision]
différer **2** VI (= submit) + **to ~ to sb** s'en
remettre à qn

deference ['defərəns] N déférence f + **in ~ to**
par déférence pour

deferential [defə'renʃəl] ADJ plein de
déférence

defiance [dɪ'faɪəns] N défi m + **in ~ of** [+ the law,
instructions] au mépris de ; [+ person] au mépris
des ordres de

defiant [dɪ'faɪənt] ADJ [reply, statement] provocant ; [attitude, tone, look] de défi ; [person]
rebelle

deficiency [dɪ'fɪʃənsɪ] N **a** [of iron, vitamins]
carence f (of en) ; [of organ, immune system]
insuffisance f **b** (in character, system) faille f ;
(in construction, machine) imperfection f

deficient [dɪ'fɪʃənt] ADJ (= inadequate) défectueux ; (= insufficient) insuffisant + **to be ~ in sth**
manquer de qch

deficit ['defɪsɪt] N déficit m

defile [dɪ'faɪl] VT (= pollute) souiller ; (= desecrate) profaner

define [dɪ'faɪn] VT définir

definite ['defɪnɪt] ADJ **a** (= fixed) [plan] précis ; [intention, order, sale] ferme ◆ **is that ~?** c'est sûr ? **b** (= distinct) [feeling, increase, improvement] net ; [advantage] certain **c** (= positive) [person, tone] catégorique **d** (Gram) ▸ **definite article** article m défini

definitely ['defɪnɪtlɪ] ADV **a** [decide, agree, say] de manière définitive ◆ **is he ~ coming?** est-il certain qu'il va venir ? **b** (expressing an opinion) vraiment ! ◆ **~ not** certainement pas ◆ **~!** absolument !

definition [defɪ'nɪʃən] N définition f

definitive [dɪ'fɪnɪtɪv] ADJ [answer, refusal] définitif ; [map, book] de référence

deflate [di:'fleɪt] **1** VT [+ tyre] dégonfler ; [+ person] démonter **2** VI se dégonfler

deflation [di:'fleɪʃən] N (economic) déflation f

deflect [dɪ'flekt] VT [+ ball, projectile] faire dévier ; [+ light] défléchir ; [+ criticism, attention] détourner

deformed [dɪ'fɔ:md] ADJ difforme ; [structure] déformé

deformity [dɪ'fɔ:mɪtɪ] N [of body] difformité f

defraud [dɪ'frɔ:d] VT [+ state] frauder ; [+ person] escroquer

defrost [di:'frɒst] **1** VT [+ fridge, windscreen] dégivrer ; [+ food] décongeler **2** VI [fridge] se dégivrer ; [food] décongeler

defroster [di:'frɒstə^r] N (for car) dégivreur m ; (US) (= demister) dispositif m antibuée

deft [deft] ADJ adroit

defuse [di:'fju:z] VT désamorcer

defy [dɪ'faɪ] VT [+ law, convention] ne pas respecter ; [+ person, orders] désobéir à ; [+ logic, gravity, description] défier ◆ **to ~ sb to do sth** mettre qn au défi de faire qch

degenerate 1 VI [dɪ'dʒenəreɪt] dégénérer (into en) **2** ADJ [dɪ'dʒenərɪt] dégénéré

degrading [dɪ'greɪdɪŋ] ADJ dégradant (to pour)

degree [dɪ'gri:] N **a** (gen) degré m ◆ **it was 35 ~s in the shade** il faisait 35 degrés à l'ombre ◆ **some ~ of** un certain degré de ◆ **by ~s** petit à petit ◆ **to some ~** dans une certaine mesure ◆ **to such a ~ that ...** à (un) tel point que ... **b** ◆ **first-/second-~ burns** brûlures fpl au premier/deuxième degré **c** (US) ◆ **first-~/second-~ murder** homicide m volontaire/involontaire **d** (Univ) diplôme m (universitaire) ◆ **to take a ~ in science** faire une licence de sciences ◆ **he got his ~** il a eu son diplôme

dehumidifier [di:hju:'mɪdɪfaɪə^r] N (= machine) deshumidificateur m

dehydrated [di:haɪ'dreɪtɪd] ADJ déshydraté

de-icer ['di:'aɪsə^r] N dégivreur m

deign [deɪn] VT daigner (to do sth faire qch)

deity ['di:ɪtɪ] N divinité f

dejected [dɪ'dʒektɪd] ADJ découragé

dejection [dɪ'dʒekʃən] N abattement m

delay [dɪ'leɪ] **1** VT (= postpone) retarder ; [+ payment] différer ◆ **to ~ doing sth** tarder à faire qch **2** VI s'attarder **3** N retard m ◆ **without ~** sans tarder

delaying [dɪ'leɪɪŋ] ADJ [action] dilatoire ◆ **~ tactics** moyens mpl dilatoires

delegate 1 VTI ['delɪgeɪt] déléguer (to à) **2** N ['delɪgɪt] délégué(e) m(f) (to à)

delegation [delɪ'geɪʃən] N délégation f

delete [dɪ'li:t] VT supprimer ; (= score out) rayer ◆ **"~ where inapplicable"** "rayer les mentions inutiles"

deli * ['delɪ] N (abbrev of **delicatessen**) traiteur m

deliberate 1 ADJ [dɪ'lɪbərɪt] **a** (= intentional) délibéré ◆ **it wasn't ~** ce n'était pas fait exprès **b** (= thoughtful) [decision] mûrement réfléchi ; (= slow) [air] décidé ; [manner, walk] posé **2** VI [dɪ'lɪbəreɪt] **a** (= think) réfléchir **b** (= discuss) discuter

deliberately [dɪ'lɪbərɪtlɪ] ADV **a** (= on purpose) délibérément ◆ **I didn't do it ~** je ne l'ai pas fait exprès **b** (= purposefully) posément

delicacy ['delɪkəsɪ] N **a** (gen) délicatesse f **b** (= special dish) mets m délicat

delicate ['delɪkɪt] ADJ délicat

delicately ['delɪkɪtlɪ] ADV **a** (= subtly) délicatement **b** (= tactfully) avec délicatesse

delicatessen [delɪkə'tesn] N traiteur m

delicious [dɪ'lɪʃəs] ADJ délicieux

delight [dɪ'laɪt] **1** N **a** (= intense pleasure) grand plaisir m ◆ **to my ~** à ma plus grande joie ◆ **to take (a) ~ in sth** prendre grand plaisir à qch **b** (= source of pleasure) régal m ◆ **he's a ~ to watch** il fait plaisir à voir **2** VT [+ person] enchanter **3** VI prendre plaisir (in sth à qch)

delighted [dɪ'laɪtɪd] ADJ ravi (with de)

delightful [dɪ'laɪtfʊl] ADJ charmant

delightfully [dɪ'laɪtfəlɪ] ADV délicieusement

delinquency [dɪ'lɪŋkwənsɪ] N délinquance f

delinquent [dɪ'lɪŋkwənt] N délinquant(e) m(f)

delirious [dɪ'lɪrɪəs] ADJ délirant ◆ **to be ~** délirer

delirium [dɪ'lɪrɪəm] N délire m

deliver [dɪ'lɪvə^r] **1** VT **a** (= take) remettre (to à) ; [+ letters] distribuer (à domicile) ; [+ goods] livrer **b** (= rescue) délivrer **c** [+ speech, sermon] prononcer **d** [+ baby] mettre au monde **e** [+ blow] porter **2** VI (* = do what is expected) être à la hauteur (on sth quant à qch)

deliverance [dɪˈlɪvərəns] N délivrance f

delivery [dɪˈlɪvərɪ] N **a** [of goods, parcels] livraison f ; [of letters] distribution f ◆ **to pay on ~** payer à la livraison ▸ **delivery charge** frais mpl de port ▸ **delivery man** livreur m **b** [of baby] accouchement m **c** [of speaker] élocution f ; [of speech] débit m

deluded [dɪˈluːdɪd] ADJ ◆ **to be ~** être victime d'illusions

deluge [ˈdeljuːdʒ] **1** N déluge m **2** VT inonder (with de)

delusion [dɪˈluːʒən] N (= false belief) illusion f ; (= hallucination) hallucination f

de luxe [dɪˈlʌks] ADJ (gen) de luxe ; [apartment] de grand standing

delve [delv] VI fouiller (into dans)

demand [dɪˈmɑːnd] **1** VT réclamer ◆ **to ~ to do sth** exiger de faire qch **2** N **a** [of person, situation] exigence f ; (= claim) revendication f ; (for money) demande f ◆ **payable on ~** payable sur demande ◆ **to make ~s on sb** exiger beaucoup de qn **b** (for product, service) demande f ◆ **to be in (great) ~** être très demandé

demanding [dɪˈmɑːndɪŋ] ADJ [job, role] exigeant ; [schedule] éprouvant

demeaning [dɪˈmiːnɪŋ] ADJ dégradant (to pour)

demeanour, demeanor (US) [dɪˈmiːnəʳ] N (= behaviour) comportement m ; (= bearing) maintien m

demented * [dɪˈmentɪd] ADJ fou (folle f)

dementia [dɪˈmenʃə] N démence f

demerara sugar [ˌdemərɛərəˈʃʊgəʳ] N (Brit) sucre m roux

demise [dɪˈmaɪz] N (= death) décès m ; (= end) chute f

demister [diːˈmɪstəʳ] N (Brit: in car) dispositif m antibuée

demo * [ˈdeməʊ] N **a** (Brit) (abbrev of **demonstration**) manif * f **b** (abbrev of **demonstration tape**)

democracy [dɪˈmɒkrəsɪ] N démocratie f

democrat [ˈdeməkræt] N démocrate mf

democratic [ˌdeməˈkrætɪk] ADJ démocratique ◆ **the Democratic Party** le parti démocrate

demolish [dɪˈmɒlɪʃ] VT démolir

demolition [ˌdeməˈlɪʃən] N démolition f

demon [ˈdiːmən] N démon m

demonstrate [ˈdemənstreɪt] **1** VT **a** [+ truth, need] prouver **b** [+ appliance] faire une dé-

monstration de ; [+ system] expliquer ◆ **to ~ how to do sth** montrer comment faire qch **2** VI manifester

demonstration [ˌdemənˈstreɪʃən] N **a** (= explanation) démonstration f ◆ **to give a ~** faire une démonstration **b** (= protest) manifestation f

demonstrative [dɪˈmɒnstrətɪv] ADJ démonstratif

demonstrator [ˈdemənstreɪtəʳ] N (on march) manifestant(e) m(f) ; (Commerce) démonstrateur m, -trice f

demoralize [dɪˈmɒrəlaɪz] VT démoraliser

demoralizing [dɪˈmɒrəlaɪzɪŋ] ADJ démoralisant

demote [dɪˈməʊt] VT rétrograder

demur [dɪˈmɜːʳ] VI rechigner

demure [dɪˈmjʊəʳ] ADJ [smile, girl] sage

den [den] N **a** [of lion] tanière f ; [of thieves] repaire m **b** (= room) antre m

denial [dɪˈnaɪəl] N [of truth] dénégation f ; (= refusal) déni m ; [of report, accusation] démenti m

denigrate [ˈdenɪgreɪt] VT dénigrer

denim [ˈdenɪm] **1** N (toile f de) jean m **2** denims NPL jean m

Denmark [ˈdenmɑːk] N Danemark m

denomination [dɪˌnɒmɪˈneɪʃən] N (religious) confession f ; [of money] valeur f

denote [dɪˈnəʊt] VT (= indicate) dénoter ; (= mean) signifier

denounce [dɪˈnaʊns] VT [+ person, act] dénoncer (to à)

dense [dens] ADJ (gen) dense ; (= stupid) * bouché *

densely [ˈdenslɪ] ADV ◆ **~ populated** à forte densité démographique ◆ **~ wooded** très boisé

density [ˈdensɪtɪ] N densité f

dent [dent] **1** N (in metal) bosse f ; (in wood) entaille f **2** VT cabosser

dental [ˈdentl] ADJ dentaire ▸ **dental floss** fil m dentaire ▸ **dental surgeon** chirurgien m dentiste

dentist [ˈdentɪst] N dentiste mf ◆ **to go to the ~** aller chez le dentiste

dentures [ˈdentʃəʳz] NPL dentier m

deny [dɪˈnaɪ] VT **a** (= repudiate) nier ◆ **there is no ~ing it** c'est indéniable **b** (= refuse) ◆ **to ~ sb sth** refuser qch à qn

deodorant [diːˈəʊdərənt] N déodorant m

depart [dɪˈpɑːt] VI **a** (= go away) partir **b** (= deviate) ◆ **to ~ from** s'écarter de

department [dɪˈpɑːtmənt] N (in office) service m ; [of shop, store] rayon m ; (in school) section f ;

(Univ) ≈ département m ; (= government department) ministère m ► **the Department of Health** (Brit) le ministère de la Santé ► **department store** grand magasin m

departure [dɪ'pɑːtʃəᵉ] N **a** [of person, vehicle] départ m ► **departure board** tableau m des départs ► **departure gate** porte f d'embarquement ► **departure lounge** salle f d'embarquement **b** (from custom, principle) entorse f (from à) ; (from law) manquement m (from à)

depend [dɪ'pend] IMPERS VI dépendre (on de) ◆ **that ~s** cela dépend ◆ **it ~s (on) what you mean** cela dépend de ce que vous voulez dire ◆ **~ing on the weather** en fonction du temps ◆ **~ing on what happens tomorrow** selon ce qui se passera demain
► **depend on** VT INSEP **a** (= count on) compter sur ; (= be completely reliant on) se reposer sur **b** (= need support or help from) dépendre de

dependable [dɪ'pendəbl] ADJ [person] sûr ; [information, car] fiable

dependant [dɪ'pendənt] N personne f à charge

dependence [dɪ'pendəns], **dependency** [dɪ'pendənsɪ] N dépendance f

dependent [dɪ'pendənt] **1** ADJ **a** (= reliant) [person] dépendant (on de) ◆ **to be ~ on sth** dépendre de qch **b** (financially) [child, relative] à charge **2** N personne f à charge

depict [dɪ'pɪkt] VT (in words) dépeindre ; (in picture) représenter

deplete [dɪ'pliːt] VT réduire

depletion [dɪ'pliːʃən] N [of resources, nutrients] diminution f ; [of funds] réduction f

deplorable [dɪ'plɔːrəbl] ADJ déplorable

deplore [dɪ'plɔːᵉ] VT déplorer

deploy [dɪ'plɔɪ] VT déployer

depopulation [ˈdiːˌpɒpjʊˈleɪʃən] N dépeuplement m

deport [dɪ'pɔːt] VT expulser

deportation [ˌdiːpɔːˈteɪʃən] N expulsion f

depose [dɪ'pəʊz] VT [+ king] déposer ; [+ official] destituer

deposit [dɪ'pɒzɪt] **1** VT déposer **2** N **a** (in bank) dépôt m ◆ **to make a ~ of $50** déposer 50 dollars ► **deposit account** (Brit) compte m sur livret ► **deposit slip** bulletin m de versement **b** (= part payment) acompte m ; (in hire purchase = down payment) premier versement m ; (when hiring or renting: against damage) caution f ; (on bottle, container) consigne f **c** [of mineral, oil] gisement m

depot [ˈdepəʊ] N dépôt m

depraved [dɪ'preɪvd] ADJ dépravé

depravity [dɪ'prævɪtɪ] N dépravation f

depreciate [dɪ'priːʃɪeɪt] **1** VT déprécier **2** VI se déprécier

depreciation [dɪˌpriːʃɪ'eɪʃən] N [of property, car, currency] dépréciation f ; [of goods] moins-value f

depress [dɪ'pres] VT **a** [+ person] déprimer **b** [+ lever] abaisser **c** [+ trade, prices] faire baisser

depressed [dɪ'prest] ADJ **a** [person] déprimé (about à cause de) ◆ **to get ~** se déprimer **b** [region, market, economy] déprimé ; [industry] en déclin ; [share price] bas

depressing [dɪ'presɪŋ] ADJ déprimant

depression [dɪ'preʃən] N **a** (= nervous condition) dépression f (nerveuse) **b** (Econ) dépression f ◆ **the Depression** la crise de 1929 **c** (Meteo) dépression f (atmosphérique)

depressive [dɪ'presɪv] ADJ, N dépressif m, -ive f

deprivation [ˌdeprɪ'veɪʃən] N privation f

deprive [dɪ'praɪv] VT priver (of de) ◆ **to ~ o.s. of** se priver de

deprived [dɪ'praɪvd] ADJ défavorisé

depth [depθ] N (gen) profondeur f ; [of snow] épaisseur f ; [of colour] intensité f ◆ **at a ~ of three metres** à trois mètres de profondeur ◆ **to get out of one's ~** perdre pied ◆ **in the ~ of winter** au cœur de l'hiver ◆ **in ~** en profondeur ; [examine] en détail ◆ **the ocean ~s** les profondeurs océaniques ◆ **to be in the ~s of despair** être au fond du désespoir

deputation [ˌdepjʊ'teɪʃən] N délégation f

deputy [ˈdepjʊtɪ] **1** N **a** (= second in command) adjoint(e) m(f) **b** (= member of deputation) délégué(e) m(f) **c** (French Pol) député m **d** (US) shérif m adjoint **2** ADJ adjoint ► **deputy chairman** vice-président m ► **deputy president** vice-président m

derail [dɪ'reɪl] **1** VT faire dérailler **2** VI dérailler

deranged [dɪ'reɪndʒd] ADJ dérangé

deregulation [dɪˌregjʊ'leɪʃən] N [of prices] libération f ; [of transport system] déréglementation f

derelict [ˈderɪlɪkt] ADJ (= abandoned) abandonné ; (= ruined) en ruines

deride [dɪ'raɪd] VT tourner en ridicule

derision [dɪ'rɪʒən] N dérision f

derisory [dɪ'raɪsərɪ] ADJ **a** [amount, offer] dérisoire **b** [smile, person] moqueur

derivative [dɪ'rɪvətɪv] **1** ADJ (= not original) peu original **2** N dérivé m

derive [dɪ'raɪv] **1** VT [+ profit, satisfaction] tirer ; [+ comfort, ideas] puiser (from dans) ◆ **to be ~d**

from venir de ; [word] dériver de **2** VI ◆ **to ~ from** venir de ; [power] provenir de ; [word] dériver de

dermatitis [ˌdɜːməˈtaɪtɪs] N dermatite f

dermatologist [ˌdɜːməˈtɒlədʒɪst] N dermatologue mf

derogatory [dɪˈrɒɡətərɪ] ADJ [remark] désobligeant (of, to à) ; [attitude] de dénigrement

descale [diːˈskeɪl] VT détartrer

descend [dɪˈsend] **1** VI **a** (= go down, come down) descendre **b** (= attack or arrive suddenly) faire une descente ◆ **to ~ on sb** tomber sur qn **2** VT ◆ **to be ~ed from** [+ species, person] descendre de

descendant [dɪˈsendənt] N descendant(e) m(f)

descent [dɪˈsent] N **a** (= going down) descente f **b** (= ancestry) origine f

describe [dɪsˈkraɪb] VT décrire

description [dɪsˈkrɪpʃən] N description f ◆ **people of all ~s** des gens de toutes sortes ◆ **I need a bag of some ~** il me faut un sac, n'importe lequel

descriptive [dɪsˈkrɪptɪv] ADJ descriptif

desecrate [ˈdesɪkreɪt] VT profaner

desegregation [ˌdiːˌsegrɪˈɡeɪʃən] N déségrégation f

desert¹ [ˈdezət] **1** N désert m **2** COMP [region, animal, plant] désertique ▸ **desert island** île f déserte

desert² [dɪˈzɜːt] **1** VT (gen) déserter ; [+ spouse, family] abandonner ; [+ friend] délaisser ◆ **his courage deserted him** son courage l'a abandonné **2** VI déserter

deserted [dɪˈzɜːtɪd] ADJ désert

deserter [dɪˈzɜːtəʳ] N déserteur m

desertion [dɪˈzɜːʃən] N désertion f ; (by husband, mother) abandon m du domicile conjugal

deserts [dɪˈzɜːts] NPL ◆ **to get one's just ~** recevoir ce que l'on mérite

deserve [dɪˈzɜːv] VT mériter (to do de faire)

deserving [dɪˈzɜːvɪŋ] ADJ [person] méritant ; [action, cause] louable

desiccate [ˈdesɪkeɪt] VT dessécher ▸ **desiccated coconut** noix f de coco séchée

design [dɪˈzaɪn] **1** N **a** (= pattern) motif m **b** (= detailed plan) plan m (of, for de) ; [of dress, hat] modèle m (of, for de) ; [of clothes] style m **c** (= way in which sth is planned and made) [of clothes] style m ; [of car, machine, building, book] conception f ; (= look) design m **d** (= completed model) modèle m **e** (= study) (for furniture, housing) design m ; (for clothing) stylisme m ◆ **industrial ~** design m industriel **f** (= intention) ◆ **to have ~s on sb/sth** avoir des visées sur qn/qch **2** VT **a**

(= think out) [+ object, car, model, building] concevoir ◆ **well-~ed** bien conçu ◆ **~ed as/for** conçu comme/pour ◆ **to be ~ed for sb** s'adresser à qn ◆ **to be ~ed to do sth** (= be made for sth) être conçu pour faire qch ; (= be aimed at sth) être destiné à faire qch **b** (= draw on paper) dessiner

designate [ˈdezɪɡneɪt] VT désigner (as comme ; sth à qch ; to do sth pour faire qch)

designer [dɪˈzaɪnəʳ] **1** N dessinateur m, -trice f ; (for furniture) designer m ; (for clothes) styliste mf ; (famous) grand couturier m **2** COMP [jeans] haute couture ▸ **designer drug** drogue f de synthèse

desirable [dɪˈzaɪərəbl] ADJ [position] enviable ; [offer] tentant ; [person] désirable ; [action, progress] souhaitable

desire [dɪˈzaɪəʳ] **1** N désir m (for de ; to do sth de faire qch) **2** VT (= want) désirer (to do sth faire qch) ◆ **his work leaves a lot to be ~d** son travail laisse beaucoup à désirer ◆ **the ~d effect** l'effet voulu

desist [dɪˈzɪst] VI cesser

desk [desk] N (gen) bureau m ; (for pupil) pupitre m ; (in shop, restaurant) caisse f ; (in hotel, at airport) réception f ▸ **desk clerk** réceptionniste mf

desktop [ˈdesktɒp] ADJ de bureau ▸ **desktop publishing** PAO f

desolate [ˈdesəlɪt] ADJ [place] désolé ; [landscape, beauty] sauvage ◆ **to feel ~** se sentir perdu

desolation [ˌdesəˈleɪʃən] N **a** (= grief) abattement m ; [of landscape] aspect m désolé **b** [of country] (by war) dévastation f

despair [dɪsˈpeəʳ] **1** N désespoir m (at having done sth d'avoir fait qch) ◆ **to be in ~** être au désespoir **2** VI (se) désespérer ◆ **to ~ of (doing) sth** désespérer de (faire) qch

despairing [dɪsˈpeərɪŋ] ADJ désespéré

desperate [ˈdespərɪt] ADJ (gen) désespéré ; [criminal] prêt à tout ◆ **to be ~ to do sth** vouloir à tout prix faire qch

desperately [ˈdespərɪtlɪ] ADV **a** [struggle, regret] désespérément ; [say, look] avec désespoir **b** [poor, unhappy, worried] terriblement ; [ill] gravement

desperation [ˌdespəˈreɪʃən] N désespoir m ◆ **to be in ~** être au désespoir

despicable [dɪsˈpɪkəbl] ADJ ignoble

despise [dɪsˈpaɪz] VT mépriser

despite [dɪsˈpaɪt] PREP malgré

despondent [dɪsˈpɒndənt] ADJ découragé (about par)

despot ['despɒt] N despote m

dessert [dɪ'zɜːt] N dessert m

dessertspoon [dɪ'zɜːtspuːn] N (Brit) cuiller f à dessert

destabilize [diː'steɪbɪˌlaɪz] VT déstabiliser

destination [ˌdestɪ'neɪʃən] N destination f

destine ['destɪn] VT [+ person, object] destiner (for à)

destined ['destɪnd] ADJ **a** (by fate) destiné (to à) **b** (= heading for) ◆ **~ for London** à destination de Londres

destiny ['destɪnɪ] N destin m

destitute ['destɪtjuːt] ADJ sans ressources

destroy [dɪs'trɔɪ] VT (gen) détruire ; (= put down) abattre ; [+ cat, dog] faire piquer

destroyer [dɪs'trɔɪəʳ] N (= ship) destroyer m

destruction [dɪs'trʌkʃən] N destruction f

destructive [dɪs'trʌktɪv] ADJ destructeur (-trice f)

desultory ['desəltərɪ] ADJ [reading] décousu ; [attempt] peu suivi ; [firing, contact] irrégulier ◆ **to have a ~ conversation** parler à bâtons rompus

detach [dɪ'tætʃ] VT détacher

detachable [dɪ'tætʃəbl] ADJ amovible

detached [dɪ'tætʃt] ADJ **a** (= separate) détaché ▸ **detached house** (Brit) maison f individuelle **b** [opinion] neutre ; [manner] détaché ; [person] indifférent

detachment [dɪ'tætʃmənt] N (= indifference) indifférence f

detail ['diːteɪl] **1** N détail m ◆ **in ~** en détail ◆ **to go into ~** entrer dans les détails **2** details NPL (= information) renseignements mpl ; (= personal facts) coordonnées fpl **3** VT [+ reason, facts] exposer en détail ; [+ event] raconter en détail ; [+ items, objects] énumérer

detailed ['diːteɪld] ADJ (gen) détaillé ; [investigation] minutieux

detain [dɪ'teɪn] VT (= delay) retenir ; (in prison) détenir

detainee [ˌdiːteɪ'niː] N détenu(e) m(f) ; (political) prisonnier m, -ière f politique

detect [dɪ'tekt] VT [+ substance, gas] détecter ; [+ explosive] découvrir ; [+ disease] dépister ; [+ sadness] déceler

detection [dɪ'tekʃən] N [of criminal, secret] découverte f ; [of gas, mines] détection f ; [of illness] dépistage m ◆ **to escape ~** [criminal] échapper aux recherches ; [mistake] passer inaperçu

detective [dɪ'tektɪv] N policier m (en civil) ◆ **private ~** détective m (privé) ▸ **detective story** roman m policier

detector [dɪ'tektəʳ] N détecteur m

detention [dɪ'tenʃən] N [of criminal, spy] détention f ; (at school) retenue f ▸ **detention centre, detention home** (US) centre m de détention pour mineurs ; (for illegal immigrants) centre m de rétention

deter [dɪ'tɜːʳ] VT (= prevent) dissuader ; (= discourage) décourager

detergent [dɪ'tɜːdʒənt] N détergent m

deteriorate [dɪ'tɪərɪəreɪt] VI se dégrader

deterioration [dɪˌtɪərɪə'reɪʃən] N détérioration f

determination [dɪˌtɜːmɪ'neɪʃən] N détermination f

determine [dɪ'tɜːmɪn] VT **a** (= fix) déterminer ; [+ date, price] fixer **b** (= resolve) se déterminer (to do sth à faire qch) ; (= cause to decide) [+ person] décider (to do sth à faire qch)

determined [dɪ'tɜːmɪnd] ADJ [person, appearance] déterminé ◆ **to be ~ to do sth** être bien décidé à faire qch

deterrent [dɪ'terənt] N moyen m dissuasif ; (military) force f de dissuasion

detest [dɪ'test] VT détester

detonate ['detəneɪt] **1** VI détoner **2** VT faire exploser

detonator ['detəneɪtəʳ] N détonateur m

detour ['diːˌtuəʳ] N détour m ; (for traffic) déviation f

detoxification [diːˌtɒksɪfɪ'keɪʃən] N désintoxication f

detract [dɪ'trækt] VI ◆ **to ~ from** [+ quality, merit] diminuer ; [+ reputation] porter atteinte à

detriment ['detrɪmənt] N ◆ **to the ~ of** au détriment de

detrimental [ˌdetrɪ'mentl] ADJ nuisible ◆ **to be ~ to sth** nuire à qch

devaluation [ˌdiːvæljʊ'eɪʃən] N dévaluation f

devalue ['diː'væljuː] VT dévaluer

devastate ['devəsteɪt] VT [+ town, land] dévaster ; [+ opponent, opposition] anéantir

devastating ['devəsteɪtɪŋ] ADJ [war, attack, storm, effect] dévastateur (-trice f) ; [consequence, loss] désastreux ; [news, reply] accablant ; [wit, charm] irrésistible

devastation [ˌdevə'steɪʃən] N dévastation f

develop [dɪ'veləp] **1** VT **a** [+ mind, body, business, skill] développer **b** (= change and improve) [+ region, area] aménager **c** [+ habit, illness] contracter ; [+ symptoms] présenter ◆ **to ~ a taste for sth** prendre goût à qch **2** VI (gen) se développer ; [problem] surgir ; [talent] s'épanouir ; [friendship] s'établir ; [situation] évoluer ◆ **to ~ into** devenir

developer [dɪ'veləpəʳ] N (= property developer) promoteur m

developing [dɪ'veləpɪŋ] ADJ [country] en voie de développement

development [dɪ'veləpmənt] N (gen) développement m ; (= new event) fait m nouveau
  ◆ **housing** ~ [of houses] lotissement m ; [of blocks of flats] cité f

deviant ['di:vɪənt] ADJ, N déviant(e) m(f)

deviate ['di:vɪeɪt] VI (from truth, former statement) dévier ◆ **to** ~ **from the norm** s'écarter de la norme

deviation [,di:vɪ'eɪʃən] N déviation f

device [dɪ'vaɪs] N a (= gadget) appareil m ; (Computing) dispositif m ◆ **(explosive)** ~ engin m (explosif) b ◆ **to be left to one's own** ~**s** être livré à soi-même

devil ['devl] N a diable m ◆ **speak of the** ~! quand on parle du loup (on en voit la queue) ! ◆ **to play the** ~**'s advocate** se faire l'avocat du diable b * ◆ **poor** ~ ! pauvre diable ! ◆ **he's a little** ~! c'est un petit démon ! ◆ **go on, be a** ~! vas-y, vis dangereusement ! ◆ **why/where/who the** ~ ...? pourquoi/où/qui diable ... ? ◆ **how the** ~ **would I know?** comment voulez-vous que je sache ?

devious ['di:vɪəs] ADJ [means] détourné ; [person, behaviour, mind] retors

devise [dɪ'vaɪz] VT [+ scheme, style] concevoir ; [+ plotline] imaginer

devoid [dɪ'vɔɪd] ADJ ◆ ~ **of** [+ charm, talent] dépourvu de ; [+ interest, meaning] dénué de

devolution [,di:və'lu:ʃən] N décentralisation f

devolve [dɪ'vɒlv] 1 VI [duty, responsibility] incomber (on, upon à) 2 VT [+ power, responsibility] déléguer (to à)

devote [dɪ'vəʊt] VT consacrer (to à) ◆ **to** ~ **o.s.** to se consacrer à

devoted [dɪ'vəʊtɪd] ADJ a (gen) dévoué (to sb à qn) ; [follower] fidèle ◆ **to be** ~ **to sth** être fidèle à qch b ◆ ~ **to** (= concerned with) consacré à

devotee [,devəʊ'ti:] N [of doctrine, theory] partisan(e) m(f) ; [of religion] adepte mf ; [of sport, music] passionné(e) m(f)

devotion [dɪ'vəʊʃən] N (to duty, work) dévouement m (to à) ; (to friend) profond attachement m (to pour) ; (religious) dévotion f

devour [dɪ'vaʊəʳ] VT dévorer

devout [dɪ'vaʊt] ADJ (= pious) pieux ; [faith] dévot ; [prayer, hope] fervent

dew [dju:] N rosée f

dexterity [deks'terɪtɪ] N dextérité f

diabetes [,daɪə'bi:ti:z] N diabète m

diabetic [,daɪə'betɪk] 1 N diabétique mf 2 ADJ a [person] diabétique b [chocolate, jam] pour diabétiques

diabolical [,daɪə'bɒlɪkəl] ADJ diabolique

diagnose ['daɪəgnəʊz] VT diagnostiquer

diagnosis [,daɪəg'nəʊsɪs] N (pl **diagnoses** [,daɪəg'nəʊsi:z]) diagnostic m

diagonal [daɪ'ægənl] N diagonale f

diagonally [daɪ'ægənəlɪ] ADV en diagonale

diagram ['daɪəgræm] N diagramme m

dial ['daɪəl] 1 N cadran m 2 VT [+ number] composer ◆ **to** ~ **999** (Brit) ≈ appeler police-secours

dialect ['daɪəlekt] N dialecte m

dialling, dialing (US) ['daɪəlɪŋ] N composition f d'un numéro (de téléphone) ▸ **dialling code** indicatif m ▸ **dialling tone** tonalité f

dialogue, dialog (US) ['daɪəlɒg] N dialogue m

dialysis [daɪ'ælɪsɪs] N dialyse f

diameter [daɪ'æmɪtəʳ] N diamètre m

diamond ['daɪəmənd] 1 N a (= stone) diamant m b (= shape) losange m c (Cards) carreau m d (Baseball) terrain m 2 ADJ [necklace, ring] de diamant(s)

diaper ['daɪəpəʳ] N (US) couche f (de bébé)

diaphragm ['daɪəfræm] N diaphragme m

diarrhoea, diarrhea (US) [,daɪə'ri:ə] N diarrhée f

diary ['daɪərɪ] N (= record of events) journal m (intime) ; (for engagements) agenda m

dice [daɪs] 1 N (pl inv) dé m 2 VI ◆ **to** ~ **with death** jouer avec la mort 3 VT [+ vegetables, meat] couper en dés

dictate 1 VT [dɪk'teɪt] dicter 2 VI [dɪk'teɪt] a (gen) dicter b (= order about) ◆ **to** ~ **to sb** imposer sa volonté à qn 3 NPL ['dɪkteɪt] **dictates** [of party] consignes fpl ; [of fashion] impératifs m(pl)

dictation [dɪk'teɪʃən] N dictée f

dictator [dɪk'teɪtəʳ] N dictateur m

dictatorship [dɪk'teɪtəʃɪp] N dictature f

diction ['dɪkʃən] N diction f

dictionary ['dɪkʃənrɪ] N dictionnaire m

did [dɪd] VB (pt of **do**)

didactic [dɪ'dæktɪk] ADJ didactique

diddle * ['dɪdl] VT (Brit) (= cheat) rouler * ◆ **to** ~ **sb out of sth** carotter * qch à qn

didn't ['dɪdənt] (abbrev of **did not**) → **do**

die [daɪ] VI (gen) mourir ; [engine] caler ; [custom, language] disparaître ; [sound] s'éteindre ◆ **to**

be dying être à l'article de la mort ◆ to ~ of hunger/cold mourir de faim/froid ◆ never say ~! * il ne faut jamais désespérer ! ◆ to be dying to do sth * mourir d'envie de faire qch ◆ to ~ hard [tradition, attitude, prejudice] avoir la vie dure

► **die away** VI [sound, voice, laughter] s'éteindre

► **die down** VI [emotion, protest] se calmer ; [wind] tomber ; [fire] s'éteindre ; [noise] diminuer ; [applause] cesser ; [violence, conflict] s'atténuer

► **die off** VI mourir les uns après les autres

► **die out** VI [species, family] s'éteindre ; [custom] disparaître ◆ to be dying out [species, tribe] être en voie d'extinction ; [custom] être en train de disparaître

diehard ['daɪhɑːd] N (= one who resists to the last) jusqu'au-boutiste mf ; (= opponent of change) conservateur m, -trice f ; (= obstinate politician) réactionnaire mf

diesel ['diːzəl] N (= fuel) gazole m ◆ a ~ car une diesel ▸ diesel engine (in car) moteur m diesel ; (= locomotive) motrice f ▸ diesel fuel, diesel oil gazole m

diet ['daɪət] **1** N **a** (= restricted food) régime m ◆ to be/go on a ~ être/se mettre au régime **b** (= customary food) alimentation f **2** VI suivre un régime

dietician [ˌdaɪə'tɪʃən] N diététicien(ne) m(f)

differ ['dɪfər] VI **a** (= be different) différer (from de) **b** (= disagree) ne pas être d'accord (from sb avec qn ; about sth sur qch)

difference ['dɪfrəns] N **a** (gen) différence f (in de) ◆ that makes all the ~ ça change tout ◆ it makes no ~ ça ne change rien ◆ it makes no ~ to me ça m'est égal ◆ ~ of opinion divergence f d'opinions **b** (= quarrel) différend m

different ['dɪfrənt] **1** ADJ différent (from, to, (US) than de) ◆ go and put on a ~ tie va mettre une autre cravate ◆ that's quite a ~ matter c'est tout autre chose ◆ he wants to be ~ il veut se singulariser **2** ADV (tout) autrement

differentiate [ˌdɪfə'renʃɪeɪt] **1** VI faire la différence (between entre) **2** VT différencier (from de)

differently ['dɪfrəntlɪ] ADV différemment (from de)

difficult ['dɪfɪkəlt] ADJ difficile ◆ it's ~ to do c'est difficile de faire ◆ to find it ~ to do sth avoir du mal à faire qch ◆ he's ~ to get on with il est difficile à vivre

difficulty ['dɪfɪkəltɪ] N difficulté f ◆ she has ~ walking elle marche avec difficulté ◆ to get into difficulties se trouver en difficulté

diffident ['dɪfɪdənt] ADJ [smile] embarrassé ◆ to be ~ [person] manquer de confiance en soi ◆ to be ~ about doing sth hésiter à faire qch (par timidité)

diffuse [dɪ'fjuːz] **1** VT diffuser **2** VI se diffuser

dig [dɪg] (vb : pret, ptp dug) **1** N **a** ◆ to give sb a ~ in the ribs donner un coup de coude dans les côtes de qn **b** (= sly comment) pique f ◆ to have a ~ at sb lancer une pique à qn **c** (archaeological) fouilles fpl **2** VT creuser ; (with spade) bêcher ; [+ fork, pencil] enfoncer (into dans) **3** VI **a** [dog] fouiller ; [person] creuser **b** ◆ to ~ in one's pockets for sth fouiller dans ses poches pour trouver qch

► **dig in 1** VI (* = eat) attaquer * **2** VT SEP [+ blade, knife] enfoncer ◆ to ~ one's heels in se braquer

► **dig out** VT SEP [+ tree, plant] déterrer ; [+ animal] déloger ; [+ facts, information] dénicher

► **dig up** VT SEP [+ weeds, vegetables] arracher ; [+ treasure, body] déterrer ; [+ earth] retourner ; [+ garden] bêcher ; [+ fact, solution] dénicher

digest [daɪ'dʒest] VTI digérer

digestion [dɪ'dʒestʃən] N digestion f

digestive [dɪ'dʒestɪv] **1** ADJ digestif **2** N (Brit) (also digestive biscuit) ≈ sablé m

digit ['dɪdʒɪt] N **a** (= number) chiffre m **b** (= finger) doigt m ; (= toe) orteil m

digital ['dɪdʒɪtəl] ADJ (gen) numérique ; [tape, recorder] audionumérique ; [watch] à affichage numérique ▸ digital camera appareil photo m numérique ▸ digital TV, digital television télévision f numérique

dignified ['dɪgnɪfaɪd] ADJ digne

dignitary ['dɪgnɪtərɪ] N dignitaire m

dignity ['dɪgnɪtɪ] N dignité f

digress [daɪ'gres] VI faire une digression

digression [daɪ'greʃən] N digression f

dike [daɪk] N ⇒ dyke

dilapidated [dɪ'læpɪdeɪtɪd] ADJ délabré

dilate [daɪ'leɪt] **1** VT dilater **2** VI se dilater

dilemma [daɪ'lemə] N dilemme m ◆ to be in a ~ être pris dans un dilemme

diligence ['dɪlɪdʒəns] N zèle m

diligent ['dɪlɪdʒənt] ADJ [student, worker, work] appliqué ; [search] minutieux

dill [dɪl] N aneth m

dillydally ['dɪlɪdælɪ] VI (= dawdle) lambiner * ; (= fritter time away) musarder ; (= vacillate) tergiverser

dilute [daɪ'luːt] VT [+ liquid] diluer ; [+ sauce] délayer

dim [dɪm] **1** ADJ **a** [light, lamp] faible ; [place, prospects] sombre **b** [shape, outline] imprécis ; [memory] vague **c** (Brit = stupid) * bouché * ► **dimwitted** * idiot **2** VT [+ light] baisser ; [+ colours, beauty] ternir ; [+ memory] effacer ; [+ senses] affaiblir **3** VI [light] baisser ; [beauty] se ternir ; [colours, outlines, memory] s'estomper

dime [daɪm] N (pièce f de) dix cents

dimension [daɪˈmenʃən] N dimension f

diminish [dɪˈmɪnɪʃ] **1** VT [+ strength, power, effect] diminuer ; [+ numbers, cost, speed] réduire ; [+ enthusiasm, optimism] tempérer **2** VI diminuer

diminished [dɪˈmɪnɪʃt] ADJ [strength, power] amoindri ; [capacity, numbers, resources] réduit ; [enthusiasm, optimism] tempéré

diminutive [dɪˈmɪnjʊtɪv] **1** ADJ minuscule **2** N diminutif m

dimly [ˈdɪmlɪ] ADV **a** [shine] faiblement ◆ ~ lit mal éclairé **b** [see, hear, recollect] vaguement

dimmer [ˈdɪməʳ] **1** N (also **dimmer switch**) variateur m (de lumière) **2 dimmers** NPL (US) (= dipped headlights) codes mpl ; (= parking lights) feux mpl de position

dimple [ˈdɪmpl] N fossette f

din [dɪn] N vacarme m

dine [daɪn] VI dîner (on de)
► **dine out** VI dîner au restaurant

dining [ˈdaɪnɪŋ] N ◆ elegant ~ des dîners mpl élégants ► **dining car** (Brit) wagon-restaurant m ► **dining room** salle f à manger ; (in hotel) salle f de restauration

diner [ˈdaɪnəʳ] N **a** (= person) dîneur m, -euse f **b** (US) petit restaurant m

dinghy [ˈdɪŋgɪ] N petit canot m ; (collapsible) canot m pneumatique ; (= sailing dinghy) dériveur m

dingy [ˈdɪndʒɪ] ADJ sombre et miteux

dinner [ˈdɪnəʳ] N (= evening meal) dîner m ; (= lunch) déjeuner m ◆ **to have ~** dîner ◆ **to go out to ~** dîner au restaurant ; (at friends) dîner chez des amis ◆ **at ~ time** à l'heure du dîner ◆ **it's ~ time** c'est l'heure de dîner ► **dinner jacket** (Brit) smoking m ► **dinner party** dîner m (sur invitation) ► **dinner service** service m de table

dinosaur [ˈdaɪnəsɔːʳ] N dinosaure m

dint [dɪnt] N ◆ **by ~ of (doing) sth** à force de (faire) qch

diocese [ˈdaɪəsɪs] N diocèse m

dip [dɪp] **1** VT **a** (into liquid) tremper ; [+ spoon] plonger **b** ◆ **to ~ one's headlights** (Brit) se mettre en codes ◆ **to drive on ~ped headlights** rouler en codes **2** VI [ground, road] descendre ; [temperature, prices] baisser ◆ **to ~**

into one's savings puiser dans ses économies **3** N **a** (* = swim) bain m ◆ **to have a quick ~** faire trempette * **b** (in ground) déclivité f ; (in prices, unemployment, temperature) fléchissement m **c** (= sauce) ◆ **avocado/aubergine ~** purée f d'avocat/d'aubergine

diploma [dɪˈpləʊmə] N diplôme m ◆ **to have a ~ in ...** être diplômé en ...

diplomacy [dɪˈpləʊməsɪ] N diplomatie f

diplomat [ˈdɪpləmæt] N diplomate mf

diplomatic [ˌdɪpləˈmætɪk] ADJ (gen) diplomatique ; (= tactful) [person] diplomate

dipstick [ˈdɪpstɪk] N jauge f (de niveau d'huile)

dire [ˈdaɪəʳ] ADJ **a** [situation, consequences] désastreux ; [warning, threat] sinistre ◆ **in ~ poverty** dans la misère ◆ **to be in ~ straits** être dans une situation désastreuse **b** (* = awful) nul *

direct [dɪˈrekt] **1** ADJ direct ► **direct debit** prélèvement m automatique ► **direct object** (Gram) complément m d'objet direct ► **direct speech** (Gram) style m direct **2** VT **a** (= give directions to) ◆ **to ~ sb to sth** indiquer le chemin de qch à qn **b** [+ remark, question, letter] adresser ; [+ threat] proférer (at contre) ; [+ efforts] orienter ; [+ torch] diriger ◆ **to ~ sb's attention to** attirer l'attention de qn sur **c** (= manage) [+ work, business, actors] diriger ; [+ play] mettre en scène ; [+ film, programme] réaliser **d** (= instruct) charger (sb to do sth qn de faire qch) **3** ADV [go, write] directement ◆ **to fly ~ from Glasgow to Paris** prendre un vol direct de Glasgow à Paris

direction [dɪˈrekʃən] N **a** (= way) direction f ◆ **in the wrong/right ~** dans la mauvaise/ bonne direction ◆ **in the opposite ~** en sens inverse **b** (= management) direction f ; [of play] mise f en scène ; [of film, TV programme] réalisation f **c** (= instruction) instruction f ◆ **~s for use** mode m d'emploi

directive [dɪˈrektɪv] N directive f

directly [dɪˈrektlɪ] **1** ADV **a** (gen) directement ◆ **~ opposite the railway station** juste en face de la gare **b** (Brit = immediately) tout de suite **2** CONJ (= as soon as) dès que

directness [dɪˈrektnɪs] N [of character, reply, of person] franchise f ; [of attack, question] caractère m direct

director [dɪˈrektəʳ] N [of company, institution] directeur m, -trice f ; [of play] metteur m en scène ; [of film, TV programme] réalisateur m, -trice f

directory [dɪˈrektərɪ] N (= phone book) annuaire m ; (Computing) répertoire m (de dossiers) ► **directory assistance** (US) ► **directory inquiries** (Brit) renseignements mpl

dirt [dɜːt] N (on skin, clothes, objects) saleté *f* ; (= earth) terre *f* ; (= mud) boue *f* ◆ **to treat sb like ~ *** traiter qn comme un chien ▶ **dirt-cheap *** très bon marché *inv* ▶ **dirt road** chemin *m* de terre

dirty ['dɜːtɪ] **1** ADJ **a** (gen) sale ; [job, work] salissant ◆ **to get ~** se salir ◆ **to get sth ~** salir qch **b** [book, film, joke] cochon * ; [language] grossier ◆ **to have a ~ mind** avoir l'esprit mal tourné ▶ **dirty old man *** vieux cochon * *m* **c** (= unpleasant) sale (before noun)
◆ **to do sb's ~ work for them** faire le sale boulot * de qn ◆ **to give sb a ~ look** regarder qn de travers **2** ADV * ◆ **to play ~** faire des coups en vache * ◆ **to talk ~** dire des cochonneries **3** VT salir

disability [ˌdɪsə'bɪlɪtɪ] N **a** (= state) invalidité *f* **b** (= infirmity) infirmité *f* ; (= handicap) handicap *m*

disabled [dɪs'eɪbld] **1** ADJ handicapé **2** **the disabled** NPL les handicapés *mpl*

disadvantage [ˌdɪsəd'vɑːntɪdʒ] **1** N désavantage *m* ◆ **to be at a ~** être défavorisé **2** VT désavantager

disagree [ˌdɪsə'griː] VI **a** (= be of different opinion) ne pas être d'accord ◆ **I (completely) ~ with you** je ne suis pas (du tout) d'accord avec vous ◆ **they always ~** ils ne sont jamais du même avis **b** ◆ **to ~ with sb** [climate, food] ne pas convenir à qn

disagreeable [ˌdɪsə'grɪəbl] ADJ désagréable

disagreement [ˌdɪsə'griːmənt] N désaccord *m* ◆ **to have a ~ with sb (about sth)** avoir un différend avec qn (à propos de qch)

disallow [ˌdɪsə'laʊ] VT (gen) rejeter ; [+ goal] refuser

disappear [ˌdɪsə'pɪəʳ] VI disparaître

disappearance [ˌdɪsə'pɪərəns] N disparition *f*

disappoint [ˌdɪsə'pɔɪnt] VT décevoir

disappointed [ˌdɪsə'pɔɪntɪd] ADJ déçu ◆ **to be ~ with sth/in sb** être déçu par qch/par qn

disappointing [ˌdɪsə'pɔɪntɪŋ] ADJ décevant

disappointment [ˌdɪsə'pɔɪntmənt] N déception *f*

disapproval [ˌdɪsə'pruːvəl] N désapprobation *f*

disapprove [ˌdɪsə'pruːv] VI ◆ **to ~ of sb** désapprouver qn ◆ **to ~ of sth** réprouver qch ◆ **to ~ of sb doing sth** désapprouver que qn fasse qch

disapproving [ˌdɪsə'pruːvɪŋ] ADJ [expression, look] réprobateur (-trice *f*) ◆ **to be ~ of sth** réprouver qch

disarm [dɪs'ɑːm] VTI désarmer

disarmament [dɪs'ɑːməmənt] N désarmement *m*

disarray [ˌdɪsə'reɪ] N confusion *f* ◆ **the troops were in ~** la confusion régnait parmi les troupes ◆ **a political party in ~** un parti politique en plein désarroi ◆ **her clothes were in ~** ses vêtements étaient en désordre

disaster [dɪ'zɑːstəʳ] N désastre *m* ; (from natural causes) catastrophe *f* ◆ **to be heading for ~** courir au désastre ▶ **disaster area** région *f* sinistrée ▶ **disaster movie** film *m* catastrophe

disastrous [dɪ'zɑːstrəs] ADJ désastreux

disband [dɪs'bænd] **1** VT [+ army] disperser ; [+ corporation, club] dissoudre **2** VI [army] se disperser ; [organization] se dissoudre

disbelief [ˌdɪsbə'liːf] N incrédulité *f*

disc [dɪsk] N disque *m* ▶ **disc jockey** disc-jockey *m*

discard [dɪs'kɑːd] VT (= get rid of) se débarrasser de ; (= throw out) jeter ; [+ idea, plan] renoncer à

discern [dɪ'sɜːn] VT discerner

discerning [dɪ'sɜːnɪŋ] ADJ [person] judicieux ; [taste, palate] délicat

discharge **1** VT [dɪs'tʃɑːdʒ] **a** [+ cargo] décharger **b** [+ gas] émettre ; [+ liquid, pollutants, sewage] déverser **c** [+ soldier] démobiliser ; (for health reasons) réformer ; [+ prisoner] libérer ; (from hospital) autoriser à quitter l'hôpital **2** N [dɪstʃɑːd] **a** (in eyes, nose) écoulement *m* **b** [of prisoner] libération *f* ; [of patient] sortie *f*

disciple [dɪ'saɪpl] N disciple *m*

discipline ['dɪsɪplɪn] **1** N discipline *f* **2** VT (= control) [+ person, mind] discipliner ; (= punish) punir

disclaim [dɪs'kleɪm] VT nier

disclose [dɪs'kləʊz] VT [+ secret, news] divulguer ; [+ intentions] dévoiler

disclosure [dɪs'kləʊʒəʳ] N révélation *f*

disco * ['dɪskəʊ] N disco *m*

discolour, discolor (US) [dɪs'kʌləʳ] **1** VT (= spoil colour of) décolorer ; [+ white material, teeth] jaunir **2** VI (= change colour) se décolorer ; [white material, teeth] jaunir

discomfort [dɪs'kʌmfət] N gêne *f*

disconcert [ˌdɪskən'sɜːt] VT déconcerter

disconcerting [ˌdɪskən'sɜːtɪŋ] ADJ déconcertant

disconnect [ˌdɪskə'nekt] VT [+ electrical apparatus, pipe] débrancher ; [+ gas, electricity, water, phone] couper

disconnected [ˌdɪskə'nektɪd] ADJ [speech] décousu ; [thoughts] sans suite ; [facts, events] sans rapport

discontent [ˌdɪskən'tent] N mécontentement *m*

discontented [ˌdɪskənˈtentɪd] ADJ mécontent (with, about de)

discontinue [ˌdɪskənˈtɪnjuː] VT (gen) cesser ; [+ service] supprimer ◆ **a ~d line** un article qui ne se fait plus

discord [ˈdɪskɔːd] N dissension f

discordant [dɪsˈkɔːdənt] ADJ discordant

discotheque [ˈdɪskəʊtek] N discothèque f (dancing)

discount ▮ N [ˈdɪskaʊnt] escompte m ; (on article) remise f ▮ VT [dɪsˈkaʊnt] ᵃ [+ sum of money] faire une remise de ᵇ [+ rumour] ne pas prendre au sérieux ; [+ theory] rejeter

discourage [dɪsˈkʌrɪdʒ] VT décourager ◆ **to become ~d** se laisser décourager

discouraging [dɪsˈkʌrɪdʒɪŋ] ADJ décourageant

discourse [ˈdɪskɔːs] N discours m ; (written) dissertation f

discover [dɪsˈkʌvəʳ] VT (gen) découvrir ; [+ mistake, loss] se rendre compte de ; (after search) dénicher ◆ **to ~ that ...** (= find out) apprendre que ... ; (= notice) s'apercevoir que ... ; (= understand) comprendre que ...

discovery [dɪsˈkʌvərɪ] N découverte f

discredit [dɪsˈkredɪt] VT (= cast slur on) discréditer ; (= make doubtful) mettre en doute

discreet [dɪsˈkriːt] ADJ discret (-ète f) (about sur)

discreetly [dɪsˈkriːtlɪ] ADV [speak, behave] discrètement ; [dress] avec sobriété

discrepancy [dɪsˈkrepənsɪ] N différence f ; (between theories, accounts) divergence f

discretion [dɪsˈkreʃən] N discrétion f ◆ **use your ~** c'est à vous de juger

discriminate [dɪsˈkrɪmɪneɪt] VI (= make unfair distinction) introduire une discrimination ◆ **to be ~d against** être victime d'une discrimination ◆ **to ~ between** faire la différence entre

discriminating [dɪsˈkrɪmɪneɪtɪŋ] ADJ [person, clientele] averti ; [palate] exercé ; [judgement] perspicace

discrimination [dɪsˌkrɪmɪˈneɪʃən] N ᵃ (= prejudice) discrimination f ᵇ (= distinction) distinction f ᶜ (= judgement) discernement m

discuss [dɪsˈkʌs] VT (gen) discuter de ; [+ issue, question, subject] examiner

discussion [dɪsˈkʌʃən] N discussion f (of, about sur, au sujet de) ◆ **under ~** en discussion ; [issue, proposal] à l'étude

disdain [dɪsˈdeɪn] ▮ VT dédaigner ▮ N dédain m

disdainful [dɪsˈdeɪnfʊl] ADJ dédaigneux

disease [dɪˈziːz] N maladie f

diseased [dɪˈziːzd] ADJ malade

disembark [ˌdɪsɪmˈbɑːk] VTI débarquer

disenchanted [ˌdɪsɪnˈtʃɑːntɪd] ADJ ◆ **to be ~ with sth** avoir perdu ses illusions sur qch

disengage [ˌdɪsɪnˈɡeɪdʒ] VT [+ object, hand] dégager ; [+ machine] déclencher ◆ **to ~ the clutch** débrayer

disfavour, disfavor (US) [dɪsˈfeɪvəʳ] N défaveur f

disfigure [dɪsˈfɪɡəʳ] VT défigurer

disgrace [dɪsˈɡreɪs] ▮ N (= dishonour) honte f ; (= disfavour) disgrâce f ◆ **to be in ~** [public figure, politician] être en disgrâce ; [child, dog] être en pénitence ▮ VT [+ family] faire honte à ; [+ name, country] déshonorer ◆ **to ~ o.s.** se couvrir de honte ◆ **to be ~d** [officer, politician] être discrédité

disgraceful [dɪsˈɡreɪsfʊl] ADJ honteux

disgruntled [dɪsˈɡrʌntld] ADJ (= discontented) mécontent (about, with de) ; [expression] renfrogné

disguise [dɪsˈɡaɪz] ▮ VT (gen) déguiser (as en) ; [+ facts, feelings] dissimuler ▮ N déguisement m ◆ **in ~** déguisé

disgust [dɪsˈɡʌst] ▮ N dégoût m (for, at pour) ◆ **he left in ~** il est parti dégoûté ▮ VT dégoûter

disgusted [dɪsˈɡʌstɪd] ADJ dégoûté (at de, par)

disgusting [dɪsˈɡʌstɪŋ] ADJ (gen) dégoûtant ; [taste, smell] répugnant

dish [dɪʃ] N ᵃ (= serving plate) plat m ; (= dinner plate) assiette f ▸ **dish aerial**, **dish antenna** (US) antenne f parabolique ᵇ ◆ **the ~es** la vaisselle ◆ **to do the ~es** faire la vaisselle ᶜ (= food) plat m ◆ **pasta ~** plat m de pâtes

▸ **dish out** VT SEP [+ food] servir ; [+ money, sweets, books] distribuer ; [+ punishment] administrer

▸ **dish up** VT SEP [+ food, meal] servir

dishcloth [ˈdɪʃklɒθ] N (for washing) lavette f ; (for drying) torchon m

disheartening [dɪsˈhɑːtnɪŋ] ADJ décourageant

dishevelled [dɪˈʃevəld] ADJ [person, hair] ébouriffé ; [clothes] en désordre

dishonest [dɪsˈɒnɪst] ADJ malhonnête

dishonestly [dɪsˈɒnɪstlɪ] ADV [behave] malhonnêtement ; [obtain] par des moyens malhonnêtes

dishonesty [dɪsˈɒnɪstɪ] N malhonnêteté f

dishonour [dɪsˈɒnəʳ] ▮ N déshonneur m ▮ VT déshonorer

dishonourable [dɪsˈɒnərəbl] ADJ déshonorant

dishrack [ˈdɪʃræk] N égouttoir m

dishtowel ['dɪʃtaʊəl] N (US) torchon m

dishwasher ['dɪʃwɒʃəʳ] N (= machine) lave-vaisselle m inv

dishy * ['dɪʃɪ] ADJ (Brit) sexy *

disillusion [ˌdɪsɪ'luːʒən] VT désabuser ◆ to be ~ed être désabusé (with quant à)

disinclined [ˌdɪsɪn'klaɪnd] ADJ ◆ to be ~ to do sth être peu disposé à faire qch

disinfect [ˌdɪsɪn'fekt] VT désinfecter

disinfectant [ˌdɪsɪn'fektənt] N désinfectant m

disintegrate [dɪs'ɪntɪɡreɪt] VI se désintégrer

disinterested [dɪs'ɪntrɪstɪd] ADJ (= impartial) désintéressé

disjointed [dɪs'dʒɔɪntɪd] ADJ [film, style, conversation] décousu

disk [dɪsk] N **a** (US) ⇒ disc **b** (for computer) disque m ▶ disk drive lecteur m de disques

diskette [dɪs'ket] N disquette f

dislike [dɪs'laɪk] **1** VT [+ person, thing] ne pas aimer ◆ to ~ doing sth ne pas aimer faire qch **2** N antipathie f ◆ one's likes and ~s ce que l'on aime et ce que l'on n'aime pas ◆ to take an instant ~ to sb prendre tout de suite qn en grippe

dislocate ['dɪsləʊkeɪt] VT ◆ to ~ one's shoulder se démettre l'épaule

dislodge [dɪs'lɒdʒ] VT [+ object] déplacer ; [+ dictator] chasser

disloyal [dɪs'lɔɪəl] ADJ déloyal (to envers)

dismal ['dɪzməl] ADJ **a** [place, building] lugubre ; [thought, prospects] sombre ; [weather] maussade **b** (* = awful) lamentable

dismantle [dɪs'mæntl] VT [+ machine, furniture] démonter ; [+ system, department] démanteler

dismay [dɪs'meɪ] **1** N consternation f **2** VT consterner

dismiss [dɪs'mɪs] VT **a** [+ employee] renvoyer ; [+ official] révoquer ; [+ class] congédier ; [+ assembly] dissoudre ; [+ troops] faire rompre les rangs à **b** [+ thought, possibility, suggestion] écarter ; [+ request, appeal, claim] rejeter

dismissal [dɪs'mɪsəl] N [of employee] renvoi m ; [of civil servant] révocation f

dismissive [dɪs'mɪsɪv] ADJ dédaigneux

dismount [dɪs'maʊnt] VI descendre

disobedience [ˌdɪsə'biːdɪəns] N désobéissance f (to à)

disobedient [ˌdɪsə'biːdɪənt] ADJ [child] désobéissant (to à)

disobey [ˌdɪsə'beɪ] VT [+ parents, officer] désobéir à ; [+ law] enfreindre

disorder [dɪs'ɔːdəʳ] N **a** (= untidiness) [of room, plans] désordre m **b** (= unrest) troubles mpl **c** (Med) troubles mpl

disorderly [dɪs'ɔːdəlɪ] ADJ [person, crowd] agité ; [behaviour] indiscipliné

disorganized [dɪs'ɔːɡənaɪzd] ADJ désorganisé

disorient [dɪs'ɔːrɪent] VT désorienter

disorientate [dɪs'ɔːrɪənteɪt] VT désorienter

disown [dɪs'əʊn] VT renier

disparaging [dɪs'pærɪdʒɪŋ] ADJ désobligeant

disparate ['dɪspərɪt] ADJ disparate

dispatch [dɪs'pætʃ] **1** VT **a** [+ letter, goods] expédier ; [+ messenger] dépêcher ; [+ troops] envoyer **b** (= finish) [+ job] expédier **c** (= kill) tuer **2** N **a** [of letter, messenger] envoi m **b** (= official report) dépêche f

dispel [dɪs'pel] VT dissiper

dispensary [dɪs'pensərɪ] N (Brit) (in hospital) pharmacie f ; (in chemist's) officine f

dispensation [ˌdɪspen'seɪʃən] N (= exemption) dispense f

dispense [dɪs'pens] VT [+ food] distribuer ; [+ charity] pratiquer ; [+ justice] administrer ; [+ hospitality] offrir
▶ **dispense with** VT INSEP (= do without) se passer de ; (= make unnecessary) rendre superflu

dispenser [dɪs'pensəʳ] N (= device) distributeur m

dispensing chemist [dɪsˌpensɪŋ'kemɪst] N (= person) pharmacien(ne) m(f) ; (= shop) pharmacie f

disperse [dɪs'pɜːs] **1** VT (gen) disperser ; [+ clouds] dissiper **2** VI (= go away) se disperser ; [fog, cloud, smoke, tension] se dissiper

dispirited [dɪs'pɪrɪtɪd] ADJ abattu

displace [dɪs'pleɪs] VT déplacer

display [dɪs'pleɪ] **1** VT **a** (= show) montrer ; [+ item for sale, artwork] exposer ; [+ notice, results] afficher **b** [+ courage, interest, ignorance] faire preuve de **c** [computer, watch] afficher **2** N **a** (gen) étalage m ; [of goods for sale, items in exhibition] présentation f ; [of courage, emotion] manifestation f ; [of unity, strength] démonstration f ◆ **on ~** exposé ▶ **display cabinet, display case** vitrine f (meuble) **b** (= public event) spectacle m ◆ **military ~** parade f militaire **c** (on computer screen) affichage m

displease [dɪs'pliːz] VT mécontenter ◆ to be ~d with être mécontent de

displeasure [dɪs'pleʒəʳ] N mécontentement m

disposable [dɪs'pəʊzəbl] ADJ **a** [razor, syringe, nappy] jetable **b** [income] disponible

disposal [dɪsˈpəʊzəl] N **a** [of rubbish] destruction f **b** ◆ **to have sth at one's ~** disposer de qch ◆ **to be at sb's ~** être à la disposition de qn

dispose of [dɪsˈpəʊzɒv] VT INSEP **a** (= get rid of) se débarrasser de ; (= sell) vendre ; [+ chemical, industrial waste] éliminer **b** [+ question, problem, business] expédier

disposed [dɪsˈpəʊzd] ADJ ◆ **to be ~ to do sth** être disposé à faire qch ◆ **to be well-~ towards sb** être bien disposé envers qn

disposition [ˌdɪspəˈzɪʃən] N **a** (= temperament) caractère m **b** (= arrangement) disposition f

dispossess [ˌdɪspəˈzes] VT déposséder

disproportionate [ˌdɪsprəˈpɔːʃnɪt] ADJ disproportionné (to par rapport à)

disprove [dɪsˈpruːv] VT réfuter

dispute [dɪsˈpjuːt] **1** N (= controversy) discussion f ; (= quarrel) différend m ◆ **industrial ~** conflit m social ◆ **without ~** sans conteste **2** VT **a** [+ statement, claim] contester **b** (= debate) [+ question, subject] discuter **c** (= try to win) disputer (with sb à qn)

disqualification [dɪsˌkwɒlɪfɪˈkeɪʃən] N disqualification f ; (for driving offence) retrait m du permis de conduire

disqualify [dɪsˈkwɒlɪfaɪ] VT **a** (Sport) disqualifier **b** (= debar) rendre inapte (from à) ◆ **to ~ sb from driving** retirer à qn le permis de conduire **c** (= incapacitate) rendre incapable (from doing sth de faire qch)

disquieting [dɪsˈkwaɪətɪŋ] ADJ inquiétant

disregard [ˌdɪsrɪˈɡɑːd] **1** VT [+ fact, advice, remark] ne tenir aucun compte de ; [+ danger, feelings] passer outre à **2** N [of difficulty, comments, feelings] indifférence f (for à) ; [of danger] mépris m (for de) ; [of safety] négligence f (for en ce qui concerne) ; [of rule, law] non-observation f (for de)

disrepair [ˌdɪsrɪˈpɛər] N mauvais état m ◆ **in ~** [building] délabré ; [road] en mauvais état

disreputable [dɪsˈrepjʊtəbl] ADJ [place, person] peu recommandable ; [behaviour] déshonorant

disrespect [ˌdɪsrɪsˈpekt] N manque m de respect

disrespectful [ˌdɪsrɪsˈpektfʊl] ADJ irrespectueux (to envers) ◆ **to be ~ to sb** manquer de respect envers qn

disrupt [dɪsˈrʌpt] VT [+ debate, meeting, relations, train service] perturber ; [+ plans] déranger ; [+ communications] interrompre

disruption [dɪsˈrʌpʃən] N perturbation f

disruptive [dɪsˈrʌptɪv] ADJ perturbateur (-trice f)

dissatisfaction [ˌdɪssætɪsˈfækʃən] N mécontentement m (at, with face à)

dissatisfied [dɪsˈsætɪsfaɪd] ADJ mécontent (with de)

dissect [dɪˈsekt] VT disséquer

disseminate [dɪˈsemɪneɪt] VT disséminer ; [+ information] diffuser

dissent [dɪˈsent] **1** VI (= have different opinion) avoir une opinion différente **2** N (= political disagreement) dissidence f

dissertation [ˌdɪsəˈteɪʃən] N (= written paper) mémoire m ; (US Univ) thèse f de doctorat

disservice [dɪsˈsɜːvɪs] N ◆ **to do sb/sth a ~** rendre un mauvais service à qn/qch

dissident ['dɪsɪdənt] ADJ, N dissident(e) m(f)

dissimilar [dɪˈsɪmɪlər] ADJ différent (to de)

dissipate ['dɪsɪpeɪt] **1** VT (= dispel) dissiper ; [+ energy, efforts] disperser **2** VI (= clear) se dissiper

dissociate [dɪˈsəʊʃɪeɪt] VT dissocier

dissolute ['dɪsəluːt] ADJ [person] débauché ; [way of life] dissolu

dissolve [dɪˈzɒlv] **1** VT dissoudre **2** VI **a** se dissoudre **b** [hopes, fears] s'évanouir

dissuade [dɪˈsweɪd] VT dissuader (sb from doing sth qn de faire qch)

distance ['dɪstəns] **1** N distance f ◆ **a short ~ away** à une faible distance ◆ **the ~ between them** la distance qui les sépare ◆ **it's within walking ~** on peut y aller à pied ◆ **within walking ~ of shops** à proximité des commerces ◆ **to keep one's ~ from sb** garder ses distances par rapport à qn ◆ **at a ~ of two metres** à une distance de deux mètres ◆ **to keep sb at a ~** tenir qn à distance ◆ **from a ~** de loin ◆ **in the ~** au loin ▶ **distance learning** téléenseignement m **2** VT distancer ◆ **to ~ o.s. from sth** se distancier de qch

distant ['dɪstənt] ADJ **a** (in space, time) lointain ◆ **in the not too ~ future** dans un avenir assez proche **b** [connection] lointain ; [relative, relationship] éloigné **c** (= distracted) distrait ◆ **she had a ~ look in her eyes** elle avait un regard absent **d** (= reserved) distant

distantly ['dɪstəntlɪ] ADV ◆ **I am ~ related to her** c'est une parente éloignée

distaste [dɪsˈteɪst] N dégoût m

distasteful [dɪsˈteɪstfʊl] ADJ déplaisant

distil, distill (US) [dɪsˈtɪl] VT distiller ▶ **distilled water** eau f déminéralisée

distillery [dɪsˈtɪlərɪ] N distillerie f

distinct [dɪsˈtɪŋkt] ADJ **a** (= definite) net [possibility] réel ; [memory] distinct **b** (= different) distinct ◆ **as ~ from ...** par opposition à ...

distinction [dɪsˈtɪŋkʃən] N **a** distinction f ◆ **to make a ~ between two things** faire une distinction entre deux choses **b** (= excellent mark) ◆ he got a ~ in French il a été reçu en français avec mention très bien

distinctive [dɪsˈtɪŋktɪv] ADJ **a** (= idiosyncratic) caractéristique **b** (= differentiating) distinctif ◆ to be ~ of sth caractériser qch

distinctly [dɪsˈtɪŋktlɪ] ADV **a** (with vb) [speak, hear] distinctement ; [remember] clairement **b** (with adj) particulièrement ◆ it is ~ possible c'est très possible ◆ ~ better nettement mieux

distinguish [dɪsˈtɪŋgwɪʃ] **1** VT **a** (= single out) distinguer (from de) **b** (= characterize) caractériser **2** VI ◆ to ~ between truth and fiction distinguer la réalité de la fiction

distinguished [dɪsˈtɪŋgwɪʃt] ADJ [person] distingué ; [career, history] brillant

distinguishing [dɪsˈtɪŋgwɪʃɪŋ] ADJ distinctif ◆ ~ mark caractéristique f ; (on passport) signe m particulier

distort [dɪsˈtɔːt] **1** VT déformer **2** VI [face] se crisper

distorted [dɪsˈtɔːtɪd] ADJ **a** [object, image, sound] déformé **b** (= biased) [report, impression] faux (fausse f)

distract [dɪsˈtrækt] VT [+ person] distraire ; (= interrupt) déranger ◆ to ~ sb's attention détourner l'attention de qn

distracted [dɪsˈtræktɪd] ADJ égaré

distraction [dɪsˈtrækʃ*ə*n] N **a** (= lack of attention) distraction f **b** (= interruption: to work) interruption f **c** (= entertainment) distraction f **d** (= madness) folie f ◆ to drive sb to ~ rendre qn fou

distraught [dɪsˈtrɔːt] ADJ éperdu (with, from de)

distress [dɪsˈtres] **1** N **a** (physical) douleur f ; (mental) détresse f **b** (= danger) détresse f ◆ in ~ [of ship] en perdition ; [of plane] en détresse ▸ **distress signal** signal m de détresse **2** VT affliger

distressed [dɪsˈtrest] ADJ (= upset) peiné (by par, de)

distressing [dɪsˈtresɪŋ] ADJ pénible

distribute [dɪsˈtrɪbjuːt] VT (= hand out) distribuer ; (= spread evenly) répartir

distribution [dɪstrɪˈbjuːʃ*ə*n] N [of food, supplies, newspaper] distribution f ; [of resources, wealth, power] répartition f

distributor [dɪsˈtrɪbjutə*r*] N (Commerce) concessionnaire mf ; [of films] distributeur m

district [ˈdɪstrɪkt] N [of country] région f ; (in town) quartier m ; (= administrative area) district m ▸ **district attorney** (US) ≈ procureur m ▸ **district council** (Brit) ≈ conseil m général ▸ **district nurse** infirmière f à domicile

distrust [dɪsˈtrʌst] **1** VT se méfier de **2** N méfiance f

distrustful [dɪsˈtrʌstfʊl] ADJ méfiant

disturb [dɪsˈtɜːb] VT **a** (= inconvenience) déranger ◆ "do not ~" "ne pas déranger" **b** (= upset) [+ person] troubler ; [+ silence, balance] rompre ; [+ sleep, rest, atmosphere, water] troubler ; [+ papers, evidence] déranger

disturbance [dɪsˈtɜːb*ə*ns] N (political, social) troubles mpl ; (in house, street) tapage m

disturbed [dɪsˈtɜːbd] ADJ **a** (= mentally ill) perturbé **b** (= concerned) inquiet (-ète f) (about au sujet de) **c** (= unsettled) [night, sleep] troublé

disturbing [dɪsˈtɜːbɪŋ] ADJ (= alarming) troublant ; (= distracting) gênant

disuse [dɪsˈjuːs] N désuétude f ◆ to fall into ~ tomber en désuétude

disused [dɪsˈjuːzd] ADJ désaffecté

ditch [dɪtʃ] **1** N (by roadside, between fields) fossé m ; (for irrigation) rigole f **2** VT (* = get rid of) [+ lover] plaquer * ; [+ car] abandonner

dither * [ˈdɪðə*r*] VI hésiter

ditto [ˈdɪtəʊ] ADV idem

divan [dɪˈvæn] N divan m

dive [daɪv] **1** N [of swimmer, goalkeeper] plongeon m ; [of submarine, deep-sea diver] plongée f ; [of aircraft] piqué m **2** VI [diver, submarine] plonger ; [aircraft] piquer ◆ he ~d under the table il s'est jeté sous la table
▸ **dive in** VI **a** [diver] plonger **b** (= start to eat) ◆ ~ in ! * attaquez ! *

diver [ˈdaɪvə*r*] N (= person) plongeur m ; (also deep-sea diver) scaphandrier m

diverge [daɪˈvɜːdʒ] VI diverger

diverse [daɪˈvɜːs] ADJ divers

diversify [daɪˈvɜːsɪfaɪ] **1** VT diversifier **2** VI se diversifier

diversion [daɪˈvɜːʃ*ə*n] N **a** (Brit) [of traffic] déviation f ; [of ship] déroutement m ; [of profits, stream] détournement m **b** (= relaxation) distraction f **c** ◆ to create a ~ (to distract attention) faire diversion

diversity [daɪˈvɜːsɪtɪ] N diversité f

divert [daɪˈvɜːt] VT **a** (gen) détourner ; [+ train, plane, ship] dérouter ; (Brit) [+ traffic] dévier **b** (= amuse) divertir

divide [dɪˈvaɪd] **1** VT diviser (into en) ◆ to ~ one's time between partager son temps entre ◆ they ~d it (up) among themselves ils se le sont partagé **2** VI se diviser ; [road] bifurquer
▸ **divide up** VT SEP ⇒ **divide**

divided [dɪˈvaɪdɪd] ADJ **a** (= in two parts) divisé **b** (= in disagreement) divisé ; [opinion] partagé

dividend ['dividend] N dividende *m*

divine [di'vain] ADJ divin

diving ['daiviŋ] N (underwater) plongée *f* sous-marine ; (from diving board) plongeon *m* ▶ **diving board** plongeoir *m* ; (= springboard) tremplin *m* ▶ **diving suit** scaphandre *m*

divinity [di'viniti] N (= god) divinité *f* ; (= theology) théologie *f*

divisible [di'vizəbl] ADJ divisible

division [di'viʒən] N division *f*

divorce [di'vɔ:s] **1** N divorce *m* (from d'avec) **2** VT divorcer d'avec **3** VI divorcer

divorcee [di,vɔ:'si:] N divorcé(e) *m(f)*

divulge [dai'vʌldʒ] VT divulguer

DIY [di:ai'wai] (Brit) (abbrev of **do-it-yourself**) bricolage *m*

dizzy ['dizi] ADJ **a** [person] pris de vertige ◆ **to feel ~** avoir la tête qui tourne ◆ **a ~ spell** un vertige **b** [height] vertigineux **c** [person] (= scatterbrained) écervelé

DJ [di:'dʒei] N (abbrev of **disc jockey**) DJ *m*

DNA [,di:en'ei] N (abbrev of **deoxyribonucleic acid**) ADN *m* ▶ **DNA test** test *m* ADN

 do¹ [du:]

1 AUX VB **a** (in questions and negatives) ◆ **do you understand ?** (est-ce que) vous comprenez ? ◆ **I don't understand** je ne comprends pas ◆ **don't worry!** ne t'en fais pas !

b (in question tags) ◆ **you know him, don't you ?** vous le connaissez, n'est-ce pas ? ◆ **he didn't go, did he?** il n'y est pas allé, n'est-ce pas) ? ◆ **(so) you know him, you do?** alors comme ça vous le connaissez ?

c (in short responses) ◆ **they speak French – oh, do they?** ils parlent français – ah oui ? ◆ **who broke the mirror? – I did** qui a cassé la glace ? – moi ◆ **shall I ring her again? – no, don't!** est-ce que je la rappelle ? – surtout pas ! ◆ **do you see them often? – yes, I do** vous les voyez souvent ? – oui ◆ **did you see him? – no I didn't** est-ce que tu l'as vu ? – non

d (substitute for another verb) ◆ **he's always saying he'll stop smoking, but he never does** il dit toujours qu'il va s'arrêter de fumer mais il ne le fait pas ◆ **you drive faster than I do** tu conduis plus vite que moi

e (used for emphasis) ◆ **DO come !** venez donc ! ◆ **I DO wish I could come with you** je voudrais tant pouvoir vous accompagner ◆ **but I DO like pasta!** mais si j'aime bien les pâtes !

2 VT **a** (gen) faire ◆ **what are you doing?** qu'est-ce que tu fais ? ◆ **what do you do (for a living)?** que faites-vous dans la vie ? ◆ **to do the cooking** faire la cuisine ◆ **the car was doing 100mph** la voiture faisait du 160 km/h

◆ **to do one's hair** se coiffer ◆ **to do one's teeth** se laver les dents

b (= cook) faire ; (= peel) éplucher ◆ **I like steak well done** j'aime le bifteck bien cuit

c (= suffice) aller à ◆ **will a kilo do you?** un kilo, ça ira ? ◆ **that will do me nicely** ça ira très bien

d (Brit = cheat) * avoir * ◆ **you've been done** tu t'es fait avoir *

e (set structures) ◆ **there's nothing I can do about it** je ne peux rien y faire ◆ **he's been badly done by** on s'est très mal conduit avec lui ◆ **what are we going to do for money?** comment allons-nous faire pour trouver de l'argent ? ◆ **what can I do for you?** qu'est-ce que je peux faire pour vous ? ◆ **could you do something for me?** est-ce que tu peux me rendre un service ? ◆ **what are you doing to that poor cat?** qu'est-ce que tu es en train de faire à ce pauvre chat ? ◆ **what have you done with my gloves?** qu'as-tu fait de mes gants ? ◆ **he didn't know what to do with himself** il ne savait pas à quel saint se vouer ◆ **what has that got to do with it?** qu'est-ce que ça a à voir ? ◆ **they say crime has nothing to do with unemployment** ils prétendent que la criminalité n'a rien à voir avec le chômage ◆ **that has nothing to do with it!** cela n'a aucun rapport ! ◆ **that has nothing to do with you!** ça ne vous regarde pas ! ◆ **I won't have anything to do with it** je ne veux pas m'en mêler

3 VI **a** (= act) faire ◆ **do as I say** fais ce que je dis ◆ **you would do well to rest more** vous feriez bien de vous reposer davantage ◆ **he did right to go** il a bien fait d'y aller

b (= get on) aller ; (as regards health) se porter ◆ **how are you doing?** comment ça va ? ◆ **how's he doing?** comment va-t-il ? ◆ **how do you do?** (on being introduced) enchanté (de faire votre connaissance) ◆ **he's doing well at school** il a de bons résultats à l'école ◆ **the roses are doing well this year** les roses sont belles cette année

c (= finish) terminer ◆ **have you done?** vous avez terminé ?

d (= suit) aller ◆ **this room will do** cette chambre fera l'affaire ◆ **that will do for the moment** ça ira pour le moment ◆ **this coat will do as a blanket** ce manteau peut servir de couverture

e (= be sufficient) suffire ◆ **three bottles of wine should do** trois bouteilles de vin devraient suffire

4 N (Brit) fête *f*

5 dos NPL ◆ **the dos and don'ts** ce qu'il faut faire ou ne pas faire

▶ **do away with** VT INSEP (= get rid of) [+ law, controls] abolir ; [+ nuclear weapons] démanteler ; [+ subsidies] supprimer

▶ **do out of** * VT SEP ◆ **to do sb out of £100** arnaquer * qn de 100 livres ◆ **to do sb out of a job** piquer son travail à qn

► **do over** VT SEP (* = redo, redecorate) refaire

► **do up** **1** VI [dress, jacket] se fermer **2** VT SEP **a** (= fasten) [+ buttons] boutonner ; [+ zip, dress] fermer ; [+ shoes] lacer **b** (= parcel together) emballer ◆ **to do up a parcel** faire un paquet **c** (* = renovate) [+ house, room] refaire

► **do without** **1** VT INSEP se passer de **2** VI ◆ **we had to do without** on a dû se serrer la ceinture

do² [dəʊ] N (Mus) do m

doable * ['duːəbl] ADJ faisable

Doberman ['dəʊbəmən] N (also **Doberman pinscher**) doberman m

docile ['dəʊsaɪl] ADJ docile

dock [dɒk] **1** N **a** (for ships) dock m **b** (Brit: in court) banc m des accusés **2** VT **a** [+ ship] mettre à quai ; [+ spacecraft] arrimer **b** (Brit) [+ wages] faire une retenue sur **3** VI [ship] arriver à quai ; [spacecraft] s'arrimer (with à)

docker ['dɒkər] N (Brit) docker m

dockyard ['dɒkjɑːd] N chantier m naval

doctor ['dɒktər] **1** N **a** médecin m ◆ **he/she is a ~** il/elle est médecin ◆ **Doctor Allan** le docteur Allan **b** (= person with PhD) docteur m **2** VT [+ wine, food, figures] trafiquer *

doctorate ['dɒktərɪt] N doctorat m

doctrine ['dɒktrɪn] N doctrine f

document ['dɒkjʊmənt] N document m

documentary [,dɒkjʊ'mentəri] ADJ, N documentaire m

doddle * ['dɒdl] N (Brit) ◆ **it's a ~** c'est simple comme bonjour *

dodge [dɒdʒ] **1** N (Brit = trick) * truc * m **2** VT [+ blow, question, work] esquiver ; [+ pursuer] échapper à ; [+ tax] éviter de payer

dodgems ['dɒdʒəmz] NPL (Brit) autos fpl tamponneuses

dodgy * ['dɒdʒi] ADJ (Brit) **a** (= uncertain) risqué **b** (= suspicious) louche *

doe [dəʊ] N (= deer) biche f ; (= rabbit) lapine f

does [dʌz] VB (3rd pers sg pres of do)

doesn't ['dʌznt] (abbrev of does not) → **do**

dog [dɒg] **1** N chien(ne) m(f) ; (= male animal) mâle m ► **dog collar** (lit) collier m de chien ; (clergyman's) col m de pasteur ► **dog-eared** écorné ► **dog-tired** crevé * **2** VT (= harass) harceler ◆ **~ged by ill fortune** poursuivi par la malchance

dogfood ['dɒgfuːd] N nourriture f pour chiens

dogged ['dɒgɪd] ADJ [person, character] tenace ; [courage, determination, refusal] obstiné ; [resistance, battle] acharné

doggy * ['dɒgi] N (baby talk) toutou * m ► **doggy bag** * petit sac pour emporter les restes après un repas au restaurant

dogma ['dɒgmə] N dogme m

dogmatic [dɒg'mætɪk] ADJ dogmatique

dogsbody * ['dɒgzbɒdi] N (Brit) ◆ **she's the general ~** c'est la bonne à tout faire

doh [dəʊ] N (Mus) do m

doily ['dɔɪli] N napperon m

doing ['duːɪŋ] N ◆ **this is your ~** c'est vous qui avez fait cela ◆ **that takes some ~** ce n'est pas facile

do-it-yourself ['duːɪtjə'self] **1** N bricolage m **2** ADJ [shop] de bricolage ◆ **~ enthusiast** bricoleur m, -euse f

doldrums ['dɒldrəmz] NPL ◆ **to be in the ~** [person] traverser une mauvaise passe ; [business, company] être dans le marasme

dole [dəʊl] N allocation f de chômage ◆ **to go on the ~** (Brit) s'inscrire au chômage

► **dole out** VT SEP distribuer

doll [dɒl] N poupée f ► **doll's house** maison f de poupée

dollar ['dɒlər] N dollar m ► **dollar bill** billet m d'un dollar ► **dollar sign** signe m du dollar

dollop ['dɒləp] N [of cream, jam] bonne cuillerée f

dolphin ['dɒlfɪn] N dauphin m

domain [dəʊ'meɪn] N domaine m

dome [dəʊm] N dôme m

domestic [də'mestɪk] ADJ **a** (= household) domestique ; [fuel] à usage domestique ◆ **~ chores** les tâches fpl ménagères ► **domestic appliance** appareil m ménager ► **domestic science** arts mpl ménagers **b** (= not foreign) intérieur (-eure f)

domesticated [də'mestɪkeɪtɪd] ADJ [animal] domestiqué

dominant ['dɒmɪnənt] ADJ dominant

dominate ['dɒmɪneɪt] VTI dominer

domination [,dɒmɪ'neɪʃən] N domination f

domineering [,dɒmɪ'nɪərɪŋ] ADJ autoritaire

dominion [də'mɪnɪən] N **a** (= domination) domination f (over sur) **b** (= territory) territoire m

domino ['dɒmɪnəʊ] N (pl **~es**) domino m ◆ **to play ~es** jouer aux dominos

don [dɒn] **1** N (Brit = university teacher) professeur mf d'université (surtout à Oxford et à Cambridge) **2** VT [+ garment] revêtir

donate [dəʊ'neɪt] VT donner

donation [dəʊ'neɪʃən] N (= gift) don m

done [dʌn] **1** VB (ptp of do) ◆ what's ~ cannot be undone ce qui est fait est fait ◆ that's just not ~! cela ne se fait pas ! ◆ ~! (concluding deal) marché conclu ! **2** ADJ **a** ◆ the ~ thing ce qui se fait **b** (= cooked) cuit ◆ well ~ [meat] à point

donkey ['dɒŋkɪ] N âne m ◆ she hasn't been here for ~'s years* : (Brit) il y a une éternité qu'elle n'est pas venue ici ◆ the ~-work le gros du travail

donor ['dəʊnə r] N (to charity) donateur m, -trice f ; [of blood, organ for transplant] donneur m, -euse f

don't [dəʊnt] **1** VB (abbrev of do not) → **do** **2** don'ts NPL choses fpl à ne pas faire

donut ['dəʊnʌt] N (US) beignet m

doodle ['du:dl] **1** VI griffonner **2** N griffonnage m

doom [du:m] N (= ruin) ruine f ; (= fate) destin m

doomed [du:md] ADJ [attempt, relationship, project] voué à l'échec ◆ to be ~ to do sth être condamné à faire qch ◆ to be ~ to failure être voué à l'échec

door [dɔː r] N (gen) porte f ; [of vehicle] portière f ◆ out of ~s dehors ▸ door-knocker heurtoir m ▸ door-to-door salesman vendeur m à domicile

doorbell ['dɔːbel] N sonnette f

doorknob ['dɔːnɒb] N poignée f de porte

doorman ['dɔːmən] N (pl -men) [of hotel] portier m

doormat ['dɔːmæt] N paillasson m

doorstep ['dɔːstep] N seuil m

doorway ['dɔːweɪ] N porte f

dope [dəʊp] **1** N * (= drugs) dope f ; (for athlete, horse) dopant m ▸ dope test test m antidopage **2** VT [+ horse, person] doper ; [+ food, drink] mettre une drogue dans

dormant ['dɔːmənt] ADJ [volcano, passion] endormi

dormice ['dɔːmaɪs] NPL of **dormouse**

dormitory ['dɔːmɪtrɪ] N dortoir m ; (US: for students) résidence f universitaire

dormouse ['dɔːmaʊs] N (pl -mice) loir m

dosage ['dəʊsɪdʒ] N (= amount) dose f ; (on medicine bottle) posologie f

dose [dəʊs] N dose f ◆ to give sb a ~ of his own medicine rendre à qn la monnaie de sa pièce ◆ to have a ~ of flu avoir une bonne grippe *

dossier ['dɒsɪeɪ] N dossier m

dot [dɒt] **1** N point m ; (on material) pois m ◆ they arrived on the ~ of 9pm ils sont arrivés à 9 heures pile **2** VT ◆ a field ~ted with flowers un champ parsemé de fleurs ◆ hotels ~ted around the island des hôtels éparpillés dans l'île

dote on ['dəʊtɒn] VT INSEP [+ person] adorer

dotted line [ˌdɒtɪd'laɪn] N ligne f pointillée

double ['dʌbl] **1** ADJ **a** double ◆ a ~ whisky un double whisky ◆ to have ~ standards faire deux poids, deux mesures ▸ double act duo m ▸ double agent agent m double ▸ double bass contrebasse f ▸ double-breasted [jacket] croisé ▸ double chin double menton m ▸ double cream (Brit) crème f fraîche épaisse ▸ double-cross* VT doubler * ◊ N traîtrise f ▸ double-decker (= bus) autobus m à impériale ▸ double glazing (Brit) double vitrage m **b** (= for two people) pour deux personnes ◆ a ~ ticket un billet pour deux personnes ▸ double bed lit m à deux places ▸ double bedroom chambre f pour deux personnes ; (in hotel) chambre f double **c** (with numbers, letters) double ◆ ~ oh seven (= 007) zéro zéro sept ◆ ~ three four seven (= 3347: in phone number) trente-trois quarante-sept ◆ my name is Bell, B E ~ L mon nom est Bell, B, E, deux L **2** ADV **a** (= twice) deux fois ◆ to cost/pay ~ coûter/payer le double **b** (= in two) [fold, bend] en deux ◆ to see ~ voir double **3** N **a** double m ◆ at the ~ au pas de course **b** (= identical person) sosie m **c** (= double bedroom) chambre f double **4** doubles NPL (Tennis) double m ◆ ladies'/men's/mixed ~s double m dames/messieurs/mixte **5** VTI doubler

▸ **double back** VI [person] revenir sur ses pas

▸ **double up** VI (= bend over sharply) se plier ◆ to ~ up with laughter se tordre de rire

double-check [ˌdʌblˈtʃek] VTI revérifier

double-click [ˌdʌblˈklɪk] **1** VI doublecliquer **2** VT double-cliquer sur

doubly ['dʌblɪ] ADV doublement

doubt [daʊt] **1** N doute m ◆ to have one's ~s about sth avoir des doutes sur qch ◆ I have no ~s about it je n'en doute pas ◆ there is no ~ that ... il n'y a pas de doute que ... + indic ◆ he'll come without any ~ il viendra sûrement ◆ no ~ sans doute ◆ without a ~ sans aucun doute ◆ beyond ~ [prove] de façon indubitable ◆ if in ~ en cas de doute **2** VT ◆ to ~ sb/sth douter de qn/qch ◆ I ~ it j'en doute ◆ to ~ whether/that/ if ... douter que ... ◆ I ~ he will come je doute qu'il vienne

doubtful ['daʊtfʊl] ADJ **a** (= unconvinced) peu convaincu ◆ to be ~ of sth douter de qch ◆ to be ~ about sb/sth avoir des doutes sur qn/qch ◆ to be ~ about doing sth hésiter à faire qch **b** (= questionable) douteux

doubtless ['daʊtlɪs] ADV sans doute

dough [dəʊ] N **a** pâte f **b** (* = money) fric * m

doughnut ['dəʊnʌt] N beignet m

dour ['dʊə r] ADJ austère

douse [daʊs] VT **a** (= drench) tremper **b** (= extinguish) éteindre

dove [dʌv] N colombe f

Dover ['dəʊvə^r] N Douvres

dowdy ['daʊdɪ] ADJ [clothes, person] ringard *

down¹ [daʊn]

1 ADV **a** (= to lower level) en bas ; (= down to the ground) par terre ◆ **down!** (to a dog) couché ! ◆ **down with traitors!** à bas les traîtres ! ◆ **to come** or **go down** descendre ◆ **to fall down** tomber (à terre) ◆ **to run down a hill** descendre une colline en courant

b (= at lower level) en bas ◆ **down there** en bas ◆ **the blinds were down** les stores étaient baissés ◆ **down under** * (= in Australia/New Zealand) en Australie/Nouvelle-Zélande

c (indicating a reduction) ◆ **prices are down on last year's** les prix sont en baisse par rapport à l'année dernière ◆ **the euro is down against the dollar** l'euro est en baisse par rapport au dollar ◆ **I am down on my luck** je suis dans une mauvaise passe ◆ **we are down to our last $5** il ne nous reste plus que 5 dollars

d (in writing) ◆ **I've got it down in my diary** c'est marqué sur mon agenda ◆ **let's get it down on paper** mettons-le par écrit

e (indicating range) ◆ **down to** jusqu'à ◆ **from 1700 down to the present** de 1700 à nos jours ◆ **from the biggest down to the smallest** du plus grand au plus petit

f (indicating responsibility) ◆ **it's down to him to do it** c'est à lui de le faire ◆ **our success is all down to him** (= attributable to) c'est à lui seul que nous devons notre succès

2 PREP **a** (indicating movement to lower level) du haut en bas de ◆ **he went down the hill** il a descendu la colline ◆ **her hair hung down her back** ses cheveux lui tombaient dans le dos ◆ **he ran his eye down the list** il a parcouru la liste des yeux

b (= at a lower part of) ◆ **she lives down the street** elle habite plus bas dans la rue ◆ **it's just down the road** c'est tout près

c (= along) le long de ◆ **he was walking down the street** il descendait la rue

3 ADJ ◆ **to be down** (= depressed) avoir le cafard * ◆ **the computer's down** l'ordinateur est en panne

4 VT ◆ **to down tools** (Brit) (= stop work) cesser le travail ; (= strike) se mettre en grève ◆ **he downed a glass of beer** il a descendu * un verre de bière

5 COMP ▸ **down-and-out** SDF mf ▸ **down-in-the-mouth** * abattu ▸ **down payment** acompte m ▸ **down-to-earth** ◆ **to be down-to-earth** avoir les pieds bien sur terre

down² [daʊn] N (= fluff, feathers) duvet m

downbeat ['daʊn,biːt] ADJ (= gloomy) [person] abattu ; [ending, assessment] pessimiste

downcast ['daʊn,kɑːst] ADJ **a** (= discouraged) démoralisé **b** [eyes] baissé

downfall ['daʊn,fɔːl] N [of person, empire] chute f

downgrade ['daʊn,greɪd] VT [+ employee] rétrograder (dans la hiérarchie) ; [+ work, job] dévaloriser

downhearted [,daʊn'hɑːtɪd] ADJ abattu

downhill ['daʊn'hɪl] **1** ADJ ◆ ~ **skiing** ski m de piste ◆ ~ **competition** (Ski) épreuve f de descente **2** ADV ◆ **to go** ~ [person, vehicle, road] descendre ; (= get worse) [person] être sur la mauvaise pente ; [company] péricliter ; [economy] se dégrader

download ['daʊn,ləʊd] VT télécharger

downmarket ['daʊn,mɑːkɪt] ADJ [goods, car] bas de gamme inv

downpour ['daʊn,pɔː^r] N pluie f torrentielle

downright ['daʊnraɪt] **1** ADV franchement **2** ADJ [refusal] catégorique ◆ **it's a** ~ **lie** il ment effrontément

downside ['daʊn,saɪd] N **a** (US) ◆ ~ **up** sens dessus dessous **b** (= negative aspect) inconvénient m

downsizing ['daʊnsaɪzɪŋ] N [of company] dégraissage m (des effectifs)

Down's syndrome ['daʊnz,sɪndrəʊm] N trisomie f

downstairs ['daʊn'steəz] **1** ADV en bas ; (= to or on floor below) à l'étage du dessous ; (= to or on ground floor) au rez-de-chaussée ◆ **to go** ~ descendre (l'escalier) ◆ **to run** ~ descendre (l'escalier) en courant ◆ **to fall** ~ tomber dans les escaliers **2** ADJ (= on ground floor) du rez-de-chaussée

downstream ['daʊn,striːm] ADJ, ADV en aval

downtown ['daʊn'taʊn] **1** ADV dans le centre ◆ **to go** ~ aller en ville **2** ADJ ◆ ~ **Chicago** le centre de Chicago

downtrodden ['daʊn,trɒdən] ADJ opprimé

downward ['daʊnwəd] **1** ADJ [movement] vers le bas ◆ **a** ~ **trend** une tendance à la baisse **2** ADV ⇒ **downwards**

downwards ['daʊnwədz] ADV [go] vers le bas ◆ **place the card face** ~ posez la carte face en dessous

dowry ['daʊrɪ] N dot f

doze [dəʊz] **1** N somme m **2** VI sommeiller ▸ **doze off** VI s'assoupir

dozen ['dʌzn] N douzaine f ◆ **a** ~ **shirts** une douzaine de chemises ◆ **half a** ~ une demi-douzaine ◆ ~**s of times** des dizaines de fois

Dr ['dɒktə^r] (abbrev of **Doctor**) Dr

drab [dræb] ADJ [colour] morne ; [clothes, surroundings, existence] terne

draft [drɑːft] **1** N **a** (= outline) avant-projet m ; [of letter, essay] brouillon m **b** (for money) traite f **c** (US = conscript intake) contingent m ► **draft dodger** (US) insoumis m **d** (US) ⇒ **draught 2** VT **a** [+ letter] faire le brouillon de ; [+ speech] préparer **b** (US) [+ conscript] appeler (sous les drapeaux)

draftsman ['drɑːftsmən] N (pl **-men**) (US) dessinateur m industriel

drafty ['drɑːftɪ] ADJ (US) ⇒ **draughty**

drag [dræg] **1** N **a** * (= tiresome person) raseur * m, -euse * f ; (= tiresome thing) * corvée f ◆ **what a ~!** quelle barbe ! * **b** (* = pull on cigarette) taffe * f **c** (= cross-dressing) ◆ **a man in ~** un homme habillé en femme ; (= transvestite) un travesti ► **drag artist** travesti m **d** (US = street) ◆ **the main ~** la grand-rue **2** VI (= go slowly) traîner **3** VT **a** [+ person, object] traîner ◆ **he ~ged her out of the car** il l'a tirée de la voiture ◆ **to ~ one's feet** traîner les pieds **b** [+ river, lake] draguer (for à la recherche de) **c** (= involve) ◆ **don't ~ me into your affairs !** ne me mêle pas à tes histoires !
► **drag along** VT SEP [+ person] (to meeting, concert) entraîner (à contrecœur)
► **drag away** VT SEP arracher (from à)
► **drag on** VI [meeting, conflict] traîner en longueur
► **drag out** **1** VI [meeting, conflict] traîner en longueur **2** VT SEP [+ discussion] faire traîner

dragon ['drægən] N dragon m

dragonfly ['drægənflaɪ] N libellule f

drain [dreɪn] **1** N (in town) égout m ; (in house) canalisation f ◆ **to go down the ~** (fail) tomber à l'eau * ◆ **it's a ~ on our resources** cela épuise nos ressources **2** VT [+ land, marshes] drainer ; [+ vegetables, dishes] égoutter ; [+ reservoir, glass, drink] vider ; (= exhaust) épuiser **3** VI [liquid] s'écouler ► **draining board** égouttoir m

drainage ['dreɪnɪdʒ] N (= act of draining) drainage m ; (= system of drains) (on land) système m de drainage ; [of town] système m d'égouts

drainboard ['dreɪnbɔːd] N (US) égouttoir m

drainer ['dreɪnər] N égouttoir m

drainpipe ['dreɪnpaɪp] N tuyau m d'écoulement

drama ['drɑːmə] N **a** (= theatre) théâtre m ; (= play) pièce f de théâtre ► **drama school** école f d'art dramatique **b** (= catastrophe) drame m

dramatic [drə'mætɪk] ADJ **a** [art] dramatique **b** (= marked) [fall, change, increase, effect] spectaculaire

dramatically [drə'mætɪkəlɪ] ADV [change, improve, increase, affect] de façon spectaculaire ; [different, effective, successful] extraordinairement

dramatist ['dræmətɪst] N auteur m dramatique

dramatize ['dræmətaɪz] VT **a** [+ novel] adapter pour la scène (or pour le cinéma or pour la télévision) **b** (= exaggerate) dramatiser

drank [dræŋk] VB (pt of drink)

drape [dreɪp] **1** VT draper (with de) ; [+ room, altar] tendre (with de) **2** **drapes** NPL (US = curtains) rideaux mpl

drastic ['dræstɪk] ADJ [reform, measures, reduction] drastique ; [remedy, surgery, change] radical ; [consequences, decline] dramatique

drastically ['dræstɪkəlɪ] ADV [cut, increase, reduce] considérablement ; [change, improve] [different] radicalement

draught, draft (US) [drɑːft] N **a** (= breeze) courant m d'air **b** ◆ **beer on ~** bière f à la pression **c** (Brit) ◆ **(game of) ~s** (jeu m de) dames fpl **d** (= rough sketch) ⇒ **draft**

draughtboard ['drɑːftbɔːd] N (Brit) damier m

draughtproof ['drɑːftpruːf] **1** ADJ calfeutré **2** VT calfeutrer

draughtsman ['drɑːftsmən] N (pl **-men**) dessinateur m industriel

draughty, drafty (US) ['drɑːftɪ] ADJ [room] plein de courants d'air

draw [drɔː] (pret **drew**, ptp **drawn**) **1** VT **a** (= pull) [+ object] tirer ◆ **to ~ the curtains** tirer les rideaux ◆ **he drew her close to him** il l'a attirée contre lui **b** (= pull behind) tracter **c** (= extract) [+ cork] enlever ◆ **to ~ one's gun** dégainer son pistolet **d** [+ water] (from tap) tirer (de) ; (from well) puiser (from dans) ◆ **the stone hit him and drew blood** la pierre l'a frappé et l'a fait saigner ◆ **to ~ a card** tirer une carte ◆ **to ~ strength from sth** puiser des forces dans qch ◆ **to ~ comfort from sth** trouver un réconfort dans qch **e** [+ pension, salary] toucher **f** (= attract) [+ attention, customer, crowd] attirer ◆ **to feel ~n to sb** se sentir attiré par qn **g** [+ picture] dessiner ; [+ plan, line, circle] tracer ◆ **it's hard to know where to ~ the line** (fig) il est difficile de savoir jusqu'où on peut aller **h** (= bring) ◆ **to ~ sth to a close** mettre fin à qch **i** (= make) [+ conclusion] tirer ; [+ comparison, parallel, distinction] établir **2** VI **a** (= move) ◆ **to ~ to one side** s'écarter ◆ **the train drew into the station** le train est entré en gare ◆ **the car drew over to the hard shoulder** la voiture s'est rangée sur le bas-côté ◆ **he drew ahead of the other runners** il s'est détaché des autres coureurs ◆ **the two horses drew level** les deux chevaux sont arrivés à la même hauteur ◆ **to ~ near** [person] s'approcher (to de) ; [time, event] approcher

◆ to ~ nearer (to) s'approcher un peu plus (de)
◆ to ~ to a close toucher à sa fin **b** (= be equal)
[two teams] faire match nul ; (in competitions)
être ex æquo *inv* **c** (= do drawing) dessiner **3** N
a (= lottery) loterie *f* ; (to choose teams, winners)
tirage *m* au sort **b** (Sport) match *m* nul **c**
(= attraction) attraction *f*
► **draw apart** VI s'éloigner l'un de l'autre
► **draw aside 1** VI [people] s'écarter **2** VT
SEP [+ person] prendre à part
► **draw away** VI **a** [person] s'écarter ; [car]
s'éloigner ◆ to ~ away from the kerb
s'éloigner du trottoir **b** (= move ahead) [runner,
racehorse] se détacher
► **draw back 1** VI (= move backwards) reculer **2** VT SEP **a** [+ person] faire reculer ; [+ object, one's hand] retirer
► **draw in 1** VI **a** (in car) s'arrêter **b** (Brit
= get shorter) ◆ the days are ~ing in les jours
raccourcissent **2** VT SEP **a** [+ air] aspirer **b**
[+ crowds] attirer **c** (= pull in) rentrer
► **draw on 1** VI [time] avancer **2** VT INSEP
◆ to ~ on one's savings prendre sur ses
économies
► **draw out 1** VI (= become longer) ◆ the
days are ~ing out les jours rallongent **2** VT
SEP **a** (= bring out) [+ handkerchief, purse] sortir
(from de) ; [+ money] (from bank) retirer (from
à, de) **b** (= prolong) prolonger
► **draw up 1** VI (in car) s'arrêter **2** VT SEP
a [+ chair] approcher ◆ to ~ o.s. up to one's
full height se dresser de toute sa hauteur **b**
[+ inventory, list] dresser ; [+ contract, agreement]
établir ; [+ plan] élaborer ; [+ report] rédiger

drawback ['drɔːbæk] N (= disadvantage) inconvénient *m* (to à)

drawbridge ['drɔːbrɪdʒ] N pont-levis *m*

drawer [drɔːʳ] N [of furniture] tiroir *m*

drawing ['drɔːɪŋ] N dessin *m* ▶ **drawing board**
planche *f* à dessin ▶ **drawing pin** (Brit) punaise *f*
▶ **drawing room** salon *m*

drawl [drɔːl] **1** VT dire d'une voix traînante
2 N voix *f* traînante

drawn [drɔːn] **1** VB (ptp of **draw**) **2** ADJ **a**
[curtains] tiré **b** [sword] dégainé **c** [features]
tiré ; [person, face] aux traits tirés

drawstring ['drɔːstrɪŋ] N cordon *m*

dread [dred] **1** VT redouter ◆ to ~ doing sth
redouter de faire qch **2** N terreur *f*

dreadful ['dredful] ADJ (gen) affreux ; [food]
épouvantable ; [film, book] lamentable ◆ I feel
~! (= ill) je ne me sens pas bien du tout ! ;
(= guilty) je m'en veux !

dreadfully ['dredfəlɪ] ADV **a** (= badly) [behave,
treat sb] de façon abominable ; [suffer] horriblement **b** (= very) [boring, late] horriblement
◆ I'm ~ sorry je suis terriblement désolé

dream [driːm] (vb : pret, ptp **dreamed** or
dreamt) **1** N rêve *m* ◆ **sweet ~s!** fais de
beaux rêves ! ◆ **it was like a ~ come true**
c'était le rêve ◆ **everything went like a ~** * tout
s'est merveilleusement bien passé **2** ADJ ◆ **a ~
house** une maison de rêve ◆ **he lives in a ~
world** il est complètement détaché des réalités
3 VI (in sleep) rêver (of, about de) ; (when
awake) rêvasser ; (= imagine, envisage) songer
(of à) ◆ **I wouldn't ~ of making fun of you** il
ne me viendrait jamais à l'idée de me moquer
de vous **4** VT (in sleep) rêver ; (= imagine)
imaginer
► **dream up** * VT SEP [+ idea] imaginer

dreamer ['driːməʳ] N rêveur *m*, -euse *f*

dreamt [dremt] VB (pt, ptp of **dream**)

dreary ['drɪərɪ] ADJ [place, landscape] morne ;
[job, work, life] monotone ; [day, person] ennuyeux ; [weather] maussade

dredge [dredʒ] VTI draguer

dregs [dregz] NPL [of wine] lie *f* ◆ **the ~ of
society** la lie de la société

drench [drentʃ] VT tremper ◆ **we got absolutely ~ed** on a été complètement trempés

dress [dres] **1** N **a** (= woman's garment) robe *f*
b (= clothing) tenue *f* ▶ **dress rehearsal** répétition *f* générale **2** VT **a** [+ person] habiller ◆ **to
get ~ed** s'habiller **b** [+ salad] assaisonner ; [+ chicken, crab] préparer **c** [+ wound]
panser **3** VI s'habiller
► **dress up 1** VI (= put on smart clothes) bien
s'habiller ; (= put on fancy dress) se déguiser (as
en) **2** VT SEP (= disguise) déguiser (as en)

dressed [drest] ADJ habillé ◆ **well-~** bien habillé ◆ **~ in a suit/in white** vêtu d'un
costume/de blanc ◆ **to be all ~ up** * être sur
son trente et un *

dresser ['dresəʳ] N buffet *m*

dressing ['dresɪŋ] **1** N **a** (= seasoning) assaisonnement *m* ◆ **oil and vinegar ~** vinaigrette *f*
b (for wound) pansement *m* **2** COMP ▶ **dressing
gown** (Brit) robe *f* de chambre ; (made of
towelling) peignoir *m* ▶ **dressing room** (Theatre)
loge *f* ; (US: in shop) cabine *f* d'essayage
▶ **dressing table** coiffeuse *f*

dressmaker ['dresmeɪkəʳ] N couturière *f*

drew [druː] VB (pt of **draw**)

dribble ['drɪbl] VI **a** [liquid] tomber goutte à
goutte ; [baby] baver **b** (Sport) dribbler

dried [draɪd] **1** VB (pt, ptp of **dry**) **2** ADJ
[flowers, vegetables] séché ; [eggs, milk] en poudre ; [fruit] sec (sèche *f*)

drier ['draɪəʳ] N ⇒ **dryer**

drift [drɪft] **1** VI (on sea, river) dériver ; (in
wind/current) être emporté (par le vent/le courant) ; [snow, sand] s'amonceler ◆ to ~ away/

out/back [person] partir/sortir/revenir d'une allure nonchalante ◆ **to let things ~** laisser les choses aller à la dérive **2** N **a** [of fallen snow] congère *f* **b** (= deviation) dérive *f* **c** (= meaning) sens *m* général

► **drift apart** VI s'éloigner l'un de l'autre

► **drift off** VI (= fall asleep) se laisser gagner par le sommeil

driftwood ['drɪftwʊd] N bois *m (trouvé sur une plage)*

drill [drɪl] **1** N **a** (for DIY) perceuse *f* ; (for roads) marteau-piqueur *m* ; [of dentist] roulette *f* **b** (= exercises) exercices *m* **2** VT (gen) percer ; [+ tooth] fraiser ; [+ oil well] forer **3** VI (for oil) forer (for pour trouver)

drink [drɪŋk] (vb : pret **drank**, ptp **drunk**) **1** N **a** (gen) boisson *f* ◆ **to give sb a ~** donner à boire à qn **b** (= glass of beer, wine etc) verre *m* ◆ **let's have a ~** allons prendre un verre **c** (= alcohol) alcool *m* ► **drink-driving** (Brit) conduite *f* en état d'ivresse **2** VTI boire ◆ **to ~ to sb/to sb's success** boire à qn/au succès de qn

drinkable ['drɪŋkəbl] ADJ (= not poisonous) potable ; (= palatable) buvable

drinker ['drɪŋkə^r] N buveur *m*, -euse *f* ◆ **to be a heavy ~** boire beaucoup

drinking ['drɪŋkɪŋ] N ◆ **he wasn't used to ~** il n'avait pas l'habitude de boire ► **drinking chocolate** chocolat *m* en poudre ► **drinking fountain** (in street, office) fontaine *f* d'eau potable ► **drinking water** eau *f* potable

drip [drɪp] **1** VI [water, sweat, rain] dégouliner ; [tap] goutter ; [washing] s'égoutter ; [hair, trees] ruisseler (with de) **2** VT [+ liquid] laisser tomber goutte à goutte ◆ **you're ~ping paint all over the place** tu mets de la peinture partout **3** N **a** (= drop) goutte *f* **b** (Med) goutte-à-goutte *m* ◆ **to be on a ~** être sous perfusion **c** (* = spineless person) lavette * *f*

drip-dry [drɪp,draɪ] ADJ qui ne nécessite aucun repassage

dripping ['drɪpɪŋ] **1** N **a** (= fat) graisse *f* (de rôti) **b** [of sweat] égouttement *m* **2** ADJ **a** [tap, gutter] qui goutte **b** (also **dripping wet**) trempé

drive [draɪv] (vb : pret **drove**, ptp **driven**) **1** N **a** (= car journey) trajet *m* en voiture ◆ **to go for a ~** faire une promenade en voiture **b** (= private road) allée *f* **c** (Golf) drive *m* ; (Tennis) coup *m* droit **d** (= energy) énergie *f* **e** (= campaign) campagne *f* **f** (in computer) unité *f* de disques **2** VT **a** [+ car, train] conduire ; [+ racing car] piloter ◆ **to ~ sb home** ramener qn en voiture **b** (= chase) [+ people, animals] pousser (devant soi) ◆ **to ~ sb out of the country** chasser qn du pays ◆ **to ~ sb hard** surcharger qn de travail ◆ **to ~ sb mad** rendre qn fou ◆ **to ~ sb to despair** réduire qn au désespoir ◆ **to ~ sb to do sth** pousser qn à faire qch **c** [+ ma-

chine] [person] actionner ; [steam] faire fonctionner **d** (Golf, Tennis) driver **3** VI (= be the driver) conduire ; (= go by car) aller en voiture ◆ **to ~ on the right** rouler à droite

► **drive at** VT INSEP (= intend, mean) vouloir dire ◆ **what are you driving at?** où voulez-vous en venir ?

► **drive away 1** VI [car] démarrer ; [person] s'en aller en voiture **2** VT SEP chasser

► **drive back 1** VI [car] revenir ; [person] rentrer en voiture **2** VT **a** (= cause to retreat) refouler **b** (= take back) ramener (en voiture)

► **drive in 1** VI [car] entrer ; [person] entrer (en voiture) **2** VT SEP [+ nail] enfoncer

► **drive off 1** VI [car] démarrer ; [person] s'en aller en voiture **2** VT SEP chasser

► **drive out 1** VI [car] sortir ; [person] sortir (en voiture) **2** VT SEP [+ person] faire sortir

drivel * ['drɪvl] N bêtises *fpl*

driven ['drɪvn] VB (ptp of **drive**)

driver ['draɪvə^r] N [of car] conducteur *m*, -trice *f* ; [of taxi, truck, bus] chauffeur *m* ; [of racing car] pilote *mf* ► **driver's license** (US) permis *m* de conduire

driveway ['draɪvweɪ] N allée *f*

driving ['draɪvɪŋ] **1** N conduite *f* ► **driving instructor** moniteur *m*, -trice *f* d'auto-école ► **driving lesson** leçon *f* de conduite ► **driving licence** (Brit) permis *m* de conduire ► **driving school** auto-école *f* ► **driving seat** place *f* du conducteur ◆ **to be in the ~ seat** (in car) être au volant ; (= be in control) être aux commandes ► **driving test** examen *m* du permis de conduire ◆ **to pass/fail one's ~ test** avoir/rater son permis (de conduire) **2** ADJ **a** [necessity] impérieux ; [ambition] sans bornes, démesuré **b** [rain] battant

drizzle ['drɪzl] **1** N bruine *f* **2** VI bruiner

droll [drəʊl] ADJ drôle

drone [drəʊn] N **a** (= bee) faux-bourdon *m* **b** (= sound) [of bees] bourdonnement *m* ; [of engine, aircraft] ronronnement *m* ; (louder) vrombissement *m*

► **drone on** VI (= speak monotonously) faire de longs discours ; (= speak for a long time) parler pendant des heures et des heures

drool [dru:l] VI baver

droop [dru:p] VI [shoulders] tomber ; [head] pencher ; [eyelids] s'abaisser ; [flowers] piquer du nez

drop [drɒp] **1** N **a** [of liquid] goutte *f* ◆ **~ by ~** goutte à goutte **b** (= fall : in temperature, prices) baisse *f* (in de) **c** (= difference in level) dénivellation *f* ; (= abyss) précipice *m* ◆ **a sheer ~** une descente à pic **2** VT **a** (= let fall) laisser tomber ; (= release, let go) lâcher ; (by pararchute) parachuter ; [+ bomb] lancer ; [+ one's trousers] baisser ; [+ car passenger] déposer **b** ◆ to ~ sb a line écrire un mot à qn **c** (= abandon) [+ habit, idea, plan] renoncer à ; [+ work, school subject] abandonner ; [+ TV programme, scene from play] supprimer ; [+ friend, girlfriend, boyfriend] laisser tomber ◆ to ~ everything tout laisser tomber ◆ to ~ sb from a team écarter qn d'une équipe ◆ let's ~ the subject n'en parlons plus **3** VI **a** [object, liquid] tomber **b** (= decrease) baisser ; [wind] tomber

► **drop behind** VI (in race) se laisser distancer ; (in work) prendre du retard

► **drop by** VI passer

► **drop down** VI tomber

► **drop in** ◆ to ~ in on sb passer voir qn ◆ to ~ in at the grocer's passer chez l'épicier

► **drop off 1** VI **a** (= fall asleep) s'endormir **b** [leaves] tomber ; [sales, interest] diminuer **2** VT SEP [+ passenger] déposer

► **drop out** VI [contents] tomber ; (from college) abandonner ses études ◆ to ~ out of a competition se retirer d'une compétition

dropout ['drɒpaʊt] N (from society) marginal(e) m(f) ; (from college) étudiant(e) m(f) qui abandonne ses études

droppings ['drɒpɪŋz] NPL [of bird] fiente f ; [of animal] crottes fpl

drought [draʊt] N sécheresse f

drove [drəʊv] **1** VB (pt of drive) **2** N ◆ in ~s en foule

drown [draʊn] **1** VI se noyer **2** VT [+ person, animal] noyer

► **drown out** VT SEP [+ voice, sound] couvrir

drowsy ['draʊzɪ] ADJ [person, smile, look] somnolent ; [voice] ensommeillé ◆ to feel ~ avoir envie de dormir

drudgery ['drʌdʒərɪ] N corvée f

drug [drʌg] **1** N (= narcotic) drogue f ; (= medicine) médicament m ◆ to be on ~s (illegal) se droguer ; (as medication) prendre des médicaments (for contre) ► **drug abuse** usage m de stupéfiants ► **drug addict** toxicomane mf ► **drug dealer, drug peddler** revendeur m, -euse f de drogue ► **drug(s) test** contrôle m antidopage ► **drug trafficking** trafic m de drogue ► **drug user** consommateur m de drogue **2** VT [+ person] droguer

drugstore ['drʌgstɔːʳ] N (US) drugstore m

drum [drʌm] **1** N **a** (= instrument) tambour m ◆ the ~s la batterie ► **drum kit** batterie f ► **drum machine** boîte f à rythme ► **b** (for oil) bidon m ; (= cylinder) tambour m **2** VT ◆ to ~ one's fingers on the table tambouriner sur la table ◆ to ~ sth into sb seriner qch à qn

► **drum up** VT SEP [+ enthusiasm, support] susciter ; [+ supporters] battre le rappel de ; [+ customers] racoler ◆ to ~ up business attirer la clientèle

drummer ['drʌməʳ] N (in orchestra) percussionniste mf ; (in band, rock group) batteur m

drumstick ['drʌmstɪk] N **a** (for drum) baguette f de tambour **b** [of chicken, turkey] pilon m

drunk [drʌŋk] **1** VB (ptp of drink) **2** ADJ ivre ◆ to get ~ (on champagne) se soûler * (au champagne) ◆ ~ with or on success/power grisé par le succès/pouvoir ► **drunk driver** conducteur m, -trice f en état d'ivresse ► **drunk driving** conduite f en état d'ivresse **3** N (* = person) ivrogne mf

drunkard ['drʌŋkəd] N ivrogne mf

drunken ['drʌŋkən] ADJ **a** [person] (= habitually) ivrogne ; (= on one occasion) ivre **b** [quarrel, brawl] d'ivrogne(s) ; [state] d'ivresse

dry [draɪ] **1** ADJ **a** (gen) sec (sèche f) ◆ on ~ land sur la terre ferme ◆ to keep sth ~ tenir qch au sec ◆ as ~ as a bone complètement sec ◆ a ~ day un jour sans pluie ► **dry-clean** nettoyer à sec ◆ to have a dress ~-cleaned donner une robe à nettoyer ► **dry-cleaner** teinturier m ► **dry-roasted** [peanuts] grillé à sec ► **dry rot** pourriture f sèche (du bois) **b** (= dried-up) [riverbed, lake] à sec ; [spring, river] tari ◆ to run ~ [river] s'assécher ; [well] tarir ; [resources] s'épuiser **c** [humour, wit, person] pince-sans-rire inv **d** (= dull) [book, speech] aride **2** VT sécher ◆ to ~ o.s. se sécher ◆ to ~ the dishes essuyer la vaisselle **3** VI sécher

► **dry off, dry out** VI, VT SEP sécher

► **dry up** VI **a** [stream, well] se dessécher, (se) tarir ; [moisture] s'évaporer ; [source of supply, inspiration] se tarir **b** (= dry the dishes) essuyer la vaisselle

dryer ['draɪəʳ] N (for hands) sèche-mains m inv ; (for clothes) sèche-linge m inv ; (for hair) sèche-cheveux m inv

DSS [diːesˈes] N (Brit) (abbrev of **Department of Social Security**) ≈ ministère m des Affaires sociales

DTI [diːtiːˈaɪ] N (Brit Admin) (abbrev of **Department of Trade and Industry**) ≈ ministère m de l'Industrie

DTP [ˌdiːtiːˈpiː] N (abbrev of **desktop publishing**) PAO f

dual ['djʊəl] ADJ double ► **dual carriageway** (Brit) route f à quatre voies ► **dual-purpose** à usage mixte

dub [dʌb] VT **a** (= nickname) surnommer **b** [+ film] doubler

dubious ['dju:bɪəs] ADJ **a** [claim, reputation, quality] douteux ; [privilege, pleasure] discutable **b** (= unsure) ♦ **to be ~ about sth** douter de qch

duchess ['dʌtʃɪs] N duchesse f

duck [dʌk] **1** N (= bird) canard m **2** VI (= duck down) se baisser vivement ; (in fight) esquiver un coup **3** VT **a** ♦ **to ~ sb** pousser qn sous l'eau **b** [+ one's head] baisser vivement ; [+ blow, question] esquiver ; [+ responsibility, decision] se dérober à

duckling ['dʌklɪŋ] N caneton m ; (female) canette f

duct [dʌkt] N canalisation f ; (Anat) canal m

dud * [dʌd] ADJ (= defective) qui foire * ; (= worthless) [cheque] en bois * ; [film, student, performance] nul (nulle f) ; (= counterfeit) faux (fausse f)

dude * [d(j)u:d] N (US) (= man) type * m

due [dju:] **1** ADJ **a** (= expected) ♦ **to be ~ in** [train, ferry, plane] devoir arriver ♦ **to be ~ out** [magazine, record, film] devoir sortir ♦ **when is the baby ~?** quand doit naître le bébé ? **b** (= payable) [sum, money] dû (due f) **c** (= owed) ♦ **I am ~ six days' holiday** on me doit six jours de congé ♦ **she is ~ for promotion** (= will be promoted) elle doit être promue ; (= should be promoted) elle devrait être promue **d** (= proper) ♦ **after ~ consideration** après mûre réflexion ♦ **with all ~ respect** sauf votre respect ♦ **in ~ course** (= when the time is ripe) en temps utile ; (= in the long run) à la longue **e** ♦ **~ to** (= because of) à cause de ; (= thanks to) grâce à ; (= caused by) dû à **2** ADV ♦ **~ north/south** plein nord/sud (of par rapport à) **3** N ♦ **to give sb his ~** rendre justice à qn **4** dues NPL (= fees) cotisation f

duel ['djʊəl] N duel m

duet [dju:'et] N duo m

duffel bag ['dʌfl,bæg] N sac m marin

duffel coat ['dʌfl,kəʊt] N duffel-coat m

dug [dʌg] VB (pt, ptp of dig)

duke [dju:k] N duc m

dull [dʌl] **1** ADJ **a** (= boring) ennuyeux ; [place] morne ; [food] quelconque ; [style] terne **b** [light, glow] faible ; [colour, eyes, hair] terne **c** [weather, day] maussade **c** [pain, sound, feeling] sourd **d** (also **dull-witted**) borné **e** (= blunt) émoussé **2** VT [+ blade, appetite, senses] émousser ; [+ mind] engourdir ; [+ pain, grief, impression] atténuer ; [+ sound] assourdir ; [+ colour] ternir

duly ['dju:lɪ] ADV **a** (= properly) dûment **b** (= suitably) à juste titre

dumb [dʌm] ADJ **a** (= unable to speak) muet **b** (* = stupid) stupide

dumbfounded [dʌm'faʊndɪd] ADJ sidéré

dummy ['dʌmɪ] **1** N **a** (= sham) objet m factice ; (= model) mannequin m ; [of ventriloquist] marionnette f **b** (Brit = baby's teat) tétine f **c** (* = idiot) imbécile mf **2** ADJ faux (fausse f)

dump [dʌmp] **1** N **a** (= place) décharge f ♦ **to be down in the ~s** * avoir le cafard * **b** (for munitions) dépôt m **c** * (= unpleasant place) trou m perdu * ; (= house, hotel) trou m à rats * **2** VT **a** [+ rubbish] déposer ; [+ sand, bricks] décharger ; [+ goods for sale] vendre à bas prix **b** (* = get rid of) [+ thing] bazarder * ; [+ boyfriend, girlfriend] larguer * **c** (Computing) [+ data file] vider

dumpling ['dʌmplɪŋ] N boulette f (de pâte)

dumpy * ['dʌmpɪ] ADJ courtaud

dunce [dʌns] N cancre * m

dune [dju:n] N dune f

dung [dʌŋ] N [of horse] crottin m ; [of cattle] bouse f ; (= manure) fumier m

dungarees [,dʌŋɡə'ri:z] NPL salopette f

dungeon ['dʌndʒən] N cachot m (souterrain)

dungheap ['dʌŋhi:p], **dunghill** ['dʌŋhɪl] N tas m de fumier

Dunkirk [dʌn'kɜ:k] N Dunkerque

duo ['dju:əʊ] N duo m

dupe [dju:p] **1** VT duper **2** N dupe f

duplex ['dju:pleks] ADJ, N duplex m inv

duplicate 1 VT ['dju:plɪkeɪt] [+ document, key] faire un double de ; [+ film] faire un contretype de ; (on machine) [+ document] polycopier ; [+ action] répéter exactement **2** N ['dju:plɪkɪt] [of document, key] double m **3** ADJ ['dju:plɪkɪt] [copy] en double

durable ['djʊərəbl] ADJ durable

duration [djʊə'reɪʃən] N durée f

duress [djʊə'res] N contrainte f ♦ **under ~** sous la contrainte

Durex ® ['djʊəreks] N (pl inv) préservatif m

during ['djʊərɪŋ] PREP pendant

dusk [dʌsk] N (= twilight) crépuscule m

dusky ['dʌskɪ] ADJ **a** (= dark-skinned) [person] au teint basané ; [complexion] basané **b** [colour] mat ♦ **~ pink** vieux rose inv

dust [dʌst] **1** N poussière f ♦ **dust cloth** (US) chiffon m à poussière ▶ **dust jacket** jaquette f ▶ **dust sheet** housse f (de protection) ▶ **dust storm** tempête f de poussière **2** VT **a** [+ furniture, + room] épousseter ; essuyer la poussière dans **b** (with talc, sugar) saupoudrer (with de) **3** VI épousseter

dustbin ['dʌstbɪn] N (Brit) poubelle f

dustcart ['dʌstkɑ:t] N (Brit) camion m des éboueurs

duster ['dʌstə'] N **a** (Brit) chiffon *m* (à poussière) **b** (US) (= overgarment) blouse *f* ; (= housecoat) robe *f* d'intérieur

dustman ['dʌstmən] N (pl **-men**) (Brit) éboueur *m*

dustpan ['dʌstpæn] N pelle *f* (à poussière)

dusty ['dʌsti] ADJ poussiéreux

Dutch [dʌtʃ] **1** ADJ néerlandais, hollandais **2** N (= language) néerlandais *m* **3** the Dutch NPL les Néerlandais *mpl* **4** ADV ◆ to go ~ * (in restaurant) payer chacun sa part

dutiful ['djuːtɪfʊl] ADJ [child] obéissant ; [husband, wife] dévoué

duty ['djuːtɪ] N **a** (moral, legal) devoir *m* ◆ to do one's ~ faire son devoir (by sb envers qn) **b** ◆ duties (= responsibility) fonctions *fpl* ◆ to take up one's duties entrer en fonction ◆ to be on/off ~ [official] être/ne pas être de service ; [nurse, doctor] être/ne pas être de garde **c** (= tax) taxe *f* ; (at Customs) frais *mpl* de douane ▸ **duty-free** hors taxes ▸ **duty-free shop** boutique *f* hors taxes

duvet ['duːveɪ] N (Brit) couette *f* ▸ **duvet cover** housse *f* de couette

DVD [ˌdiːviːˈdiː] N (abbrev of **digital versatile disc**) DVD *m* ▸ **DVD player** lecteur *m* de DVD

dwarf [dwɔːf] **1** N (pl **~s** or **dwarves**) [dwɔːvz] nain(e) *m(f)* **2** ADJ [tree, star] nain **3** VT [skyscraper, person] écraser (fig)

dwell [dwel] (pret, ptp **dwelt** or **~ed**) VI demeurer

▸ **dwell on** VT INSEP (= think about) ne pouvoir s'empêcher de penser à ; (= talk at length on) s'étendre sur

dwelling ['dwelɪŋ] N résidence *f*

dwelt [dwelt] VB (pt, ptp of **dwell**)

dwindle ['dwɪndl] VI diminuer

dwindling ['dwɪndlɪŋ] ADJ [number, interest, popularity] décroissant ; [resources, supplies, funds] en baisse

dye [daɪ] **1** N (= substance, for hair) teinture *f* ; (= colour) teinte *f* **2** VT teindre ◆ to ~ sth red teindre qch en rouge

dyed [daɪd] ADJ [hair, fabric] teint

dying ['daɪɪŋ] ADJ **a** [person, animal, plant, fire] mourant ; [words, wish] dernier **b** [custom, industry] en train de disparaître

dyke [daɪk] N (= channel) fossé *m* ; (= wall) digue *f* ; (= causeway) chaussée *f*

dynamic [daɪˈnæmɪk] ADJ dynamique

dynamism ['daɪnəmɪzəm] N dynamisme *m*

dynamite ['daɪnəmaɪt] **1** N dynamite *f* **2** VT dynamiter

dynamo ['daɪnəməʊ] N dynamo *f*

dynasty ['dɪnəstɪ] N dynastie *f*

dysentery ['dɪsɪntrɪ] N dysenterie *f*

dyslexia [dɪsˈleksɪə] N dyslexie *f*

dyslexic [dɪsˈleksɪk] ADJ, N dyslexique *mf*

ANGLAIS/
FRANÇAIS

E

E, e [iː] **1** N **a** (Mus) mi *m* **b** (abbrev of *East*) E, est *m* **c** (= mark) ≈ faible **d** (= ecstasy) ♦ E * ecstasy *f* **2** COMP ► **E numbers** (Brit) ≈ additifs *mpl* (alimentaires)

each [iːtʃ] **1** ADJ chaque ♦ **~ day** chaque jour **2** PRON **a** chacun(e) *m(f)* ♦ **~ of the boys** chacun des garçons ♦ **~ of us** chacun(e) *m(f)* de nous ♦ **we gave them one apple ~** nous leur avons donné une pomme chacun ♦ **the bags are $12 ~** les sacs coûtent 12 dollars chaque **b** ♦ **~ other** l'un(e) l'autre *m(f)*, les uns les autres *mpl*, les unes les autres *fpl* ♦ **they love ~ other** ils s'aiment ♦ **they write to ~ other often** ils s'écrivent souvent

eager [ˈiːgəʳ] ADJ [person, buyer] empressé, [volunteer] enthousiaste ♦ **to be ~ for** [+ happiness, power, fame] rechercher avidement ; [+ affection, information] être avide de ; [+ vengeance, knowledge] avoir soif de ♦ **to be ~ to do sth** (= keen) désirer vivement faire qch ; (= impatient) être impatient de faire qch

eagerly [ˈiːgəlɪ] ADV [await] avec impatience ; [say] avec empressement

eagle [ˈiːgl] N aigle *m*

ear [ɪəʳ] N **a** oreille *f* ♦ **to play by ~** (musician) jouer d'oreille ♦ **I'll just play it by ~** je verrai quoi faire le moment venu ♦ **to be up to the ~s in work** * avoir du travail par-dessus la tête ♦ **to be up to the ~s in debt** * être endetté jusqu'au cou ► **ear-splitting** [sound] strident **b** [of grain, plant] épi *m*

earache [ˈɪəreɪk] N mal *m* d'oreille(s) ♦ **to have ~** avoir mal à l'oreille (*or* aux oreilles)

eardrum [ˈɪədrʌm] N tympan *m*

earl [ɜːl] N comte *m*

earlier [ˈɜːlɪə] (compar of **early**) **1** ADJ (= previous) précédent ; (= more early) plus tôt **2** ADV plus tôt ♦ **she had left ten minutes ~** elle était partie dix minutes plus tôt ♦ **~ on** plus tôt

earliest [ˈɜːlɪɪst] (superl of **early**) ◇ ADJ (= first possible) ♦ **the ~ possible date** la première date possible ♦ **at the ~** au plus tôt

earlobe [ˈɪələub] N lobe *m* d'oreille

early [ˈɜːlɪ] **1** ADJ **a** (= near beginning of period) [years, days, film, book] premier ♦ **the ~ hours** les premières heures *fpl* ♦ **in the ~ 90s** au début des années 90 ♦ **in the ~ afternoon** en début d'après-midi ♦ **at an ~ age** (très) jeune ♦ **to be in one's ~ thirties** avoir un peu plus de trente ans **b** (in day) tôt ♦ **I caught an ~ train** j'ai pris un train tôt le matin ♦ **in the ~ evening** tôt dans la soirée **c** (= before expected time) [departure, death] prématuré ; [flowers, crop] précoce ♦ **to be ~** [person, train] être en avance ♦ **I was two hours ~** j'étais deux heures en avance ♦ **too ~** trop tôt ♦ **to be ~ for an appointment** arriver en avance à un rendez-vous ♦ **Easter is ~ this year** Pâques est tôt cette année ♦ **to have an ~ lunch/night** déjeuner/se coucher tôt **2** ADV [start] tôt ; [get up, go to bed, set off] tôt, de bonne heure ; (= before usual time) [arrive, end] en avance ♦ **~ next year** tôt l'année prochaine ♦ **~ today** tôt dans la journée ♦ **too ~** trop tôt ♦ **~ in 1915** au début de 1915 ♦ **~ in the year** au début de l'année ♦ **~ in May** début mai ♦ **in the morning** tôt le matin

earmark [ˈɪəmɑːk] VT [+ object, seat] réserver (for à) ; [+ funds] affecter (for à)

earmuff [ˈɪəmʌf] N cache-oreilles *m inv*

earn [ɜːn] VT gagner ♦ **to ~ one's living** gagner sa vie

earnest [ˈɜːnɪst] **1** ADJ sérieux **2** N ♦ **in earnest** (= properly) véritablement ♦ **this time I am in ~** cette fois je ne plaisante pas

earnestly [ˈɜːnɪstlɪ] ADV [say, look at] avec sérieux ; [discuss, ask] sérieusement

earnings [ˈɜːnɪŋz] NPL [of person] salaire *m* ; [of business] bénéfices *mpl*

earphone [ˈɪəfəun] N écouteur *m*

earpiece [ˈɪəpiːs] N (for personal stereo) écouteur *m*

earplugs [ˈɪəplʌgz] NPL (for sleeping) boules *fpl* Quiès ®

earring [ˈɪərɪŋ] N boucle *f* d'oreille

earshot [ˈɪəʃɒt] N ♦ **out of ~** hors de portée de voix ♦ **within ~** à portée de voix

earth [ɜːθ] **1** N **a** terre *f* ♦ **(the) Earth** la Terre ♦ **where/why/how on ~ ...?** où/pourquoi/comment diable ... ? ► **earth tremor** secousse *f* sismique **b** [of fox, badger] terrier *m* **2** VT (Brit) [+ appliance] mettre à la terre

earthenware [ˈɜːθənwɛəʳ] **1** N poterie *f* **2** ADJ en terre cuite

earthquake ['ɜːθkweɪk] N tremblement *m* de terre

earthworm ['ɜːθwɜːm] N ver *m* de terre

earwig ['ɪəwɪg] N perce-oreille *m*

ease [iːz] **1** N facilité *f* **a life of ~** une vie facile **at ~** à l'aise **not at ~** mal à l'aise **to put sb's mind at ~** tranquilliser qn **2** VT **a** [+ pain, suffering] soulager ; [+ pressure, tension] diminuer ; [+ restrictions] assouplir **b** (= make easier) faciliter **c** (= move gently) **he ~d himself into the chair** il s'est laissé glisser dans le fauteuil **he ~d himself through the gap** il s'est glissé par le trou **3** VI [+ pressure, tension, fighting] diminuer
► **ease off 1** VI [person] (= slow down) ralentir ; (= work less hard) se relâcher ; (= subside) [rain, wind, pain] se calmer ; [pressure, traffic] diminuer **2** VT SEP [+ lid] enlever doucement
► **ease up** VI [person] (= relax) se détendre ; (= make less effort) relâcher ses efforts ; [situation] se détendre

easel ['iːzl] N chevalet *m*

easily ['iːzɪlɪ] ADV **a** (gen) facilement **b** (= very possibly) bien **c** (without doubt) de loin

east [iːst] **1** N est *m* **2** ADJ [coast, wing] est *inv* **~ wind** vent *m* d'est **East London** l'est *m* de Londres ► **East Africa** Afrique *f* orientale ► **the East End** les quartiers *mpl* est de Londres **3** ADV [go, travel, fly] vers l'est **it's ~ of Paris** c'est à l'est de Paris

eastbound ['iːstbaʊnd] ADJ [traffic, vehicles] en direction de l'est ; [carriageway] est *inv*

Easter ['iːstə'] N Pâques *fpl* **at ~** à Pâques **Happy ~!** joyeuses Pâques ! ► **Easter day** jour *m* de Pâques ► **Easter egg** œuf *m* de Pâques

easterly ['iːstəlɪ] ADJ [wind] d'est **in an ~ direction** en direction de l'est

eastern ['iːstən] ADJ est *inv*, de l'est **Eastern Europe** l'Europe *f* de l'est

eastward(s) ['iːstwəd(z)] **1** ADJ en direction de l'est **2** ADV vers l'est

easy ['iːzɪ] **1** ADJ **a** (= not difficult) facile **~ to get on with** facile à vivre **it is ~ for him to do that** il lui est facile de faire cela **b** (= relaxed) [temperament, disposition] placide ; [manners, style] aisé **to feel ~ in one's mind** être tout à fait tranquille ► **easy chair** fauteuil *m* (rembourré) ► **easy-going** [person] facile à vivre ; [attitude] complaisant **2** ADV * **to go ~ on sb/sth** y aller doucement avec qn/qch **to take it ~** (= rest) lever le pied * **take it ~!** (= relax) t'énerve pas ! * **that's easier said than done!** c'est plus facile à dire qu'à faire !

eat [iːt] (pret **ate**, ptp **eaten**) **1** VT manger **to ~ breakfast** prendre son petit déjeuner **to ~**

lunch déjeuner **to ~ dinner** dîner **2** VI manger **we ~ at eight** nous dînons à 20 heures
► **eat away** VT SEP [sea] éroder ; [acid, mice] ronger
► **eat into** VT INSEP [acid] ronger **it's really ~en into our savings** ça a fait un trou dans nos économies
► **eat out** VI aller au restaurant
► **eat up 1** VI **~ up !** mangez ! **2** VT SEP (= finish off) finir **3** VT INSEP [+ resources, profits] absorber ; [+ savings] engloutir

eaten ['iːtn] VB (ptp of **eat**)

eater ['iːtə'] N mangeur *m*, -euse *f*

eating disorder ['iːtɪŋdɪsˌɔːdə'] N troubles *mpl* du comportement alimentaire

eaves ['iːvz] NPL avant-toit(s) *m(pl)*

eavesdrop ['iːvzdrɒp] VI écouter aux portes **to ~ on a conversation** écouter une conversation privée

ebb [eb] **1** N [of tide] reflux *m* **to be at a low ~** [person, business] aller mal **his spirits were at a low ~** il avait le moral à zéro * **2** VI **a** [tide] descendre **b** (also **ebb away**) [enthusiasm] faiblir ; [strength] décliner

ebony ['ebənɪ] **1** N ébène *f* **2** ADJ (also **ebony-coloured**) noir d'ébène ; (= made of ebony) en ébène

e-business [ˌiːˈbɪznɪs] N **a** (= company) entreprise *f* électronique **b** (= commerce) commerce *m* électronique, e-commerce

EC [ˌiːˈsiː] **1** N (abbrev of **European Community**) CE *f* **2** ADJ communautaire

eccentric [ɪkˈsentrɪk] ADJ, N excentrique *mf*

eccentricity [ˌeksənˈtrɪsɪtɪ] N excentricité *f*

echo ['ekəʊ] **1** N (pl **echoes**) écho *m* **2** VT [+ sound] renvoyer **3** VI [sound] (= resonate) retentir ; (= bounce back) faire écho ; [place] renvoyer l'écho

éclair [eɪˈkleə', ɪˈkleə'] N éclair *m*

eclipse [ɪˈklɪps] **1** N éclipse *f* **2** VT éclipser

E-coli [ˌiːˈkəʊlaɪ] N E-coli *m*

ecological [ˌiːkəˈlɒdʒɪkəl] ADJ écologique

ecologist [ɪˈkɒlədʒɪst] N écologiste *mf*

ecology [ɪˈkɒlədʒɪ] N écologie *f*

e-commerce ['iːˌkɒmɜːs] N commerce *m* électronique

economic [ˌiːkəˈnɒmɪk] ADJ (gen) économique ; (= cost-effective) rentable

economical [ˌiːkəˈnɒmɪkəl] ADJ [person] économe ; [method, vehicle, machine] économique ; [style, writing] concis

economics [ˌiːkəˈnɒmɪks] N (= system) économie *f* ; (= subject) sciences *fpl* économiques

economist [ɪˈkɒnəmɪst] N économiste *mf*

economize [ɪˈkɒnəmaɪz] VI économiser

economy [ɪˈkɒnəmɪ] N économie f ▸ **economy class** classe f touriste ▸ **economy size** taille f économique

ecoproduct [ˈiːkəʊprɒdʌkt] N écoproduit m

ecosystem [ˈiːkəʊˌsɪstəm] N écosystème m

eco-tourism [ˌiːkəʊˈtʊərɪzəm] N écotourisme m

ecstasy [ˈekstəsɪ] N **a** (= joy) extase f **b** (= drug) ecstasy f

ecstatic [eksˈtætɪk] ADJ [crowd] en délire ; [welcome] enthousiaste ◆ **to be ~ about sth** être follement heureux de qch

Ecuador [ˈekwədɔːʳ] N Équateur m

eczema [ˈeksɪmə] N eczéma m

eddy [ˈedɪ] **1** N tourbillon m **2** VI [smoke, leaves, dust] tourbillonner ; [people] tournoyer ; [water] faire des tourbillons

edge [edʒ] **1** N **a** (gen) bord m ; [of coin] tranche f ; [of cube, brick] arête f ; [of knife] tranchant m ; [of forest] lisière f ◆ **on the ~ of the town** à la périphérie de la ville **b** (= advantage) ◆ **to have the ~ on** avoir un (léger) avantage sur **c** ◆ **he's on ~** il est énervé ◆ **my nerves are all on ~** j'ai les nerfs à vif **2** VT **a** (= put a border on) border (with de) **b** (= move) ◆ **to ~ one's chair nearer the door** rapprocher sa chaise tout doucement de la porte **3** VI se glisser ◆ **to ~ into** se glisser dans ◆ **to ~ forward** avancer petit à petit

edgeways [ˈedʒweɪz], **edgewise** [ˈedʒwaɪz] ADV de côté ◆ **I couldn't get a word in ~** * je n'ai pas réussi à placer un mot

edgy [ˈedʒɪ] ADJ nerveux

edible [ˈedɪbl] ADJ **a** (= not poisonous) comestible **b** (= not disgusting) mangeable

edict [ˈiːdɪkt] N décret m

Edinburgh [ˈedɪnbərə] N Édimbourg

edit [ˈedɪt] VT [+ text, author, file] éditer ; [+ newspaper, magazine] être le rédacteur (or la rédactrice) en chef de ; [+ radio or TV programme] réaliser ; [+ film, tape] monter ; (= cut) couper

edition [ɪˈdɪʃən] N édition f

editor [ˈedɪtəʳ] N **a** (running newspaper or magazine) rédacteur m, -trice f en chef ◆ **sports ~** journaliste m/f sportif (-ive) **b** [of writer, text, anthology] directeur m, -trice f de la publication **c** [of radio or TV programme] réalisateur m, -trice f **d** [of film] monteur m, -euse f

editorial [ˌedɪˈtɔːrɪəl] **1** ADJ [meeting, staff] de la rédaction ; [control, decision, policy] éditorial **2** N éditorial m

educate [ˈedjʊkeɪt] VT [+ family, children] éduquer ; [+ the mind, one's tastes] former ◆ **to be ~d at** faire ses études à

educated [ˈedjʊkeɪtɪd] **1** VB (ptp of **educate**) **2** ADJ (= cultured) cultivé ; (= learned, trained) instruit ; [palate, ear] averti

education [ˌedjʊˈkeɪʃən] N (general concept) éducation f ; (= teaching) enseignement m ◆ **primary/secondary ~** enseignement m primaire/secondaire

educational [ˌedjʊˈkeɪʃənl] ADJ [system, needs, toy] éducatif ; [establishment] d'enseignement ; [standards] de l'enseignement ; [method, material] pédagogique

EEC [ˌiːiːˈsiː] N (abbrev of **European Economic Community**) CEE f

eel [iːl] N anguille f

eerie, eery [ˈɪərɪ] ADJ sinistre

efface [ɪˈfeɪs] VT effacer

effect [ɪˈfekt] **1** N (gen) effet m ; [of wind, chemical, drug] action f ◆ **to come into ~** [law] prendre effet ; [policy] être appliqué ◆ **to have an ~ on** avoir un effet sur qch ◆ **to take ~** [drug] agir ; [law] prendre effet ◆ **to no ~** en vain ◆ **to use to good ~** savoir tirer avantage de ◆ **he said it just for ~** il ne l'a dit que pour faire de l'effet ◆ **in ~** de fait **2** VT (gen) effectuer ; [+ cure] obtenir ; [+ improvement] apporter ; [+ reconciliation, reunion] amener

effective [ɪˈfektɪv] ADJ **a** (= successful) efficace (in doing sth pour faire qch) **b** (= actual) [control] effectif ; [leader] véritable **c** (= operative) [law, ceasefire, insurance cover] en vigueur (from à compter de, à partir de)

effectively [ɪˈfektɪvlɪ] ADV **a** (= successfully) efficacement **b** (= in effect) en réalité

effectiveness [ɪˈfektɪvnɪs] N efficacité f

effeminate [ɪˈfemɪnɪt] ADJ efféminé

effervescent [ˌefəˈvesnt] ADJ effervescent

efficiency [ɪˈfɪʃənsɪ] N efficacité f

efficient [ɪˈfɪʃənt] ADJ efficace

efficiently [ɪˈfɪʃəntlɪ] ADV efficacement

effigy [ˈefɪdʒɪ] N effigie f

effort [ˈefət] N effort m ◆ **it's not worth the ~** cela n'en vaut pas la peine ◆ **to make an ~ to do sth** s'efforcer de faire qch ◆ **to make every ~ to do sth** faire tout son possible pour faire qch ◆ **he made no ~ to be polite** il ne s'est pas donné la peine d'être poli

effortless [ˈefətlɪs] ADJ [movement, style] fluide ; [success, victory] facile ; [charm, elegance, skill, superiority] naturel

effortlessly [ˈefətlɪslɪ] ADV sans effort

effusive [ɪˈfjuːsɪv] ADJ [thanks, welcome] chaleureux ; [praise] enthousiaste ; [person] expansif

EFL [ˌiːefˈel] N (abbrev of **English as a Foreign Language**) anglais m langue étrangère

eg, e.g. [ˌiːˈdʒiː] ADV (= for example) par ex.

egalitarian [ɪˌɡælɪˈtɛərɪən] **1** N égalitariste *mf* **2** ADJ [person] égalitariste ; [society, policy] égalitaire

egg [eɡ] N œuf *m* ► **~s and bacon** œufs *mpl* au bacon ► **egg-timer** (sand) sablier *m* ; (automatic) minuteur *m* ► **egg whisk** fouet *m* ► **egg white** blanc *m* d'œuf ► **egg yolk** jaune *m* d'œuf
► **egg on** VT SEP pousser (to do sth à faire qch)

eggbeater [ˈeɡbiːtəʳ] N (rotary) batteur *m* (à œufs) ; (whisk) fouet *m*

eggcup [ˈeɡkʌp] N coquetier *m*

eggplant [ˈeɡplɑːnt] N (US) aubergine *f*

eggshell [ˈeɡʃel] N coquille *f* (d'œuf)

ego [ˈiːɡəʊ] N (= pride) amour-propre *m*

egocentric [egəʊˈsentrɪk] ADJ égocentrique

egotism [ˈeɡəʊtɪzəm] N égotisme *m*

egotist [ˈeɡəʊtɪst] N égotiste *mf*

egotistic(al) [egəʊˈtɪstɪk(əl)] ADJ égotiste

Egypt [ˈiːdʒɪpt] N Égypte *f*

Egyptian [ɪˈdʒɪpʃən] **1** ADJ égyptien **2** N Égyptien(ne) *m(f)*

eiderdown [ˈaɪdədaʊn] N (= quilt) édredon *m*

eight [eɪt] NUMBER huit *m inv* ; for other phrases see **six**

eighteen [eɪˈtiːn] NUMBER dix-huit *m inv* ; for other phrases see **sixteen**

eighteenth [eɪˈtiːnθ] ADJ, N dix-huitième *mf* ; for other phrases see **sixth**

eighth [eɪtθ] **1** ADJ huitième **2** N huitième *mf* ; (= fraction) huitième *m* ; for other phrases see **sixth**

eightieth [ˈeɪtɪəθ] ADJ, N quatre-vingtième *mf* ; for phrases see **sixth**

eighty [ˈeɪtɪ] NUMBER quatre-vingts *m inv* ► **~-one** quatre-vingt-un ► **~-first** quatre-vingt-unième ► **page ~** la page quatre-vingt ; for other phrases see **sixty**

Eire [ˈɛərə] N République *f* d'Irlande, Eire *f*

---

either [ˈaɪðəʳ, ˈiːðəʳ]

1 ADJ **a** (= one or other) l'un(e) ou l'autre ► **I don't like ~ book** je n'aime ni l'un ni l'autre de ces livres
b (= each) chaque ► **on ~ side of the street** de chaque côté de la rue
2 PRON n'importe lequel (laquelle *f*) ► **I don't believe ~ of them** je ne les crois ni l'un ni l'autre
3 ADV (after neg statement) non plus ► **his singing is hopeless and he can't act ~** il chante mal et il ne sait pas jouer non plus

---

4 CONJ ► **~ ... or** ou (bien) ... ou (bien), soit ... soit ► **it fails to be ~ funny or exciting** ce n'est ni amusant ni intéressant

---

ejaculate [ɪˈdʒækjʊleɪt] VTI éjaculer

eject [ɪˈdʒekt] **1** VT éjecter ; [+ tenant, trouble-maker] expulser **2** VI [pilot] s'éjecter

eke [iːk] VT ► **to ~ out** (by adding) augmenter ; (by saving) économiser

elaborate **1** ADJ [ɪˈlæbərɪt] (gen) élaboré ; [costume, style] recherché ; [excuse, plan] compliqué **2** VT [ɪˈlæbəreɪt] élaborer **3** VI donner des précisions

elapse [ɪˈlæps] VI s'écouler

elastic [ɪˈlæstɪk] ADJ, N élastique *m* ► **elastic band** (Brit) élastique *m*

elasticated [ɪˈlæstɪkeɪtɪd] ADJ (Brit) élastiqué

Elastoplast ® [ɪˈlæstəplɑːst] N (Brit) sparadrap *m*

elated [ɪˈleɪtɪd] ADJ transporté de joie

elation [ɪˈleɪʃən] N allégresse *f*

elbow [ˈelbəʊ] **1** N coude *m* ► **to lean on one's ~** s'appuyer sur le coude ► **to have enough ~ room** avoir de la place pour se retourner ; (fig) avoir les coudées franches **2** VT ► **to ~ sb aside** écarter qn du coude ; (fig) jouer des coudes pour écarter qn ► **he ~ed his way to the front** il a joué des coudes pour arriver devant

elder [ˈeldəʳ] **1** ADJ aîné *m* (de deux) **2** N **a** (= older person) aîné(e) *m(f)* **b** [of tribe, Church] ► **~s** anciens *mpl* **c** (= tree) sureau *m*

elderberry [ˈeldəberɪ] N baie *f* de sureau

elderly [ˈeldəlɪ] **1** ADJ [person] âgé **2** **the elderly** NPL les personnes *fpl* âgées

eldest [ˈeldɪst] ADJ aîné(e) *m(f)* (de plusieurs)

elect [ɪˈlekt] VT **a** (by vote) élire **b** (= choose) ► **to ~ to do sth** décider de faire qch

election [ɪˈlekʃən] N élection *f* ► **election campaign** campagne *f* électorale

electoral [ɪˈlektərəl] ADJ électoral ► **electoral register, electoral roll** liste *f* électorale

electorate [ɪˈlektərɪt] N électorat *m*

electric [ɪˈlektrɪk] ADJ électrique ► **electric blanket** couverture *f* chauffante ► **electric chair** chaise *f* électrique ► **electric fence** clôture *f* électrifiée ► **electric fire, electric heater** (Brit) radiateur *m* électrique ► **electric shock** décharge *f* électrique

electrical [ɪˈlektrɪkəl] ADJ électrique ► **electrical engineer** ingénieur *m* électricien ► **electrical fault** défaut *m* du circuit électrique

electrician [ɪlekˈtrɪʃən] N électricien(ne) *m(f)*

electricity [ɪlek'trɪsətɪ] N électricité *f* ▶ **electricity board** (Brit) office *m* régional de l'électricité

electrify [ɪ'lektrɪfaɪ] VT **a** (= make electric) électrifier **b** [+ audience] électriser

electrifying [ɪ'lektrɪfaɪɪŋ] ADJ électrisant

electrocardiogram [ɪ,lektrəʊ'kɑːdɪəgræm] N électrocardiogramme *m*

electrocute [ɪ'lektrəkjuːt] VT électrocuter

electrocution [ɪ,lektrə'kjuːʃən] N électrocution *f*

electrode [ɪ'lektrəʊd] N électrode *f*

electron [ɪ'lektrɒn] N électron *m*

electronic [ɪlek'trɒnɪk] ADJ électronique

electronically [ɪlek'trɒnɪkəlɪ] ADV électroniquement

electronics [ɪlek'trɒnɪks] N électronique *f*

elegance ['elɪgəns] N élégance *f*

elegant ['elɪgənt] ADJ élégant

element ['elɪmənt] **1** N **a** (gen) élément *m* ◆ **to be in one's ~** être dans son élément ◆ **an ~ of danger/truth** une part de danger/de vérité **b** [of heater, kettle] résistance *f* **2 the elements** NPL (= weather) les éléments *mpl*

elementary [,elɪ'mentərɪ] ADJ élémentaire

elephant ['elɪfənt] N éléphant *m*

elevate ['elɪveɪt] VT élever

elevator ['elɪveɪtəʳ] N **a** (US = lift) ascenseur *m* ; (= hoist) monte-charge *m inv* **b** (US = silo) silo *m*

eleven [ɪ'levn] NUMBER onze *m inv* ; for other phrases see **six**

elevenses * [ɪ'levnzɪz] NPL (Brit) ≈ pause-café *f* *(dans la matinée)*

eleventh [ɪ'levnθ] ADJ, N onzième *mf* ; for other phrases see **sixth**

elf [elf] N (pl **elves**) elfe *m*

elicit [ɪ'lɪsɪt] VT [+ reply, explanation, information] obtenir (from de) ; [+ reaction] susciter (from de la part de) ; [+ admission, promise] arracher (from à)

eligible ['elɪdʒəbl] ADJ (for membership) éligible (for à) ◆ **to be ~ for benefit** avoir droit à une allocation

eliminate [ɪ'lɪmɪneɪt] VT (gen) éliminer ; [+ possibility] écarter

elimination [ɪ,lɪmɪ'neɪʃən] N élimination *f*

elite [ɪ'liːt] **1** N (= select group) élite *f* **2** ADJ [group] d'élite ; [school, university] prestigieux

elitist [ɪ'liːtɪst] ADJ, N élitiste *mf*

elk [elk] N élan *m*

elm [elm] N orme *m*

elocution [,elə'kjuːʃən] N élocution *f*

elongated [,iːlɒŋ'geɪtɪd] ADJ allongé

elope [ɪ'ləʊp] VI s'enfuir

eloquent ['eləkwənt] ADJ éloquent

🔑 **else** [els]

ADV d'autre ◆ **not much ~** pas grand-chose d'autre ◆ **what ~?** quoi d'autre ? ◆ **what ~ could I do?** que pouvais-je faire d'autre ? ◆ **who ~?** qui d'autre ? ◆ **anybody ~ would have been satisfied** n'importe qui d'autre aurait été content ◆ **is there anybody ~ there?** y a-t-il quelqu'un d'autre ? ◆ **did you go anywhere ~?** es-tu allé ailleurs ? ◆ **you won't find this flower anywhere ~** vous ne trouverez cette fleur nulle part ailleurs ◆ **do you want anything ~?** voulez-vous autre chose ? ◆ **have you anything ~ to say?** avez-vous quelque chose à ajouter ? ◆ **nobody ~, no one ~** personne d'autre ◆ **nothing ~** rien d'autre ◆ **nowhere ~** nulle part ailleurs ◆ **somebody ~, someone ~** quelqu'un d'autre ◆ **something ~** autre chose ◆ **she is something ~ *** elle est vraiment fantastique ◆ **someplace ~** (US) ailleurs ◆ **somewhere ~** ailleurs ◆ **or ~** sinon

elsewhere [,els'weəʳ] ADV ailleurs

ELT [,iːel'tiː] N (abbrev of **English Language Teaching**) enseignement *m* de l'anglais

elude [ɪ'luːd] VT échapper à

elusive [ɪ'luːsɪv] ADJ [person] difficile à joindre ; [happiness] insaisissable ; [quality] indéfinissable ; [goal, success] difficile à atteindre

elves [elvz] NPL of **elf**

emaciated [ɪ'meɪsɪeɪtɪd] ADJ [person, face] émacié ; [limb] décharné

e-mail ['iːmeɪl] **1** N (abbrev of **electronic mail**) e-mail *m*, courrier *m* électronique **2** VT ◆ **to ~ sb** envoyer un courrier électronique *or* un e-mail à qn

emanate ['emaneɪt] VI émaner (from de)

emancipate [ɪ'mænsɪpeɪt] VT [+ women] émanciper ; [+ slaves] affranchir

embankment [ɪm'bæŋkmənt] N [of railway line, road] talus *m* ; [of canal] digue *f* ; [of river] berge *f*

embargo [ɪm'bɑːgəʊ] N (pl **embargoes**) embargo *m*

embark [ɪm'bɑːk] VTI embarquer
▶ **embark on** VT INSEP [+ journey] commencer ; [+ undertaking, explanation] se lancer dans

embarkation [,embɑː'keɪʃən] N embarquement *m* ▶ **embarkation card** carte *f* d'embarquement

embarrass [ɪm'bærəs] VT embarrasser

embarrassed [ɪmˈbærəst] ADJ embarrassé ◆ I feel ~ about it cela me gêne

embarrassing [ɪmˈbærəsɪŋ] ADJ embarrassant

embarrassment [ɪmˈbærəsmənt] N embarras m (at devant) ◆ her son is an ~ to her son fils est une source d'embarras pour elle

embassy [ˈembəsɪ] N ambassade f

embed [ɪmˈbed] VT ◆ to become ~ded in sth [hook, nail] s'enfoncer dans qch

embellish [ɪmˈbelɪʃ] VT (= adorn) embellir ; [+ account] enjoliver ◆ to ~ sth with orner qch de

ember [ˈembər] N charbon m ardent ◆ the ~s la braise

embezzle [ɪmˈbezl] 1 VT détourner 2 VI détourner des fonds

embezzlement [ɪmˈbezlmənt] N détournement m de fonds

embittered [ɪmˈbɪtəd] ADJ aigri

emblem [ˈembləm] N emblème m

embody [ɪmˈbɒdɪ] VT a [+ spirit, quality] incarner b (= include) [+ ideas] résumer ; [work] renfermer

embossed [ɪmˈbɒst] ADJ [letters, design] en relief ; [paper, wallpaper, card] gaufré ; [writing paper] à en-tête en relief ; [metal] (with stamp) estampé ; (with tool) repoussé

embrace [ɪmˈbreɪs] 1 VT (= hug) étreindre ; (= accept, include) embrasser 2 VI s'étreindre 3 N étreinte f

embroider [ɪmˈbrɔɪdər] 1 VT broder ; (fig) enjoliver 2 VI faire de la broderie

embroidery [ɪmˈbrɔɪdərɪ] N broderie f

embryo [ˈembrɪəʊ] N embryon m

emcee [ˈemˈsiː] (US) (abbrev of **master of ceremonies**) N maître m de cérémonies ; (in show) animateur m

emerald [ˈemərəld] 1 N (= stone) émeraude f ; (= colour) (vert m) émeraude m 2 ADJ [necklace, ring] d'émeraudes ; (also **emerald green**) émeraude inv

emerge [ɪˈmɜːdʒ] VI émerger ◆ it ~d that ... il est apparu que ... ◆ to ~ as ... se révéler (être) ...

emergency [ɪˈmɜːdʒənsɪ] N urgence f ◆ in case of ~ en cas d'urgence ► **emergency exit** issue f de secours ► **emergency landing** atterrissage m forcé ► **emergency powers** pouvoirs mpl spéciaux ► **emergency room** (US) salle f des urgences ► **emergency services** services mpl d'urgence ► **emergency ward** salle f des urgences

emery board [ˈeməribɔːd] N lime f à ongles

emigrant [ˈemɪgrənt] N (just leaving) émigrant(e) m(f) ; (established) émigré(e) m(f)

emigrate [ˈemɪgreɪt] VI émigrer

eminent [ˈemɪnənt] ADJ éminent

emit [ɪˈmɪt] VT émettre

emotion [ɪˈməʊʃən] N émotion f

emotional [ɪˈməʊʃənl] ADJ a (= psychological) [problem, development] affectif ; [state] émotionnel b (= emotive) ◆ it is an ~ issue cette question soulève les passions c (= full of emotion) [person] émotif ; (on specific occasion) ému ; [experience, event] chargé d'émotion

emperor [ˈempərər] N empereur m

emphasis [ˈemfəsɪs] N (in word, phrase) accentuation f ◆ to lay ~ on sth mettre l'accent sur qch

emphasize [ˈemfəsaɪz] VT [+ fact, point] insister sur ; (= draw attention to) mettre en évidence ; [+ sth pleasant or flattering] mettre en valeur

emphatic [ɪmˈfætɪk] ADJ a [person] catégorique ; [denial, statement] énergique b [tone, gesture, nod] emphatique

empire [ˈempaɪər] N empire m

employ [ɪmˈplɔɪ] VT employer

employee [ˌɪmplɔɪˈiː] N salarié(e) m(f)

employer [ɪmˈplɔɪər] N employeur m, -euse f

employment [ɪmˈplɔɪmənt] N emploi m ► **employment agency** agence f de placement

empower [ɪmˈpaʊər] VT a (= authorize) ◆ to ~ sb to do sth autoriser qn à faire qch ; (legally) habiliter qn à faire qch b ◆ to ~ sb (= make stronger) rendre qn plus fort ; (= make more independent) permettre à qn de s'assumer

empress [ˈemprɪs] N impératrice f

emptiness [ˈemptɪnɪs] N vide m

empty [ˈemptɪ] 1 ADJ a (= containing nothing) vide ◆ on an ~ stomach à jeun ► **empty-handed** les mains vides b (= meaningless) [phrase] creux ; [dream, hope] vain ◆ ~ promises promesses fpl en l'air c (= numb) [person] vidé ; [feeling] de vide 2 **empties** NPL (= bottles) bouteilles fpl vides ; (= glasses) verres mpl vides 3 VT [+ vehicle] décharger ; [+ rubbish, pockets] vider ; [+ liquid] verser (into dans) 4 VI [building, room, washing machine] se vider

emu [ˈiːmjuː] N émeu m

emulate [ˈemjʊleɪt] VT émuler

emulsion [ɪˈmʌlʃən] N (also **emulsion paint**) peinture-émulsion f

enable [ɪˈneɪbl] VT ◆ to ~ sb to do sth permettre à qn de faire qch

enact [ɪˈnækt] VT a [+ law, decree] promulguer b [+ play, part] jouer

enamel [ɪˈnæməl] 1 N émail m 2 VT émailler

enamoured, enamored (US) [ɪˈnæməd] ADJ ◆ to be ~ of [+ person] être amoureux de ; [+ thing] être séduit par

encapsulate [ɪnˈkæpsjʊleɪt] VT incarner

enchant [ɪnˈtʃɑːnt] VT enchanter

enchanting [ɪnˈtʃɑːntɪŋ] ADJ ravissant

enchantment [ɪnˈtʃɑːntmənt] N (= spell) enchantement m ; (= appeal) charme m

encircle [ɪnˈsɜːkl] VT entourer

enclave [ˈenkleɪv] N enclave f

enclose [ɪnˈkləʊz] VT a (= fence in) clôturer ; (= surround) entourer (by de) b (with letter) joindre (in, with à) ◆ please find ~d veuillez trouver ci-joint

enclosed [ɪnˈkləʊzd] ADJ [area] fermé ; [garden, space] clos

enclosure [ɪnˈkləʊzər] N a (= document enclosed) pièce f jointe b (= enclosed ground) enclos m ◆ the ~ [of racecourse] le pesage

encode [ɪnˈkəʊd] VTI coder

encompass [ɪnˈkʌmpəs] VT (= include) englober

encore [ˈɒŋkɔːʳ] 1 EXCL bis ! 2 N rappel m ◆ to play an ~ faire un bis

encounter [ɪnˈkaʊntəʳ] 1 VT (gen) rencontrer ; [+ enemy, danger] affronter ; [+ opposition] se heurter à 2 N rencontre f

encourage [ɪnˈkʌrɪdʒ] VT encourager (sb to do sth qn à faire qch)

encouragement [ɪnˈkʌrɪdʒmənt] N encouragement m

encouraging [ɪnˈkʌrɪdʒɪŋ] ADJ encourageant

encroach [ɪnˈkrəʊtʃ] VI ◆ to ~ on empiéter sur

encryption [ɪnˈkrɪpʃən] N cryptage m

encyclop(a)edia [ɪnˌsaɪkləʊˈpiːdɪə] N encyclopédie f

end [end] 1 N a [of film, chapter, month] fin f ◆ to be at an ~ être terminé ◆ to come to an ~ se terminer ◆ to put an ~ to sth mettre fin à qch b (= farthest point) bout m ◆ from ~ to ~ d'un bout à l'autre ◆ ~ to ~ bout à bout ◆ to make ~s meet joindre les deux bouts c (= purpose) but m d (set structures)
◆ at the end of à la fin de ◆ at the ~ of the day à la fin de la journée ; (= ultimately) en fin de compte ◆ at the ~ of December fin décembre
◆ in the end finalement ◆ he got used to it in the ~ il a fini par s'y habituer
◆ on end (= upright) debout ◆ for days on ~ pendant des jours et des jours 2 VT [+ quarrel, war, rumour] mettre fin à ; [+ speech, series] terminer (with par) 3 VI se terminer (in par)
▶ **end up** VI se terminer ◆ he ~ed up in Paris il s'est retrouvé à Paris ◆ you'll ~ up in jail tu vas finir en prison

endanger [ɪnˈdeɪndʒəʳ] VT [+ life, interests] mettre en danger ; [+ chances, health] compromettre ▶ **endangered species** espèce f menacée d'extinction

endearing [ɪnˈdɪərɪŋ] ADJ [person, quality] attachant ; [habit, manner] touchant

endeavour, endeavor (US) [ɪnˈdevəʳ] 1 N (= effort) effort m ; (= attempt) tentative f (to do sth pour faire qch) 2 VI s'efforcer (to do sth de faire qch)

ending [ˈendɪŋ] N a fin f ◆ a story with a happy ~ une histoire qui finit bien b [of word] terminaison f

endive [ˈendaɪv] N (curly) chicorée f ; (smooth, flat) endive f

endless [ˈendlɪs] ADJ a [queue, speech, road] interminable ; [variety, patience] infini ; [supply, resources] inépuisable b (= countless) innombrable

endlessly [ˈendlɪslɪ] ADV [talk] sans arrêt

endorse [ɪnˈdɔːs] VT a (= sign) [+ document, cheque] endosser b (= approve) [+ claim, candidature] appuyer ; [+ opinion] souscrire à ; [+ action, decision] approuver

endorsement [ɪnˈdɔːsmənt] N a (= approval) [of proposal, policy] adhésion f ; [of claim, candidate] appui m ; [of action, decision] approbation f b (= recommendation) recommandation f c (Brit: on driving licence) infraction mentionnée sur le permis de conduire

endow [ɪnˈdaʊ] VT [+ institution, church] doter (with de) ; [+ prize, chair] fonder ◆ to be ~ed with être doté de qch

endurance [ɪnˈdjʊərəns] N endurance f ▶ **endurance test** épreuve f d'endurance

endure [ɪnˈdjʊəʳ] 1 VT a (= put up with) supporter b (= suffer) subir 2 VI (= last) durer ; [book, memory] rester

enduring [ɪnˈdjʊərɪŋ] ADJ durable

enema [ˈenɪmə] N lavement m

enemy [ˈenəmɪ] 1 N ennemi(e) m(f) 2 COMP [tanks, forces] ennemi

energetic [ˌenəˈdʒetɪk] ADJ énergique ; [performance, campaign] plein d'énergie

energy [ˈenədʒɪ] N énergie f ◆ to put all one's ~ into (doing) sth se consacrer tout entier à (faire) qch ▶ **energy-efficient** économe en énergie ▶ **energy-saving** N économies fpl d'énergie ◇ ADJ d'économie d'énergie

enforce [ɪnˈfɔːs] VT [+ ruling, the law] faire respecter ; [+ decision, policy] appliquer ; [+ discipline] imposer

engage [ɪnˈgeɪdʒ] 1 VT a [+ servant] engager ; [+ workers] embaucher ; [+ lawyer] prendre b [+ sb's attention, interest] éveiller ◆ to ~ sb in conversation engager la conversation avec qn **2** VI ✦ **to ~ in** [+ discussion] prendre part à ; [+ activity] se lancer dans ; [+ illegal activities] se livrer à

engaged [ɪnˈɡeɪdʒd] ADJ **a** (= betrothed) ✦ **to be ~** être fiancé ✦ **to get ~ (to sb)** se fiancer (avec qn) **b** (Brit) [line, number, telephone] occupé ✦ **it's ~** ça sonne "occupé" ▸ **engaged tone** tonalité f occupé **c** (= not free) occupé

engagement [ɪnˈɡeɪdʒmənt] N **a** (= appointment) rendez-vous m inv **b** (= betrothal) fiançailles fpl ▸ **engagement ring** bague f de fiançailles

engaging [ɪnˈɡeɪdʒɪŋ] ADJ [person] charmant ; [smile, frankness] engageant ; [personality] attachant ; [manner] aimable

engine [ˈendʒɪn] N (= motor) moteur m ; [of ship] machine f ; (= locomotive) locomotive f

engineer [ˌendʒɪˈnɪəʳ] **1** N (professional) ingénieur m ; (= tradesman) technicien m, -ienne f ; (= repair man) réparateur m, -trice f **2** VT [+ sb's dismissal, scheme] organiser

engineering [ˌendʒɪˈnɪərɪŋ] N ingénierie f

England [ˈɪŋɡlənd] N Angleterre f

English [ˈɪŋɡlɪʃ] **1** ADJ anglais ; [teacher, dictionary] d'anglais ▸ **English breakfast** (in hotel) petit déjeuner m anglais ▸ **the English Channel** la Manche **2** N (= language) anglais m **3** the **English** NPL les Anglais mpl

Englishman [ˈɪŋɡlɪʃmən] N (pl **-men**) Anglais m

Englishwoman [ˈɪŋɡlɪʃwʊmən] N (pl **-women**) Anglaise f

engrave [ɪnˈɡreɪv] VT graver

engraving [ɪnˈɡreɪvɪŋ] N gravure f

engross [ɪnˈɡrəʊs] VT ✦ **to be ~ed in** [+ work] être absorbé par ; [+ reading, thoughts] être plongé dans

engulf [ɪnˈɡʌlf] VT engloutir

enhance [ɪnˈhɑːns] VT [+ attraction, status] mettre en valeur ; [+ powers, prestige, reputation] accroître ; [+ value, pleasure] augmenter ; [+ position, chances] améliorer

enigma [ɪˈnɪɡmə] N énigme f

enigmatic [ˌenɪɡˈmætɪk] ADJ énigmatique

enjoy [ɪnˈdʒɔɪ] VT **a** (= like) aimer ✦ **to ~ doing sth** aimer faire qch ✦ **to ~ o.s.** s'amuser **b** (= benefit from) [+ rights, health, advantage] jouir de

enjoyable [ɪnˈdʒɔɪəbl] ADJ agréable

enjoyment [ɪnˈdʒɔɪmənt] N (= pleasure) plaisir m

enlarge [ɪnˈlɑːdʒ] **1** VT agrandir **2** VI (= explain) ✦ **to ~ (up)on** [+ subject, difficulties] s'étendre sur ; [+ idea] développer

enlargement [ɪnˈlɑːdʒmənt] N (= photograph, process) agrandissement m

enlighten [ɪnˈlaɪtn] VT éclairer (sb about sth qn sur qch)

enlightening [ɪnˈlaɪtnɪŋ] ADJ instructif

enlightenment [ɪnˈlaɪtnmənt] N (= explanations) éclaircissements mpl ✦ **the Age of Enlightenment** le Siècle des lumières

enlist [ɪnˈlɪst] **1** VI s'engager **2** VT [+ recruits] enrôler ; [+ soldiers, supporters] recruter

enormous [ɪˈnɔːməs] ADJ (gen) énorme ; [+ patience, success] immense ; [+ talent] formidable

enormously [ɪˈnɔːməslɪ] ADV [enjoy, vary] énormément ; [funny, enjoyable] extrêmement

enough [ɪˈnʌf] **1** ADJ assez (de) ✦ **~ books/money** assez de livres/d'argent ✦ **I've had ~ (full)** j'ai assez mangé ; (fed up) j'en ai assez ✦ **that's ~** ça suffit **2** ADV **a** (gen) assez ✦ **are you warm ~?** avez-vous assez chaud ? ✦ **he writes well ~** il écrit assez bien **b** (intensifying) ✦ **funnily ~, I saw him too** c'est curieux, moi aussi je l'ai vu

enquire [ɪnˈkwaɪəʳ] ⇒ **inquire**

enrage [ɪnˈreɪdʒ] VT mettre en rage

enrich [ɪnˈrɪtʃ] VT enrichir (with en) ; [+ soil] fertiliser

enrol, enroll (US) [ɪnˈrəʊl] **1** VT inscrire **2** VI s'inscrire (in à)

enrolment, enrollment (US) [ɪnˈrəʊlmənt] N inscription f ▸ **enrolment fee** frais mpl d'inscription

ensue [ɪnˈsjuː] VI résulter

en suite [ˌɒnˈswiːt] ADJ ✦ **with an en suite bathroom** avec salle de bains attenante

ensure [ɪnˈʃʊəʳ] VT **a** (= make sure) assurer ✦ **to ~ that** s'assurer que **b** ⇒ **insure**

entail [ɪnˈteɪl] VT [+ expense, work] occasionner ; [+ risk, difficulty] comporter ; [+ suffering] entraîner

entangle [ɪnˈtæŋɡl] VT ✦ **to become ~d in** s'empêtrer dans

enter [ˈentəʳ] **1** VT **a** (= come or go into) entrer dans ; [+ vehicle] monter dans, entrer dans ✦ **the thought never ~ed my head** cette pensée ne m'est jamais venue à l'esprit **b** [+ university] entrer à **c** (= register) [+ amount, name, fact, order] inscrire ; [+ data] entrer ; [+ candidate] présenter (for à) **2** VI **a** (= come or go in) entrer **b** [competitor] ✦ **to ~ for a race** s'inscrire pour une course ✦ **to ~ for an exam** s'inscrire à un examen

▸ **enter into** VT INSEP **a** (= start) [+ correspondence, conversation] entrer en ; [+ negotiations] entamer ; [+ contract] passer **b** [+ sb's plans, calculations] entrer dans

enterprise ['entəpraɪz] N **a** (= company) entreprise f **b** (= initiative) initiative f

enterprising ['entəpraɪzɪŋ] ADJ plein d'initiative

entertain [,entə'teɪn] **1** VT **a** (= amuse) divertir ; [+ audience] divertir ; (= keep occupied) [+ children] distraire **b** (= offer hospitality to) recevoir **c** (= have in mind) [+ possibility] envisager ; [+ intention, suspicion, doubt, hope] nourrir **2** VT **a** (= amuse) divertir **b** (= offer hospitality) recevoir

entertainer [,entə'teɪnə^r] N artiste mf (de variétés)

entertaining [,entə'teɪnɪŋ] ADJ divertissant

entertainment [,entə'teɪnmənt] N **a** (= amusement) divertissements mpl **b** (= show) spectacle m

enthral(l) [ɪn'θrɔːl] VT [book, film, performance] captiver ; [scenery, entertainer, actor] charmer ; [idea, thought] enchanter

enthralling [ɪn'θrɔːlɪŋ] ADJ [story, film, match] passionnant

enthuse [ɪn'θuːz] **1** VI ◆ to ~ about sth s'enthousiasmer pour qch **2** VT ◆ to be ~d by sth être enthousiasmé par qch

enthusiasm [ɪn'θuːzɪæzəm] N enthousiasme m

enthusiast [ɪn'θuːzɪæst] N enthousiaste mf ◆ he is a jazz ~ il est passionné de jazz

enthusiastic [ɪn,θuːzɪ'æstɪk] ADJ enthousiaste ◆ ~ about doing sth enthousiaste à l'idée de faire qch

entice [ɪn'taɪs] VT attirer ; (with food, false promises) allécher ; (with prospects) séduire

entire [ɪn'taɪə^r] ADJ (gen) entier ◆ the ~ city toute la ville ◆ his ~ life toute sa vie

entirely [ɪn'taɪəlɪ] ADV [change, depend on, devote to] entièrement ; [satisfied, clear, possible, happy] tout à fait ; [new] totalement

entitle [ɪn'taɪtl] VT **a** (= bestow right on) autoriser (to do à faire) ◆ to be ~d to sth avoir droit à qch ◆ to be ~d to do sth (by position, qualifications) avoir habilité à faire qch, avoir le droit de faire qch **b** (= give title to) intituler

entitlement [ɪn'taɪtəlmənt] N droit m (to à)

entity ['entɪtɪ] N entité f

entrance[1] ['entrəns] N (= way in, entry) entrée f (to de) ; (= right to enter) admission f ◆ to gain entrance to être admis à ◆ entrance fee prix m d'entrée

entrance[2] [ɪn'trɑːns] VT (= enchant) enchanter

entrancing [ɪn'trɑːnsɪŋ] ADJ enchanteur (-teresse f)

entrant ['entrənt] N (to profession) nouveau venu m, nouvelle venue f (to dans, en) ; (in race) concurrent(e) m(f) ; (in competition, exam) candidat(e) m(f)

entreat [ɪn'triːt] VT supplier (sb to do sth qn de faire qch)

entrenched [ɪn'trentʃt] ADJ [idea, attitude, belief] enraciné ; [interests, power] bien établi

entrepreneur [,ɒntrəprə'nɜː^r] N entrepreneur m, -euse f (chef d'entreprise)

entrust [ɪn'trʌst] VT confier (to à)

entry ['entrɪ] N **a** (gen) entrée f ; (in competition) participation f ◆ "no ~" (on gate) "défense d'entrer" ; (in one-way street) "sens interdit" ▶ **entry fee** prix m d'entrée ▶ **entry form** fiche f d'inscription ▶ **entry phone** interphone m **b** (= item) (on list) inscription f ; (in account book, ledger) écriture f ; (in dictionary, encyclopedia) (= whole entry) article m ; (= headword) entrée f

entwine [ɪn'twaɪn] VT enrouler

enumerate [ɪ'njuːməreɪt] VT énumérer

envelop [ɪn'veləp] VT envelopper

envelope ['envələup] N enveloppe f

envious ['envɪəs] ADJ envieux ◆ to be ~ of sb envier qn

environment [ɪn'vaɪərənmənt] N (gen) milieu m ; (Ecol) environnement m ▶ **environment-friendly** respectueux de l'environnement

environmental [ɪn,vaɪərən'mentl] ADJ [issues, disaster, problems] écologique ; [impact, effects] sur l'environnement ; [group, movement] écologiste

environmentalist [ɪn,vaɪərən'mentəlɪst] N écologiste mf

environmentally [ɪn,vaɪərən'mentəlɪ] ADV ◆ to be ~ aware être sensibilisé aux problèmes de l'environnement ◆ to be ~ friendly respecter l'environnement

envisage [ɪn'vɪzɪdʒ] VT (= foresee) prévoir ; (= imagine) envisager

envoy ['envɔɪ] N envoyé(e) m(f) ; (= diplomat) ministre mf plénipotentiaire

envy ['envɪ] **1** N envie f **2** VT [+ person, thing] envier ◆ to ~ sb sth envier qch à qn

enzyme ['enzaɪm] N enzyme m

ephemeral [ɪ'femərəl] ADJ éphémère

epic ['epɪk] **1** ADJ épique **2** N épopée f ; (= film) film m à grand spectacle

epicentre, epicenter (US) ['epɪsentə^r] N épicentre m

epidemic [,epɪ'demɪk] N épidémie f

epilepsy ['epɪlepsɪ] N épilepsie f

epileptic [,epɪ'leptɪk] ADJ, N épileptique mf ◆ ~ fit crise f d'épilepsie

Epiphany [ɪ'pɪfənɪ] N Épiphanie f

episode ['epɪsəʊd] N épisode m

epitaph ['epɪtɑːf] N épitaphe f

epithet ['epɪθet] N épithète f

epitome [ɪ'pɪtəmɪ] N ◆ **the ~ of virtue** la vertu incarnée

epoch ['iːpɒk] N époque f

equable ['ekwəbl] ADJ égal

equal ['iːkwəl] **1** ADJ **a** égal ▶ **equal opportunities** égalité f des chances ▶ **equal(s) sign** signe m égal **b** (= capable) ◆ **to be ~ to sth** être à la hauteur de qch ◆ **to be ~ to doing sth** être de taille à faire qch **2** N égal(e) m(f) ◆ **to treat sb as an ~** traiter qn d'égal à égal **3** VT (= be equal of) égaler (**in** en)

equality [ɪ'kwɒlɪtɪ] N égalité f

equalize ['iːkwəlaɪz] **1** VT [+ chances] équilibrer ; [+ income, prices] égaliser **2** VI (Brit Sport) égaliser

equalizer ['iːkwəlaɪzə^{r}] N but m (or point m) égalisateur

equally ['iːkwəlɪ] ADV **a** [divide, share] en parts égales ◆ **~ spaced** à intervalles réguliers **b** (= also) de la même manière **c** [important, true, difficult] tout aussi ; [clear] également

equanimity [ˌekwə'nɪmɪtɪ] N égalité f d'humeur

equate [ɪ'kweɪt] VT (= identify) assimiler (**with** à) ; (= compare) mettre sur le même plan (**with** que)

equation [ɪ'kweɪʒən] N équation f

equator [ɪ'kweɪtə^{r}] N équateur m

equilibrium [ˌiːkwɪ'lɪbrɪəm] N équilibre m

equip [ɪ'kwɪp] VT équiper ◆ **to ~ with** équiper de ◆ **to be well-~ped with** être bien pourvu en

equipment [ɪ'kwɪpmənt] N équipement m ; (for office, laboratory, camping) matériel m ◆ **electrical ~** appareillage m électrique

equitable ['ekwɪtəbl] ADJ équitable

equity ['ekwɪtɪ] N **a** (= fairness) équité f **b** (= capital) capital m propre ◆ **equities** (Brit: on stock exchange) actions fpl cotées en bourse

equivalent [ɪ'kwɪvələnt] **1** ADJ équivalent (**to** à) **2** N équivalent m

era ['ɪərə] N (gen) époque f ; (Geol, Hist) ère f

eradicate [ɪ'rædɪkeɪt] VT éradiquer

erase [ɪ'reɪz] VT effacer ; (with rubber) gommer

eraser [ɪ'reɪzə^{r}] N gomme f

erect [ɪ'rekt] **1** ADJ **a** (= upright) droit ; [tail, ears] dressé **b** [penis] en érection **2** VT [+ temple, statue] ériger ; [+ wall, flats] construire ; [+ scaffolding] monter ; [+ tent, mast, barricade] dresser ; [+ obstacles, barrier] élever

erection [ɪ'rekʃən] N (gen) érection f ; [of building, wall, fence] construction f

ERM [ˌiːɑː'rem] N (abbrev of **Exchange Rate Mechanism**) mécanisme m de change

ermine ['ɜːmɪn] N hermine f

erode [ɪ'rəʊd] **1** VT (gen) éroder ; [+ confidence] saper **2** VI [rock, soil, value] s'éroder

erosion [ɪ'rəʊʒən] N érosion f

erotic [ɪ'rɒtɪk] ADJ érotique

err [ɜː^{r}] VI (= be mistaken) se tromper ; (= sin) pécher

errand ['erənd] N course f ◆ **to go on** ou **run an ~** faire une course ▶ **errand boy** garçon m de courses

erratic [ɪ'rætɪk] ADJ [person, behaviour] fantasque ; [driving, performance, movements] irrégulier

erroneous [ɪ'rəʊnɪəs] ADJ erroné

error ['erə^{r}] N erreur f ◆ **in ~** par erreur

erudite ['erʊdaɪt] ADJ érudit

erupt [ɪ'rʌpt] VI **a** [volcano] entrer en éruption **b** [violence, scandal, crisis] éclater

eruption [ɪ'rʌpʃən] N **a** [of volcano] éruption f **b** [of violence, laughter] explosion f ; [of anger] accès m

escalate ['eskəleɪt] VI [fighting, violence] s'intensifier ; [hostilities, costs] monter en flèche

escalation [ˌeskə'leɪʃən] N [of violence] escalade f ; [of fighting, war] intensification f ; [of hostilities, prices] montée f

escalator ['eskəleɪtə^{r}] N escalier m roulant

escapade ['eskəpeɪd] N (= prank) frasque f ; (= adventure) équipée f

escape [ɪs'keɪp] **1** VI **a** (= get away) échapper (**from sb** à qn) ; (from place) s'échapper (**from** de) ; [prisoner] s'évader (**from** de) ◆ **he ~d with a few scratches** il s'en est tiré avec quelques égratignures **b** [water, steam, gas] s'échapper **2** VT (gen) échapper à ; [+ consequences] éviter ; [+ punishment] se soustraire à ◆ **he narrowly ~d injury** il a failli être blessé ◆ **to ~ notice** ne pas se faire repérer ◆ **his name ~s me** son nom m'échappe **3** N fuite f ; [of prisoner] évasion f ◆ **to have a narrow ~** l'échapper belle ▶ **escape key** (on computer) touche f d'échappement

escapee [ɪskeɪ'piː] N évadé(e) m(f)

escapism [ɪs'keɪpɪzəm] N fuite f de la réalité

escapist [ɪs'keɪpɪst] **1** N personne f qui fuit la réalité **2** ADJ [film, reading] d'évasion

escort 1 N ['eskɔːt] **a** (= guard) escorte f ◆ **under ~** sous escorte **b** (= companion) (female) hôtesse *f* ; (male, at dance) cavalier *m* **2** VT [ɪsˈkɔːt] escorter ◆ **to ~ sb to the door** raccompagner qn à la porte

Eskimo [ˈeskɪməʊ] **1** N Esquimau(de) *m(f)* **2** ADJ esquimau (-au(de) *f*)

espadrille [ˌespəˈdriːl] N espadrille *f*

especial [ɪsˈpeʃəl] ADJ particulier

especially [ɪsˈpeʃəlɪ] ADV **a** (= particularly) surtout ◆ **~ as** d'autant plus que **b** (= expressly) spécialement **c** (= more than usual) particulièrement

Esperanto [ˌespəˈræntəʊ] N espéranto *m*

espionage [ˌespɪəˈnɑːʒ] N espionnage *m*

esplanade [ˌespləˈneɪd] N esplanade *f*

espresso [esˈpresəʊ] N (café *m*) express *m*

essay [ˈeseɪ] N (literary) essai *m* ; (at school) rédaction *f* ; (longer) dissertation *f*

essence [ˈesəns] N essence *f* ◆ **in ~** essentiellement

essential [ɪˈsenʃəl] **1** ADJ essentiel ◆ **it is ~ that ...** il est essentiel que ... *+ subj* **2 essentials** NPL essentiel *m*

essentially [ɪˈsenʃəlɪ] ADV essentiellement

establish [ɪsˈtæblɪʃ] VT (gen) établir ; [+ government, society] constituer ; [+ state, business, post] créer ; [+ laws, custom] instaurer ; [+ peace, order] faire régner

established [ɪsˈtæblɪʃt] ADJ établi

establishment [ɪsˈtæblɪʃmənt] N **a** (= institution) établissement *m* **b** ◆ **the Establishment** l'establishment *m*

estate [ɪsˈteɪt] N **a** (= land) propriété *f* ; (= housing estate) lotissement *m* ◆ **country ~** terres *fpl* ◆ **estate agency** (Brit) agence *f* immobilière ◆ **estate agent** (Brit) agent *m* immobilier **b** (= possessions) biens *mpl* ; [of deceased] succession *f* **c** (also **estate car**) break *m*

esteem [ɪsˈtiːm] **1** VT estimer **2** N estime *f* ◆ **to hold sb in high ~** tenir qn en haute estime ◆ **to hold sth in high ~** avoir une haute opinion de qch

estimate N [ˈestɪmɪt] estimation *f* ; (for job, service, repairs) devis *m* ◆ **at a rough ~** approximativement **2** VT [ˈestɪmeɪt] estimer ◆ **his fortune is ~d at ...** on évalue sa fortune à ...

estimation [ˌestɪˈmeɪʃən] N ◆ **in my ~** à mon avis ◆ **he went up in my ~** il est monté dans mon estime

estranged [ɪsˈtreɪndʒd] ADJ ◆ **her ~ husband** son mari, dont elle est séparée

estrogen [ˈestrədʒən, ˈiːstrədʒən] N (US) œstrogène *m*

estuary [ˈestjʊərɪ] N estuaire *m*

etc [ɪtˈsetərə] (abbrev of **et cetera**) etc.

etching [ˈetʃɪŋ] N (= picture) eau-forte *f*

eternal [ɪˈtɜːnl] ADJ éternel

eternally [ɪˈtɜːnəlɪ] ADV éternellement

eternity [ɪˈtɜːnɪtɪ] N éternité *f*

ethic [ˈeθɪk] N éthique *f*

ethical [ˈeθɪkəl] ADJ éthique

ethics [ˈeθɪks] **1** N (= study) éthique *f* **2** NPL (= principles) déontologie *f*

Ethiopia [ˌiːθɪˈəʊpɪə] N Éthiopie *f*

ethnic [ˈeθnɪk] ADJ (gen) ethnique ; [food] exotique

ethos [ˈiːθɒs] N philosophie *f*

etiquette [ˈetɪket] N étiquette *f*

etymology [ˌetɪˈmɒlədʒɪ] N étymologie *f*

EU [ˈiːˈjuː] N (abbrev of **European Union**) UE *f*

eucalyptus [ˌjuːkəˈlɪptəs] N eucalyptus *m*

eulogy [ˈjuːlədʒɪ] N panégyrique *m* ; (at funeral) éloge *m* funèbre

euphemism [ˈjuːfəmɪzəm] N euphémisme *m*

euphoria [juːˈfɔːrɪə] N euphorie *f*

euphoric [juːˈfɒrɪk] ADJ euphorique

euro [ˈjʊərəʊ] N (= currency) euro *m*

Eurocheque [ˈjʊərəʊˌtʃek] N eurochèque *m*

Euro MP [ˌjʊərəʊemˈpiː] N député(e) *m(f)* européen(ne)

Europe [ˈjʊərəp] N Europe *f*

European [ˌjʊərəˈpiːən] **1** ADJ européen ▶ **European Commission** Commission *f* européenne ▶ **European Community** Communauté *f* européenne ▶ **European Economic Community** Communauté *f* économique européenne ▶ **European Parliament** Parlement *m* européen ▶ **European Union** Union *f* européenne **2** N Européen(ne) *m(f)*

Eurostar ® [ˈjʊərəʊˌstɑːʳ] N Eurostar ® *m*

euthanasia [ˌjuːθəˈneɪzɪə] N euthanasie *f*

evacuate [ɪˈvækjʊeɪt] VT évacuer

evacuation [ɪˌvækjʊˈeɪʃən] N évacuation *f*

evade [ɪˈveɪd] VT [+ pursuers] échapper à ; [+ obligation, punishment] se soustraire à ; [+ question] éluder ; [+ law] contourner

evaluate [ɪˈvæljʊeɪt] VT évaluer

evaluation [ɪˌvæljʊˈeɪʃən] N évaluation *f*

evaporate [ɪˈvæpəreɪt] VI [liquid] s'évaporer ; [hopes] s'envoler ; [dreams, fear, anger] se dissiper ▶ **evaporated milk** lait *m* condensé non sucré

evasion [ɪˈveɪʒən] N dérobade *f* (of devant) ◆ **tax ~** fraude *f* fiscale

evasive [ɪˈveɪzɪv] ADJ évasif

eve [iːv] N veille *f* ◆ **on the ~ of** ... la veille de ...

since I have lived here depuis que j'habite ici

since I was a boy depuis mon enfance ◆ **~
since I have lived here** depuis que j'habite ici

---

even [ˈiːvən]

1 ADJ **a** (= equal) [quantities, distances, values]
égal ◆ **to get ~ with sb** rendre la monnaie de
sa pièce à qn
b (= flat) [surface, ground] plat
c (= steady) [progress] régulier ; [temperature,
breathing] égal
d (= calm) [voice, tones, temper] égal
e ◆ **~ number/date** nombre *m*/jour *m* pair
2 ADV **a** (gen) même ◆ **he can't ~ swim** il ne
sait même pas nager ◆ **~ if** même si + *indic* ◆ **~
though** bien que + *subj* ◆ **~ so** quand même
b (with adjective or adverb) encore ◆ **~ better**
encore mieux
► **even up** VT SEP égaliser ◆ **that will ~ things
up** cela rétablira l'équilibre

evening [ˈiːvnɪŋ] N soir *m* ; (length of time)
soirée *f* ◆ **every ~** tous les soirs ◆ **this ~** ce soir
◆ **in the ~(s)** le soir ◆ **6 o'clock in the ~** 6
heures du soir ► **evening class** cours *m* du soir
► **evening dress** [of man] tenue *f* de soirée ; [of
woman] robe *f* du soir ► **evening primrose oil**
huile *f* d'onagre

evenly [ˈiːvənlɪ] ADV [distribute] également ;
[divide] en parts égales ; (= steadily) [breathe,
beat, flow] régulièrement

event [ɪˈvent] N **a** (= happening) événement *m*
◆ **after the ~** après coup ◆ **in the ~ of** en cas
de ◆ **in any ~** en tout cas **b** (Sport) épreuve *f* ;
(Racing) course *f*

eventful [ɪˈventfʊl] ADJ mouvementé

eventual [ɪˈventʃʊəl] ADJ [death, failure] qui
s'ensuit ; [success] final

eventually [ɪˈventʃʊəlɪ] ADV finalement ◆ **to do
sth ~** finir par faire qch

---

ever [ˈevəʳ] ADV

a (= at any time) jamais ◆ **I haven't ~ seen her**
je ne l'ai jamais vue ◆ **have you ~ seen her?**
l'avez-vous déjà vue ? ◆ **do you ~ see her?**
est-ce qu'il vous arrive de la voir ? ◆ **faster/
more beautiful than ~** plus vite/plus beau que
jamais ◆ **the best meal I have ~ eaten** le
meilleur repas que j'aie jamais fait ◆ **if ~ you
meet him ...** si jamais tu le rencontres ...
b (= at all times) ◆ **they lived happily ~ after** ils
vécurent heureux ◆ **all he ~ does is sleep** il ne
fait que dormir
c (intensive) ◆ **the first ~** le tout premier ◆ **as ~**
comme toujours ◆ **he's as handsome as ~** il est
toujours aussi beau ◆ **I'm ~ so sorry** je suis
vraiment désolé ◆ **~ so pretty** joli comme tout
◆ **thank you ~ so much** merci mille fois ◆ **~**

Everest [ˈevərɪst] N ◆ **(Mount) ~** Everest *m*

evergreen [ˈevəgriːn] ADJ [tree, shrub] à feuilles
persistantes

everlasting [ˌevəˈlɑːstɪŋ] ADJ éternel

---

every [ˈevrɪ] ADJ

a (= each) chaque ◆ **~ shop** chaque magasin
◆ **~ one of them had brought something**
chacun d'entre eux avait apporté quelque
chose ◆ **~ time I see him** chaque fois que je le
vois ◆ **of ~ sort** de toute sorte ◆ **of ~ age** de
tout âge ◆ **in ~ way** (= from every point of view)
en tous points ; (= by every means) par tous les
moyens
b (for emphasis) ◆ **I have ~ confidence in him**
j'ai pleine confiance en lui ◆ **there is ~ chance
that he will come** il y a toutes les chances qu'il
vienne ◆ **you have ~ reason to complain** vous
avez tout lieu de vous plaindre
c (recurring intervals) tous les, toutes les ◆ **~
quarter of an hour** tous les quarts d'heure ◆ **~
15 metres** tous les 15 mètres ◆ **~ other or
second day** tous les deux jours ◆ **~ other
Wednesday** un mercredi sur deux
d (in phrases) ◆ **he is ~ bit as clever as his
brother** il est tout aussi intelligent que son
frère ◆ **~ now and then**, **~ now and again** de
temps en temps

everybody [ˈevrɪbɒdɪ] PRON tout le monde,
chacun ◆ **~ else** tous les autres

everyday [ˈevrɪdeɪ] ADJ [thing, clothes, object,
world] de tous les jours ; [situation, language]
courant ; [activity, task, life, occurrence, problem]
quotidien

everyone [ˈevrɪwʌn] PRON ⇒ **everybody**

everyplace [ˈevrɪpleɪs] ADV (US) ⇒ **everywhere**

everything [ˈevrɪθɪŋ] PRON tout

everywhere [ˈevrɪweəʳ] ADV partout ◆ **~ you**
go où qu'on aille

evict [ɪˈvɪkt] VT expulser

eviction [ɪˈvɪkʃən] N expulsion *f*

evidence [ˈevɪdəns] N **a** (= ground for belief)
évidence *f* ; (= testimony) témoignage *m* **b** (in
court: = object, document) preuve *f* ; (= statement)
témoignage *m* ◆ **to give ~** témoigner (for/
against sb en faveur de/contre qn)

evident [ˈevɪdənt] ADJ évident

evidently [ˈevɪdəntlɪ] ADV **a** (= apparently)
apparemment **b** (= obviously) manifestement

evil ['iːvl] **1** ADJ [person, spell, reputation] mauvais ; [deed, influence] néfaste ; [power] malfaisant ; [place] maléfique ; [smell] infect **2** N mal *m*

evocative [ɪ'vɒkətɪv] ADJ évocateur (-trice *f*)

evoke [ɪ'vəʊk] VT [+ spirit, memories] évoquer ; [+ admiration] susciter

evolution [ˌiːvə'luːʃən] N évolution *f*

evolve [ɪ'vɒlv] **1** VT [+ system, theory, plan] élaborer **2** VI (Bio) évoluer ◆ to ~ from (fig) se développer à partir de

ewe [juː] N brebis *f*

ex- [eks] PREF ex-, ancien ◆ **ex-chairman** ex-président *m* ◆ **ex-husband** ex-mari *m* ◆ **ex-wife** ex-femme *f*

exacerbate [ɪg'zæsə,beɪt, ɪk'sæsə,beɪt] VT [+ problem, situation] aggraver ; [+ pain, disease, hatred] exacerber

exact [ɪg'zækt] **1** ADJ **a** (= precise) exact, précis ◆ he's 44, to be ~ il a 44 ans, pour être précis ◆ to be the ~ opposite of sb/sth être tout le contraire de qn/qch **b** (= meticulous) [person, study, work] méticuleux **2** VT [+ money, obedience] exiger ◆ to ~ revenge se venger

exacting [ɪg'zæktɪŋ] ADJ [person] exigeant ; [task, activity, work] astreignant

exactly [ɪg'zæktlɪ] ADV exactement

exaggerate [ɪg'zædʒəreɪt] **1** VT **a** (= overstate) exagérer **b** (= emphasize) accentuer **2** VI exagérer

exaggeration [ɪgˌzædʒə'reɪʃən] N exagération *f*

exalted [ɪg'zɔːltɪd] ADJ [rank, position] élevé ; [person] haut placé

exam [ɪg'zæm] N examen *m*

examination [ɪgˌzæmɪ'neɪʃən] N examen *m*

examine [ɪg'zæmɪn] VT **a** (look at) examiner **b** [+ pupil, candidate] faire passer un examen à ; (orally) interroger **c** [+ witness] interroger

examiner [ɪg'zæmɪnər] N examinateur *m*, -trice *f*

example [ɪg'zɑːmpl] N exemple *m* ◆ **for ~** par exemple ◆ **to set a good ~** donner l'exemple

exasperated [ɪg'zɑːspəreɪtɪd] ADJ exaspéré (at or by or with sb/sth par qn/qch)

exasperating [ɪg'zɑːspəreɪtɪŋ] ADJ exaspérant

exasperation [ɪgˌzɑːspə'reɪʃən] N exaspération *f*

excavate ['ekskəveɪt] VT [+ ground, trench] creuser ; [+ archaeological site] fouiller ; [+ remains] déterrer

excavation [ˌekskə'veɪʃən] N **a** [of tunnel] creusement *m* ◆ **~ work** excavations *fpl* **b** (by archaeologists) fouilles *fpl*

exceed [ɪk'siːd] VT dépasser (in en ; by de)

exceedingly [ɪk'siːdɪŋlɪ] ADV (frm) extrêmement

excel [ɪk'sel] **1** VI exceller **2** VT ◆ **to ~ o.s.** se surpasser

excellence ['eksələns] N excellence *f*

excellent ['eksələnt] ADJ excellent

except [ɪk'sept] **1** PREP sauf ◆ **~ (for)** à part ◆ **~ (that)** sauf que ◆ **~ if/when** sauf si/quand ◆ **what can they do ~ wait?** que peuvent-ils faire sinon attendre ? **2** VT excepter (from de) ◆ **not** or **without ~ing** sans exception ◆ **present company ~ed** exception faite des personnes présentes

exception [ɪk'sepʃən] N **a** exception *f* ◆ **with the ~ of ...** à l'exception de ... ◆ **to make an ~** faire une exception **b** ◆ **to take ~ to** s'offenser de

exceptional [ɪk'sepʃənl] ADJ exceptionnel

exceptionally [ɪk'sepʃənəlɪ] ADV exceptionnellement

excerpt ['eksɜːpt] N extrait *m*

excess [ɪk'ses] **1** N excès *m* ◆ **to ~** à l'excès ◆ **in ~ of 50 people** plus de 50 personnes **2** ADJ [weight, production] excédentaire ▶ **excess baggage, excess luggage** excédent *m* de bagages

excessive [ɪk'sesɪv] ADJ excessif

excessively [ɪk'sesɪvlɪ] ADV [drink, eat] à l'excès ; [optimistic, proud] trop ; [boring, pretty] excessivement

exchange [ɪks'tʃeɪndʒ] **1** VT échanger ◆ **to ~ one thing for another** échanger une chose contre une autre **2** N **a** [of things, people] échange *m* ◆ **in ~ (for de)** ▶ **exchange visit** échange *m* **b** [of money] change *m* ▶ **exchange rate** taux *m* de change **c** (also **telephone exchange**) central *m* (téléphonique)

exchequer [ɪks'tʃekər] N (= state treasury) ministère *m* des Finances

excise ['eksaɪz] N taxe *f* ▶ **excise duties** (Brit) impôts *mpl* indirects

excitable [ɪk'saɪtəbl] ADJ excitable

excite [ɪk'saɪt] VT exciter

excited [ɪk'saɪtɪd] ADJ **a** (= exhilarated) excité (about à) ◆ **to get ~** s'exciter **b** (= agitated) [person, gesture] nerveux ◆ **to get ~ (about sth)** s'énerver (à propos de qch)

excitement [ɪk'saɪtmənt] N excitation *f*

exciting [ɪk'saɪtɪŋ] ADJ passionnant ◆ **how ~!** c'est formidable !

exclaim [ɪks'kleɪm] VT s'écrier

exclamation [ˌekskləˈmeɪʃən] N exclamation f ▸ **exclamation mark**, **exclamation point (US)** point m d'exclamation

exclude [ɪksˈkluːd] VT (gen) exclure ; (from list) écarter ◆ **£200, excluding VAT** 200 livres, hors taxe ◆ **£15 per head excluding wine** 15 livres par personne, vin non compris

exclusion [ɪksˈkluːʒən] N exclusion f

exclusive [ɪksˈkluːsɪv] **1** ADJ **a** (gen) exclusif ◆ **to be ~ of sth** exclure qch ◆ **~ of taxes** hors taxes **b** (= select) [club] fermé ; [district, resort, hotel, restaurant] chic inv ; [gathering] sélect **2** N (= newspaper article) exclusivité f

exclusively [ɪksˈkluːsɪvlɪ] ADV exclusivement

excommunicate [ˌekskəˈmjuːnɪkeɪt] VT excommunier

excrement [ˈekskrɪmənt] N excrément m

excruciating [ɪksˈkruːʃɪeɪtɪŋ] ADJ [suffering, misery, boredom] insoutenable

excursion [ɪksˈkɜːʃən] N excursion f ; (on foot, cycle) randonnée f

excuse 1 VT [ɪksˈkjuːz] **a** (gen) excuser ◆ **to ~ o.s.** s'excuser (for de) ◆ **~ me!** excusez-moi ! **b** (= exempt) dispenser (sb from doing sth qn de faire qch) **2** N [ɪksˈkjuːs] excuse f ◆ **to make an ~ for sth** trouver une excuse à qch ◆ **he's just making ~s** il se cherche des excuses

ex-directory [ˌeksdɪˈrektərɪ] ADJ (Brit) ◆ **to be ~** être sur la liste rouge

execute [ˈeksɪkjuːt] VT exécuter

execution [ˌeksɪˈkjuːʃən] N exécution f

executioner [ˌeksɪˈkjuːnəʳ] N bourreau m

executive [ɪgˈzekjʊtɪv] **1** ADJ [power, decision] directorial ; [position, pay] de cadre **2** N **a** (= person) cadre m ◆ **senior ~** cadre m supérieur **b** (= managing group: of organization) bureau m **c** (= part of government) exécutif m

exemplary [ɪgˈzemplərɪ] ADJ exemplaire

exemplify [ɪgˈzemplɪfaɪ] VT (= be example of) être un exemple de

exempt [ɪgˈzempt] **1** ADJ exempt **2** VT exempter (from doing sth de faire qch)

exercise [ˈeksəsaɪz] **1** N exercice m ▸ **exercise book** cahier m d'exercices **2** VT exercer **3** VI (= take exercise) faire de l'exercice

exert [ɪgˈzɜːt] VT **a** [+ pressure, influence] exercer **b** ◆ **to ~ o.s.** (physically) se dépenser ; (= take trouble) se donner du mal

exertion [ɪgˈzɜːʃən] N effort m

exhale [eksˈheɪl] VI expirer

exhaust [ɪgˈzɔːst] **1** VT épuiser **2** N [of car] (= system) échappement m ; (= pipe) pot m d'échappement ◆ **~ fumes** gaz m d'échappement

exhausted [ɪgˈzɔːstɪd] ADJ épuisé

exhausting [ɪgˈzɔːstɪŋ] ADJ épuisant

exhaustion [ɪgˈzɔːstʃən] N épuisement m

exhaustive [ɪgˈzɔːstɪv] ADJ (gen) exhaustif ; [search] minutieux

exhibit [ɪgˈzɪbɪt] **1** VT **a** [+ art, merchandise] exposer ; [+ animal] montrer **b** [+ courage, skill] faire preuve de ; [+ tendencies] montrer ; [+ behaviour] afficher **2** N **a** (in exhibition) œuvre f **b** (= piece of evidence) pièce f à conviction **c** (US = exhibition) exposition f

exhibition [ˌeksɪˈbɪʃən] N exposition f ◆ **to make an ~ of o.s.** se donner en spectacle ▸ **exhibition centre** centre m d'expositions

exhibitionist [ˌeksɪˈbɪʃənɪst] ADJ, N exhibitionniste mf

exhibitor [ɪgˈzɪbɪtəʳ] N exposant(e) m(f)

exhilarating [ɪgˈzɪləreɪtɪŋ] ADJ [experience, feeling, ride] grisant ; [air] vivifiant ; [activity] exaltant

exile [ˈeksaɪl] **1** N **a** (= person) exilé(e) m(f) **b** (= condition) exil m ◆ **in ~** en exil **2** VT exiler (from de)

exist [ɪgˈzɪst] VI **a** (= be in existence) exister **b** (= live) vivre

existence [ɪgˈzɪstəns] N existence f ◆ **to be in ~** exister ◆ **to come into ~** voir le jour

existing [ɪgˈzɪstɪŋ] ADJ (= present) actuel ; (= available) existant

exit [ˈeksɪt] **1** N sortie f **2** VI sortir **3** VT [+ computer file, program] quitter

exodus [ˈeksədəs] N exode m

exonerate [ɪgˈzɒnəreɪt] VT disculper

exorbitant [ɪgˈzɔːbɪtənt] ADJ exorbitant

exorcise [ˈeksɔːsaɪz] VT exorciser

exorcist [ˈeksɔːsɪst] N exorciste mf

exotic [ɪgˈzɒtɪk] ADJ exotique

expand [ɪkˈspænd] **1** VT [+ business, trade] développer ; [+ production] augmenter ; [+ influence, empire] étendre **2** VI **a** [gas, liquid, metal] se dilater ; [business, trade, ideas] se développer ; [influence, empire] s'étendre **b** ◆ **to ~ (up)on** développer

expanse [ɪkˈspæns] N étendue f

expansion [ɪkˈspænʃən] N expansion f

expansive [ɪkˈspænsɪv] ADJ [person, mood, gesture] expansif ; [smile] chaleureux

expatriate [eksˈpætrɪɪt] N expatrié(e) m(f)

expect [ɪk'spekt] VT **a** (= anticipate) s'attendre à ; (= predict) prévoir ; (= count on) compter sur ; (= hope for) espérer ◆ **to ~ that ...** s'attendre à ce que ... *+ subj* ◆ **to ~ to do sth** compter faire qch ◆ **to ~ the worst** s'attendre au pire ◆ **as ~ed** comme prévu **b** (= suppose) ◆ **I ~ so** je crois que oui ◆ **I ~ you're tired** je suppose que vous êtes fatigué **c** (= require) attendre (*sth from sb* qch de qn) **d** (= await) [+ letter, visitor] attendre ◆ **to be ~ing a baby** attendre un enfant

expectant [ɪks'pektənt] ADJ **a** [mother, father] futur *before n* **b** (= excited) [person, crowd] impatient ; [silence, face, eyes, smile] plein d'attente

expectation [,ekspek'teɪʃən] N attente *f* ◆ **to come up to sb's ~s** répondre à l'attente de qn

expected [ɪk'spektɪd] ADJ [change, growth] attendu ; [arrival] prévu ; [profit, loss] escompté

expedient [ɪk'spiːdɪənt] **1** ADJ opportun **2** N expédient *m*

expedition [,ekspɪ'dɪʃən] N expédition *f* ; (= short trip) tour *m*

expel [ɪk'spel] VT (from country, meeting) expulser ; (from party) exclure ; (from school) renvoyer

expend [ɪk'spend] VT [+ time, energy] consacrer (*on doing sth* à faire qch) ; [+ money] dépenser (*on doing sth* pour faire qch)

expenditure [ɪk'spendɪtʃəʳ] N dépense(s) *f(pl)*

expense [ɪk'spens] **1** N **a** (= money spent) frais *mpl* ◆ **at my ~** à mes frais ◆ **at great ~** à grands frais ◆ **to go to the ~ of buying a car** aller jusqu'à acheter une voiture ▸ **expense account** frais *mpl* de représentation **b** (= disadvantage) ◆ **at the ~ of** [+ one's health, happiness] au détriment de ◆ **at sb's ~** [laugh, get rich] aux dépens de qn **2** **expenses** NPL frais *mpl*

expensive [ɪk'spensɪv] ADJ (gen) cher ; [hobby, holiday] coûteux

experience [ɪk'spɪərɪəns] **1** N expérience *f* ◆ **in my ~** d'après mon expérience ◆ **by ~** par expérience **2** VT **a** (= undergo) [+ misfortune, hardship] connaître ; [+ setbacks, losses] essuyer ; [+ ill treatment] subir ; [+ difficulties] rencontrer **b** (= feel) [+ sensation, terror, remorse] éprouver ; [+ emotion, joy] ressentir

experienced [ɪk'spɪərɪənst] ADJ expérimenté

experiment **1** N [ɪk'sperɪmənt] expérience *f* **2** VI [ɪk'sperɪ,ment] faire une expérience ◆ **to ~ with sth** expérimenter qch

experimental [ɪk,sperɪ'mentl] ADJ expérimental

expert ['eksps:t] **1** N spécialiste *mf* (*on, at* en) ; (= officially qualified) expert *m* **2** ADJ [carpenter, hands] expert ; [advice, opinion, knowledge] d'un expert ◆ **to be ~ at sth/at doing sth** être expert en qch/à faire qch

expertise [,eksps:'tiːz] N (= knowledge) expertise *f* ; (= competence) compétence *f* (*in* en)

expire [ɪk'spaɪəʳ] VI (gen) expirer ; [period, time limit] arriver à terme

expiry [ɪk'spaɪərɪ] N expiration *f* ◆ **~ date** date *f* d'expiration ; (on label) à utiliser avant ...

explain [ɪk'spleɪn] VT expliquer ; [+ mystery] élucider ◆ **let me ~** je m'explique

explanation [,eksplə'neɪʃən] N explication *f*

explanatory [ɪk'splænətərɪ] ADJ explicatif

expletive [ɪk'spliːtɪv] N juron *m*

explicit [ɪk'splɪsɪt] ADJ explicite

explode [ɪk'spləʊd] **1** VI exploser **2** VT faire exploser

exploit **1** N ['eksplɔɪt] **a** (heroic) exploit *m* ; (= feat) prouesse *f* **b** ◆ **exploits** (= adventures) aventures *fpl* **2** VT [ɪk'splɔɪt] exploiter

exploitation [,eksplɔɪ'teɪʃən] N exploitation *f*

exploration [,eksplə'reɪʃən] N exploration *f*

exploratory [ɪk'splɒrətərɪ] ADJ [expedition, drilling] de reconnaissance ; [meeting, trip, stage] exploratoire

explore [ɪk'splɔːʳ] VT explorer ◆ **to go exploring** partir en exploration

explorer [ɪk'splɔːrəʳ] N explorateur *m*, -trice *f*

explosion [ɪk'spləʊʒən] N explosion *f* ; [of violence] flambée *f*

explosive [ɪk'spləʊsɪv] ADJ, N explosif *m*

export **1** VTI [ɪk'spɔːt] exporter (*to* vers) **2** N ['ekspɔːt] **a** (= activity) exportation *f* ; (= object, commodity) produit *m* d'exportation

exporter [ɪk'spɔːtəʳ] N (= person) exportateur *m*, -trice *f* ; (= country) pays *m* exportateur

expose [ɪk'spəʊz] VT **a** (= uncover) exposer (*to* à) ; [+ wire, nerve, body part] mettre à nu ◆ **to be ~d to** être exposé à ◆ **to be ~d to view** s'offrir à la vue ◆ **to be ~d to** [+ idea, experience] être confronté à **b** (= unmask) [+ scandal, plot, lie] dévoiler ; [+ secret] éventer ; (= denounce) démasquer (*as* comme étant) **c** [+ photograph] exposer

exposed [ɪk'spəʊzd] ADJ (= unprotected) exposé ; [ground] découvert

exposure [ɪk'spəʊʒəʳ] N **a** (= contact) exposition *f* (*to* à qch) **b** (= hypothermia) hypothermie *f* ◆ **to die of ~** mourir de froid **c** [of secret, corruption, scandal] révélation *f* ; [of person] dénonciation *f* **d** (= publicity) ◆ **it got a lot of ~ on television** on l'a beaucoup vu à la télévision **e** (= photograph) pose *f* ; (= amount of light) exposition *f* ; (also **exposure time**) temps *m* de pose

expound [ɪk'spaʊnd] VT [+ theory] expliquer ; [+ one's views] exposer

express [ɪk'spres] **1** VT exprimer ◆ **to ~ o.s.** s'exprimer **2** ADJ **a** [order, instruction] exprès (-esse f) ; [purpose, intention] délibéré **b** [letter, delivery, mail] exprès inv ; [service] express inv **3** ADV [send] en exprès **4** N (also **express train**) rapide m

expression [ɪk'spreʃən] N expression f

expressive [ɪk'spresɪv] ADJ [face, gesture] expressif ; [power] d'expression

expressway [ɪk'spreswei] N voie f express

expulsion [ɪk'spʌlʃən] N expulsion f ; (from school) renvoi m

exquisite [ɪk'skwɪzɪt] ADJ exquis

exquisitely [ɪk'skwɪzɪtli] ADV de façon exquise ◆ **~ beautiful** d'une beauté exquise

extend [ɪk'stend] **1** VT **a** (= enlarge) agrandir ; [+ powers, business] étendre ; [+ sphere of influence] élargir ; [+ limits] prolonger **b** (= prolong) prolonger (by de) **c** (= give) [+ hospitality, friendship] offrir ; [+ thanks, condolences, congratulations] présenter **d** (= stretch out) [+ arm] étendre ; [+ hand] tendre (to sb à qn) ◆ **to be fully ~ed** [ladder, telescope] être entièrement déployé **2** VI [wall, estate] s'étendre (to, as far as jusqu'à) ; [table] s'allonger ; [meeting, visit] se prolonger (over pendant)

extension [ɪk'stenʃən] N **a** (to building) ◆ **to build an ~ to a house** agrandir une maison **b** (= continuation) prolongement m (to sth de qch) ; (= extra part) (for table, pipe) rallonge f ▸ **extension cable, extension lead** prolongateur m **c** (= extra time) prolongation f (to sth de qch) **d** (= phone) (in house) appareil m supplémentaire ; (in office) poste m ◆ **~ 308** poste 308

extensive [ɪk'stensɪv] ADJ [area, knowledge, range] étendu ; [damage, alterations, experience] considérable ; [reforms] de grande envergure ; [research, discussions] approfondi ; [menu] varié ; [tour] complet (-ète f)

extensively [ɪk'stensɪvli] ADV beaucoup

extent [ɪk'stent] N **a** (= size) étendue f ; (= length) longueur f **b** [of commitments, losses] importance f ; [of knowledge, power, influence, damage] étendue f **c** (= degree) mesure f ◆ **to some ~** dans une certaine mesure ◆ **to a large ~** dans une grande mesure ◆ **to such an ~ that ...** à tel point que ...

exterior [ɪk'stɪərɪər] **1** ADJ extérieur (-eure f) **2** N extérieur m ◆ **on the ~** à l'extérieur

exterminate [ɪk'stɜːmɪneɪt] VT exterminer

external [ɪk'stɜːnl] ADJ extérieur (-eure f)

externally [ɪk'stɜːnəli] ADV (= from the outside) de l'extérieur ; (= on the outside) sur l'extérieur

extinct [ɪk'stɪŋkt] ADJ **a** (= no longer existing) disparu ◆ **to become ~** disparaître **b** [volcano] éteint

extinction [ɪk'stɪŋkʃən] N extinction f

extinguish [ɪk'stɪŋgwɪʃ] VT éteindre

extinguisher [ɪk'stɪŋgwɪʃər] N extincteur m

extort [ɪk'stɔːt] VT [+ money] extorquer (from à)

extortionate [ɪk'stɔːʃənɪt] ADJ exorbitant

extra ['ekstrə] **1** ADJ supplémentaire ◆ **wine is ~** le vin est en supplément ◆ **there's no ~ charge for the wine** le vin est compris ◆ **we need some ~ time** on a besoin d'un peu plus de temps ◆ **the match went to ~ time** on a joué les prolongations **2** ADV **a** (= more money) ◆ **to pay/charge ~** payer/faire payer un supplément **b** (= especially) [cautious] encore plus ◆ **~ large** [eggs] très gros ; [garment] extra large **3** N **a** (= perk) à-côté m **b** (= actor) figurant(e) m(f) **c** (US = gasoline) super(carburant) m

extract 1 VT [ɪk'strækt] (gen) extraire (from de) ; [+ tooth, confession, promise] arracher (from à) ; [+ information, money] soutirer (from à) **2** N ['ekstrækt] extrait m

extradite ['ekstrədaɪt] VT extrader

extradition [,ekstrə'dɪʃən] N extradition f

extramarital ['ekstrə'mærɪtl] ADJ extraconjugal

extraneous [ɪk'streɪnɪəs] ADJ (= irrelevant) étranger au sujet ◆ **~ to** étranger à

extraordinarily [ɪk'strɔːdnrɪli] ADV extraordinairement

extraordinary [ɪk'strɔːdnrɪ] ADJ extraordinaire

extrasensory ['ekstrə'sensəri] ADJ extrasensoriel ▸ **extrasensory perception** perception f extrasensorielle

extra-special [,ekstrə'speʃəl] ADJ exceptionnel

extraterrestrial [,ekstrətɪ'restrɪəl] ADJ, N extraterrestre mf

extravagance [ɪk'strævəgəns] N **a** (= overspending) ◆ **he was accused of ~** on l'a accusé d'avoir fait des dépenses extravagantes **b** (= thing bought) folie f **c** (= wastefulness) gaspillage m

extravagant [ɪk'strævəgənt] ADJ **a** (financially) [person] dépensier ; [tastes] de luxe ; [gift] somptueux ; [price] exorbitant **b** (= exaggerated) extravagant

extravaganza [ɪk,strævə'gænzə] N (= show) spectacle m somptueux

extreme [ɪk'striːm] **1** ADJ extrême **2** N extrême m ◆ **in the ~** à l'extrême ◆ **to go to ~s** pousser les choses à l'extrême

extremely [ɪk'striːmli] ADV extrêmement

extremist [ɪk'striːmɪst] ADJ, N extrémiste mf

extremity [ɪk'stremɪti] N extrémité f

extricate ['ekstrıkeıt] VT [+ object] dégager ◆ **to ~ o.s.** s'extirper ; (from situation) se tirer

extrovert ['ekstrəʊ,vɜːt] ADJ, N extraverti(e) *m(f)*

exuberance [ıg'zjuːbərəns] N exubérance *f*

exuberant [ıg'zjuːbərənt] ADJ exubérant

exult [ıg'zʌlt] VI (= rejoice) se réjouir (in, at de ; over à propos de)

exultant [ıg'zʌltənt] ADJ triomphant

eye [aı] **1** N **a** [of person, animal] œil *m* ◆ **~s** yeux *mpl* ◆ **to have blue ~s** avoir les yeux bleus ◆ **a girl with blue ~s** une fille aux yeux bleus ◆ **before our very ~s** sous nos yeux ◆ **with tears in her ~s** les larmes aux yeux ◆ **I saw it with my own ~s** je l'ai vu de mes propres yeux ◆ **to see ~ to ~ with sb** être d'accord avec qn ◆ **to keep an ~ on things** garder la boutique * ◆ **will you keep an ~ on the baby?** vous pouvez surveiller le bébé ? ◆ **to keep one's ~s open** ouvrir l'œil ◆ **he couldn't keep his ~s open** il dormait debout ◆ **to have an ~ for a bargain** savoir flairer les bonnes affaires ◆ **he didn't take his ~s off her** il ne l'a pas quittée des yeux ◆ **in his ~s** à ses yeux ◆ **to have one's ~ on sth** avoir qch en vue ◆ **to be up to one's ~s in work** être débordé de travail ◆ **to be up to one's ~s in debt** être endetté jusqu'au cou ◆ **with one's ~s closed** les yeux fermés ▶ **eye-catching** [dress, colour] voyant ; [headline, display] accrocheur ▶ **eye-opener** * révélation *f* ▶ **eye test** examen *m* de la vue **b** [of needle] chas *m* ; [of potato] œil *m* (yeux *pl*) ; [of storm] œil *m* **2** VT (= look at) regarder
▶ **eye up** * VT SEP (Brit) reluquer *

eyeball ['aıbɔːl] N globe *m* oculaire

eyebrow ['aıbraʊ] N sourcil *m* ▶ **eyebrow pencil** crayon *m* à sourcils

-eyed [aıd] ADJ (in compounds) ◆ **brown-eyed** aux yeux marron

eyedrops ['aıdrɒps] NPL collyre *m*

eyeglasses ['aıglɑːsız] NPL (US) lunettes *fpl*

eyelash ['aılæʃ] N cil *m*

eyelid ['aılıd] N paupière *f*

eyeliner ['aılaınəʳ] N eye-liner *m*

eyeshade ['aıʃeıd] N visière *f*

eyeshadow ['aıʃædəʊ] N fard *m* à paupières

eyesight ['aısaıt] N vue *f*

eyesore ['aısɔːʳ] N horreur *f*

eyetooth ['aıtuːθ] N (pl **-teeth** ['aıtiːθ]) canine *f* supérieure ◆ **I'd give my eyeteeth** * **to go to China** qu'est-ce que je ne donnerais pas pour aller en Chine !

eyewitness ['aı,wıtnıs] N témoin *m* oculaire

ANGLAIS / FRANÇAIS

F [ef] N **a** (Mus) fa *m* **b** (= mark) ◆ **to get an F** avoir une très mauvaise note

fable ['feɪbl] N fable *f*

fabric ['fæbrɪk] N tissu *m* ; [of building, society] structure *f* ▶ **fabric conditioner** *or* **softener** produit *m* assouplissant

fabricate ['fæbrɪkeɪt] VT fabriquer

fabulous * ['fæbjʊləs] ADJ fabuleux

face [feɪs] **1** N [of person] visage *m* ; [of mountain] face *f* ◆ **to make ~s** faire des grimaces ◆ **he told him so to his ~** il le lui a dit en face ◆ **to lose ~** perdre la face ◆ **in the ~ of** face à ◆ **they were standing ~ to ~** ils étaient face à face ◆ **to come ~ to ~ with sb** se trouver nez à nez avec qn ◆ **he was lying ~ down** il était à plat ventre ◆ **on the ~ of it** à première vue ▶ **face cloth** *or* **flannel** (Brit) = gant *m* de toilette ▶ **face-lift** lifting *m* ◆ **to have a ~-lift** se faire faire un lifting ▶ **face-to-face** face à face ▶ **face value** ◆ **to take a statement at ~ value** prendre une déclaration au pied de la lettre **2** VT **a** (= look towards) faire face à ◆ **he was facing me** il me faisait face ◆ **facing one another** l'un en face de l'autre ◆ **the building ~s the sea** l'immeuble donne sur la mer **b** (= confront) ◆ **two problems ~d them** ils se trouvaient devant deux problèmes ◆ **he was ~d with a bill for £100** il devait payer une note de 100 livres **c** (= face up to) [+ problem] affronter ; [+ truth] regarder en face ◆ **to ~ facts** se rendre à l'évidence ◆ **let's ~ it** regardons les choses en face ◆ **I can't ~ doing it** je n'ai pas le courage de le faire **d** (= risk incurring) risquer ◆ **many people were facing redundancy** beaucoup de gens risquaient d'être licenciés **3** VI [house] être orienté ◆ **a window facing south** une fenêtre orientée au sud ◆ **a room facing towards the sea** une chambre donnant sur la mer

▶ **face up to** VT INSEP faire face à ◆ **to ~ up to the fact that ...** admettre que ...

facet ['fæsɪt] N facette *f*

facetious [fə'siːʃəs] ADJ facétieux

facial ['feɪʃəl] **1** ADJ [expression, hair] du visage **2** N ◆ **to have a ~** * se faire faire un soin du visage

facilitate [fə'sɪlɪteɪt] VT faciliter

facility [fə'sɪlɪtɪ] N **a** ◆ **facilities** (= equipment) équipements *mpl* ◆ **the flat has no cooking facilities** l'appartement n'est pas équipé pour faire la cuisine **b** (= means) possibilité *f* ◆ **the bank offers the ~ to pay over 50 weeks** la banque offre la possibilité d'étaler les paiements sur 50 semaines **c** (= device) mécanisme *m* ; (on computer) fonction *f* **d** (= ease) facilité *f*

fact [fækt] N **a** fait *m* ◆ **in view of the ~ that ...** étant donné que ... ◆ **to know for a ~ that ...** être certain que ... ◆ **the ~ of the matter is that ...** le fait est que ... ◆ **it's time he knew the ~s of life** il est temps qu'il sache comment les enfants viennent au monde **b** (= reality) réalité *f* ◆ **~ and fiction** la réalité et la fiction ◆ **in ~** en fait

faction ['fækʃən] N faction *f*

factor ['fæktə'] N facteur *m* ◆ **sun protection ~ 25** indice *m* de protection 25

factory ['fæktərɪ] N usine *f*

factual ['fæktjʊəl] ADJ factuel

faculty ['fækəltɪ] N faculté *f*

fad [fæd] N (personal) lubie *f* ; (= fashion) mode *f*

fade [feɪd] VI **a** [colour] passer ; [material] se décolorer ; [light] baisser [memory] s'effacer ; [interest] décliner ; [sound] s'affaiblir ; [hopes] s'évanouir

faded ['feɪdɪd] ADJ [material] décoloré ; [jeans] délavé

faeces, feces (US) ['fiːsiːz] NPL selles *fpl*

fag [fæg] N **a** (* Brit = cigarette) clope * *f* ▶ **fag end** mégot * *m* **b** (* US = homosexual) pédé * *m*

Fahrenheit ['færənhaɪt] ADJ ◆ **70 degrees ~** 70 degrés Fahrenheit

fail [feɪl] **1** VI **a** (= be unsuccessful) échouer ; [business] faire faillite ◆ **crops ~ed because of the drought** la sécheresse a détruit les récoltes **b** (= grow weak) [hearing, health] décliner ; [eyesight] baisser **c** (= break down) [engine] tomber en panne ; [brakes] lâcher **2** VT ◆ **to ~ an examination** échouer à un examen ◆ **to ~ a candidate** recaler * un candidat ◆ **words ~ me!** les mots me manquent ! ◆ **his memory often ~s him** sa mémoire le trahit souvent ◆ **to ~ to do sth** ne pas faire qch ◆ **I ~ to see why** je ne vois pas pourquoi ◆ **he never ~s to write** il ne manque jamais d'écrire ◆ **every morning without ~, she takes the dog for a walk** chaque matin sans exception, elle sort son chien

failing ['feɪlɪŋ] **1** N (= fault) défaut m **2** PREP à défaut de ◆ ~ **this** sinon **3** ADJ [eyesight, health, memory] défaillant

failure ['feɪljəʳ] N **a** (gen) échec m ; [of business] faillite f ◆ **he's a** ~ c'est un raté * ◆ **heart** ~ défaillance f cardiaque ◆ **engine** ~ panne f **b** ◆ **his** ~ **to answer** le fait qu'il n'a pas répondu

faint [feɪnt] **1** ADJ **a** (= slight) léger ; [recollection] vague ; [voice, light] faible ◆ **I haven't the** ~**est idea** je n'en ai pas la moindre idée **b** ◆ **to feel** ~ se sentir mal **2** VI (= lose consciousness) s'évanouir

faintly ['feɪntlɪ] ADV (= slightly) légèrement

fair [feəʳ] **1** N (= fête) foire f ; (Brit) (= funfair) fête f foraine **2** ADJ **a** (= just) juste ; [competition, fight, player] loyal ; [trial] équitable ◆ ~ **enough!** d'accord ! **b** (= considerable) considérable ◆ **there's a** ~ **amount of money left** il ne reste pas mal d'argent ◆ **he's travelled a** ~ **amount** il a pas mal voyagé **c** (= average) passable ◆ **in** ~ **condition** en assez bon état **d** (= reasonable) ◆ **he has a** ~ **chance of success** il a des chances de réussir ◆ **I had a** ~ **idea of what to expect** je savais à quoi m'attendre **e** (= light-coloured) [hair] blond ; [complexion, skin] clair ◆ **she's** ~ **(-haired)** elle est blonde **f** (= fine) ◆ **the weather was** ~ il a fait beau **3** ADV ◆ **to play** ~ jouer franc jeu

fairground ['feəɡraʊnd] N champ m de foire

fairly ['feəlɪ] ADV **a** (= moderately) assez ◆ **he did** ~ **well in the exam** il a assez bien réussi l'examen ◆ ~ **soon** d'ici peu **b** (= justly) [treat, judge, distribute] équitablement ; [obtain] honnêtement ; [claim] à juste titre

fairness ['feənɪs] N (= justice) équité f ◆ **in all** ~ en toute justice ◆ **in** ~ **to him** pour être juste envers lui

fairy ['feərɪ] N fée f ▸ **fairy godmother** bonne fée f ▸ **fairy lights** guirlande f électrique ▸ **fairy story or tale** conte m de fées

faith [feɪθ] N (= belief) foi f ◆ **to have** ~ **in sb** avoir confiance en qn ◆ **to do sth in all good** ~ faire qch en toute bonne foi ◆ **to act in bad** ~ être de mauvaise foi

faithful ['feɪθfʊl] ADJ fidèle

faithfully ['feɪθfəlɪ] ADV [serve] loyalement ◆ **to promise** ~ donner sa parole ◆ **Yours** ~ (Brit) Je vous prie d'agréer, Monsieur (or Madame), l'expression de mes sentiments distingués

fake [feɪk] **1** N (= false object, painting) faux m **2** ADJ faux (fausse f) **3** VT (= falsify) falsifier

Falklands ['fɔːlkləndz] NPL ◆ **the** ~ les Malouines fpl

fall [fɔːl] (vb : pret **fell**, ptp **fallen**) **1** N **a** [of person, rocks] chute f ; (in price, temperature)

baisse f (in de) **b** (US = autumn) automne m **2** **falls** NPL (= waterfall) chute f d'eau **3** VI (gen) tomber ; [building] s'effondrer ; [temperature, price] baisser ◆ **to** ~ **ill** tomber malade ◆ **to** ~ **asleep** s'endormir ◆ **to** ~ **silent** se taire ◆ **his work fell short of our expectations** son travail n'a pas répondu à notre attente

▸ **fall apart** VI s'effondrer ; [scheme, deal] tomber à l'eau

▸ **fall down** VI tomber

▸ **fall for** VT INSEP **a** ◆ **to** ~ **for sb** tomber amoureux de qn **b** (= be taken in by) [+ trick, lie] se laisser prendre à

▸ **fall in** VI ◆ **she leaned over the pool and fell in** elle s'est penchée au-dessus de la piscine et elle est tombée dedans

▸ **fall into** VT INSEP [+ trap, water] tomber dans ◆ **to** ~ **into a deep sleep** sombrer dans un profond sommeil ◆ **to** ~ **into decline** connaître le déclin

▸ **fall off** **1** VI **a** tomber **b** [sales, numbers, attendances] décliner **2** VT tomber de ◆ **he fell off his bike** il est tombé de vélo

▸ **fall on** VT INSEP ◆ **to** ~ **on hard times** avoir des revers de fortune

▸ **fall out** VI (quarrel) se brouiller

▸ **fall over** VI tomber par terre

▸ **fall through** VI [plans] tomber à l'eau

fallen ['fɔːlən] VB (ptp of **fall**) ◆ ~ **leaves** feuilles fpl mortes

fallible ['fæləbl] ADJ faillible

falling ['fɔːlɪŋ] ADJ [prices, profits, standards, inflation] en baisse

fallout ['fɔːlaʊt] N retombées fpl ▸ **fallout shelter** abri m antiatomique

false [fɔːls] ADJ faux (fausse f) ▸ **false imprisonment** détention f arbitraire ▸ **false alarm** fausse alerte f ▸ **false start** faux départ m ▸ **false teeth** NPL dentier m

falsify ['fɔːlsɪfaɪ] VT falsifier

falter ['fɔːltəʳ] VI [voice] hésiter ; [courage] faiblir

fame [feɪm] N célébrité f

familiar [fəˈmɪljəʳ] ADJ familier ◆ **his face is** ~ son visage me dit quelque chose ◆ **to be** ~ **with sth** bien connaître qch ◆ **to be on** ~ **terms with sb** bien connaître qn

familiarity [fəˌmɪlɪˈærɪtɪ] N familiarité f ◆

familiarize [fəˈmɪlɪəraɪz] VT ◆ **to** ~ **sb with sth** habituer qn à qch ◆ **to** ~ **o.s. with** se familiariser avec

family ['fæmɪlɪ] N famille f ▸ **family business** entreprise f familiale ▸ **family doctor** médecin m de famille ▸ **family planning** planning m familial ▸ **family tree** arbre m généalogique

famine ['fæmɪn] N famine f

famished ['fæmɪʃt] ADJ affamé

famous ['feɪməs] ADJ célèbre

fan [fæn] **1** N **a** (= device) éventail m ; (mechanical) ventilateur m **b** [of pop star, music style] fan mf ; [of sports team] supporter m ▸ **fan club** fan-club m ▸ **fan mail** courrier m des fans **2** VT **a** [+ person] rafraîchir **b** [+ violence, hatred] attiser

fanatic [fə'nætɪk] N fanatique mf ◆ **she's a football ~** c'est une fana * de football

fanatical [fə'nætɪkl] ADJ fanatique

fanciful ['fænsɪfʊl] ADJ [ideas] fantasque

fancy ['fænsɪ] **1** N (= whim) caprice m ◆ **a passing ~** une lubie ◆ **he only works when the ~ takes him** il ne travaille que quand ça lui plaît ◆ **to take a ~ to sth** prendre goût à qch **2** VT **a** (= want) avoir envie de ; (= like) aimer ◆ **do you ~ going for a walk?** as-tu envie d'aller faire une promenade ? ◆ **he fancies her** * (Brit) elle lui plaît **b** (*: expressing surprise) ◆ **~ that!** voyez-vous ça ! ◆ **~ anyone doing that!** les gens font de ces choses ! ◆ **~ seeing you here!** tiens ! vous ici ! **3** ADJ (= sophisticated) sophistiqué ; (= showy) tape-à-l'œil inv ; (= expensive) chic inv ; (= high-quality) de luxe ▸ **fancy dress** déguisement m ▸ **in ~ dress** déguisé

fanfare ['fænfeɔr] N fanfare f

fang [fæŋ] N [of dog, vampire] croc m ; [of snake] crochet m

fantasize ['fæntəsaɪz] VI fantasmer (about sur)

fantastic * [fæn'tæstɪk] ADJ fantastique

fantasy ['fæntəzɪ] N (= imagination) imagination f ◆ **a ~ world** un monde imaginaire

far [fɑːr] [comparative **farther** or **further**, superlative **farthest** or **furthest**] ◇ ADV **a** ADV loin ◆ **is it ~?** c'est loin ? ◆ **that's going too ~** cela dépasse les bornes ◆ **I wouldn't go that ~** je n'irais pas jusque-là ◆ **I would even go so ~ as to say that ...** j'irais même jusqu'à dire que ... ◆ **we went as ~ as the town** nous sommes allés jusqu'à la ville ◆ **as ~ as I know** autant que je sache ◆ **as ~ as I can tell** d'après moi ◆ **as ~ as I'm concerned** en ce qui me concerne ◆ **as ~ back as I can remember** d'aussi loin que je m'en souvienne ◆ **as ~ back as 1945** dès 1945 ◆ **this is by ~ the best** c'est de loin ce qu'il y a de mieux ◆ **he's by ~ the oldest** il est de loin le plus âgé ◆ **your work is ~ from satisfactory** votre travail est loin d'être satisfaisant ◆ **~ from it!** loin de là ! ◆ **~ away in the distance** au loin ◆ **his birthday is not ~ off** c'est bientôt son anniversaire ◆ **~ too ...** beaucoup trop ... ◆ **how ~ is it?** c'est à quelle distance ? ◆ **how ~ is it to Glasgow?** combien y a-t-il de kilomètres jusqu'à Glasgow ? ◆ **how ~ is it from Glasgow to Edinburgh?** quelle distance y a-t-il entre Glasgow et Édimbourg ? ◆ **how ~ are you going?** jusqu'où allez-vous ? ◆ **how ~ have**

you got with your plans? où en êtes-vous de vos projets ? ◆ **my guess wasn't ~ out** je n'étais pas loin de la vérité ◆ **we have ten volunteers so ~** nous avons dix volontaires pour l'instant ◆ **so ~ so good** jusqu'ici ça va **2** ADJ **a** (= distant) ◆ **on the ~ side of** de l'autre côté de ◆ **in the ~ north of Scotland** tout au nord de l'Écosse **b** (Pol) ▸ **the ~ right/left** l'extrême droite f/gauche f **3** COMP ▸ **the Far East** l'Extrême-Orient m ▸ **far-fetched** [story, idea] tiré par les cheveux ▸ **far-reaching** d'une grande portée

farce [fɑːs] N (= play) farce f ◆ **the elections were a ~** ces élections ont été une mascarade

fare [feɔr] **1** N **a** (on tube, bus) prix m du ticket ; (on train, boat, plane) prix m du billet ; (in taxi) prix m de la course **b** (= food) nourriture f **2** VI (= get on) ◆ **how did you ~ ?** comment ça s'est passé ?

farewell [feə'wel] N, EXCL adieu m

farm [fɑːm] N ferme f

farmer ['fɑːmər] N agriculteur m, -trice f

farmhouse ['fɑːmhaʊs] N ferme f

farming ['fɑːmɪŋ] N agriculture f

farmland ['fɑːmlænd] N terres fpl cultivées

farmyard ['fɑːmjɑːd] N cour f de ferme

fart : [fɑːt] **1** N pet * m **2** VI péter *

farther ['fɑːðər] (compar of **far**) ◇ ADV plus loin ◆ **how much ~ is it?** c'est encore loin ? ◆ **have you got much ~ to go?** vous allez beaucoup plus loin ? ◆ **I can't go any ~** je n'en peux plus ◆ **nothing could be ~ from the truth** rien n'est plus éloigné de la vérité ◆ **~ back** plus en arrière ◆ **~ away** plus loin

farthest ['fɑːðɪst] (superl of **far**) **1** ADJ ◆ **the ~** le plus éloigné, la plus éloignée ◆ **they walked to the ~ point of the island** ils sont allés jusqu'à l'extrémité de l'île **2** ADV ◆ **the ~** le plus loin ◆ **who walked the ~?** qui est allé le plus loin ?

fascinate ['fæsɪneɪt] VT fasciner

fascinating ['fæsɪneɪtɪŋ] ADJ fascinant

fascism ['fæʃɪzəm] N fascisme m

fascist ['fæʃɪst] ADJ, N fasciste mf

fashion ['fæʃən] N **a** (= latest clothes, ideas) mode f ◆ **in ~** à la mode ◆ **out of ~** démodé ◆ **to come into ~** devenir à la mode ◆ **to go out of ~** se démoder ◆ **to be ~-conscious** suivre la mode ▸ **fashion designer** styliste m ◆ **the great ~ designers** les grands couturiers mpl ▸ **fashion show** défilé m de mode **b** (= manner) façon f

fashionable ['fæʃnəbl] ADJ à la mode ; [hotel] chic inv ; [district] prisé

fast [fɑːst] **1** ADJ (= speedy) rapide ◆ **she's a ~ walker/reader** elle marche/lit vite ◆ **my watch**

is five minutes ~ ma montre avance de cinq minutes ▸ **fast food** fast-food *m* **2** ADV **a** (= quickly) vite **b** ◆ **to be ~ asleep** dormir à poings fermés ◆ **to be stuck ~** être coincé

fasten ['fɑːsn] VT attacher

fastener ['fɑːsnə^r] N [of garment] fermeture *f* ◆ **a zip ~** une fermeture éclair ®

fat [fæt] **1** N graisse *f* ; (on cooked meat) gras *m* ; (for cooking) matière grasse ◆ **animal ~** graisse *f* animale ▸ **fat-free** sans matières grasses **2** ADJ **a** gros (grosse *f*) ◆ **to get ~** grossir **b** (= fatty) gras (grasse *f*)

fatal ['feɪtl] ADJ [injury, illness] mortel ; [consequences, mistake] fatal

fatality [fə'tælɪtɪ] N (= person killed) mort *m*

fatally ['feɪtəlɪ] ADV [wounded, injured] mortellement

fate [feɪt] N (= force) destin *m* ; (= one's lot) sort *m*

father ['fɑːðə^r] N père *m* ▸ **Father Christmas** (Brit) le père Noël ▸ **father-in-law** (pl **fathers-in-law**) beau-père *m* ▸ **Father's Day** la fête des Pères

fathom ['fæðəm] **1** N brasse *f* **2** VT (also **fathom out**) [+ mystery] pénétrer ; [+ person] comprendre ◆ **I can't ~ it** je n'y comprends rien

fatigue [fə'tiːg] N grande fatigue *f*

fatten ['fætn] VT engraisser

fattening ['fætnɪŋ] ADJ ◆ **cream is ~** la crème fait grossir

fatty ['fætɪ] ADJ [food] gras (grasse *f*)

faucet ['fɔːsɪt] N (US) robinet *m*

fault [fɔːlt] **1** N **a** (in person, scheme, machine) défaut *m* ◆ **to find ~ with sth** trouver à redire à qch ◆ **to find ~ with sb** critiquer qn **b** (= responsibility) faute *f* ◆ **whose ~ is it?** c'est la faute à qui ? ◆ **it's not my ~** ce n'est pas de ma faute ◆ **it's your own ~** c'est de votre faute ◆ **to be at ~** être fautif **c** (Tennis) faute *f* **d** (geological) faille *f* **2** VT ◆ **you can't ~ him** sa conduite est irréprochable

faultless ['fɔːltlɪs] ADJ irréprochable

faulty ['fɔːltɪ] ADJ [machine] défectueux

fauna ['fɔːnə] N faune *f*

faux pas [fəʊ'pɑː] N gaffe * *f*

favour, favor (US) ['feɪvə^r] **1** N **a** (= act of kindness) (small) service *m* ; (big) faveur *f* ◆ **to do sb a ~** rendre service à qn ◆ **to ask sb a ~** demander un service à qn ◆ **do me a ~ and get some bread** sois gentil, va acheter du pain **b** (set phrases) ◆ **to be out of ~** ne pas avoir la cote ◆ **to be in ~ (with sb)** être bien vu (de qn) ◆ **to find ~ with sb** [person] s'attirer les bonnes grâces de qn ; [suggestion] gagner l'approbation de qn ◆ **to be in ~ of sth** être

pour qch ◆ **to be in ~ of doing sth** être pour faire qch ◆ **the court decided in her ~** le tribunal lui a donné gain de cause ◆ **that's a point in his ~** c'est un bon point pour lui **2** VT **a** [+ idea, option] être partisan de **b** [+ person] préférer ; [+ candidate, pupil] montrer une préférence pour **c** (= help) favoriser

favourable, favorable (US) ['feɪvərəbl] ADJ favorable

favourite, favorite (US) ['feɪvərɪt] **1** N (gen) préféré(e) *m(f)* ; (in race) favori(te) *m(f)* **2** ADJ favori(te) *m(f)*, préféré ◆ **what's your ~ colour?** quelle est ta couleur préférée ?

favouritism, favoritism (US) ['feɪvərɪtɪzəm] N favoritisme *m*

fawn [fɔːn] **1** N (= animal) faon *m* **2** ADJ (= colour) fauve

fax [fæks] **1** N fax *m* ◆ **by ~** par fax **2** VT [+ document] faxer

FBI [ˌefbiː'aɪ] N (US) (abbrev of **Federal Bureau of Investigation**) FBI *m*

fear [fɪə^r] **1** N peur *f* **2** VT craindre ◆ **to ~ that ...** avoir peur que ... ne *+ subj* ◆ **I ~ he won't come** j'ai peur qu'il ne vienne pas **3** VI craindre ◆ **to ~ for one's life** craindre pour sa vie

fearless ['fɪəlɪs] ADJ intrépide

fearsome ['fɪəsəm] ADJ [opponent] redoutable

feasible ['fiːzəbl] ADJ [plan, suggestion] faisable

feast [fiːst] **1** N **a** (= lavish meal) festin *m* **b** (religious) fête *f* **2** VI ◆ **to ~ on sth** se régaler de qch

feat [fiːt] N exploit *m*

feather ['feðə^r] N plume *f*

feature ['fiːtʃə^r] **1** N **a** [of face, person] trait *m* ; [of machine, countryside] particularité *f* **b** (= feature film) long métrage *m* **2** VT ◆ **a film featuring John Wayne** un film avec John Wayne **3** VI **a** (in films) jouer **b** (= appear) figurer ◆ **the story ~d on all the front pages** cette histoire faisait la une de tous les journaux

February ['februərɪ] N février *m* ; for phrases see **September**

fed [fed] VB (pret, ptp of **feed**) ◆ **well ~** bien nourri ▸ **fed up** * ◆ **to be ~ up (with)** en avoir marre (de) *

federal ['fedərəl] ADJ fédéral

federation [ˌfedə'reɪʃən] N fédération *f*

fee [fiː] N [of doctor, lawyer] honoraires *mpl* ; [of artist, footballer] cachet *m* ; (for school, university) frais *mpl* de scolarité ▸ **fee-paying school** établissement *m* d'enseignement privé

feeble ['fiːbl] ADJ faible ; [excuse] piètre ; [attempt] vague ; [joke] médiocre

feed [fiːd] (vb : pret, ptp **fed**) **1** N (= food) nourriture f **2** VT **a** nourrir ; [+ child, animal] donner à manger à **b** [+ fire, furnace, machine] alimenter ◆ **to ~ data into a computer** entrer des données dans un ordinateur **3** VI [animal] se nourrir ; [baby] manger ; (at breast) téter ◆ **to ~ on** se nourrir de

feedback ['fiːdbæk] N réactions fpl

feel [fiːl] (pret, ptp **felt**) **1** N ◆ **to know sth by the ~ (of it)** reconnaître qch au toucher ◆ **you have to get the ~ of a new car** il faut se faire à une nouvelle voiture ◆ **to have a ~ for languages** être doué pour les langues **2** TRANSITIVE VERB **a** (= touch) toucher ◆ **to ~ sb's pulse** tâter le pouls de qn ◆ **to ~ one's way** avancer à tâtons **b** (= experience) [+ blow, caress, pain] sentir ; [+ sympathy] éprouver ; [+ grief] ressentir ◆ **I felt a few drops of rain** j'ai senti quelques gouttes de pluie ◆ **to ~ the cold** être frileux ◆ **the effects will befelt later** les effets se feront sentir plus tard ◆ **he felt a great sense of relief** il a éprouvé un grand soulagement **c** (= believe) penser ◆ **I ~ he has spoilt everything** je pense qu'il a tout gâché ◆ **I ~ strongly that ...** je suis convaincu que ... **3** VI **a** (physically) se sentir ◆ **how do you ~ today?** comment vous sentez-vous aujourd'hui ? ◆ **to ~ cold/hot/hungry/thirsty** avoir froid/chaud/faim/soif ◆ **I felt as if I was going to faint** j'avais l'impression que j'allais m'évanouir **b** (emotionally) ◆ **I ~ great!** je me sens très bien ! ◆ **I couldn't help ~ing envious** je ne pouvais pas m'empêcher d'être jaloux ◆ **I ~ sure that ...** je suis sûr que ... ◆ **I ~ very bad about leaving you here** cela m'ennuie beaucoup de vous laisser ici ◆ **how do you ~ about him?** que pensez-vous de lui ? **c** ◆ **to ~ for sb** avoir de la peine pour qn **c** ◆ **to ~ like sth** (= want) avoir envie de qch ◆ **I don't ~ like it** je n'en ai pas envie **d** (= give impression) ◆ **to ~ hard/soft** [object] être dur/doux au toucher **e** (= grope) ◆ **she felt in her pocket for some change** elle a fouillé dans sa poche pour trouver de la monnaie ◆ **he was ~ing in the dark for the door** il tâtonnait dans le noir pour trouver la porte

feeler ['fiːlə[r]] N [of insect] antenne f ◆ **to put out ~s** tâter le terrain

feelgood ['fiːlɡʊd] ADJ [film, song] qui donne un sentiment de bien-être ◆ **the ~ factor** le sentiment de bien-être

feeling ['fiːlɪŋ] N **a** (physical) sensation f **b** (= impression) impression f ◆ **I've got a funny ~ she will succeed** j'ai comme l'impression qu'elle va réussir ◆ **I know the ~!** je sais ce que c'est ! **c** (= emotion) sentiment m ◆ **I didn't mean to hurt your ~s** je ne voulais pas te blesser ◆ **ill ~** animosité f

feet [fiːt] NPL of **foot**

feign [feɪn] VT feindre

feisty * ['faɪstɪ] ADJ **a** (= lively) fougueux **b** (US = quarrelsome) bagarreur *

feline ['fiːlaɪn] ADJ félin

fell [fel] **1** VB (pt of **fall**) **2** VT [+ tree] abattre

fellow ['feləʊ] N **a** (* = man) homme m **b** (= comrade) camarade m

felon ['felən] N criminel(le) m(f)

felony ['felənɪ] N crime m

felt [felt] **1** VB (pt, ptp of **feel**) **2** N (= fabric) feutre m ▸ **felt-tip pen** feutre m

female ['fiːmeɪl] **1** ADJ [animal, plant] femelle ; [subject] du sexe féminin ; [company, vote] des femmes ; [organs, health problems] féminin ◆ **~ students** étudiantes fpl **2** N (= person) femme f, fille f ; (= animal) femelle f

feminine ['femɪnɪn] **1** ADJ féminin **2** N féminin m ◆ **in the ~** au féminin

feminism ['femɪnɪzəm] N féminisme m

feminist ['femɪnɪst] N, ADJ féministe mf

fence [fens] N clôture f
▸ **fence in** VT SEP [+ land] clôturer

fencing ['fensɪŋ] N (= sport) escrime f

fend [fend] VI ◆ **to ~ for o.s.** se débrouiller tout seul
▸ **fend off** VT SEP [+ blow] parer ; [+ attack, attacker] repousser ; [+ question] éluder

fender ['fendə[r]] N (US = wing) aile f

fennel ['fenl] N fenouil m

ferment [fə'ment] VI fermenter

fern [fɜːn] N fougère f

ferocious [fə'rəʊʃəs] ADJ [animal, person, fighting] féroce ; [attack, argument] violent

ferret ['ferɪt] **1** N furet m **2** VI (= ferret about) fureter

ferry ['ferɪ] **1** N (large) ferry-boat m ; (small) bac m **2** VT (= transport) transporter

fertile ['fɜːtaɪl] ADJ fertile

fertility [fə'tɪlɪtɪ] N [of soil, man] fertilité f ; [of woman, animal] fécondité f

fertilize ['fɜːtɪlaɪz] VT [+ animal, egg] féconder

fertilizer ['fɜːtɪlaɪzə[r]] N engrais m

fervent ['fɜːvənt] ADJ [admirer] fervent ; [supporter, belief, desire] ardent

fervour, fervor (US) ['fɜːvə[r]] N ferveur f

fester ['festə[r]] VI [wound] suppurer

festival ['festɪvəl] N (religious) fête f ; (musical) festival m

festive ['festɪv] ADJ de fête ◆ **the ~ season** la période des fêtes

festivity [fes'tɪvɪtɪ] N (also **festivities**) fête f

fetch [fetʃ] VT (= go and get) aller chercher

fête [feɪt] N (Brit) fête *f* ; (for charity) kermesse *f*

fetus ['fiːtəs] N (US) fœtus *m*

feud [fjuːd] N querelle *f*

feudal ['fjuːdl] ADJ féodal

fever ['fiːvə^r] N fièvre *f*

feverish ['fiːvərɪʃ] ADJ [person] fiévreux

few [fjuː] ADJ, PRON peu (de) ◆ ~ **books** peu de livres ◆ ~ **of them came** peu d'entre eux sont venus ◆ **he is one of the ~ people able to do this** c'est l'une des rares personnes qui puisse le faire ◆ **these past ~ weeks** ces dernières semaines ◆ **the next ~ days** les jours qui viennent ◆ **with ~ exceptions** à de rares exceptions près ◆ **such occasions are ~ and far between** de telles occasions sont rares ◆ **a ~** quelques(-uns), quelques(-unes) ◆ **a ~ books** quelques livres *mpl* ◆ **I know a ~ of these people** je connais quelques-unes de ces personnes ◆ **there were only a ~ of us** nous n'étions qu'une poignée ◆ **how many? – quite a ~** combien ? – pas mal * ◆ **quite a ~ books** pas mal * de livres ◆ **he has too ~ books** il a trop peu de livres

fewer ['fjuːə^r] ADJ, PRON (compar of **few**) moins (de) ◆ **we have sold ~ this year** nous en avons moins vendu cette année ◆ **no ~ than 37** pas moins de 37

fiancé [fɪ'ɒ̃ːnseɪ] N fiancé *m*

fiancée [fɪ'ɒ̃ːnseɪ] N fiancée *f*

fiasco [fɪ'æskəʊ] N fiasco *m*

fib * [fɪb] N bobard * *m*

fibre, fiber (US) ['faɪbə^r] N fibre *f*

fibreglass, fiberglass (US) ['faɪbəglɑːs] N fibre *f* de verre

fiction ['fɪkʃən] N ◆ (works of) ~ œuvres *fpl* de fiction ◆ **he writes ~** c'est un romancier

fictional ['fɪkʃənl] ADJ fictif

fictitious [fɪk'tɪʃəs] ADJ faux (fausse *f*)

fiddle ['fɪdl] **1** N **a** (= violin) violon *m* **b** (* Brit = cheating) combine * *f* ◆ **he's on the ~** il traficote * *f* **2** VI ◆ **can't you stop fiddling (around)!** tiens-toi donc tranquille ! ◆ **to ~ with a pencil** tripoter un crayon **3** VT (* Brit) [+ accounts, expenses claim] truquer

fiddly * ['fɪdlɪ] ADJ [task] minutieux

fidelity [fɪ'delɪtɪ] N fidélité *f*

fidget ['fɪdʒɪt] VI (= wriggle) gigoter *f*

field [fiːld] N (gen) champ *m* ; (Sport) terrain *m* ; (= sphere of activity, knowledge) domaine *m*

fiend [fiːnd] N **a** démon *m* **b** (* = fanatic) mordu(e) * *m(f)*

fierce [fɪəs] ADJ [animal, person, battle] féroce ; [attack, argument] violent ; [debate] houleux ; [opposition] farouche ; [criticism, critic] virulent

fifteen [fɪf'tiːn] NUMBER quinze *m inv* ; for other phrases see **six**

fifteenth [fɪf'tiːnθ] ADJ, N quinzième *mf* ; (= fraction) quinzième *m* ; see also **sixth**

fifth [fɪfθ] ADJ, N cinquième *mf* ; (= fraction) cinquième *m* ; see also **sixth**

fifty ['fɪftɪ] NUMBER cinquante *m inv* ; for other phrases see **sixty**

fig [fɪg] N (= fruit) figue *f* ; (= fig tree) figuier *m*

fight [faɪt] (vb : pret, ptp **fought**) **1** N (= punch-up) bagarre * *f* ; (= battle) bataille *f* ; (Boxing) combat *m* ; (against disease, poverty) lutte *f* ; (= quarrel) dispute *f* ◆ **to have a ~ with sb** se battre avec qn ; (= argue) se disputer avec qn ◆ **he put up a good ~** il s'est bien défendu **2** VI [person, animal] se battre ; (against disease, unemployment) lutter ; (= quarrel) se disputer ◆ **to ~ for one's life** lutter contre la mort **3** VT combattre ; [+ person] se battre avec ◆ **we're ~ing a losing battle** c'est un combat perdu d'avance

▶ **fight back** **1** VI (against attacker) rendre les coups ; (Sport) se reprendre **2** VT SEP [+ tears] refouler

▶ **fight off** VT SEP [+ attack, attacker] repousser

fighter ['faɪtə^r] N (Boxing) boxeur *m*

fighting ['faɪtɪŋ] N (in war) combat *m* ; (in classroom, pub) bagarres * *fpl*

figment ['fɪgmənt] N ◆ **it was a ~ of his imagination** c'était le pur produit de son imagination

figurative ['fɪgjʊrətɪv] ADJ [language] figuré

figure ['fɪgə^r] **1** N **a** (= number) chiffre *m* **b** (= diagram) figure *f* **c** (= shape) [of person] ligne *f* ◆ **she has a good ~** elle est bien faite **d** (= important person) personnage *m* **2** VT (US = think) penser **3** VI **a** (= appear) figurer **b** (* = make sense) ◆ **that ~s** ça paraît logique

▶ **figure out** VT SEP **a** (= understand) comprendre **b** (= plan) calculer ◆ **they had it all ~d out** ils avaient bien calculé leur coup

file [faɪl] **1** N **a** (= folder) dossier *m* ; (Computing) fichier *m* ◆ **~ manager** gestionnaire *m* de fichiers **b** (for metal, nails) lime *f* **c** (= line) ◆ **in single ~** en file indienne **2** VT **a** [+ notes, files] classer ◆ **to ~ a claim** déposer une requête ◆ **to ~ a claim for damages** intenter un procès en dommages-intérêts **b** (= file down) limer ◆ **to ~ one's nails** se limer les ongles **3** VI ◆ **to ~ in/out** entrer/sortir en file ◆ **they all ~d past** ils sont passés lentement les uns derrière les autres

filename ['faɪlneɪm] N nom *m* de fichier

filing ['faɪlɪŋ] N [of documents] classement *m* ▶ **filing cabinet** classeur *m* *(meuble)*

fill [fɪl] **1** VT **a** [+ bucket, hole] remplir (with de) **b** [+ post, job] pourvoir ♦ **the position is already ~ed** le poste est déjà pourvu ♦ **to ~ a need** répondre à un besoin ♦ **to ~ a gap** combler un vide **2** VI (= fill up) [bath, bus, hall] se remplir
► **fill in 1** VI ♦ **to ~ in for sb** remplacer qn (temporairement) **2** VT SEP **a** [+ form] remplir ; [+ report] compléter **b** [+ hole] boucher
► **fill out** VT SEP [+ form] remplir
► **fill up 1** VI **a** [bath, bus, hall] se remplir **b** (with petrol) faire le plein (d'essence) **2** VT SEP **a** [+ tank] remplir ♦ **~ it up!** * (with petrol) (faites) le plein ! **b** [+ hole] boucher

fillet ['fɪlɪt], **filet** (US) [fɪˈleɪ] **1** N [of meat, fish] filet *m* **2** VT [+ fish] découper en filets

filling ['fɪlɪŋ] **1** N **a** (in tooth) plombage *m* **b** (in pie, sandwich) garniture *f* ♦ **chocolates with a coffee ~** chocolats *mpl* fourrés au café **2** ADJ [food] substantiel

filling station [ˈfɪlɪŋˌsteɪʃən] N station-service *f*

film [fɪlm] **1** N **a** (Brit = movie) film *m* ♦ **to go to a ~** aller voir un film ► **film festival** festival *m* du cinéma ► **film-maker** cinéaste *mf* ► **film star** vedette *f* de cinéma **b** (for camera) pellicule *f* **c** [of dust, oil] pellicule *f* **2** VT filmer **3** VI (= make a film) tourner un film

filter ['fɪltər] **1** N filtre *m* **2** VTI filtrer

filth [fɪlθ] N saleté *f*

filthy ['fɪlθɪ] ADJ (= dirty) crasseux ; (= disgusting) dégoûtant ; (= obscene) obscène ♦ **~ rich** * bourré de fric *

fin [fɪn] N [of fish] nageoire *f* ; [of shark] aileron *m*

final ['faɪnl] **1** ADJ **a** (= last) dernier **b** [result, draft] définitif ♦ **the judges' decision is ~** la décision des arbitres est sans appel **2** N (US Sport) (also **finals**) finale *f* **3** **finals** NPL (= exams) examens *mpl* de dernière année

finale [fɪˈnɑːlɪ] N ♦ **the grand ~** l'apothéose *f*

finalist ['faɪnəlɪst] N finaliste *mf*

finalize ['faɪnəlaɪz] VT finaliser

finally ['faɪnəlɪ] ADV **a** (= eventually) finalement **b** (= lastly) pour finir

finance [faɪˈnæns] **1** N finance *f* **2** VT financer

financial [faɪˈnænʃəl] ADJ financier ► **financial year** (Brit) exercice *m* budgétaire

find [faɪnd] (pret, ptp **found**) **1** VT **a** (gen) trouver ; [+ lost person or object] retrouver ♦ **he ~s it difficult to walk** il a du mal à marcher ♦ **I found myself wondering ...** je me suis surpris à me demander ... **b** (= realize) constater ♦ **you will ~ that I am right** vous constaterez que j'ai raison **c** ♦ **to ~ sb guilty** déclarer qn coupable **2** N trouvaille *f*

► **find out 1** VI **a** (= make enquiries) se renseigner (about sur) **b** (= know) ♦ **we didn't ~ out about it in time** nous ne l'avons pas su à temps ♦ **she doesn't want her parents to ~ out** elle ne veut pas que ses parents le sachent **2** VT SEP **a** (= discover) découvrir ; [+ answer] trouver **b** (= discover the misdeeds of) [+ person] démasquer

findings ['faɪndɪŋz] NPL conclusions *fpl*

fine [faɪn] **1** ADJ **a** [performer, player, piece of work] excellent ; [place, object, example] beau (belle *f*) ; [view] superbe **b** (= acceptable) bien *inv* ♦ **you look ~** tu es très bien **c** (= not unwell) ♦ **to be ~** aller bien ♦ **how are you? – ~ thanks** comment allez-vous ? – bien, merci ♦ **to feel ~** se sentir bien **d** (= without problems) ♦ **she'll be ~, the others will look after her** il ne lui arrivera rien, les autres s'occuperont d'elle ♦ **I'll be ~ on my own** je me débrouillerai très bien tout seul **e** (expressing agreement) très bien ♦ **I'll be back by lunchtime – ~!** je serai de retour à l'heure du déjeuner – très bien ! ♦ **that's ~ by me** d'accord **f** (= refined) raffiné **g** (= delicate) [fabric, hair, features] fin ♦ **~ rain** une pluie fine **h** (= subtle) [adjustment] minutieux ; [detail, distinction] subtil **i** [weather, day] beau (belle *f*) ♦ **coastal areas will be ~** il fera beau sur la côte **2** ADV **a** (= well) bien ♦ **we get on ~** nous nous entendons bien **b** (= not coarsely) ♦ **to chop sth ~** hacher qch menu ♦ **you're cutting it too ~** (= leaving it too late) c'est une peu juste **3** N (= penalty) amende *f* ; (for driving offence) contravention *f* **4** VT condamner à une amende ; (for driving offence) donner une contravention à

finely ['faɪnlɪ] ADV **a** [crafted, carved] finement **b** [chop] menu ; [slice] en tranches fines ; [grate] fin

finery ['faɪnərɪ] N beaux vêtements *mpl*

finger ['fɪŋɡər] N doigt *m* ♦ **to point one's ~ at sb** montrer qn du doigt ♦ **he wouldn't lift a ~ to help me** il ne lèverait pas le petit doigt pour m'aider ♦ **~s crossed!** croisons les doigts !

fingernail ['fɪŋɡəneɪl] N ongle *m*

fingerprint ['fɪŋɡəprɪnt] N empreinte *f* digitale

fingertip ['fɪŋɡətɪp] N bout *m* du doigt ♦ **at your ~s** à portée de main

finish ['fɪnɪʃ] **1** N **a** (= end) fin *f* ; [of race] arrivée *f* **b** [of woodwork] finition *f* **2** VT [+ work, meal, supplies] finir ♦ **to put the ~ing touches to sth** mettre la dernière main à qch **3** VI [film, meeting] se terminer ; [holiday, contract] prendre fin ; [runner, horse] arriver ♦ **he ~ed by saying that ...** il a terminé en disant que ...
► **finish off** VT SEP [+ work] terminer ; [+ food, meal] finir

▶ **finish with** VT INSEP ◆ I've ~ed with the paper je n'ai plus besoin du journal ◆ she's ~ed with him * (in relationship) elle l'a plaqué *

finished ['fɪnɪʃt] ADJ fini

finishing line ['fɪnɪʃɪŋ,laɪn] N ligne f d'arrivée

finite ['faɪnaɪt] ADJ [number, world] fini ; [amount, resources] limité

Finland ['fɪnlənd] N Finlande f

Finn [fɪn] N Finlandais(e) m(f)

Finnish ['fɪnɪʃ] **1** ADJ finlandais ; [literature, culture] finnois **2** N (= language) finnois m

fir [fɜːʳ] N sapin m ▶ **fir cone** pomme f de pin

fire [faɪəʳ] **1** N **a** feu m ; (in building, forest) incendie m ◆ the house was on ~ la maison était en feu ◆ to set ~ to sth mettre le feu à qch ◆ to catch ~ prendre feu ▶ **fire alarm** alarme f d'incendie ▶ **fire brigade** (Brit), **fire department** (US) (brigade f des) (sapeurs-)pompiers mpl ▶ **fire engine** voiture f de pompiers ▶ **fire escape** (= staircase) escalier m de secours ▶ **fire exit** sortie f de secours ▶ **fire extinguisher** extincteur m ▶ **fire fighter** pompier m ▶ **fire station** caserne f de pompiers ▶ **fire truck** (US) voiture f de pompiers **b** (Brit = heater) radiateur m **c** (= shots) ◆ to open ~ ouvrir le feu ◆ to come under ~ (= be criticized) essuyer des critiques **2** VT **a** [+ rocket] lancer ◆ to ~ a gun at sb tirer (un coup de fusil) sur qn ◆ to ~ questions at sb bombarder qn de questions **b** (= dismiss) licencier **c** [+ imagination, passions, enthusiasm] enflammer **d** [+ pottery] cuire **3** VI [person] tirer (at sur)

firearm ['faɪərɑːm] N arme f à feu

firebomb ['faɪəbɒm] N bombe f incendiaire

fireman ['faɪəmən] N (pl **-men**) (sapeur-)pompier m

fireplace ['faɪəpleɪs] N cheminée f

fireproof ['faɪəpruːf] ADJ [material] ininflammable ▶ **fireproof dish** plat m allant au feu

fireside ['faɪəsaɪd] N coin m du feu

firewall ['faɪəwɔːl] N (Computing) mur m pare-feu

firewood ['faɪəwʊd] N bois m de chauffage

firework ['faɪəwɜːk] N feu m d'artifice

firing ['faɪərɪŋ] N (= shooting) tir m ▶ **firing squad** peloton m d'exécution

firm [fɜːm] **1** N (= company) entreprise f **2** ADJ (gen) ferme ; [ladder, price, currency] stable ; [foundation] solide ◆ they became ~ friends ils sont devenus de grands amis

▶ **firm up** VT SEP [+ muscles] raffermir

firmly ['fɜːmlɪ] ADV [fix, base] solidement ; [establish, stick] bien ; [believe] fermement ; [say] avec fermeté ◆ ~ opposed to sth fermement opposé à qch

first [fɜːst] **1** ADJ premier ◆ the ~ of May le premier mai ◆ the twenty-~ time la vingt et unième fois ◆ Charles the First Charles Iᵉʳ ◆ she doesn't know the ~ thing about it elle n'y connaît rien ◆ he went out ~ thing this morning il est sorti très tôt ce matin ◆ ~ things ~! les choses importantes d'abord ! **2** ADV (= at first) d'abord ; (= firstly) premièrement ; (= in the beginning) au début ◆ when we ~ met la première fois que nous nous sommes rencontrés ◆ when we ~ lived here quand nous sommes venus habiter ici ◆ ~ separate the eggs séparez d'abord les jaunes des blancs ◆ ~ of all tout d'abord ◆ ~ and foremost en tout premier lieu ◆ she arrived ~ elle est arrivée la première ◆ to come ~ (= arrive) arriver le premier ; (in exam, competition) être reçu premier ◆ my family comes ~ ma famille passe avant tout ◆ at ~ d'abord, au début **3** N **a** premier m, -ière f ◆ they were the ~ to come ils sont arrivés les premiers ◆ the ~ I heard of it was when ... la première fois que j'en ai entendu parler, c'est ... **b** (= first gear) première f (vitesse) **c** (Brit = degree) ◆ he got a ~ ≈ il a eu sa licence avec mention très bien **4** COMP ▶ **first aid** premiers secours mpl ▶ **first floor** ◆ on the ~ floor (Brit) au premier (étage) ; (US) au rez-de-chaussée ▶ **first form** (Brit) ≈ (classe f de) sixième f ▶ **first grade** (US) cours m préparatoire ▶ **first lady** (US) première dame f des États-Unis (ou personne servant d'hôtesse à sa place) ▶ **first name** prénom m ▶ **the First World War** la première guerre mondiale ▶ **first year** (at university) première année f ; (= student) étudiant(e) m(f) de première année

first-class [,fɜːst'klɑːs] **1** ADJ **a** (= excellent) excellent **b** [travel, flight] en première (classe) ; [ticket, passenger, compartment] de première (classe) **c** [letter, stamp] en tarif prioritaire **d** ◆ a ~ degree ≈ une licence avec mention très bien **2** ADV [travel, fly] en première classe ; [send] en tarif prioritaire

first-hand [,fɜːst'hænd] ADJ [news, information] de première main

firstly ['fɜːstlɪ] ADV premièrement

first-rate [fɜːst'reɪt] ADJ excellent

fiscal ['fɪskəl] ADJ fiscal

fish [fɪʃ] **1** N INV poisson m ▶ **fish and chips** poisson m frit et frites ▶ **fish-and-chip shop** friterie f ▶ **fish fingers** (Brit) poisson m pané en bâtonnets ▶ **fish shop** poissonnerie f ▶ **fish sticks** (US) poisson m pané en bâtonnets ▶ **fish**

tank aquarium m **2** VI pêcher ◆ **to go ~ing** aller à la pêche ◆ **to ~ for compliments** chercher les compliments

fishbone ['fɪʃbəʊn] N arête f

fishbowl ['fɪʃbəʊl] N bocal m (à poissons)

fisherman ['fɪʃəmən] N (pl **-men**) pêcheur m

fishing ['fɪʃɪŋ] N pêche f ▸ **fishing boat** bateau m de pêche ▸ **fishing line** ligne f de pêche ▸ **fishing net** (on fishing boat) filet m (de pêche) ; [of angler, child] épuisette f ▸ **fishing rod** canne f à pêche ▸ **fishing tackle** attirail m de pêche

fishmonger ['fɪʃˌmʌŋgəʳ] N (Brit) poissonnier m, -ière f

fishy ['fɪʃɪ] ADJ **a** [smell] de poisson **b** (* = suspicious) louche ◆ **it seems rather ~** ça ne me paraît pas très catholique *

fist [fɪst] N poing m

fit [fɪt] **1** ADJ **a** (= able) capable (for de) ; (= worthy) digne (for de) ◆ **to be ~ for nothing** être bon à rien ◆ **~ to drink** (= not poisonous) potable ◆ **~ for human consumption** propre à la consommation **b** (= right and proper) convenable ; [time, occasion] propice ◆ **to see ~ to do sth** juger bon de faire qch **c** (= in trim) en forme ; (= healthy) en bonne santé **2** N **a** [of epilepsy] crise f ◆ **she'll have a ~!** * elle va piquer une crise ! * **b** (= outburst) accès m ◆ **in a ~ of anger** dans un accès de colère ◆ **to be in ~s** (laughing) se tordre de rire ◆ **to get a ~ of the giggles** avoir le fou rire ◆ **in ~s and starts** par à-coups **c** (= size) ◆ **your dress is a very good ~** cette robe est exactement à votre taille **3** VT **a** (= be the right size for) [clothes] aller à ◆ **the dress ~s her like a glove** cette robe lui va comme un gant ◆ **the key doesn't ~ the lock** cette clé ne correspond pas à la serrure **b** (= find space or time for) ◆ **you can ~ five people into this car** il y a de la place pour cinq dans cette voiture ◆ **I can't ~ any more meetings into my day** je n'ai pas le temps pour d'autres réunions dans mon emploi du temps **c** (= correspond to) [+ mood, definition, stereotype] correspondre à ; [+ needs, description] répondre à **d** (= put in place) mettre ; (= fix) fixer ◆ **to ~ a key in a lock** engager une clé dans une serrure ◆ **to ~ two things together** assembler deux objets ◆ **to ~ sth into place** mettre qch en place **4** VI **a** (= be the right size) ◆ **I liked the dress but it didn't ~** j'aimais bien la robe, mais elle n'était pas à ma taille ◆ **does it ~?** est-ce que c'est la bonne taille ? ◆ **this key doesn't ~** ce n'est pas la bonne clé **b** (= have enough room) tenir ◆ **it's too big to ~ into the box** c'est trop grand pour tenir dans la boîte **c** (= match) [facts] cadrer ◆ **how does this idea ~ into your overall plan?** comment cette idée s'inscrit-elle dans votre plan d'ensemble ? ◆ **suddenly everything ~ted into place** soudain, tout est devenu clair

▸ **fit in** **1** VI **a** (= match) [fact] cadrer ◆ **this doesn't ~ in with what I was taught** ça ne correspond pas à ce qu'on m'a appris **b** (= integrate) s'intégrer **c** (= have room) ◆ **will we all ~ in?** y aura-t-il assez de place pour nous tous ? **2** VT SEP **a** (= find room for) trouver de la place pour ◆ **can you ~ another bag in?** y a-t-il encore de la place pour un sac ? **b** (= adapt) adapter ◆ **I'll try to ~ my plans in with yours** je tâcherai de m'adapter en fonction de tes plans **c** (= find time for) prendre ◆ **the doctor can ~ you in tomorrow at three** le docteur peut vous prendre demain à 15 heures

fitful ['fɪtfʊl] ADJ [sleep] agité

fitness ['fɪtnɪs] N (= physical trimness) forme f ; (= health) santé f

fitted ['fɪtɪd] ADJ **a** (Brit) [wardrobe, kitchen units] encastré ◆ **a fully-~ kitchen** une cuisine entièrement équipée ▸ **fitted carpet** moquette f **b** [jacket] ajusté

fitting ['fɪtɪŋ] **1** ADJ (= appropriate) pertinent **2** **fittings** NPL (Brit) installations fpl ◆ **electrical ~s** installations fpl électriques

fitting room [,fɪtɪŋruːm] N salon m d'essayage

five [faɪv] NUMBER cinq m inv ; see also **six**

five-a-side [,faɪvə'saɪd] N (Brit) ◆ **~ (football)** football m à cinq

five-o'clock shadow [,faɪvəklɒk'ʃædəʊ] N barbe f d'un jour

fiver * ['faɪvəʳ] N (Brit) cinq livres fpl

fix [fɪks] **1** VT **a** (put) fixer ; (with ropes) attacher **b** (= arrange) décider **c** ◆ **to ~ one's hair** se passer un coup de peigne ◆ **can I ~ you a drink?** vous prendrez bien un verre ? **d** (= mend) réparer **e** (* = rig) truquer **2** VI (* US = intend) ◆ **to be ~ing to do sth** compter faire qch **3** N **a** (* = difficult situation) ◆ **to be in a ~** être dans le pétrin * **b** (* = dose of drugs) dose f

▸ **fix up** VT SEP arranger ◆ **I'll try to ~ something up** je tâcherai d'arranger quelque chose ◆ **to ~ sb up with sth** trouver qch pour qn

fixed [fɪkst] ADJ **a** [position, time, price] fixe ; [smile] figé **b** (= rigged) truqué **c** (* : used with how?) ◆ **how are we ~ for time?** on a combien de temps ? ◆ **how are you ~ for tonight?** tu es libre ce soir ? ◆ **how are you ~ for transport?** comment fais-tu pour le transport ?

fixture ['fɪkstʃəʳ] N **a** (in building) installation f fixe **b** (Brit Sport) rencontre f

fizz [fɪz] VI pétiller

fizzle out ['fɪzl'aʊt] VI [enthusiasm] tomber ; [event] se terminer ; [book, film, plot] se terminer en queue de poisson

fizzy ['fɪzɪ] ADJ (Brit) gazeux

fjord [fjɔːd] N fjord m

flab * [flæb] N (= fat) graisse f superflue

flabbergasted * ['flæbəgɑːstɪd] ADJ sidéré *

flabby ['flæbɪ] ADJ flasque

flag [flæg] **1** N drapeau m ; (on ship) pavillon m **2** VT (= mark) marquer **3** VI [athlete] faiblir ; [worker] se relâcher ; [conversation] languir
► **flag down** VT SEP [+ driver] faire signe d'arrêter à ; [+ taxi] héler

flagpole ['flægpəʊl] N mât m

flagrant ['fleɪgrənt] ADJ flagrant

flagship ['flægʃɪp] **1** N vaisseau m amiral **2** ADJ ► ~ **product/company** produit m/entreprise f phare

flair [flɛəʳ] N (= talent) flair m ; (= style) style m
► **to have a ~ for sth** avoir un don pour qch

flake [fleɪk] **1** N [of snow] flocon m **2** VI [plaster, paint] s'écailler ; [skin] peler

flaky ['fleɪkɪ] ADJ [skin] squameux ► **flaky pastry** pâte f feuilletée

flamboyant [flæm'bɔɪənt] ADJ [clothes] voyant ; [person] haut en couleur ; [style] extravagant

flame [fleɪm] N flamme f ► **in ~s** en feu ► **to burst into ~s** s'enflammer

flaming ['fleɪmɪŋ] ADJ **a** [torch] allumé ► **red hair** des cheveux d'un roux flamboyant **b** (* Brit = damn) fichu * ► **it's a ~ nuisance!** c'est vraiment enquiquinant ! *

flamingo [flə'mɪŋgəʊ] N flamant m rose

flammable ['flæməbl] ADJ inflammable

flan [flæn] N (= tart) tarte f

flank [flæŋk] **1** N flanc m **2** VT flanquer

flannel ['flænl] **1** N **a** (= fabric) flanelle f **b** (Brit: also **face flannel**) ≈ gant m de toilette **2** **flannels** NPL (Brit = trousers) pantalon m de flanelle

flap [flæp] **1** N **a** [of pocket, book cover] rabat m **b** ► **to be in a ~** * être dans tous ses états **2** VI [wings] battre ; [sails] claquer **3** VT ► **the bird ~ped its wings** l'oiseau battait des ailes

flapjack ['flæpdʒæk] N **a** (= biscuit) biscuit m d'avoine à la mélasse ; (US) (= pancake) crêpe f épaisse

flare [flɛəʳ] **1** N **a** [of torch] éclat m **b** (= signal) signal m ; (= distress signal) fusée f de détresse **2** **flares** * NPL (= trousers) pantalon m à pattes d'éléphant **3** VI **a** [match] s'enflammer **b** (also **flare up**) [violence, fighting] éclater ; [person] s'emporter ► **tempers ~d** les esprits se sont échauffés **c** [skirt, sleeves] évaser ; [nostrils] se dilater ► **~d skirt** jupe f évasée ► **~d trousers** pantalon m à pattes d'éléphant

flash [flæʃ] **1** N **a** (= sudden light) lueur f soudaine ► **a ~ of lightning** un éclair **b** (= brief moment) ► **it happened in a ~** c'est arrivé en un clin d'œil **c** (for camera) flash m **d** (US = torch) torche f **2** VI **a** [light] (on and off) clignoter ► **the blade ~ed in the sunlight** la lame a brillé au soleil ► **ing light** [of police car] gyrophare m ; [of answerphone] clignotant m **b** (= move quickly) ► **to ~ past** [person, vehicle] passer comme un éclair ► **his whole life ~ed before him** il a vu sa vie se défiler **c** (* = expose o.s. indecently) s'exhiber **3** VT [+ light] projeter ► **to ~ a torch in sb's face** éclairer le visage de qn avec une torche ► **to ~ one's headlights, to ~ the high beams** (US) faire un appel de phares

flashback ['flæʃbæk] N flash-back m inv

flasher * ['flæʃəʳ] N (= person) exhibitionniste m

flashlight ['flæʃlaɪt] N [of camera] flash m ; (US = torch) torche f

flashy ['flæʃɪ] ADJ [person] tapageur ; [car] tape-à-l'œil inv

flask [flɑːsk] N (= vacuum flask) thermos f ; (= hip flask) flasque f ; (in laboratory) ballon m

flat [flæt] **1** ADJ **a** plat ; [tyre] crevé ; [battery] à plat ; [beer] éventé ► **he was lying ~ on the floor** il était étendu par terre ► **to fall ~** [event, joke] tomber à plat ; [scheme] ne rien donner **b** (= off-key) trop bas (basse f) ► **B** ~ **si** m bémol **c** (= all-inclusive) ► **~ rate** forfait m **2** ADV **a** ► **he turned it down** ~ il l'a refusé tout net ► **in ten seconds** ~ en dix secondes pile ► **to be ~ out** (= exhausted) être vidé * ► **to be working ~ out** (Brit) travailler d'arrache-pied **b** [sing, play] trop bas **3** N **a** (Brit = apartment) appartement m ► **to go ~-hunting** chercher un appartement **b** (= tyre) crevaison f

flat-chested [flæt,tʃestɪd] ADJ ► **she is ~** elle n'a pas de poitrine

flatmate ['flætmeɪt] N colocataire mf

flatten ['flætn] VT **a** (= make less bumpy) aplanir **b** (= destroy) [+ building] raser

flatter ['flætəʳ] VT flatter

flattering ['flætərɪŋ] ADJ flatteur

flattery ['flætərɪ] N flatterie f

flaunt [flɔːnt] VT [+ wealth] étaler ; [+ lover, possession] exhiber

flavour, flavor (US) ['fleɪvəʳ] **1** N (gen) goût m ; [of ice cream] parfum m **2** VT (with fruit, spirits) parfumer (with à) ; (with herbs) assaisonner ► **pineapple-~ed** (parfumé) à l'ananas

flavouring, flavoring (US) ['fleɪvərɪŋ] N parfum m ◆ **no artificial ~s** pas d'arôme artificiel

flaw [flɔː] N (in material, character) défaut m ; (in argument) faille f

flawed [flɔːd] ADJ défectueux

flawless ['flɔːlɪs] ADJ parfait

flea [fliː] N puce f ▸ **flea market** marché m aux puces

fleck [flek] **1** N [of colour, blood] petite tache f ; [of dust] grain m **2** VT ◆ **her dress was ~ed with mud** sa robe était éclaboussée de boue ◆ **his hair was ~ed with grey** ses cheveux commençaient à grisonner

fled [fled] VB (pt, ptp of flee)

flee [fliː] (pret, ptp **fled**) **1** VI s'enfuir **2** VT [+ country] s'enfuir de ; [+ war, danger] fuir

fleece [fliːs] **1** N **a** [of sheep] toison f **b** (= fabric) laine f polaire ; (= jacket) polaire f **2** VT (= swindle) escroquer ; (= overcharge) estamper *

fleecy ['fliːsɪ] ADJ [blanket] laineux ; [jacket] en laine polaire

fleet [fliːt] N [of ships] flotte f ; [of vehicles] parc m

fleeting ['fliːtɪŋ] ADJ ◆ **a ~ visit** une visite en coup de vent ◆ **to catch a ~ glimpse of sb/sth** entrapercevoir qn/qch

Fleet Street ['fliːt,striːt] N (Brit) *les milieux de la presse londonienne*

Flemish ['flemɪʃ] **1** ADJ flamand **2** N (= language) flamand m

flesh [fleʃ] N chair f ◆ **to make sb's ~ crawl** donner la chair de poule à qn ◆ **my own ~ and blood** la chair de ma chair ◆ **in the ~** en chair et en os
▸ **flesh out** VT SEP [+ essay, speech] étoffer ; [+ proposal] développer

fleshy [fleʃɪ] ADJ [face, cheeks] rebondi ; [fruit, leaf] charnu

flew [fluː] VB (pt of fly)

flex [fleks] **1** VT [+ knees] fléchir ◆ **to ~ one's muscles** (lit) faire jouer ses muscles **2** N (Brit) [of lamp] fil m ; [of telephone] cordon m

flexibility [,fleksɪ'bɪlɪtɪ] N [of material, limbs] souplesse f ; [of approach, working hours] flexibilité f

flexible ['fleksəbl] ADJ [object, person, approach] flexible

flick [flɪk] **1** N petit coup m ▸ **flick knife** (pl **flick knives**) (Brit) couteau m à cran d'arrêt **2** VT donner un petit coup à ◆ **to ~ a switch on/off** allumer/éteindre ◆ **he ~ed his cigarette ash into the ashtray** il a fait tomber la cendre de sa cigarette dans le cendrier

▸ **flick through** VT INSEP [+ pages of book] feuilleter ◆ **to ~ through the TV channels** zapper

flicker ['flɪkər] VI [flames, light] danser ; (before going out) vaciller

flier ['flaɪər] N (= handbill) feuille f volante

flight [flaɪt] N **a** (gen) vol m ◆ **in ~** en plein vol ◆ **~ number 776 from/to Madrid** le vol numéro 776 en provenance/à destination de Madrid ◆ **did you have a good ~?** vous avez fait bon voyage ? ▸ **flight attendant** steward m/hôtesse f de l'air ▸ **flight deck** [of plane] cabine f de pilotage ; [of aircraft carrier] pont m d'envol **b** ◆ **~ of stairs** escalier m **c** (= act of fleeing) fuite f

flighty ['flaɪtɪ] ADJ frivole ; (in love) volage

flimsy ['flɪmzɪ] ADJ (= not strong) peu solide ; (= thin) mince ; [evidence] peu convaincant ; [excuse] piètre

flinch [flɪntʃ] VI broncher

fling [flɪŋ] (vb : pret, ptp **flung**) **1** N * **a** (= affair) aventure f **b** (= period of enjoyment) ◆ **to have a last ~** faire une dernière folie **2** VT [+ object] lancer (**at sb** à qn ; **at sth** sur qch) ◆ **he flung his opponent to the ground** il a jeté son adversaire à terre ◆ **the door was flung open** la porte s'est ouverte brusquement ◆ **to ~ one's arms round sb** sauter au cou de qn

flint [flɪnt] N silex m

flip [flɪp] **1** N ◆ **to decide sth on the ~ of a coin** décider qch en tirant à pile ou face **2** VT donner un petit coup à ; [+ pancake] faire sauter ◆ **to ~ a coin** tirer à pile ou face
▸ **flip through** VT INSEP [+ book] feuilleter

flipboard ['flɪpbɔːd], **flipchart** ['flɪptʃɑːt] N tableau m de conférence

flip-flops [,flɪpflɒps] NPL tongs fpl

flippant ['flɪpənt] ADJ désinvolte

flipper ['flɪpər] N [of animal] nageoire f ; [of swimmer] palme f

flirt [flɜːt] **1** VI flirter **2** N ◆ **he's a ~** c'est un dragueur

flit [flɪt] VI **a** [bats, butterflies] voltiger **b** [person] ◆ **to ~ between New York and Paris** faire la navette entre New York et Paris

float [fləʊt] **1** N **a** (for fishing) flotteur m **b** (= vehicle in a parade) char m **c** (also **cash float**) fonds m de caisse **d** (US = drink) *milk-shake ou soda contenant une boule de glace* **2** VI flotter ; [ship] être à flot ; [swimmer] faire la planche ◆ **to ~ back up to the surface** remonter à la surface **3** VT **a** [+ object] faire flotter ; [+ idea] lancer **b** [+ currency] laisser flotter

flock [flɒk] **1** N troupeau m ; [of birds in flight] vol m **2** VI ◆ **to ~ in/out** entrer/sortir en masse ◆ **people ~ed to see him** les gens sont allés le voir en masse

flog [flɒg] VT **a** (= whip) flageller **b** (*‰ Brit = sell) vendre

flood [flʌd] **1** N inondation f ◆ **~s of tears** un torrent de larmes ◆ **a ~ of letters/protests** un déluge de lettres/de protestations **2** VT inonder **3** VI [river] déborder ◆ **refugees ~ed across the border** des flots de réfugiés ont franchi la frontière
▸ **flood back** VI [memories, worries] resurgir

flooding [flʌdɪŋ] N inondation f

floodlight [flʌdlaɪt] N projecteur m

floor [flɔːʳ] **1** N **a** (gen) sol m ; (wooden) plancher m ; (for dance) piste f (de danse) ; [of valley, ocean] fond m ◆ **she was sitting on the ~** elle était assise par terre **b** (= storey) étage m **2** VT **a** (= knock down) [+ opponent] terrasser **b** (* = silence) réduire au silence ◆ **this argument ~ed him** il n'a rien trouvé à répondre

floorboard [flɔːbɔːd] N planche f (de plancher) ◆ **the floorboards** le plancher

flop [flɒp] **1** VI **a** (= drop) s'affaler ◆ **he ~ped down in a chair** il s'est affalé dans un fauteuil **b** [play, film, record] faire un four **2** N * [of business venture, scheme] fiasco m ◆ **the play was a ~** la pièce a été un four

floppy [flɒpɪ] ADJ [hat] à bords flottants , [dog ears] tombant ▸ **floppy disk** disquette f

floral [flɔːrəl] ADJ [dress, wallpaper, curtains, print] à fleurs ; [arrangement, display] floral

Florida [flɒrɪdə] N Floride f

florist [flɒrɪst] N fleuriste mf ◆ **~'s shop** fleuriste m

floss [flɒs] **1** N (= dental floss) fil m dentaire **2** VTI ◆ **to ~ (one's teeth)** utiliser du fil dentaire

flounder [flaʊndəʳ] VI [company, economy] battre de l'aile ; [career] traverser une mauvaise passe

flour [flaʊəʳ] N farine f

flourish [flʌrɪʃ] VI [plants, business, town] prospérer

flourishing [flʌrɪʃɪŋ] ADJ [business, economy] florissant ; [plant] qui prospère

flout [flaʊt] VT [+ orders, advice] ignorer

flow [fləʊ] **1** VI [river, blood from wound] couler ; [electric current, blood in veins] circuler ◆ **the river ~s into the sea** le fleuve se jette dans la mer **2** N [of donations, orders] flot m

flower [flaʊəʳ] **1** N fleur f ▸ **flower arrangement** (= flowers) composition f florale ▸ **flower bed** parterre m de fleurs ▸ **flower shop** magasin m de fleurs ▸ **flower show** floralies fpl **2** VI fleurir

flowerpot [flaʊəpɒt] N pot m de fleurs

flowery [flaʊərɪ] ADJ [dress, wallpaper] à fleurs ; [language] fleuri

flowing [fləʊɪŋ] ADJ [water] qui coule ; [hair, skirt] flottant

flown [fləʊn] VB (ptp of fly)

flu [fluː] N grippe f ◆ **to have ~** avoir la grippe

fluctuate [flʌktjʊeɪt] VI fluctuer

fluctuation [ˌflʌktjʊˈeɪʃən] N fluctuation f

fluency [fluːənsɪ] N (in speech) facilité f d'élocution ◆ **his ~ in English** son aisance à s'exprimer en anglais

fluent [fluːənt] ADJ (in foreign language) ◆ **he is ~ in Italian** il parle couramment l'italien

fluently [fluːəntlɪ] ADV [speak foreign language] couramment

fluff [flʌf] N (on birds, young animals) duvet m ; (from material) peluche f

fluffy [flʌfɪ] ADJ **a** [hair] duveteux ; [kitten, rabbit] au pelage duveteux ; [cloud] floconneux ◆ **~ toy** peluche f **b** [cake, mashed potatoes] léger

fluid [fluːɪd] ADJ, N fluide m

fluke [fluːk] N (= chance event) coup m de chance extraordinaire

flung [flʌŋ] VB (pret, ptp of fling)

fluorescent [flʊəˈresnt] ADJ [bulb, tube] fluorescent ; [lighting] au néon ; [clothes] fluo * inv

fluoride [flʊəraɪd] N fluorure m ◆ **~ toothpaste** dentifrice m au fluor

flurry [flʌrɪ] N [of snow] rafale f ◆ **a ~ of activity** un débordement d'activité

flush [flʌʃ] **1** N (= blush) rougeur f ◆ **hot ~es** bouffées fpl de chaleur **2** ADJ au ras (with de) ◆ **~ with the ground** à ras de terre **3** VI [face, person] rougir **4** VT ◆ **to ~ the toilet** tirer la chasse (d'eau) ◆ **to ~ sth down the toilet** faire passer qch dans les toilettes
▸ **flush out** VT SEP **a** (with water) nettoyer à grande eau **b** (= force out) ◆ **they ~ed them out of their hiding places** ils les ont fait sortir de leur cachette

flushed [flʌʃt] ADJ [person, face, cheeks] tout rouge

fluster [flʌstəʳ] **1** VT énerver ◆ **to get ~ed** s'énerver **2** N ◆ **to be in a ~** être dans tous ses états

flute [fluːt] N flûte f

flutter ['flʌtə^r] **1** VI **a** [flag] flotter ; [bird, moth, butterfly] voleter **b** [heart] palpiter **2** VT ◆ **the bird ~ed its wings** l'oiseau a battu des ailes ◆ **to ~ one's eyelashes** battre des cils

fly [flaɪ] (pret **flew**, ptp **flown**) **1** N **a** (= insect) mouche f ▶ **fly spray** bombe f insecticide **b** (on trousers) braguette f **2** VI **a** [bird, insect, plane] voler ; [air passenger] voyager en avion ; [pilot] piloter ◆ **to ~ away** [bird] s'envoler **b** [time] passer vite ◆ **it's late, I must ~!** il est tard, il faut que je me sauve ! ◆ **to ~ into a rage** s'emporter ◆ **the door flew open** la porte s'est ouverte brusquement **c** [flag] flotter **3** VT [+ aircraft] piloter ◆ **to ~ a kite** faire voler un cerf-volant

flying ['flaɪɪŋ] **1** N ◆ **he doesn't like ~** il n'aime pas prendre l'avion **2** ADJ [animal, insect] volant ▶ **flying saucer** soucoupe f volante ▶ **flying visit** visite f éclair inv

flyover ['flaɪ,əʊvə^r] N **a** (Brit: over road) autopont m **b** (US: by planes) défilé m aérien

FM [ef'em] (abbrev of **frequency modulation**) FM

foal [fəʊl] N (= horse) poulain m

foam [fəʊm] **1** N (gen) mousse f ; [of sea] écume f ▶ **foam bath** bain m moussant **2** VI ◆ **to ~ at the mouth** [animal] baver ; [angry person] écumer de rage

fob [fɒb] VT ◆ **to ~ sb off with sth** refiler * qch à qn ◆ **to ~ sb off with promises** se débarrasser de qn avec de belles promesses

focal ['fəʊkəl] ADJ focal ▶ **focal point** point m de convergence ; [of meeting, discussions] point m central

focus ['fəʊkəs] **1** N **a** (Phot) ◆ **the picture is in/out of ~** l'image est nette/floue **b** (= main point) ◆ **to keep sth in ~** ne pas perdre de vue qch ◆ **he was the ~ of attention** il était le centre d'attraction **2** VT **a** [+ instrument, camera] mettre au point ◆ **to ~ the camera** mettre au point (l'appareil photo) **b** [+ heat rays] faire converger ; [+ attention] concentrer ◆ **all eyes were ~ed on him** tous les regards étaient fixés sur lui **3** VI (Phot) mettre au point ◆ **to ~ on** [eyes] se fixer sur ; [person] fixer son regard sur ; (= concentrate on) se concentrer sur ◆ **we must ~ on raising funds** il faut nous concentrer sur la collecte des fonds

foetus ['fiːtəs] N fœtus m

fog [fɒg] N brouillard m ; (at sea) brume f

fogey * ['fəʊgɪ] N ◆ **old ~** vieille baderne * f

foggy ['fɒgɪ] ADJ [night] de brouillard ; [landscape, weather] brumeux ◆ **it is ~** il y a du brouillard ◆ **I haven't the foggiest (idea)!** * je n'en ai pas la moindre idée !

foglamp (Brit) ['fɒglæmp], **foglight** ['fɒglaɪt] N feu m de brouillard

foil [fɔɪl] **1** N (= tinfoil) papier m d'aluminium **2** VT [+ attempts] déjouer ; [+ plans] contrecarrer

foist [fɔɪst] VT ◆ **to ~ sth on sb** refiler * qch à qn

fold [fəʊld] **1** N (in paper, cloth) pli m **2** VT [+ paper, blanket] plier ◆ **to ~ a page in two** plier une feuille en deux ◆ **to ~ one's arms** (se) croiser les bras **3** VI **a** [chair, table] se (re)plier **b** (* = fail) [business] fermer (ses portes)

folder ['fəʊldə^r] N **a** (= file) chemise f ; (with hinges) classeur m **b** (Computing = directory) répertoire m

folding ['fəʊldɪŋ] ADJ [bed, table] pliant

foliage ['fəʊlɪɪdʒ] N feuillage m

folk [fəʊk] N gens mpl ◆ **old ~** les personnes fpl âgées ◆ **my ~s** * ma famille ▶ **folk art** art m populaire ▶ **folk dance, folk dancing** danse f folklorique ▶ **folk music** (traditional) musique f folklorique ; (contemporary) musique f folk inv ▶ **folk singer** (traditional) chanteur m, -euse f de chansons folkloriques ; (contemporary) chanteur m, -euse f folk inv

folklore ['fəʊklɔː^r] N folklore m

follow ['fɒləʊ] **1** VT suivre ◆ **he ~ed me into the room** il m'a suivi dans la pièce ◆ **we're being ~ed** on nous suit ◆ **to have sb ~ed** faire suivre qn ◆ **to ~ sb's advice** suivre les conseils de qn ◆ **which team do you ~?** tu es supporter de quelle équipe ? ◆ **do you ~ me?** (= understand) vous me suivez ? ◆ **to ~ suit** en faire autant **2** VI **a** suivre ◆ **to ~ in sb's footsteps** suivre les traces de qn ◆ **we had ice cream to ~** ensuite nous avons pris de la glace ◆ **his argument was as ~s** son raisonnement était le suivant **b** (= result) ◆ **it ~s (from this) that ...** il s'ensuit que ... ◆ **that doesn't ~** pas forcément
▶ **follow about, follow around** VT SEP suivre (partout)
▶ **follow on** VI (= come after) suivre
▶ **follow up** VT SEP **a** (= benefit from) [+ success, victory] exploiter ; [+ offer] donner suite à **b** (= not lose track of) suivre ◆ **we must ~ this business up** il faudra suivre cette affaire **c** (= reinforce) [+ victory] asseoir ; [+ remark] compléter (with par)

follower ['fɒləʊə^r] N [of political, military leader] partisan(e) m(f) ; [of religious leader] disciple m ; [of religion] adepte mf

following ['fɒləʊɪŋ] **1** ADJ suivant ◆ **the ~ day** le lendemain ◆ **he made the ~ remarks** il a fait les remarques suivantes **2** N **a** [of political, military leader] partisans mpl ; [of religion] adeptes mpl ; [of religious leader] disciples mpl ; (Sport) supporters mpl **b** ◆ **he said the ~** il a dit ceci ◆ **his argument was the ~** son raisonnement était le suivant **3** PREP **a** (= after) après

◆ **~ the concert there will be ...** après le concert il y aura ... **b** (= as a result of) suite à ◆ **~ our meeting** suite à notre entretien

follow-up [ˈfɒləʊʌp] N (on file, case) suivi *m* (on, of de)

folly [ˈfɒlɪ] N folie *f*

fond [fɒnd] ADJ **a** ◆ **to be ~ of sb** bien aimer qn ◆ **to grow ~ of sb** se prendre d'affection pour qn ◆ **to be ~ of (doing) sth** aimer beaucoup (faire) qch ◆ **to grow ~ of sth** se mettre à aimer qch **b** ◆ **to bid a ~ farewell to sb/sth** faire de tendres adieux à qn/qch ◆ **~ memories** des souvenirs *mpl* très agréables

fondle [ˈfɒndl] VT caresser

fondly [ˈfɒndlɪ] ADV (= affectionately) [remember, think of] avec tendresse ; [say] affectueusement ◆ **to smile ~ at sb** faire un tendre sourire à qn

fondness [ˈfɒndnɪs] N (for things) penchant *m*

font [fɒnt] N (in church) fonts *mpl* baptismaux

food [fuːd] N (gen) nourriture *f* ; (= specific substance) aliment *m* ◆ **there was no ~ in the house** il n'y avait rien à manger dans la maison ◆ **it gave me ~ for thought** cela m'a donné à réfléchir ◆ **pet ~** aliments *mpl* pour animaux ▶ **food poisoning** intoxication *f* alimentaire ▶ **food processor** robot *m* ménager

foodstuffs [ˈfuːdstʌfs] NPL denrées *fpl* alimentaires

fool [fuːl] **1** N imbécile *mf* ◆ **to make a ~ of o.s.** se ridiculiser **2** VI ◆ **to ~ with** (= mess with) [+ drugs, drink, electricity] toucher à * ◆ **she's not someone you should ~ with** avec elle on ne plaisante pas **3** VT berner ◆ **you can't ~ me!** je ne marche pas ! *
▶ **fool around** VI **a** (= waste time) perdre son temps **b** (= play the fool) faire l'imbécile ◆ **to ~ around with drugs** toucher * à la drogue **c** (= have an affair) avoir une liaison

foolhardy [ˈfuːlˌhɑːdɪ] ADJ imprudent

foolish [ˈfuːlɪʃ] ADJ **a** (= foolhardy) [person] bête ; [action, decision, mistake] stupide ◆ **don't do anything ~** ne faites pas de bêtises **b** (= ridiculous) [person, question] ridicule ◆ **to make sb look ~** rendre qn ridicule

foolproof [ˈfuːlpruːf] ADJ [method] infaillible ; [piece of machinery] indéréglable

foot [fʊt] **1** N (pl **feet**) **a** pied *m* ; [of dog, cat, bird] patte *f* ◆ **to stand on one's own two feet** voler de ses propres ailes ◆ **to go on ~** aller à pied ◆ **to keep one's feet on the ground** garder les pieds sur terre ◆ **you've got to put your ~ down** (= be firm) il faut réagir ◆ **to put one's ~ in it** * mettre les pieds dans le plat ◆ **to get off on the right/wrong ~** [people, relationship] être bien/mal parti ◆ **to put one's feet up** * se reposer un peu ◆ **I've never set ~ in her house** je n'ai jamais mis les pieds chez elle **b**

[of hill, bed] pied *m* ; [of stairs] bas *m* ◆ **at the ~ of the page** en bas de la page **c** (= measure) pied *m* (anglais) (= 30,48 cm) **2** VT ◆ **to ~ the bill** * payer la note

footage [ˈfʊtɪdʒ] N (= material on film) images *fpl* ◆ **archive ~** documents *mpl* d'archives

football [ˈfʊtbɔːl] N **a** (= game) (Brit) football *m* ; (US) football *m* américain ◆ **ground/ match/team** terrain/match/équipe de football ▶ **football hooligan** (Brit) hooligan *m* ▶ **football league** championnat *m* de football ◆ **the Football League** (Brit) *la fédération anglaise de football* **b** (= ball) ballon *m* (de football)

footballer [ˈfʊtbɔːləʳ] N (Brit) footballeur *m*, -euse *f*

footbridge [ˈfʊtbrɪdʒ] N passerelle *f*

foothills [ˈfʊthɪlz] NPL contreforts *mpl*

foothold [ˈfʊthəʊld] N prise *f* (de pied) ◆ **to gain a ~** [newcomer] se faire (progressivement) accepter ; [idea, fascism] s'enraciner ; [company] prendre pied

footing [ˈfʊtɪŋ] N ◆ **to lose one's ~** perdre l'équilibre ◆ **on an equal ~** sur un pied d'égalité

footpath [ˈfʊtpɑːθ] N sentier *m*

footprint [ˈfʊtprɪnt] N empreinte *f* (de pied)

footrest [ˈfʊtrest] N (= part of chair) repose-pieds *m inv* ; (= footstool) tabouret *m* *(pour les pieds)*

footstep [ˈfʊtstep] N pas *m*

footwear [ˈfʊtwɛəʳ] N chaussures *fpl*

🔊 **for** [fɔːʳ] PREP

a (gen) pour ◆ **a letter ~ you** une lettre pour toi ◆ **what's this knife ~?** à quoi sert ce couteau ? ◆ **it's time ~ dinner** c'est l'heure de dîner

b (as in) comme ◆ **D ~ Daniel** D comme Daniel

c ◆ **to pay $5 ~ a ticket** payer un billet 50 dollars ◆ **I sold it ~ $20** je l'ai vendu 20 dollars

d (= up to) à ◆ **that's ~ him to decide** c'est à lui de décider ◆ **it's not ~ me to say** ce n'est pas à moi de le dire

e (= for a distance of) sur ◆ **a road lined with trees ~ 3km** une route bordée d'arbres sur 3 km ◆ **there was nothing to be seen ~ miles** il n'y avait rien à voir sur des kilomètres ◆ **we walked ~ 2km** nous avons marché (pendant) 2 km

f (time in the past or future) pendant ◆ **he suffered terribly ~ six months** il a horriblement souffert pendant six mois ◆ **he's going there ~ six months** il va là-bas pour six mois

g ◆ **he's been here ~ ten days** il est ici depuis dix jours, ça fait dix jours qu'il est ici ◆ **I have**

known her ~ **five years** je la connais depuis cinq ans, ça fait cinq ans que je la connais ◆ **I have been working here ~ three months** je travaille ici depuis trois mois, ça fait trois mois que je travaille ici ◆ **he hasn't worked ~ two years** il n'a pas travaillé depuis deux ans, ça fait deux ans qu'il ne travaille pas ◆ **she hadn't seen him ~ three months** elle ne l'avait pas vu depuis trois mois, cela faisait trois mois qu'elle ne l'avait pas vu

forbad(e) [fəˈbæd] VB (pret of forbid)

forbid [fəˈbɪd] (pret forbad(e), ptp forbidden) VT interdire ◆ **to ~ sb to do sth** interdire à qn de faire qch

forbidden [fəˈbɪdn] **1** VB (pt of forbid) **2** ADJ interdit

force [fɔːs] **1** N force f ◆ **to come into ~** [law, prices] entrer en vigueur ◆ **by ~** de force ◆ **by ~ of** à force de ◆ **from ~ of habit** par la force de l'habitude **2** VT **a** (= constrain) forcer (sb to do sth qn à faire qch) ◆ **to be ~d to do sth** être forcé de faire qch ◆ **to ~ o.s. to do sth** se forcer à faire qch **b** (= impose) imposer (on sb à qn) **c** (= push) ◆ **to ~ one's way into** entrer de force dans ◆ **to ~ one's way through sth** se frayer un passage à travers qch ◆ **the lorry ~d the car off the road** le camion a forcé la voiture à quitter la route **d** (= break open) [+ lock] forcer ◆ **to ~ open a door** forcer une porte

forced [fɔːst] ADJ forcé

forceful [ˈfɔːsfʊl] ADJ [blow, kick, punch] violent ; [personality] énergique

forcible [ˈfɔːsəbl] ADJ (= forced) forcé

ford [fɔːd] N gué m

fore [fɔːʳ] N ◆ **to come to the ~** [person] se mettre en évidence ; [sb's courage] se manifester

forearm [ˈfɔːrɑːm] N avant-bras m inv

foreboding [fɔːˈbəʊdɪŋ] N pressentiment m

forecast [ˈfɔːkɑːst] (pret, ptp forecast) **1** VT [+ weather] prévoir **2** N **a** prévisions fpl **b** (= weather forecast) bulletin m météorologique ◆ **the ~ is good** la météo * est bonne

forefinger [ˈfɔːfɪŋgəʳ] N index m

forefront [ˈfɔːfrʌnt] N ◆ **at the ~ of** [+ technology, progress] à la pointe de

forego [fɔːˈgəʊ] (pret forewent, ptp foregone) VT renoncer à

foregone [ˈfɔːgɒn] ADJ ◆ **it was a ~ conclusion** c'était prévu

foreground [ˈfɔːgraʊnd] N ◆ **in the ~** au premier plan

forehand [ˈfɔːhænd] N coup m droit

forehead [ˈfɒrɪd] N front m

foreign [ˈfɒrən] ADJ [country, language] étranger ; [holiday, travel] à l'étranger ; [goods] de l'étranger ◆ **~ to** étranger à ▸ **foreign affairs** affaires fpl étrangères ▸ **foreign correspondent** correspondant(e) m(f) à l'étranger ▸ **Foreign Legion** Légion f (étrangère) ▸ **Foreign Office** (Brit) = ministère m des Affaires étrangères ▸ **foreign policy** politique f étrangère ▸ **Foreign Secretary** (Brit) = ministre m des Affaires étrangères

foreigner [ˈfɒrənəʳ] N étranger m, -ère f

foreman [ˈfɔːmən] N (pl -men) contremaître m ; [of jury] président m

foremost [ˈfɔːməʊst] **1** ADJ [authority, writer] plus éminent ◆ **to be ~ in sb's mind** être au centre des préoccupations de qn **2** ADV (= above all) ◆ **first and ~** d'abord et avant tout

forename [ˈfɔːneɪm] N prénom m

forensic [fəˈrensɪk] ADJ [test, laboratory] médicolégal ▸ **forensic science** médecine f légale ▸ **forensic scientist** médecin m légiste

foreplay [ˈfɔːpleɪ] N préliminaires mpl (amoureux)

forerunner [ˈfɔːrʌnəʳ] N (= person) précurseur m ; [of machine, invention] ancêtre m

foresee [fɔːˈsiː] (pret foresaw, ptp foreseen) VT prévoir

foreseeable [fɔːˈsiːəbl] ADJ prévisible ◆ **in the ~ future** dans un proche avenir

foresight [ˈfɔːsaɪt] N prévoyance f ◆ **lack of ~** imprévoyance f ◆ **to have the ~ to do sth** faire preuve de prévoyance en faisant qch

forest [ˈfɒrɪst] N forêt f

forethought [ˈfɔːθɔːt] N prévoyance f

forever, for ever [fərˈevəʳ] ADV **a** (= eternally) [live, last, remember] toujours ◆ **~ and ever** à jamais **b** (= definitively) [change, disappear, lose] pour toujours ◆ **he left ~** il est parti pour toujours **c** (* = a long time) ◆ **it took ~** ça a mis une éternité ◆ **the meeting lasted ~** la réunion n'en finissait pas **d** (= constantly) ◆ **to be ~ doing sth** être sans arrêt en train de faire qch

forewarn [fɔːˈwɔːn] VT prévenir ◆ (Prov) **forewarned is forearmed** un homme averti en vaut deux (Prov)

foreword [ˈfɔːwɜːd] N avant-propos m inv

forfeit [ˈfɔːfɪt] **1** VT perdre **2** N prix m

forgave [fəˈgeɪv] VB (pt of forgive)

forge [fɔːdʒ] **1** VT **a** (= fake) contrefaire ◆ **to ~ a Renoir** faire un faux Renoir ◆ **it's ~d** c'est un faux **b** [+ ties, links] forger **2** N forge f

forger [ˈfɔːdʒəʳ] N faussaire mf

forgery [ˈfɔːdʒərɪ] N faux m

forget [fə'get] (pret **forgot**, ptp **forgotten**) **1** VT oublier ✦ ~ **it!** * laisse tomber ! * **2** VI oublier ✦ **I completely forgot** j'ai complètement oublié ✦ **I've forgotten all about it** je n'y pense plus ✦ ~ **about it!** * n'y pensez plus !

forgetful [fə'getfʊl] ADJ étourdi

forgive [fə'gɪv] (pret **forgave**, ptp **forgiven**) VT pardonner ✦ **to ~ sb (for) sth** pardonner qch à qn ✦ **to ~ sb for doing sth** pardonner à qn d'avoir fait qch ✦ ~ **me for asking, but ...** excuse-moi de demander, mais ... ✦ **I'd never ~ myself** je ne me pardonnerais jamais

forgot [fə'gɒt] VB (pt of **forget**)

forgotten [fə'gɒtn] VB (ptp of **forget**)

fork [fɔːk] N **a** (at table) fourchette *f* **b** (in branches) fourche *f*; (in road, railway) embranchement *m*
► **fork out** * **1** VI casquer * **2** VT SEP [+ money] allonger *

forlorn [fə'lɔːn] ADJ triste

form [fɔːm] **1** N **a** forme *f* ✦ **in book ~** sous forme de livre ✦ **to take ~** prendre forme ✦ **on ~** en forme **b** (= document) formulaire *m* **c** (Brit = class) classe *f* ✦ **he's in the sixth ~** ≈ il est en première **2** VT [+ shape, character, government] former ✦ **to ~ an opinion/an impression** se faire une opinion/une impression ✦ **to ~ a queue** se mettre en file **3** VI [queue, company, blood clots] se former ; [idea] prendre forme

formal ['fɔːməl] ADJ [person, behaviour, welcome] cérémonieux ; [dinner, function] protocolaire ; [letter, talks, complaint, surrender] officiel ✦ **he has no ~ qualifications** il n'a pas de qualifications reconnues

formality [fɔːˈmælɪtɪ] N formalité *f* ✦ **it's just a ~** ce n'est qu'une simple formalité

formally ['fɔːməlɪ] ADV **a** [say, shake hands] cérémonieusement **b** (= officially) [agree, launch] officiellement **c** ✦ **to be ~ dressed** être en tenue de cérémonie ; (= in evening dress) être en tenue de soirée

format ['fɔːmæt] **1** N **a** (= type) [of computer data, publication] format *m* **b** (= presentation) [of book, newspaper, TV programme] présentation *f* **2** VT (Computing) formater

formation [fɔːˈmeɪʃən] N formation *f*

formative ['fɔːmətɪv] ADJ formateur (-trice *f*)

former ['fɔːmə^r] ADJ **a** (= previous) [president, employee] ancien ; [strength] d'autrefois ✦ **the ~ Soviet Union** l'ex-Union *f* soviétique ✦ **my ~ wife/husband** mon ex-femme/ex-mari ✦ **in ~ times** autrefois **b** (= first) premier ✦ **the ~ ...** **the latter** le premier ... le dernier ✦ **of the two ideas I prefer the ~** des deux idées je préfère la première

formerly ['fɔːməlɪ] ADV autrefois

Formica ® [fɔːˈmaɪkə] N Formica ® *m*

formidable ['fɔːmɪdəbl] ADJ [task, reputation, person] redoutable ; [obstacle] formidable

formula ['fɔːmjʊlə] N **a** formule *f* ✦ **Formula One** la formule un **b** (= baby milk) lait *m* maternisé

formulate ['fɔːmjʊleɪt] VT formuler

forsake [fəˈseɪk] (pret **forsook**, ptp **forsaken**) VT abandonner

fort [fɔːt] N (Mil) fort *m*

forte ['fɔːtɪ, (US) fɔːt] N ✦ **generosity is not his ~** la générosité n'est pas son fort

forth [fɔːθ] ADV ✦ **to go back and ~ between ...** faire la navette entre ... ✦ **and so ~** et ainsi de suite

forthcoming [fɔːθˈkʌmɪŋ] ADJ **a** (= imminent) [event, visit, election, album] prochain **b** (= available) ✦ **to be ~** [funds, support] être disponible

forthright ['fɔːθraɪt] ADJ [person, manner, answer] direct

fortieth ['fɔːtɪɪθ] ADJ, N quarantième *mf*; see also **sixth**

fortification [ˌfɔːtɪfɪˈkeɪʃən] N fortification *f*

fortify ['fɔːtɪfaɪ] VT [+ place] fortifier ; [+ person] réconforter ✦ **fortified wine** = vin *m* doux

fortnight ['fɔːtnaɪt] N (Brit) quinzaine *f* ✦ **a ~'s holiday** quinze jours de vacances ✦ **a ~ tomorrow** demain en quinze ✦ **for a ~** pour deux semaines ✦ **in a ~** dans quinze jours

fortress ['fɔːtrɪs] N (= prison) forteresse *f*; (= medieval castle) château *m* fort

fortunate ['fɔːtʃənɪt] ADJ [coincidence, choice] heureux ✦ **to be ~** [person] avoir de la chance ✦ **it was ~ for him that ...** heureusement pour lui que ... ✦ **how ~!** quelle chance !

fortunately ['fɔːtʃənɪtlɪ] ADV heureusement

fortune ['fɔːtʃən] N **a** (= chance) chance *f* ✦ **I had the good ~ to meet him** j'ai eu la chance de le rencontrer ✦ **to tell sb's ~** dire la bonne aventure à qn ► **fortune-teller** diseur *m*, -euse *f* de bonne aventure ; (with cards) tireuse *f* de cartes **b** (= riches) fortune *f* ✦ **to make a ~** faire fortune

forty ['fɔːtɪ] NUMBER quarante *m inv* ; for other phrases see **sixty**

forum ['fɔːrəm] N tribune *f*

forward ['fɔːwəd] **1** ADV (also **forwards**) en avant ✦ **to go** ◆ **to come** ◆ **to present** ◆ **he went backward(s) and ~(s) between the station and the house** il allait et venait entre la gare et la maison ✦ **to put the clocks ~** avancer les pendules **2** ADJ **a** (= in front, ahead) en avant, vers l'avant ✦ **this seat is**

too far ~ ce siège est trop en avant **◆ I'm no further ~ (with this problem)** je ne suis pas plus avancé **▶ forward-looking** tourné vers l'avenir **b** (= bold) effronté **3** N (Sport) avant m **4** VT [+ mail] faire suivre **▶ forwarding address ◆ he left no ~ing address** il est parti sans laisser d'adresse

forwards ['fɔːwədz] ADV ⇒ **forward**

fossil ['fɒsl] N fossile m

fossilized ['fɒsɪlaɪzd] ADJ fossilisé

foster ['fɒstəʳ] VT [+ child] élever ; [+ friendship] encourager ; [+ idea] nourrir **▶ foster child** enfant mf placé(e) dans une famille d'accueil **▶ foster home** famille f d'accueil **▶ foster parent** parent m adoptif (d'un enfant placé)

fought [fɔːt] VB (pt, ptp of **fight**)

foul [faʊl] **1** ADJ [place, smell] immonde ; [language, abuse] grossier **◆ ~ weather** sale * temps m **◆ to have a ~ mouth** être grossier **◆ to have a ~ temper** avoir un sale caractère **◆ in a ~ mood** d'une humeur massacrante **◆ to fall ~ of the law** avoir maille à partir avec la justice **▶ foul-mouthed** grossier-ière **▶ foul play** (Sport) jeu m irrégulier **◆ he suspected ~ play** il se doutait que ce n'était pas un accident **▶ foul-smelling** puant **▶ foul-tasting** infect **2** N (Sport) faute f **3** VT **a** (= pollute) polluer **b** [dog] souiller

found [faʊnd] VT **a** fonder (on sur) **b** (pt, ptp of **find**)

foundation [faʊnˈdeɪʃən] **1** N **a** fondation f; [of social structure, idea] fondement m **◆ without ~** sans fondement **b** (also **foundation cream**) fond m de teint **2 foundations** NPL [of building] fondations fpl

founder ['faʊndəʳ] **1** N fondateur m, -trice f **▶ founder member** (Brit) membre m fondateur **2** VI [ship] sombrer ; [plans, hopes] s'effondrer

fountain ['faʊntɪn] N fontaine f **▶ fountain pen** stylo m (à) plume

four [fɔːʳ] NUMBER quatre m inv **◆ on all ~s** à quatre pattes **▶ four-letter word** gros mot m **▶ four-poster** lit m à baldaquin **▶ four-star petrol** (Brit) super(carburant) m **▶ four-wheel drive** (= car) quatre-quatre m ; for other phrases see **six**

fourteen ['fɔːˈtiːn] NUMBER quatorze m inv ; for other phrases see **six**

fourteenth ['fɔːˈtiːnθ] ADJ, N quatorzième mf ; (= fraction) quatorzième m **◆ Louis the Fourteenth** Louis XIV **◆ the ~ of July** le quatorze juillet ; for other phrases see **sixth**

fourth [fɔːθ] ADJ, N quatrième mf ; (US) (= fraction) quart m **◆ he lives on the ~ floor** (Brit) il habite au quatrième étage ; (US) il habite au cinquième étage **◆ to change into ~ gear** passer en quatrième **◆ the Fourth of July** (in the US) fête nationale des États-Unis qui commémore la signature de la déclaration de l'indépendance en 1776 ; for other phrases see **sixth**

fowl [faʊl] N volaille f

fox [fɒks] N renard m

foxhunting ['fɒksˌhʌntɪŋ] N chasse f au renard **◆ to go ~** aller à la chasse au renard

foyer ['fɔɪeɪ] N [of theatre] foyer m ; [of hotel] hall m ; (US) [of house] vestibule m

fraction ['frækʃən] N (in maths) fraction f **◆ for a ~ of a second** pendant une fraction de seconde **◆ she only spends a ~ of what she earns** elle ne dépense qu'une infime partie de ce qu'elle gagne

fracture ['fræktʃəʳ] **1** N fracture f **2** VT fracturer **◆ she ~d her hip** elle s'est fracturé la hanche

fragile ['frædʒaɪl] ADJ fragile

fragment **1** N ['frægmənt] fragment m ; [of glass] éclat m **2** VI [fræɡˈment] [organization, system] éclater

fragrance ['freɪɡrəns] N (= perfume) parfum m

fragrant ['freɪɡrənt] ADJ odorant

frail [freɪl] ADJ [person] frêle ; [health] fragile

frame [freɪm] **1** N [of picture, bicycle] cadre m ; [of building] charpente f; [of window, door] chambranle m **▶ frame of mind** état m d'esprit **2 frames** NPL [of spectacles] monture f **3** VT **a** [+ picture] encadrer **b ◆ he claimed he had been ~d** * il a prétendu être victime d'un coup monté

framework ['freɪmwɜːk] N (= frame) structure f; (= basis) cadre m

France [frɑːns] N France f **◆ in ~** en France

franchise ['fræntʃaɪz] N **a** (political) droit m de vote **b** (in business) franchise f

frank [fræŋk] ADJ [person, comment] franc (franche f) **◆ to be ~ (with you)** ... franchement ...

Frankfurt ['fræŋkfɜːt] N Francfort

frankfurter ['fræŋkˌfɜːtəʳ] N (= sausage) saucisse f de Francfort

frankly ['fræŋklɪ] ADV franchement

frankness ['fræŋknɪs] N franchise f

frantic ['fræntɪk] ADJ [person] dans tous ses états ; [phone call, search] désespéré ; [effort, rush] frénétique

fraternal [frəˈtɜːnl] ADJ fraternel

fraternity [frəˈtɜːnɪtɪ] N (= comradeship) fraternité f; (US) (at university) association f d'étudiants

fraternize ['frætənaɪz] VI fraterniser

fraud [frɔːd] N **a** (= criminal deception) fraude *f* ; (financial) escroquerie *f* ▸ **Fraud Squad** service *m* de la répression des fraudes **b** (= impostor) imposteur *m*

fraudulent [ˈfrɔːdjʊlənt] ADJ frauduleux

fraught [frɔːt] ADJ **a** (= filled) ◆ **~ with difficulty** plein de difficultés ◆ **~ with danger** périlleux **b** (= anxious) [person, situation, meeting] tendu

fray [freɪ] **1** VT ◆ **tempers were getting ~ed** on commençait à s'énerver ◆ **my nerves are ~ed** je suis à bout de nerfs **2** VI [cloth, garment] s'effilocher ◆ **his sleeve was ~ing at the cuff** sa manche était usée au poignet

freak [friːk] **1** N **a** (= abnormal person or animal) monstre *m* ◆ **~ of nature** accident *m* de la nature **b** (*̃ = fanatic) ◆ **a health food ~** un(e) fana* des produits bio **2** ADJ [storm, weather] anormal ; [victory] inattendu
▸ **freak out** *̃ **1** VI (= get angry) piquer une crise * ; (= panic) paniquer **2** VT SEP ◆ **to ~ sb out** (= frighten) ficher les jetons à qn *̃

freckle [ˈfrekl] N tache *f* de rousseur

free [friː] **1** ADJ **a** [person, animal, country] libre ◆ **he managed to get ~** il a réussi à se libérer ◆ **to go ~** [prisoner] être relâché ◆ **to set a prisoner ~** libérer un prisonnier ◆ **you're ~ to choose** vous êtes libre de choisir ◆ **to be/get ~ of sb** être débarrassé/se débarrasser de qn ◆ **please feel ~ to ask questions** n'hésitez pas à poser des questions ◆ **can I borrow your pen?** **– feel ~** est-ce que je peux vous emprunter votre stylo ? – je vous en prie ◆ **to be ~ from responsibility** être dégagé de toute responsabilité ◆ **a world ~ of nuclear weapons** un monde sans armes nucléaires **b** (= costing nothing) [object, ticket] gratuit ◆ **admission ~** entrée *f* libre ◆ **as a ~ gift** en cadeau **c** (= lavish) généreux ◆ **to be ~ with one's money** dépenser son argent sans compter **2** ADV **a** (= without payment) [give, get, travel] gratuitement **b** (= without restraint) [run about] en liberté **c** (= expressing release) ◆ **to pull ~** se dégager ◆ **to wriggle ~** [person] se libérer en se tortillant **3** VT **a** (= liberate) [+ nation, slave, caged animal, prisoner] libérer ; [+ person] (from wreckage) dégager ; (from burden) soulager **b** (= untie) [+ person, animal] détacher **4** ▸ **free-for-all** mêlée *f* générale ▸ **free kick** (Sport) coup *m* franc ▸ **free of charge** ADV gratuitement ▸ **free period** heure *f* de permanence ▸ **free-range chicken** poulet *m* élevé en plein air ▸ **free-range egg** œuf *m* de poule élevée en plein air ▸ **free speech** liberté *f* de parole ▸ **free trade** libre-échange *m* ▸ **free will** ◆ **he did it of his own ~ will** il l'a fait de son propre gré

freedom [ˈfriːdəm] N liberté *f*

freelance [ˈfriːlɑːns] **1** ADJ [journalist, designer] indépendant, freelance *inv* ; [work] en freelance **2** ADV [work] en freelance ◆ **to go ~** se mettre à son compte

freely [ˈfriːlɪ] ADV **a** [travel, elect] en toute liberté ; [talk, speak] librement **b** [admit] volontiers **c** [spend] sans compter ◆ **the wine was flowing** le vin coulait à flots

freeware [ˈfriːwɛər] N (= software) logiciel *m* gratuit

freeway [ˈfriːweɪ] N (US) autoroute *f* (sans péage)

freeze [friːz] (pret **froze**, ptp **frozen**) **1** VI **a** [liquid] geler ; [food] se congeler ◆ **to ~ to death** mourir de froid **b** (= stop) se figer ◆ **he froze (in his tracks)** il est resté figé sur place **2** VT **a** [+ liquid] geler ; [+ food] congeler ; (industrially) surgeler **b** [+ assets, credit, wages, prices] geler ; [+ bank account] bloquer **3** N [of prices, credit] gel *m* ◆ **a wage ~** un gel des salaires
▸ **freeze over** VI [lake, river] geler ; [windscreen] givrer

freezer [ˈfriːzər] N congélateur *m* ▸ **freezer compartment** freezer *m*

freezing [ˈfriːzɪŋ] ADJ **a** (= icy) glacial **b** (also **freezing cold**) [person] gelé ◆ **my hands are ~** j'ai les mains gelées ◆ **it's ~** il fait un froid glacial

freight [freɪt] N fret *m* ▸ **freight car** (US) wagon *m* de marchandises ▸ **freight plane** avion-cargo *m* ▸ **freight train** train *m* de marchandises

freighter [ˈfreɪtər] N (= ship) cargo *m*

French [frentʃ] **1** ADJ (gen) français ; [ambassador, embassy, monarch] de France ; [teacher] de français ▸ **French dressing** (= vinaigrette) vinaigrette *f* ▸ **French fries** frites *fpl* ▸ **French kiss** *̃ baiser *m* avec la langue ▸ **French mustard** moutarde *f* douce ▸ **the French Riviera** la Côte d'Azur ▸ **French-speaking** francophone ▸ **French window** porte-fenêtre *f* **2** N (= language) français *m* **3** **the French** NPL les Français *mpl*

Frenchman [ˈfrentʃmən] N (pl **-men**) Français *m*

Frenchwoman [ˈfrentʃwʊmən] N (pl **-women**) Française *f*

frenetic [frəˈnetɪk] ADJ frénétique

frenzied [ˈfrenzɪd] ADJ [attack] sauvage

frenzy [ˈfrenzɪ] N frénésie *f* ◆ **to be in a ~** être au comble de l'excitation

frequency [ˈfriːkwənsɪ] N fréquence *f*

frequent **1** ADJ [ˈfriːkwənt] fréquent **2** VT [frɪˈkwent] fréquenter

frequently [ˈfriːkwəntlɪ] ADV fréquemment ▸ **frequently asked questions** questions *fpl* fréquentes

fresco ['freskəʊ] N fresque f

fresh [freʃ] ADJ **a** frais (fraîche f) ◆ a ~ coat of paint une nouvelle couche de peinture ◆ to feel ~ être frais et dispos ▸ fresh air air m frais ◆ I'm going out for some ~ air je sors prendre l'air ◆ in the ~ air au grand air ▸ fresh water (= not salt) eau f douce **b** (= renewed) nouveau (nouvelle f) ◆ to take a ~ look at sth regarder qch sous un jour nouveau ◆ to make a ~ start prendre un nouveau départ

freshen ['freʃn] VI [wind, air] fraîchir
▸ **freshen up** VI (= wash o.s.) faire un brin de toilette

fresher ['freʃər] N (Brit = student) étudiant(e) m(f) de première année ▸ freshers' week (Brit) semaine f d'accueil des étudiants

freshly ['freʃlɪ] ADV [ground] fraîchement ◆ ~-baked bread du pain frais sorti du four ◆ ~ flowers des fleurs fraîchement cueillies ◆ ~ squeezed orange juice orange f pressée

freshman ['freʃmən] N (pl -men) (US) étudiant(e) m(f) de première arrivée

freshwater ['freʃ,wɔːtər] ADJ [fish, lake] d'eau douce

fret [fret] VI (= become anxious) se tracasser (about à propos de) ; [baby] pleurer ◆ don't ~! ne t'en fais pas !

fretful ['fretfʊl] ADJ [person] irritable ; [baby, child] pleurnicheur

Freudian ['frɔɪdɪən] ADJ freudien ▸ Freudian slip lapsus m

friction ['frɪkʃən] N friction f

Friday ['fraɪdɪ] N vendredi m ◆ ~ the thirteenth vendredi treize

fridge [frɪdʒ] N (Brit) (abbrev of refrigerator) réfrigérateur m ▸ fridge-freezer réfrigérateur m congélateur

fried [fraɪd] VB (pt, ptp of fry)

friend [frend] N ami(e) m(f) ; (= schoolmate, workmate) copain * m, copine * f ◆ to make/be ~s with sb devenir/être ami avec qn ◆ close ~s amis mpl intimes

friendly ['frendlɪ] ADJ [person, animal] gentil (to sb avec qn) ; [gesture, atmosphere] amical ; [face] avenant ; [welcome] chaleureux ; [advice] d'ami ; [place] accueillant ◆ to be ~ with sb être ami avec qn ◆ to become ~ with sb se lier d'amitié avec qn ▸ friendly match (Sport) match m amical

friendship ['frendʃɪp] N amitié f

fries * [fraɪz] NPL frites fpl

fright [fraɪt] N **a** peur f ◆ to give sb a ~ faire peur à qn ◆ to take ~ prendre peur **b** (* = person) ◆ she looks a ~ elle est à faire peur

frighten ['fraɪtn] VT faire peur à ◆ did he ~ you? est-ce qu'il vous a fait peur ?
▸ **frighten away** VT SEP [+ birds] effaroucher ; [+ children] chasser (en leur faisant peur)

frightened ['fraɪtnd] ADJ effrayé ◆ to be ~ (of sb/sth) avoir peur (de qn/qch) ◆ to be ~ of doing sth avoir peur de faire qch ◆ to be ~ that ... avoir peur que ... ◆ to be ~ to death * of sb/sth avoir une peur bleue de qn/qch

frightening ['fraɪtnɪŋ] ADJ effrayant

frill [frɪl] N [of dress] volant m ◆ without any ~s [ceremony, service] sans façon

frilly ['frɪlɪ] ADJ [shirt, dress] à fanfreluches ; [underwear] à dentelles

fringe [frɪndʒ] **1** N **a** (Brit = hair) frange f **b** [of rug, shawl] frange f **c** (= edge) [of forest] lisière f ◆ to live on the ~s of society vivre en marge de la société **2** COMP ▸ fringe benefits avantages mpl divers ; (company car) avantages mpl en nature ▸ fringe festival festival m off ▸ fringe group groupe m marginal ▸ fringe theatre (Brit) théâtre m d'avant-garde

Frisbee ® ['frɪzbɪ] N Frisbee ® m

frisk [frɪsk] VT [+ person] fouiller

frisky ['frɪskɪ] ADJ (= lively) sémillant

fritter ['frɪtər] N (= food) beignet m
▸ **fritter away** VT SEP [+ money, time] gaspiller

frivolous ['frɪvələs] ADJ frivole

frizzy ['frɪzɪ] ADJ [hair] crépu

fro [frəʊ] ADV ◆ to and fro de long en large ◆ journeys to and ~ between London and Edinburgh allers et retours mpl entre Londres et Édimbourg

frog [frɒg] N grenouille f ◆ to have a ~ in one's throat avoir un chat dans la gorge ▸ frogs' legs cuisses fpl de grenouilles

frogman ['frɒgmən] N (pl -men) homme-grenouille m

frolic ['frɒlɪk] VI [people] batifoler * ; [lambs] gambader

🔑 **from** [frɒm] PREP

a de ◆ ~ house to house de maison en maison ◆ ~ London to Paris de Londres à Paris ◆ he comes ~ London il est (originaire) de Londres ◆ where are you ~? vous êtes d'où ? ◆ it is 10km ~ there c'est à 10 km de là ◆ tell him ~ me dites-lui de ma part ◆ he took/stole it ~ them il le leur a pris/volé ◆ seen ~ above vu d'en haut

b (time: starting point) à partir de, de ◆ ~ 14 July à partir du 14 juillet ◆ ~ beginning to end du début (jusqu')à la fin ◆ ~ time to time de temps en temps ◆ **~ year to year** d'année en année ◆ **five years ~ now** dans cinq ans

c (used with prices, numbers) à partir de ◆ **wine ~ 10 francs a bottle** vins à partir de 10 F la bouteille ◆ **3 ÷ 8 leaves 5** 8 moins 3 égalent 5

d (source) ◆ **to drink ~ a stream/a glass** boire à un ruisseau/dans un verre ◆ **he took it ~ the cupboard** il l'a pris dans le placard ◆ **to take sth ~ a shelf** prendre qch sur une étagère

e (cause, reason) ◆ **he died ~ his injuries** il est mort des suites de ses blessures ◆ **~ what I heard ...** d'après ce que j'ai entendu ... ◆ **~ what I can see ...** à ce que je vois ... ◆ **~ the look of things ...** à en juger par les apparences ...

front ['frʌnt] **1** N **a** (= leading section) [of car, train] avant m ; [of class] premier rang m ; (= part facing forward) [of shirt, dress] devant m ; [of building] façade f ◆ **she was lying on her ~** elle était couchée sur le ventre ◆ **it fastens at the ~** cela se ferme devant ◆ **he pushed his way to the ~ of the crowd** il s'est frayé un chemin jusqu'au premier rang de la foule ◆ **in ~** [be, walk] devant ◆ **in ~ of** en face de ◆ **to send sb in in ~** envoyer qn en avant ◆ **to sit in the ~** (of the car) être assis à l'avant (de la voiture) **b** (Mil, Meteo) front m **c** (Brit: = sea front) [= beach] bord m de mer ; [= prom] front m de mer **d** ◆ **he's putting on a brave ~** il fait bonne contenance **2** ADJ de devant ◆ **~ garden** jardin m de devant ◆ **on the ~ cover** en couverture ◆ **~ door** [of house] porte f d'entrée ◆ **to be in the ~ line** être en première ligne ◆ **on the ~ page** (Press) en première page ◆ **~ room** pièce f donnant sur la rue ; (= lounge) salon m ◆ **in the ~ row** au premier rang ◆ **to have a ~ seat** avoir une place au premier rang ; (fig) être aux premières loges ▸ **the front bench** (Brit) (= government) les ministres mpl ; (= opposition) les membres mpl du cabinet fantôme ▸ **the front benches** (Brit) (= place) le banc des ministres et celui des membres du cabinet fantôme ; (= people) = les chefs de file des partis politiques

frontal ['frʌntl] ADJ [assault, attack] de front

frontier ['frʌntɪəʳ] N frontière f

frost [frɒst] **1** N gel m **2** VT [+ cake] glacer

frostbite ['frɒstbaɪt] N engelures fpl

frostbitten ['frɒstbɪtn] ADJ [hands, feet] gelé ◆ **to be ~** [rosebushes, vegetables] avoir gelé

frosted ['frɒstɪd] ADJ **a** (= frost-covered) [plants, windscreen] couvert de givre **b** [eyeshadow, nail varnish] nacré **c** (= iced) [cake] recouvert d'un glaçage **d** [glass] dépoli

frosting ['frɒstɪŋ] N (= icing) glaçage m ; (= icing sugar) sucre m glace

frosty ['frɒstɪ] ADJ **a** [night, morning ! weather] glacial ; [ground, grass, window] couvert de givre ◆ **it is ~** il y a du givre **b** (= unfriendly) [atmosphere, reception] glacial

froth [frɒθ] **1** N [of liquids, beer] mousse f **2** VI ◆ **to ~ at the mouth** [dog, horse] écumer ; [angry person] écumer de rage

frothy ['frɒθɪ] ADJ mousseux

frown [fraʊn] **1** N froncement m (de sourcils) **2** VI froncer les sourcils ◆ **to ~ at sb** regarder qn en fronçant les sourcils

▸ **frown on** VT INSEP [+ suggestion] désapprouver

froze [frəʊz] VB (pt of freeze)

frozen ['frəʊzn] **1** VB (ptp of freeze) **2** ADJ **a** [lake, pipe] gelé ◆ **to be ~ solid** être complètement gelé ◆ **I'm ~ stiff** * je suis complètement gelé **b** [food] (industrially) surgelé ; (at home) congelé **c** (= immobile) ◆ **~ with fear** glacé de peur ◆ **~ to the spot** cloué sur place **d** [assets, prices, wages] gelé

frugal ['fruːgəl] ADJ frugal

fruit [fruːt] N fruit m ◆ **a piece of ~** (= whole fruit) un fruit ; (= segment) un morceau de fruit ◆ **~ is good for you** les fruits sont bons pour la santé ▸ **fruit cake** cake m ▸ **fruit juice** jus m de fruit(s) ▸ **fruit machine** (Brit) machine f à sous ▸ **fruit salad** salade f de fruits

fruitful ['fruːtfʊl] ADJ [relationship, discussion] fructueux

fruition [fruːˈɪʃən] N ◆ **to bring to ~** concrétiser ◆ **to come to ~** se réaliser

fruitless ['fruːtlɪs] ADJ [talks] stérile

fruity ['fruːtɪ] ADJ [flavour, wine] fruité

frumpish ['frʌmpɪʃ], **frumpy** ['frʌmpɪ] ADJ mal fagoté

frustrate [frʌsˈtreɪt] VT **a** (= thwart) [+ attempts, plans] contrecarrer ◆ **to ~ sb's hopes** frustrer les espoirs de qn **b** (= irritate, annoy) [+ person] énerver

frustrated [frʌsˈtreɪtɪd] ADJ frustré ; [ambition] déçu ; (= irritated) énervé

frustrating [frʌsˈtreɪtɪŋ] ADJ frustrant

frustration [frʌsˈtreɪʃən] N frustration f

fry [fraɪ] (pret, ptp **fried**) VT (= deep-fry) (faire) frire ; (= shallow-fry) faire revenir ◆ **fried eggs** œufs mpl sur le plat ◆ **fried fish** poisson m frit ◆ **fried potatoes** pommes fpl (de terre) sautées ◆ **fried rice** = riz m cantonais

frying pan ['fraɪɪŋˌpæn] N poêle f (à frire)

fuck **‼** [fʌk] **1** N ◆ **to have a ~** baiser **‼** **2** VTI baiser **‼** ◆ **~!** putain de merde ! **‼** ◆ **~ you!** va te faire foutre ! **‼** ◆ **~ all** (Brit) que dalle **‼**

▶ **fuck off** ‡ VI foutre le camp ‡ ◆ ~ **off!** va te faire foutre ! ‡

fucking ‡ ['fʌkɪŋ] **1** ADJ ◆ ~ **hell !** putain de merde ! ‡ ◆ **this ~ phone** ce putain ‡ de téléphone **2** ADV foutrement ‡ ◆ **it's ~ cold** ça caille ‡ ◆ **don't be ~ stupid!** fais pas le con ! ‡

fuddy-duddy * ['fʌdɪ,dʌdɪ] ADJ [person, ideas] vieux jeu inv

fudge [fʌdʒ] **1** N (to eat) caramel(s) m(pl) ◆ **a piece of ~** un caramel **2** VT * [+ question, issue] esquiver

fuel [fjʊəl] **1** N (NonC) (for heating, aircraft) combustible m ; (for car engine) carburant m ▶ **fuel tank** (in car) réservoir m (de carburant) **2** VT [+ tension, speculation, controversy, fears] attiser

fugitive ['fjuːdʒɪtɪv] N fugitif m, -ive f

fulfil, fulfill (US) [fʊlˈfɪl] VT [+ task, prophecy] accomplir ; [+ order] exécuter ; [+ function, contract] remplir ; [+ plan, ambition] réaliser ; [+ desire] satisfaire ; [+ promise] tenir ◆ **to feel ~led** être épanoui

fulfilling [fʊlˈfɪlɪŋ] ADJ [job, career] épanouissant

fulfilment, fulfillment (US) [fʊlˈfɪlmənt] N ◆ **to have a sense of ~** se sentir épanoui

full [fʊl] **1** ADJ **a** (= filled) plein ; [hotel] complet (-ète f) ◆ **I'm ~!** j'ai trop mangé ! ◆ ~ **of** plein de ◆ **pockets ~ of money** des poches pleines d'argent ◆ **he's ~ of himself** il est imbu de lui-même **b** (= complete) ◆ **I waited two ~ hours** j'ai attendu deux bonnes heures ◆ **a ~ 10 kilometres** 10 bons kilomètres ◆ ~ **employment** plein emploi ◆ **to pay ~ fare** payer plein tarif ▶ **to pay ~ price for sth** (for goods) acheter qch au prix fort ; (for tickets, fares) payer qch plein tarif ◆ **at ~ speed** à toute vitesse **c** (= ample) [lips] charnu ◆ **clothes for the ~er figure** des vêtements pour personnes fortes **2** ADV ◆ **to hit sb ~ in the face** frapper qn en plein visage ◆ **at** ~ **well** [know, understand] fort bien **3** N ◆ **to write one's name in ~** écrire son nom en entier ◆ **to publish a letter in ~** publier une lettre intégralement ◆ **to the ~** pleinement **4** ▶ **full beam** (Brit) ◆ **to drive with one's headlights on ~ beam** rouler en pleins phares ▶ **full-blown** [crisis, epidemic] généralisé ◆ **he has ~-blown Aids** il a un sida déclaré ▶ **full-bodied** [wine] qui a du corps ▶ **full-cream milk** lait m entier ▶ **full-frontal** [photograph] d'un nu intégral de face ▶ **full-grown** [child] parvenu au terme de sa croissance ; [animal, man, woman] adulte ▶ **full-length** [mirror] en pied ; [dress] long ▶ **full moon** pleine lune f ▶ **full name** nom m et prénom(s) m(pl) ▶ **full-page** [advert, article] pleine page ▶ **full-sized** (= lifesized) [drawing] grandeur nature inv ; (= adultsized) [bicycle, violin, bed] d'adulte ▶ **full stop**

(Brit) point m ▶ **full time** ADV [work] à plein temps ◇ N (Brit Sport) fin f de match ▶ **full-time** ADJ [employment] à plein temps ◆ **she's a ~-time secretary** elle est secrétaire à plein temps ◆ **~-time score** (Sport) score m final

fullback ['fʊlbæk] N (Sport) arrière m

full-scale ['fʊlˈskeɪl] ADJ [war, conflict] généralisé ; [attack, negotiations] de grande envergure

fully ['fʊlɪ] ADV [justify] complètement ; [understand] très bien ; [satisfied] entièrement ▶ **fully-fitted kitchen** cuisine f entièrement équipée ▶ **fully-fledged** [system] à part entière ◆ **he's now a ~-fledged doctor/architect** (Brit) il est maintenant médecin/architecte diplômé

fumble ['fʌmbl] VI ◆ **to ~ for sth in the dark** chercher qch à tâtons dans l'obscurité ◆ **to ~ for sth in a drawer** fouiller dans un tiroir pour trouver qch ◆ **to ~ with sth** tripoter qch (maladroitement)

fume [fjuːm] **1** VI [liquids, gases] dégager des vapeurs ◆ **he's fuming** * (= angry) il est fumasse * **2** N **fumes** NPL émanations fpl ◆ **petrol ~s** vapeurs fpl d'essence ◆ **car exhaust ~s** gaz m d'échappement

fumigate ['fjuːmɪgeɪt] VT désinfecter par fumigation

fun [fʌn] **1** N (amusement) ◆ **he had great ~** il s'est beaucoup amusé ◆ **have ~!** * amusez-vous bien ! ◆ **he's good ~** on s'amuse bien avec lui ◆ **what ~!** ce que c'est amusant ! ◆ **it's not much ~** ce n'est pas très amusant pour nous ◆ **to spoil his** (or **our** etc) ~ [person] jouer les trouble-fête ; [event, weather] gâcher le plaisir ◆ **to make ~ of sb/sth** se moquer de qn/qch **2** ADJ amusant

function ['fʌŋkʃən] **1** N **a** (gen) fonction f ▶ **function key** (Computing) touche f de fonction **b** (= meeting) réunion f ; (= reception) réception f **2** VI fonctionner ◆ **to ~ as** [person, thing] faire fonction de

functional ['fʌŋkʃnəl] ADJ fonctionnel

fund [fʌnd] **1** N fonds m ▶ **fund-raiser** (= person) collecteur m, -trice f de fonds ; (= dinner) dîner m organisé pour collecter des fonds ▶ **fund-raising** N collecte f de fonds ◇ ADJ [dinner, event] organisé pour collecter des fonds **2** **funds** NPL fonds mpl ◆ **public ~s** les fonds publics **3** VT [+ project] financer

fundamental [ˌfʌndəˈmentl] ADJ fondamental

fundamentalism [ˌfʌndəˈmentəlɪzəm] N fondamentalisme m

fundamentalist [ˌfʌndəˈmentəlɪst] ADJ, N fondamentaliste mf

funding ['fʌndɪŋ] N financement m

funeral ['fjuːnərəl] N enterrement m ◆ **state ~** funérailles nationales ▸ **funeral director** entrepreneur m de pompes funèbres ▸ **funeral home** (US), **funeral parlour** funérarium m

funfair ['fʌnfɛəʳ] N (Brit) fête f (foraine)

fungi ['fʌŋgaɪ] NPL of **fungus**

fungus ['fʌŋgəs] N (pl **fungi**) champignon m

funicular railway [fjuːˌnɪkjʊləˈreɪlweɪ] N funiculaire m

funnel ['fʌnl] **1** N **a** (for pouring through) entonnoir m **b** (Brit) [of ship, engine] cheminée f **2** VT (faire) passer dans un entonnoir

funnily * ['fʌnɪlɪ] ADV [behave, walk] bizarrement ◆ **~ enough** ... curieusement ...

funny ['fʌnɪ] ADJ **a** (= amusing) [person, story, film] drôle ; [voice, walk] comique ◆ **it's not ~** ça n'a rien de drôle ◆ **to see the ~ side of sth** voir le côté amusant de qch **b** (* = strange) drôle ◆ **the meat tastes ~** la viande a un drôle de goût ◆ **a ~ idea** une drôle d'idée ◆ **to feel ~** (= ill) se sentir tout drôle ◆ **I have a ~ feeling I'm going to regret this** j'ai comme l'impression que je vais le regretter **c** (* = fishy) louche ◆ **~ ~ business** magouilles * fpl ◆ **don't try anything ~!** * ne fais pas le malin (or la maligne) !

fur [fɜːʳ] N **a** (of living animal) pelage m **b** (often plural = animal skins) fourrure f ▸ **fur coat** manteau m de fourrure **c** (= limescale) (dépôt m de) calcaire m
▸ **fur up** VI [kettle] s'entartrer

furious ['fjʊərɪəs] ADJ **a** (= angry) [person] furieux (about or at sth de qch) ◆ **to be ~ with sb (for doing sth)** être furieux contre qn (parce qu'il a fait qch) **b** (= energetic) [pace] effréné **c** (= violent) [row, attack] violent ; [battle, struggle] acharné

furiously ['fjʊərɪəslɪ] ADV **a** (= angrily) [say, react] avec fureur **b** (= frantically) [work, fight] avec acharnement ◆ **her heart was beating ~** son cœur battait la chamade

furnace ['fɜːnɪs] N (industrial) fourneau m

furnish ['fɜːnɪʃ] VT **a** [+ house] meubler (with de) ◆ **~ed apartment** appartement m meublé **b** (= supply) [+ object, information] fournir ◆ **to ~ sb with sth** fournir qch à qn

furnishings ['fɜːnɪʃɪŋz] NPL mobilier m

furniture ['fɜːnɪtʃəʳ] N (NonC) mobilier m ◆ **a piece of ~** un meuble ▸ **furniture mover** (US) déménageur m ▸ **furniture polish** encaustique f ▸ **furniture remover** déménageur m ▸ **furniture van** camion m de déménagement

furore [fjʊəˈrɔːrɪ], **furor** (US) [fjʊˈrɔːʳ] N (= protests) scandale m

furry ['fɜːrɪ] ADJ [animal] à poil ; [slippers] en fausse fourrure ◆ **~ toy** (= soft toy) peluche f

further ['fɜːðəʳ] (compar of **far**) **1** ADV **a** ⇒ **farther b** (= more) plus ◆ **he questioned us no ~** il ne nous a pas posé d'autres questions ◆ **I got no ~ with him** je ne suis arrivé à rien de plus avec lui ◆ **until you hear ~** jusqu'à nouvel avis ◆ **we heard nothing ~ from him** nous n'avons pas eu d'autres nouvelles de lui ◆ **this mustn't go any ~** il ne faut pas que cela aille plus loin ◆ **I think we should take this matter ~** je pense que nous devrions poursuivre cette affaire ◆ **to study/examine an issue ~** approfondir l'étude/l'examen d'une question ◆ **~ to your letter** suite à votre lettre **2** ADJ (= additional) nouveau (nouvelle f), supplémentaire ◆ **until ~ notice** jusqu'à nouvel ordre ◆ **without ~ delay** sans plus attendre ◆ **without ~ ado** sans plus de cérémonie ◆ **upon ~ consideration** après plus ample réflexion ▸ **further education** enseignement m postscolaire **3** VT [+ one's interests, a cause] servir

furthermore [ˌfɜːðəˈmɔːʳ] ADV en outre

furthest ['fɜːðɪst] **1** ADJ ◆ **the house ~ from here** la maison la plus éloignée d'ici ◆ **they went by boat to the ~ point of the island** ils se sont rendus en bateau à l'extrémité de l'île **2** ADV ◆ **let's see who can throw the ball ~** voyons qui peut jeter la balle le plus loin

furtive ['fɜːtɪv] ADJ [behaviour] furtif ; [person] sournois

fury ['fjʊərɪ] N [of person] fureur f ◆ **to fly into a ~** se mettre dans une rage folle ◆ **to work/run like ~** * travailler/courir comme un fou *

fuse, fuze (US) [fjuːz] **1** VT **a** [+ metal] fondre **b** (fig) faire fusionner **2** VI **a** [metals] fondre ; (fig: also **fuse together**) fusionner **b** (Brit) ◆ **the television (or the lights etc)** ~**d** les plombs ont sauté **3** N **a** (= wire) fusible m ▸ **fuse box** boîte f à fusibles ▸ **fuse wire** fusible m **b** [of bomb] détonateur m ◆ **to have a short ~** * être soupe au lait

fuselage ['fjuːzəlɑːʒ] N fuselage m

fuss [fʌs] **1** N (= commotion stirred up) tapage m ; (= excitement, agitation in reaction to sth) agitation f ; (= complaints, objections, difficulties) histoires fpl ◆ **I don't know what all the ~ is about** je ne sais pas pourquoi on fait tant d'histoires ◆ **a lot of ~ about nothing** beaucoup de bruit pour rien ◆ **to kick up a ~** * faire un tas d'histoires * ◆ **to make a ~ about sth** (justifiably) protester à propos de qch ; (unjustifiably) faire tout un plat de qch * ◆ **you were quite right to make a ~** vous avez eu tout à fait raison de protester ◆ **to make a ~ of** (Brit) or **over** (US) **sb** être aux petits soins pour qn **2** VI (= rush around busily) s'affairer ◆ **she's always ~ing over him** elle est toujours après lui ◆ **don't ~!** laisse-moi tranquille !

fussy ['fʌsɪ] ADJ **a** (= exacting) [person] tatillon (about sth sur qch) ◆ **to be a ~ eater** être difficile sur la nourriture ◆ **tea or coffee? – I'm not ~** * thé ou café ? – ça m'est égal **b** (= overelaborate) [design, furnishings] tarabiscoté ; [food] (trop) élaboré

fusty ['fʌstɪ] ADJ ◆ **a ~ smell** une odeur de renfermé

futile ['fjuːtaɪl] ADJ [remark] futile ; [attempt] vain *before n*

futon ['fuːtɒn] N futon m

future ['fjuːtʃəʳ] **1** N **a** avenir m ◆ **in the ~** l'avenir ◆ **in the near ~** dans un proche avenir

◆ **there's no ~ in it** [+ product, relationship] cela n'a aucun avenir **b** (Gram) futur m ◆ **in the ~** au futur **2** ADJ [plans, role, king, queen] futur ◆ **her ~ husband** son futur mari ◆ **at some ~ date** à une date ultérieure ◆ **for ~ reference** pour référence ultérieure

futuristic [ˌfjuːtʃəˈrɪstɪk] ADJ futuriste

fuzz [fʌz] N (NonC = light growth) duvet m

fuzzy ['fʌzɪ] ADJ **a** [photograph] flou ; [idea, distinction] confus **b** [fabric] duveteux ; [hair] crépu

ANGLAIS/
FRANÇAIS

G

G, g [dʒiː] N (Mus) sol m ▸ **G-string** (= garment) string m

gab * [gæb] N → **gift**

gabble ['gæbl] VTI (= talk indistinctly) bafouiller ; (= talk unintelligibly) baragouiner *

gable ['geɪbl] N pignon m

gadget ['gædʒɪt] N gadget m

Gaelic ['geɪlɪk, 'gælɪk] ADJ, N gaélique m

gag [gæg] **1** N **a** (in mouth) bâillon m **b** * (= joke) blague f ; (visual) gag m **2** VT bâillonner **3** VI (* = retch) avoir des haut-le-cœur

gaga * ['gɑːgɑː] ADJ gaga * f inv

gaiety ['geɪtɪ] N gaieté f

gaily ['geɪlɪ] ADV **a** [painted, dressed] de couleurs vives **b** [chatter] gaiement

gain [geɪn] **1** N **a** (= profit) gain m ; (= increase) augmentation f (in de) **2** VT **a** (obtain) gagner ; [+ liberty, independence] obtenir ; [+ support] s'attirer ◆ **to ~ access** or **entry to** avoir accès à ◆ **to ~ control (of)** prendre le contrôle (de) ◆ **my watch has ~ed five minutes** ma montre a pris cinq minutes d'avance **b** (= get more) [+ speed, weight] prendre ; [+ time] gagner ◆ **to ~ ground** gagner du terrain ◆ **to ~ strength** [person, movement] devenir plus fort ; [storm] devenir plus violent **3** VI gagner ◆ **to ~ in popularity/confidence** gagner en popularité/confiance

▸ **gain on** VT INSEP (= catch up with) rattraper

gait [geɪt] N démarche f

gala ['gɑːlə] N gala m ◆ **swimming/sports ~** grand concours m de natation/d'athlétisme

galaxy ['gæləksɪ] N galaxie f

gale [geɪl] N coup m de vent ◆ **a force 8 ~** un vent de force 8 ▸ **gale warning** avis m de coup de vent

gallant ['gælənt] ADJ **a** [attempt, effort] courageux **b** (= chivalrous) galant

gall-bladder ['gɔːlblædəʳ] N vésicule f biliaire

gallery ['gælərɪ] N **a** (gen) galerie f **b** (also **art gallery**) (state-owned) musée m ; (private, selling paintings) galerie f ; (US) (= auction room) salle f des ventes **c** (Theatre) dernier balcon m

galley ['gælɪ] N (= ship) galère f ; (= ship's kitchen) cuisine f

galling ['gɔːlɪŋ] ADJ exaspérant

gallon ['gælən] N gallon m (Brit = 4,546 l, US = 3,785 l)

gallop ['gæləp] **1** N galop m ◆ **at a ~** au galop **2** VI [horse, rider] galoper ◆ **to ~ away/back** partir/revenir au galop

gallows ['gæləʊz] N gibet m

gallstone ['gɔːlstəʊn] N calcul m biliaire

galore [gə'lɔːʳ] ADV en abondance

galvanize ['gælvənaɪz] VT (Tech) galvaniser ◆ **to ~ sb into action** pousser qn à agir

gambit ['gæmbɪt] N (Chess) gambit m ; (= ruse) manœuvre f

gamble ['gæmbl] **1** N pari m **2** VI jouer (on sur) ◆ **to ~ on the stock exchange** jouer en Bourse ; (fig) ◆ **to ~on** miser sur ◆ **to ~ on doing sth** compter faire qch

▸ **gamble away** VT SEP [+ money] perdre au jeu

gambler ['gæmbləʳ] N joueur m, -euse f

gambling ['gæmblɪŋ] N (= action) jeu m ; (= games played) jeux mpl d'argent

game [geɪm] **1** N **a** (gen) jeu m ; (= match) [of football, rugby, cricket] match m ; (of tennis, billiards, chess] partie f ; [of bridge] manche f ◆ **a ~ of cards** une partie de cartes ◆ **video/card ~s** jeux mpl vidéo inv/de cartes ◆ **to have a ~ of** [+ chess] faire une partie de ; [+ football] faire un match de ◆ **the ~ is up** tout est fichu * ◆ **what's your ~?** * à quoi tu joues ? * ◆ **to beat sb at their own ~** battre qn sur son propre terrain ▸ **game plan** stratégie f ▸ **games console** console f de jeux ▸ **game show** (on TV) jeu m télévisé ; (on radio) jeu m radiophonique **b** (= animals) gibier m ◆ **big ~** gros gibier m ▸ **game park, game reserve** réserve f naturelle **2** **games** NPL (Brit: at school) sport m, éducation f physique et sportive **3** ADJ **a** (= brave) courageux **b** (= prepared) prêt (**to do sth** à faire qch)

gamekeeper ['geɪmˌkiːpəʳ] N garde-chasse m

gammon ['gæmən] N (Brit) jambon m fumé

gamut ['gæmət] N gamme f

gang [gæŋ] N [of workmen] équipe f ; [of criminals] bande f, gang m ; [of youths, friends] bande f

▸ **gang up** * VI ◆ **to ~ up on** or **against sb** se liguer contre qn

ganglion ['gæŋglɪən] N ganglion m

gangly ['gæŋglɪ] ADJ dégingandé

gangplank ['gæŋ,plæŋk] N passerelle *f* (de débarquement)

gangrene ['gæŋɡriːn] N gangrène *f*

gangster ['gæŋstə^r] N gangster *m*

gangway ['gæŋ,weɪ] N passerelle *f* ; (Brit) (in bus) couloir *m* ; (Theatre) allée *f*

gannet ['gænɪt] N fou *m* de Bassan

gaol [dʒeɪl] N (Brit) ⇒ **jail**

gap [gæp] N **a** (gen) trou *m* ; (between curtains) intervalle *m* ; (in clouds, fog) trouée *f* ; (between teeth) écart *m* ◆ **to fill in a** ~ boucher un trou **b** (in time) intervalle *m* ; (in timetable) trou *m* ; (in education) lacune *f* ◆ **to close the** ~ **between** réduire l'écart entre

gape [ɡeɪp] VI rester bouche bée ◆ **to** ~ **at sb/sth** regarder qn/qch bouche bée

gaping ['ɡeɪpɪŋ] ADJ béant

garage ['ɡærɑːʒ] N garage *m* ▶ **garage mechanic** mécanicien *m* ▶ **garage sale** vide-grenier *m*

garbage ['ɡɑːbɪdʒ] N ordures *fpl* ; (= worthless objects) rebut *m* ; (= nonsense) bêtises *fpl* ▶ **garbage can** (US) poubelle *f* ▶ **garbage truck** (US) camion *m* des éboueurs

garbled ['ɡɑːbld] ADJ confus

garden ['ɡɑːdn] **1** N jardin *m* ◆ **vegetable** ~ potager *m* ◆ **to lead sb up the** ~ **path** * mener qn en bateau * ▶ **garden centre** jardinerie *f* ▶ **garden party** garden-party *f* **2** VI jardiner

gardener ['ɡɑːdnə^r] N jardinier *m*, -ière *f*

gardening ['ɡɑːdnɪŋ] N jardinage *m*

gargle ['ɡɑːɡl] VI se gargariser

gargoyle ['ɡɑːɡɔɪl] N gargouille *f*

garish ['ɡɛərɪʃ] ADJ [colour] criard ; [clothes] aux couleurs criardes ; [décor] tapageur

garland ['ɡɑːlənd] N guirlande *f*

garlic ['ɡɑːlɪk] N ail *m* ▶ **garlic bread** pain *m* à l'ail ▶ **garlic sausage** saucisson *m* à l'ail

garment ['ɡɑːmənt] N vêtement *m*

garnish ['ɡɑːnɪʃ] **1** VT [+ food] décorer **2** N décoration *f*

garret ['ɡærət] N (= room) mansarde *f* ; (= attic) grenier *m*

garrison ['ɡærɪsən] N garnison *f*

garter ['ɡɑːtə^r] N jarretière *f* ; (US: from belt) jarretelle *f*

gas [ɡæs] **1** N (pl **gas(s)es**) **a** (gen) gaz *m inv* ▶ **gas central heating** chauffage *m* central au gaz ▶ **gas cooker** cuisinière *f* à gaz ; (portable) réchaud *m* à gaz ▶ **gas fire** appareil *m* de chauffage à gaz ▶ **gas meter** compteur *m* à gaz ▶ **gas oven** four *m* à gaz ▶ **gas pipe** tuyau *m* à gaz ▶ **gas stove** cuisinière *f* à gaz ; (portable) réchaud *m* à gaz **b** (US = fuel) essence *f* ▶ **gas pedal** pédale *f* d'accélérateur ▶ **gas station** station-service *f* ▶ **gas tank** réservoir *m* à essence **2** VT asphyxier ; (in war) gazer

gash [ɡæʃ] **1** N (in flesh) entaille *f* ; (on face) balafre *f* ; (in cloth, leather) grande déchirure *f* **2** VT [+ flesh] entailler ; [+ face] balafrer ; [+ cloth, leather] déchirer

gasman * ['ɡæsmæn] N (pl **-men**) employé *m* du gaz

gasmask ['ɡæsmɑːsk] N masque *m* à gaz

gasoline ['ɡæsəʊliːn] N (US) essence *f*

gasp [ɡɑːsp] **1** N halètement *m* **2** VI (= choke) haleter ; (from astonishment) avoir le souffle coupé **3** VT ◆ **no ! she** ~**ed** "non !" souffla-t-elle

gastric ['ɡæstrɪk] ADJ gastrique ▶ **gastric flu** grippe *f* gastro-intestinale

gastroenteritis [,ɡæstrəʊ,entə'raɪtɪs] N gastroentérite *f*

gastronomy [ɡæs'trɒnəmɪ] N gastronomie *f*

gasworks ['ɡæswɜːks] N (pl inv) usine *f* à gaz

gate [ɡeɪt] N **a** (gen) porte *f* ; [of castle] grille *f* ; [of field, level crossing] barrière *f* ; (large, metallic) portail *m* ; [of sports ground, factory] entrée *f* **b** (Sport) (= attendance) spectateurs *mpl* ; (= money) entrées *fpl*

gâteau ['ɡætəʊ] N (pl **gâteaux** ['ɡætəʊz]) (Brit) gros gâteau *m* fourré

gatecrash ['ɡeɪtkræʃ] **1** VI (without invitation) s'introduire sans invitation ; (without paying) resquiller * **2** VT s'introduire (sans invitation) dans

gatecrasher ['ɡeɪt,kræʃə^r] N (without invitation) intrus(e) *m(f)* ; (without paying) resquilleur * *m*, -euse * *f*

gatekeeper ['ɡeɪt,kiːpə^r] N gardien(ne) *m(f)*

gatepost ['ɡeɪtpəʊst] N montant *m* (de porte)

gateway ['ɡeɪtweɪ] N entrée *f* ; (fig) porte *f* (to de)

gather ['ɡæðə^r] **1** VT **a** [+ people, objects] rassembler **b** [+ flowers] cueillir ; [+ wood, sticks, mushrooms] ramasser ; [+ taxes] percevoir ; [+ information, data, evidence] réunir ◆ **to** ~ **dust** prendre la poussière ◆ **to** ~ **speed** prendre de la vitesse **c** (Sewing) froncer **d** (= infer) déduire ◆ **as far as I can** ~ d'après ce que je comprends ◆ **I** ~ **she won't be coming** d'après ce que j'ai compris, elle ne viendra pas **2** VI (= collect) [people] se rassembler ; [troops] se masser ; [objects, dust] s'accumuler ; [clouds] s'amonceler

▶ **gather round 1** VI s'approcher **2** VT INSEP se rassembler autour de

▶ **gather together 1** VI se rassembler **2** VT SEP rassembler

▶ **gather up** VT SEP [+ papers, clothes, toys] ramasser ; [+ strength, courage] rassembler

gathering ['gæðərɪŋ] N (= group of people) assemblée f **◆ a family ~** une réunion de famille

gauche [gəʊʃ] ADJ maladroit

gaudy ['gɔːdɪ] ADJ [clothes] aux couleurs voyantes ; [colour] voyant

gauge [geɪdʒ] **1** N (= standard measure) calibre m ; [of rails] écartement m ; (= instrument) jauge f **2** VT [+ temperature] mesurer ; [+ oil] jauger ; [+ sb's abilities] évaluer

Gaul [gɔːl] N (= country) Gaule f ; (= person) Gaulois(e) m(f)

gaunt [gɔːnt] ADJ émacié

gauntlet ['gɔːntlɪt] N (= glove) gant m (à crispin) **◆ to throw down/take up the ~** lancer un/ relever le défi

gauze [gɔːz] N gaze f

gave [geɪv] VB (pt of **give**)

gawky ['gɔːkɪ] ADJ dégingandé

gay [geɪ] **1** ADJ **a** (= homosexual) gay inv **b** (= cheerful : †.) gai **2** N homosexuel(le) m(f)

gaze [geɪz] **1** N regard m (fixe) **2** VI regarder **◆ to ~ at sb/sth** regarder (fixement) qn/qch

gazelle [gə'zel] N gazelle f

GB [dʒiː'biː] (abbrev of **Great Britain**) GB

GCSE [dʒiːsiːes'iː] (abbrev of **General Certificate of Secondary Education**) = brevet m des collèges

GDP [dʒiːdiː'piː] N (abbrev of **gross domestic product**) PIB m

gear [gɪə'] **1** N **a** (= equipment) matériel m ; (for gardening) outils mpl **b** (* = belongings) affaires fpl **c** (Brit = clothing) vêtements mpl **d** [of car] (= mechanism) embrayage m ; (= speed) vitesse f **◆ first/second/third ~** première f/deuxième f/troisième f **◆ in second ~** en seconde **◆ to change ~** changer de vitesse **◆ to change into third ~** passer en troisième ▶ **gear lever** (Brit), **gear stick** levier m de vitesse **2** VT adapter (to à)

gearbox ['gɪəbɒks] N boîte f de vitesses

gearshift ['gɪəʃɪft] N (US) levier m de vitesse

geese [giːs] NPL of **goose**

gel [dʒel] **1** N gel m **2** VI **a** [jelly] prendre **b** [plan] prendre tournure ; [partnership, team] se souder

gelatin(e) ['dʒelətiːn] N gélatine f

gelignite ['dʒelɪgnaɪt] N plastic m

gem [dʒem] N **a** (= precious stone) pierre f précieuse **b** (= marvel) merveille f

Gemini ['dʒemɪnaɪ] NPL Gémeaux mpl

gender ['dʒendə'] N **a** (Gram) genre m **b** (= sex) sexe m

gene [dʒiːn] N gène m

genealogy [ˌdʒiːnɪ'ælədʒɪ] N généalogie f

general ['dʒenərəl] **1** ADJ général **◆ in ~** en général **◆ as a ~ rule** en règle générale ▶ **general anaesthetic** anesthésie f générale ▶ **general election** élections fpl législatives ▶ **general hospital** centre m hospitalier ▶ **general knowledge** culture f générale ▶ **general practitioner** (médecin m) généraliste m ▶ **the general public** le grand public ▶ **general-purpose** [tool, substance] universel ; [dictionary] général **2** N (Mil) général m

generalization [ˌdʒenərəlaɪ'zeɪʃən] N généralisation f

generalize ['dʒenərəlaɪz] VTI généraliser

generally ['dʒenərəlɪ] ADV généralement **◆ ~ speaking** en règle générale **◆ ~ available** disponible partout

generate ['dʒenəreɪt] VT [+ electricity, heat] produire ; [+ income, wealth] générer ; [+ interest] susciter ; [+ publicity] faire

generation [ˌdʒenə'reɪʃən] N **a** génération f ▶ **the generation gap** le conflit des générations **b** [of electricity, heat] production f

generator ['dʒenəreɪtə'] N groupe m électrogène

generosity [ˌdʒenə'rɒsɪtɪ] N générosité f

generous ['dʒenərəs] ADJ généreux **◆ a ~ helping** une grosse part

genetic [dʒɪ'netɪk] ADJ génétique

genetically [dʒɪ'netɪkəlɪ] ADV génétiquement **◆ ~ engineered** génétiquement manipulé **◆ ~ modified** génétiquement modifié

genetics [dʒɪ'netɪks] N génétique f

Geneva [dʒɪ'niːvə] N Genève **◆ Lake ~** le lac Léman or de Genève

genial ['dʒiːnɪəl] ADJ [person, atmosphere] cordial ; [smile, look] engageant

genie ['dʒiːnɪ] N génie m

genital ['dʒenɪtl] **1** ADJ génital **2** genitals NPL organes mpl génitaux

genitive ['dʒenɪtɪv] ADJ, N génitif m

genius ['dʒiːnɪəs] N génie m

genocide ['dʒenəʊsaɪd] N génocide m

genre ['ʒɑ̃ːŋrə] N genre m

gent [dʒent] N gentleman m **◆ gents** (Brit) toilettes fpl pour hommes ; (sign on door) "messieurs"

genteel [dʒen'tiːl] ADJ [person, manners] distingué

gentle ['dʒentl] ADJ **a** (gen) doux (douce *f*) **b** [touch, breeze] léger ; [exercise] modéré **c** [hint, reminder] discret (-ète *f*)

gentleman ['dʒentlmən] (pl **-men**) N (= man) monsieur *m* ; (= man of breeding) gentleman *m* ◆ "gentlemen" (sign for toilets) "messieurs"

gently ['dʒentlɪ] ADV **a** [say, smile, remind, suggest] gentiment **b** [shake, caress, touch, exercise] doucement

gentry ['dʒentrɪ] N ◆ the ~ la haute bourgeoisie

genuine ['dʒenjʊɪn] ADJ **a** (gen) authentique ; [leather, silver] véritable ; [tears, interest, offer] sincère ; [laughter] franc (franche *f*) **b** [person] sincère

geography [dʒɪ'ɒgrəfɪ] N géographie *f*

geology [dʒɪ'ɒlədʒɪ] N géologie *f*

geometry [dʒɪ'ɒmɪtrɪ] N géométrie *f*

geranium [dʒɪ'reɪnɪəm] N géranium *m*

gerbil ['dʒɜ:bɪl] N gerbille *f*

geriatric [,dʒerɪ'ætrɪk] **1** ADJ [hospital] gériatrique ; [ward] de gériatrie ; [patient, nurse] en gériatrie **2** N (= person) malade *mf* gériatrique

germ [dʒɜ:m] N microbe *m*

German ['dʒɜ:mən] **1** ADJ allemand ; [teacher] d'allemand ▶ **German measles** rubéole *f* ▶ **German shepherd** berger *m* allemand **2** N **a** (= person) Allemand(e) *m(f)* **b** (= language) allemand *m*

Germany ['dʒɜ:mənɪ] N Allemagne *f*

gerund ['dʒerənd] N gérondif *m*

gesticulate [dʒes'tɪkjʊleɪt] VI faire de grands gestes (at sb pour attirer l'attention de qn)

gesture ['dʒestʃəʳ] **1** N geste *m* **2** VI ◆ to ~ to sb to do sth faire signe à qn de faire qch ◆ he ~d towards the door il désigna la porte d'un geste

---

get [get]

1 VT **a** (= have, receive, obtain) avoir ; [+ help, permission] obtenir ◆ he got a fine il a eu une amende ◆ I got a lot of presents j'ai eu beaucoup de cadeaux ◆ I've got toothache j'ai mal aux dents ◆ I have got three sisters j'ai trois sœurs ◆ how many have you got? combien en avez-vous ? ◆ we'll ~ a sandwich in town on prendra un sandwich en ville ◆ this room ~s a lot of sun cette pièce est très ensoleillée ◆ he got two years il s'est pris* deux ans de prison ◆ to ~ one's hands dirty se salir les mains ◆ to ~ sb drunk soûler qn

b (= find) trouver ◆ he got me a job il m'a trouvé un emploi

c (= buy) acheter ◆ to ~ sth cheap acheter qch bon marché

d (= fetch, pick up) aller chercher ◆ I must go and ~ some bread il faut que j'aille chercher du pain ◆ can I ~ you a drink? est-ce que je peux vous offrir quelque chose ?

e (= take) prendre ◆ to ~ the bus prendre le bus

f (= call in) appeler ◆ we had to ~ a plumber nous avons dû appeler un plombier

g (= prepare) préparer ◆ she was ~ting breakfast elle préparait le petit déjeuner

h (= catch) [+ disease, fugitive] attraper

i (= hear, understand) [+ name, details] comprendre ◆ I didn't ~ your name je n'ai pas compris votre nom ◆ I don't ~ it* je ne comprends pas

j (= answer) ◆ can you ~ the phone ? est-ce que tu peux répondre ? ◆ I'll ~ it! j'y vais !

k (set structures) ◆ to ~ sth done (by someone else) faire faire qch ◆ to ~ one's hair cut se faire couper les cheveux ◆ I need to ~ my car serviced je dois faire réviser ma voiture ◆ ~ him to clean the car fais-lui laver la voiture ◆ I'll ~ her to ring you back je lui demanderai de te rappeler ◆ I couldn't ~ the washing machine to work je n'ai pas réussi à faire marcher le lave-linge ◆ to ~ sth going [+ machine] faire marcher qch ◆ to ~ sth downstairs/upstairs descendre/monter qch ◆ threatening me will ~ you nowhere tu n'obtiendras rien de moi par la menace ◆ to ~ sth past the customs réussir à passer qch à la douane ◆ to ~ sth to sb faire parvenir qch à qn

2 VI **a** (= go) aller (to à ; from de) ; (= arrive) arriver ; (= be) être ◆ how do you ~ there? comment fait-on pour y aller ? ◆ what time do you ~ to Sheffield? à quelle heure arrivez-vous à Sheffield ? ◆ how did that box ~ here? comment cette boîte est-elle arrivée ici ? ◆ what's got into him? qu'est-ce qui lui prend ? ◆ now we're ~ting somewhere!* enfin du progrès ! ◆ where did you ~ to? où étais-tu donc passé ? ◆ where have you got to? (in book, work) où en êtes-vous ?

b (= become) devenir ◆ to ~ better (= recover) se remettre ; (= improve) s'améliorer ◆ to ~ fat/old grossir/vieillir ◆ it's ~ting late il se fait tard ◆ I'm ~ting nervous je commence à avoir le trac ◆ to ~ used to sth/to doing s'habituer à qch/à faire ◆ to ~ to know sb apprendre à connaître qn ◆ we got to like him in the end nous avons fini par l'apprécier

c (with past participle) ◆ to ~ paid/beaten up se faire payer/tabasser* ◆ several windows got broken plusieurs fenêtres ont été brisées ◆ to ~ dressed s'habiller ◆ to ~ married se marier ◆ to ~ washed se laver

d (with infinitive = must) ◆ I've got to go il faut que j'y aille ◆ you've got to come il faut que vous veniez *subj* ◆ have you got to go and see her? est-ce que vous êtes obligé d'aller la voir ?

e (with gerund) ◆ to ~ going or moving partir

3 COMP ▸ **get-together** réunion *f* ▸ **get-up-and-go** * ♦ **he's got lots of ~-up-and-go** il est très dynamique (pour un prompt rétablissement) ▸ **get-well card** carte *f* de vœux

▸ **get about** VI **a** (= move about) se déplacer **b** (= travel) voyager **c** [news] circuler

▸ **get across 1** VI (= cross) traverser ; [meaning, message] passer **2** VT SEP [+ road] traverser ; [+ ideas, intentions, desires] communiquer (to sb à qn) ♦ **to ~ sth across to sb** faire comprendre qch à qn

▸ **get ahead** VI (in race) prendre de l'avance ; (in career) monter en grade

▸ **get along** VI **a** (= go) aller (to à) ; (= leave) s'en aller **b** (= manage) se débrouiller ♦ **to ~ along without sth/sb** se débrouiller sans qch/qn **c** [work] avancer ; [student, invalid] faire des progrès **d** (= be on good terms) (bien) s'entendre

▸ **get around 1** VI → **get about 2** VT SEP → **get round 3** VT INSEP → **get round**

get at VT INSEP **a** [+ object, person, place] atteindre **b** [+ facts, truth] découvrir **c** (= suggest) • **what are you getting at ?** où voulez-vous en venir ? **d** (Brit = attack) s'en prendre à

▸ **get away 1** VI **a** (= leave) partir ♦ **to ~ away from a place** quitter un endroit **b** (= escape) s'échapper ♦ **to ~ away from** [+ people, situation] échapper à ; [+ idea] renoncer à **2** VT SEP **a** (= take) emmener ; (= move away) éloigner **b** (= send off) expédier ♦ **to ~ sth away from sb** enlever qch à qn

▸ **get away with** VT (= suffer no consequences) ♦ **he broke the law and got away with it** il a violé la loi en toute impunité ♦ **you'll never ~ away with that!** on ne te laissera pas passer ça ! * ♦ **he ~s away with murder** * il peut se permettre de faire n'importe quoi

▸ **get back 1** VI **a** (= return) revenir ; (home) rentrer chez soi ♦ **to ~ back to work** reprendre le travail **b** (= move backwards) reculer **2** VT SEP **a** (= recover) récupérer ; [+ strength] reprendre ♦ **to ~ one's money back** se faire rembourser **b** (= return) rendre

▸ **get by** VI **a** (= pass) passer **b** (= manage) arriver à s'en sortir *

▸ **get down 1** VI descendre (from, off de) ♦ **to ~ down on one's knees** se mettre à genoux ♦ **~ down!** (= climb down) descends ! ; (= lie down) couche-toi ! **2** VT SEP **a** (from upstairs, attic) descendre ; (from shelf) prendre **b** (= make note of) noter **c** (= depress) déprimer

▸ **get down to** VT INSEP ♦ **to ~ down to doing sth** se mettre à faire qch ♦ **to ~ down to work** se mettre au travail ♦ **to ~ down to business** passer aux choses sérieuses

▸ **get in 1** VI **a** [person] (= enter) entrer ; (= be admitted to university, school) être admis **b** (= arrive) [train, bus, plane] arriver **c** (= be

elected) [member] être élu ; [party] accéder au pouvoir **2** VT SEP **a** [+ harvest] rentrer **b** (= buy) acheter

▸ **get into** VT INSEP **a** (= enter) [+ house, park] entrer dans ; [+ car, train] monter dans ♦ **I don't know what has got into him** je ne sais pas ce qui lui a pris **b** [+ clothes] mettre

▸ **get in with** VT INSEP **a** (= gain favour of) (réussir à) se faire bien voir de **b** (= become friendly with) se mettre à fréquenter

▸ **get off 1** VI **a** (from vehicle) descendre **b** (= depart) [person] partir ; [car] démarrer ; [plane] décoller ♦ **to ~ off to a good start** [project, discussion] bien partir ♦ **to ~ off to sleep** s'endormir **c** (= escape) s'en tirer **d** (= leave work) finir **2** VT SEP **a** [+ clothes, shoes] enlever **b** ♦ **to ~ a child off to sleep** faire dormir un enfant **3** VT INSEP [+ bus, bike, horse] descendre de

▸ **get on 1** VI **a** (on to bus, bike) monter ; (on to ship) monter à bord **b** (= advance, make progress) avancer ♦ **how did you ~ on?** comment ça s'est passé ? ♦ **to be ~ting on** * (= getting old) se faire vieux ♦ **he's ~ting on for 40** il approche de la quarantaine ♦ **it's ~ting on for 3 o'clock** il n'est pas loin de 3 heures **c** (= succeed) réussir **d** (= agree) s'entendre ♦ **I ~ on well with her** je m'entends bien avec elle **2** VT SEP [+ clothes, shoes] mettre **3** VT INSEP [+ horse, bike] monter sur ; [+ train] monter dans

▸ **get on with** VT INSEP **a** (= continue) continuer ♦ **~ on with it!** (working) allez, au travail ! ; (telling sth) accouche ! * **b** (= start on) se mettre à

▸ **get out 1** VI **a** (gen) sortir (of de) ; (from vehicle) descendre (of de) **b** (= escape) s'échapper (of de) ♦ **to ~ out of** [+ task, obligation] échapper à ; [+ difficulty] surmonter **c** [news] se répandre ; [secret] être éventé **2** VT SEP **a** (= bring out) [+ object] sortir **b** (= remove) [+ nail, tooth] arracher ; [+ stain] enlever ♦ **I can't ~ it out of my mind** je n'arrive pas à chasser cela de mon esprit **c** (= free) [+ person] faire sortir

▸ **get over 1** VI (= cross) traverser ; [message, meaning] passer **2** VT INSEP **a** [+ road] traverser ; [+ obstacle, difficulty] surmonter ; [+ problem] résoudre **b** (= recover from) [+ illness, sb's death] se remettre de ♦ **I can't ~ over it** je n'en reviens pas **3** VT SEP [+ person, animal, vehicle] faire passer ; (= communicate) faire comprendre ; [+ ideas] communiquer

▸ **get round 1** VI ⇒ **get about 2** VT INSEP **a** [+ obstacle, difficulty, law] contourner **b** [+ person] amadouer

▸ **get round to** VT INSEP ♦ **to ~ round to doing sth** trouver le temps de faire qch

▸ **get through 1** VI **a** [news] parvenir (to à) ; [signal] être reçu **b** (= be accepted, pass) [candidate] être reçu ; [motion, bill] passer **c** (on phone) obtenir la communication **d** (= communicate with) ♦ **to ~ through to sb** communiquer avec qn **2** VT INSEP **a** [+ hole, window] passer par ; [+ hedge] passer à travers ; [+ crowd] se frayer un chemin à travers **b** (= do) [+ work] faire ; [+ book] lire (en entier) **c** (= use) [+ supplies] utiliser ; [+ money] dépenser ; [+ food] manger ; [+ drink] boire **3** VT SEP [+ person, object] faire passer

▶ **get together** **1** VI se réunir **2** VT SEP [+ people, ideas, money] rassembler ; [+ group] former

▶ **get up** **1** VI **a** (= rise) se lever (from de) **b** (on a chair, on stage) monter **2** VT **a** [+ tree, ladder] monter à ♦ **to ~ up speed** prendre de la vitesse **b** (from bed) [+ person] faire lever ; (= wake) réveiller

▶ **get up to** VT INSEP **a** (= catch up with) rattraper **b** (= reach) arriver à ♦ **I've got up to page 17** j'en suis à la page 17 **c** (* = be involved in) ♦ **to ~ up to mischief** faire des bêtises ♦ **you never know what he'll ~ up to next** on ne sait jamais ce qu'il va inventer

getaway ['getəweɪ] N ♦ **to make one's ~** s'enfuir

geyser ['giːzəʳ, (US) 'gaɪzəʳ] N geyser m

Ghana ['gɑːnə] N Ghana m

ghastly ['gɑːstlɪ] ADJ épouvantable

Ghent [gent] N Gand

gherkin ['gɜːkɪn] N cornichon m

ghetto ['getəʊ] N ghetto m ▶ **ghettoblaster** * (gros) radiocassette *

ghost [gəʊst] N fantôme m ▶ **ghost story** histoire f de revenants ▶ **ghost town** ville f fantôme

ghoul [guːl] N goule f

GHQ [ˌdʒiːeɪtʃ'kjuː] N (abbrev of **General Headquarters**) GQG m

GI * [dʒiː'aɪ] N (US) GI m

giant ['dʒaɪənt] **1** N géant m **2** ADJ [object] géant ; [strides] de géant ; [helping, amount] gigantesque

gibberish ['dʒɪbərɪʃ] N charabia * m

gibe [dʒaɪb] N moquerie f

giblets ['dʒɪblɪts] NPL abats mpl (de volaille)

Gibraltar [dʒɪ'brɔːltəʳ] N Gibraltar m

giddy ['gɪdɪ] ADJ [person] pris de vertige ♦ **to feel ~** avoir la tête qui tourne

gift [gɪft] N **a** (= present) cadeau m ▶ **gift shop** boutique f de cadeaux ▶ **gift token**, **gift voucher** chèque-cadeau m **b** (= donation) don m **c** (= talent) don m ♦ **to have the ~ of the gab** * avoir la langue bien pendue

gifted ['gɪftɪd] ADJ doué

giftwrap ['gɪftræp] VT ♦ **to ~ a package** faire un paquet-cadeau

giftwrapping ['gɪftræpɪŋ] N emballage-cadeau m

gig [gɪg] N (= concert) concert m

gigabyte ['dʒɪgəbaɪt] N gigaoctet m

gigantic [dʒaɪ'gæntɪk] ADJ gigantesque

giggle ['gɪgl] **1** VI rire sottement, glousser **2** N petit rire m ♦ **to have/get the ~s** avoir/ attraper le fou rire

gigolo ['ʒɪgələʊ] N gigolo m

gild [gɪld] VT (pret **gilded**, ptp **gilded** or **gilt**) dorer

gills [gɪlz] NPL ouïes fpl

gilt [gɪlt] ADJ doré

gimmick ['gɪmɪk] N truc * m ; (= gadget) gadget * m

gin [dʒɪn] N gin m ♦ **~ and tonic** gin-tonic m

ginger ['dʒɪndʒəʳ] **1** N gingembre m **2** ADJ **a** [hair] roux (rousse f) **b** [biscuit, cake] au gingembre ▶ **ginger ale**, **ginger beer** (Brit) boisson f gazeuse au gingembre

gingerbread ['dʒɪndʒəbred] N pain m d'épices

gingham ['gɪŋəm] N vichy m

ginseng [dʒɪn'seŋ] N ginseng m

gipsy ['dʒɪpsɪ] **1** N bohémien(ne) m(f) ; (Spanish) gitan(e) m(f) ; (Central European) Tsigane mf **2** ADJ [caravan, custom] de bohémien ; (Spanish) de gitan ; (Central European) tsigane

giraffe [dʒɪ'rɑːf] N girafe f

girder ['gɜːdəʳ] N poutre f métallique

girdle ['gɜːdl] N (= corset) gaine f

girl [gɜːl] N fille f ♦ **a little ~** une petite fille ♦ **an English ~** une jeune Anglaise ♦ **~s' school** école f de jeunes filles ▶ **girl guide** (Brit), **girl scout** (US) éclaireuse f

girlfriend ['gɜːlfrend] N [of boy] petite amie f ; [of girl] amie f

giro * ['dʒaɪrəʊ] N (Brit) ≈ mandat m postal (servant au paiement des prestations de chômage ou de maladie) ♦ **by ~ transfer** par virement postal

girth [gɜːθ] N **a** [of tree] circonférence f ; [of waist] tour m de taille **b** [of saddle] sangle f

gist [dʒɪst] N essentiel m

---

give [gɪv]

1 VT **a** (gen) donner (to à) ; [+ gift] offrir (to à) ♦ **to ~ sb sth** donner qch à qn ♦ **she was ~n a bouquet** on lui a offert un bouquet ♦ **you have to ~ and take** il faut faire des concessions ♦ **~ or take a few minutes** à quelques minutes près

◆ it gave me a fright/shock ça m'a fait peur/un choc ◆ ~ him time to get home laissez-lui le temps de rentrer ◆ ~ yourself time to think about it prends le temps de réfléchir ◆ he gave as good as he got il a rendu coup pour coup **b** (= pass on) ◆ you've ~n me your cold tu m'as passé ton rhume ◆ ~ him my love faites-lui mes amitiés **c** (= put through to) passer ◆ could you ~ me extension 231? pouvez-vous me passer le poste 231 ? **d** [+ sigh, cry] pousser **e to give way** VT SEP (= yield) [person] céder (to sth à qch) ; (= stand back) s'écarter ; (= agree) finir par donner son accord ; [car, traffic] céder le passage ; (= collapse) [bridge, floor] s'effondrer ; [ground] se dérober ; [legs] fléchir ◆ "~ way" "cédez le passage"

2 VI **a** (= collapse) céder **b** (= yield) [cloth, elastic] se détendre

3 N (* = flexibility) mou *m* ▶ **give-and-take** concessions *fpl* mutuelles

▶ **give away** VT SEP **a** [+ prizes] distribuer ; [+ bride] conduire à l'autel ; [+ money, goods] donner **b** [+ names, details] donner ; [+ secrets] révéler ◆ to ~ sb away [+ person, accomplice] dénoncer qn ; [reaction, expression] trahir qn ◆ to ~ o.s. away se trahir ◆ to ~ the game away * vendre la mèche

▶ **give back** VT SEP rendre

▶ **give in** **1** VI (= surrender) capituler ; (= yield) céder (to à) ◆ I ~ in! (in games) j'abandonne ! ; (in guessing) je donne ma langue au chat !* **2** VT SEP [+ essay, exam paper, key] rendre ; [+ manuscript, report] remettre

▶ **give off** VT SEP [+ heat, gas, smell] dégager

▶ **give out** **1** VI [supplies] s'épuiser ; [patience] être à bout ; [heart] lâcher **2** VT SEP [+ books, food] distribuer ; [+ information, details] donner ; [+ radio signal] émettre

▶ **give up** **1** VI abandonner ◆ I ~ up j'abandonne ; (in guessing) je donne ma langue au chat **2** VT SEP **a** (= renounce) [+ interests] abandonner ; [+ seat, territory] céder ; [+ habit, idea, claim] renoncer à ; [+ job] quitter **b** (= stop) arrêter ◆ to ~ up smoking arrêter de fumer **c** ◆ to ~ o.s. up se rendre

▶ **give up on** VT INSEP **a** (= renounce) [+ idea] renoncer à **b** (= stop expecting) [+ visitor] ne plus attendre ; (= lose faith in) perdre espoir en

given ['gɪvn] **1** VB (ptp of **give**) **2** ADJ donné ◆ **at a ~ time** à un moment donné ◆ **that ...** étant donné que ...

glacier ['glæsɪə^r] N glacier *m*

glad [glæd] ADJ ◆ **to be ~ (about sth)** être content (de qch) ◆ **I'm ~ that you came** je suis

content que vous soyez venu ◆ **to be ~ to do sth** (= happy) être content de faire qch ; (= willing) se faire un plaisir de faire qch

gladiator ['glædɪeɪtə^r] N gladiateur *m*

gladiolus [ˌglædɪ'əʊləs] N (pl **gladioli** [ˌglæd ɪ'əʊlaɪ]) glaïeul *m*

gladly ['glædlɪ] ADV (= happily) avec plaisir ; (= willingly) volontiers

glamor ['glæmə^r] N (US) ⇒ **glamour**

glamorous ['glæmərəs] ADJ [person, clothes, photo] glamour *inv* ; [lifestyle] de star ; [restaurant] chic ; [job] prestigieux

glamour, glamor (US) ['glæmə^r] N [of person] glamour *m* ; [of occasion] éclat *m*

glance [glɑːns] **1** N regard *m* ◆ **at a ~** d'un coup d'œil ◆ **at first ~** à première vue **2** VI **a** (= look) jeter un coup d'œil (at sur, à) ◆ **to ~ through a book** feuilleter un livre **b** ◆ **to ~ off** [bullet] ricocher sur ; [arrow] dévier sur

gland [glænd] N glande *f*

glandular fever [ˌglændjʊlə'fiːvə^r] N mononucléose *f* infectieuse

glare [glɛə^r] **1** VI **a** [person] lancer un regard furieux (at à) **b** [sun, lights] être éblouissant **2** N **a** [of person] regard *m* furieux **b** [of light] éclat *m* aveuglant ; [of headlights] éblouissement *m*

glaring ['glɛərɪŋ] ADJ [eyes, look] brillant de colère ; [light, sun] éblouissant ; [error] flagrant ; [omission] manifeste

glass [glɑːs] **1** N **a** (= material) verre *m* ◆ **pane of ~** vitre *f* **b** (for drinking) verre *m* ◆ **a ~ of wine** un verre de vin ◆ **a wine ~** un verre à vin **2** ADJ [bottle, ornament] en verre ; [door] vitré

glasses ['glɑːsɪz] NPL (= spectacles) lunettes *fpl* ; (= binoculars) jumelles *fpl*

glassware ['glɑːswɛə^r] N objets *mpl* en verre

glaze [gleɪz] **1** VT **a** [+ door, window] vitrer **b** [+ pottery, tiles] vernisser ; [+ cake, meat] glacer **2** N (on pottery, tiles) vernis *m* ; (in cooking) glaçage *m*

glazed [gleɪzd] ADJ [door, window] vitré ; [pottery, tiles] vernissé ; [cake, meat] glacé ◆ **he had a ~ look** il avait le regard vide

glazier ['gleɪzɪə^r] N vitrier *m*

gleam [gliːm] **1** N [of light, hope] lueur *f* ; [of metal] reflet *m* ; [of water] miroitement *m* **2** VI [lamp, star, eyes] luire ; [polished metal, shoes] reluire ; [blade, water] miroiter

gleaming ['gliːmɪŋ] ADJ [star, metal, shoes] brillant ; [kitchen] étincelant

glean [gliːn] VTI glaner

glee [gliː] N jubilation *f*

glen [glen] N vallon m

glib [glɪb] ADJ [answer, excuse, lie] léger ; [person] bavard

glide [glaɪd] VI [bird, plane] planer ✦ **to ~ in/out** [person] (gracefully) entrer/sortir avec grâce ; (majestically) entrer/sortir majestueusement

glider ['glaɪdə^r] N (= plane) planeur m

gliding ['glaɪdɪŋ] N vol m à voile

glimmer ['glɪmə^r] **1** VI [light, fire] luire ; [water] miroiter **2** N [of light, candle, hope] lueur f ; [of water] miroitement m

glimpse [glɪmps] **1** N aperçu m ✦ **to catch a ~ of** entrevoir **2** VT entrevoir

glint [glɪnt] **1** N [of light] éclair m ; [of metal] reflet m ; (in eye) lueur f **2** VI [metal object, glass, wet road] luire ; [eyes] briller

glisten ['glɪsn] VI [water, metal object] scintiller ; [wet surface] luire ; [eyes] briller

glitch * [glɪtʃ] N pépin m

glitter ['glɪtə^r] **1** VI scintiller **2** N scintillement m

glittering ['glɪtərɪŋ] ADJ [stars, lights, ice] scintillant ; [jewel, eyes] étincelant ; [career, future] brillant ; [occasion, social event] somptueux

gloat [gləʊt] VI jubiler ✦ **he was ~ing over his success** son succès le faisait jubiler

global ['gləʊbl] ADJ **a** (= comprehensive) global **b** (= worldwide) mondial ▶ **global warming** réchauffement m de la planète

globalization [ˌgləʊbəlaɪˈzeɪʃən] N mondialisation f

globe [gləʊb] N globe m ▶ **globe-trotter** globe-trotter mf

gloom [glu:m] N (= darkness) obscurité f ; (= melancholy) morosité f

gloomy ['glu:mɪ] ADJ [person, thoughts, mood] sombre ; [weather, day, outlook] morose ; [voice, place] morne ✦ **to look ~** [person] avoir l'air sombre ; [future] être sombre

glorious ['glɔ:rɪəs] ADJ **a** (= beautiful) magnifique **b** [career, future] brillant ; [years, days, era] glorieux ; [victory] éclatant

glory ['glɔ:rɪ] **1** N gloire f **2** VI ✦ **to ~ in sth** (= revel in) se glorifier de qch ; (= enjoy) savourer qch

gloss [glɒs] N **a** (= shine) lustre m ; [of person's hair, animal's coat] brillant m **b** (also **gloss paint**) peinture f brillante
▶ **gloss over** VT INSEP (= play down) glisser sur ; (= cover up) dissimuler

glossary ['glɒsərɪ] N glossaire m

glossy ['glɒsɪ] ADJ [fur, material] luisant ; [photograph] sur papier brillant ; [hair] brillant ; [leaves] vernissé ✦ **~ magazine** magazine f de luxe *(sur papier couché)*

glove [glʌv] N gant m ▶ **glove box, glove compartment** boîte f à gants ▶ **glove puppet** marionnette f (à gaine)

glow [gləʊ] **1** VI [fire, sky] rougeoyer ; [metal, cigarette end, lamp] luire ; [colour, jewel] rutiler ; [complexion, face] rayonner ; [eyes] briller ✦ **he was ~ing with health** il était éclatant de santé ✦ **to ~ with pride** rayonner de fierté **2** N [of fire, metal] rougeoiement m ; [of sun] embrasement m ; [of complexion, colour, jewel] éclat m ; [of lamp] lueur f ▶ **glow-worm** ver m luisant

glower ['glaʊə^r] VI ✦ **to ~ at sb** lancer à qn des regards noirs

glowing ['gləʊɪŋ] ADJ [coals, fire, sky] rougeoyant ; [colour, jewel] rutilant ; [cigarette end] luisant ; [eyes] brillant ; [complexion] éclatant ; [report, tribute] élogieux

glucose ['glu:kəʊs] N glucose m

glue [glu:] **1** N colle f ▶ **glue-sniffing** inhalation f de colle **2** VT coller (to, on à) ✦ **to ~ sth back together** recoller qch ✦ **~d to the television** * cloué devant la télévision

glum [glʌm] ADJ sombre

glut [glʌt] N excès m

glutton ['glʌtn] N gourmand(e) m(f) ✦ **he's a ~ for punishment** il est masochiste

gluttony ['glʌtənɪ] N gloutonnerie f

glycerine [ˈglɪsəˈriːn] N glycérine f

GM [ˌdʒiːˈem] ADJ (abbrev of **genetically modified**) génétiquement modifié ✦ **~ foods** aliments mpl génétiquement modifiés

GMT [ˌdʒiːemˈtiː] (abbrev of **Greenwich Mean Time**) GMT

gnarled [nɑ:ld] ADJ (gen) noueux ; [old person] ratatiné

gnash [næʃ] VT ✦ **to ~ one's teeth** [person] grincer des dents

gnat [næt] N moucheron m

gnaw [nɔ:] VTI ronger ✦ **to ~ at a bone** ronger un os

gnome [nəʊm] N gnome m

GNP [ˌdʒiːenˈpiː] N (abbrev of **gross national product**) PNB m

GNVQ [ˌdʒiːenviːˈkjuː] N (Brit) (abbrev of **General National Vocational Qualification**) *diplôme professionnel national*

go [gəʊ]

1 VI **a** (= move) aller ✦ **where are you ~ing?** où allez-vous ? ✦ **he's ~ne to see his mother** il est allé voir sa mère ◆ to ~ **down/up the hill** descendre/monter la colline ◆ to ~ **for a walk** aller se promener ◆ to ~ **on a journey** faire un voyage ◆ to ~ **to France/to London** aller en France/à Londres ◆ to ~ **fishing** aller à la pêche ◆ to ~ **swimming** aller nager

b (= depart) partir ; (= disappear) disparaître ; [time] passer ◆ **everybody had ~ne** tout le monde était parti ◆ **he'll have to ~** [employee] on ne peut pas le garder ◆ **the car will have to ~** on va devoir se séparer de la voiture ◆ **there is a week to ~ before the election** il reste une semaine avant les élections ◆ ~**ing, ~ing, ~ne!** une fois, deux fois, trois fois, adjugé, vendu !

◆ **to let go** lâcher prise ◆ **to let ~ of sth/sb** lâcher qch/qn ◆ **to let sb ~** (= allow to leave) laisser partir qn ; (= make redundant) se séparer de qn ◆ **to let o.s. ~** se laisser aller ◆ **they have let their garden ~** ils ont laissé leur jardin à l'abandon ◆ **we'll let it ~ at that** n'en parlons plus

c (= start) [car, machine] démarrer ; (= function) [machine, watch, car] marcher ◆ **it won't ~** ça ne marche pas

◆ **to get going** [person] (= start) commencer ; (= leave) partir ◆ **let's get ~ing!** allons-y ! ◆ **once he gets ~ing ...** une fois lancé ... ◆ **to get a machine ~ing** mettre une machine en marche

◆ **to keep going** (= continue) [person] continuer ; [business] se maintenir

d (= progress) aller, marcher ◆ **the project was ~ing well** le projet marchait bien ◆ **how's it ~ing?** (comment) ça va ?

e (= turn out) [events] se passer ◆ **how did your holiday ~?** comment se sont passées tes vacances ? ◆ **the evening went very well** la soirée s'est très bien passée

f (= become) devenir ◆ **to ~ mad/pale** devenir fou/pâle ◆ **to ~ soft** ramollir ◆ **the lights went red** les feux sont passés au rouge

g (= fail) [fuse] sauter ; [bulb] griller ; [sight] baisser ; [strength] manquer ◆ **my voice is ~ing** je n'ai presque plus de voix

h (= be sold) être vendu ◆ **it went for $550** c'est parti à 550 dollars

i (= be given) [prize, reward, inheritance] revenir (to à)

j (= be accepted) ◆ **anything ~es these days *** tout est permis de nos jours ◆ **that ~es without saying** cela va sans dire ◆ **what he says ~es** c'est lui qui fait la loi

k (= apply) ◆ **that ~es for you too** c'est valable pour toi aussi ◆ **that ~es for me too** (= I agree with that) je suis aussi de cet avis

l (= be available) ◆ **there just aren't any jobs ~ing** il n'y a pas de travail ◆ **is there any coffee ~ing?** est-ce qu'il y a du café ?

m [tune] ◆ **the tune ~es like this** voici l'air ◆ **I don't know how the song ~es** je ne connais pas cette chanson

n (= make sound or movement) faire ; [bell, clock] sonner

2 MODAL VB (indicating future)

◆ **to be going to** + infinitive aller ◆ **it's ~ing to rain** il va pleuvoir ◆ **I was just ~ing to do it** j'allais le faire

3 VT **a** (= travel) [+ distance] faire ◆ **we had ~ne only 3km** nous n'avions fait que 3 km

◆ **to go it alone** se débrouiller tout seul

b (= make sound) faire

4 N (pl **goes**) **a** (= motion) ◆ **it's all ~ !** ça n'arrête pas ! ◆ **to be always on the ~** être toujours sur la brèche

b (= attempt) coup m ◆ **at one ~** d'un seul coup ◆ **it's your ~** (in games) c'est ton tour

◆ **to have a go** (= try) essayer ◆ **to have a ~ at sth** essayer de faire qch ◆ **to have another ~** réessayer

c (= success) ◆ **to make a ~ of sth** réussir qch

5 COMP ▸ **go-ahead** ◆ **to give sb the ~-ahead (to do)** * donner le feu vert à qn (pour faire) ▸ **go-between** intermédiaire m/f ▸ **go-cart** kart m ▸ **go-carting** karting m ▸ **go-getter** * fonceur * m, -euse * f

▸ **go about** **1** VI **a** aller ◆ **to ~ about barefoot** se promener pieds nus **b** [rumour] courir **2** VT INSEP ◆ **he doesn't know how to ~ about it** il ne sait pas s'y prendre ◆ **how does one ~ about getting seats?** comment fait-on pour avoir des places ? ◆ **to ~ about one's business** vaquer à ses affaires

▸ **go across** VTI traverser

▸ **go after** VT (= follow) suivre ; (= attack) attaquer ◆ **to ~ after a job** poser sa candidature à un poste

▸ **go against** VT INSEP (= oppose) aller à l'encontre de ◆ **to ~ against sb's wishes** s'opposer à la volonté de qn ◆ **it ~es against my principles** c'est contre mes principes ◆ **the decision went against him** la décision lui a été défavorable

▸ **go ahead** VI [event] avoir (bien) lieu ; [work] avancer ◆ ~ **ahead!** allez-y ! ◆ **to ~ ahead with a plan** mettre un plan à exécution

▸ **go along** VI aller ◆ **I'll tell you as we ~ along** je vous le dirai en cours de route ◆ **I check as I ~ along** je vérifie au fur et à mesure ◆ **to ~ along with sb** aller avec qn ; (= agree with) être d'accord avec qn

▸ **go around** VI **a** ⇒ **go about, go round** **b** ◆ **what ~es around comes around** tout finit par se payer

▸ **go away** VI partir ; (on holiday) partir (en vacances) ; [pain] disparaître ◆ ~ **away!** va-t'en !

▸ **go back** VI **a** (= return) retourner ; (= go home) rentrer ◆ **to ~ back to the beginning** revenir au début ◆ **to ~ back to work** reprendre le travail **b** (= retreat) reculer **c** (in time) remonter **d** (= revert) revenir (to à)

► **go back on** VT INSEP [+ decision, promise] revenir sur

► **go by** **1** VI [person] passer ; [period of time] (se) passer ◆ **as time ~es by** avec le temps ◆ **in days ~ne by** dans le temps jadis **2** VT INSEP (= judge by) ◆ **to ~ by appearances** juger d'après les apparences

► **go down** VI **a** (= descend) descendre ; (= fall) tomber ; (= sink) couler ; [plane] s'écraser ; [sun] se coucher ◆ **to ~ down to the beach** aller à la plage **b** (= be swallowed) ◆ **it went down the wrong way** j'ai (or il a etc) avalé de travers **c** (= be accepted) ◆ **to ~ down well/badly** être bien/mal accueilli **d** [value, price, standards] baisser ◆ **the house has ~ne down in value** la maison s'est dépréciée **e** [stage curtain] tomber ; [lights] s'éteindre **f** [balloon, tyre] se dégonfler

► **go for** VT INSEP **a** (= attack) attaquer **b** (* = like) ◆ **she went for him in a big way** elle en pinçait * pour lui **c** (= strive for) essayer d'avoir ; (= choose) choisir ◆ **for it!** * vas-y ! **d** ◆ **he's got a lot ~ing for him** * il a beaucoup d'atouts

► **go in** VI **a** (= enter) entrer **b** [sun] se cacher

► **go in for** VT INSEP **a** [+ examination] se présenter à ; [+ position, job] poser sa candidature à ; [+ competition, race] prendre part à ; [+ sport] pratiquer ; [+ hobby] se livrer à ; [+ style] affectionner ; [+ medicine, accounting, politics] faire ◆ **he doesn't ~ in for reading much** il n'aime pas beaucoup lire

► **go into** VT INSEP **a** [+ profession, field] entrer dans **b** (= embark on) [+ explanation] se lancer dans ◆ **to ~ into details** rentrer dans les détails **c** (= investigate) étudier **d** [effort, money] être investi dans ◆ **a lot of money went into the research** on a investi beaucoup d'argent dans la recherche

► **go off** **1** VI **a** (= leave) partir **b** [alarm clock] sonner ; [alarm] se déclencher ◆ **the gun didn't ~ off** le coup n'est pas parti **c** [light, radio, TV] s'éteindre ; [heating] s'arrêter **d** (Brit) [meat] s'avarier ; [milk] tourner ; [butter] rancir **e** [event] se passer ◆ **the evening went off very well** la soirée s'est très bien passée **2** VT INSEP (*: Brit = stop liking) ne plus aimer

► **go on** VI **a** (= proceed on one's way) (without stopping) poursuivre son chemin ; (after stopping) continuer sa route ; (by car) reprendre la route **b** (= continue) continuer (doing à faire) **c** (* = talk) ◆ **to ~ on about sth** ne pas arrêter de parler de qch **d** (* = nag) ◆ **to ~ on at sb** s'en prendre à qn **e** (= proceed) passer ◆ **to ~ on to** another matter passer à un autre sujet ◆ **he went on to say that ...** puis il a dit que ... ◆ **he retired from football and went on to become a journalist** il a abandonné le football et est devenu journaliste **f** (= happen) se

dérouler ; (= last) durer ◆ **how long has this been ~ing on?** depuis combien de temps est-ce que ça dure ? ◆ **what's ~ing on here?** qu'est-ce qui se passe ici ? **g** (= pass) ◆ **as time went on** avec le temps ◆ **as the day went on** au fil des heures **h** (= progress) [person, patient] aller ◆ **how is he ~ing on?** comment va-t-il ? **i** (* = approach) ◆ **she's ~ing on 50** elle va sur la cinquantaine

► **go out** VI **a** (= leave) sortir ◆ **to ~ out of a room** sortir d'une pièce ◆ **to ~ out for a meal** aller au restaurant ◆ **to ~ out with sb** sortir avec qn **b** [tide] descendre **c** [fire, light] s'éteindre **d** [invitation] être envoyé ; [radio programme, TV programme] être diffusé

► **go over** **1** VI (= cross) aller ◆ **to ~ over to France** aller en France **2** VT INSEP **a** (= examine) [+ accounts, report] vérifier **b** (= review) [+ speech] revoir ; [+ facts, points] récapituler

► **go round** VI **a** (= turn) tourner **b** ◆ **to ~ round to sb's house** aller chez qn **c** (= be sufficient) suffire (pour tout le monde) ◆ **there's enough food to ~ round** il y a assez à manger pour tout le monde **d** (= circulate) [document, story] circuler **e** ⇒ **go about**

go through **1** VI (= be agreed) [proposal] être accepté ; [business deal] être conclu **2** VT INSEP **a** (= suffer, endure) endurer ◆ **he's ~ing through a very difficult time** il traverse une période difficile **b** (= examine) [+ list] examiner ; [+ book] parcourir ; [+ mail] regarder ; [+ subject, plan] étudier ; [+ one's pockets] fouiller dans **c** (= use up) [+ money] dépenser ; (= wear out) user **d** (= carry out) [+ routine, course of study] suivre ; [+ formalities] accomplir ; [+ apprenticeship] faire ◆ **in the end she couldn't ~ through with it** en fin de compte elle n'a pas pu le faire

► **go together** VI [colours, flavours] aller (bien) ensemble ; [events, conditions, ideas] aller de pair

► **go under** VI **a** (= sink) [ship] [person] couler **b** (= fail) [person, business] faire faillite

► **go up** **1** VI monter ◆ **when the curtain ~es up** lorsque le rideau se lève ◆ **to ~ up in price** augmenter ◆ **to ~ up to sb** s'approcher de qn **2** VT INSEP [+ hill] gravir ◆ **to ~ up the stairs** monter l'escalier ◆ **to ~ up the street** remonter la rue

► **go with** VT INSEP [colours] aller bien avec ; [furnishings] être assorti à

► **go without** **1** VI se priver de tout **2** VT INSEP se priver de

---

goad [gəʊd] VT ◆ **to ~ sb into doing sth** harceler qn jusqu'à ce qu'il fasse qch

goal [gəʊl] N but *m* ▸ **goal post** montant *m* de but

goalkeeper ['gəʊlkiːpəʳ] N gardien(ne) m(f) de but

goat [gəʊt] N chèvre f ▸ **goat's cheese** fromage m de chèvre

gobble ['gɒbl] **1** VI [turkey] glouglouter **2** VT (= gobble up) [+ food] engloutir

goblet ['gɒblɪt] N (= glass) verre m à pied ; (= cup) coupe f

goblin ['gɒblɪn] N lutin m

gobsmacked * ['gɒb,smækd] ADJ (Brit) sidéré *

god [gɒd] N dieu m ▸ **God** Dieu m ▸ **thank God!** Dieu merci ! ▸ **my God !** * mon Dieu ! ▸ **for God's sake!** * nom d'un chien ! * ▸ **God knows!** * Dieu sait ! ; (Theatre) ▸ **the ~s** * le poulailler *

godchild ['gɒdtʃaɪld] N (pl **-children**) filleul(e) m(f)

goddaughter ['gɒddɔːtəʳ] N filleule f

goddess ['gɒdɪs] N déesse f

godfather ['gɒdfɑːðəʳ] N parrain m

godforsaken ['gɒdfəˌseɪkən] ADJ [town, place] perdu

godmother ['gɒdmʌðəʳ] N marraine f

godparents ['gɒdpɛərənts] NPL ▸ **his** ~ son parrain et sa marraine

godsend ['gɒdsend] N aubaine f

godson ['gɒdsʌn] N filleul m

goes [gəʊz] VB → go

goggle ['gɒgl] **1** VI ▸ **to ~ at sb/sth** * regarder qn/qch avec de gros yeux ronds **2** **goggles** NPL [of motorcyclist, welder] lunettes fpl protectrices ; [of skindiver] lunettes fpl de plongée

going ['gəʊɪŋ] **1** N **a** (= departure) départ m **b** (= progress) ▸ **that was good ~** ça a été rapide ▸ **it was slow ~** on n'avançait pas ▸ **he got out while the ~ was good** * il est parti au bon moment **2** ADJ ▸ **the ~ rate/price** le tarif/le prix normal ▸ **it's the best thing** ~ il n'y a rien de mieux ▸ **the best computer game** ~ le meilleur jeu électronique du moment ▸ **going concern** affaire f florissante ▸ **goings-on** * (= behaviour) manigances fpl ; (= happenings) événements mpl

gold [gəʊld] **1** N or m **2** ADJ [watch, tooth] en or ; [coin, ingot, letters] d'or ; [paint] doré ▸ **gold medal** médaille f d'or ▸ **gold mine** mine f d'or ▸ **gold-plated** plaqué or inv ▸ **gold rush** ruée f vers l'or

golden ['gəʊldən] ADJ (= gold-coloured) doré ; (= made of gold) en or ▸ **golden age** âge m d'or ▸ **golden eagle** aigle m royal ▸ **golden rule** règle f d'or ▸ **golden syrup** (Brit) sirop m de sucre roux

goldfish ['gəʊldfɪʃ] (pl **goldfish**) N poisson m rouge ▸ **goldfish bowl** bocal m (à poissons)

goldsmith ['gəʊldsmɪθ] N orfèvre m

golf [gɒlf] N golf m ▸ **golf ball** balle f de golf ▸ **golf club** club m de golf ▸ **golf course** (terrain m de) golf m

golfer ['gɒlfəʳ] N joueur m, -euse f de golf

gondola ['gɒndələ] N gondole f

gone [gɒn] **1** VB (ptp of go) **2** ADJ **a** (= no longer here) parti ▸ **the coffee is all ~** il n'y a plus de café **b** (Brit = after) ▸ **it's just ~ three** il est un peu plus de 3 heures

gong [gɒŋ] N gong m

gonna * ['gənə] ⇒ **going to**

---

good [gʊd]

1 ADJ **a** (gen) bon ▸ **we had ~ weather** nous avons eu du beau temps ▸ **we had a ~ time** nous nous sommes bien amusés ▸ **it will take you a ~ hour** il vous faudra une bonne heure ▸ **it's ~ to be here** ça fait plaisir d'être ici ▸ **it's ~ to see you** je suis content de te voir ▸ **it's ~ to be alive** il fait bon vivre

b (= kind) gentil ▸ **that's very ~ of you** c'est très gentil de votre part ▸ **would you be ~ enough to tell me** auriez-vous l'obligeance de me dire

c (= well-behaved) [child, animal] sage ▸ **be ~!** sois sage !

d (= at ease) ▸ **I feel ~** je me sens bien

e (= attractive) joli ▸ **you look ~!** (= healthy) tu as bonne mine ! ; (= well-dressed) tu es très bien comme ça !

f (= thorough) ▸ **to have a ~ cry** pleurer un bon coup ▸ **give it a ~ rinse/stir** rincez-le/mélangez-le bien

g (in greetings) ▸ ~ **afternoon** (early) bonjour ; (later) bonsoir ▸ ~ **evening** bonsoir ▸ ~ **morning** bonjour ▸ **with all ~ wishes** (in letter) cordialement

h (in exclamations) ▸ ~ ! bien !

i (set structures)

▸ **good at** [+ academic subject] bon en ▸ ~ **at French** bon en français ▸ **she's ~ at singing** elle chante bien

▸ **good for** (= healthy for) bon pour ▸ **it's ~ for you** c'est bon pour la santé

▸ **as good as** (= practically) pratiquement

▸ **as good as new** [thing] comme neuf (neuve f)

▸ **to make good** (= succeed) faire son chemin ; [ex-criminal] s'acheter une conduite * ; (= compensate for) [+ deficit] combler ; [+ deficiency, losses] compenser ; [+ injustice, damage] réparer

2 N **a** (= virtue) bien m ▸ ~ **and evil** le bien et le mal

b (= good deeds) ▸ **to do** ~ faire le bien ▸ **she's up to no** ~ * elle prépare un mauvais coup *

c (= advantage, profit) bien *m* ♦ **it's for his own ~** c'est pour son bien
♦ **to do sb good** faire du bien à qn
d (= use) ♦ **what's the ~ of that ?** à quoi ça sert ? ♦ **it's not much ~ to me** [advice, suggestion] ça ne m'avance pas à grand-chose ; [object, money] ça ne me sert pas à grand-chose ♦ **is he any ~?** [worker, singer] qu'est-ce qu'il vaut ? ♦ **it's no ~** (= it's useless) ça ne sert à rien ♦ **it's no ~ worrying** ça ne sert à rien de se faire du souci ♦ **that's no ~** ça ne va pas ♦ **I'm no ~ at maths** je suis mauvais en maths
e **for good** pour de bon
3 COMP ♦ **good-for-nothing** bon *m*, bonne *f* à rien ▸ **Good Friday** Vendredi *m* saint ▸ **good-humoured** [person, appearance, smile] jovial ; [joke] sans malice ▸ **good-looking** beau (belle *f*) ▸ **good-natured** [person] facile à vivre ; [smile, laughter] bon enfant *inv* ▸ **good-tempered** [person] qui a bon caractère

goodbye [gʊdˈbaɪ] EXCL au revoir ! ♦ **to say ~ to sb** dire au revoir à qn

goodness [ˈgʊdnɪs] N **a** (of person) bonté *f* ♦ **my ~!** * bonté divine ! ♦ **~ knows** * Dieu sait ♦ **for ~' sake** * pour l'amour de Dieu **b** (in food) qualités *fpl* nutritives

goodnight [gʊdˈnaɪt] EXCL bonne nuit !

goods [gʊdz] NPL marchandises *fpl*

goodwill [ˌgʊdˈwɪl] N bonne volonté *f*

goody * [ˈgʊdɪ] N **a** (= person) ♦ **the goodies and the baddies** * les bons *mpl* et les méchants *mpl* **b** ♦ **goodies** * (= edible treats) friandises *fpl* ; (= gifts) petits cadeaux *mpl*

gooey * [ˈguːɪ] ADJ [substance, mess] gluant ; [cake, dessert] fondant

goose [guːs] (pl **geese**) N oie *f* ▸ **goose bumps, goose flesh** goose pimples chair *f* de poule

gooseberry [ˈgʊzbərɪ] N (= fruit) groseille *f* à maquereau

gorge [gɔːdʒ] **1** N gorge *f* **2** VTI (also **to gorge o.s.**) se gaver (with, on de)

gorgeous [ˈgɔːdʒəs] ADJ (gen) superbe ; [food, wine] sensationnel ; [eyes, hair] splendide

gorilla [gəˈrɪlə] N gorille *m*

gorse [gɔːs] N ajoncs *mpl* ▸ **gorse bush** ajonc *m*

gory [ˈgɔːrɪ] ADJ sanglant

gosh * [gɒʃ] EXCL mince ! *

gospel [ˈgɒspəl] N **a** évangile *m* **b** (also **gospel music**) gospel *m*

gossip [ˈgɒsɪp] **1** N (= rumours) commérages *mpl* (pej) ; (= person) commère *f* ; (= chat) ♦ **we had a good old ~** on a bien papoté * ▸ **gossip column** échos *mpl* **2** VI **a** (= chat) papoter **b** (maliciously) faire des commérages (about sur)

got [gɒt] VB (pt, ptp of **get**)

Gothic [ˈgɒθɪk] ADJ, N gothique *m*

gotta * [ˈgɒtə] MODAL AUX VB (= have got to) ♦ **I/he's/they ~ go** je dois/il doit/ils doivent partir

gotten [ˈgɒtn] VB (US) (ptp of **get**)

gourd [gʊəd] N gourde *f*

gourmet [ˈgʊəmeɪ] **1** N gourmet *m* **2** ADJ [food, restaurant] gastronomique

gout [gaʊt] N goutte *f*

govern [ˈgʌvən] **1** VT **a** [head of state] gouverner **b** [law, rule, principle] régir **2** VI gouverner

governess [ˈgʌvənɪs] N gouvernante *f*

governing [ˈgʌvənɪŋ] ADJ [party, coalition] au pouvoir ▸ **governing body** [of sport] comité *m* directeur ; [of professional association] conseil *m* d'administration ; [of school] conseil *m* d'établissement ; [of university] conseil *m* d'université

government [ˈgʌvənmənt] **1** N [of country] gouvernement *m* ; [of province, city] administration *f* **2** ADJ [policy, spending] du gouvernement ; [responsibility, loan] de l'État

governor [ˈgʌvənəʳ] N [of state, bank] gouverneur *m* ; (Brit) [of prison] directeur *m*, -trice *f* ; [of institution] administrateur *m*, -trice *f* ; (Brit) [of school] ≃ membre *m* d'un conseil d'établissement

gown [gaʊn] N [of woman, lawyer] robe *f* ; [of student] toge *f*

GP [dʒiːˈpiː] N (abbrev of **General Practitioner**) (médecin *m*) généraliste *m*

grab [græb] **1** VT **a** [+ object] saisir ♦ **she ~bed him by the arm** elle l'a empoigné par le bras **b** (= seize unlawfully) [+ land, power] s'emparer de **c** * [+ snack, sandwich] avaler ; [+ seat] prendre ; [+ sb's attention] attirer ; [+ opportunity] saisir **2** VI ♦ **to ~ at sth** faire un geste vif pour saisir qch

grace [greɪs] **1** N **a** (gen) grâce *f* ♦ **to do sth with good/bad ~** faire qch de bonne/mauvaise grâce ♦ **a day's ~** un jour de répit **b** (= prayer) ♦ **to say ~** (before meals) dire le bénédicité **2** VT **a** (= adorn) orner (with de) **b** honorer (with de)

graceful [ˈgreɪsfʊl] ADJ gracieux

gracious [ˈgreɪʃəs] **1** ADJ (= kindly) [person, smile, gesture] bienveillant ; (= courteous) courtois **2** EXCL ♦ **good ~!** * mon Dieu !

grade [greɪd] **1** N **a** [of goods] (= quality) qualité *f* ; (= size) calibre *m* **b** (in hierarchy: in company) échelon *m* ; (= military rank) rang *m* ♦ **to make the ~** se montrer à la hauteur **c** (= mark) note *f* **d** (US = school class) année *f* ▸

grade school (US) école f primaire **2** VT **a** (= classify) classer **b** (= mark) [+ pupil, work] noter

gradient ['greɪdɪənt] N inclinaison f

gradual ['grædjʊəl] ADJ (gen) progressif ; [slope] doux (douce f)

gradually ['grædjʊəlɪ] ADV progressivement

graduate **1** VT ['grædjʊeɪt] graduer **2** VI ['grædjʊeɪt] (= get diploma) ≈ obtenir sa licence (or son diplôme etc) ; (US) (from high school) ≈ obtenir son baccalauréat **3** N ['grædjʊɪt] (= holder of diploma) ≈ licencié(e) m(f), ≈ diplômé(e) m(f) **4** ADJ ['grædjʊɪt] [teacher, staff] ≈ diplômé ◆ ~ **school** (US) troisième cycle m d'université ◆ ~ **student** (US) étudiant(e) m(f) de troisième cycle

graduation [grædjʊˈeɪʃən] N (also **graduation ceremony**) cérémonie f de remise des diplômes ; (by student) obtention f du diplôme ▸ **graduation day** jour m de la remise des diplômes

graffiti [grəˈfiːtɪ] N graffiti m ◆ ~ **artist** graffiteur m, -euse f

graft [grɑːft] (Med) **1** N greffe f **2** VT greffer

grain [greɪn] N **a** (NonC) céréale(s) f(pl) ; (US) blé m **b** [of salt, sand, rice] grain m ; [of sense, truth] brin m **c** (in leather, of photo) grain m ; (in wood, meat) fibre f

gram [græm] N gramme m

grammar ['græmər] N grammaire f ▸ **grammar school** (Brit) ≈ lycée m (avec examen d'entrée) ; (US) ≈ école f primaire

grammatical [grəˈmætɪkəl] ADJ (gen) grammatical ; (= correct) grammaticalement correct

gramme [græm] N (Brit) gramme m

grand [grænd] **1** ADJ **a** (= impressive) [architecture] grandiose ; [building, staircase] majestueux ; [occasion] grand ◆ **to do things on a ~ scale** faire les choses en grand ▸ **grand piano** piano m à queue ▸ **grand slam** grand chelem m ▸ **grand total** total m général **b** (= ambitious) [scheme, design] ambitieux **2** N * (pl inv) (= £1000) mille livres fpl ; (= $1000) mille dollars mpl

grandchild ['græntʃaɪld] **1** N petit(e)enfant m(f) **2 grandchildren** NPL petits-enfants mpl

granddaughter ['grændɔːtər] N petite-fille f

grandeur ['grændjər] N splendeur f

grandfather ['grændfɑːðər] N grand-père m ▸ **grandfather clock** horloge f comtoise

grandiose ['grændɪəʊz] ADJ grandiose

grandma * ['grændmɑː] N mamie * f

grandmother ['grænmʌðər] N grand-mère f

grandpa * ['grænpɑː] N papi * m

grandparents ['grændpɛərənts] NPL grands-parents mpl

Grand Prix [grɒndˈpriː] N Grand Prix m

grandson ['grænsʌn] N petit-fils m

grandstand ['grændstænd] N tribune f

granite ['grænɪt] N granit m

grannie *, **granny** * ['grænɪ] N mamie * f ▸ **granny flat** petit appartement m indépendant (en annexe)

granola [grəˈnəʊlə] N (US) muesli m (aux pépites de céréales)

grant [grɑːnt] **1** VT **a** [+ favour, permission] accorder ; [+ wish] exaucer ; [+ request] accéder à **b** (= admit) admettre **c** ◆ **he takes her for ~ed** pour lui, elle fait partie des meubles ◆ **to take sth for ~ed** considérer qch comme allant de soi ◆ **he takes it for ~ed that ...** il trouve tout naturel que ... + subj **2** N (= sum of money) subvention f ; (Brit) (= scholarship) bourse f

granulated sugar [grænjʊleɪtɪdˈʃʊgər] N sucre m semoule

grape [greɪp] N grain m de raisin m ◆ ~**s** raisin m

grapefruit ['greɪpfruːt] N pamplemousse m

grapevine ['greɪpvaɪn] N vigne f ; (fig) ◆ **on the ~** par le téléphone arabe

graph [grɑːf] N graphique m ▸ **graph paper** papier m quadrillé ; (in millimetres) papier m millimétré

graphic ['græfɪk] ADJ **a** (= vivid) [account, description] imagé **b** (in art, mathematics) graphique ▸ **graphic artist** graphiste m/f ▸ **the graphic arts** les arts mpl graphiques ▸ **graphic design** graphisme m ▸ **graphic designer** graphiste m/f

graphics ['græfɪks] N (on computer) graphisme m

graphite ['græfaɪt] N graphite m

grapple ['græpl] VI ◆ **to ~ with** [+ person] lutter avec ; [+ problem, task, subject] se colleter avec

grasp [grɑːsp] **1** VT saisir **2** N **a** (= hold) prise f ◆ **to have sb in one's ~** avoir qn sous son emprise **b** (= understanding) compréhension f ◆ **he has a good ~ of basic mathematics** il a de bonnes bases en mathématiques
▸ **grasp at** VT INSEP [+ object] essayer d'agripper ; [+ hope] chercher à se raccrocher à ; [+ opportunity] chercher à saisir

grasping ['grɑːspɪŋ] ADJ (= greedy) cupide

grass [grɑːs] N herbe f ▸ **the grass roots** [of movement, party] la base ▸ **grass snake** couleuvre f

grasshopper ['grɑːshɒpər] N sauterelle f

grate [greɪt] **1** N (= fireplace) foyer *m* **2** VT [+ cheese, carrot] râper **3** VI grincer ♦ **it ~d on his nerves** ça lui tapait sur les nerfs *

grateful ['greɪtful] ADJ reconnaissant (to à ; for de) ♦ **I am ~ for your support** je vous suis reconnaissant de votre soutien

gratefully ['greɪtfəlɪ] ADV avec gratitude

grater ['greɪtə^r] N râpe *f* ♦ **cheese ~** râpe *f* à fromage

gratify ['grætɪfaɪ] VT (= please) [+ person] faire plaisir à ; (= fulfil) [+ desire] satisfaire

gratifying ['grætɪfaɪɪŋ] ADJ agréable

grating ['greɪtɪŋ] **1** N grille *f* **2** ADJ [voice, sound] grinçant

gratitude ['grætɪtjuːd] N gratitude *f* (towards envers ; for de)

gratuitous [grə'tjuːɪtəs] ADJ gratuit

gratuity [grə'tjuːɪtɪ] N (= tip) pourboire *m*

grave [greɪv] **1** N tombe *f* **2** ADJ (= solemn) grave

gravel ['grævəl] N (= stones) gravier *m* ; (finer) gravillon *m*

gravestone ['greɪvstəʊn] N pierre *f* tombale

graveyard ['greɪvjɑːd] N cimetière *m*

gravitate ['grævɪteɪt] VI graviter (round autour de)

gravity ['grævɪtɪ] N **a** (= force) pesanteur *f* ♦ **centre of ~** centre de gravité **b** (= seriousness) gravité *f*

gravy ['greɪvɪ] N sauce *f* (au jus de viande)

gray [greɪ] (US) ⇒ **grey**

graze [greɪz] **1** VI (= eat grass) brouter **2** VT **a** (= touch lightly) effleurer **b** (= scrape) [+ skin, hand] érafler ♦ **to ~ one's knees** s'écorcher les genoux **3** N éraflure *f*

grease [griːs] **1** N graisse *f* **2** VT graisser

greaseproof paper [griːspruːf'peɪpə^r] N papier *m* sulfurisé

greasy ['griːsɪ] ADJ (gen) gras (grasse *f*) ; [overalls, tools] graisseux

great [greɪt] **1** ADJ **a** (in size, importance) grand ♦ **with ~ difficulty** avec de grandes difficultés ♦ **a ~ many people** un grand nombre de gens ♦ **big** énorme **b** (* = excellent) [person, place] super * *inv* ; [holiday, idea] génial * ♦ **(that's) ~!** c'est super ! * ♦ **to feel ~** se sentir en pleine forme ♦ **we had a ~ time** c'était merveilleux ♦ **it was ~ fun** c'était très amusant ♦ **he's ~ at football/maths** il est vachement fort * au foot/en maths **2** COMP ▶ **great-aunt** grand-tante *f* ▶ **Great Britain** Grande-Bretagne *f* ▶ **great-grandchild** (pl **great-grandchildren**) arrière-petit-fils *m*, arrière-petite-fille *f* ▶ **great-grandfather** arrière-grand-père *m* ▶ **great-grandmother** arrière-grand-mère *f* ▶ **great-uncle** grand-oncle *m*

greater ['greɪtə^r], **greatest** ['greɪtɪst] ADJ (compar, superl of **great**)

greatly ['greɪtlɪ] ADV [regret] vivement ; [surprise] beaucoup ; [prefer] de beaucoup ; [admire, influence, increase] énormément ; [improve, diminish] considérablement ; [exaggerate] largement

greatness ['greɪtnɪs] N grandeur *f*

Greece [griːs] N Grèce *f*

greed [griːd] N (for food) gourmandise *f* ; (for money, power) avidité *f*

greedy ['griːdɪ] ADJ (for food) gourmand ; (for money, power) avide (for de)

Greek [griːk] **1** ADJ grec (grecque *f*) ; [teacher] de grec **2** N **a** (= person) Grec(que) *m(f)* **b** (= language) grec *m*

green [griːn] **1** ADJ **a** (in colour) vert ♦ **dark/light ~** vert *inv* foncé *inv*/clair *inv* ▶ **green bean** haricot *m* vert ▶ **green card** (in Britain = driving insurance) carte *f* verte ; (in US) = work permit) permis *m* de travail ▶ **green light** (= traffic light) feu *m* vert ♦ **to give sb/sth the ~ light** donner le feu vert à qn/qch ▶ **green salad** salade *f* verte **b** * (= inexperienced) inexpérimenté ; (= naïve) * naïf (naïve *f*) **c** (* = ecological) écologiste ; [product, person] écolo * *inv* **2** N **a** (= colour) vert *m* **b** (= lawn) pelouse *f* ; (Golf) vert *m* ; (also **village green**) = place *f* (du village) (gazonnée) ; (also **bowling green**) terrain gazonné pour le jeu de boules **3** **greens** NPL **a** (Brit = vegetables) légumes *mpl* verts **b** (Pol) ♦ **the Greens** les Verts *mpl*

greenery ['griːnərɪ] N verdure *f*

greenfly ['griːnflaɪ] N INV puceron *m*

greengage ['griːngeɪdʒ] N (Brit) reine-claude *f*

greengrocer ['griːngrəʊsə^r] N (Brit) marchand(e) *m(f)* de fruits et légumes ♦ **~'s** magasin *m* de fruits et légumes

greenhouse ['griːnhaʊs] N serre *f* ▶ **the greenhouse effect** l'effet *m* de serre ▶ **greenhouse gas** gaz *m* contribuant à l'effet de serre

Greenland ['griːnlənd] N Groenland *m*

greet [griːt] VT [+ person] (= say or wave hello to) saluer ; (= welcome) accueillir

greeting ['griːtɪŋ] N salutation *f* ; (= welcome) accueil *m* ♦ **Xmas ~s** vœux *mpl* de Noël ▶ **greetings card** carte *f* de vœux

grenade [grɪ'neɪd] N grenade *f*

grew [gruː] VB (pt of **grow**)

grey, gray (US) [greɪ] **1** ADJ **a** (in colour) gris ♦ **dark/light ~** gris *inv* foncé *inv*/clair *inv* ♦ **he is going ~** il grisonne ▶ **grey area** zone *f* floue ▸ **grey-haired** grisonnant **b** [complexion] blême **c** (= bleak) [time, world] morne ; [outlook, prospect] sombre **2** N (= colour) gris *m* **3** VI [hair] grisonner

greyhound ['greɪhaʊnd] N lévrier *m*

grid [grɪd] N grille *f*

griddle ['grɪdl] N (= metal plate) gril *m* en fonte ; (= part of stove) plaque *f* chauffante

gridlock ['grɪdlɒk] N (in traffic) bouchon *m* ; (in talks) impasse *f*

grief [gri:f] N **a** (= sorrow) chagrin *m* ◆ to come to ~ [vehicle, rider, driver] avoir un accident ; [plan, marriage] tourner mal ▸ **grief-stricken** affligé **b** (* = trouble) ennuis *mpl*

grievance ['gri:vəns] N grief *m*

grieve [gri:v] **1** VT peiner ◆ it ~s us to see ... nous sommes peinés de voir ... **2** VI avoir de la peine (at, about, over à cause de) ◆ to ~ for sb/sth pleurer qn/qch

grievous ['gri:vəs] ADJ [injury, error] grave ; [blow] sévère ; [crime, offence] odieux ▸ **grievous bodily harm** ≈ coups *mpl* et blessures *fpl*

grill [grɪl] **1** N **a** (= cooking utensil) gril *m* ; (= restaurant) grill *m* ⇒ **grille** **2** VT **a** (= cook) (faire) griller **b** (= interrogate) cuisiner *

grille [grɪl] N (= grating) grille *f* ; [of door] judas *m* ◆ **radiator** ~ [of car] calandre *f*

grim [grɪm] ADJ **a** [place] sinistre ; [news, situation] mauvais **b** [person, face, expression] (= stern) sévère ; (= worried) sombre ; [smile] amer ; [humour] macabre **c** (* = bad) nul *

grimace [grɪ'meɪs] **1** N grimace *f* **2** VI (from disgust, pain) grimacer, faire la grimace ; (in fun) faire des grimaces

grime [graɪm] N crasse *f*

grimy ['graɪmɪ] ADJ crasseux

grin [grɪn] **1** VI sourire ; (broadly) avoir un large sourire ◆ to ~ **and bear it** garder le sourire **2** N large sourire *m*

grind [graɪnd] (pret, ptp **ground**) **1** N (* = work) boulot * *m* pénible ◆ **the daily** ~ le boulot * quotidien **2** VT [+ corn, coffee, pepper] moudre ; (US) [+ meat] hacher ◆ to ~ **one's teeth** grincer des dents
▸ **grind down** VT SEP **a** [+ substance] pulvériser **b** (= oppress) opprimer ; (= wear down) [+ one's opponents] avoir à l'usure
▸ **grind up** VT SEP pulvériser

grinder ['graɪndər] N (= apparatus) broyeur *m* ; (for sharpening) meule *f* à aiguiser

grip [grɪp] **1** N **a** prise *f* ◆ **a strong** ~ une bonne poigne ◆ **to be in the** ~ **of** être en proie à ◆ **to lose one's** ~ (on object) lâcher prise ◆ **he's losing his** ~ * il perd un peu les

pédales * ◆ **to lose one's** ~ **on reality** perdre le sens de la réalité ◆ **to get a** ~ **on o.s.** * se ressaisir ◆ **to get to** ~s **with a problem** s'attaquer à un problème **b** (= handle) poignée *f* ; (on racket) prise *f* de raquette ; (on golf club, bat) prise *f* **c** (= suitcase) valise *f* ; (US) (= bag) sac *m* de voyage **2** VT **a** (= grasp) [+ rope, sb's arm] saisir ; (= hold) tenir serré **b** [fear] saisir **c** (= interest strongly) [film, story] captiver **3** VI [wheels] adhérer ; [screw, vice, brakes] mordre

gripping ['grɪpɪŋ] ADJ (= exciting) palpitant

grisly ['grɪzlɪ] ADJ horrible

gristle ['grɪsl] N nerfs *m*

grit [grɪt] **1** N (= gravel) gravillon *m* ◆ **I've got (a piece of)** ~ **in my eye** j'ai une poussière dans l'œil **2** VT **a** ◆ **to** ~ **one's teeth** serrer les dents **b** ◆ **to** ~ **a road** sabler une route

gritty ['grɪtɪ] ADJ **a** [soil] graveleux ; [texture] grumeleux **b** [realism] cru ; [film, drama, account] réaliste

grizzly ['grɪzlɪ] N (also **grizzly bear**) grizzly *m*

groan [grəʊn] **1** N [of pain] gémissement *m* ; [of disapproval, dismay] grognement *m* **2** VI **a** (in pain) gémir (with de) ; (in disapproval, dismay) grommeler **b** [planks, door] grincer

grocer ['grəʊsər] N épicier *m*, -ière *f* ◆ **at the** ~'s à l'épicerie

grocery ['grəʊsərɪ] **1** N (= shop) épicerie *f* **2** **groceries** NPL provisions *fpl*

groggy * ['grɒgɪ] ADJ (= weak) faible ; (= unsteady) groggy *

groin [grɔɪn] N aine *f*

groom [gru:m] **1** N **a** (for horses) palefrenier *m* **b** (= bridegroom) (just married) (jeune) marié *m* ; (about to be married) (futur) marié *m* **2** VT [+ horse] panser ◆ **well-**~**ed** [person] très soigné ; [hair] bien coiffé ◆ **she is being** ~**ed for stardom** on la prépare à devenir une star

groove [gru:v] N (in wood) rainure *f* ; (in record) sillon *m*

grope [grəʊp] VI tâtonner ◆ **to** ~ **around for sth** chercher qch à tâtons

gross [grəʊs] ADJ **a** [injustice] flagrant ; [inequalities, abuse] choquant ; [exaggeration, mismanagement] manifeste ; [simplification] grossier **b** (* = disgusting) dégoûtant **c** [income, profit, weight] brut ▸ **gross domestic product** produit *m* intérieur brut ▸ **gross national product** produit *m* national brut

grossly ['grəʊslɪ] ADV [exaggerate, underestimate] grossièrement ; [overpaid, underpaid] nettement ; [inadequate, inaccurate] totalement ; [misleading, irresponsible] terriblement

grotesque [grəʊ'tesk] ADJ grotesque

grotto ['grɒtəʊ] N grotte *f*

grotty * ['grɒtɪ] ADJ (Brit) minable *

ground[1] [graʊnd] **1** N **a** (= surface of earth) terre f, sol m ◆ **above ground** en surface ◆ **below ground** sous terre ◆ **to fall to the ground** tomber par terre ◆ **to lie/sit on the ground** se coucher/s'asseoir par terre ◆ **at ground level** au niveau du sol ▶ **ground crew** équipe f au sol ▶ **ground floor** rez-de-chaussée m **b** (= piece of land) terrain m ; (= soil) terre f, terrain m ◆ **neutral ground** terrain m neutre ◆ **to be on dangerous ground** être sur un terrain glissant ◆ **on familiar ground** en terrain familier ◆ **to stand one's ground** tenir bon **c** (= area for special purpose) terrain m ◆ **football ground** terrain m de football **d** (US Elec) terre f **2** grounds NPL **a** (= coffee grounds) marc m (de café) **b** (= gardens) parc m **c** (= reason) motif m (for de) ◆ **there are grounds for believing that ...** il y a lieu de penser que ... ◆ **on personal/medical grounds** pour (des) raisons personnelles/médicales ◆ **on the grounds of** pour raison de **3** VT **a** [+ plane, pilot] interdire de voler à ; (= keep on ground) retenir au sol **b** * [+ teenager] priver de sortie **c** (US Elec) mettre à la terre **d** (= base) fonder (on, in sur)

ground[2] [graʊnd] **1** VB (pt, ptp of **grind**) **2** ADJ [coffee, spices] moulu ▶ **ground beef** (US) bœuf m haché

groundbreaking ['graʊndbreɪkɪŋ] ADJ révolutionnaire

groundhog ['graʊndhɒg] N (US) marmotte f d'Amérique

grounding ['graʊndɪŋ] N (= basic knowledge) bases fpl (in en)

groundless ['graʊndlɪs] ADJ sans fondement

groundnut ['graʊndnʌt] N arachide f

groundsheet ['graʊndʃiːt] N tapis m de sol

groundsman ['graʊndzmən] (pl **-men**) N [of playing field] gardien m de stade

groundswell ['graʊndswel] N lame f de fond

groundwork ['graʊndwɜːk] N travail m préparatoire

group [gruːp] **1** N groupe m **2** VI [people] ◆ **to ~ together** se regrouper **3** VT [+ objects, people] rassembler ; [+ ideas, theories, numbers] regrouper

groupie * ['gruːpɪ] N groupie * mf

grouse [graʊs] N (pl **grouse**) (= bird) grouse f

grove [grəʊv] N bosquet m

grovel ['grɒvl] VI ramper (to, before devant)

grow [grəʊ] (pret **grew**, ptp **grown**) **1** VI **a** [plant, hair] pousser ; [person, animal] grandir ; [tumour] grossir ◆ **he has grown 5cm** il a grandi de 5 cm **b** [numbers, population, fear, love] augmenter ; [club, group] s'agrandir ; [economy,

market] être en expansion ◆ **to ~ in popularity** gagner en popularité ◆ **to ~ in strength** se renforcer ◆ **to ~ to like/dislike sth** commencer à aimer/détester qch ◆ **to ~ big(ger)** grandir ◆ **to ~ old(er)** vieillir ◆ **to ~ angry** se mettre en colère **2** VT [+ plants, crops] cultiver ; [+ one's hair, beard, nails] laisser pousser

▶ **grow apart** VI s'éloigner peu à peu

▶ **grow into** VT INSEP **a** (= become) devenir **b** ◆ **that suit is too big for you but you'll ~ into it** le costume est trop grand pour toi mais il t'ira quand tu auras grandi

▶ **grow on** VT INSEP ◆ **it ~s on you** on finit par l'aimer

▶ **grow out of** VT INSEP ◆ **he's grown out of this jacket** cette veste est devenue trop petite pour lui ◆ **to ~ out of the habit of doing sth** perdre l'habitude de faire qch

▶ **grow up** VI **a** [person, animal] devenir adulte ◆ **when I ~ up ...** quand je serai grand ... **b** [friendship, hatred] se développer ; [custom] se répandre

grower ['grəʊə[r]] N (= person) producteur m, -trice f

growing ['grəʊɪŋ] ADJ **a** [child] en pleine croissance **b** [number, friendship, hatred] grandissant

growl [graʊl] **1** VI [animal] grogner (at contre) ; [person] ronchonner * **2** N grognement m

grown [grəʊn] **1** VB (ptp of **grow**) **2** ADJ ◆ **he's a ~ man** il est adulte

grown-up [ˌgrəʊnˈʌp] **1** ADJ **a** (= adult) adulte **b** (= mature) [child, adolescent] mûr ; [behaviour] de grande personne **2** N grande personne f, adulte mf

growth [grəʊθ] N **a** (= act of growing) croissance f **b** (= tumour) tumeur f

grub [grʌb] N **a** (= larva) larve f ; (in apple) ver m **b** (* = food) bouffe * f

grubby ['grʌbɪ] ADJ sale

grudge [grʌdʒ] **1** VT ◆ **to ~ doing sth** faire qch à contrecœur ◆ **I won't ~ you $5** je ne vais pas te refuser 5 dollars **2** N rancune f ◆ **to bear a ~ against sb** en vouloir à qn

gruelling, grueling (US) ['grʊəlɪŋ] ADJ éreintant

gruesome ['gruːsəm] ADJ horrible

gruff [grʌf] ADJ bourru

grumble ['grʌmbl] **1** VI [person] ronchonner * (at, about contre) **2** N ronchonnement * m

grumpy ['grʌmpɪ] ADJ grognon *

grunge ['grʌndʒ] N grunge m

grunt [grʌnt] **1** VTI grogner **2** N grognement m

guacamole [ˌgwɑːkəˈməʊlɪ] N guacamole *m*

guarantee [ˌgærənˈtiː] **1** N garantie *f* ◆ to be under ~ être sous garantie ◆ there's no ~ that it will happen il n'est pas garanti que cela arrivera **2** VT garantir

guard [gɑːd] **1** N **a** (= person) (in prison) gardien(ne) *m(f)*; (in army) garde *f*; (Brit) (on train) chef *m* de train **b** (= act of guarding) garde *f* ◆ to be on *or* stand ~ être de garde ▸ guard dog chien *m* de garde ▸ guard duty ◆ to be on ~ duty être de garde **c** (= wariness) ◆ to be on one's ~ se méfier (against de), se tenir sur ses gardes (against contre) ◆ to put sb on his ~ mettre qn en garde (against contre) ◆ to catch sb off ~ prendre qn au dépourvu **2** VT (against attack) garder (from, against contre); (against theft, escape) surveiller

▸ **guard against** VT INSEP se protéger contre ◆ to ~ against doing sth (bien) se garder de faire qch

guarded [ˈgɑːdɪd] ADJ [response, remark, optimism] prudent ; [support, smile] réservé

guardian [ˈgɑːdɪən] N (gen) gardien(ne) *m(f)*; (of minor) tuteur *m*, -trice *f* ▸ guardian angel ange *m* gardien

guardrail [ˈgɑːdreɪl] N [of staircase] rampe *f*; [of balcony] balustrade *f*; [of road] glissière *f* de sécurité

guardsman [ˈgɑːdzmən] N (pl -men) garde *m*

guerrilla [gəˈrɪlə] N guérillero *m* ▸ guerrilla warfare guérilla *f*

guess [ges] **1** N supposition *f* ◆ to have a ~ (at sth) essayer de deviner (qch) ◆ it's anyone's ~ who will win* impossible de prévoir qui va gagner ◆ at a (rough) ~ à vue de nez **2** VT **a** [+ answer, name] deviner ; (= estimate) [+ height, numbers] évaluer ; (= surmise) supposer ◆ ~ what!* tu sais quoi ? **b** (= think) supposer ◆ I ~ so je suppose ◆ I ~ not non **3** VI deviner ◆ to ~ right deviner juste ◆ to ~ wrong tomber à côté ◆ to keep sb ~ing laisser qn dans le doute

guesswork [ˈgeswɜːk] N conjecture *f*

guest [gest] N (at home) invité(e) *m(f)*; (at table) convive *mf*; (in hotel) client(e) *m(f)*; (on TV, radio show) invité(e) *m(f)* ◆ ~ of honour invité(e) *m(f)* d'honneur ◆ be my ~!* je vous en prie! ▸ guest book livre *m* d'or ▸ guest list liste *f* des invités ▸ guest room chambre *f* d'amis

guesthouse [ˈgesthaʊs] N (Brit) pension *f* de famille

guidance [ˈgaɪdəns] N conseils *mpl* ▸ guidance counselor (US) conseiller *m*, -ère *f* d'orientation

guide [gaɪd] **1** N **a** (= person) guide *m* ; (= book) guide *m* touristique ▸ guide dog chien *m* d'aveugle **b** ⇒ girl guide **2** VT guider ◆ to be ~d by sb/sth se laisser guider par qn/qch

guidebook [ˈgaɪdbʊk] N guide *m* (touristique)

guided [ˈgaɪdɪd] ADJ [rocket, missile] téléguidé ▸ guided tour visite *f* guidée

guideline [ˈgaɪdlaɪn] N **a** (= rough guide) indication *f* ; (= advice) conseil *m* **b** (= official directive) directive *f*

guiding [ˈgaɪdɪŋ] ADJ [idea, principle] directeur (-trice *f*)

guild [gɪld] N **a** (Hist) guilde *f* **b** (= association) association *f*

guile [gaɪl] N (= deceit) duplicité *f* ; (= cunning) ruse *f*

guillotine [ˌgɪləˈtiːn] **1** N (for beheading) guillotine *f* ; (for paper-cutting) massicot *m* **2** VT [+ person] guillotiner ; [+ paper] massicoter

guilt [gɪlt] N culpabilité *f*

guilty [ˈgɪltɪ] ADJ coupable ◆ to be found ~/not ~ (of sth) être déclaré coupable/non coupable (de qch) ◆ to plead ~/not ~ (to sth) plaider coupable/non coupable (de qch) ◆ to feel ~ culpabiliser ◆ to feel ~ about sth se sentir coupable de qch

Guinea [ˈgɪnɪ] N Guinée *f*

guinea-fowl [ˈgɪnɪfaʊl] N pintade *f*

guinea-pig [ˈgɪnɪpɪg] N cochon *m* d'Inde ; (fig) cobaye *m*

guitar [gɪˈtɑː^r] N guitare *f*

guitarist [gɪˈtɑːrɪst] N guitariste *mf*

gulf [gʌlf] N **a** (in ocean) golfe *m* ▸ the Gulf States (Middle East) les États *mpl* du Golfe ; (in US) les États *mpl* du golfe du Mexique ▸ the Gulf Stream le Gulf Stream **b** (= abyss) gouffre *m*

gull [gʌl] N mouette *f*

gullet [ˈgʌlɪt] N gosier *m*

gullible [ˈgʌlɪbl] ADJ crédule

gully [ˈgʌlɪ] N **a** (= ravine) ravine *f* **b** (= drain) caniveau *m*

gulp [gʌlp] **1** N [of food] bouchée *f* ; [of drink] gorgée *f* **2** VT [+ food] engloutir ; [+ drink] avaler d'un trait **3** VI essayer d'avaler ; (from emotion) avoir un serrement à la gorge ◆ he ~ed sa gorge s'est serrée

gum [gʌm] **1** N **a** (in mouth) gencive *f* **b** (= glue) colle *f* **c** (also chewing gum) chewing-gum *m* **2** VT (= put gum on) gommer ; (= stick) coller (to à)

gumdrop [ˈgʌmdrɒp] N boule *f* de gomme

gun [gʌn] N (gen) arme *f* à feu ; (= handgun) revolver *m* ; (= rifle) fusil *m* ; (= cannon) canon *m* ▸ gun dog chien *m* de chasse ▸ gun licence, gun license (US) permis *m* de port d'armes

▸ **gun down** VT SEP abattre

gunfight [ˈgʌnfaɪt] N échange *m* de coups de feu

gunfire [ˈgʌnfaɪəʳ] N [of rifles] coups mpl de feu ; [of cannons] tir m d'artillerie

gunman [ˈgʌnmən] N (pl **-men**) bandit m armé ; (= terrorist) terroriste m

gunpoint [ˈgʌnpɔɪnt] N ♦ **to hold sb at ~** tenir qn sous la menace d'une arme

gunpowder [ˈgʌnpaʊdəʳ] N poudre f à canon

gunshot [ˈgʌnʃɒt] N (= sound) coup m de feu ▸ **gunshot wound** blessure f par balle

gunsmith [ˈgʌnsmɪθ] N armurier m

gurgle [ˈgɜːgl] **1** N [of water] gargouillis m ; [of baby] gazouillis m **2** VI [water] gargouiller ; [stream] murmurer ; [baby] gazouiller

guru [ˈguruː] N gourou m

gush [gʌʃ] VI jaillir ♦ **to ~ in/out/through** [water] entrer/sortir/traverser en bouillonnant

gust [gʌst] N rafale f

gusto [ˈgʌstəʊ] N enthousiasme m ♦ **with ~** avec brio

gut [gʌt] **1** N intestin m **2** guts NPL (* = courage) cran * m ♦ **he's got ~s** il a du cran * **3** ADJ ♦ **a ~ reaction** une réaction instinctive ♦ **I've got a ~ feeling about it** je le sens au fond de moi-même **4** VT [+ animal, fish] vider

gutter [ˈgʌtəʳ] N [of roof] gouttière f ; [of road] caniveau m

guy [gaɪ] N mec * m ♦ **the good/bad ~s** les bons mpl/les méchants mpl

guzzle * [ˈgʌzl] VT [+ food, petrol] bouffer * ; [+ drink] siffler *

gym [dʒɪm] N (= gymnastics) gym * f ; (= gymnasium) gymnase m ▸ **gym shoes** chaussures fpl de gym * ▸ **gym slip** (Brit), **gym suit** (US) tunique f (d'écolière)

gymnasium [dʒɪmˈneɪzɪəm] N (pl **gymnasia** [dʒɪmˈneɪzɪə]) gymnase m

gymnast [ˈdʒɪmnæst] N gymnaste mf

gymnastic [dʒɪmˈnæstɪk] ADJ [ability] en gymnastique ; [exercise, routine] de gymnastique

gymnastics [dʒɪmˈnæstɪks] NPL gymnastique f

gynaecologist, gynecologist (US) [ˌgaɪnɪˈkɒlədʒɪst] N gynécologue mf

gynaecology, gynecology (US) [ˌgaɪnɪˈkɒlədʒɪ] N gynécologie f

gypsy [ˈdʒɪpsɪ] N ⇒ gipsy

gyrate [ˌdʒaɪəˈreɪt] VI tournoyer

habit ['hæbɪt] N habitude *f* ◆ **to be in the ~ of doing sth** avoir pour habitude de faire qch ◆ **I don't make a ~ of it** je ne le fais pas souvent ◆ **to get into bad ~s** prendre de mauvaises habitudes ◆ **to get into/out of the ~ of doing sth** prendre/perdre l'habitude de faire qch ◆ **to have a ~ of doing sth** avoir l'habitude de faire qch ◆ **to do sth out of ~** faire qch par habitude

habitat ['hæbɪtæt] N habitat *m*

habitual [ha'bɪtjʊəl] ADJ habituel

hack [hæk] **1** VT (= cut) tailler **2** VI **a** (= cut) ◆ **to ~ at sth** essayer de couper qch **b** ◆ **to ~ into** [+ computer system] s'introduire dans ▶ **hack off** VT SEP couper

hacker ['hækə^r] N (= computer enthusiast) mordu(e) * *m(f)* d'informatique ; (= computer pirate) pirate *m* informatique

had [hæd] VB (pt, ptp of **have**)

haddock ['hædək] N églefin *m* ◆ **smoked ~** haddock *m*

hadn't ['hædnt] (abbrev of **had not**) → **have**

haemorrhage, hemorrhage (US) ['hemərɪdʒ] N hémorragie *f*

haemorrhoids, hemorrhoids (US) ['hemərɔɪdz] NPL hémorroïdes *fpl*

hag [hæg] N vieille sorcière *f*

haggard ['hægəd] ADJ ◆ **to be ~** avoir la mine défaite

haggis ['hægɪs] N haggis *m*

haggle ['hægl] VI (= bargain) marchander ; (= quibble) ergoter ◆ **to ~ over the price** débattre le prix

Hague [heɪg] N ◆ **The ~** La Haye

hail [heɪl] **1** N (Meteo) grêle *f* ; [of bullets, blows] pluie *f* **2** VI grêler ◆ **it is ~ing** il grêle **3** VT [+ taxi, person] héler

hailstone ['heɪlstəʊn] N grêlon *m*

hair [hɛə] N **a** (on head) cheveux *mpl* ; (on body) poils *mpl* ◆ **to do one's ~** se coiffer ◆ **to have** one's **~ done** se faire coiffer ◆ **to get one's ~ cut** se faire couper les cheveux ◆ **to let one's ~ down** * se laisser aller ▶ **hair appointment** rendez-vous *m* chez le coiffeur ▶ **hair conditioner** après-shampooing *m* ▶ **hair gel** gel *m* coiffant ▶ **hair grip** (Brit) pince *f* à cheveux ▶ **hair slide** (Brit) barrette *f* ▶ **hair spray** laque *f* (*pour cheveux*) ▶ **hair style** coiffure *f* **b** (= single human hair) cheveu *m* ; (on body) poil *m* ; (= single animal hair) poil *m* ; (= animal's coat) pelage *m*

hairband ['hɛəbænd] N bandeau *m*

hairbrush ['hɛəbrʌʃ] N brosse *f* à cheveux

haircut ['hɛəkʌt] N ◆ **to get a ~** se faire couper les cheveux ◆ **I like your ~** j'aime bien ta coupe de cheveux

hairdo * ['hɛəduː] N coiffure *f*

hairdresser ['hɛədresə^r] N coiffeur *m*, -euse *f* ◆ **hairdresser's (salon)** salon *m* de coiffure

hair-dryer ['hɛədraɪə^r] N sèche-cheveux *m inv*

hairpin ['hɛəpɪn] N épingle *f* à cheveux ▶ **hairpin bend, hairpin curve** (US) virage *m* en épingle à cheveux

hair-raising * ['hɛəreɪzɪŋ] ADJ terrifiant

hairy ['hɛərɪ] ADJ poilu

half [hɑːf] (pl **halves**) **1** N **a** (of one whole) moitié *f* ◆ **~ an apple** la moitié d'une pomme **b** (in numbers, calculations) demi *m* ◆ **two and a ~** deux et demi ◆ **two and a ~ hours** deux heures et demie ◆ **he doesn't do things by halves** il ne fait pas les choses à moitié ◆ **to cut sth in ~** [+ object] couper qch en deux ; [+ prices, workforce] réduire qch de moitié ◆ **the plate broke in ~** l'assiette s'est cassée en deux ◆ **to go halves on sth** partager qch **c** (= part of match) mi-temps *f* **d** (Brit: = half-pint) demi *m* **2** ADJ demi ◆ **a ~ bottle of wine** une demi-bouteille de vin **3** ADV **a** (= 50%) ◆ **a mixture of ~ milk, ~ cream** un mélange moitié lait moitié crème ◆ **he's ~ French ~ English** il est à moitié français et à moitié anglais **b** (= partially) à moitié ◆ **~ asleep** à moitié endormi **c** (Brit) ◆ **not ~ !** * tu parles ! * **d** (telling the time) ◆ **it is ~ past three** il est trois heures et demie ◆ **what time is it? – ~ past** quelle heure est-il ? – la demie **4** COMP ▶ **half-a-dozen** demi-douzaine *f* ▶ **half-and-half** ADV moitié-moitié ◇ N (US = milk and cream) *mélange mi-crème mi-lait* ▶ **half-an-hour** demi-heure *f* ▶ **half-board** (Brit) demi-pension *f* ▶ **half-brother** demi-frère *m* ▶ **half-dozen** demi-douzaine *f* ▶ **half-fare** demi-tarif *m* ▶ **half-hearted** [person, welcome] peu enthousiaste ; [manner] tiède ; [attempt] timide ▶ **half-heartedly** sans enthousiasme ; [try] sans conviction ▶ **half-hour** demi-heure *f* ▶ **half measure** demi-mesure *f* ◆ **~ measures will not do** on ne peut se contenter de demi-mesures ◆ **there are no ~ measures**

with him il ne fait jamais les choses à moitié ▸ **half-moon** demi-lune f ▸ **half-pint** ≈ quart m de litre ▸ **half price** N ◆ **at ~ price** à moitié prix ◇ ADJ ◆ **tickets are ~ price this week** les billets sont à moitié prix cette semaine ▸ **half-sister** demi-sœur f ▸ **half term** (Brit) *congé en milieu de trimestre* ▸ **half time** N (Sport) mi-temps f ◆ **at ~ time** à la mi-temps ◇ ADJ ◆ **~-time score** score m à la mi-temps ▸ **half-yearly** (Brit) ADJ semestriel(le) m(f) ◇ ADV tous les six mois

halfpenny ['heɪpnɪ] N ['heɪpənz] demi-penny m

halfway ['hɑːf'weɪ] ADV (in distance) à mi-chemin (between entre) ◆ **he was ~ down/up the stairs** il avait descendu/monté la moitié de l'escalier ◆ **~ through the film** au milieu du film ◆ **I'll meet you ~** (between two places) j'irai à votre rencontre ; (= I'll compromise) coupons la poire en deux *

hall [hɔːl] N **a** (= large public room) salle f ; (= college refectory) réfectoire m **b** (= mansion) manoir m **c** (= entrance) [of house] entrée f ; [of hotel] hall m **d** (US = corridor) couloir m **e** (Brit = hall of residence) résidence f universitaire

hallmark ['hɔːlmɑːk] N [of gold, silver] poinçon m ◆ **the ~ of genius** la marque du génie

hallo [hə'ləʊ] EXCL (Brit) ⇒ hello

hallowed ['hæləʊd] ADJ (= venerable) sacré ; (= holy) saint

Halloween, Hallowe'en [hæləʊ'iːn] N Halloween m

hallucinate [hə'luːsɪneɪt] VI avoir des hallucinations

hallucination [hə,luːsɪ'neɪʃən] N hallucination f

hallway ['hɔːlweɪ] N [of house] entrée f.

halo ['heɪləʊ] N [of saint] auréole f

halogen ['hæləʊdʒen] N halogène m

halt [hɔːlt] **1** N arrêt m ◆ **to come to a ~** s'arrêter ◆ **to call a ~ to sth** mettre fin à qch ▸ **halt sign** (panneau m) stop m **2** VI s'arrêter ◆ **~!** halte ! **3** VT [+ vehicle] faire arrêter ; [+ process] interrompre

halterneck ['hɔːltə'nek] N dos-nu m inv

halting ['hɔːltɪŋ] ADJ hésitant

halve [hɑːv] **1** VT **a** (= divide in two) couper en deux **b** (= reduce by half) réduire de moitié **2** VI [+ sales, figures] être réduit de moitié

halves [hɑːvz] NPL of half

ham [hæm] N **a** (= meat) jambon m **b** (* = actor) cabotin(e) * m(f) (pej)
▸ **ham up** * VT SEP [+ part, speech] forcer ◆ **to ~ it up** forcer son rôle

Hamburg ['hæmbɜːg] N Hambourg f

hamburger ['hæm,bɜːgəʳ] N hamburger m ; (US = mince) viande f hachée

hammer ['hæməʳ] **1** N marteau m **2** VT **a** [+ metal] marteler ◆ **to ~ a nail into a plank** enfoncer un clou dans une planche (à coups de marteau) ◆ **to ~ the table with one's fists** frapper du poing sur la table ◆ **to ~ a point home** insister sur son point **b** * (Brit) (= defeat) battre à plates coutures ; (= criticize) descendre en flammes ; (= damage) frapper de plein fouet **3** VI **a** (with a hammer) donner des coups de marteau **b** ◆ **he was ~ing at the door** il frappait à la porte à coups redoublés ◆ **my heart was ~ing** mon cœur battait très fort

hammering ['hæmərɪŋ] N (* = defeat) raclée * f

hammock ['hæmək] N hamac m

hamper ['hæmpəʳ] **1** N panier m d'osier ◆ **a food ~** un panier garni *(de nourriture)* **2** VT (= hinder) gêner

hamster ['hæmstəʳ] N hamster m

hamstring ['hæmstrɪŋ] N tendon m du jarret

hand [hænd] **1** N **a** (= part of body) main f ◆ **she had a book in her ~** elle avait un livre à la main ◆ **she was holding the earrings in her ~** elle tenait les boucles d'oreilles dans sa main **b** (= help) coup m de main ◆ **could you give me a ~?** tu peux me donner un coup de main ? **c** [of clock, watch] aiguille f **d** (= cards) jeu m ; (= game) partie f **e** (set structures) ◆ **~ in ~** main dans la main ◆ **to go ~ in ~ (with)** aller de pair (avec) ◆ **at the ~s of** aux mains de ◆ **my life is in your ~s** ma vie est entre vos mains ◆ **to put o.s. in sb's ~s** s'en remettre à qn ◆ **it is out of his ~s** ce n'est plus lui qui s'en occupe ◆ **she won ~s down** elle a gagné haut la main ◆ **to have a ~ in** [+ task, achievement] jouer un rôle dans ; [+ crime] être mêlé à ◆ **keep your ~s off my things!** * touche pas à mes affaires ! * ◆ **~s off!** * bas les pattes ! * ◆ **to get one's ~s on sth** mettre la main sur qch ◆ **~s up!** (at gun point) haut les mains ! ; (in school) levez la main ! ◆ **they gave him a big ~** ils l'ont applaudi bien fort ◆ **at first ~** de première main ◆ **I've got my ~s full at the moment** je suis débordé en ce moment ◆ **to have one's ~s full with** avoir fort à faire avec ◆ **to be in good ~s** être en bonnes mains ◆ **to gain the upper ~** prendre l'avantage ◆ **to fall into the wrong ~s** tomber entre de mauvaises mains ◆ **he was bound ~ and foot** il était pieds et poings liés ◆ **she expected to be waited on ~ and foot** elle voulait être servie comme une princesse ◆ **on (one's) ~s and knees** à quatre pattes ◆ **to live from ~ to mouth** vivre au jour le jour ◆ **to show one's ~** dévoiler son jeu ◆ **he can turn his ~ to anything** il sait tout faire
◆ **at hand** (= close by) à portée de main

♦ by hand à la main **♦ made by ~** fait (à la) main **♦ the letter was delivered by ~** quelqu'un a apporté la lettre

♦ in hand en main **♦ he had the situation well in ~** il avait la situation bien en main

♦ on hand sur place **♦ there are experts on ~ to give you advice** il y a des experts sur place pour vous conseiller

♦ on the one hand ..., on the other hand ... d'une part ..., d'autre part ...

♦ out of hand [dismiss, reject] d'emblée

♦ to get out of hand [situation, spending] échapper à tout contrôle

♦ to hand sous la main **2** VT (= give) donner ; (= hold out) tendre **♦ to ~ sb sth** donner qch à qn **3** COMP ► **hand-baggage** bagages mpl à main ► **hand cream** crème f pour les mains ► **hand grenade** grenade f ► **hand-held** portable ► **hand lotion** lotion f pour les mains ► **hand-luggage** bagages mpl à main ► **hand-me-down** * vêtement m déjà porté ► **hand-out** (= leaflet) prospectus m ; (at lecture, meeting) polycopié m ; (= subsidy) subvention f ► **hand-painted** peint à la main ► **hand-picked** [people] trié sur le volet ► **hands-free** [telephone] mains libres ► **hands-on** [experience] pratique ► **hand-to-mouth** ◆ **to lead a ~-to-mouth existence** vivre au jour le jour ► **hand towel** essuie-mains m inv ► **hand wash** laver à la main

► **hand back** VT SEP rendre (to à)

► **hand down** VT SEP (= pass on) transmettre

► **hand in** VT SEP remettre (to à)

► **hand on** VT SEP **a** (= pass to sb else) donner (to à) **b** (= pass on) transmettre

► **hand out** VT SEP distribuer

► **hand over** **1** VI ◆ **to ~ over to sb** passer le relais à qn ; (at meeting) passer le micro à qn ; (on radio, TV) passer l'antenne à qn **2** VT SEP [+ object] remettre ; [+ criminal] livrer ; [+ authority, powers] (= transfer) transmettre ; (= surrender) céder ; [+ property, business] céder

► **hand round** VT SEP [+ bottle, papers] faire circuler ; [+ cakes] faire passer ; [hostess] offrir

handbag ['hændbæg] N sac m à main

handball ['hændbɔ:l] N **a** (= sport) handball m **b** (= foul in football) faute f de main

handbasin ['hænd,beɪsn] N lavabo m

handbook ['hændbʊk] N (= manual) manuel m

handbrake ['hænd,breɪk] N (Brit) frein m à main

handcuff ['hændkʌf] **1** N menotte f **2** VT passer les menottes à

handful ['hændfʊl] N poignée f ◆ **the children can be a ~ *** les enfants me donnent parfois du fil à retordre

handgun ['hændgʌn] N pistolet m

handicap ['hændɪkæp] **1** N **a** (= disability) handicap m ; (= disadvantage) désavantage m **b** (Sport) handicap m **2** VT handicaper

handicapped ['hændɪkæpt] **1** ADJ handicapé ◆ **a physically ~ child** un enfant handicapé physique **2** **the handicapped** NPL les handicapés mpl ◆ **the mentally ~** les handicapés mpl mentaux

handicraft ['hændɪkrɑ:ft] N (= work) artisanat m ◆ **~s** (= products) objets mpl artisanaux

handkerchief ['hæŋkətʃɪf] N mouchoir m

handle ['hændl] **1** N [of basket, bucket] anse f ; [of broom, spade, knife] manche m ; [of door, drawer, suitcase] poignée f ; [of saucepan] queue f **2** VT **a** [+ fruit, food] toucher à ; (= move by hand) manipuler ◆ **"~ with care"** "fragile" **b** (= deal with) [+ ship, car] manœuvrer ; [+ weapon, money, person, situation] manier ; [+ situation] gérer ◆ **I'll ~ this** je vais m'en occuper **c** (= sell) ◆ **we don't ~ that type of product** nous ne faisons pas ce genre de produit ◆ **to ~ stolen goods** receler des objets volés **3** VI ◆ **to ~ well** [+ car] être facile à manier

handlebars ['hændlbɑːrz] NPL guidon m

handler ['hændləʳ] N (= dog handler) maître-chien m

handmade [,hænd'meɪd] ADJ fait (à la) main

handover ['hændəʊvə] N [of company, colony] cession f ◆ **the ~ of power** la passation des pouvoirs

handrail ['hændreɪl] N [of stairs] rampe f ; [of bridge, quay] garde-fou m

handset ['hændset] N combiné m

handshake ['hændʃeɪk] N poignée f de main

handsome ['hænsəm] ADJ beau (belle f)

handstand ['hændstænd] N appui m renversé

handwriting ['hændraɪtɪŋ] N écriture f

handwritten ['hændrɪtn] ADJ écrit à la main

handy ['hændɪ] ADJ **a** [tool, hint] pratique ◆ **to come in ~** être utile ; (money) tomber à pic **b** (* = conveniently close) proche ◆ **it's ~ for the shops** c'est à proximité des magasins **c** (= skilful) adroit ◆ **he's ~ around the house** il est bricoleur

handyman ['hændɪmæn] N (pl **-men**) (= do-it-yourselfer) bricoleur m

hang [hæŋ] (pret, ptp hung) **1** VT **a** [+ lamp, curtains, decorations, painting] accrocher ; [+ wallpaper] poser ◆ **to ~ clothes on the line** étendre le linge ◆ **to ~ one's head** baisser la tête **b** (pret, ptp **hanged**) [+ criminal] pendre **2** VI **a** [rope, dangling object] pendre (on, from à) ◆ **a suit that ~s well** un costume qui tombe bien ◆ **a picture ~ing on the wall** un tableau accroché au mur ◆ **to ~ out of the window** [person] se pencher par la fenêtre ; [thing] pendre à la fenêtre **b** (= hover) ◆ **the threat of unemployment ~s over us** la menace du chômage pèse sur nous ◆ **the question was**

left ~**ing in the air** la question est restée en suspens **c** [criminal] être pendu ◆ **he'll ~ for it** cela lui vaudra la corde **3** N ◆ **to get the ~ of** (* = understand) comprendre ◆ **to get the ~ of doing sth** attraper le coup * pour faire qch ◆ **you'll soon get the ~ of it** tu auras vite fait de t'y mettre ◆ **she's getting the ~ of her new job** elle commence à s'habituer à son nouveau travail

▶ **hang about, hang around 1** VI (= loiter) traîner ; (= wait) attendre ◆ **to keep sb ~ing about** faire attendre qn **2** VT INSEP ◆ **the crowd who hung around the cafe** les habitués du café

▶ **hang back** VI (when walking) rester en arrière

▶ **hang down** VI pendre

▶ **hang on 1** VI **a** (* = wait) attendre ◆ **~ on!** attendez ! ; (on phone) ne quittez pas ! **b** (= hold out) tenir bon **c** ◆ **to ~ on to sth** * (= cling on to) se cramponner à qch ; (= look after) garder qch **2** VT INSEP **a** (= hold on) se cramponner à ◆ **to ~ on sb's every word** boire les paroles de qn **b** (= depend on) dépendre de

▶ **hang out 1** VI [tongue, shirt] pendre **2** VT SEP [+ washing] étendre (dehors)

▶ **hang up 1** VI (on telephone) raccrocher ◆ **to ~ up on sb** raccrocher au nez de qn **2** VT SEP [+ hat, picture] accrocher (on à, sur)

hangar ['hæŋəʳ] N hangar m

hanger ['hæŋəʳ] N (= coat hanger) cintre m

hanger-on ['hæŋərɒn] N (pl **hangers-on**) parasite m

hang-glider ['hæŋglaɪdəʳ] N deltaplane ® m ▶ **hang-gliding** ['hæŋglaɪdɪŋ] N rancune f deltaplane ® m ◆ **to go hang-gliding** faire du deltaplane ®

hanging ['hæŋɪŋ] **1** N (= execution) pendaison f **2 hangings** NPL (on wall) tentures fpl **3** ADJ suspendu ◆ **~ basket** panier m suspendu

hangman ['hæŋmən] N (pl **-men**) **a** (= executioner) bourreau m **b** (= game) pendu m

hangover ['hæŋəʊvə] N (after drinking) ◆ **to have a ~** avoir la gueule de bois * ▶ **hangup** * ['hæŋʌp] complexe m

hankie *, **hanky** * ['hæŋkɪ] N mouchoir m

hanky-panky * ['hæŋkɪ'pæŋkɪ] N (sexual) batifolage m ; (US) (= jiggery-pokery) magouilles fpl

haphazard [,hæp'hæzəd] ADJ ◆ **in a ~ fashion** un peu n'importe comment

happen ['hæpən] VI arriver, se passer ◆ **something ~ed** il est arrivé quelque chose ◆ **what's ~ed?** qu'est-ce qui s'est passé ? ◆ **as if nothing had ~ed** comme si de rien n'était ◆ **whatever ~s** quoi qu'il arrive ◆ **don't let it ~ again!** et que cela ne se reproduise pas ! ◆ **these things ~** ce sont des choses qui arrivent ◆ **what has**

~ed to him? (= befallen) qu'est-ce qui lui est arrivé ? ; (= become of) qu'est-ce qu'il est devenu ? ◆ **as it ~s I'm going there today** il se trouve que j'y vais aujourd'hui ◆ **if you ~ to see her** si tu as l'occasion de la voir

happily ['hæpɪlɪ] ADV **a** [say, play] d'un air heureux ◆ **it all ended ~** tout s'est bien terminé ◆ **I'm a ~ married man** je suis heureux en ménage ◆ **they lived ~ ever after** ils vécurent heureux **b** (= without difficulty) sans problème **c** (= willingly) [offer, lend] volontiers **d** (= fortunately) heureusement

happiness ['hæpɪnɪs] N bonheur m

happy ['hæpɪ] ADJ [person, smile, time, outcome] heureux ◆ **to have a ~ ending** bien se terminer ◆ **to be ~ with sth** être satisfait de qch ◆ **I'm not ~ about leaving him alone** ça ne me plaît pas trop de le laisser seul ◆ **to be ~ to do sth** bien vouloir faire qch ◆ **she was quite ~ to stay alone** cela ne la dérangeait pas (du tout) de rester seule ◆ **I'd be more than ~ to do that** je le ferais volontiers ◆ **~ birthday!** bon anniversaire ! ◆ **~ Christmas!** joyeux Noël ! ◆ **~ Easter!** joyeuses Pâques ! ◆ **~ New Year!** bonne année ! ◆ **~ holidays!** (US) joyeuses fêtes ! ▶ **happy hour** happy hour f ▶ **happy medium** juste milieu m

harass ['hærəs] VT harceler

harassment ['hærəsmənt] N harcèlement m

harbour, harbor (US) ['hɑːbəʳ] **1** N (for boats) port m **2** VT **a** (= give shelter to) ◆ **to ~ a criminal** abriter un criminel **b** [+ suspicions, hope] entretenir

hard [hɑːd] **1** ADJ **a** (= not soft) dur ; [blow, kick, punch] violent ◆ **to go ~** durcir ◆ **no ~ feelings!** sans rancune ! ◆ **to be ~ on sb** [person] être dur avec qn ◆ **~ luck!** pas de chance ! **b** (= not easy) dur ; [battle, fight] rude ◆ **to find it ~ to do sth** avoir du mal à faire qch ◆ **it's ~ work!** c'est dur ! ◆ **those were ~ times** c'était une époque difficile ◆ **to learn the ~ way** l'apprendre à ses dépens ◆ **to play ~ to get** * se faire désirer ◆ **she's having a ~ time at the moment** elle traverse une période difficile ◆ **to have a ~ time doing sth** avoir du mal à faire qch ◆ **to give sb a ~ time** * en faire voir de toutes les couleurs à qn **c** (= committed) ◆ **he's a ~ worker** il est travailleur ◆ **he's a ~ drinker** il boit beaucoup **d** [winter, climate] rude ; [frost] fort **e** [evidence] tangible ; [fact] concret **2** ADV **a** [push, pull, hit, rain, snow] fort ; [work] dur ; [study] assidûment ; [listen, think] bien ◆ **she slammed the door ~** elle a claqué violemment la porte ◆ **to look ~ at** [+ person] dévisager ; [+ thing] bien regarder ◆ **to try ~** faire un gros effort ◆ **to be ~ at it** * travailler dur **b** (= badly) ◆ **to take sth ~** être très affecté par qch **3** COMP ▶ **hard cash** argent m liquide ▶ **hard copy** version f papier ▶ **hard core** noyau

m dur ◆ **~-core pornography** pornographie *f*
hard ▸ **hard court** court *m* en dur ▸ **hard currency** devise *f* forte ▸ **hard disk** disque *m* dur ▸ **hard labour, hard labor** (US) travaux *mpl* forcés ▸ **hard of hearing** dur d'oreille ▸ **the hard-of-hearing** NPL les malentendants *mpl* ▸ **hard shoulder** (Brit) bande *f* d'arrêt d'urgence

hard-and-fast [,hɑ:dn'fɑ:st] ADJ [rule] absolu

hardback ['hɑ:dbæk] N livre *m* relié

hard-boiled [hɑ:d'bɔɪld] ADJ [egg] dur

hard-earned [hɑ:d'ɜ:nd] ADJ durement gagné

harden ['hɑ:dn] VTI durcir ◆ **to ~ o.s. to sth** s'endurcir à qch

hardened ['hɑ:dnd] ADJ [criminal] endurci

hardly ['hɑ:dlɪ] ADV à peine ◆ **I can ~ hear you** je vous entends à peine ◆ **a day goes by without a visit from someone** il est rare qu'une journée se passe sans qu'il y ait une visite ◆ **~ anyone/anything/ever** presque personne/rien/nulle part/jamais ◆ **you have ~ eaten anything** tu n'as presque rien mangé ◆ **~!** (= not at all) certainement pas ! ◆ **he would ~ have said that** il n'aurait tout de même pas dit cela

hardness ['hɑ:dnɪs] N dureté *f*

hardship ['hɑ:dʃɪp] N (= circumstances) épreuves *fpl* ; (= suffering) souffrance *f* ; (= poverty) pauvreté *f*

hard-up [hɑ:d'ʌp] ADJ * fauché *

hardware ['hɑ:dwɛəʳ] N (items) quincaillerie *f* ; (Computing) hardware *m* ▸ **hardware store** (US) quincaillerie *f*

hard-wearing [hɑ:d'wɛərɪŋ] ADJ résistant ▸ **hard-working** [hɑ:d'wɜ:kɪŋ] ADJ travailleur

hardy ['hɑ:dɪ] ADJ robuste ; [plant] rustique

hare [hɛəʳ] N lièvre *m*

harebrained ['hɛəbreɪnd] ADJ [person] écervelé ; [plan, scheme] insensé

harem [hɑ:'ri:m] N harem *m*

harm [hɑ:m] **1** N mal *m* ◆ **to do sb ~** faire du mal à qn ◆ **no ~ done!** il n'y a pas de mal ! ◆ **he means no ~** il n'a pas de mauvaises intentions ◆ **I don't see any ~ in it** je n'y vois aucun mal ◆ **there's no ~ in asking** on peut toujours demander ◆ **to keep a child out of ~'s way** mettre un enfant à l'abri du danger **2** VT [+ person] (= damage) faire du tort à ; (= hurt) faire du mal à ; [+ reputation, interests, cause] nuire à

harmful ['hɑ:mfʊl] ADJ [substance, rays, effects] nocif ◆ **to be ~ to** être mauvais pour

harmless ['hɑ:mlɪs] ADJ [animal, substance, joke] inoffensif (to pour) ; [hobby, pleasure] innocent

harmonica [hɑ:'mɒnɪkə] N harmonica *m*

harmonious [hɑ:'məʊnɪəs] ADJ harmonieux

harmonize ['hɑ:mənaɪz] VI (= go together) s'harmoniser

harmony ['hɑ:mənɪ] N harmonie *f* ◆ **in ~** en harmonie

harness ['hɑ:nɪs] **1** N harnais *m* **2** VT **a** [+ horse] harnacher **b** [+ source of energy] domestiquer

harp [hɑ:p] **1** N harpe *f* **2** VI * **to ~ on about sth** [+ subject, event] s'étendre sur qch

harpoon [hɑ:'pu:n] **1** N harpon *m* **2** VT harponner

harpsichord ['hɑ:psɪkɔ:d] N clavecin *m*

harrowing ['hærəʊɪŋ] ADJ [story, account, film] poignant ; [experience] extrêmement pénible ; [picture] difficile à supporter

harsh [hɑ:ʃ] ADJ dur ; [climate, winter] rude ; [sound] discordant ; [light] cru ; [contrast] fort

harshly ['hɑ:ʃlɪ] ADV durement

harvest ['hɑ:vɪst] **1** N [of grain] moisson *f* ; [of fruit] récolte *f* ; [of grapes] vendange *f* ▸ **harvest festival** fête *f* de la moisson **2** VT [+ grain] moissonner ; [+ fruit] récolter ; [+ grapes] vendanger

has [hæz] VB (3rd pers sg pres of **have**)

has-been * ['hæzbi:n] N has been * *m inv*

hash [hæʃ] N **a** (* = mess) ◆ **he made a ~ of it** il a raté son affaire **b** (* = hashish) hasch * *m* **c** (also **hash sign**) dièse *m*

hashish ['hæʃɪʃ] N haschich *m*

hasn't ['hæznt] (abbrev of **has not**) → **have**

hassle * ['hæsl] **1** N **a** (= fuss) histoire *f* ; (= worries) tracas *mpl* ◆ **what a ~!** quelle histoire ! **b** (US = squabble) chamaillerie * *f* ; (= bustle, confusion) pagaille *f* **2** VT (= harass) embêter **3** VI (= quarrel) se battre

haste [heɪst] N hâte *f* ◆ **to do sth in ~** faire qch à la hâte

hasten ['heɪsn] **1** VI se hâter (**to do sth** de faire qch) **2** VT hâter

hastily ['heɪstɪlɪ] ADV à la hâte ; (= excessively quickly) précipitamment

hasty ['heɪstɪ] ADJ **a** [departure, escape, retreat] précipité ; [glance, examination, visit, sketch] rapide **b** (= rash) hâtif

hat [hæt] N chapeau *m* ◆ **to pass round the ~ or** (US) **to pass the ~ for sb** faire la quête pour qn ◆ **at the drop of a ~** (= immediately) sur le champ ◆ **to score a ~ trick** (= score three times) réussir trois coups consécutifs ; (= win three matches) gagner trois matchs consécutifs

hatch [hætʃ] **1** VT **a** [+ chick, egg] faire éclore **b** [+ plot] tramer ; [+ plan] couver **2** VI (= hatch out) [chick] éclore **3** N (on boat) écoutille *f*

hatchback ['hætʃbæk] N voiture *f* à hayon

hatcheck ['hætt∫ek] N préposé(e) *m(f)* au vestiaire

hatchet ['hæt∫ɪt] N hachette *f*

hate [heɪt] **1** VT haïr ; (weaker) détester ✦ **to ~ o.s.** s'en vouloir (for doing sth de faire qch) ✦ **to ~ doing sth** détester faire qch ✦ **I ~ to tell you this, but ...** je suis désolé de vous le dire, mais ... **2** N haine *f*

hatred ['heɪtrɪd] N haine *f*

haughty ['hɔːtɪ] ADJ hautain

haul [hɔːl] **1** N **a** (= journey) ✦ **it's a long ~** la route est longue **b** (= booty) butin *m* ✦ **a drugs ~** une saisie de drogue **2** VT (= pull) traîner
► **haul in** VT SEP [+ line, catch] amener

haulage ['hɔːlɪdʒ] N (= business) transport *m* routier ; (= charge) frais *mpl* de transport ► **haulage company** (Brit) entreprise *f* de transports (routiers)

haulier ['hɔːlɪəʳ] N (Brit) (= company) entreprise *f* de transports (routiers) ; (= driver) routier *m*

haunch [hɔːnt∫] N hanche *f* ✦ **~es** [of animal] arrière-train *m* ✦ **~ of venison** cuissot *m* de chevreuil

haunt [hɔːnt] **1** VT hanter **2** N [of criminals] repaire *m* ✦ **this café is one of his favourite ~s** ce café est un de ses endroits favoris

haunted ['hɔːntɪd] ADJ [house] hanté ; [look, expression] égaré ; [face, eyes] hagard

haunting ['hɔːntɪŋ] ADJ obsédant

┌─────────────────────────────┐
│ 0━━ **have** [hæv] │
└─────────────────────────────┘

1 AUX VB **a** (in perfect tenses) avoir ✦ **I ~ eaten** j'ai mangé ✦ **he has changed** il a changé ✦ **I ~ gone** je suis allé ✦ **I've made a mistake** je me suis trompé ✦ **I ~ lived** *or* **~ been living here for ten years/since January** j'habite ici depuis dix ans/depuis janvier

✦ **to have just ...** venir de ... ✦ **I ~ just seen him** je viens de le voir

b (in question tags and responses) ✦ **you've seen her, haven't you ?** vous l'avez vue, n'est-ce pas ? ✦ **he's got a new job** – **oh has he?** il a un nouveau travail – ah bon ? ✦ **you've dropped your book** – **so I ~!** vous avez laissé tomber votre livre – en effet ! ✦ **you haven't seen her** – **yes I ~!** vous ne l'avez pas vue – (mais) si ! ✦ **you've made a mistake** – **no I haven't!** vous vous êtes trompé – mais non ! ✦ **have you met him?** – **yes I ~** est-ce que tu l'as rencontré ? – oui ✦ **has he arrived?** – **no he hasn't** est-ce qu'il est arrivé ? – non

2 MODAL VB

✦ **to have to** + infinitive devoir, falloir ✦ **they ~ to work hard** ils doivent travailler dur, il faut qu'ils travaillent dur ✦ **they had to work hard** ils ont dû travailler dur, il a fallu qu'ils travaillent dur ✦ **the locks will ~ to be changed** il va falloir changer les serrures

✦ **don't/doesn't have to** + infinitive ✦ **he doesn't ~ to work** il n'a pas besoin de travailler ✦ **you didn't ~ to tell her!** tu n'avais pas besoin de le lui dire ! ✦ **it's nice not to ~ to work on Saturdays** c'est agréable de ne pas avoir à travailler le samedi ✦ **I don't ~ to do it** je ne suis pas obligé de le faire

3 VT **a** (gen) avoir ✦ **I ~** *or* **I've got three books** j'ai trois livres

b (= eat) manger ; (= drink) boire ; (= smoke) fumer ; (= take) prendre ✦ **he had an egg for breakfast** il a mangé un œuf au petit déjeuner ✦ **he's had too much** (drink) il a trop bu ; (food) il a trop mangé ✦ **he had a cigarette** il a fumé une cigarette ✦ **I'll just ~ a sandwich** je vais juste prendre un sandwich ✦ **~ some more** reprends-en ✦ **I've had a couple of aspirins** j'ai pris deux aspirines ✦ **will you ~ tea or coffee?** vous prendrez du thé ou du café ?

c (= spend) passer ✦ **what sort of day have you had?** est-ce que tu as passé une bonne journée ? ✦ **to ~ a pleasant evening** passer une bonne soirée

d (= catch) tenir ✦ **he had me by the throat** il me tenait à la gorge ✦ **I've got him where I want him!** je le tiens ! ✦ **to be had** * (= taken in) se faire avoir ✦ **you've been had** tu t'es fait avoir *

e (set structures)

✦ **to let sb have sth** (= give) donner qch à qn ✦ **let me ~ your address** donnez-moi votre adresse ✦ **I'll let you ~ it for $100** je vous le cède pour 100 dollars

✦ **to have sth done** [+ service] faire faire qch ✦ **to ~ sth mended** faire réparer qch ✦ **to ~ one's hair cut** se faire couper les cheveux ✦ **he had his car stolen** il s'est fait voler sa voiture

✦ **to have sb do sth** faire faire qch à qn ✦ **I had him clean the car** je le lui ai fait nettoyer la voiture

✦ **had better** (= should) ✦ **I had better go now** il vaut mieux que j'y aille ✦ **you'd better not tell him that!** tu ferais mieux de ne pas lui dire ça !

✦ **to have had it** * (= be done for) être fichu * ✦ **I've had it** je suis fichu * ✦ **I've had it up to here** j'en ai marre ! *

✦ **to have to do with** ✦ **I ~ nothing to do with it** je n'y suis pour rien ✦ **that has nothing to do with it** ça n'a rien à voir

► **have on** VT SEP **a** [+ clothes] porter ✦ **he had nothing on** il était tout nu **b** (Brit = have planned) ✦ **I've got so much on this week that ...** j'ai tant de choses à faire cette semaine que ... ✦ **I've got nothing on this evening** je suis libre ce soir **c** (Brit = tease) ✦ **to ~ sb on** faire marcher * **d** ✦ **Richard has nothing on him !** * Richard ne lui arrive pas à la cheville ! ✦ **the police ~ nothing on me** * la police n'a pas de preuve contre moi

▶ **have out** VT SEP **a** ◆ **to ~ a tooth out** se faire arracher une dent **b** ◆ **to ~ it out with sb** s'expliquer avec qn

▶ **have round** VT SEP [+ friends, neighbours] inviter

---

haven ['heɪvn] N ◆ **a ~ of** [+ peace, tranquillity] un havre de ◆ **a ~ for** [+ animals, refugees] un refuge pour

haven't ['hævnt] (abbrev of **have not**) → **have**

havoc ['hævək] N ravages mpl ; (less serious) dégâts mpl ◆ **to cause ~** causer des ravages ◆ **this wreaked ~ with their plans** cela a bouleversé tous leurs projets ◆ **to play ~ with** [+ schedule, plans] bouleverser ; [+ health, skin] être très mauvais pour

Hawaii [hə'waɪ] N Hawaï

hawk [hɔːk] N (= bird) faucon m ◆ **to watch sb like a ~** avoir qn à l'œil *

hay [heɪ] N foin m ▶ **hay fever** rhume m des foins

haystack ['heɪstæk] N meule f de foin

haywire * ['heɪwaɪər] ADJ ◆ **to go ~** [plans] être perturbé ; [machine] se détraquer

hazard ['hæzəd] **1** N **a** (= risk) risque m ; (stronger) danger m ◆ **to be a safety ~** constituer un danger ▶ **hazard warning lights** feux mpl de détresse **b** (= obstacle) obstacle m **2** VT **a** [+ remark, suggestion] hasarder ◆ **to ~ a guess** hasarder une hypothèse **b** [+ life, reputation] risquer

hazardous ['hæzədəs] ADJ dangereux

haze [heɪz] **1** N brume f (légère) **2** VT (US) [+ new student] bizuter

hazel ['heɪzl] **1** N noisetier m **2** ADJ (couleur) noisette inv

hazelnut ['heɪzlnʌt] N noisette f

hazy ['heɪzi] ADJ **a** [sunshine, sun] voilé ; [day, sky] brumeux **b** [outline, vision, details] flou ; [idea, memory] vague

he [hiː] **1** PERS PRON il ◆ **~ has come** il est venu ◆ **~re ~ is** le voici ◆ **~ is a doctor** il est médecin ◆ **~ is a small man** c'est un homme petit **2** N ◆ **male** m ◆ **it's a ~** (animal) c'est un mâle ; (baby) c'est un garçon

head [hed] **1** N **a** (gen) tête f ◆ **my ~ is aching** j'ai mal à la tête ◆ **to stand on one's ~** faire le poirier ◆ **I could do it standing on my ~** c'est simple comme bonjour ◆ **to have a big ~** avoir la grosse tête * ◆ **he stands ~ and shoulders above everybody else** (in height) il dépasse tout le monde d'une tête ; (in quality) il surpasse tout le monde ◆ **to be ~ over heels in love with sb** être follement amoureux de qn ◆ **I can't do it in my ~** je ne peux pas calculer ça de tête ◆ **to get sth into one's ~** * se mettre qch dans la tête ◆ **to take it into one's ~ to do**

sth se mettre en tête de faire qch ◆ **it didn't enter his ~ that ...** ça ne lui est pas venu à l'idée que ... ◆ **what put that idea into his ~?** qu'est-ce qui lui a mis cette idée-là en tête ? ◆ **she's got her ~ screwed on** * elle a la tête sur les épaules ◆ **we put our ~s together** * nous y avons réfléchi ensemble ◆ **to keep one's ~** garder son sang-froid ◆ **to lose one's ~** perdre la tête ◆ **his success went to his ~** son succès lui est monté à la tête ◆ **she has a good ~ for figures** elle est douée en calcul ◆ **I can't get it out of my ~** je ne peux pas me sortir ça de la tête ◆ **he couldn't get her out of his ~** il ne pouvait pas s'empêcher de penser à elle ◆ **it went right out of my ~** ça m'est tout à fait sorti de la tête

◆ **a head, per head** par tête

◆ **from head to foot** or **toe** de la tête aux pieds **b** [of flower, pin, tape recorder] tête f ; (on beer) mousse f

◆ **to come to a head** [problem] devenir critique ◆ **it all came to a ~ yesterday** les choses ont atteint un point critique hier

◆ **to bring things to a head** précipiter les choses **c** (= top end) [of staircase] haut m

◆ **at the head of** (lake, valley) à l'extrémité de ; (table) au bout de ; (procession) en tête de ; (= in charge of) à la tête de ◆ **at the ~ of the queue** en tête de file **d** [of garlic] tête f ◆ **a ~ of lettuce** une laitue **e** (= leader) [of family] chef m ◆ **~ of department** [of company] chef m de service ◆ **~ of state** chef m d'État **f** [of school] (Brit) directeur m (or directrice f) d'école ◆ **~ of department** [of school, college] professeur m responsable de section **g** (of coin) face f ◆ **~s or tails?** pile ou face ? ◆ **I can't make ~ nor tail of it** je n'y comprends rien **2** VT **a** (= be in charge of) être à la tête de ; (= lead) [+ procession, list, poll] être en tête de **b** (= put at head of) [+ chapter] intituler **c** (Football) ◆ **to ~ the ball** faire une tête **3** VI (= go) ◆ **to ~ for** or **towards** se diriger vers ◆ **he ~ed up the hill** il s'est mis à monter la colline ◆ **he's ~ing for trouble** il va avoir des ennuis ◆ **they're ~ing for victory** ils sont bien partis pour gagner **4** COMP ▶ **head boy/girl** (Brit) élève m de terminale assumant diverses responsabilités ▶ **head office** siège m social ▶ **head start** ◆ **to have a ~ start** être avantagé dès le départ (over or on sb par rapport à qn) ▶ **head teacher** (Brit) directeur m (or directrice f) d'école ▶ **head waiter** maître m d'hôtel

▶ **head off** **1** VI partir **2** VT SEP [+ person] barrer la route à ; [+ questions] éluder ; [+ trouble] éviter

▶ **head up** VT INSEP [+ organization, team] diriger

---

headache ['hedeɪk] N **a** (= pain) mal m de tête ◆ **to have a ~** avoir mal à la tête **b** (= problem) problème m ◆ **his daughter is a real ~** sa fille est impossible

headband ['hedbænd] N bandeau m

headboard ['hedbɔːd] N [of bed] tête f de lit

headbutt ['hedbʌt] **1** N coup m de tête **2** VT donner un coup de tête à

headcheese ['hedtʃiːz] N (US) fromage m de tête

headcount ['hedkaʊnt] N ◆ let's do a ~ comptons-les

headed ['hedɪd] ADJ (Brit) ◆ ~ notepaper papier m à lettres à en-tête

header ['hedə^r] N (Football) tête f

headfirst [hed'fɜːst] ADV la tête la première

headgear ['hedgɪə^r] N (= hat) chapeau m ◆ protective ~ casque m

headhunt ['hedhʌnt] **1** VI recruter des cadres pour une entreprise **2** VT recruter ◆ he was ~ed il a été contacté par un chasseur de têtes

headhunter ['hedhʌntə^r] N chasseur m de têtes

heading ['hedɪŋ] N (= title) titre m ◆ under this ~ sous ce titre ◆ this comes under the ~ of ... c'est sous la rubrique ...

headlamp ['hedlæmp] N ⇒ headlight

headlight ['hedlaɪt] N (Brit) phare m ◆ he had his ~s on il était en phares

headline ['hedlaɪn] N [of newspaper] gros titre m ; (on radio, TV) grand titre m ◆ to hit the ~s * [story, person] faire les gros titres ; [scandal, crime] défrayer la chronique ◆ here are the news ~s voici les titres de l'actualité

headlong ['hedlɒŋ] ADV [run, rush, plunge] tête baissée ◆ she fell ~ down the stairs elle est tombée la tête la première dans les escaliers

headmaster ['hedmɑːstə^r] N directeur m d'école

headmistress ['hedmɪstrɪs] N directrice f d'école

head-on ['hed'ɒn] **1** ADV ◆ to collide ~ (two vehicles) se heurter de plein fouet ◆ to collide ~ with sth heurter qch de plein fouet **2** ADJ [collision] frontal

headphones ['hedfəʊnz] NPL casque m (écouteurs)

headquarters ['hedkwɔːtəz] NPL siège m ; [of army division] quartier m général

headrest ['hedrest] N appui-tête m

headroom ['hedrʊm] N (under ceiling) hauteur f sous plafond ; (under bridge) hauteur f limite ◆ there is not enough ~ (under bridge) le pont est trop bas ; (under roof) le plafond est trop bas

headscarf ['hedskɑːf] N foulard m

headset ['hedset] N casque m

headstand ['hedstænd] N ◆ to do a ~ faire le poirier

headstrong ['hedstrɒŋ] ADJ têtu

headway ['hedweɪ] N ◆ to make ~ progresser

headwind ['hedwɪnd] N vent m contraire

heady ['hedɪ] ADJ [scent] capiteux ; [experience, brew] grisant

heal [hiːl] **1** VI [wound] se cicatriser **2** VT [+ person] guérir (of de) ; [+ wound] cicatriser

healer ['hiːlə^r] N guérisseur m, -euse f

healing ['hiːlɪŋ] **1** N **2** ADJ [properties] curatif ; [powers, process] de guérison

health [helθ] N santé f ◆ in good/poor ~ en bonne/mauvaise santé ◆ to drink to sb's ~ boire à la santé de qn ◆ your ~! à votre santé ! ◆ Department of Health (Brit) ≈ ministère m de la Santé ▶ Health Authority (Brit) administration f régionale de la santé publique ▶ health centre = centre m médicosocial ▶ health club club m de remise en forme ▶ health foods aliments mpl diététiques ▶ health hazard risque m pour la santé ▶ health insurance assurance f maladie ▶ Health Service (Brit) = Sécurité f sociale ▶ health visitor (Brit) = infirmière f visiteuse ▶ health warning (on cigarette packet) mise en garde du ministère de la Santé

healthy ['helθɪ] ADJ **a** [person, company, economy] en bonne santé ; [body, skin, hair, relationship] sain ; [appetite] solide ; [climate] salubre ; [exercise] bon pour la santé **b** [profit] substantiel ; [scepticism] salutaire

heap [hiːp] **1** N tas m ◆ in a ~ en tas ◆ to collapse in a ~ [person] s'effondrer comme une masse ◆ a whole ~ of trouble tout un tas * d'ennuis ◆ ~s of money * des tas * d'argent ◆ we've got ~s of time nous avons largement le temps **2** VT **a** (= heap up) empiler **b** (= give) ◆ to ~ praise on sb couvrir qn d'éloges ◆ to ~ scorn on sb couvrir qn de mépris

heaped [hiːpt] ADJ ◆ a ~ spoonful une grosse cuillerée

hear [hɪə^r] (pret, ptp heard) **1** VT **a** entendre ◆ did you ~ what he said? avez-vous entendu ce qu'il a dit ? ◆ I can't ~ you! je ne vous entends pas ! **b** (= learn) ◆ have you heard the news ? connaissez-vous la nouvelle ? ◆ he had heard that they had left il avait entendu dire qu'ils étaient partis ◆ I ~ you've been ill on m'a dit que vous aviez été malade ◆ did you ~ if she's accepted the job? savez-vous si elle a accepté le poste ? **c** (= listen to) [+ lecture] assister à ◆ to ~ a case [judge] entendre une cause **2** VI **a** entendre ◆ he cannot ~ very well il n'entend pas très bien **b** (= get news) avoir des nouvelles ◆ I ~ from my daughter every week j'ai des nouvelles de ma fille chaque semaine ◆ to ~ about or of sb/sth entendre parler de qn/qch ◆ I ~ about him from his mother j'ai de ses nouvelles par sa mère ◆ I've never heard of him! je ne le connais pas ! ◆ everyone has heard of him

tout le monde a entendu parler de lui ✦ **I've never heard of such a thing!** je n'ai jamais entendu parler d'une chose pareille ! ✦ **I won't ~ of it!** je ne veux pas en entendre parler ! **3** EXCL ✦ **hear, hear !** bravo !
▶ **hear out** VT SEP ✦ **to ~ sb out** écouter qn jusqu'au bout

heard [hɜːd] VB (pt, ptp of **hear**)

hearing ['hɪərɪŋ] N **a** (= sense) ouïe f ✦ **to have good ~** avoir l'ouïe fine ▶ **hearing aid** audiophone m **b** (= meeting) séance f ✦ **court ~ audience** f ✦ **to give sb a fair ~** laisser s'expliquer qn

hearsay ['hɪəseɪ] N ✦ **it's only ~** ce ne sont que des rumeurs

hearse [hɜːs] N corbillard m

heart [hɑːt] **1** N **a** cœur m ✦ **I didn't have the ~ to tell him** je n'ai pas eu le cœur de le lui dire ✦ **in his ~ of ~s he thought ...** au fond de lui-même, il pensait ... ✦ **his ~ isn't in it** le cœur n'y est pas ✦ **with all my ~** de tout mon cœur ✦ **have a ~!** * pitié ! ✦ **to take sth to ~** prendre qch à cœur ✦ **he has set his ~ on going to Paris** il veut à tout prix aller à Paris ✦ **my ~ was in my mouth** mon cœur battait la chamade ✦ **he put his ~ and soul into his work** il s'est donné à son travail corps et âme
✦ **at heart** au fond ✦ **I'm an optimist at ~** au fond je suis optimiste ✦ **she's still a child at ~** elle est restée très enfant ✦ **we have your best interests at ~** vos intérêts nous tiennent à cœur
✦ **by heart** par cœur ✦ **to know by ~** savoir par cœur ✦ **to learn sth by ~** apprendre qch par cœur **b** ✦ **to lose/take ~** perdre/prendre courage **c** (= centre) [of town, lettuce] cœur m ✦ **in the ~ of the forest** au cœur de la forêt ✦ **in the ~ of the country** en pleine campagne ✦ **the ~ of the matter** le fond du problème **2** hearts NPL (Cards) cœur m ✦ **queen/six of ~s** dame f/six m de cœur **3** COMP ▶ **heart attack** crise f cardiaque ▶ **heart condition** maladie f de cœur ✦ **to have a ~ condition** être cardiaque ▶ **heart disease** maladie f de cœur ▶ **heart failure** insuffisance f cardiaque ; (= cardiac arrest) arrêt m du cœur ▶ **heart-throb** * (= person) idole f ▶ **heart transplant** greffe f du cœur ▶ **heart trouble** problèmes mpl cardiaques

heartache ['hɑːteɪk] N chagrin m

heartbeat ['hɑːtbiːt] N **a** battement m du cœur **b** (= pulse) pouls m

heartbreak ['hɑːtbreɪk] N ✦ **it caused a lot of ~** c'était vraiment déchirant

heartbreaking ['hɑːtbreɪkɪŋ] ADJ [appeal, cry, sound] déchirant ✦ **it was ~ to see him like that** ça fendait le cœur de le voir comme ça

heartbroken ['hɑːtbrəʊkn] ADJ ✦ **to be ~** avoir un immense chagrin ; (stronger) avoir le cœur brisé ; [child] avoir un gros chagrin

heartburn ['hɑːtbɜːn] N brûlures fpl d'estomac

heartening ['hɑːtnɪŋ] ADJ encourageant

heartfelt ['hɑːtfelt] ADJ ✦ **to make a ~ appeal** lancer un appel du fond du cœur ✦ **~ sympathy** condoléances fpl sincères

hearth [hɑːθ] N foyer m

heartily ['hɑːtɪlɪ] ADV [laugh] de bon cœur ; [say, welcome] chaleureusement ; [applaud, eat] de bon appétit ; [drink] avec entrain ; [recommend] vivement ; [agree] pleinement ; [congratulate, endorse] de tout cœur ✦ **to be ~ sick of sth/sb** * en avoir vraiment par-dessus la tête * de qn/qch

heartless ['hɑːtlɪs] ADJ [person] sans cœur ; [treatment] cruel

heartrending ['hɑːtrendɪŋ] ADJ [cry, appeal] déchirant

heartwarming ['hɑːtwɔːmɪŋ] ADJ réconfortant

hearty ['hɑːtɪ] ADJ [welcome, thanks] chaleureux ; [appetite] solide ; [food, soup] consistant ; [meal] copieux

heat [hiːt] **1** N **a** chaleur f ✦ **in the ~ of the moment** dans le feu de l'action **b** (in cooking) feu m ✦ **cook over a medium ~** cuire à feu moyen ✦ **lower the ~ and allow to simmer** réduire le feu et laisser mijoter **c** (= pressure) ✦ **to turn the ~ on sb** * faire pression sur qn **d** (Sport) épreuve f éliminatoire **e** (Brit: animal) ✦ **on ~** en chaleur **2** VTI chauffer
▶ **heat up** **1** VI chauffer ; [room] se réchauffer **2** VT SEP réchauffer

heated ['hiːtɪd] ADJ [swimming pool] chauffé ; [towel rail] chauffant ; [debate, discussion] très animé ; [argument, words] vif ✦ **to get ~** [person] s'échauffer ; [debate] devenir de plus en plus animé

heater ['hiːtər] N (for room) radiateur m ; (for water) chauffe-eau m inv ; [of car] chauffage m

heather ['heðər] N bruyère f

heating ['hiːtɪŋ] N chauffage m

heatproof ['hiːtpruːf] ADJ [dish] allant au four

heatstroke ['hiːtstrəʊk] N coup m de chaleur

heatwave ['hiːtweɪv] N vague f de chaleur

heave [hiːv] (vb : pret, ptp **heaved**) **1** VT (= lift) soulever (avec effort) ; (= pull) tirer (avec effort) ; (= drag) traîner (avec effort) ✦ **to ~ a sigh of relief** pousser un gros soupir de soulagement **2** VI [person] (= retch) avoir des haut-le-cœur ; (= vomit) vomir ✦ **his stomach was heaving** son estomac se soulevait

heaven ['hevn] N **a** (= paradise) ciel m, paradis m ✦ **in ~** au ciel ✦ **~ knows when** Dieu sait quand ✦ **(good) ~s!** * mon Dieu ! ✦ **for ~'s**

sake * pour l'amour de Dieu * **b** ◆ **the hea-vens** (= sky) le ciel ◆ **the ~s opened** le ciel se mit à déverser des trombes d'eau

heavenly ['hevnlɪ] ADJ céleste ; (= delightful) divin

heavily ['hevɪlɪ] ADV **a** [rely on, influence, censor, subsidize] fortement ; [rain, snow] très fort ; [bleed] abondamment ; [smoke, drink] beaucoup ◆ **~ in debt** fortement endetté ◆ **~ made-up eyes** yeux *mpl* très maquillés **b** (= deeply) [breathe] bruyamment ; [sleep, sigh] profondément **c** (= clumsily) lourdement **d** (= solidly) ◆ **~ built** solidement bâti

heavy ['hevɪ] ADJ (gen) lourd ; [payments, charges] important ; [rain, shower] fort *before n* ; [fighting, shelling] intense ; [traffic] dense ◆ **to make sth heavier** alourdir qch ◆ **how ~ is it?** combien ça pèse ? ◆ **to be a ~ drinker** être un gros buveur ◆ **to be a ~ sleeper** avoir le sommeil lourd ◆ **~ blow** coup *m* violent ; (fig) rude coup *m* ◆ **there were ~ casualties** il y a eu de nombreuses victimes ◆ **a ~ cold** un gros rhume ◆ **~ periods** règles *fpl* abondantes ◆ **this book is very ~ going** ce livre est très indigeste ◆ **~ sea** grosse mer *f* ◆ **he did all the ~ work** c'est lui qui a fait le gros travail ▸ **heavy-duty** [carpet, equipment] à usage intensif ▸ **heavy goods vehicle** poids *m* lourd ▸ **heavy-handed** ◆ **to be ~-handed** être maladroit ▸ **heavy metal** (= music) heavy metal *m*

heavyweight ['hevɪweɪt] **1** N (Boxing) poids *m* lourd ; (= influential person) * grosse pointure *f* **2** ADJ **a** [bout, champion, class] poids lourds *inv* ◆ **a ~ boxer** un poids lourd **b** (= serious) sérieux

Hebrew ['hiːbruː] N (= language) hébreu *m* ; (= person) Hébreu *m*

heck * [hek] **1** EXCL zut ! * **2** N ◆ **a ~ of a lot of** plein de * ◆ **what the ~ is he doing?** qu'est-ce qu'il fiche ? ◆ **what the ~!** et puis zut ! *

heckle ['hekl] VTI chahuter

heckler ['heklə^r] N élément *m* perturbateur

hectare ['hektɑː^r] N hectare *m*

hectic ['hektɪk] ADJ trépidant ; [day] mouvementé ; [schedule] très chargé ; [activity] fiévreux

he'd [hiːd] ⇒ **he had, he would** ; → **have, would**

hedge [hedʒ] **1** N haie *f* ▸ **hedge trimmer** taille-haie *m* **2** VI ◆ **to ~ against sth** se prémunir contre qch **3** VT ◆ **to ~ one's bets** se couvrir

hedgehog ['hedʒhɒg] N hérisson *m*

hedgerow ['hedʒrəʊ] N haie *f*

heed [hiːd] **1** VT tenir compte de ◆ **he didn't ~ the warning** il n'a tenu aucun compte de cet

avertissement **2** N ◆ **to take ~ of sth** tenir compte de qch ◆ **to pay no ~ to sb** ne pas écouter qn

heedless ['hiːdlɪs] ADJ (= not thinking) étourdi ; (= not caring) insouciant ◆ **~ of the danger, ...** sans se soucier du danger, ...

heel [hiːl] N talon *m* ◆ **high ~s** talons *mpl* hauts

hefty * ['heftɪ] ADJ [person] costaud * ; [profit, fine, increase, meal] sacré * ; [bill] salé *

heifer ['hefə^r] N génisse *f*

height [haɪt] N **a** [of object, building] hauteur *f* ; [of person] taille *f* ; [of mountain] altitude *f* ◆ **what ~ are you?** combien mesurez-vous ? ◆ **of average ~** de taille moyenne ◆ **to be afraid of ~s** avoir le vertige **b** (= altitude) altitude *f* ◆ **to gain/lose ~** prendre/perdre de l'altitude **c** (= utmost) [of fortune, success] apogée *m* ; [of glory, fame] sommet *m* ; [of absurdity, folly] comble *m* ◆ **at the ~ of his power** au sommet de sa puissance ◆ **at the ~ of his career** à l'apogée de sa carrière ◆ **at the ~ of summer/the storm** au cœur de l'été/l'orage ◆ **at the ~ of the season** au plus fort de la saison ◆ **the ~ of fashion** la toute dernière mode ◆ **the ~ of luxury** le comble du luxe ◆ **the ~ of bad manners** le comble de l'impolitesse ◆ **the crisis was at its ~** la crise avait atteint son paroxysme

heighten ['haɪtn] VT augmenter ; [+ flavour] relever ◆ **this gave her a ~ed awareness of his vulnerability** cela lui a permis de mieux se rendre compte de sa vulnérabilité

heir [ɛə^r] N héritier *m* ◆ **he is ~ to a fortune** il héritera d'une fortune ◆ **~ to the throne** héritier *m* de la couronne

heiress ['ɛəres] N héritière *f* (to de)

heirloom ['ɛəluːm] N héritage *m* ◆ **this silver is a family ~** c'est de l'argenterie de famille

heist * [haɪst] (US) N (= robbery) hold-up *m inv* ; (= burglary) casse * *m*

held [held] VB (pt, ptp of **hold**)

helicopter ['helɪkɒptə^r] N hélicoptère *m*

helium ['hiːlɪəm] N hélium *m*

he'll [hiːl] ⇒ **he will** ; → **will**

hell [hel] N enfer *m* ◆ **in ~** en enfer ◆ **to make sb's life ~** rendre la vie de qn infernale ◆ **to go through ~** vivre l'enfer ◆ **oh ~!** merde ! * ◆ **there'll be ~ to pay** ça va barder * ◆ **he did it for the ~ of it** il l'a fait parce qu'il en avait envie ◆ **he scared the ~ out of me** il m'a fiché une de ces frousses * ◆ **what the ~!** (in surprise) merde alors ! * ; (dismissive) qu'est-ce que ça peut bien faire ! ◆ **where the ~ have I put it?** où est-ce que j'ai bien pu le foutre ? * ◆ **where the ~ have you been?** où t'étais passé ? * ◆ **to**

run like ~ courir comme un dératé * ◆ **to ~ with him!** qu'il aille se faire voir ! * ◆ **to ~ with it!** la barbe ! * ◆ **go to ~!** va te faire voir ! *

hello [hə'ləʊ] EXCL bonjour ! ; (on phone) allo ! ; (to attract attention) hé ! ; (in surprise) tiens !

helm [helm] N barre f ◆ **to be at the ~** être à la barre

helmet ['helmɪt] N casque m

help [help] **1** N a (gen) aide f ; (in emergency) secours m ◆ ~! au secours ! ◆ **with the ~ of a computer** à l'aide d'un ordinateur ◆ **to shout for ~** appeler au secours ◆ **to ask sb for ~** demander de l'aide à qn ◆ **to be of ~ to sb** rendre service à qn ◆ **can I be of ~?** je peux vous aider ? ◆ **it was of no ~ at all** cela n'a servi à rien du tout ◆ **you've been a great ~** vous m'avez vraiment rendu service ▸ **help desk** service m d'assistance ▸ **help menu** menu m d'aide b (= cleaner) femme f de ménage **2** VT a aider ◆ **to ~ sb do sth** aider qn à faire qch ◆ **to ~ each other** s'entraider ◆ **to ~ sb across** aider qn à traverser ◆ **to ~ sb down** aider qn à descendre ◆ **to ~ sb to his feet** aider qn à se lever ◆ **to ~ sb on/off with his coat** aider qn à mettre/à enlever son manteau b (= serve) ◆ **to ~ o.s.** se servir ◆ **he ~ed himself to vegetables** il s'est servi en légumes ◆ ~ **yourself!** servez-vous ! c (= avoid) ◆ **not if I can ~ it!** sûrement pas ! ◆ **one can't ~ wondering whether ...** on ne peut s'empêcher de se demander si ... ◆ **he can't ~ being stupid** ce n'est pas de sa faute s'il est idiot ◆ **why are you laughing? – I can't ~ it** pourquoi riez-vous ? – c'est plus fort que moi ◆ **it can't be ~ed** tant pis ! ◆ **I couldn't ~ laughing** je n'ai pas pu m'empêcher de rire ◆ **sorry, I couldn't ~ it** désolé, je ne l'ai pas fait exprès
▸ **help along** VT SEP [+ person] aider à marcher ; [+ scheme] faire avancer
▸ **help out 1** VI aider ; (financially) dépanner * **2** VT SEP aider ; (financially) dépanner *

helper ['helpər] N aide mf

helpful ['helpfʊl] ADJ [person, staff] serviable (to sb avec qn) ; [suggestion, book] utile

helping ['helpɪŋ] **1** N (= food) portion f ◆ **to take a second ~ of sth** reprendre de qch **2** ADJ ◆ **to give a ~ hand** aider

helpless ['helplɪs] ADJ (= defenceless) sans défense ◆ **to feel ~** ne savoir que faire ◆ **to be ~ with laughter** être mort de rire

helpline ['helplaɪn] N service m d'assistance téléphonique

hem [hem] **1** N ourlet m **2** VT (= sew) ourler
▸ **hem in** VT SEP a [+ houses, people] cerner b (= hinder) entraver ◆ **I feel ~med in** je me sens oppressé

hemisphere ['hemɪsfɪər] N hémisphère m

hen [hen] N poule f ; (= female bird) femelle f ▸ **hen night** *, **hen party** * (Brit) soirée f entre femmes

hence [hens] ADV a (= therefore) d'où ◆ ~ **the name** d'où son nom b (= from now) d'ici ◆ **two years ~** d'ici deux ans

henchman ['hentʃmən] N (pl **-men**) homme m de main

henna ['henə] N henné m

henpecked ['henpekt] ADJ ◆ **he's a ~ husband** sa femme le mène par le bout du nez

hepatitis [ˌhepə'taɪtɪs] N hépatite f

her [hɜːr] **1** PERS PRON a (direct object) la ; (before vowel or silent h) l' ◆ **they hate ~** ils la détestent ◆ **I'm going to call ~** je vais l'appeler ◆ **look at ~!** regardez-la ! ◆ **he kissed ~** il l'a embrassée ◆ **I had seen ~** je l'avais vue b (indirect object) lui ◆ **what are you giving Pat? – we're going to give ~ a CD** qu'allez-vous offrir à Pat ? – nous allons lui offrir un CD ◆ **what are you going to say to ~?** qu'est-ce que tu vas lui dire ? ◆ **I'm speaking to ~** je lui parle ◆ **write to ~** écrivez-lui c (emphatic) elle ◆ **it's ~** c'est elle d preposition + **her** elle ◆ **I am thinking about ~** je pense à elle ◆ **I'm proud of ~** je suis fier d'elle ◆ **without ~** sans elle **2** POSS ADJ son, sa, ses ◆ ~ **book** son livre ◆ ~ **table** sa table ◆ ~ **address** son adresse f ◆ ~ **clothes** ses vêtements

herb [hɜːb, (US) ɜːb] N herbe f ◆ **herbs** (for cooking) fines herbes fpl ▸ **herb garden** jardin m d'herbes aromatiques ▸ **herb tea** infusion f

herbal ['hɜːbəl] ADJ d'herbes ▸ **herbal remedy** remède m à base de plantes ▸ **herbal tea** infusion f

herbicide ['hɜːbɪsaɪd] N herbicide m

herbivore ['hɜːbɪvɔːr] N herbivore m

herd [hɜːd] **1** N troupeau m **2** VT [+ animals] mener en troupeau ◆ [+ people] parquer dans ◆ **the group was ~ed into a bus** ils ont fait monter le groupe dans un bus

here [hɪər]

1 ADV a ici ◆ **I live ~** j'habite ici ◆ **come ~** venez ici ◆ **spring is ~** le printemps est là ◆ **this man ~ saw it** cet homme-ci l'a vu ◆ **Mr Moore is not ~ just now** M. Moore n'est pas là en ce moment ◆ **are you there? – yes I'm ~** vous êtes là ? – oui je suis là ◆ **around ~** par ici ◆ **put it in ~** mettez-le ici ◆ **near ~** près d'ici ◆ **over ~** ici ◆ **from ~ to London** d'ici à Londres b ◆ ~ **I am** me voilà ◆ ~ **we are at last!** nous voilà enfin arrivés ! ◆ ~ **you are!** (giving sth) voilà ! ◆ ~ **goes!** * allons-y ! ◆ ~ **we go again!** c'est reparti ! *
c (set structures)

+ **here and there** çà et là + **~, there and everywhere** un peu partout
+ **here and now** tout de suite
+ **here's to you !** à la tienne !, à la vôtre ! + **~'s to your success!** à votre succès ! **2** EXCL + **~, I didn't promise that at all !** dites donc, je n'ai jamais promis cela ! + **~, you try to open it** * tiens, essaie de l'ouvrir

hereafter ['hɪərɑː'ftər] **1** ADV (= in the future) après **2** N + **the ~** l'au-delà *m*

hereby [hɪə'baɪ] ADV par la présente

hereditary [hɪ'redɪtərɪ] ADJ héréditaire

heredity [hɪ'redɪtɪ] N hérédité *f*

heresy ['herəsɪ] N hérésie *f*

heretic ['herətɪk] N hérétique *mf*

heretical [hɪ'retɪkəl] ADJ hérétique

herewith [hɪə'wɪθ] ADV + **I am sending you ~ ...** je vous envoie ci-joint ...

heritage ['herɪtɪdʒ] N patrimoine *m* ▶ **heritage centre** (Brit) musée *m*

hermetically [hɜː'metɪkəlɪ] ADV hermétiquement + **~ sealed** hermétiquement fermé

hermit ['hɜːmɪt] N ermite *m*

hernia ['hɜːnɪə] N hernie *f*

hero ['hɪərəʊ] (pl **heroes**) N héros *m*

heroic [hɪ'rəʊɪk] ADJ héroïque

heroin ['herəʊɪn] N héroïne *f (drogue)* ▶ **heroin addict** héroïnomane *mf*

heroine ['herəʊɪn] N héroïne *f (femme)*

heroism ['herəʊɪzəm] N héroïsme *m*

heron ['herən] N héron *m*

herpes ['hɜːpiːz] N herpès *m*

herring ['herɪŋ] N hareng *m*

hers [hɜːz] POSS PRON le sien, la sienne, les siens, les siennes + **my hands are clean, ~ are dirty** mes mains sont propres, les siennes sont sales + **~ is a difficult job** son travail est difficile + **this book is ~** ce livre est à elle + **a friend of ~** un de ses amis

herself [hɜː'self] PERS PRON **a** (reflexive) se + **she has hurt ~** elle s'est blessée **b** (emphatic) elle-même + **she told me ~** elle me l'a dit elle-même **c** (after preposition) + **she's proud of ~** elle est fière d'elle + **(all) by ~** toute seule

he's [hiːz] ⇒ **he is, he has**; → **be, have**

hesitant ['hezɪtənt] ADJ hésitant + **to be ~ about doing sth** hésiter à faire qch

hesitate ['hezɪteɪt] VI hésiter

hesitation [hezɪ'teɪʃən] N hésitation *f*

heterosexual ['hetərəʊ'seksjʊəl] ADJ, N hétérosexuel(le) *m(f)*

het up * [het'ʌp] ADJ énervé + **to get het up** s'énerver

hew [hjuː] VT (pret **hewed**, ptp **hewn** or **hewed**) [+ stone] tailler ; [+ wood] couper

hexagon ['heksəgən] N hexagone *m*

hexagonal [hek'sægənəl] ADJ hexagonal

hey [heɪ] EXCL hé !

heyday ['heɪdeɪ] N (= golden age) âge *m* d'or + **in his ~** (= at his most famous) à l'apogée de sa gloire

HGV [eɪtʃdʒiː'viː] N (abbrev of **heavy goods vehicle**) poids *m* lourd

hi * [haɪ] EXCL (= greeting) salut ! *

hibernate ['haɪbəneɪt] VI hiberner

hibernation [haɪbə'neɪʃən] N hibernation *f*

hiccup ['hɪkʌp] **1** N **a** hoquet *m* + **to have ~s** avoir le hoquet **b** (= minor setback) contretemps *m* **2** VI hoqueter

hide [haɪd] (pret **hid** [hɪd]) (ptp **hidden** ['hɪdn]) **1** VT cacher + **to ~ sth from sb** cacher qch à qn + **to ~ o.s.** se cacher + **I've got nothing to ~** je n'ai rien à cacher **2** VI se cacher **3** N **a** (Brit: for hunters, birdwatchers) cachette *f* **b** (= skin) peau *f* ; (= leather) cuir *m*

hide-and-seek ['haɪdən,siːk] N cachecache *m*

hideaway ['haɪdəweɪ] N cachette *f*

hideous ['hɪdɪəs] ADJ hideux ; [crime] abominable

hideout ['haɪdaʊt] N cachette *f*

hiding ['haɪdɪŋ] N **a** + **to be in ~** se tenir caché + **to go into ~** se cacher + **to come out of ~** sortir de sa cachette + **hiding place** cachette *f* **b** (= beating) raclée * *f*

hierarchy ['haɪərɑːkɪ] N hiérarchie *f*

hi-fi ['haɪ'faɪ] N chaîne *f* hi-fi ▶ **hi-fi equipment** matériel *m* hi-fi

high [haɪ] **1** ADJ **a** (gen) haut + **the wall is 2 metres ~** le mur fait 2 mètres de haut + **how ~ is that tower?** quelle est la hauteur de cette tour ? + **how ~ is the mountain?** quelle est l'altitude de la montagne ? + **to leave sb ~ and dry** laisser qn en plan * **b** (in degree, number) [frequency, tension] haut *before n* ; [speed, number] grand *before n* ; [rent, price] élevé ; [sound, voice] aigu (-guë *f*) + **to have ~ blood pressure** avoir de la tension + **in ~ places** en haut lieu + **to pay a ~ price for sth** payer qch cher + **he has a ~ temperature** il a beaucoup de fièvre + **the temperature was in the ~ 30s** la température approchait les quarante degrés + **it's ~ time you went** il est grand temps que tu rentres + **~ in ...** [+ fat, nitrogen] à forte teneur en ... **c** (* = drunk) parti * + **he was ~** (= on drugs) il planait **2** ADV **a** [climb, jump, throw] haut + **higher up** plus haut + **higher and**

higher de plus en plus haut ◆ **unemployment is climbing higher and higher** le chômage augmente de plus en plus **b** (in degree, number) ◆ **the numbers go as ~ as 200** les nombres montent jusqu'à 200 ◆ **I had to go as ~ as \$200 for it** j'ai dû aller jusqu'à 200 dollars pour l'avoir ◆ **to look ~ and low for sth** chercher qch partout ◆ **to hold one's head up ~** avoir la tête haute ◆ **feelings ran ~** les esprits étaient échauffés **3** N **a** (= high point) ◆ **a new ~** un nouveau record ◆ **~s and lows** les hauts *mpl* et les bas *mpl* **b** (= weather system) zone *f* de haute pression **4** COMP ▸ **high beam** (US) pleins phares *mpl* ▸ **high-class** [hotel, food, service] sélect ; [neighbourhood, flat] (de) grand standing ; [person] du grand monde ; [prostitute] de luxe ▸ **High Court** Haute cour *f* ▸ **high explosive** explosif *m* puissant ▸ **high-flown** [style, discourse] ampoulé ▸ **highfrequency** à haute fréquence ▸ **high-handed** despotique ▸ **high heels** hauts talons *mpl* ▸ **high-income** à hauts revenus ▸ **high-interest** à intérêt élevé ▸ **high jump** saut *m* en hauteur ▸ **high jumper** sauteur *m*, -euse *f* en hauteur ▸ **high-level** [meeting, discussions] à un très haut niveau ; [computer language, programming] de haut niveau ◆ **~-level nuclear waste** déchets *mpl* hautement radioactifs ▸ **high-pitched** [voice, sound, note] aigu (-guë *f*) ▸ **high point** [of visit, holiday] grand moment *m* ◆ **the ~ point of the show/evening** le clou du spectacle/de la soirée ▸ **high-powered** [car] très puissant ; [person] de haut vol ▸ **high-profile** [position, politician] très en vue ; [role] très influent ; [issue] très discuté ▸ **high-ranking** haut placé ▸ **high-rise** (= building) tour *f* (d'habitation) ▸ **high-risk** à haut risque ▸ **high school** (US) ≈ lycée *m* ; (Brit) établissement *m* d'enseignement secondaire ▸ **high season** (Brit) haute saison *f* ▸ **high society** haute société *f* ▸ **high-speed** ultrarapide ◆ **a ~-speed chase** une course poursuite ◆ **~-speed train** train *m* à grande vitesse ▸ **high-spirited** [person] plein d'entrain ; [horse] fougueux ▸ **high spirits** ◆ **in ~ spirits** (= lively) plein d'entrain ; (= happy) tout joyeux ▸ **high street** (Brit) [of village] grand-rue *f* ; [of town] rue *f* principale ◆ **the ~-street banks** les grandes banques *fpl* ▸ **high-strung** (US) ● très nerveux ▸ **high-tech** de haute technologie ; [computer] sophistiqué ; [industry, medicine, technique] de pointe ▸ **high tide** marée *f* haute

highbrow ['haɪbraʊ] ADJ [tastes, interests] d'intellectuel ; [music] pour intellectuels

highchair ['haɪtʃɛəʳ] N chaise *f* haute *(pour enfants)*

higher ['haɪəʳ] (compar of **high**) **1** ADJ [animal, primate, species, plant] supérieur ; [degree, diploma] d'études supérieures ▸ **higher education** enseignement *m* supérieur **2** ADV plus

haut **3** N (also **Higher Grade**) (in Scottish education system) diplôme *m* de fin d'études secondaires ≈ baccalauréat *m*

highlands ['haɪləndz] NPL montagnes *fpl* ◆ **the Highlands** (in Britain) les Highlands *mpl*

highlight ['haɪlaɪt] **1** N **a** (= high point) ◆ **the ~s of the match** les temps *mpl* forts du match ◆ **the ~ of the evening** le clou de la soirée **b** (in hair) reflet *m* ◆ **to have ~s put in one's hair** se faire faire des mèches *fpl* **2** VT **a** (= emphasize) souligner **b** (with highlighter pen) surligner ; (= underline) souligner ; (on computer) sélectionner

highlighter ['haɪˌlaɪtəʳ] N (= pen) surligneur *m*

highly ['haɪlɪ] ADV (= very) très ; [skilled, qualified, unlikely, professional] hautement ◆ **~ polished** [wood] bien astiqué ◆ **to speak/think ~ of sb/sth** dire/penser beaucoup de bien de qn/qch ▸ **highly-paid** [person, job] très bien payé ▸ **highly-trained** [scientist, academic] de haut niveau ▸ **highly strung** très nerveux

highness ['haɪnɪs] N ◆ **His or Her/Your Highness** Son/Votre Altesse *f*

highway ['haɪweɪ] N **a** (US = main road) grande route *f* ▸ **highway patrol** police *f* de la route **b** (= public highway) voie *f* publique ▸ **highway code** (Brit) code *m* de la route

hijack ['haɪdʒæk] VT [+ plane] détourner ; [+ idea] s'approprier

hijacker ['haɪdʒækəʳ] N pirate *m* (de l'air/de la route/du rail)

hijacking ['haɪdʒækɪŋ] N détournement *m*

hike [haɪk] **1** N **a** randonnée *f* (à pied) ◆ **to go for a ~** faire une randonnée (pédestre) **b** (* = increase) hausse *f* **2** VI faire des randonnées (pédestres) ◆ **we spent our holidays hiking in France** nous avons randonné en France pendant nos vacances

hiker ['haɪkəʳ] N randonneur *m*, -euse *f*

hiking ['haɪkɪŋ] N randonnée *f* (à pied) ▸ **hiking boots** chaussures *fpl* de randonnée

hilarious [hɪ'lɛərɪəs] ADJ hilarant

hill [hɪl] N colline *f* ; (= slope) côte *f* ; (up) montée *f* ; (down) descente *f* ◆ **he was going up the ~** il montait la colline ◆ **he's over the ~** * il se fait vieux ▸ **hill walker** randonneur *m*, -euse *f* ▸ **hill walking** randonnée *f* (en montagne)

hillside ['hɪlsaɪd] N coteau *m* ◆ **on the ~** à flanc de coteau

hilltop ['hɪltɒp] N ◆ **on the ~** en haut de la colline

hilly ['hɪlɪ] ADJ [country] vallonné

hilt [hɪlt] N [of sword] garde *f* ◆ **to back sb to the ~** soutenir qn à fond

him [hɪm] PERS PRON **a** (direct object) le ; (before vowel or silent h) l' ✦ **she hates ~** elle le déteste ✦ **I'm going to call ~** je vais l'appeler ✦ **I have seen ~** je l'ai vu ✦ **don't disturb ~** ne le dérangez pas ✦ **look at ~!** regardez-le ! **b** (indirect object) lui ✦ **I'm going to phone ~ tomorrow** je vais lui téléphoner demain ✦ **she sent ~ a card from Britanny** elle lui a envoyé une carte de Bretagne ✦ **what are you going to say to ~?** qu'est-ce que tu vas lui dire ? ✦ **nobody spoke to ~** personne ne lui a parlé ✦ **write to ~** écrivez-lui **c** (emphatic) lui ✦ **it's ~** c'est lui **d** (used after preposition) lui ✦ **I am thinking about ~** je pense à lui ✦ **I'm proud of ~** je suis fier de lui ✦ **without ~** sans lui

Himalayas [ˌhɪməˈleɪəz] NPL ✦ **the ~** l'Himalaya *m*

himself [hɪmˈself] PERS PRON **a** (as reflexive) se ✦ **he has hurt ~** il s'est blessé **b** (emphatic) lui-même ✦ **he told me ~** il me l'a dit lui-même **c** (after preposition) ✦ **he's proud of ~** il est fier de lui ✦ **(all) by ~** tout seul

hind [haɪnd] ADJ **[legs]** de derrière

hinder [ˈhɪndəʳ] VT (= prevent) entraver, gêner ; (= delay) retarder ✦ **the rocky terrain ~ed their progress** le terrain rocheux les a freinés

hindrance [ˈhɪndrəns] N obstacle *m* ✦ **to be a ~ to sb/sth** gêner qn/qch ✦ **he is more of a ~ than a help** il gêne plus qu'il n'aide

hindsight [ˈhaɪndsaɪt] N ✦ **in ~** avec le recul

Hindu [ˈhɪnduː] **1** ADJ hindou **2** N Hindou(e) *m(f)*

hinge [hɪndʒ] **1** N **[of door]** gond *m*, charnière *f* ✦ **the door came off its ~s** la porte est sortie de ses gonds **2** VI ✦ **to ~ on sth** dépendre de qch

hint [hɪnt] **1** N **a** allusion *f* ✦ **to drop a ~** faire une allusion ✦ **he knows how to take a ~** il comprend à demi-mot ✦ **I'll give you a ~** je vais vous donner un indice **b** (= advice) conseil *m* **c** (= trace) **[of colour]** touche *f* ; **[of taste, flavour]** soupçon *m* **2** VT insinuer ✦ **he ~ed to me that he was unhappy** il m'a laissé entendre qu'il était malheureux **3** VI ✦ **to ~ at sth** faire allusion à qch

hip [hɪp] **1** N hanche *f* ✦ **to break one's ~** se casser le col du fémur **2** ADJ (* = up-to-date) branché *

hip-hop [ˈhɪphɒp] N hip-hop *m*

hippie * [ˈhɪpɪ] ADJ, N hippie *mf*

hippo * [ˈhɪpəʊ] N hippopotame *m*

hippopotamus [ˌhɪpəˈpɒtəməs] N hippopotame *m*

hippy * [ˈhɪpɪ] ADJ, N hippie *mf*

hire [ˈhaɪəʳ] **1** N (Brit = act of hiring) location *f* ✦ **for ~** **[car, boat, building]** à louer ; **[taxi]** libre ✦ **on ~** en location ✦ **car/ski ~** location *f* de voitures/de skis **2** VT **a** (Brit = rent) louer ✦ **a ~(d) car** une voiture de location **b** (= employ) **[+ person]** embaucher ✦ **a ~d killer** un tueur à gages **3** VI embaucher
▶ **hire out** VT SEP **a** (Brit = rent out) louer **b** (US) ✦ **he ~s himself out as a gardener** il loue ses services comme jardinier

his [hɪz] **1** POSS ADJ son, sa, ses ✦ **~ book** son livre ✦ **~ table** sa table ✦ **~ friend** son ami(e) ✦ **~ clothes** ses vêtements ✦ **he has broken ~ leg** il s'est cassé la jambe **2** POSS PRON le sien, la sienne, les siens, les siennes ✦ **my hands are clean, ~ are dirty** mes mains sont propres, les siennes sont sales ✦ **this book is ~** ce livre est à lui ✦ **a friend of ~** un de ses amis ✦ **it's no fault of ~** ce n'est pas de sa faute

Hispanic [hɪsˈpænɪk] **1** ADJ hispanique ; (in America) hispano-américain **2** N Hispano-Américain(e) *m(f)*

hiss [hɪs] **1** VI **[person, snake]** siffler ; **[cat]** cracher **2** N sifflement *m*

historian [hɪsˈtɔːrɪən] N historien(ne) *m(f)*

historic [hɪsˈtɒrɪk] ADJ historique ✦ **site of ~ interest** site *m* historique

historical [hɪsˈtɒrɪkəl] ADJ historique ✦ **place of ~ interest** site *m* historique

history [ˈhɪstərɪ] N histoire *f* ✦ **it will go down in ~ (as ...)** cela entrera dans l'histoire (comme étant ...) ✦ **his medical ~** son passé médical

hit [hɪt] (vb : pret, ptp **hit**) **1** N **a** (= stroke, blow) coup *m* **b** (= successful stroke) beau coup *m* ; (with bomb, bullet, shell) tir *m* réussi **c** (= book, film) gros succès *m* ; (= song) tube * *m* **2** VT **a** (= strike) frapper ; (= knock against) heurter ; (= reach) atteindre ; [+ person on keyboard] appuyer sur ✦ **he ~ his brother** il a frappé son frère ✦ **he ~ his head on the corner of the table** sa tête a heurté le coin de la table ✦ **he was ~ by three bullets** il a reçu trois balles ✦ **the house was ~ by a bomb** la maison a été atteinte par une bombe ✦ **you've ~ the nail on the head!** vous avez mis le doigt dessus ! **b** (= affect adversely) toucher **c** (= collide with) heurter ✦ **the car ~ a pedestrian** la voiture a renversé un piéton **d** (= find) trouver ; [+ problems, difficulties] rencontrer ✦ **we've ~ a snag** on est tombé sur un os * **e** ✦ **to ~ the papers [news, story]** être à la une * des journaux ✦ **oil prices ~ record levels yesterday** le prix du pétrole a atteint un niveau record hier ✦ **then it ~ me * (= realization)** ça a fait tilt * ✦ **it suddenly ~ me * that ...** j'ai soudain réalisé que ... ✦ **to ~ the roof *** sortir de ses gonds ✦ **to ~ the road *** se mettre en route **3** COMP ▶ **hit list** liste *f* noire ▶ **hit parade** hit-parade *m* ▶ **hit single** tube * *m*
▶ **hit back** **1** VI riposter ✦ **to ~ back at sb** se venger de qn ✦ **to ~ back at sb's criticism/**

accusations riposter à la critique/aux accusations de qn **2** VT SEP ◆ to ~ **sb back** frapper qn en retour

▸ **hit it off** * VI ◆ to ~ **it off with sb** bien s'entendre avec qn ◆ **they ~ it off straight away** ils se sont immédiatement bien entendus

▸ **hit (up)on** VT INSEP (= find) tomber sur

▸ **hit out** VI **a** (physically) ◆ to ~ **out at sb** donner un coup à qn **b** (= retaliate) riposter ◆ to ~ **out at sb** s'en prendre à qn

hit-and-miss [hɪtn'mɪs] ADJ ◆ **it was all rather ~** il n'y avait pas beaucoup de méthode dans tout cela

hit-and-run [hɪtn'rʌn] ADJ ◆ ~ **accident** accident m avec délit de fuite ▸ **hit-and-run driver** chauffard m coupable du délit de fuite

hitch [hɪtʃ] **1** N (= obstacle) (petit) problème m **2** VT **a** (= fasten) attacher ; [of boat] amarrer **b** (* = be hitch-hiking) ◆ to ~ **a lift (to Paris)** faire du stop * (jusqu'à Paris) **3** VI ◆ faire du stop *

hitch-hike ['hɪtʃhaɪk] VI faire du stop * ◆ **they ~d to Paris** ils sont allés à Paris en stop

hitch-hiker ['hɪtʃhaɪkəʳ] N auto-stoppeur m, -euse f

hitch-hiking ['hɪtʃhaɪkɪŋ] N auto-stop m

hi-tec(h) ['haɪ'tek] ADJ ⇒ **high-tech**

hitherto [ˌhɪðə'tu:] ADV jusqu'ici

hitman * ['hɪtmæn] N (pl **-men**) tueur m à gages

HIV [ˌeɪtʃaɪ'vi:] N (abbrev of **human immunodeficiency virus**) HIV m ▸ **HIV-negative** séronégatif ▸ **HIV-positive** séropositif

hive [haɪv] N ruche f ◆ **a ~ of activity** une vraie ruche

hoard [hɔ:d] **1** N réserves fpl ; (pej) stock m (pej) ; (= treasure) trésor m ◆ **a ~ of food** des provisions fpl ◆ **a ~ of silver and jewels** un trésor d'argenterie et de bijoux **2** VT [+ food] stocker ; [+ money] amasser

hoarse [hɔ:s] ADJ enroué

hoax [həʊks] N canular m ◆ **to play a ~ on sb** faire un canular à qn

hob [hɒb] N (on cooker) plan m de cuisson

hobble ['hɒbl] VI ◆ **to ~ along** aller clopin-clopant ◆ **to ~ in/out** entrer/sortir en clopinant

hobby ['hɒbɪ] N passe-temps m inv

hobnob ['hɒbnɒb] VI ◆ **to ~ with** frayer avec

hobo ['həʊbəʊ] N (pl **hobo(e)s**) (US) **a** (= tramp) clochard m **b** (= migratory worker) saisonnier m

hockey ['hɒkɪ] N (= field hockey) hockey m ; (= ice hockey) hockey m sur glace ▸ **hockey stick** crosse f de hockey

hoe [həʊ] **1** N binette f **2** VT [+ ground] biner

hog [hɒg] **1** N porc m **2** VT * monopoliser ◆ **don't ~ all the sweets** ne garde pas tous les bonbons pour toi

Hogmanay [ˌhɒgmə'neɪ] N (Scot) la Saint-Sylvestre

hogwash * ['hɒgwɒʃ] N (= nonsense) inepties fpl

hoist [hɔɪst] **1** VT hisser **2** N (= equipment) appareil m de levage ; (made of rope) palan m

hold [həʊld] **1** N **a** (= grip) prise f ; (= control) emprise f ◆ **their ~ on the media** leur emprise sur les médias **b** [of ship] cale f ; [of plane] soute f **c** (set structures)

◆ **to catch hold (of sth)** attraper (qch) ◆ **he caught ~ of her arm** il l'a attrapée par le bras

◆ **to get/take a hold of** (= catch) prendre ◆ **to get a ~ of o.s.** se contrôler ◆ **get a ~ of yourself!** ressaisis-toi !

◆ **to get hold of** (= find) [+ object] réussir à se procurer ; [+ details, information, money] réussir à obtenir ; (= contact) [+ person] contacter ◆ **the press got ~ of the story** la presse s'est emparée de l'histoire

◆ **to take hold** [fire] prendre ; [recession, disease] s'installer

◆ **on hold** [phone call, order] en attente ◆ **nuclear testing was put on ~** les essais nucléaires ont été suspendus ◆ **he put his career on ~** il a mis sa carrière entre parenthèses **2** VT **a** (= grasp) tenir ◆ **he held my arm in me** tenait le bras ◆ **they were ~ing hands** ils se tenaient par la main ◆ **she held him tight** elle l'a serré très fort **b** (= keep in place) ◆ **to ~ sth in place** maintenir qch en place ◆ **she held the door open** elle a tenu la porte (ouverte) **c** (= support) supporter ◆ **the ladder won't ~ you** l'échelle ne supportera pas ton poids **d** (= maintain) ◆ **to ~ sb's attention/interest** retenir l'attention/l'intérêt de qn ◆ **this car ~s the road well** cette voiture tient bien la route ◆ **to ~ one's breath** retenir son souffle ◆ **don't ~ your breath!** (= don't count on it) n'y compte pas trop ! ◆ ~ **the line please!** ne quittez pas ! **e** (= possess) [+ ticket, permit, driving licence] avoir ; [+ shares, record] détenir ◆ **to hold one's own** bien se débrouiller **g** (= occupy) [+ post, position] occuper **h** (= cause to take place) [+ meeting, election, debate] tenir ; [+ conversation] avoir ; [+ examination] organiser ◆ **the interviews are being held in London** les entretiens ont lieu à Londres **i** (= contain) contenir ◆ **this box will ~ all my books** cette caisse est assez grande pour contenir tous mes livres ◆ **this room ~s 20 people** cette salle peut accueillir 20 personnes ◆ **I wonder what the future ~s** je me demande ce que l'avenir nous réserve **j** (= keep) garder ◆ **I will ~ the money until ...** je garderai l'argent jusqu'à ce que ... ◆ **we don't ~ that information on our files** nous n'avons pas ces informations dans nos fichiers ◆ **the data is held on computer** les données sont informatisées **k** (= restrain)

[+ person] retenir ✦ **the police held him for two days** la police l'a gardé (à vue) pendant deux jours ✦ **~ it!** * stop ! **l** = (believe) ✦ **to ~ that ...** maintenir que ... ✦ **to hold sb responsible for sth** tenir qn pour responsable de qch **m to hold sth against sb** en vouloir à qn de qch ✦ **I don't ~ it against him** je ne lui en veux pas **3** VI **a** (= remain in place) [rope, nail, dam] tenir ✦ **to ~ firm** (= stay in place) tenir **b** [weather] se maintenir **c** (on phone) ✦ **can you ~, please ?** ne quittez pas ! **d** [statement, argument] être valable

▶ **hold back** **1** VI (= not move forward) rester en arrière ; (= not act) hésiter **2** VT SEP **a** [+ fears, emotions] maîtriser ; [+ tears] retenir ✦ **the police held back the crowd** la police a contenu la foule ✦ **to ~ sb back from doing sth** empêcher qn de faire qch ✦ **he was ~ing something back from me** il me cachait quelque chose **b** (US) [+ pupil] faire redoubler ✦ **to be held back** redoubler

▶ **hold down** VT SEP **a** (= keep in place) maintenir en place ; [+ person] maîtriser **b** [+ aspiring person] empêcher de progresser **c** [+ costs, prices, inflation, taxes] empêcher d'augmenter **d** [+ job] (= have) occuper ; (= keep) garder ✦ **he can't ~ down a job** il ne garde jamais longtemps le même travail

▶ **hold forth** VI faire des discours

▶ **hold off** **1** VI ✦ **the rain has held off so far** jusqu'ici il n'a pas plu **2** VT SEP **a** (= prevent from approaching) tenir à distance ✦ **try to ~ him off a little longer** (= make him wait) essayez de le faire patienter encore un peu **b** (= delay) ✦ **to ~ off doing sth** attendre pour faire qch

▶ **hold on** VI **a** (= endure) tenir bon **b** (= wait) attendre ✦ **~ on!** attendez ! ; (on telephone) ne quittez pas !

▶ **hold on to** VT INSEP **a** (= cling to) [+ rope, branch] s'accrocher à ; [+ hope, idea] se raccrocher à **b** (= keep) garder ✦ **~ on to this for me** (= hold it) tiens-moi ça ; (= keep it) garde-moi ça

▶ **hold out** **1** VI **a** (= last) [supplies] durer ✦ **if his luck ~s out** s'il continue à avoir de la chance **b** (= resist) tenir bon **2** VT SEP [+ object, hand] tendre (sth to sb qch à qn) ✦ **to ~ out one's arms** ouvrir les bras **3** VT INSEP ✦ **to ~ out the hope of sth** permettre d'espérer qch ✦ **the doctors ~ out little hope for him** les médecins ont peu d'espoir de le sauver

▶ **hold out on** * VT INSEP ✦ **you've been ~ing out on me !** tu m'as caché quelque chose !

▶ **hold together** **1** VI [objects] tenir (ensemble) ; [groups, people] rester uni **2** VT SEP [+ objects] maintenir ensemble ; [+ political party] maintenir l'union de

▶ **hold up** **1** VI **a** (physically) tenir ✦ **that building won't ~ up much longer** ce bâtiment ne tiendra plus longtemps debout **b** [argument] être valable **2** VT SEP **a** (= raise) lever

✦ **~ it up higher** tiens-le plus haut ✦ **~ up your hand** levez la main ✦ **~ it up so that we can see it** levez-le pour qu'on le voit **b** (= support) soutenir ✦ **the roof is held up by pillars** le toit est soutenu par des piliers **c** (= stop) arrêter ; (= suspend) suspendre ; (= cause delay to) retarder ✦ **the traffic was held up by the accident** l'accident a ralenti la circulation ✦ **I'm sorry, I was held up** excusez-moi, j'ai été retenu **d** [robber] attaquer (à main armée)

holdall ['həʊldɔːl] N (Brit) (sac m) fourre-tout m inv

holder ['həʊldə^r] N **a** [of ticket, card, record, title] détenteur m, -trice f ; [of passport, office, post, diploma] titulaire mf ✦ **account ~** titulaire mf d'un compte **b** (for putting things in) support m

holdup ['həʊldʌp] N **a** (= robbery) attaque f à main armée **b** (= delay) retard m ; (in traffic) embouteillage m

hole [həʊl] N trou m ; [of rabbit, fox] terrier m ✦ **to wear a ~ in sth** trouer qch ✦ **there were some ~s in his argument** il y avait des failles fpl dans son argumentation

holiday ['hɒlɪdeɪ] N (= vacation) vacances fpl ; (= public holiday) jour m férié ✦ **paid ~s** congés mpl payés ✦ **the school ~(s)** les vacances fpl scolaires ✦ **on ~** en vacances ▶ **holiday camp** (Brit) camp m de vacances ▶ **holiday home** maison f de vacances ▶ **holiday job** (Brit) emploi m temporaire (pendant les vacances) ▶ **holiday-maker** (Brit) vacancier m, -ière f ▶ **holiday resort** station f touristique ▶ **holiday season** période f de vacances

holier-than-thou * ['həʊlɪəðən'ðaʊ] ADJ [person, attitude] suffisant

holiness ['həʊlɪnɪs] N sainteté f ✦ **His Holiness** Sa Sainteté

holistic [həʊ'lɪstɪk] ADJ holistique

Holland ['hɒlənd] N Hollande f

holler * ['hɒlə^r] VTI brailler ✦ **to ~ at sb** (= tell off) crier après qn

hollow ['hɒləʊ] **1** ADJ [object, words] creux ; [victory, threat] vain (fausse f) ; [promise, threat] vain **2** N (in ground, tree) creux m ; (= valley) cuvette f

▶ **hollow out** VT creuser ; [+ fruit] évider

holly ['hɒlɪ] N houx m

holocaust ['hɒləkɔːst] N holocauste m

hologram ['hɒlə₂græm] N hologramme m

holster ['həʊlstə^r] N étui m de revolver

holy ['həʊlɪ] ADJ saint ✦ **on ~ ground** dans un lieu saint ▶ **the Holy Bible** la sainte bible ▶ **Holy Communion** sainte communion f ▶ **the Holy Ghost** le Saint-Esprit ▶ **the Holy Land** la Terre sainte ✦ **in the Holy Land** en Terre sainte ▶ **holy**

matrimony liens *mpl* sacrés du mariage ♦ **they were joined in ~ matrimony** ils ont été unis par les liens sacrés du mariage ▸ **the Holy Spirit** le Saint-Esprit ▸ **the Holy Trinity** la sainte Trinité ▸ **holy water** eau *f* bénite

homage ['hɒmɪdʒ] N hommage *m* ♦ **to pay ~ to sb/sth** rendre hommage à qn/qch ♦ **in ~ to sb/sth** en hommage à qn/qch

home [həʊm] **1** N **a** (= place to live) maison *f* ♦ **it is quite near my ~** c'est tout près de chez moi ♦ **he has no ~** il n'a pas de foyer ♦ **to give sb/an animal a ~** recueillir qn/un animal chez soi ♦ **it's a ~ from ~** (Brit) *or* **away from ~** (US) c'est mon second chez-moi (*or* son second chez-soi etc) ♦ **he comes from a broken ~** il vient d'un foyer désuni ♦ **at ~** chez soi (ou lui ou moi etc), à la maison ♦ **I'll be at ~ this afternoon** je serai chez moi cet après-midi ♦ **is Paul at ~?** est-ce que Paul est à la maison ? ♦ **Celtic are playing Rangers at ~** le Celtic joue à domicile contre les Rangers ♦ **to make o.s. at ~** se mettre à l'aise ♦ **make yourself at ~!** faites comme chez vous ! ♦ **at ~ and abroad** ici et à l'étranger **b** (= country of origin) pays *m* natal ♦ **Scotland is the ~ of the haggis** l'Écosse est le pays du haggis **c** (= institution) institution *f* ; (shorter-term) foyer *m* ♦ **children's ~** maison *f* pour enfants **d** (Baseball) base *f* de départ **2** ADV **a** chez soi (ou lui ou moi etc), à la maison ♦ **to go ~** rentrer à la maison ♦ **to get ~** rentrer ♦ **to be ~ and dry** or (US) **~ free** être arrivé au bout de ses peines **b** (from abroad) dans son pays, chez soi ♦ **to go ~** rentrer dans son pays **c** ♦ **to bring sth ~ to sb** faire comprendre qch à qn **3** ADJ (= national) national ; [policy, market] intérieur (-eure *f*) ▸ **home address** (on forms) domicile *m* (permanent) ; (as opposed to business address) adresse *f* personnelle ▸ **home cooking** cuisine *f* familiale ▸ **the Home Counties** (Brit) *les comtés qui entourent Londres* ▸ **home economics** économie *f* domestique ▸ **home-grown** (= not foreign) du pays ; (= from own garden) du jardin ▸ **home help** (Brit = person) aide *f* ménagère ▸ **home improvements** (= DIY) bricolage *m* ▸ **home loan** prêt *m* immobilier ▸ **home-made** fait maison ▸ **home movie** vidéo *f* amateur ▸ **the Home Office** (Brit) ≈ le ministère de l'Intérieur ▸ **home owner** propriétaire *m/f* ▸ **home page** (on Internet) page *f* d'accueil ▸ **home run** (Baseball) coup *m* de circuit ♦ **to hit a ~ run** réussir un coup de circuit ; (US fig) réussir un beau coup ▸ **Home Secretary** (Brit) = ministre *m* de l'Intérieur ▸ **home shopping** (by post, telephone) achat par correspondance ou par téléphone ; (by computer, television) téléachat *m* ▸ **home straight, home stretch** ♦ **to be in the ~ straight** être dans la dernière ligne droite ▸ **home town** ♦ **my ~ town** (= place of birth) ma ville natale ; (= where I grew up) la ville où j'ai grandi

homecoming ['həʊmkʌmɪŋ] N **a** retour *m* à la maison ; (to one's country) retour *m* au pays ; [of soldier] retour *m* au foyer **b** (US at school or college) fête *f* annuelle *(marquant le début de l'année universitaire)*

homeland ['həʊmlænd] N patrie *f*

homeless ['həʊmlɪs] **1** ADJ sans domicile **2** **the homeless** NPL les SDF *mpl*

homely ['həʊmlɪ] ADJ **a** (Brit) [person] aux goûts simples ; [atmosphere, room, place] accueillant ; [dish, food] simple **b** (US = plain) [person] quelconque

homeopath ['həʊmɪəʊpæθ] N homéopathe *mf*

homeopathic [ˌhəʊmɪəʊ'pæθɪk] ADJ [medicine, methods] homéopathique

homeopathy [ˌhəʊmɪ'ɒpəθɪ] N homéopathie *f*

homeroom ['həʊmrʊm] N (US) salle *f* de classe *(affectée à une classe particulière)* ▸ **homeroom teacher** ≈ professeur *m* principal

homesick ['həʊmsɪk] ADJ ♦ **to be ~** avoir le mal du pays

homestead ['həʊmsted] N (= house) propriété *f* ; (= farm) ferme *f*

homeward ['həʊmwəd] **1** ADJ de retour ♦ **~ journey** (voyage *m* de) retour *m* **2** ADV (Brit) ♦ **to head ~(s)** retourner chez soi ♦ **to be ~ bound** être sur le chemin de retour

homework ['həʊmwɜːk] N (for school) devoirs *mpl* ♦ **to do one's ~** (= research) se documenter, faire ses devoirs

homicidal [ˌhɒmɪ'saɪdl] ADJ [tendencies] homicide ; [rage] meurtrier ♦ **~ maniac** fou *m* dangereux, folle *f* dangereuse

homicide ['hɒmɪsaɪd] N (= act) homicide *m*

homing ['həʊmɪŋ] ADJ [missile] à tête chercheuse ▸ **homing device** tête *f* chercheuse ▸ **homing pigeon** pigeon *m* voyageur

homophobic [ˌhəʊmə'fəʊbɪk] ADJ homophobe

homosexual [ˌhɒməʊ'seksjʊəl] ADJ, N homosexuel(le) *m(f)*

homosexuality [ˌhɒməʊˌseksjʊ'ælɪtɪ] N homosexualité *f*

Honduras [hɒn'djʊərəs] N Honduras *m*

hone [həʊn] VT **a** [+ abilities, wit, skill] affiner **b** [+ blade] affûter

honest ['ɒnɪst] ADJ honnête ♦ **to be ~ (with you) ...** à vrai dire ... ♦ **the ~ truth** la pure vérité

honestly ['ɒnɪstlɪ] ADV [act, behave, say, answer] honnêtement ; [think, expect] vraiment ♦ **~?** c'est vrai ? ♦ **I can ~ say that ...** franchement, je peux dire que ... ♦ **I ~ believe that ...** je suis convaincu que ... ♦ **no, ~, I'm fine** non, vraiment, je me sens bien ♦ **~, I don't care** honnêtement, ça m'est égal

honesty ['ɒnɪstɪ] N [of person] honnêteté *f* ; [of words, writing] franchise *f* ◆ **in all ~** en toute honnêteté

honey ['hʌnɪ] N **a** (= sweet food) miel *m* **b** (= person) ◆ **yes, ~ *** oui, chéri(e) ◆ **she's a ~ *** elle est adorable

honeycomb ['hʌnɪkəʊm] N rayon *m* de miel

honeymoon ['hʌnɪmuːn] N (= trip) voyage *m* de noces ; (= period) lune *f* de miel ◆ **to be on ~** être en voyage de noces ▸ **honeymoon suite** suite *f* nuptiale

honeysuckle ['hʌnɪsʌkəl] N chèvrefeuille *m*

Hong Kong [,hɒŋ'kɒŋ] N Hong-Kong

honk [hɒŋk] **1** VI [driver] klaxonner **2** VT ◆ **to ~ one's horn** klaxonner

honor ['ɒnəʳ] N (US) ⇒ **honour**

honorable ['ɒnərəbl] ADJ (US) ⇒ **honourable**

honorary ['ɒnərərɪ] ADJ [official, member] honoraire ; [duties, titles] honorifique ; [degree] accordé à titre honorifique

honour, honor (US) ['ɒnəʳ] **1** N **a** honneur *m* ◆ **in ~ of ...** en l'honneur de ... **b** ◆ **to do the ~s** (= introductions) faire les présentations *(entre invités)* **c** (title) ◆ **Your/His Honour** Votre/Son Honneur **d** (Brit) ◆ **to take ~s in English** = faire une licence d'anglais ◆ **he got first-/second-class ~s in English** = il a eu sa licence d'anglais avec mention très bien/mention bien **2** VT (gen) honorer ; [+ agreement] respecter ◆ **to feel ~ed** être honoré ◆ **I'm ~ed** je suis très honoré ◆ **~ed guest** invité(e) *m(f)* d'honneur **3** COMP ▸ **honor roll** (US: at school) liste *f* des meilleurs élèves ▸ **honors degree** (US) licence *f* avec mention ▸ **honor society** (US) club *m* des meilleurs élèves ▸ **honour-bound** ◆ **to be ~-bound to do sth** être tenu par l'honneur de faire qch ▸ **honours degree** (Brit) = licence *f*

honourable, honorable (US) ['ɒnərəbl] ADJ honorable

hood [hʊd] N **a** (on garment) capuchon *m* ; [of executioner, terrorist] cagoule *f* **b** (US: on car) capot *m* **c** (over fire, cooker) hotte *f*

hooded ['hʊdɪd] ADJ [monk, figure] encapuchonné ; [gunman] encagoulé

hoodlum ['huːdləm] N truand *m*

hoodwink ['hʊdwɪŋk] VT tromper

hoof [huːf] N (pl **hooves**) sabot *m*

hook [hʊk] **1** N (gen) crochet *m* ; (for hanging coats) patère *f* ; (on dress) agrafe *f* ; (for fishing) hameçon *m* ◆ **to take the phone off the ~** décrocher le téléphone ◆ **to get sb off the ~ *** tirer qn d'affaire **2** VT **a** (= attach) accrocher ◆ **he ~ed his arm over the chair** il a passé son bras par-dessus le dossier de la chaise **b** [+ fish] prendre

hooked [hʊkt] ADJ **a** (= hook-shaped) [nose] crochu ; [object] recourbé **b** (*** = fascinated) fasciné (on par), accroché * ; (= dependent) * dépendant (on de) ◆ **he's ~ on it** il ne peut plus s'en passer ◆ **to get ~ on** [+ drugs] devenir accro * à ; [+ jazz, television] devenir enragé * de

hooker ['hʊkəʳ] N **a** (Rugby) talonneur *m* **b** (*** = prostitute) pute * *f*

hook(e)y * ['hʊkɪ] N ◆ **to play hookey** sécher les cours

hooligan ['huːlɪɡən] N hooligan *m*

hooliganism ['huːlɪɡənɪzəm] N hooliganisme *m*

hoop [huːp] N cerceau *m*

hooray [huː'reɪ] EXCL hourra

hoot [huːt] **1** N [of owl] hululement *m* ; [of car] coup *m* de klaxon ® ◆ **~s of laughter** des éclats de rire ◆ **I don't give a ~ *** je m'en fiche * ◆ **it was a ~ *** c'était tordant * **2** VI [owl] hululer ; [driver] klaxonner ◆ **to ~ with laughter** rire aux éclats **3** VT ◆ **to ~ one's horn** klaxonner

hooter ['huːtəʳ] N [of factory] sirène *f* ; (Brit) [of car] klaxon ® *m*

Hoover ® ['huːvəʳ] (Brit) **1** N aspirateur *m* **2** VT ◆ **to hoover a carpet/a room** passer l'aspirateur sur un tapis/dans une pièce

hooves [huːvz] NPL of **hoof**

hop [hɒp] VI [person] (on one foot) sauter à cloche-pied ; (= jump) sauter ; [bird] sautiller ◆ **~ in!** (in vehicle) montez !

hops [hɒps] NPL (= plant) houblon *m*

hope [həʊp] **1** N espoir *m* (**of doing sth** de faire qch) ◆ **she lives in the ~ of seeing her son again** elle vit dans l'espoir de revoir un jour son fils ◆ **in the ~ that ...** dans l'espoir que ... ◆ **to have ~s of doing sth** avoir l'espoir de faire qch ◆ **I haven't much ~ of succeeding** je n'ai pas beaucoup d'espoir de réussir ◆ **to give up ~ of doing sth** abandonner l'espoir de faire qch ◆ **beyond ~** sans espoir ◆ **she hasn't a ~ of being promoted** elle n'a pas la moindre chance d'être promue ◆ **there is no ~ of that** c'est hors de question ◆ **don't raise her ~s too much** ne lui donne pas trop d'espoir ◆ **to lose all ~ of sth/of doing** perdre tout espoir de qch/de faire **2** VI espérer ◆ **to ~ for money/for success** espérer gagner de l'argent/avoir du succès ◆ **it was too much to ~ for (that ...)** ça aurait été trop beau (que ... + *subj*) ◆ **to ~ for the best** espérer que tout se passe au mieux ◆ **to ~ against ~** espérer en dépit de tout **3** VT espérer ◆ **I ~ he comes** j'espère qu'il viendra ◆ **I ~ to see you** j'espère te voir ◆ **hoping to hear from you** (in letter) dans l'espoir d'avoir de vos nouvelles ◆ **I ~ so** (answer to question) j'espère que oui ; (agreeing with sb's statement) je l'espère ◆ **I ~ not** (answer to question) j'espère que non ; (agreeing) j'espère bien que non !

hopeful ['həʊpfʊl] **1** ADJ **a** (= optimistic) [person, face] plein d'espoir ◆ **to be ~ (that ...)** avoir bon espoir (que ...) **b** (= promising) [sign, future] prometteur ; [situation, news] encourageant **2** N ◆ **the young ~s** (showing promise) les jeunes espoirs *mpl*

hopefully ['həʊpfəlɪ] ADV **a** (= optimistically) [say, look at] avec espoir ◆ ... **she asked ~** ... demanda-t-elle pleine d'espoir **b** (= one hopes) avec un peu de chance ◆ **~ we'll be able to find a solution** avec un peu de chance, nous trouverons une solution

hopeless ['həʊplɪs] ADJ **a** [situation, attempt] désespéré ; [task] impossible ◆ **it's ~!** c'est désespérant ! ◆ **he's a ~ case*** c'est un cas désespéré **b** (* = useless) nul ◆ **he's a ~ teacher** il est nul comme professeur

hopscotch ['hɒpskɒtʃ] N marelle *f*

horde [hɔːd] N horde *f* ◆ **~s of people** des foules de gens

horizon [hə'raɪzn] N horizon *m* ◆ **on the ~** à l'horizon ◆ **to broaden one's ~s** élargir ses horizons

horizontal [ˌhɒrɪ'zɒntl] **1** ADJ horizontal **2** N (= line) horizontale *f*

hormone ['hɔːməʊn] N hormone *f*

horn [hɔːn] **1** N **a** (gen) corne *f* **b** (= musical instrument) cor *m* **c** [of car] klaxon ® *m* ◆ **to sound one's ~** klaxonner **2** ADJ [handle, ornament] en corne

hornet ['hɔːnɪt] N frelon *m*

horny * ['hɔːnɪ] ADJ excité *

horoscope ['hɒrəskəʊp] N horoscope *m*

horrendous [hɒ'rendəs] ADJ épouvantable

horrible ['hɒrɪbl] ADJ **a** horrible ; [moment, truth, mistake] terrible ; [clothes] affreux **b** (* = unkind) [person] méchant (to sb avec qn)

horribly ['hɒrɪblɪ] ADV [cruel, disfigured, injured] horriblement ; [expensive, embarrassed, uncomfortable] terriblement ◆ **it's all gone ~ wrong** les choses ont très mal tourné

horrid ['hɒrɪd] ADJ [person] ignoble ; [place] épouvantable ◆ **a ~ child** une (petite) horreur *

horrific [hɒ'rɪfɪk] ADJ horrible

horrified ['hɒrɪfaɪd] ADJ horrifié

horrify ['hɒrɪfaɪ] VT horrifier

horrifying ['hɒrɪfaɪɪŋ] ADJ effrayant

horror ['hɒrəʳ] N horreur *f* ◆ **to my ~ I realized that ...** je me suis rendu compte avec horreur que ... ◆ **you little ~!** * petit monstre ! * ▸ **horror film** film *m* d'épouvante ▸ **horror story** histoire *f* d'épouvante

horse [hɔːs] N cheval *m* ▸ **horse chestnut** (= nut) marron *m* ; (= horse chestnut tree) marronnier *m* ▸ **horse-drawn** tiré par des chevaux ▸ **the Horse Guards** (Brit) la Garde à cheval ▸ **horse manure** crottin *m* de cheval ▸ **horse race** course *f* de chevaux ▸ **horse-racing** courses *fpl* de chevaux ▸ **horse-riding** (Brit) équitation *f* ◆ **to go ~-riding** faire de l'équitation ▸ **horse show** concours *m* hippique

▸ **horse about*, horse around*** VI chahuter

horseback ['hɔːsbæk] N ◆ **on ~** à cheval ▸ **horseback riding** (US) équitation *f*

horsebox ['hɔːsbɒks] N (Brit) van *m* ; (in stable) box *m*

horsefly ['hɔːsflaɪ] N taon *m*

horseman ['hɔːsmən] N (pl **-men**) cavalier *m*

horsepower ['hɔːspaʊəʳ] N puissance *f* (en chevaux) ; (= unit) cheval-vapeur *m*

horseradish ['hɔːsrædɪʃ] N raifort *m* ▸ **horseradish sauce** sauce *f* au raifort

horseshoe ['hɔːsʃuː] N fer *m* à cheval

horsewoman ['hɔːswʊmən] N (pl **-women**) cavalière *f*

hors(e)y * ['hɔːsɪ] ADJ **a** (= fond of horses) passionné de chevaux ; (= fond of riding) passionné d'équitation **b** (in appearance) [person, face] chevalin

horticultural [ˌhɔːtɪ'kʌltʃərəl] ADJ horticole ◆ **~ show** floralies *fpl*

horticulture ['hɔːtɪkʌltʃəʳ] N horticulture *f*

hose [həʊz] **1** N (= pipe) tuyau *m* ; (= garden hose) tuyau *m* d'arrosage ; (= fire hose) tuyau *m* d'incendie **2** NPL (= stockings) bas *mpl*
▸ **hose down** VT SEP laver au jet

hosepipe ['həʊzpaɪp] N (in garden) tuyau *m* d'arrosage ; [of fireman] tuyau *m* d'incendie

hospice ['hɒspɪs] N hospice *m* ; (for terminally ill) établissement *m* de soins palliatifs

hospitable [hɒs'pɪtəbl] ADJ [people, place] hospitalier ; [person] accueillant ; [environment] propice (to sth à qch)

hospital ['hɒspɪtl] **1** N hôpital *m* ◆ **in ~** à l'hôpital ◆ **he's had to go into ~** il a été hospitalisé **2** ADJ [treatment, staff] hospitalier ; [bed] d'hôpital ; [dispute, strike] des hôpitaux

hospitality [ˌhɒspɪ'tælɪtɪ] N hospitalité *f*

hospitalize ['hɒspɪtəlaɪz] VT hospitaliser

host [həʊst] **1** N **a** (= person) hôte *m* ; [of TV, radio show] présentateur *m*, -trice *f* ▸ **host country** [of conference, games] pays *m* hôte **b** (= crowd) foule *f* **c** (Rel) hostie *f* **2** VT [+ show] animer ; [+ party] organiser ; [+ festival, event] accueillir

hostage ['hɒstɪdʒ] N otage m ◆ **to take/hold sb ~** prendre/retenir qn en otage

hostel ['hɒstəl] **1** N (for students, workers) foyer m ◆ **youth ~** auberge f de jeunesse **2** VI ◆ **to go youth ~ling** aller passer ses vacances en auberges de jeunesse

hostess ['həʊstɪs] N hôtesse f ; (in night club) entraîneuse f ; [of TV, radio show] présentatrice f

hostile ['hɒstaɪl, (US) 'hɒstəl] ADJ hostile (to à) ; [fire, force, aircraft] ennemi

hostility [hɒ'stɪlɪtɪ] N hostilité f

hot [hɒt] **1** ADJ **a** (gen) chaud ◆ **to be ~** [person] avoir chaud ; [thing] être chaud ◆ **it's ~ today** il fait chaud aujourd'hui ◆ **it's too ~ in here** il fait trop chaud ici **b** [curry] épicé ◆ **the ~ favourite** le grand favori ◆ **a ~ tip** un tuyau sûr * ◆ **news ~ from the press** informations fpl de dernière minute **c** (* = very good) super * ◆ **not so ~** pas terrible * ◆ **he's pretty ~ at maths** il est super bon en maths * ◆ **the hottest show in town** * un spectacle à voir absolument **2** COMP ◆ **hot air** (* = nonsense) blablabla * m ◆ **it's all ~ air** c'est du vent ▶ **hot-air balloon** montgolfière f ▶ **hot cross bun** brioche f du Vendredi saint ▶ **hot dog** hot-dog m ▶ **hot flash** (US), **hot flush** N bouffée f de chaleur ▶ **hot key** (Computing) raccourci m clavier ▶ **hot seat** ◆ **to be in the ~ seat** être en première ligne ▶ **hot spot** * (Brit) (= trouble area) point m chaud ; (= night club) boîte f de nuit ▶ **hot stuff** * ◆ **to be ~ stuff** (= terrific) être terrible * ▶ **hot-tempered** emporté ▶ **hot tub** jacuzzi ® m ▶ **hot-water bottle** bouillotte f
▶ **hot up** * VI chauffer *

hotbed ['hɒtbed] N ◆ **a ~ of social unrest** un foyer d'agitation sociale

hotel [həʊ'tel] N hôtel m ◆ **~ room** chambre f d'hôtel

hothouse ['hɒthaʊs] N (= greenhouse) serre f (chaude) ; (= hotbed) foyer m ◆ **~ plants** plantes fpl de serre

hotline ['hɒtlaɪn] N service m d'assistance par téléphone (to avec) ; (to head of state) téléphone m rouge (to avec)

hotly ['hɒtlɪ] ADV [debated, disputed] avec passion ◆ **~ pursued (by sb)** poursuivi de très près (par qn) ◆ **to be ~ contested** être l'objet d'une lutte acharnée

hotplate ['hɒtpleɪt] N plaque f chauffante

hotpot ['hɒtpɒt] N ragoût de viande aux pommes de terre

hotshot * [hɒtʃɒt] N crack * m

houm(o)us ['hu:məs] N hoummous m

hound [haʊnd] **1** N chien m ◆ **the ~s** (Brit) la meute **2** VT [+ person] harceler

hour ['aʊəʳ] N heure f ◆ **half an ~** une demi-heure ◆ **an ~ and a half** une heure et demie ◆ **to work long ~s** avoir des journées très longues ◆ **after ~s** (Brit) (of shops, pubs) après l'heure de fermeture ; (of offices) après les heures de bureau ◆ **80km an ~** 80 km à l'heure ◆ **she is paid $8 an ~** elle est payée 8 dollars de l'heure ◆ **on the ~** à l'heure juste (toutes les heures) ◆ **hour by hour** heure par heure ◆ **by the ~** à l'heure ◆ **to pay sb by the ~** payer qn à l'heure ▶ **hour hand** petite aiguille f

hourly ['aʊəlɪ] ADJ **a** (= every hour) ◆ **at ~ intervals** toutes les heures **b** (= per hour) [earnings, wage, rate] horaire ◆ **paid on an ~ basis** payé à l'heure

house 1 N [haʊs] (pl **houses** ['haʊzɪz]) **a** maison f ◆ **at my ~** chez moi **b** (= auditorium) salle f ; (= audience) spectateurs mpl ◆ **a full ~** une salle pleine **c** ◆ **drinks are on the ~!** * c'est la tournée du patron ! **d** (Brit: in school) groupe m d'internes **e** (also **house music**) house f music **2** VT [haʊz] [+ person] héberger ◆ **this building ~s five families/a motorcycle museum** ce bâtiment abrite cinq familles/un musée de la moto **3** COMP ▶ **house agent** (Brit) agent m immobilier ▶ **house arrest** ◆ **to put sb under ~ arrest** assigner qn à résidence ◆ **to be under ~ arrest** être en résidence surveillée ▶ **the House of Commons** (Brit) la Chambre des communes ▶ **the House of Lords** (Brit) la Chambre des lords ▶ **the House of Representatives** (US) la Chambre des représentants ▶ **house-owner** propriétaire mf d'une maison ▶ **house plant** plante f d'intérieur ▶ **house-proud** ◆ **she's very ~-proud** tout est toujours impeccable chez elle ▶ **the Houses of Parliament** (in Britain) (= building) le palais de Westminster ; (= members) le Parlement ▶ **house-trained** (Brit) [animal] propre ▶ **house-warming party** pendaison f de crémaillère ◆ **to give a ~-warming party** pendre la crémaillère

housebroken ['haʊsbrəʊkən] ADJ (US) propre

household ['haʊs,həʊld] N ménage m ◆ **~ expenses** dépenses fpl du ménage ▶ **household appliance** appareil m électroménager ▶ **household goods** appareils mpl ménagers ▶ **household name** ◆ **she is a ~ name** elle est connue partout ◆ **Kleeno is a ~ name** Kleeno est une marque très connue

householder ['haʊs,həʊldəʳ] N (gen) occupant(e) m(f) ; (= owner) propriétaire mf ; (= person renting) locataire mf ; (= head of house) chef m de famille

housekeeper ['haʊski:pəʳ] N (in sb else's house) gouvernante f ; (in institution) intendante f

housekeeping ['haʊski:pɪŋ] N **a** (= work) ménage m **b** (= money) argent m du ménage **c** (Computing) gestion f des disques

housemartin ['haʊsmɑːtɪn] N hirondelle f de fenêtre

housewife ['haʊs‚waɪf] N (pl -**wives** [waɪvz]) ménagère f ; (as opposed to career woman) femme f au foyer

housewives ['haʊs‚waɪvz] NPL of **housewife**

housework ['haʊswɜːk] N ménage m

housing ['haʊzɪŋ] N (= general concept) le logement ; (= houses and flats) logements mpl ◆ the ~ **crisis** la crise du logement ▸ **housing benefit** allocation f logement ▸ **housing estate** (Brit) (= council-owned flats) cité f ; (= privately-owned houses) lotissement m ▸ **housing project** (US = place) ≃ cité f

hove [haʊv] VB (pt, ptp of **heave**)

hovel ['hɒvəl] N taudis m

hover ['hɒvə^r] VI [bird, butterfly] voltiger ; [bird of prey, helicopter, danger] planer ; [fog] flotter ; [person] (also **hover about**) rôder

hovercraft ['hɒvəkrɑːft] N aéroglisseur m

hoverport ['hɒvəpɔːt] N hoverport m

how [haʊ]

ADV **a** (= in what way) comment ◆ ~ **did you come?** comment êtes-vous venu ? ◆ **to learn ~ to do sth** apprendre à faire qch ◆ **I know ~ to do it** je sais le faire ◆ **he'll show you ~ to do it** il va vous montrer comment faire ◆ ~ **do you like your steak?** quelle cuisson voulez-vous pour vous votre bifteck ? ◆ ~ **was the play?** comment avez-vous trouvé la pièce ? ◆ ~ **is that ...?** comment se fait-il que ... + subj ? ◆ ~ **about going for a walk?** et si on allait se promener ? ◆ ~ **about you?** et toi ? ◆ ~ **come?*** comment ça se fait ? ◆ ~ **and ~!*** et comment ! * ◆ ~ **'s that for size?** ça va pour la taille ? * ◆ ~ **'s that for luck?** quelle veine ! *

b (health) ◆ ~ **are you ?** comment allez-vous ? ◆ **tell me ~ she is** dites-moi comment elle va ◆ ~ **do you do?** (on being introduced) enchanté ◆ ~ **are things?*** comment ça va ? ◆ ~ **'s business?** comment vont les affaires ?

c (with adjective or adverb) comme ◆ ~ **nice!** comme c'est gentil ! ◆ ~ **he has grown!** comme il a grandi ! ◆ **I can't tell you ~ glad I was to leave that place** vous ne pouvez pas savoir à quel point j'étais heureux de quitter cet endroit ◆ ~ **kind of you!** c'est très aimable de vous !

howdy * ['haʊdɪ] EXCL (US) salut !

however [haʊ'evə^r] **1** ADV **a** (= nevertheless) cependant **b** (= no matter how) ◆ ~ **tall he may be, ...** il a beau être grand, ... ◆ ~ **hard she tried, she couldn't remember my name** malgré tous ses efforts, elle n'arrivait pas à se souvenir de mon nom ◆ ~ **many people there are** quel

que soit le nombre de personnes **c** (= how on earth: in questions) comment donc ◆ ~ **did you manage to do that?** comment donc as-tu réussi à faire ça ? **2** CONJ ◆ ~ **you do it, it will never be right** quoi que vous fassiez, ce ne sera jamais bien ◆ ~ **that may be** quoi qu'il en soit

howl [haʊl] **1** N [of person, animal] hurlement m ; [of wind] mugissement m **2** VI **a** [person, animal] hurler ; [wind] mugir ◆ **to ~ with laughter** rire aux éclats ◆ **to ~ with pain/rage** hurler de douleur/de rage **b** (* = cry) pleurer ; [baby] brailler *

howler * ['haʊlə^r] N gaffe * f

HQ [eɪtʃ'kjuː] N (abbrev of **headquarters**) QG m

hr (abbrev of **hour**) h ◆ **28 ~s** 28 h

HRH [‚eɪtʃɑːr'eɪtʃ] (abbrev of **His** or **Her Royal Highness**) S.A.R.

hub [hʌb] N [of wheel] moyeu m ◆ **a ~ of finance/activity** un centre financier/d'activité

hubbub ['hʌbʌb] N tohu-bohu m

hubcap ['hʌbkæp] N enjoliveur m

huddle ['hʌdl] **1** N [of people] petit groupe m compact **2** VI se blottir les uns contre les autres ◆ **we ~d round the fire** nous nous sommes blottis autour du feu
▸ **huddle together** VI se blottir les uns contre les autres

hue [hjuː] N **a** (= colour) teinte f **b** ◆ ~ **and cry** clameur f ◆ **to raise a ~ and cry** crier haro (against sur)

huff * [hʌf] **1** N ◆ **to be in a ~** être vexé **2** VI ◆ **to ~ and puff** (= breathe heavily) souffler comme un bœuf *

hug [hʌg] **1** VT (= hold close) serrer dans ses bras ◆ **to ~ one another** s'étreindre ◆ **to ~ the kerb** serrer le trottoir **2** VI s'étreindre ◆ **we ~ged and kissed** nous nous sommes embrassés **3** N étreinte f ◆ **to give sb a ~** serrer qn dans ses bras

huge [hjuːdʒ] ADJ énorme

hugely ['hjuːdʒlɪ] ADV (popular, expensive, important) extrêmement

hulk [hʌlk] N **a** [of ship] carcasse f **b** ◆ **a big ~ of a man** un mastodonte

hull [hʌl] N [of ship] coque f

hullabaloo * [‚hʌləbə'luː] N (= noise) raffut * m

hullo [hʌ'ləʊ] EXCL ⇒ **hello**

hum [hʌm] **1** VI [insect] bourdonner ; [person] fredonner ; [machine] vrombir **2** VT [+ tune] fredonner **3** N [of insect, conversation] bourdonnement m ; [of machine] vrombissement m

human ['hju:mən] N, ADJ humain *m* ▶ **human being** être *m* humain ▶ **human rights** droits *mpl* de l'homme

humane [hju:'meɪn] ADJ humain

humanely [hju:'meɪnlɪ] ADV [treat] humainement ; [kill] sans cruauté

humanitarian [hju:,mænɪ'teərɪən] ADJ humanitaire

humanity [hju:'mænɪtɪ] N humanité *f*

humanly ['hju:mənlɪ] ADV ◆ **if it is ~ possible** si c'est humainement possible

humble ['hʌmbl] ADJ **a** (= lowly) humble ◆ **of ~ origins** d'origine modeste ◆ **in my ~ opinion** à mon humble avis **b** (= unassuming) modeste

humbug ['hʌmbʌg] N **a** (= person) charlatan *m* **b** (Brit = sweet) bonbon *m* à la menthe

humdrum ['hʌm,drʌm] ADJ monotone

humid ['hju:mɪd] ADJ [climate] humide et chaud ◆ **it's ~ today** il fait lourd aujourd'hui

humidity [hju:'mɪdɪtɪ] N humidité *f*

humiliate [hju:'mɪlɪeɪt] VT humilier

humiliating [hju:'mɪlɪeɪtɪŋ] ADJ humiliant

humiliation [hju:,mɪlɪ'eɪʃən] N humiliation *f*

humility [hju:'mɪlɪtɪ] N humilité *f*

hummingbird ['hʌmɪŋbɜːd] N oiseaumouche *m*

hummus ['homəs] N hoummous *m*

humor ['hju:mər] N (US) ⇒ **humour**

humorist ['hju:mərɪst] N humoriste *mf*

humorous ['hju:mərəs] ADJ (= amusing) humoristique

humour, humor (US) ['hju:mər] **1** N humour *m* **2** VT [+ person] faire plaisir à ; [+ sb's wishes, whims] se plier à ◆ **just ~ him!** fais-lui plaisir !

hump [hʌmp] N bosse *f*

humus ['hju:məs] N humus *m*

hunch [hʌntʃ] N (* = premonition) pressentiment *m* ◆ **to have a ~ that ...** avoir l'impression que ... ◆ **to act on a ~** suivre son intuition

hunchback ['hʌntʃbæk] N bossu(e) *m(f)*

hunched [hʌntʃt] ADJ ◆ **she sat ~ over her typewriter** elle était penchée sur sa machine à écrire ◆ **he sat ~ over his books** il était assis penché sur ses livres

hundred ['hʌndrəd] NUMBER cent ◆ **a ~ chairs** cent chaises ◆ **two ~ chairs** deux cents chaises ◆ **about a ~ books** une centaine de livres ◆ **a ~ and one** cent un ◆ **a ~ per cent** cent pour cent ◆ **in seventeen ~** en dix-sept cents ◆ **in seventeen ~ and ninety-six** en dix-sept cent

quatre-vingt-seize ◆ **to live to be a ~** devenir centenaire ◆ **they came in their ~s** ils sont venus par centaines ◆ **~s of** des centaines de

hundredth ['hʌndrɪdθ] **1** ADJ centième **2** N (= person, thing) centième *mf* ; (= fraction) centième *m*

hundredweight ['hʌndrədweɪt] N (in Britain and Canada) cent douze livres *fpl* (50,7 *kg*) ; (in the US) cent livres *fpl* (45,3 *kg*)

hung [hʌŋ] **1** VB (pret, ptp of hang) **2** COMP ▶ **hung over** * ◆ **to be ~ over** avoir la gueule de bois * ▶ **hung up** * complexé

Hungarian [hʌŋ'geərɪən] **1** ADJ hongrois **2** N **a** (= person) Hongrois(e) *m(f)* **b** (= language) hongrois *m*

Hungary ['hʌŋgərɪ] N Hongrie *f*

hunger ['hʌŋgər] N faim *f* (for de) ▶ **hunger strike** grève *f* de la faim ◆ **to go on ~ strike** faire la grève de la faim ▶ **hunger striker** gréviste *mf* de la faim

hungrily ['hʌŋgrɪlɪ] ADV [eat] goulûment ; [look, wait] avidement

hungry ['hʌŋgrɪ] ADJ **a** ◆ **to be ~** avoir faim ◆ **to make sb ~** donner faim à qn **b** (= eager) ◆ **they were ~ for news** ils attendaient avidement des nouvelles ◆ **~ for success** avide de réussir

hunk [hʌŋk] N **a** [of bread, cheese] gros morceau *m* **b** (* = attractive man) beau mec * *m*

hunky * ['hʌŋkɪ] ADJ [man] bien foutu *

hunt [hʌnt] **1** N chasse *f* ◆ **tiger ~** chasse *f* au tigre ◆ **the ~ for the missing child** la battue pour retrouver l'enfant disparu ◆ **the ~ is on for ...** on cherche ... **2** VT **a** (= seek) chercher ; (= pursue) poursuivre **b** [+ fox, deer] chasser **3** VI chasser ◆ **to go ~ing** aller à la chasse ◆ **to ~ for** [+ animal] chasser ; [+ object, facts, missing person] être à la recherche de ◆ **he is ~ing for a job** il est à la recherche d'un travail

▶ **hunt down** VT SEP [+ animal] pourchasser ; [+ person] traquer ; [+ object, facts, details, quotation] dénicher

▶ **hunt out** VT SEP dénicher

hunter ['hʌntər] N (= person) chasseur *m*

hunting ['hʌntɪŋ] N chasse *f* ▶ **hunting season** saison *f* de chasse

hurdle ['hɜːdl] N (in race) haie *f* ; (= obstacle) obstacle *m* ◆ **the 100-metre ~s** le 100 mètres haies

hurl [hɜːl] VT [+ object, stone] jeter (avec violence) (at contre) ◆ **they were ~ed to the ground by the blast** ils ont été projetés à terre par le souffle de l'explosion ◆ **he ~ed himself**

from a 10th floor window il s'est jeté d'une fenêtre du 10ᵉ étage ◆ to ~ **abuse at sb** lancer des injures à qn

hurly-burly ['hɜːlɪ'bɜːlɪ] N (= commotion) tohu-bohu m ; (= uproar) tumulte m

hurrah [hʊ'rɑː], **hurray** [hʊ'reɪ] N hourra m ◆ ~ **for Robert!** vive Robert !

hurricane ['hʌrɪkən] N ouragan m

hurried ['hʌrɪd] ADJ (gen) précipité ; [reading, visit, meeting] très rapide ; [work] fait à la hâte

hurriedly ['hʌrɪdlɪ] ADV (= quickly) en hâte ; (faster than one would wish) à la hâte

hurry ['hʌrɪ] **1** N (= haste) hâte f ; (= eagerness) empressement m ◆ there's no ~ rien ne presse ◆ to be in a ~ être pressé ◆ it was done in a ~ ça a été fait à toute vitesse ◆ he left in a ~ il est parti précipitamment ◆ he won't come back here in a ~! il ne reviendra pas de sitôt ! ◆ I'm in no particular ~ je ne suis pas particulièrement pressé **2** VI **a** se dépêcher (to do sth de faire qch) ◆ do ~! dépêchez-vous ! ◆ don't ~ ne vous pressez pas **b** ◆ to ~ in/out/through entrer/sortir/traverser en vitesse ◆ he hurried after her il a couru pour la rattraper ◆ they hurried up the stairs ils ont monté l'escalier quatre à quatre ◆ she hurried home elle s'est dépêchée de rentrer **3** VT **a** [+ person] bousculer ; [+ piece of work] presser ◆ I don't want to ~ you je ne veux pas vous bousculer **b** ◆ to ~ **sb in/out/through** faire entrer/sortir/traverser qn en vitesse

▸ **hurry along 1** VI marcher d'un pas pressé **2** VT SEP [+ person] faire se dépêcher ; [+ work] activer ◆ we're trying to ~ **things along a little** nous essayons d'activer un peu les choses

▸ **hurry on 1** VI ◆ she hurried on to the next stop elle s'est pressée de gagner l'arrêt suivant ◆ she hurried on ahead elle est partie devant **2** VT SEP [+ person] faire se dépêcher ; [+ work] activer

▸ **hurry up 1** VI se dépêcher ◆ ~ **up!** dépêchez-vous ! **2** VT SEP [+ person] faire se dépêcher ; [+ work] activer

hurt [hɜːt] (pret, ptp **hurt**) **1** VT **a** (= do physical damage to) faire du mal à ; (= cause physical pain to) faire mal à ◆ to ~ o.s. se faire mal ◆ to ~ **one's arm** se faire mal au bras ◆ to get ~ se faire mal ◆ someone is bound to get ~ quelqu'un va se faire du mal ◆ a little rest won't ~ him un peu de repos ne lui fera pas de mal **b** (emotionally) blesser ◆ to ~ **sb's feelings** blesser qn **c** [+ sb's reputation, career] nuire à **2** VI **a** ◆ that ~s ça fait mal ◆ my arm ~s mon bras me fait mal ◆ it doesn't ~ **much** ça ne fait pas très mal ◆ where does it ~? où avez-vous mal ? **b** (= suffer emotionally) souffrir **3** N douleur f **4** ADJ blessé

hurtful ['hɜːtfʊl] ADJ blessant

hurtle ['hɜːtl] VI ◆ to ~ **along** [car] rouler à toute vitesse ◆ to ~ **past sb** passer en trombe devant qn ◆ she went hurtling down the hill elle a dévalé la pente

husband ['hʌzbənd] N mari m

hush [hʌʃ] **1** N silence m **2** EXCL chut ! **3** COMP ▸ hush-hush * ultra-secret (-ète f)
▸ **hush up** VT SEP (= silence) [+ scandal, news) étouffer ; [+ fact] cacher ; [+ person] faire taire

hushed [hʌʃt] ADJ [voice, conversation] étouffé ◆ there was a ~ **silence** tout le monde a retenu son souffle

husk [hʌsk] N [of maize, rice] enveloppe f

husky ['hʌskɪ] **1** ADJ (= hoarse) [person] en-roué ; [voice] rauque **2** N (= dog) husky m

hustings ['hʌstɪŋz] NPL campagne f électorale

hustle ['hʌsl] **1** VT [+ person] pousser ◆ to ~ **sb in/out/away** faire entrer/sortir/partir qn en le poussant ◆ they ~d him into a car ils l'ont poussé dans une voiture **2** N ◆ the ~ **and bustle of city life** le tourbillon de la vie en ville

hustler * ['hʌslər] N (= swindler) arnaqueur m, -euse f ; (= prostitute) prostitué(e) m(f)

hut [hʌt] N (= primitive dwelling) case f ; (= shed) cabane f

hutch [hʌtʃ] N [of rabbit] clapier m ; (US = dresser) vaisselier m

hyacinth ['haɪəsɪnθ] N jacinthe f

hybrid ['haɪbrɪd] ADJ, N hybride m

hydrant ['haɪdrənt] N prise f d'eau ; (= fire hydrant) bouche f d'incendie

hydraulic [haɪ'drɒlɪk] ADJ hydraulique

hydroelectric [ˌhaɪdrəʊɪ'lektrɪk] ADJ hydroélectrique

hydrofoil ['haɪdrəʊˌfɔɪl] N hydrofoil m

hydrogen ['haɪdrɪdʒən] N hydrogène m ▸ hydrogen bomb bombe f à hydrogène ▸ hydrogen peroxide eau f oxygénée

hyena [haɪ'iːnə] N hyène f

hygiene ['haɪdʒiːn] N hygiène f

hygienic [haɪ'dʒiːnɪk] ADJ hygiénique

hymn [hɪm] N cantique m ▸ hymn book livre m de cantiques

hype [haɪp] **1** N (* = publicity) battage m publicitaire ; (in media) battage m médiatique **2** VT * (also hype up) (= publicize) [+ book, product, film] faire un énorme battage autour de

hyper * ['haɪpər] ADJ surexcité

hyperactive [ˌhaɪpər'æktɪv] ADJ hyperactif

hyperlink ['haɪpəlɪŋk] N lien m hypertexte

hypermarket ['haɪpəmɑːkɪt] N (Brit) hyper-marché m

hypersensitive [ˌhaɪpəˈsensɪtɪv] ADJ hypersensible

hypertext [ˈhaɪpəˌtekst] N hypertexte *m*

hyphen [ˈhaɪfən] N trait *m* d'union

hyphenated [ˈhaɪfəneɪtɪd] ADJ [word] à trait d'union ◆ **is it ~?** ça s'écrit avec un trait d'union ?

hypnosis [hɪpˈnəʊsɪs] N (pl **hypnoses** [hɪpˈnəʊsiːz]) hypnose *f* ◆ **under ~** sous hypnose

hypnotic [hɪpˈnɒtɪk] ADJ hypnotique ; [rhythm, effect, eyes, voice] envoûtant

hypnotist [ˈhɪpnətɪst] N hypnotiseur *m*, -euse *f*

hypnotize [ˈhɪpnətaɪz] VT hypnotiser

hypoallergenic [ˌhaɪpəʊæləˈgenɪk] ADJ hypoallergénique

hypochondriac [ˌhaɪpəʊˈkɒndriæk] ADJ, N hypocondriaque *mf*

hypocrisy [hɪˈpɒkrɪsɪ] N hypocrisie *f*

hypocrite [ˈhɪpəkrɪt] N hypocrite *mf*

hypocritical [ˌhɪpəˈkrɪtɪkəl] ADJ hypocrite

hypodermic [ˌhaɪpəˈdɜːmɪk] ADJ hypodermique

hypothermia [ˌhaɪpəʊˈθɜːmɪə] N hypothermie *f*

hypothesis [haɪˈpɒθɪsɪs] N (pl **hypotheses** [haɪˈpɒθɪsiːz]) hypothèse *f*

hypothetical [ˌhaɪpəʊˈθetɪkəl] ADJ hypothétique

hysteria [hɪsˈtɪərɪə] N hystérie *f*

hysterical [hɪsˈterɪkəl] ADJ **a** hystérique **b** (* = hilarious) [joke, scene, comedian] tordant *

hysterics [hɪsˈterɪks] NPL ◆ **to go into ~** (= tears, shouts) avoir une crise de nerfs ; (= laughter) attraper le fou rire

ANGLAIS / FRANÇAIS

I [aɪ] PERS PRON je ; (before vowel or silent h) j' ; (stressed) moi ◆ **he and I are going to sing** lui et moi, nous allons chanter ◆ **no, I'll do it** non, c'est moi qui vais le faire

ice [aɪs] **1** N **a** (gen) glace f ; (on road) verglas m ; (for drink) glaçons mpl ◆ **to break the ~** briser la glace ▸ **ice age** période f glaciaire ▸ **ice-cold** [drink, hands] glacé ; [room] glacial ▸ **ice cream** glace f ▸ **ice-cream cone** cornet m de glace ▸ **ice cube** glaçon m ▸ **ice hockey** hockey m sur glace ▸ **ice lolly** (Brit) sucette f glacée ▸ **ice pack** poche f de glace ▸ **ice pick** pic m à glace ▸ **ice rink** patinoire f ▸ **ice skate** N patin m (à glace) ▸ **ice-skate** VI faire du patin (à glace) ▸ **ice skater** patineur m, -euse f (sur glace) ▸ **ice-skating** patinage m (sur glace) **b** (Brit: = ice cream) glace f **2** VT glacer
▸ **ice over, ice up** VI [windscreen, aircraft wings] givrer ; [river] geler

iceberg ['aɪsbɜ:g] N iceberg m

icebox ['aɪsbɒks] N (Brit = freezer compartment) freezer m ; (= insulated box) glacière f

icecap ['aɪskæp] N calotte f glaciaire

iced [aɪst] ADJ glacé

Iceland ['aɪslənd] N Islande f

icicle ['aɪsɪkl] N glaçon m (naturel)

icing ['aɪsɪŋ] N glaçage m ▸ **icing sugar** (Brit) sucre m glace

icon ['aɪkɒn] N icône f ; (= idol) idole f

icy ['aɪsɪ] ADJ **a** (= covered with ice) [road, pavement] verglacé ; [lake, river, sea] gelé ◆ **it's ~ this morning** il gèle ce matin ◆ [ground] glacé **c** (= unfriendly) glacial

ID [aɪ'di:] N (abbrev of **identification**) pièce f d'identité ▸ **ID card** carte f d'identité

I'd [aɪd] ⇒ **I had, I should, I would** ; → **have, should, would**

idea [aɪ'dɪə] N idée f ◆ **(I have) no ~** (je n'ai) aucune idée ◆ **I haven't the slightest ~** je n'en ai pas la moindre idée ◆ **I had no ~ they knew each other** j'ignorais absolument qu'ils se con-

naissaient ◆ **I had an ~ that he'd joined the army** j'avais dans l'idée qu'il s'était engagé dans l'armée ◆ **can you give me a rough ~ of how many you want?** pouvez-vous m'indiquer en gros combien vous en voulez ? ◆ **to put ~s into sb's head** mettre des idées dans la tête de qn ◆ **that's not my ~ of a holiday** ce n'est pas ce que j'appelle des vacances ◆ **I've got the general ~ *** je vois à peu près ce dont il s'agit

ideal [aɪ'dɪəl] ADJ, N idéal m

idealism [aɪ'dɪəlɪzəm] N idéalisme m

idealist [aɪ'dɪəlɪst] ADJ, N idéaliste mf

idealistic [aɪˌdɪə'lɪstɪk] ADJ idéaliste

idealize [aɪ'dɪəlaɪz] VT idéaliser

ideally [aɪ'dɪəlɪ] ADV **a** (= preferably) ◆ **~ it should be ...** l'idéal serait que ... **b** (= perfectly) [suited] parfaitement

identical [aɪ'dentɪkəl] ADJ identique (to à) ◆ **~ twins** vrais jumeaux mpl, vraies jumelles fpl

identification [aɪˌdentɪfɪ'keɪʃən] N **a** (gen) identification f **b** (= proof of identity) pièce f d'identité

identify [aɪ'dentɪfaɪ] **1** VT identifier **2** VI s'identifier (with à)

Identikit ® [aɪ'dentɪkɪt] N portrait-robot m

identity [aɪ'dentɪtɪ] N (gen) identité f ◆ **proof of ~** pièce f d'identité ◆ **a case of mistaken ~** une erreur d'identité ▸ **identity card** carte f d'identité ▸ **identity papers** pièces fpl d'identité ▸ **identity parade** (Brit) séance f d'identification (d'un suspect)

ideology [aɪdɪ'ɒlədʒɪ] N idéologie f

idiocy ['ɪdɪəsɪ] N stupidité f

idiom ['ɪdɪəm] N **a** (= phrase) expression f idiomatique **b** (= language) idiome m **c** (= style) style m

idiomatic [ˌɪdɪə'mætɪk] ADJ idiomatique

idiosyncrasy [ˌɪdɪə'sɪŋkrəsɪ] N particularité f

idiot ['ɪdɪət] N idiot(e) m(f)

idiotic [ˌɪdɪ'ɒtɪk] ADJ idiot

idle ['aɪdl] ADJ **a** (= lazy) fainéant **b** (= inactive) [person] inactif ; [employee] désœuvré ; [machinery] à l'arrêt ◆ **to stand ~** [machinery, vehicle, factory] être à l'arrêt **c** (= futile) [threat] vain before n ; [speculation, talk] oiseux ◆ **out of ~ curiosity** par pure curiosité ◆ **~ gossip** ragots mpl
▸ **idle away** VT SEP ◆ **to ~ away one's time** passer le temps

idleness ['aɪdlnɪs] N paresse f

idly ['aɪdlɪ] ADV **a** [sit, stand] sans rien faire **b** [say] négligemment ; [talk] pour passer le temps

idol ['aɪdl] N idole f

idolize ['aɪdəlaɪz] VT idolâtrer

idyll ['ɪdɪl] N idylle f

idyllic [ɪ'dɪlɪk] ADJ idyllique

i.e. [aɪ'iː] (abbrev of **id est**) c'est-à-dire

---

if [ɪf] CONJ

si ◆ I were you si j'étais vous ◆ even ~ I knew I wouldn't tell you même si je le savais, je ne te le dirais pas ◆ nice weather, even ~ rather cold temps agréable, bien qu'un peu froid ◆ I wonder ~ it's true je me demande si c'est vrai ◆ as ~ comme si ◆ as ~ by chance comme par hasard ◆ ~ not sinon ◆ ~ only si seulement ◆ ~ only I had known! si seulement j'avais su ! ◆ ~ only for a moment ne serait-ce que pour un instant ◆ ~ so le cas échéant

---

igloo ['ɪgluː] N igloo m

ignite [ɪg'naɪt] **1** VT **a** (= set fire to) mettre le feu à **b** [passions, interest] susciter ; [conflict, controversy] déclencher **2** VI (= catch fire) prendre feu

ignition [ɪg'nɪʃən] N (in car) allumage m ; (= starting mechanism) contact m ◆ to switch on/turn off the ~ mettre/couper le contact ▸ **ignition key** clé f de contact

ignoramus [ˌɪgnə'reɪməs] N ignare mf

ignorance ['ɪgnərəns] N ignorance f ◆ to be in ~ of sth ignorer qch

ignorant ['ɪgnərənt] ADJ ignorant ◆ to be ~ of the facts ignorer les faits

ignore [ɪg'nɔːʳ] VT (= take no notice of) ignorer ; [+ invitation, letter] ne pas répondre à ; [+ rule, prohibition] ne pas respecter

I'll [aɪl] ⇒ **I shall, I will** ; → **shall, will**

ill [ɪl] **1** ADJ (compar **worse**, superl **worst**) **a** (= unwell) malade ◆ to fall ~, to be taken ~ tomber malade ◆ to feel ~ ne pas se sentir bien ◆ to make sb ~ rendre qn malade ▸ **ill health** mauvaise santé f **b** (= bad) mauvais ◆ ~ effects conséquences fpl négatives ◆ ~ feeling ressentiment m ◆ no ~ feeling! sans rancune ! ◆ I bear him no ~ will je ne lui en veux pas ▸ **ill-advised** peu judicieux ▸ **ill-at-ease** mal à l'aise ▸ **ill-fated** malchanceux ▸ **ill-mannered** [person, behaviour] grossier ▸ **ill-tempered** (habitually) désagréable ; (on one occasion) de mauvaise humeur ▸ **ill-timed** inopportun ▸ **ill-treat** maltraiter **2** N mal m ◆ to speak ~ of sb dire du mal de qn **3** ills NPL maux mpl

illegal [ɪ'liːgəl] ADJ illégal

illegible [ɪ'ledʒəbl] ADJ illisible

illegitimate [ˌɪlɪ'dʒɪtɪmɪt] ADJ illégitime

illicit [ɪ'lɪsɪt] ADJ illicite

illiterate [ɪ'lɪtərɪt] **1** ADJ [person] analphabète ◆ he is computer ~ il ne connaît rien à l'informatique **2** N analphabète mf

illness ['ɪlnɪs] N maladie f

illogical [ɪ'lɒdʒɪkəl] ADJ illogique

illuminate [ɪ'luːmɪneɪt] VT **a** (= light up) éclairer ; (for special effect) illuminer ◆ ~d sign enseigne f lumineuse **b** [+ question, subject] faire la lumière sur

illuminating [ɪ'luːmɪneɪtɪŋ] ADJ éclairant

illumination [ɪˌluːmɪ'neɪʃən] N (= lights) éclairage m ◆ ~s (= decorative lights) illuminations fpl

illusion [ɪ'luːʒən] N illusion f ◆ to be under the ~ that ... avoir l'illusion que ...

illustrate ['ɪləstreɪt] VT illustrer

illustration [ˌɪləs'treɪʃən] N illustration f

illustrator ['ɪləstreɪtəʳ] N illustrateur m, -trice f

illustrious [ɪ'lʌstrɪəs] ADJ illustre

I'm [aɪm] ⇒ **I am** ; → **be**

image ['ɪmɪdʒ] N **a** (= likeness) image f ◆ he is the spitting * ~ of his father c'est tout le portrait de son père **b** (also public image) image f (de marque) ◆ he is very ~-conscious il se soucie beaucoup de son image

imagery ['ɪmɪdʒərɪ] N imagerie f

imaginary [ɪ'mædʒɪnərɪ] ADJ imaginaire

imagination [ɪˌmædʒɪ'neɪʃən] N imagination f ◆ it's just your ~! vous vous faites des idées !

imaginative [ɪ'mædʒɪnətɪv] ADJ [person, book, film, approach] plein d'imagination ; [solution, system, device] inventif

imagine [ɪ'mædʒɪn] VT (= suppose) imaginer (that que) ; (= picture to o.s.) (s')imaginer ◆ (just) ~! tu (t')imagines ! ◆ I can just ~ his reaction when he sees her je vois d'ici sa réaction quand il la verra ◆ I can't ~ living there je ne me vois pas vivre là ◆ he's (always) imagining things il se fait des idées ◆ I ~d I heard someone speak j'ai cru entendre parler

imbalance [ɪm'bæləns] N déséquilibre m

imbecile ['ɪmbəsiːl] N imbécile mf

IMF [ˌaɪem'ef] (abbrev of **International Monetary Fund**) FMI m

imitate ['ɪmɪteɪt] VT imiter

imitation [ˌɪmɪ'teɪʃən] **1** N imitation f **2** ADJ faux (fausse f) before n ◆ ~ leather imitation f cuir

immaculate [ɪ'mækjʊlɪt] ADJ impeccable

immaterial [ˌɪmə'tɪərɪəl] ADJ (= unimportant) sans importance ◆ that's ~ (= not important) ça n'a pas d'importance ; (= not relevant) ça n'est pas pertinent

immature [ˌɪmə'tjʊəʳ] ADJ **a** (= childish) immature **b** (= not full-grown) [fruit] vert ; [animal, tree] jeune

immaturity [ˌɪmə'tjʊərɪtɪ] N manque m de maturité

immediate [ɪ'miːdɪət] ADJ immédiat ♦ to take ~ action agir immédiatement ♦ the most ~ task la tâche la plus urgente

immediately [ɪ'miːdɪətlɪ] **1** ADV **a** (= at once) immédiatement ♦ ~ upon arrival dès l'arrivée **b** (= directly) directement ♦ ~ behind/above directement derrière/au-dessus **2** CONJ dès que

immense [ɪ'mens] ADJ immense

immensely [ɪ'menslɪ] ADV [rich, popular] extrêmement ; [enjoy, help] énormément

immerse [ɪ'mɜːs] VT immerger ♦ to ~ o.s. in se plonger dans ♦ to be ~d in one's work être absorbé dans son travail

immersion [ɪ'mɜːʃən] N immersion f ▸ immersion heater (Brit) (= boiler) chauffe-eau m inv électrique

immigrant ['ɪmɪgrənt] ADJ, N (newly arrived) immigrant(e) m(f) ; (well-established) immigré(e) m(f)

immigrate ['ɪmɪgreɪt] VI immigrer

immigration [ˌɪmɪ'greɪʃən] N immigration f

imminent ['ɪmɪnənt] ADJ imminent

immobile [ɪ'məʊbaɪl] ADJ immobile

immobilize [ɪ'məʊbɪlaɪz] VT immobiliser

immoral [ɪ'mɒrəl] ADJ immoral

immorality [ˌɪmə'rælɪtɪ] N immoralité f

immortal [ɪ'mɔːtl] ADJ, N immortel(le) m(f)

immortality [ˌɪmɔː'tælɪtɪ] N immortalité f

immortalize [ɪ'mɔːtəlaɪz] VT immortaliser

immune [ɪ'mjuːn] ADJ immunisé (from, to contre) ▸ immune system système m immunitaire

immunity [ɪ'mjuːnɪtɪ] N immunité f, (from, to contre)

immunize ['ɪmjʊnaɪz] VT immuniser

impact ['ɪmpækt] N impact m ♦ to make an ~ on sb (= affect) créer un choc chez qn ; (= impress) faire une forte impression sur qn ♦ to have an ~ on sth avoir des incidences sur qch

impair [ɪm'peəʳ] VT [+ sight, hearing] altérer ; [+ strength] diminuer

impaired [ɪm'peəd] ADJ [sight, hearing] affaibli ; [faculties, health] détérioré ; [strength] diminué

impart [ɪm'pɑːt] VT communiquer

impartial [ɪm'pɑːʃəl] ADJ impartial

impassable [ɪm'pɑːsəbl] ADJ [barrier, river] infranchissable ; [road] impraticable

impasse [æm'pɑːs] N impasse f

impassive [ɪm'pæsɪv] ADJ impassible

impatience [ɪm'peɪʃəns] N **a** (= eagerness) impatience f **b** (= intolerance) intolérance f (with à l'égard de)

impatient [ɪm'peɪʃənt] ADJ **a** (= eager) [person, answer] impatient ♦ to become or get ~ s'impatienter ♦ to leave impatient de partir **b** (= intolerant) intolérant (with à l'égard de)

impeachment [ɪm'piːtʃmənt] N [of public official] mise f en accusation (en vue d'une destitution); [of US president] procédure f d'impeachment

impeccable [ɪm'pekəbl] ADJ [manners, behaviour, taste] irréprochable ; [English, service, clothes] impeccable

impede [ɪm'piːd] VT entraver

impediment [ɪm'pedɪmənt] N (= obstacle) obstacle m ♦ speech ~ défaut m d'élocution

impel [ɪm'pel] VT (= compel) obliger (to do sth à faire qch) ; (= urge) inciter (to do sth à faire qch)

impending [ɪm'pendɪŋ] ADJ imminent

impenetrable [ɪm'penɪtrəbl] ADJ [forest] impénétrable ; [barrier] infranchissable ; [mystery] insondable

imperative [ɪm'perətɪv] **1** ADJ (gen) impératif ; [need] impérieux **2** N (Gram) impératif m

imperceptible [ˌɪmpə'septəbl] ADJ imperceptible (to à)

imperfect [ɪm'pɜːfɪkt] **1** ADJ (gen) imparfait ; [goods, copy] défectueux **2** N imparfait m

imperfection [ˌɪmpə'fekʃən] N imperfection f (in sth de qch) ; (in china, glass, jewel) défaut m (in sth de qch)

imperial [ɪm'pɪərɪəl] ADJ impérial ▸ imperial system système anglo-saxon de poids et mesures

imperialism [ɪm'pɪərɪəlɪzəm] N impérialisme m

imperious [ɪm'pɪərɪəs] ADJ impérieux

impersonal [ɪm'pɜːsnl] ADJ impersonnel

impersonate [ɪm'pɜːsəneɪt] VT se faire passer pour ; (for entertainment) imiter

impersonation [ɪmˌpɜːsə'neɪʃən] N (to entertain) imitation f ; (to deceive) usurpation f d'identité

impersonator [ɪm'pɜːsəneɪtəʳ] N (= entertainer) imitateur m, -trice f ; (= impostor) usurpateur m, -trice f d'identité

impertinent [ɪm'pɜːtɪnənt] ADJ impertinent (to sb envers qn)

impervious [ɪm'pɜːvɪəs] ADJ imperméable (to à)

impetuous [ɪm'petjʊəs] ADJ impétueux

impetus ['ɪmpɪtəs] N impulsion f

impinge [ɪm'pɪndʒ] VI ◆ **to ~ on sb/sth** affecter qn/qch ◆ **to ~ on sb's rights** porter atteinte aux droits de qn

implacable [ɪm'plækəbl] ADJ implacable

implant **1** VT [ɪm'plɑːnt] implanter **2** N ['ɪmplɑːnt] implant m

implausible [ɪm'plɔːzəbl] ADJ peu plausible

implement **1** N ['ɪmplɪmənt] outil m **2** VT ['ɪmplɪment] [+ decision, recommendation] mettre en œuvre ; [+ law] appliquer ; [+ system] mettre en place ; [+ idea] mettre en pratique

implicate ['ɪmplɪkeɪt] VT impliquer

implication [ˌɪmplɪ'keɪʃən] N (= inference) insinuation f ; (= possible result) implication f ◆ **to study all the ~s** étudier toutes les conséquences (possibles) ◆ **by ~** par voie de conséquence

implicit [ɪm'plɪsɪt] ADJ **a** (= implied) implicite **b** (= unquestioning) absolu

implicitly [ɪm'plɪsɪtlɪ] ADV **a** (= indirectly) implicitement **b** (= unquestioningly) tout à fait

implore [ɪm'plɔːʳ] VT implorer (sb to do sth qn de faire qch)

imploring [ɪm'plɔːrɪŋ] ADJ implorant

imply [ɪm'plaɪ] VT **a** [person] laisser entendre ; (= insinuate) insinuer **b** (= indicate) impliquer

impolite [ˌɪmpə'laɪt] ADJ impoli (to sb envers qn)

import **1** N ['ɪmpɔːt] importation f (into en) **2** VT [ɪm'pɔːt] importer ◆ **~ed goods** marchandises fpl d'importation

importance [ɪm'pɔːtəns] N importance f ◆ **of great ~** très important ◆ **of no ~** sans importance

important [ɪm'pɔːtənt] ADJ important (to or for sb/sth pour qn/qch) ◆ **it's not ~** ça n'a pas d'importance ◆ **the ~ thing is not to win but to take part** l'important n'est pas de gagner mais de participer

importer [ɪm'pɔːtəʳ] N (= person) importateur m, -trice f ; (= country) (pays m) importateur m

impose [ɪm'pəʊz] **1** VT imposer (on à) ; [+ sanctions] infliger (on à) **2** VI s'imposer ◆ **to ~ on sb** abuser de la gentillesse de qn

imposing [ɪm'pəʊzɪŋ] ADJ imposant

impossibility [ɪmˌpɒsə'bɪlɪtɪ] N impossibilité f (of sth de qch ; of doing sth de faire qch)

impossible [ɪm'pɒsɪbl] ADJ impossible ◆ **it is ~ for him to leave** il lui est impossible de partir ◆ **to make it ~ for sb to do sth** mettre qn dans l'impossibilité de faire qch

impossibly [ɪm'pɒsəblɪ] ADV [small, large, late] incroyablement

imposter, impostor [ɪm'pɒstəʳ] N imposteur m

impotent ['ɪmpətənt] ADJ impuissant

impound [ɪm'paʊnd] VT [+ property] confisquer ; [+ car] mettre en fourrière

impoverished [ɪm'pɒvərɪʃt] ADJ pauvre

impractical [ɪm'præktɪkəl] ADJ [plan] difficilement applicable ; [clothes] peu pratique

imprecise [ˌɪmprɪ'saɪs] ADJ imprécis

impregnable [ɪm'pregnəbl] ADJ imprenable

impregnate ['ɪmpregneɪt] VT **a** (= fertilize) féconder **b** (= saturate) imprégner (with de)

impresario [ˌɪmprɪ'sɑːrɪəʊ] N imprésario m

impress [ɪm'pres] VT impressionner ◆ **to be ~ed by sth** être impressionné par qch

impression [ɪm'preʃən] N **a** (gen) impression f ◆ **to make an ~ on sb** faire impression à qn ◆ **to make an ~ on sth** avoir un effet sur qch ◆ **to make a good/bad ~ on sb** faire bonne/mauvaise impression à qn ◆ **I was under the ~ that ...** j'avais l'impression que ... **b** (= imitation) imitation f ◆ **to do ~s** faire des imitations

impressionism [ɪm'preʃənɪzəm] N impressionnisme m

impressionist [ɪm'preʃənɪst] ADJ, N impressionniste mf

impressive [ɪm'presɪv] ADJ impressionnant

imprint **1** VT [ɪm'prɪnt] imprimer **2** N ['ɪmprɪnt] empreinte f

imprison [ɪm'prɪzn] VT emprisonner

imprisonment [ɪm'prɪznmənt] N emprisonnement m

improbable [ɪm'prɒbəbl] ADJ **a** (= unlikely) improbable ◆ **it is ~ that ...** il est peu probable que ... + subj **b** (= implausible) invraisemblable

impromptu [ɪm'prɒmptjuː] ADJ impromptu

improper [ɪm'prɒpəʳ] ADJ **a** (= indecent) indécent **b** (= dishonest) malhonnête **c** (= wrong) incorrect

improve [ɪm'pruːv] **1** VT améliorer **2** VI (= get better) s'améliorer ; [student, patient] faire des progrès ◆ **his French is improving** il fait des progrès en français ◆ **to ~ on sth** améliorer qch

improvement [ɪm'pruːvmənt] N amélioration f ◆ **there is room for ~** on pourrait faire mieux ◆ **to carry out ~s to a house** faire des travaux d'aménagement dans une maison

improvise ['ɪmprəvaɪz] VTI improviser

impudent ['ɪmpjʊdənt] ADJ impudent

impulse ['ɪmpʌls] N impulsion f ◆ **on a sudden ~ he ...** pris d'une impulsion soudaine il ... ◆ **to act on ~** agir par impulsion

impulsive [ɪmˈpʌlsɪv] ADJ [act, person] impulsif ; [remark] irréfléchi

impunity [ɪmˈpjuːnɪtɪ] N impunité *f* ◆ **with ~** impunément

impure [ɪmˈpjʊəʳ] ADJ impur ; [drug] frelaté

impurity [ɪmˈpjʊərɪtɪ] N impureté *f*

━━━━━━━━━━━━━━━━━━━━━
🔑 **in** [ɪn]
━━━━━━━━━━━━━━━━━━━━━

1 PREP **a** (place) dans ◆ **~ the box** dans la boîte ◆ **~ the street** dans la rue

b (with geographical names)

◆ **in** + feminine countries, regions, islands en ◆ **~ England** en Angleterre ◆ **~ Provence** en Provence ◆ **~ Israel** en Israël

◆ **in** + masculine country au ◆ **~ Japan** au Japon

◆ **in** + plural country aux ◆ **~ the United States** aux États-Unis

◆ **in** + town/island without article à ◆ **~ London** à Londres ◆ **~ Cuba** à Cuba

◆ **in** + masculine state/French region/county dans ◆ **~ Poitou** dans le Poitou ◆ **~ Sussex** dans le Sussex

c (with time expressions) (= in the space of) en ; (= after) dans ◆ **I can't do it ~ two hours** je ne peux pas le faire en deux heures ◆ **I'll be back ~ a week** je reviendrai dans une semaine ◆ **once ~ a hundred years** une fois tous les cent ans

d (month, year, season) en ◆ **~ May** en mai ◆ **~ 2001** en 2001 ◆ **~ summer/autumn/winter** en été/automne/hiver ◆ **~ spring** au printemps

e (= wearing) en ◆ **~ shorts/his slippers** en short/pantoufles ◆ **you look nice ~ that dress** tu es jolie dans cette robe

f (language, medium, material) en ◆ **~ French** en français ◆ **~ marble/velvet** en marbre/velours

g (ratio) sur ◆ **one man ~ ten** un homme sur dix

h (following superlative) de ◆ **the highest mountain ~ Europe** la plus haute montagne d'Europe

2 ADV **a** (= inside) à l'intérieur ◆ **she opened the door and they all rushed ~** elle a ouvert la porte et ils se sont tous précipités à l'intérieur ◆ **she opened her bag and put the ticket ~** elle a ouvert son sac et y a mis le billet

b (at home, work)

◆ **to be in** [person] être là ; [train] être en gare ◆ **is Paul ~?** est-ce que Paul est là ? ◆ **he's usually ~ on Saturday morning** il est généralement chez lui le samedi matin

c (set structures) ◆ **~ between** (= in time) entre-temps ; (in space) entre ◆ **we are ~ for trouble** * nous allons avoir des ennuis ◆ **to be ~ on a secret** être au courant d'un secret ◆ **to be well ~ with sb** * être dans les petits papiers de qn *

3 ADJ (* = fashionable) à la mode ◆ **it's the ~ place to eat** c'est le restaurant branché * en ce moment

4 NPL ◆ **to know the ~s and outs of a matter** connaître les tenants et aboutissants d'une affaire

5 COMP ▸ **in-built** [tendency] inné ; [feature, device] intégré ▸ **in-depth** ADJ en profondeur ▸ **in-house** ADJ [training] en entreprise ◇ ADV [train, produce] en interne ▸ **in-laws** * (= parents-in-law) beaux-parents *mpl* ; (others) belle-famille *f* ▸ **in-patient** malade *mf* hospitalisé(e) ▸ **in-tray** corbeille *f* arrivée

━━━━━━━━━━━━━━━━━━━━━

inability [ˌɪnəˈbɪlɪtɪ] N incapacité *f* (to do sth à faire qch)

inaccessible [ˌɪnækˈsesəbl] ADJ inaccessible (to sb/sth à qn/qch)

inaccurate [ɪnˈækjʊrɪt] ADJ (gen) inexact ; [method, instrument] imprécis

inactive [ɪnˈæktɪv] ADJ inactif

inactivity [ˌɪnækˈtɪvɪtɪ] N inactivité *f*

inadequacy [ɪnˈædɪkwəsɪ] N insuffisance *f*

inadequate [ɪnˈædɪkwɪt] ADJ (gen) insuffisant ; [housing, training] inadéquat ◆ **he felt ~** il ne se sentait pas à la hauteur

inadvertently [ˌɪnədˈvɜːtəntlɪ] ADV par inadvertance

inadvisable [ˌɪnədˈvaɪzəbl] ADJ inopportun ◆ **it would be ~ to do that** il est déconseillé de faire cela

inane [ɪˈneɪn] ADJ bête ◆ **~ remark** ineptie *f*

inanimate [ɪnˈænɪmɪt] ADJ inanimé

inappropriate [ˌɪnəˈprəʊprɪɪt] ADJ [action, behaviour, remark] inopportun ; [expression] impropre

inarticulate [ˌɪnɑːˈtɪkjʊlɪt] ADJ [speech] mal articulé ◆ **he is ~** (= unable to express himself) il s'exprime mal

inasmuch [ˌɪnəzˈmʌtʃ] ADV ◆ **~ as** (= seeing that) vu que ; (= insofar as) dans la mesure où

inaudible [ɪnˈɔːdəbl] ADJ inaudible

inaugurate [ɪˈnɔːgjʊreɪt] VT [+ building] inaugurer ; [+ president, official] investir dans ses fonctions

inauguration [ɪˌnɔːgjʊˈreɪʃən] N [of building] inauguration *f* ; [of president, official] investiture *f*

inborn [ˈɪnˈbɔːn] ADJ [ability, fear] inné ; [fault] congénital

inbred [ˈɪnˈbred] ADJ (= innate) inné (in sb chez qn)

inc abbrev of **inclusive**

Inc. (abbrev of **Incorporated**) SA

incalculable [ɪn'kælkjʊləbl] ADJ incalculable ; [value, importance, benefit] inestimable

incapable [ɪn'keɪpəbl] ADJ incapable (of doing sth de faire qch)

incarcerate [ɪn'kɑːsəreɪt] VT incarcérer

incarnation [ˌɪnkɑː'neɪʃən] N incarnation *f*

incendiary [ɪn'sendɪərɪ] ADJ incendiaire ▸ **incendiary device** dispositif *m* incendiaire

incense 1 VT [ɪn'sens] (= anger) mettre en fureur ; (stronger) mettre dans une rage folle **2** N ['ɪnsens] encens *m* ▸ **incense burner** brûle-encens *m*

incentive [ɪn'sentɪv] N **a** (= motivation) motivation *f* **b** (= promised reward) incitation *f* ▸ **incentive bonus** *or* **payment** prime *f* de rendement

incessant [ɪn'sesnt] ADJ incessant

incessantly [ɪn'sesntlɪ] ADV sans arrêt

incest ['ɪnsest] N inceste *m*

inch [ɪntʃ] **1** N pouce *m* (= 2,54 cm) ◆ **to come within an ~ of succeeding** être à deux doigts de réussir **2** VI ◆ **to ~ forward/out/in** avancer/sortir/entrer peu à peu

incidence ['ɪnsɪdəns] N [of disease] incidence *f* ; [of crime] taux *m*

incident ['ɪnsɪdənt] N incident *m*

incidental [ˌɪnsɪ'dentl] **1** ADJ secondaire **2** **incidentals** NPL (also **incidental expenses**) faux frais *mpl*

incidentally [ˌɪnsɪ'dentəlɪ] ADV au fait

incinerate [ɪn'sɪnəreɪt] VT incinérer

incinerator [ɪn'sɪnəreɪtəʳ] N incinérateur *m*

incision [ɪn'sɪʒən] N incision *f*

incisive [ɪn'saɪsɪv] ADJ [comment, criticism] incisif ; [mind] pénétrant

incisor [ɪn'saɪzəʳ] N incisive *f*

incite [ɪn'saɪt] VT inciter ◆ **to ~ sb to do sth** inciter qn à faire qch

incl. abbrev of **inclusive**

inclination [ˌɪnklɪ'neɪʃən] N (= liking) inclination *f* ; (= tendency) tendance *f* ; (= desire) envie *f*

incline 1 VT [ɪn'klaɪn] **a** (= bend) incliner **b** ◆ **to be ~d to do sth** (= have tendency to) avoir tendance à faire qch ; (= feel desire to) être enclin à faire qch **2** VI [ɪn'klaɪn] (= slope) s'incliner **3** N ['ɪnklaɪn] pente *f*

include [ɪn'kluːd] VT comprendre ◆ "**service ~d/not ~d**" "service compris/non compris" ◆ **everyone, children/myself ~d** tout le monde, les enfants/moi y compris

including [ɪn'kluːdɪŋ] PREP y compris ◆ **up to and ~ 4 May** jusqu'au 4 mai inclus

inclusive [ɪn'kluːsɪv] ADJ **a** (= comprehensive) [price, package] tout compris *inv* ; [amount, sum] global ◆ **~ of postage and packing** port et emballage compris **b** (= included) inclus ◆ **Tuesday to Saturday ~** de mardi à samedi inclus

incognito [ɪnkɒg'niːtəʊ] **1** ADV incognito **2** ADJ ◆ **to remain ~** garder l'incognito

incoherent [ˌɪnkəʊ'hɪərənt] ADJ [person, speech, letter] incohérent ; [style] décousu

income ['ɪnkʌm] N revenu(s) *m(pl)* ▸ **Income Support** (Brit) = revenu *m* minimum d'insertion ▸ **income tax** (gen) impôt *m* sur le revenu ; [of corporations] impôt *m* sur les bénéfices

incomparable [ɪn'kɒmpərəbl] ADJ incomparable (to, with à)

incompatible [ˌɪnkəm'pætəbl] ADJ incompatible

incompetence [ɪn'kɒmpɪtəns], **incompetency** [ɪn'kɒmpɪtənsɪ] N incompétence *f*

incompetent [ɪn'kɒmpɪtənt] ADJ, N incompétent(e) *m(f)*

incomplete [ˌɪnkəm'pliːt] ADJ incomplet (-ète *f*)

incomprehensible [ɪn,kɒmprɪ'hensəbl] ADJ incompréhensible (to sb à qn)

inconceivable [ˌɪnkən'siːvəbl] ADJ inconcevable

inconclusive [ˌɪnkən'kluːsɪv] ADJ [outcome, results, evidence] peu concluant ; [war, fighting] sans vainqueur ni vaincu

incongruous [ɪn'kɒŋgrʊəs] ADJ (= out of place) incongru ; (= absurd) absurde

inconsiderate [ˌɪnkən'sɪdərɪt] ADJ [person] peu prévenant ; [action, reply] inconsidéré ◆ **that was very ~ of you** c'était très incorrect de ta part

inconsistent [ˌɪnkən'sɪstənt] ADJ **a** (= capricious) [person] inconstant ; [behaviour] incohérent **b** (= variable) inégal **c** (= contradictory) contradictoire

inconsolable [ˌɪnkən'səʊləbl] ADJ inconsolable

inconspicuous [ˌɪnkən'spɪkjʊəs] ADJ [person, action] qui passe inaperçu ; [dress] discret (-ète *f*)

incontinent [ɪn'kɒntɪnənt] ADJ incontinent

inconvenience [ˌɪnkən'viːnɪəns] **1** N **a** (= disadvantage) inconvénient *m* **b** (= bother) ◆ **to put sb to great ~** causer beaucoup de dérangement à qn ◆ **I don't want to put you to any ~** je ne veux surtout pas vous déranger **2** VT déranger

inconvenient [ˌɪnkən'viːnɪənt] ADJ [time, moment] inopportun ; [visitor] importun ; [information, truth] gênant ; [arrangement, location] peu pratique

incorporate [ɪnˈkɔːpəreɪt] VT **a** (= introduce as part) incorporer **b** (= include, contain) comprendre ; (= bring together) rassembler **c** [+ company] absorber ◆ **Smith Robinson Incorporated** Smith Robinson SA

incorrect [ˌɪnkəˈrekt] ADJ incorrect ; [assumption, belief] erroné ; [diet, dress] inadapté

incorrigible [ɪnˈkɒrɪdʒəbl] ADJ incorrigible

increase **1** VI [ɪnˈkriːs] (gen) augmenter ; [trade] se développer ; [noise, effort] s'intensifier ; [rain, wind] redoubler ◆ **to ~ in volume** augmenter de volume **2** VT [ɪnˈkriːs] (gen) augmenter (by de) ; [+ trade, business] développer ; [+ noise] intensifier **3** N [ˈɪnkriːs] (gen) augmentation *f* ; [of trade, business] développement *m* ; [of noise] intensification *f* ◆ **a pay ~** une augmentation (de salaire) ◆ **to be on the ~** être en augmentation

increasing [ɪnˈkriːsɪŋ] ADJ croissant

increasingly [ɪnˈkriːsɪŋlɪ] ADV (= more and more) de plus en plus ; (= more and more often) de plus en plus souvent ◆ **~ unreliable** de moins en moins fiable

incredible [ɪnˈkredəbl] ADJ incroyable ◆ **it is ~ that ...** il est incroyable que ... + *subj*

incredibly [ɪnˈkredəblɪ] ADV incroyablement

incredulous [ɪnˈkredjʊləs] ADJ incrédule

increment [ˈɪnkrɪmənt] **1** N (in salary) échelon *m* **2** VT augmenter

incriminate [ɪnˈkrɪmɪneɪt] VT incriminer

incriminating [ɪnˈkrɪmɪneɪtɪŋ] ADJ compromettant ◆ **~ evidence** pièces *fpl* à conviction

incubate [ˈɪnkjʊbeɪt] **1** VT incuber **2** VI être en incubation

incubator [ˈɪnkjʊbeɪtə^r] N (for chicks, eggs, babies) couveuse *f*

incur [ɪnˈkɜː^r] VT [+ blame, costs] encourir ; [+ risk] courir ; [+ debts] contracter ; [+ loss] subir

incurable [ɪnˈkjʊərəbl] ADJ incurable

indebted [ɪnˈdetɪd] ADJ **a** (financially) endetté **b** (= grateful) ◆ **I am ~ to him for pointing out that ...** je lui suis redevable d'avoir fait remarquer que ...

indecent [ɪnˈdiːsnt] ADJ indécent ▶ **indecent assault** attentat *m* à la pudeur (on sb contre qn) ▶ **indecent exposure** outrage *m* public à la pudeur

indecision [ˌɪndɪˈsɪʒən] N indécision *f*

indecisive [ˌɪndɪˈsaɪsɪv] ADJ **a** (= uncertain) indécis (about *or* over sth à propos de qch) **b** (= inconclusive) peu concluant

indeed [ɪnˈdiːd] ADV **a** (indicating confirmation, agreement) en effet ◆ **are you coming? – ~ I am!** vous venez ? – bien sûr ! **b** (introducing further information) d'ailleurs ◆ **he was happy, ~ delighted** il était content, et même ravi **c** (as intensifier) vraiment ◆ **I am very grateful/pleased** ◆ je suis vraiment reconnaissant/très content ◆ **thank you very much ~** je vous remercie infiniment **d** (showing interest, irony, surprise) ◆ **~ ?** vraiment ?

indefinable [ˌɪndɪˈfaɪnəbl] ADJ indéfinissable

indefinite [ɪnˈdefɪnɪt] ADJ **a** (= unspecified) indéterminé ; [strike, ban] illimité **b** (= vague) [feelings] indéfini ; [word, plans] imprécis **c** (Gram) ◆ **~ article** article *m* indéfini

indefinitely [ɪnˈdefɪnɪtlɪ] ADV [last, continue, stay] indéfiniment ; [adjourn] pour une durée indéterminée

indelible [ɪnˈdeləbl] ADJ indélébile

indelicate [ɪnˈdelɪkɪt] ADJ (= indiscreet) indélicat ; (= tactless) indiscret (-ète *f*)

indemnity [ɪnˈdemnɪtɪ] N **a** (= compensation) indemnité *f* **b** (= insurance) assurance *f*

indent [ɪnˈdent] VT [+ word, line] mettre en alinéa ; [+ whole paragraph] mettre en retrait

independence [ˌɪndɪˈpendəns] N indépendance *f* (from par rapport à) ▶ **Independence Day** (US) fête *f* de l'Indépendance américaine *(le 4 juillet)*

independent [ˌɪndɪˈpendənt] ADJ indépendant ; [radio] libre ▶ **independent school** (Brit) établissement *m* d'enseignement privé

independently [ˌɪndɪˈpendəntlɪ] ADV [act, live] de façon indépendante ; [think] par soi-même ; [research, negotiate, investigate] séparément ◆ **~ of sb/sth** indépendamment de qn/qch

indescribable [ˌɪndɪsˈkraɪbəbl] ADJ indescriptible

indestructible [ˌɪndɪsˈtrʌktəbl] ADJ indestructible

indeterminate [ˌɪndɪˈtɜːmɪnɪt] ADJ indéterminé

index [ˈɪndeks] **1** N **a** (pl indexes) (in book) index *m* ▶ **index card** fiche *f* ▶ **index finger** index *m* **b** (pl indices) (Fin) indice *m* ◆ **cost-of-living ~** indice *m* du coût de la vie ◆ **share ~** indice *m* boursier **2** VT indexer

India [ˈɪndɪə] N Inde *f*

Indian [ˈɪndɪən] **1** ADJ indien ▶ **Indian Ocean** océan *m* Indien ▶ **Indian summer** été *m* indien **2** N Indien(ne) *m(f)*

indicate [ˈɪndɪkeɪt] **1** VT **a** (gen) indiquer **b** (= make known) [+ intentions, opinion] faire part de ; [+ feelings] laisser voir **2** VI (in car) mettre son clignotant

indication [ˌɪndɪˈkeɪʃən] N indication *f* ◆ we had no ~ that ... rien ne laissait prévoir que ... ◆ there is every ~ that ... tout porte à croire que ...

indicative [ɪnˈdɪkətɪv] **1** ADJ ◆ to be ~ of sth être révélateur de qch ◆ to be ~ of the fact that ... montrer que ... **2** N (in grammar) (mode *m*) indicatif *m*

indicator [ˈɪndɪkeɪtər] N indicateur *m* ; (Brit: on car) clignotant *m*

indices [ˈɪndɪsiːz] NPL of index

indict [ɪnˈdaɪt] VT mettre en examen

indictment [ɪnˈdaɪtmənt] N (= bill) acte *m* d'accusation (for de) ; (= process) mise *f* en examen (for pour) ; (US) accusation *f* (par le jury d'accusation)

indifference [ɪnˈdɪfrəns] N indifférence *f* (towards envers)

indifferent [ɪnˈdɪfrənt] ADJ **a** (= lacking interest) indifférent (to à) **b** (= mediocre) médiocre

indifferently [ɪnˈdɪfrəntlɪ] ADV **a** (= uninterestedly) avec indifférence **b** (= badly) médiocrement

indigenous [ɪnˈdɪdʒɪnəs] ADJ indigène

indigestion [ˌɪndɪˈdʒestʃən] N indigestion *f* ◆ to have an attack of ~ avoir une indigestion

indignant [ɪnˈdɪɡnənt] ADJ indigné (at sth de qch) ◆ to become ~ s'indigner

indignation [ˌɪndɪɡˈneɪʃən] N indignation *f* (at devant ; with contre)

indignity [ɪnˈdɪɡnɪtɪ] N outrage *m*

indirect [ˌɪndɪˈrekt] ADJ indirect ▸ indirect object complément *m* d'objet indirect

indirectly [ˌɪndɪˈrektlɪ] ADV indirectement

indiscernible [ˌɪndɪˈsɜːnəbl] ADJ indiscernable

indiscreet [ˌɪndɪsˈkriːt] ADJ indiscret (-ète *f*)

indiscretion [ˌɪndɪsˈkreʃən] N indiscrétion *f*

indiscriminate [ˌɪndɪsˈkrɪmɪnɪt] ADJ [killing, violence] aveugle ; [punishment] distribué à tort et à travers ◆ ~ use of pesticides emploi *m* sans discernement des pesticides

indispensable [ˌɪndɪsˈpensəbl] ADJ indispensable (to à)

indisposed [ˌɪndɪsˈpəʊzd] ADJ **a** (= unwell) souffrant **b** (= disinclined) ◆ to be ~ to do sth être peu disposé à faire qch

indisputable [ˌɪndɪsˈpjuːtəbl] ADJ incontestable

indistinct [ˌɪndɪsˈtɪŋkt] ADJ [sound, shape] indistinct ; [memory, photograph] flou

indistinguishable [ˌɪndɪsˈtɪŋɡwɪʃəbl] ADJ indifférenciable

individual [ˌɪndɪˈvɪdjʊəl] **1** ADJ **a** (= separate) individuel **b** (= distinctive, characteristic) personnel **2** N individu *m*

individualist [ˌɪndɪˈvɪdjʊəlɪst] N individualiste *mf*

individuality [ˌɪndɪˌvɪdjʊˈælɪtɪ] N individualité *f*

individually [ˌɪndɪˈvɪdjʊəlɪ] ADV **a** (= separately) individuellement **b** (= uniquely) de façon personnalisée

indoctrinate [ɪnˈdɒktrɪneɪt] VT endoctriner

indoctrination [ɪnˌdɒktrɪˈneɪʃən] N endoctrinement *m*

indolent [ˈɪndələnt] ADJ indolent

Indonesia [ˌɪndəˈniːzə] N Indonésie *f*

Indonesian [ˌɪndəˈniːzən] **1** ADJ indonésien **2** N (= person) Indonésien(ne) *m(f)*

indoor [ˈɪndɔːr] ADJ [activity, shoes, photography] d'intérieur ; [market, swimming pool] couvert ; [sports] en salle

indoors [ɪnˈdɔːz] ADV (in building) à l'intérieur ; (at home) chez soi ◆ to go ~ rentrer

induce [ɪnˈdjuːs] VT **a** (= persuade) inciter (sb to do sth qn à faire qch) **b** (= bring about) provoquer

inducement [ɪnˈdjuːsmənt] N (= reward) récompense *f* ; (= bribe) pot-de-vin *m*

induction [ɪnˈdʌkʃən] N [of clergyman, president] installation *f* ; [of new staff members] intégration *f* ; (US) [of new recruit] incorporation *f* ▸ induction course, induction training cours *m* d'introduction

indulge [ɪnˈdʌldʒ] **1** VT (= spoil) [+ person] gâter ; (= give way to) [+ person, desires, laziness] céder à ◆ ~ yourself with a nice glass of wine faites-vous plaisir et prenez un bon verre de vin **2** VI ◆ to ~ in sth se permettre qch

indulgence [ɪnˈdʌldʒəns] N **a** (= tolerance) indulgence *f* **b** (= luxury) luxe *m* ; (= treat) gâterie *f*

indulgent [ɪnˈdʌldʒənt] ADJ indulgent (to envers, pour)

industrial [ɪnˈdʌstrɪəl] ADJ (gen) industriel ; [worker] de l'industrie ; [accident, injury] du travail ▸ industrial action (Brit) action *f* revendicative ; (= strike) grève *f* ▸ industrial dispute (Brit) conflit *m* social ▸ industrial estate (Brit), industrial park zone *f* industrielle ▸ Industrial Revolution révolution *f* industrielle

industrialist [ɪnˈdʌstrɪəlɪst] N industriel *m*

industrialization [ɪnˌdʌstrɪəlaɪˈzeɪʃən] N industrialisation *f*

industrialize [ɪnˈdʌstrɪəlaɪz] VT industrialiser

industrious [ɪnˈdʌstrɪəs] ADJ travailleur

industry [ˈɪndəstrɪ] N industrie f ◆ **the hotel ~** l'industrie f hôtelière ◆ **the tourist ~** le secteur du tourisme

inebriated [ɪˈniːbrɪˌeɪtɪd] ADJ ivre

inedible [ɪnˈedɪbl] ADJ (= not meant to be eaten) non comestible ; (= not fit to be eaten) immangeable

ineffective [ˌɪnɪˈfektɪv], **ineffectual** [ˌɪnɪˈfektjʊəl] ADJ inefficace (in doing sth pour faire qch)

inefficiency [ˌɪnɪˈfɪʃənsɪ] N [of action, machine, measures] inefficacité f ; [of person] manque m d'efficacité

inefficient [ˌɪnɪˈfɪʃənt] ADJ [person, measures, product] inefficace ; [machine, factory] peu performant

inelegant [ɪnˈelɪgənt] ADJ peu élégant

ineligible [ɪnˈelɪdʒəbl] ADJ [candidate] inéligible ◆ **to be ~ for sth** ne pas avoir droit à qch

inept [ɪˈnept] ADJ (= incompetent) incompétent ; [remark] déplacé

inequality [ˌɪnɪˈkwɒlɪtɪ] N inégalité f

inert [ɪˈnɜːt] ADJ inerte

inertia [ɪˈnɜːʃə] N inertie f

inescapable [ˌɪnɪsˈkeɪpəbl] ADJ inévitable

inevitable [ɪnˈevɪtəbl] ADJ inévitable

inevitably [ɪnˈevɪtəblɪ] ADV inévitablement

inexact [ˌɪnɪgˈzækt] ADJ inexact

inexcusable [ˌɪnɪksˈkjuːzəbl] ADJ inexcusable

inexhaustible [ˌɪnɪgˈzɔːstəbl] ADJ inépuisable

inexpensive [ˌɪnɪksˈpensɪv] ADJ peu cher

inexperience [ˌɪnɪksˈpɪərɪəns] N manque m d'expérience

inexperienced [ˌɪnɪksˈpɪərɪənst] ADJ inexpérimenté ◆ **to be ~** manquer d'expérience

inexplicable [ˌɪnɪksˈplɪkəbl] ADJ inexplicable

inextricable [ˌɪnɪksˈtrɪkəbl] ADJ inextricable

infallible [ɪnˈfæləbl] ADJ infaillible

infamous [ˈɪnfəməs] ADJ [person, place] tristement célèbre ; [incident] notoire ; [case, trial] ignominieux

infancy [ˈɪnfənsɪ] N petite enfance f, bas âge m ; (fig) ◆ **in its ~** à ses débuts

infant [ˈɪnfənt] N (= newborn) nouveau-né m ; (= baby) nourrisson m ; (= young child) enfant mf en bas âge ▸ **infant school** (Brit) ≃ cours m préparatoire et première année de cours élémentaire *(entre quatre et sept ans)*

infantile [ˈɪnfəntaɪl] ADJ infantile

infantry [ˈɪnfəntrɪ] N infanterie f

infatuated [ɪnˈfætjʊeɪtɪd] ADJ ◆ **to be ~ with** être fou de ◆ **to become ~ with** s'enticher de

infatuation [ɪnˌfætjʊˈeɪʃən] N amour m fou

infect [ɪnˈfekt] VT [+ person, wound] infecter ; [+ blood] contaminer ◆ **to become ~ed** s'infecter ◆ **to be ~ed with** être atteint de

infection [ɪnˈfekʃən] N [of person, wound] infection f ; [of blood] contamination f ◆ **a throat ~** une angine ◆ **an ear ~** une otite

infectious [ɪnˈfekʃəs] ADJ contagieux

infer [ɪnˈfɜːʳ] VT **a** (= conclude) déduire **b** (* = imply) laisser entendre

inference [ˈɪnfərəns] N (= conclusion) déduction f ◆ **by ~** par déduction

inferior [ɪnˈfɪərɪəʳ] **1** ADJ inférieur (-eure f) (to sb à qn ; in sth en qch) ; [product] de qualité inférieure ; [service, work] de second ordre ◆ **to feel ~** avoir un sentiment d'infériorité **2** N (in quality, social standing) inférieur m, -eure f ; (in authority, rank) subalterne mf

inferiority [ɪnˌfɪərɪˈɒrɪtɪ] N infériorité f (to par rapport à) ▸ **inferiority complex** complexe m d'infériorité

infernal [ɪnˈfɜːnl] ADJ infernal

inferno [ɪnˈfɜːnəʊ] N ◆ **a blazing ~** un brasier

infertile [ɪnˈfɜːtaɪl] ADJ stérile

infertility [ˌɪnfɜːˈtɪlɪtɪ] N stérilité f

infest [ɪnˈfest] VT infester (with de)

infidelity [ˌɪnfɪˈdelɪtɪ] N infidélité f

infiltrate [ˈɪnfɪlˌtreɪt] **1** VI s'infiltrer **2** VT [+ group, organization] infiltrer ; [troops] [+ territory, city, enemy lines] s'infiltrer dans

infinite [ˈɪnfɪnɪt] ADJ, N infini m

infinitely [ˈɪnfɪnɪtlɪ] ADV infiniment

infinitive [ɪnˈfɪnɪtɪv] ADJ, N infinitif m

infinity [ɪnˈfɪnɪtɪ] N infinité f ; (Math) infini m ◆ **to ~** à l'infini

infirm [ɪnˈfɜːm] ADJ infirme

infirmary [ɪnˈfɜːmərɪ] N (= hospital) hôpital m ; (in school) infirmerie f

infirmity [ɪnˈfɜːmɪtɪ] N infirmité f

inflamed [ɪnˈfleɪmd] ADJ [wound, organ] enflammé

inflammable [ɪnˈflæməbl] ADJ **a** [liquid, substance] inflammable **b** [situation] explosif

inflammation [ˌɪnfləˈmeɪʃən] N inflammation f

inflatable [ɪnˈfleɪtəbl] ADJ [dinghy, mattress] pneumatique ; [toy, rubber ring] gonflable

inflate [ɪnˈfleɪt] **1** VT gonfler **2** VI se gonfler

inflation [ɪnˈfleɪʃən] N inflation f

inflationary [ɪnˈfleɪʃnərɪ] ADJ inflationniste

inflexible [ɪnˈfleksəbl] ADJ [person, attitude] inflexible ; [object, system, policy] rigide

inflict [ɪnˈflɪkt] VT infliger (on à) ◆ **to ~ damage** causer des dégâts

influence [ˈɪnfluəns] **1** N influence f ◆ **under the ~ of** (person) sous l'influence de ◆ **under the ~ of** (drink, drugs) sous l'effet de **2** VT influencer ◆ **to be ~d by** se laisser influencer par

influential [ˌɪnfluˈenʃəl] ADJ influent ◆ **to be ~** avoir de l'influence

influx [ˈɪnflʌks] N [of people] afflux m ; [of new ideas, attitudes] flux m

info* [ˈɪnfəʊ] N (abbrev of **information**) renseignements mpl ; (= tips) tuyaux * mpl

inform [ɪnˈfɔːm] **1** VT informer (of de) ; (= warn) avertir (of de) ◆ **keep me ~ed** tenez-moi au courant **2** VI ◆ **to ~ on sb** dénoncer qn

informal [ɪnˈfɔːməl] ADJ **a** (= relaxed) décontracté **b** [language, expression] familier **c** (= unceremonious) [party, meal, visit] sans cérémonie ; [clothes] décontracté **d** (= unofficial) non officiel

informality [ˌɪnfɔːˈmælɪtɪ] N [of visit, style, language] simplicité f ; [of agreement, occasion] caractère m informel

informant [ɪnˈfɔːmənt] N informateur m, -trice f ; (= police informer) indicateur m, -trice f

information [ˌɪnfəˈmeɪʃən] N **a** (= facts) renseignements mpl, information(s) f(pl) ◆ **a piece of ~** un renseignement, une information ◆ **to give sb ~ about sth/sb** renseigner qn sur qch/qn ◆ **I enclose for your ~ a copy of …** à titre d'information je joins une copie de … ▸ **information bureau** bureau m de renseignements ▸ **information desk** accueil m ▸ **information highway, information superhighway** autoroute f de l'information ▸ **information technology** informatique f **b** (US = telephone service) (service m des) renseignements mpl

informative [ɪnˈfɔːmətɪv] ADJ instructif

informer [ɪnˈfɔːməʳ] N délateur m, -trice f ◆ **police ~** indicateur m, -trice f

infrared [ˈɪnfrəˈred] ADJ infrarouge

infrastructure [ˈɪnfrəˌstrʌktʃəʳ] N infrastructure f

infrequent [ɪnˈfriːkwənt] ADJ peu fréquent

infringe [ɪnˈfrɪndʒ] **1** VT [+ law, rule] enfreindre **2** VI ◆ **to ~ on sb's rights/privacy** porter atteinte aux droits/à la vie privée de qn

infringement [ɪnˈfrɪndʒmənt] N [of law] violation f ; [of rule] infraction f (of sth à qch) ; [of rights, liberties] atteinte f (of sth à qch)

infuriate [ɪnˈfjʊərɪeɪt] VT rendre furieux ◆ **to be ~d by sth/sb** être exaspéré par qch/qn

infuriating [ɪnˈfjʊərɪeɪtɪŋ] ADJ exaspérant

infuse [ɪnˈfjuːz] VT [+ tea, herbs] faire infuser

infusion [ɪnˈfjuːʒən] N infusion f

ingenious [ɪnˈdʒiːnɪəs] ADJ ingénieux

ingenuity [ˌɪndʒɪˈnjuːɪtɪ] N ingéniosité f

ingenuous [ɪnˈdʒenjʊəs] ADJ (= naïve) naïf (naïve f) ; (= candid) franc (franche f)

ingot [ˈɪŋgət] N lingot m

ingrained [ˈɪnˈgreɪnd] ADJ **a** (= deep-seated) enraciné (in sb chez qn ; in sth dans qch) ; [habit] invétéré **b** [dirt] incrusté

ingratiating [ɪnˈgreɪʃɪeɪtɪŋ] ADJ doucereux

ingratitude [ɪnˈgrætɪtjuːd] N ingratitude f

ingredient [ɪnˈgriːdɪənt] N ingrédient m

ingrowing [ˈɪnˌgrəʊɪŋ] ADJ ◆ **~ nail** ongle m incarné

ingrown [ˈɪnˌgrəʊn] ADJ (US) ◆ **~ nail** ongle m incarné

inhabit [ɪnˈhæbɪt] VT [+ town, country] habiter ; [+ house] habiter (dans) ◆ **~ed** habité

inhabitant [ɪnˈhæbɪtənt] N habitant(e) m(f)

inhale [ɪnˈheɪl] **1** VT [+ gas] inhaler ; [+ perfume] humer ; [smoker] avaler **2** VI [smoker] avaler la fumée

inhaler [ɪnˈheɪləʳ] N inhalateur m

inherent [ɪnˈhɪərənt] ADJ inhérent (in à)

inherit [ɪnˈherɪt] **1** VT hériter de **2** VI hériter

inheritance [ɪnˈherɪtəns] N **a** (= succession) succession f **b** (= thing inherited) héritage m ; [of nation] patrimoine m

inhibit [ɪnˈhɪbɪt] VT [+ growth, development] (= slow down) freiner ; (= hinder) entraver ; (= prevent) empêcher

inhibited [ɪnˈhɪbɪtɪd] ADJ inhibé ; (sexually) refoulé

inhibition [ˌɪnhɪˈbɪʃən] N inhibition f

inhospitable [ˌɪnhɒsˈpɪtəbl] ADJ [person, behaviour, reception] peu accueillant ; [country, climate] inhospitalier ; [weather] désagréable

inhuman [ɪnˈhjuːmən] ADJ inhumain

initial [ɪˈnɪʃəl] **1** ADJ initial ◆ **in the ~ stages** au début ◆ **~ letter** initiale f **2** N initiale f ◆ **~s** initiales fpl ; (as signature) paraphe m **3** VT [+ letter, document] parapher ; (= approve) viser

initially [ɪˈnɪʃəlɪ] ADV au début

initiate 1 VT [ɪˈnɪʃɪeɪt] **a** [+ talks, action, reform] engager ; [+ enterprise, fashion] lancer ; [+ scheme] mettre en place ◆ **to ~ proceedings against sb** intenter un procès à qn **b** [+ person] initier **2** ADJ, N [ɪˈnɪʃɪɪt] initié(e) m(f)

initiation [ɪˌnɪʃɪˈeɪʃən] N **a** (gen) lancement m ; [of scheme] mise f en place **b** [of person] initiation f (into à)

initiative [r'nɪʃətɪv] N initiative f ◆ to take the ~ prendre l'initiative (in doing sth de faire qch) ◆ to use one's ~ faire preuve d'initiative ◆ on one's own ~ de sa propre initiative

inject [ɪn'dʒekt] VT (gen) injecter ◆ to ~ sb with sth faire une piqûre de qch à qn

injection [ɪn'dʒekʃən] N injection f ◆ to have an ~ avoir une piqûre

injunction [ɪn'dʒʌŋkʃən] N injonction f ; (= court order) ordonnance f

injure ['ɪndʒər] VT a (= hurt physically) [+ person, limb] blesser ◆ to ~ o.s. se blesser ◆ to ~ one's leg se blesser à la jambe b (= offend) blesser ; [+ reputation, trade] compromettre

injured ['ɪndʒəd] 1 ADJ a (physically) blessé ; (in road accident) accidenté b (= offended) [person, voice] offensé ◆ the ~ party la partie lésée 2 the injured NPL les blessés mpl

injury ['ɪndʒərɪ] N (physical) blessure f ▸ injury time (Brit) arrêts mpl de jeu

injustice [ɪn'dʒʌstɪs] N injustice f

ink [ɪŋk] 1 N encre f ▸ ink blot tache f d'encre 2 VT encrer

inkling ['ɪŋklɪŋ] N soupçon m ◆ I had no ~ that ... je ne me doutais pas du tout que ...

inlaid [ɪn'leɪd] ADJ [brooch, sword] incrusté (with de) ; [box, table] marqueté

inland ['ɪnlænd] 1 ADJ intérieur (-eure f) ◆ ~ waterways canaux mpl et rivières fpl ▸ the Inland Revenue (Brit) le fisc 2 ADV à l'intérieur ◆ to go ~ aller dans l'arrière-pays

inlet ['ɪnlet] N a [of sea] crique f ; [of river] bras m de rivière b (for air) arrivée f

inmate ['ɪnmeɪt] N [of prison] détenu(e) m(f) ; [of asylum] interné(e) m(f) ; [of hospital] malade mf

inn [ɪn] N auberge f

innate [ɪ'neɪt] ADJ inné

inner ['ɪnər] ADJ a [room, courtyard] intérieur (-eure f) ▸ the inner city les quartiers mpl déshérités (du centre-ville) ▸ inner tube chambre f à air b [emotions, thoughts] intime ; [life] intérieur (-eure f)

innermost ['ɪnəməʊst] ADJ ◆ my ~ thoughts mes pensées les plus secrètes ◆ my ~ feelings mes sentiments les plus intimes

innings ['ɪnɪŋz] N (pl inv: Cricket) tour m de batte

innocence ['ɪnəsns] N innocence f

innocent ['ɪnəsnt] ADJ innocent

innocuous [ɪ'nɒkjʊəs] ADJ inoffensif

innovate ['ɪnəʊveɪt] VTI innover

innovation [ˌɪnəʊ'veɪʃən] N innovation f

innovative ['ɪnəʊˌveɪtɪv] ADJ [person, organization] innovateur (-trice f) ; [idea, design] novateur (-trice f) ; [product] original

innovator ['ɪnəʊveɪtər] N innovateur m, -trice f

innuendo [ˌɪnjʊ'endəʊ] N (pl innuendo(e)s) insinuation f

innumerable [ɪ'njuːmərəbl] ADJ innombrable

inoculate [ɪ'nɒkjʊleɪt] VT vacciner ◆ to ~ sb with sth inoculer qch à qn

inoculation [ɪˌnɒkjʊ'leɪʃən] N inoculation f

inoffensive [ˌɪnə'fensɪv] ADJ inoffensif

inordinate [ɪ'nɔːdɪnɪt] ADJ [size, number, quantity] démesuré ; [demands] extravagant ; [pride, pleasure] extrême ◆ an ~ amount of énormément de

input ['ɪnpʊt] 1 N a (= contribution) contribution f ; [of funds, labour] apport m b (= data) input m ; (= act of inputting) saisie f (de données) 2 VT [+ data] saisir

inquest ['ɪnkwest] N enquête f (criminelle)

inquire [ɪn'kwaɪər] 1 VI se renseigner (about sth sur qch) ; (= ask) demander ◆ to ~ after sb/sth demander des nouvelles de qn/qch ◆ to ~ into [+ subject] faire des recherches sur ; [+ possibilities] se renseigner sur 2 VT demander

inquiring [ɪn'kwaɪərɪŋ] ADJ [mind] curieux ; [look] interrogateur (-trice f)

inquiry [ɪn'kwaɪərɪ] N a (from individual) demande f de renseignements ◆ to make inquiries (about sb/sth) se renseigner (sur qn/qch) ▸ inquiry desk, inquiry office (bureau m de) renseignements mpl b (official, legal) enquête f ◆ to hold an ~ (into sth) enquêter (sur qch) ◆ a murder ~ une enquête sur un meurtre

inquisitive [ɪn'kwɪzɪtɪv] ADJ curieux

inroads ['ɪnrəʊdz] NPL ◆ to make ~ into [+ supplies] entamer ; [+ sb's rights] empiéter sur

insane [ɪn'seɪn] ADJ [person] fou (folle f)

insanitary [ɪn'sænɪtərɪ] ADJ insalubre

insanity [ɪn'sænɪtɪ] N démence f

insatiable [ɪn'seɪʃəbl] ADJ insatiable (for sth de qch)

inscribe [ɪn'skraɪb] VT (= write) inscrire ; (= engrave) graver

inscription [ɪn'skrɪpʃən] N (on coin, monument) inscription f ; (= dedication) dédicace f

inscrutable [ɪn'skruːtəbl] ADJ impénétrable (to sb/sth à qn/qch)

insect ['ɪnsekt] N insecte m ▸ insect repellent produit m antimoustiques ▸ insect spray bombe f insecticide

insecticide [ɪn'sektɪsaɪd] ADJ, N insecticide m

insecure [ˌɪnsɪˈkjʊəʳ] ADJ **a** (= unsure of oneself) ◆ **to feel ~** se sentir mal dans sa peau **b** [future] incertain ; [job, rights] précaire **c** [building, district, ladder] peu sûr ; [rope, load] mal arrimé

insecurity [ˌɪnsɪˈkjʊərɪtɪ] N insécurité f

insensible [ɪnˈsensəbl] ADJ **a** (= unconscious) inconscient **b** (= impervious) insensible (to sth à qch)

insensitive [ɪnˈsensɪtɪv] ADJ insensible (to sth à qch ; to sb envers qn) ; [remark, act] indélicat

insensitivity [ɪnˌsensɪˈtɪvɪtɪ] N insensibilité f

inseparable [ɪnˈsepərəbl] ADJ inséparable (from de)

insert [ɪnˈsɜːt] VT insérer ; [+ finger] enfoncer ; [+ key] introduire

insertion [ɪnˈsɜːʃən] N insertion f

inshore [ˈɪnˈʃɔːʳ] ADJ côtier

inside [ˈɪnˈsaɪd] **1** ADV dedans, à l'intérieur ◆ **come ~!** entrez (donc) ! ◆ **let's go ~** rentrons **2** PREP **a** (of place) à l'intérieur de, dans ◆ **the house** à l'intérieur de la maison, dans la maison **b** (of time) en moins de ◆ **he came back ~ three minutes** il est revenu en moins de trois minutes **3** N intérieur m ◆ **on the ~** à l'intérieur ◆ **your coat is ~ out** ton manteau est à l'envers ◆ **I turned the bag ~ out** j'ai retourné le sac ◆ **to know sth ~ out** connaître qch à fond **4** **insides** NPL (* = stomach) ventre m **5** ADJ intérieur (-eure f) ◆ **to get ~ information** obtenir des renseignements de première main ◆ **the ~ lane** (in Britain) ≈ la voie de gauche ; (in US, continental Europe) ≈ la voie de droite ▸ **inside leg** entrejambe m

insider [ɪnˈsaɪdəʳ] N (= person with inside information) initié(e) m(f) ▸ **insider dealing, insider trading** délit m d'initiés

insidious [ɪnˈsɪdɪəs] ADJ insidieux

insight [ˈɪnsaɪt] N **a** (= revealing glimpse) aperçu m (into de ; about sur) **b** (= discernment) perspicacité f

insignia [ɪnˈsɪgnɪə] N insigne m

insignificance [ˌɪnsɪgˈnɪfɪkəns] N insignifiance f

insignificant [ˌɪnsɪgˈnɪfɪkənt] ADJ insignifiant

insincere [ˌɪnsɪnˈsɪəʳ] ADJ hypocrite

insincerity [ˌɪnsɪnˈserɪtɪ] N hypocrisie f

insinuate [ɪnˈsɪnjʊeɪt] VT insinuer

insinuation [ɪnˌsɪnjʊˈeɪʃən] N insinuation f

insipid [ɪnˈsɪpɪd] ADJ insipide ; [colour] fade

insist [ɪnˈsɪst] **1** VI insister ◆ **to ~ on doing sth** insister pour faire qch **2** VT **a** (= demand) insister ◆ **she ~ed that I should come** elle a

insisté pour que je vienne **b** (= affirm) soutenir ◆ **he ~s that he has seen her before** il soutient l'avoir déjà vue

insistence [ɪnˈsɪstəns] N insistance f ◆ **I did it at his ~** je l'ai fait parce qu'il a insisté

insistent [ɪnˈsɪstənt] ADJ insistant

insofar [ˌɪnsəʊˈfɑː] ADV ◆ **~ as** dans la mesure où

insole [ˈɪnsəʊl] N semelle f intérieure

insolence [ˈɪnsələns] N insolence f (to envers)

insolent [ˈɪnsələnt] ADJ insolent (with sb avec qn)

insoluble [ɪnˈsɒljʊbl] ADJ insoluble

insolvent [ɪnˈsɒlvənt] ADJ insolvable

insomnia [ɪnˈsɒmnɪə] N insomnie f

inspect [ɪnˈspekt] VT [+ document, object] examiner ; [+ machinery, troops] inspecter ; (Brit) [+ ticket] contrôler

inspection [ɪnˈspekʃən] N [of document, object] examen m ; [of machinery, troops] inspection f ; (Brit) [of ticket] contrôle m

inspector [ɪnˈspektəʳ] N **a** inspecteur m, -trice f ; (Brit: on bus, train) contrôleur m, -euse f ◆ **tax ~** (Brit) inspecteur m, -trice f des impôts **b** (Brit = police inspector) inspecteur m, -trice f (de police)

inspiration [ˌɪnspəˈreɪʃən] N inspiration f

inspire [ɪnˈspaɪəʳ] VT inspirer ◆ **to ~ sb to do sth** donner envie à qn de faire qch

inspiring [ɪnˈspaɪərɪŋ] ADJ **a** [story, film, example] édifiant **b** [teacher, leader] stimulant

instability [ˌɪnstəˈbɪlɪtɪ] N instabilité f

instal(l) [ɪnˈstɔːl] VT installer

installation [ˌɪnstəˈleɪʃən] N installation f

instalment, installment (US) [ɪnˈstɔːlmənt] N **a** (= payment) versement m ; (= down payment) acompte m ; [of loan, investment, credit] versement m ◆ **to pay by ~s** payer en plusieurs versements ◆ **monthly ~** mensualité f ▸ **installment plan** (US) contrat m de vente à crédit **b** [of story, serial] épisode m ; [of book] fascicule m

instance [ˈɪnstəns] N (= example) cas m ; (= occasion) circonstance f ◆ **for ~** par exemple

instant [ˈɪnstənt] **1** ADJ **a** [relief, response, effect] immédiat ; [need] urgent ◆ **I took an ~ dislike to him** je l'ai tout de suite trouvé antipathique **b** [coffee] soluble ; [potatoes] déshydraté ; [food] à préparation rapide ; [soup] instantané **2** N instant m ◆ **come here this ~** viens ici tout de suite ◆ **for an ~** pendant un instant ◆ **the ~ he heard the news** dès qu'il a appris la nouvelle

instantaneous [ˌɪnstənˈteɪnɪəs] ADJ instantané

instantly ['ɪnstəntlɪ] ADV [die, be killed] sur le coup ; [know, recognize] [recognizable, available] immédiatement

instead [ɪn'sted] ADV ◆ **have some water ~** prenez plutôt de l'eau ◆ **I didn't go to the office, I went to the cinema ~** au lieu d'aller au bureau, je suis allé au cinéma ◆ **~ of** au lieu de ◆ **~ of going to school** au lieu d'aller à l'école ◆ **we decided to have dinner at 8 o'clock ~ of 7** nous avons décidé de dîner à 8 heures au lieu de 7 ◆ **Emma came ~ of Liz** Emma est venue à la place de Liz ◆ **Emma came ~ (of her)** Emma est venue à sa place ◆ **use olive oil ~ of butter** remplacez le beurre par de l'huile d'olive

instep ['ɪnstep] N a [of foot] cou-de-pied m ◆ **to have a high ~** avoir le pied cambré b [of shoe] cambrure f

instigate ['ɪnstɪgeɪt] VT être l'instigateur de

instigation [ˌɪnstɪ'geɪʃən] N instigation f ◆ **at sb's ~** à l'instigation de qn

instil, instill (US) [ɪn'stɪl] VT [+ courage, optimism] insuffler (into sb à qn) ; [+ knowledge, principles] inculquer (into sb à qn) ; [+ idea, fact] faire comprendre (into sb à qn) ; [+ fear] faire naître (into sb chez qn)

instinct ['ɪnstɪŋkt] N instinct m ◆ **from ~** d'instinct

instinctive [ɪn'stɪŋktɪv] ADJ instinctif

institute ['ɪnstɪtjuːt] **1** VT a [+ system, rules] instituer ; [+ society] fonder b [+ inquiry] ouvrir ◆ **to ~ proceedings against sb** intenter un procès contre qn **2** N institut m

institution [ˌɪnstɪ'tjuːʃən] N institution f ◆ **financial/educational ~** établissement m financier/d'enseignement

instruct [ɪn'strʌkt] VT a (= teach) [+ person] instruire ◆ **to ~ sb in sth** apprendre qch à qn b (= direct) [+ person] donner des instructions à ◆ **to ~ sb to do sth** charger qn de faire qch

instruction [ɪn'strʌkʃən] N a (= teaching) instruction f b (gen pl) **instructions** (gen) instructions fpl ; (on medicine) indications fpl ; (for use) mode f d'emploi ▸ **instruction book** mode m d'emploi

instructive [ɪn'strʌktɪv] ADJ instructif

instructor [ɪn'strʌktər] N professeur m/f ◆ **driving/skiing ~** moniteur m, -trice f d'auto-école/de ski

instrument ['ɪnstrʊmənt] N instrument m ▸ **instrument panel** tableau m de bord

instrumental [ˌɪnstrʊ'mentl] ADJ a [role] déterminant ◆ **to be ~ in sth** jouer un rôle clé dans qch b [music] instrumental ; [recording, album] de musique instrumentale

insubordinate [ˌɪnsə'bɔːdənɪt] ADJ insubordonné

insufferable [ɪn'sʌfərəbl] ADJ insupportable

insufficient [ˌɪnsə'fɪʃənt] ADJ insuffisant

insular ['ɪnsjələr] ADJ (= narrow-minded) borné ; [community, existence] coupé du monde extérieur

insulate ['ɪnsjʊleɪt] VT (against cold, heat) [+ room, roof] isoler ; [+ water tank] calorifuger ; (against sound) insonoriser ▸ **insulating tape** (ruban m) isolant m ; (adhesive) chatterton m

insulation [ˌɪnsjʊ'leɪʃən] N isolation f

insulin ['ɪnsjʊlɪn] N insuline f

insult **1** VT [ɪn'sʌlt] insulter **2** N ['ɪnsʌlt] insulte f

insulting [ɪn'sʌltɪŋ] ADJ insultant

insurance [ɪn'ʃʊərəns] N assurance f (on sth pour qch) ; (= policy) contrat m d'assurances (on sth pour qch) ◆ **to take out ~ against** s'assurer contre ◆ **to do sth as an ~ against sth** faire qch comme garantie contre qch ▸ **insurance claim** (déclaration f de) sinistre m ▸ **insurance company** compagnie f d'assurances ▸ **insurance policy** police f d'assurance

insure [ɪn'ʃʊər] VT [+ car, house] (faire) assurer ◆ **to ~ one's life** s'assurer sur la vie

insurer [ɪn'ʃʊərər] N assureur m

insurrection [ˌɪnsə'rekʃən] N insurrection f

intact [ɪn'tækt] ADJ intact

intake ['ɪnteɪk] N a [of pupils, students] (nombre m des) inscriptions fpl ; [of soldiers] contingent m b [of protein, liquid, alcohol] consommation f

intangible [ɪn'tændʒəbl] ADJ intangible

integral ['ɪntɪgrəl] ADJ ◆ **to be an ~ part of sth** faire partie intégrante de qch

integrate ['ɪntɪgreɪt] **1** VT intégrer **2** VI s'intégrer

integration [ˌɪntɪ'greɪʃən] N intégration f

integrity [ɪn'tegrɪtɪ] N intégrité f

intellect ['ɪntɪlekt] N (= reasoning power) intellect m ; (= cleverness) intelligence f

intellectual [ˌɪntɪ'lektjʊəl] ADJ, N intellectuel(le) m(f)

intelligence [ɪn'telɪdʒəns] N a (= cleverness) intelligence f ▸ **intelligence quotient** quotient m intellectuel ▸ **intelligence test** test m d'intelligence b (= information) information(s) f(pl) c (= information service) service m de renseignements

intelligent [ɪn'telɪdʒənt] ADJ intelligent

intelligently [ɪn'telɪdʒəntlɪ] ADV intelligemment

intelligible [ɪn'telɪdʒəbl] ADJ intelligible

intend [ɪn'tend] VT ◆ **to ~ doing** or **to do sth** avoir l'intention de faire qch ◆ **~ed for** destiné à ✦ **this scheme is ~ed to help the poor** ce projet est destiné à venir en aide aux indigents ✦ **the building was originally ~ed as a sports complex** le bâtiment devait initialement être un complexe sportif ✦ **I ~ed it as a compliment** ça se voulait être un compliment

intended [ɪnˈtendɪd] ADJ [target, victim] visé ; [effect] voulu ; [insult] intentionnel

intense [ɪnˈtens] ADJ **a** (gen) intense ; [fear, anger, hatred] violent ; [interest, competition] très vif **b** (= passionate) [person] sérieux ; [relationship] passionné ; [gaze, expression] d'une grande intensité

intensely [ɪnˈtenslɪ] ADV **a** (= very) extrêmement **b** [concentrate, look at] intensément ✦ **I dislike her ~** elle me déplaît profondément

intensify [ɪnˈtensɪfaɪ] **1** VT intensifier **2** VI [fighting, competition] s'intensifier ; [heat, pain, emotion] augmenter

intensity [ɪnˈtensɪtɪ] N intensité f

intensive [ɪnˈtensɪv] ADJ intensif ▸ **intensive care to be in ~ care** être en soins intensifs ▸ **intensive care unit** unité f de soins intensifs

intent [ɪnˈtent] **1** N intention f ✦ **to all ~s and purposes** pratiquement **2** ADJ **a** (= absorbed) [face, expression] attentif ✦ **~ on his work** absorbé par son travail **b** (= determined) ✦ **to be ~ on doing sth** être résolu à faire qch

intention [ɪnˈtenʃən] N intention f ✦ **he has every ~ of doing this** il a bien l'intention de le faire ✦ **with the ~ of doing sth** dans l'intention de faire qch

intentional [ɪnˈtenʃənl] ADJ intentionnel

intentionally [ɪnˈtenʃnəlɪ] ADV intentionnellement ✦ **~ vague/misleading** délibérément vague/trompeur

interact [ˌɪntərˈækt] VI (= react together) interagir ; (Computing) dialoguer ✦ **to ~ with sb** communiquer avec qn

interaction [ˌɪntərˈækʃən] N interaction f

interactive [ˌɪntərˈæktɪv] ADJ interactif

interbreed [ˈɪntəˈbriːd] (pret, ptp **interbred** [ˈɪntəˈbred]) **1** VT croiser **2** VI se croiser

intercede [ˌɪntəˈsiːd] VI intercéder (with auprès de ; for pour, en faveur de)

intercept [ˌɪntəˈsept] VT [+ message, plane, suspect] intercepter ; [+ person] arrêter au passage

interchange 1 N [ˈɪntəˌtʃeɪnd] **a** (= exchange) échange m ; (= alternation) alternance f **b** (on motorway) échangeur m **2** VT [ˌɪntəˈtʃeɪndʒ] (= alternate) faire alterner ; (= change positions of) changer de place ; (= exchange) échanger **3** VI [ˌɪntəˈtʃeɪndʒ] (= change position) changer de place ; (= alternate) alterner

interchangeable [ˌɪntəˈtʃeɪndʒəbl] ADJ interchangeable

inter-city [ˌɪntəˈsɪtɪ] **1** ADJ interurbain **2** N (Brit = inter-city train) train m rapide

intercom [ˈɪntəkɒm] N interphone m ✦ **over the ~** à l'interphone

interconnect [ˌɪntəkəˈnekt] **1** VT connecter ; [+ computer systems] interconnecter **2** VI [rooms, tunnels] communiquer ; [parts of a structure] être relié(e)s

intercourse [ˈɪntəkɔːs] N **a** (frm) relations fpl **b** ✦ **sexual ~** rapports mpl (sexuels) ✦ **to have ~** avoir des rapports

interdependent [ˌɪntədɪˈpendənt] ADJ interdépendant

interest [ˈɪntrɪst] **1** N **a** (gen) intérêt m ✦ **to take an ~ in** s'intéresser à ✦ **to lose ~ in** se désintéresser de ✦ **that's of no ~ to me** ça ne m'intéresse pas ✦ **it is in your own ~ to do so** il est de votre intérêt d'agir ainsi ✦ **to act in sb's ~** agir dans l'intérêt de qn **b** (= hobby) centre m d'intérêt **c** (= share, stake) intérêts mpl, participation f **d** (earned on investment) intérêt(s) m(pl) ▸ **interest rate** taux m d'intérêt **2** VT intéresser ✦ **to be ~ed in sth/sb** s'intéresser à qch/qn ✦ **I'm not ~ed (in it)** ça ne m'intéresse pas

interesting [ˈɪntrɪstɪŋ] ADJ intéressant

interface [ˈɪntəfeɪs] N interface f

interfere [ˌɪntəˈfɪər] VI ✦ **to ~ in sth** se mêler de qch ✦ **he's always interfering** il se mêle toujours de ce qui ne le regarde pas ✦ **to ~ with sb's plans** [weather, accident, circumstances] contrarier les projets de qn

interference [ˌɪntəˈfɪərəns] N **a** (= intervention) ingérence f **b** (on radio) interférences fpl

interim [ˈɪntərɪm] **1** N intérim m ✦ **in the ~** dans l'intérim **2** ADJ (gen) provisoire ; [post, chairman] intérimaire

interior [ɪnˈtɪərɪər] **1** ADJ intérieur (-eure f) ▸ **interior decorator** décorateur m, -trice f d'intérieur **2** N intérieur m ✦ **Minister/Ministry of the Interior** ministre mf/ministère m de l'Intérieur

interlock [ˌɪntəˈlɒk] VI (= click into place) s'enclencher ; (= join together) s'emboîter

interlude [ˈɪntəluːd] N (gen) intervalle m ; (in play) intermède m

intermediary [ˌɪntəˈmiːdɪərɪ] ADJ, N intermédiaire mf

intermediate [ˌɪntəˈmiːdɪət] ADJ (gen) intermédiaire ; [course, exam] de niveau moyen

interminable [ɪnˈtɜːmɪnəbl] ADJ interminable

intermission [ˌɪntəˈmɪʃən] N (gen) interruption f ; (in play, film) entracte m

intermittent [ˌɪntəˈmɪtənt] ADJ intermittent

intern 1 VT [ɪnˈtɜːn] interner 2 N [ˈɪntɜːn] (US) interne *mf (dans un hôpital)*

internal [ɪnˈtɜːnl] ADJ interne ▸ **Internal Revenue Service** (US) ≈ fisc *m*

internally [ɪnˈtɜːnəlɪ] ADV intérieurement ◆ "not to be taken ~" "pour usage externe"

international [ˌɪntəˈnæʃnəl] 1 ADJ international 2 N (Brit Sport) (= match) match *m* international

internationally [ˌɪntəˈnæʃnəlɪ] ADV [recognized] internationalement ; [discussed, accepted, competitive] au niveau international

Internet [ˈɪntəˌnet] N ◆ **the ~** l'Internet *m* ▸ **Internet café** cybercafé *m*

interpret [ɪnˈtɜːprɪt] 1 VT interpréter 2 VI servir d'interprète

interpreter [ɪnˈtɜːprɪtəʳ] N interprète *mf*

interracial [ˌɪntəˈreɪʃəl] ADJ [marriage] mixte ; [problems, violence] interracial

interrelated [ˌɪntərɪˈleɪtɪd] ADJ étroitement lié

interrogate [ɪnˈterəgeɪt] VT interroger ; (Police) soumettre à un interrogatoire

interrogation [ɪnˌterəˈgeɪʃən] N interrogation *f* ; (Police) interrogatoire *m*

interrogative [ˌɪntəˈrɒgətɪv] 1 ADJ [look, tone] interrogateur (-trice *f*) 2 N (Gram) interrogatif *m*

interrogator [ɪnˈterəgeɪtəʳ] N interrogateur *m*, -trice *f*

interrupt [ˌɪntəˈrʌpt] VT interrompre

interruption [ˌɪntəˈrʌpʃən] N interruption *f*

intersect [ˌɪntəˈsekt] VI [wires, roads] se croiser

intersection [ˌɪntəˈsekʃən] N intersection *f* ; (US = crossroads) croisement *m*

intersperse [ˌɪntəˈspɜːs] VT parsemer (among, between dans, parmi) ◆ **to be ~d with** être émaillé de

interstate [ˌɪntəˈsteɪt] (US) 1 ADJ [commerce] entre États 2 N (also **interstate highway**) autoroute *f (qui relie plusieurs États)*

interval [ˈɪntəvəl] N **a** (gen) intervalle *m* ◆ at ~s par intervalles ◆ at regular ~s à intervalles réguliers ◆ at ~s of 2 metres à 2 mètres d'intervalle ◆ showery ~s averses *fpl* **b** (in play) entracte *m* ; (during match) mi-temps *f*

intervene [ˌɪntəˈviːn] VI **a** [person] intervenir **b** [event, circumstances] survenir

intervention [ˌɪntəˈvenʃən] N intervention *f*

interview [ˈɪntəvjuː] 1 N (for job, place on course) entretien *m* ; (to discuss working conditions, pay rise) entrevue *f* ; (in media) interview *f*

2 VT **a** (for job, place on course) faire passer un entretien à **b** (in media) interviewer **c** (Police) interroger

interviewee [ˌɪntəvjuːˈiː] N (for job, place on course) candidat(e) *m(f) (qui passe un entretien)* ; (in media) interviewé(e) *m(f)*

interviewer [ˈɪntəvjuːəʳ] N (in media) interviewer *m* ; (in opinion poll) enquêteur *m*, -trice *f*

intestine [ɪnˈtestɪn] N intestin *m*

intimacy [ˈɪntɪməsɪ] N (gen) intimité *f* ; (sexual) rapports *mpl* (sexuels)

intimate 1 ADJ [ˈɪntɪmɪt] (gen) intime ; [link, bond] étroit ; [knowledge] approfondi 2 N [ˈɪntɪmɪt] intime *mf* 3 VT [ˈɪntɪmeɪt] **a** (= hint) laisser entendre **b** (= make known officially) annoncer

intimately [ˈɪntɪmɪtlɪ] ADV [know] intimement ; [talk] en toute intimité ◆ **to be ~ involved in a project** être très engagé dans un projet

intimidate [ɪnˈtɪmɪdeɪt] VT intimider

intimidating [ɪnˈtɪmɪdeɪtɪŋ] ADJ intimidant

intimidation [ɪnˌtɪmɪˈdeɪʃən] N intimidation *f*

---

into [ˈɪntə] PREP

dans ◆ **to come** *or* **go ~ a room** entrer dans une pièce ◆ **to go ~ town** aller en ville ◆ **to get ~ a car** monter dans une voiture *or* en voiture ◆ **she fell ~ the lake** elle est tombée dans le lac ◆ **it broke ~ a thousand pieces** ça s'est cassé en mille morceaux ◆ **to change euros ~ dollars** changer des euros contre des dollars ◆ **to translate sth ~ French** traduire qch en français ◆ **it continued well ~ 1996** cela a continué pendant une bonne partie de 1996 ◆ **he's well ~ his fifties** il a une bonne cinquantaine d'années ◆ **4 ~ 12 goes 3** 12 divisé par 4 égale 3 ◆ **the children are ~ everything** * les enfants touchent à tout ◆ **she's ~** * **health foods** les aliments naturels, c'est son truc *

---

intolerable [ɪnˈtɒlərəbl] ADJ intolérable

intolerance [ɪnˈtɒlərəns] N intolérance *f*

intolerant [ɪnˈtɒlərənt] ADJ intolérant ◆ **to be ~ of** ne pas supporter

intonation [ˌɪntəʊˈneɪʃən] N intonation *f*

intoxicate [ɪnˈtɒksɪkeɪt] VT enivrer

intoxicated [ɪnˈtɒksɪkeɪtɪd] ADJ (= drunk) en état d'ivresse ◆ **~ by success** enivré par le succès

intoxicating [ɪnˈtɒksɪkeɪtɪŋ] ADJ [drink] alcoolisé ; [effect, perfume] enivrant

intoxication [ɪnˌtɒksɪˈkeɪʃən] N ivresse *f*

intractable [ɪn'træktəbl] ADJ [problem] insoluble ; [illness] réfractaire (à tout traitement) ; [child] difficile ; [opponent] irréductible

intranet ['ɪntrənet] N intranet m

intransigent [ɪn'trænsɪdʒənt] ADJ, N intransigeant(e) m(f)

intransitive [ɪn'trænsɪtɪv] ADJ, N intransitif m

intravenous [ˌɪntrə'viːnəs] ADJ intraveineux ▸ **intravenous drip** perfusion f

intrepid [ɪn'trepɪd] ADJ intrépide

intricate ['ɪntrɪkɪt] ADJ complexe

intrigue [ɪn'triːg] **1** VT intriguer ◆ **I'm ~d** ça m'intrigue **2** N intrigue f

intriguing [ɪn'triːgɪŋ] ADJ fascinant

intrinsic [ɪn'trɪnsɪk] ADJ intrinsèque

intro * ['ɪntrəʊ] N (abbrev of **introduction**) intro * f

introduce [ˌɪntrə'djuːs] VT **a** (= make acquainted) présenter ◆ **he ~d me to his friend** il m'a présenté à son ami ◆ **may I ~ Mr Smith?** puis-je vous présenter M. Smith ? ◆ **he ~d me to the delights of skiing** il m'a initié aux plaisirs du ski **b** [+ speaker, TV or radio programme] présenter **c** (= bring in) [+ reform, new method] introduire ; (= tackle) [+ subject, question] aborder

introduction [ˌɪntrə'dʌkʃən] N **a** (gen) introduction f ; [of system, legislation] mise f en place ◆ **his ~ to professional football** ses débuts dans le football professionnel **b** [of person] présentation f

introductory [ˌɪntrə'dʌktərɪ] ADJ préliminaire ◆ **~ offer** offre f de lancement

introspective [ˌɪntrəʊ'spektɪv] ADJ [person] intérieur ; [look] intériorisé

introvert ['ɪntrəʊvɜːt] ADJ, N introverti(e) m(f)

introverted ['ɪntrəʊvɜːtɪd] ADJ introverti

intrude [ɪn'truːd] VI [person] s'imposer ◆ **to ~ on sb's privacy** s'ingérer dans la vie privée de qn ◆ **am I intruding?** est-ce que je (vous) dérange ?

intruder [ɪn'truːdə'] N intrus(e) m(f)

intrusive [ɪn'truːsɪv] ADJ [person] indiscret (-ète f) ; [presence] importun

intuition [ˌɪntjuː'ɪʃən] N intuition f

intuitive [ɪn'tjuːɪtɪv] ADJ intuitif

Inuit ['ɪnjuːɪt] **1** N Inuit m/f **2** ADJ inuit inv

inundate ['ɪnʌndeɪt] VT inonder (with de) ◆ **to be ~d with work** être débordé de travail ◆ **to be ~d with letters** être submergé de lettres

invade [ɪn'veɪd] VT envahir

invader [ɪn'veɪdə'] N envahisseur m, -euse f

invalid[1] ['ɪnvəlɪd] **1** N (= sick person) malade m/f ; (with disability) invalide m/f **2** ADJ (= ill) malade ; (with disability) invalide

invalid[2] [ɪn'vælɪd] ADJ non valide ; [argument] nul (nulle f)

invalidity [ɪnvə'lɪdɪtɪ] N (= disability) invalidité f

invaluable [ɪn'væljʊəbl] ADJ très précieux

invariable [ɪn'veərɪəbl] ADJ invariable

invasion [ɪn'veɪʒən] N invasion f ◆ **~ of privacy** atteinte f à la vie privée

invent [ɪn'vent] VT inventer

invention [ɪn'venʃən] N invention f

inventive [ɪn'ventɪv] ADJ inventif

inventor [ɪn'ventə'] N inventeur m, -trice f

inventory ['ɪnvəntrɪ] **1** N inventaire m ; (US = stock) stock m **2** VT inventorier

inverse ['ɪnvɜːs] ADJ, N inverse m

invert [ɪn'vɜːt] VT [+ order, words] inverser ; [+ roles] intervertir ▸ **inverted commas** (Brit) guillemets mpl ◆ **in ~ed commas** entre guillemets

invertebrate [ɪn'vɜːtɪbrɪt] ADJ, N invertébré m

invest [ɪn'vest] **1** VT **a** [+ money, capital, funds] investir (in dans, en) ◆ **I have ~ed a lot of time in this project** j'ai consacré beaucoup de temps à ce projet ◆ **she ~ed a lot of effort in it** elle s'est beaucoup investie **b** (= endow) investir (sb with sth qn de qch) **2** VI investir (in dans)

investigate [ɪn'vestɪgeɪt] VT [+ question, possibilities] examiner ; [+ reason, crime] enquêter sur

investigation [ɪnˌvestɪ'geɪʃən] N **a** [of facts, question] examen m ; [of crime] enquête f (of sur) **b** [of researcher] investigation f

investigator [ɪn'vestɪgeɪtə'] N investigateur m, -trice f

investment [ɪn'vestmənt] N investissement m

investor [ɪn'vestə'] N investisseur m

inveterate [ɪn'vetərɪt] ADJ [gambler, smoker, liar] invétéré ; [laziness, extravagance] incurable

invigilator [ɪn'vɪdʒɪleɪtə'] N (Brit) surveillant(e) m(f) (à un examen)

invigorate [ɪn'vɪgəreɪt] VT [+ person] [drink, food, thought] redonner des forces à ; [climate, air] vivifier ; [exercise] tonifier ◆ **to feel ~d** se sentir revigoré

invigorating [ɪn'vɪgəreɪtɪŋ] ADJ [climate, air, walk] vivifiant ; [speech] stimulant

invincible [ɪn'vɪnsəbl] ADJ **a** (= unbeatable) invincible **b** [faith, belief, spirit] inébranlable

invisible [ɪn'vɪzəbl] ADJ invisible

invitation [,ɪnvɪ'teɪʃən] N invitation f ► **invitation card** (carte f d')invitation f

invite [ɪn'vaɪt] VT **a** (= ask) [+ person] inviter (to do à faire) ♦ **to ~ sb to dinner** inviter qn à dîner ♦ **to ~ sb in/up** inviter qn à entrer/ monter ♦ **to ~ sb out** inviter qn (à sortir) **b** (= ask for) [+ sb's attention, subscriptions] demander **c** (= lead to) [+ questions, doubts] susciter ; [+ discussion] inviter à ; [+ failure, defeat] chercher

inviting [ɪn'vaɪtɪŋ] ADJ [place, room, atmosphere] accueillant ; [dish, smell] alléchant ; [prospect] tentant

invoice ['ɪnvɔɪs] **1** N facture f **2** VT [+ customer, goods] facturer

invoke [ɪn'vəʊk] VT invoquer

involuntary [ɪn'vɒləntərɪ] ADJ involontaire

involve [ɪn'vɒlv] VT **a** (= implicate) impliquer ♦ **to get ~d in sth** (= get dragged into) se laisser entraîner dans qch ; (from choice) s'engager dans qch ♦ **the factors ~d** les facteurs mpl en jeu ♦ **the vehicles ~d** les véhicules mpl en cause ♦ **the person ~d** l'intéressé(e) m(f) ♦ **to get ~d with sb** (socially) se mettre à fréquenter qn ; (= fall in love with) avoir une liaison avec qn **b** (= entail) impliquer ; (= cause) occasionner ; (= demand) exiger ♦ **it will ~ a lot of work** cela demandera beaucoup de travail

involved [ɪn'vɒlvd] ADJ (= complicated) compliqué

involvement [ɪn'vɒlvmənt] N (= role) rôle m ; (= participation) participation f (in à)

invulnerable [ɪn'vʌlnərəbl] ADJ invulnérable

inward ['ɪnwəd] **1** ADJ [movement] vers l'intérieur ; [happiness, peace] intérieur (-eure f) ; [thoughts, desire] intime **2** ADV [move] vers l'intérieur ► **inward-looking** replié sur soi-même)

inwardly ['ɪnwədlɪ] ADV [groan, smile] intérieurement ; [feel, think] en son for intérieur

inwards ['ɪnwədz] ADV vers l'intérieur

iodine ['aɪədiːn] N iode m

IOU [,aɪəʊ'juː] N (abbrev of **I owe you**) reconnaissance f de dette

IQ [,aɪ'kjuː] N (abbrev of **intelligence quotient**) QI m

IRA [,aɪɑː'reɪ] N (abbrev of **Irish Republican Army**) IRA f

Iran [ɪ'rɑːn] N Iran m

Iranian [ɪ'reɪnɪən] **1** ADJ iranien **2** N Iranien(ne) m(f)

Iraq [ɪ'rɑːk] N Irak m

Iraqi [ɪ'rɑːkɪ] **1** ADJ irakien **2** N Irakien(ne) m(f)

irascible [ɪ'ræsɪbl] ADJ irascible

irate [aɪ'reɪt] ADJ furieux

Ireland ['aɪələnd] N Irlande f ♦ **the Republic of ~** la République d'Irlande

iridescent [,ɪrɪ'desnt] ADJ irisé

iris ['aɪərɪs] N iris m

Irish ['aɪərɪʃ] **1** ADJ irlandais ; [teacher] d'irlandais ► **Irish coffee** irish coffee m ► **Irish stew** ragoût m de mouton (avec pommes de terre et oignons) **2** N (language) irlandais m **3** **the Irish** NPL les Irlandais mpl

Irishman ['aɪərɪʃmən] N (pl **-men**) Irlandais m

Irishwoman ['aɪərɪʃ'wʊmən] N (pl **-women**) Irlandaise f

irk [3ːk] VT contrarier

irksome ['3ːksəm] ADJ [restriction, person] agaçant ; [task] ingrat

iron ['aɪən] **1** N **a** (= gen) fer m ♦ **scrap ~** ferraille f **b** (for laundry) fer m (à repasser) **2** VTI repasser **3** ADJ [tool, bridge] en fer ; [determination] de fer ► **the Iron Age** l'âge m de fer ► **the Iron Curtain** le rideau de fer ► **iron out** VT SEP [+ creases] faire disparaître au fer ; [+ difficulties, differences] aplanir ; [+ problems] régler

ironic(al) [aɪ'rɒnɪk(əl)] ADJ ironique

ironing ['aɪənɪŋ] N repassage m ► **ironing board** planche f à repasser

ironmonger ['aɪən,mʌŋgər] N (Brit) quincaillier m, -ière f ► **~'s** quincaillerie f

irony ['aɪərənɪ] N ironie f

irrational [ɪ'ræʃənl] ADJ irrationnel

irreconcilable [ɪ,rekən'saɪləbl] ADJ [differences] inconciliable ; [enemy] irréconciliable ; [conflict] insoluble

irregular [ɪ'regjʊlər] ADJ irrégulier

irregularity [ɪ,regjʊ'lærɪtɪ] N irrégularité f

irrelevant [ɪ'reləvənt] ADJ [facts, details] non pertinent ; [question, remark] hors de propos ♦ **~ to** sans rapport avec ♦ **that's ~** ça n'a aucun rapport

irreparable [ɪ'repərəbl] ADJ irrémédiable

irreplaceable [,ɪrɪ'pleɪsəbl] ADJ irremplaçable

irrepressible [,ɪrɪ'presəbl] ADJ irrépressible

irreproachable [,ɪrɪ'prəʊtʃəbl] ADJ irréprochable

irresistible [,ɪrɪ'zɪstəbl] ADJ irrésistible (to sb pour qn)

irresolute [ɪ'rezəluːt] ADJ irrésolu

irrespective [,ɪrɪ'spektɪv] ADJ ♦ **~ of race or colour** sans distinction de race ou de couleur ♦ **~ of whether they are needed** que l'on en ait besoin ou non

irresponsible [,ɪrɪs'pɒnsəbl] ADJ irresponsable

irretrievable [ˌɪrɪ'triːvəbl] ADJ [harm, damage, loss] irréparable ; [object] irrécupérable

irreverent [ɪ'revərənt] ADJ irrévérencieux

irreversible [ˌɪrɪ'vɜːsəbl] ADJ irréversible ; [decision, judgment] irrévocable

irrevocable [ɪ'revəkəbl] ADJ irrévocable

irrigate ['ɪrɪgeɪt] VT irriguer

irrigation [ˌɪrɪ'geɪʃən] N irrigation f

irritable ['ɪrɪtəbl] ADJ irritable ; (stronger) irascible

irritate ['ɪrɪteɪt] VT irriter ◆ **to become ~d** s'irriter

irritating ['ɪrɪteɪtɪŋ] ADJ irritant

irritation [ˌɪrɪ'teɪʃən] N **a** (= annoyance) irritation f **b** (= cause of annoyance) source f d'irritation

IRS [ˌaɪɑːr'es] N (US) (abbrev of **Internal Revenue Service**) ◆ **the ~** = le fisc

is [ɪz] → **be**

ISDN [ˌaɪesdiː'en] N (abbrev of **Integrated Services Digital Network**) RNIS m

Islam ['ɪzlɑːm] N islam m

Islamic [ɪz'læmɪk] ADJ islamique

islamophobia [ɪz,læmə'fəʊbɪə] N islamophobie f

islamophobic [ɪz,læmə'fəʊbɪk] ADJ islamophobe

island ['aɪlənd] N île f

islander ['aɪləndər] N insulaire mf

isle [aɪl] N île f ▸ **the Isle of Man** l'île f de Man ▸ **the Isle of Wight** l'île f de Wight

isn't ['ɪznt] ⇒ **is not** ; → **be**

isolate ['aɪsəʊleɪt] VT isoler (from de)

isolated ['aɪsəʊleɪtɪd] ADJ isolé

isolation [ˌaɪsəʊ'leɪʃən] N isolement m

ISP [ˌaɪes'piː] N (abbrev of **Internet service provider**) fournisseur m d'accès à Internet

Israel ['ɪzreɪl] N Israël m

Israeli [ɪz'reɪlɪ] **1** ADJ israélien **2** N Israélien(ne) m(f)

issue ['ɪʃuː] **1** N **a** (= question) question f ◆ **at ~** en question ◆ **the point at ~ is ...** la question qui se pose est ... ◆ **to make an ~ of sth** monter qch en épingle ◆ **to take ~ with sb** engager une controverse avec qn **b** (= release) [of book] publication f ; [of goods, tickets] distribution f ; [of pass-port, document] délivrance f ; [of banknote, cheque, shares, stamp] émission f ; [of proclamation] parution f ; [of warrant, summons] lancement m **c** [of newspaper, magazine] numéro m **d** (= outcome) résultat m **2** VT [+ book] publier ; [+ order] donner ; [+ goods, tickets] distribuer ; [+ passport, document]

délivrer ; [+ banknote, cheque, shares, stamps] émettre ; [+ proclamation] faire ; [+ threat, warrant] lancer ; [+ verdict] rendre ◆ **to ~ a statement** faire une déclaration

IT ['aɪ'tiː] (abbrev of **information technology**) informatique f

---

it [ɪt] PRON

a (masculine subject) il ; (feminine subject) elle ◆ **where's the sugar? – ~'s on the table** où est le sucre ? – il est sur la table ◆ **don't have the soup, ~'s awful** n'en prends pas la soupe, elle est dégoûtante ◆ **that's not your book, ~'s mine** ce n'est pas ton livre, c'est le mien

b (masculine object) le ; (feminine object) la ; (before vowel or silent h) l' ◆ **there's a croissant left, do you want ~?** il reste un croissant, tu le veux ? ◆ **she dropped the earring and couldn't find ~** elle a laissé tomber la boucle d'oreille et n'a pas réussi à la retrouver ◆ **he borrowed lots of money and never paid ~ back** il a emprunté beaucoup d'argent et ne l'a jamais remboursé ◆ **the sauce is delicious, taste ~!** cette sauce est délicieuse, goûte-la !

c (indirect object) lui ◆ **she let the dog in and gave ~ a drink** elle a laissé entrer le chien et lui a donné à boire

d (unspecific) ce ◆ **what is ~?** [thing] qu'est-ce que c'est ? ◆ **who is ~?** qui est-ce ? ; (at the door) qui est là ? ◆ **~'s no use** ça ne sert à rien ◆ **~'s hard to understand** c'est difficile à comprendre

e (weather, time, date) ◆ **~'s hot today** il fait chaud aujourd'hui ◆ **~'s 3 o'clock** il est 3 heures ◆ **~'s Wednesday 16 October** nous sommes (le) mercredi 16 octobre

---

Italian [ɪ'tæljən] **1** ADJ italien ; [teacher] d'italien **2** N **a** (= person) Italien(ne) m(f) **b** (= language) italien m

italic [ɪ'tælɪk] **1** ADJ italique **2** **italics** NPL italique m

Italy ['ɪtəlɪ] N Italie f

itch [ɪtʃ] **1** N démangeaison f **2** VI [person] avoir des démangeaisons ◆ **my back ~es** mon dos me démange ◆ **my eyes are ~ing** j'ai les yeux qui me piquent ◆ **I was ~ing to get started** * cela me démangeait de commencer

itchy ['ɪtʃɪ] ADJ ◆ **my skin is ~** ça me démange ◆ **this sweater is ~** ce pull me gratte ◆ **to have ~ feet** * (= be impatient) avoir la bougeotte *

it'd ['ɪtd] ⇒ **it had, it would** ; → **have, would**

item ['aɪtəm] N **a** (= thing, article) article m ◆ **the main news ~** l'information f principale **b** (used with uncountable nouns) ◆ **an ~ of clothing** un vêtement ◆ **an ~ of jewellery** un bijou

itemize ['aɪtəmaɪz] VT détailler

itinerant [ɪ'tɪnərənt] ADJ [preacher] itinérant ; [actor, musician] ambulant

itinerary [aɪ'tɪnərərɪ] N itinéraire m

it'll [ˈɪtl] ⇒ it will ; → will

its [ɪts] POSS ADJ ◆ ~ **body** son corps ◆ ~ **breath** son haleine ◆ ~ **head** sa tête ◆ ~ **ears** ses oreilles

it's [ɪts] ⇒ it is, it has ; → be, have

itself [ɪtˈself] PRON

a ◆ **the book ~ is not valuable** le livre lui-même n'a pas grande valeur ◆ **the chair ~ was covered with ink** la chaise elle-même était couverte d'encre ◆ **the door closes by ~** la porte se ferme toute seule ◆ **in ~** en soi **b** (emphasizing quality) ◆ **you've been kindness ~** vous avez été la gentillesse même ◆ **it was simplicity ~** c'était la simplicité même **c** (reflexive) se ◆ **the dog hurt ~** le chien s'est fait mal

ITV [ˌaɪtiːˈviː] N (Brit) (abbrev of **Independent Television**) *chaîne indépendante de télévision*

I've [aɪv] ⇒ I have ; → have

ivory [ˈaɪvərɪ] **1** N ivoire *m* **2** ADJ [statue, figure] en ivoire ; (also **ivory-coloured**) ivoire *inv* ▸ **the Ivory Coast** la Côte-d'Ivoire

ivy [ˈaɪvɪ] N lierre *m* ▸ **the Ivy League** (US) *les huit grandes universités privées du nord-est*

ANGLAIS/FRANÇAIS

jab [dʒæb] **1** VT [+ stick] enfoncer (into dans) **2** N (Brit = injection) * piqûre f

jabber ['dʒæbə^r] VI baragouiner

jack [dʒæk] **1** N **a** (for wheel) cric m **b** (Cards) valet m **2** COMP ▸ jack-in-the-box diable m (à ressort) ▸ jack of all trades ◆ he's a ~ of all trades c'est un touche-à-tout ▸ jack plug jack m ▸ **jack up** VT SEP **a** [+ car] soulever avec un cric **b** * [+ prices, wages] faire grimper

jackal ['dʒækɔːl] N chacal m

jackdaw ['dʒækdɔː] N choucas m

jacket ['dʒækɪt] N (fitted) veste f ; (blouson) blouson m ; [of book] jaquette f ◆ ~ potatoes (Brit) pommes fpl de terre en robe des champs

jackpot ['dʒækpɒt] N gros lot m

Jacuzzi ® [dʒə'kuːzɪ] N jacuzzi ® m

jade [dʒeɪd] **1** N jade m **2** ADJ (= colour) (couleur de) jade inv ▸ **jade-green** vert jade inv

jaded ['dʒeɪdɪd] ADJ [person] las (lasse f) (with de)

jagged ['dʒægɪd] ADJ [rocks, edge] déchiqueté

jaguar ['dʒægjʊə^r] N jaguar m

jail [dʒeɪl] **1** N prison f **2** VT mettre en prison

jam [dʒæm] **1** N **a** (Culin) confiture f ◆ cherry ~ confiture f de cerises ▸ jam jar, jam pot pot m à confiture **b** (= traffic jam) embouteillage m **c** (* = mess) pétrin * m ◆ to be in a ~ être dans le pétrin * **d** (also jam session) bœuf * m **2** VT **a** (= stuff) entasser ; (= thrust) fourrer **b** (= stick) coincer **c** (= make unworkable) [+ lock, brake] bloquer ; [+ mechanism, gun, machine] enrayer **d** (= block) [+ street, corridor] encombrer ; [+ station, broadcast] brouiller ; [+ switchboard] encombrer **3** VI (= become stuck) [door, switch, lever, photocopier] se coincer ; [mechanism, gun] s'enrayer ; [brake] se bloquer ▸ **jam-packed** [room] comble ; [bus] bondé ; [container, suit-case] plein à ras bord

Jamaica [dʒə'meɪkə] N Jamaïque f

Jamaican [dʒə'meɪkən] **1** ADJ jamaïquain **2** N Jamaïquain(e) m(f)

jangle ['dʒæŋgl] **1** VI cliqueter **2** VT faire cliqueter

janitor ['dʒænɪtə^r] N concierge m

January ['dʒænjʊərɪ] N janvier m ; for phrases see **September**

Japan [dʒə'pæn] N Japon m

Japanese [,dʒæpə'niːz] **1** ADJ japonais **2** N **a** (= person) Japonais(e) m(f) **b** (= language) japonais m

jar [dʒɑː^r] **1** N (glass) bocal m ; (earthenware) pot m **2** VI **a** (= sound discordant) rendre un son discordant ; (= vibrate) vibrer **b** (= clash) [colours] jurer ; [ideas, opinions] se heurter **3** VT (= shake) ébranler ; (= disturb) commotionner

jargon ['dʒɑːgən] N jargon m

jasmine ['dʒæzmɪn] N jasmin m

jaundice ['dʒɔːndɪs] N jaunisse f

jaundiced ['dʒɔːndɪst] ADJ (= bitter) amer ◆ to take a ~ view of sth voir qch d'un mauvais œil

jaunt [dʒɔːnt] N ◆ to go for a ~ aller faire un tour

jaunty ['dʒɔːntɪ] ADJ (= cheery) enjoué ; [step] leste

javelin ['dʒævlɪn] N javelot m

jaw [dʒɔː] N mâchoire f

jawbone ['dʒɔːbəʊn] N (os m) maxillaire m

jawline ['dʒɔːlaɪn] N menton m

jay [dʒeɪ] N geai m

jaywalker ['dʒeɪ,wɔːkə^r] N piéton(ne) m(f) indiscipliné(e)

jazz [dʒæz] N jazz m ◆ ~ band/club groupe m/boîte f de jazz ▸ **jazz up** VT SEP * [+ occasion] animer ◆ she ~ed her outfit up with a scarf elle a égayé sa tenue avec un foulard

jazzy ['dʒæzɪ] ADJ **a** (* = showy) voyant **b** [music] jazzy ; [rhythm] de jazz

jealous ['dʒeləs] ADJ jaloux

jealousy ['dʒeləsɪ] N jalousie f

jeans [dʒiːnz] NPL jean m ◆ a pair of ~ un jean

Jeep ® [dʒiːp] N Jeep ® f

jeer [dʒɪə^r] **1** N huée f **2** VI [individual] railler ; [crowd] huer ◆ to ~ at sb railler qn **3** VT huer

Jehovah's Witness [dʒɪ,həʊvəz'wɪtnɪs] N Témoin m de Jéhovah

Jell-O ®, **jello** ['dʒeləʊ] N (US) gelée f

jelly ['dʒelɪ] N gelée f ; (US = jam) confiture f

jellyfish ['dʒelɪfɪʃ] N INV méduse f

jeopardize ['dʒepədaɪz] VT mettre en danger

jeopardy ['dʒepədɪ] N péril m

jerk [dʒɜ:k] **1** N **a** (= movement) secousse f **b** (* = person) pauvre type * m **2** VT (= move abruptly) bouger brusquement **3** VI [person, muscle] se contracter ✦ **the car ~ed along** la voiture roulait en cahotant

jerky ['dʒɜ:kɪ] ADJ saccadé

Jersey ['dʒɜ:zɪ] N Jersey f

jersey ['dʒɜ:zɪ] N (= pullover) pull m ; (= material) jersey m

Jerusalem [dʒə'ru:sələm] N Jérusalem ▸ **Jerusalem artichoke** topinambour m

jest [dʒest] **1** N plaisanterie f ✦ **in ~** pour rire **2** VI plaisanter

jester ['dʒestə^r] N bouffon m

Jesuit ['dʒezjʊɪt] N, ADJ jésuite m

Jesus ['dʒi:zəs] N Jésus m ✦ **~ Christ** Jésus-Christ m

jet [dʒet] N **a** (= plane) avion m à réaction ▸ **jet engine** moteur m à réaction ▸ **jet lag** fatigue f due au décalage horaire ▸ **jet-lagged** ✦ **to be ~-lagged** souffrir du décalage horaire ▸ **jet set** jet-set m or f ▸ **jet ski** scooter m des mers **b** [of liquid, gas] jet m **c** (= stone) jais m ▸ **jet-black** noir comme jais

jettison ['dʒetɪsn] VT [+ idea, system, plans] abandonner ; [+ product] se défaire de ; [+ fuel, cargo] larguer

jetty ['dʒetɪ] N (= breakwater) jetée f ; (= landing pier) embarcadère m ; (wooden) appontement m

Jew [dʒu:] N juif m, juive f

jewel ['dʒu:əl] N (= gem) pierre f précieuse ; (= piece of jewellery) bijou m

jeweller, jeweler (US) ['dʒu:ələ^r] N bijoutier m ✦ **~'s (shop)** bijouterie f

jewellery, jewelry (US) ['dʒu:əlrɪ] N bijoux mpl ✦ **a piece of ~** un bijou

Jewish ['dʒu:ɪʃ] ADJ juif

jib [dʒɪb] **1** N foc m **2** VI [person] rechigner (at sth à qch)

jibe [dʒaɪb] N raillerie f

jiffy ['dʒɪfɪ] N ✦ **in a ~** * en moins de deux ▸ **Jiffy bag** ® enveloppe f matelassée

jig [dʒɪg] **1** N (= dance) gigue f **2** VI (= jig about) se trémousser ✦ **to ~ up and down** sautiller

jigsaw ['dʒɪgsɔ:] N (also **jigsaw puzzle**) puzzle m

jilt [dʒɪlt] VT plaquer *

jingle ['dʒɪŋgl] **1** N **a** [of jewellery] tintement m ; (clinking) cliquetis m **b** (= catchy verse) sonal m **2** VI (musically) tinter ; (= clink) cliqueter **3** VT (musically) faire tinter ; (= clink) faire cliqueter

jinx * [dʒɪŋks] **1** N ✦ **to put a ~ on sb** porter la guigne * à qn ✦ **to put a ~ on sth** jeter un sort à qch **2** VT ✦ **to be ~ed** [person] avoir la guigne *

jitters * ['dʒɪtəz] NPL frousse * f ✦ **to have the ~** être nerveux ; (before performance) avoir le trac

jive [dʒaɪv] VI danser le swing

job [dʒɒb] N **a** (= employment) emploi m ✦ **to look for a ~** chercher un emploi ✦ **he's got a holiday ~** il a un petit boulot * pour les vacances ▸ **job centre** (Brit) ≈ ANPE f, ≈ Agence f nationale pour l'emploi ▸ **job creation** création f d'emplois ▸ **job offer** offre f d'emploi ▸ **job sharing** partage m de poste **b** (= piece of work) travail m ✦ **he has made a good ~ of it** il a fait du bon travail **c** (= duty) travail m ✦ **he knows his ~** il connaît son affaire ✦ **that's not his ~** ce n'est pas son travail ✦ **I had the ~ of telling them** c'est moi qui ai dû le leur dire **d** (in expressions) ✦ **it's a good ~ he managed to meet you** c'est une chance qu'il ait pu vous rencontrer ✦ **to give sth up as a bad ~** renoncer à qch en désespoir de cause ✦ **to have a ~ to do sth** avoir du mal à faire qch

jobless ['dʒɒblɪs] **1** ADJ sans emploi, au chômage **2** ✦ **the jobless** NPL les chômeurs mpl

jockey ['dʒɒkɪ] **1** N jockey m **2** VI ✦ **to ~ for position** manœuvrer pour se placer avantageusement

jockstrap ['dʒɒkstræp] N slip m de sport

jocular ['dʒɒkjʊlə^r] ADJ (= humorous) plaisant

jodhpurs ['dʒɒdpəz] NPL jodhpurs mpl

jog [dʒɒg] **1** N **a** (= run) jogging m ✦ **to go for a ~** aller faire un jogging **b** (= trot) petit trot m **2** VT (= shake) secouer ; (= nudge) pousser ✦ **to ~ sb's memory** rafraîchir la mémoire de qn **3** VI faire du jogging

jogging ['dʒɒgɪŋ] N jogging m ▸ **jogging suit** (tenue f de) jogging m

john [dʒɒn] N (US = lavatory) ✦ **the ~** * les chiottes * fpl

join [dʒɔɪn] **1** VT **a** (= attach) attacher ; (= assemble) [+ parts] assembler **b** (= link) relier (to à) ✦ **to ~ forces (with sb) to do sth** s'unir (à qn) pour faire qch **c** (= merge with) [river] [+ another river, the sea] se jeter dans ; [road] [+ another road] rejoindre **d** (= become member of) adhérer à ; [+ circus, religious order] entrer dans ; [+ procession] se joindre à ✦ **to ~ the army** s'engager dans l'armée ✦ **~ the club!** * bienvenue au club ! **e** [+ person] rejoindre ✦ **will you ~ us?** (= come with us) voulez-vous venir avec nous ? ; (in restaurant) voulez-vous vous asseoir à notre table ? ✦ **to ~ the queue** prendre la queue **2** VI (= merge) [roads, rivers] se rejoindre ; (= become a member) devenir membre **3** N (in mended object) ligne f de raccord ; (Sewing) couture f

► **join in** 1 VI participer 2 VT INSEP [+ game, activity] participer à ; [+ conversation] prendre part à ; [+ protests, shouts] joindre sa voix à ; [+ thanks, wishes] se joindre à

► **join up** 1 VI [recruit] s'engager 2 VT SEP assembler ; [+ pieces of wood or metal] abouter

joiner ['dʒɔɪnəʳ] N (Brit) menuisier m

joinery ['dʒɔɪnərɪ] N (Brit) menuiserie f

joint [dʒɔɪnt] 1 N a (= bone) articulation f ◆ that put his nose out of ~ ça l'a défrisé * b (Brit) [of meat] rôti m c (*: Drugs) joint * m 2 ADJ (gen) commun ; [effort] conjugué ◆ to come ~ first (in race, competition) être classé premier ex æquo ► joint account compte m joint ► joint venture entreprise f commune ; (= company, operation) joint-venture f

jointly ['dʒɔɪntlɪ] ADV conjointement

joist [dʒɔɪst] N (wooden) solive f ; (metal) poutrelle f

joke [dʒəʊk] 1 N plaisanterie f ◆ for a ~ pour rire ◆ to make a ~ about sth plaisanter sur qch ◆ he can't take a ~ il ne comprend pas la plaisanterie ◆ it's no ~! (= it's not easy) ce n'est pas une petite affaire ! ; (= it's not enjoyable) ce n'est pas drôle 2 VI plaisanter ◆ I was only joking ce n'était qu'une plaisanterie

joker ['dʒəʊkəʳ] N a (* = idiot) rigolo * m b (Cards) joker m

jolly ['dʒɒlɪ] 1 ADJ (= cheerful) jovial 2 ADV (Brit = very) * drôlement *

jolt [dʒəʊlt] 1 VI [vehicle] cahoter ◆ to ~ along avancer en cahotant 2 VT secouer 3 N (= jerk) secousse f ; (= shock) choc m

joss stick ['dʒɒs,stɪk] N bâton m d'encens

jostle ['dʒɒsl] 1 VI se bousculer 2 VT bousculer

jot [dʒɒt] 1 N [of truth] brin m 2 VT (also jot down) noter

jotter ['dʒɒtəʳ] N (Brit) (= exercise book) cahier m (de brouillon) ; (= pad) bloc-notes m

journal ['dʒɜːnl] N a (= periodical) revue f ; (= newspaper) journal m b (= diary) journal m

journalism ['dʒɜːnəlɪzəm] N journalisme m

journalist ['dʒɜːnəlɪst] N journaliste mf

journey ['dʒɜːnɪ] N (gen) voyage m ; (= short or regular trip) trajet m ◆ to go on a ~ partir en voyage ◆ the return ~ le retour ◆ a car ~ un trajet en voiture

jovial ['dʒəʊvɪəl] ADJ jovial

joy [dʒɔɪ] N joie f ; (= enjoyable thing) plaisir m

joyful ['dʒɔɪfʊl] ADJ joyeux

joyride ['dʒɔɪ,raɪd] VI (also go joyriding) faire une virée * dans une voiture volée

joystick ['dʒɔɪstɪk] N (Aviat) manche m à balai ; (Computing) manette f (de jeu)

jubilant ['dʒuːbɪlənt] ADJ [person] débordant de joie ◆ he was ~ il jubilait

jubilee ['dʒuːbɪliː] N jubilé m

judge [dʒʌdʒ] 1 N (gen) juge m ; (= member of a panel) membre m du jury 2 VT a (= assess) juger b (= consider) estimer ◆ to ~ it necessary to do sth estimer nécessaire de faire qch 3 VI juger ◆ judging from à en juger par

judg(e)ment ['dʒʌdʒmənt] N jugement m

judicial [dʒuːˈdɪʃəl] ADJ judiciaire

judiciary [dʒuːˈdɪʃərɪ] N (= body of judges) magistrature f

judo ['dʒuːdəʊ] N judo m

jug [dʒʌg] N (for water) carafe f ; (for wine) pichet m ; (round, heavy, jar-shaped) cruche f ; (for milk) pot m

juggernaut ['dʒʌgənɔːt] N (Brit) gros poids lourd m

juggle ['dʒʌgl] 1 VI jongler 2 VT [+ balls, plates, figures] jongler avec ; [+ one's time] essayer de partager

juggler ['dʒʌgləʳ] N jongleur m, -euse f

jugular ['dʒʌgjʊləʳ] N (veine f) jugulaire f

juice [dʒuːs] N [of fruit, meat] jus m ◆ orange ~ jus m d'orange

juicy ['dʒuːsɪ] ADJ a [fruit, steak] juteux b (* = desirable) [role, part] savoureux ; [deal] juteux * c [story, scandal, details] croustillant

jukebox ['dʒuːkbɒks] N juke-box m

July [dʒuːˈlaɪ] N juillet m ; for phrases see September

jumble ['dʒʌmbl] 1 VT a [+ objects, clothes, figures] mélanger b [+ facts, details] brouiller 2 N a [of objects] fouillis m ◆ in a ~ [objects, papers, toys] en vrac b (Brit = junk) bric-à-brac m ► jumble sale (Brit) vente f de charité (d'objets d'occasion)

► **jumble up** VT SEP mélanger

jumbo ['dʒʌmbəʊ] ADJ [bottle, vegetable, prawn] géant ► jumbo jet jumbo-jet m

jump [dʒʌmp] 1 N a (= leap) saut m, bond m [of fear, nervousness] sursaut m ◆ a ~ in profits un bond des profits ► jump leads (Brit) câbles mpl de démarrage (pour batterie) ► jump rope (US) corde f à sauter b (= fence) obstacle m 2 VI a (gen) sauter ◆ to ~ across a stream franchir un ruisseau d'un bond ◆ to ~ into the river sauter dans la rivière ◆ to ~ off a bus sauter d'un autobus ◆ to ~ over a wall sauter un mur ◆ to ~ up and down sauter ◆ to ~ at [+ chance, offer] sauter sur ; [+ idea] accueillir avec enthousiasme ◆ to ~ down sb's throat remballer * qn ◆ to ~ to conclusions tirer de conclusions hâtives **b** (from nervousness) sursauter ◆ **to make sb ~** [loud noise] faire sursauter qn **c** [prices, profits, costs] faire un bond **3** VT sauter ◆ **to ~ the gun** * agir prématurément ◆ **to ~ a red light** * [motorist] brûler un feu rouge ◆ **to ~ the queue** * (Brit) passer avant son tour

► **jump about, jump around** VI sautiller
► **jump out** VI sauter ◆ **to ~ out of bed/a car** sauter du lit/d'une voiture ◆ **to ~ out of the window** sauter par la fenêtre

jumper ['dʒʌmpə^r] N (Brit) pull m ► **jumper cables** (US) câbles mpl de démarrage (pour batterie)

jump-start ['dʒʌmpstɑːt] VT **a** ◆ **to ~ a car** (by pushing) faire démarrer une voiture en la poussant ; (with jump-leads) faire démarrer une voiture en branchant sa batterie sur une autre **b** [+ negotiations, process, economy] relancer

junction ['dʒʌŋkʃən] N (Brit) (= meeting place) [of roads] bifurcation f ; (= crossroads) carrefour m ; [of rivers] confluent m ; [of railway lines] embranchement m ; (= station) gare f de jonction

juncture ['dʒʌŋktʃə^r] N ◆ **at this ~** à ce moment

June [dʒuːn] N juin m ; for phrases see September

jungle ['dʒʌŋgl] N jungle f

junior ['dʒuːnɪə^r] **1** ADJ **a** (in age) cadet ◆ **John Smith, Junior** John Smith fils **b** (in position) [employee, job] subalterne ► **junior clerk** petit commis m ► **junior partner** associé(e) adjoint(e) **c** (Sport) [competition, team, title] junior **2** N **a** cadet(te) m(f) ◆ **he is two years my ~** il est mon cadet de deux ans **b** (Brit: at school) petit(e) élève m(f) (de 7 à 11 ans) ; (US: at school) élève m/f de classe de première ; (US: at university) étudiant(e) m(f) de troisième année ► **junior high school** (US) ≈ collège m ► **junior school** (Brit) école f primaire (de 7 à 11 ans) **c** (Sport) junior mf

junk [dʒʌŋk] N (= discarded objects) bric-à-brac m inv ; (= metal) ferraille f ; (= bad quality goods) * camelote * f ; (= worthless objects) * pacotille f ► **junk food** * ◆ **to eat ~ food** manger des cochonneries * ► **junk heap** dépotoir m ► **junk mail** imprimés mpl publicitaires (envoyés par la poste)► **junk shop** (boutique f de) brocante f

junkie * ['dʒʌŋkɪ] N drogué(e) m(f)

junkyard ['dʒʌŋkjɑːd] N entrepôt m de chiffonnier-ferrailleur

Jupiter ['dʒuːpɪtə^r] N (Astron) Jupiter f

jurisdiction [ˌdʒʊərɪsˈdɪkʃən] N juridiction f

juror ['dʒʊərə^r] N juré m

jury ['dʒʊərɪ] N jury m

0━ **just** [dʒʌst]

1 ADV **a** (= exactly) juste, exactement ◆ **you're ~ in time** vous arrivez juste à temps ◆ **it's ~ what I wanted** c'est exactement ce que je voulais ◆ **~ then** juste à ce moment ◆ **he's ~ like his father** (physically) c'est le portrait de son père ; (in behaviour) il est comme son père **b** (indicating position) juste ◆ **~ past the station** juste après la gare ◆ **~ over there** là, (tout près) **c** (= at this or that moment) ◆ **we're ~ off** nous partons à l'instant ◆ **I'm ~ coming!** j'arrive ! ◆ **it's okay, I was ~ leaving** ce n'est pas grave, je partais ◆ **~ as we arrived it began to rain** juste au moment où nous arrivions, il s'est mis à pleuvoir **d** (referring to recent time) ◆ **this book is ~ out** ce livre vient de paraître

◆ **to have just done sth** venir de faire qch ◆ **he had ~ left** il venait de partir ◆ **I've ~ this minute finished it** je viens tout juste de le finir **e** (= barely) ◆ **his voice was ~ audible** sa voix était tout juste audible

◆ **only just** tout juste ◆ **we only ~ missed the train** nous avons raté le train de peu ◆ **he passed the exam but only ~** il a été reçu à l'examen mais de justesse **f** (= slightly) juste ◆ **~ after 9 o'clock** juste après 9 heures ◆ **~ before Christmas** juste avant Noël ◆ **~ over/under £10** un peu plus de/un peu moins de 10 livres **g** (= merely) juste ◆ **~ a little bit** juste un petit peu **h** (= simply) (tout) simplement ◆ **I ~ told him to go away** je lui ai simplement dit de s'en aller **i** (= specially) spécialement ◆ **I did it ~ for you** je l'ai fait spécialement pour toi **j** (in commands, requests, threats) ◆ **~ a moment please** un instant s'il vous plaît ◆ **~ imagine!** * tu t'imagines un peu ! * ◆ **~ look at that!** regarde-moi ça ! * **k** (set structures)

◆ **just about** (= approximately) à peu près ◆ **have you finished? – ~ about** avez-vous fini ? – presque

◆ **to be just about to do sth** être sur le point de faire qch

◆ **just as** (in comparisons) tout aussi ◆ **~ as big as tout** aussi grand que ◆ **I wasn't expecting much, which was ~ as well** je ne m'attendais pas à grand-chose, heureusement

◆ **just now** (= a short time ago) à l'instant ◆ **I saw him ~ now** je l'ai vu à l'instant ◆ **I'm busy ~ now** (= at the moment) je suis occupé (pour l'instant)

2 ADJ (= fair) juste (to or towards sb avec qn)

---

justice ['dʒʌstɪs] N **a** (gen) justice f ◆ **this photograph doesn't do him ~** cette photo ne l'avantage pas ◆ **to do** ~ **to a meal** faire honneur à un repas **b** (= judge) (Brit) juge *m* ; (US) juge *m* de la Cour Suprême

justification [ˌdʒʌstɪfɪˈkeɪʃən] N justification *f* (of, for de, à, pour)

justify [ˈdʒʌstɪfaɪ] VT [+ behaviour, action] justifier ; [+ decision] prouver le bien-fondé de ◆ **to be justified in doing sth** avoir de bonnes raisons de faire qch

jut [dʒʌt] VI (= jut out) faire saillie, dépasser ◆ **to ~ out over the sea** surplomber la mer

juvenile [ˈdʒuːvənaɪl] **1** N jeune *mf* **2** ADJ **a** (= young) [animal] jeune **b** [violence, employment] des jeunes ; [diabetes, arthritis] juvénile ▸ **juvenile delinquent** jeune délinquant(e) *m(f)* **c** (= immature) [behaviour, attitude] puéril

juxtaposition   [ˌdʒʌkstəpəˈzɪʃən]   N juxtaposition *f*

ANGLAIS / FRANÇAIS

K a (abbrev of **thousand**) mille *m* **b** (abbrev of **kilobyte**) Ko *m*

kaleidoscope [kə'laɪdəskəʊp] N kaléidoscope *m*

kangaroo [ˌkæŋgə'ruː] N kangourou *m*

kaput * [kə'pʊt] ADJ fichu *

karaoke [ˌkɑːrə'əʊkɪ] N karaoké *m*

karate [kə'rɑːtɪ] N karaté *m*

kayak ['kaɪæk] N kayak *m*

KB (abbrev of **kilobyte**) Ko *m*

kebab [kə'bæb] N (= shish kebab) brochette *f*; (= doner kebab) doner kebab *m*

keel [kiːl] N quille *f* **• on an even ~** stable
► **keel over** * VI [person] tourner de l'œil *

keen [kiːn] ADJ **a** (= enthusiastic) enthousiaste **• to be ~ on cycling** aimer beaucoup le vélo **• to be ~ to do sth** or **on doing sth** tenir à faire qch **• to be keen on sb** * en pincer * pour qn **• I'm not too ~ on him** il ne me plaît pas beaucoup **b** (= acute) [desire, interest, intellect] vif **c** [competition, fight] acharné

keep [kiːp] vb : pret, ptp **kept** **1** VT **a** (= retain, put aside) garder **• ~ the change!** gardez la monnaie ! **• you must ~ it in a cold place** il faut le conserver au froid **b** (= store) ranger **• where do you ~ the sugar?** où est-ce que vous rangez le sucre ? **• ~ it somewhere safe** mettez-le en lieu sûr **c** (= detain) retenir **• what kept you?** qu'est-ce qui vous a retenu ? **• he was kept in hospital over night** il a dû passer une nuit à l'hôpital **• they kept him prisoner for two years** ils l'ont gardé prisonnier pendant deux ans **d** (= run) [+ shop] tenir ; (= raise) [+ bees, chickens] élever **e** (= support) subvenir aux besoins de **• you can't ~ a family on that** ça ne suffit pas pour faire vivre une famille **• I have three children to ~** j'ai trois enfants à nourrir **f** (= observe) [+ law, vow] respecter
g [+ accounts, diary] tenir **• ~ a note of this number** note ce numéro **h** (with gerund) **• to**

~ sb waiting faire attendre qn **• ~ him talking while ...** fais-lui la conversation pendant que ... **• she managed to ~ the conversation going** elle a réussi à entretenir la conversation **• he kept the engine running** il a laissé le moteur en marche **i** (with adjective) **• to ~ sth clean** tenir qch propre **• exercise will ~ you fit** l'exercice physique vous maintiendra en forme **• ~ me informed** tenez-moi au courant **j** (set structures)

• to keep sth from sb (= conceal) cacher qch à qn **• I know he's ~ing something from me** je sais qu'il me cache quelque chose

• to keep sb from doing sth (= prevent) empêcher qn de faire qch

• to keep o.s. to o.s. se tenir à l'écart **• she ~s herself to herself** elle n'est pas très sociable **2** VI **a** (= continue) continuer **• to ~ straight on** continuer tout droit **b** (= remain) rester **• to ~ in the middle of the road** rester au milieu de la route **c** (in health) aller **• how are you ~ing?** comment allez-vous ? **d** [food] se conserver **e** (with gerund) **• to ~ doing sth** (= continue) continuer de faire qch ; (= do repeatedly) ne pas arrêter de faire qch **• he kept walking** il a continué de marcher **• he kept interrupting us** il n'a pas arrêté de nous couper la parole **• I ~ forgetting to pay the gas bill** j'oublie tout le temps de payer la facture de gaz **f** (with preposition) **• she bit her lip to ~ from crying** elle s'est mordu la lèvre pour s'empêcher de pleurer **• he's promised to ~ off alcohol** il a promis de ne plus boire **• "~ off the grass"** "défense de marcher sur les pelouses" **• ~ to the left!** gardez votre gauche ! **• she ~s to herself** elle n'est pas très sociable **g** (with adjective) **• ~ calm !** reste calme ! **• to ~ fit** se maintenir en forme **• ~ still!** se tenir tranquille **3** N **a** [of castle] donjon *m* **b for keeps** * (= permanently) pour toujours **4** COMP
► **keep-fit** (Brit) aérobic *f* **• ~-fit classes** cours *mpl* d'aérobic

► **keep away** VI ne pas s'approcher (from de)
► **keep back** **1** VI ne pas s'approcher **2** VT SEP **a** (= restrain) retenir **b** (= conceal) cacher ; [+ secrets] ne pas révéler
► **keep down** VT SEP [+ inflation, costs] maîtriser ; [+ number] limiter **• to ~ prices down** empêcher les prix de monter **• she drank some water but couldn't ~ it down** elle a bu de l'eau mais elle a tout vomi
► **keep off** **1** VI [person] rester à l'écart **• if the rain ~s off** s'il ne se met pas à pleuvoir **2** VT SEP **• they want to ~ young people off the streets** ils veulent empêcher les jeunes de traîner dans les rues **• ~ your hands off!** pas touche ! *
► **keep on** **1** VI (= continue) continuer **• he kept on reading** il a continué de lire **2** VT SEP [+ employee] garder
► **keep out** **1** VI rester en dehors **• "~ out"** "défense d'entrer" **2** VT SEP [+ person] ne pas laisser entrer **• that coat looks as if it will ~**

out the cold ce manteau doit bien protéger du froid

► **keep to** VT INSEP [+ promise] tenir ; [+ agreement, rules, schedule] respecter ; [+ plan] s'en tenir à

► **keep up** 1 VI (prices, weather) se maintenir ◆ to ~ up with sb (in race, walk) aller aussi vite que qn ; (in work) se maintenir au niveau de qn ◆ slow down, I can't ~ up with you ralentis un peu, je ne peux pas te suivre ◆ the company has failed to ~ up with the times la société n'a pas réussi à évoluer 2 VT SEP a [+ pressure, standards] maintenir ; [+ correspondence] entretenir ; [+ study] continuer ◆ ~ it up! continuez ! b (= maintain) [+ house] maintenir en bon état

keeper ['ki:pəʳ] N (in museum) conservateur m, -trice f ; (in park, zoo) gardien m

keeping ['ki:pɪŋ] N a (= care) garde f ◆ to put sth in sb's ~ confier qch à qn b to be in keeping with [+ regulations, status, tradition] être conforme à ; [+ character] correspondre à

keepsake ['ki:pseɪk] N souvenir m

keg [keg] N (of beer) petit tonneau m

kelp [kelp] N varech m

kennel ['kenl] 1 N (of dog) niche f 2 kennels NPL chenil m

Kenya ['kenjə] N Kenya m

kept [kept] VB (pret, ptp of keep)

kerb [kɜ:b] N (Brit) bord m du trottoir

kerosene ['kerəsi:n] N a (= aircraft fuel) kérosène m b (US: for stoves, lamps) pétrole m

kestrel ['kestrəl] N crécerelle f

ketchup ['ketʃəp] N ketchup m

kettle ['ketl] N bouilloire f

kettledrum ['ketldrʌm] N timbale f

key [ki:] 1 N a (gen) clé f ◆ the ~ to sth (fig) la clé de qch ► key ring porte-clés m b (to map, diagram) légende f c (of piano, computer) touche f d (of music) ton m 2 ADJ (= crucial) clé inv 3 VT (also key in) [+ text, data] saisir

keyboard ['ki:bɔ:d] N clavier m

keyhole ['ki:həʊl] N trou m de serrure

keynote ['ki:nəʊt] N (of speech, policy) idée-force f ► keynote speech discours-programme m

keypad ['ki:pæd] N pavé m numérique

khaki ['kɑ:ki] ADJ kaki inv

kick [kɪk] 1 N a (= action) coup m de pied ► kick boxing boxe f française ► kick-off [of football match] coup m d'envoi ► kick-start [+ motorcycle] démarrer au kick ; [+ economy, process] relancer ► kick-starter [of motorcycle] kick m b

(* = thrill) ◆ I get a ~ out of it ça me donne un plaisir fou * ◆ he did it for ~s il l'a fait pour le plaisir 2 VI [person] donner un coup de pied ; [footballer] shooter ; [horse] ruer 3 VT a [person] donner un coup de pied à ; [horse] lancer une ruade à ◆ I could have ~ed myself * je me serais giflé b (= stop) ◆ to ~ the habit [smoker] arrêter de fumer ; [drug addict] décrocher *

► **kick about, kick around** 1 VI [person] * traîner 2 VT ◆ to ~ a ball about or around s'amuser avec un ballon

► **kick off** VI [footballer] donner le coup d'envoi ; [party, meeting] * démarrer *

► **kick out** VT SEP [+ person, employee] flanquer * à la porte

kid [kɪd] 1 N a (* = child) gosse * mf ◆ ~ brother/sister petit frère m/petite sœur f b (= goat) cabri m c (= leather) chevreau m 2 VT (* = tease) ◆ to ~ sb faire marcher qn * ◆ no ~ding! sans blague ! * ◆ to ~ o.s. se faire des illusions 3 VI (* = tease) raconter des blagues * ◆ I was only ~ding j'ai dit ça pour plaisanter

kidnap ['kɪdnæp] VT kidnapper

kidney ['kɪdnɪ] N (= organ) rein m ; (for cooking) rognon m ► kidney bean haricot m rouge ► kidney stone calcul m rénal

kill [kɪl] 1 VT a (gen) tuer ◆ the earthquake ~ed five people le tremblement de terre a fait cinq morts ◆ to be ~ed in action tomber au champ d'honneur ◆ my feet are ~ing me * j'ai un de ces * mal aux pieds ◆ (Prov) to kill two birds with one stone faire d'une pierre deux coups (Prov) b [+ rumour] étouffer ; [+ pain] supprimer ◆ to ~ time tuer le temps 2 VI tuer 3 N mise f à mort

► **kill off** VT SEP [+ people] tuer ; [+ weeds, infection] éliminer

killer ['kɪləʳ] N (= murderer) assassin m ► killer whale orque f

killing ['kɪlɪŋ] N [of person] meurtre m ; [of group of people] massacre m ; [of animal] mise f à mort ◆ to make a ~ (in buying and selling) réussir un beau coup

killjoy ['kɪldʒɔɪ] N rabat-joie mf inv

kiln [kɪln] N four m

kilo ['ki:ləʊ] N kilo m

kilobyte ['kɪləʊˌbaɪt] N kilo-octet m

kilogram(me) ['kɪləʊˌgræm] N kilogramme m

kilometre, kilometer (US) ['kɪləʊˌmi:təʳ kɪ'lɒmɪtəʳ] N kilomètre m

kilt [kɪlt] N kilt m

kin [kɪn] N famille f

kind [kaɪnd] 1 N (= type) genre m ; [of car] marque f ◆ books of all ~s des livres de tous genres ◆ what ~ of dog is he? qu'est-ce que c'est comme (race de) chien ? ♦ **he's not that ~ of person** ce n'est pas son genre ♦ **this painting is the only one of its ~** ce tableau est unique en son genre ♦ **payment in ~** = paiement en nature ♦ **a ~ of** une sorte de ♦ **they're two of a ~** ils sont du même genre ; (pej) ils sont du même acabit ♦ **I was ~ of * frightened that ...** j'avais un peu peur que ... ♦ **it's ~ of * blue** c'est plutôt bleu **2** ADJ [person, remark, smile] gentil ; [gesture] aimable ; [thought] attentionné ; [face] affable ♦ **to be ~ to sb** [person] être gentil avec qn ♦ **to be ~ to animals** être bon avec les animaux ♦ **that's very ~ of you** c'est très gentil (à vous) ♦ **kind-hearted** bon

kindergarten ['kɪndəˌgɑːtn] N jardin *m* d'enfants ; (state-run) maternelle *f*

kindle ['kɪndl] VT [+ fire, passion] allumer ; [+ enthusiasm] susciter

kindling ['kɪndlɪŋ] N (= wood) petit bois *m*

kindly ['kaɪndlɪ] ADV **a** (= in a caring way) avec bienveillance **b** (= generously) aimablement **c** (= please) ♦ **~ be seated** veuillez vous asseoir **d** (= favourably) ♦ **to think ~ of sb** apprécier qn ♦ **she didn't take it ~ when I said that** elle n'a pas apprécié quand j'ai dit cela

kindness ['kaɪndnɪs] N gentillesse *f*

kindred ['kɪndrɪd] N (= relatives) famille *f* ▶ **kindred spirit** âme *f* sœur

kinetic [kɪ'netɪk] ADJ cinétique

king [kɪŋ] N roi *m* ♦ **King David** le roi David ▶ **king-size bed** grand lit *m*

kingdom ['kɪŋdəm] N royaume *m* ♦ **the plant/animal ~** le règne végétal/animal

kingfisher ['kɪŋˌfɪʃəʳ] N martin-pêcheur *m*

kinky ['kɪŋkɪ] ADJ **a** * [underwear] d'un goût spécial ♦ **~ sex** des pratiques sexuelles un peu spéciales **b** [hair] frisé

kiosk ['kiːɒsk] N (for selling) kiosque *m* ; (Brit) (= phone box) cabine *f* téléphonique

kipper ['kɪpəʳ] N (Brit) hareng *m* fumé salé

kiss [kɪs] **1** N baiser *m* ♦ **~ of life** bouche-à-bouche *m* **2** VT embrasser **3** VI s'embrasser

kit [kɪt] N **a** (= parts for assembly) kit *m* **b** (= set of items) trousse *f* ♦ **first-aid ~** trousse *f* d'urgence

kitbag ['kɪtbæg] N sac *m* *(de sportif, de soldat)*

kitchen ['kɪtʃɪn] N cuisine *f* ▶ **kitchen paper, kitchen roll** essuie-tout *m inv* ▶ **kitchen sink** évier *m*

kitchenware ['kɪtʃɪnweəʳ] N (= dishes) vaisselle *f* ; (= equipment) ustensiles *mpl* de cuisine

kite [kaɪt] N **a** (= toy) cerf-volant *m* **b** (= bird) milan *m*

kitesurfing ['kaɪtsɜːfɪŋ] N kitesurf *m*

kith [kɪθ] N ♦ **~ and kin** amis *mpl* et parents *mpl*

kitten ['kɪtn] N chaton *m*

kitty ['kɪtɪ] N **a** [of money] cagnotte *f* **b** (* = cat) minou * *m*

kiwi ['kiːwiː] N (= bird, fruit) kiwi *m*

Kleenex ® ['kliːneks] N (pl **Kleenex**) Kleenex ® *m*

kleptomaniac [ˌkleptəʊ'meɪnɪæk] ADJ, N kleptomane *mf*

knack [næk] N **a** (= physical dexterity) tour *m* de main **b** (= talent) ♦ **to have the ~ of doing sth** avoir le don pour faire qch

knackered * ['nækəd] ADJ (Brit) **a** (= tired out) crevé * **b** (= broken) foutu *

knapsack ['næpsæk] N sac *m* à dos

knead [niːd] VT [+ dough] pétrir ; [+ muscles] malaxer

knee [niː] N genou *m* ♦ **to sit on sb's ~** s'asseoir sur les genoux de qn

kneecap ['niːkæp] N rotule *f*

kneel [niːl] (pret, ptp **knelt** or **kneeled**) VI (= kneel down) s'agenouiller ; (= be kneeling) être agenouillé

knelt [nelt] VB (pt, ptp of **kneel**)

knew [njuː] VB (pt of **know**)

knickers ['nɪkəz] NPL (Brit) culotte *f*

knife [naɪf] **1** N (pl **knives**) couteau *m* ; (= pocket knife) canif *m* **2** VT [+ person] donner un coup de couteau à

knight [naɪt] **1** N chevalier *m* ; (Chess) cavalier *m* **2** VT (Brit) [sovereign] faire chevalier

knighthood ['naɪthʊd] N (Brit = rank) titre *m* de chevalier

knit [nɪt] (pret, ptp **knitted** or **knit**) **1** VT [+ garment] tricoter ♦ **to ~ one's brows** froncer les sourcils **2** VI tricoter

knitting ['nɪtɪŋ] N tricot *m* ▶ **knitting needle** aiguille *f* à tricoter

knitwear ['nɪtweəʳ] N tricots *mpl*

knives [naɪvz] NPL of **knife**

knob [nɒb] N [of door] bouton *m*

knock [nɒk] **1** N **a** (= blow) coup *m* ; (= collision) choc *m* **b** (at door) ♦ **there was a ~ at the door** on a frappé (à la porte) **c** (= setback) revers *m* ♦ **to take a ~** en prendre un coup * **2** VT **a** [+ object] frapper ♦ **to ~ a glass off a table** faire tomber un verre d'une table ♦ **to ~ one's head on or against sth** se cogner la tête contre qch **b** [+ person] ♦ **to ~ sb to the ground** jeter qn à terre ♦ **to ~ sb unconscious** assommer qn ♦ **to ~ sb for six** * (Brit) [news] faire un choc à qn **c** (* = criticize) [+ person, plan, idea] dénigrer **3** VI (= bump) frapper ♦ **to ~ against or into sb/sth** se cogner contre qn/qch ♦ **he ~ed into the table** il s'est cogné dans la table **4** COMP ▶ **knock-kneed** ♦ **to be**

~-kneed avoir les genoux cagneux ▸ **knock-on effect** répercussions *fpl* ▸ **knock-up** (Sport) ◆ **to have a ~-up** faire des balles
▶ **knock about** *

▶ **knock around** * **1** VI (= travel) bourlinguer * ; (= hang around) traîner **2** VT SEP (= beat) taper sur

▶ **knock back** * VT SEP **a** [+ drink] s'envoyer * **b** (= cost) coûter ◆ **how much did it ~ you back?** ça vous a coûté combien ? **c** (= shock) sonner *

▶ **knock down** VT SEP **a** [+ person] renverser **b** [+ building] démolir **c** [+ price] baisser

▶ **knock off 1** VI (* = leave work) quitter son travail **2** VT SEP **a** ◆ **I got ~ed off my bike** j'ai été renversé en vélo **b** (= reduce price by) faire une remise de **c** (= stop) ◆ **~ it off !** * ça suffit !

▶ **knock out** VT SEP **a** (= stun) ◆ **to ~ sb out** [person, drug] assommer qn ; [boxer] mettre qn KO **b** (= exhaust) mettre à plat * **c** (from competition) éliminer

▶ **knock over** VT SEP [+ object, pedestrian] renverser

knocker ['nɒkə^r] N (on door) heurtoir *m*

knockout ['nɒkaʊt] N **a** (Boxing) knock-out *m inv* **b** * [+ person] être sensationnel *

knot [nɒt] **1** N nœud *m* ◆ **to tie a ~** faire un nœud **2** VT [+ tie] nouer

knotty ['nɒtɪ] ADJ **a** [wood] noueux **b** [problem] épineux

know [nəʊ] vb : pret **knew**, ptp **known 1** VT **a** (gen) savoir ; [+ truth, problem, details] connaître ◆ **to ~ the difference between** connaître *or* savoir la différence entre ◆ **to ~ French** savoir le français ◆ **to ~ a lot about sth/sb** en savoir long sur qch/qn ◆ **she ~s all about computers** elle s'y connaît en informatique ◆ **I ~ (that) you're wrong** je sais que vous avez tort ◆ **to ~ how to do sth** savoir faire qch ◆ **he ~s what he's talking about** il sait de quoi il parle ◆ **I don't ~ why he reacted like that** je ne sais pas pourquoi il a réagi comme ça **b** (= be acquainted with) [+ person, place] connaître ◆ **to ~ sb by sight** connaître qn de vue **c** (= recognize) reconnaître ◆ **to ~ sb by his walk**

reconnaître qn à sa démarche **d** (exclamations) ◆ **well, what do you ~ !** * tiens, tiens ! ◆ (do) **you ~ what** *, **I think she did it!** tu sais quoi *, je pense que c'est elle qui a fait ça ! **2** VI savoir ◆ **who ~s?** qui sait ? ◆ **how should I ~?** comment veux-tu que je sache ? ◆ **as far as I ~** à ma connaissance ◆ **not as far as I ~** pas à ma connaissance ◆ **for all I ~** pour ce que j'en sais ◆ **you never ~** on ne sait jamais ◆ **you should have ~n better** tu aurais dû réfléchir **3** (set structures)

◆ **to know about** (= be aware of) être au courant de

◆ **to know of** (= be acquainted with) connaître ; (= be aware of) savoir ; (= learn about) apprendre ; (= have heard of) avoir entendu parler de

◆ **to get to know** [+ person] faire plus ample connaissance avec

◆ **to let sb know sth** dire qch à qn ◆ **I'll let you ~ on Monday** je te dirai ça lundi ◆ **if you can't come, please let me ~** préviens-moi si tu ne peux pas venir **4** N

◆ **to be in the know** * être au courant ▸ **know-all** * (Brit) je-sais-tout * ◆ *mf* ▸ **know-how** * ◆ savoir-faire *m* ▸ **know-it-all** * (US) je-sais-tout * ◆ *mf*

knowing ['nəʊɪŋ] ADJ [look] entendu

knowledge ['nɒlɪdʒ] N **a** (= understanding, awareness) connaissance *f* ◆ **not to my ~** pas à ma connaissance ◆ **it's common ~ that ...** il est de notoriété publique que ... **b** (= body of knowledge) savoir *m* ; (in a given field) connaissances *fpl*

knowledgeable ['nɒlɪdʒəbl] ADJ [person] (in general) cultivé ; (in a given subject) qui s'y connaît

known [nəʊn] **1** VB (ptp of **know**) **2** ADJ connu (to sb de qn) ◆ **to make sth ~ to sb** faire savoir qch à qn ◆ **to make o.s. ~ to sb** se présenter à qn

knuckle ['nʌkl] N articulation *f* du doigt

koala [kəʊˈɑːlə] N (also **koala bear**) koala *m*

Koran [kɒˈrɑːn] N Coran *m*

Korea [kəˈrɪə] N Corée *f*

kosher ['kəʊʃə^r] ADJ kascher *inv*

Kuwait [kʊˈweɪt] N Koweït *m*

ANGLAIS/
FRANÇAIS

L, l [el] **1** N (abbrev of **litre(s)**) l **2** ADJ (abbrev of **large**) L **3** COMP ▸ **L-plate** (Brit) *plaque signalant la conduite accompagnée*

lab * [læb] N (abbrev of **laboratory**) labo * *m*

label ['leɪbl] **1** N étiquette *f* ; (= brand guarantee) label *m* **2** VT **a** [+ parcel, bottle] coller une étiquette (or des étiquettes) sur ; [+ goods for sale] étiqueter **b** [+ person, group] étiqueter

labor ['leɪbəʳ] N (US) ⇒ **labour**

laboratory [ləˈbɒrətəri, (US) ˈlæbrətɔːri] N laboratoire *m*

laborious [ləˈbɔːrɪəs] ADJ laborieux

labour, labor (US) ['leɪbəʳ] **1** N **a** (= hard work) travail *m* ; (= workers) main-d'œuvre *f* ▸ **labor union** (US) syndical *m* ▸ **Labo(u)r Day** fête *f* du Travail ▸ **labo(u)r-saving** qui facilite le travail ▸ **labo(u)r-saving device** (in household) appareil *m* ménager **b** (= political party) ◆ **Labour** le parti travailliste **c** (in childbirth) travail *m* ▸ **labo(u)r pains** douleurs *fpl* de l'accouchement ▸ **labo(u)r ward** salle *f* d'accouchement **2** ADJ [leader, party] travailliste **3** VI (= work with effort) travailler dur (at à) ; (= work with difficulty) peiner (at sur) **4** VT insister sur

laboured, labored (US) ['leɪbəd] ADJ [movement] pénible ; [style, process] laborieux ; [joke] lourd

labourer, laborer (US) ['leɪbərəʳ] N ouvrier *m*

Labrador ['læbrədɔːʳ] N (= dog: also **labrador**) labrador *m*

labyrinth ['læbɪrɪnθ] N labyrinthe *m*

lace [leɪs] **1** N **a** (= fabric) dentelle *f* **b** (= shoelace) lacet *m* ▸ **lace-up shoes** (Brit) chaussures *fpl* à lacets **2** VT **a** [+ shoe] lacer **b** ◆ **to ~ with** [+ alcohol] arroser de **3** VI se lacer

lack [læk] **1** N manque *m* ◆ **for** *or* **through ~ of** faute de **2** VT manquer de **3** VI **a** ◆ **to be ~ing** [food, money] manquer **b** ◆ **to be ~ing in** [person] manquer de

lacklustre, lackluster (US) ['læk,lʌstəʳ] ADJ terne

laconic [ləˈkɒnɪk] ADJ laconique

lacquer ['lækəʳ] N laque *f*

lad [læd] N (= boy) garçon *m* ; (= son) * fiston * *m*

ladder ['lædəʳ] **1** N **a** (gen) échelle *f* **b** (Brit: in tights) maille *f* filée **2** VTI (Brit) filer

laden ['leɪdn] ADJ chargé (with de)

ladle ['leɪdl] N louche *f*

lady ['leɪdɪ] N **a** (= woman) dame *f* ◆ **Ladies and Gentlemen!** Mesdames, Mesdemoiselles, Messieurs ! ◆ **Lady Davenport** lady Davenport ▸ **ladies' hairdresser** coiffeur *m*, -euse *f* pour dames ▸ **lady-in-waiting** dame *f* d'honneur **b** ◆ **ladies** (= public lavatory) toilettes *fpl* (pour dames) ◆ **"Ladies"** (on sign) "Dames"

ladybird ['leɪdɪbɜːd] (Brit), **ladybug** ['leɪdɪbʌg] (US) N coccinelle *f*

ladylike ['leɪdɪlaɪk] ADJ distingué

lag [læg] VI (also **lag behind**) être à la traîne ◆ **he was ~ging behind the others** il était à la traîne ; (physically) il traînait derrière les autres

lager ['lɑːgəʳ] N ≈ bière *f* blonde

lagoon [ləˈguːn] N lagon *m*

laid [leɪd] VB (pt, ptp of **lay**) ▸ **laid-back** * ADJ décontracté

lain [leɪn] VB (ptp of **lie**)

lair [lɛəʳ] N tanière *f* ; (fig) repaire *m*

lake [leɪk] N lac *m* ◆ **Lake Geneva** le lac Léman *or* de Genève ▸ **the Lake District** la région des lacs

lamb [læm] N agneau *m*

lambswool ['læmzwʊl] N lambswool *m*

lame [leɪm] ADJ **a** (= disabled) [person] éclopé ; [horse] boiteux ; [leg] estropié ◆ **to be ~** boiter ◆ **to go ~** [horse] se mettre à boiter **b** [excuse] mauvais ; [joke] vaseux ; [argument] boiteux

lament [ləˈment] **1** N lamentation *f* **2** VT [+ loss, lack] regretter **3** VI se lamenter (for sur)

lamentable ['læməntəbl] ADJ [situation, performance] déplorable ; [incident] regrettable

laminated ['læmineɪtɪd] ADJ [metal] laminé ; [glass] feuilleté ; [windscreen] en verre feuilleté

lamp [læmp] N (= light) lampe *f* ; (= bulb) ampoule *f*

lamplight ['læmplaɪt] N ◆ **by ~** à la lumière d'une lampe

lampoon [læmˈpuːn] **1** N virulente satire *f* **2** VT railler

lamppost ['læmppəʊst] N réverbère *m*

lampshade ['læmpʃeɪd] N abat-jour *m inv*

lance [lɑːns] **1** N lance f **2** VT [+ abscess] percer

land [lænd] **1** N **a** (gen) terre f ◆ **on** ~ à terre ◆ **on dry** ~ sur la terre ferme ◆ **to go by** ~ voyager par voie de terre ◆ **to see how the** ~ **lies** tâter le terrain ◆ **to work (on) the** ~ travailler la terre **b** (= property) (large) terre(s) f(pl) ; (smaller) terrain m ◆ **a piece of** ~ un terrain **c** (= country) pays m ◆ **a** ~ **of opportunity** un pays où tout le monde a ses chances **2** VT **a** [+ cargo] décharger ; [+ passengers] débarquer ; [+ aircraft] poser ; [+ fish] prendre **b** (* = obtain) [+ job, contract] décrocher * **c** (* Brit) ◆ **to** ~ **sb in it** mettre qn dans le pétrin * ◆ **to be** ~**ed with sth** (= left with) rester avec qch sur les bras ; (= forced to take on) devoir se coltiner qch * **3** VI **a** [aircraft] atterrir **b** (= fall) tomber ; (after a jump) retomber ◆ **to** ~ **on sth** [falling object] tomber sur qch ; [person or animal jumping] retomber sur qch ; [bird, insect] se poser sur qch ◆ **to** ~ **on one's feet** retomber sur ses pieds
▶ **land up** * VI atterrir *

landing ['lændɪŋ] N **a** [of aircraft, spacecraft] atterrissage m ; (on sea) amerrissage m ; (on moon) alunissage m ▶ **landing gear** train m d'atterrissage ▶ **landing strip** piste f d'atterrissage **b** (from ship) débarquement m ◆ **the Normandy** ~**s** le débarquement (du 6 juin 1944) ▶ **landing stage** (Brit) débarcadère m **c** (Sport) réception f **d** (between stairs) palier m ; (= storey) étage m

landlady ['lændˌleɪdɪ] N propriétaire f

landlord ['lændˌlɔːd] N propriétaire m

landmark ['lændmɑːk] N point m de repère

landmine ['lændmaɪn] N mine f

landowner ['lændəʊnəʳ] N propriétaire m terrien

landscape ['lændˌskeɪp] N paysage m ▶ **landscape gardener** jardinier m, -ière f paysagiste ▶ **landscape gardening** aménagement m de jardins ▶ **landscape painter** peintre m paysagiste mf

landslide ['lændˌslaɪd] N glissement m de terrain ; [of loose rocks] éboulement m ; (Pol = landslide victory) victoire f écrasante

lane [leɪn] N **a** petite route f ; (in town) ruelle f **b** (= part of road) voie f ; (= line of traffic) file f **c** (for ships, runners, swimmers) couloir m

language ['læŋgwɪdʒ] N **a** (= particular tongue) langue f ◆ **the French** ~ la langue française ▶ **language laboratory** laboratoire m de langues **b** (= ability to talk, terminology) langage m ◆ **strong** or **bad** or **foul** ~ gros mots mpl

languid ['læŋgwɪd] ADJ languissant

languish ['læŋgwɪʃ] VI (se) languir (for, over après) ; (in prison) dépérir

lank [læŋk] ADJ [hair] raide et terne

lanky ['læŋkɪ] ADJ dégingandé

lantern ['læntən] N lanterne f

lap [læp] **1** N **a** (= knees) genoux mpl ◆ **sitting on his mother's** ~ assis sur les genoux de sa mère ◆ **to live in the** ~ **of luxury** vivre dans le plus grand luxe **b** (Sport) tour m de piste ◆ ~ **of honour** tour m d'honneur **2** VT **a** [+ milk] laper **b** [+ runner, car] prendre un tour d'avance sur **3** VI [waves] clapoter

lapel [lə'pel] N revers m (de veston)

lapse [læps] **1** N **a** (= fault) faute f ; (in behaviour) écart m de conduite **b** (= passage of time) intervalle m ◆ **a** ~ **of time** un laps de temps **2** VI **a** (= err) faire un écart de conduite ◆ **to** ~ **into bad habits** prendre de mauvaises habitudes **b** [act, law] devenir caduc ; [contract, ticket, passport] expirer ; [membership, subscription] venir à expiration

laptop ['læptɒp], **laptop computer** ['læptɒpkəm'pjuːtəʳ] N (ordinateur m) portable m

larceny ['lɑːsənɪ] N vol m

larch [lɑːtʃ] N mélèze m

lard [lɑːd] N saindoux m

larder ['lɑːdəʳ] N (= cupboard) garde-manger m inv ; (= small room) cellier m

large [lɑːdʒ] ADJ (gen) grand ; [dose] fort ; [sum, share, group] important ; [family, crowd] nombreux ▶ **large-scale** [map, production, attack] à grande échelle ; [unrest] général ; [reforms] de grande ampleur ◆ **at** ~ (= at liberty) en liberté ◆ **the country at** ~ (= as a whole) le pays dans son ensemble ◆ **by and** ~ d'une façon générale

largely ['lɑːdʒlɪ] ADV [correct, responsible] en grande partie ; [ignore] largement

lark [lɑːk] N **a** (= bird) alouette f **b** (= joke) ◆ **we only did it for a** ~ on l'a seulement fait pour rigoler *
▶ **lark about** * VI faire le fou *

larva ['lɑːvə] N (pl larvae ['lɑːviː]) larve f

laryngitis [ˌlærɪn'dʒaɪtɪs] N laryngite f

larynx ['lærɪŋks] N larynx m

lasagne [lə'zænjə] N lasagne f inv

laser ['leɪzəʳ] N laser m ▶ **laser beam** rayon m laser ▶ **laser disk** disque m laser ▶ **laser printer** imprimante f laser

lash [læʃ] **1** N **a** (= blow from whip) coup m de fouet **b** (= eyelash) cil m **2** VT **a** [person] (= whip) fouetter **b** [storm] s'abattre sur ; [wind, hail] cingler ; [waves] fouetter **c** (= fasten) attacher fermement
▶ **lash down 1** VI [rain] tomber avec violence **2** VT SEP [+ cargo] arrimer
▶ **lash out** VI **a** ◆ **to** ~ **out at sb (with a knife)** envoyer des coups (de couteau) à qn

◆ she ~ed out with her fists elle s'est débattue à coups de poing ◆ to ~ out at sb (verbally) agresser qn **b** (* = spend a lot of money) faire une folie * ◆ he ~ed out on a car il a fait une folie * et s'est payé une voiture

lass [læs] N jeune fille f

lasso [læˈsuː] **1** N lasso m **2** VT prendre au lasso

---

last [lɑːst]

1 ADJ **a** (= final) dernier before n ◆ the ~ ten pages les dix dernières pages ◆ second ~, ~ but one avant-dernier ◆ at the ~ minute à la dernière minute ◆ ~ thing juste avant de se coucher ◆ last-minute de dernière minute ▸ the Last Supper la Cène

b (= past) dernier ◆ ~ week/year la semaine/ l'année dernière ◆ ~ night (= evening) hier soir ; (= night) la nuit dernière ◆ ~ Monday lundi dernier ◆ the night before ~ avant-hier soir ◆ the week before ~ l'avant-dernière semaine ◆ this time ~ year l'an dernier à la même époque

c (= least likely or desirable) dernier ◆ he's the ~ person to ask c'est la dernière personne à qui demander

2 ADV **a** (= at the end) en dernier ◆ he arrived ~ of all il est arrivé le dernier ◆ his horse came in ~ son cheval est arrivé (bon) dernier ◆ but not least enfin et surtout ◆ to leave sth till ~ garder qch pour la fin

b (= most recently) la dernière fois ◆ when I ~ saw him la dernière fois que je l'ai vu

c (= finally) pour terminer

3 N dernier m, -ière f ◆ the ~ but one l'avant-dernier m, -ière f ◆ we were glad to see the ~ of him nous avons été contents de le voir partir ◆ that was the ~ I saw of him je ne l'ai pas revu depuis ◆ to the ~ jusqu'à la fin

◆ at (long) last enfin

4 VI **a** (= continue) durer [pain, film, supplies] ◆ it ~ed two hours cela a duré deux heures

b (= hold out) tenir ◆ no one ~s long in this job personne ne tient longtemps dans ce poste

c (= remain usable) faire ◆ made to ~ fait pour durer

5 VT durer

▸ **last out** VI [person] tenir (le coup) ; [money] suffire

---

lasting [ˈlɑːstɪŋ] ADJ durable

lastly [ˈlɑːstlɪ] ADV enfin

latch [lætʃ] N loquet m

▸ **latch on** * VI **a** (= grab) s'accrocher (to à)

b (= understand) comprendre

▸ **latch on to** * VT INSEP **a** (= grab) s'accrocher à **b** (= understand) comprendre ; (= realize) se rendre compte de

late [leɪt] (compar **later**, superl **latest**) **1** ADJ **a** (= after scheduled time) ◆ to be ~ être en retard ◆ to be ~ arriving arriver avec du retard ◆ to be ~ for an appointment être en retard à un rendez-vous ◆ I was ~ for work je suis arrivé au travail en retard ◆ to be ~ with sth avoir du retard dans qch ◆ to make sb ~ mettre qn en retard ◆ to be 20 minutes ~ avoir 20 minutes de retard **b** (= after usual time) [crop, flowers] tardif ; [booking] de dernière minute ◆ Easter is ~ this year Pâques est tard cette année **c** (= at advanced time of day) tard ◆ it was very ~ il était très tard ◆ it's getting ~ il se fait tard ◆ to have a ~ lunch déjeuner tard ◆ ~-night opening (of shop) nocturne f **d** (= near end of period or series) ◆ at this ~ stage à ce stade avancé ◆ he was in his ~ thirties il approchait de la quarantaine ◆ in the ~ afternoon en fin d'après-midi ◆ in ~ June/September fin juin/septembre ◆ in ~ spring à la fin du printemps ◆ in the ~ 1990s à la fin des années 90 **e** (= dead) feu (liter) **2** ADV **a** (= after scheduled time) [arrive] en retard ; [start, finish, deliver] avec du retard ◆ too ~ trop tard **b** (= after usual time) tard **c** (= at advanced time of day) [work, get up, sleep, start, finish] tard ◆ the shop is open ~ on Thursdays le magasin est ouvert en nocturne le jeudi ◆ to stay up ~ veiller ◆ ~ at night tard dans la soirée ◆ ~ last night tard hier soir ◆ ~ in the afternoon en fin d'après-midi **d** (= near end of period) ◆ ~ in 1992/May fin 1992/mai ◆ ~ last year à la fin de l'année dernière **e** (= recently) ◆ as ~ as 1950 jusqu'en 1950 ◆ of ~ (= lately) ces derniers temps

latecomer [ˈleɪtkʌməʳ] N retardataire mf

lately [ˈleɪtlɪ] ADV ces derniers temps

latent [ˈleɪtənt] ADJ latent

later [ˈleɪtəʳ] (compar of **late**) **1** ADV plus tard ◆ two years ~ deux ans plus tard ◆ ~ on (in period of time, film) plus tard ; (in book) plus loin ◆ no ~ than ... pas plus tard que ... ◆ see you ~! * (= in a few minutes) à tout à l'heure ! ; (longer) à plus tard ! **2** ADJ [chapter, date] ultérieur (-eure f) ; [edition] postérieur (-eure f) ◆ I decided to take a ~ train j'ai décidé de prendre un train plus tard ◆ the ~ train (of two) le train suivant ◆ at a ~ stage plus tard ◆ in ~ life plus tard

lateral [ˈlætərəl] ADJ latéral

latest [ˈleɪtɪst] (superl of **late**) **1** ADJ dernier ◆ at the ~ possible moment au tout dernier moment **2** N **a** * (= latest version) ◆ it's the ~ in computer games c'est le dernier né des jeux électroniques ◆ the very ~ in technology le dernier cri de la technologie ◆ have you heard the ~? (= news) tu connais la dernière ? * **b** (= latest time) ◆ **I'll be there by noon at the ~** j'y serai à midi au plus tard ◆ **give me your essay by Monday at the ~** rendez-moi votre dissertation lundi dernier délai

lathe [leɪð] N tour *m*

lather ['lɑːðə'] **1** N [of soap] mousse *f* **2** VT ◆ **to ~ one's face** se savonner le visage **3** VI [soap] mousser

Latin ['lætɪn] **1** ADJ latin **2** N **a** (= language) latin *m* **b** Latin(e) *m(f)* ; (in US) Latino-Américain(e) *m(f)* ► **Latin America** Amérique *f* latine ► **Latin-American** ADJ latino-américain ◇ N Latino-Américain(e) *m(f)*

latitude ['lætɪtjuːd] N latitude *f*

latter ['lætə'] **1** ADJ (= second of two) second ; (= last one mentioned) dernier ◆ **in the ~ stages of the war** vers la fin de la guerre **2** N ◆ **the ~** celui-ci *m*, celle-ci *f* ◆ **of the two solutions, I prefer the ~** je préfère la seconde solution

lattice ['lætɪs] N treillis *m* ; (= fence) claire-voie *f* ; (on tart) croisillons *mpl*

laugh [lɑːf] **1** N **a** rire *m* ◆ **to have a good ~ at sb/sth** bien rire de qn/qch (* = amusing time) ◆ **it was a good ~** on a bien rigolé * ◆ **just for ~s** histoire de rire * **2** VTI rire ◆ **to ~ about sth** rire de qch ◆ **to ~ in sb's face** rire au nez de qn
► **laugh at** VT INSEP [+ person, sb's behaviour] rire de ; (unpleasantly) se moquer de ; [+ difficulty, danger] se rire de
► **laugh off** VT SEP **a** ◆ **to ~ one's head off** * rire comme une baleine * **b** ◆ **she managed to ~ it off** elle a réussi à tourner la chose en plaisantant

laughable ['lɑːfəbl] ADJ [person, behaviour, idea] ridicule ; [offer, amount] dérisoire

laughing ['lɑːfɪŋ] ADJ [person, face, eyes] rieur ◆ **this is no ~ matter** il n'y a pas de quoi rire ◆ **he made himself a ~ stock** il s'est couvert de ridicule

laughter ['lɑːftə'] N rire(s) *m(pl)*

launch [lɔːntʃ] **1** N **a** (= motorboat) (for patrol) vedette *f* ; (for pleasure) bateau *m* de plaisance **b** [of ship, spacecraft, product] lancement *m* ► **launch pad** rampe *f* de lancement **2** VT lancer **3** VI ◆ **to ~ into** [+ speech, explanation, attack] se lancer dans

launching ['lɔːntʃɪŋ] N lancement *m* ► **launching pad** rampe *f* de lancement

launder ['lɔːndə'] VT **a** [+ clothes] laver **b** [+ money] blanchir

Launderette ® [ˌlɔːndə'ret] (Brit), **Laundromat** ® ['lɔːndrəmæt] (US) N laverie *f* automatique

laundry ['lɔːndrɪ] N **a** (= washing) linge *m* ◆ **to do the ~** faire la lessive ► **laundry basket** panier *m* à linge **b** (= place) blanchisserie *f*

laureate ['lɔːrɪɪt] ADJ, N lauréat(e) *m(f)* ◆ (poet) ~ poète *m* lauréat

laurel ['lɒrəl] N laurier *m*

lava ['lɑːvə] N lave *f*

lavatory ['lævətrɪ] N toilettes *fpl*

lavender ['lævɪndə'] N lavande *f*

lavish ['lævɪʃ] **1** ADJ [person] prodigue (with de) ; [expenditure] considérable ; [amount] gigantesque ; [meal] copieux ; [hospitality] généreux **2** VT prodiguer (sth on sb qch à qn)

law [lɔː] N **a** (= legislation, regulation) loi *f* ◆ **to take the ~ into one's own hands** (se) faire justice soi-même ◆ **the ~ of the jungle** la loi de la jungle ◆ **he's a ~ unto himself** il ne fait que ce qu'il veut ◆ **against the ~** contraire à la loi ◆ **by ~** conformément à la loi ► **law-abiding** respectueux des lois ► **law and order** ordre *m* public **b** (= operation of the law) justice *f* ◆ **court of ~** tribunal *m* **c** (= system, profession) droit *m* ◆ **civil/criminal ~** le droit civil/pénal ◆ **to study ~** faire du droit **d** (= principle) loi *f* ◆ **the ~ of averages/gravity** la loi des probabilités/de la pesanteur

lawful ['lɔːfʊl] ADJ [action, contract] légal ; [child] légitime

lawn [lɔːn] N pelouse *f*

lawnmower ['lɔːnməʊə'] N tondeuse *f* (à gazon)

lawsuit ['lɔːsuːt] N procès *m*

lawyer ['lɔːjə'] N (in court) avocat *m* ; (= legal expert) juriste *mf*

lax [læks] ADJ [behaviour, discipline] laxiste ; [person] négligent

laxative ['læksətɪv] ADJ, N laxatif *m*

lay [leɪ] (vb : pret, ptp **laid**) **1** VB (pt of **lie**) **2** VT **a** (= place, put down) poser ; (= stretch out) étendre ◆ **she laid her hand on my shoulder** elle a posé la main sur mon épaule ◆ **I didn't ~ a finger on him** je ne l'ai pas touché ◆ **I wish I could ~ my hands on a good dictionary** si seulement je pouvais mettre la main sur un bon dictionnaire **b** [+ egg] pondre **c** [+ snare, trap] tendre (for à) ; [+ fire] préparer ; [+ plans] élaborer ◆ **to ~ the table** (Brit) mettre la table **d** (with adjective) ◆ **the blow laid him flat** le coup l'a étendu par terre ◆ **the storm laid the town flat** la tempête a dévasté la ville ◆ **to be laid low** être immobilisé ◆ **he was laid low with flu** la grippe l'obligeait à garder le lit **e** [+ money] parier ◆ **to ~ a bet** parier **f** [+ accusation, charge] porter **3** VI pondre **4** COMP ► **lay-by** N (Brit) aire *f* de repos ► **lay-off** N licenciement *m*

▶ **lay down** VT SEP **a** [+ object] poser ◆ to ~ down one's life for sb sacrifier sa vie pour qn **b** [+ rule] établir ; [+ condition, price] fixer ◆ to ~ down the law essayer de faire la loi

▶ **lay in** VT SEP [+ goods, reserves] faire provision de ◆ to ~ in provisions faire des provisions

▶ **lay into** * VT INSEP ◆ he laid into him (= attack) il lui est rentré dedans * ; (= scold) il lui a passé un savon *

▶ **lay off 1** VT SEP [+ workers] licencier **2** VT INSEP (* = stop) arrêter ◆ ~ off! ça suffit ! ◆ ~ off him! fiche-lui la paix ! *

▶ **lay on** VT SEP (Brit) [+ water, gas] installer ; [+ facilities, entertainment] fournir ◆ to ~ it on thick * en rajouter *

▶ **lay out** VT SEP **a** [+ garden] dessiner ; [+ house] concevoir ; [+ essay] faire le plan de ◆ a well laid-out flat un appartement bien conçu **b** [+ clothes, meal] préparer ; [+ goods for sale] étaler **c** [+ reasons, events] exposer **d** [+ money] débourser (on pour) **e** (= knock out) mettre KO

▶ **lay up** VT SEP **a** [+ provisions] amasser **b** ◆ he is laid up (in bed) with flu il est au lit avec la grippe

layabout * ['leɪəbaʊt] N (Brit) feignant(e) * m(f)

layer ['leɪəʳ] **1** N [of paint, dust, sand] couche f ◆ several ~s of clothing plusieurs épaisseurs fpl de vêtements **2** VT [+ hair] couper en dégradé

layman ['leɪmən] N (pl **-men**) (not religious) laïc m ; (not specialist) profane m

layout ['leɪaʊt] N [of house, school] agencement m ; [of district] disposition f ; [of essay] plan m ; [of advertisement, newspaper article] mise f en page

layover ['leɪ,əʊvəʳ] N (US) halte f

laze around [,leɪzə'raʊnd] VI paresser

lazy ['leɪzɪ] ADJ **a** (= idle) paresseux **b** (= sloppy) [writing, work] peu soigné ; [style] relâché **c** (= relaxed) [gesture, smile] indolent ; [day, afternoon] de détente

lazybones * ['leɪzɪbəʊnz] N feignant(e) * m(f)

lb (abbrev of **libra**) livre f ⇒ **pound**

lead¹ [liːd] (vb : pret, ptp **led**) **1** N **a** (Sport) ◆ to be in the lead (in match) mener ; (in race, league) être en tête ◆ to take the lead (in race) prendre la tête ; (in match, league) mener ◆ to have a ten-metre lead over sb avoir dix mètres d'avance sur qn **b** (= initiative) ◆ to follow sb's lead suivre l'exemple de qn ◆ to take the lead in doing sth être le premier à faire qch **c** (= clue) piste f ◆ **d** (= in play, film) rôle m principal ◆ male/female lead premier rôle m masculin/féminin **e** (= leash) laisse f ◆ on a lead tenu en laisse **f** (= electrical flex) fil m **2** ADJ ◆ lead guitarist première guitare f ◆ lead singer

(chanteur m) leader m, (chanteuse f) leader f **3** VT **a** (= show the way to) [+ person, horse] conduire (to à) ; [+ procession, parade] être à la tête de ◆ to lead sb in/out/across faire entrer/sortir/traverser qn ◆ this leads me to an important point cela m'amène à un point important ◆ to lead the way (= go ahead) aller devant ; (= show the way) montrer le chemin **b** (= be leader of) [+ government, team] être à la tête de ; [+ regiment] commander **c** (= be ahead of) ◆ to lead the field être en tête ◆ our country leads the world in textiles notre pays est le leader mondial dans le textile **d** [+ life, existence] mener ◆ they lead a simple life ils mènent une vie simple **e** (= induce, bring) amener ◆ he led me to believe that he would help me il m'a amené à croire qu'il m'aiderait **4** VI **a** (= be ahead) (in match) mener ; (in race) être en tête ◆ to lead by three points avoir trois points d'avance ◆ to lead by four goals to three mener (par) quatre buts à trois **b** (= go ahead) aller devant ; (= show the way) montrer le chemin ◆ you lead, I'll follow passez devant, je vous suis **c** (= dancer) mener **d** [road, corridor, door] mener (to à) **e** (= cause) ◆ it led to war cela a conduit à la guerre ◆ it led to his arrest cela a abouti à son arrestation ◆ it led to nothing ça n'a mené à rien

▶ **lead off 1** VI (= begin) commencer **2** VT INSEP [corridor, path] partir de ◆ a passage leading off the foyer un couloir qui part du foyer ◆ the rooms which lead off the corridor les pièces qui donnent sur le couloir

▶ **lead on 1** VI (= lead the way) marcher devant **2** VT SEP (= tease) taquiner ; (= fool) duper ; (= raise hopes) donner de faux espoirs à ; (sexually) allumer *

▶ **lead up to** VT INSEP **a** [path] conduire à ◆ this staircase leads up to the roof cet escalier donne accès au toit **b** (= precede) précéder ◆ the years that led up to the war les années qui ont précédé la guerre ◆ the events that led up to the revolution les événements qui ont conduit à la révolution **c** (= lead on) ◆ what are you leading up to ? où voulez-vous en venir ?

lead² [led] **1** N **a** (= metal) plomb m **b** [of pencil] mine f **2** ADJ [object, weight] en plomb ▶ **lead-free** sans plomb ▶ **lead poisoning** saturnisme m

leaded ['ledɪd] ADJ [petrol] au plomb

leader ['liːdəʳ] N **a** (gen) chef m ; (= guide) guide m ; [of riot, strike] meneur m, -euse f ; [group of soldiers] commandant m ; (Pol) dirigeant(e) m(f), leader m ◆ he's a born ~ il est né pour commander ◆ they're the world ~s in the cosmetics industry ce sont les leaders mondiaux de l'industrie cosmétique **b** (in race)

(= runner) coureur *m* de tête ; (= horse) cheval *m* de tête ; (in league) leader *m* **c** (Press) éditorial *m*

leadership ['liːdəʃɪp] N **a** direction *f* ◆ **under his ~** sous sa direction **b** (= leaders collectively) dirigeants *mpl*

leading ['liːdɪŋ] ADJ **a** (= important) important ; (= most important) principal ◆ **a ~ industrial nation** une des principales nations industrialisées ◆ **Britain's ~ car manufacturer** le premier constructeur automobile britannique ◆ **to play the ~ role (in a film/play)** être la vedette (d'un film/d'une pièce) ▶ **leading lady** actrice *f* principale ▶ **leading light** ◆ **he's one of the ~ lights in the campaign** c'est une des personnalités les plus en vue de la campagne ▶ **leading man** acteur *m* principal ▶ **leading question** *f* tendancieuse **b** (in race) [runner, driver, car] en tête de course ; [club, team] en tête du classement

leaf [liːf] (pl **leaves**) N **a** [of plant] feuille *f* ◆ **in ~** en feuilles **b** [of book] page *f* ◆ **to turn over a new ~** changer de conduite
▶ **leaf through** VT INSEP [+ book] feuilleter

leaflet ['liːflɪt] N prospectus *m* ; (political or religious) tract *m* ; (= instruction sheet) mode *m* d'emploi

leafy ['liːfɪ] ADJ [vegetables] à feuilles ; [lane] bordé d'arbres ; [suburb] vert

league [liːg] N **a** (= association) ligue *f* ◆ **to be in ~ with sb** être de connivence avec qn **b** (Football) championnat *m* ; (Baseball) division *f* ◆ **major/minor ~** première/deuxième division *f* ▶ **league championship** championnat *m* ▶ **league match** (Brit) match *m* de championnat ▶ **league table** classement *m* du championnat **c** (= class) catégorie *f* ◆ **they're in a different ~** ils ne sont pas du même calibre

leak [liːk] **1** N (gen) fuite *f* ; (in boat) voie *f* d'eau ; (in shoe) trou *m* ◆ **to spring a ~** [bucket, pipe] se mettre à fuir ; [boat] commencer à faire eau ◆ **a gas ~** une fuite de gaz **2** VI **a** [bucket, pen, pipe, bottle, roof] fuir ; [ship] faire eau ; [shoe] prendre l'eau **b** [gas, liquid] fuir **3** VT **a** [+ liquid] répandre **b** [+ information] divulguer
▶ **leak out** VI [gas, liquid] s'échapper ; [secret, news] filtrer

leakage ['liːkɪdʒ] N (= leak) fuite *f* ; (= amount lost) perte *f*

leaky ['liːkɪ] ADJ [roof, pipe, bucket] qui fuit ; [boat] qui fait eau ; [shoe] qui prend l'eau

lean [liːn] (pret, ptp **leaned** or **leant**) **1** ADJ **a** (= not fat) [person, body] mince ; [animal] svelte ; [meat] maigre **b** (= poor) [harvest] maigre ◆ **~ years** années *fpl* de vaches maigres **2** VI **a** [wall, construction] pencher **b** (= support o.s.) s'appuyer (against contre) ; (with one's back) s'adosser (against à) ; (with elbows)

s'accouder (on à) ◆ **to be ~ing against the wall** [ladder, bike] être appuyé contre le mur ; [person] être adossé au mur ◆ **to ~ on sb for support** s'appuyer sur qn ◆ **to ~ heavily on sb for advice** compter beaucoup sur qn pour ses conseils **c** (* = apply pressure) faire pression **3** VT [+ ladder, bike] appuyer (against contre) ◆ **to ~ one's head on sb's shoulder** poser sa tête sur l'épaule de qn
▶ **lean back** VI se pencher en arrière ◆ **to ~ back against sth** s'adosser à qch
▶ **lean forward** VI se pencher en avant
▶ **lean out** VI se pencher au dehors ◆ **to ~ out of the window** se pencher par la fenêtre
▶ **lean over** VI [person] (= forward) se pencher en avant ; (= sideways) se pencher sur le côté ; [object, tree] pencher ◆ **to ~ over backwards** se pencher en arrière

leaning ['liːnɪŋ] **1** N (= liking) penchant *m* (towards pour) ; (= tendency) tendance *f* (towards à) **2** ADJ [wall, building] penché ▶ **the Leaning Tower of Pisa** la tour de Pise

leant [lent] VB (pt, ptp of **lean**)

leap [liːp] (vb : pret, ptp **leaped** or **leapt**) **1** N bond *m* ◆ **at one ~** d'un bond ◆ **in ~s and bounds** à pas de géant ▶ **leap year** année *f* bissextile **2** VI **a** [person, animal, fish] sauter ; [flames] jaillir ◆ **to ~ in/out** entrer/sortir d'un bond ◆ **to ~ to one's feet** se lever d'un bond ◆ **he leapt out of bed** il sauta du lit ◆ **to ~ over a ditch** sauter par-dessus un fossé ◆ **he leapt into the air** il fit un bond dans l'air **b** [profits, prices, unemployment] faire un bond ◆ **her heart leapt** son cœur a bondi ◆ **you mustn't ~ to conclusions** il ne faut pas tirer de conclusions hâtives ◆ **to ~ to sb's defence** s'empresser de prendre la défense de qn ◆ **to ~ at sth** [+ chance, suggestion, offer] sauter sur qch ; [+ idea] accueillir qch avec enthousiasme **3** VT [+ stream, hedge] sauter par-dessus

leapfrog ['liːpfrɒg] N saute-mouton *m*

leapt [lept] VB (pt, ptp of **leap**)

learn [lɜːn] (pret, ptp **learned** or **learnt**) **1** VT apprendre ◆ **to ~ (how) to do sth** apprendre à faire qch **2** VI apprendre ◆ **we are ~ing about the Revolution at school** on étudie la Révolution en classe ◆ **I was sorry to ~ about your illness** j'ai appris avec regret votre maladie ◆ **to ~ from one's mistakes** tirer la leçon de ses erreurs

learned ['lɜːnɪd] ADJ [person, society, essay] savant ; [profession] intellectuel

learner ['lɜːnə[r]] N apprenant(e) *m(f)* ; (Brit = driver) apprenti(e) conducteur *m*, -trice *f*

learning ['lɜːnɪŋ] N **a** (= fund of knowledge) érudition *f* **b** (= act) apprentissage *m* ▶ **lear-**

ning difficulties, learning disabilities (in adults) difficultés *fpl* d'apprentissage ; (in children) difficultés *fpl* scolaires

learnt [lɜːnt] VB (pt, ptp of **learn**)

lease [liːs] **1** N (= contract, duration) bail *m* ◆ **to be given a new ~ of** (Brit) *or* **on** (US) **life** retrouver une nouvelle jeunesse **2** VT [+ house, car] louer à bail

leasehold [ˈliːshəʊld] **1** N (= contract) ≈ bail *m* ; (= property) propriété *f* louée à bail **2** ADJ loué à bail **3** ADV [buy] à bail

leaseholder [ˈliːshəʊldəʳ] N locataire *mf*

leash [liːʃ] N (for dog) laisse *f* ◆ **to keep a dog on a ~** tenir un chien en laisse

---

🔑 **least** [liːst]

(superl of **little**)

1 ADJ ◆ **the ~** (= smallest amount of) le moins de ; (= smallest) le moindre, la moindre ◆ **he has the ~ money** c'est lui qui a le moins d'argent ◆ **the ~ thing upsets her** la moindre chose la contrarie ◆ **that's the ~ of our worries** c'est le cadet de nos soucis

2 PRON ◆ **the ~** le moins ◆ **you've given me the ~** c'est à moi que tu en as donné le moins ◆ **it's the ~ I can do** c'est la moindre des choses

◆ **at least** (with quantity, comparison) au moins ; (parenthetically) du moins ◆ **there were at ~ eight books** il y avait au moins huit livres ◆ **at ~ it's not raining** au moins il ne pleut pas ◆ **he's ill, at ~ that's what he says** il est malade, du moins c'est ce qu'il dit

◆ **not in the least** pas du tout ◆ **it didn't surprise me in the ~** ça ne m'a pas étonné du tout ◆ **it doesn't matter in the ~** cela n'a pas la moindre importance

◆ **to say the least** c'est le moins qu'on puisse dire

3 ADV ◆ **the ~** le moins, la moins ◆ **the ~ expensive** le moins cher ◆ **the ~ expensive car** la voiture la moins chère ◆ **when you are ~ expecting it** quand vous vous y attendez le moins

◆ **least of all** surtout pas

---

leather [ˈleðəʳ] **1** N cuir *m* **2** ADJ [boots, jacket, seat] en cuir ▸ **leather goods** articles *mpl* en cuir

leathery [ˈleðərɪ] ADJ [substance] coriace ; [skin] tanné

leave [liːv] (vb : pret, ptp **left**) **1** N **a** (= holiday) congé *m* ; (for soldier) permission *f* ◆ **to be on ~** être en congé ◆ **on ~ of absence** en congé exceptionnel ; (soldier) en permission spéciale **b** (= consent) permission *f* ◆ **to ask ~ (from sb) to do sth** demander (à qn) la permission de faire qch **c** (= departure) ◆ **to take one's ~ (of sb)** prendre congé (de qn) ◆ **have**

you taken ~ of your senses? avez-vous perdu la tête ? **2** VT **a** (= go away from) quitter ◆ **to ~ home/school** quitter la maison/l'école **b** (= forget) oublier ◆ **he left his umbrella on the train** il a oublié son parapluie dans le train **c** (= deposit, allow to remain) laisser ◆ **he left the children with a neighbour** il a laissé les enfants à un voisin ◆ **to ~ sb in charge of a house/shop** laisser à qn la garde d'une maison/d'une boutique ◆ **to ~ a message for sb** laisser un message à qn ◆ **~ it where it is** laisse-le où il est ◆ **he left it lying on the floor** il l'a laissé traîner par terre ◆ **they were left to starve** on les a laissés mourir de faim ◆ **I'll ~ it to you to decide** je te laisse décider ◆ **I'll ~ the matter in your hands** je vous confie l'affaire ◆ **~ it to me!** laissez-moi faire ! ◆ **let's ~ it at that** tenons-nous-en là ◆ **it left a good impression on me** cela m'a fait bonne impression **d** (Maths) ◆ **three from six ~s three** six moins trois égalent trois ◆ **if you take four from seven, what are you left with?** si tu soustrais quatre à sept, qu'est-ce qui te reste ? **e** (in will) laisser (**to** à) **3** VI partir

▸ **leave behind** VT SEP **a** (= not take) (deliberately) laisser ; (accidentally) oublier **b** [+ opponent in race] distancer ; [+ fellow students] dépasser

▸ **leave on** VT SEP **a** [+ one's hat, coat] garder ; [+ lid] laisser **b** [+ gas, heating, tap] laisser ouvert ; [+ light] laisser allumé

▸ **leave out** VT SEP (= omit) (accidentally) oublier ; (deliberately) exclure ; [+ line in text] sauter ◆ **they left him out** ils l'ont tenu à l'écart ◆ **I'm feeling left out** j'ai l'impression d'être tenu à l'écart ◆ **~ it out!** * arrête ! *

leaves [liːvz] NPL of **leaf**

Lebanon [ˈlebənən] N Liban *m*

lecherous [ˈletʃərəs] ADJ lubrique

lectern [ˈlektən] N lutrin *m*

lecture [ˈlektʃəʳ] **1** N conférence *f* ; (as part of university course) cours *m* magistral ◆ **to give sb a ~ (about sth)** (= reproach) sermonner qn (au sujet de qch) ▸ **lecture theatre** salle *f* de conférences ; (Univ) amphithéâtre *m* **2** VI faire une conférence ; (as part of university course) faire un cours magistral **3** VT (= reprove) réprimander (**for having done sth** pour avoir fait qch)

lecturer [ˈlektʃərəʳ] N **a** (= speaker) conférencier *m*, -ière *f* **b** (Brit Univ) ≈ enseignant(e) *m(f)* à l'université ◆ **senior ~** ≈ maître *m* de conférences

led [led] VB (pt, ptp of **lead**)

ledge [ledʒ] N (on wall) rebord *m* ; (of window) rebord *m* (de la fenêtre) ; (on mountain) saillie *f*

ledger [ˈledʒəʳ] N grand-livre *m*

leech [liːtʃ] N sangsue *f*

leek [liːk] N poireau m

leer [lɪəʳ] VI ◆ **to ~ at sb** lorgner qn

leeway ['liːweɪ] N (= freedom) liberté f ; (= margin for action) latitude f

left [left] **1** VB (pt, ptp of leave) ◆ **to be ~** rester ◆ **how many are ~?** combien est-ce qu'il en reste ? ◆ **how much was ~ (over)?** combien en reste-t-il ? ◆ **there are three cakes ~** il reste trois gâteaux ◆ **are there any ~?** est-ce qu'il en reste ? ◆ **I've got $6 ~** il me reste six dollars ◆ **I've no money ~** il ne me reste plus d'argent ◆ **if there's any money ~ over** s'il reste de l'argent **2** ADJ gauche ◆ **my ~ arm/foot** mon bras/pied gauche **3** ADV [turn, look] à gauche **4** N **a** gauche f ◆ **on your ~** sur votre gauche ◆ **on ou to the ~** à gauche ◆ **the door on the ~** la porte de gauche ◆ **to drive on the ~** conduire à gauche **b** ◆ **the Left** (Pol) la gauche **5** COMP ▸ **left-click** (comput) cliquer à gauche ▸ **left-hand** de gauche ◆ **the ~-hand door/page** la porte/page de gauche ◆ **~-hand drive car** conduite f à gauche (véhicule) ◆ **on the ~-hand side** à gauche ◆ **a ~-hand turn** un virage à gauche ▸ **left-handed** [person] gaucher ▸ **left-luggage locker** (casier m à) consigne f automatique ▸ **left-luggage office** consigne f ▸ **the left wing** (Pol) la gauche ▸ **left-wing** [newspaper, view] de gauche ◆ **he's very ~-wing** il est très à gauche

leftover ['left‚əʊvəʳ] **1** N vestige m (from de) **2** leftovers NPL (after meal) restes mpl **3** ADJ restant ◆ **a bottle with some ~ wine in it** une bouteille avec un restant de vin ◆ **a ~ bottle of wine** une bouteille de vin qui reste (or restait etc)

leg [leg] N **a** [of person, trousers] jambe f ; [of horse] membre m ; [of other animal, bird, insect] patte f ; [of furniture] pied m ◆ **he hasn't got a ~ to stand on** il ne peut s'appuyer sur rien ◆ **to pull sb's ~** (= hoax) faire marcher qn ; (= tease) taquiner qn **b** (Culin) [of lamb] gigot m ; [of pork, chicken, frog] cuisse f **c** [of journey] étape f

legacy ['legəsɪ] N legs m

legal ['liːgəl] ADJ **a** (= lawful) légal ◆ **this note is no longer ~ currency** ce billet n'a plus cours **b** (= concerning the law) [error, protection] judiciaire ; [question, services] juridique ; [status] légal ◆ **to take ~ action against sb** intenter un procès à qn ▸ **legal adviser** conseiller m, -ère f juridique ▸ **legal aid** aide f judiciaire ▸ **legal costs** frais mpl de justice ▸ **legal holiday** (US) jour m férié ▸ **legal proceedings** poursuites fpl ▸ **legal system** système m juridique

legality [lɪ'gælɪtɪ] N légalité f

legalize ['liːgəlaɪz] VT légaliser

legend ['ledʒənd] N légende f

legendary ['ledʒəndərɪ] ADJ légendaire

leggings ['legɪŋz] NPL (for woman) caleçon m ; (= legwarmers) jambières fpl ; (protective) cuissardes fpl

legible ['ledʒəbl] ADJ lisible

legion ['liːdʒən] N légion f

legislate ['ledʒɪsleɪt] VI légiférer

legislation [‚ledʒɪs'leɪʃən] N (= body of laws) législation f ; (= single law) loi f

legislature ['ledʒɪslətʃəʳ] N corps m législatif

legitimate 1 ADJ [lɪ'dʒɪtɪmɪt] [government, business, child, target] légitime ; [reason, argument, conclusion] valable ; [complaint] fondé **2** VT [lɪ'dʒɪtɪmeɪt] légitimer

legless ['leglɪs] ADJ **a** (= without legs) sans jambes **b** (Brit = drunk) * bourré *

legroom ['legrʊm] N place f pour les jambes

leisure ['leʒəʳ, (US) 'liːʒəʳ] N temps m libre ◆ **a life of ~** une vie oisive ◆ **do it at your ~** prenez tout votre temps ▸ **leisure centre** (Brit) centre m de loisirs ▸ **leisure wear** vêtements mpl décontractés

leisurely ['leʒəlɪ] ADJ [pace, stroll, meal, occupation] tranquille ◆ **to have a ~ bath** prendre tranquillement un bain

lemon ['lemən] N citron m ▸ **lemon cheese, lemon curd** crème f au citron ▸ **lemon grass** citronnelle f ▸ **lemon juice** jus m de citron ; (= drink) citron m pressé ▸ **lemon squash** ≈ citronnade f ▸ **lemon squeezer** presse-citron m ▸ **lemon tree** citronnier m

lemonade [‚lemə'neɪd] N (still) citronnade f ; (fizzy) limonade f

lend [lend] (pret, ptp lent) VT **a** [+ money, possessions] prêter ◆ **to ~ sb sth** prêter qch à qn **b** [+ importance] accorder ; [+ dignity, mystery] conférer ◆ **to ~ an ear (to sb)** prêter l'oreille (à qn)
▸ **lend out** VT SEP prêter

lending ['lendɪŋ] N prêt m ▸ **lending library** bibliothèque f de prêt ▸ **lending rate** taux m de prêt

length [leŋ(k)θ] N **a** (in space) longueur f ◆ **I've gone to great ~s to get it finished** je me suis donné beaucoup de mal pour le terminer ◆ **he would go to any ~s to succeed** il ne reculerait devant rien pour réussir **b** (in time) durée f ◆ **at ~** (= at last) enfin ; (= for a long time) fort longuement ; (= in detail) dans le détail **c** [of swimming pool] longueur f **d** [of rope, wire] morceau m ; [of wallpaper] lé m ; [of cloth] métrage m ; [of track] tronçon m

lengthen ['leŋ(k)θən] **1** VT [+ object] allonger ; [+ visit, life] prolonger **2** VI [shadows, queue] s'allonger ; [visit] se prolonger ; [days, nights] rallonger

lengthways ['leŋ(k)θ,weɪz], **lengthwise** ['leŋ(k)θ,waɪz] ADV dans le sens de la longueur

lengthy ['leŋ(k)θɪ] ADJ très long (longue f)

lenient ['liːnɪənt] ADJ [parent, teacher, treatment] indulgent ; [judge, sentence] clément

lens [lenz] N (for magnifying) lentille f ; [of camera] objectif m ; [of spectacles] verre m ; (= contact lens) lentille f de contact ▸ **lens cap** bouchon m d'objectif

Lent [lent] N carême m

lent [lent] VB (pt, ptp of **lend**)

lentil ['lentl] N lentille f

Leo ['liːəʊ] N Lion m

leopard ['lepəd] N léopard m

leotard ['liːətɑːd] N justaucorps m

leper ['lepəʳ] N lépreux m, -euse f

leprosy ['leprəsɪ] N lèpre f

lesbian ['lezbɪən] **1** ADJ lesbien ; [couple] de lesbiennes **2** N lesbienne f

lesion ['liːʒən] N lésion f

---

less [les]

(compar of **little**)

1 ADJ, PRON (in amount, size, degree) moins (de) ◆ **butter** moins de beurre ◆ **even ~ butter** encore moins de beurre ◆ **much ~ milk** beaucoup moins de lait ◆ **~ and ~ money** de moins en moins d'argent ◆ **I have ~ time for reading** j'ai moins le temps de lire ◆ **can't you let me have it for ~?** vous ne pouvez pas me faire un prix ? ◆ **we see ~ of her now** nous la voyons moins souvent maintenant

◆ **less than** moins que ; (before a number) moins de ◆ **I have ~ than you** j'en ai moins que vous ◆ **in ~ than a month** en moins d'un mois ◆ **it costs no ~ than £100** ça ne coûte pas moins de 100 livres ◆ **in ~ than no time** * en rien de temps

◆ **less ... than** moins ... que ◆ **I have ~ money than you** j'ai moins d'argent que vous

◆ **nothing less than** rien moins que ◆ **he's nothing ~ than a thief** c'est tout simplement un voleur

2 ADV moins ◆ **you must eat ~** il faut que vous mangiez moins ◆ **~ and ~** de moins en moins ◆ **even ~** encore moins ◆ **~ often** moins souvent ◆ **he was none the ~ pleased to see me** il n'en était pas moins content de me voir

◆ **the less ..., the less ...** moins ..., moins ... ◆ **the ~ he works the ~ he earns** moins il travaille, moins il gagne ◆ **the ~ said about it the better** moins vaut ne pas en parler

3 PREP moins ◆ **~ 10%** moins 10 %

---

lessen ['lesn] **1** VT (gen) diminuer ; [+ cost] réduire ; [+ anxiety, pain] atténuer ; [+ shock] amortir **2** VI [tension, pain] diminuer

lesser ['lesəʳ] ADJ moindre ◆ **to a ~ extent** à un moindre degré ◆ **the ~ of two evils** le moindre de deux maux

lesson ['lesn] N leçon f ◆ **driving ~** leçon f de conduite ◆ **to take/give ~s in** prendre/donner des leçons de ◆ **that'll teach you a ~!** que cela te serve de leçon !

let [let] (pret, ptp **let**) **1** VT **a** (= allow) laisser ◆ **to ~ sb do sth** laisser qn faire qch ◆ **don't ~ me forget** rappelle-le-moi ◆ **don't ~ the fire go out** ne laisse pas le feu s'éteindre ◆ **~ me have a look** faites voir ◆ **~ me help you** laissez-moi vous aider ◆ **when can you ~ me have it?** quand pourrais-je l'avoir ? ◆ **~ him be!** laisse-le (tranquille) ! ◆ **I ~ myself be persuaded** je me suis laissé convaincre **b** (in 1st and 3rd person imperatives) ◆ **~ me see ...** voyons ... ◆ **~ me think** laissez-moi réfléchir ◆ **~'s go for a walk** allons nous promener ◆ **~'s go!** allons-y ! ◆ **~'s not start yet** ne commençons pas tout de suite ◆ **~ him say what he likes, I don't care** qu'il dise ce qu'il veut, ça m'est égal ◆ **~ that be a warning to you** que cela vous serve d'avertissement **c** (= hire out) louer ◆ **"to ~"** "à louer" **2** N (Tennis) let m ◆ **~!** filet !

▸ **let down** VT SEP **a** [+ window] baisser ; [+ one's hair] dénouer ; [+ dress] rallonger ; [+ tyre] dégonfler **b** (= disappoint) décevoir

▸ **let in** VT SEP [+ person, cat] laisser entrer ◆ **to ~ in water** [shoes, tent] prendre l'eau ; [roof] laisser entrer la pluie ◆ **the curtains ~ the light in** les rideaux laissent entrer la lumière ◆ **you don't know what you're ~ting yourself in for** tu ne sais pas à quoi tu t'engages ◆ **to ~ sb in on sth** mettre qn au courant de qch

▸ **let off** VT SEP **a** [+ bomb] faire exploser ; [+ firework] tirer ; [+ firearm] faire partir **b** (= excuse) dispenser ◆ **to ~ sb off sth** dispenser qn de qch **c** (= not punish) ne pas punir ◆ **he ~ me off** il ne m'a pas puni ◆ **to ~ sb off lightly** laisser qn s'en tirer à bon compte

▸ **let on** * VI ◆ **I won't ~ on** je ne dirai rien ◆ **don't ~ on!** motus !

▸ **let out** VT SEP **a** [+ person, cat] laisser sortir ; [+ prisoner] relâcher ; [+ cattle, caged bird] lâcher ◆ **to ~ the air out of a tyre** dégonfler un pneu **b** [+ secret, news] révéler **c** [+ shout, cry] laisser échapper **d** [+ dress] élargir **e** [+ house] louer

▸ **let past** VT SEP [+ person, vehicle] laisser passer

▸ **let through** VT SEP [+ vehicle, person, light] laisser passer

▸ **let up** VI [rain] diminuer ; [cold weather] s'adoucir ; [person] s'arrêter

let-down ['letdaʊn] * N déception f

lethal ['liːθəl] ADJ [poison, injection, dose] mortel ; [attack, blow] fatal ; [weapon, explosion] meurtrier

lethargic [lɪ'θɑːdʒɪk] ADJ [person] léthargique ; [movement] indolent

lethargy ['leθədʒɪ] N léthargie f

let's [lets] ⇒ **let us** ; → **let**

letter ['letəʳ] N **a** (of alphabet) lettre f **b** (= written communication) lettre f ▸ **letter bomb** lettre f piégée

letterbox ['letəbɒks] N boîte f aux lettres

lettering ['letərɪŋ] N (= engraving) gravure f ; (= letters) caractères mpl

letting ['letɪŋ] N location f ▸ **letting agency** agence f de location

lettuce ['letɪs] N laitue f

let-up ['letʌp] * N (= decrease) diminution f ; (= stop) arrêt m ; (= respite) répit m ◆ **he worked five hours without a ~** il a travaillé cinq heures d'affilée

leukaemia, leukemia [luː'kiːmɪə] N leucémie f

level ['levl] **1** N **a** (gen) niveau m ◆ **on a ~ with ...** au même niveau que ... ◆ **is this on the ~?** * est-ce que c'est réglo ? * ◆ **is he on the ~?** * est-ce qu'il joue franc-jeu ? **b** (= spirit level) niveau m à bulle **2** ADJ **a** [surface, ground] plan ◆ **the tray must be absolutely ~** il faut que le plateau soit absolument horizontal ◆ **a ~ spoonful** une cuillerée rase ◆ **to do one's ~ best (to do sth)** * faire de son mieux (pour faire qch) **b** (= equal) (at same standard) à égalité ; (at same height) à la même hauteur ◆ **to draw ~ with sb** (in race) arriver à la hauteur de qn ; (in league) être ex æquo avec qn **c** [voice, tones] calme ◆ **to keep a ~ head** garder tout son sang-froid **3** VT **a** (= make level) [+ site, ground] niveler ; [+ quantities] répartir également ◆ **to ~ the score** égaliser **b** (= demolish) raser **c** (= aim) ◆ **to ~ a blow at sb** allonger un coup de poing à qn ◆ **to ~ a gun at sb** braquer un pistolet sur qn ◆ **to ~ an accusation at sb** porter une accusation contre qn **4** VI ◆ **I'll ~ with you** je vais être franc avec vous **5** COMP ▸ **level crossing** (Brit) passage m à niveau ▸ **level-headed** pondéré
▸ **level off, level out 1** VI [statistics, results, prices] se stabiliser ; [road] s'aplanir **2** VT SEP niveler

lever ['liːvəʳ] **1** N levier m ; (small) manette f **2** VT ◆ **to ~ sth out/open** extraire/ouvrir qch (au moyen d'un levier)

leverage ['liːvərɪdʒ] N force f de levier ; (= influence) influence f

levy ['levɪ] **1** N (= tax) taxe f **2** VT **a** (= impose) [+ tax] prélever ; [+ fine] infliger (on sb à qn) **b** (= collect) [+ taxes, contributions] percevoir

lewd [luːd] ADJ obscène

liability [ˌlaɪə'bɪlɪtɪ] N **a** (= responsibility) responsabilité f **b** (= obligation) ◆ **~ for tax** assujettissement m à l'impôt **c** ◆ **liabilities** (= debts) passif m **d** (= handicap) ◆ **this car is a ~** on n'arrête pas d'avoir des problèmes avec cette voiture ◆ **he's a real ~** ce type est un boulet *

liable ['laɪəbl] ADJ **a** ◆ **to be ~ to do sth** (= likely to) avoir des chances de faire qch ; (= risk) risquer de faire qch ◆ **he's ~ to refuse** il risque de refuser **b** (= subject) ◆ **to be ~ to sth** être sujet à qch ◆ **to be ~ to a fine** être passible d'une amende ◆ **to be ~ for prosecution** s'exposer à des poursuites ◆ **to be ~ for duty** [goods] être assujetti à des droits ; [person] avoir à payer des droits ◆ **to be ~ for tax** [person] être imposable ; [thing] être assujetti à la taxation **c** (= legally responsible) (civilement) responsable (for sb/sth de qn/qch)

liaise [liː'eɪz] VI (Brit) se contacter ◆ **to ~ with** (= cooperate with) se concerter avec ; (= act as go-between) assurer la liaison avec ◆ **to ~ between** assurer la liaison entre

liaison [liː'eɪzɒn] N liaison f

liar ['laɪəʳ] N menteur m, -euse f

libel ['laɪbl] **1** N diffamation f (par écrit) **2** VT diffamer (par écrit)

liberal ['lɪbərəl] **1** ADJ **a** [education, régime, society] libéral ; [ideas, views] progressiste ; [person] large d'esprit **b** (= generous) généreux ◆ **a ~ amount of** beaucoup de **c** (Brit Pol) ◆ **Liberal** libéral **2** N ◆ **Liberal** (Pol) libéral(e) m(f) ▸ **Liberal Democrat** libéral(e)-démocrate m(f)

liberalize ['lɪbərəlaɪz] VT libéraliser

liberally ['lɪbərəlɪ] ADV généreusement

liberate ['lɪbəreɪt] VT libérer

liberation [ˌlɪbə'reɪʃən] N libération f

liberty ['lɪbətɪ] N **a** (= freedom) liberté f ◆ **at ~** en liberté ◆ **you are at ~ to choose** libre à vous de choisir ◆ **I am not at ~ to reveal that information** je n'ai pas le droit de révéler ces informations **b** (= presumption) liberté f ◆ **to take liberties (with sb)** prendre des libertés (avec qn) ◆ **to take the ~ of doing sth** prendre la liberté de faire qch

libido [lɪ'biːdəʊ] N libido f

Libra ['liːbrə] N Balance f

librarian [laɪ'brɛərɪən] N bibliothécaire mf

library ['laɪbrərɪ] N bibliothèque f ▸ **library book** livre m de bibliothèque

Libya ['lɪbɪə] N Libye f

lice [laɪs] NPL of **louse**

licence, license (US) ['laɪsəns] N **a** (= permit) permis *m* ; (for manufacturing, trading) licence *f* ; (for radio, TV) redevance *f* ◆ **driving ~** (Brit) permis *m* de conduire ◆ **pilot's ~** brevet *m* de pilote ▸ **licence fee** (Brit TV) redevance *f* ▸ **licence number** [of licence] numéro *m* de permis de conduire ; [of car] numéro *m* d'immatriculation ▸ **licence plate** plaque *f* d'immatriculation **b** (= freedom) licence *f*

license ['laɪsəns] **1** N (US) ⇒ **licence** **2** VT **a** (= give licence to) donner une licence à ; [+ car] [licensing authority] délivrer la vignette à ◆ **~d premises** établissement *m* ayant une licence de débit de boissons **b** (= permit) autoriser (sb to do sth qn à faire qch)

licensee [,laɪsən'si:] N titulaire *mf* d'une licence ; (Brit) [of pub] patron(ne) *m(f)*

lichee [,laɪ'tʃi:] N litchi *m*

lichen ['laɪkən] N lichen *m*

lick [lɪk] **1** N coup *m* de langue ◆ **a ~ of paint** un (petit) coup de peinture **2** VT **a** [person, animal, flames] lécher ◆ **to ~ one's lips** se lécher les lèvres ; (fig) se frotter les mains **b** * (= defeat) écraser * ; (= outdo) * tabasser *

licorice ['lɪkərɪs] N (US) réglisse *m*

lid [lɪd] N **a** (top) couvercle *m* **b** (= eyelid) paupière *f*

lie¹ [laɪ] (pret **lay**, ptp **lain**) **1** VI **a** [person, animal] (= lie down) s'allonger ; (= be lying down) être allongé ◆ **he was lying on the floor** (resting) il était allongé par terre ; (unable to move) il était étendu par terre ◆ **she was lying in bed** elle était au lit ◆ **lie on your side** allonge-toi sur le côté ◆ **she was lying face downwards** elle était étendue à plat ventre ◆ **here lies ...** (on tombstone) ci-gît ... ◆ **to lie low** (= hide) se cacher ; (= stay out of limelight) se faire oublier **b** [object] être ; [place, road] se trouver ; [land, sea] s'étendre ; (= remain) rester, être ◆ **his clothes were lying on the floor** ses vêtements étaient par terre ◆ **the factory lay idle** l'usine ne tournait plus ◆ **the snow lay two metres deep** il y avait deux mètres de neige ◆ **the town lay in ruins** la ville était en ruines ◆ **what lies ahead** (in future) l'avenir ◆ **to let things lie** laisser les choses comme elles sont **c** (with abstract subject) ◆ **to lie in sth** résider dans qch ◆ **he knows where his interests lie** sait où résident ses intérêts ◆ **what lies behind his refusal?** quelle est la véritable raison de son refus ? **2** N ◆ **the lie of the land** la configuration *f* du terrain

▸ **lie about, lie around** VI **a** [objects, clothes, books] traîner ◆ **to leave sth lying about** laisser traîner qch **b** [person] traîner

▸ **lie back** VI (in chair, on bed) se renverser (en arrière) ◆ **lie back and enjoy yourself!** laisse-toi donc vivre !

▸ **lie down** VI [person, animal] s'allonger ◆ **when I arrived she was lying down** quand je suis arrivé elle était allongée ◆ **lie down!** (to dog) couché ! ◆ **I won't take it lying down** * je ne vais pas me laisser faire

▸ **lie in** VI (= stay in bed) faire la grasse matinée

lie² [laɪ] (vb : pret, ptp **lied**) **1** N mensonge *m* ◆ **to tell lies** dire des mensonges **2** VI mentir

lie-down ['laɪdaʊn] N (Brit) ◆ **to have a ~** s'allonger

lie-in ['laɪˌɪn] N (Brit) ◆ **to have a ~** faire la grasse matinée

lieu [lu:] N ◆ **in ~ of** à la place de

lieutenant [lef'tenənt, (US) lu:'tenənt] N **a** (in army, navy) lieutenant *m* **b** (US Police) (uniformed) lieutenant *m* de police ; (plain clothes) inspecteur *m* de police

life [laɪf] **1** N (pl **lives**) **a** (gen) vie *f* ◆ **he ran for his ~** il a pris ses jambes à son cou ◆ **I couldn't for the ~ of me tell you his name** * je ne pourrais absolument pas vous dire son nom ◆ **he lived in France all his ~** il a vécu toute sa vie en France ◆ **to lead a busy ~** avoir une vie bien remplie ◆ **never in (all) my ~ have I seen such stupidity** jamais de ma vie je n'ai vu une telle stupidité ◆ **at my time of ~** à mon âge ◆ **that's ~!** c'est la vie ! ◆ **how's ~?** comment (ça) va ? ◆ **not on your ~!** * jamais de la vie ! **b** (= liveliness) ◆ **she brought the party to ~** elle a mis de l'animation dans la soirée ◆ **the town came to ~ when the sailors arrived** la ville s'éveillait à l'arrivée des marins ◆ **it put new ~ into me** ça m'a ragaillardi ◆ **he's the ~ and soul of the party** c'est un boute-en-train **c** [of car, ship, government, battery] durée *f* de vie ◆ **my car's nearing the end of its ~** ma voiture a fait son temps **d** (* = life imprisonment) ◆ **he got ~** il a été condamné à perpétuité **2** COMP ▸ **life assurance** assurance-vie *f* ▸ **life cycle** cycle *m* de vie ▸ **life drawing** dessin *m* d'après nature ▸ **life expectancy** espérance *f* de vie ▸ **life imprisonment** réclusion *f* à perpétuité ▸ **life insurance** assurance-vie *f* ▸ **life jacket, life preserver** (US) gilet *m* de sauvetage ▸ **life raft** radeau *m* de sauvetage ▸ **life-saver** (= person) maître *m* nageur-sauveteur ◆ **that money was a ~-saver** cet argent m'a (*or* lui a etc) sauvé la vie ▸ **life sentence** condamnation *f* à la réclusion à perpétuité ▸ **life-size(d)** grandeur nature *inv* ▸ **life span** durée *f* de vie

lifebelt ['laɪfbelt] N bouée *f* de sauvetage

lifeblood ['laɪfblʌd] N élément *m* vital

lifeboat ['laɪfbəʊt] N canot *m* de sauvetage

lifeguard ['laɪfgɑːd] N maître nageur-sauveteur *m*

lifeless ['laɪflɪs] ADJ [person, eyes] sans vie ; [animal] mort ; [style, novel, description] plat ; [hair, voice] terne ; [team, player] sans énergie

lifelike [ˈlaɪflaɪk] ADJ [waxwork, painting] ressemblant ; [dummy, doll] qui semble vivant

lifeline [ˈlaɪflaɪn] N (on ship) main f courante ; (for diver) corde f de sécurité ◆ **it was his ~** c'était vital pour lui

lifelong [ˈlaɪflɒŋ] ADJ [ambition] de toute ma (*or* sa etc) vie ; [friend, friendship] de toujours

lifestyle [ˈlaɪfstaɪl] N mode m de vie

lifetime [ˈlaɪftaɪm] N vie f ◆ **it was the chance of a ~** c'était la chance de ma (*or* sa) vie ◆ **once in a ~** une fois dans la vie ◆ **an hour that seemed like a ~** une heure qui semblait une éternité

lift [lɪft] **1** N **a** (Brit) (= elevator) ascenseur m ; (for goods) monte-charge m inv ▸ **lift attendant** liftier m, -ière f **b** (Ski) remontée f mécanique **c** (= transport) ◆ **can I give you a ~ ?** est-ce que je peux vous déposer quelque part ? ◆ **I gave him a ~ to Paris** je l'ai emmené jusqu'à Paris **d** (= encouragement) ◆ **it gave us a ~** cela nous a remonté le moral **2** VT **a** (= raise) lever ◆ **to ~ sb/sth onto a table** soulever qn/qch et le poser sur une table ◆ **to ~ weights** (as sport) faire des haltères **b** [+ restrictions] supprimer ; [+ ban, siege] lever **c** (* = copy) [+ quotation, idea] piquer * (from sb à qn) **3** VI [lid] se soulever ; [fog] se lever
▸ **lift off** **1** VI (Space) décoller **2** VT SEP [+ lid] enlever ◆ **he ~ed the child off the table** il a descendu l'enfant de la table
▸ **lift up** **1** VI [drawbridge] se soulever **2** VT SEP [+ object, carpet, skirt, person] soulever ◆ **to ~ up one's eyes** lever les yeux ◆ **to ~ up one's head** lever la tête

lift-off [ˈlɪftɒf] N (Space) décollage m ◆ **we have ~!** décollage !

ligament [ˈlɪgəmənt] N ligament m

light [laɪt] (vb : pret, ptp lit) **1** N **a** (gen) lumière f ◆ **by the ~ of sth** à la lumière de qch ◆ **in (the) ~ of** à la lumière de qch ◆ **against the ~** à contre-jour ◆ **you're in my ~** tu me caches la lumière ◆ **can you throw any ~ on this question?** pouvez-vous donner des éclaircissements sur cette question ? ◆ **in a good/bad ~** sous un jour favorable/défavorable ◆ **to see sth in a different ~** voir qch sous un jour différent ◆ **in the cold ~ of day** à tête reposée ◆ **to see the ~** (= understand) comprendre ◆ **to bring to ~** faire apparaître ◆ **to come to ~** être dévoilé ◆ **at first ~** au point du jour **b** (in eyes) lueur f **c** (= lamp) lampe f ◆ **desk ~** lampe f de bureau **d** [of vehicle, cycle] feu m ; (= headlight) phare m **e** (= traffic light) feu m ◆ **he went through a red ~** il a grillé un feu rouge ◆ **the ~s were red** le feu était rouge **f** (for cigarette) feu m ◆ **have you got a ~?** avez-vous du feu ? ◆ **to set ~ to sth** (Brit) mettre le feu à qch **2** ADJ **a** [evening, room] clair ◆ **it was getting ~ il**

commençait à faire jour **b** [hair, colour, skin] clair ◆ **~ blue** bleu clair inv **c** (= not heavy) léger ◆ **to be ~ on sth** prendre qch à la légère ◆ **to make ~ work of sth** faire qch sans difficulté **3** VT **a** [+ candle, cigarette, fire] allumer ◆ **to ~ a match** frotter une allumette **b** (= illuminate) éclairer ◆ **lit by electricity** éclairé à l'électricité **4** VI ◆ **the fire won't ~** le feu ne veut pas prendre **b** ◆ **to ~ upon sth** trouver qch par hasard **5** ADV ◆ **to travel ~** voyager léger **6** COMP ▸ **light aircraft** petit avion m ▸ **light ale** (Brit) *sorte de bière blonde légère* ▸ **light beer** (US) bière f allégée ▸ **light bulb** ampoule f électrique ▸ **light entertainment** variétés fpl ▸ **light-headed** étourdi ▸ **light-hearted** [person, laugh, atmosphere] gai ; [discussion] enjoué ▸ **light opera** opérette f ▸ **lights-out** extinction f des feux ▸ **light switch** interrupteur m
▸ **light up** **1** VI **a** s'allumer ◆ **her eyes/face lit up** son regard/visage s'est éclairé **b** (* = start to smoke) allumer une cigarette (*or* une pipe etc) **2** VT SEP (= illuminate) éclairer

lighten [ˈlaɪtn] **1** VT **a** [+ darkness] éclairer **b** [+ colour, hair] éclaircir **c** [+ burden, tax] alléger **d** [+ atmosphere] détendre ; [+ discussion] rendre plus léger **2** VI **a** [sky] s'éclaircir **b** [load] se réduire

lighter [ˈlaɪtəʳ] N (for gas cooker) allume-gaz m inv ; (= cigarette lighter) briquet m

lighthouse [ˈlaɪthaʊs] N phare m

lighting [ˈlaɪtɪŋ] N (= lights) éclairage m ; (in theatre) éclairages mpl

lightly [ˈlaɪtlɪ] ADV **a** [stroke, brush] délicatement **b** (= light-heartedly) [speak] légèrement ; [remark, say] d'un ton dégagé ◆ **to take sth ~** prendre qch à la légère ◆ **to get off ~** s'en tirer à bon compte

lightness [ˈlaɪtnɪs] N **a** (= brightness) clarté f **b** (in weight) légèreté f

lightning [ˈlaɪtnɪŋ] **1** N éclair m ◆ **there was a lot of ~** il y avait beaucoup d'éclairs ◆ **a flash of ~** un éclair ◆ **struck by ~** frappé par la foudre ◆ **like ~** * avec la rapidité de l'éclair ▸ **lightning conductor, lightning rod** (US) paratonnerre m **2** ADJ [attack] foudroyant ; [strike]* surprise inv ; [visit] éclair inv

lightweight [ˈlaɪtweɪt] ADJ léger

light-year [ˈlaɪtjɪəʳ] N année-lumière f

likable [ˈlaɪkəbl] ADJ sympathique

like [laɪk]

1 ADJ (= similar) semblable **2** PREP **a** (in comparisons) comme ◆ **he's just ~ anybody else** il est comme tout le monde ◆ **a house ~ mine** une maison comme la mienne

+ **to be ~ sb/sth** (= look like) ressembler à qn/qch + **that's just ~ him!** c'est bien de lui ! + (Prov) **like father, like son** tel père, tel fils (Prov) + **that's more ~ it!** * voilà qui est mieux ! + **there's nothing ~ real silk** rien ne vaut la soie véritable + **that's nothing ~ it!** ça n'est pas du tout ça !

+ **like that** comme ça

+ **like this** comme ça

b (asking for descriptions) + **what's he ~ ?** comment est-il ? + **what was the film ~?** comment as-tu trouvé le film ? + **what's the weather ~ in Paris?** quel temps fait-il à Paris ?

3 CONJ **a** (* = as) comme + **he can't play poker ~ his brother** il ne joue pas au poker aussi bien que son frère

b (* = as if) comme si + **he behaved ~ he was afraid** il se conduisait comme s'il avait peur

4 N (= similar thing) + **oranges, lemons and the ~** les oranges, les citrons et autres fruits de ce genre + **the ~s of him** * les gens comme lui

5 **likes** NPL goûts *mpl* + **he knows all my ~s and dislikes** il sait tout ce que j'aime et ce que je n'aime pas

6 VT **a** [+ person] aimer bien + **I ~ him** je l'aime bien + **I don't ~ the look of him** son allure ne me dit rien qui vaille

b [+ object, food, activity] aimer (bien) + **I ~ that shirt** j'aime bien cette chemise + **which do you ~ best?** lequel préfères-tu ? + **I ~ people to be punctual** j'aime que les gens soient à l'heure + **I don't ~ it when he's unhappy** je n'aime pas ça quand il est malheureux + **how do you ~ Paris?** est-ce que Paris vous plaît ? + **whether he ~s it or not** que cela lui plaise ou non

c (= want, wish) vouloir + **whenever you ~** quand vous voudrez + **if you ~** si vous voulez + **I'd ~ to go home** je voudrais rentrer à la maison + **would you ~ a drink?** voulez-vous boire quelque chose ? + **which one would you ~?** lequel voudriez-vous ? + **I would ~ you to speak to him** je voudrais que tu lui parles *subj* + **how do you ~ your steak?** comment voulez-vous votre steak ? + **would you ~ to go to Paris?** aimerais-tu aller à Paris ?

likeable ['laɪkəbl] ADJ sympathique

likelihood ['laɪklɪhʊd] N probabilité *f* + **in all ~** selon toute probabilité

likely ['laɪklɪ] **1** ADJ **a** [result, consequences] probable + **it is ~ that ...** il est probable que ... + *subj* + **it's hardly ~ that ...** il est peu probable que ... + *subj* **b** + **he is ~ to ...** il est bien possible qu'il ... + *subj* + **she's ~ to win/succeed** elle a de fortes chances de gagner/réussir + **he's ~ to fail/refuse** il risque d'échouer/de refuser + **this trend is ~ to continue** cette tendance va probablement se poursuivre + **they were not ~ to forget it** ils n'étaient pas

près de l'oublier **c** (= plausible) plausible + **a ~ story!** elle est bonne, celle-là ! **d** (= promising) + **he's a ~ candidate** c'est un candidat qui promet **2** ADV probablement + **very** or **most ~** très probablement + **it will very** or **most ~ rain** il va sûrement pleuvoir + **not ~!** * sûrement pas ! *

liken ['laɪkən] VT comparer (to à)

likeness ['laɪknɪs] N **a** (= resemblance) ressemblance *f* (to avec) **b** (= portrait) portrait *m* + **it is a good ~** c'est très ressemblant

likewise ['laɪkwaɪz] ADV (= similarly) de même ; (= also) également ; (= moreover) de plus

liking ['laɪkɪŋ] N (for person) sympathie *f* ; (for thing) penchant *m* + **to take a ~ to sb** se prendre d'amitié pour qn + **to your/his ~** à votre/son goût

lilac ['laɪlək] N, ADJ lilas *m*

Lilo ® ['laɪ,ləʊ] N matelas *m* pneumatique

lilting ['lɪltɪŋ] ADJ [song] cadencé ; [voice] aux inflexions mélodieuses

lily ['lɪlɪ] N lis *m* ▸ **lily of the valley** muguet *m*

limb [lɪm] N membre *m*

limber up [ˌlɪmbər'ʌp] VI (before sport) faire des exercices d'assouplissement

limbo ['lɪmbəʊ] N + **in ~** (= forgotten) tombé dans l'oubli ; (= undecided) encore dans les limbes

lime [laɪm] N **a** (= substance) chaux *f* **b** (= fruit) citron *m* vert ; (= lime juice) jus *m* de citron vert + **lager and ~** bière *f* citron vert ▸ **lime green** vert *m* jaune *inv* **c** (= tree) lime *f* ; (= linden) tilleul *m*

limelight ['laɪmlaɪt] N feux *mpl* de la rampe + **to be in the ~** être sous les feux des projecteurs

limerick ['lɪmərɪk] N limerick *m* (poème humoristique ou burlesque en cinq vers, dont les rimes se succèdent dans l'ordre aabba)

limestone ['laɪmstəʊn] N calcaire *m*

limit ['lɪmɪt] **1** N (gen) limite *f* ; (= restriction) limitation *f* + **off ~s** [area, district] d'accès interdit + **there is a ~ to my patience** ma patience a des limites + **it is true within ~s** c'est vrai dans une certaine mesure + **that's the ~!** * ça dépasse les bornes ! **2** VT limiter

limitation [ˌlɪmɪ'teɪʃən] N limitation *f* + **he knows his ~s** il connaît ses limites

limited ['lɪmɪtɪd] ADJ **a** (= restricted) limité + **to a ~ extent** jusqu'à un certain point ▸ **limited edition** [of poster, print] tirage *m* limité **b** (Brit) + **Smith and Sons Limited** ≈ Smith et fils, SA ▸ **limited company** ≈ société *f* à responsabilité limitée

limitless ['lɪmɪtlɪs] ADJ illimité

limousine ['lɪməzi:n] N limousine *f*

limp [lɪmp] **1** ADJ (= not firm) mou (molle *f*) ; [lettuce, flowers] flétri **2** VI [person] boiter **3** N
◆ **to have a ~, to walk with a ~** boiter

limpet ['lɪmpɪt] N patelle *f*

limpid ['lɪmpɪd] (liter) ADJ limpide

linden ['lɪndən] N (= tree) tilleul *m*

line [laɪn] **1** N **a** (= mark) ligne *f* ; (= pen stroke) trait *m* ◆ **to draw a ~ under sth** (in exercise book) tirer un trait sous qch **b** (= boundary) frontière *f* **c** (= wrinkle) ride *f* **d** (= rope) corde *f* ; (Fishing) ligne *f* ; (= washing line) corde *f* à linge **e** (for phone) ligne *f* ◆ **the ~'s gone dead** on a été coupé ◆ **Mr Smith is on the ~** j'ai M. Smith en ligne **f** [of writing] ligne *f* ; [of poem] vers *m* ◆ **to drop sb a ~*** envoyer un petit mot à qn ◆ **to read between the ~s** lire entre les lignes ◆ **lines** (as school punishment) lignes *fpl* à copier ◆ **to learn one's ~s** [actor] apprendre son texte **g** (US = queue) file *f* (d'attente) ◆ **to wait in ~** faire la queue **h** (= row) [of trees, parked cars, hills] rangée *f* ; [of cars in traffic jam] file *f* ; [of people] (side by side) rang *m* ; (one behind another) file *f* ◆ **assembly ~** chaîne *f* ◆ **to fall into ~** s'aligner ◆ **to fall into ~ with sb** (= conform) se ranger à l'avis de qn **i** (= succession) série *f* ; (= descent) lignée *f* ◆ **the latest in a long ~ of tragedies** la dernière d'une longue série de tragédies **j** (= track) voie *f* ; (= route) ligne *f* ; (= direction) ◆ **the broad ~s** [of story, plan] les grandes lignes *fpl* ◆ **~ of argument** raisonnement *m* ◆ **you're on the right ~s** vous êtes sur la bonne voie **k** (= shipping company) compagnie *f* **l** (= stance) position *f* ◆ **to take a strong ~ on ...** se montrer ferme sur ... **m** (= field) ◆ **~ of business** secteur *m* d'activité ◆ **what's your ~ of business?** que faites-vous dans la vie ? **n** (= course) ◆ **in the ~ of duty** dans l'exercice de ses (*or* mes etc) fonctions **o** (in battle) ligne *f* ◆ **in the front ~** en première ligne ◆ **behind (the) enemy ~s** derrière les lignes ennemies **p** (set structures) ◆ **to keep sb in ~** faire tenir qn tranquille ◆ **to be in ~ for a job** être sur les rangs pour un emploi ◆ **in ~ with** en accord avec ◆ **to come into ~** [person, group] se conformer (with à) ◆ **to bring sth into ~ with sth** aligner qch sur qch ◆ **on ~** (= on computer) en ligne ◆ **on the ~** (= at stake) * en jeu ◆ **he was completely out of ~ to suggest that ...** il n'aurait vraiment pas dû suggérer que ... **2** VT **a** (= mark) [+ face] marquer ◆ **~d paper** papier *m* réglé **b** (= put lining in) [+ clothes, box] doubler (with de) ; [+ inside of tank, container] revêtir ◆ **to ~ one's pockets** se remplir les poches ◆ **the road was ~d with trees** la route était bordée d'arbres **3** ► **line judge** juge *m* de ligne ► **line of attack** plan *m* d'attaque ; (fig) plan *m* d'action ► **line of fire** ligne *f* de tir ◆ **right in the ~ of fire** en plein dans la ligne de tir ► **line-out** touche *f* ► **line-up**

[of people] file *f* ; (= identity parade) séance *f* d'identification (d'un suspect) ; (Football) composition *f* de l'équipe *f*

► **line up** **1** VI **a** (= stand in row) se mettre en rang(s) ; (= stand in queue) faire la queue **b** (= align o.s.) ◆ **to ~ up against sb/sth** se liguer contre qn/qch ◆ **to ~ up with sb** se ranger du côté de qn **2** VT SEP **a** [+ people, objects] aligner **b** (* = find) trouver ◆ **have you got something ~d up for this evening?** est-ce que tu as prévu quelque chose pour ce soir ?

lineage ['lɪnɪɪdʒ] N (= ancestry) famille *f* ; (= descendants) lignée *f*

linear ['lɪnɪər] ADJ linéaire

linen ['lɪnɪn] **1** N **a** (= fabric) lin *m* **b** (= items made of linen) linge *m* (de maison) ◆ **dirty ~** linge *m* sale ► **linen basket** panier *m* à linge ► **linen closet, linen cupboard** armoire *f* à linge **2** ADJ [suit, thread] de lin

liner ['laɪnər] N (= ship) paquebot *m*

linesman ['laɪnzmən] N (pl **-men**) (Tennis) juge *m* de ligne ; (Football, Rugby) juge *m* de touche

linger ['lɪŋgər] VI [person] (= wait behind) s'attarder ; (= take one's time) prendre son temps ; (= dawdle) traîner ; [smell, pain] persister ; [memory, doubt] subsister

lingerie ['lænʒəriː] N lingerie *f*

lingering ['lɪŋgərɪŋ] ADJ [look] long (longue *f*)

lingo * ['lɪŋgəʊ] N (pl **lingoes**) (= language) langue *f* ; (= jargon) jargon *m*

linguist ['lɪŋgwɪst] N linguiste *mf*

linguistic [lɪŋ'gwɪstɪk] ADJ linguistique

linguistics [lɪŋ'gwɪstɪks] N linguistique *f*

liniment ['lɪnɪmənt] N baume *m*

lining ['laɪnɪŋ] N doublure *f* ; [of tank, container] revêtement *m* intérieur ; [of brakes] garniture *f*

link [lɪŋk] **1** N **a** [of chain] maillon *m* **b** (= connection) lien *m* ◆ **rail ~** liaison *f* ferroviaire **2** VT **a** (physically) lier ◆ **to ~ arms** se donner le bras **b** (= establish communication between) relier ◆ **the tunnel ~s Britain and France** le tunnel relie la Grande-Bretagne à la France **c** (= establish logical connection between) établir un lien entre ◆ **to ~ sth with sb** établir un lien entre qch et qn **3** VI (Computing) ◆ **to ~ to** créer un lien (ou des liens) vers

► **link together** **1** VI se rejoindre **2** VT SEP [+ two objects] joindre ; (by means of a third) relier

► **link up** **1** VI [persons] se rejoindre ; [firms, organizations] s'associer **2** VT SEP (= connect) raccorder

linkage ['lɪŋkɪdʒ] N lien *m*

link-up ['lɪŋkʌp] N lien *m* ; (on TV or radio) liaison *f*

lino * ['laɪnəʊ] N (Brit) lino *m*

linoleum [lɪ'nəʊlɪəm] N linoléum *m*

lint [lɪnt] N **a** (for treating wounds) tissu *m* ouaté *(pour pansements)* **b** (US = fluff) peluches *fpl*

lintel ['lɪntl] N linteau *m*

lion ['laɪən] N lion *m* ▶ **lion cub** lionceau *m* ▶ **lion-tamer** dompteur *m*, -euse *f* de lions

lioness ['laɪənɪs] N lionne *f*

lip [lɪp] N **a** (= part of body) lèvre *f* ▶ **lip balm** baume *m* pour les lèvres ▶ **lip gloss** brillant *m* à lèvres ▶ **lip-read** lire sur les lèvres ▶ **lip service ♦ he only pays ~ service to socialism** il n'est socialiste qu'en paroles **b** (of jug) bec *m* ; (of crater) bord *m* **c** (* = insolence) insolence *f*

liposuction [lɪpəʊ̩sʌkʃən] N liposuccion *f*

lipstick ['lɪpstɪk] N rouge *m* à lèvres

lip-sync(h) ['lɪpˌsɪŋk] VTI chanter en play-back

liquefy ['lɪkwɪfaɪ] **1** VT liquéfier **2** VI se liquéfier

liqueur [lɪ'kjʊəʳ] N liqueur *f*

liquid ['lɪkwɪd] **1** ADJ liquide **2** N liquide *m*

liquidate ['lɪkwɪdeɪt] VT liquider

liquidation [ˌlɪkwɪ'deɪʃən] N liquidation *f* ; (of debt) remboursement *m* ♦ **to go into ~** déposer son bilan

liquidize ['lɪkwɪdaɪz] VT (in liquidizer) passer au mixer

liquidizer ['lɪkwɪdaɪzəʳ] N (Brit) mixer *m*

liquor ['lɪkəʳ] N (= alcoholic drink) boissons *fpl* alcoolisées ; (= spirits) spiritueux *m* ▶ **liquor store** (US) magasin *m* de vins et spiritueux

liquorice ['lɪkərɪs] (Brit) N (= sweet) réglisse *m* ▶ **liquorice all-sorts** (Brit) bonbons *mpl* au réglisse

lisp [lɪsp] **1** VI zézayer **2** N zézaiement *m* ♦ **to have a ~** zézayer

list [lɪst] **1** N liste *f* **2** VT (= make list of) faire la liste de ; (= write down) inscrire ; (Computing) lister ; (= enumerate) énumérer ♦ **~ed on the Stock Exchange** coté en Bourse **3** VI (= lean) gîter

listed building [ˌlɪstɪd'bɪldɪŋ] N (Brit) monument *m* classé

listen ['lɪsn] VI écouter ♦ **to ~ to the radio** écouter la radio ♦ **to ~ (out) for** [+ voice, remark, sign] guetter ; [+ footsteps] guetter le bruit de ♦ **he wouldn't ~ to reason** il n'a pas voulu entendre raison
▶ **listen in** VI (= eavesdrop) ♦ **to ~ in on sth** écouter qch secrètement

listener ['lɪsnəʳ] N (to speaker, radio) auditeur *m*, -trice *f* ♦ **she's a good ~** elle sait écouter

listing ['lɪstɪŋ] N (= making list) listage *m* ♦ **the TV ~s** les programmes *mpl* de télévision

listless ['lɪstlɪs] ADJ sans énergie

lit [lɪt] **1** VB (pt, ptp of **light**) **2** ADJ éclairé

litany ['lɪtənɪ] N litanie *f*

liter ['liːtəʳ] N (US) litre *m*

literacy ['lɪtərəsɪ] N [of person] alphabétisation *f*

literal ['lɪtərəl] ADJ littéral

literally ['lɪtərəlɪ] ADV littéralement ♦ **to take sb/sth ~** prendre qn/qch au pied de la lettre

literary ['lɪtərərɪ] ADJ littéraire

literate ['lɪtərɪt] ADJ **a** (= able to read and write) ♦ **few people are ~** beaucoup de gens ne savent ni lire ni écrire **b** (= educated) instruit ; (= cultured) cultivé

literature ['lɪtərɪtʃəʳ] N **a** (= literary works) littérature *f* **b** (= documentation) documentation *f* ♦ **sales ~** brochures *fpl* publicitaires

lithe [laɪð] ADJ souple

lithograph ['lɪθəʊgrɑːf] N lithographie *f* (estampe)

litigation [ˌlɪtɪ'geɪʃən] N litige *m*

litre ['liːtəʳ] N litre *m*

litter ['lɪtəʳ] **1** N **a** (= rubbish) détritus *mpl* ; (= papers) vieux papiers *mpl* ; (left after picnic) papiers *mpl* gras ▶ **litter bin** (Brit) poubelle *f* **b** (= animal's offspring) portée *f* **c** ♦ **cat ~** litière *f* pour chats ▶ **litter box** (US), **litter tray** (Brit) caisse *f* à litière **2** VT [rubbish, papers] joncher (with de) ♦ **the floor was ~ed with paper** des papiers jonchaient le sol

little¹ ['lɪtl] ADJ petit ▶ **little finger** petit doigt *m* ▶ **Little League** (US) championnat de baseball pour les moins de 12 ans ▶ **little toe** petit orteil *m*

little² ['lɪtl]

compar **less**, superl **least**

1 ADJ (= not much) peu de ♦ **I have very little money** j'ai très peu d'argent
♦ **a little ...** (= some) un peu de ... ♦ **I have a little money left** il me reste un peu d'argent

2 PRON **a** (= not much) peu de chose ♦ **he did little to help** il n'a pas fait grand-chose pour aider ♦ **he had little to say** il n'avait pas grand-chose à dire ♦ **I see little of her nowadays** je ne la vois plus beaucoup ♦ **he lost weight because he ate so little** il a perdu du poids parce qu'il mangeait très peu
b (= small amount) ♦ **the little I have seen is excellent** le peu que j'en ai vu est excellent ♦ **every little helps** (= gift) tous les dons sont les bienvenus
♦ **a little** (= a certain amount) un peu ; (= a short time) un moment ♦ **I'd like a little of everything** je voudrais un peu de tout ♦ **they'll have to wait a little** ils vont devoir attendre un moment

3 ADV **a** (= not much) ✦ **they spoke very little** ils n'ont pas dit grand-chose ✦ **little more than a month ago** il y a à peine plus d'un mois ✦ **a little ...** (= somewhat) un peu ... ✦ **a little too big** un peu trop grand ✦ **a little more/less** un peu plus/moins ✦ **a little more cream** un peu plus de crème **b** (= not at all) ✦ **little did he think that ...** il était loin de se douter que ... **c** (= rarely) rarement ✦ **it happens very little** cela arrive très rarement **4** (set structures) ✦ **as little as possible** le moins possible ✦ **little by little** petit à petit, peu à peu ✦ **to make little of sth** (= accomplish easily) faire qch sans aucun mal ; (= play down) minimiser qch ; (= underestimate) sous-estimer qch

liturgy ['lɪtədʒɪ] N liturgie f

live¹ [lɪv] **1** VI **a** (gen) vivre ; (= survive) survivre ; (after illness, accident) s'en sortir ✦ **to live in luxury** vivre dans le luxe ✦ **I'll remember it as long as I live** je m'en souviendrai toute ma vie ✦ **she lives for her children** elle ne vit que pour ses enfants ✦ **I've got nothing left to live for** je n'ai plus de raison de vivre ✦ **you must learn to live with it** il faut que tu t'y fasses ✦ **you live and learn** on apprend à tout âge ✦ (Prov) **live and let live** il faut se montrer tolérant **b** (= earn one's living) gagner sa vie **c** (= reside) habiter ✦ **where do you live?** où habitez-vous ? ✦ **to live in London** habiter à Londres ✦ **to live in a flat** habiter un appartement ✦ **he's not an easy person to live with** il n'est pas facile à vivre **2** VT vivre ✦ **to live a healthy life** mener une vie saine ✦ **to live life to the full** profiter au maximum de la vie

► **live down** VT SEP [+ disgrace] faire oublier (avec le temps)

► **live off** VT INSEP **a** [+ person] vivre aux crochets de **b** [+ fruit, rice] se nourrir de ; [+ money, benefit] vivre avec

► **live on 1** VI [person] continuer à vivre ; [tradition] survivre **2** VT INSEP **a** (= feed on) se nourrir de **b** (= subsist on) ✦ **to live on $10,000 a year** vivre avec 10 000 dollars par an ✦ **we have just enough to live on** nous avons juste de quoi vivre **c** (= depend financially on) vivre aux crochets de

► **live through** VT INSEP (= experience) connaître

► **live together** VI (as man and wife) vivre ensemble ; (as flatmates) partager un appartement

► **live up** VT SEP ✦ **to live it up** (* = have fun) s'éclater *

► **live up to** VT INSEP (= be equal to) être à la hauteur de ; (= be worthy of) répondre à ✦ **to live up to sb's expectations** être à la hauteur des attentes de qn

live² [laɪv] **1** ADJ **a** (= not dead) vivant **b** (= not recorded) en direct **c** [bullet] réel ; (= unexploded) non explosé **d** (with electric current) sous tension ✦ **a (real) live wire** * il a un dynamisme fou **2** ADV [broadcast] en direct ✦ **to play live** (on stage) jouer sur scène

livelihood ['laɪvlɪhʊd] N source f de revenus

lively ['laɪvlɪ] ADJ **a** [person, personality, mind] vif **b** [party, bar, atmosphere, debate] animé ; [description, style] vivant

liven up [ˌlaɪvn'ʌp] **1** VT [+ person] égayer ; [+ evening, discussion, party] animer **2** VI (= get more lively) s'animer

liver ['lɪvə⁻] N foie m ► **liver sausage** saucisse f au pâté de foie ► **liver spot** tache f brune (sur la peau)

livery ['lɪvərɪ] N **a** [of servant] livrée f **b** [of company] couleurs fpl

lives [laɪvz] NPL of **life**

livestock ['laɪvstɒk] N bétail et animaux de basse-cour

livid * ['lɪvɪd] ADJ (= furious) furieux (about sth à propos de qch)

living ['lɪvɪŋ] **1** ADJ vivant ✦ **in ~ memory** de mémoire d'homme **2** N vie f ✦ **to work for one's ~** travailler pour gagner sa vie ✦ **what does he do for a ~?** que fait-il dans la vie ? ✦ **healthy ~** une vie saine ► **living expenses** frais mpl de subsistance ► **living room** salon m **3** **the living** NPL les vivants mpl

lizard ['lɪzəd] N lézard m

llama ['lɑːmə] N lama m (animal)

load [ləʊd] **1** N **a** (= cargo) charge f ; [of ship] cargaison f ; (= weight) poids m **b** (= burden) charge f ; (= mental strain) poids m ✦ **to take a ~ off sb's mind** soulager qn **c** ✦ **a ~ of** * un tas de * ✦ **that's a ~ of rubbish!** tout ça c'est de la blague ! * ✦ **~s of** * des tas de * ✦ **we've got ~s of time** on a tout notre temps ✦ **he's got ~s of money** il est plein de fric * **2** VT **a** charger (with de) **b** [+ dice] piper

► **load down** VT SEP charger (with de) ·

► **load up** VI [ship, lorry] se charger ; [person] charger ✦ **to ~ up with sth** charger qch

loaded ['ləʊdɪd] ADJ **a** (= full) chargé **b** (* = rich) ✦ **to be ~** être plein aux as * **c** ✦ **a ~ question** une question tendancieuse **d** [dice] pipé

loaf [ləʊf] **1** N (pl **loaves**) pain m ; (= round loaf) miche f de pain **2** VI (= loaf around) traîner

loafer ['ləʊfə⁻] N (= shoe) mocassin m

loan [ləʊn] **1** N (= money) (lent) prêt m ; (borrowed) emprunt m ✦ **this picture is on ~ from the city museum** ce tableau est prêté par le musée municipal ✦ **I have a car on ~ from**

the **company** la société me prête une voiture
• **the book is out on ~** (in library) le livre est
sorti **2** VT prêter (sth to sb qch à qn)

loath [ləʊθ] ADJ • **to be ~ to do sth** répugner à
faire qch

loathe [ləʊð] VT détester • **to ~ doing sth**
détester faire qch

loathsome ['ləʊðsəm] ADJ détestable

loaves [ləʊvz] NPL of loaf

lob [lɒb] **1** VT [+ stone] lancer (en l'air) ;
(Tennis) lober **2** VI (Tennis) lober **3** N lob m

lobby ['lɒbɪ] **1** N **a** [of hotel] hall m ; [of private
house] vestibule m ; [of theatre] foyer m (des
spectateurs) **b** (= pressure group) lobby m
2 VT [+ person] faire pression sur ; (US) [+ proposal, cause] soutenir activement **3** VI
(= campaign) • **to ~ for sth** faire pression pour
obtenir qch

lobe [ləʊb] N lobe m

lobster ['lɒbstər] N homard m

local ['ləʊkəl] **1** ADJ (gen) local ; [shops, library]
du quartier ► **local anaesthetic** anesthésie f
locale ► **local authority** collectivité f locale
► **local education authority** autorité locale
chargée de l'enseignement ► **local government**
administration f locale **2** N **a** (* = person)
personne f du coin * • **the ~s** les gens du coin *
b (Brit = pub) bistro m du coin

locality [ləʊ'kælɪtɪ] N (= place) localité f ; (= district) région f

localize ['ləʊkəlaɪz] VT localiser

locally ['ləʊkəlɪ] ADV localement • **to live ~**
habiter dans le coin

locate [ləʊ'keɪt] VT **a** (= find) repérer ; [+ leak,
cause] localiser **b** (= situate) situer • **the
college is ~d in London** le collège est situé à
Londres

location [ləʊ'keɪʃən] N **a** (= position) emplacement m **b** (= setting for film) extérieur m • **on ~**
en décor naturel **c** (= finding) repérage m

loch [lɒx] N (Scot) loch m • **Loch Lomond** le
loch Lomond

lock [lɒk] **1** N **a** [of door, box] serrure f ; (on
steering wheel, bike) antivol m • **under ~ and
key** [possessions] sous clé ; [prisoner] sous les
verrous • **~, stock and barrel** en bloc **b**
(Computing) verrouillage m **c** [of canal] écluse
f ► **lock keeper** éclusier m, -ière f **d** [of hair]
mèche f ; (= ringlet) boucle f **2** VT **a** [+ door,
suitcase, car, safe] fermer à clé **b** [+ person]
enfermer (in dans) • **he got ~ed in the
bathroom** il s'est retrouvé enfermé dans la
salle de bains **c** [+ mechanism] bloquer ;
[+ computer system, file] verrouiller **d** (= grip)
• **she was ~ed in his arms** elle était serrée
dans ses bras • **the two armies were ~ed in**

combat les deux armées étaient aux prises
3 VI **a** [door] fermer à clé **b** [wheel, elbow] se
bloquer

► **lock away** VT SEP [+ object, jewels] mettre
sous clé ; [+ criminal] mettre sous les verrous ;
[+ mental patient] interner

► **lock in** VT SEP [+ person, dog] enfermer (à
l'intérieur) • **to ~ o.s. in** s'enfermer (à
l'intérieur)

► **lock on** VI • **to ~ on to sth** [radar] capter
qch

► **lock out** VT SEP [+ person] (deliberately)
mettre à la porte ; (by mistake) enfermer dehors
• **to find o.s. ~ed out** (by mistake) se retrouver
à la porte • **to ~ o.s. out** s'enfermer dehors

► **lock up** **1** VI fermer à clé • **to ~ up for the
night** tout fermer pour la nuit **2** VT SEP
[+ object, jewels] mettre sous clé ; [+ house]
fermer à clé ; [+ criminal] mettre sous les verrous ; [+ mental patient] interner

locker ['lɒkər] N casier m (fermant à clé) • **the
left-luggage ~s** la consigne (automatique) ►
locker-room vestiaire m

locket ['lɒkɪt] N médaillon m (bijou)

lockout ['lɒkaʊt] N [of workers] lock-out m inv

locksmith ['lɒksmɪθ] N serrurier m

locomotive [ˌləʊkə'məʊtɪv] N locomotive f

locust ['ləʊkəst] N locuste f

lodge [lɒdʒ] **1** N (= small house in grounds)
maison f de gardien ; (= porter's room in building)
loge f **2** VT **a** [+ person] loger **b** [+ bullet]
loger • **to ~ a complaint against** déposer une
plainte contre **3** VI **a** [person] être logé (with
chez) ; [bullet] se loger

lodger ['lɒdʒər] N (Brit) (room only) locataire mf ;
(room and meals) pensionnaire mf

lodging ['lɒdʒɪŋ] **1** N (= accommodation)
hébergement m **2** **lodgings** NPL (= room)
chambre f ; (= flatlet) logement m

loft [lɒft] N [of house, barn] grenier m

lofty ['lɒftɪ] ADJ **a** [building, ceiling, mountain]
haut **b** [aim, idea] noble

log [lɒg] **1** N **a** (for fire) bûche f ► **log cabin**
cabane f en rondins ► **log fire** feu m de bois **b**
(= ship's record) journal m de bord **2** VT
(= record) noter

► **log in** (Computing) **1** VI se connecter **2** VT
SEP connecter

► **log off** (Computing) **1** VI se déconnecter
2 VT SEP déconnecter

► **log on** (Computing) **1** VI se connecter **2** VT
SEP connecter

► **log out** (Computing) **1** VI se déconnecter
2 VT SEP déconnecter

logbook ['lɒgbʊk] N **a** (= ship's record) journal
m de bord **b** (Brit: for car) ≈ carte f grise

loggerheads ['lɒgəhedz] NPL ◆ **to be at ~ (with)** être en désaccord (avec)

logic ['lɒdʒɪk] N logique f

logical ['lɒdʒɪkəl] ADJ logique

logo ['ləʊgəʊ] N logo m

loin [lɔɪn] N [of pork] filet m ; [of veal] longe f ; [of beef] aloyau m

loiter ['lɔɪtəʳ] VI traîner ; (suspiciously) rôder

loll [lɒl] VI [person] se prélasser ; [head] pendre
▶ **loll about, loll around** VI flâner

lollipop ['lɒlɪpɒp] N sucette f ▶ **lollipop lady** *, **lollipop man** * (Brit) personne chargée d'aider les écoliers à traverser la rue

lolly ['lɒlɪ] N (*: Brit = sweet) sucette f

London ['lʌndən] **1** N Londres **2** ADJ londonien

Londoner ['lʌndənəʳ] N Londonien(ne) m(f)

lone [ləʊn] ADJ [gunman] isolé ; [rider] solitaire ; [survivor] unique ▶ **lone parent** père ou mère qui élève seul ses enfants

loneliness ['ləʊnlɪnɪs] N [of person] solitude f

lonely ['ləʊnlɪ] ADJ [time, life, job] solitaire ; [village, house] isolé ; [road] peu fréquenté ◆ **to be or feel ~** se sentir seul

loner ['ləʊnəʳ] N solitaire mf

lonesome ['ləʊnsəm] ADJ ⇒ **lonely**

---

long [lɒŋ]

1 ADJ **a** (in size) long (longue f) ◆ **the wall is 10 metres ~** le mur fait 10 mètres de long ◆ **to get ~er** [queue] s'allonger ; [hair] pousser
b (in distance) ◆ **it's a ~ way** c'est loin ◆ **it's a ~ way to the shops** les magasins sont loin
c (in time) long (longue f) ; [delay] important ◆ **at ~ last** enfin ◆ **in the ~ run** à la longue ◆ **in the ~ term** à long terme
◆ **a long time** longtemps ◆ **a ~ time ago** il y a longtemps ◆ **it's a ~ time since I last saw him** ça fait longtemps que je ne l'ai pas vu ◆ **you took a ~ time to get here** tu as mis du temps pour venir

2 ADV **a** (= a long time) longtemps ◆ **they didn't stay ~** ils ne sont pas restés longtemps ◆ **are you going away for ~?** vous partez pour longtemps ? ◆ **not for ~** pas pour longtemps ◆ **not for much ~er** plus pour très longtemps ◆ **I won't be ~** je n'en ai pas pour longtemps ◆ **don't be ~** dépêche-toi ◆ **he hasn't ~ to live** il n'en a plus pour longtemps ◆ **have you been here/been waiting ~?** vous êtes ici/vous attendez depuis longtemps ? ◆ **how ~ did they stay?** combien de temps sont-ils restés ? ◆ **how ~ is it since you saw him?** cela fait combien de temps que tu ne l'as pas vu ? ◆ **how ~ have you been learning Greek?** depuis combien de temps apprenez-vous le grec ? ◆ **how ~ had you been living in Paris?** depuis combien de temps viviez-vous à Paris ? ◆ **I can't stay any ~er** je ne peux pas rester plus longtemps ◆ **he is no ~er living there** il n'y habite plus ◆ **wait a little ~er** attendez encore un peu ◆ **~ live the King!** vive le roi ! ◆ **six months at the ~est** six mois au plus ◆ **so ~!** * à bientôt !

b (= through) ◆ **all night ~** toute la nuit ◆ **all summer ~** tout l'été

c (set structures)
◆ **before long** (+ future) dans peu de temps ; (+ past) peu après
◆ **long ago** il y a longtemps ◆ **not ~ ago** il n'y a pas longtemps
◆ **long since** il y a longtemps
◆ **as long as** (conditional) à condition que + subj ◆ **you can borrow it as ~ as John doesn't mind** vous pouvez l'emprunter à condition que John n'y voie pas d'inconvénient ◆ **as ~ as necessary** le temps qu'il faudra ◆ **stay as ~ as you like** restez autant que vous voulez ◆ **as ~ as this crisis lasts** tant que durera cette crise

3 VI ◆ **to ~ to do sth** (= hope to) avoir très envie de faire qch ; (= dream of) rêver de faire qch ◆ **to ~ for sth** (= hope for) avoir très envie de qch ; (= dream of) rêver de qch ◆ **to ~ for sb to do sth** mourir d'envie que qn fasse qch

4 COMP ▶ **long-distance** ADJ [race, runner] de fond ◆ **~-distance call** appel m longue distance ◆ **~-distance flight** vol m long-courrier ◆ **~-distance lorry driver** (Brit) routier m ◇ ADV ◆ **to call sb ~-distance** appeler qn à longue distance ▶ **long-haul** transport m à longue distance ◆ **~-haul airline/flight** ligne f/vol m long-courrier ▶ **long jump** saut m en longueur ▶ **long-lasting** durable ▶ **long-life** [milk] longue conservation ; [batteries] longue durée ▶ **long-lost** [person] perdu de vue depuis longtemps ; [thing] perdu depuis longtemps ▶ **long-range** [missile, rocket] à longue portée ; [planning] à long terme ▶ **long-running** [play] à l'affiche depuis longtemps ; [dispute] vieux ; [TV programme] diffusé depuis longtemps ▶ **long-sighted** (Brit) hypermétrope ; (in old age) presbyte ▶ (fig) [person] qui voit loin ; [decision] pris avec prévoyance ▶ **long-standing** de longue date ▶ **long-suffering** d'une patience à toute épreuve ▶ **long wave** grandes ondes fpl ▶ **long-winded** [speech] interminable

---

longevity [lɒn'dʒevɪtɪ] N longévité f

longing ['lɒnɪŋ] **1** N **a** (= urge, craving) envie f (for sth de qch) **b** (= nostalgia) nostalgie f **2** ADJ [look, glance] (for sth) plein d'envie ; (for sb) plein de désir

longitude ['lɒndʒɪtjuːd] N longitude f

long-term ['lɒŋ'tɜːm] ADJ à long terme

loo * [luː] N (Brit) toilettes fpl

look [lʊk] **1** N **a** (gen) regard m ◆ **to take** ou **have a ~ at sth** jeter un coup d'œil à qch, regarder qch ◆ **let me have a ~** fais voir ◆ **to take a good ~ at sth** bien regarder qch ◆ **to have a ~ round the house** visiter la maison **b** (= search) ◆ **to have a ~ for sth** chercher qch **c** (= appearance) air m ◆ **there was a sad ~ about him** il avait l'air plutôt triste ◆ **I like the ~ of her** * je trouve qu'elle a l'air sympathique ◆ **I don't like the ~ of him** * il a une tête qui ne me revient pas * ◆ **I don't like the ~ of this at all** * ça ne me dit rien qui vaille **d** (= style) look * m **2** **looks** NPL * beauté f ◆ **she has kept her ~s** elle est restée belle ◆ **she's losing her ~s** elle n'est plus aussi belle qu'autrefois **3** VI **a** (= see, glance) regarder ◆ **~ and see if he's still there** regarde s'il est encore là ◆ **to ~ the other way** (= avert one's eyes) détourner le regard ; (fig) fermer les yeux (fig) ◆ **she ~ed into his eyes** elle l'a regardé droit dans les yeux ; (romantically) elle a plongé son regard dans le sien **b** (= face) [building] donner ◆ **the house ~s onto the main street** la maison donne sur la rue principale **c** (= search) chercher ◆ **you should have ~ed more carefully** tu aurais dû chercher un peu mieux **d** (= seem) avoir l'air ◆ **he ~s about 40** il doit avoir la quarantaine ◆ **she ~s tired** elle a l'air fatigué(e) ◆ **she's tired and she ~s it** elle est fatiguée et ça se voit ◆ **how did she ~?** (health) comment va-t-elle ? ; (on hearing news) quelle tête a-t-elle fait ? ◆ **how do I ~?** comment me trouves-tu ? ◆ **it ~s as if it's going to snow** on dirait qu'il va neiger ◆ **it doesn't ~ as if he's coming** on dirait qu'il ne va pas venir ◆ **she ~s her age** elle fait son âge ◆ **it will ~ bad** ça va faire mauvais effet ◆ **you must ~ your best for this interview** il faut que tu présentes bien pour cet entretien ◆ **they made me ~ a fool** ils m'ont ridiculisé ◆ **he ~s good in uniform** l'uniforme lui va bien ◆ **that dress ~s good on her** cette robe lui va bien ◆ **that pie ~s good** cette tarte a l'air bonne ◆ **how pretty you ~!** comme vous êtes jolie ! ◆ **it ~s promising** c'est prometteur ◆ **you're ~ing well** vous avez bonne mine ◆ **she doesn't ~ well** elle n'a pas bonne mine

◆ **to look like** (= resemble) ressembler à ◆ **he ~s like his father** il ressemble à son père ◆ **what does he ~ like?** comment est-il ? ◆ **he ~s like a soldier** il a l'air d'un soldat ◆ **it ~s like salt** (= seems) on dirait du sel ◆ **it ~s like rain** * on dirait qu'il va pleuvoir ◆ **it certainly ~s like it** ça m'en a tout l'air **4** VT regarder ◆ **to ~ sb in the face** regarder qn en face ◆ **to ~ sb up and down** toiser qn

▶ **look about** VI regarder autour de soi ◆ **to ~ about for sb/sth** chercher qn/qch (des yeux)

▶ **look after** VT INSEP [+ invalid, child, animal, plant] s'occuper de ; [+ one's possessions] prendre soin de ; [+ finances] gérer ◆ **~ after yourself!** * prends soin de toi ! ◆ **she's old enough to ~ after herself** elle est assez grande pour se débrouiller * toute seule

▶ **look ahead** VI **a** (= in front) regarder devant soi ; **b** (= to future) penser à l'avenir

▶ **look around** VI regarder autour de soi ◆ **to ~ around for sb/sth** chercher qn/qch (des yeux)

▶ **look at** VT INSEP **a** (= observe) [+ person, object] regarder **b** (= consider) [+ situation, problem] examiner ◆ **it depends on how you ~ at it** tout dépend comment on voit la chose **c** (= check) vérifier ; (= see to) s'occuper de

▶ **look away** VI détourner les yeux (from de) ; (fig) fermer les yeux

▶ **look back** VI regarder derrière soi ◆ **to ~ back on sth** (= remember, evaluate) repenser à qch

▶ **look down** **a** VI baisser les yeux ◆ **to ~ down at the ground** regarder par terre ◆ **don't ~ down or you'll fall** ne regarde pas en bas, sinon tu vas tomber **b** VI ◆ **to ~ down the list** parcourir la liste ◆ **to ~ down one's nose at sb** * regarder qn de haut

▶ **look down on** VT INSEP **a** (= despise) mépriser **b** (= overlook) dominer

▶ **look for** VT INSEP **a** (= seek) [+ object, work] chercher ◆ **to be ~ing for trouble** * chercher les ennuis **b** (= expect) [+ praise, reward] espérer

▶ **look forward to** VT INSEP [+ event, meal, trip, holiday] attendre avec impatience ◆ **I'm ~ing forward to seeing them** j'ai hâte de les voir ◆ **~ing forward to hearing from you** (in letter) en espérant avoir bientôt de vos nouvelles ◆ **I'm really ~ing forward to it** je m'en réjouis à l'avance

▶ **look in** VI regarder à l'intérieur ◆ **to ~ in on sb** passer voir qn ◆ **the doctor will ~ in again tomorrow** le docteur repassera demain

▶ **look on** **1** VI regarder (faire) **2** VT INSEP considérer

▶ **look out** VI **a** (= look outside) regarder dehors ◆ **to ~ out of the window** regarder par la fenêtre **b** (= take care) faire attention ◆ **~ out!** attention !

▶ **look out for** VT INSEP **a** (= look for) chercher ; (= watch for) [+ sth good] essayer de repérer ; [+ danger] se méfier de **b** (* = look after) [+ person] s'occuper de

▶ **look over** VT SEP [+ document, list] parcourir ; [+ goods, produce] inspecter ; [+ town, building] visiter , [+ person] (quickly) jeter un coup d'œil à ; (slowly) regarder de la tête aux pieds

▶ **look round** **1** VI **a** (= glance about) regarder (autour de soi) ◆ **we're just ~ing round** (in shop) on regarde **b** (= search) chercher ◆ **I ~ed round for you after the concert** je vous ai cherché après le concert **c** (= look back) se retourner ♦ I ~ed round to see where he was je me suis retourné pour voir où il était **2** VT INSEP [+ town, factory] visiter

▸ **look through** VT INSEP **a** (= scan) [+ mail] regarder ; (thoroughly) [+ papers, book] examiner ; (briefly) [+ papers] [+ book] parcourir **b** (= revise) [+ lesson] réviser ; (= re-read) [+ notes] relire **c** (= ignore) ♦ he ~ed right through me * il a fait comme s'il ne me voyait pas

▸ **look to** VT INSEP **a** (= seek help from) se tourner vers **b** (= think of) penser à **c** (= seek to) chercher à

▸ **look up** **1** VI **a** (= glance upwards) regarder en haut ; (from reading) lever les yeux **b** (* = improve) [prospects, weather] s'améliorer ; [business] reprendre ♦ things are ~ing up ça va mieux **2** VT SEP (in reference book) [+ name, word] chercher **3** VT INSEP [+ reference book] consulter

▸ **look upon** VT INSEP considérer

▸ **look up to** VT INSEP (= admire) admirer

look-alike ['lʊkəlaɪk] * N sosie m ♦ a Churchill ~ un sosie de Churchill

loom [luːm] **1** VI (= appear) [building, mountain] se dessiner ; [figure, ship] surgir ; [danger, crisis] menacer ; [event] être imminent **2** N métier m à tisser

loony * ['luːnɪ] **1** N cinglé(e) * m(f) **2** ADJ cinglé * ▸ **the loony left** (Brit Pol) l'aile extrémiste du parti travailliste

loop [luːp] **1** N boucle f **2** VT [+ string] faire une boucle à ♦ he ~ed the rope round the post il a passé la corde autour du poteau ♦ to ~ the loop [plane] faire un looping

loophole ['luːphəʊl] N faille f, échappatoire f

loopy * ['luːpɪ] ADJ cinglé *

loose [luːs] **1** ADJ **a** [animal] (= free) en liberté ; (= escaped) échappé ; [hair] libre ♦ ~ chippings gravillons mpl ♦ to be at a ~ end ne pas trop savoir quoi faire ♦ to tie up the ~ ends régler les détails qui restent ♦ [page] s'être détaché ; [hair] s'être dénoué ♦ to tear sth ~ détacher qch (en déchirant) **b** (= not firmly in place) [screw] desserré ; [brick, tooth] descellé ; (electrical) un mauvais contact ♦ to have come ~ [knot] s'être défait ; [screw] s'être desserré ; [stone, brick] être descellé ; [tooth] bouger ♦ **c** (= not pre-packed) [biscuits, carrots] en vrac ; [butter, cheese] à la coupe **d** (= not tight) [skin] flasque ; [coat, dress] (= generously cut) ample ; (= not tight enough) large ; [collar] lâche **e** (= not strict) [discipline, style] relâché ; [translation] approximatif ; (= vague) vague **2** VT (= undo) défaire ; (= untie) dénouer ; (= free) [+ animal] lâcher ; [+ prisoner] relâcher **3** COMP ▸ **loose change** petite monnaie f ▸ **loose-fitting** ample ▸ **loose-leaf binder** classeur m (à feuilles mobiles)

loosely ['luːslɪ] ADV [hold] sans serrer ; [tie] lâchement ; [translated] approximativement ; [connected] vaguement

loosen ['luːsn] VT [+ screw, belt, knot] desserrer ; [+ rope] relâcher ; [+ shoelace] défaire ; [+ laws, restrictions] assouplir

▸ **loosen up** VI **a** (= limber up) faire des exercices d'assouplissement ; (before race) s'échauffer **b** (= become less strict with) ♦ to ~ up on sb * se montrer moins strict envers qn

loot [luːt] **1** N (= plunder, prizes) butin m ; (= money) fric * m **2** VT [+ town, shop, goods] piller

looter ['luːtəʳ] N pillard m

looting ['luːtɪŋ] N pillage m

lop [lɒp] VT [+ tree] tailler ; [+ branch] couper ▸ **lop off** VT SEP couper

lopsided ['lɒp'saɪdɪd] ADJ (= not straight) de travers ; [smile] de travers ; (= asymmetric) disproportionné

lord [lɔːd] **1** N **a** seigneur m ♦ Lord (John) Smith lord (John) Smith ♦ the (House of) Lords la Chambre des lords **b** (= God) ♦ the Lord le Seigneur ♦ the Lord's prayer le Notre-Père **c** (as expletive) ♦ good Lord ! * mon Dieu ! **2** COMP ▸ **Lord Mayor** N lord-maire m (titre du maire des principales villes anglaises et galloises)

lordship ['lɔːdʃɪp] N ♦ your Lordship Monsieur le comte (or le baron etc) ; (to judge) Monsieur le Juge ; (to bishop) Monseigneur

lorry ['lɒrɪ] (Brit) N camion m ▸ **lorry driver** camionneur m ; (long-distance) routier m

lose [luːz] (pret, ptp lost) **1** VT **a** perdre ♦ to ~ weight perdre du poids ♦ to ~ one's voice avoir une extinction de voix ♦ to ~ interest in sth se désintéresser de qch ♦ to ~ ten minutes a day [watch, clock] retarder de dix minutes par jour ♦ to get lost [person] se perdre ♦ to get lost in the post être égaré par la poste ♦ get lost! * barre-toi ! * **b** (= shake off) semer **2** VI perdre

▸ **lose out** VI être perdant

loser ['luːzəʳ] N **a** perdant(e) m(f) ♦ good/bad ~ bon/mauvais joueur m, bonne/mauvaise joueuse f **b** (* = failure) loser * m

losing ['luːzɪŋ] ADJ [team, party, candidate] perdant ♦ to fight a ~ battle livrer une bataille perdue d'avance

loss [lɒs] N perte f ♦ to sell sth at a ~ vendre qch à perte ♦ job ~es suppressions fpl d'emploi ♦ te be at a ~ to explain sth être embarrassé pour expliquer qch ◆ to be at a ~ for words ne pas trouver ses mots

lost [lɒst] **1** VB (pt, ptp of **lose**) **2** ADJ perdu ◆ to give sb/sth up for ~ considérer qn/qch comme perdu ▸ **lost and found** (US) objets *mpl* trouvés ▸ **lost property** objets *mpl* trouvés ▸ **lost property office** bureau *m* des objets *mpl* trouvés

0⊸   **lot** [lɒt]

1 N **a** (expressing quantity)
◆ **a lot** (= a great deal) beaucoup ◆ **I've learned a** ~ j'ai beaucoup appris ◆ **he's a** ~ **better** il va beaucoup mieux ◆ **thanks a** ~!* merci beaucoup !
◆ **a lot of** beaucoup de ◆ **a** ~ **of money** beaucoup d'argent ◆ **quite a** ~ **of** [+ people, cars, money] pas mal de ◆ **such a** ~ **of ...** tellement de ...
b (= destiny) sort *m*
c (= random selection) ◆ **to draw** ~**s** tirer au sort
d (= batch) lot *m*
e **the lot*** (= everything) tout ; (= all) tous, toutes ◆ **that's the** ~ c'est tout ◆ **the** ~ **of you** vous tous
f (US = plot of land) lot *m* (de terrain)
2 **lots** NPL (***= plenty**) ◆ **there's** ~**s left** il en reste plein * ◆ ~**s better/bigger** bien mieux/plus grand ◆ ~**s of complaints** plein de réclamations

loth [ləʊθ] ADJ ◆ to be ~ to do sth répugner à faire qch

lotion ['ləʊʃən] N lotion *f*

lottery ['lɒtərɪ] N loterie *f* ◆ ~ **ticket** billet *m* de loterie

lotus ['ləʊtəs] N lotus *m*

loud [laʊd] **1** ADJ **a** [voice, music] fort ; [laugh, noise] grand ; [behaviour] tapageur **b** [colour, clothes] voyant **2** ADV fort ◆ **speak a bit** ~**er** parle un peu plus fort ◆ **we could hear it** ~ **and clear** nous l'entendions clairement ◆ **out** ~ tout haut

loudhailer [laʊd'heɪlər] N (Brit) porte-voix *m inv*

loudly ['laʊdlɪ] ADV **a** [say] d'une voix forte ; [talk, shout] fort ; [laugh, knock, applaud, complain] bruyamment **b** [protest] vigoureusement

loudspeaker [laʊd'spiːkər] N enceinte *f*

lounge [laʊndʒ] **1** N (Brit) [of house, hotel] salon *m* ; (in airport) salle *f* d'embarquement **2** VI se prélasser
▸ **lounge about, lounge around** VI paresser

lounger ['laʊndʒər] N transat *m*

louse [laʊs] N (pl **lice**) (= insect) pou *m*

lousy * ['laʊzɪ] ADJ [car, day, weather] pourri * ; [idea, film, book, pay] nul ; [food] infect ; [mood] massacrant ◆ **to be** ~ **at sth** être nul en qch ◆ **to feel** ~ être mal fichu *

lout [laʊt] N rustre *m*

louvre, louver (US) ['luːvər] N (in roof) lucarne *f* ; (on window) persienne *f*

lovable ['lʌvəbl] ADJ adorable

love [lʌv] **1** N **a** (for person) amour *m* ◆ **it was** ~ **at first sight** ça a été le coup de foudre ◆ **for** ~ **of her son** par amour pour son fils ◆ **for the** ~ **of God** pour l'amour de Dieu ◆ **I won't do it for** ~ **nor money** je ne le ferai pour rien au monde ◆ **they're in** ~ ils s'aiment ◆ **she's in** ~ elle est amoureuse ◆ **to be in** ~ **(with)** être amoureux (de) ◆ **to fall in** ~ **(with)** tomber amoureux (de) ◆ **to make** ~ faire l'amour ▸ **love affair** liaison *f* (amoureuse) ▸ **love-hate relationship** relation *f* amour-haine ▸ **love letter** lettre *f* d'amour ▸ **love life** * ◆ **how's your** ~ **life (these days)** ? comment vont tes amours ? ▸ **love story** histoire *f* d'amour **b** (in letter) ◆ ~ **from Jim** affectueusement, Jim, bises, Jim ◆ **give her my** ~ fais-lui mes amitiés ◆ **he sends you his** ~ il t'envoie ses amitiés **c** (= thing, object) passion *f* **d** (Brit: term of address) (to child) mon petit ; ma petite ; (to man) mon chéri ; (to woman) ma chérie **e** (Tennis) zéro *m* **2** VT [+ person] aimer ◆ **they** ~ **each other** ils s'aiment **b** [+ music, food, activity, place] aimer (beaucoup) ; (stronger) adorer ◆ **to** ~ **doing sth** adorer faire qch ◆ **I'd** ~ **to come** je serais ravi de venir ◆ **I'd** ~ **to!** (in answer to question) avec plaisir ! ◆ **I'd** ~ **to but unfortunately ...** j'aimerais bien, malheureusement ...

lovebite ['lʌvbaɪt] N suçon *m*

lovely ['lʌvlɪ] ADJ **a** (= beautiful) [woman, place, clothes, flower] ravissant ; [baby, animal, picture, voice] beau (belle *f*) **b** (= pleasant) [person] charmant ; [day, flavour, meal, surprise, weather, holiday] merveilleux ; [food, smell] délicieux ; [idea] excellent ◆ **we had a** ~ **time** nous nous sommes bien amusés ◆ **the water's** ~ **and warm** l'eau est bonne

lover ['lʌvər] N **a** amant *m* **b** [of hobby, wine] amateur *m*

loving ['lʌvɪŋ] ADJ affectueux ; [wife, husband, parent] aimant ◆ **with** ~ **care** avec le plus grand soin

low [ləʊ] **1** ADJ **a** (gen) bas (basse *f*) ◆ **at** ~ **tide** à marée basse ◆ **in a** ~ **voice** (= softly) à voix basse ◆ **at** ~ **speed** à petite vitesse ◆ **in** ~ **gear** en première ou en seconde (vitesse) ◆ **cook on a** ~ **heat** cuire à feu doux ◆ **supplies are running** ~ les provisions diminuent ◆ ~ **in fat** à faible teneur en matières grasses ◆ ~ **in nitrogen** contenant peu d'azote ◆ **we're a bit** ~ **on petrol** nous n'avons plus beaucoup d'essence **b** (= depressed) déprimé **c** [behaviour] ignoble ◆ **the ~est of the ~** le dernier des derniers **2** ADV **a** (= in low position) [aim, fly] bas ◆ **~er down the hill** plus bas sur la colline ◆ **I wouldn't stoop so ~ as to do that** je ne m'abaisserais pas à faire cela **b** (= at low volume, intensity) ◆ **to turn the lights/music down ~** baisser la lumière/la musique **3** N **a** (= weather system) dépression f **b** (= low point) ◆ **the euro has fallen to a new ~** l'euro a atteint son niveau le plus bas **4** COMP ▸ **low-budget** [film, project] à petit budget ▸ **low-cost** bon marché ▸ **low-cut** [dress] décolleté ▸ **low-fat** [diet] pauvre en matières grasses ; [milk, cheese] allégé ▸ **low-key** discret (-ète f) ▸ **low-lying** à basse altitude ▸ **low-paid** mal payé ▸ **low-quality** [goods] de qualité inférieure ▸ **low-tar** [cigarette] à faible teneur en goudron

low-down * ['ləʊdaʊn] **1** ADJ [person] méprisable ◆ **a ~ trick** un sale tour **2** N ◆ **to give sb the ~ on sth** mettre qn au courant de qch

lower ['ləʊəʳ] (compar of **low**) **1** ADJ inférieur (-eure f) ◆ **the ~ half of the body** le bas du corps ◆ **the ~ shelf** l'étagère f du bas **2** VT **a** [+ blind, window] baisser ; [+ sail, flag] amener ; [+ lifeboat] mettre à la mer **b** [+ pressure, heating, price, voice] baisser

lowly ['ləʊlɪ] ADJ humble

lox [lɒks] N (US) saumon m fumé

loyal ['lɔɪəl] ADJ [friend, supporter] loyal ; [wife, customer, reader, employee] fidèle ◆ **to be ~ to sb/sth** être fidèle à qn/qch

loyalty ['lɔɪəltɪ] N loyauté f (to envers) ; (to cause) dévouement m (to à)

lozenge ['lɒzɪndʒ] N **a** (= medicated sweet) pastille f **b** (= shape) losange m

Ltd (Brit) (abbrev of **Limited**) ◆ **Smith & Co. ~** = Smith & Cie SA

lubricant ['lu:brɪkənt] ADJ, N lubrifiant m

lubricate ['lu:brɪkeɪt] VT lubrifier

lucid ['lu:sɪd] ADJ lucide

luck [lʌk] N **a** chance f ◆ **good ~** chance f ◆ **bad ~** malchance f ◆ **to bring bad ~** porter malheur (à qn) ◆ **good ~!** bonne chance ! ◆ **hard ~!** * pas de veine ! * ◆ **as ~ would have it** comme par hasard **b** (= good fortune) chance f ◆ **you're in ~** tu as de la chance

luckily ['lʌkɪlɪ] ADV heureusement

lucky ['lʌkɪ] ADJ **a** ◆ **to be ~** avoir de la chance ◆ **it was ~ you got here in time** heureusement que vous êtes arrivé à temps ◆ **(you) ~ thing** *! veinard(e) ! * **b** [coincidence, shot] heureux ◆ **that was ~!** quelle chance ! ◆ **to have a ~ escape** l'échapper belle ◆ **a ~ break** * un coup de bol * **c** [number, horseshoe] porte-bonheur

inv ◆ **a ~ charm** un porte-bonheur ▸ **lucky dip** (Brit: at fair) ≈ pêche f à la ligne ; (fig) loterie f (fig)

lucrative ['lu:krətɪv] ADJ lucratif

ludicrous ['lu:dɪkrəs] ADJ ridicule

ludo ['lu:dəʊ] N (Brit) jeu m des petits chevaux

lug * [lʌg] VT traîner

luggage ['lʌgɪdʒ] N bagages mpl ▸ **luggage rack** (in train) porte-bagages m inv ; (on car) galerie f

lugubrious [lʊ'gu:brɪəs] ADJ lugubre

lukewarm ['lu:kwɔ:m] ADJ **a** (in temperature) tiède **b** (= unenthusiastic) peu enthousiaste

lull [lʌl] **1** N (in storm) accalmie f ; (in hostilities, conversation) arrêt m **2** VT [+ person, fear] apaiser ◆ **to be ~ed into a false sense of security** s'endormir dans une fausse sécurité

lullaby ['lʌləbaɪ] N berceuse f

lumbago [lʌm'beɪgəʊ] N lumbago m

lumber ['lʌmbəʳ] **1** N (= wood) bois m de construction **2** VT (Brit = burden) ◆ **to ~ sb with sth** coller ◆ qch à qn ◆ **he got ~ed with the job of making the list** il s'est tapé * le boulot de dresser la liste **3** VI (= lumber along) [person, animal] marcher pesamment

lumberjack ['lʌmbədʒæk] N bûcheron m

luminous ['lu:mɪnəs] ADJ lumineux

lump [lʌmp] **1** N **a** (= piece) morceau m ; [of clay, earth] motte f ; (in sauce) grumeau m ▸ **lump sum** montant m forfaitaire ; (= payment) versement m unique **b** [cancerous] grosseur f ; (= swelling) protubérance f ; (from bump) bosse f ◆ **to have a ~ in one's throat** avoir une boule dans la gorge **2** VT (*: Brit) ◆ **you'll just have to ~ it** t'as pas le choix * ◆ **like it or ~ it, you'll have to go** que ça te plaise ou non il faudra que tu y ailles
▸ **lump together** VT SEP [+ people, cases] mettre dans la même catégorie

lumpy ['lʌmpɪ] ADJ [mattress] plein de bosses [sauce, mixture] grumeleux ◆ **to go ~** [sauce] faire des grumeaux

lunacy ['lu:nəsɪ] N folie f

lunar ['lu:nəʳ] ADJ lunaire ; [eclipse] de lune

lunatic ['lu:nətɪk] N, ADJ fou m, folle f

lunch [lʌntʃ] N déjeuner m ◆ **to have ~** déjeuner ▸ **lunch break, lunch hour** heure f du déjeuner ◆ **during one's ~ hour** à l'heure du déjeuner

lunchbox ['lʌntʃbɒks] N boîte f à sandwiches

luncheon ['lʌntʃən] N déjeuner m ▸ **luncheon voucher** ticket-restaurant m

lunchtime ['lʌntʃtaɪm] N ◆ **it's ~** c'est l'heure de déjeuner ◆ **at ~** à l'heure du déjeuner

lung [lʌŋ] N poumon m

lunge [lʌndʒ] VI **a** (= move) faire un mouvement brusque en avant **b** (= attack) ◆ **to ~ at sb** envoyer un coup à qn

lurch [lɜːtʃ] **1** N [of person] vacillement *m* ; [of car, ship] embardée *f* ◆ **to leave sb in the ~** laisser qn en plan * **2** VI [person] tituber ; [car, ship] faire une embardée

lure [ljʊə^r] **1** N **a** (= charm) [of sea, travel] attrait *m* **b** (= decoy) leurre *m* **2** VT attirer

lurid [ˈljʊərɪd] ADJ **a** [story, image, photo] horrible ; [headlines] à sensation ; [scandal] sordide **b** [colour] criard

lurk [lɜːk] VI [person] se cacher *(dans un but malveillant)* ; [danger] menacer ; [doubt] persister

luscious [ˈlʌʃəs] ADJ **a** * [woman, blonde, lips] pulpeux **b** [food] succulent

lush [lʌʃ] ADJ **a** [field, vegetation] luxuriant **b** [hotel, surroundings] luxueux

lust [lʌst] N (sexual) désir *m* (sexuel) ; (= deadly sin) luxure *f* ; (for fame, power) soif *f* (for de) ◆ **the ~ for life** la rage de vivre
► **lust after, lust for** VT INSEP [+ woman, riches] convoiter ; [+ revenge, power] avoir soif de

lustre [ˈlʌstə^r] N (= shine) lustre *m* ; (= renown) éclat *m*

lusty [ˈlʌstɪ] ADJ vigoureux

lute [luːt] N luth *m*

Luxemb(o)urg [ˈlʌksəmbɜːg] N Luxembourg

luxuriant [lʌgˈzjʊərɪənt] ADJ luxuriant

luxurious [lʌgˈzjʊərɪəs] ADJ luxueux ; [tastes] de luxe

luxury [ˈlʌkʃərɪ] **1** N luxe *m* **2** ADJ [goods, car] de luxe ; [flat, hotel] de grand standing

LW (abbrev of **long wave**) GO *fpl*

lychee [ˈlaɪtʃiː] N litchi *m*

Lycra ® [ˈlaɪkrə] **1** N Lycra ® *m* **2** ADJ en Lycra

lying [ˈlaɪɪŋ] **1** N mensonge(s) *m(pl)* **2** ADJ [person] menteur

lynch [lɪntʃ] VT lyncher ► **lynch mob** lyncheurs *mpl*

lynchpin [ˈlɪntʃpɪn] N (= important factor) élément *m* essentiel ; (= person) cheville *f* ouvrière

lyric [ˈlɪrɪk] **1** N (= words of song) ◆ **~s** paroles *fpl* **2** ADJ lyrique

lyrical [ˈlɪrɪkəl] ADJ lyrique

ANGLAIS / FRANÇAIS

M

M, m [em] N **a** (Brit) (abbrev of **motorway**) ♦ **on the M6** sur l'autoroute M6 **b** abbrev of **million(s)** **c** (abbrev of **metre(s)**) m

MA [,em'eɪ] N (abbrev of **Master of Arts**) ♦ **to have an ~ in French** ≈ avoir une maîtrise de français

mac * [mæk] N (Brit) (abbrev of **mackintosh**) imper * m

macabre [mə'kɑːbrə] ADJ macabre

macaroni [,mækə'rəʊnɪ] N macaroni(s) m(pl) ▶ **macaroni cheese** gratin m de macaroni(s)

macaroon [,mækə'ruːn] N macaron m

mace [meɪs] N **a** (= ceremonial staff) masse f **b** (= spice) macis m

machete [mə'ʃetɪ] N machette f

machine [mə'ʃiːn] **1** N machine f ▶ **machine gun** mitrailleuse f ▶ **machine operator** opérateur m, -trice f ▶ **machine translation** traduction f automatique ▶ **machine-washable** lavable en machine **2** VT **a** [+ metal part] usiner **b** (Sewing) piquer (à la machine)

machinery [mə'ʃiːnərɪ] N (= machines collectively) machines fpl ; (= parts of machine) mécanisme m ♦ **a piece of ~** une machine

machinist [mə'ʃiːnɪst] N machiniste mf

macho ['mætʃəʊ] ADJ macho * inv

mackerel ['mækrəl] N maquereau m

mackintosh ['mækɪntɒʃ] N imperméable m

mad [mæd] ADJ **a** [person] fou (folle f) ; [idea] insensé ; [race] effréné ♦ **to go ~** devenir fou ♦ **to drive sb ~** rendre qn fou ♦ **as ~ as a hatter, (stark) raving ~** * fou à lier ♦ **to run/work like ~** * courir/travailler comme un fou ▶ **mad cow disease** maladie f de la vache folle **b** (= angry) furieux ♦ **to be ~ at** or **with sb** être furieux contre qn ♦ **to get ~ at** or **with sb** s'emporter contre qn **c** (* = enthusiastic) ♦ **~ on** or **about sth** dingue * de qch ♦ **to be ~ on** or **about sb** être fou de qn **d** (* = excited) ♦ **the audience went ~** le public s'est déchaîné

madam ['mædəm] N madame f ♦ **Dear Madam** Madame

madcap ['mædkæp] ADJ, N écervelé(e) m(f)

madden ['mædn] VT rendre fou ; (= infuriate) exaspérer

maddening ['mædnɪŋ] ADJ exaspérant

made [meɪd] VB (pt, ptp of **make**) ▶ **made-to-measure** (fait) sur mesure ▶ **made-up** [story] inventé ; (pej) faux (fausse f) ; (with cosmetics) maquillé

madly ['mædlɪ] ADV [scream, grin] comme un fou ♦ **to fall ~ in love with sb** tomber éperdument amoureux de qn

madman ['mædmən] N (pl **-men**) fou m

madness ['mædnɪs] N folie f

mafia ['mæfɪə] N mafia f

magazine [,mægə'ziːn] N **a** (= publication) magazine m **b** (in gun) magasin m

maggot ['mægət] N asticot m

magic ['mædʒɪk] **1** N magie f ♦ **as if by ~** comme par enchantement **2** ADJ **a** (= supernatural) magique **b** (* = brilliant) super *

magical ['mædʒɪkəl] ADJ [powers, place, moment] magique ; [story, experience] merveilleux

magician [mə'dʒɪʃən] N magicien(ne) m(f)

magistrate ['mædʒɪstreɪt] N magistrat m ♦ **~s' court** ≈ tribunal m d'instance

magnanimous [mæg'nænɪməs] ADJ magnanime (to sb envers qn)

magnate ['mægneɪt] N magnat m

magnesium [mæg'niːzɪəm] N magnésium m

magnet ['mægnɪt] N aimant m

magnetic [mæg'netɪk] ADJ magnétique ▶ **magnetic storm** orage m magnétique ▶ **magnetic strip, magnetic stripe** piste f magnétique ▶ **magnetic tape** bande f magnétique

magnetism ['mægnɪtɪzəm] N magnétisme m

magnification [,mægnɪfɪ'keɪʃən] N grossissement m

magnificent [mæg'nɪfɪsənt] ADJ (gen) magnifique ; [meal] splendide

magnify ['mægnɪfaɪ] VT [+ image] grossir ; [+ sound] amplifier ▶ **magnifying glass** loupe f

magnitude ['mægnɪtjuːd] N [of problem] ampleur f ; (Astron) magnitude f

magnolia [mæg'nəʊlɪə] N **a** (also **magnolia tree**) magnolia m **b** (= colour) rose m pâle

magpie ['mægpaɪ] N pie f

mahogany [mə'hɒgənɪ] **1** N acajou m **2** ADJ (= made of mahogany) en acajou ; (= mahogany-coloured) acajou inv

maid [meɪd] N (= servant) domestique f ; (in hotel) femme f de chambre ▸ **maid of honour** demoiselle f d'honneur

maiden [ˈmeɪdn] **1** N (liter) jeune fille f **2** COMP [flight, voyage] inaugural ▸ **maiden name** nom m de jeune fille

mail [meɪl] **1** N **a** (= postal system) poste f ◆ **by ~** par la poste **b** (= letters) courrier m **c** (= e-mail) courrier m électronique, e-mail m **2** VT **a** (= post) envoyer (par la poste) **b** (= e-mail) [+ message] envoyer par courrier électronique ◆ **to ~ sb** envoyer un e-mail or un message électronique à qn **3** COMP ▸ **mailing address** (US) adresse f postale ▸ **mailing list** liste f d'adresses ▸ **mail order** vente f par correspondance ▸ **mail van** (Brit) (= truck) camionnette f des postes ; (= on train) wagon m postal

mailbox [ˈmeɪlbɒks] N boîte f aux lettres

mailman [ˈmeɪlmæn] N (pl **-men**) (US) facteur m

mailshot [ˈmeɪlʃɒt] N (Brit) mailing m

maim [meɪm] VT estropier

main [meɪn] **1** ADJ principal ◆ **the ~ thing is to keep quiet** l'essentiel est de se taire ◆ **in the ~** dans l'ensemble ▸ **main course** plat m principal ▸ **main line** (= railway) grande ligne f ▸ **main office** siège m ▸ **main road** grande route f ▸ **main street** rue f principale **2** N (= pipe, wire) conduite f principale **3** **the mains** NPL le secteur ◆ **connected to the ~s** branché sur le secteur

mainframe [ˈmeɪnfreɪm] N (also **mainframe computer**) unité f centrale

mainland [ˈmeɪnlænd] **1** N continent m (opposé à une île) ◆ **the Greek ~** la Grèce continentale **2** ADJ continental

mainly [ˈmeɪnlɪ] ADV surtout

mainsail [ˈmeɪnseɪl] N grand-voile f

mainspring [ˈmeɪnsprɪŋ] N [of clock] ressort m principal ; [of action] mobile m principal

mainstay [ˈmeɪnsteɪ] N point m d'appui ◆ **he was the ~ of the organization** c'était lui le pilier de l'organisation

mainstream [ˈmeɪnstriːm] **1** ADJ [political party] grand ; [press] à grand tirage ; [music] grand public inv **2** N [of politics] courant m dominant

maintain [meɪnˈteɪn] VT **a** (= keep up) maintenir ; [+ friendship] entretenir ; [+ advantage] conserver **b** [+ road, building, car, house] entretenir **c** [+ opinion] soutenir

maintenance [ˈmeɪntɪnəns] N **a** [of road, building, car, machine] entretien m **b** [of family] entretien m ; (after divorce) pension f alimentaire ▸ **maintenance grant** [of student]

bourse f (d'études) ▸ **maintenance order** ordonnance f de versement de pension alimentaire **c** (= preservation) maintien m

maisonette [ˌmeɪzəˈnet] N duplex m

maize [meɪz] N (Brit) maïs m

majestic [məˈdʒestɪk] ADJ majestueux

majesty [ˈmædʒɪstɪ] N majesté f ◆ **Your Majesty** Votre Majesté ◆ **His or Her Majesty's Government** (Brit) le gouvernement britannique

major [ˈmeɪdʒəʳ] **1** ADJ majeur ◆ **of ~ importance** d'une importance majeure ◆ **~ repairs** grosses réparations fpl ◆ **it was a ~ success** cela a eu un succès considérable ▸ **major key** ton m majeur ▸ **major league** (US) première division f **2** N **a** (= army officer) commandant m **b** (US Univ = subject studied) dominante f ; (= student) ◆ **psychology ~** étudiant(e) m(f) en psychologie **3** VI (US) ◆ **to ~ in chemistry** se spécialiser en chimie

Majorca [məˈjɔːkə] N Majorque f

majority [məˈdʒɒrɪtɪ] **1** N majorité f ◆ **to be in the ~** être majoritaire ◆ **in the ~ of cases** dans la majorité des cas **2** ADJ [government, rule] majoritaire ◆ **~ decision** décision f prise à la majorité

make [meɪk]

1 VT **a** (gen) faire ; (= manufacture) faire, fabriquer ◆ **he made it himself** il l'a fait lui-même ◆ **two and two ~ four** deux et deux font quatre ◆ **how much does that ~ (altogether)?** combien ça fait (en tout) ? ◆ **they were made for each other** ils étaient faits l'un pour l'autre ◆ **made in France** (on label) fabriqué en France ◆ **the frames are made of plastic** la monture est en plastique

b (= cause to be) rendre ◆ **to ~ o.s. useful** se rendre utile ◆ **to ~ sb happy/unhappy** rendre qn heureux/malheureux ◆ **~ yourself comfortable** mettez-vous à l'aise ◆ **to ~ sb king** mettre qn sur le trône ◆ **he made John his assistant** il a fait de John son assistant

c [+ money] [person] gagner ; [company] réaliser un bénéfice net de ; [product] rapporter ◆ **he ~s $400 a week** il gagne 400 dollars par semaine

d [+ destination] arriver à ; [+ train, plane] avoir ◆ **will we ~ Paris before lunch?** est-ce que nous arriverons à Paris avant le déjeuner ? ◆ **he made (it into) the first team** il a réussi à être sélectionné dans l'équipe première

e (= reckon) ◆ **what time do you ~ it ?** quelle heure as-tu ?

f (= ensure success of) ◆ **that film made her** ce film l'a consacrée ◆ **he's got it made*** son avenir est assuré ◆ **to ~ or break sb** assurer ou briser la carrière de qn ◆ **his visit made my day! *** sa visite m'a fait un plaisir fou ! *

g (= be, constitute) faire ◆ **he'll ~ a good footballer** il fera un bon footballeur

h (set structures)

◆ **to make sb do sth** (= cause to) faire faire qch à qn ; (= force) obliger qn à faire qch ◆ **to ~ sb laugh** faire rire qn

◆ **to make of** penser de ◆ **what did you ~ of the film ?** que penses-tu de ce film ? ◆ **what do you ~ of him?** qu'est-ce que tu penses de lui ?

◆ **to make believe** (= pretend) faire semblant ; (= imagine) imaginer

◆ **to make do** (= manage) se débrouiller ◆ **I'll ~ do with what I've got** je vais me débrouiller avec ce que j'ai ◆ **you'll have to ~ do with me** (= be satisfied) tu vas devoir te contenter de moi

◆ **to make it** (= come) venir ; (= arrive) arriver ; (= succeed) réussir ◆ **I can't ~ it** je ne peux pas venir ◆ **he made it just in time** il est arrivé juste à temps **can you ~ it by 3 o'clock ?** est-ce que tu peux y être pour 3 heures ? ◆ **let's ~ it 5 o'clock** si on disait 5 heures ?

2 VI (= act) ◆ **he made as if to strike me** il fit mine de me frapper

3 N **a** (= brand) marque *f* ◆ **what ~ of car do you drive?** qu'est-ce que vous avez comme voiture ?

b to be on the make * (= trying to make money) chercher à se remplir les poches * ; (= trying to get power) avoir une ambition dévorante

▶ **make for** VT INSEP **a** (= go to) se diriger vers **b** (= produce) produire ; (= contribute to) contribuer à

▶ **make out 1** VI (* = manage) se débrouiller **2** VT SEP **a** (= distinguish) distinguer ; (= hear) comprendre ; [+ handwriting] déchiffrer **b** (= claim, pretend) prétendre ; (= portray as) présenter comme ◆ **he's not as stupid as he ~s out** il n'est pas aussi stupide qu'il le prétend ◆ **they made him out to be a fool** ils disaient que c'était un imbécile **c** [+ cheque] libeller ; [+ will] faire

▶ **make over** VT SEP **a** (= assign) [+ money, land] transférer (to à) **b** (= remake) [+ garment, story] reprendre ; (= convert) [+ building] convertir

▶ **make up 1** VI **a** (= become friends again) se réconcilier **b** (= apply cosmetics) se maquiller **2** VT SEP **a** [+ story, excuse] inventer **b** (= put together) [+ parcel] faire ; [+ dish, medicine] préparer **c** [+ deficit] compenser ; [+ sum of money, numbers] compléter ◆ **to ~ up lost time** rattraper le temps perdu **d** (= repay) ◆ **to ~ sth up to sb** revaloir qch à qn **e** [+ dispute] mettre fin à ; [+ differences] régler ◆ **let's ~ it up** faisons la paix **f** (= apply cosmetics to) maquiller ◆ **to ~ o.s. up** se maquiller **g** (= compose) composer ; (= represent) constituer ◆ **the group was made up of six teachers** le groupe était composé de six professeurs

▶ **make up for** VT INSEP compenser ◆ **to ~ up for lost time** rattraper le temps perdu

make-believe ['meɪkbɪliːv] **1** N ◆ **to play at ~** jouer à faire semblant ◆ **she lives in a world of ~** elle vit dans un monde d'illusions **2** ADJ ◆ **his story is pure ~** son histoire est pure fantaisie

makeover ['meɪkəʊvəʳ] N changement *m* de look *

makeshift ['meɪkʃɪft] ADJ de fortune

make-up ['meɪkʌp] N **a** (= cosmetics) maquillage *m* ▶ **make-up remover** démaquillant *m* **b** (= nature) [of object, group] constitution *f* ; [of person] tempérament *m*

making ['meɪkɪŋ] N fabrication *f* ; [of dress] confection *f* ◆ **cheese-/wine-~** fabrication *f* du fromage/du vin ◆ **all his troubles are of his own ~** tous ses ennuis sont de sa faute ◆ **a star in the ~** une star en herbe ◆ **it's history in the ~** c'est l'histoire en train de se faire ◆ **he has the ~s of a minister** il a l'étoffe d'un ministre

malaria [məˈlɛərɪə] N paludisme *m*, malaria *f*

Malaysia [məˈleɪzɪə] N Malaisie *f*

male [meɪl] **1** ADJ mâle **2** N (= animal) mâle *m* ; (= man) homme *m*

malevolent [məˈlevələnt] ADJ malveillant

malfunction [ˌmælˈfʌŋkʃən] **1** N défaillance *f* **2** VI mal fonctionner

malice ['mælɪs] N méchanceté *f*

malicious [məˈlɪʃəs] ADJ [person] méchant ; [rumour, phone call] malveillant ◆ **~ gossip** médisances *fpl*

malign [məˈlaɪn] **1** ADJ pernicieux **2** VT calomnier

malignant [məˈlɪɡnənt] ADJ **a** [tumour, disease] malin (-igne *f*) **b** [influence] nocif ; [person] malveillant

malingerer [məˈlɪŋɡərəʳ] N faux malade *m*, fausse malade *f*

mall [mɔːl] N (US) (= pedestrianized street) rue *f* piétonnière ; (= shopping mall) centre *m* commercial

malleable ['mælɪəbl] ADJ malléable

mallet ['mælɪt] N maillet *m*

malnutrition [ˌmælnjuːˈtrɪʃən] N malnutrition *f*

malpractice [ˌmælˈpræktɪs] N faute *f* professionnelle

malt [mɔːlt] N malt *m* ▶ **malt vinegar** vinaigre *m* de malt ▶ **malt whisky** (whisky *m*) pur malt *m*

Malta ['mɔːltə] N Malte *f*

maltreat [ˌmælˈtriːt] VT maltraiter

mammal ['mæməl] N mammifère *m*

mammogram ['mæməgræm] N mammographie *f*

mammoth ['mæməθ] **1** N mammouth *m* **2** ADJ colossal

man [mæn] **1** N (pl **men**) **a** homme *m* ◆ **an old ~** un vieil homme ◆ **the ~ in the street** Monsieur Tout-le-monde ◆ **a ~ of the world** un homme d'expérience **b** (in compounds) ◆ **the ice-cream ~** le marchand de glaces ◆ **the gas ~** l'employé *m* du gaz **c** (= humanity in general) ◆ **Man** l'homme *m* **d** (Chess) pièce *f* ; (Draughts) pion *m* **2** VT (= provide staff for) assurer une permanence à ; (= work at) être de service à ◆ **the troops who ~ned the look-out posts** les troupes qui tenaient les postes d'observation

manacle ['mænəkl] N ◆ **~s** menottes *fpl*

manage ['mænɪdʒ] **1** VT **a** [+ business, hotel, shop, time, capital] gérer ; [+ organization] diriger ; [+ football team, boxer, actors] être le manager de **b** (= handle) [+ boat, vehicle] manœuvrer ; [+ animal, person] savoir s'y prendre avec **c** (= succeed) ◆ **to ~ to do sth** arriver à faire qch ◆ **how did you ~ not to spill it?** comment as-tu fait pour ne pas le renverser ? ◆ **can you ~ the suitcases?** pouvez-vous porter les valises ? ◆ **I ~d a smile** j'ai réussi à sourire **2** VI (= get by) se débrouiller ◆ **can you ~?** tu y arriveras ? ◆ **I can ~ without him** je peux me débrouiller sans lui

manageable ['mænɪdʒəbl] ADJ [number, proportions] raisonnable ; [task] faisable ; [hair] facile à coiffer ; [vehicle, boat] maniable

management ['mænɪdʒmənt] N **a** (= managing) gestion *f* ▸ **management consultant** conseiller *m* en gestion (d'entreprise) **b** (= people in charge) direction *f* ◆ "**under new ~**" "changement de propriétaire"

manager ['mænɪdʒə^r] N [of company] directeur *m* ; [of restaurant, hotel, shop] gérant *m* ; [of actor, boxer] manager *m* ; [of sports team] directeur *m* sportif

manageress [,mænɪdʒə'res] N gérante *f*

managerial [,mænə'dʒɪərɪəl] ADJ d'encadrement ◆ **a ~ decision** une décision de la direction

managing director [,mænədʒɪŋdɪ'rektə^r] N (Brit) PDG *m*

mandarin ['mændərɪn] N **a** (= fruit) mandarine *f* **b** (= person) mandarin *m*

mandate ['mændeɪt] N mandat *m*

mandatory ['mændətərɪ] ADJ (= obligatory) obligatoire

mane [meɪn] N crinière *f*

maneuver [mə'nuːvə^r] N, VTI (US) ⇒ **manoeuvre**

manger ['meɪndʒə^r] N (for animals) mangeoire *f* ; (Nativity) crèche *f*

mangle ['mæŋgl] VT mutiler

mango ['mæŋgəʊ] N (= fruit) mangue *f*

mangrove ['mæŋgrəʊv] N palétuvier *m*

mangy ['meɪndʒɪ] ADJ **a** (= diseased) galeux **b** (* = shabby) miteux

manhandle ['mæn,hændl] VT (= treat roughly) malmener ; (= move by hand) manutentionner

manhole ['mænhəʊl] N bouche *f* d'égout

manhood ['mænhʊd] N **a** (= age, state) âge *m* d'homme **b** (= manliness) virilité *f*

manhunt ['mænhʌnt] N chasse *f* à l'homme

mania ['meɪnɪə] N manie *f* (for de)

maniac ['meɪnɪæk] N fou *m*, folle *f*

manic ['mænɪk] ADJ [person] surexcité ; (clinically) maniaque ; [energy] frénétique ; [grin] de dément(e) ; [laughter] hystérique ▸ **manic depression** cyclothymie *f*

manicure ['mænɪ,kjʊə^r] **1** N manucure *f* **2** VT [+ person] manucurer ◆ **to ~ one's nails** se faire les ongles

manifest ['mænɪfest] **1** ADJ manifeste **2** VT manifester

manifesto [,mænɪ'festəʊ] N manifeste *m*

manifold ['mænɪfəʊld] ADJ (frm) nombreux

manipulate [mə'nɪpjʊleɪt] VT manipuler

manipulative [mə'nɪpjʊlətɪv] ADJ manipulateur (-trice *f*)

mankind [mæn'kaɪnd] N humanité *f*

manly ['mænlɪ] ADJ viril

man-made [mæn'meɪd] ADJ [fibre, fabric] synthétique ; [lake, barrier] artificiel

manna ['mænə] N manne *f*

mannequin ['mænɪkɪn] N mannequin *m*

manner ['mænə^r] **1** N **a** (= way) manière *f* ◆ **in this ~** de cette manière ◆ **in a ~ of speaking** pour ainsi dire ◆ **all ~ of birds** toutes sortes d'oiseaux **b** (= attitude) attitude *f* **2** **manners** NPL manières *fpl* ◆ **good/bad ~s** bonnes/mauvaises manières *fpl* ◆ **it's good/bad ~s** ça se fait/ne se fait pas

mannerism ['mænərɪzəm] N **a** (= habit) trait *m* particulier ; (= quirk) manie *f*

manoeuvre, maneuver (US) [mə'nuːvə^r] **1** N manœuvre *f* ◆ **it doesn't leave much room for ~** cela ne laisse pas une grande marge de manœuvre **2** VTI manœuvrer

manor ['mænə^r] N (also **manor house**) manoir *m*

manpower ['mæn,paʊə^r] N main-d'œuvre *f*

mansion ['mænʃən] N (in town) hôtel *m* particulier ; (in country) manoir *m*

manslaughter [ˈmænslɔːtəʳ] N homicide m

mantelpiece [ˈmæntlpiːs] N tablette f de cheminée

manual [ˈmænjʊəl] **1** ADJ (gen) manuel ; [typewriter] mécanique ◆ ~ **labour** main-d'œuvre f **2** N (= book) manuel m

manufacture [ˌmænjʊˈfæktʃəʳ] **1** N fabrication f ; [of clothes] confection f **2** VT fabriquer ; [+ clothes] confectionner ◆ ~**d goods** produits mpl manufacturés

manufacturer [ˌmænjʊˈfæktʃərəʳ] N fabricant m

manufacturing [ˌmænjʊˈfæktʃərɪŋ] **1** N fabrication f **2** ADJ [sector] industriel ; [industry] de transformation

manure [məˈnjʊəʳ] N fumier m ◆ **liquid** ~ purin m ▸ **manure heap** tas m de fumier

manuscript [ˈmænjʊskrɪpt] N, ADJ manuscrit m

many [ˈmenɪ] ADJ, PRON (compar **more**, superl **most**) beaucoup (de) ◆ ~ **of them** beaucoup d'entre eux ◆ ~ **people** beaucoup de gens ◆ ~ **times** de nombreuses fois ◆ **in** ~ **cases** dans bien des cas ◆ **happy returns!** bon anniversaire ! ◆ **I have as** ~ **problems as you** j'ai autant de problèmes que vous ◆ **how** ~**?** combien ? ◆ **how** ~ **people?** combien de personnes ? ◆ **there were so** ~ **(that ...)** il y en avait tant (que ...) ◆ **so** ~ **dresses** tant de robes ◆ **there were too** ~ il y en avait trop ◆ **too** ~ **cakes** trop de gâteaux ◆ **there are too** ~ **of you** vous êtes trop nombreux

map [mæp] **1** N (gen) carte f ; [of town, subway] plan m **2** VT (also **map out**) [+ area] dresser la carte de ; [+ route] tracer

maple [ˈmeɪpl] N érable m ▸ **maple syrup** sirop m d'érable

mar [mɑːʳ] VT gâcher

marathon [ˈmærəθən] **1** N marathon m **2** ADJ **a** [runner] de marathon **b** (= very long) marathon inv

marble [ˈmɑːbl] N **a** (= stone, sculpture) marbre m **b** (= toy) bille f ◆ **to lose one's** ~**s** * perdre la boule *

March [mɑːtʃ] N mars m ; for other phrases see **September**

march [mɑːtʃ] **1** N **a** marche f ◆ **quick/slow** ~ marche f rapide/lente **b** (= demonstration) manifestation f **2** VI **a** (soldiers) marcher au pas ◆ **to** ~ **in/out** (briskly) entrer/sortir d'un pas énergique ; (angrily) entrer/sortir d'un air furieux ◆ **he** ~**ed up to me** il s'est approché de moi d'un air décidé **b** (= demonstrate) manifester **3** VT ◆ **to** ~ **sb in/away** faire entrer/emmener qn tambour battant

mare [mɛəʳ] N jument f

margarine [ˌmɑːdʒəˈriːn] N margarine f

margin [ˈmɑːdʒɪn] N marge f ◆ **to win by a wide/narrow** ~ gagner haut la main/de justesse ◆ **profit** ~ marge f bénéficiaire

marginal [ˈmɑːdʒɪnl] ADJ **a** (gen) marginal ; [issue] insignifiant ; [improvement] négligeable **b** (Brit Pol) ◆ ~ **seat** siège m à faible majorité

marginally [ˈmɑːdʒɪnəlɪ] ADV légèrement

marigold [ˈmærɪɡəʊld] N (= flower) souci m

marijuana, marihuana [ˌmærɪˈwɑːnə] N marijuana f

marina [məˈriːnə] N marina f

marinade [ˌmærɪˈneɪd] **1** N marinade f **2** VT mariner

marinate [ˈmærɪneɪt] VT mariner

marine [məˈriːn] **1** ADJ marin **2** N fusilier m marin ; (US) marine m

marital [ˈmærɪtl] ADJ conjugal ▸ **marital status** état m civil

maritime [ˈmærɪtaɪm] ADJ maritime

marjoram [ˈmɑːdʒərəm] N marjolaine f

mark [mɑːk] **1** N **a** (= physical marking) marque f ; (= stain) tache f **b** (= sign) signe m **c** (= hallmark) marque f ◆ **he has made his** ~ il s'est imposé ◆ **to make one's** ~ **as a politician** s'imposer comme homme politique **d** (= grade) note f ◆ **he got full** ~**s** (Brit) il a eu vingt sur vingt **e** ◆ **on your** ~**s! get set! go!** à vos marques ! prêts ! partez ! **f** (= level) barre f **g** (= brand name) marque f **h** (= currency) mark m **i** (set structures) ◆ **to be quick off the** ~ (= quick on the uptake) avoir l'esprit vif ; (= quick in reacting) avoir des réactions rapides ◆ **his work isn't up to the** ~ son travail laisse à désirer **2** VT **a** (gen) marquer ; (= stain) tacher ◆ **to** ~ **time** attendre son heure **b** [+ essay, exam] corriger ◆ **to** ~ **sth right/wrong** marquer qch juste/faux **c** [+ price] indiquer **3** VI (= stain) se tacher

▸ **mark down** VT SEP [+ goods] démarquer

▸ **mark off** VT SEP **a** (= separate) [+ section of text] délimiter **b** (= divide by boundary) délimiter ; [+ distance] mesurer ; [+ road, boundary] tracer **c** [+ items on list] cocher

▸ **mark out** VT SEP **a** [+ zone] délimiter ; [+ field] borner ; [+ route] baliser **b** (= single out) désigner

▸ **mark up** VT SEP **a** (= put a price on) indiquer le prix de **b** (= increase) [+ price] majorer ; [+ goods] majorer le prix de

marked [mɑːkt] ADJ **a** [improvement, increase] sensible ; [tendency, difference] marqué ; [contrast] frappant ; [accent] prononcé **b** ◆ **to be a** ~ **man** être un homme marqué

marker [ˈmɑːkəʳ] N **a** (= pen) marqueur m **b** (= flag, stake) jalon m **c** (= bookmark) signet m **d** (Football) marqueur m, -euse f

market ['mɑːkɪt] **1** N marché m ◆ fish ~ marché m aux poissons ◆ free ~ marché m libre ◆ to put sth on the ~ mettre qch sur le marché ▸ market economy économie f de marché ▸ market garden (Brit) jardin m maraîcher ▸ market leader leader m du marché ▸ market place (= square) place f du marché ; (Econ) marché m ▸ market research étude f de marché ▸ market share part f de marché **2** VT (= promote) commercialiser ; (= sell) vendre ; (= find outlet for) trouver un débouché pour

marketing ['mɑːkɪtɪŋ] N marketing m ; (= department) service m marketing

marking ['mɑːkɪŋ] **1** N (Brit = correcting) correction f des copies **2** markings NPL (on animal) taches fpl ; (on road) signalisation f horizontale

marksman ['mɑːksmən] N (pl -men) tireur m d'élite

marksmanship ['mɑːksmənʃɪp] N adresse f au tir

marmalade ['mɑːməleɪd] N marmelade f (d'agrumes)

maroon [məˈruːn] ADJ (= colour) bordeaux inv

marooned [məˈruːnd] ADJ ◆ to be ~ être abandonné

marquee [mɑːˈkiː] N (= tent) grande tente f

marquess, marquis ['mɑːkwɪs] N marquis m

marriage ['mærɪdʒ] N mariage m (to avec) ▸ marriage certificate acte m de mariage ▸ marriage guidance conseil m conjugal ▸ marriage vows vœux mpl de mariage

married ['mærɪd] ADJ marié (to à, avec) ◆ to be happily ~ être heureux en ménage ▸ married name nom m de femme mariée

marrow ['mærəʊ] N **a** (in bone) moelle f **b** (Brit = vegetable) courge f

marrowbone ['mærəʊbəʊn] N os m à moelle

marry ['mærɪ] **1** VT **a** (= take in marriage) épouser ◆ will you ~ me? veux-tu m'épouser ? ◆ to get married (= give in marriage) marier **2** VI se marier ◆ to ~ for money/love faire un mariage d'argent/ d'amour

Mars [mɑːz] N (= planet) Mars f

marsh [mɑːʃ] N marais m, marécage m

marshal ['mɑːʃəl] **1** N **a** (military) maréchal m **b** (Brit: at demonstration, sports event) membre m du service d'ordre **c** (US = law officer) marshal m (magistrat et officier de police fédérale) **2** VT **a** [+ troops] rassembler ; [+ crowd, traffic] canaliser **b** [+ resources] mobiliser ; [+ support] obtenir

marshmallow [mɑːʃˈmæləʊ] N (= sweet) marshmallow m

marshy ['mɑːʃɪ] ADJ marécageux

martial ['mɑːʃəl] ADJ [music] militaire ; [spirit] guerrier ▸ martial arts arts mpl martiaux ▸ martial law loi f martiale

martyr ['mɑːtəʳ] **1** N martyr(e) m(f) (to de) **2** VT martyriser

martyrdom ['mɑːtədəm] N martyre m

marvel ['mɑːvəl] **1** N merveille f **2** VI s'émerveiller (at de)

marvellous, marvelous (US) ['mɑːvələs] ADJ merveilleux

Marxism ['mɑːksɪzəm] N marxisme m

marzipan ['mɑːzɪpæn] N pâte f d'amandes

mascara [mæsˈkɑːrə] N mascara m

mascot ['mæskət] N mascotte f

masculine ['mæskjʊlɪn] ADJ, N masculin m

masculinity [ˌmæskjʊˈlɪnɪtɪ] N masculinité f

mash [mæʃ] **1** N **a** (= pulp) pulpe f **b** (Brit also mashed potatoes) * purée f (de pommes de terre) **2** VT écraser ; [+ potatoes] faire une purée de

mask [mɑːsk] N masque m

masking tape ['mɑːskɪŋteɪp] N ruban m de masquage

masochist ['mæsəʊkɪst] N masochiste mf

mason ['meɪsn] N **a** (= stoneworker) maçon m **b** (= freemason) franc-maçon m

masonry ['meɪsənrɪ] N **a** (= stonework) maçonnerie f **b** (= freemasonry) franc-maçonnerie f

masquerade [ˌmæskəˈreɪd] **1** N mascarade f **2** VI ◆ to ~ as ... se faire passer pour ...

mass [mæs] **1** N **a** [of substance, objects] masse f **b** (= people) ◆ the ~es les masses (populaires) **c** (religious) messe f ◆ to go to ~ aller à la messe **2** masses NPL ◆ ~es (of ...) * des tas * (de ...) **3** ADJ **a** [unemployment, destruction] massif ; [resignations, redundancies] en masse ; [hysteria] collectif **b** [culture, movement] de masse **4** VI [troops] se masser ; [clouds] s'amonceler **5** COMP ▸ mass marketing commercialisation f de masse ▸ mass murder massacre m ▸ mass murderer auteur m d'un massacre ▸ mass-produce fabriquer en série ▸ mass production fabrication f en série

massacre ['mæsəkəʳ] **1** N massacre m **2** VT massacrer

massage ['mæsɑːʒ] **1** N massage m **2** VT [+ body, face] masser ; [+ figures] manipuler

massive ['mæsɪv] ADJ **a** [explosion, increase] massif ; [majority] écrasant ; [heart attack] foudroyant **b** (* = huge) énorme

mast [mɑːst] N mât m ; (for radio) pylône m

master ['mɑːstə^r] **1** N **a** [of household] maître m ◆ **to be one's own ~** être son (propre) maître **b** (= degree) ◆ **a ~'s** = une maîtrise **c** (in secondary school) professeur m ; (in primary school) maître m **d** (Brit: title for boys) monsieur m **2** VT **a** [+ emotion, situation] maîtriser ; [+ difficulty] surmonter **b** [+ language, skill] maîtriser **3** COMP ▶ **master bedroom** chambre f principale ▶ **master copy** original m ▶ **master key** passe-partout m inv ▶ **Master of Arts** = titulaire mf d'une maîtrise en lettres ▶ **master of ceremonies** maître m des cérémonies ; (for entertainment) animateur m ▶ **master plan** schéma m directeur ▶ **master stroke** coup m de maître

masterful ['mɑːstəfʊl] ADJ [person] à l'autorité naturelle ; [performance] magistral

masterly ['mɑːstəlɪ] ADJ magistral

mastermind ['mɑːstəmaɪnd] **1** N cerveau m **2** VT ◆ **he ~ed the whole thing** il était le cerveau derrière l'opération

masterpiece ['mɑːstəpiːs] N chef-d'œuvre m

masturbate ['mæstəbeɪt] VI se masturber

masturbation [ˌmæstə'beɪʃən] N masturbation f

mat [mæt] N **a** (on floor) (petit) tapis m ; (at door) paillasson m ; (in car, gym) tapis m **b** (on table: heat-resistant) dessous-de-plat m inv ; (also **place mat**) set m (de table)

match [mætʃ] **1** N **a** (Sport) match m ▶ **match point** balle f de match **b** (for lighting fire) allumette f ◆ **to strike a ~** gratter une allumette **c** (= equal) égal(e) m(f) ◆ **to meet one's ~** (in sb) trouver à qui parler (avec qn) **d** (= complement) ◆ **to be a good ~** [clothes, colours] aller bien ensemble **2** VT **a** ◆ **to ~ up to** (= be equal to) égaler **b** ◆ **to ~ sb's offer** faire une offre équivalente à celle de qn **c** [clothes, colours] (intended as a set) être assorti à ; (a good match) aller bien avec ◆ **his tie doesn't ~ his shirt** sa cravate ne va pas avec sa chemise **d** ◆ **they are well ~ed** [opponents] ils sont de force égale ; [couple] ils sont bien assortis **3** VI [colours] aller ensemble ; [socks] faire la paire ◆ **with (a) skirt to ~** avec (une) jupe assortie

matchbox ['mætʃbɒks] N boîte f d'allumettes

matching ['mætʃɪŋ] ADJ assorti

matchmake * ['mætʃmeɪk] VI jouer les entremetteurs

matchmaker ['mætʃmeɪkə^r] N entremetteur m, -euse f

matchstick ['mætʃstɪk] N allumette f

mate [meɪt] **1** N **a** (Brit = friend) * copain * m, copine * f **b** (at work) camarade mf **c** [of animal] mâle m, femelle f **d** (on ship) = second

m **e** (Chess) mat m **2** VT **a** [animal] accoupler (with à) **b** (Chess) mettre mat **3** VI s'accoupler (with à, avec)

material [mə'tɪərɪəl] **1** ADJ **a** (= physical) matériel **b** (= relevant) pertinent (to sth pour qch) **2** N **a** (= substance) substance f **b** (= cloth) tissu m **c** (= substances from which product is made) matériau m ◆ **building ~s** matériaux mpl de construction **d** (= necessary tools) matériel m ; (= information) données fpl ◆ **reading ~** lecture f ◆ **teaching ~(s)** matériel m pédagogique ◆ **reference ~** ouvrages mpl de référence

materialistic [məˌtɪərɪə'lɪstɪk] ADJ matérialiste

materialize [mə'tɪərɪəlaɪz] VI se matérialiser

maternal [mə'tɜːnəl] ADJ maternel

maternity [mə'tɜːnɪtɪ] N maternité f ▶ **maternity clothes** vêtements mpl de grossesse ▶ **maternity hospital** maternité f ▶ **maternity leave** congé m de maternité ▶ **maternity ward** (service m d')obstétrique f

math * [mæθ] N (US) (abbrev of **mathematics**) math(s) * fpl

mathematical [ˌmæθə'mætɪkəl] ADJ mathématique

mathematician [ˌmæθəmə'tɪʃən] N mathématicien(ne) m(f)

mathematics [ˌmæθə'mætɪks] N mathématiques fpl

maths * [mæθs] N (Brit) (abbrev of **mathematics**) math(s) * fpl

matinée ['mætɪneɪ] N matinée f

mating ['meɪtɪŋ] N accouplement m ▶ **mating call** appel m du mâle ▶ **mating season** saison f des amours

matrices ['meɪtrɪsiːz] NPL of **matrix**

matriculation [məˌtrɪkjʊ'leɪʃən] N inscription f

matrimony ['mætrɪmənɪ] N mariage m

matrix ['meɪtrɪks] N (pl **matrices**) matrice f

matron ['meɪtrən] N **a** (= nurse) surveillante f générale ; (in school) infirmière f **b** [of old people's home] directrice f

matt(e) [mæt] ADJ mat

matted ['mætɪd] ADJ [hair] emmêlé

matter ['mætə^r] **1** N **a** (= physical substance) matière f ◆ **vegetable ~** matière f végétale **b** (= content) contenu m **c** (= affair) affaire f ◆ **the ~ in hand** l'affaire en question ◆ **for that ~** d'ailleurs ◆ **as a ~ of course** automatiquement ◆ **as a ~ of fact** en fait ◆ **it's a ~ of life and death** c'est une question de vie ou de mort ◆ **that's a ~ of opinion!** c'est discutable ! ◆ **it is only a ~ of time** ce n'est qu'une question de temps **d** (= importance) ◆ **no ~ !** peu importe ! ◆ **no ~ when he comes** quelle que soit l'heure à laquelle il arrive ◆ **no ~ what he says** quoi qu'il dise ◆ **no ~ where/who** où/qui que ce soit **e** (= problem) ◆ **what's the ~ ?** qu'est-ce qu'il y a ? ◆ **what's the ~ with him?** qu'est-ce qu'il a ? ◆ **what's the ~ with your hand?** qu'est-ce que vous avez à la main ? ◆ **there's nothing the ~ with that idea** il n'y a rien à redire à cette idée **2** VI importer (to à) ◆ **it doesn't ~** ça ne fait rien ◆ **it doesn't ~ whether ...** cela ne fait rien si ... ◆ **it doesn't ~ who/where** peu importe la personne/l'endroit ◆ **what does it ~?** qu'est-ce que cela peut faire ? ◆ **nothing else ~s** le reste n'a aucune importance

matter-of-fact [,mætərəv'fækt] ADJ [tone] neutre ; [style] prosaïque ; [attitude, person] terre à terre

mattress ['mætrɪs] N matelas m

mature [mə'tjuəʳ] **1** ADJ mûr ; [wine] vieux ; [cheese] affiné **2** VT faire mûrir **3** VI [person] mûrir ; [wine] vieillir ; [cheese] s'affiner

maturity [mə'tjuərɪtɪ] N maturité f

maul [mɔ:l] VT (= attack) mutiler ; (fatally) déchiqueter

Maundy Thursday [,mɔ:ndɪ'θɜːzdɪ] N jeudi m saint

Mauritius [mə'rɪʃəs] N île f Maurice

mausoleum [,mɔ:sə'lɪəm] N mausolée m

mauve [məʊv] ADJ, N mauve m inv

max [mæks] (abbrev of **maximum**) * ADV, N max *
m

maxim ['mæksɪm] N maxime f

maximize ['mæksɪmaɪz] VT optimiser

maximum ['mæksɪməm] **1** N maximum m ◆ **a ~ of $8** 8 dollars au maximum **2** ADJ maximum ◆ **temperatures** températures fpl maximales **3** ADV (au) maximum

May [meɪ] N mai m ▸ **May Day** Premier Mai m *(fête du Travail)*; for other phrases see **September**

0━━ **may** [meɪ] MODAL VB

a ◆ **he ~ arrive late** il arrivera peut-être en retard ◆ **I ~ have left it behind** je l'ai peut-être oublié ◆ **it ~ rain later** il se peut qu'il pleuve plus tard ◆ **be that as it ~** quoi qu'il en soit ◆ **this ~ well be his last chance** c'est peut-être sa dernière chance ◆ **you ~ as well say £5 million** autant dire 5 millions de livres ◆ **I ~ as well tell you all about it** je ferais aussi bien de tout vous dire

b (= can) pouvoir ◆ **you ~ go now** vous pouvez partir ◆ **~ I interrupt for a moment?** je peux vous interrompre une seconde ? ◆ **~ I help you?** est-ce que je peux vous aider ? ; (in shop) vous désirez ? ◆ **~ I?** vous permettez ?

c (in prayers, wishes) ◆ **~ he rest in peace** qu'il repose en paix

maybe ['meɪbi:] ADV peut-être ◆ **~ he'll be there** il y sera peut-être ◆ **~, ~ not** peut-être que oui, peut-être que non

mayday ['meɪdeɪ] N SOS m

mayfly ['meɪflaɪ] N éphémère f

mayhem ['meɪhem] N (= havoc) pagaille * f

mayonnaise [,meɪə'neɪz] N mayonnaise f

mayor [mɛəʳ] N maire m

mayoress ['mɛəres] N **a** (= female mayor) maire m **b** (= wife of mayor) femme f du maire

maypole ['meɪpəʊl] N mât m de cocagne

maze [meɪz] N labyrinthe m

MB [em'bi:] N (abbrev of **megabyte**) Mo

MBA ['embi:'eɪ] N (abbrev of **Master of Business Administration**) mastère de gestion

MC [em'si:] N (abbrev of **Master of Ceremonies**) maître m des cérémonies ; (for entertainment) animateur m

me [mi:] **1** PERS PRON **a** (direct object) (unstressed) me ; (before vowel or silent h) m' ; (stressed) moi ◆ **he can see ~** il me voit ◆ **he saw ~** il m'a vu **b** (indirect object) me, moi ; (before vowel or silent h) m' ◆ **he gave ~ the book** il m'a donné le livre ◆ **give it to ~** donnez le moi ◆ **he was speaking to ~** il me parlait **c** (after preposition etc) moi ◆ **I'll take it with ~** je l'emporterai avec moi ◆ **it's ~** c'est moi ◆ **you're smaller than ~** tu es plus petit que moi ◆ **if you were ~** à ma place **2** N (Mus) mi m

meadow ['medəʊ] N pré m

meagre, meager (US) ['mi:gəʳ] ADJ maigre *before n*

meal [mi:l] N **a** (= food) repas m ◆ **evening ~** dîner m ◆ **to make a ~ of sth** * faire tout un plat de qch * **b** (= flour) farine f

mealtime ['mi:ltaɪm] N heure f du repas ◆ **at ~s** aux heures des repas

mean [mi:n] **1** VT (pret, ptp **meant**) **a** (= signify) vouloir dire ◆ **what do you ~ (by that)?** que voulez-vous dire (par là) ? ◆ **the name ~s nothing to me** ce nom ne me dit rien ◆ **what does this ~?** qu'est-ce que cela veut dire ? ◆ **this ~s war** c'est la guerre à coup sûr ◆ **it will ~ a lot of expense** cela entraînera beaucoup de dépenses ◆ **he said it as if he meant it** il n'avait pas l'air de plaisanter **b** (= intend) avoir l'intention (to do sth de faire qch) ◆ **I didn't ~ to break it** je n'ai pas fait exprès de le casser ◆ **I'm sure he didn't ~ it** je suis sûr que ce n'était pas intentionnel ◆ **I meant it as a joke** c'était pour rire ◆ **she ~s**

well cela part d'un bon sentiment ◆ **that book is meant for children** ce livre est destiné aux enfants ◆ **it was meant to be** le destin en avait décidé ainsi ◆ **this portrait is meant to be Anne** ce portrait est censé représenter Anne **2** N (= middle term) milieu m ; (mathematical) moyenne f **3** ADJ **a** (= average) moyen **b** (Brit = stingy, unpleasant) mesquin ◆ **~ with one's money** avare ◆ **a ~ trick** un sale tour **c** (*: US) [horse, dog] vicieux **d** (= inferior) ◆ **he's no ~ singer** c'est un chanteur de talent ◆ **it was no ~ feat** cela a été un véritable exploit

meander [mɪˈændəʳ] **1** VI **a** [river] serpenter **b** [person] flâner **2** N méandre m

meaning [ˈmiːnɪŋ] N sens m, signification f

meaningful [ˈmiːnɪŋfʊl] ADJ [relationship, discussion] sérieux ; [experience] important ; [look, smile] éloquent

meaningless [ˈmiːnɪŋlɪs] ADJ **a** [words, song, action, gesture] dénué de sens **b** [existence] futile ; [suffering] vain

means [miːnz] N **a** (= way) moyen(s) m(pl) ◆ **to find the ~ to do** or **of doing sth** trouver le(s) moyen(s) de faire qch ◆ **by all ~!** (= of course) mais certainement ◆ **by no ~** nullement ◆ **by ~ of ...** au moyen de ... **b** (= wealth) moyens mpl ◆ **to live within one's ~** vivre selon ses moyens

means-test [ˈmiːnztest] VT ◆ **to ~ sb** examiner les ressources de qn (avant d'accorder certaines prestations sociales)

meant [ment] VB (pt, ptp of **mean**)

meantime [ˈmiːntaɪm], **meanwhile** [ˈmiːnwaɪl] ADV ◆ **(in the) ~** en attendant, pendant ce temps

measles [ˈmiːzlz] N rougeole f

measly * [ˈmiːzlɪ] ADJ misérable

measure [ˈmeʒəʳ] **1** N **a** (gen) mesure f ; (of alcohol) dose f ◆ **for good ~** pour faire bonne mesure ◆ **made to ~** fait sur mesure ◆ **it had a ~ of success** cela a eu un certain succès ◆ **in some ~** dans une certaine mesure ◆ **in some** mesure f ◆ **to take ~s against** prendre des mesures contre **2** VT (gen) mesurer ; [+ success, performance] évaluer ◆ **the room ~s 4 metres across** la pièce fait 4 mètres de large ▸ **measuring jug** pot m gradué ▸ **measuring tape** centimètre m
▸ **measure out** VT SEP mesurer
▸ **measure up 1** VT SEP [+ wood] mesurer ; [+ person] jauger **2** VI (= be adequate) être à la hauteur (to de)

measurement [ˈmeʒəmənt] N ◆ **~s** mesures fpl

meat [miːt] N viande f ▸ **meat loaf** pain m de viande

meatball [ˈmiːtbɔːl] N boulette f de viande

meaty [ˈmiːtɪ] ADJ **a** [flavour] de viande ; [sauce, stock] à base de viande **b** [legs] gros (grosse f) before n **c** [book, role] substantiel

Mecca [ˈmekə] N La Mecque f

mechanic [mɪˈkænɪk] N mécanicien m, -ienne f

mechanical [mɪˈkænɪkəl] ADJ **a** [device, problem] mécanique ▸ **mechanical engineering** (= theory) mécanique f ; (= practice) construction f mécanique **b** [action, reply] machinal

mechanics [mɪˈkænɪks] **1** N (= science) mécanique f **2** NPL mécanisme m

mechanism [ˈmekənɪzəm] N mécanisme m

mechanize [ˈmekənaɪz] VT mécaniser

medal [ˈmedl] N médaille f

medallion [mɪˈdæljən] N médaillon m

medallist, medalist (US) [ˈmedəlɪst] N médaillé(e) m(f) ◆ **he's a silver ~** il est médaillé d'argent

meddle [ˈmedl] VI **a** (= interfere) se mêler (in de) **b** (= tamper) toucher (with à)

media [ˈmiːdɪə] **1** NPL ◆ **the ~** les médias mpl **2** COMP [attention, reaction] des médias ; [coverage] médiatique ▸ **media studies** études fpl de communication

median [ˈmiːdɪən] **1** ADJ médian **2** N médiane f ▸ **median strip** (US) (on motorway) terre-plein m central

mediate [ˈmiːdɪeɪt] **1** VI servir d'intermédiaire **2** VT [+ peace, settlement] obtenir par médiation ; [+ dispute] arbitrer

mediator [ˈmiːdɪeɪtəʳ] N médiateur m, -trice f

Medicaid ® [ˈmedɪˌkeɪd] N (US) assistance médicale aux personnes vivant en dessous du seuil de pauvreté

medical [ˈmedɪkəl] ADJ médical ▸ **medical examination** (in hospital, school) visite f médicale ; (private) examen m médical ▸ **medical insurance** assurance f maladie ▸ **medical school** faculté f de médecine ▸ **medical student** étudiant(e) m(f) en médecine

Medicare ® [ˈmedɪkeəʳ] N (US) Medicare m, assistance médicale aux personnes âgées

medicated [ˈmedɪkeɪtɪd] ADJ [shampoo] traitant

medication [ˌmedɪˈkeɪʃən] N médication f

medicinal [meˈdɪsɪnl] ADJ [plant, value] médicinal ; [property, quality] thérapeutique

medicine [ˈmedsn, ˈmedɪsn] N **a** (= science) médecine f ▸ **medicine cabinet** (armoire f à) pharmacie f ▸ **medicine man** sorcier m guérisseur **b** (= drug) médicament m ◆ **let's give him a taste of his own ~** on va lui rendre la monnaie de sa pièce

medieval [ˌmedɪˈiːvəl] ADJ médiéval

mediocre [ˌmiːdɪˈəʊkəʳ] ADJ médiocre

meditate ['mediteit] **1** VT méditer **2** VI méditer (about sur)

meditation [ˌmediˈteiʃən] N méditation f (about sur)

Mediterranean [ˌmeditəˈreiniən] **1** ADJ [coast, climate, diet] méditerranéen ; [island] de la Méditerranée **2** N **a** ▸ the ~ la (mer) Méditerranée ; (= region) la région méditerranéenne **b** (= person) méditerranéen(ne) m(f)

medium ['miːdiəm] **1** N (pl **media**) **a** (= means of communication) moyen m ▸ through the ~ of the press par voie de presse **b** (= mid-point) milieu m ▸ the happy ~ le juste milieu **c** (pl **mediums**) (spiritual) médium m **2** ADJ moyen ▸ **medium-dry** [wine, sherry, cider] demi-sec ▸ **medium rare** [steak] à point ▸ **medium-sized** de taille moyenne ▸ **medium-term** à moyen terme ▸ **medium-wave** sur ondes moyennes

medley ['medli] N mélange m ; [of music] potpourri m

meek [miːk] ADJ [person] docile ▸ ~ and mild doux et docile

meet [miːt] (pret, ptp **met**) **1** VT **a** [+ person] (gen) rencontrer ; (coming in opposite direction) croiser ; (by arrangement) retrouver ; (= go to meet) aller chercher ; (= come to meet) venir chercher ▸ to arrange to ~ sb at 3 o'clock donner rendez-vous à qn à 3 heures ▸ I'll ~ you outside the cinema je te retrouve devant le cinéma **b** (= make acquaintance of) faire la connaissance de ▸ pleased to ~ you enchanté de faire votre connaissance **c** (= encounter) [+ opponent, obstacle] rencontrer ; [+ danger] faire face à ▸ he met his death in 1880 il trouva la mort en 1880 **d** [+ expenses] régler ; [+ responsibilities] faire face à, s'acquitter de ; [+ objective] atteindre ; [+ demand] répondre à ; [+ condition] remplir ▸ to ~ the deadline respecter les délais **2** VI **a** [people] (gen) se rencontrer ; (by arrangement) se retrouver ; (more than once) se voir ; (= become acquainted) faire connaissance ▸ to ~ again se revoir ▸ have you met before? vous vous connaissez ? ▸ they arranged to ~ at 10 o'clock ils se sont donné rendez-vous à 10 heures **b** [parliament, committee] se réunir ; [lines, roads] se croiser ; [rivers] confluer ▸ our eyes met nos regards se croisèrent **3** N **a** (= sporting event) meeting m **b** (Brit = hunt) rendez-vous m de chasse (au renard)

▸ **meet up** VI se retrouver ▸ to ~ up with sb retrouver qn

▸ **meet with** VT INSEP **a** [+ difficulties, resistance, obstacles] rencontrer ▸ he met with an accident il lui est arrivé un accident **b** (US) [+ person] retrouver

meeting ['miːtiŋ] N **a** [of group] réunion f ▸ he's in a ~ il est en réunion ▸ to call a ~ convoquer une réunion **b** (between individuals) rencontre f ; (arranged) rendez-vous m ; (formal) entrevue f

megabyte ['megəbait] N méga-octet m, Mo m

megalomania [ˌmegələʊˈmeiniə] N mégalomanie f

megaphone ['megəfəʊn] N mégaphone m

megawatt ['megəwɒt] N mégawatt m

melancholy ['melənkəli] **1** N mélancolie f **2** ADJ mélancolique

mellow ['meləʊ] **1** ADJ **a** (= soft) doux (douce f) ; [wine, flavour] moelleux **b** (* = relaxed) relax * inv **2** VI [wine] se velouter ; [voice, person] s'adoucir

melodious [miˈləʊdiəs] ADJ mélodieux

melodrama ['meləʊˌdrɑːmə] N mélodrame m

melodramatic [ˌmeləʊdrəˈmætik] ADJ mélodramatique

melody ['melədi] N mélodie f

melon ['melən] N melon m

melt [melt] **1** VI [ice, butter] fondre ▸ her heart ~ed at the sight elle fondit devant ce spectacle ▸ he looks as if butter wouldn't ~ in his mouth on lui donnerait le bon Dieu sans confession * **2** VT [+ butter] (faire) fondre ; [+ metal] fondre ▸ to ~ sb's heart attendrir qn ▸ **melting point** point m de fusion ▸ **melting pot** melting-pot m

▸ **melt away** VI [confidence] disparaître ; [crowd] se disperser

▸ **melt down** VT SEP fondre

meltdown ['meltdaʊn] N fusion f (du cœur d'un réacteur nucléaire)

member ['membər] N membre m ▸ a ~ of staff (in school) un professeur ; (in firm) un(e) employé(e) m(f) ▸ **Member of Congress** (US) membre m du Congrès ▸ **Member of Parliament** (Brit) = député m ▸ **Member of the European Parliament** député m européen ▸ **member states** États mpl membres

membership ['membəʃip] N **a** [of club, organization] adhésion f ▸ **membership card** carte f d'adhérent ▸ **membership fee** cotisation f **b** (= members) membres mpl

membrane ['membrein] N membrane f

memento [məˈmentəʊ] N (= keepsake) souvenir m

memo ['meməʊ] N note f (de service) ▸ **memo pad** bloc-notes m

memoirs ['memwɑːz] NPL mémoires mpl

memorabilia [ˌmemərəˈbiliə] N souvenirs mpl (objets)

memorable ['memərəbl] ADJ mémorable

memorandum [ˌmeməˈrændəm] N (pl **memoranda** [ˌmeməˈrændə]) note f (de service)

memorial [mɪˈmɔːrɪəl] **1** ADJ commémoratif
2 N (= monument) monument *m*

memorize [ˈmeməraɪz] VT mémoriser

memory [ˈmeməri] N **a** (= faculty) mémoire *f*
◆ **to have a good ~** avoir (une) bonne mémoire ◆ **to quote from ~** citer de mémoire **b**
(= recollection) souvenir *m* ◆ **childhood memories** souvenirs *mpl* d'enfance ◆ **in ~ of** à la
mémoire de

men [men] NPL of **man** ▶ **men's room** (US)
toilettes *fpl* pour hommes

menace [ˈmenɪs] **1** N menace *f* **2** VT menacer

menacing [ˈmenɪsɪŋ] ADJ menaçant

mend [mend] **1** VT (= repair) réparer ; [+ clo-
thes] raccommoder ◆ **to ~ one's ways**
s'amender **2** VI [person] se remettre ; [part of
body] guérir **3** N ◆ **to be on the ~** [person] aller
mieux

menial [ˈmiːnɪəl] ADJ [position] subalterne ◆ **~
tasks** corvées *fpl*

meningitis [ˌmenɪnˈdʒaɪtɪs] N méningite *f*

menopause [ˈmenəʊpɔːz] N ménopause *f*

Menorca [mɪˈnɔːkə] N Minorque *f*

menstruate [ˈmenstrʊeɪt] VI avoir ses règles

menstruation [ˌmenstrʊˈeɪʃən] N
menstruation *f*

menswear [ˈmenzweər] N prêt-à-porter *m*
masculin

mental [ˈmentl] ADJ (= not physical) mental ◆ **I
made a ~ note of her phone number** j'ai noté
mentalement son numéro de téléphone ▶ **mental arithmetic** calcul *m* mental ▶ **mental block**
blocage *m* ▶ **mental illness** maladie *f* mentale
▶ **mental patient** malade *mf* mental(e)

mentality [menˈtælɪti] N mentalité *f*

mentally [ˈmentəli] ADV ◆ **a ~ handicapped
child** un enfant handicapé mental ◆ **~ disturbed** déséquilibré

menthol [ˈmenθɒl] N menthol *m*

mention [ˈmenʃən] **1** VT mentionner ◆ **he
~ed to me that you were coming** il m'a dit que
vous alliez venir ◆ **I'll ~ it to him** je le lui
signalerai ◆ **don't ~ it!** il n'y a pas de quoi !
◆ **not to ~ ...** sans compter ... **2** N mention *f*
◆ **it got a ~ in the news** on en a parlé aux
informations

mentor [ˈmentɔːr] N mentor *m*

menu [ˈmenjuː] N menu *m*

MEP [ˌemiːˈpiː] N (Brit) (abbrev of **Member of the
European Parliament**) député *m* européen

mercenary [ˈmɜːsɪnəri] ADJ, N mercenaire *m*

merchandise [ˈmɜːtʃəndaɪz] N marchandises
fpl

merchant [ˈmɜːtʃənt] N (= trader) négociant *m* ;
(= wholesaler) grossiste *m* ; (= retailer) détaillant
m ; (= shopkeeper) commerçant *m* ▶ **merchant
bank** (Brit) banque *f* d'affaires ▶ **merchant
marine** (US), **merchant navy** (Brit) marine *f*
marchande

merciful [ˈmɜːsɪfʊl] ADJ (= compassionate) clément (to *or* towards sb envers qn) ; [God]
miséricordieux (to *or* towards sb envers qn)
◆ **death came as a ~ release** la mort fut une
délivrance

merciless [ˈmɜːsɪlɪs] ADJ [attack, treatment] impitoyable ; [sun, scrutiny] implacable

mercurial [mɜːˈkjʊərɪəl] ADJ [person, temperam-
ent] lunatique ; [moods] changeant

mercury [ˈmɜːkjʊri] N **a** (= metal) mercure *m*
b ◆ **Mercury** (= planet) Mercure *f*

mercy [ˈmɜːsi] N **a** pitié *f* ◆ **to have ~ on sb**
avoir pitié de qn ◆ **at the ~ of sb** à la merci de
qn ▶ **mercy killing** euthanasie *f* **b** (= piece of
good fortune) ◆ **it's a ~ that ...** heureusement
que ... + *indic*

mere [mɪər] ADJ simple *before n* ◆ **he's a ~ clerk**
c'est un simple employé de bureau ◆ **he was a
~ child** il n'était qu'un enfant ◆ **a ~ £45** 45
livres seulement

merely [ˈmɪəli] ADV simplement

merge [mɜːdʒ] **1** VI **a** [colours] se fondre
(into, with dans) ; [roads] se joindre (with à)
◆ **to ~ into** [+ darkness, background] se fondre
dans **b** [companies] fusionner **2** VT
[+ company] fusionner

merger [ˈmɜːdʒər] N fusion *f*

meridian [məˈrɪdɪən] N méridien *m*

meringue [məˈræŋ] N meringue *f*

merit [ˈmerɪt] **1** N mérite *m* ◆ **to judge sb on
their own ~s** juger qn selon ses mérites **2** VT
mériter

mermaid [ˈmɜːmeɪd] N sirène *f*

merry [ˈmeri] ADJ **a** (= cheerful) joyeux ◆ **Merry
Christmas** Joyeux Noël **b** (Brit = tipsy) *
éméché *

merry-go-round [ˈmerigəʊˌraʊnd] N (in fairground) manège *m* ; (= whirl) tourbillon *m*

mesh [meʃ] **1** N **a** [of net] maille *f* **b** (= fabric)
tissu *m* à mailles ◆ **wire ~** grillage *m* **2** VI
[gears] s'engrener

mesmerize [ˈmezməraɪz] VT hypnotiser

mess [mes] N **a** (= confusion of objects) fouillis
m ; (= dirt) saleté *f* ◆ **you look a ~** tu n'es pas
présentable ◆ **the house was in a terrible ~** la
maison était dans un désordre épouvantable
◆ **they left everything in a ~** ils ont tout laissé
en désordre ◆ **to be in a ~** (fig) être dans de
beaux draps ◆ **his life is in a ~** c'est la pagaille *
dans sa vie ◆ **your boots have made an awful**

~ **on the carpet** tu as fait des saletés sur le tapis avec tes bottes ◆ **the cat has made a ~ in the kitchen** le chat a fait des saletés dans la cuisine ◆ **to make a ~ of sth** gâcher qch **b** (= canteen) (in army) mess *m* ; (in navy) carré *m*
► **mess about** * **1** VI **a** (= act the fool) faire l'imbécile ; (= play in water, mud) patauger **b** (= waste time) perdre son temps **2** VT SEP (Brit = upset) embêter
► **mess about with** * VT INSEP **a** (= fiddle with) tripoter **b** (= amuse o.s. with) ◆ **they were ~ing about with a ball** ils s'amusaient à taper dans un ballon
► **mess around** ⇒ **mess about**
mess around with * VT INSEP ⇒ **mess about with**
mess up VT SEP [+ clothes] salir ; [+ room] mettre en désordre ; [+ task, plans, life] gâcher ◆ **to ~ sb's hair up** décoiffer qn ◆ **that's ~ed everything up!** ça a tout gâché !
► **mess with** * VT INSEP [+ people] se frotter à * ; [+ drugs, drinks] toucher à *

message ['mesɪdʒ] N message *m* ◆ **to leave a ~ (for sb)** laisser un message (pour qn)

messenger ['mesɪndʒəᵣ] N messager *m*, -ère *f* ; (in hotel) coursier *m*

Messiah [mɪ'saɪə] N Messie *m*

Messrs ['mesəz] NPL (Brit) (abbrev of **Messieurs**) MM., messieurs *mpl*

messy ['mesɪ] ADJ **a** (= producing mess) [person] désordonné ; [activity, job] salissant ◆ **to be a ~ eater** manger salement **b** (= untidy) [room, desk] en désordre ; [job] bâclé ; [handwriting] peu soigné **c** (= complicated) [business] embrouillé ; [process] délicat ; [relationship] compliqué

met [met] VB (pt, ptp of **meet**)

metabolism [me'tæbəlɪzəm] N métabolisme *m*

metal ['metl] **1** N métal *m* **2** COMP en métal ► **metal detector** détecteur *m* de métaux

metallic [mɪ'tælɪk] ADJ métallique ; [paint] métallisé

metalwork ['metlwɜːk] N ferronnerie *f*

metamorphosis [ˌmetə'mɔːfəsɪs] N (pl **metamorphoses** [ˌmetə'mɔːfəsiːz]) métamorphose *f*

metaphor ['metəfəᵣ] N métaphore *f*

metaphysics [ˌmetə'fɪzɪks] N métaphysique *f*

meteor ['miːtɪəᵣ] N météore *m*

meteorite ['miːtɪəraɪt] N météorite *f*

meteorology [ˌmiːtɪə'rɒlədʒɪ] N météorologie *f*

mete out [ˌmiːt'aʊt] VT [+ punishment] infliger

meter ['miːtəᵣ] N **a** (= measuring device) compteur *m* ◆ **to read the ~** relever le compteur ◆ **parking ~** parcmètre *m* **b** (US) mètre *m*

methane ['miːθeɪn] N méthane *m*

method ['meθəd] N (gen) méthode *f* ; [of payment] moyen *m* ◆ **there's ~ in his madness** il n'est pas si fou qu'il en a l'air

methodical [mɪ'θɒdɪkəl] ADJ méthodique

Methodist ['meθədɪst] ADJ, N méthodiste *mf*

meths * [meθs] N (Brit) alcool *m* à brûler

methylated spirits [ˌmeθɪleɪtɪd'spɪrɪts] NPL alcool *m* à brûler

meticulous [mɪ'tɪkjʊləs] ADJ méticuleux

metre ['miːtəᵣ] N mètre *m*

metric ['metrɪk] ADJ métrique ◆ **to go ~** adopter le système métrique

metropolis [mɪ'trɒpəlɪs] N (pl **metropolises**) métropole *f (ville)*

metropolitan [ˌmetrə'pɒlɪtən] ADJ métropolitain ► **the Metropolitan Police** (Brit) la police de Londres

mettle ['metl] N courage *m* ◆ **to show one's ~** montrer de quoi on est capable ◆ **to be on one's ~** être prêt à donner le meilleur de soi-même

mew [mjuː] VI miauler

mews [mjuːz] N (Brit = small street) ruelle *f*

Mexican ['meksɪkən] **1** ADJ mexicain ► **Mexican wave** hola *f* **2** N Mexicain(e) *m(f)*

Mexico ['meksɪkəʊ] N Mexique *m* ► **Mexico City** Mexico

mi [miː] N (Mus) mi *m*

MI5 [ˌemaɪ'faɪv] N (Brit) (abbrev of **Military Intelligence 5**) *service britannique chargé de la surveillance du territoire*, ≈ DST *f*

MI6 [ˌemaɪ'sɪks] N (Brit) (abbrev of **Military Intelligence 6**) *services britanniques d'espionnage et de contre-espionnage*, ≈ DGSE *f*

miaow [miː'aʊ] **1** N miaou *m* **2** VI miauler

mice [maɪs] NPL of **mouse**

mickey ['mɪkɪ] N (Brit) ◆ **to take the ~** * **out of sb** se payer la tête de qn

microbe ['maɪkrəʊb] N microbe *m*

microbiology [ˌmaɪkrəʊbaɪ'ɒlədʒɪ] N microbiologie *f*

microchip ['maɪkrəʊˌtʃɪp] N puce *f* (électronique)

microcomputer ['maɪkrəʊkəm'pjuːtəᵣ] N micro-ordinateur *m*

microcosm ['maɪkrəʊˌkɒzəm] N microcosme *m*

microfilm ['maɪkrəʊˌfɪlm] N microfilm *m*

microlight ['maɪkrəʊˌlaɪt] N (= aircraft) ULM *m*

microorganism ['maɪkrəʊˈɔːgəˌnɪzəm] N micro-organisme *m*

microphone ['maɪkrəʊˌfəʊn] N microphone *m*

microscope ['maɪkrəʊskəʊp] N microscope m
+ **under the ~** au microscope

microscopic [ˌmaɪkrə'skɒpɪk] ADJ
microscopique ; [examination, analysis] au microscope

microwave ['maɪkrəʊˌweɪv] **1** N **a** (= wave)
micro-onde f **b** (= oven) (four m à) micro-ondes m **2** VT faire cuire au micro-ondes

mid [mɪd] PREF + **in ~ May** à la mi-mai + **~ morning** au milieu de la matinée + **she's in her ~ forties** elle a dans les quarante-cinq ans

midair [ˌmɪd'ɛəʳ] **1** N + **in ~** en plein ciel
2 ADJ [collision] en plein ciel

midday [ˌmɪd'deɪ] **1** N midi m + **at ~** à midi
2 ADJ [sun, heat, meal] de midi

middle ['mɪdl] **1** ADJ du milieu **2** N **a** milieu
m + **in the ~ of** au milieu de + **right in the ~ (of …)** au beau milieu de (…) + **in the ~ of June** à la mi-juin + **to be in the ~ of doing sth** être en train de faire qch + **I was in the ~ of my work** j'étais en plein travail + **it's in the ~ of nowhere *** c'est dans un coin paumé * ▶ **middle age** ≈ la cinquantaine ▶ **middle-aged** [person] d'âge moyen ; [outlook] vieux jeu inv ▶ **the Middle Ages** le Moyen Âge ▶ **the middle classes** les classes fpl moyennes ▶ **middle-class** des classes moyennes ▶ **middle ear** oreille f moyenne ▶ **Middle East** Moyen-Orient m ▶ **middle finger** majeur m ▶ **middle ground** terrain d'entente ▶ **middle management** cadres mpl moyens ▶ **middle name** deuxième prénom m ▶ **middle-of-the-road** modéré ▶ **middle school** ≈ premier cycle m du secondaire ▶ **middle-sized** [town, company] de taille moyenne **b** (* = waist) taille f

middleman ['mɪdlmæn] N (pl **-men**) intermédiaire m

middling * ['mɪdlɪŋ] ADJ moyen

midfield ['mɪdˌfiːld] N (= place, player) milieu m de terrain

midge [mɪdʒ] N moucheron m

midget ['mɪdʒɪt] N nain(e) m(f) ; (fig) puce f

Midlands ['mɪdləndz] NPL (Brit) + **les ~** comtés du centre de l'Angleterre

midlife ['mɪdˌlaɪf] N + **in ~** autour de la cinquantaine ▶ **midlife crisis** crise f de la cinquantaine

midnight ['mɪdnaɪt] N minuit m

midriff ['mɪdrɪf] N ventre m

midst [mɪdst] N + **in the ~ of** (= in the middle of) au milieu de ; (= among) parmi ; (= during) au beau milieu de + **in our ~** parmi nous

midsummer ['mɪdˌsʌməʳ] N (= height of summer) cœur m de l'été ; (= solstice) solstice m d'été ▶ **Midsummer Day** Saint-Jean f

midterm ['mɪdˌtɜːm] N ▶ **midterm elections** ≈ élections fpl législatives (intervenant au milieu du mandat présidentiel) ▶ **midterm exams** examens mpl de milieu de trimestre

midway [ˌmɪd'weɪ] **1** ADV [stop] à mi-chemin
+ **~ between** à mi-chemin entre + **~ through** en plein milieu de **2** N (US: in fair) emplacement m d'attractions foraines

midweek [ˌmɪd'wiːk] ADJ, ADV en milieu de semaine

Midwest [ˌmɪd'west] N (in US) + **the ~** le Midwest

midwife ['mɪdwaɪf] N (pl **-wives**) sage-femme f

midwinter [ˌmɪd'wɪntəʳ] N (= heart of winter) milieu m de l'hiver ; (= solstice) solstice m d'hiver

---

0— **might** [maɪt]

1 MODAL VB
a + **you ~ be right** tu as peut-être raison + **I ~ have left it behind** je l'ai peut-être oublié + **the two countries ~ go to war** les deux pays pourraient entrer en guerre + **you ~ regret it later** tu pourrais le regretter plus tard + **I ~ as well tell you all about it** je ferais aussi bien de tout vous dire
b (in suggestions) + **you ~ try writing to him** tu pourrais toujours lui écrire + **you ~ have told me you weren't coming!** tu aurais pu me prévenir que tu ne viendrais pas !
c + **try as he ~, he couldn't do it** il a eu beau essayer, il n'y est pas arrivé
2 N force(s) f(pl) + **with all one's ~** de toutes ses forces

---

mighty ['maɪtɪ] **1** ADJ puissant **2** ADV (*: US) vachement *

migraine ['miːɡreɪn] N migraine f

migrant ['maɪɡrənt] **1** ADJ **a** [worker, labour] itinérant ; (= seasonal) saisonnier **b** [bird, animal] migrateur (-trice f) **2** N **a** [bird, animal] migrateur m ; (= person) migrant(e) m(f)

migrate [maɪ'ɡreɪt] VI migrer

migration [maɪ'ɡreɪʃən] N migration f

mike * [maɪk] N (abbrev of **microphone**) micro m

mild [maɪld] ADJ doux (douce f) ; [tobacco, punishment] léger ; [exercise, protest] modéré ; [illness] bénin (-igne f) + **a ~ curry** un curry pas trop fort + **~ ale** (Brit) sorte de bière brune anglaise

mildew ['mɪldjuː] N moisissure f ; (on plant) mildiou m

mildly ['maɪldlɪ] ADV **a** (= gently) doucement
◆ **that's putting it ~** c'est le moins que l'on
puisse dire **b** (= moderately) [interested, amu-
sing] modérément ; [surprised] légèrement

mile [maɪl] N mile *m (= 1 609,33 m)* ◆ **50 ~s per
hour** ≈ 80 kilomètres à l'heure ◆ **they live ~s
away** ils habitent à cent lieues d'ici ◆ **sorry, I
was ~s away** * (= day-dreaming) désolé, j'étais
ailleurs

mileage ['maɪlɪdʒ] N (= distance covered) ≈ kilométrage *m*

milestone ['maɪlstəʊn] N (on road) ≈ borne *f*
kilométrique ; (in life, career) événement *m*
marquant

milieu ['miːljɜː] N (pl **milieus**) milieu *m* (social)

militant ['mɪlɪtənt] ADJ, N militant(e) *m(f)*

military ['mɪlɪtərɪ] **1** ADJ militaire ◆ **~ service**
service *m* militaire **2** **the military** NPL l'armée
f

militia [mɪ'lɪʃə] COLLECTIVE N milice *f* ◆ **the ~**
(US) la réserve (territoriale)

milk [mɪlk] **1** N lait *m* ▶ **milk chocolate**
chocolat *m* au lait ▶ **milk float** (Brit) camionnette *f* de laitier ▶ **milk jug** pot *m* à lait ▶ **milk
products** produits *mpl* laitiers ▶ **milk round** (Brit)
tournée *f* (du laitier) ▶ **milk shake** milk-shake *m*
▶ **milk tooth** dent *f* de lait **2** VT **a** [+ cow] traire
b (= rob) dépouiller

milkman ['mɪlkmən] N (pl **-men**) laitier *m*

milky ['mɪlkɪ] ADJ (in colour) laiteux ; [coffee, tea]
avec beaucoup de lait ▶ **the Milky Way** la Voie
lactée ▶ **milky-white** d'un blanc laiteux

mill [mɪl] **1** N **a** (gen) moulin *m* ◆ **pepper-~**
moulin *m* à poivre **b** (= factory) usine *f* ; (= steel
mill) aciérie *f* ◆ **paper ~** (usine *f* de) papeterie *f*
2 VT [+ flour, coffee, pepper] moudre
▶ **mill about, mill around** VI [crowd]
grouiller

millennium [mɪ'lenɪəm] N (pl **millennia** [mɪ'len-
ɪə]) millénaire *m* ◆ **the ~ bug** le bogue de l'an
2000

millet ['mɪlɪt] N millet *m*

milligramme ['mɪlɪɡræm] N milligramme *m*

millilitre, milliliter (US) ['mɪlɪ,liːtəʳ] N
millilitre *m*

millimetre, millimeter (US) ['mɪlɪ,miːtəʳ] N
millimètre *m*

million ['mɪljən] NUMBER million *m* ◆ **he's one
in a ~** * c'est la perle des hommes ◆ **~s of ...** *
des milliers de ...

millionaire [,mɪljə'nɛəʳ] N milliardaire *mf*

millionairess [,mɪljə'nɛərɪs] N milliardaire *f*

millipede ['mɪlɪpiːd] N mille-pattes *m inv*

millstone ['mɪlstəʊn] N (for grinding) meule *f*
◆ **it's a ~ round his neck** c'est un boulet qu'il
traîne avec lui

milometer [maɪ'lɒmɪtəʳ] N (Brit) ≈ compteur *m*
kilométrique

mime [maɪm] **1** N mime *m* ▶ **mime artist** mime
mf **2** VTI mimer

mimic ['mɪmɪk] **1** N imitateur *m*, -trice *f* **2** VT
imiter

min. [mɪn] (abbrev of **minute**, of **minimum**) min.

minaret ['mɪnərɛt] N minaret *m*

mince [mɪns] **1** N (Brit) viande *f* hachée ▶
mince pie tartelette *f* de Noël (aux fruits secs)
2 VT **a** hacher ◆ **~d beef** bœuf *m* haché **b**
◆ **he didn't ~ (his) words** il n'a pas mâché ses
mots

mincemeat ['mɪnsmiːt] N (= sweet filling) *hachis de fruits secs, de pommes et de graisse* ;
(US) (= meat) viande *f* hachée ◆ **to make ~ of**
[+ opponent, arguments] pulvériser

mind [maɪnd] **1** N **a** (= brain) esprit *m* ◆ **his ~
went blank** il a eu un trou ◆ **that's a weight off
my ~** * c'est un gros souci de moins ◆ **I can't
get it out of my ~** je ne peux pas m'empêcher
d'y penser ◆ **to read sb's ~** lire dans les
pensées de qn ◆ **to put sb's ~ at rest** rassurer
qn ◆ **to bring sth to ~** rappeler qch ◆ **to have
sth on one's ~** être préoccupé par qch ◆ **it
went right out of my ~** ça m'est complètement
sorti de la tête * ◆ **you can do it if you put your
~ to it** tu peux le faire si tu le veux vraiment
◆ **this will take her ~ off her troubles** cela lui
changera les idées ◆ **great ~s think alike** les
grands esprits se rencontrent ◆ **to bear sth in ~**
(= take account of) tenir compte de qch ; (= remember) ne pas oublier qch ◆ **have you (got)
anything particular in ~?** avez-vous quelque
chose de particulier en tête ? ◆ **to be in two ~s
about doing sth** hésiter à faire qch ◆ **nobody
in their right ~ would do that** aucun être
sensé ne ferait cela ◆ **to be/go out of one's ~
with worry** être/devenir fou d'inquiétude
◆ **you must be out of your ~!** tu es complètement fou ! **b** (= opinion) ◆ **to my ~** à mon avis
◆ **to have a ~ of one's own** [person] savoir ce
qu'on veut ◆ **to make up one's ~ (to do sth)**
décider (de faire qch) **2** VT **a** (= pay attention
to) faire attention à ; (= beware of) prendre
garde à ; (US = listen to) écouter ◆ **~ the step!**
attention à la marche ! ◆ **~ your language!**
surveille ton langage ! **b** (= object to) ◆ **I don't
~ ironing** ça ne me dérange pas de faire le
repassage ◆ **I wouldn't ~ a cup of coffee** * je
prendrais bien une tasse de café ◆ **if you don't
~ my saying (so)** si je puis me permettre ◆ **I
don't ~ going with you** je veux bien vous
accompagner ◆ **I don't ~ where we go** peu
m'importe où nous allons ◆ **would you ~
opening the door?** cela vous ennuierait

d'ouvrir la porte ? **c** (= look after) [+ children, animals] garder ; [+ shop] tenir **3** VI ◆ **do you ~ if I take this book ? – I don't ~ at all** ça ne vous ennuie pas que je prenne ce livre ? – mais non, je vous en prie ◆ **I don't ~** (= it's all the same to me) ça m'est égal ◆ **never ~** (= don't worry) ne t'en fais pas ! ; (= it makes no odds) ça ne fait rien !

minder ['maɪndə⁂] N **a** (Brit = child-minder) gardienne f **b** (* = bodyguard) ange m gardien (fig)

mindful ['maɪndfʊl] ADJ ◆ **to be ~ of sth** être attentif à qch

mindless ['maɪndlɪs] ADJ **a** (Brit) [violence] gratuit **b** [work, film] bêtifiant ; [person] stupide

mine¹ [maɪn] POSS PRON le mien, la mienne, les miens, les miennes ◆ **that book is mine** ce livre est à moi ◆ **which dress do you prefer, hers or mine?** quelle robe préférez-vous, la sienne ou la mienne ? ◆ **a friend of mine** un de mes amis

mine² [maɪn] **1** N mine f ◆ **coal mine** mine f de charbon ◆ **a (real) mine of information** une véritable mine de renseignements **2** VT **a** [+ coal] extraire **b** [+ sea, beach] miner

minefield ['maɪnfiːld] N champ m de mines

miner ['maɪnə⁂] N mineur m

mineral ['mɪnərəl] N, ADJ minéral m ▸ **mineral water** eau f minérale

mineshaft ['maɪnʃɑːft] N puits m de mine

minesweeper ['maɪnswiːpə⁂] N dragueur m de mines

mingle ['mɪŋgl] VI (= mix) se mélanger ; (at party) se mêler aux invités ◆ **to ~ with the crowd** se mêler à la foule

mingy * ['mɪndʒɪ] ADJ (Brit) **a** (= mean) radin * **b** (= measly) misérable

miniature ['mɪnɪtʃə⁂] **1** N **a** (= painting) miniature f **b** [of whisky] mignonnette f **2** ADJ miniature ▸ **miniature golf** minigolf m

minibar ['mɪnɪbɑː⁂] N minibar m

minibus ['mɪnɪbʌs] N minibus m

minicab ['mɪnɪkæb] N (Brit) taxi m (qu'il faut commander par téléphone)

minicam ['mɪnɪkæm] N minicam f

minicomputer ['mɪnɪkəm'pjuːtə⁂] N miniordinateur m

minim ['mɪnɪm] N (Brit) blanche f

minimal ['mɪnɪml] ADJ [risk, resources, effect] minime ; [level, requirements] minimal

minimalist ['mɪnɪməlɪst] ADJ, N minimaliste mf

minimarket ['mɪnɪmɑːkɪt], **minimart** ['mɪnɪmɑːt] N supérette f

minimize ['mɪnɪmaɪz] VT **a** (= reduce to minimum) réduire au minimum **b** (= play down) minimiser

minimum ['mɪnɪməm] N, ADJ minimum m ◆ **to keep costs to a ~** maintenir les coûts au plus bas ▸ **minimum wage** salaire m minimum

mining ['maɪnɪŋ] N [of coal] exploitation f minière

miniskirt ['mɪnɪskɜːt] N minijupe f

minister ['mɪnɪstə⁂] **1** N **a** (Brit: in government) ministre mf ▸ **Minister of State** ≈ secrétaire m d'État **b** (religious) pasteur m **2** VI ◆ **to ~ to sb's needs** pourvoir aux besoins de qn ◆ **to ~ to sb** secourir qn

ministerial [mɪnɪs'tɪərɪəl] ADJ [meeting, reshuffle, decision] ministériel ; [duties] de ministre

ministry ['mɪnɪstrɪ] N **a** (= government department) ministère m ◆ **Ministry of Defence** ministère m de la Défense **b** (= clergy) ◆ **the ~** le saint ministère

mink [mɪŋk] N vison m

minnow ['mɪnəʊ] N (= fish) vairon m

minor ['maɪnə⁂] **1** ADJ **a** (gen) mineur (-eure f) ; [detail, repairs] petit ◆ **to play a ~ part** jouer un rôle secondaire **b** (Mus) ◆ **G ~** sol mineur ◆ **in the ~ key** en mineur **2** N **a** (= child) mineur(e) m(f) **b** (US = subject studied) matière f secondaire

Minorca [mɪ'nɔːkə] N Minorque f

minority [maɪ'nɒrɪtɪ] **1** N minorité f **2** ADJ [party, opinion] minoritaire

minstrel ['mɪnstrəl] N ménestrel m

mint [mɪnt] **1** N **a** (= plant, herb) menthe f ▸ **mint sauce** sauce f à la menthe **b** (= sweet) bonbon m à la menthe **c** (for making coins) hôtel m de la Monnaie ◆ **in ~ condition** en parfait état **2** VT [+ coins] battre

minuet [mɪnjʊ'et] N menuet m

minus ['maɪnəs] **1** PREP **a** (Math) moins ◆ **five ~ three equals two** cinq moins trois égale(nt) deux ◆ **A ~** (= grade) ≈ A moins **b** (* = without) sans **2** N (= sign) moins m

minuscule ['mɪnəskjuːl] ADJ minuscule

minute¹ ['mɪnɪt] **1** N minute f ◆ **it is 23 minutes past 2** il est 2 heures 23 (minutes) ◆ **I'll do it in a minute** je le ferai dans une minute ◆ **I'll do it the minute he comes** je le ferai dès qu'il arrivera ◆ **to leave things till the last minute** tout faire à la dernière minute ◆ **wait a minute** attendez une minute ◆ **up to the minute** [equipment] dernier modèle inv ; [fashion] dernier cri inv ; [news] de dernière heure ▸ **minute hand** grande aiguille f **2** minutes NPL [of meeting] compte m rendu

minute² [maɪˈnjuːt] ADJ (= tiny) minuscule ; (= detailed) minutieux ✦ **in minute detail** jusque dans les moindres détails

minx [mɪŋks] N (petite) espiègle f

miracle [ˈmɪrəkl] N miracle m ▶ **miracle cure**, **miracle drug** N remède m miracle

miraculous [mɪˈrækjʊləs] ADJ miraculeux

mirage [ˈmɪrɑːʒ] N mirage m

mirror [ˈmɪrəʳ] **1** N miroir m ; (in car) rétroviseur m ▶ **mirror image** image f inversée **2** VT refléter

mirth [mɜːθ] N hilarité f

misadventure [ˌmɪsədˈventʃəʳ] N mésaventure f ✦ **death by ~** mort f accidentelle

misanthropist [ˈmɪzænθrəʊpɪst] N misanthrope mf

misapprehension [ˈmɪsˌæprɪˈhenʃən] N méprise f

misbehave [ˌmɪsbɪˈheɪv] VI se conduire mal ; [child] ne pas être sage

misbehaviour, misbehavior (US) [ˈmɪsbɪˈheɪvjəʳ] N [of person, child] mauvaise conduite f

misc. ADJ (abbrev of **miscellaneous**) divers

miscalculate [ˈmɪsˈkælkjʊleɪt] VT, VI mal calculer

miscarriage [ˈmɪsˈkærɪdʒ] N **a** (during pregnancy) fausse couche f ✦ **to have a ~** faire une fausse couche **b** ✦ **~ of justice** erreur f judiciaire

miscarry [ˌmɪsˈkærɪ] VI faire une fausse couche

miscellaneous [ˌmɪsɪˈleɪnɪəs] ADJ divers

mischief [ˈmɪstʃɪf] N malice f ✦ **he's up to ~** il prépare un mauvais coup ✦ **to keep sb out of ~** empêcher qn de faire des bêtises ✦ **to do sb a ~** * faire du mal à qn

mischievous [ˈmɪstʃɪvəs] ADJ [person, smile, glance] malicieux ; [child, behaviour] espiègle

misconception [ˈmɪskənˈsepʃən] N (= wrong idea) idée f fausse

misconduct [ˌmɪsˈkɒndʌkt] N mauvaise conduite f ; (sexual) adultère m ✦ **professional ~** faute f professionnelle

misconstrue [ˈmɪskənˈstruː] VT mal interpréter

misdeed [ˈmɪsˈdiːd] N méfait m

misdemeanour, misdemeanor (US) [ˌmɪsdɪˈmiːnəʳ] N **a** (= misdeed) incartade f **b** (judicial) (Brit) infraction f ; (US) délit m

miser [ˈmaɪzəʳ] N avare mf

miserable [ˈmɪzərəbl] ADJ **a** (= unhappy) malheureux ✦ **to feel ~** (= unhappy) ne pas avoir le moral ; (= unwell) être mal en point **b** ✦ **~ weather** * un temps affreux **c** (= wretched) [person, place] misérable ; [sight] lamentable **d** (= paltry) misérable

miserly [ˈmaɪzəlɪ] ADJ **a** [person] avare (with sth de qch) **b** [sum, amount] dérisoire

misery [ˈmɪzərɪ] N souffrances fpl ; (= wretchedness) misère f ✦ **to make sb's life a ~** [person] mener la vie dure à qn ; [illness] gâcher la vie de qn ▶ **misery guts** * rabat-joie m inv

misfire [ˈmɪsˈfaɪəʳ] VI [plan] rater ; [car engine] avoir des ratés ; [gun] faire long feu

misfit [ˈmɪsfɪt] N (= person) inadapté(e) m(f)

misfortune [mɪsˈfɔːtʃən] N malheur m ; (= bad luck) malchance f ✦ **I had the ~ to meet him** j'ai eu le malheur de le rencontrer

misgiving [mɪsˈgɪvɪŋ] N appréhension f ✦ **I had ~s about the scheme** j'avais des doutes quant au projet

misguided [ˈmɪsˈgaɪdɪd] ADJ [person] dans l'erreur ; [attempt] peu judicieux ; [belief] erroné

mishandle [ˈmɪsˈhændl] VT [+ problem] mal aborder ; [+ situation] mal gérer

mishap [ˈmɪshæp] N mésaventure f ✦ **slight ~** contretemps m

mishear [ˈmɪsˈhɪəʳ] (pret, ptp **misheard** [ˈmɪsˈhɜːd]) VT mal entendre

mishit [ˈmɪsˈhɪt] **1** N coup m manqué **2** VT [+ ball] mal frapper

mishmash * [ˈmɪʃmæʃ] N méli-mélo * m

misinform [ˈmɪsɪnˈfɔːm] VT mal renseigner

misinterpret [ˈmɪsɪnˈtɜːprɪt] VT mal interpréter

misjudge [ˈmɪsˈdʒʌdʒ] VT [+ amount, time] mal évaluer ; (= underestimate) sous-estimer ; [+ person] se méprendre sur le compte de

mislay [ˌmɪsˈleɪ] (pret, ptp **mislaid**) VT égarer

mislead [ˌmɪsˈliːd] (pret, ptp **misled**) VT induire en erreur

misleading [ˌmɪsˈliːdɪŋ] ADJ [information, report] trompeur ✦ **~ advertising** publicité f mensongère

misled [ˌmɪsˈled] VB (pt, ptp of **mislead**)

mismanage [ˈmɪsˈmænɪdʒ] VT mal gérer

mismanagement [ˈmɪsˈmænɪdʒmənt] N mauvaise gestion f

mismatch [mɪsˈmætʃ] N [of objects] disparité f ; [of colours, styles] dissonance f

misnomer [mɪsˈnəʊməʳ] N terme m impropre

misogynist [mɪˈsɒdʒɪnɪst] N, ADJ misogyne mf

misplace [ˈmɪsˈpleɪs] VT **a** [+ object, affection, trust] mal placer **b** (= lose) égarer

misplaced [ˈmɪsˈpleɪst] ADJ [remark, humour] déplacé ; [confidence] mal fondé

misprint [ˈmɪsprɪnt] N faute f d'impression

mispronounce [ˌmɪsprəˈnaʊns] VT mal prononcer

misread ['mɪs'riːd] (pret, ptp **misread** ['mɪs'red]) VT **a** (= misinterpret) mal interpréter **b** [+ word] mal lire

misrepresent ['mɪs,reprɪ'zent] VT [+ facts] déformer ; [+ person] donner une impression incorrecte de

miss [mɪs] **1** N **a** (Sport) coup *m* manqué ◆ **to give sth a ~** * se passer de qch ◆ **we gave the Louvre a ~** * nous ne sommes pas allés au Louvre **b** (= title) ◆ **Miss** Mademoiselle *f* ◆ **Dear Miss Smith** Chère Mademoiselle **2** VT **a** manquer ; [+ bus, train, plane] rater ◆ **to ~ the boat** * (fig) louper le coche * ◆ **he narrowly ~ed being killed** il a bien failli se tuer **b** (= long for) ◆ **I ~ you** tu me manques ◆ **he won't be ~ed** personne ne le regrettera **c** ◆ **I'm ~ing $8** * il me manque 8 dollars **3** VI [shot, person] rater

▶ **miss out** **1** VT SEP sauter **2** VI (= lose out) ne pas obtenir son dû

▶ **miss out on** * VT INSEP [+ opportunity, bargain] rater

misshapen ['mɪs'ʃeɪpən] ADJ difforme

missile ['mɪsaɪl] N missile *m* ; (= stone thrown) projectile *m*

missing ['mɪsɪŋ] ADJ **a** (= lost) ◆ **to be ~** avoir disparu (from sth de qch) ◆ **to go ~** disparaître **b** (= lacking) ◆ **to be ~** [person, object, details, information] manquer (from sth à qch) ◆ **there's nothing ~** il ne manque rien ◆ **there's a button ~ from my jacket** il manque un bouton à ma veste **c** [serviceman, fisherman, plane] porté disparu ▶ **missing person** personne *f* disparue ▶ **Missing Persons Bureau** *service de police enquêtant sur les personnes disparues*

mission ['mɪʃən] N mission *f*

missionary ['mɪʃənrɪ] N, ADJ missionnaire *mf*

misspell ['mɪs'spel] (pret, ptp **misspelled** *or* **misspelt**) VT mal orthographier

misspent [,mɪs'spent] ADJ ◆ **~ youth** folle jeunesse *f*

mist [mɪst] N brume *f* ; (on glass) buée *f*

▶ **mist over, mist up** VI [view] se couvrir de brume ; [mirror] s'embuer

mistake [mɪs'teɪk] (vb : pret **mistook**, ptp **mistaken**) **1** N (= error) erreur *f* ; (= misunderstanding) méprise *f* ◆ **by ~** par erreur ◆ **to make a ~** faire une erreur ; (= misunderstand) se tromper ◆ **to make the ~ of thinking sth** faire l'erreur de penser qch **2** VT [+ meaning] mal comprendre ; [+ intentions] se méprendre sur ◆ **there's no mistaking her voice** il est impossible de ne pas reconnaître sa voix ◆ **to ~ A for B** prendre A pour B

mistaken [mɪs'teɪkən] **1** VB (ptp of **mistake**) **2** ADJ **a** (= wrong) ◆ **to be ~** (about sb/sth) se

tromper (à propos de qn/qch) ◆ **unless I'm (very much) ~** si je ne me trompe **b** (= erroneous) [belief, idea] erroné ◆ **it was a case of ~ identity** il y avait erreur de personnes

mister ['mɪstəʳ] N monsieur *m*

mistletoe ['mɪsltəʊ] N gui *m*

mistook [mɪs'tʊk] VB (pt of **mistake**)

mistranslation ['mɪstrænz'leɪʃən] N erreur *f* de traduction

mistreat [,mɪs'triːt] VT maltraiter

mistreatment [,mɪs'triːtmənt] N mauvais traitement *m*

mistress ['mɪstrɪs] N maîtresse *f*

mistrust ['mɪs'trʌst] **1** N méfiance *f* (of à l'égard de) **2** VT [+ person, sb's motives] se méfier de

misty ['mɪstɪ] ADJ [weather, day] brumeux ; [mirror, windowpane] embué

misunderstand ['mɪsʌndə'stænd] (pret, ptp **misunderstood**) VT mal comprendre

misunderstanding ['mɪsʌndə'stændɪŋ] N malentendu *m*

misunderstood ['mɪsʌndə'stʊd] VB (pt, ptp of **misunderstand**)

misuse 1 N [,mɪs'juːs] (of power) abus *m* ; (of money, energies) mauvais emploi ◆ **~ of funds** détournement *m* de fonds **2** VT [,mɪs'juːz] [+ power] abuser de ; [+ money, energies] mal employer ; [+ funds] détourner

miter ['maɪtəʳ] N (US) [of bishop] mitre *f*

mitigate ['mɪtɪgeɪt] VT [+ sentence, suffering] alléger ; [+ effect] atténuer ◆ **mitigating circumstances** circonstances *fpl* atténuantes

mitre ['maɪtəʳ] N [of bishop] mitre *f*

mitt [mɪt] N **a** (= mitten) moufle *f* **b** (Baseball) gant *m* de baseball

mitten ['mɪtn] N moufle *f*

mix [mɪks] **1** N **a** (= combination) mélange *m* **b** (for cooking) ◆ **cake ~** préparation *f* pour gâteau **2** VT **a** (gen) mélanger (with avec, à) ; [+ cement] préparer ◆ **~ the eggs into the sugar** incorporez les œufs au sucre ◆ **to ~ business and pleasure** joindre l'utile à l'agréable **b** [+ track, album] mixer **3** VI **a** se mélanger ◆ **to ~ and match** faire des mélanges **b** (socially) ◆ **he ~es with all kinds of people** il fréquente toutes sortes de gens

▶ **mix up** VT SEP **a** (= confuse) confondre ; (= put in disorder) mélanger ◆ **he ~ed her up with Jane** il l'a confondue avec Jane ◆ **to be ~ed up** [documents, story] être embrouillé ; [person] être désorienté ; (= emotionally) être perturbé **b** (= involve) ◆ **to ~ sb up in sth** impliquer qn dans qch ◆ **to get ~ed up in an affair** se trouver mêlé à une affaire

mixed [mɪkst] ADJ **a** [school, bathing] mixte ; [neighbourhood] mélangé ◆ ~ **herbs** herbes *fpl* mélangés ◆ ~ **vegetables** assortiment *m* de légumes ▸ **mixed doubles** double *m* mixte ▸ **mixed marriage** mariage *m* mixte **b** (= varying) [reviews, emotions, signals] contradictoire ; [results, reaction] inégal ; [success, reception] mitigé ◆ **she had ~ feelings about it** elle était partagée à ce sujet

mixer ['mɪksə^r] N **a** (also **hand mixer**) batteur *m* à main ; (also **electric mixer**) mixer *m* **b** (also **cement mixer**) bétonnière *f* **c** (= drink) boisson *f* gazeuse *(servant à couper un alcool)*

mixing bowl ['mɪksɪŋ,bəʊl] N saladier *m*

mixture ['mɪkstʃə^r] N mélange *m*

mix-up ['mɪksʌp] N confusion *f*

mixed-up [mɪkst'ʌp] ADJ [person] désorienté ; [account,story] embrouillé ◆ **he's a ~ kid** * c'est un gosse * perturbé

MMS [emem'es] N (abbrev of **Multimedia Messaging Service**) MMS *m*

mnemonic [nɪ'mɒnɪk] ADJ, N mnémotechnique *f*

moan [məʊn] **1** N (= groan) gémissement *m* ◆ **to have a ~ about sth** (= complain) se plaindre de qch **2** VTI (= groan) gémir ; (= complain) se plaindre

moat [məʊt] N douves *fpl*

mob [mɒb] **1** N **a** (= crowd) foule *f* **b** ◆ **the Mob** * (= Mafia) la Maf(f)ia **2** VT **a** [+ person] (= surround) faire foule autour de ; (= attack) assaillir ; [+ place] assiéger

mobile ['məʊbaɪl] **1** ADJ mobile ▸ **mobile home** mobile home *m* ▸ **mobile library** bibliobus *m* **2** N **a** (also **mobile phone**) (téléphone *m*) portable *m* **b** (= decoration) mobile *m*

mobilize ['məʊbɪlaɪz] VTI mobiliser

moccasin ['mɒkəsɪn] N mocassin *m*

mocha ['mɒkə] N moka *m*

mock [mɒk] **1** VT (= scoff at) se moquer de ; (= mimic) parodier **2** VI se moquer (at de) **3** ADJ [anger, modesty] simulé ◆ **a ~ trial** un simulacre de procès ▸ **mock examination** examen *m* blanc

mockery ['mɒkərɪ] N (= mocking) moquerie *f* ◆ **to make a ~ of sb/sth** tourner qn/qch en dérision ◆ **it is a ~ of justice** c'est une parodie de justice

mockingbird ['mɒkɪŋ,bɜːd] N (merle *m*) moqueur *m*

mod cons [mɒd'kɒnz] NPL (Brit) (abbrev of **modern conveniences**) ◆ **house with all mod cons** maison *f* tout confort

mode [məʊd] N (= way) mode *m*

model ['mɒdl] **1** N **a** (gen) modèle *m* ; (Archit) maquette *f* **b** (Fashion) mannequin *m* **2** ADJ **a** (= exemplary) modèle **b** (= miniature) miniature ◆ ~ **car/aeroplane** modèle *m* réduit de voiture/d'avion **3** VT **a** (= base) ◆ **to ~ sth on sth** modeler qch sur qch ◆ **to ~ o.s. on sb** prendre modèle sur qn **b** (= make model of) modeler (in en) **4** VI (for artist) poser ; (Fashion) être mannequin (for chez)

modem ['məʊdem] N modem *m*

moderate 1 ADJ ['mɒdərɪt] [amount, speed, views] modéré ; [language, terms] mesuré ; [size] moyen ; [improvement, success] léger ; [climate] tempéré **2** N ['mɒdərɪt] (= politician) modéré(e) *m(f)* **3** VT ['mɒdəreɪt] **a** (= restrain) modérer **b** (= preside over) présider

moderately ['mɒdərɪtlɪ] ADV **a** [wealthy, pleased, expensive, difficult] moyennement **b** [increase, decline] quelque peu **c** [act] avec modération

moderation [,mɒdə'reɪʃən] N modération *f* ◆ **in ~** [drink, exercise] avec modération

modern ['mɒdən] ADJ moderne ◆ ~ **languages** langues *fpl* vivantes ◆ **~-day** des temps modernes

modernity [mɒ'dɜːnɪtɪ] N modernité *f*

modernize ['mɒdənaɪz] VT moderniser

modest ['mɒdɪst] ADJ modeste

modesty ['mɒdɪstɪ] N modestie *f*

modicum ['mɒdɪkəm] N ◆ **a ~ of ...** un minimum de ...

modification [,mɒdɪfɪ'keɪʃən] N modification *f* (to, in à)

modify ['mɒdɪfaɪ] VT **a** (= change) modifier **b** (= moderate) modérer

modulate ['mɒdjʊleɪt] VT moduler

module ['mɒdjuːl] N module *m*

mogul ['məʊgəl] N (= powerful person) nabab *m*

mohair ['məʊhɛə^r] N mohair *m*

Mohammed [məʊ'hæmɪd] N Mohammed *m*, Mahomet *m*

moist [mɔɪst] ADJ [air, climate, skin] humide ; (unpleasantly) moite ; [cake] moelleux

moisten ['mɔɪsn] VT humecter ; (in cooking) mouiller légèrement

moisture ['mɔɪstʃə^r] N humidité *f*

moisturize ['mɔɪstʃəraɪz] VT [+ skin] hydrater ; [+ air, atmosphere] humidifier

moisturizer ['mɔɪstʃəraɪzə^r] N produit *m* hydratant

molar ['məʊlə^r] N molaire *f*

molasses [məʊ'læsɪz] N mélasse *f*

mold [məʊld] N, VT (US) ⇒ **mould**

moldy ['məʊldɪ] ADJ (US) ⇒ **mouldy**

mole [məʊl] N **a** (on skin) grain *m* de beauté **b** (= animal, spy) taupe *f*

molecule ['mɒlɪkjuːl] N molécule f

molehill ['məʊlhɪl] N taupinière f

molest [məʊ'lest] VT (= attack) molester ; (sexually) commettre une agression sexuelle sur

mollify ['mɒlɪfaɪ] VT apaiser

mollusc, mollusk (US) ['mɒləsk] N mollusque m

mollycoddle ['mɒlɪkɒdl] VT surprotéger

molt [məʊlt] VI (US) ⇒ **moult**

molten ['məʊltən] ADJ en fusion

mom * [mɒm] N (US) maman f

moment ['məʊmənt] N moment m ◆ **wait a ~!** (attendez) un instant ! ◆ **I'll only be a ~** j'en ai pour un instant ◆ **the ~ he arrives** dès qu'il arrivera ◆ **at the ~** en ce moment ◆ **(at) any ~** d'un moment à l'autre ◆ **for a ~** un instant ◆ **for the ~** pour le moment ◆ **the ~ of truth** l'heure f de vérité

momentarily ['məʊməntərɪlɪ] ADV **a** (= temporarily) momentanément **b** (US = shortly) dans un instant

momentary ['məʊməntərɪ] ADJ [lapse, silence] momentané ; [panic, hesitation] passager

momentous [məʊ'mentəs] ADJ [event, occasion] de grande importance ; [decision] capital

momentum [məʊ'mentəm] N (gen) vitesse f ; [of political movement] dynamisme m ; (Physics) moment m ◆ **to gain ~** prendre de la vitesse ◆ **to lose ~** être en perte de vitesse

mommy * ['mɒmɪ] N (US) maman f

Monaco ['mɒnəkəʊ] N Monaco m

monarch ['mɒnək] N monarque m

monarchist ['mɒnəkɪst] ADJ, N monarchiste mf

monarchy ['mɒnəkɪ] N monarchie f

monastery ['mɒnəstərɪ] N monastère m

Monday ['mʌndɪ] N lundi m ; for other phrases see **Saturday**

monetary ['mʌnɪtərɪ] ADJ (gen) monétaire ; [gain] financier

money ['mʌnɪ] N argent m ◆ **to make ~** [person] gagner de l'argent ; [business] être lucratif ◆ **to come into ~** (by inheritance) hériter (d'une somme d'argent) ◆ **to get one's ~ back** se faire rembourser ◆ **to put ~ into sth** placer son argent dans qch ◆ **he's made of ~** *, ◆ **he's rolling in ~** * il roule sur l'or * ◆ **~ doesn't grow on trees** l'argent ne tombe pas du ciel ◆ (Prov) **(the love of) money is the root of all evil** (l'amour de) l'argent est la racine de tous les maux ▶ **money belt** ceinture-portefeuille f ▶ **money market** marché m monétaire ▶ **money order** (US) mandat m postal

moneybox ['mʌnɪbɒks] N tirelire f

moneylender ['mʌnɪlendə^r] N prêteur m, -euse f sur gages

Mongolia [mɒŋ'gəʊlɪə] N Mongolie f

mongoose ['mɒŋguːs] N (pl **mongooses**) mangouste f

mongrel ['mʌŋgrəl] N (chien m) bâtard m

monitor ['mɒnɪtə^r] **1** N (= device) moniteur m **2** VT [+ person, work, system] suivre de près ; [+ equipment] contrôler

monk [mʌŋk] N moine m

monkey ['mʌŋkɪ] N singe m ▶ **monkey bars** cage f à poules ▶ **monkey business** * (dishonest) affaire f louche ; (mischievous) singeries fpl ▶ **monkey nut** (Brit) cacahuète f ▶ **monkey wrench** clé f à molette

monkfish ['mʌŋkfɪʃ] N lotte f

mono ['mɒnəʊ] ADJ (abbrev of **monophonic**) mono inv

monochrome ['mɒnəkrəʊm] N monochrome m ; (= photograph, film) noir m et blanc m

monocle ['mɒnəkl] N monocle m

monogram ['mɒnəgræm] N monogramme m

monologue, monolog (also US) ['mɒnəlɒg] N monologue m

monopolize [mə'nɒpəlaɪz] VT monopoliser

monopoly [mə'nɒpəlɪ] N monopole m (of, in de)

monorail ['mɒnəʊreɪl] N monorail m

monotone ['mɒnətəʊn] N (= voice/tone) voix f/ton m monocorde

monotonous [mə'nɒtənəs] ADJ monotone

monotony [mə'nɒtənɪ] N monotonie f

monsoon [mɒn'suːn] N mousson f

monster ['mɒnstə^r] N monstre m

monstrosity [mɒn'strɒsɪtɪ] N (= thing) monstruosité f ; (= person) monstre m

monstrous ['mɒnstrəs] ADJ monstrueux

month [mʌnθ] N mois m ◆ **in the ~ of May** au mois de mai ◆ **every ~** tous les mois

monthly ['mʌnθlɪ] **1** ADJ mensuel ◆ **~ payment** mensualité f **2** N (= publication) mensuel m **3** ADV [publish, pay] mensuellement ; [happen] tous les mois

Montreal [,mɒntrɪ'ɔːl] N Montréal

monty * ['mɒntɪ] N (Brit) ◆ **the full ~** la totale *

monument ['mɒnjʊmənt] N monument m (to of à)

monumental [,mɒnjʊ'mentl] ADJ [task, achievement] monumental ; [effort, success] prodigieux

moo [muː] VI meugler

mood [muːd] N humeur f ◆ **to be in a (bad) ~** être de mauvaise humeur ◆ **to be in a good ~**

être de bonne humeur ◆ **I'm in the ~ for dancing** je danserais volontiers ◆ **he plays well when he's in the ~** quand il veut il joue bien ◆ **I'm not in the ~** ça ne me dit rien ◆ **I'm not in the ~ for laughing** je ne suis pas d'humeur à rire ▶ **mood swing** saute *f* d'humeur

moody ['muːdɪ] ADJ **a** (= sulky) de mauvaise humeur **b** (= temperamental) d'humeur changeante ◆ **to be ~** être lunatique **c** (= atmospheric) sombre

moon [muːn] N lune *f* ◆ **he's over the ~** * (about it) il est aux anges

moonlight ['muːnlaɪt] **1** N clair *m* de lune ◆ **by ~** au clair de lune **2** VI (* = work extra) faire des extras au noir

moonlighting * ['muːnlaɪtɪŋ] N travail *m* au noir

moonlit ['muːnlɪt] ADJ éclairé par la lune ◆ **a ~ night** une nuit de lune

moor [mʊər] **1** N lande *f* **2** VT [+ ship] amarrer **3** VI mouiller

mooring ['mʊərɪŋ] N (= place) mouillage *m* ; (= ropes) amarres *fpl*

moorland ['mʊələnd] N lande *f* ; (boggy) terrain *m* tourbeux

moose [muːs] N (pl inv) (in Canada) orignal *m* ; (in Europe) élan *m*

mop [mɒp] **1** N **a** (for floor) balai *m* à franges **b** (= mop of hair) tignasse *f* **2** VT [+ floor, surface] passer la serpillière sur ◆ **to ~ one's brow** s'éponger le front
▶ **mop up** VT SEP [+ liquid] éponger

mope [məʊp] VI se morfondre

moped ['məʊped] N cyclomoteur *m*

moral ['mɒrəl] **1** ADJ moral ◆ **~ support** soutien *m* moral **2** N [of story] morale *f* **3** **morals** NPL moralité *f*

morale [mɒˈrɑːl] N moral *m*

morality [məˈrælɪtɪ] N moralité *f*

moralize ['mɒrəlaɪz] VI moraliser (about sur)

morbid ['mɔːbɪd] ADJ [person, thoughts] morbide ; [fear] maladif

---

more [mɔːr]

(compar of **many**, **much**)

1 ADJ **a** (= greater in amount) plus de ◆ **a lot ~ time** beaucoup plus de temps ◆ **there's no ~ rice** il n'y a plus de riz ◆ **have some ~ ice cream** reprenez de la glace

◆ **more ... than** plus de ... que ◆ **he's got ~ money than you** il a plus d'argent que vous
b (= additional) encore de ◆ **~ tea?** encore un peu de thé ? ◆ **I'd like some ~ meat** je voudrais encore de la viande ◆ **is there any ~ wine?** y

a-t-il encore du vin ? ◆ **a few ~ examples** encore quelques exemples ◆ **it'll take several ~ days** cela prendra quelques jours de plus

2 PRON **a** (= greater quantity) plus ◆ **a little ~** un peu plus ◆ **I need a lot ~** il m'en faut beaucoup plus ◆ **I haven't any ~** je n'en ai plus ◆ **and what's ~** et qui plus est ◆ **we'd like to see ~ of her** nous aimerions la voir plus souvent ◆ **~ than a kilo** plus d'un kilo ◆ **it cost ~ than I expected** c'était plus cher que je ne pensais ◆ **that's ~ than enough** c'est amplement suffisant ◆ **I've nothing ~ to say** je n'ai rien à ajouter ◆ **let's say nothing ~ about it** n'en parlons plus ◆ **I don't want anything ~** (to eat) je ne veux plus rien

b (= others) d'autres ◆ **have you got any ~ like these?** en avez-vous d'autres comme ça ?

3 ADV **a** (with adjectives and adverbs) plus ◆ **~ difficult** plus difficile ◆ **~ easily** plus facilement ◆ **~ and ~ difficult** de plus en plus difficile ◆ **only ~ so** mais encore plus

b (with verbs) plus, davantage ◆ **you must rest ~** vous devez vous reposer davantage ◆ **she talks even ~ than he does** elle parle encore plus que lui ◆ **I like apples ~ than oranges** je préfère les pommes aux oranges

c (= rather) plutôt ◆ **it's ~ a short story than a novel** c'est une nouvelle plutôt qu'un roman

d (= again) ◆ **once ~** une fois de plus
◆ **any more** plus ◆ **I won't do it any ~** je ne le ferai plus

e (set structures)
◆ **more or less** plus ou moins ◆ **neither ~ nor less** ni plus ni moins

◆ **the more ...** plus ... ◆ **the ~ I think of it the ~ ashamed I feel** plus j'y pense plus j'ai honte ◆ **all the ~ so because ...** d'autant plus que ...

moreover [mɔːˈrəʊvər] ADV de plus

morgue [mɔːg] N morgue *f*

Mormon ['mɔːmən] N, ADJ mormon(e) *m(f)*

morning ['mɔːnɪŋ] **1** N **a** (= duration) matinée *f* ◆ **I was busy all ~** j'ai été occupé toute la matinée ◆ **good ~!** bonjour ! ◆ **I'll do it first thing in the ~** je le ferai demain à la première heure ◆ **at 7 o'clock in the ~** à 7 heures du matin ◆ **I work in the ~** je travaille le matin ◆ **this ~** ce matin ◆ **tomorrow/yesterday ~** demain/hier matin ◆ **every Sunday ~** tous les dimanches matin **2** ADJ [walk, swim] matinal ▶ **morning sickness** nausées *fpl* matinales

Moroccan [məˈrɒkən] **1** ADJ marocain **2** N Marocain(e) *m(f)*

Morocco [məˈrɒkəʊ] N Maroc *m*

moron * ['mɔːrɒn] N (= idiot) crétin(e) * *m(f)*

morose [məˈrəʊs] ADJ morose

morphine ['mɔːfiːn] N morphine *f*

Morse code [ˌmɔːsˈkəʊd] N morse m

morsel [ˈmɔːsl] N (petit) morceau m

mortal [ˈmɔːtl] ADJ, N mortel(le) m(f)

mortality [mɔːˈtælɪtɪ] N mortalité f

mortar [ˈmɔːtəʳ] N mortier m

mortgage [ˈmɔːɡɪdʒ] **1** N emprunt m loge-ment **2** VT [+ house, one's future] hypothéquer

mortician [mɔːˈtɪʃən] N (US) entrepreneur m de pompes funèbres

mortifying [ˈmɔːtɪfaɪɪŋ] ADJ humiliant (to sb pour qn)

mortuary [ˈmɔːtjʊərɪ] N morgue f

mosaic [məʊˈzeɪɪk] N mosaïque f

Moscow [ˈmɒskəʊ] N Moscou

Moslem [ˈmɒzləm] N, ADJ musulman(e) m(f)

mosque [mɒsk] N mosquée f

mosquito [mɒsˈkiːtəʊ] N moustique m ▶ **mos-quito net** moustiquaire f

moss [mɒs] N mousse f (végétal)

🔲 **most** [məʊst]

(superl of many, much)

1 ADJ, PRON **a** (= greatest in amount) ◆ **the ~** le plus (de) ◆ **he earns the ~ money** c'est lui qui gagne le plus d'argent ◆ **at the very ~** tout au plus

◆ **to make the most of** [+ one's time] bien employer ; [+ opportunity, sb's absence] profiter (au maximum) de ; [+ one's talents, business offer] tirer le meilleur parti de ; [+ one's resour-ces] utiliser au mieux ◆ **to make the ~ of o.s.** se mettre en valeur

b (= largest part) la plus grande partie (de) ; (= greatest number) la plupart (de) ◆ **~ people** la plupart des gens ◆ **~ of the money** la majeure partie de l'argent ◆ **~ of them** la plupart d'entre eux ◆ **~ of the time** la plupart du temps ◆ **for the ~ part** pour la plupart

2 ADV **a** (forming superl of adjs and advs) ◆ **the ~** le plus ◆ **the ~ intelligent boy** le garçon le plus intelligent ◆ **he talked ~** c'est lui qui a parlé le plus

b (= very) très ◆ **~ likely** très probablement

c (*: US = almost) presque

---

mostly [ˈməʊstlɪ] ADV **a** (= chiefly) surtout **b** (= almost all) pour la plupart **c** (= usually) en général

MOT [ˌeməʊˈtiː] (Brit) N (abbrev of **Ministry of Transport**) (also **MOT test**) ≈ contrôle m tech-nique ◆ **the car has passed its ~** ≈ la voiture a obtenu le certificat de contrôle technique

motel [məʊˈtel] N motel m

moth [mɒθ] N papillon m de nuit ; (= clothes-moth) mite f

mothball [ˈmɒθbɔːl] N boule f de naphtaline

mother [ˈmʌðəʳ] **1** N mère f ▶ **mother-in-law** belle-mère f ▶ **Mother Nature** Dame Nature f ▶ **Mother's Day** fête f des Mères ▶ **Mother Superior** Mère f supérieure ▶ **mother tongue** langue f maternelle **2** VT (= act as mother to) s'occuper de ; (= indulge, protect) materner

motherhood [ˈmʌðəhʊd] N maternité f

motherly [ˈmʌðəlɪ] ADJ maternel

mother-of-pearl [ˌmʌðərəvˈpɜːl] N nacre f

motif [məʊˈtiːf] N motif m

motion [ˈməʊʃən] **1** N **a** (gen) mouvement m ◆ **to set in ~** mettre en marche ▶ **motion picture** film m ▶ **motion sickness** mal m des transports **b** (at meeting, in parliament) motion f **2** VI ◆ **to ~ to sb to do sth** faire signe à qn de faire qch

motionless [ˈməʊʃənlɪs] ADJ immobile

motivate [ˈməʊtɪveɪt] VT motiver (to do à or pour faire)

motivated [ˈməʊtɪveɪtɪd] ADJ motivé (to do sth pour faire qch)

motivation [ˌməʊtɪˈveɪʃən] N motivation f (to do pour faire)

motive [ˈməʊtɪv] N (= reason) raison f ; (for action) motifs mpl ; (for crime) mobile m

motley [ˈmɒtlɪ] ADJ disparate

motocross [ˈməʊtəkrɒs] N moto-cross m

motor [ˈməʊtəʳ] N (= engine) moteur m ▶ **motor insurance** assurance-automobile f ▶ **motor me-chanic** mécanicien m, -ienne f

motorbike [ˈməʊtəbaɪk] N moto f

motorboat [ˈməʊtəbəʊt] N bateau m à moteur

motorcade [ˈməʊtəkeɪd] N cortège m de voi-tures

motorcar [ˈməʊtəkɑːʳ] N (Brit) automobile f

motorcycle [ˈməʊtəsaɪkl] N moto(cyclette) f

motorcyclist [ˈməʊtəsaɪklɪst] N motard(e) m(f)

motorist [ˈməʊtərɪst] N automobiliste mf

motorway [ˈməʊtəweɪ] (Brit) N autoroute f

mottled [ˈmɒtld] ADJ [leaf, skin, colour] marbré (with sth de qch)

motto [ˈmɒtəʊ] N devise f

mould, mold (US) [məʊld] **1** N **a** (= contai-ner) moule m ; (= model) modèle m **b** (= fungus) moisissure f **2** VT [+ metals] couler ; [+ plaster, clay] mouler ; [+ figure] modeler (in, out of en) ; [+ sb's character] former

mouldy, moldy (US) [ˈməʊldɪ] ADJ moisi ◆ **to go ~** moisir

moult, molt (US) [məʊlt] VI [dog, cat] perdre ses poils ; [bird] muer

mound [maʊnd] N **a** [of earth] monticule m ; (= burial mound) tumulus m **b** (= pile) tas m, monceau m

mount [maʊnt] **1** N **a** (= mountain) mont m **b** (= horse) monture f **c** [of machine] support m ; [of painting, photo] carton m de montage **2** VT **a** [+ campaign, rescue operation, attack] monter **b** [+ horse] monter sur ; [+ ladder] monter à ; [+ cycle] enfourcher **c** [+ picture, photo] monter sur un carton **3** VI [pressure, tension] monter ; [concern] grandir ; [debts, losses] augmenter

▶ **mount up** VI (= increase) monter ; (= accumulate) s'accumuler ◆ **it all ~s up** tout cela finit par chiffrer

mountain ['maʊntɪn] **1** N montagne f ◆ **to make a ~ out of a molehill** (se) faire une montagne d'une taupinière **2** COMP [people] montagnard ; [animal, plant] des montagnes ; [air] de la montagne ; [path, scenery] de montagne ▶ **mountain bike** VTT m ▶ **mountain climber** alpiniste mf ▶ **mountain top** cime f

mountaineer [ˌmaʊntɪ'nɪər] N alpiniste mf

mountaineering [ˌmaʊntɪ'nɪərɪŋ] N alpinisme m

mountainous ['maʊntɪnəs] ADJ **a** (= hilly) montagneux **b** (= immense) colossal

mountainside [maʊntɪnsaɪd] N versant m d'une (or de la) montagne

mourn [mɔːn] **1** VI pleurer **2** VT [+ person] pleurer

mourner ['mɔːnər] N parent(e) m(f) ou ami(e) m(f) du défunt ◆ **the ~s** le cortège funèbre

mournful ['mɔːnfʊl] ADJ [person, music] mélancolique ; [occasion] triste

mourning ['mɔːnɪŋ] N deuil m ◆ **to be in ~ (for sb)** être en deuil (de qn)

mouse [maʊs] N (pl **mice**) (Zool, Computing) souris f ▶ **mouse mat, mouse pad** tapis m de souris

mousetrap ['maʊstræp] N souricière f

moussaka [mʊ'sɑːkə] N moussaka f

mousse [muːs] N **a** (= dessert) mousse f ◆ **chocolate ~** mousse f au chocolat **b** (also **styling mousse**) (for hair) mousse f coiffante

moustache [məs'tɑːʃ], **mustache** (US) ['mʌstæʃ] N moustache(s) f(pl)

mouth [maʊθ] N (pl **~s** [maʊðz]) **a** [of person, horse, cow] bouche f ; [of dog, cat, lion] gueule f ◆ **it makes my ~ water** cela me met l'eau à la bouche ◆ **he kept his ~ shut (about it)** il n'en a pas soufflé mot ▶ **mouth organ** harmonica m

▶ **mouth-to-mouth (resuscitation)** bouche-à-bouche m inv **b** [of river] embouchure f ; [of cave] entrée f

mouthful ['maʊθfʊl] N [of food] bouchée f ; [of drink] gorgée f

mouthpiece ['maʊθpiːs] N [of musical instrument] embouchoir m ; [of telephone] microphone m ; (= spokesman) porte-parole m inv

mouthwash ['maʊθwɒʃ] N bain m de bouche

movable ['muːvəbl] **1** ADJ mobile **2** movables NPL biens mpl meubles

move [muːv] **1** N **a** mouvement m ◆ **to be on the move** [troops] être en marche ◆ **she's always on the ~** (= travelling) elle est toujours en déplacement ; (= busy) elle n'arrête jamais ◆ **to make a move** (= act) faire quelque chose ◆ **it's time we made a ~** (= left) il est temps que nous partions ; (= did sth) il est temps que nous fassions quelque chose ◆ **get a ~ on!** * remue-toi ! * **b** [of house] déménagement m ; [of job] changement m d'emploi **c** (in games) coup m ; (= player's turn) tour m ; (fig) démarche f ◆ **it's your ~** (c'est) à vous de jouer **2** VT **a** (= change position of) [+ object] déplacer ; [+ limbs] remuer ; [+ troops] transporter ◆ **~ your chair nearer the fire** approchez votre chaise du feu ◆ **to ~ house** (Brit) déménager **b** (= change timing of) ◆ **to ~ sth (forward/back)** [+ event, date] avancer/reculer qch **c** (emotionally) émouvoir ◆ **to ~ sb to tears** émouvoir qn jusqu'aux larmes **d** (= stimulate) inciter (sb to do sth qn à faire qch) **e** (= propose) proposer ◆ **to ~ that sth be done** proposer que qch soit fait **3** VI **a** [person, animal] (= stir) bouger ◆ **don't ~!** ne bougez pas ! ◆ **he ~d slowly towards the door** il se dirigea lentement vers la porte **b** (= depart) ◆ **it's time we were moving** il est temps de partir **c** (= move house) [person, family] déménager ; [business] être transféré **d** (= progress) [plans, talks] avancer ◆ **he got things moving** il a fait avancer les choses **e** (= act) agir **f** (in games) [player] jouer

▶ **move about 1** VI (gen) se déplacer ; (= fidget) remuer ; (= travel) voyager **2** VT SEP [+ object, furniture] déplacer

▶ **move along 1** VI avancer ◆ **~ along!** (on bus) avancez un peu ! ; (policeman) circulez ! **2** VT SEP [+ crowd] faire circuler

▶ **move around** ⇒ **move about**

move away 1 VI **a** (= depart) partir **b** (= move house) déménager **2** VT SEP [+ person, object] éloigner

▶ **move back 1** VI **a** (= withdraw) reculer **b** (to original position) retourner **2** VT SEP **a** (backwards) [+ person, crowd] faire reculer ; [+ object, furniture] reculer **b** (to original position) [+ person] faire revenir ; [+ object] remettre

► **move forward** **1** VI [person, troops, vehicle] avancer **2** VT SEP [+ person, vehicle] faire avancer ; [+ object] avancer

► **move in** VI **a** [police] intervenir **b** (to a house) emménager

► **move off** **1** VI [car] démarrer ; [train, procession] s'ébranler **2** VT SEP [+ object] enlever

► **move on** **1** VI avancer ; (after stopping) se remettre en route **2** VT SEP [+ person] faire circuler

► **move out** VI déménager ◆ **to ~ out of a flat** déménager d'un appartement

► **move over** **1** VI se pousser **2** VT SEP [+ object] déplacer

► **move up** **1** VI **a** (= make room) se pousser **b** [employee] avoir de l'avancement ; (in league table) progresser dans le classement **2** VT SEP **a** [+ person] faire monter ; [+ object] monter **b** (= promote) [+ employee] donner de l'avancement à

moveable ['mu:vəbl] ADJ ⇒ movable

movement ['mu:vmənt] N mouvement m

movie ['mu:vɪ] N film m ◆ **the ~s** * le ciné * ▸ **movie star** vedette f de cinéma ▸ **movie theater** (US) cinéma m (salle)

moving ['mu:vɪŋ] ADJ **a** (emotionally) émouvant **b** (= in motion) [vehicle] en marche ; [picture] animé ◆ **~ target** cible f mouvante

mow [məʊ] (pret **mowed**, ptp **mowed** or **mown**) VT ◆ **to ~ the lawn** tondre le gazon ► **mow down** VT SEP [+ people, troops] faucher

mower ['məʊəʳ] N (for crops) faucheuse f ; (= lawnmower) tondeuse f (à gazon)

mown [məʊn] VB (ptp of mow)

Mozambique [məʊzəm'bi:k] N Mozambique m

mozzarella [mɒtsə'relə] N mozzarella f

MP [em'pi:] N **a** (Brit) (abbrev of Member of Parliament) député m **b** abbrev of Military Police

MP3 [empi:'θri:] N MP3 m

mph [empi:'eɪtʃ] N (abbrev of miles per hour) ≈ km/h

Mr ['mɪstəʳ] N (pl **Messrs**) M., Monsieur ◆ **~ Smith** M. Smith ◆ **~ Chairman** monsieur le président

Mrs ['mɪsɪz] N (pl inv) Mme

Ms [mɪz, məz] N ≈ Mme (titre utilisé à la place de Mrs (Mme) ou de Miss (Mlle) pour éviter la distinction traditionnelle entre femmes mariées et femmes non mariées)

MSc [emes'si:] N (Brit) (abbrev of Master of Science) ◆ **to have an ~ in Biology** avoir une maîtrise de biologie

MSP [emes'pi:] N (abbrev of Member of the Scottish Parliament) député m au Parlement écossais

much [mʌtʃ]

1 PRON **a** (= a lot) **~ has happened since then** beaucoup de choses se sont passées depuis ◆ **does it cost ~?** est-ce que ça coûte cher ? ◆ **is it worth ~?** est-ce que ça a de la valeur ?
◆ **much of** (= a large part of) une bonne partie de
b (in negative sentences)
◆ **not/nothing ... much** (= a small amount) pas beaucoup ◆ **I haven't got ~ left** il ne m'en reste pas beaucoup ◆ **there's not ~ anyone can do about it** il n'y a pas grand-chose à faire ◆ **we don't see ~ of each other** nous ne nous voyons pas beaucoup ◆ **it isn't up to ~** * ce n'est pas terrible * ◆ **I don't think ~ of that film** à mon avis ce film ne vaut pas grand-chose

2 ADJ beaucoup de ◆ **~ money** beaucoup d'argent ◆ **without ~ money** avec peu d'argent ◆ **it's a bit ~!** * c'est un peu fort !

3 ADV (= to a great degree) beaucoup ◆ **he hasn't changed ~** il n'a pas beaucoup changé ◆ **she doesn't go out ~** elle ne sort pas beaucoup ◆ **~ bigger** beaucoup plus grand ◆ **~ more easily** beaucoup plus facilement ◆ **thank you very ~** merci beaucoup ◆ **twice as ~** deux fois plus ◆ **half as ~ again** la moitié de plus ◆ **I thought as ~!** c'est bien ce que je pensais ! ◆ **as ~ as possible** autant que possible ◆ **I need it as ~ as you do** j'en ai autant besoin que toi ◆ **he is not ~ of a writer** ce n'est pas un très bon écrivain ◆ **I'm not ~ of a drinker** je ne bois pas beaucoup
◆ **how much?** combien ? ◆ **how ~ does it cost?** combien ça coûte ?
◆ **so much** (= a lot) tellement ◆ **he'd drunk so ~ that ...** il avait tellement bu que ... ◆ **so ~ so that ...** à tel point que ... ◆ **so ~ the better!** tant mieux !
◆ **too much** trop ◆ **I've eaten too ~** j'ai trop mangé ◆ **he talks too ~** il parle trop ◆ **too ~ sugar** trop de sucre

muck [mʌk] N **a** (= dirt) saletés fpl ; (= mud) boue f **b** (= manure) fumier m
► **muck about** *, **muck around** * (Brit) **1** VI **a** (= spend time aimlessly) perdre son temps **b** (= play the fool) faire l'idiot ◆ **to ~ about with sth** tripoter qch **2** VT SEP [+ person] traiter par-dessus la jambe *
► **muck out** VT SEP (Brit) nettoyer
► **muck up** (Brit) * VT SEP **a** (= ruin) [+ task] saloper * ; [+ plans, deal] chambouler * **b** (= make dirty) salir

mucky * [ˈmʌkɪ] ADJ (Brit) (= dirty) boueux ◆ **to get ~** se salir

mucus [ˈmjuːkəs] N mucus m, mucosités fpl

mud [mʌd] N boue f ▸ **mud hut** hutte f de terre

mudbath [ˈmʌdbɑːθ] N bain m de boue

muddle [ˈmʌdl] N fouillis m ; (fig) pagaille * f ◆ **to be in a ~** [person] ne plus s'y retrouver (over sth dans qch) ; [ideas] être embrouillé ; [plan] être confus ◆ **to get into a ~** s'embrouiller (over sth dans qch, au sujet de qch)
▸ **muddle along** VI se débrouiller tant bien que mal
▸ **muddle through** VI s'en sortir tant bien que mal
▸ **muddle up** VT SEP **a** (= mistake) ◆ **he sometimes ~s me up with my sister** des fois, il me prend pour ma sœur **b** (= perplex) [+ person, sb's ideas] embrouiller ◆ **to be ~d up** être embrouillé ◆ **to get ~d up** [person, ideas] s'embrouiller **c** [+ facts, story, details] embrouiller

muddy [ˈmʌdɪ] **1** ADJ [clothes, object] couvert de boue **2** VT [+ clothes, shoes] crotter

mudguard [ˈmʌdɡɑːd] N (Brit) [of bicycle] garde-boue m inv

mudpack [ˈmʌdpæk] N masque m (de beauté) à l'argile

mudslide [ˈmʌdslaɪd] N coulée f de boue

muesli [ˈmjuːzlɪ] N muesli m

muff [mʌf] **1** N (for hands) manchon m **2** VT * rater

muffin [ˈmʌfɪn] N muffin m

muffle [ˈmʌfl] VT [+ sound] assourdir ◆ **in a ~d voice** d'une voix étouffée

muffler [ˈmʌflər] N **a** (= scarf) cache-nez m inv **b** (US) [of car] silencieux m

mug [mʌg] **1** N **a** (= cup) grande tasse f **b** (‡: Brit = fool) andouille * f **2** VT (= assault) agresser

mugging [ˈmʌgɪŋ] N agression f

muggy [ˈmʌgɪ] ADJ chaud et humide ◆ **it's very ~ today** il fait très lourd aujourd'hui

mulberry [ˈmʌlbərɪ] N (= fruit) mûre f ; (= tree) mûrier m

mule [mjuːl] N **a** mulet m ; (female) mule f ◆ **stubborn as a ~** têtu comme une mule **b** (= slipper) mule f

mulled [mʌld] ADJ ◆ **~ wine** vin m chaud

mullet [ˈmʌlɪt] N ◆ **grey ~** mulet m ◆ **red ~** rouget m

mull over [ˌmʌlˈəʊvər] VT SEP retourner dans sa tête

multi- [ˈmʌltɪ] PREF multi

multicoloured, multicolored (US) [ˈmʌltɪˌkʌləd] ADJ multicolore

multicultural [ˌmʌltɪˈkʌltʃərəl] ADJ multiculturel

multifaceted [ˌmʌltɪˈfæsɪtɪd] ADJ à multiples facettes

multigym [ˈmʌltɪˌdʒɪm] N banc m de musculation

multimedia [ˌmʌltɪˈmiːdɪə] ADJ, N multimédia m inv

multimillionaire [ˌmʌltɪˌmɪljəˈnɛər] N multimillionnaire mf

multinational [ˌmʌltɪˈnæʃənl] **1** N multinationale f **2** ADJ multinational

multiple [ˈmʌltɪpl] N, ADJ multiple m ▸ **multiple-choice test** QCM m, questionnaire m à choix multiple ▸ **multiple sclerosis** sclérose f en plaques

multiplex cinema [ˌmʌltɪpleksˈsɪnəmə] N complexe m multisalle

multiplication [ˌmʌltɪplɪˈkeɪʃən] N multiplication f

multiply [ˈmʌltɪplaɪ] **1** VT multiplier **2** VI se multiplier

multiracial [ˌmʌltɪˈreɪʃəl] ADJ multiracial

multistorey [ˌmʌltɪˈstɔːrɪ], **multistoreyed, multistoried** (US) [ˌmʌltɪˈstɔːrɪd] ADJ à étages ◆ **~ car park** parking m à étages

multitude [ˈmʌltɪtjuːd] N multitude f

mum * [mʌm] N (Brit) (= mother) maman f

mumble [ˈmʌmbl] **1** VT marmonner **2** N marmonnement m

mumbo jumbo [ˌmʌmbəʊˈdʒʌmbəʊ] N (= nonsense) charabia * m ; (= pretentious ceremony) salamalecs * mpl

mummy [ˈmʌmɪ] N **a** (Brit = mother) * maman f **b** (embalmed) momie f

mumps [mʌmps] N oreillons mpl

munch [mʌntʃ] VTI croquer

mundane [mʌnˈdeɪn] ADJ [issue] banal ; [task] courant

municipal [mjuːˈnɪsɪpəl] ADJ municipal

municipality [mjuːˌnɪsɪˈpælɪtɪ] N municipalité f

munitions [mjuːˈnɪʃənz] NPL munitions fpl

mural [ˈmjʊərəl] **1** ADJ mural **2** N peinture f murale

murder [ˈmɜːdər] **1** N meurtre m ; (premeditated) assassinat m ◆ **she lets the children get away with ~** elle passe tout aux enfants **2** VT [+ person] assassiner ; [+ song, music] massacrer ; [+ opponent] écraser

murderer [ˈmɜːdərər] N meurtrier m, assassin m

murderess ['mɜːdərɪs] N meurtrière f

murderous ['mɜːdərəs] ADJ meurtrier

murky ['mɜːkɪ] ADJ [room, day, sky] sombre ; [fog, night] épais (épaisse f) ; [water] trouble

murmur ['mɜːmə^r] **1** N **a** murmure m **b** ◆ a heart ~ un souffle au cœur **2** VTI murmurer

muscle ['mʌsl] N **a** (in body) muscle m **b** (= power) poids m

muscular ['mʌskjʊlə^r] ADJ **a** (= brawny) musclé **b** [pain, disease] musculaire ► **muscular dystrophy** dystrophie f musculaire

muse [mjuːz] **1** VI méditer (on, about sur) **2** N (also **Muse**) muse f

museum [mjuːˈzɪəm] N musée m

mush [mʌʃ] N **a** (= food) bouillie f **b** (sentimental) guimauve f

mushroom ['mʌʃrʊm] **1** N champignon m (comestible) ◆ **soup** soupe f aux champignons **2** VI **a** (= grow quickly) [town] pousser comme un champignon ; [market] connaître une expansion rapide ; [population] connaître une croissance rapide **b** (= spring up) apparaître un peu partout

mushy ['mʌʃɪ] ADJ [vegetables] en bouillie ; [fruit] blet ► **mushy peas** (Brit) purée f de petits pois

music ['mjuːzɪk] N musique f ► **music box** boîte f à musique ► **music centre** (= stereo) chaîne f (stéréo) ► **music stand** pupitre m à musique ► **music video** vidéoclip m

musical ['mjuːzɪkəl] **1** ADJ [career, talent] de musicien ; [family, person] musicien ► **musical chairs** chaises fpl musicales ► **musical instrument** instrument m de musique **2** N (= show) comédie f musicale

musician [mjuːˈzɪʃən] N musicien(ne) m(f)

musk [mʌsk] N musc m

musket ['mʌskɪt] N mousquet m

musketeer [ˌmʌskɪˈtɪə^r] N mousquetaire m

muskrat ['mʌskræt] N rat m musqué

musky ['mʌskɪ] ADJ musqué

Muslim ['mʊzlɪm] **1** N musulman(e) m(f) **2** ADJ musulman

muslin ['mʌzlɪn] N mousseline f

mussel ['mʌsl] N moule f

🗝️ **must** [mʌst]

1 MODAL VB **a** (obligation) ◆ **I ~ be going** il faut que je m'en aille ◆ **you ~ hand your work in on time** tu dois rendre ton travail à temps ◆ **it ~ not be forgotten that …** il ne faut pas oublier que … ◆ **I ~ admit I'm envious** je dois avouer que je suis jaloux

b (invitations, suggestions) ◆ **you ~ come and have dinner some time** venez dîner à la maison un de ces jours ◆ **you ~ be very careful** faites bien attention ◆ **you ~ stop being so negative** ne sois pas si négatif ◆ **you mustn't forget to send her a card** n'oublie pas de lui envoyer une carte

c (indicating certainty) ◆ **he ~ be wrong** il doit se tromper ◆ **you ~ be joking!** vous plaisantez ! ◆ **I ~ have made a mistake** j'ai dû me tromper ◆ **was he disappointed? – he ~ have been!** est-ce qu'il a été déçu ? – sûrement !

2 N (* = indispensable thing) **must** * m

---

mustache ['mʌstæʃ] N (US) moustache(s) f(pl)

mustang ['mʌstæŋ] N mustang m

mustard ['mʌstəd] N moutarde f

muster ['mʌstə^r] **1** N ◆ **to pass ~** être acceptable **2** VT [+ helpers, number] réunir ; [+ strength, courage, energy] rassembler **3** VI (= gather, assemble) se réunir

mustn't ['mʌsnt] ⇒ **must not** ; → **must**

musty ['mʌstɪ] ADJ [book, clothes] moisi ◆ **to smell ~** [book, clothes] avoir une odeur de moisi ; [room] sentir le renfermé

mutant ['mjuːtənt] ADJ, N mutant(e) m(f)

mutation [mjuːˈteɪʃən] N mutation f

mute [mjuːt] **1** ADJ muet **2** N (for instrument) sourdine f

muted ['mjuːtɪd] ADJ [voice, sound] assourdi ; [colour] sourd ; [criticism, enthusiasm] modéré

mutilate ['mjuːtɪleɪt] VT mutiler

mutilation [ˌmjuːtɪˈleɪʃən] N mutilation f

mutiny ['mjuːtɪnɪ] **1** N mutinerie f ; (fig) révolte f **2** VI se mutiner ; (fig) se révolter

mutter ['mʌtə^r] **1** N marmonnement m **2** VTI marmonner ◆ **to ~ to oneself** marmonner entre ses dents

mutton ['mʌtn] N mouton m ◆ **leg of ~** gigot m

mutual ['mjuːtjʊəl] ADJ **a** [support, respect, destruction] mutuel ◆ **I didn't like him and the feeling was ~** je ne l'aimais pas et c'était réciproque **b** (= common) [interest, friend] commun

muzzle ['mʌzl] **1** N **a** (= dog's nose) museau m **b** [of gun] canon m **c** (to stop dog biting) muselière f **2** VT museler

MW N (abbrev of **medium wave**) PO

my [maɪ] POSS ADJ mon, ma, mes ◆ **book** mon livre ◆ **table** ma table ◆ **friend** mon ami(e) ◆ **~ clothes** mes vêtements ◆ **MY book** mon livre à moi ◆ **I've broken ~ leg** je me suis cassé la jambe

myriad ['mɪrɪəd] **1** N myriade f **2** ADJ innombrable

myrrh [mɜːʳ] N myrrhe *f*

myself [maɪ'self] PERS PRON (reflexive: direct and indirect) me ; (emphatic) moi-même ; (after preposition) moi ♦ **I've hurt ~** je me suis blessé ♦ **I said to ~** je me suis dit ♦ **I've kept one for ~** j'en ai gardé un pour moi ♦ **I told him ~** je le lui ai dit moi-même ♦ **I'm not ~ today** je ne suis pas dans mon assiette aujourd'hui ♦ **(all) by ~** tout seul

mysterious [mɪs'tɪərɪəs] ADJ mystérieux

mystery ['mɪstərɪ] N **a** mystère *m* ♦ **it's a ~ to me how he did it** je n'arrive pas à comprendre comment il l'a fait **b** (= book) roman *m* à énigmes ♦ **a murder ~** un roman policier

mystic ['mɪstɪk] N mystique *mf*

mystical ['mɪstɪkəl] ADJ mystique

mysticism ['mɪstɪsɪzəm] N mysticisme *m*

mystify ['mɪstɪfaɪ] VT rendre perplexe ♦ **I was mystified** j'étais perplexe

mystique [mɪs'tiːk] N mystique *f*

myth [mɪθ] N mythe *m*

mythical ['mɪθɪkəl] ADJ mythique

mythology [mɪ'θɒlədʒɪ] N mythologie *f*

N, n [ɛn] N **a** ◆ **to the nth degree** à la puissance mille **b** (abbrev of **north**)

n/a (abbrev of **not applicable**) sans objet

nag [næg] **1** VT [person] harceler ; [anxiety] tenailler * **2** VI [person] (= scold) ne pas arrêter de faire des remarques ; [pain, doubts] être lancinant **3** N (* = horse) canasson * m (pej)

nagging ['nægɪŋ] **1** ADJ **a** [doubt, feeling, worry] persistant ; [pain] tenace **b** [wife] qui n'arrête pas de faire des remarques ; [voice] insistant ▶ N remarques fpl continuelles

nail [neɪl] **1** N **a** [of finger, toe] ongle m ▶ **nail clippers** coupe-ongles m inv, pince f à ongles ▶ **nail polish** vernis m à ongles ▶ **nail polish remover** dissolvant m ▶ **nail scissors** ciseaux mpl à ongles ▶ **nail varnish** (Brit) vernis m à ongles **b** (metal) clou m **2** VT (= fix with nails) clouer
▶ **nail down** VT SEP **a** [+ lid] clouer **b** [+ hesitating person] obtenir une réponse (ferme et définitive) de
▶ **nail up** VT SEP **a** [+ door, window] condamner (en clouant) **b** [+ box] clouer

nail-biting ['neɪlbaɪtɪŋ] ADJ [film] à suspense ; [finish, match] serré

nailfile ['neɪlfaɪl] N lime f à ongles

naïve, naive [naɪ'iːv] ADJ naïf (naïve f)

naivety [naɪ'iːvtɪ] N naïveté f

naked ['neɪkɪd] ADJ **a** nu ◆ **to the ~ eye** à l'œil nu **b** [ambition, aggression] pur

name [neɪm] **1** N **a** nom m ◆ **what's your ~?** comment vous appelez-vous ? ◆ **my ~ is Robert** je m'appelle Robert ◆ **to refer to sb by ~** désigner qn par son nom ◆ **to know sb by ~** connaître qn de nom ◆ **all the big ~s were there** toutes les célébrités étaient là ▶ **name day** fête f ▶ **name-drop** émailler sa conversation de noms de gens en vue ▶ **name tape** marque f **b** (= reputation) réputation f ◆ **to have a bad ~** avoir mauvaise réputation ◆ **to make one's ~** se faire un nom **c** (= insult) ◆ **to call sb ~s** traiter qn de tous les noms **2** VT **a**

(= give a name to) nommer ; [+ comet, star, mountain] donner un nom à ◆ **to ~ a child after sb** donner à un enfant le nom de qn **b** (= give name of) nommer ; (= list) citer **c** (= fix) [+ date, price] fixer

nameless ['neɪmlɪs] ADJ **a** (= unnamed) anonyme **b** (= indefinable) indéfinissable

namely ['neɪmlɪ] ADV à savoir

nameplate ['neɪmpleɪt] N plaque f

namesake ['neɪmseɪk] N homonyme m

nanny ['nænɪ] N (= live-in carer) nurse f ; (= daytime carer) nourrice f

nap [næp] **1** N (= sleep) petit somme m
◆ **afternoon ~** sieste f **2** VI faire un (petit) somme ◆ **to catch sb ~ping** (= unawares) prendre qn au dépourvu ; (= in error) surprendre qn en défaut

napalm ['neɪpɑːm] N napalm m

nape [neɪp] N ◆ **the ~ of the neck** la nuque

napkin ['næpkɪn] N serviette f

nappy ['næpɪ] (Brit) N couche f ◆ **to have ~ rash** avoir les fesses rouges

narcissistic [ˌnɑːsɪ'sɪstɪk] ADJ [person] narcissique

narcissus [nɑː'sɪsəs] N (pl **narcissi**) (= flower) narcisse m

narcotic [nɑː'kɒtɪk] **1** N (= illegal drug) stupéfiant m **2** ADJ [effect] narcotique

narrate [nə'reɪt] VT raconter

narration [nə'reɪʃən] N narration f

narrative ['nærətɪv] **1** N (= story, account) récit m **2** ADJ [poem, style] narratif

narrator [nə'reɪtər] N narrateur m, -trice f

narrow ['nærəʊ] **1** ADJ (gen) étroit ; [outlook] restreint ; [majority] faible ◆ **we had a ~ escape** nous l'avons échappé belle ▶ **narrow boat** (Brit) péniche f **2** VI [road, valley] se rétrécir **3** VT [+ choice] restreindre ; [+ differences] réduire ◆ **to ~ the gap between rich and poor nations** réduire l'écart entre pays riches et pays pauvres
▶ **narrow down** VT SEP [+ choice, meaning] restreindre

narrowly ['nærəʊlɪ] ADV **a** (= only just) [escape, avoid, defeat] de justesse ; [miss, fail] de peu **b** (= restrictively) [defined] d'une manière restrictive

narrow-minded [ˌnærəʊ'maɪndɪd] ADJ borné

nasal ['neɪzəl] ADJ nasal ; [accent] nasillard

nasty ['nɑːstɪ] ADJ **a** (= unkind, spiteful) [person, remark] méchant ◆ **to be ~ to sb** être méchant avec qn ◆ **a ~ trick** un sale tour **b** [habit, rumour] vilain ; [bend] dangereux ; [smell, taste, moment] mauvais before n ; [feeling, experience] désagréable ; [weather] affreux ◆ **a ~ shock** une mauvaise surprise ◆ **to turn ~** [situation] mal tourner **c** (= serious) [accident] grave ; [fall, wound] vilain

nation ['neɪʃən] N nation f

national ['næʃənl] **1** ADJ (gen) national ; [election, referendum] à l'échelle nationale ▸ **national anthem** hymne m national ▸ **National Curriculum** (Brit) programme m d'enseignement obligatoire ▸ **national dress** costume m national ▸ **National Health Service** (Brit) ≈ Sécurité f sociale ▸ **National Insurance** (Brit) ≈ Sécurité f sociale ▸ **National Insurance contributions** (Brit) ≈ cotisations fpl de Sécurité sociale ▸ **National Insurance number** (Brit) ≈ numéro m de Sécurité sociale ▸ **national service** service m militaire ▸ **National Trust** (Brit) organisme privé de sauvegarde des monuments historiques et des sites **2** N (= person) ressortissant(e) m(f) ◆ **he's a French ~** il est de nationalité française

nationalism ['næʃnəlɪzəm] N nationalisme m

nationalist ['næʃnəlɪst] ADJ, N nationaliste mf

nationalistic [ˌnæʃnə'lɪstɪk] ADJ nationaliste

nationality [ˌnæʃə'nælɪtɪ] N nationalité f

nationally ['næʃnəlɪ] ADV [distribute] dans l'ensemble du pays ; [broadcast] sur l'ensemble du pays ; [organize] à l'échelon national

nationwide ['neɪʃənwaɪd] **1** ADJ [strike, protest] national **2** ADV à l'échelle nationale

native ['neɪtɪv] **1** ADJ **a** [country] natal ; [language] maternel **b** French ~ speaker francophone mf **c** [talent, ability] inné **c** [plant, animal] indigène ▸ **Native American** N Indien(ne) m(f) d'Amérique ◇ ADJ amérindien **2** N (= person) autochtone mf

nativity [nə'tɪvɪtɪ] N ◆ **Nativity** Nativité f ▸ **nativity play** pièce f représentant la Nativité

NATO ['neɪtəʊ] N (abbrev of **North Atlantic Treaty Organization**) OTAN f

natural ['nætʃrəl] **1** ADJ **a** (gen) naturel ◆ ~ **resources** ressources fpl naturelles ▸ **natural childbirth** accouchement m sans douleur ▸ **natural gas** gaz m naturel ▸ **natural history** histoire f naturelle **b** (= inborn) [talent, instinct] inné **c** [parents, child] biologique **2** N (Mus = sign) bécarre m

naturalize ['nætʃrəlaɪz] VT ◆ **to be ~d** se faire naturaliser

naturally ['nætʃrəlɪ] ADV **a** (= of course) naturellement **b** [behave, talk, smile] avec naturel **c** (= by nature) [cautious, cheerful] de nature

nature ['neɪtʃər] N (gen) nature f ◆ **by ~** de nature ◆ **things of this ~** ce genre de chose ▸ **nature lover** amoureux m, -euse f de la nature ▸ **nature reserve** réserve f naturelle ▸ **nature trail** sentier m de découverte de la nature

naturist ['neɪtʃərɪst] N naturiste mf

naught [nɔːt] N ⇒ **nought**

naughty ['nɔːtɪ] ADJ **a** (= badly behaved) vilain, méchant **b** (Brit = suggestive) osé

nausea ['nɔːsɪə] N nausée f

nauseating ['nɔːsɪeɪtɪŋ] ADJ écœurant

nauseous ['nɔːsɪəs] ADJ (= queasy) ◆ **to feel ~ (at the sight/thought of sth)** avoir la nausée (à la vue/pensée de qch)

nautical ['nɔːtɪkəl] ADJ [chart, theme, look] marin ▸ **nautical mile** mille m marin

naval ['neɪvəl] ADJ [battle, base, architect] naval ; [commander, officer] de marine

nave [neɪv] N [of church] nef f

navel ['neɪvəl] N nombril m

navigate ['nævɪgeɪt] **1** VI naviguer **2** VT (= steer) [+ boat, aircraft] piloter

navigation [ˌnævɪ'geɪʃən] N navigation f

navigator ['nævɪgeɪtər] N navigateur m

navvy ['nævɪ] N (Brit) terrassier m

navy ['neɪvɪ] N marine f

navy-blue [ˌneɪvɪ'bluː] N, ADJ bleu marine m inv

Nazi ['nɑːtsɪ] N, ADJ nazi(e) m(f)

NB [en'biː] (abbrev of **nota bene**) nb

near [nɪər] **1** ADV **a** (in space) tout près ; (in time) prochc ◆ ~ **at hand** [object] à portée de (la) main ; [event] tout proche ◆ **to draw ~ (to)** s'approcher (de) ◆ **she was ~ to tears** elle était au bord des larmes **b** (in degree) presque ◆ **this train is nowhere ~ full** ce train est loin d'être plein **2** PREP près de ◆ ~ **the church** près de l'église ◆ ~ **the end** vers la fin ◆ **don't come ~ me** ne vous approchez pas de moi ◆ **the work is ~ completion** le travail est presque terminé ◆ **nobody comes anywhere ~ him** personne ne lui arrive à la cheville **3** ADJ proche ◆ **in the ~ future** dans un proche avenir ◆ **that was a ~ thing** (gen) il s'en est fallu de peu ◆ **it was a ~ thing** (of election, race result) ça a été très juste ▸ **the Near East** le Proche-Orient **4** VT [+ place] approcher de ; [+ person] approcher

nearby [ˌnɪə'baɪ] **1** ADV tout près **2** ADJ voisin

nearly ['nɪəlɪ] ADV presque ◆ **I've ~ finished** j'ai presque fini ◆ **she is ~ 60** elle a près de 60 ans ◆ **she was ~ crying** elle était au bord des larmes ◆ **not ~** loin de là

nearside ['nɪəsaɪd] N (in Britain) côté m gauche ; (in France, US) côté m droit

near-sighted [nɪə'saɪtɪd] ADJ ◆ **to be ~** être myope

neat [niːt] ADJ **a** (= ordered) [room, desk] bien rangé ; [garden] bien entretenu ; [hair] bien coiffé ; [handwriting, appearance] soigné **b** [solution, plan] ingénieux **c** (US = good) super * **d** (= undiluted) sec (sèche *f*)

neatly ['ni:tlɪ] ADV **a** (= carefully) soigneusement **b** (= just right) [fit, work out] parfaitement

necessarily ['nesɪsərɪlɪ] ADV **a** **not ~ pas** forcément **b** (= inevitably) [slow, short] nécessairement

necessary ['nesɪsərɪ] ADJ **a** (= required) nécessaire (to, for sth à qch) **• if ~ si** nécessaire **• to do whatever is ~ faire le** nécessaire **b** (= inevitable) [consequence] inéluctable ; [result] inévitable

necessitate [nɪ'sesɪteɪt] VT nécessiter

necessity [nɪ'sesɪtɪ] N **a** (= compelling circumstances) nécessité *f* ; (= need, compulsion) besoin *m* **• the ~ of doing le** besoin de faire **• from ~** par la force des choses **• of ~** par nécessité **b** (= necessary object) chose *f* indispensable

neck [nek] **1** N **a** cou *m* **• to be up to one's ~ in work** * être débordé de travail **• he's up to his ~ in debt** * il est endetté jusqu'au cou **• to stick one's ~ out** * se mouiller * **► neck and neck à** égalité **b** [of dress, shirt] encolure *f* **• a dress with a low ~** une robe décolletée **c** [of bottle] goulot *m* ; [of vase] col *m* ; [of guitar, violin] manche *m* **2** VI [couple] * se peloter *

necklace ['neklɪs] N collier *m*

neckline ['neklaɪn] N encolure *f*

necktie ['nektaɪ] N cravate *f*

nectar ['nektə^r] N nectar *m*

nectarine ['nektərɪn] N nectarine *f*

○━━　　　need [ni:d]

1 N besoin *m*
• if need be si besoin est
• to be in need être dans le besoin **• to be badly in ~ of sth** avoir grand besoin de qch
• to have no need to do sth ne pas avoir besoin de faire qch **• there's no ~ to hurry** ce n'est pas la peine de se presser **• there's no ~ for you to come** vous n'êtes pas obligé de venir

2 VT (= require) [person, thing] avoir besoin de **• I ~ some money** j'ai besoin d'argent **• I ~ more money** il me faut plus d'argent **• I ~ it** j'en ai besoin **• have you got all you ~?** vous avez tout ce qu'il vous faut ? **• it's just what I ~ed** c'est tout à fait ce qu'il me fallait **• this coat ~s to be cleaned regularly** ce manteau doit être nettoyé régulièrement

3 MODAL VB (indicating obligation) **• ~ he go ?** est-il obligé d'y aller ? **• you needn't wait** vous n'êtes pas obligé d'attendre **• we needn't have hurried** ce n'était pas la peine qu'on se presse

• you needn't say any more inutile d'en dire plus

needle ['ni:dl] **1** N aiguille *f* **• knitting/ darning ~** aiguille *f* à tricoter/à repriser **• pine ~** aiguille *f* de pin **2** VT * (= annoy) asticoter * ; (= sting) * piquer au vif

needless ['ni:dlɪs] ADJ [suffering, repetition, expense] inutile ; [cruelty, destruction] gratuit ; [remark, sarcasm, rudeness] déplacé **• ~ to say, ...** inutile de dire que ...

needlessly ['ni:dlɪslɪ] ADV [repeat, prolong] inutilement ; [die] en vain ; [suffer] pour rien

needlework ['ni:dlwɜːk] N couture *f*

needn't ['ni:dnt] ⇒ need not ; → need

needy ['ni:dɪ] ADJ nécessiteux

negative ['negətɪv] **1** ADJ (gen) négatif ; [effect, influence] néfaste **2** N **a** (= answer) réponse *f* négative **b** (Gram) négation *f* **• in the ~ à** la forme négative **c** (Phot) négatif *m*

neglect [nɪ'glekt] **1** VT [+ person, animal] délaisser ; [+ garden, house, car, machinery] ne pas entretenir ; [+ rule, law, advice] ne tenir aucun compte de ; [+ duty, obligation, promise] manquer à ; [+ business, work, one's health] négliger **• to ~ to do sth** négliger de faire qch **2** N [of duty, obligation] manquement *m* (of à) **• the garden was in a state of ~** le jardin était à l'abandon

neglected [nɪ'glektɪd] ADJ (= uncared-for) [person, district] délaissé ; [house, garden] mal entretenu ; [appearance] négligé

neglectful [nɪ'glektfʊl] ADJ négligent

negligence ['neglɪdʒəns] N négligence *f*

negligent ['neglɪdʒənt] ADJ **a** (= careless) négligent **b** (= nonchalant) nonchalant

negligible ['neglɪdʒəbl] ADJ négligeable

negotiate [nɪ'gəʊʃɪeɪt] **1** VT **a** [+ sale, loan, salary] négocier **b** [+ obstacle, hill, rapids] franchir ; [+ river] (= sail on) naviguer ; (= cross) franchir ; [+ difficulty] surmonter **2** VI négocier (with sb for sth avec qn pour obtenir qch)

negotiation [nɪ,gəʊʃɪ'eɪʃən] N négociation *f*

negotiator [nɪ'gəʊʃɪeɪtə^r] N négociateur *m*, -trice *f*

Negro ['ni:grəʊ] **1** ADJ noir **2** N (pl **~es**) Noir *m*

neigh [neɪ] **1** VI hennir **2** N hennissement *m*

neighbour, neighbor (US) ['neɪbə^r] N voisin(e) *m(f)*

neighbourhood, neighborhood (US) ['neɪbəhʊd] **1** N (= district) quartier *m* ; (= area nearby) voisinage *m* **• in the ~ of £100** environ 100 livres **2** ADJ [doctor, shops] du quartier ;

[café] du coin ▸ **neighbourhood watch** *système de surveillance assuré par les habitants d'un quartier*

neighbouring, neighboring (US) ['neɪbərɪŋ] ADJ voisin

neighbourly, neighborly (US) ['neɪbəlɪ] ADJ [person] aimable (to sb avec qn) ; [feeling] amical ; [behaviour, gesture] de bon voisin

▱ **neither** ['naɪðəʳ, 'niːðəʳ]

1 ADV
♦ **neither ... nor** ni ... ni ♦ **~ good nor bad** ni bon ni mauvais ♦ **he can ~ read nor write** il ne sait ni lire ni écrire ♦ **that's ~ here nor there** ce n'est pas la question

2 CONJ ♦ **if you don't go, ~ shall I** si tu n'y vas pas je n'irai pas non plus ♦ **I'm not going – ~ am I** je n'y vais pas – moi non plus

3 ADJ ♦ **~ story is true** aucune des deux histoires n'est vraie

4 PRON ♦ **the one(s) ni l'autre** ♦ **~ of them knows** ils ne le savent ni l'un ni l'autre

neolithic [ˌniːəʊ'lɪθɪk] ADJ [site, tomb] néolithique ; [person] du néolithique ▸ **the Neolithic Age, the Neolithic Period** le néolithique

neon ['niːɒn] **1** N néon *m* **2** ADJ [lamp, lighting] au néon ▸ **neon sign** enseigne *f* au néon

nephew ['nefjuː] N neveu *m*

nerve [nɜːv] **1** N **a** (in body, tooth) nerf *m* **b** (= courage) sang-froid *m* ♦ **he lost his ~** le courage lui a manqué **c** (* = cheek) culot * *m* ♦ **you've got a ~!** tu as du culot * **2 nerves** NPL (= nervousness) nervosité *f* ♦ **to be a bundle of ~s** être un paquet de nerfs ♦ **his ~s were on edge** il avait les nerfs à vif ♦ **he/the noise gets on my ~s** il/ce bruit me tape sur les nerfs *

nerve-racking ['nɜːvrækɪŋ] ADJ très éprouvant (pour les nerfs)

nervous ['nɜːvəs] ADJ nerveux ♦ **to be ~ about sth** appréhender qch ♦ **to be ~ about doing sth** hésiter à faire qch ♦ **to feel ~** être nerveux ; (before performance, exam) avoir le trac * ▸ **nervous breakdown** dépression *f* nerveuse ♦ **to have a ~ breakdown** faire une dépression ▸ **nervous wreck** * ♦ **to be a ~ wreck** être à bout de nerfs

nest [nest] **1** N nid *m* ▸ **nest egg** (= money) pécule *m* **2** VI (= make its nest) nicher

nestle ['nesl] VI [person] se blottir (up to, against contre) ; [house] se nicher

net [net] **1** N **a** filet *m* ♦ **to slip through the ~** passer à travers les mailles du filet **b** ♦ **the Net** (= Internet) le Net ♦ **Net surfer** internaute *mf* **2** VT **a** (= catch in a net) prendre au filet **b**

[business deal] rapporter (net) ; [person] gagner (net) **3** ADJ [price, weight] net ; [result, effect] final

netball ['netbɔːl] N (Brit) netball *m*

Netherlands ['neðələndz] NPL ♦ **the ~** les Pays-Bas *mpl*

netiquette ['netɪket] N netiquette *f*

netsurfing ['netsɜːfɪŋ] N surfing *m*

netting ['netɪŋ] N (= nets) filets *mpl* ; (= mesh) mailles *fpl* ♦ **wire ~** treillis *m* métallique

nettle ['netl] N ortie *f* **2** VT agacer

network ['netwɜːk] **1** N réseau *m* **2** VT [+ TV programmes] diffuser sur l'ensemble du réseau ; [+ computers] interconnecter

neurosis [njʊ'rəʊsɪs] N (pl **neuroses** [njʊ'rəʊsiːz]) névrose *f*

neurotic [njʊ'rɒtɪk] **1** ADJ [person] névrosé ; [behaviour, disorder] névrotique **2** N névrosé(e) *m(f)*

neuter ['njuːtəʳ] **1** ADJ neutre **2** N (Gram) neutre *m* **3** VT [+ animal] châtrer

neutral ['njuːtrəl] **1** ADJ neutre **2** N (= gear) point *m* mort ♦ **in ~** au point mort

neutrality [njuː'trælɪtɪ] N neutralité *f*

neutralize ['njuːtrəlaɪz] VT neutraliser

▱ **never** ['nevəʳ] ADV

a ne ... jamais ♦ **I ~ eat strawberries** je ne mange jamais de fraises ♦ **I've ~ seen him before** je ne l'ai jamais vu ♦ **~ in all my life** jamais de ma vie
♦ **never ... again** (ne ...) plus jamais ♦ **we'll ~ see her again** on ne la reverra (plus) jamais ♦ **~ again!** plus jamais !
b (emphatic) ♦ **he ~ said a word** il n'a pas pipé mot ♦ **you must ~ ever come here again** il n'est pas question que tu remettes les pieds ici ♦ **well I ~!** * ♦ **~ mind!** ça ne fait rien !

never-ending [ˌnevə'rendɪŋ] ADJ interminable

nevertheless [ˌnevəðə'les] ADV néanmoins

new [njuː] ADJ **a** (= different, not seen before) nouveau (nouvelle *f*) ; (masculine before vowel or silent h) nouvel ; (= not old) neuf (neuve *f*) ♦ **I've got a ~ car** (= different) j'ai une nouvelle voiture ; (= brand-new) j'ai une voiture neuve ♦ **as good as ~** comme neuf ♦ **what's ~?** * quoi de neuf ? * **b** (= fresh) [bread, cheese] frais (fraîche *f*) ; [wine] nouveau (nouvelle *f*) ▸ **new-fangled** (pej) ultramoderne ▸ **new-found** de fraîche date ▸ **New Guinea** Nouvelle-Guinée *f* ▸ **new moon** nouvelle lune *f* ▸ **New Orleans** La Nouvelle-Orléans *f* ▸ **new potato** pomme *f* de terre nouvelle ▸ **the New Testament** le Nouveau Testament ▸ **the New World** le Nouveau

Monde ▸ **New Zealand** N Nouvelle-Zélande f ◇ ADJ néo-zélandais ▸ **New Zealander** Néo-Zélandais(e) m(f)

newborn ['nju:bɔːn] ADJ [child, animal] nouveau-né

newcomer ['nju:kʌmə^r] N nouveau venu m, nouvelle venue f

newly ['nju:lɪ] ADV nouvellement ✦ **~ arrived** récemment arrivé ▸ **newly-weds** jeunes mariés mpl

news [nju:z] N nouvelles fpl ✦ **a piece of ~** une nouvelle ; (in newspaper, on TV) une information ✦ **to listen to/watch the ~** écouter/regarder les informations ✦ **have you heard the ~?** tu es au courant ? ✦ **have you any ~ of him?** (= heard from him) avez-vous de ses nouvelles ? ✦ **good/bad ~** bonnes/mauvaises nouvelles fpl ▸ **news agency** agence f de presse ▸ **news broadcast, news bulletin** bulletin m d'informations ▸ **news flash** flash m d'information ▸ **news headlines** titres mpl de l'actualité ▸ **news item** information f ▸ **news magazine** magazine m d'actualités ▸ **news stand** kiosque m à journaux

newsagent ['nju:z,eɪdʒənt] N (Brit) marchand(e) m(f) de journaux ▸ **newsagent's** (Brit) maison f de la presse

newscaster ['nju:zkɑːstə^r] N présentateur m, -trice f de journal télévisé

newsdealer ['nju:zdiːlə^r] N (US) marchand(e) m(f) de journaux

newsgroup ['nju:zgruːp] N (on Internet) forum m de discussion

newsletter ['nju:zletə^r] N bulletin m (d'une entreprise)

newspaper ['nju:z,peɪpə^r] N journal m ✦ **daily ~** quotidien m

newsreader ['nju:zriːdə^r] N (Brit) présentateur m, -trice f de journal télévisé

newsreel ['nju:zriːl] N actualités fpl filmées

newsroom ['nju:zrʊm] N salle f de rédaction

newsvendor ['nju:zvendə^r] N vendeur m de journaux

newt [nju:t] N triton m

New Year [,nju:'jɪə^r] N nouvel an m, nouvelle année f ✦ **Happy New Year!** bonne année ! ▸ **New Year resolution** bonne résolution f (de nouvel an) ▸ **New Year's Day** jour m de l'an ▸ **New Year's Eve** Saint-Sylvestre f

---

○━ **next** [nekst]

1 ADJ **a** (in future) prochain ; (in past) suivant ✦ **come back ~ week/month** revenez la semaine prochaine/le mois prochain ✦ **he came back the ~ week** il est revenu la semaine

suivante ✦ **the ~ day** le lendemain ✦ **the ~ morning** le lendemain matin ✦ **~ time I see him** la prochaine fois que je le verrai ✦ **the ~ time I saw him** quand je l'ai revu ✦ **this time ~ week** d'ici huit jours ✦ **the year after ~** dans deux ans ✦ **~ Wednesday** mercredi prochain ✦ **~ March** en mars prochain ✦ **~ year** l'année prochaine

b (in series, list) (= following) [page, case] suivant ; (= next to come) prochain ✦ **who's ~?** à qui le tour ? ✦ **~ please!** au suivant ! ✦ **the ~ size up/down** la taille au-dessus/au-dessous

c (= immediately adjacent) [house, street, room] d'à côté

2 ADV **a** ensuite ✦ **~ we had lunch** ensuite nous avons déjeuné ✦ **what shall we do ~?** qu'allons-nous faire maintenant ? ✦ **a new dress! whatever ~?** une nouvelle robe ! et puis quoi encore ?

b (with superlative) ✦ **the ~ best thing would be to speak to his brother** à défaut le mieux serait de parler à son frère ✦ **this is my ~ oldest daughter after Marie** c'est la plus âgée de mes filles après Marie

c (set structures)

✦ **next to** à côté de ✦ **his room is ~ to mine** sa chambre est à côté de la mienne ✦ **to wear wool ~ to the skin** porter de la laine à même la peau

✦ **next to nothing** ✲ presque rien ✦ **I got it for ~ to nothing** je l'ai payé trois fois rien

3 N prochain(e) m(f) ✦ **next of kin** ✦ **~ of kin** (on forms) "nom et prénom de votre plus proche parent" ✦ **the police will inform the ~ of kin** la police préviendra la famille

---

next door [,neks'dɔː^r] **1** ADV [live, go] à côté ✦ **she lived next door to me** elle habitait à côté de chez moi ✦ **we live next door to each other** nous sommes voisins ✦ **the house next door** la maison d'à côté **2** ADJ ✦ **next-door** [neighbour, room] d'à côté

NHS [enert∫'es] N (Brit) (abbrev of **National Health Service**) branche santé de la Sécurité sociale

nib [nɪb] N [of pen] plume f

nibble ['nɪbl] **1** VTI [person] [+ food] grignoter ; [+ pen, finger, ear] mordiller ; [sheep, goats] brouter ; [fish] mordre **2** **nibbles** NPL (= snacks) amusegueule(s) m(pl)

nice [naɪs] ADJ **a** (= pleasant) [person] sympathique ; [view, weather, day, thing, smile, voice] beau (belle f) ; [holiday] agréable ; [smell, taste, meal, idea] bon ✦ **to smell ~** sentir bon ✦ **to taste ~** avoir bon goût ✦ **you look very ~** tu es très bien ✦ **you look ~ in that dress** cette robe te va bien ✦ **it would be ~ if ...** ce serait bien si ... ✦ **it's ~ to see you** ça fait plaisir de vous voir ✦ **~ to meet you!** ✲ enchanté ! ✦ **have a ~ day!** bonne journée ! ✦ **we had a ~ evening**

nous avons passé une bonne soirée **♦ did you have a ~ time at the party?** vous vous êtes bien amusés à la soirée ? **b** (= kind) gentil (to sb avec qn) **♦ it's ~ of you to do that** c'est gentil à vous de faire cela **c** (= respectable) convenable **♦ not ~** peu convenable **d** (*: used as intensifier) **♦ a ~ bright colour** une belle couleur vive **♦ to have a ~ cold drink** boire quelque chose de bien frais **♦ we'll take it ~ and easy** on va y aller doucement **♦ it's so ~ and peaceful here** c'est tellement paisible ici **♦ it's ~ and warm outside** il fait bon dehors **e** (iro) joli **♦ here's a ~ state of affairs!** c'est du joli ! **♦ that's a ~ way to talk!** c'est sympa * ce que tu dis ! (iro)

nice-looking ['naɪs'lʊkɪŋ] ADJ beau (belle f)

nicely ['naɪslɪ] ADV **a** [work, progress] bien **b** (= politely) [eat, thank, ask] poliment

niceties ['naɪsɪtɪz] NPL (= subtleties) subtilités fpl **♦ social ~** mondanités fpl

niche [niːʃ] N niche f ; (in market) créneau m

nick [nɪk] **1** N **a** (in wood) encoche f ; (in blade, dish) ébréchure f ; (on face, skin) (petite) coupure f **♦ in the ~ of time** juste à temps **b** (Brit = condition) * **♦ in good/bad ~** en bon/ mauvais état **2** VT **a** [+ plank, stick] faire une encoche (or des encoches) sur ; [+ blade, dish] ébrécher **b** (Brit = arrest) ‡ pincer * **c** (Brit = steal) ‡ piquer *

nickel ['nɪkl] N **a** (= metal) nickel m **b** (in Canada, US = coin) pièce f de cinq cents

nickname ['nɪkneɪm] **1** N surnom m ; (= short form of name) diminutif m **2** VT surnommer

nicotine ['nɪkətiːn] N nicotine f ▸ **nicotine patch** timbre m à la nicotine

niece [niːs] N nièce f

nifty * ['nɪftɪ] ADJ **a** (= excellent) chouette * ; (= stylish) chic inv **b** (= skilful) habile

Nigeria [naɪˈdʒɪərɪə] N Nigeria m

Nigerian [naɪˈdʒɪərɪən] **1** N Nigérian(e) m(f) **2** ADJ nigérian

niggardly ['nɪɡədlɪ] ADJ [person] pingre ; [amount, portion] mesquin ; [salary] piètre

niggling ['nɪɡlɪŋ] ADJ [doubt, suspicion] obsédant ; [person] tatillon ; [details] insignifiant

night [naɪt] N nuit f ; (= evening) soir m **♦ to work ~s** travailler de nuit **♦ to have a late ~** se coucher tard **♦ to have a ~ out** sortir le soir **♦ tomorrow ~** demain soir **♦ Monday ~** (= evening) lundi soir ; (= night-time) dans la nuit de lundi à mardi **♦ last ~** (= night-time) la nuit dernière ; (= evening) hier soir **♦ ~ and day** nuit et jour **♦ all ~** toute la nuit **♦ at ~** la nuit **♦ 6 o'clock at ~** 6 heures du soir **♦ by ~** de nuit ▸ **night light** veilleuse f ▸ **night school** cours mpl du soir ▸ **night shift** (= workers) équipe f de

nuit ; (= work) poste m de nuit ▸ **night-time** nuit f **♦ at ~-time** la nuit **♦ in the ~-time** pendant la nuit ▸ **night watchman** gardien m de nuit

nightcap ['naɪtkæp] N (= drink) **♦ would you like a ~ ?** voulez-vous boire quelque chose avant d'aller vous coucher ?

nightclothes ['naɪtkləʊðz] NPL vêtements mpl de nuit

nightclub ['naɪtklʌb] N boîte f de nuit

nightdress ['naɪtdres] N chemise f de nuit

nightfall ['naɪtfɔːl] N **♦ at ~** à la tombée de la nuit

nightgown ['naɪtɡaʊn] N chemise f de nuit

nightie * ['naɪtɪ] N chemise f de nuit

nightingale ['naɪtɪŋɡeɪl] N rossignol m

nightlife ['naɪtlaɪf] N vie f nocturne

nightly ['naɪtlɪ] **1** ADJ **♦ muggings are a ~ occurrence** il y a des agressions toutes les nuits **♦ ~ performance** (Theatre) représentation f tous les soirs **2** ADV (= every evening) tous les soirs ; (= every night) toutes les nuits

nightmare ['naɪtmɛəʳ] N cauchemar m

nil [nɪl] N zéro m

Nile [naɪl] N Nil m

nimble ['nɪmbl] ADJ [person, fingers, feet] agile ; [mind] vif

nine [naɪn] NUMBER neuf m inv **♦ dressed up to the ~s** ‡ sur son trente et un ▸ **nine-to-five** * **♦ ~-to-five job** travail m de bureau ; for other phrases see **six**

nineteen ['naɪn'tiːn] NUMBER dix-neuf m inv ; for other phrases see **six**

nineteenth ['naɪn'tiːnθ] ADJ, N dix-neuvième mf ; (= fraction) dix-neuvième m ; for phrases see **sixth**

ninetieth ['naɪntɪɪθ] ADJ, N quatre-vingt-dixième mf ; (= fraction) quatre-vingt-dixième m ; for phrases see **sixth**

ninety ['naɪntɪ] NUMBER quatre-vingt-dix m inv **♦ ~-one** quatre-vingt-onze **♦ ~-nine** quatre-vingt-dix-neuf

ninth [naɪnθ] ADJ, N neuvième mf ; (= fraction) neuvième m ; for phrases see **sixth**

nip [nɪp] **1** N (= pinch) pinçon m ; (= bite) morsure f **♦ there's a ~ in the air today** (= chill) il fait frisquet aujourd'hui **2** VT (= pinch) pincer ; (= bite) mordiller **♦ to ~ sth in the bud** écraser qch dans l'œuf **3** VI (*: Brit) **♦ to ~ out** sortir deux minutes **♦ he ~ped into the café** il a fait un saut au café

nipple ['nɪpl] N **a** (= part of body) mamelon m **b** [of baby's bottle] tétine f

nippy * ['nɪpɪ] ADJ **a** (= chilly) [weather, wind] frisquet **b** (Brit = brisk) rapide

nit [nɪt] N **a** (= louse-egg) lente f **b** (Brit = fool) ‡ crétin(e) * m(f)

nit-pick ['nɪtpɪk] VI * ◆ he's always ~ing il est très tatillon

nitrate ['naɪtreɪt] N nitrate m

nitrogen ['naɪtrədʒən] N azote m

nitty-gritty * ['nɪtɪ'grɪtɪ] N ◆ to get down to the ~ passer aux choses sérieuses

no [nəʊ] **1** PARTICLE non **2** N (pl **noes**) non m inv **3** ADJ **a** (= not any) pas de ◆ she had ~ coat elle n'avait pas de manteau ◆ I have ~ idea je n'ai aucune idée ◆ he's ~ genius il n'a rien d'un génie **b** (forbidding) ◆ ~ smoking défense de fumer ◆ ~ entry défense d'entrer ◆ ~ parking stationnement m interdit **c** (with gerund) ◆ there's ~ knowing what he'll do next impossible de dire ce qu'il fera après **4** ADV (with comparative) ◆ ~ bigger/more intelligent than ... pas plus grand/intelligent que ... ◆ the patient is ~ better le malade ne va pas mieux **5** COMP ▸ no-go area zone f interdite ▸ no-man's-land (in battle) no man's land m ; (= wasteland) terrain m vague ; (= indefinite area) zone f mal définie ▸ no-no * ◆ it's a ~-no (= forbidden) ça ne se fait pas ; (= impossible) c'est impossible ▸ no one ⇒ nobody ▸ no place * ⇒ nowhere

no. (abbrev of **number**) n°

nobility [nəʊ'bɪlɪtɪ] N noblesse f

noble ['nəʊbl] **1** ADJ noble **2** N noble mf

nobleman ['nəʊblmən] N (pl **-men**) noble m

noblewoman ['nəʊblwʊmən] N (pl **-women**) noble f

nobody ['nəʊbədɪ] **1** PRON personne ◆ ~ knows personne ne le sait ◆ ~ spoke to me personne ne m'a parlé ◆ who saw him? – ~ qui l'a vu ? – personne **2** N moins que rien mf inv

nocturnal [nɒk'tɜːnl] ADJ nocturne

nod [nɒd] **1** N signe m de tête **2** VI (= move head) faire un signe de tête ; (as sign of assent) hocher la tête ◆ to ~ to sb faire un signe de tête à qn ; (in greeting) saluer qn d'un signe de tête **3** VT ◆ to ~ one's head faire un signe de (la) tête
▸ nod off * VI s'endormir

node [nəʊd] N nœud m

noise [nɔɪz] N bruit m ◆ to make a ~ faire du bruit

noisy ['nɔɪzɪ] ADJ bruyant

nomad ['nəʊmæd] N nomade mf

nominal ['nɒmɪnl] ADJ **a** [value] nominal ; [agreement, power] théorique **b** [fee, sum] modique ; [wage, rent] insignifiant ; [fine, penalty] symbolique

nominate ['nɒmɪneɪt] VT **a** (= appoint) nommer **b** (= propose) proposer ◆ to ~ sb for an Oscar nominer qn pour un Oscar

nomination [nɒmɪ'neɪʃən] N **a** (= appointment) nomination f (to à) **b** (for job) proposition f de candidature ; (for presidency) investiture f **c** (for film award) nomination f

nominee [nɒmɪ'niː] N (for post) personne f désignée ; (in election) candidat(e) m(f) désigné(e) ◆ Oscar ~ nominé(e) m(f) aux Oscars

non- [nɒn] PREF non- ▸ non-believer incroyant(e) m(f) ▸ non-drip qui ne coule pas ▸ non-EU [citizens, passports] non communautaire ; [imports] hors Union européenne

nonchalant ['nɒnʃələnt] ADJ nonchalant ◆ to be ~ about sth prendre qch avec nonchalance

noncommittal ['nɒnkə'mɪtl] ADJ [person] qui ne s'engage pas ; [letter, statement] qui n'engage à rien ; [expression, attitude] réservé ; [answer] évasif

nonconformist ['nɒnkən'fɔːmɪst] **1** N non-conformiste mf **2** ADJ non conformiste

nondescript ['nɒndɪskrɪpt] ADJ (gen) quelconque ; [colour] indéfinissable

---

none [nʌn] PRON

a (with countable noun) aucun(e) m(f) ◆ ~ of the books aucun des livres ◆ we tried all the keys but ~ of them fitted nous avons essayé toutes les clés mais aucune n'allait
b (with uncountable noun) ◆ ~ of this money pas un centime de cet argent ◆ ~ of this milk pas une goutte de ce lait ◆ there's ~ left il n'en reste plus ◆ ~ of it made any sense rien de tout cela ne semblait cohérent ◆ he would have ~ of it il ne voulait rien savoir ◆ I need money but have ~ at all j'ai besoin d'argent mais je n'en ai pas du tout ◆ is there any bread left? – ~ at all y a-t-il encore du pain ? – plus du tout ◆ he was ~ the wiser il n'était pas plus avancé ◆ she was ~ too happy about it elle était loin d'être contente
◆ none of them/you/us aucun d'entre eux/vous/nous

---

nonentity [nɒ'nentɪtɪ] N personne f sans intérêt

nonessential [nɒnɪ'senʃl] **1** ADJ accessoire **2** nonessentials NPL accessoires mpl

nonetheless [nʌnðə'les] ADV néanmoins

nonexistent [nɒnɪg'zɪstənt] ADJ inexistant

nongovernmental [nɒngʌvən'mentl] ADJ non gouvernemental

nonpayment [nɒn'peɪmənt] N non-paiement m

nonplussed ['nɒn'plʌst] ADJ déconcerté

nonprofitmaking ['nɒn'prɒfɪtmeɪkɪŋ], **nonprofit** (US) ['nɒn'prɒfɪt] ADJ à but non lucratif

nonsense ['nɒnsəns] N absurdités *fpl* ◆ **to talk ~** dire n'importe quoi ◆ **it is ~ to say …** il est absurde de dire … ◆ **to make a ~ of** [+ project, efforts] rendre inutile ; [+ claim] invalider

nonsensical [nɒn'sensɪkəl] ADJ absurde

nonsmoker ['nɒn'sməʊkə^r] N non-fumeur *m*, -euse *f*

nonsmoking ['nɒn'sməʊkɪŋ] ADJ [flight, seat, compartment, area] non-fumeurs *inv* ; [office, restaurant] où il est interdit de fumer

nonstick ['nɒn'stɪk] ADJ antiadhésif

nonstop [,nɒn'stɒp] **1** ADJ [flight] sans escale ; [train] direct ; [journey] sans arrêt ; [music] ininterrompu **2** ADV [talk, work, rain] sans arrêt

nontoxic [,nɒn'tɒksɪk] ADJ non toxique

noodles ['nuːdlz] NPL nouilles *fpl*

nook [nʊk] N recoin *m* ◆ **~s and crannies** coins *mpl* et recoins *mpl*

noon [nuːn] N midi *m* ◆ **at ~** à midi

noose [nuːs] N [of hangman] corde *f*

nor [nɔː^r] CONJ **a** (following neither) ni ◆ **neither you – I can do it** ni vous ni moi (nous) ne pouvons le faire ◆ **she neither eats – drinks** elle ne mange ni ne boit **b** (= neither) ◆ **I won't go and ~ will you** je n'irai pas et toi non plus ◆ **she likes him – ~ do I** je ne l'aime pas – moi non plus

norm [nɔːm] N norme *f*

normal ['nɔːməl] **1** ADJ (gen) normal ; (= usual) habituel ◆ **as ~** comme d'habitude **2** N ◆ **above/below ~** au-dessus/en dessous de la normale ◆ **to return to ~** revenir à la normale

normality [nɔː'mælɪtɪ], **normalcy** (US) ['nɔːməlsɪ] N normalité *f*

normally ['nɔːmălɪ] ADV (= usually) d'habitude ; (= as normal) normalement

Norman ['nɔːmən] ADJ (gen) normand ; (Archit) roman

north [nɔːθ] **1** N nord *m* ◆ **to the ~ of …** au nord de … **2** ADJ nord *inv* ◆ **~ wind** vent *m* du nord ◆ **in ~ Wales/London** dans le nord du pays de Galles/de Londres ▸ **North Africa** Afrique *f* du Nord ▸ **North African** ADJ nord-africain ◇ N Nord-Africain(e) *m(f)* ▸ **North America** Amérique *f* du Nord ▸ **North American** ADJ nord-américain ◇ N Nord-Américain(e) *m(f)* ▸ **north-east** N nord-est *m* ◇ ADJ nord-est *inv* ◇ ADV vers le nord-est ▸ **North Korea** Corée *f* du Nord ▸ **North Pole** pôle *m* Nord ▸ **North Sea** mer *f* du Nord ▸ **north-west** N nord-ouest *m* ◇ ADJ

nord-ouest *inv* ◇ ADV vers le nord-ouest **3** ADV [lie, be] au nord (of de) ; [go] vers le nord ◆ **~ by ~-east** nord quart nord-est

northbound ['nɔːθbaʊnd] ADJ [traffic] en direction du nord ; [carriageway] nord *inv*

northerly ['nɔːðəlɪ] **1** ADJ [wind] du nord ◆ **in a ~ direction** en direction du nord, vers le nord **2** ADV vers le nord

northern ['nɔːðən] ADJ [province, state, neighbour] du nord ; [border, suburbs, coast] nord *inv* ◆ **in ~ Spain** dans le nord de l'Espagne ◆ **~ hemisphere** hémisphère *m* nord ▸ **Northern Ireland** Irlande *f* du Nord ▸ **the northern lights** l'aurore *f* boréale

northerner ['nɔːðənə^r] N habitant(e) *m(f)* du Nord

Norway ['nɔːweɪ] N Norvège *f*

Norwegian [nɔː'wiːdʒən] **1** ADJ norvégien **2** N **a** (= person) Norvégien(ne) *m(f)* **b** (= language) norvégien *m*

nose [nəʊz] N [of person, animal] nez *m* ; [of dog, cat] museau *m* ◆ **to have a ~ for sth** savoir flairer qch ◆ **with one's ~ in the air** d'un air hautain ◆ **she did it right under his ~** elle l'a fait sous son nez ◆ **to look down one's ~ at sb/sth** prendre qn/qch de haut ◆ **to turn one's ~ up (at sth)** faire le dégoûté (devant qch) ◆ **to keep one's ~ out of sth** ne pas se mêler de qch ◆ **to stick one's ~ into sth** mettre son nez dans qch ▸ **nose drops** gouttes *fpl* pour le nez ▸ **nose ring** anneau *m* de nez
▸ **nose about** ∗
▸ **nose around** ∗ VI fouiner ∗

nosebleed ['nəʊzbliːd] N saignement *m* de nez ◆ **to have a ~** saigner du nez

nosedive ['nəʊzdaɪv] **1** N ◆ **to go into a ~** [plane] descendre en piqué **2** VI [plane] descendre en piqué ; [stocks] baisser rapidement ; [prices, sales] chuter

nosey ∗ ['nəʊzɪ] ADJ fouineur ∗

nostalgia [nɒs'tældʒɪə] N nostalgie *f*

nostalgic [nɒs'tældʒɪk] ADJ nostalgique ◆ **to be ~ about sth** avoir la nostalgie de qch

nostril ['nɒstrəl] N narine *f*

nosy ∗ ['nəʊzɪ] ADJ ⇒ **nosey**

---

not [nɒt]

ADV ne … pas ◆ **he is ~ here** il n'est pas ici ◆ **he has ~ or hasn't come** il n'est pas venu ◆ **he will ~ or won't stay** (prediction) il ne restera pas ; (refusal) il ne veut pas rester ◆ **isn't it?** n'est-ce pas ? ◆ **he told me ~ to come** il m'a dit de ne pas venir ◆ **is it going to rain? – I hope ~** va-t-il pleuvoir ? – j'espère que non ◆ **~ without reason** non sans raison ◆ **~ one book** pas un livre ◆ **~ everyone can do that** tout le monde n'en est pas capable ◆ **~ any more** plus (maintenant) ◆ **~ guilty** non coupable ◆ **are you cold? ~ ~ at all** avez-vous froid ? – pas du tout ◆ **thank you very much ~ ~ at all** merci beaucoup – je vous en prie ◆ **~ only ...** non seulement ... ◆ **~ that I know of** pas que je sache

notable ['nəʊtəbl] ADJ [philosopher, example] éminent ; [fact] notable ; [success] remarquable

notably ['nəʊtəblɪ] ADV **a** (= in particular) notamment **b** (= noticeably) notablement

notary ['nəʊtərɪ] N notaire m

notch [nɒtʃ] N (in wood, stick) encoche f ; (in belt) cran m ; (in blade) ébréchure f
▶ **notch up** VT SEP marquer

note [nəʊt] **1** N **a** (gen) note f ◆ **to make a ~ of sth** prendre qch en note ◆ **to take ~s** prendre des notes **b** (= informal letter) mot m **c** (Mus) note f ; [of piano] touche f **d** (Brit = banknote) billet m ◆ **a ten-euro ~** un billet de dix euros **e** (= notice) ◆ **to take ~ of** remarquer ◆ **worthy of ~** remarquable ◆ **a man of ~** un homme éminent ◆ **nothing of ~** rien d'important **2** VT **a** (also **note down**) noter **b** (= notice) constater ◆ **~ that ...** notez bien que ...

notebook ['nəʊtbʊk] N **a** (= notepad) calepin m ; (for schoolwork) cahier m ; (tear-off) bloc-notes m **b** : (also **notebook computer**) notebook m

noted ['nəʊtɪd] ADJ [historian, writer] éminent ; [thing, fact] célèbre

notepad ['nəʊtpæd] N bloc-notes m

notepaper ['nəʊtpeɪpəʳ] N papier m à lettres

noteworthy ['nəʊtwɜːðɪ] ADJ remarquable

nothing ['nʌθɪŋ] **1** PRON rien ◆ **I saw ~** je n'ai rien vu ◆ **~ happened** il n'est rien arrivé ◆ **there's ~ to eat** il n'y a rien à manger ◆ **he's had ~ to eat yet** il n'a encore rien mangé ◆ **~ new/interesting** rien de nouveau/ d'intéressant ◆ **as if ~ had happened** comme si de rien n'était ◆ **I can do ~ about it** je n'y peux rien ◆ **~ of the kind!** absolument pas ! ◆ **to think ~ of doing sth** (= consider normal) trouver naturel de faire qch ; (= do without thinking) faire qch sans y penser ; (= do unscrupulously) n'avoir aucun scrupule à faire qch ◆ **think ~ of it!** (= don't thank me) mais je vous en prie ! ◆ **don't apologize, it's ~** ne vous excusez pas, ce n'est rien ◆ **£500 is ~to him** 500 livres, ce n'est rien pour elle ◆ **she means ~ to him** elle n'est rien pour lui ◆ **to come to ~** ne rien donner ◆ **there is ~ to laugh at** il n'y a pas de quoi rire ◆ **he had ~ to say for himself** (= no explanation) il n'avait aucune excuse ;

(= no conversation) il n'avait pas de conversation ◆ **I have ~ against him/the idea** je n'ai rien contre lui/cette idée ◆ **there's ~ to it** c'est facile (comme tout *) ◆ **for ~** pour rien ◆ **he was working for ~** il travaillait gratuitement **2** N **a** (= zero) zéro m **b** (= worthless person) nullité f ; (= worthless thing) rien m **3** ADV ◆ **~ less than** rien moins que ◆ **it was ~ like as big as we thought** c'était loin d'être aussi grand qu'on avait cru

notice ['nəʊtɪs] **1** N **a** (= prior warning) avis m ; (= period) délai m ; (= end of work contract) (by employer) congé m ; (by employee) démission f ◆ **a week's ~** une semaine de préavis ◆ **final ~** dernier avertissement m ◆ **to get one's ~** (from job) être licencié ◆ **to hand in one's ~** donner sa démission ◆ **to give ~ to** [+ tenant] donner congé à ; [+ landlord] donner un préavis de départ à ◆ **to give sb ~** [+ employee] licencier qn ◆ **at very short ~** dans les plus brefs délais ◆ **until further ~** jusqu'à nouvel ordre **b** (= announcement) annonce f ; (= poster) affiche f ; (= sign) pancarte f ◆ **birth/marriage/death ~** annonce f de naissance/ mariage/décès ◆ **public ~** avis m au public ▶ **notice board** (printed or painted sign) pancarte f ; (for holding announcements) panneau m d'affichage **c** (= review) [of book, film, play] critique f **d** (= attention) ◆ **it escaped his ~ that ...** il ne s'est pas aperçu que ... ◆ **to bring sth to sb's ~** faire observer qch à qn ◆ **to take ~ of sb/sth** prêter attention à qn/qch ◆ **to take no ~ of sb/sth** ne pas faire attention à qn/qch **2** VT (gen) remarquer ; (= heed) faire attention à ◆ **without my noticing it** sans que je le remarque

noticeable ['nəʊtɪsəbl] ADJ [effect, difference, improvement] sensible ; [lack] évident

noticeably ['nəʊtɪsəblɪ] ADV [better, worse, higher, lower] nettement ◆ **to improve ~** s'améliorer sensiblement

notify ['nəʊtɪfaɪ] VT ◆ **to ~ sth to sb** signaler qch à qn ◆ **to ~ sb of sth** aviser qn de qch

notion ['nəʊʃən] **1** N **a** (gen) idée f **b** (= vague knowledge) notion f ◆ **he has no ~ of time** il n'a pas la notion du temps **2** **notions** NPL (US = ribbons, thread) articles mpl de mercerie f

notorious [nəʊ'tɔːrɪəs] ADJ [criminal, liar] notoire ; [crime, case] célèbre ; [person, prison] tristement célèbre

notwithstanding [ˌnɒtwɪθ'stændɪŋ] **1** PREP malgré **2** ADV néanmoins **3** CONJ bien que + subj

nougat ['nuːgɑː, 'nʌgət] N nougat m

nought [nɔːt] N zéro m ◆ **~s and crosses** (Brit) ≈ morpion m (jeu)

noun [naʊn] N nom m

nourish ['nʌrɪʃ] VT [+ person] nourrir (with de) ; [+ hopes] entretenir

nourishing ['nʌrɪʃɪŋ] ADJ nourrissant

nourishment ['nʌrɪʃmənt] N nourriture f

novel ['nɒvəl] **1** N roman m **2** ADJ original

novelist ['nɒvəlɪst] N romancier m, -ière f

novelty ['nɒvəltɪ] N **a** (= newness) nouveauté f ; (= unusualness) étrangeté f **b** (= idea, thing) innovation f **c** (= item for sale) babiole f

November [nəʊ'vembər] N novembre m ; for phrases see **September**

novice ['nɒvɪs] N novice mf

NOW [naʊ]

1 ADV **a** (= at this time) maintenant ; (= these days, at the moment) actuellement ; (= at that time) alors ◆ ~ **is the time to do it** c'est le moment de le faire ◆ **I'll do it right** ~ je vais le faire tout de suite ◆ **it's** ~ **or never!** c'est le moment ou jamais ! ◆ **they should have arrived by** ~ ils devraient être déjà arrivés ◆ **that will do for** ~ ça ira pour le moment ◆ **three weeks from** ~ dans trois semaines

◆ **(every) now and again, (every) now and then** de temps en temps

◆ **from now on** (with present and future tense) à partir de maintenant ; (with past tense) dès lors

◆ **till** or **until** or **up to now** (= till this moment) jusqu'à présent ; (= till that moment) jusque-là **b** (without reference to time) ◆ ~ ! bon ! ◆ ~, ~! allons, allons ! ◆ **well,** ~! eh bien ! ◆ ~ **then, let's start!** bon, com-mençons ! ◆ ~ **then, what's all this?** alors, qu'est-ce que c'est que ça ?

2 CONJ maintenant que ◆ ~ **that you've seen him** maintenant que vous l'avez vu

---

nowadays ['naʊədeɪz] ADV (in contrast to past years) de nos jours ; (in contrast to recently) ces jours-ci

nowhere ['nəʊweər] ADV nulle part ◆ **they have** ~ **to go** ils n'ont nulle part où aller ◆ **there was** ~ **to hide** il n'y avait aucun endroit où se cacher ◆ **she was** ~ **to be found** elle était introuvable ◆ **he was** ~ **to be seen** il avait disparu ◆ **we're** ~ **near finding a cure** nous sommes loin d'avoir trouvé un traitement ◆ **she is** ~ **near as clever as he is** elle est nettement moins intelligente que lui ◆ **£10 is** ~ **near enough** 10 livres sont loin de suffire

noxious ['nɒkʃəs] ADJ [gas, substance] nocif ; [smell] infect

nozzle ['nɒzl] N [of hose] jet m ; (for icing) douille f ; [of vacuum cleaner] suceur m

nuance ['njuːɑːns] N nuance f

nuclear ['njuːklɪər] ADJ nucléaire ▸ **nuclear power** énergie f nucléaire ▸ **nuclear weapon** arme f nucléaire

nucleus ['njuːklɪəs] N (pl **nuclei**) noyau m

nude [njuːd] **1** ADJ [person, body] nu ; [photo-graph] de nu **2** N nu m ◆ **in the** ~ nu

nudge [nʌdʒ] **1** VT **a** (with elbow) donner un petit coup de coude à **b** (= encourage) encourager **2** N (with elbow) coup m de coude ; (= encouragement) coup m de pouce

nudist ['njuːdɪst] ADJ, N nudiste mf ▸ **nudist camp** camp m de nudistes

nugget ['nʌgɪt] N pépite f

nuisance ['njuːsns] N **a** (= annoying thing or event) ◆ **what a** ~ **he can't come** c'est ennuyeux qu'il ne puisse pas venir ◆ **what a** ~! c'est vraiment ennuyeux ! **b** (= annoying person) peste f ◆ **to make a** ~ **of o.s.** embêter le monde *

null [nʌl] ADJ [act, decree] nul (nulle f) ◆ ~ **and void** nul et non avenu

nullify ['nʌlɪfaɪ] VT invalider

numb [nʌm] **1** ADJ **a** [person, limb, face] engourdi ◆ **to go** ~ s'engourdir **b** (= stunned) [person] hébété ◆ ~ **with fear** paralysé par la peur ◆ ~ **with shock** abasourdi par le choc **2** VT engourdir

number ['nʌmbər] **1** N **a** (gen) nombre m ; (when written) chiffre m ◆ **a** ~ **of people** un certain nombre de personnes ◆ **on a** ~ **of occasions** à plusieurs occasions **b** [of bus, page, house, phone, lottery] numéro m ◆ **wrong** ~ faux numéro ◆ **to get a wrong** ~ se tromper de numéro ◆ **she lives at** ~ **four** elle habite au numéro quatre ◆ **registration** ~ (of car) (numéro m d')immatriculation f ▸ **number one** ◆ **to be** ~ **one (in the charts)** être numéro un (au hit-parade) ◆ **to look after** ~ **one** * penser avant tout à soi ▸ **number plate** (Brit) plaque f d'immatriculation ▸ **Number 10** 10 Downing Street (résidence du Premier ministre) **c** [of music hall, circus] numéro m ; [of pianist, band] morceau m ; [of singer] chanson f **2** VT **a** (= give a number to) numéroter **b** (= include) compter ◆ **I** ~ **him among my friends** je le compte parmi mes amis **c** ◆ **his days were** ~**ed** ses jours étaient comptés

numeral ['njuːmərəl] N chiffre m

numerate ['njuːmərɪt] ADJ ◆ **to be** ~ savoir compter

numerical [njuː'merɪkəl] ADJ numérique

numerous ['njuːmərəs] ADJ nombreux

nun [nʌn] N religieuse f

nurse [nɜːs] **1** N (in hospital) infirmier m, -ière f ; (at home) garde-malade mf ◆ **male** ~ (in hospital) infirmier m **2** VT **a** [+ person, illness, injury] soigner **b** [+ baby] (= suckle) allaiter ; (Brit) (= cradle in arms) bercer (dans ses bras) **c** [+ hope, ambition] nourrir ; [+ plan, plot] préparer

nursery ['nɜːsərɪ] N **a** (= room) chambre *f* d'enfants ; (= institution) (daytime only) crèche *f* ▶ **nursery rhyme** comptine *f* ▶ **nursery school** (state-run) école *f* maternelle ; (gen private) jardin *m* d'enfants ▶ **nursery slopes** (Brit Ski) pistes *fpl* pour débutants **b** (for growing plants) pépinière *f*

nursing ['nɜːsɪŋ] **1** ADJ **a** ◆ ~ **mother** mère *f* qui allaite **b** ◆ **the** ~ **staff** [of hospital] le personnel soignant ▶ **nursing home** (for medical, surgical cases) clinique *f* ; (for mental cases, disabled) maison *f* de santé ; (for convalescence/ rest cure) maison *f* de convalescence ; (for old people) maison *f* de retraite **2** N (= profession of nurse) profession *f* d'infirmière ; (= care of invalids) soins *mpl*

nurture ['nɜːtʃər] VT (= rear) élever ; (= feed) nourrir (on de)

nut [nʌt] N **a** (= hazelnut) noisette *f* ; (= walnut) noix *f* ; (= almond) amande *f* ◆ **mixed ~s** noisettes, cacahouètes, amandes etc panachées **b** (screwed onto bolt) écrou *m* **c** (= mad person) dingue * *mf*

nutcrackers ['nʌtkrækəz] NPL casse-noix *m inv*

nutmeg ['nʌtmeg] N (noix *f*) muscade *f*

nutrient ['njuːtrɪənt] N élément *m* nutritif

nutrition [njuːˈtrɪʃən] N nutrition *f* ; (= subject) diététique *f*

nutritious [njuːˈtrɪʃəs] ADJ nutritif

nuts * [nʌts] ADJ dingue * ◆ **to be ~ about sb/sth** être dingue * de qn/qch

nutshell ['nʌtʃel] N coquille *f* de noix (*or* de noisette etc) ◆ **in a ~** en un mot

nutty ['nʌtɪ] ADJ **a** [flavour, taste, smell] de noisette (ou de noix etc) **b** (* = mad) [idea, person] dingue *

nuzzle ['nʌzl] VI ◆ **the dog ~d up to my leg** le chien est venu fourrer son nez contre ma jambe ◆ **she ~d up to me** elle est venue se blottir contre moi

NVQ [ˌenviːˈkjuː] N (abbrev of **National Vocational Qualification**) ≈ CAP *m*

nylon ['naɪlɒn] **1** N nylon ® *m* **2** ADJ [stockings, clothes] en nylon ® **3** **nylons** NPL bas *mpl* (*or* collant *m*) en nylon ®

nymph [nɪmf] N nymphe *f*

nymphomaniac [ˌnɪmfəʊˈmeɪnɪæk] ADJ, N nymphomane *f*

ANGLAIS/
FRANÇAIS

oaf [əʊf] N mufle m

oak [əʊk] **1** N (= wood, tree) chêne m **2** ADJ (= made of oak) de or en chêne

OAP [ˌəʊeɪˈpiː] N (Brit) (abbrev of **old age pensioner**) retraité(e) m(f)

oar [ɔːʳ] N rame f

oasis [əʊˈeɪsɪs] N (pl **oases** [əʊˈeɪsiːz]) oasis f

oath [əʊθ] N (pl ~s [əʊðz]) **a** serment m ◆ **under** ~ sous serment **b** (= bad language) juron m

oatmeal [ˈəʊtmiːl] N (= cereal) flocons mpl d'avoine ; (US) (= porridge) porridge m

oats [əʊts] NPL avoine f

obedience [əˈbiːdɪəns] N obéissance f

obedient [əˈbiːdɪənt] ADJ obéissant

obediently [əˈbiːdɪəntlɪ] ADV docilement

obelisk [ˈɒbɪlɪsk] N obélisque m

obese [əʊˈbiːs] ADJ obèse

obesity [əʊˈbiːsɪtɪ] N obésité f

obey [əˈbeɪ] **1** VT obéir à **2** VI obéir

obituary [əˈbɪtjʊərɪ] N nécrologie f

object 1 N [ˈɒbdʒɪkt] **a** (= thing) objet m **b** (= aim) but m ◆ **with the** ~ **of doing** dans le but de faire ◆ **money is no** ~ **to him** l'argent n'est pas un problème pour lui **c** (Gram) complément m d'objet **2** VI [əbˈdʒekt] soulever une objection ◆ **if you don't** ~ si vous n'y voyez pas d'inconvénient ◆ **I** ~ **to that remark** je proteste contre cette remarque ◆ **I don't** ~ **to helping you** je veux bien vous aider **3** VT [əbˈdʒekt] ◆ **to** ~ **that ...** objecter que ...

objection [əbˈdʒekʃən] N objection f ◆ **if you have no** ~ si vous n'y voyez pas d'inconvénient ◆ **to raise an** ~ soulever une objection

objectionable [əbˈdʒekʃnəbl] ADJ [smell] nauséabond ; [behaviour, attitude] déplorable ; [language] choquant ; [remark] désobligeant

objective [əbˈdʒektɪv] **1** ADJ (= impartial) objectif **2** N (= goal) objectif m ◆ **to reach one's** ~ atteindre son objectif

objectivity [ˌɒbdʒɪkˈtɪvɪtɪ] N objectivité f

obligation [ˌɒblɪˈgeɪʃən] N **a** (= duty) obligation f ◆ **to be under an** ~ **to do sth** être dans l'obligation de faire qch **b** (= commitment) engagement m

obligatory [ɒˈblɪgətərɪ] ADJ obligatoire

oblige [əˈblaɪdʒ] **1** VT **a** (= compel) obliger ◆ **to be** ~**d to do sth** être obligé de faire qch **b** (= do a favour to) rendre service à ◆ **I am much** ~**d to you** je vous remercie infiniment **2** VI ◆ **she is always ready to** ~ elle est toujours prête à rendre service

oblique [əˈbliːk] **1** ADJ **a** [approach, reference, criticism] indirect **b** [line, cut] oblique **c** [angle] (= acute) aigu (-guë f) ; (= obtuse) obtus **2** N (Brit) barre f oblique

obliterate [əˈblɪtəreɪt] VT (= destroy) anéantir ; [+ writing] rendre illisible ; [+ memory, impressions] effacer

oblivion [əˈblɪvɪən] N oubli m

oblivious [əˈblɪvɪəs] ADJ inconscient (to sth de qch)

oblong [ˈɒblɒŋ] **1** ADJ rectangulaire **2** N rectangle m

obnoxious [əbˈnɒkʃəs] ADJ odieux

oboe [ˈəʊbəʊ] N hautbois m

obscene [əbˈsiːn] ADJ obscène

obscenity [əbˈsenɪtɪ] N obscénité f

obscure [əbˈskjʊəʳ] **1** ADJ obscur **2** VT (= hide) cacher ◆ **to** ~ **the issue** embrouiller les choses

obscurity [əbˈskjʊərɪtɪ] N obscurité f

obsequious [əbˈsiːkwɪəs] ADJ obséquieux

observance [əbˈzɜːvəns] N [of rule, law] observation f ; [of custom, Sabbath] observance f

observant [əbˈzɜːvənt] ADJ observateur (-trice f)

observation [ˌɒbzəˈveɪʃən] N observation f ◆ **to be under** ~ (in hospital) être en observation ; (by police) être sous surveillance ▶ **observation post** poste m d'observation ▶ **observation tower** mirador m ▶ **observation ward** salle f d'observation

observatory [əbˈzɜːvətrɪ] N observatoire m

observe [əbˈzɜːv] VT **a** (= study) observer **b** (= obey) [+ rule, custom, ceasefire] respecter ; [+ silence, the Sabbath] observer **c** (= celebrate) célébrer **d** (= say) remarquer

observer [əbˈzɜːvəʳ] N observateur m, -trice f

obsess [əbˈses] VT obséder ◆ ~**ed by** or **with** obsédé par

obsession [əb'seʃən] N obsession *f*

obsessive [əb'sesɪv] ADJ [behaviour, love] obsessionnel ; [need, interest] maladif ; [memory, thought] obsédant

obsolescent [ˌɒbsə'lesnt] ADJ obsolescent

obsolete ['ɒbsəliːt] ADJ obsolète

obstacle ['ɒbstəkl] N obstacle *m* ▶ **obstacle course** parcours *m* du combattant ▶ **obstacle race** course *f* d'obstacles

obstetrician [ˌɒbstə'trɪʃən] N obstétricien(ne) *m(f)*

obstetrics [ɒb'stetrɪks] N obstétrique *f*

obstinate ['ɒbstɪnɪt] ADJ obstiné

obstreperous [əb'strepərəs] ADJ tapageur

obstruct [əb'strʌkt] VT **a** [+ road, artery, windpipe] obstruer ; [+ pipe, view] boucher **b** [+ progress, traffic, plan, person] entraver **c** (Sport) faire obstruction à

obstruction [əb'strʌkʃən] N **a** (to plan, progress, view) obstacle *m* ; (in pipe) bouchon *m* ; (in artery, windpipe) obstruction *f* **b** (Sport) obstruction *f*

obtain [əb'teɪn] VT obtenir

obtrusive [əb'truːsɪv] ADJ [object, building, presence] gênant ; [person] envahissant

obtuse [əb'tjuːs] ADJ obtus

obvious ['ɒbvɪəs] ADJ **a** (= clear) évident (to sb pour qn) ; [lie] flagrant ◆ **it is ~ that ...** il est évident que ... **b** (= predictable) [remark, response] prévisible

obviously ['ɒbvɪəslɪ] ADV [angry, upset, happy, pregnant] visiblement ◆ **she ~ adores her sister** il est évident qu'elle adore sa sœur ◆ **~!** évidemment ! ◆ **~ not!** apparemment non !

occasion [ə'keɪʒən] **1** N **a** (= particular time, date, occurrence) occasion *f* ◆ **on several ~s** à plusieurs reprises ◆ **on ~** à l'occasion ◆ **to rise to the ~** être à la hauteur de la situation **b** (= event) événement *m*, occasion *f* ◆ **a big ~** un grand événement **c** (= reason) raison *f* ◆ **there was no ~ for it** ce n'était pas nécessaire **2** VT (frm) occasionner

occasional [ə'keɪʒənl] ADJ [rain, showers] intermittent ◆ **I have the ~ headache** j'ai de temps en temps des maux de tête ▶ **occasional table** (Brit) table *f* d'appoint

occasionally [ə'keɪʒnəlɪ] ADV parfois ◆ **only very ~** rarement

occult [ɒ'kʌlt] **1** ADJ occulte **2** N ◆ **the ~** l'occulte *m*

occupant ['ɒkjʊpənt] N occupant(e) *m(f)*

occupation [ˌɒkjʊ'peɪʃən] N **a** (= trade) métier *m* ; (= profession) profession *f* ; (= work) emploi *m* ; (= activity, pastime) occupation *f* **b** (by army) occupation *f* ◆ **under (military) ~** sous occupation (militaire)

occupational [ˌɒkjʊ'peɪʃənl] ADJ [training, group] professionnel ; [safety] au travail ▶ **occupational hazard** risque *m* professionnel ; (fig) risque *m* du métier

occupied ['ɒkjʊpaɪd] ADJ **a** (= inhabited) habité **b** [toilet, room, seat, bed] occupé **c** (by army) occupé

occupier ['ɒkjʊpaɪᵣ] N [of house] occupant(e) *m(f)*, habitant(e) *m(f)*

occupy ['ɒkjʊpaɪ] VT **a** [+ house] habiter ; [+ post] occuper **b** [troops, demonstrators] occuper **c** [+ attention, mind, person, time, space] occuper ◆ **to ~ one's time (with doing sth)** s'occuper (à faire qch) ◆ **to be occupied with sth** être pris par qch

occur [ə'kɜːᵣ] VI **a** [event] se produire, arriver ; [difficulty, opportunity] se présenter ; [change, disease, error] se produire **b** ◆ **to ~ to sb** [idea] venir à l'esprit de qn ◆ **it didn't ~ to him to refuse** il n'a pas eu l'idée de refuser

occurrence [ə'kʌrəns] N événement *m* ◆ **an everyday ~** un fait journalier

ocean ['əʊʃən] N océan *m* ▶ **ocean-going** de haute mer

ochre, ocher (US) ['əʊkəᵣ] N ocre *m*

o'clock [ə'klɒk] ADV ◆ **it is one ~** il est une heure ◆ **it's 7 ~ in the morning/evening** il est 7 heures du matin/du soir ◆ **at 12 ~** (= midday) à midi ; (= midnight) à minuit ◆ **the 6 ~ train** le train de 6 heures

octagon ['ɒktəgən] N octogone *m*

octagonal [ɒk'tægənl] ADJ octogonal

octave ['ɒktɪv] N octave *f*

October [ɒk'təʊbəᵣ] N octobre *m* ; for phrases see September

octopus ['ɒktəpəs] (pl **octopuses**) N pieuvre *f* ; (as food) poulpe *m*

odd [ɒd] ADJ **a** (= strange) bizarre **b** [number] impair **c** [shoe, sock] dépareillé ◆ **the ~ one out** l'exception *f* **d** ◆ **sixty-~** soixante et quelques **e** (= occasional) ◆ **I get the ~ letter from him** je reçois une lettre de lui de temps en temps ◆ **~ jobs** travaux *mpl* divers, petits travaux *mpl* ▶ **odd-job man** homme *m* à tout faire

oddball * ['ɒdbɔːl] N excentrique *mf*

oddity ['ɒdɪtɪ] N (= person, thing) exception *f* (= odd trait) singularité *f*

oddly ['ɒdlɪ] ADV curieusement ◆ **~ enough ..** chose curieuse, ...

odds [ɒdz] NPL **a** (Betting) cote *f* ; (fig) chances *fpl* ◆ **all the ~ are against you** vous n'avez pratiquement aucune chance d'y arriver ◆ **the ~ are against him coming** il est pratiquement certain qu'il ne viendra pas ◆ **he succeeded against all the ~** il a réussi alors que tout était contre lui **b** (= difference) ◆ **it makes no ~** cela n'a pas d'importance **c** ◆ **to be at ~ with sb over sth** ne pas être d'accord avec qn sur qch **d** ◆ **~ and ends** (= objects) bricoles * *fpl*

ode [əʊd] N ode *f*

odious [ˈəʊdɪəs] ADJ odieux

odometer [ɒˈdɒmɪtəʳ] N (US) odomètre *m*

odour, odor (US) [ˈəʊdəʳ] N odeur *f*

oesophagus [iːˈsɒfəgəs] N œsophage *m*

oestrogen [ˈiːstrəʊdʒən] N œstrogène *m*

---

of [ɒv, əv] PREP

a (gen) de ◆ **a cry ~ pain** un cri de douleur ◆ **a kilo ~ oranges** un kilo d'oranges ◆ **the wife ~ the doctor** la femme du médecin ◆ **to die ~ hunger** mourir de faim ◆ **the tip ~ it is broken** le bout est cassé ◆ **the whole ~ the house** toute la maison ◆ **a friend ~ ours** un de nos amis **b** (with numbers) ◆ **there are six ~ them** (people) ils sont six ; (things) il y en a six **c** (= about) ◆ **what do you think ~ him?** que pensez-vous de lui ? ◆ **what do you think ~ it?** qu'en pensez-vous ? **d** (material) de, en ◆ **a dress made ~ wool** une robe en *or* de laine **e** (with dates) ◆ **the 2nd ~ June** le 2 juin **f** (with times: US) ◆ **a quarter ~ six** six heures moins le quart

---

off [ɒf]

1 PREP **a** (= from) de ◆ **he jumped ~ the wall** il a sauté du mur ◆ **the orange fell ~ the table** l'orange est tombée de la table ◆ **he took the book ~ the table** il a pris le livre sur la table ◆ **we ate ~ paper plates** nous avons mangé dans des assiettes en carton **b** (= missing from) ◆ **the lid was ~ the tin** le couvercle n'était pas sur la boîte **c** (= away from) de ◆ **the helicopter was just a few metres ~ the ground** l'hélicoptère n'était qu'à quelques mètres du sol ◆ **it's ~ the coast of Brittany** c'est au large de la Bretagne **d** (* = not taking, avoiding) ◆ **I'm ~ cheese at the moment** je ne mange pas de fromage en ce moment

2 ADV **a** (= away) ◆ **the house is 5km ~** la maison est à 5 km

◆ **to be off** * (= going) partir ◆ **I must be ~** il faut que je me sauve * ◆ **where are you ~ to?** où allez-vous ?

b (as holiday) ◆ **I've got this afternoon ~** j'ai congé cet après-midi ◆ **to take a day ~** prendre un jour de congé **c** (= removed) ◆ **he had his coat ~** il avait enlevé son manteau ◆ **the lid was ~** le couvercle n'était pas mis **d** (as reduction) ◆ **10% ~** 10 % de remise *or* de rabais **e** (referring to time *)

◆ **off and on** par intermittence

3 ADJ **a** (= absent from work) ◆ **he's been ~ for three weeks** cela fait trois semaines qu'il est absent ◆ **he's ~ sick** il est en congé de maladie ◆ **he's ~ on Tuesdays** il ne travaille pas le mardi

b (= disconnected) [machine, TV, light] éteint ; [engine, electricity, water] coupé ; [tap] fermé ; [brake] desserré **c** (= cancelled) [meeting, trip, match] annulé **d** (Brit = bad) [fish, meat] avarié ; [milk] tourné ; [butter] rance **e** (= not right *) ◆ **it was a bit ~, him leaving like that** ce n'était pas très bien de sa part de partir comme ça ◆ **that's a bit ~!** ce n'est pas très sympa ! *

4 COMP ▸ **off chance** ◆ **I came on the ~ chance of seeing her** je suis venu à tout hasard, en pensant que je la verrais peut-être ▸ **off-colour** (Brit) ◆ **he's ~-colour today** il n'est pas dans son assiette * aujourd'hui ▸ **off day** (= bad day) ◆ **he was having an ~ day** il n'était pas en forme ce jour-là ; (US = holiday) jour *m* de congé ▸ **off-key** ◆ **to sing ~-key** chanter faux ▸ **off-licence** (Brit = shop) magasin *m* de vins et spiritueux ▸ **off-limits** interdit (d'accès) ▸ **off-peak** (Brit) [period, time, hour] creux ; [train, electricity] en période creuse ; [telephone call] à tarif réduit *(aux heures creuses)* ◆ **~-peak ticket** billet *m* au tarif réduit heures creuses ▸ **off-putting** [task] rebutant ; [food] peu ragoûtant ; [person, manner] rébarbatif ▸ **off-season** ADJ hors saison ◇ N basse saison *f* ▸ **off-the-cuff** impromptu ▸ **off-the-peg, off-the-rack** (US) de confection ▸ **off-white** blanc cassé *inv*

---

offal [ˈɒfəl] N abats *mpl*

offbeat * [ˈɒfbiːt] ADJ original ; [person, behaviour, clothes] excentrique

offence, offense (US) [əˈfens] N **a** (= crime) délit *m* **b** (= insult) ◆ **to take ~ at sth** s'offenser ◆ **to take ~ at sth** mal prendre qch **c** (= military attack) attaque *f*

offend [əˈfend] **1** VT [+ person] offenser ◆ **to be ~ed** s'offenser **2** VI **a** (= cause offence) choquer **b** (= break the law) commettre un délit

offender [əˈfendəʳ] N (= lawbreaker) délin-quant(e) *m(f)* ; (against traffic regulations) con-trevenant(e) *m(f)*

offense [əˈfens] N (US) ⇒ **offence**

offensive [əˈfensɪv] **1** ADJ **a** (= shocking) choquant ◆ ~ **remarks** remarques désobligeantes **b** [tactics, weapon] offensif **2** N offensive *f* ◆ **to be on the ~** avoir pris l'offensive

offer [ˈɒfəʳ] **1** N offre *f* ◆ **to make sb an ~ for sth** faire une offre à qn pour qch ◆ **on ~** en promotion **2** VT **a** (gen) offrir ; [+ opinion] émettre ◆ **to ~ to do sth** offrir de faire qch ◆ **to have a lot to ~** [place] être attrayant ; [person] avoir beaucoup de qualités

offering [ˈɒfərɪŋ] N (= thing offered) offre *f* ; (= suggestion) suggestion *f* ; (religious) offrande *f*

offhand [ˈɒfˈhænd] **1** ADJ (= casual) désinvolte ; (= curt) brusque **2** ADV ◆ **I can't say ~** je ne peux pas vous le dire comme ça *

office [ˈɒfɪs] N **a** (= place) bureau *m* ▸ **office block** (Brit) immeuble *m* de bureaux ▸ **office party** fête *f* au bureau ▸ **office politics** politique *f* interne ▸ **office worker** employé(e) *m(f)* de bureau **b** (= function) fonction *f* ◆ **to be in ~** [mayor, minister] être en fonction ; [government] être au pouvoir ◆ **to take ~** [mayor, minister] entrer en fonction ; [political party, government] arriver au pouvoir

officer [ˈɒfɪsəʳ] N **a** (in armed forces) officier *m* **b** (= official) [of organization] membre *m* du comité directeur **c** ◆ **police ~** policier *m*

official [əˈfɪʃəl] **1** ADJ officiel ; [uniform] réglementaire **2** N (= person in authority) officiel *m* ; [of civil service] fonctionnaire *mf* ; [of railways, post office] employé(e) *m(f)*

officially [əˈfɪʃəlɪ] ADV officiellement

officious [əˈfɪʃəs] ADJ trop zélé

offing [ˈɒfɪŋ] N ◆ **in the ~** en vue

offset [ɒfˈset] (pret, ptp **offset**) VT compenser

offshoot [ˈɒfʃuːt] N [of organization] ramification *f* ; [of scheme, discussion, action] conséquence *f*

offshore [ɒfˈʃɔːʳ] **1** ADJ **a** [rig, platform] offshore *inv* ; [drilling, well] en mer ; [waters] du large ; [fishing] au large **b** [investment, fund] offshore *inv* **2** ADV au large

offside [ˈɒfˈsaɪd] (Sport) **1** N hors-jeu *m inv* **2** ADJ ◆ **to be ~** être hors jeu

offspring [ˈɒfsprɪŋ] N (pl inv) progéniture *f*

offstage [ˈɒfˈsteɪdʒ] ADV, ADJ dans les coulisses

often [ˈɒfən, ˈɒftən] ADV souvent ◆ **every so ~** (in time) de temps en temps, de temps à autre ; (in spacing, distance) çà et là ◆ **as ~ as not** la plupart du temps ◆ **how ~ have I warned you about him?** combien de fois t'ai-je dit de te méfier de lui ? ◆ **how ~ do the boats leave?** les bateaux partent tous les combien ?

ogle * [ˈəʊgl] VT reluquer *

ogre [ˈəʊgəʳ] N ogre *m*

oh [əʊ] EXCL oh !, ah ! ◆ **~ dear!** oh là là !

oil [ɔɪl] **1** N **a** (= petroleum) pétrole *m* ; (for heating) mazout *m* ; (for car, cooking, painting) huile *f* **2** VT [+ machine] lubrifier **3** ADJ [industry, platform] pétrolier ; [prices] du pétrole ▸ **oil change** vidange *f* ▸ **oil drum** baril *m* de pétrole ▸ **oil lamp** lampe *f* à pétrole ▸ **oil painting** peinture *f* à l'huile ▸ **oil refinery** raffinerie *f* (de pétrole) ▸ **oil rig** (on land) derrick *m* ; (at sea) plateforme *f* pétrolière ▸ **oil slick** (at sea) nappe *f* de pétrole ; (on beach) marée *f* noire ▸ **oil tanker** (= ship) pétrolier *m* ; (= truck) camion-citerne *m* ▸ **oil well** puits *m* de pétrole

oilcan [ˈɔɪlkæn] N (for lubricating) burette *f* ; (for storage) bidon *m* d'huile

oilfield [ˈɔɪlfiːld] N champ *m* pétrolier

oilskin [ˈɔɪlskɪn] **1** N toile *f* cirée **2 oilskins** NPL (Brit = clothes) cirés *mpl*

oily [ˈɔɪlɪ] ADJ (= greasy) gras (grasse *f*) ; (containing oil) huileux

ointment [ˈɔɪntmənt] N pommade *f*

OK * [ˈəʊˈkeɪ] (vb : pret, ptp **OK'd**) **1** EXCL OK ! * **2** ADJ **a** (= agreed) ◆ **it's ~ by me !** (je suis) d'accord ! **b** (no problem) ◆ **everything's ~ thanks! – that's ~** merci ! – de rien **c** (= in good health, undamaged) ◆ **are you ~?** ça va ? **d** (= likeable) ◆ **he's an ~ guy** c'est un type bien * **e** (= well provided for) ◆ **another drink ? – no thanks, I'm ~** un autre verre ? – non merci, ça va **3** ADV ◆ **she's doing ~** [patient] elle va bien ; (in career, at school) elle se débrouille bien **4** VT (= agree to) approuver **5** N ◆ **to get/give the ~** recevoir/donner le feu vert

okay * [ˈəʊˈkeɪ] ⇒ **OK**

old [əʊld] **1** ADJ **a** (= aged) vieux (vieille *f*) ◆ **an ~ man** un vieil homme ◆ **an ~ lady** une vieille dame ◆ **~ people** les personnes âgées ◆ **to get ~(er)** vieillir **b** (of specified age) ◆ **how ~ are you ?** quel âge as-tu ? ◆ **he is ten years ~** il a dix ans ◆ **a six-year-~ boy** un garçon de six ans ◆ **for 10 to 15-year-~s** destiné aux 10-15 ans ◆ **he's ~er than you** il est plus âgé que toi ◆ **he's six years ~er than you** il a six ans de plus que toi ◆ **~er brother** frère *m* aîné ◆ **his ~est son** son fils aîné **c** (= not new, not recent) vieux (vieille *f*) ; (with antique value) ancien *after n* **d** (= former) [school home] ancien *before n* ◆ **in the ~ days** autrefois ◆ **in the good ~ days** au bon vieux temps **e** (as intensifier) ◆ **any ~ how** * n'importe comment **2 the old** NPL les personnes *fpl* âgées **3** COMP ▸ **old age** vieillesse *f* ▸ **old-fashioned** démodé ; [person] vieux jeu *inv* ▸ **old people's home** maison *f* de retraite ▸ **Old Testament** Ancien Testament *m* ▸ **old wives' tale** conte *m* de bonne femme ▸ **the Old World** le Vieux Monde m ▸ **old-world** [charm, atmosphere] désuet (-ète f)

olive ['ɒlɪv] **1** N **a** (= fruit) olive f ; (= tree) olivier m ▸ **olive oil** huile f d'olive **b** (= colour) vert m olive **2** ADJ vert olive inv ; [complexion, skin] mat

Olympic [əʊˈlɪmpɪk] ADJ olympique ▸ **the Olympic Games, the Olympics** les Jeux mpl olympiques

ombudsman ['ɒmbʊdzmən] N (pl **-men**) médiateur m

omelette ['ɒmlɪt] N omelette f ▸ **cheese ~** omelette f au fromage

omen ['əʊmən] N présage m

ominous ['ɒmɪnəs] ADJ [sign, event] de mauvais augure ; [warning] menaçant

omission [əʊˈmɪʃən] N omission f

omit [əʊˈmɪt] VT omettre

omnipotent [ɒmˈnɪpətənt] ADJ tout puissant

on [ɒn]

1 ADV **a** (= in place) ▸ **the lid is ~** le couvercle est mis

b (in time expressions) ▸ **from that time ~** à partir de ce moment-là ▸ **~ and off** * par intermittence

c (indicating continuation) ▸ **let's drive ~ a bit** continuons un peu ▸ **if you read ~, you'll see that ...** si tu continues (de lire), tu verras que ... ▸ **they talked ~ and ~** ils ont parlé pendant des heures

d * ▸ **the police are ~ to him** la police est sur sa piste ▸ **I'm ~ to something** je suis sur une piste intéressante

2 PREP **a** (indicating place) sur ▸ **he threw it ~ the table** il l'a jeté sur la table ▸ **the cat jumped ~ to the table** le chat a sauté sur la table ▸ **I have no money ~ me** je n'ai pas d'argent sur moi ▸ **there were posters ~ the wall** il y avait des posters sur le mur or au mur ▸ **the ring ~ her finger** la bague qu'elle porte au doigt ▸ **~ the other side of the road** de l'autre côté de la route ▸ **an island** dans or sur une île ▸ **you can't wear that shirt, there's a stain ~ it** tu ne peux pas porter cette chemise, elle a une tache ▸ **bottles with no labels ~ them** des bouteilles sans étiquette

b (with street names) dans ▸ **a house ~ North Street** une maison dans North Street

c (= on board) dans ▸ **there were a lot of people ~ the train** il y avait beaucoup de monde dans le train ▸ **to get ~ to the bus** monter dans le bus ▸ **I came ~ the train/bus** je suis venu en train/en bus

d (= at the time of) ▸ **my arrival home** à mon arrivée à la maison ▸ **~ hearing this** en entendant cela

e (with day, date) ▸ **~ Sunday** dimanche ▸ **~ Sundays** le dimanche ▸ **~ 1 December** le 1er décembre ▸ **~ Easter Day** le jour de Pâques

f (TV, Radio) ▸ **~ the radio/TV** à la radio/la télévision ▸ **~ Radio 3/Channel 4** sur Radio 3/Channel 4

g (= taking, using) ▸ **the doctor put her ~ antibiotics** le médecin l'a mise sous antibiotiques ▸ **he's ~ heroin** il se drogue à l'héroïne

h (= playing) ▸ **with Louis Armstrong ~ trumpet** avec Louis Armstrong à la trompette

i (= about, concerning) sur ▸ **a lecture ~ medical ethics** un cours sur l'éthique médicale

j (= at the expense of) ▸ **it's ~ me** c'est moi qui paie

k (indicating membership) ▸ **to be ~ the team/committee** faire partie de l'équipe/du comité

3 ADJ **a** (= functioning) [machine, engine] en marche ; [radio, TV, light] allumé ; [handbrake] mis ; [electricity] branché ; [tap, gas] ouvert

b (= taking place) ▸ **there's a match ~ at Wimbledon** il y a un match à Wimbledon ▸ **is the party still ~?** est-ce que la fête a toujours lieu ? ▸ **what's ~?** (at theatre, cinema) qu'est-ce qu'on joue ? ; (on TV) qu'est-ce qu'il y a à la télévision ?

c (indicating agreement) ▸ **you're ~ !** * d'accord ! ▸ **it's not ~ ** * (Brit) (= not acceptable) c'est inadmissible

on-line [ɒnˈlaɪn] (Computing) **1** ADJ en ligne **2** ADV ▸ **to go ~** se connecter

once [wʌns] **1** ADV **a** (= on one occasion) une fois ▸ **only ~** une seule fois ▸ **~ or twice** une ou deux fois ▸ **more than ~** plus d'une fois ▸ **~ again** encore une fois ▸ **~ a month** une fois par mois ▸ **~ every two days** une fois tous les deux jours ▸ **~ in a while** de temps en temps ▸ **for ~** pour une fois ▸ **~ and for all** une fois pour toutes **b** (= formerly) autrefois ▸ **~ upon a time there were three little pigs** il était une fois trois petits cochons **c** **at once** (= immediately) immédiatement ; (= simultaneously) en même temps ▸ **all at ~** (= simultaneously) tous (toutes fpl) en même temps or à la fois ; (= suddenly) tout à coup **2** CONJ ▸ **~ she'd seen him she left** après l'avoir vu elle est partie ▸ **~ you give him the chance** dès qu'il en aura l'occasion

oncoming ['ɒnkʌmɪŋ] ADJ [traffic, vehicle] venant en sens inverse ; [headlights, troops] qui approche

one [wʌn] **1** ADJ **a** (number) un, une ▸ **I've got ~ brother and ~ sister** j'ai un frère et une sœur ▸ **she is ~ year old** elle a un an ▸ **~ hundred and twenty** cent vingt ▸ **twenty-~ cows** vingt et une vaches ▸ **it's ~ o'clock** il est une heure ▸ **~ day** un jour **b** (= a single) un

seul ◆ **the ~ man/woman who could do it** le seul/la seule qui puisse le faire ◆ **my ~ and only pleasure** mon seul et unique plaisir ◆ **the ~ and only Charlie Chaplin!** le seul, l'unique Charlot ! **c** (= same) même ◆ **they all went in the ~ car** ils y sont tous allés dans la même voiture **2** N un(e) *m(f)* ◆ **~, two, three** un, deux, trois ◆ **twenty-~** vingt et un ◆ **~ by ~** un par un ◆ **chapter ~** chapitre un ◆ **he's president and secretary all in ~** il est à la fois président et secrétaire général ◆ **~ after the other** l'un après l'autre ◆ **~ of them** (= male) l'un d'eux ; (= female) l'une d'entre elles ; (= thing) l'un(e) ◆ **any ~ of them** n'importe lequel (*or* laquelle) **3** PRON **a** un(e) ◆ **would you like a ~?** en voulez-vous un(e) ? ◆ **she's ~ of my best friends** c'est une de mes meilleures amies ◆ **he's ~ of us** il est des nôtres ◆ **that's a difficult ~!** (= question) ça c'est difficile ! ◆ **the little ~s** les petits ◆ **I'd like a big ~** (= glass) j'en voudrais un grand ◆ **I'd like the big ~** (= slice) je voudrais la grosse ◆ **the ~ who** *or* **that ...** celui qui (*or* celle qui) ...
◆ **one another** l'un(e) l'autre ◆ **separated from ~ another** séparé(e)s l'un(e) de l'autre ◆ **they love ~ another** ils s'aiment **b** (impersonal subject) on ◆ **~ never knows** on ne sait jamais **4** ▶ **one-armed bandit** * machine *f* à sous ▶ **one-man** [business] individuel ; [canoe] monoplace ▶ **one-man band** homme-orchestre *m* ▶ **one-night stand** (sex) liaison *f* sans lendemain ▶ **one-off** * (Brit) ADJ unique ◇ N ◆ **it's a ~-off** (object) il n'y a en a qu'un comme ça ; (event) ça ne va pas se reproduire ▶ **one-one, one-on-one** (US) ⇒ **one-to-one** ▶ **oneparent family** famille *f* monoparentale ▶ **one-piece swimsuit** maillot *m* une pièce ▶ **one-sided** [decision] unilatéral ; [contest, game] inégal ; [judgement, account] partial ▶ **one-time** ancien *before n* ▶ **one-to-one, one-on-one** (US) [conversation] en tête-à-tête ; [training, counselling] individuel ◆ **~-to-one tuition** leçons *fpl* particulières ▶ **one-track** ◆ **to have a ~-track mind** n'avoir qu'une idée en tête ▶ **one-upmanship** * art *m* de faire mieux que les autres ▶ **one-way** [street] à sens unique ; [friendship] non partagé ◆ **~-way trip** aller *m* simple ◆ **a ~-way ticket** un aller simple

oneself [wʌn'self] PRON **a** (reflexive) se ◆ **to hurt ~** se blesser **b** (after preposition) soi(-même) ◆ **to be sure of ~** être sûr de soi ◆ **to be angry with ~** être en colère contre soi-même ◆ **by ~** tout seul **c** (emphatic) soi-même

ongoing ['ɒngəʊɪŋ] ADJ en cours ; [support] constant

onion ['ʌnjən] N oignon *m* ▶ **onion soup** soupe *f* à l'oignon

onlooker ['ɒnlʊkə^r] N spectateur *m*, -trice *f*

only ['əʊnlɪ] **1** ADJ seul ◆ **it's the ~ one left** c'est le seul qui reste ◆ **the ~ book he has** le seul livre qu'il ait ▶ **only child** enfant *mf* unique **2** ADV ne ... que ◆ **he's ~ ten** il n'a que dix ans ◆ **"ladies ~"** "réservé aux dames" ◆ **I ~ looked**

at it je n'ai fait que jeter un coup d'œil ◆ **you ~ have to ask** vous n'avez qu'à demander ◆ **not ~ Paris but also Rome** non seulement Paris mais aussi Rome ◆ **~ yesterday, he ...** hier encore il ... ◆ **he has ~ just arrived** il vient tout juste d'arriver ◆ **I caught the train but ~ just** j'ai eu le train mais de justesse **3** CONJ seulement ◆ **if ~** si seulement

onset ['ɒnset] N début *m*

onshore ['ɒn'ʃɔː^r] ADJ [breeze] du large ; [oilfield, job] à terre

onslaught ['ɒnslɔːt] N attaque *f*

onto ['ɒntʊ] PREP ⇒ **on to** ; → **on**

onus [uz] N responsabilité *f*

onward ['ɒnwəd] **1** ADJ ◆ **~ flight** *or* **connection** correspondance *f* **2** ADV ⇒ **onwards**

onwards ['ɒnwədz] ADV **a** (in direction) ◆ **to continue** (*or* **walk** *or* **sail**) **~** continuer à avancer **b** (in development) ◆ **to move ~** aller de l'avant **c** (in time) ◆ **from that time ~** depuis ◆ **from now ~** désormais ◆ **from today ~** à partir d'aujourd'hui

onyx ['ɒnɪks] N onyx *m*

ooze [uːz] **1** VI [liquid] suinter **2** VT ◆ **she was oozing charm** elle était pleine de charme

opal ['əʊpəl] N opale *f*

opaque [əʊ'peɪk] ADJ opaque

OPEC ['əʊpek] N (abbrev of **Organization o Petroleum-Exporting Countries**) OPEP *f*

open ['əʊpən] **1** ADJ **a** (gen) ouvert ◆ **the shops are ~** les magasins sont ouverts ◆ **it is ~ to question** ce n'est pas sûr **b** (= not enclosed) [car, carriage] découvert ◆ **in the ~ air** [eat] en plein air ; [live, walk] au grand air ; [sleep] à la belle étoile ◆ **the wide ~ spaces** les grands espaces **c** [meeting, trial] public (-ique *f*) **d** (= available) [post, job] vacant **e** (= frank) ouvert ; [admiration, envy] non dissimulé **f** (= undecided) ◆ **let's leave the date ~** attendons avant de fixer une date ◆ **to keep an ~ mind on sth** réserver son jugement sur qch **2** N **a** ◆ **out in the ~** (= out of doors) dehors, en plein air ◆ **to come out into the ~** [fact] apparaître au grand jour ; [scandal] éclater au grand jour **b** (Golf, Tennis) ◆ **the Open** l'Open *m* **3** VT **a** (gen) ouvrir ◆ **to ~ the window** ouvrir la fenêtre ◆ **it ~s the way for new discoveries** cela ouvre la voie à de nouvelles découvertes **b** [+ new building, institution] inaugurer **4** VI **a** [door, book, eyes, flower] s'ouvrir ; [shop, museum, bank] ouvrir ◆ **the door ~ed** la porte s'est ouverte ◆ **this door ~s onto the garden** cette porte donne sur le jardin **b** (= begin) [meeting, match] commencer ; [trial] s'ouvrir **5** COMP ▶ **open-air** en plein air ▶ **open day** (Brit) journée *f* portes ouvertes ▶ **open-ended, openend** (US) [ticket] open *inv* ; [question] ouve

▶ **open-heart surgery** chirurgie *f* à cœur ouvert ▶ **open-minded** à l'esprit ouvert ▶ **open-mouthed** bouche bée ▶ **open-necked** à col ouvert ▶ **open-plan** sans cloison ; [office] paysagé ▶ **open prison** prison *f* ouverte ▶ **open sandwich** tartine *f* ▶ **open secret** secret *m* de Polichinelle ▶ **open ticket** billet *m* open ▶ **the Open University** (Brit) *centre d'enseignement universitaire par correspondance*

▶ **open out** VI [passage, tunnel, street] s'élargir

▶ **open up** ◼ VI **a** [new shop, business] s'ouvrir ; [new career] commencer ; [opportunity] se présenter **b** (= confide) ◆ **I couldn't get him to ~ up at all** je ne suis pas arrivé à le faire parler ◼ VT SEP ouvrir ; [+ blocked road] dégager ; [+ possibilities] offrir

opening ['əʊpnɪŋ] ◼ N **a** (= gap) ouverture *f* ; (in wall) brèche *f* ; [of door, window] embrasure *f* **b** (= beginning) [of meeting, play] ouverture *f* **c** (= act of opening) [of door, road, letter] ouverture *f* ; [of ceremony, exhibition] inauguration *f* ; (Cards, Chess) ouverture *f* **d** (= opportunity) occasion *f* ; (for work, trade) débouché *m* ; (= specific job) poste *m* ◼ N **2** ADJ [ceremony, speech] inaugural ; [remark] préliminaire ◆ ~ **hours** heures *fpl* d'ouverture ◆ ~ **night** (of play, show) première *f* ◆ ~ **time** (Brit) l'heure *f* d'ouverture des pubs

openly ['əʊpənlɪ] ADV ouvertement

openness ['əʊpnnɪs] N franchise *f*

opera ['ɒpərə] N opéra *m* ▶ **opera glasses** jumelles *fpl* de théâtre ▶ **opera house** opéra *m* ▶ **opera singer** chanteur *m*, -euse *f* d'opéra

operate ['ɒpəreɪt] ◼ VI **a** [fleet, regiment, thief] opérer ; [system] fonctionner ; [law] jouer **b** (= perform surgery) opérer ◆ **he was ~d on for appendicitis** il a été opéré de l'appendicite ◆ **to ~ on sb's eyes** opérer qn des yeux ◼ VT [person] [+ machine, switchboard, brakes] faire marcher ; [+ system] pratiquer ; [+ business, factory] diriger

operating ['ɒpəreɪtɪŋ] ADJ [costs] d'exploitation ▶ **operating room** (US) salle *f* d'opération ▶ **operating system** système *m* d'exploitation ▶ **operating table** table *f* d'opération ▶ **operating theatre** (Brit) salle *f* d'opération

operation [ˌɒpəˈreɪʃən] N **a** (gen, Med) opération *f* ◆ **to have an ~** se faire opérer (for de) **b** (= functioning) [of mind, machine, business] fonctionnement *m* ; [of system] application *f* ◆ **to be in ~** [law, system] être en vigueur ; [machine, business] fonctionner ◆ **to come into ~** [law, system] entrer en vigueur ; [machine, factory] devenir opérationnel

operative ['ɒpərətɪv] ◼ ADJ (= functioning) opérationnel ◼ N (= worker) ouvrier *m*, -ière *f* ; (= machine operator) opérateur *m*, -trice *f* ; (= secret agent) agent *m* secret

operator ['ɒpəreɪtər] N (= person) [of machine] opérateur *m*, -trice *f* ; (on telephone) (for reporting faults) opérateur *m*, -trice *f* ; (on switchboard) standardiste *mf*

operetta [ˌɒpəˈretə] N opérette *f*

opinion [əˈpɪnjən] N (= point of view) opinion *f* ; (= professional advice) avis *m* ◆ **in my ~** à mon avis ◆ **to be of the ~ that** ... être d'avis que ... ▶ **opinion poll** sondage *m* d'opinion

opinionated [əˈpɪnjəneɪtɪd] ADJ ◆ **to be ~** avoir des opinions très arrêtées

opium ['əʊpɪəm] N opium *m*

opponent [əˈpəʊnənt] N (gen) adversaire *mf* ; [of government] opposant(e) *m(f)*

opportune ['ɒpətjuːn] ADJ opportun

opportunist [ˌɒpəˈtjuːnɪst] ADJ, N opportuniste *mf*

opportunity [ˌɒpəˈtjuːnɪtɪ] N **a** (= occasion) occasion *f* ◆ **to have the ~ to do sth** avoir l'occasion de faire qch ◆ **to take the ~ of doing** or **to do sth** profiter de l'occasion pour faire qch **b** (= possibility) chance *f* ; (in career) perspective *f* d'avenir ◆ **to make the most of one's opportunities** profiter pleinement des chances

oppose [əˈpəʊz] VT (gen) s'opposer à ; (Parl) [+ motion, resolution] faire opposition à

opposed [əˈpəʊzd] ADJ opposé ◆ **as ~ to** par opposition à

opposing [əˈpəʊzɪŋ] ADJ [factions, forces, views] opposé ; [team] adverse

opposite ['ɒpəzɪt] ◼ ADJ opposé ; (= facing) d'en face ◆ **it's in the ~ direction** c'est dans la direction opposée ◆ **the ~ sex** l'autre sexe *m* ◆ **his ~ number** son homologue *mf* ◼ ADV en face ◆ **the house ~** la maison d'en face ◆ ~ **to** en face de ◼ PREP en face de ◆ **they sat ~ one another** ils étaient assis face à face ◆ **to play ~ sb** (in play, film) partager la vedette avec qn ◼ N contraire *m*

opposition [ˌɒpəˈzɪʃən] N **a** (= resistance) opposition *f* ◆ **his ~ to the scheme** son opposition au projet ◆ **in ~ (to)** en opposition (avec) **b** ◆ **the ~** (Pol) l'opposition *f* ; (in sports match) l'adversaire *m* ; (in business) la concurrence

oppress [əˈpres] VT **a** [political regime] opprimer **b** [anxiety, heat] oppresser

oppression [əˈpreʃən] N oppression *f*

oppressive [əˈpresɪv] ADJ **a** [system, regime, law] oppressif **b** [air, heat, silence] oppressant ; [weather] lourd

opt [ɒpt] VI ◆ to ~ for sth opter pour qch ◆ to ~ to do sth choisir de faire qch
▶ **opt out** VI choisir de ne pas participer ◆ he ~ed out of going il a choisi de ne pas y aller

optic ['ɒptɪk] ADJ optique

optical ['ɒptɪkəl] ADJ optique ▶ **optical illusion** illusion f d'optique

optician [ɒp'tɪʃən] N opticien(ne) m(f) ; (for eyesight tests) oculiste mf

optimism ['ɒptɪmɪzəm] N optimisme m

optimist ['ɒptɪmɪst] N optimiste mf

optimistic [ˌɒptɪ'mɪstɪk] ADJ optimiste (about sth quant à qch)

optimize ['ɒptɪmaɪz] VT optimiser

optimum ['ɒptɪməm] ADJ optimal

option ['ɒpʃən] N option f ◆ I have no ~ je n'ai pas le choix ◆ he kept his ~s open il n'a pas voulu s'engager ◆ to give sb the ~ of doing sth donner à qn la possibilité de faire qch

optional ['ɒpʃənl] ADJ [course, subject] facultatif ; [accessories] en option ◆ ~ extra option f

opulent ['ɒpjʊlənt] ADJ [building, room, film, production] somptueux ; [person, lifestyle] opulent

opus ['əʊpəs] N opus m

or [ɔːʳ] CONJ (gen) ou ; (with negative) ni ◆ red ~ black? rouge ou noir ? ◆ he couldn't read ~ write il ne savait ni lire ni écrire ◆ an hour ~ so environ une heure ◆ ~ else ou bien

oracle ['ɒrəkl] N oracle m

oral ['ɔːrəl] ❶ ADJ ᵃ (= spoken) oral ᵇ [cavity, hygiene] buccal ❷ N oral m

orally ['ɔːrəlɪ] ADV ᵃ (= verbally) oralement ᵇ (= by mouth) par voie orale

orange ['ɒrɪndʒ] ❶ N ᵃ (= fruit) orange f ; (= tree) oranger m ; (= colour) orange m ▶ **orange blossom** fleurs fpl d'oranger ▶ **orange juice** jus m d'orange ❷ ADJ (in colour) orange inv ; [drink] à l'orange ; [flavour] d'orange

orangeade ['ɒrɪndʒ'eɪd] N orangeade f

orang-outang [ɔːˌræŋuː'tæŋ] N orangoutan m

orator ['ɒrətəʳ] N orateur m, -trice f

orb [ɔːb] N (= sphere) sphère f

orbit ['ɔːbɪt] ❶ N orbite f ◆ to be in ~ être en orbite ❷ VT être en orbite autour de ❸ VI orbiter

orchard ['ɔːtʃəd] N verger m ◆ cherry ~ cerisaie f

orchestra ['ɔːkɪstrə] N ᵃ orchestre m ▶ **orchestra pit** fosse f d'orchestre ᵇ (US Theatre) (fauteuils mpl d')orchestre m

orchestral [ɔː'kestrəl] ADJ [music] orchestral ; [work, arrangement] pour orchestre

orchid ['ɔːkɪd] N orchidée f

ordain [ɔː'deɪn] VT ᵃ (= order) décréter ᵇ (Rel) ◆ to be ~ed être ordonné prêtre

ordeal [ɔː'diːl] N épreuve f

order ['ɔːdəʳ]

❶ N ᵃ (= sequence) ordre m ◆ to put in ~ ranger dans l'ordre ◆ the pages were out of ~ les pages n'étaient pas dans le bon ordre ◆ in ~ of precedence par ordre de préséance
ᵇ (= proper state)
◆ in order [room] en ordre ; [passport, documents] en règle ◆ to put one's affairs in ~ mettre de l'ordre dans ses affaires ◆ in working ~ en état de marche
◆ to be in order (= proper) [action, request] être dans les règles
◆ out of order [machine] en panne ; [remark] déplacé ◆ "out of ~" "hors service"
ᶜ (expressing purpose)
◆ in order to pour ◆ I did it in ~ to clarify matters je l'ai fait pour clarifier la situation
◆ in order that afin que + subj
ᵈ (= proper behaviour) ordre m ◆ to keep ~ [police] faire régner l'ordre ; [teacher] faire régner la discipline
ᵉ (= category) (biological) ordre m ; (social) classe f ◆ something in the ~ of €3,000 de l'ordre de 3 000 €
ᶠ (= command) ordre m ◆ by ~ of sb/sth par ordre de qn/qch ◆ to give sb ~s to do sth ordonner à qn de faire qch ◆ to be under ~s to do sth avoir reçu l'ordre de faire qch
ᵍ (from customer) commande f ◆ to place an ~ with sb for sth passer une commande de qch à qn ▶ **order form** bulletin m de commande
ʰ (= portion of food) portion f ◆ an ~ of French fries une portion de frites
ⁱ (legal) ◆ ~ of the Court injonction f du tribunal
ʲ (religious) ordre m
❷ VT ᵃ (= command) ◆ to ~ sb to do sth ordonner à qn de faire qch
ᵇ (= ask for) [+ goods, meal, taxi] commander
ᶜ (= put in sequence) classer
❸ VI (in restaurant) passer sa commande
▶ **order about, order around** VT SEP ◆ he likes ~ing people about il aime donner des ordres à tout le monde

orderly ['ɔːdəlɪ] ❶ ADJ ᵃ (= tidy) ordonné ; (= methodical) méthodique ; (= disciplined) discipliné ; [queue] ordonné ❷ N ᵃ (= soldier) planton m ; (= officer) ordonnance f ᵇ (in hospital) garçon m de salle

ordinal ['ɔːdɪnl] ADJ, N ordinal m

ordinarily ['ɔːdnrɪlɪ] ADV normalement

ordinary ['ɔːdnrɪ] **1** ADJ **a** (= usual) habituel ; [clothes] de tous les jours **b** (= unexceptional) [person, day] ordinaire ; [intelligence, reader] moyen **2** N ordinaire m ◆ **out of the ~** hors du commun

ordnance ['ɔːdnəns] N (= guns) artillerie f ▸ **Ordnance Survey map** = carte f d'état-major

ore [ɔːʳ] N minerai m ◆ **iron ~** minerai m de fer

oregano [ˌɒrɪ'ɡɑːnəʊ, (US) ə'reɡənəʊ] N origan m

organ ['ɔːɡən] N **a** (gen) organe m **b** (= musical instrument) orgue m

organic [ɔː'ɡænɪk] ADJ **a** [farm, farmer, produce] biologique **b** [matter, waste, fertilizer] organique

organism ['ɔːɡənɪzəm] N organisme m

organist ['ɔːɡənɪst] N organiste mf

organization [ˌɔːɡənaɪ'zeɪʃən] N organisation f

organize ['ɔːɡənaɪz] VT organiser ◆ **to get ~d** s'organiser ▸ **organized crime** crime m organisé

organizer ['ɔːɡənaɪzəʳ] N **a** [of event] organisateur m, -trice f **b** (= diary) organiseur m

orgasm ['ɔːɡæzəm] **1** N orgasme m **2** VI avoir un orgasme

orgy ['ɔːdʒɪ] N orgie f

orient ['ɔːrɪənt] **1** N ◆ **the Orient** l'Orient m **2** VT orienter

oriental [ˌɔːrɪ'entəl] ADJ oriental

orientate ['ɔːrɪənteɪt] VT orienter

orientation [ˌɔːrɪən'teɪʃən] N orientation f

orienteering [ˌɔːrɪən'tɪərɪŋ] N courses fpl d'orientation

orifice ['ɒrɪfɪs] N orifice m

origin ['ɒrɪdʒɪn] N origine f

original [ə'rɪdʒɪnl] **1** ADJ **a** (= earliest) [meaning] originel ; [inhabitant] premier ; [purpose, suggestion] initial ; [shape, colour] d'origine **b** (= not copied) [painting, idea, writer] original **c** (= unconventional) original **2** N [of painting, document] original m

originality [əˌrɪdʒɪ'nælɪtɪ] N originalité f

originally [ə'rɪdʒənəlɪ] ADV **a** (= at first) à l'origine **b** (= unconventionally) de façon originale

originate [ə'rɪdʒɪneɪt] VI ◆ **to ~ from** [person] être originaire de ; [goods] provenir de

Orkney(s) ['ɔːknɪ(z)] N(PL) Orcades fpl

ornament ['ɔːnəmənt] N objet m décoratif

ornamental [ˌɔːnə'mentl] ADJ décoratif ; [garden, pond] d'agrément

ornate [ɔː'neɪt] ADJ très orné

ornithology [ˌɔːnɪ'θɒlədʒɪ] N ornithologie f

orphan ['ɔːfən] **1** N orphelin(e) m(f) **2** VT ◆ **to be ~ed** devenir orphelin(e)

orphanage ['ɔːfənɪdʒ] N orphelinat m

orthodox ['ɔːθədɒks] ADJ (gen) orthodoxe ; [medicine] traditionnel

orthopaedic, orthopedic (US) [ˌɔːθəʊ'piːdɪk] ADJ orthopédique

oscillate ['ɒsɪleɪt] VI osciller

osmosis [ɒz'məʊsɪs] N osmose f

ostensible [ɒs'tensəbl] ADJ prétendu (before n)

ostensibly [ɒs'tensəblɪ] ADV ostensiblement ◆ **he went out, ~ to telephone** il est sorti, apparemment pour téléphoner

ostentatious [ˌɒsten'teɪʃəs] ADJ [car, clothes] tape-à-l'œil inv ; [surroundings, person] prétentieux ; [gesture, attempt, manner] ostentatoire (liter)

osteopath ['ɒstɪəpæθ] N ostéopathe mf

ostracize ['ɒstrəsaɪz] VT ostraciser

ostrich ['ɒstrɪtʃ] N autruche f

other ['ʌðəʳ] **1** ADJ autre ◆ **the ~ one** l'autre mf ◆ **the ~ five** les cinq autres ◆ **~ people have done it** d'autres l'ont fait ◆ **~ people's property** la propriété d'autrui ◆ **the ~ day/week** l'autre jour/semaine ◆ **some fool or ~** un idiot **2** PRON autre ◆ **some ~s** d'autres ◆ **some like flying, ~s prefer the train** les uns aiment prendre l'avion, les autres préfèrent le train **3** ADV autrement ◆ **~ than that, I said nothing** à part ça, je n'ai rien dit ◆ **I've told nobody ~ than him** je ne l'ai dit à personne d'autre que lui

otherwise ['ʌðəwaɪz] **1** ADV autrement **2** CONJ sinon ◆ **take down the number, ~ you'll forget it** note le numéro, sinon tu vas l'oublier

otter ['ɒtəʳ] N loutre f

ouch [aʊtʃ] EXCL aïe !

🔲 **ought** [ɔːt] MODAL VB

a (obligation) ◆ **I ~ to do it** je devrais le faire, il faudrait que je le fasse ◆ **this ~ to have been finished long ago** cela aurait dû être terminé il y a longtemps

b (probability) ◆ **they ~ to be arriving soon** ils devraient bientôt arriver ◆ **he ~ to have got there by now** il a dû arriver (à l'heure qu'il est)

ounce [aʊns] N once f (environ 28 g)

our ['aʊəʳ] POSS ADJ notre ; (plural) nos ◆ **~ book** notre livre ◆ **~ clothes** nos vêtements

ours ['aʊəz] POSS PRON le nôtre ; (feminine) la nôtre ; (plural) les nôtres ◆ **their car is bigger**

than ~ leur voiture est plus grosse que la nôtre ◆ **this car is ~** cette voiture est à nous ◆ **a friend of ~** un de nos amis

ourselves [aʊə'selvz] PERS PRON **a** (reflexive) nous ◆ **we enjoyed ~** nous nous sommes bien amusés **b** (after prep) nous ◆ **we said to ~** nous nous sommes dit ◆ **for ~** pour nous ◆ **all by ~** tout seuls (toutes seules f) **c** (emphatic) nous-mêmes ◆ **we did it ~** nous l'avons fait nous-mêmes

oust [aʊst] VT évincer

OUT [aʊt]

1 ADV **a** (= not in) ◆ **Paul is ~** Paul est sorti ◆ **he's ~ fishing** il est parti à la pêche ◆ **when the tide is ~** à marée basse ◆ **(the ball is) ~!** (Tennis) (la balle est) out !
b (= outside) dehors ◆ **it's hot ~** il fait chaud dehors ◆ **~ you go!** sortez ! ◆ **he's ~ in the garden** il est dans le jardin
c (expressing distance) ◆ **the boat was 10 miles ~ to sea** le bateau était à 10 milles de la côte ◆ **their house is 10km ~ of town** leur maison est à 10 km de la ville
2 ADJ **a** [light, fire, gas] éteint
b (= available) [model, edition, video] sorti
c (= unavailable: for lending, renting) ◆ **that book is ~** ce livre est sorti
d (= revealed) ◆ **the secret is ~** le secret n'en est plus un
e (= unconscious) sans connaissance ◆ **he was ~ for 30 seconds** il est resté sans connaissance pendant 30 secondes
f (= wrong) ◆ **their timing was 5 minutes ~** ils s'étaient trompés de 5 minutes ◆ **you're not far ~ *** tu n'es pas tombé loin *
g (= unacceptable) [idea, suggestion] ◆ **that's right ~, I'm afraid** il n'en est pas question
h (= defeated: in games) ◆ **you're ~** tu es éliminé
i (= finished) ◆ **before the month was ~** avant la fin du mois
j (also **out on strike**) en grève
k (= unfashionable) passé de mode
l (flowers, sun) ◆ **the roses are ~** les rosiers sont en fleurs ◆ **the sun was ~** le soleil brillait
m ◆ **to be ~ to do sth*** (= seeking to do) chercher à faire qch
3 PREP ◆ **out of a** (= outside) en dehors de, hors de ◆ **they were 100km ~ of Paris** ils étaient à 100 km de Paris
b (= absent) ◆ **he's ~ of the office at the moment** il n'est pas au bureau actuellement
c (= through) par ◆ **~ of the window** par la fenêtre
d (= from) ◆ **a model made ~ of matchsticks** une maquette construite avec des allumettes ◆ **he had made the table ~ of a crate** il avait fabriqué la table avec une caisse ◆ **to take sth**

~ of a drawer prendre qch dans un tiroir ◆ **to drink ~ of a glass** boire dans un verre
e (= because of) par ◆ **~ of curiosity/necessity** par curiosité/nécessité
f (= from among) sur ◆ **in nine cases ~ of ten** dans neuf cas sur dix
g (= without) ◆ **we are ~ of bread** nous n'avons plus de pain
h (= sheltered from) à l'abri de ◆ **~ of the wind** à l'abri du vent
i (= eliminated from) éliminé de ◆ **~ of the World Cup** éliminé de la Coupe du monde
4 VT [+ homosexual] révéler l'homosexualité de
5 COMP ▶ **out-and-out** [lie] pur et simple ; [liar, cheat] fini ; [racist, fascist] pur et dur ▶ **out-of-bounds** [place] interdit ; (US) [ball] sorti ▶ **out-of-date** [passport, ticket] périmé ; [clothes, theory, concept] démodé ; [word] vieilli ▶ **out-of-the-ordinary** insolite ▶ **out-of-the-way** (= remote) isolé

---

outback ['aʊtbæk] N ◆ **the ~** (in Australia) l'intérieur m du pays

outboard ['aʊtbɔːd] N (also **outboard motor**) (moteur m) hors-bord m

outbreak ['aʊtbreɪk] N [of war, fighting] début m ; [of violence] éruption f ; [of disease] accès m

outburst ['aʊtbɜːst] N explosion f ◆ **an angry ~** un accès de colère

outcast ['aʊtkɑːst] N exclu(e) m(f)

outcome ['aʊtkʌm] N [of meeting, discussion] issue f ; [of decision] conséquence f

outcrop ['aʊtkrɒp] N affleurement m

outcry ['aʊtkraɪ] N (= protest) tollé m

outdated [aʊt'deɪtɪd] ADJ dépassé ; [clothes] démodé

outdo [aʊt'duː] (pret **outdid**, ptp **outdone**) VT ◆ **to ~ sb in sth** faire mieux que qn en qch

outdoor ['aʊtdɔːʳ] ADJ [activities] de plein air [work, swimming pool, tennis court] en plein air [market] à ciel ouvert

outdoors ['aʊt'dɔːz] ADV dehors ; [live] au grand air ; [sleep] à la belle étoile ◆ **to go ~** sortir

outer ['aʊtəʳ] ADJ extérieur (-eure f) ▶ **outer space** espace m

outfit ['aʊtfɪt] N **a** (= set of clothes) tenue f ; (for child) panoplie f **b** = clothes and equipment équipement m ; (= tools) matériel m **c** (= team) équipe f ; (= company) boîte * f

outgoing ['aʊtgəʊɪŋ] **1** ADJ **a** (= departing) [president, tenant] sortant ; [flight, mail] en partance **b** (= extrovert) extraverti **2** **outgoings** NPL (Brit) dépenses fpl

outgrow [aʊt'grəʊ] (pret **outgrew**, ptp **outgrown**) VT **a** [+ clothes] ◆ **he's ~n this coat** ce manteau est devenu trop petit pour lui **b** ◆ **to**

~ **sth** [hobby, sport] ne plus s'intéresser à qch ; [opinion, way of life] abandonner qch en prenant de l'âge

outhouse ['aʊthaʊs] N **a** (= shed) appentis *m* **b** (US = lavatory) cabinets *mpl* extérieurs

outing ['aʊtɪŋ] N sortie *f*

outlandish [aʊt'lændɪʃ] ADJ excentrique

outlast [aʊt'lɑːst] VT survivre à

outlaw ['aʊtlɔː] **1** N hors-la-loi *m* **2** VT [+ person] mettre hors la loi ; [+ activity, organization] proscrire

outlay ['aʊtleɪ] N (= spending) dépenses *fpl* ; (= investment) mise *f* de fonds

outlet ['aʊtlet] N **a** (for water) sortie *f* ; (US = socket) prise *f* de courant **b** (for talents) débouché *m* ; (for energy, emotions) exutoire *m* (for à) **c** (for goods) débouché *m*

outline ['aʊtlaɪn] **1** N **a** (= shape) [of object] contour *m* ; [of building, tree] silhouette *f* **b** (= summary) résumé *m* ◆ ~**s** (= main features) grandes lignes *fpl* **2** VT (= summarize) [+ theory, idea] exposer les grandes lignes de ; [+ facts, details] passer brièvement en revue

outlive [aʊt'lɪv] VT [person] survivre à

outlook ['aʊtlʊk] N **a** (= view) vue *f* **b** (= prospect) perspectives *fpl* (d'avenir) **c** (= attitude) vision *f* (du monde)

outlying ['aʊtlaɪɪŋ] ADJ [area] écarté

outmoded [aʊt'məʊdɪd] ADJ démodé ; [equipment] dépassé

outnumber [aʊt'nʌmbəʳ] VT être plus nombreux que

outpace [aʊt'peɪs] VT dépasser

outpatient ['aʊtpeɪʃənt] N malade *mf* en consultation externe ◆ ~**s department** service *m* de consultation externe

outpost ['aʊtpəʊst] N (military) avant-poste *m* ; [of organization] antenne *f*

output ['aʊtpʊt] (vb : pret, ptp **output**) **1** N **a** [of factory, mine, writer] production *f* ; [of agricultural land, machine, worker] rendement *m* **b** (Computing) sortie *f* **2** VT **a** (Computing) sortir **b** [factory] produire

outrage ['aʊtreɪdʒ] **1** N **a** (= emotion) indignation *f* **b** (= act, event) atrocité *f* **2** VT indigner

outraged ['aʊtreɪdʒd] ADJ indigné

outrageous [aʊt'reɪdʒəs] ADJ (= scandalous) scandaleux ; [remark] outrancier ; [story, claim, clothes, idea] extravagant

outright **1** ADV [aʊt'raɪt] **a** [say, tell] carrément ; [laugh] franchement **b** [refuse, deny] catégoriquement **c** (= instantly) ◆ **to be killed** ~ être tué sur le coup **2** ADJ ['aʊtraɪt] **a** (= undisguised) [lie] pur ; [hostility] franc (franche

f) ; [condemnation] catégorique **b** (= absolute) [victory] total ; [majority] absolu ; [winner] incontesté

outset ['aʊtset] N début *m* ◆ **at the** ~ au début ◆ **from the** ~ dès le début

outshine [aʊt'ʃaɪn] (pret, ptp **outshone**) VT éclipser

outside [aʊt'saɪd] **1** ADV dehors ◆ **to go** ~ sortir **2** PREP **a** à l'extérieur de ◆ **to live** ~ **London** vivre à l'extérieur de Londres ◆ **a man was standing** ~ **the house** un homme se tenait devant la maison ◆ ~ **of** (= outside) à l'extérieur de ; (= apart from) à part **b** (= beyond) en dehors de ◆ ~ **office hours** en dehors des heures de bureau **3** N extérieur *m* **4** ADJ (gen) extérieur ; [consultant, examiner] externe ◆ **there is an** ~ **chance he'll come** il y a une petite chance qu'il vienne ▶ **outside lane** [of road] (in Britain) voie *f* de droite ; (in US, Europe) voie *f* de gauche ; [of running track] piste *f* extérieure

outsider [aʊt'saɪdəʳ] N **a** (= stranger) étranger *m*, -ère *f* **b** (= unlikely winner) outsider *m*

outsize ['aʊtsaɪz] ADJ [clothes] grande taille *inv*

outskirts ['aʊtskɜːts] NPL [of town] périphérie *f* ◆ **on the** ~ en périphérie ◆ **on the** ~ **of London** à la périphérie de Londres

outsmart * [aʊt'smɑːt] VT se montrer plus malin que

outspoken [aʊt'spəʊkən] ADJ [person, criticism] franc (franche *f*)

outstanding [aʊt'stændɪŋ] ADJ **a** (= exceptional) remarquable **b** (= remaining) [debt, balance] impayé ; [issue, problem] non résolu

outstay [aʊt'steɪ] VT ◆ **I hope I haven't** ~**ed my welcome** j'espère que je n'ai pas abusé de votre hospitalité

outstretched [aʊt'stretʃt] ADJ [arm, hand] tendu ; [wings] déployé

outstrip [aʊt'strɪp] VT devancer

outward ['aʊtwəd] **1** ADJ **a** (= from a place) ◆ **the** ~ **journey** le voyage aller **b** (= external) extérieur (-eure *f*) **2** ADV **a** [face, move] vers l'extérieur **b** ◆ ~ **bound** [ship] en partance

outwardly ['aʊtwədlɪ] ADV [calm] extérieurement ; [respectable] en apparence

outwards ['aʊtwədz] ADV vers l'extérieur

outweigh [aʊt'weɪ] VT l'emporter sur

outwit [aʊt'wɪt] VT se montrer plus malin que

oval ['əʊvəl] **1** ADJ ovale ▶ **the Oval Office** le bureau ovale *(de la Maison-Blanche)* **2** N ovale *m*

ovary ['əʊvərɪ] N ovaire *m*

ovation [əʊ'veɪʃən] N ovation *f* ◆ **to give sb a standing** ~ ovationner qn

oven [ˈʌvn] N four m ◆ **in the ~** au four ▸ **oven glove** (Brit) gant m de cuisine

ovenproof [ˈʌvnpruːf] ADJ allant au four inv

---

over [ˈəʊvəʳ]

1 ADV **a** (= here, there) ◆ **~ here** ici ◆ **~ there** là-bas ◆ **they came ~ for the day** ils sont venus passer la journée chez nous ◆ **I'll be ~ at 7 o'clock** je serai là à 7 heures ◆ **they're ~ from Canada for the summer** ils sont venus du Canada pour passer l'été ici ◆ **they're ~ in France** ils sont en France
◆ **to have sb over** (= invite) inviter qn chez soi **b** (= above) dessus ◆ **heat the syrup and pour it ~** chauffer la mélasse et versez-la dessus **c** (= more) plus ◆ **children of eight and ~** les enfants de huit ans et plus **d** (= in succession) ◆ **he did it five times ~** il l'a fait cinq fois de suite
◆ **over and over (again)** à maintes reprises ◆ **he played the same tune ~ and ~ again** il a joué le même air je ne sais combien de fois **e** (= remaining) ◆ **there are three (left) ~** il en reste trois **f** (on two-way radio) ◆ **~ !** à vous ! ◆ **~ and out!** terminé !

2 ADJ (= finished) fini ◆ **after the war was ~** après la guerre ◆ **when the exams are ~** quand les examens seront finis ◆ **to get sth ~ and done with** en finir avec qch

3 PREP **a** (= on top of) sur ◆ **she put an apron on ~ her dress** elle a mis un tablier sur sa robe ◆ **I spilled coffee ~ it** j'ai renversé du café dessus **b** (= above) au-dessus de ◆ **the water came ~ his knees** l'eau lui arrivait au-dessus des genoux **c** (= across) de l'autre côté de ◆ **it's just ~ the river** c'est juste de l'autre côté de la rivière ◆ **there is a café ~ the road** il y a un café en face ◆ **the house ~ the road** la maison d'en face **d** (= during) ◆ **~ the summer** pendant l'été ◆ **~ Christmas** pendant les fêtes de Noël ◆ **a period of ~ the last few years** ces dernières années **e** (= about) ◆ **they fell out ~ money** ils se sont brouillés pour une question d'argent **f** (= more than) plus de ◆ **she is ~ 60** elle a plus de 60 ans ◆ **the ~-18s** les plus de 18 ans ◆ **well ~ 200 people** bien plus de 200 personnes ◆ **this was ~ and above his normal duties** cela dépassait le cadre de ses fonctions ◆ **~ and above the fact that ...** sans compter que ... **g** (= on) ◆ **I spent a lot of time ~ that report** j'ai passé beaucoup de temps sur ce rapport ◆ **he took hours ~ the preparations** il a consacré des heures à ces préparatifs

h (= while having) ◆ **they chatted ~ a cup of coffee** ils ont bavardé autour d'une tasse de café **i** (= recovered from)
◆ **to be over sth** [+ illness, bad experience] s'être remis de qch ◆ **we're ~ the worst now** le pire est passé maintenant

4 N (Cricket) série f de six balles

---

overact [əʊvərˈækt] VI en faire trop

overactive [əʊvərˈæktɪv] ADJ [imagination] débordant

overall 1 ADJ [ˈəʊvərɔːl] (= total) total ; [effect, impression] d'ensemble ; [improvement] global ; [winner, leader, victory] (Sport) au classement général **2** ADV [əʊvərˈɔːl] (= in general) dans l'ensemble **3** NPL [ˈəʊvərɔːl] **overalls** bleu m de travail

overawe [əʊvərˈɔː] VT impressionner

overbalance [əʊvəˈbæləns] VI [person] perdre l'équilibre ; [object] se renverser

overbearing [əʊvəˈbɛərɪŋ] ADJ dominateur (-trice f)

overboard [ˈəʊvəbɔːd] ADV [fall, jump] par-dessus bord ◆ **to go ~** * (fig) exagérer

overbook [əʊvəˈbʊk] VTI surréserver

overcame [əʊvəˈkeɪm] VB (pt of **overcome**)

overcast [ˈəʊvəkɑːst] ADJ [sky] couvert

overcharge [əʊvəˈtʃɑːdʒ] VT ◆ **to ~ sb for sth** faire payer qch trop cher à qn

overcoat [ˈəʊvəkəʊt] N pardessus m

overcome [əʊvəˈkʌm] (pret **overcame**, ptp **overcome**) VT [+ difficulty, obstacle, temptation] surmonter ; [+ opposition] triompher de ; [+ enemy] battre ◆ **~ with despair** complète-ment désespéré

overconfident [əʊvəˈkɒnfɪdənt] ADJ trop sûr de soi

overcrowded [əʊvəˈkraʊdɪd] ADJ [city, prison, house] surpeuplé ; [class] surchargé ; [train, bus] bondé

overcrowding [əʊvəˈkraʊdɪŋ] N surpeuplement m

overdo [əʊvəˈduː] (pret **overdid**, ptp **over-done**) VT (= exaggerate) exagérer ; (= do too much) [+ exercise] faire trop de ◆ **to ~ it** (= push o.s. too hard) s'épuiser ; (= exaggerate) exagérer

overdone [əʊvəˈdʌn] **1** VB (ptp of **overdo**) **2** ADJ (= overcooked) trop cuit

overdose [ˈəʊvədəʊs] **1** N overdose f **2** VI faire une overdose ◆ **to ~ on sth** faire une overdose de qch

overdraft [ˈəʊvədrɑːft] N découvert m

overdrawn [ˌəʊvəˈdrɔːn] ADJ [person, account] à découvert ◆ **I'm £500 ~** j'ai un découvert de 500 livres

overdressed [ˈəʊvədrest] ADJ trop habillé

overdue [ˌəʊvəˈdjuː] ADJ [payment] arriéré ◆ **that change is long ~** il y a longtemps que ce changement aurait dû intervenir ◆ **the baby is ~** le bébé aurait déjà dû naître

overeat [əʊvərˈiːt] (pret **overate**, ptp **overeaten**) VI trop manger

overestimate [əʊvərˈestɪmeɪt] VT surestimer

overexcited [əʊvərɪkˈsaɪtɪd] ADJ surexcité

overexpose [əʊvərɪksˈpəʊz] VT [+ film, photograph] surexposer

overflow 🔢 N [ˈəʊvəfləʊ] [of bath, sink] trop-plein *m* 🔢 VI [əʊvəˈfləʊ] [liquid, river, container] déborder ; [room, prison] être plein à craquer ◆ **to be full to ~ing** [bin] être plein à ras bords ; [room, prison] être plein à craquer

overgrown [ˈəʊvəˈɡrəʊn] ADJ [path, garden] envahi par la végétation ◆ **he's just an ~ schoolboy** il se conduit comme un enfant

overhang (pret, ptp **overhung**) 🔢 VT [ˌəʊvəˈhæŋ] surplomber 🔢 N [ˈəʊvəˌhæŋ] surplomb *m*

overhaul 🔢 N [ˈəʊvəhɔːl] [of vehicle, machine] révision *f* ; [of system, programme] remaniement *m* 🔢 VT [ˌəʊvəˈhɔːl] [+ vehicle, machine] réviser ; [+ system, programme] remanier

overhead 🔢 ADV [ˌəʊvəˈhed] (= up above) au-dessus de nos (*or* vos etc) têtes ; (= in the sky) dans le ciel ; (= on the floor above) à l'étage au-dessus 🔢 ADJ [ˈəʊvəhed] [wires, cables, railway] aérien ▸ **overhead projector** rétroprojecteur *m* 🔢 N [ˈəʊvəhed] (US) frais *mpl* généraux 🔢 NPL [ˈəʊvəhed] **overheads** (Brit) frais *mpl* généraux

overhear [ˌəʊvəˈhɪər] (pret, ptp **overheard**) VT surprendre, entendre (par hasard)

overheat [ˌəʊvəˈhiːt] 🔢 VT surchauffer 🔢 VI chauffer

overindulge [əʊvərɪnˈdʌldʒ] VI faire des excès

overjoyed [ˌəʊvəˈdʒɔɪd] ADJ ravi (about de)

overland [ˈəʊvəlænd] ADJ, ADV par voie de terre

overlap 🔢 VI [ˌəʊvəˈlæp] se chevaucher 🔢 N [ˈəʊvəlæp] chevauchement *m*

overleaf [ˈəʊvəliːf] ADV au verso

overload [ˌəʊvəˈləʊd] VT surcharger (with de)

overlook [ˌəʊvəˈlʊk] VT ⓐ [house, window] donner sur ⓑ (= miss) oublier ◆ **I ~ed that** cela m'a échappé ⓒ (= excuse) passer sur

overly [ˈəʊvəlɪ] ADV trop

overnight 🔢 ADV [ˌəʊvəˈnaɪt] ⓐ (= during the night) pendant la nuit ◆ **to stay ~ with sb** passer la nuit chez qn ⓑ (= suddenly) du jour au lendemain 🔢 ADJ [ˈəʊvəˌnaɪt] [journey] de nuit ▸ **overnight bag** sac *m* de voyage

overpass [ˈəʊvəpɑːs] N (US) pont *m* autoroutier ; (at flyover) autopont *m*

overpay [ˌəʊvəˈpeɪ] (pret, ptp **overpaid**) VT trop payer

overpower [ˌəʊvəˈpaʊər] VT [+ thief, assailant] maîtriser ; [+ army, team, opponent] battre

overpowering [ˌəʊvəˈpaʊərɪŋ] ADJ [desire, need, strength] irrésistible ; [feeling, force] irrépressible ; [smell, flavour] envahissant ; [heat] accablant ; [person, manner] dominateur (-trice *f*)

overpriced [ˌəʊvəˈpraɪst] ADJ excessivement cher

overrated [ˌəʊvəˈreɪtɪd] ADJ surfait

overreach [ˌəʊvəˈriːtʃ] VT ◆ **to ~ o.s.** vouloir trop entreprendre

overreact [ˌəʊvəriːˈækt] VI réagir de manière excessive

override [ˌəʊvəˈraɪd] (pret **overrode**, ptp **overridden**) VT ⓐ (= overrule) [+ order, instructions] passer outre à ; [+ decision] annuler ; [+ opinion] ne pas tenir compte de ⓑ (= be more important than) l'emporter sur

overriding [ˌəʊvəˈraɪdɪŋ] ADJ [consideration, importance] primordial ; [concern, feeling] premier : [factor] prépondérant

overrule [ˌəʊvəˈruːl] VT [+ judgement, decision] annuler ; [+ objection] rejeter

overrun [ˌəʊvəˈrʌn] (pret **overran**, ptp **overrun**) 🔢 VI ◆ **to ~ (by ten minutes)** [speaker] dépasser le temps imparti (de dix minutes) ; [programme, concert] dépasser l'heure prévue (de dix minutes) 🔢 VT envahir

overseas [ˈəʊvəˈsiːz] 🔢 ADV outre-mer ; (= abroad) à l'étranger 🔢 ADJ [market, trade] extérieur (-eure *f*) ; [student, visitor] étranger ; [aid] aux pays étrangers

oversee [əʊvəˈsiː] (pret **oversaw**, ptp **overseen**) VT surveiller

overseer [ˈəʊvəsiːər] N (in factory) contremaître *m*

overshadow [əʊvəˈʃædəʊ] VT ⓐ [tree, building] dominer ⓑ (= cloud) assombrir ; (= eclipse) [+ person, achievement] éclipser

overshoot [ˌəʊvəˈʃuːt] (pret, ptp **overshot**) VT dépasser

oversight [ˈəʊvəsaɪt] N (= omission) omission *f*

oversimplify [əʊvəˈsɪmplɪfaɪ] VT trop simplifier

oversleep [əʊvəˈsliːp] (pret, ptp **overslept**) VI ◆ **I overslept** je me suis réveillé trop tard

overspend [əʊvəˈspend] (pret, ptp **overspent**) VI trop dépenser

overstep [ˌəʊvəˈstep] VT ◆ **to ~ the mark** dépasser les bornes

overt [əʊˈvɜːt] ADJ [hostility] manifeste ; [discrimination, racism] flagrant

overtake [ˌəʊvəˈteɪk] (pret **overtook**, ptp **overtaken**) **1** VT [+ car] (Brit) doubler ; [+ competitor, rival, runner] dépasser **2** VI dépasser

overthrow [ˌəʊvəˈθrəʊ] (pret **overthrew**, ptp **overthrown**) VT renverser

overtime [ˈəʊvətaɪm] N **a** (at work) heures *fpl* supplémentaires **b** (US Sport) prolongation *f*

overtly [əʊˈvɜːtlɪ] ADV ouvertement

overtone [ˈəʊvətəʊn] N (= hint) note *f* ◆ **~s** connotations *fpl*

overtook [ˌəʊvəˈtʊk] VB (pt of **overtake**)

overture [ˈəʊvətjʊəʳ] N ouverture *f* ◆ **to make ~s to sb** faire des avances à qn

overturn [ˌəʊvəˈtɜːn] **1** VT **a** [+ car, chair] renverser **b** [+ government] renverser ; [+ decision, judgement] annuler **2** VI [car] se retourner

overview [ˈəʊvəvjuː] N vue *f* d'ensemble

overweight [ˌəʊvəˈweɪt] ADJ ◆ **to be ~** avoir un excès de poids ◆ **to be 5 kilos ~** peser 5 kilos de trop

overwhelm [ˌəʊvəˈwelm] VT **a** [emotions, misfortunes] accabler ; [shame, praise, kindness] rendre confus ◆ **I am ~ed by his kindness** je suis tout confus de sa gentillesse ◆ **to be ~ed with work** être débordé de travail **b** [earth, lava, avalanche] ensevelir ; [+ one's enemy, opponent] écraser

overwhelming [ˌəʊvəˈwelmɪŋ] ADJ [victory, majority, defeat] écrasant ; [desire, power, pressure] irrésistible ; [success] énorme ; [evidence, heat] accablant

overwork [ˌəʊvəˈwɜːk] **1** N surmenage *m* **2** VT [+ person] surcharger de travail **3** VI se surmener

overwrite [ˌəʊvəˈraɪt] VT [+ computer file] écraser

overwrought [ˌəʊvəˈrɔːt] ADJ (= upset) [person] à bout

ovulation [ˌɒvjʊˈleɪʃən] N ovulation *f*

ovum [ˈəʊvəm] N (pl **ova**) ovule *m*

owe [əʊ] VT devoir (to sb à qn) ◆ **he ~s me $5** il me doit 5 dollars ◆ **you ~ it to yourself to make a success of it** vous vous devez de réussir

owing [ˈəʊɪŋ] **1** ADJ dû **2** PREP ◆ **~ to** en raison de, à cause de

owl [aʊl] N chouette *f* ; (with ear tufts) hibou *m*

own [əʊn] **1** ADJ propre *before n* ◆ **his ~ car** sa propre voiture ◆ **it's her ~ company** c'est sa société ◆ **I saw it with my ~ eyes** je l'ai vu de mes propres yeux ◆ **he's his ~ man** il est son propre maître ◆ **he is his ~ worst enemy** il est son pire ennemi ◆ **he scored an ~ goal** (Brit) il a marqué un but contre son camp ; (fig) ça s'est retourné contre lui **2** PRON **a** ◆ **that's my ~** c'est à moi ◆ **my time is my ~** je suis libre de mon temps ◆ **a style all his ~** un style bien à lui ◆ **she wants a room of her ~** elle veut sa propre chambre ◆ **I have money of my ~** j'ai de l'argent à moi **b** (phrases) ◆ **each to his ~** chacun ses goûts ◆ **to come into one's ~** montrer de quoi on est capable ◆ **to get one's ~ back on sb for sth** prendre sa revanche sur qn de qch ◆ **to be on one's ~** être tout seul ◆ **did you do it all on your ~?** est-ce que vous l'avez fait tout seul ? **3** VT posséder ◆ **who ~s this house?** à qui appartient cette maison ?
► **own up** VI avouer ◆ **to ~ up to sth** admettre qch

owner [ˈəʊnəʳ] N propriétaire *mf*

ownership [ˈəʊnəʃɪp] N possession *f*

ox [ɒks] (pl **oxen**) N bœuf *m*

Oxbridge [ˈɒksbrɪdʒ] (Brit) N *les universités d'Oxford et de Cambridge*

Oxfam [ˈɒksfæm] N (Brit) (abbrev of **Oxford Committee for Famine Relief**) *association caritative d'aide au tiers-monde*

oxford [ˈɒksfəd] N (= shoe) chaussure *f* à lacets

oxide [ˈɒksaɪd] N oxyde *m*

oxidize [ˈɒksɪdaɪz] VI s'oxyder

oxtail [ˈɒksteɪl] N ► **oxtail soup** soupe *f* à la queue de bœuf

oxygen [ˈɒksɪdʒən] N oxygène *m* ► **oxygen mask** masque *m* à oxygène ► **oxygen tank** ballon *m* d'oxygène

oyster [ˈɔɪstəʳ] N huître *f*

ozone [ˈəʊzəʊn] N ozone *m* ► **ozone-friendly** qui préserve la couche d'ozone ► **ozone hole** trou *m* d'ozone ► **ozone layer** couche *f* d'ozone

A N G L A I S /
F
R
A
N
Ç
A
I
S

P, p [piː] N **a** (abbrev of **penny**) penny m **b** (abbrev of **pence**) pence mpl

PA [piːˈeɪ] N **a** (abbrev of **personal assistant**) secrétaire mf de direction **b** (abbrev of **public-address system**) sono * f

pa * [pɑː] N papa m

p.a. (abbrev of **per annum**) par an

pace [peɪs] **1** N pas m **+ to put sb through their ~s** mettre qn à l'épreuve **+ the ~ of life** le rythme de vie **+ to set the ~** (in race) mener le train **+ to do sth at one's own ~** faire qch à son rythme **2** VI **+ to ~ up and down** faire les cent pas **3** VT **+ to ~ o.s.** ménager ses forces

pacemaker [ˈpeɪsˌmeɪkəʳ] N **a** (= device) pacemaker m **b** (= person) **+ to be (the) ~** mener le train

Pacific [pəˈsɪfɪk] N Pacifique m **►** the **Pacific Ocean** l'océan m Pacifique

pacifier [ˈpæsɪfaɪəʳ] N (US = baby's dummy) tétine f

pacifist [ˈpæsɪfɪst] ADJ, N pacifiste mf

pacify [ˈpæsɪfaɪ] VT [+ person] calmer

pack [pæk] **1** N **a** (= packet) paquet m **b** (= backpack) sac m à dos **c** (= group) [of hounds, cubs] meute f; (Rugby) pack m **+ a ~ of lies** un tissu de mensonges **d** [of cards] jeu m **2** VT **a** (= parcel up) emballer **+ to ~ one's things** faire ses bagages **b** (= fill tightly) remplir (with de) **+ to ~ one's bags** faire ses bagages; (fig) plier bagage **+ to be ~ed with** (= full of) être bourré de **c** (= crush together) [+ earth, objects] tasser; [+ people] entasser **3** VI **a** (= do one's luggage) faire ses bagages **b** (= cram) **+ they ~ed into the stadium** ils se sont entassés dans le stade
► pack in ◄ 1 VI (= break down) [machine, car] rendre l'âme **2** VT SEP (Brit) [+ person, job] plaquer *
► pack up 1 VI **a** (= do one's luggage) faire ses bagages; (moving house) faire ses cartons **b** (Brit = break down) * rendre l'âme * **2** VT SEP [+ object, book] emballer

package [ˈpækɪdʒ] **1** N **a** (= parcel) paquet m **b** [of reforms, measures] ensemble m; (= software) progiciel m **+ an aid ~** un programme d'aide **►** package **deal** (= contract) contrat m global **►** package **holiday** voyage m organisé **2** VT (= wrap up) emballer; (= present) présenter

packaging [ˈpækɪdʒɪŋ] N emballage m

packed [pækt] ADJ (with people) bondé

packed lunch [pæktˈlʌntʃ] N (Brit) **+ I'll take a packed lunch** je vais emporter des sandwichs

packet [ˈpækɪt] N paquet m; [of sweets] sachet m

packing [ˈpækɪŋ] N [of parcel, goods] emballage m **+ to do one's ~** faire ses bagages **►** packing **case** caisse f

pact [pækt] N pacte m

pad [pæd] **1** N **a** (to prevent friction, damage) coussinet m; (Football) protège-cheville m inv; (Hockey) jambière f **b** (= paper) bloc m; (smaller) bloc-notes m; (also **writing pad**) bloc m (de papier à lettres) **c** [of cat, dog] coussin m charnu **d** (also **launch pad**) rampe m (de lancement) **2** VI **+ to ~ about** aller et venir à pas feutrés **3** VT [+ cushion, shoulders] rembourrer; [+ furniture, door] capitonner
► pad out VT SEP [+ speech, essay] étoffer; (pej) délayer

padded [ˈpædɪd] ADJ [garment, envelope] matelassé **►** padded **cell** cellule f capitonnée

padding [ˈpædɪŋ] N (= material) bourre f; (in book, speech) remplissage m

paddle [ˈpædl] **1** N **a** [of canoe] pagaie f **b** (in water) **+ to have a ~** barboter **c** (US = table tennis bat) raquette f de ping-pong **2** VI (in water) barboter **3** COMP **►** paddle **boat, paddle steamer** (Brit) bateau m à aubes

paddling pool [ˈpædlɪŋpuːl] N (Brit) pataugeoire f

paddock [ˈpædək] N enclos m; (Racing) paddock m

paddy field [ˈpædɪˌfiːld] N rizière f

padlock [ˈpædlɒk] **1** N cadenas m **2** VT cadenasser

paediatrician [ˌpiːdɪəˈtrɪʃən] N pédiatre mf

paediatrics [ˌpiːdɪˈætrɪks] N pédiatrie f

paedophile [ˈpiːdəʊfaɪl] N pédophile m

pagan [ˈpeɪɡən] ADJ, N païen(ne) m(f)

page [peɪdʒ] **1** N **a** (in book) page f **+ on ~ 10** à la page 10 **b** (= boy: at court) page m **c** (US: at wedding) garçon m d'honneur **2** VT (= call for) [+ person] faire appeler

pageant [ˈpædʒənt] N (historical) spectacle m historique; (= parade) défilé m

pageboy ['peɪdʒˌbɔɪ] N (Brit: at wedding) garçon m d'honneur

pager ['peɪdʒəʳ] N récepteur m d'appel ; [of doctor] bip * m

pagoda [pə'gəudə] N pagode f

paid [peɪd] **1** VB (pt, ptp of **pay**) **2** ADJ [staff, employee] salarié ; [work] rémunéré ; [holidays] payé

pail [peɪl] N seau m

pain [peɪn] N douleur f ◆ **to be in (great) ~** souffrir (beaucoup) ◆ **to take ~s to do sth** se donner beaucoup de mal pour faire qch ◆ **for one's ~s** pour sa peine ◆ **on ~ of death** sous peine de mort ◆ **he's a real ~** * il est vraiment casse-pieds *

pained [peɪnd] ADJ [expression] peiné

painful ['peɪnfəl] ADJ **a** [wound] douloureux **b** (= distressing) pénible

painfully ['peɪnfəlɪ] ADV **a** [throb] douloureusement **b** [shy, thin, slow] terriblement

painkiller ['peɪnˌkɪləʳ] N analgésique m

painless ['peɪnlɪs] ADJ indolore

painstaking ['peɪnzˌteɪkɪŋ] ADJ méticuleux

paint [peɪnt] **1** N peinture f ▶ **paint stripper** décapant m **2** VT peindre ◆ **to ~ a wall red** peindre un mur en rouge ◆ **to ~ the town red** faire la noce * **3** VI peindre

paintbox ['peɪntbɒks] N boîte f de couleurs

paintbrush ['peɪntbrʌʃ] N pinceau m

painter ['peɪntəʳ] N **a** (Art) peintre m **b** (= housepainter) peintre m en bâtiments ◆ **~ and decorator** peintre m décorateur

painting ['peɪntɪŋ] N **a** (= activity) peinture f **b** (= picture) tableau m

paintwork ['peɪntwɜːk] N peinture f

pair [pɛəʳ] **1** N paire f ◆ **a ~ of scissors** une paire de ciseaux ◆ **a ~ of pyjamas** un pyjama ◆ **in ~s** [work] à deux ; [enter] par deux **2** VT ◆ **to be ~ed with sb** (in competition) avoir qn comme partenaire ; (at work) travailler en équipe avec qn
▶ **pair off** VI [people] se mettre par deux ◆ **to ~ off with sb** se mettre avec qn

paisley ['peɪzlɪ] N (= design) motif m cachemire

pajamas [pə'dʒɑːməz] NPL (US) pyjama m

Pakistan [ˌpɑːkɪs'tɑːn] N Pakistan m

Pakistani [ˌpɑːkɪs'tɑːnɪ] **1** ADJ pakistanais **2** N Pakistanais(e) m(f)

pal * [pæl] N pote * mf

palace ['pælɪs] N palais m

palatable ['pælətəbl] ADJ [food] savoureux ; [fact] acceptable

palate ['pælɪt] N palais m

palaver * [pə'lɑːvəʳ] N (= fuss) bazar * m

pale [peɪl] **1** ADJ (gen) pâle ; (from sickness, fear) blême ; [moonlight] blafard ◆ **to grow ~** pâlir ▶ **pale ale** (Brit) bière blonde légère **2** VI ◆ **it ~s into insignificance beside ...** cela paraît dérisoire par rapport à ... **3** N ◆ **to be beyond the ~** [behaviour, ideas] être inadmissible ; [person] dépasser les bornes

Palestine ['pælɪstaɪn] N Palestine f

Palestinian [ˌpælɪs'tɪnɪən] **1** ADJ palestinien **2** N Palestinien(ne) m(f)

palette ['pælɪt] N palette f ▶ **palette knife** spatule f

pall [pɔːl] **1** VI perdre son charme (on sb pour qn) **2** N [of smoke] voile m ◆ **to cast a ~ over** [+ event, celebration] assombrir

pallet ['pælɪt] N (for handling goods) palette f

palliative ['pælɪətɪv] ADJ, N palliatif m

pallid ['pælɪd] ADJ blafard

palm [pɑːm] N **a** [of hand] paume f ◆ **to read sb's ~** lire les lignes de la main à qn **b** (= tree) palmier m ▶ **Palm Sunday** dimanche m des Rameaux
▶ **palm off** VT SEP ◆ **to ~ sth off on sb** refiler * qch à qn ◆ **to ~ sb off** se débarrasser de qn

palmtop [ˌpɑːmtɒp] N (also **palmtop computer**) ordinateur m de poche

palpable ['pælpəbəl] ADJ palpable

paltry ['pɔːltrɪ] ADJ [amount] dérisoire

pamper ['pæmpəʳ] VT dorloter ◆ **to ~ o.s.** se faire plaisir

pamphlet ['pæmflɪt] N brochure f

pan [pæn] **1** N casserole f ; (US: for baking) moule m à gâteau **2** VT (* = criticize harshly) [+ film, book] éreinter **3** VI [camera] faire un panoramique (to sur)

panacea [ˌpænə'sɪə] N panacée f

panache [pə'næʃ] N panache m

Panama ['pænəˌmɑː] N Panama m ▶ **the Panama Canal** le canal de Panama ▶ **Panama hat** panama m

pancake ['pænkeɪk] N crêpe f ▶ **Pancake Day, Pancake Tuesday** (Brit) mardi m gras

pancreas ['pæŋkrɪəs] N pancréas m

panda ['pændə] N panda m

pandemonium [ˌpændɪ'məunɪəm] N chahut m

pander ['pændəʳ] VI ◆ **to ~ to** [+ person] se prêter aux exigences de ; [+ whims, desires] se plier à ; [+ tastes, weaknesses] flatter

pane [peɪn] N vitre f

panel ['pænəl] N **a** [of door, wall] panneau m **b** (= group) (for interview) jury m d'entretien ; (on programme) invités mpl ; (for game) jury m ;

(= committee) comité m ◆ a ~ of experts un groupe d'experts ▶ **panel game** (on radio) jeu m radiophonique ; (on TV) jeu m télévisé

panelling, paneling (US) ['pænəlɪŋ] N lambris m

pan-fry ['pænfraɪ] VT poêler ◆ **pan-fried salmon** saumon m poêlé

pang [pæŋ] N pincement m de cœur ◆ a ~ of conscience un accès de mauvaise conscience ◆ hunger ~s tiraillements mpl d'estomac

panic ['pænɪk] **1** N panique f ◆ in a ~ complètement paniqué **2** VI paniquer ◆ don't ~! pas de panique ! **3** VT [+ person] faire paniquer

panicky ['pænɪkɪ] ADJ ◆ to feel ~ être pris de panique

panic-stricken ['pænɪk,strɪkən] ADJ affolé

pannier ['pænɪər] N (on cycle, motorcycle) sacoche f

panorama [,pænə'rɑːmə] N panorama m

panoramic [,pænə'ræmɪk] ADJ panoramique

Pan pipes ['pænpaɪps] NPL flûte f de Pan

pansy ['pænzɪ] N (= flower) pensée f

pant [pænt] VI haleter

panther ['pænθər] N panthère f

panties ['pæntɪz] NPL slip m

pantihose ['pæntɪhəʊz] NPL collant m

pantomime ['pæntəmaɪm] N (Brit = show) spectacle de Noël pour enfants

pantry ['pæntrɪ] N garde-manger m inv

pants [pænts] NPL **a** (Brit = underwear) ◆ (a pair of) ~ un slip **b** (= trousers) ◆ (a pair of) ~ un pantalon

pantyhose ['pæntɪhəʊz] N collant m

panty liner ['pæntɪ,laɪnər] N protège-slip m

paper ['peɪpər] **1** N **a** (for writing on) papier m ◆ a piece of ~ (= odd bit) un morceau de papier ; (= sheet) une feuille de papier **b** (= newspaper) journal m **c** (= set of exam questions) épreuve f écrite ; (= student's written answers) copie f **d** (= scholarly work) (printed) article m ; (in seminar) exposé m **e** (= wallpaper) papier m peint **2** **papers** (= documents) papiers mpl **3** VT [+ room, walls] tapisser **4** ADJ (gen) en papier ; [plate, cup] en carton ▶ **paper bag** sac m en papier ▶ **paper lantern** lampion m ▶ **paper mill** usine f de papier ▶ **paper round** tournée f de distribution des journaux ▶ **paper shop** (Brit) marchand m de journaux

paperback ['peɪpəbæk] N livre m de poche

paperboy ['peɪpəbɔɪ] N livreur m de journaux

paperclip ['peɪpəklɪp] N trombone m

papergirl ['peɪpəgɜːl] N livreuse f de journaux

paperweight ['peɪpəweɪt] N presse-papiers m inv

paperwork ['peɪpəwɜːk] N tâches fpl administratives

papier-mâché [,pæpɪeɪ'mæʃeɪ] N papier m mâché

paprika ['pæprɪkə] N paprika m

par [pɑːr] N **a** ◆ to be on a ~ with être comparable à **b** (= standard) ◆ his work is below ~ son travail laisse à désirer ◆ to feel below or under ~ ne pas être en forme **c** (Golf) par m

parable ['pærəbl] N parabole f

paracetamol [,pærə'siːtəmɒl] N paracétamol m

parachute ['pærəʃuːt] **1** N parachute m ▶ **parachute jump** saut m en parachute **2** VI descendre en parachute **3** VT parachuter

parade [pə'reɪd] **1** N (= procession) défilé m **2** VT (= display) afficher **3** VI [soldiers] défiler
▶ **parade about** *
▶ **parade around** * VI pavaner

paradise ['pærədaɪs] N paradis m

paradox ['pærədɒks] N paradoxe m

paradoxically [,pærə'dɒksɪkəlɪ] ADV paradoxalement

paraffin ['pærəfɪn] N (Brit = fuel) pétrole m ▶ **paraffin lamp** lampe f à pétrole ▶ **paraffin wax** paraffine f

paragliding ['pærə,glaɪdɪŋ] N parapente m

paragon ['pærəgən] N modèle m

paragraph ['pærəgrɑːf] N paragraphe m ◆ "new ~" "à la ligne"

parakeet ['pærəkiːt] N perruche f

parallel ['pærəlel] **1** ADJ parallèle (with, to à) ; (= similar) [situation, process, event] analogue **2** N parallèle m ◆ to draw a ~ between établir un parallèle entre ◆ an event without ~ un événement sans précédent

paralysis [pə'ræləsɪs] N (pl paralyses [pə'ræləsiːz]) paralysie f

paralyze ['pærəlaɪz] VT paralyser ◆ ~d with fear paralysé de peur

paramedic [,pærə'medɪk] N auxiliaire mf médical(e)

parameter [pə'ræmɪtər] N paramètre m

paramilitary [,pærə'mɪlɪtərɪ] ADJ paramilitaire

paramount ['pærəmaʊnt] ADJ primordial

paranoia [,pærə'nɔɪə] N paranoïa f

paranoid ['pærənɔɪd] ADJ paranoïaque

parapet ['pærəpɪt] N parapet m

paraphernalia [,pærəfə'neɪlɪə] N (pl inv) attirail m

paraphrase ['pærəfreɪz] **1** N paraphrase *f* **2** VT paraphraser

paraplegic [,pærə'pliːdʒɪk] ADJ, N paraplégique *mf*

parascending ['pærə,sendɪŋ] N parachutisme *m* ascensionnel

parasite ['pærəsaɪt] N parasite *m*·

parasol ['pærəsɒl] N (hand-held) ombrelle *f* ; (over table, on beach) parasol *m*

paratrooper ['pærətruːpər] N parachutiste *mf* (soldat)

parcel ['pɑːsəl] N colis *m*
► **parcel up** VT SEP empaqueter

parched [pɑːtʃt] ADJ [lips, soil, plants] desséché ◆ **I'm ~!** * je meurs de soif ! *

parchment ['pɑːtʃmənt] N parchemin *m*

pardon ['pɑːdən] **1** N pardon *m* **2** VT **a** [+ mistake] pardonner ◆ **~ me** excusez-moi ◆ **~?** pardon ? **b** [+ criminal] gracier

pare [peər] VT **a** [+ fruit] éplucher ; [+ nails] couper **b** (= reduce: also **pare down**) réduire

parent ['peərənt] N (= father) père *m* ; (= mother) mère *f* ◆ **his ~s** ses parents *mpl* ► **parent company** maison *f* mère ► **parents' evening** réunion *f* de parents d'élèves ► **parent-teacher association** association *f* de parents d'élèves et de professeurs

parental [pə'rentl] ADJ parental

parenthesis [pə'renθɪsɪs] N (pl **parentheses** [pə'renθɪsiːz]) parenthèse *f* ◆ **in parentheses** entre parenthèses

Paris ['pærɪs] **1** N Paris *m* **2** ADJ [society, nightlife, metro] parisien

parish ['pærɪʃ] N (Rel) paroisse *f* ; (Brit: administrative area) commune *f* ► **parish church** église *f* paroissiale ► **parish priest** (Catholic) curé *m* ; (Protestant) pasteur *m*

parishioner [pə'rɪʃənər] N paroissien(ne) *m(f)*

Parisian [pə'rɪzɪən] **1** ADJ parisien **2** N Parisien(ne) *m(f)*

parity ['pærɪtɪ] N parité *f*

park [pɑːk] **1** N parc *m* **2** VT [+ vehicle] garer **3** VI stationner ► **park-and-ride** stationnement *m* en périphérie d'agglomération combiné à un système de transport en commun

parka ['pɑːkə] N parka *f*

parking ['pɑːkɪŋ] N stationnement *m* ◆ **"no ~"** "défense de stationner" ► **parking brake** (US) frein *m* à main ► **parking lot** (US) parking *m* ► **parking meter** parcmètre *m* ► **parking place**, **parking space** place *f* de stationnement ► **parking ticket** PV * *m*, contravention *f*

Parkinson's disease ['pɑːkɪnsənzdɪ,ziːz] N maladie *f* de Parkinson

parliament ['pɑːləmənt] N parlement *m*

parliamentary [,pɑːlə'mentərɪ] ADJ parlementaire

parlour, parlor (US) ['pɑːlər] N († .) (in house) petit salon *m* ◆ **~ game** jeu *m* de société

Parmesan [,pɑːmɪ'zæn] N (also **Parmesan cheese**) parmesan *m*

parochial [pə'rəʊkɪəl] ADJ [attitude, outlook] borné ► **parochial school** (US) école *f* catholique

parody ['pærədɪ] **1** N parodie *f* **2** VT parodier

parole [pə'rəʊl] N (= period of release) liberté *f* conditionnelle ; (= act of release) mise *f* en liberté conditionnelle ◆ **on ~** en liberté conditionnelle

parquet ['pɑːkeɪ] N **a** (also **parquet flooring**) parquet *m* **b** (US Theatre) parterre *m*

parrot ['pærət] N perroquet *m* ► **parrot-fashion** comme un perroquet

parry ['pærɪ] VT [+ blow, attack] parer ; [+ question] éluder

parsimonious [,pɑːsɪ'məʊnɪəs] ADJ parcimonieux

parsley ['pɑːslɪ] N persil *m* ► **parsley sauce** sauce *f* persillée

parsnip ['pɑːsnɪp] N panais *m*

parson ['pɑːsn] N (= parish priest) pasteur *m*

part [pɑːt] **1** N **a** (= section, division) partie *f* ◆ **it's all ~ of growing up** c'est normal quand on grandit ◆ **it's all ~ of the job** ça fait partie du travail ◆ **to be ~ and parcel of sth** faire partie (intégrante) de qch ◆ **in ~** en partie ◆ **for the most ~** dans l'ensemble **b** (= episode) [of book, play] partie *f* ; [of serial] épisode *m* ◆ **a six-~ serial** un feuilleton en six épisodes **c** (of machine) pièce *f* **d** (= measure) mesure *f* **e** (= role) rôle *m* ◆ **to take ~ (in sth)** participer (à qch) **f** (= behalf) ◆ **for my ~** pour ma part **g** (= place) ◆ **in this ~ of the world** * dans le coin * **h** (US = parting) (in hair) raie *f* **2** ADV (= partly) en partie ◆ **she is ~ French** elle a des origines françaises **3** VT **a** [+ people, boxers] séparer **b** ◆ **to ~ one's hair** se faire une raie **4** VI (= take leave of each other) se quitter ; (= break up) [couple, boxers] se séparer ; (= open up) [crowd, lips] s'ouvrir ◆ **to ~ from sb** quitter qn ◆ **to ~ with** [+ money] débourser ; [+ possessions] se défaire de ; [+ employee] se séparer de **5** COMP ► **part exchange** (Brit) reprise *f* ◆ **to take a car in ~ exchange** reprendre une voiture ► **part of speech** partie *f* du discours ► **part payment** (= exchange) règlement *m* partiel ; (= deposit) arrhes *fpl*

partial ['pɑːʃəl] ADJ **a** [success, explanation, eclipse] partiel **b** (= biased) partial ◆ **to be ~ to sth** avoir un faible pour qch

partially ['pɑ:ʃəlɪ] ADV (= partly) en partie ◆ **to be ~-sighted** être malvoyant

participant [pɑ:'tɪsɪpənt] N participant(e) m(f) (in à)

participate [pɑ:'tɪsɪpeɪt] VI participer (in à)

participation [pɑ:,tɪsɪ'peɪʃən] N participation f (in à)

participle ['pɑ:tɪsɪpl] N participe m ◆ **past/present ~** participe m passé/présent

particle ['pɑ:tɪkl] N particule f

particular [pə'tɪkjʊləʳ] **1** ADJ **a** (gen) particulier ◆ **for no ~ reason** sans raison particulière ◆ **to pay ~ attention to sth** faire particulièrement attention à qch **b** (= fussy) exigeant **2** N **a** ◆ **in ~** en particulier **b** (= detail) détail m **3 particulars** NPL (= information) détails mpl ; (= description) description f ; [of person] (= description) signalement m ; (= name, address) coordonnées fpl

particularly [pə'tɪkjʊləlɪ] ADV [good, bad, well, badly] particulièrement

parting ['pɑ:tɪŋ] N **a** (= separation) séparation f **b** (Brit) [of hair] raie f

partisan [,pɑ:tɪ'zæn] N partisan m

partition [pɑ:'tɪʃən] **1** N **a** (also **partition wall**) cloison f **b** [of country] partition f **2** VT [+ property] diviser ; [+ country] diviser en deux ; [+ estate] morceler ; [+ room] cloisonner

partly ['pɑ:tlɪ] ADV en partie

partner ['pɑ:tnəʳ] N **a** (gen) partenaire mf ; (in business) associé(e) m(f) ; (Dancing) cavalier m, -ière f ◆ **~s in crime** complices mpl **b** (= boyfriend) compagnon m ; (= girlfriend) compagne f

partnership ['pɑ:tnəʃɪp] N association f ◆ **to go into ~** s'associer

partridge ['pɑ:trɪdʒ] N perdrix f ; (to eat) perdreau m

part-time [pɑ:t'taɪm] **1** ADJ à temps partiel ◆ **to have a ~ job** travailler à temps partiel **2** ADV [work, study] à temps partiel

party ['pɑ:tɪ] **1** N **a** (political) parti m ▸ **party line** (Pol) ligne f du parti ▸ **party politics** politique f de parti ; (pej) politique f politicienne **b** (= group of travellers) groupe m **c** (= celebration) fête f ; (in the evening) soirée f ; (formal) réception f ◆ **birthday ~** fête f d'anniversaire **d** (Law) partie f **2** VI ◆ faire la fête

pass [pɑ:s] **1** N **a** (= permit) [of journalist, worker] laissez-passer m inv ; (for travel) carte f d'abonnement **b** (in mountains) défilé m **c** (in exam) mention f passable ◆ **to get a ~ in history** être reçu en histoire ▸ **pass mark** moyenne f **d** (Football) passe f **e** (= sexual advance) ◆ **to make a ~ * at sb** faire du plat * à qn **2** VI **a** (= come, go) passer ◆ **to let sb ~** laisser passer qn **b** [time] s'écouler ◆ **three days had ~ed** trois jours s'étaient écoulés **c** (= go away) [pain, crisis] passer ; [danger] disparaître ; [memory] s'effacer **d** (in exam) être reçu (in en) **e** (= take place) se passer **f** (= be accepted) ◆ **she could ~ for 20** on lui donnerait 20 ans ◆ **will this do? – oh, it'll ~ *** est-ce que ça convient ? – oh, ça peut aller ◆ **he let it ~** il a laissé passer **g** (Cards) passer ◆ **(I) ~!** (in games) (je) passe ! ; (fig) aucune idée ! **h** (Sport) faire une passe **3** VT **a** (= go past) [+ building, person] passer devant ; [+ barrier, frontier] passer ; (= overtake) doubler ; (Sport = go beyond) dépasser ◆ **they ~ed each other on the way** ils se sont croisés en chemin **b** [+ exam] être reçu à **c** [+ time] passer ◆ **just to ~ the time** pour passer le temps **d** (= hand over) (faire) passer ◆ **please ~ the salt** faites passer le sel s'il vous plaît ◆ **~ me the box** passez-moi la boîte **e** (= accept) [+ candidate] recevoir ; [+ proposal] adopter **f** (= utter) ◆ **to ~ comment (on sth)** faire un commentaire (sur qch) ◆ **to ~ judgement** prononcer un jugement **g** (= move) passer ◆ **he ~ed his hand over his brow** il s'est passé la main sur le front **h** (Sport) [+ ball] passer **i** [+ forged money, stolen goods] écouler **j** (= excrete) ◆ **to ~ water** uriner

▸ **pass away** VI (= die) décéder

▸ **pass by 1** VI (= go past) [procession] défiler **2** VT SEP ◆ **life has ~ed me by** je n'ai pas vraiment vécu

▸ **pass down** VT SEP transmettre (to à)

▸ **pass off 1** VI (= take place) [events] se dérouler **2** VT SEP faire passer ◆ **to ~ something off as something else** faire passer une chose pour une autre

▸ **pass on 1** VI **a** (= die) décéder **b** (= continue one's way) passer son chemin **2** VT SEP (= hand on) [+ object] (faire) passer (to à) ; [+ news] faire circuler ; [+ message] transmettre

▸ **pass out** VI **a** (= faint) perdre connaissance ; (from drink) tomber ivre mort **b** (Brit = complete training) (Police) finir son entraînement (avec succès) ; (Mil) finir ses classes (avec succès)

▸ **pass over 1** VT SEP [+ person, event, matter] ne pas mentionner ◆ **to ~ sth over in silence** passer qch sous silence **2** VT INSEP (= ignore) passer sous silence

▸ **pass round** VT SEP [+ bottle] faire passer

▸ **pass up** VT SEP (= forego) laisser passer

passable ['pɑ:səbl] ADJ **a** (= tolerable) assez bon **b** [road] praticable

passage ['pæsɪdʒ] N **a** (gen) passage m **b** (by sea) traversée f **c** (= corridor) couloir m

passageway ['pæsɪdʒweɪ] N passage m ; (indoors) couloir m

passbook ['pɑ:sbʊk] N (= bank book) livret m (bancaire)

passenger ['pæsndʒə^r] N (in train) voyageur m, -euse f ; (in boat, plane, car) passager m, -ère f ▸ **passenger seat** (in front of car) siège m du passager

passer-by ['pɑːsə'baɪ] N (pl **passers-by**) passant(e) m(f)

passing ['pɑːsɪŋ] **1** ADJ (= brief) passager ◆ **to bear only a ~ resemblance to sb** ne ressembler que vaguement à qn **2** N ◆ **in ~** en passant

passion ['pæʃən] N passion f (for de) ▸ **passion fruit** fruit m de la passion

passionate ['pæʃənɪt] ADJ (gen) passionné ; [speech] véhément

passionately ['pæʃənɪtlɪ] ADV (gen) passionnément ; [argue, make love] avec passion ; [opposed] farouchement ◆ **to be ~ fond of sth** adorer qch

passive ['pæsɪv] **1** ADJ passif **2** N (Gram) passif m ◆ **in the ~** au passif

passkey ['pɑːskiː] N passe-partout m inv

Passover ['pɑːsəʊvə^r] N pâque f (juive)

passport ['pɑːspɔːt] N passeport m ▸ **passport control** contrôle m des passeports

password ['pɑːswɜːd] N mot de passe

past [pɑːst] **1** N passé m ◆ **in the ~** dans le passé ; (longer ago) autrefois **2** ADJ passé ◆ **in times ~** jadis ◆ **the ~ week** la semaine dernière ◆ **the ~ few days** ces derniers jours ◆ **all that is now ~** tout cela c'est du passé ◆ **~ president** ancien président m ▸ **past participle** participe m passé ▸ **past perfect** plus-que-parfait m ▸ **past tense** passé m ◆ **in the ~ tense** au passé **3** PREP **a** (beyond in time) plus de ◆ **it is ~ 11 o'clock** il est 11 heures passées ◆ **half ~ three** (Brit) trois heures et demie ◆ **quarter ~ three** (Brit) trois heures et quart ◆ **at 20 ~ three** (Brit) à 3 heures 20 **b** (= beyond in space) au delà de ◆ **just ~ the post office** juste après la poste **c** (= in front of) devant ◆ **he goes ~ the house every day** il passe tous les jours devant la maison **d** (= beyond limits of) ◆ **I'm ~ caring** j'ai cessé de m'en faire ◆ **he's a bit ~ it (now)** * il n'est plus dans la course * ◆ **I wouldn't put it ~ him** cela ne m'étonnerait pas de lui **4** ADV devant ◆ **to go or walk ~** passer

pasta ['pæstə] N pâtes fpl

paste [peɪst] **1** N **a** (gen) pâte f ; (= spread) (meat) pâté m ; (fish) beurre m ; (vegetable, fruit) purée f **b** (= glue) colle f **2** VT coller

pastel ['pæstəl] **1** N pastel m **2** ADJ [shade] pastel inv

pasteurize ['pæstəraɪz] VT pasteuriser

pastille ['pæstɪl] N pastille f

pastime ['pɑːstaɪm] N passe-temps m inv

pastor ['pɑːstə^r] N pasteur m

pastry ['peɪstrɪ] N (= mixture) pâte f ; (= cake) pâtisserie f ▸ **pastry chef, pastry cook** pâtissier m, -ière f

pasture ['pɑːstʃə^r] N pâturage m

pasty¹ ['peɪstɪ] ADJ [face, complexion] terreux

pasty² ['pæstɪ] N (Brit) = petit pâté m en croûte *(contenant généralement de la viande, des oignons et des pommes de terre)*

pat [pæt] **1** VT [+ object] tapoter ; [+ animal] caresser **2** N **a** (= tap) petite tape f **b** [of butter] noix f de beurre **3** ADJ [answer, remark] tout prêt ◆ **to know sth off ~** savoir qch sur le bout des doigts

patch [pætʃ] **1** N **a** (for clothes) pièce f ; (for inner tube) rustine ® f ; (over eye) cache m ; (nicotine, HRT) patch m **b** [of colour] tache f ; [of sky] coin m ; [of land] parcelle f ; [of vegetables] carré m ; [of ice] plaque f ◆ **a damp ~** une tache d'humidité ◆ **he's got a bald ~** il a le crâne un peu dégarni ◆ **a bad ~** un moment difficile **2** VT [+ clothes] rapiécer ; [+ tyre] réparer
▸ **patch up** VT SEP [+ clothes] rapiécer ◆ **they soon ~ed up their differences** ils se sont vite rabibochés *

patchwork ['pætʃwɜːk] N patchwork m

patchy ['pætʃɪ] ADJ inégal

pâté ['pæteɪ] N pâté m

patent ['pætənt] **1** ADJ (= obvious) manifeste **2** N (= licence) brevet m d'invention **3** VT faire breveter

patent leather [,peɪtənt'leðə^r] N cuir m verni

patently ['peɪtəntlɪ] ADV manifestement

paternal [pə'tɜːnl] ADJ paternel

paternity [pə'tɜːnɪtɪ] N paternité f ▸ **paternity leave** congé m de paternité ▸ **paternity suit** action f en recherche de paternité

path [pɑːθ] N **a** (= track) sentier m ; (in garden) allée f **b** [of bullet, hurricane] trajectoire f **c** (= course of action) voie f

pathetic [pə'θetɪk] ADJ **a** (= very sad) [sight, grief] pitoyable **b** (* = useless) [person, piece of work, performance] pitoyable

pathological [,pæθə'lɒdʒɪkəl] ADJ pathologique

pathology [pə'θɒlədʒɪ] N pathologie f

pathos ['peɪθɒs] N pathétique m

patience ['peɪʃəns] N **a** patience f ◆ **to lose one's ~** perdre patience **b** (Brit Cards) réussite f

patient ['peɪʃənt] **1** ADJ patient **2** N patient(e) m(f)

patiently ['peɪʃəntlɪ] ADV patiemment

patio ['pætɪəʊ] N patio m

patois ['pætwɑː] N INV patois m

patriot ['peɪtrɪət] N patriote *mf*

patriotic [ˌpætrɪ'ɒtɪk] ADJ patriotique ; [person] patriote

patriotism ['peɪtrɪətɪzəm] N patriotisme *m*

patrol [pə'trəʊl] **1** N patrouille *f* ▸ **patrol car** voiture *f* de police ▸ **patrol wagon** (US) fourgon *m* cellulaire **2** VT [+ district, town, streets] patrouiller dans **3** VI [troops, police] patrouiller

patrolman [pə'trəʊlmən] N (pl **-men**) (US) agent *m* de police

patrolwoman [pə'trəʊlˌwʊmən] N (pl **-women**) (US) femme *f* agent de police

patron ['peɪtrən] N **a** [of artist] protecteur *m*, -trice *f* ▸ **patron saint** saint(e) patron(ne) *m(f)* **b** (= customer) client(e) *m(f)*

patronage ['pætrənɪdʒ] N patronage *m*

patronize ['pætrənaɪz] VT **a** [+ person] traiter avec condescendance **b** [person] [+ shop, firm] se fournir chez ; [+ bar] fréquenter

patronizing ['pætrənaɪzɪŋ] ADJ condescendant

patter ['pætər] **1** N **a** [of comedian] baratin * *m* ; [of salesman] boniment *m* **b** [of rain, hail] crépitement *m* **2** VI [rain] tambouriner (on contre)

pattern ['pætən] N **a** (on material, wallpaper) motif *m* **b** (for sewing) patron *m* ; (for knitting) modèle *m* **c** (= model) modèle *m* **d** (= standard, behaviour) ◆ **eating ~s** *fpl* alimentaires ◆ **to be part of a ~** faire partie d'un tout **e** [of sentence] structure *f*

patterned ['pætənd] ADJ à motifs

paunch [pɔːntʃ] N panse *f*

pauper ['pɔːpər] N indigent(e) *m(f)*

pause [pɔːz] **1** N pause *f* ◆ **a ~ in the conversation** un bref silence (dans la conversation) **2** VI **a** (= stop) s'arrêter ◆ **they ~d for lunch** ils ont fait une pause-déjeuner **b** (in speaking) marquer une pause ◆ **to ~ for thought** prendre le temps de réfléchir

pave [peɪv] VT [+ street] paver ◆ **to ~ the way (for)** ouvrir la voie (à)

pavement ['peɪvmənt] N **a** (Brit) trottoir *m* ▸ **pavement café** (Brit) café *m* avec terrasse *(sur le trottoir)* **b** (US = roadway) chaussée *f*

pavilion [pə'vɪlɪən] N **a** (= tent, building) pavillon *m* **b** (Brit Sport) pavillon *m* des vestiaires

paving ['peɪvɪŋ] N (also **stone**) pavé *m* ; (= flagstones) dalles *fpl* ▸ **paving stone** pavé *m*

pavlova [pæv'ləʊvə] N gâteau *m* meringué aux fruits

paw [pɔː] **1** N patte *f* **2** VT ◆ **to ~ the ground** [horse] piaffer

pawn [pɔːn] **1** N pion *m* **2** VT mettre en gage

pawnbroker ['pɔːnˌbrəʊkər] N prêteur *m*, -euse *f* sur gages

pawnshop ['pɔːnʃɒp] N bureau *m* de prêteur sur gages

pawpaw ['pɔːpɔː] N papaye *f*

pay [peɪ] (vb : pret, ptp **paid**) **1** N (gen) salaire *m* ; [of manual worker] paie *f* ; [of soldier] solde *f* ▸ **pay as you earn, pay-as-you-go** (US) retenue *f* à la source de l'impôt sur le revenu ▸ **pay check** (US) ▸ **pay cheque** (Brit) paie *f* ▸ **pay day** jour *m* de paie ▸ **pay increase** augmentation *f* de salaire ▸ **pay phone** téléphone *m* public ▸ **pay-TV** télévision *f* payante **2** VT **a** [+ person] payer (to do pour faire ; for doing pour faire) ◆ **he paid them $20 for the ticket** il leur a acheté le billet pour 20 dollars ◆ **he paid them $20 for the work** il les a payés 20 dollars pour ce travail ◆ **I am paid monthly** je suis payé au mois **b** [+ money, bill] payer ; [+ deposit] verser ; [+ debt] s'acquitter de ◆ **he paid $20 for the ticket** il a payé le billet 20 dollars ◆ **he paid a lot for his suit** il a payé très cher son costume ◆ **to ~ cash** payer comptant ◆ **to ~ money into an account** verser de l'argent sur un compte ◆ **to ~ the price (for sth)** (fig) payer le prix (de qch) ◆ **to put paid to sb's hopes/chances** ruiner les espoirs/chances de qn **c** [+ interest] rapporter **d** ◆ **to ~ sb a visit** rendre visite à qn **3** VI **a** (gen) payer ◆ **to ~ for the meal** payer le repas ◆ **you'll ~ for this!** vous (me) le payerez ! **b** (= be profitable) rapporter, être rentable ◆ **crime doesn't ~** le crime ne paie pas

▸ **pay back** VT SEP **a** (= repay loan) rembourser **b** (= get even with) ◆ **to ~ sb back for doing sth** faire payer à qn qch qu'il a fait

▸ **pay in** VT SEP verser (to à) ◆ **to ~ in a cheque** déposer un chèque

▸ **pay off 1** VI [risk, scheme, decision] être payant ; [patience] être récompensé **2** VT SEP **a** [+ debts] s'acquitter de ; [+ loan] rembourser ◆ **to ~ sb off** (= bribe) acheter qn **b** (= dismiss) licencier

▸ **pay out 1** VI [insurance policy] rembourser **2** VT SEP (= spend) débourser

▸ **pay up** VI payer

payable ['peɪəbəl] ADJ payable ◆ **to make a cheque ~ to sb** faire un chèque à l'ordre de qn

PAYE [ˌpiːeɪwaɪ'iː] N (Brit) (abbrev of **Pay As You Earn**) retenue *f* à la source de l'impôt sur le revenu

payee [peɪ'iː] N [of cheque] bénéficiaire *mf*

payment ['peɪmənt] N (gen) paiement *m* ; (into account) versement *m* ; (= monthly repayment) mensualité *f*

payroll ['peɪrəʊl] N (= list) registre *m* du personnel ◆ **the factory has 60 people on the ~** l'usine compte 60 employés

payslip / peer

ANGLAIS-FRANÇAIS 836

payslip ['peɪslɪp] N bulletin *m* de salaire

PC [piː'siː] **1** N **a** (abbrev of **personal computer**) PC *m* **b** (abbrev of **Police Constable**) agent *m* de police **2** ADJ * (abbrev of **politically correct**) politiquement correct

PE [piː'iː] N (at school) (abbrev of **physical education**) éducation *f* physique

pea [piː] N pois *m* ♦ **green ~s** petits pois *mpl*

peace [piːs] N paix *f* ♦ **at ~** en paix ♦ **to make ~** faire la paix ♦ **~ of mind** tranquillité *f* d'esprit ♦ **leave him in ~** laisse-le tranquille ♦ **I need a bit of ~ and quiet** j'ai besoin d'un peu de calme ▸ **peace offering** gage *m* de réconciliation ▸ **the peace process** le processus de paix ▸ **peace studies** études *fpl* sur la paix ▸ **peace talks** pourparlers *mpl* de paix ▸ **peace treaty** (traité *m* de) paix *f*

peaceful ['piːsfʊl] ADJ **a** (= quiet) paisible ; [meeting] calme **b** (= not aggressive) pacifique ; [+ demonstration] non-violent

peacekeeping ['piːsˌkiːpɪŋ] N maintien *m* de la paix ▸ **peacekeeping force** force *f* de maintien de la paix

peacetime ['piːstaɪm] N ♦ **in ~** en temps de paix

peach [piːtʃ] **1** N pêche *f* ♦ **~ tree** pêcher *m* **2** ADJ (couleur) pêche *inv*

peacock ['piːkɒk] N paon *m*

peak [piːk] **1** N **a** (= summit) sommet *m* ; (= mountain) pic *m* **b** [of cap] visière *f* **c** (= high point) sommet *m* ♦ **when demand was at its ~** quand la demande était à son maximum ♦ **to be at the ~ of one's popularity** être au faîte de sa popularité ♦ **at the ~ of condition** au meilleur de sa forme ▸ **peak hours** heures *fpl* d'affluence ▸ **peak rate** plein tarif *m* ▸ **peak season** pleine saison *f* ▸ **peak time** (Brit) (TV) heures *fpl* de grande écoute ; (for traffic, train services) heures *fpl* de pointe **2** VI [sales, demand] atteindre son niveau maximum

peal [piːl] **1** N ♦ **~ of bells** (= sound) sonnerie *f* de cloches ; (= set) carillon *m* ♦ **to go off into ~s of laughter** rire aux éclats **2** VI [bells] carillonner

peanut ['piːnʌt] N (= nut) cacahuète *f* ; (= plant) arachide *f* ▸ **peanut butter** beurre *m* de cacahuètes

pear [pɛəʳ] N poire *f* ♦ **~ tree** poirier *m*

pearl [pɜːl] N perle *f* ▸ **pearl barley** orge *m* perlé ▸ **pearl necklace** collier *m* de perles

peasant ['pezənt] N paysan(ne) *m(f)*

peat [piːt] N tourbe *f* ▸ **peat bog** tourbière *f*

pebble ['pebl] N galet *m*

pecan ['piːkən] N (noix *f*) pacane *f*

peck [pek] **1** N **a** [of bird] coup *m* de bec **b** (= hasty kiss) bise *f* ♦ **to give sb a ~ on the cheek** faire la bise à qn **2** VT [bird] donner un coup de bec à **3** VI ♦ **to ~ at** [bird] [+ object, ground] picorer ; [+ person] donner un coup de bec à ♦ **to ~ at one's food** [person] manger du bout des dents

pecking order ['pekɪŋˌɔːdaʳ] N ordre *m* hiérarchique

peckish * ['pekɪʃ] ADJ ♦ **to feel ~** avoir un petit creux *

peculiar [pɪ'kjuːlɪaʳ] ADJ **a** (= odd) bizarre **b** (= unique) ♦ **~ to** propre à

peculiarity [pɪˌkjuːlɪ'ærɪtɪ] N **a** (= distinctive feature) particularité *f* **b** (= oddity) bizarrerie *f*

pedal ['pedl] **1** N pédale *f* ▸ **pedal bin** poubelle *f* à pédale **2** VI [cyclist] pédaler **3** VT [+ machine, cycle] appuyer sur les pédales de

pedalo ['pedələʊ] N pédalo ® *m*

pedantic [pɪ'dæntɪk] ADJ pédant

peddle ['pedl] VT [+ goods] colporter ; [+ ideas] propager ; [+ drugs] faire le trafic de

peddler ['pedləʳ] N [of drugs] revendeur *m*, -euse *f*

pedestal ['pedɪstl] N piédestal *m*

pedestrian [pɪ'destrɪən] **1** N piéton *m* ▸ **pedestrian crossing** (Brit) passage *m* pour piétons ▸ **pedestrian precinct** (Brit), **pedestrian zone** (US) zone *f* piétonne **2** ADJ (= prosaic) prosaïque

pedicure ['pedɪkjʊəʳ] N pédicurie *f*

pedigree ['pedɪgriː] **1** N [of animal] pedigree *m* ; [of person] ascendance *f* **2** ADJ [dog, cattle] de race

pedlar ['pedləʳ] N (door to door) colporteur *m* ; (in street) camelot *m*

pedophile ['piːdəʊfaɪl] N pédophile *m*

pee * [piː] **1** VI faire pipi * **2** N pipi * *m*

peek [piːk] **1** N coup *m* d'œil (furtif) **2** VI jeter un coup d'œil (furtif) (at sur)

peel [piːl] **1** N [of apple, potato] épluchure *f* ; [of orange] écorce *f* ; (grated) zeste *m* **2** VT [+ fruit] peler ; [+ potato] éplucher **3** VI [paint] s'écailler ; [skin, part of body] peler

peep [piːp] **1** N **a** (= look) coup *m* d'œil **b** [of bird] pépiement *m* **2** VI **a** (= look) jeter un coup d'œil sur **b** [bird] pépier

peephole ['piːphəʊl] N (in front door) judas *m*

Peeping Tom ['piːpɪŋˌtɒm] N voyeur *m*

peer [pɪəʳ] **1** VI (= look) ♦ **to ~ at sb** regarder qn ; (short-sightedly) regarder qn avec des yeux de myope ♦ **to ~ at a photograph** scruter une photographie **2** N pair *m* ▸ **peer group** pairs *mpl*

peerage ['pɪərɪdʒ] N (= rank) pairie f ; (= peers) pairs mpl

peerless ['pɪəlɪs] ADJ hors pair

peeved * [piːvd] ADJ en rogne *

peg [peg] N (wooden) cheville f ; (metal) fiche f ; (for coat, hat) patère f ; (= tent peg) piquet m ; (Brit = clothes peg) pince f à linge ◆ **to take sb down a ~ or two** remettre qn à sa place

pejorative [pɪ'dʒɒrətɪv] ADJ péjoratif

Pekin(g)ese [,piː'kɪ'niːz] N (pl inv = dog) péki-nois m

pelican ['pelɪkən] N pélican m ▶ **pelican crossing** (Brit) passage m pour piétons (avec feux de circulation)

pellet ['pelɪt] N **a** (for gun) (grain m de) plomb m **b** [of animal food] granulé m

pelmet ['pelmɪt] N (wooden) lambrequin m ; (cloth) cantonnière f

pelt [pelt] **1** VT bombarder (with de) **2** VI ◆ **to ~ down the street** descendre la rue à toutes jambes ◆ **it's ~ing down** * il tombe des cordes * **3** N (= skin) peau f ; (= fur) fourrure f

pelvis ['pelvɪs] N bassin m

pen [pen] **1** N **a** (for writing) stylo m ▶ **pen friend** (Brit), **pen pal** correspondant(e) m(f) **b** (for animals) enclos m **2** VT **a** (= write) écrire **b** (also **pen up**) [+ animals] parquer ; [+ people] enfermer

penal ['piːnl] ADJ pénal

penalize ['piːnəlaɪz] VT pénaliser

penalty ['penəltɪ] N (= punishment) peine f ; (= fine) pénalité f ; (Sport) pénalité f ; (Football) penalty m ▶ **penalty area, penalty box** surface f de réparation ▶ **penalty goal** but m sur penalty ▶ **penalty kick** (Football) penalty m ; (Rugby) coup m de pied de pénalité

penance ['penəns] N pénitence f

pence [pens] NPL of **penny**

penchant ['pɑ̃ːʃɑ̃ːŋ] N penchant m

pencil ['pensl] N crayon m ▶ **pencil case** trousse f (d'écolier) ▶ **pencil sharpener** taille-crayon m ▶ **pencil in** VT SEP [+ date, meeting] fixer provisoirement

pendant ['pendənt] N (on necklace) pendentif m

pending ['pendɪŋ] **1** ADJ en suspens **2** PREP en attendant

pendulum ['pendjʊləm] N [of clock] balancier m

penetrate ['penɪtreɪt] VT [+ area, region, terri-tory] pénétrer dans ; [+ defences, market] pénétrer ◆ **the bullet ~d his heart** la balle lui a perforé le cœur ◆ **sunlight cannot ~ the foliage** la lumière du soleil ne traverse pas le feuillage

penetrating ['penɪtreɪtɪŋ] ADJ pénétrant

penguin ['peŋgwɪn] N manchot m

penicillin [,penɪ'sɪlɪn] N pénicilline f

peninsula [pɪ'nɪnsjʊlə] N péninsule f

penis ['piːnɪs] N pénis m

penitent ['penɪtənt] ADJ repentant

penitentiary [,penɪ'tenʃərɪ] N (US = prison) prison f

penknife ['pennaɪf] N (pl **-knives**) canif m

pennant ['penənt] N fanion m ; (on boat) pavil-lon m

penniless ['penɪlɪs] ADJ sans le sou *

penny ['penɪ] N (value): (pl **pence**) (coins): (pl **pennies**) penny m ◆ **he hasn't a ~ to his name** il est sans le sou * ◆ **a ~ for your thoughts!** * à quoi penses-tu ? ◆ **the ~ dropped** * ça a fait tilt ! * ▶ **penny whistle** flûtiau m

penny-pinching ['penɪpɪntʃɪŋ] **1** N économies fpl de bouts de chandelle **2** ADJ [person] pingre

pension ['penʃən] N **a** (= state benefit: for old person) pension f ◆ **disability ~** pension d'invalidité ▶ **pension book** ≈ titre m de pen-sion **b** (from company) retraite f

pensioner ['penʃənəʳ] N retraité(e) m(f)

pensive ['pensɪv] ADJ pensif

Pentagon ['pentəgən] N (in US) ◆ **the ~** le Pentagone

pentagon ['pentəgən] N pentagone m

Pentecost ['pentɪkɒst] N Pentecôte f

penthouse ['penthaʊs] N appartement m de grand standing (construit sur le toit d'un im-meuble)

pent-up ['pentʌp] ADJ [emotions, rage] refoulé ; [energy] contenu

penultimate [pɪ'nʌltɪmɪt] ADJ avant-dernier

peony ['pɪənɪ] N pivoine f

people ['piːpl] **1** NPL **a** (= persons) gens mpl, personnes fpl ◆ **a lot of ~** beaucoup de gens ◆ **several ~** plusieurs personnes ◆ **she doesn't know many ~** elle ne connaît pas grand monde ◆ **~ say ...** on dit ... ◆ **they're nice ~** ce sont des gens bien ◆ **old ~** les personnes fpl âgées ; (less respectful) les vieux mpl ◆ **young ~** les jeunes mpl ◆ **French ~** les Français mpl **b** (= inhabitants, natives) [of a country] population f ; [of district, town] habitants mpl **2** N (= nation) peuple m ◆ **the American ~** le peuple américain

pep * [pep] N entrain m ▶ **pep talk** paroles fpl d'encouragement
▶ **pep up** * VT SEP [+ one's social life, love life] redonner du piment à ; [+ party, conversation] animer

pepper ['pepə^r] **1** N **a** (= spice) poivre m ▸ **pepper mill** moulin m à poivre **b** (= vegetable) poivron m ♦ **red/green ~** poivron m rouge/vert **2** VT (= season) poivrer ♦ **to ~ a speech with quotations** émailler un discours de citations

peppercorn ['pepəkɔːn] N grain m de poivre

peppermint ['pepəmɪnt] **1** N **a** (= sweet) pastille f de menthe **b** (= plant) menthe f poivrée **2** ADJ à la menthe

pepperoni [ˌpepə'rəʊnɪ] N saucisson sec pimenté

per [pɜː^r] PREP ♦ **~ head** par personne ♦ **to drive at 100km ~ hour** rouler à 100 (km) à l'heure ▸ **per annum** par an ▸ **per cent** pour cent ♦ **a ten ~ cent discount/increase** un rabais/une augmentation de dix pour cent

perceive [pə'siːv] VT **a** (= notice) remarquer ; (= realize) s'apercevoir de **b** (= consider) percevoir **c** (= understand) [+ implication] percevoir, saisir

percentage [pə'sentɪdʒ] N pourcentage m

perceptible [pə'septəbl] ADJ perceptible

perception [pə'sepʃən] N **a** [of sound, sight] perception f **b** (= insight) perspicacité f

perceptive [pə'septɪv] ADJ [analysis, assessment] pénétrant ; [person] perspicace

perch [pɜːtʃ] **1** N **a** (= fish) perche f **b** [of bird] perchoir m **2** VI [bird, person] se percher

percolate ['pɜːkəleɪt] VI [coffee, water] passer (through par)

percolator ['pɜːkəleɪtə^r] N cafetière f à pression

percussion [pə'kʌʃən] N percussion f

peremptory [pə'remptərɪ] ADJ péremptoire

perennial [pə'renɪəl] **1** ADJ perpétuel ; [plant] vivace **2** N (= plant) plante f vivace

perfect ADJ ['pɜːfɪkt] **a** (= ideal) parfait ♦ **nobody's ~** personne n'est parfait **b** (= complete) [idiot, pest] véritable ♦ **it makes ~ sense to me** cela m'a paru tout à fait évident **2** N ['pɜːfɪkt] (Gram) parfait m **3** VT [pə'fekt] [+ technique, method] mettre au point ; [+ product, design] perfectionner ♦ **to ~ one's French** se perfectionner en français

perfection [pə'fekʃən] N perfection f

perfectionist [pə'fekʃənɪst] ADJ, N perfectionniste mf

perfectly ['pɜːfɪktlɪ] ADV parfaitement

perforate ['pɜːfəreɪt] VT perforer ▸ **perforated line** pointillé m

perform [pə'fɔːm] **1** VT [+ task, duty] accomplir ; [+ function] remplir ; [+ ceremony] célébrer ; [+ play, ballet, opera] interpréter **2** VI **a** [actor, musician, team] jouer ; [singer] chanter ; [dancer] danser **b** [machine, vehicle] marcher

performance [pə'fɔːməns] N **a** (= show) spectacle m **b** (by actor etc) interprétation f ; [of act] numéro m ♦ **the pianist gave a splendid ~** le pianiste a superbement bien joué **c** [of athlete, team] performance f ; [of economy, business] résultats mpl ; [of investment] rendement m **d** [of engine, vehicle] performance f **e** (= carrying out) exécution f

performer [pə'fɔːmə^r] N artiste mf

perfume **1** N ['pɜːfjuːm] parfum m **2** VT [pə'fjuːm] parfumer

perfunctory [pə'fʌŋktərɪ] ADJ [nod, greeting] indifférent

perhaps [pə'hæps, præps] ADV peut-être ♦ **he is right** il a peut-être raison ♦ **~ not** peut-être pas

peril ['perɪl] N péril m ♦ **at your ~** à vos risques et périls

perilous ['perɪləs] ADJ périlleux

perimeter [pə'rɪmɪtə^r] N périmètre m ▸ **perimeter fence** clôture f

period ['pɪərɪəd] N **a** (gen) période f ; (= stage: in career, development) époque f ♦ **the post-war ~** (la période de) l'après-guerre m ♦ **at that ~ in his life** à cette époque de sa vie **b** (= lesson) heure f de cours **c** (US = full stop) point m **d** (= menstruation) règles fpl

periodic [ˌpɪərɪ'ɒdɪk] ADJ périodique ▸ **periodic table** classification f périodique des éléments

periodical [ˌpɪərɪ'ɒdɪkəl] **1** ADJ périodique **2** N (journal m) périodique m

peripheral [pə'rɪfərəl] ADJ, N périphérique m

periphery [pə'rɪfərɪ] N périphérie f

periscope ['perɪskəʊp] N périscope m

perish ['perɪʃ] VI **a** (= die) périr (from de) ♦ **~ the thought!** jamais de la vie ! **b** [rubber, food] s'abîmer

perishable ['perɪʃəbl] **1** ADJ périssable **2 perishables** NPL denrées fpl périssables

perjure ['pɜːdʒə^r] VT ♦ **to ~ o.s.** se parjurer

perjury ['pɜːdʒərɪ] N parjure m ♦ **to commit ~** se parjurer

perk [pɜːk] **1** VI ♦ **to ~ up** (= cheer up) se ragaillardir ; (after illness) remonter la pente ; (= show interest) s'animer **2** VT ♦ **to ~ sb up** ragaillardir qn **3** N (= benefit) avantage m annexe

perky * ['pɜːkɪ] ADJ (= cheerful) guilleret ; (= lively) vif

perm [pɜːm] **1** N permanente f **2** VT ♦ **to ~ sb's hair** faire une permanente à qn ♦ **to have one's hair ~ed** se faire faire une permanente

permanence ['pɜːmənəns] N permanence f

permanent ['pɜːmənənt] **1** ADJ permanent ◆ **to have a ~ job** avoir un contrat à durée indéterminée ◆ **~ address** adresse f fixe **2** N (US: = perm) permanente f

permanently ['pɜːmənəntlɪ] ADV **a** [change, live] définitivement ; [damage] de façon permanente **b** [open, closed] en permanence

permeate ['pɜːmɪeɪt] **1** VT [ideas] se répandre dans **2** VI (= pass through) pénétrer ; (= spread) se répandre

permissible [pəˈmɪsɪbl] ADJ [action] permis ; [behaviour, level, limit] acceptable

permission [pəˈmɪʃən] N (gen) permission f ; (official) autorisation f ◆ **without ~** sans permission ◆ **with your ~** avec votre permission ◆ **to give sb ~ to do sth** autoriser qn à faire qch ◆ **to ask (sb's) ~ to do sth** demander (à qn) la permission de faire qch

permissive [pəˈmɪsɪv] ADJ permissif

permit 1 N ['pɜːmɪt] permis m ; (for entry) laissez-passer m inv **2** VT [pəˈmɪt] permettre (sb to do sth à qn de faire qch), autoriser (sb to do sth qn à faire qch) **3** VI [pəˈmɪt] permettre ◆ **weather ~ting** si le temps le permet

pernicious [pəˈnɪʃəs] ADJ pernicieux

peroxide [pəˈrɒksaɪd] N peroxyde m ; (for hair) eau f oxygénée

perpendicular [ˌpɜːpənˈdɪkjʊləʳ] **1** ADJ perpendiculaire (to à) ; [cliff, slope] à pic **2** N perpendiculaire f

perpetrate ['pɜːpɪtreɪt] VT perpétrer

perpetual [pəˈpetjʊəl] ADJ perpétuel

perpetuate [pəˈpetjʊeɪt] VT perpétuer

perpetuity [ˌpɜːpɪˈtjuːɪtɪ] N perpétuité f

perplex [pəˈpleks] VT (= puzzle) rendre perplexe

perplexed [pəˈplekst] ADJ perplexe

perplexing [pəˈpleksɪŋ] ADJ embarrassant

persecute ['pɜːsɪkjuːt] VT (= oppress) persécuter ; (= annoy) harceler (with de)

persecution [ˌpɜːsɪˈkjuːʃən] N persécution f

perseverance [ˌpɜːsɪˈvɪərəns] N persévérance f

persevere [ˌpɜːsɪˈvɪəʳ] VI persévérer

Persia ['pɜːʃə] N Perse f

Persian ['pɜːʃən] **1** ADJ (ancient) perse ; (from 7th century onward) persan ▶ **Persian carpet** tapis m persan ▶ **Persian cat** chat m persan ▶ **Persian Gulf** golfe m Persique **2** N (= person) Persan(e) m(f) ; (ancient) Perse mf

persist [pəˈsɪst] VI persister (in doing sth à faire qch)

persistence [pəˈsɪstəns] N (= perseverance) persévérance f ; (= obstinacy) obstination f ; [of pain] persistance f

persistent [pəˈsɪstənt] ADJ **a** (= persevering) persévérant ; (= obstinate) obstiné **b** (= continual) [smell] persistant ; [pain, cough] tenace ; [fears, doubts] continuel

person ['pɜːsn] N personne f ◆ **in ~** [go, meet, appear] en personne ◆ **he had a knife concealed about his ~** il avait un couteau caché sur lui

personable ['pɜːsnəbl] ADJ bien de sa personne

personal ['pɜːsnl] ADJ (gen) personnel ; [habits] intime ; [remark, question] indiscret (-ète f) ◆ **his ~ life** sa vie privée ◆ **for ~ reasons** pour des raisons personnelles ◆ **personal ad** * petite annonce f personnelle ▶ **personal assistant** secrétaire mf de direction ▶ **personal call** (Brit = private) appel m privé ▶ **personal computer** ordinateur m personnel ▶ **personal details** (= name, address) coordonnées * fpl ▶ **personal hygiene** hygiène f intime ▶ **personal identification number** code m personnel ▶ **personal organizer** organiseur m personnel ▶ **personal pronoun** pronom m personnel ▶ **personal stereo** baladeur m ▶ **personal trainer** entraîneur m personnel

personality [ˌpɜːsəˈnælɪtɪ] N personnalité f ◆ **a well-known television ~** une vedette du petit écran

personalize ['pɜːsənəlaɪz] VT personnaliser

personally ['pɜːsnəlɪ] ADV personnellement ◆ **don't take it ~!** ne le prenez pas pour vous !

personify [pɜːˈsɒnɪfaɪ] VT personnifier

personnel [ˌpɜːsəˈnel] N personnel m ▶ **personnel department** service m du personnel ▶ **personnel manager** chef mf du personnel

perspective [pəˈspektɪv] N **a** (Art) perspective f ◆ **in ~** en perspective **b** (= viewpoint) point m de vue

Perspex ® ['pɜːspeks] N (Brit) plexiglas ® m

perspiration [ˌpɜːspəˈreɪʃən] N transpiration f

perspire [pəsˈpaɪəʳ] VI transpirer

persuade [pəˈsweɪd] VT persuader (sb of sth qn de qch) ◆ **to ~ sb to do sth** persuader qn de faire qch ◆ **to ~ sb not to do sth** dissuader qn de faire qch ◆ **she is easily ~d** elle se laisse facilement convaincre

persuasion [pəˈsweɪʒən] N **a** (gen) persuasion f **b** (= belief) croyance f ; (religious) confession f ; (political) conviction f politique

persuasive [pəˈsweɪsɪv] ADJ [person] persuasif ; [evidence, argument] convaincant

pert [pɜːt] ADJ [person] coquin

pertinent ['pɜːtɪnənt] ADJ pertinent

perturb [pəˈtɜːb] VT perturber

Peru [pəˈruː] N Pérou m

peruse [pə'ruːz] VT [+ article, book] parcourir

pervade [pɜːˈveɪd] VT [smell] se répandre dans ; [influence] s'étendre dans ; [ideas] pénétrer dans

pervasive [pɜːˈveɪsɪv] ADJ [smell] pénétrant ; [ideas] répandu ; [gloom] envahissant ; [influence] omniprésent

perverse [pəˈvɜːs] ADJ **a** (= twisted) [pleasure, desire] pervers **b** (= stubborn) têtu ; (= paradoxical) paradoxal

perversion [pəˈvɜːʃən] N perversion f

pervert **1** VT [pəˈvɜːt] (sexually) pervertir ; [+ justice, truth] travestir ♦ **to ~ the course of justice** entraver le cours de la justice **2** N ['pɜːvɜːt] pervers m sexuel

perverted [pəˈvɜːtɪd] ADJ pervers

pessimism ['pesɪmɪzəm] N pessimisme m

pessimist ['pesɪmɪst] N pessimiste mf

pessimistic [ˌpesɪˈmɪstɪk] ADJ pessimiste

pest [pest] N **a** (= animal) nuisible m **b** (* = person) casse-pieds * mf inv

pester ['pestər] VT harceler

pesticide ['pestɪsaɪd] N pesticide m

pestle ['pesl] N pilon m

pet [pet] **1** N **a** (= animal) animal m de compagnie ▸ **pet food** aliments mpl pour animaux ▸ **pet shop** boutique f d'animaux **b** (* = favourite) chouchou(te) * m(f) ♦ **the teacher's ~** le chouchou * du professeur **c** (*: term of affection) mon chou * **2** ADJ **a** [lion, snake] apprivoisé ♦ **he's got a ~ rabbit** il a un lapin **b** (* = favourite) favori(te) m(f) ♦ **~ hate** bête f noire **3** VT (= fondle) câliner

petal ['petl] N pétale m

peter out [ˌpiːtərˈaʊt] VI [conversation] tarir ; [road] se perdre

petite [pəˈtiːt] ADJ [woman] menue

petition [pəˈtɪʃən] N pétition f

petrified ['petrɪfaɪd] ADJ pétrifié or paralysé de peur

petrol ['petrəl] N (Brit) essence f ▸ **petrol bomb** cocktail m Molotov ▸ **petrol can** bidon m à essence ▸ **petrol pump** pompe f à essence ▸ **petrol station** station-service f ▸ **petrol tank** réservoir m (d'essence)

petroleum [pɪˈtrəʊlɪəm] N pétrole m ▸ **petroleum jelly** Vaseline ® f

petticoat ['petɪkəʊt] N (= underskirt) jupon m ; (= slip) combinaison f

petty ['petɪ] ADJ **a** (= small-minded) mesquin **b** (= trivial) sans importance ▸ **petty cash** petite caisse f ▸ **petty crime** (= illegal activities)

petite délinquance f ; (= illegal act) délit m mineur ▸ **petty criminal** petit malfaiteur m ▸ **petty officer** ≈ maître m

petulant ['petjʊlənt] ADJ (by nature) irritable ; (on one occasion) irrité

pew [pjuː] N banc m (d'église)

pewter ['pjuːtər] **1** N étain m **2** ADJ [pot] en étain

PG [piːˈdʒiː] (abbrev of **Parental Guidance**) (film censor's rating) accord parental souhaitable

PGCE [ˌpiːdʒiːsiːˈiː] N (Brit) (abbrev of **Postgraduate Certificate in Education**) diplôme d'aptitude pédagogique à l'enseignement

phallic ['fælɪk] ADJ phallique

phantom ['fæntəm] N (= ghost) fantôme m ; (= vision) fantasme m

pharmaceutical [ˌfɑːməˈsjuːtɪkəl] **1** ADJ pharmaceutique **2 pharmaceuticals** NPL produits mpl pharmaceutiques

pharmacist ['fɑːməsɪst] N pharmacien(ne) m(f)

pharmacy ['fɑːməsɪ] N pharmacie f

phase [feɪz] N phase f
▸ **phase in** VT SEP introduire progressivement
▸ **phase out** VT SEP supprimer progressivement

PhD [ˌpiːeɪtʃˈdiː] N (abbrev of **Doctor of Philosophy**) (= qualification) doctorat m ; (= person) ≈ titulaire mf d'un doctorat

pheasant ['feznt] N faisan m

phenomena [fɪˈnɒmɪnə] NPL of **phenomenon**

phenomenal [fɪˈnɒmɪnl] ADJ phénoménal

phenomenon [fɪˈnɒmɪnən] N (pl **phenomena**) phénomène m

phial ['faɪəl] N fiole f

philanderer [fɪˈlændərər] N coureur m (de jupons)

philanthropist [fɪˈlænθrəpɪst] N philanthrope mf

philately [fɪˈlætəlɪ] N philatélie f

Philippines ['fɪlɪpiːnz] NPL ♦ **the ~** les Philippines fpl

philistine ['fɪlɪstaɪn] **1** ADJ béotien **2** N béotien(ne) m(f)

philosopher [fɪˈlɒsəfər] N philosophe mf

philosophical [ˌfɪləˈsɒfɪkəl] ADJ **a** (= relating to philosophy) philosophique **b** (= resigned) philosophe

philosophize [fɪˈlɒsəfaɪz] VI philosopher (about, on sur)

philosophy [fɪˈlɒsəfɪ] N philosophie f

phlegm [flem] N mucosité f

phlegmatic [fleg'mætɪk] ADJ flegmatique

phobia ['fəʊbɪə] N phobie *f*

phoenix ['fi:nɪks] N phénix *m*

phone [fəʊn] **1** N téléphone *m* ◆ **on the ~** au téléphone ▸ **phone bill** facture *f* de téléphone ▸ **phone book** annuaire *m* (de téléphone) ▸ **phone booth** (in station, hotel) téléphone *m* public ; (in street) cabine *f* téléphonique ▸ **phone box** (Brit) cabine *f* téléphonique ▸ **phone call** appel *m* téléphonique ▸ **phone number** numéro *m* de téléphone **2** VT ◆ **to ~ sb** téléphoner à qn **3** VI téléphoner
▸ **phone back** VT SEP, VI rappeler

phonecard ['fəʊnkɑ:d] N (Brit) télécarte ® *f*

phone-in ['fəʊnɪn] N (Brit) *émission où les auditeurs ou téléspectateurs sont invités à intervenir par téléphone pour donner leur avis ou pour parler de leurs problèmes*

phonetics [fəʊ'netɪks] **1** N (= subject) phonétique *f* **2** NPL (= symbols) transcription *f* phonétique

phoney, phony * ['fəʊnɪ] **1** ADJ [emotion] simulé ; [excuse, story] bidon * *inv* ; [person] pas franc (franche *f*) **2** N (= person) charlatan *m*

phosphate ['fosfeɪt] N phosphate *m*

phosphorescent [,fosfə'resnt] ADJ phosphorescent

phosphorus ['fosfərəs] N phosphore *m*

photo ['fəʊtəʊ] N photo *f* ▸ **photo album** album *m* de photos ▸ **photo booth** photomaton ® *m* ▸ **photo finish** photo-finish *f*

photocopier ['fəʊtəʊ,kɒpɪə'] N photocopieur *m*, photocopieuse *f*

photocopy ['fəʊtəʊ,kɒpɪ] **1** N photocopie *f* **2** VT photocopier

Photofit ® ['fəʊtəʊ,fɪt] N (Brit) portraitrobot *m*

photogenic [,fəʊtə'dʒenɪk] ADJ photogénique

photograph ['fəʊtəgrɑ:f] **1** N photo *f* ◆ **in the ~** sur la photo ▸ **photograph album** album *m* de photos **2** VT prendre en photo

photographer [fə'tɒgrəfə'] N photographe *mf*

photographic [,fəʊtə'græfɪk] ADJ photographique

photography [fə'tɒgrəfɪ] N photographie *f*

photojournalism [,fəʊtəʊ'dʒɜ:nəlɪzəm] N photojournalisme *m*

photosynthesis [,fəʊtəʊ'sɪnθɪsɪs] N photosynthèse *f*

phrasal verb [,freɪzəl'vɜ:b] N verbe *m* à particule

phrase [freɪz] **1** N **a** (= sentence) expression *f* **b** (Mus) phrase *f* **2** VT [+ thought] exprimer ; [+ letter] rédiger

phrasebook ['freɪzbʊk] N guide *m* de conversation

physical ['fɪzɪkəl] **1** ADJ physique ▸ **physical education** éducation *f* physique ▸ **physical exercise** exercice *m* physique ▸ **physical therapist** (US) kinésithérapeute *mf* ▸ **physical therapy** (US) kinésithérapie *f* **2** N (* = medical test) examen *m* médical

physically ['fɪzɪkəlɪ] ADV [restrain] de force ; [attractive, demanding] physiquement ; [possible, impossible] matériellement ◆ **he is ~ handicapped** il est handicapé physique

physician [fɪ'zɪʃən] N médecin *m*

physicist ['fɪzɪsɪst] N physicien(ne) *m(f)*

physics ['fɪzɪks] N physique *f*

physiotherapist [,fɪzɪə'θerəpɪst] N kinésithérapeute *mf*

physiotherapy [,fɪzɪə'θerəpɪ] N kinésithérapie *f*

physique [fɪ'zi:k] N physique *m*

pianist ['pɪənɪst] N pianiste *mf*

piano ['pjɑ:nəʊ] N piano *m*

pick [pɪk] **1** N **a** (= tool) pioche *f* ; [of miner] pic *m* **b** (= choice) choix *m* ◆ **to take one's ~** faire son choix ◆ **take your ~** choisissez **c** (= best) meilleur *m* ◆ **the ~ of the bunch** *or* **the crop** le meilleur de tous **2** VT **a** (= choose) choisir ◆ **to ~ sb to do sth** choisir qn pour faire qch **b** ◆ **to ~ one's way through** avancer avec précaution à travers ◆ **to ~ a fight** (physical) chercher la bagarre * ◆ **to ~ a quarrel with sb** chercher querelle à qn **c** [+ fruit, flower] cueillir ; [+ mushrooms] ramasser **d** (= pick at) ◆ **to ~ one's nose** se curer le nez ◆ **to ~ one's teeth** se curer les dents ◆ **to ~ a lock** crocheter une serrure ◆ **I had my pocket ~ed** on m'a fait les poches **e** (= remove) prendre ◆ **she bent to ~ something off the floor** elle s'est baissée pour ramasser quelque chose par terre **3** VI **a** (= choose) choisir **b** (= poke, fiddle) ◆ **to ~ at one's food** manger du bout des dents
▸ **pick on** * VT INSEP (= nag, harass) s'en prendre à
▸ **pick out** VT SEP **a** (= choose) choisir **b** (= distinguish) repérer ; (in identification parade) identifier **c** (= highlight) ◆ **letters ~ed out in gold** caractères rehaussés d'or
▸ **pick up** **1** VI **a** (= improve) [conditions, weather] s'améliorer ; [prices, wages] remonter ; [business] reprendre **b** (= resume) reprendre **2** VT SEP **a** (= lift) ramasser ◆ **to ~ o.s. up** (after fall) se relever ◆ **he ~ed up the child** il a pris l'enfant dans ses bras ; (after fall) il a relevé l'enfant ◆ **he ~ed up the phone** il a décroché (le téléphone) ◆ **to ~ up the pieces** [of broken object] ramasser les morceaux ; (in relationship, one's life) recoller les morceaux **b** (= collect) (passer) prendre **c** [+ passenger, hitch-hiker] (in

bus, car) prendre ; (in taxi) charger **d** [+ woman, man] lever * ◆ **he ~ed up a girl** il a levé * une fille **e** ◆ (= buy) dénicher ◆ **to ~ up a bargain in the sales** trouver une bonne affaire dans les soldes **f** [+ language, skill, information] apprendre ; [+ habit] prendre **g** [+ station, signal, programme] capter **h** (= take in) [+ suspect] interpeller **i** (= notice) [+ sb's error] relever **j** ◆ **to ~ sb up on sth** (= correct) reprendre qn sur qch **k** (= gain) ◆ **to ~ up speed** [car, boat] prendre de la vitesse **3** VT INSEP * (= earn) gagner ◆ **to ~ up the bill** payer la note ; (for expenses) payer la facture

pickaxe, pickax (US) ['pɪkæks] N pic *m*, pioche *f*

picket ['pɪkɪt] **1** N (during strike) piquet *m* de grève ▶ **picket line** piquet *m* de grève **2** VT ◆ **to ~ a factory** mettre un piquet de grève aux portes d'une usine **3** VI [strikers] organiser un piquet de grève

pickle ['pɪkl] **1** N (= relish) *sorte de chutney* ◆ **to be in a ~** (= awkward situation) être dans le pétrin * **2** **pickles** NPL pickles *mpl* **3** VT (in vinegar) conserver dans du vinaigre

pick-me-up * ['pɪkmiːʌp] N remontant *m*

pickpocket ['pɪk,pɒkɪt] N pickpocket *m*

pickup ['pɪkʌp] N (also **pickup truck**) pick-up *m*

picnic ['pɪknɪk] (vb : pret, ptp **picnicked**) **1** N pique-nique *m* **2** VI pique-niquer

picture ['pɪktʃəʳ] **1** N **a** (gen) image *f* ; (= photograph) photo *f* ; (= painting) tableau *m* ; (= portrait) portrait *m* ; (= drawing) dessin *m* ▶ **picture book** livre *m* d'images **b** (= description) tableau *m* ; (in mind) image *f* ◆ **I get the ~** * j'ai compris ◆ **to put sb in the ~** mettre qn au courant ◆ **he is the** *or* **a ~ of health** il respire la santé **c** (= film) film *m* ◆ **to go to the ~s** aller au cinéma **2** VT (= imagine) s'imaginer

picturesque [,pɪktʃə'resk] ADJ pittoresque

pie [paɪ] N tourte *f* ◆ **apple ~** tourte *f* aux pommes ◆ **pork ~** pâté *m* en croûte ▶ **pie chart** camembert * *m*

piece [piːs] N **a** (gen) morceau *m* ; [of ribbon, string] bout *m* ; (= item, part, also Chess) pièce *f* ; (Draughts) pion *m* ◆ **a ~ of paper** un morceau de papier ◆ **in ~s** (= broken) en morceaux ◆ **a ~ of clothing** un vêtement ◆ **a ~ of fruit** un fruit ◆ **a ~ of furniture** un meuble ◆ **the vase is still in one** ~ le vase n'est pas cassé ◆ **we got back in one** ~ * nous sommes rentrés sains et saufs ◆ **it fell to ~s** c'est tombé en morceaux ◆ **to take sth to ~s** démonter qch ◆ **to go to ~s** * (emotionally) craquer * ; [team] se désintégrer **b** (with abstract nouns) ◆ **a ~ of information** un renseignement ◆ **a ~ of advice** un conseil ◆ **I'll give him a ~ of my mind** * je vais lui dire ce que je pense **c** (= article) article *m* **d** (= coin) pièce *f*

▶ **piece together** VT SEP [+ broken object] rassembler ; [+ story] reconstituer ; [+ facts] reconstituer

piecemeal ['piːsmiːl] **1** ADV (= bit by bit) petit à petit **2** ADJ au coup par coup

piecework ['piːswɜːk] N travail *m* à la pièce

pier [pɪəʳ] N **a** (with amusements, in airport) jetée *f* **b** [of bridge] pile *f*

pierce [pɪəs] VT **a** (= make hole in) percer ◆ **to have ~d ears** avoir les oreilles percées **b** [sound, light] percer ; [cold, wind] transpercer

piercing ['pɪəsɪŋ] **1** ADJ [sound, voice, stare] perçant ; [cold, wind] glacial **2** N (= body art) piercing *m*

piety ['paɪətɪ] N piété *f*

pig [pɪg] N **a** (= animal) cochon *m*, porc *m* **b** * (= person) (mean) vache * *f* ; (dirty) cochon(ne) * *m(f)* ; (greedy) goinfre *m*

pigeon ['pɪdʒən] N pigeon *m*

pigeonhole ['pɪdʒɪn,həʊl] **1** N casier *m* **2** VT (= classify) [+ person] étiqueter

piggyback ['pɪgɪ,bæk] N ◆ **to give sb a ~** porter qn sur son dos

piggybank ['pɪgɪbæŋk] N tirelire *f (surtout en forme de cochon)*

pigheaded [,pɪg'hedɪd] ADJ entêté

piglet ['pɪglɪt] N porcelet *m*

pigment ['pɪgmənt] N pigment *m*

pigpen ['pɪgpen] N (US) porcherie *f*

pigskin ['pɪgskɪn] N (= leather) porc *m*

pigsty ['pɪgstaɪ] N porcherie *f*

pigtail ['pɪgteɪl] N [of hair] natte *f*

pike [paɪk] N (= fish) brochet *m*

pilchard ['pɪltʃəd] N pilchard *m*

pile [paɪl] **1** N **a** (= neat stack) pile *f* ; (= heap) tas *m* ◆ **~s of** * beaucoup de **b** (* = fortune) fortune *f* **c** (= post) pieu de fondation ; [of bridge] pile *f* **d** [of carpet] poils *mpl* **2** NPL **piles** (Med) hémorroïdes *fpl* **3** VT (= stack up) empiler ▶ **pile up 1** VI [snow, leaves] s'amonceler ; [work, bills, debts, rubbish] s'accumuler **2** VT SEP **a** [+ objects] empiler **b** [+ evidence, debts] accumuler

pile-up ['paɪlʌp] N carambolage *m*

pilfer ['pɪlfəʳ] VTI chaparder *

pilgrim ['pɪlgrɪm] N pèlerin *m* ▶ **the Pilgrim Fathers** les (Pères *mpl*) pèlerins *mpl*

pilgrimage ['pɪlgrɪmɪdʒ] N pèlerinage *m*

pill [pɪl] N pilule *f*

pillage ['pɪlɪdʒ] **1** N pillage *m* **2** VT piller

pillar ['pɪləʳ] N pilier *m* ▶ **pillar-box** (Brit) boîte aux lettres *(publique)*

pillion ['pɪljən] N [of motorcycle] siège m arrière ◆ **to ride ~** monter derrière

pillow ['pɪləʊ] N oreiller m ▸ **pillow slip** taie f d'oreiller

pillowcase ['pɪləʊkeɪs] N taie f d'oreiller

pilot ['paɪlət] **1** N pilote m ▸ **pilot light** veilleuse f (de cuisinière, de chauffe-eau) ▸ **pilot scheme** projet m pilote ▸ **pilot study** étude f pilote **2** VT piloter

pimento [pɪ'mentəʊ] N piment m

pimp [pɪmp] N souteneur m

pimple ['pɪmpl] N bouton m

PIN [pɪn] N (abbrev of **personal identification number**) ◆ **~ (number)** code m confidentiel

pin [pɪn] **1** N **a** (gen) épingle f ; (also **drawing pin**) punaise f ; (= lapel badge) pin's m ◆ **I've got ~s and needles (in my foot)** j'ai des fourmis (dans le pied) **b** [of plug] broche f (de prise de courant) ; [of hand grenade] goupille f **2** VT (= put pin in) [+ dress] épingler ; [+ papers] (together) attacher avec une épingle ; (to wall) fixer avec une punaise ◆ **to ~ sb to the floor** clouer qn au plancher ◆ **to ~ one's hopes on sth/sb** mettre tous ses espoirs dans qch/en qn ◆ **they tried to ~ the crime on him** * ils ont essayé de lui mettre le crime sur le dos *

▸ **pin down** VT SEP **a** [+ person] ◆ **I couldn't ~ her down to a date** je n'ai pas réussi à lui faire fixer une date **b** (= identify) identifier ; [+ location, time] situer

pinafore ['pɪnəfɔːʳ] N tablier m ▸ **pinafore dress** robe f chasuble

pinball ['pɪnbɔːl] N (= game) flipper m ▸ **pinball machine** flipper m

pinch [pɪntʃ] **1** N **a** (= action) pincement m ; (= mark) pinçon m ◆ **we're feeling the ~** * financièrement on le ressent ◆ **at a ~, in a ~** (US) à la limite **b** (= small amount) pincée f ◆ **you have to take his stories with a ~ of salt** il ne faut pas prendre ce qu'il raconte au pied de la lettre **2** VT **a** (= squeeze) pincer ; [shoes] serrer **b** (* = steal) piquer *

pincushion ['pɪnˌkʊʃən] N pelote f à épingles

pine [paɪn] **1** N pin m ▸ **pine cone** pomme f de pin ▸ **pine needle** aiguille f de pin ▸ **pine nut** pignon m **2** VI se languir (for de)

▸ **pine away** VI dépérir

pineapple ['paɪnˌæpl] N ananas m ▸ **pineapple juice** jus m d'ananas

ping [pɪŋ] **1** N bruit m métallique ; [of timer] sonnerie f **2** VI faire un bruit métallique ; [timer] sonner

ping-pong ® ['pɪŋpɒŋ] N ping-pong m ◆ **~ player** pongiste mf

pink [pɪŋk] **1** N (= colour) rose m **2** ADJ rose ◆ **he turned ~ with embarrassment** il rougit de confusion

pinnacle ['pɪnəkl] N (Archit) pinacle m ; [of career, achievement] sommet m

pinpoint ['pɪnpɔɪnt] VT [+ place] localiser avec précision ; [+ problem] mettre le doigt sur

pinstripe ['pɪnstraɪp] N rayure f très fine ◆ **~ suit** costume m rayé

pint [paɪnt] N **a** pinte f, = demi-litre m (Brit = 0,57 litre, US = 0,47 litre) **b** (* : Brit = beer) pinte f (de bière)

pioneer [ˌpaɪə'nɪəʳ] **1** N pionnier m, -ière f **2** VT ◆ **to ~ sth** être l'un des premiers à faire qch

pious ['paɪəs] ADJ **a** (= religious) pieux **b** (= sanctimonious) hypocrite

pip [pɪp] **1** N **a** [of fruit] pépin m **b** [of phone] top m ◆ **the ~s** * le bip-bip * **2** VT (* : Brit) ◆ **to be ~ped at the post** se faire coiffer au poteau

pipe [paɪp] **1** N **a** (for water, gas) tuyau m ; (smaller) tube m ◆ **sewage ~** égout m **b** (for smoking) pipe f ▸ **pipe dream** projet m chimérique **c** (= instrument) pipeau m ; [of organ] tuyau m **2** **pipes** NPL (= bagpipes) cornemuse f

pipeline ['paɪplaɪn] N pipeline m ; (for oil) oléoduc m ; (for natural gas) gazoduc m ◆ **in the ~** * (= planned or about to happen) prévu ; (= begun or about to be completed) en cours de réalisation

piper ['paɪpəʳ] N (= bagpiper) cornemuseur m

piping ['paɪpɪŋ] **1** N **a** (in house) tuyauterie f **b** (Sewing) passepoil m **c** (on cake) décorations fpl (appliquées) à la douille **2** ADV ◆ **~ hot** très chaud

pique [piːk] **1** VT [+ person] froisser ; (stronger) piquer au vif **2** N dépit m

piracy ['paɪərəsɪ] N (on ships) piraterie f ; [of book, film, tape, video] piratage m

pirate ['paɪərɪt] **1** N pirate m ▸ **pirate copy** copie f pirate ▸ **pirate radio** radio f pirate ▸ **pirate ship** bateau m de pirates **2** VT pirater

pirouette [ˌpɪrʊ'et] **1** N pirouette f **2** VI faire la pirouette

Pisces ['paɪsiːz] N Poissons mpl

piss ⁑ [pɪs] **1** N pisse ⁑ f ◆ **to take the ~ out of sb** charrier qn **2** VI pisser ⁑

▸ **piss off** ⁑ **1** VI foutre le camp ⁑ **2** VT [+ person] faire chier ⁑ ◆ **I'm ~ed off** j'en ai ras le bol *

pissed ⁑ [pɪst] ADJ **a** (Brit = drunk) bourré ⁑ **b** (US) ◆ **~ at sb** (= annoyed) en rogne contre qn

pistachio [pɪs'tɑːʃɪəʊ] N pistache f

piste [piːst] N piste f

pistol ['pɪstl] N pistolet m

piston ['pɪstən] N piston m

pit [pɪt] **1** N **a** (= large hole) fosse f ; (= mine) mine f **b** (= small depression) (in metal, glass) petit trou m ; (on face) (petite) marque f **c** [of stomach] creux m .**d** (Brit Theatre) (fauteuils mpl d')orchestre m **e** (= fruit-stone) noyau m **2** VT **a** → to ~ sb against (= make opponent of) opposer qn à → to ~ o.s. against sb se mesurer à qn → to ~ one's wits against sb jouer au plus fin avec qn **b** [+ surface] cribler ; [+ face, skin] marquer **c** [+ fruit] dénoyauter

pit bull ['pɪtbʊl] N pit-bull m

pita ['pɪtə], **pita bread** ['pɪtəbred] N pain m pitta

pitch [pɪtʃ] **1** N **a** (Brit Sport) terrain m **b** [of instrument, voice] ton m ; [of note, sound] hauteur f **c** (Brit) [of trader] place f (habituelle) **d** (= argument) → to make a ~ for sth plaider pour qch **e** [of roof] degré m de pente **f** (= tar) poix f **2** VT **a** (= throw) [+ ball, object] lancer **b** [+ musical note] donner **c** (= set up) → to ~ a tent dresser une tente **3** VI **a** [ship] tanguer **b** (Baseball) lancer la balle

▶ **pitch in** * VI s'atteler au boulot * → they all ~ed in to help him ils s'y sont tous mis pour l'aider

pitch-black [pɪtʃ'blæk], **pitch-dark** [pɪtʃ'dɑːk] ADJ → it's ~ outside il fait noir comme dans un four dehors

pitcher ['pɪtʃəʳ] N **a** (= jug) cruche f **b** (Baseball) lanceur m

pitchfork ['pɪtʃfɔːk] N fourche f (à foin)

piteous ['pɪtɪəs] ADJ pitoyable

pitfall ['pɪtfɔːl] N piège m

pith [pɪθ] N [of orange] peau f blanche

pithy ['pɪθɪ] ADJ (= terse) concis

pitiful ['pɪtɪfʊl] ADJ **a** (= touching) pitoyable **b** (= deplorable) lamentable

pitiless ['pɪtɪlɪs] ADJ impitoyable

pitta ['pɪtə], **pitta bread** ['pɪtəbred] N pain m pitta

pittance ['pɪtəns] N (= sum) somme f dérisoire ; (= income) maigre revenu m ; (= wage) salaire m de misère

pity ['pɪtɪ] **1** N **a** (= mercy, compassion) pitié f → to have ou take ~ on sb avoir pitié de qn → out of ~ par pitié **b** (= misfortune) → it is a (great) ~ c'est (bien) dommage → it's a ~ about the job c'est dommage pour le travail → what a ~! quel dommage ! **2** VT [+ person] plaindre

pivot ['pɪvət] **1** N pivot m **2** VT (= turn) faire pivoter **3** VI (on axis) pivoter

pixie ['pɪksɪ] N lutin m

pizza ['piːtsə] N pizza f ▶ **pizza parlour** pizzeria f

placard ['plækɑːd] N affiche f ; (at demo) pancarte f

placate [plə'keɪt] VT apaiser

place [pleɪs] **1** N **a** (location) endroit m → from ~ to ~ d'un endroit à l'autre → Brighton is a nice ~ to live Brighton est une ville où il fait bon vivre → ~ of birth/work lieu m de naissance/de travail → all over the ~ * (= everywhere) partout → in ~s (= here and there) par endroits → to take ~ avoir lieu **b** (* = house) → we were at Ann's ~ nous étions chez Ann → your ~ or mine? on va chez moi ou chez toi ? **c** (= job, seat, position, rank) place f → in your ~ ... (si j'étais) à votre place ... → to lose one's ~ (in queue) perdre sa place ; (in book) perdre sa page → to take the ~ of sb/sth prendre la place de qn/qch → to take sb's ~ remplacer qn → the team was in third ~ l'équipe était en troisième position → my personal life has had to take second ~ to my career ma vie privée a dû passer après ma carrière → people in high ~s les gens haut placés → to put sb in his ~ remettre qn à sa place → to be in ~ [object] être à sa place ; [measure, policy, elements] être en place ; [law, legislation] être en vigueur → in ~ of à la place de → in the first ~ d'abord → in the second ~ ensuite → out of ~ [object, remark] déplacé → I feel rather out of ~ here je ne me sens pas à ma place ici **2** VT **a** (= put) mettre **b** (= rank) placer **c** (= classify) classer **d** (= make) [+ order, contract] passer [+ bet] engager **e** (= find job for) trouver un emploi pour **f** (= identify) situer **3** ▶ **place mat** set m (de table) ▶ **place-name** nom m de lieu ▶ **place setting** couvert m

placebo [plə'siːbəʊ] N placebo m

placenta [plə'sentə] N placenta m

placid ['plæsɪd] ADJ placide

plagiarism ['pleɪdʒərɪzəm] N plagiat m

plagiarize ['pleɪdʒəraɪz] VT plagier

plague [pleɪg] **1** N **a** (= disease) peste f **b** (= scourge) fléau m → a ~ of rats/locusts une invasion de rats/de sauterelles **2** VT [person, fear] harceler ; (stronger) tourmenter → to be ~ by bad luck jouer de malchance → ~d by [+ doubts, remorse] rongé par ; [+ nightmares] hanté par

plaice [pleɪs] N INV carrelet m

plaid [plæd] N (= cloth) tissu m écossais

plain [pleɪn] **1** ADJ **a** (= obvious, unambiguous) clair **b** (= absolute) pur (et simple) **c** (= simple) simple → I like good ~ cooking j'aime la cuisine simple → it's ~ sailing from now on maintenant tout va marcher comme sur des roulettes * **d** (= one colour) uni → white walls murs mpl blancs unis **e** (= not pretty) quelconque → she's rather ~ elle n'es pas jolie **2** ADV (* = completely) tout bonnement ✦ (just) ~ **stupid** tout simplement idiot **3** N plaine *f* ✦ **the (Great) Plains** (US) la (Grande) Prairie **4** COMP ▶ **plain chocolate** chocolat *m* à croquer ▶ **plain-clothes policeman** policier *m* en civil ▶ **plain flour** farine *f* (sans levure) ▶ **plain yoghurt** yaourt *m* nature

plainly ['pleɪnlɪ] ADV **a** (= obviously) manifestement **b** [speak] clairement ▶ [see, hear] distinctement **c** [dressed] sans recherche

plaintiff ['pleɪntɪf] N plaignant(e) *m(f)*

plaintive ['pleɪntɪv] ADJ plaintif

plait [plæt] **1** N [of hair] tresse *f* **2** VT [+ hair, string] tresser

plan [plæn] **1** N **a** (= drawing, map) plan *m* **b** (= project) plan *m*, projet *m* ✦ **~ of action** plan *m* d'action ✦ **everything is going according to ~** tout se passe comme prévu ✦ **to change one's ~s** changer d'idée **2** VT **a** (= devise and schedule) planifier **b** (= make plans for) [+ holiday, journey, crime] préparer à l'avance ; [+ essay] faire le plan de ; [+ campaign, attack] organiser **c** (= have in mind) avoir l'intention de ✦ **to ~ to do sth** avoir l'intention de faire qch **3** VI faire des projets
▶ **plan on** VT INSEP (= intend) ✦ **to ~ on doing sth** avoir l'intention de faire qch

plane [pleɪn] **1** N **a** (= aeroplane) avion *m* ✦ **by ~** par avion **b** (= tool) rabot *m* **c** (= tree) platane *m* **d** (= surface) plan *m* **2** VT raboter

planet ['plænɪt] N planète *f*

planetarium [ˌplænɪ'tɛərɪəm] N planétarium *m*

plank [plæŋk] N planche *f*

plankton ['plæŋktən] N plancton *m*

planning ['plænɪŋ] N **a** (= organizing) planification *f* **b** (for town) urbanisme *m* ▶ **planning permission** permis *m* de construire

plant [plɑːnt] **1** N **a** (growing) plante *f* ▶ **plant pot** pot *m* de fleurs **b** (= equipment) matériel *m* **c** (= factory) usine *f* **2** VT **a** [+ plants, bulbs] planter ; [+ field, garden] planter (with en) **b** (= place) [+ flag, kiss] planter ; [+ bomb] poser ; [+ spy] introduire
▶ **plant out** VT SEP [+ seedlings] repiquer

plantation [plæn'teɪʃən] N plantation *f*

plaque [plæk] N **a** (= plate) plaque *f* **b** (on teeth) plaque *f* dentaire

plasma ['plæzmə] N plasma *m*

plaster ['plɑːstə^r] **1** N **a** (for wall, fracture) plâtre *m* ▶ **plaster cast** (for fracture) plâtre *m* ; (for sculpture) moule *m* (en plâtre) ▶ **plaster of Paris** plâtre *m* à mouler **b** (Brit: also **sticking plaster**) sparadrap *m* ✦ **a (piece of) ~** pansement adhésif **2** VT **a** [+ wall, fracture] plâtrer **b** (= cover) couvrir (with de)

plastered * ['plɑːstəd] ADJ (= drunk) bourré *

plasterer ['plɑːstərə^r] N plâtrier *m*

plastic ['plæstɪk] **1** N **a** (= substance) plastique *m* **b** (* = credit cards) cartes *fpl* de crédit **2** ADJ en (matière) plastique ▶ **plastic bag** sac *m* en plastique ▶ **plastic surgery** chirurgie *f* esthétique

Plasticine ® ['plæstɪsiːn] N pâte *f* à modeler

plate [pleɪt] **1** N **a** (for food) assiette *f* ; (= platter) plat *m* **b** (on wall, door) plaque *f* ; (= number plate) plaque *f* d'immatriculation **2** VT (with metal) plaquer ; (with silver) argenter

plateau ['plætəʊ] N plateau *m*

platform ['plætfɔːm] N **a** (on oil rig, bus) plateforme *f* ; (for band, in hall) estrade *f* ; (at meeting) tribune *f* ; (in station) quai *m* ▶ **platform shoes** chaussures *fpl* à semelles compensées **b** [of political party] plateforme *f* électorale

plate glass [pleɪt'glɑːs] N verre *m* à vitre ▶ **plate-glass window** baie *f* vitrée

platinum ['plætɪnəm] N platine *m*

platonic [plə'tɒnɪk] ADJ platonique

platoon [plə'tuːn] N section *f*

platter ['plætə^r] N **a** (= large dish) plat *m* **b** (= meal) assiette *f*

plausible ['plɔːzəbl] ADJ plausible ; [person] convaincant

play [pleɪ] **1** N **a** (Sport) jeu *m* ✦ **to come into ~** entrer en jeu ▶ **play-off** (after a tie) ≈ match *m* de barrage (départageant des concurrents à égalité) ; (US) (for championship) match *m* de qualification ▶ **play on words** jeu *m* de mots **b** (Theatre) pièce *f* (de théâtre) **c** (Tech) jeu *m* **2** VT **a** [+ game, sport] jouer à ✦ **to ~ chess** jouer aux échecs ✦ **to ~ football** jouer au football ✦ **to ~ a game** jouer à un jeu ; (of tennis) faire une partie ✦ **don't ~ games with me!** ne vous moquez pas de moi ! ✦ **to ~ ball with sb** (= cooperate) coopérer avec qn **b** [+ opponent] rencontrer **c** [+ chess piece, card] jouer **d** (Theatre) [+ part, play] jouer ✦ **to ~ a part in sth** [person] prendre part à qch ; [quality, object] contribuer à qch ✦ **to ~ it safe** ne prendre aucun risque **e** (Mus) [+ instrument] jouer de ; [+ piece] jouer ; [+ record, CD] passer ✦ **to ~ the piano** jouer du piano **f** (= direct) [+ hose, searchlight] diriger **3** VI jouer ✦ **to ~ fair** (Sport) jouer franc jeu ; (fig) jouer le jeu ✦ **to ~ for time** essayer de gagner du temps ✦ **to ~ into sb's hands** faire le jeu de qn ✦ **to ~ with fire** jouer avec le feu
▶ **play along** VI ✦ **to ~ along with sb** entrer dans le jeu de qn
▶ **play back** VT SEP [+ tape] réécouter
▶ **play down** VT SEP [+ significance] minimiser ; [+ situation] dédramatiser

▶ **play on** VT INSEP [+ sb's emotions, good nature] jouer sur

▶ **play up*** **1** VI (= give trouble) [machine, child] faire des siennes **2** VT SEP (= give trouble to) ◆ **his leg is ~ing him up** sa jambe le tracasse

playboy ['pleɪbɔɪ] N playboy m

player ['pleɪə^r] N **a** (Sport) joueur m, -euse f **b** (Mus) musicien(ne) m(f) ◆ **saxophone ~** joueur m, -euse f de saxophone

playful ['pleɪfʊl] ADJ [mood, tone] badin ; [person] enjoué ; [puppy, kitten] joueur

playground ['pleɪgraʊnd] N cour f de récréation

playgroup ['pleɪgruːp] N = garderie f

playing ['pleɪɪŋ] N (Mus) interprétation f

playing card ['pleɪɪŋkɑːd] N carte f à jouer

playmate ['pleɪmeɪt] N camarade mf de jeu

playpen ['pleɪpen] N parc m (pour bébés)

playroom ['pleɪrʊm] N salle f de jeux

playschool ['pleɪskuːl] N = garderie f

plaything ['pleɪθɪŋ] N jouet m

playtime ['pleɪtaɪm] N récréation f

playwright ['pleɪraɪt] N auteur m dramatique

plaza ['plɑːzə] N **a** (= square) place f **b** (US = motorway services) aire f de service

PLC, Plc, plc [,piːel'siː] (Brit) (abbrev of **public limited company**) SARL f

plea [pliː] N **a** (= entreaty) appel m (for à) **b** (in court) ◆ **to enter a ~ of guilty/not guilty** plaider coupable/non coupable

plead [pliːd] (pret, ptp **pleaded** or **pled**) **1** VI **a** ◆ **to ~ with sb to do sth** supplier qn de faire qch **b** (in court) plaider ◆ **to ~ guilty/not guilty** plaider coupable/non coupable **2** VT **a** (= give as excuse) alléguer **b** ◆ **to ~ sb's case/cause** plaider la cause de qn

pleasant ['pleznt] ADJ **a** (= pleasing) agréable **b** (= polite) aimable

please [pliːz] **1** ADV s'il vous (or te) plaît ◆ **yes ~** oui, merci **2** VI **a** (= think fit) ◆ **do as you ~ !** faites comme vous voulez ! **b** (= satisfy, give pleasure) faire plaisir **2** VT (= give pleasure to) faire plaisir à ; (= satisfy) contenter ◆ **he is hard to ~** il est difficile à contenter ◆ **to ~ oneself** faire comme on veut

pleased [pliːzd] ADJ content (with de) ◆ **~ to meet you!*** enchanté !

pleasing ['pliːzɪŋ] ADJ agréable

pleasure ['pleʒə^r] N plaisir m ◆ **to do sth for ~** faire qch pour le plaisir ◆ **to take great ~ in doing sth** prendre beaucoup de plaisir à faire qch ◆ **he's a ~ to work with** c'est un plaisir de travailler avec lui ◆ **my ~!** je vous en prie !

pleat [pliːt] **1** N pli m **2** VT plisser

plectrum ['plektrəm] N plectre m

pledge [pledʒ] **1** N (= promise) promesse f ; (= agreement) pacte m **2** VT **a** (= pawn) mettre en gage **b** (= promise) [+ one's help, support, allegiance] promettre ◆ **to ~ to do sth** s'engager à faire qch

plentiful ['plentɪfʊl] ADJ [harvest, food] abondant ; [amount] copieux

plenty ['plentɪ] **1** N **a** (= a lot) ◆ **~ of** (= lots of) beaucoup de ; (= enough of) (bien) assez de ◆ **he's got ~ of friends** il a beaucoup d'amis ◆ **that's ~** ça suffit amplement **b** (= abundance) abondance f **2** ADV * assez

pleurisy ['plʊərɪsɪ] N pleurésie f

pliable ['plaɪəbl] ADJ [material] flexible ; [character, person] malléable

pliant ['plaɪənt] ADJ malléable

pliers ['plaɪəz] NPL (also **pair of pliers**) pince(s) f(pl)

plight [plaɪt] N situation f dramatique ◆ **in a sorry ~** dans un triste état

plimsoll ['plɪmsəl] N (Brit) (chaussure f de) tennis m

plinth [plɪnθ] N plinthe f ; [of statue] socle m

PLO [,piːel'əʊ] N (abbrev of **Palestine Liberation Organization**) OLP f

plod [plɒd] VI (= trudge) (also **plod along**) avancer d'un pas lourd

plonk* [plɒŋk] **1** N (Brit = cheap wine) piquette f **2** VT (also **plonk down**) poser (bruyamment)

plot [plɒt] **1** N **a** [of land] terrain m **b** (= conspiracy) complot m (to do sth pour faire qch) **c** [of story] intrigue f **2** VT **a** (= mark out) [+ graph, curve] tracer point par point ; [+ progress, development] faire le graphique de **b** [+ sb's death, ruin] comploter **3** VI (= conspire) conspirer ◆ **to ~ to do sth** comploter de faire qch

plough, plow (US) [plaʊ] **1** N charrue f ◆ **the Plough** (= constellation) la Grande Ourse **2** VT [+ field] labourer ◆ **to ~ money into sth** investir gros dans qch **3** VI **a** [worker] labourer **b** ◆ **to ~ through the mud** avancer péniblement dans la boue ◆ **to ~ through a book** lire laborieusement un livre

ploughman ['plaʊmən] N (pl **-men**) laboureur m ▶ **ploughman's lunch** (Brit) assiette f de fromage et de pickles

plow [plaʊ] N (US) ⇒ **plough**

ploy* [plɔɪ] N stratagème m (to do sth pour faire qch)

pluck [plʌk] **1** VT [+ fruit, flower] cueillir ; [+ strings] pincer ; [+ bird] plumer ◆ **to ~ one's eyebrows** s'épiler les sourcils **2** N (= courage) courage m
▸ **pluck up** VT SEP (= summon up) ◆ **he ~ed up the courage to tell her** il a trouvé le courage de lui dire

plucky * ['plʌkɪ] ADJ courageux

plug [plʌg] **1** N **a** [of bath, basin] bonde f **b** (electric) prise f (de courant) **c** (= spark plug) bougie f **2** VT **a** (= fill) [+ hole, crack] boucher ; [+ leak] colmater **b** * (= publicize) (on one occasion) faire de la pub * pour ; (repeatedly) matraquer *
▸ **plug in** VT SEP [+ lead, apparatus] brancher

plughole ['plʌghəʊl] N trou m (d'écoulement)

plum [plʌm] **1** N (= fruit) prune f ◆ **~ tree** prunier m **2** ADJ **a** (= plum-coloured) prune inv **b** (* = best, choice) de choix ◆ **he has a ~ job** il a un boulot * en or

plumage ['pluːmɪdʒ] N plumage m

plumb [plʌm] **1** N ◆ **out of ~** hors d'aplomb **2** ADJ vertical **3** ADV **a** (= exactly) en plein ◆ **~ in the middle of** en plein milieu de **b** (= absolutely) complètement **4** VT ◆ **to ~ the depths** toucher le fond

plumber ['plʌmə^r] N plombier m

plumbing ['plʌmɪŋ] N plomberie f

plume [pluːm] N **a** (= large feather) (grande) plume f ; (on hat, helmet) plumet m ; (larger) panache m **b** [of smoke] panache m

plummet ['plʌmɪt] VI [aircraft] plonger ; [temperature, price, sales] chuter ; [morale] tomber à zéro

plump [plʌmp] **1** ADJ [person, child, hand] potelé ; [cheek] rebondi ; [arm, leg] dodu **2** VT (also **plump up**) [+ pillow] tapoter

plunder ['plʌndə^r] **1** N (= act) pillage m ; (= loot) butin m **2** VT piller

plunge [plʌndʒ] **1** N [of bird, diver] plongeon m ; (= steep fall) chute f ◆ **to take the ~** sauter le pas **2** VT plonger **3** VI (= dive) plonger ; [sales, prices, temperature] chuter ◆ **he ~d to his death** il a fait une chute mortelle ◆ **to ~ into recession** sombrer dans la récession

plunger ['plʌndʒə^r] N (for blocked pipe) ventouse f

pluperfect ['pluː'pɜːfɪkt] N plus-que-parfait m

plural ['plʊərəl] **1** ADJ **a** [form, ending, person] du pluriel ; [verb, noun] au pluriel **b** [society] pluriel **2** N pluriel m ◆ **in the ~** au pluriel

plus [plʌs] **1** PREP plus **2** ADJ ◆ **B ~** (= mark) B plus ◆ **we've sold 100 ~** * nous en avons vendu 100 et quelques **3** N plus m ▸ **plus sign** signe m plus

plush [plʌʃ] ADJ (= sumptuous) somptueux ; [area] riche

Pluto ['pluːtəʊ] N (= planet) Pluton f

plutonium [pluː'təʊnɪəm] N plutonium m

ply [plaɪ] **1** N (compound ending) ◆ **three-~ (wool)** laine f trois fils **2** VT [+ needle, tool, oar] manier ◆ **to ~ one's trade (as)** exercer son métier (de) ◆ **he plied them with drink** il ne cessait de remplir leur verre **3** VI ◆ **to ~ between** [ship, coach] faire la navette entre

plywood ['plaɪwʊd] N contreplaqué m

PM [piː'em] N (Brit) (abbrev of **Prime Minister**) Premier ministre m

pm [piː'em] (abbrev of **post meridiem**) de l'après-midi ◆ **3pm** 3 heures de l'après-midi, 15 heures

pneumatic [njuː'mætɪk] ADJ pneumatique ▸ **pneumatic drill** marteau-piqueur m

pneumonia [njuː'məʊnɪə] N pneumonie f

PO [piː'əʊ] N (abbrev of **post office**) ◆ **~ Box 24** BP 24

poach [pəʊtʃ] VT **a** [+ game, fish] braconner ; [+ employee] débaucher **b** [+ food] pocher ▸ **poached egg** œuf m poché

poacher ['pəʊtʃə^r] N [of game] braconnier m

pocket ['pɒkɪt] **1** N **a** poche f ◆ **to go through sb's ~s** faire les poches à qn ◆ **to be out of ~** en être de sa poche **b** (Billiards) blouse f **2** VT empocher **3** COMP [torch, dictionary, edition] de poche ▸ **pocket calculator** calculette f ▸ **pocket-money** argent m de poche

pocketbook ['pɒkɪtbʊk] N (US) (= wallet) portefeuille m ; (= handbag) sac m à main

pocketknife ['pɒkɪtnaɪf] N (pl **-knives**) canif m

pockmarked ['pɒkmɑːkt] ADJ [face] grêlé ; [surface] criblé de trous

pod [pɒd] N [of bean, pea] cosse f

podgy * ['pɒdʒɪ] ADJ grassouillet

podiatrist [pɒ'diːətrɪst] N (US) pédicure mf

podium ['pəʊdɪəm] N (pl **podia**) podium m

poem ['pəʊɪm] N poème m

poet ['pəʊɪt] N poète m

poetic [pəʊ'etɪk] ADJ poétique

poetry ['pəʊɪtrɪ] N poésie f

poignant ['pɔɪnjənt] ADJ poignant

point [pɔɪnt] **1** N **a** (= sharp end) pointe f ◆ **a knife with a sharp ~** un couteau très pointu **b** (= dot) point m ; (= decimal point) virgule f (décimale) ◆ **three ~ six** (3.6) trois virgule six *(3,6)* **c** (in space, in time) point m ◆ **at this** or **that ~**

(in space) à cet endroit ; (in time) à ce moment-là ◆ **at this ~ in time** à ce stade ◆ **to be on the ~ of doing sth** être sur le point de faire qch ◆ **up to a ~** jusqu'à un certain point **d** (= unit) (in score) point *m* ; (on thermometer) degré *m* **e** (= idea, argument) point *m* ◆ **to make a ~** faire une remarque ◆ **I take your ~** je vois ce que vous voulez dire **f** (= main idea) [of argument] objet *m* ◆ **that's not the ~** là n'est pas la question ◆ **that is beside the ~** cela n'a rien à voir ◆ **to come to the ~** [person] en venir au fait ◆ **to keep to the ~** ne pas s'éloigner du sujet **g** (= purpose) ◆ **what was the ~ of his visit ?** quel était le but de sa visite ? ◆ **to make a ~ of doing sth** ne pas manquer de faire qch **h** (= use) ◆ **what's the ~?** à quoi bon ? ◆ **what's the ~ of waiting?** à quoi bon attendre ? ◆ **there's no ~ waiting** ça ne sert à rien d'attendre ◆ **I don't see any ~ in doing that** je ne vois aucun intérêt à faire cela **i** (= characteristic) caractéristique *f* ◆ **good ~s** qualités *fpl* ◆ **bad ~s** défauts *mpl* **j** (Brit Elec) (= power point) prise *f* (de courant) *(femelle)* **2** points NPL (Brit: on railway) aiguillage *m* **3** VT **a** (= aim) pointer (at sur) ◆ **to ~ a gun at sb** braquer un revolver sur qn ◆ **he ~ed his finger at me** il a pointé le doigt sur moi **b** [+ toes] pointer **4** VI **a** [person] montrer du doigt ◆ **to ~ at sth/sb** désigner qch/qn du doigt **b** [signpost] indiquer la direction (towards de)

▶ **point out** VT SEP **a** (= show) [+ person, object, place] indiquer **b** (= mention) faire remarquer ◆ **to ~ sth out to sb** faire remarquer qch à qn

point-blank [ˌpɔɪntˈblæŋk] **1** ADJ [refusal] catégorique ◆ **at ~ range** à bout portant **2** ADV [fire, shoot] à bout portant ; [refuse] catégoriquement ; [demand] de but en blanc

pointed [ˈpɔɪntɪd] ADJ **a** (= sharp) pointu **b** [remark, question, look] lourd de sous-entendus

pointer [ˈpɔɪntəʳ] N **a** (= stick) baguette *f* ; (on scale) curseur *m* **b** (= clue) indication *f* (to de) ; (= piece of advice) conseil *m*

pointless [ˈpɔɪntlɪs] ADJ (= useless) inutile ; [murder, violence] gratuit ◆ **it is ~ to complain** ça ne sert à rien de se plaindre

point of view [ˌpɔɪntəvˈvjuː] N point *m* de vue ◆ **from that/my point of view** de ce/mon point de vue

poise [pɔɪz] N (= composure) calme *m* ; (= self-confidence) assurance *f* ; (= grace) grâce *f*

poised [pɔɪzd] ADJ **a** (= ready) prêt **b** (= self-possessed) sûr de soi

poison [ˈpɔɪzn] **1** N poison *m* ▶ **poison gas** gaz *m* asphyxiant ▶ **poison ivy** sumac *m* vénéneux ▶ **poison-pen letter** lettre *f* anonyme **2** VT [+ person, food] empoisonner ; [+ air, water, land] contaminer

poisoning [ˈpɔɪznɪŋ] N empoisonnement *m* ◆ **alcoholic ~** éthylisme *m*

poisonous [ˈpɔɪznəs] ADJ [snake] venimeux ; [plant] vénéneux ; [gas, fumes, substance] toxique ; [remark, suspicion] pernicieux

poke [pəʊk] **1** N (= jab) (petit) coup *m* *(de canne, avec le doigt)* **2** VT (= jab with finger, stick) donner un coup à ; (= thrust) [+ stick, finger] enfoncer ◆ **to ~ the fire** tisonner le feu ◆ **he ~d me in the ribs** il m'a donné un coup de coude dans les côtes ◆ **to ~ one's head out of the window** passer la tête par la fenêtre **3** VI ◆ **to ~ through/up** dépasser

▶ **poke about***, **poke around*** VI farfouiller *

▶ **poke at** VT INSEP ◆ **he ~d at me with his finger** il m'a touché du bout du doigt ◆ **she ~d at her food with a fork** elle jouait avec sa nourriture du bout de sa fourchette

▶ **poke in** VT SEP ◆ **to ~ one's nose in*** fourrer son nez dans les affaires des autres

▶ **poke out** **1** VI (= stick out) dépasser **2** VT SEP (= stick out) sortir

poker [ˈpəʊkəʳ] N **a** (for fire) tisonnier *m* **b** (Cards) poker *m* ▶ **poker-faced** au visage impassible

Poland [ˈpəʊlənd] N Pologne *f*

polar [ˈpəʊləʳ] ADJ [region, explorer] polaire ▶ **polar bear** ours *m* polaire

polarize [ˈpəʊləraɪz] VT polariser

Pole [pəʊl] N (= Polish person) Polonais(e) *m(f)*

pole [pəʊl] N **a** (= rod) perche *f* ; (fixed) poteau *m* ; (for flag, tent) mât *m* ; (= telegraph pole) poteau *m* télégraphique ; (for vaulting, punting) perche *f* ▶ **pole vaulting** (Sport) saut *m* à la perche **b** (= ski stick) bâton *m* **c** [of the earth] pôle *m* ▶ **the Pole Star** l'étoile *f* polaire

polecat [ˈpəʊlkæt] N putois *m*

police [pəˈliːs] **1** N police *f* ▶ **police car** voiture *f* de police ▶ **police constable** agent *m* de police ▶ **police dog** chien *m* policier ▶ **the police force** les forces *fpl* de l'ordre ▶ **police officer** policier *m* ▶ **police station** poste *m* or commissariat *m* de police **2** VT **a** (with policemen) [+ place] maintenir l'ordre dans **b** [+ frontier, territory, prices] contrôler ; [+ agreements, controls] veiller à l'application de

policeman [pəˈliːsmən] N (pl **-men**) (in town) agent *m* de police ; (in country) gendarme *m*

policewoman [pəˈliːsˌwʊmən] N (pl **-women**) femme *f* policier

policy [ˈpɒlɪsɪ] N **a** [of government] politique *f* **b** (Insurance) police *f* (d'assurance)

polio [ˈpəʊlɪəʊ] N polio *f*

Polish [ˈpəʊlɪʃ] **1** ADJ polonais **2** N (= language) polonais *m*

polish ['pɒlɪʃ] **1** N **a** (for shoes) cirage m ; (for floor, furniture) encaustique f **b** (= act) **to give sth a ~** [+ shoes] cirer qch ; [+ doorknob, cutlery] astiquer qch **c** (= refinement) [of person] raffinement m ; [of style, performance] élégance f **2** VT [+ stones, glass] polir ; [+ shoes, floor, furniture] cirer ; [+ metal] astiquer ; [+ style, language] peaufiner **◆ to ~ (up) one's French** se perfectionner en français
▸ **polish off** * VT SEP [+ food, drink] finir ; [+ work, correspondence] expédier

polished ['pɒlɪʃt] ADJ **a** [surface, stone, glass] poli ; [floor, shoes] ciré ; [silver] brillant **b** (= refined) [person, manners] raffiné ; [style] poli ; [performer] accompli ; [performance] impeccable

polite [pə'laɪt] ADJ poli (to sb avec qn)

politely [pə'laɪtlɪ] ADV poliment

political [pə'lɪtɪkəl] ADJ politique ▸ **political correctness ◆ in this age of ~ correctness** à l'heure du politiquement correct ▸ **political prisoner** prisonnier m, -ière f politique ▸ **political science** sciences fpl politiques

politically [pə'lɪtɪkəlɪ] ADV politiquement ▸ **politically correct** politiquement correct

politician [ˌpɒlɪ'tɪʃən] N homme m politique, femme f politique

politicize [pə'lɪtɪsaɪz] VT politiser

politics ['pɒlɪtɪks] **1** N politique f **2** NPL (= political ideas) opinions fpl politiques

polka ['pɒlkə] N polka f ▸ **polka dot** pois m ◆ a ~-**dot blouse** un chemisier à pois

poll [pəʊl] **1** N **a** (= opinion survey) sondage m ◆ **(public) opinion ~** sondage m d'opinion **b** ◆ **the ~s** (= election) scrutin m **2** VT [+ votes] obtenir ; [+ people] interroger

pollen ['pɒlən] N pollen m

pollinate ['pɒlɪneɪt] VT féconder (avec du pollen)

polling ['pəʊlɪŋ] N élections fpl ▸ **polling booth** isoloir m ▸ **polling place** (US), **polling station** (Brit) bureau m de vote

pollster ['pəʊlstər] N sondeur m, -euse f

pollutant [pə'lu:tənt] N polluant m

pollute [pə'lu:t] VT polluer ; (fig) contaminer

pollution [pə'lu:ʃən] N pollution f ◆ **air ~** pollution f de l'air

polo ['pəʊləʊ] N (= sport) polo m ▸ **polo shirt** polo m

polo-neck ['pəʊləʊnek] **1** N col m roulé **2** ADJ (also **polo-necked**) à col roulé

poltergeist ['pɔ:ltəgaɪst] N esprit m frappeur

polyester [ˌpɒlɪ'estər] **1** N polyester m **2** ADJ de or en polyester

polygamy [pɒ'lɪgəmɪ] N polygamie f

polyglot ['pɒlɪglɒt] ADJ, N polyglotte mf

Polynesia [ˌpɒlɪ'ni:zɪə] N Polynésie f

polystyrene [ˌpɒlɪ'staɪri:n] N polystyrène m

polytechnic [ˌpɒlɪ'teknɪk] N (in Britain) ≈ IUT m, ≈ Institut m universitaire de technologie

polythene ['pɒlɪθi:n] N (Brit) polythène ® m ▸ **polythene bag** sachet m en plastique

pomegranate ['pɒmə,grænɪt] N (= fruit) grenade f

pomelo ['pɒmɪləʊ] N pomélo m

pommel ['pʌml] N pommeau m

pomp [pɒmp] N pompe f

pompom ['pɒmpɒm], **pompon** ['pɒmpɒn] N (= bobble) pompon m

pompous ['pɒmpəs] ADJ pompeux

pond [pɒnd] N mare f ; (artificial) bassin m

ponder ['pɒndər] **1** VT réfléchir à **2** VI méditer (over, on sur)

ponderous ['pɒndərəs] ADJ lourd ; [speech] pesant et solennel

pong * [pɒŋ] N (Brit) mauvaise odeur f

pontoon [pɒn'tu:n] N **a** (= bridge) ponton m ; (on aircraft) flotteur m **b** (Brit Cards) vingt-et-un m

pony ['pəʊnɪ] N poney m ▸ **pony trekking** randonnée f à cheval

ponytail ['pəʊnɪteɪl] N queue f de cheval

poodle ['pu:dl] N caniche m

pool [pu:l] **1** N **a** (= puddle, spilt liquid) flaque f (d'eau) ; (larger) mare f ; [of light] rond m **b** (= pond) (natural) étang m ; (artificial) bassin m ; (= swimming pool) piscine f **c** (= common fund) réserve f ; [of things owned in common] fonds m commun ; (= reserve) [of ideas, experience, ability] réservoir m ; [of advisers, experts] équipe f **d** (= game) billard m américain **2** **the pools** NPL (* : Brit) ≈ le loto sportif **3** VT [+ resources] mettre en commun ; [+ efforts] unir

poolroom ['pu:lrʊm] N (salle f de) billard m

poor [pʊər] **1** ADJ **a** (= not rich) pauvre **b** (= inferior) [sales, pay, harvest] maigre before n ; [work, worker, performance] piètre before n ; [light] faible ; [eyesight, visibility] mauvais ; [soil] pauvre ; [quality] médiocre **c** (= pitiable) pauvre ◆ ~ **woman** la pauvre **2** **the poor** NPL les pauvres mpl

poorly ['pʊəlɪ] **1** ADJ * souffrant **2** ADV [perform, eat, sell] mal ◆ ~ **lit/paid** mal éclairé/payé

pop [pɒp] **1** N **a** (= music) (musique f) pop f **b** (* = father) papa m **c** (* = drink) boisson f gazeuse **2** VT **a** [+ balloon] crever ; [+ cork] faire sauter ; [+ corn] faire éclater **b** (* = put) mettre **3** VI **a**

[balloon] éclater ; [cork] sauter ◆ **my ears ~ped** mes oreilles se sont débouchées **b** (* = go) ◆ **I ~ped out to the shop** j'ai fait un saut au magasin ◆ **he ~ped into the café** il a fait un saut au café **4** ADJ [music, song, singer, group] pop *inv* ▸ **pop art** pop art *m* ▸ **pop socks** (Brit) mi-bas *mpl* (fins) ▸ **pop star** pop star *f* ▸ **pop-up menu** (Computing) menu *m* (qui s'affiche à l'écran sur commande)

▸ **pop in** * VI passer

▸ **pop out** VI [person] sortir ; [head] émerger

▸ **pop round** * VI passer

popcorn ['pɒpkɔːn] N pop-corn *m inv*

pope [pəʊp] N pape *m*

popgun ['pɒpɡʌn] N pistolet *m* à bouchon

poplar ['pɒplə^r] N peuplier *m*

poppy ['pɒpɪ] N (= flower) pavot *m* ; (growing wild) coquelicot *m* ▸ **Poppy Day** (Brit) = jour *m* de l'Armistice ▸ **poppy seed** graine *f* de pavot

Popsicle ® ['pɒpsɪkl] N (US) glace *f* à l'eau

popular ['pɒpjʊlə^r] ADJ (gen) populaire ; [style, model, place] prisé (with de) ; [name] en vogue

popularity [ˌpɒpjʊ'lærɪtɪ] N popularité *f* (with auprès de)

popularize ['pɒpjʊləraɪz] VT [+ sport, music, product] populariser ; [+ science, ideas] vulgariser

population [ˌpɒpjʊ'leɪʃən] N population *f*

porcelain ['pɔːsəlɪn] N porcelaine *f*

porch [pɔːtʃ] N [of house, church] porche *m* ; (US = verandah) véranda *f*

porcupine ['pɔːkjʊpaɪn] N porc-épic *m*

pore [pɔː^r] **1** N (in skin) pore *m* **2** VI ◆ **to ~ over** [+ book, map] étudier dans le détail

pork [pɔːk] N porc *m* ▸ **pork chop** côte *f* de porc ▸ **pork pie** pâté *m* en croûte

porn * [pɔːn] N, ADJ (abbrev of **pornography**) porno * *m inv*

pornographic [ˌpɔːnə'ɡræfɪk] ADJ pornographique

pornography [pɔː'nɒɡrəfɪ] N pornographie *f*

porous ['pɔːrəs] ADJ poreux

porpoise ['pɔːpəs] N marsouin *m*

porridge ['pɒrɪdʒ] N porridge *m* ◆ **~ oats** flocons *mpl* d'avoine

port [pɔːt] N **a** (= harbour) port *m* ◆ **~ of call** escale *f* **b** (Computing) port *m* **c** (= left side) bâbord *m* **d** (= wine) porto *m*

portable ['pɔːtəbl] **1** ADJ (gen) portatif ; [computer, television] portable **2** N (= computer) portable *m*

portal ['pɔːtl] N (also Comput) portail *m*

portcullis [pɔːt'kʌlɪs] N herse *f* (de château fort)

porter ['pɔːtə^r] N **a** (for luggage) porteur *m* **b** (US Rail = attendant) employé(e) *m(f)* des wagons-lits **c** (Brit = doorkeeper) gardien(ne) *m(f)* ; (at university) appariteur *m* **d** [of hospital] brancardier *m*, -ière *f*

portfolio [pɔːt'fəʊlɪəʊ] N **a** [of artist] portfolio *m* ; [of model] book *m* **b** [of shares] portefeuille *m*

porthole ['pɔːthəʊl] N hublot *m*

portico ['pɔːtɪkəʊ] N portique *m*

portion ['pɔːʃən] N (= share) portion *f* ; (= part) partie *f*

portly ['pɔːtlɪ] ADJ corpulent

portrait ['pɔːtrɪt] N portrait *m*

portray [pɔː'treɪ] VT (= depict) représenter

Portugal ['pɔːtjʊɡəl] N Portugal *m*

Portuguese [ˌpɔːtjʊ'ɡiːz] **1** ADJ portugais **2** N **a** (pl inv) Portugais(e) *m(f)* **b** (= language) portugais *m*

pose [pəʊz] **1** N pose *f* **2** VI poser ◆ **to ~ as a doctor** se faire passer pour un docteur **3** VT (= present) [+ problem, question, difficulties] poser ; [+ threat] constituer

poser ['pəʊzə^r] N **a** (= person) poseur *m*, -euse *f* **b** (* = problem) colle * *f*

poseur [pəʊ'zɜː^r] N poseur *m*, -euse *f*

posh * [pɒʃ] ADJ **a** (= distinguished) chic **b** (pej) [person] snob *f inv* ; [neighbourhood, school] huppé

position [pə'zɪʃən] **1** N **a** (gen) position *f* ; [of house, shop] emplacement *m* ◆ **to change the ~ of sth** changer qch de place **b** (= job) poste *m* **c** (= situation) place *f* ◆ **what would you do in my ~?** que feriez-vous à ma place ? ◆ **to be in a ~ to do sth** être en position de faire qch ◆ **he's in no ~ to decide** il n'est pas en position de décider **2** VT **a** (= adjust angle of) positionner **b** (= put in place) placer ; [+ house] situer ; [+ guards, policemen] poster ◆ **to ~ o.s.** se placer

positive ['pɒzɪtɪv] **1** ADJ **a** (= not negative) positif ◆ **he's very ~** il a une attitude très positive **b** (= definite) [change, improvement] réel ◆ **proof ~** preuve *f* formelle **c** (= certain) [person] certain (about, on, of de) **2** ADV ◆ **to test ~** être positif ◆ **to think ~** être positif

positively ['pɒzɪtɪvlɪ] ADV **a** (= constructively, favourably) [act, contribute] de façon positive **b** (= absolutely) vraiment **c** (= definitely) [identify] formellement

posse ['pɒsɪ] N détachement *m*

possess [pə'zes] VT posséder

possession [pə'zeʃən] N **a** (= act, state) possession *f* ; [of drugs] détention *f* illégale ◆ **in ~ of**

en possession de ◆ he was in full ~ of his **faculties** il était en pleine possession de ses facultés **b** (= object) bien *m* ◆ **all his ~s** tout ce qu'il possède

possessive [pə'zesɪv] **1** ADJ possessif ◆ **to be ~ about sb/sth** être possessif avec qn/qch **2** N possessif *m*

possibility [ˌpɒsə'bɪlɪtɪ] N **a** possibilité *f* ◆ **there is some ~/not much ~ of success** il y a des chances/peu de chances que ça marche **b** (= promise) perspectives *fpl*, potentiel *m* ◆ **she agreed that the project had possibilities** elle a admis que le projet avait un certain potentiel

possible ['pɒsəbl] ADJ possible ◆ **it is ~ that ...** il est possible que ... + *subj* ◆ **to make sth ~** rendre qch possible ◆ **if (at all) ~** si possible ◆ **the best ~ result** le meilleur résultat possible ◆ **as far as ~** dans la mesure du possible ◆ **as much as ~** autant que possible ◆ **as soon as ~** dès que possible

possibly ['pɒsəblɪ] ADV **a** (with can etc) ◆ **he did all he ~ could** il a fait tout son possible ◆ **it can't ~ be true!** ce n'est pas possible ! **b** (= perhaps) peut-être ◆ **~ not** peut-être que non

post [pəʊst] **1** N **a** (= mail service) poste *f* ; (= letters) courrier *m* ◆ **by ~** par la poste ◆ **by return (of) ~** par retour du courrier ▶ **post and packing** (= cost) frais *mpl* de port et d'emballage ▶ **post office** poste *f* ▶ **post-paid** port payé **b** (= job) poste *m* **c** (of wood, metal) poteau *m* ◆ **finishing ~** (Sport) ligne *f* d'arrivée **2** VT **a** [+ letter] poster, mettre à la poste **b** [+ notice, list] afficher **c** [+ results] annoncer ◆ **to keep sb ~ed** tenir qn au courant **d** [+ sentry, guard] poster **e** (= move) [+ soldier] poster ; [+ employee] affecter

postage ['pəʊstɪdʒ] N tarifs *mpl* postaux ▶ **postage paid** port payé *inv* ▶ **postage stamp** timbre-poste *m*

postal ['pəʊstəl] ADJ (gen) postal ; [application] par la poste ▶ **postal address** adresse *f* ▶ **postal order** (Brit) mandat *m* (postal) ▶ **postal vote** (= paper) bulletin *m* de vote par correspondance ; (= system) vote *m* par correspondance

postbag ['pəʊstbæg] N (Brit) sac *m* postal

postbox ['pəʊstbɒks] N boîte *f* à *or* aux lettres

postcard ['pəʊstkɑːd] N carte *f* postale

postcode ['pəʊstkəʊd] N (Brit) code *m* postal

postdate [ˌpəʊst'deɪt] VT postdater

poster ['pəʊstər] N affiche *f* ▶ **poster paint** gouache *f*

poste restante [ˌpəʊst'restɑ̃ːnt] N, ADV poste *f* restante

posterior [pɒs'tɪərɪər] ADJ postérieur (-eure *f*) (to à)

posterity [pɒs'terɪtɪ] N postérité *f*

postgraduate ['pəʊst'grædjʊət] **1** ADJ de troisième cycle (universitaire) **2** N (= student) étudiant(e) *m(f)* de troisième cycle

posthumous ['pɒstjʊməs] ADJ posthume

postman ['pəʊstmən] N (pl **-men**) facteur *m*

postmark ['pəʊstmɑːk] **1** N cachet *m* de la poste **2** VT timbrer

postmaster ['pəʊstmɑːstər] N receveur *m* des postes

postmistress ['pəʊstmɪstrɪs] N receveuse *f* des postes

post-mortem ['pəʊst'mɔːtəm] N autopsie *f*

postnatal ['pəʊst'neɪtl] ADJ postnatal ▶ **postnatal depression** dépression *f* post-partum

postpone [pəʊst'pəʊn] VT reporter (for de ; until à)

postscript ['pəʊsskrɪpt] N (to letter) post-scriptum *m inv*

posture ['pɒstʃər] **1** N posture *f* **2** VI prendre des poses

postwar ['pəʊst'wɔːr] ADJ [event] de l'après-guerre ; [government] d'après-guerre ◆ **the ~ period** l'après-guerre *m*

postwoman ['pəʊst'wʊmən] N (pl **-women**) factrice *f*

posy ['pəʊzɪ] N petit bouquet *m* (de fleurs)

pot [pɒt] **1** N **a** (for flowers, jam) pot *m* ; (= piece of pottery) poterie *f* ; (for cooking) marmite *f* ; (= saucepan) casserole *f* ; (= teapot) théière *f* ; (= coffeepot) cafetière *f* ◆ **~s and pans** batterie *f* de cuisine ▶ **pot luck** ◆ **to take ~ luck** s'en remettre au hasard ▶ **pot plant** (Brit) plante *f* verte ▶ **pot roast** rôti *m* braisé **b** * (= kitty) cagnotte *f* ◆ **to go to ~s of money** * rouler sur l'or ◆ **to go to ~** * aller à vau-l'eau **c** * (= cannabis) herbe * *f* **2** VT **a** [+ plant, jam] mettre en pot **b** (Snooker) mettre

potassium [pə'tæsɪəm] N potassium *m*

potato [pə'teɪtəʊ] (pl **~es**) N pomme *f* de terre ▶ **potato chips** (US), **potato crisps** (Brit) chips *fpl* ▶ **potato-peeler** épluche-légumes *m inv*

potent ['pəʊtənt] ADJ (gen) puissant ; [drink] fort

potential [pəʊ'tenʃəl] **1** ADJ potentiel **2** N potentiel *m* ◆ **to have ~** être prometteur ; [building, area] offrir toutes sortes de possibilités

potentially [pəʊ'tenʃəlɪ] ADV potentiellement

pothole ['pɒthəʊl] N **a** (in road) nid-de-poule *m* **b** (under ground) caverne *f*

potholing ['pɒtˌhəʊlɪŋ] N (Brit) spéléologie *f* ◆ **to go ~** faire de la spéléologie

potion ['pəʊʃən] N potion *f*

potpourri [pəʊ'pʊrɪ] N (of flowers) pot *m* pourri

potted ['pɒtɪd] ADJ ◆ ~ **meat** rillettes de viande ◆ ~ **plant** plante f d'appartement ◆ **a** ~ **version of** "Ivanhoe" * un abrégé d'"Ivanhoé"

potter ['pɒtə^r] **1** VI (also **potter about**) bricoler * **2** N potier m, -ière f ▸ **potter's wheel** tour m de potier

pottery ['pɒtərɪ] N (= craft, place) poterie f ; (= objects) poteries fpl

potty * ['pɒtɪ] **1** N pot m (de bébé) **2** ADJ (Brit) [person] dingue * (about de) ; [idea] farfelu

pouch [paʊtʃ] N (= small bag) petit sac m ; (for money) bourse f ; (for tobacco) blague f ; [of kangaroo] poche f marsupiale

pouf(fe) [puːf] N (= stool) pouf m

poultice ['pəʊltɪs] N cataplasme m

poultry ['pəʊltrɪ] N volaille f

pounce [paʊns] **1** N bond m **2** VI bondir ◆ to ~ **on** [+ prey] bondir sur ; [+ book, small object] se précipiter sur ; [+ idea, suggestion] sauter sur

pound [paʊnd] **1** N **a** (= weight) livre f (= 453,6 grammes) **b** (= money) livre f ◆ ~ **coin** pièce f d'une livre **c** (for dogs, cars) fourrière f **2** VT **a** [+ spices] piler ; [+ rocks] concasser ; [+ earth] pilonner ; [guns, bombs, shells] pilonner ◆ to ~ **sth with one's fists** marteler qch à coups de poing **3** VI [heart] battre fort ; (with fear, excitement) battre la chamade ; [sea, waves] battre ◆ **he** ~**ed on the door** il frappa de grands coups à la porte

pour [pɔː^r] **1** VT [+ liquid] verser **2** VI **a** [water, blood] couler à flots (from de) **b** (= rain) ◆ **it's** ~**ing** * il pleut à verse **c** (= serve tea, coffee) servir

▸ **pour away** VT SEP [+ liquid, dregs] vider

▸ **pour in 1** VI [water, sunshine, rain] se déverser ; [people] affluer **2** VT SEP [+ liquid] verser

▸ **pour out 1** VI [water] sortir à flots ; [people] sortir en masse **2** VT SEP **a** [+ tea, coffee, drinks] servir (for sb à qn) ; [+ unwanted liquid] vider **b** [+ anger, emotion] donner libre cours à ; [+ troubles] épancher

pout [paʊt] **1** N moue f **2** VI **a** (= pull a face) faire la moue **b** (US = sulk) bouder

poverty ['pɒvətɪ] N pauvreté f ; [of ideas, information] déficit m ▸ **povertystricken** [person, family] dans le dénuement

powder ['paʊdə^r] **1** N poudre f ▸ **powder puff** houppette f ; (big, fluffy) houppe f ▸ **powder room** (= toilets) toilettes fpl (pour dames) **2** VT **a** [+ substance] réduire en poudre ◆ ~**ed milk** lait m en poudre **b** [+ face, body] poudrer ◆ to ~ **one's nose** se poudrer

powdery ['paʊdərɪ] ADJ [snow] poudreux

power ['paʊə^r] **1** N **a** (= ability) pouvoir m ; (= faculty) faculté f ◆ **he did everything within** his ~ **to help us** il a fait tout son possible pour nous aider ◆ **his** ~**s of persuasion** son pouvoir de persuasion ◆ **purchasing** ~ pouvoir m d'achat **b** (= force) [of person, blow, sun] force f **c** (= authority) pouvoir m ◆ to **have** ~ **over sb** avoir autorité sur qn ◆ to **have sb in one's** ~ avoir qn en son pouvoir ◆ **in** ~ [party] au pouvoir ◆ to **come to** ~ accéder au pouvoir ◆ **the** ~**s that be** les autorités fpl constituées **d** (= energy) énergie f ; (= output) rendement m ; (= electricity) électricité f, courant m **e** [of engine, device] puissance f **2** VT faire marcher **3** COMP ▸ **power-assisted** assisté ▸ **power cut** (Brit) coupure f de courant ▸ **power failure** panne f de courant ▸ **power line** ligne f à haute tension ▸ **power of attorney** procuration f ▸ **power point** (Brit) prise f de courant ▸ **power station** centrale f (électrique) ▸ **power steering** direction f assistée ▸ **power supply** alimentation f électrique ▸ **power tool** outil m électrique

powerboat ['paʊəbəʊt] N hors-bord m inv

powerful ['paʊəfʊl] ADJ [engine, computer] puissant ; [kick, person, smell] fort ; [influence, effect] profond ; [performance, argument] très convaincant

powerless ['paʊəlɪs] ADJ impuissant

PR [piː'ɑː^r] N **a** abbrev of **public relations b** (abbrev of **proportional representation**) RP f

practicable ['præktɪkəbl] ADJ réalisable

practical ['præktɪkəl] **1** ADJ (gen) pratique ; [idea, scheme] réalisable ◆ **for all** ~ **purposes** en pratique ▸ **practical joke** farce f **2** N (= exam) épreuve f pratique ; (= lesson) travaux mpl pratiques

practicality [ˌpræktɪ'kælɪtɪ] **1** N [of person] sens m pratique ; [of suggestion] aspect m pratique **2** **practicalities** NPL détails mpl pratiques

practically ['præktɪklɪ] ADV (= almost) pratiquement ; (= from a practical point of view) d'un point de vue pratique

practice ['præktɪs] **1** N **a** (= habits) pratique f ◆ **it's common** ~ c'est courant **b** (= exercises) exercices mpl ; (= training) entraînement m ; (= experience) expérience f ; (= rehearsal) répétition f ◆ **out of** ~ rouillé (fig) **c** (as opposed to theory) pratique f ◆ **in** ~ dans la pratique ◆ to **put sth into** ~ mettre qch en pratique **d** [of law, medicine] exercice m ; (= business) clientèle f **2** VTI (US) ⇒ **practise**

practise, practice (US) ['præktɪs] **1** VT **a** [+ meditation, one's religion] pratiquer ; [+ method] appliquer ◆ to ~ **what one preaches** prêcher par l'exemple ◆ to ~ **medicine/law** exercer la médecine/la profession d'avocat **b** (= exercise in) [+ violin, song, chorus] travailler

◆ **to ~ doing sth** s'entraîner à faire qch **2** VI **a** (Mus) s'exercer ; (Sport) s'entraîner ; [beginner] faire des exercices **b** [doctor, lawyer] exercer

practised, practiced (US) ['præktɪst] ADJ [teacher, nurse] chevronné ; [eye, ear] exercé ; [performance] accompli

practising, practicing (US) ['præktɪsɪŋ] ADJ [doctor] exerçant ; [lawyer] en exercice ; [architect] en activité ; [Catholic, Buddhist] pratiquant

practitioner [præk'tɪʃənər] N (= doctor) médecin m

pragmatic [præg'mætɪk] ADJ pragmatique

prairie ['prɛərɪ] N prairie f

praise [preɪz] **1** N éloge(s) m(pl) ◆ **in ~ of** à la louange de **2** VT louer ◆ **to ~ sb for sth/for doing sth** louer qn pour qch/d'avoir fait qch

praiseworthy ['preɪzˌwɜːðɪ] ADJ digne d'éloges

pram [præm] N (Brit) landau m

prance [prɑːns] VI [horse, child] caracoler ; [dancer] cabrioler

prank [præŋk] N (= joke) farce f

prattle ['prætl] **1** VI jaser ; [child] babiller **2** N bavardage m

prawn [prɔːn] N (Brit) crevette f rose ▶ **prawn cocktail** cocktail m de crevettes ▶ **prawn cracker** beignet m de crevettes

pray [preɪ] **1** VI prier **2** VT prier (that pour que + subj)

prayer [prɛər] N prière f ◆ **to say one's ~s** faire sa prière ▶ **prayer book** livre m de prières

pre- [priː] PREF pré

preach [priːtʃ] **1** VI prêcher **2** VT [+ religion] prêcher ; [+ sermon] faire ; [+ patience] prôner

preacher ['priːtʃər] N prédicateur m ; (US = clergyman) pasteur m

preamble [priː'æmbl] N préambule m ; (in book) préface f

prearrange ['priːə'reɪndʒ] VT organiser à l'avance

precarious [prɪ'kɛərɪəs] ADJ (= uncertain) précaire ; (= unsteady) [ladder] en équilibre instable

precaution [prɪ'kɔːʃən] N précaution f ◆ **as a ~** par précaution ◆ **to take ~s** prendre ses précautions

precede [prɪ'siːd] VT précéder

precedence ['presɪdəns] N (in rank) préséance f ; (in importance) priorité f

precedent ['presɪdənt] N précédent m ◆ **to set a ~** créer un précédent

preceding [prɪ'siːdɪŋ] ADJ précédent

precept ['priːsept] N précepte m

precinct ['priːsɪŋkt] N **a** (Brit) (also **shopping precinct**) centre m commercial **b** (US Police) circonscription f administrative ; (US Pol) circonscription f électorale **c** (round cathedral) enceinte f

precious ['preʃəs] **1** ADJ précieux ◆ **his son is very ~ to him** il tient énormément à son fils ◆ **your ~ career** (iro) ta chère carrière ▶ **precious metal** métal m précieux ▶ **precious stone** pierre f précieuse **2** ADV ◆ **~ few, ~ little** fort peu (de)

precipice ['presɪpɪs] N précipice m

precipitate 1 VT [prɪ'sɪpɪteɪt] précipiter **2** ADJ [prɪ'sɪpɪtɪt] précipité

précis ['preɪsiː] N (pl **précis** ['preɪsiːz]) résumé m

precise [prɪ'saɪs] **a** (= exact) précis ◆ **at 4am to be ~** à 4 heures du matin pour être précis **b** (= meticulous) [person, manner] méticuleux

precisely [prɪ'saɪslɪ] ADV précisément ◆ **10 o'clock ~** 10 heures précises ◆ **~!** exactement !

precision [prɪ'sɪʒən] N précision f

preclude [prɪ'kluːd] VT [+ doubt] dissiper ; [+ misunderstanding] prévenir ; [+ possibility] exclure ◆ **to be ~d from doing sth** être empêché de faire qch

precocious [prɪ'kəʊʃəs] ADJ précoce

preconceived ['priːkən'siːvd] ADJ [+ idea] préconçu

preconception ['priːkən'sepʃən] N idée f préconçue

precondition ['priːkən'dɪʃən] N condition f préalable

precursor [prɪ'kɜːsər] N (= person, thing) précurseur m ; (= event) signe m avant-coureur

predator ['predətər] N prédateur m

predatory ['predətərɪ] ADJ [animal, insect] prédateur (-trice f) ; [bird] de proie ; [habits] de prédateur(s) ; [person] rapace

predecessor ['priːdɪsesər] N prédécesseur m

predicament [prɪ'dɪkəmənt] N situation f difficile

predict [prɪ'dɪkt] VT prédire

predictable [prɪ'dɪktəbl] ADJ [behaviour] prévisible ; [person, story] sans surprise

prediction [prɪ'dɪkʃən] N prévision f

predispose ['priːdɪs'pəʊz] VT prédisposer

predominant [prɪ'dɒmɪnənt] ADJ prédominant

predominantly [prɪ'dɒmɪnəntlɪ] ADV essentiellement

pre-eminent [priː'emɪnənt] ADJ prééminent

pre-empt [priː'empt] VT **a** [+ sb's decision, action] devancer **b** (= prevent) prévenir

pre-emptive [priːˈemptɪv] ADJ [attack, strike] préventif

preen [priːn] **1** VT [+ feathers, tail] lisser **2** VI [person] se pomponner

prefab * [ˈpriːfæb] N (abbrev of **prefabricated building**) préfabriqué m

preface [ˈprefɪs] N (to book) préface f ; (to speech) préambule m

prefect [ˈpriːfekt] N **a** (Brit: in school) élève des grandes classes chargé(e) de la discipline **b** (= French official) préfet m

prefer [prɪˈfɜːʳ] VT **a** préférer ◆ I ~ Paris to London je préfère Paris à Londres ◆ to ~ doing sth préférer faire qch ◆ I much ~ Scotland je préfère de beaucoup l'Écosse **b** (in court) ◆ to ~ charges porter plainte

preferable [ˈprefərəbl] ADJ préférable

preferably [ˈprefərəblɪ] ADV de préférence

preference [ˈprefərəns] N (= liking) préférence f ◆ in ~ to sth de préférence à qch ◆ in ~ to doing sth plutôt que de faire qch

preferential [ˌprefəˈrenʃəl] ADJ [terms] préférentiel ; [treatment] de faveur

prefix [ˈpriːfɪks] N [of word] préfixe m ; [of phone number] indicatif m

pregnancy [ˈpregnənsɪ] N grossesse f ; [of animal] gestation f ▸ **pregnancy test** test m de grossesse

pregnant [ˈpregnənt] ADJ enceinte ; [animal] pleine ; [silence] lourd de sens

preheat [ˈpriːˈhiːt] VT préchauffer

prehistoric [ˈpriːhɪsˈtɒrɪk] ADJ préhistorique

prejudice [ˈpredʒʊdɪs] **1** N **a** (= bias) préjugés mpl ; (= particular instance) préjugé m **b** (= detriment) préjudice m **2** VT **a** [+ person] influencer **b** [+ chance] porter préjudice à

prejudiced [ˈpredʒʊdɪst] ADJ [person] plein de préjugés ◆ to be ~ against sb/sth avoir des préjugés contre qn/qch

preliminary [prɪˈlɪmɪnərɪ] **1** ADJ préliminaire ◆ ~ round or heat épreuve f éliminatoire **2** N préliminaire m

prelude [ˈpreljuːd] N prélude m (to de)

premarital [ˈpriːˈmærɪtl] ADJ avant le mariage

premature [ˈpremətʃʊəʳ] ADJ [decision, birth] prématuré ◆ ~ baby (enfant m/f) prématuré(e) m(f)

premeditate [priːˈmedɪteɪt] VT préméditer

premenstrual [priːˈmenstrʊəl] ADJ prémenstruel

premier [ˈpremɪəʳ] **1** ADJ premier **2** N (= Prime Minister) Premier ministre m ; (= President) chef m de l'État

premiere [ˈpremɪɛəʳ] N première f

premise [ˈpremɪs] **1** N (= hypothesis) prémisse f **2** **premises** NPL locaux mpl ◆ **on the ~s** sur place

premium [ˈpriːmɪəm] **1** N prime f ◆ **to be at a ~** être précieux **2** ADJ [goods, brand] de qualité supérieure

premonition [ˌpreməˈnɪʃən] N pressentiment m

prenatal [ˈpriːˈneɪtl] ADJ prénatal

preoccupation [priːˌɒkjʊˈpeɪʃən] N préoccupation f

preoccupy [priːˈɒkjʊpaɪ] VT [+ person, mind] préoccuper ◆ **to be preoccupied** être préoccupé (by, with de)

prep * [prep] N (abbrev of **preparation**) **a** (= homework) devoirs mpl ; (= period) étude f (surveillée) **b** (US) préparation f (d'un(e) malade)

prepaid [ˈpriːˈpeɪd] ADJ payé (d'avance)

preparation [ˌprepəˈreɪʃən] N préparation f ◆ ~s préparatifs mpl ◆ **in ~ for** en vue de

preparatory [prɪˈpærətərɪ] ADJ [work] préparatoire ; [measure, step] préliminaire ◆ ~ **to sth/to doing sth** avant qch/de faire qch ▸ **preparatory school** (Brit) école f primaire privée ; (US) école f secondaire privée

prepare [prɪˈpɛəʳ] **1** VT préparer **2** VI ◆ **to ~ for** (= make arrangements) [+ journey, event] prendre ses dispositions pour ; (= prepare o.s. for) [+ storm, meeting, discussion] se préparer pour ; [+ war] se préparer à ; [+ examination] préparer ◆ **to ~ to do sth** s'apprêter à faire qch

prepared [prɪˈpɛəd] ADJ [person, country] prêt ; [statement, answer] préparé à l'avance ◆ **to be ~ to do sth** être disposé à faire qch

preposition [ˌprepəˈzɪʃən] N préposition f

preposterous [prɪˈpɒstərəs] ADJ grotesque

prerequisite [ˈpriːˈrekwɪzɪt] N condition f préalable

prerogative [prɪˈrɒgətɪv] N prérogative f

Presbyterian [ˌprezbɪˈtɪərɪən] ADJ, N presbytérien(ne) m(f)

pre-school [ˈpriːˈskuːl] ADJ préscolaire ; [child] d'âge préscolaire

prescribe [prɪsˈkraɪb] VT prescrire (sth for sb qch à qn)

prescription [prɪsˈkrɪpʃən] N (= medicine) ordonnance f ◆ **on ~** sur ordonnance

presence [ˈprezns] N présence f ◆ **in the ~ of** en présence de ▸ **presence of mind** présence f d'esprit

present **1** ADJ [ˈpreznt] **a** (= in attendance) présent **b** (= existing now) actuel ▸ **present-day** d'aujourd'hui ▸ **present perfect** passé m composé ▸ **present tense** présent m **2** N [ˈpreznt] **a**

(= present time) présent *m* ◆ **at ~** (= right now) actuellement ; (= for the time being) pour le moment **b** (= gift) cadeau *m* **3** VT ['prɪzent] **a** ◆ **to ~ sb with sth, to ~ sth to sb** [+ prize, medal] remettre qch à qn **b** [+ tickets, documents] présenter ; [+ plan, account, proposal] soumettre ; [+ report] remettre ; [+ complaint] déposer ; [+ proof, evidence] apporter **c** (= constitute) [+ difficulties, features] présenter ; [+ opportunity] donner ; [+ challenge] constituer **d** [+ play, film, programme] passer ; (= act as presenter of) présenter

presentable [prɪˈzentəbl] ADJ présentable

presentation [ˌprezənˈteɪʃən] N **a** (gen) présentation *f* **b** (= ceremony) remise *f* du cadeau, ≈ vin *m* d'honneur

presenter [prɪˈzentər] N (Brit) présentateur *m*, -trice *f*

presently ['prezntlɪ] ADV **a** (Brit) (= in a moment) tout à l'heure ; (= some time later) peu de temps après **b** (= currently) actuellement

preservation [ˌprezəˈveɪʃən] N **a** (= protection) sauvegarde *f* ; (= continuance, maintenance) maintien *m*

preservative [prɪˈzɜːvətɪv] N agent *m* de conservation

preserve [prɪˈzɜːv] **1** VT **a** (= keep, maintain) [+ building, traditions, manuscript] conserver ; [+ leather, wood] entretenir ; [+ dignity, sense of humour] garder ; [+ peace, standards] maintenir **b** (from harm) préserver (from de) **c** [+ fruit] mettre en conserve **2** N **a** (Brit = jam) confiture *f* **b** (= prerogative) chasse *f* gardée

preset ['priːˈset] VT (pret, ptp **preset**) programmer

preshrunk ['priːˈʃrʌŋk] ADJ irrétrécissable

preside [prɪˈzaɪd] VI présider ◆ **to ~ at** *or* **over a meeting** présider une réunion

presidency ['prezɪdənsɪ] N présidence *f*

president ['prezɪdənt] N (gen) président *m* ; (US) [of company] président-directeur *m* général, PDG *m*

presidential [ˌprezɪˈdenʃəl] ADJ présidentiel

press [pres] **1** N **a** (= newspapers) presse *f* ▶ **press agency** agence *f* de presse ▶ **press agent** agent *m* de publicité ▶ **press conference** conférence *f* de presse ▶ **press officer** attaché(e) *m(f)* de presse ▶ **press release** communiqué *m* de presse **b** (= printing press) presse *f* ; (= place) imprimerie *f* **c** (= apparatus) (for wine, olives) pressoir *m* ; (for gluing, moulding) presse *f* **2** VT **a** [+ button, switch] appuyer sur ; (= squeeze) [+ sb's hand] serrer **b** [+ grapes, olives, flowers] presser **c** (= iron) repasser **d** ◆ **to ~ sb to do sth** pousser qn à faire qch ◆ **to be ~ed for time** manquer de temps **e** [+ attack] poursuivre ; [+ advantage] pousser ◆ **to ~ charges (against**

sb) porter plainte (contre qn) **3** VI (= exert pressure: with head) appuyer ; [weight, burden] peser ; [debts, troubles] peser (on sb à qn) ◆ **to ~ for sth** faire pression pour obtenir qch

▶ **press ahead, press on** VI (in work, journey) continuer

pressing ['presɪŋ] ADJ (= urgent) urgent ; [invitation] pressant

press-stud ['presstʌd] N (Brit) bouton-pression *m*

press-up ['presʌp] N (Brit) traction *f*, pompe *f**

pressure ['preʃər] **1** N **a** pression *f* ◆ **to put ~ on sb (to do sth)** faire pression sur qn (pour qu'il fasse qch) ◆ **to come under ~** subir des pressions ◆ **to be under ~** être sous pression * ▶ **pressure cooker** autocuiseur *m* ▶ **pressure group** groupe *m* de pression **2** VT ◆ **to ~ sb to do sth** faire pression sur qn pour qu'il fasse qch ◆ **to ~ sb into doing sth** forcer qn à faire qch

pressurize ['preʃəraɪz] VT ◆ **to ~ sb** faire pression sur qn

pressurized ['preʃəraɪzd] ADJ [cabin, container] pressurisé

prestige [presˈtiːʒ] **1** N prestige *m* **2** ADJ de prestige

prestigious [presˈtɪdʒəs] ADJ prestigieux

presumably [prɪˈzjuːməblɪ] ADV sans doute

presume [prɪˈzjuːm] VT **a** (= suppose) présumer **b** (= take liberty) ◆ **to ~ to do sth** se permettre de faire qch

presumption [prɪˈzʌmpʃən] N **a** (= supposition) supposition *f* **b** (= audacity) présomption *f*

presumptuous [prɪˈzʌmptjuəs] ADJ présomptueux

pretence, pretense (US) [prɪˈtens] N **a** (= pretext) prétexte *m* ; (= claim) prétention *f* ◆ **under false ~s** sous des prétextes fallacieux **b** (= make-believe) ◆ **to make a ~ of doing sth** faire semblant de faire qch

pretend [prɪˈtend] **1** VT **a** (= feign) feindre ◆ **to ~ to do sth** faire semblant de faire qch **b** (= claim) prétendre **2** VI (= feign) faire semblant

pretense [prɪˈtens] N (US) ⇒ **pretence**

pretentious [prɪˈtenʃəs] ADJ prétentieux

preterite ['pretərɪt] N prétérit *m*

pretext ['priːtekst] N prétexte *m* ◆ **on the ~ of doing sth** sous prétexte de faire qch

pretty ['prɪtɪ] **1** ADJ joli *before n* **2** ADV (* = fairly) assez ◆ **it's ~ much the same thing** c'est à peu près la même chose

prevail [prɪˈveɪl] VI **a** (= gain victory) l'emporter **b** [conditions, attitude, fashion] prédominer ; [style] être en vogue **c** ◆ **to ~ (up)on sb to do sth** persuader qn de faire qch

prevailing [prɪ'veɪlɪŋ] ADJ **a** [wind] dominant **b** [conditions, situation] (today) actuel ; (at that time) à l'époque

prevalent ['prevələnt] ADJ répandu

prevaricate [prɪ'værɪkeɪt] VI tergiverser

prevent [prɪ'vent] VT empêcher (sb from doing sth qn de faire qch) ; [+ illness] prévenir

preventative [prɪ'ventətɪv] ADJ préventif

prevention [prɪ'venʃən] N prévention f

preventive [prɪ'ventɪv] ADJ préventif

preview ['priːvjuː] N [of film, show] avant-première f ; (= art exhibition) vernissage m

previous ['priːvɪəs] ADJ (= immediately before) précédent ; (= sometime before) antérieur (-eure f) ◆ **the ~ day** la veille

previously ['priːvɪəslɪ] ADV auparavant ◆ **three months ~** trois mois plus tôt

prewar ['priː'wɔːʳ] ADJ d'avant-guerre

prey [preɪ] **1** N proie f ◆ **bird of ~** oiseau m de proie **2** VI ◆ **to ~ on** [animal, person] s'attaquer à ◆ **something is ~ing on her mind** il y a quelque chose qui la tourmente

price [praɪs] **1** N prix m ◆ **to rise in ~** augmenter ◆ **to fall in ~** baisser ◆ **it's a high ~ to pay for it** c'est cher payer ◆ **they want peace at any ~** ils veulent la paix à tout prix ◆ **you can't put a ~ on friendship** l'amitié n'a pas de prix ▶ **price cut** réduction f ▶ **price list** tarif m ▶ **price range** gamme f de prix ◆ **within my ~ range** dans mes prix ▶ **price tag** étiquette f ; (= cost) prix m **2** VT (= fix price of) fixer le prix de ; (= mark price on) marquer le prix de ; (= estimate value of) évaluer

priceless ['praɪslɪs] ADJ **a** [picture, contribution, gift] inestimable **b** (* = amusing) impayable *

pricey * ['praɪsɪ] ADJ cher

prick [prɪk] **1** N piqûre f **2** VT piquer ◆ **she ~ed her finger** elle s'est piqué le doigt ▶ **prick up** VT SEP ◆ **to ~ (up) one's ears** [animal] dresser les oreilles ; [person] dresser l'oreille

prickle ['prɪkl] **1** N **a** [of plant] épine f **b** (= pricking sensation) picotement m **2** VT piquer **3** VI [skin, fingers] picoter

prickly ['prɪklɪ] ADJ **a** [plant] épineux **b** (= irritable) irritable **c** (= delicate) [subject] épineux

pride [praɪd] **1** N fierté f ; (= arrogance) orgueil m ◆ **to take ~ in** [+ children, achievements] être très fier de ; [+ house, car] prendre (grand) soin de ◆ **to take ~ in doing sth** mettre sa fierté à faire qch ◆ **she is her father's ~ and joy** elle est la fierté de son père **2** VT ◆ **to ~ o.s. on (doing) sth** être fier de (faire) qch

priest [priːst] N prêtre m ; (= parish priest) curé m

priestess ['priːstɪs] N prêtresse f

priesthood ['priːsthʊd] N (= function) prêtrise f ◆ **to enter the ~** se faire prêtre

prim [prɪm] ADJ [person] collet monté inv ; [manner, expression] compassé ; [dress, hat] très correct

primarily ['praɪmərɪlɪ] ADV (= chiefly) essentiellement

primary ['praɪmərɪ] **1** ADJ **a** (= first) primaire ▶ **primary colour** couleur f primaire **b** (= basic) [reason, concern] principal **2** N **a** (also **primary school**) école f primaire **b** (US = election) primaire f

primate ['praɪmeɪt] N (= ape) primate m

prime [praɪm] **1** ADJ **a** (= principal) primordial ; [concern, aim] premier ▶ **prime minister** Premier ministre m ▶ **prime number** nombre m premier ▶ **prime time** prime time m, heure(s) f(pl) de grande écoute **b** (= excellent) [site] exceptionnel ◆ **in ~ condition** en parfaite condition ◆ **of ~ quality** de première qualité **2** N (= peak) ◆ **in one's ~** dans la fleur de l'âge ◆ **he is past his ~** il n'est plus de première jeunesse **3** VT **a** [+ gun, bomb] amorcer **b** [+ surface for painting] apprêter **c** [+ person] mettre au courant

primer ['praɪməʳ] N **a** (= textbook) livre m élémentaire **b** (= paint) apprêt m

primeval [praɪ'miːvəl] ADJ primitif ◆ **~ forest** forêt f vierge

primitive ['prɪmɪtɪv] ADJ, N primitif m

primrose ['prɪmrəʊz] **1** N primevère f (jaune) **2** ADJ jaune pâle inv

primula ['prɪmjʊlə] N primevère f (espèce)

prince [prɪns] N prince m

princess [prɪn'ses] N princesse f

principal ['prɪnsɪpəl] **1** ADJ principal **2** N [of school] chef m d'établissement ; [of college] principal(e) m(f)

principally ['prɪnsɪpəlɪ] ADV principalement

principle ['prɪnsəpl] N principe m ◆ **in ~** en principe ◆ **on ~, as a matter of ~** par principe

print [prɪnt] **1** N **a** (= mark) [of hand, foot] empreinte f ; (= finger print) empreinte f (digitale) **b** (= letters) caractères mpl ; (= printed material) texte m imprimé ◆ **out of ~** [book] épuisé ◆ **in ~** disponible (en librairie) **c** [of picture, photo] tirage m ; (= material, design) imprimé m **2** VT **a** [+ text, textile] imprimer ; [+ photo] tirer **b** (= write in block letters) écrire en majuscules **3** VI [machine] imprimer ▶ **print out** VT SEP imprimer

printer ['prɪntəʳ] N **a** (= firm) imprimeur m **b** [of computer] imprimante f

printing ['printiŋ] N [of text] impression *f* ; (= block writing) écriture *f* en majuscules ▸ **printing press** presse *f* typographique

printout ['printaut] N tirage *m*

prior ['praɪər] **1** ADJ précédent ; [consent] préalable ◆ ~ **to** antérieur à **2** ADV ◆ ~ **to** avant

prioritize [praɪˈɒrɪtaɪz] **1** VT (= give priority to) donner la priorité à **2** VI (= establish priorities) établir la liste des priorités

priority [praɪˈɒrɪtɪ] N priorité *f* ◆ **to have or take** ~ **over** avoir la priorité sur ◆ **you must get your priorities right** vous devez décider de vos priorités

priory ['praɪərɪ] N prieuré *m*

prise [praɪz] VT (Brit) ◆ **to ~ the lid off a box** forcer le couvercle d'une boîte ◆ **to ~ a secret out of sb** arracher un secret à qn

prism ['prɪzəm] N prisme *m*

prison ['prɪzn] N prison *f* ◆ **in ~** en prison ▸ **prison camp** camp *m* de prisonniers ▸ **prison officer** gardien(ne) *m(f)* de prison ▸ **prison sentence** peine *f* de prison

prisoner ['prɪznər] N prisonnier *m*, -ière *f* ; (in jail) détenu(e) *m(f)* ◆ **he was taken ~** il a été fait prisonnier ▸ **prisoner of war** prisonnier *m*, -ière *f* de guerre

privacy ['prɪvəsɪ] N intimité *f* ◆ **in ~** sans être dérangé

private ['praɪvɪt] **1** ADJ **a** (= not public) privé ; [gardens] privatif **b** (= personal) [house, lesson, room] particulier ; [car, bank account, letter] personnel ◆ **in his ~ life** dans sa vie privée ◆ **it's not very ~ here** on n'est pas très tranquille ici ◆ **he's a very ~ person** c'est un homme très secret **2** N **a** (= soldier) simple soldat *m* **b** ◆ **in ~** en privé **3** COMP ▸ **private detective** détective *m* privé ▸ **private enterprise** entreprise *f* privée ▸ **private eye** * privé * *m* ▸ **private property** propriété *f* privée ▸ **private school** école *f* privée ▸ **private sector** secteur *m* privé ▸ **private tuition** leçons *fpl* particulières

privately ['praɪvɪtlɪ] ADV **a** (= in private) en privé **b** (= secretly) [think] dans son for intérieur **c** (= not through the state) ◆ ~ **owned** privé

privatization [ˌpraɪvətaɪˈzeɪʃən] N privatisation *f*

privatize ['praɪvətaɪz] VT privatiser

privet ['prɪvɪt] N troène *m*

privilege ['prɪvɪlɪdʒ] **1** N privilège *m* **2** VT (= favour) privilégier

privileged ['prɪvɪlɪdʒd] ADJ privilégié

privy ['prɪvɪ] ADJ ◆ ~ **to sth** dans le secret de qch

prize [praɪz] **1** N prix *m* ▸ **prize draw** tombola *f* ▸ **prize fighter** boxeur *m* professionnel ▸ **prize-giving** distribution *f* des prix **2** ADJ (= prize-winning) primé **3** VT **a** attacher beaucoup de prix à ◆ **his most ~d possession was his car** la chose à laquelle il tenait le plus était sa voiture **b** ⇒ **prise**

prizewinner ['praɪzˌwɪnər] N lauréat(e) *m(f)* ; (in lottery) gagnant(e) *m(f)*

prizewinning ['praɪzˌwɪnɪŋ] ADJ [essay, novel] primé ; [ticket] gagnant

pro [prəʊ] N **a** (* = professional) pro *mf* **b** (= advantage) ◆ **the ~s and cons** le pour et le contre

pro- [prəʊ] PREF (= in favour of) pro

proactive [ˌprəʊˈæktɪv] ADJ proactif

probability [ˌprɒbəˈbɪlɪtɪ] N probabilité *f* ◆ **in all** ~ selon toute probabilité

probable ['prɒbəbl] ADJ probable

probably ['prɒbəblɪ] ADV probablement ◆ ~ **not** probablement pas

probation [prəˈbeɪʃən] N **a** (= penalty) mise *f* à l'épreuve ◆ **to be on** ~ = être en sursis avec mise à l'épreuve ; [minor] être en liberté surveillée **b** [employee] ◆ **he is on** ~ il a été engagé à l'essai

probe [prəʊb] **1** N **a** (= investigation) enquête *f* (into sur) **b** (Space) sonde *f* **2** VT **a** (= inquire into) [+ sb's subconscious] sonder ; [+ past] fouiller ; [+ causes, mystery] chercher à éclaircir ; [+ sb's activities] enquêter sur **b** (= explore) explorer ; [+ wound] sonder **3** VI (= inquire) faire des recherches

probity ['prəʊbɪtɪ] N probité *f*

problem ['prɒbləm] N problème *m* ◆ **no ~!** * pas de problème ! * ▸ **problem-free** sans problème ▸ **problem page** courrier *m* du cœur ▸ **problem-solving** résolution *f* de problèmes

problematic [ˌprɒblɪˈmætɪk] ADJ problématique

procedure [prəˈsiːdʒər] N procédure *f*

proceed [prəˈsiːd] VI **a** (= go forwards) avancer ◆ **it is all ~ing according to plan** tout se passe comme prévu ◆ **before we ~ any further** avant d'aller plus loin ◆ **they ~ed with their plan** ils ont mis leur projet à exécution ◆ **to ~ to do sth** (= begin) se mettre à faire qch **b** (= act) procéder ◆ **you must ~ cautiously** il faut procéder avec prudence

proceedings [prəˈsiːdɪŋz] NPL **a** (= manoeuvres) opérations *fpl* ; (= ceremony) cérémonie *f* ; (= meeting) réunion *f* ; (= discussions) débats *mpl* **b** ◆ **legal** ~ procès *m*

proceeds ['prəʊsiːdz] NPL argent *m*

process ['prəʊses] **1** N **a** (natural) processus *m* ; (official) procédure *f* **b** ◆ **to be in the ~ of**

doing être en train de faire **2** VT [+ raw materials, data] traiter ; [+ application] s'occuper de ▶ **processed foods** aliments *mpl* transformés ▶ **processed peas** petits pois *mpl* en boîte

procession [prə'seʃən] N [of people, cars] cortège *m* ; (religious) procession *f*

proclaim [prə'kleɪm] VT proclamer ; [+ one's love] déclarer

proclamation [,prɒklə'meɪʃən] N proclamation *f*

procrastinate [prəʊ'kræstɪneɪt] VI tergiverser

procure [prə'kjʊər] VT (= obtain for o.s.) se procurer ◆ **to ~ sth for sb** procurer qch à qn

prod [prɒd] VT piquer ◆ **to ~ sb into doing sth** pousser qn à faire qch

prodigal ['prɒdɪgəl] ADJ prodigue

prodigious [prə'dɪdʒəs] ADJ prodigieux

prodigy ['prɒdɪdʒɪ] N prodige *m* ◆ **child ~** enfant *mf* prodige

produce 1 VT [prə'dju:s] **a** (= make) produire **b** (= bring out) [+ gift, gun] sortir ; [+ ticket, documents, witness] produire **c** (= cause) causer **d** [+ play] mettre en scène ; [+ film] produire ; [+ programme] réaliser **2** VI [prə'dju:s] produire **3** N ['prɒdju:s] (= food) produits *mpl* agricoles

producer [prə'dju:sər] N **a** [of goods] producteur *m*, -trice *f* ; [of play] metteur *m* en scène ; (Radio, TV) réalisateur *m*, -trice *f*

product ['prɒdʌkt] N produit *m*

production [prə'dʌkʃən] N **a** (= manufacturing) production *f* ▶ **production line** chaîne *f* de fabrication **b** (= activity) [of play] mise *f* en scène ; [of film, programme] production *f* **c** (= work produced) (play) mise *f* en scène ; (film, programme) production *f*

productive [prə'dʌktɪv] ADJ productif

productivity [,prɒdʌk'tɪvɪtɪ] N productivité *f*

profane [prə'feɪn] **1** ADJ ◆ **~ language** jurons *mpl* **2** VT profaner

profess [prə'fes] VT professer

profession [prə'feʃən] N profession *f* ◆ **she's a doctor by ~** elle est médecin de son état

professional [prə'feʃənl] **1** ADJ **a** (gen) professionnel ◆ **to turn ~** passer professionnel **b** (= of high standard) [job, work] de haute qualité **2** N professionnel(le) *m(f)*

professor [prə'fesər] N professeur *mf (titulaire d'une chaire)*

proficiency [prə'fɪʃənsɪ] N grande compétence *f* (in en)

proficient [prə'fɪʃənt] ADJ très compétent

profile ['prəʊfaɪl] N profil *m* ◆ **in ~** de profil ◆ **to keep a low ~** garder un profil bas

profit ['prɒfɪt] **1** N profit *m* ◆ **to make a ~** un bénéfice ◆ **to sell sth at a ~** vendre qch à profit ▶ **profit margin** marge *f* bénéficiaire **2** VI (= gain) ◆ **to ~ from sth** tirer profit de qch

profitability [,prɒfɪtə'bɪlɪt] N rentabilité *f*

profitable ['prɒfɪtəbl] ADJ (gen) rentable ; [meeting, discussion] profitable

profound [prə'faʊnd] ADJ profond

profuse [prə'fju:s] ADJ [vegetation, bleeding] abondant ; [thanks, apologies] profus

profusely [prə'fju:slɪ] ADV [bleed, sweat] abondamment ◆ **to apologize ~** se répandre en excuses

profusion [prə'fju:ʒən] N profusion *f*

progeny ['prɒdʒɪnɪ] N progéniture *f*

prognosis [prɒg'nəʊsɪs] N (pl **prognoses** [prɒg'nəʊsi:z]) pronostic *m*

program ['prəʊgræm] **1** N **a** (Computing) programme *m* **b** (US) ⇒ **programme 2** VT **a** (Computing) programmer **b** (US) programmer (to do pour faire)

programme (Brit), **program** (US) ['prəʊgræm] **1** N (gen) programme *m* ; (= broadcast) émission *f* **2** VT programmer (to do pour faire)

programmer ['prəʊgræmər] N (= person) programmeur *m*, -euse *f* ; (= device) programmateur *m*

progress 1 N ['prəʊgres] progrès *mpl* ◆ **we are making ~ in our investigations** notre enquête progresse ◆ **we have made no ~** nous n'avons pas avancé ◆ **he is making ~** [student] il fait des progrès ◆ [patient] son état s'améliore ◆ **while the meeting was in ~** pendant la réunion ◆ **the work in ~** les travaux en cours **2** VI [prə'gres] progresser **3** VT [prə'gres] (= advance) faire progresser

progression [prə'greʃən] N progression *f*

progressive [prə'gresɪv] ADJ **a** (= gradual) progressif **b** [person, outlook] progressiste ; [age] de progrès

prohibit [prə'hɪbɪt] VT (= forbid) interdire ◆ **smoking is ~ed** il est interdit de fumer

prohibition [,prəʊɪ'bɪʃən] N **a** (gen) interdiction *f* **b** ◆ **Prohibition** prohibition *f*

project 1 N ['prɒdʒekt] **a** (= plan) projet *m* ; (= undertaking) opération *f* **b** [of pupil] dossier *m* ; [of student] mémoire *m* **c** (US = housing project) cité *f* **2** VT [prə'dʒekt] projeter **3** VI [prə'dʒekt] (= jut out) faire saillie ◆ **to ~ over sth** surplomber qch

projectile [prə'dʒektaɪl] N projectile *m*

projection [prə'dʒekʃən] N projection *f*

projectionist [prə'dʒekʃənɪst] N projectionniste *mf*

projector [prə'dʒektə^r] N projecteur *m*

proletarian [ˌprəʊlə'tɛərɪən] **1** N prolétaire *mf* **2** ADJ prolétarien

proletariat [ˌprəʊlə'tɛərɪət] N prolétariat *m*

proliferate [prə'lɪfəreɪt] VI proliférer

proliferation [prəˌlɪfə'reɪʃən] N prolifération *f*

prolific [prə'lɪfɪk] ADJ prolifique

prologue ['prəʊlɒg] N prologue *m* (to à)

prolong [prə'lɒŋ] VT prolonger

prom * [prɒm] N **a** (Brit: by sea) promenade *f* **b** (US = dance) bal *m* d'étudiants (*or* de lycéens)

promenade [ˌprɒmɪ'nɑːd] N promenade *f*

prominence ['prɒmɪnəns] N **a** (= importance) importance *f* **b** [of structure, nose, feature] aspect *m* proéminent

prominent ['prɒmɪnənt] ADJ **a** (= important) important **b** [structure, nose] proéminent ; [cheekbones] saillant ; [pattern, markings] frappant ; [feature] marquant

promiscuous [prə'mɪskjʊəs] ADJ [person] de mœurs légères ◆ ~ **behaviour** promiscuité *f* sexuelle

promise ['prɒmɪs] **1** N **a** (= undertaking) promesse *f* ◆ **to make sb a** ~ faire une promesse à qn ◆ **to keep one's** ~ tenir sa promesse **b** (= potential) promesse(s) *f(pl)* ◆ **he shows great** ~ il a un grand avenir devant lui **2** VT **a** promettre (sb to do sth à qn de faire qch) ◆ **I** ~ **you!** je vous le promets ! ◆ **he did say so, I** ~ **you** il l'a vraiment dit, je vous assure ◆ **this** ~**s to be difficult** ça promet d'être difficile **3** VI promettre ◆ **I** ~! je vous le promets !

promising ['prɒmɪsɪŋ] ADJ prometteur

promontory ['prɒməntrɪ] N promontoire *m*

promote [prə'məʊt] VT **a** [+ person] promouvoir ◆ **to be** ~**d** être promu **b** (= encourage) promouvoir **c** [+ cause, language] défendre

promoter [prə'məʊtə^r] N [of sport] organisateur *m*, -trice *f* ; [of cause] défenseur *m*

promotion [prə'məʊʃən] N **a** (in job) promotion *f* **b** (Sport) passage *m* dans la division supérieure **c** [of plan, product, firm, campaign] promotion *f* ; [of cause, idea] défense *f*

prompt [prɒmpt] **1** ADJ **a** (= speedy) rapide **b** (= punctual) ponctuel **2** ADV ponctuellement ◆ **at 6 o'clock** ~ à 6 heures pile **3** VT **a** [+ person] inciter (to do à faire) ; [+ protest, reaction] provoquer **b** [+ actor] souffler à **4** N **a** ◆ **to give sb a** ~ [+ actor] souffler une réplique à qn **b** (Computing) (message *m* de) guidage *m*

prompter ['prɒmptə^r] N **a** (Theatre) souffleur *m*, -euse *f* **b** (= teleprompter) téléprompteur *m*

promptly ['prɒmptlɪ] ADV **a** (= without delay) rapidement **b** (= punctually) à l'heure **c** (= thereupon) aussitôt

prone [prəʊn] ADJ **a** (= liable) enclin (to do à faire) **b** (= face down) (couché) sur le ventre

prong [prɒŋ] N [of fork] dent *f*

pronoun ['prəʊnaʊn] N pronom *m*

pronounce [prə'naʊns] VT **a** [+ letter, word] prononcer **b** (= declare) déclarer

pronounced [prə'naʊnst] ADJ prononcé

pronouncement [prə'naʊnsmənt] N déclaration *f*

pronto * ['prɒntəʊ] ADV illico *

pronunciation [prəˌnʌnsɪ'eɪʃən] N prononciation *f*

proof [pruːf] **1** N **a** (= evidence) preuve *f* ▶ **proof of identity** pièce(s) *f(pl)* d'identité **b** (= printed copy) épreuve *f* **c** [of alcohol] teneur *f* en alcool **2** ADJ ◆ ~ **against** [bullets, erosion] à l'épreuve de ; [temptation, suggestion] insensible à

proofread ['pruːfriːd] VT corriger les épreuves de

proofreader ['pruːfˌriːdə^r] N correcteur *m*, -trice *f* d'épreuves

prop [prɒp] **1** N **a** (gen) support *m* ; (for wall) étai *m* ; (fig) soutien *m* (to, for de) **b** (theatrical) accessoire *m* **2** VT (= lean) [+ ladder, bike] appuyer ◆ **he** ~**ped the door open with a book** il a maintenu la porte ouverte avec un livre

▶ **prop up** VT (= support) [+ régime] maintenir ; [+ organization] soutenir

propaganda [ˌprɒpə'gændə] N propagande *f*

propagate ['prɒpəgeɪt] VT propager

propel [prə'pel] VT **a** [+ vehicle] propulser **b** (= push) pousser

propeller [prə'pelə^r] N hélice *f*

propensity [prə'pensɪtɪ] N propension *f* (to do sth à faire qch)

proper ['prɒpə^r] ADJ **a** (= suitable) convenable ; (= correct) correct ; (= appropriate) approprié **b** (= authentic) véritable ; (after noun) (= strictly speaking) proprement dit ◆ **outside Paris** ~ en dehors de Paris proprement dit **c** (= seemly) [person, book, behaviour] convenable ◆ **do as you think** ~ faites comme bon vous semble

properly ['prɒpəlɪ] ADV (= correctly) [eat, behave, dress] correctement ; (= in a seemly way) convenablement ◆ **he didn't do it** ~ il ne l'a pas bien fait

proper noun [ˌprɒpə'naʊn] N nom *m* propre

property ['prɒpətɪ] N **a** (= possessions) biens mpl **b** (= estate, house) propriété f ; (= lands) terres fpl ; (= buildings) biens mpl immobiliers **c** (= quality) propriété f

prophecy ['prɒfɪsɪ] N prophétie f

prophesy ['prɒfɪsaɪ] VT prédire

prophet ['prɒfɪt] N prophète m

prophetic [prə'fetɪk] ADJ prophétique

proportion [prə'pɔːʃən] **1** N **a** (= ratio) proportion f ◆ **in ~ to** en proportion de ◆ **her weight is not in ~ to her height** son poids n'est pas proportionné à sa taille ◆ **out of ~** hors de proportion ◆ **out of ~ with** hors de proportion avec ◆ **he's got it out of ~** il a exagéré **b** (= part) part f, partie f ◆ **in equal ~s** à parts égales **2 proportions** NPL (= size) proportions fpl **3** VT proportionner

proportional [prə'pɔːʃənl] ADJ proportionnel (to à) ▶ **proportional representation** représentation f proportionnelle

proportionate [prə'pɔːʃnɪt] ADJ proportionnel

proposal [prə'pəʊzl] N **a** (= offer) proposition f ; [of marriage] demande f en mariage **b** (= plan) plan m (for sth de or pour qch ; to do sth pour faire qch) ; (= suggestion) proposition f (to do de faire)

propose [prə'pəʊz] **1** VT **a** (= suggest) proposer (doing de faire) ; [+ toast] porter ; [+ candidate] proposer **b** (= have in mind) ◆ **to ~ doing sth** compter faire qch **2** VI (= offer marriage) faire une demande en mariage ◆ **he ~d to her** il l'a demandée en mariage

proposition [ˌprɒpə'zɪʃən] N proposition f ◆ **that's quite a different ~** ça c'est une tout autre affaire ◆ **it's a tough ~** c'est une chose difficile

propound [prə'paʊnd] VT [+ theory, idea] proposer

proprietary [prə'praɪətərɪ] ADJ (= possessive) possessif ▶ **proprietary brand** (produit m de) marque f déposée

proprieties [prə'praɪətɪz] NPL (= decency) convenances fpl

proprietor [prə'praɪətəʳ] N propriétaire mf

propulsion [prə'pʌlʃən] N propulsion f

pro rata [ˌprəʊ'rɑːtə] ADV au prorata

prosaic [prəʊ'zeɪɪk] ADJ (= banal) prosaïque (frm)

prose [prəʊz] N **a** prose f **b** (= translation) thème m

prosecute ['prɒsɪkjuːt] **1** VT poursuivre (en justice) **2** VI (= take legal action) engager des poursuites judiciaires

prosecution [ˌprɒsɪ'kjuːʃən] N **a** (= act of prosecuting) poursuites fpl (judiciaires) **b** (= side) ◆ **the ~** l'accusation f

prosecutor ['prɒsɪkjuːtəʳ] N ◆ **(public) ~** ≈ procureur m (de la République) ; (US) avocat m de la partie civile

prospect 1 N ['prɒspekt] (= outlook) perspective f ; (= future) (perspectives fpl d')avenir m ; (= hope) espoir m ◆ **the job has no ~s** c'est un emploi sans avenir ◆ **he has little ~ of succeeding** il a peu de chances de réussir ◆ **to have sth in ~** avoir qch en vue **2** VI [prə'spekt] prospecter

prospective [prə'spektɪv] ADJ [son-in-law, buyer, deal] futur before n ; [customer] potentiel

prospectus [prə'spektəs] N prospectus m

prosper ['prɒspəʳ] VI prospérer

prosperity [prɒs'perɪtɪ] N prospérité f

prosperous ['prɒspərəs] ADJ prospère

prostate ['prɒsteɪt] N prostate f

prostitute ['prɒstɪtjuːt] N prostituée f ◆ **male ~** prostitué m

prostitution [ˌprɒstɪ'tjuːʃən] N prostitution f

prostrate 1 ADJ ['prɒstreɪt] à plat ventre **2** VT [prɒs'treɪt] **a** ◆ **to ~ o.s.** se prosterner **b** (= overwhelm) accabler

protagonist [prəʊ'tægənɪst] N protagoniste mf

protect [prə'tekt] VT (gen) protéger ; [+ interests, rights] sauvegarder ▶ **protected species** espèce f protégée

protection [prə'tekʃən] N [of person, property] protection f (from or against sth contre qch) ; [of interests, rights] sauvegarde f ▶ **protection factor** [of sun cream] indice m de protection

protective [prə'tektɪv] ADJ [layer, attitude] protecteur (-trice f) ; [clothing, covering] de protection

protein ['prəʊtiːn] N protéine f

protest 1 N ['prəʊtest] protestation f (about à propos de) ; (= demonstration) manifestation f ◆ **to do sth under ~** faire qch contre son gré ◆ **in ~** en signe de protestation ▶ **protest march** manifestation f **2** VT [prə'test] **a** (= declare) protester ; [+ loyalty] protester de **b** (US) protester contre **3** VI [prə'test] protester (about à propos de ; to sb auprès de qn)

Protestant ['prɒtɪstənt] ADJ, N protestant(e) m(f)

protester [prə'testəʳ] N protestataire mf ; (on march, in demonstration) manifestant(e) m(f)

protocol ['prəʊtəkɒl] N protocole m

prototype ['prəʊtəʊtaɪp] N prototype m

protracted [prə'træktɪd] ADJ très long (longue f)

protrude [prəˈtruːd] VI dépasser

protruding [prəˈtruːdɪŋ] ADJ [chin] saillant ; [shelf, rock] en saillie ◆ **to have ~ teeth** avoir les dents qui avancent

proud [praʊd] ADJ [person] fier (to do sth de faire qch) ; (= arrogant) arrogant

proudly [ˈpraʊdlɪ] ADV fièrement

prove [pruːv] **1** VT prouver ◆ **he was ~d right** il s'est avéré qu'il avait raison ◆ **that ~s it!** c'est la preuve ! **2** VI [person, fact, object] se révéler ◆ **it ~d very useful** cela s'est révélé très utile

proven [ˈpruːvən, ˈpraʊvən] **1** VB (ptp of **prove**) **2** ADJ [abilities] indubitable ◆ **a ~ method** une méthode qui a fait ses preuves

proverb [ˈprɒvɜːb] N proverbe m

provide [prəˈvaɪd] VT (= supply, equip) fournir (sb with sth, sth for sb qch à qn)
► **provide for** VI (financially) subvenir aux besoins de ; (family) entretenir ; (in the future) assurer l'avenir de

provided [prəˈvaɪdɪd] CONJ à condition que + subj ◆ **you can go ~ it doesn't rain** tu peux y aller à condition qu'il ne pleuve pas ◆ **you can go ~ you pass your exam** tu peux y aller à condition de réussir ton examen

providence [ˈprɒvɪdəns] N providence f

providing [prəˈvaɪdɪŋ] CONJ ⇒ **provided**

province [ˈprɒvɪns] N province f ; (fig) domaine m (de compétence) ◆ **in the ~s** en province

provincial [prəˈvɪnʃəl] ADJ, N provincial(e) m(f)

provision [prəˈvɪʒən] **1** N **a** (= supply) provision f **b** (= supplying) [of food, equipment] fourniture f ; [of housing, education] offre f ◆ **to make ~ for** [+ one's family, dependents] pourvoir aux besoins de ; [+ future] prendre des dispositions pour **c** (= stipulation) disposition f ◆ **the rules make no ~ for this** le règlement ne prévoit pas cela **2** **provisions** NPL (= food) provisions fpl

provisional [prəˈvɪʒənl] ADJ [arrangement, agreement, acceptance] provisoire

proviso [prəˈvaɪzəʊ] N condition f

provocation [ˌprɒvəˈkeɪʃən] N provocation f

provocative [prəˈvɒkətɪv] ADJ **a** (= aggressive) provocateur (-trice f) **b** (= seductive) [woman, movement, smile] provocant

provoke [prəˈvəʊk] VT (= rouse) [+ person, reaction, anger] provoquer ◆ **to ~ sb into doing sth** inciter qn à faire qch

provost [ˈprɒvəst] N (Brit: at university) président m ; (US: at university) ≈ doyen m ; (Scot) maire m

prow [praʊ] N proue f

prowess [ˈpraʊɪs] N prouesse f

prowl [praʊl] **1** VI (also **prowl about**, **prowl around**) rôder **2** N ◆ **to be on the ~** rôder

prowler [ˈpraʊləʳ] N rôdeur m, -euse f

proximity [prɒkˈsɪmɪtɪ] N proximité f ◆ **in ~ to** à proximité de

proxy [ˈprɒksɪ] N (= person) fondé(e) m(f) de pouvoir ◆ **by ~** par procuration

prude [pruːd] N prude f

prudence [ˈpruːdəns] N prudence f

prudent [ˈpruːdənt] ADJ prudent

prudish [ˈpruːdɪʃ] ADJ pudibond

prune [pruːn] **1** N (= fruit) pruneau m **2** VT (to promote growth) [+ tree, bush] tailler ; (= thin out) élaguer

pry [praɪ] **1** VI mettre son nez dans les affaires des autres **2** VT (US) ⇒ **prise**

PS [ˌpiːˈes] N (abbrev of **postscript**) PS m

psalm [sɑːm] N psaume m

pseudo- [ˈsjuːdəʊ] PREF pseudo-

pseudonym [ˈsjuːdənɪm] N pseudonyme m

psyche [ˈsaɪkɪ] N psychisme m

psychedelic [ˌsaɪkəˈdelɪk] ADJ psychédélique

psychiatric [ˌsaɪkɪˈætrɪk] ADJ psychiatrique ; [illness] mental

psychiatrist [saɪˈkaɪətrɪst] N psychiatre mf

psychiatry [saɪˈkaɪətrɪ] N psychiatrie f

psychic [ˈsaɪkɪk] **1** ADJ [phenomenon, powers] parapsychologique ; [person] télépathe **2** N médium m

psychoanalysis [ˌsaɪkəʊəˈnælɪsɪs] N psychanalyse f

psychoanalyst [ˌsaɪkəʊˈænəlɪst] N psychanalyste mf

psychological [ˌsaɪkəˈlɒdʒɪkəl] ADJ psychologique

psychologist [saɪˈkɒlədʒɪst] N psychologue mf

psychology [saɪˈkɒlədʒɪ] N psychologie f

psychopath [ˈsaɪkəʊpæθ] N psychopathe mf

psychosis [saɪˈkəʊsɪs] N (pl **psychoses**) psychose f

psychosomatic [ˈsaɪkəʊsəʊˈmætɪk] ADJ psychosomatique

psychotherapist [ˌsaɪkəʊˈθerəpɪst] N psychothérapeute mf

psychotherapy [ˈsaɪkəʊˈθerəpɪ] N psychothérapie f

psychotic [saɪˈkɒtɪk] ADJ, N psychotique mf

PTO [ˌpiːtiːˈəʊ] (abbrev of **please turn over**) TSVP

pub [pʌb] (Brit) N ≈ café m ; (in British or Irish context) pub m ► **pub-crawl** * ◆ **to go on a ~-crawl** faire la tournée des bars

puberty ['pjuːbətɪ] N puberté f

pubic ['pjuːbɪk] ADJ pubien ▶ **pubic hair** poils mpl du pubis

public ['pʌblɪk] **1** ADJ public (-ique f) **2** N public m ◆ **in ~** en public ▶ **public-address system** (système m de) sonorisation f ▶ **public bar** (Brit) bar m ▶ **public convenience** (Brit) toilettes fpl publiques ▶ **public house** (Brit) pub m ▶ **public housing** (US) logements mpl sociaux, = HLM fpl ▶ **public library** bibliothèque f municipale ▶ **public opinion** opinion f publique ▶ **public opinion poll** sondage m d'opinion publique ▶ **Public Prosecutor** ≈ procureur m (de la République) ▶ **public relations** relations fpl publiques ▶ **public school** (Brit = private school) école f secondaire privée ; (US = state school) école f secondaire publique ▶ **public speaking** art m oratoire ▶ **public television** (US) télévision f éducative (non commerciale) ▶ **public transport** transports mpl publics

publican ['pʌblɪkən] N (Brit = pub manager) patron(ne) m(f) de pub

publication [ˌpʌblɪ'keɪʃən] N publication f

publicity [pʌb'lɪsɪtɪ] N publicité f ◆ **adverse ~** contre-publicité f

publicize ['pʌblɪsaɪz] VT **a** (= make known) divulguer **b** (= advertise) faire de la publicité pour

publicly ['pʌblɪklɪ] ADV **a** (= in public) publiquement **b** (= by the public) ◆ **~-owned** du secteur public

publish ['pʌblɪʃ] VT publier ; [+ periodical] faire paraître ; [+ author] éditer

publisher ['pʌblɪʃə'] N éditeur m, -trice f

publishing ['pʌblɪʃɪŋ] N l'édition f ▶ **publishing house** maison f d'édition

pucker ['pʌkə'] **1** VI [face, feature, forehead] se plisser ; [garment] goder **2** VT [+ lips] avancer

pudding ['pudɪŋ] N **a** (= cooked dessert) ◆ **steamed ~** pudding m **b** (Brit = dessert) dessert m

puddle ['pʌdl] N flaque f

puerile ['pjuəraɪl] ADJ puéril

puff [pʌf] **1** N **a** [of air, wind, smoke] bouffée f ; (from mouth) souffle m ▶ **puff paste** (US), **puff pastry** (Brit) pâte f feuilletée **b** (= powder puff) houppe f ; (small) houppette f **2** VI (= blow) souffler ; (= pant) haleter ◆ **he was ~ing and panting** il soufflait comme un phoque ◆ **to ~ at one's pipe** tirer des bouffées de sa pipe

▶ **puff out** VT gonfler ◆ **to ~ out one's cheeks** gonfler ses joues ◆ **to ~ out one's chest** gonfler sa poitrine

▶ **puff up** **1** VI [eye, face] enfler **2** VT SEP (= inflate) gonfler

puffin ['pʌfɪn] N macareux m

puffy ['pʌfɪ] ADJ [eye, face] bouffi

pugnacious [pʌg'neɪʃəs] ADJ querelleur

puke ⁂ [pjuːk] VI (also **puke up**) dégueuler ⁂

pull [pul] **1** N **a** ◆ **to give sth a ~** tirer (sur) qch ◆ **the ~ of the current** la force du courant ◆ **it was a long ~ up the hill** la montée était longue pour arriver en haut de la colline ◆ **to have ~ with sb** avoir de l'influence auprès de qn **b** (= handle) poignée f ; (= cord) cordon m **2** VT **a** (gen) tirer ◆ **to ~ a door shut** tirer une porte derrière soi ◆ **he ~ed her towards him** il l'attira vers lui ◆ **to ~ sb's hair** tirer les cheveux à qn ◆ **~ the other one!** ⁂ à d'autres ! ◆ **he didn't ~ his punches** il n'y est pas allé de main morte ◆ **to ~ one's weight** fournir sa part d'effort ◆ **to ~ to pieces** démolir ; [+ argument, film] * démolir ; [+ person] * éreinter **b** [+ trigger] presser **c** [+ tooth] arracher ; [+ cork] ôter ; [+ gun, knife] sortir **d** [+ muscle, tendon, ligament] se déchirer **e** (* = attract) [+ crowd] attirer **3** VI **a** (= tug) tirer (at, on sur) ◆ **he ~ed at her sleeve** il la tira par la manche **b** (= move) ◆ **the train ~ed into/out of the station** le train est entré en gare/est sorti de la gare ◆ **to ~ sharply to the left** [car, driver] virer brusquement à gauche **c** (= row) ramer (for vers)

▶ **pull apart** VT SEP **a** (= pull to pieces) démonter ; (= break) mettre en pièces **b** (= separate) séparer **c** (= criticize) éreinter ; [+ argument, film] démolir

▶ **pull away** **1** VI [vehicle, train] démarrer ◆ **she suddenly ~ed away from him** elle se dégagea soudain de son étreinte **2** VT SEP (= withdraw) retirer brusquement (from sb à qn) ; (= snatch) arracher (from sb à qn, des mains de qn)

▶ **pull back** **1** VI se retirer **2** VT SEP (= withdraw) [+ object, troops] retirer (from de) ; [+ person] tirer en arrière (from loin de)

▶ **pull down** VT SEP **a** [+ blind] baisser **b** (= demolish) démolir

▶ **pull in** **1** VI (= arrive) arriver ; (= enter) entrer ; (= stop) s'arrêter **2** VT SEP [+ rope] ramener ◆ **the film is certainly ~ing people in** il est certain que ce film attire les foules

▶ **pull off** **1** VT SEP **a** (= remove) [+ gloves, shoes, coat] ôter **b** [+ plan, aim] réaliser [+ deal] conclure ; [+ hoax] réussir ◆ **he didn't ~ it off** il n'a pas réussi son coup **2** VT INSEP ◆ **to ~ off the road** [vehicle, driver] quitter la route

▶ **pull on** VT SEP [+ gloves, coat, cover] enfiler [+ shoes] mettre

▶ **pull out** **1** VI **a** (= leave) [train, bus] démarrer **b** (= withdraw) se retirer **c** (to overtake) déboîter **2** VT SEP **a** (= extract) arracher ; [+ cork] retirer ; [+ gun, knife] sortir **b** (= withdraw) [+ troops] retirer

► **pull over** VI [driver] ♦ **he ~ed over to let the ambulance past** il s'est rangé sur le côté pour laisser passer l'ambulance

► **pull through** VI (from illness) s'en tirer ; (from difficulties) s'en sortir

► **pull together** **1** VI (= cooperate) se serrer les coudes **2** VT SEP ♦ **to ~ o.s. together** se ressaisir

► **pull up** **1** VI **a** (= stop) [vehicle] s'arrêter **b** (= draw level with) ♦ **he ~ed up with the leaders** il a rattrapé les premiers **2** VT SEP **a** (= raise) [+ object] remonter ; (= haul up) hisser ; [+ chair] approcher **b** [+ weed] arracher **c** (= halt) arrêter ♦ **he ~ed himself up** il s'arrêta net

pulley ['pʊlɪ] N (= block) poulie f

pullover ['pʊləʊvə^r] N pull m

pulp [pʌlp] **1** N **a** (= paste) pulpe f ♦ **to beat sb to a ~** passer qn à tabac * **b** ♦ **~ fiction** littérature f de gare **2** VT [+ fruit] réduire en purée ; [+ book] mettre au pilon

pulpit ['pʊlpɪt] N chaire f

pulsate [pʌl'seɪt] VI [vein] palpiter ; [blood] battre ; [music] vibrer

pulse [pʌls] **1** N [of person] pouls m ; [of current] vibration f ♦ **to take sb's ~** prendre le pouls de qn ► **pulse rate** pouls m **2** **pulses** NPL (= food) légumes mpl secs **3** VI [blood] battre ; [sound] vibrer

pulverize ['pʌlvəraɪz] VI pulvériser

puma ['pjuːmə] N puma m

pumice ['pʌmɪs] N pierre f ponce

pummel ['pʌml] VT (in fight) rouer de coups ; (in massage) pétrir

pump [pʌmp] **1** N **a** (gen) pompe f **b** (= sports shoe) tennis f ; (= court shoe) escarpin m ; (= dancing shoe) chausson m **2** VT **a** [+ water] pomper (out of, into de, dans) ♦ **to ~ air into sth** gonfler qch ♦ **the heart ~s the blood round the body** le cœur fait circuler le sang dans le corps **b** (* = question) ♦ **to ~ sb for sth** essayer de soutirer qch à qn **c** [+ handle] actionner plusieurs fois ; [+ brake] pomper sur **3** VI [machine, person] pomper ; [heart] battre fort

► **pump up** VT SEP [+ tyre, airbed] gonfler

pumpkin ['pʌmpkɪn] N citrouille f

pun [pʌn] **1** N calembour m **2** VI faire des calembour(s)

punch [pʌntʃ] **1** N **a** (= blow) coup m de poing ♦ **to give sb a ~** donner un coup de poing à qn ► **punch bag** (Brit) sac m de sable ► **punch-drunk** abruti ► **punch line** [of joke] chute f ► **punch-up** * bagarre f **b** (= punchiness) punch * m **c** (for tickets) poinçonneuse f ; (for holes in paper) perforateur m **d** (= drink) punch

m **2** VT **a** (with fist) donner un coup de poing à ♦ **to ~ sb's nose/face** donner un coup de poing sur le nez/la figure de qn **b** [+ ticket] (by hand) poinçonner ; (automatically) composter ♦ **to ~ a hole in sth** faire un trou dans qch **3** VI cogner

punching bag [pʌntʃɪŋbæg] N (US) sac m de sable

punctual ['pʌŋktjʊəl] ADJ ponctuel

punctuation [,pʌŋktjʊ'eɪʃən] N ponctuation f ► **punctuation mark** signe m de ponctuation

puncture ['pʌŋktʃə^r] **1** N (in tyre) crevaison f ♦ **I've got a ~** j'ai (un pneu) crevé **2** VT [+ tyre] crever

pundit ['pʌndɪt] N expert m

pungent ['pʌndʒənt] ADJ [smell, taste, smoke] âcre ; [criticism, satire] mordant

punish ['pʌnɪʃ] VT punir (for sth de qch ; for doing pour avoir fait)

punishing ['pʌnɪʃɪŋ] ADJ [speed, schedule, work] épuisant

punishment ['pʌnɪʃmənt] N punition f

punk [pʌŋk] **1** N **a** (also **punk rock**) punk m ; (also **punk rocker**) punk mf **b** (US = ruffian) * sale * petit voyou m **2** ADJ punk inv

punnet ['pʌnɪt] N (Brit) barquette f

punt [pʌnt] N **a** (= boat) barque f à fond plat **b** (= Irish currency) livre f irlandaise

punter ['pʌntə^r] N **a** (Brit Racing) parieur m, -euse f **b** (* = customer) client(e) m(f)

puny ['pjuːnɪ] ADJ chétif

pupil ['pjuːpl] N **a** (at school) élève mf **b** [of eye] pupille f

puppet ['pʌpɪt] N **a** (= doll) marionnette f ► **puppet show** spectacle m de marionnettes fpl **b** (= pawn) pantin m ► **puppet government** gouvernement m fantoche

puppy ['pʌpɪ] N chiot m ► **puppy fat** * rondeurs fpl d'adolescent(e)

purchase ['pɜːtʃɪs] **1** N achat m **2** VT acheter (sth from sb qch à qn)

purchasing power ['pɜːtʃəsɪŋ,paʊə^r] N pouvoir m d'achat

pure [pjʊə^r] ADJ pur ♦ **~ and simple** pur et simple

purebred ['pjʊəbred] ADJ de race

purely ['pjʊəlɪ] ADV purement

purgatory ['pɜːgətərɪ] N purgatoire m

purge [pɜːdʒ] **1** N purge f **2** VT (gen) purger ; [+ traitors, bad elements] éliminer

purify ['pjʊərɪfaɪ] VT purifier

purist ['pjʊərɪst] ADJ, N puriste mf

puritan ['pjʊərɪtən] ADJ, N puritain(e) m(f)

puritanical [,pjʊərɪ'tænɪkəl] ADJ puritain

ANGLAIS-FRANÇAIS 864

purity ['pjʊərɪtɪ] N pureté f

purl [pɜːl] N maille f à l'envers

purloin [pɜːˈlɔɪn] VT dérober

purple ['pɜːpl] **1** ADJ (bluish) violet ; (reddish) pourpre ; (lighter) mauve **2** N (= colour) (bluish) violet m ; (reddish) pourpre m ; (lighter) mauve m

purport [pɜːˈpɔːt] VT ◆ to ~ to be sth/sb [person] prétendre être qch/qn

purpose ['pɜːpəs] N (= aim) but m ◆ to no ~ en vain ◆ on ~ exprès ▶ purpose-built spécialement construit

purposeful ['pɜːpəsfʊl] ADJ résolu

purr [pɜː^r] **1** VI ronronner **2** N ronronnement m

purse [pɜːs] **1** N **a** (Brit) (for coins) porte-monnaie m inv ; (= wallet) portefeuille m **b** (US = handbag) sac m à main **2** VT ◆ to ~ one's lips faire la moue

purser ['pɜːsə^r] N commissaire m (du bord)

pursue [pəˈsjuː] VT **a** [+ studies, career] poursuivre ; [+ profession] exercer ; [+ course of action] suivre ; [+ inquiry, policy] mener **b** [+ matter] approfondir **c** (= chase after) poursuivre

pursuer [pəˈsjuːə^r] N poursuivant(e) m(f)

pursuit [pəˈsjuːt] N **a** (= search) [of happiness, truth, peace, power] recherche f ; [of excellence, wealth] poursuite f **b** (= chase) poursuite f ◆ (to go) in ~ of sb (se mettre) à la poursuite de qn **c** (= occupation) activité f ; (= pastime) passe-temps m inv

pus [pʌs] N pus m

push [pʊʃ] **1** N **a** (= shove) poussée f **b** (= dismissal) (Brit *) ◆ to give sb the ~ [employer] virer qn * ; [boyfriend, girlfriend] plaquer qn * **c** (= effort) gros effort m ; (= campaign) campagne f ◆ at a ~ * à la rigueur **2** VT **a** (= press on) [+ door, person, car, pram] pousser ; [+ button] appuyer sur ; [+ stick, finger] enfoncer ◆ he ~ed him down the stairs il l'a poussé dans l'escalier ◆ to ~ a door shut fermer une porte (en la poussant) ◆ to ~ sb out pousser qn dehors ◆ they ~ed him out of the car ils l'ont poussé hors de la voiture ◆ to ~ sb/sth out of the way écarter qn/qch **b** (= advance) [+ one's views] mettre en avant ; [+ claim] présenter avec insistance ; [+ plan] essayer d'imposer ; [+ product] pousser la vente de **c** (= pressure) pousser ◆ to ~ sb to do sth pousser qn à faire qch ◆ to be ~ed for time/money être à court de temps/d'argent **3** VI (= press) pousser ; (on bell) appuyer ◆ he ~ed past me il m'a dépassé en me bousculant

▶ **push ahead** VI (= make progress) avancer à grands pas

▶ **push around** VT SEP (* = bully) bousculer *

▶ **push aside** VT SEP [+ person, chair] écarter (brusquement) ; [+ objection, suggestion] écarter

▶ **push away** VT SEP [+ person, one's plate, sb's hand] repousser

▶ **push in** VI s'introduire de force ; (into queue) se faufiler

▶ **push off** * VI (= leave) filer *

▶ **push on** VI (in journey) pousser (to jusqu'à) ; (in work) persévérer

▶ **push over** VT SEP **a** (= cause to topple) renverser **b** (= cause to fall off: over cliff, bridge) faire tomber

▶ **push through** VT SEP [+ deal, decision] faire accepter

pushchair ['pʊʃtʃeə^r] N (Brit) poussette f

pushover * ['pʊʃəʊvə^r] N ◆ it was a ~ c'était un jeu d'enfant ◆ he's a ~ il se laisse facilement faire

push-up ['pʊʃʌp] N (US) pompe * f

pushy * ['pʊʃɪ] ADJ [person] arrogant

pussycat * ['pʊsɪkæt] N (= cat) minou * m

put [pʊt]

1 VT **a** (gen) mettre ◆ ~ it in the drawer mettez-le dans le tiroir ◆ to ~ an ad in the paper passer une annonce dans le journal ◆ to ~ sb on a diet mettre qn au régime ◆ to ~ one's arms round sb enlacer qn ◆ he ~ his head round the door il a passé la tête par la porte

b (= rank) placer

c (= express) dire ◆ I don't quite know how to ~ it je ne sais pas trop comment le dire ◆ to ~ it bluntly pour parler franc

d (= submit) [+ case, problem, suggestion] présenter ; [+ proposal] soumettre ; [+ question] poser

e (= invest) ◆ to ~ money into a company placer de l'argent dans une société

f (= estimate) estimer ◆ they ~ the loss at £10,000 ils estiment à 10 000 livres la perte subie

2 VI ◆ to ~ into port mouiller ◆ to ~ to sea appareiller

▶ **put across** VT SEP (= communicate) [+ ideas, intentions, desires] faire comprendre

▶ **put aside** VT SEP **a** [+ object, food, money] mettre de côté **b** [+ differences, disagreement] oublier

▶ **put away** VT SEP **a** (= put in proper place) [+ clothes, toys, books] ranger ; [+ car] rentrer **b** (= confine: in prison, mental hospital) ◆ enfermer

▶ **put back** VT SEP **a** (= replace) remettre en place **b** (= retard) retarder **c** (= postpone) remettre (to à)

▶ **put by** VT SEP [+ money] mettre de côté

▶ **put down** VT SEP **a** [+ parcel, book, child] poser ; [+ passenger] déposer ◆ **I couldn't ~ that book down** j'ai dévoré ce livre **b** (= pay) [+ deposit] verser (on pour) **c** (= suppress) [+ revolt, movement] réprimer **d** * (= criticize) critiquer ; (= denigrate) dénigrer **e** (= record) noter ◆ **to ~ sth down in writing** mettre qch par écrit **f** (Brit = have destroyed) [+ dog, cat] faire piquer ; [+ horse] faire abattre

▶ **put down to** VT SEP (= attribute) mettre sur le compte

▶ **put forward** VT SEP **a** (= propose) [+ suggestion] émettre ; [+ argument] avancer ; [+ plan] proposer **b** (= advance) [+ meeting, starting time] avancer (by de ; to, until à)

▶ **put in** VT SEP **a** (into container) mettre dedans ; [+ seeds] semer **b** (= insert) [+ word, paragraph] ajouter ; [+ remark] glisser **c** (= submit) ◆ **to ~ in a request for sth** faire une demande de qch **d** (= install) [+ political party] élire ; [+ central heating, double glazing] faire installer **e** (= spend) [+ time] passer **f** (= work) travailler

▶ **put in for** VT INSEP [+ job] poser sa candidature à ; [+ promotion] demander

▶ **put off** VT SEP **a** (= postpone) repousser ; [+ decision] différer ; [+ visitor] décommander ◆ **to ~ sth off until January** remettre qch à janvier **b** (= discourage) dissuader ; (= repel) dégoûter ◆ **it ~ me off my food** ça m'a coupé l'appétit **c** (= distract) déconcerter **d** (= fob off) ◆ **he ~ me off with vague promises** il me faisait patienter avec de vagues promesses **e** [+ light, gas, radio, TV, heater] éteindre

▶ **put on** VT SEP **a** [+ clothes, glasses, lotion] mettre ◆ **to ~ on one's make-up** se maquiller **b** (= increase) [+ speed] augmenter ◆ **to ~ on weight** prendre du poids ◆ **he ~ on 3 kilos** il a pris 3 kilos **c** (= assume) [+ air, accent] prendre ◆ **to ~ it on** (= pretend) faire semblant **d** (= deceive) faire marcher * **e** (= organize) organiser ; [+ extra train, bus] mettre en service **f** (on phone) ◆ **~ me on to Mr Brown** passez-moi M. Brown **g** (= switch on) allumer ; [+ tape, CD, music] mettre ◆ **to ~ the brakes on** freiner ◆ **~ the kettle on** mets de l'eau à chauffer ◆ **I'll just ~ the potatoes on** je vais juste mettre les pommes de terre à cuire **h** [+ money] parier sur

▶ **put out** VT SEP **a** (= put outside) [+ rubbish] sortir ; (= expel) [+ person] expulser **b** (= stretch out) [+ arm, leg] allonger ; [+ foot] avancer ; [+ tongue] tirer ; [+ shoots] produire **c** (= lay out

in order) étaler **d** (= extinguish) éteindre **e** (= inconvenience) déranger ◆ **I don't want to ~ you out** je ne voudrais pas vous déranger ◆ **to be ~ out** être contrarié **f** (= issue) [+ announcement, statement] publier ; [+ warning] lancer ; [+ propaganda] faire **g** (= broadcast) passer **h** (= dislocate) [+ shoulder, back] se démettre **i** (Sport = eliminate) [+ team, contestant] éliminer ; (Baseball) [+ ball] mettre hors jeu

▶ **put through** VT SEP **a** (= connect) [+ call] passer ; [+ caller] mettre en communication **b** (US) ◆ **to ~ sb through college** payer les études de qn **c** (= make suffer) ◆ **to ~ sb through hell** mener la vie dure à qn ◆ **they really ~ him through it** * ils lui en ont fait voir de dures *

▶ **put together** VT SEP (= assemble) assembler ; [+ account] composer ; [+ team] constituer

▶ **put up** VT SEP **a** (= raise) [+ hand] lever ; [+ flag] hisser ; [+ tent] monter ; [+ umbrella] ouvrir ; [+ notice] afficher ; [+ picture] accrocher ; [+ building] construire ; [+ fence, barrier] ériger **b** (= increase) augmenter ; [+ prices] faire monter **c** (= offer) [+ proposal] soumettre ; [+ resistance] opposer ◆ **to ~ up a fight** se battre **d** (= provide) fournir ◆ **to ~ up money for a project** financer un projet **e** (= lodge) héberger

▶ **put up to** VT SEP (= incite) ◆ **to ~ sb up to doing sth** inciter qn à faire qch

▶ **put up with** VT INSEP supporter

putrid ['pjuːtrɪd] ADJ (= rotting) putride

putt [pʌt] **1** N putt *m* **2** VTI putter

putty ['pʌtɪ] N mastic *m (ciment)*

puzzle ['pʌzl] **1** N **a** (= mystery) énigme *f* **b** (= word game) rébus *m* ; (= crossword) mots *mpl* croisés **c** (= jigsaw) puzzle *m* **2** VT rendre perplexe **3** VI ◆ **to ~ over** essayer de comprendre

puzzled ['pʌzld] ADJ perplexe

puzzling ['pʌzlɪŋ] ADJ curieux

pygmy ['pɪgmɪ] **1** N Pygmée *mf* **2** ADJ pygmée *f inv*

pyjamas [pɪ'dʒɑːməz] NPL (Brit) pyjama *m* ◆ **a pair of ~** un pyjama

pylon ['paɪlən] N pylône *m*

pyramid ['pɪrəmɪd] N pyramide *f*

Pyrex ® ['paɪreks] N pyrex ® *m*

python ['paɪθən] N python *m*

A N G L A I S /
F
R
A
N
Ç
A
I
S

quack [kwæk] **1** N **a** [of duck] coin-coin *m inv* **b** (= imposter, bogus doctor) charlatan *m* ; (hum) (= doctor) toubib * *m* **2** VI faire coin-coin

quad [kwɒd] N **a** abbrev of **quadrangle** **b** abbrev of **quadruplet**

quadrangle ['kwɒdræŋgl] N **a** (Math) quadrilatère *m* **b** (= courtyard) cour *f*

quadruped ['kwɒdruped] ADJ, N quadrupède *m*

quadruple [kwɒ'dru:pl] **1** ADJ, N quadruple *m* **2** [kwɒ'dru:pl] VTI quadrupler

quadruplet [kwɒ'dru:plɪt] N quadruplé(e) *m(f)*

quagmire ['kwægmaɪə^r] N bourbier *m*

quail [kweɪl] N (= bird) caille *f*

quaint [kweɪnt] ADJ **a** (= picturesque) [place] pittoresque **b** (= old-fashioned) [custom, notion] désuet (-ète *f*)

quake [kweɪk] **1** VI [earth, person] trembler **2** N (abbrev of **earthquake**) tremblement *m* de terre

Quaker ['kweɪkə^r] N quaker(esse).*m(f)*

qualification [ˌkwɒlɪfɪ'keɪʃən] N **a** (= degree, diploma) diplôme *m* (in de) **b** (= limitation) réserve *f*

qualified ['kwɒlɪfaɪd] ADJ **a** (= trained) [staff, craftsman, pilot] qualifié ; [engineer, doctor, teacher] diplômé **b** (= limited) [support, approval] mitigé

qualify ['kwɒlɪfaɪ] **1** VT **a** (= make competent) ◆ **to ~ sb to do sth/for sth** qualifier qn pour faire qch/pour qch **b** (= modify) [+ support] mettre des réserves à ; [+ statement, opinion] nuancer **2** VI **a** (gen) remplir les conditions requises ; (= get qualifications) obtenir son diplôme (in en) ◆ **to ~ as a doctor/an engineer** obtenir son diplôme de médecin/d'ingénieur **b** (Sport) se qualifier

quality ['kwɒlɪtɪ] **1** N qualité *f* **2** ADJ de qualité

qualm [kwɑ:m] N (= scruple) doute *m* ; (= misgiving) appréhension *f*

quandary ['kwɒndərɪ] N dilemme *m* ◆ **to be in a ~** être pris dans un dilemme

quantify ['kwɒntɪfaɪ] VT quantifier

quantity ['kwɒntɪtɪ] N quantité *f*

quarantine ['kwɒrənti:n] **1** N quarantaine *f* *(pour raisons sanitaires)* ◆ **in ~** en quarantaine **2** VT mettre en quarantaine

quarrel ['kwɒrəl] **1** N (= dispute) querelle *f* ◆ **they've had a ~** (= argued) ils se sont disputés ; (= fallen out) ils se sont brouillés **2** VI se disputer ◆ **I cannot ~ with that** je n'ai rien à redire à cela

quarry ['kwɒrɪ] **1** N carrière *f* **2** VT [+ stone] extraire

quarter ['kwɔ:tə^r] **1** N **a** (= fourth part) quart *m* **b** (in expressions of time) quart *m* (d'heure) ◆ **a ~ of an hour** un quart d'heure ◆ **a ~ to seven, a ~ of seven** (US) sept heures moins le quart ◆ **a ~ past six, a ~ after six** (US) six heures un quart **c** [of year] trimestre *m* ; [of dollar] quart *m* de dollar, vingt-cinq cents *mpl* ; [of moon] quartier *m* **d** (= part of town) ◆ **the Latin ~** le Quartier latin **2** **quarters** NPL (= military lodgings) quartiers *mpl* **3** VT (= divide into four) diviser en quatre (parts égales) **4** ADJ quart de ▸ **quarter final** (Sport) quart *m* de finale ▸ **quarter-finalist** (Sport) quart de finaliste *m/f* ▸ **quarter-hour** (period of time) quart *m* d'heure ▸ **quarter-pounder** hamburger contenant un steak haché d'environ 100 g

quarterback ['kwɔ:təbæk] N (US Football) stratège *m* *(souvent en position d'arrière)*

quarterly ['kwɔ:təlɪ] ADJ trimestriel

quartet(te) [kwɔ:'tet] N [of classical musicians] quatuor *m* ; [of jazz musicians] quartette *m*

quartz [kwɔ:ts] N quartz *m*

quash [kwɒʃ] VT [+ decision, verdict] casser ; [+ rebellion] réprimer

quaver ['kweɪvə^r] N **a** (= musical note) croche *f* **b** (= voice tremor) chevrotement *m*

quay [ki:] N quai *m*

quayside ['ki:saɪd] N quai *m* ; (= whole area) quais *mpl*

queasy ['kwi:zɪ] ADJ (= nauseous) ◆ **to feel ~** avoir la nausée ◆ **it makes me (feel) ~** ça me donne la nausée

Quebec [kwɪ'bek] N Québec *m*

queen [kwi:n] N reine *f* ◆ **Queen Elizabeth** la reine Élisabeth ▸ **queen bee** reine *f* des abeilles ▸ **Queen Mother** reine *f* mère

queer [kwɪə^r] **1** ADJ **a** (= strange) bizarre (= suspicious) louche **b** (* = homosexual) homo * **2** N (* = homosexual) homo * *m*

quell [kwel] VT [+ rebellion] réprimer

quench [kwentʃ] VT ♦ **to ~ one's thirst** se désaltérer

query ['kwɪərɪ] **1** N (= question) question *f* ; (= doubt) doute *m* **2** VT [+ statement, motive, evidence] mettre en doute

question ['kwestʃən] **1** N **a** (gen) question *f* ♦ **to ask sb a ~** poser une question à qn ♦ **there's no ~ of closing the shop** il n'est pas question de fermer le magasin ♦ **in ~** en question ♦ **out of the ~** hors de question ♦ **that is out of the ~** il n'en est pas question ▸ **question mark** point *m* d'interrogation **b** (= doubt) doute *m* ♦ **there is no ~ about it** cela ne fait aucun doute ♦ **to call sth into ~** remettre qch en question **2** VT **a** [+ person] interroger **b** [+ motive, account, sb's honesty] remettre en question

questionable ['kwestʃənəbl] ADJ [quality, taste] douteux ; [motive, behaviour, practice] suspect

questioning ['kwestʃənɪŋ] **1** N interrogation *f* **2** ADJ [nature] curieux

questionnaire   [ˌkwestʃə'nɛəʳ]   N questionnaire *m*

queue [kjuː] (Brit) **1** N [of people] queue *f*, file *f* (d'attente) ; [of cars] file *f* **2** VI [people, cars] faire la queue

quibble ['kwɪbl] VI chicaner (over sur)

quiche [kiːʃ] N quiche *f*

quick [kwɪk] **1** ADJ **a** (= rapid) [train, movement, decision] rapide ; [recovery, answer] prompt ♦ **be ~!** dépêche-toi ! ♦ **we had a ~ meal** nous avons mangé en vitesse ♦ **he's a ~ worker** il travaille vite **b** (= lively) [mind] vif **2** ADV vite ♦ **as ~ as a flash** avec la rapidité de l'éclair

quicken ['kwɪkən] VT accélérer

quickly ['kwɪklɪ] ADV **a** (= with great speed) [speak, work] vite **b** (= in short time) [die, embrace] rapidement ; **c** (= without delay) [arrive, answer, react] sans tarder

quicksand(s) ['kwɪksænd(z)] N(PL) sables *mpl* mouvants

quick-tempered [kwɪk'tempəd] ADJ ♦ **to be ~** s'emporter facilement

quid ⁂ [kwɪd] N (pl inv: Brit = £) livre *f*

quiet ['kwaɪət] **1** ADJ **a** (= not loud) [voice] bas (basse *f*) ; [music] doux (douce *f*) ; [sound] léger **b** (= not noisy, not busy) [street, room, village, neighbour] calme **c** (= silent) ♦ **to be ~** [person] être silencieux ♦ **be ~!** silence ! ♦ **to keep ~**

garder le silence **d** (= placid) [person] calme **e** (= discreet) [optimism] discret (-ète *f*) ♦ **to keep ~ about sth** (= not tell) ne pas ébruiter qch **f** (= untroubled) [night] paisible ; [life] tranquille **2** N **a** (= silence) silence *m* **b** (= peace) calme *m* **c** ♦ **on the quiet** * en cachette

quieten ['kwaɪətn] **1** VT [+ person, crowd] calmer **2** VI ♦ **~ down !** calmez-vous !

quietly ['kwaɪətlɪ] ADV **a** [say, speak, sing] doucement **b** [move, come in] sans bruit **c** (= discreetly) discrètement

quilt [kwɪlt] N (= bed cover) courtepointe *f* ; (= duvet) (also **continental quilt**) couette *f*

quilted ['kwɪltɪd] ADJ [dressing gown, bedspread] matelassé

quirk [kwɜːk] N bizarrerie *f*

quit [kwɪt] **1** VT **a** (= leave) [+ place, job] quitter **b** (= stop) ♦ **to ~ doing sth** arrêter de faire qch **c** (Computing) quitter **2** VI (= give up) abandonner ; (= resign from job) démissionner

quite [kwaɪt] ADV **a** (= entirely) tout à fait ♦ **~!** exactement ! ♦ **I ~ understand** je comprends très bien ♦ **not ~ as many as last week** pas tout à fait autant que la semaine dernière ♦ **that's ~ another matter** c'est une tout autre affaire ♦ **he was ~ right** il avait tout à fait raison **b** (= to some degree, moderately) plutôt, assez ♦ **a ~ long time** assez longtemps ♦ **~ a few people** pas mal de monde ♦ **I ~ like this painting** j'aime assez ce tableau

quits * [kwɪts] ADJ ♦ **to be ~ (with sb)** être quitte (envers qn).

quiver ['kwɪvəʳ] VI [person] frissonner (with de) ; [voice, lips] trembler ; [leaves] frémir

quiz [kwɪz] **1** N (pl **quizzes**) **a** (Radio, TV) quiz *m* ; (= puzzle) devinette *f* **b** (US: in schools) interrogation *f* rapide *(orale ou écrite)* **2** VT interroger (about au sujet de)

quizzical ['kwɪzɪkəl] ADJ [look] interrogateur (-trice *f*)

quota ['kwəʊtə] N quota *m*

quotation [kwəʊ'teɪʃən] N **a** (= passage cited) citation *f* ▸ **quotation marks** guillemets *mpl* ♦ **in ~ marks** entre guillemets **b** (= estimate) devis *m*

quote [kwəʊt] **1** VT **a** [+ author, poem, words] citer ; [+ reference number] donner **b** [+ price] indiquer **2** VI faire des citations **3** N **a** (= quotation) citation *f* **b** (= estimate) devis *m* **4** **quotes** NPL * guillemets *mpl*

ANGLAIS/FRANÇAIS

R

rabbi ['ræbaɪ] N rabbin *m*

rabbit ['ræbɪt] N lapin *m* ▶ **rabbit hutch** clapier *m*

rabble ['ræbl] N (= disorderly crowd) cohue *f*

rabies ['reɪbiːz] N rage *f*

RAC [ɑːreɪ'siː] N (Brit) (abbrev of *Royal Automobile Club*) société *de dépannage*

raccoon [rə'kuːn] N raton *m* laveur

race [reɪs] **1** N **a** (= competition) course *f* ◆ the ~s les courses *fpl* (de chevaux) ◆ ~ against time course *f* contre la montre **b** (= species) race *f* ◆ the human ~ la race humaine **2** VT **a** [+ person] faire la course avec **b** [+ horse, dog] faire courir **3** VI **a** (= compete) faire la course ◆ to ~ against sb faire la course avec qn **b** (= rush) courir à toute allure ◆ to ~ in/out/across entrer/sortir/traverser à toute allure ◆ her pulse was racing son pouls était très rapide

racecourse ['reɪskɔːs] N champ *m* de courses

racehorse ['reɪshɔːs] N cheval *m* de course

racetrack ['reɪstræk] N (US) champ *m* de courses ; (Brit) piste *f*

racial ['reɪʃəl] ADJ (gen) racial ; [attack, prejudice] raciste

racing ['reɪsɪŋ] N courses *fpl* ; (also **horse-racing**) courses *fpl* de chevaux ◆ **motor ~** course *f* automobile ▶ **racing bike** vélo *m* de course ▶ **racing car** voiture *f* de course ▶ **racing driver** coureur *m*, -euse *f* automobile

racism ['reɪsɪzəm] N racisme *m*

racist ['reɪsɪst] ADJ, N raciste *mf*

rack [ræk] **1** N (for bottles, documents) casier *m* ; (for luggage) porte-bagages *m inv* ; (for dishes) égouttoir *m* ; (for vegetables) bac(s) *m(pl)* à légumes **2** VT ◆ ~ed by remorse tenaillé par le remords ◆ to ~ one's brains se creuser la tête

racket ['rækɪt] N **a** (for sport) raquette *f* **b** (= noise) vacarme *m* **c** (= organized crime) trafic *m* ; (= dishonest scheme) escroquerie *f* ◆ **an extortion ~** un racket

racy ['reɪsɪ] ADJ (= risqué) leste ; [lively] plein de verve

radar ['reɪdɑːʳ] N radar *m*

radial ['reɪdɪəl] ADJ ▶ **radial tyre** pneu *m* à carcasse radiale

radiant ['reɪdɪənt] ADJ [person, smile, beauty] radieux ◆ ~ **with joy** rayonnant de joie

radiate ['reɪdɪeɪt] VT [+ heat] émettre ◆ **he ~s enthusiasm** il respire l'enthousiasme

radiation [ˌreɪdɪ'eɪʃən] N (= radioactivity) radiation *f*

radiator ['reɪdɪeɪtəʳ] N radiateur *m*

radical ['rædɪkəl] ADJ, N radical *m*

radio ['reɪdɪəʊ] **1** N radio *f* ◆ **on the ~** à la radio ▶ **radio alarm (clock)** radio-réveil *m* ▶ **radio cassette (recorder)** (Brit) radiocassette *m* ▶ **radio operator** opérateur *m* (radio *inv*) ▶ **radio station** station *f* de radio **2** VT [+ person] joindre par radio ◆ **to ~ a message** envoyer un message radio **3** VI ◆ **to ~ for help** appeler au secours par radio

radioactive [ˌreɪdɪəʊ'æktɪv] ADJ radioactif

radioactivity [ˌreɪdɪəʊæk'tɪvɪtɪ] N radioactivité *f*

radiology [ˌreɪdɪ'ɒlədʒɪ] N radiologie *f*

radiotherapy [ˌreɪdɪəʊ'θerəpɪ] N radiothérapie *f*

radish ['rædɪʃ] N radis *m*

radius ['reɪdɪəs] N rayon *m*

RAF [ɑːreɪ'ef] N (Brit) (abbrev of *Royal Air Force*) RAF *f*

raffle ['ræfl] N tombola *f* ▶ **raffle ticket** billet *m* de tombola

raft [rɑːft] N (flat structure) radeau *m* ; (logs) train *m* de flottage

rafting ['rɑːftɪŋ] N rafting *m*

rag [ræg] **1** N **a** (cloth) chiffon *m* ▶ **rag doll** poupée *f* de chiffon **b** (* = newspaper) torchon * *m* **2** **rags** NPL (= old clothes) guenilles *fpl*

rage [reɪdʒ] **1** N rage *f* ◆ **fit of ~** accès *m* de fureur ◆ **to be all the ~** faire fureur **2** VI [person] être furieux (against contre) ; [battle, fire] faire rage

ragged ['rægɪd] ADJ **a** (= in tatters) [person] en haillons ; [clothes] en lambeaux **b** (= uneven) [edge, rock] déchiqueté

raging ['reɪdʒɪŋ] ADJ [pain] atroce ; [storm, wind] déchaîné ; [fire] violent ; [inflation] galopant ; [feminist, nationalist] fanatique ◆ ~ **toothache** rage *f* de dents

raid [reɪd] **1** N (by the military) raid *m* ; (by police) descente *f* (de police) ; (with arrests) rafle *f* ▸ **air ~** raid *m* (aérien) **2** VT [army] faire une incursion dans ; [bomber] bombarder ; [police] faire une descente dans ; (Brit) [thieves] braquer * ; [+ piggybank] puiser dans ; [+ fridge] dévaliser

rail [reɪl] N **a** (for train) rail *m* ▸ **to go off the ~s** [person] dérailler * **b** (= bar) [of boat] bastingage *m* ; (= handrail) main *f* courante ; (for curtains) tringle *f*

railcard ['reɪlkɑːd] N carte *f* de chemin de fer ▸ **Senior Citizen's ~** carte *f* vermeil ▸ **young person's ~** carte *f* de train tarif jeune

railing ['reɪlɪŋ] N **a** (of bridge) garde-fou *m* **b** (= fence: also **railings**) grille *f*

railroad ['reɪlrəʊd] **1** N (US) chemin *m* de fer **2** VT (* = force) ▸ **to ~ sb into doing sth** forcer qn à faire qch sans qu'il ait le temps de réfléchir

railway ['reɪlweɪ] N (Brit) chemin *m* de fer ▸ **railway line** (= route) ligne *f* de chemin de fer ; (= track) voie *f* ferrée ▸ **railway station** gare *f*

rain [reɪn] **1** N pluie *f* ▸ **in the ~** sous la pluie ▸ **rain check** (*: US) ▸ **I'll take a ~ check (on that)** ça sera pour une autre fois **2** VI pleuvoir ▸ **it is ~ing** il pleut ▸ **it's ~ing heavily** il pleut à verse

rainbow ['reɪnbəʊ] N arc-en-ciel *m*

raincoat ['reɪnkəʊt] N imperméable *m*

raindrop ['reɪndrɒp] N goutte *f* de pluie

rainfall ['reɪnfɔːl] N (= shower) chute *f* de pluie ; (= amount) pluviosité *f*

rainforest ['reɪnfɒrɪst] N (also **tropical rainforest**) forêt *f* tropicale (humide)

rainstorm ['reɪnstɔːm] N pluie *f* torrentielle

rainwater ['reɪnwɔːtə^r] N eau *f* de pluie

rainy ['reɪnɪ] ADJ [place] pluvieux ▸ **the ~ season** la saison des pluies ▸ **to save something for a ~ day** garder une poire pour la soif

raise [reɪz] **1** VT **a** (= lift) [+ arm, leg, object] lever ▸ **to ~ a blind** (re)lever un store ▸ **he didn't ~ an eyebrow** il n'a pas sourcillé ▸ **to ~ one's glass to sb** lever son verre à la santé de qn ▸ **don't ~ your voice to me!** ne hausse pas le ton quand tu me parles ! ▸ **not a voice was ~d in protest** personne n'a élevé la voix pour protester ▸ **to ~ sb's spirits** remonter le moral de qn ▸ **to ~ sb's hopes** donner à espérer à qn **b** (= increase) [+ salary] augmenter ; [+ standard] élever ; [+ age limit] reculer ; [+ temperature] faire monter **c** (= build) édifier **d** (= produce) [+ problems] soulever **e** (= bring to notice) [+ question] soulever ; [+ objection] élever **f** [+ animals, children, family] élever **g** (= get together) [+ army, taxes] lever ; [+ money] se procurer **2** N (= pay rise) augmentation *f* (de salaire)

raisin ['reɪzən] N raisin *m* sec

rake [reɪk] **1** N râteau *m* **2** VT [+ garden, leaves] ratisser **3** VI (= search) ▸ **to ~ through** fouiller dans
▸ **rake in** * VT SEP [+ money] amasser
▸ **rake up** VT SEP [+ leaves] ramasser avec un râteau ▸ **to ~ up the past** remuer le passé

rally ['rælɪ] **1** N [of people] rassemblement *m* ; (political) meeting *m* ; [of cars] rallye *m* ▸ **rally car** voiture *f* de rallye ▸ **rally driver** pilote *m* de rallye ▸ **rally driving** rallye *m* **2** VT [+ troops] rassembler ; [+ supporters] rallier ; [+ one's strength] retrouver **3** VI [sick person] récupérer
▸ **rally round** VI venir en aide

RAM [ræm] N (abbrev of **random access memory**) RAM *f inv*

ram [ræm] **1** N bélier *m* **2** VT **a** (= push down) enfoncer *(avec force)* ; (= pack down) tasser (**into** dans) **b** (= crash into) [+ vehicle] emboutir

Ramadan ['ræmədæn] N ramadan *m*

ramble ['ræmbl] **1** N randonnée *f* (pédestre) **2** VI **a** (also **go rambling**) partir en randonnée *f* (pédestre) **b** (in speech: also **ramble on**) parler pour ne rien dire

rambler ['ræmblə^r] N (Brit) randonneur *m*, -euse *f*

rambling ['ræmblɪŋ] **1** ADJ [speech, letter] sans queue ni tête ; [person] qui divague **2** N ▸ **to go ~** partir en randonnée

ramp [ræmp] N rampe *f* ; (in road: for speed control) ralentisseur *m* ; (in garage) pont *m* de graissage

rampage [ræm'peɪdʒ] N ▸ **to be** *or* **go on the ~** se déchaîner

rampant ['ræmpənt] ADJ ▸ **to run ~** sévir

rampart ['ræmpɑːt] N rempart *m*

ramshackle ['ræmˌʃækl] ADJ délabré

ran [ræn] VB (pt of **run**)

ranch [rɑːntʃ] N ranch *m*

rancid ['rænsɪd] ADJ rance ▸ **to go ~** rancir

rancour, rancor (US) ['ræŋkə^r] N rancœur *f*

random ['rændəm] ADJ [selection] aléatoire ; [attack, killings] aveugle ▸ **at ~** au hasard

randy * ['rændɪ] ADJ (Brit) excité

rang [ræŋ] VB (pt of **ring**)

range [reɪndʒ] **1** N **a** [of mountains] chaîne *f* **b** (= distance covered) [of telescope, missile] portée *f* ; [of plane] rayon *m* d'action ▸ **to be out of ~** être hors de portée ▸ **within (firing) ~** à portée de tir **c** (= extent between limits) [of prices, salaries] fourchette *f* ; [of temperature] écarts *mpl* **d** (= selection) gamme *f* ▸ **a wide ~ of** un grand choix de **e** (= domain) [of influence] sphère f; [of knowledge] étendue f **f** (also **shooting range**) champ m de tir **g** (also **kitchen range**) cuisinière f **2** VT (= place in a row) [+ objects] ranger ; [+ troops] aligner **3** VI [discussion] s'étendre (from ... to de ... à ; over sur) ; [opinions] aller (from ... to de ... à) ◆ **the temperature ~s from 18° to 24°** la température varie entre 18° et 24°

ranger ['reɪndʒəʳ] N **a** (also **forest ranger**) garde m forestier **b** (US = mounted patrolman) gendarme m à cheval

rank [ræŋk] **1** N **a** (= row) rang m ◆ **the ~ and file** (military) les hommes de troupe ; (= ordinary people) le commun des mortels ◆ **of political party** la base **b** (Mil) grade m **c** (= class) rang m (social) **2** ADJ **a** (= absolute) ◆ **a ~ outsider** un vrai outsider **b** (= pungent) fétide **3** VT classer **4** VI compter ◆ **he ~s among my friends** il compte parmi mes amis

ransack ['rænsæk] VT (= pillage) [+ house, shop] saccager ; (= search) [+ room, drawer] fouiller de fond en comble

ransom ['rænsəm] N rançon f ◆ **to hold sb to ~** mettre qn à rançon ; (fig) exercer un chantage sur qn

rant [rænt] VI divaguer ◆ **to ~ and rave** tempêter ◆ **to ~ (and rave) at sb** fulminer contre qn

rap [ræp] **1** N **a** (= noise) petit coup m sec ; (= blow) tape f **b** (Mus) rap m ▶ **rap music** musique f rap **2** VT ◆ **to get one's knuckles ~ped** se faire taper sur les doigts * **3** VI **a** (= knock) frapper ◆ **to ~ at the door** frapper à la porte **b** (Mus) rapper

rape [reɪp] **1** N **a** (= crime) viol m **b** (= plant) colza m **2** VT violer

rapid ['ræpɪd] **1** ADJ rapide **2** rapids NPL (in river) rapides mpl

rapidly ['ræpɪdlɪ] ADV rapidement

rapist ['reɪpɪst] N violeur m

rapper ['ræpəʳ] N rappeur m, -euse f

rapport [ræ'pɔːʳ] N rapport m

rapture ['ræptʃəʳ] N (= delight) ravissement m ◆ **to be in ~s about** [+ object] être ravi de ; [+ person] être en extase devant

rapturous ['ræptʃərəs] ADJ [applause] frénétique ; [reception, welcome] enthousiaste

rare [rɛəʳ] ADJ **a** (= uncommon, infrequent) rare ; [opportunity] unique **b** [meat] saignant ◆ **a very ~ steak** un bifteck bleu

rarely ['rɛəlɪ] ADV rarement

raring * ['rɛərɪŋ] ADJ ◆ **to be ~ to go** être très impatient de commencer

rarity ['rɛərɪtɪ] N (= scarcity) rareté f; (= rare thing) chose f rare

rascal ['rɑːskəl] N (= scamp) polisson(ne) m(f)

rash [ræʃ] **1** N (= spots) éruption f **2** ADJ [person, behaviour, decision] imprudent

rasher ['ræʃəʳ] N (Brit) (mince) tranche f (de bacon)

rasp [rɑːsp] **1** N (= tool) râpe f; (= noise) grincement m **2** VT (= speak) dire d'une voix râpeuse

raspberry ['rɑːzbərɪ] N (= fruit) framboise f ▶ **raspberry bush** framboisier m

Rastafarian [ˌræstə'fɛərɪən] N, ADJ rastafari m(f) inv

rat [ræt] N (= animal) rat m ; (pej = person) salaud * m ▶ **rat race** foire f d'empoigne

ratchet ['rætʃɪt] N rochet m

rate [reɪt] **1** N (= ratio) taux m ; (= speed) vitesse f, rythme m ◆ **birth/death ~** taux m de natalité/mortalité ◆ **~ of exchange** taux m de change ◆ **at this ~** à ce train-là ◆ **at any ~** en tout cas **2** **rates** NPL (Brit formerly = municipal tax) impôts mpl locaux **3** VT [+ object] évaluer (at à) ; (= consider) considérer (as comme) ◆ **I ~ him amongst my best pupils** je le considère comme un de mes meilleurs élèves

rather ['rɑːðəʳ] ADV **a** (= for preference) plutôt ◆ **~ than wait, he went away** plutôt que d'attendre, il est parti ◆ **I would ~ wait here than go** je préférerais attendre ici plutôt que de partir ◆ **I would ~ you came yourself** je préférerais que vous veniez subj vous-même ◆ **I'd ~ not go** j'aimerais mieux ne pas y aller **b** (= more accurately) plutôt **c** (= to a considerable degree) ; (= to some extent) un peu (= slightly) légèrement ◆ **his book is ~ good** son livre est plutôt bon ◆ **that costs ~ a lot** cela coûte assez cher

ratify ['rætɪfaɪ] VT ratifier

rating ['reɪtɪŋ] **1** N (= assessment) évaluation f; (in polls) indice m de popularité **2** **ratings** NPL ◆ **the (TV) ~s** l'indice m d'écoute

ratio ['reɪʃɪəʊ] N rapport m, ratio m

ration ['ræʃən] **1** N (= allowance) ration f ▶ **ration book** carnet m de rationnement **2** **rations** NPL (= food) vivres mpl **3** VT [+ goods, food, people] rationner

rational ['ræʃənl] ADJ [person, argument] raisonnable ; [being] doué de raison ; [explanation, decision] rationnel

rationale [ˌræʃə'nɑːl] N (= reasoning) raisonnement m

rationalize ['ræʃnəlaɪz] VT **a** (= explain) [+ event, conduct] trouver une explication logique à ; (= justify) justifier après coup **b** [+ industry, production, problems] rationaliser

rattle ['rætl] **1** N **a** (= sound) [of vehicle] bruit m (de ferraille) ; [of chains] cliquetis m ; [of door]

vibrations *fpl* **b** (for baby) hochet *m* **VI** [box, object] faire du bruit ; [articles in box] s'entrechoquer ; [vehicle] faire un bruit de ferraille **3** **VT** **a** [+ box] agiter (avec bruit) **b** (* = alarm) [+ person] ébranler

rattlesnake ['rætlsneɪk] N serpent *m* à sonnette

raucous ['rɔ:kəs] ADJ [person, crowd] bruyant ◆ ~ **laughter** de gros rires

raunchy * ['rɔ:ntʃɪ] ADJ [person, clothing] sexy *inv* ; [story, film] torride

ravage ['rævɪdʒ] **1** VT ravager **2** **ravages** NPL ravages *mpl*

rave [reɪv] **1** VI (= talk wildly) divaguer ; (= speak enthusiastically) parler avec enthousiasme (about, over de) **2** N (Brit = party) rave *f* **3** COMP ▸ rave review* critique *f* dithyrambique

raven ['reɪvn] N corbeau *m*

ravenous ['rævənəs] ADJ [animal, appetite] vorace ; [hunger] de loup ◆ I'm ~ * j'ai une faim de loup

ravine [rə'vi:n] N ravin *m*

raving ['reɪvɪŋ] **1** ADJ ◆ ~ **lunatic*** fou *m* furieux, folle *f* furieuse **2** ADV ◆ **to be ~ mad*** être fou furieux

ravioli [,rævɪ'əʊlɪ] N raviolis *mpl*

ravishing ['rævɪʃɪŋ] ADJ ravissant

raw [rɔ:] ADJ **a** (= uncooked) cru **b** (= unprocessed) [cotton, sugar, data] brut ; [alcohol, spirits] pur ▸ raw material matière *f* première **c** [energy, talent] à l'état brut **d** (= sore) [hands] abîmé **e** (= inexperienced) inexpérimenté **f** (= cold) [night, day] glacial **g** (* = unfair) ◆ **he got a ~ deal** on ne lui a vraiment pas fait de cadeaux *

ray [reɪ] N **a** [of light, sun] rayon *m* ◆ **a ~ of hope** une lueur d'espoir **b** (= fish) raie *f*

raze [reɪz] VT (also **raze to the ground**) raser

razor ['reɪzə] N rasoir *m* ▸ razor blade lame *f* de rasoir ▸ razor-sharp [blade] tranchant comme un rasoir ; [person, mind] vif ; [wit] acéré

Rd (in addresses) (abbrev of **Road**) rue

RE [ɑ:r'i:] N (Brit) abbrev of **religious education**

reach [ri:tʃ] **1** N (= accessibility) ◆ **within ~** à portée ◆ **out of ~** hors de portée ◆ **out of sb's ~** hors de (la) portée de qn ◆ **within arm's ~** à portée de la main ◆ **within easy ~ of the sea** à proximité de la mer **2** VT [+ place, age, goal] atteindre ; [+ agreement, conclusion, compromise, decision] parvenir à **3** VI **a** [territory] s'étendre (to, as far as jusqu'à) **b** (= stretch out hand) tendre le bras (for sth pour prendre qch)

react [ri:'ækt] VI réagir

reaction [ri:'ækʃən] N réaction *f*

reactionary [ri:'ækʃənrɪ] ADJ, N réactionnaire *mf*

reactor [ri:'æktə] N réacteur *m*

read [ri:d] (pret, ptp **read** [red]) **1** VT **a** [+ book, letter] lire ; [+ music, bad handwriting] déchiffrer ◆ **to ~ sb sth** lire qch à qn ◆ **to ~ sb's lips** lire sur les lèvres de qn **b** (= understand) comprendre ◆ **to ~ sb's palm** lire les lignes de la main à qn ◆ **to ~ sb's thoughts** lire (dans) la pensée de qn **c** (= study) étudier **d** [instruments] indiquer ◆ **the thermometer ~s 37°** le thermomètre indique 37° **2** VI lire ◆ **to ~ aloud** lire à haute voix ◆ **the article ~s well** l'article se lit bien

▸ **read out** VT SEP [+ text] lire à haute voix

▸ **read through** VT SEP (rapidly) parcourir ; (thoroughly) lire en entier

▸ **read up on** VT INSEP se renseigner sur

readable ['ri:dəbl] ADJ (= interesting) agréable à lire ; (= legible) lisible

reader ['ri:də] N lecteur *m*, -trice *f*

readership ['ri:dəʃɪp] N [of newspaper, magazine] nombre *m* de lecteurs

readily ['redɪlɪ] ADV **a** [accept, agree, admit] volontiers **b** (= easily) ◆ ~ **accessible** [place, data] facilement accessible

reading ['ri:dɪŋ] N **a** (gen) lecture *f* ▸ reading glasses lunettes *fpl* pour lire ▸ reading light (on desk) lampe *f* de bureau ; (in train, plane) liseuse *f* ▸ reading list bibliographie *f* ▸ reading room salle *f* de lecture **b** (from instrument) indications *fpl*

readjust [,ri:ə'dʒʌst] **1** VT [+ position of sth] rectifier ; [+ approach] modifier **2** VI se réadapter (to à)

ready ['redɪ] ADJ **a** (gen) prêt ◆ **to be ~ to do sth** être prêt à faire qch ◆ ~ **for use** prêt à l'emploi ◆ ~, **steady, go!** à vos marques ! prêts ? partez ! ◆ **to get ~** se préparer ◆ **to get ~ to do sth** s'apprêter à faire qch ▸ ready cash (argent *m*) liquide *m* ▸ ready-made [curtains] tout fait ; [clothes] de confection ▸ ready-to-wear prêt à porter **b** (= prompt) [wit] vif ; [reply] prompt ; [answer, excuse] tout fait ; [market] tout trouvé

real [rɪəl] **1** ADJ (gen) vrai *before n* ; (= not fake) [leather, gold] véritable ◆ **in ~ life** dans la réalité ◆ **in ~ terms** en termes réels ◆ **for ~*** pour de vrai * ▸ real estate (US) immobilier *m* ▸ real-estate agent (US) agent *m* immobilier **2** ADV (US *) vraiment ◆ ~ **soon** sous peu

realism ['rɪəlɪzəm] N réalisme *m*

realist ['rɪəlɪst] ADJ, N réaliste *mf*

realistic [rɪə'lɪstɪk] ADJ réaliste

reality [rɪ'ælɪtɪ] N réalité *f* ▸ reality TV téléréalité *f*

realization [ˌrɪəlaɪˈzeɪʃən] N **a** (= awareness) prise f de conscience **b** [of assets, hope, plan] réalisation f

realize [ˈrɪəlaɪz] VT **a** (= become aware of) se rendre compte de ; (= understand) comprendre **b** [+ ambition, hope, plan, assets] réaliser ; [+ price] atteindre

really [ˈrɪəlɪ] ADV vraiment ♦ not ~ pas vraiment ♦ ~? (in doubt) vraiment ? ; (in surprise) c'est vrai ?

realm [relm] N (= kingdom) royaume m ; (fig) domaine m

realtor [ˈrɪəltɔːʳ] N (US) agent m immobilier

reap [riːp] VT (= harvest) moissonner ; [+ profit] récolter

reappear [ˌriːəˈpɪəʳ] VI réapparaître

rear [rɪəʳ] **1** N (= back part) arrière m ; (= buttocks) * derrière * m ♦ at the ~ (of) à l'arrière (de) ♦ to bring up the ~ fermer la marche **2** ADJ de derrière, arrière inv ▶ rear-view mirror [of car] rétroviseur m ▶ rear wheel [of car] roue f arrière inv ▶ rear-wheel drive (= car) voiture f à traction arrière ▶ rear window [of car] vitre f arrière inv **3** VT [+ animal, family] élever **4** VI [horse] se cabrer

rearm [ˌriːˈɑːm] **1** VT réarmer **2** VI se réarmer

rearrange [ˌriːəˈreɪndʒ] VT réarranger

reason [ˈriːzn] **1** N **a** (= justification) raison f ♦ the ~ for my leaving la raison de mon départ ♦ I want to know the ~ why je veux savoir pourquoi ♦ I have (every) ~ to believe that ... j'ai (tout) lieu de croire que ... ♦ for some ~ (or another) pour une raison ou pour une autre ♦ all the more ~ to call her raison de plus pour l'appeler **b** (= mental faculty, common sense) raison f ♦ that stands to ~ cela va sans dire ♦ I will do anything within ~ je ferai tout ce qu'il est raisonnablement possible de faire **2** VI **a** (= think logically) raisonner **b** ♦ to ~ with sb raisonner qn

reasonable [ˈriːznəbl] ADJ **a** [person, behaviour, explanation] raisonnable **b** [standard, results] honnête

reasonably [ˈriːznəblɪ] ADV **a** (= fairly) [happy, easy, safe] assez **b** (= sensibly) [behave] d'une façon raisonnable ; [say, expect] raisonnablement

reasoned [ˈriːznd] ADJ sensé

reasoning [ˈriːznɪŋ] N raisonnement m

reassess [ˌriːəˈses] VT [+ situation] réexaminer

reassurance [ˌriːəˈʃʊərəns] N **a** (emotional) réconfort m **b** (= guarantee) garantie f

reassure [ˌriːəˈʃʊəʳ] VT rassurer

reassuring [ˌriːəˈʃʊərɪŋ] ADJ rassurant

rebate [ˈriːbeɪt] N (= discount) rabais m ; (= money back) remboursement m ; (on tax, rates) dégrèvement m ; (on rent) réduction f

rebel 1 ADJ, N [ˈrebl] rebelle mf **2** VI [rɪˈbel] se rebeller

rebellion [rɪˈbeljən] N rébellion f

rebellious [rɪˈbeljəs] ADJ rebelle

reboot [ˌriːˈbuːt] VT [+ computer] réinitialiser

rebound 1 VI [rɪˈbaʊnd] [ball] rebondir (against sur) **2** N [ˈriːbaʊnd] [of ball] rebond m

rebuff [rɪˈbʌf] N rebuffade f

rebuild [ˌriːˈbɪld] (pret, ptp **rebuilt**) VT rebâtir

rebuke [rɪˈbjuːk] **1** N reproche m **2** VT ♦ to ~ sb for sth reprocher qch à qn

recall [rɪˈkɔːl] VT **a** (= summon back) rappeler ; [+ faulty products] (already sold) rappeler ; (in shop) retirer de la vente **b** (= remember) se rappeler (that que)

recant [rɪˈkænt] VT [+ statement] rétracter

recap * [ˈriːkæp] VI (abbrev of **recapitulate**) ♦ to ~, ... en résumé ...

recapitulate [ˌriːkəˈpɪtjʊleɪt] VI récapituler

recapture [ˌriːˈkæptʃəʳ] **1** VT [+ animal, prisoner] reprendre ; [+ atmosphere, period] recréer **2** N [of town, territory] reprise f ; [of escapee, escaped animal] capture f

recede [rɪˈsiːd] VI [tide] descendre ; [danger] s'éloigner ; [gums] se rétracter ♦ to have a receding hairline avoir le front dégarni

receipt [rɪˈsiːt] N **a** (= receiving) réception f ♦ to acknowledge ~ of accuser réception de **b** (for payment) reçu m ; (for parcel, letter) accusé m de réception ; (for object purchased) ticket m de caisse

receive [rɪˈsiːv] VT recevoir ; [+ stolen goods] receler ♦ his suggestion was well ~d sa suggestion a reçu un accueil favorable

received [rɪˈsiːvd] ADJ [opinion] reçu ▶ Received Pronunciation prononciation f standard (de l'anglais)

receiver [rɪˈsiːvəʳ] N **a** [of telephone] combiné m ♦ to pick up the ~ décrocher ♦ to put down the ~ raccrocher **b** (in bankruptcy) ♦ to call in the (official) ~ placer la société en règlement judiciaire **c** (= radio set) (poste m) récepteur m

recent [ˈriːsnt] ADJ récent ♦ in ~ years ces dernières années

recently [ˈriːsntlɪ] ADV récemment ♦ until (quite) ~ il n'y a pas si longtemps

receptacle [rɪˈseptəkl] N récipient m

reception [rɪˈsepʃən] N (gen) réception f ; (= welcome) accueil m ▶ reception area accueil m ; [of hotel] réception f ▶ reception desk réception f

receptionist [rɪˈsepʃənɪst] N réceptionniste *mf*

receptive [rɪˈseptɪv] ADJ réceptif (to sth à qch)

recess [rɪˈses] N **a** (= holidays: parliamentary) vacances *fpl* (parlementaires) ◆ **in ~** [+ parliament] en vacances **b** (= short break: in school day) récréation *f* **c** [ˈriːses] (in wall) renfoncement *m* ◆ **the ~es of his mind** dans les recoins de son esprit

recession [rɪˈseʃən] N récession *f*

recharge [ˈriːˈtʃɑːdʒ] **1** VT [+ battery, gun] recharger **2** VI [battery] se recharger

rechargeable [rɪˈtʃɑːdʒəbl] ADJ rechargeable

recipe [ˈresɪpɪ] N recette *f* ▸ **recipe book** livre *m* de recettes

recipient [rɪˈsɪpɪənt] N [of letter] destinataire *mf* ; [of cheque] bénéficiaire *mf* ; [of award, decoration] récipiendaire *mf*

reciprocal [rɪˈsɪprəkəl] ADJ réciproque

recital [rɪˈsaɪtl] N récital *m*

recite [rɪˈsaɪt] VT [+ poetry] réciter

reckless [ˈreklɪs] ADJ (= heedless) insouciant ; (= rash) imprudent

reckon [ˈrekən] **1** VT **a** (= calculate) [+ time, points] compter ; [+ cost] calculer **b** (= judge) estimer **c** (* = think) penser **2** VI calculer, compter ◆ **I wasn't ~ing on having to do that** je ne m'attendais pas à devoir faire ça ◆ **he's a person to be ~ed with** c'est une personne avec laquelle il faut compter

reckoning [ˈreknɪŋ] N **a** (= calculation) calcul *m* **b** (= judgement) estimation *f*

reclaim [rɪˈkleɪm] VT [+ land] reconquérir ; (from forest, bush) défricher ; (from sea) assécher ; (= demand back) réclamer (sth from sb qch à qn) ; [+ tax] se faire rembourser

recline [rɪˈklaɪn] **1** VT [+ arm, head] appuyer **2** VI [person] être allongé

reclining seat [rɪˈklaɪnɪŋ,siːt] N siège *m* inclinable

recluse [rɪˈkluːs] N reclus(e) *m(f)*

recognition [ˌrekəgˈnɪʃən] N reconnaissance *f* ◆ **he has changed beyond ~** il est méconnaissable

recognizable [ˈrekəgnaɪzəbl] ADJ reconnaissable

recognize [ˈrekəgnaɪz] VT reconnaître (by à ; as comme étant)

recoil [rɪˈkɔɪl] VI **a** [person] avoir un mouvement de recul (from devant) ◆ **to ~ in disgust** reculer de dégoût **b** [gun] reculer

recollect [ˌrekəˈlekt] **1** VT se souvenir de **2** VI se souvenir

recollection [ˌrekəˈlekʃən] N souvenir *m*

recommend [ˌrekəˈmend] VT recommander (sb to do sth à qn de faire qch) ◆ **to come highly ~ed** être vivement recommandé ◆ **it is to be ~ed** c'est à conseiller

recommendation [ˌrekəmenˈdeɪʃən] N recommandation *f*

recompense [ˈrekəmpens] **1** N **a** récompense *f* ◆ **in ~ for** en récompense de **b** (for damage) ◆ **to seek ~** réclamer un dédommagement **2** VT **a** (= reward) récompenser (for de) **b** (= compensate) [+ person] dédommager

reconcile [ˈrekənsaɪl] VT [+ person] réconcilier (to avec) ; [+ two facts or ideas] concilier

reconciliation [ˌrekənsɪlɪˈeɪʃən] N réconciliation *f*

reconditioned [ˌriːkənˈdɪʃənd] ADJ [engine, vacuum cleaner] remis à neuf

reconnaissance [rɪˈkɒnɪsəns] N reconnaissance *f*

reconsider [ˌriːkənˈsɪdər] **1** VT [+ decision] reconsidérer ; [+ judgement] réviser **2** VI (= change one's mind) changer d'avis

reconstitute [ˌriːˈkɒnstɪtjuːt] VT reconstituer

reconstruct [ˌriːkənˈstrʌkt] VT [+ building] reconstruire ; [+ crime] reconstituer

record 1 VT [rɪˈkɔːd] [+ facts, story, speech, music] enregistrer ; [+ event] (in journal, log) consigner **2** N [ˈrekɔːd] **a** (= account, report) rapport *m* ; [of attendance] registre *m* ; [of meeting] procès-verbal *m* ◆ **(public) ~s** archives *fpl* ◆ **to keep a ~ of** consigner ◆ **just to set the ~ straight** pour qu'il n'y ait aucune confusion possible ◆ **this is strictly off the ~ *** c'est strictement confidentiel **b** (= case history) dossier *m* ▸ [+ police] ◆ **casier** *m* judiciaire ◆ **he's got a clean ~** il a un casier (judiciaire) vierge ◆ **this airline has a good safety ~** cette compagnie aérienne est réputée pour la sécurité de ses vols **c** (= recording) [of voice] enregistrement *m* **d** (musical) disque *m* ◆ **to make a ~** graver un disque ▸ **record company** maison *f* de disques ▸ **record player** tourne-disque *m* **e** (Sport) record *m* ◆ **to break the ~** battre le record ▸ **record-breaking** qui bat tous les records ▸ **record time** ◆ **to do sth in ~ time** faire qch en un temps record

recorded [rɪˈkɔːdɪd] ADJ [music, message] enregistré ▸ **recorded delivery** (Brit) (= service) ≈ recommandé *m* *(avec accusé de réception)* ; (= letter, parcel) envoi *m* en recommandé ◆ **to send sth by ~ delivery** ≈ envoyer qch en recommandé

recorder [rɪˈkɔːdər] N (= musical instrument) flûte *f* à bec

recording [rɪˈkɔːdɪŋ] N [of sound, facts] enregistrement *m* ▸ **recording studio** studio *m* d'enregistrement

recount [ri:'kaʊnt] 1 VT a (= relate) raconter b (= count again) recompter 2 N ['ri:kaʊnt] [of votes] nouveau dépouillement m du scrutin

recoup [rɪ'ku:p] VT [+ losses] récupérer

recourse [rɪ'kɔːs] N recours m (to à)

recover [rɪ'kʌvər] 1 VT [+ sth lost, one's appetite, reason] retrouver ; [+ goods, property] rentrer en possession de ◆ to ~ one's strength reprendre des forces ◆ to ~ consciousness revenir à soi 2 VI (after shock, accident) se remettre (from de) ; (from illness) se rétablir (from de) ; [economy, currency] se redresser ; [stock market] reprendre

recovery [rɪ'kʌvərɪ] N a (from illness) guérison f ; (from operation) rétablissement m b [of economy, market] reprise f ; [of shares] remontée f c (= retrieval) récupération f d (= regaining) [of territory] reconquête f e [of expenses] remboursement m ; [of debt] recouvrement m ; [of losses] réparation f

recreate [ri:krɪ'eɪt] VT recréer

recreation [rekrɪ'eɪʃən] N a (= pleasure) détente f b (= at school) récréation f

recrimination [rɪkrɪmɪ'neɪʃən] N récrimination f

recruit [rɪ'kru:t] 1 N recrue f 2 VT [+ member, soldier, staff] recruter

recruitment [rɪ'kru:tmənt] N recrutement m ▶ recruitment agency agence f de recrutement

rectangle ['rek,tæŋgl] N rectangle m

rectangular [rek'tæŋgjʊlər] ADJ rectangulaire

rectify ['rektɪfaɪ] VT rectifier

rector ['rektər] N a (religious) pasteur m (anglican) b (at university) ≈ recteur m

recuperate [rɪ'ku:pəreɪt] 1 VI récupérer 2 VT [+ object] récupérer ; [+ losses] réparer

recur [rɪ'kɜːr] VI [error, event] se reproduire ; [illness, infection] réapparaître ; [opportunity, problem] se représenter

recurrence [rɪ'kʌrəns] N [of problem, event, idea] répétition f ; [of headache, symptom, problem] réapparition f ; [of opportunity] retour m

recurrent [rɪ'kʌrənt] ADJ (= recurring) récurrent

recycle [ri:'saɪkl] VT (gen) recycler ; [+ waste, water] retraiter

red [red] 1 ADJ rouge ; [hair] roux (rousse f) ◆ to turn ~ rougir ▶ red card (Football) carton m rouge ▶ red carpet ◆ to roll out the ~ carpet for sb dérouler le tapis rouge pour qn ▶ Red Cross Croix-Rouge f ▶ red-faced ADJ rougeaud ; (= embarrassed) rouge de confusion ▶ red-haired roux (rousse f) ▶ red-handed ◆ to be caught ~-handed être pris la main dans le sac ▶ red herring ◆ that's a ~ herring c'est pour brouiller les pistes ▶ red-hot brûlant ; [news,

information] de dernière minute ▶ red light (= traffic light) feu m rouge ▶ red-light district quartier m des prostituées ▶ red pepper poivron m rouge ▶ red tape bureaucratie f tatillonne ▶ red wine vin m rouge 2 N rouge m ◆ to be in the ~ * être dans le rouge

redcurrant [red'kʌrənt] N groseille f

redden ['redn] VI [person] rougir

reddish ['redɪʃ] ADJ rougeâtre ; [hair] tirant sur le roux

redecorate [ri:'dekəreɪt] VT (= repaint) repeindre ; (= redesign) refaire la décoration de

redeem [rɪ'di:m] VT a (= buy back) racheter ; (from pawn) dégager b (= pay) [+ debt] amortir ; [+ mortgage] purger c (= cash in) [+ insurance policy] encaisser d (Rel) [+ sinner] racheter e (= compensate for) [+ failing, fault] racheter ◆ to ~ o.s. se racheter

redeeming [rɪ'di:mɪŋ] ADJ ◆ to have some ~ features avoir des qualités qui rachètent les défauts

redeploy [ri:dɪ'plɔɪ] VT redéployer

redhead ['redhed] N roux m, rousse f

redial [ri:'daɪəl] 1 VT [+ number] recomposer 2 VI recomposer le numéro

redid [ri:'dɪd] VB (pt of redo)

redirect [ri:daɪ'rekt] VT [+ letter, parcel] faire suivre ; [+ resources] réallouer

rediscover [ri:dɪs'kʌvər] VT redécouvrir

redo [ri:'du:] (pret redid, ptp redone) VT refaire

redouble [ri:'dʌbl] VT redoubler ◆ to ~ one's efforts to do sth redoubler d'efforts pour faire qch

redraft [ri:'drɑ:ft] VT rédiger de nouveau

redress [rɪ'dres] 1 VT [+ situation] redresser ◆ to ~ the balance (between) rétablir l'équilibre (entre) 2 N réparation f

reduce [rɪ'dju:s] VT réduire (to à ; by de) ; [+ price] baisser ; [+ swelling] résorber ◆ to ~ speed (in car) ralentir ◆ to be ~d to begging en être réduit à mendier ◆ to ~ sb to tears faire pleurer qn

reduction [rɪ'dʌkʃən] N réduction f ; [of prices, wages] baisse f

redundancy [rɪ'dʌndənsɪ] N (Brit) licenciement m (économique) ◆ voluntary ~ départ m volontaire

redundant [rɪ'dʌndənt] ADJ a (Brit) licencié (pour raisons économiques) ◆ to make sb ~ licencier qn (pour raisons économiques) b (= superfluous) [object] superflu ; [term, information] redondant

reed [ri:d] N (= plant) roseau m ; [of wind instrument] anche f

reef [ri:f] N récif m ◆ coral ~ récif m de corail

reek [ri:k] **1** N puanteur f **2** VI puer ◆ to ~ of sth puer qch

reel [ri:l] **1** N [of thread, tape] bobine f; (also **fishing reel**) moulinet m; (= cinema film) bobine f; (for camera) rouleau m **2** VI (= stagger) chanceler; (drunkenly) tituber ◆ my head is ~ing la tête me tourne
► **reel in** VT SEP ramener
► **reel off** VT SEP [+ list] débiter

re-elect [ˌriːɪˈlekt] VT réélire

refectory [rɪˈfektərɪ] N réfectoire m

refer [rɪˈfɜːʳ] **1** VT [+ matter, question] soumettre (to à) ◆ the doctor ~red me to a **specialist** le médecin m'a adressé à un spécialiste **2** VI a (= allude) (directly) faire référence (to à); (indirectly) faire allusion (to à) ◆ he ~red to her as his assistant il l'a appelée son assistante b (= consult) se référer (to sth à qch)

referee [ˌrefəˈriː] **1** N a (Sport) arbitre m b (Brit: giving a reference) personne f pouvant donner des références **2** VTI arbitrer

reference [ˈrefrəns] N a (= consultation) référence f (to à); (= in book) référence f; (on map) coordonnées fpl ► **reference book** ouvrage m de référence ► **reference library** bibliothèque f d'ouvrages de référence ► **reference number** numéro m de référence b (= allusion) allusion f (to à) ◆ with ~ to en ce qui concerne c (= testimonial) ◆ ~(s) références fpl

referendum [ˌrefəˈrendəm] N référendum m

refill 1 [ˌriːˈfɪl] VT [+ glass, bottle] remplir à nouveau; [+ pen, lighter] recharger **2** [ˈriːfɪl] N recharge f; (= cartridge) cartouche f

refine [rɪˈfaɪn] VT a [+ crude oil, sugar] raffiner b [+ theory, technique] affiner; [+ model, engine] perfectionner

refined [rɪˈfaɪnd] ADJ a [food] traité; [sugar, oil] raffiné b (= genteel) raffiné

refinement [rɪˈfaɪnmənt] N a (= refining) [of crude oil, sugar] raffinage m b (in technique, machine) perfectionnement m (in de) c (= gentility) raffinement m

refinery [rɪˈfaɪnərɪ] N raffinerie f

reflect [rɪˈflekt] **1** VT a [+ light, image] refléter b (= think) se dire (that que) **2** VI (= meditate) réfléchir (on à)

reflection [rɪˈflekʃən] N a (in mirror) reflet m b (= consideration) réflexion f ◆ on ~ à la réflexion c (= thoughts) ◆ ~s réflexions fpl (on, upon sur) d (= criticism) ◆ this is no ~ on ... cela ne porte pas atteinte à ...

reflector [rɪˈflektəʳ] N réflecteur m

reflex [ˈriːfleks] ADJ, N réflexe m

reflexive [rɪˈfleksɪv] ADJ [verb, pronoun] réfléchi

reform [rɪˈfɔːm] **1** N réforme f **2** VT [+ law, institution, service] réformer; [+ person] changer **3** VI [person] s'amender

reformation [ˌrefəˈmeɪʃən] N réforme f

reformed [rɪˈfɔːmd] ADJ a [alcoholic] ancien before n; [criminal] repenti; [spelling] réformé b [church] réformée

refrain [rɪˈfreɪn] **1** VI s'abstenir (from doing sth de faire qch) **2** N (= chorus) refrain m

refresh [rɪˈfreʃ] VT [drink, bath] rafraîchir; [food] revigorer; [sleep, rest] détendre ◆ to feel ~ed se sentir revigoré

refresher course [rɪˈfreʃəˌkɔːs] N cours m de recyclage

refreshing [rɪˈfreʃɪŋ] ADJ [honesty, approach, drink] rafraîchissant; [change, news] agréable

refreshment [rɪˈfreʃmənt] N a [of mind, body] repos m b ◆ (light) ~s (= food, drink) rafraîchissements mpl

refrigerator [rɪˈfrɪdʒəreɪtəʳ] N réfrigérateur m

refuel [ˌriːˈfjuəl] **1** VI se ravitailler en carburant **2** VT ravitailler (en carburant)

refuge [ˈrefjuːdʒ] N refuge m (from contre) ◆ place of ~ asile m ◆ to take ~ in se réfugier dans

refugee [ˌrefjuˈdʒiː] N réfugié(e) m(f) ► **refugee camp** camp m de réfugiés

refund 1 VT [rɪˈfʌnd] rembourser (to sb à qn) **2** N [ˈriːfʌnd] remboursement m ◆ to get a ~ se faire rembourser

refurbish [ˌriːˈfɜːbɪʃ] VT [+ building] remettre à neuf

refusal [rɪˈfjuːzəl] N refus m (to do sth de faire qch)

refuse 1 VT [rɪˈfjuːz] refuser (sb sth qch à qn; to do sth de faire qch); [+ offer, invitation] refuser **2** VI [rɪˈfjuːz] refuser **3** N [ˈrefjuːs] (= rubbish) détritus mpl, ordures fpl; (= industrial or food waste) déchets mpl ► **refuse collection** ramassage m des ordures ► **refuse collector** éboueur m

refute [rɪˈfjuːt] VT réfuter

regain [rɪˈgeɪn] VT [+ one's composure, balance] retrouver; [+ one's health, sight] recouvrer; [+ independence, territory] reconquérir ◆ to ~ one's strength récupérer ◆ to ~ consciousness reprendre connaissance

regal [ˈriːgəl] ADJ royal

regard [rɪˈgɑːd] **1** VT (= consider) considérer (as comme) ◆ as ~s en ce qui concerne **2** N a (= concern) ◆ to show no ~ for sb/sth ne faire aucun cas de qn/qch ◆ out of ~ for sb/sth par égard pour qn/qch ◆ in this ~ à cet égard ◆ with ~ to en ce qui concerne b (= esteem) estime *f* ◆ **to hold sb/sth in high ~** tenir qn/qch en haute estime **3 regards** NPL (in messages) ◆ **give him my ~s** transmettez-lui mon bon souvenir ◆ **(kindest) ~s** (as letter-ending) meilleurs souvenirs

regarding [rɪˈɡɑːdɪŋ] PREP concernant

regardless [rɪˈɡɑːdlɪs] **1** ADJ ◆ **~ of** (sb's feelings, fate) indifférent à ◆ **~ of the consequences** sans se soucier des conséquences ◆ **~ of cost** quel que soit le prix **2** ADV ◆ **he carried on ~** il a continué malgré tout

regatta [rɪˈɡætə] N (one event) régate *f*

regenerate [rɪˈdʒenəreɪt] **1** VT régénérer **2** VI se régénérer

regent [ˈriːdʒənt] N régent(e) *m(f)*

reggae [ˈreɡeɪ] N reggae *m*

régime [reɪˈʒiːm] N régime *m*

regiment [ˈredʒɪmənt] N régiment *m*

regimental [ˌredʒɪˈmentl] ADJ (duties, insignia) régimentaire ; (life, headquarters) du régiment

region [ˈriːdʒən] N région *f* ◆ **in the ~ of 5kg** environ 5 kg

regional [ˈriːdʒənl] ADJ régional

register [ˈredʒɪstə^r] **1** N (gen) registre *m* ; (of members) liste *f* ; (at school) cahier *m* d'appel ◆ **electoral ~** liste *f* électorale ◆ **~ of births, marriages and deaths** registre *m* d'état civil **2** VT **a** (= record formally) (+ fact, figure) enregistrer ; (+ birth, death, marriage) déclarer ; (+ vehicle) immatriculer **b** (= realize) se rendre compte de **c** (= show) (+ speed, quantity) indiquer ; (+ temperature) marquer **d** (+ letter) recommander ; (+ luggage) (faire) enregistrer **3** VI **a** (on electoral list, for course) s'inscrire ; (in hotel) signer le registre ◆ **to ~ with the police** se déclarer à la police **b** (* = be understood) être compris ◆ **it hasn't ~ed (with him)** il n'a pas saisi

registered [ˈredʒɪstəd] ADJ (voter) inscrit (sur les listes électorales) ; (student) inscrit ; (letter) recommandé ; (luggage) enregistré ; (nursing home, childminder) agréé ▸ **registered charity** ≈ association *f* caritative reconnue d'utilité publique ▸ **registered company** société *f* inscrite au registre du commerce ▸ **registered post** ◆ **by ~** par poste en recommandé ▸ **registered trademark** marque *f* déposée

registrar [ˌredʒɪˈstrɑː^r] N **a** (Admin: Brit) officier *m* de l'état civil ▸ **registrar's office** bureau *m* de l'état civil **b** (Univ) secrétaire *mf* général(e) ; (US) chef *m* du service des inscriptions **c** (Brit: in hospitals) chef *m* de clinique

registration [ˌredʒɪˈstreɪʃən] N **a** (= listing) (of voters) inscription *f* ▸ **registration fee** (for course) droits *mpl* d'inscription ▸ **registration number** (Brit) numéro *m* d'immatriculation **b** (Brit: in school: also **registration period**) appel *m*

registry [ˈredʒɪstrɪ] N (= act, office) enregistrement *m* ; (of birth, death) bureau *m* de l'état civil ▸ **registry office** (Brit) bureau *m* d'état civil

regress [rɪˈɡres] VI régresser (to au stade de)

regression [rɪˈɡreʃən] N régression *f*

regret [rɪˈɡret] **1** VT regretter (doing sth, to do sth de faire qch ; that que + subj) **2** N regret *m* (for de) ◆ **much to my ~** à mon grand regret ◆ **I have no ~s** je n'ai aucun regret

regretfully [rɪˈɡretfəlɪ] ADV **a** (= with regret) à regret **b** (= unfortunately) malheureusement

regrettable [rɪˈɡretəbl] ADJ regrettable

regrettably [rɪˈɡretəblɪ] ADV malheureusement

regular [ˈreɡjʊlə^r] **1** ADJ **a** (gen) régulier ◆ **on a ~ basis** régulièrement ◆ **as ~ as clockwork** (person) réglé comme une horloge ; (occurrence) très régulier **b** (= habitual) (reader) assidu ◆ **a ~ customer/visitor** un(e) habitué(e) **c** (= customary) (event) habituel ; (partner) régulier ; (US = ordinary) ordinaire ; (size) normal **2** N **a** (= soldier) soldat *m* de métier ; (= police officer) policier *m* **b** (= habitual customer) habitué(e) *m(f)*

regularity [ˌreɡjʊˈlærɪtɪ] N régularité *f*

regularly [ˈreɡjʊləlɪ] ADV régulièrement

regulate [ˈreɡjʊleɪt] VT réguler

regulation [ˌreɡjʊˈleɪʃən] N (= rule) règlement *m*

rehabilitate [ˌriːəˈbɪlɪteɪt] VT (+ disabled, ill person) rééduquer ; (+ ex-prisoner, drug user, alcoholic) réinsérer

rehabilitation [ˈriːəˌbɪlɪˈteɪʃən] N (of disabled, ill person) rééducation *f* ; (of ex-prisoner, drug user, alcoholic) réinsertion *f*

rehearsal [rɪˈhɜːsəl] N répétition *f* (for sth de qch)

rehearse [rɪˈhɜːs] VT répéter

reign [reɪn] **1** N règne *m* **2** VI régner (over sur)

reigning [ˈreɪnɪŋ] ADJ (monarch) régnant ; (champion) en titre

reimburse [ˌriːɪmˈbɜːs] VT rembourser (sb for sth qch à qn, qn de qch)

rein [reɪn] N ◆ **~s** rênes *fpl* ; (of horse in harness) guides *fpl* ◆ **to keep a tight ~ on sb/sth** tenir qn/qch en bride ◆ **to give (a) free ~ to** (+ anger, passions, one's imagination) donner libre cours à

reincarnation [ˌriːɪnkɑːˈneɪʃən] N réincarnation *f*

reindeer [ˈreɪndɪə^r] N renne *m*

reinforce [ˌriːɪnˈfɔːs] VT (+ wall, bridge) renforcer

reinforcement [ˌriːɪnˈfɔːsmənt] N (= action) renforcement m

reinstate [ˌriːɪnˈsteɪt] VT [+ employee] rétablir dans ses fonctions

reiterate [riːˈɪtəreɪt] VT réitérer

reject ◼ VT [rɪˈdʒekt] (gen) rejeter ; [+ candidate, manuscript] refuser ; [+ plea, advances] repousser ◼ N [ˈriːdʒekt] article m de rebut

rejection [rɪˈdʒekʃən] N rejet m

rejoice [rɪˈdʒɔɪs] ◼ VT réjouir ◼ VI se réjouir (at, over, in de)

rejuvenate [rɪˈdʒuːvɪneɪt] VTI rajeunir

rekindle [ˌriːˈkɪndl] VT [+ hope, enthusiasm] ranimer

relapse [rɪˈlæps] N rechute f

relate [rɪˈleɪt] ◼ VT ⓐ (= recount) [+ story, details] relater ⓑ (= associate) établir un rapport entre ◼ VI (= refer) se rapporter (to à)

related [rɪˈleɪtɪd] ADJ ⓐ (in family) [person] parent ; [animal, species, language] apparenté (to sth à qch) ◆ **he is ~ to Jane** il est parent de Jane ⓑ (= connected) ◆ **to be ~ to sth** être lié à qch ◆ **the two events are not ~** ces deux événements n'ont pas de rapport

relation [rɪˈleɪʃən] ◼ N ⓐ (= person) parent(e) m(f) ; (= kinship) parenté f ⓑ (= relationship) relation f ◆ **in ~ to** par rapport à ◼ **relations** NPL (= dealings) relations fpl

relationship [rɪˈleɪʃənʃɪp] N ⓐ (= family ties) liens mpl de parenté ⓑ (= connection) rapport m ; (= relations) relations fpl ◆ **to have a ~ with sb** avoir une relation avec qn

relative [ˈrelətɪv] ◼ ADJ ⓐ (= comparative) [safety, comfort, weakness] relatif ◆ **with ~ ease** avec une relative facilité ⓑ (= respective) [importance, strengths] respectif ⓒ (= relevant) ◆ **the documents ~ to the problem** les documents relatifs au problème ◼ N (= person) parent(e) m(f)

relatively [ˈrelətɪvlɪ] ADV relativement ◆ **~ speaking** comparativement

relax [rɪˈlæks] ◼ VT [+ grip, muscles, discipline] relâcher ; [+ restrictions] assouplir ◼ VI (= rest) se détendre

relaxation [ˌriːlækˈseɪʃən] N ⓐ [of muscles, attention] relâchement m ; [of body] relaxation f ; [of restrictions] assouplissement m ⓑ (= recreation, rest) relaxation f

relaxed [rɪˈlækst] ADJ détendu

relaxing [rɪˈlæksɪŋ] ADJ [holiday, place] reposant ; [massage, bath] relaxant

relay [ˈriːleɪ] ◼ N relais m ◆ **relay race** course f de relais ◼ VT [+ programme, information, message] relayer

release [rɪˈliːs] ◼ N ⓐ (from captivity, obligation) libération f ; (from pain, suffering) délivrance f ⓑ (for sale, publication) [of goods] mise f en vente ; [of news] autorisation f de publier ; [of film, record] sortie f ; [of book] parution f ⓒ ◆ **new ~** (= record, CD) nouvel album m ; (= film) nouveau film m ; (= video) nouvelle vidéo f ◼ VT ⓐ [+ person] libérer (from de) ; (from hospital) autoriser à sortir (from de) ; [+ captive animal] relâcher ⓑ [+ object, sb's hand, pigeon] lâcher ⓒ (= issue) [+ film] sortir ; [+ goods] mettre en vente

relegate [ˈrelɪgeɪt] VT reléguer

relent [rɪˈlent] VI se laisser fléchir ; (= reverse one's decision) revenir sur une décision

relentless [rɪˈlentlɪs] ADJ [pursuit, demands] incessant ; [pace, growth] implacable

relevant [ˈreləvənt] ADJ ⓐ (= pertinent) [information, question, remark] pertinent ◆ **to be ~ to sth** être en rapport avec qch ⓑ (= in question) [page, information] approprié ; [time, place, day] en question

reliable [rɪˈlaɪəbl] ADJ fiable

reliably [rɪˈlaɪəblɪ] ADV [work, measure, date] de manière fiable ◆ **I am ~ informed that ...** j'ai appris de source sûre que ...

reliant [rɪˈlaɪənt] ADJ ◆ **to be ~ on** dépendre de

relic [ˈrelɪk] N relique f

relief [rɪˈliːf] N ⓐ (from pain, anxiety) soulagement m ◆ **to my ~** à mon grand soulagement ⓑ (= assistance) secours m ▸ **relief work** travail m humanitaire ▸ **relief worker** représentant m d'une organisation humanitaire

relieve [rɪˈliːv] VT ⓐ [+ person] soulager ◆ **to feel/look ~d** se sentir/avoir l'air soulagé ◆ **to ~ sb of a duty** décharger qn d'une obligation ⓑ [+ anxiety, pain] soulager ; [+ pressure] diminuer ; [+ boredom] dissiper ◆ **to ~ o.s.** (= urinate) se soulager ⓒ (= help) secourir ⓓ (= take over from) relayer

religion [rɪˈlɪdʒən] N religion f

religious [rɪˈlɪdʒəs] ADJ religieux ; [war] de religion

relinquish [rɪˈlɪŋkwɪʃ] VT [+ hope, power] abandonner ; [+ right] renoncer à (to sb en faveur de qn)

relish [ˈrelɪʃ] ◼ N ⓐ (= enjoyment) ◆ **to do sth with (great) ~** faire qch avec délectation ⓑ (= pickle) achards mpl ◼ VT ◆ **I don't ~ the prospect of getting up at five** la perspective de me lever à cinq heures ne me réjouit pas

relocate [ˌriːləʊˈkeɪt] ◼ VT installer ailleurs ; [+ company] délocaliser ; [+ worker] (in a new place) transférer ◼ VI [company] se délocaliser ; [worker] (in a new place) changer de lieu de travail

reluctance [rɪ'lʌktəns] N répugnance f (to do sth à faire qch)

reluctant [rɪ'lʌktənt] ADJ [person, animal] réticent (to do sth à faire qch) ; [acceptance] peu enthousiaste ; [praise, permission, response] donné à contrecœur

reluctantly [rɪ'lʌktəntlɪ] ADV à contrecœur

rely [rɪ'laɪ] VI ◆ **to ~ (up)on sb/sth** compter sur qn/qch ◆ **I ~ on him for my income** je dépends de lui pour mes revenus

remain [rɪ'meɪn] VI **a** (= be left) rester ◆ **it ~s to be seen whether ...** reste à savoir si ... **b** (= stay) rester ◆ **to ~ silent** garder le silence

remainder [rɪ'meɪndə^r] N (= sth left over) reste m ; (= remaining people) autres mfpl

remaining [rɪ'meɪnɪŋ] ADJ [people, objects] restant ◆ **she's one of his few ~ friends** elle fait partie des rares amis qui lui restent

remains [rɪ'meɪnz] NPL [of meal] restes mpl ; [of building] vestiges mpl ◆ **human ~** restes mpl humains

remand [rɪ'mɑːnd] **1** VT ◆ **to ~ sb in custody** mettre qn en détention provisoire ◆ **to ~ sb on bail** mettre qn en liberté sous caution **2** N ◆ **to be on ~** (= in custody) être en détention provisoire ; (= on bail) être en liberté provisoire

remark [rɪ'mɑːk] **1** N (= comment) remarque f **2** VT (= say) remarquer **3** VI ◆ **he ~ed on it to me** il m'en a fait la remarque

remarkable [rɪ'mɑːkəbl] ADJ remarquable (for sth par qch)

remarry [ˌriː'mærɪ] VI se remarier

remedial [rɪ'miːdɪəl] ADJ **a** [treatment] curatif **b** [class] de rattrapage ◆ **~ teaching** cours mpl de soutien

remedy ['remədɪ] **1** N remède m **2** VT remédier à

remember [rɪ'membə^r] **1** VT **a** (= recall) se souvenir de, se rappeler ◆ **to ~ that ...** se rappeler que ... ◆ **I ~ doing it** je me rappelle l'avoir fait ◆ **I ~ed to do it** j'ai pensé à le faire ◆ **a night to ~** une soirée mémorable **b** (= commemorate) commémorer **c** (= give good wishes to) ◆ **~ me to your mother** rappelez-moi au bon souvenir de votre mère **2** VI se souvenir ◆ **not as far as I ~** pas que je me souvienne ◆ **if I ~ right(ly)** si je me souviens bien

remembrance [rɪ'membrəns] N souvenir m ▸ **Remembrance Day** (Brit) ≃ Armistice m

remind [rɪ'maɪnd] VT rappeler (sb of sth qch à qn ; sb that qn que) ◆ **to ~ sb to do sth** faire penser à qn à faire qch

reminder [rɪ'maɪndə^r] N (= note, knot) mémento m ; (= letter) lettre f de rappel

reminisce [ˌremɪ'nɪs] VI raconter ses souvenirs ◆ **to ~ about sth** évoquer qch

reminiscent [ˌremɪ'nɪsənt] ADJ ◆ **to be ~ of sth** rappeler qch

remiss [rɪ'mɪs] ADJ (frm) négligent

remission [rɪ'mɪʃən] N rémission f ; [of prisoner] remise f de peine

remittance [rɪ'mɪtəns] N [of money] versement m ; (= payment) paiement m

remnant ['remnənt] N (= anything remaining) reste m ; [of cloth] coupon m

remonstrate ['remənstreɪt] VI protester (against contre) ◆ **to ~ with sb about sth** faire des remontrances à qn au sujet de qch

remorse [rɪ'mɔːs] N remords m (at de ; for pour)

remorseful [rɪ'mɔːsfʊl] ADJ plein de remords

remorseless [rɪ'mɔːslɪs] ADJ [person] sans pitié

remote [rɪ'məʊt] **1** ADJ **a** [place] (= distant) éloigné ; (= isolated) isolé ; [time] lointain **b** (= slight) [possibility] vague ◆ **the odds of that happening are ~** il y a très peu de chances que cela se produise **c** (= aloof) [person] distant **2** N (also remote control) télécommande f

remotely [rɪ'məʊtlɪ] ADV **a** (= vaguely) ◆ **it isn't ~ possible that ...** il est absolument impossible que ... + subj ◆ **I'm not ~ interested in art** l'art ne m'intéresse pas le moins du monde **b** (= from a distance) [control, detonate] à distance

remould, remold (US) ['riːməʊld] N (= tyre) pneu m rechapé

removable [rɪ'muːvəbl] ADJ amovible

removal [rɪ'muːvəl] N (= taking away) enlèvement m ; (Brit) [of furniture, household] déménagement m ▸ **removal van** (Brit) fourgon m de déménagement

remove [rɪ'muːv] VT (gen) enlever (from de) ; [+ word, item on list, threat] supprimer ; [+ obstacle] écarter ; [+ doubt] chasser ◆ **to be far ~d from sth** être loin de qch

remover [rɪ'muːvə^r] N (for varnish) dissolvant m ; (for stains) détachant m ; (for paint) décapant m

remuneration [rɪˌmjuːnə'reɪʃən] N rémunération f (for de)

Renaissance [rɪ'neɪsɑːns] N ◆ **the ~** la Renaissance

render ['rendə^r] VT rendre

rendering ['rendərɪŋ], **rendition** [ren'dɪʃən] N [of music, play] interprétation f

renegade ['renɪgeɪd] N renégat(e) m(f)

renew [rɪ'njuː] VT renouveler

renewable [rɪˈnjuːəbl] ADJ [contract, energy] renouvelable

renewal [rɪˈnjuːəl] N renouvellement *m* ; [of hostilities] reprise *f* ; [of interest] regain *m*

renewed [rɪˈnjuːd] ADJ ♦ **~ interest/enthusiasm** un regain d'intérêt/d'enthousiasme ♦ **to make ~ efforts to do sth** renouveler ses efforts pour faire qch

renounce [rɪˈnaʊns] VT renoncer à

renovate [ˈrenəʊveɪt] VT [+ house] rénover ; [+ historic building, painting] restaurer

renovation [ˌrenəʊˈveɪʃən] N [of house] rénovation *f* ; [of historic building, painting] restauration *f*

renown [rɪˈnaʊn] N renom *m*

renowned [rɪˈnaʊnd] ADJ [artist, scientist] renommé (for sth pour qch)

rent [rent] **1** N [of house, room] loyer *m* ♦ **for ~** (US) à louer **2** VT **a** (= take for rent) louer **b** (also rent out) louer

rental [ˈrentl] N (Brit) **a** (= amount paid) [of house, land] (montant *m* du) loyer *m* ; [of television] (prix *m* de) location *f* **b** (= activity) location *f*

renunciation [rɪˌnʌnsɪˈeɪʃən] N (frm) renonciation *f* (of sth à qch)

reorganization [ˈriːˌɔːɡənaɪˈzeɪʃən] N réorganisation *f*

reorganize [ˌriːˈɔːɡənaɪz] VT réorganiser

rep* [rep] N (abbrev of **representative**) représentant(e) *m(f)* (de commerce)

repair [rɪˈpɛəʳ] **1** VT réparer **2** N ♦ réparation *f* ; [of roof, road] réfection *f* ♦ **to be beyond ~** être irréparable **b** (= condition) ♦ **to be in good/bad ~** être en bon/mauvais état

repatriate [riːˈpætrɪeɪt] VT rapatrier

repay [riːˈpeɪ] (pret, ptp **repaid**) VT [+ money, person] rembourser ; [+ debt] s'acquitter de ♦ **to ~ sb's kindness** payer de retour la gentillesse de qn

repayment [riːˈpeɪmənt] N [of money] remboursement *m*

repeal [rɪˈpiːl] VT [+ law] abroger

repeat [rɪˈpiːt] **1** VT (= say again) répéter ; [+ demand, promise] réitérer ; [+ TV programme] rediffuser **2** N répétition *f* ; [of programme] rediffusion *f*

repeatedly [rɪˈpiːtɪdlɪ] ADV à plusieurs reprises

repel [rɪˈpel] VT [+ enemy] repousser ; (= disgust) dégoûter

repellent [rɪˈpelənt] **1** ADJ (frm) [person, sight] repoussant ; [opinion] abject **2** N (= insect repellent) insectifuge *m*

repent [rɪˈpent] **1** VI se repentir **2** VT se repentir de

repentant [rɪˈpentənt] ADJ ♦ **to be ~** se repentir

repercussion [ˌriːpəˈkʌʃən] N répercussion *f*

repertoire [ˈrepətwɑːʳ] N répertoire *m*

repetition [ˌrepɪˈtɪʃən] N répétition *f*

repetitive [rɪˈpetɪtɪv] ADJ [writing] plein de redites ; [work] répétitif

replace [rɪˈpleɪs] VT **a** (= put back) remettre à sa place **b** (= substitute) remplacer (by, with par)

replacement [rɪˈpleɪsmənt] N (= person) remplaçant(e) *m(f)* ; (= product) produit *m* de remplacement

replay 1 N [ˈriːpleɪ] [of match] ♦ **the ~ is on 15 October** le match sera rejoué le 15 octobre **2** VT [ˌriːˈpleɪ] [+ match] rejouer

replenish [rɪˈplenɪʃ] VT remplir de nouveau (with de)

replica [ˈreplɪkə] N copie *f* exacte

reply [rɪˈplaɪ] **1** N réponse *f* **2** VTI répondre

report [rɪˈpɔːt] **1** N (= account, statement) rapport *m* ; [of speech] compte rendu *m* ; (on TV, in the press) reportage *m* ; (official) rapport *m* (d'enquête) ; (on weather) bulletin *m* ♦ **school ~** (Brit) bulletin *m* scolaire **2** VT **a** (= give account of) rapporter ♦ **a prisoner is ~ed to have escaped** un détenu se serait évadé **b** (= announce) annoncer **c** (= notify authorities of) [+ accident, crime, suspect] signaler ; [+ criminal, culprit] dénoncer ♦ **~ed missing** porté disparu **3** VI **a** (= give a report) faire un rapport (on sur) **b** (in hierarchy) ♦ **he ~s to the sales manager** il est sous les ordres du directeur des ventes **c** ♦ **to ~ for duty** se présenter au travail

reporter [rɪˈpɔːtəʳ] N journaliste *mf* ; (for television, radio) reporter *mf*

repossess [ˌriːpəˈzes] VT saisir

reprehensible [ˌreprɪˈhensɪbl] ADJ répréhensible

represent [ˌreprɪˈzent] VT représenter

representation [ˌreprɪzenˈteɪʃən] N représentation *f*

representative [ˌreprɪˈzentətɪv] **1** ADJ représentatif **2** N (gen) représentant(e) *m(f)* ; (US = politician) député *m*

repress [rɪˈpres] VT [+ feelings, smile] réprimer ; (Psych) refouler

repression [rɪˈpreʃən] N **a** (political, social) répression *f* **b** (psychological) répression *f* ; (= denial) refoulement *m*

reprieve [rɪˈpriːv] N (judicial) (lettres *fpl* de) grâce *f* ; (= delay) sursis *m*

reprimand ['reprimɑːnd] **1** N réprimande *f* **2** VT réprimander

reprisal [rɪ'praɪzəl] N ◆ ~s représailles *fpl* ◆ to take ~s user de représailles

reproach [rɪ'prəʊtʃ] **1** N reproche *m* ◆ to be above *or* beyond ~ être irréprochable **2** VT faire des reproches à ◆ to ~ sb for having done sth reprocher à qn d'avoir fait qch

reproachful [rɪ'prəʊtʃfʊl] ADJ réprobateur (-trice *f*)

reproduce [ˌriːprə'djuːs] **1** VT reproduire **2** VI [animals] se reproduire

reproduction [ˌriːprə'dʌkʃən] N reproduction *f* ▸ **reproduction furniture** copie(s) *f(pl)* de meuble(s) ancien(s)

reprove [rɪ'pruːv] VT [+ person] blâmer (for de)

reptile ['reptaɪl] N reptile *m*

republic [rɪ'pʌblɪk] N république *f*

republican [rɪ'pʌblɪkən] ADJ, N républicain(e) *m(f)*

repugnant [rɪ'pʌgnənt] ADJ répugnant ◆ to be ~ to sb répugner à qn

repulse [rɪ'pʌls] VT repousser

repulsion [rɪ'pʌlʃən] N répulsion *f*

repulsive [rɪ'pʌlsɪv] ADJ repoussant

reputable ['repjʊtəbl] ADJ [person, company] de bonne réputation

reputation [ˌrepjʊ'teɪʃən] N réputation *f* ◆ to have a ~ for être réputé pour

repute [rɪ'pjuːt] N réputation *f* ◆ of good ~ réputé

reputed [rɪ'pjuːtɪd] ADJ **a** (= supposed) soi-disant **b** (= esteemed) réputé

reputedly [rɪ'pjuːtɪdlɪ] ADV à ce que l'on dit

request [rɪ'kwest] **1** N demande *f* ◆ at sb's ~ à la demande de qn ◆ on ~ sur demande **2** VT demander ◆ to ~ sth from sb demander qch à qn ◆ to ~ sb to do sth demander à qn de faire qch

require [rɪ'kwaɪə^r] VT **a** (= need) [person] avoir besoin de ; [thing, action] requérir **b** (= demand) exiger ◆ as ~d by law comme la loi l'exige

requirement [rɪ'kwaɪəmənt] N (= need) besoin *m*

requisite ['rekwɪzɪt] (frm) ADJ requis

requisition [ˌrekwɪ'zɪʃən] VT réquisitionner

reschedule [ˌriː'ʃedjuːl, (US) ˌriː'skedjuːl] VT [+ meeting, visit] changer l'heure (*or* la date) de

rescue ['reskjuː] **1** N (= help) secours *mpl* ; (= saving) sauvetage *m* ▸ **rescue party** équipe *f* de secours ; (Ski, Climbing) colonne *f* de secours ▸ **rescue worker** secouriste *mf* **2** VT (= save) secourir

rescuer ['reskjʊə^r] N sauveteur *m*

research [rɪ'sɜːtʃ] **1** N recherche(s) *f(pl)* ▸ **research and development** recherche *f* et développement *m* ▸ **research work** travail *m* de recherche ▸ **research worker** chercheur *m*, -euse *f* **2** VI faire des recherches (into, on sur) **3** VT [+ article, book] faire des recherches pour ◆ well-~ed bien documenté

resemblance [rɪ'zembləns] N ressemblance *f* (to avec)

resemble [rɪ'zembl] VT [person, thing] ressembler à ◆ they ~ each other ils se ressemblent

resent [rɪ'zent] VT être contrarié par

resentful [rɪ'zentfʊl] ADJ [person, reply, look] plein de ressentiment ◆ to feel ~ (for doing sth) en vouloir à qn (d'avoir fait qch)

resentment [rɪ'zentmənt] N ressentiment *m*

reservation [ˌrezə'veɪʃən] N **a** (= restriction) réserve *f* ◆ without ~ sans réserve **b** (= booking) réservation *f* ◆ to make a ~ réserver **c** (= area of land) réserve *f* ; (US) réserve *f* (indienne) **d** (Brit) ◆ (central) ~ (on roadway) bande *f* médiane

reserve [rɪ'zɜːv] **1** VT réserver **2** N **a** réserve *f* ◆ to keep in ~ tenir en réserve **b** (= team) ◆ the ~s l'équipe *f* de réserve

reserved [rɪ'zɜːvd] ADJ réservé

reservoir ['rezəvwɑː^r] N réservoir *m*

reset [ˌriː'set] (pret, ptp **reset**) VT [+ clock, watch] mettre à l'heure ◆ to ~ the alarm remettre l'alarme

reshuffle [ˌriː'ʃʌfl] N remaniement *m* ◆ cabinet ~ remaniement *m* ministériel

reside [rɪ'zaɪd] VI résider

residence ['rezɪdəns] N **a** (frm = house) résidence *f* **b** (= stay) séjour *m*, résidence *f* ◆ country of ~ pays *m* de résidence ▸ **residence permit** (Brit) permis *m* de séjour

resident ['rezɪdənt] **1** N habitant(e) *m(f)* ; (in foreign country) résident(e) *m(f)* **2** ADJ [landlord] occupant ; [chaplain, caretaker] à demeure ◆ to be ~ in France résider en France

residential [ˌrezɪ'denʃəl] ADJ **a** [area] d'habitation **b** (= live-in) [post, job, course] avec hébergement ; [staff] logé sur place

residual [rɪ'zɪdjʊəl] ADJ restant

residue ['rezɪdjuː] N résidu *m*

resign [rɪ'zaɪn] **1** VT **a** (= give up) [+ one's job] démissionner de **b** (= accept) ◆ to ~ o.s. to (doing) sth se résigner à (faire) qch **2** VI démissionner (from de)

resignation [ˌrezɪg'neɪʃən] N **a** (from job) démission *f* **b** (mental state) résignation *f*

resigned [rɪ'zaɪnd] ADJ résigné (to à)

resilient [rɪ'zɪlɪənt] ADJ résistant

resist [rɪ'zɪst] VT résister à

resistance [rɪ'zɪstəns] N résistance f ▸ **resistance movement** résistance f

resit [ˌriː'sɪt] (pret, ptp **resat**) (Brit) VT repasser

resolute ['rezəluːt] ADJ résolu

resolution [ˌrezə'luːʃən] N résolution f ◆ **to make a ~** prendre une résolution

resolve [rɪ'zɒlv] **1** VT [+ problem, difficulty] résoudre ; [+ doubt] dissiper **2** VI se résoudre (to do sth à faire qch) **3** N résolution f

resonant ['rezənənt] ADJ [voice, room] sonore

resort [rɪ'zɔːt] **1** N **a** (= recourse) recours m ◆ **as a last ~** en dernier ressort **b** (= place) ◆ **seaside ~** station f balnéaire ◆ **winter sports ~** station f de sports d'hiver **2** VI ◆ **to ~ to sth** avoir recours à qch

resound [rɪ'zaʊnd] VI retentir (with de)

resounding [rɪ'zaʊndɪŋ] ADJ [crash] sonore ; [success] retentissant

resource [rɪ'sɔːs] N ressource f ◆ **left to his own ~s** livré à lui-même

resourceful [rɪ'sɔːsfʊl] ADJ [person] plein de ressources

respect [rɪ'spekt] **1** N **a** (= esteem) respect m ◆ **out of ~ for ...** par respect pour ... ◆ **with (due) ~** sauf votre respect je crois que ... **b** (= particular) ◆ **in some ~s** à certains égards ◆ **in many ~s** à bien des égards ◆ **in one ~** d'un certain côté ◆ **with ~ to** en ce qui concerne **2** respects NPL (= regards) respects mpl **3** VT respecter

respectable [rɪ'spektəbl] ADJ [person, behaviour, amount] respectable ; [clothes] convenable

respectful [rɪ'spektfʊl] ADJ respectueux

respectfully [rɪ'spektfəlɪ] ADV respectueusement ; [treat] avec respect

respective [rɪ'spektɪv] ADJ respectif

respectively [rɪ'spektɪvlɪ] ADV respectivement

respiration [ˌrespɪ'reɪʃən] N respiration f

respite ['respaɪt] N répit m

respond [rɪ'spɒnd] VI répondre (to à)

response [rɪ'spɒns] N réponse f ◆ **in ~ to** en réponse à

responsibility [rɪˌspɒnsə'bɪlɪtɪ] N responsabilité f ◆ **to take ~ for sth** prendre la responsabilité de qch

responsible [rɪ'spɒnsəbl] ADJ **a** (gen) responsable (for de) ◆ ~ **for doing sth** chargé de faire qch ◆ **to hold sb ~ for sth** tenir qn responsable de qch **b** (= involving responsibility) ◆ **a ~ job** un travail à responsabilité(s)

responsive [rɪ'spɒnsɪv] ADJ réceptif

rest [rest] **1** N **a** (= relaxation) repos m ◆ **to have a ~** se reposer ◆ **at ~** au repos ◆ **to put sb's mind at ~** tranquilliser qn **b** (= remainder) reste f ◆ **the ~ of the money** le reste de l'argent ◆ **the ~ of them** les autres ◆ **the ~ of the books** les autres livres **2** VI **a** (= repose) se reposer **b** (= remain) ◆ ~ **assured that ...** soyez certain que ... ◆ **they agreed to let the matter ~** ils ont convenu d'en rester là **c** (= lean) [person] s'appuyer ; [ladder] être appuyé **3** VT **a** (= relax) laisser reposer **b** (= lean) appuyer (on sur ; against contre)

restaurant ['restərɔ̃ːŋ] N restaurant m

restful ['restfʊl] ADJ [holiday] reposant ; [place] paisible

restless ['restlɪs] ADJ agité

restoration [ˌrestə'reɪʃən] N [of monument, work of art] restauration f

restore [rɪ'stɔːr] VT **a** (= give or bring back) rendre ; [+ confidence] redonner ; [+ order, calm] rétablir ◆ **to ~ sb to power** ramener qn au pouvoir **b** (= repair) restaurer

restrain [rɪ'streɪn] VT **a** [+ dangerous person] contenir **b** [+ one's anger, feelings] réfréner

restrained [rɪ'streɪnd] ADJ [person] maître (maîtresse f) de soi ; [tone, reaction] mesuré

restraint [rɪ'streɪnt] N **a** (= restriction) limitation f (on sth de qch) ◆ **without ~** sans contrainte **b** (= moderation) [of person, behaviour] modération f

restrict [rɪ'strɪkt] VT limiter (to à)

restricted [rɪ'strɪktɪd] ADJ [number, choice] restreint ; [access] (= forbidden to some people) réservé

restriction [rɪ'strɪkʃən] N restriction f ◆ **speed ~** limitation f de vitesse

restrictive [rɪ'strɪktɪv] ADJ [measures] de restriction ; [law] restrictif

result [rɪ'zʌlt] N résultat m ◆ **as a ~ of** à la suite de

▸ **result in** VT INSEP [+ changes, loss] entraîner ; [+ injury, death] occasionner

resume [rɪ'zjuːm] **1** VT [+ tale, activity, talks, work] reprendre ; [+ relations] renouer **2** VI [classes, work] reprendre

résumé ['reɪzjuːmeɪ] N résumé m ; (US, Austral) curriculum vitæ m inv

resumption [rɪ'zʌmpʃən] N reprise f

resurgence [rɪ'sɜːdʒəns] N résurgence f

resurrection [ˌrezə'rekʃən] N résurrection f

resuscitate [rɪ'sʌsɪteɪt] VT [+ person] réanimer

retail ['riːteɪl] **1** N (vente f) au détail m ▸ **retail price** prix m de détail **2** ADV ◆ **to buy/sell ~** acheter/vendre au détail

retailer ['riːteɪləʳ] N détaillant(e) m(f)

retain [rɪˈteɪn] VT (= keep) conserver ; (= hold) retenir ; [+ heat] conserver

retainer [rɪˈteɪnəʳ] N (= fee) acompte m

retaliate [rɪˈtælɪeɪt] VI riposter ◆ **to ~ against** user de représailles contre

retaliation [rɪˌtælɪˈeɪʃən] N représailles fpl

retarded [rɪˈtɑːdɪd] ADJ (also **mentally retarded**) arriéré

retch [retʃ] VI avoir des haut-le-cœur

rethink (pret, ptp **rethought**) **1** VT [ˌriːˈθɪŋk] repenser **2** N ['riːθɪŋk] ◆ **we'll have to have a ~** nous allons devoir y réfléchir encore

reticence ['retɪsəns] N réticence f

reticent ['retɪsənt] ADJ réservé ◆ **~ about sth** réticent à parler de qch

retina ['retɪnə] N rétine f

retire [rɪˈtaɪəʳ] VI **a** (= withdraw) se retirer ; (in sport) abandonner **b** (= give up one's work) prendre sa retraite

retired [rɪˈtaɪəd] ADJ (= no longer working) à la retraite

retirement [rɪˈtaɪəmənt] N (= stopping work) retraite f ▸ **retirement age** âge m de la retraite ▸ **retirement home** maison f de retraite

retiring [rɪˈtaɪərɪŋ] ADJ (= shy) réservé

retort [rɪˈtɔːt] VT rétorquer

retrace [rɪˈtreɪs] VT ◆ **to ~ one's steps** revenir sur ses pas

retract [rɪˈtrækt] VT **a** [+ offer, evidence] retirer ; [+ statement] revenir sur **b** [+ claws] rentrer

retrain [ˌriːˈtreɪn] **1** VT recycler **2** VI se recycler

retreat [rɪˈtriːt] **1** N **a** (= withdrawal) retraite f **b** (= place) ◆ **a country ~** un endroit tranquille à la campagne **2** VI [army] battre en retraite

retribution [ˌretrɪˈbjuːʃən] N châtiment m

retrieval [rɪˈtriːvəl] N **a** (Computing) extraction f **b** [of object] récupération f

retrieve [rɪˈtriːv] VT [+ object] récupérer (from de) ; [+ information] extraire

retriever [rɪˈtriːvəʳ] N (= dog) retriever m

retrospect ['retrəʊspekt] N ◆ **in retrospect** rétrospectivement

retrospective [ˌretrəʊˈspektɪv] ADJ [pay rise, legislation] rétroactif

return [rɪˈtɜːn] **1** VI [person, vehicle] (= come back) revenir ; (= go back) retourner ; [symptoms, fears] réapparaître ◆ **to ~ home** rentrer **2** VT **a** (= give back) rendre ; (= bring back) rapporter ; (= send back) renvoyer ◆ **to ~ the favour** rendre la pareille **b** (= declare) ◆ **to ~ a**

verdict of guilty on sb déclarer qn coupable **3** N **a** (= coming, going back) [of person, illness, seasons] retour m ◆ **on my ~** à mon retour ◆ **many happy ~s!** bon anniversaire ! **b** (= giving back) retour m ; (= sending back) renvoi m **c** (Brit) (also **return ticket**) (billet m) aller-retour m **d** (= recompense) (from land, business) rapport m ; (from investments) retour m ◆ **in ~** en revanche ◆ **in ~ for** en récompense de **e** ◆ **tax ~** (feuille f de) déclaration f d'impôts

reunification [ˌriːjuːnɪfɪˈkeɪʃən] N réunification f

reunion [rɪˈjuːnjən] N réunion f

reunite [ˌriːjuːˈnaɪt] VT réunir

rev [rev] **1** N (abbrev of **revolution**) tour m **2** VT [+ engine] monter le régime de

revamp * [ˌriːˈvæmp] VT [+ company] réorganiser ; [+ house] retaper *

reveal [rɪˈviːl] VT révéler

revealing [rɪˈviːlɪŋ] ADJ **a** (= telling) révélateur (-trice f) **b** [dress, blouse] (= low-cut) très décolleté

revel ['revl] VI (= delight) ◆ **to ~ in sth** se délecter de qch ◆ **to ~ in doing sth** prendre grand plaisir à faire qch

revelation [ˌrevəˈleɪʃən] N révélation f

reveller, reveler (US) ['revləʳ] N fêtard(e) * m(f)

revenge [rɪˈvendʒ] **1** N vengeance f ; (Sport) revanche f ◆ **to take ~ on sb for sth** se venger de qch sur qn ◆ **to get one's ~** se venger **2** VT [+ murder] venger ◆ **to ~ o.s.** se venger (on sb de qn ; on sb for sth de qch sur qn)

revenue ['revənjuː] N [of state] recettes fpl ; [of individual] revenu m

reverberate [rɪˈvɜːbəreɪt] VI [sound] se répercuter ; [protests] se propager

revere [rɪˈvɪəʳ] VT révérer

reverence ['revərəns] N vénération f

reverend ['revərənd] ADJ ◆ **the Reverend (Robert) Martin** le révérend (Robert) Martin

reversal [rɪˈvɜːsəl] N [of roles, trend] renversement m ; [of opinion] revirement m

reverse [rɪˈvɜːs] **1** ADJ [situation, effect] inverse ◆ **in ~ order** dans l'ordre inverse **2** N **a** (= opposite) contraire m **b** (= back) [of coin, medal] revers m **c** (in vehicle) ◆ **in ~** en marche arrière ▸ **reverse gear** marche f arrière **3** VT **a** (= turn the other way round) renverser ◆ **to ~ the charges** (Brit) téléphoner en PCV ▸ **reverse-charge call** (Brit) appel m en PCV **b** (= cause to move backwards) ◆ **to ~ one's car into the garage** rentrer dans le garage en marche arrière **4** VI (Brit = move backwards) [car] faire marche arrière

reversing light [rɪ'vɜːsɪŋlaɪt] N (Brit) feu m de marche arrière

revert [rɪ'vɜːt] VI (= return) revenir (to à)

review [rɪ'vjuː] **1** N **a** [of situation, events] examen m ; [of wages, prices, contracts] révision f ; (= printed report) rapport m d'enquête ◆ **under ~** [salaries, policy] en cours de révision **b** [of book, film, play] critique f **2** VT **a** (= consider again) passer en revue **b** [+ book, play, film] faire la critique de

revise [rɪ'vaɪz] **1** VT réviser **2** VI (Brit) réviser (for pour)

revision [rɪ'vɪʒən] N révision f

revitalize [ˌriː'vaɪtəlaɪz] VT redonner de la vitalité à

revival [rɪ'vaɪvəl] N [of custom, ceremony] résurgence f

revive [rɪ'vaɪv] **1** VT **a** [+ person] (from near death) réanimer **b** [+ interest] raviver ; [+ trade, business] relancer **2** VI [person] reprendre connaissance

revoke [rɪ'vəʊk] VT [+ law] abroger ; [+ order] révoquer ; [+ licence] retirer

revolt [rɪ'vəʊlt] **1** N révolte f **2** VI (= rebel) se révolter **3** VT révolter ◆ **to be ~ed by sth/sb** être révolté par qch/qn

revolting [rɪ'vəʊltɪŋ] ADJ (= repulsive) révoltant

revolution [ˌrevə'luːʃən] N révolution f ◆ **the French Revolution** la Révolution française

revolutionary [ˌrevə'luːʃnərɪ] ADJ, N révolutionnaire mf

revolutionize [ˌrevə'luːʃənaɪz] VT révolutionner

revolve [rɪ'vɒlv] **1** VT faire tourner **2** VI tourner

revolver [rɪ'vɒlvəʳ] N revolver m

revolving [rɪ'vɒlvɪŋ] ADJ [chair, bookcase, stand] pivotant ▸ **revolving door** (porte f) tambour m

revulsion [rɪ'vʌlʃən] N (= disgust) écœurement m (at devant)

reward [rɪ'wɔːd] **1** N récompense f (for de) **2** VT récompenser (for de)

rewarding [rɪ'wɔːdɪŋ] ADJ (financially) rémunérateur (-trice f) ; (mentally) gratifiant

rewind [ˌriː'waɪnd] (pret, ptp **rewound**) VT [+ film, tape] rembobiner

rewire [ˌriː'waɪəʳ] VT ◆ **to ~ a house** refaire l'installation électrique d'une maison

reword [ˌriː'wɜːd] VT [+ question] reformuler

rewrite [ˌriː'raɪt] (pret **rewrote**, ptp **rewritten**) VT récrire

rhetoric ['retərɪk] N rhétorique f

rhetorical [rɪ'tɒrɪkəl] ADJ ◆ **~ question** question f rhétorique

rheumatism ['ruːmətɪzəm] N rhumatisme m

Rhine [raɪn] N Rhin m

rhinoceros [raɪ'nɒsərəs] N rhinocéros m

Rhône [rəʊn] N Rhône m

rhubarb ['ruːbɑːb] N rhubarbe f

rhyme [raɪm] **1** N **a** (= identical sound) rime f **b** (= poem) poème m **2** VI [word] rimer

rhythm ['rɪðəm] N rythme m

rhythmic(al) ['rɪðmɪk(əl)] ADJ [movement, beat] rythmique ; [music] rythmé

rib [rɪb] N (= bone) côte f ▸ **rib cage** cage f thoracique

ribbed [rɪbd] ADJ [cotton, sweater] à côtes

ribbon ['rɪbən] N [of hair, typewriter] ruban m

rice [raɪs] N riz m ▸ **rice pudding** riz m au lait

rich [rɪtʃ] **1** ADJ riche ◆ **~ people** les riches mpl ◆ **to get ~** s'enrichir **2** **riches** NPL richesse(s) f(pl) **3** **the rich** NPL les riches mpl

richly ['rɪtʃlɪ] ADV [decorated, coloured] richement ; [deserved] largement

richness ['rɪtʃnɪs] N richesse f

Richter scale ['rɪktəˌskeɪl] N ◆ **the Richter scale** l'échelle f de Richter

rickety ['rɪkɪtɪ] ADJ [fence, stairs] branlant ; [furniture] bancal ; [vehicle] bringuebalant

rickshaw ['rɪkʃɔː] N (pulled by man) pousse-pousse m inv ; (pulled by bicycle) rickshaw m

ricochet ['rɪkəʃeɪ] **1** N ricochet m **2** VI ricocher

rid [rɪd] (pret, ptp **rid or ridded**) VT (of pests, disease) débarrasser ◆ **to get ~ of** se débarrasser de ; [+ boyfriend, girlfriend] laisser tomber *

ridden ['rɪdn] VB (ptp of **ride**)

riddle ['rɪdl] **1** N (= puzzle) devinette f ; (= mystery) énigme f **2** VT ◆ **~d with holes/bullets** criblé de trous/balles

ride [raɪd] (vb : pret **rode**, ptp **ridden**) **1** N **a** (= outing) tour m ; (= distance covered) trajet m ◆ **to go for a ~ in a car** faire un tour en voiture ◆ **bike ~** tour m à vélo ◆ **a ~ on the merry-go-round** un tour de manège ◆ **to take sb for a ~** (= swindle) rouler qn * **b** (on horseback) promenade f à cheval **2** VI **a** (= ride a horse) monter à cheval ◆ **to go riding** faire du cheval **b** (= go on horseback/by bicycle/by motorcycle) aller à cheval/à bicyclette/en moto ◆ **he was riding on a bicycle/a camel** il était à bicyclette/à dos de chameau **c** (= continue) ◆ **we decided to let it ~** nous avons décidé de laisser les choses se faire **3** VT ◆ **to ~ a horse** monter à cheval ◆ **he was riding a motorbike/**

bicycle il était en moto/à bicyclette ◆ **they had ridden 10km** ils avaient fait 10 km à cheval (*or* à bicyclette *or* en moto etc)
► **ride on** VT INSEP (= depend on) dépendre de
► **ride out** VT SEP surmonter ◆ **to ~ out the storm** surmonter la crise

rider ['raɪdər] N (= person) [of horse] cavalier *m*, -ière *f* ; [of racehorse] jockey *m* ; [of motorcycle] motocycliste *mf*

ridge [rɪdʒ] N [of mountain] crête *f* ; (= chain of hills, mountains) chaîne *f*

ridicule ['rɪdɪkjuːl] **1** N raillerie *f* **2** VT tourner en dérision

ridiculous [rɪ'dɪkjʊləs] ADJ ridicule

riding ['raɪdɪŋ] N (also **horse-riding**) équitation *f* ► **riding boots** bottes *fpl* de cheval ► **riding school** centre *m* équestre

rife [raɪf] ADJ ◆ **to be ~** [disease, corruption, unemployment] sévir

rifle ['raɪfl] **1** N (= gun) fusil *m* ; (for hunting) carabine *f* de chasse ► **rifle range** (outdoor) champ *m* de tir ; (indoor) stand *m* de tir **2** VT [+ drawer, till] vider ◆ **she ~d (through) the papers** elle a feuilleté rapidement les documents

rift [rɪft] N (= disagreement) désaccord *m* ; (in political party) division *f*

rig [rɪg] **1** N (= oil rig) (on land) derrick *m* ; (at sea) plateforme *f* pétrolière **2** VT [+ election, competition] truquer ; [+ prices] fixer illégalement

0━━   **right** [raɪt]

1 ADJ **a** (= morally good) bien *inv* ◆ **it's not ~** ce n'est pas bien ◆ **you were ~ to refuse** vous avez eu raison de refuser ◆ **it is only ~ that ...** il est normal que ...

b (= accurate) juste, exact ◆ **the ~ time** (by the clock) l'heure exacte ◆ **is the clock ~?** est-ce que la pendule est à l'heure ? ◆ **I got all the answers ~** j'ai répondu juste à toutes les questions ◆ **to get one's facts ~** ne pas se tromper
◆ **to be right** [person] avoir raison ◆ **you're quite ~** vous avez parfaitement raison
◆ **to put right** [+ error, person] corriger ; [+ situation] redresser ; [+ sth broken] réparer

c (= correct) bon *before n* ◆ **it is just the ~ size** c'est la bonne taille ◆ **to get on the ~ side of sb** * s'attirer les bonnes grâces de qn

d (= best) meilleur (-eure *f*) ◆ **the ~ man for the job** l'homme de la situation

e (= proper) ◆ **to do sth the ~ way** faire qch comme il faut

f (= in proper state) ◆ **I don't feel quite ~ today** je ne me sens pas très bien aujourd'hui ◆ **to be in one's ~ mind** avoir toute sa raison

g (= real: Brit) * ◆ **it's a ~ mess in there** c'est la pagaille * complète là-dedans ◆ **he looked a ~ idiot** il avait vraiment l'air idiot

h (agreeing) ◆ **~ !** d'accord ! ◆ **~, who's next?** bon, c'est à qui le tour ?

i (= opposite of left) droit ◆ **on my ~ hand** sur ma droite

2 ADV **a** (= directly) droit ◆ **~ ahead of you** droit devant vous ◆ **~ in front of you** sous vos yeux ◆ **I'll be ~ back** je reviens tout de suite
◆ **~ in the middle** en plein milieu ◆ **~ from the start** dès le début

◆ **right away** (= immediately) tout de suite

◆ **right now** (= at the moment) en ce moment ; (= at once) tout de suite

b (= completely) tout ◆ **~ round the house** tout autour de la maison ◆ **to turn ~ round** faire volte-face

c (= correctly, well) bien ◆ **if I remember ~** si je me souviens bien ◆ **to guess ~** deviner juste

d (= opposite of left) à droite

◆ **right, left and centre** * (= everywhere) de tous côtés

3 N **a** (= moral) bien *m*

◆ **to be in the right** avoir raison

b (= entitlement) droit *m* ◆ **to have a ~ to sth** avoir droit à qch ◆ **to have the ~ to do sth** avoir le droit de faire qch ◆ **he is within his ~s** il est dans son droit ◆ **women's ~s** les droits *mpl* de la femme ◆ **~ of appeal** droit *m* d'appel

◆ **by right** de droit

◆ **by rights** en toute justice

◆ **in one's own right** à part entière

c (= opposite of left) droite *f* ◆ **to drive on the ~** conduire à droite ◆ **on** *or* **to the ~ of the church** à droite de l'église ◆ **the Right** (Pol) la droite

4 **rights** NPL **a** (Commerce) droits *mpl* ◆ **"all ~s reserved"** "tous droits réservés"

b ◆ **to put** *or* **set sth to ~s** mettre qch en ordre
◆ **to put the world to ~s** refaire le monde

5 VT **a** (= return to normal) [+ car, ship] redresser

b (= make amends for) [+ wrong] redresser ; [+ injustice] réparer

6 COMP ► **right angle** angle *m* droit ◆ **to be at ~ angles (to)** être perpendiculaire (à) ► **right-click** (Comput) cliquer à droite ► **right-hand** ◆ **~-hand drive car** voiture *f* avec la conduite à droite ◆ **his ~-hand man** son bras droit (fig) ◆ **the ~-hand side** le côté droit ► **right-handed** [person] droitier ► **right of way** (across property) droit *m* de passage ; (= priority) priorité *f* ► **right wing** N (Pol) droite *f* ► **right-wing** ADJ (Pol) de droite

righteous ['raɪtʃəs] ADJ **a** (frm = virtuous) intègre **b** (= self-righteous) moralisateur (-trice *f*)

rightful ['raɪtfʊl] ADJ [owner, heir] légitime

rightly ['raɪtlɪ] ADV **a** (= correctly) avec raison **b** (= justifiably) à juste titre ◆ **~ or wrongly** à tort ou à raison

rigid ['rɪdʒɪd] ADJ **a** [material, structure] rigide **b** (= strict) [specifications, discipline] strict ; [system, person, attitude] rigide

rigmarole ['rɪgmərəʊl] N cinéma * m

rigorous ['rɪgərəs] ADJ rigoureux

rigour, rigor (US) ['rɪgə^r] N rigueur f

rim [rɪm] N (gen) bord m ; [of wheel] jante f ; [of spectacles] monture f

rind [raɪnd] N [of orange, lemon] peau f ; (= grated zest) zeste m ; [of cheese] croûte f ; [of bacon] couenne f

ring [rɪŋ] (vb : pret **rang**, ptp **rung**) **1** N **a** (= circular object) anneau m ; (for finger) bague f ◆ **wedding ~** alliance f ◆ **electric ~** plaque f électrique ◆ **gas ~** brûleur m (de cuisinière à gaz) ► **ring binder** classeur m à anneaux **b** (= circle) cercle m ◆ **to run ~s round sb** * dominer qn de la tête et des épaules ► **ring road** (Brit) rocade f ; (motorway-type) périphérique m **c** (= group) coterie f ; [of spies] réseau m **d** (at circus) piste f ; (Boxing) ring m **e** (= sound) son m ; [of bell] sonnerie f **f** (= phone call) coup m de fil * ◆ **to give sb a ~** passer un coup de fil * à qn **2** VI **a** [bell, alarm clock, telephone] sonner ◆ **to ~ at the door** sonner à la porte **b** (= telephone) téléphoner **3** VT **a** (= sound) sonner ◆ **his name ~s a bell** * son nom me dit quelque chose **b** (= phone) téléphoner à
► **ring back** VI, VT SEP (Brit) rappeler
► **ring up** VT SEP **a** (Brit = phone) téléphoner à **b** (on cash register) enregistrer

ringing ['rɪŋɪŋ] **1** ADJ ◆ **a ~ sound** une sonnerie **2** N [of bell, telephone] sonnerie f

ringleader ['rɪŋliːdə^r] N meneur m

rink [rɪŋk] N patinoire f

rinse [rɪns] **1** N **a** (= to give sth a ~) rincer qch **b** (for hair) rinçage m **2** VT rincer

riot ['raɪət] **1** N (= uprising) émeute f ◆ **to run ~** [people, imagination] être déchaîné ► **the riot police** les unités fpl antiémeute **2** VI faire une émeute

rioter ['raɪətə^r] N émeutier m, -ière f

riotous ['raɪətəs] ADJ [party] très animé ; [comedy] délirant *

RIP [ɑːraːˈpiː] (abbrev of **rest in peace**) R.I.P.

rip [rɪp] **1** N déchirure f **2** VT déchirer ◆ **to ~ open a letter** ouvrir une lettre en hâte **3** VI [cloth] se déchirer ◆ **to let ~** se déchaîner ; (in anger) éclater (de colère)
► **rip off** VT SEP **a** (= pull off) arracher (from de) **b** * (= steal) voler ; (= defraud) [+ customer] arnaquer *
► **rip up** VT SEP déchirer

ripe [raɪp] ADJ [fruit] mûr ; [cheese] fait

ripen ['raɪpən] **1** VT (faire) mûrir **2** VI mûrir

rip-off * ['rɪpɒf] N ◆ **it's a ~!** c'est de l'arnaque ! *

ripple ['rɪpl] N **a** (= movement) [of water] ride f **b** [of laughter] cascade f **c** (= ice-cream) ◆ **raspberry ~** glace à la vanille marbrée de glace à la framboise

rise [raɪz] (vb : pret **rose**, ptp **risen** ['rɪzn]) **1** N (= increase) (in temperature, prices) hausse f ; (Brit: in wages) augmentation f ◆ **to give ~ to** [+ trouble] provoquer ; [+ speculation] donner lieu à ; [+ fear, suspicions] susciter **2** VI **a** (= get up) se lever ◆ **to ~ to one's feet** se mettre debout **b** (= go up, ascend) monter ; [balloon] s'élever ; [curtain, sun] se lever ; [dough] lever ; [prices] être en hausse ; [cost of living] augmenter ◆ **her spirits rose** son moral a remonté **c** (in society, rank) s'élever **d** (= rebel: also **rise up**) se soulever

rising ['raɪzɪŋ] **1** N (= rebellion) soulèvement m **2** ADJ [sun] levant ; [prices, temperature] en hausse

risk [rɪsk] **1** N risque m ◆ **to take** ou **run the ~ of doing sth** courir le risque de faire ◆ **you do it at your own ~** vous le faites à vos risques et périls ◆ **at the ~ of seeming stupid** au risque de paraître stupide ◆ **at ~** [person] en danger **2** VT risquer

risky ['rɪskɪ] ADJ [enterprise, deed] risqué

risqué ['riːskeɪ] ADJ [story, joke] osé

rite [raɪt] N rite m

ritual ['rɪtjʊəl] **1** ADJ rituel **2** N rituel m

rival ['raɪvəl] **1** N rival(e) m(f) **2** ADJ [firm, enterprise] rival **3** VT rivaliser avec (in de) ; (= equal) égaler

rivalry ['raɪvəlrɪ] N rivalité f

river ['rɪvə^r] N rivière f ; (flowing into a sea) fleuve m ◆ **the ~ Seine** (Brit), **the Seine ~** (US) la Seine

riverbank ['rɪvəbæŋk] N berge f

riverbed ['rɪvəbed] N lit m de rivière (or de fleuve)

riverside ['rɪvəsaɪd] N bord m de l'eau

riveting ['rɪvɪtɪŋ] ADJ fascinant

Riviera [ˌrɪvɪˈeərə] N ◆ **the (French) ~** la Côte d'Azur ◆ **the Italian ~** la Riviera italienne

road [rəʊd] N route f ; (in town) rue f ◆ **she lives across the ~ (from us)** elle habite en face de chez nous ◆ **to be on the ~** [salesman, theatre company] être en tournée ◆ **we've been on the ~ since this morning** nous voyageons depuis ce matin ◆ **on the ~ to success** sur le chemin du succès ► **road hog** chauffard * m ► **road map** carte f routière ► **road rage** * agressivité f au volant ▶ **road sign** panneau *m* indicateur *or* de signalisation ▶ **road tax** (Brit) taxe *f* sur les véhicules à moteur

roadside ['rəudsaɪd] N bord *m* de la route

roadworthy ['rəudwɜːðɪ] ADJ conforme aux normes de sécurité

roam [rəum] **1** VT [+ countryside] parcourir ◆ to ~ the streets traîner dans les rues **2** VI errer

roar [rɔːʳ] **1** VI [person, crowd] hurler ; [lion, wind] rugir ; [guns] gronder ; [engine, vehicle] vrombir ◆ to ~ with laughter rire à gorge déployée **2** N [of lion] rugissement *m* ; [of traffic] grondement *m* ; [of engine] vrombissement *m*

roaring ['rɔːrɪŋ] ADJ [lion, engine] rugissant ◆ a ~ fire (in hearth) une belle flambée ◆ a ~ success un succès fou * ◆ to be doing a ~ trade (in sth) faire des affaires en or (en vendant qch)

roast [rəust] **1** N rôti *m* **2** ADJ [pork, chicken] rôti ◆ ~ beef rôti de bœuf ◆ ~ chestnuts marrons *mpl* chauds ◆ ~ potatoes pommes *fpl* de terre rôties **3** VT [+ meat] (faire) rôtir ; [+ chestnuts] griller

rob [rɒb] VT (= steal from) [+ person] voler ; [+ shop, bank] dévaliser

robber ['rɒbəʳ] N voleur *m*, -euse *f*

robbery ['rɒbərɪ] N vol *m*

robe [rəub] N (gen) robe *f* ; (= dressing gown) peignoir *m*

robot ['rəubɒt] N robot *m*

robust [rəu'bʌst] ADJ (gen) robuste ; [material] résistant ; [object, design] solide

rock [rɒk] **1** VT **a** (= swing to and fro) [+ child] bercer **b** (= shake) ébranler **2** VI **a** (= sway gently) [cradle, person, ship] se balancer **b** (= sway violently) [person] chanceler ; [building] être ébranlé **3** N **a** (= substance) roche *f* **b** (= large mass, huge boulder) rocher *m* ◆ as solid as a ~ solide comme un roc ◆ their marriage is on the ~s* leur couple est en train de sombrer ▶ **rock climbing** varappe *f* ▶ **rock face** paroi *f* rocheuse ▶ **rock salt** (for cooking) gros sel *m* **c** (Brit = sweet) ≈ sucre *m* d'orge **d** (= music) rock *m* ▶ **rock-and-roll, rock 'n' roll** N (= music) rock (and roll) *m* ◇ ADJ [singer] de rock ; [music] rock *inv* ▶ **rock star** star *f*

rock bottom [rɒk'bɒtəm] N ◆ her spirits reached rock bottom* elle avait le moral à zéro* ◆ prices were at rock bottom les prix étaient au plus bas

rockery ['rɒkərɪ] N rocaille *f*

rocket ['rɒkɪt] **1** N **a** (gen) fusée *f* ; (missile) roquette *f* ; (= firework) fusée *f* **b** (= plant) roquette *f* **2** VI [prices] monter en flèche

rocking ['rɒkɪŋ] N balancement *m* ▶ **rocking chair** rocking-chair *m* ▶ **rocking horse** cheval *m* à bascule

rocky ['rɒkɪ] ADJ **a** [shore, mountain] rocheux ; [road, path] rocailleux ▶ **the Rocky Mountains** les (montagnes *fpl*) Rocheuses *fpl* **b** (* = precarious) [marriage] fragile

rod [rɒd] N **a** (wooden) baguette *f* ; (metallic) tringle *f* **b** (= fishing rod) canne *f* (à pêche)

rode [rəud] VB (pt of **ride**)

rodent ['rəudənt] N rongeur *m*

roe [rəu] N [of fish] œufs *mpl* de poisson

rogue [rəug] **1** N (= rascal) coquin *m* **2** ADJ [elephant, lion, male] solitaire ; [gene] aberrant

role, rôle [rəul] N rôle *m* ▶ **role model** modèle *m* ▶ **role-play(ing)** (Psych) psychodrame *m* ; (in school) jeu *m* de rôle

roll [rəul] **1** N **a** [of cloth, paper] rouleau *m* ; [of banknotes] liasse *f* ; [of fat] bourrelet *m* **b** (= bread roll) petit pain *m* **c** (= movement) [of ship] roulis *m* ; [of sea] houle *f* **d** [of thunder, drums] roulement *m* **e** (= register) liste *f* ▶ **roll call** appel *m* **f** ◆ to be on a ~ (= prospering: *) avoir le vent en poupe **2** VI **a** (= turn over) rouler ◆ tears were ~ing down her cheeks les larmes coulaient sur ses joues ◆ the horse ~ed in the mud le cheval s'est roulé dans la boue ◆ he's ~ing in it* il roule sur l'or ◆ she is trainer and manager ~ed into one elle est entraîneur et manager tout à la fois **b** [film cameras] tourner **3** VT [+ barrel, ball] faire rouler ; [+ cigarette] rouler ; [+ pastry, dough] abaisser au rouleau ◆ to ~ one's eyes rouler des yeux ◆ to ~ one's r's rouler les r
▶ **roll about** VI [person, dog] se rouler par terre
▶ **roll in** VI [contributions, suggestions] affluer
▶ **roll on** VI [vehicle] continuer de rouler ◆ ~ on the holidays! * (Brit) vivement les vacances !
▶ **roll over** **1** VI [person, animal] (once) se retourner (sur soi-même) ; (several times) se rouler **2** VT SEP [+ person, animal, object] retourner
▶ **roll up** VT SEP [+ cloth, paper] rouler ◆ to ~ up one's sleeves retrousser ses manches

roller ['rəuləʳ] N (for roads) rouleau *m* compresseur ; (for painting) rouleau *m* (à peinture) ; (for hair) rouleau *m* ▶ **roller blade** N roller *m* ▶ **roller blade** VI faire du roller ▶ **roller coaster** montagnes *fpl* russes ▶ **roller skate** N patin *m* à roulettes ▶ **roller-skate** VI faire du patin à roulettes

rolling ['rəulɪŋ] ADJ [countryside] vallonné ; [hills] onduleux

rolling pin ['rəulɪŋpɪn] N rouleau *m* à pâtisserie

ROM [rɒm] N (abbrev of **read-only memory**) mémoire f morte

Roman [ˈrəʊmən] **1** N Romain(e) m(f) **2** ADJ romain ▸ **Roman Catholic** catholique mf

romance [rəʊˈmæns] N (= love story/film) roman m/film m sentimental ; (= love affair) idylle f ; (= love) amour m

Romania [rəʊˈmeɪnɪə] N Roumanie f

romantic [rəʊˈmæntɪk] ADJ (gen) romantique ; [relationship] amoureux ; [novel, film] sentimental

roof [ruːf] N toit m ◆ **to hit the ~** [person] piquer une crise *

rooftop [ˈruːftɒp] N toit m

room [rʊm] N **a** (in house) pièce f ; (in hotel) chambre f ▸ **room service** service m des chambres (d'hôtel) ▸ **room temperature** température f ambiante ◆ **wine at ~ temperature** vin m chambré **b** (= space) place f ◆ **to make ~ for sth** faire de la place pour qch ◆ **there is ~ for improvement** ça laisse à désirer

roommate [ˈrʊmmeɪt] N colocataire mf

roomy [ˈrʊmɪ] ADJ [flat, car] spacieux

roost [ruːst] VI (= settle) se percher

rooster [ˈruːstəʳ] N coq m

root [ruːt] **1** N racine f ; [of trouble] origine f ◆ **to take ~** prendre racine ◆ **to put down ~s in a country** s'enraciner dans un pays ◆ **to get to the ~ of the problem** aller au fond du problème ▸ **root beer** (US) boisson gazeuse à base d'extraits végétaux ▸ **root vegetable** racine f (comestible) **2** VT ◆ **a deeply ~ed belief** une croyance bien enracinée ◆ **to stand ~ed to the spot** être cloué sur place
▸ **root for** * VT INSEP [+ team] encourager
▸ **root out** VT SEP (= find) dénicher

rope [rəʊp] **1** N corde f ◆ **to know the ~s** * connaître toutes les ficelles * ▸ **rope ladder** échelle f de corde
▸ **rope in** VT SEP ◆ **to ~ sb in** * enrôler qn

rosary [ˈrəʊzərɪ] N chapelet m

rose [rəʊz] **1** N (= flower) rose f ▸ **rose garden** roseraie f **2** ADJ rose ◆ **to see everything through ~-coloured spectacles** voir tout en rose **3** VB (pt of **rise**)

rosé [ˈrəʊzeɪ] N rosé m (vin)

rosebud [ˈrəʊzbʌd] N bouton m de rose

rosebush [ˈrəʊzbʊʃ] N rosier m

rosemary [ˈrəʊzmərɪ] N romarin m

roster [ˈrɒstəʳ] N tableau m (de service)

rostrum [ˈrɒstrəm] N tribune f

rosy [ˈrəʊzɪ] ADJ **a** (= pink) [colour] rosé ; [face] rose **b** (= optimistic) [view] optimiste ◆ **to paint a ~ picture of sth** brosser un tableau idyllique de qch

rot [rɒt] **1** N pourriture f **2** VI pourrir

rota [ˈrəʊtə] N tableau m (de service)

rotary [ˈrəʊtərɪ] ADJ rotatif

rotate [rəʊˈteɪt] **1** VT (= revolve) faire tourner **2** VI tourner

rotation [rəʊˈteɪʃən] N rotation f

rotten [ˈrɒtn] ADJ **a** (= decayed) [wood, vegetable, egg] pourri ; [meat] avarié ; [fruit, tooth] gâté **b** (= corrupt) véreux **c** * (= unpleasant) ◆ **what ~ weather !** quel temps pourri ! * ◆ **what ~ luck!** quelle guigne ! * ◆ **to feel ~** (= ill) être mal fichu *

Rottweiler [ˈrɒtˌvaɪləʳ] N rottweiler m

rough [rʌf] **1** ADJ **a** (= not smooth) [skin, cloth] rêche ; (harder) rugueux **b** (= unrefined) [person, speech, manners] rude **c** * (= difficult) [life] dur ◆ **to have a ~ time** en voir de dures * **d** (Brit) (= ill) ◆ **to feel ~** * être mal fichu * **e** (= violent) [person, treatment] dur ◆ **to be ~ with sb** (physically) malmener qn **f** [weather] gros (grosse f) ; [sea, crossing] agité **g** (= approximate) approximatif ◆ **at a ~ guess** à vue de nez ◆ **~ draft** brouillon m ◆ **~ sketch** ébauche f **2** ADV ◆ **to sleep ~** coucher sur la dure **3** N (= ground) terrain m accidenté ; (Golf) rough m ◆ **to take the ~ with the smooth** prendre les choses comme elles viennent **4** VT ◆ **to ~ it** * vivre à la dure

roughage [ˈrʌfɪdʒ] N fibres fpl

rough-and-ready [ˌrʌfənˈredɪ] ADJ [method] rudimentaire ; [person] fruste

roughly [ˈrʌflɪ] ADV **a** (= violently) brutalement **b** (= crudely) grossièrement **c** (= approximately) à peu près ◆ **~ speaking** en gros

roughshod [ˈrʌfʃɒd] ADV ◆ **to ride ~ over** [+ objection, person] faire peu de cas de

roulette [ruːˈlet] N roulette f

🔘 **round** [raʊnd]

1 ADV **a** (= around) autour ◆ **there was a wall all ~** il y avait un mur tout autour ◆ **you can't get through here, you'll have to go ~** vous ne pouvez pas passer par ici, il faut faire le tour ◆ **the long way ~** le chemin le plus long ◆ **all year ~** pendant toute l'année

◆ **round and round** en rond ◆ **to go ~ and ~** (looking for sth) tourner en rond

b (to sb's place) ◆ **come ~ and see me** venez me voir ◆ **I asked him ~ for a drink** je l'ai invité à (passer) prendre un verre chez moi

2 PREP autour de ◆ **the villages ~ Brighton** les villages autour de Brighton ◆ **to go ~ an obstacle** contourner un obstacle ◆ **to show sb ~ a town** faire visiter une ville à qn ◆ **they went ~ the cafés looking for ...** ils ont fait le tour des cafés à la recherche de ... ◆ **put a blanket ~ him** enveloppez-le dans une couverture ◆ **~ about £800** 800 livres environ ◆ **~ about 7 o'clock** vers 7 heures ◆ **the house is just ~ the corner** la maison est au coin de la rue ; (= near) la maison est tout près ◆ **she went ~ the corner** elle a tourné le coin de la rue

3 ADJ (= circular) rond ; (= rounded) arrondi ◆ **~ number** chiffre m rond

4 N **a** (= circle) rond m, cercle m

b (Brit: also **delivery round**) tournée f ◆ **to make one's ~(s)** [watchman, policeman] faire sa ronde ; [postman, milkman] faire sa tournée ; [doctor] faire ses visites ◆ **to do the ~s** [infection, a cold] faire des ravages ; [news, joke] circuler

c [of cards, golf, competition] partie f ; (Boxing) round m ; [of election] tour m ; [of talks, discussions] série f

d [of drinks] tournée f

5 VT (= go round) [+ corner] tourner ; [+ bend] prendre

6 COMP ▶ **round-shouldered** voûté ▶ **round-table discussion** table f ronde ▶ **round-the-clock** 24 heures sur 24 ▶ **round trip** aller m et retour

▶ **round off** VT SEP [+ speech, meal] terminer ; [+ debate, meeting] mettre fin à

▶ **round up** VT SEP **a** (= bring together) [+ people] réunir ; [+ cattle] rassembler **b** [+ prices] arrondir (au chiffre supérieur)

roundabout ['raʊndəbaʊt] **1** ADJ détourné **2** N **a** (= in playground) tourniquet m **b** (at road junction) rond-point m (à sens giratoire)

rounded ['raʊndɪd] ADJ (= curved) [edge, hill] arrondi ; [breasts] rond ; [shoulders] voûté

rounders ['raʊndəz] N (Brit) *sorte de baseball*

rouse [raʊz] VT [+ feeling] exciter ; [+ suspicions] éveiller ◆ **to ~ sb to action** inciter qn à agir

rousing ['raʊzɪŋ] ADJ [applause] enthousiaste ; [speech] enthousiasmant ; [music] entraînant

rout [raʊt] **1** N (= defeat) déroute f **2** VT (= defeat) mettre en déroute

route [ruːt] **1** N itinéraire m ◆ **en ~ (for)** en route (pour) **2** VT (= plan route of) fixer l'itinéraire de ◆ **to ~ a train through Leeds** faire passer un train par Leeds

routine [ruːˈtiːn] **1** N **a** (gen) routine f **b** (= performance) numéro m ◆ **dance ~** numéro m de danse **2** ADJ **a** (= normal) de routine ◆ **on a ~ basis** de façon routinière **b** (= predictable) [report, problem, banter] banal

row[1] [rəʊ] **1** N [of objects, people] (beside one another) rang m, rangée f ; (behind one another) file f ; [of houses] rangée f ; [of cars] file f ◆ **in a row** [stand, put things] en ligne ◆ **four failures in a row** quatre échecs d'affilée **2** VT [+ boat] faire avancer à la rame ; [+ person, object] transporter en canot (to à) **3** VI ramer ; (Sport) faire de l'aviron

row[2] [raʊ] (Brit) N **a** (= quarrel) dispute f ◆ **to have a row with sb** se disputer avec qn **b** (* = noise) vacarme m

rowdy ['raʊdɪ] ADJ [person, behaviour] chahuteur ; [party] un peu trop animé ; [demonstration] bruyant

rowing ['rəʊɪŋ] N (for pleasure) canotage m ; (Sport) aviron m ▶ **rowing boat** (Brit) canot m (à rames) ▶ **rowing machine** rameur m

royal ['rɔɪəl] ADJ royal ▶ **the Royal Air Force** (Brit) la Royal Air Force ▶ **royal blue** bleu roi m inv ▶ **royal family** famille f royale ▶ **the Royal Mail** (Brit) *le service postal britannique* ▶ **the Royal Navy** (Brit) la marine nationale

royalist ['rɔɪəlɪst] ADJ, N royaliste mf

royalty ['rɔɪəltɪ] **1** N **a** (= position, dignity, rank) royauté f **b** (= royal person) membre m de la famille royale ; (= royal persons) (membres mpl de) la famille royale **2** **royalties** NPL (from book) droits mpl d'auteur ; (from patent) royalties fpl

RSPCA [ˌɑːrespiːsiːˈeɪ] N (Brit) (abbrev of **Royal Society for the Prevention of Cruelty to Animals**) ≈ SPA f

RSVP [ˌɑːresviːˈpiː] (abbrev of **please reply**) RSVP

rub [rʌb] **1** N ◆ **to give sth a ~** [+ furniture, shoes] donner un coup de chiffon à qch ; [+ sore place, one's arms] frotter qch **2** VT (gen) frotter ; (= polish) astiquer ◆ **to ~ one's hands/eyes** se frotter les mains/les yeux ◆ **to ~ sb (up) the wrong way** prendre qn à rebrousse-poil **3** VI [thing] frotter ; [person, cat] se frotter

▶ **rub down** VT SEP [+ person] frictionner ; [+ wall, paintwork] (= clean) frotter ; (= sandpaper) poncer

▶ **rub in** VT SEP [+ oil, liniment] faire pénétrer en frottant ◆ **don't ~ it in!** * ne retourne pas le couteau dans la plaie !

▶ **rub off** **1** VI [mark] partir ◆ **I hope some of his politeness will ~ off on to his brother** * j'espère qu'il passera un peu de sa politesse à son frère **2** VT SEP [+ writing on blackboard] effacer ; [+ dirt] enlever en frottant

▶ **rub out** VT SEP (= erase) effacer

rubber ['rʌbəʳ] **1** N **a** (= material) caoutchouc m **b** (Brit = eraser) gomme f **c** (* = US = condom) préservatif m **2** ADJ de or en caoutchouc ▶ **rubber band** élastique m ▶ **rubber**

gloves gants *mpl* en caoutchouc ▸ **rubber plant** caoutchouc *m (plante verte)* ▸ **rubber tree** hévéa *m*

rubber-stamp ['rʌbəstæmp] VT tamponner ; (fig) approuver sans discussion

rubbery ['rʌbəri] ADJ caoutchouteux

rubbish ['rʌbɪʃ] **1** N **a** (= waste material) détritus *mpl* ; (Brit = household rubbish) ordures *fpl* ; (= worthless things) * camelote * *f* ▸ **rubbish bin** (Brit) poubelle *f* ▸ **rubbish dump** (Brit: public) décharge *f* publique **b** (* = nonsense) bêtises *fpl* ♦ **that's ~** c'est n'importe quoi * **2** ADJ (* = useless) nul

rubble ['rʌbl] N [of ruined house, demolition site] décombres *mpl*

ruby ['ru:bɪ] N rubis *m*

rucksack ['rʌksæk] N sac *m* à dos

rudder ['rʌdə^r] N gouvernail *m*

rude [ru:d] ADJ **a** (= impolite) [person, reply] impoli (to sb avec qn ; about sth à propos de qch) ♦ **it's ~ to stare** c'est mal élevé de dévisager les gens **b** (= obscene) [noise] incongru ; [joke] grossier **c** (= unexpected) ♦ **to get a ~ awakening** être brutalement rappelé à la réalité

rudimentary [ˌru:dɪ'mentərɪ] ADJ rudimentaire

rudiments ['ru:dɪmənts] NPL rudiments *mpl*

ruffian ['rʌfɪən] N voyou *m*

ruffle ['rʌfl] VT **a** (= disturb) [+ hair] ébouriffer **b** (= upset) froisser

rug [rʌg] N (on floor) petit tapis *m* ; (= blanket) couverture *f*

rugby ['rʌgbɪ] N rugby *m* ▸ **rugby league** rugby *m* à treize ▸ **rugby player** joueur *m*, -euse *f* de rugby ▸ **rugby union** rugby *m* à quinze

rugged ['rʌgɪd] ADJ **a** (= rough) [terrain] accidenté ; [coastline] déchiqueté **b** [person, features] rude

ruin ['ru:ɪn] **1** N **a** (= destruction) ruine *f* **b** (gen pl = remains) ruine(s) *f(pl)* ♦ **in ruins** en ruine **2** VT [+ reputation, hopes] ruiner ; [+ clothes] abîmer

ruined ['ru:ɪnd] ADJ [building, city, economy, career] en ruine ; [person] (morally) perdu ; (financially) ruiné

rule [ru:l] **1** N **a** (= guiding principle) règle *f* ♦ **it's against the ~s** c'est contraire au règlement ♦ **to play by the ~s** jouer selon les règles ♦ **~s and regulations** statuts *mpl* ♦ **as a** (general) ~ en règle générale **b** (= authority) autorité *f* ♦ **under British ~** sous l'autorité britannique **c** (for measuring) règle *f* (graduée) **2** VT **a** [+ country] gouverner ; [+ person] dominer **b** [judge, umpire] décider (that que) **3** VI **a** (= reign) régner (over sur) **b** [judge] statuer

▸ **rule out** VT SEP [+ possibility, date, person] écarter

ruled [ru:ld] ADJ [paper] réglé

ruler ['ru:lə^r] N **a** (= sovereign) souverain(e) *m(f)* ; (= political leader) chef *m* (d'État) **b** (for measuring) règle *f*

ruling ['ru:lɪŋ] **1** ADJ [class, body] dirigeant ; [party] au pouvoir **2** N décision *f*

rum [rʌm] N rhum *m*

Rumania [ru:'meɪnɪə] N Roumanie *f*

rumble ['rʌmbl] **1** N [of thunder] grondement *m* **2** VI [thunder] gronder ; [stomach] gargouiller

ruminate ['ru:mɪneɪt] VI ruminer ♦ **to ~ about sth** ruminer qch

rummage ['rʌmɪdʒ] VI (also **rummage about**) farfouiller *

rumour, rumor (US) ['ru:mə^r] **1** N rumeur *f* (that selon laquelle) **2** VT ♦ **it is ~ed that ...** le bruit court que ... ♦ **he is ~ed to be in London** le bruit court qu'il est à Londres

rump [rʌmp] N [of animal] croupe *f* ▸ **rump steak** romsteck *m*

run [rʌn] vb : pret (ptp **ran**) run **1** N **a** (= act of running) course *f* ♦ **to go for a ~** aller courir ♦ **to make a ~ for it** se sauver **b** (= outing) tour *m* ; (= journey) trajet *m* ; (= route) ligne *f* **c** (= series) série *f* ♦ **a ~ of bad luck** une période de malchance **d** (= period of performance) ♦ **the play had a long ~** la pièce a tenu longtemps l'affiche **e** (= use) ♦ **they gave us the ~ of the garden** ils nous ont donné la jouissance du jardin **f** (= track for skiing) piste *f* **g** (= animal enclosure) enclos *m* **h** (in tights) échelle *f* **i** (Cricket) course *f* ♦ **to make a ~** marquer une course **j** (Mil = raid, mission) raid *m* (aérien) ♦ **a bombing ~** un bombardement **k** (set structures) ♦ **in the long ~** à long terme ♦ **things will sort themselves out in the long ~** les choses s'arrangeront avec le temps ♦ **on the ~** en cavale ♦ **to keep the enemy on the ~** harceler l'ennemi **2** VI **a** (gen) courir ♦ **to ~ down/off** descendre/partir en courant ♦ **to ~ for the bus** courir pour attraper le bus ♦ **she ran to meet him** elle a couru à sa rencontre ♦ **it ~s in the family** [characteristic] c'est de famille ♦ **all sorts of thoughts were ~ning through my head** toutes sortes d'idées me venaient à l'esprit ♦ **feelings were ~ning high** les passions étaient exacerbées ♦ **tension was ~ning high** l'atmosphère était très tendue **b** (= flee) prendre la fuite **c** (= flow, leak) [river, tears, tap] couler ; [colour] déteindre ; [dye, ink] baver ♦ **to leave a tap ~ning** laisser un robinet ouvert ♦ **his nose was ~ning** il avait le nez qui coulait **d** (= be candidate) être candidat ♦ **to ~ for President** être candidat à la présidence **e** (= be) ♦ **I'm ~ning a bit late** je suis un peu en retard ◆ **inflation is ~ning at 3%** le taux d'inflation est de 3 % **f** (= extend, continue) [play] être à l'affiche ; [film] passer ; [contract] être valide ◆ **the play has been ~ning for a year** la pièce est à l'affiche depuis un an **g** [bus, train, coach, ferry] assurer le service ◆ **the buses are ~ning early/late/on time** les bus sont en avance/en retard/à l'heure **h** (= function) [machine] marcher ; [factory] être en activité ◆ **to leave the engine ~ning** laisser tourner le moteur ◆ **this car ~s on diesel** cette voiture marche au gazole **i** (= pass) [road, river] passer (through à travers) ; [mountain range] s'étendre ◆ **a wall ~s round the garden** un mur entoure le jardin **3** VT **a** (gen) courir ◆ **but if it really happened he'd ~ a mile** ! mais si ça se produisait, il aurait vite fait de se débiner* **b** (= transport) [+ person] conduire ◆ **he ran her home** il l'a ramenée chez elle **c** (= operate) [+ machine] faire marcher ; [+ computer program] exécuter ◆ **this car is very cheap to ~** cette voiture est très économique **d** (= organize) [+ business] diriger ; [+ shop] tenir ◆ **I want to ~ my own life** je veux mener ma vie comme je l'entends **e** (= put, move) ◆ **to ~ one's finger down a list** suivre une liste du doigt ◆ **he ran the car into a tree** sa voiture est rentrée dans un arbre ◆ **to ~ one's eye over a page** jeter un coup d'œil sur une page ◆ **to ~ one's hand over sth** passer la main sur qch **f** (= publish) publier **g** (= cause to flow) faire couler ◆ **I'll ~ you a bath** je vais te faire couler un bain

▶ **run across** VT INSEP (= find) [+ object, quotation, reference] tomber sur

▶ **run after** VT INSEP courir après

▶ **run away** VI partir en courant ; (= flee) [person] se sauver ◆ **to ~ away from home** faire une fugue

▶ **run away with** VT INSEP **a** (= win easily) [+ race, match] gagner haut la main **b** ◆ **you're letting your imagination ~ away with you** tu te laisses emporter par ton imagination

▶ **run down** VT SEP **a** (= knock over) renverser ; (= run over) écraser **b** (* = disparage) dire du mal de

▶ **run into** VT INSEP **a** (= meet) rencontrer par hasard **b** (= collide with) rentrer dans **c** (= amount to) s'élever à

▶ **run out** VI **a** [person] sortir en courant **b** (= come to an end) [lease, contract] expirer ; [supplies] être épuisé ; [period of time] être écoulé ◆ **when the money ~s out** quand il n'y aura plus d'argent ◆ **their luck ran out** la chance les a lâchés

▶ **run out of** VT INSEP [+ supplies, money] être à court de ; [+ patience] être à bout de ◆ **we're ~ning out of time** il ne nous reste plus beaucoup de temps ◆ **to ~ out of petrol** (Brit) or **gas** (US) tomber en panne d'essence

▶ **run over** **1** VT INSEP (= recapitulate) reprendre ◆ **let's just ~ over it again** reprenons cela encore une fois **2** VT SEP (in car) [+ person, animal] écraser

▶ **run through** VT INSEP **a** (= read quickly) parcourir **b** (= rehearse) [+ play] répéter

▶ **run up** VT SEP [+ bills] accumuler ◆ **to ~ up debts** s'endetter

▶ **run up against** VT INSEP [+ problem, difficulty] se heurter à

runaway ['rʌnəweɪ] **1** N (= teenager, pupil) fugueur m, -euse f ; (= soldier) fuyard m ; (= prisoner) fugitif m, -ive f **2** ADJ [person] fugitif ; [horse] emballé ◆ **a ~ car/train** une voiture folle/un train fou ◆ **he had a ~ victory** il a remporté la victoire haut la main

rundown ['rʌndaʊn] N (= summary) ◆ **to give sb a ~ on sth*** mettre qn au courant de qch

run-down [rʌn'daʊn] ADJ [person] à plat* ; [building, area] délabré

rung [rʌŋ] **1** VB (ptp of **ring**) **2** N [of ladder] barreau m

runner ['rʌnər] N **a** (= athlete) coureur m ; (= smuggler) contrebandier m ▶ **runner bean** (Brit) haricot m grimpant ▶ **runner-up** (coming second) second(e) m(f) **b** (= sliding part) [of car seat, door] glissière f ; [of drawer] coulisseau m

running ['rʌnɪŋ] **1** N **a** [of machine] fonctionnement m **b** [of business] gestion f ; [of competition] organisation f ▶ **running costs** [of business] frais mpl de fonctionnement ; [of machine] frais mpl d'entretien **c** ◆ **to be in the ~** avoir des chances de réussir ◆ **to be out of the ~** ne plus être dans la course **2** ADJ **a** (= flowing) [tap] ouvert **b** (= continuous) ◆ **~ battle** lutte f continuelle ▶ **running commentary** (Radio, TV) commentaire m suivi (on sth de qch) ▶ **running total** total m cumulé **3** ADV ◆ **(for) three years ~** pendant trois ans ◆ **for the third year ~** pour la troisième année consécutive

runny* ['rʌnɪ] ADJ [sauce, honey] liquide ; [eyes] qui pleurent ◆ **to have a ~ nose** avoir le nez qui coule

runt [rʌnt] N (= animal) avorton m

run-up ['rʌnʌp] N (= preparation) période f préparatoire (to à) ◆ **the ~ to the elections** la période qui précède les élections

runway ['rʌnweɪ] N piste f

rupture ['rʌptʃər] **1** N rupture f **2** VT rompre **3** VI se rompre

rural ['rʊərəl] ADJ rural

ruse [ruːz] N ruse f

rush [rʌʃ] **1** N **a** (= rapid movement) ruée f ; [of crowd] bousculade f ◆ **there was a ~ for the empty seats** il y a eu une ruée vers les places

libres ◆ **gold ~** ruée *f* vers l'or ▸ **rush hour** heures *fpl* de pointe **b** (= hurry) hâte *f* ◆ **to be in a ~** être extrêmement pressé ▸ **rush job** travail *m* urgent **2** VI [person] se précipiter ; [car] foncer ◆ **to ~ in/out/back** entrer/sortir/rentrer précipitamment ◆ **the blood ~ed to his face** le sang lui est monté au visage ◆ **to ~ into sth** faire qch à la hâte **3** VT [+ job, task] expédier ◆ **to ~ sb to hospital** transporter qn d'urgence à l'hôpital
▸ **rush about, rush around** VI courir çà et là

rushed [rʌʃt] ADJ **a** (= hurried) [meal] expédié ; [decision] précipité ; [work] fait à la va-vite * **b** (= busy) [person] débordé ◆ **to be ~ off one's feet** être (complètement) débordé

Russia [ˈrʌʃə] N Russie *f*

Russian [ˈrʌʃən] **1** ADJ russe **2** N **a** Russe *mf* **b** (= language) russe *m*

rust [rʌst] **1** N (on metal) rouille *f* **2** VT rouiller **3** VI se rouiller

rustic [ˈrʌstɪk] ADJ [scene, charm] champêtre ; [furniture, comfort] rustique

rustle [ˈrʌsl] **1** N [of leaves] bruissement *m* ; [of paper] froissement *m* **2** VI [leaves] bruire **3** VT [+ leaves] faire bruire ; [+ paper] froisser

rustler [ˈrʌslər] N (= cattle thief) voleur *m* de bétail

rustproof [ˈrʌstpruːf] ADJ [metal, alloy] inoxydable

rusty [ˈrʌstɪ] ADJ rouillé

rut [rʌt] N ◆ **to be (stuck) in a ~** [person] s'encroûter

ruthless [ˈruːθlɪs] ADJ [person, treatment] impitoyable

rye [raɪ] N (= grain) seigle *m* ▸ **rye bread** pain *m* de seigle ▸ **rye whisky** whisky *m* (de seigle)

ANGLAIS/FRANÇAIS

S

S, s [es] N (abbrev of **south**) S

Sabbath ['sæbəθ] N (Jewish) sabbat m ; (Christian) repos m dominical

sabbatical [sə'bætɪkəl] N congé m sabbatique ▶ **sabbatical year** année f sabbatique

saber ['seɪbər] N (US) ⇒ **sabre**

sabotage ['sæbətɑːʒ] **1** N sabotage m **2** VT saboter

sabre, saber (US) ['seɪbər] N sabre m

saccharin ['sækərɪn], **saccharine** ['sækəriːn] N saccharine f

sachet ['sæʃeɪ] N sachet m

sack [sæk] **1** N **a** (= bag) sac m **b** (Brit = dismissal) * ◆ **to give sb the ~** renvoyer qn ◆ **to get the ~** être renvoyé **2** VT (Brit = dismiss) * renvoyer

sacrament ['sækrəmənt] N sacrement m

sacred ['seɪkrɪd] ADJ sacré

sacrifice ['sækrɪfaɪs] **1** N sacrifice m **2** VT sacrifier (to à)

sacrilege ['sækrɪlɪdʒ] N sacrilège m

sacrilegious [,sækrɪ'lɪdʒəs] ADJ sacrilège

sacrosanct ['sækrəʊsæŋkt] ADJ sacro-saint

sad [sæd] ADJ triste ; [feeling] de tristesse ; [loss] douloureux ◆ **to make sb ~** rendre qn triste

sadden ['sædn] VT attrister

saddle ['sædl] **1** N selle f **2** VT **a** [+ horse] seller **b** ◆ **to ~ sb with sth** * [+ job, debts, responsibility] refiler * qch à qn

saddlebag ['sædlbæg] N sacoche f

sadistic [sə'dɪstɪk] ADJ sadique

sadly ['sædlɪ] ADV **a** (= unhappily) tristement **b** (= unfortunately) malheureusement

sadness ['sædnɪs] N tristesse f

s.a.e. [,eseɪ'iː] N (Brit) (abbrev of **stamped addressed envelope**) enveloppe f affranchie à son nom et adresse

safari [sə'fɑːrɪ] N safari m ▶ **safari park** (Brit) réserve f d'animaux

safe [seɪf] **1** ADJ **a** (= not risky) [substance, toy] sans danger ; [nuclear reactor] sûr, sans danger ; [place, vehicle] sûr ; [ladder, structure] solide ◆ **in a ~ place** en lieu sûr ◆ **to be in ~ hands** être en de bonnes mains ◆ **the water is ~ to drink** on peut boire cette eau sans danger ◆ **it's not ~ to go out after dark** il est dangereux de sortir la nuit **b** [choice, job] sûr ; [method] sans risque ; [limit, level] raisonnable ◆ **to be on the ~ side** * pour plus de sûreté **c** (= likely to be right) ◆ **it is ~ to say that ...** on peut dire sans trop s'avancer que ... ◆ **a ~ bet** (= wise choice) un bon choix **d** (= not in danger) [person] en sécurité ; (= no longer in danger) hors de danger ; [object] en sécurité ◆ **to be ~ from sth** être à l'abri de qch ◆ **~ and sound** sain et sauf ◆ (Prov) **better safe than sorry** on n'est jamais trop prudent **2** N (for money, valuables) coffre-fort m **3** COMP ▶ **safe-conduct** sauf-conduit m ▶ **safe deposit box** coffre-fort m à la banque ▶ **safe haven** refuge m ▶ **safe sex** rapports mpl sexuels sans risque ; (with condom) rapports mpl sexuels protégés

safeguard ['seɪfgɑːd] **1** VT protéger **2** N protection f

safekeeping [,seɪf'kiːpɪŋ] N ◆ **I gave it to him for ~** je le lui ai confié

safely ['seɪflɪ] ADV **a** (= without risk) en toute sécurité **b** (= without mishap) [return, land] sans encombre ; [arrive] bien **c** (= confidently) ◆ **I think I can ~ say that ...** je pense pouvoir dire sans trop m'avancer que ...

safety ['seɪftɪ] N sécurité f ▶ **safety belt** ceinture f de sécurité ▶ **safety chain** chaîne f de sûreté ▶ **safety-deposit box** (US) coffre-fort m à la banque ▶ **safety lock** serrure f de sécurité ▶ **safety measure** mesure f de sécurité ▶ **safety net** filet m de sécurité ▶ **safety pin** épingle f de nourrice

saffron ['sæfrən] N safran m

sag [sæg] VI [roof, chair, floorboard] s'affaisser ; [cheeks, breasts] tomber

sage [seɪdʒ] N **a** (= plant) sauge f **b** (= wise person) sage m

Sagittarius [,sædʒɪ'teərɪəs] N Sagittaire m

sago ['seɪgəʊ] N sagou m

Sahara [sə'hɑːrə] N ◆ **the ~ (Desert)** le désert du Sahara

said [sed] VB (pt, ptp of **say**)

sail [seɪl] **1** N [of boat] voile f ◆ **to set ~** prendre la mer **2** VI **a** [boat] ◆ **the ship ~s at 3 o'clock** le navire part à 3 heures ◆ **the boat ~ed up the river** le bateau remonta la rivière **b** [person] ◆ **he goes sailing every weekend** il fait de la voile tous les week-ends ◆ **to ~ away** partir en bateau ◆ **to ~ round the world** faire le tour d

monde en bateau **3** VT **a** [+ ocean] ◆ he ~ed the Atlantic last year l'année dernière il a fait la traversée de l'Atlantique en bateau **b** [+ boat] naviguer ◆ she ~ed her boat into the harbour elle est entrée dans le port (en bateau)
▶ **sail through** * VT INSEP ◆ to ~ through one's driving test avoir son permis de conduire haut la main

sailboard ['seɪlbɔːd] N planche f à voile

sailboat ['seɪlbəʊt] N (US) voilier m

sailing ['seɪlɪŋ] N voile f ▶ **sailing boat** (Brit) voilier m

sailor ['seɪlər] N marin m

saint [seɪnt] N saint(e) m(f) ◆ **All Saints' (Day)** la Toussaint ▶ **Saint Bernard** (= dog) saint-bernard m ▶ **Saint Patrick's Day** Saint-Patrick f

sake [seɪk] N ◆ for the ~ of pour ◆ for my ~ pour moi ◆ for God's ~ pour l'amour de Dieu ◆ for your own ~ pour ton bien ◆ to eat for the ~ of eating manger pour manger ◆ let's say for argument's ~ that ... disons que ...

salad ['sæləd] N salade f ◆ **tomato** ~ salade f de tomates ▶ **salad bowl** saladier m ▶ **salad cream** (Brit) sauce f mayonnaise (en bouteille) ▶ **salad dressing** vinaigrette f

salamander ['sælə,mændər] N salamandre f

salami [sə'lɑːmɪ] N salami m

salary ['sælərɪ] N salaire m

sale [seɪl] N **a** (= act) vente f ◆ "for ~" "à vendre" ◆ to put sth up for ~ mettre qch en vente ◆ on ~ (Brit = being sold) en vente ; (US = on special offer) en promotion ▶ **sales assistant** (Brit), **sales clerk** (US) vendeur m, -euse f ▶ **sales figures** chiffre m des ventes ▶ **sales manager** directeur m, -trice f commercial(e) ▶ **sales rep** *, **sales representative** VRP m **b** (with reductions) soldes mpl ◆ the ~s les soldes mpl

saleroom ['seɪlrʊm] N (Brit) salle f des ventes

salesgirl ['seɪlzɡɜːl] N vendeuse f

salesman ['seɪlzmən] N (pl **-men**) (in shop) vendeur m ; (= representative) VRP m

salesperson ['seɪlzpɜːsn] N vendeur m, -euse f

salesroom ['seɪlzrʊm] N (US) salle f des ventes

saleswoman ['seɪlzwʊmən] N (pl **-women**) (in shop) vendeuse f ; (= representative) VRP m

saliva [sə'laɪvə] N salive f

sallow ['sæləʊ] ADJ cireux ; [person] au teint cireux

salmon ['sæmən] N INV saumon m

salmonella [,sælmə'nelə] N salmonelle f

salon ['sælɒn] N salon m

saloon [sə'luːn] N **a** (Brit also **saloon car**) berline f **b** (= bar) bar m

salsa ['sɑːlsə] N salsa f

salt [sɔːlt] **1** N sel m ◆ **to rub ~ in the wound** retourner le couteau dans la plaie ◆ **to take sth with a pinch of ~** ne pas prendre qch au pied de la lettre ▶ **saltcellar** (Brit) ▶ **salt shaker** (US) salière f ▶ **salt water** eau f salée **2** ADJ salé **3** VT saler

saltwater ['sɔːltwɔːtər] ADJ [fish] de mer

salty ['sɔːltɪ] ADJ salé

salutary ['sæljʊtərɪ] ADJ salutaire

salute [sə'luːt] **1** N (with hand) salut m ; (with guns) salve f **2** VT saluer **3** VI faire un salut

salvage ['sælvɪdʒ] **1** N [of ship, cargo] sauvetage m ; (for re-use) récupération f **2** VT **a** (= save) sauver ; [+ pride, reputation] préserver **b** [+ ship, material, cargo] sauver **c** [+ objects for re-use] récupérer

salvation [sæl'veɪʃən] N salut m ▶ **the Salvation Army** l'Armée f du Salut

salve [sælv] VT [+ conscience] soulager

samba ['sæmbə] N samba f

same [seɪm] **1** ADJ même (as que) ◆ **the very ~ day** le jour même ◆ **that ~ day** ce même jour ◆ **it comes to the ~ thing** cela revient au même ◆ **at the ~ time** en même temps ◆ **in the ~ way** de même **2** PRON ◆ **it's the ~ as ...** c'est la même chose que ... ◆ **do the ~ as your brother** fais comme ton frère ◆ **I would do the ~ again** si c'était à refaire, je recommencerais ◆ **~ again please** * (in bar) la même chose, s'il vous plaît ◆ **it's not the ~ at all** ce n'est pas du tout pareil ◆ **it's not the ~ as before** ce n'est plus comme avant ◆ **all the ~** (= anyway) quand même ◆ **it's all the ~ to me** cela m'est égal

sample ['sɑːmpl] **1** N (gen) échantillon m ; [of blood, tissue] prélèvement m **2** VT **a** [+ food, wine] goûter ; [+ lifestyle] goûter à **b** [+ opinion] sonder

sanatorium [,sænə'tɔːrɪəm] N (Brit) sanatorium m ; (in school) infirmerie f

sanctimonious [,sæŋktɪ'məʊnɪəs] ADJ moralisateur (-trice f)

sanction ['sæŋkʃən] **1** N sanction f **2** VT **a** (= approve) sanctionner **b** (= impose sanctions on) prendre des sanctions contre

sanctity ['sæŋktɪtɪ] N [of life] caractère m sacré ; [of property, marriage] inviolabilité f

sanctuary ['sæŋktjʊərɪ] N (= refuge) asile m ; (for wildlife) réserve f

sand [sænd] **1** N sable m ▶ **sand castle** château m de sable ▶ **sand dune** dune f (de sable) **2** VT (also **sand down**) poncer

sandal ['sændl] N sandale f

sandalwood ['sændlwʊd] N santal m

sandbag ['sændbæɡ] N sac m de sable

sandbank ['sændbæŋk] N banc m de sable

sander ['sændə^r] N (= tool) ponceuse *f*

sandpaper ['sænd,peipə^r] N papier *m* de verre

sandpit ['sændpit] N (for children) bac *m* à sable ; (= quarry) carrière *f* de sable

sandstone ['sændstəun] N grès *m*

sandstorm ['sændstɔːm] N tempête *f* de sable

sandwich ['sænwidʒ] **1** N sandwich *m* ◆ **cheese ~** sandwich *m* au fromage ▶ **sandwich board** panneau *m* publicitaire *(porté par un homme-sandwich)* ▶ **sandwich course** stage *m* de formation en alternance **2** VT ◆ **to be ~ed between** être pris en sandwich entre *

sandy ['sændı] ADJ **a** [soil, ground] sablonneux ; [beach] de sable ; [water, deposit] sableux **b** (= light-brown) couleur sable *inv* ; [hair, moustache] blond roux *inv*

sane [seɪn] ADJ **a** (= not mad) [person] sain d'esprit ; [behaviour] sain **b** (= sensible) sensé

sang [sæŋ] VB (pt of **sing**)

sanitarium [,sænɪ'teərɪəm] N sanatorium *m*

sanitary ['sænɪtərɪ] ADJ **a** (= clean) hygiénique **b** [conditions, services] sanitaire ▶ **sanitary napkin** (US), **sanitary towel** (Brit) serviette *f* hygiénique

sanitation [,sænɪ'teɪʃən] N (in house) installations *fpl* sanitaires ; (= science) hygiène *f* publique

sanity ['sænɪtɪ] N [of person] santé *f* mentale

sank [sæŋk] VB (pt of **sink**)

Santa * ['sæntə], **Santa Claus** [,sæntə'klɔːz] N père *m* Noël

sap [sæp] **1** N (in plants) sève *f* **2** VT [+ strength, confidence] saper

sapling ['sæplɪŋ] N jeune arbre *m*

sapphire ['sæfaɪə^r] N saphir *m*

Saranwrap ® [sə'rænræp] N (US) Scellofrais ® *m*

sarcasm ['sɑːkæzəm] N sarcasme *m*

sarcastic [sɑː'kæstɪk] ADJ sarcastique

sardine [sɑː'diːn] N sardine *f*

Sardinia [sɑː'dɪnɪə] N Sardaigne *f*

sardonic [sɑː'dɒnɪk] ADJ sardonique

sari ['sɑːrɪ] N sari *m*

SARS ['sɑːs] N (abbrev of **Severe Acute Respiratory Syndrome**) SRAS *m*

SAS [eseɪ'es] N (Brit) (abbrev of **Special Air Service**) *commandos d'intervention de l'armée de l'air*

SASE [,eseɪes'iː] N (US) (abbrev of **self-addressed stamped envelope**) enveloppe *f* affranchie à son nom et adresse

sash [sæʃ] N (on dress) large ceinture *f* à nœud ▶ **sash window** fenêtre *f* à guillotine

sassy * ['sæsɪ] ADJ (US) **a** (= cheeky) insolent **b** (= smart) chic

sat [sæt] VB (pt, ptp of **sit**)

Satan ['seɪtn] N Satan *m*

satanic [sə'tænɪk] ADJ satanique

satchel ['sætʃəl] N cartable *m*

satellite ['sætəlaɪt] N **a** satellite *m* ▶ **satellite dish** antenne *f* parabolique ▶ **satellite television** télévision *f* par satellite **b** (US = dormitory town) ville *f* satellite

satin ['sætɪn] **1** N satin *m* **2** COMP [dress] de *or* en satin ; [skin] de satin

satire ['sætaɪə^r] N satire *f* (on de)

satiric(al) [sə'tɪrɪk(əl)] ADJ satirique

satirize ['sætəraɪz] VT faire la satire de

satisfaction [,sætɪs'fækʃən] N **a** (= pleasure) satisfaction *f* ◆ **is it to your ~?** est-ce que vous en êtes satisfait ? **b** (for wrong, injustice) ◆ **to get ~** obtenir réparation

satisfactory [,sætɪs'fæktərɪ] ADJ satisfaisant

satisfied ['sætɪsfaɪd] ADJ **a** (= content) satisfait (with de) **b** (= convinced) convaincu (with par)

satisfy ['sætɪsfaɪ] VT **a** (gen) satisfaire ; [+ requirements, condition, demand] satisfaire à **b** (= convince) assurer (sb that qn que ; of de)

satisfying ['sætɪsfaɪɪŋ] ADJ [life, work, career] satisfaisant ; [task, experience] gratifiant

satsuma [,sæt'suːmə] N satsuma *f (sorte de mandarine)*

saturate ['sætʃəreɪt] VT saturer (with de)

saturation [,sætʃə'reɪʃən] N saturation *f* ◆ **to reach ~ point** arriver à saturation

Saturday ['sætədɪ] N samedi *m* ◆ **on ~** samedi ◆ **on ~s** le samedi ◆ **next/last ~** samedi prochain/dernier ◆ **every ~** tous les samedis ◆ **every other ~** un samedi sur deux ◆ **on ~ 23 January** le samedi 23 janvier ◆ **a week on ~** samedi en huit ◆ **~ night** samedi soir ; (overnight) la nuit de samedi

Saturn ['sætən] N (= planet) Saturne *f*

sauce [sɔːs] N sauce *f*

saucepan ['sɔːspən] N casserole *f*

saucer ['sɔːsə^r] N soucoupe *f*

saucy * ['sɔːsɪ] ADJ **a** (= cheeky) impertinent [look] coquin **b** [joke, humour] grivois

Saudi ['saudɪ] **1** ADJ saoudien ▶ **Saudi Arabia** Arabie *f* Saoudite **2** N Saoudien(ne) *m(f)*

sauerkraut ['sauəkraut] N choucroute *f*

sauna ['sɔːnə] N sauna *m*

saunter ['sɔːntə^r] VI flâner ◆ **to ~ in/along** entrer/marcher d'un pas nonchalant

sausage ['sɒsɪdʒ] N saucisse *f* ; (pre-cooked) saucisson *m* ▶ **sausage roll** ≈ friand *m*

sauté ['səʊteɪ] VT [+ potatoes, meat] faire sauter ◆ **~ed potatoes** pommes *fpl* sautées

savage ['sævɪdʒ] **1** ADJ (= violent) féroce ; [blow] brutal ; [temper] sauvage **2** N sauvage *mf* **3** VT [dog] attaquer férocement ; [critics] éreinter

save [seɪv] **1** VT **a** (= rescue) sauver ◆ **to ~ sb's life** sauver la vie à qn ◆ **I couldn't do it to ~ my life** je serais incapable de le faire ◆ **to ~ the day** sauver la mise ◆ **to ~ face** sauver la face **b** (= store away) [+ money] mettre de côté ; [+ food, seat] garder **c** (= not spend, not take) [+ money, work] économiser ; [+ time] gagner ; (= avoid) éviter (sb sth qch à qn) ◆ **you have ~d me a lot of trouble** vous m'avez évité bien des ennuis ◆ **to ~ energy** faire des économies d'énergie ◆ **he's saving his strength** il se ménage **d** ◆ **to ~ a goal** arrêter un tir **e** [+ computer file] sauvegarder **2** VI (= save up) mettre de l'argent de côté ◆ **to ~ on sth** économiser sur qch **3** N (Sport) parade *f* **4** PREP (liter) sauf

saver ['seɪvə'] N épargnant(e) *m(f)*

saving ['seɪvɪŋ] **1** N [of time, money] économie *f* ; (in bank) épargne *f* **2** **savings** NPL économies *fpl* ▶ **savings account** (Brit) compte *m* d'épargne ; (US) compte *m* de dépôt

saviour, savior (US) ['seɪvjə'] N sauveur *m*

savour, savor (US) ['seɪvə'] VT savourer

savoury, savory (US) ['seɪvərɪ] **1** ADJ (Brit = not sweet) salé **2** N (= dish) mets *m* non sucré ; (on toast) canapé *m* chaud

saw [sɔː] (vb : pret **sawed**, ptp **sawed** or **sawn**) **1** VT scier **2** VI ◆ **to ~ through a plank** scier une planche **3** N scie *f* **4** (pt of **see**)

sawdust ['sɔːdʌst] N sciure *f*

sawmill ['sɔːmɪl] N scierie *f*

sawn [sɔːn] VB (ptp of **saw**)

sawn-off shotgun [ˌsɔːnɒf'ʃɒtɡʌn] N (Brit) carabine *f* à canon scié

saxophone ['sæksəfəʊn] N saxophone *m*

say [seɪ] (pret, ptp **said**) **1** VT **a** (gen) dire ; [+ poem] réciter ◆ **to ~ yes/no to an invitation** accepter/refuser une invitation ◆ **your father said no** ton père a dit non ◆ **nothing was said about it** on n'en a pas parlé ◆ **could you ~ that again?** tu peux répéter ? ◆ **he always has a lot to ~ for himself** il a toujours quelque chose à dire ◆ **it's easier said than done!** c'est plus facile à dire qu'à faire ! ◆ **"yes" she said** "oui" dit-elle ◆ **it ~s in the rules (that)** il est dit dans le règlement (que) ◆ **it is said that ...** on dit que ... ◆ **that's ~ing a lot** ce n'est pas peu dire ◆ **it ~s a lot for his courage that he stayed** le fait qu'il soit resté en dit long sur son courage ◆ **it goes without ~ing that ...** il va sans dire que ... **b** (= imagine) ◆ **~ you won £10,000 ...**

imaginons que tu gagnes 10 000 livres ... ◆ **~ for argument's sake that ...** disons à titre d'exemple que ... **c** (proposals) ◆ **shall we ~ £5/Tuesday ?** disons 5 livres/mardi ? ◆ **what would you ~ to a round of golf?** si on faisait une partie de golf ? **d** [dial, thermometer] indiquer ◆ **my watch ~s 10 o'clock** ma montre indique 10 heures **2** VI dire ◆ **that is to ~** c'est-à-dire ◆ **you don't ~!** * sans blague ! * ◆ **if there were, ~, 500 people** s'il y avait, mettons, 500 personnes ◆ **as they ~** comme on dit ◆ **it seems rather rude, I must ~** cela ne me paraît guère poli, je l'avoue ◆ **it's not for me to ~** ce n'est pas à moi de le dire **3** N ◆ **to have one's ~** dire ce qu'on a à dire ◆ **to have no ~ in the matter** ne pas avoir voix au chapitre

saying ['seɪɪŋ] N dicton *m*

scab [skæb] N **a** [of wound] croûte *f* **b** (* = strikebreaker) briseur *m* de grève

scaffold ['skæfəld] N échafaud *m*

scaffolding ['skæfəldɪŋ] N échafaudage *m*

scald [skɔːld] **1** VT ◆ **to ~ one's hand** s'ébouillanter la main ◆ **to ~ o.s.** s'ébouillanter **2** N brûlure *f (causée par un liquide bouillant)*

scalding ['skɔːldɪŋ] **1** ADJ brûlant **2** ADV ◆ **~ hot** brûlant ; [weather] terriblement chaud

scale [skeɪl] **1** N **a** (= scope) échelle *f* ; (= size) importance *f* ◆ **on a large/small ~** sur une grande/petite échelle **b** [of map] échelle *f* ◆ **(drawn) to ~** à l'échelle ▶ **scale model** modèle *m* réduit **c** (on thermometer, ruler) échelle *f* graduée ; [of wages] barème *m* **d** (musical) gamme *f* **e** [of fish] écaille *f* **2** VT **a** [+ wall, mountain] escalader **b** [+ fish] écailler **c** [+ teeth] détartrer

▶ **scale down** VT SEP réduire

scales [skeɪlz] NPL balance *f* ; (in bathroom) pèse-personne *m inv*

scallion ['skælɪən] N (US = spring onion) ciboule *f*

scallop ['skɒləp] N **a** (= shellfish) coquille *f* Saint-Jacques **b** (Sewing) ◆ **~s** festons *mpl*

scalp [skælp] **1** N cuir *m* chevelu **2** VT [+ person] scalper

scalpel ['skælpəl] N scalpel *m*

scam * [skæm] N arnaque * * *f*

scamp * [skæmp] N galopin * *m*

scamper ['skæmpə'] VI [children] galoper ; [mice] trottiner

scampi ['skæmpɪ] NPL langoustines *fpl* (frites), scampi *mpl*

scan [skæn] **1** VT **a** (= examine closely) fouiller du regard **b** (= glance quickly over) [+ newspaper] feuilleter **c** [+ picture, document, barcode] scanner **d** [+ patient] passer au scanner **e** (with radar) balayer **2** N (= test) ◆ (**ultra-sound**) ~ échographie f

scandal ['skændl] N **a** (= disgrace) scandale m **b** (= gossip) ragots * mpl

scandalize ['skændəlaız] VT scandaliser ◆ **to be ~d by sth** être scandalisé par qch

scandalous ['skændələs] ADJ scandaleux

Scandinavia [,skændı'neıvıə] N Scandinavie f

Scandinavian [,skændı'neıvıən] ADJ scandinave

scanner ['skænəʳ] N **a** (= CAT scanner) scanner m **b** (= ultrasound scanner) échographe m **b** (in supermarket) lecteur m de code-barres ; (in airport) portique m électronique

scantily ['skæntılı] ADV ◆ **~ dressed** en tenue légère

scanty ['skæntı] ADJ (gen) maigre ; [knowledge] sommaire ; [swimsuit] minuscule

scapegoat ['skeɪpgəʊt] N bouc m émissaire

scar [skɑːʳ] **1** N cicatrice f **2** VT marquer d'une cicatrice ◆ **he was ~red for life** il a été marqué à vie

scarce [skɛəs] ADJ (gen) rare ; [resources] limité ◆ **to make o.s. ~** * s'éclipser

scarcely ['skɛəslı] ADV **a** (= barely) à peine, guère ◆ **the landscape has ~ altered** le paysage n'a guère changé ◆ **I could ~ believe it** je pouvais à peine le croire ◆ **they were ~ ever apart** ils étaient presque toujours ensemble **b** (no sooner) à peine ◆ **~ had we sat down when the phone went** nous étions à peine assis que le téléphone a sonné

scarcity ['skɛəsıtı] N pénurie f

scare [skɛəʳ] **1** N **a** (* = fright) ◆ **to give sb a ~** faire peur à qn **b** (about pollution, disease) alerte f ◆ **bomb ~** alerte à la bombe **2** VT effrayer

► **scare away, scare off** VT SEP faire fuir

scarecrow ['skɛəkrəʊ] N épouvantail m

scared [skɛəd] ADJ effrayé ◆ **to be ~ (of)** avoir peur (de) ◆ **to be ~ stiff** * avoir une peur bleue

scaremonger ['skɛə,mʌŋgəʳ] N alarmiste mf

scarf [skɑːf] N (pl **scarves**) écharpe f ; (square) foulard m

scarlet ['skɑːlıt] ADJ, N écarlate f ► **scarlet fever** scarlatine f

scarves [skɑːvz] NPL of **scarf**

scary * ['skɛərı] ADJ effrayant

scathing ['skeıðıŋ] ADJ cinglant (about au sujet de)

scatter ['skætəʳ] **1** VT **a** [+ crumbs, papers] éparpiller ; [+ chopped herbs, almonds] saupou-

drer ; [+ toys, nails] répandre **b** [+ clouds, crowd] disperser ; [+ enemy] mettre en déroute **2** VI [clouds, crowd] se disperser

scatterbrained ['skætəbreınd] ADJ écervelé

scattered ['skætəd] ADJ [toys] éparpillé ; [buildings, trees] dispersé ; [population] disséminé ; [riots] sporadique ◆ **~ with sth** (= strewn with) parsemé de qch ; [+ nails, flowers, corpses] jonché de qch ► **scattered showers** averses fpl éparses

scavenge ['skævındʒ] **1** VT [+ object] récupérer ; [+ information] aller chercher **2** VI ◆ **to ~ in the dustbins (for sth)** faire les poubelles (pour trouver qch)

scavenger ['skævındʒəʳ] N **a** (= animal) charognard m **b** (= person) pilleur m de poubelles

SCE [,essi:'i:] N (abbrev of **Scottish Certificate of Education**) examen de fin d'études secondaires en Écosse

scenario [sı'nɑːrıəʊ] N scénario m ◆ **worst-case ~** pire hypothèse f

scene [siːn] N **a** (= part of play) scène f ◆ **~ from a film** séquence f d'un film ◆ **the ~ is set in Paris** la scène se passe à Paris ◆ **to set the ~ for sth** préparer le terrain pour qch ◆ **behind the ~s** dans les coulisses **b** (= sight) spectacle m ; (= view) vue f ; (= happening) incident m **c** (= place) lieu m ◆ **the ~ of the crime** le lieu du crime ◆ **he needs a change of ~** il a besoin de changer d'air **d** (* = fuss) scène f ◆ **don't make a ~** ne fais pas d'histoire **e** (= sphere of activity) monde m ◆ **the political ~** la scène politique

scenery ['siːnərı] N **a** (= countryside) paysage m **b** (in theatre) décor(s) m(pl)

scenic ['siːnık] ADJ pittoresque

scent [sent] **1** N **a** (= odour, perfume) parfum m **b** (animal's track) fumet m ; (fig) piste f **2** VT **a** [+ handkerchief, air] parfumer (with de) **b** (= smell) flairer

sceptic, skeptic (US) ['skeptık] ADJ, N sceptique mf

sceptical, skeptical (US) ['skeptıkəl] ADJ sceptique (about, of sur)

schedule ['ʃedjuːl, (US) 'skedjuːl] **1** N **a** [of work, duties] programme m ; [of planes] horaire m ; [of events] calendrier m ; (US = timetable) emploi m du temps ◆ **to be ahead of ~** (in work) avoir de l'avance sur son programme ◆ **our work has fallen behind ~** nous sommes en retard dans notre travail ◆ **the work is on ~** les travaux avancent conformément au calendrier **b** (= list) liste f ; [of prices] tarif m **2** VT (gen : pass) [+ meeting, talks] prévoir ◆ **at the ~d time** à l'heure prévue ◆ **as ~d** comme prévu ◆ **~d flight** vol m régulier

scheme [ski:m] **1** N **a** (= plan) plan m (to do sth pour faire qch) ; (= project) projet m ; (= method) procédé m (for doing sth pour faire qch) **b** (= arrangement) combinaison f **2** VI [group] comploter ; [individual] intriguer

schism ['sɪzəm] N schisme m

schizophrenic [ˌskɪtsəʊ'frenɪk] ADJ, N schizophrène mf

scholar ['skɒlər] N **a** (= academic) universitaire mf **b** (= scholarship holder) boursier m, -ière f

scholarly ['skɒləlɪ] ADJ [publication] spécialisé ; [approach, person] érudit ; [debate] d'érudits

scholarship ['skɒləʃɪp] N **a** (= award) bourse f **b** (= learning) érudition f

school [sku:l] N **a** (gen) école f ; (= secondary school) lycée m ; (up to 16 only) collège m ◆ at or in ~ à l'école ▸ school leaver (Brit) jeune mf qui vient d'achever sa scolarité ▸ school year année f scolaire **b** (US = university) * fac * f **c** (= university faculty) faculté f **d** (= institute) institut m **e** [of fish] banc m

schoolbag ['sku:lbæg] N cartable m

schoolbook ['sku:lbʊk] N livre m de classe

schoolboy ['sku:lbɔɪ] N élève m

schoolchild ['sku:ltʃaɪld] N (pl **-children**) élève mf

schooldays ['sku:ldeɪz] NPL années fpl de scolarité

schoolgirl ['sku:lgɜ:l] N élève f

schooling ['sku:lɪŋ] N études fpl

schoolmaster ['sku:lˌmɑ:stər] N professeur m

schoolmistress ['sku:lˌmɪstrɪs] N professeur mf

schoolteacher ['sku:lˌti:tʃər] N (primary) professeur mf des écoles ; (secondary) professeur mf

schoolwork ['sku:lwɜ:k] N travail m scolaire

schooner ['sku:nər] N (= ship) goélette f

sciatica [saɪ'ætɪkə] N sciatique f

science ['saɪəns] N science f ; (= school subject) sciences fpl ▸ science fiction science-fiction f

scientific [ˌsaɪən'tɪfɪk] ADJ scientifique

scientist ['saɪəntɪst] N scientifique mf

scintillating ['sɪntɪleɪtɪŋ] ADJ brillant

scissors ['sɪzəz] NPL ciseaux mpl

sclerosis [sklɪ'rəʊsɪs] N sclérose f

scoff [skɒf] **1** VI (= mock) se moquer (at de) **2** VTI (* = eat) bouffer *

scold [skəʊld] VT réprimander ; [+ child] gronder

scone [skɒn] N scone m (petit gâteau)

scoop [sku:p] **1** N **a** (for flour, sugar) mesure f ; (for ice cream) cuiller f à glace ◆ a ~ of ice cream une boule de glace **b** (Press) scoop m **2** VT [+ prize, award] décrocher *
▸ **scoop out** VT SEP ◆ he ~ed the sand out of the bucket il a vidé le sable du seau ◆ ~ the flesh out of the melon évidez le melon
▸ **scoop up** VT SEP ramasser

scooter ['sku:tər] N (= motorcycle) scooter m ; (child's) trottinette f

scope [skəʊp] N **a** [of law, regulation] portée f ; [of undertaking] envergure f ; [of powers, problem] étendue f ; [of changes] ampleur f **b** (= opportunity) possibilité f **c** (= competences, capabilities) compétences fpl

scorch [skɔ:tʃ] VT [+ fabric] roussir ; [+ grass] [fire] brûler ; [sun] roussir

scorching * ['skɔ:tʃɪŋ] ADJ [day] de canicule ; [heat] caniculaire ; [sand] brûlant ; [sun] de plomb

score [skɔ:r] **1** N **a** (Sport) score m ; (Cards) marque f ; (US = mark) note f ; (= debt) ◆ to settle a ~ with sb régler ses comptes avec qn **c** (= respect) ◆ on that ~ à ce sujet **d** (= mark) rayure f ; (deeper) entaille f **e** [of film] musique f **f** (= sheets of music) partition f **g** (= twenty) ◆ a ~ vingt ◆ there were ~s of mistakes il y avait des dizaines de fautes **2** VT **a** [+ goal, point] marquer ; [+ success] remporter ◆ to ~ 70% avoir 70 sur 100 **b** (= cut) rayer **1** VI (= win points) marquer un point (or des points) ; (= score goal) marquer un but (or des buts) ; (= keep the score) marquer les points
▸ **score out, score through** VT SEP rayer

scoreboard ['skɔ:bɔ:d] N tableau m d'affichage (des scores)

scorer ['skɔ:rər] N **a** (keeping score) marqueur m **b** (= goal scorer) marqueur m (de but)

scorn ['skɔ:n] **1** N mépris m ◆ to pour ~ on sb/sth traiter qn/qch avec mépris **2** VT [+ person, action] mépriser ; [+ advice, suggestion] dédaigner

scornful ['skɔ:nfʊl] ADJ méprisant ◆ to be ~ of sb/sth mépriser qn/qch

Scorpio ['skɔ:pɪəʊ] N Scorpion m

scorpion ['skɔ:pɪən] N scorpion m

Scot [skɒt] N Écossais(e) m(f)

Scotch [skɒtʃ] **1** N (= Scotch whisky) scotch m **2** ADJ écossais

scotch [skɒtʃ] VT [+ rumour] étouffer ; [+ plan, attempt] faire échouer

scot-free ['skɒt'fri:] ADV ◆ to get off ~ s'en tirer à bon compte

Scotland ['skɒtlənd] N Écosse f

Scots [skɒts] N, ADJ écossais m

Scotsman ['skɒtsmən] N (pl **-men**) Écossais m

Scotswoman ['skɒts,wumən] N (pl **-women**) Écossaise f

Scottish ['skɒtɪʃ] ADJ écossais

scoundrel ['skaundrəl] N fripouille f ; (stronger) crapule f

scour ['skauəʳ] VT **a** [+ pan, sink] récurer ; [+ floor] frotter **b** (= search) fouiller

scourer ['skauərəʳ] N (= pad) tampon m à récurer

scourge [skɜːdʒ] N fléau m

scout [skaut] **1** N **a** (in army) éclaireur m **b** (= boy scout) scout m **c** (= talent scout) découvreur m, -euse f de talents **2** VI aller en reconnaissance

► **scout around** VI ◆ to ~ around for sth chercher qch

scoutmaster ['skaut,mɑːstəʳ] N chef m scout

scowl [skaul] **1** N air m renfrogné **2** VI se renfrogner ◆ to ~ at sb/sth jeter un regard mauvais à qn/qch

scrabble ['skræbl] **1** VI **a** (= scrabble about) ◆ to ~ up/down grimper/descendre péniblement ◆ she ~d (about or around) in the sand for the keys elle cherchait les clés dans le sable ◆ he ~d (about or around) for a pen in the drawer il a fouillé dans le tiroir à la recherche d'un stylo **b** (= scramble) ◆ to ~ to do sth chercher à faire qch au plus vite **2** N (= game) ◆ Scrabble ® Scrabble ® m

scraggly * ['skrægli] ADJ (US) [beard, hair] hirsute ; [plant] difforme

scraggy ['skrægi] ADJ (= scrawny) maigre ; [hair, beard, fur] peu fourni et hérissé

scramble ['skræmbl] **1** VI **a** (= clamber) ◆ to ~ up/down grimper/descendre péniblement ◆ they ~d over the rocks ils ont escaladé les rochers en s'aidant des pieds et des mains ◆ to ~ for [+ seats, jobs] se bousculer pour (avoir) **b** (Brit) ◆ to go scrambling faire du trial **2** VT [message, signal] crypter **3** N ruée f

scrambled eggs [,skræmbld'egz] NPL œufs mpl brouillés

scrap [skræp] **1** N **a** [of paper, cloth] (petit) bout m ; [of conversation, information] bribe f ; [of news] fragment m ◆ ~s (= food remnants) restes mpl ▸ **scrap paper** (papier m de) brouillon m **b** (also **scrap iron**) ferraille f ◆ to sell a car for ~ vendre une voiture à la casse * ▸ **scrap dealer** ferrailleur m **c** (= fight) bagarre * f **2** VT (= get rid of) se débarrasser de ; [+ car, ship] envoyer à la ferraille ; [+ project] renoncer à **3** VI (= fight) se bagarrer *

scrapbook ['skræpbuk] N album m (de coupures de journaux)

scrape [skreip] **1** N **a** (= noise) grattement m ; (= mark) éraflure f **b** (* = trouble) ◆ to get into a ~ s'attirer des ennuis **2** VT (= graze) égratigner ; (= just touch) effleurer ; (= clean) gratter ◆ to ~ one's knees s'égratigner les genoux **3** VI (= make scraping sound) gratter ; (= rub) frotter

► **scrape by** VI (financially) vivoter

► **scrape out** VT SEP [+ contents] enlever en grattant ; [+ pan] récurer

► **scrape through** VI (= get past) passer de justesse ; (= succeed) réussir de justesse

► **scrape together** VT SEP [+ objects, money] rassembler (à grand-peine)

scraper ['skreipəʳ] N grattoir m

scrapheap ['skræphiːp] N tas m de ferraille

scraping ['skreipɪŋ] **1** ADJ [noise] de grattement **2** N ◆ ~s [of food] restes mpl

scrapyard ['skræpjɑːd] N dépôt m de ferraille ; (for cars) casse * f

scratch [skrætʃ] **1** N (on skin) égratignure f ; (on paint, car) éraflure f ; (on glass, record) rayure f ◆ to start from ~ partir de zéro * ◆ he didn't come up to ~ il ne s'est pas montré à la hauteur ▸ **scratch paper** (US) (papier m de) brouillon m **2** VT **a** (with nail, claw) griffer ; [+ varnish, record] rayer **b** (to relieve itch) gratter ◆ to ~ one's head se gratter la tête ◆ you ~ my back and I'll ~ yours un petit service en vaut un autre **c** [+ meeting, match] annuler ; (Computing) effacer ; [+ competitor] scratcher **3** VI (with nail, claw) griffer ; (= to relieve itch) se gratter ◆ the dog was ~ing at the door le chien grattait à la porte

► **scratch out** VT SEP ◆ to ~ sb's eyes out arracher les yeux à qn

scratchcard ['skrætʃkɑːd] N (Brit) carte f à gratter

scrawl [skrɔːl] **1** N gribouillage m **2** VT griffonner

scrawny ['skrɔːni] ADJ maigre

scream [skriːm] **1** N **a** (gen) cri m ; (stronger) hurlement m **b** ◆ he's a ~ * il est vraiment marrant * **2** VI [person] crier ; (stronger) hurler ; [siren, brakes, wind] hurler ◆ to ~ at sb crier après qn **3** VT hurler

scree [skriː] N éboulis m (en montagne)

screech [skriːtʃ] **1** N [of person, brakes] hurlement m ; [of tyres] crissement m **2** VI [person, brakes] hurler ; [tyres] crisser ; [singer, owl] crier **3** VT hurler

screen [skriːn] **1** N **a** (gen) écran m ◆ on ~ (information, image) à l'écran ◆ to work on ~ travailler sur écran **b** (in room) paravent m ; [of trees] rideau m ▸ **screen test** bout m d'essai **2** VT **a** (= hide) masquer ; (= protect) protéger **b** [+ film] projeter **c** (= check) [+ candidates] présélectionner ◆ to ~ **sb for cancer** faire passer un test de dépistage du cancer à qn ◆ to ~ **one's calls** filtrer ses appels

screening ['skriːnɪŋ] N **a** (of film) projection *f* **b** (of candidates) sélection *f* **c** (medical) examen *m* de dépistage

screenplay ['skriːnpleɪ] N scénario *m*

screen-saver ['skriːnˌseɪvəʳ] N économiseur *m* d'écran

screw [skruː] **1** N vis *f* **2** VT **a** (= fix) visser (on sur ; to à) **b** (*** = have sex with) baiser*** **3** VI se visser
▶ **screw up** VT SEP **a** [+ paper] chiffonner ; [+ handkerchief] tortiller ◆ to ~ up one's eyes plisser les yeux ◆ to ~ up one's face faire la grimace **b** (* = spoil) foutre en l'air*

screwdriver ['skruːˌdraɪvəʳ] N tournevis *m*

scribble ['skrɪbl] **1** VI gribouiller **2** VT griffonner **3** N gribouillage *m*

scrimp [skrɪmp] VI lésiner ◆ to ~ **and save** économiser sur tout

script [skrɪpt] N **a** (of film) scénario *m* ; (of TV programme, play) texte *m* **b** (in exam) copie *f*

Scripture ['skrɪptʃəʳ] N Écriture *f* sainte

scriptwriter ['skrɪptˌraɪtəʳ] N scénariste *mf*

scroll [skrəʊl] **1** N (of parchment) rouleau *m* ; (= ancient book) manuscrit *m* **2** VT (Computing) ◆ to ~ **sth up/down** faire défiler qch vers le haut/le bas **3** COMP ▶ **scroll bar** (Comput) barre *f* de défilement

scrotum ['skrəʊtəm] N scrotum *m*

scrounge * [skraʊndʒ] **1** VT [+ meal] réussir à se faire offrir (off sb par qn) ◆ to ~ **money from sb** taper qn * **2** VI ◆ he's always scrounging c'est un parasite

scrounger * ['skraʊndʒəʳ] N parasite *m*

scrub [skrʌb] N **a** ◆ to ~ **sth a good** ~ bien nettoyer qch (avec une brosse) **b** (= brushwood) broussailles *fpl* **2** VT [+ floor] laver au balai-brosse ; [+ washing] frotter (à la brosse) ; [+ pan] récurer ◆ to ~ **one's hands** bien se nettoyer les mains **3** VI frotter

scrubbing brush ['skrʌbɪŋbrʌʃ] N (Brit) brosse *f* à récurer

scruff [skrʌf] N ◆ by the ~ **of the neck** par la peau du cou

scruffy ['skrʌfɪ] ADJ [person, clothes] débraillé ; [building] miteux

scrum [skrʌm] N (Rugby) mêlée *f*

scrunch [skrʌntʃ] **1** VI ◆ her feet ~ed on the gravel ses pas crissaient sur le gravier **2** VT (= crush) écraser

scruple ['skruːpl] N scrupule *m*

scrutinize ['skruːtɪnaɪz] VT examiner minutieusement

scrutiny ['skruːtɪnɪ] N (of document, conduct) examen *m* minutieux ◆ **under his ~, she felt nervous** son regard scrutateur la mettait mal à l'aise

scuba diving [skuːbəˌdaɪvɪŋ] N plongée *f* sous-marine (autonome)

scuff [skʌf] VT [+ shoes, furniture] érafler

scuffle ['skʌfl] **1** N bagarre *f* **2** VI se bagarrer

scull [skʌl] **1** N **a** (= oar) aviron *m* **b** (= boat) outrigger *m* **2** VI (with two oars) ramer ; (with single oar) godiller

scullery ['skʌlərɪ] N arrière-cuisine *f*

sculpt [skʌlp(t)] VTI sculpter (out of dans)

sculptor ['skʌlptəʳ] N sculpteur *m*, -euse *f*

sculpture ['skʌlptʃəʳ] **1** N sculpture *f* **2** VTI sculpter

scum [skʌm] N écume *f* ; (dirty) crasse *f* ◆ **the ~ of the earth** le rebut du genre humain

scupper * ['skʌpəʳ] VT (Brit) [+ plan, negotiations] faire capoter *

scurrilous ['skʌrɪləs] ADJ [rumour, article] calomnieux

scurry ['skʌrɪ] VI courir précipitamment

scurvy ['skɜːvɪ] N scorbut *m*

scuttle ['skʌtl] **1** N (for coal) seau *m* (à charbon) **2** VI courir précipitamment **3** VT **a** [+ ship] saborder **b** [+ hopes, plans] faire échouer

scythe [saɪð] **1** N faux *f* **2** VT faucher

sea [siː] N mer *f* ◆ **by** or **beside the** ~ au bord de la mer ◆ **by** ~ par mer ◆ **to put to** ~ prendre la mer ◆ (out) **at** ~ en mer ◆ **I'm all at** ~ * je nage complètement ᴬ ▶ **sea air** air *m* marin ▶ **sea bed** fonds *mpl* marins ▶ **sea bird** oiseau *m* marin ▶ **sea change** profond changement *m* ▶ **sea front** front *m* de mer ▶ **sea lane** voie *f* de navigation maritime ▶ **sea level** niveau *m* de la mer ◆ **100 metres above/below** ~ **level** 100 mètres au-dessus/au-dessous du niveau de la mer ▶ **sea lion** otarie *f* ▶ **sea salt** sel *m* de mer ▶ **sea shell** coquillage *m*

seafood ['siːfuːd] N fruits *mpl* de mer

seagull ['siːgʌl] N mouette *f*

seal [siːl] **1** N **a** (= animal) phoque *m* **b** (on document) sceau *m* ; (on envelope, package) cachet *m* ◆ **to give one's** ~ **of approval to sth** donner son approbation à qch **c** (on bottle, box, door, tank) joint *m* (d'étanchéité) **2** VT **a** [+ document] sceller ; [+ envelope, packet] fermer ; [+ jar] fermer hermétiquement **b** [+ area] boucler ; [+ border] fermer **c** [+ bargain] conclure ◆ **to** ~ **sb's fate** régler le sort de qn
▶ **seal off** VT SEP (= close up) condamner ; [+ road, room] interdire l'accès de ; [+ area] boucler

seam [siːm] N **a** (Sewing) couture f **b** [of coal] filon m

seaman ['siːmən] N (pl **-men**) marin m ; (US Navy) quartier-maître m de 2ᵉ classe

seamy ['siːmɪ] ADJ [district] louche

séance ['seɪɑːns] N séance f de spiritisme

seaplane ['siːpleɪn] N hydravion m

search [sɜːtʃ] **1** N **a** [of pocket, district, luggage] fouille f ; [of building] perquisition f ; (for lost person or thing) recherche(s) f(pl) ◆ **in ~ of** à la recherche de ◆ **the ~ for a cure** la recherche d'un remède ▸ **search party** équipe f de secours ▸ **search warrant** mandat m de perquisition **b** (Computing) recherche f ▸ **search engine** (Computing) moteur m de recherche **2** VT **a** [+ house, district, luggage] fouiller ; [police] [+ house] perquisitionner ; [+ pockets, drawer] fouiller (dans) (for pour essayer de retrouver) **b** [+ documents, records] examiner (en détail) (for pour trouver) ◆ **to ~ one's memory** essayer de se souvenir **3** VI chercher ◆ **to ~ for sth** chercher qch ; (Computing) rechercher qch ◆ **to ~ through sth** chercher dans qch

searching ['sɜːtʃɪŋ] ADJ [look] inquisiteur (-trice f) ; [question] perspicace ; [examination] rigoureux

searchlight ['sɜːtʃlaɪt] N projecteur m

seashore ['siːʃɔːʳ] N rivage m ◆ **by** or **on the ~** au bord de la mer

seasick ['siːsɪk] ADJ ◆ **to be** or **feel ~** avoir le mal de mer

seaside ['siːsaɪd] N bord m de la mer ◆ **at the ~** au bord de la mer ▸ **seaside resort** station f balnéaire

season ['siːzn] **1** N saison f ◆ **"Season's greetings"** "Joyeux Noël et bonne année" ◆ **to be in ~** [food] être de saison ◆ **the hotel is cheaper out of ~** l'hôtel est moins cher en basse saison ▸ **season ticket** carte f d'abonnement **2** VT (with condiments) assaisonner ; (with spice) épicer

seasonal ['siːzənl] ADJ [work] saisonnier ; [fruit] de saison

seasoned ['siːznd] ADJ (= experienced) expérimenté

seasoning ['siːznɪŋ] N assaisonnement m

seat [siːt] **1** N **a** (= chair) siège m ; (Theatre, Cine) fauteuil m ; [of bicycle] selle f ▸ **seat belt** ceinture f de sécurité **b** (= place to sit) place f ◆ **to take a ~** s'asseoir **c** [of trousers] fond m **d** (on committee, of MP) siège m **2** VT [+ child] (faire) asseoir ; [+ dinner guest] placer ◆ **this table ~s eight** on peut tenir à huit à cette table

seating ['siːtɪŋ] N (= seats) sièges mpl ; (as opposed to standing room) places fpl assises

seaweed ['siːwiːd] N algue(s) f(pl)

seaworthy ['siːwɜːðɪ] ADJ en état de naviguer

sec * [sek] N (abbrev of **second**) seconde f

secateurs [,sekə'tɜːz] NPL (Brit: also **pair of secateurs**) sécateur m

secede [sɪ'siːd] VI faire sécession

secession [sɪ'seʃən] N sécession f

secluded [sɪ'kluːdɪd] ADJ retiré ; [village] isolé

seclusion [sɪ'kluːʒən] N solitude f

second¹ ['sekənd] **1** ADJ **a** (one of many) deuxième ; (one of two) second ◆ **on the second floor** (Brit) au deuxième étage ; (US) au premier étage ◆ **in the second place** deuxièmement ◆ **to be in second place** être en deuxième position ◆ **to be second to none** être sans égal ; for other phrases see **sixth b** (= additional) deuxième ◆ **to have a second home** avoir une résidence secondaire **c** (= another) second **2** ADV **a** (one of many) deuxième ; (one of two) second ◆ **to come second** (in poll, race, election) arriver deuxième (or second) **b** (= secondly) deuxièmement **3** N **a** (gen) deuxième mf, second m ; **b** (Boxing) soigneur m **c** (Brit Univ) ≈ licence f avec mention **d** (also **second gear**) seconde f ◆ **in second** en seconde **4** NPL **a** (= imperfect goods) articles mpl de second choix **b** (* = second helping) rab* m **5** VT **a** [+ motion] appuyer ; [+ speaker] appuyer la motion de **b** [sɪ'kɒnd] (Brit) [+ employee] détacher **6** COMP ▸ **second-class** ADJ [ticket] de seconde (classe) ; [food, goods] de qualité inférieure ◆ **second-class citizen** citoyen(ne) m(f) de deuxième ordre ◆ **second-class degree** (Univ) ≈ licence f avec mention ◆ **second-class mail** (Brit) courrier m à tarif réduit ; (US) imprimés mpl périodiques ◇ ADV ◆ **to travel second-class** voyager en seconde ◆ **to send sth second-class** envoyer qch en courrier ordinaire ▸ **second cousin** petit(e) cousin(e) m(f) (issu(e) de germains) ▸ **second-in-command** second m, adjoint m ▸ **second name** nom m de famille ◆ **second person** ◆ **the second person singular/plural** la deuxième personne du singulier/du pluriel ▸ **second-rate** [goods] de qualité inférieure ; [work] médiocre ; [writer] de seconde zone ▸ **second sight** ◆ **to have second sight** avoir le don de double vue ▸ **second thought** ◆ **without a second thought** sans hésiter ◆ **on second thoughts** (Brit) or **thought** (US) réflexion faite ◆ **to have second thoughts (about sth)** (= change mind) changer d'avis (à propos de qch) ◆ **to have second thoughts about doing sth** (= be doubtful) se demander si l'on doit faire qch ; (= change mind) changer d'avis et décider de ne pas faire qch

second² ['sekənd] N (in time) seconde f ◆ **just a second!** une seconde !

secondary ['sekəndərɪ] ADJ secondaire ► **secondary school** établissement *m* d'enseignement secondaire

secondhand ['sekənd'hænd] **1** ADJ [clothes, car, shop] d'occasion ; [information, account] de seconde main **2** ADV [buy] d'occasion

secondly ['sekəndlɪ] ADV deuxièmement

secondment [sɪ'kɒndmənt] N (Brit) ◆ **on ~** en détachement (to à)

secrecy ['si:krəsɪ] N secret *m* ◆ **in ~** en secret

secret ['si:krɪt] **1** N secret *m* ◆ **in ~** en secret **2** ADJ secret (-ète *f*) ► **secret agent** agent *m* secret ► **the Secret Service** (Brit) les services *mpl* secrets ; (US) les services *mpl* chargés de la protection du président

secretarial [ˌsekrə'teərɪəl] ADJ [course, work] de secrétariat ; [job] de secrétaire ; [skills] en secrétariat

secretary ['sekrətrɪ] N secrétaire *mf* ► **Secretary of State** (Brit) ministre *mf* (of, for de) ; (US) secrétaire *mf* d'État, ≈ ministre *mf* des Affaires étrangères

secrete [sɪ'kri:t] VT **a** (= produce) sécréter **b** (= hide) cacher

secretive ['si:krətɪv] ADJ [person] secret (-ète *f*) ; [air, behaviour] mystérieux ; [organization] impénétrable ◆ **to be ~ about sth** faire mystère de qch

sect [sekt] N secte *f*

sectarian [sek'teərɪən] ADJ sectaire

section ['sekʃən] **1** N **a** (gen) section *f* ; [of town] quartier *m* ◆ **the string** ~ [of orchestra] les cordes *fpl* ◆ **the financial** ~ (Press) les pages financières **b** [of report, article] passage *m* **c** (= cut) coupe *f* **2** VT (= divide) diviser ; (= cut) couper

► **section off** VT SEP séparer

sector ['sektə'] N secteur *m*

secular ['sekjʊlə'] ADJ [school, education] laïque ; [music] profane

secure [sɪ'kjʊə'] **1** ADJ **a** [job, position] sûr ; [career, future] assuré ; [relationship] solide ; [environment] sécurisant **b** (= unworried) tranquille ◆ **to feel** ~ se sentir en sécurité ◆ **to be financially** ~ être à l'abri des soucis financiers **c** [building, computer system] protégé **d** [door, base, lock] solide ; [structure] stable **2** VT **a** (= get) obtenir **b** [+ rope] bien attacher ; [+ door, window] bien fermer **c** (= make safe) protéger ; [+ debt, loan] garantir

security [sɪ'kjʊərɪtɪ] **1** N **a** (gen) sécurité *f* ► **security guard** garde *m* chargé de la sécurité ; (transporting money) convoyeur *m* de fonds **b** (for loan) caution *f*, garantie *f* **2 securities** NPL valeurs *fpl*, titres *mpl*

sedan [sɪ'dæn] N (US = car) berline *f*

sedate [sɪ'deɪt] **1** ADJ [person] posé ; [place, event] tranquille **2** VT donner des sédatifs à

sedation [sɪ'deɪʃən] N ◆ **under** ~ sous sédatifs

sedative ['sedətɪv] ADJ, N sédatif *m*

sedentary ['sedntrɪ] ADJ sédentaire

sediment ['sedɪmənt] N sédiment *m* ; (in liquids) dépôt *m*

seduce [sɪ'dju:s] VT séduire

seductive [sɪ'dʌktɪv] ADJ séduisant

see [si:] (pret **saw**, ptp **seen**) **1** VT **a** (gen) voir ◆ **I can** ~ **him** je le vois ◆ **there wasn't a house to be seen** il n'y avait pas une maison en vue ◆ **there wasn't a soul to be seen** il n'y avait pas âme qui vive ◆ **to go and** ~ **sb** aller voir qn ◆ **how nice to** ~ **you!** ça me fait plaisir de vous voir ! ◆ ~ **you!** * salut ! * ◆ ~ **you later!** * à tout à l'heure ! ◆ ~ **you soon!** à bientôt ! ◆ ~ **you on Sunday** à dimanche ◆ **I can't** ~ **myself doing that** je me vois mal faire cela ◆ **I must be** ~**ing things** * je dois avoir des visions ◆ **I'll** ~ **what I can do** je vais voir ce que je peux faire **b** (= understand) voir ◆ **the way I** ~ **it** à mon avis ◆ **do you** ~ **what I mean?** voyez-vous ce que je veux dire ? ◆ **to** ~ **the joke** comprendre la plaisanterie **c** (= find) trouver ◆ **I don't** ~ **anything wrong with it** je n'y trouve rien à redire ◆ **I don't know what she** ~**s in him** je ne sais pas ce qu'elle lui trouve **d** (= accompany) accompagner ◆ **to** ~ **sb home/to the door** raccompagner qn jusque chez lui/jusqu'à la porte **e** (= ensure) s'assurer ◆ ~ **that he has all he needs** veillez à ce qu'il ne manque de rien ◆ ~ **that you have it ready for Monday** faites en sorte que ce soit prêt pour lundi **2** VI voir ◆ **let me** ~ (= show me) fais voir ; (at window) laisse-moi regarder ◆ **I can't** ~ **in the dark** les chats voient clair la nuit ◆ **you can** ~ **for miles** on y voit à des kilomètres ◆ **I'll go and** ~ je vais voir ◆ **as far as I can** ~ à ce que je vois ◆ **I** ~**!** je vois ! ◆ **let's** ~ voyons (un peu) ◆ **we'll soon** ~ nous le saurons bientôt ◆ **can I go out? - we'll** ~ est-ce que je peux sortir ? - on verra

► **see in** VT SEP [+ person] faire entrer ◆ **to** ~ **the New Year in** fêter la nouvelle année

► **see off** VT SEP ◆ **I saw him off at the station/airport** je l'ai accompagné à la gare/à l'aéroport ◆ **we'll come and** ~ **you off** on viendra vous dire au revoir

► **see out** VT SEP [+ person] raccompagner à la porte

► **see through** **1** VT INSEP [+ behaviour, promises] ne pas se laisser abuser par ◆ **I saw through him at once** j'ai vu de suite où clair dans son jeu **2** VT SEP [+ project, deal] mener à terme ◆ **$50 should** ~ **you through** 50 dollars devraient vous suffire

► **see to** VT INSEP s'occuper de ◆ **to ~ it that ...** veiller à ce que ... + subj

seed [siːd] N **a** (of plant) graine f ; (in apple, grape) pépin m **b** (= origin) germe m **c** (Tennis) tête f de série

seedless ['siːdlɪs] ADJ sans pépins

seedling ['siːdlɪŋ] N plant m

seedy ['siːdɪ] ADJ minable

seeing ['siːɪŋ] **1** N ◆ (Prov) seeing is believing voir c'est croire **2** CONJ ◆ ~ **that** étant donné que

seek [siːk] (pret, ptp **sought**) VT **a** (= look for) chercher ; [+ fame] rechercher **b** [+ advice, help] demander (from sb à qn) **c** (= attempt) chercher (to do sth à faire qch)

seem [siːm] VI **a** (gen) sembler ◆ **he ~s honest** il semble honnête, il a l'air honnête ◆ **I can't ~ to do it** je n'arrive pas à le faire ◆ **how did she ~ to you?** comment l'as-tu trouvée ? **b** (impers vb) sembler ◆ **it ~s she's right** il semble qu'elle ait raison ◆ **it ~s to me that ...** il me semble que ... ◆ **so it ~s** il paraît ◆ **it ~s not** il paraît que non ◆ **there ~s to be a mistake in this translation** je crois qu'il y a une erreur dans cette traduction

seemingly ['siːmɪŋlɪ] ADV apparemment

seemly ['siːmlɪ] ADJ [behaviour] convenable ; [dress] décent

seen [siːn] VB (ptp of see)

seep [siːp] VI suinter

seesaw ['siːsɔː] N (jeu m de) bascule f

seethe [siːð] VI ◆ **to ~ with anger/rage** bouillir de colère/rage ◆ **the streets were seething with people** les rues grouillaient de monde

see-through ['siːθruː] ADJ transparent

segment ['segmənt] N (gen) segment m ; [of orange] quartier m

segregate ['segrɪgeɪt] VT séparer

segregation [segrɪ'geɪʃən] N ségrégation f

Seine [seɪn] N Seine f

seize [siːz] VT **a** (= grab) saisir ◆ **to ~ the opportunity to do sth** saisir l'occasion de faire qch **b** (= get possession of by force) s'emparer de ◆ **to ~ power** s'emparer du pouvoir **c** (= arrest) arrêter ; (= confiscate) saisir

► **seize up** VI [machine] se gripper ; [elbow, knee] se bloquer

► **seize upon** VT INSEP [+ opportunity, chance] saisir ; [+ idea] adopter

seizure ['siːʒər] N **a** [of goods, property] saisie f **b** (= heart attack) attaque f

seldom ['seldəm] ADV rarement

select [sɪ'lekt] **1** VT [+ team, candidate] sélectionner (from, among parmi) ; [+ gift, book, colour] choisir (from, among parmi) **2** ADJ [audience] choisi ; [club] fermé ; [restaurant] chic inv

selection [sɪ'lekʃən] N sélection f ; [of goods] choix m

selective [sɪ'lektɪv] ADJ sélectif

self [self] N (pl **selves**) ◆ **her real ~** sa vraie personnalité ◆ **she's her old ~ again** elle est redevenue celle qu'elle était ► **self-assurance** confiance f en soi ► **self-assured** sûr de soi ► **self-awareness** (prise f de) conscience f de soi ► **self-catering** [flat] indépendant (avec cuisine) ; [holiday] en location ► **self-centred** (Brit), **self-centered** (US) égocentrique ► **self-coloured** (Brit), **self-colored** (US) uni ► **self-composed** posé ► **self-confidence** confiance f en soi ► **self-confident** sûr de soi ► **self-conscious** (= shy) [person, manner] emprunté ; (= aware of oneself or itself) [art, person] conscient (de son image) ◆ **to be ~conscious about sth** être gêné par qch ► **self-contained** [person] indépendant ; (Brit) [flat] indépendant ► **self-control** maîtrise f de soi ► **self-defence** autodéfense f ► **self-destructive** [behaviour] autodestructeur (-trice f) ► **self-discipline** autodiscipline f ► **self-effacing** effacé ► **self-employed** ◆ **to be ~employed** travailler à son compte ► **self-esteem** respect m de soi ► **self-evident** ADJ évident ► **self-explanatory** explicite ► **self-important** suffisant ► **self-indulgent** [book, film] complaisant ◆ **a ~indulgent lifestyle** un mode de vie hédoniste ► **self-interest** intérêt m (personnel) ► **self-made man** ◆ **he's a ~made man** il s'est fait tout seul ► **self-opinionated** entêté ► **self-pity** apitoiement m sur soi-même ► **self-portrait** autoportrait m ► **self-possessed** maître (maîtresse f) de soi ► **self-raising flour** (Brit) farine f pour gâteaux (avec levure incorporée) ► **self-reliant** autonome ► **self-respect** respect m de soi ► **self-righteous** moralisateur (-trice f) ► **self-rising flour** (US) farine f pour gâteaux (avec levure incorporée) ► **self-sacrifice** abnégation f ► **self-satisfied** [person] content de soi ; [smile] suffisant ► **self-service** libre-service m inv ◆ **~service shop/restaurant** magasin m/restaurant m en libre-service ► **self-sufficient** autosuffisant ► **self-taught** autodidacte

selfish ['selfɪʃ] ADJ [person, behaviour, reason] égoïste ; [motive] intéressé

selfishness ['selfɪʃnɪs] N égoïsme m

selfless ['selflɪs] ADJ désintéressé

sell [sel] (pret, ptp **sold**) **1** VT (gen) vendre ; [+ stock] écouler ◆ **to ~ sth for $25** vendre qch 25 dollars ◆ **to ~ sb an idea*** faire accepter une idée à qn ◆ **to be sold on*** sth/sb être emballé * par qn/qch **2** VI se vendre ► **sell-by date** date f limite de vente

► **sell off** VT SEP [+ stock] liquider ; [+ goods] solder ; [+ shares] vendre

► **sell out** **1** VI **a** (US = sell up) (business) vendre son affaire ; (stock) liquider son stock **b** (= be used up) ◆ the tickets have sold out les billets n'ont pas tous été vendus **c** [shopkeeper] ◆ to ~ out of sth (temporarily) être à court de qch **d** (= betray one's principles) renier ses principes **2** VT SEP ◆ this item is sold out cet article est épuisé ◆ the ballet was sold out il n'y avait plus de billets pour le ballet

► **sell up** VI tout vendre

seller ['selə'] N vendeur m, -euse f

Sellotape ® ['seləʊteɪp] (Brit) N ruban m adhésif

sellout ['selaʊt] N **a** (play, film, concert) ◆ the play was a ~ la pièce a été jouée à guichets fermés **b** (= betrayal) trahison f

selves [selvz] NPL of **self**

semaphore ['seməfɔ:'] N (with flags) signaux mpl à bras

semblance ['sembləns] N semblant m

semen ['si:mən] N sperme m

semester [sɪ'mestə'] N semestre m

semicircle ['semɪsɜ:kl] N demi-cercle m

semicolon [ˌsemɪ'kəʊlən] N point-virgule m

semi-detached [ˌsemɪdɪ'tætʃt] (Brit) N, ADJ (also **semi-detached house**) maison f jumelée

semifinal [ˌsemɪ'faɪnl] N demi-finale f

seminar ['semɪnɑ:'] N séminaire m

seminary ['semɪnərɪ] N (= priests' college) séminaire m ; (= school) petit séminaire m

semiprecious [ˌsemɪ'preʃəs] ADJ semiprécieux

semiskilled [ˌsemɪ'skɪld] ADJ [worker] spécialisé

semi-skimmed [ˌsemɪ'skɪmd] ADJ demiécrémé

semolina [ˌsemə'li:nə] N semoule f ; (= pudding) gâteau m de semoule

senate ['senɪt] N (Pol) ◆ the Senate le Sénat

senator ['senɪtə'] N sénateur m

send [send] (pret, ptp **sent**) VT envoyer (to sb à qn) ◆ I sent him a letter je lui ai envoyé une lettre ◆ ~ her my regards transmettez-lui mes amitiés ◆ to ~ sb for sth envoyer qn chercher qch ◆ to ~ sb to do sth envoyer qn faire qch ◆ to ~ sb to bed envoyer qn se coucher ◆ to ~ sb home renvoyer qn chez lui ◆ he was sent to prison on l'a envoyé en prison ◆ to ~ sb to sleep endormir qn ◆ to ~ sb into fits of laughter faire éclater qn de rire

► **send away** **1** VI ◆ to ~ away for sth commander qch par correspondance **2** VT SEP **a** (= expel: from country, town) expulser ◆ to ~ a radio away to be fixed donner une radio à réparer **b** (= dismiss) [+ person] congédier

► **send back** VT SEP renvoyer

► **send for** VT INSEP **a** [+ doctor, police] appeler ; (= send sb to get) faire appeler **b** (= order by post) commander par correspondance

► **send in** VT SEP **a** [+ person] faire entrer ; [+ troops] envoyer **b** [+ resignation, report, application] envoyer

► **send off** **1** VI ◆ to ~ off for sth commander qch par correspondance **2** VT SEP **a** [+ person] envoyer **b** (= say goodbye to) dire au revoir à **c** [+ letter, parcel, goods] envoyer **d** [+ player] expulser

► **send on** VT SEP (Brit) [+ letter] faire suivre ; [+ luggage] (in advance) expédier à l'avance ; (afterwards) faire suivre ; [+ object left behind] renvoyer

► **send out** **1** VI ◆ to ~ out for sth (= order by phone) commander qch par téléphone ; (= send sb to fetch) envoyer chercher qch **2** VT SEP **a** [+ person] faire sortir **b** [+ leaflets] envoyer (par la poste) **c** [+ scouts, messengers] envoyer **d** (= emit) [+ smell, heat, smoke] répandre ; [+ light] diffuser ; [+ signal] émettre

► **send up** VT SEP **a** [+ person, luggage] faire monter ; [+ spacecraft, flare] lancer ; [+ smoke] envoyer ; [+ prices] faire monter en flèche **b** * (Brit) [+ person] (= make fun of) mettre en boîte * ; (= imitate) parodier

sender ['sendə'] N expéditeur m, -trice f

send-off ['sendɒf] N ◆ they gave him a big ~ ils sont venus nombreux lui souhaiter bon voyage

senile ['si:naɪl] ADJ sénile

senior ['si:nɪə'] **1** ADJ [employee] de grade supérieur ; [officer, position, rank] supérieur (-eure f) ◆ a ~ official un haut fonctionnaire ► **senior citizen** personne f du troisième âge ► **senior high school** (US) ≈ lycée m **2** N **a** (in age) ◆ he is three years my ~ il est mon aîné de trois ans **b** (US: at university) étudiant(e) m(f) de licence ; (US: at school) élève mf de terminale ◆ the ~s (Brit: at school) les grand(e)s m(f)pl

sensation [sen'seɪʃən] N sensation f

sensational [sen'seɪʃənl] ADJ **a** [event] sensationnel **b** [film, novel, newspaper] à sensation **c** (* = marvellous) sensationnel

sense [sens] **1** N **a** (= faculty, awareness) sens m ◆ ~ of hearing ouïe f ◆ ~ of smell odorat m ◆ ~ of sight vue f ◆ ~ of taste goût m ◆ ~ of touch toucher m ◆ ~ of direction sens m de l'orientation ◆ he has no ~ of humour il n'a pas le sens de l'humour **b** (= feeling) sentiment m **c** (= good sense) bon sens m ; (= reasonable quality) sens m ◆ there's no ~ in (doing) that cela n'a pas de sens ◆ to see ~ entendre raison ◆ to come to one's ~s revenir à la raison **d** (= meaning) sens m ◆ in a ~ dans un (certain) sens ◆ to make ~ [words, speech] avoir du sens ◆ it makes ~ to take precautions c'est une bonne idée de prendre des précautions ◆ to make ~ of sth arriver à comprendre qch **2** VT **a** (= become aware of) sentir (intuitivement) ; [+ trouble, danger] pressentir **b** [machine, sensor device] détecter

senseless ['senslɪs] ADJ **a** (= stupid) stupide ; (stronger) absurde, insensé **b** (= unconscious) sans connaissance

sensibility [ˌsensɪ'bɪlɪtɪ] N **a** sensibilité f **b** ◆ sensibilities susceptibilité f

sensible ['sensəbl] ADJ **a** [person, decision, choice] raisonnable **b** [clothes, shoes] pratique

sensitive ['sensɪtɪv] ADJ **a** (gen) sensible ; [situation, subject] délicat **b** (= easily offended) susceptible

sensitivity [ˌsensɪ'tɪvɪtɪ] N sensibilité f

sensor ['sensə^r] N détecteur m

sensual ['sensjʊəl] ADJ sensuel

sensuous ['sensjʊəs] ADJ [voice, person] sensuel

sent [sent] VB (pt, ptp of send)

sentence ['sentəns] **1** N **a** (= words) phrase f **b** (= judgement) condamnation f ; (= punishment) peine f **2** VT ◆ to ~ sb to five years condamner qn à cinq ans de prison ◆ he was ~d to death il a été condamné à mort

sentiment ['sentɪmənt] N **a** (= feeling) sentiment m **b** (= view) point m de vue

sentimental [ˌsentɪ'mentl] ADJ sentimental

sentry ['sentrɪ] N sentinelle f ▸ **sentry box** guérite f

separate 1 ADJ ['seprɪt] [section, piece] séparé ; [existence, organization] indépendant ; [entrance, question, issue] autre ◆ they sleep in ~ rooms ils font chambre à part **2** NPL ['seprɪt] **separates** (= clothes) vêtements mpl non coordonnés **3** VT ['sepəreɪt] (gen) séparer ; (= divide up) diviser (into en) ◆ to ~ fact from fiction distinguer la réalité de la fiction **4** VI ['sepəreɪt] se séparer

separated ['sepəreɪtɪd] ADJ [couple, person] séparé

separately ['seprətlɪ] ADV séparément

separation [ˌsepə'reɪʃən] N séparation f (from d'avec)

sepia ['siːpjə] N sépia f

September [sep'tembə^r] N septembre m ◆ the first of ~ le premier septembre ◆ on the tenth of ~ le dix septembre ◆ in ~ en septembre ◆ at the beginning of ~ au début du mois de septembre ◆ last/next ~ en septembre dernier/prochain

septic ['septɪk] ADJ septique ; [wound] infecté ▸ **septic tank** fosse f septique

septicaemia, septicemia (US) [ˌseptɪ'siːmɪə] N septicémie f

sequel ['siːkwəl] N **a** [of book, film] suite f **b** (= consequence) suite f, conséquence f

sequence ['siːkwəns] N **a** (= order) ordre m ◆ in ~ par ordre **b** (= series) suite f ; (Cards) séquence f **c** (Cinema, Computing) séquence f

sequin ['siːkwɪn] N paillette f

Serb [sɜːb] **1** ADJ serbe **2** N Serbe mf

Serbia ['sɜːbɪə] N Serbie f

serenade [ˌserə'neɪd] **1** N sérénade f **2** VT donner la sérénade à

serene [sə'riːn] ADJ serein

sergeant ['sɑːdʒənt] N **a** (Brit Mil) sergent m ; (US Air Force) caporal-chef m ▸ **sergeant-major** (Brit) sergent-major m ; (US) adjudant-chef m **b** (Police) ≈ brigadier m

serial ['sɪərɪəl] **1** N feuilleton m **2** ADJ (Computing) série inv

serial killer ['sɪərɪəlˌkɪlə^r] N tueur m en série

serial number ['sɪərɪəlˌnʌmbə^r] N [of goods, car engine] numéro m de série ; [of banknote] numéro m

series ['sɪərɪz] N (pl inv) série f

serious ['sɪərɪəs] ADJ (gen) sérieux ; [injury, mistake, situation] grave ; [damage] important ; [loss] lourd

seriously ['sɪərɪəslɪ] ADV sérieusement ; [ill] gravement ; [wounded] grièvement ◆ to take sth/sb ~ prendre qch/qn au sérieux

seriousness ['sɪərɪəsnɪs] N **a** [of situation, threat, loss, injury] gravité f ; [of damage] ampleur f **b** [of offer, character] sérieux m ; [of occasion] importance f **c** ◆ in all ~ sérieusement

sermon ['sɜːmən] N sermon m

serrated [se'reɪtɪd] ADJ [edge, blade] dentelé

serum ['sɪərəm] N sérum m

servant ['sɜːvənt] N domestique mf

serve [sɜːv] **1** VT **a** (= work for) servir **b** [object] servir (as de) ◆ it will ~ my (or your etc) purpose cela fera l'affaire ◆ it ~s him right c'est bien fait pour lui **c** (in shop, restaurant) servir ◆ are you being ~d? est-ce qu'on s'occupe de vous ? **d** [+ food, meal] servir (to sb à qn) **e** [library, hospital] desservir ; [utility] alimenter **f** (in prison) ◆ to ~ time faire de la prison **g** (Tennis) servir **2** VI (gen) servir ; (= be useful) servir (as de), être utile **3** N (Tennis) service m

server ['sɜːvə^r] N **a** (Computing) serveur m **b** (Tennis) serveur m, -euse f

service ['sɜːvɪs] **1** N **a** (= act of serving) service m ◆ at your ~ à votre service ◆ to be of

~ **to sb** être utile à qn ◆ **this machine is out of** ~ cette machine est hors service ◆ **15%** ~ **included** (Brit: on bill) service compris 15 % ~ (= department, system) service *m* ◆ **social** ~**s** services *mpl* sociaux **c** [religious] office *m* **d** [of car] révision *f*; [of household machine] service *m* après-vente **e** (Tennis) service *m* **2** **services** NPL **a** (on motorway) ⇒ **service station b** ◆ **the (armed)** ~**s** les forces *fpl* armées **3** VT [+ car, washing machine] réviser ; [+ organization, group] offrir ses services à **4** COMP ▶ **service area** aire *f* de services ▶ **service charge** service *m* ▶ **service provider** prestataire *m* de services ▶ **service station** station-service *f*

serviceable ['sɜːvɪsəbl] ADJ **a** (= practical) fonctionnel **b** (= usable) utilisable

serviceman ['sɜːvɪsmən] N (pl **-men**) militaire *m*

serviette [ˌsɜːvɪ'et] N (Brit) serviette *f* (de table)

serving ['sɜːvɪŋ] N (= portion) portion *f*, part *f* ▶ **serving dish** plat *m* de service ▶ **serving spoon** grande cuillère *f (pour servir)*

sesame seeds ['sesəmɪˌsiːdz] NPL graines *fpl* de sésame

session ['seʃən] N **a** (gen) séance *f* **b** (US = term) trimestre *m*

set [set] (vb : pret, ptp **set**) **1** N **a** [of oars, keys, golf clubs, spanners] jeu *m* ; [of chairs, saucepans, weights] série *f* ; [of clothes] ensemble *m* ; [of dishes, plates] service *m* ◆ **chess** ~ jeu *m* d'échecs **b** (Tennis) set *m* **c** (also **TV set**) poste *m* de télévision **d** (= group of people) bande *f* **e** (Brit = class) groupe *m* de niveau **f** (Cinema) plateau *m* ; (= scenery) décor *m* **2** ADJ **a** (= unchanging) [price, time, purpose] fixe ; [smile, jaw] figé ; [idea] (bien) arrêté ; [lunch] à prix fixe ◆ ~ **in one's ways** routinier ◆ **the** ~ **menu** le menu ◆ ~ **phrase** expression *f*/figée **b** (= prearranged) [time, date] fixé ; [book, subject] au programme **c** (= determined) ◆ **to be** ~ **on (doing)** [sth] vouloir (faire) qch à tout prix ◆ **to be (dead)** ~ **against sth** s'opposer (absolument) à qch **d** (= ready) prêt ◆ **on your marks, get** ~, **go!** à vos marques, prêts, partez ! ◆ **to be all** ~ **to do sth** être prêt à *or* pour faire qch **3** VT **a** (= put) [+ object] placer ◆ **his stories,** ~ **in the Paris of 1890, ...** ses histoires, situées dans le Paris de 1890, ... **b** (= adjust) régler ; [+ alarm] mettre **c** [+ arm, leg] plâtrer ◆ **to** ~ **sb's hair** faire une mise en plis à qn **d** [+ date, deadline, limit] fixer ◆ **he has** ~ **a new record** il a établi un nouveau record **e** [+ task, subject] donner ; [+ exam, test] choisir les questions de ; [+ texts] mettre au programme **f** (= cause to be, do, begin) ◆ **to** ~ **sth going** mettre qch en marche ◆ **to** ~ **sb to do sth** faire faire qch à qn **4** VI **a** [sun, moon] se coucher ◆ **the** ~**ting sun**

le soleil couchant **b** [broken bone, limb] se ressouder ; [jelly, jam, concrete] prendre **c** (= start) ◆ **to** ~ **to work** se mettre au travail

▶ **set about** VT INSEP **a** (= begin) se mettre à **b** (= attack) attaquer

▶ **set against** VT SEP **a** [+ argument, fact] opposer **b** [+ person] monter contre

▶ **set apart** VT SEP [+ person] distinguer

▶ **set aside** VT SEP **a** (= keep) mettre de côté **b** [+ objection] ignorer ; [+ differences] oublier

▶ **set back** VT SEP **a** [+ development, progress, clock] retarder **b** (* = cost) ◆ **it** ~ **me back £1000** ça m'a coûté 1 000 livres

▶ **set down** VT SEP **a** (= put down) [+ object] poser **b** (= record) noter ; [+ rules, guidelines] établir

▶ **set in** VI [complications, difficulties] survenir ◆ **the rain has** ~ **in for the night** il va pleuvoir toute la nuit

▶ **set off** **1** VI (= leave) se mettre en route ◆ **to** ~ **off on a journey** partir en voyage **2** VT SEP **a** [+ bomb] faire exploser ; [+ firework] faire partir ; [+ alarm, riot] déclencher **b** (= enhance) mettre en valeur

▶ **set on** VT SEP attaquer ◆ **he** ~ **his dogs on us** il a lâché ses chiens sur nous

▶ **set out** **1** VI (= leave, depart) partir ◆ **to** ~ **out to do sth** tenter de faire qch **2** VT SEP [+ books, goods] exposer ; [+ chessmen, cakes] disposer ; [+ reasons, ideas] exposer

▶ **set up** **1** VI (= start business) s'établir **2** VT SEP **a** (= place in position) [+ object] mettre ◆ **to** ~ **up camp** établir un camp **b** [+ organization] fonder ; [+ business, company, fund] créer ; [+ system, procedure] mettre en place ; [+ meeting] organiser ◆ **to** ~ **up house** s'installer ◆ **to** ~ **up shop** s'établir **c** (= equip) munir (with de) **d** (* = falsely incriminate) monter un coup contre ◆ **I've been** ~ **up** je suis victime d'un coup monté

setback ['setbæk] N (= hitch) contretemps *m* ; (more serious) échec *m*

settee [se'tiː] N canapé *m*

setting ['setɪŋ] N **a** (= surroundings, background) cadre *m* **b** [of cooker, heater] réglage *m*

settle ['setl] **1** VT **a** (= sort out) régler ; [+ problem] résoudre ; (= fix) fixer **b** [+ debt] rembourser ; [+ bill, account] régler **c** [+ child, patient] installer **d** [+ nerves] calmer ; [+ doubts] dissiper **e** [+ land] (= colonize) coloniser ; (= inhabit) peupler **2** VI **a** [bird, insect] se poser **b** [sediment] se déposer **c** [dust] retomber ◆ **to** ~ **on sth** [dust, snow] couvrir qch **d** (= get comfortable) ◆ **to** ~ **into an armchair** s'installer (confortablement) dans un fauteuil ◆ **to** ~ **into one's new job** s'habituer à son nouvel emploi **e** (= go to live) s'installer **f** (= pay) ◆ **to ~ out of court** arriver à un règlement à l'amiable

▶ **settle down** VI (= take up residence) s'installer ; (= become calmer) se calmer ; (after wild youth) se ranger ; [emotions] s'apaiser ; [situation] s'arranger ◆ **to ~ down to work** se mettre (sérieusement) au travail

▶ **settle for** VT INSEP se contenter de

▶ **settle in** VI s'adapter

▶ **settle on** VT INSEP se décider pour

▶ **settle up** VI régler (la note) ◆ **to ~ up with sb** régler qn

settled ['setld] **1** VB (pret (ptp of settle) **2** ADJ **a** [weather, situation] stable **b** [social order, life] établi

settlement ['setlmənt] N **a** (= payment) règlement *m* **b** (= agreement) accord *m* **c** (= colonization) colonisation *f* ; (= colony) colonie *f* ; (= village) village *m*

settler ['setlə^r] N colon *m*

setup ['setʌp] N **a** (= way sth is organised) ◆ **what's the ~?** comment est-ce que c'est organisé ? ◆ **it's an odd ~** c'est une drôle de situation **b** (* = trick) coup *m* monté

seven ['sevn] NUMBER sept *m inv* ; for phrases see **six**

seventeen [,sevn'tiːn] NUMBER dix-sept *m inv* ; for other phrases see **six**

seventeenth [,sevn'tiːnθ] ADJ, N dixseptième *mf* ; (= fraction) dix-septième *m* ; for phrases see **sixth**

seventh ['sevnθ] ADJ, N septième *mf* ; for phrases see **sixth**

seventieth ['sevntɪɪθ] ADJ, N soixantedixième *mf* ; for phrases see **sixth**

seventy ['sevntɪ] NUMBER soixante-dix *m* ; for other phrases see **sixty**

sever ['sevə^r] **1** VT [+ rope] couper ; [+ relations, communications] rompre **2** VI se rompre

several ['sevrəl] **1** ADJ plusieurs **2** PRON plusieurs *mfpl* ◆ **~ of them** plusieurs d'entre eux (*or* elles)

severance pay ['sevərənspeɪ] N indemnité *f* de licenciement

severe [sɪ'vɪə^r] ADJ **a** (= serious) [problems, shortage, injury] grave ; [blow, loss] sévère ; [hardship, setback] sérieux ; [pain, frost] fort ; [climate, winter] rigoureux ; [cold] intense **b** (= strict) [person, expression, measure] sévère **c** [clothes] sévère

severity [sɪ'verɪtɪ] N [of problem, injury] gravité *f* ; [of punishment] sévérité *f* ; [of pain, storm] violence *f* ; [of winter] rigueur *f*

sew [səʊ] (pret sewed, ptp sewn, sewed) VTI coudre

▶ **sew on** VT SEP [+ button] coudre ; (= sew back on) recoudre

▶ **sew up** VT SEP [+ tear, wound] recoudre ; [+ seam] faire

sewage ['sjuːɪdʒ] N eaux *fpl* usées ▶ **sewage works** champ *m* d'épandage

sewer ['sjuə^r] N égout *m*

sewing ['səʊɪŋ] N (= activity) couture *f* ; (= piece of work) ouvrage *m* ▶ **sewing machine** machine *f* à coudre

sewn [səʊn] VB (ptp of sew) cousu

sex [seks] N sexe *m* ◆ **to have ~ (with sb)** avoir des rapports sexuels (avec qn) ▶ **sex appeal** sex-appeal *m* ▶ **sex discrimination** discrimination *f* sexuelle ▶ **sex maniac** obsédé(e) sexuel(le) *m(f)* ▶ **sex offender** délinquant(e) sexuel(le) *m(f)* ▶ **sex shop** sex-shop *m* ▶ **sex symbol** sex-symbol *m*

sexism ['seksɪzəm] N sexisme *m*

sexist ['seksɪst] ADJ sexiste

sexual ['seksjʊəl] ADJ sexuel ▶ **sexual harassment** harcèlement *m* sexuel ▶ **sexual intercourse** rapports *mpl* sexuels

sexuality [,seksjʊ'ælɪtɪ] N sexualité *f*

sexually ['seksjʊəlɪ] ADV sexuellement ▶ **sexually transmitted disease** maladie *f* sexuellement transmissible

sexy ['seksɪ] ADJ sexy * *inv*

shabby ['ʃæbɪ] ADJ **a** (= shabby-looking) miteux **b** [treatment, behaviour] mesquin

shack [ʃæk] N cabane *f*

shackle ['ʃækl] **1** shackles NPL chaînes *fpl* **2** VT enchaîner

shade [ʃeɪd] **1** N **a** ombre *f* ◆ **in the ~** à l'ombre ◆ **to put sb/sth in the ~** éclipser qn/qch **b** [of colour] ton *m* ; [of opinion, meaning] nuance *f* **c** (= lampshade) abat-jour *m inv* **2** shades NPL * lunettes *fpl* de soleil **3** VT [trees, parasol] donner de l'ombre à ◆ **he ~d his eyes with his hands** il s'abrita les yeux de la main

▶ **shade in** VT SEP [+ painting] ombrer ; (= colour in) colorer (in en)

shading ['ʃeɪdɪŋ] N ombres *fpl*

shadow ['ʃædəʊ] **1** N ombre *f* ◆ **to cast a ~ over sth** projeter une ombre sur qch ; (fig) assombrir qch ◆ **he's only a ~ of his former self** il n'est plus que l'ombre de lui-même ◆ **to have dark ~s under one's eyes** avoir des cernes *mpl* sous les yeux ◆ **without a ~ of a doubt** sans l'ombre d'un doute **2** VT

(* = follow) filer * **3** COMP ► **shadow cabinet** (Brit Pol) cabinet *m* fantôme ► **shadow minister** (Brit Pol) ministre *m* fantôme

shady ['ʃeɪdɪ] ADJ **a** [place] ombragé **b** [person, behaviour] louche ; [lawyer, deal] véreux

shaft [ʃɑːft] N **a** [of arrow, spear] hampe *f* ; [of tool, golf club] manche *m* **b** ◆ ~ **of light** rayon *m* de lumière **c** [of mine] puits *m* ; [of lift, elevator] cage *f* ; (for ventilation) conduit *m*

shaggy ['ʃægɪ] ADJ [hair, beard] hirsute ; [animal, fur] à longs poils hirsutes

shake [ʃeɪk] (vb : pret **shook**, ptp **shaken**) **1** N **a** (= movement) ◆ **to give sth a ~** secouer qch **b** (= drink) milk-shake *m* **2** VT **a** [+ dice, rug, person] secouer ; [+ bottle, medicine, cocktail] agiter ; [+ house, windows] ébranler ; (= brandish) [+ stick] brandir ◆ **to ~ one's head** (in refusal) faire non de la tête ; (at bad news) secouer la tête ◆ **to ~ one's fist at sb** menacer qn du poing ◆ **to ~ sb's hand** serrer la main à qn ◆ **they shook hands** ils se sont serré la main **b** (= weaken) [+ confidence] ébranler **c** (= affect deeply) secouer **3** VI (= tremble) trembler (with de)

► **shake off** VT SEP **a** ◆ **to ~ the dust/sand off sth** secouer la poussière/le sable de qch **b** (= get rid of) [+ cold, cough] se débarrasser de ; [+ habit] se défaire de ; [+ pursuer] semer *

► **shake up** VT SEP **a** [+ bottle, medicine] agiter **b** (= affect deeply) secouer **c** (= reorganize) [+ firm, organization] réorganiser complètement

shaken ['ʃeɪkn] ADJ [person] secoué

shaker ['ʃeɪkə^r] N (for cocktails) shaker *m* ; (for dice) cornet *m*

shaky ['ʃeɪkɪ] ADJ **a** [person] (from illness) chancelant ; (from nerves) tremblant **b** [legs] flageolant ; [hand] tremblant ; [handwriting] tremblotant **c** [table] branlant ; [building] instable **d** [argument] boiteux ; [knowledge] approximatif

shall [ʃæl] MODAL VB **a** (in 1st pers future tense) ◆ **I ~ arrive on Monday** j'arriverai lundi ◆ **we ~ not be there before 6 o'clock** nous n'y serons pas avant 6 heures **b** (in 1st pers questions) ◆ **~ I open the door?** voulez-vous que j'ouvre *subj* la porte ? ◆ **~ we ask him to come with us?** si on lui demandait de venir avec nous ? ◆ **let's go in, ~ we?** entrons, voulez-vous ? **c** (indicating command) ◆ **you ~ obey me** vous m'obéirez

shallot [ʃə'lɒt] N échalote *f*

shallow ['ʃæləʊ] ADJ **a** (= not deep) peu profond ; [breathing] court ◆ **the ~ end** le petit bain **b** (= superficial) superficiel ; [conversation] futile

sham [ʃæm] **1** N (= pretence) comédie *f* ; (= person) imposteur *m* **2** ADJ faux (fausse *f*)

shambles ['ʃæmblz] N pagaille * *f*

shame [ʃeɪm] N **a** honte *f* ◆ **to put sb/sth to ~** faire honte à qn/qch **b** (= pity) dommage *m* ◆ **it's a ~** c'est dommage (that que + subj) ◆ **what a ~!** (quel) dommage !

shamefaced ['ʃeɪmfeɪst] ADJ honteux

shameful ['ʃeɪmfʊl] ADJ honteux

shameless ['ʃeɪmlɪs] ADJ éhonté

shampoo [ʃæm'puː] **1** N shampooing *m* **2** VT [+ hair, carpet] shampouiner

shamrock ['ʃæmrɒk] N trèfle *m* (emblème national de l'Irlande)

shandy ['ʃændɪ] N (Brit) panaché *m*

shan't [ʃɑːnt] ⇒ **shall not** ; → **shall**

shantytown ['ʃæntɪˌtaʊn] N bidonville *m*

shape [ʃeɪp] **1** N **a** forme *f* ◆ **in the ~ of a cross** en forme de croix ◆ **to take ~** [object being made] prendre forme ; [project] prendre tournure ◆ **to be in good ~** [person] être en forme ◆ **in poor ~** mal en point ◆ **to be out of ~** (= misshapen) être déformé ; (= unfit) ne pas être en forme **2** VT **a** [+ clay, wood] façonner ; [+ stone] tailler ; [+ statement, explanation] formuler ; [+ ideas, character] former

► **shape up** VI progresser ◆ **things are shaping up well** les choses prennent tournure

shaped ['ʃeɪpt] ADJ ◆ **~ like a mushroom** en forme de champignon ◆ **heart-~** en forme de cœur

shapeless ['ʃeɪplɪs] ADJ informe

shapely ['ʃeɪplɪ] ADJ [woman, body] bien proportionné ; [legs] galbé

share [ʃeə^r] **1** N **a** (= portion) part *f* ◆ **to pay one's ~** payer sa (quote-)part ◆ **he's had more than his fair ~ of misfortune** il a eu plus que sa part de malheurs **b** (on Stock Exchange) action *f* **2** VT partager (among, between entre) ◆ **they ~d the money** ils se sont partagé l'argent **3** VI partager ◆ **~ and ~ alike** à chacun sa part

► **share out** VT SEP partager (among, between entre)

shareholder ['ʃeəˌhəʊldə^r] N actionnaire *mf*

shark [ʃɑːk] N requin *m*

sharp [ʃɑːp] **1** ADJ **a** [knife, razor, blade] (bien) aiguisé ; [piece of glass, edge] coupant **b** [pencil] bien taillé ; [needle, pin] très pointu ; [teeth, fingernails, beak] pointu ; [point] acéré ; [features] anguleux **c** [contrast, difference] net **d** [person] malin (-igne *f*) ; [intelligence, wit] vif ; [eyesight] perçant **e** [rise, fall] fort ; [increase, drop] brusque ; [bend] serré **f** [pain, wind, cold] vif **g** [words] cinglant ; [tone, voice] cassant

♦ to have a ~ tongue avoir la langue acérée **h** [smell] âcre ; [taste, sauce] (pleasantly) relevé ; (unpleasantly) âpre **i** (Brit = quick) **♦ look ~ about it!** * grouille-toi ! * **j** [musical note] trop haut **♦ C ~** do dièse **2** ADV **a** [stop] brusquement **♦ to turn ~ left/right** prendre un virage serré à gauche/à droite **b** [sing, play] trop haut **♦ at 8 o'clock ~** à 8 heures pile **3** N (Mus) dièse m

sharpen ['ʃɑːpən] VT (gen) aiguiser ; [+ pencil] tailler

sharpener ['ʃɑːpnər] N (for knives) aiguisoir m ; (for pencils) taille-crayons m inv

sharply ['ʃɑːplɪ] ADV **a** (= abruptly) [drop, increase] brusquement **b** (= clearly) nettement **c** (= severely) [criticize] vivement ; [say, ask, reply] avec brusquerie

shatter ['ʃætər] **1** VT [+ window] fracasser ; [+ health, hopes] ruiner ; [+ self-confidence] briser ; [+ faith] détruire **2** VI [glass, windscreen, cup] voler en éclats

shattered ['ʃætəd] ADJ **a** (= grief-stricken) anéanti ; (= overwhelmed) bouleversé **b** (* = exhausted) crevé *

shave [ʃeɪv] **1** N **♦ to have a ~** se raser **♦ to have a close ~** l'échapper belle **2** VT raser **3** VI se raser
► **shave off** VT SEP **♦ to ~ off one's beard** se raser la barbe

shaver ['ʃeɪvər] N rasoir m électrique

shaving ['ʃeɪvɪŋ] N **a** (= piece of wood, metal) copeau m **b** (with razor) rasage m ► **shaving brush** blaireau m ► **shaving cream** crème f à raser

shawl [ʃɔːl] N châle m

she [ʃiː] **1** PERS PRON elle **♦ ~ has come** elle est venue **♦ here ~ is** la voici **♦ ~ is a doctor** elle est médecin **♦ I'm younger than ~ is** je suis plus jeune qu'elle **2** N *femelle f **♦ it's a ~** [animal] c'est une femelle ; [baby] c'est une fille

sheaf [ʃiːf] N (pl **sheaves**) [of corn] gerbe f ; [of papers] liasse f

shear [ʃɪər] (vb : pret **sheared**, ptp **sheared** or **shorn**) **1 shears** NPL cisaille(s) f(pl) **2** VT tondre

sheath [ʃiːθ] N (pl ~**s** [ʃiːðz]) [of dagger] gaine f ; [of sword] fourreau m

sheaves [ʃiːvz] NPL of **sheaf**

shed [ʃed] (pret, ptp **shed**) **1** N (gen) abri m ; (larger) remise f ; (for farm equipment) hangar m **2** VT **a** [+ petals, leaves, fur] perdre ; [+ tears] verser **♦ the snake ~s its skin** le serpent mue **♦ to ~ blood** (one's own) verser son sang ; (other people's) faire couler le sang **b** (= give off) [+ light] diffuser ; [+ warmth, happiness] répandre **♦ to ~ light on** éclairer

she'd [ʃiːd] ⇒ **she had, she would** ; → **have, would**

sheen [ʃiːn] N (on silk) lustre m ; (on hair) éclat m

sheep [ʃiːp] N (pl inv) mouton m

sheepdog ['ʃiːpdɒg] N chien m de berger

sheepish ['ʃiːpɪʃ] ADJ penaud (about sth de qch)

sheepskin ['ʃiːpskɪn] N peau f de mouton ► **sheepskin jacket** canadienne f

sheer [ʃɪər] ADJ **a** [terror, boredom, stupidity] (à l'état) pur ; [carelessness] pur et simple **♦ in ~ desperation** en désespoir de cause **♦ by ~ luck** tout à fait par hasard **b** [tights, fabric] très fin **c** [cliff, rock] abrupt **♦ a ~ drop** un à-pic

sheet [ʃiːt] N **a** (on bed) drap m **b** [of paper, notepaper] feuille f ; [of iron, steel] tôle f ; [of glass, metal, ice] plaque f

sheik(h) [ʃeɪk] N cheik m

shelf [ʃelf] (pl **shelves**) N **a** (gen) étagère f ; (in shop) rayon m ; (in oven) plaque f **b** (in rock) saillie f ; (underwater) écueil m

shell [ʃel] **1** N **a** (gen) coquille f ; [of tortoise, crab] carapace f ; (on beach) coquillage m **b** [of building] carcasse f ; [of ship] coque f **c** (= bomb) obus m ; (US = cartridge) cartouche f **2** VT **a** (= bomb) bombarder (d'obus) **b** [+ peas] écosser ; [+ nut, prawn] décortiquer

she'll [ʃiːl] ⇒ **she will** ; → **will**

shellfish ['ʃelfɪʃ] **1** N (pl inv) (= lobster, crab) crustacé m ; (= mollusc) coquillage m **2** NPL (to eat) fruits mpl de mer

shelter ['ʃeltər] **1** N **a** (gen) abri m **♦ to take ~** se mettre à l'abri **♦ to take ~ from** s'abriter de **b** (for homeless) centre m d'accueil **2** VT (from wind, rain, sun, shells) abriter ; [+ fugitive] donner asile à **♦ ~ed from the wind** à l'abri du vent **3** VI s'abriter

sheltered ['ʃeltəd] ADJ **a** (= protected from weather) abrité **b** [life, environment] protégé

shelve [ʃelv] VT [+ plan, project] mettre en sommeil

shelves [ʃelvz] NPL of **shelf**

shepherd ['ʃepəd] **1** N berger m ► **shepherd's pie** (Brit) = hachis m Parmentier **2** VT **♦ to ~ sb in** faire entrer qn **♦ to ~ sb out** escorter qn jusqu'à la porte

sherbet ['ʃɜːbət] N **a** (Brit = powder) poudre f acidulée **b** (US = water ice) sorbet m

sheriff ['ʃerɪf] N (US) shérif m

sherry ['ʃerɪ] N xérès m, sherry m

she's [ʃiːz] ⇒ **she is, she has** ; → **be, have**

shield [ʃiːld] **1** N (= armour) bouclier m ; [of machine] écran m de protection ; (against radiation, heat) écran m **2** VT protéger

shift [ʃɪft] **1** N **a** (= change) changement *m* (in de) **b** (= period of work) poste *m* ; (= workers) poste *m*, équipe *f* ◆ **to be on day/night ~** être (au poste) de jour/de nuit **c** (= gearshift) changement *m* de vitesse **d** (= dress) robe *f* droite **2** VT **a** (= move) déplacer ; [+ scenery] changer ; [+ stain] enlever ; [+ blame, responsibility] rejeter **b** (= change) changer **3** VI (= change position) bouger ; [cargo, load] se déplacer ; [opinions, ideas] changer

shifting [ˈʃɪftɪŋ] ADJ [attitudes, pattern] changeant ; [population] instable

shifty * [ˈʃɪftɪ] ADJ sournois ; [look, eyes] fuyant

shilling [ˈʃɪlɪŋ] N (Brit) shilling *m*

shilly-shally [ˈʃɪlɪˌʃælɪ] VI hésiter

shimmer [ˈʃɪməʳ] VI miroiter

shin [ʃɪn] N tibia *m*

shine [ʃaɪn] (vb : pret, ptp shone) **1** N éclat *m* **2** VI briller ◆ **the sun is shining** il fait soleil ◆ **her face shone with happiness** son visage rayonnait de bonheur **3** VT **a** ◆ **he shone his torch on the car** il a braqué sa lampe de poche sur la voiture **b** (pret, ptp shone or shined) [+ shoes] faire briller

shingle [ˈʃɪŋgl] N (on beach) galets *mpl* ; (on roof) bardeau *m*

shingles [ˈʃɪŋglz] N zona *m*

shiny [ˈʃaɪnɪ] ADJ brillant ;

ship [ʃɪp] **1** N bateau *m* ; (large) navire *m* **2** VT (= transport) transporter ; (= send) expédier ; (by ship) expédier par bateau

shipbuilding [ˈʃɪpˌbɪldɪŋ] N construction *f* navale

shipment [ˈʃɪpmənt] N (= load) cargaison *f* ; (= delivery) expédition *f*

shipowner [ˈʃɪpˌəʊnəʳ] N armateur *m*

shipping [ˈʃɪpɪŋ] N **a** (= ships collectively) navires *mpl* ; (= traffic) navigation *f* **b** (= transport charges) frais *mpl* de transport

shipshape [ˈʃɪpʃeɪp] ADJ bien rangé

shipwreck [ˈʃɪprek] **1** N (= event) naufrage *m* ; (= wrecked ship) épave *f* **2** VT ◆ **to be ~ed** faire naufrage ◆ **a ~ed sailor** un marin naufragé

shipyard [ˈʃɪpjɑːd] N chantier *m* naval

shire [ˈʃaɪəʳ] N (Brit) comté *m*

shirk [ʃɜːk] **1** VT [+ work] s'arranger pour ne pas faire ; [+ obligation] se dérober à **2** VI tirer au flanc *

shirt [ʃɜːt] N (man's) chemise *f* ; (woman's) chemisier *m* ; (footballer's) maillot *m* ▶ **shirt sleeves** ◆ **in (one's) ~ sleeves** en bras de chemise

shit **¦** [ʃɪt] (vb : pret, ptp shat) **1** N merde **¦** *f* ; (= nonsense) conneries **¦** *fpl* **2** VI chier **¦**

shiver [ˈʃɪvəʳ] **1** VI frissonner (with de) **2** N frisson *m*

shoal [ʃəʊl] N **a** [of fish] banc *m* **b** (= sandbank) banc *m* de sable

shock [ʃɒk] **1** N **a** (= impact) choc *m* ; [of earthquake, explosion] secousse *f* ▶ **shock absorber** amortisseur *m* **b** (electric) décharge *f* (électrique) **c** (to sensibilities) choc *m* ; (= feeling) horreur *f* **d** (= medical condition) choc *m* ◆ **to be in ~** être en état de choc **e** ◆ **a ~ of hair** une tignasse * **2** VT (= take aback) secouer ; (stronger) bouleverser ; (= disgust) dégoûter ; (= scandalize) choquer

shocking [ˈʃɒkɪŋ] ADJ **a** (= scandalous) choquant ; [sight, news] atroce ; [waste, price] scandaleux **b** (Brit = dreadful) * épouvantable

shod [ʃɒd] VB (pt, ptp of shoe)

shoddy [ˈʃɒdɪ] ADJ [workmanship, goods, service] de mauvaise qualité ; [treatment] indigne

shoe [ʃuː] (vb : pret, ptp shod) **1** N chaussure *f* ; (= horseshoe) fer *m* (à cheval) ◆ **I wouldn't like to be in his ~s** je n'aimerais pas être à sa place ▶ **shoe polish** cirage *m* ▶ **shoe shop** magasin *m* de chaussures ▶ **shoe size** pointure *f* **2** VT [+ horse] ferrer

shoebrush [ˈʃuːbrʌʃ] N brosse *f* à chaussures

shoehorn [ˈʃuːhɔːn] N chausse-pied *m*

shoelace [ˈʃuːleɪs] N lacet *m*

shoemaker [ˈʃuːˌmeɪkəʳ] N cordonnier *m*

shoestring [ˈʃuːstrɪŋ] N lacet *m* ◆ **to do sth on a ~** faire qch à peu de frais

shone [ʃɒn] VB (pt, ptp of shine)

shoo [ʃuː] **1** EXCL (to animals) pschtt ! ; (to person) ouste ! * **2** VT (also shoo away) chasser

shook [ʃʊk] VB (pt of shake)

shoot [ʃuːt] (vb : pret, ptp shot) **1** N **a** (= new growth) pousse *f* **b** (= chute) glissière *f* **c** (= photo assignment) séance *f* (de photos) ; (= filming session) séance *f* (de tournage) **2** VT **a** [+ animal] (= hunt) chasser ; (= kill) abattre ; [+ person] (= hit) atteindre d'une balle ; (= wound) blesser par balle(s) ; (= kill) abattre ; (= execute) fusiller **b** (= fire) [+ gun] tirer un coup de (at sur) ; [+ arrow] décocher (at sur) ; [+ bullet] tirer (at sur) ; [+ rocket, missile] lancer (at sur) **c** [+ look, glance] décocher ◆ **to ~ questions at sb** mitrailler qn de questions **d** [+ film, scene] tourner ; [+ photo] prendre **e** [+ rapids] franchir **3** VI **a** (= fire gun) tirer (at sur) ◆ **to go ~ing** (Brit = hunt) chasser, aller à la chasse **b** (= move quickly) ◆ **to ~ in/past**

entrer/passer en flèche **→ the pain went ~ing up his arm** la douleur au bras le lancinait **c** [footballer] tirer **→ to ~ at goal** shooter
► **shoot down** VT SEP abattre
► **shoot up** VI **a** [flame, water] jaillir ; [rocket, price] monter en flèche **b** [tree, plant] pousser vite ; [child] bien pousser* **c** (*: Drugs) se shooter*

shooting ['ʃuːtɪŋ] **1** N **a** (= shots) coups *mpl* de feu ; (continuous) fusillade *f* **b** (= act) (murder) meurtre *m* (avec une arme à feu) ; (execution) exécution *f* **c** (= hunting) chasse *f* **→ pheasant ~** chasse *f* au faisan **d** [of film, scene] tournage *m* **2** ADJ [pain] lancinant ► **shooting star** étoile *f* filante

shop [ʃɒp] **1** N **a** (= shop) magasin *m* ; (small) boutique *f* **→ to talk ~** parler boutique ► **shop assistant** (Brit) vendeur *m*, -euse *f* ► **shop window** vitrine *f* **b** (= workshop, part of factory) atelier *m* ► **shop steward** (Brit) délégué(e) *m(f)* syndical(e) **2** VI **→ to ~ at Harrods** faire ses courses chez Harrods **→ to go ~ping** (specific errands) faire ses courses ; (leisurely browsing) faire les magasins, faire du shopping*

shopkeeper ['ʃɒpˌkiːpəʳ] N commerçant(e) *m(f)*

shoplifter ['ʃɒpˌlɪftəʳ] N voleur *m*, -euse *f* à l'étalage

shoplifting ['ʃɒpˌlɪftɪŋ] N vol *m* à l'étalage

shopper ['ʃɒpəʳ] N (= person) personne *f* qui fait ses courses ; (= customer) client(e) *m(f)*

shopping ['ʃɒpɪŋ] N (= goods) achats *mpl* ► **shopping bag** sac *m* à provisions ► **shopping cart** (US) caddie ® *m* ► **shopping centre, shopping complex** centre *m* commercial ► **shopping trolley** (Brit) caddie ® *m*

shopsoiled ['ʃɒpsɔɪld] ADJ (Brit) défraîchi

shore [ʃɔːʳ] N [of sea] rivage *m* ; [of lake] rive *f* ; (= coast) côte *f* ; (= beach) plage *f* **→ on ~** à terre
► **shore up** VT SEP [+ building] étayer ; [+ argument] consolider

shorn [ʃɔːn] VB (ptp of shear)

short [ʃɔːt] **1** ADJ **a** (gen) court ; (= not tall) petit **→ the days are getting ~er** les jours raccourcissent **→ at ~ notice** à bref délai **→ a ~ time ago** il y a peu de temps **b** (= abbreviated) **→ PO is ~ for post office** "PO" est l'abréviation de "post office" **→ Fred is ~ for Frederick** Fred est le diminutif de Frederick **c** (= lacking) **→ to be ~ of sth** manquer de qch **d** (= curt) brusque **→ he was rather ~ with me** il m'a parlé assez sèchement **2** ADV **a** **→ to cut sth ~** écourter qch **→ we never went ~** nous n'avons jamais manqué du nécessaire **→ to run ~ of sth** se trouver à court de qch **→ I'm £2 ~** il me manque 2 livres **→ supplies are running ~** les provisions commencent à manquer **→ to stop ~** s'arrêter net **→ it's nothing ~ of robbery** c'est du vol, ni

plus ni moins **→ I don't see what you can do ~ of asking him yourself** je ne vois pas ce que vous pouvez faire si ce n'est lui demander vous-même **3** N **a** (* = short-circuit) court-circuit *m* **b** (Brit = drink) alcool *m* fort **c** **→ in ~** bref **4** shorts NPL (= garment) (gen) short *m* ; [of footballer] culotte *f* ; (US = men's underwear) caleçon *m* **→ a pair of ~s** un short **5** VT court-circuiter **6** VI faire court-circuit **7** COMP ► **short-change → to ~-change sb** (in shop) ne pas rendre assez à qn ► **short-circuit** N court-circuit *m* ◇ VT court-circuiter ◇ VI faire court-circuit ► **short cut** raccourci *m* ► **short-list** (Brit) N liste *f* de(s) candidats sélectionnés ◇ VT présélectionner ► **short-lived** de courte durée ► **short-sighted** myope ; [policy, measure] à courte vue ► **short-sleeved** à manches courtes ► **short-staffed → to be ~-staffed** manquer de personnel ► **short story** nouvelle *f* ► **short-tempered** coléreux ► **short-term** [parking] de courte durée ; [loan, planning, solution] à court terme

shortage ['ʃɔːtɪdʒ] N manque *m*

shortbread ['ʃɔːtbred] N sablé *m*

shortcoming ['ʃɔːtˌkʌmɪŋ] N défaut *m*

shortcrust pastry [ˌʃɔːtkrʌst'peɪstrɪ] N pâte *f* brisée

shorten ['ʃɔːtn] **1** VT [+ book, programme, letter, skirt] raccourcir ; [+ visit, holiday] écourter **2** VI raccourcir

shortfall ['ʃɔːtfɔːl] N (in payments, profits, savings) montant *m* insuffisant (in de) ; (in numbers) nombre *m* insuffisant (in de) **→ there is a ~ of £5,000** il manque 5 000 livres

shorthand ['ʃɔːthænd] N sténographie *f* ► **shorthand typist** sténodactylo *mf*

shortly ['ʃɔːtlɪ] ADV (= soon) bientôt ; (= in a few days) prochainement

shortwave ['ʃɔːtweɪv] N ondes *fpl* courtes

shot [ʃɒt] N **a** (from gun) coup *m* (de feu) **→ he is a good/bad ~** il est bon/mauvais tireur **→ that was just a ~ in the dark** c'était dit à tout hasard **→ he was off like a ~** il est parti comme une flèche **b** (Football, Hockey) tir *m* ; (Golf, Tennis) coup *m* ; (= throw) lancer *m* **→ the biggest by a long ~** de loin le plus grand **→ she calls the ~s** c'est elle qui commande **c** (= attempt) essai *m* **→ to have a ~ at sth** essayer de faire qch **d** (= photo) photo *f* ; (Cinema) plan *m* **e** (= injection) piqûre *f* ► **shot put** lancer *m* du poids ► **shot putter** lanceur *m*, -euse *f* de poids

shotgun ['ʃɒtgʌn] N fusil *m* de chasse

🔊 **should** [ʃʊd] MODAL VB

a (= ought to) **→ I ~ go and see her** je devrais aller la voir **→ he ~ be there by now** il devrait

être ici à l'heure qu'il est **♦ you ~n't be so pessimistic** vous ne devriez pas être si pessimiste **♦ what ~ I do?** qu'est-ce que je dois faire ? **♦ ~ I go too?** – **yes, you ~** est-ce que je dois y aller aussi ? – oui tu devrais **♦ you ~ have been a teacher** vous auriez dû être professeur **♦ I ~ have gone this morning** j'aurais dû y aller ce matin **♦ he ~ have finished by now** (= probably has) il doit avoir terminé à l'heure qu'il est ; (= but he hasn't) il aurait dû terminer à l'heure qu'il est
b (in indirect speech) **♦ he thought he ~ tell you** il a pensé qu'il devait nous le dire
c (= would) **♦ will you come ?** – **I ~ like to** est-ce que vous viendrez ? – j'aimerais bien **♦ I ~n't be surprised if he came** ça ne m'étonnerait pas qu'il vienne **♦ why ~ he suspect me?** pourquoi me soupçonnerait-il ? **♦ I ~ think there were about 40** je pense qu'il devait y en avoir une quarantaine
d (emphatic) **♦ how ~ I know ?** comment voulez-vous que je le sache ? **♦ he's coming to apologize** – **I ~ hope so too!** il vient présenter ses excuses – j'espère bien !

shoulder ['ʃəʊldəʳ] **1** N épaule f **▶ shoulder bag** sac m à bandoulière **▶ shoulder blade** omoplate f **▶ shoulder pad** épaulette f (rembourrage) **▶ shoulder strap** [of garment] bretelle f ; [of bag] bandoulière f **2** VT [+ responsibility] endosser

shouldn't ['ʃʊdnt] (abbrev of **should** not) → **should**

shout [ʃaʊt] **1** N cri m **2** VT crier **3** VI crier **♦ to ~ for help** crier au secours **♦ to ~ at sb** crier après* qn

shouting ['ʃaʊtɪŋ] N cris mpl

shove [ʃʌv] **1** N poussée f **♦ to give sb/sth a ~** pousser qn/qch **2** VT **a** (= push) pousser ; (= thrust) [+ stick, finger] enfoncer (into dans) ; (= jostle) bousculer **♦ to ~ sth in** faire entrer qch en le poussant **♦ to ~ sth/sb aside** pousser qch/qn de côté **b** (* = put) fourrer*, mettre **3** VI pousser
▶ shove off VI (in boat) pousser au large ; (= leave) * ficher le camp *

shovel ['ʃʌvl] **1** N pelle f **2** VT [+ coal, grain] pelleter ; [+ snow, mud] enlever à la pelle

show [ʃəʊ] (vb : pret **showed**, ptp **shown** or **showed**) **1** N **a** (= exhibition) exposition f ; (= trade fair) foire f ; (= contest) concours m **♦ the Boat Show** le Salon de la Navigation **♦ on ~** exposé **b** (= play, concert) spectacle m ; (= film) séance f **c** (= display) démonstration f **♦ to make a ~ of doing sth** faire semblant de faire qch **2** VT **a** (gen) montrer ; (= exhibit) [+ goods for sale, picture, dog] exposer ; [+ film, slides] projeter **♦ he has nothing to ~ for it** ça

n'a rien donné **♦ he's beginning to ~ his age** il commence à faire son âge **♦ it all goes to ~ that ...** tout cela montre bien que ... **♦ I'll ~ him!** * il va voir ! **b** (= indicate) [dial, clock] indiquer **♦ to ~ sb the way** indiquer le chemin à qn **c** (= escort) **♦ to ~ sb into the room** faire entrer qn dans la pièce **♦ to ~ sb to his seat** placer qn **♦ to ~ sb to the door** reconduire qn jusqu'à la porte **♦ to ~ sb round a house** faire visiter une maison à qn **3** VI [emotion] être visible ; [stain, scar] se voir ; [underskirt] dépasser **♦ it doesn't ~** cela ne se voit pas **4** COMP **▶ show business** show-business m **▶ show-jumping** concours m hippique **▶ show-off** frimeur m, -euse f
▶ show in VT SEP faire entrer
▶ show off **1** VI frimer* ; [child] faire l'intéressant **2** VT SEP [+ one's wealth, knowledge] faire étalage de
▶ show out VT SEP raccompagner (jusqu'à la porte)
▶ show up **1** VI **a** (= stand out) [feature] ressortir ; [mistake] être visible ; [stain] se voir (nettement) **b** (* = arrive) se pointer* **2** VT SEP **a** [+ visitor] faire monter **b** [+ fraud, impostor] démasquer ; [+ flaw, defect] faire ressortir **c** (= embarrass) faire honte à (en public)

showcase ['ʃəʊkeɪs] **1** N vitrine f **2** VT présenter

showdown ['ʃəʊdaʊn] N épreuve f de force

shower ['ʃaʊəʳ] **1** N **a** [of rain] averse f ; [of blows] volée f ; [of stones] pluie f ; [of insults] torrent m **b** (for washing) douche f **♦ to have a ~** prendre une douche **▶ shower cap** bonnet m de douche **▶ shower curtain** rideau m de douche **2** VT **♦ to ~ sb with gifts/praise** couvrir qn de cadeaux/de louanges **3** VI (= wash) se doucher

showerproof ['ʃaʊəpruːf] ADJ imperméable

showground ['ʃəʊɡraʊnd] N terrain m de foire-exposition

showing ['ʃəʊɪŋ] N [of film] projection f

shown [ʃəʊn] VB (ptp of **show**)

showpiece ['ʃəʊpiːs] N (= fine example) fleuron m

showroom ['ʃəʊrʊm] N salon m d'exposition

shrank [ʃræŋk] VB (pt of **shrink**)

shrapnel ['ʃræpnl] N (= fragments) éclats mpl d'obus

shred [ʃred] **1** N [of cloth, paper] lambeau m ; [of truth] parcelle f **♦ not a ~ of evidence** pas la moindre preuve **2** VT [+ paper] déchiqueter ; [+ carrots] râper ; [+ cabbage, lettuce] couper en lanières

shredder ['ʃredəʳ] N [of food processor] râpe f ; (= paper shredder) déchiqueteuse f

shrew [ʃruː] N (= animal) musaraigne f

shrewd [ʃruːd] ADJ [person] (= clear-sighted) perspicace ; (= cunning) astucieux ; (= clever) habile ; [plan] astucieux ; [assessment, investment, move] judicieux

shriek [ʃriːk] **1** N hurlement m ◆ **~s of laughter** de grands éclats mpl de rire **2** VTI hurler

shrill [ʃrɪl] ADJ strident

shrimp [ʃrɪmp] N crevette f

shrine [ʃraɪn] N (= place of worship) lieu m saint ; (= tomb) tombeau m ; (fig) haut lieu m

shrink [ʃrɪŋk] (pret **shrank**, ptp **shrunk**) VI **a** [clothes] rétrécir ; [area] se réduire ; [person] rapetisser ; [wood] se contracter ; [quantity, amount] diminuer **b** (= flinch) se dérober (from sth devant qch ; from doing sth devant l'idée de faire qch) ◆ **she shrank away from him** elle a eu un mouvement de recul

shrivel [ʃrɪvl] VI [apple, body] se ratatiner ; [skin, leaf] se flétrir ; [steak] se racornir

shroud [ʃraʊd] **1** N (for corpse) linceul m **2** VT ◆ **~ed in mist/mystery** enveloppé de brume/de mystère

shrub [ʃrʌb] N arbrisseau m ; (small) arbuste m

shrubbery [ʃrʌbərɪ] N massif m d'arbustes

shrug [ʃrʌg] **1** N haussement m d'épaules **2** VTI ◆ **to ~ (one's shoulders)** hausser les épaules
► **shrug off** VT SEP [+ warning, remark] ignorer

shrunk [ʃrʌŋk] VB (ptp of **shrink**)

shrunken [ʃrʌŋkən] ADJ rabougri

shudder [ʃʌdəʳ] **1** N (from cold) frisson m ; (from horror) frémissement m ; [of vehicle, ship, engine] vibrations fpl **2** VI (from cold) frissonner ; (from horror) frémir ; [engine] vibrer

shuffle [ʃʌfl] **1** N (Cards) battage m ; (fig) réorganisation f **2** VT **a** ◆ **to ~ one's feet** traîner les pieds **b** [+ cards] battre ; [+ dominoes] mélanger ; [+ papers] remuer

shun [ʃʌn] VT fuir

shunt [ʃʌnt] VT [+ train] aiguiller

shut [ʃʌt] (pret, ptp **shut**) **1** VT fermer **2** VI fermer ◆ **the door ~** la porte s'est refermée
► **shut away** VT SEP [+ person, animal] enfermer ; [+ valuables] mettre sous clé
► **shut down 1** VI [business, shop, theatre] fermer (définitivement) **2** VT SEP [+ business, shop, theatre] fermer (définitivement) ; [+ machine] arrêter
► **shut in** VT SEP enfermer
► **shut off** VT SEP **a** (= stop) couper **b** (= isolate) isoler (from de)

► **shut out** VT SEP **a** ◆ **they had ~ him out** il a trouvé la porte fermée **b** (= block) [+ view] boucher ; [+ memory] chasser de son esprit
► **shut up 1** VI (* = be quiet) se taire ◆ **~ up!** tais-toi ! **2** VT SEP **a** [+ factory, business, theatre, house] fermer **b** [+ person, animal] enfermer **c** (* = silence) clouer le bec à *

shutdown [ʃʌtdaʊn] N fermeture f

shutter [ʃʌtəʳ] N (on window) volet m ; (on camera) obturateur m

shuttle [ʃʌtl] N navette f ► **shuttle service** (service m de) navettes fpl

shuttlecock [ʃʌtlkɒk] N volant m (de badminton)

shy [ʃaɪ] **1** ADJ [person, smile, look] timide ; [animal] craintif **2** VI [horse] faire un écart (at devant)

Siamese [saɪəˈmiːz] ADJ siamois ► **Siamese cat** chat m siamois ► **Siamese twins** enfants mpl siamois

Siberia [saɪˈbɪərɪə] N Sibérie f

sick [sɪk] ADJ **a** (= ill) malade ► **sick bay** infirmerie f ► **sick leave** congé m de maladie ► **sick pay** indemnité f de maladie (versée par l'employeur) **b** ◆ **to be ~** (= vomit) vomir ◆ **to feel ~** (= nauseous) avoir mal au cœur ◆ **to make sb ~** faire vomir qn ; (= disgust) écœurer qn **c** (= fed up) ◆ **to be ~ of sb/sth/doing sth** en avoir marre * de qn/qch/faire qch ◆ **to be ~ and tired * of ...** en avoir ras le bol * de ... **d** [joke, humour] malsain

sickbed [sɪkbed] N lit m de malade

sicken [sɪkn] **1** VT rendre malade ; (fig) écœurer **2** VI tomber malade ◆ **to be ~ing for sth** couver qch

sickening [sɪknɪŋ] ADJ écœurant

sickle [sɪkl] N faucille f

sickly [sɪklɪ] **1** ADJ **a** (= unhealthy) [person, pallor] maladif **b** (Brit = nauseating) [smell, colour, cake] écœurant **2** ADV ◆ **~ sweet** [smell, taste] douceâtre

sickness [sɪknɪs] N (= illness) maladie f ; (= vomiting) vomissements mpl

sickroom [sɪkrʊm] N infirmerie f

side [saɪd] **1** N **a** [of person] côté m ; [of animal] flanc m ◆ **to sleep on one's ~** dormir sur le côté ◆ **he had the phone by his ~** il avait le téléphone à côté de lui ◆ **she remained by his ~** elle est restée à ses côtés ◆ **~ by ~** côte à côte **b** (as opposed to top, bottom) côté m ; [of mountain] versant m ; (inside) [of cave, ditch, box] paroi f **c** [of record] face f ; [of coin, cloth, sheet of paper] côté m ; [of matter, problem] aspect m ; [of sb's character] facette f ◆ **the right ~** [of garment, cloth] l'endroit m ◆ **the wrong ~** [of garment, cloth] l'envers m ◆ **right/wrong ~ out**

[jumper] à l'endroit/l'envers ◆ **right/wrong ~ up** dans le bon/mauvais sens **d** (= edge) bord *m* ◆ **by the ~ of the road** au bord de la route **e** (= part away from centre) côté *m* ◆ **on the other ~ of the street** de l'autre côté de la rue ◆ **he moved to one ~** il s'est écarté ◆ **to take sb on** *or* **to one ~** prendre qn à part ◆ **to put sth to** *or* **on one ~** mettre qch de côté ◆ **from ~ to ~** d'un côté à l'autre **f** (= group) camp *m* ; (= team) équipe *f* ; (political) parti *m* ◆ **he's on our ~** il est dans notre camp **2** COMP [door, panel, view] latéral ▸ **side dish** plat *m* d'accompagnement ▸ **side effect** effet *m* secondaire ▸ **side order** plat *m* d'accompagnement ▸ **side show** (at fair) attraction *f* ▸ **side street** petite rue *f*

▸ **side against** VT INSEP ◆ **to ~ against sb** prendre parti contre qn

▸ **side with** VT INSEP ◆ **to ~ with sb** prendre parti pour qn

sideboard ['saɪdbɔːd] N buffet *m*

sideboards (Brit) ['saɪdbɔːdz], **sideburns** ['saɪdbɜːnz] NPL pattes *fpl*

sidecar ['saɪdkɑːʳ] N side-car *m*

sidelight ['saɪdlaɪt] N (Brit) [of car] feu *m* de position, veilleuse *f*

sideline ['saɪdlaɪn] N **a** (Sport) (ligne *f* de) touche *f* ◆ **on the ~s** (Sport) sur la touche **b** (= job) activité *f* secondaire

sidelong ['saɪdlɒŋ] ADJ ◆ **to give sb a ~ glance** *or* **look** regarder qn de côté

sidestep ['saɪdstep] **1** VT éviter **2** VI faire un pas de côté ; (Boxing) esquiver

sidetrack ['saɪdtræk] VT [+ proposal] détourner ; [+ person] détourner de son sujet ◆ **to get ~ed** s'écarter de son sujet

sidewalk ['saɪdwɔːk] N (US) trottoir *m*

sideways ['saɪdweɪz] **1** ADV [glance, look] de côté ; [move] latéralement ; [stand] de profil ; [fall] sur le côté **2** ADJ [glance, movement] de côté

siding ['saɪdɪŋ] N (Rail) voie *f* d'évitement ; (for storing) voie *f* de garage

sidle ['saɪdl] VI ◆ **to ~ in** entrer furtivement ◆ **he ~d up to me** il s'est glissé jusqu'à moi

siege [siːdʒ] N siège *m* ◆ **to be under ~** [town] être assiégé

siesta [sɪ'estə] N sieste *f*

sieve [sɪv] **1** N (for flour, soil) tamis *m* ; (for liquids) passoire *f* **2** VT [+ fruit, vegetables, liquid] passer ; [+ flour] tamiser

sift [sɪft] **1** VT [+ flour, sugar] tamiser ; [+ evidence] passer au crible **2** VI ◆ **to ~ through sth** passer qch au crible

sigh [saɪ] **1** N soupir *m* ◆ **to heave a ~** pousser un soupir **2** VTI soupirer ◆ **he ~ed with relief** il a poussé un soupir de soulagement

sight [saɪt] N **a** (= faculty) vue *f* ◆ **to know sb by ~** connaître qn de vue ◆ **at the ~ of ...** à la vue de ... ◆ **to catch ~ of sb/sth** apercevoir qn/qch ◆ **to lose ~ of sb/sth** perdre qn/qch de vue ◆ **I can't stand the ~ of blood** je ne peux pas supporter la vue du sang ◆ **I can't stand the ~ of him** je ne peux pas le voir ◆ **out of ~** hors de vue ◆ **to keep out of ~** ne pas se montrer ◆ (Prov) **out of sight out of mind** loin des yeux loin du cœur (Prov) ◆ **at first ~** à première vue ◆ **it was love at first ~** ça a été le coup de foudre **b** (= spectacle) spectacle *m* ◆ **to see the ~s (of town)** visiter la ville ; (of country) visiter le pays **c** (on gun) mire *f* ◆ **to set one's ~s on sth** avoir des vues sur qch

sightseeing ['saɪtsiːɪŋ] N tourisme *m* ◆ **to go ~** faire du tourisme ; (in town) visiter la ville

sightseer ['saɪtsiːəʳ] N touriste *mf*

sign [saɪn] **1** N **a** (gen) signe *m* ◆ **as a ~ of ...** en signe de ... ◆ **there's no ~ of him anywhere** on ne le trouve nulle part ◆ **there's no ~ of it anywhere** il a disparu ▸ **sign language** langage *m* des signes **b** (= notice) panneau *m* ; (on inn, shop) enseigne *f* **2** VT signer **3** VI **a** (gen) signer ◆ **to ~ to sb to do sth** faire signe à qn de faire qch **b** (= use sign language) parler par signes

▸ **sign off** VI **a** (Radio, TV) terminer l'émission **b** (at end of letter) terminer sa lettre

▸ **sign on** VI (for course) s'inscrire ; (Brit) (at employment office) pointer au chômage

▸ **sign up** **1** VI (for course) s'inscrire ; (for army) s'engager **2** VT [+ employee] embaucher

signal ['sɪgnl] **1** N signal *m* **2** VT [+ message] communiquer par signaux ◆ **to ~ sb on** faire signe à qn d'avancer **3** VI faire des signaux ; [driver] mettre son clignotant ◆ **to ~ to sb** faire signe à qn

signalman ['sɪgnəlmæn] N (pl **-men**) aiguilleur *m*

signature ['sɪgnətʃəʳ] N signature *f* ▸ **signature tune** (Brit) indicatif *m* (musical)

signet ring ['sɪgnɪt,rɪŋ] N chevalière *f*

significance [sɪg'nɪfɪkəns] N (= meaning) signification *f* ; (= importance) importance *f*

significant [sɪg'nɪfɪkənt] ADJ **a** significatif ◆ **a ~ number of people** un grand nombre de gens **b** [look] lourd de sens

significantly [sɪg'nɪfɪkəntlɪ] ADV (= appreciably) considérablement

signify ['sɪgnɪfaɪ] VT (= mean) signifier ; (= indicate) dénoter

signpost ['saɪnpəʊst] N poteau *m* indicateur

Sikh [si:k] **1** N Sikh *mf* **2** ADJ sikh

silence ['saɪləns] **1** N silence *m* **2** VT [+ person] faire taire ; (by force) réduire au silence

silencer ['saɪlənsə^r] N silencieux *m*

silent ['saɪlənt] ADJ **a** (= making no noise) silencieux ◆ **to fall ~** se taire **b** (= saying nothing) ◆ **to be ~ (about sth)** garder le silence (sur qch) **c** (= taciturn) taciturne **d** [film, letter] muet

silhouette [,sɪlu:'et] N silhouette *f*

silicon ['sɪlɪkən] N silicium *m* ► **silicon chip** puce *f* électronique

silicone ['sɪlɪkəʊn] N silicone *f*

silk [sɪlk] **1** N soie *f* **2** COMP [tie, shirt] de *or* en soie

silkworm ['sɪlkwɜːm] N ver *m* à soie

silky ['sɪlkɪ] ADJ soyeux

sill [sɪl] N [of window] rebord *m*

silly ['sɪlɪ] ADJ **a** (= foolish) bête **b** (= ridiculous) ridicule ◆ **I feel ~** je me sens ridicule

silo ['saɪləʊ] N silo *m*

silt [sɪlt] N limon *m* ; (= mud) vase *f*

silver ['sɪlvə^r] **1** N **a** (= metal) argent *m* ; (= silverware, cutlery) argenterie *f* **b** (= coins) monnaie *f* **c** (= medal) médaille *f* d'argent **2** ADJ **a** (= made of silver) en argent ; (in colour) argenté ► **silver birch** bouleau *m* argenté ► **silver foil** papier *m* d'aluminium

silversmith ['sɪlvəsmɪθ] N orfèvre *mf*

silverware ['sɪlvəweə^r] N argenterie *f* ; (US = cutlery) couverts *mpl* ; (= trophies) trophées *mpl*

similar ['sɪmɪlə^r] ADJ semblable ◆ **in a ~ way** à peu près de la même façon

similarity [,sɪmɪ'lærɪtɪ] N ressemblance *f* (to avec ; between entre), similitude *f*

similarly ['sɪmɪləlɪ] ADV [treat, behave] de la même façon ◆ **~, we don't agree with ...** de même, nous ne sommes pas d'accord avec ...

simile ['sɪmɪlɪ] N comparaison *f*

simmer ['sɪmə^r] **1** VI [soup, stew] mijoter, cuire à feu doux ; [revolt, anger] couver **2** VT [+ soup, stew] faire mijoter

simper ['sɪmpə^r] VTI minauder

simple ['sɪmpl] ADJ **a** (= uncomplicated) simple ◆ **the ~ life** la vie simple ◆ **to make simple(r)** simplifier **b** (= mere) simple *before n* ◆ **for the ~ reason that ...** pour la simple raison que ... **c** (**: mentally*) [person] simplet

simple-minded [,sɪmpl'maɪndɪd] ADJ simple d'esprit

simpleton ['sɪmpltən] N nigaud(e) *m(f)*

simplicity [sɪm'plɪsɪtɪ] N simplicité *f*

simplify ['sɪmplɪfaɪ] VT simplifier

simplistic [sɪm'plɪstɪk] ADJ simpliste

simply ['sɪmplɪ] ADV **a** (gen) simplement **b** (= absolutely) ◆ **you ~ must come !** il faut absolument que vous veniez *subj* !

simulate ['sɪmjʊleɪt] VT simuler

simultaneous [,sɪml'teɪnɪəs] ADJ simultané

sin [sɪn] **1** N péché *m* **2** VI pécher

---

since [sɪns]

1 CONJ **a** (in time) depuis que ◆ **~ I have been here** depuis que je suis ici ◆ **ever ~ I met him** depuis que je l'ai rencontré **b** (= seeing as) puisque **2** ADV depuis ◆ **he has been my friend ever ~** il est mon ami depuis (ce moment-là) **3** PREP depuis ◆ **~ his arrival** depuis son arrivée ◆ **I have been waiting ~ 10 o'clock** j'attends depuis 10 heures ◆ **~ then** depuis (lors)

---

sincere [sɪn'sɪə^r] ADJ sincère (about sth à propos de qch)

sincerely [sɪn'sɪəlɪ] ADV **a** [hope, believe, regret] sincèrement **b** (in letters) ◆ **Yours ~** (Brit), **~ yours** (US) Veuillez agréer, Monsieur (*or* Madame etc), l'expression de mes salutations distinguées

sincerity [sɪn'serɪtɪ] N sincérité *f*

sinew ['sɪnju:] N tendon *m*

sinful ['sɪnfʊl] ADJ [world] impie ; [act, waste] honteux ; [pleasure] coupable

sing [sɪŋ] (pret *sang*, ptp *sung*) **1** VT chanter ◆ **to ~ sb's/sth's praises** chanter les louanges de qn/qch **2** VI chanter ; [ears] bourdonner

singe [sɪndʒ] VT brûler légèrement ; [+ cloth, clothes] roussir

singer ['sɪŋə^r] N chanteur *m*, -euse *f*

singing ['sɪŋɪŋ] N chant *m*

single ['sɪŋgl] **1** ADJ **a** (= just one) seul ◆ **in a ~ day** en un seul jour ◆ **every ~ day** tous les jours sans exception **b** [knot, flower, thickness] simple ◆ **a ~ sheet** (for bed) un drap pour un lit d'une personne ◆ **in ~ file** en file indienne **c** (= unmarried) célibataire **d** (Brit) ◆ **~ ticket** aller *m* simple **2** N **a** (Brit = ticket) aller *m* (simple) **b** (= record) ◆ **a ~** un 45 tours **c** (also **single room**) chambre *f* individuelle **3** **singles** NPL (Tennis) simple *m* **4** COMP ► **single bed** lit *m* d'une personne ► **single cream** (Brit) crème *f* fraîche liquide ► **single-handed** sans aucune aide ► **single market** marché *m* unique ► **single-minded** [person] résolu ► **single parent** père *m* (*or* mère *f*) célibataire ► **single-parent family** famille *f* monoparentale ► **single room** chambre *f* individuelle ► **single-sex** (Brit) [school, education, class] non mixte

► **single out** VT SEP (= pick out) choisir

singlet ['sɪŋglɪt] N (Brit) maillot m de corps

singular ['sɪŋgjʊləʳ] **1** ADJ **a** [noun] singulier ; [verb] au singulier **b** (= exceptional) singulier **2** N (Gram) singulier m ◆ **in the ~** au singulier

sinister ['sɪnɪstəʳ] ADJ sinistre

sink [sɪŋk] (pret **sank**, ptp **sunk**) **1** VI **a** [ship, person, object] couler **b** (= subside) s'affaisser ; [level, river] baisser **c** (= fall) ◆ **to ~ into a deep sleep** sombrer dans un profond sommeil ◆ **my heart sank** j'ai eu un serrement de cœur **d** [prices, value] chuter **2** VT **a** [+ ship, business, project] couler ; [+ problem, event] immerger ◆ **to be sunk in thought** être plongé dans ses pensées **b** [+ mine, well, foundations] creuser **3** N (in kitchen) évier m ; (US: in bathroom) lavabo m
► **sink in** VI **a** [water] pénétrer **b** [explanation] rentrer * ; [remark] faire son effet ◆ **as it hadn't really sunk in yet he ...** comme il ne réalisait pas encore, il ...

sinner ['sɪnəʳ] N pécheur m, -eresse f

sinuous ['sɪnjʊəs] ADJ sinueux

sinus ['saɪnəs] N (pl **sinuses**) sinus m inv

sinusitis [ˌsaɪnəˈsaɪtɪs] N sinusite f

sip [sɪp] **1** N petite gorgée f **2** VT boire à petites gorgées

siphon ['saɪfən] **1** N siphon m **2** VT siphonner

sir [sɜːʳ] N monsieur m ◆ **Dear Sir** (in letter) (Cher) Monsieur ◆ **Sir John Smith** sir John Smith

siren ['saɪərən] N sirène f

sirloin ['sɜːlɔɪn] N aloyau m ◆ **~ steak** bifteck m dans l'aloyau

sister ['sɪstəʳ] N **a** (= sibling, nun) sœur f ► **sister-in-law** belle-sœur f **b** (Brit = nurse) infirmière f chef

sit [sɪt] (pret, ptp **sat**) **1** VI **a** [person] s'asseoir ◆ **to be ~ting** être assis ◆ **~!** (to dog) assis ! ◆ **to ~ still** rester tranquille **b** [committee, assembly] siéger **2** VT **a** (= invite to sit) faire asseoir ◆ **he sat the child on his knee** il a assis l'enfant sur ses genoux **b** [+ exam] passer
► **sit about, sit around** VI rester assis (à ne rien faire)
► **sit back** VI ◆ **to ~ back in an armchair** se caler dans un fauteuil ◆ **just ~ back and listen to this** installe-toi bien et écoute un peu
► **sit down 1** VI s'asseoir ◆ **to be ~ting down** être assis **2** VT SEP asseoir ; (= invite to sit) faire asseoir
► **sit in** VI ◆ **to ~ in on a discussion** assister à une discussion (sans y prendre part) ◆ **to ~ in for sb** (= replace) remplacer qn

► **sit through** VT ◆ **to ~ through sth** assister à qch jusqu'au bout
► **sit up** VI **a** (= sit upright) se redresser ◆ **to be ~ting up** être assis **b** (= stay up) veiller ◆ **to ~ up late** se coucher tard

sitcom * ['sɪtkɒm] N sitcom f

site [saɪt] **1** N [of town, building] emplacement m ; (archaeological) site m ; (= building site) chantier m ; (= website) site m web **2** VT placer

sit-in ['sɪtɪn] N [of demonstrators] sit-in m ; [of workers] grève f sur le tas

sitter ['sɪtəʳ] N (for painting) modèle m ; (= baby-sitter) baby-sitter mf

sitting ['sɪtɪŋ] N [of committee, assembly] séance f ; (for portrait) séance f de pose ; (in restaurant etc) service m ► **sitting room** salon m

situate ['sɪtjʊeɪt] VT [+ building, town] placer ; [+ problem, event] situer ◆ **to be well/badly ~d** être bien/mal situé

situation [ˌsɪtjʊˈeɪʃən] N situation f ◆ **"~s vacant/wanted"** "offres/demandes d'emploi"

six [sɪks] NUMBER six m inv ◆ **he is ~ (years old)** il a six ans ◆ **he lives in number ~** il habite au (numéro) six ◆ **it's ~ (o'clock)** il est six heures ◆ **two ~es are twelve** deux fois six douze ◆ **there are ~** il y en a six ◆ **there are ~ of us** nous sommes six ◆ **it's ~ of one and half a dozen of the other** * c'est du pareil au même *

sixteen ['sɪksˈtiːn] NUMBER seize m inv

sixteenth ['sɪksˈtiːnθ] ADJ, N seizième mf ; (= fraction) seizième m

sixth [sɪksθ] **1** ADJ sixième ◆ **Charles the Sixth** Charles VI ◆ **the ~ of November** le six novembre ► **sixth form** (Brit: in schools) ≈ classes fpl de première et terminale ► **sixth sense** sixième sens m **2** N sixième mf ; (= fraction) sixième m **3** ADV en sixième position ◆ **he came ~** il s'est classé sixième

sixtieth ['sɪkstɪθ] ADJ, N soixantième mf ; (= fraction) soixantième m

sixty ['sɪkstɪ] NUMBER soixante m inv ◆ **about ~** une soixantaine, environ soixante ◆ **there are ~** il y en a soixante ◆ **to be in one's sixties** avoir entre soixante et soixante-dix ans ◆ **in the sixties** (= 1960s) dans les années soixante

size [saɪz] N **a** [of person, animal, book, photo] taille f ; [of room, building, car, chair] dimensions fpl ; [of egg, fruit, jewel] grosseur f ; [of sum] montant m ; [of estate, park, country] étendue f ; [of problem, operation] ampleur f ; (= format) format m ◆ **the small/large ~** [of packet, tube] le petit/grand modèle **b** [of coat, skirt, dress, trousers] taille f ; [of shoes] pointure f ; [of shirt] encolure f ◆ **I take ~ 12** je prends du 40 ◆ **I take ~ 5** (in shoes) ≈ je chausse du 38
► **size up** VT SEP [+ person] jauger ; [+ situation] mesurer

sizeable ['saɪzəbl] ADJ [amount, number, problem] assez important ; [object, building, estate] assez grand ; [majority] assez large

sizzle ['sɪzl] VI grésiller

skate [skeɪt] **1** N **a** (= for skating) patin m **b** (= fish) raie f **2** VI patiner ◆ **to go skating** (ice) faire du patin à glace ; (roller) faire du patin à roulettes

skateboard ['skeɪtbɔːd] **1** N planche f à roulettes **2** VI faire de la planche à roulettes

skateboarder ['skeɪtbɔːdəʳ] N skateur m, -euse f

skater ['skeɪtəʳ] N (ice) patineur m, -euse f ; (rollerskater) personne f qui fait du patin à roulettes

skating ['skeɪtɪŋ] N (= on ice) patinage m ; (= rollerskating) patinage m à roulettes ▸ **skating rink** (ice) patinoire f ; (roller) piste f de patinage

skeleton ['skelɪtn] N squelette m ▸ **skeleton key** passe-partout m inv

skeptic ['skeptɪk] N, ADJ (US) sceptique mf

sketch [sketʃ] **1** N **a** (= drawing) (rough) croquis m ; (preliminary) esquisse f ▸ **sketch pad** carnet m de croquis **b** (Theatre) sketch m **2** VI (roughly) faire des croquis **3** VT [+ view, castle, figure] (roughly) faire un croquis de ; (= make preliminary drawing) faire une esquisse de ; [+ map] faire à main levée
▸ **sketch out** VT SEP [+ plans, proposals] ébaucher

sketchy ['sketʃɪ] ADJ [account, report, details] incomplet (-ète f) ; [knowledge] sommaire

skewed [skjuːd] ADJ **a** (= slanting) de travers **b** [conception, view] déformé ; [statistics] faussé

skewer ['skjuəʳ] N (for roast) broche f ; (for kebabs) brochette f

ski [skiː] **1** N ski m ▸ **ski boot** chaussure f de ski ▸ **ski jump** (= action) saut m à skis ; (= place) tremplin m (de ski) ▸ **ski lift** remonte-pente m inv ▸ **ski pants** fuseau m (de ski) ▸ **ski pole** bâton m de ski ▸ **ski resort** station f de sports d'hiver ▸ **ski slope** piste f de ski ▸ **ski-suit** combinaison f (de ski) ▸ **ski tow** télésiège m **2** VI faire du ski, skier ◆ **to ~ down a slope** descendre une pente à skis

skibob ['skiːbɒb] N véloski m

skid [skɪd] **1** N [of car] dérapage m **2** VI [car, person] déraper

skier ['skiːəʳ] N skieur m, -euse f

skiing ['skiːɪŋ] N ski m

skilful ['skɪlfʊl] ADJ [person, player] habile (at doing sth à faire qch)

skill [skɪl] N **a** (= ability) habileté f **b** (in craft) technique f ◆ **~s** (acquired) compétences fpl ; (innate) aptitudes fpl

skilled [skɪld] ADJ **a** [person, driver] habile (at doing à faire) **b** [job, labour, worker] qualifié

skillful ['skɪlfʊl] ADJ (US) ⇒ **skilful**

skim [skɪm] **1** VT **a** [+ milk] écrémer ; [+ soup] écumer ▸ **skimmed milk** lait m écrémé **b** ◆ **to ~ the ground/water** raser le sol/la surface de l'eau **2** VI ◆ **to ~ across the water/along the ground** raser l'eau/le sol ◆ **the stone ~med across the pond** la pierre a ricoché sur l'étang ◆ **to ~ through a book** feuilleter un livre

skimp [skɪmp] VI lésiner ◆ **to ~ on** lésiner sur

skimpy ['skɪmpɪ] ADJ [meal] frugal ; [dress, bikini, underwear] minuscule

skin [skɪn] **1** N peau f ◆ **soaked to the ~** trempé jusqu'aux os ◆ **to be ~ and bone** n'avoir que la peau sur les os ◆ **to escape by the ~ of one's teeth** l'échapper belle ▸ **skin deep** superficiel ▸ **skin diving** plongée f sous-marine **2** VT [+ animal] dépouiller ◆ **to ~ one's knee** s'écorcher le genou

skinny ['skɪnɪ] ADJ maigre

skintight [skɪn'taɪt] ADJ moulant

skip [skɪp] **1** N **a** (= jump) petit saut m **b** (Brit = container) benne f **2** VI sautiller ; (with rope) sauter à la corde **3** VT [+ chapter, class, meal] sauter

skipper ['skɪpəʳ] N [of boat] skipper m ; [of team] * capitaine m

skipping ['skɪpɪŋ] N saut m à la corde ▸ **skipping rope** (Brit) corde f à sauter

skirmish ['skɜːmɪʃ] N (military) escarmouche f ; (fig) accrochage m

skirt [skɜːt] **1** N jupe f **2** VT (also **skirt round**) [+ town, obstacle] contourner ; [+ problem, difficulty] esquiver

skirting ['skɜːtɪŋ] N (Brit also **skirting board**) plinthe f

skit [skɪt] N parodie f (on de) ; (Theatre) sketch m satirique

skittle ['skɪtl] N quille f ◆ **skittles** (jeu m de) quilles fpl

skive * [skaɪv] (Brit) VI (also **skive off**) tirer au flanc *

skulk [skʌlk] VI rôder ◆ **to ~ in/away** entrer/s'éloigner furtivement

skull [skʌl] N crâne m ◆ **~ and crossbones** (= emblem) tête f de mort ; (= flag) pavillon m à tête de mort

skullcap ['skʌlkæp] N calotte f

skunk [skʌŋk] N (= animal) mouffette f

sky [skaɪ] N ciel m ▸ **sky-blue** bleu ciel inv ▸ **sky-high** très haut ; [prices] exorbitant ◆ **the bridge was blown ~-high** le pont a volé en éclats

skydiving ['skaɪdaɪvɪŋ] N parachutisme *m* en chute libre

skylark ['skaɪlɑːk] N alouette *f*

skylight ['skaɪlaɪt] N lucarne *f*

skyline ['skaɪlaɪn] N horizon *m*

skyscraper ['skaɪskreɪpə^r] N gratte-ciel *m inv*

slab [slæb] N [of stone, slate] bloc *m* ; (= paving stone) dalle *f* ; [of cake] morceau *m* ; [of chocolate] plaque *f*

slack [slæk] **1** ADJ **a** [rope] détendu ; [knot] desserré ; [hold] faible **b** (= not busy) [time, season, month] creux ; [market] déprimé **c** (= lax) [discipline, security] relâché ; [student, worker] peu sérieux **2** N (in rope) mou *m* **3** **slacks** NPL pantalon *m*

slacken ['slækn] **1** VT [+ rope] relâcher ◆ **to ~ one's pace** ralentir l'allure **2** VI [rope] se relâcher ; [trade] ralentir ; [enthusiasm, pressure] diminuer ; [person] se laisser aller

slag [slæg] N (= coal waste) scories *fpl* ▶ **slag heap** (at mine) terril *m*

slain [sleɪn] VB (ptp of **slay**)

slalom ['slɑːləm] N slalom *m*

slam [slæm] **1** VT [+ door] claquer ; [+ lid] refermer violemment **2** VI **a** [door, lid] claquer **b** ◆ **to ~ into sth** s'écraser contre qch
▶ **slam down** VT SEP poser brutalement ; [+ lid] rabattre brutalement
▶ **slam on** VT SEP ◆ **to ~ on the brakes** freiner à mort

slander ['slɑːndə^r] **1** N calomnie *f* ; (Law) diffamation *f* **2** VT calomnier ; (Law) diffamer

slang [slæŋ] N argot *m*

slant [slɑːnt] **1** N (= angle) inclinaison *f* ; (= point of view) point *m* de vue (on sur) **2** VI être incliné **3** VT [+ object] incliner ; [+ account, news] présenter avec parti pris

slanting ['slɑːntɪŋ] ADJ [line, rays] oblique ; [surface] incliné ; [handwriting] penché ; [eyes] bridé

slap [slæp] **1** N claque *f* ◆ **a ~ in the face** une gifle **2** ADV * ◆ ◆ **in the middle** en plein milieu ▶ **slap-bang** (Brit) ◆ **~-bang into the wall** en plein dans le mur **3** VT **a** [+ person] donner une tape à ; (stronger) donner une claque à ◆ **to ~ sb's face** gifler qn **b** (= put) flanquer * ; (= apply) mettre à la va-vite

slapdash * ['slæpdæʃ] ADJ [work] bâclé * ◆ **in a ~ way** à la va-vite

slapstick ['slæpstɪk] N (also **slapstick comedy**) grosse farce *f*

slap-up * ['slæpʌp] ADJ (Brit) ◆ **~ meal** repas *m* extra *

slash [slæʃ] **1** N (= cut) entaille *f* **2** VT **a** entailler ; (several cuts) taillader ◆ **to ~ one's wrists** s'ouvrir les veines **b** [+ prices] casser

slat [slæt] N lame *f* ; (wooden) latte *f* ; [of blind] lamelle *f*

slate [sleɪt] **1** N ardoise *f* **2** VT (Brit = criticize) * démolir *

slaughter ['slɔːtə^r] **1** N massacre *m* ; [of animals for meat] abattage *m* **2** VT massacrer ; (= kill for meat) abattre

slaughterhouse ['slɔːtəhaʊs] N abattoir *m*

slave [sleɪv] **1** N esclave *mf* **2** VI (also **slave away**) trimer *

slaver ['slævə^r] VI (= dribble) baver

slavery ['sleɪvərɪ] N esclavage *m*

slay [sleɪ] (pret **slew**, ptp **slain**) VT (liter) tuer

sleaze * ['sliːz] N **a** (= corruption) corruption *f* **b** (= filth) sordidité *f*

sleazy * ['sliːzɪ] ADJ sordide ; [person] louche

sled [sled] N (US) traîneau *m* ; (child's) luge *f*

sledge [sledʒ] N traîneau *m* ; (child's) luge *f*

sledgehammer ['sledʒˌhæmə^r] N masse *f*

sleek [sliːk] ADJ [hair, fur] lustré ; [person] soigné

sleep [sliːp] (vb : pret, ptp **slept**) **1** N sommeil *m* ◆ **to go to ~** s'endormir ◆ **my leg has gone to ~** j'ai la jambe engourdie **2** VI **a** (= be asleep) dormir ◆ **to ~ like a log** dormir à poings fermés **b** (= spend night) coucher **c** (= have sex) ◆ **to ~ with sb** coucher * avec qn
▶ **sleep in** VI faire la grasse matinée
▶ **sleep through** VT INSEP ◆ **he slept through the storm** l'orage ne l'a pas réveillé

sleeper ['sliːpə^r] N **a** (= person) ◆ **to be a light/heavy ~** avoir le sommeil léger/lourd **b** (Brit Rail) (on track) traverse *f* ; (= berth) couchette *f* ; (= rail car) wagon-lit *m* ; (= train) train-couchettes *m*

sleeping ['sliːpɪŋ] ADJ [person] endormi ◆ **(the) Sleeping Beauty** la Belle au bois dormant ▶ **sleeping bag** sac *m* de couchage ▶ **sleeping partner** (Brit) (associé *m*) commanditaire *m* ▶ **sleeping pill** somnifère *m* ▶ **sleeping policeman** (Brit) ralentisseur *m*

sleepless ['sliːplɪs] ADJ ◆ **(to have) a ~ night** (passer) une nuit blanche

sleepwalk ['sliːpwɔːk] VI être somnambule

sleepy ['sliːpɪ] ADJ **a** [voice, look] endormi ◆ **to be ~** avoir sommeil **b** [village, town] somnolent

sleet [sliːt] **1** N neige *f* fondue **2** VI ◆ **it is ~ing** il tombe de la neige fondue

sleeve [sliːv] N [of garment] manche *f* ; [of record] pochette *f*

sleeveless ['sliːvlɪs] ADJ sans manches

sleigh [sleɪ] N traîneau m

sleight [slaɪt] N ◆ ~ of hand (= trick) tour m de passe-passe

slender ['slendə'] ADJ **a** [person] svelte ; [legs, waist] fin **b** [chance, majority, margin] faible ; [income, resources] maigre

slept [slept] VB (pt, ptp of sleep)

sleuth [slu:θ] N détective m

slew¹ [slu:] VB (pt of slay)

slew² [slu:] **1** VI [vehicle] déraper **2** N (US) ◆ a slew of ... un tas * de ...

slice [slaɪs] **1** N **a** (gen) tranche f ; [of lemon, cucumber, sausage] rondelle f ◆ ~ of bread and butter tartine f beurrée **b** (= part) partie f **c** (= kitchen utensil) spatule f **2** VT **a** (gen) couper (en tranches) ; [+ sausage, cucumber] couper (en rondelles) ◆ ~d bread du pain en tranches **b** [+ ball] slicer

slick [slɪk] **1** ADJ **a** (= efficient, skilful) habile ◆ it was a ~ operation ça a été rondement mené **b** [person] ◆ he's really ~ il a du bagout * **c** [hair] lissé ; [road, surface] glissant **2** N (also oil slick) nappe f de pétrole ; (on beach) marée f noire

slide [slaɪd] (vb : pret, ptp slid) **1** N **a** (in prices, temperature) baisse f (in de) **b** (in playground) toboggan m **c** (= photo) diapositive f ; [of microscope] porte-objet m **d** (= hair slide) barrette f **2** VI glisser ◆ to let things ~ laisser les choses aller à la dérive **3** VT (faire) glisser

sliding ['slaɪdɪŋ] ADJ [panel, door] coulissant ◆ ~ scale échelle f mobile

slight [slaɪt] **1** ADJ **a** (= minor) léger before n ; [error, chance] petit ◆ I haven't the ~est idea je n'en ai pas la moindre idée ◆ not in the ~est pas le moins du monde **b** (= slim) menu **2** VT blesser **3** N (= insult) affront m

slightly ['slaɪtlɪ] ADV légèrement

slim [slɪm] **1** ADJ **a** [person] mince ; [majority, chance] faible **2** VI maigrir ; (= diet) suivre un régime amaigrissant

slime [slaɪm] N (= mud) vase f ; (= sticky substance) matière f visqueuse ; (from snail) bave f

slimming ['slɪmɪŋ] N amaigrissement m ▸ slimming product (produit m) amincissant m

slimy ['slaɪmɪ] ADJ **a** [substance, creature] visqueux **b** (Brit) [person] mielleux

sling [slɪŋ] (vb : pret, ptp slung) **1** N **a** (= weapon) fronde f ; (for arm) écharpe f **2** VT **a** (= throw) lancer (at or to sb à qn ; at sth sur qch) **b** (= hang) [+ hammock] suspendre

slingshot ['slɪŋʃɒt] N (US) lance-pierre(s) m inv

slip [slɪp] **1** N **a** (= mistake) erreur f ◆ ~ of the tongue lapsus m ◆ to give sb the ~ fausser compagnie à qn **b** (= underskirt) combinaison f **c** ◆ a ~ of paper un bout de papier **2** VI (= slide) glisser ◆ to let ~ an opportunity laisser passer une occasion ◆ he ~ped out of the room il s'est glissé hors de la pièce ◆ to ~ out of a dress enlever (rapidement) une robe ◆ to ~ into bad habits prendre insensiblement de mauvaises habitudes **3** VT **a** (= slide) glisser ◆ a ~ped disc une hernie discale **b** (= escape from) échapper à ◆ it ~ped my mind cela m'était complètement sorti de la tête **4** COMP ▸ slip-ons, slip-on shoes chaussures fpl sans lacets ▸ slip road (Brit) bretelle f d'accès ▸ slip-up * cafouillage * m

▸ **slip away** VI partir discrètement

▸ **slip out** VI [person] sortir ◆ the words ~ped out before he realized it les mots lui ont échappé avant même qu'il ne s'en rende compte

▸ **slip up** * VI (= make mistake) se ficher dedans *

slipper ['slɪpə'] N pantoufle f ; (warmer) chausson m

slippery ['slɪpərɪ] ADJ glissant

slipshod ['slɪpʃɒd] ADJ [work, style] négligé

slipway ['slɪpweɪ] N cale f de lancement

slit [slɪt] (vb : pret, ptp slit) **1** N (= opening) fente f ; (= cut) incision f **2** VT (= make an opening in) fendre ; (= cut) inciser

slither ['slɪðə'] VI (= person) glisser ; [snake] onduler

sliver ['slɪvə'] N [of glass, wood] éclat m ; [of cheese, ham] lamelle f

slob * [slɒb] N plouc * mf

slobber ['slɒbə'] VI baver

sloe [sləʊ] N (= fruit) prunelle f

slog [slɒg] **1** N (= effort) gros effort m **2** VI (also slog away) travailler très dur ◆ he ~ged up the hill il a gravi péniblement la colline

slogan ['sləʊgən] N slogan m

slop [slɒp] **1** VT [+ liquid] (= spill) renverser (= tip carelessly) répandre **2** VI (also slop over) [water] déborder

slope [sləʊp] **1** N **a** [of roof, ground, surface] pente f **b** (= rising ground, gentle hill) côte f ; (= mountainside) versant m ◆ on the (ski) ~s les pistes (de ski) **2** VI [ground, roof] être en pente ; [handwriting] pencher

sloping ['sləʊpɪŋ] ADJ [ground, roof] en pente

sloppy ['slɒpɪ] ADJ **a** (= careless) négligé [thinking, logic] peu rigoureux **b** (= sentimental) à l'eau de rose

slosh * [slɒʃ] **1** VT (= spill) renverser ; (= apply lavishly) répandre **2** VI ◆ water was ~ing everywhere l'eau se répandait partout ◆ to ~ through mud patauger dans la boue

slot [slɒt] **1** N **a** (= slit) fente *f* ; (= groove) rainure *f* ▸ **slot machine** (for tickets) distributeur *m* (automatique) ; (in arcade) machine *f* à sous **b** (= space in schedule) créneau *m*, tranche *f* horaire **2** VT ◆ **to ~ one part into another** emboîter une pièce dans une autre **3** VI ◆ **this part ~s in here** cette pièce-ci s'emboîte ici

sloth [sləʊθ] N **a** (= idleness) paresse *f* **b** (= animal) paresseux *m*

slouch [slaʊtʃ] VI ◆ **she tends to ~** elle a tendance à ne pas se tenir droite ◆ **he ~ed out** il sortit en traînant les pieds, le dos voûté

slovenly ['slʌvnlɪ] ADJ négligé

slow [sləʊ] **1** ADJ lent ◆ **at a ~ speed** à petite vitesse ◆ **he's a ~ learner** il n'apprend pas vite ◆ **to be ~ to do sth** mettre du temps à faire qch ◆ **my watch is (ten minutes) ~** ma montre retarde (de dix minutes) ▸ **slow motion** ◆ **in ~ motion** au ralenti **2** ADV (= slowly) lentement **3** VT (also **slow down**) [+ person] ralentir **4** VI (also **slow down**) ralentir ; [reactions] devenir plus lent

slowdown ['sləʊdaʊn] N ralentissement *m* ; (US) grève *f* perlée

slowly ['sləʊlɪ] ADV lentement ◆ **~ but surely** lentement mais sûrement

sludge [slʌdʒ] N (= mud) boue *f* ; (= sewage) eaux *fpl* usées ; (= melting snow) neige *f* fondue

slug [slʌg] **1** N (= animal) limace *f* ; (= blow) coup *m* **2** VT * frapper

sluggish ['slʌgɪʃ] ADJ lent ; [market, business] stagnant

sluice [sluːs] VT laver à grande eau ▸ **sluice gate** porte *f* d'écluse

slum [slʌm] N (= house) taudis *m* ; (= area) quartier *m* pauvre

slump [slʌmp] **1** N (in numbers, popularity, sales) forte baisse *f* (in de) ; (in prices) effondrement *m* (in de) **2** VI **a** [popularity, trade] baisser brutalement ; [prices, rates] s'effondrer **b** [person] s'écrouler (into dans ; onto sur)

slung [slʌŋ] VB (pt, ptp of **sling**)

slur [slɜːʳ] **1** N (= stigma) atteinte *f* (on à) ; (= insult) insulte *f* **2** VT mal articuler

slush [slʌʃ] N (= snow) neige *f* fondue ; (= mud) gadoue *f* ; (= sentiment) sensiblerie *f* ▸ **slush fund** fonds *mpl* secrets

slut [slʌt] N (dirty) souillon *f* ; (immoral)* salope *** *f*

sly [slaɪ] **1** ADJ **a** (= crafty) [person, animal] rusé ; [smile, look, remark] narquois **b** (= underhand) [person, trick] sournois (pej) **2** N ◆ **on the ~** en cachette

smack [smæk] **1** N tape *f* ; (stronger) claque *f* ; (on face) gifle *f* **2** VT [+ person] donner une tape à ; (stronger) donner une claque à ; (on face)

gifler ◆ **to ~ one's lips** se lécher les babines **3** VI ◆ **to ~ of sth** avoir des relents de qch **4** ADV * ◆ **~ in the middle** en plein milieu

small [smɔːl] ADJ (gen) petit ; [family, audience] peu nombreux ; [waist] mince ; [meal] léger ◆ **in ~ letters** en minuscules *fpl* ◆ **it's a ~ world!** le monde est petit ! ◆ **to get ~er** [population, amount] diminuer ; [object] rapetisser ▸ **small ads** (Brit: in newspaper) petites annonces *fpl* ▸ **small change** petite monnaie *f* ▸ **small-size(d)** petit ▸ **small talk** papotage *m* ▸ **small-time** de troisième ordre

smallholding ['smɔːlhəʊldɪŋ] N (Brit) ≈ petite ferme *f*

smallpox ['smɔːlpɒks] N variole *f*

smart [smɑːt] ADJ **a** (= not shabby) [hotel, restaurant, neighbourhood] chic *inv* ; [person, clothes, appearance] élégant ; [house, car] beau (belle *f*) **b** (= fashionable) à la mode **c** (= clever) intelligent ▸ **smart card** carte *f* à puce **d** (* = cheeky) culotté * **e** (= brisk) vif **2** VI [cut, graze] brûler ; [iodine] piquer ◆ **my eyes were ~ing** j'avais les yeux qui me piquaient

smarten up [ˌsmɑːtənˈʌp] **1** VI s'arranger **2** VT SEP [+ person] rendre plus élégant ; [+ house, room, town] embellir

smash [smæʃ] **1** N (= sound) fracas *m* ; (= blow) coup *m* violent ; (Tennis) smash *m* ▸ **smash-and-grab** cambriolage *m* (commis en brisant une devanture) ▸ **smash hit** ◆ **it was a ~ hit** ça a fait un malheur * **2** VT **a** (= break) casser ; (= shatter) fracasser ◆ **to ~ sth to pieces** briser qch en mille morceaux ◆ **to ~ the ball** (Tennis) faire un smash **b** [+ hopes] ruiner ; [+ enemy, opponent] écraser ; [+ sports record] pulvériser * **3** VI se briser (en mille morceaux) ◆ **the car ~ed into the tree** la voiture s'est écrasée contre l'arbre

smashing * ['smæʃɪŋ] ADJ (Brit) super

smattering ['smætərɪŋ] N ◆ **he has a ~ of German/maths** il a quelques notions d'allemand/en maths

smear [smɪəʳ] **1** N **a** (= mark) trace *f* **b** (= defamation) diffamation *f* (on, against de) **c** (= for medical examination) frottis *m* **2** VT **a** (= wipe) ◆ **to ~ cream on one's hands** s'enduire les mains de crème ◆ **his hands were ~ed with ink** il avait les mains tachées d'encre **b** [+ reputation] salir

smell [smel] (vb : pret, ptp **smelled** or **smelt**) **1** N odeur *f* ◆ **to have a good sense of ~** avoir l'odorat *m* très développé **2** VT sentir **3** VI ◆ **it ~s (bad)** ça sent mauvais ◆ **it doesn't ~** ça ne sent rien ◆ **it ~s of garlic** ça sent l'ail ◆ **to ~ good** sentir bon

smelly ['smelɪ] ADJ [person, feet, armpits] qui sent mauvais ; [breath] mauvais ; [cheese] qui sent fort

smelt [smelt] **1** VB (pt, ptp of **smell**) **2** VT [+ ore] fondre ; [+ metal] extraire par fusion

smile [smaɪl] **1** N sourire m **2** VI sourire (at sb à qn)

smiley ['smaɪlɪ] N smiley m

smiling ['smaɪlɪŋ] ADJ souriant

smirk [smɜːk] N (= self-satisfied smile) petit sourire m satisfait ; (= knowing smile) petit sourire m narquois

smithereens [ˌsmɪðə'riːnz] NPL ◆ **to smash sth to ~** briser qch en mille morceaux

smock [smɒk] N blouse f

smog [smɒg] N smog m

smoke [sməʊk] **1** N fumée f ▶ **smoke alarm, smoke detector** détecteur m de fumée ▶ **smoke ring** rond m de fumée ▶ **smoke screen** (Mil) écran m de fumée ; (fig) paravent m (fig) **2** VTI fumer ◆ **~d salmon** saumon m fumé

smoker ['sməʊkə^r] N (= person) fumeur m, -euse f

smokestack ['sməʊkstæk] N cheminée f (extérieure)

smoking ['sməʊkɪŋ] N tabagisme m ◆ "**no ~**" "défense de fumer" ◆ **to give up ~** arrêter de fumer

smoky ['sməʊkɪ] ADJ [atmosphere, room] enfumé ; [fire] qui fume

smolder ['sməʊldə^r] VI (US) ⇒ **smoulder**

smooch * [smuːtʃ] VI (= kiss) se bécoter * ; (= pet) se peloter * ; (= dance) se frotter l'un contre l'autre

smooth [smuːð] **1** ADJ **a** (= not rough) lisse **b** (= not lumpy) [sauce, mixture] onctueux **c** (= not harsh) [flavour, wine] moelleux ; [voice, sound] doux (douce f) **d** (= even) [flow, breathing] régulier ; [takeoff, landing] en douceur ; [sea crossing] calme ; [flight] sans problèmes ; [engine] qui tourne parfaitement ◆ **~ running** bon fonctionnement m **e** (= suave) [person, talk] mielleux (pej) ◆ **he's a ~ talker** c'est un beau parleur (pej) **2** VT [+ fabric, hair] lisser ; [+ wood] polir
▶ **smooth down** VT SEP [+ hair, feathers, sheet] lisser ; [+ person] calmer
▶ **smooth out** VT SEP [+ material, dress] défroisser ; [+ wrinkles, difficulties] faire disparaître

smother ['smʌðə^r] VT **a** (= stifle) étouffer **b** (= cover) (re)couvrir (with de)

smoulder ['sməʊldə^r] VI [fire, emotion] couver

smouldering ['sməʊldərɪŋ] ADJ **a** [fire] qui couve ; [ashes, rubble] qui fume **b** [expression, look] provocant ; [emotion] qui couve

smudge [smʌdʒ] **1** N (on paper, cloth) (légère) tache f ; (in text, print) bavure f **2** VT [+ face] salir ; [+ print] maculer ; [+ paint, writing] étaler accidentellement **3** VI s'étaler

smug [smʌg] ADJ suffisant

smuggle ['smʌgl] VT [+ tobacco, drugs] passer en fraude ◆ **to ~ in/out** [+ goods] faire entrer/ sortir en contrebande ; [+ letters, person, animal] faire entrer/sortir clandestinement

smuggler ['smʌglə^r] N contrebandier m, -ière f

smuggling ['smʌglɪŋ] N contrebande f

smutty * ['smʌtɪ] ADJ cochon *

snack [snæk] N casse-croûte m inv ▶ **snack bar** snack(-bar) m

snag [snæg] **1** N inconvénient m **2** VT [+ cloth, tights] faire un accroc à (on sth avec qch)

snail [sneɪl] N escargot m

snake [sneɪk] N serpent m ▶ **snake charmer** charmeur m de serpent ▶ **snakes and ladders** sorte de jeu de l'oie

snakebite ['sneɪkbaɪt] N morsure f de serpent

snakeskin ['sneɪkskɪn] N peau f de serpent

snap [snæp] **1** N **a** [of fingers, whip] claquement m ; [of sth shutting] bruit m sec ; [of twigs] craquement m ▶ **snap fastener** (on clothes) bouton-pression m ; (on handbag, bracelet) fermoir m **b** (= cold weather) ◆ **a cold ~** une petite vague de froid **c** (= snapshot) photo f **d** (Brit Cards) sorte de jeu de bataille **2** ADJ [judgement] irréfléchi ◆ **to make a ~ decision** prendre une décision très rapide **3** VI **a** (= break) se casser net **b** [whip] claquer ◆ **to ~ shut** se fermer avec un bruit sec **c** ◆ **to ~ at sb** [dog] essayer de mordre qn ; [person] parler à qn d'un ton brusque **4** VT **a** (= break) casser net **b** [+ whip] faire claquer ◆ **to ~ one's fingers** faire claquer ses doigts ◆ **to ~ sth shut** fermer qch d'un coup sec **c** (= take photo of) prendre en photo
▶ **snap out** * VI ◆ **to ~ out of** [+ gloom, self-pity] se sortir de ; [+ bad temper] contrôler ◆ **~ out of it!** secoue-toi ! *
▶ **snap up** VT SEP ◆ **to ~ up a bargain** se jeter sur une occasion

snappy ['snæpɪ] ADJ **a** [title, phrase, slogan] accrocheur (-euse f) **b** (= snazzy) [clothes] chic inv **c** ◆ **make it ~ !** * grouille-toi ! * **d** [dog] hargneux

snapshot ['snæpʃɒt] N photo f

snare [snɛə^r] **1** N piège m **2** VT prendre au piège

snarl [snɑːl] **1** N grondement m féroce **2** VI [dog] gronder en montrant les dents ; [person] parler hargneusement (at sb à qn)

snatch [snætʃ] **1** N (= small piece) fragment m ◆ **a ~ of conversation** des bribes fpl de conver sation **2** VT [+ object, opportunity] saisir ; [+ sandwich, drink] avaler à la hâte ; (= steal) voler (from sb à qn), saisir ; (= kidnap) enlever ◆ she ~ed the book from him elle lui a arraché le livre **3** VI ◆ to ~ at [+ object, end of rope] essayer de saisir ; [+ opportunity, chance] saisir

snazzy * ['snæzi] ADJ chic *inv*

sneak [sni:k] (vb : pret, ptp sneaked or (US *) snuck) **1** N * (= underhand person) faux jeton * *m* ; (Brit = telltale) * mouchard(e) * *m(f)* **2** ADJ [attack, visit] furtif ◆ ~ preview (of film) avant-première *f* ; (gen) avant-goût *m* **3** VI ◆ to ~ in/out entrer/sortir furtivement **4** VT ◆ to ~ a look at sth regarder qch à la dérobée
► **sneak away, sneak off** VI s'éclipser

sneaker ['sni:kə^r] N tennis *m*, basket *f*

sneaky * ['sni:ki] ADJ sournois

sneer [snɪə^r] **1** VI sourire d'un air méprisant ◆ to ~ at sb se moquer de qn d'un air méprisant ◆ to ~ at sth tourner qch en ridicule **2** N (= laugh) ricanement *m* ; (= remark) sarcasme *m*

sneeze [sni:z] **1** N éternuement *m* **2** VI éternuer

snide [snaɪd] ADJ narquois

sniff [snɪf] **1** VI renifler ; (disdainfully) faire la grimace ◆ to ~ at sth [dog] flairer qch ; [person] renifler qch ; (fig) faire la grimace à qch ◆ it's not to be ~ed at ce n'est pas à dédaigner **2** VT [dog] flairer ; [person] [+ food, bottle] renifler ; [+ air, perfume, aroma] humer ◆ to ~ glue/cocaine sniffer de la colle/de la cocaïne

sniffer dog ['snɪfə,dɒg] N chien *m* renifleur

sniffle ['snɪfl] **1** N (= sniff) reniflement *m* ; (= slight cold) petit rhume *m* **2** VI renifler

snigger ['snɪgə^r] **1** N petit rire *m* ; (cynical) ricanement *m* **2** VI pouffer de rire ; (cynically) ricaner

snip [snɪp] VT couper (à petits coups de ciseaux)

sniper ['snaɪpə^r] N tireur *m* isolé

snippet ['snɪpɪt] N bribe *f*

snivel ['snɪvl] VI (= whine) pleurnicher ; (= sniff) renifler

snob [snɒb] N snob *mf*

snobbery ['snɒbərɪ] N snobisme *m*

snobbish ['snɒbɪʃ] ADJ snob *inv*

snooker ['snu:kə^r] N (= game) snooker *m*

snoop [snu:p] VI se mêler des affaires des autres ◆ to ~ around fureter

snooze * [snu:z] **1** N petit somme *m* ◆ afternoon ~ sieste *f* **2** VI faire un petit somme

snore [snɔ:^r] **1** N ronflement *m* **2** VI ronfler

snorkel ['snɔ:kl] **1** N [of swimmer] tuba *m* **2** VI ◆ to go ~ling faire de la plongée (avec un masque et un tuba)

snort [snɔ:t] **1** N [of person] grognement *m* ; [of horse] ébrouement *m* **2** VI [horse] s'ébrouer ; [person] (angrily) grogner ; (laughing) s'étrangler de rire

snout [snaʊt] N [animal] museau *m* ; [of pig] groin *m*

snow [snəʊ] **1** N neige *f* ► **snow bank** congère *f* ► **snow-capped** couronné de neige ► **snow-white** blanc (blanche *f*) comme neige **2** VI neiger ◆ it's ~ing il neige

snowball ['snəʊbɔ:l] **1** N boule *f* de neige **2** VI faire boule de neige

snowboard ['snəʊbɔ:d] **1** N surf *m* des neiges **2** VI faire du surf des neiges

snowbound ['snəʊbaʊnd] ADJ bloqué par la neige

snowdrift ['snəʊdrɪft] N congère *f*

snowed under [,snəʊd'ʌndə^r] ADJ ◆ to be snowed under with letters/work être submergé de lettres/de travail

snowfall ['snəʊfɔ:l] N chute *f* de neige

snowflake ['snəʊfleɪk] N flocon *m* de neige

snowman ['snəʊmæn] N (pl **-men**) bonhomme *m* de neige

snowmobile ['snəʊmə,bi:əl] N (US) motoneige *f*

snowplough, snowplow (US) ['snəʊplaʊ] N chasse-neige *m inv*

snowshoe ['snəʊʃu:] N raquette *f*

snowstorm ['snəʊstɔ:m] N tempête *f* de neige

snowy ['snəʊɪ] ADJ [weather, winter] neigeux ; [region, landscape] enneigé ◆ a ~ day/morning une journée/matinée de neige

SNP [esen'pi:] N (abbrev of Scottish National Party) *parti indépendantiste écossais*

snub [snʌb] **1** N rebuffade *f* **2** VT [+ person] snober ; [+ offer] repousser **3** ADJ [nose] retroussé ◆ ~-nosed au nez retroussé

snuck * [snʌk] VB (US) (pt, ptp of **sneak**)

snuff [snʌf] N tabac *m* à priser

snug [snʌg] ADJ **a** (= cosy) [house, bed, garment] douillet **b** (= close-fitting) bien ajusté

snuggle ['snʌgl] VI se blottir (into sth dans qch ; beside sb contre qn)
► **snuggle up** VI se blottir (to sb contre qn)

SO [səʊ]

1 ADV **a** (= to such a degree) si ◆ ~ easy/quickly si facile/rapidement

◆ **so ... (that)** si ... que

b (= very, to a great extent) tellement ◆ **I'm ~ tired!** je suis tellement fatigué ! ◆ **there's ~ much to do** il y a tellement à faire ◆ **she ~ loved France** elle aimait tant la France

c (unspecified amount) ◆ **~ much per head** tant par tête

◆ **or so** environ ◆ **a week or ~** une semaine environ ◆ **twenty or ~** une vingtaine

d (= thus, in this way) ainsi ◆ **~ it was that ...** c'est ainsi que ... ◆ **~ be it** soit

e **so (that)** (= in order that) pour que + subj ◆ **I brought it ~ (that) you could read it** je l'ai apporté pour que vous puissiez le lire ◆ **he arranged the timetable ~ that the afternoons were free** il a organisé l'emploi du temps de façon à laisser les après-midi libres

◆ **so as to do sth** pour faire qch ◆ **he stood up ~ as to see better** il s'est levé pour mieux voir

◆ **so as not to do sth** pour ne pas faire qch

f (used as substitute for phrase, word) ◆ **is that ~ ?** ah bon ! ◆ **if that is ~ ...** s'il en est ainsi ... ◆ **I told you ~!** je te l'avais bien dit ! ◆ **I think ~** je crois ◆ **I hope ~** j'espère ◆ **~ do I!, ~ have I!, ~ am I!** moi aussi ! ◆ **if you do that ~ will I** si tu fais ça, j'en ferai autant ◆ **to speak** pour ainsi dire ◆ **and ~ on (and ~ forth)** et ainsi de suite ◆ **I'm not going, ~ there!** je n'y vais pas, là !

2 CONJ **a** (= therefore) donc ◆ **he was late, ~ he missed the train** il est arrivé en retard et a donc manqué le train

b (exclamatory) ◆ **~ he's come at last !** il est donc enfin arrivé ! ◆ **and ~ you see ...** alors comme vous voyez ... ◆ **~ what?** et alors ? ◆

3 COMP ▸ **so-and-so** * ◆ **Mr/Mrs So-and-~** Monsieur/Madame Untel ▸ **so-called** soi-disant inv ▸ **so-so** * couci-couça *

---

soak [səʊk] **1** VT faire tremper (in dans) **2** VI tremper ◆ **to put sth in to ~** faire tremper qch
▸ **soak in** VI pénétrer
▸ **soak through 1** VI traverser **2** VT SEP ◆ **to be ~ed through** être trempé
▸ **soak up** VT SEP absorber

soaking [ˈsəʊkɪŋ] ADJ trempé

soap [səʊp] N savon m ▸ **soap (opera)** soap * m, feuilleton m ▸ **soap powder** lessive f (en poudre)

soapsuds [ˈsəʊpsʌdz] NPL mousse f de savon

soapy [ˈsəʊpɪ] ADJ savonneux

soar [sɔːʳ] VI [bird, aircraft] s'élever dans les airs ; [ball] voler (over par-dessus) ; [tower] s'élancer (vers le ciel) ; [prices, costs, profits] monter en flèche ; [spirits] remonter en flèche

sob [sɒb] **1** N sanglot m **2** VTI sangloter

sober [ˈsəʊbəʳ] ADJ **a** (= not drunk) pas ivre ; (= sobered-up) dessoûlé * **b** (= serious) [person, attitude] pondéré ; [expression] grave **c** (= plain) sobre
▸ **sober up** VI, VT SEP dessoûler *

sobering [ˈsəʊbərɪŋ] ADJ [experience] qui fait réfléchir

soccer [ˈsɒkəʳ] N football m

sociable [ˈsəʊʃəbl] ADJ [person, mood] sociable

social [ˈsəʊʃəl] ADJ social ▸ **Social Democrat** social-démocrate mf ▸ **social science** sciences fpl sociales ▸ **social security** aide f sociale ◆ **the Department of Social Security** (Brit) ≈ la Sécurité sociale ▸ **social security benefits** prestations fpl sociales ▸ **social welfare** protection f sociale ▸ **social work** assistance f sociale ▸ **social worker** travailleur m, -euse f social(e)

socialism [ˈsəʊʃəlɪzəm] N socialisme m

socialist [ˈsəʊʃəlɪst] ADJ, N socialiste mf

socialite [ˈsəʊʃəlaɪt] N mondain(e) m(f)

socialize [ˈsəʊʃəlaɪz] VI (= be with people) fréquenter des gens ; (= chat) bavarder

society [səˈsaɪətɪ] N **a** (gen) société f **b** (= organized group) association f

sociology [ˌsəʊsɪˈɒlədʒɪ] N sociologie f

sock [sɒk] N chaussette f

socket [ˈsɒkɪt] N [of eye] orbite f ; (for light bulb) douille f ; (for plug) prise f de courant

soda [ˈsəʊdə] N **a** (= chemical) soude f **b** (also **soda water**) eau f de Seltz ❖ **whisky and ~** whisky m soda ▸ **soda siphon** siphon m (d'eau de Seltz) **c** (US: = soda pop) soda m

sodden [ˈsɒdn] ADJ [ground] détrempé ; [clothes, paper] trempé (with de)

sodium [ˈsəʊdɪəm] N sodium m

sofa [ˈsəʊfə] N canapé m ▸ **sofa bed** canapé-lit m

soft [sɒft] **1** ADJ **a** [ground, snow, butter] mou (molle f) ; [fabric, skin, toothbrush] doux (douce f) ; [food, wood] tendre ; [bed, texture] moelleux ; [fur, hair, beard] soyeux ; [leather] souple **b** [rain, tap] léger **c** (= lenient) [person] indulgent ; [sentence] léger **d** (* = easy) [life, job] peinard * **e** [water] doux **2** COMP ▸ **soft-boiled egg** œuf m à la coque ▸ **soft drinks** boissons fpl non alcoolisées ▸ **soft drugs** drogues fpl douces ▸ **soft-hearted** au cœur tendre ▸ **soft top** (= car) décapotable f ▸ **soft toy** (jouet m en) peluche f

softball [ˈsɒftbɔːl] N (US) sorte de base-ball

soften [ˈsɒfn] **1** VT [+ butter, clay, ground] ramollir ; [+ leather] assouplir ; [+ skin, outline] adoucir ; [+ lighting] tamiser ; [+ sb's anger, effect] atténuer ; [+ resistance] réduire **2** VI [butter, clay, ground] se ramollir ; [leather] s'assouplir ; [skin] s'adoucir

softener ['sɒfnə^r] N (= water softener) adoucisseur m ; (= fabric softener) produit m assouplissant

softly ['sɒflɪ] ADV [say, sing] doucement ; [walk] à pas feutrés ; [tap] légèrement ◆ a ~ spoken man un homme à la voix douce

software ['sɒft,weə^r] N software m, logiciels mpl

soggy ['sɒgɪ] ADJ [ground] détrempé ; [vegetables, pasta] trop cuit ; [bread] ramolli

soil [sɔɪl] 1 N terre f, sol m 2 VT salir

solar ['səʊlə^r] ADJ solaire ▶ solar eclipse éclipse f de soleil ▶ solar plexus plexus m solaire

solarium [səʊ'lɛərɪəm] N solarium m

sold [səʊld] VB (pt, ptp of **sell**)

solder ['səʊldə^r] 1 N soudure f 2 VT souder

soldering iron ['səʊldərɪŋ,aɪən] N fer m à souder

soldier ['səʊldʒə^r] N soldat m

sole [səʊl] 1 N a (= fish) sole f b (of shoe, sock) semelle f ; [of foot] plante f 2 ADJ a (= single) seul b (= exclusive) [right, possession, supplier] exclusif ; [responsibility] entier ; [heir] universel ; [owner] unique

solemn ['sɒləm] ADJ [mood, occasion, promise, music] solennel ; [silence, expression, person] grave

solicit [sə'lɪsɪt] 1 VT solliciter (sb for sth, sth from sb qch de qn) 2 VI [prostitute] racoler

solicitor [sə'lɪsɪtə^r] N (Brit) (for sales, wills) ≈ notaire m ; (in divorce, police, court cases) ≈ avocat m ; (US) juriste-conseil attaché à une municipalité

solid ['sɒlɪd] 1 ADJ a (= not liquid) solide b (= not hollow) [ball, block] plein ; [layer, mass] compact ; [rock, oak, gold] massif c (= continuous) [line] continu ; [rain] ininterrompu d (= substantial) [structure, meal, relationship] solide ; [meal] consistant 2 ADV ◆ to be booked ~ être complet ◆ they worked for two days ~ ils ont travaillé deux jours de suite sans s'arrêter 3 N solide m

solidarity [,sɒlɪ'dærɪtɪ] N solidarité f

solidify [sə'lɪdɪfaɪ] 1 VT solidifier 2 VI se solidifier

solidity [sə'lɪdɪtɪ] N solidité f

soliloquy [sə'lɪləkwɪ] N monologue m

solitaire [sɒlɪ'tɛə^r] N a (= stone, board game) solitaire m b (US Cards) réussite f

solitary ['sɒlɪtərɪ] ADJ a [person, life] solitaire ▶ solitary confinement isolement m cellulaire b (= sole) seul

solitude ['sɒlɪtjuːd] N solitude f

solo ['səʊləʊ] 1 N solo m 2 ADV en solo 3 ADJ solo inv

soloist ['səʊləʊɪst] N soliste mf

solstice ['sɒlstɪs] N solstice m

soluble ['sɒljʊbl] ADJ soluble

solution [sə'luːʃən] N a (to problem) solution f (to de) b (= liquid) solution f

solve [sɒlv] VT [+ problem] (gen) résoudre ; [+ murder, mystery] élucider

solvent ['sɒlvənt] 1 ADJ solvable 2 N solvant m

sombre, somber (US) ['sɒmbə^r] ADJ sombre

SOME [sʌm]

1 ADJ a (= a certain amount of, a little) du, de la, de l' ◆ ~ tea/ice cream/water du thé/de la glace/de l'eau ◆ would you like ~ more meat? voulez-vous encore un peu de viande ?
b (= a certain number of) des ◆ ~ cakes des gâteaux ◆ I found ~ small mistakes j'ai trouvé de petites erreurs
c (indefinite) un, une ◆ ~ other day un autre jour ◆ ~ time last week la semaine dernière ◆ ~ day un jour (ou l'autre)
d (as opposed to others) ◆ ~ children like school certains enfants aiment l'école ◆ ~ people say that ... il y a des gens qui disent que ...
e (= a considerable amount of) ◆ it took ~ courage to do that ! il a fallu du courage pour faire ça ! ◆ it's a matter of ~ importance c'est une question assez importante
f * (in exclamations) ◆ that was ~ party! (admiring) ça a été une super fête ! * ◆ he says he's my friend – ~ friend! (iro) il doit être mon ami – drôle d'ami ! *

2 PRON a (= as opposed to others) certain(e)s m(f)pl ◆ ~ of my friends certains de mes amis ◆ ~ of them were late certains d'entre eux étaient en retard
b (= not all) quelques-un(e)s m(f)pl ◆ I don't want them all, but I'd like ~ je ne les veux pas tous mais j'en voudrais quelques-uns ◆ I've still got ~ (of them) j'en ai encore quelques-uns
c (= a certain amount or number: when object of the verb) en ◆ I've got ~ j'en ai ◆ have ~! prenez-en !
d (= a part) une partie ◆ put ~ of the sauce into a bowl versez une partie de la sauce dans un bol ◆ have ~ of this cake prenez un peu de gâteau

3 ADV (= about) environ ◆ there were ~ twenty houses il y avait environ vingt maisons

---

somebody ['sʌmbədɪ] PRON quelqu'un ◆ ~ else quelqu'un d'autre ◆ we need ~ competent il nous faut quelqu'un de compétent ◆ ~ **or other** je ne sais qui ◆ **she thinks she's ~** elle se prend pour quelqu'un

somehow ['sʌmhaʊ] ADV ◆ ~ **or other** (= in some way) d'une manière ou d'une autre ; (= for some reason) pour une raison ou pour une autre

someone ['sʌmwʌn] PRON ⇒ **somebody**

someplace ['sʌmpleɪs] ADV (US) ⇒ **somewhere**

somersault ['sʌməsɔːlt] **1** N (gen) culbute *f* ; (by child) galipette *f* ; (by car) tonneau *m* **2** VI [person] faire la culbute ; [car] faire un tonneau

something ['sʌmθɪŋ] **1** PRON quelque chose *m* ◆ ~ **unusual** quelque chose d'inhabituel ◆ **would you like ~ to drink?** vous voulez boire quelque chose ? ◆ **I'd get her ~ else** je lui donnerai quelque chose d'autre ◆ **it's ~ else!** * (= incredible) c'est quelque chose ! ◆ **there's ~ about her I don't like** il y a chez elle quelque chose que je n'aime pas ◆ **there's ~ in what you say** il y a du vrai dans ce que vous dites ◆ ~ **tells me that ...** j'ai l'impression que ... ◆ **that's always ~** c'est toujours ça ◆ **he's got flu or ~** il a la grippe ou quelque chose comme ça ◆ **he is ~ of a miser** il est plutôt avare **2** ADV ◆ **he won ~ like $10,000** il a gagné quelque chose comme 10 000 dollars ◆ **there were ~ like 80 people there** il y avait dans les 80 personnes

sometime ['sʌmtaɪm] **1** ADV **a** (in past) ◆ ~ **last month** le mois dernier **b** (in future) un de ces jours ◆ ~ **next year** (dans le courant de) l'année prochaine ◆ ~ **or other it will have to be done** il faudra (bien) le faire un jour ou l'autre **2** ADJ (= former) ancien *before n*

sometimes ['sʌmtaɪmz] ADV parfois, quelque-fois

somewhat ['sʌmwɒt] ADV un peu

somewhere ['sʌmwɛəʳ] ADV quelque part ◆ ~ **or other** quelque part ◆ ~ **in France** quelque part en France ◆ ~ **else** ailleurs

son [sʌn] N fils *m* ▸ **son-in-law** gendre *m*

sonar ['səʊnɑːʳ] N sonar *m*

sonata [sə'nɑːtə] N sonate *f*

song [sɒŋ] N chanson *f* ; [of birds] chant *m*

songbird ['sɒŋbɜːd] N oiseau *m* chanteur

sonic ['sɒnɪk] ADJ sonique ▸ **sonic boom** bang *m* inv supersonique

sonnet ['sɒnɪt] N sonnet *m*

soon [suːn] ADV **a** (= before long) bientôt ; (= quickly) vite ◆ **see you ~!** à bientôt ! ◆ **quite ~** dans peu de temps ◆ ~ **afterwards** peu après **b** (= early) tôt ◆ **too ~** trop tôt ◆ **how ~ can you get here?** quand pourrais-tu être là au plus tôt ? ◆ **I couldn't get here any ~er** je n'ai pas pu arriver plus tôt ◆ **no ~er said than done!** aussitôt dit aussitôt fait ! ◆ **the ~er we get**

started the ~er we'll be done plus tôt nous commencerons plus tôt nous aurons fini ◆ **the ~er the better!** le plus tôt sera le mieux ! ◆ ~er **or later** tôt ou tard ◆ **as ~ as** dès que ◆ **as ~ as possible** dès que possible ◆ **I'll do it as ~ as I can** je le fais dès que je peux **c** (expressing preference) ◆ **I'd ~er you didn't tell him** je préférerais que vous ne le lui disiez *subj* pas ◆ **I'd as ~ you ...** j'aimerais autant que vous ... + *subj*

soot [sʊt] N suie *f*

soothe [suːð] VT calmer

soothing ['suːðɪŋ] ADJ [music] relaxant ; [voice, manner] apaisant ; [ointment] adoucissant

sophisticated [sə'fɪstɪkeɪtɪd] ADJ **a** (= advanced) sophistiqué **b** (= refined) raffiné **c** (= intelligent) averti

sophomore ['sɒfəmɔːʳ] N (US) étudiant(e) *m(f)* de seconde année

soporific [ˌsɒpə'rɪfɪk] ADJ soporifique

soppy * ['sɒpɪ] ADJ (Brit) [person] fleur bleue *inv* ; [film, story] à l'eau de rose

soprano [sə'prɑːnəʊ] N (= person) soprano *mf* ; (= voice) soprano *m*

sorbet ['sɔːbeɪ, 'sɔːbɪt] N sorbet *m*

sorcerer ['sɔːsərəʳ] N sorcier *m*

sordid ['sɔːdɪd] ADJ sordide

sore [sɔːʳ] **1** ADJ **a** (= painful) douloureux ◆ **to have a ~ throat** avoir mal à la gorge ◆ **it's a ~ point** c'est un sujet qu'il vaut mieux éviter **b** (* = resentful) vexé **2** N plaie *f*

sorely ['sɔːlɪ] ADV [disappointed] profondément ◆ **reform is ~ needed** le besoin de réformes se fait durement sentir

sorority [sə'rɒrɪtɪ] N (US) association *f* d'étudiantes

sorrow ['sɒrəʊ] N peine *f*

sorrowful ['sɒrəʊfʊl] ADJ triste

sorry ['sɒrɪ] ADJ **a** (= regretful) désolé ◆ **I was ~ to hear of your accident** j'ai été désolé d'apprendre que vous aviez eu un accident ◆ **I am ~ to have to tell you that ...** je regrette d'avoir à vous dire que ... ◆ **(I'm) ~** ◆ **I'm late** je suis désolé d'être en retard ◆ ~! pardon ! ◆ ~ **to disturb you** excusez-moi de vous déranger ◆ **I'm ~ about the noise yesterday** je m'excuse pour le bruit hier **b** (= pitying) ◆ **to feel ~ for sb** plaindre qn ◆ **to feel ~ for o.s.** se plaindre de son sort **c** (= woeful) triste ◆ **to be in a ~ state** être dans un triste état

sort [sɔːt] **1** N (gen) sorte *f*, genre *m* ; (= make) [of car, machine, coffee] marque *f* ◆ **all ~s of books** des livres de toutes sortes ◆ **this ~ of thing** ce genre de chose ◆ **a ~ of** une sorte de ◆ **I was ~ of frightened** j'avais un peu peur ◆ **it's ~ of blue** c'est plutôt bleu ◆ **this is wrong**

~ **nothing of the ~!** c'est faux – certainement pas ! ◆ **he is a painter of ~s** c'est une sorte de peintre ◆ **to be out of ~s** ne pas être dans son assiette * **2** VT trier
▶ **sort out** VT SEP [+ ideas] mettre de l'ordre dans ; [+ problem, difficulties] régler
▶ **sort through** VT INSEP faire le tri dans

sorting ['sɔːtɪŋ] N tri m ▶ **sorting office** (Post) centre m de tri

SOS [,esəʊˈes] N SOS m

sought [sɔːt] VB (pt, ptp of seek)

sought-after ['sɔːtˌɑːftəʳ] ADJ recherché

soul [səʊl] N **a** (gen) âme f ◆ **All Souls' Day** le jour des Morts ◆ **I didn't see a ~** je n'ai pas vu âme qui vive ▶ **soul-destroying** destructeur (-trice f) ; (= depressing) démoralisant ▶ **soul mate** * âme f sœur **b** (also **soul music**) musique f soul

soulful ['səʊlful] ADJ [voice, music] plein d'émotion ◆ **to have ~ eyes** avoir un regard émouvant

sound [saʊnd] **1** N son m ; [of sea, storm, breaking glass] bruit m ◆ **I don't like the ~ of it** (= it's worrying) je n'aime pas ça ▶ **sound barrier** mur m du son ▶ **sound card** (Computing) carte f son ▶ **sound effects** (Radio) bruitage m ▶ **sound system** (= hi-fi) chaîne f hi-fi ; (for disco, concert) sono * **2** VI **a** [bell] sonner ; [car horn, siren, trumpet] retentir ◆ **to ~ empty** (au son) on dirait que c'est vide ◆ **he ~s Australian** à l'entendre parler on dirait un Australien ◆ **she ~s tired** elle semble fatiguée **c** (= seem) sembler (être) ◆ **it ~s like a good idea** ça semble être une bonne idée **3** VT sonner ; [+ trumpet] sonner de ◆ **to ~ one's horn** klaxonner **4** ADJ **a** (= healthy) sain ; [structure] en bon état ; [heart] solide ; [investment] sûr ◆ **of ~ mind** sain d'esprit **b** [argument, evidence] solide ; [decision, advice] sensé ◆ **ecologically ~** écologique **5** ADV ◆ **to be ~ asleep** dormir à poings fermés
▶ **sound out** VT INSEP [+ person] sonder (about sur)

soundly ['saʊndlɪ] ADV **a** (= thoroughly) [defeat] à plate(s) couture(s) **b** [sleep] profondément **c** [manage] de façon compétente

soundproof ['saʊndpruːf] ADJ insonorisé

soundtrack ['saʊndtræk] N bande-son f

soup [suːp] N soupe f ; (thinner or sieved) potage m ◆ **mushroom/tomato ~** soupe aux champignons/de tomate ▶ **soup plate** assiette f creuse ▶ **soup spoon** cuillère f à soupe

sour ['saʊəʳ] **1** ADJ **a** (gen) aigre ▶ **sour(ed) cream** · crème f aigre **b** (= surly) revêche ; [comment] acerbe ▶ **sour grapes** dépit m **2** VT aigrir

source [sɔːs] N source f

sourdough ['saʊədəʊ] N (US) levain m

south [saʊθ] **1** N ◆ **sud** m ◆ **the ~ of** au sud de ◆ **the South of France** le Sud de la France, le Midi **2** ADJ sud inv ◆ **~ wind** vent m du sud ◆ **~ coast** côte f sud ◆ **in ~ Devon** dans le sud du Devon ▶ **South Africa** Afrique f du Sud ▶ **South African** ADJ sud-africain ◇ N Sud-Africain(e) m(f) ▶ **South America** Amérique f du Sud ▶ **South American** ADJ sud-américain ◇ N Sud-Américain(e) m(f) ▶ **south-east** N sud-est m ◇ ADJ sud-est inv ◇ ADV vers le sud-est, au sud-est ▶ **South Pole** pôle m Sud ▶ **south-west** N sud-ouest m ◇ ADJ sud-ouest inv ◇ ADV vers le sud-ouest, au sud-ouest **3** ADV [go] vers le sud ; [be, lie] au sud, dans le sud ◆ **to sail due ~** aller plein sud

southbound ['saʊθbaʊnd] ADJ [traffic] en direction du sud ; [carriageway] sud inv

southerly ['sʌðəlɪ] ADJ [wind] du sud ◆ **in a ~ direction** en direction du sud

southern ['sʌðən] ADJ sud inv, du sud ◆ **the ~ hemisphere** l'hémisphère m sud inv

southerner ['sʌðənəʳ] N **a** personne f du Sud **b** (US Hist) sudiste mf

southward ['saʊθwəd] **1** ADJ au sud **2** ADV ◆ **~(s)** vers le sud

souvenir [,suːvəˈnɪəʳ] N souvenir m (objet)

sovereign ['sɒvrɪn] **1** N (= monarch) souverain(e) m(f) **2** ADJ souverain (after n)

soviet ['səʊvɪət] **1** N soviet m **2** ADJ soviétique ▶ **the Soviet Union** l'Union f soviétique

sow¹ [saʊ] N (= pig) truie f

sow² [səʊ] (pret **sowed**, ptp **sown** or **sowed**) VT I semer

sown [səʊn] VB (ptp of sow)

soy [sɔɪ] N **a** (= soy sauce) sauce f de soja **b** (US = plant) soja m

soya ['sɔɪə] N (= plant) soja m ▶ **soya bean** graine f de soja

spa [spɑː] N (= town) station f thermale ; (= spring) source f minérale

space [speɪs] **1** N **a** (gen) espace m ◆ **he was staring into ~** il regardait dans le vide **b** (= room) place f ◆ **to take up a lot of ~** prendre beaucoup de place **c** (= interval, period) espace m (de temps) ◆ **in the ~ of one hour** en l'espace d'une heure **2** COMP [journey, research, rocket] spatial ▶ **the Space Age** l'ère f spatiale ▶ **space shuttle** navette f spatiale ▶ **space station** station f spatiale
▶ **space out** VT SEP [+ chairs, words, visits] espacer ; [+ payments] échelonner (over sur)

spacecraft ['speɪskrɑːft] N vaisseau m spatial

spaceman ['speɪsmæn] N (pl **-men**) spationaute m

spaceship ['speɪsʃɪp] N vaisseau m spatial

spacesuit ['speɪssuːt] N combinaison f spatiale

spacing ['speɪsɪŋ] N espacement m **+ in single/ double ~** (Typo) en simple/double interligne

spacious ['speɪʃəs] ADJ [room, house, car] spacieux ; [garden] grand

spade [speɪd] N **a** (= tool) bêche f ; (child's) pelle f **b** (Cards) pique m

spaghetti [spə'getɪ] N spaghettis mpl

Spain [speɪn] N Espagne f

Spam ® [spæm] N ≈ mortadelle f

spam [spæm] N (= unsolicited email) messages mpl sauvages

span [spæn] **1** N **a** [of hands, bird, plane] envergure f ; [of bridge] travée f ; [of arch, roof] portée f **b** [of in time] espace m (de temps) ; [of life] durée f **2** VT [bridge] enjamber **+ her singing career ~s 50 years** sa carrière de chanteuse s'étend sur 50 ans

Spaniard ['spænjəd] N Espagnol(e) m(f)

spaniel ['spænjəl] N épagneul m

Spanish ['spænɪʃ] **1** ADJ espagnol **2** N (= language) espagnol m

spank [spæŋk] VT donner une fessée à

spanner ['spænəʳ] N (Brit) clé f (de serrage)

spar [spɑːʳ] VI (Boxing) s'entraîner (à la boxe) ; (= argue) s'affronter verbalement

spare [speəʳ] **1** ADJ **a** (= reserve) de réserve ; (= replacement) de rechange ; (= surplus) en trop **+ I've got a ~ ticket for the play** j'ai une place en plus pour la pièce de théâtre **+ there are two going ~** * il en reste deux **b** (= thin) [person, body] sec (sèche f) ▶ **spare part** pièce f de rechange ▶ **spare room** chambre f d'amis ▶ **spare time** temps m libre ▶ **spare tyre** roue f de secours ; (= fat: *) poignée f d'amour ▶ **spare wheel** roue f de secours **2** N (= part) pièce f de rechange ; (= wheel) roue f de secours **3** VT **a** (= do without) se passer de **+ can you ~ £10?** est-ce que tu aurais 10 livres à me passer ? **+ I can't ~ the time (to do it)** je n'ai pas le temps (de le faire) **+ I've only a few minutes to ~** je ne dispose que de quelques minutes **+ he had time to ~** il avait du temps devant lui **+ there are three to ~** il en reste trois **b** (= show mercy to) épargner **+ to ~ sb's feelings** ménager qn **c** [+ suffering, grief] épargner **+ he could have ~d himself the trouble** il s'est donné du mal pour rien **+ I'll ~ you the details** je vous fais grâce des détails **d** (= refrain from using) [+ one's strength, efforts] ménager **+ we have ~d no expense** nous n'avons pas reculé devant la dépense

sparing ['speərɪŋ] ADJ **+ to be ~ in one's use of sth** utiliser qch avec modération

spark [spɑːk] **1** N étincelle f ▶ **spark plug** bougie f (de voiture) **2** VT [+ rebellion, complaints, quarrel] provoquer ; [+ interest, enthusiasm] susciter (in sb chez qn)

sparkle ['spɑːkl] **1** N [of stars, dew, tinsel] scintillement m ; [of diamond] éclat m ; (in eye) étincelle f **2** VI [gem, glass, drops of water] étinceler ; [surface of water, snow] scintiller ; [wine] pétiller ; [eyes] pétiller (with de) ; [person] briller

sparkler ['spɑːkləʳ] N cierge m magique

sparkling ['spɑːklɪŋ] ADJ (= fizzy) [wine] pétillant ; [water] (naturally) gazeux ; (artificially) gazéifié

sparrow ['spærəʊ] N moineau m

sparse [spɑːs] ADJ [population, hair, vegetation] clairsemé ; [furniture] rare

spartan ['spɑːtən] ADJ spartiate

spasm ['spæzəm] N spasme m

spastic († .) ['spæstɪk] N handicapé(e) m(f) moteur f inv

spat [spæt] VB (pt, ptp of **spit**)

spate [speɪt] N (Brit) **a** [of river] crue f **b** [of letters, orders] avalanche f ; [of bombings, attacks] série f

spatter ['spætəʳ] VT (accidentally) éclabousser (with de) ; (deliberately) asperger (with de)

spatula ['spætjʊlə] N (cooking utensil) spatule f

spawn [spɔːn] **1** N œufs mpl **2** VT pondre ; [+ ideas, prejudice] engendrer

spay [speɪ] VT enlever les ovaires de

speak [spiːk] (pret **spoke**, ptp **spoken**) **1** VI **a** (gen) parler (to à ; of, about, on de) **+ he always ~s well of her** il dit toujours du bien d'elle **+ biologically/philosophically ~ing** biologiquement/philosophiquement parlant **+ ~ing of holidays ...** à propos de vacances ... **+ so to ~** pour ainsi dire **+ to ~ for sb** (= be spokesman for) parler au nom de qn ; (= give evidence for) parler en faveur de qn **+ ~ for yourself!** * parle pour toi ! * **+ the facts ~ for themselves** les faits parlent d'eux-mêmes (on phone) **+ who's ~ing ?** qui est à l'appareil ? ; (passing on call) c'est de la part de qui ? **+ Paul ~ing** (c'est) Paul à l'appareil **+ ~ing!** lui-même (or elle-même) ! **2** VT [+ language] parler

▶ **speak up** VI **a** (= talk more loudly) parler plus fort **b** (= he's not afraid to ~ up (= say what he thinks) il n'a pas peur de dire franchement ce qu'il pense **+ to ~ up for sb** défendre qn **+ to ~ up against sth** s'élever contre qch

speaker ['spiːkəʳ] N **a** celui m (or celle f) qui parle ; (in dialogue, discussion) interlocuteur m,

-trice f ; (in public) orateur m, -trice f ; (= lecturer) conférencier m, -ière f **b** ◆ **Speaker (of the House)** (Brit) président(e) m(f) de la Chambre des communes ; (US) président(e) m(f) de la Chambre des représentants **c** ◆ **French ~** personne f qui parle français ; (as native or official language) francophone mf **d** (= loudspeaker) enceinte f

spear [spɪə^r] **1** N **a** (= weapon) lance f ▸ **spear gun** fusil m sous-marin **b** [of asparagus] pointe f **2** VT transpercer d'un coup de lance

spearhead ['spɪəhed] **1** N fer m de lance **2** VT [+ attack] être le fer de lance de ; [+ campaign] mener

spearmint ['spɪəmɪnt] **1** N (= plant) menthe f verte **2** ADJ [sweet] à la menthe ; [flavour] de menthe

special ['speʃəl] **1** ADJ (= exceptional: gen) spécial ; [meeting] extraordinaire ; [case, status] à part ; [interest, effort, attention] particulier ; [treatment] de faveur ◆ **take ~ care of it** fais-y particulièrement attention ◆ **what are you doing this weekend? – nothing ~** que fais-tu ce week-end ? – rien de spécial ◆ **it's nothing ~** ça n'a rien d'extraordinaire ◆ **she's very ~ to us** elle nous est très chère ▸ **special delivery** ◆ **by ~ delivery** en exprès ▸ **special effects** effets mpl spéciaux ▸ **special needs** NPL ▸ **special offer** promotion f **2** N ◆ **the chef's ~** la spécialité du chef ◆ **today's ~** (on menu) le plat du jour

specialist ['speʃəlɪst] **1** N spécialiste mf (in de) ◆ **a heart ~** un(e) cardiologue **2** ADJ [dictionary] spécialisé

speciality [ˌspeʃɪˈælɪtɪ] N spécialité f

specialize ['speʃəlaɪz] VI se spécialiser

specially ['speʃəlɪ] ADV **a** (= expressly) spécialement **b** (* = exceptionally) particulièrement **c** (= in particular) particulièrement

specialty ['speʃəltɪ] N (US) spécialité f

species ['spiːʃiːz] N (pl inv) espèce f

specific [spəˈsɪfɪk] ADJ précis ◆ **he was very ~ on that point** il a été très explicite sur ce point ◆ **~ to sb/sth** propre à qn/qch

specifically [spəˈsɪfɪkəlɪ] ADV **a** (= especially) [design, relate to] tout spécialement ; [intend, plan] particulièrement **b** (= in particular) en particulier **c** (= explicitly) [mention, warn, recommend] expressément **d** (= uniquely) spécifiquement

specification [ˌspesɪfɪˈkeɪʃən] N (= item in contract) stipulation f ◆ **~s** (for building, machine) spécifications fpl ; (in contract) cahier m des charges

specify ['spesɪfaɪ] VT préciser

specimen ['spesɪmɪn] N (= example) spécimen m ; [of blood, tissue] prélèvement m ; [of urine] échantillon m

speck [spek] N (= stain) petite tache f ; [of dust, soot] grain m

speckled ['spekld] ADJ tacheté (with sth de qch)

spectacle ['spektəkl] N (= sight) spectacle m ◆ **to make a ~ of o.s.** se donner en spectacle

spectacles ['spektəkəlz] NPL (Brit) ◆ **(pair of) ~** lunettes fpl

spectacular [spekˈtækjʊlə^r] ADJ spectaculaire

spectator [spekˈteɪtə^r] N spectateur m, -trice f

specter ['spektə^r] N (US) spectre m

spectre ['spektə^r] N spectre m

spectrum ['spektrəm] N (pl **spectra**) spectre m ; [of ideas, opinions] éventail m

speculate ['spekjʊleɪt] VI spéculer (about, on sur ; whether pour savoir si)

speculation [ˌspekjʊˈleɪʃən] N spéculation f (about on) ◆ **it is the subject of much ~** cela donne lieu à bien des conjectures

sped [sped] VB (pt, ptp of **speed**)

speech [spiːtʃ] N **a** (= faculty) parole f ; (= manner of speaking) façon f de parler ◆ **freedom of ~** liberté f d'expression ◆ **direct/indirect ~** (Gram) discours m direct/indirect ▸ **speech impediment** défaut m d'élocution **h** (= formal address) discours m (on sur)

speechless ['spiːtʃlɪs] ADJ ◆ **to be ~** être sans voix ◆ **~ with admiration/rage** muet d'admiration/de rage

speed [spiːd] (vb : pret, ptp **sped**) **1** N **a** (= rate of movement) vitesse f ; (= rapidity) rapidité f ◆ **at top ~** à toute vitesse ▸ **speed bump** ralentisseur m ▸ **speed limit** limitation f de vitesse ▸ **speed trap** radar m **b** [of film] sensibilité f **2** VI **a** (= move fast) aller à toute vitesse **b** (= go too fast) conduire trop vite

▸ **speed up** (pret, ptp **speeded up**) **1** VI aller plus vite ; [car] accélérer **2** VT SEP [+ production] accélérer ◆ **to ~ things up** activer les choses

speedboat ['spiːdbəʊt] N vedette f ; (with outboard motor) hors-bord m inv

speeding ['spiːdɪŋ] N (in car) excès m de vitesse

speedometer [spɪˈdɒmɪtə^r] N compteur m (de vitesse)

speedway ['spiːdweɪ] N (= speedway racing) course(s) f(pl) de motos

speedy ['spiːdɪ] ADJ rapide

spell [spel] **1** N **a** (= magic) sortilège m ; (= magic words) formule f magique ◆ **to cast a ~**

on sb jeter un sort à qn ; (fig) envoûter qn ◆ **under sb's ~** envoûté par qn **b** (= period of work) tour m **c** (= brief period) (courte) période f ◆ **for a short ~** pendant un petit moment **2** VT (pret, ptp **spelt** or **spelled**) **a** (in writing) orthographier ; (aloud) épeler ◆ **how do you ~ it?** comment est-ce que cela s'écrit ? **b** [letters] donner ; (= mean) signifier ◆ **that would ~ disaster** ça serait la catastrophe **3** VI épeler ▶ **spell-checker** (Computing) correcteur m orthographique
▶ **spell out** VT SEP [+ consequences, alternatives] expliquer bien clairement (for sb à qn)

spellbound ['spelbaʊnd] ADJ envoûté

spelling ['spelɪŋ] N orthographe f

spelt [spelt] VB (pt, ptp of **spell**)

spend [spend] (pret, ptp **spent**) **1** VT **a** [+ money] dépenser **b** [+ time] passer ◆ **to ~ time on sth** passer du temps sur qch ◆ **to ~ time doing sth** passer du temps à faire qch **2** VI dépenser

spending ['spendɪŋ] N dépenses fpl ▶ **spending money** argent m de poche ▶ **spending spree** ◆ **to go on a ~ spree** faire des folies

spendthrift ['spendθrɪft] N dépensier m, -ière f

spent [spent] **1** VB (pt, ptp of spend) **2** ADJ [cartridge, match] utilisé ; [supplies] épuisé

sperm [spɜːm] N (pl inv) (single) spermatozoïde m ; (= semen) sperme m ▶ **sperm whale** cachalot m

sphere [sfɪəʳ] N sphère f

spherical ['sferɪkəl] ADJ sphérique

spice [spaɪs] **1** N épice f ; (fig) piment m **2** VT [+ food] épicer ; (fig) pimenter (with de)

spick-and-span ['spɪkən'spæn] ADJ impeccable

spicy ['spaɪsɪ] ADJ **a** [food, smell] épicé **b** [story] croustillant

spider ['spaɪdəʳ] N araignée f ▶ **spider's web** toile f d'araignée

spike [spaɪk] **1** N pointe f ; (= nail) clou m **2** VT **a** (= pierce) transpercer **b** * [+ drink] corser

spiky ['spaɪkɪ] ADJ [hair] hérissé ; [cactus] couvert d'épines

spill [spɪl] (vb : pret, ptp **spilt** or **spilled**) **1** VT renverser **2** VI [liquid, salt] se répandre
▶ **spill over** VI [liquid] déborder

spilt [spɪlt] VB (pt, ptp of **spill**)

spin [spɪn] (vb : pret **spun**, ptp **spun**) **1** N **a** (= turning motion) tournoiement m ◆ **to go into a ~** [plane] tomber en vrille **b** (* = ride) petit tour m ◆ **to go for a ~** aller faire un petit tour **c** ◆ **to put a different ~ on sth** * présenter qch sous un angle différent ▶ **spin doctor** spécialiste en communication chargé de l'image

d'un parti politique **2** VT **a** [+ wool] filer ; [+ thread] fabriquer ◆ **to ~ a yarn** raconter une histoire **b** [+ wheel, nut, revolving stand] faire tourner ; [+ ball] donner de l'effet à **c** (Brit) (also **spin-dry**) essorer (à la machine) ▶ **spin-dryer** (Brit) essoreuse f **3** VI **a** (spin wool) filer **b** (= turn) tourner ; [car wheel] patiner ; [ball] tournoyer ◆ **he spun round as he heard me come in** il s'est retourné vivement en m'entendant entrer ◆ **my head is ~ning** j'ai la tête qui tourne
▶ **spin out** VT SEP faire durer ; [+ story] délayer

spinach ['spɪnɪdʒ] N (= plant) épinard m ; (= cut leaves) épinards mpl

spinal ['spaɪnl] ADJ [injury] à la colonne vertébrale ▶ **spinal column** colonne f vertébrale ▶ **spinal cord** moelle f épinière

spindly ['spɪndlɪ] ADJ grêle

spine [spaɪn] N **a** (= backbone) colonne f vertébrale ; [of fish] arête f centrale ▶ **spine-chilling** à vous glacer le sang **b** [of sea urchin, hedgehog] épine f **c** [of book] dos m

spineless ['spaɪnlɪs] ADJ sans caractère

spinney ['spɪnɪ] N (Brit) bosquet m, petit bois m

spinning ['spɪnɪŋ] N (by hand) filage m ▶ **spinning wheel** rouet m

spin-off ['spɪnɒf] N (= advantage) avantage m inattendu ; (= product) sous-produit m

spinster ['spɪnstəʳ] N célibataire f

spiral ['spaɪərəl] **1** ADJ en spirale ▶ **spiral staircase** escalier m en colimaçon **2** N spirale f **3** VI [smoke] monter en spirale ; [prices] monter en flèche

spire [spaɪəʳ] N [of building] flèche f

spirit ['spɪrɪt] **1** N **a** (gen) esprit m **b** (= courage) courage m ; (= energy) énergie f ; (= vitality) entrain m **2** **spirits** NPL **a** (= frame of mind) ◆ **to be in good ~s** avoir le moral ◆ **in high ~s** enjoué **b** (= drink) spiritueux mpl

spirited ['spɪrɪtɪd] ADJ [person] plein d'entrain ; [reply, attempt] courageux

spirit level ['spɪrɪt,levl] N niveau m à bulle

spiritual ['spɪrɪtjʊəl] **1** ADJ spirituel **2** N (= song) (negro-)spiritual m

spit [spɪt] (vb : pret, ptp **spat**) **1** N **a** (= spittle) crachat m ; (= saliva) salive f **b** (for meat) broche f **c** (Geog) langue f (de terre) **2** VT cracher **3** VI cracher (at sb sur qn) ; [fire] crépiter ◆ **it was ~ting** (Brit) il tombait quelques gouttes de pluie
▶ **spit out** VT SEP [+ pip, pill] recracher

spite [spaɪt] **1** N méchanceté f ◆ **in ~ of** malgré **2** VT vexer

spiteful ['spaɪtfʊl] ADJ malveillant

spittle ['spɪtl] N salive f

splash [splæʃ] **1** N **a** (= sound) plouf m ; (= mark) éclaboussure f **b** (= small amount) ◆ a ~ of une goutte de ◆ a ~ of colour une tache de couleur **2** VT éclabousser (sb/sth with qn/qch de qch) ◆ to ~ water on o.s. s'asperger d'eau ◆ the news was ~ed across the front page la nouvelle faisait les gros titres **3** VI **a** [liquid, mud] faire des éclaboussures **b** [person, animal] patauger
► **splash out** * VI (Brit) (= spend money) faire une folie ◆ to ~ out on sth faire une folie et s'acheter qch

spleen [spliːn] N (= organ) rate f ; (= bad temper) mauvaise humeur f

splendid ['splendɪd] ADJ (gen) splendide ; [meal, idea] merveilleux ; [example] superbe

splendour, splendor (US) ['splendər] N splendeur f

splice [splaɪs] VT [+ rope, cable] épisser ; [+ film, tape] coller

splint [splɪnt] N attelle f

splinter ['splɪntər] **1** N [of glass, wood] éclat m ; (in finger) écharde f ► **splinter group** groupe m dissident **2** VT [+ wood] fendre ; [+ glass, bone] briser **3** VI [wood] se fendre ; [glass, bone] se briser

split [splɪt] (vb : pret, ptp **split**) **1** N (at seam) fente f ; (= tear) déchirure f ; (in party) scission f ; (= difference) différence f ► **splits** NPL ◆ to do the ~s faire le grand écart **2** VT **a** (= cleave) fendre ; [+ party] diviser ◆ to ~ sth open ouvrir qch en le coupant en deux ◆ he ~ his head open il s'est fendu le crâne ◆ to ~ hairs couper les cheveux en quatre ◆ to ~ one's sides se tordre de rire **b** (= share) (se) partager ◆ to ~ the difference couper la poire en deux **3** VI **a** [wood, seam] se fendre ; [garment] se déchirer ; [organization] se diviser **b** (= divide) [people] se séparer ; [political party] se diviser **5** COMP ► **split ends** fourches fpl ► **split-level house** maison f à deux niveaux ► **split second** fraction f de seconde
► **split up** **1** VI [meeting, crowds] se disperser ; [party] se diviser ; [couple] se séparer **2** VT SEP [+ wood] fendre (into en) ; [+ money, work] partager (among entre) ; [+ group] diviser ; [+ friends] séparer

splutter ['splʌtər] VI (= spit) crachoter ; (= stutter) bredouiller

spoil [spɔɪl] (vb : pret, ptp **spoiled** or **spoilt**) **1** VT **a** (= damage) abîmer **b** (= make less pleasurable) gâter **c** (= pamper) gâter ◆ to ~ o.s. se faire plaisir **2** VI **a** [food] s'abîmer **b** ◆ to be ~ing for a fight chercher la bagarre * **3** spoils NPL (= booty) butin m

spoilsport ['spɔɪlspɔːt] N trouble-fête mf inv

spoilt [spɔɪlt] **1** VB (pt, ptp of **spoil**) **2** ADJ [child] gâté ◆ to be ~ for choice avoir l'embarras du choix

spoke [spəʊk] **1** N rayon m **2** VB (pt of **speak**)

spoken ['spəʊkən] VB (ptp of **speak**)

spokesman ['spəʊksmən] N (pl **-men**) porte-parole m inv

spokesperson ['spəʊks,pɜːsən] N porteparole m inv

spokeswoman ['spəʊks,wʊmən] N (pl **-women**) porte-parole m inv

sponge [spʌndʒ] **1** N **a** (for cleaning) éponge f ► **sponge bag** (Brit) trousse f de toilette **b** (also **sponge cake**) gâteau m de Savoie **2** VT éponger **3** VI (* = cadge) ◆ to ~ on sb vivre aux crochets de qn

sponsor ['sponsər] **1** N [of concert, sports event] sponsor m ; [of trainee, negotiations, for charity] parrain m **2** VT [+ concert, sports event] sponsoriser ; [+ child, talks] parrainer ; [+ proposal] présenter ◆ ~ed walk marche entreprise pour récolter des dons en faveur d'une œuvre de bienfaisance

sponsorship ['sponsəʃɪp] N (= financial support) sponsoring m

spontaneous [spon'teɪnɪəs] ADJ spontané

spoof * [spuːf] N **a** (= hoax) canular m ; (= parody) parodie f (on de)

spooky * ['spuːkɪ] ADJ sinistre

spool [spuːl] N bobine f

spoon [spuːn] N cuillère f ; (= spoonful) cuillerée f ► **spoon-feed** VT (fig) ◆ he expects to be ~-fed il s'attend à ce qu'on lui mâche le travail

spoonful ['spuːnfʊl] N cuillerée f

sporadic [spə'rædɪk] ADJ sporadique

spore [spɔːr] N spore f

sporran ['spɒrən] N (Scot) bourse en peau portée avec le kilt

sport [spɔːt] N **a** sport m ► **sport jacket** (US) veste f sport inv **b** (* = person) ◆ good ~ chic * type * m, chic * fille f

sporting ['spɔːtɪŋ] ADJ **a** [event, activity, organization, career] sportif **b** (= fair) [gesture] généreux ; [person] chic * inv ◆ to have a ~ chance avoir de bonnes chances

sports [spɔːts] ADJ sportif ► **sports car** voiture f de sport ► **sports day** (Brit : in schools) réunion f sportive ► **sports ground** terrain m de sport ► **sports jacket** veste f sport inv

sportsman ['spɔːtsmən] N (pl **-men**) sportif m

sportsmanlike ['spɔːtsmənlaɪk] ADJ sportif

sportsmanship ['spɔːtsmənʃɪp] N sportivité f

sportswear ['spɔːtsweər] N vêtements mpl de sport

sportswoman ['spɔ:tswʊmən] N (pl **-women**) sportive f

sporty * ['spɔ:tɪ] ADJ [car] de sport ; [person] sportif ; [clothes] sport inv

spot [spɒt] **1** N **a** (= mark) tache f ; (= splash) éclaboussure f ; (= polka dot) pois m ; (on dice, domino) point m ◆ **a few ~s of rain** (Brit) quelques gouttes fpl de pluie **b** (= pimple) bouton m ; (= freckle) tache f de rousseur **c** (= small amount) ◆ **a ~ of** un peu de ◆ **there's been a ~ of trouble** il y a eu un petit problème **d** (= place) endroit m ◆ **to be in a tight ~** * être dans le pétrin * ◆ **on the ~** sur place ◆ **he decided on the ~** il s'est décidé sur-le-champ ◆ **he was killed on the ~** il a été tué sur le coup ▸ **spot check** contrôle m ponctuel **e** (* : part of TV or radio show) numéro m **2** VT [+ person, object, vehicle] apercevoir ; [+ bargain, mistake] repérer

spotless ['spɒtlɪs] ADJ [place, clothes] impeccable ; [reputation] sans tache

spotlight ['spɒtlaɪt] N (= lamp) (Theatre) projecteur m ; (in home) spot m

spotted ['spɒtɪd] ADJ [dress] à pois ; [animal] tacheté

spotty ['spɒtɪ] ADJ [person, face, skin] boutonneux

spouse [spaʊz] N époux m, épouse f ; (on legal documents) conjoint(e) m(f)

spout [spaʊt] **1** N [of teapot, jug] bec m ; (= stream of liquid) jet m **2** VI [liquid] jaillir (from, out of de) **3** VT **a** [+ smoke, lava] lancer un jet de **b** (* = recite) débiter

sprain [spreɪn] **1** N entorse f **2** VT [+ muscle] fouler ; [+ ligament] étirer ◆ **to ~ one's ankle** se faire une entorse à la cheville ; (less serious) se fouler la cheville

sprang [spræŋ] VB (pt of **spring**)

sprawl [sprɔ:l] VI (= fall) s'étaler * ; (= lie) être affalé ; [plant] ramper (over sur) ; [town] s'étaler (over dans)

spray [spreɪ] **1** N **a** (gen) gouttelettes fpl ; (from sea) embruns mpl ; (from aerosol) pulvérisation f **b** (= aerosol) (bombe f) aérosol m ; (for scent) atomiseur m **c** [of flowers] gerbe f ; [of greenery] branche f **2** VT **a** [+ roses, garden, crops] pulvériser ; [+ room] faire des pulvérisations dans ; [+ hair] vaporiser (with de) ; (= spray-paint) peindre à la bombe **b** [+ water, scent] vaporiser ; [+ insecticide, paint] pulvériser

spread [spred] (vb : pret, ptp **spread**) **1** N **a** [of fire, disease] propagation f ; [of idea, knowledge] diffusion f **b** (= edible paste) pâte f (à tartiner) ◆ **cheese ~** fromage m à tartiner **c** (* = meal) festin m **2** VT **a** (= spread out) [+ sheet, map, rug] étendre (on sth sur qch) ; [+ wings, sails] déployer ; [+ net] tendre ; [+ fin-

gers, arms] écarter **b** [+ bread] tartiner (with de) ; [+ butter, face cream] étaler **c** (= distribute) [+ sand] répandre (on, over sur) ; [+ fertilizer] épandre (over, on sur) ; (= spread out) [+ objects, cards] étaler (on sur) **d** [+ disease] propager ; [+ germs] disséminer ; [+ rumours] faire courir ; [+ news] faire circuler ; [+ knowledge] diffuser ; [+ fear, indignation] .semer ; (in time : = spread out) [+ payment, studies] étaler (over sur) ◆ **to ~ o.s. too thin** trop disperser ses efforts **3** VI **a** (= widen) [oil slick, weeds, fire, disease] s'étendre ; [news, rumour] se répandre ; [panic, indignation] se propager **b** (= extend) s'étendre (over sur) **c** [butter, paste] s'étaler

▸ **spread out** VI **a** [people, animals] se disperser **b** (= open out) [wings] se déployer ; [valley] s'élargir

spreadsheet ['spredʃi:t] N (= chart) tableau m ; (= software) tableur m

spree [spri:] N ◆ **to go on a (spending** ou **shopping) ~** aller faire des folies

sprig [sprɪg] N brin m

sprightly ['spraɪtlɪ] ADJ alerte

spring [sprɪŋ] (vb : pret **sprang**, ptp **sprung**) **1** N **a** (= leap) bond m **b** (for chair, mattress, watch) ressort m **c** [of water] source f ◆ **hot ~** source f chaude **d** (= season) printemps m ◆ **in ~** au printemps ▸ **spring-clean** N grand nettoyage m (de printemps) ◇ VT nettoyer de fond en comble ▸ **spring onion** (Brit) ciboule f ▸ **spring roll** rouleau m de printemps **2** VI **a** (= leap) bondir ◆ **to ~ in/out/across** entrer/sortir/ traverser d'un bond ◆ **to ~ to one's feet** se lever d'un bond ◆ **he sprang into action** il est passé à l'action ◆ **to ~ to mind** venir à l'esprit **b** (= originate) venir (from de) **3** VT [+ trap] faire jouer ◆ **to ~ a surprise on sb** surprendre qn ◆ **he sprang it on me** il m'a pris de court

▸ **spring up** VI [person] se lever d'un bond ; [flowers, weeds] surgir de terre ; [new buildings, settlements] pousser comme des champignons ; [problem] surgir

springboard ['sprɪŋbɔ:d] N tremplin m

springtime ['sprɪŋtaɪm] N printemps m

springy ['sprɪŋɪ] ADJ [mattress, step] élastique ; [carpet] moelleux ; [ground] souple

sprinkle ['sprɪŋkl] VT ◆ **to ~ sth with water** asperger qch d'eau ◆ **to ~ a cake with sugar** saupoudrer un gâteau de sucre

sprinkler ['sprɪŋklər] N (for lawn) arroseur m

sprint [sprɪnt] **1** N sprint m **2** VI (Sport) sprinter ; (gen) piquer * un sprint

sprinter ['sprɪntər] N sprinteur m, -euse f

sprout [spraʊt] **1** N (on plant, branch) pousse f ; (from bulbs, seeds) germe m ◆ **(Brussels) ~** chou m de Bruxelles **2** VI **a** [bulbs, onions] germer **b** (= grow quickly) [plants, crops] bien pousser ; [child] grandir vite **c** (= appear) [mushrooms] pousser ; [weeds, new buildings] surgir de terre

spruce [spru:s] **1** N épicéa *m* **2** ADJ [person] pimpant ; [house] coquet
► **spruce up** VT SEP [+ child] faire beau ; [+ house] refaire à neuf ◆ **to ~ o.s. up** se faire tout beau (toute belle *f*)

sprung [sprʌŋ] **1** VB (ptp of **spring**) **2** ADJ à ressorts

spry [spraɪ] ADJ alerte

spun [spʌn] VB (pt, ptp of **spin**)

spur [spɜːʳ] N éperon *m* ◆ **on the ~ of the moment** sous l'impulsion du moment
► **spur on** VT SEP éperonner ◆ **to ~ sb on to do sth** inciter qn à faire qch ◆ **this ~red him on to greater efforts** ça l'a encouragé à redoubler d'efforts

spurious ['spjʊərɪəs] ADJ faux (fausse *f*) ; [claim] fallacieux

spurn [spɜːn] VT [+ help, offer] repousser ; [+ lover] éconduire

spurt [spɜːt] **1** N [of water] jet *m* ; [of enthusiasm, energy] regain *m* ; (= burst of speed) accélération *f* ◆ **in ~s** par à-coups **2** VI [water, blood, flame] jaillir (from de) **3** VT [+ flame, lava, water] projeter

sputter ['spʌtəʳ] VI (= spit) crachoter ; (= stutter) bredouiller

spy [spaɪ] **1** N espion(ne) *m(f)* **2** VI faire de l'espionnage ◆ **to ~ on sb** espionner qn **3** VT (= catch sight of) apercevoir

spying ['spaɪɪŋ] N espionnage *m*

squabble ['skwɒbl] VI se chamailler * (over sth à propos de qch)

squad [skwɒd] N [of policemen, workmen] groupe *m*, équipe *f* ◆ **the England ~** (Sport) l'équipe *f* d'Angleterre

squadron ['skwɒdrən] N (in army) escadron *m* ; (in navy, air force) escadrille *f*

squalid ['skwɒlɪd] ADJ sordide

squall [skwɔːl] N (= rain) rafale *f* (de pluie) ; (at sea) grain *m*

squalor ['skwɒləʳ] N conditions *fpl* sordides

squander ['skwɒndəʳ] VT [+ time, money] gaspiller ; [+ fortune, inheritance] dilapider ; [+ opportunity] gâcher

square [skwɛəʳ] **1** N **a** (= shape) carré *m* ; [of chessboard, graph paper] case *f* ◆ **we're back to ~ one** * on se retrouve à la case départ * **b** (in town) place *f* ; (with gardens) square *m* ◆ **the town ~** la grand-place **c** (Math) carré *m* ◆ **four is the ~ of two** quatre est le carré de deux **d** (* = person) ringard * *m* **2** ADJ **a** (in shape)

carré **b** (Math) ◆ **6 ~ metres** 6 mètres carrés ▶ **square root** racine *f* carrée **c** (= not indebted) ◆ **to be all ~ (with sb)** * être quitte (envers qn) ◆ **to get ~ with sb** (financially) régler ses comptes avec qn ; (= get even with) rendre la pareille à qn **d** (= honest) [dealings] honnête ▶ **square meal** repas *m* substantiel **e** * [person, attitude] ringard * **3** ADV (= squarely) ◆ **to hit sb ~ on the jaw** atteindre qn en pleine mâchoire ◆ **~ in the middle** en plein milieu **4** VT **a** (= settle) [+ accounts] équilibrer ; [+ debts] régler **b** (Math) [+ number] élever au carré
► **square up** **1** VI régler ses comptes **2** VT SEP [+ account, debts] régler

squash [skwɒʃ] **1** N **a** (Brit) ◆ **lemon/orange ~** citronnade *f*/orangeade *f* **b** (Sport) squash *m* **c** (= gourd) gourde *f* ; (US = marrow) courge *f* **2** VT écraser ◆ **we were all ~ed together** nous étions très serrés

squat [skwɒt] **1** ADJ trapu **2** VI **a** [person] s'accroupir ; [animal] se tapir **b** (= occupy home) squatter **3** N (= home) squat *m*

squatter ['skwɒtəʳ] N squatter *m*

squawk [skwɔːk] N [of baby] braillement *m* ; [of parrot, person] cri *m* rauque

squeak [skwiːk] **1** N [of hinge, wheel] grincement *m* ; [of shoes] craquement *m* ; [of mouse] couinement *m* ; [of person] glapissement *m* **2** VI (= make sound) [hinge, wheel] grincer ; [shoe] craquer ; [mouse] couiner ; [person] glapir

squeaky ['skwiːkɪ] ADJ [hinge, wheel] grinçant ; [toy] qui couine ; [shoes] qui craque ; [voice] aigu (-guë *f*)

squeal [skwiːl] **1** N [of person, animal] cri *m* perçant ; [of brakes] hurlement *m* ; [of tyres] crissement *m* **2** VI [person, animal] pousser des cris perçants ; [brakes] hurler ; [tyres] crisser

squeamish ['skwiːmɪʃ] ADJ (= easily frightened) facilement effrayé ; (= easily disgusted) facilement dégoûté (about sth par qch)

squeeze [skwiːz] **1** N ◆ **it was a tight ~** il y avait à peine la place ◆ **credit ~ restrictions** *fpl* de crédit **2** VT **a** (= press) [+ tube, lemon, sponge] presser ; [+ cloth] tordre ; [+ sb's hand, arm] serrer ◆ **she ~d another sweater into the case** elle a réussi à caser * un autre pull dans la valise **b** (= extract) [+ water, juice, toothpaste] exprimer (from, out of de) **3** VI ◆ **he ~d past me** il est passé devant moi en me poussant ◆ **they all ~d into the car** ils se sont entassés dans la voiture

squelch [skwelt*f*] VI ◆ **to ~ through the mud** avancer en pataugeant dans la boue ◆ **the water ~ed in his boots** l'eau faisait flic flac * dans ses bottes

squib [skwɪb] N pétard *m*

squid [skwɪd] N INV calmar *m*

squiggle ['skwɪgl] N gribouillis *m*

squiggly ['skwɪglɪ] ADJ ondulé

squint [skwɪnt] **1** N ◆ **to have a ~** loucher **2** VI **a** (due to eye condition) loucher **b** (= screw up eyes) ◆ **he ~ed in the sunlight** le soleil lui a fait plisser les yeux **c** (= take a look) jeter un coup d'œil ◆ **to ~ at sth** (obliquely) regarder qch au coin de l'œil ; (quickly) jeter un coup d'œil à qch

squire ['skwaɪə^r] N châtelain *m*

squirm [skwɜːm] VI **a** [worm] se tortiller **b** [person] (from embarrassment) être dans ses petits souliers

squirrel ['skwɪrəl] N écureuil *m*

squirt [skwɜːt] **1** VT [+ water] faire gicler (at, on, onto sur) ; [+ detergent, oil] verser une giclée de **2** VI [liquid] gicler ◆ **water ~ed out of the broken pipe** l'eau jaillissait du tuyau cassé

St N **a** (abbrev of **Street**) rue *f* **b** (abbrev of **Saint**) St(e) *m(f)* ◆ **~ Anne** Ste-Anne

stab [stæb] **1** N **a** (with knife) coup *m* de couteau ◆ **a ~ in the back** (fig) un coup bas ◆ **a ~ of pain** un élancement ◆ **a ~ of remorse** un remords lancinant ▶ **stab-wound** coup *m* de couteau **b** (* = attempt) ◆ **to have a ~ at (doing) sth** essayer (de faire) qch **2** VT (with knife) (= kill) tuer d'un coup de couteau ; (= wound) blesser d'un coup de couteau ; (= kill or wound with dagger) poignarder

stability [stə'bɪlɪtɪ] N stabilité *f*

stabilize ['steɪbɪlaɪz] VT stabiliser

stable ['steɪbl] **1** ADJ stable **2** N (= building) écurie *f* ◆ (= riding) ~(s) centre *m* équestre

stack [stæk] **1** N (= pile) tas *m* ◆ **~s * of** un tas * de **2** VT **a** (also **stack up**) [+ books, wood] entasser ; [+ dishes] empiler ◆ **the cards or odds are ~ed against me** tout joue contre moi **b** [+ supermarket shelves] remplir

stadium ['steɪdɪəm] N stade *m*

staff [stɑːf] **1** N **a** (= work force) personnel *m* ▶ **staff meeting** [of teachers] conseil *m* des professeurs ▶ **staff nurse** infirmier *m*, -ière *f* **b** (= stick) bâton *m* **2** VT [+ school, hospital] pourvoir en personnel

staffroom ['stɑːfrʊm] N salle *f* des professeurs

stag [stæg] N (= deer) cerf *m* ▶ **stag night, stag party** enterrement *m* de la vie de garçon

stage [steɪdʒ] **1** N **a** (Theatre) scène *f* ◆ **on (the) ~** sur scène ◆ **to set the ~ for sth** préparer le terrain pour qch ▶ **stage fright** trac * *m* ▶ **stage-manage** [+ event] orchestrer ▶ **stage name** nom *m* de scène ▶ **stage whisper** aparté *m* **b** (= platform: in hall) estrade *f* **c** (= point) [of journey] étape *f* ; [of operation, process, development] phase *f* ◆ **in ~s** par étapes

◆ **in the early ~s** au début ◆ **at this ~** à ce stade **2** VT [+ play] mettre en scène ◆ **to ~ a strike** (= organize) organiser une grève ; (= go on strike) faire la grève ◆ **that was no accident, it was ~d** ce n'était pas un accident, c'était un coup monté

stagehand ['steɪdʒhænd] N machiniste *mf*

stagger ['stægə^r] **1** VI chanceler ; (when drunk) tituber **2** VT **a** (= amaze) stupéfier **b** [+ visits, payments] échelonner ; [+ holidays] étaler

stagnant ['stægnənt] ADJ stagnant

stagnate [stæg'neɪt] VI stagner

staid [steɪd] ADJ [person, appearance] collet monté *inv* ; [place] sclérosé

stain [steɪn] **1** N tache *f* ▶ **stain remover** détachant *m* **2** VT **a** (= mark) tacher ; [+ reputation] entacher **b** [+ wood] teinter ▶ **stained glass** verre *m* coloré ▶ **stained-glass window** vitrail *m*

stainless steel [,steɪnlɪs'stiːl] N acier *m* inoxydable

stair [steə^r] N (= step) marche *f* ; (also **stairs**) escalier *m*

staircase ['steəkeɪs] N escalier *m*

stairway ['steəweɪ] N escalier *m*

stairwell ['steəwel] N cage *f* d'escalier

stake [steɪk] **1** N **a** (for fence, tree) pieu *m* **b** (Betting) enjeu *m* ; (= share) intérêt *m* ◆ **at ~** en jeu ◆ **there is a lot at ~** l'enjeu est considérable **2** VT **a** (= bet) [+ money] miser ; [+ one's reputation, life] risquer **b** ◆ **to ~ one's claim to sth** revendiquer qch

▶ **stake out** VT SEP [+ person, house] placer sous surveillance

stalactite ['stæləktaɪt] N stalactite *f*

stalagmite ['stæləgmaɪt] N stalagmite *f*

stale [steɪl] ADJ **a** [food] qui n'est plus frais (fraîche *f*) ; [bread, cake] rassis (rassie *f*) ; [air] confiné **b** [person] usé

stalemate ['steɪlmeɪt] N (Chess) pat *m* ; (= deadlock) impasse *f*

stalk [stɔːk] **1** N [of plant] tige *f* ; [of fruit] queue *f* ; [of cabbage] trognon *m* **2** VT [+ game, prey, victim] traquer ; [+ suspect] filer **3** VI ◆ **to ~ out/off** sortir/partir d'un air digne

stall [stɔːl] **1** N **a** (in church, cowshed) stalle *f* **b** (in market) éventaire *m* ; (in exhibition) stand *m* **c** (Brit Theatre) ◆ **the ~s** l'orchestre *m* **2** VI **a** [car] caler **b** ◆ **to ~ (for time)** essayer de gagner du temps **3** VT **a** [+ car] faire caler **b** [+ person] tenir à distance

stallion ['stæljən] N étalon *m (cheval)*

stalwart ['stɔːlwət] ADJ (= dependable) loyal [supporter, ally] inconditionnel

stamina ['stæmɪnə] N endurance *f*

stammer ['stæmə^r] **1** N bégaiement *m* **2** VTI
bégayer

stamp [stæmp] **1** N **a** (for letter) timbre *m* ▸
stamp collecting philatélie *f* **b** (= tool) (for
metal) poinçon *m* ; (= rubber stamp) tampon *m* ;
(= date stamp) timbre dateur *m* **c** (on document)
cachet *m* **2** VT **a** ▸ **to ~ one's foot** taper du
pied ▸ **to ~ one's feet** (to keep warm) battre la
semelle **b** (= stick a stamp on) affranchir ▸
stamped addressed envelope (Brit) enveloppe *f*
affranchie à son nom et adresse **c** (= mark with
stamp) tamponner ; [+ passport, document]
viser ; [+ metal] poinçonner **3** VI taper du pied
▸ **to ~ on an insect** écraser un insecte avec son
pied
▸ **stamp out** VT SEP [+ fire] éteindre avec les
pieds ; [+ rebellion] écraser ; [+ custom, tendency,
rhythm] marquer en frappant du pied

stampede [stæm'piːd] **1** N [of animals, people]
débandade *f* ; (= rush) ruée *f* **2** VI [animals,
people] s'enfuir en désordre ; (= rush) se ruer

stance [stæns] N position *f*

stand [stænd] vb : pret, ptp **stood 1** N **a**
(= position) position *f* ▸ **to make a ~ against sth**
lutter contre qch **b** (also **taxi stand**) station *f*
(de taxis) **c** (for displaying goods) étal *m* ; (also
newspaper stand) kiosque *m* à journaux ; (at
trade fair) stand *m* **d** (= seating area) tribune *f*
e (= witness stand) barre *f* ▸ **to take the ~**
venir à la barre **f** (= support) (for plant) guéridon *m* ; (for lamp) pied *m* (de lampe) ; (= music
stand) pupitre *m* **2** VT **a** (= place) [+ object]
mettre ▸ **to ~ sth (up) against a wall** mettre
qch debout contre un mur **b** (= tolerate) supporter ▸ **I can't ~ (the sight of) her** je ne peux
pas la sentir * ▸ **she can't ~ being laughed at**
elle ne supporte pas qu'on se moque *subj* d'elle
c (= withstand) résister à **d** (* = pay for) payer
3 VI **a** (= be upright) [person, animal] être
debout **b** (= rise : also **stand up**) se lever **c**
(= be positioned) [person] être, se tenir ; [object,
vehicle, tree] être, se trouver ▸ **they stood in a circle** ils se tenaient
en cercle ▸ **the man ~ing over there** cet
homme là-bas ▸ **as things ~ at the moment**
dans l'état actuel des choses ▸ **nothing ~s**
between you and success rien ne s'oppose à
votre réussite ▸ **where do you ~ on this**
question? quelle est votre position sur cette
question ? ▸ **to ~ in sb's way** barrer le passage
à qn ; (fig) se mettre en travers du chemin de qn
▸ **nothing now ~s in our way** maintenant la
voie est libre ▸ **to ~ in the way of sth** faire
obstacle à qch ▸ **to ~ to lose** risquer de perdre
d (= tread) marcher ▸ **you're ~ing on my foot**
tu me marches sur le pied **e** (= measure) faire
▸ **the tree ~s 30 metres high** l'arbre fait 30
mètres de haut **f** (= be mounted, based) re-

poser (on sur) **g** ▸ **to ~ accused of murder**
être accusé de meurtre ▸ **to ~ clear** s'écarter
▸ **I ~ corrected** au temps pour moi ▸ **to ~ at**
[thermometer, clock] indiquer ; [price, value]
s'élever à ; [score] être de **h** (= remain undisturbed, unchanged) [liquid, mixture, dough] reposer ;
[tea, coffee] infuser ▸ **the offer still ~s** l'offre
tient toujours **i** (Brit = be candidate) se
présenter ▸ **to ~ for election** se présenter aux
élections
▸ **stand aside** VI se pousser ▸ **to ~ aside in**
favour of sb laisser la voie libre à qn
▸ **stand back** VI (= move back) reculer ; (from
problem) prendre du recul
▸ **stand by 1** VI **a** (= be onlooker) rester là
(à ne rien faire) **b** (= be ready for action) [troops]
être en état d'alerte ; [emergency services] être
prêt à intervenir **2** VT INSEP **a** (= support)
[+ friend] ne pas abandonner ; [+ colleague,
spouse] soutenir **b** (= keep to) [+ promise]
tenir ; [+ one's own decision] s'en tenir à
▸ **stand down** VI (= resign) démissionner
▸ **stand for** VT INSEP **a** (= represent)
représenter ▸ **what does UNO ~ for?** à quoi
correspond l'abréviation UNO ? **b** (= defend)
défendre **c** (= tolerate) tolérer
▸ **stand in** VI ▸ **to ~ in for sb** remplacer qn
▸ **stand out** VI **a** (= protrude) faire saillie ;
[vein] saillir **b** (= be conspicuous) ressortir **c**
(= be outstanding) se distinguer
▸ **stand up 1** VI **a** (= rise) se lever ▸ **to be**
~ing up [person] être debout ; [tent, structure]
tenir debout **b** (= resist challenge) tenir debout
2 VT SEP **a** (= place upright) mettre **b** (* = fail
to meet) [+ friend] faire faux bond à ; [+ boyfriend, girlfriend] poser un lapin à *
▸ **stand up for** VT INSEP for person, principle,
belief] défendre ▸ **to ~ up for o.s.** savoir se
défendre
▸ **stand up to** VT INSEP [+ bully, superior]
affronter ; [+ use, conditions] résister à

standard ['stændəd] **1** N (= norm) norme *f* ;
(= criterion) critère *m* ; (intellectual) niveau *m*
(voulu) ▸ **to be up to ~** [person] être à la
hauteur ; [thing] être de la qualité voulue ▸ **his**
~s are high il est très exigeant ▸ **to have high**
moral ~s avoir un sens moral très développé
2 ADJ **a** (= regular) normal ; [model, design,
feature] standard *inv* ; [product] ordinaire ▸ **it's ~**
practice c'est une pratique courante **b** (= accepted) correct **c** [text, book] de référence
3 COMP ▸ **standard class** seconde classe *f*
▸ **Standard Grade** (in Scottish schools)
≈ épreuve *f* du brevet des collèges ▸ **standard**
lamp (Brit) lampadaire *m* ▸ **standard of living**
niveau *m* de vie ▸ **standard time** heure *f* légale

standardize ['stændədaɪz] VT standardiser ;
[+ product, terminology] normaliser

stand-by ['stændbaɪ] **1** N (= person) remplaçant(e) *m(f)* ; (US = understudy) doublure *f* ♦ **to be on ~** [troops, ambulances] être prêt à intervenir **2** ADJ [passenger, ticket] stand-by *inv*

stand-in ['stændɪn] N remplaçant(e) *m(f)*

standing ['stændɪŋ] **1** ADJ **a** [passenger] debout *inv* ▸ **standing ovation** ovation *f* ▸ **standing room** places *fpl* debout **b** [invitation] permanent ♦ **it's a ~ joke** c'est un sujet de plaisanterie continuel ▸ **standing order** (at bank) virement *m* automatique **2** N **a** (= importance) [of person] rang *m* ; (= social status) standing *m* ; (= reputation) réputation *f* **b** (= duration) durée *f* ♦ **of long ~** de longue date

stand-offish [ˌstændˈɒfɪʃ] ADJ distant

standpipe ['stændpaɪp] N colonne *f* d'alimentation

standpoint ['stændpɔɪnt] N point *m* de vue

standstill ['stændstɪl] N arrêt *m* ♦ **to come to a ~** [person, car] s'immobiliser ; [production] s'arrêter

stank [stæŋk] VB (pt of stink)

staple ['steɪpl] **1** ADJ **a** (= food, diet, product) de base ; [crop] principal **2** N **a** (= chief commodity) produit *m* de base ; (= chief food) aliment *m* de base **b** (for papers) agrafe *f* **3** VT (also **staple together**) [+ papers] agrafer

stapler ['steɪplə^r] N agrafeuse *f*

star [stɑː^r] **1** N **a** (in sky) étoile *f* ♦ **three-/five-~ hotel** hôtel *m* trois/cinq étoiles ▸ **the Stars and Stripes** la Bannière étoilée ▸ **star sign** signe *m* du zodiaque **b** (= famous person) vedette *f* **2** VT [+ actor] avoir pour vedette **3** VI être la vedette

starboard ['stɑːbəd] **1** N tribord *m* **2** ADJ de tribord

starch [stɑːtʃ] **1** N (in food, for stiffening) amidon *m* ; (= starchy foods) féculents *mpl* **2** VT [+ collar] amidonner

stardom ['stɑːdəm] N vedettariat *m*

stare [steə^r] **1** N regard *m* (fixe) **2** VI ♦ **to ~ at sb/sth** regarder qn/qch fixement ♦ **to ~ into space** regarder dans le vide

starfish ['stɑːfɪʃ] N (pl inv) étoile *f* de mer

stark [stɑːk] **1** ADJ **a** [beauty, building, décor] austère ; [landscape] désolé **b** [choice] difficile ; [warning, reminder] sévère ; [reality] dur **c** [terror] pur ♦ **to be in ~ contrast to sb/sth** contraster vivement avec qn/qch **2** ADV ♦ **~ naked** tout nu

starlet ['stɑːlɪt] N starlette *f*

starlight ['stɑːlaɪt] N ♦ **by ~** à la lumière des étoiles

starling ['stɑːlɪŋ] N étourneau *m*

starry ['stɑːrɪ] ADJ étoilé ▸ **starry-eyed** [person] (= idealistic) idéaliste ; (= innocent) innocent ; (from wonder) éberlué ; (from love) éperdument amoureux

starstruck ['stɑːstrʌk] ADJ ébloui *(devant une célébrité)*

start [stɑːt] **1** N **a** (= beginning) [of book, film, career] début *m* ; [of negotiations] ouverture *f* ; [of race] départ *m* ♦ **at the ~** au début ♦ **from the ~** dès le début ♦ **from ~ to finish** du début à la fin ♦ **to make a ~ (on sth)** commencer (qch) **b** (= advantage : Sport) avance *f* ♦ **to give sb a 10-metre ~** donner 10 mètres d'avance à qn **c** (= sudden movement) sursaut *m* ♦ **to give sb a ~** faire sursauter qn **2** VT **a** (= begin) commencer (to do sth, doing sth à faire qch) ; [+ task] entreprendre ; [+ bottle, jar, loaf of bread] entamer ♦ **to get ~ed (on sth)** commencer (qch) **b** (= originate, initiate) [+ discussion] commencer ; [+ conversation] engager ; [+ quarrel, reform, series of events] déclencher ; [+ fashion] lancer ; [+ phenomenon, institution] donner naissance à ; [+ custom, policy] inaugurer ♦ **to ~ a fire** (in grate) allumer un feu ; (accidentally) mettre le feu **c** (= cause to start) [+ engine, vehicle] mettre en marche ; [+ race] donner le signal du départ de **3** VI **a** (= begin) commencer ♦ **to ~ up in business** se lancer dans les affaires ♦ **to ~ again** tout recommencer ♦ **to ~ off by doing sth** commencer par faire qch ♦ **to ~ (off) with** commencer par qch ♦ **to ~ with** au début, pour commencer ♦ **~ing from** à partir de **b** (= leave) [person, ship] partir **c** (= get going) [car, engine, machine] démarrer **d** (= jump nervously) [person] sursauter ; [animal] tressaillir **4** ▸ **starting line** ligne *f* de départ ▸ **starting point** point *m* de départ ▸ **starting post** ligne *f* de départ

▸ **start off** VI, VT SEP → start

start out VI → start

start over **1** VI repartir à zéro **2** VT recommencer

▸ **start up** VI, VT SEP → start

starter ['stɑːtə^r] N **a** (Brit : in meal) hors-d'œuvre *m inv* **b** (on car, motorcycle) démarreur *m* **c** (for race) starter *m*

startle ['stɑːtl] VT (gen) faire sursauter ; [news, telegram] alarmer

startling ['stɑːtlɪŋ] ADJ surprenant

start-up ['stɑːtʌp] N **a** [of business] lancement *m* **b** (= new company) start-up *m*

starvation [stɑːˈveɪʃən] N faim *f*

starve [stɑːv] **1** VT **a** affamer **b** (= deprive) priver (sb of sth qn de qch) **2** VI être affamé ♦ **to ~ to death** mourir de faim

starving ['stɑːvɪŋ] ADJ affamé ♦ **I'm ~!** * je meurs de faim !

state [steɪt] **1** N **a** (= condition) état *m* ◆ **in a good/bad ~ of repair** bien/mal entretenu ◆ **to be in a good/bad ~** [car, house] être en bon/mauvais état ; [person, marriage] aller bien/mal ◆ **he's not in a fit ~ to drive** il n'est pas en état de conduire ◆ **he got into a terrible ~ about it*** ça l'a mis dans tous ses états **b** (Pol) État *m* ◆ **the States*** les États-Unis *mpl* **2** VT (gen) déclarer ; [+ one's views, the facts] exposer ; [+ time, place] fixer ; [+ problem] énoncer **3** COMP [business, secret] d'État ; [security, control, police] de l'État ; [education, school, sector] public ▸ **State Department** (US) Département *m* d'État, ≈ ministère *m* des Affaires étrangères ▸ **state-owned** public

stately ['steɪtlɪ] ADJ [person] plein de dignité ; [building, pace] majestueux ▸ **stately home** (Brit) manoir *m*

statement ['steɪtmənt] N **a** [of one's views, the facts] exposition *f* **b** (written, verbal) déclaration *f* ; (in law) déposition *f* ◆ **official ~** communiqué *m* officiel **c** (= bank statement) relevé *m* de compte

state-of-the-art ['steɪtəvðɪ'ɑːt] ADJ (= up-to-date) de pointe ; [computer, video] dernier cri

stateroom ['steɪtrʊm] N (Brit) [of palace] grande salle *f* de réception ; [of ship, train] cabine *f* de luxe

statesman ['steɪtsmən] N (pl **-men**) homme *m* d'État

static ['stætɪk] **1** ADJ (= stationary) statique **2** N (also **static electricity**) électricité *f* statique ; (= interference) parasites *mpl*

station ['steɪʃən] **1** N **a** (for trains) gare *f* ; [of underground] station *f* ◆ **bus ~** gare *f* routière ▸ **station master** chef *m* de gare **b** (= fire station) caserne *f* de pompiers ; (= police station) commissariat *m* (de police) ; (= radio station) station *f* de radio ; (= TV station) chaîne *f* de télévision **c** (= rank) condition *f* **2** VT [+ people] placer ; [+ guards, troops, ship] poster ; [+ tanks] installer

stationary ['steɪʃənərɪ] ADJ [vehicle] à l'arrêt ; [person, ship, target] immobile

stationer ['steɪʃənər] N papetier *m*, -ière *f* ◆ **~'s** papeterie *f*

stationery ['steɪʃənərɪ] N papeterie *f* ; (= writing paper) papier *m* à lettres

station wagon ['steɪʃn,wægən] N (US) break *m*

statistic [stə'tɪstɪk] N statistique *f*

statistical [stə'tɪstɪkəl] ADJ (gen) statistique ; [error] de statistique

statistics [stə'tɪstɪks] N (= science) statistique *f*

statue ['stætjuː] N statue *f*

stature ['stætʃər] N stature *f*

status ['steɪtəs] N **a** (= economic position) situation *f* ; (Admin, Law) statut *m* ◆ **social ~** standing *m* ▸ **status symbol** signe *m* extérieur de richesse **b** (= prestige) prestige *m*

status quo [,steɪtəs'kwəʊ] N statu quo *m inv*

statute ['stætjuːt] N loi *f*

statutory ['stætjʊtərɪ] ADJ légal ; [offence] défini par la loi

staunch [stɔːntʃ] **1** VT [+ flow] contenir ; [+ blood] étancher ; [+ wound] étancher le sang de **2** ADJ [supporter, Republican, Protestant] ardent ; [friend] loyal ; [ally] sûr

stave [steɪv] (vb : pret, ptp **stove** or **staved**) N (Mus) portée *f*
▸ **stave off** VT SEP [+ ruin, disaster, defeat] éviter ; [+ hunger] tromper ; [+ attack] parer

stay [steɪ] **1** N séjour *m* **2** VT **a** (= last out) [+ race] terminer ; [+ distance] tenir **b** (= check) arrêter ; [+ judgement] surseoir à **3** VI **a** (= remain) rester **b** (on visit) ◆ **to ~ in a hotel** être à l'hôtel ◆ **I'm ~ing with my aunt** je loge chez ma tante ◆ **she ~ed for a few weeks** elle est venue passer quelques semaines **c** (= persevere) tenir ▸ **staying power** endurance *f*
▸ **stay in** VI **a** [person] rester à la maison **b** [nail, screw, tooth filling] tenir
▸ **stay out** VI **a** [person] (away from home) ne pas rentrer ; (= outside) rester dehors ◆ **he ~ed out all night** il n'est pas rentré de la nuit **b** ◆ **to ~ out of** [+ argument] ne pas se mêler de ; [+ prison] éviter ◆ **to ~ out of trouble** se tenir tranquille
▸ **stay up** VI **a** [person] veiller ◆ **to ~ up late** se coucher tard **b** (= not fall) [trousers] tenir

stead [sted] N ◆ **to stand sb in good ~** rendre grand service à qn

steadfast ['stedfɑːst] (liter) ADJ **a** (= unshakable) inébranlable **b** (= loyal) loyal

steadily ['stedɪlɪ] ADV **a** [increase, worsen, improve] régulièrement ; [breathe, beat] avec régularité ; [advance, rain] sans interruption **b** (= firmly) [walk] d'un pas ferme ; [hold, grasp] d'une main ferme

steady ['stedɪ] **1** ADJ **a** [supply, rain, income, pace] régulier ; [prices, job, market] stable ◆ **~ boyfriend** petit ami attitré **b** (= composed) [voice] ferme ; [nerves] solide ; [gaze] (= unflinching) calme **c** (= firm) [chair, table, boat] stable ; [hand] (in drawing) sûr ; (in holding) ferme ◆ **to hold sth ~** maintenir fermement qch **d** (= dependable) [person] sérieux **2** VT [+ wobbling object] stabiliser ; [+ chair, table] (with hand) maintenir ; [+ nervous person, horse] calmer ◆ **to ~ o.s.** se remettre d'aplomb ◆ **to ~ one's nerves** se calmer les nerfs **3** VI [prices, market] se stabiliser

steak [steɪk] N (= beef) steak m ; [of fish] tranche f, darne f ► **steak and kidney pie** tourte f à la viande de bœuf et aux rognons ► **steak knife** couteau m à viande

steal [stiːl] (pret **stole**, ptp **stolen**) **1** VT voler (from sb à qn) ◆ **to ~ a glance at ...** jeter un coup d'œil furtif à ... **2** VI **a** (= take) voler **b** (= move silently) ◆ **to ~ away/down** s'en aller/descendre à pas furtifs

stealthy ['stelθɪ] ADJ furtif

steam [stiːm] **1** N vapeur f ◆ **to run out of ~** [speaker, worker, project] s'essouffler ◆ **under one's own ~** par ses propres moyens ◆ **to let off ~ *** se défouler * ► **steam engine** (= train) locomotive f à vapeur ► **steam room** hammam m **2** VT (= cook) cuire à la vapeur **3** VI (= emit steam) fumer
► **steam up** VI [window, mirror] se couvrir de buée ; [bathroom] se remplir de buée

steamboat ['stiːmbəʊt] N bateau m à vapeur

steamer ['stiːmər] N **a** (= ship) bateau m à vapeur ; (= liner) paquebot m **b** (= saucepan) cuit-vapeur m

steamroller ['stiːmrəʊlər] N rouleau m compresseur

steamship ['stiːmʃɪp] N paquebot m

steel [stiːl] **1** N acier m **2** COMP (= made of steel) [knife, tool] en acier ► **steel band** steel band m

steelworks ['stiːlwɜːks] N aciérie f

steely ['stiːlɪ] ADJ [look, stare] d'acier ; [determination] inébranlable

steep [stiːp] **1** ADJ **a** [slope, road, stairs] raide ; [hill] escarpé ; [cliff] abrupt ; [roof] en pente ; [climb] rude **b** (= great) [rise, fall] fort **c** (* = expensive) [price, fees] élevé **d** (Brit = unreasonable) ◆ **that's a bit ~ *** c'est un peu raide * **2** VT (= soak) tremper

steeple ['stiːpl] N clocher m

steeplechase ['stiːpltʃeɪs] N steeple-chase m

steer [stɪər] **1** VT [+ ship, car] diriger **2** VI [sailor] tenir la barre ◆ **to ~ clear of sb/sth** éviter qn/qch **3** N bœuf m

steering ['stɪərɪŋ] N (= mechanism) direction f ► **steering wheel** volant m

stem [stem] **1** N [of flower, plant] tige f ; [of fruit, leaf] queue f ; [of glass] pied m **2** VT [+ flow, flood, river] endiguer ; [+ course of disease] enrayer ; [+ attack] juguler **3** VI ◆ **to ~ from ...** provenir de ...

stench [stentʃ] N odeur f nauséabonde

stencil ['stensl] **1** N pochoir m **2** VT peindre au pochoir

stenographer [ste'nɒɡrəfər] N sténographe mf

step [step] **1** N **a** (= pace) pas m ◆ **to keep in ~** (in marching) marcher au pas ; (in dance) danser en mesure ◆ **~ by ~** petit à petit **b** (stage) étape f (towards vers) ; (= measure) mesure f ◆ **to take ~s (to do sth)** prendre des mesures (pour faire qch) **c** (= stair) marche f ◆ **pair of ~s** (Brit) escabeau m **d** (= step aerobics) step m **2** VI ◆ **to ~ in a puddle** marcher dans une flaque ◆ **to ~ on sth** marcher sur qch ◆ **~ on it ! *** grouille-toi ! * ◆ **to ~ over sth** enjamber qch
► **step aside** VI faire un pas de côté ; (fig) s'effacer
► **step back** VI faire un pas en arrière
► **step down** VI descendre (from de) ; (fig) se retirer (in favour of sb en faveur de qn)
► **step forward** VI faire un pas en avant ; (= show o.s., make o.s. known) se faire connaître ; (= volunteer) se présenter
► **step in** VI entrer ; (fig) intervenir
► **step out** VI (= go outside) sortir
► **step up 1** VI ◆ **to ~ up to sb/sth** s'approcher de qn/qch **2** VT SEP [+ production, sales] augmenter ; [+ campaign] intensifier ; [+ attempts, efforts] multiplier

stepbrother ['step,brʌðər] N demi-frère m

stepdaughter ['step,dɔːtər] N belle-fille f

stepfather ['step,fɑːðər] N beau-père m

stepladder ['step,lædər] N escabeau m

stepmother ['step,mʌðər] N belle-mère f

stepping stone ['stepɪŋstəʊn] N pierre f de gué ; (fig) marchepied m

stepsister ['step,sɪstər] N demi-sœur f

stepson ['stepsʌn] N beau-fils m

stereo ['steriəʊ] **1** N (= hi-fi system) chaîne f stéréo inv ◆ **in ~** en stéréo **2** ADJ en stéréo

stereotype ['steriətaɪp] N stéréotype m

sterile ['steraɪl] ADJ stérile

sterility [ste'rɪlɪtɪ] N stérilité f

sterilize ['sterɪlaɪz] VT stériliser

sterling ['stɜːlɪŋ] **1** N livres fpl sterling inv **2** ADJ **a** [silver] fin **b** ◆ **pound ~** livre sterling inv **c** (Brit = excellent) remarquable

stern [stɜːn] **1** N arrière m, poupe f **2** ADJ sévère

steroid ['stɪərɔɪd] N stéroïde m

stethoscope ['steθəskəʊp] N stéthoscope m

stew [stjuː] **1** N ragoût m **2** VT [+ meat] (faire) cuire en ragoût ; [+ fruit] faire cuire

steward ['stjuəd] N (on ship, plane) steward m ; (at march, race) commissaire m

stewardess ['stjʊədes] N hôtesse f

stewing steak ['stjuːɪŋsteɪk] N bœuf m à braiser

stick [stɪk] vb : pret, ptp **stuck** **1** N **a** (= length of wood) bâton m ; (= twig) brindille f ; (= walking stick) canne f ; (Hockey) crosse f ◆ **to get hold of the wrong end of the ~** mal comprendre **b** [of dynamite, chalk, candy] bâton m ; [of chewing gum] tablette f ; [of celery] branche f ; [of rhubarb] tige f **2** **sticks** NPL **a** (= firewood) petit bois m **b** (= backwoods) ◆ **(out) in the ~s** * en pleine cambrousse * **3** VT **a** (= thrust) [+ pin, fork] piquer ; [+ knife] planter **b** (with glue) coller **c** (* = put) mettre ◆ **he stuck his head through the window** il a passé la tête par la fenêtre **d** (* = tolerate) (Brit) [+ job, person] supporter **4** VI **a** (= embed itself) [needle, spear] se planter **b** (= adhere) [glue] tenir ; [stamp, label] être collé ; [habit, name] rester ◆ **the eggs have stuck to the pan** les œufs ont attaché (à la poêle) **c** (= remain) rester ◆ **to ~ close to sb** rester aux côtés de qn, ne pas quitter ◆ **to ~ to one's promise** tenir parole ◆ **to ~ to one's principles** rester fidèle à ses principes ◆ **to ~ to the facts** s'en tenir aux faits ◆ **to ~ by sb** rester fidèle à qn ◆ **to ~ with** (= stay beside) rester avec ; (= stay loyal) rester fidèle à ; [+ activity, sport] s'en tenir à **d** (= get jammed) se coincer ; [machine, lift] tomber en panne **5** COMP ▸ **stick insect** phasme m ▸ **stick shift** (US) levier m de vitesses ▸ **stick-up** * braquage m

▸ **stick in** VT SEP **a** [+ needle, pin, fork] piquer ; (forcefully) planter ; [+ knife] enfoncer ; [+ photo in album] coller **b** ◆ **to get stuck in** * s'y mettre sérieusement

▸ **stick out** **1** VI (= protrude) dépasser ; [balcony] faire saillie ◆ **his ears ~ out** il a les oreilles décollées ◆ **it ~s out a mile** * ça crève les yeux **2** VT SEP **a** [+ one's arm, head] sortir ◆ **to ~ one's tongue out** tirer la langue (* = endure) ◆ **to ~ it out** tenir le coup

▸ **stick together** **1** VI **a** [labels, pages, objects] être collés ensemble **b** (= stay together) rester ensemble ; (= maintain solidarity) se serrer les coudes **2** VT SEP coller (ensemble)

▸ **stick up** **1** VI **a** (= protrude) dépasser **b** ◆ **to ~ up for sb** * prendre la défense de qn ◆ **to ~ up for o.s.** * défendre ses intérêts **2** VT SEP **a** [+ notice] afficher **b** ◆ **to ~ up one's hand** lever la main

sticker ['stɪkər] N autocollant m

sticking plaster ['stɪkɪŋ,plɑːstər] N sparadrap m

stickler ['stɪklər] N ◆ **to be a ~ for** [+ discipline] être à cheval sur ; [+ grammar, spelling] être rigoriste en matière de

stickpin ['stɪkpɪn] N (US) épingle f de cravate

sticky ['stɪkɪ] ADJ **a** (Brit = gummed) adhésif **b** [substance, object, fingers] collant ; [surface] gluant **c** (= sweaty) moite

stiff [stɪf] ADJ **a** (= rigid) [card, paper] rigide ; [material] raide ; [collar, brush, lock] dur **b** [person, limb, muscle] raide ; (from exercise) courbaturé ◆ **to have a ~ neck** avoir un torticolis ◆ **to keep a ~ upper lip** rester impassible **c** * ◆ **to be bored ~** s'ennuyer à mourir ◆ **to be scared ~** être mort de trouille * ◆ **worried ~** mort d'inquiétude **d** [penalty, sentence] sévère ; [competition, opposition] rude ; [climb] raide **e** (= formal) guindé **f** [whisky] bien tassé

stiffen ['stɪfn] (also **stiffen up**) **1** VT **a** [+ card, fabric] rigidifier **b** [+ limb] raidir ; [+ joint] ankyloser **c** [+ resolve] affermir **2** VI **a** [fabric] devenir raide **b** [limb, person] se raidir ; [joint] s'ankyloser **c** [resistance] se durcir

stifle ['staɪfl] VT étouffer ◆ **to ~ a yawn** réprimer un bâillement

stigma ['stɪgmə] N ◆ **the ~ attached to sth** la honte liée à qch

stile [staɪl] N échalier m

stiletto [stɪ'letəʊ] N (also **stiletto heel**) talon m aiguille

still [stɪl] **1** ADV **a** (= up to this time) encore ◆ **he ~ hasn't arrived** il n'est encore pas arrivé ◆ **she ~ lives in London** elle vit toujours à Londres ◆ **I ~ don't understand** je ne comprends toujours pas **b** (stating what remains) encore ◆ **there's ~ time** on a encore le temps **c** (= nonetheless) tout de même **d** (= even) encore ◆ **he was ~ more determined after the debate** il était encore plus résolu après le débat **2** ADJ **a** (= motionless) immobile ▸ **still life** nature f morte **b** (= calm) calme **c** (Brit = not fizzy) [orange] non gazeux ; [water] plat **3** ADV ◆ **to keep ~** ne pas bouger ◆ **time stood ~** le temps s'est arrêté **4** N **a** (= picture) photo f de film **b** (= apparatus) alambic m

stillborn ['stɪlbɔːn] ADJ mort-né (mort-née f)

stilted ['stɪltɪd] ADJ guindé

stilts [stɪlts] NPL échasses fpl

stimulant ['stɪmjʊlənt] ADJ, N stimulant m

stimulate ['stɪmjʊleɪt] VT stimuler

stimulating ['stɪmjʊleɪtɪŋ] ADJ stimulant

stimulus ['stɪmjʊləs] N (pl **stimuli** ['stɪmjʊlaɪ]) stimulant m

sting [stɪŋ] (vb : pret, ptp **stung**) **1** N **a** (by bee, wasp, nettle) piqûre f **b** (in bee, wasp) dard m **2** VT [insect, nettle, antiseptic] piquer ; [remark] piquer au vif **3** VI [insect, nettle, antiseptic, eyes] piquer ; [remark] être cuisant ; [cut] brûler ◆ **the smoke made his eyes ~** la fumée lui picotait les yeux

stinging nettle ['stɪŋɪŋnetl] N ortie f

stingy ['stɪndʒɪ] ADJ radin *

stink [stɪŋk] (vb : pret **stank**, ptp **stunk**) **1** N puanteur f **◆ to kick up a ~ (about sth)** * faire un esclandre (à propos de qch) **2** VI **a** (= smell) empester **b** (* = be very bad) [person, thing] être dégueulasse *

stinking * ['stɪŋkɪŋ] **1** ADJ (= horrible) sale * before n **◆ a ~ cold** un rhume carabiné * **2** ADV **◆ ~ rich** bourré de fric *

stint [stɪnt] **1** N (= share of work) part f de travail **2** VT **◆ to ~ o.s.** se priver **3** VI **◆ to ~ on** [+ food, luxuries] lésiner sur

stipulate ['stɪpjʊleɪt] VT stipuler

stir [stɜːʳ] **1** N **◆ to cause a ~** faire sensation **2** VT **a** [+ tea, soup, mixture] remuer ; (quickly) agiter **◆ to ~ o.s.** * se secouer **b** [+ imagination] stimuler ; [+ person] émouvoir **3** VI (= move) bouger
▸ **stir up** VT SEP [+ memories, the past] réveiller ; [+ hatred] attiser ; [+ trouble] provoquer ; [+ person] secouer

stir-fry ['stɜːfraɪ] **1** VT faire sauter (en remuant) **2** ADJ [vegetables] sauté **3** N (= dish) *légumes (et viande) sautés*

stirrup ['stɪrəp] N étrier m

stitch [stɪtʃ] **1** N (Sewing) point m ; (Knitting) maille f ; (surgical) point m de suture ; (= sharp pain) point m de côté **◆ to be in ~s** * se tordre de rire **2** VT [+ seam, hem] coudre ; [+ wound] suturer

stoat [stəʊt] N hermine f

stock [stɒk] **1** N **a** (= supply) réserve f **◆ in ~** en stock **◆ out of ~** épuisé **◆ to take ~ of** [+ situation] faire le point de **b** (also **livestock**) bétail m **c** [of company] valeurs fpl ; (= shares) actions fpl **◆ ~s and shares** titres mpl ▸ **stock exchange** Bourse f ▸ **stock market** Bourse f, marché m financier **d** (= descent) origine f **e** (for soup) bouillon m ▸ **stock cube** bouillon m Kub ® **2** ADJ [argument, joke, excuse, response] classique **◆ ~ phrase** cliché m **3** VT **a** [+ shop] approvisionner (with en) ; [+ larder] remplir (with de) **b** (= have in stock) avoir, vendre
▸ **stock up** **1** VI s'approvisionner (with, on en, de ; for pour) **2** VT SEP [+ shop] approvisionner ; [+ freezer] remplir

stockade [stɒˈkeɪd] N palissade f

stockbroker ['stɒkbrəʊkəʳ] N agent m de change

stockholder ['stɒkhəʊldəʳ] N (US) actionnaire mf

stocking ['stɒkɪŋ] N bas m

stockist ['stɒkɪst] N revendeur m

stockpile ['stɒkpaɪl] **1** VT [+ food] stocker ; [+ weapons] amasser **2** N stock m

stockroom ['stɒkrʊm] N réserve f

stocktaking ['stɒkteɪkɪŋ] N (Brit) inventaire m

stocky ['stɒkɪ] ADJ [man] trapu ; [build] fort

stodgy ['stɒdʒɪ] ADJ [food] bourratif

stoical ['stəʊɪkəl] ADJ stoïque

stoke [stəʊk] VT (also **stoke up**) [+ fire] entretenir ; [+ furnace] alimenter

stole [stəʊl] **1** N (= shawl) étole f **2** VB (pt of **steal**)

stolen ['stəʊlən] VB (ptp of **steal**)

stolid ['stɒlɪd] ADJ impassible

stomach ['stʌmək] **1** N (Anat) estomac m ; (= belly) ventre m ▸ **stomach ache ◆ to have (a) ~ ache** avoir mal au ventre **2** VT supporter

stomp [stɒmp] VI **◆ to ~ in/out** entrer/sortir d'un pas lourd

stone [stəʊn] **1** N **a** (rock) pierre f ; (= pebble) caillou m ; (on beach) galet m **◆ within a ~'s throw (of)** à deux pas (de) **b** (Brit: in fruit) noyau m **c** (in kidney) calcul m **d** (Brit = weight) = 14 *livres*, = *6,348 kg* **2** VT **a** (= throw stones at) lancer des pierres sur **b** [+ olive] dénoyauter **3** ADJ [building, wall] en pierre ▸ **the Stone Age** l'âge m de pierre ▸ **stone-cold** complètement froid

stoned * ['stəʊnd] ADJ défoncé * (on sth à qch)

stonemason ['stəʊnmeɪsən] N tailleur m de pierre(s)

stonework ['stəʊnwɜːk] N maçonnerie f

stony ['stəʊnɪ] ADJ **a** [soil, path] pierreux ; [beach] de galets **b** [look, expression] dur ; [face] de marbre ; [silence] glacial

stood [stʊd] VB (pt, ptp of **stand**)

stooge [stuːdʒ] N laquais m

stool [stuːl] **1** N tabouret m **2** stools NPL (= faeces) selles fpl

stoop [stuːp] **1** N (US) porche m **2** VI **a** (= be hunched) avoir le dos voûté **b** (= bend over) se pencher ; (fig) s'abaisser (to sth jusqu'à qch ; to do sth, to doing sth jusqu'à faire qch)

stop [stɒp] **1** N **a** (gen) arrêt m **◆ to come to a ~** [traffic, vehicle] s'arrêter ; [work, progress, production] cesser **◆ to put a ~ to qch** mettre fin à qch **b** [of organ] jeu m **◆ to pull out all the ~s** faire un suprême effort (to do sth pour faire qch) **2** VT **a** (= block) boucher **b** (= halt) arrêter ; [+ pain, worry, enjoyment] mettre fin à **◆ to ~ sb short** arrêter qn net ; (= interrupt) interrompre qn **c** (= cease) arrêter (doing sth de faire qch) **d** (= interrupt) [+ activity] interrompre ; (= suspend) suspendre ; [+ allowance, privileges] supprimer ; [+ wages] retenir **◆ to ~ a cheque** faire opposition à un chèque **e** (= prevent) empêcher (sb doing sth qn de faire qch ; sth happening que qch n'arrive (subj)) **3** VI **a** [person, vehicle, machine] s'arrêter **◆ he will ~ **at nothing** il est prêt à tout **b** [production, music, pain, fighting] cesser ; [play, programme] se terminer

► **stop by** * VI s'arrêter en passant

► **stop off** VI s'arrêter

► **stop up** VT SEP [+ hole, pipe, bottle] boucher

stopgap ['stɒpgæp] **1** N bouche-trou m **2** ADJ [measure, solution] provisoire

stoplight ['stɒplaɪt] N (US) (= traffic light) feu rouge ; (= brake light) feu m de stop

stopover ['stɒpəʊvəʳ] N halte f

stoppage ['stɒpɪdʒ] N **a** (in traffic, work) arrêt m ; (= strike) arrêt m de travail ; [of wages, payment] suspension f **b** (= blockage) obstruction f

stopper ['stɒpəʳ] N bouchon m

stopwatch ['stɒpwɒtʃ] N chronomètre m

storage ['stɔːrɪdʒ] N (of goods, furniture) entreposage m ; [of heat, electricity] accumulation f ► **storage heater** radiateur m électrique à accumulation ► **storage space** espace m de rangement

store [stɔːʳ] **1** N **a** (= supply, stock) provision f ; [of learning, information] fonds m ► **to set great ~ by sth** faire grand cas de qch ► **to have sth in ~ for sb** réserver qch à qn **b** (Brit = warehouse) entrepôt m ; (in office, factory) réserve f **c** (= shop) magasin m **2** VT (= keep or place in reserve) [+ food, fuel, goods, computer data] stocker ; [+ furniture] mettre au garde-meuble ; [+ crops] engranger ; [+ electricity, heat] accumuler ; [+ facts, information] enregistrer

storekeeper ['stɔːˌkiːpəʳ] N (= shopkeeper) commerçant(e) m(f)

storeroom ['stɔːrʊm] N réserve f

storey ['stɔːrɪ] N étage m

stork [stɔːk] N cigogne f

storm [stɔːm] **1** N **a** tempête f ; (= thunderstorm) orage m **b** [of insults, abuse] torrent m ; [of protests, indignation] tempête f **2** VT prendre d'assaut **3** VI ► **he ~ed in/out** il est entré/ sorti, furieux

stormy ['stɔːmɪ] ADJ **a** [weather, night] orageux ; [seas] démonté ; [meeting, relationship] orageux ; [period] tumultueux

story ['stɔːrɪ] N **a** (= account) histoire f **b** (= article in press) article m **c** (US) étage m

storybook ['stɔːrɪbʊk] **1** N livre m d'histoires **2** ADJ [love affair] romanesque

storyteller ['stɔːrɪtɛləʳ] N conteur m, -euse f ; (= fibber) * menteur m, -euse f

stout [staʊt] **1** ADJ **a** (= fat) corpulent **b** (= sturdy) solide **c** [resistance, opposition] acharné **2** N (= beer) bière f brune

stove [stəʊv] N **a** (= heater) poêle m **b** (= cooker) (solid fuel) fourneau m ; (gas, electric) cuisinière f ; (small) réchaud m

stow [stəʊ] VT ranger ; [+ cargo] arrimer

stowaway ['stəʊəweɪ] N passager m clandestin, passagère f clandestine

straddle ['strædl] VT **a** [+ horse, cycle] enfourcher ; [+ chair] se mettre à califourchon sur **b** [+ two periods, two cultures] être à cheval sur

straggle ['strægl] VI **a** [plants] pousser tout en longueur **b** ► **to ~ in/out** entrer/sortir petit à petit

straggler ['strægləʳ] N traînard(e) m(f)

straight [streɪt] **1** ADJ **a** (= not curved) droit ; [hair] raide **b** (= frank) [answer, question] franc (franche f) **c** (= unambiguous) clair ► **to set sb ~ (about sth)** éclairer qn (sur qch) **d** (= tidy) ► **to put sth ~** mettre de l'ordre dans qch **e** (= consecutive) [victories, defeats] consécutif ► **for ~ days** pendant cinq jours consécutifs **f** [whisky, vodka] sec (sèche f) **g** (= unsmiling) ► **to keep a ~ face** garder son sérieux **h** * [person] (= conventional) conventionnel ; (= heterosexual) hétéro * ; (= not criminal) honnête **2** N ► **the ~** [of racecourse, athletics track] la ligne droite ► **to keep to the ~ and narrow** rester dans le droit chemin **3** ADV **a** (= in a straight line) [walk, stand, grow] droit ; [shoot] juste ► **to go ~ ahead** aller tout droit ► **he looked ~ ahead** il a regardé droit devant lui ► **to sit up ~** se redresser ► **to stand up ~** se redresser ► **the bullet went ~ through his chest** la balle lui a traversé la poitrine de part en part ► **to hang ~** [picture] être bien droit **b** (= directly) ► **~ after this** tout de suite après ► **to go ~ home** rentrer directement chez soi ► **he went ~ to London** (= without detour) il est allé directement à Londres ; (= immediately) il s'est immédiatement rendu à Londres ► **I may as well come ~ to the point** autant que j'en vienne droit au fait **c** (* = frankly) ► **give it to me** — dis-le-moi carrément **d** (= neat) ► **to drink one's whisky ~** boire son whisky sec **e** (= clearly) ► **he couldn't think ~** il n'avait plus les idées claires **f** (= consecutively) ► **for five days** ~ pendant cinq jours d'affilée **g** (set structures) ► **~ away** tout de suite ► **~ off** (= immediately) tout de suite ; (= without hesitation) sans hésiter ► **~ on** tout droit ► **~ out** (= without hesitation) sans hésiter ► **~ out** (= frankly) franchement

straighten ['streɪtn] VT [+ wire, nail] redresser ; [+ hair] défriser ; [+ road] rectifier ; [+ tie, hat] ajuster ; [+ picture] redresser ; [+ room, papers] mettre de l'ordre dans

► **straighten out** VT SEP [+ wire, nail] redresser ; [+ road] rectifier ; [+ situation] débrouiller ; [+ problem] résoudre ; [+ one's ideas] mettre de l'ordre dans

► **straighten up** **1** VI (= tidy up) ranger **2** VT SEP [+ room, papers] mettre de l'ordre dans

straightforward [ˌstreɪtˈfɔːwəd] ADJ (= frank) franc (franche *f*) ; (= simple) simple

strain [streɪn] **1** N **a** (Tech) tension *f* ◆ **to take the ~ off sth** diminuer la pression sur qch **b** (physical) effort *m* (physique) ; (= overwork) surmenage *m* ; (= tiredness) fatigue *f* **c** (= sprain) foulure *f* **d** (= breed) race *f* ; [of virus] souche *f* **2** VT **a** [+ rope, beam] tendre fortement ; [+ muscle] froisser ; [+ ankle] fouler ; [+ friendship, marriage] mettre à rude épreuve ; [+ resources, the economy] peser lourdement sur ◆ **to ~ one's back** se faire un tour de reins ◆ **to ~ one's eyes** s'abîmer les yeux ◆ **to ~ one's ears to hear sth** tendre l'oreille pour entendre qch **b** (in cooking) [+ liquid] passer ; [+ vegetables] égoutter **3** VI ◆ **to ~ to do sth** (physically) fournir un gros effort pour faire qch ; (mentally) s'efforcer de faire qch ◆ **to ~ at sth** (pushing/pulling) pousser/tirer qch de toutes ses forces ◆ **to ~ at the leash** [dog] tirer sur sa laisse

► **strain off** VT SEP [+ liquid] vider

strained [streɪnd] ADJ **a** (= tense) [voice, relations, atmosphere] tendu **b** (= unnatural) [smile, laugh] forcé ; [manner] emprunté **c** [muscle] froissé ; [ankle] foulé **d** [baby food] en purée ; [vegetables] égoutté ; [liquid, soup, gravy] passé

strainer [ˈstreɪnəʳ] N passoire *f*

strait [streɪt] N **a** (Geog) détroit *m* **b** ◆ **straits** situation *f* difficile ◆ **to be in financial ~s** avoir des ennuis d'argent

straitjacket [ˈstreɪtdʒækɪt] N camisole *f* de force

strait-laced [ˌstreɪtˈleɪst] ADJ collet monté *inv*

strand [strænd] **1** VT ◆ **the ship was ~ed** le bateau était échoué ◆ **to leave sb ~ed** laisser qn en rade * **2** N [of thread, wire] brin *m* ; [of rope] toron *m* ; [of fibrous substance] fibre *f* ; [of pearls] rang *m* ; (in narrative) fil *m* de l'histoire ◆ **a ~ of hair** une mèche

strange [streɪndʒ] ADJ **a** (= peculiar) étrange **b** (= unfamiliar) [country, city, house, language] inconnu (to sb à qn)

stranger [ˈstreɪndʒəʳ] N (unknown) inconnu(e) *m(f)* ; (from another place) étranger *m*, -ère *f*

strangle [ˈstræŋgl] VT étrangler ; [+ protests] étouffer

strap [stræp] **1** N [of leather] (thin) lanière *f* ; (broader) sangle *f* ; (on shoe) lanière *f* ; (on harness) courroie *f* ; (on garment) bretelle *f* ; (on shoulder bag, camera) bandoulière *f* ; (on watch strap) bracelet *m* **2** VT (= tie) attacher

strapless [ˈstræplɪs] ADJ [dress, bra] sans bretelles

strata [ˈstrɑːtə] NPL of **stratum**

stratagem [ˈstrætɪdʒəm] N stratagème *m*

strategic [strəˈtiːdʒɪk] ADJ stratégique

strategy [ˈstrætɪdʒɪ] N stratégie *f*

stratum [ˈstrɑːtəm] N (pl **strata**) strate *f* ◆ **social strata** les couches *fpl* sociales

straw [strɔː] N paille *f* ◆ **to draw ~s** tirer à la courte paille ◆ **it was the last ~** ça a été la goutte d'eau qui a fait déborder le vase ◆ **that's the last ~!** ça c'est le comble !

strawberry [ˈstrɔːbərɪ] N (= fruit) fraise *f* ; (= plant) fraisier *m* ◆ **wild ~** fraise *f* des bois ► **strawberry blonde** blond vénitien *inv*

stray [streɪ] **1** N animal *m* errant **2** ADJ **a** (= without owner) [dog, cat] errant ; [cow, sheep] égaré **b** (= loose) [bullet] perdu ; [hairs] épars **3** VI [person, animal] s'égarer ; [thoughts] vagabonder ◆ **to ~ from** [+ place, plan, subject] s'écarter de ; [+ course, route] dévier de

streak [striːk] **1** N **a** (= band) raie *f* ; [of light] rai *m* ; [of blood, paint] filet *m* **b** (= tendency) tendance(s) *f(pl)* ◆ **a lucky ~** une période de chance ◆ **to be on a winning ~** (Sport) accumuler les victoires ; (Gambling) être dans une bonne passe **2** VT strier (with de) ◆ **his hair was ~ed with grey** ses cheveux commençaient à grisonner ◆ **she's had her hair ~ed** elle s'est fait faire des mèches **3** VI **a** (= rush) ◆ **to ~ in/out** entrer/sortir comme un éclair **b** (* = run naked) courir tout nu en public

streaky [ˈstriːkɪ] ADJ [pattern] strié ► **streaky bacon** (Brit) bacon *m* entrelardé

stream [striːm] **1** N **a** (= brook) ruisseau *m* **b** (= current) courant *m* **c** (= flow) flot *m* ; [of tears] torrent *m* **d** (Brit: in school) groupe *m* de niveau **2** VI [liquid] ruisseler ◆ **the fumes made his eyes ~** les émanations l'ont fait pleurer ◆ **cold air/sunlight ~ed through the window** l'air froid/le soleil entra à flots par la fenêtre ◆ **to ~ in/out** [people, cars] entrer/sortir à flot

streamer [ˈstriːməʳ] N (of paper) serpentin *m*

streamline [ˈstriːmlaɪn] VT rationaliser

streamlined [ˈstriːmlaɪnd] ADJ **a** [plane, car] profilé ; [animal's body] (in air) aérodynamique (in water) hydrodynamique **b** [organization, system, process] rationalisé

street [striːt] N rue *f* ► **street level** ◆ **at ~ level** au rez-de-chaussée ► **street map, street plan** plan *m* de la ville

streetcar [ˈstriːtkɑːʳ] N (US) tramway *m*

streetlamp [ˈstriːtlæmp], **streetlight** [ˈstriːtlaɪt] N lampadaire *m*

streetwise [ˈstriːtwaɪz] ADJ [child] conscient des dangers de la rue ; [worker, policeman] dégourdi

strength [streŋθ] N (gen) force f ; [of building, material, claim, currency] solidité f ; [of drink] teneur f en alcool ◆ **to go from ~ to ~** aller de succès en succès ◆ ~ **of character** force de caractère ◆ ~ **of will** volonté f ◆ **I know his ~s and weaknesses** je connais ses points forts et ses points faibles

strengthen ['streŋθən] **1** VT (gen) renforcer ; [+ muscle, limb, person] fortifier ; [+ currency] consolider **2** VI [muscle, limb] se fortifier ; [wind, desire] augmenter

strenuous ['strenjʊəs] ADJ [exercise, game, campaign] épuisant ; [efforts, opposition] acharné ; [protest, denial] vigoureux

stress [stres] **1** N **a** (= pressure) stress m ◆ **to be under ~** [person] être stressé ; [relationship] être tendu **b** (= emphasis) insistance f ◆ **to lay ~ on** insister sur **c** (on syllable) accent m **d** (on rope, cable) charge f **2** VT **a** (= emphasize) insister sur **b** [+ syllable] accentuer

stressful ['stresfʊl] ADJ stressant

stretch [stretʃ] **1** N **a** (= period of time) période f ◆ **for hours at a ~** des heures durant **b** [of land, water] étendue f ; [of river, road] partie f **c** ◆ **to be at full ~** [arms] être complètement tendu ; [person] donner son maximum **2** ADJ [garment, fabric] extensible ▶ **stretch limo** * limousine f extralongue ▶ **stretch mark** vergeture f **3** VT **a** [+ rope] tendre ; [+ elastic] étirer ; [+ shoe, glove] élargir ; [+ muscle] distendre ; [+ meaning] forcer **b** (= extend: also stretch out) [+ wing] déployer ; [+ rope, net] tendre ◆ **he ~ed his leg to ease the cramp** il a allongé la jambe pour soulager la crampe ◆ **I'm just going to ~ my legs** * (= go for a walk) je vais juste me dégourdir les jambes **c** [+ resources, supplies, income] mettre à rude épreuve **d** [+ athlete, student] pousser ◆ **to be fully ~ed** travailler à la limite de ses possibilités **4** VI **a** [person, animal] s'étirer **b** (= lengthen) s'allonger ; (= widen) s'élargir ; [elastic] s'étirer ; [fabric, garment] se détendre **c** (= extend) s'étendre
▶ **stretch out 1** VI s'étendre **2** VT SEP [+ arm, hand, foot] tendre ; [+ leg] étendre ; [+ net, rope] tendre

stretcher ['stretʃəʳ] N brancard m

strewn [stru:n] ADJ ◆ **to be ~ with** être jonché de

stricken ['strɪkən] ADJ [area, city, economy] sinistré ◆ **to be ~ by famine** être frappé par la famine ◆ **to be ~ with guilt** être pris d'un sentiment de culpabilité

strict [strɪkt] ADJ strict

strictly ['strɪktlɪ] ADV strictement ◆ ~ **speaking** à proprement parler ◆ **that's not ~ true** ce n'est pas tout à fait vrai

stride [straɪd] (vb : pret **strode**) **1** N grand pas m ◆ **to take sth in one's ~** accepter qch sans sourciller **2** VI ◆ **to ~ along** avancer à grands pas

strident ['straɪdənt] ADJ **a** (sound, voice) strident **b** (= vociferous) véhément

strife [straɪf] N conflit m

strike [straɪk] (vb : pret **struck**, ptp **struck**) **1** N **a** (= industrial action) grève f (of, by de) ◆ **to be (out) on ~** être en grève, faire grève ◆ **to go on ~** se mettre en grève **b** (= attack) attaque f **c** (Baseball, Bowling) strike m **2** VT **a** (= hit) [+ person, ball] frapper ; (= knock against) heurter ◆ **to ~ fear into sb** remplir qn d'effroi ◆ **to be struck dumb** (= amazed) être sidéré * **b** [+ oil, gold] découvrir ◆ **to ~ it rich** faire fortune **c** [+ coin, medal] frapper ; [+ match] frotter ◆ **to ~ a balance** trouver un équilibre ◆ **to ~ a bargain** conclure un marché **d** [clock] sonner **e** (= seem) sembler (sb à qn) ◆ **an idea suddenly struck him** une idée lui est soudain venue à l'esprit ◆ **to be struck by sth** (= impressed) être frappé(e) par qch **3** VI **a** (= hit) frapper ; (= attack) attaquer ; [disease, disaster] frapper **b** [clock] sonner **c** (= go on strike) faire grève (for pour obtenir ; against pour protester contre)
▶ **strike back** VI riposter (at sb à qn)
▶ **strike down** VT SEP abattre ; [disease] terrasser
▶ **strike off 1** VI (= change direction) ◆ **he struck off across the fields** il a pris à travers champs **2** VT SEP (= delete: from list) rayer ◆ **to be struck off** [doctor] être radié
▶ **strike out 1** VI **a** (= hit out) se débattre **b** (= set off) ◆ **to ~ out for the shore** [swimmer] se mettre à nager vers le rivage **2** VT SEP (= delete) rayer
▶ **strike up 1** VI [band] commencer à jouer **2** VT SEP [+ conversation] engager ; [+ friendship] lier

striker ['straɪkəʳ] N **a** (= worker) gréviste mf **b** (Football) buteur m

striking ['straɪkɪŋ] ADJ (= noticeable) frappant ; (= attractive) d'une beauté saisissante

string [strɪŋ] (vb : pret, ptp **strung**) **1** N (= cord) ficelle f ; [of violin, racket] corde f ; [of beads] rang m ; [of people, vehicles] file f ◆ **a piece of ~** un bout de ficelle ◆ **the ~s** (in orchestra) les instruments mpl à cordes ◆ **to pull ~s for sb** pistonner * qn ▶ **string bean** (= vegetable) haricot m vert ▶ **string(ed) instrument** instrument m à cordes **2** VT [+ racket] corder ; [+ violin] monter ; [+ beads] enfiler

stringent ['strɪndʒənt] ADJ rigoureux

strip [strɪp] **1** N **a** (= narrow part) bande f ▶ **strip cartoon** (Brit) bande f dessinée **b** (Brit Sport = clothes) tenue f **c** (* = striptease) strip-

tease m **2** VT **a** (= remove everything from) [+ person] déshabiller ; [+ room, house] vider ; (= take paint off) [+ furniture, door] décaper ♦ to ~ a bed défaire un lit complètement **b** [+ wallpaper, decorations, old paint] enlever **c** (= deprive) [+ person, object] dépouiller **3** VI se déshabiller
► **strip down** VT SEP [+ machine, engine] démonter complètement
► **strip off** VI se déshabiller complètement

stripe [straɪp] N **a** (of colour) rayure f **b** (on uniform) galon m

striped [straɪpt] ADJ à rayures

stripper ['strɪpəʳ] N (= woman) stripteaseuse f ♦ male ~ stripteaseur m

striptease ['strɪptiːz] N strip-tease m

strive [straɪv] (pret **strove**, ptp **striven** ['strɪvn]) VI (= try hard) s'efforcer (to do sth de faire qch)

strode [strəʊd] VB (pt of **stride**)

stroke [strəʊk] **1** N **a** (Cricket, Golf, Tennis) coup m ; (Swimming) mouvement m des bras (pour nager) ; (= style) nage f ; (in rowing) coup m de rame ♦ he hasn't done a ~ (of work) il n'a rien fait ♦ ~ of genius trait m de génie ♦ ~ of luck coup m de chance ♦ at a ~ d'un (seul) coup **b** (= mark) [of pencil] trait m ; [of brush] touche f **c** [of bell, clock] coup m **d** (Med) ♦ to have a ~ avoir une attaque **2** VT [+ person, animal] caresser

stroll [strəʊl] **1** N petite promenade f **2** VI se promener

stroller ['strəʊləʳ] N (US = push chair) poussette f

strong [strɒŋ] **1** ADJ **a** (gen) fort ; (= healthy) robuste ; [nerves, leg, shoes, dollar] solide ; [emotion, desire, protest] vif ; [reasons, evidence, candidate] sérieux ; [fabric, material] résistant ; [measures] énergique ; [solution] concentré ♦ his ~ points ses points forts ♦ **strong-willed** déterminé ♦ to be ~-willed avoir de la volonté **b** (in numbers) ♦ they were 100 ~ ils étaient 100 **2** ADV ♦ to be going ~ [person] être toujours solide ; [car] marcher toujours bien ; [relationship] aller bien

strongbox ['strɒŋbɒks] N coffre-fort m

stronghold ['strɒŋhəʊld] N forteresse f ; (fig) bastion m

strongly ['strɒŋlɪ] ADV (gen) fortement ; [criticize, protest] vivement ; [deny, condemn] vigoureusement ; [support, oppose] fermement ; [sense, believe] profondément ♦ to smell ~ of sth avoir une forte odeur de qch

strongroom ['strɒŋrʊm] N chambre f forte

strove [strəʊv] VB (pt of **strive**)

struck [strʌk] VB (pt, ptp of **strike**)

structural ['strʌktʃərəl] ADJ **a** [change, problem, reform] structurel **b** [repair, damage, fault] au niveau de la structure

structure ['strʌktʃəʳ] **1** N structure f **2** VT structurer

struggle ['strʌgl] **1** N lutte f (to do sth pour faire qch) ; (= fight) bagarre f **2** VI lutter ; (= fight) se battre ; (= thrash around) se débattre ; (= try hard) se démener (to do sth pour faire qch) ♦ he was struggling to make ends meet il avait beaucoup de mal à joindre les deux bouts ♦ he ~d to his feet il s'est levé péniblement

strum [strʌm] VT [+ guitar] gratter de

strung [strʌŋ] VB (pt, ptp of **string**)

strut [strʌt] **1** VI (also **strut about, strut around**) se pavaner **2** N (= support) étai m

stub [stʌb] **1** N [of pencil] bout m ; [of cigarette, cigar] mégot m ; [of cheque, ticket] talon m **2** VT ♦ to ~ one's toe se cogner le doigt de pied
► **stub out** VT SEP écraser

stubble ['stʌbl] N (in field) chaume m ; (on chin) barbe f de plusieurs jours

stubborn ['stʌbən] ADJ **a** [person] têtu ; [resistance] acharné ; [refusal, insistence] opiniâtre **b** [stain] rebelle ; [cold] persistant

stuck [stʌk] **1** VB (pt, ptp of **stick**) **2** ADJ [person, machine] bloqué ♦ to be ~ for an answer ne pas savoir quoi répondre ♦ I'm ~ (in puzzle, essay) je sèche * ♦ to get ~ in the mud s'embourber

stuck-up * [stʌk'ʌp] ADJ bêcheur *

stud [stʌd] N **a** (= knob, nail) clou m ; (on football boots) crampon m **b** (= earring) clou m d'oreille **c** (also **stud farm**) haras m

studded ['stʌdɪd] ADJ ♦ ~ with [+ jewels] parsemé de

student ['stjuːdənt] N étudiant(e) m(f) ► **student nurse** élève mf infirmier (-ière) ► **student teacher** professeur mf stagiaire ► **Student Union** association f d'étudiants

studio ['stjuːdɪəʊ] N [of artist] atelier m ; (for recording) studio m ► **studio apartment, studio flat** (Brit) studio m (logement)

studious ['stjuːdɪəs] ADJ studieux

study ['stʌdɪ] **1** N **a** (gen) étude f **b** (= room) bureau m **2** VTI étudier ♦ to ~ for an exam préparer un examen

stuff [stʌf] **1** N * (= miscellaneous objects) trucs * mpl ; (= possessions) * affaires fpl ♦ put your ~ away range tes affaires ♦ what's this ~ in this jar? qu'est-ce que c'est que ce truc * dans le pot ? ♦ he knows his ~ il connaît son sujet **2** VT (= fill) [+ cushion, toy] rembourrer (with avec) ; [+ animal] empailler ; [+ sack, poc kets] remplir (with de) ; [+ chicken, tomato] farcir (with avec) ; (= cram) [+ objects, clothes, books] fourrer **→ to ~ o.s.** * s'empiffrer *

stuffing ['stʌfɪŋ] N [of cushion, toy, chair] rembourrage m ; (to eat) farce f

stuffy ['stʌfɪ] ADJ **a** [room] mal aéré ; [atmosphere] étouffant **b** (= stick-in-the-mud) vieux jeu inv ; (= snobby) guindé

stumble ['stʌmbl] **1** N faux pas m **2** VI trébucher (over sur, contre), faire un faux pas ; (in speech) trébucher (at, over sur)

stumbling block ['stʌmblɪŋblɒk] N pierre f d'achoppement

stump [stʌmp] **1** N **a** [of tree] souche f ; [of limb, tail] moignon m ; [of tooth] chicot m ; [of pencil, chalk] bout m **b** (Cricket) piquet m **2** VT (* = puzzle) coller *

stun [stʌn] VT (physically) étourdir ; (= amaze) abasourdir

stung [stʌŋ] VB (pt, ptp of **sting**)

stunk [stʌŋk] VB (ptp of **stink**)

stunned [stʌnd] ADJ **a** (physically) assommé **b** (= flabbergasted) abasourdi (by sth de qch)

stunning ['stʌnɪŋ] ADJ **a** (* = impressive) formidable ; [woman] superbe **b** (= overwhelming) stupéfiant

stunt [stʌnt] **1** N (= feat) tour m de force ; [of stuntman] cascade f ; (in plane) acrobatie f ; (= publicity stunt) truc * m publicitaire **2** VT [+ growth] retarder ; [+ person, plant] retarder la croissance de

stunted ['stʌntɪd] ADJ [person] rachitique ; [plant] rabougri

stuntman ['stʌntmæn] N (pl **-men**) cascadeur m

stupefy ['stjuːpɪfaɪ] VT stupéfier

stupendous [stjuːˈpendəs] ADJ incroyable

stupid ['stjuːpɪd] ADJ **a** (= unintelligent) stupide **→ to make sb look ~** ridiculiser qn **→ it was ~ of me to refuse** j'ai été bête de refuser **→ to do something ~** faire une bêtise **b** (*: expressing annoyance) **→ I hate this ~ machine !** je déteste cette fichue * machine ! **→ you ~ idiot!** espèce d'idiot(e) ! *

stupidity [stjuːˈpɪdɪtɪ] N stupidité f

stupor ['stjuːpəʳ] N stupeur f **→ in a drunken ~** abruti par l'alcool

sturdy ['stɜːdɪ] ADJ [person] robuste ; [object, body] solide

sturgeon ['stɜːdʒən] N esturgeon m

stutter ['stʌtəʳ] **1** N bégaiement m **2** VTI bégayer

sty [staɪ] N (for pigs) porcherie f

stye, sty [staɪ] N (on eye) orgelet m

style [staɪl] **1** N **a** (gen) style m **b** (= design) modèle m ; (= hairstyle) coiffure f **→ clothes in the latest ~** des vêtements du dernier cri **c** (= elegance) allure f **→ to live in ~** mener grand train **→ he does things in ~** il fait bien les choses **d** (= type) genre m **2** VT [+ dress, car] dessiner **→ to ~ sb's hair** coiffer qn

stylish ['staɪlɪʃ] ADJ [person, car, clothes, place] chic inv ; [performer, performance] de grande classe

stylist ['staɪlɪst] N (= hairdresser) coiffeur m, -euse f

suave [swɑːv] ADJ doucereux

subconscious [ˌsʌbˈkɒnʃəs] ADJ, N subconscient m

subcontinent [ˌsʌbˈkɒntɪnənt] N souscontinent m

subcontract [ˌsʌbkənˈtrækt] VT sous-traiter

subdivide [ˌsʌbdɪˈvaɪd] **1** VT subdiviser (into en) **2** VI se subdiviser

subdue [səbˈdjuː] VT [+ people, country] assujettir ; [+ feelings, passions, desire] refréner

subdued [səbˈdjuːd] ADJ **a** (= morose) [person, mood] sombre **b** (= restrained) [reaction, response] prudent **c** (= quiet, dim) [colour] doux (douce f) ; [lighting] tamisé

subhead(ing) ['sʌbˌhed(ɪŋ)] N sous-titre m

subject **1** N ['sʌbdʒɪkt] **a** (gen) sujet m (of, for de) , (studied at school or university) matière f **→ to get off the ~** sortir du sujet **▸ subject matter** (= theme) sujet m ; (= content) contenu m **b** (= citizen) sujet(te) m(f) **2** ADJ ['sʌbdʒɪkt] **a** **→ subject to** (= prone to) sujet à ; (to VAT, tax, law) soumis à **b** **→ subject to** (= depending on) sous réserve de **→ "~ to availability"** [holiday, concert, flight] "dans la limite des places disponibles" **3** VT [səbˈdʒekt] [+ country] soumettre **→ to ~ sb to sth** faire subir qch à qn **→ he was ~ed to much criticism** il a fait l'objet de nombreuses critiques

subjective [səbˈdʒektɪv] ADJ subjectif

subjugate ['sʌbdʒʊgeɪt] VT subjuguer

subjunctive [səbˈdʒʌŋktɪv] ADJ, N subjonctif m **→ in the ~** au subjonctif

sublet [ˌsʌbˈlet] (vb : pret, ptp **sublet**) VTI sous-louer (to à)

sublime [səˈblaɪm] ADJ (gen) sublime ; [indifference, disregard] souverain before n

subliminal [ˌsʌbˈlɪmɪnl] ADJ subliminal

submachine gun [ˌsʌbməˈʃiːngʌn] N mitraillette f

submarine [ˌsʌbməˈriːn] N sous-marin m

submerge [səbˈmɜːdʒ] **1** VT submerger **→ to ~ sth in sth** immerger qch dans qch **2** VI s'immerger

submission [səbˈmɪʃən] N **a** (= submissiveness) soumission *f* (to à) **b** [of documents, application] dépôt *m* ; [of thesis] présentation *f*

submissive [səbˈmɪsɪv] ADJ soumis

submit [səbˈmɪt] **1** VT **a** ◆ to ~ o.s. to sb/sth se soumettre à qn/qch **b** (= put forward) [+ documents, proposal, report, evidence] soumettre (to à) **2** VI se soumettre (to à)

subnormal [ˌsʌbˈnɔːməl] ADJ **a** (mentally) [person] attardé **b** [weight, height, temperature] inférieur (-eure *f*) à la normale

subordinate [səˈbɔːdɪnɪt] **1** ADJ [officer, position] subalterne (to à) **2** N subalterne *mf*

subpoena [səˈpiːnə] **1** N citation *f* à comparaître **2** VT citer à comparaître

subscribe [səbˈskraɪb] VI ◆ to ~ to [+ book, new publication, fund] souscrire à ; [+ newspaper] (= become a subscriber) s'abonner à ; (= be a subscriber) être abonné à ; [+ opinion, proposal] souscrire à

subscriber [səbˈskraɪbəʳ] N (to fund, new publication) souscripteur *m*, -trice *f* (to de) ; (to newspaper, phone service) abonné(e) *m(f)* (to de)

subscription [səbˈskrɪpʃən] N (to fund, charity) souscription *f* ; (to club) cotisation *f* ; (to newspaper) abonnement *m*

subsequent [ˈsʌbsɪkwənt] ADJ **a** (= later in past) ultérieur (-eure *f*) ; (= in future) à venir

subsequently [ˈsʌbsɪkwəntlɪ] ADV par la suite

subservient [səbˈsɜːvɪənt] ADJ **a** (= submissive) [person, nation] asservi ◆ ~ to soumis à **b** (= servile) [person, manner, behaviour] servile

subside [səbˈsaɪd] VI [land, building] s'affaisser ; [flood, river] baisser ; [wind, anger] se calmer ; [threat] s'éloigner

subsidence [ˈsʌbsɪdns, səbˈsaɪdəns] N [of land, building] affaissement *m*

subsidiary [səbˈsɪdɪərɪ] **1** ADJ **a** [role, aim, character] secondaire **b** [subject, course] optionnel **c** ◆ ~ **company** filiale *f* **2** N filiale *f*

subsidize [ˈsʌbsɪdaɪz] VT subventionner

subsidy [ˈsʌbsɪdɪ] N subvention *f*

substance [ˈsʌbstəns] N (gen) substance *f* ; (= solid quality) solidité *f* ; (= consistency) consistance *f*

substantial [səbˈstænʃəl] ADJ **a** (= considerable) important ; [business] gros (grosse *f*) ; [house] grand **b** [object, structure] solide **c** [meal] substantiel

substantially [səbˈstænʃəlɪ] ADV **a** (= considerably) considérablement ◆ ~ **bigger/higher** nettement plus grand/plus haut **b** (= to a large extent) [correct, true, the same] en grande partie

substitute [ˈsʌbstɪtjuːt] **1** N (= person) remplaçant(e) *m(f)* (for de) ; (= thing) produit *m* de substitution (for de) **2** VT substituer (A for B A à B)

subtitle [ˈsʌbˌtaɪtl] **1** N sous-titre *m* **2** VT sous-titrer

subtle [ˈsʌtl] ADJ subtil (subtile *f*)

subtlety [ˈsʌtltɪ] N subtilité *f*

subtract [səbˈtrækt] VT soustraire (from de)

subtraction [səbˈtrækʃən] N soustraction *f*

suburb [ˈsʌbɜːb] N banlieue *f* ◆ **in the ~s** en banlieue

suburban [səˈbɜːbən] ADJ **a** [street, community, train] de banlieue **b** [values, accent] banlieusard (pej) ◆ **his ~ lifestyle** sa vie étriquée (pej) de banlieusard

suburbia [səˈbɜːbɪə] N banlieue *f*

subversive [səbˈvɜːsɪv] ADJ subversif

subway [ˈsʌbweɪ] N (= underpass) passage *m* souterrain ; (= railway) métro *m*

succeed [səkˈsiːd] **1** VI **a** (= be successful) réussir ◆ **to ~ in doing sth** réussir à faire qch **b** (= follow) succéder (to à) **2** VT succéder à

success [səkˈses] N succès *m* ◆ **to meet with ~** avoir du succès ◆ **it was a ~** [holiday, meal, evening, attack] c'était réussi ; [play, record] ça a été un succès ▸ **success story** réussite *f*

successful [səkˈsesfʊl] ADJ [attempt, deal] couronné de succès ; [exam candidate] reçu ; [election candidate] victorieux ; [marriage] heureux ◆ **to be ~ in** *or* **at doing sth** réussir à faire qch ◆ **to be ~ in sth** [attempt, mission, exam] réussir qch **b** (= prosperous) [businessman, company] prospère ; [doctor, lawyer, academic] réputé ; [writer, painter, book, film] à succès ; [career] brillant

successfully [səkˈsesfəlɪ] ADV avec succès

succession [səkˈseʃən] N succession *f* ◆ **in ~** successivement

successive [səkˈsesɪv] ADJ successif ◆ **on four ~ days** pendant quatre jours consécutifs

successor [səkˈsesəʳ] N successeur *m* (to, of de)

succinct [səkˈsɪŋkt] ADJ succinct

succulent [ˈsʌkjʊlənt] **1** ADJ succulent **2** N plante *f* grasse

succumb [səˈkʌm] VI succomber (to à)

☞ **such** [sʌtʃ]

1 ADJ **a** (= of that sort) tel, pareil ◆ **~ a book** un tel livre ◆ **~ books** de tels livres ◆ **in ~ cases** en pareil cas ◆ **... or some ~ thing** ... ou une chose de ce genre ◆ **there's no ~ thing!** ça n'existe pas !

♦ **such as** tel que, comme ♦ **a friend ~ as Paul** un ami comme Paul ♦ **until ~ time as ...** jusqu'à ce que ... + subj, en attendant que ... + subj

♦ **such and such** tel et tel ♦ **in ~-and-such a street** dans telle et telle rue

b (= so much) tellement, tant ♦ **he was in ~ pain** il souffrait tellement ♦ **there was ~ a lot of noise that ...** il y avait tellement de bruit que ...

2 ADV **a** (= so very) si ♦ **~ big boxes** de si grandes boîtes ♦ **~ a lovely present** un si joli cadeau ♦ **it was ~ a long time ago!** il y a si longtemps de ça !

b (in comparisons) aussi ♦ **I haven't had ~ good coffee for years** ça fait des années que je n'ai pas bu un aussi bon café

3 PRON ♦ **rabbits and hares and ~ (like)** * les lapins, les lièvres et autres animaux de ce genre

♦ **as such** (= in that capacity) à ce titre ; (= in itself) en soi

suck [sʌk] **1** VT (gen) sucer ; (through straw) [+ drink] aspirer (through avec) ; [baby] [+ breast, bottle] téter ; [pump, machine] aspirer (from de) ♦ **to ~ one's thumb** sucer son pouce **2** VI ♦ **to ~ at** sucer ♦ **to ~ up to sb** * lécher les bottes * de qn

sucker ['sʌkəʳ] N **a** (= adhesive object) ventouse f **b** (* = person) poire * f

suckle ['sʌkl] **1** VT allaiter **2** VI téter

suction ['sʌkʃən] N succion f ▶ **suction pad** ventouse f

Sudan [suːˈdɑːn] N ♦ **(the) ~** Soudan m

sudden ['sʌdn] ADJ (gen) soudain ; [attack] inattendu ; [inspiration] subit ♦ **all of a ~** soudain

suddenly ['sʌdnlɪ] ADV soudain ♦ **to die ~** mourir subitement

suds [sʌdz] NPL (= lather) mousse f de savon ; (= soapy water) eau f savonneuse

sue [suː] **1** VT poursuivre en justice (for sth pour obtenir qch) ♦ **to ~ sb for damages** poursuivre qn en dommages-intérêts **2** VI engager des poursuites ♦ **to ~ for divorce** entamer une procédure de divorce

suede [sweɪd] N daim m

suet ['suːɪt] N graisse f de rognon

suffer ['sʌfəʳ] **1** VT **a** (= undergo) subir ; [+ headaches, hunger] souffrir de **b** (= allow) [+ opposition, sb's rudeness, refusal] tolérer **2** VI souffrir ♦ **to ~ from** [+ rheumatism, heart trouble, the cold, hunger] souffrir de ; [+ deafness] être atteint de ; [+ flu, frostbite, bad memory] avoir

sufferer ['sʌfərəʳ] N (from illness) malade mf ♦ **asthma ~** asthmatique mf

suffering ['sʌfərɪŋ] N souffrance(s) f(pl)

suffice [səˈfaɪs] (frm) VI suffire

sufficient [səˈfɪʃənt] ADJ [number, quantity] suffisant ♦ **~ time/money** suffisamment de temps/ d'argent

sufficiently [səˈfɪʃəntlɪ] ADV suffisamment

suffix ['sʌfɪks] N suffixe m

suffocate ['sʌfəkeɪt] VTI étouffer

suffrage ['sʌfrɪdʒ] N droit m de vote ♦ **universal ~** suffrage m universel

suffragette [ˌsʌfrəˈdʒet] N suffragette f

sugar ['ʃʊɡəʳ] **1** N sucre m ▶ **sugar beet** betterave f à sucre ▶ **sugar bowl** sucrier m ▶ **sugar cane** canne f à sucre ▶ **sugar-free** sans sucre ▶ **sugar lump** morceau m de sucre ▶ **sugar pea** (pois m) mange-tout m inv **2** VT [+ food, drink] sucrer

sugary ['ʃʊɡərɪ] ADJ **a** [food, drink] sucré **b** [person, voice] mielleux

suggest [səˈdʒest] VT **a** (= propose) suggérer ; (= hint) insinuer ♦ **I ~ that we go to the museum** je propose qu'on aille au musée **b** (= imply) suggérer

suggestion [səˈdʒestʃən] N **a** (= proposal) suggestion f ; (= insinuation) insinuation f **b** (= trace) soupçon m, pointe f

suggestive [səˈdʒestɪv] ADJ suggestif

suicidal [ˌsuːɪˈsaɪdl] ADJ suicidaire

suicide ['suːɪsaɪd] N suicide m ♦ **to commit ~** se suicider

suit [suːt] **1** N **a** (for man) costume m ; (for woman) tailleur m ; [of racing driver, astronaut] combinaison f ♦ **~ of armour** armure f complète **b** (in court) procès m **c** (Cards) couleur f **2** VT **a** [arrangements, date, price, climate] convenir à ♦ **~ yourself!** * faites comme vous voulez ! **b** [garment, colour, hairstyle] aller à **3** VI convenir

suitable ['suːtəbl] ADJ approprié ♦ **this dish is not ~ for diabetics** ce plat ne convient pas aux diabétiques ♦ **the film isn't ~ for children** ce n'est pas un film pour les enfants

suitably ['suːtəblɪ] ADV [behave] convenablement ; [equipped] comme il faut ♦ **I'm not ~ dressed for gardening** je ne suis pas habillé comme il faut pour jardiner ♦ **he was ~ impressed** il a été assez impressionné

suitcase ['suːtkeɪs] N valise f

suite [swiːt] N **a** (= furniture) mobilier m ; (= rooms) suite f **b** (= piece of music) suite f

suitor ['suːtəʳ] N soupirant m

sulfur ['sʌlfəʳ] N (US) soufre m

sulk [sʌlk] **1** N ♦ **to be in a ~ bouder 2** VI bouder

sulky ['sʌlkɪ] ADJ boudeur

sullen ['sʌlən] ADJ maussade

sulphur ['sʌlfə^r] N soufre m

sultan ['sʌltən] N sultan m

sultana [sʌl'tɑːnə] N (Brit) raisin m de Smyrne

sultry ['sʌltrɪ] ADJ **a** [day, atmosphere] étouffant ; [weather, air, heat] lourd **b** (= sensual) sensuel

sum [sʌm] N (= total after addition) somme f ; (= calculation) calcul m ▸ **sum total** (= amount) somme f totale ; (= money) montant m (global)
▸ **sum up** **1** VI récapituler **2** VT SEP (= summarize) résumer

summarize ['sʌməraɪz] VT résumer

summary ['sʌmərɪ] **1** N résumé m **2** ADJ sommaire

summer ['sʌmə^r] N été m ◆ **in (the) ~** en été ▸ **summer camp** (US) colonie f de vacances ▸ **summer holidays** grandes vacances fpl ▸ **summer school** université f d'été ▸ **summer time** (Brit: by clock) heure f d'été

summerhouse ['sʌməhaʊs] N pavillon m d'été

summertime ['sʌmətaɪm] N (= season) été m

summery ['sʌmərɪ] ADJ [clothes] d'été

summit ['sʌmɪt] N sommet m

summon ['sʌmən] VT [+ doctor, police] appeler ; (to meeting) convoquer ◆ **to ~ sb to appear** (in court) citer qn à comparaître
▸ **summon up** VT SEP [+ energy, strength] rassembler

summons ['sʌmənz] **1** N (pl **summonses**) assignation f **2** VT [court] citer, assigner (à comparaître)

sumptuous ['sʌmptjʊəs] ADJ somptueux

sun [sʌn] **1** N soleil m ◆ **the ~ is shining** il fait soleil ◆ **in the ~** au soleil ▸ **sun dress** robe f bain de soleil ▸ **sun lamp** lampe f à bronzer ▸ **sun lotion** crème f solaire ▸ **sun-lounger** chaise f longue **2** VT ◆ **to ~ o.s.** [lizard, cat] se chauffer au soleil ; [person] prendre un bain de soleil

sunbathe ['sʌnbeɪð] VI se faire bronzer

sunbeam ['sʌnbiːm] N rayon m de soleil

sunbed ['sʌnbed] N (with sunray lamp) lit m solaire ; (for outdoors) chaise f longue

sunblock ['sʌnblɒk] N écran m solaire total

sunburn ['sʌnbɜːn] N coup m de soleil

sunburned ['sʌnbɜːnd], **sunburnt** ['sʌnbɜːnt] ADJ (= tanned) bronzé ; (painfully) brûlé par le soleil ◆ **to get ~** prendre un coup de soleil

sundae ['sʌndeɪ] N sundae m, coupe f glacée Chantilly

Sunday ['sʌndɪ] N dimanche m ▸ **Sunday school** = catéchisme m ; for other phrases see **Saturday**

sundial ['sʌndaɪəl] N cadran m solaire

sundown ['sʌndaʊn] N (US) coucher m de soleil

sundry ['sʌndrɪ] **1** ADJ divers ◆ **all and ~** tout le monde **2** **sundries** NPL articles mpl divers

sunflower ['sʌnˌflaʊə^r] N tournesol m

sung [sʌŋ] VB (ptp of **sing**)

sunglasses ['sʌnˌglɑːsɪz] NPL lunettes fpl de soleil

sunk [sʌŋk] VB (ptp of **sink**)

sunken ['sʌŋkən] ADJ [ship, treasure] englouti ; [garden, road] en contrebas ; [bath] encastré ; [eyes] enfoncé ; [cheeks] creux

sunlight ['sʌnlaɪt] N (lumière f du) soleil m

sunny ['sʌnɪ] ADJ **a** ensoleillé ◆ **~ intervals** (Brit) éclaircies fpl ◆ **eggs ~ side up** (US) œufs mpl sur le plat (frits sans avoir été retournés) **b** [smile] radieux ; [person] épanoui ; [personality, mood] enjoué

sunrise ['sʌnraɪz] N lever m de soleil

sunroof ['sʌnruːf] N (on car) toit m ouvrant

sunscreen ['sʌnskriːn] N écran m solaire

sunset ['sʌnset] N coucher m de soleil

sunshade ['sʌnʃeɪd] N (for eyes) visière f ; (in car) pare-soleil m inv ; (= parasol) ombrelle f

sunshine ['sʌnʃaɪn] N (lumière f du) soleil m ◆ **in the ~** au soleil

sunspot ['sʌnspɒt] N tache f solaire

sunstroke ['sʌnstrəʊk] N insolation f

suntan ['sʌntæn] N bronzage m ◆ **~ lotion/oil** crème/huile solaire

suntrap ['sʌntræp] N coin m très ensoleillé

super ['suːpə^r] ADJ (*: Brit) super *

superannuation [ˌsuːpəˌrænjʊ'eɪʃən] N (Brit = pension) pension f de retraite

superb [suː'pɜːb] ADJ [view, weather, day] superbe ; [quality, opportunity] exceptionnel

Super Bowl ['suːpəbəʊl] N (US) championnat de football américain

supercilious [ˌsuːpə'sɪlɪəs] ADJ [person, smile] dédaigneux

supercomputer [ˌsuːpəkəm'pjuːtə^r] N superordinateur m

superficial [ˌsuːpə'fɪʃəl] ADJ superficiel

superfluous [sʊ'pɜːflʊəs] ADJ superflu

superglue ['suːpəgluː] N colle f extraforte

superhero ['suːpəˌhɪərəʊ] N super-héros m

superhuman [ˌsuːpə'hjuːmən] ADJ surhumain

superimpose [ˌsuːpərɪmˈpəʊz] VT superposer (on à)

superintendent [ˌsuːpərɪnˈtendənt] N **a** [of department] chef m **b** [of police] ≈ commissaire m

superior [suˈpɪərɪəʳ] **1** ADJ **a** (= better) supérieur **b** (= high-quality) de qualité supérieure **c** (= supercilious) [person] hautain ; [air] supérieur (-eure f) ; [smile] dédaigneux **d** (in hierarchy) supérieur (to à) **2** N supérieur(e) m(f)

superiority [suˌpɪərɪˈɒrɪtɪ] N supériorité f (to, over par rapport à)

superlative [suˈpɜːlətɪv] **1** ADJ **a** (= excellent) exceptionnel **b** [adjective] superlatif **2** N superlatif m

superman [ˈsuːpəmæn] N (pl **-men**) surhomme m ◆ Superman (= fictional character) Superman

supermarket [ˈsuːpəˌmɑːkɪt] N supermarché m

supermodel [ˈsuːpəmɒdl] N top model m

supernatural [ˌsuːpəˈnætʃərəl] ADJ, N surnaturel m

superpower [ˈsuːpəpaʊəʳ] N super-puissance f

supersede [ˌsuːpəˈsiːd] VT [+ belief, object, order] remplacer ; [+ person] supplanter

supersonic [ˌsuːpəˈsɒnɪk] ADJ [aircraft, speed] supersonique ; [flight, travel] en avion supersonique

superstar [ˈsuːpəstɑːʳ] N superstar f

superstition [ˌsuːpəˈstɪʃən] N superstition f

superstitious [ˌsuːpəˈstɪʃəs] ADJ superstitieux

superstore [ˈsuːpəstɔːʳ] N (Brit) hypermarché m

supertanker [ˈsuːpəˌtæŋkəʳ] N supertanker m

supervise [ˈsuːpəvaɪz] VT [+ person, worker] être le supérieur hiérarchique de ; [+ department, research] diriger ; [+ work] superviser ; [+ exam] surveiller

supervisor [ˈsuːpəvaɪzəʳ] N (gen) surveillant(e) m(f) ; (in shop) chef m de rayon ; (of thesis) directeur m, -trice f de thèse

supper [ˈsʌpəʳ] N (= main meal) dîner m ; (= snack) collation f

supple [ˈsʌpl] ADJ souple

supplement **1** N [ˈsʌplɪmənt] supplément m **2** VT [ˈsʌplɪˌment] [+ income] augmenter (by doing sth en faisant qch) ; [+ diet] compléter

supplementary [ˌsʌplɪˈmentərɪ] ADJ supplémentaire

supplier [səˈplaɪəʳ] N fournisseur m

supply [səˈplaɪ] **1** N **a** (= stock) provision f ◆ supplies provisions fpl, réserves fpl ; (= food) vivres mpl **b** (= act of supplying) alimentation f ◆ ~ and demand l'offre f et la demande **2** VT (= provide) fournir (with sth en qch)

supply teacher [səˈplaɪˌtiːtʃəʳ] N (Brit) suppléant(e) m(f)

support [səˈpɔːt] **1** N (= physical help) appui m ; (moral, financial) soutien m ; (= object) support m ◆ he leaned on me for ~ il s'est appuyé sur moi ◆ he spoke in ~ of the motion il a parlé en faveur de la motion ◆ in ~ of his theory à l'appui de sa théorie ▸ support band (= rock group) groupe m en vedette américaine ▸ support group groupe m d'entraide **2** VT **a** (= hold up) [pillar, beam, person] soutenir **b** [+ theory, cause, party, candidate] (passively) être pour ; (actively) soutenir ; [+ sb's application] appuyer ; [+ action] soutenir ; [+ team] être supporter de **c** (financially) subvenir aux besoins de

supporter [səˈpɔːtəʳ] N [of party] sympathisant(e) m(f) ; [of theory, cause] partisan m ; [of team] supporter m

suppose [səˈpəʊz] **1** VT **a** (= imagine) supposer (that que + subj) ; (= assume, postulate) supposer (that que + indic) ◆ supposing si + indic ◆ supposing he can't do it? et s'il ne peut pas le faire ? **b** (= believe) croire ; (= think) penser ◆ I ~ so je suppose que oui ◆ I ~ not je ne crois pas **c** ◆ to be ~d to do sth être censé faire qch ◆ he isn't ~d to know il n'est pas censé le savoir ◆ it's ~d to be a good film c'est soi-disant un bon film **2** VI supposer

supposedly [səˈpəʊzɪdlɪ] ADV soi-disant

suppository [səˈpɒzɪtərɪ] N suppositoire m

suppress [səˈpres] VT [+ crime] mettre fin à ; [+ revolt, one's feelings] réprimer ; [+ facts, truth] étouffer ; [+ evidence] faire disparaître

supreme [suˈpriːm] ADJ suprême

surcharge [ˈsɜːtʃɑːdʒ] N (= extra payment) surcharge f ; (= extra tax) surtaxe f

sure [ʃʊəʳ] **1** ADJ sûr ◆ he is ~ to come il viendra sûrement ◆ I'm ~ he'll help us je suis sûr qu'il nous aidera ◆ I'm not ~ je ne suis pas sûr ◆ I'm not ~ how/why/when je ne sais pas très bien comment/pourquoi/quand ◆ he's ~ of success il est sûr de réussir ◆ to be ~ of o.s. être sûr de soi ◆ for ~ sans aucun doute ◆ do you know for ~? êtes-vous absolument sûr ? ◆ to make ~ that s'assurer que, vérifier que **2** ADV **a** (* = certainly) ◆ he ~ was sick il était vraiment malade ◆ will you do it? – ~! le ferez-vous ? – bien sûr ! * **b** ◆ ~ enough effectivement

surely [ˈʃʊəlɪ] ADV sûrement ◆ he didn't say that! il n'a pas pu dire ça, tout de même ! ◆ ~ not! pas possible ! ◆ ~! (US = with pleasure) bien sûr !

surety [ˈʃʊərətɪ] N caution f

surf [sɜːf] **1** N (= waves) vagues fpl déferlantes ; (= foam) écume f **2** VI (= go surfing) surfer **3** VT [+ waves] surfer sur ◆ **to ~ the Net** surfer sur le net

surface ['sɜːfɪs] **1** N surface f ◆ **on the ~** (= at first sight) à première vue ▸ **surface area** surface f **2** VT [+ road] revêtir (with de) **3** VI [swimmer, diver, whale] remonter à la surface ; [submarine] faire surface ; [news] se faire jour

surfboard ['sɜːfbɔːd] N planche f de surf

surfeit ['sɜːfɪt] N excès m

surfer ['sɜːfəʳ] N surfeur m, -euse f ; (on Internet: *) internaute mf

surfing ['sɜːfɪŋ] N surf m

surge [sɜːdʒ] **1** N [of fear, enthusiasm] vague f **2** VI [crowd] déferler ◆ **they ~d forward** ils se sont lancés en avant

surgeon ['sɜːdʒən] N chirurgien m

surgery ['sɜːdʒərɪ] N **a** (= skill, study, operation) chirurgie f ◆ **to have ~** se faire opérer **b** (Brit = consulting room) cabinet m

surgical ['sɜːdʒɪkəl] ADJ chirurgical ▸ **surgical spirit** (Brit) alcool m à 90 (degrés)

surly ['sɜːlɪ] ADJ revêche

surmise [sɜːˈmaɪz] VT conjecturer

surmount [sɜːˈmaʊnt] VT surmonter

surname ['sɜːneɪm] N nom m de famille

surpass [sɜːˈpɑːs] VT [+ person] surpasser (in en) ; [+ hopes, expectations] dépasser ◆ **to ~ o.s.** se surpasser

surplus ['sɜːpləs] **1** N (pl **surpluses**) surplus m **2** ADJ en surplus

surprise [səˈpraɪz] **1** N surprise f ◆ **to my great ~** à ma grande surprise ◆ **to take by ~** [+ person] prendre au dépourvu ; [+ fort, town] prendre par surprise **2** ADJ [defeat, decision, gift] inattendu ◆ **~ attack/visit** attaque f/visite f surprise **3** VT surprendre ◆ **I wouldn't be ~d if it snowed** cela ne m'étonnerait pas qu'il neige subj

surprised [səˈpraɪzd] ADJ surpris

surprising [səˈpraɪzɪŋ] ADJ surprenant

surprisingly [səˈpraɪzɪŋlɪ] ADV étonnamment ◆ **~ enough, ...** chose étonnante, ...

surreal [səˈrɪəl] ADJ surréaliste (fig)

surrealism [səˈrɪəlɪzəm] N surréalisme m

surrealist [səˈrɪəlɪst] ADJ, N surréaliste mf

surrender [səˈrendəʳ] **1** VI se rendre (to à) **2** VT [+ town] livrer (to à) ; [+ firearms] rendre (to à) ; [+ stolen property, documents] remettre (to à) ; [+ one's rights, claims, powers, liberty] renoncer à **3** N (Mil) reddition f (to à)

surreptitious [ˌsʌrəpˈtɪʃəs] ADJ [entry, removal] discret ; [movement] furtif

surrogate ['sʌrəgɪt] N substitut m ▸ **surrogate mother** mère f porteuse

surround [səˈraʊnd] **1** VT entourer ◆ **~ed by** entouré de ◆ **you're ~ed!** vous êtes cerné ! **2** N bordure f ; [of fireplace] encadrement m

surrounding [səˈraʊndɪŋ] **1** ADJ environnant **2** **surroundings** NPL (= surrounding country) environs mpl ; (= setting) cadre m

surveillance [sɜːˈveɪləns] N surveillance f ◆ **to keep sb under ~** surveiller qn

survey 1 N ['sɜːveɪ] **a** (= overview) vue f d'ensemble (of de) **b** (= investigation) étude f (of de) ; (of public opinion) sondage m **c** [of land, coast] levé m **d** (Brit: in househuying) expertise f **2** VT [səˈveɪ] **a** (= look around at) [+ view, crowd] embrasser du regard ; [+ prospects, trends] passer en revue **b** (= study) faire une étude de **c** [+ site, land] faire le levé de ; (Brit) [+ house, building] expertiser

surveyor [səˈveɪəʳ] N (Brit) [of property, buildings] expert m ; [of land, site] géomètre m

survival [səˈvaɪvəl] N (= act) survie f ; [of custom, beliefs] survivance f ▸ **survival kit** trousse f de survie

survive [səˈvaɪv] **1** VI survivre **2** VT survivre à

survivor [səˈvaɪvəʳ] N survivant(e) m(f)

susceptible [səˈseptəbl] ADJ ◆ **to be ~ to sth** (= sensitive to sth) être sensible à qch ; (to disease) être prédisposé à qch

sushi ['suːʃɪ] N sushi m

suspect 1 N ['sʌspekt] suspect(e) m(f) **2** ADJ ['sʌspekt] suspect **3** VT [səsˈpekt] **a** (gen) soupçonner (that que) ◆ **I ~ed as much** je m'en doutais **b** (= have doubts about) douter de

suspend [səsˈpend] VT **a** (= hang) suspendre (from à) **b** (= stop temporarily) suspendre ; [+ bus service] interrompre provisoirement **c** [+ employee] suspendre (from de) ; [+ pupil, student] exclure temporairement

suspended sentence [səˈspendɪd,sentəns] N (Law) condamnation f avec sursis

suspender [səsˈpendəʳ] **1** N (Brit: for stockings) jarretelle f ▸ **suspender belt** (Brit) porte-jarretelles m inv **2** **suspenders** NPL (US = braces) bretelles fpl

suspense [səsˈpens] N incertitude f ; (in book, film) suspense m

suspension [səsˈpenʃən] N (gen) suspension f ; [of programme, service] interruption f provisoire ; [of student] exclusion f temporaire ▸ **suspension bridge** pont m suspendu

suspicion [səsˈpɪʃən] N soupçon m ◆ **above ~** au-dessus de tout soupçon

suspicious [səsˈpɪʃəs] ADJ **a** (= distrustful) méfiant ◆ to be ~ of sb/sth se méfier de qn/qch ◆ to be ~ about sb/sth avoir des soupçons sur qn/qch **b** (= causing suspicion) suspect ◆ in ~ circumstances dans des circonstances suspectes

sustain [səsˈteɪn] VT **a** (= support) [+ life] maintenir ; [+ effort, theory] soutenir ; [+ pretence] prolonger **b** (= suffer) [+ attack, loss, damage] subir ; [+ injury] recevoir

sustainable [səsˈteɪnəbəl] ADJ [rate, growth] viable ; [energy, forest, development] durable ; [resource] renouvelable

sustenance [ˈsʌstɪnəns] N alimentation f

suture [ˈsuːtʃəʳ] N suture f

swab [swɒb] **1** N (= cotton wool) tampon m ; (= specimen) prélèvement m **2** VT nettoyer

swagger [ˈswægəʳ] VI se pavaner

swallow [ˈswɒləʊ] **1** N (= bird) hirondelle f **2** VI avaler **3** VT avaler ; [+ one's anger, pride] ravaler

swam [swæm] VB (pt of swim)

swamp [swɒmp] **1** N marécage m **2** VT inonder (with de)

swan [swɒn] N cygne m

swap * [swɒp] **1** N échange m **2** VT échanger (A for B A contre B) **3** VI échanger
▶ **swap over**, **swap round** VT SEP, VI changer de place

swarm [swɔːm] **1** N [of bees] essaim m ; [of flying insects] nuée f **2** VI [bees] essaimer ◆ to ~ in/out [people] entrer/sortir en masse ◆ to be ~ing with grouiller de

swastika [ˈswɒstɪkə] N croix f gammée

swat [swɒt] VT écraser

sway [sweɪ] **1** N ◆ to hold ~ [theory] prévaloir ; [person] avoir une grande influence **2** VI [tree, rope, hanging object] se balancer ; [tower block, bridge, train] osciller ; [person] (weak) chanceler ; (dancing) se balancer **3** VT **a** [+ hanging object] balancer **b** (= influence) influencer

swear [swɛəʳ] (pret swore, ptp sworn) **1** VT jurer ◆ she was sworn to secrecy on lui a fait jurer le secret **2** VI **a** (= take an oath) jurer **b** (= curse) jurer (at contre)
▶ **swear in** VT SEP [+ jury, witness, president] faire prêter serment à

swearword [ˈswɛəwɜːd] N juron m

sweat [swet] **1** N sueur f ◆ to be in a cold ~ avoir des sueurs froides ▶ **sweat pants** (US) pantalon m de jogging **2** VI [person, animal] suer (from de)

sweatband [ˈswetbænd] N bandeau m

sweater [ˈswetəʳ] N pull-over m

sweatshirt [ˈswetʃɜːt] N sweat-shirt m

sweatsuit [ˈswetsuːt] N (US) survêtement m

sweaty [ˈsweti] ADJ [person, body] en sueur ; [hair, clothes] collant de sueur ; [hand, skin] moite (de sueur)

Swede [swiːd] N Suédois(e) m(f)

swede [swiːd] N rutabaga m

Sweden [ˈswiːdən] N Suède f

Swedish [ˈswiːdɪʃ] **1** ADJ suédois **2** N (= language) suédois m

sweep [swiːp] (vb : pret, ptp swept) **1** N **a** (with broom) ◆ to give a room a ~ donner un coup de balai dans une pièce **b** (= chimney sweep) ramoneur m **c** (= movement) ◆ with one ~ d'un seul coup ◆ with a ~ of his arm d'un geste large **d** (= curve) [of coastline, hills, road, river] grande courbe f **2** VT (gen) balayer ; [+ chimney] ramoner ◆ to ~ sth under the carpet (fig) enterrer qch ◆ a wave of panic swept the city un vent de panique a soufflé sur la ville ◆ the wave swept him overboard la vague l'a jeté par-dessus bord ◆ he swept her off her feet (= she fell for him) elle a eu le coup de foudre pour lui **3** VI **a** (= pass swiftly) ◆ to ~ in/out entrer/sortir rapidement ◆ the rain swept across the plain la pluie a balayé la plaine **b** (= move impressively) ◆ to ~ in/out [person, procession] entrer/sortir majestueusement
▶ **sweep aside** VT SEP [+ object, person, objection] repousser ; [+ difficulty, obstacle] écarter
▶ **sweep away** VT SEP [flood, current, gale] entraîner ; [+ dust, snow, rubbish] balayer
▶ **sweep out** VT SEP [+ room, rubbish] balayer
▶ **sweep up** VTI balayer

sweeping [ˈswiːpɪŋ] ADJ **a** [gesture, movement] ample ; [curve] large ; [staircase] qui descend majestueusement **b** [change] radical ; [cuts, powers] considérable ; [victory] écrasant ; [statement, generalization] à l'emporte-pièce

sweepstake [ˈswiːpsteɪk] N sweepstake m

sweet [swiːt] **1** ADJ **a** [taste, food, drink] sucré ; [smell, cider, wine] doux (douce f) ◆ to like ~ things aimer les sucreries fpl **b** [face, smile] doux (douce f) ; [person] gentil (gentille f) **c** [child, dog, house, hat] mignon **d** [sound, voice, music] mélodieux ◆ ~ dreams! fais de beaux rêves ! ◆ to whisper ~ nothings in sb's ear conter fleurette à qn **e** [air, breath] frais (fraîche f) ; [water] pur **f** (* = attracted) ◆ to be ~ on sb avoir le béguin * pour qn **2** N (= candy) bonbon m ; (Brit = dessert) dessert m **3** COMP ▶ **sweet-and-sour** [sauce] aigre-doux (aigredouce f) ; [pork, chicken] à l'aigre-douce ▶ **sweet pea** pois m de senteur ▶ **sweet potato** patate f douce ▶ **sweet tooth** ◆ to have a ~ tooth aimer les sucreries

sweetbread ['swi:tbred] N ris m de veau (or d'agneau)

sweetcorn ['swi:tkɔːn] N maïs m

sweeten ['swi:tn] VT **a** [+ coffee, sauce] sucrer **b** [+ person, sb's temper, task] adoucir

sweetener ['swi:tnə^r] N (for coffee, food) édulcorant m

sweetheart ['swi:thɑːt] N petit(e) ami(e) m(f) ◆ yes ~ oui chéri(e)

sweetly ['swi:tlɪ] ADV [smile, say, answer] gentiment ; [sing, play] mélodieusement

sweetness ['swi:tnɪs] N (to taste) goût m sucré ; (in smell) odeur f suave ; [of person, character] douceur f

sweetshop ['swi:tʃɒp] N (Brit) confiserie f (souvent avec papeterie, journaux et tabac)

swell [swel] (vb : pret **swelled**, ptp **swollen** or **swelled**) **1** VI **a** (also **swell up**) [ankle, arm, eye, face] enfler **b** (= increase) augmenter ; [music] monter **2** VT [+ sail] gonfler ; [+ sound] enfler ; [+ river, lake] grossir ; [+ number] grossir, augmenter **3** N [of sea] houle f **4** ADJ (US = wonderful) * super * inv

swelling ['swelɪŋ] N (= lump) bosse f ◆ the ~ has gone down ça a désenflé

swelter ['sweltə^r] VI étouffer de chaleur

sweltering ['sweltərɪŋ] ADJ étouffant

swept [swept] VB (pt, ptp of **sweep**)

swerve [swɜːv] VI [vehicle] faire une embardée ; [driver] donner un coup de volant

swift [swɪft] **1** ADJ rapide **2** N (= bird) martinet m

swig * [swɪg] N lampée f

swill [swɪl] **1** N (for pigs) pâtée f **2** VT **a** (also **swill out**) [+ glass] rincer **b** (also **swill around**) [+ liquid] remuer

swim [swɪm] (vb : pret **swam**, ptp **swum**) **1** N ◆ to go for a ~ aller se baigner ; (in swimming baths) aller à la piscine **2** VI nager ◆ to go ~ming aller se baigner ; (in swimming baths) aller à la piscine ◆ his head was ~ming la tête lui tournait **3** VT [+ lake, river] traverser à la nage

swimmer ['swɪmə^r] N nageur m, -euse f

swimming ['swɪmɪŋ] N nage f ; (Sport) natation f ▸ **swimming cap** bonnet m de bain ▸ **swimming costume** (Brit) maillot m de bain une pièce ▸ **swimming pool** piscine f ▸ **swimming trunks** maillot m de bain

swimsuit ['swɪmsuːt] N maillot m de bain

swindle ['swɪndl] **1** N escroquerie f **2** VT escroquer

swindler ['swɪndlə^r] N escroc m

swine ‡ [swaɪn] N (= person) salaud ‡ m

swing [swɪŋ] (vb : pret, ptp **swung**) **1** N **a** (= movement) balancement m ; [of pendulum] oscillations fpl ; (Boxing, Golf) swing m ▸ **swing door** porte f battante **b** (in public opinion) revirement m **c** (= seat for swinging) balançoire f ◆ (it's) ~s and roundabouts * ce qu'on gagne d'un côté on le perd de l'autre **d** (also **swing music**) swing m **e** ◆ to go with a ~ [evening, party] marcher du tonnerre * ◆ to be in full ~ [party, campaign] battre son plein ◆ to get into the ~ of things se mettre dans le bain **2** VI **a** (= move to and fro) se balancer ; [pendulum] osciller ◆ his arms were ~ing by his sides il avait les bras ballants ◆ the door swung open/shut la porte s'est ouverte/s'est refermée **b** ◆ to ~ into action passer à l'action ◆ music that ~s musique f qui swingue **c** (= change direction) virer ◆ to ~ round [person] faire demi-tour **d** ◆ to ~ at a ball frapper une balle avec un swing ◆ to ~ at sb décocher un coup de poing à qn **3** VT **a** [+ one's arms, legs] balancer ; [+ object on rope] balancer ; (= brandish) brandir **b** (= turn) ◆ he swung the car round the corner il a viré au coin **c** ◆ to ~ the vote (in sb's favour) (= influence) faire pencher la balance (en faveur de qn)

swinging * ['swɪŋɪŋ] ADJ (= lively) animé ▸ the Swinging Sixties les folles années fpl soixante

swipe [swaɪp] **1** VT (* = steal) piquer * (sth from sb qch à qn) **2** VI ◆ to ~ at [+ ball] frapper très fort ; [+ person] donner une grande gifle à ▸ **swipe card** carte f magnétique

swirl [swɜːl] **1** N tourbillon m **2** VI tourbillonner

swish [swɪʃ] **1** VT [+ whip, cane] faire siffler ◆ it was ~ing its tail il battait l'air de sa queue **2** VI [cane, whip] cingler l'air ; [skirts] bruire **3** ADJ (Brit = grand) [hotel, house] * chic inv

Swiss [swɪs] **1** N (pl inv) Suisse mf ◆ the ~ les Suisses mpl **2** ADJ suisse

switch [swɪtʃ] **1** N **a** (electrical) interrupteur m **b** (= change) changement m ; (radical) revirement m, retournement m ; [of funds] transfert m (from de ; to en faveur de) **c** (= whip) fouet m **2** VT **a** (= transfer) [+ one's support, attention] reporter (from de ; to sur) **b** (= exchange) échanger ; (also **switch round**) [+ two objects, letters in word] intervertir ; [+ books, objects] changer de place **c** ◆ to ~ the TV to another programme changer de chaîne
▸ **switch off** **1** VI (= lose interest) décrocher * **2** VT SEP (= turn off) éteindre ; [+ alarm, engine] arrêter
▸ **switch on** VT SEP (= turn on) allumer ; [+ engine, machine] mettre en marche
▸ **switch over** VI (TV) changer de chaîne

switchboard ['swɪtʃbɔːd] N standard m ▸ **switchboard operator** standardiste mf

Switzerland ['switsələnd] N Suisse f

swivel ['swivl] **1** VT (also **swivel round**) faire pivoter **2** VI pivoter, tourner ▶ **swivel chair** fauteuil m pivotant

swollen ['swəʊlən] **1** VB (ptp of **swell**) **2** ADJ [limb, foot, finger, face, jaw] enflé ; [eye, breasts, organ] gonflé ; [stomach] ballonné ; [river] en crue

swoon [swu:n] VI (= faint) se pâmer ; (with admiration) se pâmer d'admiration (over sb/sth devant qn/qch)

swoop [swu:p] **1** N (= attack) attaque f en piqué, descente f (on dans) ◆ at or in one fell ~ d'un seul coup **2** VI [bird] piquer ; [aircraft] descendre en piqué ; [police] faire une descente

swop [swɒp] ⇒ **swap**

sword [sɔːd] N épée f

swordfish ['sɔːdfɪʃ] N (pl inv) espadon m

swore [swɔːʳ] VB (pt of **swear**)

sworn [swɔːn] **1** VB (ptp of **swear**) **2** ADJ [evidence, statement] donné sous serment ; [enemy] juré

swot * [swɒt] (Brit) **1** N (= studious person) bûcheur * m, -euse * f **2** VI (= study) bûcher * ▶ **swot up** * VI, VT SEP ◆ to ~ up (on) sth potasser * qch

swum [swʌm] VB (ptp of **swim**)

swung [swʌŋ] VB (pt, ptp of **swing**)

sycamore ['sɪkəmɔː'] N sycomore m

syllable ['sɪləbl] N syllabe f

syllabus ['sɪləbəs] N programme m

symbol ['sɪmbəl] N symbole m

symbolic [sɪm'bɒlɪk] ADJ symbolique

symbolism ['sɪmbəlɪzəm] N symbolisme m

symbolize ['sɪmbəlaɪz] VT symboliser

symmetrical [sɪ'metrɪkəl] ADJ symétrique

symmetry ['sɪmɪtrɪ] N symétrie f

sympathetic [sɪmpə'θetɪk] ADJ **a** (= showing concern) [person, smile] compatissant **b** (= favourable) favorable **c** (= likeable) [character] sympathique

sympathize ['sɪmpəθaɪz] VI compatir ◆ I ~ with you in your grief je compatis à votre douleur ◆ I ~ with you je comprends votre point de vue

sympathizer ['sɪmpəθaɪzəʳ] N sympathisant(e) m(f) (with de)

sympathy ['sɪmpəθɪ] N **a** (= pity) compassion f (for pour) **b** (= fellow feeling) solidarité f (for avec)

symphony ['sɪmfənɪ] N symphonie f

symposium [sɪm'pəʊzɪəm] N symposium m

symptom ['sɪmptəm] N symptôme m

synagogue ['sɪnəgɒg] N synagogue f

synchronize ['sɪŋkrənaɪz] VT synchroniser

syndicate ['sɪndɪkɪt] N syndicat m, coopérative f ; [of criminals] gang m, association f de malfaiteurs

syndrome ['sɪndrəʊm] N syndrome m

synonym ['sɪnənɪm] N synonyme m

synopsis [sɪ'nɒpsɪs] N (pl **synopses** [sɪ'nɒpsi:z]) synopsis f

syntax ['sɪntæks] N syntaxe f

synthesis ['sɪnθəsɪs] N (pl **syntheses** ['sɪnθəsi:z]) synthèse f

synthesizer ['sɪnθəsaɪzəʳ] N synthétiseur m

synthetic [sɪn'θetɪk] ADJ synthétique

syphon ['saɪfən] N ⇒ **siphon**

Syria ['sɪrɪə] N Syrie f

syringe [sɪ'rɪndʒ] N seringue f

syrup ['sɪrəp] N sirop m ; (also **golden syrup**) mélasse f raffinée

system ['sɪstəm] N **a** (gen) système m ◆ **the railway ~** le réseau de chemin de fer ▶ **system disk** (Computing) disque m système ▶ **systems analyst** analyste mf en système **b** (= the body) organisme m

systematic [sɪstə'mætɪk] ADJ systématique ; [person] méthodique

ANGLAIS/
FRANÇAIS

T, t [tiː] ▶ **T-bone steak** T-bone *m* ▶ **T-junction** intersection *f* en T ▶ **T-shirt** tee-shirt *m*

tab [tæb] N **a** (= part of garment) patte *f* ; (= loop on garment) attache *f* ; (= label) étiquette *f* ; (US) (= bill) * addition *f* ◆ **to keep ~s on** * [+ person] avoir à l'œil * **b** (on computer) ◆ **~ key** touche *f* de tabulation

tabby ['tæbɪ] N chat(te) *m(f)* tigré(e)

table ['teɪbl] **1** N **a** (= table) table *f* ◆ **to lay/clear the ~** mettre/débarrasser la table ▶ **table football** baby-foot *m* ▶ **table tennis** ping-pong *m* **b** [of facts, statistics] tableau *m* ; [of prices, fares, names] liste *f* ◆ **~ of contents** table *f* des matières **2** VT **a** (Brit = present) [+ motion] déposer **b** (US = postpone) [+ motion] ajourner

tablecloth ['teɪblklɒθ] N nappe *f*

tablemat ['teɪblmæt] N napperon *m* ; (heat-resistant) dessous-de-plat *m inv*

tablespoon ['teɪblspuːn] N cuillère *f* de service ; (= tablespoonful) cuillerée *f* à soupe

tablet ['tæblɪt] N **a** (= medicine) comprimé *m* **b** (of wax, slate) tablette *f*

tabloid ['tæblɔɪd] N tabloïd *m*

taboo [tə'buː] ADJ, N tabou *m*

tabulate ['tæbjʊleɪt] VT présenter sous forme de tableau

tacit ['tæsɪt] ADJ tacite

taciturn ['tæsɪtɜːn] ADJ taciturne

tack [tæk] **1** N **a** (= nail) clou *m* ; (US = drawing pin) punaise *f* **b** ◆ **to change ~** changer de cap **c** (for horse) sellerie *f (articles)* **2** VT **a** (= nail) clouer **b** (Sewing) faufiler **3** VI [boat, crew] tirer un bord
▶ **tack on** VT SEP (= add) ajouter (après coup)

tackle ['tækl] **1** N **a** (= ropes, pulleys) appareil *m* de levage ; (= gear, equipment) équipement *m* ◆ **fishing ~** matériel *m* de pêche **b** (Sport) tacle *m* **2** VT **a** [+ opposing player] tacler ;

[+ thief, intruder] saisir à bras-le-corps **b** [+ task, problem] s'attaquer à ; [+ question] aborder

tacky ['tækɪ] ADJ **a** (* = tasteless) vulgaire **b** [paint, varnish] pas tout à fait sec ; [surface] collant

tact [tækt] N tact *m*

tactful ['tæktfʊl] ADJ [person, remark] plein de tact ; [hint, inquiry] discret (-ète *f*)

tactic ['tæktɪk] N tactique *f* ◆ **~s** la tactique

tactical ['tæktɪkəl] ADJ tactique

tactless ['tæktlɪs] ADJ [person] peu délicat ; [inquiry, reference] indiscret (-ète *f*)

tadpole ['tædpəʊl] N têtard *m*

taffeta ['tæfɪtə] N taffetas *m*

tag [tæg] N **a** (= label) étiquette *f* **b** (= quotation) citation *f* **c** (= game) ◆ **to play ~** jouer à chat
▶ **tag along** VI suivre

tail [teɪl] **1** N (gen) queue *f* ; [of shirt] pan *m* ▶ **tail coat** queue *f* de pie ▶ **tail end** [of season, conversation] fin *f* ; [of procession] queue *f* ▶ **tail light** feu *m* arrière *inv* **2** **tails** NPL * **a** (= jacket) queue *f* de pie **b** (side of coin) pile *f* **3** VT * [+ suspect] filer
▶ **tail off** VI [attendance, interest, numbers] diminuer

tailback ['teɪlbæk] N (Brit) bouchon *m*

tailgate ['teɪlɡeɪt] N hayon *m* (arrière)

tailor ['teɪlə^r] **1** N tailleur *m* ▶ **tailor-made** ADJ [garment] fait sur mesure ◆ **the job was ~-made for him** le poste était taillé sur mesure pour lui **2** VT [+ garment] façonner ; [+ speech, product, service] adapter (to, to suit à)

tailpipe ['teɪlpaɪp] N (US) tuyau *m* d'échappement

tailwind ['teɪlwɪnd] N vent *m* arrière *inv*

taint [teɪnt] VT [+ food] gâter ; [+ water, air, atmosphere] polluer ; [+ sb's reputation] ternir

tainted ['teɪntɪd] ADJ [evidence] entaché de suspicion ; [reputation] terni

Taiwan ['taɪˈwɑːn] N Taïwan

take [teɪk]

vb : pret **took** ptp **taken**
1 N **a** (for film) prise *f* de vue(s) ; (= recording) enregistrement *m*
b (US = takings) recette *f*
c (* = share) part *f*
d (* = view) point *m* de vue
2 VT **a** (gen) prendre ◆ **he took her in his arms** il l'a prise dans ses bras ◆ **do you ~ sugar?** vous prenez du sucre ? ◆ **I'll ~ a taxi** je prendrai un taxi ◆ **to ~ it upon o.s. to do sth**

prendre sur soi de faire qch ◆ to ~ sth from one's pocket prendre qch dans sa poche ◆ is this seat taken? cette place est-elle prise ? ◆ to ~ a seat s'asseoir

b (= subtract) soustraire (from de)

c (= capture) attraper ; [+ prize, degree] obtenir

d (= negotiate) [+ bend] prendre ; [+ fence] sauter

e (= sit) [+ exam, test] passer

f (= study) [+ subject] faire

g (= teach) [+ class, students] faire cours à

h (= tolerate) [+ behaviour, remark] accepter ◆ I can't ~ it any more je n'en peux plus

i (= accept) [+ gift, payment, bribe, bet] accepter ; [+ news] supporter ◆ ~ it from me! croyez-moi (sur parole) ! ◆ ~ it or leave it c'est à prendre ou à laisser ◆ she took his death very badly elle a été très affectée par sa mort

j (= assume) supposer ◆ I ~ it that ... je suppose que ...

k (= require) prendre ◆ it ~s time cela prend du temps ◆ it took me two hours to do it j'ai mis deux heures (pour le faire) ◆ that ~s a lot of courage cela demande beaucoup de courage ◆ he's got what it ~s! * il est à la hauteur

l (= carry) porter ◆ he took her some flowers il lui a apporté des fleurs ◆ ~ his suitcase upstairs montez sa valise ◆ he took her to the cinema il l'a emmenée au cinéma ◆ to ~ sb to hospital conduire qn à l'hôpital ◆ he took me home in his car il m'a ramené dans sa voiture

3 VI [vaccination, plant cutting] prendre

▶ **take after** VT INSEP [+ person] tenir de

▶ **take apart** VT SEP [+ machine, engine, toy] démonter

▶ **take away** VT SEP **a** (= carry away) emporter ; (= lead away) emmener **b** (= remove) [+ object] retirer (from sb à qn ; from sth de qch) ; [+ sb's child] enlever (from sb à qn) **c** (= subtract) soustraire

▶ **take back** VT SEP **a** (= accept back) [+ person] reprendre **b** [+ book, goods] rapporter ; [+ person] raccompagner **c** (= recall) ◆ it ~s me back to my childhood cela me rappelle mon enfance

▶ **take down** VT SEP **a** [+ object from shelf] descendre ; [+ picture] décrocher ; [+ poster] enlever **b** (= dismantle) démonter **c** [+ notes, letter, details] prendre

▶ **take in** VT SEP **a** (into building) [+ person] faire entrer **b** [+ homeless person, stray dog] recueillir **c** [+ skirt, waistband] reprendre **d** (= include) comprendre ◆ to ~ in a movie aller au cinéma **e** (= understand) comprendre ◆ he hadn't fully taken in that she was dead il n'avait pas vraiment réalisé qu'elle était morte **f** (* = deceive) avoir * ◆ I was ~n in by his disguise je me suis laissé prendre à son déguisement

▶ **take off** **1** VI [person] partir ; [aircraft, career, scheme] décoller **2** VT SEP **a** (= remove) [+ garment, lid] enlever ◆ he took £5 off it a fait une remise de 5 livres **b** (= lead away) emmener **c** (* = imitate) imiter

▶ **take on** VT SEP **a** [+ work, responsibility] se charger de ; [challenger in game, fight] accepter d'affronter **b** [+ employee] embaucher ; [+ passenger] embarquer ; [+ form, qualities] prendre **c** (= contend with) s'attaquer à

▶ **take out** VT SEP **a** (= lead or carry outside) sortir ◆ he took her out to lunch il l'a emmenée déjeuner **b** (from pocket, drawer) prendre (from, of dans) ; (= remove) retirer ; [+ tooth] arracher ; [+ appendix, tonsils] enlever ◆ that sort of work certainly ~s it out of you * c'est vraiment un travail épuisant ◆ don't ~ it out on me! * ne t'en prends pas à moi ! **c** [+ insurance policy] souscrire à

▶ **take over** **1** VI [dictator, army, political party] prendre le pouvoir ◆ to ~ over from sb prendre la relève de qn **2** VT SEP **a** (= assume responsibility for) [+ business, shop] reprendre **b** (= get control of) [+ company] prendre le contrôle de

▶ **take to** VT INSEP **a** (= conceive liking for) [+ person] se prendre de sympathie pour ; [+ game, action, study] prendre goût à ◆ I didn't ~ to him il ne m'a pas beaucoup plu **b** (= start) ◆ to ~ to doing se mettre à faire

▶ **take up** VT SEP **a** [+ carpet] enlever ; [+ hem] raccourcir ; (after interruption) [+ one's work, book] reprendre ; [+ conversation, discussion, story] reprendre (le fil de) **b** (= occupy) [+ space, time] prendre ; [+ attention] occuper **c** (= start) [+ hobby, subject, sport] se mettre à ; [+ career] embrasser ; [+ challenge] relever ◆ I'd like to ~ you up on your offer je voudrais accepter votre offre

takeaway ['teɪkəweɪ] N (Brit) (= food shop) magasin m de plats à emporter ; (= meal) repas m à emporter

taken ['teɪkən] **1** VB (ptp of take) **2** ADJ **a** [seat, place] occupé **b** ◆ to be very ~ with sb/sth être très impressionné par qn/qch

takeoff ['teɪkɒf] N [of plane] décollage m ; [of economy] démarrage m ; (= imitation) imitation f

takeout ['teɪkaʊt] N (US) (= food shop) magasin m de plats à emporter ; (= meal) repas m à emporter

takeover ['teɪkəʊvəʳ] N [of company] rachat m ▶ **takeover bid** offre f publique d'achat, OPA f

taking ['teɪkɪŋ] **1** N ◆ it is yours for the ~ tu n'as qu'à le prendre **2** **takings** NPL (Brit = earnings) recette f

talc [tælk], **talcum (powder)** ['tælkəm(ˌpaʊdəʳ)] N talc m

tale [teɪl] N histoire *f*

talent ['tælənt] N (= gift) don *m* ; (= ability) talent *m* ▶ **talent scout** découvreur *m*, -euse *f* de talents ▶ **talent show** concours *m* d'amateurs

talented ['tæləntɪd] ADJ talentueux

talisman ['tælɪzmən] N (pl **~s**) talisman *m*

talk [tɔːk] **1** N **a** (gen) conversation *f*, discussion *f* ; (more formal) entretien *m* ▶ **talk show** talk-show *m* **b** (= informal lecture) exposé *m* **c** (= rumours) ◆ **there is ~ of his returning** il est question qu'il revienne ◆ **it's just ~** ce ne sont que des on-dit ◆ **it was all ~** tout ça c'était du vent * **2** **talks** NPL (= negotiations) discussions *fpl* ◆ **peace ~s** pourparlers *mpl* de paix **3** VI (= speak) parler (about, of de) ; (= chatter) bavarder ◆ **who were you ~ing to?** à qui parlais-tu ? ◆ **to ~ to o.s.** se parler tout seul ◆ **he doesn't know what he's ~ing about** il ne sait pas ce qu'il dit ◆ **~ing of films ...** à propos de films ... **4** VT **a** [+ a language] parler ◆ **to ~ business/politics** parler affaires/politique ◆ **to ~ nonsense** dire n'importe quoi **b** ◆ **to ~ sb into doing sth** persuader qn de faire qch ◆ **to ~ sb out of doing sth** dissuader qn de faire qch ▶ **talk over** VT SEP [+ question, problem] discuter de

talkative ['tɔːkətɪv] ADJ bavard

tall [tɔːl] **1** ADJ [building, tree, window] haut ; [person] grand ◆ **how ~ are you?** combien mesurez-vous ? ◆ **he is six feet ~** il mesure 1 mètre 80 ◆ **that's a ~ order!** * (= difficult) c'est beaucoup demander ! ▶ **tall story, tall tale** histoire *f* à dormir debout **2** ADV ◆ **to stand/walk ~** garder/marcher la tête haute

tally ['tælɪ] **1** N (= count) compte *m* ◆ **to keep a ~ of** tenir le compte de **2** VI concorder

talon ['tælən] N serre *f*

tambourine [,tæmbə'riːn] N tambourin *m*

tame [teɪm] **1** ADJ **a** [animal, bird] apprivoisé **b** (= unexciting) insipide **2** VT [+ bird, wild animal] apprivoiser ; [+ lion] dompter

tamper ['tæmpəʳ] VI ◆ **to ~ with** [+ machinery, car] toucher à *(sans permission)* ; [+ lock] essayer de crocheter ; [+ document, text, evidence] falsifier

tampon ['tæmpɒn] N tampon *m*

tan [tæn] **1** N bronzage *m* **2** ADJ brun clair **3** VT [+ leather] tanner **4** VI bronzer ◆ **I ~ easily** je bronze facilement

tandem ['tændəm] N tandem *m*

tandoori [tæn'dʊərɪ] ADJ, N tandoori *m inv*

tang [tæŋ] N (= taste) goût *m* fort ; (= smell) odeur *f* forte

tangent ['tændʒənt] N tangente *f* ◆ **to go off at a ~** partir dans une digression

tangerine [,tændʒə'riːn] N mandarine *f*

tangible ['tændʒəbl] ADJ tangible

tangle ['tæŋgl] **1** N [of string, creepers, weeds] enchevêtrement *m* ; (= muddle) confusion *f* ◆ **to get into a ~** [string, rope] s'entortiller ; [person, accounts] s'embrouiller **2** VT (also **tangle up**) emmêler ◆ **~d** [string] entortillé ; [hair] emmêlé

tango ['tæŋgəʊ] N tango *m*

tank [tæŋk] N **a** (= container) réservoir *m* ; (for fermenting, processing) cuve *f* ; (for fish) aquarium *m* **b** (= vehicle) char *m* (d'assaut)

tankard ['tæŋkəd] N chope *f*

tanker ['tæŋkəʳ] N (= truck) camion-citerne *m* ; (= ship) pétrolier *m*

tanned [tænd] ADJ bronzé ; (= weatherbeaten) hâlé ◆ **to get ~** bronzer

tannin ['tænɪn] N tanin *m*

Tannoy ® ['tænɔɪ] N (Brit) système *m* de haut-parleurs ◆ **over the ~** par haut-parleur

tantalizing ['tæntəlaɪzɪŋ] ADJ [glimpse] attrayant ; [possibility] séduisant ; [offer, smell] alléchant

tantamount ['tæntəmaʊnt] ADJ ◆ **it's ~ to justifying terrorism** ça revient à justifier le terrorisme ◆ **it's ~ to heresy** c'est pratiquement de l'hérésie

tantrum ['tæntrəm] N crise *f* de colère ◆ **to have *or* throw a ~** piquer une colère

tap [tæp] **1** N **a** (Brit: for water) robinet *m* ◆ **the hot/cold ~** le robinet d'eau chaude/froide ◆ **beer on ~** bière *f* (à la) pression ▶ **tap water** eau *f* du robinet **b** (= knock) petit coup *m* **c** (= dance) claquettes *fpl* ▶ **tap-dancer** danseur *m*, -euse *f* de claquettes ▶ **tap-dancing** claquettes *fpl* **2** VT **a** [+ telephone] mettre sur écoute **b** [+ resources, supplies] exploiter **c** (= knock) taper (doucement) ; (repeatedly) tapoter ◆ **to ~ one's foot** taper du pied **3** VI taper (doucement) ; (repeatedly) tapoter

tape [teɪp] **1** N **a** (magnetic) (= actual tape) bande *f* magnétique ; (= audio cassette) cassette *f* (audio *inv*) ; (= video cassette) cassette *f* vidéo *inv* ▶ **tape deck** platine *f* cassette ▶ **tape measure** mètre *m* à ruban ▶ **tape recorder** magnétophone *m* **b** (also **sticky tape**) ruban *m* adhésif **2** VT **a** (with sticky tape) scotcher **b** (= record) enregistrer

taper ['teɪpəʳ] VI [column, trouser leg] finir en fuseau ; [hair] être effilé ; [structure, outline] se terminer en pointe ▶ **taper off** VI (= diminish) diminuer

tapestry ['tæpɪstrɪ] N tapisserie *f*

tapeworm ['teɪpwɜːm] N ténia *m*

tapioca [,tæpɪ'əʊkə] N tapioca *m*

tar [tɑːʳ] N goudron *m*

tarantula [tə'ræntjʊlə] N tarentule *f*

target ['tɑːgɪt] **1** N (gen) cible *f*; (= objective) objectif *m* ◆ **to be on ~** [missile] suivre la trajectoire prévue ; [sales] correspondre aux objectifs ; [forecast] tomber juste ; (in timing) être dans les temps **2** VT **a** [+ enemy troops] prendre pour cible **b** [+ missile, weapon] pointer **c** [+ market, audience] cibler ; [+ aid, benefits] affecter **3** ADJ [date, amount] prévu

tariff ['tærɪf] N tarif *m*

Tarmac ® ['tɑːmæk] N **a** (Brit = substance) goudron *m* **b** ◆ **the tarmac** (= airport runway) la piste

tarnish ['tɑːnɪʃ] **1** VT ternir **2** VI [metal] se ternir

tarot ['tærəʊ] N ◆ **the ~** le(s) tarot(s) *m(pl)*

tarpaulin [tɑː'pɔːlɪn] N **a** (= fabric) toile *f* goudronnée **b** (= sheet) bâche *f* (goudronnée)

tarragon ['tærəgən] N estragon *m*

tart [tɑːt] **1** ADJ **a** [flavour] acidulé **b** [person, remark] acerbe **2** N **a** (= pastry) tarte *f*; (small) tartelette *f* **b** (‡ = prostitute) pute ‡ *f*
▶ **tart up** ‡ VT SEP (Brit pej) [+ house] retaper
◆ **to ~ o.s. up, to get ~ed up** se pomponner

tartan ['tɑːtən] **1** N tartan *m* **2** ADJ [garment, fabric] écossais

task [tɑːsk] N tâche *f* ▶ **task force** corps *m* expéditionnaire

tassel ['tæsəl] N gland *m*; (= pompon) pompon *m*

taste [teɪst] **1** N goût *m* ◆ **to have (good) ~** avoir du goût ◆ **in good/bad ~** de bon/ mauvais goût ◆ **would you like a ~ (of it)?** voulez-vous (y) goûter ? ◆ **to give sb a ~ of his own medicine** rendre à qn la monnaie de sa pièce ◆ **to have a ~ for ...** avoir un penchant pour ... ◆ **sweeten to ~** sucrer à volonté ◆ **it's a matter of ~** c'est affaire de goût ◆ **there's no accounting for ~** des goûts et des couleurs on ne discute pas ◆ **for my ~** à mon goût ▶ **taste bud** papille *f* gustative **2** VT **a** (= perceive flavour of) sentir (le goût de) **b** (= sample) [+ food, drink, power, freedom] goûter à ; (to test) [+ food] goûter ; [+ wine] (at table) goûter ; (at wine-tasting) déguster **3** VI ◆ **to ~ bitter** avoir un goût amer ◆ **to ~ of sth** avoir un goût de qch

tasteful ['teɪstfʊl] ADJ de bon goût

tasteless ['teɪstlɪs] ADJ (= in bad taste) de mauvais goût ; (= bland) fade

tasty ['teɪstɪ] ADJ [food] savoureux

tatters ['tætəz] NPL lambeaux *mpl* ◆ **in ~** en lambeaux ◆ **his confidence was in ~** il avait perdu toute confiance en lui ◆ **his reputation was in ~** sa réputation était ruinée

tattoo [tə'tuː] **1** N **a** (on skin) tatouage *m* **b** (Brit Mil) parade *f* militaire **2** VT tatouer

tatty ‡ ['tætɪ] ADJ (Brit) [clothes] miteux (-euse *f*) ; [house, furniture, magazine] en mauvais état

taught [tɔːt] VB (pt, ptp of **teach**)

taunt [tɔːnt] VT railler

Taurus ['tɔːrəs] N Taureau *m*

taut [tɔːt] ADJ **a** (= tightly stretched) tendu **b** (= firm) ferme

tawdry ['tɔːdrɪ] ADJ **a** (= tacky) bon marché **b** (= sordid) sordide

tawny ['tɔːnɪ] ADJ (de couleur) fauve *inv* ▶ **tawny owl** hulotte *f*

tax [tæks] **1** N (on goods, services) taxe *f*, impôt *m* ; (on income) impôts *mpl* ▶ **tax collector** percepteur *m* ▶ **tax disc** (Brit) vignette *f* (automobile) ▶ **tax evasion** fraude *f* fiscale ▶ **tax-free** exonéré d'impôts ▶ **tax haven** paradis *m* fiscal ▶ **tax inspector** inspecteur *m*, -trice *f* des impôts ▶ **tax return** (feuille *f* de) déclaration *f* de revenus ▶ **tax year** année *f* fiscale **2** VT [+ goods] taxer ; [+ income, person] imposer ; [+ patience] mettre à l'épreuve ; [+ strength] éprouver

taxable ['tæksəbl] ADJ imposable

taxation [tæk'seɪʃən] N taxation *f*; (= taxes) impôts *mpl*

taxi ['tæksɪ] **1** N taxi *m* ◆ **hy** ◆ **en** taxi ▶ **taxi driver** chauffeur *m* de taxi ▶ **taxi rank** (Brit), **taxi stand** station *f* de taxis **2** VI [aircraft] rouler sur la piste

taxing ['tæksɪŋ] ADJ (mentally) ardu ; (physically) pénible

taxman ‡ ['tæksmæn] N (pl **-men**) percepteur *m*

taxpayer ['tæksˌpeɪəʳ] N contribuable *mf*

TB [tiːˈbiː] N abbrev of **tuberculosis**

tea [tiː] N **a** thé *m* ; (herbal) infusion *f* ▶ **tea bag** sachet *m* de thé ▶ **tea break** (Brit) pause-thé *f* ▶ **tea cosy** (Brit), **tea cozy** (US) cache-théière *m* ▶ **tea lady** (Brit) *dame qui prépare le thé pour les employés d'une entreprise* ▶ **tea leaf** feuille *f* de thé ▶ **tea party** thé *m* (réception) ▶ **tea service, tea set** service *m* à thé ▶ **tea strainer** passe-thé *m inv* ▶ **tea towel** (Brit) torchon *m* **b** (Brit = afternoon meal) thé *m* ; (= dinner) dîner *m*

teacake ['tiːkeɪk] N (Brit) petit pain *m* brioché

teach [tiːtʃ] (pret, ptp **taught**) **1** VT apprendre (sb sth qch à qn) ; [+ academic subject] enseigner (sb sth qch à qn) ◆ **to ~ sb (how) to do sth** apprendre à qn à faire qch ◆ **he ~es French** il enseigne le français ◆ **that will ~ him a lesson!** cela lui servira de leçon ! **2** VI enseigner

teacher ['tiːtʃəʳ] N (gen) professeur *mf*; (in primary school) professeur *mf* des écoles, instituteur *m*, -trice *f* ; (= member of teaching profession) enseignant(e) *m(f)* ▶ **teacher training** (Brit) formation *f* pédagogique (des enseignants)

teaching ['ti:tʃɪŋ] N enseignement *m* ▶ **teaching hospital** centre *m* hospitalier universitaire ▶ **teaching practice** (Brit) stage *m* de formation des enseignants

teacup ['ti:kʌp] N tasse *f* à thé

teak [ti:k] N teck *m*

team [ti:m] N équipe *f* ▶ **team-mate** coéquipier *m*, -ière *f* ▶ **team spirit** esprit *m* d'équipe ▶ **team up** VI [people] faire équipe

teamwork ['ti:mwɜ:k] N travail *m* d'équipe

teapot ['ti:pɒt] N théière *f*

tear¹ [tɛəʳ] (vb : pret **tore**, ptp **torn**) **1** N (= rip) déchirure *f* **2** VT **a** (= rip) déchirer ◆ **to tear a hole in ...** faire un accroc à ... ◆ **to tear to pieces** [+ paper] déchirer en petits morceaux ; [+ prey] mettre en pièces ; [+ play, performance] éreinter ◆ **to tear open** [+ envelope] déchirer ; [+ letter] déchirer l'enveloppe de ◆ **to tear a muscle/ligament** se déchirer un muscle/un ligament ◆ **to be torn between two things/people** être tiraillé entre deux choses/personnes ◆ **I'm very torn** j'hésite beaucoup (entre les deux) **b** (= snatch) arracher (from sb à qn ; off sth de qch) ◆ **he tore it out of her hand** il le lui a arraché des mains **3** VI **a** [cloth, paper] se déchirer **b** (= rush) ◆ **to tear out/down** sortir/descendre à toute vitesse

▶ **tear apart** VT SEP déchirer

▶ **tear away** VT SEP [+ paper, object] arracher (from sb à qn ; from sth de qch) ◆ **I couldn't tear myself away from it/him** je n'arrivais pas à m'en détacher/à me détacher de lui

▶ **tear down** VT SEP [+ poster, flag] arracher ; [+ building] démolir

▶ **tear off** **1** VI (= leave quickly) partir à toute vitesse **2** VT SEP **a** [+ label, wrapping] arracher **b** [+ one's clothes] enlever à la hâte

▶ **tear out** VT SEP arracher ; [+ cheque, ticket] détacher ◆ **to tear one's hair out** s'arracher les cheveux

▶ **tear up** VT SEP [+ paper] déchirer

tear² [tɪəʳ] N larme *f* ◆ **in tears** en larmes ◆ **close to tears** au bord des larmes ◆ **to burst into tears** fondre en larmes ▶ **tear gas** gaz *m* lacrymogène

tearaway ['tɛərəweɪ] N (Brit) casse-cou *m*

teardrop ['tɪədrɒp] N larme *f*

tearful ['tɪəfʊl] ADJ [farewell] très émouvant ◆ **to be ~** [person] (= about to cry) être au bord des larmes ; (= in tears) être en larmes

tearoom ['tɪərʊm] N salon *m* de thé

tease [ti:z] **1** VT (playfully) taquiner ; (cruelly) tourmenter ; (sexually) allumer **2** N (= person) taquin(e) *m(f)* ; (sexual) allumeur *m*, -euse *f*

teashop ['ti:ʃɒp] N (Brit) salon *m* de thé

teaspoon ['ti:spu:n] N petite cuillère *f*

teaspoonful ['ti:spu:nfʊl] N cuillerée *f* à café

teat [ti:t] N tétine *f*

teatime ['ti:taɪm] N (Brit) heure *f* du thé

technical ['teknɪkəl] ADJ technique ▶ **technical college** (Brit) collège *m* (d'enseignement) technique ▶ **technical drawing** dessin *m* industriel ▶ **technical institute** (US) ≈ institut *m* universitaire de technologie

technicality [ˌteknɪ'kælɪtɪ] N **a** (= detail) détail *m* technique **b** (= formality) formalité *f* **c** (= legal point) point *m* de procédure

technician [tek'nɪʃən] N technicien(ne) *m(f)*

technique [tek'ni:k] N technique *f*

techno ['teknəʊ] N, ADJ techno *f inv*

technological [ˌteknə'lɒdʒɪkəl] ADJ technologique

technology [tek'nɒlədʒɪ] N technologie *f*

teddy (bear) ['tedɪ(bɛəʳ)] N (= toy) nounours *m* (baby talk), ours *m* en peluche

tedious ['ti:dɪəs] ADJ ennuyeux (-euse *f*)

tee [ti:] N tee *m*

teem [ti:m] VI ◆ **to ~ with** [river, street] grouiller de

teen * [ti:n] ADJ [movie, magazine, fashion] pour ados *

teenage ['ti:neɪdʒ] ADJ (gen) adolescent ; [idol, culture] des adolescents ; [magazine, fashion] pour adolescents

teenager ['ti:nˌeɪdʒəʳ] N adolescent(e) *m(f)*

teens [ti:nz] NPL adolescence *f*

teeny * ['ti:nɪ] ADJ (also **teeny-weeny** *) minuscule

tee-shirt ['ti:ʃɜ:t] N tee-shirt *m*

teeter ['ti:təʳ] VI [person] chanceler ; [pile] vaciller ▶ **teeter totter** (US) jeu de bascule

teeth [ti:θ] NPL of **tooth**

teethe [ti:ð] VI ◆ **to be teething** faire ses dents

teething troubles ['ti:ðɪŋˌtrʌblz] NPL (Brit) difficultés *fpl* initiales

teetotaller, teetotaler (US) ['ti:'təʊtlə'] N personne *f* qui ne boit jamais d'alcool

TEFL ['tefl] N (abbrev of **Teaching of English as a Foreign Language**) enseignement *m* de l'anglais langue étrangère

tel. (abbrev of **telephone (number)**) tél

telecommunications ['telɪkəˌmju:nɪ'keɪʃənz] NPL télécommunications *fpl*

teleconference ['telɪkɒnfərəns] N
téléconférence f

telegram ['telɪgræm] N télégramme m

telegraph pole ['telɪgrɑːfpəʊl] N poteau m
télégraphique

telepathic [ˌtelɪ'pæθɪk] ADJ télépathe

telepathy [tɪ'lepəθɪ] N télépathie f

telephone ['telɪfəʊn] **1** N téléphone m ◆ to
be on the ~ (= speaking) être au téléphone ;
(= have a telephone) avoir le téléphone (chez
soi) ► **telephone book** annuaire m ► **telephone
booth** (US), **telephone box** (Brit) cabine f
téléphonique ► **telephone call** appel m téléphonique ► **telephone directory** annuaire m ► **telephone number** numéro m de téléphone **2** VT
[+ person] téléphoner à **3** VI téléphoner

telephonist [tɪ'lefənɪst] N téléphoniste mf

telephoto lens [ˌtelɪfəʊtəʊ'lenz] N téléobjectif
m

telescope ['telɪskəʊp] N lunette f d'approche ;
(astronomer's) télescope m

teleshopping ['telɪʃɒpɪŋ] N téléachat m

Teletext ® ['telətekst] N télétexte ® m

televise ['telɪvaɪz] VT téléviser

television ['telɪˌvɪʒən] N télévision f ◆ on ~ à la
télévision ► **television licence** (Brit) (certificat m
de) redevance f télévision ► **television set**
(poste m de) télévision f

teleworker ['telɪwɜːkər] N télétravailleur m,
-euse f

teleworking ['telɪwɜːkɪŋ] N télétravail m

telex ['teleks] **1** N télex m **2** VT envoyer par
télex

tell [tel] (pret, ptp **told**) **1** VT **a** (gen) dire ◆ to
~ sb sth dire qch à qn ◆ to ~ sb to do sth dire à
qn de faire qch ◆ he told me that he didn't
want to come il m'a dit qu'il ne voulait pas
venir ◆ I told him what/how/why je lui ai dit
ce que/comment/pourquoi ◆ do as you are
told fais ce qu'on te dit ◆ I can't ~ you how
grateful I am je ne saurais vous dire à quel
point je suis reconnaissant ◆ I told you so! je te
l'avais bien dit ! **b** (= relate) raconter ◆ [+ a lie,
the truth, secret] dire ◆ [+ the future] prédire ◆ can
you ~ the time? sais-tu lire l'heure ? ◆ can you
~ me the time? peux-tu me dire l'heure (qu'il
est) ? ◆ his actions ~ us a lot about his motives
ses actes nous en disent long sur ses motifs
◆ she was ~ing him about it elle lui en parlait
c (= know) savoir ; (= distinguish) distinguer
◆ you can ~ he's clever on voit bien qu'il est
intelligent ◆ I can't ~ them apart je ne peux
pas les distinguer (l'un de l'autre) ◆ I can't ~
the difference je ne vois pas la différence **2** VI
a (= speak) parler (of, about de) ◆ to ~ on
sb * moucharder * qn **b** (= know) savoir ◆ I

can't ~ je n'en sais rien ◆ you never can ~ on
ne sait jamais **c** (= have an effect) se faire
sentir
► **tell off** * VT SEP (= reprimand) gronder (for
doing sth pour avoir fait qch)

telling ['telɪŋ] **1** ADJ **a** (= revealing) révélateur (-trice f) **b** (= effective) efficace **2** N
◆ there's no ~ what he might do impossible
de dire ce qu'il pourrait faire

telltale ['telteɪl] ADJ [sign] révélateur (-trice f)

telly * ['telɪ] N (Brit) (abbrev of **television**) télé * f
◆ on ~ à la télé *

temerity [tɪ'merɪtɪ] N audace f

temp * [temp] (abbrev of **temporary**) **1** N
intérimaire mf **2** VI faire de l'intérim

temper ['tempər] **1** N (= mood) humeur f ; (= fit
of bad temper) crise f de colère ◆ to be in a ~
être en colère (with sb contre qn ; over or
about sth à propos de qch) ◆ to be in a
good/bad ~ être de bonne/mauvaise humeur
◆ to lose one's ~ se mettre en colère **2** VT
(= mitigate) tempérer

temperament ['tempərəmənt] N
tempérament m

temperamental [ˌtempərə'mentl] ADJ [person,
behaviour] fantasque ; [machine] capricieux

temperate ['tempərɪt] ADJ [region, climate]
tempéré ; [forest] de zone tempérée

temperature ['temprɪtʃər] N température f
◆ to have a ~ avoir de la température or de la
fièvre

tempestuous [tem'pestjʊəs] ADJ [relationship,
meeting] orageux ; [period, time] agité ; [marriage, career] tumultueux ; [person] impétueux

template ['templɪt] N (gen) gabarit m ; (Computing) patron m

temple ['templ] N **a** (= building) temple m **b**
(= forehead) tempe f

temporarily ['tempərərɪlɪ] ADV
temporairement

temporary ['tempərərɪ] ADJ [job, resident, staff]
temporaire ; [accommodation, solution] provisoire ; [relief, improvement] passager

tempt [tempt] VT tenter ◆ to ~ sb to do sth
donner à qn l'envie de faire qch

temptation [temp'teɪʃən] N tentation f

tempting ['temptɪŋ] ADJ [offer, target] tentant ;
[food, smell] appétissant

ten [ten] NUMBER dix ◆ about ~ books une
dizaine de livres ◆ the Ten Commandments les
dix commandements mpl ► **ten-gallon hat**
≈ chapeau m de cow-boy ; for other phrases see
six

tenable ['tenəbl] ADJ [argument] défendable

tenacious [tɪˈneɪʃəs] ADJ [person] tenace ; [defence, resistance] opiniâtre

tenacity [tɪˈnæsɪtɪ] N ténacité f

tenant [ˈtenənt] N locataire mf

tend [tend] **1** VI ♦ **to ~ to ...** avoir tendance à ... **2** VT (= take care of) [+ invalid] soigner ; [+ garden] entretenir

tendency [ˈtendənsɪ] N tendance f ♦ **to have a ~ to do sth** avoir tendance à faire qch

tender [ˈtendər] **1** ADJ **a** [person, thoughts, gesture, food] tendre ; [body, skin] délicat ; [moment] de tendresse ▶ **tender-hearted** sensible ♦ **to be ~-hearted** être un cœur tendre **b** (= sore) [skin, bruise] sensible **2** VT (= proffer) offrir ; [+ resignation] donner **3** N soumission f (à un appel d'offres)

tenderize [ˈtendəraɪz] VT attendrir

tenderloin [ˈtendəlɔɪn] N filet m

tendon [ˈtendən] N tendon m

tendril [ˈtendrɪl] N [of plant] vrille f

tenement [ˈtenɪmənt] N (= apartment) appartement m ; (= building) immeuble m

tenet [ˈtenət] N principe m

tennis [ˈtenɪs] N tennis m ▶ **tennis court** court m de tennis ▶ **tennis racket** raquette f de tennis

tenor [ˈtenər] N (= singer) ténor m

tenpin bowling [ˌtenpɪnˈbəʊlɪŋ] N (Brit) bowling m (à dix quilles)

tense [tens] **1** N temps m ♦ **in the present ~** au présent **2** ADJ tendu ♦ **to become ~** [person] se crisper **3** VT [+ muscles] contracter **4** VI [muscles, person, animal] se contracter

tension [ˈtenʃən] N tension f

tent [tent] N tente f ▶ **tent peg** (Brit) piquet m de tente

tentacle [ˈtentəkl] N tentacule m

tentative [ˈtentətɪv] ADJ (= provisional) provisoire ; (= hesitant) hésitant ; [smile, attempt, suggestion] timide

tenterhooks [ˈtentəhʊks] NPL ♦ **to be on ~** être sur des charbons ardents

tenth [tenθ] ADJ, N dixième mf ; (= fraction) dixième m ; for other phrases see **sixth**

tenuous [ˈtenjʊəs] ADJ [link] ténu ; [relationship] subtil ; [existence] précaire ; [position, alliance] fragile

tenure [ˈtenjʊər] N [of academic] titularisation f ; [of land, property] bail m ♦ **to have ~** [employee] être titulaire

tepid [ˈtepɪd] ADJ (= lukewarm) tiède

term [tɜːm] **1** N **a** (Scol, Univ) trimestre m ♦ **the autumn/spring/summer ~** le premier/second/troisième trimestre **b** (= period) période f ♦ **in the long ~** à long terme ♦ **in the medium/short ~** à moyen/court terme **c** (= word) terme m ; (= expression) expression f **2** **terms** NPL (= conditions) conditions fpl ; [of contract] termes mpl ♦ **to be on good/bad ~s with sb** être en bons/mauvais termes avec qn ♦ **they're on friendly ~s** ils ont des rapports amicaux ♦ **to come to ~s with** [+ problem, situation] accepter **3** VT appeler ♦ **what he ~ed a revolution** ce qu'il appelait une révolution

terminal [ˈtɜːmɪnl] **1** ADJ **a** (= incurable) en phase terminale **b** (= insoluble) [problem, crisis, situation] sans issue **2** N **a** (for planes) aérogare f ; (for trains, coaches, buses) terminus m inv **b** [of computer] terminal m

terminate [ˈtɜːmɪneɪt] **1** VT mettre fin à ; [+ contract] résilier **2** VI [contract] se terminer ♦ **the train ~s at Glasgow** le train a pour terminus Glasgow

terminology [ˌtɜːmɪˈnɒlədʒɪ] N terminologie f

terminus [ˈtɜːmɪnəs] N terminus m inv

termite [ˈtɜːmaɪt] N termite m

terrace [ˈterəs] N (on hillside, patio) terrasse f ; (Brit = row of houses) rangée f de maisons (attenantes) ♦ **the ~s** (Brit Sport) les gradins mpl ▶ **terrace house** (Brit) maison f mitoyenne

terracotta [ˌterəˈkɒtə] N terre f cuite

terrain [teˈreɪn] N terrain m (sol)

terrestrial [tɪˈrestrɪəl] ADJ **a** [life, event, animal] terrestre **b** [television, channel] hertzien

terrible [ˈterəbl] ADJ (gen) terrible ; [experience, pain, injury] atroce ; [damage, poverty] effroyable ♦ **to feel ~** (= ill) se sentir mal ; (= guilty) s'en vouloir beaucoup

terribly [ˈterəblɪ] ADV [important, upset, hard] extrêmement ; [difficult, disappointed, sorry] terriblement ; [behave] de manière lamentable ; [play, sing] terriblement mal

terrier [ˈterɪər] N terrier m

terrific [təˈrɪfɪk] ADJ **a** (* = excellent) super * inv ♦ **you look ~** tu es superbe **b** (= very great) [amount] énorme ; [explosion] formidable ; [heat] épouvantable

terrify [ˈterɪfaɪ] VT terrifier ♦ **to be terrified of sth** avoir une peur folle de qch

terrifying [ˈterɪfaɪɪŋ] ADJ terrifiant

territory [ˈterɪtərɪ] N (= land) territoire m

terror [ˈterər] N (= fear) terreur f ♦ **to live in ~ of sb/sth** vivre dans la terreur de qn/qch ♦ **that child is a ~ *** cet enfant est une vraie petite terreur * ▶ **terror-stricken, terror-struck** épouvanté

terrorism [ˈterərɪzəm] N terrorisme m

terrorist [ˈterərɪst] N terroriste mf

terrorize [ˈterəraɪz] VT terroriser

terse [tɜːs] ADJ laconique

Terylene ® ['terəlɪn] (Brit) N tergal ® m

test [test] **1** N **a** (= trial) essai m ▶ **test drive** essai m sur route ▶ **test pilot** pilote m d'essai **b** (on blood, urine) analyse f; (of eyes, ears) examen m ▶ **test tube** éprouvette f ▶ **test-tube baby** bébé-éprouvette m **c** [of strength, personality] épreuve f ◆ **to put to the ~** mettre à l'épreuve **d** (for student, written) devoir m sur table ; (oral) interrogation f orale ; (for driver) examen m du permis de conduire ◆ **to pass one's (driving) ~** être reçu au permis **e** (Cricket, Rugby) (also **test match**) match m international **2** VT (gen) tester ; [+ blood, urine] faire une analyse (or des analyses) de ; [+ new drug] expérimenter ; [+ person] mettre à l'épreuve ◆ **to ~ sb on sth** (Scol, Univ) interroger qn sur qch

testament ['testəmənt] N testament m

testicle ['testɪkl] N testicule m

testify ['testɪfaɪ] **1** VT témoigner **2** VI témoigner ◆ **to ~ to sth** témoigner de qch

testimony ['testɪmənɪ] N (= statement) témoignage m

testing ['testɪŋ] ADJ (= difficult, trying) éprouvant

testosterone [te'stɒstərəʊn] N testostérone f

tetanus ['tetənəs] N tétanos m

tether ['teðə'] **1** N (for animal) longe f ◆ **to be at the end of one's ~** (= desperate) être au bout du rouleau * **2** VT [+ animal] attacher

text [tekst] N texte m

textbook ['tekstbʊk] N manuel m scolaire

textile ['tekstaɪl] ADJ, N textile m

texture ['tekstʃə'] N texture f; [of food] consistance f

Thailand ['taɪlænd] N Thaïlande f

Thames [temz] N Tamise f

---

than [ðæn, ðən] CONJ

a que ◆ **I have more ~ you** j'en ai plus que toi ◆ **he is taller ~ his sister** il est plus grand que sa sœur ◆ **you'd be better going by car ~ by bus** tu ferais mieux d'y aller en voiture plutôt qu'en autobus

b (with numerals) de ◆ **more/less ~ 20** plus/ moins de 20 ◆ **more ~ once** plus d'une fois

thank [θæŋk] **1** VT remercier (sb for sth qn de or pour qch ; for doing sth de faire qch, d'avoir fait qch) ◆ **~ you** merci ◆ **~ you very much** merci beaucoup ◆ **~ you for helping us** merci de nous avoir aidés ◆ **no ~ you** non merci ▶ **thank-you card** carte f de remerciements ◆ **~ goodness** * Dieu merci **2** **thanks** NPL remerciements mpl ◆ **~s !** * merci ! ◆ **~s a**

lot! * merci beaucoup ◆ **many ~s for all you've done** merci mille fois pour ce que vous avez fait ◆ **~s to ...** grâce à ...

thankful ['θæŋkfʊl] ADJ (= grateful) reconnaissant (for de) ; (= relieved) content

thankfully ['θæŋkfəlɪ] ADV (= fortunately) heureusement

thanksgiving ['θæŋks,gɪvɪŋ] N action f de grâce(s) ▶ **Thanksgiving Day** (Can, US) Thanksgiving m

---

that [ðæt, ðət] (pl those)

1 DEM ADJ **a** (unstressed) ce ; (masculine before vowel and silent h) cet, cette f, ces mfpl ◆ **~ noise** ce bruit ◆ **~ man** cet homme ◆ **~ idea** cette idée ◆ **those books** ces livres ◆ **those houses** ces maisons

b (stressed, or as opposed to this, these) ce ... -là, cet ... -là, cette ... -là, ces ... -là ◆ **I mean THAT book** c'est de ce livre-là que je parle ◆ **that one**, celui-là m, celle-là f, **those ones** ceux-là mpl, celles-là fpl ◆ **which video do you want?** – **~ one** quelle vidéo veux-tu ? – celle-là

2 DEM PRON **a** (singular) (= that thing, event, statement, person) cela, ça, ce ◆ **what's ~?** qu'est-ce que c'est que ça ? ◆ **~'s enough!** ça suffit ! ◆ **~'s fine** c'est parfait ◆ **who's ~?** qui est-ce ? ; (on phone) qui est à l'appareil ? ▶ **that is (to say) ...** c'est-à-dire ...

b (= that one, those ones) celui-là m, celle-là f, ceux-là mpl, celles-là fpl ◆ **a recession like ~** une récession comme celle-là ◆ **are those our seats?** est-ce que ce sont nos places ? ◆ **those are nice sandals** elles sont belles, ces sandales

3 REL PRON **a** (subject of clause) qui ; (object of clause) que ◆ **the man ~ came to see you** l'homme qui est venu vous voir ◆ **the letter ~ I sent yesterday** la lettre que j'ai envoyée hier

b (with preposition) lequel m, laquelle f, lesquels mpl, lesquelles fpl ◆ **the pen ~ she was writing with** le stylo avec lequel elle écrivait ◆ **the box ~ you put it in** la boîte dans laquelle vous l'avez mis ◆ **the children ~ I spoke to** les enfants auxquels or à qui j'ai parlé ◆ **the girl/the book ~ I told you about** la jeune fille/le livre dont je vous ai parlé

4 CONJ que ◆ **he said ~ he had seen her** il a dit qu'il l'avait vue

5 ADV (= so) si ◆ **it's not ~ important/bad** ce n'est pas si important/mal (que ça)

thatched [θætʃt] ADJ ◆ **~ roof** toit m de chaume ◆ **~ cottage** chaumière f

thaw [θɔː] **1** N dégel m **2** VT [+ frozen food] décongeler **3** VI [snow] fondre ; [+ ground] dégeler ; [frozen food] décongeler ; [person] (= get warmer, friendlier) se dégeler *

the [ðiː, ðə] DEF ART **a** le, la ; (before vowel or silent h) l', les ◆ **of** → du, de la, de l', des ◆ **to** → au, à la, à l', aux ◆ **to play** ~ **piano** jouer du piano **b** (with names) ◆ **Charles** ~ **First** Charles premier

theatre, theater (US) ['θɪətə'] N **a** (gen) théâtre *m* ◆ **to go to the** ~ aller au théâtre **b** (in hospital) salle *f* d'opération

theatregoer ['θɪətəgəʊə'] N habitué(e) *m(f)* du théâtre

theatrical [θɪ'ætrɪkəl] ADJ théâtral

theft [θeft] N vol *m*

their [ðeə'] POSS ADJ leur *f inv* ; (plural) leurs ◆ ~ **parents** leurs parents

theirs [ðeəz] POSS PRON le leur ; (feminine) la leur ; (plural) les leurs ◆ **your house is bigger than** ~ votre maison est plus grande que la leur ◆ **a friend of** ~ un de leurs amis

them [ðem, ðəm] PL PERS PRON **a** (direct object: people and things) les ◆ **he hates** ~ il les déteste ◆ **look at** ~! regarde-les ! ◆ **have you seen my keys? I've lost** ~ avez-vous vu mes clés ? je les ai perdues **b** (indirect object: people) leur ◆ **I'm going to phone** ~ **tomorrow** je vais leur téléphoner demain ◆ **what are you going to say to** ~? qu'est-ce que tu vas leur dire ? ◆ **write to** ~ écrivez-leur ◆ **she sent** ~ **a card from Britanny** elle leur a envoyé une carte de Bretagne **c** (indirect object: things) ◆ **can you give me my notes back? I need** ~ est-ce que tu peux me rendre mes notes ? j'en ai besoin **d** (emphatic, with preposition) eux *m*, elles *f* ◆ **I knew it was** ~! je savais que c'était eux ! ◆ **without** ~ sans eux (*or* elles)

theme [θiːm] N thème *m* ▶ **theme music** thème *m* musical ; (= signature tune) indicatif *m* (musical) ▶ **theme park** parc *m* à thème

themselves [ðəm'selvz] PERS PRON PL (reflexive) se ; (emphatic) eux-mêmes *mpl*, elles-mêmes *fpl* ; (after prep) eux, elles ◆ **they're enjoying** ~ ils s'amusent bien ◆ **they saw it** ~ ils l'ont vu eux-mêmes ◆ **they were talking amongst** ~ ils discutaient entre eux ◆ **(all) by** ~ tout seuls, toutes seules

☞ **then** [ðen] ADV

a (= at that time) à l'époque ◆ **there and** ~ sur-le-champ ◆ **from** ~ **on** depuis ◆ **by** ~ **I knew it** à ce moment-là, je savais déjà ◆ **I'll have it finished by** ~ je l'aurai fini d'ici là ◆ **since** ~ depuis ◆ **between now and** ~ d'ici là ◆ **until** ~ jusque-là, jusqu'alors

b (= next) puis

c (= in that case) alors ◆ ~ **it must be in the sitting room** alors ça doit être au salon

d (= furthermore) et puis

◆ **then again** (= on the other hand) pourtant

thence [ðens] ADV **a** (= from there) de là **b** (= therefore) par conséquent

theology [θɪ'ɒlədʒɪ] N théologie *f*

theoretical [θɪə'retɪkəl] ADJ théorique

theory [θɪərɪ] N théorie *f* ◆ **in** ~ en théorie

therapeutic [θerə'pjuːtɪk] ADJ thérapeutique

therapist ['θerəpɪst] N thérapeute *mf*

therapy ['θerəpɪ] N thérapie *f*

☞ **there** [ðeə']

1 ADV (place) y *before vb*, là ◆ **we shall soon be** ~ nous serons bientôt arrivés ◆ **put it** ~ posez-le là ◆ **down** *or* **over** ~ là-bas ◆ ~ **he is!** le voilà ! ◆ ~ **you are** (= I've found you) (ah) vous voilà ! ; (offering sth) voilà
◆ **there is** il y a
◆ **there are** il y a → **be**

2 EXCL ◆ ~, **what did I tell you?** alors, qu'est-ce que je t'avais dit ? ◆ ~, ~, **don't cry!** allons, allons, ne pleure pas !

thereabouts [ðeərə'baʊts] ADV (place) par là ; (= approximately) environ

thereafter [ðeər'ɑːftə'] ADV (frm) par la suite

thereby [ðeə'baɪ] ADV ainsi

therefore ['ðeəfɔː'] CONJ donc

there's [ðeəz] ⇒ **there is, there has** ; → **be, have**

thermal ['θɜːməl] ADJ **a** [underwear, socks] en Thermolactyl ® **b** [spring, spa, treatment] thermal **c** [power, reactor, insulation] thermique

thermometer [θə'mɒmɪtə'] N thermomètre *m*

Thermos ® ['θɜːməs] N (also **Thermos flask**) thermos ® *m or f inv*

thermostat ['θɜːməstæt] N thermostat *m*

thesaurus [θɪ'sɔːrəs] N (= lexicon) dictionnaire *m* de synonymes ; (Computing) thesaurus *m*

these [ðiːz] DEM ADJ, PRON (pl of **this**)

thesis ['θiːsɪs] N (pl **theses** ['θiːsiːz]) thèse *f*

they [ðeɪ] PERS PRON **a** ils *mpl*, elles *fpl* (stressed) eux *mpl*, elles *fpl* ◆ ~ **have gone** ils sont partis, elles sont parties ◆ **there** ~ **are!** les voilà ! ◆ ~ **are teachers** ce sont des professeurs ◆ **THEY don't know** eux, ils n'en savent rien **b** (= people in general) on ◆ ~ **say that ...** on dit que ...

they'd [ðeɪd] ⇒ **they had, they would** ; → **have, would**

they'll [ðeɪl] ⇒ **they will** ; → **will**

they're [ðeə'] ⇒ **they are** ; → **be**

they've [ðeɪv] ⇒ **they have** ; → **have**

thick [θɪk] **1** ADJ **a** (gen) épais (-aisse *f*) ; [pile, lenses, coat] gros (grosse *f*) ; [crowd] dense ; [hedge] touffu ◆ **to be 5cm ~** faire 5 cm d'épaisseur ▸ **thick-skinned** [person] peu sensible ◆ **he's very ~-skinned** il a la peau dure **b** (Brit = stupid) * [person] bête **c** [accent] fort **d** ◆ **to be (as) ~ as thieves** * s'entendre comme larrons en foire **2** ADV [cut] gros ; [spread] en couche épaisse ◆ **to lay it on ~** * forcer un peu la dose * **3** N ◆ **in the ~ of the crowd** au cœur de la foule ◆ **they were in the ~ of it** ils étaient en plein dedans ◆ **through ~ and thin** contre vents et marées

thicken ['θɪkən] **1** VT [+ sauce] épaissir **2** VI [crowd] grossir ; [sauce] épaissir

thicket ['θɪkɪt] N fourré *m*

thickness ['θɪknɪs] N (= layer) épaisseur *f*

thickset [θɪk'set] ADJ (and small) trapu ; (and tall) bien bâti

thief [θiːf] N (pl **thieves**) voleur *m*, -euse *f*

thigh [θaɪ] N cuisse *f*

thighbone ['θaɪbəʊn] N fémur *m*

thimble ['θɪmbl] N dé *m* (à coudre)

thin [θɪn] **1** ADJ **a** [person, face, legs, arms] maigre ; [lips, layer, slice, strip, sheet] mince ; [line] fin ; [cloth, garment] léger ; [mattress, wall] peu épais (-aisse *f*) ◆ **to get ~(ner)** [person] maigrir ▸ **thin-skinned** susceptible **b** (= runny) [liquid, oil] fluide ; [soup, sauce] clair **c** (= not dense) [air, atmosphere] raréfié ◆ **to vanish into ~ air** se volatiliser ◆ [crowd] épars ; [hair, beard] clairsemé **2** ADV [spread] en couche fine ; [cut] en tranches fines **3** VT [+ paint, sauce] délayer ◆ [+ trees] éclaircir

▸ **thin out 1** VI [crowd, fog] se disperser **2** VT SEP [+ seedlings, trees] éclaircir

thing [θɪŋ] N **a** (gen) chose *f* ◆ **the good ~s in life** les plaisirs *mpl* de la vie ◆ **the best ~ would be to refuse** le mieux serait de refuser ◆ **this is the latest ~ in computer games** c'est le dernier cri en matière de jeux électroniques ◆ **it's the in ~** * c'est le truc * à la mode ◆ **I must think ~s over** il faut que j'y réfléchisse ◆ **how's ~s?** * comment va ? * ◆ **as ~s are** dans l'état actuel des choses ◆ **for one ~, it doesn't make sense** d'abord ça n'a pas de sens ◆ **it's just one of those ~s** ce sont des choses qui arrivent ◆ **I hadn't done a ~ about it** je n'avais strictement rien fait ◆ **he knows a ~ or two** il s'y connaît ◆ **the ~ is, she'd already seen him** en fait, elle l'avait déjà vu **b** (= belongings) ◆ **things** affaires *fpl* **c** (= person, animal) créature *f* ◆ **you poor ~!** pauvre petit(e) !

thingumajig * ['θɪŋəmɪdʒɪg], **thingummy-(jig)** * ['θɪŋəmɪ(dʒɪg)] N (= object) truc * *m* ; (= person) Machin(e) * *m(f)*

think [θɪŋk] (vb : pret, ptp **thought**) **1** VI **a** (gen) penser (of, about à) ; (= more carefully) réfléchir ◆ **let me ~** laissez-moi réfléchir ◆ **to ~ ahead** prévoir ◆ **to ~ aloud** penser tout haut ◆ **what are you ~ing about?** à quoi pensez-vous ? ◆ **I'm ~ing of resigning** je pense à donner ma démission ◆ **it's not worth ~ing about** ça ne vaut pas la peine d'y penser ◆ **I'll ~ about it** je vais y réfléchir ◆ **I can't ~ of her name** je n'arrive pas à me rappeler son nom **b** (= imagine) ◆ **to ~ (of)** imaginer ◆ **just ~!** imagine un peu ! **c** (= devise) ◆ **to ~ of** avoir l'idée de ◆ **I was the one who thought of inviting him** c'est moi qui ai eu l'idée de l'inviter ◆ **what will he ~ of next?** qu'est-ce qu'il va encore inventer ? **d** (= have as opinion) penser ◆ **to ~ well** or **a lot of sb/sth** penser le plus grand bien de qn/qch ◆ **he is very well thought of in France** il est très respecté en France ◆ **I don't ~ much of that idea** cette idée ne me dit pas grand-chose ◆ **to ~ better of doing sth** décider à la réflexion de ne pas faire qch **2** VT **a** (= be of opinion, believe) penser, croire ◆ **I ~ so/not** je crois que oui/non ◆ **what do you ~?** qu'est-ce que tu (en) penses ? ◆ **I don't ~ he came** je crois qu'il n'est pas venu ◆ **I don't ~ he will come** je ne pense pas qu'il viendra ◆ **I thought so** or **as much!** je m'en doutais ! ◆ **what do you ~ of him?** comment le trouves-tu ? **b** (= conceive, imagine) (s')imaginer ◆ **~ what we could do with that house!** imagine ce que nous pourrions faire de cette maison ! **c** (= reflect) penser à ◆ **just ~ what you're doing!** pense un peu à ce que tu fais !

▸ **think over** VT SEP [+ offer, suggestion] (bien) réfléchir à

▸ **think up** VT SEP [+ plan, scheme, improvement] avoir l'idée de ; [+ answer, solution] trouver , [+ excuse] inventer

think tank ['θɪŋktæŋk] N groupe *m* de réflexion

third [θɜːd] **1** ADJ troisième ▸ **third party** tierce personne *f*, tiers *m* ▸ **Third World** tiers-monde *m* **2** N **a** troisième *mf* ; (= fraction) tiers *m* ; for phrases see **sixth** **b** (Univ = degree) ≈ licence *f* sans mention **c** (also **third gear**) troisième (vitesse) *f* **3** ADV **a** (in race, exam, competition) en troisième place ◆ **he came ~** il s'est classé troisième **b** (= thirdly) troisièmement

thirdly ['θɜːdlɪ] ADV troisièmement

thirst [θɜːst] N soif *f* (for de)

thirsty ['θɜːstɪ] ADJ [person, animal, plant] assoiffé (liter) ◆ **to be ~** avoir soif

thirteen [θɜː'tiːn] NUMBER treize ; for phrases see **six**

thirteenth [θɜː'tiːnθ] ADJ, N treizième *mf* ; (= fraction) treizième *m* ; for phrases see **sixth**

thirtieth ['θɜːtɪɪθ] **1** ADJ trentième **2** N trentième *mf* ; (= fraction) trentième *m* ; for phrases see **sixth**

thirty ['θɜːtɪ] NUMBER trente ; for phrases see **sixty**

---

this [ðɪs]

1 DEM ADJ (pl **these**) **a** ce ; (masculine before vowel and silent h) cet, cette *f*, ces *pl* ◆ **whose are these books?** à qui sont ces livres ? ◆ **this week** cette semaine

b (stressed, or as opposed to that, those, singular) ce ...-ci, cette ...-ci ; (plural) ces ...-ci ◆ **I like this photo better than that one** je préfère cette photo-ci à celle-là

2 DEM PRON (pl **these**) **a** ceci, ce ◆ **what is ~?** qu'est-ce que c'est (que ceci) ? ◆ **whose is ~?** à qui appartient ceci ? ◆ **we were talking of ~ and that** nous bavardions de choses et d'autres ◆ **~ is my son** (in introduction) je vous présente mon fils ; (in photo) c'est mon fils ◆ **~ is Emma Brady** (on phone) Emma Brady à l'appareil ◆ **~ is what he showed me** voici ce qu'il m'a montré ◆ **~ is where we live** c'est ici que nous habitons

b (this one) celui-ci *m*, celle-ci *f*, ceux-ci *mpl*, celles-ci *fpl* ◆ **how much is ~?** combien coûte celui-ci (*or* celle-ci) ?

3 ADV ◆ **it was ~ long** c'était long comme ça

thistle ['θɪsl] N chardon *m*

thong [θɒŋ] N [of whip] lanière *f*, longe *f*

thorn [θɔːn] N épine *f*

thorny ['θɔːnɪ] ADJ épineux

thorough ['θʌrə] ADJ **a** (= careful) [person, worker] méthodique ; [work, investigation, training] approfondi ; [review] complet (-ète *f*) **b** [knowledge] approfondi ; [understanding] profond **c** (= complete) ◆ **to make a ~ nuisance of o.s.** être totalement insupportable

thoroughbred ['θʌrəbred] N (= horse) (cheval *m*) pur-sang *m inv*

thoroughfare ['θʌrəfɛəʳ] N (= street) rue *f* ◆ **"no ~"** "passage interdit"

thoroughly ['θʌrəlɪ] ADV **a** (= carefully) [examine] à fond ; [wash, mix] bien **b** (= completely) tout à fait ; [miserable, unpleasant] absolument

those [ðəʊz] DEM ADJ, DEM PRON (pl of **that**)

though [ðəʊ] **1** CONJ bien que + *subj* ◆ **~ it's raining** bien qu'il pleuve ◆ **strange ~ it may seem** si étrange que cela puisse paraître ◆ **as ~** comme si ◆ **it looks as ~ ...** il semble que ... + *subj* **2** ADV pourtant

thought [θɔːt] **1** VB (pt, ptp of **think**) **2** N **a** (gen) pensée *f* ; (= reflection) réflexion *f* ◆ **to be deep in ~** être perdu dans ses pensées ◆ **after**

much ~ après mûre réflexion ◆ **I didn't give it a moment's ~** je n'y ai pas pensé une seule seconde **b** (= idea) idée *f* ; (= intention) intention *f* ◆ **it's the ~ that counts** c'est l'intention qui compte

thoughtful ['θɔːtfʊl] ADJ **a** (= reflective) réfléchi ; (= absorbed by thoughts) pensif **b** (= considerate) prévenant ; [act, gesture] attentionné

thoughtless ['θɔːtlɪs] ADJ [act, behaviour, remark] inconsidéré ◆ **how ~ of you!** tu manques vraiment d'égards

thousand ['θaʊzənd] **1** ADJ mille *inv* **2** N mille *m inv* ◆ **a ~** mille ◆ **one ~** mille ◆ **five ~** cinq mille ◆ **about a ~** (people) un millier (de personnes) ◆ **~s of people** des milliers de gens

thousandth ['θaʊzəntθ] **1** ADJ millième **2** N millième *mf* ; (= fraction) millième *m*

thrash [θræʃ] VT **a** (= beat) rouer de coups **b** (* = defeat) écraser *
► **thrash about** VI se débattre
► **thrash out** * VT SEP [+ problem, difficulty] (= discuss) débattre de ; (= solve) résoudre

thread [θred] **1** N fil *m* **2** VT [+ needle, beads] enfiler ◆ **he ~ed his way through the crowd** il s'est faufilé à travers la foule

threadbare ['θredbɛəʳ] ADJ [rug, clothes] râpé

threat [θret] N menace *f* (to pour)

threaten ['θretn] VT menacer (sb with sth qn de qch ; to do sth de faire qch)

threatening ['θretnɪŋ] ADJ menaçant ; [phone call, letter] de menaces

three [θriː] NUMBER trois *m inv* ► **three-dimensional** [object] à trois dimensions ; [picture] en relief ► **three-piece suit** (costume *m*) trois-pièces *m* ► **three-piece suite** salon *m* (composé d'un canapé et de deux fauteuils) ► **three-point turn** demi-tour *m* en trois manœuvres ► **three-quarters** trois quarts *mpl* ◇ ADV ► **three-wheeler** (= car) voiture *f* à trois roues (= tricycle) tricycle *m* ; for other phrases see **six**

threefold ['θriːfəʊld] **1** ADJ triple **2** ADV ◆ **to increase ~** tripler

thresh [θreʃ] VT battre

threshold ['θreʃhəʊld] N seuil *m*

threw [θruː] VB (pt of **throw**)

thrift [θrɪft] N économie *f* ► **thrift shop** petite boutique d'articles d'occasion gérée au profit d'œuvres charitables

thrifty ['θrɪftɪ] ADJ économe

thrill [θrɪl] N excitation *f* ◆ **to get a ~ out of doing sth** se procurer des sensations fortes en faisant qch

thrilled [θrɪld] ADJ ravi

thriller ['θrɪləʳ] N thriller *m*

thrilling [ˈθrɪlɪŋ] ADJ excitant

thrive [θraɪv] (pret **throve** or **thrived,** ptp **thrived** or **thriven**) [ˈθrɪvn] VI [plant] pousser bien ; [business, businessman] prospérer ◆ he ~s on hard work le travail lui réussit

thriving [ˈθraɪvɪŋ] ADJ [business, economy, community] prospère

throat [θrəʊt] N gorge f ◆ they are always at each other's ~(s) ils sont toujours à se battre

throb [θrɒb] VI [voice, engine] vibrer ; [pain] lanciner ◆ my head is ~bing j'ai des élancements dans la tête

throes [θrəʊz] NPL ◆ in the ~ of au beau milieu de ; [+ crisis, disease, war] en proie à

thrombosis [θrɒmˈbəʊsɪs] N (pl **thromboses** [θrɒmˈbəʊsiːz]) thrombose f

throne [θrəʊn] N trône m

throng [θrɒŋ] **1** N foule f **2** VI affluer (round autour de)

throttle [ˈθrɒtl] N (= accelerator) accélérateur m

🔲 **through** [θruː]

1 ADV **a** ◆ the nail went (right) ~ le clou est passé à travers ◆ he's a Scot ~ and ~ il est écossais jusqu'au bout des ongles
b (Brit: on phone) ◆ I'll put you ~ (to her) je vous la passe
c (* = finished) ◆ I'm ~ ça y est (j'ai fini) *
2 PREP **a** (= across) à travers ◆ to go ~ the woods traverser les bois ◆ he went ~ the red light il est passé au rouge ◆ to look ~ a telescope regarder dans un télescope ◆ she looked ~ the window elle a regardé par la fenêtre ◆ he has really been ~ it * il en a vu de dures *
b (= throughout) pendant ◆ all ~ the film pendant tout le film
c (US = to) ◆ (from) Monday ~ Friday de lundi (jusqu'à) vendredi
d (= by means of) par ◆ it was ~ him that I got the job c'est par lui que j'ai eu le poste
3 ADJ [carriage, train, ticket] direct ▸ through street (US) rue f prioritaire

throughout [θruːˈaʊt] **1** PREP **a** (place) partout dans ◆ ~ the world dans le monde entier **b** (time) pendant, durant ◆ ~ his life durant toute sa vie **2** ADV **a** (= everywhere) partout **b** (= the whole time) tout le temps

throw [θrəʊ] (vb : pret **threw**, ptp **thrown**) **1** N [of javelin, discus] jet m **2** VT **a** (= cast) lancer ; [+ dice] jeter ; [+ light, shadow] jeter ; [+ punch] lancer **b** (= violently) projeter ; (in fight) envoyer au tapis ; [+ horse rider] désarçonner **c** (= put suddenly) jeter ◆ to ~ a

party * organiser une fête (for sb en l'honneur de qn) **d** [+ switch] actionner **e** (* = disconcert) déconcerter
▸ **throw away** VT SEP [+ rubbish] jeter ; [+ one's life, happiness, chance, talents] gâcher
▸ **throw out** VT SEP **a** [+ rubbish] jeter ; [+ person] mettre à la porte ; (from army, club) expulser, renvoyer **b** (= make wrong) [+ calculations] fausser
▸ **throw up 1** VI (* = vomit) vomir **2** VT SEP **a** (into air) lancer en l'air **b** (* = vomit) vomir

throwaway [ˈθrəʊəweɪ] ADJ [bottle] non consigné ; [packaging] perdu ; [remark, line] qui n'a l'air de rien

throw-in [ˈθrəʊɪn] N (Football) remise f en jeu

thrown [θrəʊn] VB (ptp of **throw**)

thru * [θruː] ⇒ **through**

thrush [θrʌʃ] N **a** (= bird) grive f **b** (= infection) muguet m

thrust [θrʌst] (vb : pret, ptp **thrust**) **1** N poussée f ◆ the main ~ of his speech l'idée maîtresse de son discours **2** VT **a** pousser violemment ; [+ finger, stick] enfoncer **b** [+ job, responsibility] imposer (upon sb à qn)

thruway [ˈθruːweɪ] N (US) voie f rapide

thud [θʌd] **1** N bruit m sourd **2** VI (impact) faire un bruit sourd (on, against en heurtant) ; (= fall) tomber avec un bruit sourd

thug [θʌg] N voyou m

thumb [θʌm] **1** N pouce m **2** VT **a** (also **thumb through**) [+ book, magazine] feuilleter **b** ◆ to ~ a lift * [hitchhiker] faire du stop *

thumbtack [ˈθʌmtæk] N (US) punaise f

thump [θʌmp] **1** N (= sound) bruit m sourd **2** VT [+ person] taper sur ; [+ door] cogner à **3** VI [heart] battre fort

thunder [ˈθʌndəʳ] **1** N tonnerre m ; [of hooves] retentissement m ; [of vehicles, trains] bruit m de tonnerre **2** VI tonner

thunderbolt [ˈθʌndəbəʊlt] N coup m de foudre

thunderclap [ˈθʌndəklæp] N coup m de tonnerre

thunderstorm [ˈθʌndəstɔːm] N orage m

thunderstruck [ˈθʌndəstrʌk] ADJ abasourdi

thundery [ˈθʌndərɪ] ADJ orageux

Thursday [ˈθɜːzdɪ] N jeudi m ; for other phrases see Saturday

thus [ðʌs] ADV (= consequently) par conséquent ; (= in this way) ainsi

thwart [θwɔːt] VT [+ plan] contrecarrer ; [+ person] contrecarrer les projets de

thyme [taɪm] N thym m

thyroid [ˈθaɪrɔɪd] N thyroïde f

tiara [tɪˈɑːrə] N diadème m

tibia [ˈtɪbɪə] N tibia m

tic [tɪk] N tic m (nerveux) ▸ **tic-tac-toe** (US) ≈ (jeu m de) morpion m

tick [tɪk] **1** N **a** [of clock] tic-tac m **b** * (Brit = instant) ◆ **in a ~, in two ~s** en moins de deux * **c** (= mark) ≈ croix f ◆ **to put a ~ against sth** cocher qch **d** (= parasite) tique f **2** VT (Brit) [+ name, item, answer] cocher ; (= mark right) marquer juste **3** VI [clock] faire tic-tac
▸ **tick off** VT SEP **a** (Brit) [+ name, item] cocher **b** * (Brit = reprimand) passer un savon à * **c** * (US = annoy) embêter *
▸ **tick over** VI (Brit) tourner au ralenti

ticker tape [ˈtɪkəˌteɪp] N (US: at parades) ≈ serpentin m

ticket [ˈtɪkɪt] N **a** (gen) billet m ; (for bus, tube, cloakroom) ticket m ; (= label) étiquette f ; (for library) carte f **b** (for fine) PV * m **c** (US = list) liste f (électorale) ▸ **ticket collector, ticket inspector** contrôleur m, -euse f ▸ **ticket machine** distributeur m de titres de transport ▸ **ticket office** billeterie f

tickle [ˈtɪkl] **1** VT **a** [+ person] chatouiller **b** * (= delight) faire plaisir à ; (= amuse) amuser ◆ **to be ~d pink** être aux anges **2** VI chatouiller **3** N chatouillement m

ticklish [ˈtɪklɪʃ] ADJ ◆ **to be ~** [person] être chatouilleux

tidal [ˈtaɪdl] ADJ [forces, waters] des marées ▸ **tidal wave** raz-de-marée m inv

tidbit [ˈtɪdbɪt] N (US) ⇒ **titbit**

tiddlywinks [ˈtɪdlɪwɪŋks] N jeu m de puce

tide [taɪd] N (sea) marée f ◆ **at high/low ~** à marée haute/basse
▸ **tide over** VT SEP ◆ **to ~ sb over** dépanner qn

tidy [ˈtaɪdɪ] **1** ADJ **a** (= neat) [house, room] bien rangé ; [garden] bien entretenu ; [hair, appearance, schoolwork] soigné ; [handwriting, pile, stack] net **b** [person] (in habits) ordonné **c** (* = sizeable) [sum, amount, profit] joli * **2** VT (also **tidy up**) ranger ◆ **to ~ o.s. up** s'arranger

tie [taɪ] **1** N **a** (= link) lien m ; (= restriction) entrave f **b** (= necktie) cravate f **c** (= draw) égalité f (de points) ; (= drawn match) match m nul ▸ **tie-break** (Tennis) jeu m décisif, tie-break m **2** VT **a** (= fasten) attacher ; [+ ribbon] nouer ; [+ shoes] lacer ◆ **to ~ a knot in sth** nouer un nœud à qch **b** (= link) lier ; (= restrict) restreindre ◆ **I'm ~d to my desk all day** je suis cloué à mon bureau toute la journée **3** VI (= draw) (Sport) faire match nul ; (in competition, election) être ex æquo

▸ **tie down** VT SEP ◆ **he didn't want to be ~d down** il ne voulait pas perdre sa liberté ◆ **we can't ~ him down to a date** nous n'arrivons pas à lui faire fixer une date
▸ **tie in** VI **a** (= be linked) être lié (with à) **b** (= be consistent) correspondre (with à)
▸ **tie up** VT SEP **a** [+ parcel] ficeler ; [+ prisoner] ligoter ; [+ boat, horse] attacher **b** (= conclude) [+ business deal] conclure **c** [+ capital, money] immobiliser

tiepin [ˈtaɪpɪn] N épingle f de cravate

tier [tɪər] N (in stadium, amphitheatre) gradin m ; (= level) niveau m ; (= part of cake) étage m

tiff [tɪf] N prise f de bec *

tiger [ˈtaɪgər] N tigre m

tight [taɪt] **1** ADJ **a** (gen) serré ◆ **too ~** [clothes, shoes, belt] trop serré **b** (= taut) tendu ◆ **to pull ~** [+ knot] serrer ; [+ string] tirer sur **c** (= firm) [grip] solide **d** (= strict) [restrictions, control, security] strict **e** (* = difficult) [situation] difficile ◆ **to be in a ~ corner** être dans une situation difficile **f** (* = drunk) soûl * **g** (* = stingy) radin * **2** ADV [hold, grasp, tie] fermement ; [squeeze] très fort ; [screw] à fond [shut, seal] hermétiquement ◆ **hold ~!** accroche-toi ! **3** tights NPL collant m ◆ **a pair of ~s** un collant

tighten [ˈtaɪtn] VT [+ rope] tendre ; [+ screw, grasp] resserrer ; [+ restrictions, control] renforcer ◆ **to ~ one's belt** se serrer la ceinture

tightly [ˈtaɪtlɪ] ADV **a** (= firmly) bien ◆ **to hold sb ~** serrer qn contre soi **b** (= rigorously) ◆ **to be ~ controlled** être strictement contrôlé

tightrope [ˈtaɪtrəʊp] N corde f raide ▸ **tightrope walker** funambule mf

tile [taɪl] N (on roof) tuile f ; (on floor, wall) carreau m

tiled [taɪld] ADJ [roof] en tuiles ; [floor, room] carrelé

till [tɪl] **1** PREP jusqu'à **2** N caisse (enregistreuse) ▸ **till receipt** ticket m de caisse

tiller [ˈtɪlər] N barre f (du gouvernail)

tilt [tɪlt] **1** N (= tip, slope) inclinaison f ◆ **at full ~** à toute vitesse **2** VT [+ object, one's head] incliner ◆ **to ~ one's chair back** se balancer sur sa chaise

timber [ˈtɪmbər] N **a** (= wood) bois m d'œuvre ; (= trees collectively) arbres mpl **b** (= beam) madrier m

time [taɪm] **1** N **a** (gen) temps m ◆ **in ~** avec le temps ◆ **we've got plenty of ~** nous avons tout notre temps ◆ **free ~** temps libre ◆ **~ will tell** l'avenir le dira ◆ **for the ~ being** pour l'instant ◆ **it took me a long ~ to prepare this** j'ai mis beaucoup de temps à préparer ç ◆ **take your ~** prenez votre temps ◆ **I've no ~**

for that sort of thing (= too busy) je n'ai pas de temps pour ça ; (= not interested) ce genre d'histoire ne m'intéresse pas ◆ **I've no ~ for people like him** je ne supporte pas les gens comme lui ◆ **all the ~** (= always) tout le temps ; (= all along) depuis le début ◆ **in good ~** (= with time to spare) en avance ◆ **let me know in good ~** prévenez-moi suffisamment à l'avance **b** (= period) ◆ **for a ~** pendant un certain temps ◆ **he is coming in two weeks' ~** il vient dans deux semaines ◆ **in next to no ~** en un rien de temps ◆ **a short ~** peu de temps ◆ **I waited for some ~** j'ai attendu assez longtemps ◆ **some ~ ago** il y a déjà un certain temps ◆ **some ~ next year** dans le courant de l'année prochaine **c** (= period worked) ◆ **to work full ~** travailler à plein temps **d** (= day) temps *m* ◆ **to move with the ~s** [person] vivre avec son temps ; [company, institution] (savoir) évoluer ◆ **to be behind the ~s** être vieux jeu * *inv* ◆ **in medieval ~s** à l'époque médiévale **e** (= experience) ◆ **to have a bad ~ of it** en voir de dures * ◆ **to have a good ~** bien s'amuser **f** (by clock) heure *f* ◆ **what ~ is it?** quelle heure est-il ? ◆ **it's ~ for lunch** c'est l'heure du déjeuner ◆ **it's ~ to go** il faut qu'on y aille ◆ **ahead of ~** en avance ◆ **behind ~** en retard ◆ **just in ~** (for sth/to do sth) juste à temps (pour qch/pour faire qch) ◆ **on ~** à l'heure **g** (= moment) moment *m* ◆ **there are ~s when ...** il y a des moments où ... ◆ **come any ~** venez quand vous voulez ◆ **he may come at any ~** il peut arriver d'un moment à l'autre ◆ **at that ~** à ce moment-là ◆ **at ~s** par moments ◆ **by the ~ I had finished, it was dark** le temps que je termine, il faisait nuit ◆ **from ~ to ~** de temps en temps ◆ **at this ~ of year** à cette époque de l'année ◆ **this ~ tomorrow** demain à cette heure-ci ◆ **this ~ last week** il y a exactement une semaine **h** (= occasion) fois *f* ◆ **this ~** cette fois ◆ **(the) last ~** la dernière fois ◆ **one at a ~** un(e) par un(e) **i** (multiplying) fois *f* ◆ **two ~s three** deux fois trois **j** (Mus) mesure *f* ◆ **in ~** en mesure (to, with avec) **2** VT **a** (= choose time of) [+ visit] choisir le moment de **b** (= count time of) [+ race, runner, worker] chronométrer ; [+ programme, piece of work] minuter **3** COMP ▸ **time bomb** bombe *f* à retardement ▸ **time-consuming** qui prend du temps ▸ **time difference** décalage *m* horaire ▸ **time limit** (= restricted period) limite *f* de temps ; (= deadline) date *f* limite ▸ **time machine** machine *f* à remonter le temps ▸ **time off** N ◆ **to take ~ off from work** prendre un congé ▸ **time-share** maison *f* (or appartement *m*) en multipropriété ▸ **time span** période *f* de temps ▸ **time switch** [of electrical apparatus] minuteur *m* ; (for lighting) minuterie *f* ▸ **time zone** fuseau *m* horaire

timeless ['taɪmlɪs] ADJ intemporel

timely ['taɪmlɪ] ADJ opportun

timer ['taɪməʳ] N minuteur *m*

timetable ['taɪmteɪbl] N (for bus, train) (indicateur *m*) horaire *m* ; (in school) emploi *m* du temps

timid ['tɪmɪd] ADJ (= shy) timide ; (= unadventurous) timoré

timing ['taɪmɪŋ] N ◆ **~ is crucial for a comedian** pour un comique, le timing est très important ◆ **the ~ of the demonstration** le moment choisi pour la manifestation ◆ **Ann, what perfect ~!** Ann, tu arrives au bon moment !

timpani ['tɪmpənɪ] NPL timbales *fpl*

tin [tɪn] N **a** (= metal) étain *m* **b** ◆ **~ (can)** boîte *f* (en fer-blanc) ▸ **tin-opener** (Brit) ouvre-boîte *m* **c** (for storage) boîte *f* (de fer) ◆ **cake ~** boîte *f* à gâteaux **d** (Brit: for baking) moule *m* ◆ **cake ~** moule *m* à gâteau ◆ **roasting ~** plat *m* à rôtir

tinfoil ['tɪnfɔɪl] N papier *m* (d')aluminium

tinge [tɪndʒ] **1** N teinte *f* ◆ **with a ~ of sadness** avec un peu de tristesse **2** VT ◆ **~d with** (colour) teinté de ; (feeling) empreint de

tingle ['tɪŋgl] **1** VI (= prickle) picoter ; (= thrill) vibrer **2** N (= sensation) picotement *m*

tinker ['tɪŋkəʳ] N (= gypsy) romanichel(le) *m(f)* (often pej)
▸ **tinker with** VI [+ machine, device] bricoler ; [+ contract, wording, report] remanier

tinkle ['tɪŋkl] **1** VI tinter **2** N tintement *m*

tinned [tɪnd] ADJ (Brit) [fruit, tomatoes, salmon] en boîte ◆ **~ food** conserves *fpl*

tinnitus [tɪ'naɪtəs] N acouphène *m*

tinsel ['tɪnsəl] N guirlandes *fpl* de Noël

tint [tɪnt] N teinte *f* ; (for hair) shampooing *m* colorant

tinted ['tɪntɪd] ADJ [glass, window] teinté

tiny ['taɪnɪ] ADJ tout petit

tip [tɪp] **1** N **a** (= end) bout *m* ; [of knife, tongue] pointe *f* ◆ **it's on the ~ of my tongue** je l'ai sur le bout de la langue ◆ **it's just the ~ of the iceberg** ce n'est que la partie visible de l'iceberg **b** (= money) pourboire *m* **c** (= advice) conseil *m* ▸ **tip-off** N ◆ **to give sb a ~-off** donner un tuyau * à qn ; (police informant) donner* qn **d** (Brit) (for rubbish) décharge *f* ; (= untidy place) * dépotoir *m* **2** VT **a** (= waiter, driver) donner un pourboire à **b** (= forecast) pronostiquer **c** (= tilt) pencher ; (= overturn) faire basculer ; (= pour) [+ liquid] verser (into dans ; out of de) ; [+ load, rubbish] déverser **3** VI (= incline) pencher ; (= overturn) se renverser
▸ **tip out** VT SEP [+ liquid, contents] vider ; [+ load] décharger
▸ **tip over 1** VI (= tilt) pencher ; (= overturn) basculer **2** VT SEP faire basculer

Tipp-Ex ® ['tɪpeks] N correcteur *m* liquide

tipsy ['tɪpsɪ] ADJ pompette *

tiptoe ['tɪptəʊ] **1** N ◆ **on** ~ sur la pointe des pieds **2** VI ◆ **to** ~ **in/out** entrer/sortir sur la pointe des pieds

tiptop * ['tɪptɒp] ADJ de toute première qualité

tirade [taɪ'reɪd] N diatribe *f*

tire ['taɪə^r] **1** N (US) pneu *m* **2** VT fatiguer **3** VI se fatiguer ◆ **he never ~s of telling us how ...** il ne se lasse jamais de nous dire comment ...
▸ **tire out** VT SEP épuiser ◆ **to be ~d out** être épuisé

tired ['taɪəd] ADJ **a** (= weary) fatigué ◆ **to get** ~ se fatiguer **b** (= bored) ◆ **to be** ~ **of sb/sth** en avoir assez de qn/qch

tireless ['taɪəlɪs] ADJ [person] infatigable ; [work, efforts] inlassable

tiresome ['taɪəsəm] ADJ pénible

tiring ['taɪərɪŋ] ADJ fatigant

tissue ['tɪʃuː] N (in body) tissu *m* ; (= paper handkerchief) mouchoir *m* en papier ▸ **tissue paper** papier *m* de soie

tit [tɪt] N **a** (= bird) mésange *f* **b** ◆ **tit for tat !** c'est un prêté pour un rendu ! **c** (✿ = breast) nichon ✿ *m*

titanium [tɪ'teɪnɪəm] N titane *m*

titbit ['tɪtbɪt] N (= food) friandise *f* ; (= gossip) potin * *m*

titillate ['tɪtɪleɪt] VT titiller

title ['taɪtl] **1** N titre *m* ▸ **title deed** titre *m* de propriété ▸ **title holder** tenant(e) *m(f)* du titre ▸ **title role** rôle-titre *m* **2** VT [+ book] intituler

titter ['tɪtə^r] VI rire sottement (at de)

---

to [tuː, tə]

1 PREP **a** (direction, movement) à ◆ **he went** ~ **the door** il est allé à la porte ◆ **to go** ~ **school** aller à l'école ◆ **we're going** ~ **the cinema** on va au cinéma ◆ **she's gone** ~ **the toilet** elle est allée aux toilettes **to go** ~ **town** aller en ville ◆ **to it** (= there) y ◆ **I liked the exhibition, I went** ~ **it twice** j'ai aimé l'exposition, j'y suis allé deux fois

b (= towards) vers ◆ **he turned** ~ **me** il s'est tourné vers moi

c (home, workplace) chez ◆ **let's go** ~ **Jill's (house)** si on allait chez Jill ? ◆ ~ **go** ~ **the doctor('s)** aller chez le médecin

d (with geographical names)

◆ **to** + feminine country/area en ◆ ~ **England/ Crete** en Angleterre/Crète ◆ ~ **Iran/Israel** en Iran/Israël

◆ **to** + masculine country/area au ◆ ~ **Japan/ Kashmir** au Japon/Cachemire

◆ **to** + plural country/group of islands aux ◆ ~ **the United States/the West Indies** aux États-Unis/ Antilles

◆ **to** + town/island without article à ◆ ~ **London/ Cuba** à Londres/Cuba

◆ **to** + masculine state/region/county dans ◆ ~ **Texas/Yorkshire** dans le Texas/le Yorkshire

e (= up to) jusqu'à ◆ **to count** ~ **20** compter jusqu'à 20 ◆ **from Monday** ~ **Friday** du lundi au vendredi

f **to** + person (indirect object) à ◆ **to give sth** ~ **sb** donner qch à qn ◆ **the man I sold it** ~ l'homme à qui je l'ai vendu ◆ **he was speaking** ~ **me** il me parlait

g (in time phrases) ◆ **20** ~ **two** deux heures moins 20

h (in ratios) ◆ **they won by four (goals)** ~ **two** ils ont gagné quatre (buts) à deux ◆ **two euros** ~ **the dollar** deux euros pour un dollar

i (= of) de ◆ **the key** ~ **the front door** la clé de la porte d'entrée

j (infinitive) ◆ ~ **be** être ◆ ~ **eat** manger ◆ **he refused** ~ **help me** il a refusé de m'aider ◆ **we're ready** ~ **go** nous sommes prêts à partir

k (infinitive expressing purpose) pour ◆ **we are writing** ~ **inform you ...** nous vous écrivons pour vous informer ...

2 ADV (= shut) ◆ **to push the door** ~ pousser la porte

---

toad [təʊd] N crapaud *m*

toadstool ['təʊdstuːl] N champignon *m* vénéneux

toast [təʊst] **1** N **a** (= bread) toast *m* **b** (= drink, speech) toast *m* **2** VT **a** (= grill) faire griller **b** (= drink toast to) [+ person] porter un toast à ; [+ event, victory] arroser (with à)

toaster ['təʊstə^r] N grille-pain *m inv*

tobacco [tə'bækəʊ] N tabac *m*

tobacconist's [tə'bækənɪsts] N bureau *m* de tabac

toboggan [tə'bɒgən] N luge *f*

today [tə'deɪ] ADV, N aujourd'hui *m* ◆ **a week** ~ aujourd'hui en huit ◆ **what day is (it)** ~? on est le combien aujourd'hui ?

toddler ['tɒdlə^r] N tout petit enfant *m*

toe [təʊ] **1** N [of foot] orteil *m* ; [of sock, shoe] bout *m* ◆ **big/little** ~ gros/petit orteil *m* **2** V ◆ ~ **to** ~ **the party line** suivre la ligne du parti

TOEFL ['təʊfəl] N (abbrev of **Test of English as Foreign Language**) *examen d'anglais pour les étudiants étrangers voulant étudier dans des universités anglo-saxonnes*

toenail ['təʊneɪl] N ongle *m* du pied

toffee ['tɒfɪ] N caramel *m*

tofu ['təʊfuː, 'tɒfuː] N tofu *m*

together [tə'geðəᵣ] ADV **a** (gen) ensemble ◆ I've **seen** them ~ je les ai vu ensemble ◆ they **belong** ~ [objects] ils vont ensemble ; [people] ils sont faits l'un pour l'autre ◆ ~ **with** avec **b** (= simultaneously) en même temps ; [sing, play] à l'unisson **c** ◆ to **get** it ~ *, to get one's **act** ~ * s'organiser

toil [tɔɪl] **1** N labeur m **2** VI (also **toil away**) peiner

toilet ['tɔɪlɪt] N toilettes fpl ◆ to **go** to the ~ aller aux toilettes ▸ **toilet bag** trousse f de toilette ▸ **toilet paper** papier m hygiénique ▸ **toilet roll** rouleau m de papier hygiénique ▸ **toilet water** eau f de toilette

toiletries ['tɔɪlɪtrɪz] NPL articles mpl de toilette

token ['təʊkən] **1** N (for telephone) jeton m ; (= voucher) bon m ◆ **as a** ~ **of** en témoignage de ◆ **by the same** ~ de même **2** ADJ symbolique

told [təʊld] VB pt, ptp of **tell** ◆ **all** ~ en tout

tolerable ['tɒlərəbl] ADJ **a** (= bearable) tolérable **b** (= adequate) assez bon

tolerance ['tɒlərəns] N tolérance f

tolerant ['tɒlərənt] ADJ [person, attitude] tolérant (of à l'égard de)

tolerate ['tɒləreɪt] VT tolérer ; (= put up with) supporter

toll [təʊl] **1** VI [bell] sonner **2** N **a** (on bridge, motorway) péage m ▸ **toll bridge** pont m à péage ▸ **toll road** route f à péage **b** ◆ the **war took a heavy** ~ **among the young men** la guerre a fait beaucoup de victimes parmi les jeunes ◆ the ~ **of dead has risen** le nombre des victimes a augmenté

tollbooth ['təʊlbuːθ] N poste m de péage

toll-free [tɒl'friː] ADJ (US) [number] gratuit

tomato [tə'mɑːtəʊ, (US) tə'meɪtəʊ] N (pl ~es) tomate f ▸ **tomato purée** purée f de tomates ▸ **tomato sauce** sauce f tomate ▸ **tomato soup** soupe f à la tomate

tomb [tuːm] N tombe f

tomboy ['tɒmbɔɪ] N garçon m manqué

tombstone ['tuːmstəʊn] N pierre f tombale

tom cat ['tɒmkæt] N matou m

tomorrow [tə'mɒrəʊ] ADV, N demain m ◆ ~ **afternoon/morning** demain après-midi/matin ◆ **a week** ~ demain en huit ◆ ~ **is another day!** ça ira mieux demain !

ton [tʌn] N (= weight) tonne f (Brit = 1 016 kg ; Can, US = 907 kg) ◆ **metric** ~ tonne f (= 1 000 kg) ◆ ~s **of** * des tas de *

tone [təʊn] N **a** (gen) ton m ; [of answering machine] bip m ; [of musical instrument] sonorité f ▸ **tone-deaf** ◆ to be ~-**deaf** ne pas avoir d'oreille **b** (in colour) ton m ◆ **two-**~ en deux tons **c** [of muscles] tonus m

▸ **tone down** VT SEP [+ criticism] atténuer ; [+ policy] modérer

▸ **tone up** VT SEP [+ muscles] tonifier

tongs [tɒŋz] NPL pinces fpl

tongue [tʌŋ] N langue f ◆ to **stick out** one's ~ tirer la langue ▸ **tongue-in-cheek** ironique ▸ **tongue-tied** muet

tonic ['tɒnɪk] N **a** (medical) fortifiant m **b** (also **tonic water, Indian tonic**) Schweppes ® m ◆ **gin and** ~ gin-tonic m

tonight [tə'naɪt] ADV (before bed) ce soir ; (during sleep) cette nuit

tonne [tʌn] N tonne f

tonsil ['tɒnsl] N amygdale f

tonsillitis [,tɒnsɪ'laɪtɪs] N angine f

too [tuː] ADV **a** (= excessively) trop ◆ it's ~ **hard for me to explain** c'est trop difficile à expliquer ◆ I'm not ~ **sure about that** je n'en suis pas trop sûr **b** (= also) aussi ; (= moreover) en plus ◆ I **went** ~ j'y suis allé aussi ◆ he **can swim** ~ lui aussi sait nager

took [tʊk] VB pt of **take**

tool [tuːl] N outil m

toolbox ['tuːlbɒks] N boîte f à outils

toolkit ['tuːlkɪt] N trousse f à outils

toot [tuːt] **1** N [of car horn] coup m de klaxon ® **2** VI klaxonner

tooth [tuːθ] N (pl **teeth**) dent f ◆ to **fight** ~ **and nail** se battre farouchement ◆ to **get** one's **teeth into** sth (fig) se mettre à qch pour de bon ◆ to **be fed up** to the (back) **teeth of** sth * en avoir ras le bol * de qch ▸ **tooth decay** carie f dentaire

toothache ['tuːθeɪk] N mal m de dents ◆ to **have** ~ avoir mal aux dents

toothbrush ['tuːθbrʌʃ] N brosse f à dents

toothpaste ['tuːθpeɪst] N dentifrice m

toothpick ['tuːθpɪk] N cure-dent m

top [tɒp] **1** N **a** (= highest point) [of mountain, hill] sommet m ; [of tree] cime f ; [of ladder, stairs, page, pile] haut m ; [of list] tête f ◆ **at the** ~ **of** [+ hill] au sommet de ; [+ stairs, ladder, page] en haut de ; [+ list, division] en tête de ; [+ profession] au faîte de ◆ to **be at the** ~ **of the class** être premier de classe ◆ **at the** ~ **of** one's **voice** à tue-tête ◆ **on** ~ dessus ◆ **take the plate on** ~ prends l'assiette du dessus ◆ he **came out on** ~ il a eu le dessus ◆ **on** ~ **of** sur ; (= in addition) en plus de ◆ to **be on** ~ **of the world** être aux anges ◆ **then on** ~ **of everything else ...** et puis par-dessus le marché ...

◆ **from top to bottom** [redecorate] complètement ; [clean] de fond en comble ; [cover] entièrement

to be over the top * [film, book] dépasser la mesure ; [person] exagérer ; [act, opinion] être excessif **b** (= upper part, section) [of car] toit *m* ; [of bus] étage *m* supérieur ; [of box, container] dessus *m* **c** [of garment, bikini] haut *m* **d** (= cap, lid) [of box] couvercle *m* ; [of bottle, tube] bouchon *m* ; [of pen] capuchon *m* **2** ADJ **a** (= highest) [shelf, drawer] du haut ; [floor, storey] dernier ◆ **the ~ right-hand corner** le coin en haut à droite **b** (in rank) [management] supérieur ; (= best) meilleur ◆ **one of the ~ pianists** un des plus grands pianistes ◆ **a ~ job** un des postes les plus prestigieux ◆ **he was ~ in maths** il a été premier en maths ◆ **~ marks for efficiency** vingt sur vingt pour l'efficacité **c** (= maximum) ◆ **the vehicle's ~ speed** la vitesse maximale du véhicule ◆ **at ~ speed** à toute vitesse ◆ **a matter of ~ priority** une priorité absolue **3** VT **a** (= exceed) dépasser ◆ **and to ~ it all ...** et pour couronner le tout ... **b** (= be at top of) [+ list] être en tête de **4** COMP ▶ **top hat** haut-de-forme *m* ▶ **top-heavy** [structure] trop lourd du haut ▶ **top-level** [meeting, talks, discussion] au plus haut niveau ; [decision] pris au plus haut niveau ▶ **top-of-the-range** haut de gamme *inv* ▶ **top-secret** top secret *inv* ▶ **top-security wing** quartier *m* de haute sécurité ▶ **the top ten** (= songs) les dix premiers *mpl* du Top

▶ **top up** VT SEP (Brit) [+ cup, glass] remplir

topaz ['təʊpæz] N topaze *f*

topic ['tɒpɪk] N sujet *m*

topical ['tɒpɪkəl] ADJ d'actualité

topless ['tɒplɪs] **1** ADJ [woman] (aux) seins nus **2** ADV [sunbathe, pose, dance] seins nus

topping ['tɒpɪŋ] N (for pizza) garniture *f*

topple ['tɒpl] **1** VI (also **topple over**) tomber ; [pile] s'effondrer **2** VT renverser

topsy-turvy ['tɒpsɪ'tɜːvɪ] ADJ, ADV sens dessus dessous

torch [tɔːtʃ] N torche *f*

tore [tɔːʳ] VB pt of **tear**

torment **1** N ['tɔːment] supplice *m* **2** VT [tɔː'ment] [+ person] tourmenter ; [+ animal] martyriser

torn [tɔːn] VB ptp of **tear**

tornado [tɔː'neɪdəʊ] N tornade *f*

torpedo [tɔː'piːdəʊ] N (pl **~es**) torpille *f*

torrent ['tɒrənt] N torrent *m*

torrential [tɒ'renʃəl] ADJ torrentiel

torrid ['tɒrɪd] ADJ (= hot, passionate) torride

torso ['tɔːsəʊ] N torse *m* ; (in art) buste *m*

tortilla [tɔː'tiːə] N tortilla *f* ▶ **tortilla chip** *chip de maïs épicée*

tortoise ['tɔːtəs] N tortue *f*

tortoiseshell ['tɔːtəʃel] N écaille *f* de tortue ▶ **tortoiseshell cat** chat *m* écaille et blanc

tortuous ['tɔːtjʊəs] ADJ tortueux

torture ['tɔːtʃəʳ] **1** N supplice *m* **2** VT torturer

Tory ['tɔːrɪ] **1** N Tory *mf*, conservateur *m*, -trice *f* **2** ADJ tory *inv*, conservateur (-trice *f*)

toss [tɒs] **1** N (= throw) lancement *m* ◆ **to win/lose the ~** gagner/perdre à pile ou face ; (Sport) gagner/perdre au tirage au sort **2** VT [+ ball, object] jeter ; [+ pancake] faire sauter ; [+ salad] remuer ; [horse] désarçonner ◆ **they ~ed a coin** ils ont joué à pile ou face ◆ **the boat was ~ed about by the waves** le bateau était ballotté par les vagues **3** VI **a** ◆ **he was ~ing and turning all night** il n'a pas arrêté de se tourner et se retourner toute la nuit **b** (also **toss up**) jouer à pile ou face

total ['təʊtl] **1** ADJ (gen) total ; [failure] complet (-ète *f*) ◆ **a ~ stranger** un parfait inconnu **2** N total *m* ◆ **in ~** au total **3** VT **a** (= add) faire le total de **b** (= amount to) s'élever à

totalitarian [ˌtəʊtælɪ'tɛərɪən] ADJ, N totalitaire *mf*

totally ['təʊtəlɪ] ADV totalement

totter ['tɒtəʳ] VI chanceler

touch [tʌtʃ] **1** N **a** (= sense of touch) toucher *m* **b** (= act of touching) contact *m* ◆ **at the ~ of a button** en appuyant sur un bouton **c** (= detail) détail *m* ◆ **to put the finishing ~es to sth** mettre la dernière main à qch ◆ **to give sth a personal ~** mettre une note personnelle dans qch **d** (= small amount) ◆ **a ~ of** un petit peu de ◆ **a ~ of colour** une touche de couleur ◆ **a ~ of sadness** une pointe de tristesse **e** (= contact) ◆ **to be in ~ with sb** être en contact avec qn ◆ **to keep in ~ with sb** rester en contact avec qn ◆ **to get in ~ with sb** prendre contact avec qn ; (by phone) joindre qn ◆ **to lose ~ with sb** perdre le contact avec qn ◆ **to be out of ~ with** ne pas être au courant de ◆ **he's completely out of ~** il n'est plus dans le coup * **f** (Football, Rugby) touche *f* **2** VT **a** (= come into contact with) toucher ◆ **he ~ed it with his finger** il l'a touché du doigt **b** (= tamper with) toucher à **c** [+ food, drink] toucher à **d** (= move emotionally) toucher ◆ **we were very ~ed by your letter** nous avons été très touchés par votre lettre **e** (= reach) [+ level, speed] atteindre **3** VI **a** (= come into contact with) [ends, lands] se toucher **b** ◆ **to ~ on a subject** aborder un sujet

▶ **touch down** VI (= land) atterrir

▶ **touch up** VT SEP [+ painting, photo] retoucher

touch-and-go [ˌtʌtʃn'gəʊ] ADJ ◆ **it's ~ with him** il est entre la vie et la mort ◆ **it was ~ until the last minute** l'issue est restée incertaine jusqu'au bout

touchdown ['tʌtʃdaʊn] N atterrissage *m*

touched ['tʌtʃt] ADJ **a** (= moved) touché **b** (* = mad) toqué

touching ['tʌtʃɪŋ] ADJ touchant

touchpad ['tʌtʃpæd] N pavé *m* tactile

touch-type ['tʌtʃtaɪp] VI taper sans regarder le clavier

touchy ['tʌtʃɪ] ADJ (= easily annoyed) susceptible (about sth sur la question de qch); (= delicate) [subject, issue] délicat

tough [tʌf] ADJ **a** (= strong) [material] solide **b** [meat] coriace **c** (= mentally strong) solide **c** (= hard) [resistance, struggle] acharné; [task] pénible; [problem] difficile; [neighbourhood, person] dur ◆ **to have a ~ time of it** * en voir de dures *

toughen ['tʌfn] VT [+ person] endurcir; [+ material] renforcer

toupee ['tuːpeɪ] N postiche *m*

tour ['tʊəʳ] **1** N (= journey) voyage *m*; (by team, musicians) tournée *f*; [of town, museum] visite *f* ◆ **to go on a walking/cycling ~** faire une randonnée à pied/en bicyclette ◆ **on ~** [band] en tournée ◆ **~ of duty** période *f* de service ▸ **tour guide** (= person) guide *m* ▸ **tour operator** (Brit = travel agency) tour-opérateur *m* **2** VT [+ district, museum, factory] visiter ◆ **they are ~ing France** ils visitent la France ◆ [band, team] ils sont en tournée en France

tourism ['tʊərɪzəm] N tourisme *m*

tourist ['tʊərɪst] N touriste *mf* ▸ **tourist office** office *m* du tourisme

tournament ['tʊənəmənt] N tournoi *m*

tourniquet ['tʊənɪkeɪ] N garrot *m*

tousled ['taʊzld] ADJ [hair] ébouriffé; [person, appearance] échevelé

tout [taʊt] **1** N (Brit = ticket tout) revendeur *m* de billets *(au marché noir)* **2** VT [+ wares] vendre; (Brit) [+ tickets] revendre *(au marché noir)* **3** VI racoler

tow [təʊ] **1** N **a** ◆ **to give sb a ~** remorquer qn ▸ **tow bar** barre *f* de remorquage ▸ **tow truck** dépanneuse *f* **b** (= ski tow) téléski *m* **2** VT [+ boat, vehicle] remorquer (to, into jusqu'à); [+ caravan, trailer] tracter

toward(s) [tə'wɔːd(z)] PREP **a** (direction) vers **b** (time) vers ◆ **toward(s) 10 o'clock** vers 10 heures **c** (of attitude) envers ◆ **his attitude toward(s) them** son attitude envers eux

towel ['taʊəl] N serviette *f* (de toilette); (= tea towel) torchon *m*; (for hands) essuie-mains *m* ▸ **towel rail** porte-serviettes *m inv*

towelling ['taʊəlɪŋ] **1** N tissu *m* éponge **2** ADJ [robe] en tissu éponge

tower ['taʊəʳ] **1** N tour *f* ◆ **church ~** clocher *m* ▸ **tower block** (Brit) tour *f* (d'habitation) **2** VI [building, mountain, cliff] se dresser de manière imposante ◆ **he ~ed over her** il la dominait de toute sa hauteur

towering ['taʊərɪŋ] ADJ **a** (= tall) [building] imposant par sa hauteur **b** (= great) [achievement] grandiose; [ambition] hors du commun

town [taʊn] N ville *f* ◆ **to go to ~** aller en ville ▸ **town centre** centre-ville *m* ▸ **town clerk** ≈ secrétaire *mf* de mairie ▸ **town council** conseil *m* municipal ▸ **town hall** ≈ mairie *f*, ≈ hôtel *m* de ville ▸ **town planning** (Brit) urbanisme *m*

township ['taʊnʃɪp] N (in South Africa) township *m or f*

towpath ['təʊpɑːθ] N chemin *m* de halage

towrope ['təʊrəʊp] N câble *m* de remorque

toxic ['tɒksɪk] ADJ toxique

toxin ['tɒksɪn] N toxine *f*

toy [tɔɪ] **1** N jouet *m* ▸ **toy car** petite voiture *f* ▸ **toy poodle** caniche *m* nain **2** VI ◆ **to ~ with** [+ object, sb's affections] jouer avec; [+ idea] caresser ◆ **to ~ with one's food** manger du bout des dents

toyshop ['tɔɪʃɒp] N magasin *m* de jouets

trace [treɪs] **1** N trace *f* **2** VT **a** (= draw) [+ curve, line] tracer; (with tracing paper) décalquer **b** (= follow trail of) suivre la trace de; (and locate) retrouver

trachea [trə'kɪə] N trachée *f*

tracing paper ['treɪsɪŋˌpeɪpəʳ] N papier *m* calque

track [træk] **1** N **a** (= trail) trace *f*; (= route) trajectoire *f* ◆ **to be on the right ~** être sur la bonne voie ◆ **to be on the wrong ~** faire fausse route ◆ **to keep ~ of** [+ events] suivre le fil de; [+ developments, situation] rester au courant de; [+ person] rester en contact avec ◆ **keep ~ of the time** n'oubliez pas l'heure ◆ **to lose ~ of** [+ developments, situation] ne plus être au courant de; [+ events] perdre le fil de; [+ person] perdre de vue ◆ **to lose all ~ of time** perdre la notion du temps **b** (= path) sentier *m* **c** (Rail) voie *f* (ferrée) **d** (Sport) piste *f* **e** [of CD, computer disk] piste *f*; [of long-playing record] plage *f*; (= piece of music) morceau *m* **2** VT [+ animal, person, vehicle] suivre la trace de

▸ **track down** VT SEP [+ lost object, reference] (finir par) retrouver

track record ['trækrekɔːd] N ◆ **to have a good track record** avoir fait ses preuves ◆ **to have a poor track record** avoir eu de mauvais résultats

tracksuit ['træksuːt] N (Brit) survêtement *m*

tract [trækt] N [of land, water] étendue *f*

traction ['trækʃən] N traction *f*

tractor ['træktə^r] N tracteur m ▶ **tractor-trailer** (US) semi-remorque m

trade [treɪd] **1** N **a** (= commerce) commerce m ; (illegal) trafic m **b** (= job) métier m **c** (= swap) échange m **2** VI **a** [country] faire du commerce (in de) ▶ **to be trading at** se négocier à **c** (= exchange) échanger **3** VT (= exchange) ◆ **to ~ A for B** échanger A contre B ◆ **to ~ places with sb** changer de place avec qn **4** COMP ▶ **trade fair** foire-exposition f ▶ **trade-in** reprise f ▶ **trade name** nom m de marque ▶ **trade secret** secret m de fabrication ▶ **trade talks** négociations fpl commerciales ▶ **trade union** syndicat m
▶ **trade in** VT SEP [+ car, television] obtenir une reprise pour

trademark ['treɪdmɑːk] N marque f (de fabrique) ◆ **registered ~** marque f déposée

trader ['treɪdə^r] N commerçant(e) m(f) ; (in shares) opérateur m financier

tradesman ['treɪdzmən] N (pl **-men**) commerçant m

trading ['treɪdɪŋ] N commerce m ; (on Stock Exchange) transactions fpl

tradition [trə'dɪʃən] N tradition f

traditional [trə'dɪʃənl] ADJ traditionnel

traffic ['træfɪk] (vb : pret, ptp **trafficked**) **1** N **a** (on roads) circulation f ; (other) trafic m ▶ **traffic circle** (US) rond-point m ▶ **traffic jam** bouchon m ▶ **traffic lights** feux mpl de signalisation ▶ **traffic warden** (Brit) contractuel(le) m(f) **b** (= illegal trade) trafic m (in de) **2** VI ◆ **to ~ in** sth faire le commerce de qch

trafficker ['træfɪkə^r] N trafiquant(e) m(f) (in en)

tragedy ['trædʒɪdɪ] N tragédie f

tragic ['trædʒɪk] ADJ tragique

trail [treɪl] **1** N **a** [of blood, smoke] traînée f **b** (= tracks) trace f ; (Hunting) piste f **c** (= path) sentier m **2** VT **a** (= follow) suivre la piste de **b** (= drag) [+ object on rope, toy] tirer **3** VI **a** [object] traîner ◆ **they were ~ing by 13 points** (in competition) ils étaient en retard de 13 points **b** ◆ **to ~ along** (= move wearily) passer en traînant les pieds
▶ **trail away, trail off** VI [voice, music] s'estomper

trailer ['treɪlə^r] N **a** (= vehicle) remorque f ; (US = caravan) caravane f **b** (= extract) bande-annonce f

train [treɪn] **1** N **a** train m ; (in Underground) métro m ◆ **on the ~** dans le train ▶ **train set** train m électrique (jouet) ▶ **train spotter** (Brit) passionné(e) m(f) de trains ; (= nerd) * crétin(e) * m(f) ▶ **train-spotting** (Brit) ◆ **to go ~-spotting** observer les trains (pour identifier les divers types de locomotives) **b** (= procession) file f **c**

(= series) suite f **d** [of dress] traîne f **2** VT **a** (= instruct) former ; [+ player] entraîner ; [+ animal] dresser ◆ **to ~ sb to do sth** apprendre à qn à faire qch ; (professionally) former qn à faire qch **b** [+ gun, camera, telescope] braquer **3** VI suivre une formation ; (Sport) s'entraîner

trained [treɪnd] ADJ (= qualified) qualifié ; [nurse, teacher] diplômé ; [animal] dressé ◆ **well-~** [person] qui a reçu une bonne formation ; [animal] bien dressé

trainee [treɪ'niː] N stagiaire mf

trainer ['treɪnə^r] **1** N entraîneur m, -euse f **2** **trainers** NPL (= shoes) (Brit) tennis fpl ; (high-tops) baskets mpl

training ['treɪnɪŋ] N (for job) formation f ; (Sport) entraînement m ; [of animal] dressage m ▶ **training shoes** (Brit) tennis fpl ; (high-tops) baskets mpl

traipse * [treɪps] VI ◆ **to ~ around** or **about** traîner

trait [treɪt] N trait m (de caractère)

traitor ['treɪtə^r] N traître(sse) m(f)

trajectory [trə'dʒektərɪ] N trajectoire f

tram [træm] N (Brit) tram(way) m

tramp [træmp] **1** N (= vagabond) vagabond(e) m(f) **2** VI (= walk heavily) marcher d'un pas lourd

trample ['træmpl] VTI ◆ **to ~ underfoot, to ~ on** piétiner ; (fig) bafouer

trampoline ['træmpəlɪn] N trampoline m

tramway ['træmweɪ] N (Brit = rails) voie f de tramway

trance [trɑːns] N transe f ◆ **to go into a ~** entrer en transe

tranquil ['træŋkwɪl] ADJ paisible

tranquillizer, tranquilizer (US) ['træŋkwɪlaɪzə^r] N tranquillisant m

transaction [træn'zækʃən] N transaction f

transatlantic ['trænzət'læntɪk] ADJ transatlantique ; (Brit = American) américain

transcend [træn'send] VT transcender

transcribe [træn'skraɪb] VT transcrire

transcript ['trænskrɪpt] N transcription f ; (US) [of student] dossier m complet de la scolarité

transcription [træn'skrɪpʃən] N transcription f

transfer 1 VT [træns'fɜː^r] **a** (= move) transférer **b** (= hand over) [+ power] faire passer ; [+ ownership] transférer ; [+ money] virer **c** (= copy) [+ design] reporter (to sur) **2** VI [træns'fɜː^r] être transféré **3** N ['trænsfɜː^r] **a** (= move) transfert m **b** [of money] virement m ; [of power] passation f **c** (= picture) décalcomanie f

transfixed [træns'fɪkst] ADJ ◆ **to be ~** être cloué sur place

transform [træns'fɔːm] VT transformer (into en) ; (= change) convertir (into en) ◆ **to be ~ed into ...** se transformer en ...

transformation [ˌtrænsfə'meɪʃən] N transformation f (into sth en qch)

transformer [træns'fɔːmə^r] N transformateur m

transfusion [træns'fjuːʒən] N transfusion f ◆ **blood ~** transfusion f sanguine

transient ['trænzɪənt] ADJ passager

transistor [træn'zɪstə^r] N transistor m

transit ['trænzɪt] N transit m ▶ **transit camp** camp m de transit ▶ **transit lounge** salle f de transit

transition [træn'zɪʃən] N transition f

transitive ['trænzɪtɪv] ADJ transitif

translate [trænz'leɪt] VT traduire (from de ; into en)

translation [trænz'leɪʃən] N traduction f (from de ; into en) ; (= exercise) version f

translator [trænz'leɪtə^r] N traducteur m, -trice f

translucent [trænz'luːsnt] ADJ translucide

transmission [trænz'mɪʃən] N transmission f ; (US = gearbox) boîte f de vitesses

transmit [trænz'mɪt] VT transmettre ; [+ programme] émettre

transmitter [trænz'mɪtə^r] N émetteur m

transparency [træns'pærənsɪ] N **a** transparence f **b** (Brit = slide) diapositive f ; (for overhead projector) transparent m

transparent [træns'pærənt] ADJ transparent

transpire [træns'paɪə^r] VI (= become known) s'avérer ; (= happen) se passer

transplant **1** VT [træns'plɑːnt] transplanter ; [+ seedlings] repiquer **2** N ['trænsplɑːnt] transplantation f

transport **1** N ['trænspɔːt] transport m ▶ **transport café** (Brit) restaurant m de routiers **2** VT [træns'pɔːt] transporter

transportation [ˌtrænspɔː'teɪʃən] N (= act of transporting) transport m ; (US = means of transport) moyen m de transport ; [of criminals] transportation f

transpose [træns'pəʊz] VT transposer

transsexual [trænz'seksjʊəl] N transsexuel(le) m(f)

transvestite [trænz'vestaɪt] N travesti(e) m(f)

trap [træp] **1** N **a** (gen) piège m ◆ **to lay a ~** tendre un piège (for sb à qn) ▶ **trap door** trappe f **b** (= carriage) cabriolet m **2** VT **a** (= snare) prendre au piège **b** (= immobilize, catch) [+ person] immobiliser ; [+ object] coincer ◆ **to ~ one's finger in the door** se coincer le doigt dans la porte

trapeze [trə'piːz] N trapèze m ▶ **trapeze artist** trapéziste mf

trapper ['træpə^r] N trappeur m

trash [træʃ] N **a** (= refuse) ordures fpl ▶ **trash can** (US) poubelle f **b** (= worthless thing) camelote * f ; (= nonsense) inepties fpl

trauma ['trɔːmə] N traumatisme m

traumatic [trɔː'mætɪk] ADJ traumatique ; [experience, effect, event, relationship] traumatisant

traumatize ['trɔːmətaɪz] VT traumatiser

travel ['trævl] **1** VI **a** (= journey) voyager **b** (= move) aller ; [machine part] se déplacer ◆ **news ~s fast** les nouvelles vont vite **2** VT ◆ **to ~ a country** parcourir un pays **3** N (= travelling) le(s) voyage(s) m(pl) ▶ **travel agency** agence f de voyages ▶ **travel agent** agent m de voyages ▶ **travel book** récit m de voyages ▶ **travel-sick** ◆ **to be ~-sick** avoir le mal des transports

travelator ['trævəleɪtə^r] N tapis m roulant

traveller, traveler (US) ['trævlə^r] **1** N voyageur m, -euse f ▶ **traveller's cheque, traveler's check** (US) chèque m de voyage **2** **travellers** NPL (Brit = gypsies) gens mpl du voyage

travelling, traveling (US) ['trævlɪŋ] **1** N voyage(s) m(pl) **2** ADJ [actor, circus, exhibition] itinérant ; [bag] de voyage ; [expenses, allowance] de déplacement ▶ **travelling salesman** voyageur m de commerce, VRP m

travelogue, travelog (US) ['trævəlɒg] N (= talk) compte rendu m de voyage ; (= film) documentaire m touristique

travesty ['trævɪstɪ] N parodie f

trawler ['trɔːlə^r] N chalutier m

tray [treɪ] N plateau m

treacherous ['tretʃərəs] ADJ **a** (= disloyal) déloyal **b** [weather, road] dangereux ; [waters, current, tide] traître (traîtresse f)

treacle ['triːkl] (Brit) N mélasse f

tread [tred] (vb : pret **trod**, ptp **trodden**) **1** N **a** (= footsteps) pas mpl ; (= sound) bruit m de pas **b** [of tyre] bande f de roulement **2** VI marcher ◆ **to ~ on sth** marcher sur qch **3** VT ◆ **to ~ water** faire du surplace

treadle ['tredl] N pédale f

treason ['triːzn] N trahison f

treasure ['treʒə^r] **1** N trésor m ▶ **treasure chest** malle f au trésor ▶ **treasure hunt** chasse f au trésor **2** VT **a** (= value greatly) tenir beaucoup à **b** (= keep carefully) garder précieusement ; [+ memory] conserver précieusement

treasurer ['treʒərə^r] N trésorier m, -ière f

treasury ['treʒərɪ] N ministère m des Finances

treat [triːt] **1** VT **a** (gen) traiter ◆ to ~ sb badly mal traiter qn ◆ to ~ sth with care faire attention à qch ◆ he ~ed the whole thing as a joke il a pris tout cela à la plaisanterie **b** (medically) soigner ◆ to ~ sth with penicillin soigner qch à la pénicilline **c** (= pay for) ◆ to ~ sb to sth offrir qch à qn ◆ to ~ o.s. to sth s'offrir qch **2** N (= pleasure) plaisir m ; (= present) cadeau m ◆ I want to give her a ~ je veux lui faire plaisir

treatment ['triːtmənt] N traitement m

treaty ['triːtɪ] N traité m

treble ['trebl] **1** ADJ **a** (= triple) triple **b** [voice] de soprano *(de jeune garçon)* ▸ treble clef clé f de sol **2** N **a** (= singer) soprano m/f **b** (on stereo) aigus mpl **3** VTI tripler

tree [triː] N arbre m ▸ tree house cabane f construite dans un arbre ▸ tree trunk tronc m d'arbre

treetop ['triːtɒp] N sommet m d'un arbre

trek [trek] **1** VI ◆ to go ~king faire du trekking **2** N (= hike) trekking m, randonnée f

trellis ['trelɪs] N treillis m

tremble ['trembl] VI (gen) trembler ; (with excitement, passion) frémir ◆ to ~ with fear trembler de peur ◆ to ~ with cold grelotter

tremendous [trɪˈmendəs] ADJ **a** (= great, enormous) énorme ; [help, achievement, opportunity] extraordinaire ; [storm, heat, explosion] terrible ; [speed] fou (folle f) **b** (* = excellent) [person] génial * ; [goal, food] super * inv

tremor ['tremər] N tremblement m

trench [trentʃ] N tranchée f ▸ trench coat trench-coat m

trend [trend] N (= tendency) tendance f ; (= fashion) mode f ◆ to set a ~ donner le ton ; (= fashion) lancer une mode

trendy * ['trendɪ] ADJ branché * ; [opinions, behaviour] à la mode

trepidation [ˌtrepɪˈdeɪʃən] N vive inquiétude f

trespass ['trespəs] VI entrer sans permission ◆ "no ~ing" "entrée interdite"

trespasser ['trespəsər] N intrus(e) m(f) *(dans une propriété privée)* ◆ "~s will be prosecuted" "défense d'entrer sous peine de poursuites"

trestle ['tresl] N tréteau m ▸ trestle table table f à tréteaux

trial ['traɪəl] **1** N **a** (Law) procès m ◆ to be on ~ passer en jugement **b** (= test) essai m ◆ to be on ~ [+ machine, employee] être à l'essai ◆ by ~ and error par essais et erreurs ◆ on a ~ basis à titre d'essai ▸ trial run [of machine] essai m ; (fig) galop m d'essai **c** (= hardship) épreuve f ; (= nuisance) souci m **2** VT (= test) tester

triangle ['traɪæŋgl] N triangle m

triangular [traɪˈæŋgjʊlər] ADJ triangulaire

triathlon [traɪˈæθlən] N triathlon m

tribal ['traɪbəl] ADJ tribal

tribe [traɪb] N tribu f

tribesman ['traɪbzmən] N (pl -men) membre m d'une tribu

tribulation [ˌtrɪbjuˈleɪʃən] N ◆ trials and ~s tribulations fpl

tribunal [traɪˈbjuːnl] N tribunal m

tributary ['trɪbjʊtərɪ] N (= river) affluent m

tribute ['trɪbjuːt] N hommage m ◆ to pay ~ to ... (= honour) rendre hommage à ...

triceps ['traɪseps] N INV triceps m

trick [trɪk] **1** N **a** (= dodge) ruse f ; (= joke) tour m ; [of conjurer, dog] tour m ; (= special skill) truc m ◆ a dirty ~ un sale tour ◆ to play a ~ on sb jouer un tour à qn ◆ that will do the ~ * ça fera l'affaire ▸ trick question question-piège f **b** (Cards) levée f **2** VT (= deceive) rouler * ; (= swindle) escroquer ◆ to ~ sb into doing amener qn par la ruse à faire

trickery ['trɪkərɪ] N ruse f

trickle ['trɪkl] **1** N [of water, blood] filet m **2** VI [water] (= drop slowly) tomber goutte à goutte ; (= flow slowly) dégouliner ◆ to ~ in/away [people] entrer/s'éloigner petit à petit

tricky ['trɪkɪ] ADJ [task] difficile ; [problem, question, situation] délicat

tricycle ['traɪsɪkl] N tricycle m

tried and tested [ˌtraɪdənˈtestɪd] ADJ ◆ to be tried and tested avoir fait ses preuves

trifle ['traɪfl] **1** N **a** (= insignificant thing) bagatelle f ◆ a ~ un peu **b** (= dessert) ≈ diplomate m **2** VI ◆ he's not to be ~d with il ne faut pas le traiter à la légère

trifling ['traɪflɪŋ] ADJ insignifiant

trigger ['trɪgər] **1** N [of gun] détente f ; [of bomb] détonateur m ◆ to pull the ~ appuyer sur la détente **2** VT (also trigger off) [+ explosion, alarm] déclencher ; [+ bomb] amorcer ; [+ reaction] provoquer

trigonometry [ˌtrɪgəˈnɒmɪtrɪ] N trigonométrie f

trilby ['trɪlbɪ] N (Brit) chapeau m mou

trillion ['trɪljən] N billion m

trilogy ['trɪlədʒɪ] N trilogie f

trim [trɪm] **1** ADJ **a** (= neat) bien tenu **b** (= slim) svelte ; [waist] mince **2** N (= haircut) coupe f (d')entretien **3** VT **a** (= cut) [+ beard] tailler ; [+ hair] rafraîchir ; [+ hedge] tailler (légèrement) **b** (= reduce) [+ costs] réduire **c** (= decorate) [+ hat, dress] orner (with de) ; [+ Christmas tree] décorer (with de)

trimester [trɪˈmestər] N trimestre m

trimming ['trɪmɪŋ] **1** N (on garment) parement *m* **2 trimmings** NPL **a** (= pieces cut off) chutes *fpl* **b** ◆ **roast beef and all the ~s** du rosbif avec la garniture habituelle

trinity ['trɪnɪtɪ] N trinité *f*

trinket ['trɪŋkɪt] N (= knick-knack) babiole *f*; (= jewel) colifichet *m*

trio ['triːəʊ] N trio *m*

trip [trɪp] **1** N **a** (= journey) voyage *m*; (= excursion) excursion *f* **b** (*: Drugs) trip * *m* **2** VI (= stumble) (also **trip up**) trébucher (on, over contre, sur) **3** VT **a** (make fall: also **trip up**) faire trébucher ; (deliberately) faire un croche-pied **b** [+ mechanism] déclencher ▶ **trip switch** télérupteur *m*

▶ **trip over** VI trébucher

▶ **trip up** VI (= fall) trébucher ; (= make a mistake) faire une erreur **2** VT SEP faire trébucher ; (deliberately) faire un croche-pied à ; (in questioning) prendre en défaut

tripe [traɪp] N **a** (= meat) tripes *fpl* **b** (* = nonsense) bêtises *fpl*

triple ['trɪpl] **1** ADJ triple **2** N (= amount, number) triple *m* **3** VTI tripler

triplet ['trɪplɪt] N ◆ **~s** triplé(e)s *m(f)pl*

triplicate ['trɪplɪkɪt] N ◆ **in ~** en trois exemplaires

tripod ['traɪpɒd] N trépied *m*

trite [traɪt] ADJ banal

triumph ['traɪʌmf] **1** N triomphe *m* **2** VI triompher (over de)

triumphant [traɪ'ʌmfənt] ADJ **a** (= victorious) victorieux **b** (= exultant) triomphant

trivia ['trɪvɪə] NPL futilités *fpl*

trivial ['trɪvɪəl] ADJ insignifiant

trod [trɒd] VB (pt of tread)

trodden ['trɒdn] VB (ptp of tread)

trolley ['trɒlɪ] N (Brit) chariot *m* ; (also **tea trolley**) table *f* roulante ; (US = tramcar) tram *m*

trombone [trɒm'bəʊn] N (= instrument) trombone *m*

troop [truːp] **1** N bande *f* ; [of scouts] troupe *f* ◆ **~s** (= soldiers) troupes *fpl* **2** VI ◆ **to ~ in** entrer en groupe

trophy ['trəʊfɪ] N trophée *m*

tropic ['trɒpɪk] N tropique *m* ◆ **in the ~s** sous les tropiques

tropical ['trɒpɪkəl] ADJ tropical

trot [trɒt] **1** N (= pace) trot *m* ◆ **on the ~** * de suite **2** VI trotter

trouble ['trʌbl] **1** N **a** (= difficulties) ennuis *mpl* ◆ **to be in ~** avoir des ennuis ◆ **to get into ~** s'attirer des ennuis ◆ **to make ~** causer des ennuis (for sb à qn) **b** (= bother) mal *m*, peine *f* ◆ **it's not worth the ~** cela n'en vaut pas la peine ◆ **to take the ~ to do sth** se donner la peine de faire qch ◆ **I don't want to put you to any ~** je ne veux pas vous déranger ◆ **it's no ~** cela ne me dérange pas **c** (= problem) problème *m* ; (= nuisance) ennui *m* ◆ **what's the ~?** qu'est-ce qui ne va pas ? ◆ **I have back ~** j'ai des problèmes de dos **d** (= unrest) agitation *f* ▶ **trouble spot** point *m* chaud **2** VT **a** (= worry) inquiéter ; (= inconvenience) gêner ; (= upset) troubler **b** (= bother) déranger

troubled ['trʌbld] ADJ **a** (= worried) inquiet (-ète *f*) **b** (= disturbed) [relationship] mouvementé ; [country] en proie à des troubles

troublemaker ['trʌblmeɪkə'] N fauteur *m*, -trice de troubles

troubleshooter ['trʌblʃuːtə'] N expert *m* (appelé en cas de crise) ; (in conflict) médiateur *m*

troublesome ['trʌbləsəm] ADJ [person] pénible ; [pupil, question, task] difficile ; [cough, injury] gênant

trough [trɒf] N **a** (= depression) dépression *f* ; (fig) creux *m* **b** (= drinking trough) abreuvoir *m* ; (= feeding trough) auge *f*

troupe [truːp] N troupe *f*

trouser ['traʊzə'] (Brit) N ◆ **~s** (pl) pantalon *m* ◆ **a pair of ~s** un pantalon ▶ **trouser suit** (Brit) tailleur-pantalon *m*

trout [traʊt] N INV truite *f*

trowel ['traʊəl] N (for plaster, cement) truelle *f* ; (for gardening) transplantoir *m*

truant ['truːənt] N élève *mf* absent(e) sans autorisation ◆ **to play ~** manquer les cours

truce [truːs] N trêve *f*

truck [trʌk] N (= lorry) camion *m* ; (Brit Rail) wagon *m* à plateforme

truckdriver ['trʌkdraɪvə'] N routier *m*

trucker ['trʌkə'] N (US) routier *m*

truculent ['trʌkjʊlənt] ADJ agressif

trudge [trʌdʒ] VI ◆ **to ~ along** marcher en traînant les pieds

true [truː] **1** ADJ **a** (= correct) vrai ; [description, account] fidèle ◆ **to come ~** [dream] se réaliser **b** (= real) véritable ; [cost] réel ◆ **~ love** le grand amour **c** (= faithful) fidèle ◆ **to be ~ to one's word** être fidèle à sa promesse ◆ **~ to life** (= realistic) réaliste **2** N ◆ **~ out of** [upright, wall] pas d'aplomb ; [surface] gondolé ; [join] mal aligné ; [wheel] voilé

truffle ['trʌfl] N truffe *f*

truly ['truːlɪ] ADV **a** (= genuinely) vraiment ◆ **well and ~** bel et bien **b** (= faithfully) fidèlement ◆ **yours ~** (at end of letter) je vous prie d'agréer mes salutations distinguées

trump [trʌmp] N (Cards) atout *m* ▶ **trump card** (fig) carte *f* maîtresse

trumped up [ˌtrʌmpt'ʌp] ADJ ◆ **a trumped up charge** une accusation inventée de toutes pièces

trumpet ['trʌmpɪt] **1** N trompette *f* **2** VT trompeter

truncheon ['trʌntʃən] N matraque *f*

trunk [trʌŋk] **1** N **a** (of tree] tronc *m* ; [of elephant] trompe *f* ; (= luggage) malle *f* ; (US) (= car boot) coffre *m* **2** **trunks** NPL maillot *m* de bain

trunk road ['trʌŋkrəud] N (Brit) (route *f*) nationale *f*

truss [trʌs] N bandage *m* herniaire
▶ **truss up** VT SEP [+ prisoner] ligoter

trust [trʌst] **1** N **a** (= faith) confiance *f* ◆ **to put one's ~ in sb/sth** faire confiance à qn/qch ◆ **to take sth on ~** accepter qch les yeux fermés **b** (= fund) ≈ fondation *f* ▶ **trust fund** fonds *m* en fidéicommis **c** (= cartel) trust *m* **2** VT **a** (= believe in) avoir confiance en ; [+ method, promise] se fier à **b** (= hope) espérer (that que) **3** VI ◆ **to ~ in sb** se fier à qn ◆ **I'll have to ~ to luck** il faudra que je m'en remette à la chance

trusted ['trʌstɪd] ADJ [friend, servant] fiable ; [method] éprouvé

trusting ['trʌstɪŋ] ADJ confiant

trustworthy ['trʌst,wɜːðɪ] ADJ digne de confiance

truth [truːθ] N (pl **~s** [truːðz]) vérité *f* ◆ **to tell you the ~, ...** à vrai dire, ...

truthful ['truːθfʊl] ADJ **a** (= honest) ◆ **he's a very ~ person** il dit toujours la vérité **b** (= true) exact

try [traɪ] **1** N **a** (= attempt) essai *m*, tentative *f* ◆ **to have a ~** essayer (at doing sth de faire qch) **b** (Rugby) essai *m* ◆ **to score a ~** marquer un essai **2** VT **a** (= attempt) essayer (to do sth de faire qch) ; (= seek) chercher (to do sth à faire qch) ◆ **to ~ one's best** faire de son mieux (to do sth pour faire qch) **b** (= sample) essayer **c** (= test, put strain on) mettre à l'épreuve ; [+ vehicle, machine] tester ◆ **to ~ one's luck** tenter sa chance **d** [+ person, case] juger **3** VI essayer ◆ **~ again!** recommence !
▶ **try on** VT SEP [+ garment, shoe] essayer
▶ **try out** VT SEP essayer ; [+ employee] mettre à l'essai

trying ['traɪɪŋ] ADJ [person] pénible ; [experience, time] éprouvant

tsar [zɑːʳ] N tsar *m*

tub [tʌb] N (gen) cuve *f* ; (for washing clothes) baquet ~*m* ; (for cream) pot *m* ; (also **bathtub**) baignoire *f*

tuba ['tjuːbə] N tuba *m*

tubby * ['tʌbɪ] ADJ rondelet

tube [tjuːb] N **a** (gen) tube *m* ; [of tyre] chambre *f* à air **b** (Brit = underground) le métro ▶ **tube station** station *f* de métro

tuber ['tjuːbəʳ] N tubercule *m*

tuberculosis [tjʊ,bɜːkjʊ'ləusɪs] N tuberculose *f*

tubular ['tjuːbjʊləʳ] ADJ tubulaire ▶ **tubular bells** carillon *m*

TUC [tiːjuː'siː] N (Brit) (abbrev of **Trades Union Congress**) confédération *f* des syndicats britanniques

tuck [tʌk] **1** N (Sewing) rempli *m* **2** VT mettre
▶ **tuck in** VT SEP [+ shirt, flap] rentrer ; [+ bedclothes] border ◆ **to ~ sb in** border qn

tuck-shop ['tʌkʃɒp] N (Brit) petite boutique où les écoliers peuvent acheter des pâtisseries, des bonbons etc

Tuesday ['tjuːzdɪ] N mardi *m* ; for other phrases see **Saturday**

tuft [tʌft] N touffe *f*

tug [tʌg] **1** N **a** (= pull) ◆ **to give sth a ~** tirer sur qch ◆ **I felt a ~ at my sleeve** j'ai senti qu'on me tirait par la manche **b** (also **tugboat**) remorqueur *m* **2** VT (= pull) [+ rope, sleeve] tirer sur ; (= drag) tirer **3** VI tirer fort (at, on sur)

tug-of-war [ˌtʌgəv'wɔːʳ] N tir *m* à la corde ; (fig) lutte *f* (acharnée)

tuition [tjʊ'ɪʃən] N cours *mpl* ◆ **private ~** cours *mpl* particuliers (in de) ▶ **tuition fees** droits *mpl* d'inscription

tulip ['tjuːlɪp] N tulipe *f*

tumble ['tʌmbl] VI (= fall) dégringoler ; [river, stream] descendre en cascade ; [prices] chuter

tumbledown ['tʌmbldaun] ADJ délabré

tumble-dryer ['tʌmbldraɪəʳ] N sèche-linge *m*

tumbler ['tʌmbləʳ] N (= glass) verre *m* (droit)

tummy * ['tʌmɪ] N ventre *m*

tumour, tumor (US) ['tjuːməʳ] N tumeur *f*

tumult ['tjuːmʌlt] N (= uproar) tumulte *m* ; (emotional) émoi *m*

tumultuous [tjuː'mʌltjʊəs] ADJ [events, period] tumultueux ; [applause] frénétique

tuna ['tjuːnə] N (also **tuna fish**) thon *m*

tune [tjuːn] **1** N **a** (= melody) air *m* ◆ **to change one's ~** changer de discours ◆ **to call the ~** (= give orders) commander **b** ◆ **to be in ~** [instrument] être accordé ◆ **to be out of ~**

[instrument] être désaccordé ◆ **to sing in ~** chanter juste **2** VT [+ instrument] accorder ; [+ radio, TV] régler (to sur)
► **tune in 1** VI se mettre à l'écoute (to de) **2** VT SEP [+ radio, TV] régler (to sur)
► **tune up** VI [musician] accorder son instrument

tuneful ['tjuːnfʊl] ADJ mélodieux

tuner ['tjuːnə^r] N (= radio) tuner m

tunic ['tjuːnɪk] N tunique f

Tunisia [tjuːˈnɪzɪə] N Tunisie f

tunnel ['tʌnl] N tunnel m

turban ['tɜːbən] N turban m

turbine ['tɜːbaɪn] N turbine f

turbo ['tɜːbəʊ] N turbo m

turbot ['tɜːbət] N turbot m

turbulent ['tɜːbjʊlənt] ADJ **a** [water, sea] agité **b** [time, period] agité ; [history, events, career] tumultueux

tureen [təˈriːn] N soupière f

turf [tɜːf] N (= grass) gazon m

Turk [tɜːk] N Turc m, Turque f

Turkey ['tɜːkɪ] N Turquie f

turkey ['tɜːkɪ] N dinde f

Turkish ['tɜːkɪʃ] **1** ADJ turc (turque f) ▸ **Turkish bath** bain m turc ▸ **Turkish delight** loukoum m **2** N turc m

turmeric ['tɜːmərɪk] N curcuma m

turmoil ['tɜːmɔɪl] N agitation f ; (emotional) trouble m

turn [tɜːn] **1** N **a** [of wheel] tour m **b** (= bend) virage m ◆ **to take a ~ for the worse** s'aggraver ◆ **to take a ~ for the better** s'améliorer ◆ **at the ~ of the century** au début du siècle ◆ **this was a surprising ~ of events** les événements avaient pris une tournure inattendue ◆ **at every ~** à tout instant **c** (= fright) ◆ **it gave me quite a ~** ça m'a fait un sacré coup* **d** (= action) ◆ **to do sb a good ~** rendre un service à qn **e** (= attack) crise f **f** (= act) numéro m **g** (in game, queue) tour m ◆ **it's your ~** c'est votre tour, c'est à vous ◆ **in ~** (= one after another) à tour de rôle ◆ **to take it in ~(s) to do sth** faire qch à tour de rôle **2** VT **a** [+ handle, key, wheel, page] tourner **b** [+ mattress] retourner **c** (= direct) [+ car, object, attention] tourner (towards vers) ; [+ gun, searchlight] braquer **d** (= reach) [+ age, time] ◆ **as soon as he ~ed 18** dès qu'il a eu 18 ans **e** (= transform) transformer (into en) **3** VI **a** (= move round) tourner ; [person] se tourner (to, towards vers) ; (right round) se retourner ◆ **his stomach ~ed at the sight** le spectacle lui a retourné l'estomac **b** (= change direction) [person, vehicle] tourner ; (= reverse direction) faire demi-

tour ; [road, river] faire un coude ; [tide] changer de direction ◆ **our luck has ~ed** la chance a tourné pour nous ◆ **he didn't know which way to ~** il ne savait plus où donner de la tête ◆ **to ~ against sb** se retourner contre qn ◆ **to ~ to sb** se tourner vers qn ; (for help) s'adresser à qn ◆ **to ~ to sth** (= resort) se tourner vers qch ◆ **he ~ed to drink** il s'est mis à boire ◆ **~ to page 214** voir page 214 ◆ **to ~ to the left** tourner à gauche **c** (= become) devenir ◆ **to ~ nasty/pale** devenir méchant/pâle ◆ **the weather has ~ed cold** le temps s'est rafraîchi ◆ **the whole thing ~ed into a nightmare** c'est devenu un véritable cauchemar **d** (= change) [weather] changer ; [leaves] jaunir
► **turn around** ⇒ **turn round**
turn away 1 VI se détourner **2** VT SEP (= send away) [+ spectator] refuser l'entrée à ; [+ immigrants] refouler
► **turn back 1** VI [traveller] faire demi-tour ; (= reverse a decision) faire marche arrière **2** VT SEP **a** (= send back) faire faire demi-tour à ; [+ demonstrators] faire refluer **b** [+ clock] retarder ; (hands of clock) reculer
► **turn down** VT SEP **a** [+ heat, volume] baisser **b** [+ offer, candidate, volunteer] refuser
► **turn in 1** VI (* = go to bed) aller se coucher **2** VT SEP (= hand over) [+ wanted man] livrer (à la police) ◆ **to ~ o.s. in** se rendre
► **turn off 1** VI [person, vehicle] tourner **2** VT INSEP [+ road] quitter **3** VT OTP **a** [+ water, tap] fermer ; [+ radio, TV, gas, heater, light] éteindre ; [+ water, electricity, engine] couper **b** (* = repel) rebuter
► **turn on 1** VT INSEP (= attack) attaquer **2** VT SEP **a** [+ tap] ouvrir ; [+ gas, electricity, TV, heater, light] allumer ; [+ engine, machine] mettre en marche **b** (* = excite) exciter
► **turn out 1** VI **a** (= come) venir **b** (= happen) se passer ◆ **it ~ed out nice** il a fait beau en fin de compte ◆ **to ~ out to be** s'avérer **2** VT SEP **a** [+ light] éteindre **b** (= empty out) [+ pockets, suitcase] vider ; [+ room, cupboard] nettoyer à fond **c** (= expel) [+ tenant] expulser **c** (= produce) fabriquer **d** ◆ **to be well ~ed out** être élégant
► **turn over 1** VI **a** (= roll over) se retourner **b** (= change channel) changer de chaîne ; (= turn page) tourner la page **2** VT SEP **a** [+ page] tourner ; [+ mattress, earth, playing card, tape] retourner **b** (= hand over) [+ person] livrer (to à)
► **turn round 1** VI **a** [person] se retourner ; (= change direction) [person, vehicle] faire demi-tour ; (= rotate) [object] tourner ◆ **to ~ round and round** tourner sur soi-même **b** (= improve) se redresser **2** VT SEP **a** (gen) tourner ; [+ person] faire tourner **b** (= make successful) redresser ◆ **to ~ things round** renverser la situation

► **turn up** 1 VI (= arrive) arriver ◆ don't worry about your ring, I'm sure it will ~ up ne t'en fais pas pour ta bague, je suis sûr que tu finiras par la retrouver 2 VT SEP a [+ collar] relever ; [+ sleeve] retrousser ◆ to have a ~ed-up nose avoir le nez retroussé b (= find) [+ evidence] trouver c [+ radio, television] mettre plus fort ; [+ volume] monter

turnabout ['tɜːnəbaut] N volte-face f inv

turnaround ['tɜːnəraund] N volte-face f inv

turncoat ['tɜːnkəut] N renégat(e) m(f)

turning ['tɜːnɪŋ] N (= road) route f (or rue f) latérale ► **turning point** tournant m

turnip ['tɜːnɪp] N navet m

turnout ['tɜːnaut] N (= attendance) assistance f ◆ voter ~ (taux m de) participation f électorale

turnover ['tɜːnˌəuvəʳ] N a [of stock, goods] rotation f ; (= total business done) chiffre m d'affaires b [of staff] renouvellement m

turnpike ['tɜːnpaɪk] N (US = road) autoroute f à péage

turnround ['tɜːnraund] N ⇒ **turnaround**

turnstile ['tɜːnstaɪl] N tourniquet m

turntable ['tɜːnteɪbl] N [of record player] platine f

turn-up ['tɜːnʌp] N (Brit) [of trousers] revers m

turpentine ['tɜːpəntaɪn] N (essence f de) térébenthine f

turquoise ['tɜːkwɔɪz] 1 N (= stone) turquoise f ; (= colour) turquoise m 2 ADJ (in colour) turquoise inv

turret ['tʌrɪt] N tourelle f

turtle ['tɜːtl] N tortue f marine ◆ to turn ~ chavirer

tusk [tʌsk] N défense f

tussle ['tʌsl] 1 N (= struggle) lutte f ; (= scuffle) mêlée f 2 VI se battre

tutor ['tjuːtəʳ] N (= private teacher) professeur m (particulier) (in en) ; (Brit Univ) directeur m, -trice f d'études

tutorial [tjuːˈtɔːrɪəl] N travaux mpl dirigés (in de)

tuxedo [tʌkˈsiːdəu], **tux** * ['tʌks] N (US) smoking m

TV * [ˌtiːˈviː] N (abbrev of **television**) télé * f ► **TV dinner** plateau-télé m

twaddle ['twɒdl] N âneries fpl

twang [twæŋ] N [of wire, string] son m (de corde pincée) ; (= tone of voice) ton m nasillard

tweak [twiːk] VT (= pull) [+ sb's ear, nose] tordre

tweed [twiːd] N tweed m

tweezers ['twiːzəz] NPL (also **pair of tweezers**) pince f à épiler

twelfth [twelfθ] ADJ, N douzième mf ◆ **Twelfth Night** le jour des Rois ; for other phrases see **sixth**

twelve [twelv] NUMBER douze m inv ; for other phrases see **six**

twentieth ['twentɪθ] ADJ, N vingtième mf ; for phrases see **sixth**

twenty ['twentɪ] NUMBER vingt m ► **twenty-four hours** vingt-quatre heures fpl ◆ ~-four hours a day [open, available] vingt-quatre heures sur vingt-quatre ; for other phrases see **sixty**

twice [twaɪs] ADV deux fois ◆ ~ a week deux fois par semaine ◆ ~ as much, ~ as many deux fois plus ◆ she is ~ your age elle a le double de votre âge

twiddle ['twɪdl] 1 VT [+ knob] tripoter ◆ to ~ one's thumbs se tourner les pouces 2 VI ◆ to ~ with sth tripoter qch

twig [twɪg] 1 N brindille f 2 VTI (Brit = understand) * piger *

twilight ['twaɪlaɪt] N crépuscule m

twin [twɪn] 1 N jumeau m, -elle f 2 ADJ jumeau (-elle f) ► **twin beds** lits mpl jumeaux ► **twin-engined** bimoteur ► **twin town** (Brit) ville f jumelée 3 VT [+ town] jumeler

twine [twaɪn] 1 N ficelle f 2 VI [plant, coil] s'enrouler

twinge [twɪndʒ] N ◆ a ~ (of pain) un élancement ◆ a ~ of guilt un (petit) remords

twinkle ['twɪŋkl] VI [star, lights] scintiller ; [eyes] pétiller

twirl [twɜːl] 1 VI (also **twirl round**) [dancer] tournoyer 2 VT (also **twirl round**) [+ cane, lasso] faire tournoyer ; [+ moustache] tortiller

twist [twɪst] 1 N (= coil) rouleau m ; (in road) tournant m ; [of events] tournure f ; [of meaning] distorsion f ◆ the story has an unexpected ~ to it l'histoire prend un tour inattendu 2 VT (= turn round on itself, deform) tordre ; (= coil) enrouler ; [+ top, cap] tourner ; [+ meaning] fausser ; [+ words] déformer ◆ to ~ one's ankle se tordre la cheville ◆ to ~ sb's arm (fig) forcer la main à qn ◆ she can ~ him round her little finger elle le mène par le bout du nez 3 VI [flex, rope] s'entortiller ◆ the road ~s (and turns) through the valley la route serpente à travers la vallée

twisted ['twɪstɪd] ADJ a (= damaged) tordu ; [wrist, ankle] foulé b [tree, branch] tordu ; [limb] difforme ; [features] crispé c (= warped) tordu

twit * [twɪt] N (Brit) (= fool) crétin(e) * m(f)

twitch [twɪtʃ] 1 N (= nervous movement) tic m 2 VI [person, animal, hands] avoir un mouvement convulsif ; [mouth, cheek, eyebrow, muscle] se contracter (convulsivement)

two [tu:] NUMBER deux *m inv* ✦ **to cut sth in ~** couper qch en deux ✦ **they're ~ of a kind** ils se ressemblent ✦ **to put ~ and ~ together** * (fig) faire le rapport ▸ **two-faced** hypocrite ▸ **two-piece** ✦ **~-piece (swimsuit)** bikini *m* ▸ **two-way** [switch] à va-et-vient ; [street] à double sens ; [traffic] dans les deux sens ; [exchange, negotiations] bilatéral ✦ **~-way radio** émetteur-récepteur *m* ; for other phrases see **six**

twofold ['tu:fəʊld] **1** ADJ double **2** ADV ✦ **to increase ~** doubler

twosome ['tu:səm] N (= people) couple *m*

tycoon [taɪ'ku:n] N ✦ **(business) ~** magnat *m*

type [taɪp] **1** N **a** (gen) type *m* ; (= sort) genre *m* ; (= make of machine, coffee) marque *f* ; [of car, airplane] modèle *m* ✦ **he's not my ~** * ce n'est pas mon genre **b** (= letters collectively) caractères *mpl* **2** VTI taper (à la machine)

typescript ['taɪpskrɪpt] N texte *m* dactylographié

typeset ['taɪpset] VT composer

typewriter ['taɪpraɪtə^r] N machine *f* à écrire

typhoid ['taɪfɔɪd] N (fièvre *f*) typhoïde *f*

typhoon [taɪ'fu:n] N typhon *m*

typical ['tɪpɪkəl] ADJ typique ✦ **that's ~ of him** c'est bien de lui

typing ['taɪpɪŋ] N (= skill) dactylographie *f* ▸ **typing error** faute *f* de frappe

typist ['taɪpɪst] N dactylo *mf*

typography [taɪ'pɒgrəfɪ] N typographie *f*

tyranny ['tɪrənɪ] N tyrannie *f*

tyrant ['taɪərənt] N tyran *m*

tyre ['taɪə^r] (Brit) N pneu *m* ▸ **tyre pressure** pression *f* des pneus

tzar [zɑ:^r] N tsar *m*

ANGLAIS/FRANÇAIS

U, u [ju:] N (Brit = film) = tous publics ▶ **U-bend** (in pipe) coude *m* ▶ **U-turn** demi-tour *m*

ubiquitous [ju:'bɪkwɪtəs] ADJ omniprésent

UCAS ['ju:kæs] N (Brit) (abbrev of **Universities and Colleges Admissions Service**) *service central des inscriptions universitaires*

udder ['ʌdəʳ] N mamelle *f*

UFO [ju:e'fəʊ, 'ju:fəʊ] N (abbrev of **unidentified flying object**) ovni *m*

ugh [3:h] EXCL pouah !

ugly ['ʌglɪ] ADJ **a** (= unattractive) laid ; [wound, scar] vilain *before n* ▸ **~ duckling** vilain petit canard *m* **b** (= unpleasant) [habit] sale ▸ **to be in an ~ mood** être d'une humeur exécrable

UK [ju:'keɪ] N (abbrev of **United Kingdom**) le Royaume-Uni

Ukraine [ju:'kreɪn] N ▸ **the ~** l'Ukraine *f*

ulcer ['ʌlsəʳ] N ulcère *m*

ulterior [ʌl'tɪərɪəʳ] ADJ ultérieur (-eure *f*) ▸ **~ motive** arrière-pensée *f*

ultimate ['ʌltɪmɪt] **1** ADJ **a** (= final) final ; [control, authority] suprême **b** (= best) suprême **c** (= original) [cause] fondamental **2** N ▸ **the ~ in comfort** le summum du confort

ultimately ['ʌltɪmɪtlɪ] ADV (= finally) en fin de compte

ultimatum [ʌltɪ'meɪtəm] N ultimatum *m*

ultrasound ['ʌltrəsaʊnd] N ultrasons *mpl* ▶ **ultrasound scan** échographie *f*

ultraviolet [ʌltrə'vaɪəlɪt] ADJ ultraviolet

umbrage ['ʌmbrɪdʒ] N ▸ **to take ~** prendre ombrage (at de)

umbrella [ʌm'brelə] **1** N parapluie *m* ▸ **beach ~** parasol *m* **2** ADJ ▸ **~ organization** organisme *m* qui en chapeaute plusieurs autres

umpire ['ʌmpaɪəʳ] **1** N arbitre *m* ; (Tennis) juge *m* de chaise **2** VT arbitrer

umpteen * ['ʌmpti:n] ADJ des quantités de ▸ **I've told you ~ times** je te l'ai dit cent fois

umpteenth * ['ʌmpti:nθ] ADJ (é)nième

UN [ju:'en] N (abbrev of **United Nations**) ONU *f*

unable [ʌn'eɪbl] ADJ ▸ **to be ~ to do sth** ne pas pouvoir faire qch ; (= not know how to) ne pas savoir faire qch ; (= be incapable of) être incapable de faire qch

unabridged ['ʌnə'brɪdʒd] ADJ intégral

unacceptable ['ʌnək'septəbl] ADJ inacceptable

unaccompanied ['ʌnə'kʌmpənɪd] ADJ [person, luggage] non accompagné ; [singing] sans accompagnement

unaccounted ['ʌnə'kaʊntɪd] ADJ ▸ **two passengers are still ~ for** deux passagers n'ont toujours pas été retrouvés

unaccustomed ['ʌnə'kʌstəmd] ADJ ▸ **to be ~ to (doing) sth** ne pas avoir l'habitude de (faire) qch

unadulterated ['ʌnə'dʌltəreɪtɪd] ADJ pur

unadventurous ['ʌnəd'ventʃərəs] ADJ peu audacieux (-euse *f*)

unaffected ['ʌnə'fektɪd] ADJ **a** (= sincere) naturel ; [behaviour, style] sans affectation **b** (= unchanged) non affecté

unafraid ['ʌnə'freɪd] ADJ ▸ **to be ~ of sth** ne pas avoir peur de qch

unaided ['ʌn'eɪdɪd] ADV [walk, stand] tout(e) seul(e)

unaltered ['ʌn'ɔ:ltəd] ADJ inchangé

unambiguous ['ʌnæm'bɪgjʊəs] ADJ sans ambiguïté

unanimous [ju:'nænɪməs] ADJ unanime

unanimously [ju:'nænɪməslɪ] ADV [vote, elect, pass] à l'unanimité ; [condemn, agree] unanimement

unannounced ['ʌnə'naʊnst] **1** ADJ [visit] imprévu **2** ADV [arrive, enter] sans prévenir

unanswered ['ʌn'ɑ:nsəd] ADJ [letter, question] sans réponse ; [prayer] inexaucé ▸ **her letter remained ~** sa lettre est restée sans réponse

unappealing ['ʌnə'pi:lɪŋ] ADJ peu attrayant

unappetizing ['ʌn'æpɪtaɪzɪŋ] ADJ peu appétissant

unapproachable ['ʌnə'prəʊtʃəbl] ADJ d'un abord difficile

unarmed ['ʌn'ɑ:md] ADJ [person] non armé

unashamed ['ʌnə'ʃeɪmd] ADJ [delight, admiration] non déguisé

unassisted ['ʌnə'sɪstɪd] ADV ▸ **to do sth ~** faire qch sans aide

unassuming ['ʌnə'sju:mɪŋ] ADJ sans prétentions

unattached ['ʌnə'tætʃt] ADJ [person] sans attaches

unattainable [ˌʌnə'teɪnəbl] ADJ [place, objective, person] inaccessible

unattended [ˌʌnə'tendɪd] ADJ [shop, luggage] laissé sans surveillance

unattractive [ˌʌnə'træktɪv] ADJ [appearance, idea] peu séduisant ; [person, character] déplaisant

unauthorized [ʌn'ɔ:θəraɪzd] ADJ non autorisé

unavailable [ˌʌnə'veɪləbl] ADJ indisponible

unavoidable [ˌʌnə'vɔɪdəbl] ADJ inévitable

unaware [ˌʌnə'weəʳ] ADJ ◆ to be ~ of sth ignorer qch

unawares [ˌʌnə'wɛəz] ADV ◆ to catch sb ~ prendre qn à l'improviste

unbalanced [ʌn'bælənst] ADJ (mentally) déséquilibré

unbearable [ʌn'bɛərəbl] ADJ insupportable

unbeatable [ʌn'bi:təbl] ADJ imbattable

unbecoming [ˌʌnbɪ'kʌmɪŋ] ADJ [garment] peu seyant ; [behaviour] inconvenant

unbeknown(st) [ˌʌnbɪ'nəʊn(st)] ADJ, ADV ◆ unbeknown(st) to ... à l'insu de ...

unbelievable [ˌʌnbɪ'li:vəbl] ADJ incroyable

unbending [ʌn'bendɪŋ] ADJ [person, attitude] inflexible

unbias(s)ed [ʌn'baɪəst] ADJ impartial

unblock [ʌn'blɒk] VT [+ sink, pipe] déboucher

unborn [ʌn'bɔːn] ADJ ◆ the ~ child le fœtus

unbounded [ʌn'baʊndɪd] ADJ [joy] sans borne ; [energy, capacity] illimité

unbreakable [ʌn'breɪkəbl] ADJ incassable

unbridled [ʌn'braɪdld] ADJ extrême

unbroken [ʌn'brəʊkən] ADJ a (= intact) intact ; [record] non battu b (= continuous) [series, silence, sleep] ininterrompu

unbuckle [ʌn'bʌkl] VT défaire

unburden [ʌn'bɜːdn] VT ◆ to ~ o.s. s'épancher (to sb avec qn)

unbutton [ʌn'bʌtn] VT [+ jacket, shirt] déboutonner ; [+ button] défaire

uncalled-for [ʌn'kɔːldfɔːʳ] ADJ [criticism] injustifié ; [remark] déplacé

uncanny [ʌn'kænɪ] ADJ [atmosphere, feeling] étrange ; [resemblance, accuracy, knack] troublant

unceasing [ʌn'siːsɪŋ] ADJ incessant

unceremonious [ˌʌnˌserɪ'məʊnɪəs] ADJ brusque

uncertain [ʌn'sɜːtn] ADJ incertain ◆ he is ~ whether ... il ne sait pas au juste si ... ◆ in no ~ terms en des termes on ne peut plus clairs

uncertainty [ʌn'sɜːtntɪ] N incertitude f

unchallenged [ʌn'tʃælɪndʒd] **1** ADJ [authority, master] incontesté **2** ADV ◆ to go ~ [person, action] ne pas rencontrer d'opposition ; [comment] ne pas être relevé

unchanged [ʌn'tʃeɪndʒd] ADJ inchangé

unchanging [ʌn'tʃeɪndʒɪŋ] ADJ immuable

uncharitable [ʌn'tʃærɪtəbl] ADJ peu charitable

uncivilized [ʌn'sɪvɪlaɪzd] ADJ [conditions, activity] inacceptable ; [person, behaviour] grossier

uncle [ˈʌŋkl] N oncle m

unclear [ʌn'klɪəʳ] ADJ a (= not obvious) [reason, message, instructions] obscur ◆ it is ~ who/why ... on ne sait pas bien qui/pourquoi ... b [picture, image] flou

uncomfortable [ʌn'kʌmfətəbl] ADJ a (= feeling physical discomfort) ◆ to be ~ (in chair, bed, room) ne pas être à l'aise b [chair, bed] inconfortable c (= feeling unease) [person] mal à l'aise d (= causing unease) [situation] inconfortable ; [feeling] désagréable ; [truth, fact] gênant

uncommon [ʌn'kɒmən] ADJ peu commun ◆ it is not ~ for this to happen il n'est pas rare que cela arrive

uncommunicative [ˌʌnkə'mju:nɪkətɪv] ADJ peu communicatif

uncomplicated [ʌn'kɒmplɪkeɪtɪd] ADJ simple

uncompromising [ʌn'kɒmprəmaɪzɪŋ] ADJ [person, attitude] intransigeant ; [demand, film] sans complaisance

unconcerned [ˌʌnkən'sɜːnd] ADJ a (= uninterested) ◆ to be ~ [person] ne pas se sentir concerné (about or with sth par qch) b (= unworried) [person] insouciant ◆ to be ~ about or by sth ne pas se soucier de qch

unconditional [ˌʌnkən'dɪʃənl] ADJ [surrender, offer] sans condition(s) ; [love, support] inconditionnel

unconnected [ˌʌnkə'nektɪd] ADJ (= unrelated) sans rapport

unconscious [ʌn'kɒnʃəs] **1** ADJ a [patient] sans connaissance ◆ to knock sb ~ assommer qn b (= unaware) ◆ to be ~ of sth ne pas être conscient de qch c [desire, bias] inconscient **2** N ◆ the unconscious l'inconscient m

unconsciously [ʌn'kɒnʃəslɪ] ADV inconsciemment

unconstitutional [ˌʌnˌkɒnstɪ'tjuːʃənl] ADJ inconstitutionnel

uncontested [ˌʌnkən'testɪd] ADJ incontesté

uncontrollable [ˌʌnkən'trəʊləbl] ADJ incontrôlable ; [desire, emotion] irrépressible ; [bleeding] impossible à arrêter ◆ he burst into ~ laughter il a été pris d'un fou rire

uncontrollably ['ʌnkən'trəʊləblɪ] ADV [cry, shake] sans pouvoir s'arrêter

unconventional ['ʌnkən'venʃənl] ADJ original ; [person, behaviour] non-conformiste ; [education, upbringing] non conventionnel

unconvinced ['ʌnkən'vɪnst] ADJ ◆ to be ~ that ... ne pas être convaincu que ... ◆ to remain ~ n'être toujours pas convaincu

unconvincing ['ʌnkən'vɪnsɪŋ] ADJ peu convaincant

uncooked ['ʌn'kʊkt] ADJ cru

uncooperative ['ʌnkəʊ'ɒpərətɪv] ADJ peu coopératif

uncork ['ʌn'kɔːk] VT déboucher

uncountable ['ʌn'kaʊntəbl] ADJ ◆ ~ noun nom m non dénombrable

uncouth [ʌn'kuːθ] ADJ grossier

uncover [ʌn'kʌvə^r] VT découvrir

uncritical ['ʌn'krɪtɪkəl] ADJ [person] peu critique ; [attitude, approach, report] non critique ; [acceptance, support] sans réserves

unctuous ['ʌŋktjʊəs] ADJ mielleux

uncut ['ʌn'kʌt] ADJ **a** [grass, hair, nails] non coupé **b** (= unabridged) [film, novel] intégral

undecided [ʌndɪ'saɪdɪd] ADJ [person] indécis (about or on sth à propos de qch) ; [question] non résolu

undemocratic [ˌʌndemə'krætɪk] ADJ antidémocratique

undeniable [ʌndɪ'naɪəbl] ADJ indéniable

under ['ʌndə^r] **1** PREP **a** (= beneath) sous ◆ ~ the table/umbrella sous la table/le parapluie ◆ it's ~ there c'est là-dessous ◆ ~ it dessous **b** (= less than) moins de ; (in rank, scale) au-dessous de ◆ children ~ 15 enfants mpl de moins de 15 ans ◆ the ~-15s les moins de 15 ans ◆ in ~ two hours en moins de deux heures **c** (= according to) selon ◆ ~ French law selon la législation française **2** ADV **a** (= beneath) en dessous **b** (= less) moins **3** PREF (= insufficiently) sous- ◆ ~nourished sous-alimenté ◆ ~used sous-exploité

underage [ˌʌndər'eɪdʒ] ADJ [person] mineur

underarm ['ʌndərɑːm] **1** ADV [throw, bowl] par en-dessous ; [serve] à la cuillère **2** ADJ [deodorant] pour les aisselles ; [hair] des aisselles

undercarriage ['ʌndəkærɪdʒ] N train m d'atterrissage

underclass ['ʌndəklɑːs] N classe f (sociale) très défavorisée

underclothes ['ʌndəkləʊðz] NPL, N sous-vêtements mpl

undercoat ['ʌndəkəʊt] N [of paint] sous-couche f

undercover [ˌʌndə'kʌvə^r] ADJ secret (-ète f)

undercurrent ['ʌndəˌkʌrənt] N (in sea) courant m (sous-marin) ; (feeling) courant m sous-jacent

undercut [ˌʌndə'kʌt] (pret, ptp **undercut**) VT **a** (= sell cheaper than) vendre moins cher que **b** (= undermine) amoindrir

underdeveloped ['ʌndədɪ'veləpt] ADJ [country] sous-développé

underdog ['ʌndədɒg] N ◆ the ~ (= predicted loser) celui (or celle) que l'on donne perdant(e) ; (Pol) l'opprimé m

underdone [ˌʌndə'dʌn] ADJ [food] pas assez cuit

underestimate [ˌʌndər'estɪmeɪt] VT sousestimer

underexposed [ˌʌndərɪks'pəʊzd] ADJ sousexposé

underfelt ['ʌndəfelt] N [of carpet] thibaude f

underfoot [ˌʌndə'fʊt] ADV sous les pieds

undergo [ˌʌndə'gəʊ] (pret **underwent**, ptp **undergone**) VT (gen) subir ; [+ medical treatment, training] suivre

undergraduate [ˌʌndə'grædjʊɪt] N étudiant(e) m(f)

underground ['ʌndəgraʊnd] **1** ADJ **a** (below the ground) souterrain **b** [organization] clandestin ; [film] underground inv **2** ADV ◆ to go ~ [wanted man] entrer dans la clandestinité **3** N **a** (Brit = railway) métro m **b** ◆ the ~ (political) la résistance

undergrowth ['ʌndəgrəʊθ] N broussailles fpl

underhand [ˌʌndə'hænd], **underhanded** (US) [ˌʌndə'hændɪd] ADJ sournois

underline [ˌʌndə'laɪn] VT souligner

underling ['ʌndəlɪŋ] N sous-fifre * m inv

underlying [ˌʌndə'laɪɪŋ] ADJ sous-jacent

undermine [ˌʌndə'maɪn] VT [+ influence, power, authority] saper ; [+ health] miner ; [+ effect] amoindrir

underneath [ˌʌndə'niːθ] **1** PREP sous, au-dessous de **2** ADV (en) dessous

underpaid [ˌʌndə'peɪd] ADJ sous-payé

underpants ['ʌndəpænts] NPL slip m

underpass ['ʌndəpɑːs] N (for cars) bretelle inférieure ; (for pedestrians) passage m souterrain

underprivileged [ˌʌndə'prɪvɪlɪdʒd] **1** ADJ défavorisé **2** the **underprivileged** NPL les défavorisés mpl

underrated [ˌʌndə'reɪtɪd] ADJ sous-estimé

undershirt ['ʌndəʃɜːt] N (US) maillot m de corps

undershorts ['ʌndəʃɔːts] NPL (US) caleçon m

underside ['ʌndəsaɪd] N dessous m

underskirt ['ʌndəskɜːt] N jupon m

understaffed [ˌʌndə'stɑːft] ADJ en souseffectif

understand [ˌʌndə'stænd] (pret, ptp **understood**) **1** VT **a** [+ person, meaning] comprendre ◆ **I can't ~ a word of it** je n'y comprends rien ◆ **to make o.s. understood** se faire comprendre **b** (= believe) ◆ **I understood we were to be paid** j'ai cru comprendre que nous devions être payés ◆ **I ~ you are leaving today** il paraît que vous partez aujourd'hui **c** (= assume) ◆ **it was understood that he would pay** (= it was assumed) on supposait qu'il paierait ; (= it was agreed) il était entendu qu'il paierait **2** VI comprendre

understandable [ˌʌndə'stændəbl] ADJ compréhensible

understandably [ˌʌndə'stændəblɪ] ADV (= of course) naturellement ; (= rightly) à juste titre

understanding [ˌʌndə'stændɪŋ] **1** ADJ [person] compréhensif (about à propos de) ; [smile, look] compatissant **2** N **a** (gen) compréhension f **b** (= agreement) accord m ; (= arrangement) arrangement m ◆ **on the ~ that ...** à condition que ... **c** (= concord) entente f

understatement ['ʌndəˌsteɪtmənt] N litote f ◆ **that's an ~** le mot est faible

understood [ˌʌndə'stʊd] VB (pt, ptp of **understand**)

understudy ['ʌndəstʌdɪ] N doublure f

undertake [ˌʌndə'teɪk] (pret **undertook**, ptp **undertaken**) VT [+ task] entreprendre ; [+ responsibility] assumer ◆ **to ~ to do sth** se charger de faire qch

undertaker ['ʌndəteɪkəʳ] N (Brit) entrepreneur m des pompes funèbres ◆ **the ~'s** les pompes fpl funèbres

undertaking [ˌʌndə'teɪkɪŋ] N **a** (= task, operation) entreprise f ◆ **it is quite an ~ (to do) that** ce n'est pas une mince affaire (que de faire cela) **b** (= promise) promesse f

undertone ['ʌndətəʊn] N (= suggestion) sous-entendu m ◆ **to say sth in an ~** dire qch à mi-voix

underwater ['ʌndə'wɔːtəʳ] **1** ADJ sousmarin **2** ADV sous l'eau

underway, under way [ˌʌndə'weɪ] ADJ ◆ **to be ~** [talks, search, process] être en cours ◆ **to get ~** [talks, campaign] démarrer ; [process, reforms] être mis en œuvre

underwear ['ʌndəwɛəʳ] N sous-vêtements mpl

underworld ['ʌndəwɜːld] N **a** (= hell) ◆ **the ~** les enfers mpl **b** (criminal) ◆ **the ~** le milieu

underwriter ['ʌndəˌraɪtəʳ] N (Insurance) assureur m

undesirable [ˌʌndɪ'zaɪərəbl] ADJ, N indésirable mf

undies * ['ʌndɪz] NPL dessous mpl

undiluted ['ʌndaɪ'luːtɪd] ADJ **a** [concentrate] non dilué **b** [pleasure] sans mélange

undisciplined [ʌn'dɪsɪplɪnd] ADJ indiscipliné

undisguised ['ʌndɪs'gaɪzd] ADJ non déguisé

undisputed ['ʌndɪs'pjuːtɪd] ADJ incontesté

undistinguished ['ʌndɪs'tɪŋgwɪʃt] ADJ (in character) quelconque ; (in appearance) peu distingué

undisturbed ['ʌndɪs'tɜːbd] ADV [work, play, sleep] sans être dérangé

undivided ['ʌndɪ'vaɪdɪd] ADJ ◆ **to require sb's ~ attention** exiger toute l'attention de qn

undo [ʌn'duː] (pret **undid**, ptp **undone**) VT [+ button, knot, parcel,] défaire ; [+ good effect] annuler ; [+ wrong] réparer ; (Computing) annuler

undoing [ʌn'duːɪŋ] N ◆ **that was his ~** c'est ce qui a causé sa perte

undone [ʌn'dʌn] **1** VB (ptp of **undo**) **2** ADJ [button, garment] défait ; [task] non accompli ◆ **to come ~** se défaire

undoubted [ʌn'daʊtɪd] ADJ indubitable

undoubtedly [ʌn'daʊtɪdlɪ] ADV indubitablement

undress [ʌn'dres] **1** VT déshabiller ◆ **to get ~ed** se déshabiller **2** VI se déshabiller

undue [ʌn'djuː] ADJ excessif

undulating ['ʌndjʊleɪtɪŋ] ADJ [movement] ondoyant ; [line] sinueux ; [countryside] vallonné

unduly [ʌn'djuːlɪ] ADV outre mesure

undying [ʌn'daɪɪŋ] ADJ éternel

unearth [ʌn'ɜːθ] VT déterrer

unearthly [ʌn'ɜːθlɪ] ADJ (= supernatural) surnaturel ◆ **at some ~ hour** à une heure indue

unease [ʌn'iːz] N malaise m (at, about devant)

uneasy [ʌn'iːzɪ] ADJ [calm, truce] fragile ; [conscience] pas tranquille ; [person] (= ill-at-ease) mal à l'aise ; (= worried) inquiet (-ète f) (at, about devant, de), anxieux

uneducated [ʌn'edjʊkeɪtɪd] ADJ [person] sans instruction

unemployed [ʌnɪm'plɔɪd] **1** ADJ [person] sans emploi **2** **the unemployed** NPL les chômeurs mpl

unemployment [ˈʌnɪmˈplɔɪmənt] N chômage m ▸ **unemployment benefit** (Brit), **unemployment compensation** (US) allocation f (de) chômage

unending [ʌnˈendɪŋ] ADJ interminable

unenthusiastic [ˈʌnɪnˌθuːzɪˈæstɪk] ADJ peu enthousiaste

unequalled [ʌnˈiːkwəld] ADJ inégalé

unequivocal [ʌnɪˈkwɪvəkəl] ADJ sans équivoque

unerring [ʌnˈɜːrɪŋ] ADJ [judgement, sense] infaillible ; [skill] sûr

UNESCO [juːˈneskəʊ] N (abbrev of United Nations Educational, Scientific and Cultural Organization) UNESCO f

uneven [ʌnˈiːvən] ADJ **a** [surface] inégal ; [ground] accidenté ; [teeth] irrégulier **b** (= irregular) irrégulier **c** [quality, performance] inégal

uneventful [ʌnɪˈventfʊl] ADJ [day, journey] sans incidents ; [life] tranquille ; [career] peu mouvementé

unexceptional [ʌnɪkˈsepʃənl] ADJ quelconque

unexpected [ʌnɪksˈpektɪd] ADJ inattendu

unexpectedly [ʌnɪksˈpektɪdlɪ] ADV subitement ; [agree] contre toute attente ; [arrive] à l'improviste

unexploded [ʌnɪksˈpləʊdɪd] ADJ non explosé

unfailing [ʌnˈfeɪlɪŋ] ADJ [optimism] inébranlable ; [remedy] infaillible

unfair [ʌnˈfeər] ADJ injuste (to sb envers qn) ; [competition, tactics] déloyal ▸ **unfair dismissal** licenciement m abusif

unfaithful [ʌnˈfeɪθfʊl] ADJ infidèle ◆ **she was ~ to him** elle l'a trompé

unfamiliar [ʌnfəˈmɪljər] ADJ [place, person] inconnu ◆ **to be ~ with sth** mal connaître qch

unfashionable [ʌnˈfæʃnəbl] ADJ [dress, subject, opinion] démodé ; [district] peu chic inv

unfasten [ʌnˈfɑːsn] VT défaire

unfavourable, unfavorable (US) [ʌnˈfeɪvərəbl] ADJ défavorable

unfeeling [ʌnˈfiːlɪŋ] ADJ insensible

unfilled [ʌnˈfɪld] ADJ [post, vacancy] à pourvoir

unfinished [ʌnˈfɪnɪʃt] ADJ [task, essay] inachevé ◆ **we have some ~ business (to attend to)** nous avons des affaires à régler

unfit [ʌnˈfɪt] ADJ **a** (= not physically fit) en mauvaise condition physique ◆ **he is ~ for work** il n'est pas en état de travailler **b** (= incompetent) inapte (for à ; to do sth à faire qch) ; (= unworthy) indigne (to do sth de faire qch) ◆ **~ for consumption** impropre à la consommation

unflagging [ʌnˈflægɪŋ] ADJ [support] indéfectible ; [enthusiasm] inépuisable ; [interest] soutenu

unfold [ʌnˈfəʊld] **1** VT [+ napkin, map] déplier **2** VI [flower] s'ouvrir ; [view, countryside] s'étendre ; [story] se dérouler

unforeseen [ˈʌnfɔːˈsiːn] ADJ imprévu

unforgettable [ˈʌnfəˈgetəbl] ADJ inoubliable ; (for unpleasant things) impossible à oublier

unforgivable [ˈʌnfəˈgɪvəbl] ADJ impardonnable

unfortunate [ʌnˈfɔːtʃənɪt] ADJ malheureux ; [person] malchanceux

unfortunately [ʌnˈfɔːtʃənɪtlɪ] ADV malheureusement ◆ **an ~ worded remark** une remarque formulée de façon malheureuse

unfounded [ˈʌnˈfaʊndɪd] ADJ sans fondement

unfriendly [ˈʌnˈfrendlɪ] ADJ [person, reception] froid ; [attitude, behaviour, remark] inamical ; (stronger) hostile

unfulfilled [ˈʌnfʊlˈfɪld] ADJ [promise] non tenu ; [ambition, prophecy] non réalisé ; [desire] insatisfait

unfurl [ʌnˈfɜːl] **1** VT déployer **2** VI se déployer

unfurnished [ˈʌnˈfɜːnɪʃt] ADJ non meublé

ungainly [ʌnˈgeɪnlɪ] ADJ gauche

ungodly [ʌnˈgɒdlɪ] ADJ ◆ **at some ~ hour** à une heure impossible

ungrateful [ʌnˈgreɪtfʊl] ADJ ingrat

unhappy [ʌnˈhæpɪ] ADJ **a** (= sad) malheureux **b** (= discontented) [person] mécontent (with or about sb/sth de qn/qch ; at sth de qch) **c** (= worried) ◆ **I am ~ about leaving him alone** je n'aime pas le laisser seul **d** (= regrettable) [experience] malheureux ; [situation] regrettable

unharmed [ˈʌnˈhɑːmd] ADJ indemne

unhealthy [ʌnˈhelθɪ] ADJ **a** (= harmful) [environment, habit] malsain **b** (= unwell) [person, economy] en mauvaise santé

unheard-of [ʌnˈhɜːdɒv] ADJ sans précédent

unhelpful [ˈʌnˈhelpfʊl] ADJ [person] peu serviable ; [remark, advice] inutile ; [attitude] peu coopératif

unhook [ʌnˈhʊk] VT (= take off hook) décrocher

unhurt [ˈʌnˈhɜːt] ADJ indemne

unhygienic [ˈʌnhaɪˈdʒiːnɪk] ADJ peu hygiénique

unicorn [ˈjuːnɪkɔːn] N licorne f

unidentified [ˈʌnaɪˈdentɪfaɪd] ADJ non identifié ▸ **unidentified flying object** objet m volant non identifié

unification [ˌjuːnɪfɪˈkeɪʃən] N unification f

uniform [ˈjuːnɪfɔːm] **1** N uniforme m **2** ADJ [shape, size] identique ; [temperature] constant

unify ['ju:nɪfaɪ] VT unifier

unifying ['ju:nɪfaɪɪŋ] ADJ unificateur (-trice *f*)

unilateral [ju:nɪ'lætərəl] ADJ unilatéral

unimaginable [ʌnɪ'mædʒnəbl] ADJ inimaginable (to sb pour qn)

unimaginative [ʌnɪ'mædʒnətɪv] ADJ [person, film] sans imagination ◆ to be ~ [person, film] manquer d'imagination ; [food] manquer d'originalité

unimportant ['ʌnɪm'pɔ:tənt] ADJ [person] insignifiant ; [issue, detail] sans importance

uninhabited ['ʌnɪn'hæbɪtɪd] ADJ inhabité

uninjured ['ʌn'ɪndʒəd] ADJ indemne

uninspiring ['ʌnɪn'spaɪərɪŋ] ADJ [person, book, film] sans grand intérêt

unintelligent ['ʌnɪn'telɪdʒənt] ADJ peu intelligent

unintentional ['ʌnɪn'tenʃnəl] ADJ involontaire

uninviting ['ʌnɪn'vaɪtɪŋ] ADJ peu attirant ; [food] peu appétissant

union ['ju:njən] N (gen) union *f* ; (= trade union) syndicat *m* ▶ **Union Jack** Union Jack *m inv* *(drapeau britannique)*

unique [ju:'ni:k] ADJ unique (among parmi) ◆ ~ **to sb/sth** propre à qn/qch

unison ['ju:nɪsn, 'ju:nɪzn] N ◆ **in** ~ en chœur

unit ['ju:nɪt] N **a** (= one item) unité *f* **b** (= complete section) élément *m* **c** (= buildings) ensemble *m* **d** (= group of people) groupe *m* ; (in firm) unité *f* ◆ **family** ~ groupe *m* familial

unite [ju:'naɪt] **1** VT **a** (= join) unir **b** (= unify) unifier **2** VI s'unir (in doing sth, to do sth pour faire qch)

united [ju:'naɪtɪd] ADJ uni ▶ **the United Kingdom** le Royaume-Uni ▶ **the United Nations** les Nations *f* unies ▶ **the United States** les États-Unis *mpl*

unity ['ju:nɪtɪ] N unité *f*

universal [ju:nɪ'vɜ:səl] ADJ universel

universe ['ju:nɪvɜ:s] N univers *m*

university [ju:nɪ'vɜ:sɪtɪ] **1** N université *f* **2** COMP [degree, town, library] universitaire ; [professor] d'université ▶ **university student** étudiant(e) *m(f)* (à l'université)

unjust ['ʌn'dʒʌst] ADJ injuste (to sb envers qn)

unjustified ['ʌn'dʒʌstɪfaɪd] ADJ [attack, reputation] injustifié

unkempt ['ʌn'kempt] ADJ [appearance] négligé ; [hair] mal coiffé

unkind [ʌn'kaɪnd] ADJ **a** [person, remark, behaviour] méchant (to sb avec qn) **b** (= adverse) cruel (to sb envers qn)

unknown ['ʌn'nəʊn] **1** ADJ inconnu **2** N ◆ **the** ~ l'inconnu *m*

unlawful ['ʌn'lɔ:fʊl] ADJ illégal

unleaded ['ʌn'ledɪd] ADJ [petrol] sans plomb

unleavened ['ʌn'levnd] ADJ [bread] sans levain, azyme (Rel)

unless [ən'les] CONJ à moins que ... (ne) + *subj*, à moins de + *infin* ◆ **I'll take it, ~ you want it** je vais le prendre, à moins que vous (ne) le vouliez ◆ **I won't go ~ you do** je n'irai que si tu y vas toi aussi ◆ **~ I am mistaken** si je ne me trompe

unlike ['ʌn'laɪk] PREP ◆ **~ his brother, he ...** à la différence de son frère, il ... ◆ **Glasgow is quite ~ Edinburgh** Glasgow ne ressemble pas du tout à Édimbourg

unlikely [ʌn'laɪklɪ] ADJ [happening, outcome] improbable ; [explanation] invraisemblable ; [friendship] inattendu ◆ **it is ~ that she will come** il y a peu de chances qu'elle vienne ◆ **she is ~ to succeed** elle a peu de chances de réussir

unlimited [ʌn'lɪmɪtɪd] ADJ illimité

unlisted ['ʌn'lɪstɪd] ADJ (US) [telephone number] qui ne figure pas dans l'annuaire

unlit ['ʌn'lɪt] ADJ [place] non éclairé

unload ['ʌn'ləʊd] VT [+ ship, cargo] décharger

unlock ['ʌn'lɒk] VI [+ door] ouvrir ◆ **the door is ~ed** la porte n'est pas fermée à clé

unlucky [ʌn'lʌkɪ] ADJ **a** (= unfortunate) [person] malchanceux ; [coincidence, event] malencontreux ◆ **to be ~ in love** ne pas avoir de chance en amour **b** (= bringing bad luck) [number, colour] qui porte malheur

unmarked ['ʌn'mɑ:kɪ] ADJ (= anonymous) [grave] sans nom ; [police car] banalisé

unmarried ['ʌn'mærɪd] ADJ [person] célibataire ; [couple] non marié

unmistakable ['ʌnmɪs'teɪkəbl] ADJ [voice, sound, smell, style] reconnaissable entre mille

unmitigated [ʌn'mɪtɪgeɪtɪd] ADJ ◆ **it was an ~ disaster** c'était une vraie catastrophe

unmoved ['ʌn'mu:vd] ADJ ◆ **to be ~ (by sth)** rester indifférent (à qch)

unnatural [ʌn'nætʃrəl] ADJ **a** (= unusual) [calm, silence] anormal **b** (= abnormal, unhealthy) contre nature

unnecessary [ʌn'nesɪsərɪ] ADJ (gen) inutile ; [violence] gratuit

unnerving [ʌn'nɜ:vɪŋ] ADJ troublant

unnoticed ['ʌn'nəʊtɪst] ADJ inaperçu ◆ **to go ~ (by sb)** passer inaperçu (de qn)

unobtainable [ˌʌnəbˈteɪnəbl] ADJ **a** (= unavailable) ◆ **his number was ~** son numéro était impossible à obtenir **b** [goal, objective] irréalisable

unofficial [ˌʌnəˈfɪʃəl] ADJ **a** (= informal) [visit] privé **b** (= de facto) [leader] non officiel **c** (= unconfirmed) [report] officieux

unorthodox [ʌnˈɔːθədɒks] ADJ [person, behaviour, views] peu orthodoxe

unpack [ˌʌnˈpæk] **1** VT [+ suitcase] défaire ; [+ belongings] déballer **2** VI défaire sa valise

unpaid [ˌʌnˈpeɪd] ADJ [worker, work] non rémunéré ; [leave] non payé ; [bill, rent] impayé

unpalatable [ʌnˈpælɪtəbl] ADJ [food] immangeable ; (fig) désagréable

unparalleled [ʌnˈpærəleld] ADJ [opportunity] sans précédent ; [success] hors pair ; [beauty] incomparable

unperturbed [ˌʌnpəˈtɜːbd] ADJ imperturbable

unplanned [ˌʌnˈplænd] ADJ [occurrence] imprévu ; [baby] non prévu

unpleasant [ʌnˈpleznt] ADJ désagréable

unplug [ˌʌnˈplʌɡ] VT débrancher

unpopular [ˌʌnˈpɒpjʊləʳ] ADJ impopulaire (with sb auprès de qn)

unprecedented [ʌnˈpresɪdəntɪd] ADJ sans précédent

unpredictable [ˌʌnprɪˈdɪktəbl] ADJ [person, behaviour] imprévisible ; [weather] incertain

unprepared [ˌʌnprɪˈpeəd] ADJ (= unready) ◆ **to be ~ (for sth/to do sth)** [person] ne pas être préparé (à qch/à faire qch)

unpretentious [ˌʌnprɪˈtenʃəs] ADJ sans prétention(s)

unprincipled [ʌnˈprɪnsɪpld] ADJ [person] peu scrupuleux

unprofessional [ˌʌnprəˈfeʃənl] ADJ [person, attitude] peu professionnel

unprofitable [ʌnˈprɒfɪtəbl] ADJ [business] peu rentable

unprovoked [ˌʌnprəˈvəʊkt] ADJ [attack, violence] gratuit

unqualified [ˌʌnˈkwɒlɪfaɪd] ADJ **a** (= without qualifications) [person, staff, pilot] non qualifié **b** (= unmitigated) [success] total ; [support, approval] inconditionnel

unquestionably [ˌʌnˈkwestʃənəblɪ] ADV incontestablement

unquestioning [ʌnˈkwestʃənɪŋ] ADJ [faith, love] absolu ; [support] total

unravel [ʌnˈrævəl] VT [+ knitting] défaire ; [+ mystery] éclaircir

unreal [ʌnˈrɪəl] ADJ irréel

unrealistic [ˌʌnrɪəˈlɪstɪk] ADJ irréaliste

unreasonable [ʌnˈriːznəbl] ADJ [person, demands] déraisonnable ; [price, amount] excessif

unrecognizable [ˌʌnˈrekəɡnaɪzəbl] ADJ [person, voice] méconnaissable

unrelated [ˌʌnrɪˈleɪtɪd] ADJ **a** (= unconnected) [incident, event, case] sans rapport **b** (= from different families) ◆ **they are ~** ils n'ont aucun lien de parenté

unrelenting [ˌʌnrɪˈlentɪŋ] ADJ [pressure, criticism] incessant ; [pain] tenace

unreliable [ˌʌnrɪˈlaɪəbl] ADJ [person, machine, data] peu fiable

unremarkable [ˌʌnrɪˈmɑːkəbl] ADJ [person, face, place] quelconque

unremitting [ˌʌnrɪˈmɪtɪŋ] ADJ [hostility, hatred] implacable ; [gloom] persistant

unrepeatable [ˌʌnrɪˈpiːtəbl] ADJ [offer, bargain] exceptionnel ◆ **what she said is ~** je n'ose répéter ce qu'elle a dit

unreserved [ˌʌnrɪˈzɜːvd] ADJ (= wholehearted) sans réserve

unrest [ʌnˈrest] N troubles *mpl* ◆ **industrial ~** grèves *fpl*

unrestricted [ˌʌnrɪˈstrɪktɪd] ADJ (= unlimited) sans restriction(s)

unrewarding [ˌʌnrɪˈwɔːdɪŋ] ADJ [work, job, activity] ingrat ; [relationship] peu satisfaisant

unrivalled, unrivaled (US) [ʌnˈraɪvəld] ADJ sans égal

unroll [ʌnˈrəʊl] VT dérouler

unruly [ʌnˈruːlɪ] ADJ indiscipliné

unsafe [ʌnˈseɪf] ADJ [structure, machine] dangereux ; [street] peu sûr

unsaid [ʌnˈsed] ADJ ◆ **some things are better left ~** il y a des choses qu'il vaut mieux taire

unsatisfactory [ˌʌnˌsætɪsˈfæktərɪ] ADJ peu satisfaisant

unsatisfied [ʌnˈsætɪsfaɪd] ADJ insatisfait (with sb/sth de qn/qch)

unsavoury, unsavory (US) [ʌnˈseɪvərɪ] ADJ [person] peu recommandable ; [reputation] douteux ; [remark] de mauvais goût

unscathed [ʌnˈskeɪðd] ADJ indemne

unscrew [ʌnˈskruː] VT dévisser

unscrupulous [ʌnˈskruːpjʊləs] ADJ sans scrupules

unseen [ʌnˈsiːn] **1** ADJ (= not previously seen) [film, photos, diaries] inédit **2** ADV [enter, leave] sans être vu (by sb par qn) **3** N (= translation test) version *f* (sans préparation)

unselfish [ʌnˈselfɪʃ] ADJ désintéressé

unsettled ['ʌn'setld] ADJ **a** (= uncertain) [situation, market, weather] instable ; [future] incertain **b** (= restless) [person, life] perturbé **c** (= unresolved) [issue] non résolu ; [conflict] non réglé

unsettling ['ʌn'setlɪŋ] ADJ perturbant

unshak(e)able ['ʌn'ʃeɪkəbl] ADJ inébranlable

unshaven ['ʌn'ʃeɪvn] ADJ mal rasé

unsightly [ʌn'saɪtlɪ] ADJ disgracieux

unskilled ['ʌn'skɪld] ADJ [work, worker] non qualifié

unsociable [ʌn'səʊʃəbl] ADJ [person] peu sociable

unsocial [ʌn'səʊʃəl] ADJ ◆ to work ~ hours travailler en dehors des heures normales

unsolicited ['ʌnsə'lɪsɪtɪd] ADJ [mail, phone call, advice] non sollicité

unsophisticated ['ʌnsə'fɪstɪkeɪtɪd] ADJ [person, tastes, device] simple

unsound ['ʌn'saʊnd] ADJ **a** (= unreliable) [advice, evidence, reasoning] douteux **b** (= in poor condition) [building] en mauvais état

unspeakable [ʌn'spiːkəbl] ADJ [act, object, horror, food] innommable ; [pain, cruelty] indescriptible

unspoiled ['ʌn'spɔɪld], **unspoilt** ['ʌn'spɔɪlt] ADJ [countryside, view, village] préservé

unspoken ['ʌn'spəʊkən] ADJ [words, hope] inexprimé ; [criticism, message] implicite

unstable ['ʌn'steɪbl] ADJ instable

unsteady ['ʌn'stedɪ] ADJ **a** (= shaky) [person, voice, legs, gait] mal assuré **b** (= unsecured) [ladder, structure] instable

unstoppable ['ʌn'stɒpəbl] ADJ [momentum, progress, rise] irrépressible ; [force] irrésistible

unstuck ['ʌn'stʌk] ADJ ◆ to come ~ [stamp, notice] se décoller ; * [plan] tomber à l'eau ; [person, team] commencer à avoir des problèmes

unsubstantiated ['ʌnsəb'stænʃɪeɪtɪd] ADJ [rumour, allegation] sans fondement ; [story] non confirmé ; [claim] non fondé

unsuccessful ['ʌnsək'sesfʊl] ADJ infructueux ◆ to prove ~ [search, negotiations] ne mener à rien ◆ to be ~ in doing sth ne pas réussir à faire qch

unsuccessfully ['ʌnsək'sesfəlɪ] ADV sans succès

unsuitable ['ʌn'suːtəbl] ADJ [action, reply, clothes] inapproprié ; [language, attitude] inconvenant ◆ he is ~ for the post il ne convient pas pour ce poste ◆ ~ for children déconseillé aux enfants

unsung ['ʌn'sʌŋ] ADJ [hero, heroine] méconnu

unsure ['ʌn'ʃʊər] ADJ **a** (= doubtful) ◆ I'm ~ je n'en suis pas sûr ◆ to be ~ about sb/sth ne pas être sûr de qn/qch ◆ she is ~ what to do elle ne sait pas trop quoi faire **b** (= lacking confidence) ◆ to be ~ of o.s. ne pas être sûr de soi

unsuspecting ['ʌnsəs'pektɪŋ] ADJ sans méfiance

unsweetened ['ʌn'swiːtnd] ADJ [tea, coffee] sans sucre ; [yoghurt] non sucré ; [fruit juice] sans sucre ajouté

unsympathetic ['ʌn,sɪmpə'θetɪk] ADJ [person, attitude, treatment] peu compatissant ◆ ~ to sb's needs/problems indifférent aux besoins/problèmes de qn

untangle ['ʌn'tæŋgl] VT [+ wool, hair] démêler ; [+ mystery] débrouiller

untapped ['ʌn'tæpt] ADJ inexploité

untenable ['ʌn'tenəbl] ADJ [theory, argument] indéfendable ; [position, situation] intenable

unthinkable ['ʌn'θɪŋkəbl] ADJ (= inconceivable) impensable

untidy ['ʌn'taɪdɪ] ADJ (in appearance) [room, desk, hair] en désordre ; [person] négligé ; [work] brouillon ; (in habits) [person] désordonné

untie ['ʌn'taɪ] VT [+ shoelaces] dénouer ; [+ hands, person] détacher

until [ən'tɪl] **1** PREP jusqu'à ◆ ~ now jusqu'à maintenant ◆ ~ then jusque-là ◆ it won't be ready ~ tomorrow ce ne sera pas prêt avant demain **2** CONJ (in future) jusqu'à ce que + subj, en attendant que + subj ; (in past) avant que + subj ◆ do nothing ~ you get my letter ne faites rien avant d'avoir reçu ma lettre ◆ wait ~ you get my letter attendez d'avoir reçu ma lettre

untimely ['ʌn'taɪmlɪ] ADJ [death] prématuré ; [remark] inopportun

untold ['ʌn'təʊld] ADJ [misery, suffering] indicible ◆ it caused ~ damage ça a causé d'énormes dégâts

untouched ['ʌn'tʌtʃt] ADJ **a** (= undamaged) [building, constitution] intact **b** (= unaffected) ◆ ~ by sth non affecté par qch **c** (= not eaten or drunk) ◆ he left his meal ~ il n'a pas touché à son repas

untoward [ʌntə'wɔːd] ADJ fâcheux

untroubled ['ʌn'trʌbld] ADJ (= serene) [person] serein ; [sleep] paisible

untrue ['ʌn'truː] ADJ (= inaccurate) faux (fausse f)

unused ['ʌn'juːzd] ADJ **a** (= not utilized) [goods] inutilisé ; [land, building] inoccupé **b** ['ʌn'juːst] (= unaccustomed) ◆ to be ~ to (doing) sth ne pas être habitué à (faire) qch

unusual [ʌn'juːʒʊəl] ADJ [name] peu commun ; [circumstances, gift] inhabituel ◆ **nothing ~** rien d'inhabituel ◆ **it's not ~ for him to be late** il n'est pas rare qu'il soit en retard

unusually [ʌn'juːʒʊəlɪ] ADV [large, quiet, cheerful] exceptionnellement

unveil [ʌn'veɪl] VT dévoiler

unwanted ['ʌn'wɒntɪd] ADJ [possessions] dont on ne veut plus ; [pregnancy, child] non désiré ◆ **to feel ~** se sentir rejeté ◆ **to remove ~ hair** enlever les poils superflus

unwavering [ʌn'weɪvərɪŋ] ADJ [devotion, resolve] inébranlable ; [voice] ferme

unwelcome [ʌn'welkəm] ADJ [visitor] importun ; [publicity] fâcheux

unwell ['ʌn'wel] ADJ [person] souffrant ◆ **to feel ~** ne pas se sentir bien

unwieldy [ʌn'wiːldɪ] ADJ [tool, weapon] peu maniable

unwilling ['ʌn'wɪlɪŋ] ADJ **a** ◆ **to be ~ to do sth** ne pas être disposé à faire qch **b** (= reluctant) [accomplice, conscript] malgré soi

unwillingly ['ʌn'wɪlɪŋlɪ] ADV à contrecœur

unwind ['ʌn'waɪnd] (pret, ptp **unwound**) **1** VT dérouler **2** VI (* = relax) se relaxer

unwise [ʌn'waɪz] ADJ imprudent

unwitting [ʌn'wɪtɪŋ] ADJ involontaire

unworldly ['ʌn'wɜːldlɪ] ADJ **a** (= unmaterialistic) détaché de ce monde **b** (= naive) naïf (naïve f)

unworthy [ʌn'wɜːðɪ] ADJ [feeling] indigne ◆ **~ of sb/sth** indigne de qn/qch

unwrap ['ʌn'ræp] VT ouvrir

unwritten ['ʌn'rɪtn] ADJ [rule, agreement] tacite

UP [ʌp]

1 PREP ◆ **to be ~ a tree/~ a ladder** être dans un arbre/sur une échelle ◆ **~ north** dans le nord

2 ADV **a** (indicating direction, position) ◆ **~ there** là-haut ◆ **~ above (sth)** au-dessus (de qch) ◆ **he walked ~ and down (the street)** il faisait les cent pas (dans la rue) ◆ **the ladder was ~ against the wall** l'échelle était (appuyée) contre le mur ◆ **he threw the ball ~ in the air** il a jeté le ballon en l'air ◆ **~ in the mountains** dans les montagnes ◆ **he's ~ in Leeds for the weekend** il est monté à Leeds pour le week-end ◆ **the monument is ~ on the hill** le monument se trouve en haut de la colline

b (indicating advantage) ◆ **Chelsea were three goals ~** Chelsea menait par trois buts

c (set structures)

◆ **up to** (= as far as) jusqu'à ◆ **~ to now** jusqu'à maintenant ◆ **~ to here** jusqu'ici ◆ **~ to there** jusque-là

◆ **to be up to (doing) sth** (= capable of) être capable de faire qch ◆ **she's not ~ to the job** elle n'est pas à la hauteur

◆ **to feel** *or* **be up to sth** (= strong enough for) être en état de faire qch ◆ **I just don't feel ~ to it** je ne m'en sens pas le courage

◆ **to be up to no good** * mijoter * un mauvais coup ◆ **what is he ~ to?** qu'est-ce qu'il fabrique ? * ◆ **he's ~ to something** il manigance quelque chose

◆ **to be up to sb** (= depend on) ◆ **it's ~ to you to decide** c'est à vous de décider ◆ **it's ~ to you** à vous de voir

3 N

◆ **ups and downs** des hauts mpl et des bas mpl

4 ADJ **a** (= out of bed) ◆ **to be ~** être levé ◆ **get ~!** debout ! ◆ **he was ~ all night writing the essay** il a passé toute la nuit sur cette dissertation ◆ **she was ~ and about at 7 o'clock** elle était debout dès 7 heures

b (= raised) ◆ **the blinds were ~** les stores n'étaient pas baissés ◆ **"this side ~"** (on parcel) "haut" ◆ **hands ~,** levez le doigt si vous connaissez la réponse ◆ **hands ~!** (to gunman) haut les mains !

c (= increased) ◆ **to be ~** [prices, salaries] avoir augmenté (by de)

d (= finished) ◆ **time's ~ !** c'est l'heure !

e (* = wrong) ◆ **what's ~ ?** qu'est-ce qui ne va pas ? ◆ **what's ~ with him?** qu'est-ce qu'il a qui ne va pas ?

5 COMP ▶ **up-and-coming** [politician, businessman, actor] qui monte ▶ **up-to-the-minute** [news] dernier

---

upbeat * ['ʌpbiːt] ADJ optimiste

upbringing ['ʌpbrɪŋɪŋ] N éducation f

upcoming ['ʌpkʌmɪŋ] ADJ prochain

update **1** VT [ʌp'deɪt] mettre à jour **2** N ['ʌpdeɪt] mise f à jour

upfront [ʌp'frʌnt] ADJ [person, attitude] franc (franche f)

upgrade [ʌp'greɪd] VT **a** (= improve) améliorer ; [+ software] se procurer une nouvelle version de ; [+ hardware] mettre à jour [+ passenger] faire voyager en classe supérieure **b** (= promote) [+ employee] promouvoir

upheaval [ʌp'hiːvəl] N bouleversement m

uphill **1** ADV [ʌp'hɪl] ◆ **to go ~** monter **2** ADJ ['ʌp'hɪl] **a** ◆ **~ walk** montée f **b** (= difficult) ◆ **it's an ~ struggle (trying to find a job)** ce n'est pas évident * (d'essayer de trouver un emploi)

uphold [ʌp'həʊld] (pret, ptp **upheld**) VT [+ law] faire respecter

upholstery [ʌp'həʊlstərɪ] N (= covering) (cloth) tissu *m* d'ameublement ; (leather) cuir *m* ; (in car) garniture *f*

upkeep ['ʌpkiːp] N [of house, garden] entretien *m*

uplifting [ʌp'lɪftɪŋ] ADJ exaltant

upmarket [ʌp'mɑːkɪt] ADJ (Brit) [goods, car] haut de gamme *inv* ; [area] sélect *

upon [ə'pɒn] PREP sur

upper ['ʌpər] **1** ADJ [floor, part, limit] supérieur (-eure *f*) ◆ **to have the ~ hand** avoir le dessus **2** N **a** [of shoe] empeigne *f* **b** (* = drug) stimulant *m*

upper-class [ʌpə' klɑːs] ADJ aristocratique, de la haute société

uppermost ['ʌpəməʊst] ADJ [branches] du haut ◆ **safety was ~ in his mind** il pensait avant tout à la sécurité

upright ['ʌpraɪt] **1** ADJ **a** (= vertical) droit **b** (= honest) droit **2** ADV [sit] droit ; [place] verticalement

uprising ['ʌpraɪzɪŋ] N soulèvement *m*

uproar ['ʌprɔːr] N tumulte *m*

uproot [ʌp'ruːt] VT déraciner

upset [ʌp'set] (pret, ptp **upset**) **1** VT **a** [+ cup, milk] renverser **b** [+ plan] bouleverser ; [+ calculation] fausser ; [+ person] (= offend) vexer ; (= annoy) contrarier **2** ADJ **a** (= annoyed) vexé (about sth par qch) ; (= distressed) troublé (about sth par qch) ◆ **to get ~** (= annoyed) se vexer ; (= distressed) être peiné **b** ['ʌpset] ◆ **to have an ~ stomach** avoir l'estomac dérangé **3** N (= upheaval) désordre *m* ; (in plans) bouleversement *m* (in de) ; (emotional) chagrin *m* ◆ **to have a stomach ~** avoir une indigestion

upsetting [ʌp'setɪŋ] ADJ bouleversant

upshot ['ʌpʃɒt] N aboutissement *m* ◆ **the ~ of it all was ...** le résultat de tout cela a été ...

upside down [ʌpsaɪd'daʊn] ADJ, ADV à l'envers ◆ **to hang upside down** [person] être suspendu la tête en bas ◆ **my world (was) turned upside down** ma vie a été bouleversée

upstairs **1** ADV ['ʌp'steəz] **a** (= to a higher floor) ◆ **to go ~** monter **b** (= on floor above) en haut **2** ADJ ['ʌpsteəz] ◆ **an ~ window** une fenêtre à l'étage ◆ **an ~ neighbour** un voisin du dessus

upstream ['ʌp'striːm] ADV [be] en amont (from sth de qch) ; [sail] vers l'amont ◆ **to swim ~** [fish] remonter le courant ; [person] nager contre le courant

upsurge ['ʌpsɜːdʒ] N ◆ **an ~ of interest** un regain d'intérêt

uptake ['ʌpteɪk] N (= understanding) ◆ **to be quick on the ~** comprendre vite ◆ **to be slow on the ~** être dur à la détente *

uptight * [ʌp'taɪt] ADJ **a** (= tense) [person] tendu **b** (= annoyed) [person] énervé (about qch)

up-to-date [ʌptə'deɪt] ADJ **a** (= updated) [report, file] à jour **b** (= most recent) [assessment, information] très récent **c** (= modern) [attitude, person] à la page

upturn **1** VT [ʌp'tɜːn] retourner ; (= overturn) renverser ◆ **~ed nose** nez *m* retroussé **2** N ['ʌptɜːn] (= improvement) amélioration *f* (in de)

upward ['ʌpwəd] ADJ **a** (= rising) ◆ **to be on an ~ trend** [market] être à la hausse ; [economy] reprendre **b** (= to higher place) [stroke, look] vers le haut ◆ **~ climb** ascension *f*

upwardly mobile [ʌpwədlɪ'məʊbaɪl] ADJ ◆ **to be upwardly mobile** monter dans l'échelle sociale

upwards ['ʌpwədz], **upward** (US) ['ʌpwəd] ADV ◆ **to look ~** regarder vers le haut ◆ **to climb ~** monter ◆ **~ of** (= more than) plus de

uranium [jʊə'reɪnɪəm] N uranium *m*

Uranus [jʊə'reɪnəs] N Uranus *f*

urban ['ɜːbən] ADJ urbain

Urdu ['ʊəduː] N ourdou *m*

urge [ɜːdʒ] **1** N ◆ **to have an ~ to do sth** éprouver une forte envie de faire qch **2** VT [+ person] pousser (to do sth à faire qch) ◆ **to ~ caution on sb** recommander vivement la prudence à qn ◆ **I ~d him not to go** je lui ai vivement déconseillé d'y aller

urgency ['ɜːdʒənsɪ] N ◆ **a matter of ~** une affaire urgente ◆ **with a note of ~ in his voice** avec insistance

urgent ['ɜːdʒənt] ADJ (gen) urgent ; [medical attention] d'urgence

urgently ['ɜːdʒəntlɪ] ADV [need, seek] d'urgence

urinal ['jʊərɪnl] N (= place) urinoir *m* ; (= receptacle) urinal *m*

urinate ['jʊərɪneɪt] VI uriner

urine ['jʊərɪn] N urine *f*

urn [ɜːn] N (= vase) urne *f*

US [juː'es] N (abbrev of **United States**) ◆ **the ~** les USA *mpl*

us [ʌs] PERS PRON nous ◆ **he hit ~** il nous a frappés ◆ **give it to ~** donnez-le-nous ◆ **in front of ~** devant nous ◆ **let's go!** allons-y ! ◆ **both of ~** tous (or toutes) les deux ◆ **several of ~** plusieurs d'entre nous ◆ **he is one of ~** il est des nôtres

USA [juːes'eɪ] N (abbrev of **United States of America**) ◆ **the ~** les USA *mpl*

usage ['ju:zɪdʒ] N (gen) usage m ; [of tool, machine] utilisation f

use 1 N [ju:s] a (= act of using) utilisation f ◆ directions for ~ mode m d'emploi ◆ for your (own) personal ~ à votre usage personnel ◆ for general ~ à usage général ◆ for external ~ only à usage externe ◆ in ~ [machine] en service ; [word] usité ◆ out of ~ (= broken down) en panne ◆ to fall out of ~ tomber en désuétude ◆ to make good ~ of sth [+ time, money] faire bon usage de qch ; [+ opportunity, facilities] tirer parti de qch b it has many ~s cela a de nombreux usages ◆ I've no further ~ for it je n'en ai plus besoin c (= usefulness) utilité f ◆ oh, what's the ~? * à quoi bon ? ◆ to be of ~ être utile (for sth, to sth à qch ; to sb à qn) ◆ to be no ~ ne servir à rien ◆ he's no ~ as a goalkeeper il est nul comme gardien de but ◆ there's no ~ you protesting inutile de protester ◆ it's no ~, he won't listen ça ne sert à rien, il ne veut rien entendre d (= ability to use, access) usage m ◆ to have the ~ of a garage avoir l'usage d'un garage ◆ he gave me the ~ of his car il m'a laissé me servir de sa voiture 2 VT [ju:z] a (= make use of) [+ object, tool] se servir de, utiliser ; [+ force] utiliser ; [+ opportunity] profiter de ; [+ method] employer ; [+ drugs] prendre ◆ I feel that I've been ~d j'ai l'impression qu'on s'est servi de moi b (= use up) utiliser (tout) 3 AUX VB [ju:z] ◆ I ~d to swim every day j'allais nager tous les jours ◆ things aren't what they ~d to be les choses ne sont plus ce qu'elles étaient

▶ **use up** [ju:z'ʌp] VT SEP [+ food] finir ; [+ one's strength, resources] épuiser ; [+ money] dépenser

used ADJ [ju:zd] a (= not fresh) [cup] sale ; [tissue, needle, condom] usagé b (= secondhand) [car, equipment] d'occasion c [ju:st] (= accustomed) ◆ to be ~ to sth avoir l'habitude de qch ◆ to be ~ to doing sth avoir l'habitude de faire qch ◆ to get ~ to sb/sth s'habituer à qn/qch ◆ to get ~ to doing sth prendre l'habitude de faire qch

useful ['ju:sfʊl] ADJ utile (for, to sb à qn)

useless ['ju:slɪs] ADJ a (= not useful) inutile (to sb pour qn) b (* = incompetent) nul * (nulle * f)

user ['ju:zər] N [of service] usager m ; [of dictionary, machine, tool] utilisateur m, -trice f ▶ user-friendly facile à utiliser ; [computer] convivial ▶ user name (Computing) nom m de l'utilisateur

usher ['ʌʃər] 1 N (in church) placeur m 2 VT ◆ to ~ sb into a room introduire qn dans une salle

usherette [ˌʌʃəˈret] N ouvreuse f

USSR [ˌju:eses'ɑ:ʳ] (abbrev of **Union of Soviet Socialist Republics**) URSS f

usual ['ju:ʒʊəl] ADJ habituel ◆ more than ~ plus que d'habitude ◆ as ~ (= as always) comme d'habitude

usually ['ju:ʒʊəlɪ] ADV d'habitude, généralement

usurp [ju:'zɜ:p] VT usurper

utensil [ju:'tensɪl] N ustensile m

uterus ['ju:tərəs] N utérus m

utility [ju:'tɪlɪtɪ] N a (= usefulness) utilité f b (= public utility) service m public ▶ utility room buanderie f

utilize ['ju:tɪlaɪz] VT utiliser ; [+ resources, talent] exploiter

utmost ['ʌtməʊst] 1 ADJ ◆ it is of (the) ~ importance that ... il est de la plus haute importance que ... + subj 2 N ◆ to do one's ~ faire tout son possible

utter ['ʌtəʳ] 1 ADJ (gen) complet (-ète f), total ; [hopelessness, stupidity] profond 2 VT [+ word] prononcer ; [+ cry] pousser

utterly ['ʌtəlɪ] ADV complètement

U-turn ['ju:tɜ:n] N (in car) demi-tour m ; (fig) volte-face f inv

ANGLAIS/
FRANÇAIS

V, v [viː] **1** N **a** (abbrev of **vide**) (= see) V, voir **b** (abbrev of **versus**) vs **2** COMP ▶ **V-necked** à col en V ▶ **V-sign** (for victory) ◆ **to give the V-sign** faire le V de la victoire ; (in Britain) geste obscène, ≈ bras m d'honneur

vacancy ['veɪkənsɪ] N **a** (in hotel) chambre f libre ◆ "**no vacancies**" "complet" **b** (= job) poste m à pourvoir

vacant ['veɪkənt] ADJ **a** (= unoccupied) [hotel room, table, parking space] libre ; [post, job] à pourvoir ◆ "**situations ~**" "offres d'emploi" **b** (= blank) [expression, look, stare] absent

vacate [vəˈkeɪt] VT [+ room, seat, job] quitter

vacation [vəˈkeɪʃən] N (US) vacances fpl ◆ **on ~** en vacances

vaccinate ['væksɪneɪt] VT vacciner

vaccination [,væksɪˈneɪʃən] N vaccination f

vaccine ['væksiːn] N vaccin m

vacillate ['væsɪleɪt] VI hésiter

vacuous ['vækjʊəs] ADJ (gen) inepte ; [look, stare] vide ; [expression, smile] niais

vacuum ['vækjʊm] **1** N **a** vide m ▶ **vacuum flask** (Brit) bouteille f thermos ® ▶ **vacuum-packed** emballé sous vide **b** (= vacuum cleaner) aspirateur m **2** VT [+ carpet] passer l'aspirateur sur ; [+ room] passer l'aspirateur dans

vagina [vəˈdʒaɪnə] N vagin m

vagrant ['veɪɡrənt] N vagabond(e) m(f)

vague [veɪɡ] ADJ **a** (= unclear) vague before n ; [shape, outline] imprécis ◆ **to be ~ about sth** [person] rester vague à propos de qch **b** (= absent-minded) [person] distrait

vaguely ['veɪɡlɪ] ADV **a** (gen) vaguement **b** (= absently) [look, nod] d'un air distrait ; [smile] d'un air vague

vain [veɪn] ADJ **a** (= fruitless, empty) vain before n ; [threat] en l'air **b** (= conceited) [person]

vaniteux **c** ◆ **in ~** (= unsuccessfully) [try, wait, search for] en vain ; (= pointlessly) [die, suffer] pour rien ◆ **it was all in ~** c'était peine perdue

valentine ['væləntaɪn] N ◆ **(St) Valentine's Day** Saint-Valentin f ◆ **she sent me a ~ (card)** elle m'a envoyé une carte pour la Saint-Valentin

valet ['væleɪ] N (= servant) valet m de chambre

valiant ['væljənt] ADJ (liter) [person] vaillant (liter) ; [effort, attempt, fight] courageux

valid ['vælɪd] ADJ **a** [argument, reason, excuse] valable ; [question] pertinent **b** [ticket, passport, licence] valide ◆ **no longer ~** périmé

valley ['vælɪ] N vallée f

valour, valor (US) ['vælər] N (liter) bravoure f

valuable ['væljʊəbl] **1** ADJ [jewellery, antique] de valeur ; [information, advice, lesson, time] précieux ; [experience] très utile **2 valuables** NPL objets mpl de valeur

valuation [,væljʊˈeɪʃən] N estimation f ; (by expert) expertise f

value ['væljuː] **1** N valeur f ◆ **of no ~** sans valeur ◆ **to gain (in) ~** prendre de la valeur ◆ **it's good ~ (for money)** le rapport qualité-prix est bon ◆ **to get good ~ for money** en avoir pour son argent ▶ **value added tax** (Brit) taxe f sur la valeur ajoutée **2** VT **a** (= estimate worth of) [+ house, jewels, painting] évaluer (at à) ; (by expert) expertiser **b** (= appreciate, esteem) [+ friendship, person] apprécier ; [+ liberty, independence] tenir à

valued ['væljuːd] ADJ [friend, customer] précieux ; [employee, commodity] apprécié

valve [vælv] N [of machine] valve f ; [of car engine] soupape f

vampire ['væmpaɪər] N vampire m

van [væn] N **a** (= vehicle) camionnette f **b** (Brit = part of train) fourgon m

vandal ['vændəl] N vandale mf

vandalism ['vændəlɪzəm] N vandalisme m

vandalize ['vændəlaɪz] VT vandaliser

vanguard ['vænɡɑːd] N avant-garde f ◆ **in the ~ of progress** à la pointe du progrès

vanilla [vəˈnɪlə] **1** N vanille f **2** ADJ [cream, ice] à la vanille

vanish ['vænɪʃ] VI disparaître

vanity ['vænɪtɪ] N vanité f ▶ **vanity box, vanity case** vanity-case m

vanquish ['væŋkwɪʃ] VT (liter) vaincre

vantage point ['vɑːntɪdʒ,pɔɪnt] N position f stratégique

vapour, vapor (US) ['veɪpər] N vapeur f ; (on glass) buée f ▶ **vapour trail** traînée f de condensation

variable ['vɛərɪəbl] ADJ variable ; [work] de qualité inégale

variance ['vɛərɪəns] N ◆ **to be at ~ with sb about sth** être en désaccord avec qn sur qch

variation [ˌvɛərɪ'eɪʃən] N variation f ; (in opinions, views) changements mpl

varicose vein [ˌværɪkəʊs'veɪn] N varice f

varied ['vɛərɪd] ADJ varié

variety [və'raɪətɪ] N **a** variété f ◆ **a wide** or **great ~ of** … une grande variété de … ◆ **for a ~ of reasons** pour diverses raisons **b** (= type, kind) type m **c** (Theatre) variétés fpl ▸ **variety show** spectacle m de variétés

various ['vɛərɪəs] ADJ divers before n

varnish ['vɑːnɪʃ] **1** N vernis m **2** VT vernir

vary ['vɛərɪ] **1** VI varier ◆ **to ~ from sth** différer de qch **2** VT varier

vase [vɑːz] N vase m

vasectomy [væ'sektəmɪ] N vasectomie f

Vaseline ® ['væsɪliːn] N vaseline ® f

vast [vɑːst] ADJ énorme ◆ **the ~ majority** la grande majorité ◆ **~ sums (of money)** des sommes folles

VAT [viːeɪ'tiː, væt] N (Brit) (abbrev of **value added tax**) TVA f

vat [væt] N cuve f

Vatican ['vætɪkən] N Vatican m ▸ **Vatican City** cité f du Vatican

vault [vɔːlt] **1** N **a** (Archit) voûte f **b** (in bank) (= strongroom) chambre f forte ; (= safe deposit box room) salle f des coffres **c** (= burial chamber) caveau m **2** VI ◆ **to ~ over sth** sauter qch (d'un bond) **3** VT sauter (d'un bond)

vaulting horse ['vɔːltɪŋˌhɔːs] N cheval m d'arçons

vaunt [vɔːnt] VT vanter

VCR [ˌviːsiː'ɑːʳ] N abbrev of **video cassette recorder**

VD [viː'diː] N (abbrev of **venereal disease**) MST f

VDU [ˌviːdiː'juː] N abbrev of **visual display unit**

veal [viːl] N veau m

veer [vɪəʳ] VI [wind] tourner ; [ship] virer (de bord) ◆ **to ~ (off to the) left/right** virer à gauche/droite

vegan ['viːgən] N, ADJ végétalien(ne) m(f)

vegetable ['vedʒtəbl] **1** N légume m **2** COMP [oil, matter] végétal ▸ **vegetable garden** (jardin m) potager m ▸ **vegetable patch** carré m de légumes

vegetarian [ˌvedʒɪ'tɛərɪən] ADJ, N végétarien(ne) m(f)

vegetate ['vedʒɪteɪt] VI végéter

vehement ['viːɪmənt] ADJ véhément

vehicle ['viːɪkl] N véhicule m

veil [veɪl] **1** N (gen) voile m ; (on hat) voilette f **2** VT [+ truth, facts] voiler ; [+ feelings] dissimuler

vein [veɪn] N (gen) veine f ; (in leaf) nervure f ◆ **in the same ~** dans la même veine

Velcro ® ['velkrəʊ] N velcro ® m

velocity [vɪ'lɒsɪtɪ] N vélocité f

velvet ['velvɪt] **1** N velours m **2** ADJ de velours

vendetta [ven'detə] N vendetta f

vending machine ['vendɪŋməˌʃiːn] N distributeur m automatique

vendor ['vendəʳ] N marchand(e) m(f) ◆ **ice-cream ~** marchand(e) m(f) de glaces

veneer [və'nɪəʳ] N placage m ; (fig) apparence f, vernis m

venerate ['venəreɪt] VT vénérer

venereal disease [vɪ'nɪərɪəldɪˌziːz] N maladie f vénérienne

Venetian [vɪ'niːʃən] ADJ vénitien ▸ **Venetian blind** store m vénitien

vengeance ['vendʒəns] N vengeance f ◆ **with a ~** pour de bon *

venison ['venɪsən] N viande f de chevreuil

venom ['venəm] N venin m

venomous ['venəməs] ADJ venimeux

vent [vent] **1** N (= duct) conduit m d'aération ◆ **to give ~ to** [+ feelings] laisser libre cours à **2** VT [+ one's anger] décharger

ventilate ['ventɪleɪt] VT [+ room] aérer ; [+ lungs, patient, tunnel] ventiler

ventilation [ˌventɪ'leɪʃən] N ventilation f

ventilator ['ventɪleɪtəʳ] N (for sick person) respirateur m ; (in room) ventilateur m

ventriloquist [ven'trɪləkwɪst] N ventriloque m

venture ['ventʃəʳ] **1** N entreprise f ▸ **venture capital** capital m risque **2** VT [+ life, fortune, reputation] risquer ; [+ opinion, explanation, guess] hasarder ◆ (Prov) **nothing ventured nothing gained** qui ne risque rien n'a rien (Prov) **3** VI se hasarder

venue ['venjuː] N lieu m

Venus ['viːnəs] N Vénus f

veranda(h) [və'rændə] N véranda f

verb [vɜːb] N verbe m

verbatim [vɜː'beɪtɪm] ADV textuellement

verbose [vɜː'bəʊs] ADJ verbeux

verdict ['vɜːdɪkt] N verdict m

verge [vɜːdʒ] N **a** (Brit) [of road] accotement m **b** (= edge) bord m ◆ **on the ~ of doing sth** sur le point de faire qch ◆ **on the ~ of tears** au bord des larmes
► **verge on** VT INSEP friser

verify ['verɪfaɪ] VT vérifier

vermin ['vɜːmɪn] NPL (= animals) animaux mpl nuisibles ; (= insects) vermine f ; (pej = people) vermine f

verruca [veˈruːkə] N verrue f (plantaire)

versatile ['vɜːsətaɪl] ADJ [person] aux talents variés, plein de ressources ; [mind] souple ; [tool, vehicle, software] polyvalent

verse [vɜːs] N **a** [of poem] strophe f ; [of song] couplet m **b** (= poetry) vers mpl ◆ **in ~** en vers **c** [of Bible, Koran] verset m

versed [vɜːst] ADJ (also **well-versed**) ◆ **to be (well-)~ in sth** être versé dans qch

version ['vɜːʃən] N version f

versus ['vɜːsəs] PREP **a** (in comparison) par opposition à **b** (Sport, Law) contre

vertebra ['vɜːtɪbrə] N (pl **vertebrae** ['vɜːtɪbriː]) vertèbre f

vertebrate ['vɜːtɪbrət] ADJ, N vertébré m

vertical ['vɜːtɪkəl] ADJ vertical

vertigo ['vɜːtɪɡəʊ] N vertige m

very ['verɪ] **1** ADV **a** (= extremely) très ◆ **not ~** pas très ◆ **I'm ~ sorry** je suis vraiment désolé ◆ **~ well** très bien ◆ **~ little** très peu ◆ **~ much** beaucoup ◆ **thank you ~ much** merci beaucoup **b** (= absolutely) tout(e) ◆ **~ last/first** tout dernier/premier ◆ **at the ~ most** tout au plus ◆ **at midday at the ~ latest** à midi au plus tard ◆ **the ~ latest technology** la toute dernière technologie **c** (for emphasis) ◆ **the ~ same day** le jour même ◆ **the ~ same hat** exactement le même chapeau **2** ADJ **a** (= exact) même ◆ **his ~ words** ses paroles mêmes ◆ **the ~ thing I need** exactement ce qu'il me faut **b** (= extreme) tout ◆ **at the ~ end** [of play, year] tout à la fin ; [of garden, road] tout au bout **c** (= mere) seul **d** (for emphasis) ◆ **before my ~ eyes** sous mes propres yeux

vessel ['vesl] N **a** (= ship) navire m **b** (= receptacle) récipient m

vest [vest] N **a** (Brit) (= undergarment) tricot m de corps ; (= T-shirt) débardeur m **b** (US = waistcoat) gilet m

vestibule ['vestɪbjuːl] N (= entrance) hall m d'entrée

vestige ['vestɪdʒ] N vestige m

vestry ['vestrɪ] N sacristie f

vet [vet] **1** N **a** (Brit) vétérinaire mf **b** (* : US) ancien combattant m **2** VT (Brit = check) véri- fier ◆ **we have ~ted him thoroughly** nous nous sommes renseignés de façon approfondie à son sujet

veteran ['vetərən] **1** N (= experienced person) vétéran m ; (= soldier) ancien combattant m **2** ADJ (= experienced) expérimenté ◆ **a ~ car** une voiture d'époque (avant 1919)

veterinarian [ˌvetərɪˈnɛərɪən] N (US) vétéri- naire mf

veterinary ['vetərɪnərɪ] ADJ vétérinaire ► **vete- rinary surgeon** (Brit) vétérinaire mf

veto ['viːtəʊ] **1** N (pl **~es**) veto m **2** VT opposer son veto à

vexed [vekst] ADJ **a** (= annoyed) contrarié ◆ **~ with sb** fâché contre qn **b** (= difficult) [question, issue] délicat

VHS [ˌviːeɪtʃˈes] N (abbrev of **video home system**) VHS m

via ['vaɪə] PREP **a** (= by way of) via, par **b** (= by means of) au moyen de

viable ['vaɪəbl] ADJ viable

viaduct ['vaɪədʌkt] N viaduc m

vibrant ['vaɪbrənt] ADJ [city] vivant ; [economy, community] dynamique ; [culture] plein de vital- ité ; [colour] éclatant

vibrate [vaɪˈbreɪt] VI (= quiver) vibrer (with de) ; (= resound) retentir (with de)

vibration [vaɪˈbreɪʃən] N vibration f

vicar ['vɪkər] N pasteur m (de l'Église anglicane)

vicarage ['vɪkərɪdʒ] N presbytère m (de l'Église anglicane)

vicarious [vɪˈkɛərɪəs] ADJ [experience, enjoy- ment] vécu par procuration

vice[1] [vaɪs] N **a** (= depravity) vice m **b** (= fault) défaut m

vice[2], **vise** (US) [vaɪs] N étau m

vice- [vaɪs] PREF vice- ► **vice-captain** capitaine m adjoint ► **vice-chancellor** [of university] = prési- dent(e) m(f) d'université ► **vice-president** vice- président(e) m(f)

vice versa [ˌvaɪsɪˈvɜːsə] ADV vice versa

vicinity [vɪˈsɪnɪtɪ] N (= nearby area) environs mpl ; (= closeness) proximité f ◆ **in the ~** dans les environs, à proximité

vicious ['vɪʃəs] ADJ [person, attack, temper] bru- tal ; [animal] méchant ; [look] haineux ; [criticism, remark] méchant ► **vicious circle** cercle m vicieux

victim ['vɪktɪm] N victime f

victimize ['vɪktɪmaɪz] VT persécuter

victor ['vɪktər] N vainqueur m

Victorian [vɪkˈtɔːrɪən] ADJ victorien ; [attitude] d'un puritanisme victorien

victorious [vɪk'tɔːrɪəs] ADJ victorieux

victory [ˈvɪktərɪ] N victoire *f* ◆ **to win a ~ over ...** remporter une victoire sur ...

video [ˈvɪdɪəʊ] **1** N (= film, medium) vidéo *f* ; (= machine) magnétoscope *m* ; (= cassette) cassette *f* vidéo *inv*, vidéocassette *f* ▸ **video camera** caméra *f* vidéo *inv* ▸ **video cassette** vidéocassette *f*, cassette *f* vidéo ▸ **video cassette recorder** magnétoscope *m* ▸ **video game** jeu *m* vidéo *inv* ▸ **video library** vidéothèque *f* ▸ **video player** magnétoscope *m* ▸ **video recorder** magnétoscope *m* ▸ **video shop** vidéoclub *m* **2** VT (from TV) enregistrer (sur magnétoscope) ; (with camcorder) filmer (en vidéo)

videophone [ˈvɪdɪəʊfəʊn] N visiophone *m*

videotape [ˈvɪdɪəʊteɪp] **1** N bande *f* vidéo *inv* ; (= cassette) vidéocassette *f* **2** VT (from TV) enregistrer (sur magnétoscope) ; (with camcorder) filmer en vidéo

vie [vaɪ] VI rivaliser ◆ **to ~ with sb for sth** rivaliser avec qn pour (obtenir) qch

Vienna [vɪˈenə] N Vienne

Vietnam, Viet Nam [ˈvjetˈnæm] N Vietnam *m*

view [vjuː] **1** N **a** (= sight) vue *f* ◆ **to come into ~** apparaître ◆ **hidden from ~** caché aux regards ◆ **in full ~ of thousands of people** sous les yeux de milliers de gens ◆ **to keep sth in ~** ne pas perdre qch de vue **b** (= photo) vue *f* **c** (= opinion) opinion *f* ◆ **in my ~** à mon avis **d** (= way of looking at sth) vision *f* ◆ **with this (aim) in ~** dans ce but ◆ **in ~ of his refusal** étant donné son refus ◆ **in ~ of the fact that ...** étant donné que ... ◆ **with a ~ to doing** en vue de faire **2** VT **a** (= look at) voir **b** (= inspect) examiner ; [+ slides, video] visionner ; [+ object for sale] inspecter ; [+ house, flat] visiter **c** (= think of) considérer, envisager

viewer [ˈvjuːəʳ] N téléspectateur *m*, -trice *f*

viewfinder [ˈvjuːfaɪndəʳ] N viseur *m*

viewpoint [ˈvjuːpɔɪnt] N point *m* de vue

vigil [ˈvɪdʒɪl] N veille *f* ; (= demonstration) manifestation *f* silencieuse

vigilant [ˈvɪdʒɪlənt] ADJ vigilant

vigilante [ˌvɪdʒɪˈlæntɪ] N membre *m* d'un groupe d'autodéfense

vigorous [ˈvɪɡərəs] ADJ [exercise, defence] énergique ; [person, growth] vigoureux

vigour, vigor (US) [ˈvɪɡəʳ] N (= strength) énergie *f* ; (= health) vitalité *f* ; (sexual) vigueur *f*

vile [vaɪl] ADJ **a** (= evil) infâme **b** (= unpleasant) exécrable ; [smell, taste] abominable

villa [ˈvɪlə] N (by sea) villa *f* ; (in country) maison *f* de campagne

village [ˈvɪlɪdʒ] N village *m* ▸ **village green** pré *m* communal ▸ **village hall** (Brit) salle *f* des fêtes

villager [ˈvɪlɪdʒəʳ] N villageois(e) *m(f)*

villain [ˈvɪlən] N (= scoundrel) scélérat *m* ; (in drama, novel) traître(sse) *m(f)* ; (= criminal) * bandit *m*

vinaigrette [ˌvɪneɪˈɡret] N vinaigrette *f*

vindaloo [ˌvɪndəˈluː] N curry très épicé

vindictive [vɪnˈdɪktɪv] ADJ vindicatif

vine [vaɪn] N (producing grapes) vigne *f* ; (= climbing plant) plante *f* grimpante ▸ **vine leaf** feuille *f* de vigne

vinegar [ˈvɪnɪɡəʳ] N vinaigre *m*

vineyard [ˈvɪnjəd] N vignoble *m*

vintage [ˈvɪntɪdʒ] **1** N [of wine] (= year) millésime *m* **2** ADJ **a** [champagne, port] millésimé ▸ **vintage wine** grand vin *m* **b** (= classic) [comedy, drama] classique ▸ **vintage car** voiture *f* d'époque *(construite entre 1919 et 1930)*

vinyl [ˈvaɪnɪl] N vinyle *m*

viola [vɪˈəʊlə] N alto *m*

violate [ˈvaɪəleɪt] VT **a** violer ; [+ principles, honour] bafouer ; [+ privacy] ne pas respecter **b** [+ holy place] profaner

violation [ˌvaɪəˈleɪʃən] N **a** (gen) violation *f* **b** (US = minor offence) infraction *f* ; (on parking meter) dépassement *m*

violence [ˈvaɪələns] N violence *f*

violent [ˈvaɪələnt] ADJ (gen) violent ; [scenes] de violence ; [pain, dislike] vif ◆ **to have a ~ temper** être sujet à des colères violentes

violet [ˈvaɪəlɪt] **1** N (= flower) violette *f* ; (= colour) violet *m* **2** ADJ violet

violin [ˌvaɪəˈlɪn] N violon *m*

violinist [ˌvaɪəˈlɪnɪst] N violoniste *mf*

VIP [ˌviːaɪˈpiː] N VIP * *m inv* ▸ **VIP lounge** salon *m* d'accueil pour VIP

viper [ˈvaɪpəʳ] N vipère *f*

virgin [ˈvɜːdʒɪn] **1** N (sexually inexperienced) (= girl) vierge *f* ; (= boy) puceau *m* ◆ **the Virgin (Mary)** la Vierge (Marie) **2** ADJ vierge

Virgo [ˈvɜːɡəʊ] N Vierge *f*

virile [ˈvɪraɪl] ADJ viril (virile *f*)

virtual [ˈvɜːtjʊəl] ADJ **a** (= near) quasi- ◆ **a ~ monopoly** un quasi-monopole ◆ **she was a ~ recluse** elle était quasiment recluse **b** (Computing) virtuel ▸ **virtual reality** réalité *f* virtuelle

virtually [ˈvɜːtjʊəlɪ] ADV (= almost) pratiquement

virtue [ˈvɜːtjuː] N **a** (= good quality) vertu *f* **b** (= advantage) mérite *m*, avantage *m* **c** ◆ **by ~ of** en vertu de

virtuoso [ˌvɜːtjʊˈəʊzəʊ] N virtuose *mf*

virtuous [ˈvɜːtjʊəs] ADJ vertueux

virulent ['vɪrʊlənt] ADJ virulent

virus ['vaɪərəs] N (pl **viruses**) virus *m*

visa ['viːzə] N visa *m*

vis-à-vis ['viːzəviː] PREP [+ person] vis-à-vis de ; [+ thing] par rapport à

visceral ['vɪsərəl] ADJ [hatred] viscéral ; [thrill, pleasure] brut

viscose ['vɪskəʊs] N viscose *f*

viscount ['vaɪkaʊnt] N vicomte *m*

viscous ['vɪskəs] ADJ visqueux

visibility [ˌvɪzɪ'bɪlɪtɪ] N visibilité *f*

visible ['vɪzəbl] ADJ visible

vision ['vɪʒən] **1** N **a** (= eyesight) vue *f* ; (= foresight) vision *f* **b** (in dream, trance) vision *f* **2** VT (US) envisager

visionary ['vɪʒənərɪ] ADJ, N visionnaire *mf*

visit ['vɪzɪt] **1** N visite *f* ; (= stay) séjour *m* ◆ to pay a ~ to [+ person] rendre visite à ; [+ place] aller à **2** VT **a** (= go and see) [+ person] rendre visite à ; [+ town, museum, zoo] visiter **b** (= formally inspect) [+ place] inspecter
► **visit with** VT INSEP (US) (= visit) passer voir ; (= talk to) parler avec

visiting ['vɪzɪtɪŋ] ADJ [lecturer] invité ► **visiting card** (Brit) carte *f* de visite ► **visiting hours** heures *fpl* de visite

visitor ['vɪzɪtər] N (= guest) invité(e) *m(f)* ; (= tourist) visiteur *m* ► **visitors' book** livre *m* d'or

visor ['vaɪzər] N visière *f*

vista ['vɪstə] N (= view) vue *f*

visual ['vɪʒʊəl] ADJ visuel ► **visual aid** support *m* visuel ► **the visual arts** les arts *mpl* plastiques ► **visual display unit** écran *m*

visualize ['vɪʒʊəlaɪz] VT [+ sth unknown] s'imaginer ; [+ sth familiar] se représenter

vital ['vaɪtl] ADJ **a** (= crucial) essentiel ; [question, matter] fondamental ; [supplies, resources] vital ; [importance] capital ► **vital statistics** (Brit) [of woman] mensurations *fpl* **b** (= dynamic) [person, institution] énergique **c** [organ, force, functions] vital

vitality [vaɪ'tælɪtɪ] N vitalité *f*

vitally ['vaɪtəlɪ] ADV absolument ◆ ~ **important** d'une importance capitale

vitamin ['vɪtəmɪn] N vitamine *f*

vivacious [vɪ'veɪʃəs] ADJ plein de vivacité

vivid ['vɪvɪd] ADJ [colour, imagination] vif ; [memory] très net ; [dream] pénétrant ; [description, language] vivant ; [example] frappant

vividly ['vɪvɪdlɪ] ADV [remember] très distinctement ; [describe, express] de façon vivante ◆ ~ **coloured** aux couleurs vives

vixen ['vɪksn] N renarde *f*

viz [vɪz] ADV (= namely) c'est-à-dire

vocabulary [vəʊ'kæbjʊlərɪ] N vocabulaire *m*

vocal ['vəʊkəl] **1** ADJ **a** (= using voice) vocal ► **vocal c(h)ords** cordes *fpl* vocales **b** (= outspoken) [opposition, protest] vif **2 vocals** NPL chant *m* ◆ **backing ~s** chœurs *mpl*

vocalist ['vəʊkəlɪst] N chanteur *m*, -euse *f (dans un groupe)*

vocation [vəʊ'keɪʃən] N vocation *f*

vocational [vəʊ'keɪʃənl] ADJ technique et professionnel ◆ ~ **course** stage *m* de formation professionnelle

vociferous [vəʊ'sɪfərəs] ADJ véhément

vodka ['vɒdkə] N vodka *f*

vogue [vəʊg] N mode *f* ◆ **to be in ~** être en vogue

voice [vɔɪs] **1** N voix *f* ◆ **in a deep ~** d'une voix grave ► **voice box** larynx *m* ► **voice mail** messagerie *f* vocale ► **voice-over** (commentaire en) voix *f* off **2** VT (= express) exprimer

void [vɔɪd] **1** N vide *m* **2** ADJ **a** (= invalid) [agreement] nul (nulle *f*) ; (= empty) ◆ ~ **of** [charm, talent] dépourvu de ; [compassion, meaning] dénué de

volatile ['vɒlətaɪl] ADJ [situation, relationship, market] instable ; [person, personality] versatile

volcano [vɒl'keɪnəʊ] N (pl **-es**) volcan *m*

vole [vəʊl] N campagnol *m*

volley ['vɒlɪ] **1** N **a** [of bullets] salve *f* **b** [of insults] bordée *f* **c** (Sport) volée *f* **2** VT [+ ball] prendre à la volée

volleyball ['vɒlɪbɔːl] N volley(-ball) *m*

volt [vəʊlt] N volt *m*

voltage ['vəʊltɪdʒ] N tension *f*

voluble ['vɒljʊbl] ADJ volubile

volume ['vɒljuːm] N (gen) volume *m* ◆ ~ **one** tome *m* un ◆ **in six ~s** en six volumes ► **volume control** bouton *m* de réglage du volume

voluminous [və'luːmɪnəs] ADJ volumineux

voluntarily ['vɒləntərɪlɪ] ADV **a** (= willingly) volontairement **b** (= without payment) [work] bénévolement

voluntary ['vɒləntərɪ] ADJ **a** (= not compulsory) volontaire ; [attendance] facultatif **b** (= unpaid) [group, service] bénévole ► **voluntary work** travail *m* bénévole, bénévolat *m* ► **voluntary worker** bénévole *mf*

volunteer [ˌvɒlən'tɪər] **1** N **a** (= person volunteering) volontaire *mf* **b** (= unpaid worker) bénévole *mf* **2** VT [+ information] fournir (spontanément) **3** VI ◆ **to ~ for sth** se proposer pour (faire) qch

voluptuous [və'lʌptjʊəs] ADJ voluptueux

vomit ['vɒmɪt] **1** N vomi *m* **2** VTI vomir

voracious [vəˈreɪʃəs] ADJ vorace ; [reader] avide

vote [vəʊt] **1** N **a** (= ballot) vote *m* ◆ ~ **of no confidence** motion *f* de censure **b** (= franchise) droit *m* de vote **c** (= vote cast) voix *f* ◆ **to count the ~s** (in election) dépouiller le scrutin **2** VT [+ bill, treaty] voter ◆ **he was ~d chairman** il a été élu président ◆ **I ~ we go to the cinema** * je propose que l'on aille au cinéma **3** VI voter ◆ **to ~ on sth** mettre qch au vote
► **vote in** VT SEP [+ law] voter ; [+ person] élire

voter [ˈvəʊtəʳ] N électeur *m*, -trice *f*

voting [ˈvəʊtɪŋ] N vote *m*, scrutin *m*

vouch [vaʊtʃ] VI ◆ **to ~ for sb** se porter garant de qn

voucher [ˈvaʊtʃəʳ] N bon *m*

vow [vaʊ] **1** N vœu *m*, serment *m* **2** VT **a** (publicly) faire le serment (to do de faire ; that que) ; [+ obedience, loyalty] faire vœu de **b** (to oneself) se jurer

vowel [ˈvaʊəl] N voyelle *f*

voyage [ˈvɔɪdʒ] N voyage *m* par mer ; (fig) voyage *m*

voyeur [vwɑːˈjɜːʳ] N voyeur *m*

VSO [ˌviːesˈəʊ] N (Brit) (abbrev of **Voluntary Service Overseas**) ≈ coopération *f* technique

vulgar [ˈvʌlɡəʳ] ADJ vulgaire

vulnerable [ˈvʌlnərəbl] ADJ vulnérable (to sth à qch)

vulture [ˈvʌltʃəʳ] N vautour *m*

ANGLAIS/
FRANÇAIS

W, w ['dʌblju] N **a** (abbrev of watt) W **b** (abbrev of west) O.

wacky * ['wækɪ] ADJ loufoque *

wad [wɒd] N [of cloth, paper] tampon *m* ; [of banknotes] liasse *f*

waddle ['wɒdl] VI se dandiner

wade [weɪd] VI **a** (= paddle) ◆ to ~ through water/mud marcher dans l'eau/la boue **b** (* = advance with difficulty) ◆ I managed to ~ through his book je suis péniblement venu à bout de son livre

wader ['weɪdər] N (= boot) botte *f* de pêcheur

wafer ['weɪfər] N gaufrette *f* ; (in communion) hostie *f* ▸ **wafer-thin** très fin

waffle * ['wɒfl] **1** N **a** (Brit) (when speaking) verbiage *m* ; (in essay) remplissage *m* **b** (to eat) gaufre *f* **2** VI (when speaking) parler pour ne rien dire ; (in essay) faire du remplissage

waft [wɑːft] VI [sound, smell] flotter

wag [wæg] **1** VT remuer **2** VI [tail] remuer ; (excitedly) frétiller ◆ the news set tongues ~ging la nouvelle a fait jaser

wage [weɪdʒ] **1** N salaire *m* ▸ **wage earner** salarié(e) *m(f)* ▸ **wage packet** paie *f* **2** VT ◆ to ~ war faire la guerre (on à)

wager ['weɪdʒər] **1** VT parier **2** N pari *m*

waggle ['wægl] **1** VT [+ pencil, branch] agiter ; [+ one's toes, fingers] remuer **2** VI [toes, fingers] remuer

wagon ['wægən] N (horse-drawn or ox-drawn) chariot *m* ; (= truck) camion *m* ; (Brit Rail) wagon *m* de marchandises ◆ to be on the ~ * ne pas boire d'alcool

wail [weɪl] **1** N [of person] gémissement *m* ; [of baby] vagissement *m* ; [of siren] hurlement *m* **2** VI [person] gémir ; (= cry) pleurer ; [siren] hurler

waist [weɪst] N taille *f* ▸ **waist measurement, waist size** tour *m* de taille

waistband ['weɪstbænd] N ceinture *f*

waistcoat ['weɪstkəʊt] N (Brit) gilet *m*

waistline ['weɪstlaɪn] N taille *f*

wait [weɪt] **1** N attente *f* ◆ a three-hour ~ trois heures d'attente ◆ to lie in ~ être à l'affût ◆ to lie in ~ for [bandits, guerrillas] tendre une embuscade à **2** VI **a** attendre ◆ to ~ for sb/sth attendre qn/qch ◆ to ~ for sb to leave, to ~ until sb leaves attendre que qn parte ◆ to keep sb ~ing faire attendre qn ◆ I can't ~ to see him again! je suis impatiente de le revoir ! ◆ we'll have to ~ and see on verra **b** [waiter] servir **3** VT **a** [+ one's turn] attendre ◆ I ~ed two hours j'ai attendu deux heures ◆ could you ~ a moment? vous pouvez patienter un moment ? ◆ ~ a moment or a minute! un instant ! ; (interrupting) minute ! * **b** ◆ to ~ table faire le service
▸ **wait about, wait around** VI attendre ; (= loiter) traîner
▸ **wait on** VT INSEP [servant, waiter] servir ◆ she ~s on him hand and foot elle est aux petits soins pour lui
▸ **wait up** VI (= not go to bed) ne pas aller se coucher ◆ don't ~ up for me ne m'attendez pas(, allez vous coucher)

waiter ['weɪtər] N serveur *m*

waiting ['weɪtɪŋ] N attente *f* ▸ **waiting list** liste *f* d'attente ▸ **waiting room** salle *f* d'attente

waitress ['weɪtrɪs] N serveuse *f*

waive [weɪv] VT [+ claim, right, privilege] renoncer à ; [+ condition, age limit] ne pas insister sur

wake [weɪk] (vb : pret **woke**, ptp **woken**, woke) **1** N **a** [of ship] sillage *m* ◆ in the ~ of à la suite de **b** (over corpse) veillée *f* mortuaire **2** VI (also wake up) se réveiller ◆ to ~ up to sth se rendre compte de qch **3** VT (also wake up) réveiller

waken ['weɪkən] VTI ⇒ wake

Wales [weɪlz] N pays *m* de Galles

walk [wɔːk] **1** N **a** (= stroll) promenade *f* ; (= ramble) randonnée *f* ◆ to go for a ~ aller se promener ◆ to take the dog for a ~ promener le chien ◆ it's ten minutes' ~ from here c'est à dix minutes d'ici à pied ◆ it's only a short ~ to the shops les magasins sont à deux pas ◆ people from all ~s of life des gens de tous les horizons **b** (= way of walking) démarche *f* **2** VI **a** (gen) marcher ◆ to ~ down to the village descendre jusqu'au village ◆ he was ~ing up and down il marchait de long en large ◆ she ~s in her sleep elle est somnambule **b** (= go on foot) aller à pied ; (= go for a walk) aller se promener **3** VT **a** [+ distance] faire à pied **b** ◆ to ~ the streets se promener dans les rues **c** (= take) [+ dog] promener ◆ to ~ sb home raccompagner qn
▸ **walk into** VT INSEP **a** [+ trap, ambush] tomber dans **b** (= collide with) se cogner à

► **walk out** VI (= go out) sortir ; (= go away) partir ; (= go on strike) se mettre en grève

► **walk out on** VT INSEP quitter

► **walk up** VI (= approach) s'approcher (to sb de qn)

walker ['wɔːkə'] N **a** (= walker) marcheur *m*, -euse *f* ; (for pleasure) promeneur *m*, -euse *f* **b** (= support frame) déambulateur *m* ; (for babies) trotte-bébé *m*

walkie-talkie ['wɔːkɪ'tɔːkɪ] N talkie-walkie *m*

walking ['wɔːkɪŋ] **1** N marche *f* à pied **2** ADJ ambulant ► **walking boot** chaussure *f* de marche ► **walking distance** ◆ **it is within ~ distance** on peut facilement y aller à pied ► **walking pace** ◆ **at a ~ pace** au pas ► **walking shoe** chaussure *f* de marche ► **walking stick** canne *f*

Walkman ® ['wɔːkmən] N baladeur *m*

walkout ['wɔːkaʊt] N (= strike) grève *f* surprise

walkover ['wɔːkəʊvə'] N victoire *f* facile

walkway ['wɔːkweɪ] N (Brit) (= path) sentier *m* pédestre ; (US) (= crossing) passage *m* pour piétons

wall [wɔːl] N (gen) mur *m* ; (of tunnel, cave) paroi *f* ; (around city, castle) remparts *mpl* ◆ **to drive sb up the ~** * rendre qn dingue * ► **wall bars** espalier *m* ► **wall chart** planche *f* murale ► **wall-to-wall carpet** moquette *f*

wallaby ['wɒləbɪ] N wallaby *m*

walled [wɔːld] ADJ ◆ **~ garden** jardin *m* clos

wallet ['wɒlɪt] N portefeuille *m*

wallflower ['wɔːlflaʊə'] N giroflée *f* ◆ **to be a ~** (at dance) faire tapisserie

wallop * ['wɒləp] VT [+ person] flanquer une torgnole * à ; [+ ball, object] taper dans

wallow ['wɒləʊ] VI [person, animal] se vautrer ◆ **to ~ in self-pity** s'apitoyer sur son sort avec complaisance

wallpaper ['wɔːlpeɪpə'] **1** N papier *m* peint **2** VT tapisser

wally * ['wɒlɪ] N (Brit) andouille * *f*

walnut ['wɔːlnʌt] N **a** (= nut) noix *f* ◆ **~ tree** noyer *m* **b** (= wood) noyer *m*

walrus ['wɔːlrəs] N morse *m*

waltz [wɔːls] **1** N valse *f* **2** VI **a** (= dance) valser **b** ◆ **to ~ in** entrer avec désinvolture

wan [wɒn] ADJ blafard ◆ **a ~ smile** un pâle sourire

wand [wɒnd] N baguette *f* magique

wander ['wɒndə'] **1** VI **a** [person] errer ; (for pleasure) flâner ; [thoughts] vagabonder **b** (= stray) s'égarer ◆ **his attention ~ed** il était distrait ◆ **his mind is ~ing** (from fever, age) il divague **2** VT errer dans

wane [weɪn] VI décliner

wangle * ['wæŋgl] VT (= get) se débrouiller pour avoir

waning ['weɪnɪŋ] ADJ [strength, popularity] déclinant

want [wɒnt] **1** N **a** (= lack) manque *m* ◆ **for ~ of ...** faute de ... **b** (= need, poverty) besoin *m* **2** VT **a** (= wish) vouloir ◆ **to ~ to do** vouloir faire, avoir envie de faire ◆ **to ~ sb** (sexually) désirer qn ◆ **to ~ sb to do sth** vouloir que qn fasse qch **b** (= seek) demander ◆ **you're ~ed on the phone** on vous demande au téléphone **c** (= need) avoir besoin de ◆ **the car ~s washing** la voiture a besoin d'être lavée

wanted ['wɒntɪd] ADJ [criminal] recherché ◆ **to be ~ by the police** être recherché par la police

wanton ['wɒntən] ADJ (= gratuitous) gratuit

war [wɔː'] N guerre *f* ◆ **at ~** en guerre ► **war crime** crime *m* de guerre ► **war cry** cri *m* de guerre ► **war dance** danse *f* guerrière ► **war memorial** monument *m* aux morts ► **war-torn** déchiré par la guerre

warble ['wɔːbl] VI [bird] gazouiller ; [person] roucouler

ward [wɔːd] N **a** [of hospital] salle *f* **b** (Brit: for election) section *f* électorale **c** (= person) pupille *mf* ◆ **~ of court** pupille *mf* sous tutelle judiciaire

► **ward off** VT SEP (= avoid) éviter ; (= chase away) chasser

warden ['wɔːdn] N [of student hall, park, game reserve] gardien *m*, -ienne *f* ; [of youth hostel] responsable *mf* ; (US = prison governor) directeur *m*, -trice *f*

warder ['wɔːdə'] N [of prison] surveillant(e) *m(f)*

wardrobe ['wɔːdrəʊb] N **a** (= cupboard) armoire *f* **b** (= clothes) garde-robe *f*

warehouse ['weəhaʊs] N entrepôt *m*

warfare ['wɔːfeə] N guerre *f*

warhead ['wɔːhed] N ogive *f*

warlock ['wɔːlɒk] N sorcier *m*

warm [wɔːm] **1** ADJ **a** (gen) chaud ◆ **it's nice and ~ in here** il fait chaud ici ◆ **it's ~ today** il fait bon aujourd'hui ◆ **in ~ weather** par temps chaud ◆ **to keep sth ~** tenir qch au chaud ◆ **a ~ oven** un four moyen **b** [smile, welcome, applause, person] chaleureux ► **warm-hearted** chaleureux **2** VT [+ room] réchauffer ; [+ water, food] faire (ré)chauffer ◆ **to ~ one's feet/hands** se réchauffer les pieds/les mains **3** VI **a** [room, bed] se réchauffer **b** ◆ **to ~ to an idea** s'enthousiasmer peu à peu pour une idée ◆ **I ~ed to him** je me suis pris de sympathie pour lui

► **warm up** **1** VI **a** [person, room] se réchauffer ; [water, food] chauffer **b** [engine, car] se réchauffer ; [athlete, dancer] s'échauffer **2** VT SEP **a** [+ person] réchauffer ; [+ water, food] (faire) (ré)chauffer **b** [+ engine, car] faire chauffer

warmly ['wɔːmlɪ] ADV **a** [dress] chaudement **b** [recommend] chaudement ; [greet, smile, thank, applaud] chaleureusement

warmonger ['wɔːmʌŋgəʳ] N belliciste *mf*

warmth [wɔːmθ] N chaleur *f*

warn [wɔːn] VT prévenir ◆ **to ~ sb against doing sth** or **not to do sth** déconseiller à qn de faire qch ◆ **to ~ sb off** or **against sth** mettre qn en garde contre qch

warning ['wɔːnɪŋ] N (= act) avertissement *m* ; (in writing) avis *m* ◆ **without ~** subitement ◆ **they arrived without ~** ils sont arrivés sans prévenir ▶ **warning light** voyant *m*

warp [wɔːp] **1** VT [+ wood] voiler ◆ **he has a ~ed mind** il a l'esprit tordu **2** VI [wood] se voiler

warpath ['wɔːpɑːθ] N ◆ **to be on the ~** chercher l'affrontement

warplane ['wɔːpleɪn] N avion *m* de guerre

warrant ['wɒrənt] **1** N mandat *m* **2** VT (frm = justify) justifier

warranty ['wɒrəntɪ] N (= guarantee) garantie *f*

warren ['wɒrən] N (also **rabbit warren**) garenne *f*

warrior ['wɒrɪəʳ] N guerrier *m*, -ière *f*

Warsaw ['wɔːsɔː] N Varsovie

warship ['wɔːʃɪp] N bâtiment *m* de guerre

wart [wɔːt] N verrue *f* ◆ **~s and all** avec tous ses défauts

warthog ['wɔːthɒg] N phacochère *m*

wartime ['wɔːtaɪm] N ◆ **in ~** en temps de guerre

wary ['weərɪ] ADJ prudent ◆ **to be ~ about sb/sth** se méfier de qn/qch ◆ **to be ~ of doing sth** hésiter beaucoup à faire qch

was [wɒz] VB (pt of **be**)

wash [wɒʃ] **1** N **a** ◆ **to give sth a ~** laver qch ◆ **to have a ~** se laver ◆ **to have a quick ~** faire un brin de toilette **b** (= laundry) lessive *f* **2** VT **a** (gen) laver, faire sa toilette ◆ **to ~ one's hair/face** se laver les cheveux/le visage ◆ **to ~ the dishes** laver la vaisselle ◆ **to ~ one's hands of sth** se laver les mains de qch ◆ **to ~ one's hands of sb** se désintéresser de qn **b** ◆ **to be ~ed overboard** être emporté par une vague **3** VI **a** (= have a wash) [person] se laver ; [cat] faire sa toilette **b** (Brit) ◆ **that just won't ~ ! *** (= won't be accepted) ça ne prend pas !
▶ **wash away** VT SEP [waves, sea, flood] (= carry away) emporter

▶ **wash down** VT SEP **a** [+ deck, car] laver (à grande eau) ; [+ wall] lessiver **b** [+ medicine, pill] faire descendre ; [+ food] arroser

▶ **wash off** **1** VI partir au lavage ◆ **it won't ~ off** ça ne part pas **2** VT SEP faire partir

▶ **wash out** VT SEP **a** (= remove) [+ stain] faire partir au lavage **b** (= rinse) [+ bottle, pan] laver **c** ◆ **to look/feel ~ed out *** (= tired) avoir l'air/se sentir complètement lessivé *

▶ **wash up** **1** VI **a** (Brit = wash dishes) faire la vaisselle **b** (US = have a wash) se débarbouiller **2** VT SEP **a** (Brit) [+ plates, cups] laver **b** [sea, tide] rejeter (sur le rivage) ; [river] rejeter (sur la berge) ◆ **to be (all) ~ed up *** [plan, marriage] être tombé à l'eau *

washable ['wɒʃəbl] ADJ lavable

washbasin ['wɒʃbeɪsn] N (Brit) lavabo *m*

washcloth ['wɒʃklɒθ] N ≈ gant *m* de toilette

washer ['wɒʃəʳ] N **a** (in plumbing) rondelle *f* **b** (= washing machine) lave-linge *m inv* ▶ **washer-dryer** lave-linge *m* séchant **c** (for windscreen) lave-glace *m inv*

washing ['wɒʃɪŋ] N (= clothes) linge *m* ◆ **to do the ~** faire la lessive ◆ **to hang out the ~** étendre le linge ▶ **washing line** corde *f* à linge ▶ **washing machine** lave-linge *m inv* ▶ **washing powder** (Brit) lessive *f* (en poudre) ▶ **washing-up** (Brit) vaisselle *f* (à laver) ◆ **to do the ~-up** faire la vaisselle ▶ **washing-up bowl** bassine *f* ▶ **washing-up liquid** produit *m* pour la vaisselle

wash-out * ['wɒʃaut] N (= event) désastre *m* ; (= person) nul *m*

washroom ['wɒʃrum] N toilettes *fpl*

wasn't ['wɒznt] ⇒ **was not ; → be**

wasp [wɒsp] N **a** guêpe *f* ◆ **~'s nest** guêpier *m* **b** ◆ **Wasp** or **WASP *** (US) (abbrev of White Anglo-Saxon Protestant) wasp *mf* (Anglo-Saxon blanc et protestant)

wastage ['weɪstɪdʒ] N (gen) gaspillage *m* ; (as part of industrial process) déperdition *f*

waste [weɪst] **1** N **a** [of resources, food, money] gaspillage *m* ◆ **to go to ~** être gaspillé ◆ **what a ~!** quel gaspillage ! ◆ **that machine was a ~ of money** cela ne valait vraiment pas la peine d'acheter cette machine ◆ **it's a ~ of time** c'est une perte de temps ◆ **it's a ~ of time doing that** on perd son temps à faire cela **b** (= waste material) déchets *mpl* ◆ **household** or **kitchen ~** ordures *fpl* ménagères ▶ **waste disposal unit, waste disposer** broyeur *m* à ordures ▶ **waste ground** ◆ **a piece of ~ ground** un terrain vague ▶ **waste pipe** (tuyau *m* de) vidange *f* **2** VT (gen) gaspiller ; [+ time] perdre ; [+ opportunity] laisser passer ◆ **to ~ one's money** gaspiller son argent (on sth pour qch ; on doing sth pour faire qch) ◆ **you're wasting**

your time (trying) tu perds ton temps (à essayer) ◆ to ~ no time in doing sth ne pas perdre de temps à faire qch ◆ (Prov) waste not want not il n'y a pas de petites économies
► **waste away** VI dépérir

wastebasket ['weɪstbɑːskɪt] N corbeille f (à papier)

wastebin ['weɪstbɪn] N (Brit) (= wastebasket) corbeille f à papier ; (in kitchen) poubelle f

wasted ['weɪstɪd] ADJ **a** [limb] (= emaciated) décharné ; (= withered) atrophié **b** * (on drugs) défoncé * ; (on alcohol) * bourré *

wasteful ['weɪstfʊl] ADJ [person] gaspilleur ; [process] peu économique

wasteland ['weɪstlænd] N (in town) terrain m vague ; (in countryside) désert m

wastepaper basket [ˌweɪst'peɪpəˌbɑːskɪt] N corbeille f (à papier)

waster * ['weɪstər] N (= good-for-nothing) propre m/f à rien

watch [wɒtʃ] **1** N **a** (for telling time) montre f ► **watch strap** bracelet m de montre **b** (= act of watching) ◆ to keep ~ faire le guet ◆ to keep a close ~ on or over sb/sth surveiller qn/qch de près **c** (= period of duty on ship) quart m ; (= soldiers) garde f **2** VT **a** [+ event, programme, TV, person] regarder ; [+ suspect, house, car] surveiller ; [+ birds, insects] observer ; [+ political situation, developments] suivre de près **b** (= take care of, keep an eye on) surveiller **c** (= be careful of, mind) faire attention à ◆ ~ your head! attention à ta tête ! ◆ ~ you don't burn yourself fais attention à ne pas te brûler **3** VI (gen) regarder ; (= be on guard) faire le guet ; (= pay attention) faire attention ◆ to ~ over [+ person, thing] surveiller ◆ to ~ for sth/sb (= wait for) guetter qch/qn
► **watch out** VI (= take care) faire attention

watchband ['wɒtʃbænd] N bracelet m de montre

watchdog ['wɒtʃdɒg] N (= dog) chien m de garde ◆ **consumer** ~ organisme m de protection des consommateurs

watchful ['wɒtʃfʊl] ADJ vigilant

watchmaker ['wɒtʃmeɪkər] N horloger m, -ère f

watchman ['wɒtʃmən] N (pl **-men**) gardien m ; (also **night watchman**) veilleur m de nuit

watchword ['wɒtʃwɜːd] N (= password) mot m de passe ; (= motto) mot m d'ordre

water ['wɔːtər] **1** N eau f ► **water bed** matelas m d'eau ► **water bottle** [of soldier, cyclist] bidon m ; (smaller) gourde f ► **water heater** chauffe-eau m inv ► **water hole** point m d'eau ► **water lily** nénuphar m ► **water main** conduite f d'eau ► **water meter** compteur m d'eau ► **water pistol** pistolet m à eau ► **water polo** water-polo m ► **water rat** rat m d'eau ► **water-ski** N ski m nautique (objet) ◇ VI faire du ski nautique ► **water-skiing** ski m nautique (sport) ► **water sports** sports mpl nautiques ► **water tank** réservoir m d'eau ► **water tower** château m d'eau **2** VI [eyes] pleurer ◆ my mouth was ~ing j'en avais l'eau à la bouche **3** VT [+ plant, garden] arroser ; [+ animals] donner à boire à
► **water down** VT SEP [+ milk, wine] couper (d'eau)

watercolour, watercolor (US) ['wɔːtəˌkʌlər] N **a** (= painting) aquarelle f **b** (= paint) ◆ ~s couleurs fpl pour aquarelle ◆ **painted in ~s** peint à l'aquarelle

watercress ['wɔːtəkres] N cresson m

waterfall ['wɔːtəfɔːl] N chute f d'eau

waterfront ['wɔːtəfrʌnt] N (at docks) quais mpl ; (= sea front) front m de mer

watering can ['wɔːtərɪŋˌkæn] N arrosoir m

waterlogged ['wɔːtəlɒgd] ADJ [land, pitch] détrempé ; [wood] imprégné d'eau

watermark ['wɔːtəmɑːk] N (left by tide) laisse f de haute mer ; (left by river) ligne f des hautes eaux

watermelon ['wɔːtəmelən] N pastèque f

waterproof ['wɔːtəpruːf] **1** ADJ [material] imperméable ; [watch] étanche ; [mascara] résistant à l'eau **2** N (Brit = coat, jacket) imperméable m

watershed ['wɔːtəʃed] N **a** (Geog) ligne f de partage des eaux **b** (= turning point) tournant m

watertight ['wɔːtətaɪt] ADJ **a** [container] étanche **b** [excuse, plan, argument] inattaquable

waterwheel ['wɔːtəwiːl] N roue f hydraulique

waterworks ['wɔːtəwɜːks] NPL (= system) système m hydraulique ; (= place) station f hydraulique

watery ['wɔːtərɪ] ADJ **a** [fluid, discharge, solution] aqueux **b** [tea, coffee] trop léger ; [soup, sauce] trop clair ; [paint, ink] trop liquide **c** [eyes] humide **d** [smile, sun, light] faible ; [sky, moon] délavé ; [colour] pâle

watt [wɒt] N watt m

wave [weɪv] **1** N **a** (at sea, on lake, on beach) vague f ; (on river, pond) vaguelette f ; (in hair, on surface) ondulation f **b** [of enthusiasm, strikes, protests] vague f **c** (= radio wave) onde f **d** (= gesture) geste m de la main **2** VI [person] faire signe de la main ; [flag] flotter (au vent) ; [branch] se balancer ; [grass, corn] onduler ◆ to ~ to sb (in greeting) saluer qn de la main ; (as signal) faire signe à qn **3** VT [+ flag, handkerchief] agiter ; [+ stick, sword] brandir ✦ **to ~ goodbye to sb** dire au revoir de la main à qn ✦ **to ~ sb on** faire signe à qn d'avancer

▶ **wave about, wave around** VT SEP [+ object] agiter dans tous les sens ✦ **to ~ one's arms about** gesticuler

waveband ['weɪvbænd] N bande *f* de fréquences

wavelength ['weɪvleŋθ] N longueur *f* d'ondes

waver ['weɪvəʳ] VI [flame, shadow] vaciller ; [voice] trembler ; [courage, loyalty] chanceler ; [person] (= weaken) flancher* ; (= hesitate) hésiter

wavy ['weɪvɪ] ADJ ondulé

wax [wæks] **1** N cire *f* ▸ **wax museum** musée *m* de cire **2** VT [+ floor, furniture] cirer ; [+ car] lustrer ✦ **to ~ one's legs** s'épiler les jambes à la cire **3** VI ✦ **to ~ and wane** croître et décroître ✦ **he ~ed lyrical about Louis Armstrong** il est devenu lyrique quand il a parlé de Louis Armstrong

waxwork ['wæksw3:k] N (= figure) personnage *m* en cire

waxy ['wæksɪ] ADJ cireux

way [weɪ] **1** N **a** (= route) chemin *m* ✦ **to ask the ~** demander son chemin (to pour aller à) ✦ **to lose one's ~** se perdre ✦ **to make one's ~ towards ...** se diriger vers ... ✦ **on the ~ to London we met ...** en allant à Londres nous avons rencontré ... ✦ **it's on the ~ to the station** c'est sur le chemin de la gare ✦ **he's on his ~** il arrive ✦ **the ~ in** l'entrée *f* ✦ **the ~ out** la sortie ✦ **there's no other ~ out** (fig) il n'y a pas d'autre solution ✦ **to push one's ~ through a crowd** se frayer un chemin à travers une foule ✦ **he tried to talk his ~ out of it** il a essayé de s'en sortir avec de belles paroles ✦ **to be in the ~** (physically) barrer le passage ; (causing problems) gêner ✦ **to get out of the ~** s'écarter ✦ **to keep out of sb's ~** (= avoid sb) éviter qn ✦ **he went out of his ~ to help us** il s'est donné du mal pour nous aider ✦ **to make ~ for sb** faire place à qn ✦ **to make ~ for sth** ouvrir la voie à qch **b** (= distance) ✦ **a little ~ off** pas très loin ✦ **to be a long ~ away** être loin ✦ **we've got a long ~ to go** (long journey) nous avons beaucoup de chemin à faire ; (= still far from our objective) nous ne sommes pas au bout de nos peines ; (= not got enough) nous sommes encore loin du compte ✦ **he had to walk all the ~ (to the hospital)** il a dû faire tout le chemin à pied (jusqu'à l'hôpital) ✦ **I'm with you all the ~** * (= entirely agree) je suis entièrement d'accord avec vous ; (= will back you up) je vous soutiendrai jusqu'au bout **c** (= direction) ✦ **he went that ~** il est parti par là ✦ **which ~ did he go?** dans quelle direction est-il parti ? ✦ **he looked the other ~** il a regardé ailleurs ✦ **we**

went the wrong ~ nous avons pris le mauvais chemin ✦ **a piece of bread went down the wrong ~** j'ai (or il a etc) avalé de travers ✦ **your jersey is the wrong ~ out** ton pull est à l'envers ✦ **"this ~ up"** "haut" ✦ **the right ~ up** dans le bon sens ✦ **the wrong ~ up** à l'envers **d** (= manner) façon *f* ✦ **this/that ~** comme ceci/cela ✦ **to do sth the right/wrong~** bien/mal faire qch ✦ **he has his own ~ of doing things** il a une façon bien à lui de faire les choses ✦ **that's the ~ he is** il est comme ça, c'est tout ✦ **it's the ~ things are** c'est la vie ! ✦ **to get or have one's own ~** en faire à son idée ✦ **you can't have it both ~s** il faut choisir ✦ **there are no two ~s about it*** il n'y a pas à tortiller* ✦ **no ~!** * pas question ! **e** (= means) moyen *m* ; (= method, technique) solution *f* ✦ **we'll find a ~ of doing it** nous trouverons bien un moyen de le faire ✦ **he has a ~ with people** il sait s'y prendre avec les gens ✦ **to have a ~ with words** manier les mots avec bonheur **f** (= habit) ✦ **to get into/out of the ~ of doing sth** prendre/perdre l'habitude de faire qch ✦ **I know his little ~s** je connais ses petites habitudes ✦ **to mend one's ~s** s'amender **g** (= respect, particular) ✦ **in some ~s** à certains égards ✦ **in more ~s than one** à plus d'un titre ✦ **he's right in a ~** il a raison dans un certain sens **2** ADV ✦ **~ down below** tout en bas ✦ **~ up in the sky** très haut dans le ciel ✦ **it's ~ too big** c'est beaucoup trop grand **3** COMP ▸ **way of life** mode *m* de vie ▸ **ways and means** moyens *mpl* (of doing sth de faire qch)

wayside ['weɪsaɪd] N bord *m* de la route ✦ **to fall by the ~** [competitor, contestant] (= drop out) abandonner ; (= be eliminated) être éliminé ; [project, plan] tomber à l'eau

wayward ['weɪwəd] ADJ **a** [person] qui n'en fait qu'à sa tête **b** [hair] rebelle

WC ['dʌbljuːsiː] N WC *mpl*

we [wiː] PERS PRON nous ✦ **~ ~nt to the pictures** nous sommes allés or on est allé au cinéma ✦ **~ all make mistakes** tout le monde peut se tromper

weak [wiːk] ADJ (gen) faible ; [coffee, tea] léger ✦ **to have a ~ heart** avoir le cœur fragile ✦ **~ from or with hunger** affaibli par la faim ✦ **he went ~ at the knees at the sight of her** il s'est senti défaillir quand il l'a vue

weaken ['wiːkən] **1** VI [person] (in health) s'affaiblir ; (in resolution) faiblir ; (= relent) se laisser fléchir ; [structure, material, voice] faiblir ; [influence, power] diminuer **2** VT affaiblir

weakling ['wiːklɪŋ] N (physically) gringalet *m* ; (morally) faible *mf*

weakness ['wiːknɪs] N **a** [of person, character, signal] faiblesse *f* ; [of economy, regime, structure] fragilité *f* **b** (= weak point) [of person, system, argument] point *m* faible **c** (= defect) défaut *m* **d** (= liking) [of person] faible *m* (for pour)

wealth [welθ] N (= fact of being rich) richesse *f* ; (= money, possessions, resources) richesses *fpl* ◆ **a ~ of ideas** une abondance d'idées ◆ **a ~ of information** une mine d'informations

wealthy ['welθɪ] ADJ riche

wean [wiːn] VT sevrer

weapon ['wepən] N arme *f*

wear [wɛə'] (vb : pret **wore**, ptp **worn**) **1** N **a** (= clothes) vêtements *mpl* ◆ **children's/ski ~** vêtements *mpl* pour enfants/de ski **b** (= use) usage *m* ◆ **~ and tear** usure *f* **2** VT **a** (= have on) porter ◆ **she was ~ing blue** elle était en bleu ◆ **I've nothing to ~** je n'ai rien à me mettre ◆ **to ~ lipstick** mettre du rouge à lèvres ◆ **~ perfume** se parfumer ◆ **she was ~ing make-up** elle (s')était maquillée **b** [+ smile] arborer ; [+ look] afficher ◆ **she wore a frown** elle fronçait les sourcils **c** (= rub) ◆ **to ~ a hole in sth** finir par faire un trou dans qch ◆ **the rug was worn thin** le tapis était usé jusqu'à la corde **d** (*: Brit = tolerate, accept) tolérer **3** VT **a** (= deteriorate with use) [garment, fabric, stone, wood] s'user ◆ **my patience is ~ing thin** je suis presque à bout de patience ◆ **that joke is starting to ~ a bit thin!** cette plaisanterie commence à être éculée ! **b** (= last) ◆ **to ~ well** faire de l'usage

► **wear away 1** VI [wood, metal] s'user ; [cliffs, rock] être rongé ; [inscription, design] s'effacer **2** VT SEP [+ wood, metal] user ; [+ cliffs, rock] ronger ; [+ inscription, design] effacer

► **wear down 1** VI [heels, pencil] s'user ; [resistance, courage] s'épuiser **2** VT SEP [+ materials, patience, strength] user ; [+ courage, resistance] miner

► **wear off** VI [colour, design, inscription] s'effacer ; [pain] disparaître ; [anger, excitement] passer ; [effects, anaesthetic] se dissiper

► **wear out 1** VI [clothes, material, machinery] s'user ; [patience, enthusiasm] s'épuiser **2** VT SEP **a** [+ shoes, clothes] user ; [+ one's strength, reserves, patience] épuiser **b** (= exhaust) [+ person, horse] épuiser ◆ **to ~ o.s. out** s'épuiser (doing sth à faire qch) ◆ **to be worn out** être exténué

weary ['wɪərɪ] **1** ADJ (= tired) las (lasse *f*) **2** VI se lasser (of sth de qch)

weasel ['wiːzl] N belette *f*

weather ['weðə'] **1** N temps *m* ◆ **what's the ~ like?** quel temps fait-il ? ◆ **in good/bad ~** par beau/mauvais temps ◆ **to be under the ~** * être mal fichu * ► **weather-beaten** [person, face] hâlé ► **Weather Bureau** (US), **Weather Centre** (Brit) Office *m* national de la météorologie ► **weather chart** carte *f* du temps ► **weather**

cock girouette *f* ► **weather forecast** prévisions *fpl* météorologiques ► **weather station** station *f* météorologique ► **weather vane** girouette *f* **2** VT ◆ **to ~ the storm** tenir le coup

weatherman * ['weðəmæn] N (pl **-men**) météorologue *m* ; (on TV) présentateur *m* météo *inv*

weave [wiːv] (vb : pret **wove**, ptp **woven**) **1** VT [+ threads, cloth, web] tisser **2** VI (pret, ptp gen **weaved**) se faufiler

web [web] N **a** [of spider] toile *f* ; [of lies, deceit] tissu *m* **b** ◆ **the (World Wide) Web** le Web

webcam ['webkæm] N webcam *f*

website ['websaɪt] N site *m* Web

we'd [wiːd] ⇒ **we had, we should, we would** ; → **have, should, would**

wed [wed] (pret **wedded**, ptp **wedded, wed**) **1** VT (= get married to) épouser **2** VI se marier

wedding ['wedɪŋ] N mariage *m* ◆ **silver/golden ~ noces** *fpl* d'argent/d'or ► **wedding anniversary** anniversaire *m* de mariage ► **wedding dress** robe *f* de mariée ► **wedding reception** réception *f* de mariage ► **wedding ring** alliance *f*

wedge [wedʒ] **1** N **a** (for holding sth steady) cale *f* **b** (= piece) [of cake, cheese, pie] (grosse) part *f* **c** ◆ **wedges** NPL (= shoes) chaussures *fpl* à semelles compensées **3** VT (= fix) [+ table, wheels] caler ; (= stick, push) enfoncer (into dans)

Wednesday ['wenzdeɪ] N mercredi *m* ; for other phrases see **Saturday**

wee [wiː] **1** ADJ (Scot *or* *) petit **2** N * pipi * *m* **3** VI * faire pipi *

weed [wiːd] **1** N **a** (= plant) mauvaise herbe *f* ► **weed-killer** désherbant *m* **b** (*: pej = person) mauviette *f* **2** VT désherber

week [wiːk] N semaine *f* ◆ **this ~** cette semaine ◆ **next/last ~** la semaine prochaine/dernière ◆ **a ~ today** aujourd'hui en huit

weekday ['wiːkdeɪ] N jour *m* de semaine

weekend ['wiːk'end] N week-end *m* ◆ **at the ~** le week-end

weekly ['wiːklɪ] **1** ADJ hebdomadaire **2** ADV (= every week) chaque semaine ; (= per week) par semaine ◆ **paid ~** payé à la semaine **3** N (= magazine) hebdomadaire *m*

weep [wiːp] (pret, ptp **wept**) VTI pleurer

weeping willow ['wiːpɪŋ'wɪləʊ] N saule *m* pleureur

weigh [weɪ] **1** VT peser ◆ **to ~ o.s.** se peser **2** VI ◆ **it was ~ing on my mind** ça me tracassait

► **weigh down** VT SEP ◆ **he was ~ed down with parcels** il pliait sous le poids des paquets ◆ **to be ~ed down by** *or* **with responsibilities** être accablé de responsabilités

▶ **weigh up** VT SEP (= consider) examiner ; (= compare) mettre en balance ; (= assess) [+ person, the opposition] jauger ◆ **to ~ up the pros and cons** peser le pour et le contre

weight [weɪt] N poids *m* ◆ **to put on** *or* **gain ~** grossir, prendre du poids ◆ **to lose ~** maigrir, perdre du poids ◆ **to carry ~** [argument, factor] avoir du poids (**with** pour) ; [person] avoir de l'influence ▶ **weight lifter** haltérophile *m/f* ▶ **weight lifting** haltérophilie *f* ▶ **weight training** musculation *f* (avec des poids)

weighted ['weɪtɪd] ADJ (= biased) ◆ **~ in favour of/against sb** favorable/défavorable à qn

weighty ['weɪtɪ] ADJ (frm = serious) [matter, problem] grave ; [burden, responsibility] lourd

weir [wɪəʳ] N barrage *m*

weird [wɪəd] ADJ **a** (* = peculiar) bizarre **b** (= eerie) [sound, light] surnaturel

welcome ['welkəm] **1** ADJ [food, drink, change, visitor] bienvenu ; [decision, reminder, interruption] opportun ◆ **to be ~** [person] être le bienvenu (*or* la bienvenue) ◆ **they really make you feel ~** on y est vraiment bien accueilli ◆ **you're ~!** (answer to thanks) je vous en prie !, de rien ! ◆ **you're ~ to try** (giving permission) vous pouvez essayer ◆ **~! bienvenue ! ◆ ~ back!** content de vous (*or* te) revoir ! ◆ **~ to our house!** bienvenue chez nous ! **2** N accueil *m* **3** VT (= greet, receive) accueillir ; (= greet warmly) accueillir chaleureusement ; (= bid welcome) souhaiter la bienvenue à ; [+ news, suggestion, change] se réjouir de

welcoming ['welkəmɪŋ] ADJ [person, smile, place] accueillant ; [atmosphere] chaleureux ; [banquet, ceremony, speech] d'accueil

weld [weld] VT souder ◆ **to ~ sth on to sth** souder qch à qch

welfare ['welfɛəʳ] N **a** (= well-being) bien-être *m* **b** (US) aide *f* sociale ▶ **welfare state** État-providence *m*

well [wel] **1** N (for water, oil) puits *m* **2** VI (also **well up**) [tears, emotion] monter **3** ADV (compar **better**, superl **best**) (gen) bien ◆ **~ done!** bravo ! ◆ **everything is going ~** tout va bien ◆ **to do ~ at school** marcher à l'école ◆ **he did very ~** il s'est très bien débrouillé ◆ **the patient is doing ~** le malade est en bonne voie ◆ **it's ~ past 10 o'clock** il est bien plus de 10 heures ◆ **~ and truly** bel et bien ◆ **to think/speak ~ of** penser/dire du bien de ◆ **as ~** (= also) aussi ; (= on top of all that) par-dessus le marché ◆ **as ~ as his dog he has two rabbits** en plus de son chien il a deux lapins ◆ **you might (just) as ~ say that ...** autant dire que ... ◆ **you may as ~ tell me the truth** tu ferais aussi bien de me dire la vérité **4** EXCL (surprise) tiens ! ; (relief) ah bon !, eh bien ! ; (resignation) enfin ! ◆ **~, what do you think of it?** alors qu'en dites-vous ?

◆ **~, here we are at last!** eh bien ! nous voilà enfin ! **5** ADJ (compar, superl **best**) **a** (gen) bien, bon ◆ (Prov) **all's well that ends well** tout est bien qui finit bien (Prov) **b** (= healthy) ◆ **how are you ? – very ~, thank you** comment allez-vous ? – très bien, merci ◆ **to feel ~** se sentir bien ◆ **to get ~** se remettre ◆ **get ~ soon!** remets-toi vite ! **6** COMP ▶ **well-advised** [action, decision] sage ◆ **you would be ~-advised to leave** vous auriez (tout) intérêt à partir ▶ **well-behaved** [child] sage ; [animal] obéissant ▶ **well-being** bien-être *m* ▶ **well-built** [building] bien construit ; [person] bien bâti ▶ **well-chosen** bien choisi ▶ **well-cooked** [food, meal] bien cuisiné ; (= not rare) [meat] bien cuit ▶ **well-dressed** ADJ bien habillé ▶ **well-earned** bien mérité ▶ **well-educated** cultivé ▶ **well-fed** bien nourri ▶ **well-heeled** * nanti ▶ **well-informed** bien renseigné (**about** sur) ▶ **well-kept** [house, garden, hair] bien entretenu ; [hands, nails] soigné ; [secret] bien gardé ▶ **well-known** (= famous) célèbre ▶ **well-liked** très apprécié ▶ **well-made** bien fait ▶ **well-mannered** bien élevé ▶ **well-meaning** [person] bien intentionné ; [remark, action] fait avec les meilleures intentions ▶ **well-off** riche ◆ **you don't know when you're ~-off** tu ne connais pas ton bonheur ▶ **well-paid** bien payé ▶ **well-read** cultivé ▶ **well-timed** [remark, entrance] tout à fait opportun ; [blow] bien calculé ▶ **well-to-do** aisé ▶ **well-wisher** ami(e) *m(f)* ; (unknown) admirateur *m*, -trice *f* ▶ **well worn** [carpet, clothes] usagé ; [phrase, expression] éculé

we'll [wi:l] ⇒ **we shall, we will** ; → **shall, will**

wellington ['welɪŋtən], **welly** * ['welɪ] N (Brit) ◆ **~s, ~ boots, wellies** bottes *fpl* de caoutchouc

Welsh [welʃ] **1** ADJ gallois ▶ **the Welsh Office** le ministère des Affaires galloises ▶ **Welsh rabbit, Welsh rarebit** toast *m* au fromage **2** N (= language) gallois *m* **3 the Welsh** NPL les Gallois *mpl*

Welshman ['welʃmən] N (pl **-men**) Gallois *m*

Welshwoman ['welʃwʊmən] N (pl **-women**) Galloise *f*

Wendy house ['wendɪˌhaʊs] N (Brit) maison *f* miniature (pour enfants)

went [went] VB (pt of **go**)

wept [wept] VB (pret, ptp of **weep**)

were [wɜːʳ] VB (pt of **be**)

we're [wɪəʳ] ⇒ **we are** ; → **be**

weren't [wɜːnt] ⇒ **were not** ; → **be**

werewolf ['wɪəwʊlf] N (pl **werewolves** ['wɪəwʊlvz]) loup-garou *m*

west [west] **1** N ouest *m* ◆ **the West** l'Occident *m* ; (in US) l'Ouest *m* **2** ADJ [coast, wing] ouest *inv* ◆ **~ wind** vent *m* d'ouest ▶ **West Africa** Afrique *f* occidentale ▶ **the West Bank** la

Cisjordanie ▸ **the West Country** (Brit) le sud-ouest de l'Angleterre ▸ **the West End** (in London) le West End *(centre touristique et commercial de Londres)* ▸ **West Indian** ADJ antillais ◇ N Antillais(e) *m(f)* ▸ **the West Indies** les Antilles *fpl* **3** ADV [go, travel, fly] vers l'ouest ; [be, lie] à l'ouest

westbound ['westbaund] ADJ, ADV [traffic, vehicles] en direction de l'ouest ; [carriageway] ouest *inv*

westerly ['westəlɪ] ADJ [wind] de l'ouest ◆ **in a ~ direction** en direction de l'ouest

western ['westən] **1** ADJ (de l')ouest *inv* ◆ **Western Europe** Europe *f* occidentale **2** N (= film) western *m*

westerner ['westənəʳ] N Occidental(e) *m(f)*

westernize ['westənaɪz] VT occidentaliser ◆ **to become ~d** s'occidentaliser

Westminster ['west,mɪnstəʳ] N Westminster *m (Parlement britannique)*

westward(s) ['westwəd(z)] **1** ADJ en direction de l'ouest **2** ADV vers l'ouest

wet [wet] **1** ADJ **a** (gen) mouillé ; [cement, plaster, paint, ink] frais (fraîche *f*) ◆ **to be ~ through** être trempé jusqu'aux os ◆ **to get ~** se mouiller ◆ **~'s still behind the ears *** (= immature) il est un peu jeune ; (= inexperienced) il manque d'expérience **b** [climate] humide ; [weather] pluvieux ◆ **a ~ day** un jour de pluie **c** (Brit = spineless) * ◆ **he's really ~** c'est une chiffe molle **2** VT mouiller ◆ **to ~ one's lips** se mouiller les lèvres

wetsuit ['wetsuːt] N combinaison *f* de plongée

we've [wiːv] = **we have** ⇒ **have**

whack [wæk] **1** N **a** (= blow) grand coup *m* ; (= sound) coup *m* sec **b** (*: Brit = share) part *f* **2** VT [+ thing, person] donner un grand coup (*or* des grands coups) à

whale [weɪl] N baleine *f* ◆ **we had a ~ of a time *** on s'est drôlement * bien amusé

wharf [wɔːf] N (pl **wharves**) quai *m (pour marchandises)*

---

what [wɒt]

1 ADJ **a** (in questions and indirect speech) quel *m*, quelle *f*, quels *mpl*, quelles *fpl* ◆ **~ time is it?** quelle heure est-il ? ◆ **~ subjects did you choose?** quelles matières as-tu choisies ? ◆ **they asked me ~ kind of films I liked** ils m'ont demandé quel genre de films j'aimais ◆ **~ a nice surprise!** quelle bonne surprise ! ◆ **~ a nightmare!** quel cauchemar ! ◆ **~ a nuisance!** quelle barbe ! ◆ **~ a lot of people!** que de monde !

b (= all the) ◆ **I gave him ~ money I had** je lui ai donné tout l'argent que j'avais

2 PRON **a** (used alone, or in emphatic position) quoi ◆ **~?** I **didn't get that** quoi ? je n'ai pas compris ◆ **he's getting married – ~!** il se marie – quoi ! ◆ **I've just thought of something – ~?** je viens de penser à quelque chose – à quoi ?

b (subject in direct questions) qu'est-ce qui ◆ **~'s happened?** qu'est-ce qui s'est passé ? ◆ **~'s for dinner?** qu'est-ce qu'il y a pour dîner ? ◆ **~'s the French for "pen"?** comment dit-on "pen" en français ? ◆ **~ is this called?** comment ça s'appelle ? ◆ **~'s that noise?** c'est quoi, ce bruit ? ◆ **~'s that?** (asking about sth) c'est quoi ? ; (= what did you say) comment ?

c (object in direct questions) qu'est-ce que, que, quoi *after prep* ◆ **~ did you do?** qu'est-ce que vous avez fait ?, qu'avez-vous fait ? ◆ **~ can we do?** qu'est-ce qu'on peut faire ?, que peut-on faire ? ◆ **~ were you talking about?** de quoi parliez-vous ?

d (= which in particular) quel *m*, quelle *f*, quels *mpl*, quelles *fpl* ◆ **~ are the advantages?** quels sont les avantages ?

e (= how much) combien ◆ **~ will it cost?** ça va coûter combien ?

f (in indirect questions, subject of verb) ce qui ; (object of verb) ce que ◆ **I wonder ~ will happen** je me demande ce qui va se passer ◆ **I wonder ~ they think** je me demande ce qu'ils pensent ◆ **tell us ~ you're thinking about** dites-nous à quoi vous pensez ◆ **I wonder ~ they need** je me demande de quoi ils ont besoin

g (in relative clauses) (= that which) (subject of verb) ce qui ; (object of verb) ce que ; (object of verb taking de) ce dont ; (object of verb taking à) ce à quoi ◆ **~ is done is done** ce qui est fait est fait ◆ **~ I don't understand is ...** ce que je ne comprends pas c'est ... ◆ **~ I need is ...** ce dont j'ai besoin c'est ... ◆ **it wasn't ~ I was expecting** ce n'est pas ce à quoi je m'attendais

h (set structures) ◆ **~ about people who haven't got cars ?** et les gens qui n'ont pas de voiture ? ◆ **~ about going to the cinema?** si on allait au cinéma ? ◆ **he knows ~'s ~** il connaît son affaire

◆ **and what's more** et qui plus est

◆ **what for ?** pourquoi ?

◆ **what if** et si

3 COMP ▸ **what's-her-name *** Machine * *f* ▸ **what's-his-name *** Machin * *m* ▸ **what's-its-name *** machin * *m*

---

whatever [wɒt'evəʳ] **1** ADJ ◆ **~ book you choose** quel que soit le livre que vous choisissiez *subj* ◆ **~ money you've got** tout ce que tu as comme argent **2** ADV ◆ **~ the weather** quel que soit le temps ◆ **nothing ~** absolument rien **3** PRON **a** (= no matter what) quoi que + *subj* ◆ **~ happens** quoi qu'il arrive ◆ **~ it may be** quoi que ce soit **b** (= anything that) tout ce que

◆ we shall do ~ is necessary nous ferons tout ce qu'il faudra ◆ you say, sir comme monsieur voudra **c** (* = what on earth) ◆ did you do ? qu'est-ce que vous êtes allé faire là ! ◆ ~ did you say that for? pourquoi êtes-vous allé dire ça ?

whatsoever [ˌwɒtsəʊ'evəʳ] ADV ◆ there's no doubt ~ about it c'est indubitable ◆ nothing ~ rien du tout

wheat [wiːt] N blé m

wheedle ['wiːdl] VT ◆ to ~ sth out of sb obtenir qch de qn par des cajoleries

wheel [wiːl] **1** N (gen) roue f; [of trolley, toy] roulette f; (= steering wheel) volant m **2** VT [+ trolley, cycle] pousser
► **wheel round** VI [person] se retourner (brusquement)

wheelbarrow ['wiːlˌbærəʊ] N brouette f

wheelchair ['wiːltʃɛəʳ] N fauteuil m roulant

wheel-clamp ['wiːlklæmp] N sabot m de Denver

wheeze [wiːz] **1** N (= breathing) respiration f bruyante **2** VI [person] (= breathe noisily) respirer bruyamment ; (= breathe with difficulty) avoir du mal à respirer ; [animal] souffler

whelk [welk] N bulot m

🔊 **when** [wen]

1 ADV quand ◆ ~ did it happen? quand cela s'est-il passé ?, ça s'est passé quand ? ◆ I don't know ~ I'll see him again je ne sais pas quand je le reverrai ◆ ~ does the train leave? à quelle heure part le train ?

2 CONJ **a** (= at the time that) quand ◆ everything looks nicer ~ the sun is shining tout est plus joli quand le soleilbrille ◆ I'll do it ~ I have time je le ferai quand j'aurai le temps ◆ he blushed ~ he saw her il a rougi en la voyant **b** (with day, time, movement) où ◆ on the day ~ I met him le jour où je l'ai rencontré **c** (= the time when) ◆ that's ~ Napoleon was born c'est l'année où Napoléon est né ◆ that was ~ the trouble started c'est alors que les ennuis ont commencé **d** (= after) quand ◆ ~ you read the letter you'll know why quand vous aurez lu la lettre vous comprendrez pourquoi ◆ ~ they had left he telephoned me après leur départ il m'a téléphoné **e** (= whereas) alors que

whenever [wen'evəʳ] **1** CONJ **a** (= at whatever time) quand **b** (= every time that) quand, chaque fois que **2** ADV n'importe quand

🔊 **where** [wɛəʳ]

1 ADV (= in or to what place) où ◆ ~ do you live? où est-ce que vous habitez ? ◆ ~ are you going (to)? où allez-vous ? ◆ ~'s the theatre? où est le théâtre ? ◆ ~ are you from? vous venez d'où ? ◆ I wonder ~ he is je me demande où il est

2 CONJ où ◆ stay ~ you are restez où vous êtes ◆ this is ~ the car was found c'est là qu'on a retrouvé la voiture

whereabouts ['wɛərəbaʊts] **1** ADV où (donc) ◆ ~ did you put it? où (donc) l'as-tu mis ? **2** N ◆ his ~ are unknown personne ne sait où il se trouve

whereas [wɛər'æz] CONJ (= while) alors que

wherever [wɛər'evəʳ] **1** CONJ **a** (= no matter where) où que + subj ◆ ~ you go I'll go too partout où tu iras, j'irai **b** (= anywhere) (là) où ◆ sit ~ you like asseyez-vous où vous voulez **c** (= everywhere) partout où ◆ ~ you see this sign partout où vous voyez ce panneau **2** ADV mais où donc ◆ ~ did you get that hat? mais où donc avez-vous déniché * ce chapeau ?

wherewithal ['wɛəwɪðɔːl] N moyens mpl, ressources fpl nécessaires

whet [wet] VT [+ desire, appetite, curiosity] aiguiser

whether ['weðəʳ] CONJ **a** (= if) si ◆ I don't know ~ or not it's true je ne sais pas si c'est vrai ou non **b** (= regardless of) que + subj ◆ ~ you go or not que tu y ailles ou non

🔊 **which** [wɪtʃ]

1 ADJ **a** (in questions and indirect speech) quel m, quelle f, quels mpl, quelles fpl ◆ ~ card did he take? quelle carte a-t-il prise ?, laquelle des cartes a-t-il prise ? ◆ I don't know ~ book he wants je ne sais pas quel livre il veut ◆ ~ one? lequel (or laquelle) ?
b ◆ in ~ case ... auquel cas ...

2 PRON **a** (in questions) lequel m, laquelle f ◆ ~ of these maps is the best? quelle est la meilleure de ces cartes ?, laquelle de ces cartes est la meilleure ? ◆ ~ have you taken? lequel m (or laquelle f) avez vous pris(e) ? ◆ ~ of you (two) is taller? lequel de vous deux est le plus grand ?, qui est le plus grand de vous deux ?
b (= the one or ones that) (subject) celui m (or celle f or ceux mpl or celles fpl) qui ; (object) celui (or celle f or ceux mpl or celles fpl) que ◆ show me ~ is the cheapest montrez-moi celui qui est le moins cher ◆ I can't tell ~ is ~ je ne peux pas les distinguer

c (= that) (subject) qui ; (object) que ; (after prep) lequel *m* (*or* laquelle *f or* lesquels *mpl or* lesquelles *fpl*) ◆ **the book ~ is on the table** le livre qui est sur la table ◆ **the apple ~ you ate** la pomme que vous avez mangée ◆ **opposite ~** en face duquel (*or* de laquelle) ◆ **the book ~ I told you about** le livre dont je vous ai parlé

d (= and that) (subject) ce qui ; (object) ce que ; (after prep) quoi ◆ **he said he knew her, ~ is true** il a dit qu'il la connaissait, ce qui est vrai

whichever [wɪtʃˈevəʳ] **1** ADJ **a** (= that one which) ◆ **keep ~ one you prefer** gardez celui que vous préférez ◆ **go by ~ route is the most direct** prenez la route la plus directe **b** (= no matter which) (subject) quel que soit ... qui + *subj* ; (object) quel que soit ... que ◆ **~ dress you wear, you'll look lovely** quelle que soit la robe que tu portes, tu seras ravissante **2** PRON **a** (= the one which) (subject) celui *m* qui, celle *f* qui ; (object) celui *m* que, celle *f* que ◆ **~ is best for him** celui *m* (*or* celle *f*) qui lui convient le mieux ◆ **~ you choose will be sent to you at once** celui *m* (*or* celle *f*) que vous choisirez vous sera expédié(e) immédiatement **b** (= no matter which one) ◆ **~ of the two books he chooses, it won't make a lot of difference** quel que soit le livre qu'il choisisse, cela ne fera pas beaucoup de différence

whiff [wɪf] N bouffée *f*

while [waɪl] **1** CONJ **a** (= during the time that) pendant que ◆ **can you wait ~ I telephone?** pouvez-vous attendre pendant que je téléphone ? ◆ **she fell asleep ~ reading** elle s'est endormie en lisant **b** (= as long as) tant que **c** (= although) quoique + *subj*, bien que + *subj* **d** (= whereas) alors que **2** N ◆ **a while** quelque temps ◆ **for a little ~** pendant un petit moment ◆ **once in a ~** (= une fois) de temps en temps
► **while away** VT SEP (faire) passer

whilst [waɪlst] CONJ ⇒ while

whim [wɪm] N caprice *m* ◆ **he did it on a ~** c'était un coup de tête

whimper [ˈwɪmpəʳ] **1** N gémissement *m* **2** VI [person, baby, dog] gémir

whimsical [ˈwɪmzɪkəl] ADJ [person] fantasque ; [idea] saugrenu ; [look] curieux

whine [waɪn] **1** N [of person, child, dog] gémissement *m* **2** VI [person, dog] gémir ; [engine] vrombir ◆ **to ~ about sth** se lamenter sur qch

whinge * [wɪndʒ] (Brit) VI geindre * (about à propos de)

whip [wɪp] **1** N fouet *m* **2** VT **a** (= beat) fouetter ; [+ egg whites] battre en neige ◆ **whipped cream** crème *f* fouettée **b** (= seize) ◆ **to ~ sth out of sb's hands** enlever brusquement qch des mains de qn

► **whip out** VT SEP [+ knife, gun, purse] sortir brusquement (from de)

whiplash [ˈwɪplæʃ] N (in car accident) coup *m* du lapin *

whip-round * [ˈwɪpraund] N (Brit) collecte *f*

whirl [wɜːl] **1** N tourbillon *m* **2** VI (= spin) (also **whirl round**) [dust, water] tourbillonner ◆ **my head is ~ing** j'ai la tête qui tourne

whirlpool [ˈwɜːlpuːl] N tourbillon *m*

whirlwind [ˈwɜːlwɪnd] N tornade *f*

whirr [wɜːʳ] VI [machinery] ronronner

whisk [wɪsk] **1** N (also **egg whisk**) fouet *m* ; (rotary) batteur *m* à œufs **2** VT **a** [+ cream] battre au fouet ; [+ egg whites] battre en neige **b** (= take) ◆ **to ~ sth out of sb's hands** enlever brusquement qch des mains de qn

whisker [ˈwɪskəʳ] N [of animal] moustaches *fpl*

whiskey (Ir, US) **whisky** (Brit, Can) [ˈwɪskɪ] N whisky *m*

whisper [ˈwɪspəʳ] **1** VTI [person] chuchoter **2** N chuchotement *m*

whistle [ˈwɪsl] **1** N **a** (= sound) (made with mouth) sifflement *m* ; (= jeering) sifflet *m* ; (made with a whistle) coup *m* de sifflet **b** (= object) sifflet *m* ; (= musical instrument) pipeau *m* **2** VTI siffler

white [waɪt] **1** ADJ blanc (blanche *f*) ◆ **to turn ~** (with fear, anger) pâlir ; [hair] blanchir ► **white bread** pain *m* blanc ► **white Christmas** Noël *m* sous la neige ► **white coffee** (Brit) café *m* au lait ► **white-collar** ◆ **a ~-collar job** un emploi de bureau ► **the White House** la Maison-Blanche ► **white lie** pieux mensonge *m* ► **white paper** (Parl) livre *m* blanc ► **white sauce** sauce *f* blanche ► **white spirit** (Brit) white-spirit *m* ► **white-water rafting** rafting *m* ► **white wedding** mariage *m* en blanc ► **white wine** vin *m* blanc **2** N **a** blanc *m* **b** ◆ **White** (= person of White race) Blanc *m*, Blanche *f*

Whitehall [ˈwaɪtˌhɔːl] N Whitehall *m* *(siège des ministères et des administrations publiques)*

whiteness [ˈwaɪtnɪs] N blancheur *f*

whitewash [ˈwaɪtwɒʃ] **1** N (for walls) lait *m* de chaux **2** VT blanchir à la chaux

whiting [ˈwaɪtɪŋ] N INV (= fish) merlan *m*

Whitsun [ˈwɪtsn] N Pentecôte *f*

whittle [ˈwɪtl] VT [+ piece of wood] tailler au couteau
► **whittle down** VT SEP [+ costs, amount] réduire

whiz(z) [wɪz] **1** N * ◆ **a computer/financial whiz(z)** un as de l'informatique/des finances **2** VI ◆ **to whiz(z) past** passer à toute allure

---

who [huː] PRON

a (in questions) (qui est-ce) qui ; (after prep) qui ◆ ~**'s there?** qui est là ? ◆ ~ **are you?** qui êtes-vous ? ◆ ~(**m**) **did you speak to?** à qui avez-vous parlé ? ◆ ~**'s the book by?** le livre est de qui ?

b (relative pronoun) qui ◆ **my aunt** ~ **lives in London** ma tante qui habite à Londres

whoever [huːˈevə^r] PRON **a** (= anyone that) quiconque ◆ ~ **finds it can keep it** celui qui le trouvera pourra le garder ◆ ~ **gets home first does the cooking** le premier rentré à la maison prépare à manger **b** (*: in questions = who on earth?) qui donc ◆ ~ **told you that?** qui donc vous a dit ça ?

whole [həʊl] **1** ADJ **a** (= entire) (+ singular noun) tout, entier ; (+ plural noun) entier ◆ **the** ~ **road was like that** toute la route était comme ça ◆ ~ **villages were destroyed** des villages entiers ont été détruits ◆ **the** ~ **world** le monde entier ◆ **he swallowed it** ~ il l'a avalé en entier **b** (= intact, unbroken) intact **2** N **a** (= the entire amount of) ◆ **the** ~ **of the morning** toute la matinée ◆ **the** ~ **of the time** tout le temps ◆ **on the** ~ dans l'ensemble **b** (= complete unit) tout *m* ◆ **as a** ~ dans l'ensemble ◆ **the estate is to be sold as a** ~ la propriété doit être vendue en bloc

wholefood(s) [ˈhəʊlfuːd(z)] N(PL) (Brit) aliments *mpl* complets

wholegrain [ˈhəʊlɡreɪn] ADJ [bread, flour] complet (-ète *f*)

wholehearted [ˌhəʊlˈhɑːtɪd] ADJ [approval, admiration] sans réserve

wholemeal [ˈhəʊlmiːl] ADJ (Brit) [flour, bread] complet (-ète *f*)

wholesale [ˈhəʊlseɪl] **1** ADJ [price] de gros **2** ADV [buy, sell] en gros

wholesaler [ˈhəʊlseɪlə^r] N grossiste *mf*

wholesome [ˈhəʊlsəm] ADJ [food, life, thoughts] sain

wholewheat [ˈhəʊlwiːt] ADJ [flour, bread] complet (-ète *f*)

wholly [ˈhəʊlɪ] ADV totalement

whom [huːm] PRON **a** (in questions) qui ◆ ~ **did you see?** qui avez-vous vu ? **b** (relative pronoun) ◆ **my aunt,** ~ **I love dearly** ma tante, que j'aime tendrement ◆ **my daughters, both of** ~ **are married** mes filles, qui sont toutes les deux mariées

whopping * [ˈwɒpɪŋ] ADJ énorme

whore * [hɔː^r] N (pej) putain * *f*

whose [huːz] **1** POSS PRON à qui ◆ ~ **is this?** à qui est ceci ? **2** POSS ADJ **a** (in questions) à

qui, de qui ◆ ~ **hat is this?** à qui est ce chapeau ? ◆ ~ **son are you?** vous êtes le fils de qui ? ◆ ~ **fault is it?** c'est la faute de qui ? **b** (relative use) dont ◆ **the man** ~ **hat I took** l'homme dont j'ai pris le chapeau

---

why [waɪ]

1 ADV pourquoi ◆ ~ **did you do it?** pourquoi l'avez-vous fait ? ◆ **I wonder** ~ je me demande pourquoi ◆ ~ **not?** pourquoi pas ? ◆ ~ **not phone her?** pourquoi ne pas lui téléphoner ? **2** CONJ ◆ **the reasons** ~ **he did it** les raisons pour lesquelles il a fait ça ◆ **that is** ~ **I never spoke to him again** c'est pourquoi je ne lui ai jamais reparlé

---

wick [wɪk] N mèche *f*

wicked [ˈwɪkɪd] ADJ **a** (= immoral) [person] mauvais ; [act, deed] malveillant **b** (= naughty) [child] vilain ; [sense of humour] plein de malice **c** (* = good) super *

wicker [ˈwɪkə^r] **1** N (= substance) osier *m* **2** ADJ [basket, chair] en osier

wicket [ˈwɪkɪt] N (Cricket = stumps) guichet *m*

wide [waɪd] **1** ADJ (= broad) [road, river] large ; [selection] grand ◆ **it is 5 metres** ~ ça fait 5 mètres de large ▸ **wide-awake** bien réveillé ; (fig) éveillé ▸ **wide-eyed** (in naïveté) aux yeux grand ouverts ▸ **wide-ranging** [report, survey] de grande envergure ; [interests] divers ▸ **wide screen** (Cine) écran *m* panoramique **2** ADV ◆ **the bullet went** ~ la balle est passée à côté ◆ **he stood with his legs** ~ **apart** il se tenait debout les jambes très écartées ◆ **to open one's eyes** ~ ouvrir grand les yeux ◆ ~ **open** [door, window] grand ouvert

widely [ˈwaɪdlɪ] ADV **a** (= generally) [available] généralement ; [used, regarded] largement ; [known] bien **b** (= much) [travel] beaucoup ◆ **to be** ~ **read** [reader] avoir beaucoup lu

widen [ˈwaɪdn] VT [+ gap, road, river] élargir

widespread [ˈwaɪdspred] ADJ [availability] courant ; [belief, opinion] très répandu ; [confusion] général

widow [ˈwɪdəʊ] **1** N veuve *f* **2** VT ◆ **to be** ~**ed** [man] devenir veuf ; [woman] devenir veuve

widower [ˈwɪdəʊə^r] N veuf *m*

width [wɪdθ] N largeur *f*

wield [wiːld] VT **a** [+ sword] manier **b** [+ authority, control] exercer

wife [waɪf] (pl **wives**) N femme *f*

Wi-Fi [ˈwaɪfaɪ] (abbrev of **Wireless Fidelity**) wifi *m*, wi-fi *m*

wig [wɪg] N perruque *f*

wiggle [ˈwɪgl] VT [+ toes] remuer ; [+ tooth] faire bouger

wild [waɪld] **1** ADJ **a** [animal, plant, countryside] sauvage **b** (= rough) [wind] violent ; [sea] démonté **c** (= unrestrained) [laughter, party] fou (folle *f*) ; [imagination] débordant **•** he was ~ in his youth il a fait les quatre cents coups dans sa jeunesse **•** to make a ~ guess risquer une hypothèse **d** (= excited, enthusiastic) fou (folle *f*) **•** to be ~ about sb/sth* être dingue * de qn/qch **•** the audience went ~ le public s'est déchaîné **2** N **•** in the ~ dans la nature, à l'état sauvage **•** this plant grows in the ~ cette plante existe à l'état sauvage **•** he lives in the ~s of Alaska il vit au fin fond de l'Alaska **3** COMP **•** wild boar sanglier *m* **•** wild flowers fleurs *fpl* sauvages **•** wild-goose chase N **•** he sent me off on a ~-goose chase il m'a fait courir partout pour rien **•** the Wild West (US) le Far West

wilderness ['wɪldənɪs] N étendue *f* sauvage

wildfire ['waɪldfaɪə'] N **•** to spread like ~ se répandre comme une traînée de poudre

wildlife ['waɪldlaɪf] N faune *f* et flore *f* **•** wildlife park réserve *f* naturelle

wildly ['waɪldlɪ] ADV **a** (= excitedly) [applaud] frénétiquement ; [talk] avec beaucoup d'agitation ; [behave] de façon extravagante **b** (= extremely) [optimistic] follement ; [vary] énormément

wilful, willful (US) ['wɪlfʊl] ADJ (= deliberate) [destruction, ignorance] délibéré

---

will [wɪl]

1 MODAL VB **a** (future) **•** he ~ speak il parlera **•** we'll come too nous viendrons (nous) aussi **•** they ~ be here shortly ils vont bientôt arriver **•** I'll help you if you like je vais vous aider si vous voulez **•** I'll phone you tonight je t'appelle *or* je t'appellerai ce soir **•** ~ he come too? – yes he ~ est-ce qu'il viendra aussi ? – oui **•** you ~ come to see us, won't you? vous viendrez nous voir, n'est-ce pas ?
b (future perfect) **•** the holiday ~ have done him good les vacances lui auront fait du bien **•** he ~ have left by now il sera déjà parti à l'heure qu'il est
c (habitual actions) **•** the car ~ do 150km/h cette voiture fait du 150 km/h **•** thieves ~ often keep a stolen picture for years les voleurs gardent souvent un tableau volé pendant des années
d (requests, orders) **•** ~ you be quiet ! veux-tu (bien) te taire ! **•** ~ you help me? – yes I ~ tu veux m'aider ? – oui, je veux bien
e (willingness, offers) **•** ~ you have a cup of coffee? voulez-vous prendre un café ? **•** won't you come with us? vous ne voulez pas venir (avec nous) ? **•** the window won't open la fenêtre ne veut pas s'ouvrir **•** she won't let me drive the car elle ne veut pas me laisser conduire la voiture
f (= conjecture) **•** that ~ be the taxi ça doit être le taxi **•** she'll be about forty elle doit avoir quarante ans environ
2 (pret, ptp willed) VT **a** (= use willpower) **•** he was ~ing her to look at him il l'adjurait intérieurement de le regarder
b (= bequeath) **•** to ~ sth to sb léguer qch à qn
3 N **a** (= determination) volonté *f* **•** he has a ~ of his own il ne sait ce qu'il veut **•** to do sth against sb's ~ faire qch contre la volonté de qn
b (= document) testament *m*

---

willing ['wɪlɪŋ] ADJ **a** (= prepared) **•** to be ~ to do sth être disposé à faire qch **b** (= eager) [participant] enthousiaste ; [worker, partner] plein de bonne volonté

willingly ['wɪlɪŋlɪ] ADV (= with pleasure) volontiers ; (= voluntarily) volontairement

willow ['wɪləʊ] N saule *m*

willpower ['wɪlpaʊə'] N volonté *f*

willy-nilly ['wɪlɪ'nɪlɪ] ADV (= willingly or not) bon gré mal gré ; (= at random) au hasard

wilt [wɪlt] VI [flower] se faner ; [plant] se dessécher ; [person] s'affaiblir

wily ['waɪlɪ] ADJ [person] rusé

wimp * [wɪmp] N mauviette *f*

win [wɪn] (vb : pret, ptp **won**) **1** N victoire *f* **2** VI gagner **3** VT **a** [+ war, match, competition] gagner **b** [+ prize, sum of money] gagner ; [+ victory] remporter ; [+ scholarship] obtenir **c** [+ fame, fortune] trouver ; [+ sb's friendship] gagner ; [+ sympathy, support] s'attirer **•** to ~ sb's love se faire aimer de qn
► win over, win round VT SEP [+ person] convaincre

wince [wɪns] VI (= flinch) tressaillir ; (= grimace) grimacer (de douleur)

winch [wɪntʃ] N treuil *m*

wind¹ [wɪnd] **1** N **a** (Meteo) vent *m* **•** to get wind of sth avoir vent de qch **►** wind-chimes carillon *m* éolien **►** wind instrument instrument *m* à vent **►** wind power énergie *f* éolienne **b** (= breath) souffle *m* **•** to knock the wind out of sb [blow] couper le souffle à qn ; [fall, exertion] essouffler qn **c** (= flatulence) gaz *mpl* **•** to break wind lâcher un vent **2** VT **a** **•** the blow winded him le coup lui a coupé le souffle **b** **•** to wind a baby faire faire son rot * à un bébé

wind² [waɪnd] (vb : pret, ptp **wound**) **1** VT **a** (= roll) [+ thread, rope] enrouler (round autour de) ; (= wrap) envelopper **b** [+ clock, watch] remonter **c** **•** he slowly wound his way home il prit lentement le chemin du retour **2** VI **•** the road winds through the valley la route serpente à travers la vallée

► **wind down** **1** VI (* = relax) se détendre **2** VT SEP **a** [+ car window] baisser **b** [+ department, service] réduire progressivement (en vue d'un démantèlement éventuel)

► **wind up** **1** VI **a** [meeting, discussion] se terminer (with par) **b** * ◆ **they wound up in Rotterdam** ils se sont retrouvés à Rotterdam **2** VT SEP **a** (= end) [+ meeting, speech] terminer (with par) ; [+ business] liquider **b** [+ car window] monter **c** [+ watch] remonter **d** (*: Brit = tease person) faire marcher *

windbreak ['wɪndbreɪk] N (for camping) pare-vent m inv

windfall ['wɪndfɔːl] N aubaine f

winding ['waɪndɪŋ] ADJ [road, path, river] sinueux ; [stairs, staircase] tournant

windmill ['wɪndmɪl] N moulin m à vent

window ['wɪndəʊ] N (gen) fenêtre f ; (in car, train) vitre f ; [of shop, café] vitrine f ; (in post office, ticket office) guichet m ► **window box** jardinière f ► **window cleaner** laveur m, -euse f de vitres ► **window display** devanture f ► **window frame** châssis m (de fenêtre) ► **window ledge** (inside) appui m de fenêtre ; (outside) rebord m de fenêtre ► **window pane** vitre f, carreau m ► **window seat** (in room) banquette f (située sous la fenêtre) ; (in vehicle) place f côté fenêtre ► **window-shopping** ◆ **to go ~-shopping** faire du lèche-vitrines

windowsill ['wɪndəʊsɪl] N (inside) appui m de fenêtre ; (outside) rebord m de fenêtre

windpipe ['wɪndpaɪp] N trachée f

windscreen ['wɪndskriːn] N pare-brise m inv ► **windscreen wiper** essuie-glace m

windshield ['wɪndʃiːld] N (US) pare-brise m inv

windsurfing ['wɪndsɜːfɪŋ] N planche f à voile (sport)

windy ['wɪndɪ] ADJ ◆ **a ~ day** un jour de vent ◆ **it's ~ today** il y a du vent aujourd'hui

wine [waɪn] N vin m ► **wine bar** bar m à vin(s) ► **wine box** cubitainer ® m ► **wine list** carte f des vins ► **wine rack** casier m à bouteilles (de vin) ► **wine tasting** dégustation f (de vins) ► **wine vinegar** vinaigre m de vin ► **wine waiter** sommelier m, -ière f

wing [wɪŋ] N **a** aile f ► **wing mirror** (Brit) rétroviseur m latéral **2** **the wings** NPL (Theatre) les coulisses fpl

winger ['wɪŋəʳ] N ◆ **left/right ~** (Sport) ailier m gauche/droit ; (Pol) sympathisant(e) m(f) de gauche/droite

wingspan ['wɪŋspæn] N envergure f

wink [wɪŋk] **1** N clin m d'œil **2** VI [person] faire un clin d'œil (to, at à)

winner ['wɪnəʳ] N (in fight, argument) vainqueur m ; (in game, competition) gagnant(e) m(f)

winning ['wɪnɪŋ] **1** ADJ **a** (gen) gagnant ◆ **the ~ goal** le but de la victoire **b** (= captivating) [smile, manner] charmeur **2** **winnings** NPL (Betting) gains mpl

winter ['wɪntəʳ] N hiver m ◆ **in ~** en hiver ► **winter sports** sports mpl d'hiver

wint(e)ry ['wɪntrɪ] ADJ d'hiver

wipe [waɪp] **1** N ◆ **to give sth a ~** donner un coup de torchon à qch **2** VT **a** [+ table, dishes, floor] essuyer (with avec) ◆ **to ~ one's hands** s'essuyer les mains (on sur ; with avec) ◆ **to ~ one's nose** se moucher **b** [+ tape, disk, video] effacer

► **wipe away** VT SEP [+ tears] essuyer ; [+ marks] effacer

► **wipe out** VT SEP [+ town, people, army] anéantir

wire ['waɪəʳ] **1** N **a** (= substance) fil m de fer ; (= piece of wire) fil m **b** (US = telegram) télégramme m **2** VT **a** [+ house] faire l'installation électrique de **b** (US = telegraph) télégraphier (to à)

wireless (†.) ['waɪəlɪs] N (= radio) radio f

wiring ['waɪərɪŋ] N (in building) installation f électrique

wiry ['waɪərɪ] ADJ **a** [person] maigre et nerveux **b** [hair] rêche

wisdom ['wɪzdəm] N [of person] sagesse f ; [of action, remark] prudence f ► **wisdom tooth** dent f de sagesse

wise [waɪz] ADJ (= prudent) [person, decision] sage ; [choice, investment] judicieux ◆ **it would be ~ to accept** il serait judicieux d'accepter ◆ **I'm none the ~r** (= don't understand) ça ne m'avance pas beaucoup ◆ **nobody will be any the ~r** (= won't find out) personne n'en saura rien ◆ **to be ~ to sb** * voir clair dans le jeu de qn ► **wise guy** * petit malin * m ► **the Wise Men** (Bible: also **the Three Wise Men**) les Rois mpl mages

wisecrack ['waɪzkræk] N vanne * f

wish [wɪʃ] **1** VT **a** (= desire) désirer, souhaiter ◆ **I ~ you had left with him** je regrette que tu ne sois pas parti avec lui ◆ **I ~ I hadn't said that** je regrette d'avoir dit cela ◆ **I ~ I could!** si seulement je pouvais ! **b** (= desire for sb else) souhaiter ◆ **to ~ sb a happy birthday** souhaiter bon anniversaire à qn ◆ **I ~ you every happiness!** je vous souhaite d'être très heureux ! ◆ **~ me luck!** souhaite-moi bonne chance ! **2** VI faire un vœu ◆ **to ~ for sth** souhaiter qch **3** N **a** (= desire, will) désir m ◆ **he did it against my ~es** il l'a fait contre mon gré **b** (= specific desire) vœu m ◆ **to make a ~** faire un vœu **c** (= greeting) ◆ **he sends his best ~es** il vous fait ses amities ◆ **(with) best ~es for Christmas**

and the New Year (nos) meilleurs vœux pour Noël et la nouvelle année ◆ **with best ~es from** bien amicalement

wishful ['wɪʃfʊl] ADJ ◆ **it's just ~ thinking !** c'est prendre ses désirs pour des réalités !

wishy-washy * ['wɪʃɪ,wɒʃɪ] ADJ [person, answer] mou (molle f) ; [taste, colour] fadasse *

wisp [wɪsp] N [of hair] fine mèche f

wistful ['wɪstfʊl] ADJ [person, look, mood] mélancolique

wit [wɪt] N **a** (= intelligence) ◆ **~(s)** esprit m, intelligence f ◆ **to have your ~s about you** avoir de la présence d'esprit ◆ **keep your ~s about you!** restez attentif ! ◆ **he was at his ~s' end** il ne savait plus que faire **b** (= wittiness) esprit m **c** (= person) homme m d'esprit, femme f d'esprit

witch [wɪtʃ] N sorcière f ▶ **witch doctor** sorcier m (de tribu)

witchcraft ['wɪtʃkrɑːft] N sorcellerie f

0—   **with** [wɪð, wɪθ] PREP

a (gen) avec ◆ **come ~ me!** viens avec moi ! ◆ **he had an argument ~ his brother** il s'est disputé avec son frère ◆ **she had her umbrella ~ her** elle avait emporté son parapluie ◆ **~ pleasure** avec plaisir ◆ **my whole heart** de tout mon cœur
◆ **to be with sb** être avec qn ; (= understand) suivre qn ▶ **I'll be ~ you in a minute** je suis à vous dans une minute ◆ **I'm ~ you all the way** je suis à fond avec vous

b (= on one's person) sur ◆ **I haven't got any money ~ me** je n'ai pas d'argent sur moi

c (= in the house of, working with) chez ◆ **she was staying ~ friends** elle habitait chez des amis ◆ **he lives ~ his aunt** il habite avec sa tante

d (in descriptions = that has, that have) ◆ **the man ~ the beard** l'homme à la barbe ◆ **the boy ~ brown eyes** le garçon aux yeux marron ◆ **passengers ~ tickets** voyageurs munis de billets

e (cause) de ◆ **she was sick ~ fear** elle était malade de peur

f (= in spite of) malgré

g (circumstances) ◆ **~ these words he left us** sur ces mots, il nous a quittés ◆ **~ that, he closed the door** sur ce, il a fermé la porte

withdraw [wɪð'drɔː] (pret **withdrew**, ptp **withdrawn**) **1** VT [+ person, application, troops, statement] retirer ; [+ goods] retirer de la vente **2** VI **a** (= move away) [troops] se replier ; [person] se retirer **b** [candidate, competitor] se retirer, se désister

withdrawal [wɪð'drɔːəl] N **a** (gen) retrait m ◆ **to make a ~** (from bank) effectuer un retrait ▶ **withdrawal slip** bordereau m de retrait **b** (after addiction) ◆ **to be suffering from ~** être en état de manque ▶ **withdrawal symptoms** symptômes mpl de manque

withdrawn [wɪð'drɔːn] **1** VB (ptp of **withdraw**) **2** ADJ (= reserved) [person] renfermé

wither ['wɪðə'] VI [plant] se flétrir

withhold [wɪθ'həʊld] (pret, ptp **withheld** [wɪθ'held]) VT [+ money from pay] retenir (from sth de qch) ; [+ payment, decision] différer ; [+ facts] cacher (from sb à qn)

within [wɪð'ɪn] **1** ADV dedans, à l'intérieur **2** PREP **a** (= inside) à l'intérieur de, dans **b** (= within limits of) ◆ **to live ~ one's means** vivre selon ses moyens ◆ **the coast was ~ sight** la côte était en vue **c** (in measurement, distances) ◆ **~ a kilometre of the house** à moins d'un kilomètre de la maison **d** (in time) ◆ **~ a week of her visit** moins d'une semaine après sa visite ◆ **I'll be back ~ the hour** je serai de retour d'ici une heure

without [wɪð'aʊt] PREP (= lacking) sans ◆ **so much as a phone call** sans même un coup de téléphone ◆ **~ a doubt** sans aucun doute ◆ **~ fail** sans faute

withstand [wɪθ'stænd] (pret, ptp **withstood** [wɪθ'stʊd]) VT résister à

witness ['wɪtnɪs] **1** N (= person) témoin m ◆ **to bear ~ to sth** témoigner de qch ▶ **witness box** (Brit), **witness stand** (US) barre f des témoins **2** VT **a** (= see) être témoin de **b** (legally) [+ document] certifier l'authenticité de

witty ['wɪtɪ] ADJ [person] spirituel ; [speech, script] plein d'esprit

wives [waɪvz] NPL of **wife**

wizard ['wɪzəd] N magicien m ◆ **he is a financial ~** il a le génie de la finance

wobble ['wɒbl] VI [jelly] trembler ; [cyclist, pile of rocks] vaciller ; [table, chair] être bancal

woe [wəʊ] N malheur m

wok [wɒk] N wok m (poêle chinoise)

woke [wəʊk] VB (pt of **wake**)

woken ['wəʊkn] VB (ptp of **wake**)

wolf [wʊlf] N (pl **wolves**) loup m
▶ **wolf down** VT engloutir

woman ['wʊmən] (pl **women**) N femme f ◆ **~ friend** amie f ◆ **~ doctor** femme f médecin ◆ **~ driver** conductrice f ▶ **women's liberation** libération f de la femme ▶ **Women's (Liberation) Movement** mouvement m de libération de la femme, MLF m

womanly ['wʊmənlɪ] ADJ féminin

womb [wuːm] N utérus m

women ['wɪmɪn] NPL of **woman**

won [wʌn] VB (pt, ptp of **win**)

wonder ['wʌndə^r] **1** N **a** (= admiration) émerveillement m ; (= astonishment) étonnement m **b** (= wonderful person, thing) merveille f ◆ **it's a ~ that he didn't fall** c'est un miracle qu'il ne soit pas tombé ◆ **no ~!** * pas étonnant ! * **2** VI (= reflect) penser **3** VT se demander ◆ **I ~ who he is** je me demande qui il est

wonderful ['wʌndəfʊl] ADJ merveilleux

wonderfully ['wʌndəfəlɪ] ADV **a** (with adjective or adverb) merveilleusement **b** (with verb) merveilleusement bien

won't [wəʊnt] (abbrev of will not) → **will**

woo [wuː] VT [+ woman] faire la cour à ; [+ voters] chercher à plaire à

wood [wʊd] N bois m ◆ **touch ~!** * je touche du bois ! ◆ **in the ~s** dans les bois ◆ **we're not out of the ~(s) yet** on n'est pas encore sorti d'affaire

wooden ['wʊdn] ADJ **a** (= made of wood) en bois ▶ **wooden leg** jambe f de bois **b** (= unnatural) [acting] qui manque de naturel ; [actor] peu naturel

woodland ['wʊdlænd] N bois mpl

woodpecker ['wʊdpekə^r] N pic m

woodwind ['wʊdwɪnd] N ◆ **the ~** les bois mpl

woodwork ['wʊdwɜːk] N **a** (= carpentry) menuiserie f **b** (= skirting boards, window frames) boiseries fpl

woodworm ['wʊdwɜːm] N ver m du bois

wool [wʊl] N laine f ◆ **to pull the ~ over sb's eyes** duper qn

woollen, woolen (US) ['wʊlən] **1** ADJ [garment] en laine **2** woollens NPL lainages mpl

woolly, wooly (US) ['wʊlɪ] ADJ **a** [material, garment, animal] laineux **b** [ideas, thinking, speech] confus

word [wɜːd] **1** N **a** (gen) mot m ◆ **from the ~ go** dès le début ◆ **by ~ of mouth** de bouche à oreille ◆ **I'll have a ~ with him about it** je lui en toucherai un mot ◆ **I never said a ~** je n'ai rien dit du tout ◆ **a ~ of advice** un petit conseil ◆ **in a ~** en un mot ◆ **in other ~s** autrement dit ◆ **~ for ~** [repeat] mot pour mot ; [translate] mot à mot ▶ **word game** jeu m de lettres ▶ **word processing** traitement m de texte ▶ **word processor** traitement m de texte **b** (= news) nouvelles fpl ◆ **to send ~ that ...** faire savoir que ... ◆ **the ~ on the street is ...** le bruit court que ... **c** (= promise, assurance) parole f ◆ **I give you my ~** je vous donne ma parole ◆ **he is as good**

as his ~ on peut le croire sur parole **2** VT [+ document, protest] rédiger ◆ **a carefully ~ed letter** une lettre aux termes choisis

wore [wɔː^r] VB (pt of **wear**)

work [wɜːk] **1** N **a** (NonC: gen) travail m ◆ **to start ~** se mettre au travail ◆ **to go to ~** aller au travail ◆ **at ~** (= at place of work) au travail ◆ **to be out of ~** être au chômage ▶ **work experience** expérience f professionnelle ▶ **work load** charge f de travail ▶ **work permit** permis m de travail ▶ **work station** poste m de travail **b** (Art, Literat, Mus) œuvre f ; (= book on specific subject) ouvrage m ◆ **the complete ~s of Shakespeare** les œuvres fpl complètes de Shakespeare ▶ **work of art** œuvre f d'art **2** VI **a** (gen) travailler ◆ **he ~ed on the car all morning** il a travaillé sur la voiture toute la matinée ◆ **have you solved the problem? – we're ~ing on it** avez-vous résolu le problème ? – on y travaille **b** (= function) [machine, car, scheme] marcher ; [medicine] agir **3** VT **a** (= cause to work) [+ person, staff] faire travailler ; [+ lever, pump] actionner ; [+ machine] faire marcher **b** (= bring about) ◆ **to ~ wonders** [person] faire des merveilles ; [drug, medicine] faire merveille **c** (= manoeuvre) ◆ **he ~ed his hands free** il est parvenu à libérer ses mains ◆ **to ~ sth loose** parvenir à desserrer qch **d** (= shape) [+ metal, wood, dough, clay] travailler

▶ **work out 1** VI **a** [plan, arrangement] marcher ◆ **it's all ~ing out as planned** tout se déroule comme prévu **b** [amount] ◆ **it ~s out at $50 per child** il faut compter 50 dollars par enfant **c** (= exercise) faire de la musculation **2** VT SEP **a** (= figure out) [+ problem, equation] résoudre ; [+ total] trouver ; [+ plan] mettre au point

▶ **work up** VT SEP **a** (= rouse) ◆ **he ~ed the crowd up into a frenzy** il a déchaîné l'enthousiasme de la foule ◆ **to get ~ed up** s'énerver **b** (= develop) [+ trade, business] développer ◆ **it ~ed up an appetite carrying all those boxes** ça m'a mis en appétit de porter toutes ces caisses

workable ['wɜːkəbl] ADJ [solution, agreement] viable ; [suggestion, plan] réalisable

workaholic * [ˌwɜːkə'hɒlɪk] N bourreau m de travail

workbench ['wɜːkbentʃ] N établi m

worker ['wɜːkə^r] N travailleur m, -euse f ◆ **management and ~s** patronat m et ouvriers mpl ◆ **office ~** employé(e) m(f) de bureau

workforce ['wɜːkfɔːs] N [of region, country] travailleurs mpl ; [of company] personnel m

working ['wɜːkɪŋ] **1** ADJ **a** (= to do with work) [clothes, lunch, day, hours] de travail ; [population, life] actif ▶ **the working class** la classe ouvrière ▶ **working-class** [origins, accent] ouvrier **b** (= functioning) [model] qui marche **2 workings** NPL (= mechanism) mécanisme *m* ; [of government, organization] rouages *mpl*

workman ['wɜːkmən] (pl **-men**) N ouvrier *m*

workmanship ['wɜːkmənʃɪp] N [of craftsman] métier *m*

workmate ['wɜːkmeɪt] N camarade *mf* de travail

workout ['wɜːkaʊt] N séance *f* d'entraînement

workplace ['wɜːkpleɪs] N lieu *m* de travail

works [wɜːks] N (pl inv) **a** (Brit) (= factory) usine *f* ; (= processing plant) installations *fpl* **b** ♦ **the (whole) ~** * tout le tremblement *

worksheet ['wɜːkʃiːt] N feuille *f* d'exercices

workshop ['wɜːkʃɒp] N atelier *m*

workshy ['wɜːkʃaɪ] ADJ fainéant

worktop ['wɜːktɒp] N plan *m* de travail

world [wɜːld] N monde *m* ♦ **he lives in a ~ of his own** il vit dans un monde à lui ♦ **all over the ~** dans le monde entier ♦ **it's the longest bridge in the ~** c'est le pont le plus long du monde ♦ **I wouldn't do it for anything in the ~** je ne le ferais pour rien au monde ♦ **there's a ~ of difference between ...** il y a un monde entre ... ♦ **it did him the ~ of good** ça lui a fait énormément de bien ♦ **out of this ~** * extraordinaire ▸ **the World Bank** la Banque mondiale ▸ **world champion** (Sport) champion(ne) *m(f)* du monde ▸ **world-class** [player, team] de niveau international ▸ **the World Cup** la Coupe du monde ▸ **world-famous** célèbre dans le monde entier ▸ **the World Health Organization** l'Organisation *f* mondiale de la santé ▸ **world power** puissance *f* mondiale ▸ **world record** record *m* du monde ▸ **the World Trade Organization** l'Organisation *f* mondiale du commerce ▸ **World War One** la Première Guerre mondiale ▸ **World War Two** la Deuxième Guerre mondiale ▸ **world-wide** ADJ mondial ◇ ADV [be known] mondialement ; [travel] partout dans le monde ▸ **the World Wide Web** le Web

worldly ['wɜːldlɪ] ADJ **a** (= earthly) [pleasures] de ce monde **b** (= materialistic) [person, attitude] matérialiste

worm [wɜːm] N ver *m*

worn [wɔːn] **1** VB (ptp of **wear**) **2** ADJ [garment, carpet, tyre] usé ▸ **worn-out** [person] épuisé

worried ['wʌrɪd] ADJ inquiet (-ète *f*) ♦ **she is ~ about her future** elle s'inquiète pour son avenir ♦ **I was ~ that he would find out the truth** j'avais peur qu'il découvre *subj* la vérité ♦ **~ sick** fou d'inquiétude

worry ['wʌrɪ] **1** N souci *m* **2** VI se faire du souci, s'inquiéter (about, over au sujet de, pour) **3** VT (= make anxious) inquiéter

worrying ['wʌrɪɪŋ] ADJ inquiétant

worse [wɜːs] **1** ADJ (compar of **bad** and **ill**) **a** (in quality) [news, weather, smell, result] plus mauvais (than que), pire (than que) ♦ **to get ~** [conditions] empirer ; [weather] se dégrader ♦ **that would just make matters ~** cela ne ferait qu'aggraver les choses ♦ **and, to make matters ~, he ...** et pour ne rien arranger, il ... ♦ **he's none the ~ for his fall** sa chute ne lui a pas fait trop de mal ♦ **he was looking somewhat the ~ for wear** * il n'était pas très frais **b** (in behaviour) pire **c** (in health) ♦ **to be ~** aller plus mal ♦ **to feel ~** se sentir plus mal **2** ADV (compar of **badly** and **ill**) **a** (in quality, behaviour) [sing, play] plus mal ♦ **you could do ~** vous pourriez faire pire **b** (= more intensely) ♦ **it hurts ~ than ever** ça fait plus mal que jamais ♦ **the ~ hit areas** les régions *fpl* les plus touchées **3** N pire *m*

worsen ['wɜːsn] VI empirer

worship ['wɜːʃɪp] **1** N **a** (of God, money, person) culte *m* ♦ **place of ~** lieu *m* de culte ; (Christian) église *f* **b** (Brit: in titles) ♦ **Your Worship** (to magistrate) Monsieur le Juge **2** VT [+ God, idol] rendre un culte à ; [+ money] avoir le culte de ; [+ person] adorer

worst [wɜːst] **1** ADJ (superl of **bad** and **ill**) ♦ **the ~ ...** le (or la) plus mauvais(e) ..., le (or la) pire ... ♦ **the ~ film I've ever seen** le plus mauvais film que j'aie jamais vu **2** ADV (superl of **badly** and **ill**) le plus mal ♦ **~ of all, ...** pire que tout, ... ♦ **the ~ hit areas** les régions les plus touchées **3** N pire *m* ♦ **if the ~ comes to the ~** (Brit), if **~ comes to ~** (US) en mettant les choses au pire ♦ **it brings out the ~ in me** ça réveille en moi les pires instincts

worth [wɜːθ] **1** ADJ **a** (= equal in value to) ♦ **to be ~** valoir ♦ **how much is it ~?** ça vaut combien ? ♦ **the book is ~ $10** ce livre vaut 10 dollars ♦ **it's ~ a great deal to me** ça a beaucoup de valeur pour moi **b** (= deserving, meriting) ♦ **it's ~ the effort** ça mérite qu'on fasse l'effort ♦ **it was well ~ the trouble** ça valait la peine ♦ **it's ~ reading** ça vaut la peine d'être lu ♦ **the museum is ~ a visit** le musée vaut la visite ♦ **it would be ~ (your) while to go and see him** vous gagneriez à aller le voir ♦ **it's not ~ (my) while waiting for him** ça ne vaut pas le coup que je l'attende **2** N **a** (= value) valeur *f* **b** (= quantity) ♦ **he bought £2 ~ of sweets** il a acheté pour 2 livres de bonbons

worthless ['wɜːθlɪs] ADJ [object] sans valeur ; [person] bon à rien

worthwhile [wɜːθ'waɪl] ADJ [job] utile ; [cause] louable

worthy ['wɜːðɪ] ADJ (= deserving, meritorious) [person] méritant ; [motive, effort] louable ◆ **to be ~ of sb/sth** être digne de qn/qch

---

🔊 **would** [wʊd] MODAL VB

a (conditional) ◆ **he ~ do it if you asked him** il le ferait si vous le lui demandiez ◆ **I wouldn't worry, if I were you** à ta place, je ne m'inquiéterais pas ◆ **he ~ have done it if you had asked him** il l'aurait fait si vous le lui aviez demandé

b (indicating willingness) ◆ **I said I ~ do it** j'ai dit que je le ferais ◆ **if you ~ just listen** si vous vouliez bien écouter ◆ **he wouldn't help me** il n'a pas voulu m'aider ◆ **the car wouldn't start** la voiture ne voulait pas démarrer

c (in requests, offers) ◆ **~ you wait here please !** attendez ici s'il vous plaît ! ◆ **~ you close the window please** voulez-vous fermer la fenêtre, s'il vous plaît ◆ **~ you like some tea?** voulez-vous du thé ? ◆ **~ you like to go for a walk?** est-ce que vous aimeriez faire une promenade ?

d (past habit) ◆ **he ~ always read the paper before dinner** il lisait toujours le journal avant le dîner

e (inevitability) ◆ **you ~ go and tell her !** évidemment tu es allé le lui dire ! ◆ **it ~ have to rain!** évidemment il fallait qu'il pleuve !

f (conjecture) ◆ **it ~ have been about 8 o'clock when he came** il devait être 8 heures à peu près quand il est venu

---

would-be ['wʊdbiː] ADJ ◆ **~ actor** aspirant(e) acteur *or* actrice

wouldn't ['wʊdnt] (abbrev of **would not**) → **would**

wound[1] [wuːnd] **1** N blessure *f* **2** VT blesser

wound[2] [waʊnd] VB (pt, ptp of **wind**)

wove [wəʊv] VB (pt of **weave**)

woven ['wəʊvən] VB (ptp of **weave**)

wrangle ['ræŋgl] N querelle *f*

wrap [ræp] **1** VT (= cover) envelopper (in dans) ; [+ parcel, gift] emballer (in dans) ; [+ tape, bandage] enrouler (round autour de) **2** N (= shawl) châle *m*
▸ **wrap up 1** VI (= dress warmly) s'emmitoufler ◆ **~ up well!** couvrez-vous bien ! **2** VT SEP [+ object] envelopper ; [+ parcel] emballer ; [+ child, person] (in rug) envelopper

wrapper ['ræpə'] N [of sweet, chocolate bar] papier *m*

wrapping paper ['ræpɪŋˌpeɪpə'] N (= brown paper) papier *m* d'emballage ; (= decorated paper) papier *m* cadeau

wreak [riːk] VT ◆ **to ~ havoc** causer des ravages

wreath [riːθ] N (pl **~s** [riːðz]) (also **funeral wreath**) couronne *f*

wreck [rek] **1** N **a** (= wrecked ship, car, train) épave *f* ; (= act, event) naufrage *m* **b** (= person) épave *f* ◆ **he looks a ~** on dirait une loque **2** VT [+ ship] provoquer le naufrage de ; [+ train, plane, car] [bomb] détruire ; [+ marriage] briser ; [+ plans] ruiner

wreckage ['rekɪdʒ] N (= wrecked ship, car, plane) épave *f* ; (= pieces from this) débris *mpl*

wrench [rentʃ] **1** N (= tool) clé *f* plate **2** VT ◆ **he ~ed the bag out of my hands** il m'a arraché le sac des mains

wrestle ['resl] **1** VI lutter (corps à corps) (with sb contre qn) ; (Sport) catcher (with sb contre qn) ◆ **to ~ with** [+ problem, one's conscience, sums] se débattre avec **2** VT [+ opponent] lutter contre

wrestler ['reslə'] N (Sport) catcheur *m*, -euse *f*

wrestling ['reslɪŋ] N (Sport) catch *m*

wretch [retʃ] N (unfortunate) pauvre diable *m*

wretched ['retʃɪd] ADJ **a** (life, conditions) misérable **b** (*:* expressing annoyance) fichu *

wriggle ['rɪgl] VI [worm, snake, eel] se tortiller ; [fish] frétiller ; [person] gigoter *
▸ **wriggle out** VI ◆ **to ~ out of doing sth** se dérober pour ne pas faire qch

wring [rɪŋ] (vb : pret, ptp **wrung**) VT (= squeeze, twist) tordre ◆ **to ~ one's hands** se tordre les mains (de désespoir)
▸ **wring out** VT SEP [+ wet clothes] essorer

wrinkle ['rɪŋkl] **1** N (on skin, fruit) ride *f* ; (in cloth) pli *m* **2** VI [nose] se plisser

wrist [rɪst] N poignet *m*

writ [rɪt] N acte *m* judiciaire

write [raɪt] (pret **wrote**, ptp **written**) **1** VT (gen) écrire ; [+ list, cheque] faire ; [+ prescription] rédiger **2** VI écrire
▸ **write back** VI répondre
▸ **write down** VT SEP écrire ; (= note) noter
▸ **write off** VT SEP [+ debt] annuler ◆ **he wrote his car off** * **in the accident** il a complètement bousillé * sa voiture dans l'accident
▸ **write out** VT SEP **a** [+ one's name and address] écrire ; [+ list] établir **b** (= copy) [+ notes, essay] mettre au propre
▸ **write up** VT SEP [+ notes, diary] mettre à jour ; (= write report on) [+ happenings, developments] faire un compte rendu de

write-off ['raɪtɒf] N ◆ **to be a ~** [car] être irréparable

writer ['raɪtə'] N [of letter, book] auteur *m* ; (as profession) écrivain *m*

writhe [raɪð] VI se tordre

writing ['raɪtɪŋ] N **a** (= handwriting, sth written) écriture *f* ◆ **to put sth in ~** mettre qch par écrit ▸ **writing pad** bloc *m* de papier à lettres ▸ **writing paper** papier *m* à lettres **b** (= output of writer) écrits *mpl*

written ['rɪtn] **1** VB (ptp of write) **2** ADJ [test, constitution] écrit ; [confirmation] par écrit

wrong [rɒŋ] **1** ADJ **a** (= incorrect) [guess] erroné ; [answer, sum] faux (fausse *f*) ◆ **to say the ~ thing** dire ce qu'il ne faut pas dire ◆ **he got on the ~ train** il s'est trompé de train ◆ **he got the figures ~** il s'est trompé dans les chiffres ◆ **he got all his sums ~** toutes ses opérations étaient fausses ◆ **you've got it all ~** * (= misunderstood) vous n'avez rien compris ◆ **to be ~** se tromper ◆ **you are ~ to think that** tu as tort de penser cela ◆ **my watch is ~** ma montre n'est pas à l'heure (fausse *f*) **b** (= bad) mal *inv* ; (= unfair) injuste ◆ **it is ~ to lie** c'est mal de mentir ◆ **it was ~ of you to hit him** tu as eu tort de le frapper **c** (= exceptionable) ◆ **there's nothing ~ with (doing) that** il n'y a rien de mal à (faire) cela **d** (= amiss) ◆ **something's ~ (with him)** il y a quelque chose qui ne va pas (chez lui) ◆ **something's ~ with my watch** ma montre ne marche pas comme il faut ◆ **there's nothing ~ with it** [+ plan] c'est tout à fait valable ; [+ machine, car] ça marche très bien ◆ **there's nothing ~ with him** il va très bien ◆ **what's ~?** qu'est-ce qui ne va pas ? ◆ **what's ~ with you?** qu'est-ce que tu as ? ◆ **what's ~ with the car?** qu'est-ce qu'elle a, la voiture ? **2** ADV [answer, guess] mal ◆ **you're doing it all ~** vous vous y prenez mal ◆ **you've spelt it ~** vous l'avez mal écrit ◆ **to go ~** (in calculations, negotiations) faire une erreur ; [plan] mal tourner ◆ **everything went ~** tout est allé de travers **3** N **a** (= evil) mal *m* **b** (= injustice) injustice *f* **c** ◆ **to be in the ~** avoir tort

wrongful arrest [ˌrɒŋfʊləˈrest] N arrestation arbitraire

wrongful dismissal [ˌrɒŋfʊldɪsˈmɪsəl] N licenciement *m* abusif

wrongly ['rɒŋlɪ] ADV [answer, guess, translate] mal ; [spell] incorrectement ; [believe, accuse, imprison] à tort

wrote [rəʊt] VB (pt of write)

wrought iron [ˌrɔːtˈaɪən] N fer *m* forgé

wry [raɪ] ADJ [person, smile, remark] ironique

WWW N (abbrev of World Wide Web) ◆ **the ~** le Web

ANGLAIS/
FRANÇAIS

X-Y

xenophobic [ˌzenəˈfəʊbɪk] ADJ xénophobe

Xmas [ˈeksməs, ˈkrɪsməs] N Noël m

X-ray [ˈeksˌreɪ] **1** N (= photograph) radio graphie f **2** VT ◆ **to ~ sth** faire une radio de qch *

xylophone [ˈzaɪləfəʊn] N xylophone m

Y

Y2K [ˌwaɪtuːˈkeɪ] (abbrev of **Year 2000**) an m 2000

yacht [jɒt] N (motorboat) yacht m ; (with sails) voilier m

yachtsman [ˈjɒtsmən] N (pl **-men**) (in race, professional) navigateur m

Yale ® [jeɪl] N (= Yale lock) serrure f à cylindre

yam [jæm] N **a** (= plant, tuber) igname f **b** (US = sweet potato) patate f douce

**Yank ** [jæŋk] N Amerloque * mf

yank [jæŋk] VT tirer d'un coup sec

yap [jæp] (pej) VI [dog] japper

yard [jɑːd] N **a** yard m *(91,44 cm)*, = mètre m **b** [of farm, school] cour f **c** ◆ **builder's ~** chantier m de construction **d** (US = garden) jardin m

yardstick [ˈjɑːdstɪk] N (fig) élément m de comparaison

yarn [jɑːn] N fil m

yawn [jɔːn] **1** N bâillement m **2** VI [person] bâiller

yeah * [jɛə] PARTICLE ouais *

year [jɪəʳ] N **a** an m, année f ◆ **next/last ~** l'an m prochain/dernier, l'année f prochaine/ dernière ◆ **this ~** cette année ◆ **three times a ~** trois fois par an ◆ **every ~** tous les ans, chaque année ◆ **financial ~** exercice m financier **b** (age) ◆ **he is six ~s old** il a six ans **c** (at school, university) année f

yearly [ˈjɪəlɪ] **1** ADJ annuel **2** ADV (= every year) chaque année ◆ **twice ~** deux fois par an

yearn [jɜːn] VI (= feel longing) aspirer (for à)

yearning [ˈjɜːnɪŋ] N envie f (for de ; to do sth de faire qch)

yeast [jiːst] N levure f

yell [jel] **1** N hurlement m **2** VTI hurler ◆ **to ~ at sb** crier après qn

yellow [ˈjeləʊ] ADJ, N jaune m ▶ **Yellow Pages ®** pages fpl jaunes

yelp [jelp] **1** N [of dog] jappement m **2** VI japper

yes [jes] PARTICLE (answering affirmative question) oui ; (answering negative question) si ▶ **yes man *** m inv ◆ **he's a ~ man** il dit amen à tout

yesterday [ˈjestədeɪ] **1** ADV hier ◆ **~ afternoon/morning** hier après-midi/matin **2** N hier m ◆ **the day before ~** avant-hier

---

 yet [jet]

1 ADV **a** (gen) encore ◆ **not ~** pas encore ◆ **they haven't returned ~** ils ne sont pas encore de retour ◆ **are you coming? – not just ~** est-ce que vous venez ? – pas tout de suite ◆ **no one has come as ~** personne n'est encore arrivé ◆ **not for some time ~** pas avant un certain temps ◆ **~ more people** encore plus de gens ◆ **~ again** une fois de plus
b (= already: in questions) déjà ◆ **have you had your lunch ~?** avez-vous déjà déjeuné ?
c (= so far: with superlative) jusqu'ici ◆ **she's the best teacher we've had ~** c'est le meilleur professeur que nous ayons eu jusqu'ici
2 CONJ (= however) pourtant ; (= nevertheless) toutefois

Y-fronts ® [ˈwaɪfrʌnts] NPL (Brit) slip m

yield [jiːld] **1** N rendement m **2** VT **a** (= produce) produire ; [+ profit] rapporter **b** (= surrender) [+ ground, territory] céder **3** VI céder (to devant, à)

yodel [ˈjəʊdl] VI faire des tyroliennes

yoga [ˈjəʊgə] N yoga m

yogurt [ˈjɒgət] N yaourt m

yoke [jəʊk] N **a** (= dominion) joug m **b** [of dress, blouse] empiècement m

yolk [jəʊk] N [of egg] jaune m (d'œuf)

Yorkshire pudding [ˌjɔːkʃəˈpʊdɪŋ] N (Brit) pâte à crêpe cuite qui accompagne un rôti de bœuf

you [juː] PERS PRON **a** ◆ **~ are very kind** vous êtes or tu es très gentil ◆ **I'll see ~ soon** je te or je vous verrai bientôt ◆ **this book is for ~** ce livre est pour toi or vous ◆ **she is younger than**

~ elle est plus jeune que toi *or* vous ◆ **all of ~** vous tous ◆ **if I were** ~ à ta *or* votre place ◆ **~ fool!** espèce d'imbécile ! **b** (= one, anyone) ◆ **~ never know** on ne sait jamais ◆ **how do ~ switch this on?** comment est-ce que ça s'allume ? ◆ **fresh air does ~ good** l'air frais (vous) fait du bien

you'd [juːd] ⇒ you had, you would ; → have, would

you'll [juːl] ⇒ you will ; → will

young [jʌŋ] **1** ADJ [person, tree] jeune ; [vegetable] nouveau (nouvelle *f*) ◆ **he is three years ~er than you** il a trois ans de moins que vous ◆ **my ~er brother** mon frère cadet ◆ **~ people** les jeunes *mpl* **2** NPL (= people) ◆ **~ and old** les (plus) jeunes *mpl* comme les (plus) vieux *mpl*

youngster ['jʌŋstə^r] N (= child) enfant *mf*

your [juə^r] POSS ADJ **a** (referring to one person) ton, ta, tes ; (polite form, plural form) votre, vos ◆ **~ book** ton *or* votre livre, votre livre à vous ◆ **~ table** ta *or* votre table ◆ **~ clothes** tes *or* vos vêtements ◆ **YOUR book** ton livre à toi, votre livre à vous **b** (= one's) son, sa, ses ◆ **exercise is good for ~ health** l'exercice est bon pour la santé

you're [juə^r] ⇒ you are ; → be

yours [juəz] POSS PRON (referring to one person) le tien, la tienne, les tiens, les tiennes ; (polite form, plural form) le vôtre, la vôtre, les vôtres ◆ **this is my book and that is ~** voici mon livre et voilà le tien *or* le vôtre ◆ **this book is ~** ce livre est à toi *or* à vous ◆ **she is a cousin of ~** c'est une de tes *or* de vos cousines

yourself [juə'self] PERS PRON (pl **yourselves** [juə'selvz]) (reflexive: direct and indirect) te, vous, vous *pl* ; (after preposition) toi, vous, vous *pl* ; (emphatic) toi-même, vous-même, vous-mêmes *pl* ◆ **have you hurt ~?** tu t'es fait mal ?, vous vous êtes fait mal ? ◆ **are you enjoying yourselves?** vous vous amusez bien ? ◆ **by ~** tout seul

youth [juːθ] N **a** (= young age) jeunesse *f* **b** (= young person) jeune *mf* ▶ **youth club** maison *f* de jeunes ▶ **youth hostel** auberge *f* de jeunesse

youthful ['juːθfʊl] ADJ [person, looks] jeune ; [idealism, enthusiasm] juvénile

you've [juːv] ⇒ you have ; → have

Yugoslavia ['juːgəʊ'slɑːvɪə] N Yougoslavie *f*

yuppie * ['jʌpɪ] N yuppie *mf*

ANGLAIS/
FRANÇAIS
Z

zany ['zeɪnɪ] ADJ loufoque *

zap * [zæp] **1** VT (= delete) [+ word, data] supprimer **2** VI **a** (= move quickly) foncer **b** (TV) ◆ **to ~ through the channels** zapper

zeal [ziːl] N (= enthusiasm) zèle *m*

zealous ['zeləs] ADJ [person] zélé

zebra ['zebrə, 'ziːbrə] N zèbre *m* ▶ **zebra crossing** (Brit) passage *m* pour piétons

zenith ['zenɪθ] N zénith *m*

zero ['zɪərəʊ] N zéro *m* ◆ **15 degrees below ~** 15 degrés au-dessous de zéro

zest [zest] N **a** (= gusto) entrain *m* **b** [o[orange, lemon] zeste *m*

zigzag ['zɪgzæg] **1** N zigzag *m* **2** VI zigzaguer ◆ **to ~ through** traverser en zigzaguant

zinc [zɪŋk] N zinc *m*

zip [zɪp] **1** N (Brit) fermeture *f* éclair ® **2** V ◆ **to ~ out/past** [car, person] sortir/passe[comme une flèche ▶ **zip up** VT SEP [+ dress, bag] fermer avec une fermeture éclair ®

zip code ['zɪpkəʊd] N (US) code *m* postal

zipper ['zɪpə^r] N (US) fermeture *f* éclair ®

zodiac ['zəʊdɪæk] N zodiaque *m*

zombie ['zɒmbɪ] N zombie *m*

zone [zəʊn] N zone *f*

zoo [zuː] N zoo *m*

zoology [zəʊ'ɒlədʒɪ] N zoologie *f*

zoom [zuːm] VI ◆ **the car ~ed past us** la voiture est passée en trombe * ▶ **zoom lens** zoom *m*

zucchini [zuː'kiːnɪ] N INV (US) courgette *f*

ANNEXES

le verbe français / the French verb
*

le verbe anglais / the English verb
*

mesures - températures
measures - temperatures
*

l'anglais en action
French in action
*

INDICATIVE

PRESENT	PERFECT
j'arrive	je suis arrivé
tu arrives	tu es arrivé
il arrive	il est arrivé
nous arrivons	nous sommes arrivés
vous arrivez	vous êtes arrivés
ils arrivent	ils sont arrivés

IMPERFECT	PLUPERFECT
j'arrivais	j'étais arrivé
tu arrivais	tu étais arrivé
il arrivait	il était arrivé
nous arrivions	nous étions arrivés
vous arriviez	vous étiez arrivés
ils arrivaient	ils étaient arrivés

PAST HISTORIC	PAST ANTERIOR
j'arrivai	je fus arrivé
tu arrivas	tu fus arrivé
il arriva	il fut arrivé
nous arrivâmes	nous fûmes arrivés
vous arrivâtes	vous fûtes arrivés
ils arrivèrent	ils furent arrivés

FUTURE	FUTURE PERFECT
j'arriverai [aʀiv(ə)ʀe]	je serai arrivé
tu arriveras	tu seras arrivé
il arrivera	il sera arrivé
nous arriverons	
[aʀiv(ə)ʀ̃5]	nous serons arrivés
vous arriverez	vous serez arrivés
ils arriveront	ils seront arrivés

SUBJUNCTIVE

PRESENT	
que j'arrive	
que tu arrives	
qu'il arrive	
que nous arrivions	
que vous arriviez	
qu'ils arrivent	

IMPERFECT	
que j'arrivasse	
que tu arrivasses	
qu'il arrivât	
que nous arrivassions	
que vous arrivassiez	
qu'ils arrivassent	

PAST	
que je sois arrivé	
que tu sois arrivé	
qu'il soit arrivé	
que nous soyons arrivés	
que vous soyez arrivés	
qu'ils soient arrivés	

PLUPERFECT	
que je fusse arrivé	
que tu fusses arrivé	
qu'il fût arrivé	
que nous fussions arrivés	
que vous fussiez arrivés	
qu'ils fussent arrivés	

CONDITIONAL

PRESENT	
j'arriverais [aʀivʀe]	
tu arriverais	
il arriverait	
nous arriverions [aʀivəʀj̃5]	
vous arriveriez	
ils arriveraient	

PAST I	
je serais arrivé	
tu serais arrivé	
il serait arrivé	
nous serions arrivés	
vous seriez arrivés	
ils seraient arrivés	

PAST II	
je fusse arrivé	
tu fusses arrivé	
il fût arrivé	
nous fussions arrivés	
vous fussiez arrivés	
ils fussent arrivés	

IMPERATIVE

PRESENT	PAST
arrive	sois arrivé
arrivons	soyons arrivés
arrivez	soyez arrivés

PARTICIPLE

PRESENT	PAST
arrivant	arrivé, ée
	étant arrivé

INFINITIVE

PRESENT	PAST
arriver	être arrivé

NB The verbs *jouer, tuer* etc. are regular: e.g. *je joue, je jouerai ; je tue, je tuerai.*

INDICATIVE

PRESENT	PERFECT
je finis	j'ai fini
tu finis	tu as fini
il finit	il a fini
nous finissons	nous avons fini
vous finissez	vous avez fini
ils finissent	ils ont fini

IMPERFECT	PLUPERFECT
je finissais	j'avais fini
tu finissais	tu avais fini
il finissait	il avait fini
nous finissions	nous avions fini
vous finissiez	vous aviez fini
ils finissaient	ils avaient fini

PAST HISTORIC	PAST ANTERIOR
je finis	j'eus fini
tu finis	tu eus fini
il finit	il eut fini
nous finîmes	nous eûmes fini
vous finîtes	vous eûtes fini
ils finirent	ils eurent fini

FUTURE	FUTURE PERFECT
je finirai	j'aurai fini
tu finiras	tu auras fini
il finira	il aura fini
nous finirons	nous aurons fini
vous finirez	vous aurez fini
ils finiront	ils auront fini

SUBJUNCTIVE

PRESENT
que je finisse
que tu finisses
qu'il finisse
que nous finissions
que vous finissiez
qu'ils finissent

IMPERFECT
que je finisse
que tu finisses
qu'il finît
que nous finissions
que vous finissiez
qu'ils finissent

PAST
que j'aie fini
que tu aies fini
qu'il ait fini
que nous ayons fini
que vous ayez fini
qu'ils aient fini

PLUPERFECT
que j'eusse fini
que tu eusses fini
qu'il eût fini
que nous eussions fini
que vous eussiez fini
qu'ils eussent fini

CONDITIONAL

PRESENT
je finirais
tu finirais
il finirait
nous finirions
vous finiriez
ils finiraient

PAST I
j'aurais fini
tu aurais fini
il aurait fini
nous aurions fini
vous auriez fini
ils auraient fini

PAST II
j'eusse fini
tu eusses fini
il eût fini
nous eussions fini
vous eussiez fini
ils eussent fini

IMPERATIVE

PRESENT	PAST
finis	aic fini
finissons	ayons fini
finissez	ayez fini

PARTICIPLE

PRESENT	PAST
finissant	fini, ie
	ayant fini

INFINITIVE

PRESENT	PAST
finir	avoir fini

		INDICATIVE			
		1st person present	3rd person	imperfect	past historic
3	placer	je place [plas] nous plaçons [plasɔ̃]	il place ils placent	je plaçais	je plaçai

NB Verbs in *-ecer* (e.g. *dépecer*) are conjugated like *placer* and *geler*. Verbs in *-écer* (e.g. *rapiécer*) are conjugated like *céder* and *placer*.

| | bouger | je bouge [buʒ]
nous bougeons [buʒɔ̃] | il bouge
ils bougent | je bougeais
nous bougions | je bougeai |

NB Verbs in *-éger* (e.g. *protéger*) are conjugated like *bouger* and *céder*.

| 4 | appeler | j'appelle [apɛl]
nous appelons [ap(ə)lɔ̃] | il appelle
ils appellent | j'appelais | j'appelai |
| | jeter | je jette [ʒɛt]
nous jetons [ʒ(ə)tɔ̃] | il jette
ils jettent | je jetais | je jetai |

| 5 | geler | je gèle [ʒɛl]
nous gelons [ʒ(ə)lɔ̃] | il gèle
ils gèlent | je gelais
nous gelions [ʒəljɔ̃] | je gelai |
| | acheter | j'achète [aʃɛt]
nous achetons [aʃ(ə)tɔ̃] | il achète
ils achètent | j'achetais
nous achetions | j'achetai |

Also verbs in *-emer* (e.g. *semer*), *-ener* (e.g. *mener*), *-eser* (e.g. *peser*), *-ever* (e.g. *lever*) etc.
NB Verbs in *-ecer* (e.g. *dépecer*) are conjugated like *geler* and *placer*.

| 6 | ceder | je cède [sɛd]
nous cédons [sedɔ̃] | il cède
ils cèdent | je cédais
nous cédions | je cédai |

Also verbs in *-é* + consonant(s) + *-er* (e.g. *célébrer*, *lécher*, *déléguer*, *préférer*, etc.).
NB Verbs in *-éger* (e.g. *protéger*) are conjugated like *céder* and *bouger*.
Verbs in *-écer* (e.g. *rapiécer*) are conjugated like *céder* and *placer*.

| 7 | épier | j'épie [epi]
nous épions [epjɔ̃] | il épie
ils épient | j'épiais
nous épiions [epijɔ̃] | j'épiai |

| | prier | je prie [pʀi]
nous prions [pʀijɔ̃] | il prie
ils prient | je priais
nous priions [pʀijjɔ̃] | je priai |

| 8 | noyer | je noie [nwa]
nous noyons [nwajɔ̃] | il noie
ils noient | je noyais
nous noyions [nwajjɔ̃] | je noyai |

Also verbs in *-uyer* (e.g. *appuyer*).
NB *Envoyer* has in the future tense: *j'enverrai*, and in the conditional: *j'enverrais.*

| | payer | je paie [pɛ]
or
je paye [pɛj]
nous payons [pɛjɔ̃] | il paie
or
il paye
ils paient
or
ils payent | je payais
nous payions [pɛjjɔ̃] | je payai |

Also all verbs in *-ayer*.

	CONDITIONAL	SUBJUNCTIVE	IMPERATIVE	PARTICIPLES
future	present	present	present	present past
je placerai [plasʀe]	je placerais	que je place que nous placions	place plaçons	plaçant placé, ée
je bougerai [buʒʀe]	je bougerais	que je bouge que nous bougions	bouge bougeons	bougeant bougé, ée
j'appellerai [apɛlʀe]	j'appellerais	que j'appelle que nous appelions	appelle appelons	appelant appelé, ée
je jetterai [ʒɛtʀe]	je jetterais	que je jette que nous jetions	jette jetons	jetant jeté, ée
je gèlerai [ʒɛlʀe]	je gèlerais	que je gèle que nous gelions	gèle gelons	gelant gelé, ée
j'achèterai [aʃɛtʀe]	j'achèterais	que j'achète que nous achetions	achète achetons	achetant acheté, ée
je céderai[1] [sedʀe ; sɛdʀe][1]	je céderais[1]	que je cède que nous cédions	cède cédons	cédant cédé, ée

1. Actually pronounced as though there were a grave accent on the future and the conditional (je cèderai, je cèderais), rather than an acute.

	CONDITIONAL	SUBJUNCTIVE	IMPERATIVE	PARTICIPLES
j'épierai [epiʀe]	j'épierais	que j'épie	épie épions	épiant épié, iée
je prierai [pʀiʀe]	je prierais	que je prie	prie prions	priant prié, priée
je noierai [nwaʀe]	je noierais	que je noie	noie noyons	noyant noyé, noyée
je paierai [pɛʀe] or je payerai [pɛjʀe] nous paierons or nous payerons	je paierais or je payerais	que je paie or que je paye	paie or paye payons	payant payé, payée

INDICATIVE

PRESENT	PERFECT
je vais [vɛ]	je suis allé
tu vas	tu es allé
il va	il est allé
nous allons [alɔ̃]	nous sommes allés
vous allez	vous êtes allés
ils vont [vɔ̃]	ils sont allés

IMPERFECT	PLUPERFECT
j'allais [alɛ]	j'étais allé
tu allais	tu étais allé
il allait	il était allé
nous allions [aljɔ̃]	nous étions allés
vous alliez	vous étiez allés
ils allaient	ils étaient allés

PAST HISTORIC	PAST ANTERIOR
j'allai	je fus allé
tu allas	tu fus allé
il alla	il fut allé
nous allâmes	nous fûmes allés
vous allâtes	vous fûtes allés
ils allèrent	ils furent allés

FUTURE	FUTURE PERFECT
j'irai [iʀe]	je serai allé
tu iras	tu seras allé
il ira	il sera allé
nous irons	nous serons allés
vous irez	vous serez allés
ils iront	ils seront allés

SUBJUNCTIVE

PRESENT
que j'aille [aj]
que tu ailles
qu'il aille
que nous allions
que vous alliez
qu'ils aillent

IMPERFECT
que j'allasse [alas]
que tu allasses
qu'il allât
que nous allassions
que vous allassiez
qu'ils allassent

PAST
que je sois allé
que tu sois allé
qu'il soit allé
que nous soyons allés
que vous soyez allés
qu'ils soient allés

PLUPERFECT
que je fusse allé
que tu fusses allé
qu'il fût allé
que nous fussions allés
que vous fussiez allés
qu'ils fussent allés

CONDITIONAL

PRESENT
j'irais
tu irais
il irait
nous irions
vous iriez
ils iraient

PAST I
je serais allé
tu serais allé
il serait allé
nous serions allés
vous seriez allés
ils seraient allés

PAST II
je fusse allé
tu fusses allé
il fût allé
nous fussions allés
vous fussiez allés
ils fussent allés

IMPERATIVE	PRESENT	PAST
	va	sois allé
	allons	soyons allés
	allez	soyez allés

PARTICIPLE	PRESENT	PAST
	allant	allé, ée
		étant allé

INFINITIVE	PRESENT	PAST
	aller	être allé

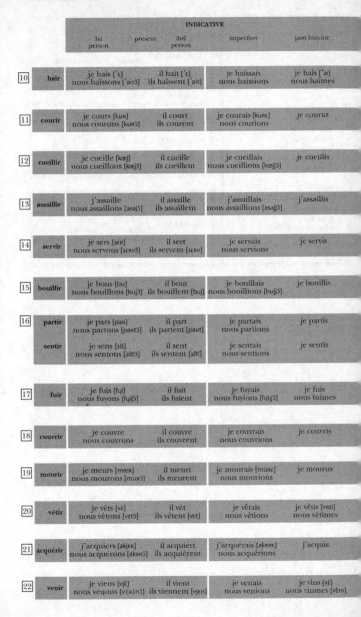

		INDICATIVE			
		1st person	present 3rd person	imperfect	past historic
10	haïr	je hais ['ɛ] nous haïssons ['aisɔ̃]	il hait ['ɛ] ils haïssent ['ais]	je haïssais nous haïssions	je haïs ['ai] nous haïmes
11	courir	je cours [kuʀ] nous courons [kuʀɔ̃]	il court ils courent	je courais [kuʀɛ] nous courions	je courus
12	cueillir	je cueille [kœj] nous cueillons [kœjɔ̃]	il cueille ils cueillent	je cueillais nous cueillions [kœjjɔ̃]	je cueillis
13	assaillir	j'assaille nous assaillons [asajɔ̃]	il assaille ils assaillent	j'assaillais nous assaillions [asajjɔ̃]	j'assaillis
14	servir	je sers [sɛʀ] nous servons [sɛʀvɔ̃]	il sert ils servent [sɛʀv]	je servais nous servions	je servis
15	bouillir	je bous [bu] nous bouillons [bujɔ̃]	il bout ils bouillent [buj]	je bouillais nous bouillions [bujjɔ̃]	je bouillis
16	partir	je pars [paʀ] nous partons [paʀtɔ̃]	il part ils partent [paʀt]	je partais nous partions	je partis
	sentir	je sens [sɑ̃] nous sentons [sɑ̃tɔ̃]	il sent ils sentent [sɑ̃t]	je sentais nous sentions	je sentis
17	fuir	je fuis [fɥi] nous fuyons [fɥijɔ̃]	il fuit ils fuient	je fuyais nous fuyions [fɥijjɔ̃]	je fuis nous fuîmes
18	couvrir	je couvre nous couvrons	il couvre ils couvrent	je couvrais nous couvrions	je couvris
19	mourir	je meurs [mœʀ] nous mourons [muʀɔ̃]	il meurt ils meurent	je mourais [muʀɛ] nous mourions	je mourus
20	vêtir	je vêts [vɛ] nous vêtons [vɛtɔ̃]	il vêt ils vêtent [vɛt]	je vêtais nous vêtions	je vêtis [veti] nous vêtîmes
21	acquérir	j'acquiers [akjɛʀ] nous acquérons [akeʀɔ̃]	il acquiert ils acquièrent	j'acquérais [akeʀɛ] nous acquérions	j'acquis
22	venir	je viens [vjɛ̃] nous venons [v(ə)nɔ̃]	il vient ils viennent [vjɛn]	je venais nous venions	je vins [vɛ̃] nous vînmes [vɛ̃m]

	CONDITIONAL	SUBJUNCTIVE	IMPERATIVE	PARTICIPLES
future	present	present	present	present past
je haïrai ['aiʀɛ]	je haïrais	que je haïsse	hais haïssons	haïssant haï, haïe ['ai]
je courrai [kuʀʀɛ]	je courrais	que je coure	cours courons	courant couru, ue
je cueillerai	je cueillerais	que je cueille	cueille cueillons	cueillant cueilli, ie
j'assaillirai	j'assaillirais	que j'assaille	assaille assaillons	assaillant assailli, ie
je servirai	je servirais	que je serve	sers servons	servant servi, ie
je bouillirai	je bouillirais	que je bouille	bous bouillons	bouillant bouilli, ie
je partirai	je partirais	que je parte	pars partons	partant parti, ie
je sentirai	je sentirais	que je sente	sens sentons	sentant senti, ie
je fuirai	je fuirais	que je fuie	fuis fuyons	fuyant fui, fuie
je couvrirai	je couvrirais	que je couvre	couvre couvrons	couvrant couvert, erte [kuvɛʀ, ɛʀt]
je mourrai [muʀʀɛ]	je mourrais	que je meure	meurs mourons	mourant mort, morte [mɔʀ, mɔʀt]
je vêtirai	je vêtirais	que je vête	vêts vêtons	vêtant vêtu, ue [vety]
j'acquerrai [akeʀʀɛ]	j'acquerrais	que j'acquière	acquiers acquérons	acquérant acquis, ise [aki, iz]
je viendrai [vjɛ̃dʀɛ]	je viendrais	que je vienne	viens venons	venant venu, ue

		INDICATIVE			
		1st person	present 3rd person	imperfect	past historic
23	pleuvoir	(impersonal)	il pleut [plə]	il pleuvait	il plut
24	prévoir	je prévois [pʀevwa] nous prévoyons [pʀevwajɔ̃]	il prévoit ils prévoient	je prévoyais nous prévoyions [pʀevwajjɔ̃]	je prévis
25	pourvoir	je pourvois nous pourvoyons	il pourvoit ils pourvoient	je pourvoyais nous pourvoyions	je pourvus
26	asseoir	j'assieds [asjɛ] nous asseyons [asɛjɔ̃] or j'assois nous assoyons	il assied ils asseyent [asɛj] or il assoit ils assoient	j'asseyais nous asseyions or j'assoyais nous assoyions	j'assis
27	mouvoir	je meus [mø] nous mouvons [muvɔ̃]	il meut ils meuvent [mœv]	je mouvais nous mouvions	je mus [my] nous mûmes

NB **Émouvoir** and **promouvoir** have the past participles *ému, e* and *promu, e* respectively.

		1st person	present 3rd person	imperfect	past historic
28	recevoir	je reçois [ʀ(ə)swa] nous recevons [ʀ(ə)səvɔ̃]	il reçoit ils reçoivent [ʀəswav]	je recevais nous recevions	je reçus [ʀ(ə)sy]
	devoir				
29	valoir	je vaux [vo] nous valons [valɔ̃]	il vaut ils valent [val]	je valais nous valions	je valus
	équivaloir				
	prévaloir				
	falloir	(impersonal)	il faut [fo]	il fallait [falɛ]	il fallut
30	voir	je vois [vwa] nous voyons [vwajɔ̃]	il voit ils voient	je voyais nous voyions [vwajjɔ̃]	je vis
31	vouloir	je veux [vø] nous voulons [vulɔ̃]	il veut ils veulent [vœl]	je voulais nous voulions	je voulus
32	savoir	je sais [sɛ] nous savons [savɔ̃]	il sait ils savent [sav]	je savais nous savions	je sus
33	pouvoir	je peux [pø] or je puis nous pouvons [puvɔ̃]	il peut ils peuvent [pœv]	je pouvais nous pouvions	je pus

	CONDITIONAL	SUBJUNCTIVE	IMPERATIVE	PARTICIPLES
future	present	present	present	present / past
il pleuvra	il pleuvrait	qu'il pleuve [plœv]	does not exist	pleuvant / plu (no feminine)
je prévoirai	je prévoirais	que je prévoie [pʀevwa]	prévois / prévoyons	prévoyant / prévu, ue
je pourvoirai	je pourvoirais	que je pourvoie	pourvois / pourvoyons	pourvoyant / pourvu, ue
j'assiérai [asjeʀe] or j'asseyerai [asejʀe] or j'assoirai	j'assiérais or j'assoirais	que j'asseye [asɛj] or que j'assoie [aswa]	assieds / asseyons or assois / assoyons	asseyant / assis, ise or assoyant / assis, ise
NB *j'asseyerai* is old-fashioned.				
je mouvrai [muvʀe]	je mouvrais	que je meuve / que nous mouvions	meus / mouvons	mouvant / mû, mue [my]
je recevrai	je recevrais	que je reçoive / que nous recevions	reçois / recevons	recevant / reçu, ue
				dû, due
je vaudrai [vodʀe]	je vaudrais	que je vaille [vaj] / que nous valions	vaux / valons	valant / valu, ue
				équivalu (no feminine)
		que je prévale	does not exist	prévalu (no feminine)
il faudra [fodʀa]	il faudrait	qu'il faille [faj]		does not exist / fallu (no feminine)
je verrai [veʀe]	je verrais	que je voie [vwa] / que nous voyions [vwajjɔ̃]	vois / voyons	voyant / vu, vue
je voudrai [vudʀe]	je voudrais	que je veuille [vœj] / que nous voulions [vuljɔ̃]	veux or veuille / voulons	voulant / voulu, ue
je saurai [soʀe]	je saurais	que je sache [saʃ] / que nous sachions	sache / sachons	sachant / su, sue
je pourrai [puʀe]	je pourrais	que je puisse [pɥis] / que nous puissions	not used	pouvant / pu

	PRESENT	PERFECT
	j'ai [e;ɛ]	j'ai eu
	tu as [a]	tu as eu
	il a [a]	il a eu
	nous avons [avɔ̃]	nous avons eu
	vous avez [ave]	vous avez eu
	ils ont [ɔ̃]	ils ont eu
I		
	IMPERFECT	**PLUPERFECT**
N	j'avais	j'avais eu
	tu avais	tu avais eu
D	il avait	il avait eu
	nous avions	nous avions eu
I	vous aviez	vous aviez eu
	ils avaient	ils avaient eu
C		
	PAST HISTORIC	**PAST ANTERIOR**
A	j'eus [y]	j'eus eu
	tu eus	tu eus eu
T	il eut	il eut eu
	nous eûmes [ym]	nous eûmes eu
I	vous eûtes [yt]	vous eûtes eu
V	ils eurent [yʀ]	ils eurent eu
E		
	FUTURE	**FUTURE PERFECT**
	j'aurai [ɔʀe]	j'aurai eu
	tu auras	tu auras eu
	il aura	il aura eu
	nous aurons	nous aurons eu
	vous aurez	vous aurez eu
	ils auront	ils auront eu

	PRESENT
	que j'aie [ɛ]
	que tu aies
	qu'il ait
	que nous ayons [ɛjɔ̃]
	que vous ayez
	qu'ils aient
S	
	IMPERFECT
U	que j'eusse [ys]
	que tu eusses
B	qu'il eût [y]
	que nous eussions [ysjɔ̃]
J	que vous eussiez
U	qu'ils eussent
N	
	PAST
C	que j'aie eu
	que tu aies eu
T	qu'il ait eu
	que nous ayons eu
I	que vous ayez eu
V	qu'ils aient eu
E	
	PLUPERFECT
	que j'eusse eu
	que tu eusses eu
	qu'il eût eu
	que nous eussions eu
	que vous eussiez eu
	qu'ils eussent eu

		INDICATIVE			
		1st person	present 2nd and 3rd persons	imperfect	past historic
35	**conclure**	je conclus [kɔ̃kly] nous concluons [kɔ̃klyɔ̃]	il conclut ils concluent	je concluais nous concluions	je conclus

NB **Exclure** is conjugated like **conclure**; past participle *exclu, ue*; **Inclure** is conjugated like **conclure** except for the past participle *inclus, use*.

36	**rire**	je ris [ʀi] nous rions [ʀijɔ̃]	il rit ils rient	je riais nous riions [ʀijɔ̃] or [ʀijjɔ̃]	je ris

37	**dire**	je dis [di] nous disons [dizɔ̃]	il dit vous dites [dit] ils disent [diz]	je disais nous disions	je dis

NB **Médire, contredire, dédire, interdire, prédire** are conjugated like **dire** except for the 2nd person plural of the present tense: *médisez, contredisez, dédisez, interdisez, prédisez*.

	suffire	je suffis [syfi] nous suffisons [syfizɔ̃]	il suffit ils suffisent [syfiz]	je suffisais nous suffisions	je suffis

NB **Confire** is conjugated like **suffire** except for the past participle *confit, ite*.

CONDITIONAL

PRESENT
j'aurais
tu aurais
il aurait
nous aurions
vous auriez
ils auraient

PAST I
j'aurais eu
tu aurais eu
il aurait eu
nous aurions eu
vous auriez eu
ils auraient eu

PAST II
j'eusse eu
tu eusses eu
il eût eu
nous eussions eu
vous eussiez eu
ils eussent eu

IMPERATIVE	PRESENT	PAST
	aie [ɛ]	aie eu
	ayons [ɛjɔ̃]	ayons eu
	ayez [eje]	ayez eu

PARTICIPLE	PRESENT	PAST
	ayant	eu, eue [y]
		ayant eu

INFINITIVE	PRESENT	PAST
	avoir	avoir eu

	CONDITIONAL	SUBJUNCTIVE	IMPERATIVE	PARTICIPLES
future	present	present	present	present past
je conclurai	je conclurais	que je conclue	conclus concluons	concluant conclu, ue
je rirai	je rirais	que je rie	ris rions	riant ri (no feminine)
je dirai	je dirais	que je dise	dis disons dites	disant dit, dite
je suffirai	je suffirais	que je suffise	suffis suffisons	suffisant suffi (no feminine)

| | | \multicolumn{5}{c}{INDICATIVE} |
		1st person	present	3rd person	imperfect	past historic
38	nuire	je nuis [nɥi]		il nuit [nɥi]	je nuisais	je nuisis
		nous nuisons [nɥizɔ̃]		ils nuisent [nɥiz]	nous nuisions	

Also the verbs *luire*, *reluire*.

	conduire	je conduis		il conduit	je conduisais	je conduisis
		nous conduisons		ils conduisent	nous conduisions	

Also the verbs *construire, cuire, déduire, détruire, enduire, induire, instruire, introduire, produire, réduire, séduire, traduire*.

39	écrire	j'écris [ekri]		il écrit	j'écrivais	j'écrivis
		nous écrivons [ekrivɔ̃]		ils écrivent [ekriv]	nous écrivions	

40	suivre	je suis [sɥi]		il suit	je suivais	je suivis
		nous suivons [sɥivɔ̃]		ils suivent [sɥiv]	nous suivions	

41	rendre	je rends [rɑ̃]		il rend	je rendais	je rendis
		nous rendons [rɑ̃dɔ̃]		ils rendent [rɑ̃d]	nous rendions	

Also the verbs ending in *-andre* (e.g. *répandre*), *-erdre* (e.g. *perdre*), *-ondre* (e.g. *répondre*), *-ordre* (e.g. *mordre*).

	rompre	je romps [rɔ̃]		il rompt	je rompais	je rompis
		nous rompons [rɔ̃pɔ̃]		ils rompent [rɔ̃p]	nous rompions	

Also the verbs *corrompre* and *interrompre*.

	battre	je bats [ba]		il bat	je battais	je battis
		nous battons [batɔ̃]		ils battent [bat]	nous battions	

42	vaincre	je vaincs [vɛ̃]		il vainc	je vainquais	je vainquis
		nous vainquons [vɛ̃kɔ̃]		ils vainquent [vɛ̃k]	nous vainquions	

43	lire	je lis [li]		il lit	je lisais	je lus
		nous lisons [lizɔ̃]		ils lisent [liz]	nous lisions	

44	croire	je crois [krwa]		il croit	je croyais	je crus
		nous croyons [krwajɔ̃]		ils croient	nous croyions [krwajjɔ̃]	nous crûmes

45	clore	je clos [klo]		il clôt	je closais (rare)	not applicable
				ils closent [kloz] (rare)		

46	vivre	je vis [vi]		il vit	je vivais	je vécus [veky]
		nous vivons [vivɔ̃]		ils vivent [viv]	nous vivions	

47	moudre	je mouds [mu]		il moud	je moulais	je moulus
		nous moulons [mulɔ̃]		ils moulent [mul]	nous moulions	

NB Most forms of this verb are rare except *moudre, moudrai(s), moulu, e*.

48	coudre	je couds [ku]		il coud	je cousais	je cousis [kuzi]
		nous cousons [kuzɔ̃]		ils cousent [kuz]	nous cousions	

future	CONDITIONAL present	SUBJUNCTIVE present	IMPERATIVE present	PARTICIPLES present past
je nuirai	je nuirais	que je nuise	nuis nuisons	nuisant nui (no feminine)
je conduirai	je conduirais	que je conduise	conduis conduisons	conduisant conduit, ite
j'écrirai	j'écrirais	que j'écrive	écris écrivons	écrivant écrit, ite
je suivrai	je suivrais	que je suive	suis suivons	suivant suivi, ie
je rendrai	je rendrais	que je rende	rends rendons	rendant rendu, ue
je romprai	je romprais	que je rompe	romps rompons	rompant rompu, ue
je battrai	je battrais	que je batte	bats battons	battant battu, ue
je vaincrai	je vaincrais	que je vainque	vaincs vainquons	vainquant vaincu, ue
je lirai	je lirais	que je lise	lis lisons	lisant lu, ue
je croirai	je croirais	que je croie	crois croyons	croyant cru, crue
je clorai (rare)	je clorais (rare)	que je close	clos	closant (rare) clos, close
je vivrai	je vivrais	que je vive	vis vivons	vivant vécu, ue
je moudrai	je moudrais	que je moule	mouds moulons	moulant moulu, ue
je coudrai	je coudrais	que je couse	couds cousons	cousant cousu, ue

		INDICATIVE			
		1st person	present 3rd person	imperfect	past historic
49	joindre	je joins [ʒwɛ̃] nous joignons [ʒwaɲ5]	il joint ils joignent [ʒwaɲ]	je joignais nous joignions [ʒwaɲj5]	je joignis
50	traire	je trais [tʀɛ] nous trayons [tʀɛj5]	il trait ils traient	je trayais nous trayions [tʀɛjj5]	not applicable
51	absoudre	j'absous [apsu] nous absolvons [apsɔlv5]	il absout ils absolvent [apsɔlv]	j'absolvais nous absolvions	j'absolus [apsɔly] (rare)

NB **Dissoudre** is conjugated like **absoudre**; **résoudre** is conjugated like **absoudre**, but the past historic *je résolus* is current. **Résoudre** has two past participles: *résolu, ue (problème résolu)*, and *résous, oute (brouillard résous en pluie [rare])*.

52	craindre	je crains [kʀɛ̃] nous craignons [kʀɛɲ5]	il craint ils craignent [kʀɛɲ]	je craignais nous craignions [kʀɛɲj5]	je craignis
	peindre	je peins [pɛ̃] nous peignons [pɛɲ5]	il peint ils peignent [pɛɲ]	je peignais nous peignions [pɛɲj5]	je peignis
53	boire	je bois [bwa] nous buvons [byv5]	il boit ils boivent [bwav]	je buvais nous buvions	je bus
54	plaire	je plais [plɛ] nous plaisons [plɛz5]	il plaît ils plaisent [plɛz]	je plaisais nous plaisions	je plus

NB The past participle of **plaire, complaire, déplaire** is generally invariable.

	taire	je tais nous taisons	il tait ils taisent	je taisais nous taisions	je tus
55	croître	je croîs [kʀwa] nous croissons [kʀwas5]	il croît ils croissent [kʀwas]	je croissais nous croissions	je crûs nous crûmes

NB Like **accroître**, the past participle of **décroître** is *décru, e*.

	accroître	j'accrois nous accroissons	il accroît ils accroissent	j'accroissais	j'accrus nous accrûmes
56	mettre	je mets [mɛ] nous mettons [met5]	il met ils mettent [mɛt]	je mettais nous mettions	je mis
57	connaître	je connais [kɔnɛ] nous connaissons [kɔnɛs5]	il connaît ils connaissent [kɔnɛs]	je connaissais nous connaissions	je connus
58	prendre	je prends [pʀɑ̃] nous prenons [pʀan5]	il prend ils prennent [pʀɛn]	je prenais nous prenions	je pris
59	naître	je nais [nɛ] nous naissons [nɛs5]	il naît ils naissent [nɛs]	je naissais nous naissions	je naquis [naki]

NB **Renaître** has no past participle.

	CONDITIONAL	SUBJUNCTIVE	IMPERATIVE	PARTICIPLES
future	present	present	present	present past
je joindrai	je joindrais	que je joigne	joins joignons	joignant joint, jointe
je trairai	je trairais	que je traie	trais trayons	trayant trait, traite
j'absoudrai	j'absoudrais	que j'absolve	absous absolvons	absolvant absous[1], oute [apsu, ut]

1. The past participle forms *absout, dissout,* with a final *t,* are often preferred.

je craindrai	je craindrais	que je craigne	crains craignons	craignant craint, crainte
je peindrai	je peindrais	que je peigne	peins peignons	peignant peint, peinte
je boirai	je boirais	que je boive que nous buvions	bois buvons	buvant bu, bue
je plairai	je plairais	que je plaise	plais plaisons	plaisant plu (no feminine)
je tairai	je tairais	que je taise	tais taisons	taisant tu, tue
je croîtrai	je croîtrais	que je croisse	crois croissons	croissant crû, crue
j'accroîtrai	j'accroîtrais	que j'accroisse	accrois accroissons	accroissant accru, ue
je mettrai	je mettrais	que je mette	mets mettons	mettant mis, mise
je connaîtrai	je connaîtrais	que je connaisse	connais connaissons	connaissant connu, ue
je prendrai	je prendrais	que je prenne que nous prenions	prends prenons	prenant pris, prise
je naîtrai	je naîtrais	que je naisse	nais naissons	naissant né, née

INDICATIVE

PRESENT	PERFECT
je fais [fɛ]	j'ai fait
tu fais	tu as fait
il fait	il a fait
nous faisons [f(ə)zɔ̃]	nous avons fait
vous faites [fɛt]	vous avez fait
ils font [fɔ̃]	ils ont fait

IMPERFECT	PLUPERFECT
je faisais [f(ə)zɛ]	j'avais fait
tu faisais	tu avais fait
il faisait	il avait fait
nous faisions [fəzjɔ̃]	nous avions fait
vous faisiez [fəzje]	vous aviez fait
ils faisaient	ils avaient fait

PAST HISTORIC	PAST ANTERIOR
je fis	j'eus fait
tu fis	tu eus fait
il fit	il eut fait
nous fîmes	nous eûmes fait
vous fîtes	vous eûtes fait
ils firent	ils eurent fait

FUTURE	FUTURE PERFECT
je ferai [f(ə)ʀɛ]	j'aurai fait
tu feras	tu auras fait
il fera	il aura fait
nous ferons [f(ə)ʀɔ̃]	nous aurons fait
vous ferez	vous aurez fait
ils feront	ils auront fait

SUBJUNCTIVE

PRESENT
que je fasse [fas]
que tu fasses
qu'il fasse
que nous fassions
que vous fassiez
qu'ils fassent

IMPERFECT
que je fisse [fis]
que tu fisses
qu'il fît
que nous fissions
que vous fissiez
qu'ils fissent

PAST
que j'aie fait
que tu aies fait
qu'il ait fait
que nous ayons fait
que vous ayez fait
qu'ils aient fait

PLUPERFECT
que j'eusse fait
que tu eusses fait
qu'il eût fait
que nous eussions fait
que vous eussiez fait
qu'ils eussent fait

CONDITIONAL

PRESENT
je ferais [f(ə)ʀɛ]
tu ferais
il ferait
nous ferions [fəʀjɔ̃]
vous feriez
ils feraient

PAST 1
j'aurais fait
tu aurais fait
il aurait fait
nous aurions fait
vous auriez fait
ils auraient fait

PAST II
j'eusse fait
tu eusses fait
il eût fait
nous eussions fait
vous eussiez fait
ils eussent fait

IMPERATIVE

PRESENT	PAST
fais	aie fait
faisons	ayons fait
faites	ayez fait

PARTICIPLE

PRESENT	PAST
faisant [f(ə)zɑ̃]	fait
	ayant fait

INFINITIVE

PRESENT	PAST
faire	avoir fait

INDICATIVE

PRESENT	PERFECT
je suis [sɥi]	j'ai été
tu es [ɛ]	tu as été
il est [ɛ]	il a été
nous sommes [sɔm]	nous avons été
vous êtes [ɛt]	vous avez été
ils sont [sɔ̃]	ils ont été

IMPERFECT	PLUPERFECT
j'étais [etɛ]	j'avais été
tu étais	tu avais été
il était	il avait été
nous étions [etjɔ̃]	nous avions été
vous étiez	vous aviez été
ils étaient	ils avaient été

PAST HISTORIC	PAST ANTERIOR
je fus [fy]	j'eus été
tu fus	tu eus été
il fut	il eut été
nous fûmes	nous eûmes été
vous fûtes	vous eûtes été
ils furent	ils eurent été

FUTURE	FUTURE PERFECT
je serai [s(ə)ʀe]	j'aurai été
tu seras	tu auras été
il sera	il aura été
nous serons [s(ə)ʀɔ̃]	nous aurons été
vous serez	vous aurez été
ils seront	ils auront été

SUBJUNCTIVE

PRESENT
que je sois [swa]
que tu sois
qu'il soit
que nous soyons [swajɔ̃]
que vous soyez
qu'ils soient

IMPERFECT
que je fusse
que tu fusses
qu'il fût
que nous fussions
que vous fussiez
qu'ils fussent

PAST
que j'aie été
que tu aies été
qu'il ait été
que nous ayons été
que vous ayez été
qu'ils eussent été

PLUPERFECT
que j'eusse été
que tu eusses été
qu'il eût été
que nous eussions été
que vous eussiez été
qu'ils eussent été

CONDITIONAL

PRESENT
je serais [s(ə)ʀe]
tu serais
il serait
nous serions [səʀjɔ̃]
vous seriez
ils seraient

PAST 1
j'aurais été
tu aurais été
il aurait été
nous aurions été
vous auriez été
ils auraient été

PAST II
j'eusse été
tu eusses été
il eût été
nous eussions été
vous eussiez été
ils eussent été

IMPERATIVE

PRESENT	PAST
sois [swa]	aie été
soyons [swajɔ̃]	ayons été
soyez [swaje]	ayez été

PARTICIPLE

PRESENT	PAST
étant	été [ete]
	ayant été

INFINITIVE

PRESENT	PAST
être	avoir été

INFINITIF	PRÉTÉRIT	PARTICIPE PASSÉ	INFINITIF	PRÉTÉRIT	PARTICIPE PASSÉ
arise	arose	arisen	forbid	forbad(e)	forbidden
awake	awoke	awoken	forget	forgot	forgotten
be	was, were	been	forsake	forsook	forsaken
bear	bore	borne	freeze	froze	frozen
beat	beat	beaten	get	got	got, (US) gotten
become	became	become	gild	gilded	gilded or gilt
begin	began	begun	give	gave	given
bend	bent	bent	go	went	gone
bet	bet or betted	bet or betted	grind	ground	ground
bid	bade or bid	bid or bidden	grow	grew	grown
bind	bound	bound	hang	hung,	hung,
bite	bit	bitten		(Jur) hanged	(Jur) hanged
bleed	bled	bled	have	had	had
blow	blew	blown	hear	heard	heard
break	broke	broken	hew	hewed	hewed or hewn
breed	bred	bred	hide	hid	hidden
bring	brought	brought	hit	hit	hit
build	built	built	hold	held	held
burn	burned or burnt	burned or burnt	hurt	hurt	hurt
burst	burst	burst	keep	kept	kept
buy	bought	bought	kneel	knelt	knelt
can[1]	could	–	know	knew	known
cast	cast	cast	lay	laid	laid
catch	caught	caught	lead	led	led
choose	chose	chosen	lean	leaned or leant	leaned or leant
cling	clung	clung	leap	leaped or leapt	leaped or leapt
come	came	come	learn	learned or learnt	learned or learnt
cost	cost or costed	cost or costed	leave	left	left
creep	crept	crept	lend	lent	lent
cut	cut	cut	let	let	let
deal	dealt	dealt	lie	lay	lain
dig	dug	dug	light	lit	lit
dive	dived	dived	lose	lost	lost
do	did	done	make	made	made
draw	drew	drawn	may	might	–
dream	dreamed or dreamt	dreamed or dreamt	mean	meant	meant
			meet	met	met
drink	drank	drunk	mow	mowed	mown or mowed
drive	drove	driven	pay	paid	paid
dwell	dwelled or dwelt	dwelled or dwelt	put	put	put
eat	ate	eaten	quit	quitted	quitted
fall	fell	fallen	read [ri:d]	read [red]	read [red]
feed	fed	fed	rid	rid	rid
feel	felt	felt	ride	rode	ridden
fight	fought	fought	ring[2]	rang	rung
find	found	found	rise	rose	risen
flee	fled	fled	run	ran	run
fling	flung	flung	saw	sawed	sawed or sawn
fly	flew	flown	say	said	said

INFINITIF	PRÉTÉRIT	PARTICIPE PASSÉ	INFINITIF	PRÉTÉRIT	PARTICIPE PASSÉ
see	saw	seen	spoil	spoiled or spoilt	spoiled or spoilt
seek	sought	sought	spread	spread	spread
sell	sold	sold	spring	sprang	sprung
send	sent	sent	stand	stood	stood
set	set	set	stave	stove or staved	stove or staved
sew	sewed	sewed or sewn	steal	stole	stolen
shake	shook	shaken	stick	stuck	stuck
shear	sheared	sheared or shorn	sting	stung	stung
shed	shed	shed	stink	stank	stunk
shine	shone	shone	stride	strode	stridden
shoe	shod	shod	strike	struck	struck
shoot	shot	shot	string	strung	strung
show	showed	shown or showed	strive	strove	striven
shrink	shrank	shrunk	swear	swore	sworn
shut	shut	shut	sweep	swept	swept
sing	sang	sung	swell	swelled	swollen
sink	sank	sunk	swim	swam	swum
sit	sat	sat	swing	swung	swung
slay	slew	slain	take	took	taken
sleep	slept	slept	teach	taught	taught
slide	slid	slid	tear	tore	torn
sling	slung	slung	tell	told	told
slit	slit	slit	think	thought	thought
smell	smelled or smelt	smelled or smelt	thrive	throve or thrived	thriven or thrived
			throw	threw	thrown
			thrust	thrust	thrust
sow	sowed	sowed or sown	tread	trod	trodden
speak	spoke	spoken	wake	woke	woken or woke
speed	sped	sped	wear	wore	worn
spell[3]	spelled or spelt	spelled or spelt	weave	wove or weaved	woven or weaved
spend	spent	spent	weep	wept	wept
spill	spilled or spilt	spilled or spilt	win	won	won
spin	spun	spun	wind	wound	wound
spit	spat	spat	wring	wrung	wrung
split	split	split	write	wrote	written

REMARQUE. Ne sont pas compris dans cette liste les verbes formés avec un préfixe. Pour leur conjugaison, se référer au verbe de base, ex. : pour *forbear* voir *bear*, pour *understand* voir *stand*.

MESURES DE LONGUEUR – LINEAR MEASURES

1 inch	**in**	2,54 centimètres
1 foot	**ft**	30,48 centimètres
1 yard	**yd**	91,44 centimètres
1 mile	**ml**	1 609 mètres
1 centimètre	**cm**	0.39 inch
1 mètre	**m**	3.28 feet
1 mètre	**m**	1.09 yard
1 kilomètre	**km**	0.62 mile

1 nautical mile = 1 852 mètres = 1 mille marin

MESURES DE CAPACITÉ ET DE POIDS
MEASURES OF CAPACITY AND WEIGHT

1 pint	**pt**	Brit : 0,57 litre	1 litre	**l**	Brit : 1.75 pint
		U.S. : 0,47 litre			U.S. : 2.12 pints
1 quart	**qt**	Brit : 1,13 litre			
		U.S. : 0,94 litre			
1 gallon	**gal**	Brit : 4,54 litres	1 litre	**l**	Brit : 0.22 gallon
		U.S. : 3,78 litres			U.S. : 0.26 gallon

1 ounce	**oz**	28,35 grammes
1 pound	**lb**	453,6 grammes
1 stone	**st**	6,35 kilogrammes
1 ton	**t**	Brit : 1 016 kilogrammes
		U.S. : 907,18 kilogrammes
1 gramme	**gr**	0.035 ounce
100 grammes		3.527 ounces
1 kilogramme	**kg**	2.204 pounds
		0.157 stone

TEMPÉRATURES – TEMPERATURES

$20 °C = (20 \times \frac{9}{5}) + 32 = 68 °F$

Une manière rapide de convertir les centigrades en Fahrenheit et vice versa : en prenant pour base
$10 °C = 50 °F$,
5 °C équivalent à 9 °F.
Ainsi :
$15 °C = (10 + 5) = (50 + 9) = 59 °F$
$68 °F = (50 + 9 + 9)$
$\qquad = (10 + 5 + 5) = 20 °C$

$59 °F = (59 - 32) \times \frac{5}{9} = 15 °C$

A rough-and-ready way of changing centigrade to Fahrenheit and vice versa : start from the fact that
$10 °C = 50 °F$;
thereafter for every 5 °C add 9 °F.
Thus :
$15 °C = (10 + 5) = (50 + 9) = 59 °F$
$68 °F = (50 + 9 + 9)$
$\qquad = (10 + 5 + 5) = 20 °C$

L'anglais en action
French in action

Les expressions qui suivent proposent des équivalences, non des traductions rigoureuses.
The following pairs of expressions are equivalents, not direct translations.

à la poste	posting things
Savez-vous s'il y a une poste par ici ?	Is there a post office around here?
Où est la boîte à lettres la plus proche ?	Where's the nearest postbox?
Où puis-je acheter des timbres ?	Where can I buy some stamps?
C'est pour envoyer en Angleterre.	I want to post this to England.
Il faut mettre un timbre à combien pour la France ?	How much is a stamp for a letter for France?
Au tarif normal ou au tarif réduit ?	First- or second-class mail?
Je voudrais envoyer de l'argent par la poste.	I'd like to send some money by post.
Ça va prendre combien de temps pour arriver ?	How long will it take to get there?
Quelle est l'heure de la dernière levée ?	When does the last post go?
Y a-t-il du courrier pour moi ?	Is there any mail for me?
Pourriez-vous le mettre à la poste pour moi ?	Could you post it for me?
Pourriez-vous me faire suivre mon courrier ?	Could you send on my mail?

au téléphone	telephoning
Où se trouve la cabine la plus proche ?	Where is the nearest phone box?
Où sont les annuaires téléphoniques ?	Where are the phone directories?
Je voudrais les renseignements.	I want Directory Inquiries.
Comment marche le téléphone ?	How does the telephone work?
Je voudrais téléphoner en Angleterre.	I want to make a phone call to England.
Quel est l'indicatif de Paris ?	What is the code for Paris?
Je désirerais le 05.76.43.27.80. (*zéro cinq/soixante-seize/quarante-trois/ vingt-sept/quatre-vingts*)	Could you get me 05.76.43.27.80? (o five seven six four three two seven eight o)
Pourrais-je avoir le poste 302 ?	Could I have extension 302 (three o two) please?
Ne quittez pas.	Hold the line please.
Ça sonne occupé.	It's engaged.
Je n'arrive pas à obtenir son numéro.	I can't get through at all.
Ça ne sonne pas.	The number is not ringing.
J'ai fait un faux numéro.	I've got the wrong number.
Le téléphone est en dérangement.	The phone is out of order.
On a été coupé.	We were cut off.
Je réessaierai plus tard.	I'll try again later.
Pourrais-je parler à Monsieur Thomas ?	Could I speak to Mr Thomas?
Pourriez-vous me passer Bernard ?	Could you put me through to Bernard?
Qui est à l'appareil ?	Who's speaking?
Monsieur Lefèvre ? – Lui-même.	Mr Lefèvre? – Speaking.

Allô, Nadine à l'appareil.	Hello, this is Nadine speaking.
Je peux laisser un message ?	Can I leave a message?

la correspondance	writing letters
Le 15 avril 2001	15th April 2001
Monsieur/Messieurs	Dear Sir/Dear Sirs
Cher Monsieur (ou Chère Madame, etc.)	Dear Mr (or Mrs etc) Smith
Chère Carole,	Dear Carole,
Je te remercie de ta lettre.	Thank you for your letter.
Merci de m'avoir écrit.	It was kind of you to write to me.
J'ai bien reçu ta gentille lettre.	I got your lovely letter.
J'ai l'honneur de vous informer que...	I am writing to inform you that...
Je vous écris pour confirmer notre conversation téléphonique.	I am writing to confirm my telephone call.
Suite à notre entretien téléphonique...	Following our telephone conversation...
Je suis désolé de ne pas avoir écrit plus tôt.	I'm sorry I haven't written before.
Je ne peux malheureusement pas accepter votre invitation.	I am sorry I cannot accept your invitation.
J'arriverai à 18 heures.	I shall be arriving at 6 p.m.
Nous vous attendrons à l'aéroport.	We'll be at the airport to meet you.
Dites-moi par quel train vous arriverez.	Let me know which train you'll be on.
Merci beaucoup d'avoir bien voulu me recevoir.	Thank you very much for having me to stay.
J'ai passé d'excellentes vacances.	I had a really good holiday.
Je joins une enveloppe timbrée à mon adresse.	I enclose a stamped addressed envelope.
Pourriez-vous nous le faire parvenir par retour du courrier ?	Could you let us have it by return of post?
Transmettez mes amitiés à Tim.	Please give my best wishes to Tim.
Dis bonjour à Sandra de ma part.	Say Hello to Sandra for me.
Bien des choses à Luc.	Tell Luc I was asking after him.
Jack se joint à moi pour vous envoyer notre meilleur souvenir.	Jack and I send you our very best wishes.
Maud me charge de vous dire que...	Maud has asked me to say that...
Embrassez le reste de la famille de ma part.	Give my love to the rest of the family.
J'arrête ici mon bavardage...	Must go now.
Grosses bises.	Love from
Claire	Claire
Affectueusement, Paul.	Much love from Paul.
À dimanche,	See you on Sunday,
Amitiés,	Yours,
Amanda	Amanda
Veuillez agréer l'assurance de ma considération distinguée,	Yours faithfully,
Samuel Bloggs	Samuel Bloggs
Dans l'attente du plaisir de vous voir bientôt, je vous prie de croire à mes sentiments les meilleurs,	Looking forward to seeing you soon, Yours sincerely,
Jack Austin	Jack Austin

la conversation	talking to people
Bonjour Monsieur (ou Madame, etc.)	Good morning (or Good afternoon)
Bonjour – ça va ?	Hello – how are you?
Ça va, merci – et toi ?	Fine, thanks – how are you?
Au revoir.	Goodbye.
Salut – à bientôt.	Bye – see you soon.
À plus tard.	See you later.
À demain.	See you tomorrow.
Il faut que je me sauve.	I've got to go now.
Dites-lui bien des choses de ma part.	Give him/her my best wishes.
Lise te fait ses amitiés.	Lise sends you her love.
N'oublie pas de le lui dire. – Je n'y manquerai pas.	Do remember to tell him/her. – I certainly will.
Je ferai la commission à Joe.	I'll tell Joe you said so.
Je ne veux pas vous retenir.	Don't let me keep you.
Tu as des nouvelles de Jérôme ?	Have you any news of Jérôme?
Ça fait des siècles que je ne l'ai pas vu.	It's ages since I saw him.
Comment allez-vous ?	How are you keeping?
Je ne me sens pas très bien.	I don't feel too good.
Elle a été souffrante.	She's not been well.
Vous connaissez Paul Martin ?	Have you met Paul Martin?
Non, je ne crois pas.	No, I don't think I have.
Luc, je te présente Paul Martin.	Luc, this is Paul Martin.
Je me présente : je m'appelle Gilles Masson.	Let me introduce myself: my name is Gilles Masson.
Je suis ravi de vous rencontrer.	How nice to meet you.
On m'a beaucoup parlé de vous.	I've heard so much about you.
Je ne sais pas.	I don't know.
Je n'en sais rien du tout.	I don't know anything about it.
Qu'est-ce que tu veux dire, au juste ?	What do you mean by that?
Je n'ai pas saisi.	I didn't catch that.
Ah, je vois ce que tu veux dire.	Oh, I see what you mean.
D'où tiens-tu cela ?	How do you know all this?
Mettez-vous à ma place.	Put yourself in my place.
Comme je vous comprends.	I know how you feel.
Et vous aussi.	And the same to you.
C'est bizarre, mais...	It's a funny thing, but...
À dire vrai...	Well, the thing is...
En fait...	Well, as a matter of fact...
Maintenant que j'y pense...	Come to think of it...
Tu sais, le livre que tu m'avais prêté...	You know, that book you lent me...
Tiens ! écoute ça !	Hey! Listen to this!
D'accord !	All right!
Je n'ai pas beaucoup de temps.	I've only got a minute.
On en reparlera plus tard.	Let's talk about it later.
Moi, je crois que...	If you want my opinion, I think...
Moi, à ta place...	If I were you...
Je ne peux pas me le permettre.	I just can't afford it.
Je n'ai pas les moyens de l'acheter.	I can't afford to buy it.

C'est impossible.	It can't be done.
Je suis très pressé.	I'm in a rush.

les questions · asking questions

Quelqu'un sait-il parler anglais ?	Does anyone here speak English?
Comment dit-on « escargot » en anglais ?	What's the French for "snail?"
Je ne sais pas le dire en anglais.	I don't know how to say it in French.
Pourriez-vous me dire...	I wonder if you could tell me...
Pourriez-vous répéter ce que vous venez de dire ?	Could you possibly repeat what you said?
Pourriez-vous le redire un peu plus lentement ?	Could you please say that a bit more slowly?
Excusez-moi de vous déranger, mais...	I'm sorry to bother you, but...
Vous serait-il possible de me le prêter ?	Could you possibly lend it to me?
Je peux emprunter votre stylo ?	Can I use your pen?
Vous permettez que j'ouvre la fenêtre ?	Would you mind if I opened the window?
Ça vous dérange si je fume ?	Do you mind if I smoke?
Pourriez-vous me passer le pain ?	May I have the bread please?
Seriez-vous assez aimable pour me l'écrire ?	Could you please write that down for me?
Vous permettez que j'y jette un coup d'œil ?	Would you let me have a look at it, please?
Vous pourriez baisser le son ?	Could you turn the volume down please?
Est-ce que j'ai laissé mon manteau ici, par hasard ?	Did I leave my coat here, by any chance?
Connaissez-vous quelqu'un qui peut...	Do you know anyone who can...
Tu lui diras quand tu le verras ?	Could you tell him when you see him?
Comment va votre mère ?	How's your mother?
Comment s'appelle ton frère ?	What's your brother's name?
Est-ce que je peux vous aider ?	Would you let me help?
Est-ce que je peux faire quelque chose d'autre pour vous ?	Is there anything else I can do to help?
Désirez-vous reprendre du café ?	Would you like some more coffee?
Puis-je prendre rendez-vous pour le rencontrer ?	May I make an appointment to see him?
Comment fait-on pour aller chez toi ?	How do I get to your place?
Ça prend combien de temps pour y aller ?	How long will it take to get there?
Vous serez chez vous demain ?	Will you be in tomorrow?
Pouvez-vous me dire comment on fait pour aller à l'hôtel ?	Can you tell me how to get to the hotel?
Vous avez l'heure juste ?	Have you got the right time?
C'est bien l'autobus pour...	Is this the right bus for...
Quand part le prochain train pour...	When's the next train to...
Qu'est-ce qu'il a ?	What's the matter with him ?
Qu'est-ce qu'elle a, ta voiture ?	What's the matter with your car?
Il y a quelque chose qui ne va pas ?	Is there anything wrong?
Ça coûte combien ?	How much does it cost?
Tu t'y connais, en voitures ?	Do you know anything about cars?
Qu'est-ce que tu en as fait ?	What have you done with it?
Vous savez conduire ?	Can you drive?

les remerciements	**saying thank you**
Merci beaucoup.	Thank you very much.
De rien.	Not at all.
Merci pour tout.	Thanks a lot for everything.
Merci pour le livre.	Thank you for the book.
Je vous remercie de nous avoir aidés.	Thank you for helping us.
Nous vous sommes très reconnaissants.	We are very grateful to you.
Merci quand même.	Thanks all the same.
Comment pourrais-je vous remercier ?	I can't thank you enough for it.
Il ne fallait pas vous déranger pour nous.	You shouldn't have gone to all this trouble.
Ça ne m'a pas du tout dérangé.	It was no trouble at all.
Remerciez Jean de ma part.	Will you please thank Jean for me.
C'était vraiment très gentil à vous.	It was very kind of you.
J'espère ne pas vous avoir trop dérangé.	I feel I've been a nuisance.
Quel cadeau magnifique.	What a marvellous present.
C'est juste ce que je voulais.	It's just what I wanted.
Je tiens à vous dire combien ça m'a plu.	I must say how much I liked it.
Ça me sera très utile.	It will come in very handy.

les excuses	**apologizing**
Excusez-moi.	Excuse me.
Je vous demande pardon.	I'm sorry.
Je suis désolé de l'avoir oublié.	I'm sorry I forgot about it.
Je suis navré de ce qui s'est passé.	I'm sorry about what happened.
Je vous prie de m'excuser pour...	I want to apologize for...
J'ai fait une bêtise.	I've done a silly thing.
Je ne l'ai pas fait exprès.	I didn't mean to do that.
Je ne le referai plus.	I'll never do it again.
J'ai vraiment honte.	I'm really ashamed.
Je vous ai fait perdre votre temps.	I've wasted your time.
Malheureusement, c'est cassé.	I'm afraid it's broken.
Ne m'en veuillez pas.	Don't hold it against me.
Il m'a forcé à le faire.	He made me do it.
C'est la faute de Mark.	It was Mark's fault.
Ce n'était pas de ma faute.	It wasn't my fault.
Je n'ai pas pu faire autrement.	I couldn't help it.
Il y a eu un malentendu.	There's been a misunderstanding.
Un petit malheur est arrivé.	There's been a slight accident.
Ne vous en faites pas.	Don't worry about it.
Non, non, ne vous excusez pas.	Please don't apologise.
Ça n'a vraiment aucune importance.	It doesn't matter at all.
Ça ne fait rien.	It's quite O.K.
Ça peut arriver à tout le monde.	It could happen to anybody.
Il n'y a pas de mal.	There's no harm done.
On n'y peut rien.	It can't be helped now.
N'en parlons plus.	Let's forget about it.
Je ne l'avais même pas remarqué.	I hadn't even noticed.

les hésitations | hesitation

Où voulez-vous en venir ?	What are you driving at?
Attendez, je ne vous suis pas.	I'm not sure I follow you.
J'aimerais attendre un peu pour voir ce qui va se passer.	I'd rather wait and see what happens.
Je n'arrive pas à me décider.	I just can't make up my mind.
On fait peut-être une bêtise.	We could be making a mistake.
Je ne sais pas trop quoi en penser.	I don't know what to say about it.
Je n'ai pas la moindre idée.	I don't have the faintest idea.
Je ne sais pas quelle conclusion en tirer.	I'm in two minds about it.
On ferait peut-être mieux d'y aller.	It might be better to go.
On en reparlera demain.	Let's sleep on it.
Il ne faut pas juger trop vite.	We shouldn't jump to conclusions.
Il ne faut rien précipiter.	Let's not do anything in a hurry.
Il n'est pas nécessaire de se décider tout de suite.	We don't need to decide right away.

les projets | making plans

Qu'est-ce qu'on pourrait faire ?	What is there to do?
Qu'est-ce que tu voudrais faire ?	What would you like to do?
Qu'est-ce qu'ils jouent au cinéma ?	What's on at the pictures?
Et si on allait au théâtre ?	How about going to the theatre?
Ça serait super !	That would be great!
J'ai pensé qu'on pourrait aller voir...	I thought we might go and see...
Quel genre de film aimes-tu ?	What kind of film do you like?
Tu préférerais voir une pièce ?	Would you rather go to a play?
Tout dépend de ce que vous aimez.	It depends on what you like.
Est-ce que cette idée vous plaît ?	What do you think of the idea?
Est-ce que ça te dit ?	Would you like to?
Ça ne me dit rien.	I'm not very keen.
Ça vous plairait de venir avec nous ?	Would you like to come with us?
Tu aimerais mieux aller ailleurs ?	Would you like to go anywhere else?
À moins que vous n'ayez quelque chose de mieux à proposer.	Unless there's something else you'd rather do.
Vous vous occupez des billets ?	Will you get the tickets?
On ferait mieux de se retrouver au cinéma.	We'd better meet at the cinema.
Maria peut venir avec nous ?	Can I bring Maria?
Je suis désolé, je ne peux pas.	I'm afraid I can't manage it.
Je suis pris.	I've got something else on.
Je n'ai pas le droit.	I'm not allowed to.
Je ne sais pas nager.	I can't swim.
J'ai trop de choses à faire.	I'm too busy.
Fais comme tu veux.	Do what you like.
Ça m'est égal.	I'm easy.
On ne pourrait pas le remettre à une autre fois ?	Can we make it another time?

des goûts et des couleurs...	likes and dislikes
Qu'avez-vous pensé du film ?	What did you think of the film?
Lequel préférez-vous ?	Which one do you prefer?
Vous avez déjà mangé des cuisses de grenouilles ?	Have you ever tasted frogs' legs?
Tiens, goûte !	Just taste this !
On dit que c'est très bon.	It's supposed to be very good.
Ce n'est pas mauvais.	It's not bad at all.
J'aimerais bien assister à un match de football.	I'd like to go to a football match.
C'est le rouge que j'aime le mieux.	I like the red one best.
J'aime beaucoup les dessins animés.	I really like cartoons.
J'aimerais nettement mieux aller à la piscine.	I'd much rather go swimming.
Ce genre de chose me plaît beaucoup.	I'm very fond of that sort of thing.
Avec grand plaisir !	I'd love to!
Les films comme ça, moi, j'adore.	I love films like that.
C'est fantastique !	It's fantastic!
Elle ne pense qu'au ski.	She thinks about nothing but skiing.
On m'a interdit le chocolat.	I'm not allowed chocolate.
Les oignons ne me réussissent pas.	Onions just don't agree with me.
Je n'aime plus les glaces comme avant.	I've gone off ice cream.
Ça ne m'emballe pas beaucoup.	I'm not very enthusiastic.
Je n'aime pas ce genre de livre.	It's not my kind of book.
Cette idée ne me plaît pas du tout.	I don't like the idea of it.
Je déteste ce genre de chose.	I don't like that sort of thing at all.
Les musées ne me tentent pas.	I'm not very keen on museums.
Ça ne m'enchante pas particulièrement.	I'm not so keen on that.
Ça n'était vraiment pas terrible.	It wasn't up to much.
On m'a dit que c'était exécrable.	I heard it was awful.
C'est vraiment dégueulasse !	It's absolutely foul!
C'est à vomir !	It really makes you sick.
J'en ai marre, de la télévision.	I'm fed up with television!
Je ne supporte pas le rock-and-roll.	I can't stand rock-and-roll.

l'indifférence	indifference
Bon, si ça te plaît, à toi.	If that's what you want to do.
Si tu y tiens absolument.	If that's what you really want.
Si ça peut te faire plaisir.	If you'd like that.
Ça m'est égal. Tu choisis.	I don't really mind. Whatever you like.
Si ça t'est égal.	If it's all the same to you.
Pour moi, c'est la même chose.	It doesn't make any difference.
Ça m'est parfaitement indifférent.	I don't care one way or the other.
Si tu veux ; moi, je m'en fiche.	It's all one to me what you do.
Et alors ?	So what?
Je m'en fiche complètement.	I couldn't care less.
Ça ne me regarde pas.	It's none of my business.

les désaccords   disagreeing

Ça ne marchera pas.	It won't work.
Attends, pas si vite !	Hold on a minute!
Rien à faire ! – Je ne marche pas !	No way! – it's just not on!
Ça me semble être une mauvaise idée.	I don't think much of that.
À mon avis, il ne faut pas le faire.	I wouldn't advise you to do that.
À ta place, je ne le ferais pas.	Take my advice and don't do it.
Il m'est impossible de le faire.	I couldn't possibly do that.
En fait, ça ne me dit rien du tout.	I'm not certain I'd want to.
Je ne suis pas du tout d'accord avec vous.	I totally disagree with you.
Je n'ose pas.	I daren't do it.
Je ne suis pas vraiment d'accord.	I'm not sure you're right.
Vous vous trompez complètement.	You're quite wrong.
Vous n'y êtes pas du tout.	You've got it all wrong.
Quelle bêtise !	Nonsense!
Il raconte des bêtises.	He's talking rubbish.
Je ne m'y prendrais pas comme ça.	I wouldn't go about it that way.
Tu es complètement fou !	You must be mad!

les soucis – la contrariété   worry – annoyance

Maintenant que j'y pense...	Come to think of it...
Il y a des choses qui me gênent là-dedans.	I'm not happy about it.
Ça me préoccupe.	I can't help worrying about it.
Ça m'obsède.	I can't get it out of my mind.
Ça m'irrite.	I'm rather annoyed about it.
Je suis vraiment furieux.	I'm absolutely furious.
Bertrand avait l'air contrarié.	Bertrand looked a little upset.
Pourquoi diable as-tu fait ça ?	Why on earth did you do that?
Ça ne m'étonne pas de lui.	Isn't that just like him?
À d'autres !	Don't give me that!
Il raconte n'importe quoi.	He doesn't know what he's talking about.
Ça ne tient pas debout.	That's absolute rubbish.
Pourquoi ne l'as-tu pas dit ?	Why didn't you say so?
Ce n'était pas très gentil.	That wasn't very nice.
Eh bien, ça alors !	Well, I must say!
Il ne va pas du tout apprécier.	He won't be pleased to hear it.
Tu aurais pu lui demander d'abord.	You might have asked him first.
Tu es devenu complètement fou !	You must be out of your mind!
Mêle-toi de tes affaires !	Mind your own business!
Nous voilà bien !	Now we're in a mess!
Et alors, c'est de ma faute si... ?	How can I help it if...?
Je n'y suis pour rien.	It's got nothing to do with me.
Qu'est-ce que Richard a à voir là-dedans ?	What's it got to do with Richard?
En voilà une histoire !	What's all the fuss about?
Qu'est-ce qu'elle va encore inventer ?	What will she do next?
On ne dit pas des choses pareilles !	What a thing to say!

la résignation	resignation
Ça devait arriver.	It was bound to happen.
Je m'y attendais.	I expected as much.
C'est bien ce que je pensais.	Just what I thought.
On n'a pas le choix.	We've got no choice.
Tant pis.	Too bad.
On n'y peut rien.	It can't be helped.
Ça aurait pu être pire.	Well, it could have been worse.
On ne pourra pas y échapper.	There's no way round it.
Il va falloir s'en accommoder.	We'll have to put up with it.
Ce n'est pas une catastrophe.	It's not the end of the world.

la surprise	surprise
Qu'est-ce qui s'est passé ?	What happened?
Qu'est-ce que ça peut bien être ?	What on earth is that?
J'en suis encore tout retourné.	I'm still a bit shaken.
Je vous ai fait peur ?	Did I frighten you?
Vous ne savez pas ce qui arrive ?	Wait till you hear the news.
Devine ce qui est arrivé à Paul.	Guess what's happened to Paul.
Tu ne devineras jamais !	You'll never guess what!
Que se passe-t-il ?	What's going on?
Je n'en crois pas un mot.	I don't believe a word of it.
Si je m'étais attendu à ça !	Well, I never!
Ça alors !	Wow!
Tu parles d'une surprise !	How's that for a surprise!
Je ne sais pas quoi dire.	I'm speechless.
Ça l'a complètement déconcerté.	He was quite taken aback.
On ne s'y attendait pas du tout.	It came out of the blue.

l'approbation	approval
C'est génial !	That's fantastic!
Bravo !	Well done!
Super !	Great!
C'est ravissant.	It looks lovely.
Ça c'est de la voiture.	Now that's what I call a car.
C'est une idée formidable !	What a brilliant idea!
Vous avez bien fait.	You did the right thing.
Pour l'instant, ça va, mais...	That's not bad for a start, but...
Oui, ça peut aller.	It's OK I suppose.
Je n'y vois pas d'inconvénient.	It's certainly OK by me.
Essaie, tu verras bien.	You could try it anyway.
C'était on ne peut mieux.	It just couldn't be better.
Certainement – avec plaisir.	Of course I will – with pleasure.
Comme tu voudras.	Anything you say.
Je suis tout à fait d'accord avec vous.	I quite agree with you.

Perspectives sur l'anglais

Introduction

Perspectives sur l'anglais constitue une initiation à la langue anglaise dans le monde, complétée d'un ensemble de conseils pratiques qui vous aideront à vous exprimer avec plus d'aisance en anglais, à l'oral comme à l'écrit.

Le texte est jalonné de liens vers des sites web, vous permettant ainsi d'approfondir vos connaissances sur la langue anglaise et les pays anglophones.

Nous vous souhaitons bonne lecture !

Les îles Britanniques

Atlantic Ocean

Shetland Islands

Orkney Islands

Outer Hebrides

SCOTLAND

Inverness

Aberdeen

Grampian Mts

Dundee

Glasgow   Edinburgh

North Sea

Londonderry   Carlisle   Newcastle upon Tyne

NORTHERN IRELAND   Belfast

Middlesbrough

Isle of Man   Blackpool   The Pennines

IRELAND   Irish Sea   Manchester   Leeds

Liverpool

ENGLAND   Norwich

WALES   Cambrian Mts   Birmingham   Ipswich

Swansea   Oxford   London

Cardiff   Bristol

Southampton   Brighton

Plymouth   Portsmouth

English Channel   FRANCE

Guernsey
Jersey

©Collins Bartholomew Ltd 2006

The UK, Great Britain ou the British Isles ?
En termes géographiques, les îles Britanniques (British Isles) désignent
les deux grandes îles que sont la Grande-Bretagne et l'Irlande, ainsi que
les nombreuses petites îles alentour. La Grande-Bretagne (Great Britain)
comprend l'Angleterre, l'Écosse et le pays de Galles. L'Irlande (Ireland)
comprend l'Irlande du Nord (Northern Ireland) et la république d'Irlande
(the Republic of Ireland, également appelée Eire). Du point de vue politique,
l'Angleterre, l'Écosse, le pays de Galles et l'Irlande du Nord constituent le
Royaume-Uni (the United Kingdom (of Great Britain and Northern Ireland)).
Le mot « Britain » s'emploie souvent de façon imprécise pour désigner
l'ensemble du Royaume-Uni. Tous les citoyens du Royaume-Uni possèdent
la nationalité britannique.

Les îles Britanniques

Six grandes villes britanniques

Ville		Population approximative
Londres/London	capitale du R.-U.	7 000 000
Edimbourg/Edinburgh	capitale de l'Écosse	449 000
Cardiff	capitale du pays de Galles	315 000
Belfast	capitale de l'Irlande du Nord	297 000
Dublin	capitale de la république d'Irlande	496 000
Birmingham	2e ville du R.-U.	1 020 000

Le Royaume-Uni est une monarchie constitutionnelle. Le chef de l'État est la reine Elizabeth II, qui a accédé au trône en 1952. Le Premier ministre (Prime Minister), chef du parti qui a la majorité au Parlement, dirige le gouvernement. Les principaux partis politiques sont le parti travailliste (the Labour Party), le parti conservateur (the Conservative Party) et les libéraux-démocrates (the Liberal Democrats).

Aux élections législatives (general elections), les électeurs, dans les quatre pays du Royaume-Uni, votent pour les députés (Members of Parliament ou MPs) qui siègent au Parlement, situé à Westminster, dans le centre de Londres. D'autres élections ont également lieu en Écosse, au pays de Galles et en Irlande du Nord afin d'élire les membres du Parlement écossais, de l'Assemblée galloise, et de l'Assemblée d'Irlande du Nord.

La république d'Irlande fut créée en 1949. Sa langue officielle est l'irlandai Cette langue est enseignée dans tous les établissements scolaires irlandais bien qu'elle ne soit parlée que par une minorité de la population. Le gaéliqu équivalent écossais de la langue irlandaise, est parlé dans les Highlan et dans quelques îles écossaises. Il y est enseigné dans de nombreuses écoles. Les panneaux de signalisatio sont bilingues (anglais et gaélique) e Irlande, et parfois en Écosse.

La langue galloise est parlée par environ un quart de la population du pays de Galles et jouit du statut de langue officielle. Elle est enseignée dans les écoles et apparaît sur les panneaux de signalisation. On l'entend souvent dans le nord et l'ouest du pays de Galles.

Langues celtiques dans les îles Britanniques

Langue	Nombre de locuteurs	Localisation
gallois	570 000	Pays de Galles, parties nord et ouest
irlandais	142 000	Irlande
gaélique	69 500	Highlands et îles Écossaises

Portrait du Royaume-Uni

Avec une superficie de 244 110 kilomètres carrés, le Royaume-Uni est un des plus petits pays d'Europe occidentale. Il est plus petit que l'Italie et l'Allemagne, et beaucoup plus petit que la France et l'Espagne.

La Grande-Bretagne est une île tout en longueur. Elle s'étend sur 1 000 kilomètres du nord au sud, mais ne dépasse pas 240 kilomètres d'ouest en est.

Avec ses 60,5 millions d'habitants, le Royaume-Uni est le quatrième pays d'Europe en termes de densité démographique.

83% de la population du Royaume-Uni habite en Angleterre, 9% en Écosse, 5% au pays de Galles, et 3% en Irlande du Nord.

8% de la population a des origines indienne, pakistanaise, antillaise, africaine ou bangladaise.

Le Royaume-Uni constitue la cinquième économie mondiale, se situant derrière les États-Unis, le Japon, l'Allemagne et la Chine.

- Bien que membre de l'Union européenne, le Royaume-Uni n'a pas adopté l'euro. Sa devise est toujours la livre sterling.

- Le Gulf Stream adoucit le climat du Royaume-Uni; la température y est plus douce que dans d'autres régions situées sur la même latitude.

- Il n'existe pas de journée nationale pour le Royaume-Uni dans son ensemble, mais les Gallois fêtent la Saint-David (le 1er mars) et les Irlandais la Saint-Patrick (le 17 mars).

- Le sommet le plus élevé du Royaume-Uni est le Ben Nevis, situé en Écosse (1 343 mètres).

Quelques liens utiles:
www.britishcouncil.org
Culture britannique, cours d'anglais.
www.statistics.gov.uk
Bureau officiel des statistiques.
www.parliament.uk
Site officiel du Parlement britannique.

Le monde anglophone

PAYS OÙ L'ANGLAIS EST LA LANGUE PRINCIPALE OU OFFICIELLE

Lien utile:
www.unhchr.ch
Office of the High Commissioner for Human Rights: English

L'Australie (population 20,1 millions ; superficie 7,7 millions de km²), et la Nouvelle-Zélande (population 4,1 millions; superficie 266 200 km²) ont toutes les deux des liens étroits avec la Grande-Bretagne. En plus de leurs populations autochtones (Aborigènes, Maoris), la plupart de leurs habitants étaient, jusqu'à une date assez récente, d'origine britannique. Aujourd'hui leurs habitants ont des origines plus diverses.

Évolution de la langue anglaise

• L'anglais moderne est un véritable patchwork d'éléments divers. Parmi eux figure le vieil anglais (Old English), issu des langues germaniques implantées en Grande-Bretagne par les Angles, les Saxons et les Jutes qui s'y sont installés au Ve siècle. Un grand nombre de mots courants (*house, home, mother, father, world, sea, think, learn...*) proviennent du vieil anglais.

• Le nordique (Norse), langue des Vikings, était très répandu dans certaines régions britanniques entre le VIIIe et le XIe siècle.

• Des mots courants comme *happy, husband, sister, leg, skirt, skill* et *sky* ont leurs origines dans le nordique. Le français vint s'ajouter à ce mélange après la Conquête normande (the Norman Conquest) de 1066. Avec le latin, le français s'est rapidement imposé comme la langue de la Cour, de l'enseignement et du droit, un état de fait qui devait durer environ 300 ans. Au Moyen Âge, un grand nombre de mots d'origine latine commencèrent à être employés couramment dans la langue de tous les jours.

• Au cours des siècles suivants, marchands, colonisateurs et bâtisseurs d'empire ont arpenté le globe, et leur langage s'est enrichi de mots étrangers rencontrés en route. Les mots *thug, juggernaut, bungalow, gymkhana* et *chutney* viennent du hindi et *tea, gung ho* et *typhoon* viennent du chinois. Au XXe siècle les États-Unis ont pris le pas sur la Grande-Bretagne en tant que superpuissance économique, politique et culturelle. Aujourd'hui, c'est la langue américaine - American English - qui fait figure de langue internationale. L'Internet a largement contribué à cet essor. Environ 380 millions de personnes ont l'anglais pour langue maternelle : elles sont ainsi moins nombreuses que celles qui s'expriment en chinois et en espagnol. Mais le nombre de personnes qui apprennent l'anglais comme langue seconde est en perpétuelle croissance : en Chine et en Inde il n'y a pas moins de 500 millions de personnes qui parlent anglais (mais pour qui il ne s'agit pas de leur langue maternelle).

Lien utile:
www.bbc.co.uk/radio4/routesofenglish/
The development of English

L'anglais est la langue de travail de nombreuses institutions internationales, telles que les Nations-Unies et la Banque mondiale. Il prédomine également dans les domaines suivants:
• science et technologie
• banque, économie et commerce
• publicité
• culture moderne (cinéma, télévision, musique)
• droit international
• enseignement supérieur
• tourisme

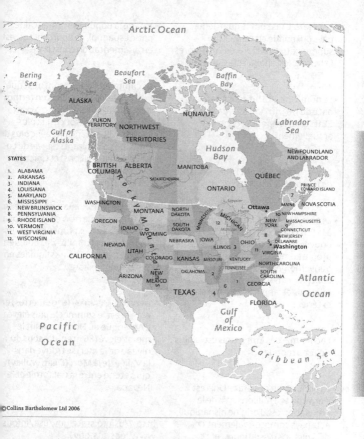

STATES

1. ALABAMA
2. ARKANSAS
3. INDIANA
4. LOUISIANA
5. MARYLAND
6. MISSISSIPPI
7. NEW BRUNSWICK
8. PENNSYLVANIA
9. RHODE ISLAND
10. VERMONT
11. WEST VIRGINIA
12. WISCONSIN

©Collins Bartholomew Ltd 2006

Le Canada est la dixième économie mondiale. Bien qu'il couvre un territoire plus grand que les États-Unis (près d'un milliard de km²), sa population ne dépasse pas les 32 millions, dont 60% d'anglophones et 20% de francophones. Les Inuits du Grand Nord ont leur propre langue, l'Inuktitut.

Portrait des États-Unis

- Les États-Unis sont le quatrième pays du monde en termes de superficie (9,6 millions de km²), après la Russie, le Canada et la Chine.

- Le nom 'United States of America' date de 1783, il n'y avait que 13 États à cette époque, contre 50 actuellement.

- Les Américains fêtent l'indépendance de leur pays le 4 juillet.

- Le président des États-Unis est à la fois chef d'État et chef du gouvernement. Chaque État a sa propre administration, mais le gouvernement central (ou 'fédéral') contrôle la monnaie, la défense, les relations étrangères et le commerce extérieur.

- L'économie des États-Unis est la plus riche au monde.

- La population des États-Unis est d'environ 296 millions. 13% de la population est d'origine hispanique, et le pays compte également 12% de Noirs, 4% d'Asiatiques, et 1% d'Amérindiens.

- 10% de la population américaine parle espagnol; ce pourcentage est en augmentation constante.

- La capitale, Washington, n'est que la 21e ville des États-Unis en termes de population (environ 500 000 habitants). New York est la plus grande ville américaine avec plus de 8 millions d'habitants, suivie de Los Angeles (3,6 millions) et Chicago (2,8 millions).

- Bien que la monnaie américaine soit à base décimale (100 cents = 1 dollar) les Américains expriment toujours les distances en 'miles', les poids en 'pounds', et les mesures liquides en 'pints' et en 'gallons'.

- Le mont McKinley (6 194 mètres) en Alaska est le sommet le plus élevé d'Amérique du Nord. Le point le moins élevé (86 m en-dessous du niveau de la mer) se trouve dans la Vallée de la Mort (Death Valley) qui s'étend entre la Californie et le Nevada.

http://usinfo.state.gov/usa/infous
www.fedstats.gov

Une langue mondiale

Des millions de personnes communiquent en anglais à travers le monde, mais
il existe des divergences assez importantes entre les deux variétés d'anglais
les plus connues: l'anglais américain et l'anglais britannique. Ces divergences
concernent principalement l'orthographe, mais elles se constatent également
dans le vocabulaire et la syntaxe. Ainsi les Américains disent-ils 'on the weekend',
'five after two' et 'I just did it', alors que les Britanniques disent 'at the weekend',
'five past two' et 'I've just done it'. Voici quelques exemples de variantes orthographiques :

Orthographe

Anglais britannique	Anglais américain
-our	-or
colour	color
favourites	favorites
neighbour	neighbor
-re	-er
centre	center
theatre	theater
-ize ou -ise*	-ize seulement*
apologize ou apologise	apologize
organize ou organise	organize
ae-	-e-
anaesthetic	anesthetic
paediatrician	pediatrician
redoublement du 'l'	'l' simple
travelling, travelled	traveling, traveled
et également...	Et également...
catalogue	catalog
dialogue	dialog
cheque	check
defence; offence; pretence	defense; offense; pretense
grey	gray
licence (*nom*)	license (*nom*)
practise (*verbe*)	practice (*verbe*)
programme	program
tyre	tire

Quelques verbes ont toujours la graphie -*ise*, par exemple *advise, promise, surprise*.

Une langue mondiale

Le vocabulaire courant comporte également de nombreuses différences.
En voici une sélection :

Anglais britannique	Anglais américain
apartment	flat
aubergine	eggplant
autumn	fall
bill (= addition)	check
biscuit	cookie
bonnet (= capot)	hood
boot (= coffre)	trunk
car park	parking lot
chemist (= pharmacie)	pharmacy
chips	french fries
courgette	zucchini
crisps	(potato) chips
cupboard	closet
CV	résumé
dustbin	garbage can, trash can
film (= film au cinéma)	movie
ground floor	first floor
handbag	purse
holiday	vacation
jam (= confiture)	jelly
lift (= ascenseur)	elevator
lorry	truck
mobile phone	cell phone or cellular phone
motorway	freeway
nappy	diaper
pavement	sidewalk
petrol	gas or gasoline
queue	line
return (ticket)	round trip ticket
rubber	eraser
rubbish	garbage, trash
shop	store
shop assistant	sales clerk
single (ticket)	one-way ticket
sweets	candy
tap	faucet
tights	pantyhose
torch	flashlight
trousers	pants
underground	subway
wallet	billfold
windscreen	windshield
zip	zipper

Lien utile:
www.scit.wlv.ac.uk/~jphb/american.html
Différences entre anglais britannique et américain

Améliorer votre prononciation

En anglais, la relation entre orthographe et prononciation est souvent imprévisible, et les mêmes lettres peuvent souvent se prononcer de plusieurs façons différentes. La terminaison -ed, par exemple, peut être prononcée de trois manières :

/d/   (opened, annoyed, pulled)
/t/   (fixed, slipped, laughed)
/Id/   (added, subtracted)

Autres points utiles

La lettre 'h' se prononce presque toujours quand elle est placée au début d'un mot (**hour**, **honest** et **honour** sont des exceptions importantes).

Apprenez à bien prononcer 'th'. Il faut placer la langue derrière les dents supérieures ! Faites bien la différence entre le 'th' de *the, this, that* and *then* (qui ne ressemble ni à /s/, ni à /z/), et celui de *thing, through, thunder* et *thick* (qui ne ressemble ni à /s/, ni à /t/).

• Attention à bien distinguer les différents sons vocaliques. Certains mots sont faciles à confondre si on ne les prononce pas bien, par exemple *live* et *leave*, *low* et *law*, *full* et *fool*.

• Certains mots courants tels que *from, for, you* et *that* ont deux prononciations, selon qu'ils sont accentués ou non. Dans la phrase *I know that it's difficult*, *that* n'est pas accentué; il se prononce avec le son [ə]. *That* ne rime avec *cat* que lorsqu'il porte un accent tonique: *I don't want that one*. Essayez de repérer les prononciations non accentuées lorsque vous écoutez parler les anglophones, et exercez-vous à les imiter: votre prononciation n'en sera que plus naturelle.

Lien utile:
www.bbc.co.uk/radio

Exprimez-vous avec plus de naturel

Vous pouvez parler anglais avec plus de naturel en variant les mots que vous employez. Par exemple, vous pouvez dire *I love travelling* ou *I enjoy travelling* au lieu de *I like travelling*. Le tableau ci-dessous présente une sélection de 'variations' utiles.

Exemples

I really enjoyed the trip.
J'ai vraiment aimé...

The film *was great*.
...était génial

I'm very keen on gardening.
J'aime...

I quite like Harry.
J'aime bien...

I don't mind being on my own.
Cela ne me dérange pas...

I don't like fish (*at all*).
Je n'aime pas...

I hate waiting for the bus when it's cold.
I loathe camping.
Je déteste...

I can't stand that woman!
I can't bear not knowing.
Je ne supporte pas...

How about a nice cold drink?
Je peux te proposer...?

How would you like to try snowboarding?
Ça vous dirait...?

I could pick you up at the station, *if you like.*
Je peux...si tu veux

Can I give you a hand with that?
Je peux...?
It would be nice if you could come too.
Ce serait sympa...

Would you like me to come with you?
Tu veux que...?

Why don't we go to that new restaurant tomorrow?
Et si on...?

Why not try again tomorrow?
Pourquoi pas...?

Shall I help you with that?
Je peux t'aider?

I think it's too expensive.
Je pense...

I'm sure they'll be here soon.
Je suis sûr que...

He hasn't changed at all, *in my opini*
...à mon avis

It'll *probably* be ok.
...certainement...

It might be better to wait.
Ce serait peut-être...

I think you're right, it's going to rain.
Je crois que tu as raison...

I agree with you. It's too late to call them now.
Je suis d'accord...

I'm sorry, but *he's wrong.*
...il a tort

Well, *I disagree*, but you're entitled t your own opinion.
...je ne suis pas d'accord

Are you *for* or *against* capital punishment?
Vous êtes pour ou contre...?

xprimez-vous avec plus de naturel

Lorsqu'on apprend l'anglais, on a tendance à répondre aux questions par yes ou par no: à la question *Are you having a good time?* on répond simplement *Yes*. Cette manière de répondre n'est pas naturelle et peut surprendre les anglophones, qui ajoutent le plus souvent un 'petit plus' à la réponse afin de la rendre moins brupte:

Are you having a good time?

Yes, I am.
Yes, I'm having a great time.
Yes, I am, I'm having a great time.
No, I'm not.
No, I'm having a terrible time.
No, I'm not, I'm having a terrible time.

Do you agree?

Yes, I do.
Yes, I do, I totally agree.
No, I don't.
No, I don't. I don't agree at all.

Si vous employez ce genre de formule, vous aurez l'air tout à fait naturel et votre interlocuteur aura davantage envie de poursuivre la conversation. Ces exemples montrent qu'il suffit de repérer l'auxiliaire dans la question pour construire la réponse: Are you? ... Yes I am; Do you?... Yes I do. À défaut d'employer l'auxiliaire, il suffit de répéter le verbe principal: Are you having fun? Yes, I'm having fun; Do you agree? Yes, I agree.

Quand on apprend à parler anglais, on a parfois besoin de temps pour réfléchir, mais il faut éviter les longs silences ennuyeux! Une solution consiste à employer des mots et des phrases qui meublent le silence. En voici une sélection; vous pouvez même en employer plusieurs à la suite:

- **well**
  What do you think? - **Well**, I'm not sure.

- **as a matter of fact**
  Well, **as a matter of fact**, I'm not sure.

- **actually**
  Actually, I think ...

- **you know**
  Actually, **you know**, it's a hard question...

- **of course**
  Well, **of course**, it's difficult.

Correspondance

Le chapitre suivant a été conçu pour vous aider à communiquer avec aisance à l'écrit et au téléphone. Des lettres types, des messages électroniques et des paragraphes sur les SMS et les appels téléphoniques vous donnent tout le vocabulaire nécessaire pour communiquer de façon efficace.

Les SMS

Abréviation	Anglais
2	to
2DAY	today
2MORO	tomorrow
2NITE	tonight
4	for
ASAP	as soon as possible
ATM	at the moment
B	be
B4	before
COZ	because
CUL8R	see you later
GR8	great
H8	hate
ILUVU	I love you
IMS	I'm sorry
MSG	message
MYOB	mind your own business
O	nothing
PLS	please
R	are
RN	right now
RUOK	are you OK?
THX	thanks
TXT	text
U	you
V	very
W	with
WKND	weekend
W/O	without
XLNT	excellent
Y	why
YR	your

Envoyer un courrier électronique

| File | Edit | View | Tools | **Compose** | Help | Send |

Compose menu:
- New message
- Reply
- Reply all
- Forward
- Attach

From:
Date:
To: peter.webster@europost.co.uk
Cc:
Bcc:
Subject: Party
Attachments:

> En anglais, lorsqu'on donne son adresse électronique à quelqu'un, on dit : *peter dot webster at europost dot co dot uk*
> peter.webster@europost.co.uk

Hi Peter

How are things? I hope you're enjoying your new job. Did you get your computer problems sorted out?

Anyway, the reason I'm e-mailing is that I'm having a party on Saturday April 13, and I wondered if you could come. Hope so!

Love

Jessica

PS Thanks for those free tickets. :-)

Envoyer un courrier électronique

Vocabulaire utile

File	fichier
Edit	éditer
View	afficher
Tools	outils
Compose	composer
Help	aide
Send	envoyer
New	nouveau
reply to sender	répondre à l'expéditeur
reply to all	répondre à tous
Forward	transférer
Attachment	fichier joint
To	à
cc (carbon copy)	cc
bcc (blind carbon copy)	cci
Subject	sujet
From	de
Sent	envoyé
Spam	spam, pourriel
to copy somebody into a message	mettre qn en copie d'un message
to reply to a message	répondre à un message
to open a message	ouvrir un message
to re-send a message	renvoyer un message
to delete a message	supprimer un message
to forward a message	transférer un message

Écrire un message électronique

Vocabulaire Internet

back	retour
bookmark	marque-pages
broadband	connexion haut débit
browser	navigateur
chatroom	forum
to click	cliquer
to double-click	double-cliquer
to download	télécharger
FAQs (frequently asked questions)	FAQ
favourites	favoris
forward	suite
history	historique
home	accueil
home page	page d'accueil
icon	icône
Internet Service Provider (ISP)	fournisseur d'accès
link	lien
to log off	se déconnecter
to log on	se connecter
online	en ligne
password	mot de passe
to search	faire une recherche
search engine	moteur de recherche
to surf the Net	surfer sur le Net
URL	URL
web page	page web
website	site web
the (World-Wide) Web	la Toile, le Web

Écrire une lettre personnelle

Votre adresse et la date, sans ponctuation ➤

69 Castle Lane
Edinburgh
EH2 4AX

6 June 2009

Dear David and Charlotte,

Thank you very much for the poster you sent me for my birthday – I really like it. I've put it up in my bedroom. There's not much news here. I'm spending most of my time studying for my exams, which start in two weeks. I hope I'll pass all of them but I'm a bit worried about maths.

You'll be flying to Australia soon – I really envy you. I'm sure you'll have a great time. I'm looking forward to seeing you when you get back, and to hearing all about it.

Love

Caroline xx

Écrire une lettre personnelle

Autres formules pour les salutations

Poli	Informel
Best wishes	*Love and best wishes*
Kind regards	*Lots of love*
Yours sincerely	*Take care*

Phrases utiles

Thank you for your letter.	Merci beaucoup pour ta lettre.
It was lovely to hear from you.	Ça m'a fait très plaisir d'avoir de tes nouvelles.
I'm sorry I didn't reply sooner.	Excuse-moi de ne pas t'avoir écrit plus tôt.
Give my love to Paul.	Embrasse Paul de ma part.
Mum sends her best wishes.	Maman te dit bonjour.
Write soon.	Écris-moi vite.

Écrire une lettre officielle

Votre adresse →

18 Slateford Avenue
Leeds
L24 3PR

The Manager
City Hotel
7 Queen Street
London
W1 3JN

← Nom et adresse du destinataire

2 June 2009 ←

Au Royaume-Uni on écrit la date ici
Les Américains écrivent la date juste avant les nom et adresse du destinataire

Employez Mrs pour une femme mariée, Miss si elle n'est pas mariée, et Ms si vous ne savez pas si elle est mariée ou si elle préfère cette appellation

Dear Sir/Madam,

Following our telephone conversation of this morning, I am writing to confirm my reservation for a room with en suite facilities for the two nights of Wednesday July 1 and Thursday July 2. As agreed, I enclose a cheque for £50 as a deposit.

I look forward to hearing from you.

Yours faithfully

Marianne James

Écrire une lettre officielle

Lettre à une entreprise ou à un organisme

Commencer	Terminer
Dear Sir, *Dear Sirs,* *Dear Madam,* *Dear Sir or Madam,*	*Yours faithfully, (BRIT)* *Sincerely, (US)*

Lettre à une personne à qui vous vous adressez par son nom

Commencer	Terminer
Dear Professor Davies, *Dear Dr. Minogue,* *Dear Mr and Mrs Smith,* *Dear Ms Jackson,*	*Yours sincerely, (BRIT)* *Sincerely, (US)* *Yours sincerely,* *Sincerely,* *Best wishes,* *Kind regards,*

Phrases utiles

J'ai bien reçu votre lettre datée du...	Thank you for your letter of...
Pour faire suite à votre courrier...	With reference to your letter...
J'accuse réception de...	I acknowledge receipt of...
Veuillez trouver ci-joint...	Please find enclosed...

Téléphoner

Demander des renseignements

What's the area code for Portsmouth?	Quel est l'indicatif pour Portsmouth ?
How do I get an outside line?	Comment dois-je faire pour appeler l'extérieur ?
Could you give me the extension number for Professor Thomas?	Pouvez-vous me donner le numéro de poste du professeur Thomas ?

Quand la personne décroche

Hello! Is Paul there, please?	Bonjour, est-ce que Paul est là, s'il vous plaît ?
Could I speak to Jason Reeves, please?	Je peux parler à Jason Reeves, s'il vous plaît ?
Is that Jason Reeves?	C'est Jason Reeves ?
Could you ask him to call me back?	Vous pouvez lui demander de me rappeler ?
I'll call back in half an hour.	Je rappelerai dans une demi-heure.
Could I leave a message, please?	Je peux laisser un message, s'il vous plaît ?

Quand le téléphone sonne

Hello

> Vous pouvez également dire votre nom, ou celui de votre entreprise :

Claire Davies
Drapers bookshop

Who's speaking?	Vous êtes Monsieur/Madame... ?
Speaking.	C'est moi.
She's not here at the moment, would you like to leave a message?	Elle n'est pas là pour le moment, souhaitez-vous laisser un message ?

Téléphoner

Ce que vous pouvez entendre

Who shall I say is calling?	C'est de la part de qui ?
I'm putting you through now.	Je vous le/la passe.
Please hold.	Ne quittez pas.
There's no reply.	Ça ne répond pas.
The line is engaged (Brit)/busy (US).	La ligne est occupée.
Would you like to leave a message?	Souhaitez-vous laisser un message ?
The person you are calling is not available. Please leave a message after the tone.	Votre correspondant n'est pas disponible pour le moment. Veuillez laisser un message après le bip.

Laisser un message

Hi Paul, this is Matt, can you give me a call?	Salut Paul, c'est Matt, tu peux m'appeler ?
This is a message for ...	Ceci est un message pour...
Please call me back today on ...	Merci de me rappeler aujourd'hui au numéro suivant...

En cas de problème

Sorry, I dialled the wrong number.	Désolé, je me suis trompé de numéro.
This is a very bad line.	La ligne est très mauvaise.
You're breaking up.	Je ne vous capte plus.
My battery's low.	Je n'ai plus beaucoup de batterie.
I can't hear you.	Je ne vous entends pas.
I'll call you back!	Je vous rappelle !

Dire votre numéro de téléphone

Pour énoncer un numéro de téléphone, dites chaque chiffre séparément.
Si le même chiffre apparaît deux fois à la suite, vous pouvez dire 'double'
(44 = 'double four'). Les Britanniques disent soit 'zero', soit 'oh'; les
Américains disent *zero*. Par exemple :

0141 322 3712

GB/US: *zero one four one three double two three seven one two*
GB: *oh one four one three double two three seven one two*

Expressions anglaises

En anglais comme dans beaucoup de langues, on emploie un grand nombre d'expressions imagées. Nous en présentons une sélection ici, classées par thème. Chaque expression est suivie d'une traduction 'mot à mot' et de l'expression française équivalente, le cas échéant.

Aliments et boissons

half a loaf is better than no bread → *un demi pain, c'est mieux que 'pas de pain'*
il faut se contenter de ce qu'on a

to know which side your bread is buttered → *savoir de quel côté est beurrée sa tartine*
savoir où est son intérêt

to have your cake and eat it → *avoir son gâteau et le manger*
avoir le beurre et l'argent du beurre

to put all your eggs in one basket → mettre tous ses œufs dans le même panier

it's no use crying over spilt milk → inutile de pleurer sur le lait renversé

it's not my cup of tea → ce n'est pas ma tasse de thé

to take what someone says with a pinch of salt → *prendre ce que dit quelqu'un avec une pincée de sel*
ne pas prendre ce que dit quelqu'un au pied de la lettre

Animaux

to let the cat out of the bag → *ouvrir le sac pour laisser sortir le chat*
dire le secret, vendre la mèche

when the cat's away the mice will play → quand le chat n'est pas là, les souris dansent (en anglais, elles 'jouent')

to set the cat among the pigeons → *mettre le chat parmi les pigeons*
semer la zizanie

to kill two birds with one stone → *tuer deux oiseaux avec une pierre*
faire d'une pierre deux coups

Expressions anglaises

pigs might fly	→ *les cochons apprendront peut-être à voler* ce n'est pas demain la veille
at a snail's pace	→ *à une allure d'escargot*
don't count your chickens before they're hatched	→ *ne compte pas tes poussins avant qu'ils ne soient sortis de l'œuf* ne vends pas la peau de l'ours avant de l'avoir tué

Climat

a storm in a teacup	→ *une tempête dans une tasse à thé* une tempête dans un verre d'eau
to blow hot and cold	→ *souffler le chaud et le froid*
to take the wind out of somebody's sails	→ *ôter le vent des voiles de quelqu'un* couper l'herbe sous le pied de quelqu'un
it never rains but it pours	→ *Il ne pleut jamais sans que ce soit le déluge* un malheur n'arrive jamais seul
every cloud has a silver lining	→ *chaque nuage a une doublure argentée* à quelque chose malheur est bon

Le corps

to cost an arm and a leg	→ *coûter un bras et une jambe* coûter les yeux de la tête
to have your head screwed on	→ *avoir la tête bien vissée* avoir la tête sur les épaules
to get your head round something	→ *arriver à mettre sa tête autour de quelque chose* arriver à comprendre quelque chose
it's close to my heart	→ *c'est près de mon cœur* j'y tiens
to have eyes in the back of your head	→ avoir des yeux derrière la tête

Expressions anglaises

to be all ears → être tout ouïe (l'anglais dit 'toutes oreilles')

to pull someone's leg → *tirer la jambe de quelqu'un*
faire marcher quelqu'un

Vêtements

to put oneself in someone's shoes → *se mettre dans les chaussures de quelqu'un*
se mettre à la place de quelqu'un

the boot is on the other foot → *la botte est sur l'autre pied*
les rôles sont inversés

to be hand in glove with someone → *être 'main dans le gant' avec quelqu'un*
être comme cul et chemise avec quelqu'un

to keep something under your hat → *garder quelque chose sous son chapeau*
garder quelque chose pour soi (ne pas en parler)

ne'er cast a clout till May is out → En avril (en anglais, en mai !) ne te découvre pas d'un fil

Couleurs

to be in the red → être dans le rouge

to be in the pink → *être dans le rose*
être en pleine forme

to be blue → *être bleu*
avoir le cafard, avoir le blues

to see life through rose-tinted spectacles → voir la vie en rose

to be whiter than white → être plus blanc que blanc

to beat someone black and blue → *battre quelqu'un jusqu'à ce qu'il soit noir et bleu*
rouer quelqu'un de coups

Quelques problèmes de traduction courants

A ou *one* ?

'A' ('an' avant une voyelle) est l'article indéfini :

She's got <u>a</u> brother who lives in London	→ *Elle a un frère qui habite à Londres*
I had <u>an</u> egg for breakfast	→ *J'ai mangé un œuf au petit déjeuner*

'One', c'est le chiffre 1. Il s'emploie pour souligner le fait qu'on désigne une seule chose, une seule personne :

She's got <u>one</u> brother, who she's very fond of	→ *Elle a un seul frère, qu'elle aime beaucoup*
There's only <u>one</u> egg left	→ *Il ne reste qu'un (seul) œuf*

Make ou *do* ?

'Make' et 'do' sont faciles à confondre.

'Do' = 'faire' quand on **ne précise pas l'activité** :

Do something to help us!	→ Fais quelque chose pour nous aider !
I don't know what to do	→ Je ne sais pas quoi faire

'Do', comme 'faire', peut signifier **'s'occuper de, nettoyer, préparer**...'

I'll do the dining room and you do the living room	→ Je vais faire la salle à manger et toi tu fais le salon
I'm doing the potatoes	→ Je fais les pommes de terre

Quand on parle de **faire un travail**, on dit 'do work', jamais 'make work':

I did a lot of work this morning	→ J'ai fait beaucoup de travail ce matin

On ne dit **jamais** 'make sport' :

you should do some sport	→ tu devrais faire du sport

En règle générale, on "do" quelque chose qui est **déjà préparé**, qui existe déjà : on l'exécute, on s'en occupe. On "make" quelque chose qui **n'existait pas avant** : on le crée, on le fabrique:

Now do exercise 3	*Maintenant, faites l'exercice n° 3*
It's a company that makes washing machines	*C'est une entreprise qui fabrique des machines à laver*

Quelques problèmes de traduction courants

Mots employés avec *make*

Notez l'emploi de *make* dans les expressions suivantes : *make a suggestion*; *make an arrangement*; *make a choice*; *make a comment*; *make a decision*; *make a mistake*; *make a noise*; *make a plan*; *make a promise*; *make a sound*; *make a speech*

'Faire du roller', etc

N'employez ni 'do', ni 'make' pour traduire 'faire du roller/du skateboard/ de la planche à voile'. Il faut dire "to go rollerblading/skateboarding/ windsurfing".

Qu'est-ce qu'un phrasal verb ?

'Beaucoup de verbes anglais peuvent être suivis d'une préposition ou d'un adverbe. Par exemple, le verbe 'look' peut être suivi de 'after' ou 'up', pour former les phrasal verbs 'look after' et 'look up'. Dans bien des cas, le 'phrasal verb' a un sens très éloigné de celui du verbe seul :

to look	*regarder*
to look after	*s'occuper de*
to look up	*chercher dans un dictionnaire*

- si vous constatez qu'un verbe comme **go**, **come**, **get** ou **make** ne semble pas avoir son sens habituel, vérifiez s'il est accompagné d'une préposition ou d'un adverbe.
- Certains 'phrasal verbs' ont plusieurs sens différents
- Utilisez votre dictionnaire pour trouver le sens des 'phrasal verbs'. Ils sont généralement présentés à la fin de l'article (vous trouverez 'look after' et 'look up' à la fin de l'article 'look').

's, s' ou s ?

'Apostrophe + s' est employé pour exprimer l'appartenance :

my brother<u>'s</u> money	→	*l'argent de mon frère*
the horse<u>'s</u> eyes	→	*les yeux du cheval*
the children's bedroom	→	*la chambre des enfants*
women's rights	→	*les droits des femmes*

Avec des pluriels réguliers (en '-s'), on déplace l'apostrophe à la fin du mot. Cette différence ne se manifeste qu'à l'écrit ; la prononciation est la même, quelle que soit la position de l'apostrophe :

Quelques problèmes de traduction courants

my brothers' money → l'argent de mes frères
the horses' eyes → les yeux des chevaux

Avec des noms se terminant déjà par 's' (il s'agit le plus souvent de noms propres), les deux graphies sont possibles :

Mrs. Andress' daughters/ → Les filles de Mme Andress
  Mrs Andress's daughters
Jesus' disciples/Jesus's disciples → Les disciples de Jésus

Some ou any ?

Any remplace some dans les phrases négatives et dans les questions **sauf** quand la question exprime une proposition ou une sollicitation (demande d'argent, de conseil, etc), et quand la personne qui pose la question s'attend à une réponse affirmative.

Phrases négatives (avec 'not') **Employez TOUJOURS any :**
→ It won't do any good.
  You never have any breakfast!

Questions générales **Employez any :**
→ Were you in any danger?
  Does she have any children?

Propositions **Employez some :**
→ Would you like some soup?
  Can I offer you some more coffee?

Demandes **Employez some :**
→ Can I have some more cake?
  Would it be possible to give me some
  advice?

Réponse affirmative attendue → Are you looking for something?

www.bbc.co.uk/worldservice/learningenglish/grammar/
grammaire et vocabulaire.

TABLE DES MATIÈRES

N° d'éditeur 10157528
Février 2009
Imprimé en France
par Maury-Imprimeur - 45330 Malesherbes